湖北省学术著作出版专项资金资助项目

中国科举文化通志　主编　陈文新

钦定四书文校注

【清】方苞　编

王同舟　李澜　校注

武汉大学出版社

WUHAN UNIVERSITY PRESS

图书在版编目(CIP)数据

钦定四书文校注/(清)方苞编;王同舟,李澜校注.—武汉:武汉大学出版社,2015.11
中国科举文化通志/陈文新主编
ISBN 978-7-307-17085-8

Ⅰ.钦…　Ⅱ.①方…　②王…　③李…　Ⅲ.四书—注释　Ⅳ.B222.12

中国版本图书馆 CIP 数据核字(2015)第 257067 号

责任编辑:胡程立　　　责任校对:刘　欣　　　版式设计:马　佳

出版发行:**武汉大学出版社**　　(430072　武昌　珞珈山)
　　　　　(电子邮件:cbs22@whu.edu.cn　网址:www.wdp.com.cn)
印刷:武汉中远印务有限公司
开本:787×1092　1/16　　印张:68.5　字数:1497 千字　插页:4
版次:2015 年 11 月第 1 版　　2015 年 11 月第 1 次印刷
ISBN 978-7-307-17085-8　　定价:455.00 元

《中国科举文化通志》编纂委员会

顾　问　（按姓氏笔画排序）

　　　　　卞孝萱

　　　　　邓绍基

　　　　　冯其庸

　　　　　傅璇琮

主　编　陈文新

编　委　（按姓氏笔画排序）

　　　　　刘海峰　　刘爱松　　陈文新　　陈水云

　　　　　张思齐　　罗积勇　　周　群　　赵伯陶

　　　　　陶佳珞　　黄　强　　詹杭伦　　霍有明

《中国科举文化通志》总序

陈文新

（一）

科举是中国古代最为健全的文官制度。它渊源于汉，始创于隋，确立于唐，完备于宋，兴盛于明、清两代。如果从隋大业元年（605）的进士科算起，到清光绪三十一年（1905）被废除，科举制度在中国有整整 1300 年的历史。科举制度还曾"出口"越南、朝鲜等国，扩大了汉文化的影响。始于 19 世纪的西方文官考试制度，其创立也与中国科举的启发相关。孙中山在《五权宪法》等演讲中反复强调：中国的科举制度是世界各国中所用以拔取真才之最古最好的制度。胡适也说："中国文官制度影响之大，及其价值之被人看重"，"是我们中国对世界文化贡献的一件可以自夸的事"。①

科举制度具有如此强大的生命力，其原因在于，它在保证"程序的公正"方面具有空前的优越性。官员选拔的理想境界是"实质的公正"，即将所有优秀的人才选拔到最合适的岗位上。但这个境界人类至今未达到过。不得已而求其次，"程序的公正"就成为优先选择。"中国古代独特的社会结构是家族宗法制，家长统治、任人唯亲、帮派活动、裙带关系皆为家族宗法制的派生物，在重人情与关系的社会文化背景下，若没有可以操作的客观标准，任何立意美妙的选举制度都会被异化为植党营私、任人唯亲的工具，汉代的察举推荐和魏晋南北朝的九品官人法走向求才的死胡同便是明证。""古往今来科举考试一再起死回生的历史说明：自古以来，中国就是一个人情社会，人情与关系在社会生活中起着重要的作用，为了防止人情的泛滥，使社会不至于陷入无序的状态，中国人发明了考试，以考试作为维护社会公平和社会秩序的调节阀。悠久的科举历史与普遍的考试现实一再雄辩地证明，考试选才具有恒久的价值。"② 从这一角度看，科举制度不但在诞生之初有着巨大的进步意义，而且在整个中国历史和世界历史上，都是一个了不起的创造。较之前代的选官制度，如汉代的察举、征辟制和魏文帝时开始推行的九品中正制等，科举制度都更加公正合理。

---

① 胡适：《考试与教育》，《胡适文集》第 12 册，北京大学出版社 1998 年版，第 508 页。
② 刘海峰：《科举学导论》，华中师范大学出版社 2005 年版，第 113、136 页。

作为一项从整体上影响国民生活的官员选拔制度，科举制度对于维护我们这个幅员辽阔的多民族国家的统一稳定，其作用是无论怎样估计也不会过高的。胡适这位新文化运动的领袖，虽然一再愤愤不平地说到中国文化的种种不是，但在《考试与教育》一文中，他也毫不含糊地指出：在古代那种交通极为不便的情形下，中央可以不用武力来维持国家的统一是由于考试制度的公开和公平。胡适所说的公平，包括三种含义：一是公开考选，标准客观。二是顾及各地的文化水准，录取的人员，并不偏于一方或一省，而是遍及全国。三是实行回避制度，"就是本省的人不能任本省的官吏，而必须派往其他省份服务。有时候江南的人，派到西北去，有时候西北的人派到东南来。这种公道的办法，大家没有理由可以反对抵制。所以政府不用靠兵力和其他工具来统治地方，这是考试制度影响的结果"①。这些话出于胡适之口，足以说明，即使是文化激进主义者，只要具有清明的理性，也不难看出科举制度的合理性。

作为一项从整体上影响国民生活的官员选拔制度，科举制度不仅具有历史研究的价值，而且有助于我们思考当今人事制度的改革问题。2005年，任继愈曾在《古代中国科举考试制度值得借鉴》一文中提出设立"国家博士"学位的设想。其立论前提是：我国目前由各高校授予的博士学位缺少权威性和公正性。之所以不够权威和公正，不外下述几个原因。其一，"各校有自己的土标准，执行起来宽严标准不一，取得学位后，它的头衔在社会上流通价值都是同等的"，这当然不公平。其二，研究生入学后，第一年大部分时间用在外语上，第二年大部分时间忙于在规定的某种等级的刊物上发论文，第三年忙于找工作，这样的情形，怎么可能培养出货真价实的博士？其三，几乎所有名牌大学都招收"在职博士生"，有的博士研究生派秘书代他上课，甚至不上课而拿文凭，这样的博士能说是名副其实的吗？只有设立"国家博士"学位，采用统一标准选拔人才，这样的"博士学位"才具有权威性和公正性。而国家在高级人才的选拔方面统一把关，不仅可以避免"跑"博士点和博士生扩招带来的许多弊病，有助于社会风气的改善，而且，由于只管考而不必太多地管教，还可以节省大量开支。就这一点而言，中国古代的科举制度的确是值得参考借鉴的。任继愈的这篇文章现已收入《皓首学术随笔·任继愈卷》（中华书局2006年版），有心的读者不妨一阅。

与任继愈的呼吁相得益彰，早在1951年，钱穆就发表了《中国历史上的考试制度》一文。针对民国年间（1911—1949）人事管理腐败混乱的状况，他痛心疾首地指出：科举制"因有种种缺点，种种流弊，自该随时变通，但清末人却一意想变法，把此制度也连根拔去。民国以来，政府用人，便全无标准，人事奔竞，派系倾轧，结党营私，偏枯偏荣，种种病象，指不胜屈。不可不说我们把历史看轻了，认为以前一切要不得，才聚九州铁铸成大错"②。钱穆的意思是明确的：参考借鉴科举制度，有助于人事管理的规范化和公正性。1955年，他在《中国历代政治得失》一书中进一步指出："无

① 胡适：《胡适文集》第12册，北京大学出版社1998年版，第506页。
② 钱穆：《国史新论》，东大图书公司1984年版，第114~115页。

论如何，考试制度，是中国政治制度中一项比较重要的制度，又且由唐迄清绵历了一千年以上的长时期。中间递有改革，递有演变，在历史进程中逐渐发展，这绝不是偶然的。直到晚清，西方人还知采用此制度来弥缝他们政党选举之偏陷，而我们却对以往考试制度在历史上有过上千年以上根柢的，一口气吐弃了，不再重视，抑且不再留丝毫顾惜之余地。那真是一件可诧怪的事。"① 现代中国的人事管理理应借鉴源远流长的科举制度，这是毫无疑问的。至于如何借鉴，则是我们需要认真思考的问题。

（二）

作为一项从整体上影响国民生活的官员选拔制度，科举制度以其"程序的公正"为国家选拔了大量行政官员，在提高全民族的文化水准和维护我们这个多民族国家的统一稳定方面，发挥了直接而巨大的作用，这是其显而易见的功能；它还有其他不那么显著却同样值得重视的功能，即意识形态功能和人文教育功能：科举制度以其对社会的整体影响力将儒家经典维持世道人心的作用发挥到极致。我们试就此略作讨论。

明清时代有一项重要规定：科举以《四书》《五经》为基本考试内容。这一规定是耐人寻味的。《论语》《孟子》等儒家经典是秦汉以来中国传统社会维系人心、培育道德感的主要读物。我们经常表彰"中国的脊梁"，一个毋庸置疑的事实是，秦汉以降，"中国的脊梁"大多是在儒家经典的教育下成长起来的。以文天祥为例，这位南宋末年的民族英雄，曾在《过零丁洋》诗中说："人生自古谁无死？留取丹心照汗青。""丹心"，就是蕴蓄着崇高的道德感的心灵。他还有一首《正气歌》，开头一段是："天地有正气，杂然赋流形。下则为河岳，上则为日星。于人曰浩然，沛乎塞苍冥。皇路当清夷，含和吐明庭。时穷节乃见，一一垂丹青。"身在治世，正气表现为安邦定国的情志；身在乱世，则表现为忠贞坚毅的气节。即文天祥所说："当其贯日月，生死安足论。"1282 年，他在元大都（今属北京）英勇就义，事前他在衣带中写下了这样的话："孔曰'成仁'，孟曰'取义'。惟其义尽，所以仁至。读圣贤书，所学何事？而今而后，庶几无愧。"《四书》《五经》的教诲，确乎是他的立身之本。

文天祥是宝祐四年（1256）状元。这是一个值得关注的事实。它表明：进士阶层在实践儒家的人格理想方面，其自觉性远远高于社会的平均水平。宋代如此，明代如此，甚至连元代也是如此。清代史学家赵翼曾论及"元末殉难者多进士"这一现象："元代不重儒术，延祐中始设科取士，顺帝时又停二科始复。其时所谓进士者，已属积轻之势矣，然末年仗节死义者，乃多在进士出身之人。"（赵翼《廿二史劄记》卷三十《元末殉难者多进士》）接下来，赵翼列举了余阙、泰不华、李齐、李黼、王士元、赵琏、周镗、聂炳元、刘耕孙、丑闾、彭庭坚、普颜不花、月鲁不花、迈里古思等死难进

---

① 钱穆：《中国历代政治得失》，三联书店 2001 年版，第 89 页。

士，最后归结说："诸人可谓不负科名者哉，而国家设科取士亦不徒矣。"① 在元末殉难的进士中，余阙（1303—1358）是最早战死的封疆大臣。他的朋友蒋良，一次和他谈起国难，余阙推心置腹地说："余荷国恩，以进士及第，历省居馆阁，每愧无报。今国家多难，授予兵戎重寄，岂余所堪。然古人有言：'为子死孝，为臣死忠。'万一不幸，吾知尽吾忠而已。"余阙殉难后，蒋良作《余忠宣公死节记》，开篇即强调说："有元设科取士，中外文武著功社稷之臣历历可纪。至正辛卯，兵起淮、颍，城邑尽废，江、汉之间能捍御大郡、全尽名节者，守豫帅余公廷心一人而已。"② 在余阙"擢高科"的履历与他忠勇殉节的人格境界之间，人们确认有其内在联系。无独有偶，《元史·泰不华传》在记叙元末另一著名的死节之臣泰不华（1305—1352）时，也着重指出：其人生信念的基本依据是他作为"书生"所受的儒家经典教育。在与方国珍决战前夕，泰不华曾对部从说过一番词气慷慨的话："吾以书生登显要，诚虑负所学。今守海隅，贼甫招徕，又复为变。君辈助我击之，其克则汝众功也，不克则我尽死以报国耳。""书生""所学"与捐躯"报国"之间关系如此密切，足见以《四书》《五经》作为基本考试教材的科举制度，它在维持世道人心方面的作用的确是巨大而深远的。

儒家经典维持世道人心的功能不仅泽及宋元，泽及明清，甚至泽及已经废除了科举制度的现代。其实这并不令人感到奇怪。原因在于，不少现代名流的少年时光是在科举时代度过的，他们系统地受过这种教育，耳濡目染，其人生观在早年即已确立并足以支配一生。儒家经典的生命力由此可见。科举制度的余泽亦由此可见。

这里我想特别提及五四新文化运动的领袖胡适，并有意多引他的言论。之所以关注他，是因为，世人眼中的胡适，只是一个文化激进主义者，以高倡"打倒孔家店"著称。人们很少注意到，胡适在表面上高呼"打倒孔家店"，但在内心里仍对孔子和儒家保留了足够的敬意，是儒家人生哲学的虔诚信奉者和实行者。唐德刚编译《胡适口述自传》，第二章有胡适的如下自白："有许多人认为我是反孔非儒的。在许多方面，我对那经过长期发展的儒教的批判是很严厉的。但是就全体来说，我在我的一切著述上，对孔子和早期的'仲尼之徒'如孟子，都是相当尊崇的。我对十二世纪'新儒学'（Neo-Confucianism）（'理学'）的开山宗师的朱熹，也是十分崇敬的。""在这场伟大的'新儒学'（理学）的运动里，对那（道德、知识；也就是《中庸》里面所说的'诚则明矣，明则诚矣'的）两股思潮，最好的表达，便是程颐所说的：'涵养须用敬，进学则在致知。'后世学者都认为'理学'的真谛，此一语足以道破。"同一章还有唐德刚的一段插话："'要提高你的道德标准，你一定要在"敬"字上下功夫；要学识上有长进，你一定要扩展你的知识到最大极限。'适之先生对这两句话最为服膺，他老人家不断向我传教的也是这两句。一次我替他照相，要他在录音机边作说话状，他说的便是这两句。所以胡适之先生骨子里实在是位理学家。他反对佛教、道教乃至基督教，都

———————————

① 赵翼著，王树民校证：《廿二史劄记校证》，中华书局1984年版，第706页。

② 杨讷等编：《元代农民战争史料汇编》中编第一分册，中华书局1985年版，第268页。

是从'理学'这条道理上出发的。他开口闭口什么实验主义的,在笔者看来,都是些表面账。吾人如用胡先生自己的学术分期来说,则胡适之便是他自己所说的'现代期'的最后一人。"① 胡适是在少年时代接受儒家经典教育的,在经历了废止科举、"打倒孔家店"等种种变故后,儒家的人生哲学仍能贯彻其生命的始终,由此不难想见,在中国传统社会尤其是科举时代,儒家经典对社会精神风貌的塑造可以发挥多么强大的功能。虽然生活中确有教育目标与实际状况两歧的情形,但正面的成效仍是不容忽视的。

"精神文明"是中国人常用的一个概念。"精神文明"是相对物质文明而言的,就个人而言,需要长期的修养,就民族而言,需要长期的培育。中国古人对这一点体会很深,所以常常强调"潜移默化",经由耳濡目染的长期熏陶,价值内化,成为一种道德规范。如果这种道德规范大体近于人情,既"止乎礼义"而又"发乎性情",它对社会的稳定,对人类精神境界的提升,都将发挥重要作用。这就是文化的功能。目前教育界所说的"深厚的人文知识素养,有助于塑造高尚的精神世界,提高健康的审美能力",与这个意思是相通的。《四书》《五经》作为科举时代的基本读物,人文教育功能是其不容抹杀的价值,并因制度的保障而得到了充分的发挥。

美国学者罗兹曼认为:科举制在中国传统社会结构中居于中心的地位,是维系儒家意识形态和儒家价值体系正统地位的根本手段。科举制在1905年被废止,从而使这一年成为新旧中国的分水岭:它标志着一个时代的结束和另一个时代的开始,其划时代的重要性甚至超过辛亥革命;就其现实和象征性的意义而言,科举革废代表着中国已与过去一刀两断,这种转折大致相当于1861年沙俄废奴和1868年的日本明治维新后不久的废藩。② 罗兹曼的意见也许是对的。而我想要补充的问题是:在科举制废止之后,如何保证《四书》《五经》的人文教育功能继续得到发挥?

(三)

科举制度曾经有过辉煌的历史,科举制度对现代中国的发展更有足资借鉴的意义。整理与研究历代科举文献,其意义也需要从历史与现实两个角度加以说明:一方面是传承文化,传承文明,让这份丰厚的遗产充分发挥塑造民族精神的作用,另一方面是去粗取精,古为今用,让它在现实的中国社会重放异彩,成为人事制度改革的重要智力资源。这是我们编纂出版《中国科举文化通志》的初衷,也是我们不辞劳苦从事这一学术工作的动力。

《中国科举文化通志》重点包括下述内容:

1. 整理、研究反映科举制度沿革、影响及历代登科情形的文献。

---

① 胡适:《胡适文集》第 1 册,北京大学出版社 1998 年版,第 418、433 页。
② [美]吉尔伯特·罗曼兹主编,国家社会科学基金"比较现代化"课题组译:《中国的现代化》中译本,江苏人民出版社 1988 年版,第 335、635 页。

从《新唐书》开始，历代正史多有《选举志》。历代《会要》、《实录》、《纪事本末》等史传、政书之中，相当一部分是关于科举制度沿革的资料。还有黄佐《翰林记》、陆深《科场条贯》、张朝瑞《明贡举考》、冯梦祯《历代贡举志》、董其昌《学科考略》、陶福履《常谈》等一批专书。历代《登科录》和杂录类书籍，也保存了大量关于科举的材料。唐代登科记多已散失亡佚，有清代徐松的《登科记考》可供参考。宋元登科记保存稍多，明清有关文献尤为繁富。

2. 整理、研究与历代考试文体相关的教材、试卷、程文及论著等。

八股文是最引人注目的考试文体。八股文集有选本、稿本之分。重要的选本，明代有艾南英编《明文定》、《明文待》，杨廷枢编《同文录》，马世奇编《澹宁居文集》，黎淳编《国朝试录》等；清朝有纪昀《房行书精华》，王步青编《八法集》；还有《百二十名家集》，选文3000篇，以明代为主；《钦定四书文》，明文4集，选文480余篇，清文1集，选文290余篇。稿本为个人文集。明清著名的八股大家，如明代的王鏊、钱福、唐顺之、归有光、艾南英，清代的刘子壮、熊伯龙、李光地、方苞、王步青、袁枚、翁方纲等人，均有稿本传世。相关著述数量也不少。清梁章钜《制义丛话》等，是研究八股文的重要论著。其他考试文体，如试策、试律等，也在我们关注的范围之内。这些科举文献，一般读者不易见到，或只能零零星星地见到一些，或虽然见到了也难以读懂，亟待系统地整理出版，以供研究和阅读。

《中国科举文化通志》包括以下数种：《历代制举史料汇编》、《历代律赋校注》、《唐代试律试策校注》、《八股文总论八种》、《七史选举志校注》、《四书大全校注》、《游戏八股文集成》、《明代科举与文学编年》、《明代状元史料汇编》、《钦定四书文校注》、《翰林掌故五种》、《贡举志五种》、《〈游艺塾文规〉正续编》、《钦定学政全书校注》、《梁章钜科举文献二种校注》、《〈清实录〉科举史料汇编》、《二十世纪科举研究论文选编》、《明代科举与文学编年》、《〈礼部韵略〉与宋代科举》、《元明科举与文学考论》、《游戏八股文研究》、《明代八股文选家考论》、《唐代科举与试赋》、《〈儒林外史〉的现代误读》、《科举废止前后的晚清社会与文学》等。我们这套《中国科举文化通志》，以涵盖面广和分量厚重为显著特征，可以从多方面满足阅读和研究之需。而在整理、研究方面投入的心力之多，更是有目共睹。我们的目的是为推进学术作出力所能及的贡献。

《中国科举文化通志》是一项规模宏大、任务艰巨、意义深远的大型出版文化工程。编纂任务主要由武汉大学专家承担，并根据需要从中国人民大学、南京大学、中国艺术研究院、厦门大学、华中师范大学、陕西师范大学、扬州大学、中南民族大学、中南财经政法大学等高校或科研院所聘请了若干学者。南京大学卞孝萱先生、中华书局傅璇琮先生、中国社会科学院邓绍基先生等在学术上给我们提供了若干指导；参与这一工程的各位专家不辞辛苦，努力工作，保证了编纂进度和质量；武汉大学出版社鼎立支持《中国科举文化通志》的出版；所有这些，我们将永远铭记在心。

2015年4月13日

于武汉大学

目　录

钦定正嘉四书文

钦定隆万四书文

钦定启祯四书文

钦定清朝四书文

19

前　言

　　《钦定四书文》是清朝乾隆初年钦定颁行、为天下士人提供"制科之标准"的科举用书。明清时代的科举考试，要求士人对儒家经典进行阐释，由此形成了一种考试专用文体，通称"制义"。在此之外，这种专用文体还有其他多种称呼，如制艺、经义、时文、时艺等。最为现代读者所熟知的名称是"八股文"，这是从制义的结构与写法的角度来命名；至于"四书文"一称，则是因为明清科举考试题目取自《四书》，要求士子以八股文的形式阐发《四书》包含的义理。因此也可以通俗地说，《钦定四书文》一书是国家颁布的"八股文"标准。

　　制义的体式有一个逐渐变化的过程，制义的作者也有各自的风格。作为国家选拔人才的"大典"，科举考试需要给应试者和选拔者规定共同遵守的"绳尺"，从而保证科举考试的公平性和有效性。出于这种考虑，清高宗于乾隆元年命内阁学士方苞编定这部《钦定四书文》。方苞本人既是一位卓有成就的文学家，也是制义的大家，他以"清真雅正"为标准，选录明代制义 486 篇，依时代分为化治文、正嘉文、隆万文、启祯文四集，选录清初制义 297 篇，别为一集。所选文章，"大抵皆词达理醇，可以传世行远"（四库总目提要语）。《钦定四书文》一书作为科举考试的"标准"，所选也是制义的上乘之作，因此成为四库全书收录的唯一制义选本。本次标点注释即据四库全书本。

　　《钦定四书文》不仅是研究科举考试的一部不可或缺的文献，而且它在清代社会生活中发生的实际功用和影响，也决定了它在研究传统社会思想、文化、教育、文学诸方面的巨大价值。还需要特别指出的是，《钦定四书文》也绝非只对从事历史研究的学者有用，普通读者也可以从中获益。不少人对"八股文"存在着相当多的误解和偏见，认为八股文不过是科举时代士人进入仕宦之门的"敲门砖"，所说的不过是装腔作势的"门面语"和"口头禅"。殊不知，在传统社会的很多士人那里，儒学是身心性命之学，制义也是提高学养、检验进境的工具。对他们来说，写作八股文，有时是心有所得，探喉而出，有时是呕心沥血，铁肝镂肾。他们的制义，往往包含浓烈的情感和精微的义理，像本书所选黄淳耀、金声等人的一些作品，确实能够让读者感动奋发并获得理性的升华。对于《钦定四书文》中所选录的一些文章，我们不敢说它们一定是天壤间不可磨灭之文，但至少敢说这里面有很多天壤间不该磨灭之文。读一些这样的文章，无疑有助于身心修养的提高。也有不少人从对八股文的刻板印象出发，把制义想象成"空洞无物"，想象成"懒婆娘的裹脚，又臭又长"等。其实，至少就《钦定四书文》所选的制义来说，它们大多数是言之有物，表达得准确而精炼。平心而论，这些制义的确能够给我们的思维方式和"为文之道"带来启发。

与一般的古文相比，制义有其特殊之处，这是读者需要了解的。制义不是完全独立的文章，而是对指定的儒家经书原文进行阐释的文章。要求制义阐释的经文原文称为"题"，科举时代对制义格式的规定是："题"即经书原文低两格写出；制义没有一般文章所谓的"标题"，直接进入正文，正文另起，顶格书写，全文中间不分段。《钦定四书文》每篇制义之前类似"标题"的部分，其实是对经书原文即"题"的标识。经文的原文有短有长，采用这些类似标题的标识，不仅比较简省，也便于人们指称。

《钦定四书文》大体采用了三种方式来标识制义的"题"。第一种方式是直接将"题"全部写出，这种标识法一般用于文字较少的"题"，特别是一句题，如启祯文卷五陈子龙《君子疾没世而名不称焉》。严格地说，这篇制义应称为"陈子龙作'君子疾没世而名不称焉'一句题文"，"《君子疾没世而名不称焉》"只是变通性的表示方法。第二种标识方式是列出"题"的首句，后边以"章"、"节"、"段"、"句"为数量单位附注出题的范围。"章"、"节"等的划分均以朱熹的《四书集注》、《章句》为标准。其中"章"是基本单位，往往是对于一个话题的比较完整的记录，"章"以下是"节"、"段"、"句"。朱熹《四书集注》一般在分节处加注，根据《四书集注》可以清楚看到每章的节数以及每节的起止。"段"介于"节"与"句"之间，意义比较特殊，略相当于今天所说的并列关系复句。如，清朝文卷十二中所收王庭《智之实》二段题文，题目出自《孟子·离娄上》第二十七章第二节："智之实，知斯二者弗去是也；礼之实，节文斯二者是也。"至于制义本身，可采取相应的表示指称方式，如："蔡清作'吾十有五而志于学'一章题文"、"罗伦作'三月无君则吊'四节题文"、"钱福作'好仁者无以尚之'二段题文"、"李梦阳作'管仲相桓公'四句题文"。第三种方式，是列出"题"的首尾两句。《钦定四书文校注》采取的办法是在首、尾两句之间空二格，如化治文卷四王鏊《武王缵大王 及士庶人》，此题要求阐释《中庸》第十八章中"武王缵大王"一句至"及士庶人"之间的经文，这篇制义，可以表述为"王鏊作'武王缵大王'至'及士庶人'句题文"。

了解《钦定四书文》对制义"题"的标识方法，准确把握每篇制义所阐释经文的范围，对于理解作品非常重要。制义是对经书义理的阐发，"题"既确定，"文"即依"题"而定，把"题"中应有之义发挥出来，不得遗漏。同时，制义主体部分的论述不得超出"题"的范围，如果论及指定范围前后的经文内容，称为"侵上"或"侵下"，这在制义里属于比较严重的问题。另一方面，根据"题"与上下文关系的具体情况，有些制义在分股议论部分前后，应提及"题"前后的内容，这种做法称为"领上"、"落下"。如果不能掌握"题"的范围，就不容易准确理解作者的思路、行文的层次，也很难判断作者的得失，因此，《钦定四书文校注》在每篇制义后设有"题解"一栏，指明"题"的出处，列出经书原文。

深入地看，制义的"题"不仅包括经书的原文，也包括朱熹对于经书原文的"集注"。像其他古代典籍一样，对于《四书》句段的划分、文义的理解，也会存在不同的意见。明清时代科举考试规定"《四书》主朱子《集注》"（《明史·选举志》），士人写作制义，发挥《四书》所包含的义理，必须依据朱熹《四书集注》。因此，《钦定四书文校注》"题解"部分所列出的是朱熹的《四书集注》，而非单纯的四书原文。

以下简要介绍制义"文"的特点。制义内容上的特点，可以用"我注六经"和"六经注我"二语加以概括。所谓"我注六经"，指立言宗旨方面，制义目的在于阐释"六经"的义理；所谓"六经注我"，指的是语言材料方面，制义在论述一个问题时，往往大量引用儒家典籍中的相关记载，以"六经"中的事实材料和理论论述支撑自己的论点。制义引述的语言材料当然不限于"六经"，但讲究言不虚发，字字有来历，却无疑是制义的特色。针对制义的这一特色，《钦定四书文校注》的注释部分，重点即在于解说制义作者立言的"来历"。

与一般古文相比，制义"文"最根本的特点，则是它有一套特殊的格式要求。这些格式要求，在各个时代有一些变化，依据比较典型的制义形态，可以把制义大致分为五个部分：破题、承题、起讲、八股、收结。

破题，往往是用两句话点明"题"的含义和要点。这一部分，一般不直接出现具体的人名，而要用"代字"，如孔子代以"圣人"，孔门高弟、孟子代以"大贤"等。承题，一般是用三到四句散体文，承接破题的意义而加以说明、补充，使破题的意思更晓畅清晰。实际上，破题和承题可以视为一个"小全篇"，是制义作者以自己的语气，采用散句的形式，对经书的义理进行简洁的阐释。

起讲、八股，这是制义特色最鲜明的两个部分。从起讲开始，制义要"入口气"，即制义作者不再以自己的口气来议论问题，而是以他人的身分和口吻议论。最明显的是要求阐释孔子、孟子等圣贤的言论时，作者即用孔子、孟子等人的口吻议论，这就是人们常说的"代圣贤立言"。即使在一些叙事题、典章题等题型中，"口气"不太明显，但仍有别于一般文章。从"口气"这个角度看，起讲和八股应视为一体，是制义作者代他人立言的文字。

起讲是开始进入正式议论的部分，意在比较深入地说明题意，一般也是用散体文来写。明人制义起讲的句数较少；清人制义起讲的句数较多，一般在十句左右，开头常用"夫"、"且夫"、"尝思"、"尝谓"、"若曰"等词领起。前人还有一种说法，即在"起讲"之后再划分出一个"领题"或"入手"的环节。所谓"领题"或"入手"，主要是引出题目，点明要议论经文的前后界限，并引导出下文的分股议论。从实际情况看，一些制义中，"起讲"和"入手"两部分浑然一体，不容易明确划分出来，我们因此采用清代学者刘熙载在《经义概》里关于制义格式的看法，把"入手"的合并到"起讲"中。

八股部分，现代学者也称为"分股部分"。从内容上说，这一部分进一步申说起讲的内容，语言形式以对偶句为主，只有少量的起点明题面（"出题"）、衔接过渡（"过接")作用的散句。前人将制义称为"八股文",所谓的"股"就指这一部分的对偶句,一组对偶句计为两股。明代中期,比较典型的制义往往有"起股"、"中股"、"后股"、"束股"四组对偶句,合起来构成"八股"。"八股"也称"八比",即"起比"、"中比"、"后比"、"束比"。不过,"八股"、"八比"这种称呼容易误导读者,实际的情况是,"股"的数量比较灵活,多的可能有十几股,少的不到八股。此外,还有一些特殊写法也影响到"股"的数量。比如"两扇"的写法,"起讲"以后的部分由两个极长的对偶句构成,如清朝文卷一方舟《心正而后身修》二句题文;"三扇"的写法,如启祯文卷六杨廷麟《天命之谓性》一节题文,以三个并列的长句即三股分别阐释本节的三句经文;"四扇"的写法,如清朝文卷十四张江《充实之谓美》四节题文,以四个并列的长句即四股阐释经文的四节。因此,理解制义时,不应当拘泥于"八股"之说。

八股部分之后,是总结全篇的"收结"。明朝中前期,分股议论之后,制义作者可用自己的口吻联系古今进行大段议论,称为"大结"。明朝后期和清朝规定不用"大结",这样,"收结"一般比较短小,写法上可用散句,也可用对偶句。

这样,通篇制义的层次就是两个"总提"(破题和起讲),两个"分抒"(承题和八股),加上最后一个"总收"(收结)。具体到八股部分的层次,还应当注意到每股的起止。制义对偶句通常较长,一"股"往往由多个短句构成,有数十字到几百字之多,有时不易看出每股的起止。为了方便读者,我们在标点时采取了一些变通的办法以体现制义的"股法"。比如,对两股较长的对仗性文字,如果有可能,我们尽量把它们当成两个长句来处理,而不把每一"股"分成数个句子,以免整体的层次不清晰。这样一来,个别地方的标点符号仅起到"点断"的作用,与一般使用标点的方式有所不同。例如清朝文卷十二马世俊《孔子曰唐虞禅》一节题文:

> 然则唐虞以先无继乎,曰有之,五德递胜,何莫非神明之胄,乃当其贤,则颛顼可嗣轩辕之统,当其不贤,则帝挚不可续高辛之祀,唐虞择人而畀,亦犹行古之道耳,岂夏后而独有道更世改之嫌;然则殷周以后无禅乎,曰有之,百世难知,或更有非常之举,乃继非其人,则天命未改,犹有守府之思,禅非其人,则物望所凭,遂有篡窃之事,唐虞畴咨而命,早已立后之防矣,岂夏后而独无乱纪坠宗之惧?

同时,我们在处理对应的两"股"时,尽量照顾到两"股"的对称性问题,使两"股"断开后的小句子数量大致相等。这样,在个别地方,我们有不必断开而断开的情况,影响到语意的连贯性,这也是需要读者加以注意之处。

以下就本书有关情况作集中的说明:

一、本书依据四库全书本《钦定四书文》校点注释。四库全书本首载乾隆谕旨,次为方苞奏折,又次为凡例,正文则分为五集四十一卷。本书将"凡例"之前的乾隆谕旨、方苞奏折及四库总目提要列入书后"附录","凡例"改称"原书凡例"。

二、原书每篇包括文题、作者、正文、评点诸项,"题解"、"作者简介"及"注释"诸项为此次标点者所加。

三、原书中的避讳字、异体字均直接改为正字。原书中误字,本书正文中直接予以更正,个别问题在注释中加以说明。

四、文题项原书低二格书写,本书改为居中。少数篇名之后有"其一"、"其二"等字样,表示该文作者有同题文多篇,此为序号。

五、作者项依原书格式。一些篇目中,作者姓名后有"墨"、"程"字样(在本书目录中已省略),"墨"即"墨卷",表示该文为作者在乡试、会试中的场屋之作;"程"即"程文",表示该文是考官所作的示范性文章。

六、评点部分,原书标"自记"的,是制义作者本人的有关说明;标"原评"的,系方苞从其他选本中辑录的评点;至于方苞本人的评点,原书未加标识。本书在方苞的评点前加"评"字。

七、"作者简介"部分为本书所增。一般在作者首次出现时对作者加以介绍,介绍的重点是作者的科名、四书文的创作情况。

八、"题解"部分为本书所增。这一部分首先指出题目出处,再列出"经书"正文。在首次出现《四书》中某章的"题"时,附出该章全文,同时附出朱熹的"集注","集注"中注音的部分一般予以删节。再次出现该章的题文时,一般只附出与"题"相关的《四书》正文,根据理解制义内容的需要,部分篇目所附出的经文超出"题"的范围;同时注明"参见某卷某人某题文",表示在该文后附有"题"所涉及的《四书》正文整章及"集注",读者可以进行比对、查阅。

九、"注释"部分,主要对文中的词句加以解说,个别之处也对文章结构作了说明。

对古人来说,读懂四书文或许只是雕虫小技,但时至今日,读懂四书文却成了一桩难事。有些读者对四书文很感兴趣,但苦于不得其门而入;也有些人很热心地向社会介绍四书文,但他们自身的理解也常常有不准确之处。鉴于这种情况,我们倾注了极大的心力标注这部《钦定四书文》,希望对学术的积累有所贡献,也希望有助于社会大众对四书文的了解。在标注过程中,广东嘉应学院的汤克勤博士为我们提供了诸多帮助,在此谨表谢意。

原书凡例

一、明人制义，体凡屡变。自洪、永至化、治，百余年中，皆恪遵传注，体会语气，谨守绳墨，尺寸不逾。至正、嘉作者，始能以古文为时文，融液经史，使题之义蕴，隐显曲畅，为明文之极盛。隆、万间，兼讲机法，务为灵变。虽巧密有加，而气体茶然矣。至启、祯诸家，则穷思毕精，务为奇特，包络载籍，刻雕物情，凡胸中所欲言者，皆借题以发之。就其善者，可兴可观，光气自不可泯。凡此数种，各有所长，亦各有其蔽。故化、治以前，择其简要亲切、稍有精彩者；其直写传注、寥寥数语，及对比改换字面而意义无别者不与焉。正、嘉则专取气息醇古、实有发挥者；其规模虽具、精义无存，及剽袭先儒语录、肤廓平衍者不与焉。隆、万为明文之衰，必气质端重、间架浑成、巧不伤雅，乃无流弊；其专事凌驾、轻剽促隘、虽有机巧而按之无实理真气者不与焉。至启、祯名家之杰特者，其思力所造，途径所开，或为前辈所不能到。其余杂家，则偭弃规矩以为新奇，剽剥经子以为古奥，雕琢字句以为工雅，书卷虽富，辞气虽丰，而圣经贤传本义，转为所蔽蚀。故别而去之，不使与卓然名家者相混也。凡此数种，体制格调各不相类，若总为一集，转觉庞杂无章，谨分化、治以上为一集，正、嘉为一集，隆、万为一集，启、祯为一集，使学者得溯其相承相变之源流而各取所长。至于我朝，人文蔚起，守洪、永以来之准绳而加以变化，探正、嘉作者之义蕴而挹其精华，取隆万之灵巧、启祯之恢奇而去其轻浮险谲，兼收众美，各名一家，合之共为一集。前代之文总四百八十六篇，国朝之文总二百九十七篇。昔宋臣曾巩尝称诗书之文，作者非一，相去千余年，而其所发明更相表里，如一人之说，惟其理之一也。况制科之文，诂四子之书者乎？故凡所录取，皆以发明义理、清真古雅、言必有物为宗，庶可以宣圣主之教思，正学者之趋向。

一、唐臣韩愈有言"文无难易，惟其是耳"。李翱又云"创意造言，各不相师，而其归则一"，即愈所谓"是"也。文之清真者，惟其理之是而已，即翱之所谓"创意"也。文之古雅者，惟其辞之是而已，即翱之所谓"造言"也。而依于理以达其词者，则存乎气。气也者，各称其资材而视所学之浅深以为充歉者也。欲理之明，必溯源六经而切究乎宋元诸儒之说；欲辞之当，必贴合题义而取材于三代、两汉之书；欲气之昌，必以义理洒濯其心，而沉潜反复于周秦盛汉唐宋大家之古文。兼是三者，然后能清真古雅而言皆有物。故凡用意险仄纤巧而于大义无所开通，敷辞割裂卤莽而于本文不相切

1

比，及驱驾气势而无真气者，虽旧号名篇，概置不录。

一、有明正、嘉以前先辈之文，有极平淡简朴而清古可味者，惟间存一二。盖必天资最高、变化于古文久乃得之，非中材所能仿效也。启、祯杂家余习，至于国初犹未能尽涤，一时名稿中颇有脍炙人口，而按以文律、求以题义则未能吻合，不可以为法程者，必严辨而慎取之。至乡会试闱墨，则有其文未为极致而章妥句适、脉理清晰，亦间存一二，俾中材之士得量其力所能至而取道焉，庶不致茫无畔岸而误入于歧途也。

一、先辈名家小题文，多备极巧心，但美不胜收，且非乡会场程式，兹编不录。其单句有实理可发挥，及中截数句承上起下、转关过脉者，或上全下偏、下全上偏者，仍自入选。

一、向来程、墨、房书、行书各有专选，今总为一集，惟程、墨于本篇人名下注记，余不细加区别。间有生前未与甲乙科而文已行世、不可泯没者，亦并登选，俾皓首穷经之士无遗憾于泉壤焉。

一、文章之道与年俱进，故曹植自言其文必随时改定。每见名家文稿，多晚年自订，或生徒编辑，往往有与初本绝不相类者，故凡其人现存者，文皆不录。

一、文之义蕴深微、法律变化者，必于总批、旁批揭出，乃可使学者知所取法。然题有定理，理无二致，其中指要若已经前人阐发，不可复易，则仍旧承用，以"原评"二字别之。

一、前人流传名篇，间有字句率易、义理或未妥者，向来各家选本多有节删互异之处，今择其犹当者从之。其未经诸选摘发而稍加改易者，亦间有之。至于全文俱佳、语句偶讹、难为改易者，必细摘出，亦恐贻误后学。

一、是集奉旨编定，将以颁行直省学宫，照进呈本格式锓板，庶体制庄重可垂永久。至颁行之后，书坊翻刻，任其仍用活字小板，以便广为流布。

【钦定化治四书文】

成化（1465—1487）为明宪宗朱见深年号，弘治（1488—1505）为明孝宗朱祐樘年号，两朝共举行十四科会试。本集所选实际包括少量成化以前的制义。

钦定化治四书文卷一（《大学》）

君子贤其贤而亲其亲　二句

李时勉　程

即后世思慕之心，知前王新民之德，此子曾子①言文武②新民之止于至善也。使文武新民之功不止于至善，又焉能使后世之人仰其德而思慕之不忘哉？盖谓有周之兴，文武之为君也，以圣继圣，以尽为君之道者备矣；建功立业，以贻后人之谋者至矣。是故不显惟德，百辟其刑之③，此文武德业之盛也，今也文武既已往矣，而其德业之盛，则不与之俱往，后贤仰之而思有以宗其德焉；燕及皇天，克昌厥后④，此文武覆育之恩也，今也文武既已远矣，而其覆育之恩则不与之俱远，后王念之而思有以保其绪焉。故曰君子贤其贤而亲其亲者，此也。怀保小民，惠鲜鳏寡⑤，此文武之所以安民也，今也文武不可见矣，而其安民之功犹在，后世之民含哺鼓腹⑥，莫不赖之以遂其生焉；制其田里，教之树畜⑦，此文武之所以利民也，今也文武不可作矣，而其利民之惠犹在，后世之民畊田凿井⑧，莫不赖之以得其养焉。故曰小人乐其乐而利其利者，此也。曰贤，曰亲，有以见前王之德愈久而不泯；曰乐，曰利，有以见前王之德愈远而不息。不惟当世之人得其所，后世之人亦莫不得其所。文武新民之止于至善也，为何如哉？

【评】前辈用经语，能与题义切比，故若自己出。录之以存制义初范。　　本题重在"前王"之系属"君子"、"小人"处，是作亦最合释《诗》体。

【作者简介】

李时勉（1374—1450），名懋，以字行，江西安福人。永乐二年（1404）进士，选庶吉士，历官侍讲学士，掌院事兼经筵官，国子监祭酒。性刚鲠敢言，慨然以天下为己任，多所建议，先后忤成祖、仁宗，宣宗至命武士扑以金瓜，几死。英宗北狩，时勉日夜悲恸以卒，谥文毅。成化五年（1469），改谥忠文。有《古廉集》。

【题解】出自传第三章。朱熹《大学集注》将《大学》分为经一章、传十章，以下注均依朱熹《集注》标明其次序。

《诗》云："邦畿千里，惟民所止。"（《诗》，《商颂·玄鸟》之篇。邦畿，王者之都也。止，居也，言物各有所当止之处也。）《诗》云："缗蛮黄鸟，止于丘隅。"子曰：

"于止，知其所止，可以人而不如鸟乎！"（缉，《诗》作绵。《诗》，《小雅·绵蛮》之篇。缉蛮，鸟声。丘隅，岑蔚之处。子曰以下，孔子说诗之辞。言人当知所当止之处也。）《诗》云："穆穆文王，於缉熙敬止！"为人君，止于仁；为人臣，止于敬；为人子，止于孝；为人父，止于慈；与国人交，止于信。（《诗》，《文王》之篇。穆穆，深远之意。於，叹美辞。缉，继续也。熙，光明也。敬止，言其无不敬而安所止也。引此而言圣人之止，无非至善。五者乃其目之大者也。学者于此究其精微之蕴，而又推类以尽其余，则于天下之事，皆有以知其所止而无疑矣。）《诗》云："瞻彼淇澳，菉竹猗猗。有斐君子，如切如磋，如琢如磨。瑟兮僴兮，赫兮喧兮。有斐君子，终不可諠兮！"如切如磋者，道学也；如琢如磨者，自修也；瑟兮僴兮者，恂栗也；赫兮喧兮者，威仪也；有斐君子，终不可諠兮者，道盛德至善，民之不能忘也。（《诗》，《卫风·淇澳》之篇。淇，水名。澳，隈也。猗猗，美盛貌。兴也。斐，文貌。切以刀锯，琢以椎凿，皆裁物使成形质也。磋以鑢锡，磨以沙石，皆治物使其滑泽也。治骨角者，既切而复磋之。治玉石者，既琢而复磨之。皆言其治之有绪，而益致其精也。瑟，严密之貌。僴，武毅之貌。赫喧，宣著盛大之貌。諠，忘也。道，言也。学，谓讲习讨论之事。自修者，省察克治之功。恂栗，战惧也。威，可畏也。仪，可象也。引《诗》而释之，以明明明德者之止于至善。道学、自修，言其所以得之之由。恂栗、威仪，言其德容表里之盛。卒乃指其实而叹美之也。）《诗》云："於戏前王不忘！"君子贤其贤而亲其亲，小人乐其乐而利其利，此以没世不忘也。（《诗》，《周颂·烈文》之篇。於戏，叹辞。前王，谓文、武也。君子，谓其后贤后王。小人，谓后民也。此言前王所以新民者止于至善，能使天下后世无一物不得其所，所以既没世而人思慕之，愈久而不忘也。此两节咏叹淫泆，其味深长，当熟玩之。）（右传之三章。释"止于至善"。）

【注释】

① 《大学》原为《礼记》之篇目，传为曾子所作。朱熹《大学章句序》谓："此篇者，则因小学之成功，以著大学之明法……三千之徒，盖莫不闻其说，而曾氏之传独得其宗，于是作为传义，以发其意。"

② 文武：周文王、周武王。

③ 原诗见《诗经·周颂·烈文》，又《中庸》三十三章："诗曰：'不显惟德！百辟其刑之。'"不显，今人多译为"丕显"，朱熹《中庸集注》释为"岂不显"。辟，君王。刑，通"型"，示范，效法。谓先王之德，后世君王当效法。

④ 语本《诗经·周颂·雝》："宣哲维人，文武维后。燕及皇天，克昌厥后。"《诗集传》："燕，安也。此美文王之德。宣哲则尽人之道，文武则备君之德。故能安人以及于天，而克昌其后嗣也。"

⑤ 语本《尚书·周书·无逸》："周公曰：'呜呼！厥亦惟我周太王、王季，克自抑畏。……徽柔懿恭，怀保小民，惠鲜鳏寡。'"蔡沉《集传》谓："（文王）于小民则怀保之，于鳏寡则惠鲜之。惠鲜云者，鳏寡之人，垂首丧气，赍予啊给之，使之有生意也。"

⑥ 含哺鼓腹：百姓口含食物，手拍肚子，嬉戏游玩，形容太平时代无忧无虑的生活。语本《庄子·马蹄》："夫赫胥氏之时，民……含哺而熙，鼓腹而游。"

⑦ 制其田里，教之树畜：本为描述周文王善政，语本《孟子·尽心上》："所谓西伯善养老者，制其

田里，教之树畜。"朱熹《集注》："田，谓百亩之田。里，谓五亩之宅。树，谓耕桑。畜，谓鸡彘也。"

⑧ 畊田凿井：泛指百姓安乐而淳朴的生活。畊：同"耕"。《帝王世纪》所载尧时《击壤歌》："日出而作，日入而息，凿井而饮，耕田而食，帝力于我何有哉?"

身有所忿懥 八句

薛　瑄

惟心之用有不察，故不能不失其正也。盖喜怒忧惧，贵乎随感而应也；苟豫有之而不察，心欲其正，得乎?《大学》释修身在正其心之义，谓夫人之一心，有体焉，有用焉。精蕴于中而未发者，则为浑然之体；情见乎外而已发者，则为灿然之施。是故忿懥者，怒心之发而为情者也。人孰无怒乎? 怒在物可也，在心不可也。苟忿懥之心一发而不察，则反为情欲所牵，于是乎有不当怒而怒者矣，奚其正? 恐惧者，畏心之发而为情者也。人孰无畏乎? 畏在理可也，在心不可也。苟恐惧之心一发而不察，则反为利害所惑，于是乎有不当畏而畏者矣，奚其正? 至于喜心所发则为好乐之情，人不能无也。使得其道，而心果何所累哉? 苟或一于好乐而不察，则邪妄之诱引将无所不至矣，又奚其正? 虑心所发则为忧患之情，人亦不能无也。使中其节，而心果何所系哉? 苟或一于忧患而不察，则顾忌之惶惑将无所不至矣，又奚其正? 是其物之未来也，而迎之以意必①，已失乎浑然大公之体；及物之既往也，而留之以固我，又乖乎灿然顺应之常。此情之所以不制，心之所以不正。欲正心者，乌可以不察哉?

【评】"心"兼体用，与"意"不同，有所虽在动处见，而病根则静时已伏。故次节注"敬以直之"及总注"密察此心存否"云云，皆合"动"、"静"言之。精细浑全，深心体认之作。

【作者简介】

薛瑄（1393—1464），字德温，号敬轩，山西河津人。永乐十八年（1420）举河南乡试第一，明年成进士。官至礼部右侍郎，入阁预机务。瑄究心理学，为明初大儒。卒谥文清，弘治中，给事中张九功请从祀文庙，诏祀于乡，给事中杨廉请颁《读书录》于国学，俾六馆诵习。且请祠名，诏名"正学"。隆庆六年（1572），允廷臣请，从祀先圣庙庭。有《薛文清集》等。

【题解】出自传第七章。

所谓修身在正其心者，身有所忿懥，则不得其正；有所恐惧，则不得其正；有所好乐，则不得其正；有所忧患，则不得其正。（程子曰："'身有'之'身'当作'心'。"……忿懥，怒也。盖是四者，皆心之用，而人所不能无者。然一有之而不能察，则欲动情胜，而其用之所行，或能不失其正矣。）心不在焉，视而不见，听而不闻，食而不知其味。（心有不存，则无以检其身，是以君子必察乎此而敬以直之，然后此心常存而身无不修也。）此谓修身在正其心。（右传之七章。释正心修身。……盖意诚则真无恶而

5

实有善矣，所以能存是心以检其身。然或但知诚意，而不能密察此心之存否，则又无以直内而修身也。）

【注释】

① 意必：及下文"固我"，俱本《论语·子罕》"子绝四：毋意，毋必，毋固，毋我"，《集注》谓："意，私意也。必，期必也。固，执滞也。我，私己也。四者相为终始。起于意，遂于必，留于固，而成于我也。盖意必常在事前，固我常在事后。至于我又生意，则物欲牵引，循环不穷矣。"

钦定化治四书文卷二（《论语》上）

吾十有五而志于学　一章

蔡　清

圣人希天①之学，与时偕进也。夫学与天为一，学之至也。然而有渐也，故与时偕进。圣人且然，况学者乎？若曰：人生之初，浑然天也，少长而趋于物欲，则丧其天。故吾于成童之时，用志不分，以其全力而向于学，务求纯乎天德而后已。志学，固知所用力矣，犹未得力也，加以十五年之功，三十而壮②，则天德为主而人欲不能夺之矣；立，则固守之也，非固有之也，加以十年之力，四十而强，则心源澄彻而渣滓为之浑化矣。不惑，固明诸心也，未及一原也，又十年而五十，而义理之所自来、性命之所自出，一以贯之而无遗矣；知天命，固与天通也，或未合一也，又十年而六十，则声入心通者，若决江河，莫之能御矣。吾未七十，犹未敢从心也，从之犹未免于逾矩，未与天一也。自六十而又进焉，然后天即我心，我心即天，念念皆天则矣。吁！始而与时偕行，终而与时偕极，圣人之学盖如此。

【原评】段段于交会中勘出精意，见得圣人逐渐进学，并非姑为设教语意。

【评】文如讲义，然此题须体贴圣学功候，非实理融浃于胸中，讵能言之简当若此？

【作者简介】

蔡清（1453—1508），字介夫，别号虚斋，福建晋江人。举成化十三年（1477）乡试第一，二十年（1484）成进士，即乞假归，讲学山中。正德初起江西提学副使，三年卒，年五十六。蔡清究心理学，与其友朋弟子形成“清源学派”。嘉靖八年，其子存远以所著《易蒙引》、《四书蒙引》进于朝，诏为刊布，万历中追谥文庄。《四书蒙引》为明代重要“四书”类著作，另有《虚斋文集》等。

【题解】出自《为政·吾十有五而志于学》。

子曰：“吾十有五而志于学，（古者十五而入大学。心之所之谓之志。此所谓学，即大学之道也。志乎此，则念念在此而为之不厌矣。）三十而立，（有以自立，则守之固而无所事志矣。）四十而不惑，（于事物之所当然，皆无所疑，则知之明而无所事守矣。）五十而知天命，（天命，即天道之流行而赋于物者，乃事物所以当然之故也。知此则知极其精，而不惑又不足言矣。）六十而耳顺，（声入心通，无所违逆，知之之至，不思而得也。）七十而从心所欲，不逾矩。"（随其心之所欲，而自不过于法度，安而行之，不勉而中也。程子曰："孔子生而知之也，言亦由学而至，所以勉进后人也。立，能自立于斯道也。不惑，则无所疑矣。知天命，穷理尽性也。耳顺，所闻皆通也。从心所欲，不逾矩，则不勉而中矣。"又曰："孔子自言其进德之序如此者，圣人未必然，但为学者立法，使之盈科而后进，成章而后达耳。"胡氏曰："圣人之教亦多术，然其要使人不失其本心而已。欲得此心者，惟志乎圣人所示之学，循其序而进焉。至于一疵不存、万理明尽之后，则其日用之间，本心莹然，随所意欲，莫非至理。盖心即体，欲即用，体即道，用即义，声为律而身为度矣。"又曰："圣人言此，一以示学者当优游涵泳，不可躐等而进；二以示学者当日就月将，不可半途而废也。"愚谓圣人生知安行，固无积累之渐，然其心未尝自谓已至此也。是其日用之间，必有独觉其进而人不及知者。故因其近似以自名，欲学者以是为则而自勉，非心实自圣而姑为是退托也。后凡言谦辞之属，意皆放此。）

【注释】

① 希天：仰慕上天，谓使道德、修养等达到最高的境界。周敦颐《通书·志学》："圣希天，贤希圣，士希贤。"

② 三十而壮：与下文"四十而强"均出自《礼记·曲礼上》："人生十年曰幼，二十曰弱，三十曰壮，四十曰强"。

学而不思则罔　一节
顾　清

圣人论学与思废一不可也。夫君子，合内外而成性者也。思也，学也，可偏废哉？且君子所当用力者，心与事而已矣。心原于一，而足以管天下之理；事散于万，而实不外于一心之微。是心与事为一，则学与思不可偏废者也。学者，习其事也，博文以益其知，考迹以利其用，其谁能废学也？然学者，事也。事必有理以主之，理具于心，而心之官则思①而已矣。不思则不能通微，故学必待思，而后可以融至理也。不然，则记诵徒勤，玩物而非穷理；成法虽效，蹈袭而非体验。义理之精微，终归于茫昧而已，安望其浃洽于中哉？思者，求诸心也，测度以探其精微，绅绎以索其旨趣，其谁能废思也？然思者，理也。理必有事以载之，事资于学，而学之道则习而已矣。不习则不能悦心，故思必待学，而后可以收实效也。不然，则审虑虽详，非有考据之真见；研究徒切，未尝实践于躬行。事理之精当，终归于惶惑而已，安望其怡然理顺哉？是知学而能思，学益明矣；思而能学，思益实矣。交养互发之机熟，其进岂能已哉？

【评】稳切深透，语皆明洁。

8

【作者简介】

顾清（1460—1528），字士廉，松江华亭人。弘治五年（1492）乡试，主考王鏊比之苏轼，拔置第一，明年成进士，改庶吉士，授编修，官至礼部右侍郎。嘉靖初卒，谥文僖。能诗，文章简练醇雅，自娴法律。著有《东江家藏集》四十二卷、《松江府志》三十二卷等。《明史》本传称顾清等"于文学侍从之选，均无愧诸"。《制义丛话》卷四引俞长城："顾东江洁己奉公，恬淡乐道，故其文亦有高峻之风。"

【题解】 出自《为政·学而不思则罔》。

子曰："学而不思则罔，思而不学则殆。"（不求诸心，故昏而无得。不习其事，故危而不安。程子曰："博学、审问、慎思、明辨、笃行五者，废其一，非学也。"）

【注释】

① 心之官则思：心的功能就是思维，出自《孟子·告子上》："心之官则思，思则得之，不思则不得也。"

哀公问社于宰我　一章

罗　伦

圣人于论社者①而规之，重民之意微矣。夫社以为民，非威民也，斯圣人规宰我之微意乎？且王者右社②之制，为民树建，与国存亡③，其意固深远哉！何哀公问社而宰我谬为置对也？彼坛壝非美观也，尸祝④非具文⑤也，引三代之遗规，寓子民⑥之大略，无不可者。胡仅仅焉以松言夏，以柏言殷耶？以栗言周，以使民战栗言周之栗耶？是崇德报功⑦之典，为一木之支，爇蒿凄怆⑧之场，为馘⑨断之具，谬已甚矣。将谓封殖不忘⑩以示重也，则先王之所递昭事者，不在乔木⑪也；即为弱主失驭以劝戒也，则当日之所姑息者，亦不在齐民⑫也。民怀危疑，益为贰⑬鲁者树党矣。夫子闻之，不欲显言其失。第慨然叹曰：天下事未成，可说也；成而说之，无益也。未遂，可谏也；遂而谏之，无益也。将来，可咎也；往而咎之，无益也。予也，真谓社以木重而周制为威民乎？出于言者之口，一出而不可收矣；入于听者之耳，一入而不可破矣。吾且奈之何哉？于此见国事不容轻议，君心最忌先入。为国为民，务片辞而关宗社之画；审理审势，宁阙如⑭而俟綦实⑮之精。圣人婉规之意盖如此。

【评】 纯以炼胜，亦开倡风气之作。须识其丰骨清峻、胎息《左》《国》之神，非可于局调间刻摹形似者。

【作者简介】

罗伦（1431—1478），字彝正，号一峰，学者称一峰先生，江西永丰人。成化二年丙戌（1466）殿试，对策万余言，直斥时弊，擢第一，授翰林院修撰。逾二月，大学士李贤奔丧毕，奉诏还朝，罗伦上疏极论其非，忤宪宗，谪福建市舶司副提举。贤卒，以学士商辂言召复原职，改南京，寻引疾归，遂不复出。居金牛山，筑室著书其中，四方从学者甚众。成化十四年（1478）卒，年四十八。嘉靖初，追谥文毅。《明史》本传谓其侃侃廷诤，"皎然志节之士"，有《一峰集》等，四库提要谓"刚劲之气，形于楮墨，诗亦磊砢不凡"。

【题解】 出自《八佾·哀公问社于宰我》。

哀公问社于宰我。宰我对曰："夏后氏以松，殷人以柏，周人以栗，曰使民战栗。"（宰我，孔子弟子，名予。三代之社不同者，古者立社，各树其土之所宜木以为主也。战栗，恐惧貌。宰我又言周所以用栗之意如此。岂以古者戮人于社，故附会其说与？）子闻之曰："成事不说，遂事不谏，既往不咎。"（遂事，谓事虽未成，而势不能已者。孔子以宰我所对，非立社之本意，又启时君杀伐之心，而其言已出，不可复救，故历言此以深责之，欲使谨其后也。尹氏曰："古者各以所宜木名其社，非取义于木也。宰我不知而妄对，故夫子责之。"）

【注释】

① 论社者：指宰我。四书文的"破题"部分，一般不直接出现具体的人名，故这里以"论社者"代替宰我。

② 右社：社指祭祀土地神的建筑。《周礼·考工记》："匠人营国……左祖右社，面朝后世。"《礼记·祭义》："建国之神位，右社稷而左宗庙。"谓都城的格局是在朝廷宫殿右边建立"社"。

③ 社与政权共存，《白虎通义·社稷》："王者、诸侯必有诫社何？示有存亡也。……《郊特牲》曰：'丧国之社，屋之。'……《礼》曰：'亡国之社稷，必以为宗庙之屏。'示贱之也。"

④ 尸祝：古代祭祀时对神主掌祝的人，主祭人。

⑤ 具文：空文；徒具形式而不起实际作用的规章制度。

⑥ 子民：爱民如子，爱护百姓。

⑦ 崇德报功：封拜赏赐有德有功的人。语出《书·武成》："敦信明义，崇德报功。"孔传："有德尊以爵，有功报以禄。"《白虎通义·社稷》："王者所以有社稷何？为天下求福报功。"又，"大夫有民，其有社稷者，亦为报功也。"

⑧ 焄（xūn）蒿凄怆：语出《礼记·祭义》："焄蒿凄怆，此百物之精也。"孔颖达疏谓："焄，谓香臭也，言百物之气，或香或臭。蒿，谓烝出貌，言此香臭烝而上，出其气蒿然也。凄怆者，谓此等之气，人闻之情有凄有怆。"

⑨ 虣（bào）：通"暴"，暴虐。《周礼·地官·司虣》："禁其斗嚣者，与其虣乱者。"

⑩ 封殖：培土植树以为边界，泛指分封疆土。《左传·昭公二年》："宿敢不封殖此树，以无忘《角弓》。"

⑪ 乔木：《孟子·梁惠王下》："所谓故国者，非谓有乔木之谓也，有世臣之谓也。"《集注》谓："乔木世臣，皆故国所宜有。然所以为故国者，则在此而不在彼也。"按：此句意思是说，假如宰我是为了提醒鲁哀公不忘先王封殖的话，那也用不着这种说法，因为治国所重本不在所谓"乔木"。

⑫ 齐民：平民，《管子·群臣下》："齐民食于力，则作本。"

⑬ 贰：背离，怀有二心。此句谓威吓百姓，适足以为渊驱鱼，给哪些怀有二心的人增添力量。

⑭ 阙如：空缺，此指不无知而妄言。《论语·子路》："君子于其所不知，盖阙如也。"

⑮ 窾（kuǎn）实：虚实。

管仲之器小哉 一章

商 辂

圣人陋①霸臣之器而两辟伸之者②之说焉。夫管仲以其君霸，天下尊之久矣。器小之论，独自圣人发之，宜或人之未喻③也。且夫子亦尝大管仲之功矣④，今曰器小者，何哉？盖功之大者，才有余于霸；器之小者，量不足于王⑤也。然夫子未尝尽言，而或者眩于名实，因欲救而解之。谓俭则必固⑥，器小其似也，仲之为人，得无俭乎？不知俭者德之共也⑦，帝王以节道示天下，惟此耳。三归⑧之丽，家臣之冗，奢莫甚焉，曾是而可为俭哉？此夫子所以致斥也。或者又谓器小而复不俭，或几于礼矣，仲之为人，殆知礼乎？不知礼者国之维⑨也，帝王以中道防天下，惟此耳。树门之塞，反爵之坫，僭莫甚焉，曾是而为知礼哉？此夫子所以重斥也。奢而犯礼，其无修身正心之学可知。斯言虽若为俭与知礼者辨，而器之所以小，亦自可见矣。然则器大何如？君子而已。

【评】高古跳脱，其夹叙夹断，使题之层折无不清出，开后人无限义法。

【作者简介】

商辂（1414—1486），字弘载，号素庵，浙江淳安人。宣德十年（1435）举乡试第一，正统十年（1445）会试、殿试第一，除修撰，官至大学士。时称贤相，卒谥文毅。著有《商文毅疏稿略》、《商文毅公集》，纂有《宋元通鉴纲目》等。《明史》本传称："终明之世，三试第一者，辂一人而已"，"辂为人平粹简重，宽厚有容，至临大事，决大议，毅然莫能夺"。

【题解】出自《八佾·管仲之器小哉》。

子曰："管仲之器小哉！"（器小，言其不知圣贤大学之道，故局量褊浅、规模卑狭，不能正身修德以致主于王道。）或曰："管仲俭乎？"曰："管氏有三归，官事不摄，焉得俭？"（或人盖疑器小之为俭。三归，台名。事见《说苑》。摄，兼也。家臣不能具官，一人常兼数事。管仲不然，皆言其侈。）"然则管仲知礼乎？"曰："邦君树塞门，管氏亦树塞门；邦君为两君之好，有反坫，管氏亦有反坫。管氏而知礼，孰不知礼？"（或人又疑不俭为知礼。屏谓之树。塞，犹蔽也。设屏于门，以蔽内外也。好，谓好会。坫，在两楹之间，献酬饮毕，则反爵于其上。此皆诸侯之礼，而管仲僭之，不知礼也。愚谓孔子讥管仲之器小，其旨深矣。或人不知而疑其俭，故斥其奢以明其非俭。或又疑知礼，故又斥其僭，以明其不知礼。盖虽不复明言小器之所以然，而其所以小者，于此亦可见矣。故程子曰："奢而犯礼，其器之小可知。盖器大，则自知礼而无此失矣。"此言当深味也。苏氏曰："自修身正家以及于国，则其本深，其及者远，是谓大器。扬雄所谓'大器犹规矩准绳'，先自治而后治人者是也。管仲三归反坫，桓公内嬖六人，而霸天下，其本固已浅矣。管仲死，桓公薨，天下不复宗齐。"杨氏曰："夫子大管仲之功而小其器。盖非王佐之才，虽能合诸侯、正天下，其器不足称也。道学不明，而王霸之略混为一途。故闻管仲之器小，则疑其为俭，以不俭告之，则又疑其知礼。盖世方以诡遇为功，而不知为之范，则不悟其小宜矣。"）

【注释】

① 陋：认为……狭小，看不起。

② 两辟伸之者：两次驳斥错误引申自己话的人。辟，驳。伸，引申，述说。按：孔子认为管仲"器小"而未明言其因，有人就从管仲"俭"和"知礼"两个方面来理解孔子的意思。

③ 喻：知晓，明白。

④《论语·宪问》载孔子称赞管仲事。回答子路，曰："桓公九合诸侯，不以兵车，管仲之力也。如其仁！如其仁！"回答子贡，曰："管仲相桓公，霸诸侯，一匡天下，民到于今受其赐。微管仲，吾其被发左衽矣。"

⑤ 王，这里指推行王道。

⑥ 固：固陋。"俭则必固"语出《论语·述而》："子曰：'奢则不孙，俭则固。与其不孙也，宁固。'"《集注》："孙，顺也。固，陋也。奢俭俱失中，而奢之害大。"

⑦ 语出《左传·庄公二十四年》："御孙曰：臣闻之，俭，德之共也；侈，恶之大也。"

⑧ 三归：其义有不同解释，或以为娶三姓之女，或以为有三处家庭，或以为有三处采邑。刘向《说苑·善说》以为台名，此说为朱熹所取。

⑨ 礼、义、廉、耻为国之"四维"。《管子·牧民》："守国之度，在饬四维。……四维不张，国乃灭亡。"

仪封人请见　一节

薛　瑄

封人未见圣而思之切，既见圣而叹之深。夫天不丧道，二三子①可无患矣，封人信之以天，所以一见而有木铎之叹也。惟时孔子辙环②至卫，适于仪。有隐君子③者韬迹于封疆之间，其姓与名不可得传矣。封人，其官也。彼其望圣人而若企④，前从者而陈词，曰：君子之至于斯也，吾未尝不得见也。此其意笃而至，语恭而周。贤哉封人！其若弗克见⑤之思，有足多⑥者。逮⑦乎从者见⑧之，而封人遂有慨乎其中也，乃出而叹曰：二三子，何患于丧乎？盖否而必泰者，天也；往而必返⑨者，势也。况乎有其具，不患无其施；而诎⑩于藏，当必大于用。则今天下聋聩，舍夫子其谁起？故曰天下之无道也久矣，天将以夫子为木铎。噫，夫子生不遇于时，如仪封人者，亦可为倾盖之交⑪也。

【原评】不但说得当日意思如见，其文体高妙，亦当于唐宋人求之。

【评】简淡闲逸，而叙次议论一一管到。作者制义特其绪余，笔墨之洒落，自关胸次也。

【题解】出自《八佾·仪封人请见》。

仪封人请见。曰："君子之至于斯也，吾未尝不得见也。"从者见之。出曰："二三子，何患于丧乎？天下之无道也久矣，天将以夫子为木铎。"（仪，卫邑。封人，掌封疆之官，盖贤而隐于下位者也。君子，谓当时贤者。至此皆得见之，自言其平日不见绝于贤者，而求以自通也。见之，谓通使得见。丧，谓失位去国，礼曰"丧欲速贫"是也。木铎，金口木舌，施政教时所振，以警众者也。言乱极当治，天必将使夫子得位设教，不久失位也。封人一见夫子而遽以是称之，其所得于观感之间者深矣。或曰："木铎所以狗于道路，言天使夫子失位，周流四方以行其教，如木铎之狗于道路也。"）

【注释】

① 二三子：诸位。如《左传·僖公三十三年》："孤违蹇叔，以辱二三子，孤之罪也。"在《论语》中为孔子称其学生或别人（年长或爵高的人）称孔子学生之词。

② 辙环：亦作"辙轘"，周游各地。韩愈《进学解》："昔者孟轲好辩，孔道以明，辙环天下，卒老于行。"

③ 隐君子：原指隐居逃避尘世的人。《史记·老子韩非列传》："老子，隐君子也。"

④ 企：踮起脚跟望，有企慕之意。《荀子·劝学》："吾尝企而望矣"。

⑤ 若弗克见：好像担心见不到圣人（此指孔子）。克，能。语出《尚书·君陈》："凡人未见圣，若不克见；既见圣，亦不克由圣。"

⑥ 多：赞许，推崇。

⑦ 逮：赶上，及，到。

⑧ 见：旧读 xiàn，使被接见，引见。

⑨ 此二句用《易经》语。否、泰为《易经》卦名，天地不交谓之否，天地交谓之泰。此二卦用于表示运数的穷通，分别表示失利与顺利，易理认为天道运行，"否极泰来"。"往而必返"用《易·泰》语："九三：无平不陂，无往不复。"

⑩ 诎：屈。

⑪ 倾盖之交：盖，车盖。行道相遇，停车而语，车盖接近。表示一见如故，引为知己。《史记·鲁仲连邹阳列传》："谚曰：'有白头如新，倾盖如故。'何则？知与不知也。"

子谓韶尽美矣　二句

顾　清

圣人赞有虞之乐①，文②备而情亦备焉。夫乐，乃功德之形容③也，大舜之乐，有以极情文之备如此，岂复有过之者哉？夫子称而赞之，所感深矣。且一代之兴，必有一代之乐。羲黄④以降，作者非一人矣，而舜之《韶》何其盛乎？盖其本蕴蓄于升闻绍位⑤之初，而其制大备于治定功成⑥之日。笙镛琴瑟⑦，有以极音律之和，而闻之者心融；干戚羽旄⑧，有以备物采之华，而观之者忘倦。歌九德而间九功⑨，雍雍⑩乎凤鸟之和鸣也，而声孰尚之？舞九韶而协九奏⑪，跄跄乎百兽之率舞⑫也，而容孰尚之？谓之尽美，信乎其文之备而无以复加矣。然其中又有尽善者存焉。盖其声之美，不止于音律之和也，而咸宁⑬之化，实洋溢乎其中；其容之美，不止乎物采之华也，而至德之光，实交畅于四表⑭。揄扬咏叹，依稀乎文明濬哲⑮之风，音有尽而意无穷也；俯仰周旋，想象乎揖逊⑯雍容之状，心悦之而口不能言也。谓之尽善，则美之中又有实焉，而非徒以其文矣。《韶》之为乐，其盛也一至此哉？

【原评】文有合用传注者，亦须镕化，不可直写。此作将功德即镕化在美、善中，何等浑全。

【题解】出自《八佾·子谓韶尽美矣》。

子谓韶，"尽美矣，又尽善也。"谓武，"尽美矣，未尽善也"。（韶，舜乐。武，武王乐。美者，声容之盛。善者，美之实也。舜绍尧致治，武王伐纣救民，其功一也，故其乐皆尽美。然舜之德，性之也，又以揖逊而有天下；武王之德，反之也，又以征诛而得天下，故其实有不同者。程子曰："成汤放桀，惟有惭德，武王亦然，故未尽善。尧、舜、汤、武，其揆一也。征伐非其所欲，所遇之时然尔。"）

【注释】

① 有虞之乐：即《韶》。有虞即舜，舜乐即《韶》。

② 文：文采，形式上的美。《礼记·乐记》："情动于中，故形于声，声成文谓之音。"

③ 形容：形状容貌，也指摹写形状容貌。《毛诗序》："颂者，美盛德之形容。"《贞观政要·礼乐》："今《破阵乐舞》，天下之所共传，然美盛德之形容，尚有所未尽。"

④ 羲黄：指上古帝王伏羲和黄帝。

⑤ 升闻绍位：指舜的名声上闻，继承天子之位。升闻，上闻，《尚书·舜典》："玄德升闻，乃命以位。"绍，继承。

⑥ 治定功成：出《礼记·乐记》："王者，功成作乐，治定制礼；其功大者其乐备，其治辩者其礼具。"《史记·乐书》："传曰'治定功成，礼乐乃兴'。"

⑦ 笙镛琴瑟：四种乐器。下文多用《尚书·益稷》语："夔曰：戛击鸣球，搏拊琴瑟，以咏，祖考来格……笙镛以间，鸟兽跄跄。箫韶九成，凤凰来仪。"

⑧ 干戚羽旄：乐舞所执之具。《礼记·乐记》："比音而乐之，及干戚羽旄，谓之乐。"孔颖达疏："干，盾也；戚，斧也。武舞所执之具。"郑玄注："羽，翟羽；旄，旄牛尾。文舞所执。"按：翟羽即山鸡的翎毛。

⑨ 九德：古谓贤人所具备的九种优良品格，其内容诸说不一。《书·皋陶谟》："皋陶曰：'宽而栗、柔而立……彰厥有常，吉哉！'"孔传："言人性行有九德以考察，真伪则可知。"九功：古谓六府三事为九功。《左传·文公七年》："六府、三事，谓之九功。水、火、金、木、土、谷，谓之六府。正德、利用、厚生，谓之三事。"

⑩ 雍雍：鸟和鸣声。

⑪ 九韶：亦作"九招"，舜时乐曲名。《周礼·春官·大司乐》："九德之歌，《九韶》之舞。"九奏：指古代行礼奏乐九曲。《书·益稷》："《箫韶》九成，凤凰来仪。"孔传："备乐九奏而致凤凰。"

⑫ 跄跄：舞动貌。《尚书·益稷》："笙镛以间，鸟兽跄跄。"蔡沉《集传》谓："跄跄，行动之貌。言乐音不独感神人，至于鸟兽无知，亦且相率而舞，跄跄然也。"百兽率舞，各种野兽，相率起舞。语见《尚书·舜典》及《益稷》："夔曰：於！予击石拊石，百兽率舞。"《集传》谓："百兽舞，则物无不和可知矣。"

⑬ 咸宁：天下皆宁。咸，都、皆。语出《易·乾卦》："首出庶物，万国咸宁。"

⑭ 四表：指四方极远之地，泛指天下。《尚书·尧典》："（尧）光被四表，格于上下"。

⑮ 文明濬哲：《尚书·舜典》："（帝舜）濬哲文明，温恭允塞。"《集传》："濬，深；哲，智也。……深沉而有智，文理而光明。"

⑯ 揖逊：犹揖让。宾主相见的礼仪，借指文德。按：揖逊也指禅让，此处亦通。

好仁者无以尚之　二段
钱　福　墨

　　圣人论人之成德，有以好仁之笃①言者，有以恶不仁之至②言者。盖好仁而物无以加，则好之也笃；恶不仁而物无所累，则恶之也至。人之成德有如此，此所以难得也与？夫子意若曰：天下之道二，仁与不仁而已。凡出于天理之公者，不必皆同，而均谓之仁；凡出于人欲之私者，不必皆同，而均谓之不仁。自夫人有秉彝好德③之心，孰不知仁之足好，而或不能无不好者，以拒之于内，则所好为不笃，犹不好也，吾所谓未见好仁者，岂谓若人哉，盖必气禀纯粹而真知是仁之可好，其于仁也，虽天下之物而无以加其好焉，吾知其甚于水火④，甘于刍豢⑤，内重而见外之轻，得深而见诱之小，生所好也，而仁在于死，则杀身以成仁⑥，财所好也，而仁在于施，则散财以行仁，推之天下之物，更有孰能尚⑦之者哉，好仁而无以尚之，则其好之可谓笃，而成德之事在是矣；自夫人有羞恶是非⑧之心，孰不知不仁之可恶，而或不能无不恶者，以挽之于中，则其恶为未至，犹不恶也，吾所谓未见恶不仁者，岂谓若人哉，盖必资禀⑨严毅而真知不仁之可恶，其为仁也，不使有一毫不仁之事有以加乎其身焉，吾知其避之如蛇蝎，远之如鸩毒，出乎彼而入乎此，不为不仁而所为皆仁，视听言动⑩之运于吾身也，而或非礼之害乎仁者，不忽焉以少累，声色货利⑪之接于吾身也，而或不仁之妨乎仁者，不暂焉以少处，微极于纤悉之过，尚肯使之加乎身哉，恶不仁者而不使加，则其恶之可谓至，而成德之事在此矣。然则夫子未见之叹，夫岂偶然之故哉？

　　【原评】太史公之文所以独高千古者，以其气雄也。此文当观其一往奔放、气力胜人处，如徒摘水火、刍豢、蛇蝎、鸩毒语为先辈訾议，则以小失大矣。

　　【作者简介】

　　钱福（1461—1504），字与谦，号鹤滩，松江华亭（今上海）人。成化二十二年（1486）举人，弘治三年（1490）会元、状元，官翰林修撰。少与同县顾清齐名，诗文以敏捷见长，名噪一时，著有《鹤滩集》六卷。时文与王鏊齐名，有"钱王两大家"之称，后世奉为正宗，有《钱鹤滩稿》行世。《制义丛话》卷四引俞长城（桐川）语："钱鹤滩少负异才，科名鼎盛，文章衣被天下，为制义极则。……鹤滩之文，发明义理，敷扬治道，正大醇确，典则深严……成名之故，岂偶然哉？"

　　【题解】出自《里仁·我未见好仁者》。

　　子曰："我未见好仁者，恶不仁者。好仁者，无以尚之；恶不仁者，其为仁矣，不使不仁者加乎其身。（夫子自言未见好仁者、恶不仁者。盖好仁者真知仁之可好，故天下之物无以加之。恶不仁者真知不仁之可恶，故其所以为仁者，必能绝去不仁之事，而不使少有及于其身。此皆成德之事，故难得而见之也。）有能一日用其力于仁矣乎？我未见力不足者。（言好仁恶不仁者，虽不可见，然或有人果能一旦奋然用力于仁，则我又未见其力有不足者。盖为仁在己，欲之则是，而志之所至，气必至焉。故仁虽难能，而至之亦易也。）盖有之矣，我未之见也。"（有之，谓有用力而力不足者。盖人之气质不同，故疑亦容或有此昏弱之甚，欲进而不能者，但我偶未之见耳。盖不敢终以为易，而又叹人之莫肯用力于仁也。此章言仁之成德，虽难其人，然学者苟能实用其力，则亦无不可至之理。但用力而不至者，今亦未见其人焉，此夫子所以反复而叹惜之也。）

【注释】

① 笃：忠实，专诚。按，此文分两扇，各以"自夫人有"句、"而成德之事"句为起止。

② 至：极，达到极点。

③ 秉彝好德：持执常道，热爱美德。彝，常。语出《诗经·大雅·烝民》。《孟子·告子上》载孟子论证人性本善："《诗》曰：'天生蒸民，有物有则。民之秉夷（彝），好是懿德。'孔子曰：'为此诗者，其知道乎！故有物必有则，民之秉夷（彝）也，故好是懿德。'"《孟子集注》谓："彝，常也。懿，美也。有物必有法：如有耳目，则有聪明之德；有父子，则有慈孝之心，是民所秉执之常性也，故人之情无不好此懿德者。以此观之，则人性之善可见"。

④ 水火：水和火为日用必需之物，《孟子·尽心上》："民非水火不生活"。《论语·公灵公》："子曰：民之于仁也，甚于水火。"

⑤ 刍豢：此指美味。牛羊食草，称刍；犬豕食谷，称豢。《史记·货殖列传》："耳目欲极声色之好，口欲穷刍豢之味。"《孟子·告子上》："故理义之悦我心，犹刍豢之悦我口。"

⑥ 语本《论语·卫灵公》："志士仁人，无求生以害仁，有杀身以成仁。"

⑦ 尚：上，超过，高出。

⑧ 羞恶是非：代指孟子所说的"四端"，四种人皆有之的情感。《孟子·公孙丑上》："恻隐之心，仁之端也；羞恶之心，义之端也；辞让之心，礼之端也；是非之心，智之端也。"

⑨ 资禀：天资，禀赋。

⑩ 视听言动：泛指一举一动。此句用《论语·颜渊》句意："子曰：非礼勿视，非礼勿听，非礼勿言，非礼勿动。"

⑪ 声色货利：音乐、女色、货物、财利。泛指寻欢作乐和物质享受。语出《尚书·仲虺之诰》："惟王不迩声色，不殖货利。"

子在齐闻韶 一节
吴 宽 程

圣人寓邻国而听古乐，学之①久而专，称其美也至。夫古乐莫美于《韶》也，观圣人所以学之与所以称之者，则圣乐之美、圣心之诚皆可见矣。昔乐有名《韶》者，乃帝舜之所作者也。后千余年，列国惟齐能传其乐。孔子在齐，适闻其音。想其慕舜之德，其心已极乎平日；闻舜之乐，其身如在于当时②。故不徒听之以耳，而实契之于心。于凡鸣球琴瑟③之类，其声之依永④者无不习；以至鼗鼓笙镛之属，其音之克谐者无不考。盖学之不厌也，至于三月之久；而好之甚专也，本乎一心之诚。故当食之际，虽肉味有不知其为美者。何也？其心在于乐，则发愤至于忘食之勤⑤；其志好乎古⑥，则终日且有不食⑦之笃。彼刍豢何物，果足以悦我口耶？夫既学之而有所得，则称之自不能已。盖谓舜之乐，昔尝识之于书，如后夔之所典⑧者，以为犹夫乐也，今习其度数，不意若此其美，则其声之感召，真可致神人之协和也；舜之乐，吾尝闻之于人，如季札⑨之所言者，以为犹夫乐也，今考其节奏，不意若此其盛，则其德之广大，信有如天地之覆载⑩也。其感叹之意，溢于言表如此。然则《韶》非舜不能作，亦非孔子不能知。彼端冕⑪而听古乐惟恐卧者，可以语此也哉？

【评】注依《史记》，补"学之"二字最吃紧，从此着意，故语皆实际，不徒为虚空赞美之辞。

【作者简介】

吴宽（1435—1504），字原博，号匏庵，长洲人。成化八年（1472）会试、廷试皆第一，授修撰，为当时馆阁巨手。弘治间官至吏部尚书，入阁，年七十卒于官，谥文定。宽行履高洁，不为激矫而自守以正。于书无不读，诗文有典则，兼工书法。著有《匏庵家藏集》、《书经正蒙》等，《明史》有传。

【题解】出自《述而·子在齐闻韶》。

子在齐闻韶，三月不知肉味。曰："不图为乐之至于斯也！"（《史记·孔子世家》上有"学之"二字。不知肉味，盖心一于是而不及乎他也。曰：不意舜之作乐至于如此之美，则有以极其情文之备，而不觉其叹息之深也，盖非圣人不足以及此。范氏曰："韶尽美又尽善，乐之无以加此也。故学之三月，不知肉味，而叹美之如此。诚之至，感之深也。"）

【注释】

① 《史记·孔子世家》："孔子适齐……与齐太师语乐，闻《韶》音，学之，三月不知肉味，齐人称之。"《韶》，舜时乐曲名。《论语·八佾》："子谓《韶》，尽美矣，又尽善也。"

② 当时：指舜帝之时。

③ 鸣球琴瑟：与下句中"鼗鼓笙镛"均指各种乐器。鸣球，玉磬名。《说文》："球，玉磬也。"按：此句用《尚书·益稷》语："夔曰：戛击鸣球，搏拊琴瑟，以咏。……下管鼗鼓，合止柷敔，笙镛以间。"

④ 声之依永：与下文"音之克谐"、"致神人之协和"等语，均出自《尚书·舜典》："帝曰：夔，命汝典乐。……诗言志，歌永言，声依永，律和声，八音克谐，无相夺伦，神人以和。"按：永，长、延长，《尚书集传》："既形于言，则必有长短之节，故曰歌永言。既有长短，则必有高下清浊之殊，故曰声依永。"八音：中国古代对乐器的统称，通常为金、石、丝、竹、匏、土、革、木八种不同的质材所制。克谐：能够和谐。

⑤ 此句用孔子自评之语，见《论语·述而》："其为人也，发愤忘食，乐以忘忧，不知老之将至云尔。"

⑥ 好乎古，用《论语·述而》语："子曰：述而不作，信而好古，窃比于我老彭。"

⑦ 《论语·卫灵公》："子曰：吾尝终日不食，终夜不寝，以思，无益，不如学也。"

⑧ 典：掌管。舜命夔主管乐舞，事见《尚书·舜典》，见前注。

⑨ 季札为吴王寿梦季子。《左传·襄公二十九年》载季札聘鲁观乐论政之事。季札评舜时乐舞《韶箾》，谓："德至矣哉！大矣，如天之无不帱也，如地之无不载也！虽甚盛德，其蔑以加于此矣。观止矣！若有他乐，吾不敢请已！"按：《韶箾》，或作《郂箾》，即《韶箾》。

⑩ 此句即用季札评《韶箾》语意，见上注。

⑪ 端冕：这里指穿着正式的礼服。端，玄衣；冕，大冠。此句用《礼记·乐记》："魏文侯问于子夏曰：'吾端冕而听古乐，则唯恐卧。听郑卫之音，则不知倦。……何也？'"

陈司败问昭公知礼乎　一章

顾鼎臣

圣人为尊者讳①，因人之议而以过自任焉。甚矣，圣人爱君之心无已也。始焉以礼讳其君，继焉以过任诸己，孰非所以存厚也乎？司败亦可以自悟矣。且大昏为万世之嗣②，先王所以植纪③也；同姓而昏姻不通④，周道所以章别⑤也。昭公以鲁娶吴，已大溃夫文武之防⑥，当时以知礼见称，又不追其大本⑦之失，此司败所以疑而问也。乃孔子则以知礼答之，是非不知其大伦之乱也。盖不忍彰君之过，故为之掩君之过；闻人道君之善，亦为之称君之善。臣子忠厚之道宜如是耳，非党⑧也。奚司败不悟，乃因孔子之退，揖巫马期而进焉。其曰"君子不党，君子亦党"者，是徒知讳人为有党，而不知夫子讳君为非党乎？其曰"君而知礼，孰不知礼"者，是徒知讳同姓为不知礼，而不知夫子之对⑨为知礼乎？若司败者，不谅圣人之心亦甚矣。使孔子于巫马期之告也，将自谓讳君之恶与？非所以尊君也。抑将以娶同姓为知礼与？又非所以正礼也。故不曰君之不幸，而但曰己之幸；不曰人知君之过，而但曰人知己之过。至是则昭公之失既泯于无迹，而君臣之至情已全；娶同姓之非不嫌于或党，而昏媾之大礼已正矣。非夫子，其孰能与于此哉？

【评】以议论叙题，神气安闲，意义曲尽，绝无经营之迹。此法亦后人所祖，但先辈只是因题布格，与凌驾者不同。

【作者简介】

顾鼎臣（1473—1540），字九和，号未斋，昆山人。弘治十八年（1505）进士第一，授修撰，官至武英殿大学士，卒谥文康。世宗好长生之术，鼎臣进《步虚词》七章，词臣以青词结主知，由鼎臣倡也。时夏言当国，专甚，鼎臣素柔媚，不能有为，充位而已。惟其悯东南赋役失均，屡陈其弊，及请昆山筑城，卒免倭患，为其乡人所称。有《未斋集》。

【题解】出自《述而·陈司败问昭公知礼乎》。

陈司败问昭公知礼乎？孔子曰："知礼。"（陈，国名。司败，官名，即司寇也。昭公，鲁君，名裯。习于威仪之节，当时以为知礼。故司败以为问，而孔子答之如此。）孔子退，揖巫马期而进之，曰："吾闻君子不党，君子亦党乎？君取于吴为同姓，谓之吴孟子。君而知礼，孰不知礼？"（巫马姓，期字，孔子弟子，名施。司败揖而进之也。相助匿非曰党。礼不娶同姓，而鲁与吴皆姬姓。谓之吴孟子者，讳之使若宋女子姓者然。）巫马期以告。子曰："丘也幸，苟有过，人必知之。"（孔子不可自谓讳君之恶，又不可以娶同姓为知礼，故受以为过而不辞。吴氏曰："鲁盖夫子父母之国，昭公，鲁之先君也。司败又未尝显言其事，而遽以知礼为问，其对之宜如此也。及司败以为有党，而夫子受以为过，盖夫子之盛德，无所不可也。然其受以为过也，亦不正言其所以过，初若不知孟子之事者，可以为万世之法矣。"）

【注释】

① 讳：避忌，有顾忌而避开某些事或不说某些话。《公羊传·闵公元年》："《春秋》为尊者讳，为亲者讳，为贤者讳。"按：尊者，这里指鲁昭公。鲁为周公之后，姬姓；吴为太伯（泰伯）之后，亦姬姓。鲁昭公娶吴国的孟子，违背了周朝"同姓不婚"的礼法。本来，春秋时代国君夫人的称号一般是所生长之国名加她的本姓，鲁昭公的夫人应称为"吴姬"。但这样一来，就明显表示出鲁君违背了"同姓不婚"的礼制，所以改称"吴孟子"以掩饰问题。陈司败当面向孔子发问，又通过孔子弟子巫马期发问，是期望孔子明确说出鲁昭公违背了礼制。陈司败，人名，也有人说"司败"是官名。
② 大昏：即大婚，指天子或诸侯的婚娶。《礼记·哀公问》："孔子曰……大昏，万世之嗣也"。
③ 植纪：建立纲纪法度。
④ 周朝礼制规定同姓不婚。《礼记·大传》："系之以姓而弗别……虽百世而昏姻不通者，周道然也。"《国语·晋语》："同姓不昏，惧不殖也。"
⑤ 章别：彰显同宗之别，以防紊乱伦常。《礼记·郊特牲》："夫昏礼，万世之始也。取于异姓，所以附远厚别也。……执挚以相见，敬章别也。男女有别，然后父子亲，父子亲然后义生，义生然后礼作，礼作然后万物安。"
⑥ 文武之防：周文王、周武王所制定的礼法。防，堤防，喻指重大的、原则性界限。
⑦ 大本：根本。《礼记·昏义》："昏礼者，礼之本也。"
⑧ 党：偏袒，偏私。《论语·卫灵公》："君子矜而不争，群而不党。"
⑨ 对：回答。

欲罢不能　一节

李东阳　程

　　大贤悦圣道之深而尽其力，见圣道之的①而难为功。盖道可以力求，不可以力得也，大贤学之尽其力，而造之难为功也，其以是夫？昔颜子自言其学之所至，意谓：圣人之道虽高妙而难入，而其教我以博约②也，则有序而可循。是故沉潜于日用之间，但觉其旨趣之深长也，虽欲自已，不可得而已焉；体验于行事之际，但觉其意味之真切也，虽欲自止，不可得而止焉。钩深致远③而致其博者，无一理之不穷，则已罄吾知之所能矣；克己反躬而归之约者，无一事之不尽，则已殚吾力之所至矣。于是向之所谓高者，始得以见其大原，如有象焉，卓然而立乎吾前也；向之所谓妙者，乃得以识其定体，若有形焉，卓然在乎吾目也。当斯时也，于斯境也，将勇往以从之，则几④非在我，愈亲而愈莫能即，又何所施其功乎？将毕力以赴之，则化⑤不可为，愈近而愈莫能达，又何所用其力乎？颜子之自言如此，可谓深知圣人而善学之者欤？虽然，颜子之所谓末由者，岂其若是而遂已哉？扩其所已然，养其所未然，优游⑥厌饫⑦，至于日深月熟而化焉，则亦将有不期而自至者矣。其终不克至是而与圣人未达一间者，乃命焉⑧，非学之过也。后之君子尚无以至之难而自沮也哉！

【原评】卓尔只在日用事物上见道，此颜子进步异于"高""坚""前""后"⑨时也。实理实事，字字皆经体认，方能成此文，宜当年馆中推为第一。

【作者简介】

李东阳（1447—1516），字宾之，号西涯，湖南茶陵人，以戍籍居京师，为明朝著名的政治家、文学家。天顺八年（1464），年十八，成二甲一名进士，选庶吉士，授编修，官至文渊阁大学士，卒赠太师，谥文正。长于诗文，为"茶陵派"首领及文坛领袖，《明史》本传："为文典雅流丽，朝廷大著作多出其手。工篆隶书，碑版篇翰流播四裔。奖成后进，推挽才彦，学士大夫出其门者，悉粲然有所成就。自明兴以来，宰臣以文章领袖缙绅者，杨士奇后，东阳而已。立朝五十年，清节不渝。"有《怀麓堂集》等。

【题解】出自《子罕·颜渊喟然叹曰》。

颜渊喟然叹曰："仰之弥高，钻之弥坚；瞻之在前，忽焉在后。（仰弥高，不可及。钻弥坚，不可入。在前在后，恍惚不可为象。此颜渊深知夫子之道无穷尽、无方体，而叹之也。）夫子循循然善诱人，博我以文，约我以礼。（循循，有次序貌。诱，引进也。博文约礼，教之序也。言夫子道虽高妙，而教人有序也。侯氏曰："博我以文，致知格物也。约我以礼，克己复礼也。"程子曰："此颜子称圣人最切当处，圣人教人，惟此二事而已。"）欲罢不能，既竭吾才，如有所立卓尔。虽欲从之，末由也已。"（此颜子自言其学之所至也。盖悦之深而力之尽，所见益亲，而又无所用其力也。吴氏曰："所谓卓尔，亦在乎日用行事之间，非所谓窈冥昏默者。"程子曰："到此地位，功夫尤难，直是峻绝，又大段着力不得。"杨氏曰："自可欲之谓善，充而至于大，力行之积也。大而化之，则非力行所及矣，此颜子所以未达一间也。"程子曰："此颜子所以为深知孔子而善学之者也。"胡氏曰："无上事而喟然叹，此颜子学既有得，故述其先难之故、后得之由，而归功于圣人也。高坚前后，语道体也。仰钻瞻忽，未领其要也。惟夫子循循善诱，先博我以文，使我知古今，达事变；然后约我以礼，使我尊所闻，行所知。如行者之赴家，食者之求饱，是以欲罢而不能，尽心尽力，不少休废。然后见夫子所立之卓然，虽欲从之，末由也已。是盖不怠所从，必欲至乎卓立之地也。抑斯叹也，其在请事斯语之后，三月不违之时乎？"）

【注释】

① 的：确切，实在。

② 博约：即"博我以文，约我以礼"，见上引《集注》。

③ 钩深致远：探求深微、广远的道理。钩：探索，探讨。《易·系辞上》："探赜索隐，钩深致远，以定天下之吉凶。"

④ 几：接近，《尔雅》："几，近也。"

⑤ 化：指不思不勉、从容中道的高明境界。《孟子·尽心下》"大而化之之谓圣"，朱熹《集注》："大而能化，使其大者泯然无复可见之迹……张子曰：'大可为也，化不可为也，在熟之而已矣。'"

⑥ 优游：安闲，从容。《诗经·大雅·卷阿》："优游尔休矣。"

⑦ 厌饫：本义为吃饱、吃腻，此指反复体味学习。饫，yù，吃饱。

⑧ 乃命焉：此句谓颜渊之所以还未完全达到圣人的境界，是因其不幸早卒的命运。未达一间，指相差很小，语本扬雄《法言·问神》："颜渊亦潜心于仲尼矣，未达一间耳。"《论语·为政》朱熹集注谓："颜子深潜纯粹，其于圣人体段已具。"

⑨ "高""坚"等，指《论语》正文"仰之弥高，钻之弥坚"等语，是颜渊较早时期对孔子之道的体悟状态。

君赐食　一节

王　鏊

圣人随君之所赐而处之，曲尽其礼也。甚矣，圣人事君尽礼也，即当处君之赐，何往而非礼之所在乎？且君之赐臣，所以昭泰交之义①，而致鼎养②之隆也。夫子为臣于鲁，君尝赐之食矣，食则或出于馂余③者也，夫子于此，既不敢以荐④诸神，亦不遽以颁诸人，必也正席于拜嘉⑤之际，品尝于颁赐⑥之先，退食⑦之从容，犹侍食⑧之严肃也，其敬君之赐何如？君尝赐之腥矣，腥则方颁于君庖⑨者也，夫子于此，庆幸之意方深，如在之诚⑩随至，必也熟之锜釜⑪之内，荐之宗庙之中，存没⑫均沾，而人神胥悦也，其荣⑬君之赐何如？君尝赐之生矣。谓之生者，非若食之可尝也，非若腥之可荐也，夫子必从而畜⑭之。盖物为吾与⑮，而不忍之念⑯自生；况赐出于君，而爱惜之心尤切。或祭祀未举，则畜之而不敢杀也；或宴享未行，则畜之而不敢用也。其仁君之赐何如？自其先尝之也，而见逮下之恩焉；自其荐之也，而见事先⑰之孝焉；自其畜之也，而见育物之仁焉。一敬君而众善备者，非孔子，其孰能之？

【原评】语语皆体贴情理而出，不独意法周密。先正讲书作文，全是将自己性情契勘，所以气厚声和而俗化日上也。

【作者简介】

王鏊（1450—1524），字济之，别号守溪，世称震泽先生，吴人（今苏州）。年十六，随父读书，国子监诸生争传诵其文。成化十年（1474）乡试，明年会试，俱第一。廷试第三，授编修。正德中累官至户部尚书、文渊阁大学士，持正不阿。后辞官家居十数年而卒，谥文恪。王鏊为八股文大家，八股文定型于化治时期，王鏊所作即其范本，《明史》本传："鏊博学有识鉴，文章尔雅，议论明畅。晚著《性善论》一篇，王守仁见之曰：'王公深造，世未能尽也。'少善制举义，后数典乡试，程文魁一代。取士尚经术，险诡者一切屏去。弘、正间，文体为一变。"《制艺丛话》卷四引俞长城："制义之有王守溪，犹史之有龙门（按，司马迁）、诗之有少陵（按，杜甫）、书法之有右军（按，王羲之），更百世而莫并者也。前此风会未开，守溪无所不有；后此时流屡变，守溪无所不包。……于理学为贤，于文章为圣，于经典为臣，于制义为祖，岂非一代之俊英，斯文之宗主欤？"有《震泽集》等，时文有《王守溪文稿》。

【题解】出自《乡党·君赐食》。

君赐食，必正席先尝之；君赐腥，必熟而荐之；君赐生，必畜之。（食恐或馂余，故不以荐。正席先尝，如对君也。言先尝，则余当以颁赐矣。腥，生肉。熟而荐之祖考，荣君赐也。畜之者，仁君之惠，无故不敢杀也。）侍食于君，君祭，先饭。（周礼，"王日一举，膳夫授祭，品尝食，王乃食"。故侍食者，君祭，则己不祭而先饭。若为君尝食然，不敢当客礼也。）疾，君视之，东首，加朝服，拖绅。（东首，以受生气也。病卧不能着衣束带，又不可以衰服见君，故加朝服于身，又引大带于上也。）君命召，不俟驾行矣。（急趋君命，行出而驾车随之。此一节，记孔子事君之礼。）

【注释】

① 泰交之义：君臣相通之义。泰交，语出《易经·泰》："象曰：天地交，泰。"谓天地之气相交，物得大通。后因以"泰交"指上下不隔、互通声气。

② 鼎养：君主以仁道待臣下。《易·鼎》："大亨（烹）以养圣贤。"又，郑玄注："鼎烹熟以养人，犹圣君兴仁义之道以教天下也。"

③ 馂余：剩饭。

④ 荐：祭献，祭祀。

⑤ 拜嘉：拜受赞美，后用作拜受赏赐、馈赠之辞。语出《左传·襄公四年》：穆叔如晋，晋侯为之奏《鹿鸣》，穆叔乃拜，谓："《鹿鸣》，君所以嘉寡君也，敢不拜嘉。"按：《诗经·小雅·鹿鸣》有"我有嘉宾"之句，为赞美嘉宾之作。

⑥ 颁赐：此指孔子将食物分与他人。

⑦ 退食：语出《诗经·召南·羔羊》："退食自公，委蛇委蛇。"朱熹《集传》："退食，退朝而食于家也。"

⑧ 侍食：陪侍尊长进食。《礼记·曲礼上》："侍食于长者，主人亲馈，则拜而食。"

⑨ 庖：厨房。

⑩ 如在之诚：诚敬之心。语出《论语·八佾》："祭如在，祭神如神在。"《集注》此章又谓，祭祀"使他人摄之，则不得致其如在之诚"。

⑪ 锜釜：炊具。《诗经·召南·采苹》："于以湘之，维锜及釜。"《集传》："锜，釜属，有足曰锜，无足曰釜。"《左传·隐公三年》："苟有明信，……筐筥锜釜之器，潢污行潦之水，可荐于鬼神，可羞于王公。"

⑫ 存没：同"存殁"，生者与逝者。

⑬ 荣：使……荣耀。

⑭ 畜：饲养。

⑮ 吾与：我的同类、友朋。张载《西铭》："民吾同胞，物吾与也。"意谓世人皆为我的同胞，万物俱是我的朋辈。

⑯《孟子·梁惠王上》："君子之于禽兽也，见其生，不忍见其死。"

⑰ 事先：供奉先人。

钦定化治四书文卷三(《论语》下)

出门如见大宾 二句

赵 宽 墨

圣人教贤者以为仁,随在而致其敬也。夫敬者,德之聚也①,出门②、使民而皆懋敬③焉,仁其有不存乎?夫子答仲弓曰:天下之道莫大于仁,而求仁之学必先于敬。子欲为仁,可不先主敬乎?彼时而出门,其地若易忽也,而此心之奉以步趋者,则如大宾之见而寅畏④以作其所焉。素履⑤而往,非以明交际⑥也,而恍乎七介⑦以相通;鸣佩⑧而趋,非以致尊让也,而俨乎五贽⑨以相与。盖视天下无不可敬之地,而不越乎家庭行止之常,若接乎冠裳佩玉⑩之士矣。以此存心,而吾心之真宰有常主也,奚尝失之驰驱耶?时而使民,其人若易狎也,而此心之奉以周旋者,则如大祭之承而钦翼⑪以致其齐⑫焉。恭己临民,非以郊天神⑬也,而颙然⑭骏奔⑮于有事⑯;昭德莅众⑰,非以享人鬼也,而肃然奏格⑱于无言。盖视天下无不可敬之人,而不出于匹夫匹妇⑲之间,如登于清庙明堂⑳之上矣。以此存心,而吾心之神明其常定也,奚尝失之戏豫㉑耶?吁!出门而敬,则未出门之时可知矣;使民而敬,则未使民之时可知矣。敬无往而不存,斯仁无往而不在。雍㉒也勉乎哉!

【原评】出门、使民,乃持己实下工夫处。两"如"字亦必用实贴,然后见其为敬之至也。后人约略写大意,直似易以他语亦得,则仲弓"请事"者安据耶?雅澹深密,经学熟而传注明,斯其有精理秀气。

【作者简介】

赵宽(1457—1505),字栗夫,号半江,吴江人。成化十七年(1481)进士,官至广东按察使。工文,擅书,有《半江集》。

【题解】出自《颜渊·仲弓问仁》。

仲弓问仁。子曰:"出门如见大宾,使民如承大祭。己所不欲,勿施于人。在邦无怨,在家无怨。"仲弓曰:"雍虽不敏,请事斯语矣。"(敬以持己,恕以及物,则私意无所容而心德全矣。内外无怨,亦以其效言之,使以自考也。程子曰:"孔子言仁,只说出门如见大宾,使民如承大祭。看其气象,便须心广体胖,动容周旋中礼。惟谨独,便是守之之法。"或问："出门使民之时，如此可也；未出门使民之时，如之何？"曰："此俨若思时也，有诸中而后见于外。观其出门使民之时，其敬如此，则前乎此者敬可知矣。非因出门使民，然后有此敬也。"愚按：克己复礼，乾道也；主敬行恕，坤道也。颜、冉之学，其高下浅深，于此可见。然学者诚能从事于敬恕之间而有得焉，亦将无己之可克矣。）

【注释】

① 语见《左传·僖公三十三年》："（臼季曰）敬，德之聚也。能敬必有德，德以治民，君请用之。臣闻之，出门如宾，承事如祭，仁之则也。"

② 出门：指士人外出工作。

③ 懋敬：努力做到严肃认真。《尚书·太甲下》："先王惟懋敬厥德，克配上帝。"懋，mào，《说文》："懋，勉也。"

④ 寅畏：恭敬戒惧。《尚书·无逸》："严恭寅畏，天命自度。"蔡沉《集传》："寅则钦肃，畏则戒惧。"

⑤ 素履：通常指淳朴的行为，此指士人外出而尚未得其位。《易·履》："初九：素履，往无咎。象曰：素履之往，独行愿也。"《周易集解》引荀爽语："素履者，谓布衣之士，未得居位，独行礼义，不失其正。"

⑥ 交际：与人接触往来。《孟子·万章下》："万章问曰：'敢问交际何心也？'孟子曰：'恭也。'"朱熹《集注》："际，接也。交际，谓人以礼仪币帛相交接也。"

⑦ 七介：介，傧相，传宾主之言的人。主人的叫傧，客人的叫介。使用七介，是上公的礼仪，见《礼记·聘义》："上公七介，侯伯五介，子男三介，所以明贵贱也。"按：这一句话的意思是，士人在外工作，要像参加诸侯盟会一样恭肃。

⑧ 鸣佩：指佩玉而行，亦有出仕之意。《礼记·玉藻》："古之君子必佩玉。……在车则闻鸾和之声，行则鸣佩玉。"

⑨ 贽：礼物，持礼物以求见。依据各人身份的不同，礼物各有不同，有"六贽"之说。此"五贽"，未详何说。

⑩ 冠裳佩玉：指士大夫的装束。

⑪ 钦翼：恭敬谨慎。

⑫ 齐：庄肃。

⑬ 郊天神：祭天神。郊，郊祀，《礼记·郊特牲》谓："郊，所以明天道也。"郊祀之礼，在冬至日进行于南郊，用于"事天神"。又，下句"享人鬼"指祭祀于宗庙。《左传·桓公三年》孔疏："《周礼》：天神曰祀，地祇曰祭，人鬼曰享。对则别为三名，散则总为一号。"

⑭ 颙然：肃敬的样子。《易·观》："有孚颙若。"

⑮ 骏奔：急速奔走，此指参与庙祭祀。语见《诗经·周颂·清庙》："骏奔走在庙"。

⑯ 有事：指祭祀、用兵一类大典大事，此指祭祀。《左传·成公十三年》："国之大事，在祀与戎。"

⑰ 昭德莅众：显扬德行，教导百姓。

⑱ 奏格：感动。语本《诗经·商颂·烈祖》："鬷假无言，时靡有争。"鬷，通"奏"。假，同"格"。《中庸》引之："诗曰：'奏假无言，时靡有争。'是故君子不赏而民劝，不怒而民威于鈇钺。"朱熹集注："假，格同。……奏，进也。承上文而遂及其效，言进而感格于神明之际，极其诚敬，无有言说而人自化之也。"

⑲ 匹夫匹妇：平民男女，泛指平民。《尚书·咸有一德》："自广以狭人，匹夫匹妇，不获自尽。"

⑳ 清庙：即太庙，古代帝王的宗庙。《诗·周颂·清庙》："於穆清庙，肃雍显相。"明堂：古代帝王

宣明政教、举行大典的地方。

㉑ 戏豫：戏嬉安逸。《诗·大雅·板》："敬天之怒，无敢戏豫。"毛传："戏豫，逸豫也。"

㉒ 雍：仲弓之名。冉雍，字仲弓，此文代孔子语气，故直称其名"雍"。

百姓足孰与不足

王 鏊 程

民既富于下，君自富于上。盖君之富藏于民者也，民既富矣，君岂有独贫之理哉！有若深言君民一体之意以告哀公，盖谓：公之加赋，以用之不足也；欲足其用，盍①先足其民乎？诚能百亩而彻②，恒存节用爱人之心；什一而征③，不为厉民自养之计。则民力所出，不困于征求；民财所有，不尽于聚敛。闾阎④之内，乃积乃仓⑤，而所谓仰事俯育⑥者无忧矣；田野之间，如茨如梁⑦，而所谓养生送死者无憾矣。百姓既足，君何为而独贫乎？吾知藏诸闾阎者，君皆得而有之，不必归之府库而后为吾财也；蓄诸田野者，君皆得而用之，不必积之仓廪而后为吾有也。取之无穷，何忧乎有求而不得；用之不竭，何患乎有事⑧而无备？牺牲粢盛⑨，足以为祭祀之供，玉帛筐篚⑩，足以资朝聘之费，借⑪曰不足，百姓自有以给之也，其孰与不足乎？饔飧牢醴⑫，足以供宾客之需，车马器械，足以备征伐之用，借曰不足，百姓自有以应之也，又孰与不足乎？吁，彻法之立，本以为民，而国用之足，乃由于此。何必加赋以求富哉？

【评】层次洗发，由浅入深，题义既毕，篇法亦完，此先辈真实本领。后人虽开阖照应，备极巧变，莫能继武⑬也。

【题解】出自《颜渊·哀公问于有若曰》。

哀公问于有若曰："年饥，用不足，如之何？"（用，谓国用。公意盖欲加赋以足用也。）有若对曰："盍彻乎？"（彻，通也，均也。周制：一夫受田百亩，而与同沟共井之人通力合作，计亩均收。大率民得其九，公取其一，故谓之彻。鲁自宣公税亩，又逐亩什取其一，则为什而取二矣。故有若请但专行彻法，欲公节用以厚民也。）曰："二，吾犹不足，如之何其彻也？"（二，即所谓什二也。公以有若不喻其旨，故言此以示加赋之意。）对曰："百姓足，君孰与不足？百姓不足，君孰与足？"（民富，则君不至独贫；民贫，则君不能独富。有若深言君民一体之意，以止公之厚敛，为人上者所宜深念也。杨氏曰："仁政必自经界始。经界正，而后井地均、谷禄平，而军国之需皆量是以为出焉。故一彻而百度举矣，上下宁忧不足乎？以二犹不足而教之彻，疑若迂矣。然什一，天下之中正。多则桀，寡则貉，不可改也。后世不究其本而惟末之图，故征敛无艺，费出无经，而上下困矣。又恶知盍彻之当务而不为迂乎？）

【注释】

① 盍：何不。

② 百亩而彻：每人授田百亩，实行"彻法"。见朱熹《集注》。

③ 什一而征：按照十分之一的比例征收赋税。什一，十分之一。

25

④ 闾阎：乡里，指民间。

⑤ 乃积乃仓：本指把粮食堆集起来，再装进粮仓，此指到处都有粮食。积，露天堆粮食的地方，也叫庾；仓，仓库。语出《诗经·大雅·公刘》："乃场乃疆，乃积乃仓。"此诗《毛诗序》以为"美公刘之厚于民"，《孟子·梁惠王下》载孟子亦尝引此章以劝谏齐宣王，谓："王如好货，与百姓同之，于王何有？"

⑥ 仰事俯育：指赡养父母，抚养子女。此句及后文"养生送死"俱用《孟子·梁惠王上》语意："养生丧死无憾，王道之始也。……今也制民之产，仰不足以事父母，俯不足以畜妻子……奚暇治礼义哉？"

⑦ 如茨如梁：粮食堆积得像草屋顶、车梁那样（高）。茨，草屋顶；梁，车梁。语出《诗经·小雅·甫田》："曾孙之稼，如茨如梁。"

⑧ 有事：指国家大事。有时专指祭事与戎事，故下文一言祭事，一言戎事。《左传·成公十三年》："国之大事，在祀与戎。"

⑨ 牺牲粢盛：指祭祀活动所需的物品。牺牲，祭祀用的牛、羊、猪等牲畜。粢盛，古代盛在祭器内以供祭祀的谷物。粢，稷米、谷子，特指供祭祀用的谷物。《国语·周语上》："（虢公谏曰）夫民之大事在农，上帝之粢盛于是乎出……事之供给于是乎在。"

⑩ 玉帛筐筐：指外交活动、恩赏臣下等所需的财物。玉帛：古代诸侯会盟朝聘时所用的玉器、丝织品。《左传·哀公七年》："禹合诸侯于涂山，执玉帛者万国。"筐筐：盛物竹器，方曰筐，圆曰筐。也借指礼物、财物、赏赐物等。《诗经·小雅·鹿鸣序》："既饮食之，又实币帛筐筐，以将其厚意。"

⑪ 借：假如。

⑫ 饔飧：也作"饔飱"，饭食。朝曰饔，晚曰飧。有时专指馈食及宴饮之礼。《孟子·告子下》"无诸侯币帛饔飧"，朱熹《集注》："饔飧，以饮食馈客之礼也。"牢醴：古代祭祀、宴享用的牲品和美酒。牢为牲畜，牛、羊、豕各一曰太牢，羊、豕各一曰少牢。醴，甜酒。

⑬ 继武：追随，赶得上。武，脚步。

乡人皆好之　一节

王　恕

以好恶观人者，稽①诸好恶之人可也。夫好非善人，恶非不善人，其好恶本无足凭，而可取必②于一乡哉？尝谓：乡人有好恶，亦有善恶，故取人者不当以好恶之善恶为善恶，而当以善恶之好恶为好恶也③。乃子贡以乡人皆好为问，是求观于众好也，而不知以众好观人，将为群誉之所欺矣，未可也；子贡又以乡人皆恶为问，是求观于众恶也，而不知以众恶信人，将为群毁之所激矣，未可也。夫乡人皆好，固未可以观人矣，求其好之可以观人者，其莫如乡人之善者乎？乡人皆恶，固未可以观人矣，求其恶之可以观人者，其莫如乡人之不善者乎？盖善者好之，则正大之情既以素孚④于君子；而恶者恶之⑤，则孤介⑥之行又不苟同于小人。自好人、恶人者而言，好者好其人之所当好也，恶者恶其人之所当恶也，一好一恶分，而可否自见⑦；自见好、见恶⑧者而言，则以己之所当好而见好于善人也，以己之所不必恶而见恶于不善人也，一好一恶交，而人品始彰。吾是以谓取人于乡人之皆好，不如取人于善人之好也；吾是以谓取人于乡人之皆恶，不如取人于不善人之恶也。观人者其准诸此哉？

【评】用笔甚辣，构局甚紧，排算凌厉，仍归自然。不图化治以前遂已有此。

【作者简介】

王恕（1416—1508），字宗贯，号介庵，又号石渠，陕西三原人。正统十三年（1448）进士，官至吏部尚书，加太子太保，卒谥端毅。《明史》本传称："恕扬历中外四十余年，刚正清严，始终一致"，所荐引"皆一时名臣"，"弘治二十年间，众正盈朝，职业修理，号为极盛者，恕力也"。有《王端毅公奏议》、《王端毅文集》等。

【题解】 出自《子路·乡人皆好之》。

子贡问曰："乡人皆好之，何如？"子曰："未可也。""乡人皆恶之，何如？"子曰："未可也。不如乡人之善者好之，其不善者恶之。"（一乡之人，宜有公论矣，然其间亦各以类自为好恶也。故善者好之而恶者不恶，则必其有苟合之行。恶者恶之而善者不好，则必其无可好之实。）

【注释】

① 稽：考核，考察。这句话意思是，根据别人喜欢或讨厌的态度来考察一个人时，要分清是哪种人喜欢他，哪种人讨厌他。

② 取必：奉为标准，视为确凿不移的真理。

③ 这句话说的是评定一个人的方法：不应当根据那些喜欢或讨厌他的人说他是善是恶，来评定这个人是善是恶；反过来，要根据那些喜欢或讨厌他的人本身是善还是恶，来确定到底应当喜欢还是讨厌这个人。

④ 孚：相信，信任。

⑤ 恶（è）者恶（wù）之：行为不好的人讨厌他。

⑥ 孤介：正直而不同流俗。

⑦ 自见：自然显现出来。

⑧ 见好（hào）见恶（wù）：被人喜欢，被人讨厌。

邦有道危言危行

王 鏊 程

天下之治道方隆，君子之直道斯显。盖世隆则道从而隆也，君子处此，言行有不遂其直者哉？昔圣人之意，谓夫所贵乎君子者，有特立不变之操，有相时而动①之宜。是故在上者惟明明之后②，在下者多休休之臣③。世道清明，见于刑赏予夺者，皆公平正大之体，正君子向用之时也；朝纲振肃，列于前后左右者，无险陂侧媚④之私，正阳德方亨⑤之候也。邦之有道如此，居是邦也，言焉而不尽，行焉而不伸，不有负于时乎？盖君子之于言也，固有或默之时，而邦有道，则无所俟于默者，故理有当言则必言，面折廷诤⑥，侃然正论之不屈。事关利害，有举世所不敢言，而独言之；几伏⑦隐微，有举世所不能言，而独言之。入以告于君，出以语于人，一皆忠义之激发，言非沽直⑧也，时可直而直也。君子之于行也，固无可贬⑨之时，而邦有道，又无所待于贬者，故义所当行则必行，秉道嫉邪，挺然劲气之不回。非其义也，一介⑩不以与诸人，一介不以取诸人；如其义也，一家非之而不顾，一国非之而不顾。上以事乎君，下以持乎身，一皆行义之峻洁,行非求异也,道当直而直也。君子之处世如此,则世道之隆,岂非吾道之泰乎?虽然,君子之言行,非有意于危;自卑者视之,见其危也。然言有时而孙^⑪,何哉?盖行无时而变,持身之道也;言有时而孙,保身之道也。士而至于保身,岂盛世之所宜有哉?

【原评】讲"有道",即见可以"危言危行",讲"危言危行",即回抱"有道"。又即蕴蓄下文,斡旋"言孙"。巧、力兼备之文。

【评】"危"字发得透彻。光昌严峻之气,与题相称。

【题解】出自《宪问·邦有道》。

子曰:"邦有道,危言危行;邦无道,危行言孙。"(危,高峻也。孙,卑顺也。尹氏曰:"君子之持身不可变也,至于言则有时而不敢尽,以避祸也。然则为国者使士言孙,岂不殆哉?")

【注释】

① 相时而动:观察时机而采取行动。《左传·隐公十一年》:"相时而动,无累后人,可谓知礼矣。"
② 明明之后:清明的君主。后,君主,帝王。《尚书·胤征》:"百官修辅,厥后惟明明。"又《太甲下》:"终始慎厥与,惟明明后。"
③ 休休之臣:安闲有度量的大臣。《尚书·秦誓》:"如有一介臣……其心休休焉,其如有容。"蔡沉《集传》:"休休,易直、好善之意。"
④ 险陂侧媚:险陂,也作"险波",阴险谄媚。《诗经·周南·卷耳序》:"内有进贤之志,而无险波私谒之心。"孔疏:"险波者,情实不正、誉恶为善之辞也。"侧媚:用不正当的手段讨好别人。《尚书·冏命》:"无以巧言令色,便辟侧媚。"孔疏:"侧媚者,为僻侧之事以求媚于君。"
⑤ 阳德方亨:阳气旺盛,喻君主圣明、政治清明。
⑥ 面折廷诤:面折,当面批评、指责;廷诤,也作"廷争",在朝廷上犯颜直谏,据理力争。《史记·吕太后本纪》:"于今面折廷争,臣不如君;夫全社稷,定刘氏之后,君亦不如臣。"
⑦ 几伏:细微的苗头和潜藏的事情。《易·系辞》:"几者,动之微,吉之先见者也。"
⑧ 沽直:故作正直以获得名誉。
⑨ 贬:降低立身行事的标准。
⑩ 一介:非常细微的东西。介,同"芥"。此句用《孟子·万章上》语:"非其义也,非其道也,一介不以与人,一介不以取诸人。"
⑪ 孙:通"逊",卑顺。

管仲相桓公 四句
李梦阳

圣人称大夫佐霸之功^①,被天下而及后世也。甚矣,春秋不可无管仲也。匡一时,而后之人且利赖焉,得非仁者之功乎?此夫子所以录其功也。想其晓^②子贡之意,盖曰:死天下之事易,成天下之事难。子疑仲之相桓为未仁也,抑孰知管仲以其君霸,而其所成者大乎?彼管仲之于齐也,被鲍叔之荐,而膺仲父之宠^③,夫固桓公之相也。齐居东海之国,未尝主盟于中夏,桓公得其国而君之,亦未敢必其称雄于列辟^④也。惟得管仲以为之相，招携以礼，怀远以德⑤，而人心景⑥从，遂为诸侯之宗长焉。一举葵丘⑦，而臣不敢奸君⑧，当其时，知有共主而天下之大纲⑨不至于陵夷⑩者，仲匡之也；再盟召陵⑪，而裔不敢谋夏⑫，当其时，知有上国而天下之大防⑬不至于颠越者，仲匡之也。然岂特终于仲之身而已哉？盖自其身没以来，勋名垂于奕世⑭，于今尊奖之，而冠履⑮之严，犹昭然耳目之公焉，其雄风之所贻者，诚未易斩⑯矣；声施沿于列国，于今翊戴⑰之，而兵车之强，犹赫然会盟之间焉，其余威之所振者，诚未易熄矣⑱。夫以仲之功，而人受其赐于不穷，迄今江汉之上，慨最盛之遗事，而颂管仲之功不衰。吾方幸齐桓得一相而天下定焉，后世赖焉，又安得以其相为疑也哉？信乎管仲虽无仁人之德，而实有仁人之功。赐⑲也，何可以过訾之也？

【评】一气排算，朴老古淡之中，浑规矩变化于无迹。原评称其笔之老峻，直迈王、唐⑳，洵非溢美。

【作者简介】

李梦阳（1473—1530），字天赐，又字献吉，号空同子，甘肃庆阳人。弘治六年（1593）举陕西乡试第一，明年成进士，授户部主事，迁郎中。为人刚毅，不畏权势，数忤刘瑾，下狱几死。刘瑾死，迁江西提学副使，因事罢官。李梦阳为明朝著名文学家，"前七子"领袖，倡言文学复古，《明史·文苑传》本传称："梦阳才思雄鸷，卓然以复古自命。弘治时，宰相李东阳主文柄，天下翕然宗之，梦阳独讥其萎弱。倡言文必秦、汉，诗必盛唐，非是者弗道。与何景明、徐祯卿、边贡、朱应登、顾璘、陈沂、郑善夫、康海、王九思等号十才子，又与景明、祯卿、贡、海、九思、王廷相号七才子，皆卑视一世，而梦阳尤甚。……迨嘉靖朝，李攀龙、王世贞出，复奉以为宗。天下推李、何、王、李为四大家，无不争效其体。"

【题解】出自《宪问·管仲非仁者与》。

子贡曰："管仲非仁者与？桓公杀公子纠，不能死，又相之。"子曰："管仲相桓公，霸诸侯，一匡天下，民到于今受其赐。微管仲，吾其被发左衽矣。（匡，正也。尊周室，攘夷狄，皆所以正天下也。微，无也。衽，衣衿也。被发左衽，夷狄之俗也。）岂若匹夫匹妇之为谅也，自经于沟渎而莫之知也。"（谅，小信也。经，缢也。莫之知，人不知也。《后汉书》引此文，"莫"字上有"人"字。程子曰："桓公，兄也。子纠，弟也。仲私于所事，辅之以争国，非义也。桓公杀之虽过，而纠之死实当。仲始与之同谋，遂与之同死，可也；知辅之争为不义，将自免以图后功亦可也。故圣人不责其死而称其功。若使桓弟而纠兄，管仲所辅者正，桓夺其国而杀之，则管仲之与桓，不可同世之雠也。若计其后功而与其事桓，圣人之言，无乃害义之甚，启万世反复不忠之乱乎？如唐之王珪、魏征，不死建成之难，而从太宗，可谓害于义矣。后虽有功，何足赎哉？"愚谓管仲有功而无罪，故圣人独称其功；王、魏先有罪而后有功，则不以相掩可也。）

【注释】

① 佐霸之功：《史记·管晏列传》："管仲既用，任政于齐，齐桓公以霸，九合诸侯，一匡天下，管仲之谋也。"

② 晓：晓谕，让……明白。

③ 管仲受鲍叔牙推荐而受齐桓公任用，后被齐桓公尊为"仲父"。膺：担当，承受。

④ 列辟：众位君主，这里指各诸侯国。辟，君主。

⑤ 管仲语，见《左传·僖公七年》："管仲言于齐侯曰：'臣闻之：招携以礼，怀远以德。……'"携，通"愶"，背离、离散。招携，谓招引尚未归心的人。怀远，用恩惠、德政笼络安抚远方的人。

⑥ 景从：即"影从"，如影随形，比喻追随之紧或趋从之盛。

⑦ 一举葵丘：这一句讲管仲辅佐齐桓公建立的"尊王"之功。齐桓公三十四年，齐国率其他诸侯共谋定王室之难，拥立姬郑为天子，是为周襄王，即所谓"一匡天下"。齐桓公三十五年（公元前651年）夏、秋，齐桓公两会诸侯于葵丘（河南考城东），齐桓公以霸主身份主持会盟，此后凡遇到侵犯周王室权威的事，齐桓公都会过问和制止。

⑧ 奸君：犯上作乱，窃夺君位。奸，作乱或窃夺。《左传·襄公十四年》："（季札曰）君，义嗣也，谁敢奸君。"

⑨ 天下之大纲：指"君为臣纲"的名分。

⑩ 陵夷：衰颓，衰落。

⑪ 再盟召陵：这一句讲管仲辅佐齐桓公建立的"攘夷"之功。齐国多次率中原诸侯抵御北方戎、狄和南方楚国对中原诸侯的侵扰。齐桓公三十年（公元前656年），齐以八国之师伐楚，驻军召陵，迫使楚国同意进贡周王室，这就是召陵之盟。

⑫ 裔不敢谋夏：边远地区的民族不敢侵犯中原华夏民族。裔，本指衣服的边缘，喻指边远地区的民族。《左传·定公十年》："裔不谋夏，夷不乱华。"

⑬ 天下之大防：指夷夏之防。

⑭ 奕世：累世。《国语·周语上》："奕世载德，不忝前人。"

⑮ 冠履：帽子和鞋子，喻指君臣、华夷等尊卑关系。

⑯ 斩：断绝。《孟子·离娄下》："君子之泽，五世而斩。"

⑰ 翊戴：辅佐拥戴。

⑱ 此句言管仲提升齐国国力，见《史记·管晏列传》："管仲卒，齐国遵其政，常强于诸侯。"

⑲ 赐：子贡之名。子贡姓端木，名赐，字子贡。

⑳ 王、唐：指王鏊、唐顺之，明代时文大家。

志士仁人　一节

王守仁

　　圣人于心之有主者而决其心德之能全焉。夫志士仁人，皆心有定主而不惑于私者也。以是人而当死生之际，吾惟见其求无愧于心焉耳，而于吾身何恤乎？此夫子为天下之无志而不仁者慨也。故言此以示之，若曰：天下之事变无常，而死生之所系甚大。固有临难苟免①而求生以害仁者焉，亦有见危授命②而杀身以成仁者焉。此正是非之所由决，而恒情③之所易惑者也。吾其有取于志士仁人乎？夫所谓志士者，以身负纲常之重，而志虑之高洁，每思有以植天下之大闲④；所谓仁人者，以身会天德之全，而心体之光明，必欲有以贞⑤天下之大节。是二人者，固皆事变之所不能惊，而利害之所不能夺⑥，其死与生，有不足累者也。是以其祸患之方殷，固有可以避难而求全者矣，然临难自免，则能安其身而不能安其心，是偷生者之为，而彼有所不屑也；变故之偶值，固有可以侥幸而图存者矣，然存非顺事⑦，则吾生以全而吾仁以丧，是悖德者之事，而彼有所不为也。彼之所为者，惟以理欲无并立之机，而致命遂志⑧，以安天下之贞者，虽至死而靡憾；心迹⑨无两全之势，而捐躯赴难，以善天下之道者，虽灭身而无悔。当国家倾覆之余，则致身以驯⑩过涉之患⑪者，其仁也，而彼即趋之而不避，甘之而不辞焉，盖苟可以存吾志之公，将效死以为之，而存亡由之，不计矣；值颠沛流离之余，则舍身以贻没宁之休⑫者，其仁也，而彼即当之而不慑，视之而如归焉，盖苟可以全吾心之仁，将委身以从之，而死生由之，勿恤矣。是其以吾心为重，而以吾身为轻，其慷慨激烈以为成仁之计者，固志士之勇为而亦仁人之优为也，视诸逡巡畏缩而苟全于一时者，诚何如哉？以存心为生，而以存身为累，其从容就义以明分义之公者，固仁人之所安而亦志士之所决也，视诸回护隐伏而觊觎于不死者，又何如哉？是知观志士之所为，而天下之无志者可以愧矣；观仁人之所为，而天下之不仁者可以思矣。

【原评】"志士"是把握得定，"仁人"是涵养得熟。一"无"字，一"有"字，有确然不改易意，有安然不勉强意。写两种人，各尽分量，而文更俊伟光明。

【评】有豪杰气象，亦少具儒者规模，高言不止于众人之心。谅哉！气盛辞坚，已开嘉靖间作者门径。

【作者简介】

王守仁（1472—1529），字伯安，世称阳明先生，浙江余姚人。父华，字德辉，成化十七年（1481）进士第一。守仁弱冠举乡试，弘治十二年（1499）成进士，先后任刑部、兵部主事，以忤刘瑾被杖，谪贵州龙场驿丞。刘瑾被诛，擢南京太仆少卿，迁鸿胪卿。后以平定福建、江西"贼寇"及宁王朱宸濠之乱，封新建伯。至隆庆初，以廷臣多颂其功，诏赠新建侯，谥文成，且与薛瑄一同从祀文庙。及万历中，又以胡居仁、陈献章从祀。终明之世，从祀者止守仁等4人。王守仁又是明朝著名的哲学家，创"阳明学"（或称"心学"）一派，对明代思想界有极大影响。有《王文成公全书》。《制义丛话》卷四引俞长城："新建之学，衍于正嘉而盛于隆万……然终不以入时文，时文必宗考亭（按，指朱熹之学）。"

【题解】出自《卫灵公·志士仁人》。

子曰："志士仁人，无求生以害仁，有杀身以成仁。"（志士，有志之士。仁人，则成德之人也。理当死而求生，则于其心有不安矣，是害其心之德也。当死而死，则心安而德全矣。程子曰："实理得之于心自别。实理者，实见得是，实见得非也。古人有捐躯陨命者，若不实见得，恶能如此？须是实见得生不重于义，生不安于死也。故有杀身以成仁者，只是成就一个是而已。"）

【注释】

① 临难苟免：以苟且偷生的方式躲过灾难。语见《礼记·曲礼上》："临财毋苟得，临难毋苟免。"

② 见危授命：临难见危，能挺身而出，不惜献出自己的生命。《论语·宪问》："（子曰）见利思义，见危授命，久要不忘平生之言，亦可以为成人矣。"

③ 恒情：人之常情。恒，常。

④ 大闲：基本的伦理道德规范。闲，本义为栅栏，引申为准则、界限。《论语·子张》："大德不逾闲，小德出入可也。"

⑤ 贞：正，使……端正。《尚书·太甲下》："一人元良，万邦以贞。"

⑥ 夺：改变志向。《论语·子罕》："三军可夺帅也，匹夫不可夺志也。"

⑦ 存非顺事：违背天理而生存下来。顺事，此指依理而行、顺命而为，语本张载《西铭》："存，吾顺事；没，吾宁也。"后人归结为"存顺没宁"。

⑧ 致命遂志：献出生命，满足自己的志向。《论语·子张》："士见危致命，见得思义。"

⑨ 心迹：思想与行为。

⑩ 驯：从，跟从。

⑪ 过涉之患：此处指为拯民救时而招来的祸患。语本《易·大过》："上六：过涉灭顶，凶，无咎。"《正义》："既灭其顶，所以凶也。无咎者，所以涉难灭顶，至于凶亡，本欲济时拯难，意善功恶，无可咎责。"

⑫ 没宁之休：获得死后的宁静。休，美好，安闲。没宁，死后获得安宁。语出张载《西铭》，见前"存非顺事"注。

昔者先王以为东蒙主　四句

罗　伦

　　圣人于大夫之伐国①而历据理以斥其非也。盖兵以义动，始无恶于伐也。颛臾封于鲁，国于鲁，臣于鲁，则季氏安得而伐之哉？且吾闻之，无欲而利人之有者，不仁；无罪而伐人之国者，不智。季氏之伐颛臾也，岂未闻颛臾之为国乎？彼其分封不出于先王，是僭窃之君也，而伐之可以明王制②；锡土③不居于邦域，是争雄之国也，而伐之可以夷④后患；名分不通于社稷，是跋扈之臣也，而伐之可以修臣纪。今自其建国之初论之，昔者先王以为东蒙主，则一方之名山，将赖是以承其祭，而有周以来，其国固与我鲁并矣，是岂可伐者乎？而犹未也。以地，则在邦域之中焉，密迩⑤公室，必无悖逆之心，所谓不必伐者，此也；以分⑥，则为社稷之臣焉，听命公朝，又为王家之佐，所谓不当伐者，此也。为季氏者，正宜远追建国之意，近守交邻之道，可也。胡为乎谋动干戈，容心于分外之得；妄兴师旅，恣情于黩武之谋？将以明王制与？彼非僭窃之君也；将以夷后患与？彼非争雄之国也；将以修臣纪与？彼非跋扈之臣也。而无名之举，何以服天下之心？但恐不可伐而伐之，上得罪于先王也；不必伐而伐之，下得罪于境内也；不当伐而伐之，中得罪于公家⑦也。而不义之师，只以稔⑧一己之恶。为季氏者，不知而伐之，是不智也，知而伐之，是不仁也，国未必得，而身已入于大恶矣，季氏何为哉？为求者⑨，不知而使之，是不智也，知而使之，是不仁也，谋未必就，而身已入于大逆矣，求也何为哉？

【评】曲折发挥，雄气奔放。昔人谓如吕梁之水，喷薄澎湃者。　不独兼正嘉作者气势之排宕，并包隆万名家结构之巧密矣。故知先辈非不欲为正嘉以后之文，乃风气未开，为之者尚少耳。

【题解】出自《季氏·季氏将伐颛臾》。

季氏将伐颛臾。（颛臾，国名，鲁附庸也。）冉有、季路见于孔子曰："季氏将有事于颛臾。"孔子曰："求！无乃尔是过与？夫颛臾，昔者先王以为东蒙主，且在邦域之中矣，是社稷之臣也。何以伐为？"（东蒙，山名。先王封颛臾于此山之下，使主其祭，在鲁地七百里之中。社稷，犹云公家。是时四分鲁国，季氏取其二，孟孙叔孙各有其一。独附庸之国尚为公臣，季氏又欲取以自益。故孔子言颛臾乃先王封国，则不可伐；在邦域之中，则不必伐；是社稷之臣，则非季氏所当伐也。此事理之至当，不易之定体，而一言尽其曲折如此，非圣人不能也。）冉有曰："夫子欲之，吾二臣者皆不欲也。"（夫子，指季孙。冉有实与谋，以孔子非之，故归咎于季氏。）孔子曰："求！周任有言曰：'陈力就列，不能者止。'危而不持，颠而不扶，则将焉用彼相矣？（周任，古之良史。陈，布也。列，位也。相，瞽者之相也。言二子不欲则当谏，谏而不听，则当去也。）且尔言过矣。虎兕出于柙，龟玉毁于椟中，是谁之过与？"（兕，野牛也。柙，槛也。椟，匮也。言在柙而逸，在椟而毁，典守者不得辞其过。明二子居其位而不去，则季氏之恶，己不得不任其责也。）冉有曰："今夫颛臾，固而近于费。今不取，后世必为子孙忧。"（固，谓城郭完固。费，季氏之私邑。此则冉求之饰辞，然亦可见其实与季氏之谋矣。）孔子曰："求！君子疾夫舍曰欲之，而必为之辞。（欲之，谓贪其利。）丘也闻有国有家者，不患寡而患不均，不患贫而患不安。盖均无贫，和无寡，安无倾。（寡，谓民少。贫，谓财乏。均，谓各得其分。安，谓上下相安。季氏之欲取颛臾，患寡与贫耳。然是时季氏据国，而鲁公无民，则不均矣。君弱臣强，互生嫌隙，则不安矣。均则不患于贫而和，和则不患于寡而安，安则不相疑忌，而无倾覆之患。）夫如是，故远人不服，则修文德以来之。既来之，则安之。（内治修，然后远人服。有不服，则修德以来之，亦不当勤兵于远。）今由与求也，相夫子，远人不服而不能来也；邦分崩离析而不能守也。（子路虽不与谋，而素不能辅之以义，亦不得为无罪，故并责之。远人，谓颛臾。分崩离析，谓四分公室，家臣屡叛。）而谋动干戈于邦内。吾恐季孙之忧，不在颛臾，而在萧墙之内也。"（干，楯也。戈，戟也。萧墙，屏也。言不均不和，内变将作。其后哀公果欲以越伐鲁而去季氏。谢氏曰："当是时，三家强，公室弱，冉求又欲伐颛臾以附益之。夫子所以深罪之，为其瘠鲁以肥三家也。"洪氏曰："二子仕于季氏，凡季氏所欲为，必以告于夫子。则因夫子之言而救止者，宜亦多矣。伐颛臾之事，不见于经传，其以夫子之言而止也与？"）

【注释】

① 大夫之伐国：指季氏将伐颛臾。季氏为鲁国大夫，颛臾为鲁国附庸之国。

② 王制：王者之制，王朝的制度。《礼记》有"王制"篇，言禄爵等制度。《荀子·正论》："天下之大隆，是非之封界，分职名象之所起，王制是也。"

③ 锡土：指分封的土地。

④ 夷：消除，铲平。

⑤ 密迩：紧邻，接近。迩，近。

⑥ 分：名分。

⑦ 公家：公室，这里指鲁王室。

⑧ 稔：谷熟，这里指积累、养成。

⑨ 为求者：对于冉求来说。冉求，孔子弟子，名求，字有。

邦君之妻　一节

王　鏊

圣人于国君之配而必序其称名之详焉。夫匹配之际，立教之端也①。圣人于其所称之名而详序之，其谨微之义，断可识矣。且古之圣人，固尝严内外之分②，亦未尝绝内外之交。是以有礼焉，以秩其分③；有分焉，以定其名。试以邦君之妻言之，所以听一国之内治④，掌斯民之阴教⑤，风化存焉者也。其称名之法，当何如哉？自夫君之称之也，则曰夫人。盖邦君，乾道也；夫人，坤道也⑥。乾健而不息，坤顺而有常⑦，既以德而配德，必以贵而从贵。以夫人称，尊之也，言其与己同也。自夫人之自称也，则曰小童。盖夫者，天道也；妻者，地道也⑧。天尊而莫踰，地卑而上行⑨，虽以体而敌体⑩，犹必谦而又谦。以小童称，自卑也，言为君之役也⑪。此特称于宫中者耳，至于邦人称之，则不徒曰夫人，而必曰君夫人焉。盖妇人无爵，从夫之爵⑫，国无恒爵⑬，惟君为尊。称夫人而系之以君，虽所以称夫人也，亦所以尊君也。此特称于本国者耳，至于称诸异邦也，不徒曰小君，而必曰寡小君焉。盖寡德之辞⑭，诸侯不嫌于自贬，而藉君为号，夫人不容以自矜。称小君而必系之以寡，非惟附君之美也，实则从君之谦也。此固夫人之称于异邦者矣。至于异邦人称之也，亦曰君夫人焉。盖君之于民也，异所统而尊则同；夫人之于君也，殊所位而亲则一。敬其君以及人之君，则敬彼国之夫人，亦当如本国之夫人矣。是之谓充类⑮也，故不嫌于同辞也。吁，一邦君之妻，而称名之异如此，要皆缘情而定、因理而起者也。学者其可忽诸⑯？

【原评】句句详核，股法变换参差，尤见手笔。

【评】实能抉礼意之精微，古茂雅洁，典制文字，此为极轨。

【题解】出自《季氏·邦君之妻》。

邦君之妻，君称之曰夫人，夫人自称曰小童；邦人称之曰君夫人，称诸异邦曰寡小君；异邦人称之亦曰君夫人。（寡，寡德，谦辞。吴氏曰："凡语中所载如此类者，不知何谓。或古有之，或夫子尝言之，不可考也。"）

【注释】

① 《礼记·内则》："礼始于谨夫妇。"

② 严内外之分：指严格贯彻男女有别的礼法。《礼记·内则》："为宫室，辨外内。男子居外，女子居内。……男不入，女不出。"

③ 秩其分：区分等级次第。分，名分地位。

④ 内治：指对妇女进行的教育或治理家务。《礼记·昏义》："古者天子立后六宫……以听天下之内治，以明章妇顺，故天下内和而家理。"郑玄注："内治，妇学之法也。"

⑤ 阴教：女子的教化。《礼记·昏义》："天子听男教，后听女顺；天子理阳道，后治阴德；天子听外治，后听内职。"《周礼·天官·内宰》："以阴礼教六宫，以阴礼教九嫔。"

⑥ 以乾、坤分指男女，本《易·系辞》："乾道成男，坤道成女。"

⑦ 此二句用《周易》语意。《说卦》："乾，健也。坤，顺也。"《正义》曰："乾象天，体运转不息，故为健也。……坤象地，地顺承于天，故为顺也。"

⑧ 地道：古人以为夫妻、乾坤、天地的关系相同，妻对于夫，应当是"卑应于尊，下顺于上"。《易·坤卦》："坤道其顺乎，承天而时行。……地道也，妻道也，臣道也。"

⑨ 此句用《周易·系辞》语意："天尊地卑，乾坤定矣。卑高以陈，贵贱位矣。"

⑩ 敌：对等、匹敌。敌体，指双方地位相等，无上下尊卑之分。

⑪ 小童：《礼记·曲礼下》"自称于其君，曰小童"，孔颖达疏："小童，未成人之称也。其与夫言，自谦称为小童，若未成人，言无知也。"

⑫ 语出《礼记·郊特牲》："共牢而食，同尊卑也。故妇人无爵，从夫之爵，坐以夫之齿。"

⑬ 恒爵：固定的爵位。按，此句谓各国国君的爵位虽有公侯伯子男之分，然而无论在何国，其君的爵位都是最尊。

⑭ 寡德之辞：诸侯自称。《礼记·曲礼下》："其与民言，自称曰寡人。"郑玄注谓："谦也，于臣亦然。"孔颖达疏："寡人者，言己是寡德之人也。"

⑮ 充类：用同类事物比照类推，从而把道理引申出来。《孟子·万章下》："充类至义之尽也。"朱熹《集注》："推其类，至于义之至精至密之处而极言之耳。"

⑯ 诸："之乎"的合音。

迩之事父 一节

钱 福

内有以资其孝，外有以资其忠，此《诗》所以当学也。盖学以明伦，而《诗》则无不备者也。事父事君，不学《诗》而何资乎？昔夫子勉人学《诗》，意谓：夫人伦之道，莫备于《诗》；而人伦之大，莫备于君父。是故以国而视家，家其近者也。一家之中，惟父为大焉，事之之道，岂易尽乎？盖必咏《蓼莪》①之篇而后知亲有罔极②之恩，不得乎亲，真不可以为人矣；诵《小弁》之什③而后知亲无可绝之理，不顺乎亲，真不可以为子矣。感发于《陟岵》④之幽思，奋激于《凯风》⑤之悔责，与凡六义⑥之所规讽者，何莫而非资其事父之孝者乎？《诗》之道，非止于父也而重乎父，以父而言，则在家之伦，如夫妇之琴瑟⑦、兄弟之埙篪⑧，皆备之矣。以家而视国，国其远者也。一国之中，惟君为尊焉，事之之道，岂易能乎？盖必涵泳夫《天保》⑨之章而忠爱之意以兴，将顺其美⑩，务欲兼吾历⑪于夏商焉；优游乎《卷阿》⑫之歌而规谏之情以得，匡救其恶，务欲纳吾君于唐虞⑬焉。读《四牡》而靡盬⑭于王事，诵《烝民》⑮而匪懈于夙夜，与凡三经⑯之所美刺者，何莫而非资其事君之忠者乎？《诗》之道，非止于君也而重乎君，以君而言，则在国之伦，如友生⑰之相求、宾主之式燕⑱，皆备之矣。是则内而事父，外而事君，学之为道，无以加此，而《诗》皆备之。若之何而不学《诗》也耶？

【评】深于《诗》训，义举其要。悫实雅茂，久而愈新。后之作者，不过就此推衍耳。

【题解】出自《阳货·小子何莫学夫诗》。

子曰："小子！何莫学夫诗？（小子，弟子也。）诗，可以兴，（感发志意。）可以观，（考见得失。）可以群，（和而不流。）可以怨。（怨而不怒。）迩之事父，远之事君。（人伦之道，《诗》无不备，二者举重而言。）多识于鸟兽草木之名。"（其绪余又足以资多识。学《诗》之法，此章尽之。读是经者，所宜尽心也。）

【注释】

① 《蓼莪》：《诗经·小雅》篇目，毛诗序谓："《蓼莪》，刺幽王也。民劳苦，孝子不得终养尔。"诗有"哀哀父母，生我劬劳"、"哀哀父母，生我劳瘁"等句，可感发孝思。

② 罔极：无极，无穷。《蓼莪》诗云："欲报父母，昊天罔极。"朱熹集传："父母之恩如此，欲报之以德，而其恩之大，如天无穷，不知所以为报也。"

③ 《小弁》之什：即《小弁》之篇。什，十首诗为一"什"，此即指篇。《小弁》，《诗经·小雅》篇目，毛诗序："《小弁》，刺幽王也。大子之傅作焉。"传统上认为是周幽王废太子宜臼之傅所作，以申述宜臼不得于父之"怨"，来唤回幽王的父子之情，《孟子·告子下》："《小弁》之怨，亲亲也。亲亲，仁也。"

④ 《陟岵》：《诗经·魏风》篇目，毛诗序："《陟岵》，孝子行役，思念父母也。"诗有"陟彼岵兮，瞻望父兮"、"陟彼屺兮，瞻望母兮"等句。

⑤ 《凯风》：《诗经·邶风》篇目，毛诗序谓："《凯风》，美孝子也。卫之淫风流行，虽有七子之母，犹不能安其室，故美七子能尽其孝道，以慰其母心，而成其志尔。"郑玄笺："不安其室，欲去嫁也。成其志者，成言孝子自责之意。"

⑥ 六义：指《诗经》分风、雅、颂三类，用赋、比、兴三种手法，合为"六义"。毛诗大序："故诗有六义焉：一曰风，二曰赋，三曰比，四曰兴，五曰雅，六曰颂。"

⑦ 琴瑟：古人以琴瑟和谐喻夫妇和美。《诗经·周南·关雎》："窈窕淑女，琴瑟友之。"《小雅·常棣》："妻子好合，如鼓琴瑟。"

⑧ 埙箎：两种乐器，古人以埙箎相应和喻兄弟和好，本于《诗经·小雅·何人斯》："伯氏吹埙，仲氏吹箎。"郑玄笺："伯仲，喻兄弟也。我与女恩如兄弟，其相应和如埙箎。"孔颖达疏："其恩亦当如伯仲之为兄弟，其情志亦当如埙箎之相应和。"按，此二句谓，人有"五伦"，在家之中，父子之外，尚有兄弟、夫妇二伦，而《诗》皆言之。

⑨ 《天保》：《诗经·小雅》篇目，为臣下祝福君王之诗。毛诗序谓："《天保》，下报上也。君能下下以成其政，臣能归美以报其上焉。"

⑩ 将顺其美：顺势相助，成全其美德、美政。《孝经·事君章》："君子之事上也……将顺其美，匡救其恶。"

⑪ 吾历：此指国家的气数。此句谓祝愿国运绵长，兼有夏、商两代的气运。《天保》诗"天保定尔，亦孔之固"等句，均为祝愿国家政权永固之辞。

⑫ 《卷阿》：《诗经·大雅》篇目，是臣下劝谏君王用贤之诗，毛诗序谓："《卷阿》，召康公戒成王也。言求贤用吉士也。"

⑬ 唐虞：即尧舜，尧号陶唐，舜号有虞，故云。此句即"致君尧舜上"之意。

⑭ 靡盬：不可不坚固。此句谓，读《四牡》之诗而学习到公而忘私的情怀。《四牡》为《诗经·小雅》篇目，传统认为此诗写使臣为王事奔走在外。诗云："王事靡盬，我心伤悲！"朱熹集传："盬，不坚固也。……当是时，岂不思归乎？特以王事不可以不坚固，不敢徇私以废公，是以内顾而伤悲也。靡盬者，公义也。伤悲者，情思也。无私恩，非孝子也；无公义，非忠臣也。"

⑮ 《烝民》：《诗经·大雅》篇目，诗中述及大臣尽心王事："既明且哲，以保其身。夙夜匪解，以事一人。"匪解，即"匪懈"，不懈怠。

⑯ 三经：指《诗经》的风、雅、颂三个部分。《诗》有"六义"（见前注），旧时多以"三经三纬"解之，"三经"指风、雅、颂，是诗的分类。

⑰ 友生：朋友。《诗经·小雅·常棣》："虽有兄弟，不如友生。"孔颖达疏："室家安宁，身无急难，则当与朋友交，切磋琢磨学问，修饰以立身成名。"

⑱ 式燕：宴饮。《诗经·小雅·鹿鸣》："我有旨酒，嘉宾式燕以敖。"《南有嘉鱼》："君子有酒，嘉宾式燕以乐。"按，此二句谓，人有"五伦"，于家之外，有君臣、朋友二伦，《诗》亦可以教人朋友之道。

钦定化治四书文卷四（《中庸》）

天命之谓性　一章

蔡　清　墨

《中庸》明道原于天而备于人，必详言君子体道之事也。夫道原于天而备于人，是故君子之所当体者也。体道之功既至，则位育之化有不成乎？子思子忧道学之失传而作《中庸》以诏天下也，盖谓：天下有性焉，有道焉，有教焉，夫人之所知也；而其所以为性，为道，为教者，夫人之所未知也。何谓性？天之所命于人、物者之谓也，外天以言性，非吾之所谓性矣；何谓道？人、物各循其性之自然者之谓也，外性以言道，非吾之所谓道矣；何谓教？圣人因是道之在人、物者而修之之谓也，外道以言教，非吾之所谓教矣。是则道之大原出于天而不可易，其实体备于己而不可离。使其可离于须臾，是岂所谓率性之道哉？是故君子时虽不睹不闻也，而亦戒惧之常存，不敢离之于静也；时虽至隐至微也，而亦慎独之无间，不敢离之于动也。体道之功如此，夫岂外吾心而为之哉？诚以心之喜怒哀乐，情也，其未发，则性也，无所偏倚，则谓之中；及其发皆中节也，无所乖戾，则谓之和。是中也，固百为万事之所从出者也，而离之于静焉，将何以立天下之大本耶？是和也，固天下古今之所共由者也，而离之于动焉，将何以行天下之达道耶？又必由戒惧而约之以极其中，使大本之益以固；由慎独而精之以极其和，使达道之行益以广。将见吾之中即天地之中，虽不期于天地之位也，而一理感通，上下其有不奠位①者乎？吾之和即万物之和，虽不期于万物之育也，而一气融贯，万物其有不咸若②者乎？此学问之极功、圣神之能事，初非有待于外，而修道之教亦在其中矣。

【原评】丝理微密，意味深厚，真学者之文。

【评】于白文、朱注表里澄澈，故顺题成文，略加虚字点逗于断续离合间，而神气流溢、动荡合节。学者不能得其气味而仿其形貌，则为浅为率而已矣。

【题解】出自第一章。

天命之谓性，率性之谓道，修道之谓教。（命，犹令也。性，即理也。天以阴阳五行化生万物，气以成形，而理亦赋焉，犹命令也。于是人物之生，因各得其所赋之理，以为健顺五常之德，所谓性也。率，循也。道，犹路也。人物各循其性之自然，则其日用事物之间，莫不各有当行之路，是则所谓道也。修，品节之也。性道虽同，而气禀或异，故不能无过不及之差，圣人因人物之所当行者而品节之，以为法于天下，则谓之教，若礼、乐、刑、政之属是也。盖人之所以为人，道之所以为道，圣人之所以为教，原其所自，无一不本于天而备于我。学者知之，则其于学知所用力而自不能已矣。故子思于此首发明之，读者所宜深体而默识也。）道也者，不可须臾离也，可离非道也。是故君子戒慎乎其所不睹，恐惧乎其所不闻。（道者，日用事物当行之理，皆性之德而具于心，无物不有，无时不然，所以不可须臾离也。若其可离，则为外物而非道矣。是以君子之心常存敬畏，虽不见闻，亦不敢忽，所以存天理之本然，而不使离于须臾之顷也。）莫见乎隐，莫显乎微，故君子慎其独也。（隐，暗处也。微，细事也。独者，人所不知而己所独知之地也。言幽暗之中，细微之事，迹虽未形而几则已动，人虽不知而己独知之，则是天下之事无有著见明显而过于此者。是以君子既常戒惧，而于此尤加谨焉，所以遏人欲于将萌，而不使其滋长于隐微之中，以至离道之远也。）喜怒哀乐之未发，谓之中；发而皆中节，谓之和。中也者，天下之大本也；和也者，天下之达道也。（喜、怒、哀、乐，情也。其未发，则性也，无所偏倚，故谓之中。发皆中节，情之正也，无所乖戾，故谓之和。大本者，天命之性，天下之理皆由此出，道之体也。达道者，循性之谓，天下古今之所共由，道之用也。此言性情之德，以明道不可离之意。）致中和，天地位焉，万物育焉。（致，推而极之也。位者，安其所也。育者，遂其生也。自戒惧而约之，以至于至静之中，无少偏倚，而其守不失，则极其中而天地位矣。自谨独而精之，以至于应物之处，无少差谬，而无适不然，则极其和而万物育矣。盖天地万物本吾一体，吾之心正，则天地之心亦正矣，吾之气顺，则天地之气亦顺矣。故其效验至于如此。此学问之极功、圣人之能事，初非有待于外，而修道之教亦在其中矣。是其一体一用虽有动静之殊，然必其体立而后用有以行，则其实亦非有两事也。故于此合而言之，以结上文之意。）

【注释】

① 奠位：定位，即《中庸》本章所说"天地位焉"。
② 咸若：本义是皆如此，此谓万物皆能顺其性，应其时，得其宜。语本《尚书·皋陶谟》："皋陶曰：'都！在知人，在安民。'禹曰：'吁！咸若时，惟帝其难之。'"

是故君子戒慎乎其所不睹　二句

储 罐 墨

　　君子之主静，以道之不可离也。夫道根于人心之至静者也，苟不知所以存之，斯离道之远矣。君子之戒惧也，有以哉！子思示人之意，若曰：道原于命而率于性，本无须臾之可离者也，君子欲不离道以为学，何以密存养之功耶？是故心之寂感虽由乎物交，而心之神明则发乎耳目。时乎不睹，宜若无事于戒慎矣，君子曰睹而后敬，则能敬于睹之所及，而不能敬于睹之所不及，而真睹忘矣，故视于无形，常若有所谓睹者，非睹之以目也，而实睹之以心，是其目虽未睹也，而吾心之真睹者无不明矣，不睹而敬，则凡睹之之时可知也已，君子之戒慎如有此者；时乎不闻，宜若无事于恐惧矣，君子曰闻而后畏，则能畏于闻之所加，而不能畏于闻之所不加，而真闻丧矣，故听于无声，常若有所谓闻者，非闻之以耳也，而实闻之以心，是其耳虽未闻也，而吾之真闻者无不聪矣，不闻而畏，则凡闻之之时可知也已，君子之恐惧有如此者。夫君子主静之功如此，则物交无以引于外，而神明有以宰于中。性于是乎定，命亦于是乎凝矣。孰谓君子之道而有须臾之离哉？

【原评】 每扇有许多转折，而气脉浑厚，开合无痕。

【评】 "不睹、闻"，对"未发之中"。说"戒慎"、"恐惧"，所谓敬以直内，立天下之大本也，用周子[1]"主静"二字，自属定解。其该[2]睹、闻处，措词尤为细密。

【作者简介】

储巏（1457—1513），字静夫，号柴墟，江苏泰州人。成化十九年（1483）乡试，明年会试，皆第一，授编修，官至户部右侍郎。有清操，工诗文，好推引知名士，嘉靖初，赐谥文懿。著有《柴墟斋集》。

【题解】 出自第一章，见上。

是故君子戒慎乎其所不睹，恐惧乎其所不闻。

【注释】

[1] 周子：周敦颐，北宋理学家。
[2] 该：概括。

致中和 一节

罗玘墨

君子尽性情之德，而一体者[1]应之矣。盖天地万物本吾一体也，性情之德既尽，而位、育之效有不至乎？且天下之道，统于一心而无遗；而吾人之心，体乎天地万物而无外。人惟中和未致，始与天地不相似，与万物不相关耳。君子知中为道之体也，自戒惧而约之，浑乎天命之性，无一时之不中，则中致，而大本之立益以固；知和为道之用也，自谨独而精之，粹乎率性之道，无一处之不和，则和致，而达道之行益以广。由是吾之心即天地之心，以中感中，而天地之心亦正；吾之气即天地之气，以和召和，而天地之气亦顺。呼吸动静，相为吻合而不殊；志意精神，与之默契而无间。乾道以之而清，坤道以之而宁，阴阳刚柔，各止其所，贞观[2]之所以不毁者，吾有以参乎其中也，天地有不位乎？民以之而时雍[3]，物以之而咸若[4]，休养生息，各遂其性，群类之所以不乖者，吾有以赞乎其间也，万物有不育乎？是中和之功，尽于一心；而位育之化，成于一体。君子修道之极如此。噫！人但知天地之为天地，万物之为万物也，孰知吾心一天地也，吾身一万物也。中和不致，则吾之天地万物且不能位育，而况于天地，况于万物乎？故君子不敢以一饮一食伤天地之和，而天地间苟有一悖戾不祥之物，皆吾身责也。学者欲得于此，盍于太极⑤观其本原乎？《西铭》⑥观其实体乎？《定性》⑦观其存养省察之要乎？

【原评】 当时解元文章如此。　　朱子谓"解经当如破的"，又云"读书细，看得通彻后，都不见注解，但见正经有几个字在，方好。"圭峰文可以语是矣。

【作者简介】

罗玘（1447—1519），字景鸣，学者称圭峰先生，江西南城人。年四十困诸生，成化二十二年（1486），领京闱乡试第一，明年举进士，选庶吉士，授编修，官至南京吏部右侍郎。博学，好古文，务为奇奥。为人尤尚节义，嘉靖初，赐谥文肃。著有《圭峰罗先生文集》三十七卷等。

【题解】 出自第一章，参见本卷蔡清《天命之谓性》。

致中和，天地位焉，万物育焉。

【注释】

① 一体者：指天地万物。

② 贞观：以正道示人，此即指天地各得其位。语本《易·系辞下》："天地之道，贞观者也。"孔颖达疏："谓天覆地载之道，以贞正得一，故其功可为物之所观也。"

③ 时雍：风俗大和。雍，和。语本《尚书·尧典》："黎民于变时雍。"

④ 咸若：此谓万物皆能顺其性，应其时，得其宜。语本《尚书·皋陶谟》："禹曰：'吁！咸若时，惟帝其难之。'"

⑤ 太极：此兼指周敦颐《太极图说》而言。

⑥《西铭》：北宋学者张载的代表著作。原名《订顽》，为《正蒙·乾称篇》中的一部分，作者张载曾将其录于学堂双牖的右侧，题为《订顽》。后程颐将《订顽》改称为《西铭》，至朱熹又将《西铭》从《正蒙·乾称篇》中分出，加以注解，成为独立的篇章。

⑦《定性》：指北宋学者程颢与张载讨论"定性"问题的《答横渠先生书》，后人称《定性书》，是程颢的代表性著作。

诗云鸢飞戾天　一节

王守仁

《中庸》即《诗》而言一理充于两间①，发费隐之意也。盖盈天地间皆物也，皆物则皆道也。即《诗》而观，其殆善言道者必以物欤？今夫天地间惟气而已矣，理御乎气，而气载乎理，固一机之不相离也。奈之何人但见物于物，而不能见道于物；见道于道，而不能见无物不在于道也？尝观之《诗》而得其妙矣。其曰"鸢飞戾天，鱼跃于渊"，言乎鸢、鱼而意不止于鸢、鱼也；即乎天、渊而见不滞于天、渊也。为此诗者，其知道乎！盖万物显化醇②之迹，吾道溢充周之机。感遇聚散，无非教也；成象效法，莫非命也。际乎上下，皆化育之流行；合乎流行，皆斯理之昭著。自有形而极乎其形，物何多也，含之而愈光者，流动充满，一太和保合③而已矣；自有象而极乎其象，物何赜也，藏之而愈显者，弥漫布濩④，一性命各正而已矣。物不止于鸢鱼也，举而例之，而物物可知；上下不止于天渊也，扩而观之，而在在可见。是盖有无间不可遗之物，则有无间不容息之气；有无间不容息之气，则有无间不可乘之理。其天机之察于上下者，固如此乎？

【原评】不从"飞"、"跃"两字著机锋，是前辈见理分明处。

【评】清醇简脱，理境上乘。阳明制义，谨遵朱注如此。

【题解】出自第十二章。

君子之道费而隐。（费，用之广也。隐，体之微也。）夫妇之愚，可以与知焉，及其至也，虽圣人亦有所不知焉；夫妇之不肖，可以能行焉，及其至也，虽圣人亦有所不能焉。天地之大也，人犹有所憾。故君子语大，天下莫能载焉；语小，天下莫能破焉。（君子之道，近自夫妇居室之间，远而至于圣人天地之所不能尽，其大无外，其小无内，可谓费矣。然其理之所以然，则隐而莫之见也。盖可知可能者，道中之一事，及其至而圣人不知不能。则举全体而言，圣人固有所不能尽也。侯氏曰："圣人所不知，如孔子问礼问官之类；所不能，如孔子不得位、尧舜病博施之类。"愚谓人所憾于天地，如覆载生成之偏，及寒暑灾祥之不得其正者。）诗云："鸢飞戾天，鱼跃于渊。"言其上下察也。（《诗》，《大雅·旱麓》之篇。鸢，鸱类。戾，至也。察，著也。子思引此诗以明化育流行，上下昭著，莫非此理之用，所谓费也。然其所以然者，则非见闻所及，所谓隐也。故程子曰："此一节，子思吃紧为人处，活泼泼地，读者其致思焉。"）君子之道，造端乎夫妇；及其至也，察乎天地。

【注释】

① 两间：天地。

② 化醇：此即指天地万物化生万物之功。《易·系辞下》："天地纲缊，万物化醇"，孔颖达疏："万物感之变化而精醇也。"朱熹《周易本义》："醇，谓厚而凝也。"

③ 太和保合：及下文"性命各正"均出《易·乾卦》："乾道变化，各正性命，保合太和，乃利贞。"朱熹《周易本义》："太和，阴阳会合冲和之气也。各正者，得于有生之初。保合者，全于已生之后。"谓阴阳合和，赋性万物，且能使万物保有其性。

④ 布濩：散布。

武王缵大王　　及士庶人

王鏊

《中庸》称二圣①有继先绪而隆一统之尊者，有承先德而备一代之典者。盖德业创于前而莫为之后，虽盛弗传也。如二圣之所为，岂不有光于前人也哉？《中庸》述夫子之意，谓夫欲知文王之无忧，当观武、周之善述。夫文王既没而不能作，继之者谁与？盖太王、王季创于前，文王之业隆于后，而缵其绪者惟武王也。观其身一著夫戎衣，师不劳于再举，而坐收一统之全功；迹虽嫌于伐君，志非富乎天下，而无损万世之令誉。且不独功名之俱盛而已，以贵则尊极一人，以富则奄有四海，而福有超于寻常也；不独禄位之兼得而已，上焉则宗庙飨之，下焉则子孙保之，而业有光于前后也。武王之继先绪如此，是以创业而兼守成，虽征诛而同揖逊②矣，其武功之隆何如哉？若夫武王已老而受命，承之者谁与？盖文王欲为而拘于位，武王得为而限于年，而成其德者在周公也。观其隆古公③之号为太王，加季历之称为王季，则近推乎文武之盛心；祀组绀④而上以王礼，追后稷⑤以下皆然，则上追乎先祖之遗意。于是推斯礼以及人，使有国而为诸侯、有家而为大夫者，咸得随等序而行其礼也；达斯礼以逮下，使有位而为士、无位而为庶人者，皆得循礼度以伸其情也。周公之成先德如此，是继述善于一身，礼制通于天下矣，其文德之备为何如哉？吁，武王缵焉而益隆，周公成焉而大备，此周家所以勃兴而文王所以无忧也与？

【评】精语卓立，气格浑成。当玩其苦心撰结处。

【题解】出自第十八章。

子曰："无忧者其惟文王乎！以王季为父，以武王为子，父作之，子述之。（此言文王之事。书言"王季其勤王家"，盖其所作，亦积功累仁之事也。）武王缵大王、王季、文王之绪。壹戎衣而有天下，身不失天下之显名。尊为天子，富有四海之内。宗庙飨之，子孙保之。（此言武王之事。缵，继也。大王，王季之父也。《书》云："大王肇基王迹。"《诗》云"至于大王，实始翦商。"绪，业也。戎衣，甲胄之属。壹戎衣，《武成》文，言一着戎衣以伐纣也。）武王末受命，周公成文武之德，追王大王、王季，上祀先公以天子之礼。斯礼也，达乎诸侯大夫，及士庶人。父为大夫，子为士；葬以大夫，祭以士。父为士，子为大夫；葬以士，祭以大夫。期之丧达乎大夫，三年之丧达乎天子，父母之丧无贵贱一也。"（此言周公之事。末，犹老也。追王，盖推文武之意，以及乎王迹之所起也。先公，组绀以上至后稷也。上祀先公以天子之礼，又推大王、王季之意，以及于无穷也。制为礼法，以及天下，使葬用死者之爵，祭用生者之禄。丧服自期以下，诸侯绝，大夫降；而父母之丧，上下同之，推己以及人也。）

【注释】

① 二圣：此指周武王、周公。
② 揖逊：指禅让，逊位让国。
③ 古公：即古公亶父，季历之父，周文王之祖。
④ 组绀：古公亶父的父亲，周文王的曾祖。据传为周始祖后稷的十一代孙。
⑤ 后稷：周朝的始祖。又名弃，在尧舜时担任农官。

武王缵大王 一节

杨慈墨

惟圣人能继先业以成武功，故能得声誉之盛而备诸福之隆也。夫前人之所为，后人之所当继也。苟不能然，则名且不足，尚何诸福之有哉？古之人有行之者，其有周之武王乎？自今观之，太王肇荒作①之基，王季勤王家②之事，则周之王业固始于此矣；文王诞膺③天命之隆，以抚方夏④之众，则周之王业已创于此矣。然太王、王季虽为王业之始，而其功则未成也，所以继其业者，非武王乎？文王虽有造周之名，而大勋则未集也，所以承厥志者，非武王乎？武王于是因累世缔造之功，而为一旦吊伐⑤之举。牧野之师方会，而前徒⑥已倒戈；华阳之马既归⑦，而天下遂大定。则前人之业，于是而始成；而前人之心，于是而始慰矣。夫以武王伐纣，宜若失其名也，然人皆知其为应天顺人之举，而无利天下之心，则武王之名于是而益显。当是时也，四方攸同⑧，皇王⑨维辟，则天下之民莫非其臣，其尊又何如？东西南北，无思不服⑩，则四海之地，莫非其有，其富又何如？由是而祀乎其先，则假哉皇考，绥予孝子⑪，莫不以格⑫而以享；由是而传之于后，则穆穆皇皇⑬，宜君宜王，莫不是继而是承。则声誉之盛、诸福之隆，武王一身萃之而有余矣。虽然，自非其能继先业以成武功，又何以臻此哉？夫武王能成燮伐⑭之功于天下未定之时，周公能制典礼之懿于天下既定之后，武王以武，周公以文，其为继述，则一而已。噫！莫为之先，后将何述？莫为之后，前将何传？夫以太王、王季、文王既有以作之，而武王、周公又有以述之，吾于是不惟有以赞武王能成之孝，而文王之所以无忧者，亦于是见矣。

【评】此明文始基。一代作者正变源流之法，靡不包孕。其文炳蔚，确有开国气象。　　士人穷探经史，非仅取其词与法为时文之用而已。然观制义初体如是，亦可知根茂实遂之不可诬也。

【作者简介】

杨慈（1382—1411），字惠叔，福建莆田县人。少孤，性颖悟，天才绝高，不甚读书，而为文操笔立就。永乐六年（1408）乡试第一，七年会试第二，九年（按，本科因明成祖北上，由永乐七年推迟至九年）廷对第四，选为翰林庶吉士。旋卒，年仅三十。有文集五卷，后世所传仅此处所选一篇，为其会试墨卷。

【题解】出自第十八章，见上。

【注释】

① 荒作：语本《诗经·周颂·天作》："天作高山，大王荒之。"毛传："作，生。荒，大也。天生万物于高山，大王行道，能大天之所作也。"按，大王即太王，文王之祖古公亶父。

② 王家：本指朝廷、王室，此谓帝王基业。语本《尚书·武成》："至于大王，肇基王迹，王季其勤王家。"孔颖达疏："勤立王家之基本也。"

③ 诞膺：承受。语本《尚书·武成》："我文考文王，克成厥勋，诞膺天命，以抚方夏。"孔安国传："大当天命，以抚绥四方中夏。"

④ 方夏：指中国、华夏。出处见上注。

⑤ 吊伐：即"吊民伐罪"，慰问受苦的人民，讨伐有罪的统治者。《孟子·滕文公下》："诛其罪，吊其民，如时雨降，民大悦。"

⑥ 前徒已倒戈：指商纣王前面的军队背叛，掉转武器攻击后面的商朝军队。语本《尚书·武成》："会于牧野，罔有敌于我师，前徒倒戈，攻于后以北，血流漂杵。"

⑦"华阳"句：指表明结束战争，要偃武修文。语本《尚书·武成》："乃偃武修文，归马于华山之阳，放牛于桃林之野，示天下弗服。"

⑧攸同：共同归心。语本《诗经·大雅·文王有声》："四方攸同，皇王维辟。"朱熹集传："四方得以来同于此，而以武王为君。"

⑨皇王：此指武王。皇，大。出处见上注。

⑩无思不服：没有谁不归服。语本《诗经·大雅·文王有声》："自西自东，自南自北，无思不服。"

⑪假哉皇考：语本《诗经·周颂·雍》："假哉皇考！绥予孝子。"毛传："假，嘉也。"郑笺："文王之德，乃安我孝子，谓受命定其基业也。"

⑫格：到来。《尚书·益稷》："祖考来格。"

⑬穆穆皇皇：肃敬、光明的样子。语本《诗经·大雅·假乐》："干禄百福，子孙千亿。穆穆皇皇，宜君宜王。"孔颖达疏："子孙以勤行得禄之，故所以穆穆然、皇皇然，宜为诸侯之君，宜为天子之王。"

⑭燮伐：协同讨伐。语本《诗经·大雅·大明》："笃生武王。保右命尔，燮伐大商。"孔颖达疏："天道协会，而后伐之。言其伐又为天助也。"

父为大夫　　无贵贱一也

钱　福

观圣制葬祭丧服之礼，各惟其分而已。盖礼莫大于分也，因分以尽情，其善于推己及人者欤？《中庸》意谓周公之制礼，不惟孝以事先人，而且孝以治天下。是故自葬祭之礼言之，如父为大夫、子为士欤？则葬以三月，称有家也，而祭之，则礼惟三鼎尔矣，乐惟二佾①尔矣，虽禴祭②也，而君子不以为隘；如父为士、子为大夫欤？则葬以逾月③，明有位也，而祭之，则礼用五鼎尔矣，乐用四佾尔矣，虽备物也，而君子不以为滥。盖葬从其爵，反始也，贻死者以安也；祭从其禄，致爱也，伸生者之情也。何莫而非协于义乎？自丧服之礼言之，期之丧，达乎大夫，何也？是诸父昆弟之丧也，其分殊者其情疏，而大夫则降、诸侯则绝焉；三年之丧，达乎天子，何也？是父母之丧也，其恩深者其报重，而贵不加损、贱不加益焉。盖服有降杀，贵贵也，所以曲而杀也；服无贵贱，亲亲也，所以经而等也。何莫而非达其情哉？是则葬祭以爵禄而定者，追王上祀之遗意也；丧服无贵贱之别者，天理民彝④之至情也。信乎礼通上下而为作者之圣欤？

【原评】文之能繁而不能简者，非才有余，正才不足也。细看此文，有他人连篇累牍说不尽处。　　"斯礼也"，只是说祭葬，是缘祭而及丧服，又是缘葬祭而及三者。虽俱礼制，就此章言之，则祭为主，丧葬为宾，即下章"达孝"亦是以祭祀之礼言之可见也。一起一结，大指跃然。

【题解】出自第十八章，参见本卷王鏊《武王缵大王 及士庶人》。

父为大夫，子为士；葬以大夫，祭以士。父为士，子为大夫；葬以士，祭以大夫。期之丧达乎大夫，三年之丧达乎天子，父母之丧无贵贱一也。

【注释】

① 佾：古时乐舞的行列。二佾，纵、横皆为二人的方阵。

② 禴祭：此指俭朴而合于礼的祭祀。《易·既济》："东邻杀牛，不如西邻之禴祭，实受其福。"孔颖达疏："禴，殷春祭之名，祭之薄者也。"

③ 葬以逾月：此本《左传·隐公元年》："天子七月而葬，同轨毕至；诸侯五月，同盟至；大夫三月，同位至；士逾月，外姻至。"《礼记·王制》则曰："大夫、士、庶人三日而殡，三月而葬。"按，本文所涉礼法，可参阅《礼记·中庸》注疏。

④ 民彝：犹人伦，旧指人与人之间相处的伦理道德准则。彝：常。《尚书·康诰》："天惟与我民彝大泯乱。"

今夫天 一节
岳 正 墨

　　《中庸》举天地生物之盛，所以明至诚无息之功用也。夫天地之道，一诚而已矣。生物之功，宁不各极其盛哉！《中庸》举之，以明无息之功用至此。若曰：论圣人固全乎天道，观天地则见乎圣人。何言乎？今夫天，以其一处而言，则昭昭之多天也，天其止于是乎？及其无穷，而日月星辰之悬象于上，万物之覆帱于下，天之生物，一何其盛耶！今夫地，以其一处而言，则撮土之多地也，地其止于是乎？及其广厚，而华岳河海容之不见其不足，万物载之惟见其有余，地之生物，一何其盛耶！语天地间之磅礴而不可穷者，莫山若也。今夫山，不过卷石之多耳，而岂足以尽夫山哉！及其广大，则草木生于斯，禽兽居于斯，宝藏兴于斯，山之生物之盛，孰非天地生物之盛乎？语天地间之浩渺而不可极者，莫水若也。今夫水，不过一勺之多耳，而岂足以尽夫水哉！及其不测，则鼋鼍蛟龙生于斯，鱼鳖生于斯，货财殖于斯，水之生物之盛，孰非天地生物之盛乎？是则天地功用之盛至于此。至诚无息之功用，所以配天地而无穷也，又何疑乎？

　　【评】 文简而理足，体方而意圆。四比中已开后人无限变化参差之妙，不得以其平易置之。

　　【作者简介】

　　岳正（1420—1474），字季方，号蒙泉，漷县（今北京通县）人。正统十三年（1448）会试第一，殿试一甲三名，授编修。英宗天顺初，改修撰，以原官入阁。时石亨、曹吉祥专权，岳正欲离间二人，事不成，反为所噬，遣戍肃州。亨、吉祥既诛，复官，出为兴化知府数年，遂致仕。嘉靖中，追赠太常寺卿，谥文肃。岳正无子，大学士李东阳其婿也。《明史》本传称岳正"博学能文章，高自期许，气屹屹不能下人"，著有《类博稿》等。

　　【题解】 出自第二十六章。

　　故至诚无息。（既无虚假，自无间断。）不息则久，久则征，（久，常于中也。征，验于外也。）征则悠远，悠远则博厚，博厚则高明。（此皆以其验于外者言之。郑氏所谓"至诚之德，著于四方"者是也。存诸中者既久，则验于外者益悠远而无穷矣。悠远，故其积也广博而深厚；博厚，故其发也高大而光明。）博厚，所以载物也；高明，所以覆物也；悠久，所以成物也。（悠久，即悠远，兼内外而言之也。本以悠远致高厚，而高厚又悠久也。此言圣人与天地同用。）博厚配地，高明配天，悠久无疆。（此言圣人与天地同体。）如此者，不见而章，不动而变，无为而成。（见，犹示也。不见而章，以配地而言也。不动而变，以配天而言也。无为而成，以无疆而言也。）天地之道，可一言而尽也：其为物不贰，则其生物不测。（此以下，复以天地明至诚无息之功用。天地之道，可一言而尽，不过曰诚而已。不贰，所以诚也。诚故不息，而生物之多，有莫知其所以然者。）天地之道：博也，厚也，高也，明也，悠也，久也。（言天地之道，诚一不贰，故能各极所盛，而有下文生物之功。）今夫天，斯昭昭之多，及其无穷也，日月星辰系焉，万物覆焉。今夫地，一撮土之多，及其广厚，载华岳而不重，振河海而不泄，万物载焉。今夫山，一卷石之多，及其广大，草木生之，禽兽居之，宝藏兴焉。今夫水，一勺之多，及其不测，鼋鼍、蛟龙、鱼鳖生焉，货财殖焉。（昭昭，犹耿耿，小明也。此指其一处而言之。及其无穷，犹十二章"及其至也"之意，盖举全体而言也。振，收也。卷，区也。此四条，皆以发明由其不贰不息以致盛大而能生物之意。然天、地、山、川，实非由积累而后大，读者不以辞害意可也。）诗云："维天之命，於穆不已！"盖曰天之所以为天也。"于乎不显！文王之德之纯！"盖曰文王之所以为文也，纯亦不已。（《诗》，《周颂·维天之命》篇。於，叹辞。穆，深远也。不显，犹言岂不显也。纯，纯一不杂也。引此以明至诚无息之意。程子曰："天道不已，文王纯于天道，亦不已。纯则无二无杂，不已则无间断先后。"）

考诸三王而不缪　合下节

程　楷　墨

论君子极制作之善，见君子知天人之理。盖无所不合，见君子制作之善矣，其洞烛天人之理，不于斯可见哉！且圣人居天子之位，尽三重之道①。彼禹汤文武，固有已然之迹也，然君子之制作，为于今而稽于古，则今日之为即三王之为，往古来今浑然一揆②，与其已然者无所戾；天高地下，固有自然之道也，然君子之制作，立于此而参于彼，则在我之道即两仪之道，天地与人浩乎一体，与其自然者无所拂。屈伸变化而为造化之迹者，鬼神也，鬼神固难明者，以是制作而质之，则幽验于明，不以隐秘而有疑；出类拔萃而生百世之下者，后圣也，后圣固难料者，以是制作而俟之，则远验于近，不以将来而有惑。然质诸鬼神而无疑，非探赜索隐以为之者，吾知其于天之理，至精至微，已洞烛于此心之中矣。盖幽明虽不同，而理则同也，知天之理，则鬼神之幽可以理知也。鬼神且然，至显之天地，夫何悖乎？百世以俟圣人而不惑，非谶纬术数以为之者，吾知其于人之理，至纤至悉，已昭察于此心之内矣。盖远近虽不一，而理则一也，知人之理，则后圣之心可以理度③也。后圣且然，已往之三王，夫何缪④乎？噫！以真知至理之心，为制作三重之道，君子如此，岂骄乎？

【原评】上截"三王"、"后圣"，往与来对；"天地"、"鬼神"，隐与显对。下截"知天"、"知人"，乃举来以该往，即隐以该显，实总结四句。是作天造地设，不少赘亏。

【评】顺题平叙，不用过接拴绾，而理蕴精气，结聚流通，坚凝如铸。

【作者简介】

程楷，字正之，号念斋，江西乐平人。成化二十三年（1487）会元，改庶吉士，迁翰林院编修，尝与修《皇明通典》等。著有《程念斋集》十卷等。

【题解】出自第二十九章。

王天下有三重焉，其寡过矣乎！（吕氏曰："三重，谓议礼、制度、考文。惟天子得以行之，则国不异政，家不殊俗，而人得寡过矣。"）上焉者虽善无征，无征不信，不信民弗从；下焉者虽善不尊，不尊不信，不信民弗从。（上焉者，谓时王以前，如夏、商之礼虽善，而皆不可考。下焉者，谓圣人在下，如孔子虽善于礼，而不在尊位也。）故君子之道：本诸身，征诸庶民，考诸三王而不缪，建诸天地而不悖，质诸鬼神而无疑，百世以俟圣人而不惑。（此君子，指王天下者而言。其道，即议礼、制度、考文之事也。本诸身，有其德也。征诸庶民，验其所信从也。建，立也，立于此而参于彼也。天地者，道也。鬼神者，造化之迹也。百世以俟圣人而不惑，所谓圣人复起，不易吾言者也。）质诸鬼神而无疑，知天也；百世以俟圣人而不惑，知人也。（知天知人，知其理也。）是故君子动而世为天下道，行而世为天下法，言而世为天下则。远之则有望，近之则不厌。（动，兼言行而言。道，兼法则而言。法，法度也。则，准则也。）诗曰："在彼无恶，在此无射；庶几夙夜，以永终誉！"君子未有不如此而蚤有誉于天下者也。（射，音妒，诗作斁。《诗》，《周颂·振鹭》之篇。射，厌也。所谓此者，指本诸身以下六事而言。）

【注释】

① 三重之道：指议礼、制度、考文。见朱熹集注。
② 一揆：同一道理，同一情形。语本《孟子·离娄下》："先圣后圣，其揆一也。"
③ 度：推测，估量。
④ 缪：同"谬"。

建诸天地而不悖　二句

孙绍先　墨

君子之制作，于至大、至幽者而允协焉。夫莫大于天地，莫幽于鬼神，皆道之寓也。君子制作而允协焉，其克尽人道者与？且君子者，以圣人在天子之位，以修道建中和之极，是诚居上不骄者，岂惟验今而准古哉？虽天地、鬼神不能外也。今夫天地者，万物之祖，君子特其中之一物耳。然道生天地，天地固道之统会也。以君子之道参之，奉三无私①，上下②与之同流；得一以贞③，清宁④视之无歉。大礼⑤与天地同节，大乐与天地同和，时宪⑥之余，聪明⑦于是乎昭鉴；裁成⑧焉天地顺之，辅相⑨焉天地宜之，钦崇⑩之下，易简⑪于是乎吻合。天，吾知其覆；地，吾知其载；三重⑫，吾知其相为终始也。违曰悖德⑬，岂以克肖宗子⑭而有是哉？鬼神者，众妙之门，制作特其中之一义耳。然道秘鬼神，鬼神固道之精灵也。以君子之道质之，圣人成能⑮，而鬼神无外；朕志先定⑯，而龟筮协从。其思也若或起之，其行也若或翼之，天地之功用，有相须而无相戾；一卷一舒与时消息，一阖一辟与化往来，二气之良能⑰，不相反而实相成。鬼，吾知其屈；神，吾知其伸；三重，吾知其屈伸相感也。明不至则疑生，岂以清明志气而有是哉？是中天地而主纲常，则君子有赞⑱于天地；与鬼神而合吉凶⑲，则君子有助于鬼神。而况前圣后圣，天地鬼神精英之萃也，有弗符契⑳？庶民小子㉑，天地鬼神视听之自也，有弗信从者哉？

【原评】撦实而仍虚涵，郁拙而实浑古。化治先正说理文字，已有此等精深壮丽之境。　　"鬼神"若泛说阴阳气机，即与"建天地"不异，此引《大易》"鬼谋"、《尚书》"龟筮"者得之。

【作者简介】
孙绍先，安徽广德人，弘治十八年（1505）进士，改庶吉士。

【题解】出自第二十九章，见上。
建诸天地而不悖，质诸鬼神而无疑。

【注释】

① 奉三无私：指与天地参，并像天地日月那样无私。语本《礼记·孔子闲居》："孔子曰：'天无私覆，地无私载，日月无私照。奉斯三者，以劳天下，此之谓三无私。'"

② 上下：指天、地。

③ 得一以贞：得到了"道"，就可以匡正天下。一，指道、根本原则。贞，正。语本《老子》第三十九章："昔之得一者：天得一以清，地得一以宁……侯王得一以为天下贞。"又，《易·系辞下》亦云："日月之道，贞明者也。天下之动，贞夫一者也。"

④ 清宁：指天、地。见前注引《老子》。

⑤ "大礼"句：语本《礼记·乐记》："大乐与天地同和，大礼与天地同节。"郑玄注："言顺天地之气与其数。"

⑥ 时宪：以天为法建立法制。语本《尚书·说命中》："惟天聪明，惟圣时宪。"孔安国传："宪，法也。言圣王法天以立教。"

⑦ 聪明：本指"天"无所不闻、无所不见。参见前注引《尚书》。按，此句谓，天虽聪明而不能言，须借人事以言之，圣人既法天以立教，则于下无不闻见。

⑧ 裁成：此指教育而成就之。语本《易·泰》："天地交，泰，后以财（裁）成天地之道，辅相天地之宜，以左右民。"

⑨ 辅相：辅助，帮助。相，助。参见前注引《易》，孔颖达疏："当辅助天地所生之宜。"

⑩ 钦崇：此指尊崇天道。语本《尚书·仲虺之诰》："钦崇天道，永保天命。"

⑪ 易简：平易简约。《易·系辞上》："易则易知，简则易从……易简而天下之理得矣。"又《系辞

下》：“夫乾，确然示人易矣；夫坤，隤然示人简矣。”

⑫ 三重：指议礼、制度、考文。

⑬ 违曰悖德：违背天道，是谓悖德。语本张载《西铭》：“违曰悖德，害仁曰贼。”

⑭ 克肖宗子：本指能继承前人的子孙，此处指天子、国君。克肖，相似，指继承前人。宗子，古代宗法制度称大宗的嫡长子，也泛指嫡长子。按，此句仍本《西铭》：“乾称父，坤称母……民吾同胞，物吾与也。大君者，吾父母宗子”，谓天子是天地的“宗子”。本文此句谓天子自然当率先效法天道。

⑮ 圣人成能：语本《易·系辞下》：“天地设位，圣人成能。人谋鬼谋，百姓与能。”孔颖达疏：“‘圣人成能’者，圣人因天地所生之性，各成其能，令皆得所也。”按，圣人“成能”，可以卜筮通幽，故下文又云“鬼神无外”。

⑯ 朕志先定：语本《尚书·大禹谟》：“朕志先定，询谋金同，鬼神其依，龟筮协从。”孔颖达疏：“官占之法，先断人志，后命元龟，言志定然后卜也。”

⑰ 二气之良能：指鬼神。张载《正蒙·太和篇》：“鬼神者，二气之良能也。”按，以下数句可参见《中庸》第十六章朱熹集注：“愚谓以二气言，则鬼者阴之灵也，神者阳之灵也。以一气言，则至而伸者为神，反而归者为鬼，其实一物而已。”

⑱ 赞：辅助。《中庸》：“能尽物之性，则可以赞天地之化育。”

⑲ “与鬼神”句：语本《易·乾》，孔颖达疏：“此论大人之德，无所不合，广言所合之事。……‘与鬼神合其吉凶’者，若福善祸淫也。”

⑳ 符契：符合、契合。

㉑ 庶民小子：此即指庶民。按，前“而况前圣后圣”数句，照应经文“考诸汪而不谬”；此“庶民小子”数句，照应经文“征诸庶民”，用《尚书·泰誓中》“天视自我民视，天听自我民听”句意。

钦定化治四书文卷五（《孟子》上）

老者衣帛食肉　四句
靳　贵　程

　　惟仁政成于国中，则王业成于天下。夫举一国之民而皆遂其养，则仁政成矣，王业其有不成乎？昔孟子论兴王在于保民，故详言制民常产之法而举其成功。谓夫待帛而暖、待肉而饱，老者之所愿，未易遂也。今也常产立而蚕桑畜养之有制，则杼柚①其盈，而五十者咸得以衣帛；孕字日蕃②，而七十者咸得以食肉。非惟一人为然，而举国之老者皆有以老之矣。无食则饥、无衣则寒，黎民之所患，未易免也。今也常产立而耕耘收获之以时，则食虽不肉，而亦可以无饥；衣虽不帛，而亦可以无寒。非惟一民为然，而举国之幼者皆有以幼之矣。庠序之教由是而立，孝弟之风由是而行。仁政之成也如此，则保民之功大矣，而有不王者哉！吾见老者既老，则天下之老莫不有盍归③之愿；幼者既幼，则天下之氓莫不有受廛④之心。甲兵不必试也，土地可辟，秦楚可朝⑤，九围⑥之广将于我乎式⑦矣，孰敢有不臣者乎？权谋不必用也，中国可莅，四夷可抚，一统之命将于我乎凝矣，孰敢有自外者乎？谓之曰"未之有也"，信乎王业之必成矣。为人君者，可不推是心以行仁政哉？

　　【原评】"老者"二句与上文"老吾老"一层为首尾，是保民之实政；"王"字直缴，转"保民而王"。此文近收本节，远束通章，根脉独完。

　　【评】中间若无"庠序之教"数语，则题蕴未尽，与下二句语气亦未融。可觇先辈补题之法。

　　【作者简介】

　　靳贵（1464—1520），字充道，号戒庵，江苏丹徒（镇江）人。弘治三年（1490）一甲三名进士，授编修，与修《大明会典》。历官礼部尚书、户部尚书、文渊阁大学士、武英殿大学士，卒谥文僖。靳贵静重简默，为文有理致，本于经术，崇雅黜浮，有《戒庵文集》。

　　【题解】出自《梁惠王上》第七章。

　　齐宣王问曰："齐桓、晋文之事可得闻乎？"（齐宣王，姓田氏，名辟强，诸侯僭称王也。齐桓公、晋文公，皆霸诸侯者。）孟子对曰："仲尼之徒无道桓、文之事者，是以后世无传焉。臣未之闻也。无以，则王乎？"（道，言也。董子曰："仲尼之门，五尺童子羞称五霸，为其先诈力而后仁义也。"亦此意也。以、已通用。无已，必欲言之而不止也。王，谓王天下之道。）曰："德何如，则可以王矣？"曰："保民而王，莫之能御也。"（保，爱护也。）曰："若寡人者，可以保民乎哉？"曰："可。"曰："何由知吾可也？"曰："臣闻之胡龁曰，王坐于堂上，有牵牛而过堂下者，王见之，曰：'牛何之？'对曰：'将以衅钟。'王曰：'舍之！吾不忍其觳觫，若无罪而就死地。'对曰：'然则废衅钟与？'曰：'何可废也？以羊易之！'不识有诸？"（胡龁，齐臣也。衅钟，新铸钟成，而杀牲取血以涂其衅郄也。觳觫，恐惧貌。孟子述所闻胡龁之语而问王，不知果有此事否？）曰："有之。"曰："是心足以王矣。百姓皆以王为爱也，臣固知王之不忍也。"（王见牛之觳觫而不忍杀，即所谓恻隐之心，仁之端也。扩而充之，则可以保四海矣。故孟子指而言之，欲王察识于此而扩充之也。爱，犹吝也。）王曰："然。诚有百姓者。齐国虽褊小，吾何爱一牛？即不忍其觳觫，若无罪而就死地，故以羊易之也。"（言以羊易牛，其迹似吝，实有如百姓所讥者。然我之心不如是也。）曰："王无异于百姓之以王为爱也。以小易大，彼恶知之？王若隐其无罪而就死地，则牛羊何择焉？"王笑曰："是诚何心哉？我非爱其财。而易之以羊也，宜乎百姓之谓我爱也。"（异，怪也。隐，痛也。择，犹分也。言牛羊皆无罪而死，何所分别而以羊易牛乎？孟子故设此难，欲王反求而得其本心。王不能然，故卒无以自解于百姓之言也。）曰："无伤也，是乃仁术也，见牛未见羊也。君子之于禽兽也，见其生，不忍见其死；闻其声，不忍食其肉。是以君子远庖厨也。"（无伤，言虽有百姓之言，不为害也。术，谓法之巧者。盖杀牛既所不忍，衅钟又不可废。于此无以处之，则此心虽发而终不得施矣。然见牛则此心已发而不可遏，未见羊则其理未形而无所妨。故以羊易牛，则二者得以两全而无害，此所以为仁之术也。声，谓将死而哀鸣也。盖人之于禽兽，同生而异类。故用之以礼，而不忍之心施于见闻之所及。其所以必远庖厨者，亦以预养是心，而广为仁之术也。）王说曰："《诗》云：'他人有心，予忖度之。'夫子之谓也。夫我乃行之，反而求之，不得吾心。夫子言之，于我心有戚戚焉。此心之所以合于王者，何也？"（《诗》，《小雅·巧言》之篇。戚戚，心动貌。王因孟子之言，而前日之心复萌，乃知此心不从外得，然犹未知所以反其本而推之也。）曰："有复于王者曰：吾力足以举百钧，而不足以举一羽；明足以察秋毫之末，而不见舆薪。则王许之乎？"曰："否。""今恩足以及禽兽，而功不至于百姓者，独何与？然则一羽之不举，为不用力焉；舆薪之不见，为不用明焉，百姓之不见保，为不用恩焉。故王之不王，不为也，非不能也。"（复，白也。钧，三十斤。百钧，至重难举也。羽，鸟羽。一羽，至轻易举也。秋毫之末，毛至秋而末锐，小而难见也。舆薪，以车载薪，大而易见也。许，犹可也。今恩以下，又孟子之言也。盖天地之性，人为贵。故人之与人，又为同类而相亲。是以恻隐之发，则于民切而于物缓；推广仁术，则仁民易而爱物难。今王此心能及物矣，则其保民而王，非不能也，但自不肯为耳。）曰："不为者与不能者之形何以异？"

52

曰:"挟太山以超北海,语人曰'我不能',是诚不能也。为长者折枝,语人曰'我不能',是不为也,非不能也。故王之不王,非挟太山以超北海之类也;王之不王,是折枝之类也。(形,状也。挟,以腋持物也。超,跃而过也。为长者折枝,以长者之命,折草木之枝,言不难也。是心固有,不待外求,扩而充之,在我而已。何难之有?)老吾老,以及人之老;幼吾幼,以及人之幼。天下可运于掌。《诗》云:'刑于寡妻,至于兄弟,以御于家邦。'言举斯心加诸彼而已。故推恩足以保四海,不推恩无以保妻子。古之人所以大过人者无他焉,善推其所为而已矣。今恩足以及禽兽,而功不至于百姓者,独何与?(老,以老事之也。吾老,谓我之父兄。人之老,谓人之父兄。幼,以幼畜之也。吾幼,谓我之子弟。人之幼,谓人之子弟。运于掌,言易也。《诗》,《大雅·思齐》之篇。刑,法也。寡妻,寡德之妻,谦辞也。御,治也。不能推恩,则众叛亲离,故无以保妻子。盖骨肉之亲,本同一气,又非但若人之同类而已。故古人必由亲亲推之,然后及于仁民;又推其余,然后及于爱物,皆由近以及远,自易以及难。今王反之,则必有故矣。故复推本而再问之。)权,然后知轻重;度,然后知长短。物皆然,心为甚。王请度之!(权,称锤也。度,丈尺也。度之,谓称量之也。言物之轻重长短,人所难齐,必以权度度之而后可见。若心之应物,则其轻重长短之难齐,而不可不度以本然之权度,又有甚于物者。今王恩及禽兽,而功不至于百姓。是其爱物之心重且长,而仁民之心轻且短,失其当然之序而不自知也。故上文既发其端,而于此请王度之也。)抑王兴甲兵,危士臣,构怨于诸侯,然后快于心与?"(士,战士也。构,结也。孟子以王爱民之心所以轻且短者,必其以是三者为快也。然三事实非人心之所快,有甚于杀觳觫之牛者。故指以问王,欲其以此而度之也。)王曰:"否。吾何快于是?将以求吾所大欲也。"(不快于此者,心之正也;而必为此者,欲诱之也。欲之所诱者独在于是,是以其心尚明于他而独暗于此。此其爱民之心所以轻短,而功不至于百姓也。)曰:"王之所大欲可得闻与?"王笑而不言。曰:"为肥甘不足于口与?轻暖不足于体与?抑为采色不足视于目与?声音不足听于耳与?便嬖不足使令于前与?王之诸臣皆足以供之,而王岂为是哉?"曰:"否。吾不为是也。"曰:"然则王之所大欲可知已。欲辟土地,朝秦楚,莅中国而抚四夷也。以若所为求若所欲,犹缘木而求鱼也。"(便嬖,近习嬖幸之人也。已,语助辞。辟,开广也。朝,致其来朝也。秦楚,皆大国。莅,临也。若,如此也。所为,指兴兵结怨之事。缘木求鱼,言必不可得。)王曰:"若是其甚与?"曰:"殆有甚焉。缘木求鱼,虽不得鱼,无后灾。以若所为,求若所欲,尽心力而为之,后必有灾。"曰:"可得闻与?"曰:"邹人与楚人战,则王以为孰胜?"曰:"楚人胜。"曰:"然则小固不可以敌大,寡固不可以敌众,弱固不可以敌强。海内之地方千里者九,齐集有其一。以一服八,何以异于邹敌楚哉?盖亦反其本矣。(邹,小国。楚,大国。齐集有其一,言集合齐地,其方千里,是有天下九分之一也。以一服八,必不能胜,所谓后灾也。)今王发政施仁,使天下仕者皆欲立于王之朝,耕者皆欲耕于王之野,商贾皆欲藏于王之市,行旅皆欲出于王之涂,天下之欲疾其君者皆欲赴愬于王。其若是,孰能御之?"(愬,与诉同。行货曰商,居货曰贾。发政施仁,所以王天下之本也。近者悦，远者来，则大小强弱非所论矣。盖力求所欲，则所欲者反不可得；能反其本，则所欲者不求而至。与首章意同。）王曰："吾惛，不能进于是矣。愿夫子辅吾志，明以教我。我虽不敏，请尝试之。"（惛，与昏同。）曰："无恒产而有恒心者，惟士为能。若民，则无恒产，因无恒心。苟无恒心，放辟邪侈，无不为已。及陷于罪，然后从而刑之，是罔民也。焉有仁人在位，罔民而可为也？（恒，常也。产，生业也。恒产，可常生之业也。恒心，人所常有之善心也。士尝学问，知义理，故虽无常产而有常心。民则不能然矣。罔，犹罗网，欺其不见而取之也。）是故明君制民之产，必使仰足以事父母，俯足以畜妻子，乐岁终身饱，凶年免于死亡。然后驱而之善，故民之从之也轻。（轻，犹易也。此言民有常产而有常心也。）今也制民之产，仰不足以事父母，俯不足以畜妻子，乐岁终身苦，凶年不免于死亡。此惟救死而恐不赡，奚暇治礼义哉？（赡，足也。此所谓无常产而无常心者也。）王欲行之，则盍反其本矣。（盍，何不也。使民有常产者，又发政施仁之本也。说具下文。）五亩之宅，树之以桑，五十者可以衣帛矣；鸡豚狗彘之畜，无失其时，七十者可以食肉矣；百亩之田，勿夺其时，八口之家可以无饥矣；谨庠序之教，申之以孝悌之义，颁白者不负戴于道路矣。老者衣帛食肉，黎民不饥不寒，然而不王者，未之有也。"（此言制民之产之法也。赵氏曰："八口之家，次上农夫也。此王政之本，常生之道，故孟子为齐梁之君各陈之也。"杨氏曰："为天下者，举斯心加诸彼而已。然虽有仁心仁闻，而民不被其泽者，不行先王之道故也。故以制民之产告之。"此章言人君当黜霸功，行王道。而王道之要，不过推其不忍之心，以行不忍之政而已。齐王非无此心，而夺于功利之私，不能扩充以行仁政。虽以孟子反复晓告，精切如此，而蔽固已深，终不能悟，是可叹也。）

【注释】

① 杼柚：常作"杼轴"，本指织布机上的两个部件，此指织布机和纺织之事。

② 孕字日蕃：指牲畜一天天繁衍。字，生子。蕃，多、茂。

③ 盍归：何不前往归依。盍，何不。此为民心归附之典，《古谣谚·夏人歌》："盍归乎，薄亦大矣。"《史记·伯夷列传》："闻西伯昌善养老，盍往归焉。"

④ 受廛：此指愿接受居地而成为其地的百姓。廛，一户人家所需的土地居室。此语本《孟子·滕文公上》："远方之人，闻君行仁政，愿受一廛而为氓。"

⑤ 可朝：可使其臣服。朝，使……来朝。

⑥ 九围：指九州。《诗经·商颂·长发》："汤降不迟，圣敬日跻……帝命式于九围。"朱熹集传："式，法也。九围，九州也。"

⑦ 于我乎式：以我为效法的对象。参见上注。

天子适诸侯曰巡狩　六句

董越程

时臣①述先王有君臣往来之典，各举其名而释其义焉。甚矣！先王之时，君巡狩于臣，臣述职于君，一往一来，皆非无事也。时臣述之以为其君告，得无意乎？昔齐景公欲比先王之游观，而问于晏子，故晏子述先王之典以告之。谓夫天子以一人之尊而宰制六合，有土地焉，不能以独理，有人民焉，不能以独治，诸侯固不容于不建也。然诸侯散处于诸邦，各限于封守。岁事，未必其皆修；侯度②，未必其皆谨；而人民之在所统理者，又未知其皆至于各安生养否也。使时巡之礼不举焉，则奉职者何所劝，不职者何所惩，而王朝式序③之典，宁不几于废坠耶？于是乎必时适诸侯，而名之曰巡狩焉。巡狩者何？巡行诸侯所守之土也，殆以视其田野孰辟孰欹，人民孰安与，侯度职贡又孰谨而孰修与。夫然后黜陟④加焉，赏罚行焉，而天子宰制之权实于是乎见矣，夫岂无事而空行也哉？诸侯承一人⑤之命以藩屏一方，有土地焉，皆天子所命以分理，有人民焉，皆天子所命以分治，职业亦不容于不修也。然自茅土既分⑥于明廷，而天颜每违于咫尺。虽职贡之勉修，不敢自必其为修；侯度之已谨，不敢自必其为谨；而人民之见于统理者，又未知其果可勉于勿予祸谪⑦否也。使入觐之礼不修焉，则有言曷从而敷纳，有功曷从而明试，而王朝考绩之典，宁不几于虚设耶？于是乎以时朝于天子，而名之曰述职焉。述职者何？述其所受之职也，殆必陈其田野不敢以不辟，人民不敢以不抚，而侯度职贡不敢以不举不修。庶几乎予夺举焉，功罪明焉，而诸侯藩屏之职亦于是乎尽矣，又岂无事而空行也哉？吁，先王巡狩、述职之典如此，宜晏子述以告景公，而孟子复引以证宣王雪宫之为独乐也。

【原评】纵横驰骤，有高屋建瓴之势。昔人谓子长文章⑧百数十句只作一句读，此文亦然。

【作者简介】

董越（1431—1502），字尚矩，江西宁都人，成化五年（1469）一甲三名进士，官至南京工部尚书，谥文僖。著有《文僖集》四十二卷等。

【题解】出自《梁惠王下》第四章。

齐宣王见孟子于雪宫。王曰："贤者亦有此乐乎？"孟子对曰："有。人不得，则非其上矣。（雪宫，离宫名。言人君能与民同乐，则人皆有此乐；不然，则下之不得此乐者，必有非其君上之心。明人君当与民同乐，不可使人有不得者，非但当与贤者共之而已也。）不得而非其上者，非也；为民上而不与民同乐者，亦非也。（下不安分，上不恤民，皆非理也。）乐民之乐者，民亦乐其乐；忧民之忧者，民亦忧其忧。乐以天下，忧以天下，然而不王者，未之有也。（乐民之乐而民乐其乐，则乐以天下矣；忧民之忧而民忧其忧，则忧以天下矣。）昔者齐景公问于晏子曰：'吾欲观于转附、朝儛，遵海而南，放于琅邪。吾何修而可以比于先王观也？'（晏子，齐臣，名婴。转附、朝儛，皆山名也。遵，循也。放，至也。琅邪，齐东南境上邑名。观，游也。）晏子对曰：'善哉问也！天子适诸侯曰巡狩，巡狩者巡所守也；诸侯朝于天子曰述职，述职者述所职也。无非事者。春省耕而补不足，秋省敛而助不给。夏谚曰："吾王不游，吾何以休？吾王不豫，吾何以助？一游一豫，为诸侯度。"（述，陈也。省，视也。敛，收获也。给，亦足也。夏谚，夏时之俗语也。豫，乐也。巡所守，巡行诸侯所守之土也。述所职，陈其所受之职也。皆无有无事而空行者，而又春秋循行郊野，察民之所不足而补助之。故夏谚以为王者一游一豫，皆有恩惠以及民，而诸侯皆取法焉，不敢无事慢游以病其民也。）今也不然：师行而粮食，饥者弗食，劳者弗息。睊睊胥谗，民乃作慝。方命虐民，饮食若流。流连荒亡，为诸侯忧。（今，谓晏子时也。师，众也。二千五百人为师。《春秋传》曰："君行师从。"粮，谓糇粮之属。睊睊，侧目貌。胥，相也。谗，谤也。慝，怨恶也，言民不胜其劳而起谤怨也。方，逆也。命，王命也。若流，如水之流，无穷极也。流连荒亡，解见下文。诸侯，谓附庸之国，县邑之长。）从流下而忘反谓之流，从流上而忘反谓之连，从兽无厌谓之荒，乐酒无厌谓之亡。（此释上文之义也。从流下，谓放舟随水而下。从流上，谓挽舟逆水而上。从兽，田猎也。荒，废也。乐酒，以饮酒为乐也。亡，犹失也，言废时失事也。）先王无流连之乐，荒亡之行。惟君所行也。'（言先王之法，今时之弊，二者惟在君所行耳。）景公说，大戒于国，出舍于郊。于是始兴发补不足。召大师曰：'为我作君臣相说之乐！'盖《徵招》、《角招》是也。其诗曰：'畜君何尤？'畜君者，好君也。"（招，与韶同。……戒，告命也。出舍，自责以省民也。兴发，发仓廪也。大师，乐官也。君臣，己与晏子也。乐有五声，三曰角为民，四曰徵为事。招，舜乐也。其诗，《徵招》、《角招》之诗也。尤，过也。言晏子能畜止其君之欲，宜为君之所尤，然其心则何过哉？孟子释之，以为臣能畜止其君之欲，乃是爱其君者也。尹氏曰："君之与民，贵贱虽不同，然其心未始有异也。孟子之言，可谓深切矣。齐王不能推而用之，惜哉！"）

【注释】

① 时臣：当时之臣，此指齐景公时大臣晏婴。
② 侯度：为君之法度。侯，君。《诗经·大雅·抑》："质尔人民，谨尔侯度，用戒不虞。"
③ 式序：亦作"式叙"，（根据功绩）安排位次。
④ 黜陟：指人才的进退、官吏的升降。黜，罢免。陟，升职。
⑤ 一人：指天子。
⑥ 茅土既分：指封邦建国。古时封邦建国，有"包茅分土"的仪式，天子取代表诸侯所在方位的土，包以白茅授之，表示将其地授予诸侯。
⑦ 勿予祸谪：免于天子的谴责和惩罚。语本《诗经·商颂·殷武》："岁事来辟，勿予祸适。"朱熹集传："适、谪通。……以祈王之不谴……庶可以免咎矣。"
⑧ 子长文章：司马迁的文章。司马迁字子长。

所谓故国者　一章

李东阳

大贤①慨齐之不得为故国，必详以用人之道歆②之也。夫贤才者，国之桢③也，用之而谨，则无患于失人矣，尚何忝于故国哉！且人君之立国也，近之有一代之亲臣，远之有百代之世臣。苟或不能任世臣以为故国之实，而徒恃乔木以为故国之荣，多见其不知父母斯民④之道也已。然所谓任世臣者，岂可昔日进而今不知其亡⑤矣乎？又岂可以不才之难识而遂自诿⑥矣乎？亦惟慎之又慎，得国君进贤之心焉，斯可耳。盖国君之进贤，以尊卑变置，若甚亵者，不敢以易心乘之也；疏戚易位，若甚慢者，不敢以忽心临之也。慎之于左右之所贤矣，而所以慎之于大夫者犹是焉，推其心，必识其才果可以尊且戚也，而后用之耳，不然，其可以左右先容⑦而遂徇之乎？慎之于大夫之所贤矣，而所以慎之于国人者犹是焉，推其心，必识其才果可以尊且戚也，而后用之耳，不然，其可以誉言日至而遂信之乎？观于去邪勿疑者不可不谨，则任贤勿贰⑧者不可不谨益见矣；观于天讨有罪⑨者当察其实，则天命有德⑩者当察其实益彰矣。人君果能用其所当用，又谨其所当谨，则举错⑪公而好恶协，将不谓民之父母乎哉！夫至于为民父母，则民之永戴，与国之灵长⑫相为无疆矣。国之所以为故者，诚在兹也，乔木云乎哉！齐宣欲以故国称于天下，信当预养世臣以为之地矣。

【评】裁剪之妙，已开隆万人门户。其顺题直叙，气骨苍浑，乃隆万人所不能造。可见后人之巧，皆前人所已经。于先辈绳墨之外求巧，未有不入于凌乱者。

【题解】出自《梁惠王下》第七章。

孟子见齐宣王曰："所谓故国者，非谓有乔木之谓也，有世臣之谓也。王无亲臣矣，昔者所进，今日不知其亡也。"（世臣，累世勋旧之臣，与国同休戚者也。亲臣，君所亲信之臣，与君同休戚者也。此言乔木世臣，皆故国所宜有。然所以为故国者，则在此而不在彼也。昨日所进用之人，今日有亡去而不知者，则无亲臣矣。况世臣乎？）王曰："吾何以识其不才而舍之？"（王意以为此亡去者，皆不才之人。我初不知而误用之，故今不以其去为意耳。因问何以先识其不才而舍之邪？）曰："国君进贤，如不得已，将使卑逾尊，疏逾戚，可不慎与？（如不得已，言谨之至也。盖尊尊亲亲，礼之常也。然或尊者亲者未必贤，则必进疏远之贤而用之。是使卑者逾尊，疏者逾戚，非礼之常，故不可不谨也。）左右皆曰贤，未可也；诸大夫皆曰贤，未可也；国人皆曰贤，然后察之；见贤焉，然后用之。左右皆曰不可，勿听；诸大夫皆曰不可，勿听；国人皆曰不可，然后察之；见不可焉，然后去之。（左右近臣，其言固未可信。诸大夫之言，宜可信矣，然犹恐其蔽于私也。至于国人，则其论公矣，然犹必察之者，盖人有同俗而为众所悦者，亦有特立而为俗所憎者。故必自察之，而亲见其贤否之实，然后从而用舍之；则于贤者知之深，任之重，而不才者不得以幸进矣。所谓进贤如不得已者如此。）左右皆曰可杀，勿听；诸大夫皆曰可杀，勿听；国人皆曰可杀，然后察之；见可杀焉，然后杀之。故曰，国人杀之也。（此言非独以此进退人才，至于用刑，亦以此道。盖所谓天命天讨，皆非人君之所得私也。）如此，然后可以为民父母。"（传曰："民之所好好之，民之所恶恶之，此之谓民之父母。"）

【注释】

① 大贤：指孟子。按，有关《孟子》的四书文中，如阐发孟子本人的议论，往往以"大贤"指代孟子。后不注。

② 歆：使之产生羡慕之心，使之心动。

③ 桢：树干，喻指栋梁、支柱。《诗经·大雅·文王》："王国克生，维周之桢。"

④ 父母斯民：爱护百姓，为民父母。

⑤ 亡：离开。

⑥ 自诿：推卸自己的责任。

⑦ 先容：本义为先加修饰，后指预先请人介绍、引见或预先打通关系。

⑧ 任贤勿贰：任用贤人，不要有二心。语本《尚书·大禹谟》："任贤勿贰，去邪勿疑。"

⑨ 天讨有罪：此指国君惩罚有罪之臣。语本《尚书·皋陶谟》："天命有德，五服五章哉！天讨有罪，五刑五用哉！"孔安国传："言天以五刑讨五罪，用五刑宜必当。"

⑩ 天命有德：本指各种爵禄，是上天所命赐予有德之人的，此即指任命有德之人。参见上注。

⑪ 举错：此指任用、罢免官员。错，废弃、罢免。《论语·为政》："举直错诸枉，则民服。"朱熹《集注》："错，舍置也。……程子曰：举错得义，则人心服。"

⑫ 灵长：此指国运广远绵长。

不幸而有疾　　景丑氏宿焉

吴　宽

　　大贤托疾以辞其君，而因委曲以望其臣①焉。盖辞疾而出吊，孟子觉王②之意微矣，而门人皆未之达焉，宁无望于其臣哉！且夫以君命而见者，臣道也；不为臣不见者，师道也。齐王欲以臣道处孟子，而孟子得不以师道③自尊乎？是故无疾而为有疾，非欺也，乃所以悟君耳；将朝而不能朝，非慢也，乃所以重道耳。使王而知此，则东郭可以无吊④，而景丑可以无宿矣。夫何吊于东郭，而公孙丑有不可之疑；王使医来，而孟仲子又有权辞之对？是疾之托也，丑⑤且疑之，而王悟之乎？疾之问也，仲且讳之，而王知之乎？孟子之心，诚有不容以自已者，故之景丑氏而宿焉。盖其在景丑也，犹夫在东郭也；其宿于景丑也，犹夫吊于东郭也。以其望于君者而望于臣，因其喻于臣者而喻于君，则丑之疑或由此而达，仲之讳将赖此以明，而东郭之行不为空行，景丑之宿不为徒宿矣。否则，欲归不可也，造朝不可也，固非所以悟君，亦岂所以重道者哉！

　　【评】义意曲尽，骨脉甚紧，有如柳子厚所称昌黎之文"若捕龙蛇、搏虎豹，急与之角，而力不敢暇"⑥者。虽隆万间之灵隽、启祯间之劙刻，岂能过此？以肤浅直率为先辈者，可爽然自失矣。　　体制正大，不得以题有割截而弃之。

　　【题解】出自《公孙丑下》第二章。

　　孟子将朝王，王使人来曰："寡人如就见者也，有寒疾，不可以风。朝将视朝，不识可使寡人得见乎？"对曰："不幸而有疾，不能造朝。"（王，齐王也。孟子本将朝王，王不知而托疾以召孟子，故孟子亦以疾辞也。）明日出，吊于东郭氏。公孙丑曰："昔者辞以病，今日吊，或者不可乎？"曰："昔者疾，今日愈，如之何不吊？"（东郭氏，齐大夫家也。昔者，昨日也。或者，疑辞。辞疾而出吊，与孔子不见孺悲取瑟而歌同意。）王使人问疾，医来。孟仲子对曰："昔者有王命，有采薪之忧，不能造朝。今病小愈，趋造于朝，我不识能至否乎？"使数人要于路，曰："请必无归，而造于朝！"

（孟仲子，赵氏以为孟子之从昆弟，学于孟子者也。采薪之忧，言病不能采薪，谦辞也。仲子权辞以对，又使人要孟子令勿归而造朝，以实己言。）不得已而之景丑氏宿焉。景子曰："内则父子，外则君臣，人之大伦也。父子主恩，君臣主敬。丑见王之敬子也，未见所以敬王也。"曰："恶！是何言也！齐人无以仁义与王言者，岂以仁义为不美也？其心曰'是何足与言仁义也'云尔，则不敬莫大乎是。我非尧舜之道，不敢以陈于王前，故齐人莫如我敬王也。"（景丑氏，齐大夫家也。景子，景丑也。恶，叹辞也。景丑所言，敬之小者也；孟子所言，敬之大者也。）景子曰："否，非此之谓也。礼曰：'父召，无诺；君命召，不俟驾。'固将朝也，闻王命而遂不果，宜与夫礼若不相似然。"（《礼》曰："父命呼，唯而不诺。"又曰："君命召，在官不俟屦，在外不俟车。"言孟子本欲朝王，而闻命中止，似与此礼之意不同也。）曰："岂谓是与？曾子曰：'晋楚之富，不可及也。彼以其富，我以吾仁；彼以其爵，我以吾义，吾何慊乎哉？'夫岂不义而曾子言之？是或一道也。天下有达尊三：爵一，齿一，德一。朝廷莫如爵，乡党莫如齿，辅世长民莫如德。恶得有其一，以慢其二哉？（慊，恨也，少也。或作嗛……孟子言我之意，非如景子之所言者。因引曾子之言，而云夫此岂是不义，而曾子肯以为言，是或别有一种道理也。达，通也。盖通天下之所尊，有此三者。曾子之说，盖以德言之也。今齐王但有爵耳，安得以此慢于齿德乎？）故将大有为之君，必有所不召之臣。欲有谋焉，则就之。其尊德乐道，不如是不足与有为也。（大有为之君，大有作为，非常之君也。程子曰："古之人所以必待人君致敬尽礼而后往者，非欲自为尊大也，为是故耳。"）故汤之于伊尹，学焉而后臣之，故不劳而王；桓公之于管仲，学焉而后臣之，故不劳而霸。（先从受学，师之也。后以为臣，任之也。）今天下地丑德齐，莫能相尚。无他，好臣其所教，而不好臣其所受教。（丑，类也。尚，过也。所教，谓听从于己，可役使者也。所受教，谓己之所从学者也。汤之于伊尹，桓公之于管仲，则不敢召。管仲且犹不可召，而况不为管仲者乎？"不为管仲，孟子自谓也。范氏曰"孟子之于齐，处宾师之位，非当仕有官职者，故其言如此。"此章见宾师不以趋走承顺为恭，而以责难陈善为敬；人君不以崇高富贵为重，而以贵德尊士为贤，则上下交而德业成矣。）

【注释】

① 其臣：指齐国大夫景丑氏。

② 觉王：使齐王觉悟。此指使齐愍王理解尊德重道的意义。

③ 师道：与"臣道"相对，指贤德者当为君王之师。

④ 东郭可以无吊：可以不必到东郭去吊唁。意即如果齐王当时就明白了孟子的意思并表示改过，孟子也不必以吊于东郭的举动来显示他并未生病而只是不满于齐王。

⑤ 丑：指公孙丑，孟子弟子。下文"仲且讳之"，"仲"指孟仲子。两处均为省语。

⑥ 引自柳宗元《读韩愈所著〈毛颖传〉后题》。

子哙不得与人燕　二句

王守仁

举燕之君臣①而各著其罪可伐也。夫国必自伐而人伐之也，燕也私相授受，其罪著矣，是动天下之兵也。今夫为天守名器②者，君也；为君守侯度者，臣也。名义至重，僭差③云乎哉！故君虽倦勤④，不得移诸其臣，示有专也；臣虽齐圣⑤，不敢奸⑥诸其君，纪臣道也。燕也何如哉？燕非子哙之燕，天子之燕也，召公⑦之燕也。象贤⑧而世守之，以永燕祀，以扬休命，子哙责也，举燕而授之人，此何理哉！恪恭而终臣之，以竭忠荩⑨，以谨无将⑩，子之分也，利燕而袭其位，罪亦甚矣！尧舜之传贤，利民之大也，哙非尧舜也，安得而慕其名？舜禹之受禅，天人之从也，之⑪非舜禹也，安得而袭其迹？自其不当与而言，无王命也，堕先业也，子哙是矣；自其不当受而言，僭王章，奸君分也，子之有焉。夫君子之于天下，苟非吾之所有，虽一毫而莫取⑫也，况授受之大乎？于义或有所乖，虽一介⑬不以与人也，况神器⑭之重乎？夫以燕之君臣而各负难逭之罪⑮如此，有王者起，当为伐矣。

【评】深得古文驳议之法，锋锷凌厉，极肖孟子语气。是谓辞事相成。

【题解】《公孙丑下》第八章。

沈同以其私问曰："燕可伐与？"孟子曰："可。子哙不得与人燕，子之不得受燕于子哙。有仕于此，而子悦之，不告于王而私与之吾子之禄爵；夫士也，亦无王命而私受之于子，则可乎？何以异于是？"（诸侯土地人民，受之天子，传之先君。私以与人，则与者受者皆有罪也。仕，为官也。士，即从仕之人也。）齐人伐燕。或问曰："劝齐伐燕，有诸？"曰："未也。沈同问'燕可伐与'？吾应之曰'可'，彼然而伐之也。彼如曰'孰可以伐之'？则将应之曰：'为天吏，则可以伐之。'今有杀人者，或问之曰'人可杀与'？则将应之曰'可'。彼如曰'孰可以杀之'？则将应之曰：'为士师，则可以杀之。'今以燕伐燕，何为劝之哉？"（言齐无道，与燕无异，如以燕伐燕也。《史记》亦谓孟子劝齐伐燕，盖传闻此说之误。杨氏曰："燕固可伐矣，故孟子曰可。使齐王能诛其君，吊其民，何不可之有？乃杀其父兄，虏其子弟，而后燕人畔之。乃以是归咎孟子之言，则误矣。"）

【注释】

① 燕之君臣：指燕王哙及其相子之。燕王哙慕尧舜禅让之名，将国政交付子之，而自己北面为臣，引起内乱。齐国趁机灭之，后来燕昭王复国。
② 名器：名号与车服仪制，借指尊卑贵贱的等级。《左传·成公二年》："唯器与名不可以假人，君之所司也。"
③ 僭差：僭越失度。
④ 倦勤：倦于政事。《尚书·大禹谟》："（尧）耄期倦于勤。"
⑤ 齐圣：中正睿智。语本《诗经·小雅·小宛》："人之齐圣，饮酒温克。"孔颖达疏："中正谓齐，

60

通智谓圣。圣者，通也。"

⑥ 奸：犯，非分占有。

⑦ 召公：召公奭。周初大臣，燕国为其封地。

⑧ 象贤：本指效法贤者，常指效法先人。象，效法。

⑨ 忠荩：忠诚。荩，同"进"，进用，引申为忠诚。《诗经·大雅·文王》："王之荩臣，无念尔祖。"

⑩ 无将：不要存有叛逆篡弑之心。将，叛乱。语本《公羊传·庄公三十二年》："君亲无将，将而诛焉。"

⑪ 之：即"子之"，燕国丞相。

⑫ 一毫而莫取：此用《赤壁赋》之文："且夫天地之间，物各有主。苟非吾之所有，虽一毫而莫取。"

⑬ 一介：一根芥草，喻指非常微小的东西。介，通"芥"。此语本《孟子·万章上》："非其义也，非其道也，一介不以与人，一介不以取诸人。"

⑭ 神器：代表国家权力的神圣器物如宝鼎等，即指君位、政权。

⑮ 难逭之罪：难以饶恕的罪行。逭，逃避。

夫世禄　四节
崔　铣

大贤启时君①以王道而歆以师世之泽②焉。夫井田、学校，王道也，滕以之法三代，而后世有不以之师滕乎哉？尝谓人君之治国家也，上之有作求③之思，而下之有垂范之责。是故为治而不法三代，与夫为治而不如三代之可法者，皆苟道也已。试陈之：助法，与世禄相表里者也，滕之独行世禄也，岂以助法非我周之明制乎？一诵其诗，而周之由商旧政者可考也，而滕当使之与世禄并行矣。学校，与井田相为流通者也，滕之废政不讲也，又岂以庠序学校非三代之旧典乎？观教于乡国，而三代之赖以明人伦者则一也，滕当使之与三代并举矣。然是井田学校也，可以制用，亦可以维风④；可以承先，亦可以启后。今以之为治滕之政也，其将来不为王者之师乎？将以阜安⑤天下而法吾之养民者，养民是为王者养民之师也；将以化导天下而法吾之教民者，教民是为王者教民之师也。无一人不为王者之民，亦无一日不涵于王者之泽；无一日不被王者之泽，亦无一人不推本于王者之师。所及其远哉！吁，先王于我乎赖绍述，后王于我乎赖仪刑⑥。勉之哉！其毋以世禄之行自足也。

【评】以世禄起，以世禄结。中间井田、学校对举，极剪裁之妙。

【作者简介】

崔铣（1478—1541），字子钟，一字仲凫，号后渠，又号洹野，世称后渠先生，河南安阳人。弘治十八年（1505）进士，授编修。正德中，以得罪大宦官刘瑾外放，嘉靖初年又以议"大礼"冒犯世宗罢职返乡，后官至南京礼部右侍郎，卒谥文敏。勤于著述，有《读易余言》、《易大象说》、《国子监条例类编》及《洹词》十二卷等。

【题解】出自《滕文公上》第三章。

滕文公问为国。（文公以礼聘孟子，故孟子至滕，而文公问之。）孟子曰："民事不可缓也。《诗》云：'昼尔于茅，宵尔索绹；亟其乘屋，其始播百谷。'（民事，谓农事。

《诗》，《豳风·七月》之篇。于，往取也。绹，绞也。亟，绞也。亟，急也。乘，升也。播，布也。言农事至重，人君不可以为缓而忽之。故引诗言治屋之急如此者，盖以来春将复始播百谷，而不暇为此也。）民之为道也，有恒产者有恒心，无恒产者无恒心。苟无恒心，放辟邪侈，无不为已。及陷乎罪，然后从而刑之，是罔民也。焉有仁人在位，罔民而可为也？是故贤君必恭俭礼下，取于民有制。（恭则能以礼接下，俭则能取民以制。）阳虎曰：'为富不仁矣，为仁不富矣。'（阳虎，阳货，鲁季氏家臣也。天理人欲，不容并立。虎之言此，恐为仁之害于富也；孟子引之，恐为富之害于仁也。君子小人，每相反而已矣。）夏后氏五十而贡，殷人七十而助，周人百亩而彻，其实皆什一也。彻者，彻也；助者，借也。（此以下，乃言制民常产，与其取之之制也。夏时一夫授田五十亩，而每夫计其五亩之入以为贡。商人始为井田之制，以六百三十亩之地，画为九区，区七十亩。中为公田，其外八家各授一区，但借其力以助耕公田，而不复税其私田。周时一夫授田百亩。乡遂用贡法，十夫有沟；都鄙用助法，八家同井。耕则通力而作，收则计亩而分，故谓之彻。其实皆什一者，贡法固以十分之一为常数，惟助法乃是九一，而商制不可考。周制则公田百亩，中以二十亩为庐舍，一夫所耕公田实计十亩。通私田百亩，为十一分而取其一，盖又轻于什一矣。窃料商制亦当似此，而以十四亩为庐舍，一夫实耕公田七亩，是亦不过什一也。彻，通也，均也。借，借也。）龙子曰：'治地莫善于助，莫不善于贡。贡者校数岁之中以为常。乐岁，粒米狼戾，多取之而不为虐，则寡取之；凶年，粪其田而不足，则必取盈焉。为民父母，使民盼盼然，将终岁勤动，不得以养其父母，又称贷而益之。使老稚转乎沟壑，恶在其为民父母也？'（龙子，古贤人。狼戾，犹狼藉，言多也。粪，壅也。盈，满也。盼，恨视也。勤动，劳苦也。称，举也。贷，借也。取物于人，而出息以偿之也。益之，以足取盈之数也。稚，幼子也。）夫世禄，滕固行之矣。（孟子尝言文王治岐，耕者九一，仕者世禄，二者王政之本也。今世禄滕已行之，惟助法未行，故取于民者无制耳。盖世禄者，授之土田，使之食其公田之入，实与助法相为表里，所以使君子野人各有定业，而上下相安者也，故下文遂言助法。）《诗》云：'雨我公田，遂及我私。'惟助为有公田。由此观之，虽周亦助也。（《诗》，《小雅·大田》之篇。雨，降雨也。言愿天雨于公田，而遂及私田，先公而后私也。当时助法尽废，典籍不存，惟有此诗，可见周亦用助，故引之也。）设为庠序学校以教之：庠者，养也；校者，教也；序者，射也。夏曰校，殷曰序，周曰庠，学则三代共之，皆所以明人伦也。人伦明于上，小民亲于下。（庠以养老为义，校以教民为义，序以习射为义，皆乡学也。学，国学也。共之，无异名也。伦，序也。父子有亲，君臣有义，夫妇有别，长幼有序，朋友有信，此人之大伦也。庠序学校，皆以明此而已。）有王者起，必来取法，是为王者师也。（滕国褊小，虽行仁政，未必能兴王业；然为王者师，则虽不有天下，而其泽亦足以及天下矣。圣贤至公无我之心，于此可见。）《诗》云'周虽旧邦，其命惟新'，文王之谓也。子力行之，亦以新子之国。"（《诗》，《大雅·文王》之篇。言周虽后稷以来，旧为诸侯，其受天命而有天下，则自文王始也。子，指文公，诸侯未逾年之称也。）使毕战问井地。孟子曰："子之君将行仁政，选择而使子，子必勉之！夫仁政，必自经界始。经界不正，井地不钧，谷禄不平。是故暴君污吏必慢其经界。经界既正，分田制禄可坐而定也。（毕战，滕臣。文公因孟子之言，而使毕战主为井地之事，故又使之来问其详也。井地，即井田也。经界，谓治地分田，经画其沟涂封植之界也。此法不修，则田无定分，而豪强得以兼并，故井地有不钧；赋无定法，而贪暴得以多取，故谷禄有不平。此欲行仁政者之所以必从此始，而暴君污吏则必欲慢而废之也。有以正之，则分田制禄，可不劳而定矣。）夫滕壤地褊小，将为君子焉，将为野人焉。无君子莫治野人，无野人莫养君子。（言滕地虽小，然其间亦必有为君子而仕者，亦必有为野人而耕者，是以分田制禄之法，不可偏废也。）请野九一而助，国中什一使自赋。（此分田制禄之常法，所以治野人使养君子也。野，郊外都鄙之地也。九一而助，为公田而行助法也。国中，郊门之内，乡遂之地也。田不井授，但为沟洫，使什而自赋其一，盖用贡法也。周所谓彻法者盖如此，以此推之，当时非惟助法不行，其贡亦不止什一矣。）卿以下必有圭田，圭田五十亩。（此世禄常制之外，又有圭田，所以厚君子也。圭，洁也，所以奉祭祀也。不言世禄者，滕已行之，但此未备耳。）余夫二十五亩。（程子曰："一夫上父母，下妻子，以五口八口为率，受田百亩。如有弟，是余夫也。年十六，别受田二十五亩，俟其壮而有室，然后更受百亩之田。"愚按：此百亩常制之外，又有余夫之田，以厚野人也。）死徙无出乡，乡田同井。出入相友，守望相助，疾病相扶持，则百姓亲睦。（死，谓葬也。徙，谓徙其居也。同井者，八家也。友，犹伴也。守望，防寇盗也。）方里而井，井九百亩，其中为公田。八家皆私百亩，同养公田。公事毕，然后敢治私事，所以别野人也。（此详言井田形体之制，乃周之助法也。公田以为君子之禄，而私田野人之所受。先公后私，所以别君子野人之分也。不言君子，据野人而言，省文耳。上言野及国中二法，此独详于治野者，国中贡法，当时已行，但取之过于什一尔。）此其大略也。若夫润泽之，则在君与子矣。"（井地之法，诸侯皆去其籍，此特其大略而已。润泽，谓因时制宜，使合于人情，宜于土俗，而不失乎先王之意也。）

【注释】

① 时君：指滕文公。
② 师世之泽：指泽被世人，可为世人之师，可为帝王之师。
③ 作求：此指完成先人事业、继承先王德行。求，终。《诗经·大雅·下武》："王配于京，世德作求。"
④ 维风：维持风化。
⑤ 阜安：使天下财用充足、百姓安定。
⑥ 仪刑：效法，以……为榜样。刑，通"型"，样板。

父子有亲　五句
丘　濬　程

有自然之人伦，有本然之天性。盖天之生人，有是物必有是则也，随在人之伦而各尽其天性，何莫而非其所固有者哉？昔者孟子辟许行并耕而治之说，因举圣人使契为司徒教民以人伦之事，而详其目如此。盖以人之生也，莫不有父子、君臣、夫妇、长幼、朋友之伦，亦莫不有仁、义、礼、智、信之性。是故相生也而为父子，有父子则有仁之性焉，有仁之性，是以为父而慈，为子而孝，油然亲爱之无间也；相临也而为君臣，有君臣则有义之性焉，有义之性，是以为君而仁，为臣而忠，蔼然道义之相合也。以言乎夫妇，则男正位乎外，女正位乎内，判然内外之有别也，而其所以别也，非人为之也，乃其固有之性之智也；以言乎长幼，则兄友而弟恭，长惠而幼顺，秩然先后之有序也，而其所以序也，非人强之也，乃其固有之性之礼也。以至于与朋友交，言而有信，久要①而不忘，患难以相恤，恪然彼此之交孚者，何莫非其性中固有之信哉？有之而不能以自尽，所以不能无待于圣人命官之教焉。然其所以教之者，亦岂能有所增益于其间哉？亦惟因其固有者而道之耳。噫！圣人忧民失其所固有而命官以教之也如此，尚何暇于耕乎？

【评】照《注》补出"性"字，疏题典要，确不可易。其体直方以大，真经解也。

【作者简介】

丘濬（1418—1495），字仲深，琼山（今海南）人。景泰五年（1454）进士，授编修，成化间为国子监祭酒，弘治间任礼部尚书，兼文渊阁大学士，廉介持正，忠厚爱士，谥文庄。丘濬一生嗜学，深于理学，尝补宋儒真德秀《大学衍义》，著有《琼台类稿》五十二卷、《诗》十二卷等。亦精于制义，《明史》本传称，"时经生文尚险怪，濬主南畿乡试，分考会试，皆痛抑之。及课国学生，尤谆切告诫，反文体于正"。

【题解】出自《滕文公上》第四章。

有为神农之言者许行，自楚之滕，踵门而告文公曰："远方之人闻君行仁政，愿受一廛而为氓。"文公与之处，其徒数十人，皆衣褐，捆屦、织席以为食。（神农，炎帝神农氏。……程子曰："许行所谓神农之言，乃后世称述上古之事，失其义理者耳，犹阴阳、医、方称黄帝之说也。"）陈良之徒陈相与其弟辛，负耒耜而自宋之滕，曰："闻君行圣人之政，是亦圣人也，愿为圣人氓。"（陈良，楚之儒者。耜，所以起土。耒，其柄也。）陈相见许行而大悦，尽弃其学而学焉。陈相见孟子，道许行之言曰："滕君，则诚贤君也；虽然，未闻道也。贤者与民并耕而食，饔飧而治。今也滕有仓廪府库，则是厉民而以自养也，恶得贤？"（饔飧，熟食也。朝曰饔，夕曰飧。言当自炊爨以为食，而兼治民事也。厉，病也。许行此言，盖欲阴坏孟子分别君子野人之法。）孟子曰："许子必种粟而后食乎？"曰："然。""许子必织布而后衣乎？"曰："否。许子衣褐。""许子冠乎？"曰："冠。"曰："奚冠？"曰："冠素。"曰："自织之与？"曰："否。以粟易之。"曰："许子奚为不自织？"曰："害于耕。"曰："许子以釜甑爨，以铁耕乎？"曰："然。""自为之与？"曰："否。以粟易之。"（釜，所以煮。甑，所以炊。爨，然火也。铁，耜属也。此语八反，皆孟子问而陈相对也。）"以粟易械器者，不为厉陶冶；陶冶亦以其械器易粟者，岂为厉农夫哉？且许子何不为陶冶？舍皆取诸其宫中而用之？何为纷纷然与百工交易？何许子之不惮烦？"曰："百工之事，固不可耕且为也。"（此孟子言而陈相对也。械器，釜甑之属也。陶，为甑者。冶，为釜铁者。舍，止也，或读属上句。舍，谓作陶冶之处也。）"然则治天下独可耕且为与？有大人之事，有小人之事。且一人之身，而百工之所为备。如必自为而后用之，是率天下而路也。故曰：或劳心，或劳力；劳心者治人，劳力者治于人；治于人者食人，治人者食于人：天下之通义也。（此以下皆孟子言也。路，谓奔走道路，无时休息也。治于人者，见治于人也。食人者，出赋税以给公上也。食于人者，见食于人也。此四句皆古语，而孟子引之也。君子无小人则饥，小人无君子则乱。以此相易，正犹农夫陶冶以粟与械器相易，乃所以相济而非所以相病也。治天下者，岂必耕且为哉？）当尧之时，天下犹未平，洪水横流，泛滥于天下。草木畅茂，禽兽繁殖，五谷不登，禽兽偪人。兽蹄鸟迹之道，交于中国。尧独忧之，举舜而敷治焉。舜使益掌火，益烈山泽而焚之，禽兽逃匿。禹疏九河，瀹济漯，而注诸海；决汝汉，排淮泗，而注之江，然后中国可得而食也。当是时也，禹八年于外，三过其门而不入，虽欲耕，得乎？（天下犹未平者，洪荒之世，生民之害多矣；圣人迭兴，渐次除治，至此尚未尽平也。洪，大也。横流，不由其道而散溢妄行也。泛滥，横流之貌。畅茂，长盛也。繁殖，众多也。五谷，稻、黍、稷、麦、菽也。登，成熟也。道，路也。兽蹄鸟迹交于中国，言禽兽多也。敷，布也。益，舜臣名。烈，炽也。禽兽逃匿，然后禹得施治水之功。疏，通也，分也。九河：曰徒骇，曰太史，曰马颊，曰覆釜，曰胡苏，曰简，曰洁，曰钩盘，曰鬲津。瀹，亦疏通之意。济漯，二水名。决、排，皆去其壅塞也。汝、汉、淮、泗，亦皆水名也。据《禹贡》及今水路，惟汉水入江耳。汝泗则入淮，而淮自入海。此谓四水皆入于江，记者之误也。）后稷教民稼穑。树艺五谷，五谷熟而民人育。人之有道也，饱食、暖衣、逸居而无教，则近于禽兽。圣人有忧之，使契为司徒，教以人伦：父子有亲，君臣有义，夫妇有别，长幼有序，朋友有信。放勋曰：'劳之来之，匡之直之，辅之翼之，使自得之，又从而振德之。'圣人之忧民如此，而暇耕乎？（言水土平，然后得以教稼穑；衣食足，然后得以施教化。后稷，官名，弃为之。然言教民，则亦非并耕矣。树，亦种也。艺，殖也。契，亦舜臣名也。司徒，官名也。人之有道，言其皆有秉彝之性也。然无教则亦放逸怠惰而失之，故圣人设官而教以人伦，亦因其固有者而道之耳。《书》曰："天叙有典，敕我五典五惇哉。"此之谓也。放勋，本史臣赞尧之辞，孟子因以为尧号也。德，犹惠也。尧言，劳者劳之，来者来之，邪者正之，枉者直之，辅以立之，翼以行之，使自得其性矣，又从而提撕警觉以加惠焉，不使其放逸怠惰而或失之。盖命契之辞也。）尧以不得舜为己忧，舜以不得禹、皋陶为己忧。夫以百亩之不易为己忧者，农夫也。（易，治也。尧舜之忧民，非事事而忧之也，急先务而已。所以忧民者其大如此，则不惟不暇耕，而亦不必耕矣。）分人以财谓之惠，教人以善谓之忠，为天下得人者谓之仁。是故以天下与人易，为天下得人难。（分人以财，小惠而已。教人以善，虽有爱民之实，然其所及亦有限而难久。惟若尧之得舜，舜之得禹皋陶，及所谓为天下得人者，而其恩惠广大，教化无穷矣，此其所以为仁也。）孔子曰：'大哉尧之为君！惟天为大，惟尧则之，荡荡乎民无能名焉！君哉舜也！巍巍乎有天下而不与焉！'尧舜之治天下，岂无所用其心哉？亦不用于耕耳。（则，法也。荡荡，广大之貌。君哉，言尽君道也。巍巍，高大之貌。不与，犹言不相关，言其不以位为乐也。）吾闻用夏变夷者，未闻变于夷者也。陈良，楚产也。悦周公、仲尼之道，北学于中国。北方之学者，未能或之先也。彼所谓豪杰之士也。子之兄弟事之数十年，师死而遂倍之。（此以下责陈相倍师而学许行也。夏，诸夏礼义之教也。变夷，变化蛮夷之人也。变于夷，反见变化于蛮夷之人也。产，生也。陈良生于楚，在中国之南，故北游而学于中国也。先，过也。豪杰，才德出众之称，言其能自拔于流俗也。倍，与背同。言陈良用夏变夷，陈相变于夷也。）昔者孔子没，三年之外，门人治任将归，入揖于子贡，相向而哭，皆失声，然后归。子贡反，筑室于场，独居三年，然后归。他日，子夏、子张、子游以有若似圣人，欲以所事孔子事之，强曾子。曾子曰：'不可。江汉以濯之，秋阳以暴之，皜皜乎不可尚已。'（三年，古者为师心丧三年，若丧父而无服也。任，担也。场，冢上之坛场也。有若似圣人，盖其言行气象有似之者，如《檀弓》所记子游谓有若之言似夫子之类是也。所事孔子，所以事夫子之礼也。江汉水多，言濯之洁也。秋日燥烈，言暴之干也。皜皜，洁白貌。尚，加也。言夫子道德明著，光辉洁白，非有若所能彷佛也。或曰："此三语者，孟子赞美曾子之辞也。"）今也南蛮鴃舌之人，非先王之道，子倍子之师而学之，亦异于曾子矣。（鴃，博劳也，恶声之鸟。南蛮之声似之，指许行也。）吾闻出于幽谷迁于乔木者，未闻下乔木而入于幽谷者。（《小雅·伐木》之诗云："伐木丁丁，鸟鸣嘤嘤，出自幽谷，迁于乔木。"）《鲁颂》曰：'戎狄是膺，荆舒是惩。'周公方且膺之，子是之学，亦为不善变矣。"（《鲁颂》，《閟宫》之篇也。膺，击也。荆，楚本号也。舒，国名，近楚者也。惩，艾也。按今此诗为僖公之颂，而孟子以周公言之，亦断章取义也。）"从许子之道，则市贾不贰，国中无伪。虽使五尺之童适市，莫之或欺。布帛长短同，则贾相若；麻缕丝絮轻重同，则贾相若；五谷多寡同，则贾相若；屦大小同，则贾相若。"（陈相又言许子之道如此。盖神农始为市井，故许行又托于神农，而有是说也。五尺之童，言幼小无知也。许行欲使市中所鬻之物，皆不论精粗美恶，但以长短轻重多寡大小为价也。）曰："夫物之不齐，物之情也；或相倍蓰，或相什伯，或相千万。子比而同之，是乱天下也。巨屦小屦同贾，人岂为之哉？从许子之道，相率而为伪者也，恶能治国家？"（倍，一倍也。蓰，五倍也。什伯千万，皆倍数也。比，次也。孟子言物之不齐，乃其自然之理，其有精粗，犹其有大小也。若大屦小屦同价，则人岂肯为其大者哉？今不论精粗，使之同价，是使天下之人皆不肯为其精者，而竞为滥恶之物以相欺耳。）

【注释】

① 久要：旧约，很久以前的诺言。语本《论语·宪问》："久要不忘平生之言，亦可以为成人矣。"

三月无君则吊　四节

罗　伦

　　大贤两明君子之仕，惟欲尽孝以行礼也。盖君子者，奉先思孝而事君尽礼者也。失位则废祭，舍贽则非礼矣，安得而不急于仕哉？且夫君子之于人国也，班禄①以奉祀，则尽忠即所以尽孝也；传贽②以为臣，则行道即所以行礼也。此证诸古传而有征，观诸孔子而益信矣。何周霄乃于无君则吊之言而疑其急焉，是徒知其以失位为急，而未知其以失祭为忧也，故孟子即诸侯之事以辨之。盖诸侯之失国与士之失位，其心一也，使诸侯而可以无祭，士之无君固不足吊矣。由礼观之，则亲耕亲蚕，皆所以为祭祀之奉；而不洁不修，终无以遂其孝享之诚。此诸侯之国家所以不可失也。今士而失位，则圭田③不锡于王朝，而祀典不修于家庙，不惟无以备其物，而亦不敢以安于心矣。然则吊其三月之无君者，所以吊其一时之废祭也，而岂以失位为急哉？夫知其无君之足吊，则所以求得乎君者不容已也；知其得君之为急，则所以先载乎贽者不容已也。霄又以出疆载贽之言而明其故焉，是徒欲抱道而处④，而未知其当载道而出矣，故孟子即农夫之事以明之。盖士之立于朝与农之耕于野，其道同也，使农而可以舍耒耜，士之出疆亦可以不载贽矣。由今观之，则出作入息，固不免于出疆之劳；而于耒举趾⑤，未始废其耕耨之具。此农夫之耒耜所以不容舍也。若士而无贽，则始进之礼既失，而相遇之机已疏，非直无以见其君，而终无以行吾道矣。然则载贽于出疆之日者，将以利见于适国之初也，而肯以非礼自待也哉？要之，无君则吊者，固所以尽奉先之孝也，苟君不我礼，则宁废祭而不敢废道矣；出疆载质者，固可以行见君之礼也，苟道不可行，则宁失其礼而不敢失其身矣。周霄其知之乎？

　　【评】长题局法，此为开山。宜玩其游行自得而体格谨严处。

　　【题解】出自《滕文公下》第三章。

　　周霄问曰："古之君子仕乎？"孟子曰："仕。传曰：'孔子三月无君，则皇皇如也，出疆必载质。'公明仪曰：'古之人三月无君则吊。'"（周霄，魏人。无君，谓不得仕而事君也。皇皇，如有求而弗得之意。出疆，谓失位而去国也。质，所执以见人者，如士则执雉也。出疆载之者，将以见所适国之君而事之也。）"三月无君则吊，不以急乎？"（周霄问也。以、已通，太也。）曰："士之失位也，犹诸侯之失国家也。礼曰：'诸侯耕助，以供粢盛；夫人蚕缫，以为衣服。牺牲不成，粢盛不洁，衣服不备，不敢以祭。惟士无田，则亦不祭。'牲杀器皿衣服不备，不敢以祭，则不敢以宴，亦不足吊乎？"（《礼》曰："诸侯为藉百亩，冕而青纮，躬秉耒以耕，而庶人助以终亩。收而藏之御廪，以供宗庙之粢盛。使世妇蚕于公桑蚕室，奉茧以示于君，遂献于夫人。夫人副袆受之，缫三盆手，遂布于三宫世妇，使缫以为黼黻文章，而服以祀先王先公。"又曰："士有田则祭，无田则荐。"黍稷曰粢，在器曰盛。牲杀，牲必特杀也。皿，所以覆器者。）"出疆必载质，何也？"（周霄问也。）曰："士之仕也，犹农夫之耕也，农夫岂为

67

出疆舍其耒耜哉？"曰："晋国亦仕国也，未尝闻仕如此其急。仕如此其急也，君子之难仕，何也？"曰："丈失生而愿为之有室，女子生而愿为之有家。父母之心，人皆有之。不待父母之命、媒妁之言，钻穴隙相窥，逾墙相从，则父母国人皆贱之。古之人未尝不欲仕也，又恶不由其道。不由其道而往者，与钻穴隙之类也。"（仕国，谓君子游宦之国。霄意以孟子不见诸侯为难仕，故先问古之君子仕否，然后言此以风切之也。男以女为室，女以男为家。妁，亦媒也。言为父母者，非不愿其男女之有室家，而亦恶其不由道。盖君子虽不洁身以乱伦，而亦不殉利而忘义也。）

【注释】

① 班禄：本指按级别给予的俸禄，此指获得俸禄。
② 传赟：进献礼物，表示为臣。此为当时礼制。赟，礼物。
③ 圭田：卿大夫、士祭祀用的田地。《礼记·王制》："圭田不征。"《孟子·滕文公上》："卿以下必有圭田，圭田五十亩。"朱熹集注："圭，洁也，所以奉祭祀也。"
④ 处：隐居不出仕。
⑤ 于耜举趾：指农夫的劳作。语本《诗经·豳风·七月》："三之日于耜，四之日举趾。"毛传：于耜，"始修耒耜也"；举趾，"举足而耕"。

周公兼夷狄　　百姓宁
丘　濬　程

惟圣人有以除天下之害，则民生得其安矣。夫人类所以不安其生者，异类害之也。苟非圣人起而任除害之责，则斯民何自而得其安哉？昔孟子因公都子"好辩"之问，历举群圣之事而告之及此。谓夫周公以元圣之德为武王之相，斯时也成周之王业方兴，有殷之遗患未息。其所以为天下害者非独奄、飞廉①而已，而又有所谓夷狄者焉，夷狄交横，不止害民之生，而彝伦②亦或为之渎矣，不力去之不可也；其所以为中国患者非独五十国而已，而又有所谓猛兽者焉，猛兽纵横，不止妨民之业，而躯命亦或为之戕矣，不急除之不可也。周公生于是时，以世道为己任，宁忍视民之害而不为之驱除乎！是以于夷狄也则兼而并之，而使之不得以猾夏③；于猛兽也则驱而逐之，而使之不至于逼人。夷狄既兼，则夷不得以乱华，而凡林林④而生者莫不相生相养，熙然于衣冠文物⑤之中而无渎乱之祸；猛兽既驱，则鸟兽之害人者消，而凡总总而处者莫不以生以息，恬然于家室田畴之内而无惊扰之忧。谓之曰百姓宁，信乎无一人之不安其生也。周公以是而相武王，其及人之功何其大哉！

【评】 骨力雄峻，函盖一时。此程与元墨⑥，并制科文之极盛也。　　元作重讲"百姓宁"，此程重讲"兼"、"驱"，是其用意异处；俱先于反面透醒，是其作法同处。

【题解】 出自《滕文公下》第九章。

公都子曰："外人皆称夫子好辩，敢问何也？"孟子曰："予岂好辩哉？予不得已也。天下之生久矣，一治一乱。（生，谓生民也。一治一乱，气化盛衰，人事得失，反复相寻，理之常也。）当尧之时，水逆行，泛滥于中国。蛇龙居之，民无所定。下者为巢，上者为营窟。《书》曰：'洚水警余。'洚水者，洪水也。（水逆行，下流壅塞，故水倒流而旁溢也。下，下地。上，高地也。营窟，穴处也。《书》，《虞书·大禹谟》也。洚水，洚洞无涯之水也。警，戒也。此一乱也。）使禹治之，禹掘地而注之海，驱蛇龙而放之菹。水由地中行，江、淮、河、汉是也。险阻既远，鸟兽之害人者消，然后人得平土而居之。（掘地，掘去壅塞也。菹，泽生草者也。地中，两涯之间也。险阻，谓水之泛滥也。远，去也。消，除也。此一治也。）尧舜既没，圣人之道衰。暴君代作，坏宫室以为污池，民无所安息；弃田以为园囿，使民不得衣食。邪说暴行又作，园囿、污池、沛泽多而禽兽至。及纣之身，天下又大乱。（暴君，谓夏太康、孔甲、履癸、商武乙之类也。宫室，民居也。沛，草木之所生也。泽，水所钟也。自尧舜没至此，治乱非一，及纣而又一大乱也。）周公相武王，诛纣伐奄，三年讨其君，驱飞廉于海隅而戮之。灭国者五十，驱虎、豹、犀、象而远之。天下大悦。《书》曰：'丕显哉，文王谟！丕承哉，武王烈！佑启我后人，咸以正无缺。'（奄，东方之国，助纣为虐者也。飞廉，纣幸臣也。五十国，皆纣党虐民者也。《书》，《周书·君牙》之篇。丕，大也。显，明也。谟，谋也。承，继也。烈，光也。佑，助也。启，开也。缺，坏也。此一治也。）世衰道微，邪说暴行有作，臣弑其君者有之，子弑其父者有之。（有作之有，读为又，古字通用。此周室东迁之后，又一乱也。）孔子惧，作《春秋》。《春秋》，天子之事也。是故孔子曰：'知我者其惟《春秋》乎！罪我者其惟《春秋》乎！'（胡氏曰："仲尼作《春秋》以寓王法。惇典、庸礼、命德、讨罪，其大要皆天子之事也。知孔子者，谓此书之作，遏人欲于横流，存天理于既灭，为后世虑，至深远也。罪孔子者，以谓无其位而托二百四十二年南面之权，使乱臣贼子禁其欲而不得肆，则戚矣。"愚谓孔子作《春秋》以讨乱贼，则致治之法垂于万世，是亦一治也。）圣王不作，诸侯放恣，处士横议，杨朱、墨翟之言盈天下。天下之言，不归杨，则归墨。杨氏为我，是无君也；墨氏兼爱，是无父也。无父无君，是禽兽也。公明仪曰：'庖有肥肉，厩有肥马，民有饥色，野有饿莩，此率兽而食人也。'杨墨之道不息，孔子之道不著，是邪说诬民，充塞仁义也。仁义充塞，则率兽食人，人将相食。（杨朱但知爱身，而不复知有致身之义，故无君；墨子爱无差等，而视其至亲无异众人，故无父。无父无君，则人道灭绝，是亦禽兽而已。公明仪之言，义见首篇。充塞仁义，谓邪说遍满，妨于仁义也。孟子引仪之言，以明杨墨道行，则人皆无父无君，以陷于禽兽，而大乱将起，是亦率兽食人而人又相食也。此又一乱也。）吾为此惧，闲先圣之道，距杨墨，放淫辞，邪说者不得作。作于其心，害于其事；作于其事，害于其政。圣人复起，不易吾言矣。（闲，卫也。放，驱而远之也。作，起也。事，所行。政，大体也。孟子虽不得志于时，然杨墨之害，自是灭息，而君臣父子之道，赖以不坠。是亦一治也。程子曰："杨墨之害，甚于申韩；佛氏之害，甚于杨墨。盖杨氏为我疑于义，墨氏兼爱疑于仁，申韩则浅陋易见。故孟子止辟杨墨，为其惑世之甚也。佛氏之言近理，又非杨墨之比，所以为害尤甚。"）昔者禹抑洪水而天下平，周公兼夷狄驱猛兽而百姓宁，孔子成春秋而乱臣贼子惧。（抑，止也。兼，并之也，总结上文也。）《诗》云：'戎狄是膺，荆舒是惩，则莫我敢承。'无父无君，是周公所膺也。我亦欲正人心，息邪说，距诐行，放淫辞，以承三圣者；岂好辩哉？予不得已也。（辞者，说之详也。承，继也。三圣，禹、周公、孔子也。盖邪说横流，坏人心术，甚于洪水猛兽之灾，惨于夷狄篡弑之祸，故孟子深惧而力救之。再言岂好辩哉，予不得已也，所以深致意焉。然非知道之君子，孰能真知其所以不得已之故哉？）能言距杨墨者，圣人之徒也。"（言苟有能为此距杨墨之说者，则其所趋正矣，虽未必知道，是亦圣人之徒也。孟子既答公都子之问，而意有未尽，故复言此。盖邪说害正，人人得而攻之，不必圣贤；如春秋之法，乱臣贼子，人人得而讨之，不必士师也。圣人救世立法之意，其切如此。若以此意推之，则不能攻讨，而又唱为不必攻讨之说者，其为邪诐之徒、乱贼之党可知矣。尹氏曰："学者于是非之原，毫厘有差，则害流于生民，祸及于后世，故孟子辨邪说如是之严，而自以为承三圣之功也。当是时，方且以好辩目之，是以常人之心而度圣贤之心也。"）

【注释】

① 奄、飞廉：及下文"五十国"，皆本章提及的祸害，见朱熹集注。
② 彝伦：伦常。
③ 猾夏：祸乱华夏。语本《尚书·舜典》："蛮夷猾夏，寇贼奸宄。"
④ 林林：即"林林总总"，形容众多。柳宗元《贞符》："惟人之初，总总而生，林林而群。"
⑤ 衣冠文物：指代华夏的典章制度与文化。
⑥ 程与元墨：程文与元墨。程文即指此篇；元墨为会元的试卷，即下篇王鏊同题之作。

周公兼夷狄　　百姓宁

王　鏊　墨

论古之圣人除天下之大害，成天下之大功。夫天生圣人，所以为世道计也，周公拨乱世①而反之正，其亦不得已而有为者与？孟子答公都子之问而言及此，意谓天下大乱之后，必生圣人之才。商纣之世，民之困极矣，于是有周公出焉。武王既作之于上，周公则佐之于下。彼其夷狄乱华，不有以兼之，吾知其被发而左衽②矣，周公于是起而兼之，而若奄国、若飞廉皆在所兼，兼夷狄，兼其害百姓者也；鸟兽逼人，不有以驱之，吾知其弱肉而强食矣，周公于是起而驱之，而若虎豹、若犀象皆在所驱，驱猛兽，驱其害百姓者也。是以夷狄之患既除，则四海永清，无复乱我华夏者矣；猛兽之害既息，则天下大治，无复交于中国者矣。天冠地履③，华夷之分截然，人皆曰百姓宁也，而不知谁之功；上恬下熙④，鸟兽之类咸若⑤，人皆曰百姓宁也，而不知谁之力。吁！周公以人事而回气化，拨乱世而兴太平，其功之大何如哉？虽然，此亦周公之不得已耳，岂特禹抑洪水、孔子作《春秋》、孟子辟杨墨为不得已哉？盖禹与周公，不得已而有为，除天下之害者也；孔子卒，孟子不得已而有言，除后世之害者也。然皆足以致治，其功之在天下后世，孰得而轻重之哉？韩子⑥曰孟子功不在禹下，愚亦曰孟子之功不在周公下。

【原评】字字典切，可配经传。佳处尤在用意深厚，是圣人使人、物各得其所气象。粲然明盛，晏然安和，升平雅颂之音，河岳英灵之气。

【评】浑厚清和，法足辞备，墨义之工，三百年来无能抗者。

【题解】出自《滕文公下》第九章，同上。

【注释】

① 拨乱世：治理乱世。拨，治。语本《公羊传·哀公十四年》："拨乱世，反诸正，莫近诸《春秋》。"

② 被发而左衽：披散头发，衣襟向左敞开，为夷狄的装束，此即指夷狄统治了华夏。被，同"披"，披散。语本《论语·宪问》："微管仲，吾其被发左衽矣。"

③ 天冠地履：指高下、尊卑，等级截然。

④ 上恬下熙：此指国家上下安乐祥和。

⑤ 咸若：本义是皆如此，此谓猛兽之类各安其分，不敢为暴。

⑥ 韩子：指韩愈，引文见《与孟尚书书》："向无孟氏，则皆服左衽而言侏离矣。故愈尝推尊孟氏，以为功不在禹下者，为此也。"

钦定化治四书文卷六（《孟子》下）

禹恶旨酒　一章

唐　寅

大贤举先圣之心法，明道统之相承也。夫圣人身任斯道之寄，则其心自有不能逸矣，由禹以至周公，何莫非是心耶？孟子举之曰：道必有所托而后行于世，圣人同其道也。然而天无二道，圣无二心，其忧勤惕厉一也。尧舜尚矣，自尧舜而下，得统者有禹汤焉，有文武周公焉。禹则致严于危微之辨①而闲②之也切，旨酒则恶之，善言则好之，盖遏流祸于将然而广忠益以自辅也；汤则加谨于化理之原而图之也至，中道则务执之，贤才则广收之，盖建皇极③以经世而集众思以熙绩④也。文之继汤也，则以德业未易全，而其心常操夫不足，民安矣，犹若阽于危也，道盛矣，犹若阻于岸也，盖必欲达于神化之域，斯已矣；武之继文也，则以治忽为可畏，而其心常厚于自防，故虑深隐微，而迩弗敢泄也，明烛无疆，而远弗敢忘也，盖必欲密其周详之念，斯已矣。迨周公承其后，思欲兼三王以时措，举四事以立法。故事有戾于时势之殊，必精思以求其通，虽夜而不遑于寐；理有值夫变通之利，必果行以奏其效，待旦而不安于寝。夫思之至，则其神合；行之勇，则其化流。禹汤文武之传又在周公矣。即是而知数圣人所生之时虽不同，而心则一也。心一故道同，三代之治所以盛与？

【评】坚炼遒净，一语不溢，题之义蕴毕涵。

【作者简介】

唐寅（1470—1523），字伯虎，一字子畏，号六如居士，吴县（今苏州）人。弘治十一年（1498）年乡试第一。十二年参加会试，主考程敏政被人攻讦，连及唐寅，遂下狱，黜为吏，耻不就，诗酒伴狂而终其身。寅为书画名家，亦工诗文，有《唐伯虎全集》。善制义，俞长城《可仪堂一百二十名家制义序》称其制义"方正严洁，近于老师宿儒"。

【题解】出自《离娄下》第二十章。

孟子曰："禹恶旨酒而好善言。（《战国策》曰"仪狄作酒，禹饮而甘之，曰'后世必有以酒亡其国者'，遂疏仪狄而绝旨酒。"《书》曰："禹拜昌言。"）汤执中，立贤无方。（执，谓守而不失。中者，无过不及之名。方，犹类也。立贤无方，惟贤则立之于位，不问其类也。）文王视民如伤，望道而未之见。（而，读为如，古字通用。民已安矣，而视之犹若有伤；道已至矣，而望之犹若未见。圣人之爱民深而求道切如此。不自满足，终日乾乾之心也。）武王不泄迩，不忘远。（泄，狎也。迩者人所易狎而不泄，远者人所易忘而不忘，德之盛，仁之至也。）周公思兼三王，以施四事；其有不合者，仰而思之，夜以继日；幸而得之，坐以待旦。"（三王：禹也，汤也，文武也。四事，上四条之事也。时异势殊，故其事或有所不合，思而得之，则其理初不异矣。坐以待旦，急于行也。此承上章言舜，因历叙群圣以继之；而各举其一事，以见其忧勤惕厉之意。盖天理之所以常存，而人心之所以不死也。程子曰："孟子所称，各因其一事而言，非谓武王不能执中立贤，汤却泄迩忘远也。人谓各举其盛，亦非也，圣人亦无不盛。"）

【注释】

① 危微之辨：人心道心之区分。《尚书·大禹谟》载舜谓禹曰："人心惟危，道心惟微。"
② 闲：防，约束使不逾越。
③ 皇极：大中至正的法则。语本《尚书·洪范》："五、皇极。皇建其有极。"
④ 熙绩：此指任用众才而广大其功。语本《尚书·尧典》："允釐百工，庶绩咸熙。"孔安国传："绩，功。""熙，广也。"

周公思兼三王以施四事

王 鏊

大贤论前圣①欲集乎群圣而缵其旧服②者，一忧勤惕厉之心也。盖三王之事，皆事之善者也，周公欲以一身而兼体之，其忧勤惕厉何如哉？孟子意谓：三王不可作矣，继三王而作，时则有若周公。其为心果何如也哉？景前圣之烈光，毅然欲以身统其盛，旷百世而相感，固不限于分位之难齐；瞻庭闱③之遗矩，慨然欲以己会其全，幸再传之未泯，时自责以心力所可。继夏而王者禹也，商而王者汤也，公而如禹如汤，亦可已矣，而尚不忘乎有贤父兄之乐，远稽未满其志，参之以近守焉，会众美而归之身，固所愿也；始王周者文也，继王周者武也，公而如文如武，亦可已矣，而犹不废乎古先哲王之求，见知④未厌其心，益之以闻知焉，集四圣而为大成，盖有期也。是以抚往事而兴则效之思，将以行于古者而行于今，典则具在，冀追践而不遗；即往行而励进修之念，将以敷于前者而敷于后，谟烈相承⑤，期作求⑥而无斁⑦。于禹而欲施其好善恶酒⑧之事，于汤而欲施其执中立贤之事，成功未见于躬行，而奋发已形于意气，彼谓古今之不相及而画焉⑨以自处者，岂公之志哉！于文而欲施其爱民求道之事，于武而欲施其不泄不忘之事，大效未彰于践履，而感激已动于精神，彼谓君相之不同道而陋焉以自居者，岂公之心哉！吁，公亦人耳，而所以厚待其身者必备夫三王四事而后已，其忧勤惕厉至矣。此天理常存、人心不死而道统之传有由也欤！

【注释】

① 前圣：此指周公。

② 缵其旧服：此指继承前王的德业。《尚书·仲虺之诰》："（汤）表正万邦，缵禹旧服。"蔡沉《集传》："继禹旧所服行也。"

③ 庭闱：内舍，多指父母居处，亦指代父母。此指周文王、周武王而言。

④ 见知：与"闻知"相对，指通过目见而知。此处见知指周文王、周武王，闻知则指禹、汤。

⑤ 谟烈相承：此指继承前王。《尚书·君牙》："丕显哉，文王谟！丕承哉，武王烈！"

⑥ 作求：继承先人之德，终成大功。语本《诗经·大雅·下武》："王配于京，世德作求。"郑玄笺："作，为。求，终也。"

⑦ 无斁：不败坏。

⑧ 好善恶酒：指《孟子》本章提及的"禹恶旨酒而好善言"。下所论汤之"执中立贤"、文王之"爱民求道"、武王之"不泄不忘"，均见上文所附《集注》。

⑨ 画焉：拘守的样子。画，同"划"。

晋之乘 二节
王鏊

大贤之论圣经①，始则同于诸史，终则定于圣人。盖《春秋》未修则为鲁国之史，《春秋》既修则为万世之法也。圣人之作经，夫岂徒然哉？昔孟子之意，若曰：古之为国也必有史，史之载事也必有名。彼晋尝伯②天下矣，其为史也，兴于田赋乘马之事，故名之曰"乘"焉；楚尝伯天下矣，其为史也，兴于记恶垂戒之义，故名之曰"梼杌"焉。以至鲁为中国之望，其史必表年以首事③，故错举春秋以名也。于斯时也，《春秋》未经仲尼之笔，褒贬不明，亦一《乘》而已矣；芜秽不治，亦一《梼杌》而已矣。是故以其事言之，齐桓创伯于葵丘之盟，晋文继伯于城濮之战，其事伯者之事也；以其文言之，诸侯有言左史④记之，诸侯有行右史记之，其文史官之文也。何以异于列国之史哉？然孔子尝曰其义则丘窃取之，则夫子以春秋之素王⑤，秉南面之赏罚。一褒一贬，皆圣心所自裁；一笔一削，虽游、夏⑥不能赞。中国而入于夷狄则夷之，凛于斧钺之诛也；夷狄而进于中国则中国之，宠于华衮之锡也。此孔子之《春秋》，虽曰旧史之文，而实为百王之大法也。嗟夫！《春秋》之作，自姬辙既东⑦，王室衰微，礼乐不由天子，征伐出自诸侯，泯泯棼棼⑧，圣人忧之，于是笔削一经，垂法万世。然使鲁之史官阿谀畏怯，君过不书，简编失实，无所考信，则仲尼虽欲作《春秋》以法万世，将何所据乎？此史之功高于伯，而孔子之功倍于史。

【评】 如题顺叙而波折自生，于过接处、收束处着意数笔，便觉神致疏宕不群。

【题解】 出自《离娄下》第二十一章。

孟子曰："王者之迹熄而诗亡，诗亡然后春秋作。（王者之迹熄，谓平王东迁，而政教号令不及于天下也。诗亡，谓《黍离》降为《国风》而《雅》亡也。《春秋》，鲁史记之名。孔子因而笔削之。始于鲁隐公之元年，实平王之四十九年也。）晋之乘，楚之梼杌，鲁之春秋，一也。（乘义未详。赵氏以为兴于田赋乘马之事。或曰："取记载当时行事而名之也。"梼杌，恶兽名，古者因以为凶人之号，取记恶垂戒之义也。《春秋》者，记事者必表年以首事。年有四时，故错举以为所记之名也。古者列国皆有史官，掌记时事。此三者皆其所记册书之名也。）其事则齐桓、晋文，其文则史。孔子曰：'其义则丘窃取之矣。'"（春秋之时，五霸迭兴，而桓文为盛。史，史官也。窃取者，谦辞也。《公羊传》作"其辞则丘有罪焉尔"，意亦如此。盖言断之在己，所谓笔则笔、削则削，游、夏不能赞一辞者也。尹氏曰："言孔子作春秋，亦以史之文载当时之事也，而其义则定天下之邪正，为百王之大法。"此又承上章历叙群圣，因以孔子之事继之；而孔子之事莫大于《春秋》，故特言之。）

【注释】

① 圣经：圣人所修之经书，此指《春秋》。
② 伯：通"霸"，称霸。
③ 表年以首事：指《春秋》的体例。杜预《春秋经传集解序》："故史之所记，必表年以首事，年有四时，故错举以为所记之名也。"孔颖达疏："事有先后，须显有事之年。表，显也。首，始也。事系日下，年是事端，故史之所记必先显其年，以为事之初始也。年有四时，不可遍举四字以为书号，故交错互举，取'春秋'二字，以为所记之名也。"
④ 左史：周制，天子、诸侯有左史、右史记载其言行。《礼记·玉藻》谓："动则左史书之，言则右史书之。"
⑤ 素王：孔子有王者之德，而无王者之位，故称"素王"。
⑥ 游、夏：子游、子夏，孔子的著名弟子，长于"文学"。
⑦ 姬辙既东：指周王室东迁。姬，周王室之姓。
⑧ 泯泯棼棼：混乱扰攘貌。泯，混乱。语本《尚书·吕刑》："民兴胥渐，泯泯棼棼。"孔颖达疏："棼棼，扰攘之状。"

予未得为孔子徒也　一节

董 玘

大贤于圣人之道虽不得于见知，犹幸得于闻知。盖孟子所宗惟孔子也，苟淑诸人，是亦得之孔子矣，奚以不及门为歉乎？孟子叙道统而自任，曰：道之行于世也无存亡，而统之属于人也有绝续。由尧舜至于周孔，道统有自来矣。夫何孔子之生也适予未生，而愿学之心每限于莫及？予之生也孔子既没，而诚明之圣①未得于亲承？金声玉振②，徒勤于想慕而亲炙③无由，求若颜、曾④之左右于门墙⑤，不可得也；江汉秋阳⑥，徒慕其气象而光辉罔挹，求若闵、冉之周旋于洙泗，未之能也。予之不幸，莫此为甚矣。然予身之生，其去孔子尚未至于百年；孔子之泽，其及吾身尚未至于五世。文未丧天⑦，而流风之未泯者，人固得传之，我则从而取之以善其身焉；道未坠地⑧，而余韵之独存者，人尚能诵之，我则从而资之以陶其德焉。大成之矩⑨虽不可即矣，而金声玉振之余响，犹得窃之以自鸣，则渊源所自，谓非东鲁之家法不可也；时中之圣⑩虽不可作也，而江汉秋阳之余光，犹得窃之以自贲⑪，则支流所衍，谓非素王⑫之余绪不可也。此又非予之大幸哉！

【原评】明是两对文字，而长短参差，令人莫觉。

【评】两"予"字、两"也"字，唱叹深情，流溢纸墨之外，后人但作《太史公自序》语，直是心粗手滑耳。前辈只求肖题，故才华雅赡而意度仍自谨严。

【作者简介】

董玘（1487—1546），字文玉，号中峰，会稽人。弘治十八年（1505）会元、榜眼，授编修，嘉靖初升为吏部左侍郎，后以居丧不报被劾，诏命以原官致仕归乡。穆宗即位，追赠礼部尚书，谥文简。著有《中峰集》十一卷、《董玘文集》六卷。精制艺，有《中峰制艺》一卷，俞长城《董中峰稿》序："成、弘二朝，会元皆能名世，文之富者，为守溪、鹤滩、中峰三家。……中峰融会传注，钻研《或问》⑬，理足则达，愈朴愈淡，而愈不可及；芒鞋破衲，中有仙骨，非识者不辨。故王、钱之文易读，中峰之文难知。王、钱体正大，中峰格孤高。王、钱之后，衍于荆川，终明之世，号曰元灯。中峰以后，其传遂绝。三百年来，未尝有问津者。"

【题解】出自《离娄下》第二十二章。

孟子曰："君子之泽五世而斩，小人之泽五世而斩。（泽，犹言流风余韵也。父子相继为一世，三十年亦为一世。斩，绝也。大约君子小人之泽，五世而绝也。杨氏曰："四世而缌，服之穷也；五世袒免，杀同姓也；六世亲属竭矣。服穷则遗泽寖微，故五世而斩。"）予未得为孔子徒也，予私淑诸人也。"（私，犹窃也。淑，善也。李氏以为方言是也。人，谓子思之徒也。自孔子卒至孟子游梁时，方百四十余年，而孟子已老。然则孟子之生，去孔子未百年也。故孟子言予虽未得亲受业于孔子之门，然圣人之泽尚存，犹有能传其学者。故我得闻孔子之道于人，而私窃以善其身，盖推尊孔子而自谦之辞也。此又承上三章，历叙舜禹，至于周孔，而以是终之。其辞虽谦，然其所以自任之重，亦有不得而辞者矣。）

【注释】

① 诚明之圣：指孔子。孔子具有"生知"的诚明之性，《中庸》："自诚明，谓之性；自明诚，谓之教。"朱熹集注："德无不实而明无不照者，圣人之德。所性而有者也，天道也。先明乎善，而后能实其善者，贤人之学。由教而入者也，人道也。"

② 金声玉振：演奏音乐，以钟一类乐器开始，以磬收韵，奏乐有始有终，谓之"成"。此喻孔子博学综贯，有集大成之功。金，钟属。玉，磬。语本《孟子·万章下》："孔子之谓集大成。集大成也者，金声而玉振之也。金声也者，始条理也；玉振之也者，终条理也。"

③ 亲炙：本义为亲近而受到熏炙，喻直接受到传授、教导。《孟子·尽心下》："而况于亲炙之者乎？"

④ 颜、曾：及下文"闵、冉"均指孔子弟子，指颜回、曾参、闵损、冉耕。

⑤ 门墙：师门。语本《论语·子张》："夫子之墙数仞，不得其门而入，不见宗庙之美，百官之富。

得其门者或寡矣。"

⑥ 江汉秋阳：《孟子·滕文公上》载，曾子曾以"江汉以濯之，秋阳以暴之，皜皜乎不可尚已"称道孔子。朱熹集注："江汉水多，言濯之洁也。秋日燥烈，言暴之干也。""言夫子道德明著，光辉洁白"。

⑦ 文未丧天：即《论语·子罕》所言"天之未丧斯文"。

⑧ 道未坠地：《论语·子张》："子贡曰：文武之道，未坠于地，在人。"

⑨ 大成之矩：指孔子之道。《孟子·万章下》："孔子之谓集大成。"

⑩ 时中之圣：指孔子。时中，随时而中、无不中。《孟子·万章下》："柳下惠，圣之和者也；孔子，圣之时者也。"

⑪ 自贲：自饰，此指提高自己的修养。贲，饰。

⑫ 素王：孔子有王者之德而无其位，故谓"素王"。

⑬《或问》：指朱熹所撰《四书或问》。朱熹既作《四书章句集注》，复以诸家之说纷纭，因设为问答，明所以去取之意。凡三十九卷，非成于一时，其内容亦有与《集注》抵触之处。

吾闻其以尧舜之道要汤　一节

王　鏊

　　大贤明圣人之所以要君而辨其诬也。夫要汤以尧舜之道，则固未尝要也，而可以割烹诬之哉！盖谓天下之人往往知伊尹割烹要汤，而不知尹之所谓要者，乃要之以道而非要之以割烹也。盖尹以尧舜之道善其身，而汤欲以尧舜之道善天下，则尧舜之道在尹，尧舜之责在汤也。责在于汤，则尹虽无求于汤，而汤不得不求于尹；道在于尹，则汤虽无求于尹，而不能不求乎道。是求之者汤，而所以求之者尹；致之者尹，而所以致之者道也。谓尹之不要汤，可也；谓尹之要汤以道，亦可也。若曰割烹要汤，则尹之出处之严，天下所知也，丧其守于割烹，而严于出处之际，有如此耶？尹之自任之重，天下所知也，辱其身于割烹，而自任天下之重，有如此耶？纵使伊尹割烹以要汤，吾恐成汤之圣，非辱己者所能要，尹不得而要之也；纵使割烹可以要汤，吾恐天下之大，非要君者所能正，尹不得而正之也。然则谓汤以割烹而聘尹，是诬汤；谓尹以割烹而要汤，是诬尹也。汤不可诬，尹不可诬，是自诬也。呜呼，君子焉可以自诬耶？

　　【评】殊有踔厉风发之势，实能写出孟子语妙。

　　【题解】出自《万章上》第七章。

　　万章问曰："人有言'伊尹以割烹要汤'有诸？"（要，求也。按《史记》："伊尹欲行道以致君而无由，乃为有莘氏之媵臣，负鼎俎以滋味说汤，致于王道"。盖战国时有为此说者。）孟子曰："否，不然。伊尹耕于有莘之野，而乐尧舜之道焉。非其义也，非其道也，禄之以天下，弗顾也；系马千驷，弗视也。非其义也，非其道也，一介不以与人，一介不以取诸人，（莘，国名。乐尧舜之道者，诵其诗，读其书，而欣慕爱乐之也。驷，四匹也。介与草芥之芥同。言其辞受取与，无大无细，一以道义而不苟也。）汤使人以币聘之，嚣嚣然曰：'我何以汤之聘币为哉？我岂若处畎亩之中，由是以乐尧舜之道哉？'（嚣嚣，无欲自得之貌。）汤三使往聘之，既而翻然改曰：'与我处畎亩之中，由是以乐尧舜之道，吾岂若使是君为尧舜之君哉？吾岂若使是民为尧舜之民哉？吾岂若于吾身亲见之哉？（翻然，变动之貌。于吾身亲见之，言于我之身亲见其道之行，不徒诵说向慕之而已也。）天之生此民也，使先知觉后知，使先觉觉后觉也。予，天民之先觉者也；予将以斯道觉斯民也。非予觉之，而谁也？'（此亦伊尹之言也。知，谓识其事之所当然。觉，谓悟其理之所以然。觉后知后觉，如呼寐者而使之寤也。言天使者，天理当然，若使之也。程子曰："予天民之先觉，谓我乃天生此民中，尽得民道而先觉者也。既为先觉之民，岂可不觉其未觉者。及彼之觉，亦非分我所有以予之也。皆彼自有此理，我但能觉之而已。"）思天下之民，匹夫匹妇有不被尧舜之泽者，若己推而内之沟中。其自任以天下之重如此，故就汤而说之以伐夏救民。（《书》曰："昔先正保衡作我先王，曰，'予弗克俾厥后为尧舜，其心愧耻，若挞于市'。一夫不获，则曰'时予之辜'。"孟子之言盖取诸此。是夏桀无道，暴虐其民，故欲使汤伐夏以救之。徐氏曰："伊尹乐尧舜之道。尧舜揖逊，而伊尹说汤以伐夏者，时之不同，义则一也。"）吾未闻枉己而正人者也，况辱己以正天下者乎？圣人之行不同也，或远或近，或去或不去，归洁其身而已矣。（辱己甚于枉己，正天下难于正人。若伊尹以割烹要汤，辱己甚矣，何以正天下乎？远，谓隐遁也。近，谓仕近君也。言圣人之行虽不必同，然其要归，在洁其身而已。伊尹岂肯以割烹要汤哉？）吾闻其以尧舜之道要汤，未闻以割烹也。（林氏曰："以尧舜之道要汤者，非实以是要之也，道在此而汤之聘自来耳。犹子贡言夫子之求之，异乎人之求之也。"愚谓此语亦犹前章所论父不得而子之意。）《伊训》曰：'天诛造攻自牧宫，朕载自亳。'"（《伊训》，《商书》篇名。孟子引以证伐夏救民之事也。今《书》牧宫作鸣条。造、载，皆始也。伊尹言始攻桀无道，由我始其事于亳也。）

附于诸侯曰附庸

王鏊

因人以致觐君之礼，附庸之所由名也。甚矣，明王不遗小国之臣也。观附庸之所由名，而小国其不遗矣。孟子若谓：先王之班禄于天下也，必隆其尊者，固所以秩天下之分；而不遗于小者，尤所以公天下之利也。彼不能五十里者，既不能自达于天子矣，而果何以处之哉？诚以诸侯之必达于天子者，臣之礼也。使其不能以自达也，而苟无以附之，则力不能以自给，而王朝①恤下之仁，或几乎息矣；既不能以自达也，而苟无以附之，则礼不获以自尽，而人臣述职之义，或几乎废矣。于是缘分以制其礼，而因礼以通其情。朝觐会同②有定期也，莫不于诸侯而附之，凡所以系其姓③以昭有国之守者，恒于人而有赖也；敷奏明试④有定期也，亦莫不于诸侯而附之，凡所以称其字⑤以昭往来之典者，必待人而后达也。若是者不谓之附庸乎？盖诸侯之有国也，每视夫功之崇卑；而其称名也，必视夫国之大小。今惟附于诸侯焉，则是锡类⑥隘于先王，而茅土⑦之所封者，不得以有乎百里、七十里、五十里之国；锡命⑧拘于定分，而名位之所称者，自不得以与乎公、侯、伯、子、男之列。以是而称之于王朝也，必曰附庸，是虽社稷所主⑨，不能不称臣于诸侯也，而其为天子之臣，则一而已矣；以是而称之于侯国也，亦必曰附庸，是虽邦域所在，不能不统属于诸侯也，而其为国之君，则一而已矣。谓之曰附庸，非以是夫？是知因地制国，而必俭于附庸者，所以严其分也，义之尽也；因分制礼，而必附于诸侯者，所以通其情也，仁之至也。此周室班禄之制所以为尽善也。

【评】只用清写，而举义该洽，波澜阔老。

【题解】出自《万章下》第二章。

北宫锜问曰："周室班爵禄也，如之何？"（北宫，姓；锜，名；卫人。班，列也。）孟子曰："其详不可得闻也。诸侯恶其害己也，而皆去其籍。然而轲也尝闻其略也。（当时诸侯兼并僭窃，故恶周制妨害己之所为也。）天子一位，公一位，侯一位，伯一位，子、男同一位，凡五等也。君一位，卿一位，大夫一位，上士一位，中士一位，下士一位，凡六等。（此班爵之制也。五等通于天下，六等施于国中。）天子之制，地方千里，公侯皆方百里，伯七十里，子、男五十里，凡四等。不能五十里，不达于天子，附于诸侯，曰附庸。（此以下，班禄之制也。不能，犹不足也。小国之地不足五十里者，不能自达于天子，因大国以姓名通，谓之附庸，若《春秋》邾仪父之类是也。）天子之卿受地视侯，大夫受地视伯，元士受地视子、男。（视，比也。徐氏曰："王畿之内，亦制都鄙受地也。"元士，上士也。）大国地方百里，君十卿禄，卿禄四大夫，大夫倍上士，上士倍中士，中士倍下士，下士与庶人在官者同禄，禄足以代其耕也。（十，十倍之也。四，四倍之也。倍，加一倍也。徐氏曰："大国君田三万二千亩，其入可食二千八百八十人。卿田三千二百亩，可食二百八十八人。大夫田八百亩，可食七十二人。上士田四百亩，可食三十六人。中士田二百亩，可食十八人。下士与庶人在官者田百亩，可食九人至五人。庶人在官，府史胥徒也。"愚按：君以下所食之禄，皆助法之公田，借农夫之力以耕而收其租。士之无田，与庶人在官者，则但受禄于官，如田之入而已。）次国地方七十里，君十卿禄，卿禄三大夫，大夫倍上士，上士倍中士，中士倍下士，下士与庶人在官者同禄，禄足以代其耕也。（三，谓三倍之也。徐氏曰："次国君田二万四千亩，可食二千一百六十人。卿田二千四百亩，可食二百十六人。"）小国地方五十里，君十卿禄，卿禄二大夫，大夫倍上士，上士倍中士，中士倍下士，下士与庶人在官者同禄，禄足以代其耕也。（二，即倍也。徐氏曰："小国君田一万六千亩，可食千四百四十人。卿田一千六百亩，可食百四十四人。"）耕者之所获，一夫百亩。百亩之粪，上农夫食九人，上次食八人，中食七人，中次食六人，下食五人。庶人在官者，其禄以是为差。"（获，得也。一夫一妇，佃田百亩。加之以粪，粪多而力勤者为上农，其所收可供九人。其次用力不齐，故有此五等。庶人在官者，其受禄不同，亦有此五等也。愚按：此章之说，与《周礼》、《王制》不同，盖不可考，阙之可也。程子曰："孟子之时，去先王未远，载籍未经秦火，然而班爵禄之制已不闻其详。今之礼书，皆撰拾于煨烬之余，而多出于汉儒一时之傅会，奈何欲尽信而句为之解乎？然则其事固不可一一追复矣。"）

① 王朝：此指王室、周天子。

② 会同：指天子大会诸侯，也指诸侯盟会。《周礼·天官·大宰》："大朝觐会同"，郑玄注："时见曰会，殷见曰同。"

③ 系其姓：此当指以其所封国之名为姓。以朱熹集注所举"邾仪父"为例，邾国君主本为曹姓，《左传·隐公元年》书曰："三月，公及邾仪父盟于蔑。"此即以国而系其姓。

④ 敷奏明试：指让人陈奏为政的见解，再考察其行政的功效。敷，陈说。语出《尚书·舜典》："敷奏以言，明试以功，车服以庸。"

⑤ 称其字：依周制，附庸国例不称字，称其字则是一种褒奖。上引《左传》"邾仪父"，一般认为，时任邾君姓曹，名克，字仪父。《春秋》称字的原因，杜预注："附庸之君，未王命，例称名。能自通于大国，继好息民，故书字贵之。"

⑥ 锡类：此指所受赏赐土地的大小。

⑦ 茅土：指分封，分封时有"包茅分土"的仪式。

⑧ 锡命：此指赐予附庸国的级别。周制有一命至九命的不同级别，前引《左传·隐公元年》孔颖达疏，认为附庸国为"四命"。

⑨ 社稷所主：附庸国有自己的社稷。

大国地方百里　三节

王　鏊

大贤第言三等之国，禄之浸厚①者其制异，禄之浸薄者其制同。盖禄厚者可杀②，而薄者不可杀也。三等之国，君卿以异，而大夫以下者则同，不以是哉？孟子告北宫锜者及此，谓夫周室班禄之制，盖有施于侯国之中者矣。彼大国之地，方百里也。语其封疆则广，语其井田则多，君卿之禄有可得而厚者。故公皆十倍乎卿禄，卿禄则四倍乎大夫，四倍之者为厚，则十其四者更厚矣。自此以下则浸以薄。大夫特倍上士耳，上士特倍中士耳，中士特倍下士耳，下士与庶人在官者同禄，其禄特足以代其耕耳。所谓大国之制如此。次国之地，非方七十里乎？封疆、井田视大国则杀其十之五矣，君卿之禄当渐杀也，故伯固十倍乎卿禄，卿禄但三倍乎大夫，三杀于四，君亦不过十其三耳。若大夫倍上士，上士倍中士，中士倍下士，下士与庶人在官者同禄，而禄足以代其耕，犹夫大国而已，固无所杀也。其为次国之制如此。小国之制，非方五十里乎？封疆、井田视次国又杀其十之五矣。君卿之禄当益杀也，故子男固十倍乎卿禄，卿禄但二倍乎大夫，二杀于三，君亦不过十其二耳。若大夫倍上士，上士倍中士，中士倍下士，下士与庶人在官者同禄，而禄足以代其耕，犹夫次国而已，亦无所杀也。其为小国之制如此。是知自卿以上而各异者，盖禄浸厚而不杀，则其地不足以供也；自大夫以下而皆同者，盖禄浸薄而杀之，则其养不能以给也。周制之善何如耶？

【评】无甚奇特，但局老笔高，又得说书之正体，遂使好奇特者镂心钺肝而不能至。

【注释】

① 浸厚：渐厚，此指大夫以上俸禄随职位提升而增长的情况。
② 可杀：可减。杀，降低、减少。

舜发于畎亩之中 一节

朱希周 程

大贤述古人之亨于困，有统治于上者，有辅治于下者。盖舜以圣人治天下，而傅说诸贤皆随时辅治之臣也，其亨皆由于困，何莫非天意所在哉？孟子意曰：富贵福泽，固天所以厚乎人；而困穷拂郁①，天亦何尝薄于人耶？是故舜圣人也，受尧禅而膺历数之归，之中国而践天子之位。人知舜之登庸②也，而不知四岳之举③，实始于历山之耕；侧陋之扬④，实由于往田之日。舜盖发于畎亩之中焉。傅说身居版筑，其地陋矣，高宗则举之以作相，舟楫⑤资之以作也，盐梅⑥资之以和也，则捄度⑦之处，非其梦弼⑧之地乎？胶鬲身鬻鱼盐，其事污矣，文王则举之以为政，或藉之以先后也，或藉之以疏附⑨也，则贸易之所，非其奋迹之自乎？齐桓公以管夷吾为相国，举之果何所自耶？则拘于士师⑩之官而缧绁，方且囚系也；楚庄王以孙叔敖为令尹，举之抑何所从耶？则困于隐处之地而海滨，且将终身也。以至百里奚之贤而为秦穆公所举，得非混迹于商贾之区，屈志于懋迁⑪之市而始出哉？是则亨不遽亨也，而必始于困；困不终困也，而卒至于亨。古之圣贤大率类此，谓非天意，可乎？

【原评】六句题，变四样文法。颠倒曲折，其妙无穷。

【评】叙致变化，下语自分等级，乃作者用意深处。

【作者简介】

朱希周（1473—1557），字懋中，号玉峰，江苏昆山人，后徙吴县。弘治九年（1496）廷试，孝宗喜其姓名，擢为第一，授修撰，嘉靖初升礼部右侍郎。以"议礼"迁南京吏部尚书，为桂萼所攻，称疾乞休，家居三十年，卒赠太子太保，谥恭靖。

【题解】出自《告子下》第十五章。

孟子曰："舜发于畎亩之中，傅说举于版筑之间，胶鬲举于鱼盐之中，管夷吾举于士，孙叔敖举于海，百里奚举于市。（舜耕历山，三十登庸。说筑傅岩，武丁举之。胶鬲遭乱，鬻贩鱼盐，文王举之。管仲囚于士官，桓公举以相国。孙叔敖隐处海滨，楚庄王举之为令尹。百里奚事见前篇。）故天将降大任于是人也，必先苦其心志，劳其筋骨，饿其体肤，空乏其身，行拂乱其所为，所以动心忍性，曾益其所不能。（曾，与增同。降大任，使之任大事也，若舜以下是也。空，穷也。乏，绝也。拂，戾也，言使之所为不遂，多背戾也。动心忍性，谓竦动其心，坚忍其性也。然所谓性，亦指气禀食色而言耳。程子曰："若要熟，也须从这里过。"）人恒过，然后能改；困于心，衡于虑，而后作；征于色，发于声，而后喻。（衡，与横同。恒，常也，犹言大率也。横，不顺也。作，奋起也。征，验也。喻，晓也。此又言中人之性，常必有过，然后能改。盖不能谨于平日，故必事势穷蹙，以至困于心，横于虑，然后能奋发而兴起；不能烛于几微，故必事理暴著，以至验于人之色，发于人之声，然后能警悟而通晓也。）入则无法家拂士，出则无敌国外患者，国恒亡。（拂，与弼同。此言国亦然也。法家，法度之世臣也。拂士，辅弼之贤士也。）然后知生于忧患而死于安乐也。"（以上文观之，则知人之生全，出于忧患，而死亡由于安乐矣。尹氏曰："言因穷拂郁，能坚人之志，而熟人之仁，以安乐失之者多矣。"）

【注释】

① 拂郁：愤闷。拂，通"怫"，心不安貌。
② 登庸：进用，选拔任用。庸，用。《尚书·尧典》："帝曰：畴咨若时登庸。"
③ 四岳之举：四岳推举他。四岳，官名，具体情形说法不一。《尚书·尧典》载四岳推举舜以代尧。
④ 侧陋之扬：身处僻陋之地的贤者被举荐，此指舜被荐举。本《尚书·尧典》："明明扬侧陋。"
⑤ 舟楫：泛指船。按，《尚书·说命上》高宗（武丁）命令傅说："若济巨川，用汝作舟楫"，故此处用为傅说之典。
⑥ 盐梅：盐味咸，梅味酸，故以调和盐梅喻指调和国政。语本《尚书·说命下》殷高宗命令傅说："若作和羹，尔惟盐梅。"
⑦ 捄度：意同"版筑"，指傅说服役筑墙之事。捄、度，均指把土投到墙版中。语本《诗经·大雅·绵》："捄之陾陾，度之薨薨。"
⑧ 梦弼：梦中得到辅佐之臣。《尚书·说命上》载武丁"梦帝赉予良弼"，即梦中见到傅说。
⑨ 疏附：使疏远的人亲附。"疏附"及上文"藉之以先后"均描述文王的事业，语本《诗经·大雅·绵》："予曰有疏附，予曰有先后。"郑玄笺："疏附，使疏者亲也。"
⑩ 士师：掌刑狱之官。
⑪ 懋迁：贸易。语出《尚书·益稷》："懋迁有无化居。"

孔子登东山而小鲁 一节（其二）

钱 福

大贤于圣道之大，必先拟之而后质言之也。夫道莫大于圣门也，游之斯知之矣。大贤拟之而后质言之，有以哉。其意曰：孔子以天纵之资，承群圣之统，道莫有大焉者也。欲观圣人之道，胡不即登山者以观之乎？蹑东山之巅，则鲁地之七百一览无余；履太山之岩①，则禹服②之五千极目可得。何也？所处益高，而视下益小耳。夫登高既不足于下，视大必不足于小。欲观圣人之道，胡不即观海者以观之乎？鼓楫于北溟③，则河济孟津之险视若衣带；扬航于东渤④，则洞庭彭蠡之浩渺若蹄涔⑤。何也？所见既大，则小者不足观耳。圣人之门，妙道精义钟⑥焉，犹地之有东山、太山也，犹水之有沧海也。游圣人之门，见圣人之道，然后知其可放可卷而天下莫能载；可行可藏而天下莫能容。百家之说，坐见其偏；诸子之论，顿觉其弊。其与登山观海者何以异哉？

【原评】首作⑦分两截作对，此以"山"、"海"作对，而掣出末句重讲，体制尤得，且使"孔子"与"圣门"字首尾相应也。

【评】朱子谓此节上三句兴下一句，文因此以立格。

【题解】出自《尽心上》第二十四章。

孟子曰："孔子登东山而小鲁，登太山而小天下。故观于海者难为水，游于圣人之门者难为言。（此言圣人之道大也。东山，盖鲁城东之高山，而太山则又高矣。此言所处益高，则其视下益小；所见既大，则其小者不足观也。难为水，难为言，犹仁不可为众之意。）观水有术，必观其澜。日月有明，容光必照焉。（此言道之有本也。澜，水之湍急处也。明者，光之体；光者，明之用也。观水之澜，则知其源之有本矣；观日月于容光之隙无不照，则知其明之有本矣。）流水之为物也，不盈科不行；君子之志于道也，不成章不达。"（言学当以渐，乃能至也。成章，所积者厚，而文章外见也。达者，足于此而通于彼也。此章言圣人之道大而有本，学之者必以其渐，乃能至也。）

【注释】

① 太山之岩：泰山之岩。《诗经·鲁颂·閟宫》："泰山岩岩，鲁邦所詹。"岩岩，高大貌。

② 禹服：本指禹所定的衣冠制度，借指九州华夏。语本《尚书·益稷》："（禹）弼成五服，至于五千。"孔颖达疏："水土既平，乃辅成五服，四面相距，至于五千里。"

③ 北溟：亦作"北冥"，北海，古人意识中北方最远的大海。语本《庄子·逍遥游》："北冥有鱼。"

④ 东渤：东边的渤海。

⑤ 蹄涔：牛蹄坑中的积水，指极少的水。涔，积水。语本《淮南子·泛论训》："夫牛蹄之涔，不能生鳝鲔。"

⑥ 钟：汇聚。

⑦ 首作：指作者同题文的"其一"，本书未选入。

桃应问曰 一章

王 鏊

圣贤以身处臣子之难而要其所以全之之道焉。夫为士执法，为子尽孝，理也。不幸而处皋陶与舜之难，宁无所以全之者乎？是故桃应习变以求权，孟子因权以执极①，而臣子之道无遗于天下矣。今夫莫尊于天子，尤莫尊于天子之父；莫重于法，尤莫重于杀人之法。子如舜而冒杀人之法，士如皋陶而临天子之父之刑。君以及亲②，法可立也，而情不可忍；废法蔽罪，情可尽也，而分不可逾。然则如之何而后可？此固桃应之意也。孟子于是教之曰：天下有不可变之法，而有不可徇之情。是故以士师而私其君，废法易，执法之为难；以天子而庇其父，禁法易，不禁之为难。而不知法也者，非皋陶之所得私也，曰受于舜也；亦非舜之所得私也，曰出于天下人心之公也。君臣父子，惟法则久；生杀予夺，惟法则行。舜亦如其法也何哉？然以士师之法律瞽瞍之法，则瞽瞍无所逃于天下；以人子之情律舜之情，则虽天下无以解舜之忧。当斯时也，居舜之地，谅舜之心，必将曰：在朝廷则情为重，法为尤重，而情穷于不可夺；在海滨则天下为轻，亲为重，而法泯于无所加。故宁以其身冒窃负之名，无宁使我有为天下而陷父之罪；宁使天下有为亲而弃之名，无宁忍其亲于不赦之辟③。不能避法而能避天下，不有天下而有其亲。夫如是，而后在舜则委曲以济变，在瞽瞍则宜死而得生；在皋陶则不容于法，而容于法之所不料。斯其善处变者乎？夫以是而达于天下后世，知一日不可无法，则不可挠皋陶之法；知一日不可无父，则不可不存舜不得已之心。

【评】化累叙问答之板局，而以大气包举。实理充贯，有龙象蹴盘之概。　　此文一本作邵圭洁④，或疑守溪文尚无此发扬蹈厉气象，但邵稿中亦未见此种，恐仍属王兴会适至而得之也。

【题解】出自《尽心上》第三十五章。

桃应问曰："舜为天子，皋陶为士，瞽瞍杀人，则如之何？"（桃应，孟子弟子也。其意以为舜虽爱父，而不可以私害公；皋陶虽执法，而不可以刑天子之父。故设此问，以观圣贤用心之所极，非以为真有此事也。）孟子曰："执之而已矣。"（言皋陶之心，知有法而已，不知有天子之父也。）"然则舜不禁与？"（桃应问也。）曰："夫舜恶得而禁之？夫有所受之也。"（言皋陶之法，有所传受，非所敢私，虽天子之命亦不得而废之也。）"然则舜如之何？"（桃应问也。）曰："舜视弃天下，犹弃敝蹝也。窃负而逃，遵海滨而处，终身䜣然，乐而忘天下。"（䜣，与欣同。……蹝，草履也。遵，循也。言舜之心。知有父而已，不知有天下也。孟子尝言舜视天下犹草芥，而惟顺于父母可以解忧，与此意互相发。此章言为士者，但知有法，而不知天子父之为尊；为子者，但知有父，而不知天下之为大。盖其所以为心者，莫非天理之极，人伦之至。学者察此而有得焉，则不待较计论量，而天下无难处之事矣。）

【注释】

① 执极：把握最高的准则，即朱熹集注所谓"天理之极，人伦之至"。
② 君以及亲：此股就舜而言，指刑及其父。
③ 辟：法。
④ 邵圭洁：字伯如，一字茂齐，常熟人，嘉靖举人。

春秋无义战　一章

钱　福

圣经①不与②诸侯之师，以其不知有王而已。夫所谓义战者，必其用天子之命者也。敌国③相征，则无王矣，人之称斯师也何义哉？此《春秋》尊王之义，而孟子述之以诏当世也。盖曰：夫《春秋》何为者也？夫《春秋》假鲁史以寓王法，拨④乱世而反之正，如斯而已。是故来战于郎⑤，战于艾陵⑥，战之终始也；郑人伐卫⑦，楚公子申伐郑⑧，伐之终始也。然或讳不书败，或虽败不讳，其辞不同，要皆随事以示讥而已，以为合于义而许之者谁与？或称"人"以贱之，或称"师"以讥之，所书不同，要皆因文以见贬而已，以为合于义而许之者谁与？但就中而言，若召陵⑨以义胜，而犹有借名⑩之力；城濮⑪以威胜，而不无假义⑫之功。则固有彼善于此而已矣，而要之皆非义战也。是何也？天下有大分，上下是已；天下有大权，征伐是已。其分也，不可得而犯也；其权也，不可得而僭也。故诸侯而有贼杀其亲则正之，所以正之者，天子之命也，而大司马不过掌其制而已矣；诸侯而有放弑其君则残之，所以残之者，天子之命也，而方伯连帅⑬不过修其职而已矣。惟辟作威⑭，而势无嫌于两大⑮；大君有命，而柄不至于下移。是征也者，上伐下之谓也，未闻敌国而相征者也。敌国相征，是无王也，无王，是无义也。春秋之战，皆敌国而相征者也，此春秋所以无义战也。然则春秋之诸侯，不皆先王之罪人耶？孔子之《春秋》其容已于作耶？

【评】止清题面，不旁杂闲意泛辞，而操纵断续之势毕备。 "称人"、"称师"，沿袭旧说，实非经义。九伐⑯独举其二，以司马⑰、方伯分承，于文律亦疏。而规模骨格，守溪⑱而外，惟作者岿然而秀出，故唐荆川代兴以后，天下始不称"王钱"。

【题解】出自《尽心下》第二章。

孟子曰："春秋无义战。彼善于此，则有之矣。（《春秋》每书诸侯战伐之事，必加讥贬，以著其擅兴之罪，无有以为合于义而许之者。但就中彼善于此者则有之，如召陵之师之类是也。）征者上伐下也，敌国不相征也。"（征，所以正人也。诸侯有罪，则天子讨而正之，此春秋所以无义战也。）

【注释】

① 圣经：指《春秋》。
② 不与：不赞同。
③ 敌国：地位等同之国。此指诸侯国，其均为天子的臣属。
④ 拨：治。按，此语本《公羊传·哀公十四年》："拨乱世，反诸正，莫近诸《春秋》。"
⑤ 来战于郎：《春秋·桓公十年》："冬，十有二月丙午，齐侯、卫侯、郑伯来战于郎。"
⑥ 战于艾陵：《春秋·哀公十一年》："五月，公会吴伐齐。甲戌，齐国书帅师及吴战于艾陵，齐师败绩，获齐国书。"
⑦ 郑人伐卫：《春秋·隐公二年》："十有二月……郑人伐卫。"
⑧ 楚公子申伐郑：似当作"伐陈"，《春秋·哀公十三年》："楚公子申帅师伐陈。"又，刘绍攽《春秋通论》："书伐二百一十三，始《隐二年》郑人伐卫，终《哀十三》公子申伐陈。天下之无道甚矣。"（引自《四库总目提要》卷三十一）
⑨ 召陵：齐桓公三十年（公元前656年），齐以八国之师伐楚，阻止楚国的北进，迫使楚国同意进贡周王室，这就是召陵之盟。《春秋·僖公三年》书曰："楚屈完来盟于召陵。"《公羊传》、《穀梁传》均认为这种书法是肯定齐桓公尊王、服楚之功。
⑩ 借名：指借用尊王攘夷之名。
⑪ 城濮：指公元前632年，晋楚城濮之战，晋击败楚国。《春秋·僖公二十八年》："夏，四月己巳，晋侯、齐师、宋师、秦师及楚人战于城濮，楚师败绩。"
⑫ 假义：借助"义"。

⑬ 方伯连帅：天子在王畿之外所设的诸侯之长。《礼记·王制》："千里之外设方伯，五国以为属，属有长；十国以为连，连有帅。"

⑭ 惟辟作威：惟君王专有惩罚之权。辟，君主。语出《尚书·洪范》："惟辟作福，惟辟作威，惟辟玉食。臣无有作福作威玉食。"孔颖达疏："惟君作威，得专罚人也。"

⑮ 两大：两者并大，此指诸侯权力与天子相等。《左传·庄公二十二年》："物莫能两大。"

⑯ 九伐：对九种罪恶进行讨伐。《周礼·夏官·大司马》："以九伐之法正邦国。"此文中仅举"残杀其亲"与"放弑其君"二条。

⑰ 司马：为中央王朝掌征伐之官。与"方伯连帅"性质不同，不宜对举，故"评"云"于文律亦疏"。

⑱ 守溪：王鏊。

古之为关也　一章

陈献章

大贤于古今之为关者而深有所慨焉。夫关以御暴，非以为暴也。古人有立法之意，而今则失之，亦可悲已。孟子有慨于王政之不行而叹曰：先王无一事不为民而设，亦无一事不为民而善也。奈何古人往矣，而今之所为有不皆古者，岂古今之有二乎哉？人自为古今也。是故设关于道，古之制也。古人所设之关与今人之关一也，但古人之所以为此者，其法为公而不为私，谨其启闭焉耳，询其符节焉耳，盖以不如是不足以御天下之暴。惟暴有所不容，斯禁有所必设，使天下之异言异服者至此而有讥①焉，有察焉，斯已矣，是名有所御而实有所便也。夫何今之不然也？今之所设之关与古人之关一也，但今之所以为此者，其利在官而不在民，羁其去留者有焉，限其出纳者有焉，盖以不如是不足以尽天下之利。惟利有所必取，斯禁有所不弛，使天下之货出货入者至此而有征焉，有税焉，斯已矣，是始以御人之暴而终于自为暴也。吁！何古人之不类今人，何今人之不学古人哉？今人不学古人，吾不之憾；而至于今之民不得蒙古人之政，吾独悲其遭之不幸也。有今日之责者，其思所以为古乎？其思所以为今乎？

【评】寥寥数语，已括尽古今利病。风韵淡宕，有言外之味。

【作者简介】

陈献章（1428—1500），字公甫，号石斋，广东新会人。举正统十二年（1447）乡试，再上礼部不第，遂不复与试，一意读书讲学，世称白沙先生。其学以静为主，开江门学派。万历初，从祀孔庙，追谥文恭。有《白沙子全集》。

【题解】出自《尽心下》第八章。

孟子曰："古之为关也，将以御暴。（讥察非常。）今之为关也，将以为暴。"（征税出入。范氏曰："古之耕者什一，后世或收大半之税，此以赋敛为暴也。文王之囿，与民同之；齐宣王之囿，为阱国中，此以园囿为暴也。后世为暴，不止于关，若使孟子用于诸侯，必行文王之政，凡此之类，皆不终日而改也。"）

【注释】

① 讥：查问。《孟子·梁惠王下》："关市讥而不征。"

经正　　斯无邪慝矣

钱　福　墨

　　惟常道有以化民于善，则异端无以惑人之心。甚矣，邪正不两立也。苟能尽常道以化民兴起于善，则民心皆正，而何异端之惑哉！昔孟子论狂狷以及乡原①，而终之以此。谓夫乡原乱德，固圣人之所恶；而反经辟邪②，实君子之所为。是故不越乎彝伦日用之间，而寓万世不易之道者，所谓经也；不为索隐行怪③之事，而无同流合污之行者，所谓正也。君子既有以正是经之纲纪而不偏不陂④，则为之民者，莫不观感兴起，而荡荡乎会极归极⑤之风，求一人之弗兴于善者，无有焉；既有以正是经之准则而不侧不欹，则为之民者，莫不感慕奋发，而熙熙⑥乎遵义遵道之俗，求一人之弗起于善者，无有焉。夫民既兴于其善，而是非坦然其明白，则彼以是为非之邪慝，斯不得以簧鼓斯民之聪明；民既兴于其善，而曲直判乎其昭彰，则彼阉然⑦媚世之邪说，自不得以眩惑斯民之心志。向尝溺于其说而非之无举⑧矣，今则人人皆能举其非，虽有之而不为害也，他如"为我"⑨之害义者，又非吾正经之义而自息乎？向尝惑于其邪而刺之无刺矣，今则人人皆能刺其恶，虽有之而不为累也，他若"兼爱"之害仁者，又非吾正经之仁而自止乎？此可见正胜则邪息，而出此则入彼。孰谓辟异端之道而有在于反经之外哉？

　　【评】质直明锐，题义豁然。"邪慝"正指"乡原"，兼该杨墨。既得孟子心事，于书意亦远近不失。但股分而义意不殊，又股头义意不殊而股尾忽分两柱，乃前辈局于风气处，不可不分别观之。

　　【题解】出自《尽心下》第三十七章。

　　万章问曰："孔子在陈曰：'盍归乎来！吾党之士狂简，进取，不忘其初。'孔子在陈，何思鲁之狂士？"（盍，何不也。狂简，谓志大而略于事。进取，谓求望高远。不忘其初，谓不能改其旧也。此语与《论语》小异。）孟子曰："孔子'不得中道而与之，必也狂獧乎！狂者进取，獧者有所不为也'。孔子岂不欲中道哉？不可必得，故思其次也。"（"不得中道"至"有所不为"，据《论语》亦孔子之言。然则"孔子"字下当有"曰"字。《论语》道作行，獧作狷。有所不为者，知耻自好，不为不善之人也。"孔子岂不欲中道"以下，孟子言也。）"敢问何如斯可谓狂矣？"（万章问。）曰："如琴张、曾晳、牧皮者，孔子之所谓狂矣。"（琴张，名牢，字子张。子桑户死，琴张临其丧而歌。事见《庄子》。虽未必尽然，要必有近似者。曾晳见前篇。季武子死，曾晳倚其门而歌，事见《檀弓》。又言志异乎三子者之撰，事见《论语》。牧皮，未详。）"何以谓之狂也？"（万章问。）曰："其志嘐嘐然，曰'古之人，古之人'。夷考其行而不掩焉者也。（嘐嘐，志大言大也。重言古之人，见其动辄称之，不一称而已也。夷，平也。

掩，覆也。言平考其行，则不能覆其言也。程子曰："曾晳言志，而夫子与之。盖与圣人之志同，便是尧舜气象也，特行有不掩焉耳，此所谓狂也。"）狂者又不可得，欲得不屑不洁之士而与之，是獧也，是又其次也。（此因上文所引，遂解所以思得獧者之意。狂，有志者也；獧，有守者也。有志者能进于道，有守者不失其身。屑，洁也。）孔子曰：'过我门而不入我室，我不憾焉者，其惟乡原乎！乡原，德之贼也。'"曰："何如斯可谓之乡原矣？"（乡人，非有识者。原，与愿同。荀子"原悫"，字皆读作愿，谓谨愿之人也。故乡里所谓愿人，谓之乡原。孔子以其似德而非德，故以为德之贼。过门不入而不恨之，以其不见亲就为幸，深恶而痛绝之也。万章又引孔子之言而问也。）曰："'何以是嘐嘐也？言不顾行，行不顾言，则曰：古之人，古之人。行何为踽踽凉凉？生斯世也，为斯世也，善斯可矣。'阉然媚于世也者，是乡原也。"（踽踽，独行不进之貌。凉凉，薄也，不见亲厚于人也。乡原讥狂者曰：何用如此嘐嘐然，行不掩其言，而徒每事必称古人邪？又讥狷者曰：何必如此踽踽凉凉，无所亲厚哉？人既生于此世，则但当为此世之人，使当世之人皆以为善则可矣，此乡原之志也。阉，如奄人之奄，闭藏之意也。媚，求悦于人也。孟子言此深自闭藏，以求亲媚于世，是乡原之行也。）万子曰："一乡皆称原人焉，无所往而不为原人，孔子以为德之贼，何哉？"（原，亦谨厚之称，而孔子以为德之贼，故万章疑之。）曰："非之无举也，刺之无刺也；同乎流俗，合乎污世；居之似忠信，行之似廉洁；众皆悦之，自以为是，而不可与入尧舜之道，故曰德之贼也。（吕侍讲曰："言此等之人，欲非之则无可举，欲刺之则无可刺也。"流俗者，风俗颓靡，如水之下流，众莫不然也。污，浊也。非忠信而似忠信，非廉洁而似廉洁。）孔子曰：'恶似而非者：恶莠，恐其乱苗也；恶佞，恐其乱义也；恶利口，恐其乱信也；恶郑声，恐其乱乐也；恶紫，恐其乱朱也；恶乡原，恐其乱德也。'（孟子又引孔子之言以明之。莠，似苗之草也。佞，才智之称，其言似义而非义也。利口，多言而不实者也。郑声，淫乐也。乐，正乐也。紫，间色。朱，正色也。乡原不狂不獧，人皆以为善，有似乎中道而实非也，故恐其乱德。）君子反经而已矣。经正，则庶民兴；庶民兴，斯无邪慝矣。"（反，复也。经，常也，万世不易之常道也。兴，兴起于善也。邪慝，如乡原之属是也。世衰道微，大经不正，故人人得为异说以济其私，而邪慝并起，不可胜正，君子于此，亦复其常道而已。常道既复，则民兴于善，而是非明白，无所回互，虽有邪慝，不足以惑之矣。尹氏曰："君子取夫狂獧者，盖以狂者志大而可与进道，獧者有所不为，而可与有为也。所恶于乡原，而欲痛绝之者，为其似是而非，惑人之深也。绝之之术无他焉，亦曰反经而已矣。"）

【注释】

① 乡原：即"乡愿"，指乡里貌似谨厚、得到众人称道而实际上与世俗同流合污的人。
② 反经辟邪：返于正道，驳斥邪说。反，通"返"。经，常道。辟，驳斥。
③ 索隐行怪：究隐僻之理，操诡异之行。语本《中庸》："子曰：素隐行怪，后世有述焉，吾弗为之矣。"素，即"索"。
④ 不偏不陂：没有什么偏差。陂，不正。语本《尚书·洪范》："无偏无陂，遵王之义。"

⑤ 会极归极：合于中正之道。极，大中至正的极则。语本《尚书·洪范》："会其有极，归其有极。"孔安国传："言会其有中而行之，则天下皆归其有中矣。"

⑥ 熙熙：和乐貌。

⑦ 阉然：曲意迎逢的样子。

⑧ 非之无举：及下文"刺之无刺"，均指要批评乡愿，却似乎难以着手。见朱熹集注。

⑨ "为我"：及下文"兼爱"，分别为杨朱和墨子的学说。《孟子·滕文公下》："杨氏为我，是无君也；墨氏兼爱，是无父也。"朱熹集注引程子："盖杨氏为我疑于义，墨氏兼爱疑于仁。"即说明二者分别"害义"、"害仁"。

由尧舜至于汤　一章

顾　清

大贤叙群圣相承之统而忧其莫之继也。夫莫为于后，则前之盛者难乎继矣。孟子生于群圣之后，道统不有归耶？其意曰：寄斯道之统存乎人，启斯道之运存乎时。故五百余岁而圣人出，其常也，有见知而始有闻知，亦其常也。吾观尧舜至于汤，固此五百余岁也，始则见知者有禹、皋陶，而汤得闻而知之，是汤之得统于尧舜，有以启之者矣；由汤至于文王，固此五百余岁也，时则见知者有伊尹、莱朱，而文王得闻而知之，是文王之得统于汤，有以启之者矣；由文王至于孔子，亦此五百余岁也，时则见知者有太公望①、散宜生，而孔子得闻而知之，是孔子得统于文王，有以启之者矣。是盖作于前者有以俟后圣于不惑②，故述于后者得以考前圣于不谬。而见知之有无，固斯道之所由以绝续者也。今由孔子而来百有余岁耳，世之近其泽未斩也，地之近而其风可振也。正宜有见知者作焉以为闻知者地也，然而求之于今，所以身任斯道之责者既未见其人，而莫为之前矣；则要之于后，所以续斯道之绪者将不益难其人，而谁为之后耶？夫以数圣人之统则寄于孔子，而孔子之统则独无所寄乎？天之未丧斯文③也，将必有能与其责者矣。

【评】精神重注末节，一度一束，潆纡跌宕，在化治先正中为自出新意者。　迩年讲化治先辈法者，遇有总提侧注处，辄谓非当年体制。不知文章相承相变，必有一二作者微见其端绪，后人大畅厥指，因以成风。集中于历代文字不拘一格，惟取其是，所以破学者拘墟之见④。

【题解】出自《尽心下》第三十八章。

孟子曰："由尧舜至于汤，五百有余岁，若禹、皋陶，则见而知之；若汤，则闻而知之。（赵氏曰："五百岁而圣人出，天道之常；然亦有迟速，不能正五百年，故言有余也。"尹氏曰："知，谓知其道也。"）由汤至于文王，五百有余岁，若伊尹、莱朱则见而知之；若文王，则闻而知之。（赵氏曰："莱朱，汤贤臣。"或曰："即仲虺也，为汤左相。"）由文王至于孔子，五百有余岁，若太公望、散宜生，则见而知之；若孔子，则闻而知之。（散，氏；宜生，名；文王贤臣也。子贡曰："文武之道，未坠于地，在人。贤者识其大者，不贤者识其小者，莫不有文武之道焉。夫子焉不学？"此所谓闻而知之也。）由孔子而来至于今，百有余岁，去圣人之世，若此其未远也；近圣人之居，若此其甚也，然而无有乎尔，则亦无有乎尔。"（林氏曰："孟子言孔子至今时未远，邹鲁相去又近，然而已无有见而知之者矣；则五百余岁之后，又岂复有闻而知之者乎？"愚按：此言，虽若不敢自谓已得其传，而忧后世遂失其传，然乃所以自见其有不得辞者，而又以见夫天理民彝不可泯灭，百世之下，必将有神会而心得之者耳。故于篇终，历序群圣之统，而终之以此，所以明其传之有在，而又以俟后圣于无穷也，其指深哉！）

【注释】

① 太公望：即吕尚（姜尚），《史记》载西伯姬昌遇吕尚，谓"自吾先君太公曰：'当有圣人适周，周以兴。'子真是耶？吾太公望子久矣"，遂号之曰"太公望"。
② 俟后世于不惑：意谓传之后世，圣人复起，也不能易其言。《中庸》："考诸三王而不缪……百世以俟圣人而不惑。"
③ 斯文：此指"道"、"道统"，此本《论语·子罕》："天之将丧斯文也，后死者不得与于斯文也；天之未丧斯文也，匡人其如予何？"
④ 拘墟之见：指被狭小眼界所局限的见解。语本《庄子·秋水》："井蛙不可以语于海者，拘于墟也。"

由尧舜至于汤　三节

李东阳　程

圣人之生有常期，或传其道于同时，或传其道于异世。盖圣人之生即道之所在也，非见之者之在当时，闻之者之在后世，则斯道也孰从而传之哉？孟子于此而历叙之，意有在矣。盖尝论之：道之在天下，必待圣人而后传，然其生也不数，故率以五百年而一见。尧舜者，道之所由以传者也。自尧舜以至于汤，以其年计之，则五百有余也。当是时，见而知其道者，禹得之于执中之命①，皋陶得之为典礼之谟②。若汤之生也，则闻其道而知之焉。观于"上帝降衷"③之言，则斯道之统在于汤矣。自汤至于文王，以其年计之，亦五百有余也。当是时，见而知其道者，伊尹得之而为一德之辅④，莱朱得之而为建中之诰⑤。若文王之生也，则闻其道而知之焉。观于"缉熙敬止"⑥之诗，则斯道之统在于文王矣。自文王至于孔子，亦五百余年，犹汤之于尧舜、文王之于汤也。当是时，见而知其道者，得之为丹书之戒⑦则有若太公望焉，得之为彝教之迪⑧则有若散宜生焉。若孔子之生也，则闻其道而知之。贤者识其大，不贤者识其小，无所不学即文王之道也。⑨斯道之统，不又在于孔子乎？吁！世虽有先后也，而道无先后之殊；传虽有远近也，而道无远近之异。然则斯道之在天下，曷尝一日而无哉！

【评】 提束高浑，中间平列三比，而语脉转侧之间无微不到。古文矩度，经籍光华，融化无迹，归于自然矣。

【题解】 出自《尽心下》第三十八章，见上。

① 执中之命：此句谓禹从舜"执中"的命令中得到了"道统"。《尚书·大禹谟》载舜谓禹曰："惟精惟一，允执厥中。"

② 典礼之谟：此句谓皋陶从舜那里得到"道统"之后，表现为向舜提出重视"礼"的谋略。《尚书·皋陶谟》载皋陶向舜献谋，所言重在"慎厥身修"、"惇叙九族"等事。

③ 上帝降衷：上天赐予人以善的本性。衷，善。语本《尚书·汤诰》："（汤曰）惟皇上帝，降衷于下民。"

④ 一德之辅：伊尹得到道统，成为明白"一德"的辅臣。按，此句本《尚书·咸有一德》而言，孔安国传："伊尹作《咸有一德》。言君臣皆有纯一之德，以戒太甲。"

⑤ 建中之诰：此句谓莱朱得道统而作《仲虺之诰》。此诰云"王懋昭大德，建中于民"，故云"建中之诰"。按，莱朱事迹不详，朱熹集注谓"或曰即仲虺也，为汤左相"，此文即据此发论。

⑥ 缉熙敬止：语本《诗经·大雅·文王》："穆穆文王，於缉熙敬止。"《大学》引之，以明"止于至善"之意。

⑦ 丹书之戒：指周武王践阼之初，从太公望（即吕尚）那里得到的载于"丹书"的训诫。丹书，或谓是黄雀所衔之书。其文《大戴礼·武王践阼篇》有载，《礼记·学记》提及而所载不详。

⑧ 彝教之迪：引导人们遵守常道。迪，导。按，此句本《尚书·君奭》："兹迪彝教。"谓周文王有五个贤臣，其中包括散宜生，能以"道"来教导国人。

⑨ "贤者识其大"句：谓孔子无所不学，故能承周文王、武王之"道统"，语本《论语·子张》："（子贡曰）文武之道，未坠于地，在人。贤者识其大者，不贤者识其小者，莫不有文武之道焉。夫子焉不学？而亦何常师之有？"

钦定正嘉四书文

正德（1506—1521）为明武宗朱厚照年号，嘉靖（1522—1566）为明世宗朱厚熜年号。两朝共举行二十科会试。

钦定正嘉四书文卷一（《大学》）

大学之道　一节（其三）

归有光

圣经论大人之学在于尽其道而已矣。盖道具于人已，而各有当止之善也，大人之学尽是而已，圣经所以首揭之以为学者立法欤？自昔圣王建国，君民兴学设校，所以为扶世导民之具，非强天下之所不欲；而其宏规懿范之存，皆率天下之所当然。是故作于上者，无异教也；由于下者，无异学也。其道可得而言矣：己之德，所当明也，故学为明明德焉。人受天地之中以生，所谓"昊天曰明，及尔出王。昊天曰旦，及尔游衍"①，非吾心之体乎？"人心惟危，道心惟微"②，此人之所以有爽德③也。谓之明者，明此而已。懋④吾时敏缉熙⑤之功，致其丕显克明⑥之实，洗心濯德，超然于事物之表而光昭天地之命，盖吾之德固天地之德也，德本明而吾从而明之耳。不然，则道不尽于己，非所以为学矣。民之德，所当新也，故学为新民焉。吾与天下之人而俱生，所谓"立爱惟亲，立敬惟长。始于家邦，终于四海"⑦，非吾分之事乎？"道有升降，政由俗革"⑧，此其三世之所以有污俗也。谓之新者，新此而已。尽吾保乂绥猷⑨之责，致其裁成辅相⑩之道，通变宜民，脱然于衰世之习而比隆三代之治，盖今之民固三代之民也，民本当新而吾从而新之耳。不然，则道不尽于人，非所以为学矣。明德、新民又皆有至善所当止也，故学为止至善焉。惟皇建极⑪，惟民归极。"会其有极，归其有极"，孰不有天理之极致乎？知至至之，知终终之，此道之所以无穷尽也。谓之止者，止此而已。有宪天⑫之学而后可以言格天⑬之功，有格天之功而后可以言配天之治。不与天地合，其德犹为未明之德也；不与三代同其治，犹为未新之民也；人己之间道犹有所未尽，而非所以为学之至矣。是则明德以求尽乎为己之道，新民以求尽乎为人之道，止至善以求尽乎明德、新民之道。古人无道外之学也如是。

【评】化治以前先辈多以经语诂题，而精神之流通，气象之高远，未有若兹篇者。学者苦心探索，可知作者根柢之浅深。　　三百篇语，汉魏人用之即是汉魏人气息；汉魏乐府古诗，六朝人用之即是六朝人音节。观守溪、震川之用经语，各肖其文之自己出者，可悟文章有神。

归有光（1506—1571），字熙甫，号震川，昆山人。嘉靖十九年举乡试，四十四年（1665）始成进士，授长兴令，隆庆中以高拱荐，为南京太仆寺丞，留掌内阁制敕房，修《世宗实录》，卒于官。归有光为明代著名散文家，"唐宋派"重要作家，有《震川先生集》等。归有光也是明代重要制义大家，《明史·文苑传》本传："有光为古文，原本经术，好《太史公书》，得其神理。……有光制举义，湛深经术，卓然成大家。后德清胡友信与齐名，世并称归、胡。"有《归震川稿》，俞长城《可仪堂一百二十名家制义》谓："嘉靖季年，制义之道衰，蔓延排积，而古法荡然……震川先生贯通经术，穷极理奥，而运以《史》《汉》、八大家之气，其古文已成家，更深于制义，力挽颓风，跻之古人，使天下复见宋人经义之旧，厥功茂焉。……守溪时文之开山也，震川古文之中兴也。守溪善用偶，震川善用奇。作者如林，莫能驾其上矣。"

【题解】 出自首章。

大学之道，在明明德，在亲民，在止于至善。（程子曰："亲，当作新。"大学者，大人之学也。明，明之也。明德者，人之所得乎天，而虚灵不昧，以具众理而应万事者也。但为气禀所拘，人欲所蔽，则有时而昏；然其本体之明，则有未尝息者。故学者当因其所发而遂明之，以复其初也。新者，革其旧之谓也，言既自明其明德，又当推以及人，使之亦有以去其旧染之污也。止者，必至于是而不迁之意。至善，则事理当然之极也。言明明德、新民，皆当至于至善之地而不迁。盖必其有以尽夫天理之极，而无一毫人欲之私也。此三者，大学之纲领也。）知止而后有定，定而后能静，静而后能安，安而后能虑，虑而后能得。（止者，所当止之地，即至善之所在也。知之，则志有定向。静，谓心不妄动。安，谓所处而安。虑，谓处事精详。得，谓得其所止。）物有本末，事有终始，知所先后，则近道矣。（明德为本，新民为末。知止为始，能得为终。本始所先，末终所后。此结上文两节之意。）古之欲明明德于天下者，先治其国；欲治其国者，先齐其家；欲齐其家者，先修其身；欲修其身者，先正其心；欲正其心者，先诚其意；欲诚其意者，先致其知；致知在格物。（明明德于天下者，使天下之人皆有以明其明德也。心者，身之所主也。诚，实也。意者，心之所发也。实其心之所发，欲其一于善而无自欺也。致，推极也。知，犹识也。推极吾之知识，欲其所知无不尽也。格，至也。物，犹事也。穷至事物之理，欲其极处无不到也。此八者，大学之条目也。）物格而后知至，知至而后意诚，意诚而后心正，心正而后身修，身修而后家齐，家齐而后国治，国治而后天下平。（物格者，物理之极处无不到也。知至者，吾心之所知无不尽也。知既尽，则意可得而实矣，意既实，则心可得而正矣。修身以上，明明德之事也。齐家以下，新民之事也。物格知至，则知所止矣。意诚以下，则皆得所止之序也。）自天子以至于庶人，壹是皆以修身为本。（壹是，一切也。正心以上，皆所以修身也。齐家以下，则举此而措之耳。）其本乱而末治者否矣，其所厚者薄，而其所薄者厚，未之有也！（本，谓身也。所厚，谓家也。此两节结上文两节之意。）

【注释】

① "昊天曰明"等：指上天无时不注视着下民。出自《诗经·大雅·板》，朱熹《集传》："王、往通，言出而有所往也。旦，亦明也。衍，宽纵之意。言天之聪明无所不及，不可以不敬也。"

② 微：精微难明。语本《尚书·大禹谟》："人心惟危，道心惟微；惟精惟一，允执厥中。"

③ 爽德：失德。爽，差错。

④ 懋：勤勉。

⑤ 时敏缉熙：敏于学而一意于进取，务及于至善之境。时敏，敏疾，语本《尚书·说命下》："惟学逊志，务时敏，厥修乃来。"孔安国传："学以顺志，务是敏疾，其德之修乃来。"缉熙，光明，指道德的辉光，《诗经·周颂·敬之》："日就月将，学有缉熙于光明。"又，《大雅·文王》："穆穆文王，於缉熙敬止。"毛传："缉熙，光明也。"《大学》引之，朱熹集注："缉，继续也。熙，光明也。"

⑥ 丕显克明：英明，能够彰明自身的"明德"。丕显，大明，《尚书·康诰》："惟乃丕显考文王，克明德慎罚。"克明，见前引，《大学》又转引《尚书》以阐"明明德"之理："《康诰》曰：'克明德'"，"《帝典》曰：'克明峻德'"。

⑦ "立爱惟亲"等：引自《尚书·伊训》，孔安国传："言立爱敬之道，始于亲长，则家国并化，终治四海。"

⑧ 引自《尚书·毕命》，蔡沉《集传》："有升有降，犹言有隆有污也"，"为政者，因俗变革"。

⑨ 保乂绥猷：安定百姓，为之立教。保乂，《尚书·君奭》："率惟兹有陈，保乂有殷。"孔安国传："以安治有殷。"绥猷：绥，安。猷，道。《尚书·汤诰》："若有恒性，克绥厥猷惟后。"孔安国传："顺人有常之性，能安立其道教，则惟为君之道。"

⑩ 裁成辅相：培育辅助。语本《易·泰》："天地交泰，后以财成天地之道，辅相天地之宜，以左右民。"财成，即"裁成"，谓培育养成。

⑪ 惟皇建极：君主为民众建立最高的法则。按，此数句引自《尚书·洪范》："五、皇极。皇建其有极。……王道正直，会其有极，归其有极。"蔡沉《集传》谓："皇，君。建，立也。极，犹北极之极，至极之义，标准之名，中立而四方之所取正焉者也。言人君当尽人伦之至，……无不极其义理之当然，而无一毫过、不及之差，则极建矣。""会者，合而来也。归者，来而至也。"

⑫ 宪天：法天。

⑬ 格天：感通上天。语本《尚书·君奭》："格于皇天。"

知止而后有定　一节

王锡爵

圣经推止至善之由，不外于真知而得之也。夫学知所止，天下之真知也，而定、静、安、虑因之，此至善之所由得与？则亦求端于知而已矣。今夫明德止于至善，然后为天德之全；新民止于至善，然后为王道之备。入大学而求得乎此也，其亦先明诸心矣乎？诚能功深于研极之久，而德业之会归者有以洞晰而无遗；理得于深造之余，而人己之诣极者有以周知而不眩。是天下之理，本至是而极；而吾之所知，亦与之而俱至矣。由是知之所在，志亦趋焉，以精而择者，将以一而守也，而定固因于知矣；志之所至，心与俱焉，有主而虚者，将无欲而静也，而静又因于定矣。静则安从生焉，私累忘而道心自裕，其万感俱寂者，即其万境不迁者也；安则虑从生焉，泰宇①宁而天光②自发，其百遇皆顺者，即其百物皆通者也。学至于此，则始也造其理，妙契乎体用之原；终也履其事，通极于神化之域。反之身心性情之微，而明德之至善，于是而得止也；推之家国天下之广，而新民之至善，于是乎得止也。则知止之功，其大人止至善之务乎？使不先于知止，则疑似乱其中，而私得以汩③之；感应拂于外，而事得以眩之：安望止于至善也哉！

【评】一语不溢，一字不浮，法律仍先民之旧而气体略殊。　　每句义理相承处尤能简括融贯。

【作者简介】

王锡爵（1534—1610），字元驭，号荆石，南直隶太仓（今江苏太仓）人。嘉靖四十一年（1562）会元，榜眼，授编修，后以詹事掌翰林院，进礼部右侍郎，拜礼部尚书兼文渊阁大学士，参机务，复进居首辅位。卒，谥文肃。著有《左传释义评苑》二十卷、《王锡爵诗文集》三十二卷等。亦工制义，有《王荆石稿》，俞长城题识曰："荆石先生之文，可谓高且巨矣。才奇则雄，学富则博，思沉则厚，气足则昌。取前人之简朴，张皇而恢廓之，真大家也。"

【题解】出自首章，见前归有光《大学之道》。

【注释】

① 泰宇：常指天下，此指安定的内心。
② 天光：喻指本然的智慧之光。《庄子·庚桑楚》："宇泰定者，发乎天光。"成玄英疏："且德宇安泰而静定者，其发心照物，由乎自然之智光。"董仲舒《春秋繁露·三代改制质文》："（汤）性长于天光，质易纯仁。"
③ 汩：扰乱。

古之欲明明德于天下者　二节（其二）

归有光

学道之功相须而不可废者也。夫体用合一，而大学之道备矣，欲致其道，而其功不容于或疏者，此古之君子所以能会其全也与？且夫道之在天下，原于一心之微，而散于庶物之赜①；出之吾身之近，而达之天下之远。然或求之不得其方，则其道漫而无统；操之不以其要，则其功泛而不切。是故大学之道，有条目焉，古之人有不能外焉者。何则？天下国家，君子所以行其道于人者也，而齐治均平②之道不容以概施焉。天下而先之国也，国而先之家也，家而先之身。势有远近，随地而植其推行之本；事有彼此，因分而澄其感化之源：机固有相因而不容已者也。身心意知，君子所以修其德于己者也，而格致诚正之功不容以泛及焉。心而先之意也，意而先之知也，知而先之物也。智周万物，而本然之体已充；念虑既清，而存主之天不失：理固有相通而不容间者也。是何也？盖天下之理不以内外而或殊，必理无不格而后天下之是非不能眩，发无不实而后吾心之体得其平，此致由于格，诚由于致，正由于诚，功固有不得不然者，非务其外而

98

遗其内也；天下之势不以远近而或异，必皇极③之既建而后推行之本以立，刑于④之既成而后感化之道以神，此自身而家，自家而国，自国而天下，机固有不容自御者，非泥于近而戾⑤于远也。夫其格物、致知、诚意而心无不正焉，则天之所以命于我者，有以不失其付畀之重；修身、齐家、治国而天下平焉，则凡类之同于我者，皆不遗于德教之中。夫是而德无不明矣，民无不新矣，此大学之全功也。古人为学之次第盖如此。

【评】 即以纲领为条目之界划⑥，四比如题反复，清透简亮，有一气挥洒之乐。

【题解】 出自首章，参见本卷归有光《大学之道》。

古之欲明明德于天下者，先治其国；欲治其国者，先齐其家；欲齐其家者，先修其身；欲修其身者，先正其心；欲正其心者，先诚其意；欲诚其意者，先致其知；致知在格物。物格而后知至，知至而后意诚，意诚而后心正，心正而后身修，身修而后家齐，家齐而后国治，国治而后天下平。

【注释】

① 赜：深奥、玄妙。

② 齐治均平：齐家治国，使天下公平。

③ 皇极：至正之道。《尚书·洪范》："五、皇极。皇建其有极。"

④ 刑于："刑于寡妻，达于兄弟，以御于家邦"之省语。刑，即型。谓为妻子做榜样，渐而推及兄弟，以至于家邦，言道自近始，而化洽于天下。出自《诗经·大雅·思齐》。

⑤ 戾：违背。

⑥ 谓此文用大学之道的"三纲领"来划分"八条目"。即以"明明德"统摄格致诚正，以"新民"统摄齐治平，行文始终以二义对举。

君子贤其贤而亲其亲 　二句
薛应旂

观先王垂裕①之大，可见其新民之极也。夫君子小人各得其所，先王之所以裕后者大矣。此固可以见其新民之极功，而亦岂非盛德至善之所致哉！传者②释圣经"止至善"之义而有及于此，意岂不曰：有天下之盛德，必有天下之大业，我周文武之所以人不能忘者，亦惟其德业之在人耳。何者？创制立法以为世则，先王之所谓贤与亲者，凡以为君子谋也，今先王往矣，而其贤与亲则固在也。是故贤者识其大③，不贤者识其小，而得于文谟武烈④者，皆仰先哲以为归，诵彝训⑤而胥效矣，是贤其贤者，盖不止于周召⑥之属也；天子则宜王，诸侯则宜君⑦，而凡为文昭武穆⑧者，皆履洪图而思绍，率⑨旧章而不越矣，是亲其亲者，盖不止于成康之世⑩也。其德业之在于君子有如此者。体国经野⑪以为民极，先王之所谓乐与利者，凡以为小人谋也，今先王往矣，而其乐与利则固存也。是故老者有所终，幼者有所养，而凡此文武之遗民皆安于皇极⑫之中，囿于平康⑬之域矣，是乐其乐者，不特见于求宁之日也；寒者为之衣，饥者为之食，而凡今天下之黎庶皆遂其作息之休，尽其鼓舞之利矣，是利其利者，不特见于彰信^⑭之时也。其德业之在于小人有如此者。由是观之，则先王之泽盖有以被于天下后世之人，而没世不忘固其所也。其新民之止于至善，何如哉？

【评】不及宣德乙卯^⑮程之浑然元气，而用经确切，词语醇雅。先正风裁，于兹未坠。

【作者简介】

薛应旂，字仲常，号方山，南直隶武进人，活动于嘉靖至万历年间。嘉靖十四年（1535）进士，除慈溪知县，迁南京吏部主事，历郎中，出为浙江提学副使，改陕西。薛氏为明代学者、史家，学宗王守仁，人称东林之学乃导源于此。著述丰富，有《方山文录》、《方山诗说》、《四书人物考》、《薛方山纪述》、《薛子庸语》、《宋元资治通鉴》、《宪章录》等。亦为制义名家，有《薛方山稿》，俞长城题识云：“薛方山贯通六经，发而为文，如金出冶，如玉离璞，光芒焕然；又精于史学，宋元《通鉴》，昭代《宪章》，皆有功于当世。乙未已拟第一，偶让石城（按，1535 会元许谷），然后世论文者，必以方山为首。三主棘闱，甄别士类，声称藉甚。至其视学两浙，严而有礼多士，有薛夫子之号，旧称王、钱、唐、瞿（按，王鏊、钱福、唐顺之、瞿景淳）为四大家，浙人去鹤滩（按，钱福）而易以方山，世未有非之者。”

【题解】

出自传第三章，参见化治文卷一李时勉《君子贤其贤而亲其亲》。

君子贤其贤而亲其亲，小人乐其乐而利其利。

【注释】

① 垂裕：为后人留下业绩或名声。《尚书·仲虺之诰》："王懋昭大德……垂裕后昆。"

② 传者：作"传"的人，指曾参。据朱熹《大学章句序》，《大学》首章，为孔子之言，称为"圣经"，谓其为圣人所言；以下十章，则是曾参之意，而门人述之。

③ 贤者识其大：谓得到周文、周武王治国的大纲，此二句用《论语·子张》语。

④ 文谟武烈：周文王、武王的谋略与功业。《尚书·君牙》："呜呼！丕显哉，文王谟！丕承哉，武王烈！"

⑤ 彝训：关于"常道"的训诫。《尚书·酒诰》："聪听祖考之彝训。"孔安国传："言子孙皆聪听父祖之常教。"

⑥ 周召：周公、召公，周初贤臣。

⑦ 宜王：及下"宜君"指宜守王道、君道。

⑧ 文昭武穆：指周文王、武王的子孙，也即指天子、诸侯等所谓"君子"。昭、穆为宗庙位次，始祖庙居中，以下父子递为昭穆，左为昭，右为穆。祭祀时子孙后代亦按左、右排列，父子递为昭穆。

⑨ 率：遵循。

⑩ 成康之世：西周初年的治世。成王为武王之子，康王为武王之孙。

⑪ 体国经野：本指划分国家的区域，泛指治理国家。体，分。《周礼·天官·序官》："惟王建国，辨方正位，体国经野，设官分职，以为民极。"

⑫ 皇极：至正的法则。《尚书·洪范》："五、皇极。皇建其有极。"

⑬ 平康：平安，中正平和。

⑭ 彰信：彰显信义，使民信服。《尚书·仲虺之诰》："克宽克仁，彰信兆民。"按，上月句"求宁"指力求安定百姓，语本《诗经·大雅·文王有声》"遹求厥宁"。"求宁之日"、"彰信之时"均指文

武之世。

⑮ 宣德乙卯：明宣宗宣德十年（1435），该科程文即化治文卷一所录李时勉同题文。

此之谓絜矩之道　合下十六节

唐顺之

　　传者指言平天下之要道，详其得失之异而决其机也。盖治平之道莫要于推心，而道之所以有得失者，亦顾其存心何如耳，君子可不求治于心乎？且夫论治者贵识体，为治者贵知要。甚矣，王道本于诚意也。夫使今之为治者能达于上下四旁之人，而通之以公好公恶之道，是缘情以立爱，而不阻于分之殊；顺事以恕施，而各协于理之一。絜矩①之道在是矣。盍亦观诸《诗》乎？彼"乐只君子"而以"民之父母"归之，为好恶之能絜矩，而与民同也；"赫赫师尹"而以"民具尔瞻"戒之，为好恶之不能絜矩，而为民僇也。此可见抚我则后②，而《诗》言得众得国者可鉴矣；虐我则雠，而《诗》言失众失国者可鉴矣。然好恶之道，又岂出于理财用人之外哉？彼自夫先谨乎德也，而自然之利致焉；外本内末也，而争夺之患兴焉。此其民心之聚散，系财货之出入，而《康诰》所谓"惟命不于常"者此也，《楚书》之宝善人者此也，舅犯之宝仁亲者此也，而财货之能絜矩与不能者，不既征于此乎？再观《秦誓》之词，用休休之臣也，而兴邦家之利焉；用娼嫉之臣也，而贻邦家之戚焉。此其人品不同，好恶攸系，而得好恶之正者仁人也，知好恶而未尽其道者其次也，不知好恶而拂人之性者其下也，用人之能絜矩与不能者，不亦征于此乎？是故治天下有大道，絜矩是已；得大道有要机，存心是已。君子能以忠信存心，则诚明有以通天下之志，诚应有以妙万物之感，而大道可得也；反是而骄焉，而泰焉，道岂有不失者哉！吁，大道得而所以得国得天命者，胥此也；大道失而所以失国失天命者，胥此也。治平君子可不诚以存心而恕以推心哉！

　　【评】法由义起，气以神行，有指与物化③而不以心稽之乐。归、唐皆欲以古文名世者，其视古作者未便遽为断语，而于时文，则用此嶢然而出其类矣。　　　"推心"、"存心"贯通章旨，首尾天然绾合，缘熟于古文法度，循题膝理，随手自成剪裁。后人好讲串插之法者，此其药石也。

　　【作者简介】

　　唐顺之（1507—1560），字应德，一字义修，号荆川，南直隶武进（今江苏常州）人。嘉靖八年（1529）会试第一，廷试二甲一名，官翰林编修。后调兵部主事，当时倭寇屡犯沿海，唐顺之以兵部郎中督师浙江，以功升右佥都御史，巡抚凤阳，至通州（今南通）去世。崇祯时追谥襄文，学者称"荆川先生"。顺之学识渊博，也是明中叶重要散文家，与王慎中、茅坤、归有光等同为"唐宋派"代表人物。著有《荆川先生文集》十七卷及《史纂左编》、《两汉解疑》、《诸儒语本》等，辑有《文编》六十四卷。唐顺之又为明代最重要的制义名家之一，《明史·文苑传》称"明代举子业最擅名者"，前则王鏊、唐顺之，后则归有光、胡友信。其《唐荆川稿》，俞长城评云："荆川先生精于制义……若夫品之高洁，则有得于性者。先生于经史子籍，无不贯通，而皆不用入文字，所谓胸有万卷，笔无点尘，太史公之独有千古，其以此夫？"

【题解】出自传第十章。

所谓平天下在治其国者：上老老而民兴孝，上长长而民兴弟，上恤孤而民不倍，是以君子有絜矩之道也。（老老，所谓老吾老也。兴，谓有所感发而兴起也。孤者，幼而无父之称。絜，度也。矩，所以为方也。言此三者，上行下效，捷于影响，所谓家齐而国治也。亦可以见人心之所同，而不可使有一夫之不获矣。是以君子必当因其所同，推以度物，使彼我之间各得分愿，则上下四旁均齐方正，而天下平矣。）所恶于上，毋以使下；所恶于下，毋以事上；所恶于前，毋以先后；所恶于后，毋以从前；所恶于右，毋以交于左；所恶于左，毋以交于右：此之谓絜矩之道。（此覆解上文絜矩二字之义。如不欲上之无礼于我，则必以此度下之心，而亦不敢以此无礼使之。不欲下之不忠于我，则必以此度上之心，而亦不敢以此不忠事之。至于前后左右，无不皆然，则身之所处，上下、四旁、长短、广狭，彼此如一，而无不方矣。彼同有是心而兴起焉者，又岂有一夫之不获哉？所操者约，而所及者广，此平天下之要道也。故章内之意，皆自此而推之。）《诗》云："乐只君子，民之父母。"民之所好好之，民之所恶恶之，此之谓民之父母。（《诗》，《小雅·南山有台》之篇。只，语助辞。言能絜矩而以民心为己心，则是爱民如子，而民爱之如父母矣。）《诗》云："节彼南山，维石岩岩，赫赫师尹，民具尔瞻。"有国者不可以不慎，辟则为天下僇矣。（《诗》，《小雅·节南山》之篇。节，截然高大貌。师尹，周太师尹氏也。具，俱也。辟，偏也。言在上者人所瞻仰，不可不谨。若不能絜矩而好恶殉于一己之偏，则身弑国亡，为天下之大戮矣。）《诗》云："殷之未丧师，克配上帝；仪监于殷，峻命不易。"道得众则得国，失众则失国。（仪，诗作宜。峻，诗作骏。易，去声。《诗》，《文王》篇。师，众也。配，对也。配上帝，言其为天下君，而对乎上帝也。监，视也。峻，大也。不易，言难保也。道，言也。引诗而言此，以结上文两节之意。有天下者，能存此心而不失，则所以絜矩而与民同欲者，自不能已矣。）是故君子先慎乎德。有德此有人，有人此有土，有土此有财，有财此有用。（先慎乎德，承上文不可不慎而言。德，即所谓明德。有人，谓得众。有土，谓得国。有国则不患无财用矣。）德者本也，财者末也，（本上文而言。）外本内末，争民施夺。（人君以德为外，以财为内，则是争斗其民，而施之以劫夺之教也。盖财者人之所同欲，不能絜矩而欲专之，则民亦起而争夺矣。）是故财聚则民散，财散则民聚。（外本内末故财聚，争民施夺故民散，反是则有德而有人矣。）是故言悖而出者，亦悖而入；货悖而入者，亦悖而出。（此以言之出入，明货之出入也。自先慎乎德以下至此，又因财货以明能絜矩与不能者之得失也。）《康诰》曰："惟命不于常！"道善则得之，不善则失之矣。（道，言也。因上文引《文王》诗之意而申言之，其丁宁反复之意益深切矣。）楚书曰："楚国无以为宝，惟善以为宝。"（楚书，楚语。言不宝金玉而宝善人也。）舅犯曰："亡人无以为宝，仁亲以为宝。"（舅犯，晋文公舅狐偃，字子犯。亡人，文公时为公子，出亡在外也。仁，爱也。事见《檀弓》。此两节又明不外本而内末之意。）《秦誓》曰："若有一个臣，断断兮无他技，其心休休焉，其如有容焉。人之有技，若己有之，人之彦圣，其心好之，不啻若自其口出，寔能容之，以能保我子孙黎民，尚亦有利哉。人之有技，媚疾以恶之，人之彦圣，而违之俾不通，寔不能容，以不能保我子孙黎民，亦曰殆哉。"（《秦誓》，《周书》。断断，诚一之貌。彦，美士也。圣，通明也。尚，庶几也。媚，忌也。违，拂戾也。殆，危也。）唯仁人放流之，迸诸四夷，不与同中国。此谓唯仁人为能爱人，能恶人。（迸，犹逐也。言有此媚疾之人，妨贤而病国，则仁人必深恶而痛绝之。以其至公无私，故能得好恶之正如此也。）见贤而不能举，举而不能先，命也；见不善而不能退，退而不能远，过也。（命，郑氏云"当作慢。"程子云："当作怠。"未详孰是。远，去声。若此者，知所爱恶矣，而未能尽爱恶之道，盖君子而未仁者也。）好人之所恶，恶人之所好，是谓拂人之性，菑必逮夫身。（菑，古灾字。……拂，逆也。好善而恶恶，人之性也；至于拂人之性，则不仁之甚者也。自《秦誓》至此，又皆以申言好恶公私之极，以明上文所引《南山有台》、《节南山》之意。）是故君子有大道，必忠信以得之，骄泰以失之。（君子，以位言之。道，谓居其位而修己治人之术。发己自尽为忠，循物无违谓信。骄者矜高，泰者侈肆。此因上所引《文王》、《康诰》之意而言。章内三言得失，而语益加切，盖至此而天理存亡之几决矣。）生财有大道，生之者众，食之者寡，为之者疾，用之者舒，则财恒足矣。（吕氏曰："国无游民，则生者众矣；朝无幸位，则食者寡矣；不夺农时，则为之疾矣；量入为出，则用之舒矣。"愚按：此因有土有财而言，以明足国之道在乎务本而节用，非必外本内末而后财可聚也。自此以至终篇，皆一意也。）仁者以财发身，不仁者以身发财。（发，犹起也。仁者散财以得民，不仁者亡身以殖货。）未有上好仁而下不好义者也，未有好义其事不终者也，未有府库财非其财者也。（上好仁以爱其下，则下好义以忠其上；所以事必有终，而府库之财无悖出之患也。）孟献子曰："畜马乘不察于鸡豚，伐冰之家不畜牛羊，百乘之家不畜聚敛之臣，与其有聚敛之臣，宁有盗臣。"此谓国不以利为利，以义为利也。（孟献子，鲁之贤大夫仲孙蔑也。畜马乘，士初试为大夫者也。伐冰之家，卿大夫以上，丧祭用冰者也。百乘之家，有采地者也。君子宁亡己之财，而不忍伤民之力；故宁有盗臣，而不畜聚敛之臣。此谓以下，释献子之言也。）长国家而务财用者，必自小人矣。彼为善之，小人之使为国家，菑害并至。虽有善者，亦无如之何矣！此谓国不以利为利，以义为利也。（"彼为善之"，此句上下，疑有阙文误字。自，由也，言由小人导之也。此一节，深明以利为利之害，而重言以结之，其丁宁之意切矣。）（右传之十章。释治国平天下。此章之义，务在与民同好恶而不专其利，皆推广絜矩之意也。）

【注释】

① 絜矩：犹言"类推"，将心比心，以己推人。见朱熹注。
② 抚我则后：及下"虐我则雠"均本《尚书·泰誓下》："（周武王曰）古人有言曰：抚我则后，虐我则雠。"蔡沉《集传》："抚我则我之君也，虐我则我之雠也。"

③ 指与物化：谓表达技巧纯熟，达到神妙境界。《庄子·达生》："工倕旋而盖规矩，指与物化而不以心稽。"言匠人倕随手所画，皆合规矩，无需用心思量。

生财有大道 一节

张居正 程

善理财者，得其道而自裕焉。盖务本节用，生财之道也。果能此道矣，国孰与不足乎？①且夫聚人曰财②，国而无财，非其国矣；理财曰义，财而不义，非其财矣。是以君子之生财也有道焉，固不必损下以益上，而经制得宜，自有以裕于国也；其于道也又甚大焉，固不必损上以益下，而公私两利，亦有以裕于民也。然则何如？盖天地本有自然之利，而国家本有惟正之供③，惟其力之不勤而用之无节，故恒见其不足耳。诚能驱天下之民而归诸农，其生之也既无遗利矣，又且汰冗员、裁冗费，不使有浮食焉；尽三时之勤④以服乎耕，其为之也既无遗力矣，又且量所入、为所出，不使有侈用焉。斯则勤以务本，而财之入也无穷；俭以制用，而财之出也有限。以无穷之财，供有限之用，是以下常给而上常余，虽国有大事而内府外府之储，自将取之而不匮矣；百姓足而君亦足，虽年或大祲⑤而三年九年⑥之蓄，自可恃之以无恐矣。谓之大道，信乎其为谋国经久之计，而非一切权宜之术可比也。然则有国家者，岂必外本内末而后财可聚也哉？

【评】质实简严，有笼盖一世之气。

【作者简介】

张居正（1525—1582），字叔大，号太岳，湖广江陵（今湖北荆州）人。年十六举乡试，嘉靖二十六年（1547）成进士，由编修官至侍讲学士令翰林事。隆庆中任吏部左侍郎兼东阁大学士，与高拱并为宰辅，升吏部尚书、建极殿大学士。万历初年（1573），代高拱为首辅，一切军政大事均由居正主持裁决，前后当国十年，实行了一系列改革措施。万历十年（1582）卒，赠上柱国，谥文忠。死后不久即被攻讦，籍其家，至天启时方恢复名誉。著有《张太岳集》、《书经直解》等。

【题解】出自传第十章，见前唐顺之《此之谓絜矩之道》。

生财有大道，生之者众，食之者寡，为之者疾，用之者舒，则财恒足矣。

【注释】

① 本句及后之"百姓足而君亦足"句本于《论语·颜渊》："百姓足，君孰与不足？"
② 聚人曰财：聚集人众要靠财物。此语及下"理财曰义"俱本《易·系辞下》："何以守位曰仁；何以聚人曰财；理财正辞、禁民为非曰义。"孔颖达疏："言何以聚集人众，必须财物，故言'曰财'也。"
③ 惟正之供：此指征收正常的赋税。《尚书·无逸》："文王不敢盘于游田，以庶邦惟正之供。……以万民惟正之供。"蔡沉《集传》："于常贡正数之外，无横敛也。"
④ 三时之勤：指春、夏、秋三季农作之时的勤苦。
⑤ 祲：凶年，荒年。
⑥ 三年九年：《礼记·王制》："国无九年之蓄曰不足。无六年之蓄曰急。无三年之蓄曰国非其国也。"

生财有大道 一节（其二）

归有光

　　传者论裕国之道，不外乎经制之得宜而已。盖善裕国者不取诸民也，崇本节用而不失经制之宜，国何忧贫乎？且所贵乎平天下者，谓其能不事于财也；不事于财者，非能尽去乎财也。何者？财之所生在天，财之所出在地，作而成之者人之功，制而驭之者君之职。因天分地而己不劳，以君养人而智不凿①。斯固自有大道矣，是必立为经常之制。率天下之人以生天下之财，自三农生九谷，以至于闲民转移执事②，莫非兴事造业之徒，而欲为浮民不可得也，至于朝廷之论官，则又以功诏禄，以能诏事，以久奠食③，而滥设之弊去矣，滥设之弊去，而供亿④之繁省矣；生天下之财而勤天下之力，自七月流火⑤，以至于十月纳禾稼，莫非震动恪恭⑥之时，而欲为惰游不可得也，至于公帑⑦之支调，则又以贡致用，以赋敛财，以式均财⑧，而无艺⑨之费去矣，无艺之费去，而耗竭之患亡矣。夫曰生之为之，凡以生财而使之有者则欲其众以疾；曰食之用之，凡以耗财而使之无者则欲其寡以舒。由是而财之大源有所浚而日见其有余，财之末流有所幅而不至乎坐耗。吾见明昭上帝，迄用康年⑩；六府孔修⑪，万世永赖⑫。言乎其财，则天下之财，而非一家之财、一国之财也；言乎其计，则万世之计，而非一时之计、不终日之计也。谓之曰大道者盖如此，是何尝损下益上、敛一世而为丰殖之谋也哉？

　　【原评】浑浑灏灏，约《诗》、《礼》之旨以为言。低手效之，填凑《三礼》，则形骸具而精气亡矣。

　　【评】义则镕经液史，文则跻宋攀唐。下视辛未⑬诸墨，皆部娄⑭矣。

　　【题解】出自传第十章，见前，参见本卷唐顺之《此之谓絜矩之道》。

【注释】

①"因天"句：因天分地，利用天时和土地所产，《白虎通》："于是神农因天之时，分地之利，制耒耜，教民农作。"不凿：因势利导，不以私智穿凿。《孟子·离娄下》："所恶于智者，为其凿也。"朱熹《集注》："天下之理，本皆顺利，小智之人，务为穿凿，所以失之。"

②此句语本《周礼·天官·大宰》："大宰之职……以九职任万民：一曰三农，生九谷。……九曰闲民，无常职，转移执事。"据孔颖达疏，"三农"，指平地、山、泽三处劳作的农人。"九谷"，指黍、稷等农作物。"闲民"，没有自己的事业，到处转移、替别人帮工的人。

③以久奠食：等事情办成之后，确定其俸禄。奠，定。食，稍食，按月发给的俸禄。语出《周礼·夏官·司士》："以德诏爵，以功诏禄，以能诏事，以久奠食，唯赐无常。"

④供亿：供应。本指供其匮乏，使其安也。亿，安。《左传·隐公十年》："不能供亿。"

⑤七月流火：七月大火星向西转，天气转凉。按，本句言农人劳作，出自《诗·豳风·七月》："七月流火……九月筑场圃，十月纳禾稼。"

⑥震动恪恭：服从命令，此指尽心从事于农作。《国语·周语》："民用莫不震动，恪恭于农，修其疆畛"。

⑦ 公帑：公款，国库。

⑧ 以式均财：按照各种规定使用财物。式，规定，如祭祀、宾客等"九式"，各有用财的标准。语本《周礼·天官·大宰》："大宰之职……以九式均节财用……小宰之职……执邦之九贡九赋九式之贰，以均财节邦用。"

⑨ 无艺：没有节制。艺：极限，标准。《国语·晋语》："骄泰奢侈，贪欲无艺。"

⑩ 康年：丰年，此指赐以丰年。《诗经·周颂·臣工》："明昭上帝，迄用康年。"朱熹《诗集传》："此昭明之上帝，又将赐我新畲以丰年也。"

⑪ 六府孔修：指财用充足。语出《尚书·禹贡》："六府孔修，庶土交正，底慎财赋，咸则三壤，成赋中邦。"蔡沉注："孔，大也。水、火、金、木、土、谷，皆大修治也。土者，财之自生谓之庶土。"

⑫ 万世永赖：此亦指财物丰足。语出《尚书·大禹谟》："帝曰：'俞！地平天成，六府三事允治，万世永赖，时乃功。'"

⑬ 辛未：指隆庆五年（1571），是科会元邓以赞，状元张元忭。

⑭ 部娄：小山丘。《左传·襄公二十四年》："部娄无松柏。"

未有上好仁　一节

吴　欻

观人君之所必得于民者，而知财之可以发身①也。夫民之所以终君之事、守君之财者，皆好义之心为之也，而君子好仁实先之，则盍②慎其所以感之者哉？尝谓君民之势至悬也，而其心则一也，故其感其应至神也。吾尝以此推之，而知夫以财发身之效焉。诚以天下之民未尝不思得仁者而君之，而忠臣义士亦上之所欲得于其下者也。顾上不好仁以先之，则其民亦惟利是视，而始有以不义应之耳。未有上之所好者既在于仁，而深仁厚泽、日以举其民而沦浃③之矣；顾乃下之所好者不在于义，而徇私灭公、敢于缓其君而不顾者也。夫人情未始无欲逸之心，而惟义足以胜之也；亦未始无欲私之心，而惟义足以夺之也。下而有好义之民乎？则凡君之事，皆激于义之所当趋，而力有所不爱④，是故相率而为之又相率而终之，虽人君之为天下爱力者固不忍贻之以劳，而彼固忘其劳也，若曰好义而事不终者，未之有也；凡君之财，皆明于义之所当供，而利有所不恤，是故相率以辅之又相率以守之，虽人君之为天下爱财者固不忍私乎其有，而彼固忘其有也，若曰好义而府库之财非其财者，未之有也。盖上而好仁，则其事也为佚道⑤之使，其财也为惟正之供⑥，而君之心既足以信于民；民而好义，则事终也固以为人君之事，守财也亦以为人君之财，而下之心自益以结于上。当其时，仁人以其身役天下之众，又以其身享天下之奉，而天命归、民心悦者，凡皆以财发之也。欲发身者，可不自絜矩⑦始哉？

【原评】潆洄淡宕，以曲笔写直势，古在气骨，不在字句。

【评】理得气充，故能称其心之所欲言，而人亦易足也。

【作者简介】

吴欻，江苏武进人，明代作家，长于词曲，隆庆中，曾与昆山梁辰鱼等于南京结"鹭峰诗社"，吕天成《曲品》列其为"上品"。

【**题解**】出自传第十章，参见本卷唐顺之《此之谓絜矩之道》。

未有上好仁而下不好义者也，未有好义其事不终者也，未有府库财非其财者也。

【**注释**】

① 发身：指以财施予，成就美名。《大学》此章上节谓："仁者以财发身，不仁者以身发财。"朱熹《集注》："发，犹起也。仁者散财以得民，不仁者亡身以殖货。"

② 盍：何不。

③ 沦浃："沦肌浃髓"，浸透肌肉，深入骨髓，喻深入人心。

④ 爱：吝惜。

⑤ 佚道：使百姓安乐之道。佚，安乐。《孟子·尽心上》："孟子曰：'以佚道使民，虽劳不怨；以生道杀民，虽死不怨杀者。'"

⑥ 惟正之供：分内的赋税。《尚书·无逸》："文王不敢盘于游田，以庶邦惟正之供。"蔡沉《集传》："于常贡正数之外，无横敛也。"

⑦ 絜矩：推己及人，将心比心。

钦定正嘉四书文卷二（《论语》上）

子禽问于子贡　一章

归有光

圣人所以闻政者，不可以迹观而可以意会也。夫圣人之闻政者，德而已。子贡能会之以意，而子禽以迹观之者欤？且夫世降而德轻，德轻而势重，于是乎士无感人之实，而上之人始得以制其予夺之柄。故天下见士之求君，而不见君之求士。此时也，而非所以论圣人也。子禽曰：圣人不能无求也，国政之是非因革，在人①者也，夫子何以知之？天下岂有不求而自获、不与②而自至者乎？夫子犹夫人者，其求之乎？与之乎？子贡曰：圣人无所求也，夫子之温良恭俭让，在我者也，夫子以此得之。天下固有不言而喻、不知其然而然者乎？夫子之求异乎人之求也，孰求之乎？孰与之乎？子禽以常人之见求夫子之心，其致之有由，而其得之有待③也；子贡以观感之深发自得之见，其温良可亲，而其恭俭让不可舍也。盖在人者重，则吾方奔走之不暇；在我者重，则物皆囿于其中。故天机之动，虽王公之势亦恍然而自失；而神化之妙，如元气之鼓万物④而不知者。惟子贡为得之也与？

【评】格局老辣。细按问答虚神，仍分寸不失，骨脉澄清，精气入而粗秽除。乃古文老境，非治科举文者所能窥寻。姑存一二，使好古者研悦焉。

【题解】出自《学而·子禽问于子贡》。

子禽问于子贡曰："夫子至于是邦也，必闻其政，求之与？抑与之与？"（子禽，姓陈，名亢。子贡，姓端木，名赐。皆孔子弟子。）子贡曰："夫子温、良、恭、俭、让以得之。夫子之求之也，其诸异乎人之求之与？"（温，和厚也。良，易直也。恭，庄敬也。俭，节制也。让，谦逊也。五者，夫子之盛德光辉接于人者也。其诸，语辞也。人，他人也。言夫子未尝求之，但其德容如是，故时君敬信，自以其政就而问之耳，非若他人必求之而后得也。圣人过化存神之妙，未易窥测，然即此而观，则其德盛礼恭而不愿乎外，亦可见矣。学者所当潜心而勉学也。谢氏曰："学者观于圣人威仪之间，亦可以进德矣。若子贡亦可谓善观圣人矣，亦可谓善言德行矣。今去圣人千五百年，以此五者想见其形容，尚能使人兴起，而况于亲炙之者乎？"张敬夫曰："夫子至是邦必闻其政，而未有能委国而授之以政者。盖见圣人之仪刑而乐告之者，秉彝好德之良心也，而私欲害之，是以终不能用耳。"）

【注释】

① 在人：取决于他人。

② 与：给，指别人主动告诉孔子。

③ 有待：此仍指取决于他人。按，此一股谓以子禽之见，孔子之闻政，虽致之有由而最终要取决于他人；下一股谓，以子贡之见，孔子之闻政，不只因为孔子"温良"可亲，也离不开其"恭俭让"之德。

④ 鼓万物：化育万物。按，此句谓孔子以道感化人于不知不觉之间，就像元气化生万物一样，显得无为而自然。义本《易·系辞上》："显诸仁，藏诸用，鼓万物而不与圣人同忧。"孔颖达疏："潜藏功用，不使物知"，"神化亦不为而自然也"。

礼之用 一节

归有光

贤者论礼顺人情①，而道之所以无敝也。夫先王之礼，所以嘉天下之会者也②，使有所拂于情，其何以能达之而无敝也哉？且夫天高地下、万物散殊③而礼制行焉，或者见其品节防范之严，而因以重④疑畏之心，而不知夫礼之和而通于情也。盖天下之人莫不有情，惟其无以自达⑤，于是有礼焉以导之。则其所以周旋裼袭⑥而为是隆杀⑦之等者，非吾之所不乐也，中有所欲，而假物⑧以自将⑨，则缘饰⑩之用斯著，凡以达吾之情而已矣；其所以升降俯仰⑪而为是繁缛之制者，非吾之所本无也，仁有所体，而因事以生敬⑫，则文明之贲⑬斯章⑭，要亦情之所乐而已矣。然则礼之为物，虽恭俭庄敬，似有以严天下之分；而欣喜欢爱⑮，实不拂乎人心之天。先王精微制作之原端，有在于是，而世无容议焉者也。使礼而不和，则先王不制之矣；使先王不和而制礼，则天下将尤⑯之矣。惟其制法兴王，出于一时之拟议⑰，而和以悦心，不至乎驱迫天下以合吾之矩矱，则虽欲瑕疵圣人之礼而轻訾之而有所不敢；建中立极⑱，出于一代之损益，而和以洽爱⑲，不至乎强率天下以入吾之范围，则虽欲决裂圣人之礼而背去之而有所不忍。故自后王君公⑳以至于舆皂㉑之贱，莫不安之而不可厌，非有爱于吾之礼也，爱吾之和也，天下不能不和，而不能外先王之礼也明矣；自朝会丧纪以至于揖让之微，莫不油然而不可已，非以其为先王之礼也，以为吾之情也，天下不能无情，而不能废先王之礼也审矣。吁，此礼和之可贵而先王之道至于今不废也。彼欲离和以言礼者，多见其失于礼而背于情矣。

【原评】 古厚之气，直接先秦初汉。前人以"粗枝大叶"概之，最善名状。

【题解】 出自《学而·礼之用》。

有子曰："礼之用，和为贵。先王之道斯为美，小大由之。（礼者，天理之节文，人事之仪则也。和者，从容不迫之意。盖礼之为体虽严，而皆出于自然之理，故其为用，必从容而不迫，乃为可贵。先王之道，此其所以为美，而小事大事无不由之也。）有所不行，知和而和，不以礼节之，亦不可行也。"（承上文而言，如此而复有所不行者，以其徒知和之为贵而一于和，不复以礼节之，则亦非复理之本然矣，所以流荡忘反，而亦不可行也。程子曰："礼胜则离，故礼之用和为贵。先王之道以斯为美，而小大由之。乐胜则流，故有所不行者，知和而和，不以礼节之，亦不可行。"范氏曰："凡礼之体主于敬，而其用则以和为贵。敬者，礼之所以立也；和者，乐之所由生也。若有子可谓达礼乐之本矣。"愚谓严而泰，和而节，此理之自然，礼之全体也。毫厘有差，则失其中正，而各倚于一偏，其不可行均矣。）

【注释】

① 礼顺人情：礼作为社会道德行为准则，是顺乎人情而产生的。《礼记·丧服四制》："凡礼之大体，体天地，法四时，则阴阳，顺人情，故谓之礼。"《后汉书·卓茂传》："律设大法，礼顺人情。"

② 此句用《易·乾卦》语意。《乾卦》："亨者，嘉之会也。……嘉会，足以合礼。"《正义》云："'嘉会足以合礼'者，言君子能使万物嘉美集会，足以配合于礼，谓法天之'亨'也。"

③ 散殊：各不相类，各有区别。按，"天高"至"礼制行"引自《礼记·乐记》，孔颖达疏："以天高地下不同，故人伦尊卑有异……礼者别尊卑，定万物，是礼之法制行矣。"

④ 重：增加。

⑤ 达：（合理地）表现出来。

⑥ 周旋裼袭：指各种规格不同的仪节。语见《礼记·乐记》："升降上下，周还（旋）裼袭，礼之文也。"孔颖达疏："周，谓行礼周曲回旋也。裼，谓袒上衣而露裼也。袭，谓掩上衣也。礼盛者尚质，故袭。不盛者尚文，故裼。"

⑦ 隆杀：指尊卑、厚薄、高下等规格的不同。杀，降低，减少。《礼记·乡饮酒义》："贵贱明，隆杀辨。"

⑧ 假物：借助其他事物，这里指借助礼。

⑨ 自将：约束和培养自己。将，本义为扶持。

⑩ 缘饰：文饰。《礼记·乐记》："合情饰貌者，礼乐之事也。"孔疏："饰貌，谓礼也，礼以捡迹于外，是饰貌也。"

⑪ 升降俯仰：指进退动止的各种礼仪动作。《礼记·乐记》："屈伸俯仰，缀兆舒疾，乐之文也。……升降上下，周还裼袭，礼之文也。"

⑫ 《礼记·曲礼上》："毋不敬。"郑玄注："礼主于敬。"《孝经》："礼者敬而已矣。"

⑬ 文明之贲：指礼义教化。贲，饰。《易·贲》："文明以止，人文也。"孔颖达疏："用此文明之道，裁止于人，是人之文德之教，此贲卦之象。"

⑭ 章：显著。

⑮ 欣喜欢爱：指"礼"之"和"，《礼记·乐记》："论伦无患，乐之情也。欣喜欢爱，乐之官也。"又："礼者，殊事合敬者也。乐者，异文合爱者也。礼乐之情同，故明王以相沿也。"

⑯ 尤：责备。

⑰ 拟议：设计筹划。《易·系辞》："拟之而后言，议之而后动，拟议以成其变化。"

⑱ 建中立极：建立中正之道，作为人民的共同准则。《尚书·仲虺之诰》："建中于民，以义制事，以礼制心，垂裕后昆。"蔡沉《集传》："立中道于天下。中者，天下之所同有也。"《洪范》："皇建其有极。"蔡沉《集传》："建，立也。极，犹北极之极。至极之义，标准之名，中立而四方之所取正焉者也。"

⑲ 洽爱：合和亲爱。洽，合。
⑳ 后王君公：帝王、国君、公，指上等贵族。后，帝王。
㉑ 舆皂：古代十等人中两个低微等级的名称。用以泛称贱役、贱吏。

诗三百 一节
归有光

圣人约《诗》之为教，不外乎使心得其正而已。夫《诗》，所以感人而入于正也，"正"之言虽约，而《诗》之为教无有出于此者矣。且夫博而寡要、劳而少功①，此观书者之恒病也。以其一定之言而驱率之汗漫②无所归极之地，而垂教者之深意于是而晦矣。是故采诗③以垂训，包括旁罗，期无遗也，而贯通伦类，必有所以为诗之旨；涉猎旁博，宜不废也，而纲维蕴奥，必有所以为说诗④之本。吾尝反复于三百篇之中，而得其一言之要，《鲁颂》所谓"思无邪"是也。盖天命之真、人心之本，全具于中而不失，是性情之所以正也；而形生⑤之类、气禀之偏，必待涵濡长育而全，是《诗》之所以为教也。彼其所以发于咨嗟咏叹⑥之余者，比物连类⑦，其旨不可一而概之也，然而观者得于哦吟上下之际，所以会其意而一之者，要以触发其本真，而使之约于中耳；其所以自然于音响节族⑧而不能已者，宣志达情，其意不可泥而拘之也，然而观者得于咏歌慨叹之间，所以迎其意而通之者，要以和平其心意，而俾之离于僻耳。《诗》之有善，非徒诗之善也，是劝之而归于无邪也；《诗》之有恶，非徒诗之恶也，是惩之而归于无邪也。以吾之天而触彼之天，则事前而机动，不独盛世遗音可以宣化，而治乱贤否所感之不同，而其归同矣；以彼之天而契我之天，则世隔而心通，不独朝庙歌声可以平心，而贤人君子悯时病俗之所为，而其致一矣。是知人生而静，天之性也；感物⑨而动，情之理也。惟思无邪而后性情得其正，故曰"《诗》以道性情"，夫子所以示天下学《诗》之准。噫，其尽之矣！

【评】咀味圣人立言之意，渺众虑而为言，淳古淡泊，风格最高。　　化治先辈对比多辞异而意同，乃风气初开，文律未细。虽归震川犹或不免，如《礼之用》篇，精深古健，而亦蹈此病。故俱辨而录之。

【题解】出自《为政·诗三百》。

子曰："诗三百，一言以蔽之，曰'思无邪'。"（"思无邪"，《鲁颂·駉》篇之辞。凡诗之言，善者可以感发人之善心，恶者可以惩创人之逸志，其用归于使人得其情性之正而已。然其言微婉，且或各因一事而发，求其直指全体，则未有若此之明且尽者。故夫子言诗三百篇，而惟此一言足以尽盖其义，其示人之意亦深切矣。程子曰："'思无邪'者，诚也。"范氏曰："学者必务知要，知要则能守约，守约则足以尽博矣。经礼三百，曲礼三千，亦可以一言以蔽之，曰'毋不敬'。"）

【注释】

① 知识很广博，但不得要领；学习很辛苦，收获却很少。《史记·太史公自序》："夫儒者以六艺为法。六艺经传以千万数……故曰博而寡要，劳而少功。"

② 汗漫：广大，没有边际，又指漫无边际、没有标准。

③ 采诗：古时朝廷派人从民间收集民歌以了解政治得失。《汉书·艺文志》："古者有采诗之官，王者所以观风俗、知得失，自考正也。"又《食货志》："行人振木铎徇于路以采诗……以闻于天子。"

④ 说诗：解说诗歌，特指解说《诗经》。

⑤ 形生：指身体和生命。

⑥ 咨嗟咏叹：感叹咏歌。咨嗟，赞美、叹息。《诗大序》："情动于中而形于言，言之不足，故嗟叹之，嗟叹之不足，故永歌之。"

⑦ 比物连类：连缀相同类的事物，以进行比较或构成比喻。《史记·鲁仲连邹阳列传》："邹阳辞虽不逊，然其比物连类，有足悲者。"按，《诗经》多比兴手法，故此用"比物连类"以言之。

⑧ 节族：指节奏。此句语本朱熹《诗集传序》："言之所不能尽，而发于咨嗟咏叹之余者，必有自然之音响节族而不能已焉，此诗之所以作也。"

⑨ 感物：被外物感发。按，此句本《礼记·乐记》："人生而静，天之性也；感物而动，性之欲也。"

吾十有五而志于学　一章
归有光

圣人所以至于道者，亦惟渐以至之也。夫道无终穷，虽圣人亦有待于学也，学之则不容无渐矣。此其理之固然，而岂圣人过为卑论以就天下也哉？自夫天下待圣人过高，以为有绝德于天下，而不知夫圣人之所为孜孜①而不已者，固吾人之事也。何则？人之心，与理一也；人之为学，求至于心与理一也。然学之不可以骤而化之、不可以助长也久矣。故自十五之时，始有志于圣贤之道，而从事于钻研之功，尝以为志之勿立，则无以负荷乎天之所与者，将不免于小人之归，是以始之以立志，而是非之介②、取舍之极③，盖有所定而不能移也；迨于三十之年，始有得于矜持之力，而取验于德性之定，尝以为守之勿固，则无以凝聚乎性之所钟者，将不免于君子之弃，是以继之以定守，而纷华之变、盛丽之陈，盖有所持而不可挠④也。自十五而三十，积以十五年之功，而意味固已不同矣，然犹不敢自息。而至于四十也，则随事见理而研旨趣于万殊，参酌于无端无纪之中而有得于灿然之妙，物之所以各足其天者，吾固已见之明，而知万殊之各正，视向之立者，不免犹胶于固⑤也；又至于五十也，则以理视物而探渊源于一本，究极于大本大原之中而有得于浑然之妙，天之所以流通于物者，吾固已见之一，而知帝则⑥之必察，视向之不惑者，不免犹在于物也。自三十而四十而五十，体验于十年之间，而意味又各不同矣，然犹人也，非天也。君子之学求至于天，而可已乎？故六十以达耳顺之机⑦也，理妙于中而有以通乎外之所感，神而明之，存乎其人，感之者以天也，听之者以天也，顺于耳而耳不得而与焉；七十以妙⑧从心之用也，理运于外而有以出于中之所豫⑨，化而裁之，存乎变，从之者以天也，不逾之者以天也，从于心而心不得而知焉。⑩夫以六十、七十之所自得者如此，夫岂以年弥高而德弥劭哉？亦以道久而后熟，故日有所不同耳。是知志者，志此理也；立者，立此理也；不惑而知之者，亦此理也；至于耳顺、从心，而理与心一焉。君子之学，求至于是而已也。

【评】以古文为时文，自唐荆川始，而归震川又恢之以闳肆。如此等文，实能以韩欧之气达程朱之理，而吻合于当年之语意。纵横排荡，任其自然。后有作者，不可及也已。

【题解】出自《为政·吾十有五而志于学》，参见化治文卷二蔡清《吾十有五而志于学》。

子曰："吾十有五而志于学，三十而立，四十而不惑，五十而知天命，六十而耳顺，七十而从心所欲，不逾矩。"

【注释】

① 孜孜：勤勉不息的样子。《尚书·益稷》："予何言？予思日孜孜。"
② 介：疆界、界限，后作"界"。《说文》："介，画也。"
③ 极：准则。
④ 挠：扰乱。
⑤ 胶于固：停留在"固"的阶段。《论语·子罕》："子绝四：毋意，毋必，毋固，毋我。"集注："固，执滞也。"
⑥ 帝则：天帝所定的法则。帝，天帝。《诗经·大雅·皇矣》："不识不知，顺帝之则。"按：此句谓"帝则之必察"，照应"五十而知天命"。
⑦ 机：事物变化之所由。
⑧ 妙：这里作动词，把……发挥到神妙难测的地步。
⑨ 豫：通"预"，预先，事先。此句谓"理"运于外，而又备于"心"。
⑩ 此二股言"心"与"理"一，两股均用《易·系辞上》语："化而裁之，存乎变；推而行之，存乎通；神而明之，存乎其人。"上股所引"神而"句，指要真正明白某一事物的奥妙，在于各人的领会。此自"心"而言。下股所引"化而"句，孔颖达疏谓："阴阳变化而相裁节之，谓之变也。是得以理之变也。……阴阳之化，自然相裁，圣人亦法此而裁节也。"故此自"理"而言。

吾与回言终日　一节

唐顺之

大贤之不敏于论道者，乃其敏于体道者也。盖心悟者不必问，而愚者不能问也，此颜子之如愚所以为不愚也哉。夫子称颜子之意如此，盖以道必待言而后传，亦必待问而后告。是故吾之于回也，至教①所示，固尝竭两端②而无遗；微言③所及，亦每迄终日而不倦④。精粗所陈，能无一言之有待于疑者乎，回也默然听之，未尝一有所疑焉，其无所疑，意者愚而不能疑也；始终悉备，能无一言之有待于问者乎，回也默然受之，未尝一有所问焉，其无所问，意者愚而不能问也。回其如愚者乎？愚则宜其不足以发⑤矣。及其既退而省其私也，但见其本之以无所不悦之心，而体之以服膺弗失⑥之力。藏修游息⑦于吾道也，殆庶几⑧焉，盖吾终日之所言者，即其终日之所从事者乎？动静语默于吾道也，殆庶几焉，盖其不违于群居⑨者，即其不违于燕居者乎？不迷于所往⑩者，则必能先明于其心，愚者疑且不能，又何望其心解而力行之若此也；不习而无不利⑪者，则必能不疑其所行，愚者问且不能，又何望其心会而身体之若此也。回其不愚也哉！是则夫子之与回终日言也，固所以寓无言之深意；而回之如愚也，固所以善用其聪明睿智者也。孔颜授受之机，其神矣乎！

【评】如脱于圣人之口，若不经意而出之，而实理虚神，焕发刻露，以天合天，器之所以疑神也。

【题解】出自《为政·吾与回言终日》。

子曰："吾与回言终日，不违如愚。退而省其私，亦足以发。回也不愚。"（回，孔子弟子，姓颜，字子渊。不违者，意不相背，有听受而无问难也。私，谓燕居独处，非进见请问之时。发，谓发明所言之理。愚闻之师曰："颜子深潜纯粹，其于圣人体段已具。其闻夫子之言，默识心融，触处洞然，自有条理。故终日言，但见其不违如愚人而已。及退省其私，则见其日用动静语默之间，皆足以发明夫子之道，坦然由之而无疑，然后知其不愚也。"）

【注释】

① 至教：最好的教导，也指极高明的道理和见解。《礼记·礼器》："天道至教，圣人至德。"
② 竭两端：指教育之时言无不尽。语本《论语·子罕》："子曰：……有鄙夫问于我，空空如也，我叩其两端而竭焉。"朱熹《集注》："孔子谦言己无知识，但其告人，虽于至愚，不敢不尽耳。叩，发动也。两端，犹言两头。言终始、本末、上下、精粗，无所不尽。"
③ 微言：含蓄而精微的言辞。刘歆《移书让太常博士》："及夫子没而微言绝，七十子卒而大义乖。"
④ 不倦：本《论语·述而》："子曰：默而识之，学而不厌，诲人不倦，何有于我哉？"
⑤ 发：发明所言之理，亦可释为启发、开导。《论语·述而》："子曰：不愤不启，不悱不发。"朱熹《集注》："发，谓达其辞。"
⑥ 服膺：牢记在心，衷心信服。膺，心间，胸臆。此句本《礼记·中庸》："子曰：回之为人也，择乎中庸，得一善，则拳拳服膺而弗失之矣。"
⑦ 藏修游息：指时刻不忘学习。语本《礼记·学记》："故君子之于学也，藏焉，修焉，息焉，游焉。"郑玄注："藏，谓怀抱之。修，习也。息，谓作劳休止之息。游，谓闲暇无事于之游。"
⑧ 庶几：相似，差不多。
⑨ 群居：指与孔子其他弟子共同聆听教诲，与"燕居"相对。《论语·卫灵公》："群居终日，言不及义。"
⑩ 不迷于所往：不迷失前进的方向。王夫之《圣经》："'道中庸'者，以之为道路而不迷于所往也。"按此意本《易·坤卦》："君子有攸往，先迷，后得主，利。"
⑪ 此句本《易·坤卦》："六二：直方大，不习无不利。"孔颖达疏："既有三德（按，直、方、大）极地之美，自然而生，不假修营，故云'不习无不利'。"

多闻阙疑　二段

归有光

君子之学，能善其言行而自修之道备矣。夫言行，君子所以居身者也，善学者无尤悔之愆，则身修而无所事于外矣，此夫子所以救子张之失也。且夫学术不明而眩骛①于外感者，得失之故挠②之也，君子亦惟尽其在我③而已矣。是故世之人纵口以为言，则浮诞之习胜而言始病。君子之学，惟其不能无言也，广听以为聪，而事物之故触于吾之真者，莫不取以为吾言之资，尤必加之以精义之学而阙其所不知焉，则凡其所阙之余，莫非其所知而可以言者也。然君子非以可言之为贵，而以可言而不易言之为难。理明义精之余，惕焉尚口之为戒，固有心可得而知而口不可得而言者，而不敢以易而出之也。如是则吾之言莫非天下之理，而天下之理莫非天下之心。"仁义之人，其言蔼如④"。多闻而天下不以为陋，阙疑而天下不以为诬，慎言而天下不以为诞，以为当于心而已矣。君子之修其言者固如此。世之人肆意以为行，则苟且之患生而行始病。君子之学，惟其不能无行也，兼照以为明，而纷纭之变接于吾之目者，莫不取以为吾行之资，尤必加之以研审之虑而阙其所未安焉，则凡其所阙之余，莫非其所安而可以行者也。然君子非可行之为贵，而以可行而不遽行之为难。熟思审处之际，惟患躬行之未得，固有心知其是而身犹恐蹈其非者，而不敢苟焉以应之也。如是则吾之行莫非天下之理，而天下之理莫非吾之心。"内省不疚，无恶于志"⑤。多见而自信其非监，阙殆而自信其非罔，慎行而自信其非妄，以为当于吾之心而已矣。君子之修其行者又如此。是知君子不能取必⑥于人，而取必于己；不能取必于天，而取必于人⑦。言行之修，无心于得禄，而得禄之道则然耳。子张何为而役于外也哉？

【评】显白透亮而灝气顿折，使人忘题绪之堆垛。

【题解】出自《为政·子张学干禄》。

子张学干禄。（子张，孔子弟子，姓颛孙，名师。干，求也。禄，仕者之奉也。）子曰："多闻阙疑，慎言其余，则寡尤；多见阙殆，慎行其余，则寡悔。言寡尤，行寡悔，禄在其中矣。"（吕氏曰："疑者所未信，殆者所未安。"程子曰："尤，罪自外至者也。悔，理自内出者也。"愚谓多闻见者学之博，阙疑殆者择之精，慎言行者守之约。凡言在其中者，皆不求而自至之辞。言此以救张之失而进之也。程子曰："修天爵则人爵至，君子言行能谨，得禄之道也。子张学干禄，故告之以此，使定其心而不为利禄动，若颜闵则无此问矣。或疑如此亦有不得禄者，孔子盖曰耕也馁在其中，惟理可为者为之而已矣。"）

【注释】

① 眩骛：眩，迷乱。骛，追求。
② 挠：扰乱。
③ 在我：与"在外"相对，指自己可以掌握的，指道德修养等事。语本《孟子·尽心上》："孟子曰：'求则得之，舍则失之，是求有益于得也，求在我者也。求之有道，得之有命，是求无益于得也，求在外者也。'"朱熹《集注》："在我者，谓仁义礼智，凡性之所有者。……在外者，谓富贵利达，凡外物皆是。"
④ 蔼如：和气可亲的样子，语本韩愈《答李翊书》。
⑤ 语出《中庸》，朱熹《集注》："无恶于志，犹言无愧于心，此君子谨独之事也。"

⑥ 取必：这里指认为必定能够实现。

⑦ 人：此处指个人的进德修业的努力，与"天"相对，与前一"取必于人"不同。

夏礼吾能言之　四句

归有光

　　圣人叹二代之礼有可言，而其言不可考也。盖夏、商二代皆有治天下之礼，而为其后者不足以存之，宁不有以发圣人之感慨乎？且夫礼自圣人而制，不自圣人而止也。作者之意未必不欲传示于无穷，而述①者之情亦未尝不欲仰稽乎千古。然世远言湮，有不得而见其全者，则亦不能无慨于斯矣。今夫继虞②而有天下者夏也，以有夏③之圣人治有夏之天下，其天经地义④之所在，固不能有加于往古，而所以相其时宜、适其世变以使当世之民安之，必有断然自为一代之礼者，而谓之夏礼也。自夏至今，王者二易姓矣，而犹有杞⑤为之后焉，则凡欲以观夏之礼者，宜皆于杞乎求之，而今观于杞，何足以征⑥夏之礼哉！虽其所尚在忠，所建在寅⑦，与夫则壤成赋之类⑧，至今读夏书者犹可以想见乎当时，然特⑨其大略之所在，所谓存什一⑩于千百者，而欲得其全而见之，则求之于杞而吾无望也已，然则夏之礼自是其将遂湮灭而无传矣乎？继夏而有天下者殷也，以成汤⑪之圣人抚九有⑫之殷众，其大经大法⑬之所存，固不能有改于前代，而所以变而通之⑭、神而化之⑮以使天下之治常新，亦必有断然自为一代之礼者，而谓之殷礼也。自殷以来，又有圣人者承其后矣，而宋⑯则为其世守之国焉，则凡欲以观殷之礼者，宜皆于宋乎求之，而今观于宋，何足以征殷之礼哉！虽其所尚以质、所建以丑、与夫建中锡极⑰之类，至今读殷之书者犹可以追想其时事，然特其流风之所存，所谓得其偏而遗其全者，而欲其详焉而深考之，则求之于宋而吾无望也已，然则殷之礼自是其将遂散轶而莫收矣乎？嗟夫，夏商之圣人，其始之所以为礼者，其用心于天下后世，亦何以异于文武周公也。而今之所存若此，亦可慨矣。不知好古之君子，其亦将以吾意为然否耶？

　　【评】古厚清浑之气，盘旋屈曲于行楮间。归震川他文皆然，而此篇尤得欧阳氏之宕逸。

　　【题解】出自《八佾·夏礼吾能言之》。

　　子曰："夏礼吾能言之，杞不足征也；殷礼吾能言之，宋不足征也。文献不足故也，足则吾能征之矣。"（杞，夏之后。宋，殷之后。征，证也。文，典籍也。献，贤也。言二代之礼，我能言之，而二国不足取以为证，以其文献不足故也。文献若足，则我能取之，以证吾言矣。）

　　【注释】

① 述：传述、传承，阐述前人成说，故与"作"相对。《论语·述而》："子曰：述而不作，信而好古。"

② 虞：舜帝有天下之号。

③ 有夏：即夏，夏代。有，附着在动词、名词、形容词前，相当于词缀，无实际意义。

④ 天经地义：指礼法中所包含的不可更改的法则。《左传·昭公二十五年》："夫礼，天之经也，地之义也，民之行也。"

⑤ 杞：西周初年所封诸侯国，为夏人之后，公元前 445 年为楚所灭。

⑥ 征：证明、验证。

⑦ 所尚在忠：夏、商、周三代文化有所不同。在礼的"文质"方面，所崇尚的不同。所建在寅：在历法方面，三代岁首的月建不同。《论语·为政》"子张问十世可知也"章《论语集注》曰："夏尚忠，商尚质，周尚文。"又曰："三统，谓：夏正建寅为人统，商正建丑为地统，周正建子为天统。"按：夏朝的正月相当于现在的农历正月，以地支而论为寅；商朝的正月相当于现在的农历十二月，以地支而论为丑；周朝的正月相当于现在的十一月，以地支而论为子。

⑧ 则壤成赋：将土地分为不同的等级，并据此征收贡物、赋税。《尚书·夏书·禹贡》对此有详细记载，故此文将此事列入夏朝。

⑨ 特：仅仅，只不过。

⑩ 什一：同"十一"，十分之一。

⑪ 成汤：商的开国之君。契的后代，夏桀无道，汤伐之，遂有天下，都于亳。

⑫ 九有：九州。《诗·商颂·玄鸟》："方命厥后，奄有九有。"毛传："九有，九州也。"

⑬ 大经大法：治理国家、维系人心的根本法则。本韩愈《与孟尚书书》："其大经大法，皆亡灭而不救，坏烂而不收。所谓存十一于千百，安在其能廓如也？"朱熹《孟子集注·孟子序说》引之。

⑭《易·系辞上》："变而通之以尽利。"孔颖达疏："变，谓化而裁之，通，谓推而行之，故能尽物之利也。"

⑮《易·系辞下》："神而化之，使民宜之。"孔颖达："言所以'通其变'者，欲使神理微妙而变化之，使民各得其宜。"

⑯ 宋：西周初年，封纣王庶兄微子启于宋，以奉殷之先祀，都今河南商丘。公元前 286 年齐国乘宋内乱，伐宋杀康王，三分其地。

⑰ 建中锡极：也即"建中立极"。建中，谓树立中正之道。《尚书·商书·仲虺之诰》："王懋昭大德，建中于民，以义制事，以礼制心，垂裕后昆。"锡极，树立最高的法则。《尚书·周书·洪范》："皇建其有极……敛时五福，用敷锡厥庶民。"按：《洪范》为殷王子箕子所作。

周监于二代　一节

孙　升　程

王制①稽古而大备，圣人之所不能违也。夫稽古②而损益之，王制之所为备也，圣人之从之也有以哉。想其意若曰：圣人之治天下也，不可变者道也，而不相沿者制也③。夏之尚忠，商之尚质，质皆卓然为一代之宪矣，至于我周，文武具明圣之德，周公当制作之权④。是故监于有夏，监于有商，本经纶⑤之迹以尽折衷之详，而立当代之良法；损其太过，补其不及，因风气之开以继先王之志，而集典礼之大成。愿而悫⑥者，有文以济之，品式⑦章程，至详至备，达天下于昭明⑧之观也；朴而略者，有文以饰之，道德风俗，大顺大同⑨，协天下于亨嘉之会⑩也。郁郁乎，何其盛哉！丘也生值其时，会逢其盛，固不能舍周以他从矣。念典刑⑪之不远，是则是效，循循然纳于轨物⑫之中；幸谟烈⑬之犹存，是训是行，亹亹⑭然式于范围之内。讵自外于大一统之治

117

法，而出入起居，将由之以终身也，虽曰夏、商之礼能言^⑮，吾岂弃此以趋彼乎！求无悖于大圣人之作为，而动容周旋^⑯，皆资之以寡过^⑰也，即使杞、宋之后足征，吾岂袭旧以拂经^⑱乎？夫赞其文盛者，所以表制作之隆；决其从周者，所以明宪章^⑲之志。是可以见夫子之得统于文武周公，而文在兹^⑳矣。

【原评】夫子得位有作，从二代之礼，固不能多于从周。然宪章文武，则礼仪三百、威仪三千，莫非躬行之事，从周固不待于得位也。文特尽其表里。

【评】清规雅度，可为后学楷模。及观归作，则崇闳深远，成一家之法度，邈乎其不可攀矣。

【作者简介】

孙升（1501—1560），字子高，号季泉，浙江余姚人。嘉靖十四年（1535）一甲二名进士，授翰林院编修，与修《大明会典》，历任右中允，国子监祭酒，礼部左侍郎、礼部右侍郎等职，官至南京礼部尚书，谥文恪。孙升之父孙燧死于宁王之乱，赠礼部尚书，谥忠烈。孙升之子鑨、铤、鏴、矿，俱通显，有"一门四进士，三尚书，一正卿"之谓。孙升著有《孙升集》二十卷。

【题解】出自《八佾·周监于二代》。

子曰："周监于二代，郁郁乎文哉！吾从周。"（监，视也。二代，夏商也。言其视二代之礼而损益之。郁郁，文盛貌。尹氏曰："三代之礼至周大备，夫子美其文而从之。"）

【注释】

① 王制：王者（天子）之制。《礼记》有"王制"篇，记周朝先王班爵、授禄、祭祀养老之法度。

② 稽古：考核古时制度。

③《汉书·董仲舒传》引《举贤良对策》："故王者有改制之名，亡变道之实。……道之大原出于天，天不变，道亦不变。"

④ 制作之权：权衡损益以制礼作乐。制作，指周公制礼作乐。权，权衡、比较。

⑤ 经纶：出自《易·屯卦》："云雷屯，君子以经纶。"按：此本《易·系辞下》"故能弥纶天地之道"，孔颖达疏："弥谓弥缝补合，纶谓经纶牵引，能补合牵引天地之道，用此易道也。"

⑥ 愿而悫：谨慎老实；谨慎善良。悫，诚实、恭谨。此谓人朴而无文。

⑦ 品式：标准，法式。

⑧ 昭明：显明；显著。《尚书·尧典》："百姓昭明，协和万邦。"孔颖达疏："百姓蒙化，皆有礼仪，昭然而明显矣。"

⑨ 大顺大同：指礼义教化达到极高的程度。"大顺"、"大同"俱见《礼记·礼运》："天下之肥也，是谓大顺。""大道之行也，天下为公……是谓大同。"

⑩ 亨嘉之会：美好的事物聚会在一起。出自《易·乾卦》："亨者，嘉之会。"

⑪ 典刑：旧法。《诗经·大雅·荡》："虽无老成人，尚有典刑。"

⑫ 轨物：规则、准则，此指礼法。语本《左传·隐公五年》："君将纳民轨物者也。"

⑬ 谟烈：谋略与功业。

⑭ 亹亹：勤勉不倦貌。《诗经·大雅·文王》："亹亹文王，令闻不已。"

⑮ 夏、商之礼能言：及下"杞、宋之后足征"俱本《论语·八佾》："子曰：夏礼吾能言之，杞不足

征也；殷礼吾能言之，宋不足征也。"

⑯ 动容周旋：举止仪容、进退揖让。《孟子·尽心下》："动容周旋中礼者，盛德之至也。"

⑰ 寡过：王者制礼，循礼而动，可减少错误。《中庸》："王天下有三重焉，其寡过矣乎！"

⑱ 拂经：违背常理。《易·颐卦》："六二，颠颐，拂经于丘颐，征凶。"孔颖达疏："拂，违也。经，义也。"

⑲ 宪章：遵循并将其发扬光大。《礼记·中庸》："仲尼祖述尧舜，宪章文武。"孔颖达疏："宪，法也；章，明也。言夫子发明文、武之德。"

⑳ 文在兹：指天下"斯文"、道统所寄，在孔子身上。《论语·子罕》："（孔子）曰：文王既没，文不在兹乎？"兹，此，孔子自谓。

周监于二代　一节

归有光

　　圣人①叹时制②之善，而因以致其不倍③之意也。夫法非圣人之所能为也，因时而已，孰谓有周一代制作之盛而圣人敢有僭越于其间哉！昔者圣人不先天④以开人，每因时而立政。方其时之未至也，前世圣人不能以预拟其后而待其变于未然；及其时之既至也，后世圣人不敢以苟徇乎前而安其法于不变。是故禹之造夏以忠也，方其法之始行，天下以为宜于忠也，及其弊而之野⑤，则忠之道有所不可行，而徒为有夏之故迹矣；汤之造殷以质也，方其法之始行，天下以为宜于质也，及其弊而之鬼⑥，则质之道有所不可行，而徒为有商之故迹矣。迨夫文武造周而承二代之余，虽其忠质之穷，交有所弊，而天下之变固已略备于前世。于是深明往古之得失，政惟由旧，而斟酌以化裁⑦之，监于夏而不纯用乎夏；洞悉天下之利病，制以宜人，而变通以神明⑧之，监于商而不纯用乎商。则周之政非夏之忠、商之质，而文武周公之文也。吾见圣人心思智虑之所及，尽伦尽制⑨，有以利用⑩于生民，而上自朝廷宗庙，以逮于闺门闾里之间，品式具备，昭然礼乐之化，天地运而四时行矣；帝王经纶参赞⑪之极功，大经大法，有以范围于斯世，而大自祭祀会同，以至于揖让俯仰之际，缘饰委佩⑫，灿然文明之治，日星明而江河流矣。然则吾生于今日而仰一王之盛，固乐与斯世斯民共归于维皇之极⑬，而曷敢自用自专，以妄起不靖之谋⑭哉？夫子之从周者如此，盖亦伤周之末文胜⑮之弊，而思文武周公之旧也与？

　　【评】以古文间架笔段驭题，题之层次即文之波澜，文之精蕴皆题之气象。

　　【题解】出自《八佾·周监于二代》，同上。

【注释】

① 圣人：此指孔子。以下"圣人"指尧舜禹汤、文武周公等。
② 时制：当时的制度，指周制。
③ 不倍：不背。
④ 先天：在天时、机运到来之先。此句用程颐《春秋传序》语："二帝而上，圣贤世出，随时有作。顺乎风气之宜，不先天以开人，各因时而立政。"（见《近思录》卷三）

⑤ 野：指粗鄙无文。《论语·雍也》："质胜文则野。"

⑥ 鬼：指商朝人尊崇巫鬼。《史记·高祖本纪》："夏之政忠，忠之敝，小人以野，故殷人承之以敬；敬之敝，小人以鬼，故周人承之以文。"

⑦ 化裁：随事物的变化而裁节之。语本《易·系辞上》语："化而裁之，存乎变。"

⑧ 神明：把握事物的真正奥妙。语本《易·系辞上》："神而明之，存乎其人。"

⑨ 尽伦尽制：培养至善的道德人格，建立最合理的社会制度。《荀子·解蔽》："圣也者，尽伦者也；王也者，尽制者也；两尽者，足为天下之极矣。"

⑩ 利用：《尚书·大禹谟》："正德、利用、厚生，惟和。"孔颖达疏："利用以阜财。"蔡沉《集传》："利用者，工作什器，商通货财之类，所以利民之用也。"

⑪ 参赞：即所谓"参赞化育"，赞助天地之化育，功与天地相参。《中庸》："能尽物之性，则可以赞天地之化育；可以赞天地之化育，则可以与天地参矣。"《集注》："赞，犹助也。与天地参，谓与天地并立为三也。"

⑫ 缘饰委佩：泛指文饰、礼仪。委佩，恭敬貌。谓俯身行礼时佩饰拖垂至地。语出《礼记·曲礼下》："主佩垂，则臣佩委。"

⑬ 维皇之极：中正之道。《尚书·洪范》有"维皇作极"、"时人斯其维皇之极"句。

⑭ 不靖之谋：谋逆，此指离经叛道。靖：平定，安宁。

⑮ 文胜：文过其质，不得其中。《论语·先进》首章言及周末文胜，可参阅。

子入大庙 一节

归有光

圣人深得乎礼之意，因人言而有以发之也。夫敬者，礼之意，而或者不知，则礼亦几乎息矣。此圣人之所惧也，不然，而岂急于自暴①其知礼也哉！且夫诸侯得祭其始封之君，而鲁之有太庙，则周公其人也。时方卜祭而严裸献②之仪，夫子筮仕③而在骏奔④之列。斯时也，宗彝罍爵⑤于是乎陈，而声名著⑥焉，文物昭焉，周公之德不衰也；降登俯仰于斯焉在，而献享⑦致焉，孝慈服焉⑧，周礼之在可观也。以夫子之无不知也，固宜若素讲而熟识之者；以夫子之每事问也，则又若创见⑨而骤闻之者。于是不知礼之说，或者有以议其后矣。殊不知天下有不知而问者与知而不问者，此可概以答问之常；而亦有问生于知、不知而无所问者，此宜得之答问之外。诚以备多士⑩而与济济之中，有司之所存，不可不恪也，恃其博洽之素，而曰"予既已知之矣"，虽其考索之精不爽于毫发，而非礼之意也；登清庙⑪而观雍雍之美⑫，国家之上仪，不可不敬也，遝其威仪之习⑬，而曰"如斯而已矣"，虽其礼度之闲⑭不失乎尺寸，而亦徒礼之文⑮也。盖惟圣人者，恭敬之心肃于中，无所不知而有所不敢；著悫之道⑯存乎内，不待于问而不能已于问。故闻之而曰"是礼也"，夫礼者非自外至者也，心怵而奉之以礼，而可以交于神明矣。惜乎天下之议礼者如或者之意，而不达乎圣人之心，聚讼之纷纷，亘千古而不决也。

【评】神气浑脱，化尽题中畦界。而清淡数言，旨趣该透。其于题解，昭然如发蒙矣。

【题解】出自《八佾·子入大庙》。

子入大庙，每事问。或曰："孰谓鄹人之子知礼乎？入大庙，每事问。"子闻之曰："是礼也。"（大庙，鲁周公庙。此盖孔子始仕之时，入而助祭也。鄹，鲁邑名。孔子父叔梁纥，尝为其邑大夫。孔子自少以知礼闻，故或人因此而讥之。孔子言是礼者，敬谨之至，乃所以为礼也。尹氏曰："礼者，敬而已矣。虽知亦问，谨之至也，其为敬莫大于此。谓之不知礼者，岂足以知孔子哉？"）

【注释】

① 暴：显露。

② 裸献：古代帝王、王后祭祀宗庙时的一种礼仪。《周礼·天官·内宰》："大祭祀，后裸献，则赞。"裸，浇酒于地以祭神；献，进献牲品。

③ 筮仕：初做官。本指将出做官，卜问吉凶。《左传·闵公元年》："初，毕万筮仕于晋，遇屯之比。"

④ 骏奔：急速奔走，此指孔子参与宗庙祭祀。《诗经·周颂·清庙》："骏奔走在庙。"

⑤ 宗彝罍爵：宗庙祭祀用的各种酒器。宗彝，见《尚书·洪范》："武王既胜殷，邦诸侯，班宗彝。"孔颖达疏："赋宗庙彝器酒樽赐诸侯。"罍，祭祀酒器。《礼记·礼器》谓诸侯祭礼，"庙堂之上，罍尊在阼，牺尊在西"。

⑥ 著：显著，显扬。

⑦ 献享：供品、祭品。

⑧ 孝慈服焉：语出《礼记·礼运》："礼行于祖庙，而孝慈服焉。"孔颖达疏："王祭庙尽礼，而天下皆服行孝慈也。"

⑨ 创见：首见，初见。

⑩ 多士：古指众多的贤士，也指百官。按，此句谓孔子与许多人一起参与祭祀大典，用《诗经·大雅·文王》："济济多士，文王以宁。"

⑪ 清庙：此即指太庙。

⑫ 雍雍之美：《礼记·少仪》："祭祀之美，齐齐皇皇。……鸾和之美，肃肃雍雍。"孔颖达疏谓"美"即"仪"，"肃肃是敬貌，雍雍是和貌"。

⑬ 威仪之习：娴习礼仪。习，娴习。威仪，《礼记·中庸》："优优大哉，礼仪三百，威仪三千。"威仪，或以为即指曲礼，或言即《仪礼》行事之威仪。

⑭ 闲：娴习，熟练。

⑮ 礼之文：指礼的外在仪式及行为规范。《礼记·乐记》："升降上下，周还裼袭，礼之文也。"《礼器》："忠信，礼之本也。义理，礼之文也。"

⑯ 著悫之道：指以诚挚恭肃之心对待祭祀仪式。《礼记·祭义》："是故先王之孝也……致爱则存，致悫则著，著、存不忘乎心，夫安得不敬乎？"郑玄注："存、著则谓其思念也。"

天将以夫子为木铎
归有光

时人以天意而知圣人之不终穷，所以慰门人也。盖天生圣人，为万民也，圣人而必得位于天下，亦其理有固然者。时人而能言此，可谓深知夫子者矣。想其得见夫子而退以语门人之意，谓夫世以天道之难测，而疑圣人之遇不可必，此特天之未定者也，孰知天之有终不能舍夫子乎？夫使世不遭大乱，而始终往复之数未极，则时不在夫子焉，吾固不能必①夫子之得位也；使天不生圣人之德，而拨乱反正之具不全，则道不在夫子焉，吾又不能必夫子之得位也。兹者以夫子之德而又值今之时，天于下民之孔艰②坐视其陷溺③而莫为之所④，固未必若是其恝然⑤也；畀⑥圣人以厚德而终始于穷阨而无所用，又未必若是其无意也。推天之所以厚民，必将以君师⑦世道之责委之夫子，以副其降鉴⑧下民之心；推天所以厚夫子之意，必将使夫子任夫君师世道之责，以当聪明时乂⑨之寄。吾见明王作而天下宗予⑩，后知者吾知⑪之焉，后觉者吾觉之焉，振一世之聋聩，而皇极锡极⑫之道，不徒慨想乎东周之盛矣；圣人出而万物咸睹⑬，道之而斯行焉，动之而斯和焉，开一时之颛蒙⑭，而礼乐教化之实，不徒私淑⑮于洙泗之间矣。所不可齐者，治乱之迹，而所可知者，天理之循环，使天下之治果不容挽，则生民之乱将何所穷耶？由其乱之极，则天之用夫子者必有在也。所不可必者，遇合之数，而所可知者，大德之受命⑯，使夫子之道果不行，则天之生圣人者果何所为耶？由其德之盛，而夫子之简⑰于天者将有在也。然则二三子之患于丧者，非独不知天，亦不知夫子矣。观于此而封人之贤可知矣，非夫子不足以感封人，非封人不足以知夫子。惜乎天意不可必，而封人之言卒不验也。虽然，人也，非天也，封人之所知者，天而已矣。

【原评】每股接头转折处，纯是古文行局。空漾浑雅，繁委周匝，无一不古，亦惟深于古文者知之。

【评】两意贯注到底，而苍莽回薄，不见其运掉排荡之迹，是大家朴直气象。逐层以天下与夫子夹说，疑于连上文矣。惟处处以天为主，故纳上句于本题之中而不连上也。

【题解】出自《八佾·仪封人请见》，参见化治文卷二薛瑄《仪封人请见》。

仪封人请见。曰："君子之至于斯也，吾未尝不得见也。"从者见之。出曰："二三子，何患于丧乎？天下之无道也久矣，天将以夫子为木铎。"

【注释】

① 必：肯定。
② 孔艰：十分艰难。
③ 陷溺：民众处于水深火热之中。《孟子·梁惠王上》："彼陷溺其民，王往而征之，夫谁与王敌。"
④ 为之所：为他们作出安排。
⑤ 恝然：漠不关心貌，冷淡貌。
⑥ 畀：给予。
⑦ 君师：古代君、师皆尊，故常以君师称天子。朱熹《大学章句序》："则天必命之以为亿兆之君师，使之治而教之。"
⑧ 降鉴：指上天俯察万民。《诗经·王风·黍离》"悠悠苍天"郑笺："自上降鉴，则称上天。"
⑨ 聪明时乂：天生聪明之圣人，使治乱。出自《尚书·仲虺之诰》："惟天生民有欲，无主乃乱，惟天生聪明时乂。"时乂，治理这些老百姓。时，通"是"；乂，治理。
⑩ 此句意为：如果有圣明的帝王兴起，天下之人将尊崇我为师君。用《礼记·檀弓上》孔子临终对子贡所说的话："夫明王不兴，而天下其孰能宗予？予殆将死也。"
⑪ 知：使……知。

⑫ 皇极锡极：指中正之道。《尚书·洪范》："皇建其有极……敛时五福，用敷锡厥庶民。"

⑬ 万物咸睹：谓圣人确定法则，而后人们才能据此正确认识万物。语本《易·乾》："云从龙，风从虎，圣人作而万物睹。"

⑭ 颛蒙：愚昧。

⑮ 私淑：没有得到某人的亲身教授而又敬仰他的学问并尊之为师。《孟子·离娄下》："（孟子曰）予未得为孔子徒也，予私淑诸人也。"按，此句指孔子的思想将不止被其弟子传承而已。孔子聚徒讲学于洙水、泗水即曲阜一带，后经子思传于孟子，故"洙泗之间"被视为圣学渊源所在。

⑯ 此本孔子之言。《礼记·中庸》："故大德必得其位"，"故大德者必受命"。

⑰ 简：选择。

夫子之道　二句

王　樵

大贤于圣道，借其可名者①以明其不可名之妙焉。盖一以贯之，圣人之忠恕也，特不待于推耳，知其无二理，则知其无余法矣。曾子深有悟而难于言也，故其告门人，若曰：二三子有疑于夫子之道乎？吾以为圣人之道，尽之于圣人之心；圣人之心，具之于吾人之心。自其尽己谓之忠，而心之在吾人，惟圣人为能无不尽也，有夫子之忠焉，而恕由是出；自其推己谓之恕，而心之在人人，惟圣人为能无不通也，有夫子之恕焉，而忠由是行。举天下同此实理，而人以伪妄参之，故不能因物而顺应，心苟无妄，则随吾身之所接，而加以吾所固有之心，夫安施而不得其当乎？举天下同此实心，而人以物我间之，故不能体物而无我，此心若尽，则听②凡物之自来，而处以物所自有之理，夫安往而不得其所乎？老者安，少者怀③，皆此忠之所及，皆此心之全体为之也；天地变化，草木蕃④，皆此恕之流行，皆一心之妙用所贯也。忠譬则流而不息也，恕譬则万物散殊也。"一以贯之"，子诚⑤未喻也，亦未闻于"忠恕"乎？即其可名者，而其难名者尽之于是矣，岂有余法哉？

【自记】《集注》"夫子之一理浑然，而泛应曲当，譬则天地之至诚无息，而万物各得其所也"，"至诚无息"贴"忠"字，"万物各得其所"贴"恕"字。此正如《中庸章句》云："大本者，所性之全体。惟圣人之德极诚无妄，其于所性之全体，无一毫人欲之伪以杂之，而天下之道千变万化皆由此出，所谓立之也。""无一毫人欲之伪"是"忠"，万化皆由此出是"恕"。所谓"忠恕"乃程子之所谓"动以天者"，故曰"借曰"，"借"则非正言学者之忠恕矣。使圣人分上无忠恕，亦借不得。

【评】忠恕三层自是训诂语，非制义体也。运训诂之理于语气中，指示朗然而浑无圭角，苦心独造之文。

【作者简介】

王樵（1521—1599），字明远，号方麓，江苏金坛人。嘉靖二十六年（1547）进士，授行人，历刑部员外郎，著《读律私笺》，甚精核，官至右都御史。樵恬澹诚悫，邃经学，《易》、《书》、《春秋》皆有纂述，卒赠太子少保，谥恭简。有《方麓居士集》

十四卷等。亦精制义，有《王方麓稿》，俞长城题识云："为文湛深经术，颉颃注疏，视之恹恹无华，而精采内蕴。"

【题解】出自《里仁·参乎吾道一以贯之》。

子曰："参乎！吾道一以贯之。"曾子曰："唯。"（参乎者，呼曾子之名而告之。贯，通也。唯者，应之速而无疑者也。圣人之心，浑然一理，而泛应曲当，用各不同。曾子于其用处，盖已随事精察而力行之，但未知其体之一尔。夫子知其真积力久，将有所得，是以呼而告之。曾子果能默契其指，即应之速而无疑也。）子出。门人问曰："何谓也？"曾子曰："夫子之道，忠恕而已矣。"（尽己之谓忠，推己之谓恕。而已矣者，竭尽而无余之辞也。夫子之一理浑然而泛应曲当，譬则天地之至诚无息，而万物各得其所也。自此之外，固无余法，而亦无待于推矣。曾子有见于此而难言之，故借学者尽己、推己之目以著明之，欲人之易晓也。盖至诚无息者，道之体也，万殊之所以一本也；万物各得其所者，道之用也，一本之所以万殊也。以此观之，一以贯之之实可见矣。或曰："中心为忠，如心为恕。"于义亦通。程子曰："以己及物，仁也；推己及物，恕也，违道不远是也。忠恕一以贯之：忠者天道，恕者人道；忠者无妄，恕者所以行乎忠也；忠者体，恕者用，大本达道也。此与违道不远异者，动以天尔。"又曰："'维天之命，於穆不已'，忠也；'乾道变化，各正性命'，恕也。"又曰："圣人教人各因其才，吾道一以贯之，惟曾子为能达此，孔子所以告之也。曾子告门人曰：'夫子之道，忠恕而已矣'，亦犹夫子之告曾子也。《中庸》所谓'忠恕违道不远'，斯乃下学上达之义。"）

【注释】

① 可名者：指"忠恕"。后"不可名"者，指圣人之"道"。

② 听：任由，听任。

③ 此用《论语·雍也》句意："子曰：老者安之，朋友信之，少者怀之。"《集注》："老者养之以安"，"少者怀之以恩"。

④ 天地变化，草木蕃：语本《易·坤》，孔颖达疏："二气交通，生养万物，故草木蕃滋。"此指"恕"之道可使万物各得其所。

⑤ 诚：实在、的确，有假设意味。

君子喻于义 一节

唐顺之

圣人论君子小人之所喻，以示辨志之学也。盖义利不容并立，而其几①则微矣。是君子小人之异其所喻，而学者所以必辨其志也欤？且天下之事无常形，而吾人之心有定向。凡其无所为而为之者，皆义也；凡其有所为而为之者，皆利也。君子何以独喻于义也？盖君子之志未尝不公诸天下也，志未尝不公诸天下，则其所见无非义者。节之不可以夺②也，身之不可以辱③也，一介④之不可以取而与也，知其如是之为义而已矣。虽或有所进焉而蹈自好者⑤之所深避，有所受焉而冒自洁者之所不屑，此其迹若疑于利者，然在君子，则亦但知如是之为义而已矣。何者？彼一无所利之也。是君子舍义则无所喻矣。小人何以独喻于利也？盖小人之志未有不私诸其身者也，志未有不私诸其身，则其所见无非利者。机械⑥之欲其巧以捷也，窥伺之欲其专以密也，寻尺⑦之欲其揣以审也，知其如是之为利而已矣。虽或有所勉而遁⑧焉以自好，有所矫而让焉以自洁，此其迹若疑于义者，然在小人，则亦但知如是之为利而已矣。何者？彼固有所利之也。是小人舍利则无所喻矣。夫徇义⑨而至于喻，则利之所不能入也；徇利而至于喻，则义之所不能入也。是以学者贵辨之于早乎？

【评】落落数语，而于义利之分界与君子小人心术之动、精神之运已辨其所从生，而推之至于其所终极矣。　　就《语》、《孟》中取义，而经史事迹无不浑括。此由笔力高洁，运用生新，后人动阑入四书字面作文，殊乏精采，所谓上下床⑩之隔也。

【题解】出自《里仁·君子喻于义》。

子曰："君子喻于义，小人喻于利。"（喻，犹晓也。义者，天理之所宜。利者，人情之所欲。程子曰："君子之于义，犹小人之于利也。唯其深喻，是以笃好。"杨氏曰："君子有舍生而取义者。以利言之，则人之所欲无甚于生，所恶无甚于死，孰肯舍生而取义哉？其所喻者义而已，不知利之为利故也。小人反是。"）

【注释】

① 几：事物的苗头、征兆。
② 夺：改变。《论语·泰伯》载曾子谓君子"临大节而不可夺"。
③ 《大戴礼记·曾子疾病》载曾子语曰："君子苟无以利害义，则辱何由至哉。"《荀子·法语》亦载之而文字小异。
④ 一介：指细微的东西。介，通"芥"。《孟子·万章上》："非其义也，非其道也，一介不以与人，一介不以取诸人。"
⑤ 《孟子·万章上》："自鬻以成其君，乡党自好者不为，而谓贤者为之乎？"《集注》："自好，自爱其身之人也。"
⑥ 机械：指机诈之心。
⑦ 寻尺：本义为度量长度，这里引申为揣摩度量。寻，八尺。《诗经·鲁颂·閟宫》："是断是度，是寻是尺。"
⑧ 遁：同"遁"，退隐。《诗经·小雅·白驹》："慎尔优游，勉尔遁思！"孔颖达疏："事勉力行，汝遁思之志，勿使不终也。"
⑨ 徇义：舍身于义。
⑩ 上下床：喻高低之别。语本《三国志·魏志·陈登传》："如小人欲卧百尺楼上，卧君于地，何但上下床之间邪？"

德不孤必有邻

诸　燮

圣人于有德者而必其有亲，所以进人于德也。夫人莫不有是好德之心，则其所以类应于德者，势也。曾谓有德者而孤立乎哉？夫子以是为立德者劝①，意谓：夫人之情莫不信同而疑异，喜合而恶离。夫惟感之以自私之心，而后夫人之心疑；感之以拂②天下之行，而后夫人之心沮。于是畏而莫之合，以至于穷焉而无所与③者。是果德之罪哉？夫德也者，原于天而具于人，非有我之所得私；足于此而通于彼，为人情之所甚便。吾德之不修，吾无以孚④于人，吾惧焉而已矣；吾德之既修，固未有感之而不应者，而何病于孤耶？盖德则公，公则有以通天下之志而无所疑；德则爱，爱则有以足其甚便之欲而无所拂。是虽无意于人之我同也，心同则相求，自将信其道而愿为之徒⑤；虽未尝强人以必从也，类同则相济，自将乐其便而安为之与⑥。莫非吾人也，则莫非吾徒也；莫非吾德也，则莫非吾与也。苟以其私也而恶吾之修，是固异于德者也，而何病⑦于君子之同哉？以其忌也而畏吾之修，是自离于德者也，而何病于君子之合哉？必也天下无君子而后吾之德始孤，必也天下皆小人而后相率以自外于吾德。今天下之不皆君子固也，亦未必皆小人，则吾德之有邻而吾道之不至于终穷也，固可信其必然矣。

【原评】两义到底，挥洒如志，又时作参差，使人迷眩。

【评】运古文气脉于排比中，屈盘劲肆，辞与意适。此等文若得数十篇，便可肩随唐、归，惜乎其不多见耳。

【作者简介】

诸燮，字子相，号理斋，浙江余姚人。嘉靖十四年（1535）进士，授兵部主事，以事谪茶陵同知，未赴南归，居钱塘，远近士慕燮经学，执贽受业者百余人。逾年，量移潮州通判，迁邵武同知，以丁父艰归。著有《通鉴集要》三十八卷。诸燮精于制义，有《诸理斋稿》，俞长城云："理斋之文，倾敏偏侧，游衍散淡，无意于工，而不诡于理、不越于法……昔人评理斋文曰：'不衫不履，物外遗人。'求理斋者，当求其所以不俗之故，则几矣。"

【题解】出自《里仁·德不孤》。

子曰："德不孤，必有邻。"（邻，犹亲也。德不孤立，必以类应。故有德者，必有其类从之，如居之有邻也。）

【注释】

① 劝：勉励，鼓励。
② 拂：违背。
③ 与：交好，赞助。
④ 孚：相信，信任。
⑤ 徒：同类，同一派别的人。
⑥ 与：同类，友朋。
⑦ 病：损害。

三仕为令尹　六句

唐顺之

　　大夫之心裕①而公，忠于谋者也。夫裕则齐得失，公则平物我，而子文可以为忠矣，仁则吾不知也。子张之意若曰：今夫天下之人谋其身也过周，而谋其国也过略。夫惟其过周也，则少不如意者，未尝不为之戚焉；夫惟其过略也，则苟无预于己者，未尝屑为之谋焉。此无怪乎幸进②之多而善治之寡也。子文曾有是乎？方其三仕为令尹，继而三已③之也，吾知满其欲得之志，不能不喜于利见之初④；而拂其患失之心，不能不愠于播弃⑤之后。况夫勉于其暂、不能勉于其久者，人之情也；矫于其顺、而不能安于其逆者，理之常也。子文则谓穷达命而已矣，贵贱时而已矣。运之所隆，则其仕我者其道亨也，不色喜也；势之所去，则其已我者其道穷也，不色愠也。安其常而不摇于身外之感，顺其适而不迁于事变之交。其在已也犹其在夫仕也，其在三也犹其在夫初也。吾于是而知其心之裕矣。及其将去而新令尹以代之，吾知忌心生于新故之变，则必幸其败事以形吾之善；愠心起于去位之日，则必不谋其政而任其人之为。况夫功成者退，则旧政虽善，未必其我德⑥也；责有所归，则新政虽不善，亦未必其我咎也。子文则知有国而已矣，知有君而已矣。惧其未识乎治体也，而孰所当因⑦、孰所当革，尽其说而道之焉；惧其未识乎民宜也，而孰为便民、孰为不便于民，举其国而听之焉。大其心而不计其形迹之嫌，忘其私而求善夫身后之治。使其政之行于我者犹其得行于彼也，而政之行于彼者犹其得行于我也。吾于是而知其心之公矣。吁，子文其春秋之良⑧哉？

　　【评】就人臣立论，身、国对勘，反正相形。子文全身已现，却仍是子张发问口吻，于题位分寸不溢。　　归、唐皆以古文为时文，唐则指事类情，曲折尽意，使人望而心开；归则精理内蕴，大气包举，使人入其中而茫然。盖由一深透于史事，一兼达于经义也。

　　【题解】出自《公冶长·令尹子文三仕为令尹》。

　　子张问曰："令尹子文三仕为令尹，无喜色；三已之，无愠色。旧令尹之政，必以告新令尹。何如？"子曰："忠矣。"曰："仁矣乎？"曰："未知，焉得仁？"（令尹，官名，楚上卿执政者也。子文，姓斗，名谷于菟。其为人也，喜怒不形，物我无间，知有其国而不知有其身，其忠盛矣，故子张疑其仁。然其所以三仕三已而告新令尹者，未知其皆出于天理而无人欲之私也，是以夫子但许其忠，而未许其仁也。）"崔子弑齐君，陈文子有马十乘，弃而违之。至于他邦，则曰：'犹吾大夫崔子也。'违之。之一邦，则又曰：'犹吾大夫崔子也。'违之。何如？"子曰："清矣。"曰："仁矣乎？"曰："未知。焉得仁？"（崔子，齐大夫，名杼。齐君，庄公，名光。陈文子，亦齐大夫，名须无。十乘，四十四匹也。违，去也。文子洁身去乱，可谓清矣，然未知其心果见义理之当然，而能脱然无所累乎？抑不得已于利害之私，而犹未免于怨悔也。故夫子特许其清，而不许其仁。愚闻之师曰："当理而无私心，则仁矣。今以是而观二子之事，虽其制行

127

之高若不可及，然皆未有以见其必当于理，而真无私心也。子张未识仁体，而悦于苟难，遂以小者信其大者，夫子之不许也宜哉。"读者于此，更以上章"不知其仁"、后篇"仁则吾不知"之语并与三仁、夷齐之事观之，则彼此交尽，而仁之为义可识矣。今以他书考之，子文之相楚，所谋者无非僭王猾夏之事。文子之仕齐，既失正君讨贼之义，又不数岁而复反于齐焉，则其不仁亦可见矣。）

【注释】

① 裕：宽大有容。
② 幸进：希图侥幸升官。
③ 已：这里指罢免。
④ 利见之初：指任职之初。《易·乾卦》："九二：见龙在田，利见大人。"
⑤ 播弃：弃置、舍弃。《尚书·泰誓中》："今商王受，力行无度，播弃犁老，昵比罪人。"
⑥ 我德：德我，感谢我。
⑦ 因：沿袭，与"革"相对。
⑧ 良：良臣。春秋时，郑国、秦国俱有"三良"之说。

鲁一变至于道
薛应旂

圣人言鲁至道之易，欲其知所变也。夫道，先王之所以为国者也。鲁如一变，斯至之矣，而可以不变乎哉？夫子之意曰：齐鲁之为国也，其俗不同；而其变而之道也，其势亦异。齐一变，固仅至于鲁矣，以鲁言之，其又何如哉？粤①自我鲁开国之初，当伯禽②受封之日，文武之谟烈尚在，周公之训诰方新。惟时秉礼立教，而凡所以行之于上者，莫非道也，迨隐桓以来渐以替③矣，然于礼教则犹知所重也；惇信明义，而凡所以达之于下者，莫非道也，迨成襄以降，寖④以微矣，然于信义则犹知所崇也。苟为之鲁者，因先王之所遗而思其垂创⑤之心，将见不必纷更之扰也，偏者补之，敝者救之，而一振举之下，百度为之自贞⑥；因今日之所乘⑦而兴其绍述之念，将见不俟改革之繁也，废者修之，坠者举之，而一转移之间，众正为之毕举。言乎礼教，不特重之而已，秉之立之而昭布⑧于上下者，洋洋⑨乎一如其旧；言乎信义，不特崇之而已，惇之明之⑩而显设于民物者，骎骎⑪乎尽复其初。禄之去公室⑫者自是可复，而爵赏一出于上，今日之鲁，殆周公之鲁而非隐桓以来之鲁矣；政之逮大夫者自是可还，而政柄不移于下，今日之鲁，殆伯禽之鲁而非成襄以降之鲁矣。谓之曰至道，信乎其为有道之国，而望于天下也不徒然矣。奈之何其不变也哉！

【评】 溯其肇端，及其流弊。举"变"之作用，指"至"之条理，兼酌时势，以明措注，可谓约而能该矣。

【题解】 出自《雍也·齐一变》。

子曰："齐一变，至于鲁；鲁一变，至于道。"（孔子之时，齐俗急功利，喜夸诈，乃霸政之余习。鲁则重礼教，崇信义，犹有先王之遗风焉，但人亡政息，不能无废坠尔。道，则先王之道也。言二国之政俗有美恶，故其变而之道有难易。程子曰："夫子之时，齐强鲁弱，孰不以为齐胜鲁也，然鲁犹存周公之法制。齐由桓公之霸，为从简尚功之治，太公之遗法变易尽矣，故一变乃能至鲁。鲁则修举废坠而已，一变则至于先王之道也。"愚谓二国之俗，惟夫子为能变之而不得试。然因其言以考之，则其施为缓急之序，亦略可见矣。）

【注释】

① 粤：发语词。
② 伯禽：鲁国第一任国君。周公旦长子，成王时受封于鲁。
③ 替：衰落。按，此句"隐桓"及后之"成襄"俱指鲁国君主。隐公、桓公为春秋初期君主，桓公弑其兄隐公而自立。成公、襄公时，"三桓"坐大，公室虚弱。
④ 寖：同"浸"，渐渐。
⑤ 垂创：创设制度，作为典范传于后世。
⑥ 《尚书·旅獒》："不役耳目，百度惟贞。"百度：百事，各种制度；贞：假借为"正"、为"定"。
⑦ 所乘：指势、形势。
⑧ 昭布：明文公布，公开晓喻。
⑨ 洋洋：盛大。《诗经·卫风·硕人》："河水洋洋。"毛传："盛大也。"
⑩ 此用《尚书·武成》语："惇信明义，崇德报功。"孔安国传："使天下厚行信，显忠义。"
⑪ 骎骎：马快跑的样子，引为迅疾。
⑫ 禄之去公室：与下文"政之逮大夫"俱指鲁国王室衰微，大夫专权。《论语·季氏》载孔子论鲁国时政："禄之去公室，五世矣；政逮于大夫，四世矣。"从鲁君失去政治权力来说，自宣公至定公，已历五代；自大夫（季氏）把持国政来说，自季文子至季桓子，已经历四代。

夫子为卫君乎　一章

许孚远

圣人之不为卫君，于其尚论①古人而可知也。盖古今是非可以例见也，夫子深与②夷齐之让国，而肯为卫君乎？昔者卫灵之薨，卫人奉辄而拒蒯聩，而托嫡孙当立之说以辞于诸侯。人伦之薄恶，莫有甚于此者也。是时夫子适在卫，而冉有、子贡之徒从焉。想正名之论，夫子尚无因而发③；而处卫之意，诸贤亦莫测其微。故冉有疑之而问于子贡曰"夫子为卫君乎"，求④非以私心窥圣人也，正欲以国之大故而取裁于圣人也；子贡应之曰"诺，吾将问之"，赐非智不足以知圣人也，不敢以无征之言而遽释乎同列也。然时事犹难于显言，而比类或可以相发。古有夷齐，固知其为逊国⑤人也，倘非中道，能无不概⑥于圣心者乎，而不知其清风高节，师表百世，贤人之名，夫子不得而泯之矣；兄弟逊国，夫子称之为贤人似也，倘存矫激⑦，其中岂能无怨悔乎，而不知其求仁得仁，甘心穷饿，无怨之志，夫子尤深谅之矣。由是言之，夷齐之逊国也，以求仁也；其无怨也，以得乎仁也。假令夷也违父命而齐也悖天伦，虽窃国为诸侯，不可一日安于臣民之上；夫惟伯遂其为子而叔遂其为弟⑧，故弃国如敝蹝，可以浩然存于天地之间。然则仁不仁之间，乃古人之所以审处；而父子兄弟之际，正仁不仁之所存也。以今观于卫辄之事，仁耶非耶？其于夷齐，贤不肖何如也？故子贡出而语冉有曰"夫子不为也"，然后诸贤之疑释而国之是非定矣。

【评】题中曲折纤悉不遗，极安闲，极静细。后来名作俱不能及。

【作者简介】

许孚远（1535—1604），字孟中，号敬庵，浙江德清人。嘉靖四十一年（1562）进士，授南京工部主事，改吏部，万历中官至南京兵部右侍郎，卒谥恭简。孚远有干才，亦务讲学，学者称为敬庵先生，有《敬和堂集》十卷、《论语学庸述》五卷等。工制义，有《许敬庵稿》，俞长城云："许敬庵学粹养深，明体达用，所著文复洋洋洒洒，与王、唐相颉颃。呜呼，岂易及哉！"

【题解】出自《述而·夫子为卫君乎》。

冉有曰："夫子为卫君乎？"子贡曰："诺。吾将问之。"（为，犹助也。卫君，出公辄也。灵公逐其世子蒯聩。公薨，而国人立蒯聩之子辄。于是晋纳蒯聩而辄拒之。时孔子居卫，卫人以蒯聩得罪于父，而辄嫡孙当立，故冉有疑而问之。）入，曰："伯夷、叔齐何人也？"曰："古之贤人也。"曰："怨乎？"曰："求仁而得仁，又何怨。"出，曰："夫子不为也。"（君子居是邦，不非其大夫，况其君乎？故子贡不斥卫君，而以夷、齐为问。夫子告之如此，则其不为卫君可知矣。盖伯夷以父命为尊，叔齐以天伦为重。其逊国也，皆求所以合乎天理之正，而即乎人心之安。既而各得其志焉，则视弃其国犹敝蹝尔，何怨之有？若卫辄之据国拒父而惟恐失之，其不可同年而语明矣。程子曰："伯夷、叔齐逊国而逃，谏伐而饿，终无怨悔，夫子以为贤，故知其不与辄也。"）

【注释】

① 尚论：往上追论古人的行事。尚，通"上"。

② 与：赞成。

③ 孔子此时尚未发正名之论。其发正名之论，见《论语·子路》："子路曰：'卫君待子而为政，子将奚先？'子曰：'必也正名乎！'"在自楚返卫之时。当时辄为卫君，欲用孔子。孔子发正名之论，暗示辄乃无父之人，不可以有国。

④ 求：冉有。冉有名求。下句"赐"指子贡。子贡姓端木，名赐，子贡其字。

⑤ 逊国：让国。

⑥ 不慨：不满，不平。慨，平准。

⑦ 矫激：奇异偏激，违逆常情。

⑧ 伯：兄长，这里指伯夷。后"叔"，指弟，即叔齐。伯夷不违父命，故"为子"；叔齐尊其兄长，故"为弟"。

圣人吾不得而见之矣　一章

邹守益

圣人有见圣之思，而终不得于有恒也。夫由圣人而思及于有恒，夫子之心亦切矣，而有恒者犹不得而见焉，圣人亦且奈之何哉！夫子之意以为：世变之趋而下也，可慨哉！至于世变之愈下，而吾人之所思亦因①之矣。何则？由圣人而下，则有君子、善人，而有恒又其次也；由有恒而进，则为善人、君子，而圣人又其至也。始吾于天下也，岂不愿见圣人哉？顾圣人不可得而见，而得见君子，则犹圣人之徒②也，斯亦可矣；又岂不愿见善人哉？顾善人不可得而见，而得见有恒，则犹善人之徒也，斯亦可矣。盖以厚望之心求天下，则虽善人君子，犹不足以满吾希圣③之念；而以难得之心求天下，则虽有恒，亦足以系吾入圣之思也。然而今之人亡矣，虚矣，约矣，其为人何如也？且亡以为有焉，虚以为盈，约以为泰焉，其于恒何如也？有恒者且不可得而见，而况于善人乎？况于君子乎？又况于圣人乎？已矣乎！吾终不得而见之矣夫！

【评】此等文，如有道之士百体顺正，发气满容，不可以形似也。其措意遣言，亦天然合度，少有所损则已亏，少有所益则已赘。

【作者简介】

邹守益（1491—1562），字谦之，江西安福人。正德六年（1511）会试第一，殿试第三，授翰林院编修，官至南京国子监祭酒。隆庆初，追谥文庄。守益无宦情，尝讲学于东廓山，传王守仁之学，有《东廓集》十二卷等。制义有《邹谦之稿》，俞长城谓其"恬静安闲"，与成化、弘治、正德诸元异趣，而为后来孙矿等所宗。

【题解】出自《述而·圣人吾不得而见之矣》。

子曰："圣人，吾不得而见之矣；得见君子者，斯可矣。"（圣人，神明不测之号。君子，才德出众之名。）子曰："善人，吾不得而见之矣；得见有恒者，斯可矣。"（"子曰"字疑衍文。恒，常久之意。张子曰："有恒者，不贰其心。善人者，志于仁而无恶。"）亡而为有，虚而为盈，约而为泰，难乎有恒矣。"（亡，读为无。三者皆虚夸之事，凡若此者，必不能守其常也。张敬夫曰："圣人、君子以学言，善人、有恒者以质言。"愚谓有恒者之与圣人，高下固悬绝矣，然未有不自有恒而能至于圣者也。故章末申言有恒之义，其示人入德之门，可谓深切而著明矣。）

【注释】

① 因：顺随，随应。
② 徒：同类，同一派别的人。
③ 希圣：仰慕圣人、效法圣人。

舜有臣五人而天下治

归有光

古之圣人，得贤臣以弘化者也。夫圣王未尝不待贤臣以成其功业也，有虞①君臣之际②，所以成其无为③之化，而后之言治者可以稽矣。且夫天之生斯民也，必有聪明睿智之人以时乂万邦④而统治于上，以为之君；其有是君也，亦必有笃棐励翼⑤之人以承辟厥德⑥而分治于下，以为之臣。有民无君，则智力雄长⑦，固无以胥匡以生⑧；而有君无臣，则元首丛脞⑨，其不能以一人典⑩天下之职明矣。是故人知有虞致治之隆，超轶于三王之上；而不知当时人才之盛，而特有赖于五人之功。盖贤俊汇生，天所以开一代文明之治；而惟帝时举⑪，则圣人所以为天下得人者也。故夫洪水未平，方轸⑫下民之咨，使四岳⑬之举，皆圮族⑭之徒，则舜亦无所为力者，而九载弗成⑮之际，适有文明之禹以干其蛊⑯，所以排怀襄之患而底地平天成⑰之功者，得禹以为之者也；烝民未粒⑱，方轸阻饥⑲之忧，使九官之中，皆象恭⑳之流，则舜亦无所可恃者，而五谷不登㉑之余，适有思文之稷㉒以奏之食，所以尽有相之道㉓，而启陈常时夏之功㉔者，得稷以为之者也。民食而不知教，圣人又以为天下之忧，时则有契以为之司徒，所以迪兹彝教㉕，而在宽之敷㉖，天下皆知锡汝保极㉗而乐于为善；民教而不知刑，圣人又以为天下之防，时则有皋陶以明刑，所以明于五刑㉘而协中之化，天下皆能不犯于有司而惮于为恶。至于万物异类而一原，尽人之性而不能尽物之性，亦圣人之所病者。当夫于变时雍㉙之日，又得伯益以掌虞衡山泽㉚之政，则不徒为民除害，而所以若予上下草木鸟兽者㉛终有赖焉。是知舜之有五人也，天下皆见五人也，天下皆见五人之为，而不知舜之为；及天下之治也，天下皆以为舜之功，而不知其为五人之功。天道运而四时成，君臣合而治化隆。观于此，不独见有虞人才之盛，又可以见圣人恭己无为之治矣。

【评】实排五比，雄气包孕，具海涵地负之概。在归震川文中为近时之作，然制艺到此已是极好顺时文字矣。

【题解】出自《泰伯·舜有臣五人而天下治》。

舜有臣五人而天下治。（五人，禹、稷、契、皋陶、伯益。）武王曰："予有乱臣十人。"（《书·泰誓》之辞。马氏曰："乱，治也。"十人，谓周公旦、召公奭、太公望、毕公、荣公、太颠、闳天、散宜生、南宫适，其一人谓文母。刘侍读以为子无臣母之义，盖邑姜也。九人治外，邑姜治内。或曰："乱本作乿，古治字也。"）孔子曰："才难，不其然乎？唐虞之际，于斯为盛。有妇人焉，九人而已。（称孔子者，上系武王君臣之际，记者谨之。才难，盖古语，而孔子然之也。才者，德之用也。唐虞，尧舜有天下之号。际，交会之间。言周室人才之多，惟唐虞之际，乃盛于此。降自夏商，皆不能及，然犹但有此数人尔，是才之难得也。）三分天下有其二，以服事殷。周之德，其可谓至德也已矣。"（《春秋传》曰，"文王率商之畔国以事纣"，盖天下归文王者六州，荆、梁、雍、豫、徐、扬也。惟青、兖、冀，尚属纣耳。范氏曰："文王之德，足以代商。天与之，人归之，乃不取而服事焉，所以为至德也。孔子因武王之言而及文王之德，且与泰伯，皆以至德称之，其指微矣。"）

【注释】

①"有虞"即舜。舜用五臣事，见《尚书·舜典》等篇。

②际：会合。

③无为：指舜任用贤臣，使天下大治而不见忧劳之迹。《论语·卫灵公》："子曰：无为而治者其舜也

与？夫何为哉？恭己正南面而已矣。"

④ 时乂万邦：治理万国。乂，治理。语出《尚书·仲虺之诰》："惟天生民有欲，无主乃乱；惟天生聪明时乂……天乃锡王勇智，表正万邦。"

⑤ 笃棐励翼：忠诚辅助。《尚书·君奭》："笃棐时二人。"笃：诚厚；棐：fěi，辅。励翼：《尚书·皋陶谟》："惇叙九族，庶明励翼。"孔颖达疏："勉励翼戴上命。"

⑥ 承辟厥德：指秉承帝王旨意。辟，君王。厥德：其德，《尚书》中常用，如《太甲上》"天监厥德"。

⑦ 智力雄长：凭借智慧与力量相互竞争。《资治通鉴》卷一"周威烈王二十三年"："君臣之礼既坏矣，则天下以智力相雄长。"

⑧ 胥匡以生：胥，相互；匡，匡正。语出《尚书·太甲中》："伊尹……作书曰：'民非后，罔克胥匡以生；后非民，罔以辟四方。'"《书经集传》释曰："民非君则不能相正以生，君非民则谁与为君者？"

⑨ 丛脞：此指陷入繁琐的事务。语本《尚书·益稷》："元首丛脞哉！股肱惰哉！万事堕哉！"

⑩ 典：主持，主管。

⑪ 惟帝时举：帝王提拔任用。语出《尚书·益稷》："共惟帝臣，惟帝时举，敷纳以言。"孔颖达疏："万国众贤，共为帝臣。帝举是而用之。"

⑫ 轸：忧心。

⑬ 四岳：官名。按，以下叙鲧治水事，语本《尚书·尧典》："帝曰：'咨，四岳。汤汤洪水方割，荡荡怀山襄陵，浩浩滔天。下民其咨，有能俾乂？'佥曰：'於，鲧哉。'帝曰：'吁，咈哉。方命圮族。'岳曰：'异哉。试可乃已。'帝曰：'往，钦哉。'九载绩用弗成。"蔡沉《集传》谓，四岳为一人而掌四方之事，也有其他说法。

⑭ 圮族：毁坏族类，参见"四岳"注，蔡沉《集传》："圮，败；族，类也。言与众不和，伤人害物。鲧之不可用以此也。"

⑮ 鲧治水九年，未有收效。参见"四岳"注。

⑯ 干其蛊：继承并能胜任父亲曾从事的事业。干，承担，从事；蛊，事、事业。《周易·蛊》："干父之蛊，有子，考无咎，厉终吉。"

⑰ 底：完成。地平天成，语出《尚书·大禹谟》："帝曰：俞，地平天成，六府三事允治，万世永赖，时乃功。"蔡沉《集传》："水土治曰平，言水土既平，而万物得以成遂也。"

⑱ 烝民未粒：百姓没有粮食吃。语本《尚书·益稷》载稷教民播谷，"烝民乃粒，万邦作乂"，蔡沉《集传》："烝，众也。米食曰粒。"

⑲ 阻饥：饥荒。语出《尚书·舜典》："帝曰：'弃，黎民阻饥。汝后稷，播时百谷。'"孔安国传："阻，难，播，布也。众人之难在于饥。"故以"阻饥"指饥饿。

⑳ 象恭：犹言貌似恭敬。后多以喻巨奸大恶。《尚书·尧典》："静言庸违，象恭滔天。"孔传："言共工貌象恭敬，而心傲很若漫天。"

㉑ 登：成熟、丰收。此句用《孟子·滕文公上》语意："五谷不登，禽兽偪人……尧独忧之，举舜而敷治焉。"

㉒ 思文之稷：即稷。《诗经·周颂·思文》："思文后稷，克配彼天。"思，想，或曰发语词；文，有文德。

㉓ 有相之道：本指后稷庄稼种得好，若有神助。相，助。语出《诗经·大雅·生民》："诞后稷之穑，有相之道。"郑笺："后稷之掌稼穑，有见助之道。谓若神助之力也。"

㉔ 稷为周之先祖，此句谓稷开启了周人统治天下的事业。"常陈时夏"语本《诗经·周颂·思文》："无此疆尔界，陈常于时夏。"郑玄注："天命以是循存后稷养天下之功，而广大其子孙之国……乃大有天下也。用是故，陈其久常之功，于是夏而歌之。"今人陈俊英释为将农政推广到全国。

㉕ 迪兹彝教：教导百姓遵守常道，本《尚书·君奭》。迪，导，遵循；彝教，常道。

㉖ 在宽之敷：设立宽大的政教。《尚书·舜典》："契……汝作司徒，敬敷五教，在宽。"孔安国传："布五常之教务在宽，所以得人心。"敷，施，设立。

㉗ 锡汝保极：语见《尚书·洪范》："皇建其有极，敛时五福，用敷锡厥庶民，惟时厥庶民于汝极，锡汝保极。凡厥庶民，无有淫朋，人无有比德，惟皇作极。"

㉘ 五刑：五种刑罚。《尚书·大禹谟》："皋陶……汝作士，明于五刑，以弼五教……刑期于无刑，民协于中，时乃功。"

㉙ 于变时雍：语见《尚书·尧典》："百姓昭明，协和万邦，黎民于变时雍。"孔安国传："时，是。雍，和也。言天下众民皆变化化上，是以风俗大和。"

㉚ 虞衡山泽：指山泽鸟兽之类的事务。虞衡，古代掌山林川泽之官。《周礼·天官·太宰》："以九职任万民……三曰虞衡，作山泽之材。"郑玄注："虞衡，掌山泽之官，主山泽之民者。"

㉛ 此句谓处理好山泽草木鸟兽之事。语出《尚书·舜典》："帝曰：'畴若予上下草木鸟兽？'佥曰：'益哉！'"畴，谁；若，顺；上下，指山林水泽。

颜渊喟然叹曰　一章

唐顺之

大贤叹圣道之妙，教虽可因①，而化②则未及也。夫体道以化为极也，颜子虽得于教，而终无以化焉。圣道之妙一至此哉！颜子盖已得圣人之蕴③而有感于斯道之神，遂喟然叹曰：甚哉，夫子之不可及也！盖夫子之道，吾以为求之而可得也，然而峻极充周④，有不穷之蕴，纯全完固⑤，极浑厚之体，得非仰之弥高而钻之弥坚耶？吾以为见之而可象也，然而周流无滞，极变动之神，两在⑥不测，妙无方之化，得非瞻之在前而忽然在后耶？圣道之妙如此，不有夫子之教，则亦终焉尔矣。幸而夫子教思无穷而诲人有序，始之以博文，所以大其畜⑦也，而知必欲其致焉；终之以约礼，所以一其归也，而行必欲其力焉。是何其循循善诱耶！故未闻夫子之教也，欲求之而不可得也；既闻夫子之教也，欲不求亦不可得也。故好之而必力之，力之而必致之，而博文约礼之功无所不用其极，而吾才为之竭尽矣；由是不可形者形其形，不可象者象其象，而高坚前后之妙有以灼见其精，而天机为之卓立矣。斯时也，吾岂不欲与道为一哉？然神不可致，思而至之也无所容其功；化不可助，长而存之也无所施其力。一间未达⑧之机，亦将奈之何哉？是则方其未得也，夫子之教可以使其求也；及其既得也，虽夫子之教亦不得而与其能也。圣道之妙有如是哉！

【评】随题体贴，处处得"喟然"之神。行文极平淡自然中变幻无端，不可方物。其嘘吸神理处，王守溪亦能之；而开阖顿宕，夷犹自得，则犹未辟此境也。

【题解】出自《子罕·颜渊喟然叹曰》，参见化治文卷二李东阳《欲罢不能》。

颜渊喟然叹曰："仰之弥高，钻之弥坚；瞻之在前，忽焉在后。夫子循循然善诱人，博我以文，约我以礼。欲罢不能，既竭吾才，如有所立卓尔。虽欲从之，末由也已。"

① 因：遵循。
② 化：指自然合道的高明境界。《孟子·尽心下》："大而化之之谓圣。"
③ 蕴：精蕴。
④ 峻极充周：广大无极，充盈万物。峻极：高大。峻，高。《礼记·中庸》："大哉圣人之道！洋洋乎发育万物，峻极于天。"
⑤ 纯全完固：纯全，完全。
⑥ 两在：指前后、上下等。
⑦ 畜：同"蓄"。
⑧ 一间未达：只相差一点点。扬雄《法言·问神》："昔乎仲尼潜心于文王矣，达之；颜渊亦潜心于仲尼矣，未达一间耳。"

宾退 一节

金九皋

圣人之相①君送宾也，而因以纾②其敬焉。夫主之敬宾，礼也，而既退，则敬可纾矣。圣人必以不顾而告君，其终事之不苟也有如此哉！且夫诸侯之朝于诸侯也，宾之入，则主君迎之，成礼而后退焉；宾之出，则主君送之，再拜而后别焉。此固宾主相见之礼，而其迎其送，摈③皆从者也。吾夫子于宾之既退也而必复命于君曰"宾不顾矣"者，何哉？纾君敬也。盖方宾之入门而君之迎之也，则相揖之间，正君敬方形之始，而匪纾匪傲④，亦摈之所以相君行礼，而必欲其接之以让者也；方摈之在庙而君之享之也，则百拜⑤之礼，正君敬方殷之时，而斋庄⑥整齐，又摈之所以教君成礼，而不欲其继之以倦者也。若夫宾既退矣，敬亦可以纾矣。但其恭肃之心，犹不忘于设拜之余，而宾与主之相向，则宾之顾之，犹得而见也；斯须之敬，犹将致于揖别之顷，而视与手而俱下，则宾之不顾，君不得而见也。是故于斯时也，必以不顾复命者，庶君之致敬于其始者，将少逗⑦于其终，而恭不可过，于是乎知所杀⑧焉，是非使其君之遂肆也，视夫入门之时，则有间⑨耳；因宾至而起敬者，亦因宾退而少纾，而礼不可多，于是乎知所节焉，是非欲其君之遂怠也，视夫在庙之时，则有间耳。

【评】形容浅近语，细刻大雅，是《乡党》记叙题法。

【作者简介】

金九皋，武进人，官武康知县。

【题解】出自《乡党·君召使摈》。

君召使摈，色勃如也，足躩如也。（摈，主国之君所使出接宾者。勃，变色貌。躩，盘辟貌。皆敬君命故也。）揖所与立，左右手。衣前后，襜如也。（所与立，谓同为摈者也。摈用命数之半，如上公九命，则用五人，以次传命。揖左人，则左其手；揖右人，则右其手。襜，整貌。）趋进，翼如也。（疾趋而进，张拱端好，如鸟舒翼。）宾退，必复命曰："宾不顾矣。"（纾君敬也。此一节，记孔子为君摈相之容。）

【注释】

① 相：担任傧相和司仪。

② 纾：缓解，解除。

③ 摈：主人一方负责接待宾客的傧相。《周礼·秋官·司仪》"掌九仪之宾客摈相之礼"，郑玄注："出接宾曰摈，入赞礼曰相。"

④ 匪纾匪傲：与人交而不敢有懈怠舒缓之心、傲慢不敬之心。《诗经·小雅·采菽》："彼交匪纾，天子所予。"《桑扈》："彼交匪敖，万福来求。"

⑤ 百拜：指行礼次数多。《礼记·乐记》："壹献之礼，宾主百拜。"

⑥ 斋庄：严肃庄敬。

⑦ 少逞：稍微放松。

⑧ 杀：减少，减弱。

⑨ 有间：有差别。

入公门　一章

唐顺之

　　圣人之趋朝也，渐近于君而敬有加，渐远于君而敬无已。盖朝廷之礼以敬为主也，况圣人事君尽礼者，其始终之一于敬也，固有不期然而然者哉！昔者夫子当其习容观玉①之委蛇②，趋朝之初，于时固直躬而行也；一入公门，则鞠其躬而如不容焉。不知公门之高且大也，立不中门，以避尊也；行不履阈，以致恪也。自其入门而敬已至矣，然此犹致敬于其躬，而其色与足犹自如也，及其过君之位，则如见乎君矣，色而勃如，非夭如③之常也，足而躩如，非折旋④之常也，言似不足，非便便言⑤之常也；自其过位而敬益至矣，然色与足虽已变其常，而气犹自如也，及其自堂下之位而摄齐以升于堂上，则最近乎君矣，其鞠躬，犹夫入门之时，而屏其气，则有似乎不息者焉，至于升堂，而敬无以加矣。升拜之礼既成，由是而出、降一等⑥，则天颜暂违于咫尺，气无事于屏矣，逞其颜色，殆有怡如其可掬者乎？由是而没阶⑦，则拾级无烦于聚足⑧，衣可以不摄矣，拱手而趋，殆有翼如⑨其可象者乎？由是而复其堂下之位，则又瞻仰堂上，君实临之，踧踖如⑩也而不敢自宁焉，色方逞而又变，手方翼而又敛，其殆鞠躬屏气之余乎？圣人之见君，始而敬，中而和，而终之以敬如此。然而和非有出于敬之外也，和盖所以济敬也欤？

　　【评】或于前面托一层，或于后面收一笔。夫子德盛礼恭、从容中节处，曲曲传出，而行文亦极回环错落之巧。

　　【题解】出自《乡党·入公门》。

　　入公门，鞠躬如也，如不容。（鞠躬，曲身也。公门高大而若不容，敬之至也。）立不中门，行不履阈。（中门，中于门也。谓当枨阘之间，君出入处也。阈，门限也。礼：士大夫出入君门，由阘右，不践阈。谢氏曰："立中门则当尊，行履阈则不恪。"）

过位，色勃如也，足躩如也，其言似不足者。（位，君之虚位。谓门屏之间，人君宁立之处，所谓宁也。君虽不在，过之必敬，不敢以虚位而慢之也。言似不足，不敢肆也。）摄齐升堂，鞠躬如也，屏气似不息者。（齐，音咨。摄，抠也。齐，衣下缝也。礼：将升堂，两手抠衣，使去地尺，恐蹑之而倾跌失容也。屏，藏也。息，鼻息出入者也。近至尊，气容肃也。）出，降一等，逞颜色，怡怡如也。没阶，趋，翼如也。复其位，踧踖如也。（陆氏曰："趋下本无进字，俗本有之，误也。"等，阶之级也。逞，放也。渐远所尊，舒气解颜。怡怡，和悦也。没阶，下尽阶也。趋，走就位也。复位踧踖，敬之余也。此一节，记孔子在朝之容。）

【注释】

① 习容观玉：谓练习举止，整饬仪表。《礼记·玉藻》："既服，习容，观玉声，乃出。"孔颖达疏："服竟而私习仪容，又观容听己珮鸣，使玉声与行步相中适。玉，珮玉也。"

② 委蛇：也作"逶迤"。《诗经·召南·羔羊》："退食自公，委蛇委蛇。"郑笺谓："委蛇，委曲自得之貌。"

③ 夭如：指闲居之时体貌安适，容色和悦。语出《论语·述而》："子之燕居，申申如也，夭夭如也。"

④ 折旋：曲行，古代行礼时的动作。《韩诗外传》卷一："立则磬折，拱则抱鼓，行步中规，折旋中矩。"

⑤ 便便：说话明白流畅。《论语·乡党》："其（孔子）在宗庙朝廷，便便言，唯谨尔。"

⑥ 降一等：降下台阶一级。

⑦ 没阶：走完台阶。

⑧ 聚足：谓登台阶时一步一并。

⑨ 翼如：如鸟类展翅之状，何晏《集解》引孔安国曰："言端好。"

⑩ 踧踖：恭敬而不安的样子。

乡人饮酒　一节

茅　坤

圣人饮于乡①而必严夫老老之节焉。盖乡党莫如齿②也，圣人侍饮于杖者之侧，而必时其出以为节焉，斯其所以尊高年也乎？且夫乡人之饮酒，所以合比闾③族党之众，而为岁时宴缩之会者也。时则乡人之所贵也以年，而礼之所先也以让。其有杖而饮者，一乡之人所共父事之，而不敢以筋力之礼④相施报者也；则亦一乡之人所共齿尊之，而不敢以聚散之常相后先者也。杖者未出而我或先之，君子以为亢⑤矣；杖者既出而我或后之，君子以为慢矣。唯孔子则不然。不敢群少长相为宴言而已也，必也周还于俎豆⑥之间，时⑦其起居而不离；亦不敢唯酒食相为征逐而已也，必也俯仰于几席之际，时其动静而不违。方杖者之献酬为欢而未出也，惟见其与之伛偻也，与之左右也，为酒无算⑧，盖不敢乘之以跛倚⑨之私而孑然而先矣；及长者之宴卒成礼而既出也，惟见其与之盘辟⑩也，与之携持也，举足不忘，亦不敢任之以流湎⑪之情而跰⑫然而后矣。始之

137

旅^⑬而进也，固曰长者位上，少者位下，所以习齿让^⑭于始也；继之旅而退也，亦曰长者在前，少者在后，所以谨齿让于终也。要之，其侍食也，曰父党在则礼然，而不敢不敬共^⑮矣；其辞而去也，亦曰父党在则礼然，而不敢不肩随^⑯矣。吁，圣人之尊高年也如此夫！

【评】所补皆题中所应有，而配置形容备极融炼。　　鹿门讲八家古文之法，其制义惟取清空流利、首尾一气而少实义，难为诸生家矩度，故转嫌其少矜重者。

【作者简介】

茅坤（1512—1601），字顺甫，号鹿门，浙江归安（今吴兴）人。嘉靖十七年（1538）进士，历任青阳、丹徒两县知县，迁礼部、吏部主事。以事谪为广平通判，后又擢至大名兵备副使，终以忌者中伤落职，家居数十年而卒。茅坤为明代著名散文家，为"唐宋派"代表人物之一，所评选《唐宋八大家文钞》盛行海内，影响颇大。自著有《茅坤文集》三十六卷及《白华楼藏稿》、《玉芝山房稿》等。工制义，有《茅鹿门稿》，俞长城谓茅坤贯通经籍，其时文取法唐顺之，"震川（按，归有光）文固函盖一世，而古雅温醇，鹿门亦不相下也"。

【题解】出自《乡党·乡人饮酒》。

乡人饮酒，杖者出，斯出矣。（杖者，老人也。六十杖于乡，未出不敢先，既出不敢后。）乡人傩，朝服而立于阼阶。（傩，所以逐疫，《周礼》方相氏掌之。阼阶，东阶也。傩虽古礼而近于戏，亦必朝服而临之者，无所不用其诚敬也。或曰："恐其惊先祖五祀之神，欲其依己而安也。"此一节，记孔子居乡之事。）

【注释】

① 饮于乡：指行乡饮酒礼，其礼"尚齿"。故茅坤此文须"补出"乡饮酒礼的相关内容。《礼记·乡饮酒义》："宾酬主人，主人酬介，介酬众宾。少长以齿，终于沃洗者焉，知其能弟长而无遗矣。"《仪礼注疏·乡饮酒礼》郑玄注谓："初起旅酬也。凡旅酬者，少长以齿，终于沃盥者，皆弟长而无遗矣。"

② 乡党莫如齿：乡党之间以年长为尊。齿，年长。语本《孟子·公孙丑》："天下有达尊三：爵一，齿一，德一。朝廷莫如爵，乡党莫如齿，辅世长民莫如德。"

③ 比闾：指乡里。《周礼·地官·大司徒》："令五家为比，使之相保；五比为闾，使之相受。"

④《礼记·曲礼上》："贫者不以货财为礼，老者不以筋力为礼。"

⑤ 亢：傲慢。按，后一股"君子以为命矣"，命读为"慢"，轻慢，《礼记·大学》："举而不能先，命也。"

⑥ 俎豆：指代宴会、祭祀活动。俎与豆为古代祭祀、宴会时盛肉类等食品的两种器皿。

⑦ 时：伺候；等待。

⑧ 为酒无算：《礼记·乡饮酒礼》等篇多次提及"无算爵"、"无算乐"，郑玄注谓："算，数也。宾主燕饮，爵行无数，醉而止也。"指乡饮酒礼、乡射礼等活动中，正式节目之后，宾主可以比较随意地饮酒。

⑨ 跛倚：站立歪斜不正，倚靠于物。指不端庄的样子。《礼记·礼器》："有司跛倚以临祭，其为不敬大矣。"孔颖达疏："以其事久，有司倦息，故皆偏跛邪倚于物。"这句话说，乡饮酒礼中，孔子不敢因为自己倦怠而先行离开。

⑩ 盘辟：盘旋进退。

⑪ 流缅：放纵无度。《礼记·乐记》："慢易以犯节，流湎以忘本。"

⑫ 趵：超越。

⑬ 旅：共，同，与众人一起进退。《礼记·乐记》："今夫古乐，进旅退旅。"

⑭ 齿让：以年岁大小相让，示长幼有序。《礼记·文王世子》："将君我，而与我齿让，何也？"

⑮ 敬共：恭敬。共，通"恭"。《左传·襄公二十二年》："敬共事君与二三子。"

⑯ 肩随：古时年幼者事年长者之礼，并行时斜出其左右而稍后。《礼记·曲礼上》："五年以长，则肩随之。"郑玄注："肩随者，与之并行差退。"

君赐食 一节

汤日新

　　圣人于君赐而承之各有礼焉，可以观敬矣。甚矣，君赐之不可苟也，随物之异而皆有礼以承之，圣人敬君之诚盖如此。且春秋之时，大烹①之典虽废，而问馈之礼犹存。苟以礼来者，孔子尝受之矣，然而君臣之际，岂徒以交际之常处之也哉？是故惟辟玉食②，君之所以自飨者也，时而赐之，夫子得而食之矣，然亦非敢以苟食也，必正席焉，以致其对君之肃，必先尝焉，以歆③其休享④之诚，盖将饱德⑤于属餍⑥之余，而分锡⑦于品尝之后，固不敢视为饮食之微而亵焉以用之者矣，其礼行于赐食有如此者；至若腥也者，所以充君之庖者也，君赐之腥，则先尝之礼非所拘也，夫子必熟而荐⑧之焉，物非馂余⑨，固可以伸追养之志，而羞之馈祀，庶足以昭君德之馨，盖不敢用之于人而必用之于神，使君之所以逮下者得以上逮于祖考，夫固以荣之焉耳，其礼行于赐腥有如此者；生也者，所以备君之腥者也，君赐之生，则熟荐之礼非所泥也，夫子必从而畜之焉，物之当爱，故欲生之而不伤，而惠出于君，以故爱之而愈切，盖不能终置于不用、亦不敢无故而轻用，使君之所以推恩者得以推及于禽兽，夫固以仁之焉耳，其礼行于赐生有如此者。是则食非不颁也，而先尝之，先敬而后惠也；腥非不尝也，而熟荐之，因敬以为孝也；生非不荐也，而必畜之，推敬以广仁也。赐虽不同，而应之曲当如此，此固夫子处物之义而上交之诚。事君之敬，不亦可见矣乎？

　　【原评】此文有补题处，有互见处，有代记者设圣人心事处。总由学识才兼到，故能逐段周详如此。

　　【评】从守溪文化出，意味雅密，已尽题之能事。

　　【作者简介】

　　汤日新，浙江秀水人，嘉靖二十九年（1550）三甲进士。

　　【题解】出自《论语·乡党》，参见化治文卷二王鏊《君赐食》。

　　君赐食，必正席先尝之；君赐腥，必熟而荐之；君赐生，必畜之。

　　【注释】

① 大烹：也作"大亨"，本指丰盛的食物，又指养贤之礼。《易·鼎》："大亨以养圣贤。"

② 惟辟玉食：此即指君所赐之食。辟，君主。语出《尚书·洪范》："惟辟作福，惟辟作威，惟辟玉食。"

③ 歆：鬼神享受祭品的香气，引申为享用。《诗·大雅·生民》："其香始升，上帝居歆。"

④ 休享：美善的供物。《尚书·洛诰》："曰明禋，拜手稽首休享。"

⑤ 饱德：饱受恩德。《诗·大雅·既醉序》："《既醉》，太平也。醉酒饱德，人有士君子之行焉。"

⑥ 属餍：饱足。《左传·昭公二十八年》："愿以小人之腹，为君子之心，属餍而已。"杜预注："属，足也。言小人之腹饱，犹知厌足，君子之心亦宜然。"

⑦ 锡：赏赐，给予。

⑧ 荐：进献，祭献。

⑨ 馂余：吃后剩下的食物，不能当祭品。《礼记·曲礼上》："馂余不祭。"

钦定正嘉四书文卷三（《论语》下）

先进于礼乐　一章

张居正　程

　　圣人于礼乐，述时人之所尚，表在己之所从。盖文敝则宜救之以质也，圣人论礼乐而独从先进也，有以哉。想其意盖谓：礼乐贵在得中，而君子务乎实胜。今也或失之靡矣，吾方忧其敝而莫之救也，而世之论者乃曰"先进于礼乐，野人也"，盖见其简而遂以为陋也，见其直而遂以为俚也，是以今而论昔也，则其谓之野人也固宜；"后进于礼乐，君子也"，盖习其繁而以为有度也，习其缛而以为有章也，是以今而论今也，则其谓之君子也亦宜。夫习俗易以移人，而古道乖^①其所好，世固如此。若我用之，则愿从先进焉。何也？礼乐所以养德也，而养德者宜处其实，不宜处其华；所以维风也，而维风者宜居其厚，不宜居其薄。以求诸实，先进有焉，有其实则用以治心而心平，用以治身而身正，周公之遗范犹存，固吾所梦想者也^②，虽戾于俗，奚恤乎？以求诸厚，先进有焉，有其厚则用之朝廷而化行，用之邦国而俗美，文武之遗风未泯，固吾所宪章^③者也，虽以为野，何伤乎？吁，夫子之言，其欲挽春秋以复乎成周之盛，意独至矣。

　　【评】意思乃人所共有，而规模闳远，矜重中具流逸之致。

　　【题解】出自《先进·先进于礼乐》。

　　子曰："先进于礼乐，野人也；后进于礼乐，君子也。（先进后进，犹言前辈后辈。野人，谓郊外之民。君子，谓贤士大夫也。程子曰："先进于礼乐，文质得宜，今反谓之质朴，而以为野人。后进之于礼乐，文过其质，今反谓之彬彬，而以为君子。盖周末文胜，故时人之言如此，不自知其过于文也。"）如用之，则吾从先进。"（用之，谓用礼乐。孔子既述时人之言，又自言其如此，盖欲损过以就中也。）

　　【注释】

① 乖：违背，指古道不合乎时人的喜好。
②《论语·述而》："子曰：甚矣吾衰也！久矣吾不复梦见周公。"朱熹《集注》："孔子盛时，志欲行周公之道，故梦寐之间，如或见之。"

③ 宪章：遵守而光大之。《中庸》："仲尼祖述尧舜，宪章文武。"

先进于礼乐　一章

归有光

圣人述时人尚文之弊，而示以用中之极①也。夫天下之势趋于文而不可挽也，夫子先进之从，得非示之以用中之极乎？何则？道散于天下，而礼乐其显者也。道之不明而俗之沦胥也久矣，故时人之论礼乐，其谓之先进者，则文武成康之始也，犹以其文之未备而不安其故，谓其后之可以加而未至于尽饰，似类乎闾阎敦朴之习而讥之，以为野人也；其谓之后进者，则"黍离"以降②之后也，乃以其文之既至而恍乎其新，嘉其饰之已尽而可以合于时宜，所以为有搢绅士大夫之风而称之，以为君子也。时人之论如此。人情狃于其习，则日化而不自知；偏于其所见，则自以其言之当而不觉其过。诚以周承三代之后，天下之势已日趋于文，虽文武周公皆以圣人持之，未始离于中也，然视前世已文矣。今犹以为野，则其变穷而无所复入也。救文以忠③，吾固不能以反古之道为下，不倍实④，不敢违夫从周之心⑤。亦惟规摹前世，行之于家，达之于天下，一遵夫《洛诰》、《周官》⑥之典，亦不啻郁郁之文矣；宪章当代，施于金石，越于声音⑦，慨想夫《凫鹥》、《既醉》⑧之风，亦不啻雍雍⑨之美矣。礼从先进之议也，以导其志，而周旋、袒袭⑩、降升、俯仰，有周公之法度存焉，而繁礼饰貌⑪不能以徇今世之观也；乐从先进之作也，以和其声，而曲直、繁省、廉肉、节奏⑫，有大乐⑬之铿锵在焉，而代变新声⑭不足以阿世俗之好也。是何也？周之初，非不文也，质未尝不存；周之末，文也，而质已尽也。天下靡靡焉日趋于伪，此夫子所以从先进之志，岂非示礼乐之教于天下耶？

【原评】离奇夭矫，却是浑涵不露，真《史》、《汉》文字，非制义文字也。

【评】原评拟之《史》、《汉》，未免太过；方之唐宋八家中，其欧、曾之流亚⑮欤？

【题解】出自《先进·先进于礼乐》，见上。

【注释】

① 用中之极：指中庸之道的极则。《中庸》谓"执其两端，用其中于民"，《尚书·大禹谟》谓"允执厥中"。
② "黍离"以降：指周王东迁以后，即东周或春秋。《诗经·王风·黍离》是东周大夫伤悼西周都城荒芜的诗篇，古人认为，《黍离》由"雅"而降为"风"，是"王者迹熄"和"诗亡"的标志。
③ 救文以忠：以质厚来纠正文饰过甚的弊端。忠，质厚。文，本指崇尚礼乐教化，此指文过其质的弊端。董仲舒《贤良对策》："夏尚忠，殷尚质，周尚文者，救敝之术，当用此也。……今大汉继乱之后，若宜少损周之文致，用夏之忠者。"
④ 倍实：背离实质。倍，通"背"。《汉纪·前汉孝文皇帝纪》："伪民倍实而要名。"
⑤ 从周之心：《论语·八佾》："子曰：周监于二代，郁郁乎文哉！吾从周。"下文"郁郁之文"亦本此，《集注》："郁郁，文盛貌。"
⑥ 《洛诰》、《周官》：均为《尚书·周书》篇目。《洛诰》载周公营洛邑之后与成王的问答之辞；《周

官》载成王训迪百官之辞。

⑦ 语见《礼记·乐记》："若夫礼乐之施于金石，越于声音……则此所与民同也。"金石，泛指各种乐器。金指金属乐器，如钟等；石，石制乐器，如磬等。

⑧《凫鹥》、《既醉》之风：指西周初年太平时节的淳朴风气。《凫鹥》、《既醉》均为《诗经·大雅》篇目。毛诗序："《既醉》，大平也。醉酒饱德，人有士君子之行焉。""《凫鹥》，守成也。大平之君子能持盈守成，神祇祖考安乐之也。"

⑨ 雍雍：和貌。《礼记·少仪》："鸾和之美，肃肃雍雍。"

⑩ 裼袭：古代礼服之制。袒外衣而露裼衣且不尽覆其裘谓之裼；不裼谓之袭。盛礼以袭为敬；非盛礼以裼为敬。"裼袭"及周旋、降升、俯仰俱指各种礼仪，《仪礼》等言之甚详。

⑪ 繁礼饰貌：指孔子当代仅注重外在繁琐礼仪的弊端。繁礼，指礼节繁琐。饰貌，这里指遗弃礼的本义而仅存外在形式。《礼记·乐记》："合情饰貌者，礼乐之事也。"孔颖达疏："饰貌，谓礼也，礼以捡迹于外，是饰貌也。貌与心半，二者无偏，则是礼乐之事也。"《史记·礼书》："孝文好道家之学，以为繁礼饰貌，无益于治。"

⑫ 语本《礼记·乐记》："先王……使其曲直、繁瘠〔省〕、廉肉、节奏，足以感动人之善心而已矣。"郑玄注："曲直，歌之曲折。繁瘠、廉肉，声之鸿杀也。节奏，阕作进止所应也。"

⑬ 大乐：古代指典雅庄重的音乐，用于帝王祭祀、朝贺、燕享等典礼。《礼记·乐记》："大乐必易，大礼必简。"

⑭ 代变新声：指各代产生的不符合古乐原则的音乐。《近思录》卷九引周敦颐语："谓古乐不足听也，代变新声，妖淫愁怨，导欲增悲，不能自止。""新声"犹《礼记·乐记》所言"新乐"，"奸声以滥，溺而不止"。

⑮ 流亚：同一类的人或物。欧、曾，指宋古文家欧阳修、曾巩。

季路问事鬼神　一节
唐顺之

观圣人两答贤者之问，可以知反本之学矣。盖穷理者贵乎反其本也，求事神于治人，求知死于知生，则庶乎其可得矣。夫子告子路之意如此。且夫鬼神者精诚之极，故季路以事鬼神为问也。鬼神之情状，夫子尝于赞《易》言之矣①，非不欲以告子路也，而乃曰：显于鬼神者则有人矣，人固群于人之中而未必能事人也，未能事人则何以事鬼神乎？夫子言此，盖以至诚之不可掩者鬼神之灵，一人心之灵者为之也②，非人心则何以有鬼神也？故知事人则知事鬼神矣。死者人道之终，故季路以死为问也。众生必死，夫子尝为宰我言之③矣，非不欲以告子路也，而乃曰：先于死者则有生矣，人固囿于生之中而未必能知生也，未能知生则何以知死乎？夫子言此，盖以机缄④之不容已者气之散而归于无，一气之聚而向于有者为之也，非聚则何以有散也？故知生则知死矣。以是知幽、明一理也，死、生一理也。然幽明之理，又所以为死生之理也。此吾道之所以为一本也欤？

【评】精卓坚老，着语无多，而题之切要处已尽。

【题解】出自《先进·季路问事鬼神》。

季路问事鬼神。子曰："未能事人，焉能事鬼？"敢问死。曰："未知生，焉知死？"

（问事鬼神，盖求所以奉祭祀之意。而死者人之所必有，不可不知，皆切问也。然非诚敬足以事人，则必不能事神；非原始而知所以生，则必不能反终而知所以死。盖幽明始终，初无二理，但学之有序，不可躐等，故夫子告之如此。程子曰："昼夜者，死生之道也。知生之道，则知死之道；尽事人之道，则尽事鬼之道。死生人鬼，一而二，二而一者也。或言夫子不告子路，不知此乃所以深告之也。"）

【注释】

① 古人认为《易传》为孔子所作，而其中多言及"鬼神"。如《系辞上》："是故知鬼神之情状，尽聚散之理，则能知变化之道，无幽而不通也。"
② 此句谓，鬼神和人心都是天地"至诚"之道的表现，言"人"、"鬼"相通。
③ 孔子为宰我言众生必死，事见《礼记·祭义》："宰我曰：'吾闻鬼神之名，不知其所谓。'子曰：'……众生必死，死必归土，此之谓鬼。'"
④ 机缄：机关开闭，谓推动事物发生变化的力量。亦指气数、运数。《庄子·天运》："天其运乎？地其处乎？……意者其有机缄而不得已邪？"按，此句谓天地万物的变化，是气散而归于"无"、气聚而成为"有"的过程，言"生"、"死"相通。

所谓大臣者　一节
归有光

大臣所以事君者，惟其道而无所徇也。夫人臣负天下之望，非偶然也。道在吾而无所徇于天下，此其所以为大臣也与？且夫人臣同有委质①之义，而大臣独负乎不世之名，固其所挟持者甚大而其所守者甚坚也。是故天下有所谓道者，是为天理之当然、人伦之极致，天下之所以治乱、生民之所以休戚系乎此也。大臣者穷而在下，固以之为修身之具；达而在上，即以之为治平②之资。是以佐辟明时而当论思献纳③之际，所以自靖④而献于吾君者，必大猷之是程⑤，而不敢曲学阿世⑥以规世主一切之好；股肱王室而有谟明弼谐⑦之风，所以造膝⑧而告于尔后⑨者，必皇极之敷言⑩，而不肯枉道徇人以随流俗因循之论。君所谓可而吾否之，君所谓是而吾非之，君所谓俞而吾吁⑪之，有见于道而已，凡其夙夜匪懈⑫而怀励翼⑬之心者，惟欲致吾君于尧舜⑭也；一家非之而无所顾，一国非之而无所顾，天下非之而无所顾，不忘乎道而已，凡以旦夕承式⑮而极忠爱之忱者，惟欲复斯民于唐虞⑯也。然使吾言用则天下受其福，而吾亦安享其荣；吾言不用则天下受其害，而吾亦无所于徇。忠言嘉谟而有所不合，则高爵厚禄不可以一日而縻吾之身；道德仁义而有所不入，则虚辞缛礼不可以一朝而变吾之志。盖吾之身非吾之有也，斯道之身也。道期于可，可则道在焉，而不能以不留，吾为道而留也；道期于不可，不可则道亡焉，而不容以不止，吾为道而止也。夫其要⑰之以必去，而所谓以道事君之义益彰矣；以道事君，而天下之望愈重矣。若夫始之以夸大之词，而卒徇之以卑近之说，势之所顺或以达其忠，而势之所逆遂依阿淟涊⑱以为容，是具臣之类也。

【原评】严词伟义，屹然如山。坊刻为穆孔晖墨，然亦小有同异。

144

【评】实理中蕴，浩气直达，俨如宣公^⑲对君之奏，朱子论学之书。

【题解】出自《先进·季子然问仲由》。

季子然问："仲由、冉求可谓大臣与？"（子然，季氏子弟。自多其家得臣二子，故问之。）子曰："吾以子为异之问，曾由与求之问。（异，非常也。曾，犹乃也。轻二子以抑季然也。）所谓大臣者：以道事君，不可则止。（以道事君者，不从君之欲。不可则止者，必行己之志。）今由与求也，可谓具臣矣。"（具臣，谓备臣数而已。）曰："然则从之者与？"（意二子既非大臣，则从季氏之所为而已。）子曰："弑父与君，亦不从也。"（言二子虽不足于大臣之道，然君臣之义则闻之熟矣，弑逆大故必不从之。盖深许二子以死难不可夺之节，而又以阴折季氏不臣之心也。尹氏曰："季氏专权僭窃，二子仕其家而不能正也，知其不可而不能止也，可谓具臣矣。是时季氏已有无君之心，故自多其得人。意其可使从己也，故曰弑父与君亦不从也，其庶乎二子可免矣。"）

【注释】

① 委质：亦作"委挚"，向君主献礼，表示献身。《国语·晋语九》："臣闻之：委质为臣，无有二心，委质而策死，古之法也。"韦昭注："言委贽于君，书名于册，示必死也。"《左传·僖公二十三年》："策名委质，贰乃辟也。"孔颖达疏："质，形体也……拜则屈膝而委身体于地，以明敬奉之也。"

② 治平："治国平天下"的省语。

③ 论思献纳：指臣下同君王议论国政，提供意见。班固《两都赋·序》："朝夕论思，日月献纳。"

④ 自靖：各自行其所当行，以求自安于心。靖，安。《尚书·微子》："自靖，人自献于先王。"蔡沉《集传》："各安其义之所当尽，以自达其志于先王。"

⑤ 一定要遵循治国的大道。程，遵守，奉为法式。大猷，治国大道。《诗·小雅·巧言》："秩秩大猷，圣人莫之。"郑玄笺："猷，道也；大道，治国之礼法。"

⑥ 曲学阿世：歪曲自己的学术，以投合世俗之好。阿，曲从，迎合。《史记·儒林列传》："固（按，辕固生）曰：'公孙子，务正学以言，无曲学以阿世。'"

⑦ 谟明弼谐：语见《尚书·皋陶谟》："允迪厥德，谟明弼谐。"蔡沉《集传》："言为君而信蹈其德，则臣之所谟者无不明，所弼者无不谐也。"谟，谋略。弼，辅佐。

⑧ 造膝：促膝。蔡邕《司空临晋侯杨公碑》："及其所以匡辅本朝，忠言嘉谋，造膝危辞，当事而行。"

⑨ 告于尔后：报告你的君王。后，君王。《尚书·君陈》："尔有嘉谋嘉猷，则入告尔后于内，尔乃顺之于外。"

⑩ 皇极之敷言：布陈中正之道。语出《尚书·洪范》："皇极之敷言，是彝是训，于帝其训。"孔安国传："言以大中之道布陈言教。"蔡沉《集传》："敷言，上文敷衍之言也。言人君以极之理而反复推衍为言者。"

⑪ 俞，语气词，表示赞同。吁，语气词，表示不同意。俱为《尚书》载君臣对答常用语。

⑫ 夙夜匪懈：指勤于王事，日夜辛劳，勤奋不懈。夙，早晨。《诗经·大雅·烝民》："夙夜匪解，以事一人。"《礼记·祭统》："其勤公家，夙夜不解。"

⑬ 励翼：勉力辅佐。《尚书·皋陶谟》："惇叙九族，庶明励翼。"

⑭ 语见韩愈《争臣论》："致吾君于尧舜。"又杜甫《奉赠韦左丞丈二十二韵》："致君尧舜上，再使风俗淳。"

⑮ 承式：效法。《尚书·说命上》："天子惟君万邦，百官承式。"

⑯ 唐虞：唐尧与虞舜的并称，即尧舜，此指尧舜盛世。

⑰ 要：约束，禁止。

⑱ 依阿淟涊：指迎合世俗，行为卑污。依阿，依附顺随以取悦于人。淟涊，污浊、卑污。《楚辞》刘向《九叹·惜贤》："切淟涊之流俗。"

⑲ 宣公：陆贽（754—805），字敬舆，嘉兴人，唐代名相，谥宣。有《陆宣公集》，其奏议被视为极则。

请问其目　一节

唐顺之　墨

大贤问为仁之目，得圣教而以为己任焉。甚矣，颜子之力于为仁也，领克复之目①而任之不辞，非有得于心法之传者而能之乎？昔颜渊问仁于夫子而承克己复礼之训也，想其求仁之志素定于心斋②之后，而理欲之分默会于善诱③之余，故不复有所疑问而直请其目也。夫子喜其见理之真，乃悉数其目以告之曰：物交之迹虽由外以感其中，善恶之机则由中以达于外。而仁岂必求诸远哉④？近取诸身而已矣。彼目司视、耳司听而心实主之也，若非礼而欲视，则绝之以勿视，非礼而欲听，则绝之以勿听，如此则心不诱于声色之私，而作哲作谋⑤之体立矣；口有言、身有动而主之者心也，苟非礼而欲言，则绝之而勿以形诸口，非礼而欲动，则绝之而勿以形诸身，如此则心不涉于尤悔⑥之累，而作乂作肃之用行矣。克己复礼之目，端在于此。颜子遂从而任之，曰：仁道必至明者而后察其几⑦，回之质虽非至明者也，尚当既竭吾才⑧，而于所谓视听言动者择之精而不昧于所从；仁道必至健者而后致其决，回之质虽非至健者也，尚当拳拳服膺⑨，而于所谓视听言动者守之固而必要其所立。以"为仁由己"自励，不敢诱之于人也；以"天下归仁"自期，亦不敢半途而废也。斯则回之所当自尽者乎？吁，夫子之善教，颜子之善学，两得之矣。

【原评】荆川三墨，惟此可谓规圆矩方、绳直准平矣。

【题解】出自《颜渊·颜渊问仁》。

颜渊问仁。子曰："克己复礼为仁。一日克己复礼，天下归仁焉。为仁由己，而由人乎哉？"（仁者，本心之全德。克，胜也。己，谓身之私欲也。复，反也。礼者，天理之节文也。为仁者，所以全其心之德也。盖心之全德，莫非天理，而亦不能不坏于人欲。故为仁者必有以胜私欲而复于礼，则事皆天理，而本心之德复全于我矣。归，犹与也。又言一日克己复礼，则天下之人皆与其仁，极言其效之甚速而至大也。又言为仁由己而非他人所能预，又见其机之在我而无难也。日日克之，不以为难，则私欲净尽，天理流行，而仁不可胜用矣。程子曰："非礼处便是私意。既是私意，如何得仁？须是克尽己私，皆归于礼，方始是仁。"又曰："克己复礼，则事事皆仁，故曰天下归仁。"谢氏曰："克己须从性偏难克处克将去。"）颜渊曰："请问其目。"子曰："非礼勿视，非礼勿听，非礼勿言，非礼勿动。"颜渊曰："回虽不敏，请事斯语矣。"（目，条件也。

颜渊闻夫子之言，则于天理人欲之际，已判然矣，故不复有所疑问，而直请其条目也。非礼者，己之私也。勿者，禁止之辞。是人心之所以为主，而胜私复礼之机也。私胜，则动容周旋无不中礼，而日用之间，莫非天理之流行矣。事，如事事之事。请事斯语，颜子默识其理，又自知其力有以胜之，故直以为己任而不疑也。程子曰："颜渊问克己复礼之目，子曰，'非礼勿视，非礼勿听，非礼勿言，非礼勿动'，四者身之用也。由乎中而应乎外，制于外所以养其中也。颜渊事斯语，所以进于圣人。后之学圣人者，宜服膺而勿失也，因箴以自警。其视箴曰：'心兮本虚，应物无迹。操之有要，视为之则。蔽交于前，其中则迁。制之于外，以安其内。克己复礼，久而诚矣。'其听箴曰：'人有秉彝，本乎天性。知诱物化，遂亡其正。卓彼先觉，知止有定。闲邪存诚，非礼勿听。'其言箴曰：'人心之动，因言以宣。发禁躁妄，内斯静专。矧是枢机，兴戎出好，吉凶荣辱，惟其所召。伤易则诞，伤烦则支，己肆物忤，出悖来违。非法不道，钦哉训辞！'其动箴曰'哲人知几，诚之于思；志士励行，守之于为。顺理则裕，从欲惟危；造次克念，战兢自持。习与性成，圣贤同归。'"愚按：此章问答，乃传授心法切要之言。非至明不能察其几，非至健不能致其决。故惟颜子得闻之，而凡学者亦不可以不勉也。程子之箴，发明亲切，学者尤宜深玩。）

【注释】

① 克复之目：克己复礼的条件、条目。克复即克己复礼。
② 心斋：摒除杂念，使心境虚静纯一。《庄子·人间世》："（颜）回曰：'敢问心斋。'仲尼曰：'若一志。无听之以耳而听之以心，无听之以心而听之以气。……唯道集虚。虚者，心斋也。'"
③ 善诱：指孔子善于教育。《论语·子罕》："颜渊喟然叹曰……夫子循循然善诱人。"
④《论语·述而》："子曰：仁远乎哉？我欲仁，斯仁至矣。"
⑤ 作哲作谋：与下文"作乂作肃"俱出自《尚书·洪范》："五事：一曰貌，二曰言，三曰视，四曰听，五曰思。貌曰恭，言曰从，视曰明，听曰聪，思曰睿。恭作肃，从作乂，明作哲，聪作谋，睿作圣。"此句以"视"、"听"为言，故对应"作哲、作谋"；后句以"言"、"动"为言，故对应"作乂、作肃"。
⑥ 尤悔：过失与悔恨，此指言、动不当。《论语·为政》："言寡尤，行寡悔，禄在其中矣。"
⑦ 几：细微的征兆。
⑧ 既竭吾才：用尽心力。《论语·子罕》："（颜渊曰）欲罢不能，既竭吾才，如有所立卓尔。"
⑨ 拳拳服膺：诚恳信奉，牢记在心。《中庸》："子曰：'回（按，颜渊）之为人也，择乎中庸，得一善，则拳拳服膺而弗失之矣。'"

子张问明　一节

王樵

　　圣人语贤者以明而重致其意焉。盖谮愬之巧不行，非明且远者不能也，圣人丁宁① 于子张，其因其失而使知所警也夫？且夫理者君子之所以揆事②，而或托于理以藏其术；情者君子之所以求实，而或杂于情以乱吾听。欲有道以照之，此人之所以贵于明也。故子张以明问，而夫子告之曰：明者非他，能察而已矣。今夫事本非实，而谮者遽然极言其事、愬者泛然不切于身，则未足以惑人也。有浸润之谮焉，缓颊而谈，借事而论，欲以阴入于我而初若无预于彼，此在人有不觉其谮之行者，以先于所入而安于所未尝疑也；有肤受之愬焉，征于切近，指于可信，激吾以肤受而乘吾所不及详，此在人有不觉其愬之行者，以先于所见而动于所不能堪也。诚于是而能不行焉，可谓明也已矣。何也？是二者尝行于偏且暗者。惟其不明，故一有所闻而忿心应之也。今也明足以知浸润之情，曰无故而然，其中必有故也，弗行也；明足以知肤受之意，曰纵其实然，岂不可以徐审之也，弗行也。明者不惑，其不谓之明乎哉？抑不特可谓之明而已也，诚于是而能不行焉，可谓远也已矣。何也？是二者常行于隘且迫者。惟其不远，故一有所闻而浅心应之也。今也旁烛于浸润之表，曰是其言在于此而意在于彼乎，不听之矣；远览于肤受之先，曰是其动我于耳目之近而蔽我于堂阼③之上乎，不听之矣。远者明之至，其又不谓之远乎哉？吁，好高之士，有摘奸发伏以为明，而或反见欺于耳目之近；有穷高极深以为远，而不能测人于方寸之间。视此可以省矣。

【评】恐词繁不杀处写不出好势，乃作此避难就易之局。总发上截，而以下截分顶之，故谓之变体也。刻划深透，几可袭迹于唐荆川。而终不能强者，古文之气脉耳。

【题解】出自《颜渊·子张问明》。

子张问明。子曰："浸润之谮，肤受之愬，不行焉。可谓明也已矣。浸润之谮、肤受之愬不行焉，可谓远也已矣。"（浸润，如水之浸灌滋润，渐渍而不骤也。谮，毁人之行也。肤受，谓肌肤所受，利害切身。如《易》所谓"剥床以肤，切近灾"者也。愬，愬己之冤也。毁人者渐渍而不骤，则听者不觉其入，而信之深矣。愬冤者急迫而切身，则听者不及致详，而发之暴矣。二者难察而能察之，则可见其心之明，而不蔽于近矣。此亦必因子张之失而告之，故其辞繁而不杀，以致丁宁①之意云。杨氏曰："骤而语之，与利害不切于身者，不行焉，有不待明者能之也。故浸润之谮、肤受之愬不行，然后谓之明，而又谓之远。远则明之至也。《书》曰：'视远惟明。'"）

【注释】

① 丁宁：叮咛，反复告诫。
② 揆事：衡量事情。
③ 堂阼：厅堂。阼，堂前台阶。

故君子名之必可言也　一节
许孚远

君子之所视乎名者重，故言有所不苟焉。夫名非虚也，将言而行之者也。君子言出乎名，其敢以或苟哉！夫子欲正名于卫，因子路之疑而晓之。若曰：人之有伦，名以命之，久矣。其在国家则君臣父子之义存焉，礼乐刑政之纲维系焉，一有不正，其弊有不可胜言者。故君子之于天下，有其名之不徒名①而已也，名之则必可言之，其揆诸义也协，其宣诸辞也顺，称之于朝，称之于国，称之于天下，盖万口同然而无得以矫其非者，斯名焉，不可言者不以名也；有其言之不徒言而已也，言之则必可行之，其措诸躬也安，其施于事也达，在家宜之，在国宜之，在天下宜之，将百世无弊而莫或有窒于行者，斯言焉，不可行者不以言也。名之必其可言，故名之正与不正，乃言之顺逆所由始；言之必其可行，故言之顺与不顺，乃行之善败所由基。甚矣，夫名之重而言之难也！君子之于言，盖非曰朝廷之上惟言莫违②，可苟焉而出乎身也，别嫌明微③，必稽于天理人伦之至，而凛凛乎思以植天下之大防；亦非曰位号之间惟命是从，可苟焉而施于国也，慎终虑始，必要④于人情事变之归，而兢兢乎思以存两间⑤之大义。由是则君君臣臣父父子子，而朝廷之上无惭德⑥也；由是礼行乐兴刑清政举，而邦国之间无苟动也。其机甚微，其效甚著，君子之言要于无所苟而已矣。由是观之，则夫子在卫所以欲先正名之意，岂不昭然若发蒙⑦也哉？而由也且迂⑧之，甚矣由之失言且不智也！

【评】题为通章结穴，文能切中事情，不用斡补而题绪清析，章脉贯通，坚重遒密，嘉靖盛时风格。

【题解】出自《子路·卫君待子而为政》。

子路曰："卫君待子而为政，子将奚先？"（卫君，谓出公辄也。）子曰："必也正名乎！"（是时出公不父其父而祢其祖，名实紊矣，故孔子以正名为先。谢氏曰："正名虽为卫君而言，然为政之道，皆当以此为先。"）子路曰："有是哉，子之迂也！奚其正？"（迂，谓远于事情，言非今日之急务也。）子曰："野哉由也！君子于其所不知，盖阙如也。（野，谓鄙俗。责其不能阙疑，而率尔妄对也。）名不正，则言不顺；言不顺，则事不成；（杨氏曰："名不当其实，则言不顺。言不顺，则无以考实而事不成。"）事不成，则礼乐不兴；礼乐不兴，则刑罚不中；刑罚不中，则民无所措手足。（范氏曰："事得其序之谓礼，物得其和之谓乐。事不成则无序而不和，故礼乐不兴。礼乐不兴，则施之政事皆失其道，故刑罚不中。"）故君子名之必可言也，言之必可行也。君子于其言，无所苟而已矣。"（程子曰："名实相须。一事苟，则其余皆苟矣。"胡氏曰："卫世子蒯聩耻其母南子之淫乱，欲杀之不果而出奔。灵公欲立公子郢，郢辞。公卒，夫人立之，又辞。乃立蒯聩之子辄，以拒蒯聩。夫蒯聩欲杀母，得罪于父，而辄据国以拒父，皆无父之人也，其不可有国也明矣。夫子为政，而以正名为先。必将具其事之本末，告诸天王，请于方伯，命公子郢而立之。则人伦正，天理得，名正言顺而事成矣。夫子告之之详如此，而子路终不喻也。故事辄不去，卒死其难。徒知食焉不避其难之为义，而不知食辄之食为非义也。"）

【注释】

① 徒名：指命名与实际不符，徒有其名，以致言不顺、事不成。

② 惟言莫违：指完全顺从君王的话。

③ 别嫌明微：辨别淆杂、细微事物，此谓"言"当合乎"礼"。语本《礼记·礼运》："礼者，君之

大柄也，所以别嫌明微。"

④ 要：核查。

⑤ 两间：指天地之间。

⑥ 慙德：因言行有缺失而内愧于心。

⑦ 发蒙：启发蒙昧，后也指教儿童、少年开始识字读书。

⑧ 迂：认为……迂阔。

不得中行而与之　一节

王慎中　程

圣人抑致意于传道之士，而其志可知矣。夫中行不得而思狂狷，圣人之意抑而弥深矣。此其为道也，不有大忧乎？夫子伤道之不行，故发此叹也。盖曰：世莫宗予①，吾已不敢望见诸身；天未丧文②，吾安可使弗传诸后？诚得中行之士而与之，弗畔③于道，而教育得人，克协于极④，而继述攸赖，固吾所大愿也。然今不可得已，惟予有怀，何能自慰耶？道不可以终坠，而传之必资于有人；心不能以自已，而求之抑思夫其次。必也士如狂狷者，亦可相与以有为矣。吾何以取于狂狷也？盖进学之资，无所慕，则志弗逮而教难施，狂者趣量高远，意之所许，将等古人而直上之，所少者特其实行之不掩耳，即若人而裁抑之，行以副志，而笃实日新，其于道也几矣，吾如何而勿思哉！无所耻，则守无恒而行弗笃，狷者操履⑤孤介，节之所励，其视不善若将浼⑥焉，所病者特其智识之未融耳，即若人而激励之，学以广才，而精进不已，其造道也易矣，吾安能以无意耶！呜呼，足以见圣人不得已之心矣！

【评】狂狷、志节及激厉、裁抑之以进于道处，俱确实深细，不为影响近似之言。王遵岩时文意义风格，实无过人者。以曾治古文，故气体尚不俗耳。

【作者简介】

王慎中（1509—1559），字道思，初号遵岩居士，后号南江，福建晋江人。年十八，举嘉靖五年（1526）进士，授户部主事，升至吏部郎中。后谪常州通判，久之，擢至山东提学金事，改江西参议，进河南参政。后为夏言所抑，落职。慎中为明中叶散文家，初主秦汉，后主唐宋，为"唐宋派"重要代表，与唐顺之齐名，天下称之曰"王、唐"，又曰"晋江、毗陵"。著有《遵岩集》。

【题解】出自《子路·不得中行而与之》。

子曰："不得中行而与之，必也狂狷乎！狂者进取，狷者有所不为也。"（行，道也。狂者，志极高而行不掩。狷者，知未及而守有余。盖圣人本欲得中道之人而教之，然既不可得，而徒得谨厚之人，则未必能自振拔而有为也。故不若得此狂狷之人，犹可因其志节，而激厉裁抑之以进于道，非与其终于此而已也。孟子曰："孔子岂不欲中道哉？不可必得，故思其次也。如琴张、曾皙、牧皮者，孔子之所谓狂也。其志嘐嘐然，曰：'古之人！古之人！'夷考其行而不掩焉者也。狂者又不可得，欲得不屑不洁之士而与之，是狷也，是又其次也。"）

【注释】

① 宗予：以我为师。《礼记·檀弓上》："夫明王不兴，而天下其孰能宗予？"
② 丧文：消灭礼乐文化。《论语·子罕》："天之未丧斯文也，匡人其如予何？"
③ 畔：同"叛"，背离。
④ 克协于极：指中行之士，能够合乎至正之道。
⑤ 操履：指持身行事。
⑥ 浼：污染。此本《孟子·公孙丑上》："（伯夷）推恶恶之心，思与乡人立，其冠不正，望望然去之，若将浼焉。"

克伐怨欲不行焉　一章

唐顺之

贤者以制私为仁，圣人所以抑之也。盖无私之谓仁，而制私不足以言之也。原宪之所问与夫子所以教原宪者，于此见之矣。今夫仁者宽裕温柔，本自无所克伐，而不仁者矜己夸人，则有是而必行焉者也；仁者不忮不求①，本自无所怨欲，而不仁者恣情徇物，则有是而必行焉者也。宪也以狷介之资，励坚忍之力，故能于此而不行焉。至于不远之复②，彼固有所未能；而无妄之真③，彼固有所未识也。乃遂以是为仁而问于夫子。夫子从而告之曰：人心惟无所克伐也，一有克伐焉，其势不至于以私灭公不止也，于天人交战之中而力有以防其溃，可不谓难乎，然特不行而已，是犹有克伐在也；人心惟无所怨欲也，一有怨欲焉，其势不至于以情凿性不止也，于爱恶相攻之际而力有以遏其渐，可不谓难乎，然特不行而已，是犹有怨欲在也。非必人欲横流而后为此心之累，但藏蓄而不化，则已非静虚之本体矣，况检点稍或疏焉，固有潜滋暗长而不自知者乎，以其仅未至于横流也而遽以为仁，吾弗知也已；非必形迹暴著④而后为吾仁之病，但留滞而不释，则已非顺应之本然矣，况操持稍或弛焉，固有投间抵隙⑤而不自知者乎，以其仅未至于暴著也而遽以为仁，吾弗知也已。是则原宪之问，虽若过于自任⑥，而亦见其求仁之切；夫子之答，虽若抑之，而实进之于安仁⑦之域者也。

【评】于"仁"与"四者不行"分际，体认亲切，故出之甚易，而他人苦思极虑不能造也。

【题解】出自《宪问·克伐怨欲不行焉》。

"克、伐、怨、欲不行焉，可以为仁矣？"（此亦原宪以其所能而问也。克，好胜。伐，自矜。怨，忿恨。欲，贪欲。）子曰："可以为难矣，仁则吾不知也。"（有是四者而能制之，使不得行，可谓难矣。仁则天理浑然，自无四者之累，不行不足以言之也。程子曰："人而无克、伐、怨、欲，惟仁者能之。有之而能制其情使不行，斯亦难能也。谓之仁则未也。此圣人开示之深，惜乎宪之不能再问也。"或曰："四者不行，固不得为仁矣。然亦岂非所谓克己之事，求仁之方乎？"曰："克去己私以复乎礼，则私欲不留，而天理之本然者得矣。若但制而不行，则是未有拔去病根之意，而容其潜藏隐伏于胸中也。岂克己求仁之谓哉？学者察于二者之间，则其所以求仁之功，益亲切而无渗漏矣。"）

【注释】

① 不忮不求：不嫉妒，不贪求，此即指不"怨"不"欲"。语本《诗·邶风·雄雉》："不忮不求，何用不臧。"郑玄笺："我君子之行，不疾害，不求备于一人。"
② 不远之复：指归复于"仁"。《论语·述而》："仁远乎哉？我欲仁，斯仁至矣。"
③ 无妄之真：指复归本性，归于"至诚之道"。
④ 暴著：暴露，显著。
⑤ 投间抵隙：此指利用其缺陷。
⑥ 自任：自信，自以为是。
⑦ 安仁：安守仁义之道。《论语·里仁》："仁者安仁，知者利仁。"

孟公绰 一节
王世懋

圣人评鲁臣之不欲者①，而以为有能有不能焉。夫赵魏之老，不欲者能之；而滕薛大夫，非才莫能也。圣人以是评优劣，而鲁臣之论定矣。夫子之言若曰：天下无全才，而才之有所优者类有所短。若吾鲁之有孟公绰，盖大夫之表也，然特不欲人耳。吾试评之，其优于赵魏老而不可为滕薛大夫者乎？何则？赵魏，大国之卿也；而老，家臣之长也。非重德无以居重地，固有取于坐镇雅俗之人；而无官守②则亦无旷官③，又何必于长材异能之士？卿族之尊，聚其室而听命焉，得人如公绰者老之④，廉静可风⑤也，盖家有老成而以不贿闻于诸侯者，由此其选矣；上卿之室，群⑥众宰而受成焉，有士如公绰者老之，镇静可师也，盖卿有家相而以不扰能安巨室者，斯人当之矣。若夫舍家老而大夫之，则才不称⑦德，已惧夫国事之难堪；况大夫而滕薛焉，则力不任烦⑧，益见其官守之弗逮。蕞尔之国，摄⑨乎大国之间，其务何赜⑩也，而欲观理乱⑪于一人之身，此宁可以廉静者当之乎，而老成之技，至此将无所施矣；一旅之众⑫，交于四邻之君，其职何艰也，而欲寄安危于一人之任，此徒可以镇静者得之乎，而家相之良，至此将无所展矣。然则为公绰者，其亦不幸而不为赵魏之老以尽见其长也，其亦幸而不为滕薛之大夫以尽暴其短也。盖公绰之定论如此。吁，后之官人⑬者闻夫子之训，慎无用违其才而使士两失⑭与？

【原评】 抑扬进退，一字不苟，伟丽处行以谨严。可传之作。

【作者简介】

王世懋（1536—1588），字敬美，号麟洲，江苏太仓人。嘉靖三十八年（1559）进士，累官至南京太常寺少卿。世懋为明代文学家、史学家王世贞之弟，善诗文，著述颇富，著有《艺圃撷余》、《王奉常集》等。

【题解】 出自《宪问·孟公绰》。

子曰："孟公绰为赵魏老则优，不可以为滕薛大夫。"（公绰，鲁大夫。赵魏，晋卿之家。老，家臣之长。大家势重，而无诸侯之事；家老望尊，而无官守之责。优，有余也。滕薛，二国名。大夫，任国政者。滕薛国小政繁，大夫位高责重。然则公绰盖廉静寡欲，而短于才者也。胡氏曰："知之弗豫，枉其才而用之，则为弃人矣。此君子所以患不知人也。言此，则孔子之用人可知矣。"）

【注释】

① 不欲者：不贪者，廉静寡欲之人，指孟公绰。

② 官守：此指具体的事务。

③ 旷官：荒废职守。

④ 老之：以他为家臣之长。

⑤ 可风：可为风范。

⑥ 群：聚合。

⑦ 称：符合，相称。

⑧ 烦：指烦剧的事务。

⑨ 摄：夹，箝。《论语·先进》："千乘之国，摄乎大国之间。"

⑩ 赜：幽深，此指难以把握。

⑪ 理乱：治乱。

⑫ 一旅之众：谓弱小的兵力。旅，五百人为一旅。《左传·哀公元年》："有田一成，有众一旅。"吴质《答东阿王书》："然一旅之众，不足以扬名。"

⑬ 官人：选拔和任用官员。

⑭ 两失：指既不得发挥其长，又暴露其短。

一匡天下

唐顺之

佐霸者①有辅世之功，圣人所以取之也。甚矣，圣人取善之公也！以管仲正天下之功，而夫子称之，其亦不没②人善之意欤？自今观之，春秋之时何时也？繻葛一战③，而天下之人不知有君臣之分；蔡师一败④，而天下之人不知有夷夏之防。天下之不正也甚矣，其孰能匡之？管仲之相桓公也，志同道合，而一以取威定霸为己任；言听计从，而一以招携怀远⑤为己责。虑王室之衰也，于是乎有葵丘之会焉，誓之以五命⑥之严，申之以载书之信，而以下陵上者始知所惧矣；虑夷狄之横也，于是乎有召陵之师⑦焉，连八国之援以摧其锋，许屈完之盟以怀其德，而以裔谋夏⑧者始知所警矣。虽曰借其名以遂其私也，而名之所以不亡者，亦其借之之功；虽曰假其义以文其奸也，而义之所以不泯者，亦其假之之力。君尊臣卑，视夫周郑交质⑨之际，不有间乎？内夏外夷，视夫凭陵江汉之日⑩，不有殊乎？管仲正天下之功如此。身系天下之重，故北面请囚⑪而不以为耻；心存天下之图，故忘君事雠而不以为嫌。子贡何议其未仁耶？

【评】洞悉三《传》，二百四十年时势了然于心，故能言之简当如此。前辈谓不可把一匡说得太好，非也。下文说一匡之功，如许郑重，可见圣人之心广大公平。言各有当，不可以一端阂也。

【题解】出自《宪问·管仲非仁者与》，参见化治文卷三李梦阳《管仲相桓公》。

子贡曰："管仲非仁者与？桓公杀公子纠，不能死，又相之。"子曰："管仲相桓公，霸诸侯，一匡天下，民到于今受其赐。微管仲，吾其被发左衽矣。岂若匹夫匹妇之为谅也，自经于沟渎而莫之知也。"

【注释】

① 佐霸者：指管仲。

② 没：埋没。

③ 繻葛一战：公元前707年，周桓王率诸侯伐郑，为郑庄公所败，周桓王本人也被郑国将领射伤。繻葛，郑地。事见《左传·桓公五年》。

④ 蔡师一败：公元前684年，楚文王侵蔡，虏蔡哀侯以归。事见《左传·庄公十年》，杜预注谓："楚辟陋在夷，于此始通上国。"

⑤ 招携怀远：招徕有离心之人，感化远方之人。携，通"㩗"，离心。《左传·僖公七年》："管仲言于齐侯曰：'臣闻之，招携以礼，怀远以德。'"

⑥ 五命：五种命令。《孟子·告子下》载齐桓公葵丘之会，"束牲、载书而不歃血"，并颁有五种命令。五命如"无专杀大夫"、"无有封而不告"等，意在防止以下凌上。

⑦ 召陵之师：鲁僖公四年（公元前656年），齐桓公率八国之师伐楚，进兵召陵，楚成王使大夫屈完到军前讲和，齐迫使楚向周王纳贡。

⑧ 以裔谋夏：指以夷狄而侵略华夏，或变乱华夏风俗。裔，边地，指夷狄。《左传·定公十年》："裔不谋夏，夷不乱华。"

⑨ 周郑交质：指周天子与郑庄公互派人质。《左传·隐公三年》："故周郑交质：王子狐为质于郑，郑公子忽为质于周。"此事表明天子与诸侯的上下尊卑秩序被破坏。

⑩ 凭陵：欺凌。此指楚国作为蛮夷而侵灭江汉之间的姬姓诸侯国。《史记·楚世家》载，楚文王侵蔡之后，"楚强，陵江汉间小国，小国皆畏之"。

⑪ 北面请囚：与下文"忘君事雠"均指管仲尝辅佐公子纠与公子小白争位事而言。小白即后之齐桓公胜，杀公子纠，管仲则任桓公之相。《左传·庄公九年》："管仲请囚，鲍叔受之，及堂阜而税之。"忘君，指忘记公子纠。

君子上达

许孚远

穷①君子之所造②，以循理胜也。夫理，形而上者③也。君子惟理之循，其上达安可量耶？圣人意曰：人品定于趋向所从来矣。世之人孰不有超群拔类之想，而未尝审登高行远④之途，是以达而上者之不多见于天下也，其惟君子乎？君子从道而不从欲，故能脱凡近以游于高明；从天而不从人，故能超等夷⑤以跻乎光大。声色货利无牵于外，而志气日见其清明，身居万物之中，心超万物之上，造诣之渊邃，众莫得而窥之矣；知见意识无梏其灵，而义理日觉其昭著，迹与人群为伍，道与造物者游，地位之峻绝，人莫得而几之矣。操修在于庸行庸言⑥，而究竟极于无声无臭⑦，是故自强不息，曾无止足之期；学问基于铢积寸累，而德业征于富有日新⑧，是故其进无穷，直跻神圣之域。由君子观之，若无若虚，固终身无上人⑨之意，而品迈流俗，行表人伦，则上达必归诸君子；由斯道观之，弥高弥深，虽上智无息肩⑩之所，而举之必胜，行之必至，则上达非君子不能。千里之行，始于跬步⑪，九层之台，基于垒土，吾于君子乎见之。非君子则小人，不上达则下达，理欲敬肆之间而已矣。

【评】遇此等题，不肯靠实发挥，每求深而反浅。此文质量不甚高峻，而于上达本末原流，实能疏发晓亮。

【题解】出自《宪问·君子上达》。

子曰："君子上达，小人下达。"（君子循天理，故日进乎高明；小人殉人欲，故日究乎污下。）

【注释】

① 穷：推究到极致。
② 所造：所至，指君子的行为及其境界。造，至，到。
③《周易·系辞上》："是故形而上者谓之道，形而下者谓之器。"
④ 登高行远：喻君子进德修业的途径。《中庸》："君子之道，辟如行远必自迩，辟如登高必自卑。"
⑤ 等夷：尊卑相等，指同辈、同类之人。
⑥ 庸行庸言：语本《易·乾卦》："庸言之信，庸行之谨"，孔颖达疏："庸谓中庸，庸，常也。从始至末，常言之信实，常行之谨慎。"
⑦ 无声无臭：没有声息、气味，此处指天道。本《诗经·大雅·文王》："上天之载，无声无臭。"孔颖达疏："上天所为之事，无声音，无臭味……其事冥寞。"《中庸》亦引以论"中庸之极功"。
⑧ 富有日新：（君子之道）广大悉备，日进不已。《易·系辞上》："富有之谓大业，日新之谓盛德。"
⑨ 上人：傲人，自居人上。
⑩ 息肩：让肩头得到休息，比喻卸去责任。《左传·襄公二年》："郑成公卒，子驷请息肩于晋。"
⑪ 跬步：半步和一步。跬，半步。按，此处据《老子》"九层之台，起于累土；千里之行，始于足下"及《荀子·劝学》"不积跬步，无以致千里"。

以直报怨　二句
钱有威

圣人酌怨、德之报，惟其称①而已矣。盖报施之道不容以任情也，怨以直报，而德必以德报之，又焉有不得其称者哉？夫子示或人之意，若曰：天下有不齐之遇，而君子有平施之心。子欲以德而报怨，不惟失报怨之平，而德亦将难其报矣。自我言之，人之有怨于我者，我虽无复之之意，而事之相加亦报也。使蓄怨而故为之薄，固不可以为直；虽远嫌而故为之厚，亦岂所以为直乎？故夫报怨者亦惟大公以廓其度，而事之未至，初无作好作恶③之心；顺应以普其施，而事之既至，莫非公是公非之道。苟其可爱，从而爱之，非其可爱，则固未尝不憎也；苟其可取，从而取之，非其可取，则固未尝不舍也。直道而行，若彼素无怨于我而我素不知其为怨者矣。要之，怨有不容于不报者，吾秉义而行之，亦不害其为直也。夫怨而报之以直，已不失为厚矣，又奚必以德哉？惟夫人之有德于我者，彼虽无望报之心，而我之自处不容于不报也。使以怨而报焉，则固刑戮之民③矣；虽以直而报之，亦岂轻重之等乎？故夫报德者仁以存心，而有德者不忍忘；礼以处人，而先施者不忍悖。如其可爱，固得以遂吾心矣，即不然，苟可以曲全其恩者，何不用焉？如其可取，固得以用吾厚矣，不然，苟可以曲行其惠者，何不为焉？是虽一人之私情，而实天下之公理矣。要之，德有不容于不报者，吾虽过厚以遇之，犹恐莫称其德也。夫德而报之以德，则在我者始得其平矣，岂可加之于怨哉？是知直以报怨，义之公也，而亦未始非仁；德以报德，仁之厚也，而亦未始非义。仁至义尽，此报施之道所以为得，而或人之言多见其偏矣。

【评】于题之中边前后，无处不彻，更极转侧斡补之妙。

【作者简介】

钱有威，南直隶（今江苏）常熟人，嘉靖二十九年（1550）三甲进士，历官刑部郎中等，经术明习，生徒颇多。

【题解】出自《宪问·或曰以德报怨》。

或曰："以德报怨，何如？"子曰："何以报德？以直报怨，以德报德。"（于其所怨者，爱憎取舍，一以至公而无私，所谓直也。于其所德者，则必以德报之，不可忘也。或人之言，可谓厚矣。然以圣人之言观之，则见其出于有意之私，而怨德之报皆不得其平也。必如夫子之言，然后二者之报各得其所。然怨有不雠，而德无不报，则又未尝不厚也。此章之言，明白简约，而其指意曲折反复。如造化之简易易知，而微妙无穷，学者所宜详玩也。）

【注释】

① 称：相称。
② 作好作恶：从私心出发行赏罚，滥赏恶人，滥罚善人。《尚书·洪范》："勿有作好，遵王之道；勿有作恶，遵王之路。"
③ 刑戮之民：应当受到刑戮的人。《礼记·表记》："子曰：以德报怨，则宽身之仁（民）也；以怨报德，则刑戮之民也。"孔颖达疏："其人凶恶，是合刑戮之民也。"

颜渊问为邦　　乐则韶舞

归有光

圣人告大贤之问，亦以礼乐治天下而已。夫虞夏商周，天下之盛王也，其为礼乐可知矣，圣人之所以治天下，宜其有取于此与？昔颜子问为邦而夫子告之，以为：天下之治皆本于一人之心，苟非建中和之极，则法制之所驱率者亦末也。惟四代之礼乐可稽已，是故治历明时①，圣人所以奉若天②也。自三王迭兴而三统备焉，殷之建丑，月穷而星回③，制非不善也；周之建子，剥尽而复返④，义非不精也。孰与⑤夫人纪之建，

156

所以终天地之功？吾得夏时焉，以坐明堂，以班正朔，无非后天而奉天，盖巍巍乎神禹文命之敷⑥矣。至于文质异尚，三王之道若循环⑦。然商质尚⑧矣，而吾不纯用夫质也，用其质之中者，而辂其在所乘乎，盖以浑坚之体而无雕几⑨之失，视金辂之重、玉辂之靡为太过焉，于以具王者之法驾，以备巡狩⑩而事临幸，盖浑浑乎成汤之建极也；周之政文矣，而吾不纯用夫文也，用其文之中者，而冕其在所服乎，盖以玉藻之度而称龙卷⑪之仪，视夏后氏之收⑫、殷人之冔为不及焉，于以具王者之法服，以事天地而享鬼神，煌煌乎文武成康极文之世也。至于乐者，中声之所止、陶冶人心于太和者也，则虞舜为不可及已，九韶⑬之舞，吾其象之。大乐与天地同和⑭，而声容一仿于虞廷之盛，真若有以揖让于群后⑮之间，而亲见夫百兽之舞⑯。是又轶三代而进之矣。是知奉天而备商周之法物，端冕而听⑰有虞氏之遗音⑱，内寔根于精神心术之微，而外有以兼夫礼乐法度之备。夫子所以综百王而垂万世之法者寔在于此，非颜子，其孰得而闻之？

【评】和平之音淡薄，欢愉之词难工，昌黎犹为文士言之也。试诵周召歌雅，当自悔其失言矣。此等文亦当以是求之。　　贵重华美，如陈夏商间法物，其于礼乐亦彬彬矣。

【题解】出自《卫灵公·颜渊问为邦》。

颜渊问为邦。（颜子王佐之才，故问治天下之道。曰为邦者，谦辞。）子曰："行夏之时，（夏时，谓以斗柄初昏建寅之月为岁首也。天开于子，地辟于丑，人生于寅，故斗柄建此三辰之月，皆可以为岁首。而三代迭用之，夏以寅为人正，商以丑为地正，周以子为天正也。然时以作事，则岁月自当以人为纪。故孔子尝曰，"吾得夏时焉"而说者以为谓《夏小正》之属。盖取其时之正与其令之善，而于此又以告颜子也。）乘殷之辂，（商辂，木辂也。辂者，大车之名。古者以木为车而已，至商而有辂之名，盖始异其制也。周人饰以金玉，则过侈而易败，不若商辂之朴素浑坚而等威已辨，为质而得其中也。）服周之冕，（周冕有五，祭服之冠也。冠上有覆，前后有旒。黄帝以来，盖已有之，而制度仪等，至周始备。然其为物小，而加于众体之上，故虽华而不为靡，虽费而不及奢。夫子取之，盖亦以为文而得其中也。）乐则韶舞。（取其尽善尽美。）放郑声，远佞人。郑声淫，佞人殆。"（放，谓禁绝之。郑声，郑国之音。佞人，卑谄辩给之人。殆，危也。程子曰："问政多矣，惟颜渊告之以此。盖三代之制，皆因时损益，及其久也，不能无弊。周衰，圣人不作，故孔子斟酌先王之礼，立万世常行之道，发此以为之兆尔。由是求之，则余皆可考也。"张子曰："礼乐，治之法也。放郑声，远佞人，法外意也。一日不谨，则法坏矣。虞夏君臣更相饬戒，意盖如此。"又曰："法立而能守，则德可久，业可大。郑声佞人，能使人丧其所守，故放远之。"尹氏曰："此所谓百王不易之大法。孔子之作《春秋》，盖此意也。孔颜虽不得行之于时，然其为治之法，可得而见矣。"）

【注释】

① 治历明时：研讨历法以区分时令。

② 若天：此天。《尚书·说命中》："明王奉若天道。"

③ 月穷而星回：季冬之月，月走完十二个星区，再次与日相会于玄枵；二十八宿每天运转，至此也回到原处。《礼记·月令·季冬之月》："是月也，日穷于次。月穷于纪，星回于天，数将几终。"

④ 剥尽而复返：此谓一年过去，又一年开始。剥、复为相连的两卦。剥，表示阴盛阳衰。复，表示阴极而阳复。《易·序卦》："物不可以终尽剥，穷上反下，故受之以复。"

⑤ 孰与：和……相比怎么样。这句话意为，商之建丑、周之建子，都比不上夏之建寅。"人纪之建"指建寅，见朱注。

⑥ 文命之敷：布陈文德教命。《尚书·大禹谟》："文命敷于四海。"文命，孔安国云："文德教命也。"或谓文命为禹名。

⑦《史记·高祖本纪》："夏之政忠……殷人承之以敬……周人承之以文……三王之道若循环，终而复始。"

⑧ 尚：上，地位高。

⑨ 雕几：刻绘文采之几。《周礼·春官·司几筵》："诸侯祭祀席……右雕几。"《礼记·郊特牲》："丹漆雕几之美，素车之乘，尊其朴也。"

⑩ 巡狩：《孟子》："天子适诸侯曰巡狩。巡狩者，巡所守也。"《礼记·王制》："天子五年一巡守。"

⑪ 龙卷：即龙衮。《礼记·玉藻》："天子玉藻，十有二旒，前后邃延，龙卷以祭。"郑玄注："龙卷，画龙于衣，字或作'衮'。"

⑫ 收：夏代冠名。下文"冔"为殷代冠名，《仪礼·士冠礼》："周弁，殷冔，夏收。"

⑬ 亦作"九招"，舜时乐曲名。《周礼·春官·大司乐》："九德之歌，《九韶》之舞。"

⑭ 语见《礼记·乐记》，孔颖达疏："天地气和，而生万物。大乐之体，顺阴阳律吕，生养万物，是'大乐与天地同和'也。"

⑮ 后：帝王。

⑯ 百兽之舞：百兽起舞，指音乐的感染力很强。《尚书·舜典》："夔曰：於！予击石拊石，百兽率舞。"

⑰ 端冕而听：用《礼记·乐记》语："（魏文侯曰）吾端冕而听古乐，则唯恐卧。"

⑱ 有虞氏之遗音：舜时之乐，即"韶舞"。

事君敬其事而后其食

瞿景淳　墨

圣人论人臣之义，惟务自尽而不求其利也。夫为禄而仕，非所以事君也，事求自尽，而禄有不计焉。夫子之言，所以立人臣之防也。盖曰：君之使臣也，固以厚下为深仁；而臣之事君也，则惟以奉公为大节。人惟不明乎分义，而臣节始微矣。以予观之，臣之事君，自一命①而上，孰不有事之当为者乎？是事也，所以熙帝之载②也，存乎臣者也。亦孰不有食之当得者乎？是食也，所以恤臣之私也，存乎君者也。是必明乎内外之分，而可贞③之守每定于立朝之初；严乎义利之辨，而匪躬之节④恒励于策名⑤之日。小而为服采之臣⑥也，其事虽小，亦必有难尽者，则必思任使之未称，而精白⑦以承之，翼翼焉惟惧事之或忝⑧而已矣；大而为服休之臣也，其事愈大，尤必有难尽者，则必思付托之未效，而严恪以图之，兢兢焉惟恐事之或旷⑨而已矣。上之求不负吾君也，而非求以自利也，虽曰君之诏禄⑩因吾事以上下，然吾惧食之浮于人⑪，而不惧人之浮于食，则亦靖共尔位⑫可矣，而他又何知焉？下之求不负所学也，而非求以肥家也，虽曰君之制食视吾事之繁简，然吾方以素飧⑬为耻，而不以得禄为幸，则亦无旷庶官足矣，而他又何计焉？使事之不敬而惟食之急焉，则其事君也亦怀利以事之而已矣，臣道几何而不亡也。吁，夫子言此，所以励天下之臣节者亦严矣哉！

【评】未离化治矩矱，而易方为圆，渐为谈机法者导夫先路矣。然于揣摩科举文字中较短絜长，则其功候已到。

【作者简介】

瞿景淳（1507—1569），字师道，号昆湖，常熟人。嘉靖二十三年（1544）会试第一，殿试第二，授编修，典制诰，累官礼部左侍郎。以疾累疏乞归，卒谥文懿。著有诗文集十六卷等。瞿景淳工制义，与王鏊、唐顺之、钱福有"四家"之目，王世贞撰《瞿文懿公景淳传》称瞿氏"所为程式文行世，诵之以为法"。有《瞿昆湖稿》，俞长城称其文"内坚凝而外浑厚"，云："世之论文者，以高朴为贵，以圆熟为卑，昆湖一派，极于宣城（按，万历乙丑会元宣城汤宾尹），遂为世所诟病。然吾观昆湖之文，择理精，树义确，而出之以冲夷之度……昆湖何可少也？"

【题解】出自《卫灵公·事君敬其事而后其食》。

子曰："事君，敬其事而后其食。"（食，禄也。君子之仕也，有官守者修其职，有言责者尽其忠。皆以敬吾之事而已，不可先有求禄之心也。）

【注释】

① 一命：此处泛指低微的官职。命，官阶。周时官阶从一命到九命，一命为最低的官阶。《周礼·地官·党正》："一命齿于乡里。"
② 熙帝之载：助成帝王之功。《尚书·舜典》："有能奋庸熙帝之载。"孔安国传："载，事也。访群臣有能起发其功，广尧之事者。"
③ 可贞：可以为正。
④ 匪躬之节：忠心耿耿、不计私利的节操。《易·蹇》："王臣蹇蹇，匪躬之故。"孔颖达疏："尽忠于君，匪以私身之故而不往济君，故曰匪躬之故。"
⑤ 策名：指任职、仕宦于朝廷。《左传·僖公二十三年》："策名委质，贰乃辟也。"杜预注："名书于所臣之策。"孔颖达疏："古之仕者于所臣之人书己名于策，以明系属之也。"
⑥ 服采之臣：泛指小臣。下文"服休之臣"指大臣。《尚书·酒诰》："矧唯尔事，服休服采。"其意诸说不一，蔡沉《集传》："服休，坐而论道之臣；服采，起而作事之臣。"
⑦ 精白：品行洁白、纯洁。《汉书·贾邹枚路传》载贾山《至言》："天下之士莫不精白以承休德。"
⑧ 忝：辱。表示有愧于所作的某事。
⑨ 旷：耽误，荒废。
⑩ 诏禄：报请王者授予俸禄。《周礼·夏官·司士》："以德诏爵，以功诏禄。"
⑪ 食之浮于人：指所得的俸实禄超出了自己的贡献。
⑫ 靖共尔位：安心做好本职工作。《诗经·小雅·小明》："靖共尔位，好是正直。"郑笺："是使听天乎命，不汲汲求仕之辞。"朱熹《诗集传》："靖与静同。"
⑬ 素飧：即素餐，指无功而受禄。

邦君之妻 一节

周思兼

圣人定名分于诸侯之夫人，所以大为之防也。夫名之不正，未有不渎①其伦者，此夫人之称，夫子之所甚严也。今夫礼也者，所以立天下之大防；名也者，所以定天下之大分。名分之炳于天下者，夫人②能知之，而当世之所未讲者，邦君之妻之称也。夫邦君之妻一也，而或称于君，或称于夫人，或称于邦人，或称于异邦，或邦人、异邦之相称，其名不可以例论也。是故君之所称，称曰夫人，曷为③而称夫人？谓其可以理阴教④也，谓其可以章妇顺⑤也，尊夫人所以尊国家也。夫人之自称，称曰小童，曷为而称小童？明其无知也，明其不敢与君齐也，卑其名所以尊其君也。邦人之称，称曰君夫人，曷为而系君于夫人也？君也，夫人也，其尊同也，尊之不可以二也。称诸异邦之称，称曰寡小君，曷为而称寡小君也？为夫人谦言之也，为君谦言之也，为国家谦言之也，谦之者亦所以尊夫人也。异邦人之称，称曰君夫人，曷为而亦称君夫人也？尊其夫人，所以尊吾君之夫人也，尊异邦之君，所以尊吾君也。是故邦君不得而贬其名，夫人不得而崇其号，邦人不得而隆其称，异邦不得而抑其爵。天下之大名分、大纲常，而非人之所能加损于其间也。是故邦君而不称之与君齐也则替⑥，夫人而不自抑也则僭⑦，邦人而不尊之也则慢，称诸异邦而不谦也则夸，异邦人而不尊之也则辱。天下之名分自此而紊，天下之大礼自此而亵，而相渎之祸将相寻⑧于天下矣。

【评】名构老格，相因以熟，自不得不思变易。前作总挈，后作总收，行之以排叠，运之以英伟。顿觉耳目改观，亦渐开隆万风气矣。

【作者简介】

周思兼，字叔夜，号莱峰，松江华亭（今上海）人。嘉靖二十六年（1547）进士，除平度知州，吏部考天下治行第一。擢工部员外郎，进郎中，出为湖广佥事，擢广西提学副使，未闻命而卒，年七十四，私谥贞靖先生。少有文名，善书工画。深于理学，尤重践履。著有《周思兼文集》八卷等。工制义，有《周莱峰稿》，俞长城云："嘉靖季年，文尚博达切实，莱峰先生别立门户，汪洋潇洒，而不尚诡异；震荡迂回，而不贵丽浓……世言文宗眉山者，必推莱峰，莱峰有以似之矣。"

【题解】出自《季氏·邦君之妻》，参见化治文卷三王鏊《邦君之妻》。

邦君之妻，君称之曰夫人，夫人自称曰小童；邦人称之曰君夫人，称诸异邦曰寡小君；异邦人称之亦曰君夫人。

【注释】

① 渎：不敬，败坏。

② 夫人："夫"为句首发语词。人，每人，人人。

③ 曷为：何为。

④ 理阴教：掌管女子的教化。《周礼·天官·内宰》："以阴礼教六宫，以阴礼教九嫔。"

⑤ 章妇顺：彰显女性顺从的品德。妇顺，也作女顺。《礼记·昏义》："妇顺不修，阴事不得……天子修男教，父道也；后修女顺，母道也。"

⑥ 替：降低，指降低其名分。按：国君称其妻为"夫人"，表明妻与己"齐"。王鏊《邦君之妻》谓："既以德而配德，必以贵而从贵。以夫人称，尊之也，言其与己同也。"

⑦ 僭：僭越，超越本分。

⑧ 相寻：相连。

性相近也　一节

归有光

圣人之论性，必原其初而稽其所以异也。夫性之在人，未始甚异也，异生于习，而末流之弊然耳，岂可以之诬性耶？圣人欲天下之慎其习也。且夫天下之人品不可以概论也，以其相去之远而皆诿①于性之故，其诬性也亦甚矣。殊不知性者，人之所受于天者也，自其性而言之，有气禀不齐之等，而未接乎事物无穷之变。惟皇上帝②，所以鼓舞于大化③之权而与之以保合④之道者，兼覆而不私，则亦曲成而不偏，而陶冶⑤之下，固不甚区别于其间。虽理之所在不能不乘乎气以行，而天地之正性常堕于气之中者，固其势之不一也；然气之所在未逐于物之累，而真精之妙合尚混于气之中者，亦其势之未漓⑥也。故清而厚者可以谓之质之美，而未可必⑦其为智而为贤；薄而浊者可以谓之质之恶，而未可必其为愚而为不肖。盖人为之功未见，则天地之功未成；而济恶⑧之迹未著，亦不可悬定⑨以不才之名。而贤不肖混混焉者，君子可以观其初矣。至于习者，人之所以移其天者也，自其习而言之，以其气禀不齐之等，而接乎事物无穷之变。众庶冯生⑩，所以交骛于酬酢之纷而沿之以习尚之异者，殊途而百出，则亦贞胜⑪而不已，而末流之所至，固不能挽而回之。有率⑫其性之所近者，休养滋息而遂至于不可胜用；有反其性之所有者，矫克⑬变易而莫测其所归。故厚而清者可至于圣，亦或罔念⑭而至于狂；薄而浊者可至于愚，亦或克念而至于圣。盖人为之功既见，则天地之功亦终；而违离之行既彰，斯自致于悖德之地。而贤不肖辽绝焉者，君子可以观其终矣。是知人品之异在习而不在性，则知谨修之功在人而不在天。诿诸天而不知自尽⑮，此天下之所以迷于习而不自返、迁流正性而失厥中也久矣。

【评】沉潜儒先训义，积之深醇而出之显易。然非浩气充溢，则亦不能若是之挥斥如志也。

【题解】出自《论语·性相近也》。

子曰："性相近也，习相远也。"（此所谓性，兼气质而言者也。气质之性，固有美恶之不同矣。然以其初而言，则皆不甚相远也。但习于善则善，习于恶则恶，于是始相远耳。程子曰："此言气质之性。非言性之本也。若言其本，则性即是理，理无不善，孟子之言性善是也。何相近之有哉？"）

【注释】

① 诿：推托，推诿。

② 惟皇上帝：（赋予人以善性的）上天，天帝。《尚书·汤诰》："惟皇上帝，降衷于下民。"

③ 大化：大自然，宇宙。

④ 保合：《易》："乾道变化各正性命，保合太和，乃利贞。"朱熹《周易本义》："保合者，全于已生之后。此言乾道变化，无所不利，而万物各得其性命以自全。"

⑤ 陶冶：烧造陶器、冶炼金属，喻天地生成万物。

⑥ 漓：浅薄，浇薄。

⑦ 必：保证，断定。

⑧ 济恶：相助作恶。张载《西铭》："济恶者不才，其践形惟肖者也。"

⑨ 悬定：预先决定。

⑩ 众庶冯生：原指芸芸众生都贪恋生命。冯，同"凭"，恃。《史记·伯夷列传》："贾子曰：'贪夫徇财，烈士徇名，夸者死权，众庶冯生。'"

⑪ 贞胜：谓守正执一，则可以御万变而无不胜。《易·系辞下》："吉凶者，贞胜者也。"韩康伯注："贞者，正也，一也……万变虽殊，可以执一御也。"

⑫ 率：遵循，顺着。《中庸》："天命之谓性，率性之谓道。"

⑬ 矫克：指改变本来面目。

⑭ 罔念：指不思为善，下句"克念"指能思为善。《尚书·多方》："惟圣罔念作狂，惟狂克念作圣。"孔传："惟圣人无念于善则为狂人，惟狂人能念于善则为圣人。"

⑮ 自尽：自己竭尽心力。

谨权量 三句

茅 坤

圣王①历举夫经始②之政，而大一统③之治者可见矣。盖权量也，法度也，废官也，天子所以待天下之治者也。于斯三者而能举④之，王政其四达矣乎。若曰：大哉，武王之革命⑤乎！夫既当天造草昧⑥之初，则必善⑦与时消息⑧之政，岂特散财誓师⑨之可见者而已哉？彼权量者，王者所以一财货于众以前民用⑩者也。商纣以来，上为之厚敛，下为之牟利，俗之在天下也日以伪而不得其平者众矣。武王时则从而谨之：权诚悬，而财货之决于衡石者不得以私轻重也；量诚悬，而粟米之登⑪于釜庾⑫者不得以私多寡也。斯则耳目以一⑬，出入以均，而向之诬上行私以相折阅者无有矣，权量其谨矣乎！法度者，王者所以悬象魏⑭于上以听民治者也。商纣以来，君骄而败度，臣胁而背公，法之在天下也日以削而不得其理者众矣。武王则从而审⑮之：观风于上而损益于古今焉，变礼易乐者不得逞也；问俗于下而调剂其命令焉，坏常变纪者无所售也。斯则正之朝廷，宣之邦国，而向之侵凌倍畔以相逾侠者无有矣，法度其审矣乎！以至庶官者，体国经野⑯、设官分职以立民极者也。商纣以来，剥丧元良⑰，贼虐在位，官之在天下也日以废而不得其职者有矣。武王则从而修之：为之设其参而傅其伍⑱，古之因事以众建天下之官者，至此皆循职而责其成也；为之陈其殷而置其辅，古之设官以均任民生之

162

治者，至此皆按牒而行其叙⑲也。斯则有其举之莫敢废焉，而向之失职离次以斁王度者无有矣，废官其修矣乎！以谨权量则泉货⑳流，以审法度则典章饬，以修废官则残缺举。予故观于是而知周之所由兴也。

【评】鹿门之文，一气旋转，轻清流逸，但少沉实坚峭处，后学难于摹拟。此种非其本色，而自谓大方之文，与俗眼迥别，其实乃顺时而众所易晓也。

【题解】出自《尧曰·尧曰咨尔舜》。

尧曰："咨！尔舜！天之历数在尔躬。允执其中。四海困穷，天禄永终。"（此尧命舜，而禅以帝位之辞。咨，嗟叹声。历数，帝王相继之次第，犹岁时气节之先后也。允，信也。中者，无过不及之名。四海之人困穷，则君禄亦永绝矣，戒之也。）舜亦以命禹。（舜后逊位于禹，亦以此辞命之。今见于《虞书·大禹谟》，比此加详。）曰："予小子履，敢用玄牡，敢昭告于皇皇后帝：有罪不敢赦。帝臣不蔽，简在帝心。朕躬有罪，无以万方；万方有罪，罪在朕躬。"（此引《商书·汤诰》之辞。盖汤既放桀而告诸侯也。与《书》文大同小异。"曰"上当有"汤"字。履，盖汤名。用玄牡，夏尚黑，未变其礼也。简，阅也。言桀有罪，己不敢赦。而天下贤人，皆上帝之臣，己不敢蔽。简在帝心，惟帝所命。此述其初请命而伐桀之辞也。又言君有罪非民所致，民有罪实君所为，见其厚于责己薄于责人之意。此其告诸侯之辞也。）周有大赍，善人是富。（此以下述武王事。赍，予也。武王克商，大赍于四海。见《周书·武成》篇。此言其所富者，皆善人也。诗序云《赍》"所以锡予善人"，盖本于此。）"虽有周亲，不如仁人。百姓有过，在予一人。"（此《周书·太誓》之辞。孔氏曰："周，至也。言纣至亲虽多，不如周家之多仁人。"）谨权量，审法度，修废官，四方之政行焉。（权，称锤也。量，斗斛也。法度，礼乐制度皆是也。）兴灭国，继绝世，举逸民，天下之民归心焉。（兴灭继绝，谓封黄帝、尧、舜、夏、商之后。举逸民，谓释箕子之囚，复商容之位。三者皆人心之所欲也。）所重：民、食、丧、祭。（《武成》曰："重民五教，惟食丧祭。"）宽则得众，信则民任焉，敏则有功，公则说。（此于武王之事无所见，恐或泛言帝王之道也。杨氏曰："《论语》之书，皆圣人微言，而其徒传守之，以明斯道者也。故于终篇，具载尧舜咨命之言，汤武誓师之意，与夫施诸政事者。以明圣学之所传者，一于是而已。所以著明二十篇之大旨也。《孟子》于终篇，亦历叙尧、舜、汤、文、孔子相承之次，皆此意也。"）

【注释】

① 圣王，指周武王。《论语》中此一节叙武王事。
② 经始：开始营建，泛指开创事业。《诗经·大雅·灵台》："经始灵台，经之营之。"
③ 大一统：重视天下一统。《公羊传·隐公元年》："何言乎王正月？大一统也。"《汉书·王吉传》："《春秋》所以大一统者，六合同风，九州共贯也。"
④ 举：办理，实施。
⑤ 革命：取代旧王朝而代之以新王朝。革，更改。命，天命。《易·革》："汤武革命，顺乎天而应乎人。"

⑥ 天造草昧：本指天地初开时的混沌状态、蒙昧状态，后引申为创始、草创。草，草创。昧，冥昧。语见《易·屯》："天造草昧，宜建侯而不宁。"王弼注："造物之始，始于冥昧，故曰草昧也。"

⑦ 善：做好，使之完善。

⑧ 与时消息：指随着时间的推移、事物的变化而采取措施。本指事物无常，随时间的推移而兴盛衰亡。消，消亡。息，孳生。《易·丰》："日中则昃，月盈则食，天地盈虚，与时消息。"

⑨ 散财誓师：指武王克商所做的事情。《尚书·武成》："散鹿台之财，发钜桥之粟，饤所积之府仓，皆散发以赈贫民。"誓师，指誓师于孟津、牧野等地，《尚书·周书》有《泰誓》、《牧誓》诸篇。

⑩ 前民用：预知未来，以便于民众之用。前，预先，或释为引导。《易·系辞上》："是兴神物以前民用。"《说卦》："作《易》以逆睹来事，以前民用。"

⑪ 登：进献。

⑫ 釜庚：两种量器。釜，坛形量器。庚，十六斗。

⑬ 耳目以一：指百姓统一。《孙子兵法·军政》："以一民之耳目也。"

⑭ 象魏：古代天子、诸侯宫门外的一对高建筑，亦叫"阙"或"观"，为悬示教令的地方。《周礼·天官·太宰》："正月之吉……县（悬）治象之法于象魏，使万民观治象"。

⑮ 审：审慎处理。

⑯ 体国经野：本自《周礼·天官·序官》："惟王建国，辨方正位，体国经野，设官分职，以为民极。"郑玄注："体犹分也，经谓为之里数。"后亦用以泛指创建国家、治理国家。

⑰ 剥丧元良：指摧残善人。元良，大善、至善。语出《尚书·泰誓中》："剥丧元良，贼虐谏辅。"

⑱ 本句及下句"陈其殷而置其辅"见《周礼·天官·冢宰》："乃施典于邦国，而建其牧，立其监，设其参，傅其伍，陈其殷，置其辅。"贾公彦疏："'设其参'者，谓诸侯之国各立三卿。'傅其伍'者，谓三卿下各立五大夫。'陈其殷'者，三卿下各陈士九人，三九二十七。'置其辅'者，谓三卿下各设府、史、胥、徒。"

⑲ 叙：次第，顺序。

⑳ 泉货：钱币，货币。

钦定正嘉四书文卷四(《中庸》)

修道之谓教　　致中和
陆树声

　　论道成于教，君子体而纯之也。夫圣人修道，亦以不可离者教天下也，然非能纯其功，何以不离道哉？且道裁于圣心而其原根于人心，以心论道，则不离寂感，不离性情，此在由教入道者纯其心而已矣。自教之未立，而道始不明于天下；自圣人有教，而道始昭然于人心。顾道何以修也？谓其原无偏倚，原无乖戾，而修之以建中和之极也；教何以设也？恐人离道于静，离道于动，而教之以成中和之德也。然则道安可离哉？我观形声未起之先，以及于意念乍萌之始，一瞬息间，夫非道机之运乎，则道固非可以须臾离者；君子密之睹闻之未交，而又谨隐微之独觉，一瞬息间，夫非体道之时乎，则其修道也又何敢以须臾离者？借曰道而可离，此必无与于吾之性情而后可，乃吾心之喜怒哀乐非道乎？此道就存、发而论，是受中也，是太和也，何尝须臾不存于性情？分体、用而论，是大本也，是达道也，何尝须臾不通于寂感？故君子戒惧慎独以修之也，诚不离之也，而未纯也，必也致中乎，必也致和乎？戒惧慎独，修而益纯，而静与动之无间；偏倚乖戾，化而不有，而命与性之俱全。夫然后不离道于睹闻之先，而圣人教之以主静者始无负矣；夫然后不离道于隐微之境，而圣人教人以慎动者始无负矣。然则所谓修道者，亦修其不可离者耶？

　　【原评】前后将首句与末句相串，即摄入中三节在内。中间以"道不可离"作线，既能擒定题位，又能联合题绪。

　　【评】题虽割截，而道理语气本自平正。文之钩勒贯穿，已近隆万间蹊径，存此以示文章随世而变，必有其渐也。

　　【作者简介】

　　陆树声（1509—1605），字与吉，号平泉，松江华亭（今上海）人。嘉靖二十年（1541）会试第一，廷试二甲四名，选庶吉士，授编修。树声高风节，无宦情，嘉靖三十一年（1552）请归，神宗初，即家拜礼部尚书，旋引疾乞休，凡居官未及一纪。年九十七卒，谥文定。著有《陆树声诗文集》二十六卷等。

【题解】出自第一章，参见化治文卷四蔡清《天命之谓性》。

修道之谓教。道也者，不可须臾离也，可离非道也。是故君子戒慎乎其所不睹，恐惧乎其所不闻。莫见乎隐，莫显乎微，故君子慎其独也。喜怒哀乐之未发谓之中，发而皆中节谓之和。中也者，天下之大本也；和也者，天下之达道也。致中和，天地位焉，万物育焉。

道也者　二节

瞿景淳

《中庸》言道不可离，而因示人以体道之全功也。夫道，贯动静而一之者也，静知所存而动不知察焉，亦难免乎离道矣，岂所以为体道之全功哉？子思盖曰：道原于天而具于人，则尽人以合天者，人之责也。而人多忽焉者，岂其无见于道乎？今夫道之在人，敛之一心，则为存主之实；达之万变，则极充周之神。无物而不有也，无时而不然也，盖有不可须臾离者焉，使其可离，则亦外物之不能为有无，而非所以谓之道矣。君子盖知道之不可离，而所以存其天者，则存乎此心之一也。虽不睹矣，而亦戒慎焉，此心之常明常觉者，盖将内视以为明，而忘其无所睹也；虽不闻矣，而亦恐惧焉，此心之常清常静者，盖将返听以为聪，而忘其无所闻也。退藏密而一物之不容，缉熙①至而一息之匪懈。盖自天人之几未判，而吾所以存之者已无不至矣，使必待于耳目之交而后谨之，则失之或疏，而安保其无须臾之离哉？然犹未也。道贯动静，而人心之始动，则道之离合所由分者也。人尝以其隐而忽之矣，而自知之明无隐不烛，则见孰甚焉？人尝以其微而忽之矣，而自知之明无微不察，则显孰加焉？善吾知也，不善吾知也，盖不可以隐微而忽焉者，使其可忽，则吾心之神明有可欺，而非所以语夫几矣。君子盖知几之不可掩，而所以察其几者，则存乎此心之精。既尝戒慎矣，而于此又加慎矣，防乎其防而谨于己之所独睹者，盖甚于人之所共睹也；既尝恐惧矣，而于此又加惧矣，惕乎其惕而谨于己之所独闻者，盖甚于人之所共闻也。危微之辨识之必早，而悔吝之介反之必力。盖自天人之几始判，而吾所以察之者已无不力矣，使必待其事为之著而后图之，则失之或晚，而宁免于离道之远哉？吁！知所存矣，而继之以省察，则益精；知所察矣，而先之以存养，则益密。此君子心学之要，所以会道之全者与？

【原评】八股至此，绵密已极，过此不可复加，故遂流而日下也。　　　长至五六百字而不可增减，可以知其体认之精、敦琢之纯矣。

【评】"戒慎恐惧"是兼睹、闻时说，"隐微"是揭出几之初动说。体道之全，在一以守之，省几之要，在精以察之。以经注经，后有作者，莫之或易。

【题解】出自第一章，参见化治文卷四蔡清《天命之谓性》。

道也者，不可须臾离也，可离非道也。是故君子戒慎乎其所不睹，恐惧乎其所不闻。莫见乎隐，莫显乎微，故君子慎其独也。

① 缉熙：光明，光辉，此谓光明之德。语本《诗经·大雅·文王》："穆穆文王，於缉熙敬止。"毛传："缉熙，光明也。"按，此文以"然犹未也"为界，分为两扇。

喜怒哀乐之未发　二节

归有光

《中庸》论人心体用之妙，而推之以极功化之隆也。夫人之所为心者，性情而已，而天下之道在是焉，则功化之隆，孰谓不由此以致之哉？君子是以知心之为大而道之不可离也。且夫世之论道者，多求之广博泛滥之地，而不知夫反己致约之功，取之吾心而足也。何则？喜怒哀乐，此匹夫匹妇之所同，而夫人之所必有者也，道初不外是矣。故自其未发也，外之所以感于吾者不至，而中之所以应于外者未萌，时则几藏于密，而鉴空衡平之体立于无感无形之先，初未尝有倚于事物之偏者，而谓之中焉；自其已发也，外之所以感于吾者既至，而中之所以应乎外者遂形，时则机动于有，而物来顺应之际得夫揆事宰物之宜，初未尝或戾其性命之正，而谓之和焉。惟中也，则处于不偏之地而至虚，以待天下之实，冲漠无朕①之中而万象毕具，取之不竭，用之不穷，渊乎天下之大本也；惟和也，则循其大道之公而至正，以通天下之志，事物无穷之变而一理以贞，放之四海，推之万世，坦乎天下之达道也。观于其大本，可以见性之无所不该而万事万化之所出矣；观于其达道，可以见情之无所不通而万事万化之所行矣。人惟自失其本然之正，斯有以阏②其功用之全。夫苟自戒惧而约之，致吾之所谓中者，非有加也，养其性使不至于凿③而已；自谨独而精之，致吾之所谓和者，非有外也，约其情使不至于漓而已。中既无所不尽，由之可以昭格④于宇宙，而渊默之所潜乎⑤天地，亦此中也，自有以顺其纪而成其范围之功，而覆载生成，不失其常，是大本之所包涵者固如此也；和既无所不尽，由之可以丕冒⑥乎群生，而忻欢之所变通万物，亦此和也，自有以若其生⑦而普其曲成之化，而跂行喙息⑧，各得其所，是达道之所充塞者固如此也。是知莫大于位天地、育万物，而不外乎喜怒哀乐已发、未发之间。功如此其约也，效如此其大也。君子之求道，果在于远也乎？而可以须臾离乎？

【评】看得宋五子书融洽贯串，故纵笔书之，有水银泻地、无窍不入之妙。惟"致"字功夫尚未写出全身耳。

【题解】出自第一章，参见化治文卷四蔡清《天命之谓性》。

喜怒哀乐之未发，谓之中；发而皆中节，谓之和。中也者，天下之大本也；和也者，天下之达道也。致中和，天地位焉，万物育焉。

【注释】

① 冲漠无朕：旷漠空虚，没有迹象。朕，迹象。

② 阏：阻塞。

③ 凿：戕害本性。

④ 昭格：显明而达于上下。

⑤ 潜孚：无言而使人信服。

⑥ 丕冒：广被。语本《尚书·君奭》："丕冒海隅出日，罔不率俾。"

⑦ 若其生：使万物各得其性，《尚书·皋陶谟》："咸若时，惟帝其难之。"

⑧ 跂行喙息：本指用脚爬行、用嘴呼吸的虫豸，亦泛指人和动物。语本《史记·匈奴列传》："元元万民，下及鱼鳖，上及飞鸟，跂行喙息蠕动之类，莫不就安利而辟危殆。"

舜其大知也与　一节

归有光

《中庸》论圣人之所以为大智者，以其能公天下之善而已。夫善在天下而不惮于取之，则合天下以成其智矣，兹其所以为智之大，而斯道之行亦与有赖焉者也。且夫道之不行也，小智者隘之也；道之行也，大智者廓之也。古有聪明四达而不牿①于闻见之心，明哲无疆而同运于天下之大者，得之有虞氏②焉。盖常人以己之智智为智，则拘而有所不及；圣人以天下之智为智，斯大而无所不通。故濬哲③之资，不敢自谓曰予圣④，咨询之忱，汲汲于当宁⑤，而屈体以下问，皆出于延访之虚怀；都俞⑥之余，不敢自谓其已足，体察之勤，惓惓于迩言，而博采之所及，不遗于刍荛⑦之至贱。至于言之恶而悖于吾心者，吾不能枉天下之非，而亦无乐于暴扬其所短；言之善而当于吾心者，吾不能枉天下之是，而尤喜于宣播其所长。是又于问察之外，有以见其广大光明之度。圣人固无意而为之，然所以使天下敢言而不惮、乐告而无隐者，亦于斯焉在矣，至是而天下之人无隐情，而天下之中无遗用。观其会通，而两端之执，精以择之；行其典礼，而用中之极，一以守之。凡所以辨其孰为过、孰为不及而孰为中，犁然于圣人之心而沛然于天下之故者，皆自夫人有以启之也，于此可见舜之所以为舜者，非有绝德卓行以立于天下之所异，实能合并为公以得于天下之所同。光天之下，至于海隅⑧苍生，莫非有虞氏之智也，兹其所以为大也欤？苟为自广狭人，而欲以一己之见格⑨天下者，其愚孰甚焉？

【评】不创奇格，循题写去，而法度之变化因之。文境清粹澹逸，稿中上乘。

【题解】出自第六章。

子曰："舜其大知也与！舜好问而好察迩言，隐恶而扬善，执其两端，用其中于民，其斯以为舜乎！"（舜之所以为大知者，以其不自用而取诸人也。迩言者，浅近之言，犹必察焉，其无遗善可知。然于其言之未善者则隐而不宣，其善者则播而不匿，其广大光明又如此，则人孰不乐告以善哉。两端，谓众论不同之极致。盖凡物皆有两端，如小大厚薄之类，于善之中又执其两端，而量度以取中，然后用之，则其择之审而行之至矣。然非在我之权度精切不差，何以与此。此知之所以无过不及，而道之所以行也。）

① 牿：束缚。

② 有虞氏：即舜。

③ 濬哲：深邃的智慧。语本《尚书·舜典》："（舜）濬哲文明，温恭允塞。"

④ 予圣：自以为圣人，谓自夸高明。《诗经·小雅·正月》："召彼故老，讯之占梦，具曰予圣。"

⑤ 当宁：此指临朝听政。"当宁"本指处在门、屏之间。宁，古代宫室门内屏外之地，《礼记·曲礼下》："天子当宁而立，诸公东面，诸侯西面，曰朝。"

⑥ 都俞：此指得到赞美和肯定。都、俞，皆为古汉语叹词，都表示赞美，俞表示同意。《尚书·尧典》、《舜典》等多用以表现尧、舜、禹等讨论政事时发言的语气。如《益稷》："禹曰：'都，帝，慎乃在位。'帝曰：'俞！'"

⑦ 刍荛：割草砍柴的人，泛指地位低微的人，语本《诗经·大雅·板》："先民有言，询于刍荛。"

⑧ 海隅：海角。语本《尚书·益稷》："帝光天之下，至于海隅苍生……敷纳以言。"

⑨ 格：正。

素隐行怪 一章

唐顺之

论中庸之难能，而惟圣人为能尽之也。甚矣，至道之难也，或失则高，或失则止，而中庸之道鲜矣，此其所以非圣人不能也与？夫子之意盖曰：天下之道，贞夫一而已矣，而学道者何其多歧矣乎？是故中庸之道，易知而简能者也，其或穷隐僻以为知，务诡异以为行，此则好为苟难者之事，未必不有述于后世矣，吾宁无所成名也，而岂为是哉？中庸之道，恒久而不已者也，其或知所择矣而限于期月之守，得一善也而苦于服膺之难，此则力不足者之事，未必不遂弃其前功矣，吾惟学之不厌也，而岂能已哉？夫素隐行怪者，遂自以为能人之所不能，而中庸之不可能①者，则未之能依也；遵道而废于半途者，虽无必求人知之心，而人不见知，则未必不悔焉而自阻也。是二者或始于择术之不审，或病于信道之不笃，而于道均失之矣，君子岂其然乎？知不求之隐也，行不求之怪也，则固不期述于后也，而亦或不见知于当世矣；知吾知也，行吾行也，则固自信乎其心也，而一无所悔于其外者矣。若此者，盖其天聪明之尽②也，故似是之非自不能惑；尽性命之极也，故至诚之运自不容息。而勇又非所论矣。非圣人而能之乎？夫圣则吾岂敢也，然不敢不以是为则而自勉也。

【评】立定末节作案，做上二节处处对针；末节做末节，处处抱紧上文。措意遣辞，如天降地出，一字不可增减。

【题解】出自第十一章。

子曰："素隐行怪，后世有述焉，吾弗为之矣。（素，按《汉书》当作索，盖字之误也。索隐行怪，言深求隐僻之理，而过为诡异之行也。然以其足以欺世而盗名，故后世或有称述之者。此知之过而不择乎善，行之过而不用其中，不当强而强者也，圣人岂为之哉！）君子遵道而行，半涂而废，吾弗能已矣。（遵道而行，则能择乎善矣；半涂而废，则力之不足也。此其知虽足以及之，而行有不逮，当强而不强者也。已，止也。圣人于此，非勉焉而不敢废，盖至诚无息，自有所不能止也。）君子依乎中庸，遯世不见知而不悔，唯圣者能之。"（不为索隐行怪，则依乎中庸而已。不能半涂而废，是以遯世不见知而不悔也。此中庸之成德，知之尽、仁之至、不赖勇而裕如者，正吾夫子之事，而犹不自居也。故曰唯圣者能之而已。）

【注释】

① 不可能：极难做到。语本《中庸》："爵禄可辞也，白刃可蹈也，中庸不可能也。"
② 天聪明之尽：指极尽其天赋。语本张载《正蒙·至当》："匹夫匹妇，非天之聪明不成其为人，圣人，天聪明之尽者尔。"

夫妇之愚　八句
诸　燮

体物而不尽于物，君子之道之费①也。盖道之费者，隐之为也。夫妇有在，而圣人有所不在焉，其斯以为费而隐乎？且造化以显仁而涵藏用之机，君子由体道而合尽性之妙。故观于费也，而道之隐也可知矣。彼见天下之道存乎知：夫妇有知，圣人亦有知也，自局于明者观之，孰不曰圣人之知非夫妇所与知也，然而良知之本体，则无分于圣愚焉。何思何虑之地，具明觉之真机而不假于外求；不识不知之中，涵明通之妙用而非由于外铄。盖夫妇之愚有可与知者矣，乃若充夫妇之所知以至于无所不知，宜若圣人之易事也。然而远近异迹，而耳目所逮或限于闻见之未周；古今异时，而载籍所稽或苦于文献之未备。则圣人亦有所不知焉。是则夫妇之所知者，各具之明也；圣人之所不知者，全体之智也。惟其各具也，夫妇之所以同于圣人；惟其全体也，道之所以不尽于圣人也。知至圣人而犹不足以尽道，则天下无全知，而斯道之妙，盖有超乎知识之外者矣。道之费也，而可以知尽哉？体天下之道存乎行：夫妇有行，圣人亦有行也，自限于力者观之，孰不曰圣人之能非夫妇所与能也，然而良能之本体，初无间于物我焉。利用以出入者，虽精微之未究而不失夫顺应之常；日用以终身者，虽习察之未能而无适非天理之懿。盖夫妇之不肖有可与能者矣，乃若充夫妇之所能以至于无所不能，宜若圣人之能事也。然或分有所制，则虽有受命之德而终无以成格天②之功；势有所阻，则虽有兼济之心而终无以弘博施之泽。则圣人亦有所不能也。是则夫妇之所能者，本原之同也；圣人之所不能者，大用之备也。惟其同也，可以责道于夫妇；惟其备也，不可以责备于圣人也。行至圣人而犹不足以尽道，则天下无全能，而斯道之神，盖有出于形器之表者矣。道之费也，而可以行尽哉？

【原评】极其宏博，而一语不可删，所谓满发而溢流，与浮掇灏气者自别。

【评】体方而义备，不复效先辈之含蓄，已开胡思泉③蹊径。

【题解】出自第十二章，参见化治文卷四王守仁《诗云鸢飞戾天》。

君子之道费而隐。夫妇之愚，可以与知焉，及其至也，虽圣人亦有所不知焉。夫妇之不肖，可以能行焉，及其至也，虽圣人亦有所不能焉。

【注释】

① 费：见题解，朱熹集注："费，用之广也。隐，体之微也。"
② 格天：感通上天。语本《尚书·君奭》："在昔成汤既受命，时则有若伊尹，格于皇天。"
③ 胡思泉：胡友信。

虽圣人亦有所不知焉
归有光

以圣人而有遗知①，可以见道之费也。夫以圣人无所不知，而犹有遗知焉，则道又出于圣人之外矣，道不既费矣乎？何则？语道而至于夫妇之所能知，宜天下人人皆知之也，而又有圣人之所不知者，何哉？盖无不知者，圣人之心也，故圣人以心冒天下之道，于是乎道不能胜；圣人有不知者，圣人之势也，故道常包于圣人之外，于是乎圣人不能胜道。聪明缘耳目而有也，苟不著于耳目，则聪明将无所寄，虽穷神②者或病于兼照③之有遗；睿智由心思而得也，苟不涉于心思，则睿智将无所通，虽达化者尚阻于周知之不逮。东海④有圣人出焉，此心同此理同也，西海有圣人出焉，此心同此理同也，其所知者此耳，至于宇宙之寥廓，岂能一一尽履其地而穷其变态之赜？千百世之上有圣人出焉，此心此理无不同也，千百世之下有圣人出焉，此心此理无不同也，其所知者此耳，至于古今之辽邈，岂能一一尽当其时而得其损益之故？我观夏道⑤，杞不足征也，我观商道，宋不足征也，非不能征也，势也，圣人亦无如之何也；六合之外，存而不论也，六合之内，论而不议也，⑥非不能议也，势也，圣人亦无如之何也。盖自圣人观之，其所不知者，其不必知者也，其不必知者，无伤于圣人之知也，而天下不得以圣人病⑦道；自道观之，圣人之知者，道固在也，圣人之不知者，道又在也，而天下始得以道病圣人。故曰圣人而有遗知者，可以见道之大也。

【评】 从圣人无所不知处讲到不知，既不贬损圣人，而道之费处益显，并题中"有所"字虚神亦透。

【题解】 出自第十二章。见上，参见化治文卷四王守仁《诗云鸢飞戾天》。

【注释】

① 遗知：不知，知识有所遗漏。
② 穷神：极尽神妙。
③ 兼照：遍照，遍观。
④ "东海"句：及下"西海"句、"千百世之上"句等，俱引陆九渊语。《象山全集》卷三十六《年谱》："又曰宇宙便是吾心，吾心即是宇宙。东海有圣人出焉，此心同也，此理同也。西海有圣人出焉，此心同也，此理同也。……千百世之上至千百世之下，有圣人出焉，此心此理亦莫不同也。"

⑤ 夏道：夏时的礼法。此数句本《论语·八佾》："子曰：'夏礼吾能言之，杞不足征也；殷礼吾能言之，宋不足征也。文献不足故也，足则吾能征之矣。'"

⑥ 六合：指上下四方，泛指天下、宇宙。"存而不论"，指把问题保留下来，不予讨论。语本《庄子·齐物论》："六合之外，圣人存而不论；六合之内，圣人论而不议。"

⑦ 病：指责。

无忧者 一章

张 元

《中庸》历举三圣之事，见其尽中庸之道也。甚矣，惟圣人为能尽道也。由文王所处之盛，而教化大行于武、周，孰非道之所在哉？《中庸》之意，谓夫盛哉有周之兴也！世历二代，人更三圣，而治道备矣。试以文王言之，自古帝王，以身而任天下之重，则必以心而劳天下之事，未有无忧者也；乃若由气化①而符人事，享成功而全盛德，无忧者其惟文王乎？盖其以王季为父，则其勤王家②而作之于前，是文王之所当为者，王季固先为之也；以武王为子，则丕承武烈③而述之于后，是文王之所未为者，武王固必为之也。仰成而无俟于纷更，垂裕而不必于躬揽。斯则文王之无忧者，时则为之也，而其尽道可知矣。由文王而武王，以太王、王季也者周道之所由兴也，因其绪而缵之。功成于殷命之革，名全于残贼④之取。履帝位而有天下，崇高莫大乎富贵；飨先王而启后人，敬爱兼及乎尊亲。此则大统之既集而诸福之毕备，皆武王之事也，而非武王之所自为也，要惟其绪之所自耳，而其所以能缵之者，非尽道而然乎？由武王而周公，以礼法也者文王之所有志而未逮者也，因其德而成之。近之则太王、王季有隆名之加，远之则先公有大享之典。又制夫葬祭也，而慈父孝子之心始安；又制夫丧服也，而亲亲贵贵之义并行。此则志意之推广而上下之各得，皆周公之事也，而非周公之所自为也，要惟其德之所自耳，而其所以能成之者，非尽道而然乎？是则非文王则无以应运而兴，以当无忧之会；非武王则累世之勋未就，文王犹有忧也；非周公则文明之治不宣，亦以重文王之忧也。三圣人者相继而作，周欲弗兴，得乎？

【评】握定"尽中庸之道"，按部选义，周密无遗，而时以精言缩括，非贪常嗜琐者所能学步也。

【作者简介】

张元，浙江余姚人，嘉靖十四年（1535）进士。制义有《张小越稿》，俞长城题识谓其"深于秦汉唐宋大家之法，又熟于二十一代之事，故文章高浑，议论确核"，善拟古人之法，善使古人之事。

【题解】出自第十八章，参见化治文卷四王鏊《武王缵大王 及士庶人》。

子曰："无忧者其惟文王乎！以王季为父，以武王为子，父作之，子述之。武王缵大王、王季、文王之绪。壹戎衣而有天下，身不失天下之显名。尊为天子，富有四海之内。宗庙飨之，子孙保之。武王末受命，周公成文武之德，追王大王、王季，上祀先公以天子之礼。斯礼也，达乎诸侯大夫，及士庶人。父为大夫，子为士；葬以大夫，祭以士。父为士，子为大夫；葬以士，祭以大夫。期之丧达乎大夫，三年之丧达乎天子，父母之丧无贵贱一也。"

【注释】

① 由气化：顺从自然和天道。由，顺从。
② 勤王家：此谓勤于建立帝王基业。语本《尚书·武成》："至于大王，肇基王迹，王季其勤王家。"孔颖达疏："勤立王家之基本也。"
③ 丕承武烈：指武王继承文王之德，功勋显耀。语本《尚书·君牙》："丕承哉，武王烈！"孔安国传："言武王业美，大可承奉。"
④ 残贼：此指残害百姓的人，指商纣王。

武王缵太王　二节
唐顺之

　　《中庸》详二圣之事，有得征伐之时者，有得制作①之时者。盖道以得时为中也，武王之征伐，周公之制作，一以时而已矣，夫岂无忌惮②者哉？《中庸》引孔子之言，明费隐③之义，至此谓夫武王、周公之作也，以事观之则为非常之变，以道观之则为庸行之常。何则？征伐，天子之大柄也。然武王之时，殷且亡，周且昌，使区区守此，则三后④之业自我而隳，万方之罪自我而任⑤，仁人固如是乎？不得已而从事于征伐焉。载斾秉钺⑥而天讨以行，吊民罚罪而独夫以诛，应天顺人而显名以遂。是上帝宠之，使尊惟一人而右序莫加⑦，富有四海而万物毕献，有商之命已革也；皇天眷之，使享有七庙⑧而宗祧绵长，祚垂百世而本支盘固⑨，祚周之命已成也。是则武王之征伐以时如此，岂非中庸之道乎？制作，天子之大权也。然周公之时，武王崩，成王幼，使区区守此，则二后之德自我而斩，一代之治自我而陋，仁人固如是乎？不得已而有事于制作焉。追王⑩之礼及于古公，上祀⑪之礼及于后稷，义起之礼⑫及于天下。以为从死而不从生，夏商葬祭之礼未善也，必其丧从死者、祭从生者，使父葬于子不论子爵而论父，子祭其父不论父爵而论子，则礼无或僭而情无不通矣；降亲而不降贵，夏商丧服之礼未善也，必其亲不敌贵、贵不敌亲⑬，使期年之丧自庶人而达于大夫，三年之丧自庶人而达乎天子，则贵有降杀而贱不加隆矣。是则周公之制作以时如此，独非中庸之道乎？吁！因时之可为而大有所为，此武、周所以同一道与？

　　【原评】 才思豪荡，气魄磊落，在稿中又另是一样文字。

　　【评】 相题既真，故纵笔所投无不合节。其提掇眼目皆本古文法脉，而运以坚劲之骨、雄锐之气，读之可开拓心胸，增长智识。

　　【题解】 出自第十八章，见上，参见化治文卷四王鏊《武王缵大王　及士庶人》。

【注释】

① 制作：指制礼作乐，建立各种制度。

② 无忌惮：指越礼非分。此句意本《中庸》："君子之中庸也，君子而时中；小人之中庸也，小人而无忌惮也。"

③ 费隐：费指道之用广，隐指道之体微。

④ 三后：三王，此指武王的曾祖古公亶父（太王）、祖季历（王季）、父周文王。

⑤ "万方"句：谓如果武王不行征伐，不能让德化广行于天下，则万方有罪皆武王之过。此本《尚书·汤诰》："其尔万方有罪，在予一人。"

⑥ 载旆秉钺：指出征。语本《诗经·商颂·长发》："武王载旆，有虔秉钺。"

⑦ 右序莫加：意谓得到最高的恩宠。右序，指辅助，佑助，语本《诗经·周颂·时迈》："昊天其子，实右序有周。"

⑧ 七庙：古制"天子七庙"。帝王的宗庙，供奉太祖及三昭三穆共七代祖先。

⑨ 本支盘固：指周王室孙子互相扶持，根基稳固。本支，也作"本枝"，指同一家族的嫡系和庶出子孙。盘固，纠结牢固。

⑩ 追王：追赠先辈为王。当时追赠古公亶父、季历、姬昌为王。

⑪ 上祀：祭祀前代祖先。当时祭祀，远溯至周朝始祖后稷。

⑫ 义起之礼：指前代未有，而按照"义"而制定的礼。《礼记·礼运》："故礼也者，义之实也。协诸义而协，则礼虽先王未之有，可以义起也。"

⑬ 亲不敌贵：此指"期年之丧"而言。期年之丧，指旁亲如叔、伯等的丧事，服丧一年，自庶人至大夫如此，大夫以上不服，此谓"亲不敌贵"。"贵不敌亲"，指"三年之丧"而言。父母去世，为三年之丧，虽贵为天子，亦须服丧三年，此谓"贵不敌亲"。

周公成文武之德　　及士庶人

茅　坤

圣人以世德亲其亲而及人之亲焉。盖制礼以治天下者，先王之志也，圣人尊亲而措诸四海焉，非所以成世德矣乎？《中庸》述周公之制作，以明道之费隐。若曰：德莫大乎孝，孝莫大乎尊亲。是故文王从殷而不革者，分也；武王受命而不为者，时也。使其尚在，有不以尊尊亲亲为周道者乎？是故周公仰二后①之在天，而遹成②夫配京之业③；因革命以定礼，而作述夫世德之隆。尊古公曰太王，尊季历曰王季，而庙中之礼奉之以王爵④焉，盖推文、武之意，自仁率亲⑤矣；祀后稷⑥于太庙，祀群公⑦于夹室⑧，而宗公⑨之祀歆⑩之以王礼焉，盖推太王、王季之意，自义率祖矣。然此特行之王国耳。祖以及祖而尊同，宗以及宗而敬同，其能以独亲其亲乎？于是类而推之，达乎诸侯焉，使其有是心也，则有是礼也，降自天子，而天下无不行礼之国矣；达乎大夫焉，使其有是心也，则有是礼也，降自诸侯，而天下无不行礼之家矣；及士庶人焉，使其有是心也，则有是礼也，降自大夫，而天下无不行礼之人矣。惟其位之崇卑，而使之皆得因亲以致爱；随其分之大小，而不至以法而废恩。此之谓圣人因心广教也。是知追崇其先祖者，子道之尽也；下达乎庶人者，君道之立也。其始也，体文武以孝事先人之意；其继也，广文武以孝治天下之心。善继善述，于兹见矣。

【原评】博大整饬中，风神自见。

【评】鹿门深得古文疏逸处，涉笔便尔洒然，如此典重题，落落写意，已领其体要。

【题解】出自第十八章，参见化治文卷四王鏊《武王缵大王　　及士庶人》。

周公成文武之德，追王大王、王季，上祀先公以天子之礼。斯礼也，达乎诸侯大
夫，及士庶人。

【注释】

① 二后：此指周文王、武王。

② 遹成：遵从前王之道而成。遹，遵循，继承。

③ 配京之业：指周武王的功业。语本《诗经·大雅·下武》："三后在天，王配于京"，"王配于京，
世德作求"。郑笺："武王配行三后之道于镐京者，以其世世积德，庶为终成其大功。"

④ 王爵：此指追赠古公等为王，宗庙祭祀以祭祀王的规格进行。下文"歆之以王礼"指祭祀者以王
的身份来祭，与此不同。

⑤ 自仁率亲：及下"自义率祖"均本《礼记·大传》："自仁率亲，等而上之至于祖，名曰轻。自义
率祖，顺而下之至于祢，名曰重。一轻一重，其义然也。"郑玄注："自，犹用也。率，循也。用恩则
父母重而祖轻，用义则祖重而父母轻。恩重者为之三年，义重者为之齐衰。"

⑥ 后稷：周之始祖，故祀于太庙。

⑦ 群公：此指周朝自后稷以下、古公亶父以上的众多祖先。

⑧ 夹室：古代宗庙内堂东西厢的后部，藏五世祖以上远祖神主的地方。

⑨ 宗公：宗庙先公。语本《诗经·大雅·思齐》："惠于宗公，神罔时怨，神罔时恫。"毛传："宗
公，宗神也。"朱熹集传："宗公，宗庙先公也。"

⑩ 歆：此指祭祀。

周公成文武之德　　　及士庶人

归有光

圣人制礼于天下，缘诸人情也。夫礼者人情而已，礼不行则情不遂，圣人所以曲为
之制也欤？今夫匡世善俗、制礼作乐、道之行也，成文武之德者，周公其时矣。周公运
量天下之心，无所不至；而根本节目之大，尤先于孝。是故上为君思之，下为民思之。
我为天子矣，而使其亲不得享天下一日之养；我为天子而得以自遂矣，而使天下常有存
殁无穷之憾。思之于心，必有大不安者，心之不安，礼之所由起也。于是以祖宗之心为
己之心，王号之崇、王祀之隆，近者备物①而远者亦不失九鼎之荣②，势有所穷而心固
无所隔也；又以己之心为天下之心，祭祀之制、丧服之式，尊者致隆而卑者亦得罄③其
一日之情，分有所限而心固无所不尽也。盖天子躬行于上，而六服承式④于下。庙貌⑤
之新，隐然仁人孝子之意；而律令之著，油然慎终追远⑥之心。可谓极天理人情之至，
而会本末源流于一矣。此周公制礼之本也，此圣人得志于时者之所为也。

【评】古气磅礴，光焰万丈。只是于圣人制作精意，实能探其原本，故任笔抒写，
以我驭题。此归震川之绝调也。

【题解】出自第十八章，见上，参见化治文卷四王鏊《武王缵大王　　及士庶人》。

① 备物：此指仪卫、祭祀等所用的器物。
② 九鼎之荣：指天子以九鼎大牢祭祀众祖先。
③ 罄：尽。
④ 六服承式：各地的人都加以仿效和奉行。《尚书·周官》："六服群辟，罔不承德，归于宗周。"按，周王畿以外的诸侯邦国曰"服"，其等次有六：侯服、甸服、男服、采服、卫服、蛮服（又作要服），见《周礼·秋官·大行人》。
⑤ 庙貌：即宗庙。《诗经·周颂·清庙》："式瞻庙貌。"郑笺："庙之言貌也，死者精神不可得而见，但以生时之居，立宫室象貌为之耳。"因称庙宇及神像为庙貌。
⑥ 慎终追远：居父母丧要尽礼节，祭祀要尽虔诚。终，指父母丧。远，指祖先。《论语·学而》："曾子曰：'慎终追远，民德归厚矣。'"

春秋修其祖庙　一节

傅夏器

圣人之于祭也，因时而为之制，可以见继述之大也。夫祭以交神，礼之大节也，圣人顺天之时而事无不尽，不亦见其继述之善耶？《中庸》若曰：圣人之孝，通于神明之德，而见于神明之交。欲知圣人之孝，于祭祀观其深矣。夫祭之数①而烦者，不敬也；疏而怠者，不仁也。圣人稽之天时，质之吾心，而礼制行焉。方其春也，怵惕②之心感于雨露之濡，而有禘祭以迎其来③焉；及其秋也，凄怆之心感于霜露之降，而有尝祭以送其往焉。祭以时而行，事以情而尽。祖庙所以本仁④崇祀之地也，欲以妥灵爽⑤，而可不修乎？是故太庙有常尊⑥，世室有常主⑦，奠丽⑧于左昭右穆之位，以奉神灵之统者，皆小宗伯⑨职之也。庙貌之不易，藉以为新；祖考之精神，萃之有地。盖思其所居，而陟降⑩之心慰矣。宗器所以尊德世守之宝也，欲以示子孙，而可不陈乎？是故河图⑪在东序，大训在西序，参错于天球弘璧之间，以为有国之光者，皆天府⑫职之也。先德之致，昭其不朽；世泽之新，保以永存。盖思其所宝，而善守之义彰矣。至若衣裳者，先王尝垂之以治天下矣，神之所凭依，将不在是乎？是故于其祭也，立尸⑬以象神，则出遗衣以授之。假有形之物，寓精英之有在，本一气之通，俨音容之如见。观于守祧⑭之所司者，可知矣。时食者，先王尝用之以享万方矣，神之所歆享，将不在兹乎？是故于其祭也，随时以为享，则辨其物而荐之。将以明德之馨⑮，见民力之普存⑯，取诸天地之产，昭四时之不害。观夫庖人⑰之所司者，可知已。因天道不已之变，而制为禘、尝之礼；本诸吾心不容已之诚，而修夫追祭之仪。武王、周公制礼之善如此，其斯以为善继善述乎？

【评】情文该洽，蔚然茂美。前此多拙朴，太过即涉浮靡，斯为雅宗矣。"敬"字及"禘、尝、昭、穆"等，犯字不犯意⑱，前人不避也。

【作者简介】

傅夏器（1509—1594），字廷璜，号锦泉，泉州南安人，居锦田，世称锦田先生。

嘉靖二十九年（1550）会元，廷试二甲九名。观政刑部，后擢至吏部稽勋郎中，以忤大僚解职。著有《锦泉集》六卷等。清李光地《重修泉州府学记》称泉州在明代"文章科名为天下蔚"，蔡清以经解，傅夏器、李廷机以制举业，李贽以横议，"天下皆靡然宗之"。

【题解】出自第十九章。

子曰："武王、周公，其达孝矣乎！（达，通也。承上章而言武王、周公之孝，乃天下之人通谓之孝，犹孟子之言达尊也。）夫孝者：善继人之志，善述人之事者也。（上章言武王缵大王、王季、文王之绪以有天下，而周公成文武之德以追崇其先祖，此继志述事之大者也。下文又以其所制祭祀之礼，通于上下者言之。）春秋修其祖庙，陈其宗器，设其裳衣，荐其时食。（祖庙：天子七，诸侯五，大夫三，适士二，官师一。宗器，先世所藏之重器，若周之赤刀、大训、天球、河图之属也。裳衣，先祖之遗衣服，祭则设之以授尸也。时食，四时之食，各有其物，如春行羔、豚、膳、膏、香之类是也。）宗庙之礼，所以序昭穆也；序爵，所以辨贵贱也；序事，所以辨贤也；旅酬下为上，所以逮贱也；燕毛，所以序齿也。（宗庙之次：左为昭，右为穆，而子孙亦以为序。有事于太庙，则子姓、兄弟、群昭、群穆咸在而不失其伦焉。爵，公、侯、卿、大夫也。事，宗祝有司之职事也。旅，众也。酬，导饮也。旅酬之礼，宾弟子、兄弟之子各举觯于其长而众相酬。盖宗庙之中以有事为荣，故逮及贱者，使亦得以申其敬也。燕毛，祭毕而燕，则以毛发之色别长幼，为坐次也。齿，年数也。）践其位，行其礼，奏其乐，敬其所尊，爱其所亲，事死如事生，事亡如事存，孝之至也。（践，犹履也。其，指先王也。所尊所亲，先王之祖考、子孙、臣庶也。始死谓之死，既葬则曰反而亡焉，皆指先王也。此结上文两节，皆继志述事之意也。）郊社之礼，所以事上帝也，宗庙之礼，所以祀乎其先也。明乎郊社之礼、禘尝之义，治国其如示诸掌乎。"（郊，祀天。社，祭地。不言后土者，省文也。禘，天子宗庙之大祭，追祭太祖之所自出于太庙，而以太祖配之也。尝，秋祭也。四时皆祭，举其一耳。礼必有义，对举之，互文也。示，与视同。视诸掌，言易见也。此与《论语》文意大同小异，记有详略耳。）

【注释】

① 数：屡次。按，以下所论春秋二祭，俱本《礼记·祭义》："祭不欲数，数则烦，烦则不敬。祭不欲疏，疏则怠，怠则忘。是故君子合诸天道，春禘秋尝。"
② 怵惕：及下股"凄怆"，均指怀念先人。语本《礼记·祭义》："霜露既降，君子履之，必有凄怆之心，非其寒之谓也。春，雨露既濡，君子履之必有怵惕之心，如将见之。"郑玄注："非其寒之谓，谓凄怆及怵惕，皆为感时念亲也。"
③ 迎其来：及下"送其往"，本《礼记·祭义》："乐以迎来，哀以送往，故禘有乐而尝无乐。"孔颖达疏："春、夏阳来，似神之来，故春、夏祭之有乐；秋、冬阴，象神之去，故秋、冬之祭无乐。"
④ 本仁：此指推行仁爱教化。语本《礼记·礼运》："祖庙，所以本仁也。"孔颖达疏："王在宗庙，以子礼事尸，是欲使仁义之教达于下也，亦即降于祖庙之谓仁义。"
⑤ 妥灵爽：让神灵安坐。妥，安坐。灵爽，神灵。
⑥ 常尊：固定的尊崇地位。

⑦ 世室有常主：宗庙有固定的官员管理。世室，亦指宗庙，《周礼·考工记·匠人》："夏后氏世室，堂修二七"，郑玄注："世室者，宗庙也。"

⑧ 奠丽：此指确定。语本《尚书·顾命》："昔君文王、武王宣重光，奠丽陈教则肄。"蔡沉集传："奠，定。丽，依也。……定民所依"。

⑨ 小宗伯：礼官。《周礼·春官·小宗伯》："掌建国之神位，右社稷，左宗庙。……辨庙祧之昭穆"。

⑩ 陟降：本指升降，上下，此谓在天之灵。《诗经·大雅·文王》："文王陟降，在帝左右。"朱熹集传："盖以文王之神在天，一升一降，无时不在上帝之左右，是以子孙蒙其福泽，而君有天下也。"

⑪ 河图：八卦。按，此处所列诸物，见《尚书·顾命》："大玉、夷玉、天球、河图，在东序。"孔颖达疏："河图，八卦。伏牺王天下，龙马出河，遂则其文以画八卦，谓之河图。"

⑫ 天府：掌宗庙典藏之官。《周礼·春官·天府》载："天府掌祖庙之守藏与其禁令。"

⑬ 尸：代表死者接受祭祀的人，一般由孙辈小儿担任。

⑭ 守祧：古官名，掌守先王先公的祖庙。《周礼·春官·守祧》："掌守先王先公之庙祧，其遗衣服藏焉。若将祭祀，则各以其服授尸。"

⑮ 明德之馨：此实指祭品的芬芳之气。《尚书·君陈》："黍稷非馨，明德惟馨。"孔安国传："芬芳馨气动于神明。所谓芬芳，非黍稷之气，乃明德之馨。"

⑯ 普存：普遍富足。《左传·桓公六年》载季梁语，谓祭祀时"奉牲以告曰'博硕肥腯'，谓民力之普存也……奉盛以告曰'洁粢丰盛'，谓其三时不害而民和年丰也"。

⑰ 庖人：官名，职掌供膳，亦掌祭祀的食物。《周礼·天官·庖人》："共祭祀之好羞（馐），共丧纪之庶羞。"

⑱ 犯字不犯意："评"中摘出的字眼，都是《中庸》本章下数节中出现的，这是"犯字"，而此文仍围绕"春秋修其祖庙"一节意思作发挥，未犯下数节意思。

宗庙之礼　二句

傅夏器

观圣人制礼以明伦，亲亲之义见矣。夫昭穆之序不明，伦之所由淆也。圣人宗庙之礼明乎是耳，亲亲之义不可以见乎哉？《中庸》举武、周之制作以明费隐，若曰：天秩①有礼，所以广孝也，所以合族②也，此义弗明而彝伦攸斁③，是故先王宗庙之礼于是乎起焉。夫宗庙之礼，合群庙之主而祀之，于三年④则合群庙之子孙而从之于宗庙也。翼翼庙貌，左右列矣，而骏奔⑤于其间者，由之以奠位⑥，彼此不得以相淆；赫赫神灵，南北分矣⑦，而祼将⑧于其间者，循之以为规，次序不容以或紊。是以谓宗庙之礼。然而其义何如耶？盖以族繁则易乱，世远则易疏。要其始也，分乖于统之不定，昭混于穆，穆混于昭，而天亲⑨既乱于人为；故其终也，情拂于分之不明，昭加于穆，穆加于昭，而天性遂丧于物感。兹所谓宗庙之礼者，明准于幽，而后世嗣相传，有所考而不乱，列乎左者吾知其为昭也，列乎右者吾知其为穆也；人准于神，而后族属相维，有所别而不淆，昭与昭齿不乱之于穆也，穆与穆齿不乱之于昭也。庙正于上，族属于下，而伦理由之以明；宗昭于上，情洽于下，而恩义由之以笃。先王制宗庙之礼，其逮子孙也如是哉？吁！原宗庙之起，本于治神而尊尊之道章；究宗庙之礼，可以治人而亲亲之义显。尽制以尽伦⑩，其斯以为圣人之制作乎？

【原评】他人多从祭礼昭穆制度上立论，此独专就亲亲明伦之义重发，盖本之《礼记·大传》。

【评】典制题不难于有根据，难于开阐旧闻而自出精意，此文得之。

【题解】出自第十九章，见上。

宗庙之礼，所以序昭穆也。

【注释】

① 天秩：上天规定的品秩等级，谓礼法制度。语本《尚书·皋陶谟》："天秩有礼。"孔颖达疏："天又次叙爵命，使有礼法。"

② 合族：聚集、团结同族的人。《礼记·大传》："君有合族之道。"

③ 彝伦攸斁：伦常由此败坏。斁，败坏。

④ 三年：此句指祫祭。祫祭是在太祖之庙合祭祖先。当三年之丧毕，先祖神主将依次迁出一辈，这时举行祫祭。

⑤ 骏奔：此指参与祭祀。语本《诗经·周颂·清庙》："骏奔走在庙。"

⑥ 奠位：定位。

⑦ 南北分矣：此指祭位而言。《文献通考》卷九十一《宗庙考一》引朱熹语，谓将隔了几代的祖宗的神主迁入远祖之庙（即"祧"），其规定是："群昭之入乎此者，皆列于北牖下而南向，群穆之入乎此者，皆列于南牖下而北向。……盖群庙之列，则左为昭，右为穆；祭之位，则北为昭，而南为穆也"。

⑧ 祼将：助王行祼祭之礼。《诗经·大雅·文王》："殷士肤敏，祼将于京。"毛传："祼，灌鬯也"，"将，行也。"按，祼，用圭瓒斟一种叫郁鬯的香酒灌地，使香气到达地下，以告知鬼神降临受祭。

⑨ 天亲：指父母、兄弟、子女等血亲。

⑩ 尽制以尽伦：设计最好的制度，使人情得以最好地表现。语本《荀子·解蔽》："圣也者，尽伦者也；王也者，尽制者也。两尽者，足以为天下极矣。"

郊社之礼　一节

归有光

　　圣人制一代之祀典，而通其义者达于天下无难也。夫天下之治不易言也，而自飨帝飨亲者以达之，其精也，非圣人莫之能为矣。《中庸》论武王、周公之道而赞之如此，若曰：大哉，圣人之制乎！显之而为仪文之备，至著之象也，天下之所可得而见也；涵之而为性命之原，至微之理也，天下之所不可得而知也。是故两郊①之建，有所谓郊而有所谓社，圣人之为斯礼者，固以为天覆地载，吾成位乎其中，而思所以事之，冬日至于地上之圜丘②以兆阳位，夏日至于泽中之方泽③以兆阴位，我将我享④，所以隆昭事⑤之诚也；七世之庙，或事于祫而或事于尝⑥，圣人之为斯礼者，固以为祖功宗德，吾承藉于其后，而思所以事之，五年一祫而殷礼⑦之肇称，四时一尝而春秋之匪懈⑧，致爱致悫，凡以尽对越⑨之忱也。夫郊社而曰事上帝，则以吾之所以为人者合于其所以为天，而其礼必有以出于燔柴瘗埋⑩之外；宗庙而曰祀乎其先，则以吾之所以为明者合于其所以为幽，而其义必有以超于祼献馈食⑪之表。故明其礼者，则吾之心即圣人享帝⑫之心，自此以得乎运量宇宙之机，穷神知化，通乎礼乐，上帝居歆⑬者此心也，黎民于变⑭者亦此心也，皇极敷锡⑮而相协亿兆之居，不劳顾指而可致矣；明其义者，则吾之心即圣人享亲之心，自此以得乎经纶天下之具，尽性至命，本于孝悌，祖考来格⑯者此心也，群后德让⑰者亦此心也，帝道可举而迈登三五⑱之治，不动声色而自裕矣。要之，以圣人之心思而弘为一代之制，故达一制之原而会本末源流于一者如此。噫，非天下之至精，其孰能与于此？

【评】如何明得郊社之礼、禘尝之义，便治国如示诸掌？每苦鹘突。文于圣人制作处，写得深微，早透治国消息。转落下三句，自然清醒，以能于"所以"二字拨动机关也。刊削肤词，融冶精义，题文如林，此为岱华⑲矣。

【题解】出自第十九章，参见本卷傅夏器《春秋修其祖庙》。

郊社之礼，所以事上帝也，宗庙之礼，所以祀乎其先也。明乎郊社之礼、禘尝之义，治国其如示诸掌乎。

【注释】

① 两郊：统称郊、社，为天子祭祀天、地的国家大典。郊，指冬至日祭天于国都南郊；社，指夏至日祭地于北郊。这两项祭典都在郊外举行，故常统称为"郊"。

② 圜丘：圆形祭坛，冬至祭天的地方。《周礼·春官·大司乐》："冬日至，于地上之圜丘奏之。"贾公彦疏："土之高者曰丘，取自然之丘。圜者，象天圜也。"按，天为阳，故在南郊；冬至一阳生，故祭于冬至以迎阳气。

③ 方泽：即"方丘"，夏至祭地的方形祭坛。因为坛设于泽中，或在方坛四周引水，故称"方泽"。按，北郊为阴位，夏至阴生，祭地以迎阴气。

④ 我将我享：献上祭品。语本《诗经·周颂·我将》："我将我享，维羊维牛。"朱熹集传："将，奉。享，献。"

⑤ 昭事：本指（文王）勤勉侍奉上帝，此指祭祀。《诗经·大雅·大明》："昭事上帝，聿怀多福。"

⑥ 禘：天子宗庙大祭，一般认为五年举行一次。"尝"指秋祭，泛指四时之祭。

⑦ 殷礼：此指"殷祭"，盛大的祭祀。按，此句谓"禘"只是盛大祭礼的一个代称。《尚书·洛诰》："（周公曰）王肇称殷礼，祀于新邑，咸秩无文。"蔡沉集传："殷，盛也。"

⑧ 匪懈：不怠慢，指仍有祭祀活动。按，此句谓四季中只有一季的祭祀称为"尝"，而其他季节也不怠慢。

⑨ 对越：此指尊崇祖先。语本《诗经·周颂·清庙》："对越在天，骏奔走在庙。"郑笺："文王精神已在天矣，犹配顺其素如存生存。"

⑩ 燔柴瘗埋：是祭天、地的仪式。燔柴是将祭品放入火中炙烤，使其香味上达于天；瘗埋是将祭品埋入地下。《尔雅·释天》："祭天曰燔柴，祭地曰瘗埋。"

⑪ 裸献馈食：祭祀祖先的仪式。

⑫ 享帝：祭祀上帝。

⑬ 上帝居歆：上帝歆享祭品。语本《诗经·大雅·生民》："其香始升，上帝居歆。"

⑭ 黎民于变：指民众和乐，风俗大淳。语本《尚书·尧典》："百姓昭明，协和万邦。黎民于变时雍。"

⑮ 皇极敷锡：以正中之道治民。语本《尚书·洪范》："皇建其有极……敛时五福，用敷锡厥庶民。"

⑯ 祖考来格：祖先到来享受祭祀。格，至。语本《尚书·益稷》："戛击鸣球，搏拊琴瑟以咏，祖考

来格。虞宾在位，群后德让。"

⑰ 群后德让：本指尧子丹朱为宾于虞，与助祭的众诸侯互相谦让，此处即指谦让之风。出处见上注。

⑱ 迈登三五：超越三皇五帝。

⑲ 岱华：泰山、华山，喻其杰出。

明乎郊社之礼　三句

诸　燮

知所以事神，则知所以治人矣。盖先王所制祭祀之礼，吾一本也，仁人孝子明乎此，则所以爱人者自不容已，而治天下不难矣。且人物之分，本无二致，私心胜而人与己判乎其不相属矣。有能真见夫郊社之礼不徒为感格①之虚文而已：天地者，万物之父母；而大君者，父母之宗子②也。天地有功于人物，而宗子者不思所以崇其德、报其功③焉，则自绝乎所生而为悖德之人矣。故祭天圜丘，因阳之生而报其始；祭地方泽，因阴之生而报其成。此固仁人不自已之心，而非私智之所出也。禘尝之义不徒为致生之虚名而已：祖考者，吾身之父母；而吾身者，宗祀之所主也。祖考流泽于后嗣，而吾不思所以报其本、反其始焉，则自弃其身而为不肖之子矣。故五年④合食于太庙，以明有尊；四时即事⑤于群庙，以明有亲。此又孝子不自已之心，而非私意之所为也。夫明乎郊社之礼，则能事天如事亲；明乎禘尝之义，则能事亲如事天。吾知知化则善述其事，穷神则善继其志⑥，而天下之民胞而物与者无一而非吾之所当仁、吾之所当爱，而吾之所以仁而爱之者自不容已也。虽曰天下之物，分不能以皆齐也然所殊者分也，而所以一之者理也。推亲亲之厚以大无我之公，以不忍⑦人之心行不忍人之政，则天下可运于掌，而况于国乎？于此益可见先王制礼，有关于天下之大，而武王、周公之为此者，要亦不过乎物而已。斯道之费之大有如是。

【原评】夫天地祖宗，是自吾身推而上的；天下民物，是自吾身推而广的。上头高一层，则下面阔一层。如只推到父母处，则旁阔只是兄弟，父母生兄弟者也；推到祖宗处，则旁阔便有许多族姓，祖宗生族姓者也；如推到天地处，则旁阔便包得民物皆在其中，天地生民物者也。人不孝于父母祖宗者，安能爱兄弟族姓；不孝于天地者，又安能仁民爱物乎？若真能事天地、祖宗、父母，则必能以天地、祖宗、父母之心为心，此治国所以如示诸掌。虽王、钱做此意思不出，此却明目张胆言之。

【评】从"理一"处打通，则"分殊"处自贯。镕先儒语如自己出，而无陈腐之气，由其笔意高脱也。

【题解】出自第十九章，见上，参见本卷傅夏器《春秋修其祖庙》。

明乎郊社之礼、禘尝之义，治国其如示诸掌乎。

【注释】

① 感格：感于此而达于彼。格，至。

② 宗子：大宗的嫡长子。按，此二句引张载《西铭》，以下"悖德之人"、"不肖之子"等语，亦本

《西铭》。

③ 崇其德、报其功：祭祀的精义在于崇德报功。《尚书·武成》："敦信明义，崇德报功。"孔安国传："有德尊以爵，有功报以禄。"

④ "五年"句：指禘祭而言。

⑤ 事：此指祭祀。按，本句指"尝"而言。

⑥ 知化：了解天地化生万物之事。"穷神"，指透彻领会天地化生万物之理。按，此二句引张载《西铭》，而张载又本之《周易·系辞下》"穷神知化，德之盛也"及《礼记·中庸》"夫孝者，善继人之志，善述人之事者也"。

⑦ 不忍：指恻隐之心。《孟子·公孙丑上》："以不忍人之心，行不忍人之政，治天下可运之掌上。"

人道敏政 一节
陈 栋 墨

　　圣人喻人存政举之易，必拟物之易生者以见之也。盖为政不难，惟得人之为贵也，圣人既喻其易，而又即易生之物以见之，所以歆动鲁君者至矣。想其意谓：文武之政，固后世之所当法者也，然而或举或息，由其人之存亡者，何与？亦曰人乃立政之具云耳。是故明良合德①，人之谓也，而其道则敏政焉，有天下之治人，斯有天下之治法，而以立以行，自沛然其莫御也；犹夫刚柔成质，地之谓也，而其道则敏树焉，有是广厚之体，斯有是广生之用，而以滋以长，自勃然其莫遏也。盖上焉有文武之君，是有以培为政之本也，而凫鹥既醉②之治所以本诸身、征诸民者，固推之而即准矣；下焉有文武之臣，是有以植为政之干也，而咸和永清之烈所以颁于朝、施于国者，固动之而即化矣。其于地道之敏树何异哉？然概以树拟之，亦未足以见其速也。夫政也者，其犹树之蒲卢矣乎？莫非政也，而文武之政则尽善而尽美，苟有举之，殆不疾而自速也；犹夫均之树也，而蒲卢之树又易栽而易培，苟有种之，殆方涵而即达也。盖昭代之制，本自足以宜民，而苟其人既存，又不病于推行之无地，则所以布濩流衍③于天下者，亦举措之间而已矣；周官之法，本斯世所易从，而苟人道既得，又不阻于运用之无自，则所以充周洋溢于四方者，特转移之际而已矣。其视蒲卢之易生诚何异哉？吁，物不自生，得地而生也，使非地道之敏树，则虽易生之物，未有能生者矣；政不易举，得人而举也，使非人道之敏政，则虽易举之政，未有能举者矣。君欲宪章文武，而可不自厉哉？

【评】体平势侧，两对中各藏对偶。因板生活，寓圆于方，机轴之工，妙若天成。

【作者简介】

　　陈栋（1526—1572），字隆之，南昌人。嘉靖四十四年（1565）会元，廷试一甲三名，授编修，隆庆间升右赞善。《制义丛话》卷五引张惕庵："时义至嘉靖末年芜靡极矣，陈公栋出而振之，其文含华于朴，字字清新。嗣是如田钟斗（按，当作钟台，指田一儁，隆庆二年会元）之冲恬，邓定宇（按，隆庆五年会元邓以赞）之风逸，若一辙焉，以陈公为之倡也。"

【题解】出自第二十章。

哀公问政。子曰："文武之政，布在方策。其人存，则其政举；其人亡，则其政息。（方，版也。策，简也。息，犹灭也。有是君，有是臣，则有是政矣。）人道敏政，地道敏树。夫政也者，蒲卢也。（敏，速也。蒲卢，沈括以为蒲苇是也。以人立政，犹以地种树，其成速矣，而蒲苇又易生之物，其成尤速也。言人存政举，其易如此。）故为政在人，取人以身，修身以道，修道以仁。（此承上文人道敏政而言也。为政在人，《家语》作"为政在于得人"，语意尤备。人，谓贤臣。身，指君身。道者，天下之达道。仁者，天地生物之心，而人得以生者，所谓元者善之长也。言人君为政在于得人，而取人之则又在修身。能修其身，则有君有臣，而政无不举矣。）仁者人也，亲亲为大；义者宜也，尊贤为大；亲亲之杀，尊贤之等，礼所生也。（指人身而言。具此生理，自然便有恻怛慈爱之意，深体味之可见。宜者，分别事理，各有所宜也。礼，则节文斯二者而已。）在下位不获乎上，民不可得而治矣！（郑氏曰："此句在下，误重在此。"）故君子不可以不修身；思修身，不可以不事亲；思事亲，不可以不知人；思知人，不可以不知天。"（为政在人，取人以身，故不可以不修身。修身以道，修道以仁，故思修身不可以不事亲。欲尽亲亲之仁，必由尊贤之义，故又当知人。亲亲之杀，尊贤之等，皆天理也，故又当知天。）天下之达道五，所以行之者三：曰君臣也，父子也，夫妇也，昆弟也，朋友之交也：五者天下之达道也。知、仁、勇三者，天下之达德也，所以行之者一也。（达道者，天下古今所共由之路，即《书》所谓五典，孟子所谓"父子有亲、君臣有义、夫妇有别、长幼有序、朋友有信"是也。知，所以知此也；仁，所以体此也；勇，所以强此也；谓之达德者，天下古今所同得之理也。一则诚而已矣。达道虽人所共由，然无是三德，则无以行之；达德虽人所同得，然一有不诚，则人欲间之，而德非其德矣。程子曰："所谓诚者，止是诚实此三者。三者之外，更别无诚。"）或生而知之，或学而知之，或困而知之，及其知之一也；或安而行之，或利而行之，或勉强而行之，及其成功一也。（知之者之所知，行之者之所行，谓达道也。以其分而言：则所以知者知也，所以行者仁也，所以至于知之成功而一者勇也。以其等而言：则生知安行者知也，学知利行者仁也，困知勉行者勇也。盖人性虽无不善，而气禀有不同者，故闻道有蚤莫，行道有难易，然能自强不息，则其至一也。吕氏曰："所入之涂虽异，而所至之域则同，此所以为中庸。若乃企生知安行之资为不可几及，轻困知勉行谓不能有成，此道之所以不明不行也。"）子曰："好学近乎知，力行近乎仁，知耻近乎勇。（"子曰"二字衍文。……此言未及乎达德而求以入德之事。通上文三知为知，三行为仁，则此三近者，勇之次也。吕氏曰："愚者自是而不求，自私者殉人欲而忘反，懦者甘为人下而不辞。故好学非知，然足以破愚；力行非仁，然足以忘私；知耻非勇，然足以起懦。"）知斯三者，则知所以修身；知所以修身，则知所以治人；知所以治人，则知所以治天下国家矣。"（斯三者，指三近而言。人者，对己之称。天下国家，则尽乎人矣。言此以结上文修身之意，起下文九经之端也。）凡为天下国家有九经，曰：修身也，尊贤也，亲亲也，敬大臣也，体群臣也，子庶民也，来百工也，柔远人也，怀诸侯也。（经，常也。体，谓设以身处其地而察其心也。子，如父母之爱其子也。柔远人，所谓无忘宾旅者也。此列九经之目也。吕氏曰："天下国家之本在身，故修身为九经之本。然必亲师取友，然后修身之道进，故尊贤次之。道之所进，莫先其家，故亲亲次之。由家以及朝廷，故敬大臣、体群臣次之。由朝廷以及其国，故子庶民、来百工次之。由其国以及天下，故柔远人、怀诸侯次之。此九经之序也。"视群臣犹吾四体，视百姓犹吾子，此视臣视民之别也。）修身则道立，尊贤则不惑，亲亲则诸父昆弟不怨，敬大臣则不眩，体群臣则士之报礼重，子庶民则百姓劝，来百工则财用足，柔远人则四方归之，怀诸侯则天下畏之。（此言九经之效也。道立，谓道成于己而可为民表，所谓皇建其有极是也。不惑，谓不疑于理。不眩，谓不迷于事。敬大臣则信任专，而小臣不得以间之，故临事而不眩也。来百工则通功易事，农末相资，故财用足。柔远人，则天下之旅皆悦而愿出于其涂，故四方归。怀诸侯，则德之所施者博，而威之所制者广矣，故曰天下畏之。）齐明盛服，非礼不动，所以修身也；去谗远色，贱货而贵德，所以劝贤也；尊其位，重其禄，同其好恶，所以劝亲亲也；官盛任使，所以劝大臣也；忠信重禄，所以劝士也；时使薄敛，所以劝百姓也；日省月试，既禀称事，所以劝百工也；送往迎来，嘉善而矜不能，所以柔远人也；继绝世，举废国，治乱持危，朝聘以时，厚往而薄来，所以怀诸侯也。（此言九经之事也。官盛任使，谓官属众盛，足任使令也，盖大臣不当亲细事，故所以优之者如此。忠信重禄，谓待之诚而养之厚，盖以身体之，而知其所赖乎上者如此也。既，读曰饩。饩禀，稍食也。称事，如《周礼·稿人》职，曰"考其弓弩，以上下其食"是也。往则为之授节以送之，来则丰其委积以迎之。朝，谓诸侯见于天子。聘，谓诸侯使大夫来献。《王制》"比年一小聘，三年一大聘，五年一朝"。厚往薄来，谓燕赐厚而纳贡薄。）凡为天下国家有九经，所以行之者一也。（一者，诚也。一有不诚，则是九者皆为虚文矣，此九经之实也。）凡事豫则立，不豫则废。言前定则不跲，事前定则不困，行前定则不疚，道前定则不穷。（凡事，指达道达德九经之属。豫，素定也。跲，踬也。疚，病也。此承上文，言凡事皆欲先立乎诚，如下文所推是也。）在下位不获乎上，民不可得而治矣；获乎上有道：不信乎朋友，不获乎上矣；信乎朋友有道：不顺乎亲，不信乎朋友矣；顺乎亲有道：反诸身不诚，不顺乎亲矣；诚身有道：不明乎善，不诚乎身矣。（此又以在下位者，推言素定之意。反诸身不诚，谓反求诸身而所存所发，未能真实而无妄也。不明乎善，谓未能察于人心天命之本然，而真知至善之所在也。）诚者，天之道也；诚之者，人之道也。诚者不勉而中，不思而得，从容中道，圣人也。诚之者，择善而固执之者也。（此承上文诚身而言。诚者，真实无妄之谓，天理之本然也。诚之者，未能真实无妄，而欲其真实无妄之谓，人事之当然也。圣人之德，浑然天理，真实无妄，不待思勉而从容中道，则亦天之道也。未至于圣，则不能无人欲之私，而其为德不能皆实。故未能不思而得，则必择善，然后可以明善；未能不勉而中，则必固执，然后可以诚身，此则所谓人之道也。不思而得，生知也。不勉而中，安行也。择善，学知以下之事。固执，利行以下之事也。）博学之，审问之，慎思之，明辨之，笃行之。（此诚之之目也。学、问、思、辨，所以择善而为知，学而知也。笃行，所以固执而为仁，利而行也。程子曰："五者废其一，非学也。"）有弗学，学之弗能弗措也；有弗问，问之弗知弗措也；有弗思，思之弗得弗措也；有弗辨，辨之弗明弗措也；有弗行，行之弗笃弗措也；人一能之己百之，人十能之己千之。（君子之学，不为则已，为则必要其成，故常百倍其功。此困而知，勉而行者也，勇之事也。）果能此道矣，虽愚必明，虽柔必强。（明者择善之功，强者固执之效。吕氏曰："君子所以学者，为能变化气质而已。德胜气质，则愚者可进于明，柔者可进于强。不能胜之，则虽有志于学，亦愚不能明，柔不能立而已矣。盖均善而无恶者，性也，人所同也；昏明强弱之禀不齐者，才也，人所异也。诚之者所以反其同而变其异也。夫以不美之质，求变而美，非百倍其功，不足以致之。今以卤莽灭裂之学，或作或辍，以变其不美之质，及不能变，则曰天质不美，非学所能变。是果于自弃，其为不仁甚矣！"）

【注释】

① 明良合德：明君良臣，同心同德。
② 凫鹥既醉：指天下太平，风俗淳美。《凫鹥》、《既醉》均为《诗经·大雅》篇目。毛诗序："《既醉》，大平也。醉酒饱德，人有士君子之行焉。""《凫鹥》，守成也。大平之君子能持盈守成，神祇祖考安乐之也。"
③ 布濩流衍：流行、广布。

故君子不可以不修身　一节

圣人于君身之修而历推其当务焉。盖仁能事亲，而智足以知天、知人，皆身之所以修也，圣人历推而言之，君子可以知务矣。且为政有本，修身有要，由所谓道与仁、亲与贤而观之，则君子之所事可知矣。故君子者，政之自出，孰不曰得善政而行之，足以致治矣；又孰不曰得贤臣而任之，足以善政矣。而不知有其君则有其臣，是得之于身者得之于人也；有其人则有其政，是得之于身者得之于政也。未有君子而不以修身为本者也，然身修于道，而亲亲之仁又所以修道者也。爱隆于一本①，以为事吾亲也，而即所以仁吾身；孝尽于因心，以为亲亲之仁也，而即所以尽人道。未有思修身而可以不事亲者也，然道修于仁，而尊贤之义又所以辅仁者也。知大贤而吾师之，则观法有资，而修身之道进；知小贤而吾友之，则讲习有赖，而亲亲之理明。未有思事亲而可以不知人者也，然亲亲之杀②、尊贤之等，又皆天理之自然，而知不及于此，非知之至也。故思知人者，又必学穷乎人事之则，皆有以知其所自来而不容已；心通乎性命之原，皆有以见其所以然而不可易。语知而至于知天，斯其至矣乎？语修身之事而至于知天，斯其尽矣乎？是则非知人先于事亲也，以为事亲而不知人不可也；非知天先于知人也，以为知人而不知天不可也。圣人之意，其欲人以智为入道之门、仁为体道之要也欤？

【评】 此是承上引下语脉，文家易生镣辖③，得此篇而题解始透。　　会通上下数节，清出题绪，而以实理融贯其间，可谓善发《注》意。

故君子不可以不修身；思修身，不可以不事亲；思事亲，不可以不知人；思知人，不可以不知天。

【注释】

① 一本：同一根本，此指将天地民物视为源出同一根本。《孟子·滕文公上》："且天之生物也，使之一本。"

② 杀：递减、降低，此指按照礼制降低其等级。

③ 缪辖：交错，杂乱。

见乎蓍龟　二句

唐顺之

论至诚之几，而两有所验焉。甚矣，诚之不可掩也！稽之蓍龟，观之四体，而几之微者著矣。今夫至诚所以能前知者，岂出于意想测度之私哉？亦以实理之在天地间者，自有不容掩焉耳。且以蓍龟言之，方其数之未定，吉凶固无形也，及问焉以言，而用动用静，自贞胜而不穷。有蓍龟袭吉①者矣，有蓍龟共违者矣，亦有筮从而龟逆、筮逆而龟从者矣。藏于寂然不动之中，而呈于受命如响之后，其吉者非有心于福之，其凶者非有心于祸之，在蓍龟固不自知也。是盖天载②无声无臭，而蓍龟神物为能绍天之明，故道非器不显，而象数之间，若有鼓其机而不能自已耳。以四体言之，方其迹之未涉，得失固无兆也，及性术所行，而履祥履错，各从类而不爽。有俯仰皆宜者矣，有俯仰皆悖者矣，亦有始敬而继之以怠、始怠而继之以敬者矣。隐于卒然有感之余，而萌于介然有觉之顷，其得者本不期于矜持，其失者本不期于暴弃，在四体固不自知也。是盖帝则至微至幽，而人之精神与造化相为流通，故天非人不因，而周旋之际，若有牖其衷③而不能自已耳。夫见乎蓍龟，则百姓可与能也，而非鬼神④合其吉凶者，固不能极深而研几也；动乎四体，则百姓日用而不自知也，而非清明在躬⑤者，固不能定取舍之极也。至诚前知之道，断可识矣。

【评】 见处、动处莫非几也，几由诚发，故至诚便可前知，原属一串事。此实能道其所以然，使"见乎"、"动乎"字与下文两"必先"字早有贯注之势。　　启祯诸家文，更觉惊迈，而入理精深处，究不能出其范围。

【题解】 出自第二十四章。

至诚之道，可以前知。国家将兴，必有祯祥；国家将亡，必有妖孽；见乎蓍龟，动乎四体。祸福将至：善，必先知之；不善，必先知之。故至诚如神。（祯祥者，福之兆。妖孽者，祸之萌。蓍，所以筮。龟，所以卜。四体，谓动作威仪之间，如执玉高卑，其容俯仰之类。凡此皆理之先见者也。然惟诚之至极，而无一毫私伪留于心目之间者，乃能有以察其几焉。神，谓鬼神。）

① 袭吉：重得吉兆，此指以蓍、龟占卜均吉。袭，重。《左传·哀公十年》："赵孟曰：'吾卜于此起兵，事不再令，卜不袭吉。行也。'"

② 天载：上天之事。《诗经·大雅·皇矣》谓"上天之载，无声无臭"，《中庸》引之以明至诚之极功。

③ 牖其衷：开导其心意。牖，启诱。《左传·僖公二十八年》："今天诱其衷，使皆降心以相从也。"

④ "鬼神"句：语本《易·坤》，孔颖达疏："'与鬼神合其吉凶'者，若福善祸淫也。"

⑤ 清明在躬：《礼记·孔子闲居》："清明在躬，气志如神。"孔颖达疏："清谓清静，明谓显著，言圣人清静光明之德在于躬身。"

善必先知之　三句

唐顺之

惟至诚之知几，所以合德于神也。夫几也者，神之所为也，而至诚知之，亦神矣哉！且天地之间，明则有至诚，幽则有鬼神，若将判然二物矣，而孰知有合一者存乎？何则？祯祥、妖孽与夫蓍龟、四体之伦，所以征夫福之将至者，不必皆同而均谓之善也；所以征夫祸之将至者，不必皆同而均谓之不善也。苟见其几而知之不早，固不可以言至诚矣；苟有所知而有所不知，亦不可以言至诚之如神也。今也有一善焉，几动于彼而诚动于此，固无幽深远近，而凡为福之征者，随其所见而无不知之矣；有一不善焉，几动于彼而诚动于此，亦无幽深远近，而凡为祸之征者，随其所见而无不知之矣。至诚若此，而不可谓之神乎？盖善之先见与不善之先见，皆鬼神气机之微露也，而吾独能先知之。故鬼神涵天地之实理，而泄其机于朕兆之间；吾亦全天地之实理，而炳其几于著见之始。神以知来，人皆知鬼神之不测如此也，而不知至诚先知之哲所以占事而知来者，实与鬼神而合其吉凶；神以体物，人皆知鬼神之不测如此也，而不知至诚周物之知所以探赜而索隐者，实能质诸鬼神而无疑。方祸福之未至，与至诚、与鬼神同一寂然不动之体也；乃祸福之将至，与至诚、与鬼神同一感而遂通之妙也。在鬼神也诚而形，在至诚也诚而明。谓至诚之不如神也哉？

【评】贯穿经传，于所以必先知之理洞然于心，故能清空如话。

【题解】出自第二十四章，前见。

善，必先知之；不善，必先知之。故至诚如神。

诚者非自成己而已也　一节

王樵

《中庸》论诚能及物，而因发其蕴也。盖性本一原，故成己、成物一理也，诚则自然及物也，又何疑哉？今夫君子知不诚之无物，而诚之之自贵也，夫固欲有以自成耳。然既诚矣，则岂自成己而已耶？吾知随吾身之所接，而加以吾所固有之心，诚之无息于此者，物之各得于彼者也，而物亦有以成其所以自成矣；听凡物之自来，而处以物所自有之理，所以使之顺治者，不待为之作则也，而彼即有以道其所当自道矣。是何也？盖成己非他也，天理流行之际，吾心本有大公之体而不容有一私之累者，谓之仁，而己于是乎成焉，是其体之存也而未有无用之体；成物非他也，万事万物之宜，吾心自有素定之则而不容有一毫之差者，谓之智，而物于是乎成焉，是其用之发也而未有无体之用。在己、在物，虽有内外之殊；曰仁、曰智，则皆吾性之德。性无内外，则安有处己一道而处物又一道耶？有外非性而无物非内，则安有成己一时而成物又一时耶？故君子患未诚耳。诚则仁智具而内外合，体之立而用以行。时而措之，未有得于己而失于物者也；得必俱得，则成不独成也。岂不信夫？

【原评】"成己，仁也"五句总是发明"诚者非自成己而已"二句之故。此文当看其上接"诚之为贵"，下接"成己仁也"五句处，然后此节文势如首尾具而成身矣。

【评】老洁无支蔓。

【题解】出自第二十五章。

诚者自成也，而道自道也。（言诚者物之所以自成，而道者人之所当自行也。诚以心言，本也；道以理言，用也。）诚者物之终始，不诚无物。是故君子诚之为贵。（天下之物，皆实理之所为，故必得是理，然后有是物。所得之理既尽，则是物亦尽而无有矣。故人之心一有不实，则虽有所为亦如无有，而君子必以诚为贵也。盖人之心能无不实，乃为有以自成，而道之在我者亦无不行矣。）诚者非自成己而已也，所以成物也。成己，仁也；成物，知也。性之德也，合外内之道也，故时措之宜也。（诚虽所以成己，然既有以自成，则自然及物，而道亦行于彼矣。仁者体之存，知者用之发，是皆吾性之固有，而无内外之殊。既得于己，则见于事者，以时措之，而皆得其宜也。）

待其人而后行　二节

王世贞　程

《中庸》以行道属诸人，而必申言其不虚行也。盖德者，凝道之本也，苟无其德，何以行之哉？《中庸》明人道也，意曰：大哉圣人之道！无外无内，斯其至矣。然岂无所待而行哉？涵于大虚，其体不能有为也，而以人为体，恒待人以成其能；原于天命，其用不能自显也，而以人为用，恒待人而运其化。合之而天地万物孰统体，是必有致中和者出焉，而后位育①之效行于两间也；析之而礼仪威仪孰推行，是必有观会通者出焉，而后经纬之章②敷于群动③也。是行道之必待于人如此，而道其可以虚行哉？故曰苟不至德，至道不凝焉。盖道与德一也，得此之谓德，道之所待以行者也。苟非其人，则中之所存，未能完性命之真；而知之所格，不能达神明之蕴。虽洋洋者固流动而未尝息也，而无德以统体之，则其极于天而浃于物者，亦象焉而已矣，而与吾心固自为二也，其何能凝斯道之全体而赞其化育哉？虽优优者固充足而未尝间也，而无德以推行之，则其经而等、曲而杀④者，亦迹焉而已矣，而与吾身固自有间也，其何以会斯道之妙用而行其典礼哉？信乎道不能自行，而亦不可以虚行也。修德凝道之功，其可缓乎？

【原评】其周折皆王、唐⑤旧法也，而沉酿之厚，遂极铿锵要眇，备文章之能事。

【评】层接递卸，虚实相参。不凌驾而局自紧，不矜嚣而气自昌。　　作者于古文未免务为炳炳烺烺，而制义则清真健拔，绝无矜张之气。

【作者简介】

王世贞（1526—1590），字元美，号凤洲，江苏太仓人，明代著名文学家、史学家。嘉靖二十六年（1547）进士，授刑部主事，累官南京刑部尚书。才学富赡，工诗古文，为"后七子"领袖，与李攀龙狎主文坛，继"前七子"之后，倡言"文必秦汉，诗必盛唐"。著有《弇州山人四部稿》等。

【题解】出自第二十七章。

大哉圣人之道！（包下文两节而言。）洋洋乎！发育万物，峻极于天。（峻，高大也。此言道之极于至大而无外也。）优优大哉！礼仪三百，威仪三千。（优优，充足有余之意。礼仪，经礼也。威仪，曲礼也。此言道之入于至小而无间也。）待其人而后行。（总结上两节。）故曰苟不至德，至道不凝焉。（至德，谓其人。至道，指上两节而言也。凝，聚也，成也。）故君子尊德性而道问学，致广大而尽精微，极高明而道中庸。温故而知新，敦厚以崇礼。（尊者，恭敬奉持之意。德性者，吾所受于天之正理。道，由也。温，犹燖温之温，谓故学之矣，复时习之也。敦，加厚也。尊德性，所以存心而极乎道体之大也。道问学，所以致知而尽乎道体之细也。二者修德凝道之大端也。不以一毫私意自蔽，不以一毫私欲自累，涵泳乎其所已知。敦笃乎其所已能，此皆存心之属也。析理则不使有毫厘之差，处事则不使有过不及之谬，理义则日知其所未知，节文则日谨其所未谨，此皆致知之属也。盖非存心无以致知，而存心者又不可以不致知。故此五句，大小相资，首尾相应，圣贤所示入德之方，莫详于此，学者宜尽心焉。）是故居上不骄，为下不倍，国有道其言足以兴，国无道其默足以容。《诗》曰"既明且哲，以保其身"，其此之谓与！（兴，谓兴起在位也。《诗》，《大雅·烝民》之篇。）

【注释】

① 位育：指天地各得其位，万物各得其生。《中庸》："致中和，天地位焉，万物育焉。"
② 经纬之章：此指礼法。
③ 群动：此泛指众人。
④ 经而等、曲而杀：执行礼法的不同情况。前者指无论贵贱都须遵守同等的规定，后者指依据具体情况降低标准，《礼记·礼器》："君子之于礼也，有直而行也，有曲而杀也，有经而等也。"
⑤ 王、唐：王鏊和唐顺之。

仲尼祖述尧舜　一章

潘仲骖

《中庸》详圣德而拟诸天地，因明天地之道焉。夫小大合德，天地之道大矣，而圣人之德能与之准，自生民以来，孰有如夫子也耶？尝谓仲尼未生，道在帝王；帝王未生，道在天地。是故尧舜文武，道之会也，仲尼祖述而宪章，则一贯之授①，有以执其中，而先进②之从，有以识其大，斯道不在帝王，而在仲尼矣；天时水土，道之原也，仲尼上律而下袭，则时中③之运，配天以行健④，而安贞⑤之吉，应地以无疆，斯道不在天地，而在仲尼矣。参三才以立极，而会万善以成身。以言乎统体，则广大而不御也；以言乎流行，则变通而不穷也。拟诸其形容，则吾知其覆也如天，其载也如地，而高明博厚之业，与上下而同流者，见其统会之大焉；其序也配四时，其明也配日月，而悠久无疆之运，准造化而合德者，见其流行之神焉。则仲尼与天地为徒矣。而天地之道果何如耶？天地之覆载，皆物也；错行代明，皆道也。物并育矣，育之并者或疑于害，而性命各正，何害之有？道并行矣，行之并者或疑于悖，而循环无端，何悖之有？所以然者，有小德以显天下之仁，而流而不息，为物之辨，为道之伦焉，其斯以为不害、不悖也；有大德以藏天下之用，而合同而化，为物之命，为道之本焉，其斯以为并育、并行也。易简妙动静之机，而一神两化⑥以尽其利；乾坤备性情之德，而日新富有⑦以成其能。此天地之所以为大也，观乎天地而在圣人者可知矣。

【评】 实诠细疏，一字不架漏，而气脉复极融畅。

【作者简介】

潘仲骖，字时乘，号天泉，乌程（今属湖州）人，明学者潘季驯仲兄。嘉靖二十年（1541）进士，授编修，以直言忤严嵩，谪端州司理，嵩败复起，官终安庆知府。

【题解】 出自第三十章。

仲尼祖述尧舜，宪章文武；上律天时，下袭水土。（祖述者，远宗其道。宪章者，近守其法。律天时者，法其自然之运。袭水土者，因其一定之理。皆兼内外该本末而言也。）辟如天地之无不持载，无不覆帱，辟如四时之错行，如日月之代明。（错，犹迭也。此言圣人之德。）万物并育而不相害，道并行而不相悖，小德川流，大德敦化，此天地之所以为大也。（悖，犹背也。天覆地载，万物并育于其间而不相害；四时日月，错行代明而不相悖。所以不害不悖者，小德之川流；所以并育并行者，大德之敦化。小德者，全体之分；大德者，万殊之本。川流者，如川之流，脉络分明而往不息也。敦化者，敦厚其化，根本盛大而出无穷也。此言天地之道，以见上文取辟之意也。）

【注释】

① 一贯之授：指二帝三王相传的"精一执中"之道，也即儒家所说的"心法"。
② 先进：前辈，特指文质相称的人。语本《论语·先进》："先进于礼乐，野人也……如用之，则吾从先进。"
③ 时中：随时而合于中道。《礼记·中庸》："君子之中庸也，君子而时中。"
④ 行健：自强有为，此为法天之德。语本《易·乾》："天行健，君子以自强不息。"
⑤ 安贞：安静贞正，此为法地之德。语本《易·坤》："安贞之吉，应地无疆"，孔颖达疏："安谓安静，贞谓贞正，地体安静而贞正，人若得静而能正，即得其吉，应合地之无疆，是庆善之事也。"
⑥ 一神两化：指运行不息的"道体"与阴阳二气。

⑦ 日新富有：指道与圣人之德，体化合变、广大悉备。语本《易·系辞上》："富有之谓大业，日新之谓盛德。"

小德川流 二句

归有光

　　道之在造化者有万殊一本之妙焉。夫盈天地之间莫非道也，而万殊一本于此见之矣，斯造化之妙，而非圣人莫之与配也。《中庸》以仲尼之德言天道及此，谓夫：不观天地，无以见圣人之德；而不观天地之德，无以见天地之大。是故万物之生、日月之运、四时之纪，均之为德之所在也。夫苟因其相轧之迹而至于害且悖焉，则疏略而无条理，而天地之化穷矣，今而不害不悖有如此者，斯不谓之小德而如川之流者乎？道固无所谓小也，而自其万者而观之，斯则有见于分，而谓之"小德"焉。盖大化运行之中，无一物而不取足于天地之性；则其分布散殊之际，亦无一物而不各涵其天地之全。虽其理未尝不一，而其变盖有不可胜纪者矣。支分派别，大与之为大，小与之为小，莫不犁然各得，以昭其不齐之用而衍其不息之机。道在一物，一物一道也；道在万物，万物各一道也；道在日月四时，日月四时又一道也。三者同出而异用，此造化之所以为万殊而不可和也。夫苟任其区类之别而不能并育并行，则小者散漫而无统纪，而天地之化又穷矣，今而并育并行有如此者，斯不为之大德而敦厚其化者乎？道固无所谓大也，而自其一者而观之，斯则有见于合，而谓之"大德"焉。盖交错于宇宙之间而散之在物者，则有万殊；根柢于於穆之命①而本之在物者，则无二致。虽其变至于不可胜纪，而其理有未尝分者矣。浑沦磅礴，统之有宗，会之有原，固有大而无外，以运其合同之机而敦其淳庞②之化。一物之道，即万物之道也；万物之道，即日月之道也；日月之道，即四时之道。万象异形而同体，此造化之所以为一本而不可漓也。是知小德者，一之所以分而为万也，而仲尼之泛应曲当③者以之；大德者，万之所以统于一也，而仲尼之一理浑然者以之。此仲尼之所以同天地欤？

　　【评】玩《注》中"全体之分"、"万殊之本"八字，则大德、小德原不是直分两截。敦化，"敦"字即《易传》"藏诸用④""藏"字意；"川流"二字即"显诸仁""显"字意。无心成化，天地之功用即在其中。文能细贴《注》意，发挥曲畅。

　　【题解】出自第三十章，见上，参见本卷王世贞《待其人而后行》。

　　小德川流，大德敦化。

【注释】

① 于穆之命：大而无极的天道。於穆，叹美之辞。语本《诗经·周颂·维天之命》："维天之命，於穆不已。"郑玄笺："命犹道也。天之道於乎美哉！动而不止，行而不已。"按，此文分两扇，各以"夫苟因其"、"夫苟任其"起。
② 淳庞：淳厚。
③ 泛应曲当：广泛适应，无不顺随具体情况而得其当。

④ 藏诸用：本《易·系辞上》："（道）显诸仁，藏诸用，鼓万物而不与圣人同忧。"

是以声名洋溢乎中国　一节

归有光

　　《中庸》赞至德之远被，而与天为一焉。盖德至于圣，则化之溥也同天矣，天亦乌能独为其大哉？且夫中和位育之道，可以合天地万物者，圣人禀其全焉，若是而可以一世之事业论之耶？是故溥博、渊泉，吾之德也，敬信而悦民之心也。以是心而观于天下，则天下无异心，圣人作①而万物睹，光被于礼乐之区，而四海九州岛岛②近天子之光而诵盛德者何限也，而圣人之德在中国矣；以是心而观于蛮夷，则蛮夷无异心，中国治而四夷服，混一于华夷之界，而九夷八蛮③知中国之有圣人而致宾贡④者何限也，而圣人之德在夷狄矣。然此犹可以道里疆界求之也，至于舟车之可以至，人力之可以通，八荒之外明主所以不宾者，则固累译⑤不能通，而非独风气之殊而已；推之又其远者，至于天地之所覆载，日月霜露之所照坠，六合⑥之内圣人所以不议者，则固人迹所不至，而非特嗜好之异而已。然在含生之类，莫不有血气心知之性；则德化之充塞，而自极鼓舞感通之速。亶聪明作元后⑦，其尊之之心同也；元后作民父母，其亲之之心同也。盖德以存神，神无体，固莫知其方；业以致化，化无迹，故莫究其所穷。若是而不谓之配天乎哉？天之广大，谓其无遗化也，物未有出于天之外者也；圣人之广大，谓其无遗泽也，物未有出于圣人之外者也。彼德不若圣人而强世以就我者，十室之邑，教且不行，而可以语是也哉？

　　【评】题句一气贯注，用法驱驾，则神理易隔。似此依次顺叙，浑然天成，无有畔岸，化工元气之笔也。

　　【题解】出自第三十一章。

　　唯天下至圣，为能聪明睿知，足以有临也；宽裕温柔，足以有容也；发强刚毅，足以有执也；齐庄中正，足以有敬也；文理密察，足以有别也。（聪明睿知，生知之质。临，谓居上而临下也。其下四者，乃仁义礼知之德。文，文章也。理，条理也。密，详细也。察，明辩也。）溥博渊泉，而时出之。（溥博，周遍而广阔也。渊泉，静深而有本也。出，发见也。言五者之德，充积于中，而以时发见于外也。）溥博如天，渊泉如渊。见而民莫不敬，言而民莫不信，行而民莫不说。（言其充积极其盛，而发见当其可也。）是以声名洋溢乎中国，施及蛮貊；舟车所至，人力所通；天之所覆，地之所载，日月所照，霜露所队；凡有血气者，莫不尊亲，故曰配天。（舟车所至以下，盖极言之。配天，言其德之所及，广大如天也。）

【注释】

① 作：兴起，指制定法则。语本《易·乾》："云从龙，风从虎，圣人作而万物睹。"
② 九州岛岛：即九州。

③ 九夷八蛮：指极远之地的人。《礼记·明堂位》指有九夷、八蛮、六戎、五狄之国，《尔雅·释地》称："九夷、八狄、七戎、六蛮，谓之四海。"

④ 宾贡：来朝进贡。

⑤ 累译：几经转译。此相隔辽远，语言不通。

⑥ 六合：上下四方，谓宇宙之内。《庄子·齐物论》："六合之外，圣人存而不论；六合之内，圣人论而不议。"

⑦ 亶聪明作元后：确实聪明，可以作天子。亶，诚。元后，天子。语本《尚书·泰誓上》："亶聪明，作元后，元后作民父母。"孔安国传："人诚聪明，则为大君而为众民父母。"

惟天下至诚　　夫焉有所倚

项　乔　墨

　　《中庸》历言至诚之功用皆自然，所以发明天道也。夫至诚之道，天道也，其功用之所就，孰有不出于自然者乎？《中庸》三十二章，发明天道而言此，若谓：德之不诚者，虽一事不可以幸成；诚之未极者，虽有功亦由于强致。夫惟极诚无妄，盖于天下而莫能加，是之谓天下至诚也。故于五品之人伦，辨其等而小大有定，比其类而彼此相亲。曰亲曰义曰序曰别曰信，道敦于天叙天秩之余，极建于天下后世之远也。谓不能经纶天下之大经乎？大经所从出，是谓天下之大本也，无一毫之人伪以杂之。仁义之全体以具，可以立天下之爱与宜也；礼智之全体以具，可以立天下之敬与别也。谓至诚而不能立本，可乎？大本所从出，是谓天地之化育也，无一毫之人伪以隔之。元亨①鼓万物之出机，吾以吾心之仁礼知之也；利贞鼓万物之入机，吾以吾心之义智知之也。谓至诚而不能知化，可乎？夫至诚之一身甚微，而功用之所就甚大。疑其有倚于物而后能矣，殊不知惟其至诚也，则此心流行于人伦之间，而道无不尽，即所谓经纶也，岂待倚著于物而后能经纶之乎？惟其至诚也，则此性从此心而具，而取之逢原，即所谓立本也，岂待倚著于物而后能立之乎？此心之诚，与天为一，即所谓知化，而非但闻见之知也，岂待倚著于物而后能知化乎？是则以一心而妙天下之诚，以一诚而妙天下之用。至诚之道，一天而已矣。所谓诚者天之道，不其然哉？

　　【原评】毫无障翳，制义之极则。

　　【评】经纶、立本、知化育，各到尽头处，为能与"无倚"紧相贯注。文句句从"至诚"心体上说，无一浮散语，明粹之至，不觉其朴直也。

　　【作者简介】

　　项乔（1493—1552），字迁之，温州人。嘉靖八年（1529）进士，历官南京工部主事、湖广按察副使、广东左参政等职。著有《瓯东私录》十卷等，今人整理有《项乔集》。

　　【题解】出自第三十二章。

　　唯天下至诚，为能经纶天下之大经，立天下之大本，知天地之化育。夫焉有所倚？（经，纶，皆治丝之事。经者，理其绪而分之；纶者，比其类而合之也。经，常也。大经者，五品之人伦。大本者，所性之全体也。惟圣人之德极诚无妄，故于人伦各尽其当然之实，而皆可以为天下后世法，所谓经纶之也。其于所性之全体，无一毫人欲之伪以杂之，而天下之道千变万化皆由此出，所谓立之也。其于天地之化育，则亦其极诚无妄者有默契焉，非但闻见之知而已。此皆至诚无妄，自然之功用，夫岂有所倚著于物而后能哉。）肫肫其仁！渊渊其渊！浩浩其天！（肫肫，恳至貌，以经纶而言也。渊渊，静深貌，以立本而言也。浩浩，广大貌，以知化而言也。其渊其天，则非特如之而已。）苟不固聪明圣知达天德者，其孰能知之？（固，犹实也。郑氏曰："惟圣人能知圣人也。"）

【注释】

① 元亨：及下句"利贞"，均本《易·乾》："乾：元、亨、利、贞。"孔颖达疏："'元、亨、利、贞'者，是乾之四德也。子夏传云：'元，始也。亨，通也。利，和也。贞，正也。'言此卦之德，有纯阳之性，自然能以阳气始生万物而得元始亨通，能使物性和谐，各有其利，又能使物坚固贞正得终。"故此文言"元亨"鼓"出机"，"利贞"鼓"入机"。又，朱熹《周易本义》谓元亨利贞分别对应仁、礼、义、智。

肫肫其仁
许孚远

至诚之经纶也，可以观天下之至仁焉。盖修道以仁也，而非至诚尽经纶之实，何以称"肫肫其仁"乎？盖尝论之：一诚之理，自其显设于人道之常，而万世不易者为大经；自其贯彻于伦类之间，而浑然同体者为仁。仁者人也，大经之所以行于天下者也。彼其诚有未至，不可语仁；仁有未至，不可语于经纶。惟天下之至诚，为能经纶天下之大经，吾于斯而知其肫肫乎？一仁矣，未有经纶之先，一真无妄，仁之所以立其体；迨于经纶之际，恻怛流行，仁之所以裕其施。谓夫人之浑然而处于天地之间，不有以别之则乱，乱吾不忍也，故经乃所以为仁，不相凌夺，不相侵害，生民之类于是乎可以长久，盖举天下而在圣人涵育之中；谓夫人之纷然而各一其血气之性，不有以合之则离，离吾不忍也，故纶乃所以为仁，上下相安，大小相得，有生之徒于是乎可与同群，盖举斯世而在圣人覆帱①之内。有一人之伦，即有一人之仁，圣人不能分所有以与诸人，而为之联属、为之维持，以通天下为一身者，圣心之仁流衍而不息也，向非②至诚，则仁之戕贼者众矣；有一世之伦，即有一世之仁，圣人非能强所无以行于世，而需之匡济、需之曲成，以合万物为一体者，至诚之仁沦洽而无间也，苟非圣人，则仁之能存者寡矣。故曰"肫肫其仁"，谓至诚之经纶即仁，而仁之至也乃所以为经纶之盛也。

【评】"其仁"实从"经纶"指出，清切纯懿，中边俱彻。　　题境深微，虽奥思曲笔，追取意义，终想象语耳。理熟则词自快，可于此文验之。

【题解】出自第三十二章，见上。

【注释】

① 覆帱：犹覆被，喻施恩、加惠。《中庸》二十九章："（孔子）辟如天地之无不持载，无不覆帱。"

② 向非：若非。

钦定正嘉四书文卷五（《孟子》上）

寡人之于国也　一章

尤　瑛

时君望民以小惠，大贤详启以王道之得民焉。夫小惠未遍，民弗与也，必也行王道焉，而天下之民归之矣。如之何可以罪岁也？且立国致胜之道有三，一曰兴民利，二曰定民制，三曰赈民饥，三资者备而王随之矣；彼惠王者，惠而不知为政也，故以小惠为尽心，又以民寡为岁罪，胡王之明于战而闇于治哉！何也？兵家之较胜负，非以五十步之走笑百步也；王者之争众寡，非以移民间之粟笑邻国也。诚知败军不可以言勇，则当自奋而为常胜之兵；诚知小惠不足以得民，则当自反而图致王之道。吾请为王策焉。夫王之民，死生皆憾之民也，非岁之罪，王无以兴其利故也；王之民，老壮俱疲之民也，非岁之罪，王无以定其制故也。必也一举而行王道之始焉，因民之利而利之，则可以足食，可以裕用，而生者与死者俱无憾矣，是王业所由基也，而犹未已也；必也再举而行王道之终焉，制民之产而教之，则可以厚生，可以正德，而老者与壮者俱得所矣，是王业所由成也，而今犹未能也。其先思备荒之政，而狗彘之食，无复昔之不检乎？其先思救荒之策，而仓廪之实，无复昔之不发乎？盖不曰民之就死，岁兵之也①；而必曰岁之杀人，吾刺之也。不区区②移民之举，而民自我赈者，其心尽焉，由是行王道而天下乐闻其风矣；不区区移粟之谋，而粟自吾发者，其心尽焉，由是行王道而天下思被其泽矣。其谁不舍邻国以趋于魏哉？否则，拟之以杀人之罪，既与操刃者同科；喻之以畏敌之诛，又与奔亡者同律。民其曷归焉？而王且重为天下笑矣。

【评】有提掇联缀，而段落清明、气度和雅，长题文之正式。

【作者简介】

尤瑛，常州府无锡人。嘉靖二十二年（1543）解元，二十三年（1544）进士，官至江西布政使参议。

【题解】出自《梁惠王上》第三章。

梁惠王曰："寡人之于国也，尽心焉耳矣。河内凶，则移其民于河东，移其粟于河内。河东凶亦然。察邻国之政，无如寡人之用心者。邻国之民不加少，寡人之民不加多，何也？"（河内、河东皆魏地。凶，岁不熟也。移民以就食，移粟以给其老稚之不能移者。）孟子对曰："王好战，请以战喻。填然鼓之，兵刃既接，弃甲曳兵而走。或百步而后止，或五十步而后止。以五十步笑百步，则何如？"曰："不可，直不百步耳，是亦走也。"曰："王如知此，则无望民之多于邻国也。（填，鼓音也。兵以鼓进，以金退。直，犹但也。言此以譬邻国不恤其民，惠王能行小惠，然皆不能行王道以养其民，不可以此而笑彼也。杨氏曰："移民移粟，荒政之所不废也。然不能行先王之道，而徒以是为尽心焉，则末矣。"）不违农时，谷不可胜食也；数罟不入洿池，鱼鳖不可胜食也；斧斤以时入山林，材木不可胜用也。谷与鱼鳖不可胜食，材木不可胜用，是使民养生丧死无憾也。养生丧死无憾，王道之始也。（农时，谓春耕夏耘秋收之时。凡有兴作，不违此时，至冬乃役之也。不可胜食，言多也。数，密也。罟，网也。洿，窊下之地，水所聚也。古者网罟必用四寸之目，鱼不满尺，市不得鬻，人不得食。山林川泽，与民共之，而有厉禁。草木零落，然后斧斤入焉。此皆为治之初，法制未备，且因天地自然之利，而撙节爱养之事也。然饮食宫室所以养生，祭祀棺椁所以送死，皆民所急而不可无者。今皆有以资之，则人无所恨矣。王道以得民心为本，故以此为王道之始。）五亩之宅，树之以桑，五十者可以衣帛矣；鸡豚狗彘之畜，无失其时，七十者可以食肉矣；百亩之田，勿夺其时，数口之家可以无饥矣；谨庠序之教，申之以孝悌之义，颁白者不负戴于道路矣。七十者衣帛食肉，黎民不饥不寒，然而不王者，未之有也。（五亩之宅，一夫所受，二亩半在田，二亩半在邑。田中不得有木，恐妨五谷，故于墙下植桑以供蚕事。五十始衰，非帛不暖，未五十者不得衣也。畜，养也。时，谓孕子之时，如孟春牺牲毋用牝之类也。七十非肉不饱，未七十者不得食也。百亩之田，亦一夫所受。至此则经界正，井地均，无不受田之家矣。庠序，皆学名也。申，重也，丁宁反复之意。善事父母为孝，善事兄长为悌。颁，与斑同，老人头半白黑者也。负，任在背。戴，任在首。夫民衣食不足，则不暇治礼义；而饱暖无教，则又近于禽兽。故既富而教以孝悌，则人知爱亲敬长而代其劳，不使之负戴于道路矣。衣帛食肉但言七十，举重以见轻也。黎，黑也。黎民，黑发之人，犹秦言黔首也。少壮之人，虽不得衣帛食肉，然亦不至于饥寒也。此言尽法制品节之详，极财成辅相之道，以左右民，是王道之成也。）狗彘食人食而不知检，涂有饿莩而不知发；人死，则曰：'非我也，岁也。'是何异于刺人而杀之，曰：'非我也，兵也。'王无罪岁，斯天下之民至焉。"（检，制也。莩，饿死人也。发，发仓廪以赈贷也。岁，谓岁之丰凶也。惠王不能制民之产，又使狗彘得以食人之食，则与先王制度品节之意异矣。至于民饥而死，犹不知发，则其所移特民间之粟而已。乃以民不加多，归罪于岁凶，是知刃之杀人，而不知操刃者之杀人也。不罪岁，则必能自反而益修其政。天下之民至焉，则不但多于邻国而已。程子曰："孟子之论王道，不过如此，可谓实矣。"又曰："孔子之时，周室虽微，天下犹知尊周之为义，故春秋以尊周为本。至孟子时，七国争雄，天下不复知有周，而生民之涂炭已极。当是时，诸侯能行王道，则可以王矣。此孟子所以劝齐梁之君也。盖王者，天下之义主也。圣贤亦何心哉？视天命之改与未改耳。"）

① 岁兵之也：是荒年杀了他们。岁，荒年。兵，武器，此指杀人。
② 区区：拘守，局限于。

杀人以梃与刃　三节

张　元

大贤言时君虐政之害，必两诘之而指其实也。夫政之行而至率兽食人，虐已甚矣，孟子犹必两致其诘而指言之，夫固因其明以通之也哉？且夫人之情，不得其形而概语之，则无以深中其心，故常略而不听；不由其渐而骤语之，则不免深犯其忌，故常拒而不入。孟子知之，其于惠王虽有愿安承教之心，而犹不废乎因明通蔽之术。始而曰"杀人以梃与刃，有以异乎"，此其事无当于王，虽少知事理者未有不能别白而明言之也，而王果曰"无以异也"；既而曰"以刃与政，有以异乎"，此其事渐及于王，使惮于自责者未尝不深忌而讳言之者也，而王又曰"无以异也"。夫不难于梃与刃之对，而难于刃与政之对，然后语之有故而入之有由矣。孟子乃申告之曰：王知政之能杀人，亦知王之政所以杀人者乎？盖其民已穷而敛愈急，而常弃之于必危之地；财已尽而赋不休，而每用之于无益之中。观王之禽兽，则肉肥而盈庖，马肥而盈厩，此何以养之？厚敛以养之也；观王之民，则生者多饥色，死者为饿莩，此何以致之？厚敛以致之也。兽得以食人之食，而人不得以自食其食；兽不能以自食人，而王固驱之使食人。同生而异类，人物之辨也，至是而始反其常；贵人而贱畜，王者之政也，至是而不由其道。王之民不死于梃，不死于刃，而死于政者何限也。王亦尝反而思之乎？

【评】此与"王之臣"及"白之谓白"①等章，并见孟子语言之妙。若不逐层敍出，则神致不肖。文能使题情自相触击，通体如一笔书。

【题解】出自《梁惠王上》第四章。

梁惠王曰："寡人愿安承教。"（承上章言愿安意以受教。）孟子对曰："杀人以梃与刃，有以异乎？"曰："无以异也。"（梃，杖也。）"以刃与政，有以异乎？"曰："无以异也。"（孟子又问而王答也。）曰："庖有肥肉，厩有肥马，民有饥色，野有饿莩，此率兽而食人也。（厚敛于民以养禽兽，而使民饥以死，则无异于驱兽以食人矣。）兽相食，且人恶之。为民父母，行政不免于率兽而食人。恶在其为民父母也？（君者，民之父母也。恶在，犹言何在也。）仲尼曰：'始作俑者，其无后乎！'为其象人而用之也。如之何其使斯民饥而死也？"（俑，从葬木偶人也。古之葬者，束草为人以为从卫，谓之刍灵，略似人形而已。中古易之以俑，则有面目机发，而大似人矣。故孔子恶其不仁，而言其必无后也。孟子言此作俑者，但用象人以葬，孔子犹恶之，况实使民饥而死乎？李氏曰："为人君者，固未尝有率兽食人之心。然殉一己之欲，而不恤其民，则其流必至于此。故以为民父母告之。夫父母之于子，为之就利避害，未尝顷刻而忘于怀，何至视之不如犬马乎?")

【注释】

① 《梁惠王下》第七章"孟子谓齐宣王曰：王之臣有托其妻子于其友"及《告子上》第三章"孟子曰：生之谓性也，犹白之谓白与?"

权然后知轻重   心为甚

归有光

大贤即物之当度，以明人心之尤当度也。盖心者万化之原也，本原之地既昧，而何以处天下而使之各得其所哉？有志于治者，亦审于此而已矣。昔齐王明于爱物而昧于保民，以其在我之权度有差也，故孟子教之。以为天下之物，其始轻重混焉而已，圣人制为权焉，由是物之不齐者犁然各以情见，一听之于无心之权而不失于黍累①，盖权诚悬而不可欺以轻重矣；天下之物，其始长短混焉而已，圣人制为度焉，由是物之不一者粲然各以分殊，一付之于无心之度而不失于毫厘，盖度诚设而不可欺以长短矣。故使五权之钧②一日而废于天下，而手之所揣而知之者有几也；五度之审③一日而废于天下，而目之所测而知之者有几也？况于人之为心，所以应天下之变者，推移俯仰，不容以一定，而天理之本然而不容已者，亦莫不有自然之权；心之为物，所以通天下之故者，进退屈伸，莫知其纪极，而天理之当然而不可易者，亦莫不有自然之度。存于一心者至微，而运量于宇宙者至广，九族之亲由之以睦也，四海之大由之以理也，可以任其迷缪④而不之察乎？根本于一念者⑤甚约，而充极于天下者甚大，庶物之生由之而遂也，庶草之生由之而蕃也，可以恣其悖戾而莫之省乎？盖物之轻重有定质，而心之为轻重者无定质，执其无定质以为有定质，而天下之权在我矣；物之长短有定形，而心之为长短者无定形，执其无定形以为有定形，而天下之度在我矣。然则世主诚患于察识之无机，而又何疑于推恩之不易也哉？

【评】精理明辨，如万斛源泉随地腾涌。

【题解】出自《梁惠王上》第七章，参见化治文卷五靳贵《老者衣帛食肉》。

权，然后知轻重；度，然后知长短。物皆然，心为甚。王请度之！

【注释】

① 黍累：极轻的重量。黍、累均为重量单位，十黍为一累，十累为一铢，而二十四铢为一两。
② 五权之钧：指用五种计量单位去称量物品。钧，衡量。五权，指铢、两、斤、钧、石。
③ 五度之审：指用五种长度单位去度量物品。五度，分、寸、尺、丈、引。
④ 迷缪：同"迷谬"，迷惑谬误。
⑤ 根本于一念者：指"仁"或"道"。按，此股语本《易·坤》"天地变化，草木蕃"，理学家认为，充拓良知仁心，便可使万物各得其性。

为我作君臣相说之乐　　好君也

归有光

大贤述齐人之乐而绎其诗，所以致意于其君也。夫乐以"相悦"为名，其意美矣，而"畜君"之诗，尤足以谅臣子之心者，此大贤述古之微意欤？且夫君臣之际至难也，君常患于不得其臣，而臣常患于不遇其君。景公之于晏子，何其相遇之深也，盖其从谏之美既已推行于致治，而声歌之盛尤足于听闻。其命太师也则谓之"相悦之乐"，亦自负其明良之合①而遭逢际会之不偶②，悦豫之深而宣志达情之不可已也。信非无因而强作者矣，故今虽世远人亡，音存操③变，而所传《徵招》《角招》者尚未泯也。徵以为事，角以为民，当时之志不在逸豫矣，而其音响则《大韶》④之遗，盖敬仲⑤之传而太师职之者也；为君则泽不壅⑥，为事则务不丛⑦，世主⑧之好尚可知矣，而其节奏则九成⑨之旧，盖瞽师所掌而肄业习之者也。诵庙朝之遗音，观内史之记载，而景公君臣之际岂不可尚也哉？且其诗曰"畜君何尤"，此尤足以知晏子之心而极揄扬之妙者也。盖人主乘其崇高之势，凡可以恣其欲者可以无不至，而不知夫娱耳目、悦心志之为祸阶也；人臣恋其豢养之恩，凡可以顺其欲者可以无不至，而不知夫导淫欲、固恩宠之为乱萌也。若夫好君之至者，则不得不虑其患；虑君之至者，则不得不止其欲矣。然则逆耳之言，固忠说者之为心；而陈义之词，非世主之药石乎？晏子畜君而君谅其为心，今之述晏子之事以畜王者，王不知其何如也？

【原评】无起无落无煞，不得不行，不得不止，金石叩而风水遭⑩，其斯文欤？

【评】铿锵杳渺，其声清越以长。

【题解】出自《梁惠王下》第四章，参见化治文卷五董越《天子适诸侯曰巡狩》。

"景公说，大戒于国，出舍于郊。于是始兴发补不足。召大师曰：'为我作君臣相说之乐！'盖《徵招》、《角招》是也。其诗曰：'畜君何尤？'畜君者，好君也。"

【注释】

① 明良之合：明君良臣的遇合。

② 不偶：此指难再得，极少见。

③ 操：演奏乐曲。

④ 大韶：即《韶》，也作"招"、"大招"，舜时之乐。

⑤ 敬仲：即田完，谥敬仲。田完本为陈国太子，因内乱奔齐，其后人取代姜姓而称王，齐景公即其后人。陈国本为舜之后裔，田完携陈国所传《韶》乐奔齐，《韶》遂流传于齐国。

⑥ 泽不壅：恩泽流行于下民。壅，阻塞不通。

⑦ 务不丛：事务不丛杂。按，此当指徭役不多，《礼记·乐记》："角为民，徵为事……角乱则忧，其民怨；徵乱则哀，其事勤。"

⑧ 世主：此指齐景公。

⑨ 九成：本指演奏九次，此仍指《韶》。语本《尚书·益稷》："箫韶九成，凤皇来仪。"

⑩ 风水遭：风水相遭，自然形成波纹，喻指文章不刻意经营而自有妙境。本苏洵《仲兄字文甫说》。

昔者太王居邠　合下二节

唐顺之

　　大贤两陈图变之策,而因责君之自审也。夫经、权不同,均之图变之良策也,人顾处之何如耳,滕君盍知所自励哉?孟子因其畏大而为之筹曰:君之受制于大国也,揆之于势,不得乎万全之谋;反之于己,不越乎两端之策。试为君陈之。昔太王之事狄人也,先之以皮币,继之以宝马,而卒莫弭侵陵之患,于是以土地为轻,以人民为重,而即有事于岐山之迁,然王虽去而人不忘其泽,地虽易而民不改其聚,此皆用权以图存,在古人已有成迹者矣;或谓人君之于土地也,受之天子,传之先君,而吾不敢以自主,有民人焉,有社稷焉,而吾未可以轻去,故宁以社稷之故病吾身,毋宁以吾身之故弃宗社,此盖守经以俟死,在古人已有定论者矣。斯二者,固皆足以图变。然就时势而设其可为之策,臣之所能也;权彼此以决一定之机,非臣之所能也。君其反观于己而度德以处之,可以权则权,可以经则经也,而不必于他求;内省诸心而量力以行之,太王固可法,人言亦可从也,而不必于外望。以势论之,若去之为便矣,其或反是而以义为不可焉,亦惟君之自审耳,可不为之长虑也哉?以理论之,若守之为是矣,其或反是而以权为必可行焉,亦惟君之自谅耳,可不为之深谋也哉?要之,能如太王焉,则国亡而身在,固不失为创造之君;不能如太王焉,则国亡而与亡,亦无负于有邦之责。君其勉乎哉!

　　【评】属对之巧、制局之奇,细看确不可易。须知题之宾主、轻重、前案后断之间,自有天然部位,妙手乃得之耳。

　　【题解】出自《梁惠王下》第十五章。

　　滕文公问曰:“滕,小国也。竭力以事大国,则不得免焉。如之何则可?”孟子对曰:“昔者大王居邠,狄人侵之。事之以皮币,不得免焉;事之以犬马,不得免焉;事之以珠玉,不得免焉。乃属其耆老而告之曰:‘狄人之所欲者,吾土地也。吾闻之也:君子不以其所以养人者害人。二三子何患乎无君?我将去之。’去邠,逾梁山,邑于岐山之下居焉。邠人曰:‘仁人也,不可失也。’从之者如归市。(皮,谓虎、豹、麋、鹿之皮也。币,帛也。属,会集也。土地本生物以养人,今争地而杀人,是以其所以养人者害人也。邑,作邑也。归市,人众而争先也。)或曰:‘世守也,非身之所能为也。效死勿去。’(又言或谓土地乃先人所受而世守之者,非己所能专。但当致死守之,不可舍去。此国君死社稷之常法。传所谓国灭君死之正也,正谓此也。)君请择于斯二者。”(能如大王则避之,不能则谨守常法。盖迁国以图存者,权也;守正而俟死者,义也。审己量力,择而处之可也。杨氏曰:“孟子之于文公,始告之以效死而已,礼之正也。至其甚恐,则以大王之事告之,非得已也。然无大王之德而去,则民或不从而遂至于亡,则又不若效死之为愈。故又请择于斯二者。”又曰:“孟子所论,自世俗观之,则可谓无谋矣。然理之可为者,不过如此。舍此则必为仪秦之为矣。凡事求可,功求成，取必于智谋之末而不循天理之正者，非圣贤之道也。"）

举舜而敷治焉 合下二节

陈思育 程

　　大贤叙圣人之任诸人者，表圣人之责诸己者。盖己不可以遍为也，圣人先任人而己之责塞矣，何以耕为哉？孟子所以辟许行也，意谓：圣人之忧天下无穷，圣人之为天下有要。使与民并耕而为贤，宜莫如尧舜矣。然吾观尧之为君也不自为也，侧陋扬①，而登庸②之命属于舜焉，百揆纳③，而俾乂之司④属于舜焉，盖方任一相以为之总理也，而他无暇也；舜之为相也亦不自为也，以烈山使益而禹乃治水，虽门之三过弗顾焉，以树艺使稷而契乃明伦，虽民之自得⑤未已焉，盖方任庶官以为之分理也，而他无暇也。此可见尧之心非不忧民之忧也，而不皆以责之己也，己之忧，惟不得舜耳，舜得而民之可忧者舜代之矣，己可无忧矣；舜之心非不忧尧之忧也，而不皆以责之己也，己之忧，惟不得禹、皋陶耳，禹、皋陶得而尧之所忧者禹、皋陶代之矣，己可无忧矣。盖君相之体统、治道之先务有如此者。若乃受百亩之常业，而忧百亩之不治，此独为农夫者则然耳，彼庶官⑥且不宜尔⑦也，而况于君相乎哉？然则许行之说之妄也果矣。

　　【原评】镕下二节，对上一句，非凭意穿凿，只缘从"尧以不得舜"二句看出本题原分两扇，故不烦另起炉灶而局若天成。

　　【作者简介】

　　陈思育，字仁甫，湖南武陵人。嘉靖四十四年（1565）进士，官至礼部右侍郎。

　　【题解】出自《滕文公上》第四章，参见化治文卷五丘濬《父子有亲》。

　　"尧独忧之，举舜而敷治焉。舜使益掌火，益烈山泽而焚之，禽兽逃匿。禹疏九河，瀹济漯，而注诸海；决汝汉，排淮泗，而注之江，然后中国可得而食也。当是时也，禹八年于外，三过其门而不入，虽欲耕，得乎？后稷教民稼穑。树艺五谷，五谷熟而民人育。人之有道也，饱食、暖衣、逸居而无教，则近于禽兽。圣人有忧之，使契为司徒，教以人伦：父子有亲，君臣有义，夫妇有别，长幼有序，朋友有信。放勋曰：'劳之来之，匡之直之，辅之翼之，使自得之，又从而振德之。'圣人之忧民如此，而暇耕乎？"

　　【注释】

① 侧陋扬：在僻隐鄙陋之处的贤人得到推举。语本《尚书·尧典》："（尧曰）明明扬侧陋。"

② 登庸：选拔任用。《尚书·尧典》："（尧）帝曰：畴咨若时登庸。"

③ 百揆纳：此指舜掌管众官。纳，指掌管。百揆，揆度庶政之官。《尚书·舜典》："（舜）纳于百揆，百揆时叙。"

④ 俾乂之司：自己掌管众官，让众官去治理具体的事务。俾，使。乂，治。语本《尚书·尧典》："下民其咨，有能俾乂？"

⑤ 自得：得其本然的善性。

⑥ 庶官：众官，指管理一般事务性工作的官员。

⑦ 尔：如此。

父子有亲　五句

归有光

　　圣人所以立教于天下者，因天之叙而已。夫天叙①有典，圣人因而教之，则亦天而已矣，而人何与哉？自古之称至治者曰唐虞，而唐虞君臣相与咨嗟于一堂之上，不忍斯世之胥禽兽也，于是有董教②之官焉，于是有迪教③之方焉。盖圣人固不忍坐视斯民之颛蒙④以愚天下，亦不出一己之私智以强天下，惟于其天之所在而加之意焉耳。是故其实不出于人伦日用之间，而其大不越父子君臣夫妇长幼朋友之际。以言父子，其相属以恩也，慈孝合而为亲，是固其不可解于心者也，圣人亦使之相亲而已矣；以言乎君臣，其相临以分也，忠敬合而为义，是故不可逃于天地之间者，圣人亦使之相安以义而已矣。夫妇者天作之合，其偶也不可乱也，圣人明之以室家之道而别焉，燕私之好不形也；长幼者天秩之分，其序也不可紊也，圣人明之以齿让之节而序焉，徐行⑤之间亦其道也。至于朋友之交，其聚之也本以其心，则其与之也固无乐乎伪矣，故信以成义，而交必以信，是又圣人之教也。若是者，莫非因天之道以施正德之事，顺帝之则而非强世之为。天下未有圣人之教，则固有不亲者矣，有不义者矣，有无序无别而无信者矣，然而其天也，人心不死也；天下既有圣人之教，亦尽其为父子者耳，尽其为君臣者耳，尽其为夫妇长幼朋友者耳，是故其天也，帝力何有也⑥？吁！此唐虞之所以教者固如此也，抑亦以见圣人之勤劳于天下也，而暇耕乎？

　　【评】实疏处似稍逊丘作⑦，而结束精神，迥出丘作意象之外，故足与之埒⑧。

　　【题解】出自《滕文公上》第四章，见上，参见化治文卷五丘濬《父子有亲》。

【注释】

① 天叙：天然的次序、等级。

② 董教：管理教化。

③ 迪教：引导人们遵守伦常。迪，引导。

④ 颛蒙：愚昧。

⑤ 徐行：本指缓慢前进，此指行进中的长幼之礼。《孟子·告子下》："徐行后长者谓之弟，疾行先长者谓之不弟。"

⑥ 帝力何有也：尧舜这些圣君也没有什么作用，谓就"五伦"本身而言，是人类天性固有的。语本《帝王世纪》所载尧时《击壤歌》："帝力于我何有哉？"

⑦ 丘作：指丘濬同题的程文，见化治文卷五。

⑧ 埒：相匹敌。

不见诸侯何义　一章

陆树声

士不见君之义，必圣人而后至也。夫守义自有中道也，失之过，失之不及，奚而不法孔子哉？且士君子处世，君以国士待我，而我不以国士见之，甚也；君以众人遇我，而我辄以众人见之，耻也。故必有所就①则见，有所先则见。如未为臣而见焉，是不使上求下而使下求上，不使君先士而使士先君，非古也。古有段干②、泄柳，文侯先而以逾垣避，缪公③先而以闭门拒。夫以两主之贤，降千乘之势，下访布衣，而一见且吝矣。吾恐天下无以责夫文侯、缪公之徒，而彼亦将有以辞其责也。非已甚而何？圣人则不为已甚者也。阳货以礼先，子以礼往拜，不逾垣、不闭门，岂为辱人之贱行哉？求我者迫也，施我者先也。然货可见，而谓天下尽可见之诸侯，则非矣；孔子可见货，而谓天下尽可见诸侯之士，则谬矣。如非待其迫且先而见之，曰我不为干木，我愿学孔子也，我不为泄柳，我善法孔子也，媚颜轩冕④之侧而强居王公之庭，乃曾子鄙为“胁肩谄笑”者耳，子路鄙为“未同而言”者耳，乌得称有养之士乎哉？而吾定二子之所养矣。是知世无文侯，垣亦可逾也；世无缪公，门亦可闭也；世无先施之阳货，权贵之家决不可入也。岂可因一孔子而遂少段干、泄柳之俦哉？

【原评】坚瘦有力，其纵横摆脱处，欲合即合，欲渡即渡，意之所至，精神无不贯注。

【评】用古文"机相灌输"⑤之法，错综尽致，笔意峭劲。

【题解】出自《滕文公下》第七章。

公孙丑问曰："不见诸侯何义？"孟子曰："古者不为臣不见。（不为臣，谓未仕于其国者也，此不见诸侯之义也。）段干木逾垣而辟之，泄柳闭门而不内，是皆已甚。迫，斯可以见矣。（段干木，魏文侯时人。泄柳，鲁缪公时人。文侯、缪公欲见此二人，而二人不肯见之，盖未为臣也。已甚，过甚也。迫，谓求见之切也。）阳货欲见孔子而恶无礼，大夫有赐于士，不得受于其家，则往拜其门。阳货瞰孔子之亡也，而馈孔子蒸豚；孔子亦瞰其亡也，而往拜之。当是时，阳货先，岂得不见？（此又引孔子之事，以明可见之节也。欲见孔子，欲召孔子来见己也。恶无礼，畏人以己为无礼也。受于其家，对使人拜受于家也。其门，大夫之门也。瞰，窥也。阳货于鲁为大夫，孔子为士，故以此物及其不在而馈之，欲其来拜而见之也。先，谓先来加礼也。）曾子曰：'胁肩谄笑，病于夏畦。'子路曰：'未同而言，观其色赧赧然，非由之所知也。'由是观之，则君子之所养可知已矣。"（胁肩，竦体。谄笑，强笑。皆小人侧媚之态也。病，劳也。夏畦，夏月治畦之人也。言为此者，其劳过于夏畦之人也。未同而言，与人未合而强与之言也。赧赧，惭而面赤之貌。由，子路名。言非己所知，甚恶之之辞也。孟子言由此二言观之，则二子之所养可知，必不肯不俟其礼之至，而辄往见之也。此章言圣人礼义之中正，过之者伤于迫切而不洪，不及者沦于污贱而可耻。）

204

① 有所就：指别人先来见我。
② 段干：即经文所称"段干木"，此为省语。
③ 缪公：鲁穆公。缪，通"穆"。
④ 轩冕：大夫以上官员的车乘和冕服，此泛指达官贵人。
⑤ 机相灌输：指意义间的互相连带往复。语本《史记·秦始皇本纪》："（始皇陵）以水银为百川江河大海，机相灌输。"

使禹治之　一节

江汝璧　程

　　观圣君命臣治水而绩用成，见世治之一证也。夫世之治虽由于气化，而亦人事有以成之也，观诸圣人之治水可见矣。此孟子因门人"好辩"之疑，而历叙生民之故以晓之也。意谓：当帝尧在位之时，有洚水儆予①之患。时则鲧罔绩②矣，乃举舜而敷治；舜纳麓③矣，复命禹以嗣兴。以上，则君忧臣劳④而弗恤，以下，则父舍子用而不疑，凡以为天下而已。由是禹也掘壅塞而注之海，盖海为百川之汇也；驱蛇龙而放之菹，盖菹乃水草之钟也。疏导之功既奏，地中之水自行，南条⑤如江汉既顺其性而于海乎朝宗⑥，北条如河淮亦循其道而于海乎会同。昔多险阻，今则壅塞去，而滔天者平矣；昔多鸟兽，今则蛇龙远而害人者消矣。夫然后降丘宅土⑦，而人无巢窟⑧之虞，犹己溺之⑨者固由己而拯也；地平天成⑩，而人有粒食⑪之利，犹己饥之者亦由己而食也。向非尧舜警惧于上，大禹勤劳于下，则亦何以转乱而为治哉？

　　【原评】 头绪多端而能顺文铺叙，如大匠运斤，略不见斧凿痕，且高古雄伟，无一闲语剩字。视元卷，便觉书生语气矣。

　　【评】 高耸雄峙，尺幅中具嵩华之观。

　　【作者简介】

　　江汝璧，江西贵溪人，正德二年（1507）二甲二名进士。尝于嘉靖十六年主应天乡试。二十三年（1544）以少詹事主持会试，取瞿景淳等。以本科有少傅翟銮二子联捷中式，被人攻讦有弊，诏杖六十，革职闲居。著有《广信府志》二十卷等。

　　【题解】 出自《滕文公下》第九章，参见化治文卷五丘濬《周公兼夷狄　百姓宁》。

　　使禹治之，禹掘地而注之海，驱蛇龙而放之菹。水由地中行，江、淮、河、汉是也。险阻既远，鸟兽之害人者消，然后人得平土而居之。

【注释】

① 洚水儆予：天降洪水以警戒我，此即指洪水。语本《尚书·大禹谟》："（舜曰）洚水儆予。"古文《尚书》作"降水儆予"。

② 鲧罔绩：鲧治水没有效绩。

③ 纳麓：指总揽大政。语本《尚书·舜典》："（舜）纳于大麓，烈风雷雨弗迷。"孔安国传："麓，录也。纳舜使大录万机之政。"

④ 君忧臣劳：洪水在尧时，当时舜总揽大政，而尚未践天子位，故云。

⑤ 南条：南条荆山，此泛指南方的山脉。按，《尚书·禹贡》云："导嶓及岐，至于荆山。"孔颖达疏引《汉书·地理志》，谓又有"南条荆山"、"北条荆山"之说。

⑥ 于海乎朝宗：流入大海。语本《尚书·禹贡》："江、汉朝宗于海。"

⑦ 降丘宅土：洪水退去之后，人们从高山上下来，到平地上安家。语本《尚书·禹贡》："桑土既蚕，是降丘宅土。"孔安国传："地高曰丘。大水去，民下丘，居平土，就桑蚕。"

⑧ 巢窟：指洪水之时，低地的人们巢于树枝，高地的人们挖洞而居。《孟子》本章："下者为巢，上者为营窟。"

⑨ 犹己溺之：好像是自己让百姓遭受洪水。《孟子·离娄下》："禹思天下有溺者，由己溺之也；稷思天下有饥者，由己饥之也。是以如是其急也。"

⑩ 地平天成：指水土治而万物畅茂。本《尚书·大禹谟》："地平天成，六府三事允治。"

⑪ 粒食：以谷物为食。《尚书·益稷》："烝民乃粒。"

天下大悦　　咸以正无缺

王世贞　程

大贤赞元圣①大顺之治，而必征诸《书》焉。盖文武之谟烈盛矣，而实周公成之也，此天下之所以悦其治与？昔孟子释公都子"好辩"之疑及此。若曰：世之治也，有启运②之君，则必有翼运③之臣。吾尝观于有周，而知周公一代之治功矣。盖文武嗣兴，虽足以对天下之心，而害有未除，民之望治犹未已也，周公相武王而悉珍其害焉。夫是以民安于拨乱，而万邦仰莫丽④之休；物阜于胜残⑤，而群生蒙煦育⑥之利。有夏⑦固已修和矣，兹则太和洋溢，而民悦益为之无疆；四方固已攸同矣⑧，兹则至治浃洽，而民心益为之胥庆。此固周公辅相之功有以光昭于前而垂裕于后者也。《书》不云乎？"丕显哉，文王谟！丕承哉，武王烈！佑启我后人，咸以正无缺"。盖丕显以开厥后，文谟固无斁⑨也，而实周公勤施于上下，俾遹骏⑩之声愈显于无穷，而谟之尽善者为可传焉；丕承以贻孙谋⑪，武烈固无竟也⑫，而实周公翼赞⑬于先后，俾缵绪之业愈承于不替⑭，而烈之尽美者为可久焉。以观文王之耿光⑮，子道尽而父道益著；以扬武王之大烈，臣道尽而君道益隆。此所以致天下之悦，而唐虞之盛复见于成周也。然则颂文武之德者，讵可忘周公之功，而一代之治允有以缵禹⑯之绩与？

【原评】无一字不典切。气格之高、音节之妙，在制艺已造其巅矣。

【评】书旨⑰说周公，引《书》却只说文武。文法自须斡补，难其天衣无缝、灭尽针线之痕。后之作者，能似其精妙，而不能学其浑成。

【题解】出自《滕文公下》第九章，参见化治文卷五丘濬《周公兼夷狄　百姓宁》。

"周公相武王，诛纣伐奄，三年讨其君，驱飞廉于海隅而戮之。灭国者五十，驱虎、豹、犀、象而远之。天下大悦。《书》曰：'丕显哉，文王谟！丕承哉，武王烈！佑启我后人，咸以正无缺。'"

【注释】

① 元圣：大圣，此指周公。
② 启运：开启治世之运。
③ 翼运：辅助治世之运。翼，辅。
④ 奠丽：此指安定天命。
⑤ 胜残：遏制残暴的人，使其不能为恶。
⑥ 煦育：养育。
⑦ 有夏：此指中国。按，本句叙文王之功，语本《尚书·君奭》："惟文王尚克修和我有夏。"
⑧ "四方"句：为天下所归心。语本《诗经·大雅·文王有声》："四方攸同，皇王维辟。"是描述文王和武王功绩的诗句。
⑨ 无斁：无厌。
⑩ 遹骏：指（周文王）名声盛大。语本《诗经·大雅·文王有声》："文王有声，遹骏有声。"郑玄笺："遹，述。骏，大。"
⑪ 以贻孙谋：（周武王）留下安定天下的谋略。孙，通"逊"，顺。语本《文王有声》："诒厥孙谋，以燕翼子。"
⑫ "武烈"句：武王的功业确实无人可比。语本《诗经·周颂·执竞》："执竞武王，无竞维烈。"朱熹集传："其功烈之盛，天下莫得而竞。"
⑬ 翼赞：辅佐。
⑭ 替：衰。
⑮ 耿光：光明，光辉。按，此引《尚书·立政》："以觐文王之耿光，以扬武王之大烈。"
⑯ 缵禹：继承禹。《孟子》前文言禹之功，故此处如此行文。
⑰ 书旨：此指《孟子》一书的意思。

钦定正嘉四书文卷六（《孟子》下）

诗云不愆不忘　一节

王锡爵　程

即诗人之论治，而得保治之道焉。夫法者治之具也，法立而能守，则于保治之道得矣，何过哉？且夫治天下以仁，行仁以法，法之裕于治也盖自古记之矣。《假乐》之诗曰"不愆不忘，率由旧章"，夫所谓"旧章"者，先王之法也。仁心由此行，仁泽由此溥，是万世无弊之道也。聪明乱之，则有过而愆焉；积习驱之，则有过而忘焉。夫惟善保治之主为能守法，亦惟善守法之主为能无过。六官①之典，即方册②而其人存也，吾之议法于朝廷者，循是而经纶之，则朝廷正矣；九牧③之政，继治世而其道同也，吾之布法于邦国者，循是而张弛④之，则邦国安矣。故《诗》之言"不愆"也，则守法之一效也，何也？法立于先王，而天理顺焉，人情宜焉，其在后世，但一润色间而画一⑤之规模自有四达不悖者，何愆之有？《诗》之言"不忘"也，则守法之又一效也，何也？法立于先王，而大纲举焉，万目张焉，其在后世，但一饬新⑥间而精详之条理自有咸正无缺者，何忘之有？信乎心法⑦合而成治，作述⑧合而保治。自尧舜以来，所以置天下于寡过⑨之域者，皆是物也。而诗人岂欺我哉？后之有仁心仁闻者，可以得师矣。

【评】义综其大，典举其要，俱从经术得来。较张江陵⑩辛未程文，惟古厚之气有所未逮，要亦风气使然，不可强也。

【题解】出自《离娄上》第一章。

孟子曰："离娄之明，公输子之巧，不以规矩，不能成方员；师旷之聪，不以六律，不能正五音；尧舜之道，不以仁政，不能平治天下。（离娄，古之明目者。公输子，名班，鲁之巧人也。规，所以为员之器也。矩，所以为方之器也。师旷，晋之乐师，知音者也。六律，截竹为筒，阴阳各六，以节五音之上下。黄钟、太蔟、姑洗、蕤宾、夷则、无射，为阳；大吕、夹钟、仲吕、林钟、南吕、应钟，为阴也。五音：宫、商、角、徵、羽也。范氏曰："此言治天下不可无法度，仁政者，治天下之法度也。"）今有仁心仁闻而民不被其泽，不可法于后世者，不行先王之道也。（仁心，爱人之心也。仁闻者，有爱人之声闻于人也。先王之道，仁政是也。范氏曰："齐宣王不忍一牛之死，以羊易之，可谓有仁心。梁武帝终日一食蔬素，宗庙以面为牺牲，断死刑必为之涕泣，天下知其慈仁，可谓有仁闻。然而宣王之时，齐国不治，武帝之末，江南大乱。其故何哉，有仁心仁闻而不行先王之道故也。”）故曰，徒善不足以为政，徒法不能以自行。（徒，犹空也。有其心，无其政，是谓徒善；有其政，无其心，是为徒法。程子尝言：“为政须要有纲纪文章，谨权、审量、读法、平价，皆不可阙。”而又曰，“必有关雎麟趾之意，然后可以行周官之法度”，正谓此也。）《诗》云：‘不愆不忘，率由旧章。’遵先王之法而过者，未之有也。（《诗》，《大雅·假乐》之篇。愆，过也。率，循也。章，典法也。所行不过差不遗忘者，以其循用旧典故也。）圣人既竭目力焉，继之以规矩准绳，以为方员平直，不可胜用也；既竭耳力焉，继之以六律，正五音，不可胜用也；既竭心思焉，继之以不忍人之政，而仁覆天下矣。（准，所以为平。绳，所以为直。覆，被也。此言古之圣人，既竭耳目心思之力，然犹以为未足以遍天下、及后世，故制为法度以继续之，则其用不穷，而仁之所被者广矣。）故曰，为高必因丘陵，为下必因川泽。为政不因先王之道，可谓智乎？（丘陵本高，川泽本下，为高下者因之，则用力少而成功多矣。邹氏曰：“自章首至此，论以仁心仁闻行先王之道。”）是以惟仁者宜在高位。不仁而在高位，是播其恶于众也。（仁者，有仁心仁闻而能扩而充之，以行先王之道者也。播恶于众，谓贻患于下也。）上无道揆也，下无法守也，朝不信道，工不信度，君子犯义，小人犯刑，国之所存者幸也。（此言不仁而在高位之祸也。道，义理也。揆，度也。法，制度也。道揆，谓以义理度量事物而制其宜。法守，谓以法度自守。工，官也。度，即法也。君子小人，以位而言也。由上无道揆，故下无法守。无道揆，则朝不信道而君子犯义；无法守，则工不信度而小人犯刑。有此六者，其国必亡；其不亡者侥幸而已。）故曰：城郭不完，兵甲不多，非国之灾也；田野不辟，货财不聚，非国之害也。上无礼，下无学，贼民兴，丧无日矣。（上不知礼，则无以教民；下不知学，则易与为乱。邹氏曰：“自是以惟仁者至此，所以责其君。”）《诗》曰：‘天之方蹶，无然泄泄。’（《诗》，《大雅·板》之篇。蹶，颠覆之意。泄泄，怠缓悦从之貌。言天欲颠覆周室，群臣无得泄泄然，不急救正之。）泄泄，犹沓沓也。（沓沓，即泄泄之意。盖孟子时人语如此。）事君无义，进退无礼，言则非先王之道者，犹沓沓也。（非，诋毁也。）故曰：责难于君谓之恭，陈善闭邪谓之敬，吾君不能谓之贼。”（范氏曰：“人臣以难事责于君，使其君为尧舜之君者，尊君之大也；开陈善道以禁闭君之邪心，惟恐其君或陷于有过之地者，敬君之至也；谓其君不能行善道而不以告者，贼害其君之甚也。”邹氏曰：“自诗云‘天之方蹶’至此，所以责其臣。”邹氏曰：“此章言为治者，当有仁心仁闻以行先王之政，而君臣又当各任其责也。”）

【注释】

① 六官：《周礼》将周代官员分为六个部门，属天官、地官、春官、夏官、秋官、冬官。
② 方册：简策，典籍。《中庸》：“文武之政，布在方册。其人存，则其政举。”
③ 九牧：九州之长。《礼记·曲礼下》：“九州之长，入天子之国曰牧。”

④ 张弛：本指拉紧和放松弓弦，喻指调剂政事的宽严。《礼记·杂记下》："一张一弛，文武之道也。"

⑤ 画一：同"划一"，指各地统一。

⑥ 饬新：整顿刷新。

⑦ 心法：仁心与推行仁心之法。

⑧ 作述：创制与继承。

⑨ 寡过：王者议礼、制度、考文，可使天下有道。《中庸》："王天下有三重焉，其寡过矣乎！"

⑩ 张江陵：张居正，隆庆五年辛未（1571）科主考，程文为《先进于礼乐》，见正嘉文卷三。

孰不为事　一节

归有光

大贤原事、守之要，而深探其本焉。夫亲亲乃百行之原，而身则万化之所由基也，然则亲、身非事、守之要乎？而其道之大盖可见矣。且天下之道，求之于散殊，则浩博而难尽；会之于本原，则要约而可循。所谓亲、身为事、守之大者，果何谓哉？盖自天下以分相维，而有所谓以卑承尊之道焉。凡崇事于君亲兄长之间，而因严以致敬者，夫孰非事之类也，而非其本也。求其本，则惟事亲焉尽之。盖爱隆于一本，而良心之发自昭恳恻之诚，由其恳恻之不容已者而以时出之，则礼扩于因心，而随在著钦承之节；情切于天亲①，而真性之形自极爱慕之至，由其爱慕之不可解者而以义起之，则道昭于所值，而无往非敬应之忱。以之事君，而忠道形也，而孝之理形于君矣；以之事长，而顺性成也，而孝之理移于长矣。虽分因人异，不可以强同，而运此心以达之，则自成联属之势。事亲非事之本乎？自天下以道相守，而有所谓制节谨度之义焉。凡敛约于身心家国之余，而循分以自守者，夫孰非守之类也，而亦非其本也。求其本，则惟守身焉尽之。盖天下之感遇不齐，而皆由吾身以立其本，吾惟慎厥身修②，范围其则而不过，则本原自正而仪刑③之道存焉，而所以式和民④则以务为定保之图者，取则于吾身而不远；吾人之伦类不一，而皆由我以神其化，吾能克慎明德，陈之艺极⑤而无愧，则标准既立而轨物⑥之道在焉，而所以锡汝保极⑦以懋建⑧安宁之术者，顺成于观感而无难。自是而闲⑨有家，则敦睦九族⑩，而守家之道因于此矣；自是而均邦国，则平章⑪百姓，而守邦之道因于此矣。虽势因分异，不可以强一，而由吾身以出之，自有默成⑫之感。守身非守之本乎？夫知事亲为事之本，则事之大者无有过于此者矣；知守身为守之本，则守之大者无有过于此者矣。君子于事、守可不知所先务哉？

【评】归震川文有二类，皆高不可攀。一则醇古疏宕，运《史记》、欧曾之义法而与题节相会；一则朴实发挥，明白纯粹，如道家常事，人人通晓。如此篇及"尧舜之道"二句文，他家虽穷思毕精，不能造也。

【题解】出自《离娄上》第十九章。

孟子曰："事孰为大？事亲为大；守孰为大？守身为大。不失其身而能事其亲者，吾闻之矣；失其身而能事其亲者，吾未之闻也。（守身，持守其身，使不陷于不义也。一失其身，则亏体辱亲，虽日用三牲之养，亦不足以为孝矣。）孰不为事？事亲，事之本也；孰不为守？守身，守之本也。（事亲孝，则忠可移于君，顺可移于长。身正，则家齐、国治、而天下平。）曾子养曾晳，必有酒肉。将彻，必请所与。问有余，必曰'有'。曾晳死，曾元养曾子，必有酒肉。将彻，不请所与。问有余，曰'亡矣'。将以复进也。此所谓养口体者也。若曾子，则可谓养志也。（此承上文事亲言之。曾晳，名点，曾子父也。曾元，曾子子也。曾子养其父，每食必有酒肉。食毕将彻去，必请于父曰："此余者与谁？"或父问此物尚有余否？必曰"有"。恐亲意更欲与人也。曾元不请所与，虽有言无。其意将以复进于亲，不欲其与人也。此但能养父母之口体而已。曾子则能承顺父母之志，而不忍伤之也。）事亲若曾子者，可也。"（言当如曾子之养志，不可如曾元但养口体。程子曰："子之身所能为者，皆所当为，无过分之事也。故事亲若曾子可谓至矣，而孟子止曰可也，岂以曾子之孝为有余哉？"）

【注释】

① 天亲：天然的亲缘关系。

② 慎厥身修：慎于修身。厥，其。《尚书·皋陶谟》："慎厥身修。"

③ 仪刑：给他人做榜样。刑，通"型"，范式、样板。

④ 式和民则：凝聚百姓，使有法则。语本《尚书·君牙》："弘敷五典，式和民则。"

⑤ 艺极：标准，限度。艺，标准。

⑥ 轨物：此指修身，使言行合乎规范、准则。《左传·隐公五年》："君将纳民轨物者也。"

⑦ 锡汝保极：此指感化他人，使他人能合乎中正之则。语出《尚书·洪范》："惟时厥庶民于汝极，锡汝保极。"孔颖达疏："惟是其众民皆效上所为，无不于汝人君取其中道而行。"

⑧ 懋建：勤勉以建。《尚书·盘庚下》："无戏怠，懋建大命。"

⑨ 闲：约束。

⑩ 敦睦九族：对族人和善友爱。《尚书·皋陶谟》："惇叙九族，庶明励翼。"

⑪ 平章：此指教以礼法，使之均平和协、德行彰明。语本《尚书·尧典》："九族既睦，平章百姓。"孔安国传："百姓，百官。言化九族而平和章明。"蔡沉集传："平，均。章，明也。百姓，畿内民庶也。"

⑫ 默成：躬行其德，不言而感化他人。《易·系辞上》："默而成之，不言而信，存乎德行。"

仁之实　一章
瞿景淳

大贤言道之实而统同于孝弟，欲人知所重也。甚矣，孝弟尽天下之道也，知道之实皆统于此，则所以务其实者恶容已哉？孟子虑人之远以为道也，故言此以诏之。曰：良心每妙于各足，而至道不假于旁求。人之求道而不自孝弟始，殆未免于徇其华而遗其实也。何则？立人之道有仁焉，仁固无乎不爱矣，然而非实也，究其实之所存，则惟在于事亲焉，立爱自亲，而天下之异文合爱①者，皆统于斯矣；立人之道有义焉，义固无乎不敬矣，然而非实也，究其实之所存，则惟在于从兄矣，立敬自兄，而天下之殊事合敬②者，皆统于斯矣。根柢于一心，而充拓于万化，此事亲、从兄所以为仁义之实也。

然岂惟是哉？人之所以知此道者，有智焉。智也者，知也，而智之实不必遍物以为知也，亦惟知此二者弗去而已矣。由良知以发觉而不失其本，物诱有所不能迁也，终身有所不能易也，斯则天下之真知，而凡所以通天下之故③者胥此启之矣。所以履此道者，有礼焉。礼也者，履也，而礼之实不必尽饰以为节也，亦惟节文斯二者而已矣。因良能以致用而不失夫天然之中，联之以情而不渎也，秩之以分而不离也，斯则天下之至礼，而凡所以嘉天下之会④者胥此推之矣。所以乐此道者，有乐焉。乐也者，乐也，而乐之实不必极音以为乐也，亦惟乐此二者而已。人诚乐于斯也，则天机自动于有感，而生意之油然者，殆不可得而已也；四体自喻于不言，而舞蹈之在我者，吾不得而自知也。斯则天下之至乐，而凡合生气之和、道五常之行者，孰非此为之造端也哉？此孝弟之所以为至德要道也。人诚求之孝弟，则天下之道一以贯之而无遗矣。不然，其如本之先拨何哉？

【评】章妥句适，无他奇特而题义完足。瞿浮山文不使力、不使机，充裕优闲，亦时文家正派。

【题解】出自《离娄上》第二十七章。

孟子曰："仁之实，事亲是也；义之实，从兄是也。（仁主于爱，而爱莫切于事亲；义主于敬，而敬莫先于从兄。故仁义之道，其用至广，而其实不越于事亲从兄之间。盖良心之发，最为切近而精实者。有子以孝弟为为仁之本，其意亦犹此也。）智之实，知斯二者弗去是也；礼之实，节文斯二者是也；乐之实，乐斯二者，乐则生矣；生则恶可已也，恶可已，则不知足之蹈之、手之舞之。"（斯二者，指事亲从兄而言。知而弗去，则见之明而守之固矣。节文，谓品节文章。乐则生矣，谓和顺从容，无所勉强，事亲从兄之意油然自生，如草木之有生意也。既有生意，则其畅茂条达，自有不可遏者，所谓恶可已也。其又盛，则至于手舞足蹈而不自知矣。此章言事亲从兄，良心真切，天下之道，皆原于此。然必知之明而守之固，然后节之密而乐之深也。）

【注释】

① 异文合爱：语本《礼记·乐记》："乐者，异文合爱者也。"孔颖达疏："宫商别调，是异文；无不欢爱，是合爱也。"
② 殊事合敬：语本《礼记·乐记》："礼者，殊事合敬者也。"孔颖达疏："尊卑有别，是殊事；俱行于礼，是合敬也。"
③ 通天下之故：指"智"足以周知万物。《易·系辞上》："易无思也，无为也，寂然不动，感而遂通天下之故。"孔颖达疏："故谓事故，言通天下万事也。"
④ 嘉天下之会：指"礼"可与人交际。《易·乾》："亨者，嘉之会也……嘉会足以合礼。"孔颖达疏："言君子能使万物嘉美集会，足以配合于礼，谓法天之亨也。"

有故而去 五句

唐顺之

先王于去国之臣而待之曲尽其礼焉。甚矣，先王之能体群臣也，虽于去国之臣，而亦无所不尽其礼焉，则人臣固宜有以厚报之矣。此孟子援古以见今之不然也。想其告宣王之意，若谓：王知旧君之有服，固也，而亦知旧君之所以遇其臣者乎？何则？人臣义有不合而不容去者，所以明进退之节而不敢苟也；人君听其去而不必其留者，所以成人臣之志而不敢强也。则臣之去也，固非悻悻然薄其君；而君于其臣之去也，亦岂能恝然^①自处其薄乎？于是虑其或不免于致寇也，则使人导之出疆而豫防其患焉，庶乎即次^②之无所虞而怀资之无所恋也，盖礼义以为干橹^③，固君子之所以自卫也，而曲为保护以使之利有攸往^④者，亦君心之不能自已者耳；又虑其无以为之先容^⑤也，则先之于其所往而称道其贤焉，庶几见用于他国亦犹见用于吾国也，盖出疆必载贽^⑥，固君子之所以自进也，而曲为汲引以使之丧不速贫^⑦者，亦君心之不能自已者耳。至于臣之在国也，有田里以养其廉焉，必待其去之三年不反也，然后从而收之。苟三年之内而幸其或反也，则将以其未收之田里而与之可也；苟三年之外而尚幸其或反也，则虽以其既收之田里而复还之亦可也。盖其反与不反，虽人臣之所自为去就，而非人君之所能必也，但人君之心则固尝冀其必反耳。夫导之出疆，则恐其行之弗利也，况有执之而使不得行者乎？先于所往，则惟恐其国之不用也，况有极之而沮其见用者乎？三年而后收其田里，则于心犹以为速也，况有方其去而遽绝其来者乎？此则虽谓之旧君，而其视臣如手足者固自在也，安得而不为之服也哉？

【评】深明古者君臣之义，由熟于三经、三礼、三传，而又能以古文之气格出之。故同时作者，皆为所屈。盖或识不及远，或才不逮意，虽苦心营度，终不能出时文蹊径也。

【题解】出自《离娄下》第三章。

孟子告齐宣王曰："君之视臣如手足；则臣视君如腹心；君之视臣如犬马，则臣视君如国人；君之视臣如土芥，则臣视君如寇雠。"（孔氏曰："宣王之遇臣下，恩礼衰薄，至于昔者所进，今日不知其亡；则其于群臣，可谓邈然无敬矣。故孟子告之以此。手足腹心，相待一体，恩义之至也。如犬马则轻贱之，然犹有豢养之恩焉。国人，犹言路人，言无怨无德也。土芥，则践踏之而已矣，斩艾之而已矣，其贱恶之又甚矣。寇雠之报，不亦宜乎？"）王曰："礼，为旧君有服，何如斯可为服矣？"（《仪礼》曰："以道去君而未绝者，服齐衰三月。"王疑孟子之言太甚，故以此礼为问。）曰："谏行言听，膏泽下于民；有故而去，则君使人导之出疆，又先于其所往；去三年不反，然后收其田里。此之谓三有礼焉。如此，则为之服矣。（导之出疆，防剽掠也。先于其所往，称道其贤，欲其收用之也。三年而后收其田禄里居，前此犹望其归也。）今也为臣，谏则不行，言则不听；膏泽不下于民；有故而去，则君搏执之，又极之于其所往；去之日，遂收其田里。此之谓寇雠。寇雠何服之有？"（极，穷也。穷之于其所往之国，如晋锢栾盈也。潘兴嗣曰："孟子告齐王之言，犹孔子对定公之意也；而其言有迹，不若孔子之浑然也。盖圣贤之别如此。"杨氏曰："君臣以义合者也。故孟子为齐王深言报施之道，使知为君者不可不以礼遇其臣耳。若君子之自处，则岂处其薄乎？孟子曰'王庶几改之，予日望之'，君子之言盖如此。"）

① 恝然：漠然。

② 即次：及后"怀资"俱本《易·旅》："旅即次，怀其资。"即次，到达临时住宿的地方，此指旅途。怀资：得到资费，此指旅费。

③ 干橹：大盾、小盾，泛指御患之具。《礼记·儒行》："儒有忠信以为甲胄，礼义以为干橹。"

④ 利有攸往：利于所往，所往有利。《易》繇辞中常用此语，如《复》："七日来复，利有攸往。"

⑤ 先容：事先为人介绍、推荐或通融。

⑥ 出疆必载贽：士人失位，到别的国家去，一定要载上礼物作为进见之礼。见《孟子·滕文公下》："出疆必载质"，"质"同"贽"。

⑦ 丧不速贫：失位之后不致很快贫困。丧，指士人失位。语本《礼记·檀弓上》："丧欲速贫，死欲速朽。"

武王不泄迩　一节

瞿景淳　墨

　　圣人之心，合远近而一于敬也。夫圣王以天下为度，而远也近也，皆其敬之所及也。武王兼之而一无所忽焉，此其有得于心法之精欤？孟子叙群圣之统而及于武王，盖曰：帝王之统一天下也，天下之事皆其事，天下之人皆其人。而处之有未当者，则以心学之不讲而为势所移也。武王其善治心者乎？盖天下之不一者，远近之势也；至一者，吾心之理也。自夫人之有见于远、无见于近也，则以其势之亲，而狎昵之私或生其间矣，唯我武王，则虽人之所易泄者莫如迩也，而亦不之泄焉。敬以胜怠①，而不安于燕僻之私；义以胜欲，而不移于积习之溺。缀衣虎贲②皆知恤也，而燕朝无惰容；刀剑户牖皆箴铭③也，而幽独无惰行。盖虽耳目之习见，而此心之慎以密者，则惟恐细行之不矜以累夫大德者矣，又安知其为迩而泄之耶？自夫人之有见于迩、无见于远也，则以其势之隔，而遗忘之弊或乘其后矣，唯我武王，则虽人之所易忘者莫如远也，而亦不之忘焉。道济天下，而常切夫范围之思；知周万物，而每轸④夫曲成之虑。建侯树屏⑤，所必伤也，而计之为甚详；燕翼贻谋⑥，所必预也，而虑之为甚远。盖虽事机之未形，而此心之重以周者，则惟恐先事之不图以贻夫后悔者矣，又安知其为远而忘之耶？夫无忽于远，易能也，近而不忽则非德之盛不能矣；无忘于近，可能也，远而不忘则非仁之至不能矣。此固武王之圣，而亦孰非此心之忧勤者为之哉？

　　【评】于《注》所云"德盛"、"仁至"皆傅以经义，各有归宿。瞿浮山文高者不过贴切通畅，殊不远时文家数。当时以并王唐⑦，未可为定论也。

　　【题解】出自《离娄下》第二十章，参见化治文卷六唐寅《禹恶旨酒》。

　　武王不泄迩，不忘远。

【注释】

① 敬以胜怠：以庄敬之心克制怠惰之心。此及下"义以胜欲"俱本《大戴礼记·武王践阼》："敬胜

怠者吉，怠胜敬者灭；义胜欲者从，欲胜义者凶。"

② 缀衣虎贲：指左右近侍。语本《尚书·立政》："王左右常伯、常任、准人、缀衣、虎贲。"孔安国传："缀衣掌衣服，虎贲以武力事王，皆左右近臣，宜得其人。"

③ 箴铭：此指刻上箴铭以警戒自己。语本《大戴礼记·武王践阼》："王闻书之言，惕若恐惧，退而为戒书，于席之四端为铭焉……于户为铭焉，于牖为铭焉，于剑为铭焉，于弓为铭焉，于矛为铭焉。"

④ 轸：忧怀，伤痛。

⑤ 建侯树屏：封建诸侯，作为周王室的屏藩。

⑥ 燕翼贻谋：为后世子孙留下谋略，使之安定。语本《诗经·大雅·文王有声》："（武王）诒厥孙谋，以燕翼子。"毛传："燕，安。翼，敬也。"孔颖达疏："遗传其所以顺天下之谋，以安敬事之子孙。"

⑦ 王唐：指王鏊与唐顺之。正嘉间，世所公认八股大家是王钱唐瞿，即王鏊、钱福、唐顺之、瞿景淳。另一说为王唐瞿薛，退钱福而进薛应旂。

天下之言性也　一节

诸　燮

大贤因言性者止于已然，而进之以自然也。盖性不可知，而情则其已然者也。言性者求之于已然之"故"已矣，而又孰知"故"之本于"利"耶？孟子惧用智者之自私而性之不明于天下也，故其言曰：人具乎性，虽天下之同得，而性原于天，实无形而难知。因其难知，而求之于窈冥昏默之间，则非所以论性矣。盖性虽无形，而情则易见。天下之言性也，因其已然之迹，而推其秉彝①之初；即其发见之端，而探其本然之妙。则因外可以达内，而蕴之自中者有莫掩之诚；由显可以通微，而性之难知者无终晦之理。言性而求之于故，固可谓得其旨矣。然止于故而不求之于自然之势，又论性之常也，孰知已然之本于自然乎？盖性原于天下之一，而情效天下之动者也。顺其性之所止，则善端在我，随感而见，非有所为而为之者，其势则然也；拂其性之本然，则爱恶相攻，因感而异，或相倍蓰②而无算者，亦其势使然也。于此而无以辨之，而徒曰"吾之所言者是故也，是可以尽夫性矣"；则凡天下之人无有不善，而小人放辟邪侈、所以悖之而凶者不可不谓之故也，而谓人之性本如是也，可乎？以是言性则人之性愈晦，而人之纷争辨论者徒劳而无益矣。是知因故而验性可也，而认性于故不可也；谓故本于利可也，以故而为利不可也。因其本然之势而利导之，则易简而天下之理得矣，何性之不明也哉？

【评】孟子指"情"以证"性"，此"故"之说也。但"情"也有不好一边，须指其一直发出、未经矫揉造作者，如"乍见孺子入井"③、"嘑尔蹴尔、不受不屑"④之类，才见得情之正、性之真，此"利"之说也。看得四通八达，而笔力又足以发之。归唐⑤而外，作者亦能自树立，非瞿薛二家所能肩随也。

【题解】出自《离娄下》第二十六章。

孟子曰："天下之言性也，则故而已矣。故者以利为本。（性者，人物所得以生之理也。故者，其已然之迹，若所谓天下之故者也。利，犹顺也，语其自然之势也。言事物之理，虽若无形而难知；然其发见之已然，则必有迹而易见。故天下之言性者，但言其故而理自明，犹所谓善言天者必有验于人也。然其所谓故者，又必本其自然之势；如人之善、水之下，非有所矫揉造作而然者也。若人之为恶、水之在山，则非自然之故矣。）所恶于智者，为其凿也。如智者若禹之行水也，则无恶于智矣。禹之行水也，行其所无事也。如智者亦行其所无事，则智亦大矣。（天下之理，本皆顺利，小智之人，务为穿凿，所以失之。禹之行水，则因其自然之势而导之，未尝以私智穿凿而有所事，是以水得其润下之性而不为害也。）天之高也，星辰之远也，苟求其故，千岁之日至，可坐而致也。"（天虽高，星辰虽远，然求其已然之迹，则其运有常。虽千岁之久，其日至之度，可坐而得。况于事物之近，若因其故而求之，岂有不得其理者，而何以穿凿为哉？必言日至者，造历者以上古十一月甲子朔夜半冬至为历元也。程子曰："此章专为智而发。"愚谓事物之理，莫非自然。顺而循之，则为大智。若用小智而凿以自私，则害于性而反为不智。程子之言，可谓深得此章之旨矣。）

【注释】

① 秉彝：指人生而具有善性、常德。彝，常。语出《诗经·大雅·烝民》："民之秉夷（彝），好是懿德。"

② 倍蓰：泛指相距数倍。《孟子·滕文公上》："夫物之不齐，物之情也；或相倍蓰，或相什伯，或相千万。"朱熹集注："倍，一倍也。蓰，五倍也。"

③ 乍见孺子入井：语本《孟子·公孙丑上》："今人乍见孺子将入于井，皆有怵惕恻隐之心。"孟子据此说明人皆有恻隐之心，并且这种"情"是未经矫揉造作的本性。

④ 嘑尔蹴尔：指无礼的、侮辱性的施舍。嘑，呼叫。蹴，用脚踢。不受不屑，指拒绝侮辱性的施舍。语出《孟子·告子上》："一箪食，一豆羹，得之则生，弗得则死。嘑尔而与之，行道之人弗受；蹴尔而与之，乞人不屑也。"

⑤ 归唐：归有光与唐顺之。后"瞿薛"指瞿景淳与薛应旂。

匹夫而有天下者 二节

唐顺之

大贤两推圣人不有天下之故，以见天与子也。盖圣人之有天下，不独以其德，亦以天子之荐与继世之不贤耳。不然，其如德何哉？此孟子历举群圣之事，以证禹之非德衰也。想其告万章之意，若谓：吾子谓禹为德衰者，盖徒知益之为舜、禹，而不知启之非朱、均①也。且自古圣人之不有天下者亦多矣，岂独益哉，何则？匹夫而有天下者，非曰德为圣人而天遂与之也。功不得违势而独立，名不得背时而独彰。必也德如舜矣，而又有荐舜如尧者，而后可以帝于虞；德如禹矣，而又有荐禹如舜者，而后可以王于夏。舜不遇尧，一耕稼之夫而已矣；禹不遇舜，一崇伯②之子而已矣。是故仲尼虽有舜禹之德，而所遇非尧舜也。孰委之以国焉，孰授之以政焉？盖其德则是，其位则非，天亦何从而与之天下哉！若夫有德矣，有荐矣，而亦不有天下者，何也？盖匹夫以有天下者与继世以有天下者，其势常相低昂者也。继世而有天下者，非曰德不如圣人而天遂废之也。先王之泽未泯，天心之眷未衰。必也大恶如桀，而后有南巢之放③；大恶如纣，而后有牧野之诛。禹之天下，苟不遇桀，未亡也；汤之天下，苟不遇纣，未亡也。故益、伊尹、周公虽有舜禹之德，有天子之荐，而所遇非桀纣也。启之贤足以继夏，而商则太甲焉；太甲之贤足以继商，而周则成王焉。盖虽与子也，犹与贤也，天亦奚必夺此而与彼哉！夫伊尹、周公、孔子皆圣人也而不有天下，其何疑于益？商、周皆继世者也，其何疑于禹？比类观之，天意见矣，而独谓禹为德衰哉？

【原评】 此题仍是一串意，不应两对。行文开中有阖，其妙可以意求。

【评】 理精法老，语皆天出，几可与韩氏④《对禹问》相方。

【题解】 出自《万章上》第六章。

万章问曰："人有言：'至于禹而德衰，不传于贤而传于子。'有诸？"孟子曰："否，不然也。天与贤，则与贤；天与子，则与子。昔者舜荐禹于天，十有七年，舜崩。三年之丧毕，禹避舜之子于阳城。天下之民从之，若尧崩之后，不从尧之子而从舜也。禹荐益于天，七年，禹崩。三年之丧毕，益避禹之子于箕山之阴。朝觐讼狱者不之益而之启，曰：'吾君之子也。'讴歌者不讴歌益而讴歌启，曰：'吾君之子也。'（阳城，箕山之阴，皆嵩山下深谷中可藏处。启，禹之子也。杨氏曰："此语孟子必有所受，然不可考矣。但云天与贤则与贤，天与子则与子，可以见尧、舜、禹之心，皆无一毫私意也。"）丹朱之不肖，舜之子亦不肖。舜之相尧，禹之相舜也，历年多，施泽于民久。启贤，能敬承继禹之道。益之相禹也，历年少，施泽于民未久。舜、禹、益相去久远，其子之贤不肖，皆天也，非人之所能为也。莫之为而为者，天也；莫之致而至者，命也。（尧舜之子皆不肖，而舜禹之为相久，此尧舜之子所以不有天下，而舜禹有天下也。禹之子贤，而益相不久，此启所以有天下而益不有天下也。然此皆非人力所为而自为，非人力所致而自至者。盖以理言之谓之天，自人言之谓之命，其实则一而已。）匹夫而有天下者，德必若舜禹，而又有天子荐之者，故仲尼不有天下。（孟子因禹益之事，历举此下两条以推明之。言仲尼之德，虽无愧于舜禹，而无天子荐之者，故不有天下。）继世以有天下，天之所废，必若桀纣者也，故益、伊尹、周公不有天下。（继世而有天下者，其先世皆有大功德于民，故必有大恶如桀纣，则天乃废之。如启及大甲、成王虽不及益、伊尹、周公之贤圣，但能嗣守先业，则天亦不废之。故益、伊尹、周公，虽有舜禹之德，而亦不有天下。）伊尹相汤以王于天下。汤崩，太丁未立，外丙二年，仲壬四年。太甲颠覆汤之典刑，伊尹放之于桐。三年，太甲悔过，自怨自艾，于桐处仁迁义；三年，以听伊尹之训己也，复归于亳。（此承上文言伊尹不有天下之事。赵氏曰："太丁，汤之太子，未立而死。外丙立二年，仲壬立四年，皆太丁弟也。太甲，太丁子也。"程子曰"古人谓岁为年。汤崩时，外丙方二岁，仲壬方四岁，惟太甲差长，故立之也。"二说未知孰是。颠覆，坏乱也。典刑，常法也。桐，汤墓所在。艾，治也；《说文》云"芟草也"；盖斩绝自新之意。亳，商所都也。）周公之不有天下，犹益之于夏，伊尹之于殷也。（此复言周公所以不有天下之意。）孔子曰：'唐虞禅，夏后、殷、周继，其义一也。'"（禅，授也。或禅或继，皆天命也。圣人岂有私意于其间哉？尹氏曰："孔子曰：'唐虞禅，夏后、殷、周继，其义一也。'孟子曰：'天与贤则与贤，天与子则与子。'知前圣之心者，无如孔子，继孔子者，孟子而已矣。"）

【注释】

① 朱、均：尧的儿子丹朱和舜的儿子商均。《史记·五帝本纪》："尧知丹朱之不肖"，"舜子商均不肖"。按，此文分两扇，分别以"何则"句、"何也"句领起。

② 崇伯：指禹的父亲鲧。鲧封于崇，见《国语·周语下》："其在有虞，有崇伯鲧。"韦昭注："崇，鲧国。伯，爵也。"

③ 南巢之放：桀被商汤放逐到南巢。此据《尚书·仲虺之诰》："成汤放桀于南巢。"

④ 韩氏：韩愈。

天子一位　六节

瞿景淳

周室班爵禄之制，皆以次而降焉者也。夫爵禄之班，先王公天下之心；而等级之明，所以严天下之防也。此制定而周家有道之长其基于此矣。孟子告北宫锜，盖曰：先王之治天下也，有爵以驭其贵，有禄以驭其富，此固公天下之大端也，所以秩其分而平其施，有不可逾焉者矣。试以其略言之。天下之所其宗者一天子也，天子之一位，其尊尚矣，自是则有公有侯有伯有子男，而各一其位焉，以一人而抚万邦，以万邦而戴一人，五等之施于天下者，所以大一统而示天下之有王也；国中之所其宗者一君也，君之一位，其尊至矣，自是则有卿有大夫有上中下士，而各一其位焉，贵以临贱，贱以承贵，六等之施于国中者，所以辨上下而示国中之有君也。此其班爵之制也，而禄之班则又视其爵矣。在天子，则有方千里之国焉；在公侯伯子男，则有百里、七十里、五十里之国焉；又有不能五十里之附庸焉。是君非独丰也，王章也，所以固天下之本也；臣非独薄也，侯度也，所以立天下之准也。此其通于天下者也。禄之班于王畿也，卿之受地视夫侯矣，大夫所受亦不失夫伯之地焉，元士所受亦不失夫子男之地焉，是重内臣者，所以尊王室也，比外封者，所以制禄入也，而千里之畿又将以之共官，天子不欲专之以自私矣；禄之班于侯服也，大国君卿之禄盖已厚矣，次国杀①其一而大夫以下不为之杀焉，小国又杀其一而大夫以下不为之杀焉，是俭于君卿者，义之裁也，优于大夫士者，仁之施也，而百里、七十里、五十里之国又将以之待下，诸侯亦不敢专之以自奉矣。夫其爵之班也，而贵贱之相承，有以严天下之分焉；禄之班也，而大小之各足，有以公天下之利焉。吾是以知周室班爵禄之制，法天而不私也。

【评】 以义制法，文成而法立。整练中有苍浑之气，稿中所罕见者。

【题解】 出自《万章下》第二章，参见化治文卷六王鏊《附于诸侯曰附庸》。

天子一位，公一位，侯一位，伯一位，子、男同一位，凡五等也。君一位，卿一位，大夫一位，上士一位，中士一位，下士一位，凡六等。天子之制，地方千里，公侯皆方百里，伯七十里，子、男五十里，凡四等。不能五十里，不达于天子，附于诸侯，曰附庸。天子之卿受地视侯，大夫受地视伯，元士受地视子、男。大国地方百里，君十卿禄，卿禄四大夫，大夫倍上士，上士倍中士，中士倍下士，下士与庶人在官者同禄，禄足以代其耕也。次国地方七十里，君十卿禄，卿禄三大夫，大夫倍上士，上士倍中士，中士倍下士，下士与庶人在官者同禄，禄足以代其耕也。小国地方五十里，君十卿禄，卿禄二大夫，大夫倍上士，上士倍中士，中士倍下士，下士与庶人在官者同禄，禄足以代其耕也。

【注释】

① 杀：减少，降低其等级。

天子一位　六节

　　大贤举周室之班爵禄，合内外而尽其制也。夫爵禄通于内外，此圣人之所以尽制也。大贤举以为时人告，殆亦王制之遗意欤？盖谓爵以驭贵，禄以驭富，固帝王公天下之大端；而爵有崇卑，禄有隆杀①，又先王所以综理天下而治之者也。周室之班爵禄，不有大略之可言乎？以班爵言之：君诏爵者也，而臣则得君之爵以为爵者也。天子之位，其爵尚矣，天子而下，公侯伯各一位焉，子男同一位焉，夫固所以大一统而联属乎天下也。至其国中之爵，岂独无其等乎？一国之共宗者，君一位焉，自是而卿而大夫上士中士下士，其名不同而其位亦不同也，一国之经纶又何异于天下之大势耶？要之，先王非侈名号而相与为荣也，盖王章侯度自有不容混者。故错壤以居，而天下无孤立之患；分职以治，而国中无偏任之嫌。则内外之相维，大小之相制，而爵于是乎有常矣。以班禄言之：君诏禄者也，而臣则得君之禄以为禄者也。天下之地，方千里矣，天子而下，则有百里七十里五十里之国焉，又有不能五十之附庸焉，夫固所以立民极而共理乎天下者也。至于国中之禄，岂独无其次乎？天子之卿大夫士，比外封焉，自是而大国而次国而小国，卿禄渐杀而大夫以下不为之杀也，一国之常禄又何异于天下之定赋耶？要之，先王非私天下而相与为赐也，盖以爵诏禄自有不容紊者。故建邦启土，而天下不以为厚；敬事后食②，而国中不以为薄。则隆杀之得宜，小大之各足，而禄于是乎有定矣。夫其爵之班也，而天下不敢日志于尊荣；禄之班也，而天下不敢日竞于富侈。周室之制，此其大略。吾子其亦闻乎？

　　【评】 以五节对一节，妥帖排算。或合或分，或钩连，或总断，动中窾要。法律之细，气息之古，与归震川一节文略同。

　　【题解】 出自《万章下》第二章，同上，参见化治文卷六王鏊《附于诸侯曰附庸》。

① 隆杀：厚薄。杀，减少。
② 敬事后食：先要敬奉公事，然后才考虑俸禄。本《论语·卫灵公》："事君敬其事，而后其食。"

天子一位　一节

归有光

大贤详周室班爵之制，内外各有其等也。夫爵者，先王所以列贵贱也，内外异等而天下之势成矣。且夫有天下者不以自私，而选贤与能，以与天下共焉，兹明王所以奉若天道者也，而制尽于成周矣。自其通于天下者言之：盖无所不统谓之天子，天子无爵也，而爵之所尊也，六合之内无以加矣。于是乎天子端冕于内，六服承辟①于外，锡之命而重藩翰②之寄，胙之土③而同带砺之盟④。公也侯也伯也，各一位也，名异而等不同也；子也男也，同一位也，名异而等不异也。合之凡五等矣。要之，先王非私天下而相与为赐也，顾寰宇之广、亿兆之众，苟非闻见之所及，则智虑有所不周，而天下之情必有壅而不通者矣。故为之众建诸侯，而使之错壤⑤以居，以大弼成之义，而内外相统，远近相维，则运臂使指之势以成，而五服之长，外薄四海矣。然则有天子必有诸侯，有诸侯必有公侯伯子男者，势也，此先王所以联属天下而尽其大者也。自其施于国中者言之：盖自天子至于子男皆谓之君，君诏爵者也，而爵之所先也，域中之大无以加矣。于是乎各君其国，则各统其臣，论官材而俾之咸熙庶绩⑥，亮天工⑦而俾之弼予一人⑧。卿也大夫也，各一位也，官异而秩亦异也；上士也中士也下士也，各一位也，士同而品不同也。合之凡六等矣。要之，先王非侈名号而相与为荣也，顾委寄之重、几务之丛⑨，苟非耳目之所寄，则聪明有所不及，而天下之事必有偏而不举者矣。故为之广置官属，而使之分职以治，以尽协恭⑩之责，而上下相承，体统相系，则丝联绳牵之势以成，而九牧之倡，阜成⑪兆民矣。然则有君必有臣，有臣必有卿大夫士者，亦势也，此先王所以经理一国而尽其细者也。是知合六等以治五等之国，合五等以一天下之势，周室班爵之制有如此者。

【评】其议论则引星辰而上也，其气势则决江河而下也，其本根则稽经而诹史也。故自有归震川之文，制义一术可以百世不湮。

【题解】出自《万章下》第二章，同上，参见化治文卷六王鏊《附于诸侯曰附庸》。

天子一位，公一位，侯一位，伯一位，子、男同一位，凡五等也。君一位，卿一位，大夫一位，上士一位，中士一位，下士一位，凡六等。

【注释】

① 六服承辟：此指众诸侯国都禀承天子的意旨。辟，君，此指天子。六服，《尚书·周官》："六服群

辟，罔不承德，归于宗周。"按，周王畿以外的诸侯邦国曰"服"，其等次有六：侯服、甸服、男服、采服、卫服、蛮服（又作要服），参见《周礼·秋官·大行人》。

② 藩翰：指拱卫和支持王室。藩，屏藩。翰，通"幹"，植物的主干，喻支持者。语本《诗经·大雅·板》："价人维藩，大师维垣，大邦维屏，大宗维翰。"

③ 胙之土：指分封土地。《左传·隐公八年》："天子建德，因生以赐姓，胙之土而命之氏。"

④ 带砺之盟：指封爵的盟誓。《史记·高祖功臣侯者年表》："封爵之誓曰：'使河如带，泰山若砺，国以永宁，爰及苗裔。'"谓即使黄河变得像衣带，泰山变得像块磨刀石，而誓言不变。

⑤ 错壤：接界，疆土交错。

⑥ 咸熙庶绩：各种事情就都会兴办起来。语本《尚书·尧典》："允厘百工，庶绩咸熙"，孔安国传："绩，功。咸，皆。熙，广也"，"众功皆广"。

⑦ 亮天工：佐天工。亮，佐。《尚书·舜典》："钦哉！惟时亮天功。"孔安国传："信立天下之功。"

⑧ 弼予一人：辅助天子。语本《尚书·周官》："贰公弘化，寅亮天地，弼予一人。"

⑨ 几务之丛：国君的事务丛杂。

⑩ 协恭：指同僚团结协作。《尚书·皋陶谟》："同寅协恭，和衷哉。"

⑪ 阜成：使富厚安定。语本《尚书·周官》："六卿分职，各率其属，以倡九牧，阜成兆民。"孔安国传："以倡导九州牧伯为政，大成兆民之性命。"

诗曰天生烝民　一节

陈　栋　墨

大贤引《诗》及圣人说诗之词，所以明性善也。夫物则①同禀而懿德自好，性之发乎情者则然也。观此而性善之义不有足征乎？孟子答公都子之意，盖谓：以情之善而征性之善，此非予之私言也，《诗》尝言之，而孔子亦尝道之者也。《诗》曰"天生烝民，有物有则，民之秉彝，好是懿德"，夫先言降衷之德②，而发其固有之良；继言好德之同，以验其所禀之善。非达性命之原者，不足以语于斯也。孔子读而赞之曰"为此诗者，其知道乎"；夫"物"之与"则"虽判于显微，而微乃显之所以立也；"秉"之与"好"虽分于寂感，而感乃寂之所以形也。是以天生蒸民，有形而下者以为之器，必有形而上者以为之理。凡形器之所运者皆物也，而皆有"则"焉以为此身之主，自有生以来，固分定而不易者也；凡纲常之所著者皆物也，而皆有"则"焉以为日用之常，自受衷以来，固有恒而可执者也。非民之秉彝而何？夫是"秉彝"也，即所谓"懿德"也。惟其"善"原天下之一，是故"好"同天下之情。可爱可求之美，不惟知德之深者而后能好也，虽陷溺其心，亦必有触之而即动者焉，盖吾之所好即吾之所秉，自孚契之若此耳；至精至粹之真，不惟全体是德者而后知好也，虽牿亡③之甚，亦必有油然而莫遏者焉，盖"则"之所具即情之所钟，自忻慕之若此耳。向非有是"则"也，则何所秉以为彝；而非秉是彝也，又何所为而同好哉？此诗人之所以为知道也，是知"有物有则"即吾所谓性善者也，"秉彝好德"即吾所谓情善者也。则夫情之可以征性，不既益明乎？而为不善者，果非"才"④之罪矣。子尚何惑于三说者哉？

【原评】清真流畅，堆叠处能运以圆逸，而非后此机趣之文可同日语者，学之粹也。

【题解】出自《告子上》第六章。

公都子曰："告子曰：'性无善无不善也。'（此亦"生之谓性、食色性也"之意，近世苏氏、胡氏之说盖如此。）或曰：'性可以为善，可以为不善；是故文武兴，则民好善；幽厉兴，则民好暴。'（此即湍水之说也。）或曰：'有性善，有性不善；是故以尧为君而有象，以瞽瞍为父而有舜；以纣为兄之子且以为君，而有微子启、王子比干。'（韩子性有三品之说盖如此。按此文，则微子、比干皆纣之叔父，而《书》称微子为商王元子，疑此或有误字。）今曰'性善'，然则彼皆非与？"孟子曰："乃若其情，则可以为善矣，乃所谓善也。（乃若，发语辞。情者，性之动也。人之情，本但可以为善而不可以为恶，则性之本善可知矣。）若夫为不善，非才之罪也。（才，犹材质，人之能也。人有是性，则有是才，性既善则才亦善。人之为不善，乃物欲陷溺而然，非其才之罪也。）恻隐之心，人皆有之；羞恶之心，人皆有之；恭敬之心，人皆有之；是非之心，人皆有之。恻隐之心，仁也；羞恶之心，义也；恭敬之心，礼也；是非之心，智也。仁义礼智，非由外铄我也，我固有之也，弗思耳矣。故曰：'求则得之，舍则失之。'或相倍蓰而无算者，不能尽其才者也。（恭者，敬之发于外者也；敬者，恭之主于中者也。铄，以火销金之名，自外以至内也。算，数也。言四者之心人所固有，但人自不思而求之耳，所以善恶相去之远，由不思不求而不能扩充以尽其才也。前篇言是四者为仁义礼智之端，而此不言端者，彼欲其扩而充之，此直因用以著其本体，故言有不同耳。）《诗》曰：'天生蒸民，有物有则。民之秉夷，好是懿德。'孔子曰：'为此诗者，其知道乎！故有物必有则，民之秉夷也，故好是懿德。'"（《诗》，《大雅·烝民》之篇。蒸，诗作烝，众也。物，事也。则，法也。夷，诗作彝，常也。懿，美也。有物必有法：如有耳目，则有聪明之德；有父子，则有慈孝之心，是民所秉执之常性也，故人之情无不好此懿德者。以此观之，则人性之善可见，而公都子所问之三说，皆不辩而自明矣。程子曰："性即理也，理则尧舜至于涂人一也。才禀于气，气有清浊，禀其清者为贤，禀其浊者为愚。学而知之，则气无清浊，皆可至于善而复性之本，汤武身之是也。孔子所言下愚不移者，则自暴自弃之人也。"又曰："论性不论气，不备；论气不论性，不明；二之则不是。"张子曰："形而后有气质之性，善反之则天地之性存焉。故气质之性，君子有弗性者焉。"愚按：程子此说才字，与孟子本文小异。盖孟子专指其发于性者言之，故以为才无不善；程子兼指其禀于气者言之，则人之才固有昏明强弱之不同矣，张子所谓气质之性是也。二说虽殊，各有所当，然以事理考之，程子为密。盖气质所禀虽有不善，而不害性之本善；性虽本善，而不可以无省察矫揉之功，学者所当深玩也。）

【注释】

① 物则：物之法则，此指善性，即"有物有则"。按，此文"则"字多作此意。
② 降衷之德：指善的天性。语本《尚书·汤诰》："惟皇上帝，降衷于下民。"孔安国传："皇，大。

上帝，天也。衷，善也。"

③ 牿亡：或作"梏亡"，指善之天性、清明之气受遏制而消亡。语本《孟子·告子上》："虽存乎人者，岂无仁义之心哉？……则其旦昼之所为，有牿亡之矣。"

④ 才：材质，能力。见朱熹集注。

诗曰天生烝民　一节

归有光　墨

大贤引《诗》与圣人之言，所以明人性之无不善也。夫性出于天而同具于人者也，观《诗》与孔子之说，而性善之言不益信矣乎？孟子告公都子之意至此。谓夫性善不明于天下，盖自诸子之论兴而不能折衷于圣人也。昔孔子尝读《烝民》之诗而赞之矣，诗言"天生烝民，有物有则。民之秉彝，好是懿德"，是诗人所以为知道而通于性命之理者也。盖造化流行发育万物者，莫非气以为之运；而真精妙合所以根柢乎品汇者，莫非理以为之主。惟其运乎气也，而物之"能"成焉；惟其主乎理也，而物之"则"具焉。肖形宇宙，谓之非物之象则不可，而有不囿于象者即此而在，其本然之妙，若有规矩而不可越，是声色象貌皆道之所丽焉者也；禀气阴阳，谓之非物之形则不可，而有不滞于形者随寓而存，其当然之法，若将范围而不过，是动作威仪皆道之所寄焉者也。有一物必有一物之则，天下之生久矣，天不变而道亦不变，盖有不与世而升降者矣；有万物必有万物之则，生人之类繁矣，同此生则同此理，盖有不因时而隆污①者矣。是以懿德之好，协于同然；而好爵之縻②，通于斯世。仁统天下之善，义公天下之利，天下均以为仁义而孜孜焉乐之不厌，以为其出于性耳，不然，一人好之而千万人能保其皆好之乎？礼嘉天下之会，知别天下之宜，天下皆以为礼知而忻忻焉爱之无穷，以为其性之所同耳，不然，则好于一人而能保其达于天下乎？可见天下之情一也，而同出于性；天下之性一也，而同出于天。性善之说，折衷于孔子，而诸子纷纷之论不待辨而明矣。

【原评】举孔子以折服诸子，不是单引《诗》词，故归重孔子。"赞"与《诗》同词，故但直出《诗》词，而重发下文。此先辈相题最精处。文之浑雄雅健，在稿中亦为上乘。

【题解】出自《告子上》第六章，见上。

【注释】

① 隆污：高与低，喻盛衰兴替。语出《礼记·檀弓上》："道隆则从而隆，道污则从而污。"

② 好爵之縻：语本《易·中孚》及《系辞上》："鹤鸣在阴，其子和之。我有好爵，吾与尔靡之。"其释义有不同说法，本文"靡"作"縻"，意为系恋，乃据朱熹《周易本义》："靡，与縻同。言懿德人之所好，故好爵虽我之所独有，而彼亦系恋之也。"

牛山之木尝美矣　二节

唐顺之

　　大贤举山木例人心，而著其失养之害焉。夫有材者山之性，有才者人之情，顾所养何如耳。然则人之良心与山木而俱毙也，哀哉！孟子之意若曰：天下之事，贵乎防患于未然，尤贵乎补弊于已然。始之也无所防，终之也无所补，而可以无弊者，无有也，吾尝揆之物理、验之人情而得之矣。今夫山，草木之所聚也，而其所以观美于人者恃有此也，乃若牛山则有不然者矣。斧斤者往焉，既不能保其美于始；牛羊者往焉，又不能养其美于终。此其郊于大国，而求牧与刍之所便故也。是故昔之美者此山也，今之濯濯者亦此山也，无怪乎人之以未尝有材者视之也。殊不知山之性能生之而不能全之，雨露之所润者无几，而人力之为害者已至，虽曰地道有敏树之机①，而所存不能补其所亡，不至于濯濯不已也。吾如有萌焉何哉？今夫心，仁义之所管也，人之所以异于禽兽者恃有此也，凡今之人则有不然者矣。其始也物交之攻取，而所谓良心者则寡之又寡以至于无；其继也肆情于旦昼，则所谓夜气者将梏之又梏以至于不能胜。此则放其心②而不知求，有其端而不知充故也。是故初之具此仁义者固若人也，今之不远于禽兽者亦若人也，无怪乎人以未尝有才者目之也。殊不知人之情可以放之而亦可以求之，人心之惟危者愈危，而道心之惟微者愈微，虽曰吾心有不死之妙，而夜之不足以胜昼，不至于禽兽不已也。吾亦且奈之何哉？欲免禽兽之归者可以省矣。立志如为山，循序如登高，而由小以高大可也。不然，则茅塞③其心、荒芜其学，其不为槁木也者几希矣。

　　【评】依题立格，裁对处融炼自然，有行云流水之趣。乃知板活不在制局，第于笔下分生死耳。

　　【题解】出自《告子上》第八章。

　　孟子曰："牛山之木尝美矣，以其郊于大国也，斧斤伐之，可以为美乎？是其日夜之所息，雨露之所润，非无萌蘖之生焉，牛羊又从而牧之，是以若彼濯濯也。人见其濯濯也，以为未尝有材焉，此岂山之性也哉？（牛山，齐之东南山也。邑外谓之郊，言牛山之木，前此固尝美矣，今为大国之郊，伐之者众，故失其美耳。息，生长也。日夜之所息，谓气化流行未尝间断，故日夜之间，凡物皆有所生长也。萌，芽也。蘖，芽之旁出者也。濯濯，光洁之貌。材，材木也。言山木虽伐，犹有萌蘖，而牛羊又从而害之，是以至于光洁而无草木也。）虽存乎人者，岂无仁义之心哉？其所以放其良心者，亦犹斧斤之于木也，旦旦而伐之，可以为美乎？其日夜之所息，平旦之气，其好恶与人相近也者几希，则其旦昼之所为，有梏亡之矣。梏之反复，则其夜气不足以存；夜气不足以存，则其违禽兽不远矣。人见其禽兽也，而以为未尝有才焉者，是岂人之情也哉？（良心者，本然之善心，即所谓仁义之心也。平旦之气，谓未与物接之时，清明之气也。好恶与人相近，言得人心之所同然也。几希，不多也。梏，械也。反复，展转也。言人之良心虽已放失，然其日夜之间，亦必有所生长。故平旦未与物接，其气清明之际，良心犹必有发见者。但其发见至微，而旦昼所为之不善，又已随而梏亡之，如山木既伐，犹有萌蘖，而牛羊又牧之也。昼之所为，既有以害其夜之所息，又不能胜其昼之所为，是以展转相害。至于夜气之生，日以寖薄，而不足以存其仁义之良心，则平旦之气亦不能清，而所好恶遂与人远矣。）故苟得其养，无物不长；苟失其养，无物不消。（山木人心，其理一也。）孔子曰：'操则存，舍则亡；出入无时，莫知其乡。'惟心之谓与?"（孔子言心，操之则在此，舍之则失去。其出入无定时，亦无定处如此。孟子引之，以明心之神明不测，得失之易，而保守之难。不可顷刻失其养，学者当无时而不用其力。使神明清气定，常如平旦之时，则此心常存。无适而非仁义也。程子曰："心岂有出入，亦以操舍而言耳。操之之道，敬以直内而已。"愚闻之师曰："人理义之心未尝无，惟持守之即在尔，若于旦昼之间，不至梏亡，则夜气愈清。夜气清，则平旦未与物接之时，湛然虚明气象，自可见矣。孟子发此夜气之说，于学者极有力，宜熟玩而深省之也。"）

【注释】

① 地道有敏树之机：地能让树很快地生长起来。语本《中庸》："人道敏政，地道敏树。"
② 放其心：迷失其本心。语本《孟子·告子上》："舍其路而弗由，放其心而不知求，哀哉！"
③ 茅塞：路上长满茅草，喻指不明事理或心灵被蔽塞。语本《孟子·尽心下》："山径之蹊间，介然用之而成路。为间不用，则茅塞之矣。今茅塞子之心矣。"

物交物 二句
唐 龙

惟欲与形交，斯形为外诱矣。夫易溺者欲，易感者形，物我相交而弗为其所诱者几希！孟子明小体之不可从也及此。盖谓：有小体焉，不可从也；有小人焉，不可为也。彼耳不能思，惟以听为职而知觉弗具，是亦囿于形而已矣，耳非一物乎？凡物之有声者从夫耳焉。目不能思，惟以视为职而神明弗通，是亦囿于形而已矣，目非一物乎？凡物之有形者从夫目焉。声无迹，以虚入者也，而耳之虚有以受天下之声，故五声并取，剧然而交之，有不强自合者矣；色有象，以明见者也，而目之明有以受天下之色，故五色并著，杂然而交之，有不期自集者矣。夫物交物如此，引而去之，抑何难哉？盖期于声者，天下之耳皆相似也，故声一交而耳即随，内若有将、外若有迎矣；期于色者，天下之目皆相似也，故色一交而目即随，前若有挽、后若有推矣。逐物之迹，穷于俱化之境，吾见志气移于物，昏然而罔念也；从欲之形，流于忘返之域，吾见聪明昏于欲，冥然而莫知也。是则交之于前，实开引之之端；引之于后，实固交之之迹。君子于此，当慎所择矣。

【评】前刷"交"字，后写"引"字，皆由轻而重，由浅而深。入理周密，立言次第。

【作者简介】

唐龙（1477—1546），字虞佐，号渔石，浙江兰溪人。正德三年（1508）进士，除郯城知县，后历任兵、吏等部尚书，卒谥文襄。著有《易经大旨》四卷、《渔石集》四卷等。制义有《唐虞佐稿》。

【题解】出自《告子上》第十五章。

公都子问曰："钧是人也，或为大人，或为小人，何也？"孟子曰："从其大体为大人，从其小体为小人。"（钧，同也。从，随也。大体，心也。小体，耳目之类也。）曰："钧是人也，或从其大体，或从其小体，何也？"曰："耳目之官不思，而蔽于物，物交物，则引之而已矣。心之官则思，思则得之，不思则不得也。此天之所与我者，先立乎其大者，则其小者弗能夺也。此为大人而已矣。"（官之为言司也。耳司听，目司视，各有所职而不能思，是以蔽于外物。既不能思而蔽于外物，则亦一物而已。又以外物交于此物，其引之而去不难矣。心则能思，而以思为职。凡事物之来，心得其职，则得其理，而物不能蔽；失其职，则不得其理，而物来蔽之。此三者，皆天之所以与我者，而心为大。若能有以立之，则事无不思，而耳目之欲不能夺之矣，此所以为大人也。然此天之此，旧本多作比，而赵注亦以比方释之。今本既多作此，而注亦作此，乃未详孰是。但作比字，于义为短，故且从今本云。范浚《心箴》曰："茫茫堪舆，俯仰无垠。人于其间，眇然有身。是身之微，大仓稊米，参为三才，曰惟心耳。往古来今，孰无此心？心为形役，乃兽乃禽。惟口耳目，手足动静，投间抵隙，为厥心病。一心之微，众欲攻之，其与存者，呜呼几希！君子存诚，克念克敬，天君泰然，百体从令。"）

尧舜之道　二句

归有光

圣人之道，不越乎庸行之常也。夫庸行之常，性之所能也，循性以行，而圣之所以为圣者在是矣，而岂可求之高远乎？孟子所以起曹交之懦也。意谓：天下之望圣人也太高，而居圣人于绝德，而不知其道之易也。是故尧大圣人也，后世无及焉；舜大圣人也，后世无及焉。语其神圣文武之盛、钦明濬哲之懿，而其道之广博包涵，悠远纤悉而无所不尽也；语其光被充格之极、至诚感应之妙，而其道之丕冒①洋溢，渐积流行而无所不际也。宜其望而畏之矣。殊不知天下一性而已，而帝降之衷出于付授之公，而众人无所不与；性一孝弟而已，而知能之良②与于夫妇之愚，而圣人于我无加。洒扫应对，积实于庭除③，而充之可以达天德，宫庭隐约之际④，而道之简易明白不可离也；雍睦恺悌，敷和于闺闼⑤，而出之可以极神化，行止疾徐之间，而道之切近精实不可远也。行吾孝而孝焉，孝之尽而为圣人焉，率吾性之仁而已耳，仁吾之所同具也，孝吾之所同得也，仁具而真爱形，孝立而天性遂，凡天下之有亲者胥能之矣，尧舜盖尽天下为子之职者也；行吾弟而弟焉，弟之尽而为圣人焉，率吾性之义而已耳，义吾之所同具也，弟吾之所同得也，义藏而至敬显，弟立而天机达，凡天下之有兄者胥能之矣，尧舜盖尽天下为弟之职者也。先王有至德要道，而流行于百姓之日用；圣人非绝世离群，而徐行乃举足之可能。求道于尧而尧不可为，求尧于孝弟而尧不远矣；求道于舜而舜不可几，求舜于孝弟而舜迩矣。然则曹交之徒，猥以形气自限者，真暴弃之流也耶？

【评】"尧舜之道"与"孝弟"交关处，探源倾液而出之。朴实醇厚，光辉日新。

【题解】出自《告子下》第二章。

曹交问曰："人皆可以为尧舜，有诸？"孟子曰："然。"（赵氏曰："曹交，曹君之弟也。"人皆可以为尧舜，疑古语，或孟子所尝言也。）"交闻文王十尺，汤九尺，今交九尺四寸以长，食粟而已，如何则可？"（曹交问也。食粟而已，言无他材能也。）曰："奚有于是？亦为之而已矣。有人于此，力不能胜一匹雏，则为无力人矣；今日举百钧，则为有力人矣。然则举乌获之任，是亦为乌获而已矣。夫人岂以不胜为患哉？弗为耳。（匹，字本作鴄，鸭也，从省作匹。《礼记》说"匹为鹜"是也。乌获，古之有力人也，能举移千钧。）徐行后长者谓之弟，疾行先长者谓之不弟。夫徐行者，岂人所不能哉？所不为也。尧舜之道，孝弟而已矣。（陈氏曰："孝弟者，人之良知良能，自然之性也。尧舜人伦之至，亦率是性而已。岂能加毫末于是哉？"杨氏曰："尧舜之道大矣，而所以为之，乃在夫行止疾徐之间，非有甚高难行之事也，百姓盖日用而不知耳。"）子服尧之服，诵尧之言，行尧之行，是尧而已矣；子服桀之服，诵桀之言，行桀之行，是桀而已矣。"（言为善为恶，皆在我而已。详曹交之问。浅陋粗率，必其进见之时，礼貌衣冠言动之间，多不循理，故孟子告之如此两节云。）曰："交得见于邹君，可以假馆，愿留而受业于门。"（假馆而后受业，又可见其求道之不笃。）曰："夫道，若大路然，岂难知哉？人病不求耳。子归而求之，有余师。"（言道不难知，若归而求之事亲敬长之间，则性分之内，万理皆备，随处发见，无不可师，不必留此而受业也。曹交事长之礼既不至，求道之心又不笃，故孟子教之以孝弟，而不容其受业。盖孔子余力学文之意，亦不屑之教诲也。）

【注释】

① 丕冒：犹言广被。丕，大。冒，覆盖。犹言广被。《尚书·君奭》："丕冒海隅出日，罔不率俾。"
② 知能之良：指良知与良能。
③ 庭除：庭院。除，台阶。
④ 宫庭隐约之际：此指尧、舜看似离常人很远，其德遥不可及。
⑤ 闺闼：本意为门户，此即指家庭之间。

宋牼将之楚　一章

归有光

大贤闻时人有以利说君者，因遏其欲而扩之以理也。夫拔本塞源，圣贤教世之心也。观其于时人问答之间，可概见矣。昔宋牼将为适楚之行，孟子遇于石丘之地。邂逅之际，见此大贤，可谓遭逢之幸矣。孟子未知其所往，故问其所之，而欲得其说也，牼则曰"吾闻秦楚交恶，兵民重遭其困，吾将入楚则说楚，入秦则说秦。庶几失此在于得彼，二王期于一遇也，兵民于此获休息乎？"牼之志如此。孟子欲攻其所蔽，故不求其详，愿知其指也，牼则曰"吾谓秦楚构祸，彼此兼失其利，秦固为失，楚亦未为得。使知不利之为非，将谓利之是从也，吾言舍是无余策矣。"牼之号如此。孟子于是揭诸古圣贤之道、人心天理之不可泯灭者告之。曰：天下纷纷于争，而先生从而欲息其争，志则大也；人心滔滔于利，而先生从而和之以利，号则不可。且义利之辨严矣，先生以利说乎二王，上悦而下从之，由是国之有臣、家之有子弟，争以利心事其君亲，天理亡而人欲肆，不夺不厌，其亡也忽焉，天下自此多事矣；先生以仁义说乎二王，则上倡而下从之，由是臣之于君、子弟之于父兄，莫不以仁义激于中，人欲泯而天理明，不后不遗①，其兴也勃焉，天下自此太平矣。先生何必以大志而用乎小，舍仁义而求之于利哉？是则误其说则其害甚大，扩以理则其效甚速。解纷息争，莫有要于此者。先生行矣，其以吾言告诸秦楚，吾将拭目而望太平之有日也。

【评】此自来选家所推为至极之作，其清醇淡宕之致自不可及。但必以此为稿中最上文字，则尚未见作者深处也。

【题解】出自《告子下》第四章。

宋牼将之楚，孟子遇于石丘。（宋，姓；牼，名。石丘，地名。）曰："先生将何之？"（赵氏曰："学十年长者，故谓之先生。"）曰："吾闻秦楚构兵，我将见楚王说而罢之。楚王不悦，我将见秦王说而罢之。二王我将有所遇焉。"（时宋牼方欲见楚王，恐其不悦，则将见秦王也。遇，合也。按《庄子》书："有宋钘者，禁攻寝兵，救世之战。上说下教，强聒不舍。"疏云："齐宣王时人。"以事考之，疑即此人也。）曰："轲也请无问其详，愿闻其指。说之将何如？"曰："我将言其不利也。"曰："先生之志则大矣，先生之号则不可。（徐氏曰："能于战国扰攘之中，而以罢兵息民为说，其志可谓大矣；然以利为名，则不可也。"）先生以利说秦楚之王，秦楚之王悦于利，以罢三军之师，是三军之士乐罢而悦于利也。为人臣者怀利以事其君，为人子者怀利以事其父，为人弟者怀利以事其兄。是君臣、父子、兄弟终去仁义，怀利以相接，然而不亡者，未之有也。先生以仁义说秦楚之王，秦楚之王悦于仁义，而罢三军之师，是三军之士乐罢而悦于仁义也。为人臣者怀仁义以事其君，为人子者怀仁义以事其父，为人弟者怀仁义以事其兄，是君臣、父子、兄弟去利，怀仁义以相接也。然而不王者，未之有也。何必曰利？"（此章言休兵息民，为事则一，然其心有义利之殊，而其效有兴亡之异，学者所当深察而明辨之也。）

【注释】

① 不后不遗：指仁不遗亲，义不后君。语本《孟子·梁惠王上》："未有仁而遗其亲者也，未有义而后其君者也。"朱熹集注："遗，犹弃也。后，不急也。言仁者必爱其亲，义者必急其君。"

无曲防 三句

茅 坤

邮邻①而尊王，五霸同盟之辞也。夫邻封者兄弟之国，而王朝者爵赏所出也，曰邮之，曰尊之，其斯五霸之善乎？昔孟子述其同盟之辞，而终之以此。若曰：自周室既衰，诸侯放恣，不复知有修睦之典与共主之义也久矣，凡我同盟，其可不亟反之乎？今夫天灾流行、旱干水溢，国之常也，而况在邻服？则利不相先，害不相后，所谓唇齿之国，其情尤当体者。故为之濬其畎浍②，时其潴泻③，斯则犹有古者与国④之意存焉。无徒以四境为悦，旱则为之闭其泉，若以自溉也，而不与人同其利也；水则为之障其川，若以自固也，而不与人同其害也。如此者谓之曰"曲防"，曲防者，吾同盟勿与也。岁时荐饥⑤、有无懋迁⑥，国之制也，而况在邻服？则以我之赢，济彼之缩，所谓赈吊之邦，其义尤当急者。故为之持其委积⑦，达其道路，斯则犹有古者恤灾之意存焉。无徒以一国为利，或以告饥，则为之厉禁于川梁，而不为通也；或以请输，则为之设讥⑧于关市，而不与易也。如此者谓之曰"遏籴"，遏籴者，吾同盟勿与也。以至建邦锡姓、兴废继绝，天子所以一四海而非诸侯之所得擅也，自命卿以上犹必请之，而况分茅胙土⑨之大乎？故卿大夫之功所当赏，公族之世所当续，必请之天子，斯则犹有古者一统之义存焉。无曰东迁以后政不在王室也非一日矣，土地吾有也，吾所剖符⑩而食之也，天子不得而知也；人民吾有也，吾可分籍而授之也，天子不得而知也。如此者谓之"封而不告"，封而不告，吾同盟勿与也。吁！夫如是，一则恤邻，而诸侯之在当时犹不至于相夷矣；一则尊君，而王室之在当时犹不至于尽废矣。岂非"彼善于此"⑪乎？若夫今之诸侯，如之何其可几也？

【评】典硕中具疏宕之致，故尔超然越俗。

【题解】出自《告子下》第七章。

孟子曰："五霸者，三王之罪人也；今之诸侯，五霸之罪人也；今之大夫，今之诸侯之罪人也。（赵氏曰："五霸：齐桓、晋文、秦穆、宋襄、楚庄也。三王，夏禹、商汤、周文、武也。"丁氏曰："夏昆吾，商大彭、豕韦，周齐桓、晋文，谓之五霸。"）天子适诸侯曰巡狩，诸侯朝于天子曰述职。春省耕而补不足，秋省敛而助不给。入其疆，土地辟，田野治，养老尊贤，俊杰在位，则有庆，庆以地。入其疆，土地荒芜，遗老失贤，掊克在位，则有让。一不朝，则贬其爵；再不朝，则削其地；三不朝，则六师移之。是故天子讨而不伐，诸侯伐而不讨。五霸者，搂诸侯以伐诸侯者也，故曰：五霸者，三王之罪人也。（庆，赏也，益其地以赏之也。掊克，聚敛也。让，责也。移之者，诛其人而变置之也。讨者，出命以讨其罪，而使方伯连帅帅诸侯以伐之也。伐者奉天子之命，声其罪而伐之也。搂，牵也。五霸牵诸侯以伐诸侯，不用天子之命也。自入其疆至则有让，言巡狩之事；自一不朝至六师移之，言述职之事。）五霸，桓公为盛。葵丘之会诸侯，束牲、载书而不歃血。初命曰：'诛不孝，无易树子，无以妾为妻。'

再命曰：'尊贤育才，以彰有德。'三命曰：'敬老慈幼，无忘宾旅。'四命曰：'士无世官，官事无摄，取士必得，无专杀大夫。'五命曰：'无曲防，无遏籴，无有封而不告。'曰：'凡我同盟之人，既盟之后，言归于好。'今之诸侯，皆犯此五禁，故曰：今之诸侯，五霸之罪人也。（按《春秋传》："僖公九年，葵丘之会，陈牲而不杀。读书加于牲上，壹明天子之禁。"树，立也。已立世子，不得擅易。初命三事，所以修身正家之要也。宾，宾客也。旅，行旅也。皆当有以待之，不可忽忘也。士世禄而不世官，恐其未必贤也。官事无摄，当广求贤才以充之，不可以阙人废事也。取士必得，必得其人也。无专杀大夫，有罪则请命于天子而后杀之也。无曲防，不得曲为堤防，壅泉激水，以专小利，病邻国也。无遏籴，邻国凶荒，不得闭籴也。无有封而不告者，不得专封国邑而不告天子也。）长君之恶其罪小，逢君之恶其罪大。今之大夫，皆逢君之恶，故曰：今之大夫，今之诸侯之罪人也。"（君有过不能谏，又顺之者，长君之恶也。君之过未萌，而先意导之者，逢君之恶也。林氏曰："邵子有言：'治《春秋》者，不先治五霸之功罪，则事无统理，而不得圣人之心。春秋之间，有功者未有大于五霸，有过者亦未有大于五霸。故五霸者，功之首，罪之魁也。'孟子此章之义，其若此也与？然五霸得罪于三王，今之诸侯得罪于五霸，皆出于异世，故得以逃其罪。至于今之大夫，其得罪于今之诸侯，则同时矣；而诸侯非惟莫之罪也，乃反以为良臣而厚礼之。不以为罪而反以为功，何其谬哉！"）

【注释】

① 卹邻：救助邻国。卹，同"恤"。
② 濬其畎浍：疏浚河道，利于排水。畎，田间小排水沟。浍，方百里之间的大排水沟。《尚书·益稷》："予决九川，距四海，濬畎浍距川。"
③ 时其潴泻：以时蓄水排水。潴，蓄水之地。
④ 与国：同盟之国，友好之国。
⑤ 荐饥：泛指灾荒。荐，连年没有收成。
⑥ 有无懋迁：贸易，此指互相调剂。语本《尚书·益稷》："懋迁有无化居。"孔安国传："勉劝天下，徙有之无……交易其所居积。"
⑦ 委积：财货。
⑧ 设讥：派人稽查。讥，查。
⑨ 分茅胙土：指分封土地。
⑩ 剖符：此指受天子分封而成为诸侯。帝王分封诸侯、功臣时，将竹符剖分为二，君臣各执其一以为凭信。
⑪ 彼善于此：此指五霸虽不行王道，犹胜于今之诸侯相攻。语本《孟子·尽心下》："春秋无义战。彼善于此，则有之矣。"

所以动心忍性　二句
钱有威

大贤原天困圣贤之意，无非成其大受①之器而已。甚矣，困之进人也！动心忍性，而不能者曾益焉，大受有不可胜哉！孟子之意以为：富贵福泽，所以厚夫人也。天欲降大任于是人，固将以厚之也，而必先之以困者，果何以哉？殆有深意存焉耳。彼圣贤之生，仁义礼智根于心者也，若无待于动之而后有者，然道心惟微，苟晏安之习胜，则警觉之意荒，虽圣贤亦不能必其无也。天之困之，正欲其穷则反本，而良心发于历试之余；劳则思善，而天理存于忧勤之后。惕然萌动，殆有若或启之者焉。圣贤之心，气禀食色不谓性者也，若无待于忍之而后节者，但人心惟危，苟顺适之事多，则纵恣之意起，虽圣贤亦不能必其无也。天之困之，正欲其求焉不得，而搏节②以成寡欲之功；欲焉不遂，而澹泊以为养心之助。截然限制，殆有若或遏之者焉。夫义理之心，良能之所由出也，不有以动之，则天机日浅，将并其所能者而失之矣，况有所益乎，今则义理昭著而疑惧可消，自觉猷为③之易达；气质之性，良能之所由蔽也，不有以忍之，则嗜欲日深，将并其已能者而汩④之矣，况于未能乎，今则气质清明而艰难备悉，不觉智勇之日生。向固有所能有所不能也，至是而无所不能，凡其上之而为圣，次之而为贤，皆其砥砺之深而养之裕如者也，此非天之摧抑而何以有是哉？向固有能胜有不能胜也，至此而无不能胜，凡大之而为君，次之而为相，皆其阅历之久而处之裕如者也，非天之激发而何以有是哉？即此而观，可见困穷拂郁，天固未尝薄于人也，人亦何为不力而自处其薄耶？

【评】义理精醇，词语刻露。讲"增益不能"即从"动"、"忍"勘出，尤见相题真切。惟后半精力少懈。

【题解】出自《告子下》第十五章，参见化治文卷六朱希周《舜发于畎亩之中》。

故天将降大任于是人也，必先苦其心志，劳其筋骨，饿其体肤，空乏其身，行拂乱其所为，所以动心忍性，曾益其所不能。

【注释】

① 大受：承担大任。语本《论语·卫灵公》："君子不可小知，而可大受也。"朱熹集注："受，彼所受也。盖君子于细事未必可观，而材德足以任重。"
② 搏节：抑制，节制。
③ 猷为：指建立功业。
④ 汩：汩没，消磨。

有安社稷臣者　一节

归有光

大臣之心，一于为国而已矣。夫大臣，以其身为国家安危者也，则其致忠于国者可以见其心矣，其视夫溺于富贵者何如哉？且夫富贵为豢养之地，荣禄启幸进之媒，人臣之任职者或不能以忠贞自见矣。而世乃有所谓安社稷臣者，何如哉？盖惟皇建辟而立之天子，非以为君也，以为社稷之守也；惟辟奉天而置之丞弼，非以为臣也，以为社稷之辅也。人臣之寄在于社稷而已，顾縻恋于好爵，则移其心于徇利；婴情①于名位，则移其心于慕君。而社稷之存亡奚计哉？惟夫有大臣者，敦笃棐②之忠，凡所以夙夜匪懈③者，不惟其己之心而以君之心为心；充靖恭④之节，凡所以旦夕承弼者，不惟其君之心而以天下之心为心。谟谋于密勿⑤者，必其为宗社生灵长久之计，入以告于尔后⑥，苟无与于社稷者不言也；经营于廊庙者，必其为国家根本无穷之虑，出以施于天下，苟无与于社稷者不为也。其忧深而其虑长，前有以监于先王，而后有以垂诸万世，而相与维持之者，不敢有苟且之意，盖有所谓国存与存、国亡与亡者矣；其志远而其守固，上不夺于权力，下不顾于私家，而所以自树立者，不敢有委随之心，盖有所谓招之不来、麾之不去⑦者矣。故天下无事，则为之培养元气、调理太和而不遑启处⑧，以置国家于盘石之固；天下有变，则为之消弭祸乱、攘除灾害而不动声色，以措天下于泰山之安。不以其身也，以社稷也，其心之切切也犹夫怀禄者之情也，得之而以为喜，失之而以为忧矣；不以其君也，以社稷也，其心之眷眷也犹夫慕君者之衷也，不安则以为忧，安之则以为悦矣。吁！此大臣之心也。

【评】从"悦"字生意，易见巧隽。此文止将"社稷臣"志事规模切实发挥，不咕咕⑨于"悦"字，而精神自然刻露。与《所谓大臣篇》同一写照而气象又别。观杜诗可知其志节慷慨，观震川文可知其心术端悫。故曰即末以操其本，可八九得也。

【题解】出自《尽心上》第十九章。

孟子曰："有事君人者，事是君则为容悦者也。（阿殉以为容，逢迎以为悦，此鄙夫之事、妾妇之道也。）有安社稷臣者，以安社稷为悦者也。（言大臣之计安社稷，如小人之务悦其君，眷眷于此而不忘也。）有天民者，达可行于天下而后行之者也。（民者，无位之称。以其全尽天理，乃天之民，故谓之天民。必其道可行于天下，然后行之；不然，则宁没世不见知而不悔，不肯小用其道以殉于人也。张子曰："必功覆斯民然后出，如伊吕之徒。"）有大人者，正己而物正者也。"（大人，德盛而上下化之，所谓"见龙在田，天下文明"者。此章言人品不同，略有四等。容悦佞臣不足言。安社稷则忠矣，然犹一国之士也。天民则非一国之士矣，然犹有意也。无意无必，惟其所在而物无不化，惟圣者能之。）

【注释】

① 婴情：系恋。婴，缠绕。
② 笃棐：忠心辅佐。笃，诚厚；棐，辅。语本《尚书·君奭》："笃棐时二人。"
③ 夙夜匪懈：指勤于王事，日夜不懈怠。夙，早晨。《诗经·大雅·烝民》："夙夜匪解（懈），以事一人。"《礼记·祭统》："其勤公家，夙夜不解。"
④ 靖恭：亦作"靖共"，恭谨地奉守职位。语本《诗经·小雅·小明》："靖共尔位，正直是与。"
⑤ 密勿：此指机要之地，亦指内心。
⑥ 入以告于尔后：把事情汇报给君主。后，君主。语本《书·君陈》："尔有嘉谋嘉猷，则入告尔后于内，尔乃顺之于外。"
⑦ 招之不来、麾之不去：让他来他不来，让他离开他不离开，形容人个性强或有操守。麾，挥手让人离开。语本《史记·汲郑列传》："（汲黯）守城深坚，招之不来，麾之不去，虽自谓贲育亦不能夺之矣。"

⑧ 不遑启处：指勤于公事，来不及安居。启处，指安居。《小雅·皇皇者华》："夙夜征行，不遑启处。"

⑨ 呫呫：絮絮多言。

子莫执中　一节

唐顺之

　　时人欲矫异端之偏，而不知其自陷于偏也。盖不偏之谓中，而用中者，权也。子莫欲矫杨墨之偏而不知权焉，则亦一偏而已矣。此孟子斥其弊以立吾道之准也。且夫吾道理一而分殊，而为我之与兼爱，固皆去道甚远者也；吾道以一而贯万，而执其为我与执其兼爱者，固皆执一而不通者也。于是有子莫者，知夫杨墨之弊而参之于杨墨之间，以求执乎其中焉。盖曰其孑孑然以绝物如杨子者，吾不忍为也，但不至于兼爱而已矣；其煦煦然以徇物如墨子者，吾不暇为也，但不至于为我而已矣。自其不为为我也，疑于逃杨而归仁；自其不为兼爱也，疑于逃墨而归义。子莫之于道似为近也，然不知随时从道之谓权，以权应物之谓中，而杨墨之间，非所以求中也。徒知夫绝物之不可，而不知称物以平施，则为我固不为也，而吾道之独善其身者，彼亦以为近于为我而莫之敢为矣；徒知夫徇物之不可，而不能因物以付物，则兼爱固不为也，而吾道之兼善天下者，彼亦以为近于兼爱而莫之肯为矣。虽曰将以逃杨也，然杨子有见于我、无见于人，而子莫有见于固、无见于通，要之，均为一曲之学而已，知周万变者果如是乎？虽曰将以逃墨也，然墨子有见于人、无见于我，而子莫有见于迹、无见于化，要之，均为一隅之蔽而已，泛应不穷者果如是乎？夫为我一也，兼爱一也，故杨墨之为执一易知也；中非一也，中而无权则中亦一也，故子莫之为执一难知也。非孟子辞而辟之，则人鲜不以子莫为能通乎道者矣。

　　【评】止将题所应有义意一一搜抉而出之，未尝务为高奇，而人自不能比并。古文老境也。

　　【题解】出自《尽心上》第二十六章。

　　孟子曰："杨子取为我，拔一毛而利天下，不为也。（杨子，名朱。取者，仅足之意。取为我者，仅足于为我而已，不及为人也。列子称其言曰，"伯成子高不以一毫利物"，是也。）墨子兼爱，摩顶放踵利天下，为之。（墨子，名翟。兼爱，无所不爱也。摩顶，摩突其顶也。放，至也。）子莫执中，执中为近之，执中无权，犹执一也。（子莫，鲁之贤人也。知杨墨之失中也，故度于二者之间而执其中。近，近道也。权，称锤也，所以称物之轻重而取中也。执中而无权，则胶于一定之中而不知变，是亦执一而已矣。程子曰："中字最难识，须是默识心通。且试言一厅，则中央为中；一家，则厅非中而堂为中；一国，则堂非中而国之中为中，推此类可见矣。"又曰："中不可执也，识得则事事物物皆有自然之中，不待安排，安排著则不中矣。"）所恶执一者，为其贼道也，举一而废百也。"（贼，害也。为我害仁，兼爱害义，执中者害于时中，皆举一

233

而废百者也。此章言道之所贵者中，中之所贵者权。杨氏曰："禹稷三过其门而不入，苟不当其可，则与墨子无异。颜子在陋巷，不改其乐，苟不当其可，则与杨氏无异。子莫执为我兼爱之中而无权，乡邻有斗而不知闭户，同室有斗而不知救之，是亦犹执一耳，故孟子以为贼道。禹、稷、颜回，易地则皆然，以其有权也；不然，则是亦杨墨而已矣。"）

君子之于物也　一节

归有光

君子所以施仁于天下者，惟其序而已矣。夫仁所以济天下，而不以其序则有所不达也。序行，而仁之体为无病矣。且夫君子之于天下，凡所与者，孰不思一视而同仁。顾其分之所在，势有所不能合；而天之所秩，人有所不能淆。于是乎分殊之说起，而善推之道行焉。是故其于物也，言有"爱"而已，加于"爱"①而谓之"仁"者，君子勿之行也。非固狭之以示不广也，使于物而仁之，则于其所当"仁"者又将何以待之耶？贵贱不明，而人与物之道混，吾之仁将有所穷也，故君子不敢紊也。其于民也，言有"仁"而已，加于仁而谓之"亲"者，君子勿之予也。非固小之以示私也，使于民而亲之，则于其所当"亲"者又将何以处之耶？厚薄无等，而民与亲之道混，吾之仁又将有所穷也，故君子不敢易也。要之，随物付物，屈伸俯仰，观乎彼之所当得者以顺其天；以事处事，而错综斟酌，即乎吾之所当施者以循其势。"亲"不以施于民，而有亲焉；"仁"不以施于物，而有民焉；物无所与"亲"与"仁"，而有"爱"焉。推理以存义，始于家邦而终于四海，以其"亲"事亲，而以其"亲"之余为天下之民，恩之不可解者，天之合也，化之不可已者，人之合也，辨"亲"与"仁"，而疏戚之道著矣；别生而分类，始于匹夫匹妇而洎②于一草一木，以其"仁"为民，而以其"仁"之余为天下之物，可以尽如吾之意者，类之同也，不能尽如吾之意者，类之殊也，辨"仁"与"爱"，而贵贱之义昭矣。吁！此君子之道所以仁义相济、本末兼举，无尚同兼爱③之失、倒行逆施之弊，而卒不废于天下也。

【评】上截于分划处见轻重权衡，下截于联递处见施行次第。各还分际，确实圆融。　文之疏达者不能遒厚，矜重者不能优闲，惟作者兼而有之。

【题解】出自《尽心上》第四十五章。

孟子曰："君子之于物也，爱之而弗仁；于民也，仁之而弗亲。亲亲而仁民，仁民而爱物。"（物，谓禽兽草木。爱，谓取之有时，用之有节。程子曰："仁，推己及人，如老吾老以及人之老，于民则可，于物则不可。统而言之则皆仁，分而言之则有序。"杨氏曰："其分不同，故所施不能无差等，所谓理一而分殊者也。"尹氏曰："何以有是差等？一本故也，无伪也。"）

① 加于"爱":超过了"爱"。

② 洎:及,到达。

③ 尚同兼爱:"尚同"和"兼爱"均为墨家的主张。

尽信书 一章
唐顺之

大贤言书不可以尽信,而质以《周书》之诬也。盖书不可以尽信,而《周书》之可疑者乃其证也。君子观于书也,容①可以无见哉?孟子因世之泥书②而害理者,故其好古之下,有感而为之言。曰:书所以录当世之迹而垂后世之规,固不可以不信者。但传疑③本史氏之体,容非综核之真;爱憎出一时之情,或有揄扬之过。盖学者诵其言而断之以理,无病于书也。苟不度其是非而尽信之,则不道之心,滋于见闻之误;而私意之惑,起于影响之凭。以古人垂世之迹,而反为误世之文,则又不若无书之为愈矣。他固未暇辨也,《武成》之书,所以纪武王之事者,宜若皆实录矣。吾观其始终颠末之详,而稽其会文切理之要。其可取者仅二三策而已焉,他固未足信也。是何也?盖仁者好生之德足以得民,神武之威至于不杀。无敌于天下者,乃其理之常也。今武王至仁也,纣至不仁也,以至仁伐至不仁,而犹曰血之流杵。则圣人之取天下,必假于杀戮之功;而仁人之于天下,不见乎无敌之验矣。吾固以知书之不足尽信也。学者能因言而会之以心,考迹而断之以理,则天下之书皆吾益矣。不然,宁不反为书之所误也哉?

【评】题本前断后案,文亦前整后疏。笔力圆劲,神似欧苏论辩。

【题解】出自《尽心下》第三章。

孟子曰:"尽信书,则不如无书。(程子曰:"载事之辞,容有重称而过其实者,学者当识其义而已;苟执于辞,则时或有害于义,不如无书之愈也。")吾于《武成》,取二三策而已矣。(《武成》,《周书》篇名,武王伐纣归而记事之书也。策,竹简也。取其二三策之言,其余不可尽信也。程子曰:"取其奉天伐暴之意,反政施仁之法而已。")仁人无敌于天下。以至仁伐至不仁,而何其血之流杵也?"(杵,舂杵也。或作卤,楯也。《武成》言武王伐纣,纣之"前徒倒戈,攻于后以北,血流漂杵"。孟子言此则其不可信者。然《书》本意,乃谓商人自相杀,非谓武王杀之也。孟子之设是言,惧后世之惑,且长不仁之心耳。)

【注释】

① 容:表示反问或推测的语气。

② 泥书:拘泥于书。

③ 传疑:把有疑问的地方也记录下来,以待后人考索。这是史书的体例之一。

口之于味也　一章

瞿景淳

大贤于性、命而伸抑之①，所以严理、欲之防也。甚矣，欲不可纵而理则当自尽也。欲以命胜，理以性胜，而君子自修之道毕矣。孟子盖惧人之不知也，故曰：性之在人也所当尽，而有不必徇者，性之欲也；命之在人也所当安，而有不必拘者，命之理也。此理欲消长之机，而辨之必早辨者也。是故自人之形生神发，而欲于是乎出焉，口善味而目则欲色也，耳善声而鼻则欲臭也，四肢之于安佚，亦有惟意所便者矣。此则与形俱赋而绝之不能使之无，不可谓非性也。然有命焉，贫贱者此命也，固不可违也；富贵者此命也，亦不可越也。大欲所存，而命实行乎其间，若有为之节制者矣。君子于此，思养心之要，而自甘于澹泊；励克己之勇，而无即乎慆淫②。亦惟听之于命耳，而敢诿之于性哉！何也？人心易危也，而又诿之性焉，则将无所不至矣，是故君子贵顺命也。自人之有物有则③，而理于是乎出焉，仁存于父子而义则所以正君臣也，礼存乎宾主而智则所以辨贤否也，圣人之于天道，亦有独契其全者矣。此其分量不齐而强之不能使之一，不可谓非命也。然有性焉，清且厚者此性也，固未始有加也；浊且薄者此性也，亦未始有损也。生禀万殊，而性实存乎其中，固有为之各足者矣。君子于此，务致曲之学，而因以会其全；致反身之诚，而因以践其实。亦惟必之于性耳，而敢诿之于命哉！何也？道心易微也，而复诿之命焉，则将无所不已矣，是故君子贵尽性也。吁！人之所必求者而故抑之，人之所不求者而故伸之。孟子此言，其诸④正人心之大纲与？

【评】和平朗畅，不溢不亏。文章有到恰好地位者，此类是也。

【题解】出自《尽心下》第二十四章。

孟子曰："口之于味也，目之于色也，耳之于声也，鼻之于臭也，四肢之于安佚也，性也，有命焉，君子不谓性也。（程子曰："五者之欲，性也。然有分，不能皆如其愿，则是命也。不可谓我性之所有，而求必得之也。"愚按：不能皆如其愿，不止为贫贱。盖虽富贵之极，亦有品节限制，则是亦有命也。）仁之于父子也，义之于君臣也，礼之于宾主也，智之于贤者也，圣人之于天道也，命也，有性焉，君子不谓命也。"（程子曰："仁义礼智天道，在人则赋于命者，所禀有厚薄清浊，然而性善可学而尽，故不谓之命也。"张子曰："晏婴智矣，而不知仲尼。是非命邪？"愚按：所禀者厚而清，则其仁之于父子也至，义之于君臣也尽，礼之于宾主也恭，智之于贤否也哲，圣人之于天道也，无不吻合而纯亦不已焉。薄而浊，则反是，是皆所谓命也。或曰"者"当作"否"，"人"衍字，更详之。愚闻之师曰："此二条者，皆性之所有而命于天者也。然世之人，以前五者为性，虽有不得，而必欲求之；以后五者为命，一有不至，则不复致力，故孟子各就其重处言之，以伸此而抑彼也。张子所谓'养则付命于天，道则责成于己'，其言约而尽矣。"）

【注释】

① 于性、命而伸抑之：对于"性"、"命"，均是或伸或抑。按，本文主体分为两扇，前扇伸"命"抑"性"以论遏"欲"，后扇伸"性"抑"命"以论尽"理"。

② 慆淫：逸乐放纵。《尚书·汤诰》："无从匪彝，无即慆淫。"蔡沉集传："慆，慢也。慆淫，指逸乐言。"

③ 有物有则：语本《诗经·大雅·烝民》："天生烝民，有物有则。"《孟子·告子上》引之以说明人性本善。

④ 其诸：或许，表示推测的语气。

逃墨必归于杨　一章

胡　定

异端之渐归于正也，当待之以恕，而已甚①者失之也。盖恕则人乐为善，而求人而至于叛者，患生于已甚也。君子之遇异端之归也，固不可以不重与？杨墨之祸天下也，始于斯人之不慎，而成于吾儒之不恕。孟子忧之也，盖曰：凡人之有所不幸也，皆可待之以自新，而其忍自绝其身者，常始于有以激之也。杨墨之不吾信，此岂尽斯人之罪哉？而或者吾儒亦与有责焉故也。夫二者非中道，固皆不可以久；而人情虽甚溺，亦必有时而悟。故各有所蔽，则必期于无弊，是故厌外者思实，而恶简者求中，其势然也；但以有所溺，未可责其遽复，是故墨不继而后杨，杨不足而后儒，其渐然也。此其失之于始，而犹救之于终，盖有以识乎斯道之美，而于吾人固已无恶矣；是当即其新，不究其旧，惟惧其不得为善之利，而于斯人亦又何求哉？今之君子则不然。盖尝恶其异己也而辨之矣，辨之诚是也。然皆不能忘其既往之怨，而厚以为罪，何其示人不广也；有可以入于吾儒之机，而又弃不取，亦不成人之美矣。是追放豚者之智也。彼其入于笠也，以无至于放焉而不反，亦已幸矣；至又从而招②之，而待之以无所容，不已过乎？则其旷逸之素，必不乐就于绳检；而情不自胜，犹将务适其外志矣。绳之太急，虽放豚有所不堪；而拒而不释，将使杨墨孰从而入哉？夫既已禁其去③矣，而顾又绝其归④；其责之亦已详，而待之亦已不恕矣。亦何怪乎二氏之忿戾而不可解、攻之而愈坚也！吁，为异说者固有罪矣，而致激成之祸者，亦不得谓之无过。吾诚杨墨之恶，而忍为是哉？

【原评】以比偶为单行，以古体为今制，唯嘉靖时有之，实制义之极盛也。此文浑浩中又极细入生动，故为绝唱。

【评】程子谓当时新法⑤，亦是吾辈激成之。文本此立论，穷极"追放豚"之流弊，与《注》意不相背而相足也。至章法之入古，则原批尽之。

【作者简介】

胡定，字正叔，号二溪，湖广（今湖北）崇阳人。嘉靖三十五年（1556）进士，初知德清县，官至广西左布政使。方志谓其文章经术，蔚然大雅儒宗，有《二溪全集》。制义有《胡二溪稿》，俞长城谓："胡二溪隽于嘉靖之季，文尚博大，其势固然，间出其朴淡之笔，则屈曲变化，不可测识。余尝谓方山（按，薛应旂）能密而不能疏，理斋（按，诸燮）能疏而不能密，二溪兼之，文虽不多，可以传矣。"

【题解】出自《尽心下》第二十六章。

孟子曰："逃墨必归于杨，逃杨必归于儒。归，斯受之而已矣。（墨氏务外而不情，杨氏太简而近实，故其反正之渐，大略如此。归斯受之者，悯其陷溺之久，而取其悔悟之新也。）今之与杨墨辩者，如追放豚，既入其苙，又从而招之。"（放豚，放逸之豕豚也。苙，阑也。招，罥也，羁其足也。言彼既来归，而又追咎其既往之失也。此章见圣贤之于异端，距之甚严，而于其来归，待之甚恕。距之严，故人知彼说之为邪；待之恕，故人知此道之可反。仁之至，义之尽也。）

可以言而不言 二句
唐顺之

大贤于人之默非其时者而推其情，欲其充义之尽也。盖心无所为，则当言而必无不言者矣，若彼及时而故默焉者，岂非匿己以探人乎哉？孟子言人必悉此而去之，然后为能充无穿窬①之心也，意岂不谓：隐微虽人所易忽，而修辞②固所以立诚，是不可以不察也。然岂特不可以言而言者为以言𫘝人者哉？乃若拟议既足于己，于时不可以不言；而理义或疑于心，于事不容以不言。当此而言，谓之"含章时发"③，发皆顺理也；谓之"时然后言"④，言皆由衷也。顾乃深潜以匿其志，而中心之藏，若弗能发其端，时之可言，弗暇计焉；隐默以缄其机，而心术之蕴，惟恐或泄其秘，事之当言，弗暇恤焉。若此者，非拟之而后言，以求免夫口过也；非缜密而不出，以求至于无咎也。养辨于默，固将以售奸于人焉耳。盖人之两相与⑤而意之未相入也，必资于言以示之情而达其机。顾其机之所发不先于我则先于彼，未有能相持而两无所示者也。今也我之不言，固若示之以无意矣。其或彼有疑焉，而滞于吾之未有所决也；彼有见焉，而激于吾之未有所叩也。滞于吾之未有所决，则彼将不能自释，而急于自发其所疑，而吾固可以逆知其情之所在矣；激于吾之未有所叩，则彼将不能自忍，而急于自售其所见，而吾固可以预知其情之所在矣。是吾之所以秘其情于不可窥者，乃其所以深泄乎人之情也；吾之所以伏其机于不可测者，乃其所以深发乎人之机也。向使可以言而遂言之，彼将因吾言而不为之言，其情固有所隐而不尽露者矣；即因吾言而亦为之言，而吾又方混于两言淆乱之中，则又何以深察乎彼之隐也哉？士可以言而不言，其用心盖如此，谓其为穿窬之类

238

也亦宜矣。

【原评】 此荆川居吏部时笔，纵横奇宕，大类《韩非子》。

【评】 抉摘餂者隐曲，纤毫无遁。指事类情，尽其变态而止。管、荀推究事理之文亦如是，但气象较宽平耳。

孟子曰："人皆有所不忍，达之于其所忍，仁也；人皆有所不为，达之于其所为，义也。（恻隐羞恶之心，人皆有之，故莫不有所不忍、不为，此仁义之端也。然以气质之偏、物欲之蔽，则于他事或有不能者。但推所能，达之于所不能，则无非仁义矣。）人能充无欲害人之心，而仁不可胜用也；人能充无穿逾之心，而义不可胜用也。（充，满也。穿，穿穴；逾，逾墙，皆为盗之事也。能推所不忍，以达于所忍，则能满其无欲害人之心，而无不仁矣；能推其所不为，以达于所为，则能满其无穿逾之心，而无不义矣。）人能充无受尔汝之实，无所往而不为义也。（此申说上文充无穿逾之心之意也。盖尔汝人所轻贱之称，人虽或有所贪昧隐忍而甘受之者，然其中心必有惭忿而不肯受之之实。人能即此而推之，使其充满无所亏缺，则无适而非义矣。）士未可以言而言，是以言餂之也；可以言而不言，是以不言餂之也，是皆穿逾之类也。（餂，探取之也。今人以舌取物曰餂，即此意也。便佞隐默，皆有意探取于人，是亦穿逾之类。然其事隐微，人所易忽，故特举以见例。明必推无穿逾之心，以达于此而悉去之，然后为能充其无穿逾之心也。）

【注释】

① 穿窬：钻穴翻墙行窃。按，《孟子》本章原作"穿踰"，今统为"穿逾"，见文后题解。"穿窬"语本《论语·阳货》"其犹穿窬之盗也与"。

② 修辞：此即指说话。语本《易·乾》："修辞立其诚，所以居业也。"孔颖达疏："辞谓文教，诚谓诚实也。外则修理文教，内则立其诚实，内外相成，则有功业可居。"

③ 含章时发：内有美质，在合适的时间表现出来。语本《易·坤》："含章可贞，以时发也"，孔颖达疏："内含章美之道，待时而发。"

④ 时然后言：在合适的时机说话。语本《论语·宪问》："夫子时然后言，人不厌其言。"

⑤ 相与：此指交往。

恶佞恐其乱义也　二句

胡　定

圣人两恶乎言之乱正者，所以严天下之辨也。甚矣，信、义自有真也，自佞与利口出而信义失其真矣，圣人得不恶之以严其辨与？孟子原夫子恶乡愿之意而述其言也，以为：天下有真是，则不疑于非；天下有真非，则不疑于是。惟似是而非者出焉，始足以眩乎天下矣，吾宁不重恶于斯乎？今夫君子所以制天下之事者，以其有本然之义而已，义固不可一日乱焉者也。使为佞者而不足以乱义，则无恶于佞矣，然而君子必恶夫佞者，何哉？盖其恃才以有言，而所言者似有得于物理之宜；舞智以立论，而所论者似有合乎人心之正。义之所以为是者本自若也，彼则曲为之说，使其出于非焉，而天下遂不知夫真是之所在也；义之所以为非者本自若也，彼则旁为之证，将以成其是焉，而天下遂不知真非之所在也。方其佞之未著，则天下犹知有义；而自斯人之售其佞焉，人将以非义为义而义始乱矣。吾惧夫义之终息于天下也，宁不于佞而恶之哉？君子所以通天下之志者，以其有本然之信而已，信亦不可一日乱焉者也。使为利口而不足以乱信，则无恶于利口矣，而君子必恶夫利口者，何哉？盖其言之伪而辨^①也，有若由衷以达于外；辞之巧而文也，有若修辞以达其诚。其与人者本无是实心也，而甘悦之辞，若可以久要而不忘^②者，天下将信其心而莫之疑也；其应物者本无是实事也，而谆切之语，若可敦行而不怠者，天下将信其事而不之察也。方其利口之未施，则天下犹知有信；而自斯人之逞其利口焉，人将以非信为信而信始乱矣。吾惧夫信之终亡于天下也，宁不于利口而恶之哉？是则恶佞之乱义也，然后天下知佞之非义，而本然之义明矣；恶利口之乱信也，然后天下知利口之非信，而本然之信明矣。圣人为斯道之防也，其无所不至也。

【原评】义是义，信是信，佞是佞，利口是利口，一字不可移易。题难在分别四项，如此画然可据，非先辈不能。

【题解】出自《尽心下》第三十七章，参见化治文卷六钱福《经正　斯无邪慝矣》。

恶佞，恐其乱义也；恶利口，恐其乱信也。

【注释】

① 辨：当作“辩”，辞理明辩，不可屈止。按，此本《礼记·王制》："行伪而坚，言伪而辩……杀。"

② 久要而不忘：与人所作的约定，时间长久也不会忘记。要，约。语出《论语·宪问》："久要不忘平生之言，亦可以为成人矣。"

【钦定隆万四书文】

隆庆（1567—1572）为明穆宗朱载垕年号，万历（1573—1620）为明神宗朱翊钧年号。两朝共举行十八科会试。

钦定隆万四书文卷一（《大学》）

身修而后家齐　合下节

黄洪宪

惟天下无身外之治，则知天下无身外之学矣。夫一身修而齐治均平胥有赖焉，信乎修身之学，无贵贱一也，而君子当先务矣。且夫大学之道，皆非外身而为之也。有为身而设者，有自身而推者，而本末先后辨焉，先其本而天下之道备矣。何则？格致诚正，皆所以修身，而吾身此理也，推之于民亦此理也。诚能慎厥身修，而表正①之基，已端于在我；则仪刑②自近，而亲睦之化，用协于一家。由是家齐而后国可治焉，治以此身而已矣；国治而后天下可平焉，亦平以此身而已矣。盖天下国家，皆非身外物也，物理相因，而莫非一身之联属；故齐治均平，皆非身外事也，事为有渐，而要皆慎修之绪余。此古之明德于天下者必有所先也。即是观之，而修身之学非天下之大本乎？是故上自天子之尊，下而至于庶人之贱也，其位虽异，而成己成物之责，实合上下而攸同；故其分虽殊，而端本善则之功，当尽尊卑而一致。天子有天下者也，然必家齐、国治而后天下平焉，则刑于③之道当又有始，而所以笃近举远者，一本诸身而已矣，观天子，而下焉者可知也；庶人有家者也，然惟家齐而可以治国、平天下焉，则身先之化不止于家，而所谓迩之可远者，皆本诸身而已矣，观庶人，而上焉者又可知也。道随分尽，而一身实万化之原；事以势殊，而慎修为作则之本。此大学之道所以先修身也。既知修身为先务，而格致诚正之功，其可以或后哉？

【评】上下照应之法，至此乃精，嘉靖以前未有也。然皆于实理发挥，自然联贯，是谓大雅。后人徒求之词句间，则陋矣。

【作者简介】

黄洪宪，字懋中，号葵阳，浙江嘉兴人。隆庆元年（1567）浙江乡试第一，五年会试第二，廷试二甲十三名，授翰林院编修。升至詹事府少詹事，兼翰林院侍读学士，掌院事。后为人所忌，告归乡里。著有《春秋左传释附》二十七卷、《碧山学士集》二十一卷。黄氏为隆庆、万历间时文名家，与黄汝亨并称浙中"二黄"，有《黄葵阳稿》。

【题解】出自首章，参见正嘉文卷一归有光《大学之道》。

身修而后家齐，家齐而后国治，国治而后天下平。自天子以至于庶人，壹是皆以修身为本。

【注释】

① 表正：以身为表率而正之。《尚书·仲虺之诰》："表正万邦，缵禹旧服。"
② 仪刑：效法，此指做楷模。刑，同"型"，法式、典范。《诗经·大雅·文王》："仪刑文王，万邦作孚。"
③ 刑于：指以身作则，树立表率。语本《诗经·大雅·思齐》："刑于寡妻，达于兄弟，以御于家邦。"刑，即"型"，（树立）榜样。

康诰曰克明德　一章

胡友信

传者历稽古大人之学，无非自明其德者也。夫明德之学，其来远矣，虽古圣帝明王，孰有外于此者哉？且曾子之学，吾夫子之学也；吾夫子之学，二帝三王之学也。故曾子既言"明明德"，而首引《书》以释之。曰：学莫先于治己，言莫大于足征。若吾所谓"明明德"者，非吾一人之私言也，进而求诸古矣，《康诰》曰"克明德"，《康诰》述文王之事，而文王乃以大人之学师天下者也，观乎《康诰》，可以考道于周矣；然不独于周言之，而于商亦言之，《太甲》曰"顾諟天之明命"，《太甲》述成汤之事，而成汤乃以大人之学王天下者也，观乎《太甲》，可以考道于商矣；然不独于商言之，而于陶唐亦言之，《帝典》曰"克明峻德"，《帝典》述唐尧之事，而唐尧乃以大人之学帝天下者也，观乎《帝典》，可以考道于尧矣。《康诰》非比词于《太甲》，《太甲》非稽类于《虞书》，而所言之旨若殊；尧实传之于汤，汤实传之于文王，而自明之功则一。夫"克明德"者固明己之德也，而"顾諟明命"岂徒求端于天者乎，我所得之中，具有天所赋之理，而常目在之者，固所以明之也；"顾諟明命"固所以明己之德也，而"克明峻德"又岂增益于外者乎，其所得之理，具有无穷之量，而"明峻德"者，亦所以"明明德"也。至虚以具众理，三圣人同以为心；至灵以应万事，三圣人共守一道。我固曰："非我一人之私言也！"

【评】芟繁去芜，独存质干。

【作者简介】

胡友信，字成之，别号思泉，浙江德清人。隆庆二年（1568）进士，授顺德知县，有善政，卒官，士民立祠奉祀。友信为明代制义文大家，《明史·文苑传》称"友信博通经史，学有根柢。明代举子业最擅名者，前则王鏊、唐顺之，后则震川、思泉"。有《胡思泉稿》，俞长城题识云："（归有光、胡友信）二公文或密或疏，皆本经术，而出以浩气，举王、唐以来蕴畜而不泄者，至此而发扬殆尽，可谓极盛者矣。辛未（按，1571，隆庆五年）以后，文归雅正，渐入于时，一变而为凌驾，再变而为芜秽，狂澜既倒，不能复回。"

【题解】出自传首章。

《康诰》曰："克明德。"(《康诰》,《周书》。克,能也。)《大甲》曰："顾諟天之明命。"(大,读作泰。諟,古是字。《大甲》,《商书》。顾,谓常目在之也。諟,犹此也,或曰审也。天之明命,即天之所以与我,而我之所以为德者也。常目在之,则无时不明矣。)《帝典》曰："克明峻德。"(峻,《书》作"俊"。《帝典》,《尧典》,《虞书》。峻,大也。)皆自明也。(结所引书,皆言自明己德之意。)

是以君子有絜矩之道也　　忠信以得之

顾允成

传者详絜矩之道,而推本于心焉。夫道不外乎心也,以忠信之心行絜矩之道,天下之平也,固其所矣。且天下何为而平也,其平之以道乎?道何为而得也,其得之以心乎?心与道合,道与天下合,治平之业可一举而定矣。君子观天下于家国之间,而知其无二心,是以有絜矩之道焉。本然之矩在己,絜而公之于人;同然之矩在物,反而絜之于己。此何谓也?所恶于上下而勿施,所恶于前后左右而勿施之谓也①,得之将为民父母,而得众得国者由是;失之将为天下僇②,而失众失国者由是。汤之所以兴,纣之所以亡,皆是物也。甚矣!《诗》之善言絜矩也。故明此以理财,则慎德之君子、絜矩之君子也,人土之所由归,财用之所由具也,不然,而聚之也悖入,散之也悖出,不惟戾于周诰③之格言,抑且惭于晋楚之方志④矣;明此以用人,则能好恶之仁人、絜矩之仁人也,容贤之人所由进,妨贤之人所由远也,不然,而以不断⑤掩明,以不明灾身,不惟昧于仁人之大义,抑且惭于霸国之誓词⑥矣。吾于是知道者,治法也,君子固必以大道为出治之端;心者,治本也,君子尤必以一诚为行道之要。絜矩之道,公乎己而不私之道也,故惟主于忠者得之,为其尽己之心者,斯能公乎己也;絜矩之道,公乎物而不私之道也,故惟主于信者得之,为其循物之心者,必能公乎物也。理财者有是心,则为君子之慎德;用人者有是心,则为仁人之好恶。于平天下何有⑦哉?

【评】题绪虽繁,无一节可脱略。文能驭繁以简,毫发不遗,而出以自然,由其理得而气清也。

【作者简介】

顾允成(1554—1607),字季时,号泾凡,无锡人。与其兄顾宪成同游薛应旂门,后并为东林领袖。性耿介,厉名节,举万历十一年(1583)会试,十四年始赴殿试,以对策攻嬖幸,被置末第。又以上疏为海瑞辨诬,被夺冠带,令还家省愆。后被起用,迁礼部主事,又以忤神宗意,谪光州判官,乞假归,不复出。著有《小辨斋偶存》八卷等。

【题解】出自传第十章,参见正嘉文卷一唐顺之《此之为絜矩之道》。

是以君子有絜矩之道也。所恶于上,毋以使下;所恶于下,毋以事上;所恶于前,毋以先后;所恶于后,毋以从前;所恶于右,毋以交于左;所恶于左,毋以交于右:此之谓絜矩之道。《诗》云:"乐只君子,民之父母。"民之所好好之,民之所恶恶之,此之谓民之父母。《诗》云:"节彼南山,维石岩岩,赫赫师尹,民具尔瞻。"有国者不可以不慎,辟则为天下僇矣。《诗》云:"殷之未丧师,克配上帝;仪监于殷,峻命不易。"道得众则得国,失众则失国。是故君子先慎乎德。有德此有人,有人此有土,有土此有财,有财此有用。德者本也,财者末也,外本内末,争民施夺。是故财聚则民散,财散则民聚。是故言悖而出者,亦悖而入;货悖而入者,亦悖而出。《康诰》曰:"惟命不于常!"道善则得之,不善则失之矣。《楚书》曰:"楚国无以为宝,惟善以为宝。"舅犯曰:"亡人无以为宝,仁亲以为宝。"《秦誓》曰:"若有一个臣,断断兮无他技,其心休休焉,其如有容焉。人之有技,若己有之,人之彦圣,其心好之,不啻若自其口出,寔能容之,以能保我子孙黎民,尚亦有利哉。人之有技,媢疾以恶之,人之彦圣,而违之俾不通,寔不能容,以不能保我子孙黎民,亦曰殆哉。"唯仁人放流之,迸诸四夷,不与同中国。此谓唯仁人为能爱人,能恶人。见贤而不能举,举而不能先,命也;见不善而不能退,退而不能远,过也。好人之所恶,恶人之所好,是谓拂人之性,菑必逮夫身。是故君子有大道,必忠信以得之,骄泰以失之。

【注释】

① 此句谓所恶于前、后、左、右,则勿施于后、前、右、左。见所附原文。
② 僇:同"戮"。
③ 周诰:此章所引《康诰》为周公命康叔之辞,属《尚书·周书》,故曰"周诰"。
④ 晋楚之方志:此章所引"舅犯曰"为晋人语,"楚书曰"为楚人语。
⑤ 不断:不诚。本章引《秦誓》"断断兮无他技",朱熹《集注》:"断断,诚一之貌。"
⑥ 霸国之誓词:指本章所引《秦誓》。秦为春秋五霸之一,故云。
⑦ 何有:有什么难处呢?

诗云节彼南山 二节

方应祥

　　大传引言微君,欲其慎以守国焉。夫国系于民,慎则众得,而国可保矣,君盖①可忽乎哉?且君天下者,谓天以天下奉君,不知以天下责君;谓民必依君为命,不知能制君之命。于是谓君不必慎,而以天下恣睢,此轻弃其民而只以国戏者也。南山诗人②有感王心之式讹③,而寄刺于师尹之弗届④,彼且以民之具瞻而不可忘慎也,况君实有国而可自恣乎?所治大矣,惕然戒慎⑤之不宁,庶几分愿⑥可协耳,拂百姓之欲以快其心,谁复堪之?所托危矣,怵然颇僻⑦之是儆,犹虑倚伏⑧难凭也,集四海之怨以伺其君,谁能禁之?民之不附,其小者也,匹夫作难,而大统遂至于讫绝,则不啻僇及乎己,而且僇暨其先;祚之不长,其往者也,一朝失据,而千古永勒为监戒,则当时既僇其身,而后世并僇其名。有国而可不慎哉?《文王》之诗道之矣。恫已事于殷之丧,而溯其先烈之显融⑨,盖曰此夫前王能慎也,得众而得国,胡季世⑩之不能守也;惩亡殷于纣之暴，而示诸来者之仪监，若曰无如后王⑪不慎也，失众而失国，是覆辙之不可寻也。周公致戒嗣王⑫之心，夫亦"有国者不可不慎"之意；纣之失众失国而为后人监，所谓"辟⑬为天下僇"者哉？

【原评】 前节逗后节，后节抱前节，局法甚紧，古气郁盘。

【评】 以上节之慎、不慎，为下节得、失之因。一正一反，意脉相承。"师尹"一层纳入"有国者"中，一气运化，更不费手。

【作者简介】

方应祥（1560—1628），字孟旋，号青峒，浙江西安（今衢县）人。少孤养母，久困场屋，万历三十四年（1606）举乡试第一，四十四年（1616）始成三甲末名进士。历任南京兵部职方司主事、山东督学等。著有《四书代言》二十卷、《青来阁文集》三十五卷等。清初冯班谓万历之末，士子不学，而方应祥、胡震亨等堪称博学。亦精制义，有《方孟旋稿》，俞长城谓其"幽奥坚古，质而弥文，殆有至性存焉"。

【题解】 出自传第十章，见前，参见正嘉文卷一唐顺之《此之为絜矩之道》。

《诗》云：节彼南山……失众则失国。

【注释】

① 盖：通"盍"，何。
② 南山诗人：此指《诗经·小雅·节南山》的作者。《毛诗序》谓此诗："家父刺幽王也。"
③ 式讹：纠正，使悔改。讹，化。《节南山》："家父作诵，以究王讻。式讹尔心，以畜万邦。"
④ 弗届：不推行德政。届，至，指推行善政。语本《节南山》："君子如届，俾民心阕。"按，《节南山》不显斥幽王，而斥其大臣师尹不行善政，故此句云"寄刺"。
⑤ 憬然惢慎：惕然戒惧。憬然，觉悟貌。
⑥ 分愿：本愿、本心。
⑦ 颇僻：也作"颇辟"，邪佞、行为不正。《尚书·洪范》："人用侧颇僻，民用僭忒。"
⑧ 倚伏：此指福祸的转换消长。语本《老子》："祸兮福之所倚，福兮祸之所伏。"
⑨ 显融：德行显著、显明。
⑩ 季世：末世。
⑪ 后王：此指商纣王。
⑫ 周公致戒嗣王：此章所引《诗经·大雅·文王》，前人认为是周公所作以告诫周成王。
⑬ 辟：行为偏邪不正。

见贤而不能举　一节

黄洪宪

即好、恶之未尽其道者，而各有其弊焉。夫好贤不可不笃，而恶恶不可不严也，好之、恶之而未能尽其道，其弊宁有极乎？且夫治天下有道，亲贤远奸而已矣。然用贤贵专，而不专则罔以成功；去恶贵严，而不严则无以除患。君人者，夫亦是慎乎！何则？国有贤人，社稷之福也，亦人情之所同以为好者也。仁人见之未有不举，亦未有举而不先者。有人于此，德既昭矣，名既著矣，吾亦且见之矣。顾不能以其公好之心而尽其能好之道，于是有见而弗举，沦于在野而不获仕者矣；有举而不先，伏于下僚而不获显者矣。夫君子有康济之略，而非大受①则不能展其才。知而不举，犹不知也；举而不先，犹不举也。况夫执狐疑之心者，启谗言之渐；持不断之意者，开群枉之门。彼贤人者亦无以行其志矣，是之谓简略以待天下之士，而非"任贤勿二"②之心也。其为慢也，孰甚焉？至若国有憸人③，社稷之蠹也，亦人情之同以为恶者也。仁人见之未有不退，亦未有退而不远者。有人于此，奸既彰矣，罪既露矣，吾亦闻且见之矣。顾不能以其公恶之心而尽其能恶之道，于是有见而弗退，溺于比昵而与之共事者矣；有退而弗远，牵于姑息而处之中国④者矣。夫小人有便佞之才，而非放流则不能绝其迹。知恶不退，将复进之；退恶不远，将复近之。况乎法网之宽，非所以闲邪⑤；凶类之宽，非所以保善。彼小人者益得以肆其恶矣，是之谓优柔以养天下之奸，而非"去邪勿疑"之道也。其为过也，孰甚焉？夫善善而不能用，则子孙黎民不蒙其泽；恶恶而不能去，则子孙黎民将受其殃。此无他，以其心之未仁也。然则能得好恶之正者，微仁人，吾谁与归？

【评】宽博浑厚，恺切周详，有文贞、宣公⑥诸名人奏疏气味。

【题解】出自传第十章，参见正嘉文卷一唐顺之《此之谓絜矩之道》。

见贤而不能举，举而不能先，命也；见不善而不能退，退而不能远，过也。

【注释】

① 大受：承担重任，委以重任。《论语·卫灵公》："君子不可小知而可受也。"
② 任贤勿二：及下"去邪勿疑"俱本《尚书·大禹谟》。
③ 憸人：奸邪之人。
④ 处之中国：指未能驱逐。《大学》此章谓对于奸人当"放流之，迸诸四夷，不与同中国"。
⑤ 闲邪：防止邪恶。闲，防、戒。
⑥ 文贞、宣公：指魏征和陆贽。魏谥文贞，陆谥宣，均擅奏议。

生财有大道　一节

传者论理财之有要，得其要而常裕焉。夫财生于勤，而匮于侈也，先之以勤，而复继之以俭，财不有余裕哉？此所以谓之大道也。大传之意曰：君子有平天下之责，则财之理也固有所不讳；而有公天下之心，则财之生也亦有所不私。是故不必于殖货①也，而所以广其利者自有公平之大计；不必于任术②也，而所以裕其蓄者自有节制之宏规。财以生而聚，患于不众也，则以九赋③任万民，驱游惰而农之④，而不使之有余力；财以食而耗，病于不寡也，则以六计弊群吏⑤，简俊乂⑥而官之，而不使其有冗员。为之不疾，犹弗生也，必不违其时，导以趋事之敏，而凡司徒之所任⑦者，固皆得以力本而自尽⑧者也；用之不舒，尤甚于食也，必计入而出，定其职贡之式，而凡司会⑨之所总者，固皆其所因时而制费者也。夫有以生之也，而又不冗于食，则生之所出者恒足于所食而不穷；有以为之也，而又不滥于用，则为之所殖者恒足于所用而不匮。是始焉经制于上，因天下之财与天下理之，而不谓之悖入；既也藏富于民，举天下之财皆吾之财，而不至于悖出。此之谓"内本外末"，而生财之道大矣。长国家者以是而存心，虽言多寡有无，奚讳哉？唯徒知国之当足，而以其私心与民争尺寸之利，夫是以所得之不足以偿所失也。

【原评】前辈傅、喻二作，皆似以"恒足"为"足国"。以上文"有财""有用"，下文"府库财"观之，或然也。程文划分"足国"、"足民"，义理尤备。此则浑然两足以包之。

【评】肖题立格，依注作疏，气体高闳，肌理缜密。前代会元诸墨，当以此为正轨。

【作者简介】

邓以赞，字定宇，又字汝德，江西新建人。隆庆五年（1571）会试第一，廷式第三，授编修，官至吏部右侍郎，谥文洁。以赞传王畿良知之学，品端志洁，学者尊为定宇先生，有《定宇集》四卷等。精于制义，有《邓定宇稿》，俞长城谓以赞与同科黄洪宪之制义"皆时文之正则"，"然世之习时文者，圆融正当，即号定宇一派"。

【题解】出自传第十章，参见正嘉文卷一唐顺之《此之谓絜矩之道》。

生财有大道，生之者众，食之者寡，为之者疾，用之者舒，则财恒足矣。

【注释】

① 殖货：增殖财货。
② 任术：使用权谋。
③ 九赋：本指从邦中、关市等九地所征收的财赋，泛指种种财赋。《周礼·天官·大宰》："以九职任万民……以九赋敛财贿。"
④ 农之：使之从事于农业。
⑤ 六计弊群吏：用六种方式考核官吏。弊，断，评判。语本《周礼·天官·小宰》："以听官府之六计，弊群吏之治。"
⑥ 简俊义：选拔才德出众的人。《尚书·皋陶谟》："九德咸事，俊义在官。"
⑦ 司徒之所任：司徒为"教官"，《周礼·地官·序官》："乃立地官司徒，使帅其属而掌邦教。"
⑧ 力本而自尽：努力务农，尽职尽力。本，指农业。
⑨ 司会：主管财用的官员。《周礼·天官·司会》："以九贡之法致邦国之财用……以九式之法均节邦之财用。"

生财有大道　一节

黄洪宪　墨

王者足国之道，自其所以裕民者得之也。夫务本而节用，皆所以为民也，以此生财而财不可胜用矣，其道不亦大乎？且夫财之为用，上关国计而下系民生，是故不可聚也，而亦不可不理也。惟夫慎德之君子，有土有财，固不待生而自裕；而足民足国，亦必有道而后生。天地之美利①，为天地开之而已矣；国家之大计，为国家制之而已矣。其道盖至大也，而果安在哉？盖天下之财，所以生而为之者常在下，所以食而用之者常在上。下不勤而上无节，财不可使足也。是必驱游民以归农，而使地无遗利，生之者既众矣，且诏禄有常，而食其所生者又若是其寡焉；恤农时以简役，而使人无遗力，为之者既疾矣，且赋式可通，而用其所为者又若是其舒焉。夫以众生者而不以众食也，则所生者足以待其食，而常赋之输，自取足而不竭；以疾为者而不以疾用也，则所为者足以供其用，而征税之入，自常足而有余。道经于下②，而财之源达焉，天地之利无穷，而吾之生之者亦无穷矣，虽不必外本③以求之，而利本以开，不有取之而裕如者乎？道经于上，而财之用需焉，国家之赋有限，而吾之省之者则无限矣，虽不必内末以求之，而末流④以节，不有常取而可继者乎？斯则顺民情欲恶之端，而上下咸赖；体王道公平之制，而乐利无私。此天下之计也，万世之计也，而其道莫有大焉矣。絜矩君子，可不知所务哉？

【评】 讲首末二句，周密老成，通篇笔力亦劲。

【题解】 出自传第十章，见上，参见正嘉文卷一唐顺之《此之谓絜矩之道》。

【注释】

① 美利：大利，丰厚的利益。《易·乾》："乾始，能以美利利天下，不言所利，大矣哉！"
② 道经于下：生财的大道运用于下民。
③ 外本：指重财轻德。《大学》本章："德者本也，财者末也。外本内末，争民施夺。"
④ 末流：此指消耗财富。生财谓"开源"，节用谓"节流"。

孟献子曰 一节

陶望龄 墨

利国者不言利，征之训有家者焉。盖国家之利在义，而利非利也。献子直为有家训哉？通于国矣！且夫平天下者不讳言利，而顾尝主散①不主聚者，非以义遗利也，亦察乎义之利耳。昔孟献子戒专利而揭官箴，故谓：畜马乘②之不察鸡豚也，伐冰之不畜牛羊也。此犹其小者也，乃聚敛之臣操术之巧以成贪，其言利者甚悉；朘③民之膏以附上，在好利者必庸④。而百乘之家无利于畜此臣也，甚且不得与盗臣等。何也？盖人臣奉公守职，即锱铢不得下侵；而欲保世承家，则封殖⑤岂为完策？又况于人君，家四海以为富者哉？故皇皇求利，世主以为善计，而国之利不在焉；皇皇求义，明主所为勤民，而国之利实附焉。利端一开，则积之者无用，而供之者无已，此以敛之怨耳，何利乎，固不若散财以聚民，而自得夫守富之术也；利源既竭，则供者难继其求，而积者必至于散，此以阶之祸⑥耳，何利乎，固不若聚民以守财，而坐收夫藏富之效也。彼所称"不察"、"不畜"者，其此谓哉？有国家者，绎献子之说，察义利之几，无令天下言利之徒有以窥其隙而中之，使谓天子有聚敛臣，则平天下易易矣。

【原评】献子言与引献子言，俱重戒聚敛臣耳。文会意合发，打成一片，沉浑严紧，力引千钧。若叙过引言，另起"此谓"，局便散矣。　　　要知争关夺隘，俱在前半后只收束完密。

【作者简介】

陶望龄（1562—1609），字周望，号石篑，会稽（今绍兴）人。万历十七年（1589）会试第一、廷试第三，授编修，后进国子监祭酒，为官廉洁，谥文简。勤学问，工诗文，为时人所推，著有《老子解》二卷、《庄子解》五卷及《歇庵集》十六卷等。制义有《陶石庵稿》，俞长城题识谓，隆庆改元，制义去繁芜而归雅正；至于癸未（1583），冲淡极矣。望龄乡试之作仍随此风，后力求逍炼，己丑（1589）遂以冠天下，有开风气之功。

【题解】出自传第十章，参见正嘉文卷一唐顺之《此之谓絜矩之道》。

孟献子曰："畜马乘不察于鸡豚，伐冰之家不畜牛羊，百乘之家不畜聚敛之臣，与其有聚敛之臣，宁有盗臣。"此谓国不以利为利，以义为利也。

【注释】

① 主散：主张以散财得众。《大学》本章："是故财聚则民散，财散则民聚。"
② 畜马乘：及下之"伐冰"、"百乘之家"，分别指初试为大夫者、卿大夫以上、有采地者。
③ 朘：剥削。
④ 必庸：必然重用。
⑤ 封殖：此指聚敛财富。封，厚。
⑥ 阶之祸：引起祸患。

小人之使为国家　四句

胡友信

传者于小人专利之祸，而必究其极焉。夫专利之小人，无所不至也，苟一用之，而其祸可胜言哉！今夫天下莫病于小人，尤莫病于聚敛之小人，有国家者慎勿误用之耳。如使惑于所诱也，委之以国焉，而出纳之权为其所统；甘于所投①也，授之以政焉，而予夺之柄为其所专：则必剥民之膏以充君之欲，而不顾其危之所伏；屈物之力以供上之求，而不虑其祸之将生。上焉天厌之，而薄其阴阳之和，山川草木皆足以为吾灾也；下焉民厌之，而恣其愁苦之气，匹夫匹妇皆足以为吾病也。当斯时也，虽有絜矩之君子出焉，奋然为国，请罪于天，一洗其既秽之政，而荐②之以馨香；有慎德之君子出焉，毅然为君，释憾于民，尽转其既悴之生，而沃之以膏泽：天命则已去矣，而顺之者③之方殷，固不若逆之者之既重也，善人虽有回天之力，亦安能施于小人当国之后哉？人心则已离矣，而仁之者之方切，固不若虐之者之既深也，善人虽有多助之报，亦安能自效于盗臣专国之余哉？要之，事败于小人，则永无复成之理；祸起于掊克④，则世无回福之机。长国家者，可不慎所使哉！

【原评】精神一气贯注，直如铸铁所成。笔力之高，远出寻常。

【评】固是一气铸成，仍具浑灏流转之势，故局敛而气自开拓。

【题解】出自传第十章，参见正嘉文卷一唐顺之《此之谓絜矩之道》。

长国家而务财用者，必自小人矣。彼为善之，小人之使为国家，菑害并至。虽有善者，亦无如之何矣！此谓国不以利为利，以义为利也。

【注释】

① 甘于所投：被小人的主张所迷惑。甘，以……为甘，指被迷惑。所投，小人用以投合人君的主张。

② 荐：献，指祭祀。

③ 顺之者：指君子顺乎民心的举措。后"逆之者"指小人违背民心的举措。

④ 掊克：亦作"掊刻"，指极力敛聚、搜刮。

钦定隆万四书文卷二（《论语》上）

其为人也孝弟　　一章

冯梦祯

　　惟孝弟远于不仁，而为仁之本可识矣。夫远于不仁，则仁矣，彼为仁而务孝弟者，其识本哉！有子发此，盖欲挽天下于仁也。若曰：道莫大于仁，心莫切于孝弟。盖尝求其说矣，夫人而至于好犯上好作乱，岂非不仁之甚而天下所不容者哉？然作乱始于犯上，犯上始于不孝弟，其所由来渐矣。有人于此，其为人诚孝弟也，则和顺积于身心，而礼义洽于家国，尊君亲上所必诚也，趋事赴功所必力也。彼犯上作乱之事，岂徒不好之而已哉？吾是以知天下之有本也，是道之所从生也；吾是以知君子之务本也，务其道之所从生也。然则为仁之本可识矣，意者其孝弟与？一念之不孝弟，其端甚微，然积之以至犯上，又积之以至作乱，蔓延滋长，而不仁之祸烈焉，此逆而生之者，其本先失也；一念之孝弟，其事甚细，然积之以及民物，又积之以及天地，畅茂条达，而仁之功极焉，此顺而生之者，其本先立也。孰谓为仁之本而非孝弟也哉？为学者知此，则不必勤思乎兼容并包之事，而惟竭力于爱亲敬长之间；为政者知此，则不必深疾乎坏法乱纪之民，而惟崇奖夫人孝出弟之士。有子之言，其觉天下以本而挽之仁者切矣！

　　【评】犯上作乱是"不仁"之极，对下节"为仁"看，原是一反一正之局。文从此得解，故脉络周环，通篇止如一句。　　隆万间作者专主气脉贯通，每用倒提总挈之法，于语气究难吻合。如此篇理得气顺，清彻无翳，仍不失一直说下语气，故为难得。

　　【作者简介】

　　冯梦祯（1548—1605），字开之，秀水人。万历五年（1577）会元，殿试二甲三名，授编修，官至南京国子监祭酒。冯梦祯励学行而轻爵位，能诗文，所作疏朗通脱，有《快雪堂集》六十四卷等。于制义一道，则深构妙想，有《冯具区稿》。

　　【题解】出自《学而·其为人也孝弟》。

　　有子曰："其为人也孝弟，而好犯上者，鲜矣；不好犯上，而好作乱者，未之有也。（有子，孔子弟子，名若。善事父母为孝，善事兄长为弟。犯上，谓干犯在上之人。鲜，少也。作乱，则为悖逆争斗之事矣。此言人能孝弟，则其心和顺，少好犯上，必不好作乱也。）君子务本，本立而道生。孝弟也者，其为仁之本与!"（务，专力也。本，犹根也。仁者，爱之理，心之德也。为仁，犹曰行仁。与者，疑辞，谦退不敢质言也。言君子凡事专用力于根本，根本既立，则其道自生。若上文所谓孝弟，乃是为仁之本，学者务此，则仁道自此而生也。程子曰："孝弟，顺德也，故不好犯上，岂复有逆理乱常之事。德有本，本立则其道充大。孝弟行于家，而后仁爱及于物，所谓亲亲而仁民也。故为仁以孝弟为本。论性，则以仁为孝弟之本。"或问："孝弟为仁之本，此是由孝弟可以至仁否?"曰："非也。谓行仁自孝弟始，孝弟是仁之一事。谓之行仁之本则可，谓是仁之本则不可。盖仁是性也，孝弟是用也，性中只有个仁、义、礼、智四者而已，曷尝有孝弟来。然仁主于爱，爱莫大于爱亲，故曰孝弟也者，其为仁之本与!"）

子张问十世　一章

孙　矿

　　圣人之知来，验之往迹而已。盖往者来之鉴也，因往推来，百世可知矣，十世云乎哉!且天下理而已矣，综天地之始终，贯百王之沿革，皆不能外焉。圣人独立千百载之上，而千百载之下举坐照①焉者，用斯道也。子张以十世可知问乎，而不知三代之迹盖灿然矣，不以往迹稽之，其道无由也。夫子告之曰：子以十世果难知乎?吾则以王天下者必有礼以立一代之纪纲，亦必有制度以成一代之体统。而殷之继夏也，尝取其礼而因之矣，取其制度而损益之矣；周之继殷也，又取其礼而因之矣，取其制度而损益之矣。夫圣人岂不能创制立法、建无前之大猷②，而纲常懿典③不随世而转移，则其为万世不易之准可知也；亦岂不欲沿旧袭故、享守成之令誉④，而度数仪文必随时而变易，则其为一代更新之制可知也。其或继周而起者，明圣不必尽三王，行事不必类三王。而要之修礼教以崇国纪，今犹昔也；因时势以定规模，今犹昔也。其因乎损乎益乎，百世之远，历历可睹，奚十世之有哉?盖禹汤文武之圣，既以聚百代之精华；而夏后殷周之迹，亦以概万年之变态。故以此推之，百不一失耳。不然而凭藉术数，吾亦安能知之?

　　【评】笔力古劲，章法浑成。作者文当以此篇为最。

　　【作者简介】

　　孙矿（1542—1613），字文融，号月峰，余姚人，孙升幼子。万历二年（1574）会元，殿试二甲四名，除兵部主事，官至南京兵部尚书。著有《月峰先生集》十二卷等。制义有《孙月峰稿》，俞长城题识云：姚江孙氏、闽之林氏（林瀚，字亨大）、粤之伦氏（伦文叙，号迂冈）祖孙父子，并列显官，科名门第相敌，而"亨大、迂冈，文虽传而未盛，月峰先生稿既倍之，所评经史古文，皆行于世"。

　　【题解】出自《为政·子张问十世》。

　　子张问："十世可知也?"（王者易姓受命为一世。子张问自此以后，十世之事，可前知乎?）子曰："殷因于夏礼，所损益，可知也；周因于殷礼，所损益，可知也；其或继周者，虽百世可知也。"（马氏曰："所因，谓三纲五常。所损益，谓文质三统。"

愚按：三纲，谓君为臣纲，父为子纲，夫为妻纲。五常，谓仁、义、礼、智、信。文质，谓夏尚忠，商尚质，周尚文。三统，谓夏正建寅为人统，商正建丑为地统，周正建子为天统。三纲五常，礼之大体，三代相继，皆因之而不能变。其所损益，不过文章制度小过不及之间，而其已然之迹，今皆可见。则自今以往，或有继周而王者，虽百世之远，所因所革，亦不过此，岂但十世而已乎！圣人所以知来者盖如此，非若后世谶纬术数之学也。胡氏曰："子张之问，盖欲知来，而圣人言其既往者以明之也。夫自修身以至于为天下，不可一日而无礼。天叙天秩，人所共由，礼之本也。商不能改乎夏，周不能改乎商，所谓天地之常经也。若乃制度文为，或太过则当损，或不足则当益。益之损之，与时宜之，而所因者不坏，是古今之通义也。因往推来，虽百世之远，不过如此而已矣。"）

【注释】

① 坐照：犹言不出户而可察知。
② 大猷：大道、大法。《诗经·小雅·巧言》："秩秩大猷，圣人莫之。"
③ 懿典：法式，准则。
④ 令誉：美誉。

非其鬼而祭之谄也
赵南星

圣人戒谄而及于妄祭者焉。夫谄而用于祭，侥幸之极思也，此夫子举之以示戒与？且夫古之君子不回遹①于势利，是以上交不谄。天下之有谄也，则世道人心之邪也，而孰知其无所不谄哉！昔者圣王之制祀典也，比之以其类，凡所祭者，皆出于心之不容已；秩②之以其分，凡所祭者，皆出于礼之不可废。若乃非其类也，非其分也，则是非其鬼也而祭之，何也？明于天地之性者，不可惑以神怪，斯人非独可惑也，夫亦求福之心胜，而用是以行其佞谀之计耳；通于万物之情者，不可罔以虚无，斯人非独可罔也，夫亦规利之志殷，而藉是以售其媚悦之术耳。凡好，谄者见其常然，则不以为感，而恒于其不意，即以此揣鬼之情，古典之所不载，一旦而胪于俎豆③，岂以将明信④哉？凡挚⑤，谄者修其例程，则不以为敬，而恒于其非道，即以此窥鬼之微，淫祀⑥之所宜禁，一旦而畛之祝词⑦，岂以尽仁孝哉？世之可以富人、可以贵人⑧者亦既尊而奉之矣，而富贵之未至，意者其乏冥助耶，是故为之祭以祈之，而逢迎之态何所不备；世之可以困人、可以苦人者，亦既柔而下之⑨矣，而困苦之未祛，意者其有阴祸耶，是故为之祭以禳⑩之，而颠蹶⑪之请岂所忍闻。自下而干上，是之谓僭，僭之所不敢避，乃足以明虔，冀所祭者之亮⑫之而据之也；有废而私举，是之谓乱，乱之所不敢辞，乃足以效诚，冀所祭者之哀之而庇之也。藉灵宠于有位⑬，既以谄鬼者而谄人；求凭依于无形，又以谄人者而谄鬼。吾不意世道之竞谄，一至于此也！

【评】周道衰微，人事之僭逆多矣。而见于《春秋》内外传，祭非其鬼者，自鲁人祀锺巫、立炀宫而外无有也。孔子忽为是言，盖目击三桓诣事齐晋强臣以弱其君，而季氏旅泰山、立炀宫，复用邪媚，求助于鬼神以襄逐君之罪。此文骤观之，似于题外别生枝节，然实是圣人意中语，不可不知。

【作者简介】

赵南星（1550—1627），字梦白，号侪鹤，别号清都散客，高邑（今河北高邑县）人。万历二年（1574）进士，官至吏部尚书。赵南星有风节，性严正，为明末东林党重要人物，天启中，为宦官魏忠贤所排，削籍戍代州，卒于戍所。崇祯初，追赠太子太保，谥忠毅。南星工诗文，能词曲，有《赵南星文集》二十四卷等。制义有《赵侪鹤稿》，借制义论时事、砭弊俗，能别开生面。

【题解】 出自《为政·非其鬼而祭之》。

子曰："非其鬼而祭之，诣也。（非其鬼，谓非其所当祭之鬼。诣，求媚也。）见义不为，无勇也。"（知而不为，是无勇也。）

【注释】

① 回遹：邪僻，不直。《诗经·大雅·抑》："回遹其德，俾民大棘！"

② 秩：规定等级、秩序。

③ 胪于俎豆：将其作为祭祀对象。胪，陈列。俎豆，俎和豆是祭祀、宴会时盛食品的两种器皿，也指奉祀。

④ 将明信：表达诚心和敬意。将，传达。明信，诚心诚意。《左传·隐公三年》："苟有明信，涧、溪、沼、沚之毛……可荐于鬼神，可羞于王公。"

⑤ 挚：礼物。古人相交，所送礼物各有例程。

⑥ 淫祀：不合礼制的祭祀；不当祭的祭祀，妄滥之祭。《礼记·曲礼下》："非其所祭而祭之，名曰淫祀。"孙希旦集解："淫，过也。或其神不在祀典，如宋襄公祭次睢之社；或越分而祭，如鲁季氏之旅泰山，皆淫祀也。"

⑦ 畛之祝词：以祝词相祷告。畛，致。祝词，此指祭祀时祝祷之语或文辞。

⑧ 贵人：让人显贵。可以富人、可以贵人者，指地位很高的人。

⑨ 柔而下之：低声下气地对待。

⑩ 襄：祭名，祈祷消除灾殃、去邪除恶之祭。

⑪ 颠蹶：倒仆，跌落，形容祭祀时心情急切。《战国策·齐策三》："颠蹶之请，望拜之谒，虽得则薄矣。"

⑫ 亮：佐，辅助。

⑬ 有位：指高官。

赐也尔爱其羊　一节

张以诚

圣人议存羊，其观礼深矣。夫羊与礼非有二也，爱礼而羊弗得议去矣，赐①岂见及此哉？昔先王制礼，名实相维，始则因实以立名，既则因名以稽实。故有礼失而求诸守藏②、征诸故典者，则名未亡也。乃今告朔者而徒羊乎哉？以迹观之则羊，以实求之则礼也。想昔先王忠孝之思莫有隆焉，犹藉岁供之靡文③以表实意；况后人恪共④之念日益替矣，可捐⑤故府之遗迹以泯旧章？故此一羊也，尔见以为羊，则可以己意议去留，而虚縻⑥不若节省之策便；我见以为礼，则当为万世计绝续⑦，而惜费不若存名之虑长。以先王之精意有出于牲牷告虔⑧之外，则是羊者小物也，不知惟小物犹克共⑨，而后见礼系尊王，有无巨无细而不敢废坠者，其兢兢一念犹在也；以今日之陵夷不过为奉行故事⑩之常，则是羊者虚文也，不知惟虚文犹克谨，而后见礼系勤民⑪，有无盛无衰而不敢苟且者，其凛凛一念犹存也。王迹虽熄⑫，而太史⑬所颁未尝不以一羊志正朔⑭之未改，则顾瞻旧典，因而知有先公先王，其所遏抑者多矣，况循名责实，兴复固有待乎？时政虽弃，而太祝⑮所掌未尝不以一羊纪月令⑯之屡新，则式瞻庙貌⑰，因而知有作事厚生⑱，其所维系者大矣，况援今证古，振起易为力乎？如谓羊可去，则先王既已创礼，焉用置羊，其故可思也；鲁人敢于废礼，何未敢于去羊，其故又可思也。鲁国虽小，犹号秉礼，奈何以一羊故泯先王遗意哉？

【评】说因羊以存礼，尚多一层推原；即羊即礼，更觉亲切有味。用意深微，脱尽此题肤语。

【作者简介】

张以诚，字君一，南直隶华亭（今上海）人。万历二十九年（1601）进士，殿试第一人，授翰林院修撰，升右中允，终右谕德。肆力于经史百家，朝章典故，莫不该洽，著有《明史类记》一卷、《酌春堂集》十卷等。制义有《张君一稿》。

【题解】出自《八佾·子贡欲去告朔之饩羊》。

子贡欲去告朔之饩羊。（告朔之礼：古者天子常以季冬，颁来岁十二月之朔于诸侯，诸侯受而藏之祖庙。月朔，则以特羊告庙，请而行之。饩，生牲也。鲁自文公始不视朔，而有司犹供此羊，故子贡欲去之。）子曰："赐也，尔爱其羊，我爱其礼。"（爱，犹惜也。子贡盖惜其无实而妄费。然礼虽废，羊存，犹得以识之而可复焉。若并去其羊，则此礼遂亡矣，孔子所以惜之。杨氏曰："告朔，诸侯所以禀命于君亲，礼之大者。鲁不视朔矣，然羊存则告朔之名未泯，而其实因可举。此夫子所以惜之也。"）

【注释】

① 赐：即子贡。端木赐，字子贡。
② 守藏：此指守藏之官，负责掌管包括祭祀法典在内的文献，如《周礼·春官·天府》载："天府掌祖庙之守藏与其禁令。"
③ 靡文：指华丽的仪式。
④ 恪共：恭敬、恭谨。共，恭。
⑤捐：抛弃。
⑥ 虚縻：常作"虚糜"，白白浪费。
⑦ 绝续：指礼法的存亡。绝，断绝；续，延续。
⑧ 牲牷告虔：以祭品表达诚意。牲牷，祭祀用的牛羊等，《周礼·地官·牧人》："以共祭祀之牲牷。"

告虔，表达诚心、敬意，《左传·庄公二十四年》："女贽……以告虔也。"

⑨ 克共：执行先王之法。《诗·大雅·抑》："罔敷求先王，克共明刑。"朱熹《集传》："广行先王之道也。共，执。刑，法也。"

⑩ 故事：旧日的制度；例行的事。

⑪ 勤民：尽心尽力于民事。《左传·僖公二十八年》："令尹其不勤民，实自败也。"

⑫ 王迹熄：指周王室衰微，礼乐政教不行于天下。《孟子·离娄下》："王者之迹熄而诗亡。"

⑬ 太史：官名，掌岁时节气之事。《周礼·春官》作"大史"："正岁年以序事，颁之于官府及都鄙，颁告朔于邦国。"孔颖达疏："天子颁朔于诸侯，诸侯藏之祖庙，至朔，朝于庙，告而受行之。"

⑭ 正朔：一年的第一天。正，正月。朔，每月第一天。古时改朝换代，新王朝表示应天承运，须重定正朔。《礼记·大传》："改正朔。"孔颖达疏："正谓年始，朔为月初。言王者得政，示从我始，改故用新。"

⑮ 太祝：官名，掌祭祀之事。《周礼·春官·大祝》："掌六祝之辞，以事鬼神祇。"

⑯ 月令：十二月中时令、行政等事。《礼记》有《月令》篇，"记十二月政之所行也"。

⑰ 式瞻庙貌：瞻仰宗庙，谓效法先人而不忘。庙貌，即宗庙与神像，《诗经·周颂·清庙》郑玄笺："庙之言貌也，死者精神不可得而见，但以生时之居，立宫室象貌为之耳。"

⑱ 作事厚生：兴办事业，使人民生活富足。《汉书·律历志》："历数以闰正天地之中，以作事厚生，皆所以定命也。"

臣事君以忠　一句

胡友信

人臣之职，惟不负此心而已。夫臣子立心，惟为君也，尽此而无负焉，此其臣道之极乎？昔夫子告定公之意，以为：礼下者，人君之盛节；尽心者，臣子之至情。以礼使臣，尽君道也，而臣之所仰答乎君者，岂可苟焉而已哉？盖事君之义，无所逃于天地者，本有不容不尽之分；而天质之性，夙①具于吾心者，又有不容自欺之真。故宣力效劳，可为竭股肱之任矣，未可言事君也，而必精诚之发，真知在我者，不敢一毫有为乎人；直言极谏，可为尽耳目之司矣，未可言事君也，而必肝胆之微，出自由衷者，不敢一毫有为乎己。无爱②乎其力也，亦无爱乎其情，委质③之初，已预为之决焉，而执此以终身，凡可以达诸君者，无不可以达诸天者矣；无私于其身也，亦无私于其道，登对④之前，已自为之盟焉，而守是以不变，凡可以质诸朝廷，无不可以质诸鬼神矣。其功之可成者固足以建明⑤于当时，而功有所不成者尤足以阴被于天下，苟利社稷，则成败以之，而鞠躬尽瘁之余，举非所论也；其名之立者固足以暴白于当时，而名有所不立者尤足以见谅于后世，苟益国家，则死生以之，而蹇蹇匪躬⑥之外，举非所知也。至此则激切非所以为犯，将顺⑦非所以为谀；独立非所以为矫，协恭⑧非所以为党。幸而君之有礼于我焉，固无宠之可惊；不幸而君之无礼于我也，亦无罪之可避。吁，以此言臣也，斯至矣！

【原评】只体味"尽己"，以洗发"忠"字，便亲切入理，无血性粗浮语矣。乍读见其怒生涌出，来不可御。寻其所以措词命意，则有序而不紊，非攒簇附益以成之也。惟其理真，是以一气直达，坚凝如铸。

定公问："君使臣,臣事君,如之何?"孔子对曰:"君使臣以礼,臣事君以忠。"(定公,鲁君,名宋。二者皆理之当然,各欲自尽而已。吕氏曰:"使臣不患其不忠,患礼之不至;事君不患其无礼,患忠之不足。"尹氏曰:"君臣以义合者也。故君使臣以礼,则臣事君以忠。")

【注释】

① 夙:平素。

② 爱:吝惜。

③ 委质:指担任职务,效力于国君。本义为向君主献礼(一说下拜),表示献身。《左传·僖公二十三年》:"策名委质,贰乃辟也。"

④ 登对:上朝对答皇帝询问。

⑤ 建明:犹建白,建立功勋。

⑥ 蹇蹇匪躬:忠直谏诤,不顾个人。《易·蹇》:"王臣蹇蹇,匪躬之故。"孔颖达疏:"尽忠于君,匪以私身之故而不往济君,故曰:匪躬之故。"

⑦ 将顺:指顺势相助,成全其美。《孝经·事君》:"将顺其美,匡救其恶,故上下能相亲也。"

⑧ 协恭:指同僚团结协作。《尚书·皋陶谟》:"同寅协恭,和衷哉。"孔安国传:"以五礼正诸侯,使同敬合恭而和善。"

管仲之器小哉　一章

冯梦祯

圣人小大夫之器①,疑者终不得其意也。夫器小之评,夫子于仲观其深矣。俭与知礼,岂其然哉?且夫济天下以才,居才以器。才与器两大者,王佐②是也,下此则才有余、器不足矣。夫子有退思焉,故管氏之功尝亟称之③,此何为而曰管仲之器小哉?岂不以器大者不得已而才见,常深沉不露,仲盖微有沾沾自喜之意焉,虽挥霍有余,其底里可窥也;器大者不得已而功成,常谦挹不居,仲盖微有呴呴自多④之意焉,虽勋猷烂然,其边幅易尽⑤也。故以当时之大夫较仲,仲不啻贤;以王佐律仲,仲藐乎小矣。此盖夫子抑仲之微意乎?而或人不足以知此,始而疑其俭,谓狭隘者必乐搏节⑥也,夫仲即俭,无解于器小,况三归、备官几于滥乎?既而疑其知礼,谓广侈者必乐缘饰也,夫仲即知礼,无解于器小,况塞门、反坫几于僭⑦乎?盖仲惟知君淫亦淫,君奢亦奢,为善于功名之会;而不知国奢示俭,国俭示礼,乃游于道德之途。故不俭、不知礼,仲之小疵也,录霸功者之所必略也;器小者,仲之定品也,思王佐者之所必斥也。吁,夫子之意亦微矣!

【评】虽不及商作之简质,而于管仲则具见其表里,故下语铢两悉称。观此可悟名作在前、别开门径之法。

【题解】出自《八佾·管仲之器小哉》,见化治文卷二商辂同题文。

子曰："管仲之器小哉！"或曰："管仲俭乎？"曰："管氏有三归，官事不摄，焉得俭？""然则管仲知礼乎？"曰："邦君树塞门，管氏亦树塞门；邦君为两君之好，有反坫，管氏亦有反坫。管氏而知礼，孰不知礼？"

【注释】

① 小大夫之器：认为管仲器量狭小。大夫，指管仲。
② 王佐：王者的辅佐，辅佐国君成王业的人。
③《论语·宪问》载，孔子曾称赞管仲之功，谓"民到于今受其赐"。
④ 呴呴自多：自得。呴呴，面有悦色。
⑤ 边幅易尽：喻指成就有限。
⑥ 搏节：节制，抑制。
⑦ 偪：同"逼"，侵迫。此句指管仲的做法接近僭越。

我未见好仁者　一章

汤显祖　墨

圣人慨成德者之难，因言弃德者之众焉。夫好仁、恶不仁，非绝德也，特自弃者不用其力耳，圣人所以重有慨与？想其意曰：君子之学也以为仁也，君子之成仁以其能自力也。有仁焉而无力以成之，吾能无慨然于今乎？于今观之，仁可好也，而好仁者我未见也；不仁可恶也，而恶不仁者我未见也。夫好仁之名，夫人乐得之，而吾以为未见者，以"好"非感发之好①，乃无以尚之之好也；恶不仁之名，夫人亦乐得之，而吾以为未见者，以"恶"非愤激之恶，乃不使加身之恶也。惟其如是，是以难也。虽然，未尝难也。有人焉奋然而起，深明乎仁不仁之分；惕然而思，实用乎好恶②之力。吾知有弗好，好则仁必从之，盖无以尚之之域，亦起于一念之好也，我未见好仁者，亦何尝见好焉而力不足者乎？有弗恶，恶则不仁必去之，盖不使加身之域，亦起于一念之恶也，我未见恶不仁者，亦何尝见恶焉而力不足者乎？盖天之生人不齐，人之受质③非一，则力不足以用者或有其人；而有志于仁者恒少，无志于仁者恒多，则吾之于斯人④也实未之见。夫力之足不足也，以用而见也，未有以用之，胡为而遽罪乎力？仁之成不成也，以力而决也，未有以力之，胡为而绝望于仁？然则吾之所见者，非天有所限，彼自限之而已矣；非仁远于人⑤，人自远之而已矣。安得实用其力者一起焉而副吾之望哉！

【评】无事钩章棘句，而题之层折神气毕出。其文情闲逸、顾盼作态，固作者所擅场。

【作者简介】

汤显祖（1550—1616），字若士，又字义仍，别号清远道人，江西临川人。万历十一年（1583）进士，授南京太常博士，就迁礼部主事。以上疏纠弹申时行，谪徐闻典史，迁遂昌知县，后夺官，家居二十年而卒。汤显祖为明代重要作家，所撰《牡丹亭》

等传奇尤为后人所知，另有《玉茗堂集》、《红泉逸草》等。工制义，有《汤若士稿》、《玉茗堂稿》，《制艺丛话》引俞长城语谓："义仍《玉茗堂制义》，择理精淳，出之名隽。以六朝之佳丽，写五子之邃奥，自名一家。"

【题解】出自《里仁·我未见好仁者》，参见化治文卷二钱福《好仁者无以尚之》。

子曰："我未见好仁者，恶不仁者。好仁者，无以尚之；恶不仁者，其为仁矣，不使不仁者加乎其身。有能一日用其力于仁矣乎？我未见力不足者。盖有之矣，我未之见也。"

【注释】

① 感发之好：指一时兴起的喜好。孔子所说的"好"是"无以尚之"之好，即将仁视为最高的追求。
② 好恶：指好仁、恶不仁。
③ 受质：从上天得到的禀赋、气质。
④ 斯人：这种人，指上文所说的"力不足于用者"。
⑤ 非仁远于人：见《论语·述而》："子曰：仁远乎哉？我欲仁，斯仁至矣。"

参乎吾道一以贯之　一章

胡友信

圣人传道得人，而因有以旁通之焉。盖圣道未易于传也，惟曾子能悟之而又能通之，亦可以见圣人传道得人之妙矣。昔者曾子真积力久，学将有得也，故夫子呼其名而告之曰：参乎！尔知吾之道乎？吾之道，非事事而求其端也，万事一理，吾惟主一理以平施之，而随事制宜，机之所以神也；亦非物物而为之所也，万物一理，吾惟贞①一理以顺应之，而因物异形，用之所以妙也。涵其一于心，非有所存②而不忘；通其一于外，如有所理而不乱。是时曾子方在心迹相持之境也，一闻其言，迹化而心融矣；方在形神相守之际也，一聆于耳，神凝而形释矣。故直应之曰"唯"，不复有假③于词也。是道也，惟孔子能传之，惟曾子能悟之。虽曾子能悟之，亦不能强解之也，乃因门人"何谓"之问而晓之。以为道不必于他求，学惟在于善反④。夫子之道非他，忠恕而已矣。以尽己之心求之，可以得一贯之体；以推己之心出之，可以识一贯之机。在夫子虽曰心普万物而无心，在吾人则以一人之心为千万人之心，道无精粗，会通之而已矣；在夫子虽曰情顺万事而无情，在吾人则以一人之情为千万人之情，理无上下，沉潜之而已矣。吁！非曾子之善喻，门人恶足以知之？益以见曾子之善学、圣人之善教也。

【原评】朱子此章《语类》云："天地生万物，一物内各有一天地之心；圣人应万事，一事内各有一圣人之心。"是最精之语，此文后比得之。

【评】清机洒脱，使阅者心目一开。

【题解】出自《里仁·参乎吾道一以贯之》，参见正嘉文卷二王樵《夫子之道》。

子曰："参乎！吾道一以贯之。"曾子曰："唯。"子出。门人问曰："何谓也？"曾子曰："夫子之道，忠恕而已矣。"

① 贞：正，常。此处意为守正执一以御万变。
② 存：思。
③ 假：借，借助。此句谓曾子心领神会，不复再问。
④ 善反：善于反求诸己。

事君数 一节
吴 化

贤者两戒渎①于言者，以其非进言之道也。夫数言以取疏、辱，而卒不可复者，此非能言者也，则为臣、为友者过也。子游非欲其不言，欲其善为言。故曰：忠臣直友，何代无之？而忠不足结主，直不足信友②，此独君与友之失哉？要亦己有未至焉耳。何则？凡事君者，孰能无言也？理谕之，势禁之，不则积诚感之，而徐焉以待其悟，无不可者。奈何必出于数乎？数则谏说虽顺，迹似于沽名，一听之君疑，再听之君拂。君臣之交固，必谓尝③己；不固，必谓谤己。甚也激于不能相容而积怒，以积怒之心听尝己、谤己之说，不为明斥，必有显戮，辱矣！辱益甚，謇谔之节益高，而因君之过，吾收之以为节，且令天下概谓④忠不必录，固待其君薄也，自待抑不厚矣。故数者，吾无取乎为臣。凡交友者，孰能无言也？忠告之，善道⑤之，不则修己喻之，而默焉以俟其化，无不可者。奈何出于数乎？数则开导虽切，迹似于衒直⑥，一投之不合，再投之大不合。朋友之交深，必以为迂；不深，必以为伪。甚也抗于不能相顺而积怨，当积怨之余，闻迂者、伪者之言，不为阴弃，必为明绝，疏矣！疏益甚，直谅⑦之名益著，而因友之过，吾激之以为名，且令天下概谓直不必孚⑧，固待其友非也，自处抑至薄矣。故数者，吾无取乎为友。噫，忠臣直友之难也！无忠臣，吾以忠臣望之，有之，吾愿思所以全其忠者；无直友，吾以直友望之，有之，吾愿思所以全其直者。庶几臣道友谊⑨两无负哉！

【原评】股法纵横奇变，其间杂用短句，伸缩进退无不如意。此等笔法从古文得来。

【评】实疏"辱"、"疏"，文曲而体直，所谓以正为奇。

【作者简介】

吴化，字敦之，号曲梦，湖广（今湖北）黄安人。万历二十三年（1595）进士，由镇江推官历礼部主事。著有《吴化遗集》。

【题解】出自《里仁·事君数》。

子游曰："事君数，斯辱矣，朋友数，斯疏矣。"（程子曰："数，烦数也。"胡氏曰："事君谏不行，则当去；导友善不纳，则当止。至于烦渎，则言者轻，听者厌矣，是以求荣而反辱，求亲而反疏也。"范氏曰："君臣朋友，皆以义合，故其事同也。"）

子使漆雕开仕　一节

董其昌

　　圣人以仕命贤者，而嘉其见之大焉。夫君子之志者大，故其试之不轻也。贤者见及此矣，圣人之说有以哉！且夫经世之学，愈养则愈深，宁有量哉？是故不必不仕，亦不必仕，顾人所志何如耳。夫子未尝使人仕也，而独以命漆雕开，其亦有信之者在乎？乃开则复于夫子曰：出处①之道，内断于斯②而已。议论可以虚称而至，不可诬者分量③；勋猷④可以浮慕而至，不可昧者隐衷⑤。以开而仕也，果一出而不负所举者乎，斯重抱⑥之士所预信于平居⑦，而开弗能也；果一出而不负所学者乎，斯厚积之士所独信于方寸⑧，而开未能也。疑事无功⑨，疑行无名，而骤焉取天下国家以试所疑，则谓之何？开也何敢言仕也！斯言也，与夫子使之之意不亦异乎，而夫子何以说哉？盖仕以成信，而信随人殊。期月⑩而可、三年而成者，圣人之信也，使必如圣人之信而仕，则天下之仕者亦寡矣，而开将进取焉；或以果艺⑪、或以礼乐者，诸子⑫之信也，使如诸子之信而仕，则开之于仕也亦可矣。而曾不得以满愿焉，乃知济世以仕为大，而尤有大于仕者；仕以信为急，而又有不害于未信者：夫子所为说开意也。以夫子之所以使，合于夫子之所以说，而圣贤明体达用之学几矣。

　　【评】切近的实，发此题未发之蒙。　　夫子使仕，开曰："吾斯之未能信。"《注》："斯，指此理而言。"明明是仕之理，本无可疑。程子"已见大意"，谢氏"不安小成"，则又于开未信处推原其蕴如此。后人因当日未尝明指出"大意"谓何，"小成"谓何，妄谓妙在不直说破，其于"斯"字之旨，竟似禅语机锋矣。文能实实指出，却即在人人共读《四书》中，何等直捷显易。评者乃谓理即性也，"斯"字不可专指仕言。不知圣贤之学体用一原，岂仕之理外，又别有性之理耶？诐辞害义，迷惑后生，不可不辨。

　　【作者简介】

　　董其昌（1555—1636），字玄宰，号思白、香光居士，松江华亭（今上海）人。万历十七年（1589）进士，选庶吉士，授编修。光宗朝，官至南京礼部尚书，以时政险恶，告归。崇祯四年起故官，掌詹事府事，居三年，乞休。福王时，谥文敏。董其昌为著名书法家、画家，工诗文，著有《容台集》十四卷、《别集》六卷、《画禅室随笔》二卷等。制义有《董思白稿》，俞长城题识谓"其文有富贵之气"。

【题解】出自《公冶长·子使漆雕开仕》。

子使漆雕开仕。对曰："吾斯之未能信。"子说。（漆雕开，孔子弟子，字子若。斯，指此理而言。信，谓真知其如此，而无毫发之疑也。开自言未能如此，未可以治人，故夫子说其笃志。程子曰："漆雕开已见大意，故夫子说之。"又曰："古人见道分明，故其言如此。"谢氏曰："开之学无可考。然圣人使之仕，必其材可以仕矣。至于心术之微，则一毫不自得，不害其为未信。此圣人所不能知，而开自知之。其材可以仕，而其器不安于小成，他日所就，其可量乎？夫子所以说之也。"）

【注释】

① 出处：做官或居家不仕。《易·系辞上》："君子之道，或出或处。"
② 斯：朱注谓即"此理"，圣贤之学体用一原，故兼指修己与经世之学。
③ 分量：指修己、经世之学上的实际程度。
④ 勋猷：功勋，功绩。
⑤ 隐衷：这里指思想认识的实际水准。
⑥ 重抱：看重志向。抱，抱负、志向。
⑦ 平居：平时。整句话意思说，一些有志之士依据平日的行为，预信自己出仕不会辜负举荐者的厚望。
⑧ 方寸：心为方寸之地，故以"方寸"指心。
⑨ 疑事无功：心怀犹豫，事情就不会成功。疑，怀疑，犹豫。《商君书·更法》："臣闻之：疑行无成，疑事无功。"《史记·商君列传》引为"疑行无名，疑事无功"。
⑩ 期月：满一月。此本《论语·子路》："子曰：苟有用我者。期月而已可也，三年有成。"
⑪ 果艺：果决而有才能。果，果决。艺，多才。《论语·雍也》载孔子评论其弟子，有"由（按，子路）也果"、"赐（按，子贡）也达"、"求（按，冉有）也艺"之评。
⑫ 诸子：这里指孔子门下诸贤。

晏平仲善与人交 　一节

归子慕

圣人与①齐大夫之善交，惟其有恒敬也。夫与人交而敬，善始善终之道也。齐大夫虽久持之，谓之善交，非耶？夫子称之，以风②天下之与人交者。意曰：大伦有五③，而友居其一，人始重交矣；友以义合，而敬为之维，交始重敬矣。然而道有时隆，亦有时污④，则世运古今之变也，久矣夫交道之难言也！靡不有初，鲜克有终⑤，则又人事终始之变也，甚矣夫交态⑥之无常也！以吾所见，如晏平仲者其善与人交者乎？当其交之乍合也，彼此两不相习⑦，则彼此皆生畏惮之心，如是而敬也，平仲亦犹夫人耳矣，至于久而益熟，新者成故，易与⑧之心且交起⑨，而平仲之敬也独不衰；当其交之始密也，彼此方恨其晚，则彼此皆存致一之志，如是而敬也，平仲亦犹夫人耳矣，至于久而渐弛，专者成泛，既倦之情不复作，而平仲之敬也为益笃。形迹未始不忘也，而形迹之忘不至于疏略，朋友攸摄，摄以威仪⑩，亦何分于久近，而世尽失之，惟平仲为能不失此意矣；情意未尝不洽也，而情意之洽不至于比昵⑪，伸于知己，诎于不知己⑫，稍失检于微细，而士将非之，惟平仲为能永贞⑬此戒矣。论交于叔世⑭，若平仲者岂可多得乎哉？而择交于今日，若平仲者吾宁无取乎哉？吁，以此见与人交之道，而当时之所以论交亦可知矣！

【评】文之愈远而弥存者，其所发明皆人情物理之极，而为他人所不能道。此文佳处，须以是观之。

【作者简介】

归子慕（1563—1606），字季思，昆山人，归有光之少子。幼有文行，举万历十九年（1591）乡试，再试礼部不第，遂屏居江村，与无锡高攀龙等为友，歌诗为乐，学者称清远先生。殁后，巡按御史祁彪佳请于朝，赠翰林待诏。著有《陶园集》四卷，亦工制义。

【题解】出自《公冶长·晏平仲善与人交》。

子曰："晏平仲善与人交，久而敬之。"（晏平仲，齐大夫，名婴。程子曰："人交久则敬衰，久而能敬，所以为善。"）

【注释】

① 与：赞赏。
② 风：劝勉。
③ 大伦有五：孟子有"五伦十教"之说，《孟子·滕文公上》朱熹集注："父子有亲，君臣有义，夫妇有别，长幼有序，朋友有信，此人之大伦也。"
④ 污：衰微，与"隆"相对。
⑤ 靡不有初，鲜克有终：出自《诗经·大雅·荡》。意思是说做人、做事没有人不肯善始，但很少有人善终。鲜，很少。克，能。
⑥ 交态：交友的态度、方式。《史记·汲郑列传》："一死一生，乃知交情。一贫一富，乃知交态。"
⑦ 相习：互相熟悉。
⑧ 易与：容易对付，含有轻视之意。《史记·项羽本纪》："汉易与耳。"
⑨ 且交起：将交互而起。
⑩ 朋友攸摄，摄以威仪：语出《诗经·大雅·既醉》，郑玄笺："朋友，谓群臣同志好者也。言成王之臣，皆有仁孝士君子之行，其所以相摄佐威仪之事。"
⑪ 比昵：互相亲近，互相勾结。
⑫ 此句意为：（士人）可以在不了解自己的人那里受委屈，在自己的知己那里应当得到伸展，也即得到礼遇。诎，同"屈"，委屈。按：此句用晏婴、越石父事，见《史记·管晏列传》：越石父在缧绁中，晏婴闻其贤而赎之出。后越石父以晏婴未以礼待之，请绝去，谓："吾闻君子诎于不知己而信于知己者。……知己而无礼，固不如在缧绁之中。"
⑬ 贞：正，常。此句谓晏婴永远记住了这个告诫。

265

季文子三思而后行　一节

黄洪宪　程

圣人因往行而论思要①于可而已。夫思以理裁也，要于当，则再②思可矣，何以三为？且夫古今得失之故，皆起于人心之思。顾其得也以沉几③，亦以果断；其失也以轻发，亦以迟疑。鲁之先大夫曰季文子者，相宣、成之主，联齐、晋之交，不曰备豫而过求④，则曰周旋而无失⑤。鲁人传其事，以为三思后行也。夫子闻而有感曰：夫夫也，为忠于谋国者，如之何必三思而行也？盖心本虚灵，思之即通，而将迎意必⑥之私入焉而扰；理本易简，思之即得，而利害攻取之念入焉而淆。故善行者不废思，善思者不过再。国家有大计，惟断乃成，吾策之，复于所策者再纽绎⑦之，则拟议精而权衡不爽⑧，事可剸而决矣；社稷有令图⑨，惟敏斯集，吾画之，复于所画者再筹度之，则精神一而意见不迷，谋可立而断矣。吾欲揣合人情，弥缝世故，虽深思不能穷其变，而惟随事观理，行吾之所当行者，则再计而可以定谋；吾欲逆料成败，豫规趋避⑩，虽百虑不能究其归，而惟因时制宜，行吾之所得行者，则再思而可以决策。彼文子之三思，吾不知其何如，而大约至于再焉可矣。不然，有所疑焉而不果，将牵制以失事机；有所迟焉而不断，将优游以酿后患。欲以慎行，实以窒⑪于行耳。噫，文子如可作⑫也，且然⑬吾言乎哉？

【评】实处发义，虚处传神。章法极精，笔阵亦古。

【题解】出自《公冶长·季文子三思而后行》。

季文子三思而后行。子闻之，曰："再，斯可矣。"（季文子，鲁大夫，名行父。每事必三思而后行，若使晋而求遭丧之礼以行，亦其一事也。斯，语辞。程子曰："为恶之人，未尝知有思，有思则为善矣。然至于再则已审，三则私意起而反惑矣，故夫子讥之。"愚按：季文子虑事如此，可谓详审，而宜无过举矣。而宣公篡立，文子乃不能讨，反为之使齐而纳赂焉，岂非程子所谓私意起而反惑之验欤？是以君子务穷理而贵果断，不徒多思之为尚。）

【注释】

① 要：准，符合。
② 再：两次。
③ 沉几：冷静观察事物。几，期。
④ 备豫而过求：早做准备，准备的程度超出了需要。按：此用季文子使晋之事。《左传·文公六年》："秋，季文子将聘于晋，使求遭丧之礼以行。其人曰：'将焉用之？'文子曰：'备豫不虞，古之善教也。求而无之，实难。过求何害？'八月乙亥，晋襄公卒。"
⑤ 周旋而无失：指在事君之礼方面没有失误。此用季文子对宣公语，《左传·文公十八年》："先大夫

臧文仲，教行父事君之礼，行父奉以周旋，弗敢失队（坠）。"

⑥ 将迎意必：将迎，送往迎来，指有所牵系。《庄子·知北游》："颜渊问乎仲尼曰：'回尝闻诸夫子曰：无有所将，无有所迎。回敢问其游。'"意必：臆断，固执。《论语·子罕》："子绝四：毋意，毋必，毋固，毋我。"

⑦ 绅绎：也作"抽绎"，理清头绪。

⑧ 爽：差错，失误。

⑨ 令图：善谋；远大的谋略。令，美、善。《左传·昭公元年》："臣闻君子能知其过，必有令图。令图，天所赞也。"

⑩ 豫规趋避：预先为个人规划趋利避害的办法。

⑪ 窒：阻碍，阻塞不通。

⑫ 作：这里的意思是复活。《礼记·檀弓下》："文子曰：死者如可作也，吾谁与归？"

⑬ 且然：将同意。

中人以上 一节
周宗建

语以人为程，而可、不可审矣。夫教同是上，而人不皆中人以上也，不审其可不可而语之，不亦惑乎？若曰：至道由粗以见精，君子语上不遗下，然其陶淑①学者有苦心焉，非一概以相量也。故夫教有上焉，非乐得而语人者哉？然教以上为衡，而人以中为断。彼资不必上智而敏悟有余，学不必纯全而所积已厚，此中人以上也。事理之默识，虽即始见终，而未达于化神之域；真积之功能，亦匪朝伊夕②，而未会于一本之归③。由是而语之，闻而能发，终日之久不为烦④；蓄而能通，一呼之余不容赘⑤。凡此皆语上也，则其可者也。不然，而中人以下乎？授之自天，难言夫敏悟；讨之自我，又非有积累。一旦厌洒扫进退⑥之浅，而迫示以达化穷神，或闻之而茫无畔岸⑦；弃诗书名象⑧之繁，而强聒以危微易简⑨，或因之而妄思奥渺。夫其后日所造，未必不可进于高明；而其当前所及，则有不容诬之本量。是虽甚欲与之语，而其人已非；虽其人终欲与之语，而其候尚非也，不可以语上也。要之，道无下而非上者也，学由下而几上者也。至酌其高下，随人而语之，俾中人以上可以入吾之教中、而中人以下亦不至出吾之教外，此则君子陶淑学者之苦心，非夫？

【评】中人以上兼资禀学力说，看颜、曾二子，便见颜子天分高，无言不说，语之不惰，固是语上。曾子质鲁，真积日久，后来卒传"一贯"。又端木子⑩亦以颖悟称，然其言文章可闻，性道不可闻，则前此仅得闻文章，到得多学而识，后乃语性道也。篇中根据极确，后半更无意不到。

【作者简介】

周宗建（1582—1626），字季侯，吴江人。万历四十一年（1613）进士，曾任武康、仁和等县知县，因政绩卓著，入朝为御史。天启二年（1622），上疏极论魏忠贤之恶，忠贤衔之刺骨。天启五年，被魏忠贤党羽诬陷，毙于狱中。崇祯初，追谥忠毅。有《周忠毅公奏议》。

【题解】 出自《雍也·中人以上》。

子曰："中人以上，可以语上也；中人以下，不可以语上也。"（语，告也。言教人者，当随其高下而告语之，则其言易入而无躐等之弊也。张敬夫曰："圣人之道，精粗虽无二致，但其施教，则必因其材而笃焉。盖中人以下之质，骤而语之太高，非惟不能以入，且将妄意躐等，而有不切于身之弊，亦终于下而已矣。故就其所及而语之，是乃所以使之切问近思，而渐进于高远也。"）

【注释】

① 陶淑：陶冶使之美好。淑，善。

② 匪朝伊夕：不止一日，指时间很长。匪，非。伊，语助词，无实义。《周书卷一·文帝纪上》："臣列旆东辕，匪朝伊夕。"

③ 一本之归：指忠恕之道。见《论语·里仁》。

④ 此句以颜渊为例，承资质敏悟一意。用《论语·为政》语意："子曰：吾与回言终日，不违如愚。退而省其私，亦足以发。回也不愚。"

⑤ 此句是以曾参为例，承资质愚鲁而真积力久之意。用《论语·里仁》语意："子曰：'参乎！吾道一以贯之。'曾子曰：'唯。'"

⑥ 洒扫进退：洒水扫地，酬答宾客的礼仪。这是所谓"小学"的内容。朱熹《大学章句序》："人生八岁……皆入小学，而教之以洒扫应对进退之节，礼乐射御书数之文。"

⑦ 畔岸：疆界范围。"茫无畔岸"指无从把握，茫然无从措手。畔，田界，疆界；岸，水边。

⑧ 诗书名象：指具体的知识。名象，名称物象、名物制度之类。

⑨ 危微易简：指"道"。危微，本自《尚书·大禹谟》："人心惟危，道心惟微，惟精惟一，允执厥中。"易简，指"道"平易简约。《易·系辞上》："易则易知，简则易从……易简而天下之理得矣。"

⑩ 端木子：即子贡，复姓端木，名赐，在孔门弟子中以颖悟称。方苞评谓，早先时，孔子也不与子贡谈论天道性命之事，据《论语·公冶长》："子贡曰：'夫子之文章，可得而闻也；夫子之言性与天道，不可得而闻也。'"

知者乐水　一节

董其昌

圣人发仁、知之蕴，观其深矣。盖仁、知之乐不同，由其体有动静也，而效其征于乐、寿矣乎？夫子意曰：人之于道也，苟其中有真得，则其蕴无尽藏，吾于知者仁者见之矣。彼其观化于天地之间，而情以境生，不能无所乐也；然触象于吾心之内，而境与情遇，则各从其类也。知者其乐水乎，仁者其乐山乎？何也？一元之气，水得以流，山得以止，动静之象也；而一元之理，知得以应，仁得以寂，动静之道也。以静观知，静亦知之渊源，而其体则主于变通，神而明之，有圆机①矣，宜其乐于水乎？以动观仁，动亦仁之有觉，而其体则主于凝定，默而存之，有真宰②矣，宜其乐于山乎？吾以此知知者之乐矣，吾以此知仁者之寿矣。盖知之动也，非纷扰之动而无得于心者也，心与理顺，理与事顺，百虑皆通，莫得而困之，即迹有不齐而休休③者自在也；仁之静也，非寂灭之静而无与于身者也，心与气合，气与形合，元神常聚，莫得而摇之，即数有不齐

268

而生生④者自在也。乃知道而有得于心⑤，则微而为观物适情⑥，而全体呈露；极而为身心性命，而实用流行。学者动而能知，静而能仁，道无余蕴矣。

【评】左萦右拂，官止神行，内坚栗而外圆润。凡虚实、分合、断续之法，无不备矣。　　处处归重"动"、"静"，仍于题位毫无陵乱。

【题解】出自《雍也·知者乐水》。

子曰："知者乐水，仁者乐山；知者动，仁者静；知者乐，仁者寿。"（乐，喜好也。知者达于事理而周流无滞，有似于水，故乐水；仁者安于义理而厚重不迁，有似于山，故乐山。动静以体言，乐寿以效言也。动而不括故乐，静而有常故寿。程子曰："非体仁知之深者，不能如此形容之。"）

【注释】

① 有圆机：此处意为"达于事理而周流无滞"，指见解超脱、圆通机变。"圆机"语出《庄子·盗跖》："若是若非，执而圆机；独成而意，与道徘徊。"成玄英疏："圆机，犹环中也。执于环中之道以应是非，用于独化之心以成其意，故能冥其虚通之理，转变无穷者也。"
② 有真宰：此处意为"安于义理而厚重不迁"。"真宰"出自《庄子·齐物论》："若有真宰，而特不得其朕。"本义指宇宙的主宰，儒家常用以指天理等。
③ 休休：安闲。
④ 生生：孳生不绝，指"道"而言。《易·系辞上》："生生之谓易，阴阳转易，以成化生。"
⑤ 道而有得于心：如果心中领悟了"道"。而，如果，假使。
⑥ 适情：顺适性情。

公西华曰正唯弟子不能学也

归子慕

贤者观圣之深，而即得之于自道者焉。盖圣学不必远求也，即其所自道者，弟子学焉而未能乎，适足以明其为圣仁耳。且昔夫子进不敢以圣仁自居，退而以为不厌、诲不倦自许，以为无可称述者，如是焉而已矣。乃公西华作而言曰：安行①者不知勉行者之多阻也，成功者不知用力者之甚艰也。终身莫竟之事，正不在于多言；举世难图之功，正不在于奇行。"为"不与"厌"期②，而厌自至，当其厌也，一前一却，傍徨顾望，殆将有无可奈何者耶，而何夫子之卒不厌也？所谓师不能传之弟子者，其惟是也。"诲"不与"倦"期，而倦日至，当其倦也，一此一彼，离志解体，殆将有不能自主者耶，而何夫子之卒不倦也？所谓弟子不能得之师者，其惟是也。若论"圣"也，所不敢知，而即此"为"与"诲"之间，则弟子之所身试者盖已有年矣，而迫于今锐志者退、先传者倦，独夫子一人常如是焉，然后知圣愚之不相及，果不离日用也，意者夫子其真圣不可知，浑化而不觉矣乎？若论"仁"也，所不敢知，而即此不"厌"且"倦"之间，则弟子之所通患者已见于前事矣，而就其中虽至于步亦步、趋亦趋③，而末由之叹④犹不免焉，然后知天之不可阶⑤而升，其卑如地者也，意者夫子其中心安仁，融一而不见矣乎？吁，若圣与仁，非夫子，其谁与归？

【评】公西华非备尝甘苦不能为此言。作者体认真切，故语淡而意深，如脱于古贤之口。

【题解】出自《述而·若圣与仁》。

子曰："若圣与仁，则吾岂敢？抑为之不厌，诲人不倦，则可谓云尔已矣。"公西华曰："正唯弟子不能学也。"（此亦夫子之谦辞也。圣者，大而化之。仁，则心德之全而人道之备也。为之，谓为仁圣之道。诲人，亦谓以此教人也。然不厌不倦，非己有之则不能，所以弟子不能学也。晁氏曰："当时有称夫子圣且仁者，以故夫子辞之。苟辞之而已焉，则无以进天下之材，率天下之善，将使圣与仁为虚器，而人终莫能至矣。故夫子虽不居仁圣，而必以为之不厌、诲人不倦自处也。"可谓云尔已矣者，无他之辞也。公西华仰而叹之，其亦深知夫子之意矣。）

【注释】

① 安行：圣人能"生知安行"，常人则"困知勉行"。语本《中庸》："或生而知之，或学而知之，或困而知之，及其知之一也；或安而行之，或利而行之，或勉强而行之，及其成功一也。"

② 期：相约。按，此句谓"为"和"厌"常常相伴而来，"为"之后往往会产生"厌"。

③ 步亦步、趋亦趋：指弟子们勉力跟随孔子。语见《庄子·田子方》："颜渊问于仲尼曰：'夫子步亦步，夫子趋亦趋，夫子驰亦驰；夫子奔逸绝尘，而回瞠若乎后矣！'"

④ 末由之叹：感叹没有办法追随孔子。语见《论语·子罕》"颜渊喟然叹曰"章："虽欲从之，末由也已。"

⑤ 阶：阶梯，这里指沿阶梯而上。语本《论语·子张》："（子贡曰）夫子之不可及也，犹天之不可阶而升也。"

民可使由之　一节

钱　岱

论君子之教有不能尽行于民焉。夫君子教民之心无穷也，而"知"之与"由"①，有不可以概使者，如民何哉！且教贵因民，不贵强民，顺其材之可至而施焉，如是而已矣。何言之？天下之可以由而亦可以知者，道也；君子之使人由而亦使人知者，心也。顾知行合一②，在贤智斯无可无不可；而材智有限，在凡民则有能有不能。天下之正路而使天下均蹈之迹耳，非所以迹也，究而极焉，则理之无方无体者，虽中人且弗悟也，将责之颛蒙③之俗而势愈拂④矣；天下之周行⑤而使天下共履之道耳，非所以道也，进而求焉，则民之不著不察⑥者，虽日用且莫觉也，概谕以精微之论而惑滋甚矣。盖理之当然具于性，而民皆可率性也，故取足于由，天下将无不可化之民；性之本然原于天，而民鲜⑦能达天也，故取必于知，天下始有不可循之教。是虽其所知者即寓于所由之内，而其可由者自限于不可知之神。故曰民可使由之，不可使知之，非君子意也，势也。

【作者简介】

钱岱（1541—1622），字汝瞻，江苏常熟人。隆庆五年（1571）进士，授广州府推官，以卓异召为御史。巡按山东湖广，再主乡试，程文简洁圆润。年四十四，疏请终养，优游林下数十年以终。

【题解】出自《泰伯·民可使由之》。

子曰："民可使由之，不可使知之。"（民可使之由于是理之当然，而不能使之知其所以然也。程子曰："圣人设教，非不欲人家喻而户晓也，然不能使之知，但能使之由之尔。若曰圣人不使民知，则是后世朝四暮三之术也，岂圣人之心乎？"）

【注释】

① 由：遵循（事理之当然）。
② 知行合一："由之"是顺"理之当然"而"行"，"知之"是"知其所以然"，故这里以"知行合一"为言。
③ 颛蒙：蒙昧。
④ 拂：违背。
⑤ 周行：大路。《诗经·周南·卷耳》："嗟我怀人，置彼周行。"
⑥ 不著不察：指虽然行于道，却不知道之所以然。语出《孟子·尽心上》："孟子曰：行之而不著焉，习矣而不察焉，终身由之而不知其道者，众也。"朱熹《集注》："著者，知之明；察者，识之精。"
⑦ 鲜：很少。

邦有道贫且贱焉耻也

方应祥

鉴有道之耻，而士重经世已。盖士安于无耻，而后安于无用也，有道而可贫且贱与？夫子意谓：贤人君子，天生之为治世藉①也；高爵厚禄，国家设之为贤者报也。有道则见②，正以不辱其君成己之有耻耳③，有士而长穷窘者哉？吾耻夫邦有道而贫且贱者矣。士有修志节而轻王公，匪矫语④有道之日也；处有道而不变塞⑤，匪龊守⑥贫贱之地也。有道之君，庸君子而绌小人⑦，不能进而参君子之轨，非命之不通可知也，恬养可安以优游太平之世，诚裕矣，然吾身岂自有余⑧也；有道之士，推贤者以却不肖，我顾俛⑨而居不肖之位，非人之无援又可知也，幽贞成性⑩于咏歌王者之风，亦得矣，然天下岂异人任⑪也？如第⑫曰厚糈⑬而效之，薄素餐⑭而不可为也，不知箪食瓢饮⑮，亦属宇宙之责焉，求志而不蕲⑯行义，直其无疚无恶⑰之真未慊⑱耳；如第曰重任而用之，轻鳏官⑲而不可就也，不知环堵仄居⑳，自有幽明之鉴焉，辞宠而并以避劳，反之不欲不为㉑之体均玷耳。要之，有道之时不易际也，先天而道开其始，后天而道翊其终㉒，皆恃此行己之耻㉓以植国维㉔；有道之贫贱不可处也，无具㉕耻道之不立，有具亦耻道之不公⑳，总对此有道之运而多内愧。士贵经世之学如此，非好学以善道者孰辨之？

【评】"可耻"处俱从有道政治与儒者身分勘出，故吐属高远，迥出众人意想之外。

【题解】出自《泰伯·笃信好学》。

子曰："笃信好学，守死善道。危邦不入，乱邦不居。天下有道则见，无道则隐。邦有道，贫且贱焉，耻也；邦无道，富且贵焉，耻也。"（世治而无可行之道，世乱而无能守之节，碌碌庸人，不足以为士矣，可耻之甚也。晁氏曰："有学有守，而去就之义洁，出处之分明，然后为君子之全德也。"）

【注释】

① 藉：借，依靠。

② 见：指出仕。

③ 此句话意思说，要用"不辱君命"来说明士人"行己有耻"。《论语·子路》："行己有耻，使于四方，不辱君命，可谓士矣。"

④ 矫语：强语，不合实情而强为之词。

⑤ 语本《中庸》："国有道，不变塞焉，强哉矫！"朱熹《集注》谓："塞，未达也。国有道，不变未达之所守。"按：本句合下句，意思说，"国有道，不变塞焉"并不是让士人不出仕而安守贫贱。

⑥ 匏守：喻指不出仕。语本《论语·阳货》："吾岂匏瓜也哉？焉能系而不食？"《集注》："匏瓜系于一处而不能饮食，人则不如也。"

⑦ 庸君子而绌小人：任用君子，贬退小人。庸，用。绌，通"黜"，罢免。

⑧ 岂自有余：并不是自己过得好就行，而是还负有社会责任。韩愈《争臣论》："夫天授人以贤圣才能，岂使自有余而已，诚欲以补其不足者也。"

⑨ 俛：同"俯"，指地位低。

⑩ 幽贞成性：指具有高洁坚贞的节操。《易·履》："履道坦坦，幽人贞吉。"

⑪ 岂异人任：不是别人的责任，应当由自己负责。异人，别人。任，负责。语出《左传·襄公二年》："楚君以郑故，亲集矢于其目，非异人任，寡人也。"

⑫ 第：只是。

⑬ 厚稽：犹言厚禄。稽，精粮，泛指俸禄。

⑭ 素餐：无功受禄。

⑮ 箪食瓢饮：用箪盛饭吃，用瓢舀水喝，指安贫乐道，也指生活贫苦。语出《论语·雍也》："子曰：贤哉，回也！一箪食，一瓢饮，在陋巷。人不堪其忧，回也不改其乐。"

⑯ 蕲：期望。

⑰ 无疚无恶：语出《中庸》："故君子内省不疚，无恶于志。"朱熹《集注》："无恶于志，犹言无愧于心。"

⑱ 未慊：不满足。慊，通"惬"，满足。

⑲ 鲽官：也作"瘵官"，旷职废官。

⑳ 环堵仄居：狭小、简陋的居室。环堵，四周环着每面一方丈的土墙。《礼记·儒行》："儒者有一亩之宫，环堵之室。"

㉑ 不欲不为：《孟子·尽心上》："无为其所不为，无欲其所不欲，如此而已矣。"朱熹《集注》："有所不为不欲，人皆有是心也。……能反是心，则所谓扩充其羞恶之心者，而义不可胜用矣，故曰如此而已矣。"

禹吾无间然矣　一节

王　衡

圣人尚论王道而发其君天下之心焉。夫惟不有天下①者，可以托天下也，非禹乌②足以当此？尝谓有天下者，四海之奉与四海之责常相随，而为君之乐与为君之事不两尽。此惟危惟微，尧舜所以开治统也。帝降而王③，无间然者，其惟禹乎？禹以为吾服食寝处之身，乃天地臣民之身；吾今日崇高富贵之天下，本吾忧勤胼胝④之天下。念锡畴⑤之重，则奉养不得不轻矣；思奠鼎⑥之难，则乐成⑦不得独易矣。是故苟非接上帝之馨香⑧，何味不可适口，而柔嘉苾芬⑨之献，则专以羞⑩之鬼神，明粢⑪不与亵俎并登，餕以礼称⑫也；苟无系于四海之视瞻，何衣不可适体，而山龙华虫⑬之饰，则移而致之黻冕⑭，晬服⑮不与澣濯⑯并陈，采以物辨也；苟无关于百姓之利病，何地不可宅身，而经营荒度⑰之力，则并而用之沟洫，田功不与宫功并举，役以事程⑱也。当其时，深宫大廷之内常若不足，而庙堂畎亩⑲之间常若有余。不足者以明吾有天下不与⑳之初心，而有余者以完吾视天下由己饥㉑之责任。此虽仅仅服食宫室间，而天地祖宗鉴之，子孙臣庶则之，千万世之指视萃之㉒。迄于今，而克勤克俭诵明德者如一日也。禹乎，吾真无间然矣。后之君人者，乃以朝祭为有司之事，农桑为小民之事，而人君之事独有食租衣税、养尊处优而已。此与禹德正相反，奈何欲效唐虞之治哉？

【评】丰约中度，不以雕琢伤气，不以秀润掩骨。作者一字诀曰"紧"，此尤其造极之作。　　朱子于此章尚有至大至精之义，惜未能发明。而于人所共知，则已得其体要。

【作者简介】

王衡（1561—1609），字辰玉，号缑山，别署蘅芜室主人，江苏太仓人，王锡爵子。万历十六年（1588）举顺天乡试第一，时其父锡爵为相，或谓其中有弊，王衡遂不复会试。至二十九年（1601），锡爵已罢相，始与会试，举第二人，廷试亦第二，授编修。王衡诗文俱称名家，中年病卒，论者多惜之。著有《缑山集》、《纪游稿》、《归田词》等，又有杂剧五种。

【题解】出自《泰伯·禹吾无间然矣》。

子曰："禹，吾无间然矣。菲饮食，而致孝乎鬼神；恶衣服，而致美乎黻冕；卑宫室，而尽力乎沟洫。禹，吾无间然矣。"（间，罅隙也，谓指其罅隙而非议之也。菲，薄也。致孝鬼神，谓享祀丰洁。衣服，常服。黻，蔽膝也，以韦为之。冕，冠也，皆祭服也。沟洫，田间水道，以正疆界、备旱潦者也。或丰或俭，各适其宜，所以无罅隙之可议也，故再言以深美之。杨氏曰："薄于自奉，而所勤者民之事，所致饰者宗庙朝廷之礼，所谓有天下而不与也，夫何间然之有。"）

【注释】

① 不有天下：不将天下视为己有。
② 乌：怎么。
③ 帝降而王：此指禹不在"五帝"之列，而为三代的"王"。
④ 胼胝：胼手胝足，手脚都起了茧子，形容十分辛苦。《淮南子·修务训》："盖闻传书曰：'神农憔悴，尧瘦臞，舜霉黑，禹胼胝'，由此观之，则圣人之忧劳百姓甚矣。"
⑤ 锡畴：指上天所赐的治国大法。《尚书·洪范》："天乃锡禹洪范九畴"。
⑥ 奠鼎：指定都或开国。传说夏禹铸九鼎象征九州，历商至周，都作为传国重器，置于国都。后因以称定都或建立王朝为"奠鼎"。
⑦ 乐成：本指已成之业，人所共乐，也即指成功。《商君书·更法》："民不可与虑始，而可与乐成。"
⑧ 接上帝之馨香：指祭天。祭祀中燔烧牺牲，使香气上达于天。
⑨ 柔嘉芯芬：柔嘉，指美味、美食。《国语·周语中》："无亦择其柔嘉，选其馨香。"韦昭注："柔，脆；嘉，美。"芯芬，饮食祭品的馨香、芳香。《诗经·小雅·楚茨》："芯芬孝祀，神嗜饮食。"
⑩ 羞：通"馐"，精美的食品，这里指将美食进献于鬼神。
⑪ 明粢：亦称"明齍"，古代祭祀所用的谷物。《周礼·秋官·司烜氏》："以共祭祀之明齍。"
⑫ 称：相称，符合。
⑬ 山龙华虫：指礼服上的各种图案。华，花草。虫，雉。《尚书·益稷》："予欲观古人之象，日、月、星辰、山、龙、华虫，作会。"
⑭ 黻冕：服礼、礼冠。
⑮ 冔服：礼冠、礼服。冔，本指殷代冠名。《仪礼·士冠礼》："周弁，殷冔，夏收。"
⑯ 澣濯：指俭朴的衣服。澣，浣，洗；濯，洗。《诗经·国风·葛覃》毛序："躬身节用，服澣濯之衣。"
⑰ 荒度：大力治理。《尚书·益稷》："启呱呱而泣，予弗子，惟荒度土功。"孔颖达疏："训'荒'为'大治'，谓去其水。'度'谓量其功，故'治度'连言之。"
⑱ 役以事程：根据百姓农事来安排劳役。
⑲ 庙堂畎亩：指朝廷和民间。
⑳ 有天下不与：虽拥有天下而不以为乐。语本《论语·泰伯》："子曰：'巍巍乎！舜禹之有天下也，而不与焉。'"朱熹《集注》："不与，犹言不相关，言其不以位为乐也。"
㉑ 由己饥：因为自己而挨饿。按，此即"己饥己溺"之意，语出《孟子·离娄下》："禹思天下有溺者，由己溺之也；稷思天下有饥者，由己饥之也。是以如是其急也。"
㉒ 指视萃之：受到关注。萃，聚集。指视，用手指，用眼看，《大学》："十目所视，十手所指。"

四十五十而无闻焉 二句

归子慕

即失时者之无可为，而后生可惕矣。夫可为而不为，至于时之既去也亦晚矣，此后生所以有时而不足畏也与？夫子曰：甚哉，时之当惜也！未来者逆计之则有余，而已往者潜消焉则不觉。是故少而壮，壮而老，古今人往往奄忽①于此而卒为人所料也。吾向之所畏于后生者，亦以为是后生也，积日而累功，积岁而程行，盖至四十、五十也而闻道已久矣，故足畏也。如其缓情便己②，偷③取于今日，而明日复然；恣意养安，有待于来年，而来年更甚。如是也而四十，甚易耳，而四十犹夫故也，于道茫乎未之闻也，追思四十年内，何事不可为而失之于交臂④，今而四十也，为无望矣；如是也而五十，倏然耳，而五十犹夫故也，于道概乎未有闻也，上下五十年间，何其日之长而曾不以一瞬⑤，今而五十也，盖无几矣。昔之少壮，犹不如人⑥，顾此暮年，讵堪策励，长为乡人以没世⑦已耳；四十、五十而业已上达，不为蚤⑧，四十、五十而甫议下学，则已老，长怀后生以赍恨⑨焉耳。后生之时不可知，四十、五十之时已可知也，其一生所为具在也；后生以后则难知，四十、五十以后则易知也，其一事无成具见也。斯亦不足畏也已。夫始于可畏而终于不足畏，非人情之至变，而后生之不变也。嗟乎！谁非后生者，日复一日，后生如昨而四十、五十已在前矣。可惧哉！可哀哉！

【评】情真语切，足令人怠心昏气悚然而振。

【题解】出自《子罕·后生可畏》。

子曰："后生可畏，焉知来者之不如今也？四十、五十而无闻焉，斯亦不足畏也已。"（孔子言后生年富力强，足以积学而有待，其势可畏，安知其将来不如我之今日乎？然或不能自勉，至于老而无闻，则不足畏矣。言此以警人，使及时勉学也。曾子曰："五十而不以善闻，则不闻矣"，盖述此意。尹氏曰："少而不勉，老而无闻，则亦已矣。自少而进者，安知其不至于极乎？是可畏也。"）

【注释】

① 奄忽：此指无所作为，让时间白白流逝。
② 缓情便己：指放宽对自己的要求，苟且偷安。
③ 偷：苟且。此句意为：今天采取苟且的态度。
④ 失之于交臂：当面错过。《庄子·田子方》："（孔子谓颜渊曰）吾终身与汝交一臂而失之，可不哀与！"
⑤ 此句言五十年时间既漫长，又似一瞬间之短。不以一瞬，原指不能在瞬间保持原状，本苏轼《赤壁赋》："盖将自其变者而观之，则天地曾不能以一瞬。"
⑥ 此用烛之武语，见《左传·僖公三十年》："臣之壮也，犹不如人；今老矣，无能为也已。"
⑦ 乡人以没世：到死只是一个俗人。乡人，此指俗人、乡里之常人。《孟子·离娄下》："舜为法于天下，可传于后世，我由未免为乡人也，是则可忧也。"
⑧ 蚤：通"早"。
⑨ 赍恨：怀着遗憾。赍，怀抱着。

朋友之馈　一节

方应祥

圣人处友之馈，不以物掩义也。盖朋友义为重也，故祭肉而外，车马亦可不拜与？

且友道之敝，以人竞于利也，知有利则视义轻矣。利所在则用其情，利所不在则不用其情矣，非圣人与人交之道也。夫子之与人也，亦尝有以礼受馈之时；夫子之处馈也，未尝不以义严礼之别。情有怀而未喻，则有以我之施厪①人之报者，此朋友交际之义也，以义馈之亦以义受之已耳，车马虽丰而物非孝享，固不以将享②之敬承之矣；势有急而当周，则或取人之盈助我之乏者，此朋友相恤之义也，馈之以义亦受之以义已耳，车马虽腆③而物匪胙余④，固不以受胙之仪拜之矣。盖以义处人，则其与我友也，顺逆存亡举可藉之以无恐，所庇于我不轻也，一礼际之常，遽感激以为恩，是薄于待人，圣人所不敢也；以义自处，则其与人友也，耳目肝胆业已与共而无靳⑤，所效于人非小也，一受馈之故，遂跽曲⑥以为敬，是薄于自待，圣人所不为也。故义在于施，则左骖⑦可脱，无人德我⑧之望；而义在于受，则车马可馈，亦无我德人之心。何也？谓之朋友，我之视彼兄弟之好也；临之以朋友之祖考，我固其子姓之类也。在子姓之列，则宜敬祖考之赐，故有祭肉必拜以示恭；处兄弟之间，不必计尔我之迹，故虽车马不拜以明义。此可知交道已。

【原评】题虽重"不拜车马"，然不曰"朋友之馈，虽车马不拜"，而必插"非祭肉"三字在内，正须借此生波，文前后夹写，深得题句之妙。

【题解】出自《乡党·朋友死》。

朋友死，无所归。曰："于我殡。"（朋友以义合，死无所归，不得不殡。）朋友之馈，虽车马，非祭肉，不拜。（朋友有通财之义，故虽车马之重不拜。祭肉则拜者，敬其祖考，同于己亲也。此一节，记孔子交朋友之义。）

【注释】

① 厪：同"谨"。
② 将享：指献祭。《诗经·周颂·我将》："我将我享，维羊维牛。"朱熹集传："将，奉。享，献。"
③ 腆：丰厚。
④ 胙余：即祭肉。古称祭祀完毕后所余的酒肉。
⑤ 靳：吝惜。
⑥ 跽曲：跪拜。
⑦ 左骖：本指驾车的左边的马，泛指车马。《史记·管晏列传》载晏婴闻越石父在狱，"解左骖赎之，载归"。
⑧ 德我：感激我。

钦定隆万四书文卷三（《论语》下）

先进于礼乐　一章

邓以赞　墨

　　圣人述时人之论礼乐，而因自审于所从焉。盖礼乐惟古为得中也，夫子惟用中而已矣，而肯徇乎时好耶？想其伤今思古之意，曰：天下有可以徇世者，虽与俗从之而不以为同；有可以自信者，则违众从之而不以为异。吾兹有感于礼乐矣。彼礼乐者，先王制之，后世从之，初何有于进之先后也？自末流渐远，于是有先进之礼乐焉，彼以诚悫之真而饬人文之贲①，盖诚独得其中者矣，而时之人昧于制作之本，乃反目之以为"野人"，野人云者，谓其不足以侈天下之观听也；自先制既隳，于是有后进之礼乐焉，彼以文物之华而掩忠信之实，盖诚至于失中者矣，而时之人眩于侈靡之习，乃反目之以为"君子"，君子云者，谓其有以新天下之耳目也。夫实时人之论，则其礼乐之用必从后进而不从先进明矣。然文质彬彬，然后谓之君子②，使其诚是也，则正吾之所愿见者也，而今之独胜于文③，果可谓君子乎，吾固不敢以必从也；质胜其文，然后谓之野人，使其诚是也，则亦吾之所深病者也，而古之适得乎中，果可谓野人乎，吾则不敢以不从也。用之为己，则以之治躬，以之治心，所愿为从周之民④者此也，虽举世非之亦不愿也；用之治人，则以之定志，以之平情，所愿为东周之治者此也，将与世反之而不辞也。盖宁有"野人"之议，而不敢使实意之渐微；宁无"君子"之名，而不敢使繁文之日胜。此固吾之所自审乎？吁，观此而夫子之慕古者意亦深矣！

　　【原评】矩度不失尺寸，气味深恬，嚣张尽释。　　以"中"字作眼，尤有归宿，与程文先透"质"字，同是精神结聚处。

　　【题解】出自《先进·先进于礼乐》，参见正嘉文卷三张居正同题文。

　　子曰："先进于礼乐，野人也；后进于礼乐，君子也。如用之，则吾从先进。"

【注释】

① 人文之贲：指礼乐等典章制度。贲，装饰。《易·贲卦》："贲者，饰也。""刚柔交错，天文也。文明以止，人文也。观乎天文，以察时变。观乎人文，以化成天下。"

② 本句及下文"质胜其文，然后谓之野人"俱本《论语·雍也》："子曰：'质胜文则野，文胜质则史。文质彬彬，然后君子。'"野人，鄙略之人。

③ 独胜于文：指春秋以来，礼乐方面繁文渐多，而礼乐之本义却衰微，即有所谓"文胜"之病。

④ 从周之民：遵从周朝（指西周初年）典章制度的人。语本《论语·八佾》："子曰：'周监于二代，郁郁乎文哉！吾从周。'"按，下股"东周之治"，谓欲在东方复兴周道。

非礼勿视　四句

邹德溥

　　圣人于大贤详示以己之当克者焉。盖视听言动，本乎心者也，于其非礼者克之，而仁无遗蕴矣乎。夫子语颜渊以克复①之目也，意曰：天下未尝有心外之感也，为仁者安能遗感以事心哉？随其所感而无失其心之则焉，如是而已矣。盖自物之感于心也，而所谓视听言动者缘心而起矣，是心之所不能无也；自心之涉于感也，而所谓非礼者缘视听言动而起矣，是心之所不可有也。心之神常聚于目，而使非礼之色入之，可乎，吾举吾之视而归于礼，毋使非礼者得而淆吾视也，以是养其所以视者②也；心之虚常通于耳，而使非礼之声入之，可乎，吾举吾之听而归于礼，毋使非礼者得而淆吾听也，以是养其所以听者也。天下未有言而不出于思者，吾惧言之失而因累其所以言者也，则于言之非礼而禁焉，要使言与礼俱，斯已矣；天下未有动而不出于谋者，吾惧动之失而因累其所以动者也，则于动之非礼而禁焉，要使动与礼协，斯已矣。天下之物日与吾心交，而常以其心宰之，故物至而心不累；吾之心日与天下之物交，而常以其理御之，故物化而理自融。其斯以为仁乎？盖惟视听言动之用在己，故可以决为仁之机；惟视听言动之感通乎天下，故可以必归仁之效③。回也，毋亦是务哉！

【评】清切简质，隆万中说理文字，难得如此明净者。

【作者简介】

　　邹德溥，字汝光，号泗山，江西安福人，正德六年会元、探花邹守益之孙。万历十一年（1583）会试第二，进士二甲，授编修，官至司经局洗马。邹氏于《易》、《春秋》多所发明，著有《易会》八卷、《春秋匡解》八卷、《畏圣录》二卷、《邹太史全集》五十卷等。精于制义，有《邹泗山稿》，俞长城题识谓，德溥与晋江李廷机同科，李廷机为会元，而"当是时，论泗山文者，驾于晋江，必曰邹、李，不曰李、邹"，又谓邹守益之文"不缘饰，不雕刻，气和而畅，情淡而深"，德溥之文"冲夷逸宕，克绳祖武"。

【题解】出自《颜渊·颜渊问仁》，参见正嘉文卷三唐顺之《请问其目》。

　　颜渊问仁。子曰："克己复礼为仁。一日克己复礼，天下归仁焉。为仁由己，而由人乎哉？"颜渊曰："请问其目。"子曰："非礼勿视，非礼勿听，非礼勿言，非礼勿动。"颜渊曰："回虽不敏，请事斯语矣。"

【注释】

① 克复：克己复礼。

278

② 所以视者：与下文"所以听者"等，俱指心性。

③ 必归仁之效：预期天下人都归从于仁。

樊迟问仁　一章

郭正域

圣人发仁知①合一之理，而帝王之道足征矣。夫知之与爱，其用相须也。举错之化②，帝王有行之者，而何疑于圣人之言乎？且夫以仁而言仁，一道也；以知而言知③，一道也；合仁知而言仁知，共一道也，固有相为用而不相妨者。樊迟之问仁也，夫子以爱人告之，夫以爱言仁，似勿论其知与不知而皆在兼爱中矣，是言仁而难以言知也；迟之问知也，夫子以知人告之，夫以知言知，似勿论其爱与不爱而皆在甄别中矣，是言知而难以言仁也。宜迟之未达也。夫子复以举错之化告之，夫所举在直，而举世皆直道之民；所错在枉，而举世无枉者之行。此其所以当举而当错者，孰知之也？所以化枉而为直者，又孰使之也？夫子言知而仁已寓矣，乃迟之未达犹故也。故子夏因其问而叹曰：富哉言乎！夫子之言，帝王之道也。舜有天下，欲尽天下而仁之④，而举一皋陶，不如皋陶者远矣，舜其有以使之乎，舜使天下为仁，而当时称舜者不独以其官人之知⑤矣；汤有天下，欲尽天下而仁之，而举一伊尹，不若伊尹者远矣，汤其有以使之乎，汤使天下为仁，而当时称汤者不独以其敷求⑥之知矣。此其合众人而选之，择一人而用之，若是其知人也，而何病⑦于爱？为天下举一人，而使天下皆为仁，若是其爱人也，而何病于知？信乎，仁、知之相为用也！

【评】因首节"仁"、"知"分举，故开出"未达"以下半章。若将合一之理预透在先，则下文俱成赘语矣。循次合节，疏通开解，犹有先民之遗。

【作者简介】

郭正域（1554—1612），字美命，号明龙，湖北江夏（今武汉）人。万历十一年（1583）进士，选庶吉士，授编修，官至礼部侍郎，谥文毅。正域博通载籍，勇于任事，有经济大略，有《东宫进讲尚书义》一卷、《皇明典礼志》二十卷、《黄离草》十卷等。

【题解】出自《颜渊·樊迟问仁》。

樊迟问仁。子曰："爱人。"问知。子曰："知人。"（爱人，仁之施。知人，知之务。）樊迟未达。（曾氏曰："迟之意，盖以爱欲其周，而知有所择，故疑二者之相悖尔。"）子曰："举直错诸枉，能使枉者直。"（举直错枉者，知也。使枉者直，则仁矣。如此，则二者不惟不相悖而反相为用矣。）樊迟退，见子夏。曰："乡也吾见于夫子而问知，子曰，'举直错诸枉，能使枉者直'，何谓也？"（迟以夫子之言，专为知者之事。又未达所以能使枉者直之理。）子夏曰："富哉言乎！（叹其所包者广，不止言知。）舜有天下，选于众，举皋陶，不仁者远矣。汤有天下，选于众，举伊尹，不仁者远矣。"（伊尹，汤之相也。不仁者远，言人皆化而为仁，不见有不仁者，若其远去尔，所谓使

279

枉者直也。子夏盖有以知夫子之兼仁知而言矣。程子曰："圣人之语，因人而变化。虽若有浅近者，而其包含无所不尽，观于此章可见矣。非若他人之言，语近则遗远，语远则不知近也。"尹氏曰："学者之问也，不独欲闻其说，又必欲知其方；不独欲知其方，又必欲为其事。如樊迟之问仁知也，夫子告之尽矣。樊迟未达，故又问焉，而犹未知其何以为之也。及退而问诸子夏，然后有以知之。使其未喻，则必将复问矣。既问于师，又辨诸友，当时学者之务实也如是。"）

【注释】

① 仁知：仁与智。知，通"智"。
② 举错之化：提拔正直之人以感化不正直之人。"举错"即"举直错诸枉"。见朱注。
③ 以知而言知：用"知"（知人）来解说"智"。
④ 仁之：使之仁。
⑤ 官人之知：选拔官员方面的知人之明。此句意谓，舜任皋陶固然表现出"知"或"智"，其结果是让天下之民皆受感化，则"仁"又寓于"知"。
⑥ 敷求：广求贤才。敷，通"溥"。《尚书·伊训》："敷求哲人，俾辅于尔后嗣。"
⑦ 病：损害，妨害。

礼乐不兴　二句

邓以赞

即刑罚之所以失中，而知礼乐不可废也。盖刑罚系于民生甚重也，以礼乐废而不中，君子能不求其端哉？夫子意曰：政有相因，敝有必至。名之不正也，其渐之敝可一二道哉！礼乐所以饬治，刑罚所以惩奸，皆政之大也。然惟极辨①之朝，钦恤②于五用③；亦惟大顺之世④，尽心于一成⑤。两者相反而相为用也。今以名之不正，至于礼乐不兴也。是品式之等差，所谓取象于卑高者⑥皆坏而不饬；声气之流动，所以幽赞于刚柔⑦者，悉敝而不修。夫礼，序也，序之反为紊，即无所不紊而刑罚之用亦颠倒而不得其平；乐，和也，和之反为乖，将无所不乖而刑罚之施亦暴戾而不得其理。非有以整齐其型范⑧而几民之兴行，不能也，既陷于无知，又以恣肆之身临之，将不严天威、不敬民命，惟凭其意周内⑨之而已矣，安望其中伦而绝无偏倚乎？非有以荡涤其邪秽而希民之向方⑩，不能也，既干于文网⑪，又以惨刻之心绳之，将疾痛不相关、死生不加恤，惟任其意文致⑫之而已矣，安望其中则而尽无低昂乎？狱之为条，烦而难稽，刑之属数千⑬，罚之属亦数千，非娴于节文而平于好恶，必不能有伦有要⑭而详其丽⑮于法之中，不详其丽，不中也；狱之为情，变而难尽，或上刑而适轻，或下刑而适重⑯，非观于会通而融于拘挛，必不能惟齐非齐⑰而权其比⑱于法之外，不权其比，不中也。要之，出乎礼，即入乎律，降典与播刑，非二物也⑲，故礼之坏也，其究即刑之滥也；喜之中节为和，怒之中节亦为和⑳，用乐与用刑，皆此心也，故乐之崩也，其究即刑之淫也。吁，由此而正名之宜先，岂不深切著明哉！

【评】"礼乐"、"刑罚"交关处,洞彻原委,剖析精详。其理则融会六经,其气则浸淫《史》《汉》,其法则无所不备也。

【题解】出自《子路·卫君待子而为政》,参见正嘉文卷三许孚远《故君子名之必可言也》。

名不正,则言不顺;言不顺,则事不成;事不成,则礼乐不兴;礼乐不兴,则刑罚不中;刑罚不中,则民无所措手足。

【注释】

① 极辨:明察,分辨得很清楚。

② 钦恤:慎重,体恤。《尚书·舜典》:"钦哉钦哉,惟刑之恤哉!"

③ 五用:指刑法的运用。《尚书·皋陶谟》:"天讨有罪,五刑五用哉!"孔安国注:"言天以五刑讨五罪,用五刑宜必当。"

④ 大顺之世:指上下悉遵礼法的时代。大顺,语出《礼记·礼运》:"天子以德为车,以乐为御,诸侯以礼相与,大夫以法相序,士以信相考,百姓以睦相守,天下之肥也,是谓大顺。"

⑤ 一成:指律法一成不变。《礼记·王制》:"凡作刑罚,轻无赦。刑者侀也,侀者成也。一成而不可变,故君子尽心焉。"按:此句谓当严守法律,虽轻不赦,与上句慎于用刑相对,故下文又言"相反而相为用也"。

⑥ 取象于卑高者:谓效法天高地卑井然有序而制定的礼法。《礼记·乐记》:"天尊地卑,君臣定矣。卑高已陈,贵贱位矣。"

⑦ 幽赞于刚柔者:谓取法于天地阴阳变动周流而制定的"乐"。《易·系辞下》:"变动不居,周流六虚。上下无常,刚柔相易,不可为典要。"

⑧ 型范:典范,法式。

⑨ 周内:即"周纳",指罗织罪名,故意陷害人。

⑩ 向方:归向正道。

⑪ 干于文网:(百姓)触犯法律。干,触犯。

⑫ 文致:指谓舞文弄法,致人于罪。

⑬ "刑之属"句:指刑法的类别极多。本《尚书·吕刑》:"墨罚之属千,劓罚之属千,剕罚之属五百,宫罚之属三百,大辟之罚其属二百。五刑之属三千"。

⑭ 有伦有要:语见《尚书·吕刑》:"轻重诸罚有权,刑罚世轻世重,惟齐非齐,有伦有要。"蔡沉《集传》:"有伦有要者,法之经也。言刑罚虽惟权变是适,而齐之以不齐焉,至其伦要所在,盖有截然而不可紊者矣。"

⑮ 丽:本义为附,指附于刑法的实施办法。按:古时断狱有"八辟"、"八议"之说,即定刑要"议亲"、"议故"等,《周礼·秋官·小司寇》:"以八辟丽邦法,附刑罚。"

⑯ "或上刑"句:犯下的是重罪,但考虑其情节,予以较轻的处罚。出《尚书·吕刑》:"上刑适轻下服,下刑适重上服。轻重诸罚有权。"蔡沉《集传》:"事在上刑,而情适轻,则服下刑;……事在下刑,而情适重,则服上刑。"

⑰ 惟齐非齐:语见《尚书·吕刑》,见前"有伦有要"注,蔡沉《集传》:"法之权也。"

⑱ 权其比:衡量罪行的类别、具体情形。比,同类,相近之事。按,此句谓断狱在依据法令之外,尚要考虑其他因素。

⑲ "降典"句:谓礼、刑为一。降典,指颁布礼法;播刑,指颁布刑法。本《尚书·吕刑》:"伯夷降典,折民惟刑。……今尔何监,非时伯夷播刑之迪?"

⑳ "喜之"、"怒之"句:喜,用乐;怒,用刑。两者均须"中节"而"和",故下文谓"用乐与用

刑，皆此心也"。

君子和而不同

黄洪宪

论君子之与人同于道而已矣。夫和者，天下大同之道也，惟其道而不惟其情，此君子之和所以不为同也与？且夫天下无不同之道，而有不同之情。道相济然后和，情相比则为同。和虽未尝不同，而非即以同为和也，几微之际，心术判焉。吾观君子之与人，谊非不亲也，而所孚者道，于情不贵苟而合；交非不笃也，而所协者义，于物不容诡而随①。同寅协恭②，非以树党也，天下国家之事，本非一人之意见所得附和而强同者，惟平其心以待之而已焉，和出于平，而又何比焉？合志同方，非以植私也，天下万世之道，本非一己之私心所能任情而强和者，惟公其心以应之而已矣，和生于公，而又何徇焉？内不见己，故于人无所乖，而不必在人者有以同乎己；外不见人，故于己无所庆，而不必在我者有以同于人。非其道也，独见独行，举世非之而不顾，虽或不谐于众，实则相济以为和耳，此君子之所以不同也，其心与迹易知也；如其道也，公是公非，与众共之而不违，即使自混于俗，不过顺应以为和耳，此君子之所以和而不同也，其心与迹难知也。盖和则未始不同，而非有心于求同；不同若不可语和，而实所以成其为和。世固未有一于同而终能成其和者也，此君子之交所以无外和而中离、始同而终异也。

【评】于"和"、"同"互异处确有指归。君子心事学术，全身写出，文亦纯粹无疵。

【题解】出自《子路·君子和而不同》。

子曰："君子和而不同，小人同而不和。"（和者，无乖庆之心。同者，有阿比之意。尹氏曰："君子尚义，故有不同。小人尚利，安得而和？"）

【注释】

① 诡而随：违背心意地跟随他人。
② 同寅协恭：指同僚团结协作。《尚书·皋陶谟》："同寅协恭，和衷哉。"孔安国传："以五礼正诸侯，使同敬合恭而和善。"

子问公叔文子 一章

陶望龄

时人之拟大夫皆过①，圣人终于不信也。夫不言、不笑、不取，非人情也，而如贾之所称，则又过矣，夫子安得而信之？且夫论人于春秋之世，或可以几廉静，而未可以语时中②；可以邀世俗之虚称，而未可以逃圣人之藻鉴③。公叔文子，卫之良④也，吾观其大概，盖沉静廉洁士哉？何世之人迹其沉静而遂以为不言不笑也，迹其廉洁而遂以为不取也。夫子以为过，而问之公明贾；公明贾亦已知告者之过，而其言之过也乃弥甚。人曰不言，贾则曰"夫子⑤时然后言，而人不厌其言"，视不言抑又难矣；人曰不笑，贾则曰"乐然后笑，而人不厌其笑"，视不笑抑又难矣；人曰不取，贾则曰"义然后取，而人不厌其取"，视不取又难之难矣。夫言笑辞受之间，人情皆不能无，文子而人乎，吾固知其不免也；言笑辞受之节，非圣人皆不能中，文子而犹夫人乎，吾又知其不尽然也。充积未盛者，难与随时，故谈"时中"于曲谨之士，则大而无当；发见⑥非时者，易以起厌，故称"不厌"于清修之士，则诬而失真。⑦夫子心知其过也，乃曰"其然岂其然乎"，盖溢美之言不敢辄信，而为善之文子，又未敢轻訾而直议之也。此以知天下惟时措⑧为最难，论人者未可以易而许人，学道者不可以难而自阻。

【评】点化题面，手法灵绝，更有峭劲之气游荡行间。

【题解】出自《宪问·子问公叔文子》。

子问公叔文子于公明贾曰："信乎夫子不言、不笑、不取乎？"（公叔文子，卫大夫公孙拔也。公明姓，贾名，亦卫人。文子为人，其详不可知，然必廉静之士，故当时以三者称之。）公明贾对曰："以告者过也。夫子时然后言，人不厌其言；乐然后笑，人不厌其笑；义然后取，人不厌其取。"子曰："其然，岂其然乎？"（厌者，苦其多而恶之之辞。事适其可，则人不厌，而不觉其有是矣。是以称之或过，而以为不言、不笑、不取也。然此言也，非礼义充溢于中，得时措之宜者不能。文子虽贤，疑未及此，但君子与人为善，不欲正言其非也。故曰"其然岂其然乎"，盖疑之也。）

【注释】

① 过：过分，超出实情。
② 时中：随时都合乎中道。《礼记·中庸》："君子之中庸也，君子而时中。"朱熹《集注》："君子之所以为中庸者，以其有君子之德，而又能随时以处中也。"
③ 藻鉴：品评鉴别人物。
④ 良：良臣。
⑤ 夫子：此处是对大夫以上官员的尊称，相当于"他老人家"。
⑥ 发见：表现，显现。
⑦ "充积"句：言公叔文子非礼义充盈于其中，仅为曲谨之士，说他"时中"是大而无当；"发见"句，言公叔文子未能达于"时中"，仅为清修之士，说他"不厌"于人，是诬而失真。
⑧ 时措：因时制宜。《礼记·中庸》："成己仁也，成物知也，性之德也合内外之道。故时措之宜也。"郑玄注："时措，言得其时而用也。"孔颖达疏："措犹用也。言至诚者成万物之性、合天地之道，故得时而用之，则无往而不宜。"

公叔文子之臣大夫僎　一节

孙慎行

大夫举其臣于国，可为贤矣。夫僎固家臣也，非文子之荐，则乌能与之同升哉？且昔春秋时，大夫盖世官也。其有家臣而为大夫者，则得僎焉；其有举家臣而为大夫者，则得公叔文子焉。夫人情未有不忌人之贤者也，即贤也，未必不慕树人之名而益私门之党；即贤之可为公用也，又未必不蒙人朝之嫉而防逼己之萌。若是，则僎亦竟以家臣老而已矣。乃今业为臣役，俄然得以大夫显焉；属在臣僚，俄然得与大夫偕焉。文子盖爱士而不隐也，官天位而莫之敢奸①也，然而以卑简之臣，得自致于君卿之佐，则僎亦荣矣；僎盖怀能而不终屈也，遭遇合而得自通也，然而以私家之属，竟能收其公辅之材，则文子亦荣矣。当是时，文子若忘乎僎之为己臣，僎亦不以臣之贱而有愧颜，以举我之恩而有德色②也；天下固不非其臣之骤进，亦不以大夫之贵自等家臣而为文子耻也。夫君之患，常在贤能壅于下，而公庭虚于上；士之患，亦常在当途者擅事要③于前，而贤能者抱怨闵④于后。贤如文子，则人臣之义止于此矣，夫子曰："可以为文矣。"

【原评】古文之妙，全在提笔折笔。提笔得势，则波澜层叠；折笔有情，则文势蓄聚。试于此等文参之。

【评】文以神韵别雅俗，不必有惊迈之思，而溶漾纡余，自觉邈然绝俗。

【作者简介】

孙慎行（1564—1635），字闻斯，号淇澳，南直隶武进人。幼习闻外祖唐顺之绪论，即嗜学。万历二十三年（1595）举进士第三人，授编修，官至礼部尚书。操行峻洁，为一时搢绅冠，卒谥文介。著有《困思抄》四卷、《孙慎行奏议》二卷、《玄晏斋集》十卷。制义有《孙淇澳稿》，俞长城题识云："淇澳先生文，简洁高古，上逼左氏，深得《春秋》之旨，不徒似其貌也。"

【题解】出自《宪问·公叔文子之臣大夫僎》。

公叔文子之臣大夫僎，与文子同升诸公。（臣，家臣。公，公朝。谓荐之与己同进为公朝之臣也。）子闻之曰："可以为文矣。"（文者，顺理而成章之谓。谥法亦有所谓锡民爵位曰文者。洪氏曰："家臣之贱而引之使与己并，有三善焉：知人，一也；忘己，二也；事君，三也。"）

【注释】

① 奸：窃夺。
② 德色：感激之色。
③ 要：拦截，指阻挡其升职。
④ 闵：通"悯"，忧。

人无远虑　一节

刘一焜

圣人启人远虑而深惕之焉。夫忧不自生也，虑不远而忧近矣，可无惕与？今天下皆忽于虑之方萌，而震于忧之已集，此未观夫远近之机，而暗于忧之所自来也。夫虑生于不泄迩①之一念，而其精神常运于不见不闻之表，图之若至迩而其及也远；忧生于不虑远之一念，而其胚胎遂伏于可见可闻之中，忽之若至远而其来也近。亿兆人之命悬于堂上，有如泄泄②焉，不为亿兆人虑，则此因循玩愒③皆所以阴酿衅端，而为堂上不可测之变也，虽忧之来，非必户庭之咎④，而其卒然⑤出于不意，若萧墙肘腋⑥矣；千百年之计起于目前，有如懵懵焉，不为千百年虑，则此卤莽灭裂⑦皆所以潜伏祸机，而为目前不可御之灾也，虽忧之成，必非朝夕之故，而其忽然发于莫支，若瞬息眉睫⑧矣。盖天下非有天行不可易之数⑨，而皆以人情、物理、事势为之端，唯失于未兆易谋之初，而昧于积重难反之际，故蕴而成其忧；亦无有卒来不可御之忧，而皆以安危、利菑⑩、乐亡为之渐，惟欲蔽于可以有为之日，而祸发于无可奈何之时，故举而谓之近⑪。吁，人能远虑，可无忧矣！

【原评】一气披靡而下，题窍尽解。其古淡磅礴处，大类归震川。

【评】出语皆掐胸攫胃，可为肥皮厚肉之药石。

【作者简介】

刘一焜，字元丙，号石闾，江西南昌人。万历二十年（1592）进士，历官考功郎中、右佥都御史、浙江巡抚。曾辅佐主持京察，尽斥逐执政私人，抚浙亦有惠政。被诬贪赃，遂引退，卒赠工部右侍郎。著有《石闾山房集》。

【题解】 出自《卫灵公·人无远虑》。

子曰："人无远虑，必有近忧。"（苏氏曰："人之所履者，容足之外，皆为无用之地，而不可废也。故虑不在千里之外，则患在几席之下矣。"）

【注释】

① 泄迩：对近前的事情采取轻慢、玩狎的态度。迩，近。泄，狎侮，轻慢。语出《孟子·离娄下》："武王不泄迩，不忘远。"朱熹《集注》："泄，狎也。迩者人所易狎而不泄，远者人所易忘而不忘。"

② 泄泄：弛缓，懈怠。《诗经·大雅·板》："天之方蹶，无然泄泄。"朱熹《集传》："泄泄，犹沓沓也，盖弛缓之意。"

③ 玩愒：指浪费时间，苟安度日。愒，荒废。语本《左传·昭公元年》："主民，玩岁而愒日，其与几何？"

④ 户庭之咎：发生在近处的过错。按：此句谓灾祸的发生不一定是自近处而起的，但灾祸猝然来临，却像是自近处而起；下句谓灾祸的发生一定是从很早酝酿的，但它一旦忽然发作，却像是突然发生、不及提防的灾祸。

⑤ 卒然：猝然。

⑥ 萧墙肘腋：萧墙，喻指内部；肘腋，胳膊肘儿和腋窝，喻指极近之处。"变起萧墙"、"变生肘腋"均指比喻事变就发生在切近之处。

⑦ 卤莽灭裂：形容做事草率粗疏。《庄子·则阳》："君为政焉勿卤莽，治民焉勿灭裂。"

⑧ 瞬息眉睫：眉睫之前，瞬息之间，指危险迫近。

⑨ 数：天数，命运。

⑩ 利菑：以灾为利。菑，同"灾"。

⑪ 此句谓灾祸在无可挽回之时发生以后，人们说它近。

吾之于人也　一章

王尧封　墨

圣人志盛王之道，而以公论自附焉。甚矣，圣人志在三代之英也，无毁誉而自附于盛王之直道，盖有用行之遐思哉。夫子意曰：直道在人，无古今一也。自代升降而道污隆，始谓民心不古，而所以行之者亦异矣。吾之于人也而敢然乎哉？彼称人恶而损其真谓之毁，毁非直也，吾诚不能隐人恶，然于谁而毁乎？扬人善而过其实谓之誉，誉非直也，吾诚不能掩人善，然于谁而誉乎？即一时之独见，或褒善于未成；而逆异日之所臻，必盛名之能副。则誉且无之，而毁何有焉？若是者，吾诚不能枉斯民之是非而以不直行之矣。乃斯民之不可枉也，岂自今日始哉？夏后殷周以来，其抚世者非一君；而荡平正直之道，其循行者如一日。赏不当善，虽圣王无以励俗，而今此善善之民所不可枉，其公是者固即三代之世所以秉至公而爵赏之民也，吾方期与之追盛治焉，而敢以誉行与？罚不当恶，虽圣世无以服人，而今此恶恶之民所不可枉，其公非者固即三代之时所以奉无私而刑威之民也，吾方期与之跻大猷①焉，而敢以毁行与？夫何三代行之，则直道见诸实事，而世方隆沕穆②之风；吾今行之，则直道托诸空言，而人且滋毁誉之议？然吾终不敢谓斯民之不可以古治治也。

【评】空明澹宕，清深而味有余，粉泽为工者当用此以涤濯之。

【作者简介】

王尧封（1544—1613），字尔祝，号华岗，南直隶金坛人，王樵之侄。万历十一（1583）进士，官至户部尚书，著有《学惠斋稿》。

【题解】出自《卫灵公·吾之于人也》。

子曰："吾之于人也，谁毁谁誉？如有所誉者，其有所试矣。（毁者，称人之恶而损其真。誉者，扬人之善而过其实。夫子无是也。然或有所誉者，则必尝有以试之，而知其将然矣。圣人善善之速，而无所苟如此。若其恶恶，则已缓矣。是以虽有以前知其恶，而终无所毁也。）斯民也，三代之所以直道而行也。"（斯民者，今此之人也。三代，夏、商、周也。直道，无私曲也。言吾之所以无所毁誉者，盖以此民，即三代之时所以善其善、恶其恶而无所私曲之民。故我今亦不得而枉其是非之实也。尹氏曰："孔子之于人也，岂有意于毁誉之哉？其所以誉之者，盖试而知其美故也。斯民也，三代所以直道而行，岂得容私于其间哉？)

【注释】

① 大猷：大道，治国大道。《诗经·小雅·巧言》："秩秩大猷，圣人莫之。"郑玄笺："猷，道也；大道，治国之礼法。"

② 沕穆：深微貌，混一而不可分别。《史记·屈原贾生列传》引《鵩鸟赋》："沕穆无穷兮，胡可胜言！"司马贞索隐："沕穆，深微之貌。以言其理深微，不可尽言也。"

吾之于人也　一章

马悫墨

　　圣人以直道待天下，以民心之本直也。夫圣人之好恶，与天下为公者也，而况民心之本直焉，又何以毁誉为哉？宜其有感而言之也。且夫士君子生三代之后，尝恨不得挽颓风、回古道，而幸有古之遗直在焉，则亦甚无乐乎枉而行之也。吾尝思之：毁之名，古未有也，起于恶之不直也；誉之名，古未有也，起于好之不直也。是非失而为爱憎，爱憎流而为毁誉，吾方伤之，而又谁毁谁誉乎？然恶不可过，好亦不可过，故誉或有之，而试又先之矣。夫无毁无誉，岂不称直道哉？而是道也，起于匹夫匹妇之独觉，而天下为公；成于累世圣王之培养，而万古不易。朝廷之上，以直道为政教而赏罚明，今非其时矣，而禹汤文武之遗化在焉，是斯民之所服而习者也，何可欺也？闾巷之间，以直道为论议而美刺①备，今非其时矣，而忠敬质文之余俗在焉，是斯民之所沦而浃②者也，何敢枉也？盖生理本直，而挽人心以从古，难责待教之凡民；圣王不兴，而执古道以御今，愿俟从先之君子③。此固吾所以无毁誉之意乎？

　　【原评】遒古而波折自曲，简练而规模自宏。

　　【作者简介】

　　马悫（1535—1606），字慎卿，河南钧州（今禹州）人。万历十一年（1583）进士，授临淄知县，升任户部主事。后被诬，家居数十年以卒。

　　【题解】出自《卫灵公·吾之于人也》，见上。

　　【注释】

　　① 美刺：称美与讽恶。《诗·召南·甘棠序》："美召伯也。"孔颖达疏："至于变诗美刺，各于其时，故善者言美，恶者言刺。"
　　② 沦而浃：即"沦肌浃髓"，透入肌肉和骨髓，比喻感受深刻。
　　③ 从先之君子：君子，指有位者。从先，谓追随先辈，归于质朴，语本《论语·先进》："则吾从先进。"

吾犹及史之阙文也　二句

顾天埈

　　圣人溯所见于世者而慨深矣。夫史阙文、马借人，事皆微浅，而夫子以及见为幸，而慨世何如哉。意曰：世道盛衰之变，盖人心由慎而之肆，由公而之私也。然衰而未极，不无盛世之遗焉。吾于今日，唐虞夏商邈矣，并不复识文武而梦周公①矣。闲居岁月之迈，而窃忆我生之初，其习尚风俗犹美也，其习尚风俗之美犹记一二也。作史者岂以袭故乎？而每阙夫文焉；有马者岂以市德乎？而每借于人焉。任其意见，史可易也，而弗敢也，凛凛焉留其疑以昭万世之信，而国无作聪明之君子，及观里闬间，大抵不挟以自私，如借马之事时有也，而相承于敦庞②之雅，依然昔矣；逞其文采，史可饰也，而弗敢也，兢兢焉小其心以隆一代之实，而朝鲜无忌惮之小人，及观田野间，大抵不吝以便物，如借马之类不乏也，而相趋于长者之行，蔼然古矣。想文武之造周也，重令典而养太和，所以创垂者隆，虽数百年来先猷已远，而浸润未息，当此际也，天下有人焉急补救之，一旦东周③，可几也；想周公之造鲁也，右老成而崇忠厚，所以培植者长，虽数百年来余休渐替，而被服未泯，当此际也，鲁国有人焉亟维持之，一旦至道，良易也。不意相去几何时，而今则亡矣。今且如此，后可胜言哉？

【评】正嘉先辈皆以义理精实为宗，蔑以加矣。故隆万能手复以神韵清微取胜，其含毫邈然，固足以渗人心腑。

【作者简介】

顾天埈，字升伯，号开雍，南直隶昆山人。万历二十年（1592）一甲三名进士，授翰林院编修，掌记注，管理制敕，累官侍讲，左迁行人司司正，以左谕德致仕。明末党争，顾氏与宣城汤宾尹分别为"昆党"、"宣党"领袖，与东林党为敌，行事颇受世人诟病。著有《顾太史文集》八卷，四库毁禁丛刊收。又工制义，有《顾开雍稿》，俞长城题识云："万历壬辰（1592），吴中文运大兴，《辨真八艺》、《太乙山房稿》并行于世，松陵（按，本科会元吴默）、开雍，号为双绝。……松陵善驾驭，开雍善剖决；松陵之才大，开雍之思深"。

【题解】出自《卫灵公·吾犹及史之阙文也》。

子曰："吾犹及史之阙文也，有马者借人乘之。今亡矣夫！"（杨氏曰："史阙文、马借人，此二事孔子犹及见之。今亡矣夫，悼时之益偷也。"愚谓此必有为而言。盖虽细故，而时变之大者可知矣。胡氏曰："此章义疑，不可强解。"）

【注释】

① 不复识文武而梦周公：谓感觉复兴周道无望。《论语·述而》："子曰：'甚矣吾衰也！久矣吾不复梦见周公。'"朱熹集注："孔子盛时，志欲行周公之道，故梦寐之间，如或见之。至其老而不能行也，则无复是心，而亦无复是梦矣"。
② 敦庞：此指敦厚朴实。
③ 东周：此指在东方复兴周道。《论语·阳货》："如有用我者，吾其为东周乎？"朱熹集注："为东周，言兴周道于东方。"

知及之 一章

吴　默　墨

圣人于知及者而责以仁守之全功焉。夫道以仁守，极于动民之礼，斯全也，必如是而后为真知也已。尝谓：学者不患识见之未融，而患体验之未至。善体验者出身加民，其精神无所不贯，故称全德焉。由今观之，世有大知，固未有不兼乎仁者也；学有真得，亦未有患其或失者也。惟知而不继以仁，则得而必终于失，入道者可以无实之虚见自谓已至哉？乃所谓仁守，亦不易言矣。人之心，非必独知之境所当操持，即一威仪、一振作，皆吾心出入存亡之会；人之学，非必本原之失乃为人欲，即失之威仪、失之振作，亦此心理消欲长之时。天下有称为"仁知合一"者，而自弛其庄临之度，则我实先天下慢，而期民之作敬，弗得矣；天下又有称为"内外兼修"者，而阔略于动民之礼，则我实示天下疏，而以称曰尽善，弗得矣。夫庄，非故为矜持也，是学问之中宜有此检束也，此而不能守，则所贵于"仁者之容"谓何，而知及之时所究析于动容周旋之道者，竟何为也？礼，非故为粉饰也，是学问之中宜有此节文也，此而不能守，则所贵乎"仁者之化"①谓何，而知及之时所研审于化民成俗之方者，竟何为也？专事于仪文度数之末，固为徇迹而遗心；徒守其空虚无用之心，亦且以外而病内。仁知相成者，其知之？

【评】立义虽本朱子语，但圣人于虚实本末之序，层次推究，语意浑然。独拈"仁"字联贯前后，乃时文家小数。机法虽熟，体卑而气索矣。然其经营之周密，局度之浑融，固非浅学所能卒办。

【作者简介】

吴默（1554—1640），字言箴，一字因之，吴江人。万历二十年（1592）会试第一，廷试二甲三名，官至太仆寺卿。无仕态，日抄讲义一章，人比之周敦颐，著有《易说》六卷、《翰林诗法》十卷等。工制义，有《吴因之稿》、《吴会元真稿》。据《制义丛话》卷六，万历十七年陶望龄以奇矫得会元，吴默继其风格而得元，故亦有人以"凌驾之习"归咎于吴默。

【题解】出自《卫灵公·知及之》。

子曰："知及之，仁不能守之；虽得之，必失之。（知足以知此理，而私欲间之，则无以有之于身矣。）知及之，仁能守之。不庄以莅之，则民不敬。（莅，临也。谓临民也。知此理而无私欲以间之，则所知者在我而不失矣。然犹有不庄者，盖气习之偏，或有厚于内而不严于外者，是以民不见其可畏而慢易之。下句放此。）知及之，仁能守之，庄以莅之。动之不以礼，未善也。"（动之，动民也。犹日鼓舞而作兴之云尔。礼，谓义理之节文。愚谓学至于仁，则善有诸己而大本立矣。莅之不庄，动之不以礼，乃其气禀学问之小疵，然亦非尽善之道也。故夫子历言之，使知德愈全则责愈备，不可以为小节而忽之也。）

【注释】

① 仁者之化：谓不言而信，恪守礼义，以躬行被物。

天下有道 一章

胡友信

圣人通论天下之势，而顺逆之变尽矣。盖天下之势，顺与逆而已。顺逆各以其类应，势之所必趋也，孰有逃之者哉！今夫天下之势，有已然而知其然者，有未然而知其将然者，有不及见其然而知其固然者。此皆天下之势也，吾尝概观之矣。彼自大道之行也，天下之政出于一，而惟辟作福、惟辟作威^①，礼乐征伐自天子出焉，三代以上之时也，可以故求者也；自大道之隐也，天下之政出于二，而或敢作好^②、或敢作恶，礼乐征伐自诸侯出焉，三代以下之时也，可以迹验者也。自天子出，万世之事业也，而今不及见矣；降而诸侯，则十世之事业也，而世已微露其端也；降而大夫，五世之事业也，而今有可想矣；若甚而陪臣执国命焉，则三世之事业也，而吾不知其所终也。抑又思之，天下之无道而渐及于陵夷者，大率始于诸侯之僭，而终于庶人之议也。何也？诸侯者，僭之阶也；庶人者，道之公也。故天下有道，礼乐征伐自天子出，则诸侯不得而引诸国也，大夫不得而专其有也，陪臣不得而待其归也，萌蘖未生，厉阶^③未长，虽莫炽于大夫^④，而实不敢专也；天下有道，礼乐征伐自天子出，则诸侯无可议也，大夫无可议也，陪臣无可议也，各当其处，各安其分，虽莫喷于众口^⑤，而亦不能议也。此之谓万世之事业也，而寖衰寖微之象，恶得而动吾之目哉？

【评】气清法老，古意盎然，几可继唐、归之武。所不能似者，唐、归出之若不经意耳。

【题解】出自《季氏·天下有道》。

孔子曰："天下有道，则礼乐征伐自天子出；天下无道，则礼乐征伐自诸侯出。自诸侯出，盖十世希不失矣；自大夫出，五世希不失矣；陪臣执国命，三世希不失矣。（先王之制，诸侯不得变礼乐，专征伐。陪臣，家臣也。逆理愈甚，则其失之愈速。大约世数，不过如此。）天下有道，则政不在大夫。（言不得专政。）天下有道，则庶人不议。"（上无失政，则下无私议也。非箝其口使不敢言也。此章通论天下之势。）

【注释】

① "惟辟"二句：此谓唯天子得以专赏罚。语本《尚书·洪范》："惟辟作福，惟辟作威。"孔安国传："言惟君得专威福。"
② 作好：及"作恶"，谓不遵王道，以私心为好恶而擅行赏罚。语本《尚书·洪范》："无有作好，遵王之道。无有作恶，遵王之路。"
③ 厉阶：祸端。《诗经·大雅·桑柔》："谁生厉阶，至今为梗。"毛传："厉，恶。"
④ 莫炽于大夫：谓大夫权势最盛。炽，盛。
⑤ 莫喷于众口：谓庶人本来最多言。

齐景公有马千驷 一节

赵南星

观民之所称与否，而人品定矣。夫斯民，直道而行者也，有德则称，无德则否，何论丰约哉？昔者齐景公实与吾夫子同时，门弟子熟悉其本末而身见其始终，故于其死也而书之曰"齐景公有马千驷，死之日，民无德而称焉"。诚以景公之千驷也，而齐民视之蔑如也，可惜也；以景公之徒有千驷也，而齐民视之蔑如也，无怪也。于是有感于夷齐之事而并书之曰"伯夷叔齐饿于首阳之下，民到于今称之"。夫此二子者，使其嗣孤竹之统，则五等之列①也，乃逊之而逃；使其绍周王之休，则十人之伦②也，乃耻之而饿。故自齐之民以及天下之民，迄今皆曰"殷之义士"③，此太公之所语左右者也。愚民宁知惇史乎？盖奉天讨罪，夷齐犹以为讥，视景公之以贼臣为德④何如？此安得不荣华，彼安得不污辱也！自鲁之民以及天下之民，迄今皆曰"古之贤人"⑤，此夫子之所语门人者也。愚民岂闻圣言乎？盖立长择贤，夷齐犹以为浼⑥，视景公之以兄弑为利何如？此安得不名彰，彼安得不湮灭也！天道神而莫测，昏庸者富厚，仁贤者饿死；民心愚而至公，富厚者与草木同朽，饿死者与日月争光。有志之士其将何从焉？或曰夷齐之行甚高，世人之所震骇，故易得名，非夫子著之，恐首阳与于陵同讥⑦。故砥行立名⑧者，每恨不遇夫子也。

【评】乍视之，怪怪奇奇。反复讽诵，其立局措语无一非题中神理。欧阳《五代史》论赞，深得史迁神髓，斯文其接武者欤？

【题解】出自《季氏·齐景公有马千驷》。

齐景公有马千驷，死之日，民无德而称焉。伯夷叔齐饿于首阳之下，民到于今称之。其斯之谓与？（胡氏曰："程子以为第十二篇错简'诚不以富，亦只以异'，当在此章之首。今详文势，似当在此句之上。言人之所称，不在于富，而在于异也。"愚谓此说近是，而章首当有"孔子曰"字，盖阙文耳。大抵此书后十篇多阙误。）

【注释】

① 五等之列：指公、侯、伯、子、男五等爵位。谓伯夷、叔齐若不让国，亦不失为诸侯。

② 十人之伦：西周初十位贤人。《论语·泰伯》："武王曰：'予有乱臣十人。'"按，此谓若伯夷归顺周朝，亦将在"十人"之列。

③ 殷之义士：《史记·伯夷列传》载，武王兴兵伐纣，伯夷、叔齐叩马而谏，谓武王父死不葬，爰及干戈，是为不孝；以臣弑君，是为不仁。"左右欲兵之，太公（按，吕尚）曰：'此义人也。'扶而去之。"

④ 以贼臣为德：感激乱臣。贼臣，乱臣。按，此及下"以兄弑为利"均指齐景公得位之事而言。齐景公为齐庄公异母弟，齐大夫崔杼弑庄公立景公，景公不追究崔杼弑君之罪，而任用他为右相。

⑤ 古之贤人：孔子称赞伯夷之语，见《论语·卫灵公》："（子贡）曰：'伯夷、叔齐何人也？'（子）曰：'古之贤人也。'"

⑥ 浼：污染，玷污。

⑦ 与于陵同讥：和于陵仲子一同受到讥笑。于陵，指齐国人陈仲子，孟子时代人，据《孟子·滕文公下》载，陈仲子"以兄之禄为不义之禄而不食，以兄之室为不义之室而不居也，辟兄离母，处于于陵"，廉洁有操守，而孟子以为其不明于人伦，故讥之。

⑧ 砥行立名：砥砺品行，建立名声。按，"或曰"以下本《史记·伯夷列传》："伯夷、叔齐虽贤，得夫子而名益彰。……欲砥行立名者，非附青云之士，恶能施于后世哉？"

鄙夫可与事君也与哉　一章

赵南星

圣人维臣纪而深绝夫嗜利者焉。夫事君而有嗜利之心，则是未尝事君也，固宜其无所不至哉！此夫子所以重为世戒也。意谓：人之品多矣，而有曰鄙夫者，谓其识见之庸陋、志趣之卑污而无当于群雅①也。非夫世之所谓大奸大恶者也，是故君子鄙之，而亦或忽之，鄙之则以为不屑与事君，忽之则以为奔走而驱策之无伤也。吾以为此必不可之数也，何则？鄙夫者，以仕宦为身家之计，而不知有忠孝名节；以朝廷为势利之场，而不知有社稷苍生。未得则患得，妄处非据②弗顾也；既得则患失，久妨贤路弗顾也。夫人之所患在此，则其所悉智力而图之者必在此。未得而患得，则彼一匹夫耳，摈而不用已耳，彼亦何能为者？苟其既得而患失，则内怀无穷之欲，而外乘得肆之权。负乘以致寇③，众所不能容也，而得之自我者，必不肯失之自我，则于事何所不为？折足而覆𫗧④，上未必弗觉也，而受之于君者，必不肯归之于君，则于人孰不可忍⑤？不攻之恐为国家之蠹，必攻之则为善类之殃；缓去之恐滋蔓于方来，骤去之则祸成于一旦。盖至是而斯夫也非向之所云鄙夫也，乃天下之大奸也，乃天下之大恶也。无论⑥他人不意其至是，即斯人之初指⑦亦不意其至是，然患失未有不至是者。夫鄙夫而可与事君，则天下有不患失之鄙夫耶？以人事君者，奈何忽诸鄙夫？

【原评】不必将曹操、李林甫、秦桧来形，止如甄丰、王舜、刘秀⑧、冯道⑨辈耳，此等人不过患失，既而拥戴篡弑皆自庸陋卑污始，此作最肖。

【评】春秋以前，强臣专政者有之，鄙夫横恣者尚少。秦汉以下，乃有祸人家国者。圣人知周万物，早洞悉其情状。作者生有明之季，抚心蒿目，故言之如是其深痛也。

【题解】出自《阳货·鄙夫可与事君也与哉》。

子曰："鄙夫可与事君也与哉？（鄙夫，庸恶陋劣之称。）其未得之也，患得之；既得之，患失之。（何氏曰："患得之，谓患不能得之。"）苟患失之，无所不至矣。"（小则吮痈舐痔，大则弑父与君，皆生于患失而已。胡氏曰："许昌靳裁之有言曰：'士之品大概有三：志于道德者，功名不足以累其心；志于功名者，富贵不足以累其心；志于富贵而已者，则亦无所不至矣。'志于富贵，即孔子所谓鄙夫也。"）

【注释】

① 群雅：群才。雅，大雅之士，贤才。《汉书·河间献王传赞》："夫唯大雅，卓尔不群。"
② 非据：才不称职或非分占据职位。《易·系辞下》："非所据而据焉，身必危。"
③ 负乘以致寇：谓居非其位，才不称职，从而招致祸患。《易·解》："负且乘，致寇至，贞吝。"孔颖达疏："乘者君子之器也。负者小人之事也。施之于人，即在车骑之上而负于物也。故寇盗知其非己所有，于是竞欲夺之。"
④ 折足而覆𫗧：喻力不胜任而败事。𫗧，鼎内食物。《易·系辞下》："《易》曰：'鼎折足，覆公𫗧，

其形渥，凶。'言不胜其任也。"

⑤ 孰不可忍：语出《论语·八佾》："是可忍，孰不可忍？"按：上句谓为保住靠个人钻营而得的职位俸禄，可以无所不为；此句谓为保住从国君那里得到的职位俸禄，什么不合理的事情都能忍受。

⑥ 无论：不用说，不要说。

⑦ 初指：即"初旨"，本意、最初的想法。

⑧ 甄丰、王舜、刘秀：西汉末年王莽的心腹。刘秀即刘歆，非东汉光武帝刘秀。

⑨ 冯道：字可道，自号"长乐老"，五代人，先后仕于后唐、后晋、契丹、后汉、后周，俱至高位。其时人及《旧五代史》评价颇高，自欧阳修《新五代史》后，被视为"无廉耻"的典型。

唯女子与小人为难养也　一节

方应祥

御幸之难，鉴于意之倚也。盖不孙与怨，固近之、远之所自取耳，幸人之难养以此与？且君子所以持性命之正而导阴阳之和，必于左右密迩之地造其端。故燕处嚬笑①之必钦，非为女子小人加崇也。法之内、法之外，不相觭而絜众适之平②；无溢情、亦无不及情，交相摄以维一人之体。安在若辈之独难于养哉，吾正以此见其养之难。何也？养之者，非欲教之不孙③也，尝以养而得不孙，则近之心难制也，自有当逮④之宠泽，不胜比而增嫚焉⑤，彼不念德之逾涯，将谓君子唯予莫违⑥也，凭我之权而还以我为市，吾实溃其防而召之侮矣；养之者，又非欲格⑦之使怨也，尝以养而得怨，则远之心难持也，亦自有所当崇之体貌，不胜隔而綦戾⑧焉，彼不谓命之不同，且恨君子秉心之忍也，挟我之爱而反与我为仇，吾实开其衅以挑之构矣。此可徒以难养咎女子小人哉？彼亦思贞于行而廉于色，无若争妍取怜者之不以德升也；亦知发乎情止乎礼义，无若骤贤骤不肖者之以淫骋也。夫能中喜怒哀乐之节，而远近之节偕中矣；调不孙与怨之情，而天地万物之情俱调矣。"关雎"所以嗣徽于好逑⑨，"虎贲"所以庶常于知恤⑩，皆谨其难以善吾养者也。君子宜何处焉？

【原评】直从《大学》"修身齐家"及《周官》内宰至女史等职看出圣贤刑于⑪之本、治内之要，方与夫子立言意旨有合。是湛深经术之文。

【评】义蕴深阔，匡、刘⑫说经之遗，尽涤此题陈语。

【题解】出自《阳货·唯女子与小人为难养也》。

子曰："唯女子与小人为难养也，近之则不孙，远之则怨。"（此小人，亦谓仆隶下人也。君子之于臣妾，庄以莅之，慈以畜之，则无二者之患矣。）

【注释】

① 燕处嚬笑：燕处，指闲居或退朝而处；嚬笑，即"颦笑"。

② "法之内"句：各种举措都无所偏重，合于众人之情。觭，偏重；絜，度量；众适，众人都感到适宜的措施。《淮南子·主术训》："法生于义，义生于众适，众适合人心，此治之要也"。

③ 孙：通"逊"。

④ 逮：及。此处意为施加。

⑤ "不胜"句：无止境地增加昵爱的程度。比，亲近；媲，同"昵"。

⑥ 唯予莫违：听从我的话而不敢违抗。《论语·子路》："唯其言而莫予违也。"

⑦ 格：纠正、匡正。

⑧ 隔而蓁戾：感情隔阂并且很暴戾。蓁，极、非常。

⑨ 此句以周文王妃太姒之例说明女子可养。《关雎》传为文王之妃太姒所作，毛诗序谓："《关雎》乐得淑女以配君子，忧在进贤，不淫其色。"诗云："窈窕淑女，君子好逑。"好逑即好配偶。嗣徽，继承美好品质，语本《诗经·大雅·思齐》："思齐大任，文王之母。……大姒嗣徽音，则百斯男。"孔颖达疏："大任（按：文王之母。）以有德之故，为大姒所慕，而嗣续行其美教之德音，思贤不妒，进叙众妾。"

⑩ 此句以周公之言说明当如何对待小人（即仆隶下人）。虎贲，武士，君王的近侍，《尚书·立政》："戒于王曰：'王左右常伯……虎贲。'周公曰：'呜呼，休兹，知恤鲜哉！'""庶常于知恤"，意谓以体恤为常事。

⑪ 刑于：以身作则，自近而远，教育家人以至国家天下。语本《诗经·大雅·思齐》："刑于寡妻，至于兄弟，以御于家邦。"

⑫ 匡、刘：匡衡、刘向，西汉经学家。

直道而事人　四句

归子慕

圣人①以事人者论去就，见其无一可去焉。夫直道既以其必黜也而不可去，而枉道又不必去，去何为哉？想其对或人曰：夫见黜于人与见容于人也，其所自持者有两端，而去不与焉，曰直道，曰枉道。直道则以道为主而以人就之，道伸而情在所必屈矣，此其不便于人为何如者？枉道则以人为主而以道就之，道屈而情在所必伸矣，此其便于人为何如者？故欲免于三黜，而取必于一去，非完策也，所患在直道耳；求容身之地而必去父母之邦，非便计也，特患不枉道耳。如其直道而事人乎，今之人情已可见矣，黜则皆黜，父母之邦固黜也，他邦亦黜也，虽使迹遍天下，难乎免矣，吾栖栖②将安之？不然而枉道而事人乎，今之人情不甚相远也，容则皆容，他邦固容也，父母之邦亦容也，向也一为士师，人其舍诸③，又何必望望然④去之？本为黜也而去，而持之以必黜之道，何如勿去，宁于父母之邦黜尔；以为一去也而必不黜，而投之以必不黜之道，何烦于去，亦即于父母之邦不黜尔。父母之邦，我所不忍舍也，轻去父母之邦，于我未有益也；即不去父母之邦，亦未尝不可以取容也。特以直道不可枉而枉道不可为耳。然则去父母之邦，欲何为哉？

【评】股法极变化，情词极婉转，后来佳作皆不能出其右。

【题解】出自《微子·柳下惠为士师》。

柳下惠为士师，三黜。人曰："子未可以去乎？"曰："直道而事人，焉往而不三黜？枉道而事人，何必去父母之邦。"（士师，狱官。黜，退也。柳下惠三黜不去，而其辞气雍容如此，可谓和矣。然其不能枉道之意，则有确乎其不可拔者。是则所谓必以其道，而不自失焉者也。胡氏曰："此必有孔子断之之言而亡之矣。"）

① 圣人：指柳下惠。《孟子·万章下》称柳下惠为"圣之和者"。
② 栖栖：忙碌不安貌。
③ 人其舍诸：人们会埋没他吗？意谓被推举任官。《论语·子路》："举尔所知。尔所不知，人其舍诸？"按：此句谓自己在父母之邦已经得官，只是因为直道而行被罢官，不必失意而到他国。
④ 望望然：去而不顾之貌。《孟子·公孙丑上》："望望然去之，若将浼焉。"谓不屑与恶人相处。

周公谓鲁公曰 一节

石有恒 墨

元圣①之贻谋，皆所以培国本也。盖国本厚而后国可长久，故观周公所以造鲁而知鲁其后衰者也。想其训鲁公，若曰：尔小子受命王室，出备东藩，谓宜慎乃永图②以无废休命③。兹行也，其何道以治鲁？盖君子念开国承家，重在人心；植本树基，端在初服④。是故立国有体，宜遵忠厚之遗；而长世⑤有道，其无忘亲贤之训乎？国族始聚，宗属未蕃，维是一二昆弟不能和协，异日者支分派远，当若之何，则亲亲宜笃，毋开薄德寡恩之渐，毋听强干弱支⑥之说，固宗盟，正所以翼公室也；邦家新造，谁与倚毗⑦，维是二三执政不能信任，异日者上猜下忌，其何以济，则用大臣宜专，罔⑧违卿贰而独智自用，罔舍老成⑨而新进与谋，一事权，亦所以重国体也。最难忘者故旧，是以常刑之外，议故⑩有典，无亦宽文疏网、曲示保全，乃若无大故而弃之，功德犹在，而或近者不能免其身，远者不能庇其后，既无以酬先世之德泽，亦何以奖后来之勋庸⑪，敦大⑫可勿崇乎！最难得者人才，是以分职之初，官事不摄⑬，何必全德通才始堪录用，乃若求一人而备之，器局各殊，而或任过其质而不胜，用枉其才而不称，既使登庸⑭之途从此塞，且恐缘饰之弊从此开，苛责可无戒乎！慎此以往，宗子⑮无失欢于骨肉，当宁⑯无携志⑰于守臣；勋旧不以多故启危疑，才技不以难事阻靖献⑱。内外一德，上下共功，以保世封。我子孙其长有鲁乎！小子识之，无忘吾言矣！

【原评】 训诰体，连用庄语而不觉其板，由气骨之高。

【评】 研练格调，雅与题称。凡摹古之文，易入赝体，可以此作正之。

【作者简介】

石有恒（？—1624），字伯常，湖广黄梅人。万历三十四年（1606）举于乡，四十七年（1619）始成进士。初授浙江遂安知县，调常熟长兴，有惠政。天启四年（《东林传》作三年）正月，为长兴"巨寇"吴樵野所杀，事闻，赠太仆寺少卿，谥忠烈。有恒性高洁，以文章名，为东林党人，与邹元标最善。

【题解】 出自《微子·周公谓鲁公曰》。

周公谓鲁公曰："君子不施其亲，不使大臣怨乎不以。故旧无大故，则不弃也。无求备于一人。"（施，陆氏本作弛，诗纸反。福本同。鲁公，周公子伯禽也。弛，遗弃也。以，用也。大臣非其人则去之，在其位则不可不用。大故，谓恶逆。李氏曰："四者皆君子之事，忠厚之至也。"胡氏曰："此伯禽受封之国，周公训戒之辞。鲁人传诵，久而不忘也。其或夫子尝与门弟子言之欤？)

【注释】

① 元圣：此指周公。

② 慎乃永图：谨慎制定长久之计。永，长久。《尚书·太甲上》："慎乃俭德，惟怀永图。"

③ 休命：美善的命令，多指天子或神明的旨意。《易·大有》："君子以遏恶扬善，顺天休命。"《尚书·说命下》："敢对扬天子之休命。"

④ 初服：此指开始行政。《尚书·召诰》："王乃初服。"

⑤ 长世：使世系长存。《左传·僖公十一年》："不敬则礼不行，礼不行则上下昏，何以长世？"

⑥ 强干弱支：此指强化诸侯王自身的权力，弱化所分封宗亲的权力。

⑦ 倚毗：倚重亲近。

⑧ 罔：不，不要。

⑨ 老成：指旧臣。《诗经·大雅·荡》："虽无老成人，尚有典刑。"朱熹《集传》："老成人，旧臣也。"

⑩ 议故：古刑法"八议"之一，谓对君王的故交旧友进行特别审议以减免刑罚。《周礼·秋官·小司寇》："以八辟丽邦法，附刑罚……二曰议故之辟。"郑玄注："故谓旧知也。"

⑪ 勋庸：功勋。

⑫ 敦大：敦厚宽大。

⑬ 官事不摄：一人不兼数官之事。摄，兼。《论语·八佾》："管氏有三归，官事不摄。"

⑭ 登庸：选拔任用。

⑮ 宗子：古代宗法制度称嫡长子为宗子。在诸侯国，一般国君即为宗子。

⑯ 当宁：本意为处在门屏之间，指君主听政，或指君主。宁，古代宫室门内屏外之地，君主在此接受诸侯的朝见。《礼记·曲礼下》："天子当宁而立，诸公东面、诸侯西面曰朝。"

⑰ 携志：指离心离德。携，通"憰"，背离，离散。

⑱ 靖献：谓臣下尽忠于君。《尚书·微子》："自靖，人自献于先王。"

舜亦以命禹

顾允成　墨

帝之所授于王①者，一"中"焉尽之矣。夫道不外于"中"也，则舜之命禹何以易此哉！《鲁论》②记此，所以明道统也。曰：帝王之授受也以位，而其所以授受也以道。道者，中而已矣。尧之命舜，固命之以"允执厥中"也。至舜所授于禹之天下，即尧所授于舜之天下也，其责同也；舜可以中而治尧之天下，则禹亦可以中而治舜之天下也，其理同也。故舜也为天下计，则不容一日而无禹，而总师之任，既公之而有所不私；为禹之治天下计，则不容一日而无中，而执中之训，自因之而有所不变。"人心道心"③之命，似乎尧之所未发，而要之，言人心，以言中之杂乎形气者也，言道心，以言中之纯乎义理者也，当尧命舜之时，危微之旨已隐然于"允执厥中"之内，舜特为之阐其秘而已矣；"惟精惟一"之命，似乎尧之所未及，而要之，言惟精，以言中之无所于蔽也，言惟一，以言中之无所于淆也，当尧命舜之时，精一之理已昭然于"允执厥中"之内，舜特为之泄其蕴而已矣。上以天禄而界之，则亦并其所以凝承天禄者而命之，盖纪纲之举废，其随时而易者诚不能以预定，而惟此中之原于天，固亘万古而不磨者也，安得而加益也，少有益焉则为太过矣，夫太过，何以治天下哉？下以四海而界之，则亦并其所以抚安四海者而命之，盖制度之沿革，其与世而更者诚不能以预拟，而惟此中之具于人，固俟后圣而不易者也，安得而加损也，少有损焉则为不及矣，夫不及，何以治天下哉？吁，自舜一命而上绍有唐，下开商周。道统之传，所从来远矣！

【评】题位甚虚，但于虚处著笔则易入浮滑一路。文独确疏实义，而虚神更为醒露。石昆玉④作以法胜，此以理胜也。

【题解】出自《尧曰·尧曰咨尔舜》，参见正嘉文卷三茅坤《谨权量》。

尧曰："咨！尔舜！天之历数在尔躬。允执其中。四海困穷，天禄永终。"舜亦以命禹。

【注释】

① 帝之所授于王：指舜授禹。舜为"五帝"之一，禹则为"三代"之王。
② 鲁论：实即指《论语》。《论语》在汉代有《鲁论语》、《齐论语》、《古文论语》三种版本，后代通行的《论语》，其篇目即以《鲁论语》为据，后世常称《论语》为《鲁论》而并不在意其中的区别。
③ 人心道心：及下"惟精惟一"俱本《尚书·大禹谟》所载舜传授于禹的"心传"："人心惟危，道心惟微，惟精惟一，允执厥中。"
④ 石昆玉：字汝重，一字楚阳，湖北黄梅人，万历八年（1580）进士，历任苏州知府等。擅诗文，与同时汤显祖、公安三袁等俱有交。

君子无众寡　一段

陶望龄

君子心纯乎敬，斯其泰美矣。夫泰而实骄者，慢也。君子无敢慢，则泰从敬生，而何骄之有哉！且夫王者之敷政甚逸，而其为逸也无逸，此泰之说也。有心于泰，或失则骄矣。君子何以泰而不骄哉？盖君子以主敬为常心者也，运此心之常兢者以待人，非因人之交而始求兢惕，何问众寡焉？本此心之常谨者以宰事，非缘事之至而方起戒谨，何问大小焉？遇匹夫若亿兆之环伺，殆无可忽之人矣；临细务若艰巨之难胜，殆非得肆之地矣。宁有一之敢慢哉？夫人而有所慢，故一时虽或忽略，中心必多余歉而未宁；即外貌强托安舒，实则为恣睢而长傲。惟敬也，则怠荒泯而心不生愧怍，于人顺，于事安，常有悠然其日休者，盖检束之余，自能优裕，泰也，而非以适己也；惟无所不敬也，则离合泯而心不劳操摄，应物而物不扰，处事而事不胶，且有怡然其自适者，盖存养之密，并忘矜持，泰也，而岂以轻世也。斯不亦泰而不骄乎？人徒见君子之宽舒者，名之为泰；而不知君子之忧惕者，所以成其泰。其不指骄而以为泰者几希①，张也审之！

297

【评】抉题之坚，理精词卓，其中有物，故简而弥足。

【题解】出自《尧曰·子张问于孔子曰》。

子张问于孔子曰："何如斯可以从政矣？"子曰："尊五美，屏四恶，斯可以从政矣。"子张曰："何谓五美？"子曰："君子惠而不费，劳而不怨，欲而不贪，泰而不骄，威而不猛。"子张曰："何谓惠而不费？"子曰："因民之所利而利之，斯不亦惠而不费乎？择可劳而劳之，又谁怨？欲仁而得仁，又焉贪？君子无众寡，无小大，无敢慢，斯不亦泰而不骄乎？君子正其衣冠，尊其瞻视，俨然人望而畏之，斯不亦威而不猛乎？"子张曰："何谓四恶？"子曰："不教而杀谓之虐；不戒视成谓之暴；慢令致期谓之贼；犹之与人也，出纳之吝，谓之有司。"（虐，谓残酷不仁。暴，谓卒遽无渐。致期，刻期也。贼者，切害之意。缓于前而急于后，以误其民，而必刑之，是贼害之也。犹之，犹言均之也。均之以物与人，而于其出纳之际，乃或吝而不果。则是有司之事，而非为政之体。所与虽多，人亦不怀其惠矣。项羽使人，有功当封，刻印刓，忍弗能予，卒以取败，亦其验也。尹氏曰："告问政者多矣，未有如此之备者也。故记之以继帝王之治，则夫子之为政可知也。"）

【注释】

① 几希：很少。此句谓很少有人能不误把"骄"当成"泰"。

钦定隆万四书文卷四(《中庸》)

天地位焉　二句

胡友信

　　功用成于造化，此体道之极也。夫三极之道①，同出一原者也。天地位于"中"，万物育于"和"，岂非自然之理哉？且夫人戴履②乎天地，胞与③乎万物，则一身乃神明之主也，而有不位不育者，皆吾不能尽道于其间耳。彼天地无心而成化④，无心之妙，即中之所存也，而吾未发之中，实自此得。虽判形于天地，而流通之机，未始不潜乎⑤于其际也。故君子能致吾心之中，则澄然而静虚者预有以统天之元气也，凝然而贞静者预有以统地之元形也。虽不期天地之于我位，而易简成能⑥，自不爽其贞观之度⑦；清宁奠位⑧，自各循其法象之常⑨。天职生覆⑩，地职形载，其对待⑪之位成列而不毁也；天道下际，地道上行⑫，其流行⑬之位相禅⑭而不息也。位上位下，乾坤之故物也，若不赖于君子建中之功，然至于三光⑮明焉，五岳奠焉，谓非成位乎中者之有其人不可得也。然则吾心之中，其辟乾转坤⑯之机乎？而君子之所以务戒慎以立天下之大本者，此也。万物并育而不悖⑰，并育之真，即和之所在也，而吾已发之和，实与之通。虽分形于万物，而应感之精，未始不流通于其表也。故君子能致吾心之和，则肫然其浑厚者已立乎群生之命也，怡然而发舒者已毓⑱乎群动⑲之元也。虽不期万物之于我育，而含气之属，自各足其生成之实；有生之类，自各完其保合之真⑳。老有所终，幼有所养，而鳏寡孤独无不获其所也㉑；形者自形，色者自色，而昆虫草木无不若其性也㉒。以生以息，万物之常理也，若不赖于君子导和之力，然至于民不夭札㉓，物无疵厉㉔，谓非茂对㉕其间者之有其人不可得也。然则吾心之和，其陶钧燮理㉖之地乎？而君子所以务谨独以行天下之达道者，此也。吁！中、和，一理也；天地万物，一体也。未有中而不和，未有天地位而万物不育者也。体道君子当于会通焉得之。

　　【评】布局宏阔，理足气充，在稿中为极近时作，然实非浅学所易造也。

　　【题解】出自第一章，参见化治文卷四蔡清《天命之谓性》。

　　致中和，天地位焉，万物育焉。

【注释】

① 三极之道：天、地、人之道。《易·系辞上》："六爻之动，三极之道也。"王弼注："三极，三才也。"孔颖达疏："六爻递相推动而生变化，是天、地、人三才至极之道。"

② 戴履：即"戴天履地"，头顶天，足履地。

③ 胞与：此谓以万物作为自己的同胞和友朋。张载《西铭》："民吾同胞，物吾与也。"

④ "天地"句：天地无心而生成万物。语本程颐《经说》卷一："天地无心而成化，圣人有心而无为"。

⑤ 潜孚：暗中信服，谓无言而感通。

⑥ 易简成能：以简易之德，令万物各得其性。简易，《易·系辞下》："夫乾，确然示人易矣。夫坤，隤然示人简矣。"王弼注："乾坤皆恒一其德，物由以成，故简易也。"成能，《易·系辞下》："天地设位，圣人成能。"孔颖达疏："圣人成能者，圣人因天地所生之性，各成其能，令皆得所也。"

⑦ 不爽其贞观之度：此指天地运行的常规不会发生差错。爽，差错。贞观，语本《易·系辞上》："天地之道，贞观者也。"孔颖达疏："谓天覆地载之道，以贞正得一，故其功可为物之所观也。"

⑧ 清宁奠位：指天地定位。清宁，指天地，语本《老子》："昔之得一者：天得一以清，地得一以宁。"

⑨ 各循其法象之常：指天地四时运行有常。法象，自然界的现象，《易·系辞上》："是故法象莫大乎天地，变通莫大乎四时。"

⑩ 天职生覆：天以覆育万物为职。语本《列子·天瑞》："天职生覆，地职形载，圣职教化，物职所宜。"

⑪ 对待：并列，处于相对而存在的情况。

⑫ 地道上行：语本《易·谦》："天道下济而光明，地道卑而上行。"孔颖达疏："'下济'者，谓降下济生万物也。……'地道卑而上行'者，地体卑柔而气上行，交通于天以生万物也。"

⑬ 流行：与上"对待"相反，指二者交互流通或交替出现。

⑭ 相禅：指交替出没。禅，让位。

⑮ 三光：指日、月、星。《白虎通·封公侯》："天道莫不成于三：天有三光日月星，地有三形高下平。"

⑯ 辟乾转坤：此指使乾坤得以运转。

⑰ "万物"句：语本《中庸》："万物并育而不相害，道并行而不相悖。"

⑱ 毓：育，养育。

⑲ 群动：万物。

⑳ 保合之真：谓得其本性。《易·乾》："保合太和，乃利贞。"朱熹《周易本义》："保合者，全于已生之后。此言乾道变化，无所不利，而万物各得其性命以自全。"

㉑ "老有所终"以下：本《礼记·礼运》，所描述的是"大同"之世的社会景象。

㉒ "形者自形"以下谓万物得其性，乃自然之事，似乎与君子"导和之力"无关。《列子·天瑞》："自生自化，自形自色。"又湛若水《重刻白沙先生全集序》："形者自形，色者自色，孰安排是，孰作为是，是谓自然。"

㉓ 夭札：夭折，早死。《左传·昭公四年》："疠疾不降，民不夭札。"杜预注："短折为夭，夭死为札。"

㉔ 疵厉：即"疵疠"，疾病、灾变。语本《庄子·逍遥游》："（神人）其神凝，使物不疵疠而年谷熟。"

㉕ 茂对：此指养育万物，使各得其性。语本《易·无妄》："先王以茂对时育万物。"孔颖达疏："茂，盛也。对，当也。言先王以此无妄盛事，当其无妄之时，育养万物也。"

㉖ 陶钧燮理：此指调理致和，作养人民。陶钧，本为制陶的转轮，喻指天地造化，或治理国家、培育人材等。燮理，协和治理，《尚书·周官》："兹惟三公，论道经邦，燮理阴阳。"

及其至也　二句
胡友信

《中庸》极著道体而天地将为昭焉。夫道体无穷，以言乎天地之间则备矣，然非知道者孰能见之哉？此惟子思子能见之，亦惟子思子能发之也。意以为：天地未判，而道存于其间矣；天地既判，而道列于其间矣。是故夫妇之可以与知者，自其可知之一端言之也，若以夫妇之可知，达之于圣人之所不知，而推极其寥廓之量；夫妇之可以与能者，自其可行之一端言之也，若以夫妇之可能，达之于圣人之所不能，而穷究其发见之真。则仰以观于天文，而昼夜上下莫非焕发其精神；俯以察于地理，而南北高深莫非错综其变化。有形者所以形其形也，有色者所以色其色也，有声者所以声其声也，昭然而显者与目谋，而以吾身出入于其间，无往而不得其鸢飞鱼跃①之境也；有无形者未始无形也，有无色者未始无色也，有无声者未始无声也，渊然而寂者与心谋，而以吾身俯仰于其间，无往而不游于鸢飞鱼跃之天也。在仁者见之莫非仁，在知者见之莫非知，糟粕土苴②，非弃物也；自贤人观之莫非教，自圣人观之莫非性，几微易简，皆至德也。故万象森然，吾尝于吾心得之也，而今何者不在于天地；万物皆备，吾尝于吾身得之也，而今何者不列于两间？道之费③也盖如此。

【评】精理不穷，却止是结上文语。　此章固是说道体，须知是从体道之君子心目中看出，惟此文得解。

【题解】出自第十二章，参见化治文卷四王守仁《诗云鸢飞戾天》。

君子之道费而隐。夫妇之愚，可以与知焉，及其至也，虽圣人亦有所不知焉。

【注释】

① 鸢飞鱼跃：《中庸》本章前节引《诗经·大雅·旱麓》"鸢飞戾天，鱼跃于渊"句，以明化育流行，上下昭著。

② 糟粕土苴：指无用之物、微贱之物。糟粕，《庄子·天道》："然则君之所读者，古人之糟粕已夫。"土苴，渣滓，《庄子·让王》："道之真以治身，其绪余以为国家，其土苴以治天下。"按，此一股谓天地之间，即或是微贱之物，也包含着"道"。

③ 费：广大。

鬼神之为德　一节
方大美

以鬼神言道，而知其非隐也。夫莫幽于鬼神，而观其为德之盛如此，则索隐①者可以息矣。《中庸》引夫子之言，谓夫自有天地以来，块然②太虚未尝止息，而弥纶乎宇宙者孰为之乎？鬼神为之也。是故溺于虚无者不可以言鬼神，凡日星之所以著，江河之所以流，昭然于俯仰之际者皆是也；涉于怪异者不可以言鬼神，凡万类之变蕃，一事之作止，纷然于日用之间者皆是也。盛矣哉，其为德乎！原其德之体，则根乎天地，阴阳之性存焉，阳之气一至，而生育长养者不知其所以然，阴之气一至，而敛藏退息者不知其所以然，盖至健至顺③之性，有自然而不容强者，夫是以无为而成化也；究其德之用，则感于屈伸，动静之机乘焉，当其气之伸，而富有日新④者其发不可穷，及其气之屈，而空虚无用者其积不可竭，盖一往一来之机，有相推而不能已者，夫是以错出而有常也。使天地间一息无鬼神，则所为鼓其出、鼓其入者孰效其功，而覆载生成何以无偏而不举之处；使人事中一息无鬼神，则所谓迭而起、循而生者孰为之宰，而废兴成毁何以有动而必应之机？是故焄蒿凄怆⑤，其偶出为灵奇者，在众人皆见为非常，而不知止此理之发著；震动恪恭，以致严于屋漏⑥者，在圣人实见其情状，而无时非天命之流行。其德之盛也，乃其理之实也。然则鬼神之德，即中庸之道，而何容索之于隐哉？

【评】 经、子之奥旨，儒先之精言，皆具其中。尤难者，实发"德之盛"而不犯下文。

【作者简介】

方大美，安徽桐城人，万历十四年（1586）进士，曾任御史、大仆寺少卿等职，方苞高祖。

【题解】 出自第十六章。

子曰："鬼神之为德，其盛矣乎！（程子曰："鬼神，天地之功用，而造化之迹也。"张子曰："鬼神者，二气之良能也。"愚谓以二气言，则鬼者阴之灵也，神者阳之灵也。以一气言，则至而伸者为神，反而归者为鬼，其实一物而已。为德，犹言性情功效。）视之而弗见，听之而弗闻，体物而不可遗。（鬼神无形与声，然物之终始，莫非阴阳合散之所为，是其为物之体，而物所不能遗也。其言体物，犹《易》所谓干事。）使天下之人齐明盛服，以承祭祀。洋洋乎！如在其上，如在其左右。（齐之为言齐也，所以齐不齐而致其齐也。明，犹洁也。洋洋，流动充满之意。能使人畏敬奉承，而发见昭著如此，乃其体物而不可遗之验也。孔子曰："其气发扬于上，为昭明焄蒿凄怆。此百物之精也，神之著也"，正谓此尔。）诗曰：'神之格思，不可度思！矧可射思！'（射，音亦，《诗》作斁。《诗》，《大雅·抑》之篇。格，来也。矧，况也。射，厌也，言厌怠而不敬也。思，语辞。）夫微之显，诚之不可掩如此夫。"（诚者，真实无妄之谓。阴阳合散，无非实者。故其发见之不可掩如此。）

【注释】

① 索隐：此指向隐僻虚无处推求鬼神的存在与功用。
② 块然：充盛貌。
③ 至健至顺：至健指乾，至顺指坤。按，乾健与天阳同，坤顺与地阴同，此一股是从阴阳"二气"的角度说明鬼神，故云。
④ 富有日新：语本《易·系辞上》："富有之谓大业，日新之谓盛德。"按，此处指"气"之"伸"

而使万物生发。

⑤ 焄蒿凄怆：此即指鬼神。语出《礼记·祭义》："其气发扬于上，为昭明，焄蒿凄怆，此百物之精也。"孔颖达疏谓："焄，谓香臭也，言百物之气，或香或臭。蒿，谓烝出貌，言此香臭烝而上，出其气蒿然也。凄怆者，谓此等之气，人闻之情有凄有怆。'百物之精也'者，人气扬于上为昭明，百物之精气为焄蒿凄怆，人与百物共同，但情识为多，故特谓之'神'。此经论人，亦因人神言百物也。"
⑥ 屋漏：室西北隅，为幽暗不明之处。此句谓圣人、君子在幽暗之处，亦保持戒惧，如有鬼神临之。语本《诗经·大雅·抑》："相在尔室，尚不愧于屋漏。"《中庸》三十三章引之。

舜其大孝也与　一章

万国钦

圣孝之大，一德之所致也。夫诸福咸备，事亲如舜，至矣，非有圣德，孰能受命而臻此乎？且帝王之孝与士庶不同，人莫不以为天之所助，而不知圣人之事亲，即其所以事天者，盖亦有人道焉，何也？古今之言孝多矣，而以"大"称者，其惟舜也与？继往开来，既已躬上圣之德矣，而且贵为天子，尊莫尚焉，抚有四海，富莫加焉。以之追崇①，享宗庙矣；以之垂裕②，保子孙矣。此岂不塞乎天地，通乎神明，位与禄而并隆，名与寿而俱永耶？受命之符，可以见矣，然非天之私厚于舜也，亦非舜之私受于天也。栽培倾覆，天于凡物皆然，而况于人乎？且《诗》有征焉。谓"假乐"而"宜民"、"宜人"，纪显德也；谓"受禄"而"保佑"、"申之"，纪成命③也。其承藉也厚，则其收效也必巨；其凝聚也固，则其发祥也必长。大德受命往往如是，又何疑于舜乎？是故德之大者，所以成其孝之大也。彼不论其本末，而概谓舜以天下养④也，天与之过矣。

【原评】全用汉人笔意，直将题目作本传，而以文为之论赞，遂于制义常格之外得此奇观。

【评】章法之转运，气脉之灌输，如子美七言古诗。开阖断续，奇变无方，而使读者口顺心怡，莫识其经营之迹。

【作者简介】

万国钦，字二愚，江西新建人。万历十一年癸未（1583）进士。授婺源县知县，征拜御史，言事慷慨，不避权贵，以弹劾申时行谪剑州判官，后历南京刑部郎中，卒于官。万国钦与汤显祖、叶修、邹德溥同科成进士，时称"江西四隽"，《制义丛话》卷五引俞长城语，谓有明一代，文运江右独盛，明初已有"翰林多吉水，朝右满江西"之说，至明末，江西有罗万藻、陈际泰、章世纯、艾南英，号"四家"，"四家"之前，则有"四隽"，谓"四家人各为科，四隽一榜并列，且面目各殊，有家无派，故明文莫盛于江西，而江西莫盛于癸未，亦制义中葵丘之会也"。万国钦有《万二愚稿》，俞长城题识云："二愚先生文，简而又简，一以当百。盖轻捷如史公，凝炼如班掾，庆、历名家中自立门户者"。

【题解】出自第十七章。

子曰："舜其大孝也与！德为圣人，尊为天子，富有四海之内。宗庙飨之，子孙保之。（子孙，谓虞思、陈胡公之属。）故大德必得其位，必得其禄，必得其名，必得其寿。（舜年百有十岁。）故天之生物，必因其材而笃焉。故栽者培之，倾者覆之。（材，质也。笃，厚也。栽，植也。气至而滋息为培。气反而游散则覆。）诗曰：'嘉乐君子，宪宪令德！宜民宜人；受禄于天；保佑命之，自天申之！'（《诗》，《大雅·假乐》之篇。假，当依此作嘉。宪，当依《诗》作显。申，重也。）故大德者必受命。"（受命者，受天命为天子也。）

【注释】

① 追崇：对祖先追加封号。

② 垂裕：为后人留下业绩或名声。

③ 成命：既定的天命。《诗经·周颂·昊天有成命》："昊天有成命，二后受之。"

④ 舜以天下养：舜以天下奉养其父。舜"以天下养"，本《孟子·万章上》："孝子之至，莫大乎尊亲；尊亲之至，莫大乎以天下养。"按，此句谓，如果不考虑舜之"德"而单纯说舜"以天下养"，那么就是上天过分偏爱舜了。

故大德 二节

吴 默

申圣德之备福，见天道之无私。夫诸福之臻，天以厚大德，而岂私也？则栽培之天足镜已。今夫天人之际，抑何符契不爽也。德不虚隆，福不虚附，而世徒见帝王之孝，以为偶际其盛者，则未知天之所以厚圣人与圣人之所以厚于天也。夫昊天无私，惟德是私，而舜有圣人之德，所谓大德者非乎？当是时，上有放勋①之泽，岂不足以留未厌之天心；下有岳牧②之贤，岂无足以当简在③之新眷？而天独挈所谓禄位名寿者以畀④之舜，舜亦若辞而不得者，凡以大德之故也。故耕稼之夫⑤，一旦可据之君公之上；而糗草之食⑥，一旦可极之鼎养之供。然且百姓为之讴歌⑦，年所⑧为之多历，诸福之物无不毕至者，以为致之自舜乎？而骈臻辐辏，又在天矣；以为畀之自天乎？而昭格凝承⑨，又在舜矣。舜非有私于天，而不能不私于因材之天；天亦非有私于舜，而不能不私于栽培之舜。吾盖以生物之理验之，而信德福相因之机有必然也。如以吉祥为偶至之物，而无关于善积之庆；盛德为躬修之理，而无与于发祥之基。则天之生物亦何所不笃，亦何所不培，而独不能不覆乎其倾者哉？惟天无私物，而培者不为恩，倾者不为怨；亦惟福无私人，而与者非偶值，膺者非幸得。有舜之德，获舜之福，以成舜之孝也，夫谁不宜？

【原评】 曲折卷舒，笔力矫健。 自万历己丑（1589）陶石篑⑩以奇矫得元，而壬辰（1592）踵之，遂以陵驾之习首咎因之⑪。其实文章之变，随人心而日开。于顺题成局相沿已久之后，变而低昂其势、疾徐其节，亦何不可？信能以经传之理为主，顺逆正变期于恰适肖题，乃为变而不失其正。至于任意武断，概用倒提，故为串插，于题则有字而无理，于文则有巧而无气，纤佻谲诡，邪态百出，亦不得尽以为创始者之过也。

【题解】 出自第十七章，见上。

【注释】

① 放勋：尧。

② 岳牧：尧舜时四岳、十二牧的省称。《尚书·周官》："曰唐虞稽古，建官惟百，内有百揆四岳，外有州牧侯伯。"后泛称封疆大吏。

③ 简在：本指天帝阅人的善恶，此即指上帝。语本《尚书·汤诰》："尔有善，朕弗敢蔽。罪当朕躬，弗敢自赦，惟简在上帝之心。"谓天子、大臣的功过善恶，上帝一一阅之。

④ 畀：付，给予。

⑤ 耕稼之夫：指舜。《史记·五帝本纪》载舜尝"耕历山，渔雷泽"。

⑥ 糗草之食：指舜曾吃粗劣的食物。糗，干粮。语本《孟子·尽心下》："舜之饭糗茹草也，若将终身焉。"

⑦ "百姓"句：《史记·五帝本纪》载，尧崩，舜让避尧之子丹朱于南河之南，而百姓不喜丹朱，"讴歌者不讴歌丹朱而讴歌舜。舜曰'天也'，夫而后之中国践天子位焉"。

⑧ 年所：年数。所，数。语本《尚书·君奭》："故殷礼陟配天，多历年所。"孔安国传："享国久长，多历年所。"按，此句谓舜得享长寿。

⑨ 昭格凝承：昭格，德行显明而达于上下。凝承，恭肃地承受天命。

⑩ 陶石篑：陶望龄，万历十七年（1589）己丑科会元。

⑪ 因之：吴默。默字因之，为万历二十年（1592）壬辰科会元。

父为大夫　八句

汤显祖

葬祭之达于大夫士者，惟其分而已。盖礼缘生死之情，而分以为节也，此周公所以定葬祭之法，而示天下之为士大夫者。且礼以终始人道之节，而屈伸其无已之心，其分莫明于葬祭。葬者藏也，所以藏而安之也，不于其分则不安；祭者食也，所以食而享之也，不于其分则不享。忍亲于不安不享者，非孝也，于是乎有制焉。今夫葬用爵，生乎由是、死乎由是者，所以之死也；祭用禄，不及其生、犹逮其死者，所以之生也。是故诸侯而世其贵也，有诸侯之礼相世焉，必不肯降而自卑；庶人而世其贱也，有庶人之礼相世焉，必不敢引而自尊。然则周公之所以别嫌疑也，必于大夫、士矣。故葬以大夫，祭以大夫，父子世为大夫者而后可也。使父为大夫而子则士焉，则葬以大夫之礼，而贵者无失其贵；祭以士之礼，而贱者无失其贱。何者？爵隆则葬从而隆，大夫卒于其官，有加礼焉，非故引而进之也；禄薄则祭从而薄，士得考其大夫，有常食焉，非故㑑①而用之也。若曰子以父贵而若世官然者，以举非爵之祭，敢乎哉？葬以士，祭以士，父子世为士者而后可也。使父为士而子则大夫焉，则葬以安士之常，而难为上矣；祭以安大夫之常，而难为下矣。何也？死者之爵命于君，君在，斯为之臣，而非敢以贱事其亲也；生者之禄出于子，父在，斯为之子，而非敢以所贵事其父也。若曰父以子贵而若追王②然者，以举非爵之葬，敢乎哉？由是观之，则天下之为父子者定矣，天下之为大夫士者安矣。然后为法守而葬与祭皆得矣，然后为情尽而生与死皆无憾矣。

【原评】尽用孙百川③原文，独补出诸侯庶人二义，遂据百川之上矣。可知绝好文意，只在本章白文中也。

【评】太史公增损《战国策》，有高出于本文者，非才气能胜，以用心之细也。此文之过于孙作亦然。

【题解】出自第十八章，参见化治文卷四王鏊《武王缵大王　　及士庶人》。

父为大夫，子为士；葬以大夫，祭以士。父为士，子为大夫；葬以士，祭以大夫。

【注释】

① 禴：本指春祭、薄祭，此指采用薄祭的规格。《易·既济》："东邻杀牛，不如西邻之禴祭，实受其福。"孔颖达疏："禴，殷春祭之名，祭之薄者也。"

② 追王：追封祖先为王。

③ 孙百川：孙楼，明代常熟人，字子虚，号百川。嘉靖二十五年（1546）举人，著名藏书家，有《百川集》等。

郊社之礼　一节

胡友信

《中庸》两举圣人制礼之大，而推其裕于治焉。夫礼者，王道之精也，明乎武、周①之制礼，而天下有不易治也哉？今夫道莫大于孝，孝莫至于武、周，观武、周尽孝之事，而王道其易易矣。何则？昔周之先王，祭封内②山川而已，至于武、周，则天子为能享帝③矣，故当其时也，有圜丘方泽④之位，有燔柴瘗埋⑤之享，而礼行于郊者，所以父皇天而祭乎天，母后土而祭乎地也；昔周之先王，祭五世之主⑥而已，至于武、周，则天子为能享亲⑦矣，故当其时也，有五年四时⑧之举，有合祭特祭之仪，而礼行于禘尝者，不惟等而上之以至于祖，又推而极之以祀其始祖之所自出也。夫郊社者，在后世行之，若常典耳，殊不知当其制礼之初，一出自仁人无穷之心，而规为措置，固萃吾周数百年之精神心术，以展布于仪文⑨者也，明乎此礼，则天下之礼无不明矣；夫禘尝者，在后世遵之，若余事耳，殊不知当其义起⑩之初，一出自孝子无穷之心，而制度文为⑪，固会吾周家数十王之道德神化，以详明于度数者也，明乎此义，则天下之义无不明矣。故明此于南面⑫，即武王之所以为君也，虽宰制天下，其事非易能者，然即武王之所以制礼者而会通之，则知之无不明、处之无不当，自一身而措之于四海，廓如也；明此于北面，即周公之所以为相也，虽佐理天下，其事亦非易能者，然即周公之所以制礼者而会通之，则推之无不准、动之无不化，佐一人以施之于四海，廓如也。治天下不犹视诸掌之易乎？

【评】不假铺张，而典制详核；无事钩深，而义理明著。所以淡而愈旨、约而弥该者，由其精气入而粗秽除也。

【题解】 出自第十九章，参见正嘉文卷四傅夏器《春秋修其祖庙》。

郊社之礼，所以事上帝也，宗庙之礼，所以祀乎其先也。明乎郊社之礼、禘尝之义，治国其如示诸掌乎。

【注释】

① 武、周：周武王、周公。

② 封内：诸侯国的封地之内。按，《礼记·祭法》：“山林、川谷、丘陵……皆曰神。有天下者祭百神。诸侯在其地则祭之，亡其地则不祭。”诸侯可祭封内山川而不得祭天。

③ 享帝：祭祀天帝。

④ 圜丘方泽：祭天、地的祭坛。圜丘，祭天的圆形祭坛，建于南郊；方泽，祭地的方形祭坛，建于北郊。

⑤ 燔柴瘞埋：祭天、地的仪式。《礼记·祭法》：“燔柴于泰坛，祭天也。瘞埋于泰折，祭地也。”孔颖达疏：“谓积薪于坛上，而取玉及牲置柴上燔之，使气达于天也”，“瘞缯埋牲，祭神州地祇于北郊也”。

⑥ 五世之主：诸侯祭五世之祖。主，神主。《礼记·祭法》：“王立七庙……诸侯立五庙。”

⑦ 享亲：指祭祀祖先。

⑧ 五年四时：此据本章“禘尝之义”而言。“五年”指“禘”所代表的大祭，“四时”指以“尝”为代表的四时之祭。

⑨ 仪文：礼仪。

⑩ 义起：指因义而制礼。《礼记·礼运》：“故礼也者，义之实也。协诸义而协，则礼虽先王未之有，可以义起也。”

⑪ 制度文为：制度和礼仪。

⑫ 南面：指贵为君主，治理天下。下“北面”指为臣，佐君而治。

动则变变则化

张鲁唯

诚至于动，而其机神矣。夫诚未有不动者也，而变而化因之矣，致曲之功可缓哉？且天地之化，成于无为，乃参赞之功，又实有其事。何也？无以为之而有以动之故也。诚则无不动，动则无不神矣，故致曲者亦第患不诚耳。业已诚而至于动矣，则我之合天下而相鼓舞者，是即己之性尽也；天下之随我而相被濯①者，是即人物之性亦尽也。宁复有常可安、有故②可守，而不去其濡染之累？又宁复有声可寻、有色可象③，而不返其性命之初？吾见忽而有所感触焉，即忽而有所改革焉，觉耳目为之一新，心志为之一易也，至问耳目之何以新而心志之何以易，则感者应者俱无意也；吾见俄而无不感触焉，即俄而无不改革焉，觉风俗之污而隆，世运之今而古④也，至问污隆之何以升降、今古之何以循环，则有故无故两莫测也。故夫至治之世，天地若变而清宁⑤，诚能动天地有如是乎，然清宁亦天地之常，天地不自知其变也，上忘乎覆，下忘乎载，求其位⑥之者而已化矣；又观茂对之世⑦，万物若变而繁殖，诚能动万物有如是乎，然繁殖亦万物之常，万物不自知其变也，鸢飞戾天⑧，鱼跃于渊，求其育之者而已化矣。是何也？动有机焉，机动而囿于机者无不随，是即所为变也，犹有方隅⑨未变，则机相待耳，动未有不变者也；变有候焉，候变而乘于候者不自觉，是即所为化也，犹有几微不化，则候未至耳，变未有不化者也。致曲者，致其所以动之者而已矣。

【评】"动"、"变"、"化"相因处，"变"与"化"辨别处，一一疏得明确。

【作者简介】

张鲁唯，江苏昆山人，万历四十一年（1615）进士，曾任绍兴知府、河南布政使等职。

【题解】出自第二十三章。

其次致曲，曲能有诚，诚则形，形则著，著则明，明则动，动则变，变则化，唯天下至诚为能化。（其次，通大贤以下凡诚有未至者而言也。致，推致也。曲，一偏也。形者，积中而发外。著，则又加显矣。明，则又有光辉发越之盛也。动者，诚能动物。变者，物从而变。化，则有不知其所以然者。盖人之性无不同，而气则有异，故惟圣人能举其性之全体而尽之。其次则必自其善端发见之偏，而悉推致之，以各造其极也。曲无不致，则德无不实，而形、著、动、变之功自不能已。积而至于能化，则其至诚之妙，亦不异于圣人矣。）

【注释】

① 祓濯：清除污垢。

② 故：此指旧习。按，此句即谓不可"安常守故"。

③ 象：模拟。

④ 今而古：由今而复古，指风俗变得淳朴。

⑤ 清宁：天清明，地稳定。语本《老子》："昔之得一者：天得一以清，地得一以宁。"

⑥ 位：得其位，正其位。《大学》首章："致中和，天地位焉，万物育焉。"

⑦ 茂对之世：谓"无妄之时"，万物各得其性。茂对，语本《易·无妄》："先王以茂对时育万物。"孔颖达疏："茂，盛也。对，当也。言先王以此无妄盛事，当其无妄之时，育养万物也。"

⑧ 鸢飞戾天：鸢高飞到了天上。戾，到达。按，"鸢飞"、"鱼跃"句本《诗经·大雅·旱麓》，《大学》十二章引之以明化育流行，上下昭著。

⑨ 方隅：四方和四角，此指个别地方。

动乎四体

黄汝亨

即四体观道，而动可知矣。夫道，无在不形者也，动则几生，故至诚前知之。盖不动而变者诚也，随动而见者亦诚也。诚则形矣，如国家之妖祥，如蓍龟之吉凶，固可逆①而知矣。我以形论之，四体囿于造化之中，而物焉者之不能为化也；以道观之，四体具有造化之撰②，而神焉者之不能秘藏也。当其未动，不感不应，聚于无为之先；当其有动，不疾不徐，兆于不言之喻。愚不肖者动之为妄形，而间或以一念之凝，有安舒泰宁之象焉，愚不肖不知也，以诚之未尝或绝也；贤知者动之为德机，而间或以一念之惰，有轻浮儇佻之象焉，贤智不知也，以诚之不容稍假③也。盖四体者官之所止，而动则神行，神行则官不得不从，而顺逆判于俯仰之际；四体者气之所布，而动则志壹，志壹则气不得不随，而得失著于静躁之间。故六合非广，四体非狭；天地非大，吾身非小；千载非遥，一念非近。静则俱闭，鬼神莫知；动则俱开，吉凶先见。故诚者天之道，动者人之情也。以人观天，以情观道，故至诚可以前知也，岂别有退藏之秘、揣摩之术哉？

【评】贤智、愚不肖皆有猝然之动，方是机兆之萌，神行官从，志壹气随。于所以动之理，实能见得，故言简义精，后虽有陈大士④作，不能相掩。

【作者简介】

黄汝亨（1558—1626），字贞父，号寓庸居士，浙江武林（今杭州）人。万历二十六年（1598）进士，授进贤知县，迁南京工部主事，升礼部郎中。出为江西提学，临川陈际泰、东乡艾南英，皆其首录士。迁参议，备兵湖西，卒以强项罢归。工书，能诗文，著有《寓林集》三十二卷。精制义，与黄洪宪并称浙中"二黄"，有《黄贞父稿》，俞长城题识谓其文"较精峭而意胜于词，似在葵阳（按，黄洪宪）之上"，又称其"衡文江右，力挽时澜"。

【题解】出自第二十四章，参见正嘉文卷四唐顺之《见乎蓍龟》。

至诚之道，可以前知。国家将兴，必有祯祥；国家将亡，必有妖孽；见乎蓍龟，动乎四体。祸福将至：善，必先知之；不善，必先知之。故至诚如神。

【注释】

① 逆：预先、提前。

② 撰：数，自然运行的规律。《易·系辞下》："阴阳合德，而刚柔有体，以体天地之撰。"

③ 稍假：稍微放松。假，宽容。

④ 陈大士：陈际泰。其同题文见启祯文卷六。

诚者自成也 一章

顾宪成 墨

《中庸》原人之当诚，而推能诚之妙焉。甚矣，诚之切于人也！成己、成物于是乎在，而君子可不务哉？且诚也者，道之所自来也，其原出于天，而吾之心则具之矣；其用及于物，而吾之心则统之矣。诚之者于此，有一贯之全功焉。夫诚非他也，吾性之实理也，人之所以自成也；而道非他也，率性①之妙用也，人之所当自道也。尝观诸物矣，盈天地间皆物也，以诚始，亦以诚终；盈天地间之物皆诚也，无是诚，则无是物。诚之所系大矣，是故君子贵焉。反而求之，务得其所本然，不敢亏也；率而由之，务尽其所当然，不敢虚也。夫如是则诚矣，诚则可以成己，可以成物，而措之其皆宜矣。君子何以能然乎？成己之谓仁，仁者吾性诚复之德，而即无私之知也；成物之谓知，知者吾性诚通之德，而即有觉之仁也。是合外内之道也。君子而进于诚，则我之同于物者，夫固有以实体之矣，由是而以时出焉，而错综斟酌，无施而不中也，非意之也，彼其所为自成者固然也；物之同于我者，夫亦有以兼体之矣，由是而以时运焉，而张弛操纵，无往而不当也，非拟之也，彼其所为自道者固然也。能诚之妙盖至此哉！君子由己以验诸人，而思其效之不可诬；因人以反诸己，而思其功之不可诿。信当以诚为贵矣，不然，其不流于无物者几希[2]！

【原评】此章言人道，自当以"诚之为贵"句为主，前原其始，后竟其用。文能宛转关生，无所不入。

【评】理路极清，文境极熟，故运重如轻、举难若易，节拍间自有水到渠成之妙。

【作者简介】

顾宪成（1550—1612），字叔时，号泾阳，江苏无锡人。万历四年（1576）解元，八年进士，授户部主事。上疏语侵执政，谪桂阳州判，后擢至吏部郎中，以廷推阁臣忤旨，削籍归。倡修东林书院，与高攀龙等讲学其中，并讽议朝政，朝野应和者极盛，称东林党。万历三十六年（1608），起用为南京光禄寺少卿，力辞不就。四十年（1612），卒于家。天启初，赠太常卿，魏忠贤乱政，其党石三畏追论之，遂削夺。崇祯初，赠吏部右侍郎，谥端文。著有《小心斋札记》、《证性篇》、《顾宪成文集》二十卷等。制义有《顾泾阳稿》，俞长城谓其"平正通达，不事诡异"，清人何焯编选《行远集》，以其"行有余力"二句文冠首。

【题解】出自第二十五章，参见正嘉文卷四王樵《成者非自成己而已也》。

诚者自成也，而道自道也。诚者物之终始，不诚无物。是故君子诚之为贵。诚者非自成己而已也，所以成物也。成己，仁也；成物，知也。性之德也，合外内之道也，故时措之宜也。

【注释】

① 率性：遵从天然的善性或天理。率，遵循。《中庸》首章："天命之谓性，率性之谓道。"
② 几希：很少。

愚而好自用 一章

张以诚

不倍[1]之义，尽之尊王而已。夫合德、位、时三者之谓王，而人又谁敢倍之？观于孔子之从周，益信矣。且惟王尽制，惟民从之，此齐民[2]所能也，而何必修凝[3]君子乃称不倍哉？盖不倍礼乐者，其能作礼乐者也，能作而不敢作焉之谓不倍也。故愚、贱生今，不必并值也，有一于此，即当守为下之分；德、位与时，无可偏重也，缺一于此，即不可操制作[4]之权。而苟自用焉，自专焉，反古焉，皆明哲保身[5]之君子所不敢出也。何也？议礼、制度、考文，天子事也，以天子为之，则德以位尊，而创制立隆，可为天下寡过；非天子为之，则德以位诎⑥，而乱法干纪，适为一己召灾。故今之天下，非皆愚也，非皆贱也，非无熟于典故可裨当今也，而车书一统、伦物大同，甚至继体守文之主，犹谦让未遑，而明圣显懿之士，犹奉法恐后，则以有位无德、有德无位。总之，未离乎愚、贱，而不敢身为倍也。设使下可以倍上，则莫如孔子矣；下可执古之礼以倍今之上，则莫如孔子之于夏商矣。然而素王⑦之损益，可兼三统⑧而垂宪；而时王⑨之法制，必释⑩二代以从周。兢兢焉自附于同轨、同文、同伦之民也，则夫德非孔子而制非夏殷者，又乌敢妄议于一统之世哉？盖君子究心经曲⑪，自尽吾德性之蕴，而持以抗衡明圣，即为无忌惮之小人；上下古今，自尽吾学问之功，而因以取戾⑫明时，岂为善保身之君子？故不倍之义，粗之为齐民之遵路，而极之为孔子之宪章。信非修凝君子不足与于斯矣。

【原评】将"不倍"紧贴"修凝君子"，而以孔子为之指归。胸中有此主张，所以因题制胜，一字不遗，一笔不乱。雄奇浑灏之气，勃勃纸上。

【题解】出自第二十八章。

子曰："愚而好自用，贱而好自专，生乎今之世，反古之道。如此者，栽及其身者也。"（栽，古灾字。以上孔子之言，子思引之。反，复也。）非天子，不议礼，不制度，不考文。（此以下，子思之言。礼，亲疏贵贱相接之体也。度，品制。文，书名。）今天下车同轨，书同文，行同伦。（今，子思自谓当时也。轨，辙迹之度。伦，次序之体。三者皆同，言天下一统也。）虽有其位，苟无其德，不敢作礼乐焉；虽有其德，苟无其位，亦不敢作礼乐焉。（郑氏曰："言作礼乐者，必圣人在天子之位。"）子曰："吾说夏礼，杞不足征也；吾学殷礼，有宋存焉；吾学周礼，今用之，吾从周。"（此又引孔子之言。杞，夏之后。征，证也。宋，殷之后。三代之礼，孔子皆尝学之而能言其意；但夏礼既不可考证，殷礼虽存，又非当世之法，惟周礼乃时王之制，今日所用。孔子既不得位，则从周而已。）

【注释】

① 不倍：不背。

② 齐民：普通百姓。

③ 修凝：修身凝命，谨修其身，安守其分。《易·震》："洊雷震，君子以恐惧修身。"《易·鼎》："君子以正位凝命。"王弼注："凝者，严整之貌也。……'正位'者，明尊卑之序也。'凝命'者，以成教命之严也。"

④ 制作：制定礼法制度。

⑤ 明哲保身：明哲的人不会参与会给自己带来危险的事情。语本《诗经·大雅·烝民》："既明且哲，以保其身。"

⑥ 德以位诎：因为地位低，连累而使其德不足以服众。

⑦ 素王：指孔子，谓孔子有王者之德而无王者之位。

⑧ 三统：指夏商周三代不同的正朔制度。夏代以寅月（现农历正月）为岁首，为"人统"；商朝以丑月（现农历十二月）为岁首，为"地统"；周朝以子月（现农历十一月）为岁首，为"天统"。按，此

句谓孔子本可损益三代制度而创立更为完美的制度，以垂宪后世，但有德无位，不能不坚持"从周"。

⑨ 时王：（孔子）当代的天子。

⑩ 释：放弃。

⑪ 经曲：常规常道和针对具体问题的具体方法。

⑫ 取戾：违背，抵触。

虽有其位 一节

胡友信

位与德而偏隆，均非作者①之分也。夫制作，天子之大事也，徒位则病于无德，徒德则病于无权，岂得而偏与乎哉？今且自我周推之，自王天下以来六七百载矣，由上而观，则天下未尝无天子；由下而观，则天下未尝无圣人。若之何而三重之道②至今罔弗同也？盖亦惟制作有大分耳。彼天王③为纪法之宗，则位诚制作之不容己者也。然亦有不专在于位者，故虽乾纲④独揽，而或神化未足以宜民；鼎命是隆，而或中和未足以建极。则是有天下之正统，而道统不与存焉。虽未必皆愚，苟非作者之圣，要亦愚之流也。是必于可以自专之中，存不敢自用之戒。礼虽欲作也，而所以治躬者⑤恐不能与天地同节，所以安上治民者⑥一惟先王之文物而已；乐虽欲作也，而所以治心者恐不足与天地同和，所以移风易俗者⑦一惟先王之节奏而已。袭礼沿乐，虽非帝王之盛节，而帝范王猷赖以不坠，则不疚⑧于帝位者亦庶几矣。不然，则愚之弊可胜言哉！惟圣人识礼乐之情，则德诚制作之不容己者也。然亦有不专于德者，使或聪明虽裕，而身非元后之尊；学术虽弘，而位非大宝之贵。是有天下之道统，而正统不与存焉。虽未必皆贱，而苟非南面之尊，要亦贱之属也。是必负可以自用之具，存不敢自专之心。礼固能作也，而天王之德行在焉，惧其有所渎也，而所以别宜居鬼⑨者，亦惟率履之而已；乐固能作也，而天王之德辉在焉，惧其有所僭也，而所以敦和率神⑩者，亦惟遵守之而已。遵道遵路，虽非大圣人之作为，而国度王章⑪守而勿失，则不倍于下位者亦庶几矣。不然，则贱之弊可胜言哉！

【评】体大思精，理真法老，而古文疏宕之气、先正清深之韵，不可复见矣。作者所以不及归、唐以此。

【题解】出自第二十八章，见上。

【注释】

① 作者：制定礼法的人。

② 三重之道：指议礼、制度、考文三事。《中庸》二十九章："王天下有三重焉，其寡过矣乎！"朱熹集注引吕氏曰："三重，谓议礼、制度、考文。惟天子得以行之，则国不异政，家不殊俗，而人得寡过矣。"

③ 天王：天子，春秋时特指周天子。《春秋·隐公元年》："秋七月，天王使宰咺来归惠公仲子之赗。"孔颖达疏："天王，周平王也。"称"天王"，是与当时僭称"王"的诸侯相区别。

④ 乾纲：指王者之权。

⑤ 治躬者：指"礼"，下"治心者"指"乐"，二句本《礼记·乐记》："大乐与天地同和，大礼与天地同节。"

⑥ 安上治民者：指"礼"，《孝经》："移风易俗，莫善于乐。安上治民，莫善于礼。"

⑦ 移风易俗者：指"乐"，《礼记·乐记》："故乐行而伦清……移风易俗，天下皆宁。"

⑧ 不疚：无愧。

⑨ 别宜居鬼：此指"礼"的方面。语本《礼记·乐记》："乐者敦和，率神而从天。礼者别宜，居鬼而从地。"郑玄注："从，顺也。别宜，礼尚异也。居鬼，谓居其所为，亦言循之也。鬼神，谓先圣先贤也。"

⑩ 敦和率神：此指"乐"的方面。出处见上注，孔颖达疏："'乐者敦和，率神而从天'者，率，循也。言乐之为体，敦重和同，因循圣人之神气，而从于天也。"

⑪ 国度王章：国家的法度章程。

是故君子笃恭而天下平

胡友信

圣人不显①其敬，而天下化成焉。盖敬者，天德王道之本，不显其敬而敬纯矣，天下有不化成者哉？此子思自下学立心之始而究其极也。意谓：道有至极，学有全功，吾尝咏"不显惟德，百辟其刑"之诗，而得君子为己之极矣。彼其奏格无言，犹有存敬之心；民劝民威，犹有化民之迹。而君子为己之心未已也。是故君子自内省之诚，积而入于神明之域；驯敬信之念，退而藏于渊默之衷。惕厉固所不存，而斋戒亦所不事；矜持固所不作，而兢业亦所不知。天命人心，浑为一机，而无思无为者忘于己，若启若翼②者忘于天，修身立命之原，诚有鬼神不得而析其几者矣；天德王道，融为一源，而冲漠无朕③者不为无，日出万几者不为有，敬天勤民之本，盖有造化不得而泄其秘者矣。由是神之所存，化必达焉，而天下咸囿于不言之信；德之所及，业必究焉，而天下默成其不戒之孚④。陶镕于礼乐之中，而其相揖让也非为名分，相歌咏也非为性情，熙熙⑤然各通于圣人之性而莫之知也；渐磨⑥于刑政之外，而其为善良也非出于感悟，无颇僻⑦也不待于裁成，陶陶然相遇于圣人之天而莫之识也。君无可称之迹，民无可归之功；朝无颂圣之臣，野无歌德之俗。此之谓中和，此之谓位育⑧。至此则无几之可知，而君子为己之能事毕矣。

【原评】摹"笃恭"深至，摹"天下平"神奇。

【评】刻挚之思，雄古之气，非独入理深厚，并与题之形貌亦称。

【题解】出自第三十三章。

《诗》曰"衣锦尚䌹"，恶其文之著也。故君子之道，闇然而日章；小人之道，的然而日亡。君子之道：淡而不厌，简而文，温而理，知远之近，知风之自，知微之显，可与入德矣。（前章言圣人之德，极其盛矣。此复自下学立心之始言之，而下文又推之以至其极也。《诗》，《国风·卫·硕人》、《郑》之《丰》，皆作"衣锦褧衣"。褧、䌹同，禅衣也。尚，加也。古之学者为己，故其立心如此。尚䌹故闇然，衣锦故有日章之实。淡、简、温，绌之袭于外也；不厌而文且理焉，锦之美在中也。小人反是，则暴于外而无实以继之，是以的然而日亡也。远之近，见于彼者由于此也。风之自，著乎外者本乎内也。微之显，有诸内者形诸外也。有为己之心，而又知此三者，则知所谨而可入德矣。故下文引《诗》言谨独之事。）《诗》云："潜虽伏矣，亦孔之昭！"故君子内省不疚，无恶于志。君子之所不可及者，其唯人之所不见乎。（《诗》，《小雅·正月》之篇。承上文言"莫见乎隐、莫显乎微"也。疚，病也。无恶于志，犹言无愧于心，此君子谨独之事也。）《诗》云："相在尔室，尚不愧于屋漏。"故君子不动而敬，不言而信。（《诗》，《大雅·抑》之篇。相，视也。屋漏，室西北隅也。承上文又言君子之戒谨恐惧，无时不然，不待言动而后敬信，则其为己之功益加密矣。故下文引《诗》并言其效。）《诗》曰："奏假无言，时靡有争。"是故君子不赏而民劝，不怒而民威于铁钺。（《诗》，《商颂·烈祖》之篇。奏，进也。承上文而遂及其效，言进而感格于神明之际，极其诚敬，无有言说而人自化之也。威，畏也。铁，莝斫刀也。钺，斧也。）《诗》曰："不显惟德！百辟其刑之。"是故君子笃恭而天下平。（《诗》，《周颂·烈文》之篇。不显，说见二十六章，此借引以为幽深玄远之意。承上文言天子有不显之德，而诸侯法之，则其德愈深而效愈远矣。笃，厚也。笃恭，言不显其敬也。笃恭而天下平，乃圣人至德渊微，自然之应，中庸之极功也。）《诗》云："予怀明德，不大声以色。"子曰："声色之于以化民，末也。"《诗》曰："德辖如毛"，毛犹有伦。"上天之载，无声无臭"，至矣！（《诗》，《大雅·皇矣》之篇。引之以明上文所谓"不显"之德者，正以其不大声与色也。又引孔子之言，以为声色乃化民之末务，今但言不大之而已，则犹有声色者存，是未足以形容不显之妙。不若《烝民》之诗所言"德辖如毛"，则庶乎可以形容矣，而又自以为谓之毛，则犹有可比者，是亦未尽其妙。不若《文王》之诗所言"上天之事，无声无臭"，然后乃为不显之至耳。盖声臭有气无形，在物最为微妙，而犹曰无之，故惟此可以形容不显笃恭之妙。非此德之外，又别有是三等，然后为至也。）

【注释】

① 不显：今人多认为即"丕显"，光明显赫貌。《中庸》此章引《诗》，朱熹集注释为"幽深玄远"之意。
② 若启若翼：启迪扶助。
③ 冲漠无朕：空廓虚无，没有迹象，指天道鬼神等。朕，迹象、征兆。
④ 不戒之孚：不需训诫，百姓已经信服。
⑤ 熙熙：此指和乐。
⑥ 渐磨：亦作"渐摩"，浸润，教育感化。语本《汉书·董仲舒传》："渐民以仁，摩民以谊。"颜师古注："渐谓浸润之，摩谓砥砺之也。"
⑦ 颇僻：行为不端，邪佞。《尚书·洪范》："人用侧颇僻，民用僭忒。"
⑧ 位育：天地各正其位，万物均得化育。《中庸》首章："致中和，天地位焉，万物育焉。"

钦定隆万四书文卷五（《孟子》上）

交邻国有道乎　一章

王士骕

　　齐王问交邻，而大贤以安天下之道进焉。盖天下举安，则交邻不必论矣，孟子动以古道进王也，深哉！且智仁勇三德不备而可以安天下者，自古未有也。不察者争之忿欲之间，无怪乎功业不建而邻国生心矣。齐宣王之问交邻也，岂非欲藉强大、极兵威，令强国请服、弱国入朝者乎？曷不以古人征之也。商周当已定之天，而成汤文武仁人也，故乐之而事葛、事昆夷，卒保天下也；岐与越当不可知之天，而太王①、句践智人也，故畏之而事獯鬻、事吴，卒保其国也。天威不僭，贤圣不能违时；仁智兼资，伯王②用之长世③。则邻国不难交也，而奈何以好勇为疾也，亦未讲于安天下之道乎？仁覆之，智运之，而勇成之。故小之④不足以敌一人，而大之可以统万国。如《诗》所称，文何尝不好勇也，独其遏徂莒而笃周祜，好安天下之勇尔；如《书》所称，武何尝不好勇也，独其作君师而耻衡行，亦好安天下之勇尔。王诚戢⑤抚剑疾视之忿，而兴整旅问罪之师，彼其日毙于兵争之靡宁也，而旷然复睹太平之烈；彼其日苦于割据之无已也，而赫然复集一统之勋也。民惟恐王之不好勇矣。夫始之保国保天下，而终之以安天下。当是时也，天命在齐，邻国其如予何哉？故讲于智仁勇之道，而交邻可无问也。

　　【评】挈起题中要领，六辔在手⑥，范我驰驱，自然应节合度。原评所谓"熟极生新"者也。

　　【作者简介】

　　王士骕，字房仲，太仓人，王世贞仲子。诸生，以荫入太学，工制义及古文词，世贞特奇爱之。著有《中弇山人稿》五卷、《摄月楼诗草》二卷。制义有《王房仲稿》，俞长城题识谓，王士骕学董其昌，而董之文"丰润秀逸，其体圆；房仲文峭拔矜厉，其体方"，艾南英患几社浮驳，思倡王士骕之文以救之。

　　【题解】出自《梁惠王下》第三章。

　　齐宣王问曰："交邻国有道乎？"孟子对曰："有。惟仁者为能以大事小，是故汤事葛，文王事昆夷；惟智者为能以小事大，故大王事獯鬻，句践事吴。（仁人之心，宽洪

315

恻怛，而无较计大小强弱之私。故小国虽或不恭，而吾所以字之之心自不能已。智者明义理，识时势。故大国虽见侵陵，而吾所以事之之礼尤不敢废。汤事见后篇。文王事见《诗·大雅》。）以大事小者，乐天者也；以小事大者，畏天者也。乐天者保天下，畏天者保其国。（天者，理而已矣。大之字小，小之事大，皆理之当然也。自然合理，故曰乐天。不敢违理，故曰畏天。包含遍覆，无不周遍，保天下之气象也。制节谨度，不敢纵逸，保一国之规模也。）《诗》云：'畏天之威，于时保之。'"（《诗》，《周颂·我将》之篇。时，是也。）王曰："大哉言矣！寡人有疾，寡人好勇。"（言以好勇，故不能事大而恤小也。）对曰："王请无好小勇。夫抚剑疾视曰，'彼恶敢当我哉'！此匹夫之勇，敌一人者也。王请大之！（疾视，怒目而视也。小勇，血气所为。大勇，义理所发。）《诗》云：'王赫斯怒，爰整其旅，以遏徂莒，以笃周祜，以对于天下。'此文王之勇也。文王一怒而安天下之民。（《诗》，《大雅·皇矣》篇。赫，赫然怒貌。爰，于也。旅，众也。遏，诗作"按"，止也。徂，往也。莒，诗作旅。徂旅，谓密人侵阮徂共之众也。笃，厚也。祜，福也。对，答也，以答天下仰望之心也。此文王之大勇也。）《书》曰：'天降下民，作之君，作之师。惟曰其助上帝，宠之四方。有罪无罪，惟我在，天下曷敢有越厥志？'一人衡行于天下，武王耻之。此武王之勇也。而武王亦一怒而安天下之民。（衡，与横同。《书》，《周书·大誓》之篇也。然所引与今《书》文小异，今且依此解之。宠之四方，宠异之于四方也。有罪者我得而诛之，无罪者我得而安之。我既在此，则天下何敢有过越其心志而作乱者乎？衡行，谓作乱也。孟子释《书》意如此，而言武王亦大勇也。）今王亦一怒而安天下之民，民惟恐王之不好勇也。"（王若能如文武之为，则天下之民望其一怒以除暴乱，而拯己于水火之中，惟恐王之不好勇耳。此章言人君能惩小忿，则能恤小事大，以交邻国；能养大勇，则能除暴救民，以安天下。张敬夫曰："小勇者，血气之怒也。大勇者，理义之怒也。血气之怒不可有，理义之怒不可无。知此，则可以见性情之正，而识天理人欲之分矣。"）

【注释】

① 太王：即"大王"，周文王的祖父。
② 伯王：霸主与王者（天子）。伯，通"霸"。
③ 长世：使国运长久。
④ 小之：小用其勇，用其小勇。
⑤ 戢：收敛。
⑥ 六辔在手：指驾车，此喻控制。辔，缰绳。古制一车四马，一马两辔，其中一马的辔系于轼上，御者执六辔，语本《诗经·秦风·小戎》："四牡孔阜，六辔在手。"

惟仁者为能以大事小^①　二段

顾宪成

　　大贤论交邻之道而征诸古焉。盖以大事小为仁，以小事大为智，古之道也。明乎此，而于交邻何有？孟子曰：所贵乎交邻者无他，势在我则忘之而已矣，势在人则顺之而已矣。王欲闻其道乎？臣试言其概而王择焉。夫天下之人国多矣，有以大国而邻我者焉，有以小国而邻我者焉。大奚以交于小也，其道则仁者得之。仁者曰：吾与小国邻，而忿焉与小国较，将以树威结怨则可矣，若欲昭德而怀贰②，则计之左③者也。是故其事之也，以为宁使天下议我以怯而有不恭之加，毋宁使天下议我以暴而有不靖之患也。古之行此道者，吾得二人焉。汤也，事葛矣，文王也，事昆夷矣。彼诚仁者也，所以忘其势而不忍较也。不然，以四海徯苏之后④，而下于一蕞尔⑤之邦，则近乎耻也；以三分有二之主⑥，而下于一蛮夷之长，则近乎辱也。耻不可即，辱不可居，汤、文曷为而为之哉？小奚以交于大也，其道则智者得之。智者曰：吾与大国邻，而狡焉与大国竞，将以挑衅速祸则可矣，若欲保社而息民，则计之左者也。是故其事之也，以为与其犯彼之怒而为箪食壶浆⑦之迎，不若徇彼之欲而为牺牲玉帛⑧之献也。古之行此道者，吾得二人焉。太王也，事獯鬻矣，句践也，事吴矣。彼诚智者也，所以顺其势而不敢竞也。不然，赂以皮币，赂以犬马，天下之厚利也；身请为臣，妻请为妾，天下之恶名也。利不可弃，恶不可取，太王、句践曷为而为之哉？今王之邻，谁为葛伯耶，昆夷耶？则有仁者事小之道在；谁为獯鬻耶，吴耶，则有智者事大之道在。尚其鉴于四王可也。

【评】极平淡中，清越疏古之气足以惬人心目。非涵养深厚、志气和平，不能一时得此。

【题解】出自《梁惠王下》第三章，见上。

【注释】

① 原书标题作"惟仁者为能以小事大"，据经文改。
② 怀贰：此指使心怀二心的人归附。怀，安抚。
③ 左：错误。
④ 四海徯苏之后：指商汤，四海百姓都期待他来，使自己得以苏息。徯，期待。苏，恢复生机。后，君主。语本《尚书·仲虺之诰》："徯予后，后来其苏。"孔安国传："汤所往之民，皆喜曰：'待我君来，其可苏息。'"
⑤ 蕞尔：小。
⑥ 三分有二之主：指周文王。周文王时，三分天下已有其二。
⑦ 箪食壶浆：本指百姓用箪盛饭，用壶盛汤来欢迎他们爱戴的军队，此处指小国被大国击败，被迫犒劳大国的军队。语本《孟子·梁惠王上》："箪食壶浆以迎王师。"
⑧ 牺牲玉帛：祭祀用的猪牛羊以及丝织品等礼物。

故太王事獯鬻 二句

汤显祖

二君之事大也，智足观矣。夫太王、句践皆智于谋国者，其事狄、事吴，有以哉！且自古霸王之君，未始逞小忿而忘大计，非屈也，智也。智以事大，于太王、句践见之。是故周自后稷以来，旧为西诸侯之望①矣，至于太王而獯鬻乱华焉。当其时，狄大而周小也，彼将环邻人之境而骋戎马之足，意已无周矣。使太王慑于势，暗于理，乃欲争雄于一战，周其不遂为狄乎？于是属而耆老②，去而宗国，甘心事虏弗恤焉。此何为哉？计以邠可亡、岐可徙，而先君后稷之祀必不可自我斩也，吾宁隐忍而俟未定之天也。盖自西山垂统③，而周且尽狄人而臣之，然后知太王之以屈为伸也，智也。越自无余④以来，常为东诸侯之长矣，至于句践而夫差报怨⑤焉。当其时，吴大而越小也，彼既转檇李之败⑥而为夫椒之胜⑦，目已无越矣。使句践慑于势，暗于理，乃欲争雄于再战，越其不遂为吴乎？于是纳大夫⑧之谋，遣行成⑨之使，反面事雠弗恤焉。此何为哉？计以身可臣、妻可妾，而先君无余之祀必不可自我斩也，吾宁隐忍而俟再举之日也。盖自东海兴师，而越且尽吴地而沼之⑩，然后知句践之以怯为勇也，智也。小之事大，自古而然。今齐而有邻如獯鬻耶，请为太王；有邻如吴耶，请为句践。不然，吾窃为齐惧矣，智者不为也。

【评】此先辈极风华文字。然字字精确，无一字无来历，而气又足以运之。以藻丽为工者，宜用此为标准。

【题解】出自《梁惠王下》第三章，参见本卷王士骕《交邻国有道乎》。

故大王事獯鬻，句践事吴。

【注释】

① 望：有名望的人、物。
② 属而耆老：会集邻地的长老（商量迁徙的事情）。属，会集。而，通"尔"。按，此本《梁惠王下》："乃属其耆老而告之曰：'狄人之所欲者，吾土地也。……我将去之。'去邠，逾梁山，邑于岐山之下居焉。"
③ 西山垂统：指周朝建立一统天下的基业。西山，此指周朝，《易·随》："王用亨于西山。"垂统，把基业留传下去，亦本《梁惠王下》叙太王事："君子创业垂统，为可继也。"朱熹集注："统，绪也。"
④ 无余：越国始祖。《史记·越王勾践世家》张守节正义引《吴越春秋》，谓越为大禹后代，"至少康，恐禹迹宗庙祭祀之绝，乃封其庶子于越，号曰无余"。
⑤ 报怨：报仇。
⑥ 檇李之败：当春秋鲁定公十四年，吴越交战于檇李，吴军失利，吴王阖闾被射伤而死。
⑦ 夫椒之胜：当春秋鲁哀公元年，吴越再次交战于夫椒，吴军大败越军，围困越王勾践于会稽山。
⑧ 大夫：指范蠡。《史记·越王勾践世家》："（蠡对曰）卑辞厚礼以遗之，不许，而身与之市。"
⑨ 行成：讲和，此指求和。
⑩ 沼之：使其宫室废坏，变为污池。语本《左传·哀公元年》："（伍子胥曰）越十年生聚，而十年教训，二十年之外，吴其为沼乎！"

先王无流连之乐 二节

邹德溥

齐臣①进法古之规，其君悦而声诸乐②焉。盖先王不徇欲而忘民也，景公以是庸③

晏子，宜其乐之称盛也哉！孟子盖述齐之故以讽宣王也，意谓：自古人臣之爱其君者，则无乐乎君之荒于佚也，盖必以勤民诏焉。有明君者起而听之，则相得益章，而其盛于是乎可传，若景公是已。昔晏子者告君以先王之观④、当时之弊，复进而曰：吾君思比于先王观也，而亦知先王之所以异于后世乎哉？先王非无乐也，而无若今之所谓流连⑤之乐也，乐焉而泽在民矣；非无行也，而无若今之所谓荒亡⑥之行也，行焉而颂在野⑦矣。君将耕敛是省⑧，而与先王比隆乎？抑将佚欲是徇，而与世主同事乎？顾君自择何如耳。斯言也，岂不诚畜君乎哉？然而景公不之尤也，方且从而悦焉。于是而大戒于国，示民革⑨也；出舍于郊，察民隐也。而兴发补助之政，慨然为斯民计之矣。盖易其所谓流连荒亡者，而进于先王之观乎？当是时也，君鉴其诚，臣幸其遇，交动夫欢忻之情；而事治于朝，民安于野，式昭⑩夫明良⑪之盛。景公是以命太师，而作君臣相悦之乐。乐有以"徵招"名者，志事也，盖曰是允厘⑫之遗也；乐有以"角招"名者，志民也，盖曰是风动⑬之遗也；其诗曰"畜君何尤"⑭，志好君⑮也，盖曰是谟明弼谐⑯之遗也。晏子怀忠爱之素，故能进流连荒亡之规；景公谅忠谠之诚，故能修兴发补助之政。此其盛载在乐章，可挹也。臣故欲君之法先王也，君其悦于臣言乎哉？

【评】顺逆疾徐，应节合度，不必言法而法无不备。其气息醇古，平淡中有极腴之味。

【题解】出自《梁惠王下》第四章，参见化治文卷五董越《天子适诸侯曰巡狩》。

"（晏子曰）'先王无流连之乐，荒亡之行。惟君所行也。'景公说，大戒于国，出舍于郊。于是始兴发补不足。召大师曰：'为我作君臣相说之乐！'盖徵招、角招是也。其诗曰：'畜君何尤？'畜君者，好君也。"

【注释】

① 齐臣：指晏子。下句"其君"指齐景公。按，《孟子》本章，叙孟子列举晏子劝谏齐景公勿耽于游乐之事，以劝勉齐宣王与民同乐。此二节为孟子转述晏子的话。
② 声诸乐：把君臣相得的事情谱入乐曲，即指下文提及的"徵招"、"角招"。
③ 庸：酬答。
④ 观：出游。按晏子的理解，先王的"观"是为体察民情等事，齐景公想外出而"观"是纯粹的出游。
⑤ 流连：此指耽于游乐，乐而忘返。
⑥ 荒亡：享乐无度，废时失职。
⑦ 颂在野：颂扬之声在民间流传。野，指民间。
⑧ 耕敛是省：考察春耕和秋收的情况。敛，收获。省，考察。指本章前节"春省耕而补不足，秋省敛而助不给"。
⑨ 革：改过。
⑩ 式昭：光大。
⑪ 明良：君明臣良。
⑫ 允厘：本指管理好百官的事务，此指处理好政务。语本《尚书·尧典》："允厘百工，庶绩咸熙"，孔安国注："允，信。厘，治。工，官。"
⑬ 风动：此指用德行感化百姓。《诗大序》："风，风也，教也。风以动之，教以化之。"

⑭ 畜君何尤：爱护君主有什么错。

⑮ 好君：爱护国君。

⑯ 谟明弼谐：此指臣谏君听，大臣所谋则明，君臣相处融洽。谟，谋。弼，辅佐。语本《尚书·皋陶谟》："允迪厥德，谟明弼谐。"蔡沉集传："为君而信蹈其德，则臣之所谋者无不明。"

左右皆曰贤未可也

汤显祖

不以近臣之誉进贤，盖其慎也。夫左右太信，则有与不肖论贤者矣，国君之所可，岂在是与？孟子箴齐王之疾，曰：人才首关于大政，君心每惑于小言。所贵乎进贤者，亦慎诸此而已。彼环在王所，有近于左右之臣者乎？得陈于王前，有先于左右之言者乎？固有相率而称人之贤者矣。浸①而不察，亦有因而可之②者矣。不知好进之士，常以左右为根柢之容；而近习之人，亦每以朝端为外市③之地。故"举尔所知"④，虽达之左右皆有闻也，而何可以遽然其贤；论所及知，虽时而左右先为言也，亦未敢以轻用其可。左右虽卑也，与外臣之尊者常相低昂，如曰"某也贤，其尊之也"，则有借君侧⑤以威众者，亦因而尊之乎，恐他日之卑逾尊⑥亦如是矣，乌乎可也？左右非疏也，与外臣之亲者常相比附，如皆曰"某也贤，其亲之也"，则有事中人⑦以迎幸者，亦因而亲之乎，恐异日之疏逾戚⑧又复然矣，如何可也？宁使左右谓我有贤而不用，无宁使天下谓我用贤而不公，盖明扬⑨士类，本非所望于近幸之人，正使其所贤者贤，亦非左右所得而贤矣；宁知而不举以伤左右之心，毋宁举而不贤以伤朝廷之典，盖推毂⑩人才，本非可求于私昵之地，正使其所贤真可，亦非左右得以制吾可矣。夫观意察色、工辞善誉以移主心者，莫左右若也，而弗之可焉，则"如不得已"⑪之心，自近者始矣。由是公听并观，尊贤不失，尚何贤知之士羞⑫而世主之论悖乎？

【原评】句句是"左右"，句句是左右分上之"未可"。用意深稳，而局阵层层变换，如神龙在空，嘘气成云。后来奇纵之作，皆为笼罩。

【题解】出自《梁惠王下》第七章，参见化治文卷五李东阳《所谓故国者》。

左右皆曰贤，未可也；诸大夫皆曰贤，未可也；国人皆曰贤，然后察之；见贤焉，然后用之。

【注释】

① 浸：渐，浸润。

② 可之：认为可用，认为贤能。

③ 外市：勾结外人以牟利。

④ 举尔所知：推举你所了解的人。语本《论语·子路》："（仲弓）曰：'焉知贤才而举之？'（子）曰：'举尔所知。尔所不知，人其舍诸？'"

⑤ 君侧：此指国君的左右。

⑥ 卑逾尊：提拔地位卑的人，使之位于现有的高官之上。此句谓，现在有人通过左右来达到"卑逾尊"的目的，将来也还会另外有人这样做。按，本章前节："国君进贤，如不得已，将使卑逾尊，疏

逾戚，可不慎与?"

⑦ 事中人：结交君王的左右。中人，宦官、宫女等内庭之人，亦指君王的左右。

⑧ 疏逾戚：关系疏远的人地位超过现有的亲信大臣。

⑨ 明扬：选拔、任用。语本《尚书·尧典》："明明，扬侧陋。"

⑩ 推毂：荐举，援引。《史记·魏其武安侯列传》："魏其、武安俱好儒术，推毂赵绾为御史大夫。"

⑪ 如不得已：见前"卑逾尊"注，朱熹集注："言谨之至也。"

⑫ 贤知之士羞：贤能之士的羞耻。本句谓若人君若不听从左右的议论，贤能之士则无须迎合人君的左右，从而保全贤士的尊严，国君自己也不会犯错误。

东面而征西夷怨　　霓也

沈 演 墨

观商师于所未及，而民望殷焉。夫兵，民之残也，然且望之若恐后焉，其斯为王师乎?孟子谓夫王者有征无战，非屈其力也。人以兵失人心，圣人以兵得人心，诚当其时也，商师何以信于天下哉?想其以大字小①而兵无轻试，故以仁伐暴而师不留行②。在汤也，师有所首加而必有所徐及者，势也；在民也，唯以其来为德而反以其后为怨者，情也。吾见其东征而西且怨焉，吾见其南征而北且怨焉。若将怼心③于人之我先而以为己歉也，曰中国之有至仁，而念彼置④此，何其偏也；若将觖望⑤于己之独后而以为汤尤⑥也，曰圣人之无遗泽，而先彼后此，独何异也?汤师旦夕先至，则旦夕之涂炭纾⑦焉，故虽一缓急之间，而若足动后时⑧之感；汤师一日未至，则一日之子惠赊⑨焉，故虽一先后之际，而不胜遥企之思。以圣武之布昭，岂不亦终归宇下⑩，然业知之而犹以为疑者，诚望之也，望之切则疑之深，延颈举踵⑪，如将旦暮遇焉⑫，而须臾之德化未沾，能自慰耶；以万邦之表正⑬，岂不亦卒荷帡幪⑭，然明知之而犹以为忧者，诚望之也，其望殷则其忧迫，倾耳注目，惟恐俄顷缓焉，而一时之听睹未亲，能自安耶?以斯民也，望斯师也，其与大旱之望云霓何异哉?盖圣人举事，有同天道之俟时；而小民望仁，无异农夫之望岁⑮。民情如此，惟皆信汤者深也。其由此为政可知矣。

【评】下笔疏秀，眼前意思，说来却娓娓动人。

【作者简介】

沈演，字叔敷，号何山，浙江乌程人。万历二十年（1592）二甲进士，由工部主事历官南京刑部尚书。制义有《沈何山稿》。

【题解】出自《梁惠王下》第十一章。

齐人伐燕，取之。诸侯将谋救燕。宣王曰："诸侯多谋伐寡人者，何以待之?"孟子对曰："臣闻七十里为政于天下者，汤是也。未闻以千里畏人者也。（千里畏人，指齐王也。）《书》曰：'汤一征，自葛始。'天下信之。'东面而征，西夷怨；南面而征，北狄怨。曰，奚为后我?'民望之，若大旱之望云霓也。归市者不止，耕者不变。诛其君而吊其民，若时雨降，民大悦。《书》曰：'徯我后，后来其苏。'（两引《书》，皆《商书·仲虺之诰》文也。与今《书》文亦小异。一征，初征也。天下信之，信其志在救民，不为暴也。奚为后我，言汤何为不先来征我之国也。霓，虹也。云合则雨，虹见则止。变，动也。徯，待也。后，君也。苏，复生也。他国之民，皆以汤为我君，而待其来，使己得苏息也。此言汤之所以七十里而为政于天下也。）今燕虐其民，王往而征之。民以为将拯己于水火之中也，箪食壶浆，以迎王师。若杀其父兄，系累其子弟，毁其宗庙，迁其重器，如之何其可也？天下固畏齐之强也。今又倍地而不行仁政，是动天下之兵也。（拯，救也。系累，縶缚也。重器，宝器也。畏，忌也。倍地，并燕而增一倍之地也。齐之取燕，若能如汤之征葛，则燕人悦之，而齐可为政于天下矣。今乃不行仁政而肆为残虐，则无以慰燕民之望，而服诸侯之心，是以不免乎以千里而畏人也。）王速出令，反其旄倪，止其重器，谋于燕众，置君而后去之，则犹可及止也。"（旄，老人也。倪，小儿也。谓所虏略之老小也。犹，尚也。及止，及其未发而止之也。范氏曰："孟子事齐梁之君，论道德则必称尧舜，论征伐则必称汤武。盖治民不法尧舜，则是为暴；行师不法汤武，则是为乱。岂可谓吾君不能，而舍所学以徇之哉？"）

【注释】

① 以大字小：即"以大事小"。字，抚育。《梁惠王下》："惟仁者为能以大事小"，朱熹集注："仁人之心，宽洪恻怛……小国虽或不恭，而吾所以字之之心自不能已。"

② 师不留行：军队没有受到阻挡。留行，指阻碍。

③ 怼心：怨恨。怼，怨。

④ 置：弃置不管。

⑤ 觖望：因不满而怨恨。觖，不满。望，抱怨。

⑥ 尤：责怪。

⑦ 纾：缓解。

⑧ 后时：错过时机。后，落后。

⑨ 子惠赊：惠政还遥不可及。子惠，慈爱、施以仁惠，《尚书·太甲中》："先王子惠困穷。"赊，遥远，王勃《滕王阁序》："北海虽赊，扶摇可接。"

⑩ 宇下：屋檐之下，此喻指庇护、统治的范围之内。《左传·昭公十三年》："况卫在君之宇下，而敢有异志？"

⑪ 延颈举踵：伸长脖子，踮起脚跟，表示盼望见到。

⑫ 旦暮遇焉：很短的时间内就遇到了，表示很企盼。《庄子·齐物论》："万世之后而一遇大圣，知其解者，是旦暮遇之也。"

⑬ 表正：此句本《尚书·仲虺之诰》："（汤）表正万邦，缵禹旧服"，孔安国传："仪表天下，法正万国。"

⑭ 荷帡幪：蒙受庇护。荷，承受。帡幪，帐幕一类的物品，喻指庇护。

⑮ 望岁：盼望丰收。岁，指收成好。

昔者大王居邠　　去之岐山之下居焉

汤显祖

　　先王有不能怀其故居，而狄之为患久矣。夫邠，大王之故居也，狄人来而大王去

322

矣，然亦岂后世所得效哉？尝谓今昔之变不同时，大小之敌不同势。然时危同于感怆，而势小易于图存，此不可不计也。夫强大压境，可为寒心，岂惟今日君之事耶？昔者大王当之矣。自今观之，居岐之阳^①，大王之孙也，而不知大王实始居岐也；乃眷西顾^②，大王之德也，而不知大王固先居邠也。观其流泉^③，流泉无恙也，盖民之初生^④，其土于斯也非一世矣，非不处且安也，如寇警何？度其夕阳^⑤，夕阳如故也，盖君之有宗^⑥，其依于此也非一日矣，亦既庶且繁也，如戎心何？始也自窜^⑦于犬戎之间，而公刘启^⑧其地；中也亦复中犬戎之患，而亶父遇其时。狄人可事也而不可弭也，国有三军^⑨，已被之矣，安能久居此乎？自土可乐也而不可长也，地非一姓，已知之矣，何必怀此都^⑩乎？盖天作高山^⑪，隐然周原之在望也，于是胥宇^⑫其下焉，虽不得终其皇涧之游^⑬，而亦庶几乎厥愠^⑭之无近矣；帝迁明德^⑮，俄然周道之有夷也，于此乎周爱其居^⑯焉，虽不得免于疆理^⑰之劳，而亦庶几乎昔迁之无叹矣。由前而观，居邠者此大王也，虽未有室家^⑱，何知有异日之居岐？由后而观，居岐者亦此大王也，虽增其式廓^⑲，亦肇基于昔日之居邠。盖古公虽欲尊生而让王，狄人固以殷忧^⑳而启圣。殆至王用享于岐山^㉑，而世乃歌夫邠风^㉒矣。滕固今之邠也，而齐则滕之狄也。何去何从，倘有岐山在耶？吾故曰：今昔之变不同时，大小之敌不同势也。

【评】　一丘一壑，自涵幽趣，令人徘徊而不能去。其镕冶经籍，运以隽思，使三句题情上下浑成一片，尤极经营苦心。

【题解】　出自《梁惠王下》第十四章。

滕文公问曰："齐人将筑薛，吾甚恐。如之何则可？"（薛，国名，近滕。齐取其地而城之，故文公以其偪己而恐也。）孟子对曰："昔者大王居邠，狄人侵之，去之岐山之下居焉。非择而取之，不得已也。（邠，与豳同。邠，地名。言大王非以岐下为善，择取而居之也。详见下章。）苟为善，后世子孙必有王者矣。君子创业垂统，为可继也。若夫成功，则天也。君如彼何哉？强为善而已矣。"（创，造。统，绪也。言能为善，则如大王虽失其地，而其后世遂有天下，乃天理也。然君子造基业于前，而垂统绪于后，但能不失其正，令后世可继续而行耳。若夫成功，则岂可必乎？彼，齐也。君之力既无如之何，则但强于为善，使其可继而俟命于天耳。此章言人君但当竭力于其所当为，不可徼幸于其所难必。）

【注释】

① 居岐之阳：居住在岐山之南，即周原之地。按，《诗经·大雅·皇矣》："度其鲜原，居岐之阳……帝谓文王"，指周文王即大王之孙居此；又，《鲁颂·閟宫》："后稷之孙，实维太王，居岐之阳，实始翦商"，谓大王居岐之阳。

② 乃眷西顾：上天将其眷爱放到了西方即周的身上。语本《诗经·大雅·皇矣》："乃眷西顾，此维与宅。"按，孔颖达疏谓："（上天）乃眷然运视西顾，见文王之德，而与之居。"朱熹集传："（天）乃眷然顾视西土，以此岐周之地，与大王为居宅也。"则本文此句据朱熹集传。

③ 观其流泉：此句为双关。在《诗》本义指周之先王公刘观察豳地的地势，此指离开豳地以后回首豳地。语本《诗经·大雅·公刘》："相其阴阳，观其流泉。"郑玄笺："观相其阴阳寒暖所宜、流泉

浸润所及，皆为利民富国。"

④ 民之初生：此指周族繁衍之初。语本《诗经·大雅·绵》："绵绵瓜瓞，民之初生，自土沮漆。"

⑤ 度其夕阳：本指到山的西面去丈量，此即指观察豳地的山脉。亦本《诗经·大雅·公刘》："度其夕阳，豳居允荒。"毛传："山西曰夕阳。荒，大也。"按，《诗经·大雅·公刘》谓"笃公刘，于豳斯馆"，《史记·周本纪》谓"公刘卒，子庆节立，国于豳"，自公刘至大王，周代已历十世，故本句曰"土于斯也非一世矣"。

⑥ 君之有宗：指周代在豳地有宗祠，此又当本《诗经·大雅·公刘》："食之饮之，君之宗之。"

⑦ 窜：流亡，躲避祸乱而到某地。《史记·周本纪》：周始祖后稷之子"失其官而奔戎狄之间"。

⑧ 启：开拓。《史记·周本纪》："公刘虽在戎狄之间，复修后稷之业……周道之兴自此始。"

⑨ 国有三军：此处实际隐指周在豳地建立了军事组织。本《诗经·大雅·公刘》："其军三单，度其隰原。"

⑩ 怀此都：眷恋此地不去。都，此即指豳地。按，此句本贾谊《吊屈原赋》："历九州而相其君兮，何必怀此都也？"

⑪ 天作高山：天生的高山，指岐山。语本《诗经·周颂·天作》："天作高山，大王荒之。"毛传："作，生。荒，大也。"郑玄笺："高山，谓岐山也。"按，此句谓大王自豳地向周原迁移，看到岐山，则周原在望。

⑫ 胥宇：察看可筑房屋的地基和方向，犹相宅，此即指大王率周人到岐山之下定居。语本《诗经·大雅·绵》："（大王）至于岐下。爰及姜女，聿来胥宇。"毛传："胥，相；宇，居也。"

⑬ 皇涧之游：在皇涧游玩。皇涧是豳地的溪流。语本《诗经·大雅·公刘》："夹其皇涧，溯其过涧。"毛传："皇，涧名也。"

⑭ 厥愠：此指狄人的怒气。厥，其，指狄人。愠，怒。语本《诗经·大雅·绵》："肆不殄厥愠，亦不陨厥问。"朱熹集传："言大王虽不能殄绝混夷之愠怒，亦已不坠己之声闻。"

⑮ 帝迁明德：上帝让大王迁于岐周。语本《诗经·大雅·皇矣》："帝迁明德，串夷载路。"各家注释不同，本文据朱熹集传："明德者，谓明德之君，即大王也。""此章言大王迁于岐周之事……大王居之，人物渐盛，然后渐次开辟，如此乃上帝迁此明德之君。"

⑯ 周爰其居：在岐地，把各种事情都兴办起来。周，遍。爰，语助词，无实义。《诗经·大雅·绵》："自西徂东，周爰执事。"朱熹集传："言靡事不为也。"

⑰ 疆理：指划分田地的界限，治理田地。《诗经·大雅·绵》："乃疆乃理。"

⑱ 未有室家：此指大王居豳，为戎狄所侵逼。《诗经·豳风·鸱鸮》："曰予未有室家！"

⑲ 增其式廓：增加了规模。语本《诗经·大雅·皇矣》："上帝耆之，憎其式廓，乃眷西顾，此维与宅。"诸家解释不同，此文据朱熹集传："或曰耆，致也。憎当作增。式廓，犹言规模也。"

⑳ 殷忧：深深的忧虑。按，此句谓狄人欺压大王，使其深忧，结果却成就了大王的基业。

㉑ 王用享于岐山：指大王顺势而为，在岐山建立王业之基。按，此句本《易·升》："王用亨于岐山，顺事也。"又《易·随》："王用亨于西山。"朱熹《周易本义》谓"亨"即"享"，此卦说明以随、柔的方式获得利益。

㉒ 邠风：即《诗经·国风·豳风》。

邠人曰　四句

黄洪宪

邠民念君之仁而相率以从迁也。甚矣，民之归仁也。仁如太王，邠民安忍一日离哉？尝谓有国家者，民为贵，社稷次之。故失民得国，犹失国也；失国得民，犹弗失也。昔者獯鬻南侵，亶父去国。夫豳①，故国也，迁，劳事也，民安能轻去其乡，而太王安能吁怀①其众哉？不知其厚泽之遗已渐涵于在国之日，而耆老之属②尤感动于去国之时。是以邠民念其仁、怀其去，相率而言曰：施德以厚下，使我安居而乐业者，非君乎？尊生以避狄，使我免于锋镝者，非君乎？吾君诚仁人也，仁人行矣，来朝走马③，君既不忍以土地之故而失吾民；险阻间关④，吾亦奚忍以室家之故而失吾君？仁人在上，则故土可依，新都可乐，矧⑤此行也父母孔迩⑥，其有以安辑⑦我矣；仁人一失，则闾井虽存，抚字⑧非昔，况异日者士女仳离⑨，其谁能保惠⑩我邪？故宁负羁绁⑪、扞牧圉⑫以从君于险阻，毋或恋故土而重去其乡；宁披荆棘、辟草莱⑬以从君于新迁，毋或怀故居而轻失其主。由是而岐山如市矣，由是而从岐之民如归市矣。盖皇皇⑭求利、惟恐或失者，市人之行也；皇皇趋仁、惟恐或失者，太王之民也。此岂有政令发征期会⑮哉？要之，惟太王之仁也，故所居民乐，所去民思；惟邠民之归仁也，故君存与存，君去与去。今君自料宽仁慈爱，孰与⑯太王？滕民之爱戴归往，孰与太王之民？愿君熟计而审处也。

【评】情真理真景真，并声音笑貌无一不真，故能令人讽诵不厌。

【题解】出自《梁惠王下》第十五章，参见正嘉文卷五唐顺之《昔者大王居邠》。

邠人曰："仁人也，不可失也。"从之者如归市。

【注释】

① 吁怀：此指招引百姓迁往他处。语本《尚书·盘庚中》："予若吁怀兹新邑，亦惟汝故，以丕从厥志。"蔡沉《集传》："招呼怀来。"

② 耆老之属：指太王会集长老商议，说明自己离开邠（豳）地的原因。属，会集。事见《孟子》本章上节。

③ 来朝走马：指太王尽早尽快地离开所厌恶的狄人。语本《诗经·大雅·绵》："古公亶父，来朝走马。率西水浒，至于岐下。"孔颖达疏："避狄之难，其来以早朝之时，疾走其马"。

④ 间关：道路艰险。

⑤ 矧：何况。

⑥ 父母孔迩：父母离得很近，此句将太王喻为民之父母。语出《诗经·周南·汝坟》："虽则如燬，父母孔迩。"毛传："孔，甚。迩，近也。"

⑦ 安辑：安抚，使安定。

⑧ 抚字：抚育。字，抚育。

⑨ 仳离：离散。

⑩ 保惠：保护并施以恩惠。《尚书·无逸》："能保惠于庶民，不敢侮鳏寡。"

⑪ 负羁绁：拉着马缰绳，指追随君王流亡，承担侍从的事务。羁、绁，均指缰绳。《左传·僖公二十四年》："（子犯语晋文公）臣负羁绁从君巡于天下。"

⑫ 扞牧圉：指臣民追随君主出亡。扞，保卫；牧圉，放牛养马，比喻执下臣侍卫之事。语见《左传·僖公二十八年》："不有居者，谁守社稷？不有行者，谁扞牧圉？"孔颖达疏："养牛曰牧，养马曰圉。"

⑬ 披荆棘、辟草莱：指开垦荒地，此指到岐山开辟新的居住地。草莱，杂生的草，指未开垦的荒地。

⑭ 皇皇：惶恐貌。

⑮ 发征期会：此指提出要求，令民众约定会合的日期。语本《史记·货殖列传》："此宁有政教发征期会哉？"司马贞索隐："征者，求也。"

⑯ 孰与：和……相比怎么样？

饥者易为食　　犹解倒悬也

葛寅亮　墨

　　惟民之易见德，而施德者易为感矣。盖德本易行者也，民既望之如饥渴，而得之不若解悬哉？且夫主德与民情恒相为因，主德之感乎未神，固机窒于有待；而民情之困穷未迫，尤时阻于无乘。乃今王者不作，而民之憔悴已甚也。将见疮痍者待起，呻吟者待息，正在得生失死①之候；急之顷刻则可延，缓之须臾则就毙，止系朝施暮及之间。其迫而濒危之状，诚不异夫饥渴，则小惠亦来苏②也，而况德之博施济众者乎？其跂而昵就③之情，诚不异夫饥渴之于饮食，即渐施犹引领④也，而况德行之存神过化⑤者乎？不疾而速，不行而至，则孔子速于置邮之说也，德之善感，原无藉乎其时也；疾之而愈速，行之而愈至，则当今万乘行仁之势也，时之易感，实大有裨乎其德也。盖饥渴之情，民既操其至急者以望我；而置邮之德，我亦操其至急者以应民。民出于急而君不忍独缓，则与不期众寡于其当厄；君出于急而民岂能自缓，则感不期深浅于其适时。民之悦之，不犹解倒悬哉？君人者，睹饥渴若罔闻，既坐失千载一时之会；则望解悬其何日，又安见俄顷立奏之功？齐王反手⑥，无怪乎世之惊而莫能信也。

　　【原评】　题凡三喻，首尾是易于见德之时，中间是德本易行。文以两头作主，运化中间，备极脱卸之妙。

　　【评】　以题之脉络为文之起伏顿宕，界划极清，气势亦复沛然。

　　【作者简介】

　　葛寅亮，字水鉴，号屺瞻，浙江钱塘（今杭州）人。万历二十九年（1601）进士，历任福建提学参议、湖广提学副使、南京礼部仪制司主事、南京尚宝司卿等职。学宗阳明，著有《四书湖南讲》十一卷、《金陵梵刹志》五十三卷等。

　　【题解】　出自《公孙丑上》第一章。

　　公孙丑问曰："夫子当路于齐，管仲、晏子之功，可复许乎？"（公孙丑，孟子弟子，齐人也。当路，居要地也。管仲，齐大夫，名夷吾，相桓公，霸诸侯。许，犹期也。孟子未尝得政，丑盖设辞以问也。）孟子曰："子诚齐人也，知管仲、晏子而已矣。（齐人但知其国有二子而已，不复知有圣贤之事。）或问乎曾西曰：'吾子与子路孰贤？'曾西蹴然曰：'吾先子之所畏也。'曰：'然则吾子与管仲孰贤？'曾西艴然不悦，曰：'尔何曾比予于管仲？管仲得君，如彼其专也；行乎国政，如彼其久也；功烈，如彼其卑也。尔何曾比予于是？'"（孟子引曾西与或人问答如此。曾西，曾子之孙。蹴，不安貌。先子，曾子也。艴，怒色也。曾之言则也。烈，犹光也。桓公独任管仲四十余年，是专且久也。管仲不知王道而行霸术，故言功烈之卑也。杨氏曰："孔子言子路之才，曰：‘千乘之国，可使治其赋也。’使其见于施为，如是而已。其于九合诸侯，一匡天下，固有所不逮也。然则曾西推尊子路如此，而羞比管仲者何哉？譬之御者，子路则范我驰驱而不获者也；管仲之功，诡遇而获禽耳。曾西，仲尼之徒也，故不道管仲之事。”）曰："管仲，曾西之所不为也，而子为我愿之乎？"（曰，孟子言也。愿，望也。）曰："管仲以其君霸，晏子以其君显。管仲、晏子犹不足为与？"（显，显名也。）曰："以齐王，由反手也。"（由、犹通。反手，言易也。）曰："若是，则弟子之惑滋甚。且以文王之德，百年而后崩，犹未洽于天下；武王、周公继之，然后大行。今言王若易然，则文王不足法与？"（滋，益也。文王九十七而崩，言百年，举成数也。文王三分天下，才有其二；武王克商，乃有天下。周公相成王，制礼作乐，然后教化大行。）曰："文王何可当也？由汤至于武丁，贤圣之君六七作。天下归殷久矣，久则难变也。武丁朝诸侯有天下，犹运之掌也。纣之去武丁未久也，其故家遗俗，流风善政，犹有存者；又有微子、微仲、王子比干、箕子、胶鬲皆贤人也，相与辅相之，故久而后失之也。尺地莫非其有也，一民莫非其臣也，然而文王犹方百里起，是以难也。（"犹方"之"犹"与"由"通。当，犹敌也。商自成汤至于武丁，中间大甲、大戊、祖乙、盘庚皆贤圣之君。作，起也。自武丁至纣凡九世。故家，旧臣之家也。）齐人有言曰：‘虽有智慧，不如乘势；虽有镃基，不如待时。’今时则易然也。（镃基，田器也。时，谓耕种之时。）夏后、殷、周之盛，地未有过千里者也，而齐有其地矣；鸡鸣狗吠相闻，而达乎四境，而齐有其民矣。地不改辟矣，民不改聚矣，行仁政而王，莫之能御也。（此言其势之易也。三代盛时，王畿不过千里。今齐已有之，异于文王之百里。又鸡犬之声相闻，自国都以至于四境，言民居稠密也。）且王者之不作，未有疏于此时者也；民之憔悴于虐政，未有甚于此时者也。饥者易为食，渴者易为饮。（此言其时之易也。自文武至此七百余年，异于商之贤圣继作；民苦虐政之甚，异于纣之犹有善政。易为饮食，言饥渴之甚，不待甘美也。）孔子曰：‘德之流行，速于置邮而传命。’（置，驿也。邮，馹也。所以传命也。孟子引孔子之言如此。）当今之时，万乘之国行仁政，民之悦之，犹解倒悬也。故事半古之人，功必倍之，惟此时为然。"（倒悬，喻困苦也。所施之事，半于古人，而功倍于古人，由时势易而德行速也。）

【注释】

① 得生失死：得仁政则生，失仁政则死。
② 来苏：因仁君到来而于困苦中获得苏息。苏，复生。语本《尚书·仲虺之诰》："徯予后，后来其苏！"
③ 跂而昵就：跂起脚跟盼望着仁政到来。跂，跂起脚跟。昵就，亲昵、亲近。
④ 引领：伸长脖子，指急切地盼望。
⑤ 存神过化：此谓仁政所施广泛而迅疾。语本《孟子·尽心上》："夫君子所过者化，所存者神，上下与天地同流，岂曰小补之哉？"朱熹集注："所过者化，身所经历之处，即人无不化"，"所存者神，心所存主处便神妙不测，如孔子之立斯立、道斯行、绥斯来、动斯和，莫知其所以然而然也。是其德业之盛，乃与天地之化同运并行，举一世而甄陶之，非如霸者但小小补塞其罅漏而已。"

⑥ 齐王反手：即"以齐王，由反手也"，凭借齐国的强大而行仁政、王天下，易如反掌。

告子曰不得于言　　无暴其气

潘士藻

　　大贤述时人强制之言，而断之无一可者也。夫言与气俱本于心，而欲遗之以求不动，是强制而已矣。此孟子断之以为均不可也。想其述以告公孙丑，意谓：等之不动心也，善事心者有以养之而能不动，不善事心者有以制之而亦不动，则其道异焉。吾观告子之能先我不动心也，非其心之无所疑而然也，但曰"不得于言，勿求于心"而已矣；又非其心之得所养而然也，但曰"不得于心，勿求于气"而已矣。夫告子之所重者心也，其有所舍而勿求也，凡以求心之不动也。以心之故而舍气，气虽失矣，而不害为持吾志，吾犹以为可焉；以言之故而舍心，心则失矣，而安在其为不动也，则尚得为可乎哉？要之，言与气皆非心外物也，心无内外者也；失夫言而不得与遗夫气而不求，皆非善事心者也。心贵交养也，试观吾心之气，有不赖志以为帅者乎，而志其至矣；试观吾心之志，有不赖气以为充者乎，而气其次矣。形神相资以成能，而宰于中者与辅于外者均所重；故敬义交修以为功，而直乎内者与方乎外者兼所急。向使惟其志之足恃也，遂任其气之暴焉而不顾，虽有主帅，其谁辅之？而安能强之使不动也哉？以是知告子之言无一可者也。

　　【原评】此文高处，一在替告子重提"心"字，得旁门宗旨。若太浅视之，则不得要领，而无所施吾摧陷之锋矣。一在于"不得于心，勿求于气"内便看出"持其志"三字。盖不得于心，则便强制其心，是亦告子之"持志"也。又如"言与气皆非心外物"、"敬义交修"等语，于名理皆造其巅。

　　【作者简介】

　　潘士藻，字去华，号雪松，江西婺源人。万历十一年（1583）进士，授温州推官，擢御史，能直谏。以忤阉官，谪广东布政司照磨，寻擢南京吏部主事，再迁尚宝卿，卒于官。著有《读易述》、《暗然堂类纂》、《暗然堂遗集》等。

　　【题解】出自《公孙丑上》第二章。

　　公孙丑问曰："夫子加齐之卿相，得行道焉，虽由此霸王不异矣。如此，则动心否乎？"孟子曰："否。我四十不动心。"曰："若是，则夫子过孟贲远矣。"曰："是不难，告子先我不动心。"（孟贲，勇士。告子，名不害。）曰："不动心有道乎？"曰："有。（程子曰："心有主，则能不动矣。"）北宫黝之养勇也，不肤挠，不目逃，思以一豪挫于人，若挞之于市朝。不受于褐宽博，亦不受于万乘之君。视刺万乘之君，若刺褐夫。无严诸侯。恶声至，必反之。（北宫姓，黝名。……黝盖刺客之流，以必胜为主，而不动心者也。）孟施舍之所养勇也，曰：'视不胜犹胜也。量敌而后进，虑胜而后会，是畏三军者也。舍岂能为必胜哉？能无惧而已矣。'（孟，姓。施，发语声。舍，名也。……舍盖力战之士，以无惧为主，而不动心者也。）孟施舍似曾子，北宫黝似子

328

夏。夫二子之勇，未知其孰贤，然而孟施舍守约也。（黝务敌人，舍专守己。子夏笃信圣人，曾子反求诸己。故二子之与曾子、子夏，虽非等伦，然论其气象，则各有所似。贤，犹胜也。约，要也。言论二子之勇，则未知谁胜；论其所守，则舍比于黝，为得其要也。）昔者曾子谓子襄曰：'子好勇乎？吾尝闻大勇于夫子矣：自反而不缩，虽褐宽博，吾不惴焉；自反而缩，虽千万人，吾往矣。'（此言曾子之勇也。子襄，曾子弟子也。夫子，孔子也。缩，直也。）孟施舍之守气，又不如曾子之守约也。"（言孟施舍虽似曾子，然其所守乃一身之气，又不如曾子之反身循理，所守尤得其要也。孟子之不动心，其原盖出于此，下文详之。）曰："敢问夫子之不动心，与告子之不动心，可得闻与？""告子曰：'不得于言，勿求于心；不得于心，勿求于气。'不得于心，勿求于气，可；不得于言，勿求于心，不可。夫志，气之帅也；气，体之充也。夫志至焉，气次焉。故曰：'持其志，无暴其气。'"（此一节，公孙丑之问。孟子诵告子之言，又断以己意而告之也。告子谓于言有所不达，则当舍置其言，而不必反求其理于心；于心有所不安，则当力制其心，而不必更求其助于气，此所以固守其心而不动之速也。孟子既诵其言而断之曰，彼谓不得于心而勿求诸气者，急于本而缓其末，犹之可也；谓不得于言而不求诸心，则既失于外，而遂遗其内，其不可也必矣。然凡曰可者，亦仅可而有所未尽之辞耳。若论其极，则志固心之所之，而为气之将帅；然气亦人之所以充满于身，而为志之卒徒者也。故志固为至极，而气即次之。人固当敬守其志，然亦不可不致养其气。盖其内外本末，交相培养。此则孟子之心所以未尝必其不动，而自然不动之大略也。）"既曰'志至焉，气次焉'，又曰'持其志无暴其气'者，何也？"曰："志壹则动气，气壹则动志也。今夫蹶者趋者，是气也，而反动其心。"（公孙丑见孟子言志至而气次，故问如此则专持其志可矣，又言无暴其气何也？壹，专一也。蹶，颠踬也。趋，走也。孟子言志之所向专一，则气固从之；然气之所在专一，则志亦反为之动。如人颠踬趋走，则气专在是而反动其心焉。所以既持其志，而又必无暴其气也。程子曰："志动气者什九，气动志者什一。"）"敢问夫子恶乎长？"曰："我知言，我善养吾浩然之气。"（公孙丑复问孟子之不动心所以异于告子如此者，有何所长而能然，而孟子又详告之以其故也。知言者，尽心知性，于凡天下之言，无不有以究极其理，而识其是非得失之所以然也。浩然，盛大流行之貌。气，即所谓体之充者。本自浩然，失养故馁，惟孟子为善养之以复其初也。盖惟知言，则有以明夫道义，而于天下之事无所疑；养气，则有以配夫道义，而于天下之事无所惧，此其所以当大任而不动心也。告子之学，与此正相反。其不动心，殆亦冥然无觉，悍然不顾而已尔。）"敢问何谓浩然之气？"曰："难言也。（孟子先言知言而丑先问气者，承上文方论志气而言也。难言者，盖其心所独得，而无形声之验，有未易以言语形容者。故程子曰："观此一言，则孟子之实有是气可知矣。"）其为气也，至大至刚，以直养而无害，则塞于天地之间。（至大初无限量，至刚不可屈挠。盖天地之正气，而人得以生者，其体段本如是也。惟其自反而缩，则得其所养；而又无所作为以害之，则其本体不亏而充塞无间矣。程子曰："天人一也，更不分别。浩然之气，乃吾气也。养而无害，则塞乎天地；一为私意所蔽，则歉

329

然而馁，却甚小也。”谢氏曰：“浩然之气，须于心得其正时识取。”又曰：“浩然是无亏欠时。”）其为气也，配义与道；无是，馁也。（配者，合而有助之意。义者，人心之裁制。道者，天理之自然。馁，饥乏而气不充体也。言人能养成此气，则其气合乎道义而为之助，使其行之勇决，无所疑惮；若无此气，则其一时所为虽未必不出于道义，然其体有所不充，则亦不免于疑惧，而不足以有为矣。）是集义所生者，非义袭而取之也。行有不慊于心，则馁矣。我故曰，告子未尝知义，以其外之也。（集义，犹言积善，盖欲事事皆合于义也。袭，掩取也，如齐侯袭莒之袭。言气虽可以配乎道义，而其养之之始，乃由事皆合义，自反常直，是以无所愧怍，而此气自然发生于中。非由只行一事偶合于义，便可掩袭于外而得之也。慊，快也，足也。言所行一有不合于义，而自反不直，则不足于心而其体有所不充矣。然则义岂在外哉？告子不知此理，乃曰仁内义外，而不复以义为事，则必不能集义以生浩然之气矣。上文不得于言勿求于心，即外义之意，详见《告子上》篇。）必有事焉而勿正，心勿忘，勿助长也。无若宋人然：宋人有闵其苗之不长而揠之者，芒芒然归。谓其人曰：‘今日病矣，予助苗长矣。’其子趋而往视之，苗则槁矣。天下之不助苗长者寡矣。以为无益而舍之者，不耘苗者也；助之长者，揠苗者也。非徒无益，而又害之。”（必有事焉而勿正，赵氏、程子以七字为句。近世或并下文“心”字读之者，亦通。必有事焉，有所事也，如有事于颛臾之有事。正，预期也。《春秋传》曰“战不正胜”，是也。如作“正心”义亦同。此与《大学》之所谓正心者，语意自不同也。此言养气者，必以集义为事，而勿预期其效。其或未充，则但当勿忘其所有事，而不可作为以助其长，乃集义养气之节度也。闵，忧也。揠，拔也。芒芒，无知之貌。其人，家人也。病，疲倦也。舍之不耘者，忘其所有事。揠而助之长者，正之不得，而妄有作为者也。然不耘则失养而已，揠则反以害之。无是二者，则气得其养而无所害矣。如告子不能集义，而欲强制其心，则必不能免于正助之病。其于所谓浩然者，盖不惟不善养，而又反害之矣。）“何谓知言？”曰：“诐辞知其所蔽，淫辞知其所陷，邪辞知其所离，遁辞知其所穷。生于其心，害于其政；发于其政，害于其事。圣人复起，必从吾言矣。”（此公孙丑复问而孟子答之也。诐，偏陂也。淫，放荡也。邪，邪僻也。遁，逃避也。四者相因，言之病也。蔽，遮隔也。陷，沉溺也。离，叛去也。穷，困屈也。四者亦相因，则心之失也。人之有言，皆本于心。其心明乎正理而无蔽，然后其言平正通达而无病；苟为不然，则必有是四者之病矣。即其言之病，而知其心之失，又知其害于政事之决然而不可易者如此。非心通于道，而无疑于天下之理，其孰能之？彼告子者，不得于言而不肯求之于心；至为义外之说，则自不免于四者之病，其何以知天下之言而无所疑哉？程子曰：“心通乎道，然后能辨是非，如持权衡以较轻重，孟子所谓知言是也。”又曰：“孟子知言，正如人在堂上，方能辨堂下人曲直。若犹未免杂于堂下众人之中，则不能辨决矣。”）“宰我、子贡善为说辞，冉牛、闵子、颜渊善言德行。孔子兼之，曰：‘我于辞命则不能也。’然则夫子既圣矣乎？”（此一节，林氏以为皆公孙丑之问是也。说辞，言语也。德行，得于心而见于行事者也。三子善言德行者，身有之，故言之亲切而有味也。公孙丑言数子各有所长，而孔子兼之，然犹自谓不能于辞命。今孟子乃自谓我能知言，又善养气，则是兼言语德行而有之，然则岂不既圣矣乎？此夫子，指孟子也。程子曰："孔子自谓不能于辞命者，欲使学者务本而已。"）曰："恶！是何言也？昔者子贡问于孔子曰：'夫子圣矣乎？'孔子曰：'圣则吾不能，我学不厌而教不倦也。'子贡曰：'学不厌，智也；教不倦，仁也。仁且智，夫子既圣矣！'夫圣，孔子不居，是何言也？"（恶，惊叹辞也。昔者以下，孟子不敢当丑之言，而引孔子、子贡问答之辞以告之也。此夫子，指孔子也。学不厌者，智之所以自明；教不倦者，仁之所以及物。再言"是何言也"，以深拒之。）"昔者窃闻之：子夏、子游、子张皆有圣人之一体，冉牛、闵子、颜渊则具体而微。敢问所安。"（此一节，林氏亦以为皆公孙丑之问，是也。一体，犹一肢也。具体而微，谓有其全体，但未广大耳。安，处也。公孙丑复问孟子既不敢比孔子，则于此数子欲何所处也。）曰："姑舍是。"（孟子言且置是者，不欲以数子所至者自处也。）曰："伯夷、伊尹何如？"曰："不同道。非其君不事，非其民不使；治则进，乱则退，伯夷也。何事非君，何使非民；治亦进，乱亦进，伊尹也。可以仕则仕，可以止则止，可以久则久，可以速则速，孔子也。皆古圣人也，吾未能有行焉；乃所愿，则学孔子也。"（伯夷，孤竹君之长子。兄弟逊国，避纣隐居，闻文王之德而归之。及武王伐纣，去而饿死。伊尹，有莘之处士。汤聘而用之，使之就桀。桀不能用，复归于汤。如是者五，乃相汤而伐桀也。三圣人事，详见此篇之末及《万章下》篇。）"伯夷、伊尹于孔子，若是班乎？"曰："否。自有生民以来，未有孔子也。"（班，齐等之貌。公孙丑问，而孟子答之以不同也。）曰："然则有同与？"曰："有。得百里之地而君之，皆能以朝诸侯有天下。行一不义、杀一不辜而得天下，皆不为也。是则同。"（有，言有同也。以百里而王天下，德之盛也。行一不义、杀一不辜而得天下有所不为，心之正也。圣人之所以为圣人，其本根节目之大者，惟在于此。于此不同，则亦不足以为圣人矣。）曰："敢问其所以异？"曰："宰我、子贡、有若智足以知圣人。污，不至阿其所好。（污，下也。三子智足以知夫子之道。假使污下，必不阿私所好而空誉之，明其言之可信也。）宰我曰：'以予观于夫子，贤于尧舜远矣。'（程子曰："语圣则不异，事功则有异。夫子贤于尧舜，语事功也。盖尧舜治天下，夫子又推其道以垂教万世。尧舜之道，非得孔子，则后世亦何所据哉？"）子贡曰：'见其礼而知其政，闻其乐而知其德。由百世之后，等百世之王，莫之能违也。自生民以来，未有夫子也。'（言大凡见人之礼，则可以知其政；闻人之乐，则可以知其德。是以我从百世之后，差等百世之王，无有能遁其情者，而见其皆莫若夫子之盛也。）有若曰：'岂惟民哉？麒麟之于走兽，凤凰之于飞鸟，太山之于丘垤，河海之于行潦，类也。圣人之于民，亦类也。出于其类，拔乎其萃，自生民以来，未有盛于孔子也。'"（麒麟，毛虫之长。凤凰，羽虫之长。垤，蚁封也。行潦，道上无源之水也。出，高出也。拔，特起也。萃，聚也。言自古圣人，固皆异于众人，然未有如孔子之尤盛者也。程子曰："孟子此章，扩前圣所未发，学者所宜潜心而玩索也。"）

告子曰不得于言　　无暴其气
陶望龄

时人"不求"之非，即气之当求而益见也。夫气以辅志，而心当求，气亦不可暴也。告子之说，无一可矣。且夫善事心者，闻养之，不闻制之。养者，交养而徐俟其自定；制，则骤持之而非弃之，若告子矣。观其言曰"不得于言，勿求于心；不得于心，勿求于气"，夫欲免于求，而且不免有制其求之心，已非寂然不动之体；不能无失，而徒欲禁其求于既失之后，终为悍焉自恣之私。故较而言之，则"不求于气"者，视之"不求于心"者稍为仅可，而亦岂通论哉？盖气非甚轻而可缓者也。心王①乎气而实附于气，气听于心而能辅乎心。神明之官②，握役使群动之柄，而作则奋、倡则从者，志帅气也；然精神所布，实充满百体之中，而作而能奋、倡而能从者，则气辅志也。帅有常尊，尤得佐而后尊；志虽独至，气亦次乎其至。志当持矣，气可暴乎？故守之宥密渊微，以端出令之府③；而又当养之流行布濩④，以鼓从令之机。有钦承敬事之道以祗若⑤性灵，而又当有涵养优游之方以保合元气。盖志不持，则本原一乖而内外遂已两失，故知告子"勿求于心"之说妄也，不待辩也；气无暴，则存主愈湛而本末可以相资，故知告子"勿求于气"之说亦妄也，岂诚可乎？吁！养心者无若告子可矣。

【原评】"夫志"六句，止辩"勿求于气"之失，至"勿求于心"不待言矣。理解既彻，故就题成文，方圆自合。

【题解】出自《公孙丑上》第二章，见上。

【注释】

① 王：统治。
② 神明之官：指心。
③ 出令之府：发布命令的地方，指心。
④ 流行布濩：流布上下，弥漫无际，指"气"。布濩，弥漫。
⑤ 祗若：恭敬顺从。"祗若性灵"即所谓的"主敬"功夫。语本《尚书·说命上》："畴敢不祗若王之休命。"

必有事焉　　勿助长也
沈　演

大贤论养气者惟一于集义而已。夫集义，所以养气也。然或预期其效，而忘且助焉，又岂集义之谓哉？孟子谓夫气生于集义，固也，然义可以我集，而气不可以我生。求端于义，则两得矣；取必于气，则两失矣。可无循其节度乎？吾知义而曰集，乃积累之实功，而非外假也，吾安可以无事？气而曰生，乃自致之天机，而非速效也，吾岂容以有心？必有事而勿正焉。反观内省，念念期与天地俱，其事勤矣，然亦求无愧于心、不戕其生意焉耳，虽充塞之气象固当自至，而我何心也？饬躬砺行，事事期与道义合，其养预矣，然亦求无怍于心、不琢其生机焉耳，虽配道之功用自当有在，而吾无意也。如是而气之充者其常也，固当听其自生；如是而气之未充者亦其常也，安可间①于持久？真积虽深，而盛大之本体未著，此岂人力乎哉，惟优焉游焉，弗忘其所以对天地者焉，而何可参之以躁心，假人为而鼓舞之也？持循虽久，而流行之妙用未彰，此可意致乎哉，惟涵焉泳焉，弗忘其所以遵道义者焉，而何敢乘之以速心，借客气②而激昂之也？若有事，又若行所无事，要之，集义之外无余事矣；若有心，又若不与其心，要之，集义之外无容心矣。夫是之谓"直而非袭"③，夫是之谓"养而无害"，而气其生矣乎？

【评】明净无疵，于题之神理、节次自然吻合。

【题解】出自《公孙丑上》第二章，参见本卷潘士藻《告子曰不得于言　无暴其气》。

"必有事焉而勿正，心勿忘，勿助长也。无若宋人然：宋人有闵其苗之不长而揠之者，芒芒然归。谓其人曰：'今日病矣，予助苗长矣。'其子趋而往视之，苗则槁矣。天下之不助苗长者寡矣。以为无益而舍之者，不耘苗者也；助之长者，揠苗者也。非徒无益，而又害之。"

【注释】

① 间：中断。
② 客气：虚骄之气。《宋书·颜延之传》："虽心智薄劣，而高自比拟，客气虚张，曾无愧畏。"
③ 直而非袭：及下"养而无害"均见《孟子》本章前节："（浩然之气）以直养而无害，则塞于天地之间。……是集义所生者，非义袭而取之也。"

孟子之平陆　一章

张　榜

齐民之不见德，大贤终以咎其君焉。夫君臣共有其民，而得为、不得为①悬矣。距心尚无解，而况王乎？且君之立乎民上，与其立有司于民之上，欲以何为哉？民之不得，叩之有司，有司有不得，转而叩之君，至乎君，无弗得矣。君委其柄②，屯其膏③，听民自生自瘁于有司之手，又且掣④有司之手，俾不得展布，而民于是乎始穷。孟子之平陆，睹其老者、羸者、壮者四方而沟壑⑤者，恻然有动乎心也；造其大夫而诘焉，曰此亦持戟之士之失伍也，而彼何以"不得为"为解也？夫受牛羊者，刍牧之不得，直当反之于其生；受民者不得职，直当反其主。不然，而能谓无罪乎？至是则距心有以解而卒无解，而王可知已。夫民固有刍牧也，吏固有伍也。所谓择民牧而申儆之，俾无解于就列⑥者，不在王耶？王实制民之命，孰壅之而泽不下溉；王又总有司而制其命，孰梗之而使不得上请？即令距心持是以问王，而王无以应也；又令起沟中之瘠⑦、还四方流离之子，层累而上之以问王，而王无以应也。王故曰"此则寡人之罪"，非齐王之能任咎，而齐王之不能不任咎也。如曰此亦王悔悟之微明云耳，何竟不闻罪己之后，去阘冗⑧之吏，反颠连⑨之民，而一苏之⑩以旷荡之仁恩也哉？

【评】出没灵变，深得《国策》神妙。

【作者简介】

张榜，不详。

【题解】出自《公孙丑下》第四章。

孟子之平陆。谓其大夫曰："子之持戟之士，一日而三失伍，则去之否乎？"曰："不待三。"（平陆，齐下邑也。大夫，邑宰也。戟，有枝兵也。士，战士也。伍，行列也。去之，杀之也。）"然则子之失伍也亦多矣。凶年饥岁，子之民，老羸转于沟壑，壮者散而之四方者，几千人矣。"曰："此非距心之所得为也。"（子之失伍，言其失职，犹士之失伍也。距心，大夫名。对言此乃王之失政使然，非我所得专为也。）曰："今有受人之牛羊而为之牧之者，则必为之求牧与刍矣。求牧与刍而不得，则反诸其人乎？抑亦立而视其死与？"曰："此则距心之罪也。"（牧之，养之也。牧，牧地也。刍，草也。孟子言若不得自专，何不致其事而去。）他日，见于王曰："王之为都者，臣知五人焉。知其罪者，惟孔距心。为王诵之。"王曰："此则寡人之罪也。"（为都，治邑也。邑有先君之庙曰都。孔，大夫姓也。为王诵其语，欲以讽晓王也。陈氏曰："孟子一言而齐之君臣举知其罪，固足以兴邦矣。然而齐卒不得为善国者，岂非说而不绎，从而不改故邪？"）

【注释】

① 得为、不得为：分别指能否自主地处理政务。

② 委其柄：把权力交给有司，柄，权力。

③ 屯其膏：指不广施恩泽。语本《易·屯》："九五：屯其膏"，孔颖达疏："膏谓膏泽恩惠之类，言九五既居尊位，当恢弘博施，唯系应在二，而所施者褊狭。"

④ 掣：拉，此即指"掣肘"，牵制别人做事情。

⑤ 四方而沟壑：指流离四方，转死沟壑。

⑥ 就列：任职。《论语·季氏》："陈力就列，不能者止。"

⑦ 起沟中之瘠：让饿死在沟壑中的瘠瘦的人复活。

⑧ 阘冗：此指庸碌低劣。

⑨ 颠连：困顿不堪。

⑩ 苏之：使百姓得以复苏。

民事不可缓也 　三节
陶望龄

民事甚重，知其重者贤君也。夫一民事而教养公私胥赖之，顾可缓哉？而贤君诚重之矣。且人君揽君师之责，当臣民之寄，而有意为国也，胡可不择一事焉为先图，而吾以为莫如民事矣。人第知上之授田经野[1]，实有切于民依[2]；而不知民之戮力[3]身家，即上关乎国脉。计产而耕之，则衣食出焉，风俗兴焉，一日少缓，民且受其弊矣；计产而赋之，则小人[4]供焉，君子养焉，一夫不耕，上亦受其弊矣。况斯民日夕而唯播谷是图，其艰难疾苦，《诗》可状也，而上乌得缓之哉？缓之，是无恒产也。无恒产而驱之善，能得之凡民乎？无恒产而随之刑，将得为仁人乎？而贤君不然也。贤君则必恭，恭者之于臣僚也且将有殊礼焉，而忍使其奉养薄耶，独计常禄皆民脂，而吾谋其入，不得不虑及于出者矣；贤君则必俭，俭者之于财用也且有常经焉，而何至取民多耶，独计常赋皆民力，而吾责之出，不得不预图其入者矣。故教化未兴，刑罚未中，而吾不问，唯曰何以重农；赋税未定，世禄未讲，而吾不问，唯曰何以授产。则以民事举而国无余务也，君而为国亦于此急之。

【评】打叠一片，处处紧密而势宽气沛，故为难及。

【题解】出自《滕文公上》第三章，参见化治文卷五崔铣《夫世禄》。

滕文公问为国。孟子曰："民事不可缓也。《诗》云：'昼尔于茅，宵尔索绹；亟其乘屋，其始播百谷。'民之为道也，有恒产者有恒心，无恒产者无恒心。苟无恒心，放辟邪侈，无不为已。及陷乎罪，然后从而刑之，是罔民也。焉有仁人在位，罔民而可为也？是故贤君必恭俭礼下，取于民有制。"

【注释】

① 授田经野：划分疆界，授与百姓土地。
② 民依：百姓生计所赖。
③ 戮力：勉力，并力。
④ 小人：指百姓，下"君子"指有位者。

设为庠序学校以教之　九节

林齐圣

设井田之法，而养与教兼之矣。夫教民者，不过欲亲民耳，乃井田行而民已亲矣，教宁有外于养哉？盖吾观井田而知王道之易易也。田既井而教可施矣，田一井而教已寓矣。是故以井田为养民之良法可也，以井田为教民之善物亦可也。何者？教民者，不过欲民之亲于伦耳。为之学以亲之，而学必有所由建；为之庠序校以亲之，而庠序校必有所由兴。自昔三代，圣王所为，师一世并师百世，新民风并新国运。虽其人伦之教预乎，而谁非自井田之经界始哉？是故田不井，而欲平野人之谷、定君子之禄，不得也；田不井，而欲君子笃奉先之孝、野人敦友于[1]之谊，不得也；田不井，而欲其里闾族党之间，蔼出作入息之风，而成相收相恤[2]之仁，亦不得也。盖自界正而田井，田井而民睦。郊以外、国以内，熙熙然妇子行馌[3]，则执酱执爵[4]之庠教也；比屋壤歌[5]，即诗书弦诵之校教也；田畯[6]让耕让畔[7]，即序宾不侮[8]之序教也。既分一井为一乡，而乡之民与乡亲；遂合万井为一国，而国之民与国亲。即庠序学校之典未举，而俗已称淳茂；倘师儒乡俊之选时行，而国不多良善哉？乃知井田之法，以生之厚，寓德之正，而教养兼举也。滕盍举而行之？

【评】以"井田"作主，绾合上下。前三节正几笔叙过，却于末节一一回抱，章法最为灵变。　　其回环映带，已大近时趋。存之以志古法之变。

【作者简介】

林齐圣，不详。

【题解】出自《滕文公上》第三章，参见化治文卷五崔铣《夫世禄》。

"设为庠序学校以教之：庠者，养也；校者，教也；序者，射也。夏曰校，殷曰序，周曰庠，学则三代共之，皆所以明人伦也。人伦明于上，小民亲于下。有王者起，必来取法，是为王者师也。诗云'周虽旧邦，其命惟新'，文王之谓也。子力行之，亦以新子之国。"使毕战问井地。孟子曰："子之君将行仁政，选择而使子，子必勉之！夫仁政，必自经界始。经界不正，井地不钧，谷禄不平。是故暴君污吏必慢其经界。经界既正，分田制禄可坐而定也。夫滕壤地褊小，将为君子焉，将为野人焉。无君子莫治野人，无野人莫养君子。卿以下必有圭田，圭田五十亩。余夫二十五亩。死徙无出乡，乡田同井。出入相友，守望相助，疾病相扶持，则百姓亲睦。方里而井，井九百亩，其中为公田。八家皆私百亩，同养公田。公事毕，然后敢治私事，所以别野人也。"

【注释】

① 友于：指兄弟、兄弟亲爱。语本《尚书·君陈》："惟孝友于兄弟。"
② 相收相恤：互相照顾。收，收容。
③ 妇子行馌：妇女小孩给田间劳作的人送饭。馌，给田里的人送饭。语本《诗经·豳风·七月》："同我妇子，馌彼南亩。"
④ 执酱执爵：表示敬老、养老的仪式。执酱，端着酱让老人吃。执爵，食毕，拿着爵让老人漱口。《礼记·乐记》及《祭义》："食三老、五更于大学，天子袒而割牲，执酱而馈，执爵而酳"，乡饮酒礼等场合也有类似的仪式。
⑤ 比屋壤歌：比屋，即挨家挨户。壤歌，本指《击壤歌》，相传尧时有老人击壤而歌，后用"壤歌"为世道太平、民风淳朴之典。
⑥ 田畯：本指田啬夫，一种管理农事的小吏，此泛指农夫。《诗·豳风·七月》："馌彼南亩，田畯至喜。"
⑦ 让耕让畔：在田地交界处，主动让别人多占一点，说明德化大行。畔，田界。《史记·周本纪》："西伯阴行善……耕者皆让畔，民俗皆让长。"
⑧ 序宾不侮：在排列宾客位置时讲究恭敬辞让。《诗经·大雅·行苇》："序宾以不侮。"郑玄笺："不侮者，敬也。"朱熹集传："不侮，敬也，令弟子辞。"

举舜而敷治焉　合下二节

顾宪成　墨

观圣人任人以图治，而知其所忧者大矣。夫天下非人不治也，得舜以总治，得禹、皋陶之徒以分治，而后民可安，而固知圣人之忧不同于农夫之忧也。且天下之未治也，圣人能以心忧之，而不能以身殉之也。为君者举治民之责付之于一相，为相者举治民之责付之于群有司，天下可坐而理矣。时惟陶唐①，天下之为民患者诚多，而尧之忧诚切也。乃举舜而敷治焉，谓夫天下之治，必得人而后可图也；谓夫天下之人，必得舜而后可举也。舜也仰承一人付托之重，而思殚心以释其忧；俯念四海属望之殷，而务择贤以分其职。命益以司火政，而鸟兽匿矣，禹则起而治水焉，所以竭力于疏瀹决排之间者，何汲汲而不遑也；命稷以司稼政，而民人育矣，契则起而明伦②焉，所以致意于劳来匡直③之间者，何孜孜而不倦也。在天下方幸圣人之有作而害可除，在圣人则方虑夫民瘼之未易恤；在天下方幸圣人之有作而利可兴，在圣人则方虑夫民欲之未易遂。如此乎圣人之不暇耕矣。由此观之，尧一日无舜，则孰与命禹、益？舜一日无禹、益，则孰与拯昏垫④之患而登天下于平成？尧一日无舜，则孰与命稷、契，舜一日无稷、契，则孰与粒阻饥之民⑤而跻天下于揖让⑥？然则忧舜之不得者，尧也，君道也；忧禹皋陶之不得者，舜也，相道也。彼以百亩之不易⑦为忧者，盖忘情于天下者之所暇耳。即禹益稷契之徒犹有不屑，况君如尧、相如舜，独奈何而躬农夫之行哉？信矣，许行之妄也！

【原评】题甚繁琐，忙忙点次，犹恐不暇。看其运笔之法，全在题外游衍，有意无意，自然入妙。

【题解】出自《滕文公上》第四章，参见化治文卷五丘濬《父子有亲》。

"举舜而敷治焉。舜使益掌火，益烈山泽而焚之，禽兽逃匿。禹疏九河，瀹济漯，而注诸海；决汝汉，排淮泗，而注之江，然后中国可得而食也。当是时也，禹八年于外，三过其门而不入，虽欲耕，得乎？后稷教民稼穑，树艺五谷，五谷熟而民人育。人之有道也，饱食、暖衣、逸居而无教，则近于禽兽。圣人有忧之，使契为司徒，教以人伦：父子有亲，君臣有义，夫妇有别，长幼有序，朋友有信。放勋曰：'劳之来之，匡之直之，辅之翼之，使自得之，又从而振德之。'圣人之忧民如此，而暇耕乎？尧以不得舜为己忧，舜以不得禹、皋陶为己忧。夫以百亩之不易为己忧者，农夫也。"

【注释】

① 陶唐：即尧，尧号陶唐氏。按，《孟子》本章叙孟子辟农家学者许行"君臣并耕"之说。
② 明伦：教化百姓明于人伦。
③ 劳来匡直：即《孟子》本章所云"劳之来之，匡之直之"，慰劳和招徕百姓，并且教育和匡正他们。
④ 昏垫：陷溺，本指困于水灾。垫，陷。《尚书·益稷》："洪水滔天，浩浩怀山襄陵，下民昏垫。"后"平成"即"地平天成"，谓水土平治，天时顺正。
⑤ 粒阻饥之民：让饥饿的人吃上粮食。阻饥：饥荒。语出《尚书·舜典》："黎民阻饥"，孔传："阻，难……众人之难在于饥。"粒，粮食，以谷物为食。《尚书·益稷》："烝民乃粒。"
⑥ 揖让：谦让，此指德道风尚好。
⑦ 不易：不治。

举舜而敷治焉　合下二节

张　栋　墨

详观圣人之所以治天下者，而知其忧在天下矣。夫圣人以天下为忧，故舜之所以命诸臣者，皆为天下也。忧在天下，而百亩云乎哉？此君子所以为许行辟也。尝谓圣人能以一心劳天下，而不能以一身役天下，彼役其身于天下者，必无圣人忧天下之心者也，必无圣人治天下之责者也。吾观尧之所以寄其忧于天下者而知之矣。尧以为天下之可忧者固多也，而天下之可以寄吾忧者则人也。故得舜而举之焉，举舜而使之敷治焉。而凡民害之未除、民利之未兴者，悉举而寄之舜矣。舜于是以掌火命益，而山泽既焚之后，治水之功可施矣，禹乃起而治之，为疏河，为决排，而八年三过无自宁者，耕何得也？以教稼命稷，而人民既育之后，明伦之化可兴矣，契乃起而教之，为亲义，为序别信①，而辅翼振德②无勿尽者，耕何暇也？夫以举舜之后而掌火治水有益与禹以任之，则民害之除虽禹益之功，而实舜之使也，当时尧之所以欲得舜而举之者，正为民害而已矣；举舜之后而厚生正德③有稷与契以任之，则民利之兴虽稷契之功，而实舜之使也，当时尧之所以欲得舜而举之者，正为民利而已矣。吾由是而知尧之忧焉，吾由是而并知舜之所以忧尧之忧焉。尧何忧也，忧不得夫舜也，得舜而敷治之责属之于舜矣；舜何忧也，忧不得乎禹皋陶也，得禹皋陶而敷治之责分之于禹皋陶矣。夫是之谓天下之忧、圣人之忧，而非百亩之忧、农夫之忧也。不然而屑屑于百亩之务，则尧舜而农夫矣，何以能成唐虞之事业如此哉？夫以尧舜之圣，而耕固有所不暇。如此则"并耕"之说不待辩而自明也已。

【原评】此又独重"举舜"一句，可观先辈立局之变化。

【评】题首是"举舜"，起益、禹诸人亦从"举舜"而得。除害、兴利，前后起伏，归入"敷治"。可谓能扼其吭④矣。

【作者简介】

张栋，直隶安肃（今河北徐水县）人，万历八年（1580）进士。

【题解】出自《滕文公上》第四章，同上，参见化治文卷五丘濬《父子有亲》。

【注释】

① 为亲义，为序别信：指本章提到的"五伦"，父子有亲、君臣有义以至朋友有信。
② 辅翼振德：《孟子》本章所云"辅之翼之，使自得之，又从而振德之"。
③ 厚生正德：语本《尚书·大禹谟》："正德、利用、厚生，惟和。"厚生，指使人们生活充裕。正德，《尚书》本意偏指统治者端正品德，此处偏指提高百姓的品行。
④ 扼其吭：扼住喉管，比喻控制住要害。

有攸不为臣东征^①

姚希孟

周王以义正名，而有不臣之讨焉。夫不臣于周，此其罪未可定也，而遂以不臣之罪征之，所谓名以义起耳。且君臣，定位也，而至于天怒人怨、亲离众叛之秋，则君臣似非定位矣。故兴王崛起，而顺之者昌，带砺②之所必及也；逆之者亡，斧钺之所必加也。当商周易姓之际，遗佚③如太公，贵戚如微子④，前而三分有二⑤之众，后而八百会同⑥之国，孰敢不臣，而有不臣者伊何人哉？盖崇侯、奄君⑦之属，明知稔恶⑧已久，而为圣世之所必诛，故闭关而不朝耳；飞廉、恶来⑨之辈，自揣众怒已深，而为王法之所不宥，故负隅以相抗耳。此其人无论非周之臣也，即起商先王于九原⑩而问之，亦非商之臣也，不奴不死⑪，而使祖宗艰难辛苦之业离披⑫至此，是斩商祚者正此臣也，而犹得借口于不屈乎？无论其不为周臣也，即使其稽首⑬于王之马前，而亦不愿有此臣也，长君逢君⑭，而使商辛⑮聪明才辩之资凶恶至此，是丧殷师者正此臣也，而犹敢托名于殉国乎？于是苍苍之表⑯默启武王，若曰尔其讨独夫纣，而先讨其蛊惑此独夫者；元元之众⑰又环向武王，若曰尔其诛无道商，而先诛其相与为无道者。玉杯象箸⑱，谁献此淫巧；瑶台璇室⑲，谁兴此土木？刳孕妇、斫朝涉⑳，谁为纣作刑官；盈鹿台、充巨桥㉑，谁为纣作聚敛？计其罪，即比之共工、驩兜㉒之属殆有甚焉；而歼其魁，则虽为版泉、涿鹿㉓之师亦所弗恤矣。此东征之所由起也。盖惟天地间从未尝有此臣子，故欲其身伏司败㉔，以寒万世奸臣之胆，而非徒为胁服人心之计；惟宇宙中必不容有此臣子，故欲其名载丹书㉕，以立后世臣道之防，而非徒为翦除胜国㉖之余。不然，叩马之义士㉗则听之而已矣，演畴之父师㉘则封之而已矣，梗化之顽民㉙则迁之而已矣。必欲胥天下而臣之，夫岂帝王之度哉？

【评】义正辞严，摘发尽致，但觉光焰万丈长留宇宙间。

【作者简介】

姚希孟，字孟长，江苏吴县人。万历四十七年（1619）进士，改庶吉士，官至詹事府詹事。希孟少与舅文震孟同学，并负时名，天启中，与文震孟同在翰林，甥舅并持清议，望益重，雅为东林所推。有《循沧集》二卷、《姚希孟文集》二十八卷等。

【题解】出自《滕文公下》第五章。

万章问曰："宋，小国也。今将行王政，齐楚恶而伐之，则如之何？"孟子曰："汤居亳，与葛为邻，葛伯放而不祀。汤使人问之曰：'何为不祀？'曰：'无以供牺牲也。'汤使遗之牛羊。葛伯食之，又不以祀。汤又使人问之曰：'何为不祀？'曰：'无以供粢盛也。'汤使亳众往为之耕，老弱馈食。葛伯率其民，要其有酒食黍稻者夺之，不授者杀之。有童子以黍肉饷，杀而夺之。《书》曰：'葛伯仇饷。'此之谓也。（葛，国名。伯，爵也。放而不祀，放纵无道，不祀先祖也。亳众，汤之民。其民，葛民也。授，与也。饷，亦馈也。《书》，《商书·仲虺之诰》也。仇饷，言与饷者为仇也。）为其杀是童子而征之，四海之内皆曰：'非富天下也，为匹夫匹妇复雠也。'（非富天下，言汤之心，非以天下为富而欲得之也。）'汤始征，自葛载'，十一征而无敌于天下。东面而征，西夷怨；南面而征，北狄怨，曰：'奚为后我？'民之望之，若大旱之望雨也。归市者弗止，芸者不变，诛其君，吊其民，如时雨降。民大悦。书曰：'徯我后，后来其无罚。'（载，亦始也。十一征，所征十一国也。）'有攸不惟臣，东征，绥厥士女，匪厥玄黄，绍我周王见休，惟臣附于大邑周。'其君子实玄黄于匪以迎其君子，其小人箪食壶浆以迎其小人，救民于水火之中，取其残而已矣。（按《周书·武成》篇载武王之言，孟子约其文如此。然其辞时与今《书》文不类，今姑依此文解之。有所不惟臣，谓助纣为恶，而不为周臣者。匪，与篚同。玄黄，币也。绍，继也，犹言事也。言其士女以篚盛玄黄之币，迎武王而事之也。商人而曰我周王，犹《商书》所谓我后也。休，美也。言武王能顺天休命，而事之者皆见休也。臣附，归服也。孟子又释其意，言商人闻周师之来，各以其类相迎者，以武王能捄民于水火之中，取其残民者诛之，而不为暴虐耳。君子，谓在位之人。小人，谓细民也。）《太誓》曰：'我武惟扬，侵于之疆，则取于残，杀伐用张，于汤有光。'（《太誓》，《周书》也。今《书》文亦小异。言武王威武奋扬，侵彼纣之疆界，取其残贼，而杀伐之功因以张大，比于汤之伐桀又有光焉，引此以证上文取其残之义。）不行王政云尔，苟行王政，四海之内皆举首而望之，欲以为君。齐楚虽大，何畏焉？"（宋实不能行王政，后果为齐所灭，王偃走死。尹氏曰："为国者能自治而得民心，则天下皆将归往之，恨其征伐之不早也。尚何强国之足畏哉？苟不自治，而以强弱之势言之，是可畏而已矣。"）

【注释】

① 《孟子》各旧本均作"有攸不惟臣"，唯朱熹集注本作"有攸不为臣"，见《十三经注疏·孟子注疏卷六·校勘记》。此处标题据朱熹集注本，而清武英殿本《孟子集注》已改为"有攸不惟臣"。
② 带砺：指分封侯王的盟誓。带，衣带；砺，磨刀石。《史记·高祖功臣侯者年表》："封爵之誓曰：'使河如带，泰山若砺，国以永宁，爰及苗裔。'"谓即使黄河变细如衣带，泰山变小如磨刀石，而誓言不变。按，此句谓，王者兴起，必有追随者，也会封赏这些追随者。
③ 遗佚：此指遗落在民间的贤才。太公即吕尚，至年老始遇于文王，见《史记·齐太公世家》。
④ 微子：周代宋国的始祖，是商纣王的庶兄，故本句谓之"贵戚"。
⑤ 三分有二：文王之时，三分天下周已有其二。
⑥ 八百会同：指武王伐商时，有八百诸侯追随。《史记·周本纪》："是时，诸侯不期而会盟津者八百诸侯。"畎亩之人，或在社稷，由欲靖民也。
⑦ 崇侯、奄君：崇侯虎，《史记·周本纪》载其在商纣那里进谗言陷害周文王。奄，东方小国，《孟子·滕文公下》："周公相武王，诛纣伐奄"，《尚书》所载同，均言为周公东征时事。
⑧ 稔恶：罪恶深重。稔，积久养成。
⑨ 飞廉、恶来：秦之先祖，武王伐纣时被杀。《史记·秦本纪》："蜚廉生恶来……蜚廉善走，父子俱以材力事殷纣。周武王之伐纣，并杀恶来。"
⑩ 九原：本为晋国贵族陵墓之所，此即指陵墓。本句谓假如让殷之先王复活。
⑪ 不奴不死：指这些人不能像箕子、比干那样劝谏纣王，而是助长纣王的恶行。《史记·宋微子世家》：箕子谏而纣王不听，箕子"乃被发佯狂而为奴"，比干谏，纣不听，"乃遂杀王子比干"。

⑫ 离披：衰残貌。

⑬ 稽首：跪拜，以首触地。

⑭ 长君逢君：助长和逢迎国君的罪过。《孟子·告子下》："长君之恶其罪小，逢君之恶其罪大。"

⑮ 商辛：即商纣王。《史记·殷本纪》："帝乙崩，子辛立，是为帝辛，天下谓之纣。帝纣资辨捷疾，闻见甚敏。"

⑯ 苍苍之表：此即指天。苍苍，天。表，上。

⑰ 元元之众：指百姓。元元，百姓、庶民。

⑱ 玉杯象箸：玉杯和象牙筷子，指奢侈的生活用品。语本《史记·宋微子世家》："纣始为象箸，箕子叹曰：'彼为象箸，必为玉杯；为杯，则必思远方珍怪之物而御之矣……不可振也。'"

⑲ 瑶台璇室：指华丽的宫室建筑。璇宫，玉饰的宫殿，一说为能旋转的宫殿，传说为夏桀、商纣所建。《淮南子·本经训》："晚世之时，帝有桀纣，为琁室、瑶台、象廊、玉床。"按，古籍多以此为夏桀之事。

⑳ 刳孕妇、斫朝涉：指商纣王的恶行。刳，剖开。斫，同"斫"，砍断。谓将剖开孕妇以验证其胎儿的性别，砍断早晨涉河的人的腿以观其骨髓的多少。《尚书·泰誓上》："焚炙忠良，刳剔孕妇。"《韩诗外传》卷十："昔殷王纣残贼百姓，绝逆天道，至斫朝涉，刳孕妇。"

㉑ 盈鹿台、充巨桥：鹿台、巨桥均为商纣的府库和粮仓。《史记·殷本纪》："厚赋税以实鹿台之钱，而盈巨桥之粟。"

㉒ 共工、驩兜：尧舜时的"四凶"之二。《尚书·舜典》："流共工于幽洲，放驩兜于崇山。"

㉓ 版泉、涿鹿：版泉，常作"阪泉"，炎帝、黄帝发生战争的地方；涿鹿，黄帝征伐蚩尤的地方。《史记·五帝本纪》："炎帝欲侵陵诸侯……（黄帝）与炎帝战于阪泉之野"，"蚩尤作乱……（黄帝）与蚩尤战于涿鹿之野，遂禽杀蚩尤"。

㉔ 身伏司败：在掌管刑狱的官员那里认罪伏法。司败，即司寇，掌管刑狱的官员。

㉕ 丹书：此当指周武王用以警戒自己和后人的书。见《大戴礼记·武王践阼》。

㉖ 胜国：被战胜的国家，此指商朝。

㉗ 叩马之义士：此指伯夷、叔齐。叩马，即扣马，拉住马。《史记·伯夷列传》载，武王伐商，伯夷、叔齐叩马而谏，姜尚称其为"义人"。

㉘ 演畴之父师：此指箕子，《史记·宋微子世家》载"武王乃封箕子于朝鲜而不臣也"。演畴，指推衍天道大法，武王既克商，又访箕子，箕子述以"洪范九畴"，即《尚书·洪范》所载。父师，即太师，三公之一，此指箕子，《汉书·五行志上》："降及于殷，箕子在父师位而典之。"

㉙ 梗化之顽民：拒不听从周王朝教化的商朝遗民。顽民，亦称"殷顽"，忠于商朝的遗民。

其君子实玄黄于匪　四句

汤显祖

　　商人备物以迎周师，亦可以慨世矣。夫周无①君子、小人皆商有也，去之已可慨矣，况至以商迎周耶？且帝王代兴，当揖逊之时天下已相迎也；当革命之时，天下尤相迎也。南河之讴②、北狄之怨③，有由来矣，商周新故之际亦然。武王之次④商郊也，犹昔观兵⑤之意也，使纣也虽无同好、有与同恶，则如林之众犹未得前歌后舞⑥而入也，事乃有不然者。商之君子，非士大夫耶？周师入，君子怒可也，何又匪厥玄黄迎周之君子也？父师奴⑦，少师剖⑧，币聘⑨之风斩然，彼虽君子，诚不若生于周者得以贤其贤而亲其亲⑩也。今而后喜可知矣，得同君而臣之矣。不以拾矢为贽⑪，而以好币相先，何温然堂户之交宾也，岂其中无一忠臣哉？天命之矣。不亿之亲⑫犹将往焉，而又何论于今日之君子也，盖望周之将相来久矣。商之小人，非故百姓耶？周师入，小人戚可也，何又箪食壶浆迎周之小人也？老人刑，妲己笑，仇饷⑬之思荡然，吾侪小人，诚不若生于周者得以乐其乐而利其利也。今而后喜可知矣，得同君而氓之矣。不以饷己之师，而以迎人之师，何蔼然田野之相馌⑭也，岂其间无一义士哉？天命之矣。有二之众⑮皆先往焉，又何论于今日之小人也，盖望周之卒旅来久矣。由是得意于群臣百姓因而为王者，新主也；得罪于群臣百姓不可复赦者，旧君也。今日之为君子小人者，此商人也；他日之为多士多方⑯者，亦此商人也。由商周而后，人情向背又可胜道哉？

【原评】局势通博，一句一字，穷极工巧。感慨反复，意味悠然。　　或疑"相迎"已见上文，本题语势直趋末二句，只当凌空复衍，此作微似犯实。然篇中句句皆发商人望救之情，未尝侵下"救民"正位也。

【题解】出自《滕文公下》第五章，见上。

【注释】

① 无：无论。

② 南河之讴：指歌颂圣贤之君，此禹时事。《史记·五帝本纪》："舜让辟丹朱于南河之南……讴歌者不讴歌丹朱而讴歌舜，舜曰天也夫！而后之中国践天子位"。

③ 北狄之怨：百姓抱怨圣贤之君不来解救自己，此汤时事。《尚书·仲虺之诰》："（汤）东征西夷怨，南征北狄怨"，《孟子·梁惠王下》引之。

④ 次：驻扎。

⑤ 观兵：显示兵力。《史记·周本纪》载周武王曾"东观兵，至于盟津"，以天命未至而收兵，后二年，商纣王益凶残，乃兴师克商。

⑥ 前歌后舞：语本《尚书大传》卷三："师乃慆，前歌后舞。"谓武王伐纣，军中士气旺盛，后多用以颂美吊民伐罪之师。

⑦ 父师奴：指太师箕子佯狂为奴。箕子，一说为纣之庶兄，一说为庶之叔父，《汉书·五行志上》："降及于殷，箕子在父师位而典之。"颜师古注："父师，即太师，殷之三公也。箕子，纣之诸父而为太师，故曰父师。"

⑧ 少师剖：指比干被剖心。比干官少师。

⑨ 币聘：以币帛礼聘贤士。

⑩ 按，此句用《大学》："君子贤其贤而亲其亲，小人乐其乐而利其利，此以没世不忘也。"

⑪ 贽：相见时送的礼物。《礼记·曲礼下》："野外军中无挚，以缨、拾、矢可也。非为礼之处，用时物相礼而已。缨，马繁缨也。拾谓射韝。"

⑫ 不亿之亲：众多亲属。不亿，超过亿数，语本《诗经·大雅·文王》："商之孙子，其丽不亿。"

⑬ 仇饷：杀饷者而夺其食物，一种以怨报德的行为。语本《尚书·仲虺之诰》："乃葛伯仇饷，初征自葛。"《孟子》本章引之。按，此句谓商之百姓再也没有"仇饷"，即拒绝王者恩惠的想法。

⑭ 相馌：送饭到田间。《诗经·豳风·七月》："馌彼南亩。"

⑮ 有二之众：指在文王时，天下三分之二已归于周。

⑯ 多士多方：众多贤士，众多诸侯。按，《尚书》有"多方"、"多士"两篇，为对殷遗民的训辞，本文意取双关。

胁肩谄笑　二句

赵南星

大贤于非礼徇人者而深以为病焉。夫以夏畦之病而更有甚焉者，则徇人者当之，可悯也。曾子若曰：甚哉，人之趋于势利也！其依阿淟涊，于何不有，乃其大都有二，曰体柔也，曰面柔也。何也？以贱事贵者，必谬恭以致其敬之至也，于是乎有胁肩，欲有所仰，惟恐其躬之不俯，故耸其肩以奉之，有不胜其磬折①者，此之谓体柔；以卑阿尊者，必谬厚以明其爱之至也，于是乎有谄笑，前有所媚，惟恐其姿之不妍，故强为笑以献之，若不胜其色喜者，此之谓面柔。夫肩之胁也，何其缩也；笑之谄也，何其腼也。合而观之，何其丑也。然非独丑也，良亦病已；非独病也，良亦甚病已。凡天下之言病者称夏畦，岂非以治畦病、夏畦又甚哉？吾以为天下而无胁肩谄笑也，则夏畦病；自天下而有胁肩谄笑也，则夏畦何病？夫夏畦者，劳其力于自食，力惫而神不沮也，彼役役以附势者，无论②其神之沮，卑躬屈体犹惧人之不收，即其力亦更劳矣；劳其形以谋生，形苦而气不馁也，彼矻矻以干进③者，无论其气之馁，冶容修态犹惧人之不怜，即其形亦更苦矣。故高贤奇士，遭贫贱困穷之时，而使之夏畦，亦安为而不辞；虽皁隶匹夫，遇富贵权幸之人，而使之胁肩谄笑，或愧耻而不屑。然则人之所病者，岂夏畦之谓哉？夫胁肩谄笑者，往往出于士大夫，而不自知其病之至此也，可慨也已。

【评】猥琐之情，以峻厉之气摘发之，足令人愧耻之心勃然而生。

【题解】出自《滕文公下》第七章，参见正嘉文卷五陆树声《不见诸侯何义》。
"曾子曰：'胁肩谄笑，病于夏畦。'"

【注释】

① 磬折：同"磬折"，曲躬如磬，表示谦恭。
② 无论：且不说，不必说。
③ 矻矻以干进：非常辛苦地谋求进身之阶。矻矻，劳苦。

泲水者　　禹掘地而注之海

胡友信

大贤明圣君①心在洪水，而得顺治之臣焉。盖泲水即洪水，则尧之所谓"警予"②者可知矣。命官敷治，其容缓哉？昔者陶唐之世，无所谓乱也，而洪水为灾，是亦一乱也。起而治之者，非尧之责乎？吾尝观"泲水警予"之辞，而知帝尧不得已之心矣。夫逆行泛滥之势，本阖辟③以来未有所归宿而然也，尧则视之以为上天谴责之故；怀山襄陵④之变，本气化所遗未得所宣泄而然也，尧则引之以为一己感召之由。故曰"泲水警予"，而泲水者即洪水也。当是时也，九重⑤之惕厉方殷矣，天子不可以自为之也，而岳牧⑥咸荐，不能不望夫行所无事⑦之禹也；且九载⑧之绩用弗成矣，崇伯⑨不可以复任之也，而司空是寄，不能不付于克盖前愆⑩之禹也。禹也承帝之命，典父之官，既知其有不容逭之责；观水之性，相地之宜，又知其有不可逆之机。于是掘地而注诸海焉。酌天地之盈而佐之以虚者，其势不得不分，掘地者固所以分之也；酌天地之虚而佐之以盈者，其势不得不合，注诸海者固所以合之也。分则相畜而止，合则相守而固矣。此之谓分天因地⑪，此之谓地平天成⑫。非天下之至神，其孰能与于此？而浲水之警尧，于是可以释然矣。

【评】"洪"字作"鸿蒙"解，方与"浲"字有别，得释书体。上下两截，一气呼吸，义法自然关生。彼以吊挽字面为联合者，固俗格也。

【题解】出自《滕文公下》第九章，参见化治文卷五丘濬《周公兼夷狄　　百姓宁》。

"《书》曰：'浲水警余。'浲水者，洪水也。使禹治之，禹掘地而注之海。"

【注释】

① 圣君：指尧。
② 警予：儆戒我。《尚书·大禹谟》作："降（浲）水儆予"，《孟子》引作"浲水警余"。
③ 阖辟：闭合与开启，此即指开天辟地。唐杨炯《浑天赋》："乾坤阖辟，天地成矣；动静有常，阴阳行矣。"
④ 怀山襄陵：洪水泛滥。怀，包围。襄，水涨到高处。语本《尚书·尧典》："汤汤洪水方割，荡荡怀山襄陵。"
⑤ 九重：此指天子。
⑥ 岳牧：内外之官。
⑦ 行所无事：指顺随其自然之势。《孟子·离娄下》："禹之行水也，行其所无事也。"
⑧ 九载：指鲧治水九年无功。《尚书·尧典》：鲧治水，"九载，绩用弗成"。
⑨ 崇伯：指鲧，鲧封于崇。
⑩ 克盖前愆：此指能够弥补先人的过错。盖，掩盖，此指弥补。
⑪ 分天因地：此指利用天时地利消除祸患。《白虎通》："神农因天之时，分地之利。"
⑫ 地平天成：治理水土，使万物得以生长。语本《尚书·大禹谟》："地平天成，六府三事允治。"

我亦欲正人心　一节

冯梦祯　墨

大贤自发其为道之心，其所任者重矣。夫三圣人之作，凡以为道也，大贤承之以辟邪焉，自任岂轻乎？且夫天行之数，始乎治，常卒乎乱；而人心之机，出乎正，则入乎邪。自圣贤生而拨乱以治、黜邪以正，则世道终有赖焉，若禹、周公、孔子是也，予也敢自逭乎？盖今之时，非三圣之时也，而予之道，即三圣之道也。自杨墨行而人心坏矣，自人心坏而圣人之道息矣，故欲明圣人之道当先正夫人心，而欲正斯人之心当先开其陷溺。邪说，惑人心者也，吾息之使不著焉；诐行①，蔽人心者也，吾距之使不行焉；淫辞②，荡人心者也，吾放之使不滥焉。盖今之天下，唯其无三圣人也，故杨墨从而乱之也；而予之正人心，凡以承三圣人也，故必欲辞而辟之也。执予之迹，则其说也长；而谅予之衷，则其责也重。予之切切焉与杨氏辩者，岂好之哉？正以人心有义，而"为我"者出而害之，苟不早为之辩焉，其病于吾道之义不小也，予之心有大不得已者在矣；予之谆谆焉与墨氏辩者，岂好之哉？正以人心有仁，而"兼爱"者出而贼之，苟不严为之辩焉，其病于吾道之仁匪浅也。予之心有甚不得已者存矣。要之，三圣人之道不可一日不明，则人心不可一日不正；人心不可一日不正，则杨墨之言不可一日不辩。外人以"好辩"为予称也，予其滋戚矣乎！

【评】信笔直书，不加刻琢，而清明之气流溢行间。

【题解】出自《滕文公下》第九章，参见化治文卷五丘濬《周公兼夷狄　　百姓宁》。

我亦欲正人心，息邪说，距诐行，放淫辞，以承三圣者；岂好辩哉？予不得已也。

【注释】

① 诐行：偏邪不正的行为。
② 淫辞：放荡、不合正道的言论。《孟子·公孙丑上》："淫辞知其所陷"，朱熹集注："放荡也。"

我亦欲正人心　一节

苏　濬　墨

崇正道以继往圣，大贤所以不容已于言也。夫圣贤之相承也，为世道计也，继往之功，孟子任之，而乌容已于言哉？孟子晓公都子之意，盖谓：古之圣人不得已而有功，功成而天下安焉；不得已而有言，言出而天下法焉。吾观禹之功，周公承之，周公之功，孔子承之，而生民之治胥赖矣。在今日则何如哉？彼自人心不正、邪说横流，而诐行淫辞交作于其间，今之天下惟无禹周公孔子，故至此也。我也亦欲正天下之人心，而于以维持乎世道，则必息杨墨之邪说，而使不得蛊惑乎人心。诐行之邪累人心者也，吾距焉；淫辞之邪荡人心者也，吾放焉。位非大禹，而以抑人心之洪水者，犹欲庶几乎禹之遗烈也；位非周公，而以去人心之夷狄猛兽者，犹欲庶几乎周之遗勋也；德非孔子，而以遏人心之乱贼者，犹欲庶几乎孔之遗教也。彼三圣作之于前，而其功之昭昭于天下者，既非所以为好劳矣；予承之于后，而其言之谆谆于今日者，夫岂所以为好辩哉？予之一身，世道之污隆系焉，而救世之责既不得而辞之；予之一言，心术之邪正系焉，而继往之任又不得而诿之。忧深虑远，有之为不获已①之衷；而昌言正论，发之为不获已之辩。此予之所可谅者也。使予而得已于言，则人心之坏孰为之正？邪说诐行淫辞之作，孰为之息？而天下之乱将，安知其所终哉？噫！此吾宁受"好辩"之名，而不敢坠往圣之绪；宁使天下以言罪我，而不敢使世道之日趋于邪也。公都子其知之乎？

【原评】呼吸排荡，直如天风海涛，真雄才也。

【评】专发"承三圣"意，最得本文语气。愉怡自得之致不及元作②，雄直劲利之气则又过之，可谓各据胜场。

【作者简介】

苏濬（1550—1620），字君禹，号紫溪，福建晋江人。万历元年解元，五年（1577）进士，官至广西布政司参政。著有《紫溪集》三十四卷、《周易冥冥篇》四卷等。

【题解】出自《滕文公下》第九章，同上，参见化治文卷五丘濬《周公兼夷狄百姓宁》。

【注释】

① 不获已：不得已。
② 元作：会元之作。此科会元为冯梦祯，其"元作"见前。

夫蚓 一节

方应祥

齐士之廉，穷于其所不知焉。夫廉于取者，不问所由来，以其不必问也，何仲子乃以此自穷哉？且古无不食不居之廉士，论者亦不以所居与食而穷之。彼有权于取舍间者，非概以不取为廉也，仲子殆穷于廉矣！夫食槁壤而饮黄泉，蚓之于世无求也，岂其廉之足称？吾亦岂谓士之自好，必与蚓竞操而后谓之廉哉？就仲子之操而充之，必如蚓之食槁壤而饮黄泉斯可耳。盖古今之称廉，至伯夷止矣。伯夷之室，不必伯夷所筑，有权于其居，而不以不居为廉也，仲子不能无居，而不居其所不廉①，不能不问所筑矣；伯夷之粟，不必伯夷所树，有权于其食，而不以不食为廉也，仲子不能无食，而不食其所不廉，不能不问所树矣。果尽伯夷为之，将或参之盗跖乎？伯夷者②，仲子独以处其身，即世而有是人，彼固未之许也；盗跖者③，仲子所以概天下，即世何必皆是人，彼又未必信也。不知所筑，安知不以室妨廉，何昧然而居之；不知所树，安知不以粟病廉，又何腼然而食之？故即仲子而充其操，非如蚓之食槁壤而饮黄泉不可矣。本欲拟节④于伯夷，不知已涴迹⑤于盗跖；仲子即自信其不为跖，吾不能保其能为蚓也⑥。不如蚓，恶能廉；即如蚓，亦仅蚓之廉而不得为伯夷之廉。夫世有人而可如蚓者哉？仲子者，盖不知权而穷于廉者也。

【评】只因与蚓比较，所以直穷到居食之所筑所树，非论廉者必当求之于此也。文处处觑定此指，用笔之清辩奇快，使人心开目爽。

【题解】出自《滕文公下》第十章。

匡章曰："陈仲子岂不诚廉士哉？居于陵，三日不食，耳无闻，目无见也。井上有李，螬食实者过半矣，匍匐往将食之，三咽，然后耳有闻，目有见。"（匡章、陈仲子，皆齐人也。廉，有分辨，不苟取也。于陵，地名。）孟子曰："于齐国之士，吾必以仲子为巨擘焉。虽然，仲子恶能廉？充仲子之操，则蚓而后可者也。（巨擘，大指也。言齐人中有仲子，如众小指中有大指也。充，推而满之也。操，所守也。蚓，丘蚓也。言仲子未得为廉也，必若满其所守之志，则惟丘蚓之无求于世，然后可以为廉耳。）夫蚓，上食槁壤，下饮黄泉。仲子所居之室，伯夷之所筑与？抑亦盗跖之所筑与？所食之粟，伯夷之所树与？抑亦盗跖之所树与？是未可知也。"（言蚓无求于人而自足，而仲子未免居室食粟，若所从来或有非义，则是未能如蚓之廉也。）曰："是何伤哉？彼身织屦，妻辟纑，以易之也。"（辟，绩也。纑，练麻也。）曰："仲子，齐之世家也。兄戴，盖禄万钟。以兄之禄为不义之禄而不食也，以兄之室为不义之室而不居也，辟兄离母，处于于陵。他日归，则有馈其兄生鹅者，己频顣曰：'恶用是鶂鶂者为哉？'他日，其母杀是鹅也，与之食之。其兄自外至，曰：'是鶂鶂之肉也。'出而哇之。（世家，世卿之家。兄名戴，食采于盖，其入万钟也。归，自于陵归也。己，仲子也。鶂鶂，鹅声也。频顣而言，以其兄受馈为不义也。哇，吐之也。）以母则不食，以妻则食之；以兄之室则弗居，以于陵则居之。是尚为能充其类也乎？若仲子者，蚓而后充其操者也。"（言仲子以母之食、兄之室为不义，而不食不居，其操守如此。至于妻所易之粟，于陵所居之室，既未必伯夷之所为，则亦不义之类耳。今仲子于此则不食不居，于彼则食之居之，岂为能充满其操守之类者乎？必其无求自足，如丘蚓然，乃为能满其志而得为廉耳，然岂人之所可为哉？范氏曰："天之所生，地之所养，惟人为大。人之所以为大者，以其有人伦也。仲子避兄离母，无亲戚君臣上下，是无人伦也。岂有无人伦而可以为廉哉？"）

【注释】

① 其所不廉：此指陈仲子认为"不廉"的房屋。按，陈仲子判定"廉"的标准，不是看自己该不该住这栋房屋，而是看这个房屋的最初来历是否"廉"，比如是否"不廉"的人盖的等。

② "伯夷者"句：此股谓，陈仲子把伯夷当作唯一的修身处世的榜样，但是世上假若真有伯夷那样的人，陈仲子也不会称许他。（因为伯夷之"廉"实际上不同于陈仲子所理解之"廉"。）

③ "盗跖者"句：此股谓，陈仲子是把全天下的人都看作是"盗跖"，而世人又未必都是盗跖，这一点陈仲子又不相信。

④ 拟节：具有相同的品格。

⑤ 涸迹：行为相似。

⑥ "不能保其"句：我不能判定他能像蚯蚓那样。按，据陈仲子的观点，那么只有像蚯蚓那样，才能算廉士而非"盗跖"，所以，此句的实际意思是，我不能保证他不是盗跖。

钦定隆万四书文卷六(《孟子》下)

民之归仁也　二节

汤显祖

　　大贤状民之归仁,皆其不容已者也。夫民之于仁固便也,加之以不仁之驱,则民之归仁得已耶?且夫至德之世,民居其国,不相往来,若鸟兽之不乱群而鱼水之相忘也。自世有仁人,又有不仁人,而天下之情势百出矣。欲而之焉之谓情,迫而之焉之谓势;欲之所在则归也,归之所在则仁也。以仁为下,民犹水也,水之恶逆而好顺也,地道然矣;以仁为圹,民则其兽也,兽之去隘而就宽也,天性然矣。此何待于驱乎?而况又有以驱乎?盖两仁之国,民各有所归也;两不仁之国,民亦无所归也。惟一仁一不仁形此,令民轻背其主而人易去其乡矣。故兽走圹而爵①走丛,类也,益之以鹯,而丛之得爵愈疾而愈多,鹯为丛驱也;水就下而鱼就渊,类也,益之以獭,而渊之得鱼愈疾而愈多,獭为渊驱也。鹯獭自厌②其性,不知其为驱也,是桀纣之行也;渊丛能为庇依,不能必其驱也,是汤武之资也。吁!知民之归仁情也,国君宜为仁以接民之情;知民之去不仁势也,国君宜无为不仁以成人之势。何以为仁?聚民欲尔;何以去不仁?无施民恶尔。得天下与失天下,其道何莫不由兹耶?

　　【评】虽用巧法,然大雅天成,而不伤于纤佻。由其书卷味深而笔姿天授也。

　　【题解】出自《离娄上》第九章。

　　孟子曰:"桀纣之失天下也,失其民也;失其民者,失其心也。得天下有道:得其民,斯得天下矣;得其民有道:得其心,斯得民矣;得其心有道:所欲与之聚之,所恶勿施尔也。(民之所欲,皆为致之,如聚敛然。民之所恶,则勿施于民。晁错所谓"人情莫不欲寿,三王生之而不伤;人情莫不欲富,三王厚之而不困;人情莫不欲安,三王扶之而不危;人情莫不欲逸,三王节其力而不尽",此类之谓也。)民之归仁也,犹水之就下、兽之走圹也。(圹,广野也。言民之所以归乎此,以其所欲之在乎此也。)故为渊驱鱼者,獭也;为丛驱爵者,鹯也;为汤武驱民者,桀与纣也。(渊,深水也。獭,食鱼者也。丛,茂林也。鹯,食雀者也。言民之所以去此,以其所欲在彼而所畏在此也。)今天下之君有好仁者,则诸侯皆为之驱矣。虽欲无王,不可得已。今之欲王者，犹七年之病求三年之艾也。苟为不畜，终身不得。苟不志于仁，终身忧辱，以陷于死亡。（艾，草名，所以灸者，干久益善。夫病已深而欲求干久之艾，固难卒办，然自今畜之，则犹或可及；不然，则病日益深，死日益迫，而艾终不可得矣。）《诗》云'其何能淑，载胥及溺'，此之谓也。"（《诗》，《大雅·桑柔》之篇。淑，善也。载，则也。胥，相也。言今之所为，其何能善，则相引以陷于乱亡而已。）

【注释】

① 爵：同"雀"。
② 厌：满足。

象日以杀舜为事　一章
徐日久

观虞舜之待弟而见仁之大焉。夫舜之仁于弟，一人耳，封之犹有不忍离者，何至于放，而况于甚焉者乎？尝观天下有至仁，则足以当天下之异变。何也？变之异者，无过于舜之遇象。而舜之为兄也，后于其所以为子，先于其所以为君①，其处之裕如矣。乃世之人执君道以求之，而疑放疑杀，靡所不至，夫将等之四凶之罪，而拟以天下咸服之诛，岂仁人处弟之道哉？亲爱者兄弟之性，富贵②者天子之权。舜之于兄弟也，虽天子弗有加也；舜之为天子也，于兄弟不以易也。有藏怒乎，宿怨乎，舜不知也，知其为吾弟而已矣，而有庳之封，徒泥③吏治之一端以疑其放，何量舜之薄哉？即既富矣，既贵矣，舜犹弗知也，知其为吾弟而已矣，而介弟④之亲，犹泥于岁时之常事⑤以疏其迹，亦岂尽舜之心哉？盖至观五玉之瑞⑥，与群后同班；而述职之期，非以春秋为节。而后知庙廊喜起之歌⑦，此君臣期会之盛，不如"思君"⑧之一语为乐也；治国之吏，又君民一体之思，要不如常常之见为亲也。彼蕞尔之封，何足以废吾刑赏之正，而后世之求于仁者，其度量不相远哉！乃知象也者，舜所以底豫⑨之一机；而封象者，即所以无为⑩之大概。盖以兄弟和乐而顺于父母，无不顺也；以任人图治而统理天下，又何为哉？故曰舜之所以为子、为君与其为兄，无二念也。后之人亲爱不足而且借天下之法以文之，呜呼，此真至不仁也已！

【评】 题中义蕴无不醒豁。更能于题外寻出波澜，以鼓荡题情，是谓妙远不测。

【作者简介】

徐日久，浙江西安（今衢县）人，字子卿。万历三十八年（1600）进士，授上海知县，以劾谪官湖广藩幕，署江夏事，著有《实抄录》、《巡海实录》、《历代史抄》、《子卿近业》、《五边典则》等。

【题解】 出自《万章上》第三章。

万章问曰："象日以杀舜为事，立为天子，则放之，何也？"孟子曰："封之也，或曰放焉。"（放，犹置也；置之于此，使不得去也。万章疑舜何不诛之，孟子言舜实封之，而或者误以为放也。）万章曰："舜流共工于幽州，放驩兜于崇山，杀三苗于三危，殛鲧于羽山，四罪而天下咸服，诛不仁也。象至不仁，封之有庳。有庳之人奚罪焉？仁人固如是乎？在他人则诛之，在弟则封之。"曰："仁人之于弟也，不藏怒焉，不宿怨焉，亲爱之而已矣。亲之欲其贵也，爱之欲其富也。封之有庳，富贵之也。身为天子，弟为匹夫，可谓亲爱之乎？"（流，徙也。共工，官名。驩兜，人名。二人比周，相与为党。三苗，国名，负固不服。杀，杀其君也。殛，诛也。鲧，禹父名，方命圮族，治水无功，皆不仁之人也。幽州、崇山、三危、羽山、有庳，皆地名也。……万章疑舜不当封象，使彼有庳之民无罪而遭象之虐，非仁人之心也。藏怒，谓藏匿其怒。宿怨，谓留蓄其怨。）"敢问或曰放者，何谓也？"曰："象不得有为于其国，天子使吏治其国，而纳其贡税焉，故谓之放，岂得暴彼民哉？虽然，欲常常而见之，故源源而来。'不及贡，以政接于有庳'，此之谓也。"（孟子言象虽封为有庳之君，然不得治其国，天子使吏代之治，而纳其所收之贡税于象。有似于放，故或者以为放也。盖象至不仁，处之如此，则既不失吾亲爱之心，而彼亦不得虐有庳之民也。源源，若水之相继也。来，谓来朝觐也。不及贡以政接于有庳，谓不待及诸侯朝贡之期，而以政事接见有庳之君。盖古书之辞，而孟子引以证源源而来之意，见其亲爱之无已如此也。吴氏曰："言圣人不以公义废私恩，亦不以私恩害公义。舜之于象，仁之至，义之尽也。"）

【注释】

① "先于"句：此句谓舜对待弟弟的出发点首先兄弟之道，然后才考虑君臣之道。

② 富贵：此指使之富贵。

③ 泥：拘泥于。

④ 介弟：他人之弟的敬称，或对自己弟弟的爱称。《左传·襄公二十六年》："夫子为王子围，寡君之贵介弟也。"杜预注："介，大也。"

⑤ 岁时之常事：此指各级诸侯按规定时间朝觐和述职。按，此二句谓，舜封其弟于有庳，有人从吏治着眼，把它当成了流放；舜希望常常到他弟弟，如果拘泥于朝觐的时间规定，则不能满足舜的念弟之情。

⑥ "五玉之瑞"句：五玉即五瑞，为五等诸侯所执作为信物的五种玉，见《尚书·舜典》。《舜典》又载"辑五瑞……班瑞于群后"，谓舜接见诸侯，先收齐"五瑞"，接见完毕，再将五瑞还给诸侯。本句据此典，谓象被封为五等诸侯，舜也能在朝觐时见到象，但机会不多；后文再说及舜想办法与象常常相见。

⑦ 喜起之歌：指君臣相和之歌。《尚书·益稷》载舜与其臣赓歌，"（舜）乃歌曰：股肱喜哉，元首起哉！"蔡沉集传："人臣乐于趋事赴功，则人君之治为之兴起。"

⑧ "思君"：象曾用"思君"（想你）的话来骗舜，舜仍然很高兴。事见《孟子·万章上》："象往入舜宫，舜在床琴。象曰：'郁陶思君尔。'"

⑨ 底豫：得到欢乐，此指思亲尽孝之道。《孟子·离娄下》："舜尽事亲之道，而瞽瞍底豫。"

⑩ 无为：指无为而治，此句谓舜以自身对待父亲、弟弟的行为感化国人，易于无为而治。《论语·卫灵公》："子曰：无为而治者其舜也与？"

伊尹相汤以王于天下　一节

顾天埈

　　观元臣①始终为商，而知其善承天意矣。夫始终一节，尹之为商至矣，然岂非天意在商而尹特承之者哉？孟子以此例夏事也。盖曰：天下之命悬于帝天，固非盛德所能让，亦非衰德之所能留也。子有疑于禹、益乎，胡不以伊尹观之？盖自成汤兴王，阿衡②作相，功已服于天下矣，而况汤鼎之成也。虽曰吾君有子③，而未立之太丁，天意不属焉；虽曰大宗有后，而二年之外丙、四年之仲壬，天意又不属焉。意者臣民之望已归于元臣，改姓之事复见于今日乎？而不然者，则以太甲在也。盖太甲，天所属也；伊尹，天所属之太甲者也。有甲而后伊尹得以大权而成大忠，有尹而后太甲得易昏德而为明德。故始焉以颠覆坏典刑④者，太甲也；继焉以怨艾⑤迁仁义者，亦太甲也。元祀⑥以前，则太甲者放桐之羁主也；三年以后，则太甲者归亳之共主也。乱而废之，权莫重焉；悔而复之，忠莫盛焉。至此而嗣王之君道虔其始，宰衡之臣节厚其终矣。吾固曰：太甲，天所属也；伊尹，天属之太甲者也。夫由商论之，则易世之余国统三绝⑦，放桐之日天位不守，而犹得以几危之坠绪卜世而长⑧；由尹论之，则佐命之烈显于四世⑨，定策⑩之勋著于三朝，而犹得以震主之功名奉身而退。商不禅，尹不王，吾于此可以窥天心焉，何疑于益，何衰于禹也？

　　【原评】天生尹以为太甲，放桐、归亳，总是成就继世。擒定此意，脱手能穿七札⑪。

　　【评】义法亦人所共知，而叙来嶔崎磊落，非胸无书卷人所能仿佛。

　　【题解】出自《万章上》第六章，参见正嘉文卷六唐顺之《匹夫而有天下者》。

　　伊尹相汤以王于天下。汤崩，太丁未立，外丙二年，仲壬四年。太甲颠覆汤之典刑，伊尹放之于桐。三年，太甲悔过，自怨自艾，于桐处仁迁义；三年，以听伊尹之训己也，复归于亳。

【注释】

① 元臣：重臣，此指伊尹。

② 阿衡：即伊尹。《史记·殷本纪》："伊尹名阿衡。"或谓阿衡为伊尹官名。

③ 吾君有子：及下"大宗有后"均指商朝王室有后代。大宗，指王室，天子为天下大宗。

④ 典刑：指典章制度。

⑤ 怨艾：即"自怨自艾"，自己后悔，自己改过。艾，改过。

⑥ 元祀：元年，此即指太甲继位之年。《尚书·伊训》："惟元祀十有二月，伊尹祠于先王，奉嗣王祇见厥祖。"孔安国传："祀，年也。夏曰岁，商曰祀，周曰年，唐虞曰载。"

⑦ 国统三绝：指商汤卒后，太子太丁未立而卒，外丙在位二年而卒，仲壬在位四年而卒。

⑧ 卜世而长：此指国运绵长。卜世，占卜预测传国的世数，亦泛指国运，《左传·宣公三年》："成王定鼎于郏鄏，卜世三十，卜年七百，天所命也。"

⑨ 四世：指由商汤至太甲，共四君。

⑩ 定策：此指废立之事。

⑪ 能穿七札：能够射穿七层铠甲，喻文章深刻。《左传·成公十六年》："养由基蹲甲而射之，彻七札焉。"

吾岂若使是君为尧舜之君哉　合下节

田一儁

　　圣人自决其应聘之志，而原其应天之心也。甚矣，伊尹圣之任者①也！观其任行道之责于己，而推觉民之意于天，则岂肯冒焉以求进哉？时以割烹诬尹，而孟子严为之辨。曰：天下之道，出处二者而已。方尹之嚣然于汤聘也，固不轻于出矣；及其幡然于三聘也，遂不终于处焉。观其言曰，我处畎亩之中，固由是以乐尧舜之道矣。然尧舜之道，不惟可穷而亦可达，乐尧舜之道，特以独善而非兼善——吾岂若以此上致其君，使是君为尧舜之君哉？吾岂若以此下泽其民，使是民为尧舜之民哉？吾岂若以此显设于上下，于吾身亲见之哉？盖自昔而言，行道似不如独善之为乐；自今而言，则躬耕实不如大行之为公也。然吾之所以必欲亲见是尧舜君民之道者，岂无故哉？亦以天意所在，不可得而辞耳。今夫天之生斯民也，非不与之以知觉之性也，而气禀不齐，必使先知觉后知焉，使先觉觉后觉焉，责于圣贤者若此其重也；幸而予之生也，虽同为天之民也，而圣道在我，以知则先知焉，以觉则先觉焉，责于吾身者夫亦不偶也。是以予将推尧之道以觉斯民，而措之于昭明之域；推舜之道以觉斯民，而引之于风动②之归。向使③非予以觉之，则举世皆后知后觉也，将谁与任其责；而予亦虚为先知先觉也，又无以应乎天矣。然则吾虽不欲尧舜君民④而行其道也，胡可得哉？此畎亩⑤之不如亲见⑥者，吾之所深谅；而三聘之不可再却者，吾之所必往也。吁！观尹之言如此，则尹盖以天道自处者，割烹之事，乌足为圣人诬哉？

　　【评】于"幡然"时怀抱，体会真切，故能得心应手。机关开阖，有云起风行之态。

　　【作者简介】

　　田一儁（1540—1591），字德万，又字宾扬，号钟台，福建大田人。年二十一获乡试第一名，隆庆二年（1568）会试会元，殿试二甲三名，选庶吉士，授编修，进侍讲，官至礼部左侍郎，掌翰林院。禔身严苦，家无赢货，卒赠礼部尚书。著有《钟台先生文集》十二卷。长于制义，《制义丛话》卷六引李存庵语："嘉靖以前，文以实胜；隆万以后，文以虚胜。嘉靖文转处皆折，隆万始圆，圆机，田、邓（按，田一儁、邓以赞）开之也"。

　　【题解】出自《万章上》第七章，参见化治文卷六王鏊《吾闻其以尧舜之道要汤》。

　　万章问曰："人有言'伊尹以割烹要汤'有诸？"孟子曰："否，不然。……汤使人以币聘之，嚣嚣然曰：‘我何以汤之聘币为哉？我岂若处畎亩之中，由是以乐尧舜之道哉？’汤三使往聘之，既而幡然改曰：‘与我处畎亩之中，由是以乐尧舜之道，吾岂若使是君为尧舜之君哉？吾岂若使是民为尧舜之民哉？吾岂若于吾身亲见之哉？天之生此民也，使先知觉后知，使先觉觉后觉也。予，天民之先觉者也；予将以斯道觉斯民也。非予觉之，而谁也？’"

【注释】

① 圣之任者：以天下为己任的圣人。语本《孟子·万章下》："伯夷，圣之清者也；伊尹，圣之任者也。"

② 风动：风以动之，指鼓动、感化民众。

③ 向使：假若。

④ 尧舜君民：在天下推行德化，使君如尧舜之君，民如尧舜之民。

⑤ 畎亩：指处而不出，耕于田亩。

⑥ 亲见：指应汤之聘，施展才能，使天下达于尧舜之世。

圣人之行不同也　合下节

陶望龄

　　圣道归于洁身，故"要君"①不足以污元圣也。夫行归于洁身，则无论异矣，割烹至污，而以诬乐道之尹哉？且世俗自好之士，犹能以一节表见，乃至圣如尹，而割烹之说纷纷焉。则以论洁身于常人易知，论洁身于圣人难知也。盖圣人之行不同矣。机适逢世，则不必远托山林以逃之；道足致②君，则不必尘视轩冕③以避之。或远而又或近也，或去而又或不去也。身游于庙堂岩廊④之中，而心超于功名爵禄之外；迹与王公大人伍，而志与天地万物游。要归洁其身而已。即伊尹一人，俄而有莘⑤，俄而阿衡⑥，抑何远近去就顿殊，而操行洁白惟一哉！盖尹惟遇汤，故尹不得不出，是以三聘为招，为天下而要尹者，汤也；尹惟乐尧舜之道，故汤不得不求，是以二帝为招⑦，以道而要汤者，尹也。以疏逖⑧之士，一朝而晋位师保，非尹近汤，汤近之也，亦道固致之耳；易畎亩之乐，一旦而立人本期，非尹就汤，汤就之也，亦道固来之耳。吾所闻要汤者如此。如曰割烹，必非圣人而后可，而尹圣人也，洁身之谓何，而为之哉？盖行无辙迹，圣人所以成其大；道有要归，圣人所以全其高。徇迹则议生，识归则论定。此可以知伊尹矣。

　　【评】炼局甚紧，运题甚活。全于人脉处、过渡处、结束处著精神。

　　【题解】出自《万章上》第七章，参见化治文卷六王鏊《吾闻其以尧舜之道要汤》。

　　吾未闻枉己而正人者也，况辱己以正天下者乎？圣人之行不同也，或远或近，或去或不去，归洁其身而已矣。吾闻其以尧舜之道要汤，未闻以割烹也。

① 要君：求得君王的任用，此指"以割烹要汤"的说法。

② 致：使之来，此指吸引国君来招聘他。

③ 尘视轩冕：将功名富贵视为尘土。轩冕，王公的车乘和冕服，代指富贵。

④ 岩廊：亦作"岩郎"，高峻的屋宇，借指朝廷。

⑤ 有莘：此指耕于有莘之野。莘，国名。

⑥ 阿衡：官名，此指伊尹任"阿衡"。《史记·殷本纪》："伊尹名阿衡"，司马贞索隐："亦曰保衡，皆伊尹之官号，非名也。"

⑦ 以二帝为招：以尧舜之道引来商汤。二帝，指尧舜。

⑧ 疏逖：疏远。

圣人之行不同也　合下节

董其昌

观圣人制行之极，而知其进以道也。夫圣人异行而同洁者，为道存也。割烹非所以明洁矣，而元圣为之哉？且夫出处之际，立身之大节也，贤者守之，圣人达焉。而谓其节之可变，则甚非知圣者。夫伊尹而有割烹要君之议乎？乃吾以为，岩廊之上，不必皆失节之阶也；清修之操，不必皆遗世之士也。夫圣人者，其行甚圆，其天甚定。可远可近，而不可使处不廉也；可去可不去，而不可使处不义也。抱其道，不忍私诸身，间尝自试于时；而爱吾身，所以重吾道，未尝受浼①于俗。若此乎其唯洁之归者。是故以尹之左右乎厥辟②，而视诸萧然耕野之时，于行为近矣，乃圣人之近，有洁者在焉，则奚事要君也；以尹之阿衡③乎商室，而视诸嚣然却聘④之日，于行为不去矣，乃圣人之不去，有洁者在焉，则奚至若他人之要也？当其时，汤不得尹，孰与沛天民之泽；尹不乐尧之道，孰自畎亩而结明主之知？汤不得尹，孰与建伐夏之功；尹不乐舜之道，孰与匹夫而动师臣⑤之想？盖求其所以感汤者而不可得，谓之要也亦宜；又求其所以要汤者而不可得，谓之以尧舜之道也亦宜。而顾曰割烹焉，则伊尹非圣人，而圣人固不洁者哉？吾未之前闻矣。吁！如以行则圣人之行，非割烹之行也；如以道则尧舜之道，非割烹之道也。而重为尹诬，非好事者不至此矣。

【评】绾结自然，起伏回应，融化无迹。惟入手处不及元作之浑成耳。

【题解】出自《万章上》第七章，见上，参见化治文卷六王鏊《吾闻其以尧舜之道要汤》。

【注释】

① 受浼：被玷污。《孟子·公孙丑上》："尔焉能浼我哉？"

② 左右乎厥辟：辅佐其君。厥，其。辟，君。

③ 阿衡：此指辅佐商朝，使天下均平。《尚书·太甲上》："惟嗣王不惠于阿衡"，孔安国传："阿，倚。衡，平。"孔颖达疏引郑玄："伊尹，汤倚而取平，故以为官名。"

④ 嚣然却聘：自足自得，拒绝汤的聘请。

⑤ 师臣：以臣为师，指得到君主高度尊重的师保一类大臣。

周室班爵禄也　一章

徐日久

　　举王制之略而爵禄斯重矣。夫爵禄者，王者之所以重天下也，得其名斯得其等矣，虽去籍①何为哉？尝观班爵禄之法，总之以天下为公，而以公天下为天子之柄，是故其本末轻重，盖甚详焉。而不意故府之籍，今不存也，则请言其略。彼周之盛时，天子非加尊也，而要以定天下之名、享天下之实者，谓是为天子之位。其下乃有公有侯有伯有子男，以视天子皆臣也；而为其国主，亦君也。是以有君之等，以明主之尊；有卿大夫士之等，以陈辅之谊。当其时，以亿万一心也，故人仕王国②，出监侯邦，则曰此天子之臣；即藩屏分治也，而或命于天子，或命于其君，总曰此天子之陪臣③。天下之爵亦有不班自天子者哉？夫爵由天降，故为天之子，其处尊自在一体之中；禄以地制，而率土皆王，则分方宜操群后之重。我思周之立国规土，中以定鼎、建丰镐以为都者，岂非谓制不下逮而势不移等哉？如人臣之制不过公侯，是天子之卿所视④受地者也，而制于百里，其臣与食之不至有余；公侯之次为伯、子男，是天子之大夫、士所视受地者也，而制于七十里与五十里，其臣亦等差以食之不虞不足。举九州岛⑤之大，分千八百国⑥之君，非不谓众，而微之附庸，犹错处其间；列五等之爵，定以四、以三、以倍之禄，非不已详，而极之农夫，犹得食其力。乃周之衰也，其所先侵削者庶人也，继之所兼并者与国⑦也，终之所弁髦⑧者遂及天子矣。天子之权轻，而爵禄遂轻；班爵禄者轻，而窃爵禄者偏重。彼诸侯之去籍也，徒畏害己而害乃愈滋。吾欲著其略，以为此天下万世之利也。吁，其鉴哉！

　　【原评】题外一字不添设，题中一字不漏落。繁者简之，散者整之。力大如身，心细如发，真长题老手。

　　【评】归重天子，分"爵"、"禄"为两扇，而故错综之。消纳剪裁，用意极细。而行以浑古疏宕之气，尤不易及。

　　【题解】出自《万章下》第二章，参见化治文卷六王鏊《附于诸侯曰附庸》。

　　北宫锜问曰："周室班爵禄也，如之何？"孟子曰："其详不可得闻也。诸侯恶其害己也，而皆去其籍。然而轲也，尝闻其略也。天子一位，公一位，侯一位，伯一位，子、男同一位，凡五等也。君一位，卿一位，大夫一位，上士一位，中士一位，下士一位，凡六等。天子之制，地方千里，公侯皆方百里，伯七十里，子、男五十里，凡四等。不能五十里，不达于天子，附于诸侯，曰附庸。天子之卿受地视侯，大夫受地视伯，元士受地视子、男。大国地方百里，君十卿禄，卿禄四大夫，大夫倍上士，上士倍中士，中士倍下士，下士与庶人在官者同禄，禄足以代其耕。次国地方七十里，君十卿禄，卿禄三大夫，大夫倍上士，上士倍中士，中士倍下士，下士与庶人在官者同禄，禄足以代其耕也。小国地方五十里，君十卿禄，卿禄二大夫，大夫倍上士，上士倍中士，中士倍下士，下士与庶人在官者同禄，禄足以代其耕也。耕者之所获，一夫百亩。百亩之粪，上农夫食九人，上次食八人，中食七人，中次食六人，下食五人。庶人在官者，其禄以是为差。"

【注释】

① 去籍：指诸侯以为周室班爵禄之制不便于己，有意毁去有关文献。

② 王国：此指周王室。

③ 陪臣：隔了一层的臣。诸侯之臣为天子的陪臣。

④ 视：比照。此句谓，周天子中央王朝的卿，其爵禄比照诸侯王中的公侯。

⑤ 九州岛：即九州。

⑥ 千八百国：《汉书·地理志》等谓周初所封诸侯有千八百国。

⑦ 与国：同等之国，诸侯国。

⑧ 弁髦：抛弃，此句谓把天子当作弃置无用之物。弁，黑色布帽。髦，童子眉际垂发。古代男子行冠礼后，弃"弁"不用，且剃去"髦"，因以"弁髦"喻弃置无用之物，语本《左传·昭公九年》："岂如弁髦，而因以敝之。"

敢问交际何心也　一章

顾宪成

大贤论交际始终，以为不可却也。夫君子未尝一日忘情于天下也，如是，而欲绝诸侯之交际者过矣，是故圣人不为也。且圣贤处世，甚无乐为已甚之行也。已甚则天下欲有所以交于我，而疑于我之不能容；我欲有所以用于天下，而阻于天下之不敢近。道之不行，夫岂独人之过哉？孟子当战国而受诸侯之赐，凡委曲以为行道计耳，胡万章之未谅乎？夫所谓交际者，何从而起也？起于心之恭也，以辞却之，君子病其峻；以心却之，君子病其伪。无一可者也。吾以为其交也协诸道焉，虽以生民未有之圣，亦不得不为道而受；其接也协诸礼焉，虽以大成时中①之圣，亦不得不为礼而受。其不受者，必御人②于国门之外者也。移此心以待诸侯，是御人之盗，王者不教而诛之；取民之诸侯，王者亦不教而诛之矣。孰知充之以义，则天下无可交之人；通之以权，则天下皆可仍③之俗。故鲁人猎较，孔子亦随而猎较也，非徇也。始也以道革人，而有簿书之正；终也以道洁己，而无三年之淹。圣人之行权以济天下，类如此也，吾因是知圣人有三仕焉。其上则"行可之仕"矣，其次则"际可之仕"矣，又其次则"公养之仕"矣。可以仕桓子，而亦可以仕灵公，非区区之仪文果足以縻圣人，而圣人自不忍示天下以亢④也，谓夫人之所以礼貌我者，其犹近于恭也；可以仕灵公，而亦可以仕孝公，非区区之馈养果足以羁圣人，而圣人自不忍待天下以刻也，谓夫人之所以礼遇我者，其犹近于恭也。使必夷⑤诸侯于御人之盗，而却天下之交际焉，天下虽有好贤好士之君，将何因而得通于君子之侧？君子虽有获君行道之念，将何因而得进于人君之前？吾见鲁卫之庭，必无孔子之迹也，可乎哉？

【评】因题成文，不立间架，而题之滕理曲折无不操纵入化。所谓"气盛则言之短长与声之高下皆宜"者。

【题解】出自《万章下》第四章。

万章问曰："敢问交际何心也？"孟子曰："恭也。"（际，接也。交际，谓人以礼仪币帛相交接也。）曰："却之却之为不恭，何哉？"曰："尊者赐之，曰'其所取之者，义乎，不义乎'，而后受之，以是为不恭，故弗却也。"（却，不受而还之也。再言之，未详。万章疑交际之间，有所却者，人便以为不恭，何哉？孟子言尊者之赐，而心窃计其所以得此物者，未知合义与否，必其合义，然后可受，不然则却之矣，所以却之为不恭也。）曰："请无以辞却之，以心却之，曰'其取诸民之不义也'，而以他辞无受，不可乎？"曰："其交也以道，其接也以礼，斯孔子受之矣。"（万章以为彼既得之不义，则其馈不可受。但无以言语间而却之，直以心度其不义，而托于他辞以却之，如此可否耶？交以道，如馈赆、闻戒、周其饥饿之类。接以礼，谓辞命恭敬之节。孔子受之，如受阳货烝豚之类也）万章曰："今有御人于国门之外者，其交也以道，其馈也以礼，斯可受御与？"曰："不可。《康诰》曰：'杀越人于货，闵不畏死，凡民罔不慭。'是不待教而诛者也。殷受夏，周受殷，所不辞也。于今为烈，如之何其受之？"（御，止也。止人而杀之，且夺其货也。国门之外，无人之处也。万章以为苟不问其物之所从来，而但观其交接之礼，则设有御人者，用其御得之货以礼馈我，则可受之乎？《康诰》，《周书》篇名。越，颠越也。今《书》闵作愍，无凡民二字。愍，怨也。言杀人而颠越之，因取其货，闵然不知畏死，凡民无不怨之。孟子言此乃不待教戒而当即诛者也。如何而可受之乎？"殷受"至"为烈"十四字，语意不伦。李氏以为此必有断简或阙文者近之，而愚意其直为衍字耳。然不可考，姑阙之可也。）曰："今之诸侯取之于民也，犹御也。苟善其礼际矣，斯君子受之，敢问何说也？"曰："子以为有王者作，将比今之诸侯而诛之乎？其教之不改而后诛之乎？夫谓非其有而取之者盗也，充类至义之尽也。孔子之仕于鲁也，鲁人猎较，孔子亦猎较。猎较犹可，而况受其赐乎？"（比，连也。言今诸侯之取于民，固多不义，然有王者起，必不连合而尽诛之。必教之不改而后诛之，则其与御人之盗，不待教而诛者不同矣。夫御人于国门之外，与非其有而取之，二者固皆不义之类，然必御人，乃为真盗。其谓非有而取为盗者，乃推其类，至于义之至精至密之处而极言之耳，非便以为真盗也。然则今之诸侯，虽曰取非其有，而岂可遽以同于御人之盗也哉？又引孔子之事，以明世俗所尚，犹或可从，况受其赐，何为不可乎？猎较未详。赵氏以为田猎相较，夺禽兽之祭。孔子不违，所以小同于俗也。张氏以为猎而较所获之多少也。二说未知孰是。）曰："然则孔子之仕也，非事道与？"曰："事道也。""事道奚猎较也？"曰："孔子先簿正祭器，不以四方之食供簿正。"曰："奚不去也？"曰："为之兆也。兆足以行矣，而不行，而后去，是以未尝有所终三年淹也。（此因孔子事而反复辩论也。事道者，以行道为事也。事道奚猎较也，万章问也。先簿正祭器，未详。徐氏曰："先以簿书正其祭器，使有定数，不以四方难继之物实

357

之。夫器有常数、实有常品，则其本正矣，彼猎较者，将久而自废矣。"未知是否也。兆，犹卜之兆，盖事之端也。孔子所以不去者，亦欲小试行道之端，以示于人，使知吾道之果可行也。若其端既可行，而人不能遂行之，然后不得已而必去之。盖其去虽不轻，而亦未尝不决，是以未尝终三年留于一国也。）孔子有见行可之仕，有际可之仕，有公养之仕也。于季桓子，见行可之仕也；于卫灵公，际可之仕也；于卫孝公，公养之仕也。"（见行可，见其道之可行也。际可，接遇以礼也。公养，国君养贤之礼也。季桓子，鲁卿季孙斯也。卫灵公，卫侯元也。孝公，《春秋》、《史记》皆无之，疑出公辄也。因孔子仕鲁，而言其仕有此三者。故于鲁则兆足以行矣而不行然后去，而于卫之事，则又受其交际问馈而不却之一验也。尹氏曰："不闻孟子之义，则自好者为于陵仲子而已。圣贤辞受进退，惟义所在。"愚按：此章文义多不可晓，不必强为之说。）

【注释】

① 大成时中：与上股"生民未有"均指孔子。
② 御人：拦住行人进行抢劫。
③ 仍：沿用。
④ 亢：过分，傲慢。
⑤ 夷：平，此指将诸侯降低到御人之盗的等级上看待。

敢问交际何心也　一章

许　獬

大贤之论交际不为已甚者也。甚矣，圣人无已甚之行也，通此于交际，而何主于必却哉？尝谓圣贤之辙环列国，无非欲行其道于天下也。故天下而无重道之君，则不宜示以轻；天下而有重道之君，则不宜示以固也。诸侯之交际，其犹有重道之心乎？是可以观恭矣。交之者为恭，则却之者为不恭；却之者为不恭，则却之以心与却之以辞者皆不得以言恭也，皆非中正之道，而圣人所不为者也。盖圣人之所却者，必其非道之交而后可也，而交之以道则不可矣；必其非礼之接而后可也，而接之以礼则不可矣；亦必其御人于国门之外而后可也，而非御人于国门之外则不可矣。御人之盗，不待教而诛者也，而移此于诸侯，是已甚之法也，王者之立法不若是之峻也；诸侯之于民，非其有而取者耳，而名之为真盗，是已甚之论也，君子之立论不若是之刻也。向使已甚而可为焉，则猎较弊俗也，胡为而亦从；祭器细事也，胡为而亦正？而若桓子，若灵公，若孝公，皆非有为之君相也，又胡为而有行可之仕，有际可、公养之仕哉？亦曰彼其交以道、接以礼，礼均有致恭之心也；我若却以辞而却以心，均非委曲之权也。夫君子之欲行其道于天下，苟非委曲，何以冀一遇哉？故不为已甚者，圣人之行，而孟子愿学也。

【原评】不于题外自立一意，不于题中提重一句，只将题面牵搭说去，自成一片文字。若绩麻之法，根根相续，更不另起一头者。比之立一意、重一句者更难也。

【评】所恶于钟斗之文者，以其老炼而近俗也。此篇则气颇清真，平淡中自有变化。特录之以示论文宜有灼见，不可偏执一端。

许獬（1570—1606），原名行周，字子逊，号钟斗，福建同安人。万历二十九年（1601）进士，会试第一，廷试二甲一名，授翰林院编修。著有《八经类集》三卷、《许钟斗集》五卷等。《许钟斗集》四库提要云："是集大抵应俗之作，馆课又居其强半。盖明自正、嘉以后，甲科愈重，儒者率殚心制义，而不复用意于古文词，洎登第宦成，菁华已竭，乃出余力以为之，故根柢不深，去古日远，况獬之制义，论者已有异议，则漫为古调，其所造可知矣。"制义有《许钟斗稿》，俞长城谓"时文之尽，莫如同安"，又引汤显祖语，谓许獬善以"尽"学王、钱之"不尽"。

【题解】出自《万章下》第四章，同上。

孔子有见行可之仕　三句
邹德溥

大贤历举圣人之仕，无非道之所在也。夫圣人进以道者也，而或以"行可"，或以"际可"、"公养"，则道固变通也哉？孟子语万章曰：圣人之为天下甚殷，而其待天下甚恕。故尝委曲以冀道之行，即或道之未可行，而亦时就焉，乃其究卒归于道。若孔子可睹已。夫孔子之仕为道也，宜乎道可大行而后仕也，然且有见行可之仕焉。视其君若足以建治，视其相若足以佐理，吾姑以其身周旋于君相之前，盖天下方病吾以难，而吾则时示以易，固吾委曲之微权也。事道也，然非必行可而后仕也，则尝有际可之仕焉。彼其礼遇之隆也，而能必其行吾道哉？顾其所为致敬于吾者，抑犹知隆吾道也。吾由此而仕，其或因晋接以启道合之机乎？此固时事之未可知者。即不然亦鉴其诚焉已矣，而鉴其诚者固道也，是本乎事道之心而权之者也。又非必际可而后仕也，则尝有公养之仕焉。彼其问馈之丰也，而能必其行吾道哉？顾其所为致养于吾者，抑犹知重吾道也。吾由此而仕，其或因鼎养①以启道合之机乎？此又时事之未可知者。即不然亦享其仪焉已矣，而享其仪者固道也，是因乎事道之穷而通之者也。然则以猎较为非道，固非所以论孔子；而以交际为必却，夫亦未以孔子权之与？

【评】三股蝉联而下，清虚夷犹，婉转可味。

【题解】出自《万章下》第四章，见前顾宪成《敢问交际何心也》。

孔子有见行可之仕，有际可之仕，有公养之仕也。

【注释】

① 鼎养：君主优待臣下。《易·鼎》："大亨（烹）以养圣贤。"

仕非为贫也 一章

郝 敬

君子为禄而仕，亦不苟于仕也。夫贫而仕，非君子之得已也，犹必委曲以称职，岂苟焉以得禄而已哉？且君子之仕，行其言也，行其道也。是故居高位而不让、受厚禄而不辞者，有言高之责而当大行之会也。乃君子胡为而有为贫之仕哉？盖方其道与时违，言不用，道不行，已非仕可之日；而朝不食，夕不食，不无免死之忧。故君子而有为贫之仕也，非得已也，亦犹娶妻者之为养耳。然以其贫也，而侈焉以縻①君之禄乎？不敢也。一命②之寄，儋石③之需，聊取之以自给。以其仕于贫也，而苟焉以旷④己之官乎？不敢也。抱关之役，击柝之司，必报之以微劳。何也？食人之禄者敬人之事，禄薄则事简；居君之位者供君之职，职卑则易称。故孔子一仕为委吏，而会计之外无余事矣；再仕为乘田，而牛羊之外无余职矣。责之以尽言，则身未厕于高位之尊，含默自守而不谓之固宠；望之以行道，则身未立于朝廷之上，醇谨无为而不谓之负君。不然，责委吏乘田之贱而谭君国子民之猷，是居下议上，罪之招耳；鄙抱关击柝之卑而希尊位重禄之荣，将道与时违，耻之媒耳。然则居卑贫⑤者，其免于罪乎？辞尊富者，其免于耻乎？此为贫而仕者所当知也。不然，贫亦非君子之所去者，而肯苟且以得君之禄哉？

【评】 自首至尾，浑然一片。题之节次俱融，理解更晰，其营度可谓尽善。

【作者简介】

郝敬（1558—1639），字仲舆，号楚望，湖广（今湖北）京山人。万历十七年（1589）进士，出为知县，后官礼科、户科给事中，以"浮躁"谪知江阴县，复以不为要人所喜，挂冠归里。筑园著书，不通宾客，有《周易正解》二十卷、《尚书辨解》十卷、《毛诗原解》三十六卷等，黄宗羲谓"明代穷经之士，先生实为巨擘"。制义有《郝楚望稿》，俞长城题识云："京山先生负其实学，凡遇一题，抉精神，穷要领，凿凿无所隐护。言所不能言，先生足当之。"

【题解】 出自《万章下》第五章。

孟子曰："仕非为贫也，而有时乎为贫；娶妻非为养也，而有时乎为养。（仕本为行道，而亦有家贫亲老，或道与时违，而但为禄仕者，如娶妻本为继嗣，而亦有为不能亲操井臼，而欲资其馈养者。）为贫者，辞尊居卑，辞富居贫。（贫富，谓禄之厚薄。盖仕不为道，已非出处之正，故其所处但当如此。）辞尊居卑，辞富居贫，恶乎宜乎？抱关击柝。（柝，行夜所击木也。盖为贫者虽不主于行道，而亦不可以苟禄。故惟抱关击柝之吏，位卑禄薄，其职易称，为所宜居也。李氏曰："道不行矣，为贫而仕者，此其律令也。若不能然，则是贪位慕禄而已矣。"）孔子尝为委吏矣，曰'会计当而已矣'。尝为乘田矣，曰'牛羊茁壮，长而已矣'。（此孔子之为贫而仕者也。委吏，主委积之吏也。乘田，主苑圃刍牧之吏也。茁，肥貌。言以孔子大圣，而尝为贱官不以为辱者，所谓为贫而仕，官卑禄薄，而职易称也。）位卑而言高，罪也；立乎人之本朝，而道不行，耻也。"（以出位为罪，则无行道之责；以废道为耻，则非窃禄之官，此为贫者之所以必辞尊富而宁处贫贱也。尹氏曰："言为贫者不可以居尊，居尊者必欲以行道。"）

【注释】

① 糜：通"靡"，消耗、浪费。
② 一命：指低微的官职。周制，官员由卑至尊，有一命至九命。
③ 儋石：此指少量的生活所需。儋，容器，一儋可容一石，或曰二石。
④ 旷：荒废。
⑤ 卑贫：指位低而禄少的官职。

生之谓性 一章
魏大中

论性于生，当辨人于物已。盖生非不可以论性，第当有所生以论生，不然者，人与物几无以辨也。盖孟子之论性也曰善，告子之论性也曰无善无不善。孟子以情表性，情者，真吾性之生机也；而告子于斯时亦复曰生之谓性，凡言生者，皆指夫不虑而知、不学而能者言也。如主夫恻隐、羞恶、辞让、是非者以为生，知则诚良知，能则诚良能也，生之谓性也，人之所以为人者此也；如主夫甘食悦色、知觉运动者以为生，知亦系良知，能亦系良能也，生之不可谓性也，物之所以为物者亦此也。而告子则曰无善无不善者也，是非指恻隐、羞恶、辞让、是非之生，而指甘食悦色、知觉运动之生矣。其驱人而与物等，诚祸之所必至也；而骤以人与物辨，未肯还而自验也。叩以"白之谓白"，固逆料告子必以为然乎，而告子果曰"然"；徐实以白羽、白雪、白玉之白，亦逆料告子必以为然乎，而告子又曰"然"。于是急动之以犬之性、牛之性、人之性，而告子亦遂若听其不得于言与不得于心也。夫告子闻言之下而不无少悚于心，则即此是生、即此是性，斯固犬之性所必无，斯固牛之性所必无矣；即告子闻言之后仍自悍焉弗顾，而天下之人、万世之人，必有不安于为犬，必有不安于为牛者矣。此一辨也，不直抉告子之病根、防其流毒而留几希①于人心哉？由是知论性而得即形见性，而圣人践之；论性而失即生见性，而禽兽位之。甚哉，论性者必不可以离善也。

【评】"生之谓性"未尝不是，但当辨人、物之生所以不同处。前幅融会程子之言及朱子圈外《注》意②，极为明快。　文之清澈廉劲，如刀割涂③，可谓生气见于笔端。

【作者简介】

魏大中（1575—1625），字孔时，号廓园，浙江嘉善人。万历四十四年（1616）进士，官行人，天启元年（1621）擢工科给事中，四年迁吏科都给事中，为吏部尚书赵南星所重。未几，杨涟劾魏忠贤，魏大中亦率同官劾之。后被阉党诬陷下狱，与杨涟、左光斗同死于狱中。崇祯初，赠太常寺卿，谥忠节。有《藏密斋集》。

告子曰："生之谓性。"（生，指人物之所以知觉运动者而言。告子论性，前后四章，语虽不同，然其大指不外乎此，与近世佛氏所谓作用是性者略相似。）孟子曰："生之谓性也，犹白之谓白与？"曰："然。""白羽之白也，犹白雪之白；白雪之白，犹白玉之白与？"曰："然。"（白之谓白，犹言凡物之白者，同谓之白，更无差别也。白羽以下，孟子再问而告子曰然，则是谓凡有生者同是一性矣。）"然则犬之性，犹牛之性；牛之性，犹人之性与？"（孟子又言若果如此，则犬牛与人皆有知觉，皆能运动，其性皆无以异矣，于是告子自知其说之非而不能对也。愚按：性者，人之所得于天之理也；生者，人之所得于天之气也。性，形而上者也；气，形而下者也。人物之生，莫不有是性，亦莫不有是气。然以气言之，则知觉运动，人与物若不异也；以理言之，则仁义礼智之禀，岂物之所得而全哉？此人之性所以无不善，而为万物之灵也。告子不知性之为理，而以所谓气者当之，是以杞柳湍水之喻，食色无善无不善之说，纵横缪戾，纷纭舛错，而此章之误乃其本根。所以然者，盖徒知知觉运动之蠢然者，人与物同；而不知仁义礼智之粹然者，人与物异也。孟子以是折之，其义精矣。）

【注释】

① 几希：本意指不多，此指人之异于禽兽的"人性"，语本《孟子·离娄下》："人之所以异于禽兽者几希。"

② 圈外《注》意：指朱注中"愚按"以下部分。刻本在"愚按"前加有圈作为标记。

③ 割涂：割掉上面涂的附着物。《周记·考工记》："杍以行泽，则是刀以割涂也，是故涂不附。"

乃若其情　四节
郝　敬

因情以知性，虽圣人不能易也。夫情，性之发也。今人不以情善观性，而以不尽之才罪性，亦异乎《诗》与圣言矣。孟子告公都子曰：世之言性者，亦各有据也。以为不善，天下固未有生而无秉彝之人；以为至善，则天下又真有济恶不才之人。无惑乎众说之纷纷矣，吾将安所折衷而曰性善哉？夫执杳然未动之体以探其存，则隐而难测；据纷然已泪①之用以观其外，则杂而失真。惟夫隐而初动，是性方出而与物交之情也，此其际，虽不才之人能有不善乎，过此以往而为不善，则非其人本不才也，陷之也；动而未彰，是情与性初离之境也，此其际，既无不善之为，又安得不谓性善乎，过此以往而以不善终，则非其才独尔殊也，溺之也。世不皆居仁由义②之君子，而皆有恻隐羞恶之情，乃所谓性之有仁义也；世不皆守礼崇智之君子，而皆有恭敬是非之情，乃所谓性之有礼智也。人不思其所固有，而指己性为外铄，吾故以为今之言性者愚也；人不求充其所能为，而以不齐罪其才，吾又以为今之论性者偏也。何也？世未有情善而性不善者，验诸既感之后，而天下皆有好德之情；世未有性不善而情自善者，原诸有生之初，而天下孰非秉彝之性。谓有是生而无是生生之理，非上天生物之心也，此虽不必征诸情而性善可知也；谓无是秉彝而乃有是懿德之好，非由中达外之常也，此尤占诸情而性善益信也。一质诸诗人而其说有征，今人信《诗》词不如信人言，则惑矣；再质诸孔子而其说不能改，今人信孔子不如信三说③，则悖矣。然则吾子宜何信哉？

【评】不但文章镕成一片，读之竟似题目亦止有一句二句者。及细按书之脉络、文之层次，又丝毫不乱，淘熟极生巧之候。

【题解】出自《告子上》第六章，参见正嘉文卷六陈栋《诗曰天生丞民》。

孟子曰："乃若其情，则可以为善矣，乃所谓善也。若夫为不善，非才之罪也。恻隐之心，人皆有之；羞恶之心，人皆有之；恭敬之心，人皆有之；是非之心，人皆有之。恻隐之心，仁也；羞恶之心，义也；恭敬之心，礼也；是非之心，智也。仁义礼智，非由外铄我也，我固有之也，弗思耳矣。故曰：'求则得之，舍则失之。'或相倍蓰而无算者，不能尽其才者也。《诗》曰：'天生蒸民，有物有则。民之秉夷，好是懿德。'孔子曰：'为此诗者，其知道乎！故有物必有则，民之秉夷也，故好是懿德。'"

【注释】

① 汩：扰乱。
② 居仁由义：内心存仁，行事循义。语本《孟子·尽心上》："居仁由义，大人之事备矣。"
③ 三说：指《孟子》本章前引告子"性无善无不善"等三种说法。

尽其心者 一节
顾宪成

君子致知之学，一知性焉尽之矣。盖天下无性外之理也，知性则可以尽心，可以知天矣，其机岂有二乎哉？且天与人以心，而性寓焉，是性也藏于方寸而不为近，原于冲漠而不为远，一以贯之者也。善学者，其求端于性乎？今夫心不可以不尽也，恐其有以隘乎心之量也；心不可以易尽也，必其有以悉乎性之蕴也。惟心至虚，足以具众理，而所为理者何也？性之浑然于心者也，尽其心，则亦以知其浑然于心者而已矣。惟心至灵，足以应万事，而所为事者何也？性之灿然于心者也，尽其心，则亦以知其灿然于心者而已矣。至于知性而知天，不在是哉？盖性者自天而界①于人者也，知性则知其所界之自，而见彻于於穆②之中；性者自人而受诸天者也，知性则知其所受之自，而识超于形气之表。明乎性之浑然，而可与穷神，非夫神之易以穷也，所谓神者，即於穆之体受于天而浑然者也，借曰天有未知，则吾之知性亦揣摩臆度之知耳，于心不相涉也，其奚以尽心也耶？明乎性之灿然，而可与达化，非夫化之易以达也，所谓化者，即物则之宜付于天而灿然者也，借曰天有未知，则吾之知性亦意言象数之知耳，于心不相关也，其奚以尽心也耶？是则心之所以为心，不以郛郭③言，以其中之包涵者言，故知性而心由此尽也；天之所以为天，不以形气言，以其中之主宰者言，故知性而天由此知也。性学④之不可不讲也，如是夫？

【原评】 于"心"、"性"、"天"三字分合处看得划然，便能于"者"、"也"、"则"、"矣"四字关生处写得宛然。此题仅见⑤文字。

【评】 嘉隆浑重体质，至此一变而清莹空明、毫无障碍，可为腐滞之药。

【题解】 出自《尽心上》第一章。

孟子曰："尽其心者，知其性也。知其性，则知天矣。（心者，人之神明，所以具众理而应万事者也。性则心之所具之理，而天又理之所从以出者也。人有是心，莫非全体，然不穷理，则有所蔽而无以尽乎此心之量。故能极其心之全体而无不尽者，必其能穷夫理而无不知者也。既知其理，则其所从出。亦不外是矣。以大学之序言之，知性则物格之谓，尽心则知至之谓也。）存其心，养其性，所以事天也。（存，谓操而不舍；养，谓顺而不害。事，则奉承而不违也。）夭寿不贰，修身以俟之，所以立命也。"（夭寿，命之短长也。贰，疑也。不贰者，知天之至，修身以俟死，则事天以终身也。立命，谓全其天之所付，不以人为害之。程子曰："心也、性也、天也，一理也。自理而言谓之天，自禀受而言谓之性，自存诸人而言谓之心。"张子曰："由太虚，有天之名；由气化，有道之名；合虚与气，有性之名；合性与知觉，有心之名。"愚谓尽心知性而知天，所以造其理也；存心养性以事天，所以履其事也。不知其理，固不能履其事；然徒造其理而不履其事，则亦无以有诸己矣。知天而不以夭寿贰其心，智之尽也；事天而能修身以俟死，仁之至也。智有不尽，固不知所以为仁；然智而不仁，则亦将流荡不法，而不足以为智矣。）

【注释】

① 畀：交付，给予。
② 於穆：叹美之辞，此指天之广大无极。《诗经·大雅·维天之命》："维天之命，於穆不已。"
③ 郛郭：外城，即城市外圈加筑的一道城墙。此处喻指作为身体器官的"心。"
④ 性学：穷理尽性之学。
⑤ 仅见：独一无二。

无欲其所不欲

李继贞

全其不欲之心，善事心者也。夫不欲，吾心也，无以欲害之于心，独无慊①乎？且人心惟欲、不欲两端已耳，人不欲于"本有"中求可欲之善，当先于"本无"中完不欲之倪②。盖人心有所为不欲者，是从可以陷溺③之处，现其不为陷溺之端者也。必此心销除既尽，然后同然之欲见，而直顺其欲，可以日休；若此心遏抑既久，将并"不欲"之良亦泯，而尽化为欲，遂以莫挽。吾愿学者于夜气④中偶得一不欲贪昧之实，则不但视为"人心"之退，直当视为"道心"之复，而坚意就之，无至旦昼而又欲之，

"不欲"一念犹属夜气，而"无欲"一念即属操存⑤也；吾愿学者于乍见⑥时偶怀一不欲隐忍之机，则不止视为几希⑦之绪，直当视为全体之呈，而迎机导之，无至物交而又欲之，"不欲"一念犹属乍见，而"无欲"一念即属扩充也。思不欲从何生，必吾心先有一欲与本来之天⑧拂，而后不欲之心始出也，不欲已居后矣，常人之良，每俟妄穷⑨而见，则辨真妄之关者，必以后念⑩为真；思不欲从何转，必吾心复有一欲与先起之念⑪争，而后不欲之心始改也，不欲已居前矣，常人之心，以遂初心而快，则权顺逆之数者，必以前念为顺。等心耳，欲者便于形，不欲便于性，奈何矫性以适形乎？欲者是吾情，不欲亦吾情，奈何屈情以伸情乎？吾观今之人心，必无有以"不欲"误人者，故请自"无欲其不欲"始。

【评】同是羞恶之心，却须切"不欲"，才不混上句。"贪昧"、"隐忍"，二义亲切。后幅笔意，更为豫章⑫诸家开先。

【作者简介】

李继贞（？—1642），字征尹，号萍槎，江苏太仓人。万历四十一年（1613）进士，除大名推官，升工部屯田司主事，迁兵部职方司。天启四年典试山东，坐试录刺魏忠贤，降级，已而削籍。起为兵部侍郎兼右都御史，巡抚天津，督蓟辽军饷，卒于官。学有根柢，工文章，著作《津门奏草》、《萍槎集》、《雪虹阁集》。

【题解】出自《尽心上》第十七章。

孟子曰："无为其所不为，无欲其所不欲，如此而已矣。"（李氏曰："有所不为不欲，人皆有是心也。至于私意一萌，而不能以礼义制之，则为所不为、欲所不欲者多矣。能反是心，则所谓扩充其羞恶之心者，而义不可胜用矣，故曰如此而已矣。"）

【注释】

① 慊：满足。

② 倪：端。

③ 陷溺：指失去"人心"中善的成分。

④ 夜气：清明之气。人在夜间不与外物交接，故其气清，语本《孟子·告子上》："夜气不足以存，则其违禽兽不远矣。"

⑤ 操存：此指执持心志，保有人的善性。语本《孟子·告子上》："孔子曰：'操则存，舍则亡；出入无时，莫知其乡。'惟心之谓与？"

⑥ 乍见：指《孟子·公孙丑上》所说"今人乍见孺子将入于井，皆有怵惕恻隐之心"，这种恻隐之心，是"仁之端也"。

⑦ 几希：少量，此指人之异于禽兽的善性。语本《孟子·离娄下》："人之所以异于禽兽者几希。"

⑧ 本来之天：本有的天性。

⑨ 妄穷：妄念消除。

⑩ 后念：此指"不欲"之念。

⑪ 先起之念：此指"不欲"之念。

⑫ 豫章：今江西南昌，此指以艾南英为首的"豫章社"。

无政事则财用不足

归子慕

观国计之所系，则政事要矣。夫财用，国之大计也，乃以无政事则不足，而政事顾可忽与？且夫善为国者，未有不言政事者矣。政事非所以割制天下，乃所以均调其有余、不足，使天下饶裕相安乐者也。何以言之？盖天地之生财，任其自然，赖人事为之蓄泄；国家之制用，因乎物力，有常道使之流通。则政事即不为财用设也，而财用亦政事之所经理也。朝廷之区画①得宜，则一举一动，皆樽节②爱养之道；庙廊之调度失策，则一出一入，皆滥觞③虚耗之端。末作④之交骛，淫巧之并售，而禁不行，徒使穷极工力，无益于用，非所以浚泉货⑤之源者也；膏脂之浚削⑥，溪壑之填委⑦，而法不立，虽使计析秋毫，何补于事，非所以塞江河之流者也。恣其出不量其入，丰其予不顾其取，蔑⑧经常之制，竞锥刀之末⑨，其于大体伤而国计亦已匮矣；缺于前支吾⑩于后，亏于此取盈于彼，先王之道废，言利之臣进，其于民生病而财力亦已殚矣。盖政事修举，不独其理财用，财用乃足也，彼天下大势，烦简疏密相均相制，无非财用之腠理⑪；政事废弛，不待其费财用，财用乃不足也，彼天下大势烦简疏密偏重偏轻，无非财用之漏卮⑫。则政事之系于人国也有如是矣。

【评】上溯周官之法制，下极汉唐之末流，穷尽事理，恰与题之窾郄⑬相入。兼成化至嘉靖作者之能事而有之。

【题解】出自《尽心下》第十二章。

孟子曰："不信仁贤，则国空虚。（空虚，言若无人然。）无礼义，则上下乱。（礼义，所以辨上下，定民志。）无政事，则财用不足。"（生之无道，取之无度，用之无节故也。尹氏曰："三者以仁贤为本。无仁贤，则礼义政事，处之皆不以其道矣。"）

【注释】

① 区画：亦作"区划"，筹划、安排。

② 樽节：同"撙节"，节省。樽，通"撙"，抑制。

③ 滥觞：喻指事情的开始。本指浮起酒杯，指水流细小，语出《孔子家语·三恕》："夫江始出于岷山，其源可以滥觞。"

④ 末作：指工商业。

⑤ 泉货：钱货。泉，钱。

⑥ 浚削：榨取，搜刮。

⑦ 溪壑之填委：堆积于溪壑，喻指满足人的贪欲。溪壑，山间的沟壑，常喻指欲望。填委，堆积。

⑧ 蔑：没有。

⑨ 竞锥刀之末：竞相夺取微末之利。锥刀之末，指极小的利益，语本《左传·昭公六年》："锥刀之末，将尽争之。"杜预注："锥刀末，喻小事。"

⑩ 支吾：应付。

⑪ 腠理：喻指条理或途径。

⑫ 漏卮：底上有孔的酒器，此喻虚耗财用的漏洞。《淮南子·泛应训》："江河不能实漏卮。"
⑬ 窾郤：原指骨骼筋节间的缝隙，此喻指原题的结构层次。语出《庄子·养生主》："批大郤，导大窾。"

圣人之于天道也
胡友信

　　论至极之人，各属乎至极之道也。盖既为圣人，孰非天道，然其所以属之者，亦岂能尽同哉？于此可以观命矣。今夫道原于天，圣人出于天，形神固相为倚著者。然世有升降，遇有污隆，而相从于气化者，未能尽如圣人之心；时有常变，气有厚薄，而辗转于时事者，未能尽协惟皇之极①。精一执中，揖让而治，尧舜之于天道则然也，降而如汤如武，则天道同，而与尧舜不尽同也；兼三王之四事②，集群圣之大成③，周孔之于天道则然也，下而如夷如惠④，则天道同，而与周孔不尽同也。出焉而为纲常之主，均之有助于天也，而不能无先天后天之异；人焉而完性命之真，均之无负于天也，而不能无全体一体之殊。其仁之至，皆合乎天之元⑤也，其义之尽，皆合乎天之利也，至于处君臣父子之际，则各一其道也；其礼之卑，皆合乎天之亨也，其智之崇，皆合乎天之贞也，至于处宾主贤否之间，则各一其道也。圣人之于天道盖如此。吁！合者其性也，不合者其命也。尽性以至命，非圣人其孰能之？

　　【评】股法次第相承，虚实相生。题理尽而文事亦毕，稿中极朴老之作。

　　【题解】出自《尽心下》第二十四章，参见正嘉文卷六瞿景淳《口之于味也》。

　　仁之于父子也，义之于君臣也，礼之于宾主也，智之于贤者也，圣人之于天道也，命也，有性焉，君子不谓命也。

【注释】

① 惟皇之极：此指上天所立的极则。语本《尚书·洪范》："五、皇极。皇建其有极。……惟皇作极。"
② 兼三王之四事：三王，指禹、汤、文武。四事，指禹恶旨酒而好善言、汤执中而立贤无方等四事。按，此句指周公，《孟子·离娄下》："周公思兼三王，以施四事。"
③ 集群圣之大成：此指孔子。《孟子·万章下》："孔子之谓集大成。"
④ 如夷如惠：如伯夷，如柳下惠。《孟子·万章下》："伯夷，圣之清者也……柳下惠，圣之和者也。"
⑤ 元：此句及后数句分别提及"元"、"亨"、"利"、"贞"，即乾卦"四德"，古人分别配以仁、礼、义、智。见《易·乾》："元者善之长也，亨者嘉之会也，利者义之和也，贞者事之幹也。君子体仁足以长人，嘉会足以合礼，利物足以和义，贞固足以幹事。君子行此四德者，故曰：'乾，元、亨、利、贞。'"

有布缕之征　　缓其二
李维桢　程

　　国有常征，君子用之以时焉。夫国以民为本也，赋其财，役其力，而皆以时行之，君子之仁民如此哉。孟子之意若曰：人情莫不欲富，亦莫不欲安，而在上者每过用之以富强其国，盖未闻君子之道也。君子尝教民以蚕桑而不自织，是故布缕必征诸民焉；尝授民以恒产而不并耕，是故粟米必征诸民焉；尝劳心以治人而不劳力，是故力役必征诸民焉。以下奉上，谓之大义；以上用下，谓之定制。自帝王经国以来，未之有改者也。义所当征，即并征孰敢不从，君子则曰，三者民所资以生也，不能无取于民矣，而可以多取乎？制所当用，即兼用未为不可，君子则曰，三者非一时所办也，能不失时足矣，而可以违时乎？故时至则用之，用者特其一耳，事有不容已，取给于今，而力有不得兼，徐待于后，其心惟恐用之或骤也；非时则缓之，缓者凡有二焉，酌国之经费，事不繁兴，而养民之财力，求为可继，其心若以为缓为未足也。用不后期，缓不陵节①，民方以缓为恩而不以用为厉；一常在官，二常在民，民欢乐以从其一而从容以供其二。夫是以国无废事，民有余力，而上下交相为助也。斯其为君子之道乎？

【评】词语虽尚琢炼，而气体自与俗殊，以言外尚有书卷之味也。

【作者简介】

李维桢（1547—1626），字本宁，湖北京山人。隆庆二年（1568）进士，万历间擢提学副使，浮沉外僚近三十年，天启初以布政使致仕家居，召修《神宗实录》，迁礼部右侍郎。天启四年（1624）八月升南京礼部尚书，五年致仕，次年卒。博闻强记，文章弘肆有才气，负重名垂四十年，然多率意应酬。著有《大泌山房全集》一百三十四卷等。

【题解】出自《尽心下》第二十七章。

孟子曰："有布缕之征，粟米之征，力役之征。君子用其一，缓其二。用其二而民有殍，用其三而父子离。"（征赋之法，岁有常数，然布缕取之于夏，粟米取之于秋，力役取之于冬，当各以其时；若并取之，则民力有所不堪矣。今两税三限之法，亦此意也。尹氏曰："言民为邦本，取之无度，则其国危矣。"）

【注释】

① 陵节：超过了节度。

人皆有所不忍　　仁也

左光斗

大贤论仁，惟全其不忍之真而已。夫不忍之真，即当所忍而见也，求仁者亦务所以达之矣。孟子盖谓：千古指仁体者，莫真于不忍，则以不忍一念，于造化为生理，于人心为生机。而无奈不忍者不能不乘于所忍也，则君子必何如而合仁体哉？我以为人之证不忍也，每于不忍之人，而吾之证不忍也，即于所忍之人，则以不忍与所忍无两人也；人之证皆有不忍也，每以无所忍之心，而吾之证皆有不忍也，即以有所忍之心，则以不忍与所忍无两心也。惟其无两人，故一人而忍、不忍异状，可当体而达也；惟其无两心，故一心而忍、不忍同宅，可当念而达也。达非执不忍以塞忍也，有可塞者必有源，而当其不忍，忍何因而生，及其有忍，不忍何因而灭，则所忍之原非有源也，无源者还之妄，而不忍之真有沛然其流豳①者矣；达亦非破忍以疏②不忍也，有可疏者必有阏③，而当其忍时，不忍何所往，及其忍灭，不忍何所来，则不忍之原非有阏也，无阏者浚其真，而所忍之妄有索然其立竭者矣。是以验恻怛之良者，每不于习见而于乍见④，乍见之不忍，即习见之所忍也，但使时时如乍见，而仁人之运天下、保四海者岂更烦转念焉？验几希之统⑤者，每不于旦昼而于平旦⑥，平旦之不忍，即旦昼之所忍也，但使在在如平旦，而仁人之弘胞与⑦、大立达⑧者岂更烦易念焉？故曰仁也。夫惟知不忍之为仁，而于日生见大德；人知所忍之未始不可为仁，而于来复⑨见天心。斯深于仁者矣。

【评】孟子示人，只就当下指点，令人豁然有警发处。此篇恰与本文相似，良由仁义根心，故直达胸中所欲言，而与圣贤之词气自比附也。

【作者简介】

左光斗（1575—1625），字遗直，一字共之，号浮丘，安徽桐城人。万历三十五年（1607）进士，授中书舍人，升浙江道监察御史，后任左金都御史。参与杨涟劾魏忠贤，又亲劾魏忠贤三十二罪。与杨涟同被诬陷，死于狱中，后追赠太子少保，谥忠毅。著有《左忠毅公集》五卷附一卷。

【题解】出自《尽心下》第三十一章，参见正嘉文卷六唐顺之《可以言而不言》。

孟子曰：人皆有所不忍，达之于其所忍，仁也。

【注释】

① 流豳：流畅。
② 疏：疏通，疏濬。
③ 阏：阻塞。
④ 乍见：忽见。本《孟子·公孙丑上》："今人乍见孺子将入于井，皆有怵惕恻隐之心。"朱熹集注引谢氏："方乍见孺子入井之时，其心怵惕，乃真心也。非思而得，非勉而中，天理之自然也。"
⑤ 几希之统：几希，本指很少，此指人之异于禽兽的善性。语本《孟子·离娄下》："人之所以异于禽兽者几希。"
⑥ 平旦：清晨。按照孟子的观点，平旦之时，人未与物接，其清明之气所存较多，及旦昼与物相接，而清明之气则少。见《孟子·告子上》："其日夜之所息，平旦之气，其好恶与人相近也者几希，则其旦昼之所为，有梏亡之矣。"
⑦ 弘胞与：弘扬仁者"民胞物与"的精神。
⑧ 大立达：弘扬仁者"己欲立而立人，己欲达而达人"（《论语·雍也》）的精神。
⑨ 来复：去而复来。按，此句本《易》剥极复生之义，谓"所忍"当复于所固有的"不忍"，见《易·复》："七日来复，利有攸往。"又，"复，其见天地之心乎？"

由孔子而来 一节

董其昌

大贤任圣道，而深有感于继统①则无闻知，孔子之道，当不若是之遽绝也。非大贤，其谁任之？且夫道之由传，则赖见知之圣矣，不幸无圣人，而有圣人之徒以维之，则其统亦不中绝。吾兹有慨于孔子之道焉，何也？凡道之所谓见而知者，其精神心术之默契，诚不在时与地之间；其遗风余韵之渐濡，亦乐于世与居之近。故苟在五世②以内，犹同时也；苟非千里而遥，犹一堂也。于此而有心圣人之心者，必举而属之曰"见知其人矣"，乃孔子以及于予，其时何时而其地何地哉？感哲人而兴怀，则遗泽未艾矣，天苟无意于见知，必不虚当此世也；凭中国而仰止，则宫墙③可即矣，天果不欲生见知，必不虚近此居也。谓宜有私淑④之士为孔子之禹、皋⑤者出焉，而今且谁与归乎？岂其莫为之前，而亦莫为之后乎？谓宜有愿学之选为孔子之伊、莱者出焉，而今且谁其人乎？岂其当年无人，而旷世尚有人乎？孔子之道与世无终，与天无极，其必有闻于五百岁之后也，吾诚可以预信，惟求所以见知者而不得也，则渊源丧而后来之考信者安承？孔子之道或闻以君，或闻以师，其必不泯于五百岁之远也，吾固可以预筹⑥，唯求所谓见知者而无其人也，则羽翼孤而后贤之继述者奚据？盖稽之往事，闻、见⑦之相待若彼，而何独限于孔子；验之今日，时、地之相近若此，而何独啬于见知？则予何敢让焉！

【评】提起"见知"，斡入"时"、"地"，题前数语极有精采，中后循次顿折，亦兴往而情来。

【题解】出自《尽心下》第三十八章，参见化治文卷六顾清《由尧舜至于汤》。

由孔子而来至于今，百有余岁，去圣人之世，若此其未远也；近圣人之居，若此其甚也，然而无有乎尔，则亦无有乎尔。

【注释】

① 见知：与"闻知"相对，指亲见圣人而传其道于后者。
② 五世：五代。此句本《孟子·离娄下》："君子之泽五世而斩。"谓孟子之时，孔子之泽尚在，孟子可承其学、继其统。
③ 宫墙：此指"师门"、"门墙"，语本《论语·子张》："子贡曰：'譬之宫墙，赐之墙也及肩，窥见室家之好。夫子之墙数仞，不得其门而入，不见宗庙之美、百官之富。'"
④ 私淑：没有得到某人的亲身教授而又敬仰他的学问并尊之为师。《孟子·离娄下》："（孟子曰）予未得为孔子徒也，予私淑诸人也。"
⑤ 孔子之禹、皋：及下文"孔子之伊、莱"均指孔子之道的"见知者"。禹、皋，大禹、皋陶，为尧舜之道的见知者；伊、莱，伊尹、莱朱，为汤之道的见知者。
⑥ 预筹：预先料定。筹，同"算"。
⑦ 闻、见：此指"闻知"与"见知"。

【钦定启祯四书文】

天启（1621—1627）为明熹宗朱由校年号，崇祯（1628—1644）为明思宗朱由检年号。两朝共举行九科会试。

钦定启祯四书文卷一（《大学》）

欲齐其家者 二句
陈际泰

家取则于身，故君子谋所以齐之者焉。夫以不德之身，强行于物，即家且先格矣，岂能齐乎？且夫家之难齐，甚于国之难治也。所谓甚于国者有二：国者，威权之所可驭也，用恩之地①而威权之分失矣；国者，耳目之所不接也，昵就之人而耳目之际真矣。威权不得而施，则反其道乃可以相易；耳目不得而匿，则益其事乃足以相当。其必先修身乎？一家之中，其为贤不肖者不一而足，齐之者，将使人人有士君子之行，夫狭邪淫比②，禁之而不止者，无术以至之也，吾修吾身，言必称先王，动必稽古昔，则作事可法而无自恣其偷越③之思，故其子弟之教不肃而成；一家之中，其爱恶相攻者亦不一而足，齐之者，将使人人有秉礼度义之意，夫诟谇嚣陵④，调之而愈棼⑤者，无道以御之也，吾修吾身，情欲之感无介乎仪容，晏安⑥之私不形于动静，则用情正大而无自开其偏溺之端，故其起伏之情不剂而平。夫治家以和者，固不以乖戾致恩义之暌⑦，而其弊或至于无节；治家以严者，固不以亵狎致妇子之嬉⑧，而其弊或至于不乐。故齐家莫修身若也。身修固去其和与严之名，而兼乎和与严之利者乎？盖关雎麟趾之休⑨，本于文德；而风火利贞之义⑩，究归言行。然则欲齐家者，其所先盖可知矣。

【评】词旨明达，体质纯茂，又变其平日纵横跌宕，而一归于经术。

【作者简介】

陈际泰（1567—1641），字大士，江西临川（今抚州）人。少时流寓于福建武平，家贫甚，后返临川，与艾南英、章世纯、罗万藻以时文名天下，并称"江西四家"。其为文敏甚，一日可二三十首，先后所作至万首，经生举业之富，无若际泰者。崇祯三年（1630）举于乡，又四年（1634）成进士，年已六十有八，又三年除行人。居四年，护故相蔡国用丧南行，卒于道。著有《易经大意》七卷、《太乙山房集》十四卷等。陈际泰为明末制艺大家，有《陈大士稿》，俞长城题识称其"才甚捷"、"名甚震"，不受师承，卒成大家，故"质甚奇"，变通先辈，自为面目，故"法甚高"。

【题解】出自经首章，参见正嘉文卷一归有光《大学之道》。

欲齐其家者，先修其身。

【注释】

① 用恩之地：指家庭。下句"昵就之人"指家人。

② 狭邪淫比：泛指行为不端。比，结党、相互勾结。

③ 偷越：苟且行事，逾越规矩。偷，苟且。

④ 诟谇嚣陵：互相责骂、嚣嚷争竞。陵，通"凌"。

⑤ 棼：混乱。

⑥ 晏安：怠惰。

⑦ 恩义之暌：缺少恩义。暌，违隔，分离。

⑧ 妇子之嬉：妇女子弟嬉笑无节。《易·家人》："妇子嘻嘻，失家节也。"

⑨ 关雎麟趾之休：指家庭夫妇和顺，子孙有品行。休，美。关雎麟趾，指《诗经·周南》中《关雎》、《麟之趾》两篇，毛诗大序谓"《关雎》，后妃之德也"，是"正夫妇"的诗篇；《麟之趾》，毛诗序谓"《关雎》之应也"，是赞美贵族子孙优秀的诗篇。

⑩ 风火利贞之义：指家人之间互相帮助之义。语出《易·家人》："风自火出，家人。"孔颖达疏："火出之初，因风方炽。火既炎盛，还复生风。内外相成，有似家人之义。故曰'风自火出，家人'也。"

欲正其心者　四句

陈际泰

原正心之由而递①于致知，以见意之未易诚也。夫正心原于诚意，固也，然或诚意而适以累其心，此致知不可不讲也。且心者，己之得于天者也，发之而未极其审，而已关家国天下利害之由。故君子所恃者惟一心，而苟令役于心者②之有以为扰、与役于心者无以为功，皆于正心之说未详也。徒曰修身必先正心，则心之静者已得，心之感者又未必得也。夫合心与意，而后全其所为心。心之神明与心之变化并，牿心③之罪与治心之功俱。在萌生之会④而从心之寂然时观心之正，则向晦而入息⑤，皆可与上圣同功。然既发其机于意，又不能使不为意。强禁而使之不动，亦非本心之正也，依其所固然而不预之以私，是意得其所为意。意得其所为意，从意之息而观心，君子以为弥正；即从意之日出而观心，彼心不为不诚之意所累，则心之空明者无方⑥矣。盖举心之感⑦而并正之，而后获乎正心之全。然则欲正其心者，此说不可不务白⑧也。虽然，犹未尽乎所以正心也。徒曰正心必先诚意，则夫意之不诚而为心害人知之，意之既诚而害心弥甚者未必知之也。夫验诚于知，而后慊乎⑨其为意。意之发端固生于心之所倪⑩，乃意之发端尤生于明⑪之所导。苟不得其启诲之功而任意之无愧者为意之诚，则愚孝与愚忠，皆可与恶养⑫同过。而既授其权于知，又不可少其所知。略用而遂自安，是益便其所为不宜诚也，探其所宜然而以深于其类，是诚必得其所应诚。诚得其所应诚，将知其如是而果之，君子不病其诚；即知其不必如是⑬而不果，彼意不为不宜诚之事所牵，则意之无妄者可以始终矣。举意之误而尽知之，而后远乎诚意之害且益获乎正心之全。则欲诚其

374

意者，不可不务白也。盖心者，身之宰，家国天下之所系属也；而意窃为之役，意之有以为扰与无以为功，所关岂特一节也哉？故君子务谨焉。欲正其心，欲诚其意，而犹不止也。虽致知，又安得止也？

【评】 "心"、"意"、"知"相关处，皆实得于心，故言皆真切。而灵隽之笔，复能曲折尽意。虽两股之末，微侵"而后"语意⑭，然不可以议大家阐发义理之文。

【题解】 出自经首章，参见正嘉文卷一归有光《大学之道》。

欲正其心者，先诚其意；欲诚其意者，先致其知。

【注释】

① 递：递进，推进。
② 役于心者：指"意"。朱熹《集注》："意者，心之所发也。"
③ 牿心：即"梏心"，束缚心。牿，同"梏"，束缚。
④ 萌生之会：意念将萌生的关头。会，时机。
⑤ 向晦而入息：此指静处，心未展开活动并发于行动。晦，晚。语本《易·随》："泽中有雷，随，君子以乡（按，即向）晦入宴息。"王弼注："物皆说随，可以无为，不劳明鉴。故君子'向晦入宴息'也。"按，此句大意为，当人的心意未发之时，人的"心"保持着纯粹性和本然的善性，故可"与上圣同功"。
⑥ 无方：没有什么拘束和限制。
⑦ 感：与外物的交感。指心的各种活动和功能。
⑧ 白：弄清楚。
⑨ 慊乎：满足貌，犹言"全乎"。
⑩ 倪：端，边际。
⑪ 明：神明，固有的"明德"。
⑫ 恶养：即"贱德恶养"，排斥修养。
⑬ 不必如是：不一定是当诚的意念。如是，指上文所言"所应诚"。
⑭ "微侵"句：指本文两股末句"而后获乎正心之全"、"而后远乎诚意之害"，更适合于阐发《大学》"知至而后意诚，意诚而后心正"诸句。

为人臣止于敬 （其一）

杨以任

稽臣道于周圣①，得其至矣。盖君一而已，可不敬欤？止于敬者，是惟文王焉。且千古人臣之分，敬而已矣。敬生于分②，而倘不定于心，纵节以常凛③，未免贞为变移④。惟不移于易移之时者，至矣。敬止之文，又见其为人臣矣。夫溯生民所以立君之初，寻今古选相君臣之已事⑤，文王不应为人臣，人亦应无能臣文王者，而况在有商之季哉？天与人之说⑥，此日皆足移忠良之意；昏与明之故，往者亦徒留圣哲之惭⑦。然而止敬之心不谓是也。但处覆载之中，何事非君；共是冠履⑧之域，何日非臣？故高其节以悟之，亦见主有可携⑨者也，夫天下无不可事之君者，文王也，庙堂之上，依然天聪天明之君父，道在服事，服事之而已矣；即坚其义以从之，犹见臣得而主失也，夫为臣而曰见不足者，文王也，西服⑩之间，犹是日宣日严⑪之臣子，心在祗承⑫，祗承之而已矣。当其时，其进有撄鳞⑬之辜，而敬之纯者，必不以一臣易一君，故主之霁威⑭不敢知，而明夷⑮蒙难之时，犹起而歌圣明⑯者，非不为一身解罪也，吾君原无过诛耳；其退有如煨⑰之诉，而敬之至者，必不以千万人易一人，故民之离合不敢问，而有二⑱倾心之日，犹挽以归服事者，非不为万姓去仇也，吾君原自可后⑲耳。呜呼！此文王之所以为"文"也，此文王之所以为臣也。天植其性，义尊于身，五十载⑳不退之贞心，千百年独立之臣极。呜呼，至矣！

【原评】不涉一浅近鄙陋之语，以简炼见其矜贵，可谓锵锵振金玉。

【评】"臣罪当诛"、"天王圣明"㉑二语，程朱皆不以为然。而借以诂此题，则义亦可通，且措语亦尚有斟酌。

【作者简介】

杨以任（1600—1634），字维节，号澹余，江西瑞金人。崇祯四年（1631）进士，淡于进取，辞县职，改应天教授，升国子博士，卒于官，年止三十五，著有《读史四集》、《非非室文集》等。所为制义，海内传诵，与陈、艾、章、罗齐名，又有"江西五大家"之称。有《杨维节稿》，俞长城题识谓其稿"缠绵且挚，君臣父子之间，三致意焉"。

【题解】出自传第三章，参见化治文卷一李时勉《君子贤其贤而亲其亲》。

《诗》云："穆穆文王，於缉熙敬止！"为人君，止于仁；为人臣，止于敬；为人子，止于孝；为人父，止于慈；与国人交，止于信。

【注释】

① 周圣：周文王。

② 分：定分，上下尊卑的名分。

③ 常凛：常怀敬畏之心。按，此句谓如不明于定分，即使常以敬畏之心节制自己，其贞定之心也会被外界的变化所转移。

④ 贞为变移：忠贞之心为时势的变化所改变。贞，定。

⑤ 已事：往事。

⑥ 天与人之说：指"天与人归"则可取代旧王的说法。此谓，若依"天与人归"之说，文王就会改变其忠诚于商朝的心意。

⑦ 圣哲之惭：指前代圣哲商汤以明代昏、"逆取"天下，而终感惭愧。《尚书·仲虺之诰》谓"（汤）天生聪明时乂，有夏昏德"，又言"成汤放桀于南巢，惟有惭德"。

⑧ 冠履：帽与鞋，喻上下、尊卑。《史记·儒林列传》："冠虽敝，必加于首；履虽新，必关于足。何者，上下之分也。"

⑨ 可携：挽扶，此谓规劝天子，使进于道。

⑩ 西服：西方臣服之国或属地，此即指文王的封地。

⑪ 日宣日严：此指周文王仍然恪守臣子的本分。宣，布。严，敬。语本《尚书·皋陶》："日宣三德……日严祗敬六德"。旧注以为，人共有九德，日布其三德，则可以为卿大夫；日敬其六德，则可以为诸侯。

⑫ 祗承：敬承王命。《尚书·大禹谟》："文命敷于四海，祗承于帝。"

376

⑬ 撄鳞：指触怒君王。撄，触碰。《韩非子·说难》："（龙）喉下有逆鳞径尺，若人有婴之者，则必杀人。人主亦有逆鳞。"

⑭ 霁威：息怒，收敛威严。

⑮ 明夷：贤人遭受艰难。夷，伤。《易·明夷》："明夷：利艰贞。"孔颖达疏："此卦日入地中，明夷之象。施之于人事，暗主在上，明臣在下，不敢显其明智，亦明夷之义也。"

⑯ 歌圣明：歌颂商纣的圣明。按，此本韩愈《琴操·拘幽操》，谓周文王虽被拘羑里，而毫无怨君之意。

⑰ 如煨：指商纣王的苛政如同烈火般猛烈。煨，火。语本《诗经·周南·汝坟》："鲂鱼赪尾，王室如煨。"郑玄笺："是时纣存。"

⑱ 有二：指叛商纣归西伯的诸侯，文王时三分天下有其二。《左传·襄公四年》："文王率殷之叛国以事纣。"

⑲ 可后：可以继续为帝王。后，王。

⑳ 五十载：文王在位五十载，终身未叛商。《史记·周本纪》："西伯盖即位五十年。"

㉑ "臣罪当诛"二语：出自韩愈《琴操·拘幽操》："呜呼！臣罪当诛兮，天王圣明。"此《拘幽操》标"文王羑里作"，而对于诗意是否确切地表达了周文王被拘羑里时的"心中事"，后世看法不一。

为人臣止于敬 　（其二）

杨以任

观于周圣，而知无可不敬之臣也。盖臣之为道，以一敬相终始，文王亦终见其为人臣而已矣。今夫至善之理，具于君臣，君不足主乎其臣，而臣之自靖者难矣。顾上下非以云报也，则昏明仁暴之说宜不至于其间，而敬之为道，盖与臣终始焉。不观之文王乎？西土五十年之君，固商家之老臣也。当日臣子之故①，共微、箕②而遭之。彼③可告无罪于先王，此④不可辞昭融⑤于上帝。即使易成汤而居之，堂廉⑥不足持天人之故，率典⑦亦或当时数之推⑧。其不得为微、箕，而又决不欲为汤也，而敬倍难矣，然而其敬竟止矣。隐其敬而奉之君，维彼严主亦霁颜焉，夫文也，惟一人之戴在心，柔而贞之⑨，以将其所不容已⑩，羑里有生臣⑪，庶不重吾君戮贤之谤；博其敬而萃之君，维彼汤孙⑫无西顾焉，夫文也，若天子之光⑬在上，旬而宣之⑭，以效其不敢不然，江汉有良臣⑮，亦半淡王室如煨⑯之灾。夫人愿忠之气，忌于多臣之口，亦不能不衰，而文第如故也，宁不尽解于圣明，不敢自调⑰于群小，人皆有君，而我独任之止敬者，所不计也；夫人棐君⑱之思，疑于非臣之际，亦不能不懈，而文固无改也，以此身付一人，即以此心谢天下，我自有君，而自敬之敬止者，又何知焉？为臣不易，彼微、箕尚为其易，而文王独当其难；天王明圣，觉成汤尚多一惭⑲，而文王于焉无憾。故曰止也。

【评】于文明柔顺⑳之旨，能探其蕴而发其光。静穆深微，亦复铿锵雅练，与首作皆不可弃。

【题解】出自传第三章，同上，参见化治文卷一李时勉《君子贤其贤而亲其亲》。

【注释】

① 故：变故，不幸之事。

② 微、箕：微子、箕子。微子，纣王庶兄；箕子，纣王叔父。纣王无道，微子去之以存宗祀，箕子为纣所囚，佯狂受辱。《论语·微子》载孔子称二人及比干为殷之"三仁"。

③ 彼：指微子、箕子。

④ 此：指文王。

⑤ 昭融：光明而长远。融，远，长。语本《诗经·大雅·既醉》："昭明有融，高朗令终。"郑玄笺："天既助女以光明之道，又使之长。有高明之誉，而以善名终，是其长也。"按，此句谓微子、箕子的作为对得起他们的先祖，而文王终不叛商，也对得起上天所赐他的有始有终的品德。

⑥ 堂廉：本指殿堂的侧边，此指朝廷。《仪礼·乡饮酒礼》："设席于堂廉，东上。"郑玄注："侧边曰廉。"

⑦ 率典：常法。率，律令。《尚书·西伯戡黎》："不虞天性，不迪率典。"

⑧ 时数之推：运数的推移变化。按，此句谓即使遵守法则，或许已经到了天命改变的时候。

⑨ 柔而贞之：以柔顺的态度来使纣王向善。贞，正，使之正。

⑩ 所不容已：此指敬纣王之心。

⑪ 羑里有生臣：指周文王被囚羑里，后得释放，见《史记·周世家》。此句谓，文王之所以要活下来，是怕自己死了，反而增添了纣王杀戮贤者的罪过。

⑫ 汤孙：商汤之子孙，此专指商纣王。《诗经·商颂·那》："汤孙奏假，绥我思成。"

⑬ 天子之光：语本《尚书·洪范》："是训是行，以近天子之光。"孔安国传："顺是行之，则可以近益天子之光明。"

⑭ 旬而宣之：周遍地宣示。旬，遍。语本《诗经·大雅·江汉》："王命召虎，来旬来宣。"

⑮ 江汉有良臣：江、汉之地也受周文王感化，虽然商朝朝政昏乱，但那里还有良臣。按，《诗经·周南·汉广》毛序："文王之道被于南国，美化行乎江、汉之域。"又，下注所引《汝坟》毛序："文王之化行乎汝坟之国，妇人能闵其君子，犹勉之以正也。"孔颖达疏谓此诗写纣王时事。

⑯ 王室如燬：指商纣王时朝政昏乱，苛政猛如烈火。燬，火。语本《诗经·周南·汝坟》："鲂鱼赪尾，王室如燬。"

⑰ 调：顺，协。

⑱ 乘君：辅君。乘，辅助。

⑲ 尚多一惭：商汤伐夏桀，仍有惭德。

⑳ 文明柔顺：语本《易·明夷》："内文明而外柔顺"，孔颖达疏："（文王）内怀文明之德，抚教六州，外执柔顺之能，三分事纣"。

十目所视　二节

金　声

　　观"严"与"润"之间，君子之诚意决矣。夫指视之严，必不可逃，则曷若润身者之广而胖也。诚意而已，夫何疑？尝谓意之欺而弗诚也，起于念之纷而不决。既不决矣，而争于末流，乃使为善之事适以自苦，非学问之本指也。夫君子之慎独，乃君子之诚意所以必然而不惑、必行而无待者也，岂有所为也哉？顾其得失甘苦之途，则早晰然矣。吾之善、不善，吾自受之，原不有藉于天下之指视而后见吾善之利、见吾不善之害；则吾之有为、有不为，吾自动焉，非有惮于天下之指视而后有不获已①而为、有不获已而不为。舍吾意而问之手目，舍吾独②而问之手目之十，若或见之、若或摘之，则若或督之矣；去非所恶，就非所好，则寔有所畏焉耳。大道何宽，其若斯之严乎？今夫家温而食厚③者，固深藏若虚也，自无陋其居者矣；精心以崇德者，固泊乎无营也，自无困其身者矣。吾所好则遂好之，天下莫能禁也，所恶则遂恶之，天下莫能加也，何求不获，何欲弗得，而局蹐④于高天厚地之中？吾得吾好恶之所必得，非劳心焦思而得也，中吾好恶之所必中，非困顿束缚而中也，耳目自暇，手足自闲，而岂授万物以赏善罚恶之权？心则广，体则胖。吾所得于天者，初无不足；而所以奉吾身者，悠然有余。以严若彼，以润若此，君子则安得而不慎独哉？慎于独，而意之所之，独断独行，初不知天下有可欺之自；惟不慎，而诚之所漓，畏首畏尾，乃一人亦有莫能自必之意。至于掩其不善而著⑤其善，若迫于人而无可奈何者也，岂不谬哉！盖世之小人有二：以为天下必莫予指、必莫予视，而可以为不善也，此之谓欺人；以为天下必或指我、必或视我，而不可不强为善以应之也，此之谓自欺。曾不念心广体胖者谁耶，而反以自苦也？

【评】上节注中言"善恶之不可掩如此"，是言"独"之可畏，亦犹《中庸》之言"莫见、莫显"⑥，非状小人掩著时自苦情形也。文误以"严"字专属小人，与下节"润"字相对理解。隔碍处在此，行文一片处亦在此。　　笔致超脱，气骨雄伟，颇足振起凡庸。

【作者简介】

金声（1598—1645），字正希，安徽休宁人。崇祯元年（1628）进士，选庶吉士。翌年，清军犯北京，金声荐申甫可用，而申甫兵败。金声耻无功，请自练一旅，又数上疏论事，帝皆不听。遂乞归，团练义勇，捍御乡邦。福王擢任左佥都御史，不就。清兵破南京，声集士民据徽州抗清，兵败被执，至江宁就义。隆武政权赠授礼部尚书，谥文毅。后清廷谥以忠节。著有文集《金太史集》。《明史》本传谓金声"好学，工举子业，名倾一时"，制义有《试草》、《金正希先生稿》。《制义丛话》引俞长城谓："怀宗初服，国是渐非，文亦不振。金正希崛起为雄，力追古初，为文幽深矫拔，为启祯之冠。"

【题解】出自传第六章。

所谓诚其意者：毋自欺也，如恶恶臭，如好好色，此之谓自谦，故君子必慎其独也！（诚其意者，自修之首也。毋者，禁止之辞。自欺云者，知为善以去恶，而心之所发有未实也。谦，快也，足也。独者，人所不知而己所独知之地也。言欲自修者知为善以去其恶，则当实用其力，而禁止其自欺。使其恶恶则如恶恶臭，好善则如好好色，皆务决去，而求必得之，以自快足于己，不可徒苟且以殉外而为人也。然其实与不实，盖有他人所不及知而己独知者，故必谨之于此以审其几焉。）小人闲居为不善，无所不至，见君子而后厌然，揜其不善，而著其善。人之视己，如见其肺肝然，则何益矣。此谓诚于中，形于外，故君子必慎其独也。（闲居，独处也。厌然，消沮闭藏之貌。此言小人阴为不善，而阳欲掩之，则是非不知善之当为与恶之当去也；但不能实用其力以至此耳。然欲掩其恶而卒不可掩，欲诈为善而卒不可诈，则亦何益之有哉！此君子所以重以为戒，而必谨其独也。）曾子曰："十目所视，十手所指，其严乎！"（引此以明上文之意。言虽幽独之中，而其善恶之不可揜如此。可畏之甚也。）富润屋，德润身，心广体胖，故君子必诚其意。（胖，安舒也。言富则能润屋矣，德则能润身矣，故心无愧怍，则广大宽平，而体常舒泰，德之润身者然也。盖善之实于中而形于外者如此，故又言此以结之。）

【注释】

① 不获已：不得已。
② 独：此指"慎独"的工夫。
③ 家温而食厚：此指家庭富足。语本《汉书·董仲舒传》："身宠而载高位，家温而食厚禄。"
④ 局蹐：此指戒慎、畏惧之貌。按，此句本《诗经·小雅·正月》："谓天盖高？不敢不局。谓地盖厚？不敢不蹐。"毛传："局，曲也。蹐，累足也。"
⑤ 著：有意彰显。
⑥ 莫见、莫显：指《中庸》"莫见乎隐，莫显乎微，故君子慎其独也"句。

所谓齐其家　一章

黄淳耀

传者释修齐，而知好恶之宜慎也。夫好恶出乎身，而先受之者家也。观于不可以齐者①，而修身其亟矣乎？且圣王为治，必有以素信乎天下，而豫服之者，家是也。家之不齐之情，未必不同于天下之不治；家之可齐之势，未必不甚于吾身之易修。君子观此，可以得术矣。经所谓"齐其家"，岂非以家之美恶各就于理之为"齐"哉？经所谓"在修其身"，岂非以身之好恶不伤其当之为"修"哉？或者致疑其说，则胡不以常人之身之不修者而观之也。夫亲爱、贱恶与夫畏敬、哀矜、傲惰之情，虽修身者不必其无，而不修之身，则之②其所而常至于辟。无他，好恶之衡乖，而美恶之形变也。朝廷之好恶，犹有共成之者，一家之好恶，独断之而已，断之愈独，则蒙之愈多，旁观太息，而身亲者犹有余情焉，比比然矣；朝廷之好恶，犹有明争之者，一家之好恶，深讳之而已，讳之愈深，则章之愈疾，门内不知，而行道者指以为戒焉，比比然矣。故好而不知其恶，谚亦有之曰"人莫知其子之恶"，夫人之于子，不仅称好，而用好而辟者，其意则相似也，是则亲爱之一端，而推之畏敬、哀矜亦然；恶而不知其美，谚亦有之曰"莫知其苗之硕"，夫人之于苗，无所可恶，而用恶而辟者，其意则相似也，是即贱恶之一端，而推之敖惰亦然。身之不修，其蔽若此，使人主不幸而以此至于其家，吾知父子兄弟之间，或纵之已深，或操之已蹙，暌孤③横逆，祸倍下民可也；闺门衽席之间，或义不足以相制，或仁不足以相怀，淫荒篡夺，乱至十世可也。家之不齐，可胜道哉！然不待其家之不齐也，即身之不修之日，而断断乎知其不可以齐家矣。先王有戒于此，故动静燕游必得其序，而复警之以瞽史④之密、临之以师保⑤之尊；携仆奄尹⑥不敢有加⑦，而必领之以冢宰⑧之官、制之以有司之法。呜呼，敢不敬哉！

自记：两节皆"身不修"，下节乃证上语，而家之不齐，意在言外。蔡虚斋、林次崖⑨两先生之说甚明。

【评】理确气清，中二比可以觉寤昏迷、警发聋聩。

【作者简介】

黄淳耀（1605—1645），字蕴生，号陶庵，嘉定人。崇祯十六年（1643）进士，观政都察院，后弃官回乡。弘光元年（清顺治二年，1645），南京陷，黄淳耀与侯峒曾举义兵守嘉定，七月城陷，黄淳耀偕其弟渊耀自尽殉国。其门人私谥之曰贞文，清廷于乾隆四十一年（1776）追谥为"忠节"。淳耀有志圣贤之学，所作诗古文，卓然名家，有《陶庵集》十五卷。工制义，有《黄陶庵稿》，《制义丛话》引王汝骧语："有明制义，实直接《史》《汉》以来文章正统，得先生文悬之为鹄，其亦可以无疑也夫。"引俞长城语："癸未（1643）一科，名士如林，而皆出于浮饰，大节既堕，文亦鲜传。惟陶庵发于至情，体于实践，故身名并烈。"

【题解】出自传第八章。

所谓齐其家在修其身者：人之其所亲爱而辟焉，之其所贱恶而辟焉，之其所畏敬而辟焉，之其所哀矜而辟焉，之其所敖惰而辟焉。故好而知其恶，恶而知其美者，天下鲜矣！（人，谓众人。之，犹于也。辟，犹偏也。五者，在人本有当然之则；然常人之情惟其所向而不加审焉，则必陷于一偏而身不修矣。）故谚有之曰："人莫知其子之恶，莫知其苗之硕。"（谚，俗语也。溺爱者不明，贪得者无厌，是则偏之为害，而家之所以不齐也。）此谓身不修不可以齐其家。

【注释】

① 不可以齐者：此指家。身未修则家不能齐。

② 之：于。

③ 暌孤：感情隔膜。

④ 瞽史：乐师与史官的并称。瞽，盲人，古时乐师由盲人担任。按，瞽史有教诲的职责，《国语·周语上》："瞽史教诲，耆艾修之。"

⑤ 师保：负责辅弼帝王和教育王室子弟的官员。

⑥ 携仆奄尹：指君王的近臣、内侍。携仆，古代帝王的近臣。《尚书·立政》："左右携仆，百司庶府。"孔安国传："左右携持器物之仆。"奄尹，即周代的内宰，后指主管宫廷事务的宦官头目或宦官。《礼记·月令》："命奄尹，申宫令，审门闾。"郑玄注："奄尹，主领奄竖之官也，于周则为内宰，掌治王之内政。"

⑦ 有加：此主要指加恩，爱之过甚。

⑧ 冢宰：总领百官的官员。冢，大的，地位高的。《周礼》有"天官冢宰"。

⑨ 蔡虚斋、林次崖：指蔡清与林希元。蔡清，见化治文卷二《吾十有五而志于学》作者简介。林希元，蔡清乡人，学宗蔡清，有《林次崖集》。

所藏乎身不恕　三句（其二）

陈际泰

君子谨其所为藏身者，将以其恕服人也。夫喻民而使民从，是服民而使我从也。知乎此，君子谨以藏身有由矣。且君子不欲以权屈人而服之，谓是盛德之事也。吾谓诚能以权屈人而服之，屈之已耳，然固不能，君子于是思乎反身之术焉。今夫对身为人①，出身为令，而藏乎身者，为心所起之意与心所载之理。故藏乎身，有所藏乎身者也。我能如是，而后本己之所轻，谓人亦能至之，则所起之念已无宽我苛人之意，其心所谓不刻矣；我实如是，而乃缘己之所有，思与天下共之，则所载之理已有以此及彼之端，其事所谓能推矣。心有不刻之念，而事有可推之理，所谓恕也。如是，即无所以喻民而民喻②矣，上之身如此，言未能如此，是必不必如此也，口虽不言，而藏诸身者已有所为自刻、所为可推之实，使人环而象③之，夫安所待其督责之频仍④？如是，一有所喻诸民而民亦可喻矣，上之言如此，上之身亦如此，是必不可不如此也，言虽在外，而藏诸身者乃有不忍相刻、不忍妄推之心，使人揣而得之，夫安所讥其空文⑤之劫制？不然者败矣。盖不能喻者，心有所愧而不能喻也，人主虽暴，其天怀之发中者，将必不尽泯于中夜矣，行异于圣明，而令同于太上，启口间，夫何得不惭焉？抑不能喻者，下有所格而不能喻也，小民虽愚，其易治而难服者，将必不甚异于曩朝矣，以贱为分者，力轻于鸿毛，而以众为势者，权重于丘山⑥，制命间，夫何得而强焉？予尝上观千古，下观千古，藏身不恕而喻诸人，上即有忘其所惭之君，下断无听其所强之民。不然，桀纣不能端好⑦而能端令，令而可喻，令而可从，则上有暴君，下无暴民，夏商之祚，虽至今存可也。夫唯不能喻之故也。然则为民上者，亦可以谨所藏矣。

【评】每字必析两义，气清笔锐，篇法浑成。

【题解】出自传第九章。

所谓治国必先齐其家者，其家不可教而能教人者，无之。故君子不出家而成教于国：孝者，所以事君也；弟者，所以事长也；慈者，所以使众也。（身修，则家可教矣；孝、弟、慈，所以修身而教于家者也；然而国之所以事君事长使众之道不外乎此。此所以家齐于上，而教成于下也。）《康诰》曰"如保赤子"，心诚求之，虽不中不远矣。未有学养子而后嫁者也！（此引《书》而释之，又明立教之本不假强为，在识其端而推广之耳。）一家仁，一国兴仁；一家让，一国兴让；一人贪戾，一国作乱；其机如此。此谓一言偾事，一人定国。（一人，谓君也。机，发动所由也。偾，覆败也。此言教成于国之效。）尧舜帅天下以仁，而民从之；桀纣帅天下以暴，而民从之；其所令反其所好，而民不从。是故君子有诸己而后求诸人，无诸己而后非诸人。所藏乎身不恕，而能喻诸人者，未之有也。（此又承上文一人定国而言。有善于己，然后可以责人之善；无恶于己，然后可以正人之恶。皆推己以及人，所谓恕也，不如是，则所令反其所好，而民不从矣。喻，晓也。）故治国在齐其家。（通结上文。）《诗》云："桃之夭夭，其叶蓁蓁；之子于归，宜其家人。"宜其家人，而后可以教国人。（《诗》，《周南·桃夭》之篇。夭夭，少好貌。蓁蓁，美盛貌。兴也。之子，犹言是子，此指女子之嫁者而言也。妇人谓嫁曰归。宜，犹善也。）《诗》云："宜兄宜弟。"宜兄宜弟，而后可以教国人。（《诗》，《小雅·蓼萧》篇。）《诗》云："其仪不忒，正是四国。"其为父子兄弟足法，而后民法之也。（《诗》，《曹风·鸤鸠》篇。忒，差也。）此谓治国在齐其家。

（此三引《诗》，皆以咏叹上文之事，而又结之如此。其味深长，最宜潜玩。）

【注释】

① 对身为人：与自己相对的是别人。身，自己。人，他人。
② 喻民而民喻：晓谕百姓，百姓也懂得了道理。
③ 象：效法。
④ 频仍：频繁、连续不断。
⑤ 空文：徒具空名没有实效的法规，此指为上者自己不能遵守却要求百姓遵守的法规。
⑥ "以贱为分"句：此句谓从百姓的卑贱地位（"分"）来看，他们轻于鸿毛；但从他们人多来看，其势力又重于丘山。因此，百姓不从，君主也难以强迫。
⑦ 端好：端正其嗜好。按，此句谓桀纣这种暴君自己嗜好不端，但发布的命令却是让百姓遵守规矩的。

诗云乐只君子 一节

熊开元

为民父母者，惟不以民视民而已。夫从民称则为君子，而从子称则为父母，故与民同好恶者，子民①之道也。且人生而各戴一父母，其恩已足以相生，而势有不能必者，出入顾复②之情夺于奔命，虽有至仁，亦莫保其所亲所爱。而父母之责于是乎不在生我之人，而转在抚我虐我之人③矣。《诗》不云乎"乐只君子，民之父母"？夫屈万乘之尊，下而为亿兆人之顾复，此其名原不甚奇；裁经世之略，俯而循匹夫妇④之恩勤，此其道亦非甚难。而为民上者，往往毕智殚力以招致夫人民，而竟不获一父母之誉者，何与？大抵人情于不甚切己之处，皆能为甘美以慰人，独至于好恶，而我有所便，遂不暇顾人之病矣，我有所不便，遂不暇顾人之利矣，夫此顾己而不顾人之意，皆畴昔不相习者所用以逞其凌烁⑤排挤之力，而岂所语于父母与子之间也？人情于所以明民⑥之处，亦或能屈己私以从众，独至于好恶，而计民所利，乃不得不顾己之便矣，计民所病，乃不得不顾己之不便矣，夫此顾人而复顾己之意，亦情意不甚切者所借以行其踟蹰审顾之心，而岂所语于父母待子之情也？则惟是得民之好、得民之恶者乎，赤子之爱憎，皆能一一自喻而必不能明言以告于人，有其不待告而喻焉，而天下之歌靡怙而叹靡恃⑦者不已寡与？则惟是民好好之、民恶恶之者乎，赤子之笑啼，亦能明以告人而必不能邀人以从于己，有其不待邀而从焉，而天下之诵属毛而庆离里⑧者，宁有既⑨与？《诗》云"乐只君子，民之父母"，则此之谓也已。不如此，则作好作恶，而民之敝命以从者不可言矣，厉一毫为君之色，去父母之途日以遥；不如此，则吝好吝恶，而民之嗷嗷以待者又不可言矣，择一为父母之时，视爱子之衷则已邈。故君子絜矩之道所必心诚求之者也。

【评】 晓畅如家常语。两义相承，浅深转接，理法兼到。

【作者简介】

熊开元（1599—1676），字鱼山，湖北嘉鱼人。天启五年（1625）进士，除崇明知县，调吴江，后擢至行人司副。以忤周延儒被遣戍杭州。未几，京师陷，福王召起吏科给事中，丁母艰，不赴。唐王立，起工科左给事中，连擢太常卿、左佥都御史，随征东阁大学士。汀州破，弃家为僧，隐苏州之灵岩以终。

【题解】出自传第十章，参见正嘉文卷一唐顺之《此之谓絜矩之道》。

《诗》云："乐只君子，民之父母。"民之所好好之，民之所恶恶之，此之谓民之父母。

【注释】

① 子民：以民为子，爱民如子。

② 出入顾复：指父母之养育。语本《诗经·小雅·蓼莪》："父兮生我，母兮鞠我。……顾我复我，出入腹我。"郑玄笺："顾，旋视也。复，反覆也。腹，怀抱也。"按，此句谓若政令苛烦，民众疲于奔命，则父母也顾不上爱他们的子女了。

③ 抚我虐我之人：指君主、统治者。

④ 匹夫妇：即"匹夫匹妇"，指普通的民众。

⑤ 凌烁：也作"凌轹"，侵凌、欺压。

⑥ 明民：教育百姓。

⑦ 歌靡怙而叹靡恃：咏叹自己无依无靠。怙、恃：依靠，尤指父母的养育，语本《诗经·小雅·蓼莪》："无父何怙，无母何恃。"

⑧ 诵属毛而庆离里：称诵、庆幸自己有父母的照顾。属毛、离里，比喻子女与父母关系的密切，语本《诗经·小雅·小弁》："靡瞻匪父，靡依匪母。不属于毛？不罹（离）于里？"毛传："毛在外阳，以言父。里在内阴，以言母。"郑笺："今我独不得父皮肤之气乎？独不处母之胞胎乎？"

⑨ 既：终了，完结。

诗云节彼南山　二节

黄淳耀

国不可以徒有，得失之故昭然矣。夫以不慎之心处国，而自谓无患也，殷何以失？周何以得耶？《诗》可以观已。且积万众之势而成国，积万国之势而成天下。而天子以一人抚之，此祸福之宗而得失之林也。日慎一日，而施及黎庶，罔不兴；日荒一日，而虐及四海，罔不亡。盖自天地剖判以来，未有不出此两途者。粤若①周至幽王时，淫侈不尚德，而世卿擅朝，家父所为赋《南山》②也，其言至深痛不可读，然大抵为有国者戒尔。盖国家之事，有可知，有不可知；有可言，有不可言。九鼎而既定矣，人主尊天敬地、畏命重民，亦不过奉守宗庙，而于前王无以加也，此可知者也；耳不闻殷屎③之声，目不见檀车④之事，贵极富溢，其心以为莫如予何⑤也，而忽然丧其国都，此不可知者也；敬德而日崇矣，后王推阐圣明、导扬至治，亦不过谥为明帝，而于古今不数数也，此可言者也，靡瞻不眩而自谓明，靡听不惑而自谓聪，舍安召危，其势将不得比于编户⑥也，而亡主惘然⑦得意，此不可言者也。以慎若此，以辟若彼，有国者即不为永世延祚之计，而独忍以南面之尊为天下僇耶？且古之能逸乐者莫如殷纣，其致亡之速者亦莫如殷纣也；古之好忧勤者莫如周公，其致治之盛者亦莫如周公也。公所作《文王》⑧一诗，援天命以觉悟来世，述祖德以教戒冲主⑨，大都兢兢于得国失国之际，读者谓可与《南山》之诗相发明也。由今思之，邠岐⑩栖窜，不过小诸侯耳，既而虞芮至，彭濮来⑪，天室为之遂定；耿亳⑫数传，犹然盛天子也，俄而民反侧，人僭忒，九庙⑬荡为平原。《诗》若曰如此则得众，如此之得众则得国，自今以往，得国者咸视此也；如彼则失众，如彼之失众则失国，自今以往，失国者咸视此也。呜呼，其言可谓深切著明者矣！使上帝必私于一姓，则殷商之后，何以迁命于我周？使祖宗能庇乎子孙，则成康之后，何以大败于幽厉⑭？是故周之宜法者文武，至家父作刺之时，则当并法成康；周之宜鉴者殷纣，至崎岖河洛⑮之间，则又并鉴幽厉矣。可不慎哉？可不慎哉？

【评】沉雄激宕，已造欧苏大家之堂而啐其胾⑯。及按其脉缕，则两节上下照管之细密，亦无以加焉。特变现于古文局阵，而使人不觉耳。

【题解】出自传第十章，参见正嘉文卷一唐顺之《此之谓絜矩之道》。

《诗》云："节彼南山，维石岩岩，赫赫师尹，民具尔瞻。"有国者不可以不慎，辟则为天下僇矣。《诗》云："殷之未丧师，克配上帝；仪监于殷，峻命不易。"道得众则得国，失众则失国。

【注释】

① 粤若：也作"曰若"、"越若"，发语词，用于句首以起下文。《尚书·尧典》："曰若稽古。"

②《南山》：即《诗经·小雅·节南山》，本题所引"节彼南山"出此。据毛传，此诗作者名"家父"，亦作"嘉父"，借指斥周太师尹氏而斥幽王无道。

③ 殿屎：愁苦呻吟。语本《诗经·大雅·板》："民之方殿屎，则莫我敢葵。"毛传："殿屎，呻吟也。"

④ 檀车：此指兵车。语本《诗经·小雅·杕杜》："檀车幝幝，四牡痯痯，征夫不远！"毛传："檀车，役车也。"

⑤ 莫如予何：谁也不能把我怎么样。

⑥ 编户：平民，编在户籍的平民。

⑦ 僴：愉快的样子。

⑧《文王》：指《诗经·大雅·文王》，本题所引"殷之未丧师"出此。旧说认为是周公所作，叙文王盛德受命之事。

⑨ 冲主：幼主，指周成王。

⑩ 邠岐：周朝先祖所在之地。邠，同"豳"，周始祖后稷的曾孙公刘由邰迁居于此，在今陕西彬县。岐，岐山，古公亶父时，周由豳迁于岐山。

⑪ 虞芮至，彭濮来：虞、芮、彭、濮，俱商之小诸侯。文王时，虞、芮之人归周，武王伐纣誓于牧野时，彭、濮归附，见《史记·周本纪》。

⑫ 耿亳：商屡迁都，耿、亳均曾为商朝的国都。耿，即"邢"，商帝祖乙迁都于邢；亳，盘庚时尝迁都于此。见《史记·殷本纪》。按，前一股言周由弱而强，此一股言商朝由盛而衰。

⑬ 九庙：指天子宗庙。周制天子七庙，西汉末王莽增为九庙，祖庙五，亲庙四，后历朝皆沿此制。

⑭ 幽厉：周幽王、周厉王，俱无道之君。

⑮ 崎岖河洛：指周平王东迁至洛，国势日蹙。

⑯ 啐其胾：本指参与典礼，吃到祭肉，喻指得其精华。啐，尝、吃；胾，典礼活动中切成大块的肉。韩愈《送高闲上人序》："夫外慕徙业者，皆不造其堂，不啐其胾者也。"

秦誓曰　四节

黄淳耀

　　贤相有待于仁主，反是者可鉴也。夫进一臣而举世之人材系焉，彼不仁者，即不为人材计，独不自为计乎？今天下安得有治乱哉？立于朝廷之上与人主相可否者，为大臣；推大臣之类以聚于朝廷，为百执事。此治乱所由始也。人主莫不欲治，而治日常少；莫不患乱①，而乱日尝多。则以制置失当，在于一二臣之间而已。吾读《秦誓》，而知穆公之所以濒于乱亡而卒霸者，有故焉。今观其所深好者，有容之臣也；所深恶者，妒贤之臣也。此两臣者，一则推奖气类，易涉朋党之嫌，而其心实为国家；一则批抵朝士，若为孤立②之迹，而其心实为富贵。所为不同则必争，争则人主必有所左右于其间而胜负分焉，天下之士又视其胜负之所在而左右焉。君子胜，则众君子毕升；小人胜，则众小人接迹。然而君子之必不胜者，常也；小人之无益于子孙黎民者，又常也。挈人主之子孙黎民以供众小人之善怒，则人主大不利，夫知其不利者，惟仁人而已。仁人之去恶，不去不止；仁人之进善，不进不休。其端在一好一恶之间，而黎民获树人之休，子孙蒙桢国之业，故曰仁也。今自中主以下，其心皆知有子孙之当安与黎民之无罪者也。究其所为，则一切不然。彼有以小察为知人之明，以多疑为御下之术，以吝惜诛赏为善核名实，以杂用贤奸为能立制防，其弊也，上下狐疑，枉直同贯，此不仁之一道也；则又有以忠蹇弼亮之人为奸慝，以阴贼佞邪之人为忠良，以公论为必不可容，以众智为皆莫己若，其弊也，群邪项领③，方正戮没，此不仁之又一道也。前之所为，慢也过也，幸则没身而已，子孙吾不知也；后之所为，拂人之性者也，我躬之不阅④，遑问子孙黎民哉？是知君诚不仁，则虽俊乂⑤满朝，而或散之河海，或逃之列国，其积怨发愤者，至反为社稷之深忧；君诚仁，则虽诈谋林立，而或束身司败⑥，或伏死山林，其革面洗心者，或转受正人之驱使。是故兴唐虞者尧舜，非稷契⑦也；伤周道者幽厉，非荣虢⑧也。君子亦仁而已矣。

　　【原评】四节成一片，多直道当时事。辉光明白，行墨间挟忠义贯日月之气。

　　【题解】出自传第十章，参见正嘉文卷一唐顺之《此之谓絜矩之道》。

　　《秦誓》曰："若有一个臣，断断兮无他技，其心休休焉，其如有容焉。人之有技，若己有之，人之彦圣，其心好之，不啻若自其口出，寔能容之，以能保我子孙黎民，尚亦有利哉。人之有技，媢疾以恶之，人之彦圣，而违之俾不通，寔不能容，以不能保我子孙黎民，亦曰殆哉。"唯仁人放流之，迸诸四夷，不与同中国。此谓唯仁人为能爱人，能恶人。见贤而不能举，举而不能先，命也；见不善而不能退，退而不能远，过也。好人之所恶，恶人之所好，是谓拂人之性，菑必逮夫身。

【注释】

① 患乱：担心祸难。患，担忧，以……为患。

② 孤立：独立，不结朋党。

③ 项领：本义为肥大的颈项，喻指大臣自恣，不能勤于王事。语本《诗经·小雅·节南山》："驾彼四牡，四牡项领。"毛传："项，大也。"郑玄笺："四牡者，人君所乘驾，今但养大其领，不肯为用。喻大臣自恣，王不能使也。"

④ 阅：容。按，此句本《诗经·小雅·小弁》："我躬不阅，遑恤我后。"又见《邶风·谷风》。此股谓此等帝王自身尚不见容，更不用谈保有其孙子黎民了。

⑤ 俊乂：才德出众的人。语本《尚书·皋陶谟》："九德咸事，俊乂在官。"

⑥ 束身司败：受到法律制裁。司败，官名，掌刑狱。

⑦ 稷契：稷、契，俱尧舜时贤臣。稷即后稷，主农事，为周之先祖；契主教民，为商之先祖。见《史记·五帝本纪》及《尚书·舜典》。

⑧ 荣虢：指周厉王时大臣荣夷公、周幽王时大臣虢石父，二人俱奸邪。见《史记·周本纪》。

为之者疾　二句

金　声

王者生财，有用心于"为"与"用"者焉。夫为以生财，而用耗之。苟无道，财尚不可知也，故或以疾或以舒也。盖闻王者甚爱天下之人力，而初非怠缓之也；王者能尽天下之人力，而又非迫竭之也。生财之道存焉。财之出，非能董①其自生也，有其为之，藉于为，而或以数十百人之生，不能及一人之生，虽众，犹弗众也；财之散，非但食之也，又将用之，至于用，而或以一人之食，坐耗数十百人之食，虽寡，犹弗寡也。是故必使为之者疾焉，而用之者舒焉。为之者即未尝无用也，而不获享用之者之隆，工贾市廛，皆终岁竭蹶以备富贵之需，而田畴无论也②，故为甚可念也。王者起而督之，使不得乐手足之宽，岂弗念哉？虽有贪国，不为勤民增赋；虽有廉主，不为惰民减租。疾不疾，必百姓先自受其利害焉，而后遂及于国家，但使闾阎之下从容有暇日，而胼胝③之劳将不呼而自疾，则疾之道也。用之者即不尽无为也，而要未尝悉为之之苦，富侠墨吏④，皆豪华安坐以致小民之资，而宫庭无论也，故用甚泰然也。王者起而理之，矻矻然怀不终日之虞，敢或泰哉？侈荡之朝，即横征无益于事；啬俭之主，无计臣不至于贫。舒不舒，即百姓亦必受其利害焉，而究竟终归于国家，但使富厚之场严谨无余地，而度支所出将不令而自舒，则舒之道也。无荒土斯无散氓，无奢君斯无急国，席丰⑤之众自无逋粮⑥，有节之费不漏奸橐⑦，为疾为舒，固王者聚民聚财、禁悖入悖出⑧之大计；腼恳之诚行于补助，画一之政裁于度数，不以崇高⑨荒扰贫贱，不以天下滥奉一人，为疾为舒，亦王者敦忠秉信、绝骄去泰之一端。呜呼，其斯以为大道哉！

【评】洞悉民情，通达国体。其义为人所未发之义，其言为世所不可少之言。

【题解】出自传第十章，参见正嘉文卷一唐顺之《此之谓絜矩之道》。

生财有大道，生之者众，食之者寡，为之者疾，用之者舒，则财恒足矣。

【注释】

① 董：督率。

② 而田畴无论也：农民的辛劳就更不用说了。田畴，田地，此代指农民。

③ 胼胝：手脚都磨起了茧子，指劳作很辛苦。

④ 富侠墨吏：富人、豪强和贪官污吏。侠，指豪强横暴之人。

⑤ 席丰：饮食丰盛，生活阔绰。

⑥ 逋粮：拖欠租税。

⑦ 奸囊：常喻指藏奸。此句谓国家的经费不会落入奸人囊中。橐，囊。

⑧ 悖入悖出：用不正当的手段得来的财物，也会被别人用不正当的手段拿去，又指胡乱弄来的钱又胡乱花掉。语本《大学》："货悖而入者亦悖而出。"

⑨ 崇高：此指高大的宫室等建筑。《国语·楚语上》："不闻其以土木之崇高彤镂为美。"

钦定启祯四书文卷二（《论语》上之上）

学而时习之 一节
陈际泰

学外无说①，得其致之之道而已。夫学为苦人之具，则人何事学也？自违其节候而以咎学，可乎？且夫恃自然之说，世之自然而获者复几人也？学而可取，则学而取之已矣。然人从事于学之途，卒未得乎学之效，则学之节候未详也。善学者若不知有学焉，善取学之说者若无冀于悦焉，则惟时习矣乎？时之为言久也，恒久而不之易，则学深；时之为言渐也，渐进而得所安，则学妙于自然。天下行能伎业②有神妙焉，自不习者观之，亦复何味？然要终身为之而不厌者，彼各有其趣，深之而知，不深而不知也。学而一曙③为之，则宜其中情之不嗜矣。夫历乎其苦者乃获其甘也，盖至得意忘言之后，其说不能以自已，此诚不在一曙间尔。天下旁见侧出有天则焉，自不习者观之，若两不相涉。然要一以贯之而不二者，彼自有其本，积之而窥，不积而不窥也。学而一蹴期之，则宜其深悟之不生矣。夫知其不足者乃终致有余也，盖至资深逢原之会，其说不能以告人，此固非可指为一蹴事尔。故自其久者言之，而知学之可以致说也。夫中情不嗜与深悟不生，此有故，间与止也。止而辍图，及止而徙业，不必言也，即间而复为，几几乎及于熟之侯，及他务见夺而又生之，将终身行乎生之途矣。间而复思，思自少易耳，然独奈何多此一间乎？抑自其渐者言之，而知学之可以致说也。夫中情不嗜与深悟不生，又自有其故，躁与迫也。夫躁而不恬，将躁而不入，姑无论也，即迫而过苦，沾沾焉自以为得乎安之数，及精神向间而乃危之，危事固不可以数尝矣。勤而无所，直可厉此心耳，然亦何事强以相迫乎？学者以是必时习之为贵也，不时习者不说也。

【原评】"久"、"渐"两义，正圣贤"勿忘"、"勿助"④实地工夫，即"吾十有五"章注中所谓"当优游涵泳，不可躐等而进；日就月将，不可半途而废"也。

【评】凡文之暴见于世、愈久而不湮者，必前未有比、后可为法。理题文，前此多直用先儒语以诂之，至陈、章⑤辈出，乃抟取群言，自出精意，与相发明。故能高步一时，到今终莫之逾。

【题解】出自《学而·学而时习之》。

子曰："学而时习之，不亦说乎？（学之为言效也。人性皆善，而觉有先后，后觉者必效先觉之所为，乃可以明善而复其初也。习，鸟数飞也。学之不已，如鸟数飞也。说，喜意也。既学而又时时习之，则所学者熟，而中心喜说，其进自不能已矣。程子曰"习，重习也。时复思绎，浃洽于中，则说也。"又曰："学者，将以行之也。时习之，则所学者在我，故说。"谢氏曰："时习者，无时而不习。坐如尸，坐时习也；立如齐，立时习也。"）有朋自远方来，不亦乐乎？（朋，同类也。自远方来，则近者可知。程子曰："以善及人，而信从者众，故可乐。"又曰："说在心，乐主发散在外。"）人不知而不愠，不亦君子乎？"（愠，含怒意。君子，成德之名。尹氏曰："学在己，知不知在人，何愠之有。"程子曰："虽乐于及人，不见是而无闷，乃所谓君子。"愚谓及人而乐者顺而易，不知而不愠者逆而难，故惟成德者能之。然德之所以成，亦曰学之正、习之熟、说之深，而不已焉耳。程子曰："乐由说而后得，非乐不足以语君子。"）

【注释】

① 学外无说：学习的快乐要从学习中获得。说，通"悦"。
② 伎业：技业，技艺专业。
③ 一曙：一朝；一旦。《吕氏春秋·重己》："论其安危，一曙失之，终身不复得。"
④ "勿忘"、"勿助"：指心不忘学而又不拔苗助长。语本《孟子·公孙丑上》："（集义、养气之事）必有事焉而勿正，心勿忘，勿助长也。"
⑤ 陈、章：陈际泰、章世纯。

孝弟也者　二句

章世纯

贤者重孝弟而明其为要道焉。夫孝弟亦仁也，而独居仁之总，则固仁之所待而全也，是以君子重之。且世之言道者，务为大耳，而家庭孝弟之事，则薄而不修，必以此为浅小易究之事也。乃一观于不犯上、不作乱之故，而知孝弟之道博矣。其理有所兼，非一节之行也；其推之可远，非庭除①之守也。本者，人之所当务，此其君子之所务者乎？道者，本之所能生，此其能生道者乎？凡人之情，用之他人则易伪难真，用之父母兄弟则易真难伪，求用情而于其易伪者，此必竭之势也，必将于其能真者而导之，而真者可笃也，易伪者亦可因以厚也，此本末相及之致也；凡人之情，用之他人则易不足，用之父母兄弟则至有余，求用情而先于其不足者，此亦必竭之势也，必将于其有余者而导之，而有余者可分也，不足者即有所待其流也，此亦本末相及之致也。故天下有孝弟之人而与论仁者之心，则顿全之体矣，有其至爱者而知其全心为爱，有其至敬者而知其全心为敬，固不待附益而足者也；天下有孝弟之人而与论仁者之事，则亦渐及之用矣，有其至爱而由以无所不爱，有其至敬而由以无所不敬，亦可以相推而至者也。不然，何以孝弟而即不犯上，何以孝弟而即不作乱者乎？此亦可据其有生仁之机而为本之所在矣。

【作者简介】

章世纯（1575—1644），字大力，江西临川人。天启元年（1621）举人，崇祯中，累官柳州知府。年七十，闻京师变，悲愤，遘疾卒。著有《留书》、《章柳州集》等。章世纯为明末制艺大家，"江西四家"之一。四家之中，章世纯于 1621 年举乡试，艾南英、罗文藻、陈际泰分别于 1624、1627、1630 年举于乡，清人俞长城谓世纯文最"奇"而最先隽，又称其文"幽深沉鸷"，有《章大力稿》。

【题解】 出自《学而·其为人也孝弟》，参见隆万文卷二冯梦祯《其为人也孝弟》。

有子曰："其为人也孝弟，而好犯上者，鲜矣；不好犯上，而好作乱者，未之有也。君子务本，本立而道生。孝弟也者，其为仁之本与！"

【注释】

① 庭除：庭院。除，台阶。按：此谓"孝弟"虽表现于家庭，却可以推及社会。

节用而爱人

金 声

治国之道，有施之"用"与"人"者焉。夫节用而后有用，爱人而后有人，道大国者其无念诸①？且夫人主所挟以奔走天下者，财也；所与天下人相属以有其尊者，臣民也。贫、寡②，国之大患也。虽然，拥庶富之业而苟无道焉以处之，则易敝，虽千乘奚恃焉？帝王之经国也，其防限之政，则必画然致谨于出入之地；而其宽厚之性，又常殷然流行于上下之间。国家之事不敢一听之以意，而缓急之用常有自然之度数焉，使一身与百物共禀之而不滥，非啬也。名实之际有综核之者，而天下无敢以侵幸为漏也；本末之业有权衡之者，而天下无敢以淫巧为荡也。虽宇宙之财但有此数，不过相流转于天地之中，而施之或失其所，泉货有因以不生者矣；受之既非其地，旦夕有窘而不应者矣。尚其节之哉？国家之事亦不敢一委之于法，而临驭吾人常有司牧③之精神焉，使内外与朝野每悠然其有余，非纵也。为天地祖宗惜人才之难，则器使④之朝无或隘其途也；为宗社疆圉恤苍生之命，则休养之国无或苛其政也。虽物情之变莫可穷诘，初不宜尽以姑息之端，而刑名⑤徒以相冒，反有实意而莫达者矣；威命及其既殚，即挟恩赏而不劝者矣。尚其爱之哉？两者有相须而行焉，竭物力而使天下受其扰，轻天下而以侈荡供其私，此不节不爱交集者也，一其道以贯之，而君子真有不费之惠⑥；两者有相反而妨焉，守纤悉而以贻军国之病，宽赍予而以市朝廷之德，或节或爱偏至者也，善其道以通之，而大人又有行险之说⑦。若此，庶几可以揽利权而维邦本⑧哉！

子曰:"道千乘之国:敬事而信,节用而爱人,使民以时。"(道,治也。……敬者,主一无适之谓。敬事而信者,敬其事而信于民也。时,谓农隙之时。言治国之要,在此五者,亦务本之意也。程子曰:"此言至浅,然当时诸侯果能此,亦足以治其国矣。圣人言虽至近,上下皆通。此三言者,若推其极,尧舜之治亦不过此。若常人之言近,则浅近而已矣。"杨氏曰:"上不敬则下慢,不信则下疑,下慢而疑,事不立矣。敬事而信,以身先之也。《易》曰:'节以制度,不伤财,不害民。'盖侈用则伤财,伤财必至于害民,故爱民必先于节用。然使之不以其时,则力本者不获自尽,虽有爱人之心,而人不被其泽矣。然此特论其所存而已,未及为政也。苟无是心,则虽有政,不行焉。"胡氏曰:"凡此数者,又皆以敬为主。"愚谓五者反复相因,各有次第,读者宜细推之。)

【注释】

① 诸:"之乎"的合音。

② 贫、寡:贫指国家财富少,寡指国家人口少。

③ 司牧:管理,兼有爱护保护即"爱人"之意。《左传·襄公十四年》:"民奉其君,爱之如父母,仰之如日月……天生民而立之君,使司牧之,勿使失性。"

④ 器使:根据人物的才干来任用人才。器,才干。

⑤ 刑名:此指"名"与"实",此句谓名实不符。

⑥ 不费之惠:不消耗国家财用而使百姓得到恩惠。《论语·尧曰》:"(孔子曰)因民之所利而利之,斯不亦惠而不费乎?"

⑦ 行险之说:指节度适中。说,通"悦"。语本《易·节》:"'苦节不可贞',其道穷也。说以行险,当位以节,中正以通。"王弼注:"无说而行险,过中而为节,则道穷也。"孔颖达疏:"上言'苦节不可贞,其道穷'者,正由为节不中,则物所不说,不可复正,其道困穷……'行险以说',则为节得中。"

⑧ 揽利权而维邦本:既得财富,又维系民心。邦本,指民,《尚书·五子之歌》:"民惟邦本,本固邦宁。"

夫子温良恭俭让以得之

金 声

原圣人之闻政,有道焉以得之也。夫夫子之温良恭俭让,非以示人国而欲其政也,而人则自此感矣,权固在夫子哉!今夫国有大政,其君若臣相与商度于朝宬庙楹之上,非其亲贵不得预也,而况异国羁旅之臣乎?今之诸侯即好问周谘,不应至是,不应尽夫子所至之邦而皆若是。则尝于宾主相见之时而观其感应不爽之机,其愿得奉教君子而就正有道者,非邦君之能与,而邦君之不能不与也。夫子殆温良恭俭让以得之者也。天下之震惊夫子而以为异人,非一日也,初不料其意象乃在若近若远之间,及身亲之而始忘其为圣人也,忘则其心夷;天下之想望夫子而各以私度,非一人也,实不知其精神迥出于言思拟议之外，比目接之而始见有真圣人也，真则其神夺。今之诸侯大抵多骄，既已令莫予反、行莫予违矣，从未见有草莽之人有身兼三才、气备四时之盛如吾夫子者，岂不厌薄而以为不足与谋，而要不能不大服吾圣人于一望之际，立锄其予圣自雄之习；今之诸侯大抵多忌，亦既各君其国、各子其民矣，从未见有四方之士具天下一家、中国一人之概若吾夫子者，岂不猜虞而以为未可与言，而要不能不深信吾圣人于立谈之顷，遽化其分疆绝界之心。盖其道大则天下莫能容，往往有心知其圣，终不能奉国以从，故貌合情疏，虽以父母之邦不获自遂其易世变国之心；其诚至则万物无不动，往往一见其人，则莫不输诚以献，故删诗修史，即以托迹之所而亦深悉其兴衰治乱之故。若夫游说之士，探大人之意旨而怵之以利害；智谋之臣，窥人国之浅深而获之以计数。此皆衰世之风，或得或失，岂足以语大圣过化存神①之道哉？

【评】此题语意本一气浑成，不但分疏有乖理体，即实发亦少精神。此文止从邦君心目中虚拟白描，乃相题有识处。

【题解】出自《学而·子禽问于子贡》，参见正嘉文卷二归有光《子禽问于子贡》。

子禽问于子贡曰："夫子至于是邦也，必闻其政，求之与？抑与之与？"子贡曰："夫子温、良、恭、俭、让以得之。夫子之求之也，其诸异乎人之求之与？"

【注释】

① 过化存神：语本《孟子·尽心上》："夫君子所过者化，所存者神"，朱熹集注："君子，圣人之通称也。所过者化，身所经历之处，即人无不化……所存者神，心所存主处便神妙不测。"

因不失其亲　二句

陈际泰

贤者贵择交而欲慎之于所忽焉。夫因而至于可宗，未易言也。交之失，岂至不可宗之日而后见乎？且夫交道之难，古而然矣。人以为友之为友，情欲其可亲而道欲其可宗，兼之为难；吾以为得其一，而其一者固即此而在也。盖人非无所亲也，情之所昵，不顾理之有违；貌之所欢，不忧情之必变。如是，亲既失其所亲矣，则宗将又失其所宗矣。宗者，宗其道也，理之有违者，道缺也；宗之者，宗其品也，情之必变者，品卑也。故不失可亲与不失可宗，事之一方也。虽然，世之交友者，其失不在终，在始，人之所知也；其失不在意之所矜，在意之所忽，人之所不知也。千里寻师问道，则其情专，专则非有他务之分其所为而意在得人，其所失焉者寡矣，所患者在乎非为是事，因旁举而及之也，此之谓偶而相遭，偶而相遭，以为交不深，可以违而去之，而不知因循不决，遂为生平投胶之固，其后将欲悔之而不能；居恒论品定交，则其意闲，闲则非有他情之迫于其中而旨在正合，其有失焉者寡矣，所患者在乎勇于自售，因私途而致之也，此之谓急而相随，急而相随，以为事无可奈何，可以徐而更之，而不知依附见端，遂为终身阿比之人，后虽欲自拔焉而不可。然则"因"固若此其不可乎？虽然，"因"

393

而以不苟之心用之，亦何至若此其不可乎？古之君子，其精神甚周，其于交道之途甚谨，故当人所简略之处无所不致其难，夫因旁举而及之，因私途而致之，人情所简略者也，然念后日之难处，而必郑重于其间，则于所不简略之处，其慎又可知矣，此以明君子所交无所于苟之大概也；古之君子，其虑始甚具，其于取益之途甚赊，故当人所畏恶之名无所不获其效，夫后欲悔之而不能，后欲拔焉而不可，人情所畏恶者也，然由当日之求详，而遂优游于其际，则于其不畏恶之名，其效又可知矣，此以明君子所交无所不可之大同也。嗟夫，交道之难也！至君子何以独易，此其故可无原乎？

【原评】从"因"字著笔，一切交道陈言俱出其下矣。昔人云"发人所未尝言之理，则可谓之新；匪众人思虑之所及，则可谓之奇"，中二股真得其意也。所谓新奇，要只在极平正处，但人自说不到耳。

【题解】出自《学而·信近于义》。

有子曰："信近于义，言可复也；恭近于礼，远耻辱也；因不失其亲，亦可宗也。"（信，约信也。义者，事之宜也。复，践言也。恭，致敬也。礼，节文也。因，犹依也。宗，犹主也。言约信而合其宜，则言必可践矣。致恭而中其节，则能远耻辱矣。所依者不失其可亲之人，则亦可以宗而主之矣。此言人之言行交际，皆当谨之于始而虑其所终，不然，则因仍苟且之间，将有不胜其自失之悔者矣。）

未若贫而乐　二句
金　声

圣人与贤者商贫富，更有精焉者矣。夫贫自能乐，富自能好礼，而贫富之际始有真实之学问以行乎其间，但斤斤然无骄谄于人者，不亦粗乎？夫子进子贡曰：君子之心安其在我，则不必竞于物；而君子之学无争于世者，未必其尽有得于中。我是以与子无骄谄之说，而未可以为至也。气节之高、长厚之名，皆可以破天下龌龊轻儇之习；而天机之浅、嗜欲之深，终无以开一人局蹐鄙吝之情。是无谄非难也，无谄而不免于愤，无谄而不免于苦，则乐难矣。乐无往而不存，而耳目口体，天薄之以生人之趣，则艰难中之逸豫非名教行谊之所能留。是故精神充实于内而百忧始莫之攻，志气和平于中而物情始莫之暴。世固有贫而若斯者也，而无谄者何以及之也！无骄非难，无骄而不免于侈，无骄而不免于怠，则好礼难矣。礼不可斯须去，而肌肤筋骸，天乱之于丰厚之日，则晏安中之骨力非仁义道德之所能振。是故惟所性之节文而奢俭斯以不忒，惟定命之威仪而出入自以不惥。世亦有富而若斯者也，而无骄者何以及之也！贫不谄贫，惟富是求，富不骄富，惟贫是厉，无骄谄，而后天下贫富始得各安其性命之情；而贫既绝谄，贫且无聊，富既戒骄，富且无味，非乐与好礼而处，贫富之人反不能自适其性命之安。故乐以自养其心也，礼以自淑其身也，如其人始遇贫富，享贫富之用；而乐则天下无贫也，好礼则天下无富也，如其人始当贫富，空贫富之累。赐也，其更进于是哉！

【评】于人情物理洞彻隐微，故语皆直透中坚。

【题解】 出自《学而·贫而无谄》。

子贡曰:"贫而无谄,富而无骄,何如?"子曰:"可也。未若贫而乐,富而好礼者也。"(谄,卑屈也。骄,矜肆也。常人溺于贫富之中,而不知所以自守,故必有二者之病。无谄无骄,则知自守矣,而未能超乎贫富之外也。凡曰可者,仅可而有所未尽之辞也。乐则心广体胖而忘其贫,好礼则安处善,乐循理,亦不自知其富矣。子贡货殖,盖先贫后富,而尝用力于自守者,故以此为问。而夫子答之如此,盖许其所已能,而勉其所未至也。)子贡曰:"《诗》云:'如切如磋,如琢如磨。'其斯之谓与?"(《诗》,《卫风·淇澳》之篇,言治骨角者,既切之而复磋之;治玉石者,既琢之而复磨之;治之已精,而益求其精也。子贡自以无谄无骄为至矣,闻夫子之言,又知义理之无穷,虽有得焉,而未可遽自足也,故引是诗以明之。)子曰:"赐也,始可与言诗已矣!告诸往而知来者。"(往者,其所已言者。来者,其所未言者。愚按:此章问答,其浅深高下,固不待辨说而明矣。然不切则磋无所施,不琢则磨无所措。故学者虽不可安于小成而不求造道之极致,亦不可骛于虚远而不察切己之实病也。)

道之以德 一节

罗万藻

进求格心之理,动其所自有者而已。夫德与礼,民心所自有而耻之所赖以存者也,以此动之,而格可知矣。且唐虞三代之治,其用意纯粹,所以待其民者至厚耳。后世反之,将谓王道迂阔,不可时施。乃其所敝敝①焉日靳②之民者,抑何治之不如古也?夫民也,与其巧伪滋生、人怀小人之情以应上,不如予之以君子自为之心;君人者,与其综核自喜、日持英察之术以胜下,不如动之以忠厚相先之意。盖今之民,非真有异于唐虞三代之民也,其所浸渐以失久矣。诚使吾所以道之者不以政而以德乎?所以齐之者不以刑而以礼乎?性命之旨经乎六官③之间,上之人凡皆躬自详而后及之民焉,盖以吾性之得合诸民之所同得,而又感发之以精神,期其至于昭明而不敢略也;中正之理节乎百职④之间,上之人凡皆躬自严而因饬之民焉,盖以吾情之则合诸民不易之则,而又戒董⑤之以履蹈⑥,求其纳于轨物⑦而不厌详也。夫然而民之耻斯以动矣,夫然而民之格且随之矣。盖一道同风之本既得于上,则天下之人反之,而有以形其气禀习俗之失,于是心思孝弟之行而情仪洁敬之途,殆趋而易焉,何也?梦寐之惭既生,则必求有以安之也。百年必世⑧之意既诚于上,则天下之人反之,愈有以形其苟且涂饰之非,于是人皆知学问之意而心各返情性之始,殆复而化焉,何也?神明之辱不留,则必求有以实之也。是故君子慎其所以感人者,而舍德礼曷由哉!德者,先乎政者也,政具,而所以道之之意不可不求诸德;礼者,先乎刑者也,刑备,而所以齐之之意不可不求诸礼。教化之道也,有教化而后有廉耻,有廉耻而后有风俗,唐虞三代之理,孰有易之者乎?

【原评】 朱子云:"将义理去浇灌胸腹,渐渐荡涤去许多浅近鄙陋之见,方会识见高明。"观此等文,当求其平时浇灌荡涤功夫,自然能长一格。

【评】温醇得于书味，静细出于心源。如此讲德、礼、耻、格，始无世俗语言。

评家云"文贵峻洁"，然不能流转变化则气脉不长。作者文多直致无回曲，所以不及金、陈⑨，学者不可不知。

【作者简介】

罗万藻（？—1647），字文止，江西临川人，天启七年（1627）举人。崇祯中行保举法，祭酒倪元璐以万藻应诏，辞不就。福王时为上杭知县，唐王立于闽，擢礼部主事。其友艾南英卒，哭而殡之，居数月亦卒。著有《十三经类语》及《此观堂集》六卷，工制义，有《罗文止稿》。《此观堂集》四库提要云："万藻与同邑章世纯、陈际泰、东乡艾南英，并以制义名一时，号江西四家。《明史》以是收之《文苑传》中。此集制义之《序》居三分之一，盖其平生精力所萃也。四家之中，南英最好立门户，近与南城张自烈互诟，远与华亭陈子龙相争；又最袒护严嵩，务与公论相反。以是终南英之身，无日不叫嚣跳踉，呶呶然与天下辨，虽世纯、际泰，后亦隙末。惟万藻日与南英游，而泊然一无所与，盖其天性静穆，不以声气为名高，故其文气焰不及南英，而恬雅则胜之云。"

【题解】出自《为政·道之以政》。

子曰："道之以政，齐之以刑，民免而无耻；（道，犹引导，谓先之也。政，谓法制禁令也。齐，所以一之也。道之而不从者，有刑以一之也。免而无耻，谓苟免刑罚，而无所羞愧，盖虽不敢为恶，而为恶之心未尝忘也。）道之以德，齐之以礼，有耻且格。"（礼，谓制度品节也。格，至也。言躬行以率之，则民固有所观感而兴起矣，而其浅深厚薄之不一者，又有礼以一之，则民耻于不善，而又有以至于善也。一说，格，正也。《书》曰："格其非心。"愚谓政者，为治之具。刑者，辅治之法。德礼则所以出治之本，而德又礼之本也。此其相为终始，虽不可以偏废，然政刑能使民远罪而已，德礼之效，则有以使民日迁善而不自知。故治民者不可徒恃其末，又当深探其本也。）

【注释】

① 敝敝：疲困貌。

② 靳：靳制，指严格执行法令。

③ 六官：周代六卿之官。《周礼》以天官冢宰、地官司徒、春官宗伯、夏官司马、秋官司寇、冬官司空分掌邦国之政，总称六官或六卿。

④ 百职：各种职位和事务。

⑤ 戒董：申诫督促。董：监督，督察。

⑥ 履蹈：实行，实践。《礼记·表记》"道者义也"，孔颖达疏："凡可履蹈而行者，必断割得宜，然后可履蹈，故云道者义也。"

⑦ 轨物：此指规范、准则。《左传·隐公五年》："君将纳民轨物者也。"杜预注："言器用众物不入法度，则为不轨不物。"

⑧ 百年必世：长久推行，而后德化大行。世，三十年。语本《论语·子路》："善人为邦百年，亦可以胜残去杀矣"，"如有王者，必世而后仁。"

⑨ 金、陈：金声、陈际泰。

言寡尤 三句

陈际泰

圣人不讳言禄，而特指以自尽之实焉。盖言行之修虽非以干禄也，而禄有外此者乎？此在吾人自尽耳。且三代盛时，士修其学，学至而君求之，故当时朝廷重士，士亦弥以自重。今之学者非古之学者，以为今异于古所云。自我言之，今亦何必异于古所云也？国于天地，必有与立，苟尽反先王所以治天下之理，害不在士而在国家；顾人于懿德，必有同好，苟尽失天地所以生斯人之心，患又不在治术而在性命。两者必不然之事也，则士诚能自修，顾足虞与？故言而不免于尤，其议论为明时之所屏不待言已，虽今之世，庸独利乎？吾不教子以言干禄，而但一意修言，审能无尤者，可自娱也。行而不免于悔，其举动为圣朝之所弃不待言矣，虽复在兹，岂有幸乎？吾非教子以行干禄，而但并心修行，审能无悔者，所自信也。盖时事之倚伏总不可知，富贵显荣之际有工拙焉，而得失相反者所时有也，君子循吾常然，苟有大力者司之，安知人世得此独失乎？计较之私智总不宜生，性命征应之理若符契焉，而得失相反者有由然也，君子志期自尽，将有意外者至之，安知无心得不更得乎？故子独宜益修言行耳。尤人者无志，怨天者不祥，徙业者徒劳，行邪者自困。夫荣其名而落其实①，吾儒何负于人哉？美言可以市尊②，行可以加人，而蓬累以行③，未之或有。即有之，干禄而不得者又谓之何也？

【评】约而达，微而臧④，笔妙不待言，命意之高，非俗儒怀抱中所有。

【题解】出自《论语·子张学干禄》，参见正嘉文卷二归有光《多闻阙疑》。

子张学干禄。子曰："多闻阙疑，慎言其余，则寡尤；多见阙殆，慎行其余，则寡悔。言寡尤，行寡悔，禄在其中矣。"

【注释】

① 荣其名而落其实：既给予美好的名誉，又令其有发挥作用的地方，即授以官职。
② 此句意为美好的言辞可以换取尊重。市，买进，引申为取得。按，此句本《老子》六十二章："美言可以市尊，美行可以加人。人之不善，何弃之有？"各传本有所不同，王弼本及河上公本作："美言可以市，尊行可以加人。"
③ 蓬累以行：指不得其位。蓬累，也作蓬累。《史记·老子韩非列传》载，老子语孔子："且君子得其时则驾，不得其时则蓬累而行。"司马贞索隐："蓬者，盖也；累者，随也。以言若得明君则驾车服冕，不遭时则自覆盖相携随而去耳。"张守节正义："言君子得明主则驾车而事，不遭时则若蓬转流移而行，可止则止也。"
④ 约而达，微而臧：出言寡约而义理显达易解，义理微妙而说之精善，语见《礼记·学记》。

临之以庄则敬 三句

罗万藻 墨

圣人重身先而著其捷得之理焉。夫敬忠以劝，当鼓民所自动耳。各有动则各效，而可无审所先乎？且民所以应上者，亦乐自效其良耳。予之为恭诚静重，鼓舞于君子之民，则油然乐为矣；予之为偷薄苟且，安忍①于小人之民，亦拂然不乐为矣。顾不幸而上之人无以发之，而民遂若别储其心以有待。然则敬忠以劝，子大夫须此于民乎？吾谓民正须此于上耳。夫上所自为者何也？有君道焉，当使神明父母之风专行于上，而体统情谊常不恃民而尊；有师道焉，当使宽厚长者之意实动于下，而风俗人情常不迫民而用。而今且以民情求之，即欲使民敬也，顾以慢作敬②，敬可得乎？上人之临御，下人之精神生焉，敬之在民，非锢而难出之物明矣。承祭以俨其思，见宾以动其容③，所谓庄，敬则庄之应矣。即欲使民忠也，顾以薄课④忠，忠可必乎？上人之事使，下人之分义⑤生焉，忠之在民，非浇而不复之物明矣。笃于亲以明虽天子必有父，惠于众以明虽国人皆吾子，所谓孝与慈也，忠则孝慈之应矣。即欲使民以劝也，顾以弃之之道责劝，劝将能乎？上人之尊贤育才，下人之气机生焉，劝之在民，非苦而难蹈之物明矣。论官材以示朝廷之所用如此，进不率⑥以示师儒之所养又如此，所谓举善教不能也，劝则善、不能⑦胥应之矣。盖君子所以能得天下之情者，以尊亲之命密系乎我故也，古人无所期于民，而容貌得其志，恩物得其理，殆就就焉正使欺忽之念无自而萌，而愿恪⑧之象成之为三代之俗；君子所以能尽天下之才者，以贤智之意俾民自予故也，古人无所迫于民，而弓旌⑨以荣辱其心，弦诵⑩以上下其德，殆断断焉正使怠弃之私有以自胜，而力行之效蒸之为三代之才。子大夫欲使民敬忠以劝乎？度礼思仁，慎选章教，其由是道乎？

【评】骨采坚秀，油然经籍之光，义与词皆粹美无疵。　　作者之文，才不逮意，故视其文了无可悦。然义不苟立，词不苟设，学者当求其沤涑淳沃⑪之功。

【题解】出自《为政·季康子问使民敬》。

季康子问："使民敬、忠以劝，如之何？"子曰："临之以庄则敬，孝慈则忠，举善而教不能则劝。"（季康子，鲁大夫季孙氏，名肥。庄，谓容貌端严也。临民以庄，则民敬于己。孝于亲，慈于众，则民忠于己。善者举之而不能者教之，则民有所劝而乐于为善。张敬夫曰："此皆在我所当为，非为欲使民敬忠以劝而为之也。然能如是，则其应盖有不期然而然者矣。"）

【注释】

① 安忍：安于做残忍的事，残忍。《左传·隐公元年》："夫州吁，阻兵而安忍。"

② 以慢作敬：官员以自身怠慢的行为去鼓舞百姓庄敬。作：兴起，振兴。

③ "承祭"二句：指官员思想和行动都庄重恭肃，语本《论语·颜渊》："出门如见大宾，使民如承大祭"。

④ 课：督促完成指定的任务；要求。

⑤ 分义：按照名分所宜做的事情。

⑥ 进不率：提高那些不遵从礼义教化的人。不率，不遵从。《左传·宣公十二年》："今郑不率，寡君使群臣问诸郑。"

⑦ 不能：无才德的人。

⑧ 愿恪：恭敬。《尚书·大禹谟》："愿而恭"，孔安国注："悫愿而恭恪。"

⑨ 弓旌：弓和旌，指招聘贤者的信物，或指延聘。古代征聘之礼，用弓招士，用旌招大夫。《左传·昭公二十年》："昔我先君之田也，旌以招大夫，弓以招士。"

⑩ 弦诵：弦歌诵诗，指礼乐教化。《礼记·文王世子》："春诵，夏弦。"郑玄注："诵谓歌乐也，弦谓以丝播诗。"

⑪ 沤涑淳沃：煮丝染色工序中的四个步骤，反复地浸泡和清洗，见《周礼·考工记》。

书云孝乎　一节

陈际泰

　　能如《书》之所言，则亦无时而不为政矣。盖《书》固以道政事也①，其言孝可以得政之端矣。外是求政，岂知政者乎？且夫人论事，当有以睹乎名之所自起，而志乎效之所自成，一隅之说，非通方之论也。是故政之名与政之效，虽处匹夫之实可得而奏也。何者？古之人知乎众之所处必有所争，于是求乎能断者而听命焉，天下有之，国亦宜然，国既有之，家亦宜然，此为政大小之所由名也；古之人知乎治之所行必有所极，于是归乎能化者而立则焉，经其戎兵，使可衣食，经其衣食，使可孝弟，此为政本末之所由名也。名之所在，古人务有以实之，故名之所在，古人务有以效之，而家因齐矣，而国因治矣，而天下因平矣。是故先王知乎政之所由名与政之所由效也，于命官之际犹以其微辞志之，一以为宜于时，一以为存乎古。宜于时者，东都②之俗，习浇已久，当得乎反其事者往以经营，而后风以革；存乎古者，三代之隆，政教不分，当得乎合其事者出而倡率，而后化以淳。由此言之，孝友之道，信于己而被于物，何遽不为政乎，而犹待为为政乎③？盖家者，与天下与国分政者也，名与效理其多而治其细；抑家者，与天下与国统政者也，名与效先其本而大其归。然则父父子子、兄兄弟弟，家人著风火之义④；人人亲亲、人人长长⑤，天下获道德之平。非此志乎？而奈何异之，故论政者当有以既⑥乎名与效之所存也。

　　【原评】大处立意，而题面义理细曲处无不该贯得到。若从琐碎枝节寻凑合之法，虽绷布成局，不能达也。看此等文字，极长人智力。

　　【评】大意既得，虽未能含蓄言外之情，自不害为佳构。

　　【题解】出自《为政·或谓孔子曰》。

　　或谓孔子曰："子奚不为政？"（定公初年，孔子不仕，故或人疑其不为政也。）子曰："《书》云：'孝乎惟孝、友于兄弟，施于有政。'是亦为政，奚其为为政？"（《书》，《周书·君陈篇》。《书》云孝乎者，言书之言孝如此也。善兄弟曰友。《书》言君陈能孝于亲，友于兄弟，又能推广此心，以为一家之政。孔子引之，言如此，则是亦为政矣，何必居位乃为为政乎？盖孔子之不仕，有难以语或人者，故托此以告之，要之至理亦不外是。）

人而无信　一节

黄淳耀

无信之不可，圣人于其行虑之焉。夫信者，人所以行之具也，无之，自有必穷者，亦奚便于己而出此乎？今夫人游三代之世而推诚相与，然诺不欺，彼盖以为道固然也，亦何尝逆计其事之可济而后出于此哉？自夫人有速求济事之心，则其诈必至无所不为；自夫人有无所不为之心，则其术终于一无所济。君子既伤其谲，又病其穷，于是成败通塞之间，不得不为斯人熟计之矣。盖信者所以成也，反是必败；信者所以通也，反是必塞。人无智愚，各有其心，心在而诚感之，所为一室之内声应千里也，若夫告天下以欺而曰"尔姑从我"，则人必笑之矣，一行败，而百行尽属可疑，片言虚，而千言尽为饰说，虽至数穷①悔起，不惜指天日以明之，而人犹不谅，盖谓其已用之智又将施于今日也；遇无险夷，贵白其志，志在而辞将之，所谓胸中之诚明于皦日也，若夫设天下以诈而曰"后不复然"，则众共疾之矣，我行而背诞焉，而传闻其背诞者又过于所行，我言而矫诬焉，而指目其矫诬者又甚于所言，即至情见势屈，犹欲邀末路以赎之，而闻者不应，盖谓其巧诈之谋又将托于拙诚也。虽朝廷之上，诈谖者时起而有功，然急则用之，缓则弃之，彼其君非得已也，忠悃不孚于平日，明主早疑其心，故其后虽无可指之罪，而戮辱有所必及；虽朋友之间，权谲者亦力能相济，然或盛礼貌以谢之，或戒子弟以远之，彼其友非得已也，反复已见于他人，智士必危其继，故其时虽无身受之祸，而攘斥有所必加。若此者，岂非无信之不行章章可考哉？人之有信也，犹车之有輗轨也。輗轨之用去，则车不行；倾危之俗成，则民不立。而或者乃欲挟其区区之小数以得志于世，不亦惑乎？在昔武王不愆甲子之期而商国徕臣②，桓王实申交质之文而郑伯怀贰③，非桓王之力不如武王也，不信而已矣；至若齐桓称盟约之长而诸侯叛其晚节④，季路为布衣之雄而邾子重其一言⑤，非季路之势大于齐桓也，信而已矣。

【评】警痛之论，可使机变者怵心内惭，瞿然自失。时文中有此，亦有补于人心世教。

子曰:"人而无信,不知其可也。大车无輗,小车无軏,其何以行之哉?"(輗,辕端横木,缚轭以驾牛者。……軏,辕端上曲,钩衡以驾马者。车无此二者,则不可以行,人而无信,亦犹是也。)

【注释】

① 数穷:命数不通,走投无路。

② 武王事,指周武王在牧野誓师事,时在周武王十一年二月初五甲子(《史记·齐太公世家》作正月五日),见《尚书·牧誓》、《史记·周本纪》。愆:违背;徕臣,来臣,臣服。

③ 此言周、郑交质之事。周平王末年,郑庄公任周王朝卿士,平王想分权给西虢公,引起郑庄公疑虑,于是双方交换人质,以申明信义。桓王即位,虽仍交质,但因桓王重提重用虢公之事,双方交恶。《左传·隐公三年》评论此事,谓:"信不由中,质无益也。"

④ 齐桓公事,《史记·齐太公世家》载,齐桓公三十五年秋,葵丘会盟,桓公"益有骄色……诸侯颇有叛者"。晚节,此指晚年。

⑤ 季路,即孔子弟子子路。事见《左传·哀公十四年》:"小邾射以句绎来奔,曰:'使季路要我,吾无盟矣。'"杜预注:"子路信诚,故欲得与相要誓,而不须盟。"

子张问十世　一章

艾南英

圣人与贤者论世,以数往之顺为知来之逆也。盖欲知后王,则前王其灿然者矣,其因其革不可知耶?且夫一代之治,必其纲常人纪既败而后国随之,其从而复之者,虽变也,而实常也。是故纲常万古以为重,制度随时而递新。此百世可知者,而子张问十世可知也,夫子曰:夫黄虞①以前邈矣,乃若周之先有殷,殷之先有夏。夏之先后②,方懋厥德,及其季③也,昏德涂炭④,敷虐万方⑤,而禹之彝伦以斁⑥,殷革之而表正万邦者,皆缵禹旧服⑦也,盖夏之礼而即殷之礼也,至于随风气之开而通其必至,从维新⑧之制而示以必更,所损益可知也;殷之先王,肇修人纪⑨,及其季也,囚奴正士⑩,荒败五常⑪,而天之显道⑫以亡,周革之而永清四海⑬者,实率由商旧也,盖商之礼而即周之礼也,至于酌二代之中而焕其郁郁⑭,纬六官⑮之政而使之彬彬⑯,所损益可知也。由是而知百世之所因乎?但使其率由典常⑰,我知其必治;但使其民彝⑱泯坏,我知其必乱。由是而知百世之所革乎?但使其穷而欲变,吾知其必损;但使其缺而未备,吾知其必益。上考三王,下俟百世,何难十世哉?

【评】老干无枝,亭亭直上。他人满纸澜翻,能道得筋脉上一两句否?

【作者简介】

艾南英(1583—1646),字千子,号天佣子,江西临川东乡人。明代著名文学家、制义大家。少有文名,好学无所不窥。万历末,场屋文腐烂,南英深疾之,与同郡章世纯、罗万藻、陈际泰以兴起斯文为任,乃刻四人所作行世,世人翕然归之,称为章、罗、陈、艾。然七应乡试不第，天启四年（1624）始举于乡。又以对策有讥刺魏忠贤语，罚停三科。明思宗即位，诏许会试。久之，卒不第。后两京继覆，江西郡县尽失，南英乃入闽。唐王召见，授兵部主事，寻改御史，明年卒于延平。著有《天佣子集》等。艾南英为"豫章社"领袖，衍归有光等人之说而畅其流，成员有章世纯、陈际泰、罗万藻以及南昌万时华、新建陈宏绪、瑞金杨以任诸人。时江东陈子龙倡"几社"，张溥与张采倡"复社"，艾南英以二社宗旨与己不合，遂与之激烈论争。又以制义选文标准不同而与金坛周钟之"金沙派"、娄东张溥之"娄东派"论争。后因对外论争而引起豫章社内部矛盾，与陈际泰、章世纯交恶。编有制义《明文定》、《明文待》，自作有《艾千子稿》，俞长城谓其所编"《定》、《待》诸书，大纲既举，众目具张"，有救弊之功，自作之"质朴坚辣"亦为其余三家莫及。

【题解】出自《为政·子张问十世》，参见隆万文卷二孙矿《子张问十世》。

子张问："十世可知也？"子曰："殷因于夏礼，所损益，可知也；周因于殷礼，所损益，可知也；其或继周者，虽百世可知也。"

【注释】

① 黄虞：黄帝、虞舜的合称。
② 先后：先王。按，夏之先王勤修其德，引《尚书·伊训》："古有夏先后，方懋厥德。"
③ 季：末期、衰时。
④ 昏德涂炭：君主（指夏桀）昏庸，百姓涂炭。语本《尚书·仲虺之诰》："有夏昏德，民坠涂炭。"
⑤ 敷虐万方：虐待全国百姓。《尚书·汤诰》："夏王灭德作威，以敷虐于尔万方百姓。"
⑥ 彝伦以斁：败坏常理常道。彝，常。伦，理。
⑦ 缵禹旧服：继承禹的德行。语本《尚书·仲虺之诰》："天乃锡王勇智，表正万邦，缵禹旧服。"孔安国传："仪表天下，法正万国，缵禹之功，统其故服。"蔡沉集传："继禹旧所服行也。"
⑧ 维新：指变更，变革。《尚书·胤征》："旧染污俗，咸与惟新。"孔安国传："言其余人久染污俗，本无恶心，皆与更新。"
⑨ 肇修人纪：指商汤事。《尚书·伊训》"先王肇修人纪"，孔安国传："言汤始修为人纲纪。"
⑩ 囚奴正士：指商纣囚箕子。《尚书·泰誓下》："屏弃典刑，囚奴正士"，孔安国传："箕子正谏而以为囚奴。"
⑪ 五常：指五种家庭伦常关系。《尚书·泰誓下》："今商王受，狎侮五常，荒怠弗敬。"孔颖达疏："五常即五典，谓父义、母慈、兄友、弟恭、子孝，五者人之常行。"
⑫ 天之显道：即五常等秩序。《尚书·泰誓下》："天有显道，厥类惟彰。"孔颖达疏："是治民之事，皆法天之道。天有尊卑之序，人有上下之节，三正五常，皆在于天，有其明道，此天之明道。"
⑬ 永清四海：指扫除恶政。《尚书·泰誓上》："尔尚弼予一人，永清四海。"孔安国传："秽恶除，则四海长清。"
⑭ 郁郁：指文采兴盛。《论语·八佾》："子曰：周监于二代，郁郁乎文哉！"
⑮ 六官：周代六卿之官。《周礼》以天官冢宰、地官司徒、春官宗伯、夏官司马、秋官司寇、冬官司空分掌邦国之政，总称六官或六卿。
⑯ 彬彬：指文质兼备。《论语·雍也》："文质彬彬，然后君子。"
⑰ 率由典常：沿用不可更变的旧法典章。《尚书·微子之命》："慎乃服命，率由典常，以蕃王室。"孔安国传："循用旧典，无失其常。"

⑱ 民彝泯坏：人伦秩序混乱败坏。民彝，人伦、常道。《尚书·康诰》："天惟与我民彝大泯乱。"

见义不为无勇也

黄淳耀

圣人以取义望天下，而激其本明之心焉。盖勇生于义，义立于为。第曰见之而已，吾何望哉？夫人有识以明内，则可帅气使必行；有气以充外，亦可扶识使必达。而吾终不敢谓天下大事皆取办于识多气少之人。夫非气与识离而为二也，识尝主乎事之发，而气尝主乎事之成。事不可以有发而无成，故人不可以有识而无气也。今天下事会多矣，名教亦凛矣。使是非之所存，必不与利害相反，则古今安得有忠良？使好恶之所寄，必不与诽誉相违，则人心安得有廉耻？奈之何有见义不为者？居平①私忧窃叹以究当世之利病，事至则循循然去之，曰"将有待也"，逮所待者既至矣，则又自诬其前日之议论，以为狂愚，此其力尚足仗哉？夙昔引绳批根②以刺他人之去就，身临则缩缩然处之，曰"期有济也"，至所济者罔闻矣，则又反訾乎贤豪之树立，以为矫激③，此其气尚可鼓哉？选愞④出于性生，则虽学问经术本异庸流，而举平日之所知所能，尽以佐其浮沉⑤之具；畏葸积于阅历，则虽醇谨老成不无可取，而因此日之一前一却，遂以酿夫篡弑之阶。祸福何常之有，避祸深而英华销阻，遂并其不必获祸者而亦避之，彼其心非恶义也，恶义之可以获祸也，然至藏身之固既得，而观望周章⑥久矣，为笑于天下矣；生死何定之有，畏死极而中情回惑⑦，将并其可以触死者而反蹈之，是其死非合义也，不获于义而又不免于死也，原夫贤愚之身同尽，而坊检⑧空裂甚矣，进退之失据矣。若此者谓之无勇，世岂有无勇之人而可与之慷慨誓心、从容尽节者哉？是以君子治气欲其专，用气欲其静。不敢轻喜而易怒，虑其气之旁有所泄也；不敢留力而玩时，虑其气之内有所阻也。气盛，故塞乎天地、行乎渊泉而无不之也；气纯，故达乎百为、贯乎万事而无不当也。呜呼，是亦足矣！

【评】较金、陈、章、罗⑨气质略粗，而指事类情，肝胆呈露，精神自不可磨灭。

金、黄二家之文，言及世道人心，便能使读者义理之心勃然而生。是知言者心之声，不可以为伪也。

【题解】出自《为政·非其鬼而祭之》，参见隆万文卷二赵南星《非其鬼而祭之谄也》。

子曰："非其鬼而祭之，谄也。见义不为，无勇也。"

【注释】

① 居平：居常，平时。
② 引绳批根：也作"引绳排根"，出《史记·魏其武安侯列传》，喻指合力排斥他人。此处指严苛地批评他人。
③ 矫激：奇异偏激，违逆常情。
④ 选愞：怯懦。选，通"巽"，卑顺。愞，同"懦"。

403

⑤ 浮沉：指随俗浮沉，随波逐流。

⑥ 周章：迟疑不决。

⑦ 回惑：迷惑，犹豫。

⑧ 坊检：同"防检"，防范和检束，此指道道规范。

⑨ 金、陈、章、罗：金声、陈际泰、章世纯、罗万藻。

巧笑倩兮 一章

金 声

观圣贤言诗，藉于诗以相悦焉。夫"素绚"之问、"绘事"之解，何由遂得"礼后"一言起予，而后可与言诗？诗难言哉！盖自文学行而大道著，莫韵乎诗，令一诗止领一诗之用，极其所终，不过三百而止。而诗之妙要，使人审于章句之间以达乎物类之变，可以触处而旁通；故学诗者，初不必当日诗指①之所存与今时解说之所及，而能即小以观大。有如子夏所称"倩盼"之章，终有"素绚"之句，亦非甚疑义也，比于赋之末，而不获其所比之端，徒其文有弗属、义有弗贯耳，②君子之于学也，无所苟而已，一言亦将求其归；乃夫子曰所谓"素绚"之说，其为绘事之序，诗以是为硕人方③也，本乎族类之贵、天质之宜，而始佐以朱帻、翟茀、庶姜、庶士之盛，④犹之素其先有、绚乃后施耳，诗人之比类也，必有所当焉，说之而第如其初指也。而吾初不知此时子夏何以遂浩然有得也。一闻所谓"后"，不觉见天下之后焉者，不独一绘；一闻所谓"事"，不觉见天下之所有事者，莫不皆后。虽先王之道⑤、小大之所由，天地之经、百物之所殊，一旦可以下同观乎绘事，而上不以先吾盼笑。⑥商于斯也，岂有悟乎？而要斯时所见，其与前时问答，岂复相蒙也哉？则甚矣夫子夏之深于诗而笃于学也！以意逆志，不以辞害意⑦，此说诗之大端也，而商又异矣；传而习之，言而述之，皆学人之用心也，而商则更进矣。如是学诗，终身学之而不厌也，诗起商也；如是言诗，终日言之而不倦也，商起夫子也。呜呼！此学诗之善者也。今即此"倩盼"一诗取而读之，其亦可以求卫事⑧之始终焉，可以见淑媛之令仪焉，可以观里巷之忠爱与好恶之不忒焉。而商乃别有领也，比物连类⑨，得文质之升降而会人事之始终。诗也者，象也。商之学诗，驺驺乎其进于《易》矣。⑩夫如是，故衣锦褧衣⑪，亦《硕人》之诗，而论道者且以为恶文之著也，岂若后世之明经⑫者哉！

【原评】随笔曲折，而波趣因之以生。如夏云奇峰，顷刻数变；春水绉縠，波纹愈远。

【评】胸中别有杼轴，落想多在间隙中，而题之意趣曲尽。在作者亦似动于天机而不知其所以然。

【题解】出自《八佾·巧笑倩兮》。

子夏问曰："'巧笑倩兮，美目盼兮，素以为绚兮。'何谓也？"（倩，好口辅也。盼，目黑白分也。素，粉地，画之质也。绚，采色，画之饰也。言人有此倩盼之美质，而又加以华采之饰，如有素地而加采色也。子夏疑其反谓以素为饰，故问之。）子曰：

"绘事后素。"（绘事，绘画之事也。后素，后于素也。《考工记》曰："绘画之事后素功。"谓先以粉地为质，而后施五采，犹人有美质，然后可加文饰。）曰："礼后乎？"子曰："起予者商也！始可与言诗已矣。"（礼必以忠信为质，犹绘事必以粉素为先。起，犹发也。起予，言能起发我之志意。谢氏曰："子贡因论学而知诗，子夏因论诗而知学，故皆可与言诗。"杨氏曰："'甘受和，白受采，忠信之人，可以学礼。苟无其质，礼不虚行'。此'绘事后素'之说也。孔子曰'绘事后素'，而子夏曰'礼后乎'，可谓能继其志矣。非得之言意之表者能之乎？商赐可与言诗者以此。若夫玩心于章句之末，则其为诗也固而已矣。所谓起予，则亦相长之义也。"）

【注释】

① 诗指：诗旨，诗的意思。按，此句谓，理解诗意，既不必按照诗人当初的本意，也不必局限于今人提供的解释。

②"比于赋之末"句：这句是解释子夏所引诗句的疑难之处。"巧笑倩兮，美目盼兮"是直接的描写，属于《诗经》里"赋"的手法；末一句"素以为绚兮"则是比喻的手法。这个比喻的本体，诗句没有交代，因此文中说"不见所比之端"。属，连贯，连续。

③ 方：比喻，比方。按：此句谓诗句是用绘画之事比喻"硕人"。"巧笑倩兮，美目盼兮"见《诗经·卫风·硕人》。硕人，身材颀长的美人，《毛诗序》谓指庄姜。

④"本乎"句：《诗经·卫风·硕人》，《毛诗序》认为是赞美卫侯夫人庄姜。此句本《硕人》诗立意，大意说：庄姜身份高贵、天质漂亮，然后再以华美的车马和陪嫁之女、陪嫁之臣烘托。族类之贵，诗中言庄姜乃"齐侯之子，卫侯之妻，东宫之妹，邢侯之姨，谭公维私"。《硕人》："朱幩镳镳，翟茀以朝"，"庶姜孽孽，庶士有朅"。朱幩，缠在马嚼两旁作装饰的红绸子。翟茀，彩色雉翎装饰的车茀，茀为遮蔽女车的竹席或苇席。庶姜，众多陪嫁的女子。庶，众。姜，齐国姓姜。陪嫁的均为同姓女子，古谓"姪娣"。庶士，指随从庄姜到卫的诸臣，古称"媵臣"。

⑤ 先王之道：此至"百物之所殊"均指"礼"。一本《论语·学而》："有子曰：礼之用，和为贵。先王之道斯为美，小大由之。"一本《礼记·乐记》："天高地下，万物散殊，而礼制行矣。"

⑥ 此句谓一旦领悟到诗中的喻义，那么"先王之道"、"天地之经"这些"礼"，都可以视为"绘事"（比喻后起的"文"），不能先于具有天然之美的"盼笑"（比喻"质"）。

⑦ 此句本《孟子·万章上》："故说诗者，不以文害辞，不以辞害志。以意逆志，是为得之。"朱熹《集注》谓："言说诗之法，不可以一字而害一句之义，不可以一句而害设辞之志，当以己意迎取作者之志，乃可得之。"逆，迎。

⑧ 卫事：卫国政事。庄姜为卫庄公夫人，《毛诗序》谓："《硕人》，闵庄姜也。庄公惑于嬖妾，使骄上僭。庄姜贤而不答，终以无子，国人闵而忧之。"下文"里巷之忠爱"、"好恶之不忒"均本此《序》。

⑨ 比物连类：连缀相类的事物，进行比喻、类比或归纳。

⑩"诗也者"句：古人认为诗和《易》都是用"象"（形象）来表达思想感情的，故此句说子夏由学《诗》而进入学《易》的境界。《易·系辞下》："是故易者，象也。象也者，像也。"《易·坤》孔颖达疏："凡易者象也，以物象而明人事，若《诗》之比喻也。"

⑪ 衣锦褧衣：《硕人》："硕人其颀，衣锦褧衣。"《郑风·丰》亦有此句。本指在锦衣外面罩上麻衣。褧衣，麻制的单衣，女子出嫁时所穿以蔽尘土。在学道之士看来，罩上麻衣是有意掩盖光芒。《中庸》："诗曰'衣锦尚絅'，恶其文之著也。故君子之道，闇然而日章；小人之道，的然而日亡。"按，絅、褧意同。这一句话仍意在说明理解诗不必拘泥于原意。

⑫ 明经：此处以"明经者"指死记硬背经文之人。隋唐科举考试有明经、进士二科，以经义取者为"明经"。唐制，明经科以帖经试士，把经文贴去若干字，令应试者对答，主要考查的是经生记诵的功夫。

夏礼吾能言之　一节

夏允彝

圣人有志二代之礼而惜空言之不足以传也。夫夏、殷亡而其礼不亡，然至使能言之士无所据以成一代之书，是可重叹也。且王者受命，必变易前世之礼，以明己之得统，示天下有所尊也；至于胜国①之守，不敢有所改焉，而为之立其后嗣、备其典文，使子孙无忘其所自始。然始未尝有所阙遗，而后稍夷，至于微而失传，亦势使然矣。何者？制度不便于当今，自非贤者，能无迁于时好而变祖宗之旧？耳目易专于所习，苟非博学，安能搜讨故闻以遗同志之求？若乃夏、殷之礼，我尝学之而能言其意矣。盖其大者载于《周礼》，周公之所采取，有其源流，不可没也，至其细无所考，有非左右史②之所记，而守为国故③、相沿至今者，入其国而问其传，盖往往而有也；即其大者散于列国，学士之所讲颂，无有异词，其明征也，至于时之轶事，有他国之闻见所不及，而垂为家乘④、可资当今者，见其人而考其得失，或不乏于时也。然而观于杞、宋，亦安能有足征者哉？以杞之为夏余也，而荡废典章，不存其世业，不足怪也，至于宋为秉礼之国，其余文不无详焉者，观于戴公之时而犹得《商颂》⑤以祀先王，则其他可知也，然即而征其文，文安在也，非无风物之遗，而质之先世之故实，其为率由典常者，大抵阙如矣；以杞⑥之即东夷也，其人物朴陋，不齿于诸夏，是固然也，至于宋为春秋之望，其大夫犹有显焉者，观于微子⑦入朝而周人叹其从者以为绝盛，则其后可知也，然即而征其献，献安在也，非无贤哲之士，而与之上下其议论，其为耆老⑧传识者，盖亦已寡矣。又安所折衷而使论者以我言为不诬哉？不然而上述史记，旁采旧闻，始于神禹，下及商辛⑨，包括二代，勒成一书，盛衰兴废之迹灿然也，不亦善乎？而惜其不足征。何也？夫周之于二代，盖亦至矣。取其重典，以神当世，而至于车服之秩，犹得使之修其故事；崇其支蘖⑩，以备三恪⑪，而至于考献之遗，亦皆使之归其故国。盖文献若斯之盛也，而犹浸以不章⑫，况后世之事哉？然后之正一统者，谓国虽可灭而史不可废。是以朝之大政，必有记注；而胜国遗事，必立史官。虽作者不必其人，然犹与《春秋》并存也。

【评】前幅实发所以能言之故，最为有识。通体宽博雅赡，虽语尚文藻，而皆有义意以为质干，故不可废。

【作者简介】

夏允彝（1596—1645），字彝仲，号瑗公，松江人。弱冠举于乡，好古博学，工属文。是时东林讲席盛，苏州高才生张溥、杨廷枢等慕之，结复社。允彝与同邑陈子龙、徐孚远、王光承等亦结几社相应和。崇祯十年（1640），与子龙同成进士，授长乐知县，善决疑狱。后北京陷，福王立于南京，擢允彝为吏部考功司主事，不赴。未几，南京陷，欲结义民抗清，闻友人侯峒曾、黄淳耀等皆死，乃以八月中赋绝命词，自投深渊以死。后二年，子完淳亦死。著有《夏文忠公集》、《幸存录》等。

【题解】出自《八佾·夏礼吾能言之》，参见正嘉文卷二归有光《夏礼吾能言之》。

子曰："夏礼吾能言之，杞不足征也；殷礼吾能言之，宋不足征也。文献不足故也，足则吾能征之矣。"

【注释】

① 胜国：犹言前朝，指被战胜、取代的朝代。

② 左右史：泛指史官。《礼记·玉藻》："（帝王）动则左史书之，言则右史书之。"《汉书·艺文志》所载相反："左史记言，右史记事；事为《春秋》，言为《尚书》。"

③ 国故：本国固有的学术与文化，亦兼指典章制度而言。

④ 家乘：此指各国的史书。乘，春秋时晋国的史书，后用以称一般的史书。

⑤《商颂》：殷商后代宋国祭祀商朝始祖成汤的乐歌。《诗经·商颂·那》毛诗序："《那》，祀成汤也。微子至于戴公，其间礼乐废坏。有正考甫者，得《商颂》十二篇于周之大师，以《那》为首。"戴公，宋戴公，在位时期与周幽王时期相当，距微子十余世。

⑥ 杞：西周小诸侯国。《史记·陈杞世家》："禹之后，周武王封之杞，楚惠王灭之。"《左传·襄公廿九年》："杞，夏余也，而即东夷。"

⑦ 微子：商纣王庶兄。后代替武庚嗣商，封于宋。见《史记·宋微子世家》。

⑧ 耉老：年长之人。耉，长寿，年老。

⑨ 商辛：即商纣王，《史记·殷本纪》："帝乙崩，子辛立，是为帝辛，天下为（谓）之纣。"

⑩ 支麋：分支。西周初曾分封夏、商的后代。《史记·周本纪》载封"大禹之后于杞"，封商代的箕子、微子等。

⑪ 三恪：周朝新立，封前代三王朝的子孙，给以王侯名号，称"三恪"以示敬重。具体说法有两种，一说封虞、夏、商之后于陈、杞、宋。《左传·襄公二十五年》："（虞阏父）封诸陈以备三恪。"杜预注："周得天下，封夏、殷二王后，又封舜后，谓之恪。并二王后为三国。其礼转降，示敬而已，故曰三恪。"后世帝王亦多承三恪之制。

⑫ 章：彰显。

射不主皮　一节

金　声

即射以观古，其所以成天下之才者大矣。夫天下无同科之力，奈何限之以主皮，此古道所以可思也。尝谓士苟有志自勉，视天下无复绝①不可企之事，惟限于天者，虽豪杰无如何也。以故国家之律令，夺天下之意气，要使宇宙之才，其上固不妨自见，其下亦得以勉夫人工之所可至。即一射事，真令人慕古焉。夫射之有皮，所以试天下之力，为国家致用也，何以有不主皮之说？正为力计深远，使其途宽然有余也。失诸正鹄②，反求其身，巧成于习，人为之耳，苟昭然有可同之路，而甘自暴弃，置其身于彀外③，则于人何所尤？破甲穿札④，待命于力，强弱有科，天定之矣，使夫卓荦可用之才，其勉强之功，直穷于不可齐⑤，则君子何以忍？彼夫先王为弧矢⑥之利以威天下也，故虽处无事之日，不忘武备，有皮在，而有余之力不嫌立展，使赳赳干城⑦之夫，得因以炼其坚锐无前之奇；先王观德行之立于审固之时⑧也，故虽为威武之事，饰以礼乐，不主皮，而闲习⑨其道尽堪自效，即斤斤绳尺⑩之士，安知不足备御侮折冲⑪之用。盖惟古之时，所以核天下之才，其程甚严，所以收天下之才，其途甚广，使人骎骎乎兴起而莫自阻其志者，大抵操此道也；亦惟古之时，习尚则禀于一，示天下以必趋，举令则协于众，待天下以可同，究之蔚蔚乎多才而国家缓急得人者，大抵得此道也。如今之世，岂有复念不同科之力，而操鼓铸⑫之权者，亦从此而审其所主哉？

【原评】"不主皮"三字，语意本自浑圆。他作重发"诎力"、"尚德"意，不但于"不主皮"三字神理未足，"不同科"亦说似天下皆无力人矣。惟此轻重得宜，文气亦复遒劲。

【题解】出自《八佾·射不主皮》。

子曰："射不主皮，为力不同科，古之道也。"（射不主皮，《乡射礼》文。为力不同科，孔子解礼之意如此也。皮，革也，布侯而栖革于其中以为的，所谓鹄也。科，等也。古者射以观德，但主于中，而不主于贯革，盖以人之力有强弱，不同等也。《记》曰："武王克商，散军郊射，而贯革之射息。"正谓此也。周衰，礼废，列国兵争，复尚贯革，故孔子叹之。杨氏曰："中可以学而能，力不可以强而至。圣人言古之道，所以正今之失。"）

【注释】

① 夐绝：辽远不可企及。夐，远。

② 鹄：靶子。按，此句本《礼记·射义》："射者，仁道也。射正求诸己……发而不中，则不怨胜己者，反求诸己而已矣。"

③ 彀外：此处指标准之外、不合标准，又可理解为没有被收录重用。彀，本指箭靶或射程范围，引申为程式、目标等。

④ 破甲穿札：指射箭力量很强，可以穿破铠甲。札，铠甲的叶片。

⑤ 不可齐：此指力量。人力强弱由天而定，难以均齐。

⑥ 弧矢：指弓箭。此句本《易·系辞下》："弦木为弧，剡木为矢。弧矢之利，以威天下。"

⑦ 赳赳：威武雄壮的样子。干城：盾牌和城墙，比喻捍卫者。语出《诗经·周南·兔罝》："赳赳武夫，公侯干城。"

⑧ 审固之时：指持弓射箭之时。持弓时需要内心审慎平正，才能射中。按，射礼带有考校选拔的意味，既校其力，复观其德。上句言"力"，此句言"德"，俱本《礼记·射义》立言："持弓矢审固，然后可以言中。此可以观德行矣。"又："是故古者天子以射选诸侯、卿、大夫、士。射者，男子之事也，因而饰之以礼乐也。"

⑨ 闲习：熟习，熟练。闲，通"娴"。

⑩ 斤斤绳尺：严格遵守法度规矩。绳尺，喻指法度规矩。

⑪ 折冲：克敌制胜。《战国策·齐策五》："拔城于尊俎之间，折冲席上者也。"

⑫ 鼓铸：鼓风炼铁，喻陶冶人才。

射不主皮　一节

陈际泰

　　圣人慨力竞，而致思于古之礼射者焉。夫礼射者转而贯革，则力竞甚矣，而能无慨于古也乎？且世道之盛衰，决于人心之恬竞。竞则无不竞焉，将有失其本而不自知者。君子以世变为己急矣，试即一射验之。射有以杀敌为能者，主皮之射是也；射有以观德为志者，不主皮之射是也①。礼射②之体有五，宾饮与兴士之类皆与焉；礼射之人亦有五，天子与诸侯以下皆习焉。夫贯革非有厉禁也，而特不贯革非有余诛也。然果何为也哉？吾绎其志焉，其所以诱进天下之文士者至矣，宽而待之，凡弱者皆得与于决拾③之能，所以阴作天下闲习④之气者，其权隐；吾绎其旨焉，其所以尊奖天下之文士者亦至矣，曲而体之，凡儒者皆不绳乎跗注⑤之用，所以明重天下风素⑥之业者，其礼隆。顾吾于此独自有感也，曰：此其为古之道乎？盖昔先王之治天下也，文武并进，不使后世窥吾有所左右而轻天下，故礼射与武射，同立于泽宫⑦而不相争，盖即《天保》治内、《采薇》治外⑧之遗意焉；抑昔先王之治天下也，文雅独优，不使后世谓我无所扫除而致太平，故礼射独文射，尽屏⑨其挽强⑩而不复进，盖有竭蹶⑪而成之、端冕而祀之之微权焉。夫怠惰苟安之气，圣人未尝不以术起之；而桀骜难驭之习，圣人亦未尝不以法柔之。此一射也，殆与民休息之理而为世转移之机乎？斯盛德之所同也，吾盖于此独自有感焉。古道日远，抑锋止锐之意寂然；霸气方兴，深入⑫多杀之风转炽。吾且谓之何哉？

　　【评】　立论与正旨稍别，文极凝炼有精色。

　　【题解】　出自《八佾·射不主皮》，见上。

【注释】

①《礼记·射义》："射者，所以观盛德也。"

②《仪礼·乡射礼》谓："礼射不主皮。"按，射礼也包含宾饮诸礼，天子、诸侯、卿、大夫、士均参与射礼。

③决拾：意指射箭。决，扳指，多以骨制，套在右手拇指上，用以钩弦；拾，套袖，革制，套在左臂上，用以护臂。《诗·小雅·车攻》："决拾既佽，弓矢既调。"

④闲习：熟习，熟练。闲，通"娴"。

⑤跗注：古代的一种军服。《左传·成公十六年》："方事之殷也，有韎韦之跗注，君子也。"杜预注："跗注，戎服。若袴而属于跗，与袴连。"

⑥风素：风采素养。此指伦理教化等而言。

⑦泽宫：古代习射取士之所。《周礼·夏官·司弓矢》："泽共射椹质之弓矢"，郑玄注引郑司农曰："泽，泽宫也，所以习射选士之处也。"

⑧《天保》、《采薇》均为《诗经·小雅》篇目。《小雅》十数篇，《采薇》始写到出征诸事。《小雅·鱼丽》毛诗序："文、武以《天保》以上治内，《采薇》以下治外。始于忧勤，终于逸乐。"《诗经·小雅·鹿鸣》孔颖达疏："《小雅》自《鹿鸣》至于《鱼丽》，先其文所以治内，后其武所以

治外。"

⑨ 屏：摒，排除。

⑩ 挽强：拉硬弓。杜甫《前出塞》："挽弓当挽强。"

⑪ 竭蹶：颠仆倾跌，指十分艰辛。按，此句谓武者艰辛而成功，然独用文者，令其从容而治国。这是优文抑武，此意不可明言，故曰"微权"。《韩非子·外储说左上》："谚曰：筑社者，攘掘而置之，端冕而祀之。"

⑫ 深入：指深入敌国。

赐也尔爱其羊 一节

陈际泰

圣人以事存礼，故有慎用其爱者焉。盖羊者，礼之寄也，礼重而羊不得独轻，圣人之爱所以异于贤者之爱与？且宗庙之事即远，有废而无立，此有为之事、一偏之言耳。要其有关于礼法之大者，与其过而废也，毋宁过而存之。即如告朔之饩羊，而赐乃议去，赐于此可谓不善用其爱矣。夫以综练名实①之心拟赐，则浮费而无用者皆从节啬，羊虽小，去之所以例乎羊之外者；即以感慨时事之意谅赐，则空存而无实者无事虚糜，羊虽具，去之所以愤乎羊之前者。赐之见非不谓然，然吾独惜其爱止及于一羊也。夫羊也，而岂徒羊也乎？论羊于昔日，是告朔之礼存而俱存者也，礼既居其重焉，而羊不得独轻；论羊于今日，是告朔之礼亡而不尽亡者也，礼既值其轻焉，而羊不得不重。何也？凡人之情，当其多焉，不甚惜，当其少焉而愈惜之矣，今日之羊是也②，天下之废败不可知，而但于庙中足占③天下焉，求所为丕显丕承④之故迹，了不复存，而仅留一羊，此陈宝赤刀⑤所为珍秘也，一羊无恙即一礼无恙，我所沾沾⑥护持而不敢轻议者，诚谓此一脉之所寄焉耳；凡人之情，当其少焉，不甚贪，当其多焉则既贪之矣，亦今日之羊是也，异时之兴复不可知，而但于今日可待异时焉，盖赖此先王先公之神灵，不容尽泯，而乃遗一羊，此剥果蒙泉⑦所为发生也，一羊无恙即一切之礼无恙，我所为斤斤宝贵而不敢一掷者，诚为此全体之所存焉耳。赐乎，奈何尔之所爱乃不如我之所爱也哉！为节啬故而去羊，志既狭而不广；即为感愤故而去羊，智复浅而不深。先王之礼，不幸一厄于先公之不视朔，又不幸再厄于赐之欲请去羊也。悲夫！

【评】中二比于实理虚神推阐曲尽，却只是注中"犹得以识之而可复焉"之意。可知文人无笔，虽有颖思，亦不能达也。

【题解】出自《八佾·子贡欲去告朔之饩羊》，参见隆万文卷二张以诚《赐也尔爱其羊》。

子贡欲去告朔之饩羊。子曰："赐也，尔爱其羊，我爱其礼。"

【注释】

① 综练名实：指循名以责实，摒除有名无实的东西。

② 此句谓，告朔之礼沦亡得仅剩以一羊作牺牲。如连一羊也取消，则告朔之礼尽废，故此一羊特别

可贵。

③ 占：推测，预测。

④ 丕显丕承：指列圣相继之道。《尚书·君牙》："丕显哉，文王谟！丕承哉，武王烈！"孔安国传："叹文王所谋大显明"，"言武王业美，大可承奉。"

⑤ 陈宝赤刀：祭祀先王时陈列的先王的宝物、宝刀。语本《尚书·顾命》："越玉五重，陈宝，赤刀、大训、弘璧、琬琰在西序。"按，此句谓，并非羊可贵，可贵的是羊代表的制度，犹祭祀时陈列先王所用之宝，其可贵之处在于表达了不忘先王之意。

⑥ 沾沾：拘泥，执着。

⑦ 剥果蒙泉：指晦而复显、最终兴复的意思。"剥"、"蒙"均卦名，"果"、"泉"为卦中之象。《易·剥》："上九：硕果不食，君子得舆，小人剥庐。"《易·蒙》："象曰：山下出泉，蒙。"二卦均不利，然剥而能复、蒙而能亨。

君使臣以礼 二句

杨以任

论所以事、使，而君臣之道在天下矣。盖事、使者，分也，而道行之矣。君以礼，臣以忠，顾不盛与？孔子对曰：人主建人伦之极，则事、使其大端矣。夫天下之乐得其君父，犹一人①之乐有其臣子也，则莫不有道焉以行乎其间。臣观有道之世，其君穆穆②而正南面之事；其臣师师③而进拜稽④之忱。使之事之，非以为文也，于此识朝廷之有人；且使之事之，非相视而不相知也，于此见臣主之同量。然则何以使臣以礼而已矣？何以事君以忠而已矣？想为人君者，经纶天下之本，毕取于因性之仪⑤，则自纳身轨物⑥以来，无日不喜与一二臣工守此秩叙。及其使臣也，愿忠于我者，固于温文晋接中有其一德，即不然，而因人董戒⑦，要皆教天下以廉耻之事。故挟器⑧而至，可以使之不争；挟诈而至，又有以使之自媿⑨。盖不齐者，人之才与情也；不必齐者，使也。而所以使者，则礼焉矣。想为人臣者，胥匡⑩天下之志，止用此幽独之中⑪，则自宅心诚正以来，无念不乐与明明我后⑫共此德业。当其事君也，有礼于我者，固于拜手稽首间庆其一心，即不然，而天王明圣⑬，原无解于义命之先。是故一人垂拱，而事之不敢恃；具曰予圣⑭，而事之深可思。盖不一者，时之升与降；不能一者，事也。而所以事者，则忠焉矣。惟后世以礼为一家之事，公卿大夫虽亦入而受其等，然其礼颓⑮以为臣耳，颓以为臣，故时劝时衰，夫礼岂一日之具也？惟后世以忠为不幸之名⑯，愚智忠良随时而取其便，是其忠亦从事君始有耳，从事君始有，故时作时止，夫忠岂一日之故也？然则使臣者之聪明才力，不必尽贤于臣下也，有礼焉，而我不穷于用；然则事君者之志气才术，不必致惜于不知己也，有忠焉，而臣克有其终。此有道之君臣也，猗欤⑰盛哉！公其加意焉。

【原评】好逞其驳杂，陈言安得不多？作者独主于谨洁，理虽未极，已能于众中杰出也。

【题解】出自《八佾·定公问君使臣》，参见隆万文卷二胡友信《臣事君以忠》。

定公问："君使臣，臣事君，如之何？"孔子对曰："君使臣以礼，臣事君以忠。"

① 一人：天子，君王。

② 穆穆：仪容、言语美好；行止端庄恭敬。《诗经·大雅·假乐》："天子穆穆，诸侯皇皇。"

③ 师师：互相师法，谓政事皆举。《尚书·皋陶谟》："百僚师师，百工惟时。"孔安国传："师师，相师法。"

④ 拜稽：再拜稽首，古代行跪拜礼时，拜了又拜，叩头至地，表示高度尊敬。《仪礼·觐礼》："王受之玉。侯氏降阶，东北面再拜稽首。"

⑤ 因性之仪：仪礼本于尊卑、刚柔等天性。

⑥ 纳身轨物：指修养身心，为民制定规范。轨物，规范、准则，也指制定准则。《左传·隐公五年》："君将纳民轨物者也。"杜预注："言器用众物不入法度，则为不轨不物。"

⑦ 董戒：监督警诫。

⑧ 挟器：怀抱才干。

⑨ 媿：惭愧。后作"愧"。

⑩ 胥匡：互相匡正。《尚书·太甲中》："民非后，罔克胥匡以生。"

⑪ 幽独之中：指修身之"慎独"而言，《大学集注》："言虽幽独之中，而其善恶之不可掩如此。"下"宅心诚正"亦指诚意、正心诸事而言。

⑫ 明明我后：圣明的帝王。后，帝王。明明，圣明。《诗经》屡以"明明"描述帝王，《大雅·江汉》："明明天子，令闻不已。"

⑬ 天王明圣：语出韩愈《拘幽操（文王羑里作）》："呜呼，臣罪当诛兮，天王圣明。"按，此句即用周文王被商纣王幽拘羑里事，说明臣子虽受不公平待遇，仍当安于天命和臣子的本分。下文"义命"，即指天命、本分。

⑭ 具曰予圣：君臣都说自己最高明。《诗经·小雅·正月》："具曰予圣，谁知乌之雌雄？"

⑮ 颛：通"专"，专门。

⑯ 此句谓在后世看来，国乱君昏而后有忠臣，故忠为不幸之名。而自儒家圣贤看来，忠应当贯穿于修身、事亲以至事君，而不始于事君。

⑰ 猗欤：也作"猗与"，叹词，表示赞美之意。

关雎乐而不淫　一节

陈际泰

圣人论《诗》而极赞乎风之始①焉。夫《诗》之所以托始《关雎》者，岂苟而已哉？哀乐之际，已统乎《诗》之全矣，且后夫人②之行，不侔③乎天地，则无以配神灵之统而理万物之宜，知此者盖以鲜④矣。至用情而不过乎则，抑又难也。吾尝一论乎《关雎》，《关雎》殆风之正而情之准已。何者？《关雎》事止乎得配，鲜不眒⑤焉，而诗人重言之以致其哀乐之意；执贽为见小君⑥之始，鲜不媚焉，而诗人量言之以赴乎哀乐之节。温厚和平，诗人之则，顾自邶鄘⑦而降，有递而变之者矣，《关雎》盖其发始者焉，风有初、有中、有晚⑧，今令人读之，其哀乐犹然隆古之际者，独此耳，国之气运为之也；邪正是非，风人所感，彼自江汉⑨而遥，已有被而化之者矣，《关雎》尤其亲炙⑩者焉，风自家、自国、自天下⑪，今令人思之，其哀乐依然圣贤之徒者，独此耳，国之德教为之也。计深思远，以䙝御^⑫而存卿大夫之虑；发乎情止乎理义^⑬，以小人女子而有士君子之行。嗟乎！至德之世，人皆知乎学问而心各返于性情，生民之始^⑭、王道之原^⑮皆在《关雎》。《诗》之所以托始于兹也，抑岂苟而已哉！

【原评】"国之气运"、"国之德教"，方见文王德化自身及远，不然，止于赞叹诗人耳，于文王何与？"人皆知乎学问而心各返于性情"，方是文王之德，与《诗序》专言后妃之德者，识见远胜之矣。

【评】作者于儒先解说皆觉不安于心，又不敢自异于朱《注》。故止言此诗得性情之正，而一切不敢实疏。但"不淫"、"不伤"竟未点出，颇为疏略。而文特高古，义亦醇正。

【题解】出自《八佾·关雎乐而不淫》。

子曰："关雎，乐而不淫，哀而不伤。"（《关雎》，《周南》国风诗之首篇也。淫者，乐之过而失其正者也。伤者，哀之过而害于和者也。《关雎》之诗，言后妃之德，宜配君子。求之未得，则不能无寤寐反侧之忧；求而得之，则宜其有琴瑟钟鼓之乐。盖其忧虽深而不害于和，其乐虽盛而不失其正，故夫子称之如此。欲学者玩其辞，审其音，而有以识其性情之正也。）

【注释】

① 风之始：《关雎》为《周南》首篇，也是《诗经》"国风"的首篇。又所言为男女之事，因而为"王道之始"、风化之始。

② 后夫人：指文王之妃。《毛诗大序》谓《关雎》言文王后妃之德，"《关雎》，后妃之德也，风之始也。"按："后夫人"以下，引《汉书·匡衡传》："（匡衡曰）孔子论《诗》以《关雎》为始，言太上者民之父母，后夫人之行不侔乎天地，则无以奉神灵之统而理万物之宜。"

③ 侔：等同，齐等。

④ 鲜：很少。

⑤ 眇：轻视。

⑥ 小君：邦君之妻。《穀梁传·庄公二十二年》："小君非君也。其曰君何也？以其为公配，可以言小君也。"

⑦ 邶鄘：两诸侯国之名。《诗经》十五国"国风"，以"二南"（《周南》、《召南》）为正，《邶风》、《鄘风》在"二南"之后，朱熹《诗集传》："旧说以此下十三国皆为变风焉。"

⑧ 初、中、晚指"风"诗发展的各个阶段。

⑨ 江汉：指南方诸侯之国。旧说《周南》、《召南》诗歌产生于周故陕西岐山一带，其风化自北而南，故曰"周南"、"召南"。朱熹《诗集传》："德化大成于内，而南方诸侯之国，江、沱、汝、汉之间，莫不从化。"

⑩ 亲炙：本义为亲近而受到熏炙，喻直接受到传授、教导，此指诗人直接受到周文王的感化。《孟子·尽心下》："而况于亲炙之者乎？"

⑪ 此句言王道推行，自近及远，自家而国。《毛诗大序》谓风，"所以风天下而正夫妇也，故用之乡人焉，用之邦国焉。"

⑫ 䙝御：侍御之人。䙝，同"亵"，亲近之人。语本《诗经·小雅·雨无正》："曾我䙝御，憯憯日瘁。"毛传："䙝御，侍御也。"诗句表明"小人"犹有卿大夫忧国之思。

⑬《毛诗大序》谓："变风发乎情，止乎礼义。发乎情，民之性也；止乎礼义，先王之泽也。"此句以

变风、变雅犹合乎礼义，说明圣德泽被之远。

⑭ 生民之始：指男女婚配之礼。《汉书·匡衡传》："臣又闻之师曰：'妃匹之际，生民之始，万福之原。'婚姻之礼正，然后品物遂而天命全。"

⑮ 王道之原：《关雎》言"正夫妇"，此为王道之始。又《韩诗外传》卷五："（孔子曰）《关雎》之事大矣哉！……天地之间，生民之属，王道之原，不外此矣。"

子语鲁太师乐曰　一节

陈子龙

乐必验之于声，知古法之可传也。夫乐自始作以至于成，其和与否，皆以音验而知。①岂古法之难传哉？且乐者，所以宣盛德、歌成功②。迨其后也，中和或爽③其度，而有司未失其传。如鲁备六代之乐④，列国贤士聘问以求观者徘徊而不能去⑤。吾夫子叹其盛而伤其音也，慨然有正乐之思。而师挚⑥又贤者，一旦语之曰：有虞教胄子于典乐⑦，而太常之属⑧乃下比于优伶；我周统司乐于春官⑨，而守府以还⑩或仅存其节度。士大夫好穷其理而不知所用，师工能按其声而不知所本。若然，则乐遂不可知耶？非然也，乐固以音为主，以数⑪为验者也。今试穷其数，如锺吕之长短尺寸，可谓精矣，按而奏之，则不和；又试治其器，如金石之清浊大小，可谓密矣，按而奏之，又不和。于是取《大章》⑫以下、《大武》以上，依其节次、习其笙歌。其始作也，六律毕举，高下咸适，则以为翕如；其从之也，既平而无戾，亦明而不奸，又累累而不可绝，则以为纯如、皦如、绎如。乐既阕，告成事矣。夫辨于理义，不若验于声音。太师亦知其故乎？古人量衡测验之法尚在，则其数足恃也；钟鼓敔磬之属尚存，则其器足恃也。备器与数，而成于音也不难。虽然，数本于天，而天有盈缩；器寄于物，而物久弊坏。假令后有圣人焉，声为律，身为度⑬，何难于緪桑吹管⑭之始而更定元音⑮；假令后无圣人焉，百家异说，俗雅争鸣，犹得于审声知音之余而复还大雅。则今日者，幸生宗国而如见先王，子固当不失其官，而予亦将论次其事，使后世有述也。自暴秦之兴，古器湮没，后之学者搜曲阜之宫，破河洛之冢，如玉尺玉磬之属，得一二而足仿佛其意，此非音亡，数与器亡也。夫子盖伤之久矣。

【原评】夫子所言翕如、纯如、皦如，不但古乐有此音节，即末世俗乐亦断不能出此。此所以谓"可知也"。古乐之亡，亡于器数，其声音之理终不亡，所见甚的。文情洋溢，具风人之致。

【评】审声知音，审音知乐，是"可知"本旨。作者因唐宋以来诸儒考校律管中声，异同纷互，故兼器、数言之，而断以器、数亡而音不亡。二语洵不刊之论，而于圣人语太师本旨，亦未见有阂，故可卓然名世。

【作者简介】

陈子龙（1608—1647），初名介，字卧子、懋中、人中，号大樽、海士、轶符等，松江华亭（今上海）人。生有异才，工举子业，兼治诗赋古文，取法魏、晋，骈体尤精妙。崇祯十年进士，选绍兴推官，擢兵科给事中。命甫下而京师陷，乃事福王于南京，上江防等策，悉不听，明年二月乞终养去。南京陷，遁为僧。寻受鲁王部院职衔，结太湖兵，欲举事，事露被获，乘间投水死。清乾隆中，谥忠裕。辑有《皇明经世文编》五百余卷，自著有《陈忠裕全集》。于制义编有《程墨隆运稿》，自作有《陈卧子稿》，《制义丛话》引徐存庵语："陈卧子之文，深于先秦、两汉，其为气也雄健"，引俞长城谓："几社名士，首推陈卧子。卧子天才迅发，好上下古今，切合时务，而敷以藻艳，《国风》好色，《小雅》怨诽，可谓兼之"。

【题解】 出自《八佾·子语鲁大师乐曰》。

子语鲁大师乐。曰："乐其可知也：始作，翕如也；从之，纯如也，皦如也，绎如也，以成。"（语，告也。大师，乐官名。时音乐废缺，故孔子教之。翕，合也。从，放也。纯，和也。皦，明也。绎，相续不绝也。成，乐之一终也。谢氏曰："五音六律不具，不足以为乐。翕如，言其合也。五音合矣，清浊高下，如五味之相济而后和，故曰纯如。合而和矣，欲其无相夺伦，故曰皦如，然岂宫自宫而商自商乎？不相反而相连，如贯珠可也，故曰绎如也，以成。"）

【注释】

① 此数句本《礼记·乐记》："唯君子为能知乐。是故审声以知音，审音以知乐……不知音者，不可与言乐。"

②《礼记·乐记》："王者功成作乐，治定制礼。"又，"德盛而教尊，五谷时孰，然后赏之以乐。"

③ 爽：差错。

④ 六代之乐：指黄帝、尧、舜、禹、汤、周武王六代的音乐，为雅乐典范。《周礼·春官宗伯·大司乐》："以乐舞教国子：舞《云门》、《大卷》、《大咸》、《大召》、《大夏》、《大濩》、《大武》。"郑玄注："此周所存六代之乐。"

⑤ 如《左传·襄公二十九年》载吴公子季札观乐事。

⑥ 师挚：即鲁大师，其名为挚。《论语·泰伯》："子曰：'师挚之始，《关雎》之乱，洋洋乎！盈耳哉。'"

⑦ 此句谓：舜帝命人以音乐教育王族及公卿子弟。《尚书·舜典》："帝曰：'夔，命汝典乐，教胄子。'"

⑧ 太常之属：太常，官名，掌礼乐郊庙社稷事宜。周无此官，秦设奉常，汉代改为"太常"。

⑨ 周制，"大司乐"掌管音乐，属春官，见《周礼·春官宗伯·大司乐》。

⑩ 守府以还：此指周室东迁、政教衰微之后。守府：守成，保存已成的事业而不能光大之。《国语·周语中》："今天降祸灾于周室，余一人仅亦守府。"

⑪ 数：音速，节奏。

⑫《大章》：尧所作乐曲。按，下"《大武》"为周武王所作乐曲。《大章》以下，至《大武》以上，为舜作《大韶》、禹作《大夏》、汤作《大濩》。

⑬ 声为律，身为度：此指圣明而可定制度。《史记·夏本纪》："（禹）声为律，身为度。"

⑭ 絙桑吹管：指创制最初的音乐。絙桑，世传伏羲（太昊）"絙（也作绠）桑为琴"，"音乐自是生焉"。吹管，指由吹苇管等掌握音乐，发明埙、笙等乐器。

⑮ 元音：初始之音，谓未经后世损益淆乱的乐律，亦指大雅之音。

惟仁者能好人能恶人

钱　禧

　　圣人定好恶之准，而独予①仁人也。盖仁者之好恶人也公而当，故其事不出于恒情②，而独谓之曰能也。苟非其人，可轻予哉？且天下众人能为之事，而待主持于一人，非一人之足胜众人也，合众心之至公而独出之以至当，是以天下称能焉，而莫如好恶为难矣。夫好恶，加诸人者也，而先慎其好之、恶之之人；好人、恶人，见诸事者也，而先正其行好、行恶之本。惟仁者内有以养其心，不至有所牵系也，廓然无我，发之而必协于天则；外有以善其用，不至有所偏徇也，因物付物，施之而必顺乎人心：能好人焉，能恶人焉。见善而好，夫人亦有然者，而惟心统万善，则投之也甚融，而应之也甚速，从而奖借之，又从而咏歌嗟叹之，所以乐其始而勖③其终，意无穷也，仁者好人而天下益力于为善，人之赖其好者何如也？见不善而恶，夫人亦有然者，而惟心无纤愿④，则嫉之也甚严，而痛之也甚切，从而聖珍⑤之，又从而哀矜惩创⑥之，所以弃其旧而作其新，意无穷也，仁者恶人而天下咸耻于为恶，人之赖其恶者何如也？功专于克己，彰瘅⑦亦存遏⑧之余，故自人受之，则戒用休而董用威⑨，而仁者之心，止求慊⑩其无欲无畏之量；念主于爱人，刑赏皆忠厚之至⑪，故自初观之，则直见举而枉见错⑫，而仁者之用，终必全其有爱无恶之天。《书》⑬不云乎？"无有作好，遵王之道；无有作恶，遵王之路"。言仁人建好恶之极⑭，而天下不能外也，自非仁人而妄言好恶，即为作好作恶⑮之私矣。慎之哉！

　　【评】从"仁"字发出"能好"、"能恶"，又将"能好"、"能恶"摄入"仁"字内。理解真切，词亦警湛相称。

　　【作者简介】

　　钱禧，字吉士，江苏苏州人，顺治初年死于兵。明末复社名士，亦为八股名家，有《钱吉士稿》，且精于选文，尝与杨廷枢合选《同文录》。

　　【题解】出自《里仁·唯仁者能好人能恶人》。

　　子曰："唯仁者能好人，能恶人。"（唯之为言独也。盖无私心，然后好恶当于理，程子所谓"得其公正"是也。游氏曰："好善而恶恶，天下之同情，然人每失其正者，心有所系而不能自克也。惟仁者无私心，所以能好恶也。"）

　　【注释】

① 予：推许。
② 恒情：常情，常人之情。
③ 勖：鼓励。
④ 愿：邪恶，恶念。
⑤ 聖珍：痛恨而遏绝之。《尚书·舜典》："朕聖谗说殄行，震惊朕师。"孔安国注："聖，疾。殄，绝。……言我疾谗说绝君子之行而动惊我众，欲遏绝之。"

⑥ 哀矜惩创：怜悯而又施以惩罚。哀矜，哀怜、怜悯，本指对迫不得已的过失要怀哀怜之心。《论语·子张》："上失其道，民散久矣。如得其情，则哀矜而勿喜。"惩创，惩罚、惩治。《诗经·大雅·民劳》孔颖达正义："故传解之云：谨慎其小，以惩创其大。"

⑦ 彰瘅：彰善瘅恶，表扬好的，斥责恶的。彰，表明、显扬；瘅，憎恨。出《尚书·毕命》："彰善瘅恶，树之风声。"

⑧ 存遏：存理遏欲。

⑨ 本句本《尚书·大禹谟》："戒之用休，董之用威。"孔安国注："休，美。董，督也。言善政之道，美以戒之，威以督之"。

⑩ 慊：同"惬"，满足。

⑪ 刑赏皆忠厚之至：用刑、行赏时都将忠厚之心表现到极处。语本《尚书·大禹谟》："罪疑惟轻，功疑惟重。"孔安国注："刑疑附轻，赏疑从重，忠厚之至。"

⑫ 直见举而枉见错：正直之人被推举，置于不正直人之上，使不直之人受到感化。错，置。语本《论语·子路》："举直错诸枉，能使枉者直。"朱熹集注："举直错枉者，知也。使枉者直，则仁矣。"

⑬ 出自《尚书·洪范》。

⑭ 极：准则。

⑮ 作好作恶：以私心而好人、恶人，参见前注引《尚书·洪范》。

钦定启祯四书文卷三(《论语》上之下)

富与贵　一章

杨以任

　　君子有常心，观于富贵贫贱之外也。夫境则何常之有，必于富贵贫贱之为见者，将有不可必者矣，故君子以仁存心焉。今夫人品之成也，有其千古；而人心之无以自必①也，或不能有其一息矣。吾是以重言仁也，以为约乐②久暂之有其至焉尔。乃吾概观天下之人，欲恶之想，易动而难静，则为指一富贵贫贱之途，而天下之有情者聚之矣；欲恶之见，愈明则愈巧，则为拟一富贵贫贱之道，而天下之有心者又争之矣。故夫人之以道处富贵，无以异夫不以道处富贵者也；夫人之以非道辞贫贱，未必不甚于以道而犹怨贫贱者也。难成者名，难必者心也。夫千古之名为君子者，非即无违仁于终食之间者哉？君子曰勋华③非吾所自有，而日往月来之际，岂其顾为外牵；荣枯亦会有尽时，而物迁境变之遭，必将有以自主。人生独富贵乎？人生而不富贵也。独贫贱乎？当夫造次颠沛之来也：富贵之人有贫贱之不如者矣④，君子守吾之常而已矣，一瓢一箪⑤者，无时不恬然于其际；且贫贱之人有贫贱之不得者矣⑥，君子行吾之素⑦而已矣，成仁成义⑧者，有时顺受⑨于其间。盖于终食之间，时设造次颠沛之象，以自守其纯气；更不于终食之间，多生一富贵贫贱之见，以中乱其性灵。故君子而富贵者有矣，唐虞夏商之际⑩有传人焉，夫亦富贵以行仁耳，必不徒处以道之富贵，故亦必不处不以道之富贵⑪；君子而贫贱者多矣，诗书礼乐之内有传人焉，夫亦即仁是道耳，先有以忘道，故并有以忘贫贱之非道⑫。此常心也，所为一息而名千古者欤？嗟夫，天下贫贱者止知有可恶之贫贱，而富贵者又止知富贵之可欲也而恋恋守之，亦曾思造次颠沛随其后哉？吾知其心之与存者盖无几矣。

　　【评】打叠题理，归于一线。承接变换，无迹可寻，极镕冶之妙。　　此章工夫一层深一层。首节为初入手大端，终食不违则无时非仁，造次颠沛则又无处而非仁也。《注》云"存养之功密，则其取舍之分益明"，盖言至此则审富贵、安贫贱之粗节愈不足道矣，非以取舍之分明为细密工夫也。文粘定首节立论，而于"造次"二句更似说成借此以破却富贵贫贱之见者，于题理未能逐一分晓。

子曰:"富与贵,是人之所欲也,不以其道得之,不处也;贫与贱,是人之所恶也,不以其道得之,不去也。(不以其道得之,谓不当得而得之。然于富贵则不处,于贫贱则不去,君子之审富贵而安贫贱也如此。)君子去仁,恶乎成名?(言君子所以为君子,以其仁也。若贪富贵而厌贫贱,则是自离其仁,而无君子之实矣,何所成其名乎?)君子无终食之间违仁,造次必于是,颠沛必于是。"(终食者,一饭之顷。造次,急遽苟且之时。颠沛,倾覆流离之际。盖君子之不去乎仁如此,不但富贵、贫贱、取舍之间而已也。言君子为仁,自富贵、贫贱、取舍之间,以至于终食、造次、颠沛之顷,无时无处而不用其力也。然取舍之分明,然后存养之功密;存养之功密,则其取舍之分益明矣。)

【注释】

① 自必:坚信,自以为必然。按,此句谓人心易为外境的贫贱富贵所动。

② 约乐:贫困与安乐,贫贱与富贵。约,贫困。《论语·里仁》:"不仁者不可以久处约,不可以长处乐。"

③ 勋华:功勋与荣华。

④ 此句谓富贵之人可能失去富贵,连贫贱之人也不如。

⑤ 一瓢一箪:指安贫乐道的生活。《论语·雍也》:"贤哉,回也!一箪食,一瓢饮,在陋巷。人不堪其忧,回也不改其乐。"

⑥ 此句谓贫贱之人也可能面临比贫贱更严酷的情况,比如失去生命等。

⑦ 素:平素的志向。

⑧ 成仁成义:指杀身成仁、舍生取义。

⑨ 顺受:坦然接受生活的变故。《孟子·尽心上》:"莫非命也,顺受其正。"

⑩ 唐虞夏商之际:此指尧、舜、禹、汤等人,既是圣人,也贵为天子。下"诗书礼乐之内"则指传述前代圣王之道之人,如颜渊等。

⑪ 此句意谓,君子必然不白白地享受富贵(而要以富贵来推行仁道),那么也必然不会享受那种不合正道而得到的富贵。

⑫ 此句谓,一般人认为有道而处贫贱是不合于"道"的,但仁者安于贫贱,并不以为非道。此意可参阅《明儒学案》卷六二《蕺山学案·论语学案》:"孔子围匡七日,子路曰:'吾闻仁者必容,知者必用。'如此说,则天下更无非道之贫贱可处。岂知自人分上看贫贱则非道,自君子身上看,未尝非道也。世人只为见得有非道贫贱,所以怨天尤人,无所不至。"

君子无终食之间违仁

章世纯

君子之于仁,以全成之也。夫仁以全举理,则一日一行之修,固不足以任之,君子无违于终食间者以此。且天下有可以一为而成者,有不可以一为而成者。事可以暂立也,德则未有可以暂立者也,惟不息为可。夫攻取之乘,理微而欲亦微,既辨之纤悉①之间,则防之亦尽顷刻之会,至密②之与至微类也,而后足以相守;极深之用,理精而心亦精，既见为纯粹之体，即无庸阔略之功，惟一③之与惟精亦类也，而乃足以相副。是故为仁者，始必有所争之其大，而后必有以及乎其细，辨之富贵贫贱之分，凡皆为大端，而恃大端遂足成德乎？日用饮食之故，其类甚纤而其来甚密，离合之数，方于此多也，君子亦谨持其隙而已；抑为仁者，其始必有所甚矫④，而其后必有所甚安，持之富贵贫贱之交，凡皆为自矫，而徒矫持遂可为纯德乎？廉介节义之事，虽性所许而非情所顺，循习之久，遂为自然也，君子亦常谨其放⑤而已。可欣可厌之事来于前，而欲恶早与之迎，乃举所为仁者从后而为之制，此亦常不及之势也，则违仁者其常，而不违者独恃夫先有以待之，夫无应而已端其主⑥，无事而已习其心，未至乎事之情⑦而不染，而后至而不染也；欣之厌之之念逐乎物，而全心尽之以往，乃吾所为仁者持少分而与之争，此又常不胜之势也，则违仁者其必然，而不违者独恃夫多以全之，夫累于素⑧以取多，积于念以取深，举小利害而不惑，而后利害不惑也。故终食之间，君子之所操也；终食间之违仁，亦君子之所危也。古今大美大恶之事，何尝须久而成，于其造端，皆以顷刻，因顷刻遂成滔天，彼无穷之业，当几⑨正无多耳；即人生百年之身，亦岂晚盖⑩所及，求其可据，惟此目前，有目前乃有终身，彼百年之内，析⑪之皆须臾耳。夫终食之间也，而可忽乎哉！

【评】启未发之覆，达难显之情。他人即能了然于心，布于纸墨，亦不能如此晶明坚确也。章大力造极之文，颇有陈大士所不能到者，惜不多得耳。

【题解】出自《里仁·富与贵》，见上。

【注释】

① 纤悉：细微详尽。
② 至密：极为细密，指修身的功夫而言。后之"至微"，指理、欲之分而言。
③ 惟一：及下"惟精"，俱见《尚书·大禹谟》："惟精惟一，允执厥中。"本指精诚专一，此处分用，"惟一"指修身持志始终如一，"惟精"指"道"与"仁"。上股谓"至密"的功夫才能对付"至微"之理；此股谓"惟一"的功夫才能对付"惟精"之理。
④ 矫：此指勉强而行，还不自然。
⑤ 放：放失、迷失。《孟子·告子上》："其所以放其良心者，亦犹斧斤之于木也。"
⑥ 主：此指"心"而言。
⑦ 事之情：事情的真相。情，实。《庄子·人间世》："吾未至乎事之情而既有阴阳之患矣！"此句谓修身持志，未了解事物之时心无杂念，了情之后也就没有杂念。
⑧ 累于素：（仁心）积累于时常行为。
⑨ 当几：处于发端之时。几，苗头。
⑩ 晚盖：以后善掩前恶。《国语·晋语一》："彼将恶始而美终，以晚盖者也。"韦昭注："美，善也。晚，后也。盖，掩也。言以后善掩前恶。"
⑪ 析：分开，拆分。

君子无终食之间违仁

罗万藻

以仁求君子，候綦①密矣。盖不去仁者，无违仁者也。如是，当于终食之间求之矣。不去仁，岂易言乎？且人心之至常②，必以人心之至暂为候，暂者融则常者立矣。今所云不去仁者，第以一往之意求之，曰吾终身焉止矣③，夫此非过仁之言，不及仁之言耳。富贵贫贱之故，或在境，亦或在念，念欺境而动，虽俄顷足以动矣；去处④之情，托于道，并托于私，道助私而成，虽俄顷足以成矣。故君子之于仁，必争之终食之间也。苟或违之，斯去之矣，去仁，固无显白之端；终食之间违之，竟⑤违之矣，违仁，亦无渐积之候。君子有见于天下之感⑥，而内以省诸神明之安，几⑦岂在大乎？得于所及持之处，则又将有不及持之处微判其间，此求之感则纷，而求之仁，息息可以相联者矣；君子既审乎自性之力，而虚以俟夫天机之熟，隙⑧岂在多乎？由于⑨所必勉之途，则又将有不必勉之途悬合⑩其间，此依吾力则穷，而依吾仁，刻刻可以自验者矣。故一时有一时之尽，秒分⑪所积，皆与生人念虑相趋，是无刻而无人心之行也，君子奉其无私者勤而循之，历时虽短而历心已长；一时有一时之中，首尾所要，皆与生人情变相宅，是无刻而无人心之处也，君子主其无欲者入而守之，居时甚隘而居理已宽。盖终食之间违仁，而违非终食之间矣；无终食之间违仁，而无违非终食之间矣。⑫富贵贫贱止两端，而终食之顷，缓急之故乘之，死生之权变之。由是言之，万变归两端，两端归一刻，夫以一刻而定去取之衡，岂有能精者乎？故亦曰无终食之间违仁而已。

【原评】此为存养而言，若作"自然不违"则非矣。此文就功夫上说，方于"必于是"相照，极有体认文字。

【评】探微抉奥而出之以明快。此作者文之近于陈、章者。

【题解】出自《里仁·富与贵》，同上，见本卷杨以任《富与贵》。

【注释】

① 綦：极，非常。

② 至常：此指长期的心性。

③ 终身焉止矣：终身安于仁。按，作者认为，大言终身安仁而不知道需要在细密处"存养"仁心，其实是未达到"仁"的境界。

④ 去处：此指对待贫贱和富贵。去，摆脱。

⑤ 竟：终究。

⑥ 天下之感：指引起思想感情波动的外界事物。

⑦ 几：苗头，征兆。

⑧ 隙：差距，距离。

⑨ 由于：遵循，顺着。

⑩ 悬合：遥相符合。按，此谓君子修道，一方面固然需要勉行之"力"，但"仁"又本是人的天性，所以，勉行的过程中又有顺随天性、不必"勉行"的一面，也因此需要体察本心，将勉行之力化为安守本性。

⑪ 秒分：极短的时间。秒，微细。

⑫ 此句谓，君子能够做到终食之间不违仁，需要长时间而非"终食之间"的修养功夫；既然做到这一点，在其他事情上也可以"不违仁"。

事君数　一节

陈际泰

知取辱、取疏之由，则不得不归过于己也。盖君与友，非必拒言也，至于数焉，己则难堪，而能谓人已乎？且夫感人以言，其本已浅，而况复以不善行之，非不爱君与友也，而术固已疏矣。至君与之辱、友与之疏，而曰"人实负余"，抑何其不自克之甚也。吾试言之：夫人必明于天下之几，知其有不可深恃者，而后可止而自全；夫人必藏乎自恕之道①，知其有不可重訾者，而后可出而相责。有如吾人之事君也，幸而君方向我，我乃得以尽言，使面责远投②，而君臣之分不终，其何能冀乎？则辱者固为人臣者之所不愿。然而重戒其辱，将遂缄默不一言乎？而又非也。夫君未尝遽辱臣也，君既为君，亦必自有为君之度。片牍乍陈，而谴呵随及，虽叔季之主③未尝有此。且人主有过，即不厌人匡拂，亦当予以可转之途，而奈何数数然也？盖至忠而获罪，君子有以知其所由来矣。有如吾人于朋友也，幸而友方亲我，我乃得以无讳④，使凶终隙末⑤，而友生之谊不固，其又何望乎？则疏者固为人友者之所大忌。然而预忧其疏，将遂坐观不一救乎？而又非也。夫友未尝遽疏我也，友既为友，亦必自有为友之情。半语微忤，而割席⑥自甘，虽君父之尊未尝及此。且朋友有过，即不拒人讥弹，亦当开以自从之路，而奈何数数然也？盖至信而见疑，君子有以知其所由致矣。是故臣之规君、友之视友，固自有法也。人各自爱其名，而不宜与之急争其名；人各自护其短，而不宜与之曲摘其短。夫予君与友以薄己之名，而己亦复不厚；致君与友以拂谏之拙，而我亦复不工。则为人臣、人友者，可不自克也哉？

【原评】只取虚神，不事驰骋，妙能避熟。

【评】于人情浅近处指点，立义不深而意味悠长，良由笔妙。

【题解】出自《里仁·事君数》，参见隆万文卷二吴化《事君数》。

子游曰："事君数，斯辱矣，朋友数，斯疏矣。"

【注释】

① 自恕之道：指推己及人，《中庸》所谓"有诸己而后求诸人，无诸己而后非诸人"。
② 面责远投：当面指责国君，随之被放逐。
③ 叔季之主：末代的无道国君。
④ 无讳：直言不讳。
⑤ 凶终隙末：指以友谊决裂告终。隙，嫌隙。
⑥ 割席：指与朋友绝交。管宁割席与华歆绝交，见《世说新语·德行》。

弗如也　一节

吴韩起

恐贤者自忘所弗如，正其辞以坚之焉。夫赐亦偶而见弗如耳，既正告之，又嘉予之，庶几其勿忘也已。夫子以为：入学问之中，而能不好胜者，古今无一二人；即此一二人之心，其实实不好胜者，毕生无一二念。伺其念之所存而提，使勿忘以几于大道，师友之功，不可诬已。赐乎，而今乃知弗如回乎？此吾初意之所不及料也，岂惟吾不及料，恐亦赐初意之所不自料也。人情有所制于天之分，既以其在天而失之；有所歉于人之量，又以其在人而忘之。迨一旦无心触发，了了如见，旁观者代为之讳而无从，亦姑听之耳，吾如子弗如者何哉？虽然，赐而自以为如，吾之所大忧也；赐而自以为弗如，吾之所大喜也。吾见夫质性谦谨之士，无论其学识之所及与否，动以"弗如"之念居之，居之诚是也，其以为谿谷之法①不得不尔②，虽夺③其骄僻傲人之习，而惊顾难安之情则未动矣，若赐之弗如，则真弗如也，下士犹望以为的，而赐则恤恤④如有失者；吾见夫父兄严切之际，无论其子弟之所优与否，动以"弗如"之实责之，责之诚是也，其以为贬损之方不得不尔，日闻乎谴呵无已之声，而鼓舞不倦之气亦少衰矣，若赐之弗如，则自弗如也，使赐而不觉其然，谁则能强之使然者？吾向者亦尝从事于斯矣。学何有，诲何有，无一如人；圣岂敢，仁岂敢，无一如人。⑤然而或物我之参观，或岁月之考求，乃几几不容自诬，而赐直以片刻露之也。惜也，犹多吾"执愈"之一谮也，赐已欲然善下⑥，而吾之所以度⑦赐则已浅也；惜也，犹多吾"与回孰愈"之一叩也，赐已达人能屈，而吾之所以形⑧赐则已胶⑨也。然则赐之所得力与其所受病，自此皆不足深论，而吾只欲常留女"弗如"之一念于胸中也。弗如也，吾与女弗如也！

【原评】笔笔生动，其刻入题理处颇似正希⑩。

【评】中二股意极浅近，拈出遂成妙绪。可见名理自在人耳目间，正不必钩深致远始足矜奇也。

【作者简介】

吴韩起，字宣伯，福建晋江人。为文古雅深隽，海内传诵，称青岳先生。崇祯十三年（1630）成进士，授当涂令，有惠政，擢礼部主事，卒于官，著有四书、易经说。

【题解】 出自《公冶长·女与回也孰愈》。

子谓子贡曰："女与回也孰愈？"（愈，胜也。）对曰："赐也何敢望回。回也闻一以知十，赐也闻一以知二。"（一，数之始。十，数之终。二者，一之对也。颜子明睿所照，即始而见终；子贡推测而知，因此而识彼。"无所不悦，告往知来"，是其验矣。）子曰："弗如也！吾与女弗如也。"（与，许也。胡氏曰："子贡方人，夫子既语以不暇，又问其与回孰愈，以观其自知之如何。闻一知十，上知之资，生知之亚也。闻一知二，中人以上之资，学而知之之才也。子贡平日以己方回，见其不可企及，故喻之如此。夫子以其自知之明，而又不难于自屈，故既然之，又重许之。此其所以终闻性与天道，不特闻一知二而已也。"）

【注释】

① 谿谷之法：此指采取谦虚自抑的策略。《老子》二十八章："知其雄，守其雌，为天下谿。……知其荣，守其辱，为天下谷。"

② 尔：如此。

③ 夺：改变。

④ 恤恤：忧虑貌。

⑤ 此二句谓孔子亦尝自以为"不如"。《论语·述而》载孔子自谦之辞："若圣与仁，则吾岂敢？抑为之不厌，诲人不倦，则可谓云尔已矣。"

⑥ 欿然善下：谦虚，屈己以待人。欿，谦虚，不自满。《孟子·尽心上》："如其自视欿然，则过人远矣。"

⑦ 度：估计。

⑧ 形：拟想其形貌、状况。

⑨ 胶：胶固不变。

⑩ 正希：金声。金声字正希。

子路有闻　一节
罗万藻

　　迫状贤者之"行"，与"闻"俱无穷也。夫有闻必行，此不欲以行虚闻①也，未行之恐，不将在闻乎？昔子路以勇行称，夫子之所材②，然固夫子之所与也。彼其在夫子之门而日行所闻，行之可自安者多矣。斯行之患，岂当辄取以胜"未能"③之患乎？吾是以状其心焉。夫子路之所谓"行"与所谓"未之能行"者，有深念焉，夫一念固非即一念之所可尽也，彼行与未行仅相待之候也。而前闻之念既迫之，能行而未之行，亦可必之资也；而后闻之念复窘之，故以知子路非姑有待而姑自必之人也。以为行者实体之治，圣贤所以求尽天下之无穷，闻而未之行也，闻可尽乎？行不足以尽天下之闻，而姑以"未行"谢天下之闻，是外闻也，使古今之事皆在吾身之外，"未之能行"误之耳；所以行者神明之治，圣贤所以求赴吾心之所缺，行而未之能也，行可已乎？闻而不副④之以所行，又借口"复有闻"而副之以所未行，是绝闻也，使师资之路遽自一日而绝，"未之能行"止之耳。盖精神之所以能给物者，有余地故也，以行待闻，故行常在乎宽然之域，不然而身处其未遑⑤，则困于行而势必将厌闻，彼又乌能一旦反其乐闻之心而置不顾乎？魄力之所以能处强者，能争先故也，使闻赴行，故闻常资于不屈之途，不然而虚于所不逮，则牵于闻而弊必将饰行，彼又乌能一旦欺其勇行之实而漫⑥取闻乎？故"未之能行"而不欲有闻者，既荣而隕⑦者也；"未之能行"而辄喜有闻者，中干而强⑧者也。子路者，固惟恐有闻而已，有闻之恐，固未之能行之恐也。子路至是，为可师矣。

　　【评】原为"未之能行"作十分鞭辟耳。婉曲顿挫，不极言尽态而致趣愈远。

　　【题解】出自《公冶长·子路有闻》。

　　子路有闻，未之能行，唯恐有闻。（前所闻者既未及行，故恐复有所闻而行之不给也。范氏曰："子路闻善，勇于必行，门人自以为弗及也，故著之。若子路，可谓能用其勇矣。"）

① 以行虚闻：因为行动没有跟上而让自己明白的事理成为空谈。

② 所材：所裁制。此谓孔子虽谓子路当裁制以义，然而确实称许其勇。本《论语·公冶长》："子曰：'道不行，乘桴浮于海。从我者其由与？'子路闻之喜。子曰：'由也好勇过我，无所取材。'"朱熹集注："材，与裁同，古字借用。"

③ 未能：指"未之能行"。

④ 副：相称，符合。

⑤ 未遑：来不及。按：此句谓本应在听闻道理之前就已怀着实行之心，不然，会被听闻的道理牵制，总感觉来不及实行，以致于厌恶再听到道理。

⑥ 漫：散漫无目的。按，此句谓本不欲行、不能行，没有勇行的魄力却被听到的道理牵制，就可能产生伪饰。

⑦ 陨：树木凋零，与"荣"相反。本来是希望实行听到的道理，这是"荣"；因为不能实行，转而厌恶听到道理，这是"枯"。

⑧ 中干而强：即外强中干，指无力去实行道理却喜欢听到更多的道理。

子路有闻　一节

金　声

观贤者于闻、行之间，有可想者焉。夫方有闻，则尚无他闻也，未之能行，非不行也，而已惟恐有闻矣，此则子路也已。且夫学莫陋于无闻，而道莫病于不行。故夫博闻强识、敦善行不怠者，君子也。①虽然，人之处闻与行之际者，亦各有性情焉，其进退缓急，见于力量之地而发于事势之间，又其余也。我尝微观子路，子路无闻则已，闻则喜也；无闻则已，闻斯行也。此亦吾子路也，而未尽其性情。若夫有闻之时而又未之能行之时，观此时之子路，观此时子路之心，则惴惴然惟恐有闻者耳。凡有触而闻也，非必子路独见其多，故夫子路有闻，亦日用从容之事也，乃其精神则已勃然矣，使闻后之子路而或有回翔审顾之象，则必施行之余，用俯仰无憾焉，而不然者，耳目之间已惧闻之再至也，是闻尽父兄师保②也；凡有待而行也，已决非子路所萌之心，故夫未之能行，亦非学力迟钝之咎也，乃其自视则亦欿然矣，一若自能闻以来已为奔走不遑之身，而其施行之际，前后若迫焉，斯之未竟，而顷刻之间已若有后闻之督责也，是未行皆旷日玩时③也。宇宙之理，日流行于宇宙之间，而往不留，来亦不距，故达观者可以静听其出入，而子路恐焉，恐其以已闻之不去而并塞吾未闻之生机也，此已闻未闻之际，一刻之暇也，而亦如此哉！日用之理，必寔见于日用之间，而闻之百，不如行之一，故博学者或可以徐安其领受，而子路恐焉，恐其以后闻之关心而又或虚吾前闻之实用也④，夫不闻不行之暇，无时而见也，而何时已哉！我因是知子路之勇于行，真为有用之才，可以愧天下之记丑⑤者也；我亦因是知子路之虚⑥于闻，真负无穷之意，亦可以愧天下之得少者也。此子路之性情也。

【原评】人多于末句着力，此偏从上二句理会出神情。

【评】 前辈文之属对，取其词理相称，特具开合浅深，流水法而已。惟作者属对，参差离奇，或前屈后直，或此缩彼伸。每于人转折不能达处钩出精意。不独义理完足，即一二虚字不同处亦具有深趣，不可更移。此等境界，实前人所未辟。

【题解】 出自《公冶长·子路有闻》，见上。

【注释】

① 此句本《礼记·曲礼上》："博闻强识而让，敦善行而不怠，谓之君子。"

② 师保：泛指老师。古时任辅弼帝王和教导王室子弟的官员，有"师"有"保"，统称"师保"，《易·系辞下》："无有师保，如临父母。"按，此句谓对子路来说，"闻"就好比是父兄师保，督促着他尽快实践。

③ 旷日玩时：虚度光阴。按：此句意谓，在子路看来，闻而未行就是旷日玩时。

④ 此句谓恐怕听到新的道理之后，牵挂着实行它，因而忘掉了实行原来听说的道理。

⑤ 记丑：记忆内容广博，此指"闻多"而行少。丑，奇怪不经之事。《荀子·宥坐》载孔子诛少正卯事，孔子以为"记丑而博"为五恶之一，"不得免于君子之诛"。

⑥ 虚：谦虚，不自满。

其愚不可及也

艾南英

圣人难大夫之愚，而所重可知矣。夫人臣所难者，难在徇国一念耳，宜卫大夫①之见取于圣人也。且夫人臣之避难而自全者，其说类②不出于愚而出于智。何也？全身利国，非不人臣之大愿。然必知其臣主俱全而后为之，曰"吾以智胜也"，则委曲图存之说，适足以为避难者之借口而已矣。若宁武子其不可及者，岂以其智哉！武子之卒成其君也，后事③之言也，而武子初心，不必④其成也；武子之并全其身也，后事之言也，而武子初心，不必其全也。人之难武子者，难其全身济君之大略；而吾之难武子者，难其捐躯赴难之初心。均之⑤社稷之无虞也，知其无虞而力为之，与不知其无虞而必为之者，其事同而其心之公私则未尝同也。彼成公之再出也，岂复有生全之理乎？而武子皆若不知也，知以其身徇社稷耳，而谁则如之？均之盟主之回怒也，知其可回而巧复之，与不知其可回而必复之者，其功一而其心之安勉则未尝一也。彼深室之既囚⑥也，岂复有同盟之思乎？而武子皆若不知也，知其以忠动霸国耳，而谁则如之？夫国亡君辱，一死奚裨，故论人者不尽责致命遂志之忠，然君子尝难于死而易于生，以为有恕辞⑦也，武子之邻于死焉可知也；夫志之所至，智亦至焉，故尽瘁者自有数穷理极之应⑧，然君子每后其功而先其节，以为有重轻也，武子之不专以功焉可知也。是故君子谋国，成败利钝，非所逆睹⑨；而君子论人，巧诈拙诚，各原其心而已矣。不然，则吾未见委曲图存者之不为奸臣借口也。

【评】 清真明快，题无不尽之义。

【题解】 出自《公冶长·宁武子邦有道则知》。

子曰：“宁武子邦有道则知，邦无道则愚。其知可及也，其愚不可及也。”（宁武子，卫大夫，名俞。按《春秋传》，武子仕卫，当文公、成公之时。文公有道，而武子无事可见，此其知之可及也。成公无道，至于失国，而武子周旋其间，尽心竭力，不避艰险。凡其所处，皆智巧之士所深避而不肯为者，而能卒保其身以济其君，此其愚之不可及也。程子曰：“邦无道能沉晦以免患，故曰不可及也。亦有不当愚者，比干是也。”）

【注释】

① 卫大夫：即宁武子，姓宁名俞，谥武子。卫成公时，晋楚争霸，成公向楚，及晋国取胜，成公出奔于楚。后归国，又杀掉摄政的弟弟，于是晋国执卫成公，囚于东周，此即下文所说“再出”。下文“盟主”指晋国（晋文公）。

② 类：大抵。

③ 后事：事后。

④ 不必：不能确定。

⑤ 均之：同样的。

⑥ 既囚：指卫成公被晋国囚于东周。晋人欲毒死成公，宁武子周旋其间，使成公幸免并且返国执政。

⑦ 恕辞：开脱或原谅的言辞。

⑧ 数穷理极之应：犹言否极泰来。朱熹《周易本义·屯》：“数穷理极，则妄求者去，正应者合。”

⑨ 逆睹：预料，预见。《后出师表》：“成败利钝，非所逆睹。”

其愚不可及也

刘 侗

卫大夫之愚，卫大夫之所独也。夫卫之难，武子以一身靖①之，然武子则直愚耳，其谁及之者？且国家多难之日，有道时优容之故习举无可用，乃武子者独以其身济艰难，无恙也。于是人争羡武子之愚，惟羡武子之愚而武子愈远矣。何也？愚者，不自知愚也，不自知其邦为无道也，不自知必能转无道为有道、必能全无道之身以见有道之日也。若武子得而知之，人亦得而及之矣；若武子知愚之必全也而用之，而人亦及之，无不可矣。方其扞牧圉而从②也，何人不筹万全③，在武子只有一往。然主忧臣辱之谓何？安所得万全而筹之？夫且容足④皆不可测，而动念俱不容已。得返，其偶⑤也；不得返，其常也。不问其返不返，而冒焉以行，功名中无此人也。及其纳橐馈而从⑥也，何人不据长理，在武子只抱孤忠。然无贰、无他之谓何？安所得长理而据之？夫且小国有不择音⑦，而旅臣⑧实不遑处。直⑨，则曰“君之灵也”⑩；不直，则曰“二三臣之罪也”。不较其直不直，而憯焉以殉，名节中并无此人也。惟愚诚愚信，不以无益而不为，不以见害而少避，若使利害心明而诚信已薄；惟愚忠愚孝，不以人怒而不控⑪于人，不以天怒而不呼于天，若使天人数晰而忠孝已肤。故微论⑫人不及也，即令武子事过险出，而回思畴昔之朴心，亦自觉渺然而难追，盖愚者，气盛情至之所为，人生平岂

427

能多得？微论人不及也，即令武子委蛇⑬有道，而欲如困阨之肫挚⑭，亦自觉耿然而难浑，盖愚者，势穷计迫之所出，人暇豫岂能自生？今试设身处其地，盟主方赫，强臣在国⑮，不见可是⑯而心不乱，不见可怀而志不昏，愈危愈安，弥拙弥巧，武子之愚亦何其复绝⑰已乎！

【原评】武子之愚，只是但知有君，不知有身，并不知有成败利钝，竭力致死，无有二心。其后晋怒解，成公归，其初实未尝计及此也。向使君臣同尽，亦其所心安理得、略无梗避者。故曰"其愚不可及"，若但以全君于难立论，则曹之侯獳⑱固得而及之矣。文独无一语不切。

【评】笔势轩昂，锋颖甚锐。原文稍有散缓处，此从旧本删截。

【作者简介】

刘侗（1594—1637），字同人，号格庵，湖广（今湖北）麻城人。崇祯七年（1634）进士，后选任吴县知县，赴任途中逝于扬州。为生员时，尝以"文奇"被罚。与于奕正合撰之《帝京景物略》为晚明著名小品。

【题解】出自《公冶长·宁武子邦有道则知》，见上。

【注释】

① 靖：平定，使安定。

② 扞牧圉而从：指卫成公初次出奔时，宁武子追随其后。"扞牧圉"，扞，保卫；牧圉，放牛养马，比喻执下臣侍卫之事。语见《左传·僖公二十八年》成公归国时盟词："不有居者，谁守社稷？不有行者，谁扞牧圉？"孔颖达疏："养牛曰牧，养马曰圉。"

③ 万全：万全之计。

④ 容足：身边之地，极狭小之地。《庄子·外物》："地非不广且大也，人之所用容足耳。"

⑤ 偶：偶然的情况。

⑥ 纳橐馈而从：指卫成公被囚于东周，宁武子追随其后。《左传·僖公二十八年》："宁子职纳橐馈焉。"杜预注："宁俞以君在幽隘，故亲以衣食为己职。橐，衣之囊；馈，糜也。言其忠主，所虑者深。"

⑦ 不择音："鹿死不择音"之省语。卫为小国，晋、楚为大国，卫国实难选择依附于谁。《左传·文公十七年》："'鹿死不择音。'小国之事大国也，德，则其人也；不德，则其鹿也。铤而走险，急何能择。"

⑧ 旅臣：羁旅于外的臣子，此指宁武子。下"不遑处"指焦思忧思。

⑨ 直：认为正当、有理。此指晋国宽免卫成公。

⑩ 君之灵也：依靠君王的恩惠。《左传·僖公九年》："臣竭其股肱之力，加之以忠贞。其济，君之灵也；不济，则以死继之。"

⑪ 控：控诉，申诉。

⑫ 微论：不用说，不要说。微：无，不。

⑬ 委蛇：善于顺应时势，巧于应对。

⑭ 肫挚：真挚恳切。肫，恳切。

⑮ "盟主"句：盟主指晋文公；强臣指元咺，卫成公无道而得罪元咺，元咺另立新君而拒成公。

⑯ 可是：正确的方法，指让成公返国之法。下"可怀"指故君、故国而言。

⑰ 复绝：境界高远不可及。

⑱ 侯獳：曹国之臣。曹侯被晋国所执，侯獳以言感动晋侯，使曹侯得以复国，事见《左传·僖公二十七年》。

子谓仲弓曰　一节

徐方广

　　圣人以物喻，而示"用"、"舍"之正焉。夫骍角之牛，山川用之，不知其他也，人又何以有心为？此夫子谓仲弓之辞，若曰：贤人之生于世，天也。期于生之而已，则无所择也；既以为时而生，则不复置①也。而今之用人者，不能与天同意，乃有其人既贤，又从而问其世类②者矣。独不有犁牛之子而骍且角乎哉？夫崇国家之物色，即玄牲白牡③，不得不舍，则骍勿可舍也；修有司之故事④，至食角免牛⑤，示不复用，则骍角不得不用也。乃人之情固有弗可解者，以为此犁牛之子耳，则欲弗用矣。明知生者之不能累所生，而其心犹有嫌焉，本其所憎，则有余憎，若于同骍角之中而又有别也；明知不用者之无与于用，而其意犹有泥焉，仍⑥其所弃，则为过弃，若于不骍且角之外而更有似也。乃山川之神，何知爱憎；山川之飨，惟其备物。使以骍角之故，而谓犁牛亦足以荐歆⑦，可不可也；则以犁牛之故，而谓骍角亦因而获吐⑧，可不可也。人之所欲改卜⑨，神之所为式凭⑩，盖人固多不化之意，而神不然耳；人信于目之所贱，而神鉴其质之已殊，盖神惟此不私之情，而人则否耳。山川不舍，又谁能终舍之？乃知用贤、舍不肖，生而定之矣。必本之以齐圣⑪，限之以世族，概之以干蛊⑫，天不能使"舍"之权不在人；然帝心之所妙简⑬，祖宗之所培植，社稷之所凭依，人亦不能使"用"之权不在天。雍⑭其为雍之可用而已，即以父故舍，何伤焉？

　　【评】于"勿用"处反复追感，而"不舍"句神情愈透。灵心隽骨，翛然尘表。原评云"出没无端，宾主有法"。

　　【作者简介】

　　徐方广，字思旷，南直隶华亭（今上海）人。万历间为诸生，负盛名，沉深嗜学，为文精微研妙。制义有《徐思旷稿》，俞长城题识谓，徐方广制义，采不夺目，声不悦耳，故人难识其妙，艾南英录之入《明文待》、《明文定》，人始知之。

　　【题解】出自《雍也·子谓仲弓曰》。

　　子谓仲弓曰："犁牛之子骍且角，虽欲勿用，山川其舍诸？"（犁，杂文。骍，赤色。周人尚赤，牲用骍。角，角周正，中牺牲也。用，用以祭也。山川，山川之神也。言人虽不用，神必不舍也。仲弓父贱而行恶，故夫子以此譬之。言父之恶，不能废其子之善，如仲弓之贤，自当见用于世也。然此论仲弓云尔，非与仲弓言也。范氏曰："以瞽瞍为父而有舜，以鲧为父而有禹。古之圣贤，不系于世类，尚矣。子能改父之过，变恶以为美，则可谓孝矣。"）

　　【注释】

① 置：弃置。

② 世类：家世、出身。

③ 玄牲白牡：黑色、白色的祭祀牲畜。玄，黑色。牡，雄性牛马等。按，此句谓为了体现朝廷所崇尚的色彩，祭祀一定要用"骍"牛。三代之服色制度见《礼记·檀弓上》："夏后氏尚黑……牡用玄。……殷人尚白……牲用白。周人尚赤……牲用骍。"

④ 故事：常例。

⑤ 食角免牛：牛角被啃啮，所以把牛放掉而不用来祭祀。事见《左传·成公七年》："七年，春，王正月，鼷鼠食郊牛角，改卜牛。鼷鼠又食其角，乃免牛。"按，此一股谓按照惯例，祭祀山川一定要用"角"长得好的牛。

⑥ 仍：因袭，顺承。

⑦ 荐歆：祭祀。荐，进献；歆，古指祭祀时鬼神享受祭品的香气。

⑧ 获吐：被吐弃。

⑨ 改卜：重新占卜，重新选择，此指舍而不用。《左传·宣公三年》："春，王正月，郊牛之口伤，改卜牛。牛死，乃不郊。"

⑩ 式凭：依凭，依赖，保佑。此谓人们想要舍弃出身不好的"犁牛之子"，但（祭）神却要使用它。

⑪ 齐圣：聪明圣哲。《左传·文公二年》："子虽齐圣，不先父食，久矣。"

⑫ 干盘：继承并能胜任父亲曾从事的事业。干，承担，从事；盘，事、事业。《易·盘》："干父之盘，有子，考无咎，厉终吉。"

⑬ 帝心之所妙简：天帝所选择的优异人物。帝，上帝、天帝。简，选。

⑭ 雍：仲弓。仲弓姓冉，名雍，仲弓是其字。

季康子问仲由　一节

金 声

　　圣人论三子①之才，皆不宜以从政疑也。夫果、达、艺，三子之卓然自见者，乃国家用之不尽者也，而岂以区区之从政为有无哉？盖闻圣门之学与其所以教人，皆非漫然者，莫不各有挟以致用之途焉，而不必以用见也；其平居资力之所近与学问之所到，其绰乎有余之意，已畅然可以自信于师友之间，而用人者尚不能无疑焉。盖天下之政，有才不足以胜其任者，有才适与之相当者，有才浮于其任而恢恢②然可以视之若无者。夫才浮于其任而恢恢然可以视之若无，此其人亦不必在明试敷奏③之后也。若由、若赐、若求之在圣门，皆其选也，而季康子问焉；曰"可使从政也与"，曰"可使"，可不可未可知之辞也，而夫子曰无疑。夫由之才，真有过人者，其为人也果，其不流而不倚，道中之坚强有力人也，国家谅④无有政焉足以乱斯人而使之持两端者也。于从政乎又何有⑤哉？而因及赐，赐多闻而亿中⑥，赐之达，其于政也，其与果焉者无以异也，必无有滞其机敏之胸者也；而因及求，求退让而多能，求之艺，其于政也，其与果焉、达焉者亦无以异也，必无有窘其条理之性者也。又何有于从政乎哉！夫国家之政，多不与闻焉者矣，从事其间，已得建白焉，非有世阀公族、谙练于典故者也，而一旦以经生厕⑦其中，此亦大夫之所深忌也，果或以为躁矣，达或以为佻矣，艺或以为喜事矣，虽以圣人言之，庸必听乎？然国家之政，尚有宰执之者矣，从事其间，赞末议⑧焉耳，非有得国行权、仰命于独裁⑨者也，而区区⑩以伎俩⑪随其后，此亦非三子之所满志也，果不能尽其决，达不能尽其明，艺不能尽其长，岂其从政之下，又堪小试乎？观由、求畴昔言志，皆在为邦^⑫；而子贡学亚颜氏^⑬，尽堪王佐^⑭。使其弟子不得已为季氏用，或圣人微权而终非其心也。

【原评】语与兴驱，淋漓满纸。后二股，一在"可使"二字着笔，一在"何有"二字着笔，雅善贴题。

【题解】出自《雍也·季康子问仲由》。

季康子问："仲由可使从政也与？"子曰："由也果，于从政乎何有？"曰："赐也，可使从政也与？"曰："赐也达，于从政乎何有？"曰："求也，可使从政也与？"曰："求也艺，于从政乎何有？"（从政，谓为大夫。果，有决断。达，通事理。艺，多才能。程子曰："季康子问三子之才可以从政乎？夫子答以各有所长。非惟三子，人各有所长。能取其长，皆可用也。"）

【注释】

① 三子：即子路（仲由）、子贡（赐）、冉有（求）。

② 恢恢：宽广有余的样子。

③ 明试敷奏：指让人陈奏为政的见解，再依其言加以考察。敷，陈。语出《尚书·舜典》："敷奏以言，明试以功，车服以庸。"

④ 谅：信，的确。

⑤ 何有：有什么，意谓不是难事、没有问题。

⑥ 亿中：（子贡）推测事情总能猜中。亿：意度，猜测。《论语·先进》："赐不受命，而货殖焉，亿则屡中。"

⑦ 厕：参与，杂置。

⑧ 末议：无足轻重的议论，多用于自谦。司马迁《报任安书》："仆亦尝厕下大夫之列，陪外廷末议。"

⑨ 独裁：一人独自裁断，指君王。

⑩ 区区：微小，不重要。

⑪ 伎俩：技艺。

⑫ 《论语·先进》"侍坐"章有子路、冉有言志之事。子路谓可治理"千乘之国"，冉有谓可治理"方六七十，如五六十"的小国。

⑬ 颜氏：指颜渊。子贡自谓不及颜氏，见《论语·公冶长》。

⑭ 王佐：王者的辅佐，佐君成王业的人。

季康子问仲由　一节
陈际泰

圣人列举三子之才，欲执政知所用也。夫三子固从政之才也，执政者举而用之，何忧鲁国乎？尝谓天下未尝无才也，而国家又非无事也。国家不能无事则需才急，天下未尝无才则足以待事。然而贤者咏歌乎一室之内，执政者蒿目^①乎四方之务，是何相需之殷而相遇之疏也！此非不用才也，患在不知其人之有才而忽之；即或知其人之有才也，患在不知其才之可用而置之。不然，圣门如由、赐与求，岂季氏未闻其名也者？即由之果、赐之达与求之艺，岂季氏未闻其实也者？而乃勤夫子之问乎？而乃待夫子之告乎？彼固谓是未必为才，即有之，于政奚当也，此殆非理道之言也，且又不知政之所以为政与才之所以为才。国家兴大事、立大功，非通达国体者不能谋，非英断事机者不能决；谋之矣，决之矣，非才能敏给者不能办。故如三子，则才尽矣；用三子之才，则政尽矣。康子乃曰由、赐、求可使从政也欤，是惑为政之术，而疑三子之才也；故曰不知政之为政，又不知才之为才。夫天下之才，散之则偏，合之则全；天下之才，付之则利，矫之则害。懦者不可从政，则果者可从政矣，用之当其果之任，而由见矣；暗者不可从政，则达者可从政矣，用之当其达之任，而赐见矣；拙者不可从政，则艺者可从政矣，用之当其艺之任，而求见矣。此言付之则利、矫之则害之事也。若上之人罗三子而致之一堂，又得一能用三子者而为之师，三子并用，其合之所全者小，融三子而用之若出一人，其合之所全者大，则虽以之治天下可也。夫执政之为执政也，天下之士，皆宜周知其处，而不应近昧于所接之人；尺寸之略，皆宜获展其效，而不应过绳乎殊绝之材。然则从政之用舍，是在执政哉！是在执政哉！

【评】借题以抒胸中之郁积，横空而来，烟波层送。金作②之苍凉悲壮，此文之纵横灵异，足以相抗。

【题解】出自《雍也·季康子问仲由》，见上。

【注释】

① 蒿目：极目远望。《庄子·骈拇》："今世之仁人，蒿目而忧世之患。"
② 金作：金声之作，见上篇。

齐一变　一节

徐方广

圣人于齐、鲁而皆望其变焉。夫齐之非鲁也，鲁之非道也，观其所至，皆不可不变者矣。夫子若曰：方今天下之不治，列国之咎也。苟能察其所自坏者而各自为救，则夫王道之必可复，不待明者而后决矣。然而齐、鲁于天下为望国，其视齐、鲁之变者尤急，而其不容不变者亦有故。齐之强，天下以为莫能当也。桓公、管仲之所为，昔为大利，今为大害，其民皆仰机利狙①，喜自用豪②，为政也不足惧乎？故齐惟无变，变则以鲁而救之。夫以鲁易齐，齐人不愿也，然诚使齐之人舍其所渐靡而争为宽缓柔巽之行，百年之结习洗然于一日，吾复何忧于齐？齐而非鲁，终齐之世，未有能变齐者也。鲁之弱，人皆知其不可为也。周公、鲁公之遗意，或以为存，或以为亡，其民犹守以惇笃，奉以忠信，士君子之教也不亦善乎？故鲁惟无变，变则以道而还之。夫谓道在鲁，鲁人不信也，然诚使鲁之人知其所足恃而求其败坏废放之端，周官之成法斐然于一日，吾复何憾于鲁？鲁而非道，终鲁之世，亦未有能变鲁者也。由是言之，齐之所难者，不患不至道，患不遂至鲁耳；鲁之所易者，非捷于齐之至道，捷于齐之至鲁耳。此受病浅深之故也。总之，以伯③者之政求王者之意则远，以王者之意求王者之政则近。齐鲁之所共也，天下之所共也。文武之治复见于今日，吾无疑矣。

【原评】以鲁救齐，以道还鲁，即是变之之法。程子所谓"因其言以考之，则施为之序略可见者"，确是如此。可谓老眼无花。

【评】黄作④议论闳畅，此文清微淡远。于"变齐"、"变鲁"处较黄尤为周密。

【题解】出自《雍也·齐一变》，参见正嘉文卷二薛应旗《鲁一变至于道》。

子曰："齐一变，至于鲁；鲁一变，至于道。"

【注释】

① 仰机利狙：喜欢用机诈之心、狡猾之法获利。机，机诈；狙，狡猾。
② 喜自用豪：喜欢自以为是、自我炫耀。
③ 伯：通"霸"。
④ 黄作：黄淳耀之作，见下篇。

齐一变 一节

黄淳耀

两国之变不同，而均可以至道焉。夫齐、鲁之季世，皆非其初矣，变之虽有难易，要之以周道为准也。今夫一国之势，尝听于开国之人，人亡而势变，则又驱一国之人以听一国之势，此治乱之大较也。有贤者作，从已乱之后而力矫之，则守国之难与开国等。虽然，其致乱之浅深可考也，而其致治之迟速可推也。请以齐、鲁论。鲁之先，周公是以周道治鲁者也；齐之先，太公亦以周道治齐者也。然太公以暮年戡乱，则于礼章乐舞之事未暇以详，而后世之言兵者得托焉，托之者众，则虽子孙亦自诬其祖宗，而浸以阴权①为立国之本，于是僖公小伯②于前，敬仲③九合于后，齐之规模恢然大矣，而纲维绳墨，渐即于消亡；周公以七年致政，举凡建官立政之细并有成书，而后世之言礼者得据焉，据之者深，则虽君父已自逾其短垣④，而终以臣子为御侮之资，于是肩随于陈、郑之间，依倚于齐、晋之国，鲁之气象薾然⑤衰也，而文物声名，尚支于不坏。是故齐之难变者数端，而陈氏⑥不与焉。鱼盐尽守于国，则其利难散也；公族尽失其邑，则其本难固也；并妻匹嫡⑦习为固然，则尊卑上下之序难正也。若此者鲁之所无，齐之所有；今日之齐所有，而太公之齐所无也。鲁之易变者数端，而三桓⑧不与焉。其国无奇功，则服器易守也；其战无奇捷，则祸乱易消也；其通国大都无奇衺⑨，则尊尊亲亲之风易复也。若此者至鲁而半，至道而全；鲁一变而周公之道得全，犹齐再变而太公之道得全也。今有两人于此，其一疾在本者也，其一疾在标者也。疾在本者，饮食启处尽如平日，而其患将入于膏肓，识者为针石以伐之，则其人亦稍弱矣，知其弱为将愈之征，则知其强为必死之疾也，此变齐之说也；疾在标者，精神元气不改故常，而其外若有所大苦，识者为粱肉以卫之，则其人亦遂强矣，知其强为体之所有，则知其弱为体之所无也，此变鲁之说也。然而齐多阔达之才，与之言更化，必抵掌而起，及其回翔驯扰⑩，则又不能终日；鲁以相忍为国，与之谈王道，则本末粲然，求其慷慨激发，则又终无一人。坐是周公、太公之初，竟不可复，而说者并移其咎于开国之人，且以为知有今日也，岂非诬哉！

【评】 于两国源流本末，洞悉无遗。而读书论世之识，复能斟酌而得其平，故语皆凿然可据。评家云："何以变齐？君君臣臣父父子子是也；何以变鲁？人存政举是也。"惜于此旨未能畅发。

【题解】 出自《雍也·齐一变》，见上，参见正嘉文卷二薛应旗《鲁一变至于道》。

【注释】

① 阴权：阴谋权术。
② 僖公小伯：僖公，齐桓公之父。《史记·齐太公世家》作"釐公"。伯，通"霸"。
③ 敬仲：管仲。管仲时，齐国"九合诸侯，一匡天下"。
④ 自逾其短垣：人君自己越过短墙，比喻亲身违背礼制法度。《国语·吴语》："今君掩王东海，以淫名闻于天下。君有短垣，而自逾之。"
⑤ 薾然：疲倦不振貌。
⑥ 陈氏：即田氏。齐桓公十四年，陈厉公之子陈完，奔齐，改姓田氏。田氏后人渐揽大权，至齐康公二十六年，卒代姜氏而有齐国。
⑦ 并妻匹嫡：妾如妻，庶如嫡，不合尊卑之序。并、匹，等同，相等。《左传·桓公十八年》："并后匹嫡，两政耦国，乱之本也。"
⑧ 三桓：鲁大夫孟孙（仲孙）、叔孙、季孙，都是桓公的后代，故称三桓。鲁国政衰，三桓专权。
⑨ 奇衺：极恶之事。衺，邪恶、不正当。《周礼·地官司徒·比长》："有罪奇衺则相及。"
⑩ 回翔驯扰：此指平心静气地安排策划，亦指安守礼法。驯扰，驯服和顺。

自行束修以上 一节

陈际泰

圣人自明其诲人之心而淑人①殷矣。盖心于淑人者，惟恐教之无端也。有是哉！圣人诲人之心乎！夫子意谓：受天为性者，人之所同，而体此意以爱人，又何能以恝②然乎？由是言之，人可诲，我拒而绝之，是负人也，于人之本既有所暗汶③而不知；人可诲，我靳④而惜之，是并负己也，于己之量有所亏损而不全。我自计生平，殆无是也。有能自行束修以上者乎？而吾有不诲焉者乎？礼以仪心⑤，亦犹行古之道也，而岂以薄为嫌；道以通物，亦怀独⑥为之耻也，而岂以情自匿。遇人则诲，本吾素心，而何必兢兢于此也？然而分所不属，终以僭逾为嫌耳。吾于天下，非必有要重⑦之心，吾以适吾事焉。其意可知不可言，直欲得所藉手，以遂其无所隐讳之怀而已矣。尽人而诲，自吾本怀，而何必区区于此也？然而趋所不同，或复诋訾，可恨耳。吾于天下，非必有过求之心，吾以验其诚焉。其事在此不在彼，直欲观其识趣，以行吾所为鼓舞之术而已矣。

是故天下之人，不能以礼谒吾徒而来者，吾姑置焉，非为其无礼也，此心之悲悯更甚，而阻于势之无可施；天下之人，有能以礼谒吾徒而来者，吾亟收焉，非为其有礼也，此中之快慰良殷，而乐于愿之无所郁⑧。盖物虽同性，而气禀之际亦自不齐，教之者，欲人之有一也，人无贤愚，吾皆可以通其有；趋虽同归，而身世之间何能无异，略之者，亦欲人之有一也，礼无厚薄，吾特借以转其机。是我之生平而已矣，谓有负人之事乎？谓有负己之事乎？

【原评】专发下句，是"诲人不倦"题文也，于上句写得有情，乃不可刊置别处。

【评】原评深得此文用意处。或有讥其沾沾于"束修"著论，非独疏于文律，岂亦未睹所以云之意耶？

【题解】出自《述而·自行束修以上》。

子曰："自行束修以上，吾未尝无诲焉。"（修，脯也。十脡为束。古者相见，必执赞以为礼，束修其至薄者。盖人之有生，同具此理，故圣人之于人，无不欲其入于善。但不知来学，则无往教之礼，故苟以礼来，则无不有以教之也。）

【注释】

① 淑人：教化人，使人为善。淑，善。
② 恝：无动于衷、漠然。
③ 暗汶：昏暗不明。汶，心中昏暗不明。
④ 靳：吝惜，不肯给予。
⑤ 礼以仪心：礼是用来规范人们的心思的。
⑥ 怀独：怀独见之明而不肯教化他人。
⑦ 要重：求取重位、重名。
⑧ 郁：郁积不得发。无所郁，即愿望得到实现。

子钓而不纲　一节

沈宸荃

圣人取物而寓不取之意焉。夫钓弋，非圣人意也，而况重之以纲与射宿①乎？今观圣人之于物，除其害而已，非能为之尽之也；不辞其来而已，非能多为之往之也。夫鱼潜在渊②，不知其有否也，垂纶而钓，人据其高，鱼据其深，两者相隐于不见，君子所为，卜诸幽也，幽者易匿，君子所宁宽之匿也。乃或者谓终日持竿，百不获一，不若其纲也。聚其族而歼之，纠纷杂沓，率以俘见，岂鱼亦有数存乎其间耶？夫相彼流泉③，以游以泳，有颁其首，有莘其尾④，不谓密纲相连，靡有遗类⑤。若此君子曰未及尺⑥矣，先王之所禁也。惜也，罪罟⑦之祸，尽杀乃止，鱼之生意安在哉？夫有鸟高飞⑧，不知其来否也，张弧⑨而待，人目在鸟，鸟目在人，两者相示于相见，君子所为，谋诸明也，明者易避，君子所宁纵之避也。乃或者谓终日挟矢，亦百不获一，不若其射宿也。乘其冥⑩而击之，毁室探卵⑪，卒殒其躯，岂鸟亦有数存乎其间耶？夫去其扶疏，巢于林木，岁不能风，民不能侮，不谓衽席⑫是处，亦有戈矛。若此君子曰日之夕矣⑬，百动之所息也。惜也，弓矢之毒，晦⑭乃不免，鸟之藏身何所哉？盖物不虔刘⑮，则物过盈，盈则物自相贼⑯，君子之所恶也，故来而必诛，所为草薙⑰而禽狝⑱，可以御宾，可以酌醴；物太虔刘，则物易尽，尽则人将败物，君子之所伤也，故往而多赦，所为长胤而滋族⑲，可乐深静，可慕广闲。噫，钓而不纲，弋不射宿，夫子为此，盖即所以教矣，于是群弟子遂谨志之。

【原评】直揞"仁"字，则无笔；著一点二氏⑳气，更不可向迩㉑矣。破除俗说，标新领异，词高者以言妙为工，作者有之。

【评】题蕴甚浅，不可强作深微语。斟酌得宜，不独雅辞可诵。

【作者简介】

沈宸荃（1615—1652），字友荪，号彤庵，浙江慈溪人。崇祯十三年（1640）进士，授行人，奉使旋里。福王立，复命，擢御史。南京陷，宸荃举兵邑中。鲁王监国，宸荃弃家从王于海上，擢至大学士。后遭风，没于海，鲁王谥为节愍，清乾隆间追谥为忠节。

【题解】出自《述而·子钓而不纲》。

子钓而不纲，弋不射宿。（纲，以大绳属网，绝流而渔者也。弋，以生丝系矢而射也。宿，宿鸟。洪氏曰："孔子少贫贱，为养与祭，或不得已而钓弋，如猎较是也。然尽物取之，出其不意，亦不为也。此可见仁人之本心矣。待物如此，待人可知；小者如此，大者可知。"）

【注释】

① 纲与射宿：用大网捕鱼，在夜里射宿鸟。
② 鱼潜在渊：出自《诗经·小雅·鹤鸣》："鱼潜在渊，或在于渚。"
③ 相：观，看。《诗经·大雅·公刘》："相其阴阳，观其流泉。"
④ 有颁其首，有莘其尾：（鱼）头很大，尾巴很长，指长得肥美。出自《诗经·小雅·鱼藻》："鱼在在藻，有颁其首。""鱼在在藻，有莘其尾。"
⑤ 靡有遗类：没有活下来的。《诗经·大雅·云汉》："周余黎民，靡有孑遗。"
⑥ 未及尺：指鱼尚小，不当捕杀。《孟子·梁惠王上》"数罟不入洿池"，朱熹集注："古者网罟必用四寸之目，鱼不满尺，市不得鬻，人不得食。"
⑦ 罟：渔网。
⑧ 有鸟高飞：出自《诗经·小雅·菀柳》："有鸟高飞，亦傅于天。"
⑨ 弧：弓。
⑩ 冥：夜里。
⑪ 毁室探卵：毁掉鸟巢，又取走鸟卵。《诗经·豳风·鸱鸮》："鸱鸮鸱鸮！既取我子，无毁我室。"
⑫ 衽席：床褥与莞簟，比喻安全舒适之处。
⑬ 日之夕矣：太阳落了，意谓各种东西都应得到休息。出自《诗经·王风·君子于役》："鸡栖于埘，日之夕矣，羊牛下来。"
⑭ 晦：夜里。
⑮ 虔刘：杀戮。《左传·成公十三年》："虔刘我边陲。"

⑯ 贼：残害。

⑰ 草薙：芟夷，像除草似的加以杀戮。草、薙，除草。

⑱ 禽狝：如捕杀禽兽般杀戮。狝，打猎、猎杀。韩愈《送郑尚书序》："至纷不可治，乃草薙而禽狝之，尽根株痛断乃止。"

⑲ 长胤而滋族：使其后代繁茂。胤，后嗣，滋，繁盛。

⑳ 二氏：指佛家、道家学说。此篇所论，易与佛、道不杀生之事相混。

㉑ 不可向迩：不可接近。迩，近。《尚书·盘庚上》："若火之燎于原，不可向迩，其犹可扑灭。"

奢则不孙　一节

吴韩起

圣人之意在建极①，权之以其弊而益切也。盖奢、俭等弊也，而姑为"宁固"之说，圣人岂真欲以"固"治天下者哉！其意以为：君子将有所立于当世，甚无乐乎已甚②之说也。夫已甚之说，矫之③而已，未足以胜之；胜之而已，未足以善之。惟夫宛转图维④，使知我特⑤不得已而出于此，虽欲不更化善治⑥、粹然复出于正而不可得。今天下言俭者诎⑦奢，言奢者亦复诎俭，其大旨归于苟安耳，不则亦偏护耳。夫苟安则无以酌物理之极，偏护则无以服天下之心。吾且以奢与俭两衡之。谓奢无弊，奢则何能无弊？古者弓矢锡⑧，诸侯始征，徇奢之所至，谁不可以弓矢者；圭瓒⑨锡，诸侯始鬯，徇奢之所至，谁不可以圭瓒者？奢则不孙⑩，断断如也。谓俭无弊，俭亦何能无弊？古者衣冠濯浣，大夫以朝，徇俭之所至，并去其衣冠而可耳；豚不掩豆⑪，大夫以祭，徇俭之所至，并去其祭豆而可耳。俭则固，断断如也。夫以奢若彼，以俭若此，当此之时，苟神圣大有为之君，必将深求乎至德要道之总，建中和以敛福⑫，敷荡平⑬以宜民，阴用其权于奢与俭之外而人不觉；而二三贤达有智略之臣，亦不敢为因陋就简之论，阴阳燮理赞⑭乎天子，休明鼓吹⑮被乎庶人，天下之固者、不孙者惟其所转移而人不知。自非然者，两利相形则取其重，两害相形则取其轻，与其不孙也，宁固而已矣。嗟夫，"固"岂君子所忍言？然而有志于风俗人心者，太上变化之，其次愧厉⑯之。变化之道，数百年而一见，天造草昧，王统开辟，生于其间者，各虚志虑以观朝廷之制作，而善美未尽，即无以自解于杂霸小补⑰之讥；愧厉之法，数十年而一用，世数衰晚，人事骄淫，适于其会者，各挟好尚以败祖宗之典则，而悔悟稍开，即可阴用为损过就中之始。不然，唐虞三代之隆风，不可坐听其衰息久矣。

【评】"奢"、"俭"只是未能得礼之中，推到"不孙"与"固"而流弊大矣。故此处"与其"、"宁"字，商量《注》中著个"不得已"也。步步推上一层，立论极当。但词气近于浓缛，不可不辨。

【题解】出自《述而·奢则不孙》。

子曰："奢则不孙，俭则固。与其不孙也，宁固。"（孙，顺也。固，陋也。奢俭俱失中，而奢之害大。晁氏曰："不得已而救时之弊也。"）

437

① 建极：建立极则，指中和之道。

② 已甚：太甚、过头，不合于中道。

③ 矫之：此指用另一种偏激之说来矫正不合理的说法。

④ 宛转图维：顺随着具体情况来谋划、考虑。图维，计划、谋划。

⑤ 特：仅仅。

⑥ 更化善治：改革习俗制度，使政治更加完善。善，使完善。

⑦ 诎：同"黜"，贬退。

⑧ 锡：赐。《礼记·王制》："诸侯，赐弓矢，然后征。"

⑨ 圭瓒：爵一类的玉器，用于盛鬯。《礼记·王制》："（诸侯）赐圭瓒，然后为鬯。未赐圭瓒，则资鬯于天子。"鬯，秬酒，黑黍酿的酒，用于祭祀。按：不待天子赐弓矢而征伐，不待天子赐圭瓒而用鬯祭祀，均是"不逊"，不合礼法。

⑩ 不孙：即"不逊"，僭妄不遵礼法。

⑪ 豚不掩豆：作为祭物的豚，两肩合在一起盖不住祭器，说明祭物很小。豆，祭器，径尺。按，此与上"衣冠浣濯"均为齐大夫晏婴俭而不中礼之事，见《礼记·礼器》："晏平仲祀其先人，豚肩不掩豆，浣衣濯冠以朝，君子以为隘矣。"孔颖达疏谓，晏婴祭祀时当用大夫之礼，而他不仅用了士人之礼，而且祭品又小。至于衣冠，"大夫须鲜华之美，而晏氏浣衣濯冠以朝君，是不华也"。

⑫ 敛福：本《尚书·洪范》："皇建其有极，敛时五福。"谓建大中之道以集五福。

⑬ 敷荡平：广布中正之道。敷，布、陈。荡平，平坦。《尚书·洪范》："无偏无党，王道荡荡。无党无偏，王道平平。"

⑭ 赞：辅佐。古人以为大臣之职在调和阴阳。

⑮ 休明鼓吹：指美好的德化得到传扬。休明，美好清明，指德化，也常指明君、盛世。《左传·宣公三年》："楚子问鼎之大小轻重焉。对曰：'在德不在鼎……德之休明，虽小，重也。'"

⑯ 愧厉：使有所愧而自勉。厉：同"励"。《礼记·聘义》："相厉以礼。使者聘而误，主君弗亲飨食也，所以愧厉之也。"

⑰ 杂霸小补：不是纯粹的王道，而杂有霸道；不是根本的措施，而是小小的修补措施。

动容貌斯远暴慢矣

陈际泰

为人上者容貌不可轻动也。夫容貌之动，人之轻重在焉，暴慢之气不设于身体，可无思乎？且夫容貌非偶也，容者所以容吾也，貌者所以貌吾也。是故容貌关乎受中，威仪所为定之以祸福其身者也①，动可苟乎？容貌系乎瞻睹，贤人所为视之以行藏其道者也②，动又可苟乎？俯仰尊卑见乎容，而君子有以慎之；吉凶悔吝③生乎动，而君子有以持之。中和之气在躬，而容貌应焉，温温恭人④，所以能自柔也，暴者毗于阳⑤，凌厉恣睢⑥，抗其威棱⑦，以快其所逞，心不固矣，一身之中且不能驯，况能驯天下之强梗乎，故暴之不可不远也；精明之本在性，而容貌肖焉，翼翼小心⑧，所以能自检也，慢者毗于阴，委靡颓放，堕⑨其肢体以即其所安，神不守矣，一身之中且不能举，况能举天下之丛脞⑩乎，故慢之不可不远也。暴慢之加，必有所为受，彼固谓惟可行耳，然君子知其无能为也，何也？本体病而后及人也，道德者骄人⑪，谁尸⑫其暴慢也耶？暴慢之发，必有所由，然彼固谓习自便耳，然君子知其无足忌也，何也？精神衰而后骄生也，肉食者无墨⑬，奈何其暴慢也耶？故动之时，警省宜勤，力矫生平之故；动之先，温养宜预，直清德充⑭之原。子大夫，可无思乎？

【评】语约义深，非俭于书卷者所能道。

【题解】出自《泰伯·曾子有疾》。

曾子有疾，孟敬子问之。（孟敬子，鲁大夫仲孙氏，名捷。问之者，问其疾也。）曾子言曰："鸟之将死，其鸣也哀；人之将死，其言也善。（言，自言也。鸟畏死，故鸣哀。人穷反本，故言善。此曾子之谦辞，欲敬子知其所言之善而识之也。）君子所贵乎道者三：动容貌，斯远暴慢矣；正颜色，斯近信矣；出辞气，斯远鄙倍矣。笾豆之事，则有司存。"（贵，犹重也。容貌，举一身而言。暴，粗厉也。慢，放肆也。信，实也。正颜色而近信，则非色庄也。辞，言语。气，声气也。鄙，凡陋也。倍，与背同，谓背理也。笾，竹豆。豆，木豆。言道虽无所不在，然君子所重者，在此三事而已。是皆修身之要、为政之本，学者所当操存省察，而不可有造次颠沛之违者也。若夫笾豆之事，器数之末，道之全体固无不该，然其分则有司之守，而非君子之所重矣。程子曰："动容貌，举一身而言也。周旋中礼，暴慢斯远矣。正颜色则不妄，斯近信矣。出辞气，正由中出，斯远鄙倍。三者正身而不外求，故曰笾豆之事则有司存。"尹氏曰："养于中则见于外，曾子盖以修己为为政之本。若乃器用事物之细，则有司存焉。"）

【注释】

① 此句谓，容色关乎品德，见于礼仪，观察人的容色可推知其祸福。受中，此指人禀受于天的中正之则，即道。又，《左传·成公十四年》："古之为享食也，以观威仪、省祸福也。"

② 此句谓君子观上位者的容貌，以其谦恭或倨傲决定自己的出、处。

③ 悔吝：此指灾祸。《易·系辞上》："悔吝者，忧虞之象也。"又《系辞下》："吉凶悔吝者，生乎动者也。"

④ 温温恭人：宽柔之人态度温和。《诗经·大雅·抑》："温温恭人，维德之基。"郑笺："宽柔之人温温然。"

⑤ 毗于阳：原指损伤阳和之气。毗，破坏、损伤。《庄子·在宥》："人大喜邪，毗于阳；大怒邪，毗于阴。"

⑥ 恣睢：暴戾、凶残暴，任意做坏事。《史记·伯夷列传》："暴戾恣睢，聚党数千人，横行天下。"

⑦ 抗其威棱：逞其威风。

⑧ 翼翼小心：即小心翼翼。《诗经·大雅·烝民》："令仪令色，小心翼翼。"郑笺云："善威仪，善颜色容貌，翼翼然恭敬。"

⑨ 堕：毁废。《庄子·大宗师》："堕肢体，黜聪明。"

⑩ 丛脞：细碎。《尚书·益稷》："元首丛脞哉。"

⑪ 骄人：傲视他人，向他人显示骄矜。

⑫ 尸：承担，承受。

⑬ 肉食者无墨：上位者不能气色灰暗。肉食者，指诸侯卿大夫，大夫以上乃得食肉。墨，指气色晦

暗。《左传·哀公十三年》："肉食者无墨，今吴王有墨，国胜乎？太子死乎？"杜预注："墨，气色下。"

⑭ 德充：道德充实。

舜有臣五人而天下治　一章
夏　思

　　观圣人论才于虞、周，而因及周之至德焉。夫自虞而后，才不易见，周盛于武①而文开之，则其德尤可想见也。今夫才以待用，而用才之人，则又才之所视以转移而世道升降之会由之出也。是以得才难，而用才之人尤难。舜为天下而用才，以收无为之治，五臣其选矣；武为天下而用才，以收丕承之烈②，十乱其选矣。如以多寡之数论，则十倍于五，似可为周称盛者，乃孔子感才难于往昔，而独以唐虞③之际为盛于斯。何也？盖唐虞以揖让禅代，故五臣咸有一德④而治有余；武以秉钺⑤南征，故十乱草昧匡勷⑥而治不足。如必需才于内，则彼奻汭之匹⑦，岂下于邑姜⑧之贤，而史臣且置而不录矣，由是知十不为多而五不为寡也。不有文王，孰与继舜德之绝乎？论有二之势⑨，岂不足以难商，而文王不然也。始焉以一身事商，大忠也；继焉又率其事乎身者而并事之⑩，是与天下共成其大忠也。当其时，文之亲臣孰非武之乱臣哉？自熊貔⑪无所显其力，鹰扬⑫无所奋其绩，而文之所留者多矣。吾不意南河避位⑬以后，而有让天下如文王者。允矣，至德也！夫是则才一也，舜用之则为师师济济⑭，武用之则为纠纠桓桓⑮，文用之则为蹇蹇翼翼⑯。甚矣，用才之人，其所关于世风之升降者大也。此夫子所叹才难意也。

　　【评】泛然以才、德分两截，犹有转挽之迹。拈出用才之人，则脉络本通，笔段亦近古。

　　【作者简介】
　　夏思，不详。
　　【题解】出自《泰伯·舜有臣五人而天下治》，参见正嘉文卷二归有光同题文。
　　舜有臣五人而天下治。武王曰："予有乱臣十人。"孔子曰："才难，不其然乎？唐虞之际，于斯为盛。有妇人焉，九人而已。三分天下有其二，以服事殷。周之德，其可谓至德也已矣。"

　　【注释】

① 武：指周武王，下"文"指周文王。
② 丕承之烈：值得很好地继承的功业。丕承：很好地继承。烈，功勋。《尚书·君牙》："呜呼！丕显哉，文王谟！丕承哉，武王烈！"
③ 唐虞：即尧舜。
④ 咸有一德：《尚书·咸有一德》孔安国题注："皆有纯一之德。"
⑤ 秉钺：持斧，指掌握兵权。《诗经·商颂·长发》："武王载斾，有虔秉钺。"

⑥ 草昧匡勤：草昧，本指天地初开时的混沌状态、蒙昧状态，后引申为创始、草创。《易·屯》："天造草昧，宜建侯而不宁。"匡勤，亦作"劻勷"，匆遽不安貌；或谓辅佐，亦可通。

⑦ 妫汭之匹：指舜的妃子。妫汭，妫水隈曲之处，传说舜居于此，尧将两个女儿嫁给他。匹，匹配，配偶。《尚书·尧典》："厘降二女于妫汭，嫔于虞。"《史记·五帝本纪》载，二女"甚有妇道"。

⑧ 邑姜：武王之妃，周成王之母。按，此数句谓，如果也要把妇女中人才计算在内，那么舜之妃不亚于武王之妃。武王的"十乱"是连女子都计算在内，而舜帝的"五臣"却不是这样计算，因此可知"五臣"、"十乱"之说并不代表舜时人才少、武王时人才多。

⑨ 有二之势：指三分天下有其二。

⑩ 此句谓周文王还率领那些追随自己的诸侯一起去服事商纣王，即率殷之叛臣事殷。

⑪ 熊貔：猛兽，喻指猛士。《尚书·牧誓》："如虎如貔，如熊如罴，于商郊。"

⑫ 鹰扬：威武貌。《诗经·大雅·大明》："维师尚父，时维鹰扬。"毛传："鹰扬，如鹰之飞扬也。"按，二句谓周文王未曾举兵伐纣。

⑬ 南河避位：指尧崩之后，舜在南河避位三年。事见《孟子·万章上》。

⑭ 师师济济：师师，互相师法，或谓众多貌；济济，众多。《尚书·皋陶谟》形容舜时大臣："百僚师师，百工惟时。"《大禹谟》："济济有众，咸听朕命。"

⑮ 纠纠桓桓：谓武王臣子威武。纠纠，也作"赳赳"，武貌；桓桓，威武貌。《尚书·牧誓》："尚桓桓，如虎如貔。"《诗经·周南·兔罝》："赳赳武夫，公侯干城。"

⑯ 蹇蹇翼翼：谓文王之臣忠敬。蹇蹇，忠直貌。蹇，通"謇"。《易·蹇》："王臣蹇蹇，匪躬之故。"翼翼，忠敬貌。《诗经·大雅·文王》："世之不（丕）显，厥犹翼翼。"

今也纯俭吾从众

金　声

　　圣人从天下之纯，圣人之重于违众①也。夫纯，非礼也，圣人为之说曰俭而舍礼以从之，圣人之心亦可以观矣。今夫今古之际，君子有甚不得已焉者，非遂笃于礼而戾于时也。日用之仪，众有共趋，苟非大无礼之事，而犹有说焉以处之，则夫挟先王之礼度，鳃鳃②尺寸以相绳者，其亦可以不必矣。故夫吾之在今日也，则亦有非礼而从之者，如麻冕一事焉。麻冕之礼，先王之所谓"多为贵"③者，而今不然也。大约古昔繁重之数，今人不能胜也，则相率而入于简便之路；古昔迂拙之制，今人不能安也，则浸假④而开其巧利之门。夫是以有纯焉，而岂非世变畔礼⑤之一端哉，岂非执礼之士所欲攘臂而争焉者哉？而吾也为之顾其物而观其意，平志焉以定义类之所归；略其短而著其长，降心焉以求一节之可就。以为袭先王之礼者，其弊或至于淫志荡心、服奇不衷⑥而莫可救止，而此一纯焉，不如是之敝也，其制于仪也虽不备，而其取于物也则不奢，殆戋戋⑦乎有俭意焉；易先王之礼者，其甚亦或至于坏法乱纪、裂冠毁冕而无复有所存，而此一纯焉，不如是之甚也，其成于工也则不费，而其贲⑧于首也足以观，殆循循乎仅失之俭焉。必遵先王之法而矫末俗之苟，至踽踽焉众人纯而一人麻，是亦不可以已乎？其轻违之也，夫违之易易⑨耳，以今日之气习风声而至细绳之近礼非礼之间，则在彼且有所不堪，而在吾亦有不暇，吾宁从焉耳；苟酌损益之宜而定文质之中，即皇皇焉众人俭而一人礼，是岂不足以风⑩乎？而未免多事也，盖多事亦期有济耳，以吾之矜心作意而令天下执"宁俭无奢"之理从容相应，则在彼甚为有辞，而在我翻觉无谓，吾何为也哉？嗟夫！一人之力不足以胜天下之众也久矣，独"拜下"一节万不可解耳。

【评】意中有下一节不当从者在，处处含蓄，笔意盘旋屈曲，无一直致语。

【题解】出自《子罕·麻冕礼也》。

子曰："麻冕，礼也；今也纯，俭。吾从众。（麻冕，缁布冠也。纯，丝也。俭，谓省约。缁布冠，以三十升布为之，升八十缕，则其经二千四百缕矣。细密难成，不如用丝之省约。）拜下，礼也；今拜乎上，泰也。虽违众，吾从下。"（臣与君行礼，当拜于堂下。君辞之，乃升成拜。泰，骄慢也。程子曰："君子处世，事之无害于义者，从俗可也；害于义，则不可从也。"）

【注释】

① 重于违众：不轻易而无谓地违背众人。
② 鳃鳃：过虑貌。
③ 多为贵：《礼记·礼器》谓"礼"有"以多为贵者"、"以少为贵者"、"以大为贵者"、"以小为贵者"等情况。
④ 浸假：逐渐。
⑤ 畔礼：违背礼制。畔，通"叛"。
⑥ 服奇不衷：穿不合礼制的衣服。服奇，穿奇服，《战国策·赵策》："且服奇者志淫，俗辟者乱民。"不衷，不合适、不恰当，《左传·僖公二十四年》："服之不衷，身之灾也。"
⑦ 戋戋：少貌。
⑧ 贲：装饰、打扮。
⑨ 易易：容易。
⑩ 风：劝勉、教化。

吾有知乎哉 一节

陈际泰

圣人不以诲人为知，而托于性情之诚焉。夫两端之竭，不遗于鄙夫，此知有余之征也。而乃托于性情之为，抑何谦之若此乎？夫子若谓：天下之事，名难指实，而物至有因。天下之人多矣，以吾计之，其知岂能加于人乎？天下之教人者亦多矣，以吾计之，其知岂能加于世之为师者乎？然而世皆以我为有知者，何也？则以我诲人之无择也，物，理其本而后足以待乎无方之至，遂以为知亦与之俱无方矣；则以我诲人之无已也，意，过其通而后足以发乎无尽之藏，遂以为知亦与之俱无尽矣。虽然，此乃吾性情之所为也。夫人何常之有？性情不乐乎告人者，非其智不足也，虽当不可不告之人而亦不告之矣；性情乐乎告人者，非其智有余也，虽当可以不告之人而亦告之矣。且物之性情，固不可强而易也。即如鄙夫之问，人之所共简也；而两端之竭，人之所共难也。吾谓人惟不足而后思问，足则亦如我矣，如之何而弃其可矜？人惟知我而后求问，不知则虽招之不至矣，如之何而负其甚盛？不执道而使之自择，不畸一偏而使之可居，和易之衷，详小之致，此则天下所为乐就者耳，此则生平所为自盟者耳。盖物明昧之节，虽既告之后，不能自预于己，而独存"教人必尽其诚"①之心，使物无与吾事，而吾事毕矣；即我得天之分，凡待告之具，不能强予之人，而独不失吾"无隐乎尔"②之义，使我无憾于物，而吾心安矣。此吾所为于物不敢有择也，此吾所为于诲不敢有已也，此吾之性情耳，乃指以为有知，则亦名不足以指其实也夫。

【评】循题婉转，淡语愈永，浅语愈深，风水相遭，沦漪入妙。

【题解】出自《子罕·吾有知乎哉》。

子曰："吾有知乎哉？无知也。有鄙夫问于我，空空如也，我叩其两端而竭焉。"（孔子谦言己无知识，但其告人，虽于至愚，不敢不尽耳。叩，发动也。两端，犹言两头。言终始、本末、上下、精粗，无所不尽。程子曰："圣人之教人，俯就之若此，犹恐众人以为高远而不亲也。圣人之道，必降而自卑，不如此则人不亲，贤人之言，则引而自高，不如此则道不尊。观于孔子、孟子，则可见矣。"尹氏曰："圣人之言，上下兼尽。即其近，众人皆可与知；极其至，则虽圣人亦无以加焉，是之谓两端。如答樊迟之问仁知，两端竭尽，无余蕴矣。若夫语上而遗下，语理而遗物，则岂圣人之言哉？"）

【注释】

① 《论语》本章刑昺疏："此章言孔子教人必尽其诚也。"
② 无隐乎尔：所体之道，尽以教人，无所隐藏。语本《论语·述而》："子曰：二三子以我为隐乎？吾无隐乎尔。吾无行而不与二三子者，是丘也。"

岁寒 一节
罗万藻

定世之"知"，有不能得之于蚤①者焉。夫松柏后雕，知之定于世也久矣，顾岁寒乃得之。松柏之知于世，若此未易也，况人乎？且世之所谓知与世之所谓受知者，亦顾其分而已矣。夫知者不能齐其知之分，而受知者固不能齐其受之分也，如是，可以审所处矣。夫人有激于己之莫知，而因以病世之所谓知；非徒病世之知，又将重悲夫世之所谓受知者。伤其臭味之私②而贱其绸缪③之迹，盖将以草木之至凡④者处之而置之不足数。⑤嗟乎，人果能为松柏者乎？夫松柏之知，其所由定于世，岂偶然哉？松柏之知，其所由成于己，岂偶然哉？物之见荣也以时，而岁寒者，处乎时之后者也，人谓物终而岁适至，则寒本不与物相速⑥，而物自不能待，美先尽⑦故也，此有以知松柏者一矣；物之致养也以气，而岁寒者，积其气之战者也，人谓寒降而物见杀⑧，则寒本不与物相狃⑨，而物自不能戒，积渐薄⑩故也，此有以知松柏者一矣。由是言之，知松柏者不以其后雕乎？知松柏后雕者不以岁寒乎？今之所谓松柏，一童子能知之，然语其独抗之姿，则虽当众人不知之时，而松柏未尝以自明，则松柏先有以自淡于人世已若此矣；今所谓松柏后雕，一童子蚤知之，然语其至性所阅，则虽当众人共知之时，而松柏原未尝加异，则松柏本有以自深于人世已若此矣。嗟乎！人果能为松柏者乎？当其莫知，而所以自定于千古之际者有矣，一时之人心不足争也；当其知，而所以自定于一心之际者有矣，浮动之意气不足凭也。是以古之君子不垢俗以动其概，不疵物以激其清^⑪；虽穷居而所性^⑫莫之或损，虽乱世而意念莫之或加。噫，此圣贤之正也！

【评】此题易作感慨语，故易之以深微，高韵远情，超然埃壒之表。

【题解】出自《子罕·岁寒》。

子曰："岁寒，然后知松柏之后雕也。"（范氏曰："小人之在治世，或与君子无异。惟临利害、遇事变，然后君子之所守可见也。"谢氏曰："士穷见节义，世乱识忠臣。欲学者必周于德。"）

【注释】

① 蚤：通"早"。

② 臭味之私：性情相投的人。私：偏爱。

③ 绸缪：感情深厚。

④ 至凡：最平凡。

⑤ 此句谓一些人感愤于自己不被人所知，不仅指责世人的见识，连世人所赏识的东西也加以指责。对于自己喜爱的东西，也有意把它说得毫无价值。

⑥ 速：邀约。

⑦ 美先尽：意谓其他的植物未等寒冬至而其美已先耗尽。《左传·昭公元年》："美先尽矣，则相生疾。"杜预注："美极则尽，尽则生疾。"

⑧ 杀：枯萎。

⑨ 相狎：相习，相狎。

⑩ 积渐薄：所积累的元气少。按，此一股谓岁寒本是一种肃杀之气，其他植物与之相斗而落败，是因为所积元气太薄。

⑪ "垢俗"二句：指君子不因不为人知而有意做出偏激的行为。《后汉书·逸民传》："（隐士）或垢俗以动其概，或疵物以激其清。"《文选》注："言或垢秽时俗以动其怀，或疵点万物以发其清。"此反其意而用之。

⑫ 所性：人的本性。按，此句本《孟子·尽心上》："君子所性，虽大行不加焉，虽穷居不损焉，分定故也。"

钦定启祯四书文卷四(《论语》下之上)

德行　一节

金　声

追论陈蔡相从之人，其人才之盛有可观者焉。甚矣，陈蔡之围也，区区数千师，而有德行、言语、政事、文学若而①人俱坐困其中焉，岂独一大圣人哉？尝观古今人才，唐虞而后，于周为盛，越数百年而遂有孔氏之门。后先奔走，心悦诚服，则忠臣义士之效不必其在朝廷也；患难死生，与聚与共，则云风龙虎之从②不必其在得时也。陈蔡之阨为已事③矣，而夫子回思相从之士，忽忽其不乐。呜呼，彼一时依依相从者，伊何人哉？迄今纪之，师师济济④犹在目前。念我夫子，如之何其弗思也⑤。尚德不倦，躬行不怠，所愿望难见也，时则有若颜渊、闵子骞、冉伯牛、仲弓；出言有章，吐辞为经，旷代逸才也，时则有若宰我、子贡。至若经世之略，为富为强，政事有寄也，而冉有、季路其人在焉；道德之华，弦歌博雅，文学千古也，而子游、子夏其人在焉。道大莫能容⑥，所欲杀者夫子，而于诸贤无忌⑦也，设诸贤非从夫子游，挟其德行、言语、政事、文学，以博取人间富若贵与一切功名才望，固自易易，何困阨若斯也，而诸贤不愿也；圣人无阨地，所自信者天命⑧，而人心则不敢必也，设诸贤但以从夫子之故，奉其德行、言语、政事、文学，以投凶暴之一烬而师弟⑨朋友无一存者，固事势之常，亦无可如何也，而诸贤不惧也。不可以德感，不可以说动⑩，不可以力格⑪，不可以学化，平昔之能事，当此上下无交⑫之日，亦何所施，而君子固穷，则凄凉之奇况，惟同心可以共尝；修德不获报，尚口⑬乃致穷，果艺⑭无长策，文采不庇身，特出之英华，当此病莫能兴⑮之日，于邑⑯无色，而大节在三⑰，则无位⑱之依归，其愚处正不可及。迄今日而或以夭，或以疾亡，或以难死，九原之下既不可作⑲；其存者或以仕，或以故，游于四方，归其故里，杏坛⑳之上无复陈蔡一人。子独何心能不悲哉？嗟夫，患难之侣，安乐弗见，虽庸夫俗子尚难忘情，而况此奇杰之士与？

【评】此文脍炙人口久矣。往者李厚庵㉑尝谓中二比义实浮浅，以拟诸贤非伦也。其后肤学增饰其词，遂谓李氏深恶金、陈㉒之文，以为乱世之音，此篇则无一字是处。不知《史记》之文，显悖于道者多矣，而呜咽淋漓，至今不废也。昔贤谓《鲁论》乃曾子、有子门人所记，在二子胸中自无此等拟议，至其门人追记诸贤之在难而寄以感愤，亦无大悖。此文立义虽粗，然生气郁勃，可以涤俗士之鄙情，开初学之思路。故辨而存之，以警道听涂说者。　　制科之文，至隆万之季真气索然矣，故金、陈诸家，聚经史之精英，穷事物之情变，而一于四书文发之。义皆心得，言必己出，乃八股中不可不开之洞壑也。迩年不学无识人，谬谓得化治规矩，极诋金、陈。盖由贪常嗜琐，自忖必不能造此，而漫为狂言以掩饰其庸陋耳。夫程子《易传》切中经义者无几，张子《正蒙》与程朱之说即多不合，但以持之有故、言之成理，故并垂于世。金、陈之时文，岂有异于是乎？故于两家之文指事类情、悲时悯俗、可以感发人心、扶植世教者，苟大意得则略其小疵，并著所以存之之故，使学者无迷于祈向焉。

　　【题解】出自《先进·从我于陈蔡者》。

　　子曰："从我于陈、蔡者，皆不及门也。"（孔子尝厄于陈、蔡之间，弟子多从之者，此时皆不在门。故孔子思之，盖不忘其相从于患难之中也。）德行：颜渊，闵子骞，冉伯牛，仲弓。言语：宰我，子贡。政事：冉有，季路。文学：子游，子夏。（弟子因孔子之言，记此十人，而并目其所长，分为四科。孔子教人各因其材，于此可见。程子曰："四科乃从夫子于陈、蔡者尔，门人之贤者固不止此。曾子传道而不与焉，故知十哲世俗论也。"）

【注释】

① 若而：若干。

② 云风龙虎之从：指孔门师生之间同声相应，同气相求。《易经·乾卦》："云从龙，风从虎。"

③ 已事：往事，已经过去的事。

④ 师师济济：人才众多的样子。

⑤ 本于《诗经·王风·君子于役》："君子于役，如之何勿思！"郑笺云："行役多危难，我诚思之。"

⑥ 道大莫能容：《史记·孔子世家》载孔子厄于陈蔡之间，颜渊谓："夫子之道至大，故天下莫能容。"亦见《孔子家语·在厄》。

⑦ 无忌：《史记》载陈蔡大夫欲杀孔子，是因为怕他被楚国任用，危及他们。此句谓陈蔡大夫并不准备连孔子弟子一齐杀掉。

⑧ 此句谓孔子自信乃斯文所寄，故虽处厄而无忧。《论语·子罕》载："子畏于匡。……曰：'……天之未丧斯文也，匡人其如予何？'"

⑨ 师弟：老师和弟子。

⑩ 以说动：凭言辞说动。说，游说、劝说。

⑪ 格：阻止，指阻止陈蔡大夫之暴行。

⑫ 上下无交：语本《孟子·尽心下》："孟子曰：'君子之厄于陈蔡之间，无上下之交也。'"朱熹《集注》："君臣皆恶，无所与交也。"

⑬ 尚口：本指徒尚口说，此指宰我、子贡长于"言语"。《易经·困卦》："有言不信，尚口乃穷也。"

⑭ 果艺：有决断、多才艺，此指子路、冉有长于"政事"。《论语·雍也》载孔子称"由（子路）也果"，"求（冉有）也艺"。

⑮ 病莫能兴：饿得都不能起身。病，饿病；兴，起身。《论语·卫灵公》："在陈绝粮，从者病，莫能兴。"

⑯ 于邑：亦作"于悒"，忧愁貌。

⑰ 在三：谓敬事父、师、君。《国语·晋语一》："民生于三，事之如一。父生之，师教之，君食之。……唯其所在，则致死焉。"

⑱ 无位：指孔子，孔子有其德而无其位。此句谓群弟子归依孔子，看似愚昧。

⑲ "九原"句：意谓死者不可复生。九原，春秋时晋国卿大夫的墓地在九原，因称墓地。作，起、兴起。《国语·晋语八》："赵文子与叔向游于九原，曰：'死者若可作也，吾谁与归？'"

⑳ 杏坛：相传为孔子聚徒授业讲学之处，后泛指授徒讲学之处。

㉑ 李厚庵：李光地，清初理学名臣。

㉒ 金、陈：金声、陈际泰。

季路问事鬼神　一节

金　声

观圣人两答贤者之问，而识学者所当致力也。夫事人、知生之未能，何以遽问鬼神与死乎，而非事鬼、知死之不必问也。且人伦之事、日用饮食之常，圣人所以教天下万世也。圣人之学，至于知命，可以无所不通，学者守其可能可知①者而已。夫宇宙间人鬼并存，然吾业已负形为人，则鬼神固不接之乡也。共禀乾坤之灵气，第②为躯形所局，遂与清虚无朕③者相持而不相亲，季路所以问事鬼神与？夫人所奉而事也，必耳闻其声焉，必目见其形焉，然后心思有所著而精神有所通。今人与人，情相构则一膜之外④胡越⑤矣，机⑥相御则觌面之间逆亿⑦矣。耳目之可见闻者尚如斯也，而何以索之杳杳也？曰"未能事人，焉能事鬼"，非鬼之不可事也，以事鬼之由于事人也，人亦务乎事人者，则鬼不必事，而所以事之者至矣。宇宙间死生相继，然人尚炯然有生，则死固未历之境也。业分性命于大造⑧，一旦草木同腐，遂使生平负气焰者明见而不能自主，季路所以问死与？夫人之所能知也，必行之而以著焉，必习之而以察焉，然后灵睿有所寄而聪明有所施。今人有生，气血之衰壮⑨而莫定其平矣，神志之出入而莫测其乡⑩矣。著察⑪之于行习者尚如此也，而何以穷之身尽也？曰"未知生，焉知死"，非死之不可知也，以知死之由于知生也，人亦求其知生者，则死可不知，而所以知之者至矣。由也，勉之！

【原评】中无所见，不得不为诘屈之奇，所以自文也。真实有得之人，探喉而出耳。

【评】于"未能""焉能"、"未知""焉知"道理，一一中的。与唐荆川作，并为造极之文。

【题解】出自《先进·季路问事鬼神》，参见正嘉文卷三唐顺之同题文。

季路问事鬼神。子曰："未能事人，焉能事鬼？"敢问死。曰："未知生，焉知死？"

【注释】

① 可能可知：指"事人"与"生"。

447

② 第：仅仅。

③ 清虚无朕：指鬼神没有形体，没有迹象。朕，征兆、迹象。

④ 一膜之外：一身之外。膜，极细小的间隔。

⑤ 胡越：胡在北，越在南，比喻疏远隔绝。

⑥ 机：机心，狡诈之心。

⑦ 逆亿：此指推测别人的心理。亿，推测，预料。

⑧ 大造：造化，大自然。

⑨《论语·季氏》："及其壮也，血气方刚，戒之在斗；及其老也，血气既衰，戒之在得。"是此句所本。

⑩ 乡：通"向"。

⑪ 著察：对事理认识清晰。语本《孟子·尽心上》"行之而不著焉，习矣而不察焉。"朱熹集注："著者，知之明。察者，识之精。"

有民人焉　一节

李愫

即仕之所有，以委学优者可矣。夫学固不尽于书，然人民社稷，岂人人可轻试乎？今夫以独智①先群物者，人之所甚惑也，必其中有所本而不以疑事尝民，使天下得以信其积累焉而后善耳。是则学之所重，盖有在矣。子路饰其意而言，以为经制之隆，未有不形于性术②者也；典常之失，未有不拘于载纪者也。昔之得道以安，至今而不可危者，吾知其为民人；得道以存，至今而不可亡者，吾以其为社稷。然而一介之夫，族党而外，莫能齿其生数者有之，非其识穷于周知，身之所系者微也。问民人之隶我者几何家，而境俗之通隔、性智之优薄，其所为义类宏矣。古者天子兆民③，诸侯万民，岂徒缀属之已哉？殊情诡俗，出于睹记之所不常，均足以参其政教，而后知王公牧长④，责分于大小，学亦从可验也。士庶之家，高曾而上，莫能名其称谓者有之，非其分绝于追远⑤，义之所率⑥者近也。问社稷之攸存者几何事，而功德之著微、姓氏之幽显，其收为通识易耳。古者举盈昭惠，伐鼓⑦示威，岂徒以愚民已哉？体虔意谨，行于众庶之所共安，实足以悟其典礼，虽极而荐功告类⑧，理务于高深，学必有其据也。善学者，精以著其理，大以规其制，载明洁之衷而行所无事焉，凡治乱幽明持之有其具者，通异世之精神而用之，若乃今之所谓典谟训诰⑨者，在昔君臣之际，互相诏语而已矣；不善学者，惑则失之精微，辟⑩则随时扬抑，去自然之性而动称师古焉，凡民物鬼神罔或知其故者，昧人道之阴阳而反之，不知昔所列为吉凶悔吝⑪者，在今人心之内倏生，占玩而已矣。然则书者，本贞纯诚一之见以达其光明俊伟之材，故三代以前，上自帝王，下及庶民，每寓其言于后世；而读书者，假嗫嚅咕哔⑫之习以饰其颛愚⑬鄙朴之心，故口耳徒勤，上焉祀典，下而版图，遂废其说于师儒也。

【原评】不能持论，即无异儿童之见，岂复成为"佞"？此篇乃实有一段精理。

【评】细腻熨贴，语语皆有含咀。气体虽不甚高，却非胸无书籍人可以猝办。

【作者简介】

李愫，字素心，华亭人。崇祯六年（1633）乡举中式，以被论议革，入清，成顺治九年（1652）二甲一名进士。

【题解】 出自《先进·子路使子羔为费宰》。

子路使子羔为费宰。（子路为季氏宰而举之也。）子曰："贼夫人之子。"（贼，害也。言子羔质美而未学，遽使治民，适以害之。）子路曰："有民人焉，有社稷焉。何必读书，然后为学？"（言治民事神皆所以为学。）子曰："是故恶夫佞者。"（治民事神，固学者事，然必学之已成，然后可仕以行其学。若初未尝学，而使之即仕以为学，其不至于慢神而虐民者几希矣。子路之言，非其本意，但理屈词穷，而取辨于口以御人耳。故夫子不斥其非，而特恶其佞也。范氏曰："古者学而后入政。未闻以政学者也。盖道之本在于修身，而后及于治人，其说具于方册。读而知之，然后能行。何可以不读书也？子路乃欲使子羔以政为学，失先后本末之序矣。不知其过而以口给御人，故夫子恶其佞也。"）

【注释】

① 独智：指一己的智慧，也指自以为聪明。下"群物"，指众物，也指汇合众物以立功成事。

② 性术：性情心术，人性的情感表现形式。《礼记·乐记》："声音动静，性术之变，尽于此矣。"郑玄注："性术，言此出于性也。"孔颖达疏："术，谓道路。"

③ 天子兆民：旧时常以"兆民"指天子治理的百姓。十万曰亿，十亿曰兆。《尚书·吕刑》："一人有庆，兆民赖之。"

④ 牧长：指诸侯及地方官员。《礼记·曲礼》："九州之长入天子之国，曰牧。"

⑤ 追远：追思远祖，指祭祀尽礼。《论语·学而》："慎终追远，民德归厚矣。"

⑥ 义之所率：按照"义"来衡量先人。率，循。《礼记·大传》："自仁率亲，等而上之至于祖，名曰轻。自义率祖，顺而下之至于祢，名曰重。"郑玄注："用恩则父母重而祖轻；用义则祖重而父母轻。"按，此句谓有人对高祖以上的事情都不了解，只是因为在"自义率祖"这个问题上做得不够。

⑦ 伐鼓：击鼓。此指遇到日食等阴阳不调的异变则伐鼓于社以示威，《左传·文十五年》："日有食之，天子不举，伐鼓于社，责群阴。"

⑧ 荐功告类：指祭告祖宗、上天之礼。类，古祭名，祭天。《汉书·陈汤传》："荐功宗庙，告类上帝。"按，"荐功告类"是最重要的典礼，故上文言"极"，下文又云"高深"。

⑨ 典谟训诰：本指《尚书》中几种文体，如《尧典》、《大禹谟》、《汤诰》、《伊训》等篇，此泛指经典之文。《书序》："典谟训诰誓命之文，凡百篇。"

⑩ 辟：通"僻"，邪而不正。

⑪ 吉凶悔吝：福祸。

⑫ 啜嚅呫哔：此指诵读。

⑬ 颛愚：愚昧。

子贡问政 一章
金 声

圣贤论政有三，而复商不得已之去也。夫政之经，则兵、食、信并举，不得已而去兵去食，信必长存，此可以观圣贤之作用矣。今夫仁义之说、休养之名，此太平无事之所处堂而谈也，愚学之士以张伪帜而非必建真效；而疆场①之役、取盈②之术，此时穷势急之所苟且而图也，市侩之才以徼③近功而不复顾国脉。夫当其常，有必周之擘画④，不忘其危；当其变，有自然之机宜，不失其正。此真天下才，可奉以为政矣，说在夫子之语子贡也。其论政，始曰足食，继曰足兵，终曰民信。国家之兵籍廪藏，不告虚于边靖费约⑤之岁，而皇皇乎忧贫似迂图，旅旅乎备武似多事，不知政之长计在"足"也；民情之疑崒⑥诚服，两无见于朝野相安之日，亦可诩诩焉称得民之术，嘐嘐焉⑦负抚御之才，不知政之实验必在"民信"也。盖三者在得为之会⑧，不惟不相碍，兼可以相济，自当蚤计遍筹⑨焉。而至设为不得已之计，兵妨食、食妨兵，兵食妨信，虽智者不能备其三，则权计者或以兵为扼要之事，以乱国用威，外可以因粮于敌，内可以令行禁止耳，而圣人反曰"去兵"矣；再设为不得已之计，食能爽信⑩，信则无食，虽善谋不能两其全，则权计者疾信如仇，鹜食如宝，理财之计臣持大筹⑪，守正之迂士斥远地耳，而圣人反曰"去食"矣。夫"去兵"之说，以乌合⑫之不如无糜饷之反毒民也，即不然，其强弱安危之形未甚逼人也。食则生死之关，无待再计，而圣人"去之"之说，曰"自古皆有死，民无信不立"。岂责人以难堪之死，而偿以无形之"立"，为此不近情之策哉？危急存亡之秋，此畏死幸生之心，最足误国家之大事，即苟延旦夕之命而国维⑬已破，无端之毒害旋即见于事后；唯生死呼吸之际，以挺特不易⑭之节，坐系万民之苞桑⑮，虽城破身亡之余而民心未去，君父之义愤可倏转于崇朝⑯。君子之不以流离颠沛失其正、以寡廉鲜耻辱其国，大类如此。而要其居平绸缪⑰至矣，防维周矣，不敢以美谈欺人，不敢以漫缓持事，岂待不得已日始仓皇为不得已计哉？不于不得已，不见圣贤之奇耳。

【原评】自古岂有足食、足兵、民信之朝，而至于不得已而去兵、去食者哉？子贡言其变，而夫子终不以末世苟且之法穷兵、食以去信，亦言其理而已。此文前半正说，后半权说，皆得体要，典贵坚厚又不必言。

【评】精神理实，融结一气。舒放中极其严整，不可增减一字。　　此等文当求其根柢济用与性质光明处，乃立言不朽之根源也。

【题解】出自《颜渊·子贡问政》。

子贡问政。子曰："足食。足兵。民信之矣。"（言仓廪实而武备修，然后教化行，而民信于我，不离叛也。）子贡曰："必不得已而去，于斯三者何先？"曰："去兵。"（言食足而信孚，则无兵而守固矣。）子贡曰："必不得已而去，于斯二者何先？"曰："去食。自古皆有死，民无信不立。"（民无食必死，然死者人之所必不免。无信则虽生而无以自立，不若死之为安。故宁死而不失信于民，使民亦宁死而不失信于我也。程子曰："孔门弟子善问，直穷到底，如此章者。非子贡不能问，非圣人不能答也。"愚谓以人情而言，则兵食足而后吾之信可以孚于民。以民德而言，则信本人之所固有，非兵食所得而先也。是以为政者，当身率其民而以死守之，不以危急而可弃也。）

【注释】

① 疆场：疆界，边境。场，边境，边界。《左传·成公十三年》："郑人怒君之疆场。"

② 取盈：取足赋税。盈，足。《孟子·滕文公上》："凶年，粪其田而不足，则必取盈焉。"

③ 徼：通"侥"，希图，贪求。

④ 擘画：计划，规划。

⑤ 边靖费约：边境安宁，用度节省。

⑥ 疑畔：不信服朝廷，有背叛之心。畔：通"叛"。

⑦ 嗷嗷焉：犹"嗷嗷然"，自满貌。《孟子·尽心下》："其志嗷嗷然。"

⑧ 得为之会：与"不得已之时"相反，指能够有所作为之时。

⑨ 蚤计遍筹：提早考虑，全面筹划。蚤，通"早"。

⑩ 爽信：妨害信用。爽，差错，违背。

⑪ 计臣持大筹：掌管财赋的大臣主持大计。

⑫ 乌合：乌合之众。按，此句谓使用乌合之众，还不如不用他们，以免徒耗粮饷反而害民。

⑬ 国维：维系国家的纲纪法度，指礼义廉耻之类。

⑭ 挺特不易：杰出的，不以时事艰难而改变的节操。

⑮ 苞桑：桑树之本，比喻根基牢固，无倾危之险。《易·否》："其亡其亡，系于苞桑。"

⑯ 崇朝：一日之内，指很快。崇，终。《诗经·卫风·河汉》："谁谓宋远，曾不崇朝。"

⑰ 绸缪：比喻事前做好准备工作。《诗经·豳风·鸱鸮》："迨天之未阴雨，彻彼桑土，绸缪牖户。"

子贡问政　一章

杨以任

　　系政于民，而不得已之时乃可为也。盖使兵食足而民信之，又何求焉？然不极之不得已，安得得已之时而为之？①夫子断其辞于"无信不立"也，旨深哉！且为政者，要在察时势之缓急，而谨执其可复②之意。是故民不知信，不可与同处于安；民不知信，不可与同处于危。子贡问政，子曰：王者之政，始于民之相足，而成于民之相爱；王政之及民，其粗在于兵农，而其精乃在孝弟廉耻之际。是故上与下相足也，上与下相信也，上与下可相为死也。足食足兵，民信之矣，岂不休哉？顾此民也，足非旦夕之可足，而信亦非旦夕之可信也。造物蕃息数十年，而我之经纶与之会耳，不然，生我丧乱之余，宁以"不得已"听民③乎？古者天不畀纯④，犹偕百姓为存亡者，岂无道而处此？祖宗休养数十年，而我之经纶可一新耳，不然，置我否闭⑤之所，宁以"不得已"之民归君乎？古者仓卒受命，遂许吾君以驰驱者，岂无道而处此？盖有余、不足，非天下之公患也，患在为之不以渐而治之亡其本。所谓治之有本者何也？天下无生财之道，去其害财者而已矣，天下无尽民之道，去其害民者而已矣，危急之际，犹有礼焉；所谓为之以渐者何也？不汲汲于足兵，而兵乃可议也，不汲汲于足食，而食乃可议也，坚忍之余，犹有权焉。是故数战⑥则民疲，备分则国疲，凡此皆"去兵"之说也，权于三者，而曰"去兵"，所以全其力，力全则天下所不得而弱也；是故士大夫众则国贫，工商众则国贫，凡此皆"去食"之说也，权于二者，而曰"去食"，所以凝其志，志凝则天下所不得而削也。政犹可及为欤？所以圣贤举事，虽万难措手，而必不以无可奈何之说轻于一掷；虽小信不用，而亦断不以衰世苟且之法与之漫尝。凡以为民云耳，然而智计之士，谈及"去兵"、"去食"而色变者何也？生死之说乱其中也。夫子断其辞曰："自古皆有死，民无信不立。"明乎此，夫然后可以足兵，可以去兵，可以足食，可以去食，而政无不可为矣。是所为察时势之缓急而谨执其可复之意者欤？

【评】着意全在"民信"与后二节。《自记》云："从来知足食、足兵为经济，不知去兵、去食为经济。"通首结撰，皆本于此，而纪律不及金作之完密。

【题解】出自《颜渊·子贡问政》，见上。

【注释】

① 此句意谓，不推到极端，不从"不得已"的情况来考虑问题，就无从知道平常之时、"得已"之时怎样施政。

② 可复：可以实践，此谓使民知"信"。《论语·学而》："信近于义，言可复也。"

③ 以"不得已"听民：以"不得已"时去兵、去食而不可去"信"的原则治民。听，治。按，此股及下股谓，一般情况下，是国家平日养育百姓，兵食足而民有信，再转而讨论"不得已"的情况下如何施政。

④ 天不畀纯：本指上天极不喜欢夏桀，此指天降灾祸。畀，与、赞同。纯，大。出自《尚书·多方》："刑殄有夏，惟天不畀纯。"按，《多方》此处分节及释义，前人有不同之说。

⑤ 否闭：闭塞不通，此指君民、上下情感不通。《易·坤》："天地闭，贤人隐。"孔颖达疏："天地否闭，贤人潜隐。"

⑥ 数战：屡战。

足食足兵民信之矣

杨以任

圣人论政备王者之所以与民焉。盖政以为民而已，兵食足矣，上下信矣，王者之政不备欤？夫子以告子贡曰：民者，政之所自生，善为政者，使其民可与静，可与动，而不可与疑。故从来有事典①焉，有政典焉，有教典焉，于政见分者②，皆先王于民见其合者也。盖先王无自私之意，重家国者以厚苍生，夫非一念之故矣，而岂虚持乎仁义以美其名；凡民各有自安之情，大道为公者货力不私③，夫又非一旦之故矣，而岂苟且于兵农以弱其实。则食不可不议足也，兵不可不议足也。民穷易于为非，而国贫亦无以待仓卒之变，鳃鳃然计所以足之，底慎④于上，九式⑤节欤，开导于下，九职⑥任欤，以富邦国，以生万民，政在斯耳；兵观则人不静，兵无震则戎心⑦又因之以生，鳃鳃⑧然计所以足之，出车于牧⑨，吾卿大夫其可欤，建旐设旟⑩，吾农其可欤，以平邦国，以均万民，政在此耳。夫天下不可使求为利也，使不信之民皆恶其贫贱而思去之，天下之乱乃起矣，乌在议食而遂已哉，顾王者之世，凡所为教以祀礼而民不苟、教以阴礼⑪而民不怨者，原并行于贵粟重农⑫之时，特礼义之生不于富足或不见耳；夫武事不可以明民也，使不信之民皆负其血气而思逞焉，天下又以多事矣，乌在议兵而遂已哉，顾王者之世，凡所为教中而民不虣⑬、教恤而民不怠者，原不后于搜苗狝狩⑭之事，特信义之习因盛强而弥彰耳。惟王之政，显于民之相足而藏于民之相爱；惟王政之及民，其粗在兵农之间而其精乃在于孝弟廉耻之际。然则民不可以不议信也，而起而视之，足食足兵，民信之矣，政不备于斯欤？每寻思夫曾孙之茨梁⑮、征夫之日月⑯，将关睢麟趾之心⑰——成其象矣，《周官》而载以精意，恍然见文武之政焉；每追念夫履亩之税⑱、丘甲之作⑲，虽号为礼教信义之国亦无以自振也，君相而欺其庶民，愀然于周公⑳之衰焉。吾何以语子为政哉？

【原评】以此"民信之矣"急承上句，不得中间更有"教化"在。此文最为分明。

【评】融会经籍，施之各当其宜，如此方谓之骋能而化。

【题解】出自《颜渊·子贡问政》，参见本卷金声《子贡问政》。

子贡问政。子曰："足食。足兵。民信之矣。"

【注释】

① 事典：治事的大法。典，法。按，此"事典"、"政典"、"教典"及后文"以富邦国"等语，俱本《周礼·天官·大宰》："大宰之职：掌建邦之六典，以佐王治邦国：……二曰教典，以安邦国，以教官府，以扰万民……四曰政典，以平邦国，以正百官，以均万民……六曰事典，以富邦国，以任百官，以生万民"。郑玄注引郑司农，谓："事典，司空之职"，"政典，司马之职"，"教典，司徒之职"。此三"典"分别对应于"足食"、"足兵"及"民信"。

② 于政见分：在为政上显现出差别。按，二句谓三"典"表现出施政领域的差别，但在为了百姓这一点上却并无区别。

③ 货力不私：不把财物和力气当成个人的东西。此本《礼记·礼运》："大道之行也，天下为公……货恶其弃于地也，不必藏于己，力恶其不出于身也，不必为己。"

④ 底慎：对……保持谨慎。《尚书·禹贡》："庶土交正，底慎财赋。"孔传："致所慎者财货贡赋，言取之有节不过度。"

⑤ 九式：指九种用财之制度。《周礼·天官·大宰》："以九式均节财用。"

⑥ 九职：指各种职务、职业。《周礼·天官·大宰》："以九职任万民。"

⑦ 戎心：敌国入侵的野心。

⑧ 鳃鳃：忧虑貌。

⑨ 出车于牧：驾马车到牧场去，指将出征。于，往。语出《诗经·小雅·出车》："我出我车，于彼牧矣。"郑笺云："我，将率自谓也。西伯以天子之命，出我戎车于所牧之地，将使我出征伐。"

⑩ 建旐设旄：指竖立军旗。《诗经·小雅·出车》："设此旐矣，建彼旄矣。"旐，上面画有龟蛇的旗子。旄，用牦牛尾装饰的旗子。

⑪ 阴礼：婚嫁之礼。本句义本《周礼·地官·大司徒》："一曰以祀礼教敬，则民不苟。……三曰以阴礼教亲，则民不怨。"

⑫ 贵粟重农：指重视农业。

⑬ 虣：暴虐。本句义本《周礼·地官·大司徒》："七曰以刑教中则民不虣，八曰以誓教恤则民不怠。"

⑭ 搜苗狝狩：狩猎。狩猎有观武、习武之意。各季节狩猎，说法不同，见《左传·隐公五年》："春蒐（搜），夏苗，秋狝，冬狩。"

⑮ 曾孙之茨梁：周人收割庄稼，聚在一起非常多。说明"足食"之意，语出《诗经·小雅·甫田》：

"曾孙之稼，如茨如梁。"曾孙，周人对其始祖，自称"曾孙"。

⑯ 征夫之日月：指征夫长年在外。此论"足兵"之意，似即本《诗经·小雅·杕杜》："日月阳止，女心伤止，征夫遑止。"诗序谓："《杕杜》，劳还役也。"孔疏："由王之事理皆当，无不攻致，使我君子行役。"

⑰ 关雎麟趾之心：重视教化之心。按，《关雎》、《麟之趾》为《诗经·周南》首篇和末篇，《毛诗大序》谓："《关雎》、《麟趾》之化，王者之风，故系之周公。""《关雎》，后妃之德也。"《麟之趾》，诗序谓："《麟之趾》，《关雎》之应也。《关雎》之化行，则天下无犯非礼，虽衰世之公子，皆信厚如麟趾之时也。"

⑱ 履亩之税：按照田地的面积收税。指鲁国"初税亩"事，谓衰世"足食"之法，《公羊传·宣公十五年》："税亩者何？履亩而税也。"《左传》："初税亩，非礼也。谷出不过藉，以丰财也。"

⑲ 丘甲之作：鲁国命令每"丘"出一乘甲兵，谓衰世"足食"之法。见《左传·成公元年》："三月，作丘甲。"按：丘为行政单位，四丘为一"甸"，按规定应当每"甸"而非每"丘"出一乘甲兵，故《穀梁传》曰："丘作甲，非正也。"

⑳ 周公：周公封鲁国，故以鲁国败坏法度为"周公之衰"。

君子质而已矣　二句

陈际泰

　　大夫欲维"质"，而激为过甚之言焉。夫"文"尽去而"质"独留，真足以矫末流之弊矣，然得毋①已甚乎？子成意谓：世之所以不能返于大道之行者，文为之耳。文盛而天地之力不支，故天下争也；文浮而性情之节不固，故天下伪也。夫恃貌而论情者，其情恶也；须饰而论质者，其质衰也。事通人之朴心②，而资人以相责之分，毋亦太多事乎？故吾谓君子者，欲世皆游羲黄③之初，莫若独存质；欲人皆怀忠信之行，莫若尽去文。夫有文而后万物得其理④，此言诚然，然舟车什百⑤而陈之，不如其已⑥。盖吾不与之争是非，而但与之争治乱。试平心而计之，太古治乎？今日治乎？必曰太古也。则文不如质，一也。夫有文而后一心有其象⑦，此言亦然，然好言⑧繁辞而信⑨之，不如其已。盖吾不与之论曲直，而但与之论真伪。试反己而思之，污樽抔饮⑩者真乎？一日百拜⑪者真乎？必曰污樽抔饮也。则文不如质，二也。筋力之治不欲其太劳，日用给足之事，民已竭蹶而营之矣。不能已者无可奈何，而得已者何为益之？是故衣食不可捐⑫，而礼乐可捐也，达者当有原本⑬之论。聪明之用不欲其过淫⑭，伦物致饰⑮之为，民已矫性⑯而安之矣。先已制者尚有其说，而未制者何为烦之？是故上古之礼乐即不可捐，而中古之礼乐可捐也，志士常有江河之忧。由此言之，先代之文何为乎，即今日之文何为乎？作而致其情⑰，与不竭情⑱而返之质，则有间⑲矣。夫君子质而已矣，文何为焉？

　　【原评】释氏言之精者，皆窃取之庄、列。此又暗用异端⑳宗旨，作墨守也。但问治乱、真伪，都不论是非、曲直，其口险巧可畏。

　　【题解】出自《颜渊·棘子成曰君子质而已矣》。

　　棘子成曰："君子质而已矣，何以文为？"（棘子成，卫大夫。疾时人文胜，故为此言。）子贡曰："惜乎！夫子之说，君子也。驷不及舌。（言子成之言，乃君子之意。然言出于舌，则驷马不能追之，又惜其失言也。）文犹质也，质犹文也。虎豹之鞟犹犬羊之鞟。"（鞟，皮去毛者也。言文质等耳，不可相无。若必尽去其文而独存其质，则君子小人无以辨矣。夫棘子成矫当时之弊，固失之过；而子贡矫子成之弊，又无本末轻重之差，胥失之矣。）

【注释】

① 得毋：亦作"得无"，恐怕……吧？

② 朴心：本心，无伪之心。按，此数句引《韩非子·解老篇》："君子取情而去貌，好质而恶饰。夫恃貌而论情者，其情恶也；须饰而论质者，其质衰也。何以论之？……夫物之待饰而后行者，其质不美也。是以父子之间，其礼朴而不明，故曰：'礼薄也。'……实厚者貌薄，父子之礼是也。由是观之，礼繁者实心衰也。然则为礼者，事通人之朴心者也。众人之为礼也，人应则轻欢，不应则责怨。今为礼者，事通人之朴心，而资之以相责之分，能毋争乎？有争则乱，故曰：'礼者，忠信之薄也，而乱之首乎。'"

③ 羲黄：伏羲与黄帝，旧时认为其时民风极其纯朴。

④ 此句本《礼记·礼器》："义理，礼之文也。……礼也者，合于天时，设于地财，顺于鬼神，合于人心，理万物者也。"孔颖达疏："'理万物者也'者，若能使事事如上……是万物各得其理也。"

⑤ 什百：也作"什伯"，即"十百"此指各种器物。按：此句本于《老子》八十章："小国寡民，使有什百之器而不用。……虽有舟舆，无所乘之。虽有甲兵，无所陈之。使人复结绳而用之。"

⑥ 不如其已：不如不造出它们，表示对"技艺"、"机巧"的不屑，要回到太古之世。《老子》："持而盈之，不如其已。"

⑦ 象：内在修养的外在表现。按，此股就《礼记·乐记》而发："是故先王为酒礼，壹礼之献，宾主百拜……故酒食者，所以合欢也；乐者，所以象德也；礼者，所以缀淫也。"

⑧ 好言：美好动听的话。按，此句本《老子》八十一章："信言不美，美言不信。善者不辩，辩者不善。"

⑨ 信：真实，使……显得真实。

⑩ 污樽抔饮：古时掘地为坑当酒尊，以手捧酒而饮。污，水坑；樽，也作"尊"，酒器；抔，捧。桓宽《盐铁论·散不足》："古者污尊抔饮，盖无爵觞樽俎。"《孔子家语·问礼》："太古之时……污罇抔饮。"

⑪ 一日百拜：礼数繁多。参见前"象"注。

⑫ 捐：捐弃，扔掉。

⑬ 原本：推究其根本。

⑭ 过淫：过分。淫，过分。

⑮ 伦物致饰：规范各种事物，修饰人的性情，指"礼"、"文"诸事。

⑯ 矫性：违背本性。

⑰ 作而致其情：直任其情，径直表达情感。作，起。按，此"情"仍指社会规定的情感，语本《礼记·礼器》："礼之近人情者，非其至者也。……是故君子之于礼也，非作而致其情也，此有由始也。"

⑱ 不竭情：指抑制心思之用。

⑲ 有间：隔阂，区别。此谓前者不如后者。

⑳ 异端：指佛家、老庄思想。

哀公问于有若曰　一章

张　采

　　贤者以王道经国，亦论其常足之理而已。夫彻^①也者，王者常足之道也，况于年饥乎？则公无徒取二^②为矣。且夫苟且之说，圣贤之所不事也。何也？圣贤之治世也，合诸天道，察诸人情，使家国常享焉。即或有小变，而上下不惑，则所守于先王之教为有本耳。至若周家以农事发祥^③，于其岁出、岁入之数，已周知其纤悉；且周公以荒政^④防患，其于益上、益下之序，已豫立其经权。断未有以不足之道贻其后人者。鲁则元公^⑤之后也，传至哀公而亟年饥，乃忧用不足，夫公当思国之不足不自今日始，其端盖本乎宣^⑥之世矣。昔先王非不知履亩可税^⑦，而逆知后之足以病民，故酌之十一以为中；非不知丘甲可作，而逆计后之足以病国，故监^⑧之井田以为法。此所谓彻也。彻行而耕三余一^⑨，耕九余三，则下不空乏；兼之匪颁有式，丧祭有经^⑩，则上以和宁。有若之为公策者，岂不识今之二犹不足而为是缓图哉？盖天变于上，而谋一乡一邑之利者，有司之业也，圣贤处此，则惟有忧勤惕厉，图其缓急相济之术，而不徒恃襄救^⑪；人困于下，而商一身一家之业者，匹夫之志也，圣贤处此，则惟有穷变通久^⑫，推其祖宗相养之意，而不敢云权术。是盖足则交足^⑬，不足则交不足，君与百姓之势原如此。而非强久弊之国，使之卿士大夫各蠲其禄饩^⑭以康兆民；亦非引中材之主，使之吉凶军宾^⑮各从其俭省以答灾患。则知先圣人之立政，无时不藉其经纪；而士君子之告君，无事不从其正大也。

　　【评】忧国用，而反告以行彻，有若意中本有君民一体一段实理也。融会上下，有典有则，虽气息不甚高古，而体裁极为闳整。

　　【作者简介】

　　张采（1596—1648），字受先，江苏太仓人。与同里张溥共学齐名，号"娄东二张"。崇祯元年（1628）成进士，知临川，摧强扶弱，声大起。福王时，起礼部主事，进员外郎，乞假去。著有《知畏堂文存》十一卷、《诗存》四卷。

　　【题解】出自《颜渊·哀公问于有若曰》，参见化治文卷三王鏊《百姓足孰与不足》。

　　哀公问于有若曰："年饥，用不足，如之何？"有若对曰："盍彻乎？"曰："二，吾犹不足，如之何其彻也？"对曰："百姓足，君孰与不足？百姓不足，君孰与足？"

　　【注释】

① 彻：收税之法。朱熹《集注》："彻，通也，均也。周制：一夫受田百亩，而与同沟共井之人通力合作，计亩均收。大率民得其九，公取其一，故谓之彻。"
② 取二：收税时，十取其二。鲁国自宣公初税亩后，十取其二。
③ 发祥：显现吉利的征象，后指建立基业或兴起。《诗经·商颂·长发》："濬哲维商，长发其祥。"

周人祖先后稷即长于农事。

④ 荒政：赈济饥荒的政令或措施。按，此句本《周礼》，旧说《周礼》为周公所作，《地官·大司徒》："以荒政十有二聚万民：一曰散利，二曰薄征……十有二曰除盗贼。"

⑤ 元公：指周公。元，首，最重要的。

⑥ 宣：鲁宣公。下文所言"履亩而税"即史所称"初税亩"，事在宣公十五年。

⑦ 履亩可税：及后之"丘甲可作"均为加重百姓负担的措施。履亩而税，始于宣公十五年，是依据土地面积，不论公田私田均取赋税，使税率由原来的十分之一提高到十分之二。"作丘甲"始于成公时，原来是每甸（四丘为一甸）出一甲的军需，改为每丘出一甲之后，税率提高四倍。

⑧ 监：通"鉴"，借鉴。

⑨ 耕三余一：耕种三年，积余一年的粮食。《礼记·王制》："三年耕，必有一年之食；九年耕，必有三年之食。"

⑩ "匪颁"句：赏赐臣下及丧礼祭礼的开支均有一定之规。匪，通"分"。式，制度、规定。《周礼·天官·大宰》："以九式均节财用：一曰祭祀之式……三曰丧荒之式……八曰匪颁之式。"

⑪ 禳救：以祭祀等方法消除灾祸。

⑫ 穷变通久：指采取改革措施。《周易·系辞下》："穷则变，变则通，通则久。"

⑬ 交足：国家、百姓双方都富足。

⑭ 蠲其禄饩：去掉卿士大夫的俸禄。蠲，去掉。饩，给养，俸禄。

⑮ 吉凶军宾：泛指各种礼仪。吉、凶、军、宾、嘉，古称"五礼"。

百姓足君孰与不足

吴 堂

人君当知足民之效乃以自与也。①夫必君不足以足民，亦无以为国矣，抑知民足之效之必至于君也乎？且昔先王体国经野而制之彻，彻者均也，各足之谓均；彻者通也，相足之谓通。夫然，则君亦何忧于不足也，岂以彻之行也为使百姓足而已哉？足百姓者，所以厚下也，而安上者存焉，此固其相承之理；足百姓者，所以下济也，而上行②者因焉，此又其相报之谊③。然则君亦期百姓之足焉而已矣。自闾阎之一身一家而至于君，其级愈升，则其用愈广，要之不过此在籍之数为之差等耳，百姓各得其私田而足，君合一国之公田而安得不足，此"均"之义不可不思也；即国家之一出一入推而迫于民，有时举盈，亦有时举诎④，要之亦不过此耕余之数为之补移耳，君能施其公之积者令百姓之足，民安能匿其私之积者令君之不足，此"通"之义不可不思也。且夫彻之行，非遂能行也，必其君臣上下之间，内克约而外从制，然后宿弊乃可得而去，良法乃可得而复，此其悲悯斯民之深念豫勤于事先，百姓已阴谅其所以足之之诚矣；而彻之行，又非仅行彻已也，彼其君臣上下之间，制度数而议德行，将见生养由是而可盛，教化由是而可兴，此其恩利斯民之大效明著于事后，百姓亦永思其所以足之之功矣。则夫行彻而君即无不足也，此固理有必然，情有必至。况夫权举于君，泽降于民，而计不私立，即旁窃之患可以无虞；民受其赐，君享其奉，而惠不中分，即极重之势可以有反⑤。于此不断⑥，吾见君求足愈不足，势必有专⑦其者，忧将不止于是也。

【评】"百姓足"切定行彻，则"孰与不足"自不涉权变那移⑧术数。中二比将

457

“足”之根原说得深广周密，“孰与不足”道理愈见得正大光明。

【作者简介】

吴堂，不详。

【题解】出自《颜渊·哀公问于有若曰》，见上，参见化治卷三王鏊《百姓足孰与不足》。

【注释】

① 此句谓：人君应当知道，让百姓富足的效果，就是让自己也富足。
② 上行：此谓奉上。《易·谦》：“天道下济而光明，地道卑而上行。”
③ 谊：同“义”，道理，道义。
④ 诎：不足。
⑤ 此句谓：大臣弄权的问题可以得到解决。
⑥ 不断：不做出决断。
⑦ 专：独占。此句谓，不如此，则将有权臣垄断上下之利。
⑧ 那移：挪移。

子张问士　一章

金　声

圣人与贤者论“达”，为别其几于“闻”焉。夫以必闻之心问达，虽与之言“达”，直作“闻”见也，此不可以无两辨焉者也。今士之学各有所指归，指归之所存而精神遂以异路，精神之所图而学术即以终身。此其说初非甚相远也，其行于天下亦无以异也，而岂知其中有大谬不然者。有如子张之问达，张固堂堂①乎难与为仁者也而问达。问达之心，夫子见之矣；如何斯可谓达，夫子亦即可以正告之矣。夫子以为是未可与遽言达也，将与言达士之所施，而胞与②之象未必广其中也，或以佐其浮；将与言达士之所主，而坚确之意未必资其守也，或以证其僻。盖其夙昔所见，未免存于胸中；而闻浑全之论，必将猎其近似。试一诘焉，而其所谓达者，果以“在邦必闻，在家必闻”对也。“闻”岂必不“达”，“达”岂绝无“闻”耶？而所以然之故，则闻必非达，达自不是闻也，张误矣。所谓达也者，固质直而好义、察言而观色、虑以下人者也；而所谓闻，则色取仁而行违、居之不疑者也。无不任其真，而隤然③有所独往，若是乎其方正也，岂不知仁道之大哉，本无终食④之违，斯亦不必取数⑤于外也，而徇物者反是矣；无不求其是，而渊然有以自反⑥，若是乎其详密也，岂不知居业⑦之道哉，原非藉以藏身⑧，则亦不必护其疑端也，而竞物者又反是矣。其究经世逢世，各有所挟以行；而彼相感相蒙⑨，亦遂因类以应。邦家之际必闻、必达，学士眩焉，又乌识其所以然哉？乃知此际亦微矣。未尝求于天下也，而即以通天下之志，达士之所向，处处皆实，无内外而皆实；本无可以自信也，而徒以坚自是之习，闻人之所营，念念皆虚，无动静而皆虚。此际对勘而分见焉，即仅以“达”之说相示，又安知听者不误以“直义”长

"不疑"之情，而"观察"为"取仁"之径耶⑩？所以学各有指归也。

【评】导窾在"何哉"一问，遂举"质直"两节许多积叠，随手运掉，无不入化矣。以无厚入有间，乃作者为文得手处。

【题解】出自《颜渊·子张问士》。

子张问："士何如斯可谓之达矣？"（达者，德孚于人而行无不得之谓。）子曰："何哉，尔所谓达者？"（子张务外，夫子盖已知其发问之意。故反诘之，将以发其病而药之也。）子张对曰："在邦必闻，在家必闻。"（言名誉著闻也。）子曰："是闻也，非达也。（闻与达相似而不同，乃诚伪之所以分，学者不可不审也。故夫子既明辨之，下文又详言之。）夫达也者，质直而好义，察言而观色，虑以下人。在邦必达，在家必达。（内主忠信。而所行合宜，审于接物而卑以自牧，皆自修于内，不求人知之事。然德修于己而人信之，则所行自无窒碍矣。）夫闻也者，色取仁而行违，居之不疑。在邦必闻，在家必闻。"（善其颜色以取于仁，而行实背之，又自以为是而无所忌惮。此不务实而专务求名者，故虚誉虽隆而实德则病矣。程子曰："学者须是务实，不要近名。有意近名，大本已失。更学何事？为名而学，则是伪也。今之学者，大抵为名。为名与为利虽清浊不同，然其利心则一也。"尹氏曰："子张之学，病在乎不务实。故孔子告之，皆笃实之事，充乎内而发乎外者也。当时门人亲受圣人之教，而差失有如此者，况后世乎？"）

【注释】

① 堂堂：容貌盛。子张务外自高，仪容盛而道德薄，《论语·子张》："堂堂乎张也，难与并为仁矣。"

② 胞与："民胞物与"的省语，指将世人视为自己的同胞，将万物视为自己的朋友。

③ 隙然：柔顺随和的样子。隙，安。《易·系辞下》："夫坤，隙然示人简矣。"

④ 终食：一顿饭的时间，指时间很短。《论语·里仁》："君子无终食之间违仁。"

⑤ 数：称说。

⑥ "渊然"句，谓达者深博沉静，善于自我反省。自反，内省，《孟子·离娄下》："则君子必自反也。"

⑦ 居业：保有功业，谓内外交修，外遵礼仪，内立其诚。《易·乾》："修辞立其诚，所以居业也。"

⑧ 藏身：此指隐瞒其缺点。

⑨ 相蒙：相欺。

⑩ "又安知"以下：指若不将"闻"与"达"并列相比，听者有可能误以"直义"（质直而好义）之说助长"居之不疑"之情；误把"观察"（察颜而观色）之说当作"取仁"（色取仁而行违）之术。

夫闻也者 一节

金 声

"闻"亦有学，可以取必于世焉。夫道莫大于仁，能取能违而能不疑①，以此求闻，亦闻之矣。尝论世俗之中，未有真能见人而信之者也，故尚闻焉。君子亦知夫特见②者之不可以几也，而终不忍误天下以随声附和之事，故两有所不任，而独期于自达。下之，则无是心矣。其心以为，吾言行才气，但得一二人有力之口，即可以渐腾千万人无心之耳，而莫吾非也。士患学问之际，所以急人传诵者，无术耳，何大自苦哉？其出于人口而入于人耳者，固声之属也；其必有自见以动此一二人而传千万人者，则色之为也。色不贵其难犯，而乐其可亲，故庄焉者弗为也；亦无俟于深造，而责成于旦夕，故生焉者弗为也。由是而圣贤之门、名教之地，殆诩诩焉有一取仁之术，不重不远③而捷得之指视；由是而一饮其和、一炙其光，亦既藉藉焉有一仁人之称，相告相问而取效于齿牙。而要闻人之才与闻人之力，固不尽此也，且第如是焉，尚未可必也。道德之真，足以缚人，而不念精神之有限，既饬其外，复顾其内，则行之必求其合，此两失之事矣；出入之途，无以安身，而不知手足之易乱，若以为是，若以为非，则疑焉而不敢居，此自败之道矣。夫一念而欲欺尽邦家之人，非忍而为之，其将何以为心？且一念而必欺尽邦家之人，非求益者也，又何惑乎此行？而于此益睹闻人之深。行必违，而后其胸中竟无一行仁之意，足以夺其所取；居不疑，而后此举止实为中心安仁之人，无或至于失色。觌面相对，固已钦其长而莫见其短；游扬④之余，又孰即其声以深求其实。至若圣神操鉴⑤，或怀"众好必察"⑥之心，用"人焉廋哉"⑦之术，而以斯人遇之，固惧不免也。然如此者亦希⑧矣，虽欲不闻，其又乌可得哉？噫，一念求闻，则必至此已；稍弗如此，又将难闻已。如此得闻，方之达士，当何从耶？

【评】循题顺诂，逐层逐字镂刻出精义。　　相传同时某人有讲"色取行违"之术以欺世而得重名者，故言其情状，语皆刺骨。盖痛愤所寄，不得已而有言也。

【题解】出自《颜渊·子张问士》，见上。

【注释】

① 此句谓，"闻"者能"色取"，能"行违"，且能对"色取行违"的错误"居之不疑"。
② 特见：杰出。
③ 不重不远：不以全力求仁，不以终身行仁。《论语·泰伯》曾子论仁："仁以为己任，不亦重乎？死而后已，不亦远乎？"
④ 游扬：宣传，传扬。
⑤ 操鉴：鉴别人才。
⑥ 众好必察：众人都说一个人好，对这一个人一定要仔细考察。《论语·卫灵公》："众恶之，必察焉；众好之，必察焉。"
⑦ 人焉廋哉：人的真实面目怎样能隐藏呢？廋，藏匿，隐藏。《论语·为政》："视其所以，观其所由，察其所安，人焉廋哉？"
⑧ 希：通"稀"，少见。此数句谓此类"闻者"遇到善于鉴别者，将不免露出真相。不过这种情况很少，所以他们容易成名。

言不顺　二句

金声

事不可以逆成，而正名之义切矣。夫言以行事，不得于言而求诸事，不亦左①乎？

若曰：子迂②吾说，将谓拘于理而不达于事也，而不知吾说诚计事之深者也。以为吾欲为政，则必以兴事为期，有如为之而无成，此其君无乐乎有国，而其相亦无贵乎当国；且吾业为政，则无自操事之体，亦惟是申命以行之，岂徒惟其言而莫予面违，亦必服其言而莫予心非。今者名不正而言已不顺矣，顺逆之故，初不必验于言后；而成败之机，吾早已见于事前。将有事于国中，则明诏大号，百姓于是乎望德音焉。君臣上下，义有所错，要必始于父子，而今大义先蔑如③矣；则而象之④，其又何诛乎？虽令之不听，虽呼之不应，吾见其废焉而反耳。将有事于境外，则尺简寸牍⑤，四方于是乎观辞命⑥焉。朝聘会盟，继好息民⑦，则又必称"我先君"，而今嗒然于所自承⑧矣，文而告之，其又何称乎？或诘我而无辞，即欲盖而弥彰，吾见其动辄得咎耳。盖勋业之在天壤，未有可独立而就，天与人归，即帝王尚烦其拟议，故谟必吁而后定命，犹必远而后辰告⑨，岂其抗衡中外而可以遂其侥幸之图；天理之在人心，不可以一日而欺，理短辞窘，虽英雄无所用其智力，彼作誓而尚有叛，作诰而尚有疑，况乎决裂典则而漫以行其矫诬之意。由斯以观，不顺于言而求成于事，必不得之数矣，而其弊皆自名始。子谓为政而不期成事则可，不然，安得迂吾言乎？

【评】"不成"处处粘住"不顺"，又不脱"不正"根源。义蕴闳深，词语简净。

【题解】出自《子路·卫君待子而为政》，参见正嘉文卷三许孚远《故君子名之必可言也》。

名不正，则言不顺；言不顺，则事不成。

【注释】

① 左：错误，谬误。
② 迂：以为迂阔。
③ 蔑如：没有，荡然，按：卫君拒其父，是败坏"父子"之大义。
④ 则而象之：以之为法，而仿效之。《孝经》："其民畏而爱之，则而象之。"
⑤ 尺简寸牍：指言词简洁的书信、文告。尺简，古代用以书写文字的竹木简，长一尺二寸，或倍之。牍，用来写信的木片，长一尺。
⑥ 辞命：（外交的）辞令。《孟子·公孙丑上》："我于辞命，则不能也。"
⑦ 继好息民：（两国）延续友好关系，让百姓得以休养生息。
⑧ 所自承：指世系、君统。按，此数句谓，春秋诸侯盟会诏告，多言"我先君"如何如何，以重其言。而卫君辄拒其父，理短词窘，对外很难措辞。
⑨ 此二句，谓计划必须有天下之虑规，然后才能制定下来；执行计划时，也必须时时告诫。按，语本《诗经·大雅·抑》："吁谟定命，远犹辰告。"朱熹《集传》："吁，大。谟，谋。大谋，谓不为一身之谋，而有天下之虑规也。""辰，时。告，戒也。辰告，谓以时播告也。"

事不成 二句

陈际泰

治道重礼乐，则知事不成之为累也。夫礼乐，制治之原，而不能自兴，则夫事之不

461

成其累犹小乎？且夫礼与乐居天下之大端矣，先王治人之大，以礼乐为尊；而先王制作之原，即人心为始。是故人谓三纲者政事之本，而不知三纲者亦礼乐之本，然则礼乐之兴，必求端于名之正也。今既名不正至于事不成矣，则礼乐其能兴乎？盖事成而礼乐不兴，此理之所容有者也，故谦让未遑者，君子以为知节；事不成而礼乐能兴，此理之所必无者也，故粉饰太平者，君子以为无本。探礼乐之所由来，见端于家庭爱敬之际，圣人因而裁之以饬其群，秩然有序，蔼然有和，无体无声①之所默寓，故曰礼履其所自始，乐乐其所自生②，谓此志也，事不成而父子兄弟之间，惭德③多矣，安望此乎？观礼乐之所能作，致治于重熙累洽④之余，王者文而说之⑤以昭其盛，沐浴膏泽⑥，歌咏勤苦，同节同风之所由隆，故曰五行不相沴⑦则王者可以制礼，四灵⑧以为畜则王者可以作乐，以有此具也，事不成而乱渎惨刻之象，祸变亟矣，暇及此乎？是故识治体者以为礼乐不兴，则于政事虽有所为，皆苟焉而已，终无以绍帝王之统而大于其归；识治本者以为伦常不正，则于礼乐虽有所为，亦非盛德之事矣，终有愧于神明之容而无益于理。故君子于礼乐，亦求其本而已矣。

【评】光明茂密，一望皆经术之气。

【题解】出自《子路·卫君待子而为政》，参见正嘉文卷三许孚远《故君子名之必可言也》。

事不成，则礼乐不兴；礼乐不兴，则刑罚不中；刑罚不中，则民无所措手足。

【注释】

① 无体无声：此指"礼乐"的精神。《礼记·孔子闲居》："孔子曰：无声之乐，无体之礼，无服之丧，此之谓'三无'。"言仁者行动安和，百姓效之，尽心国事，使民安乐，虽无"升降揖让之礼"、"钟鼓之声"亦能化民，此为"无体之礼"、"无声之乐"。
② 二句本《礼记·乐记》："乐，乐其所自生，而礼，反其所自始。乐章德，礼报情，反始也。"孔颖达疏："自，由也，言王者正乐，欢乐其己之所由生……王者制礼，必追反其所由始祖。"
③ 惭德：因言行有缺失而内愧于心。《尚书·仲虺之诰》："成汤放桀于南巢，惟有惭德。"
④ 重熙累洽：指国家接连几代太平安乐。熙，光明；洽，谐和。
⑤ 文而说之：指制礼作乐。说，通"悦"。
⑥ 沐浴膏泽：喻身受恩惠。生活在幸福之中而歌咏先人的勤苦，是有德有礼的表现。语出《史记·乐书》："佚能思切，安能维始，沐浴膏泽而歌咏勤苦，非大德谁能如斯！"
⑦ 沴：不和，伤害。按，此句义本《五行大义》等，而其语则出于文中子《中说》卷一《王道篇》："子曰：'五行不相沴，则王者可以制礼矣；四灵为畜，则王者可以作乐矣。'"
⑧ 四灵：四种灵兽。《礼记·礼运》："故圣人作，则必以天地为本……五行以为质……四灵以为畜。""何谓四灵？麟、凤、龟、龙谓之四灵。"

礼乐不兴 二句

陈际泰

礼乐者刑罚之端，故不可不兴也。夫礼乐不兴，不自礼乐止也，观不中之由，而能无惧乎？且人亦有言，礼乐积而民气乐，刑罚积而风气衰。此犹分言之也，夫礼乐者，刑罚之精华也，名不正，既已浸淫至于礼乐之不兴矣，而岂但已耶？王下而入霸，霸下而入狄①，已无制治之原；酷吏而周召，法律而诗书②，遂多伤肌肤之效。何也？礼乐与刑罚相为表里者也，道治之不足而法佐之，故先王有并建焉，礼乐不兴，则其为无制之朝可知矣，释法③而任意，安所不倒置乎？礼乐与刑罚相为损益者也，道治之有余而法后之，故先王有独重焉，礼乐不兴，则其为无本之朝可知矣，释道而任刑，安所不滥恣乎？盖天下所为陶淑④斯民者，独此礼乐耳，儒术不进而俗流失，则犯法之民必多；天下所为涵养君德者，亦此礼乐耳，王道缺微而君气骄，则用法之情必逞。然则礼乐不兴，何但止于礼乐不兴也哉！内行不修，故乱罚无辜以威众论；而教化无恃，故严用重典以制末流。三辟⑤之兴，盖皆叔世也，夫亦可以得刑罚不中之由矣。

【原评】直鉴本原，兼穷流弊，举要为言，何须广引？

【评】该括古今治术源流，文之精纯简当，作者亦不多有。

【题解】出自《子路·卫君待子而为政》，参见正嘉文卷三许孚远《故君子名之必可言也》。

礼乐不兴，则刑罚不中。

【注释】

① 狄：夷狄。王道衰而为霸道，霸道衰而无道，遂沦为夷狄之无教。
② 此二句谓：礼乐不兴，任法为治，则酷吏代替了周公、召公，法律代替了《诗》、《书》教化。
③ 释法：丢弃法律。
④ 陶淑：陶冶，使之品行美好。淑，使……善。
⑤ 三辟：夏、商、周三代的刑法。《左传·昭公六年》："夏有乱政而作《禹刑》，商有乱政而作《汤刑》，周有乱政而作《九刑》。三辟之兴，皆叔世也。"叔世，末世、乱世。

既庶矣　二节

金　声

圣贤策所以加卫，皆以保此民也。夫庶后有富，富后有教，递加焉而未有已也，而欲坐享此庶也哉？且国家总无可嚣然自足①之时，不独凋苦之民足动圣明之虑也。正患小小殷富，常有一无可加②之象，怠缓人心而不知，仁人君子已相与咨嗟踌躇③于局外。是故卫以蕞尔④之国而拥斯庶，圣人未始不为卫幸也。庶，亦国家休养生息之功，使圣天子征版籍，而问户口之登耗⑤，巡⑥邦国，而目郊城之残盛，则卫在庆优之列矣，又何加焉？而圣人曰：国有庶民固盛国，而国有庶象未必是裕国也。其国土足以载其民，其民之田足以纵其力之所及而宽然有余地，其国并不庶。如卫者，直可命之"人满"也，不可不思富之也。我疆我理⑦，当能为辟土计，但制产征敛之间，善所以区东南之亩⑧，苏鸿雁之劳⑨，而天和地德，不人人食其厚赐乎？使卫真能以殷蕃⑩之后区画⑪使富，圣人必尤为卫幸也。富，实国家根本不拔之计，苟男亩妇桑⑫之乐，人守故土，而三年九年⑬之蓄，足备凶荒，则卫之子孙可无虞矣，又何加焉？而圣人曰：国有富民诚裕国，而国有富民未必是治国也。使愚民不得以余财生淫侈，使智民不得以厚积行奸侠，其民并不富。而不然者，直可谓之"乱资"也，不可不思教之也。菽粟水火⑭，岂必更为裁制，但使出入友助之间，各敦其五常⑮，交修其六行⑯，而党庠⑰朝野，伦类不盎然⑱其流通乎？嗟夫，上不念富民，少壮得食力，亦未必遽填沟壑⑲，独以父母操饲哺之权，而使谋生之计，群苍⑳百出，此其气象亦不堪见矣；上不思教民，乡党多自好，亦未必尽为禽兽，独以作君兼作师之任，而使道学之帜张诸草野，此其世变愈不可知矣。冉求与夫子共深忧而于斯发之与？

【评】"富"、"教"紧从"庶"、"富"勘出，更无一"教养"通套语。文境苍老，通身俱是筋节。

【题解】《子路·子适卫》。

子适卫，冉有仆。（仆，御车也。）子曰："庶矣哉！"（庶，众也。）冉有曰："既庶矣。又何加焉？"曰："富之。"（庶而不富，则民生不遂，故制田里，薄赋敛以富之。）曰："既富矣，又何加焉？"曰："教之。"（富而不教，则近于禽兽。故必立学校，明礼义以教之。胡氏曰："天生斯民，立之司牧，而寄以三事。然自三代之后，能举此职者，百无一二。汉之文明，唐之太宗，亦云庶且富矣，西京之教无闻焉。明帝尊师重傅，临雍拜老，宗戚子弟莫不受学；唐太宗大召名儒，增广生员，教亦至矣，然而未知所以教也。三代之教，天子公卿躬行于上，言行政事皆可师法，彼二君者其能然乎？"）

【注释】

① 嚣然自足：骄傲自满，自以为富足。
② 一无可加：（好像）没有什么可以提高、改进的。
③ 咨嗟踌躇：叹息忧虑。
④ 蕞尔：小。
⑤ 登耗：犹增减。按，旧说，周制每三年统计人口，《周礼·秋官司寇·小司寇》："及大比，登民数，自生齿以上，登于天府。"
⑥ 巡：指巡狩（巡守）。《孟子·梁惠王下》："天子适诸侯曰巡狩。巡狩者，巡所守也。"
⑦ 我疆我理：划分土地的边界。出《诗经·小雅·信南山》："我疆我理，南东其亩。"郑注："疆，画经界也。理，分地理也。""南东其亩"，划分田界，有纵有横。东、南，用以代指东西南北四方。
⑧ 东南之亩：指田地。
⑨ 苏鸿雁之劳：使百姓从劳苦困顿中得到恢复。鸿雁，喻指困顿的百姓。出自《诗经·小雅·鸿雁》，诗序以为："《鸿雁》，美宣王也。万民离散，不安其居，而能劳来还定安集之，至于矜寡，无不得其所焉。"
⑩ 殷蕃：人口众多。
⑪ 区画：谋划。
⑫ 男亩妇桑：即男耕女织。
⑬ 三年九年：《礼记·王制》："国无九年之畜曰不足，无六年之蓄曰急，无三年之蓄曰国非其国也。"
⑭ 菽粟水火：指财富很充足。水火为人们所必需，但并不难得；等到人们把粮食看成水火一样易得

时，天下才真正富裕了。《孟子·尽心上》："圣人治天下，使有菽粟如水火。菽粟如水火，而民焉有不仁者乎？"按，或谓比喻仕之于民，犹菽粟水火，非此不是，于义亦通。

⑮ 五常：五种行为规范。《尚书·泰誓下》："狎辱五常"，孔颖达疏："五常即五典，谓父义、母慈、兄友、弟恭、子孝。"亦指"五伦"，即君臣、父子、兄弟、夫妇、朋友之间所规定的关系；也说指仁、义、礼、智、信。

⑯ 六行：六种善行。《周礼·地官·大司徒》："六行：孝、友、睦、姻、任、恤。"

⑰ 党庠：指乡校。党，五百家为党。《礼记·学记》："古之教者，家有塾，党有庠，术有序，国有学。"

⑱ 畅然：畅然。畅，通"畅"。

⑲ 填沟壑：此指饿死。《孟子·梁惠王下》："凶年饥岁，君之民老弱转乎沟壑。"转，饥饿辗转而死。

⑳ 群苍：众多老年人。

定公问一言而可以兴邦　一章

陈际泰

兴、丧决于一言，故人主不可不慎也。夫一言者，一念之所为也，兴丧系焉，可谓其微乎？且天下之大，摄于人主之一心，人主实坐其难安之势，而常临乎易逞之机。兴丧之分，总以心之敬肆为之也，智者知之，愚者乐焉。夫靡常①本于天命，克艰②先于臣邻③；九州之存是不一姓，社稷之子或在畎亩④。以此思难，难可知也；以此图难，兴可俟已。盖明圣之主犹有求助于诸侯之辞，而重熙⑤之余不忘乞言⑥于齿师之日；故士庶皆得至于其前，而孤寡⑦未尝离于其念。此为君诚无所乐也，而天下固已乐矣，故曰"为君难"一言可以兴邦也。而奈何有"乐莫予违"者乎？不几一言而丧邦乎？夫人主之言，不必尽善；而人主之意，不可使窥。诱之使言，尚不言也，而况乎止之？风⑧之使谀，无不谀也，而又何禁焉？自古亡国不一端，然而"乐莫予违"者无不亡也。即所以丧邦，则所以兴邦者不愈可知也哉？夫亡国之君，亦自有才；而永命⑨之主，独知所惧。定公念此，思过半⑩矣。

【原评】讲机法者不能如其巧密，矜才气者不能及其横恣。制艺到此，可谓独开生面矣。

【题解】出自《子路·定公问一言而可以兴邦》。

定公问："一言而可以兴邦，有诸？"孔子对曰："言不可以若是其几也。（几，期也。《诗》曰："如几如式。"言一言之间，未可以如此而必期其效。）人之言曰：'为君难，为臣不易。'（当时有此言也。）如知为君之难也，不几乎一言而兴邦乎？"（因此言而知为君之难，则必战战兢兢，临深履薄，而无一事之敢忽。然则此言也，岂不可以必期于兴邦乎？为定公言，故不及臣。）曰："一言而丧邦，有诸？"孔子对曰："言不可以若是其几也。人之言曰：'予无乐乎为君，唯其言而莫予违也。'（言他无所乐，惟乐此耳。）如其善而莫之违也，不亦善乎？如不善而莫之违也。不几乎一言而丧邦乎？"（范氏曰："言不善而莫之违，则忠言不至于耳。君日骄而臣日谄，未有不丧邦者也。"谢氏曰："知为君之难，则必敬谨以持之。惟其言而莫予违，则谗谄面谀之人至

465

矣。邦未必遽兴丧也，而兴丧之源分于此。然此非识微之君子，何足以知之？"）

【注释】

① 靡常：无常。此句谓"无常"乃是因为天命的变化。《诗·大雅·文王》："天命靡常。"郑笺云："无常者，善则就之，恶则去之。"

② 克艰：知道难处。《尚书·大禹谟》："后克艰厥后，臣克艰厥臣。"

③ 臣邻：指君臣一心。《尚书·益稷》："帝曰：'吁！臣哉邻哉！邻哉臣哉！'"孔颖达疏："邻，近也。言君臣道近，相须而成。"

④ 畎亩：田地，田间，田野。此句指帝王无道，可能被有道者替代。《国语·周语下》："天所崇之子孙，或在畎亩，由欲乱民也。畎亩之人，或在社稷，由欲靖民也。无有异焉！"

⑤ 重熙：君主累世圣明，国家持续兴盛。

⑥ 乞言：古代帝王及世子养一些德高望重的老人并向他们请教。《礼记·文王世子》："凡祭与养老乞言、合语之礼，皆小乐正诏之于东序。"郑玄注："养老乞言，养老人之贤者，因从乞善言可行者也。"按，后"齿师"指齿让、尊师，当亦本《文王世子》所载周成王之事。

⑦ 孤寡：君王自称"孤"、"寡人"，用以自谦、自警。

⑧ 风：暗示，助长。

⑨ 永命：使国运长久。永，长。《尚书·召诰》："王其德之用，祈天永命。"

⑩ 思过半：领悟了大部分，问题解决了大部分。

如知为君之难也 一节

陈际泰

人主有知难之心，则亦无忧于邦之不兴也。盖邦之兴也，造于人主一心而有余，是故独患不知难耳。且人主大患，患在顺指①，惟吾所使，以为天下之至易，而不知此乃天下之至难，特未尝一提醒之也。平日不早自知，而逮其知也，则已无及矣。古今往往坐此，故为君之实，统于一难；而兴邦之要，在乎一知。如有知为君之难乎？而何虞邦之不兴也乎？知难，则兢业②将无不到之处，而知之所入，必有惕于心者；知难，则维持亦将无不到之处，而知之所出，必有丽③于事者。以人主之权，何所不可举，而要卒自惰者，初不知事固如此其多也，以为少，则易以为多，则臣庤不烈、监门不觳④，而为君难，知其胜之之难，则求一息宴安之时而不可得，而一国之精神生矣；以人主之心，何所不可回，而要卒自安者，初不知机固如此其危也，以为安，则易以为危，则福不盈眦、祸将溢世⑤，而为君难，知其保之之难，则求一刻纵恣之念而不可得，而一国之根本固矣。故敌国之相窥者，其主材武聪明皆非所惮，而苟告之曰"其人固忧勤惕厉者也"，则已废然而退，以伐敌谋⑥，何者，向特谓其不知难耳，今何冀乎？老成⑦之计国者，其事纷纭丛脞⑧皆非所虞，而苟语之曰"吾君固迪知忧恂⑨者也"，则将庶几其然⑩，以为国福，何者，向特患其不知难耳，余何忧乎？由此言之，知为君之难，信乎兴邦之无难也已。故人主务于一言也。

【原评】"知"与"兴"交关处，道得亲切有味、危悚有神。领取"如"字、"也"

字、"不几乎"虚神，又极含蓄酝藉，洵称合作。

【评】后二股衬发处，议论悉本左氏《内外传》⑪。文之灵警潏发，要不能凭虚而造也。

【题解】出自《子路·定公问一言而可以兴邦》，见上。

【注释】

① 顺指：顺旨。

② 兢业：犹兢兢业业。兢兢，戒慎。业业，危惧。《尚书·皋陶谟》："无教逸欲有邦，兢兢业业，一日二日万几。"

③ 丽：附，依附。

④ "臣房"句：指古代圣明之王，生活节俭艰苦，即使守门人的生活也没有这样俭薄；劳作非常辛苦，连臣仆、俘虏也没有那样劳累。监门，守门人；毂，俭薄；臣房，臣仆、俘虏，烈，极。见《史记·秦始皇本纪》赵高所引《韩非子·五蠹》：尧禹俭朴，"虽监门之养，不毂于此"；大禹治水，"臣房之劳，不烈于此矣"。与《韩非子》原文稍异。

⑤ "福不"句：指享受的富贵极为渺小而短暂，招致的祸患却极大。出自《文选·班固〈答宾戏〉》："朝为荣华，夕为憔悴，福不盈眦，祸溢于世。"李善注引李奇曰："当富贵之间，视之不满目。"

⑥ 以伐敌谋：破坏敌方施展的策略。语本《孙子·谋攻》："故上兵伐谋"，前人释义不同，此谓敌国只好放弃武力进攻的念头，改用他种办法。

⑦ 老成：特指旧臣，亦指经验丰富、练达于事之臣。《诗经·大雅·荡》："虽无老成人，尚有典刑。"朱熹《集传》："老成人，旧臣也。"

⑧ 丛脞：繁杂。

⑨ 迪知忱恂：遵循其所知之道，诚信其所知之道。迪，遵。《尚书·立政》："（夏之臣）迪知忱恂于九德之行。"蔡沉《集传》："迪知者，蹈知而非苟知也；忱恂者，诚信而非轻信也。"

⑩ 庶几其然：认为国君这样做，就差不多了。庶几：差不多，接近于大治。

⑪ 左氏《内外传》：指《左传》与《国语》，前人谓《左传》、《国语》分别是《春秋》的"内传"、"外传"。

君子哉若人 二句

刘 曙

圣人伸德力之报①，嘉其人以寄意焉。夫尚德之不伸于天下久矣，知若人之为君子，有德者不可以兴乎？若曰：人必先置其身于贤圣之列，而后议论所及，令天下即其言以想见其人。此尚论古人之说，视乎其人之识也，而即深观其学；感慨当世之谈，关乎其人之品也，而即如见其心。况至于今日，而羿奡禹稷之论，孰有比拟明切如若人者乎？夫人也，高其见于虞夏商周之上，虽以造物无主，何敢不奋身修行，慷慨而侧圣贤之林；定其理于兴亡荣辱之先，即至颠倒任时，决不以阴骘②无权，偃蹇③而丧好修④之性。天下有高论绝俗、不牵于举世吉凶之说、而誉不劝⑤而非不沮如若人也哉？意者潜修有素，所孜孜而敦勉者，日奉厥德为允迪⑥，故虽奸雄横绝之时，力或可以相驾，而英雄有心、不以成败论天下士者，今日一人而已；天下有旷志出群、绝去其目前已定之案、而顺不喜而逆不惊如若人也哉？意者中怀雅尚，一时所勉勉自策者，凭乃德⑦为慎修⑧，故虽正士弱丧之秋，德或难以自胜，而道德有权、不以寂寞嗟吾道穷⑨者，古今数人而已。福善祸淫⑩之理，今日已不敢道其常，然尚德于食报⑪之世犹易，而今已不可问矣，修身自好之士，类⑫无不嘘唏凭吊，搔首而问彼苍之梦梦⑬焉，有一君子出，而悲歌之气证以古人之事而皆平，愤世之情又讽通人之论而有进；惠迪从逆⑭之机，在我一不敢倒其局⑮，然尚德于有道之世犹易，而今尚莫之定也，守己不屈之士，尚思以明德馨闻，胜天而睹雠报之彰彰焉，有此君子出，而显忠遂良⑯之典犹不绝于风尘，锄奸刑暴⑰之权亦不空寄之笔削⑱。君子哉若人！尚德哉若人！忼慨可以当歌，赖有此好古有识之言，质⑲圣贤于一室；兴怀别有所寄，亟标此高识不磨之论，公好恶于千秋。吾不能不倾心于若人矣。

【评】"君子"与"尚德"不分疏，深得当日嗟叹语气。文词高朗，使人心目开爽。中四比，若更能义意截然，则更进一格矣。

【作者简介】

刘曙（？—1647），字公旦，号稚圭，长洲（今苏州）人。为名士者三十年，九与乡试不第，至崇祯十五（1642）始中，明年联捷成进士，署南昌知县，未赴而南京陷。以丁外艰，避地邓尉山。清顺治三年，南海诸生钦浩通款鲁王，疏吴中忠义士二十三人，以曙为首，书为清吏所得。曙实不识钦浩，然既被逮，径承其事，且语词激烈，遂就义。

【题解】出自《宪问·南宫适问于孔子曰》。

南宫适问于孔子曰："羿善射，奡荡舟，俱不得其死然；禹稷躬稼，而有天下。"夫子不答，南宫适出。子曰："君子哉若人！尚德哉若人！"（南宫适，即南容也。羿，有穷之君，善射，灭夏后相而篡其位。其臣寒浞又杀羿而代之。奡，春秋传作"浇"，浞之子也，力能陆地行舟，后为夏后少康所诛。禹平水土暨稷播种，身亲稼穑之事。禹受舜禅而有天下，稷之后至周武王亦有天下。适之意盖以羿奡比当世之有权力者，而以禹稷比孔子也。故孔子不答。然适之言如此，可谓君子之人，而有尚德之心矣，不可以不与。故俟其出而赞美之。）

【注释】

① 德力之报：有权力者与有德行者各自的报应。
② 阴骘：本指上天默默地安定下民。《尚书·洪范》："惟天阴骘下民。"孔安国传："骘，定也。天不言，而默定下民，是助合其居，使有常生之资。"后引出"阴德"、"阴功"之义，指在人世间所做的而在阴间可以记功的好事。
③ 偃蹇：此指委曲随俗。
④ 好修：洁身自好，修行正直。《离骚》："人生各有所乐兮，余独好修以为常。"
⑤ "誉不"句：别人的赞誉，不会使我受到鼓励；别人的责备，也不会让我沮丧。《庄子·逍遥游》："举世而誉之而不加劝，举世而非之而不加沮。"
⑥ 允迪：确实遵守。允，诚、信；迪，蹈、遵循。《尚书·大禹谟》："允迪厥德，谟明弼谐。"

⑦ 乃德：犹"厥德"，其德。《尚书·太甲下》："王懋乃德。"

⑧ 慎修：谨修其身。《尚书·皋陶谟》："慎厥身修。"

⑨ 吾道穷：我们的"道"不能推行了。《史记·孔子世家》："及西狩见麟，（孔子）曰：'吾道穷矣！'"

⑩ 福善祸淫：赐福给行善的人，降祸给作恶的人。《尚书·汤诰》："天道福善祸淫，降灾于夏，以彰厥罪。"

⑪ 食报：指受到报答或受报应。

⑫ 类：大都。

⑬ 彼苍之梦梦：苍天糊涂不明。苍，上天；梦梦，乱，昏聩。《诗经·小雅·正月》："民今方殆，视天梦梦。"

⑭ 惠迪从逆：顺从正道或曲从无道。惠，顺。《尚书·大禹谟》："惠迪吉，从逆凶。"孔安国传："迪，道也。顺道吉，从逆凶。"

⑮ 倒其局：颠倒错乱其规矩。局，尺度。《礼记·曲礼上》："进退有度，左右有局，各司其局。"

⑯ 显忠遂良：使忠良之人得到任用和荣耀。《尚书·仲虺之诰》："佑贤辅德，显忠遂良。"孔安国传："贤则助之，德则辅之，忠则显之，良则进之。"

⑰ 刑暴：惩治行暴作乱之人。《尚书·周官》："司寇掌邦禁，诘奸慝，刑暴乱。"

⑱ 笔削：指修史，此指以修史的方法来寄寓褒贬之意。笔，指记载；削，指删除。世谓孔子"笔削"鲁史而成《春秋》，《史记·孔子世家》："至于为《春秋》，笔则笔，削则削，子夏之徒不能赞一辞。"

⑲ 质：验证（学问）。

孟公绰　一节

陈子龙

　　论鲁大夫之才，而知春秋家国之事矣。夫春秋之时，政将在家，而小国方困，即夫子之论公绰可睹也。且天下多故，事变日生，列国之臣非才无以自见。以为盛德寡营①之士，无地可以置之，而不知其非也。公室患其才少，私门患其才多，此当今之大患矣，而人与地往往相违，故得其宜者寡耳。吾观鲁大夫孟公绰之为人也，宽平而有守，恬淡而不欲，其在鲁之事，我不暇论。或以为名高鲜实，使之守职足以堕事；或以为德隆誉盛，登之朝右可以显君。我以二者皆非也，彼固有所优，而亦有所劣也。其所优，则为赵魏老矣。夫家臣之长也而曰"老"者何？无所为之名也，谨持筦钥②而已；无所事之意也，以德辅导而已。此家③不干政、陪臣④不执国之义也。夫晋伯衰矣而政将在赵魏，位名为世卿，而权实为盟主，则才略辐辏之人进矣；入谋于私室，而出行于诸侯，则智术倾危之士来矣。然而其始也借权以削其国，而既也乘间以图其家。如是者往往而有，故巨室大家每乐其才而畏其害也。诚以公绰为之，雅量足以坐镇，竞端可以潜夺，岂不家国俱荣哉？若夫滕薛之为国也微矣，势不如大国之卿，而名为列国；地不余一邑之广，而交于四邻，此其势必无可以自存者。庶几有一二人焉，具应变之才，怀无方⑤之智；振纪纲以内治其臣民，挟礼义以驰辨于盟主，然后可以强自支厉、迁延岁月耳。若云以静守之、以德化之，此事之不然者，而公绰所长者在此，是以知其不可为滕薛大夫也。嗟乎！当此之时，化家为国⑥之兆成矣，故才智之士不以仕于私朝为耻，而分裂篡窃之事将作，诚得清静之人不助其成谋，则大国可以不灭；当此之时，并弱兼小⑦之势见矣，故衰微之国常以降为皂隶为忧，而盟会讨伐⑧之风将息，苟非敏略之臣力扶其衰绪，则小国何以救亡？夫大国未篡而小国未亡，则霸者之风可以复见，而惜乎不能也，此春秋将为战国之势也。夫子固知之而寄慨于公绰耶？

【评】从春秋大势立义，虽似别生枝节，然圣人之言无不包蕴。凡有关世道之论，因题以发之，皆可以开拓后学之心胸也。

【题解】出自《宪问·孟公绰》，参见正嘉文卷三王世懋同题文。

子曰："孟公绰为赵魏老则优，不可以为滕薛大夫。"

【注释】

① 盛德寡营：品德出众，恬淡寡欲。

② 笎钥：钥锁，指掌管府库。

③ 家：指大夫的采邑。

④ 陪臣：此指大夫的家臣。古代天子以诸侯为臣，诸侯以大夫为臣，大夫又自有家臣。因之大夫对于天子，大夫之家臣对于诸侯，都是隔了一层的臣，即所谓"重臣"，也称为"陪臣"。

⑤ 无方：指随机应变，没有一定之规。

⑥ 化家为国：指大夫篡弑，自立为诸侯。

⑦ 并弱兼小：兼并弱国、小国。

⑧ 盟会讨伐：春秋五霸常常举行盟会，讨伐各国不臣之事。

见利思义　二句

金　声

论成人于今，且无以利害自丧也。夫天下并无思义、授命之人，则思义、授命者贵矣，亦可慨哉。今夫学问之际，有不必深求者焉，非众材之无用而礼乐之可去也。其欲成人也，尚未必如其走利①，其恶不成人也，尚未必如其免患也。而又奚暇深求也哉？利害感而情伪生，则吉相先、凶相后②，其巧足以胜，岂复存人心也，君子且恻然念忠厚之遗也；趋避巧而习气熟，则得宜苟、生宜幸③，其文④可不惭，岂复念人道也，君子且循循然急廉耻之防也。万物之所谋⑤也，而有一人焉见之而弗以身殉也，就而视之，渊渊乎其若有所思焉。不学俱欲之物⑥非必远于人情，而生人有大义焉。能斟酌万物之利数而使人不敢多取，操纵万物之利权而使人不能自如⑦，则见利之日，有情所不愿思也，而若人者，尚能抑其心以相从。万物之所畏也，而有一人焉见之而弗以身辱也，就而视之，断断乎其已有所授焉。全受全归之体⑧非必轻于蹈险，而生人有大命焉。安则立其所可侯于己⑨而夭寿莫之或贰⑩，危则奉其不可知于天而生死不敢自图，则见危之日，有生所不能授也，而若人者，尚肯强其志以相掷。天之所以与人者备矣哉，岂尽于区区之气节而莫之加也，然以方今世之君子，其所号多材多望、不一而足者，反或以盖⑪其贪偷⑫之性而佐其网利全生之具，则钝直之所留⑬不少；人之所以还天者厚矣哉，岂安于区区之气节而以自高也，然以方今世之学问，其所称履中蹈和、不矜于名者，反或挟其圆妙之理以乱其宁静刚强之性，则愚鲁之所全已大。若而人也，不亦卓哉！

【原评】着眼在上"何必然"，下"亦可以"。一语落纸，将翔将跃，若跧若动⑭，用笔乃尔，纵横如意。

【评】其惨淡经营处，在通篇体势悬空不断。恰好上承下接，而丝毫不连不侵。此运先正之规矩准绳而神巧过之者也。

【题解】出自《宪问·子路问成人》。

子路问成人。子曰："若臧武仲之知，公绰之不欲，卞庄子之勇，冉求之艺，文之以礼乐，亦可以为成人矣。"（成人，犹言全人。武仲，鲁大夫，名纥。庄子，鲁卞邑大夫。言兼此四子之长，则知足以穷理，廉足以养心，勇足以力行，艺足以泛应，而又节之以礼，和之以乐，使德成于内，而文见乎外。则材全德备，浑然不见一善成名之迹；中正和乐，粹然无复偏倚驳杂之蔽，而其为人也亦成矣。然亦之为言，非其至者，盖就子路之所可及而语之也。若论其至，则非圣人之尽人道，不足以语此。）曰："今之成人者何必然？见利思义，见危授命，久要不忘平生之言，亦可以为成人矣。"（复加"曰"字者，既答而复言也。授命，言不爱其生，持以与人也。久要，旧约也。平生，平日也。有是忠信之实，则虽其才知礼乐有所未备，亦可以为成人之次也。程子曰："知之明，信之笃，行之果，天下之达德也。若孔子所谓成人，亦不出此三者。武仲，知也；公绰，仁也；卞庄子，勇也；冉求，艺也。须是合此四人之能，文之以礼乐，亦可以为成人矣。然而论其大成，则不止于此。若今之成人，有忠信而不及于礼乐，则又其次者也。"又曰："臧武仲之知，非正也。若文之以礼乐，则无不正矣。"又曰："语成人之名，非圣人孰能之？孟子曰：'惟圣人然后可以践形。'如此方可以称成人之名。"胡氏曰："今之成人以下，乃子路之言。盖不复闻斯行之之勇，而有终身诵之之固矣。"未详是否？）

【注释】

① 走利：追求利益，为利益奔走。《吕氏春秋·审为》："世之走利，有似于此。"

② 吉相先、凶相后：遇到好事情就争先，遇到不好的事情就退后。

③ 得宜苟、生宜幸：（对于巧于趋避的人来说）为了得到利益，适宜采用苟且的方法；为了保住生命，适宜采用侥幸的方法。

④ 文：掩饰错误。《礼记·表记》：（周人尊礼）"其民之敝，利而巧，文而不惭，贼而蔽。"

⑤ 万物之所谋：指"利"。下"万物之所畏"，指"死"。

⑥ 不学俱欲之物：指富。《史记·货殖列传》："富者，人之情性，所不学而俱欲者也。"

⑦ 自如：自由，不受限制。

⑧ 全受全归之体：指身体和生命。古人以为，人的身体来自父母，应当以完好无亏的身体还于父母。《礼记·祭义》："父母全而生之，子全而归之，可谓孝矣。不亏其体，不辱其身，可谓全矣。"

⑨ 可俟于己：指修养、仁德。《论语·颜渊》："为仁由己，而由人乎哉？"下文"奉其不可知于天"指"命"，《论语·颜渊》："死生有命，富贵在天。"

⑩ 贰：怀有二心。

⑪ 盖：掩饰。

⑫ 贪偷：贪婪，苟且。

⑬ 留：此指保全气节。

⑭ "将翔"以下：跧，同"蜷"，蜷伏。语本白居易《太湖石记》："又有如虬如凤，若跧若动，将翔将踊。"

晋文公谲而不正 一节

陈际泰

圣人评二霸，以文尚不如桓也。夫晋文公之霸之功，非不烈也，然视齐桓，岂可同时语乎？正、谲之辨，盖可睹矣。且桓、文之霸，世并称之，而不知文非桓匹也；即其臣衰、偃①诸人，尤非夷吾、隰朋②匹也。晋文之为人也，困而在外，故更事多而知深、深则不能不生变；老而举事，故虑日暮而计挺，挺则不得不用谋。故国可取也，不必有需时待事之渐；人可欺也，不必有敦信明义之名。阅历虽多，而理义未熟；折挫已久，而纷扰犹存。故有君子之资，后愧③于其孙；而有王事之近④，前愧于首霸之桓也。何者？非其功之不如桓，正而不谲之不如桓也。桓之举也，盖其始已正矣。始卜⑤之于人，终众著于同。物待其服而后与之，人未服不遽取也，故天下习其教而安其事；事御于名而后行之，名不顺不敢动也，故天下信其信而仁其仁。盖观桓公之略与观桓公之行，其道主柔，故多留而不遂之事；其时近古，故多畏而不敢之心。而文则已悍然矣，既不守之以礼，又复益之以术，此君子所以恶文，使不与桓匹也。夫楚之强，桓公之所不敢战者，文公胜之；叔带之乱⑥，桓公之所不敢杀者，文公诛之；曹卫诸侯⑦，桓公之所不敢执者，文公执之。此其刚厉果决之气，若胜优游和易之为。然而君子终不进文于桓者，固谓其功多于桓，罪亦多于桓乎？桓之不敢为、不忍为、不肯为者，而文独悍然为之，又益之以术，夫孰从而堪之？夫子曰"晋文公谲而不正，齐桓公正而不谲"，明文之不如桓也。吁，此春秋二霸轻重之权衡也。

【评】会萃元人《春秋》说以为判断。笔力峻快雄健，颇类老苏⑧。

【题解】出自《宪问·晋文公谲而不正》。

子曰："晋文公谲而不正，齐桓公正而不谲。"（晋文公，名重耳。齐桓公，名小白。谲，诡也。二公皆诸侯盟主，攘夷狄以尊周室者也。虽其以力假仁，心皆不正，然桓公伐楚，仗义执言，不由诡道，犹为彼善于此。文公则伐卫以致楚，而阴谋以取胜，其谲甚矣。二君他事亦多类此，故夫子言此以发其隐。）

【注释】

① 衰偃：指晋国焠赵衰、狐偃，曾跟随重耳流亡在外。

② 夷吾、隰朋：齐桓公大臣。夷吾即管仲，《史记·齐太公世家》："桓公既得管仲，与鲍叔、隰朋、高傒修齐国政……齐人皆说。"

③ 愧：比不上，有愧于。文公之孙，当指晋景公。

④ 王事之近：齐桓公行事接近王道。

⑤ 卜：决疑，征求意见。

⑥ 叔带之乱：周襄王四年（前649年），襄王弟叔带为篡夺王位，联络戎人，攻入周都王城（今洛阳一带）。晋文公独自勤王，俘获叔带，使襄王复位。

⑦ 曹卫诸侯：晋文公与楚国争霸中，曾关押楚盟国曹国、卫国的君主曹共公、卫成公。

⑧ 老苏：苏洵。

管仲非仁者与　一章

黄淳耀

　　救时之才，非一节之士也。夫仲之才与仲之时，适相值者也。相则不死，死则不相，又何疑焉？且天生俊杰之才，不数；生俊杰之才而适当须才之世，亦不数。若夫有其才又值其世，能事见于天下矣，而其人又有遗行①，则君子略焉。非遗行之不足累乎其人，而遗行之不足累乎其功也。子贡尝非管仲矣，以为仲也奉纠而不终，于义不当相桓也，君子以为不然。盖仲之身，是为时而生者也；仲之才，是及时而用者也。前此百余年，为宣王之时，其臣则有方叔、召虎②；又前此数百年为文武之时，其臣则有吕牙、姬旦③。设也仲生其间，不过一良有司耳，有仲何益？无仲何损？今者荆炽于南，狄横于北，戎又介居河山之间，诸侯拱手环视，虚无人焉，此真管仲之时也。仲也挟一中主，摄尺寸之柄而图之。声罪召陵，则荆帖④矣；陈旅聂北⑤，则狄退矣；献捷过鲁⑥，则戎弭矣。王禁明而王臣不下聘⑦者六十年，侯度戢⑧而诸侯无私争者三十载。可不谓天下之骏功伟烈哉！向微⑨管仲，则鲍叔牙能为之乎？曰不能也；隰朋、宾胥无⑩能为之乎？曰不能也。能不能，何足深论，独惜荆不帖、狄不退、戎不弭，则主中国者，将非中国也。然则仲之身不可死，而仲之时不可失也。且夫君子之临难有二，曰生，曰死；君子之立身有二，曰节义，曰功名。为节义于举世不为之时，则生不如死，死而后三纲明焉，九法正焉，是即死者之功也、名也；立功名于举世不立之日，则死不如生，生而后朝廷尊焉，中夏安焉，是即生者之节也、义也。使仲舍格天之大业，就匹夫之小谅，陷胸决胈⑪，死不旋踵⑫，即又乌睹所谓节义者哉？是故君子录仲之功，许仲之不死。学者闻之，自度其身有可死之责而无不可死之才者，将断断然必出于死，藉令⑬无死，而吾亦有以责之矣。是夫子之重功名，固甚于子贡；而子贡之重节义，亦终不如夫子也与？

　　【评】此章之义，先儒讫无定论。独提一"时"字，上下古今，雄情卓识，自可不磨。

　　【题解】出自《宪问·管仲非仁者与》，参见化治文卷三李梦相《管仲相桓公》。

　　子贡曰："管仲非仁者与？桓公杀公子纠，不能死，又相之。"子曰："管仲相桓公，霸诸侯，一匡天下，民到于今受其赐。微管仲，吾其被发左衽矣。岂若匹夫匹妇之为谅也，自经于沟渎而莫之知也。"

① 遗行：失检之行为，品德有缺点。

② 方叔、召虎：周宣王时贤臣，有中兴之功。

③ 吕牙、姬旦：指吕（姜）尚、周公。吕尚，字子牙，故又称吕牙。《孙子·用间》："周之兴也，吕牙在殷。"姬旦，又名叔旦，周文王姬昌第四子，世称周公。

④ 帖：帖服，服从。按，此指桓公三十年，齐伐楚，至召陵，楚王表示入贡周王室。双方会盟。荆，即楚国，当时尚被视为夷狄。

⑤ 陈旅聂北：齐桓公率诸侯军救邢，在聂北驻扎。《左传·僖公元年》："齐师、宋师、曹师次于聂北，救邢也。"

⑥ 献捷过鲁：《左传·庄公三十一年》："六月，齐侯来献戎捷。"

⑦ 下聘：此指天子之使臣到诸侯国访问通好。

⑧ 侯度戢：诸侯国遵守为君之法度。戢，约束。侯度，为君之法度。《诗经·大雅·抑》："质尔人民，谨尔侯度，用戒不虞。"

⑨ 向微：如果没有。

⑩ 宾胥无：齐桓公大夫，掌刑狱。

⑪ 陷胸决胆：指自杀。

⑫ 死不旋踵：不惧死亡。旋踵，旋转足跟，即后退。《战国策·中山策》："一心同功，死不旋踵。"

⑬ 藉令：假如。

仲叔圉治宾客　三句

陈际泰

　　卫犹有人，未可量也。夫二臣任事，君虽无道，犹足自存，故人之为国重，甚矣。且善觇国者，先觇人。其君似明而非明也，其臣似贤而非贤也，上自恃而不任人，下自高而不任事，此天下所以乐攻无难也。卫殆未可窥已，卫之为卫，淫人①与贞人所并集之地；灵之为灵，小人与君子所两涉之身。故灵之昏暗，无所不至，而独明于付托，犹足以遂其抗伯主②、溺床笫之私③；灵于君子，无所复收，而能委其才能，犹足以盖④其弃伯玉、拒史鱼⑤之失。当时若仲叔圉，若祝鮀，若王孙贾，虽非一时之英，然亦智能之士也，或以当官⑥显，或以勇略任。交邻⑦、要神、经武，神人共举其事，文武各展其能，而国不犹有人乎？夫用审其道，则殊途同会；才爽⑧其分，则一毫以乖。惟三子能以才技奋⑨也，故能互用其长，以通万方之略；惟灵公不以干局⑩拘也，故能隆崇其遇，以取一时之务。天下不服三子，而服灵公以能尽时人器使⑪之用也。夫仲叔犹可言也，至鮀、贾一为佞，一为擅，犹能任爪牙⑫之寄；三子犹可言也，至灵公，内不能制其妻，下不能制其子⑬，犹能操驾驭之奇。吁，卫之不丧，岂非国有人之明效哉？

　　【评】恰是三人分量，恰是灵公用三人而仅免于丧分量。文境洒脱，抑扬尽致。

　　【题解】出自《宪问·子言卫灵公之无道也》。

　　子言卫灵公之无道也，康子曰："夫如是，奚而不丧？"（丧，失位也。）孔子曰："仲叔圉治宾客，祝鮀治宗庙，王孙贾治军旅。夫如是，奚其丧？"（仲叔圉，即孔文子也。三人皆卫臣，虽未必贤，而其才可用。灵公用之，又各当其才。尹氏曰："卫灵公之无道宜丧也，而能用此三人，犹足以保其国，而况有道之君，能用天下之贤才者乎？《诗》曰：'无竞维人，四方其训之。'"）

【注释】

① 淫人：邪恶的人，不正派的人。《左传·襄公二十六年》："赏僭，则惧及淫人；刑滥，则惧及善人。"

② 伯主：霸主。

③ 床笫之私：指夫妇、男女之事。笫，床上竹垫，亦为床的代称。

④ 盖：掩盖。

⑤ 弃伯玉、拒史鱼：伯玉，指蘧伯玉，名瑗，卫国大夫。历事卫献公、襄公、灵公，因贤德闻名诸侯。史鱼，亦卫国大夫，也称史鳅，字子鱼，名佗。《论语·卫灵公》："子曰：'直哉史鱼！邦有道，如矢；邦无道，如矢。君子哉蘧伯玉！邦有道，则仕；邦无道，则可卷而怀之。'"

⑥ 当官：居官称职。

⑦ 交邻：从事外交。按，此仲叔圉掌管之事；下"要神"，要，通"邀"，指祭祀之事，祝鮀掌管；"经武"，整治武备，王孙贾掌管。

⑧ 爽：错误，偏差。

⑨ 奋：施展，发挥。

⑩ 干局：办事的才干器局。

⑪ 器使：依据其才能而任用。

⑫ 爪牙：指得力之臣。《诗经·小雅·祈父》："予王之爪牙。"

⑬ "至灵公"以下：灵公夫人南子，有淫行；其子蒯聩欲杀南子，得罪于灵公，遂出奔于宋、晋。

其言之不怍　一节

陈际泰

易于由言①，君子知其终病也。夫大为言者，非独不为之时而征其难也，即启口早已知矣。且君子言不过物，抑何也？其言之所许，直将效之，计言则少，计行则多矣。顾不谓天下乃有言之不怍者焉。人之言本无所不至，而惟此羞恶之念，独可制其闲②；即彼之言已无所不至，而恃此愧赧之端，犹可冀其后。乃言之不怍如此，是以君子知其终病也。人之精神，宜止于量内，言之不怍，必有过取于世者矣，非特退而不为也，所期既大，即以圣贤之志无所复施，是故一言之后，使如其口而责之以必偿，不废然乎？人之精神，宜入于事中，言之不怍，必有略不经心者矣，非特为而不效也，所主既亡，即以一二之酬无所复见，是故当言之时，使如其口而问之以何在，不茫然乎？且不独此也，事之成不成，关于士人廉耻之际，父母朋友不以是弃予，而独此中有不能自已者③耳，彼不怍者，非徒言之咎也，耻心既丧而言传之，是岂可待以君子之常业也哉？且又不独此也，功之建不建，系乎气格重轻之间，辞气容貌不足以动人，而顾此中有足为众之所恃者④耳，彼不怍者，非徒言之为也，浮佻在心而言表之，是岂可倚以集天下之业也哉？故成事有本，而观物有要。待彼其既为而后知之，此亦名为相士⑤者之过也。

【原评】《注》云"则无必为之志"，是在言时便决其难，不待不为后也。此文为得之。通篇更于警切中具一种深秀之致。

【题解】出自《宪问·其言之不怍》。

子曰："其言之不怍，则为之也难。"（大言不惭，则无必为之志，而不自度其能否矣。欲践其言，岂不难哉？）

【注释】

① 易于由言：此指轻易地说（大）话。由言，说话。《诗经·小雅·小弁》："君子无易由言，耳属于垣。"郑笺："由，用也。王无轻用谗人之言。"
② 闲：界限，规范。《论语·子张》："大德不逾闲，小德出入可也。"
③ 不能自已者：即指廉耻之心、愧怍之心。
④ 众之所恃者：此指气格。
⑤ 相士：观察、评价人才。

子路问事君　一节

袁彭年

求事君之道，亦求事君之心而已矣。夫勇于事君，而强以所不知为事，此之谓犯而欺也，故夫子为由①也言之与？且古大臣道足于己，则正色而立于朝，而人主格其非心②矣，岂藉谏说哉？故事君而有犯，非其至者也。然其次固莫如能犯，有犯而无隐者，是亦忠臣之道也与？虽然，未易犯也；非犯之难，勿欺之难也。臣善莫如犯，臣罪莫如欺，犯非欺者之所能也，欺非犯者之所有也。而欺与犯常相因者，何也？盖吾所谓犯之欺，岂为夫不忠不信以沽直声者哉，岂谓夫不果不强以窥上旨者哉？天下固有忠信之人，恃其志节之美，而不必察于理之致，而蔽于所见而冒焉以其言进；天下固有强果之士，挟其干理③之长，而不必审于事之中，而勇于所好而悍然耻其言之有不行。以未察之理，而必欲正其君之心，更以未审之事，而必欲正其君之政，彼之所谓犯，我之所谓欺也。夫犯之善未著，而欺之罪已深，则是忠信强果之失恒在欺也。故能犯当自勿欺始。本乎忠信之质而致其智，因夫强果之材而生其文。其未事是君也，而先立其勿欺之学，于天下之理，正是正非，无敢强所未明以为明，而内无欺理；其已事是君也，而遂达其勿欺之道，于天下之事，孰先孰后，无敢急所未行以为行，而外无欺事。盖必使其心大信于道，而后以道自信于心；必使其言大信于心，而后以言求信于君。如是而事君，则亦可以有事无犯④也已矣；如是而犯君，则亦可以有犯无隐也已矣。勿欺之犯，是谓以道加尊，以是格非，以贤正不肖，以义绳暴人。故夫犯君而君自格其非，事君而臣并受其福，岂其以忠信获罪而以强果蒙凶也哉？由斯道也，抑亦可为大臣也已。

【评】说"欺"与"犯"，皆切中仲氏⑤隐微深痼之病，不可移置他处。文气朴劲，一往无前。启祯文自金、陈数家而外，得此甚难。

【作者简介】

袁彭年（1592—1655），字述之，又字介眉，别号特邱，湖北公安人。文学家袁宏道之子，与其从兄祈年早立文誉，以制义名家，诗宗前七子，而不取"公安派"。中崇祯七年（1634）进士，官至礼部主事，后仕于弘光、隆武、永历三朝。彭年早树声望，弘光朝尤以伉直为天下想慕风采，入永历朝后则以隳节贪荣为士大夫所厌憎。著有《土风堂遗稿》等，今俱不传。

【题解】 出自《宪问·子路问事君》。

子路问事君。子曰："勿欺也，而犯之。"（犯，谓犯颜谏争。范氏曰："犯非子路之所难也，而以不欺为难。故夫子教以先勿欺而后犯也。"）

【注释】

① 由：子路。子路名仲由。
② 格其非心：纠正错误的、不正确的思想。格，正；非，不正确。出《尚书·冏命》："绳愆纠缪，格其非心，俾克绍先烈。"
③ 干理：治理，料理。
④ 有事无犯：为国君服务，却不冒犯国君。
⑤ 仲氏：子路。

君子道者三　一节

章世纯　墨

道所以难能者，其累心者尽也。夫忧、惑、惧之累人深矣，而以道而忘，此岂易能者哉？且夫人得力之地，皆有外境以相验。盖心每得于物之所不侵，而情恒消于理之所至足也。乃其中难易之故，亦可自按矣。吾是以有羡于君子，彼其涉乎事物之会，而皆有本体之足恃，一物之交，亦全体之心应之耳，物也而何能感我；在于仓卒之际，而皆有积素①之可凭，一旦之感，亦平生之心应之耳，变也而何能易常②也。是其事归诸道，而道不可以意拟；道有其三，而三不可以偏附。反身自度，有不可易及者。夫岂不与我共乘世之遇哉，然而独自得也，则忧、惑、惧之并消也；夫岂不与我并受人之情哉，而何以却感害也，则仁、智、勇之兼存也。有仁、智、勇以为之宰，则其心尝恬恬，而我之受物者顺矣，往而交于物者，有未尝相拒者也，以我之所不逆，成物之所不攖③，而常变之分均矣，此化境之道也；有仁、智、勇以为之宰，则其心又尝安安，而物之感我者必浅矣，来而交于我者，实亦有未尝相挠者也，以外物之无权，显吾心之有主，而性命之理顺矣，此独往之道也。今且欲去其忧、惑、惧之累，而累不从境祛④也，情以性定矣，而其性未可契也，则其情亦未可袭也；今且欲得其为仁、智、勇者，而道不可以名假也，理缘义著矣，而其境未易平也，则以理未易洽也。而尚可谓易能哉？要之，忧、惑、惧之并忘，则向后⑤之主持于天下者必大，学力功行，莫非无累者之所胜；且仁、智、勇之先定，则达德之行于达道⑥者已全，将众理可包，亦非一无累者而遂尽。然三者之事，果难言矣。

【原评】本体、外境、物交、性定之理，圆映极矣。躲闪处，将"忧"、"惑"、"惧"不分疏圆映在此题面，未梳栉亦在此。

【评】观前辈应试之文，不异于平素，可知其心术之正。而避难就易，亦由当时风气，不复恪守先正矩度也。

【题解】出自《宪问·君子道者三》。

子曰："君子道者三，我无能焉：仁者不忧，知者不惑，勇者不惧。"（自责以勉人也。）子贡曰："夫子自道也。"（道，言也。自道，犹云谦辞。尹氏曰："成德以仁为先，进学以知为先。故夫子之言，其序有不同者以此。"）

【注释】

① 积素：平日所积的修养。
② 易常：改变常心。
③ 撄：扰乱，干扰。《庄子·庚桑楚》："不以人物利害相撄。"
④ 祛：去除。
⑤ 向后：后面，以后。
⑥ 达道：指父子、君臣等五伦。《中庸》："天下之达道五，所以行之者三：曰君臣也，父子也，夫妇也，昆弟也，朋友之交也：五者天下之达道也。知、仁、勇三者，天下之达德也，所以行之者一也。"

直哉史鱼　一章
陈际泰

卫有贤臣而皆不展其用，可惜也。夫史鱼以不用死，伯玉以不用去，徒使直臣、君子之名见称于圣人，亦何益乎？夫子意谓：甚矣，卫之多君子也。然其最著者，吾得两人焉，其一为史鱼，其一为吾友蘧伯玉。史鱼之直声，古今所无；而伯玉之君子，吾党所少也。夫史鱼于执简记，奉讳恶①足尽职业优劣之理；即史鱼于弥子瑕、蘧伯玉，非有生平恩仇之分：而乃奸不去，贤不庸，目将不瞑；君不听，责不塞，死犹自罚②。故曰史鱼之直声，古今所无也。乃伯玉之道，无可拘方，而彼独以推移行之；即伯玉之事，无可形据，而吾能以情意况之。故使邦有道也，史鱼曰"时幸圣明，不可不如矢也"，而伯玉亦曰"吾将仕矣"，固异局而同其符；使邦无道焉，史鱼曰"世当昏垫③，尤不可不如矢也"，而伯玉则曰"吾将隐矣"，将两地而行其志。夫伯玉去就绰绰，诚无所需于史鱼存没④之荐；而史鱼中心养养⑤，诚有窥于伯玉出处之贤。甚哉，道相高，两人又以心相许也。史鱼生，而伯玉庶几可仕；史鱼死，而伯玉不得不卷矣。策后人不能故也，而长逝者恨有终穷乎？君子曰：尸谏，忠有余也，史鱼之死也贤其生⑥也；辟难⑦，权不足也，伯玉之去也贤其处⑧也。然而卫以不竞⑨矣！

【评】忽分忽合，仿史迁合传错综之法，而并得其神骨。

【题解】出自《卫灵公·直哉史鱼》。

子曰："直哉史鱼！邦有道，如矢；邦无道，如矢。"（史，官名。鱼，卫大夫，名鳅。如矢，言直也。史鱼自以不能进贤退不肖，既死犹以尸谏，故夫子称其直。事见《家语》。）君子哉蘧伯玉！邦有道，则仕；邦无道，则可卷而怀之。"（伯玉出处，合于圣人之道，故曰君子。卷，收也。怀，藏也。如于孙林父、宁殖⑩放弑之谋，不对而出，亦其事也。杨氏曰："史鱼之直，未尽君子之道。若蘧伯玉，然后可免于乱世。若史鱼之如矢，则虽欲卷而怀之，有不可得也。"）

【注释】

① 执简记，奉讳恶：史官之职，执掌简策，向国君讲陈所讳所恶之事。讳，先王之名。恶忌日。《礼记·王制》："大史典礼，执简记，奉讳恶。"
② "奸不去"以下：指史鱼"尸谏"事。史鱼劝谏卫灵公任用蘧伯玉、黜免幸佞弥子瑕，灵公不听。史鱼临死，令其子不要"治丧正堂"。后灵公来吊，得知此情，遂感悟。
③ 昏垫：陷溺。垫，陷。本指困于水灾，《尚书·益稷》："洪水滔天，浩浩怀山襄陵，下民昏垫。"
④ 存没：活着时和死后。史鱼活着时荐蘧伯玉，也通过"尸谏"荐蘧伯玉。
⑤ 中心养养：心中忧愁。语出《诗经·邶风·二子乘舟》："愿言思子，中心养养。"朱熹集传："养养，犹漾漾，忧不知所定之貌。"
⑥ 贤其生：史鱼的死比他活着时的行为显得更加贤德。
⑦ 辟难：避难，此指蘧伯玉不在卫国任职。《易·否》："君子以俭德辟难，不可荣以禄。"
⑧ 处：指在卫国任职。此句谓，蘧伯玉离职比在卫国任职显得更贤德。
⑨ 不竞：不强，不振。《左传·襄公十八年》："南风不竞，多死声。楚必无功。"
⑩ 孙林父、宁殖：卫国大臣，曾逐其君卫献公。

钦定启祯四书文卷五(《论语》下之下)

群居终日　一节

陈际泰

圣人难群居者，以其所习非也。夫习不可不慎也，群居终日，而所言、所好如此，能无及乎？且夫人最患在以小人之实而托君子之名，游谈自肆，徒党相师而风俗坏，祸端从矣。吾于世之群居终日者，窃有以畏其不终①也。夫人各思立事，要当自惜分阴②，安得废而为闲旷之游；夫人即有聚首，亦当共乘时隙，安得纵而为高广之论。而彼固不然也，收召好名之徒，而士之有实者不至；共为标榜之目，而道之大体者不知。终日所言，非有及于义也，幽僻之说，仅为小慧之所流，而彼且津津矣；终日所行，非有及于义也，嵬琐③之行，仅为小慧之所形，而彼且沾沾矣。夫衰乱之世，瑕衅④易生，修谨言行，犹虑有他也，而彼顾尔⑤耶；盛明之朝，是非尤辨，综核名实，诚难自诡也，而彼顾尔耶？即万一免也，固已道薄于当年，风颓于百代矣。是以虚名方盛，知几之士已绝而不交；祸变相寻，先论之言至是而乃验。然则群居终日者，安可不慎也！

【评】晋人清谈，互相标榜，废弃礼法。小者灾及其身，大则祸延于世。圣言深远，数百载以后学者流弊包括无遗。作者胸中具有后世事迹，用以阐发题蕴，言简义闳。苍然之色，渊然之光，不可逼视。

【题解】出自《卫灵公·群居终日》。

子曰："群居终日，言不及义，好行小慧，难矣哉！"（小慧，私智也。言不及义，则放辟邪侈之心滋。好行小慧，则行险侥幸之机熟。难矣哉者，言其无以入德，而将有患害也。）

【注释】

① 不终：没有好下场。
② 分阴：极短的光阴。
③ 嵬琐：犹"委琐"，鄙陋。
④ 瑕衅：可乘之机，嫌隙。
⑤ 顾尔：却是如此。顾，却；尔，这样。

君子疾没世而名不称焉

陈子龙

无后世之名，圣人之所忧也。夫一时之名不必有也，后世之名不可无也，故君子不求名，而又不得不疾①乎此。夫子若曰：好名者，人之恒情也，故下士求名，人亦不得以为躁，但我恨其急一时之名而非千秋万世之名耳。若君子则知所以审处②于此矣。以为一时之名，自我为之，而其权在人，苟我之聪明才力注乎名，则有名，而皆倚人以为重，盛与衰我不得而知之，此名而名者③也；千秋万世之名，自人为之，而其权在我，苟我之聪明才力注乎名，未必有名，而常修己以自立，高与下我将得而定之，此名而实者也。名而名者无之，在于未没世④之前，君子岂可以徒疾乎？名而实者无之，在于既没世之后，君子岂得而不疾乎？人之生也，有爱有憎，故有幸而有名者，有不幸而无名者，至于身没之后，与其人不相接，则不可曰爱憎之所为也，而寂寂者竟如斯，则将何以自异于里巷之子耶？人之生也，有失势有得势，故有幸而无名者，又有不幸而有名者，至于身没之后，与其时不相及，则又有非得势失势之可论矣，而泯泯者遂如斯，则又何以自别于草木之俦耶？人之贵乎荣名者，贵其有益生之乐也，君子之贵荣名者，贵其有不死之业也，死而无闻，则其死可悲矣，死而可悲，则其生更可悲矣，是以君子抗节砺行，惟恐不及耳；人之以为没世之名者，是我身后之计也，君子以为没世之名者，是我大生之事也，死而无闻，则其死不及忧矣，死不及忧，则其生大可忧矣，是以君子趋事赴功，惟日不足⑤耳。人但见君子之为人也，誉之而不喜，毁之而不惧，以为君子之忘名也如此，而不知有所其不忘也；不大言以欺人，不奇行以骇俗，以为君子之远名也如此，而不知有所甚不远也。盖有大于此者而已，有久于此者而已。若夫营营⑥于旦夕之间，是求速尽⑦者也，好名者岂如是乎？

【评】圣人不是教人求名，起手提出"在人"、"在我"已透"疾"字根源。读至"死而无闻"数语，鞭辟痛快，作者庶几不负斯言。

【题解】出自《卫灵公·君子疾没世而名不称焉》。

子曰："君子疾没世而名不称焉。"（范氏曰："君子学以为己，不求人知。然没世而名不称焉，则无为善之实可知矣。"）

【注释】

① 疾：厌恶，憎恨。

② 审处：谨慎地选择。

③ 名而名者：有名无实的名，与自己修养不相称的名。

④ 没世：死，去世。

⑤ 惟日不足：只觉时日不够。惟，只；足，够。《尚书·泰誓中》："我闻吉人为善惟日不足，凶人为不善亦惟日不足。"

⑥ 营营：劳而不知休息，忙碌。引申为钻营追逐。《庄子·庚桑楚》："全汝形，抱汝生，无使汝思虑

营营。"

⑦ 速尽：指生前之名，一时之名。

吾犹及史之阙文也　一节

陈子龙

即二事而有今昔之殊，此春秋之衰也。夫史之阙文，良史也；有马借人，贤士大夫之事也。春秋既衰，而此风邈矣。若曰：风俗之变因乎时势，岁月之间，先后异观者亦已多矣。若夫记言之臣，后世之所考也；当涂之子①，天下之所望也。而不能参镜②列国之书，广扬诸侯之誉，此二大事也，而变可胜言哉？吾闻周之盛时，司典之官，汇于王府，君子之马，以徕③宾士，此王者之风也，而吾不及见矣；至于齐晋主盟，赴告④之策，交于友邦，车马之富，以惠失国⑤，此伯者⑥之盛也，而吾亦不及见矣。若夫吾生之初，伯国之业衰矣，然同盟之邦，不废聘问⑦，执简⑧之士，因得以详稽其事焉，而未详者，则阙而不书，若所称老聃、南史、倚相⑨之流，文章简直，尚可风也；执政亦少鄙矣，然境外之交，固多贤者，文辞之会，或得以私致其情焉，而有马者，则借人乘之，若所见晏婴、子产、叔向之徒，言论绸缪⑩，亦可怀也。当是之时，史官有征信之书，而善恶易知；士大夫有忼慨之情，而交游及远。数十年以来，而天下之事渐异矣。至于今者，盟会之事既稀，而诸侯之使不以情相告，国安得有信史乎，于是作史之人，恣其胸臆以示博综而失于诬矣，岂如向者之史，后世得以考其得失哉？弱小之国益贫，而世卿之贵大率以贿⑪闻，士安从所取资乎，彼其钧驷⑫之家，厚自封殖以相侈大而不假借矣，岂如向者之马，侪辈得以通其有无哉？嗟夫，此固吾之所及见也，而竟不可复得耶？且夫国史之重也，惟其慎，而邪说之是非不得摇之；士大夫之尊也，惟其有德于人，而匹夫之权势不得夺之。今国史既不足信，则放言横议之流，皆思著书立说以自见，尧舜为虐，桀纣为仁，而天下之祸在于文章矣；士大夫既不好施，则袤奇⑬诡侠⑭之士，皆能轻财广交以自立，小者却赠⑮，大者借躯，而天下之权将在布衣矣。呜呼，此春秋将变之势也！

【评】感叹今昔，原其从来，极其流弊。以二者为大事，虽非的义，而风骨超迈，纤余卓荦，自非襟抱过人、沉酣古籍者不能作。

【题解】出自《卫灵公·吾犹及史之阙文也》，参见隆万文卷三顾天埈同题文。

子曰："吾犹及史之阙文也，有马者借人乘之。今亡矣夫！"

【注释】

① 当涂之子：执掌权力的人。即士大夫，也即"有马者"。当涂，即"当途"。

② 参镜：参考借鉴。

③ 徕：招徕。

④ 赴告：春秋时，各国以崩薨及祸福之事相告。前者称"赴"，后者称"告"。

⑤ 失国：指已亡而复存之国。齐桓公等，曾经重立被灭的诸侯小国，并以车马助之。

⑥ 伯者：霸者。伯，通"霸"。

⑦ 聘问：诸侯之间派遣使者互相通问。规格高的叫聘，规格低的叫问，通称聘问。

⑧ 执简：手持简册，指史官、御史等而言。

⑨ 老聃、南史、倚相：俱春秋史官。老聃，即老子，《史记·老子韩非列传》："周守藏室之史也"。南史，《左传·襄公二十五年》载有其事，齐国崔杼弑君，"大史书曰：'崔杼弑其君。'崔子杀之。其弟嗣书而死者，二人。其弟又书，乃舍之。南史氏闻大史尽死，执简以往。闻既书矣，乃还"。倚相，春秋时楚国左史，《国语·楚语下》："又有左史倚相，能道训典，以叙百物……此楚国之宝也。"

⑩ 绸缪：情意深厚。

⑪ 贿：贪财。

⑫ 钧驷：毛色纯一的驷马。钧，毛色纯一。《史记·平准书》："自天子不能具钧驷，而将相或乘牛车。"

⑬ 衺奇：邪僻，不遵常道。衺，邪恶，不正当。《周礼·比长》："有罪奇衺则相及。"

⑭ 诡侠：诡奇，不守法度。侠，《韩非子·五蠹》："侠以武犯禁。"

⑮ 却赠：拒绝他人的赠予。

众恶之 一节

徐方广

圣人论好恶，而戒徇众者焉。盖察者，所以用其好恶也，奈何以众而可废乎？且天下无不可以同人，而惟好恶则必由己。盖情发于中，非真见而诚出之，不可也。今之好恶者，多不免于因人，而尤易于附众。不知众人有众人之好恶焉，而我亦自有我之好恶焉。使苟而同于众，是我遂无好恶也；惟举而试为察，则我故自有好恶也。察者不因众而起信，岂因众而起疑，独彼所为瑕瑜失得之端，亦必尝亲见之，而后爱憎之意得缘而有所出，不然，则未知夫所曹好曹恶①之为何事也；既无意于徇众，岂有意于矫众②，独彼所为积毁积誉之实，亦必尝微得之，而后妍媸③之意始因而有所生，不然，则未知夫所受好受恶之为何本也。故即众人之恶自真吾恶④，众人之恶自妄，察则彼此皆真矣；即众人之好自确吾好，众人之好自浮，察则人我皆确矣。在君子每虚中而无我，而依声传响⑤，无关自有之情，不得不少参稽焉，所以千万人之中，而一人之好恶自在也；君子亦与斯民⑥而同直，而悠悠藉藉⑦，无与本心之用，不得不更考核焉，使诚⑧人人能察，而千万人之好恶斯公也。彼有漫相附和而了然⑨无当于心者，其亦自失其好恶而不知也与？

【原评】 如此讲"必察"，方是虚中无我，且见圣贤微细用心处。行文苦思镵刻，而词气浑雅，尤不可及。

【题解】 出自《卫灵公·众恶之》。

子曰："众恶之，必察焉；众好之，必察焉。"（杨氏曰："惟仁者能好恶人。众好恶之而不察，则或蔽于私矣。"）

【注释】

① 曹好曹恶：大家一起喜欢，或者大家一起厌恶。曹，辈，很多人。

② 矫众：有意与众人不同。

③ 妍媸：美丑，此指褒贬。

④ 自真吾恶：自己弄清楚是否真正应该厌恶某人。

⑤ 依声传响：指没有真正凭据，随声附和，人云亦云。

⑥ 斯民：百姓。此句谓并非有意异于众人，语本《论语·卫灵公》："斯民也，三代之所以直道而行也。"

⑦ 悠悠藉藉：众口悠悠，人言藉藉，指众人杂乱众多的议论。

⑧ 使诚：假如。

⑨ 了然：全然。

辞达而已矣

张家玉

原辞所由立，为其不可废者①而已。夫意之所至，辞亦至焉，达之所以足尚也，又多乎哉？今夫世变升降之故，文章为之也。古人之文，可以为质而不可以为拙；今人之文，可以为多而不可以为是②。著论愈工而淳气愈不可留，抚兹繁薄③，不识立言者之何从始，且不识尚口④者之何所止也。夫辞，则何为者乎？有先乎辞者，而后辞处于不得已之势，夫辞也，人望而尊之，无如人见而喻之之为胜也；有存乎辞者，而后辞立于不能损之地，夫辞也，人诵而多之，无如人惜而少之之为当也。故辞之贵，贵乎达而已矣。辞之在心几何耳，及喉舌而数倍，及篇章而又数倍，然则增加之则何所治乎？典训⑤之篇，简而严矣，以为是风之隆，而不独风之隆也，理明则知易，知易则要⑥得，其不辨也，有所以为辨也，是亦可以无辨矣；辞之全体具在耳，善读者得其数篇，又善读者得其数语，然则观摩之益何所赖乎？尔雅⑦之章，约而尽矣，以为是情之塞⑧，而不独情之塞也，道立则气尽，气尽则指⑨全，其不析也，有所以为析也，即以是为至析矣。然则谓辞之略余于意，而辞之详余于才乎⑩？夫一言而尽所欲言，与数言而不克明所必言，其才之优与绌大可识矣，好尽者之不欲为简，抑亦好尽者之不能为简也。我观椎鲁⑪之士，意识勿矜，发言苍凉，而人多信之，昔之辞人，亦若是则已耳。然则谓辞之捷全于质，而辞之繁全于文乎？夫纷然言之而引义不伦，与洞然言之而罕譬而喻⑫，其辞之文不文大可见矣，已甚⑬者之求为可观，抑亦已甚者之将为可厌也。我观博赡之士，菁华既竭，渐就刊落⑭，而人必珍之，古之辞人，亦若是则已耳。全吉士⑮之养，谨仁人之衷，存天地之理，见圣贤之心，辞达而已，又多乎哉？

【评】清微敏妙，颇与陈、章为近。后二股精警明辨，实能发人之所未发。

【作者简介】

张家玉（1615—1647），字元子，号芝园，广东东莞人。崇祯十六年（1643）进士，选庶吉士。李自成陷北京，家玉被胁而降，后归南明。及南京陷，从唐王入福建，引兵力战于江西。而汀州失守，隆武帝被杀，家玉不得已潜归东莞。顺治四年，家玉起兵攻东莞城，连取数县，十月，为清军所围，自投野塘中以死，年三十有三，永明王予谥文烈。有《张文烈遗集》。

【题解】 出自《卫灵公·辞达而已矣》。

子曰：“辞达而已矣。”（辞，取达意而止，不以富丽为工。）

【注释】

① 不可废者：指言辞所表达的“意”。

② 是：正确。

③ 繁薄：指文章辞繁而气薄。

④ 尚口：崇尚言谈。《易·困》：“有言不信，尚口乃穷也。”

⑤ 典训：指经典著作。《尚书》有“典”有“训”，如《尧典》、《伊训》等，都很简要。

⑥ 要：要点，精要。

⑦ 尔雅：雅正。

⑧ 情之塞：此指遏抑不当的情感。

⑨ 指：旨，意思。

⑩ 此句谓：认为言辞详细就是文才有余。

⑪ 椎鲁：朴质。

⑫ 罕譬而喻：说话用不着多比方，都能听懂。形容话说得非常明白。《礼记·学记》：“其言也约而达，微而臧，罕譬而喻。”

⑬ 已甚：过头，指过分讲究文辞。

⑭ 刊落：删除，删除文字。此指删繁就简，追求简约。

⑮ 吉士：犹言贤士。

丘也闻有国有家者　一节

钱　禧

国家有无患之道，以忧为辞者①非也。夫均、安则国家长治矣，倾且无有，奚贫、寡之足患哉？夫子疾冉有以“子孙忧”为辞，故责之。曰：谋人之事，诚不可忘所患也。患生于有欲，则鄙琐难以告人，而计利者其害必巨；患生于无欲，则吁谟②可以垂训，而远祸者其福必长。求③果为后世忧也，即奈何不如丘所闻也。昔者先王以天下之人民命有德，以天下之土田赍④有功。树君公于国，置大夫于家，名位截然，罔敢逾越，至均⑤也；国下逮于家，家上承于国，恩义相接，欢若一体，至安也。谁见为寡而患之？见有寡即不均也⑥，不均，患有甚于寡者；谁见为贫而患之？见有贫即不安也，不安，患有甚于贫者。不患寡而患不均，不患贫而患不安，丘所闻于有国有家者如此。盖尝熟计而身处之：王者善建不拔⑦，莫严乎定君臣之分，使为之臣者觊觎绝而忠爱生；圣人制治保邦，莫大乎一上下之情，使居其下者君父先而子孙后。是故均则无贫而和矣，和则无寡而安矣，安则不独无贫、寡，而直无倾矣。国家之荣怀⑧，以和为极，而均固所以开其始；国家之历年，以无倾为极，而安固所以厚其终。是以我所闻患在此不在彼也。由此言之，先王封建⑨之权，出之至公，故垂之永久，人臣以道事君，当详明祖宗大法，不可以僭逾之妄举，坏我典章；古人持盈⑩之道，可以养心，亦可以保世，君子学古入官，当敷求⑪前哲格言，不得以富强之私图，托为善后。求也，患其所不当患，不患其所当患，何不闻丘之所闻焉？

【评】不烦经营，而准平绳直。从容安顿，举止大方。

【题解】出自《季氏·季氏将伐颛臾》，参见化治文卷三罗伦《昔者先王以为东蒙主》。

丘也闻有国有家者，不患寡而患不均，不患贫而患不安。盖均无贫，和无寡，安无倾。

【注释】

① 以忧为辞者：指冉求（冉有）。《论语》本章叙季氏将伐颛臾，而冉有为之辩解，借口"今不取，后世必为子孙忧"。

② 吁谟：远大宏伟的谋划。《诗经·大雅·抑》："吁谟定命，远犹辰告。"

③ 求：冉求，即冉有。

④ 赉：赏赐。

⑤ 均：此指君臣上下各得其分。

⑥ 此句，朱熹《集注》以为，季氏据国，鲁君无民。季氏仍感到民少，想去伐鲁国的附庸以增加自己的人口，这本身就已经逾越了上下之分，是"不均"。

⑦ 不拔：不可动摇。

⑧ 荣怀：谓国家繁荣安宁。《尚书·秦誓》："邦之杌陧，曰由一人；邦之荣怀，亦尚一人之庆。"蔡沉《集传》："怀，安也。"

⑨ 封建：封邦建国。

⑩ 持盈：即"持盈保泰"，指在极盛时要谦恭谨慎，以保持平安。盈，指极盛的状态。《老子》："持而盈之，不如其已。"

⑪ 敷求：广求。《诗·大雅·抑》："罔敷求先王，克共明刑。"

盖均无贫 三句
金 声

明忧所自无，而当患者可审矣。夫国家苟无所忧，其亦可以止矣，而必于均、和、安得之，是以所患在此不在彼也。今夫有国家者，好生事而求多于人，此意不过欲富，非尽有倾覆之虑也，乃或以倾为辞。若余所闻"不患寡而患不均，不患贫而患不安"之说，皆得而解之。盖将为子孙计，乃不各均①是念，非直厌处寡也，亦以为一寡②之后，其贫匮之意即不可以终日，而不知患寡之时，并多寡之象亦尽生于人心；且既为子孙计，曾不各均是念，岂诚不顾其安哉，亦以为患寡之时，其计不过不均，其势何遽不安，而不知不均之后，其中即有不和之意，其既③乃亦真有相倾之事。有如国家各如其国家④，不以僭拟兼吞之欲生于君公卿长之地；由是而国家各供其国家，所谓靡然烦费之举亦不出于截然至足之中。盖天下事有定数则见其然者，有定情则实不然者。以国俯家，以家仰国，比量焉而均焉者，未必无寡也，此定数之见其然者也；而以国用国，以家用家，斟酌焉而均焉者之，尚有贫也，此定情之必不然者也。且是均焉者，亦初无寡也；彼其均焉，则已和也。物以两忌，而各域于所处，君子之上下内外至相为用，且合焉而见多；情以相伤，而自少其所植，君子之失得出入既无可争，亦畅焉而无歉。盖至是而有余不足，不必相取，非其戛戛焉制于不得已而命于无可如何也，其心安焉；苟至是而强弱远近，有迹无心，可以相为终身亦复可以相为世世也，庶乎其或免于倾矣。夫古今来国家亦有倾者，倾非必其尽贫，贫非必其尽寡也，而若之何鳃鳃焉日求免寡免贫以为免倾计也；且夫国家亦既安矣，虽且寡、寡亦不贫，虽且贫、贫亦不倾也，而况乎其盈盈焉又已无贫无寡以至于兹也。今而后真不患贫矣，反患其不安以至于倾耳；亦不患寡矣，惟患其不均以致不和耳。奈何实以厌贫之心，而发为益寡之说；乃假保倾之名，以遂其不和之事。贫、寡，则吾不知之，彼所举，且日就倾败之道也。岂不悖哉？

【原评】曲折变化，无迹可寻，如云随风，自然舒卷。细玩其理脉之清、引线之密，又无一不极其至，真化工之笔。

【题解】出自《季氏·季氏将伐颛臾》，参见化治文卷三罗伦《昔者先王以为东蒙主》。

盖均无贫，和无寡，安无倾。

【注释】

① 各均：指上下各安其分。
② 一寡：一旦有感到"寡"（人口不足）的想法。
③ 其既：后来，最后。
④ 各如其国家：诸侯之国、大夫之家，各按其本分行事。

盖均无贫 三句

陈际泰

观均、安之效，而知不患贫、寡之由也。夫不患贫寡，岂忘贫寡也哉，亦以一均安，自有以正其本而已矣。且有国家者，日有忧贫寡之心，而终无却贫寡之术，已不可以辞①其所患矣；而乃犯其不均、不安之事以要之②，非徒不免目前贫寡之患，又将旋生意外倾亡之祸焉。虽欲长守今日，其可得乎？故吾重思之，而知均安之道大也。夫不均不安有其源，生于患贫患寡之心，日相侵削以为不堪之事，势必至于不和；贫寡亦有其源，生于不均不安之心，日相嫌忌以寻不振之辙③，势必至于自倾。乃均则无贫矣，不止于分④，虽富贫也⑤，而心有余贪；自止于分，虽贫富也，而心有余适。乃和则无寡矣，不均则不和，虽众犹有忧也，而病于自散⑥；能均则能和，虽寡无忧也，而足于无争。乃安则无倾矣，君臣之间不安，则虽富强也而枝全本拨⑦，识者常有旦夕之虞；君臣之间既安，则虽瘠弱也而隙杜神王⑧，敌国自销窥伺之意。然则贫寡不患而均安是患，计非迂也。君子上观千世，下观千世，阅其成败之衅⑨，知其推致之由。昔之为是言也，非徒理道之言而无经寔⑩之美，睹其所以然而知其必然，故其说通达治体，循之而有其方；吾之尊所闻也，非徒浮游之慕而无综核之思，推其言之意、参以心之宜，即其说櫽括⑪大端，详之而有其故。夫人臣之义，忧当先其大者，国既倾亡，不利不独在君；人臣之计，忧当先其本者，势既均安，所利不独在无贫寡。由此言之，不患贫寡而患不均安，非其无意于是也。不均不安，以为有大于贫寡者矣；能均能安，以为有过于不贫不寡者矣。季氏可无知乎？

【原评】作此题者，于"均"、"安"、"和"字而尚费打叠，何暇涵咏"盖"字，又何能通篇涵咏"盖"字。于此见大士才力之雄。

【题解】出自《季氏·季氏将伐颛臾》，参见化治文卷三罗伦《昔者先王以为东蒙主》。

盖均无贫，和无寡，安无倾。

【注释】

① 辞：此指免除、避免。
② 要之：招致祸患。之，代上句所言"患"。
③ 不振之辙：不能振兴家邦的办法。
④ 止于分：安守本分。分，本分。
⑤ 虽富贫也：虽富，贫也。谓虽然已经富足，但贪心不止，总感到贫乏。
⑥ 自散：自己导致上下离心。
⑦ 枝全本拨：枝叶看起来都没有损伤，但树根却已折断。此处喻指国家看似强盛，但上下不和，有倾覆之危。拨，断绝，折。《诗经·大雅·荡》："枝叶未有害，本实先拨。"
⑧ 隙杜神王：上下的嫌隙被杜绝消除了，精神也旺盛。神王，即神旺。《庄子·养生主》："泽雉……不蕲畜乎樊中。神虽王，不善也。"
⑨ 衅：缝隙，喻指事端。《左传·宣公十二年》："会闻用师，观衅而动。"
⑩ 经寔：即"经实"，解决实际问题。
⑪ 櫽括：此指概括其要点。

天下有道 一章

侯峒曾

圣人慨世变而深致意于有道焉。盖道之行也，自天子以至于庶人，而又何所不画然①也哉？孔子时，不惟无明天子，抑亦无专诸侯②，独有大夫者，日与其臣③窃国而因以相窃耳。故不得已因鲁史定褒讥④，以自附于庶人之议。然而其事变，其心悲，喟然叹曰：吾安得有道之天下而一观王化哉？盖天下大柄，礼乐与征伐二者，而总恃有道以维持其间。道非他，天子出之，诸侯以至庶人画而守之者是已。权不替，故可大；势不分，故可久。持此长世⑤，虽万世无敝可也，而不虞无道者之转相出也。去天子最近者诸侯，而其大夫能以冒上亡等⑥之说逢君⑦而首乱⑧，则递而拟之，何不至焉？去天子最远者陪臣⑨，而其大夫能以鬻权窃柄⑩之术率属而作俑⑪，则尤而效之⑫，又何诛焉？既自诸侯而大夫，而陪臣；则亦自十世而五世，而三世。转降转逆⑬，亦侥得侥失⑭，有断断不爽⑮者，而大抵皆大夫之故也，则皆无道之故也。于斯时也，庶民兴、清议出矣。庶民诚非有诟谇之心，而大势已移，则真是真非，亦欲以空谈维国是⑯；庶民诚不司议论之责，而大权既散，则匹夫匹妇，若思以公道救人心。向使天下而有道乎？则礼乐征伐固自天子出矣，政必不在大夫矣。彼庶人者，岂不能与结绳画象⑰之理、静守于无言，而敢为议哉？今乃知去势家之操柄，而即可还共主之威灵；然欲扶庙廊之纪纲，亦还藉于草茅⑱之笔舌。夫庶人者，能折大夫之奸以归柄于天子，使天下而不终出于无道，则其议焉可已；使天下而终出于无道，则其议尤不可以已也。《春秋》之作，真不得已也。

【原评】提出"大夫"，为通章枢纽，前后运旋，都成一片。却全是理势之自然，非串插家舞文伎俩。故势峻而节和，雍雍然犹具先民气体。

【评】酌当年之世变，为一篇之要领。批郤导窾，纵横如志。

【作者简介】

侯峒曾（1591—1645），字豫瞻，号广成，嘉定县人。天启五年（1625）成进士，历官浙江右参政，称贤能。福王时，用为左通政，辞不就。及南京覆，峒曾偕黄淳耀等率士民誓死固守嘉定。七月城陷，峒曾挈二子并沉于池。有《侯豫瞻诗》等。

【题解】出自《季氏·天下有道》，参见隆万文卷三胡友信同题文。

孔子曰："天下有道，则礼乐征伐自天子出；天下无道，则礼乐征伐自诸侯出。自诸侯出，盖十世希不失矣；自大夫出，五世希不失矣；陪臣执国命，三世希不失矣。天下有道，则政不在大夫。天下有道，则庶人不议。"

【注释】

① 画然：指上下等级清晰，各安其分。画，划分界限。

② 专诸侯：独掌国家之政的诸侯。孔子时，诸侯失权，政由大夫。

③ 臣：此指大夫的家臣。

④ 指作《春秋》。

⑤ 长世：使国家历世久远。

⑥ 冒上亡等：冒犯其上，目无等级。亡，无。

⑦ 逢君：迎奉国君，引导其作恶。《孟子·告子下》："长君之恶其罪小，逢君之恶其罪大。"

⑧ 首乱：带头作乱。

⑨ 陪臣：此指诸侯国中大夫的家臣。陪臣，指隔了一层的大臣，大夫之臣于诸侯为陪臣。

⑩ 鬻权窃柄：弄权以谋利，又窃取权柄。

⑪ 作俑：即"始作俑"，第一个做坏事，或某种恶劣风气的开创者。俑，指陪葬用的泥俑。《孟子·梁惠王上》："仲尼曰：'始作俑者，其无后乎！'为其像人而用之也。"

⑫ 尤而效之：即效尤，知其错误而效法。尤，错误。

⑬ 转降转逆：等级下降，而悖逆之心愈盛。

⑭ 侥得侥失：得失无常，时得时失。或指得、失皆不合于常道。侥：出于偶然，不合常道。《列子·

力命》:"佹佹成者,俏成者也,初非成也。佹佹败者,俏败者也,初非败也。"

⑮ 爽:差错。

⑯ 维国是:维系国家的正论、大政。国是,国家的重大政策。

⑰ 结绳画象:指上古之时,民心朴质,易于治理。《易·系辞下》:"上古结绳而治,后世圣人易之以书契。"画象,歧说颇多,通常认为是画不同的衣服代表五刑,《公羊传》襄公二十九年何休注引孔子:"三皇设言民不违,五帝画象世顺机,三王肉刑揆渐加",徐彦疏谓:"五帝之时,黎庶已薄,故设象刑以示其耻,当世之人,顺而从之。"

⑱ 草茅:指民间人士,庶民。

禄之去公室　一节

徐孚远

圣人深论鲁事,而知专国者之不终也。夫公室久衰,大夫久强,此三桓之盛也。而夫子曰其后必微,是盖有理耶?抑势耶?且我观三家之专鲁,鲁君弗堪,亦尝深计以图之,而识者曰"舍民数世①,不可以动",至于昭、哀之事②,而知果不可以动也。果不可以动,则其事将成也。然事固有难料者,更数世而公室依然,向之专政者竟不知所往。此后人之所深论,而圣人固已前知之矣。尝试计之,自襄公之时而鲁作三军③,禄去公室自此也,而君子推其本,则必曰宣公自此以下为五世;自季友④来归而三家⑤继兴,政逮大夫自此也,而君子论其志,则必曰武子自此以下为四世。公室之世进而益二⑥,示惩也,君子以此戒其君,若谓国柄不可假人,大夫虽贤,专制在下,犹夫失之耳;私家之世退而减二⑦,示劝也,君子以此励其臣,若谓事君在乎尽节,文子以后,唯私是图,可正名为窃耳。夫以私逼公,不可下之势也;枝大披根,不可久之计也。然则三桓之子孙,将无与鲁代兴哉?而孔子曰其后浸微矣,则何也?盖尝论其势而知之。以鲁之褊小也,裂而为三,则不可以立国,此与晋三卿⑧之事异矣,故三卿终分晋,而三家不能也;以三家之参耦⑨也,并而为一,则又莫敢先动,此与齐田常⑩之事异矣,故田常能取齐,而三家不能也。然则其在定、哀之时能自立,而其后微者,何也?定、哀之时,齐晋之卿皆未成为诸侯,未成为诸侯,故奖其同恶而保持之,鲁之君无如之何也;定、哀以后,齐晋之卿皆已成为诸侯,已成为诸侯,故恶其无等⑪而夷灭之,三家亦无如之何也。我观诸史策,自悼公之末,而三家之事无闻焉⑫,未知其归政于公耶?委而出亡耶?绝而无后耶?盖不劳力而去之,故曰微也。此盖断以人事,而或且曰圣人之智,过于蓍龟⑬也。

【评】知人论世,凿然有据,盖自《史记·鲁世家》得之。故有正嘉启祯名手推阐经传之文,则天下不敢目时文为末技矣。　通篇断制,不入口气⑭,固非体,而精论自属不磨。

【作者简介】

徐孚远(1599—1665),字暗公,号复斋,松江(今上海)人。与夏允彝、陈子龙等人为友,结几社,为几社六子之一,以道义文章名。崇祯十五年(1642)举于乡,明亡后，起兵抗清，佐鲁王监国，后随郑成功至台湾，老死海岛。著有《钓璜堂存稿》二十卷等。

【题解】出自《季氏·禄之去公室》。

孔子曰："禄之去公室，五世矣；政逮于大夫，四世矣；故夫三桓之子孙，微矣。"（鲁自文公薨，公子遂杀子赤，立宣公，而君失其政。历成、襄、昭、定，凡五公。逮，及也。自季武子始专国政，历悼、平、桓子，凡四世，而为家臣阳虎所执。三桓，三家，皆桓公之后。此以前章之说推之，而知其当然也。此章专论鲁事，疑与前章皆定公时语。苏氏曰："礼乐征伐自诸侯出，宜诸侯之强也，而鲁以失政。政逮于大夫，宜大夫之强也，而三桓以微。何也？强生于安，安生于上下之分定。今诸侯大夫皆陵其上，则无以令其下矣。故皆不久而失之也。"）

【注释】

① 舍民数世：已经有几代人没有直接统治百姓。昭公尝欲图季氏，懿伯认为不可。语见《左传·昭公二十五年》："舍民数世，以求克事，不可必也。"

② 昭、哀之事：鲁昭公时，三桓共攻昭公，昭公被迫出亡，后卒于外；哀公时，欲借诸侯之力以劫三桓，反被三桓所攻，流亡于外。

③ 作三军：鲁襄公十一年（前562年），鲁国季武子编定三个军，把公室军队一分为三。三军由三桓，即季孙氏、叔孙氏、孟孙氏每家各管一军。

④ 季友：鲁桓公季子，庄公之弟，季氏的先祖。平庆父之难，立僖公，被僖公封于费。

⑤ 三家：即下文"三桓"，指鲁国三家权臣孟孙氏、叔孙氏、季孙氏，他们都是鲁桓公的后人，具体说，分别是鲁桓公的三个儿子庆父、叔牙、季友的后裔。

⑥ 益二：指计算"禄去公室"的世数，由襄公上推，加上即宣公、成公二代。因为宣公、成公二代酿成后来的"禄之去公室"。

⑦ 减二：计算"政逮大夫"的世数，减去季友、季文子（季孙行父）两代，只从季文子之子季武子（季孙宿）开始算起，因为季友、季文子毕竟还算没有背叛王室。按，季友之子早卒，季文子为其孙，接任鲁国正卿。

⑧ 晋三卿：指韩、赵、魏三家。晋哀公四年（鲁悼公十年），三家灭智伯而有其地；晋静公二年，三家灭晋而分其地，晋祀绝。

⑨ 参耦：互相结合。

⑩ 田常：齐国大夫，谥成子。鲁哀公十四年，田常弑其君齐简公于徐州，专齐国之政，其后人取代姜氏而有齐国。

⑪ 无等：僭越上下尊卑的名分。

⑫ 《史记·鲁周公世家》："悼公之时，三桓胜，鲁如小侯，卑于三桓之家。"而此后则不载三桓之事。

⑬ 蓍龟：蓍草、龟甲，古人用以占卜。

⑭ 不入口气：指这篇八股文没有用孔子的语气来论述问题，不合体例。

侍于君子有三愆 一节

金 声

从侍得愆，兼得时言①之妙于君子矣。夫言、不言，俱有愆以中其间，为之侍者亦难矣。虽然，以此得愆，何幸也。尝谓学者莫患乎无愆也，今与宵小常人处，则终日无愆矣。是故事贤友仁，不惟是仪刑②儆心、眚误③相规也。当其前，即启口耳，正使无穷之伏愆立见，能开我以检察之门。夫愆莫愆于应静而躁、应露而隐、应明察而瞀，中之肺腑之微，不暇检之语默之际者，脱④不遇君子，何由得此三者哉？其人业不如己矣，吾议论蜂起，不顾其时，反令惊吾气壮；寂默无语，莫测其蕴，反令钦我神远；惟吾口舌之启闭，不复问彼颜色之顺逆，反令改颜动色，逡巡而就吾幅。而不可得于君子之前也，于是侍而愆随之矣，愆而三丛之矣。侍者不知也，逼君子而立陈；君子不言也，试自反而毕见。启助可以相长，侍则有言，必君子言及之，可言也，否则躁，或者鉴是为吉人之寡⑤，而不言为慎也，夫以言愆，乃更有以不言愆者也；虚心可以相质，侍果不能无言，一君子言及之，随言也，否则隐，或者乘绪论之递及，而直言无隐也，乃颜色未见，免愆于躁，未免愆于瞀。忽应言，忽不应言，言不言，惟君子之操纵阖辟而不敢自主持也，谓惟此乃有主持耳，吾惟伺君子之论次意向，以为吾语默之准而语默悉当，不然，舍君子而何往不自由也，徒侍以取愆也哉？倏及倏不及，倏言及而色不及、躁、隐、瞀，亦若君子之颠倒鼓弄而不关自造也，谓惟此可自省耳，吾惟借言语之先后动静，以消我鄙吝之根而陶铸已多，不然，侍君子而所望何极，徒一言之约束也哉？

【原评】从"侍于君子"四字，翻转出一番新意，正复题中所应有也。此种最足益人神智。

【题解】出自《季氏·侍于君子有三愆》。

孔子曰："侍于君子有三愆：言未及之而言谓之躁，言及之而不言谓之隐，未见颜色而言谓之瞀。"（君子，有德位之通称。愆，过也。瞀，无目，不能察言观色。尹氏曰："时然后言，则无三者之过矣。"）

【注释】

① 时言：在恰当的时候说话。按，这一破题之意，是说人们跟君子在一起，跟君子说话，容易暴露出毛病；也正因为如此，才能有机会检查自己，从而学到怎样恰到好处地说话。
② 仪刑：效法，法式。《诗经·大雅·文王》："仪刑文王，万邦作孚。"朱熹《集传》："仪，象；刑，法。"
③ 眚误：过失错误。
④ 脱：倘若。
⑤ 吉人之寡：贤人言语不多。《易·系辞下》："吉人之辞寡，躁人之辞多。"

隐居以求其志 二句
杨以任

至善之学，圣人追味其所以出、处焉。盖以其善善①天下者，吾志也，隐居求之、行义达之，是何学欤？今夫人各有志，无所慕而为善，无所畏而不为不善，斯亦足以独行矣。然而天下之善不善无终穷也，则吾身之善宁有底也？吾又追味夫隐居、行义之中有人焉，盖以求其志而达其道云。当其隐居也，为善去恶之身，有所求之矣。是故所周旋者淡然家人之事，正此淡漠相接也，亲亲、长长之天下宛入吾怀，爱我者奖我以富贵也，乌知丈夫之志哉，体万物于入孝出弟②，盖明发有怀③以始之矣；所酬错④者熙然小人之事，正此熙攘⑤与对也，歌有成、乐无知之古今愀然在目，彼知我者娱我以贵不如贱、富不如贫也，乌尽丈夫之志之求哉，推一介于千驷万钟⑥，盖天地神鬼以凛⑦之矣。由是天下有道，可以行义于天下矣，天下之善吾得而进之，天下之不善吾得而退之，其事为明良之符⑧；即天下无道，亦必思行义于天下矣，吾岂若⑨使吾君为至善之君哉，吾岂若使吾民为至善之民哉，其事为否泰之转⑩。然而天下之行者，未必义也；所以达者，未必其道也。三代以上，义与天道相权；三代而下，义与人伦相守。有必行之义矣，完必行之义，即完可达之道，圣贤第以无憾于其志；有必不可行之义矣，守不可行之义，无伤可达之道，圣贤要亦藏用于所求。吾由善善恶恶者，进而追味焉。有是哉！隐居以求其志，行义以达其道也，夫非至善之学欤？

【评】扼要在"求志"二股。平淡中精深广大，"道"字体用毕该，故后来只须"达之"而足也。"行义"兼穷、达两层，义乃完备。作者得肩随陈、章，赖有此等合作。

【题解】出自《季氏·见善如不及》。

孔子曰："见善如不及，见不善如探汤。吾见其人矣，吾闻其语矣。（真知善恶而诚好恶之，颜、曾、闵、冉之徒，盖能之矣。语，盖古语也。）隐居以求其志，行义以达其道。吾闻其语矣，未见其人也。"（求其志，守其所达之道也。达其道，行其所求之志也。盖惟伊尹、太公之流，可以当之。当时若颜子，亦庶乎此。然隐而未见，又不幸而蚤死，故夫子云然。）

【注释】

① 善：使……善。
② 入孝出弟：指回家要孝顺父母，出外要敬爱兄长。弟，通"悌"，敬事兄长。《论语·学而》："子曰：弟子入则孝，出则悌。"
③ 明发有怀：指孝顺父母之思。明发，黎明、平明。《诗经·小雅·小宛》："明发不寐，有怀二人。"朱熹《集传》："二人，父母也。"按，本句谓行仁行义，始于孝思。
④ 酬错：应对。
⑤ 熙攘：即熙熙攘攘，指人多而喧闹。《史记·货殖列传》："天下熙熙，皆为利来；天下攘攘，皆为利往。"
⑥ 千驷万钟：指极丰厚的俸禄。万钟，指万钟禄，优厚的俸禄。此谓把一介（极细微的东西）的出入看得如千驷万钟般严重，语本《孟子·万章下》："（伊尹）非其义也，非其道也，禄之以天下，弗顾也；系马千驷，弗视也。非其义也，非其道也，一介不以与人，一介不以取诸人。"
⑦ 凛：严正而有威势，此处意为威严地监督着。按，此句谓，极微小的事情也不苟且，要经得起天地鬼神的监督。
⑧ 明良之符：君明臣贤的遇合。明良，贤明的君主和忠良的臣子。《尚书·益稷》："元首明哉，股肱

良哉，庶事康哉！"

⑨ 岂若：哪里比得上。《孟子·万章下》载伊尹语："吾岂若使是君为尧舜之君哉？吾岂若使民为尧舜之民哉？"

⑩ 否泰之转：形势由坏变好。否，不利；泰，平安。

邦君之妻　一节

陈际泰

　　统观邦君之妻，而抑扬之义备矣。夫一邦君之妻也，自尊①，则与天下共尊矣；自卑，则与天下共卑矣。此固教之所存乎？且名者，圣人之所以贞物也，而尤莫严于君夫人，盖匹庶②之配微，而王后之分尊，则邦君之妻，固圣人之所致谨已焉。夫邦君之妻，所系非细故也。轻之，则匹后配嫡③亦可虞也；恣之，则女德妇怨④致足惧也。是故君子慎于二者之难也。夫名足以指实也久矣，予之以"夫人"之名，则借资于扶⑤，钧体⑥于夫，使邦君于妻有假家之庆⑦焉而不敢轻；予之以"小童"之名，则谦居于幼⑧，勉托于纯，使邦君之妻有攸遂之戒⑨焉而不敢恣。此一称也，诸福之原、王化之本⑩皆基之；抑此一称也，远近之志、详略之文皆应之矣。何也？君以为夫人，则由内及外，莫敢或以为非夫人也，一曰君夫人，二曰君夫人⑪，义系之乎君也，与天下同之者也；夫人自以为小，则由同而异，莫敢自以为非小也，一则曰小，再则曰小⑫，义不敢全之乎君也，与天下共之者也。夫妻者，求助之本也；而邦君之妻者，尤求助之本之大者也。有所不敢轻，而匹耦⑬可杜也，卑其身则失位，贱其父则无本，吾知免矣；有所不敢恣，而淫亵可闲⑭也，情欲之感介之于仪容，宴安之私形之于动静，吾知免矣。甚矣，邦君之妻之不可以苟也。

　　【评】守溪⑮作逐句实疏，周莱峰变调为之，气息疏畅。此又于所以称名之义发出精蕴，章法变而整，笔力坚以锐，可谓自开新境。

　　【题解】出自《季氏·邦君之妻》，参见化治文卷三王鏊《邦君之妻》。

　　邦君之妻，君称之曰夫人，夫人自称曰小童；邦人称之曰君夫人，称诸异邦曰寡小君；异邦人称之亦曰君夫人。

　　【注释】

① 自尊：从"尊"的方面说。

② 匹庶：平民。

③ 匹后配嫡：常作"并后匹嫡"，指妾如妻，庶如嫡。《左传·桓公十八年》："并后、匹嫡、两政、耦国，乱之本也。"

④ 女德妇怨：指女子的贪婪与怨恨都没有止境。语本《左传·僖公二十四年》："女德无极，妇怨无终"，杜预注："妇女之志，近之则不知止足，远之则忿怨无已。"

⑤ 扶：指丈夫的扶持。《礼记·曲礼下》："天子之妃曰后，诸侯曰夫人"，郑玄注："夫之言扶。"《白虎通义·嫁娶》："夫妇者何谓也？夫者，扶也，扶以人道者也；妇者，服也，服以家事，事人者也。"

⑥ 钧体：体制相等。钧，相等。

⑦ 假家之庆：指家庭和睦。《易·家人》："九五：王假有家，勿恤，吉。""《象》曰：'王假有家'，交相爱也。"孔颖达注："父父、子子、兄兄、弟弟、夫夫、妇妇，六亲和睦交相爱乐而家道正。"

⑧ 谦居于幼：君夫人自言小童，表示自己没成人。《礼记·曲礼下》郑玄注："小童，若云未成人也。"后"勉托于纯"，谓君夫人依托于丈夫。纯，火，此指丈夫。

⑨ 攸遂之戒：指妇人不要自遂，自作主张。《易·家人》："六二：无攸遂，在中馈，贞吉。"

⑩ 诸福之原、王化之本：传统以"正夫妇"为王化之本、万福之原。

⑪ 此指国君称之"夫人"，邦人及异邦人则称之"君夫人"。

⑫ 此指邦君之妻自称"小童"，邦人称之于异邦人则曰"寡小君"。

⑬ 匹耦：此当指庶妻僭越其位，与正妻相等。

⑭ 闲：戒，防止。

⑮ 守溪：即王鏊。下"周莱峰"指周思兼，其文俱见前。

好信不好学　二句

陈际泰

信而不至于贼者，好学之由也。夫信非以为贼也，而不学则必至乎此矣，学固可无好与？且夫信者，千乘不以易一言，岂不亦天下之至贵哉？然君子不恃信而恃学，以为好信犹未尽天下之美也。盖好信之人，指事命物，期于成其言，惟学所以导当①；抑好信之人，胶本折末，硁②以固其意，惟学所以和理。不然，吾惧其为蔽也，则贼矣。小信者大诈之端，谲者将托圆融以相胜；小信者大信之贼，不谲者已坐不肖以为名。信有所必伸，而所伸者涉于名义之途，夫物之轻者诚不足以格③吾信，使分属君亲，亦谓吾有成言必欲自复④乎，古今以大义徇信、予之恶名而不辞者往往有，然彼信则成矣，而人贼矣，君子所以益重乎经术之士也；信有所必履，而所履者关乎身命之事，夫信之重者诚不敢复顾其私，使要在寻常，亦谓士重然诺不能自移乎，古今以小信陨身、至其颠越而不悔者往往有，然信则践矣，而己则贼矣，君子所以深贵乎明理之儒也。是故世有怀利之人，自诡于信以犯其险危，即一瞑⑤而万世不视，然不学者或以为烈而吊之，学者或以为贼而轻之，何者，害义伤教，诚当禁绝其源而不可开；世有硁硁之士，自恃于信以要其不食⑥，令后世而吾心可知，然不学者或悯其志而哀之，学者或目为贼而贬之，何者，亏国损身，诚当斥远其名而使为戒。然则好信固未尽天下之美也，诗书以明之，朋友以极之，则信非所信而不知变，斯庶几可免也夫。

【原评】中、后四股，暗用四事立论，是一篇《春秋》，定天下之邪正解。

【评】熟于古今事故，故随其所见，迅笔而出，皆足以肖题之情。他人穷探力索，恒患意不称物，实由读书未贯串也。

【题解】出自《阳货·由也女闻六言六蔽矣乎》。

子曰："由也，女闻六言六蔽矣乎？"对曰："未也。"（蔽，遮掩也。）"居！吾语女。（礼，君子问更端，则起而对。故孔子谕子路，使还坐而告之。）好仁不好学，其蔽也愚；好知不好学，其蔽也荡；好信不好学，其蔽也贼；好直不好学，其蔽也绞；好勇不好学，其蔽也乱；好刚不好学，其蔽也狂。"（六言皆美德，然徒好之而不学以明其理，则各有所蔽。愚，若可陷可罔之类。荡，谓穷高极广而无所止。贼，谓伤害于物。勇者，刚之发。刚者，勇之体。狂，躁率也。范氏曰："子路勇于为善，其失之者，未能好学以明之也，故告之以此。曰勇、曰刚、曰信、曰直，又皆所以救其偏也。"）

【注释】

① 导当：使其行为适当。

② 硁：坚定的样子。《论语·子路》："子贡问曰：'何如斯可谓之士矣？'……（子）曰：'言必信，行必果，硁硁然小人哉！抑亦可以为次矣。'"朱熹集注："硁，小石之坚确者。小人，言其识量之浅狭也。"

③ 格：阻挠。

④ 自复：履行、完成自己的诺言。

⑤ 一瞑：闭上眼睛，指死去。语出《战国策·楚策一》："有断胻决腹，一瞑而万世不视，不知所益，以忧社稷者。"

⑥ 要其不食：指招致死亡。

好直不好学　二句

陈际泰

好直有其蔽者，非好直之过也。夫好直有蔽，则将禁天下使不直乎？惟不好学以通之，绞①乃不免耳。且直者，生人之理而三代之所行，人得之而是非不能自枉，好直者所以不绝耳。然学者为之，未尝不直，而常有有余之地，使物得而托焉；不学者为之，第行其直，而常有过激之持，使物莫得而安焉。故直诚可取，而绞不可居也；直诚自全，而学不可已也。直非可一概而施也，酌于分与理之间，有宜径情而遂者焉，有宜隐忍而全者焉，此其权衡之审，惟学有以酌其宜，故天性卞急者戒于忽理，而世有父子相证、骨肉之地绝无回护之方，君子以是操之为已戆②矣；直非可一往而发也，规于说与从③之际，有言之而人可为受者焉，有言之而己可为功者焉，此其和厚之风，惟学有以美其养，故天资孤峭者矫以优容，而世有引绳批根④者，攻摘之时绝无婉徐之意，君子以是持之为太迫矣。盖直者不能容人者也，人不幸而有过，方思改图，而此已迳急相绳，使人束缚不能以自解，既学之后，而乃笑其前事之已非耳；直者并不能容己者也，人不幸而相遭，方求少缓，而彼已展转不得，使毫发不能以自宽，既学之余，而乃愧其用心之过窄耳。世人苟以此直相师，天下已无和平之福；世人苟以此直为戒，天下又无忠梗⑤之风。夫惟知直本无弊，不学者之自弊也，则好学固所谓兼怀而两有⑥之道也。

【评】夫文足以达难显之情，"绞"字分明如画。

【题解】出自《阳货·由也女闻六言六蔽矣乎》，见上。

【注释】

① 绞：急切。

② 戄：迫促。按，孔子认为"父为子隐；子为父隐；直在其中矣"；"其父攘羊，而子证之"，并非直道。见《论语·子路》。

③ 说与从：指听者的反应。说通"悦"。从，听从。语本《论语·子罕》："法语之言，能无从乎？……巽与之言，能无说乎？"朱熹集注："法语者，正言之也。巽言者，婉而导之也。"

④ 引绳批根：此指大力排斥，不留余地。

⑤ 忠梗：忠诚、梗直。

⑥ 兼怀而两有：同时考虑到两个方面的情况，此指直而不绞、和易广大，苏轼《东坡易传·需卦》："敬之则吉，抗之则伤……惟得广大乐易之君子，则可以兼怀而两有之"。

恶紫之夺朱也 二句
金 声

声色之害正也，圣人有恶焉。夫色之有紫，声之有郑，不能不行于天地之间，而其悦人则朱与雅弗能胜也，乌能以勿恶哉？尝论贲之白①也，声之希②也，此上古之人心也。有垂裳解愠③之圣人起焉，而以洗乾坤之陋则有章采，通万物之和则有鼓吹也，而天下亦自此啧啧多故矣。色有朱也，而紫亦并用；乐惟雅也，而郑亦有声④。君子通神明之德以类万物之变，则奇正新故之相生，亦可以一视于太虚而不必低昂⑤，而无如其相克也；顺天地之撰⑥而存阴阳之理，则纯杂清浊之分致，或可以并行不悖而不必深苛，而又无如其倒置也。色有方，而离明⑦之夺目者甚矣，乃见紫而朱无色也，非朱习而紫乍⑧，非朱常而紫异，淡不胜浓，若性生焉，此一紫也，夺之始，冠裳之饰莫之厌也，浸假⑨而夺之搢绅组绶矣，浸假而夺之冕藻黼黻矣，服奇志淫，而天地正大之章⑩反莫能争也，岂非不平之事哉？音有节，而和平之感人者深矣，乃见郑声而雅倦听⑪也，非郑今而雅古，非郑细而雅巨，庄不胜淫，若难强焉，此一声也，乱之始，里巷之人不能辨也，浸假而乱之宫阃燕室矣，浸假而乱之清庙明堂矣，靡音忘倦⑫，而天地正大之声反未有以加也，岂非伤心之故哉？五德⑬之运，当王者贵，则我周所尚，虽夏玄商白⑭，仅能乞一线于杞宋⑮，而不谓无方之绚烂，乃能操其胜于本朝服色之上；一代之乐，功德所存，则善美之故，虽帝升王降亦终无以剖其优劣，而不谓小国之浇风⑯，乃大鸣其豫⑰于王迹板荡之余⑱。视听之官⑲不思，孰肯反而寻其所自始，目眩耳聋，而忻厌⑳定情于其间，郑、紫所以锢聪明之用也；音容之理无常，孰肯细而念其所当正，破度败律，而贞邪易位于其中，郑、紫所以坏礼乐之器也。可勿恶哉？

【评】 "夺"字、"乱"字逐层拔剥，自微而巨，自下而上，至于世道移、人心坏而"恶"字踊跃于行间矣。高谈闳议，磊落激昂，题中更无可辟之境。

【题解】 出自《阳货·恶紫之夺朱也》。

子曰："恶紫之夺朱也，恶郑声之乱雅乐也，恶利口之覆邦家者。"（朱，正色。

紫，间色。雅，正也。利口，捷给。覆，倾败也。范氏曰："天下之理，正而胜者常少，不正而胜者常多，圣人所以恶之也。利口之人，以是为非，以非为是，以贤为不肖，以不肖为贤。人君苟悦而信之，则国家之覆也不难矣。"）

【注释】

① 贲之白：指以白色（素色）来装饰。贲，饰。《易·贲》："上九：白贲，无咎。"王弼注："处饰之终，饰终反素，故在其质素，不劳文饰而'无咎'也。"

② 声之希：最大的声音听起来很稀薄（或释为很安静）。语出《老子》第四十一章："大音希声，大象无形。"按，此二句谓上古之时，人们还不讲究色彩、音乐。

③ 垂裳解愠：此处指中古时代的圣君开始对"声"、"色"进行区分。垂裳，常指无为而治，此指以服色辨尊卑。《易·系辞下》："黄帝、尧、舜垂衣裳而天下治，盖取诸乾、坤。"解愠，本指舜帝使天下百姓安乐，此用其与音乐有关之意。《孔子家语·辩乐解》："昔者舜弹五弦之琴，造《南风》之诗，其诗曰：'南风之薰兮，可以解吾民之愠兮！南风之时兮，可以阜吾民之财兮！'"

④ 郑亦有声：郑声，郑国的音乐，指不健康的音乐。《论语·卫灵公》："放郑声，远佞人。郑声淫，佞人殆。"

⑤ 低昂：高低，此指褒贬。

⑥ 撰：指天地自然运行的规律。《易·系辞下》："阴阳合德，而刚柔有体，以体天地之撰。"

⑦ 离明：光明。离卦为太阳之象，《易·离》："《象》曰：明两作，离。"

⑧ 乍：刚刚。此指人们接触到，感到新奇，与"习"相反。

⑨ 浸假：此指逐渐。

⑩ 章：花纹。《周礼·考工记》注："青与赤谓之文，赤与白谓之章。"

⑪ 雅倦听：厌倦听雅乐。《礼记·乐记》载魏文侯语："吾端冕而听古乐，则唯恐卧。听郑卫之音，则不知倦。"

⑫ 靡音忘倦：听靡靡之音而忘记疲倦。见前注。

⑬ 五德：指五行，金木水火土。据"五德终始说"，朝代的推移是由五行的运转决定的。周属火德，色尚赤。

⑭ 夏玄商白：夏、商两朝分别崇尚黑、白两色。玄，黑色。《礼记·檀弓上》："夏后氏尚黑……殷人尚白……周人尚赤"。

⑮ 杞宋：杞国为夏之后，宋为商之后。

⑯ 浇风：指（郑卫两小国）浇薄、不厚道的音乐（也指风气）。

⑰ 大鸣其豫：逸豫过分，此谓淫声盛行。《易·豫》："鸣豫，凶。"王弼注："处豫之初，而特得志于上，乐过则淫，志穷则凶，豫何可鸣？"

⑱ 王迹板荡之余：指周朝的国运衰颓之后。板荡，《诗经·大雅》有《板》、《荡》二篇，诗序以为描写周厉王无道之作，后以"板荡"指时局动荡不安。

⑲ 视听之官：指眼睛、耳朵。"思"不是其功能，"心之官则思"。

⑳ 忻厌：喜欢和讨厌。忻，同"欣"。

女安则为之 一节

徐方广

无君子之心，则短丧可为矣。盖短丧，非人所不为者也，人所不安者也。安之，而

498

又孰禁其为乎？尝观先王非能以天下必仁人、必孝子也，而断然必以三年丧而不顾者，盖大有所恃也。恃夫天下之人，将有惴惴然无以自立之忧，进而求其说于先王，而先王与之以三年丧也。予①乎，食稻、衣锦而女②安之矣！女而为之，吾犹望女以不为也；女而安之，吾无望女以不为也。今吾即使女必以三年，何益于女死者，何益于天下万世之为三年丧者；女即必不以三年，何与于女死者，何与于天下万世之不为期年丧者？女善为之而已，女岂徒以是为先王之制，故不可卒变也？使其如此，当亦不待今日而废为期年。试观居丧者，何以食不甘、乐不乐、居处不安也？问之君子，君子不知，意先王之所恃以为三年丧者，其在斯乎？纵令更数十百年之后，吾知予之说于天下已矣。予而不为无当为者，予曰"可为，即亦无不可为"者。③安得俨然忧伏之日④，绝无遗憾如是；安得霜露惨凄⑤之日，极意好美如是。为期之丧，洵矣非人之所能为也。噫，吾由是而知纵有大无道之事，不能胜天下之安之者矣。

【评】思径清彻，字字入人心脾，可以觉愚砭顽。其笔峭削秀异，于金、陈、章、罗而外，又开出一境，亦可谓能自树立者。

【题解】出自《阳货·宰我问三年之丧》。

宰我问："三年之丧，期已久矣。（期，周年也。）君子三年不为礼，礼必坏；三年不为乐，乐必崩。（恐居丧不习而崩坏也。）旧谷既没，新谷既升，钻燧改火，期可已矣。"（没，尽也。升，登也。燧，取火之木也。改火，春取榆柳之火，夏取枣杏之火，夏季取桑柘之火，秋取柞楢之火，冬取槐檀之火，亦一年而周也。已，止也。言期年则天运一周，时物皆变，丧至此可止也。尹氏曰："短丧之说，下愚且耻言之。宰我亲学圣人之门，而以是为问者，有所疑于心而不敢强焉尔。"）子曰："食夫稻，衣夫锦，于女安乎？"曰："安。"（礼：父母之丧，既殡，食粥、粗衰。既葬，疏食、水饮，受以成布。期而小祥，始食菜果，练冠缘缘、要绖不除，无食稻衣锦之理。夫子欲宰我反求诸心，自得其所以不忍者。故问之以此，而宰我不察也。）"女安则为之！夫君子之居丧，食旨不甘，闻乐不乐，居处不安，故不为也。今女安，则为之！"（此夫子之言也。旨，亦甘也。初言女安则为之，绝之之辞。又发其不忍之端，以警其不察。而再言女安则为之以深责之。）宰我出。子曰："予之不仁也！子生三年，然后免于父母之怀。夫三年之丧，天下之通丧也。予也有三年之爱于其父母乎？"（宰我既出，夫子惧其真以为可安而遂行之，故深探其本而斥之。言由其不仁，故爱亲之薄如此也。怀，抱也。又言君子所以不忍于亲，而丧必三年之故。使之闻之，或能反求而终得其本心也。范氏曰："丧虽止于三年，然贤者之情则无穷也。特以圣人为之中制而不敢过，故必俯而就之。非以三年之丧，为足以报其亲也。所谓三年然后免于父母之怀，特以责宰我之无恩，欲其有以践而及之尔。"）

【注释】

① 予：宰我。

② 女：通"汝"。

③ 此二句谓：宰我认为"可为"，就不妨去作，无须问内心是否"可安"。

④ 忧伏之日：指死。

⑤ 霜露惨凄：此指感时念亲，追思父母、祖先，犹言"霜露之悲"、"霜露之感"。《礼记·祭义》："霜露既降，君子履之，必有凄怆之心，非其寒之谓也。"

微子去之　一章
夏允彝

　　圣人有感于殷臣，而发其"不忍"之微焉。夫微、箕、比干，何益于殷哉？而子以为仁，盖感于不忍之极思也。且天为斯世而生圣贤，则用世其本怀也。而或处无用之世，于是一往深情，既屈折而难伸，又徘徊而不已，遂至计弥迁、事弥惨，而衷亦弥曲，顾亦非圣贤不足以知之矣。在昔殷之末，有三人焉，曰微子、箕子、比干，而一去、一奴、一死。夫茫茫殷土，去将何之？假为宗祀地①也，不有武庚②之嫡系存乎？而且曰以奴谏耳，父师不畏，况乃囚伍③；端言不入，况乃佯狂？至于继以死谏，是又徒毙其身而重君过④也。然则此三人者，乃世所谓大愚矣。孔子曰：嗟乎！乃其所以为仁乎？惟宗臣之苦衷难已⑤，故虽事不如意，犹甘心而为无益之谋；惟志士之直节难回，故当计无复之⑥，遂激愤而成痛心之事。即如处殷之时，而非有大不忍者乎？则浊世自可以浮沉，骄君亦易于将顺⑦。即不然，而南海北海⑧俱得以肆志焉，而三人固非其情也。情至则忧，忧至则愤，拯溺⑨之志既殷，呼天之路又绝；宗社之痛固无可解，精忠之气更不可遏。此际此情，真有耳不忍闻、目不忍睹而身不忍与之周旋者。坐视不忍，几欲逃于宇宙之外；共事不忍，遂自匿于奴隶之流；生存不忍，因下避于重泉之隔。彼其一去、一奴、一死，岂不知于殷无济哉？惟知其无济而不忍不去、不忍不奴、不忍不死，乃所以为仁耳。故曰"殷有三仁焉"。噫！此不止为三仁论定也。滔滔皆是⑩而栖栖⑪不已，孔子之所感微也，故记者于《微子》之篇，而历叙辙环⑫之事。

　　【原评】言"三仁"而言悟主、言图存，皆迂儒也。此"仁"字当与"求仁得仁"同看，总之"全其心之不忍"而已。彝仲此作，先辈亦未见及此。

　　【评】几社之文，多务怪奇、矜藻思，用此为西江⑬所诋排。惟陈、夏二稿，时有清古雄直、永不刊灭之作，良由至性所郁，精光不能自掩。

　　【题解】出自《微子·微子去之》。

　　微子去之，箕子为之奴，比干谏而死。（微、箕，二国名。子，爵也。微子，纣庶兄。箕子、比干，纣诸父。微子见纣无道，去之以存宗祀。箕子、比干皆谏，纣杀比干，囚箕子以为奴，箕子因佯狂而受辱。）孔子曰："殷有三仁焉。"（三人之行不同，而同出于至诚恻怛之意。故不咈乎爱之理，而有以全其心之德也。杨氏曰："此三人者，各得其本心，故同谓之仁。"）

【注释】

① 为宗祀地：为（延续）宗祀考虑。

② 武庚：武庚，纣王子，后承殷祀。按，此数句以常人的眼光论微子之"去"，谓既然有武庚，微子又何必为宗祀考虑而出走呢？

③ 囚伍：囚徒。

④ 重君过：加重国君的过失。

⑤ 难已：难以停止。

⑥ 计无复之：再无别的办法可想，不得不如此。《史记·季布栾布列传》："夫婢妾贱人感慨而自杀者，非能勇也，其计画无复之耳。"

⑦ 将顺：迁就，附和。《孝经·事君》："进思尽忠，退思补过，将顺其美，匡救其恶，故上下能相亲也。"

⑧ 南海北海：指隐居肆志之处。《孟子·离娄上》谓伯夷辟纣，居北海之滨，太公辟纣，居东海之滨。

⑨ 拯溺：救援溺水的人，引申指解救危难。

⑩ 滔滔皆是：指天下到处都很昏乱。《论语·微子》："滔滔者天下皆是也，而谁以易之？"

⑪ 栖栖：忙碌不安的样子，指孔子周游列国推行仁道。

⑫ 辙环：车辙环绕天下，此指孔子周游列国。韩愈《进学解》："昔者孟轲好辩，孔道以明，辙环天下，卒老于行。"

⑬ 西江：江西，此指以艾南英为首的"豫章社"诸家。

直道而事人　四句

徐方广

推世道之同然，古人所以无可去也。夫皆丑直，皆好枉，古人必以其道矣，行将焉入乎？且凡人效职一官，而不能使其身一日安于其位，固不在乎去就之际，而在乎顺逆之几。苟自谅其几之无可转，则虽困阨甘之，而无徒不遑宁处①为矣。何者？天下滔滔，皆是耳。昔予之为士师也，惧戕法狥情②而无当于官也，乃尽瘁事国而又无当于君大夫也。夫是以三黜而未已，岂非以能直道而不能枉之故乎？今使予一旦去父母之邦，而予犹是予乎？人犹是人也，予犹不免于事人也，将为直道乎？为枉道乎？有如曰守吾之故而无变，则人之所向而不能阿意以从之，吾之所执而不能规便以逢之，欲其宛转而无牾③，世未必有此容之之地也；国有官守而必得于其官，国有言责而必得于其言，欲其委任而无掣④，世未必有此独治之邦也。技之拙也，能已见于鲁矣，无可合之具而为作合之谋，则予也于是乎愚；遇之疏也，兆已见于前矣，知不合之端而复多其不合之投，则予也于是乎惫。非去而事人也，殆往而三黜耳。不然，不直道而枉道也，予虽未尝身试之，亦能悬揣之。既以忤见斥，必以诡⑤相收，即此邦之人其可也，而忍言去也？予所为，宁以三黜之士师终焉耳。吁！惠之道，未能通乎鲁国之外，而逆知其无可事，此所以为轻世而肆志⑥也；鲁之人，日在惠调娱之中，而不使之不我黜，此所以为降辱而中虑⑦也。正而婉逊而不阿，其真柳下惠之风乎？

【评】以幽隽之笔，写和易之致。声音色貌，无不曲肖题。　虽"直道"、"枉道"并列，实则道可直不可枉，只答或人以"不必去"耳。前二句重发，后二句轻还，尤为斟酌得宜。

柳下惠为士师，三黜。人曰："子未可以去乎？"曰："直道而事人，焉往而不三黜？枉道而事人，何必去父母之邦。"

【注释】

① 不遑宁处：无暇过平静的生活，此指离开鲁国到别国。《诗经·召南·殷其雷》毛序："召南之大夫远行从政，不遑宁处。"

② 骫法狥情：枉法徇情。骫，骨端弯曲，引申为枉曲。狥，通"徇"。

③ 无牾：没有抵触。牾，背逆。

④ 无掣：不受牵制。掣，掣肘，拉住胳膊，比喻阻挠别人做事。

⑤ 诡：违背心意，指"枉道"。

⑥ 轻世而肆志：藐视世俗的得失，只求快意随心。按，指不会为做官而枉道事人。

⑦ 降辱而中虑：降辱，即降志辱身，指柳下惠委屈自己，仕于鲁国，志不免有降抑，身不免有污辱。中虑：指思考的问题有意义，合于人心。《论语·微子》："（子曰）柳下惠、少连，降志辱身矣。言中伦，行中虑，其斯而已矣。"

直道而事人　　四句

凌义渠

古人婉商去就，而以直自信焉。夫道可直，不可枉也；身可黜，亦可三也。谁为爱吾直者乎？古人虑之审矣。想其谢或人者，曰：遇合之难也，夫人而计之矣，独历我以炎寂①之味而觉其便，有不觉其迂者，似难以去就论也。子之爱吾至矣，夫我亦何乐受此落落②之名。但人情之所共托者，不欲多为婉转，而人遂以直当之也；抑意中之所未安者，不免过求其是，而人适以枉遇之也。直则直耳，而逢时若此，亦自谅其事人之未工矣，夫徒守此朴拙之面目以供酬对，不肖也，即强朴拙者而缀以风华，愈不肖也，我未尝暂改其初服③，人何从顿易其是非，世于我其谓之何？枉则枉耳，而揣合④至此，亦既谓事人之有道矣，夫将饰一不情⑤之面目以快独对⑥，未善也，抑工此不情者而转以共对，当无不善也，我既忍尽揉其本来，人安得复执其既往，世于我又谓之何？其黜也，不以课吏治而以责世情，尝思夫手足不能自运，胸臆不得自展，此际之作合亦甚难，夫既知其难，而进退之意味可历历想也，世固有悬车⑦而待者乎，我殆将往矣；其去也，不以志悁怼⑧而以规进取，尝思夫风性以渐而柔，世故有时而熟，此际之揣摩原自易，夫肯为其易，而闲官之浮议可稍稍息也，鲁固有转而拂拭⑨者乎，我殆将仕矣。盖为直为枉，似各有道焉而不相为用，人安得概而徇之；他邦与故国，实惟此一道焉而不谋共同，吾固将习而安之已矣。亦终守此父母之邦，藉以优游而已。

【原评】风神婉妙，似正似谐，"和"处亦见，"介"处亦见。

【评】诗人之优柔，骚人之清深，兼而有之。合之归、徐⑩二作，可称三绝。

凌义渠（1593—1644），字骏甫，号茗柯，浙江乌程人。天启五年（1625）进士，官至大理卿。有清操，在朝多建白。李自成陷北京，义渠闻崇祯帝已崩，自系，奋身绝吭而死。赠刑部尚书，谥忠清，清廷谥忠介。制义有《凌茗柯稿》，俞长城谓其文"情辞悱恻，发乎不自已之衷"。

【题解】出自《微子·柳下惠为士师》，见前，参见隆万文卷三归子慕《直道而事人》。

【注释】

① 炎寂：犹"炎凉"。
② 落落：此指不合群，落落寡合。
③ 初服：喻指原先的志向，美好的节操。《离骚》："进不入以离尤兮，退将复修吾初服。"
④ 揣合：迎合。
⑤ 不情：此提违背真实性情而取悦于人。嵇康《与山巨源绝交书》："欲降心顺俗，则诡故不情。"
⑥ 独对：单自面对，谓自处。后"共对"指与人交游。
⑦ 悬车：指隐居不仕。《后汉书·陈寔传》："遂不起，闭门悬车，栖迟养老。"
⑧ 悁怼：愤怒，怨恨。
⑨ 拂拭：赏识。
⑩ 归、徐：归子慕、徐方广，其同题文见前。

且而与其从辟人之士也　　而谁与

谭元春

以圣人为辟人①，而辟人非圣人矣。夫圣人何尝辟人，惟有与人耳；即引人以相从者②，又可称辟乎哉？且圣人之挽隐士，必挽之以共相与；隐士之讥圣人，多讥之以不肯辟。而桀溺之言尤有异焉，自以为绝人而逃世，离群而索居，一丘一壑之外，非吾与矣。而因见夫车殆马烦③者之似有择也，遂以辟人目之；而因见夫风尘追逐者之似将倦也，则以从己导之。耰而不辍，明示以辟世者如此光景耳。夫所耦耕之土，非世乎？所问津之处，非世乎？此固不必言，而试问其终日所与者。长沮也，是亦一人也；万一子路忻然而从焉，则所与者子路也，是又一也。心不能忘情于世人，而势必至乱群于鸟兽。鸟可群耶？兽可群耶？非斯人之徒与，而谁与耶？一往一来，一出一入，随所在而辄逢，随所逢而辄对。即如今日者车中有由，途中有沮溺，人问之、人答之、人述之、人听之。不知者以为无情之丘壑，深知者即以为有情之宇宙，而谁辟？而辟谁哉？夫以子所最爱之人，而谓其辟；子所相与爱人之子路，而谓其从辟人。师弟之不见信于隐者，隐者之不通晓乎人情，莫此为甚矣；故所遇之隐者不一，讥者不一，而竟未有发其忻然如今日者也。若夫痛痒之相关，欲辟终不忍辟；人我之无分，辟人只以自辟。则沮溺之浅人，又何足以知之？

【评】作者论诗，惟取灵隽，虽异俗径，而家数则小，其所为文亦然。原评谓其不能持论，虽穷工极巧，往往入于僻陋，不由康庄，必入鼠穴，学之者不可不慎。其说最为知要。

【作者简介】

谭元春（1586—1637），字友夏，号鹄湾，湖广竟陵（今湖北天门）人，天启七年（1627）举人。元春与同里钟惺共选《诗归》，一时名声甚赫，世称"钟谭"，主张抒写"性灵"，追求"幽情单绪"、"奇情孤诣"，文学史称为"竟陵派"。元春著有《谭友夏合集》。

【题解】 出自《微子·长沮桀溺耦而耕》。

长沮、桀溺耦而耕，孔子过之，使子路问津焉。（二人，隐者。耦，并耕也。时孔子自楚反乎蔡。津，济渡处。）长沮曰："夫执舆者为谁？"子路曰："为孔丘。"曰："是鲁孔丘与？"曰："是也。"曰："是知津矣。"（执舆，执辔在车也。盖本子路御而执辔，今下问津，故夫子代之也。知津，言数周流，自知津处。）问于桀溺，桀溺曰："子为谁？"曰："为仲由。"曰："是鲁孔丘之徒与？"对曰："然。"曰："滔滔者天下皆是也，而谁以易之？且而与其从辟人之士也，岂若从辟世之士哉？"耰而不辍。（滔滔，流而不反之意。以，犹与也。言天下皆乱，将谁与变易之？而，汝也。辟人，谓孔子。辟世，桀溺自谓。耰，覆种也。亦不告以津处。）子路行以告。夫子怃然曰："鸟兽不可与同群，吾非斯人之徒与而谁与？天下有道，丘不与易也。"（怃然，犹怅然，惜其不喻己意也。言所当与同群者，斯人而已，岂可绝人逃世以为洁哉？天下若已平治，则我无用变易之。正为天下无道，故欲以道易之耳。程子曰："圣人不敢有忘天下之心，故其言如此也。"张子曰："圣人之仁，不以无道必天下而弃之也。"）

【注释】

① 辟人：避人，指避开世上无道之人。

② 引人以相从者：此指长沮、桀溺。他们想引导子路追随其后，也不能算避人。

③ 车殆马烦：车危且马疲，形容旅途困乏。曹植《洛神赋》："日既西倾，车殆马烦。"

长幼之节 四句

陈子龙

隐士有不废之"节"，贤者明难废之"义"。①夫君子之告人也，乘其所明而入。君臣之义可废乎？抑何其躬行于家也。且圣人之明义也，因乎人之所不安，而成乎人之所甚安；始乎至近，而卒乎至远。惟其不安于近也，乃其能甚安于远也，而人始不敢曰"举其一而外者，我有所不知也"。夫不仕无义，安归乎？归于不可废也。丈人未尝登君之朝，我则尝入丈人之室矣。入其家，胡然秩秩尔②，以此知非无意经世者也，务为驯谨之行，草野而有儒者之风，夫亦知所本矣；观其仪容，胡然雍雍尔③，以此知非自外名教者也，立身中庸之间，子弟而敦长老之习，夫亦知所学矣。岂非以长幼之节不可废哉？虽然，严而不可逾者节也，广而莫可逃者义也，节归长幼，义则君臣。夫君臣亦大矣，世有求之，圣人不以为诣，而独不许其废，以为吾有以推之也，今有人未尝不明其类而或异焉，我求其故而不得矣；君臣之义亦广矣，世有怨之，圣人不以为罪，而独不许其废，以为吾有所素由也，今有人已力行见其效而独去焉，我思其心而不测矣。苟出而图吾君也，即家庭之所为而有余，与其为善于家也，夫宁为善于国，若斯人之不出，其谓之何？能起而怀此都④也，则父兄之所教为有素，其为长幼也父，则亦将为君也臣⑤，若斯人之偏举⑥，不可解矣。夫节也，义也，不敢与不忍之心，一而已。⑦礼逾于难犯，而仪谨于易侵⑧；行遗于当世，而情深于一家，未之有也，其何以长有此长幼⑨哉？假令丈人之家，少凌长、小加大，则丈人犹将恶之；使推而至于君臣之间，即当世之贤人君子皆以为弗及也。

【评】意无殊绝，顿宕雍容，前后回抱，数虚字神情俱出。

【题解】出自《微子·子路从而后》。

子路从而后，遇丈人，以杖荷蓧。子路问曰："子见夫子乎？"丈人曰："四体不勤，五谷不分。孰为夫子？"植其杖而芸。（丈人，亦隐者。蓧，竹器。分，辨也。五谷不分，犹言不辨菽麦尔，责其不事农业而从师远游也。植，立之也。芸，去草也。）子路拱而立。（知其隐者，敬之也。）止子路宿，杀鸡为黍而食之，见其二子焉。明日，子路行以告。子曰："隐者也。"使子路反见之。至则行矣。（孔子使子路反见之，盖欲告之以君臣之义。而丈人意子路必将复来，故先去之以灭其迹，亦接舆之意也。）子路曰："不仕无义。长幼之节，不可废也；君臣之义，如之何其废之？欲洁其身，而乱大伦。君子之仕也，行其义也。道之不行，已知之矣。"（子路述夫子之意如此。盖丈人之接子路甚倨，而子路益恭，丈人因见其二子焉。则于长幼之节，固知其不可废矣，故因其所明以晓之。伦，序也。人之大伦有五：父子有亲，君臣有义，夫妇有别，长幼有序，朋友有信是也。仕所以行君臣之义，故虽知道之不行而不可废。然谓之义，则事之可否，身之去就，亦自有不可苟者。是以虽不洁身以乱伦，亦非忘义以殉禄也。……范氏曰："隐者为高，故往而不反。仕者为通，故溺而不止。不与鸟兽同群，则决性命之情以饕富贵。此二者皆惑也，是以依乎中庸者为难。惟圣人不废君臣之义，而必以其正，所以或出或处而终不离于道也。"）

【注释】

① 此句"节"指长幼之节，"义"指君臣之义。
② 胡然秩秩尔：为什么恭肃有序呢？胡然，为何。秩秩，肃敬有序貌。《诗·小雅·宾之初筵》："宾之初筵，左右秩秩。"郑笺："秩秩然肃敬也。"
③ 雍雍尔：雍雍然，和谐貌。《诗·大雅·思齐》："雍雍在宫，肃肃在庙。"郑注："雍雍，和也。肃肃，敬也。"
④ 怀此都：指为国家服务。贾谊《吊屈原赋》："瞝九州而相君兮，何必怀此都也？"
⑤ 此二句意谓荷蓧丈人按照长幼之节，是父；按照君臣之义，也当为臣。

⑥ 偏举：指荷蓧丈人谨长幼之节，却废君臣之义。
⑦ 此句谓节与义，不敢之心与不忍之心，都是相通的。
⑧ 此二句谓：丈人之家，在不可侵犯的君臣之礼上有逾越，却在易于混同的长幼之节上格外认真。
⑨ 长幼：此指家庭中长幼有序的情况。

故旧无大故　二句

陈际泰

　　轻弃故旧，于义俭矣。夫故旧之来也，非一日矣，小故而辄弃之，岂不人人自危乎？且一介之士，必有密友，故亲亲、大臣之外，又有故旧焉。故旧与新进，相为重轻者也，吁俊①日益用事，则故旧为无权；而故旧与国家，相为终始者也，社稷所共存亡，则故旧为可恃。由此言之，故旧而可弃乎？故旧非有大故而可弃乎？故旧而远言之，是祖宗披垦草莱②所共劳苦者也。带砺之盟③，天府④藏之矣，亦望其子孙世有之，奈何所坐⑤微浅辄相翦除乎？社稷之子，或在畎亩⑥，诚有所不可知，顾保而全之，有以崇德象贤⑦，终在为其上者耳。故旧而近言之，是微时征逐里巷⑧所共忧虞者也。天日之誓⑨，神明鉴之矣，亦望其腹心久托之，奈何一犯睚眦⑩遂至中乖乎？慕用之诚，卒相暴弃，诚有所难期，顾曲而宥之，毋使凶终隙末⑪，终望有其权者耳。盖故旧之人，日益其风气之古，其脂韦⑫逢合，诚有不若后进之工，而运移势谢，地既夺之；且故旧之人，自恃其夙昔之恩，其脱略禁防，诚有以来指摘之口，而隙开事会，谗亦胜之。所赖上之人之保持之者，夫岂微哉？大故而曲贯⑬之，固伤国威；小故而剪弃之，亦伤国体。故孺子于故旧之谊不宜俭也。

　　【原评】说来曲折，寻之意味深长。　　元子启宇⑭，岂即有祖宗披垦草莱之人；即征逐里巷，亦非当日情事。然其波澜自佳。

　　【题解】出自《微子·周公谓鲁公曰》，参见隆万文卷三石有恒《周公谓鲁公曰》。
　　故旧无大故，则不弃也。

【注释】

① 吁俊：本指求贤，此即指贤士。《尚书·立政》："吁俊尊上帝。"孔颖达疏："招呼贤俊之人，与共立于朝，尊事上天。"
② 披垦草莱：在荒芜之地开辟田地。披，分开草莽；草莱，杂生的草，亦指荒芜之地。
③ 带砺之盟：指封爵的盟誓。带，衣带；砺，磨刀石。《史记·高祖功臣侯者年表》："封爵之誓曰：'使河如带，泰山若砺，国以永宁，爰及苗裔。'"谓即使黄河变细如衣带，泰山变小如磨刀石，而誓言不变。
④ 天府：掌管祖庙宝藏的机构。《周礼·秋官·大司寇》："凡邦之大盟约，莅其盟书，而登之于天府。"郑玄注："天府，祖庙之藏。"
⑤ 坐：犯罪。
⑥ 畎亩：田间，指民间。此句指尊者可能沦落为平民，语本《国语·周语下》："天所崇之子孙，或在畎亩，由欲乱民也。畎亩之人，或在社稷，由欲端民也。"

⑦ 崇德象贤：崇重有德，效法先贤。《尚书·微子之命》："惟稽古，崇德象贤。"

⑧ 征逐里巷：指寒微时身处街巷之间，互相追随，感情很好。韩愈《柳子厚墓志铭》："今夫平居里巷相慕悦，酒食游戏相征逐。"

⑨ 天日之誓：指着天、日发誓，表白心迹。韩愈《柳子厚墓志铭》："指天日涕泣，誓生死不相背负。"

⑩ 睚眦：发怒时瞪眼睛，指极小的仇恨。《史记·范雎蔡泽传》："一饭之德必偿，睚眦之怨必报。"

⑪ 凶终隙末：谓交道不永，朋友最终变成仇人。隙，嫌隙，仇恨。

⑫ 脂韦：即"如脂如韦"，比喻阿谀或圆滑。脂、韦，本指油脂和软皮，《楚辞·卜居》："宁廉洁正直以自清乎？将突梯滑稽如脂如韦以絜楹乎？"

⑬ 贳：宽贷，饶恕。

⑭ 元子启宇：此指伯禽受封于鲁。元子，天子和诸侯的嫡长子。启宇，指建立邦国。

君子信而后劳其民

金　声

上不敢轻劳其民，所以善劳其民也。夫信其民，而后可以惟吾之劳而莫吾疑也，君子之为其民也，岂必急急以劳为事乎？尝谓民亦劳止①，上之人康之、息之而已，乌有劳其民而以为治哉！劳之者，必有不获已于此也，其劳之故、劳之之心，凡皆以为民也，惟其然而天下后世之劳其民者因以轻矣。调和之道、周旋之术，在拂民自便②者，反百方开释以自盖③其毒；而大功不谋众④，大德不和俗，此真心为民者，反毅然直行而不顾其安。君子曰：民不自知劳，上代驱之使劳，此其事本非上一人任矣，与人共其事则必与其人共商之，未有代谋而可以独断者也，利害明而后人心不贰，此非信无由也；上即驱民劳，亦必民躬自劳，此其间已非上之力所能及矣，使人为其事则必使其人乐就之，未有交浅而强相劝以不堪者也，情志通而后甘苦同命，此非信莫先也。国家之权，其可以不必劳其民有益其民者，下所嗷嗷以待，即上所皇皇未竟也，岂遂无可致力哉，君子正未始一日有劳民之心也，惟其宽民力、惜民财、勤恳无已之情相感于平昔，而一旦有故，百姓虽不便，皆晓然有以谅其心之无他；牧民之道，其所以佚民必迂出⑤于劳民者，效犹待于异日，苦已著于目前也，岂遂可以喻此愚民哉，君子初不必解说于民而责以远见也，但使饥民饥⑥、寒民寒、展转轸念⑦之处入人于肺肠，而偶有骚动，愚民即无识，已确然有以知其君之为我。是故当其信民之日，循循乎其若有所畏也，醇醇乎其无以加于民也，甚不若速近功者之朝至而夕令、破此可守成不可乐始⑧之民，以独行其志也；及其劳民之日，翩翩然其不介以孚也，熙熙然其呼之而立应也，又何必如速近功者之朝至而夕令，或借令必行、禁必止之势，以自助其所不及也。而后服君子之重，而后见君子之用。若为人而使谓厉己，殆矣；为民之心而反受一厉民之名，拙矣。

【原评】步步从"劳"字逆追出"信"字，理势曲尽，情亦感人。

【评】"而后"二字，顺写则易平易直，逆追则愈曲愈深。健笔盘空，尤当玩其细意熨贴处。

【题解】出自《子张·君子信而后劳其民》。

子夏曰："君子信而后劳其民，未信则以为厉己也；信而后谏，未信则以为谤己也。"（信，谓诚意恻怛而人信之也。厉，犹病也。事上使下，皆必诚意交孚，而后可以有为。）

【注释】

① 民亦劳止：老百姓已经太辛苦了。语出《诗经·大雅·民劳》："民亦劳止，汔可小康。"后文"息之"、"康之"指休息、安乐。亦出于此："民亦劳止，汔可小息"，"民亦劳止，汔可小康"。
② 拂民自便：违背民意，方便自己。拂，违背。
③ 自盖：自我掩饰。
④ 大功不谋众：为了成就大功，不必和众人一起来谋划。《商君书·更法》："夫民不可与虑始，而可与乐成。论至德者不合于俗，成大功者不谋于众。"
⑤ 迂出：指采取间接的办法。为了让百姓能够安逸，先必须辛苦百姓，这是"迂出"。
⑥ 饥民饥：把百姓的饥饿当作自己的饥饿，感同身受。
⑦ 轸念：深切关怀。
⑧ 可守成不可乐始：可以和他们一起享受成功的喜悦，不能和他们一起谋划事业的开始。语本《商君书·更法》，见前注。按，此一股谓当统治者取信于民之时，好像不如毅然直行者那样方便快捷；后一股谓，后来百姓肯主动为统治者服务，又比靠法令来强制百姓要好得多。

上失其道　四句

陈际泰

大贤蹩于失道之民，故戒有得情之喜焉。夫失道，民散犯法所自来矣，得情而喜，岂仁人之心哉！曾子告阳肤曰：子为士师，吾不过责子以难为之事也。移而易之①，此教化之由，而非伤肌肤②之效。自伤卑贱，不得致此，顾吾心所得尽者，愿有以易乎俗吏之为之也。何也？民之犯法也，求之必有其情；民情之来也，渐之亦有其端。盖自先王之治民也，有耕牧以厚之，使生其赡足之乐而蓄其敦庞③之原；有教化以柔之，使养其廉耻之心而长其恩爱之义。故其时风俗醇美，狱讼衰息，乃今无复是矣。明王不作，耕战迭兴。一切致民之具荡然无余，而诸所谓相系之风嚣然尽丧，盖非一朝一夕之故矣。然则俗之习非日久，而民之扞罔④时闻，亦何怪其然也哉？此亦在上者之过也。夫迫于不得已，此犯法一情也，其可哀矜者犹小；陷于不自知，此犯法又一情也，其可哀矜者独深。何者？彼民不幸不生成康之世⑤，而愚昧既愆；故民不幸不游乐利之休⑥，而桁杨相望⑦。为士师者索而得其情，因索而得其致情之情，即不得亏主之法而曲宥之，亦何心蔽民之罪而自功之也哉？盖士师之所得为者，上不能与道致治，导迎善气以洗余风；下不能枉法徇情，捐弃科条以苏元元⑧。独此求生不得、致死不忍之心，蹩然恻然，以明仁人君子之用情而已矣。夫求己之安，而至利人之死，君子既有所不为；致之者非民之罪，而陷之者非今之君，君子又无所归咎。然则哀矜勿喜，士师之所得为，如是而已。嗟夫，人命至重，鬼神难欺，清议莫逃，冥谪尤重。为士师者以狱为寄者也，可不戒哉？可不惧哉？

【题解】出自《子张·孟氏使阳肤为士师》。

孟氏使阳肤为士师，问于曾子。曾子曰："上失其道，民散久矣。如得其情，则哀矜而勿喜。"（阳肤，曾子弟子。民散，谓情义乖离，不相维系。谢氏曰："民之散也，以使之无道，教之无素。故其犯法也，非迫于不得已，则陷于不知也。故得其情，则哀矜而勿喜。"）

【注释】

① 移而易之：移风易俗，转移人心。
② 伤肌肤：指刑罚。
③ 敦庞：丰厚，富足。
④ 扦罔：触犯法律。罔，同"网"，指法律。《史记·游侠列传》："朱家……虽时扦当世之文罔"。
⑤ 成康之世：西周初年成王、康王时期，指政治清明的时代。《史记·周本纪》："成康之际，天下安宁，刑错四十余年不用。"
⑥ 乐利之休：指前王的遗德。《大学》："《诗》云：'於戏前王不忘！'……小人乐其乐而利其利。"
⑦ 桁杨相望：犯罪受罚的人非常多。桁杨，古代用于套在囚犯脚或颈的一种枷。《庄子·在宥》："今世殊死者相枕也，桁杨者相推也，刑戮者相望也。"
⑧ 元元：百姓。

不知命 一节

章世纯

有所以为君子者，而达天要矣。夫所贵君子者，其自守定矣。然非知命之后，何以几此乎？且君子之学，尽其人之所可为而已，彼天之所为，吾何与焉？然必知其在天者，而后可断于人事之途。吾观古之君子，以己之所为与天道相为推移，此知命之固然、后而奉之①之道也；亦以己之所为与天道相为损益，此知命所由然、先而不违之道也。惟不知命者，或视人事太重，则数之所定，皆谓人力所得为；或视人事太轻，则道不自尽，而于己无复可恃。如是而俟命之学不可以责焉矣，可以得而将捷收之，不可以得而且逆夺之，争造物之所不与，必忍人世之所难甘，行险徼幸，必是人矣；造命之学尤不可以望焉矣，应得之福而反或左之，非分之祸而适或逢之，造天下之奇趋，必获天下之奇穷，从逆以凶，必是人矣。盖天下惟是非之所在，利害之说常往争之，何知是义，害则去耳，何知非义，利则从耳，此由不知天之有命与人道分者也，然则虽有圣贤之术，不足以实其见矣；天下惟是非之所在，利害之事亦往附之，见可利，则诡以遇焉，见可害，则诡以脱焉，此由不知天之有命与人道合者也，然则虽有强力之操，不足以镇其卒矣。如是而欲为君子，其道何由哉？是以守己之士，洞观造物之消息，而尝以其事往而从天，盖知命而天之事始胜矣；既知造化之消息，因以己之事反而还己，盖知命而人之事亦复胜矣。夫知命之关于人，固不重哉？后之人亦有为知命之说者矣，而遂废其人事而任之。夫任之，而人道安在乎？弃命者无主，恃命太重者无志。此两者，亦皆讥耳。

【评】义广而深，词约而尽。粗秽悉除，但存精气。

【题解】出自《尧曰·不知命》。

子曰："不知命，无以为君子也。（程子曰："知命者，知有命而信之也。人不知命，则见害必避，见利必趋，何以为君子？"）不知礼，无以立也。（不知礼，则耳目无所加，手足无所措。）不知言，无以知人也。"（言之得失，可以知人之邪正。尹氏曰："知斯三者，则君子之事备矣。弟子记此以终篇，得无意乎？学者少而读之，老而不知一言为可用，不几于侮圣言者乎？夫子之罪人也，可不念哉？"）

【注释】

① 后而奉之：及下"先而不违"均本《易·乾》："夫大人者……先天而天弗违，后天而奉天时。"孔颖达疏："'先天而天弗违'者，若在天时之先行事，天乃在后不违，是天合大人也。'后天而奉天时'者，若在天时之后行事，能奉顺上天，是大人合天也。"

不知命　一节

陈子龙

知命之不可强，所以坚君子之心也。夫人欲为君子而不知命，则疑畏兼至矣，是以贵于达天之学耳。且夫人所遇之境，不能遁于天之外，而今人势去则以为己之拙，时乘则以为己之巧，此其大惑者一也；人所行之事，天无所与其间，而今人谓直遂①多以遇祸，规避每以蒙福，此其大惑者二也。如是，则何恃而泰然为君子哉？盖是非者，君子与小人分焉者也；而祸福者，君子与小人共焉者也。自世之人不察，或狃于迪吉②之说，以为修德者必有崇高之位，泽厚者必流子孙之祥，如是，虽当为善之时，方忻忻然重有所望，君子岂若是哉，而况乎其不可问也；或狃于道消之会，以为严气正性多亢节之虞，植节显名有沦濡之患，如是，虽当为善之时，方惴惴然大有所忧，君子岂若是哉，而况乎其未可知也？凡此皆不知命之故耳。盖天下之患不胜防，故圣人履顺违逆之旨，与小人趋利避害之心，相似而实有相反；名教之寄不可屈，故天道报施靡常之事，与贤人见义必赴之道，相背而适以相成。且夫论命之所由然，则有莫能易者存焉，而聪明之士遂有为先觉之说者，大固有一定而细亦有一定，则人无可自勉矣，夫彼既莫能易，我何用详其莫易乎，但通其大略而知其不必忧也，我自为君子而已；论命之所以然，则有至不通者存焉，而放达之流遂有为任运之说者，恶固不可为而善亦不必为，则人无所用心矣，夫彼虽至不通，我安可同其不通乎，但识其无据而知其不足论也，我自为君子而已。苟非知命，几何而可以自决哉？夫命者，英人志士之所厌而不道者也，然惟知之而后可以弃而事我之所为耳。天方富淫③，而善人无禄，究为有激之论，而造化卒本于无心；既有令名，而复求寿考④，岂非难兼之期，而死生当置之度外。此所以为君子也。

【评】云间、江右⑤，径涂各别。而此篇明快刻著，颇类陈大士笔意。盖理本无二，而浸润于古籍亦同，故辙迹有时而合也。"命"字专指死生祸福，不夹入造命，较章作更有把握。

【题解】出自《尧曰·不知命》，见上。

【注释】

① 直遂：直道而行。
② 迪吉：从道则吉。《尚书·大禹谟》："惠迪吉，从逆凶，惟影响。"
③ 富淫：让奸邪之人富贵。
④ 寿考：长寿。
⑤ 云间、江右：松江（今上海）与江西，此分别指松江人陈子龙等组成的"几社"和江西人艾南英、陈际泰（大士）等组成的"豫章社"。

钦定启祯四书文卷六(《中庸》)

天命之谓性　一节

杨廷麟

　　《中庸》明性、道、教之原，以正天下之为学也。盖学必正其所自，后可以不惑。以性归天，以道归性，以教归道，《中庸》之统，可与万世共守之矣。子思继孔子之传而作《中庸》以垂世立教，其大义在于明道，而大原本于知性以知天，乃于首章发其旨。曰：学术之淆乱折于中，百家之异同息于一。使人见性，则邪说不敢行也；使人体道，则伪学不敢混也；使人尊教，则异端不敢侵也。今夫性之说始于"降衷"①，自人以气质言性，善恶杂糅，而性几为天下晦。夫万物之原出于天，天在人之先，性在气之先。生物者阴阳之气，命物②者太极之理，苟知其一本③于天命，则知性者神明之初体。天命善不命恶，命圣不命愚，而性于是得其正。道之传始于"允执"④，自人以虚无言道，是非殊方，而道几为天下裂。夫三才之中人为尊，天未生人道在命始，天既生人道在性初。性具于心而兼动静之理，道统乎事而备刚柔之义，苟知其一本于率性，则知道者人性之自然。性本健⑤而率之以易⑥，性本顺而率之以简，而道于是得其正。教之统原于"物则"⑦，自家异尚、人异学，各立一教、道术分岐，而教始为天下病。夫万民之觉开于圣，代天则欲继天之功，尽性则欲极性之量。忧一时之不悟立政以教一时，忧万世之不明著书以教万世，苟知其一归于修道，则知教者大中不易之矩。一人明道则教化兴，天下尊道则风俗一，而教于是得其正。知性之所谓，人当思所以合天；知道之所谓，人当思所以复性；知教之所谓，人当思所以尽道。能体道则能见性，能见性则能达天，能达天则能至命。尧舜汤武以之为君，文王周公以之为臣，孔子以之为师。吾亦愿详著其说以明教，使后世求道者有所折衷焉。

　　【评】多读儒先之书，而条贯出之。故词无枝叶，岂有择焉不精、语焉不详之憾。

　　【题解】出自第一章，参见化治文卷四蔡清《天命之谓性》。

　　天命之谓性，率性之谓道，修道之谓教。

　　【注释】

① 降衷：本指皇天赋予人民以善性。语本《尚书·汤诰》："惟皇上帝，降衷于下民。"孔安国传：

512

"皇，大。上帝，天也。衷，善也。"孔颖达疏："天生烝民，与之五常之性，使有仁义礼智信，是天降善于下民也。"按，此句谓就道统而言，最初就认为"性"是"天命之性"，而不是下文提及的"气质"（气质之性）。

② 命物：赋予众物以"性"。

③ 一本：完全来自。一，完全、全部。

④ 允执：即"允执厥中"的省语，确实地掌握大中至正之道。允，实。《论语·尧曰》载尧以"允执其中"命舜；《尚书·大禹谟》载舜命禹之辞："人心惟危，道心惟微，惟精惟一，允执厥中。"按，此句谓道统的传授始于尧舜禹。

⑤ 健：乾健而坤顺，此就"乾"而言，故与"易"配；下句"顺"就"坤"道而言，故与"简"配。《易·系辞下》："夫乾，确然示人易矣。夫坤，隤然示人简矣。"王弼注："确，刚貌也。隤，柔貌也。"

⑥ 易：简易。与下句之"简"，并言大道简易。《易·系辞上》："乾以易知，坤以简能。"

⑦ 物则：事物的法则。《诗经·大雅·烝民》："天生烝民，有物有则。民之秉彝，好是懿德。"《孟子·告子上》引之以明人性本善，且谓孔子尝言"为此诗者，具知道乎？"

天地之大也　二句

艾南英

　　以道观天地，而有所不尽者焉。盖天地大矣，而不能释人之憾，则谓之尽道可乎？且斯道之初，浑浑沦沦①，冯翼昭明②之故，靡可得而原也。两仪分而天地位，功化于是大矣。则圣人之所不能尽者，宜莫如天地，天地之大也，宜若无可憾者。然而天地道所生也，一受其形而成亏起，二五③于是乎杂糅而不齐也，人从其中迎而受焉；一动于机而震荡生，运化于是乎愆伏而多疵也，人从其中被而食④焉。是何也？神化本无方，而形气则有碍也，天地所以不免于憾也；然是阴阳之偶错，非太极之有亏，道所以不与天地同归于憾也。盖自分清分浊⑤以后，而理具而有气，气而后有质，质之定也，虽以圣人修道之教，不能强颛蒙⑥以必喻，而道之立于继善⑦初者，固无智愚一也，夫天地予其质者也，人犹有几微之觖望⑧矣；自生二生三以来⑨，而物生而有象，象而后有数，数之定也，虽以圣人正己之身，不能逃素位⑩之自然，而道之置于命运先者，固无通塞一也，夫天地予其数者也，人犹有几微之抱歉矣。政治之乖也，而咎征之恒⑪亦与之俱应矣，茫茫宇宙，既虐之以人事，复苦之以天行，天地何无主而听⑫人之转移乎，盖道既形而为天地，则天地亦与人同其郛郭⑬，而不能禁其志气之交动也；祸变之兴也，而妖孽之象或为之先兆矣，哀哀下民，不与以长治之休⑭，更巧成其涂炭之会，天地何有主而顾成其厄运乎，盖道既散而为天地，则天地亦与人同其平陂⑮，而不禁其治乱之循环也。总之，天地无心而成化，无心则其功疏，故盛德大业之施，鼓万物而不与圣人同忧；圣人有心而无为，有心则其功密，故中和位育之极，参三才而能与天地同用。然则天地仅与圣人分道之一察⑯，而尸⑰道之一事，道真大矣哉！

　　【评】江西五家，每遇一题，必思其所以然之理。胸中实有所见，然后以文达之，故有醇有驳，而必有以异于众人。观此等文，尤显然可得其思路所入。

天地之大也，人犹有所憾。故君子语大，天下莫能载焉；语小，天下莫能破焉。

【注释】

① 浑浑沦沦：指天地生成前的迷蒙状态。《列子·天瑞》："太初者，气之始也……气形质具而未相离，故曰浑沦。浑沦者，言万物相浑沦而未相离也。"

② 冯翼昭明：空旷无形，后又昭彰显明。冯翼，浑沌、空濛。《淮南子·天文训》："天墬（地）未形，冯冯翼翼。"高诱注："冯翼，无形之貌。"

③ 二五：阴阳五行之数。

④ 被而食：指承受。

⑤ 分清分浊：指天地形成。清而轻者上升为天，浊而重者下沉为地。

⑥ 顽蒙：愚昧之人。

⑦ 继善：指天道与人物相授之际所产生的东西是善。语本《易·系辞上》："一阴一阳之谓道，继之者善也，成之者性也。"按，此句谓自有"气质之性"，人对于道的体认始有智愚之分，而在此之前，固无所谓智愚。

⑧ 觖望：因不满意而怨恨。觖，不满。望，抱怨。

⑨ 生二生三以来：指万物开始化生。语本《老子》："道生一，一生二，二生三，三生万物。"

⑩ 素位：本来的位置、现有的身份。素，原本。语出《中庸》："君子素其位而行，不愿乎其外。"朱熹集注："素，犹见（现）在也。言君子但因见在所居之位而为其所当为，无慕乎其外之心也。"

⑪ 咎征之恒：指过失的报应、灾祸的应验都不失其常。

⑫ 听：任由，听任。

⑬ 郛郭：本指外城，泛指城市、屏障。此句谓天地与人同样围于"道"之中。

⑭ 休：美。

⑮ 平陂：平坦与不平坦。陂，斜坡。《易·泰》："九三，无平不陂，无往不复。"

⑯ 一察：谓察其一端，而不知其全体。《庄子·天下》："天下大乱，贤圣不明，道德不一。天下多得一察焉以自好。"

⑰ 尸：担任、承担。

射有似乎君子 　一节
黄淳耀

申言君子之正己，于射得其似焉。夫君子之反求，终身焉而已。以夫子之论射观之，即以为论君子可。《中庸》论道之费①而约之于身，以为知命者圣人也，俟命者君子也。圣人之于身，无所不尽，故优游泮涣②之意多；君子之于身，无所不求，故战兢惕厉之心密。苟以为推理直前③，而其不可为者听之而已，犹非君子所以自得之本也。夫万物之动，吉一而凶、悔、吝三④，则虽君子所处，亦无尽如吾意之时，而其可以自必者，事前之怀不丧于事后而已；且人之遇，富贵少而贫贱、夷狄、患难多，则虽天命所予，亦无独丰圣贤之理，而其可以自信者，寡过之身常视之如多过而已。昔者夫子观射而叹其旨深远也，曰"射有似乎君子，失诸正鹄，反求诸其身"。斯言也，论射非论君子也，而吾即射之似君子者思焉。正⑤之设也，宾射⑥有之也，俎豆在前，长幼在列，德行之善否于是乎观，故天下有不善射之人，无不欲中之人，诚欲中也，其求诸志正体直者久矣，如是而失焉，吾亦可以免矣，而必熟复⑦焉，思所以矫乎其前；鹄⑧之设也，大射⑨有之也，天子备官，诸侯时会，祭祀之与否于是乎择，故天下有不矜得之人，无不虑失之人，诚虑失也，其求诸心平体直者早矣，如是而失焉，吾亦可以止矣，而必究图焉，思所以虑乎其后。何怨耶，何尤耶？则甚矣射之似君子也！而君子之似射从可识矣。夫忠臣孝子，遭时不幸而无几微惭负于心，其视射者之扞格于心手，失同而所以失不同也，然君子终不敢归过于尊亲，如《大易》之所系"文明正志"⑩，皆责躬而他无所憾耳；志士仁人，处世龃龉而无一事罪累于己，其视射者之不胜而扬觯⑪，失同而所为失不同也，然君子亦不敢厚诬乎天下，如诗人之所咏"仪一心结"⑫，皆世乱而不改其度耳。是则贫贱而无陨获⑬之患者，富贵而亦无充诎⑭之心；患难而不失其常者，夷狄而亦勿之有苟矣。呜呼！君子之身，其子臣弟友之道之所凝而日进于高远者欤？

【评】射者之反求，失在己者也；君子之反求，不必己之有失。惟行有不得，皆反求诸己，此正己不求不怨不尤之实功也。文于射者、君子用心致力处见得分明，故语皆谛当，末幅尤写得圣贤心事出。

【题解】出自第十四章。

君子素其位而行，不愿乎其外。（素，犹见在也。言君子但因见在所居之位而为其所当为，无慕乎其外之心也。）素富贵，行乎富贵；素贫贱，行乎贫贱；素夷狄，行乎夷狄；素患难，行乎患难；君子无入而不自得焉。（此言素其位而行也。）在上位不陵下，在下位不援上，正己而不求于人则无怨。上不怨天，下不尤人。（此言不愿乎其外也。）故君子居易以俟命，小人行险以徼幸。（易，平地也。居易，素位而行也。俟命，不愿乎外也。徼，求也。幸，谓所不当得而得者。）子曰："射有似乎君子；失诸正鹄，反求诸其身。"（画布曰正，栖皮曰鹄，皆侯之中，射之的也。子思引此孔子之言，以结上文之意。）

【注释】

① 费：广大。
② 泮涣：自由自在，无拘束。
③ 推理直前：按照道理径直前进，无所避讳。《庄子·逍遥游》："大旱金石流、土山焦而不热。"郭象注："故至人之不婴乎祸难，非避之也，推理直前而自然与吉会。"
④ "吉一"句：《易·系辞下》："吉凶悔吝者，生乎动者也。"《易》之系辞有吉、凶、悔、吝四种，"吉"仅居其一，而其余三种均为不吉。
⑤ 正：用布做的箭靶，也指箭靶的中心。《诗经·齐风·猗嗟》："终日射侯，不出正兮。"
⑥ 宾射：古射礼之一。《周礼·春官·大宗伯》："以宾射之礼，亲故旧朋友。"贾公彦疏："宾射之礼者，谓行燕饮之礼，乃与之射，所以申欢乐之情。"
⑦ 熟复：反复熟习。
⑧ 鹄：用皮做的箭靶。
⑨ 大射：古时射礼之一，较"宾射"礼仪更为盛大。《仪礼·大射仪》郑玄注："名曰大射者，诸侯

将有祭祀之事，与其群臣射以观其礼。数中者，得与于祭；不数中者，不得与于祭。"

⑩ 文明正志：指君子处困苦之时，能内怀文明之德，不为奸邪之事。语本《易·明夷》："象曰：明入地中，明夷。内文明而外柔顺，以蒙大难，文王以之。……内难而能正其志，箕子以之。"

⑪ 扬觯：本指举起酒具，即酬对饮酒。按，"扬觯"有二典，《礼记·射义》："孔子射于矍相之圃……使公罔之裘、序点扬觯而语。"所记为极老之人，虽不能射，但也在旅酬之列。《礼记·檀弓下》："平公曰：'寡人亦有过焉，酌而饮寡人。'杜蒉洗而扬觯。"此"扬觯"是罚饮酒以谢罪之义。本文此处似将二者牵合，谓射不中鹄而饮酒谢罪。

⑫ 仪一心结：指君子牢记道义，用心不二。语本《诗经·曹风·鸤鸠》："淑人君子，其仪一兮。其仪一兮，心如结兮。"郑笺："善人君子，其执义当如一也"，"言执一则用心固"。

⑬ 陨获：因贫贱而丧失志气。《礼记·儒行》："儒有不陨获于贫贱，不充诎于富贵，不慁君王，不累长上，不闵有司，故曰儒。"

⑭ 充诎：得意忘形貌。

鬼神之为德 一章

黄淳耀

《中庸》合显、微以明道，而本其说于诚焉。夫鬼神者，先王所以设教而微、显合焉者也。鬼神无往而不寓，则天下无往而非诚与？今夫道之妙，费隐①尽之矣；费隐之说，显微尽之矣。微之根极于喜怒哀乐之原，显之条贯于三重九经②之大。其为精气通行而义理昭著也，岂顾问哉？虽然，此析显、微而言之也，合显、微而言之，则莫如鬼神。昔者夫子常系《易》明神道矣，常定礼详祭义矣。一旦览天地之精微，究百王之制作，喟然叹焉，以鬼神为盛云尔；以鬼神为盛，盛于其德云尔。夫君子之庸德不胜举也，而求之于所不见、所不闻，则已蹟③；鬼神之德至不可知也，而欲视所不见、听所不闻，不已过与？然而鬼神非他，即此能视能听之物是已。太虚不能无气，气至而物生，神体之也；气不能不散为太虚，气散而物藏，鬼体之也。古者圣人飨帝，孝子飨亲，率天下以骏奔④于坛墠郊庙之间，意亦有权道与？而不知天下之人，久矣阴驱潜率于鬼神而莫之知也。尽物尽志⑤，爱悫⑥之思也；报气报魄⑦，阴幽⑧之义也。亭毒寥邈⑨，知此者智也；恍惚呈露⑩，事此者仁也。向使无鬼神，则无礼乐；无礼乐，则无王道；无王道，则亦无天下之人也。抑之《诗》可绎已，彼自威仪政令之间，以及话言臧否之际，其所企者，圣人之庸言庸行，而非驰思乎高远之境者也，忽而曰"神之假思⑪，不可度思，矧可射思"，岂非穷理尽性、妙达气机之言耶？微矣哉鬼神！显矣哉鬼神之不可掩乎！观天察地，而鬼神在焉，世莫敢以天地为无有，则安得以鬼神为无有乎？尊祖敬宗，而鬼神在焉，世莫敢以祖宗为无有，则安得以鬼神为无有乎？其实有者，诚也；其真见鬼神之诚者，是我之诚也。以我之诚感鬼神之诚，则天神降、地祇出，山川百神莫不歆飨，而王道四达于天下。此虞周⑫圣人之所以事天事亲，而百世圣人之所以尽人达天也。

【自记】《中庸》首章是总冒，末章是总结，此章是前后筋脉结聚处。拈出"鬼神"，为虞周制祭祀张本，拈出"诚"字为下半部张本。

【评】直捷了当，步步还他平实。而游行自如，若未尝极意营构者，由于理境极熟也。

【题解】出自第十六章，参见隆万文卷四方大美《鬼神之为德》。

子曰："鬼神之为德，其盛矣乎！视之而弗见，听之而弗闻，体物而不可遗。使天下之人齐明盛服，以承祭祀。洋洋乎！如在其上，如在其左右。《诗》曰：'神之格思，不可度思！矧可射思！'夫微之显，诚之不可掩如此夫。"

【注释】

① 费隐：费指道"用之广"；隐指道"体之微"。语本《中庸》十二章："君子之道费而隐。"

② 三重九经：三重指王者议礼、制度、考文三事，见《中庸》二十九章。九经指治理国家的九种常道，《中庸》二十章："凡为天下国家有九经。"

③ 躐：逾越。《礼记·学记》："幼者听而弗问，学不躐等也。"

④ 骏奔：此指从事祭祀活动。语见《诗经·周颂·清庙》："骏奔走在庙。"

⑤ 尽物尽志：指祭祀时尽力备办祭品，竭尽诚敬之心。《礼记·祭统》："凡天之所生，地之所长，苟可荐者，莫不咸在，示尽物也。外则尽物，内则尽志，此祭之心也。"

⑥ 爱悫：真诚的关爱。悫，诚。

⑦ 报气报魄：指祭祀鬼神。报气指祭神，报魄指祭鬼。《礼记·祭义》："气也者，神之盛也。魄也者，鬼之盛也。""二端既立，报以二礼：……报气也。……报魄也。"

⑧ 阴幽：指鬼神。《礼记·郊特牲》："齐之玄也，以阴幽思也。"孔颖达疏："玄，阴色，鬼神幽阴，故齐者玄服以表心思幽阴之理，故云'阴幽思也'。"

⑨ 亭毒寥邈：鬼神作为天地之精微，既万育万物，又寥远不可见。亭毒，生养、化育，语本《老子》："故道生之，德畜之。长之育之，亭之毒之，养之覆之。"

⑩ 恍惚呈露：鬼神作为天地之精微，既看不清楚，又仿佛呈露于世人之前。恍惚，看不清楚，《老子》："道之为物，惟恍惟惚。惚兮恍兮，其中有象；恍兮惚兮，其中有物。"

⑪ 假思：即经文所引的"格思"。《集韵》：假，"与格同，至也"。

⑫ 虞周：舜与周朝。古人认为舜时与西周之初，均极"制作之盛"。

体物而不可遗

陈际泰

即物以求鬼神，合一故不测也。盖物必有其迹，而中有不见不闻之鬼神以体之，则固与物为一矣，又孰能测之乎？且人之所以不测夫鬼神者，以其之幽之故也，然政惟其之幽之故，故潜而入之，流形于物而不自知。甚矣，鬼神之德，盖即物而存也夫？物不自为体，有体之者，使物无鬼神，则无物矣；鬼神何所体，即物为体，使鬼神离物，则无鬼神矣。是故鬼神者，吾诚不得见且闻之也，而亦未尝不既视且听之也。夫孰有物之可遗耶？百物之精①为鬼神，此说是也，何者？凡此固飞潜动植之精神也，藏于胸中谓之智，流于天地之间谓之昭明，本一贯也，夫万物无知，纵有百骸，将安用之？则孰能遗百物之精者乎？二气之良能②为鬼神，此说亦是也，何也？凡此固日星河岳之精神也，著于有形谓之生，行于虚空之中谓之阴阳，同一实也，夫万物无生，纵有神理，将

517

安附之？则孰谓能遗二气之良能者乎？盖人物乘二气之聚以有灵，遂为百物之知觉；人物去百物之身以终尽，因复为二气之往来。吾乃知鬼神者，著于无形而体空，故太空不可遗，达者知之，以为上下前后皆鬼神，所为君子致严于顾諟③者耳；著于有形而体万物，故万物不可遗，达者知之，以为耳目心思皆鬼神，所为君子致力于慎独④者耳。即其体物不遗如是，是不可以知鬼神之德之盛也夫！

【评】根柢周秦诸子及宋儒语，质奥精坚，制义中若有此等文数十篇，便可以当著书。　破承提比，《行远集》⑤选本所增改，较原文为完善，从之。

【题解】出自第十六章，见上，参见隆万文卷四方大美《鬼神之为德》。

【注释】

① 百物之精：语本《礼记·祭义》："其气发扬于上，为昭明，焄蒿凄怆，此百物之精也，神之著也。因物之精，制为之极，明命鬼神，以为黔首则。"
② 二气之良能：此为张载之说，见朱熹本章集注。
③ 顾諟：意谓敬奉天命。语本《尚书·太甲上》："先王顾諟天之明命，以承上下神祇。"孔安国传："顾谓常目在之。諟，是也。言敬奉天命以承顺天地。"
④ 慎独：此句谓君子幽独之时，亦有鬼神鉴之，故必慎独。
⑤《行远集》：清人何焯所编。

舜其大孝也与　一章

金　声

以大孝观天人，可反复而明其故矣。夫舜非以福事其亲，而大孝格天，则远迩高卑①之一致，亦有昭然者矣。盖闻道莫大于顺父母，而诚莫彰于动鬼神，斯亦宇宙之至庸至奇也。天人上下之际，大圣之陟降②而酬对者，世俗人弗能见也。故德行之本，反以为无足述；而有赫之常③，遂以为不可知。粤④稽上古，有大圣人焉，徼天之福，无所不备，如虞舜也者，斯亦奇矣，子尝称之矣。姑以是⑤为舜之大孝云尔，以是数者与其自有之德并数焉，共成其大孝云尔。以舜之德未足以孝也，必天子四海、子孙宗庙⑥而始备焉，无以处夫圣人而不为天子者也，抑何其视德太少也？以舜之德既足以孝矣，何取必于尊富飨保⑦、且暮不可致者，为亦有以解夫天子而不为圣人者也，然何其视天太远也？盖尝纵观天下之故，有不可必，不可必不必在天也，一身之彝伦日用而有莫能自存者，即舜不亦抱终身忧⑧乎？有可必，可必则岂独在人也，皇天之禄位名寿而有取之若寄⑨者，即舜岂不若固有之乎？物之得天，天实能生；天之笃物，物实可因。天之生民人也，与其生君子无异也，而宜之者异矣；即其嘉乐而宪宪⑩也，其于人情非远人也，而受于天者亦遂不远矣。有虞以来，于周为盛。周之盛也，世德作求⑪，以孝兴也；卜世卜年⑫，天所命也。嘉乐之歌，以四海而奉一天子，以子孙而世守其宗庙。大德受命，盖若是其大、彰明较著者也，而论者或犹以是为适然⑬，岂不惑哉？君子是以知达天之学也。玄德升闻⑭、於昭在上⑮与夫下学上达、知我其天⑯者，其于天也，莫不皆父母事⑰而呼吸通也，何閒焉？栽培倾覆，物能以其气候与天接；而远近高卑，人反不能以其性情与天应。何耶？

【原评】离合断续，若有若无，极行文之变。

【评】胸有杼轴，横骛别驱，汪洋恣肆。而于题之反复次第，无不相副。肤学绳趋尺步，不敢离题，而于题之神理实隔。于此等处切究而心知其意，乃可与言文。

【题解】出自第十七章，参见隆万文卷四万国钦《舜其大孝也与》。

子曰："舜其大孝也与！德为圣人，尊为天子，富有四海之内。宗庙飨之，子孙保之。故大德必得其位，必得其禄，必得其名，必得其寿。故天之生物，必因其材而笃焉。故栽者培之，倾者覆之。《诗》曰：'嘉乐君子，宪宪令德！宜民宜人；受禄于天；保佑命之，自天申之！'故大德者必受命。"

【注释】

① 远迩高卑：远近高低，指修身与行孝的不同层次。语本《中庸》上章："君子之道，辟（譬）如行远必自迩，辟如登高必自卑。"

② 陟降：此指往来。《诗经·大雅·文王》："文王陟降，在帝左右。"孔颖达疏："升则以道接事于天，下则以德接治于人。"朱熹集传谓："一升一降，无时不在上帝之左右。"按，上"天人上下之际"即本此，此句谓圣人以其至德与天帝相通，而常人却见不到。

③ 有赫之常：此指上天的昭鉴。《诗经·大雅·皇矣》："皇矣上帝，临下有赫。"孔颖达疏："在上之天，能照临于下，无幽不烛，有赫然而善恶分明也。"

④ 粤：语助词，无实义。

⑤ 是：指代上文所说的"徼天之福，无所不备"。

⑥ 天子四海、子孙宗庙：经文"尊为天子，富有四海，宗庙飨之，子孙保之"的省语。

⑦ 尊富飨保：经文"尊为天子，富有四海，宗庙飨之，子孙保之"的省语。

⑧ 终身忧：指孝思，谓唯恐不能事亲尽孝，为舜之典，《孟子·万章上》谓"大孝终身慕父母"，"（舜）惟顺于父母，可以解忧"。又，"终身忧"亦指担忧未能以仁存心、以礼存心。《孟子·离娄下》："君子以仁存心，以礼存心。……是故君子有终身之忧，无一朝之患也。"

⑨ 取之若寄：像是把寄存的东西取回来，指一定能够得到。

⑩ 嘉乐而宪宪：出《中庸》本章所引《诗经·大雅·假乐》，《诗经》原文作"假乐君子，显显令德"，"假"通"嘉"。孔颖达疏："上天嘉美而爱乐此君子成王也，以其有光光然明察之善德。"

⑪ 世德作求：世代积累善德，终成大功。语本《诗经·大雅·下武》言周武王："王配于京，世德作求。"郑玄笺："作，为。求，终也。"

⑫ 卜世卜年：占卜王朝的世数与年数。语本《左传·宣公三年》："成王定鼎于郏鄏，卜世三十，卜年七百，天所命也。"

⑬ 适然：偶然。

⑭ 玄德升闻：（舜）德行上闻于天。升闻，上闻。语见《尚书·舜典》："玄德升闻，乃命以位。"

⑮ 於昭在上：语本《诗经·大雅·文王》："文王在上，於昭于天。"朱熹集传："於，叹辞。昭，明也。……言文王既没，而其神在上，昭明于天。"

⑯ 知我其天："知我者其天乎"的省语。《论语·宪问》："不怨天，不尤人，下学而上达，知我者其天乎？"按，"玄德升闻、於昭在上"指舜、周文王等大德受命者，"下学上达、知我其天"指孔子等未受命的圣人，二者和"天"的关系、对天的态度都是一致的。

⑰ 父母事：像对待父母那样敬奉。事，侍奉。

追王太王王季

章世纯

追王之典，仁之至而亦义之尽也。夫君子念始之者也，子孙王矣，而父与祖无加礼焉，于心能安乎？且圣人之治天下，必自尊亲始矣。上治①祖考，尊尊之大者也，尊尊有其大而教始可立于天下，此周公之所以有追王也。追王者，身本非王而自后人加之也。深观礼意，臣子无爵君父之文②，则子而爵其父，孙而爵其祖，皆嫌乎予己以权，而使其父与祖俱受予夺之法；深观礼意，君父亦无以卑临尊之义，故死者③可称天以谥之④，则远者⑤亦可称天以爵之，皆归于以天道行事，而使其父与祖俱全于至尊之分。虽然，王季历⑥而并及太王，于义不为已侈乎？夫亲亲者，以三为五⑦，由祢⑧以亲祖，此其最隆也；以五为九，由祖以知曾高，此其渐杀。周之王者自武王始，而其制礼作乐自成王始。如以成王为义者，则由武以至文而致隆之道尽矣，自是而上，则以从"上杀⑨"之说也；如以武王为义，则由文以至季历而致隆之道尽矣，自是而上，则以从"上杀"之说也。周公以文王虽未身王而身已备于王事，"王公伊濯，维丰之垣"⑩，此《有声》之所为颂也，然则今之始王者实文王也，而其追王者则固文之祖与祢也；况太王虽已远而身已肇乎王迹，"居岐之阳，实始剪商"⑪，此《閟宫》之所以为颂也，然则追王之者虽子孙也，而其宜王者则固自在太王、王季也。不以为己⑫之义而以为文王、武王之义，则其义必如是而后尽耳；不独以情而议，而又兼功与德而议，则其义亦必如是而后尽耳。故追王太王、王季者，圣人仁之至，而要之于义，则亦未尝无说以处此也。

【评】理体正大，有典有则，可与韦、刘⑬以后郊祀宗庙诸议相上下。

【题解】出自第十八章，参见化治文卷四王鏊《武王缵大王及士庶人》。

武王末受命，周公成文武之德，追王大王、王季，上祀先公以天子之礼。

【注释】

① 治：正。《礼记·大传》："上治祖祢，尊尊也。下治子孙，亲亲也。"

② 文：即礼的仪式。

③ 死者：此指死去的天子。

④ 称天以谥之：以"天"的名义给予天子谥号。《礼记·曾子问》："贱不谋贵，幼不谋长，礼也。唯天子，称天以诔之。"孔颖达疏："贱不得累列贵者之行而为谥，幼不得累列长者之行而作谥，如此是其礼也。""天子则更无尊于天子者，故唯为天子作谥之时，于南郊告天，示若有天命然，不敢自专也。"

⑤ 远者：此指天子的先辈，他们在世时未得天子之位。

⑥ 季历：周文王之父，追王为"王季"。后"太王"即古公亶父，周文王之祖，追王为"太王"，《中庸》正文作"大王"。

⑦ 以三为五：及下"以五为九"俱本《礼记·丧服小记》："亲亲以三为五，以五为九。上杀，下杀，旁杀，而亲毕矣。"郑玄注："己上亲父，下亲子，三也。以父亲祖，以子亲孙，五也。以祖亲高

祖，以孙亲玄孙，九也。杀，谓亲益疏者，服之则轻。"按，此二股谓当追王父、祖两代。

⑧ 祢：父，古代对已在宗庙中立牌位的亡父的称谓。

⑨ 上杀：向上推，世数太远，则礼的规格要降低。

⑩ 王公伊濯，维丰之垣：语本《诗经·大雅·文王有声》。毛传："濯，大。"郑玄笺："公，事也。文王述行大王、王季之王业，其事益大。作邑于丰，城之既成，又垣之，立宫室，乃为天下所同心而归之。"

⑪ 居岐之阳，实始剪商：语本《诗经·鲁颂·閟宫》，郑玄笺："翦，断也。大王自豳徙居岐阳，四方之民咸归往之，于时而有王迹，故云是始断商。"

⑫ 己：此指周公，因周公追王之事在间成王时，故亦可指周成王。

⑬ 韦、刘：指汉宣帝时代的儒者韦玄成、刘向。

父为大夫 八句

徐方广

周制士、大夫之礼，皆有以自伸焉。夫葬、祭所从异，而士大夫之情有不以礼而伸者乎？盖周自先公而下，皆不克以王礼葬，而惟号祀①为兢兢，达乎臣子，所徼惠②可知已。试以士大夫观之，彼其积薄者流卑③，宁望及远乎，得施其考④焉足矣；细行受细名⑤，宁望称号乎，得无匮祀⑥焉足矣。故有父大夫而子士者，有父士而子大夫者。生也大夫而死则士之⑦，削⑧也，礼无以人之亲削者，葬以大夫固也。而至于祭，苟法曰如其葬，彼愧己之不为大夫，将踧踖焉，而礼不然也。人子所以荣其亲，原不尽系此区区者，倘一惟大夫之为视，是几不知有士之子也，且又无以为父士地⑨也。惟祭以士，而后知苟不降在舆隶⑩，则犹象贤⑪也，可使其亲不获享一命之蘋藻⑫乎？而士无憾矣。生也士而死则大夫之，僭也，礼无以人之亲僭者，葬以士固也。而至于祭，苟法曰如其葬，彼念亲之不为大夫，将悼怆焉，而礼亦不然也。人子所以荣其亲，未尝不藉此区区者，倘亦惟士之为视，是几不知有大夫之子也，且又无以为父庶人地也。惟祭以大夫，而后知幸而起家潜明⑬，亦云旧德⑭也，可使其亲不获临⑮缔冕之对越⑯乎？而大夫无憾矣。是故列祖之在天，与士大夫之父同安；而二后⑰之遐思⑱，亦止与大夫士之子同报。岂曰君臣不相袭礼也哉？吁！此公之制所以为达也。

【原评】《蒙引》⑲云，"斯礼"即上祀先公之礼，达乎诸侯、大夫，主祭礼。言"父为士"数句，亦重在祭上，言皆得用生者之禄。葬礼只与祭礼相形言之。篇中跟"上祀"来，侧在"祭"边发论，翻尽从前葬、祭并重旧作，书旨一明。

【评】探脉极真，取义极切，轻重适宜，隆杀曲称，实有辅于经传之文。

【题解】出自第十八章，参见化治文卷四王鏊《武王缵大王及士庶人》。

父为大夫，子为士；葬以大夫，祭以士。父为士，子为大夫；葬以士，祭以大夫。

【注释】

① 号祀：追赠封号和祭祀。

② 徼惠：获取恩赐。

③ 积薄者流卑：德位不尊者，其追祀祖先的世数也少。《荀子·礼论》："故有天下者事七世，有一国者事五世……所以别积厚者流泽广，积薄者流泽狭也。"《穀梁传·僖公十五年》："天子七庙，诸侯五，大夫三，士二。故德厚者流光，德薄者流卑。"

④ 考：死去的父亲。《礼记·曲礼》："生曰父，死曰考。"

⑤ 细行受细名：德行不彰不能得封号。《逸周书·谥法解》："是以大行受大名，细行受细名，行出于己，名生于人。"

⑥ 匮祀：没有祭祀。

⑦ 士之：以葬士的规格葬之。

⑧ 削：降低规格。

⑨ 为父士地：为处理父亲是"士"这种情况留下余地。

⑩ 舆隶：古代十等人中两个低微等级的名称，因用以泛指操贱役者、奴隶。

⑪ 象贤：能够效法先人的贤德。《仪礼·士冠礼》："继世以立诸侯，象贤也。"郑玄注："象，法也，为子孙能法先祖之贤，故使之继世也。"

⑫ 一命之蘋藻："士"所奉献的祭品。一命，指低微的官职。命，官阶。周时官阶从一命到九命，一命为最低的官阶。《周礼·地官·党正》："一命齿于乡里。"蘋藻，水草名，古人常采作祭祀之用，故泛指祭品。《诗经·召南·采蘋》："于以采蘋？南涧之滨。于以采藻？于彼行潦。"

⑬ 起家濬明：指子为大夫。濬明，本指明治、治理清明，《尚书·皋陶谟》谓有"濬明"之德，可为大夫："日宣三德，夙夜濬明有家"，蔡沉集传："有家，大夫也。"

⑭ 旧德：此指先人留下的德禄。

⑮ 临：鬼神下视。

⑯ 绨冕之对越：此指大夫之祭。绨冕，一种礼帽，大夫祭祀时戴。对越，此指祭祀，语本《诗经·周颂·清庙》："济济多士，秉文之德，对越在天。"

⑰ 二后：指武王、成王。

⑱ 遐思：指追思祖先。

⑲ 蒙引：指《四书蒙引》。明代蔡清撰，嘉靖时经庄煦删定为十五卷。原为科举考试而作，亦是明代重要的"四书"著作。

宗庙之礼　二句

夏允彝

宗庙之所首序，将率祖①以行孝也。夫昭穆不紊，则亲亲隆而祖宗悦，宗庙之礼首此，有以哉！且人本乎祖，虽支属蕃昌，极于千亿，而原其初则一人也。故王者每乐于祖宗之前，聚族姓之众，要使其彬彬有秩，则在天之所悦怿矣。吾观于宗庙，而知武周之制礼重也。太祖②居正东以受生气，而南向③以求阳者为昭，北向以求阴者为穆，一望厥宇④而开承⑤之德可考也，由是以上序祖宗，下治子孙，殆不烦而可久矣；帝喾⑥称始祖以明无偶⑦，而厥猷翼翼⑧者为穆主⑨，会朝清明⑩者为昭考⑪，一称厥号而作述之次可知也，由是而明彰既往者，式序将来，殆永遵而无惑矣。然则礼在宗庙，斯序在昭穆。推厥所以，不已重与？一祧一祔⑫，无恒矣，而来者总虔列于太祖之旁，故庙不踰七而可以百世。祖宗且然，而后有干⑬之者乎？观夫昭穆代袭，有祖孙而无父子。盖祖孙世隔，隔则欲其有亲；父子世亲，亲则欲其有别。序之，所以严也。或左或右，有列矣，而久之必不乱于祫食之后，故子虽齐圣而不先厥考。祖宗如是，而后有越之者乎？观夫昭穆班分，论世次而不论长幼。盖年者所自受于天，下之不敢上抗；世者所同受于祖，承之不敢下夷。序之，所以定也。故王者或当耄老之时，则下有幼子童孙，而上犹有伯兄伯父，其人且难于辨貌，而一入庙中，则左昭右穆，秩如也，乃知尊祖之昭其名分为最隆；宗支当繁衍之余，则或同姓别为异氏，同氏别为异族，其人且穷于纪名，而一与庙祭，则群昭群穆，画如⑭也，乃知报本⑮之庇其枝叶为最厚。上以观德，而私不掩公；下以明伦，而远不忘孝。斯礼也，抑何其弘以远也！

【评】引证疏通，自能发明礼意，所以详核而不病于填实也。

【题解】出自第十九章，参见正嘉文卷四傅夏器《春秋修其祖庙》。

宗庙之礼，所以序昭穆也。

【注释】

① 率祖：此指尊祖敬宗。《礼记·大传》："自义率祖，顺而下之至于祢，名曰重。"谓从"义"的角度看，应当"尊祖"，由尊祖而敬宗，而收族，即"序昭穆"。

② 太祖：指后稷。《孔子家语·观周》："孔子观周，遂入太祖后稷之庙。"

③ 南向：指神主在太庙中的方向而言。《文献通考》卷九十一引朱子语："凡庙主在本庙之室中，皆东向，及其祧于太庙之室中，则唯太祖东向自如，而为最尊之位，群昭之入乎此者，皆列于北牖下而南向，群穆之入乎此者，皆列于南牖下而北向。南向者取其向明，故谓之昭；北向者取其深远，故谓之穆。"

④ 厥宇：庙宇。厥，其。按，此又指庙的位置而言。周人宗庙制度，歧说较多。《周礼·小宗伯》孔颖达疏认为，太祖后稷庙居中，其左有昭祧庙，其右有穆祧庙，世次居"昭"、"穆"的，毁庙后分别进入昭祧庙、穆祧庙，而非太庙。因之，昭、穆的世次可从祧庙的位置上看出来。

⑤ 开承：开创基业与继承基业，此指世代的前后相继。

⑥ 帝喾：五帝之一，周之始祖。《史记·周本纪》载帝喾元妃生后稷。按，一般将后稷称为周人的"始祖"，周人祭于宗庙，上溯至后稷，此处言"禘"祭，以后稷"所自出"为始祖。《礼记·祭法》谓"周人禘喾而郊稷，祖文王而宗武王"，孔颖达疏以为，周人冬至祭昊天上帝时，以帝喾配天。

⑦ 无偶：其尊无匹。

⑧ 厥猷翼翼：此指周文王事，语本《诗经·大雅·文王》："世之不显，厥犹翼翼。"《尔雅·释诂》引作"厥猷翼翼"。郑玄笺："周之臣既世世光明，其为君之谋事忠敬翼翼然。"孔颖达正义、朱熹集传均认为是写周文王之臣的。

⑨ 穆主：本指世次为"穆"的君主的神主，此指周文王世次为穆。自始祖而下，父为昭，子为穆。传统观点认为，周以后稷为始祖，文王为后稷以后的十四世，为穆。《礼记·王制》"天子犆礿"孔颖达疏："其文武以下迁主，若穆之迁主，祭于文王之庙，文王东面，穆主皆北面，无昭主。若昭之迁主，祭于武王之庙，武王东面，其昭主皆南面，无穆主。"

⑩ 会朝清明：指周武王伐商令天下清明。语本《诗经·大雅·大明》："肆伐大商，会朝清明！"毛传："不崇朝而天下清明。"郑玄笺："合兵以清明。"

⑪ 昭考：此指武王世次为昭。《诗经·周颂·载见》："率见昭考，以孝以享。"毛传："昭考，武王也。"

⑫ 一祧一祔：指将世代相隔较远的祖先的神主移入始祖庙中附祭。传统认为，周制天子七庙，亲庙四，高祖以上，其神主自亲庙迁出，谓之"祧"，附入昭祧庙或穆祧庙附祭，谓之"祔"。

⑬ 干：违背。

⑭ 画如：即"划如"，区分得很清楚。
⑮ 报本：报谢其始祖。后"枝叶"指后世子孙。

文武之政　二句

罗万藻

　　圣人对鲁君问政，动以法祖之思焉。夫政莫有善于文武者也，方策在焉，而谓无可守乎？且王道兴衰之故大矣，一王之政、一代之治，今昔之际有不胜言者焉。学人道古以讽，意常主乎发先王之德，所以明治也。君而问政乎？夫文武之政，其大端光明俊伟、敦朴仁厚，以承乎二代之遗；其及于人也，至于田夫野老、薄海①内外，无不歌咏二王之泽。而君乃无意乎哉？文当如煋②之世，其为政存乎安民救时以厚周家之德，昔周之先也，夫岂无哲王，然而播越③之余也，自后稷始基靖民④，文始平之，故周人祖文王而丕显之谟⑤著焉，盖大其天命之所以受也，乃其政则居然方策之际矣；武当革命之后，其为政及于制礼作乐以开太平之基，昔文之盛也，夫岂有遗德，然而侯服之旧⑥也，惟九年⑦大统未集，武实缵之，故周人宗武王而丕承之烈⑧光焉，盖知其卜世⑨之所以长也，乃其政亦居然方策之际矣。积功累仁之为，固其精神意气之所不能遽散，故厉宣之祸⑩、幽平之难，而一王之纪纲法度未殚焉；开天明道之事，亦其学士大夫之所能共留，故国乘⑪可稽、野说可采，而一代之人心风俗共睹焉。乃君得无意乎哉？周德⑫虽衰，天命未改，德泽之所绾结，教化之所维持，未可诬也；文武虽往，道犹未坠，下泉⑬之所以痦叹，西方⑭之所以兴思，弗可斁⑮也。君而问政乎？反衰世之凌夷，继周氏之绝业，将于是乎在。无变不正，无危不扶，恻怛斯世而欲已其乱焉，文武之心也夫？

　　【评】淳洁之气，盎溢言外，惟其沉酎古籍而心知其意也。

　　【题解】出自第二十章，参见正嘉文卷四陈栋《人道敏政》。

　　哀公问政。子曰："文武之政，布在方策。其人存，则其政举；其人亡，则其政息。"

　　【注释】

　　① 薄海：本指到达海边，泛指海内外广大地区。薄，迫、到达。《尚书·益稷》："州十有二师，外薄四海，咸建五长。"
　　② 如煋：指商纣王的苛政如同烈火般猛烈。煋，火。语本《诗经·周南·汝坟》："鲂鱼赪尾，王室如煋。"郑玄笺："是时纣存。"
　　③ 播越：逃亡，流离失所。
　　④ 始基靖民：创立王业的基础，治理百姓。语本《国语·周语下》："自后稷之始基靖民，十五王，而文始平之。"
　　⑤ 丕显之谟：英明之谋。语本《尚书·君牙》："呜呼！丕显哉，文王谟！丕承哉，武王烈！"
　　⑥ 侯服之旧：指仍为商朝的诸侯。
　　⑦ 惟九年：《尚书·武成》："惟九年，大统未集。"孔安国传："言诸侯归之，九年而卒，故大业

524

未就。"

⑧ 丕承之烈：指武王继承文王，功勋极大。见"丕显之谟"。

⑨ 卜世：占卜预测传国的世数，亦泛指国运。《左传·宣公三年》："成王定鼎于郏鄏，卜世三十，卜年七百，天所命也。"

⑩ 厉宣之祸：周厉王无道，被流于彘。厉王死，宣王即位，初期虽称"中兴"，但后期周室更趋衰微。宣王死，幽王即位。幽王无道，后死于犬戎，西周亡。平王即位，东迁洛邑，是为东周。

⑪ 国乘：国史。乘，本指晋国的史书，后泛指史书。《孟子·离娄下》："晋之《乘》，楚之《梼杌》，鲁之《春秋》，一也。"

⑫ "周德"句：语见《左传·宣公三年》"楚子问鼎"，王孙满曰："周德虽衰，天命未改。鼎之轻重，未可问也。"

⑬ 下泉：此句指怀念周之先王。语本《诗经·曹风·下泉》："洌彼下泉，浸彼苞稂。忾我寤叹，念彼周京。"郑玄笺："忾，叹息之意。寤，觉也。念周京者，思其先王之明者。"

⑭ 西方：周在西方，故以西方指周之王道。《诗经·桧风·匪风》："谁将西归？怀之好音。"毛传："周道在乎西。怀，归也。"《邶风·简兮》："云谁之思？西方美人。"则以美人喻周室贤者。

⑮ 斁：败坏。

文武之政　二句

陈际泰

动人主由旧①之思者，与言政之大备者焉。夫方策犹在，则文武之政固可考而知也，岂必远求乎？且天下之事，理有其至，物有其统。立其至者，圣人之述作也；宗其统者，贤达之源流也。公问政乎，是殆无先于文武者乎？盖一代之治，必有一代之政，视世之所宜尚，因而制之。顾上古之事无传人焉，非无传人，殆亦久而息也；夏商之间无传政焉，虽有传政，不若周之察也。故政莫媺②于文武，而非先世之所能易；又政莫著于文武，而非后世之所不可稽。是故文武之政，非自成周昉③也，尧舜以来，因时起事，各有所制，至昭代④而独详，故说者谓观大道于唐虞，观大备于成周，盖所为履端于始、举正于中、归余于终，固其自然之理，今其事可覆籍⑤而知，而两圣之精神已周遍矣；文武之政，又不自文武昉也，后稷以来，积功累仁，世有其勤，至受命而遂大，故说者谓十五王而文始平之，十六王而武始居之，盖所为经纬礼俗、节理人情、勤恤民事，固其利导之势，今其事即太府⑥而藏，而一时之规模已弘远矣。一代之治，其君臣所为措置者，必非偶然，而纪载失明，使后人无从而考其经营之迹，文武之政不然，周官立政⑦，史臣既身宿其官，而周礼仪礼⑧，周公复手定其事，一时尚文之习有以使之，故当开国更始⑨之初，而渊源遂广；一代之治，其建立可为传述者，或亦灿然，而乱离既久，使后人无由而得之灰烬之余，文武之政不然，学士大夫，固已共守其遗，而农夫小民，亦或能言其故，上人教化之端有以留之，故经幽厉板荡⑩之后，而详略可闻。公有意为政乎？则文武之政不足君所乎？遵古无过，大明也；法祖无邪，大顺也。继周氏之绝业，反衰世之陵夷⑪，是在公而已矣。

【评】高识伟论，发为洪音。与渔猎陈言、雕文错采者有薰莸⑫之别。

【注释】

① 由旧：遵循旧章。

② 媺：同"美"。

③ 昉：始。

④ 昭代：圣明之朝，用以称扬本朝。

⑤ 覆籍：核查典籍。

⑥ 太府：掌财物出人的机构，《周礼·天官》作"大府"。按，典策之类，藏在"天府"。

⑦ 周官立政：此亦指《尚书》"周官"、"立政"两篇。

⑧ 周礼仪礼：此亦指《周礼》、《仪礼》。

⑨ 更始：重新开始，除旧布新。

⑩ 板荡：指时局动荡不安。《诗经·大雅》有《板》、《荡》二篇，诗序以为描写周厉王无道之作。

⑪ 陵夷：衰颓，衰落。

⑫ 薰莸：香草与臭草，喻美与恶。

五者天下之达道也

陈际泰

指言达道，天下所以有五者之责也。夫非是五者，则道几无所托矣，而岂非达之天下者哉？且天下有可与民变易者，有不可与民变易者。先王政之既弊，扫除其迹而更张之，若是者可与民变易者也。建正①之事，以三而穷；文质之运，以再而复②。凡以云救而已，若是者又可与民变易者也。至若五伦之道，其然乎？其将不然乎？君子之论也，天不变，道亦不变，夫非有所幸，而持者已精；帝王之治也，有改制之名，无易道之实，夫非有所循，而持者已大。③故夫盛世之民，朝廷有教化，而天下有风俗，莫不秉礼思义，毕致力于伦理，迨其衰也，磨厉于隘狭酷烈之余，然于是五者犹踌躇徘徊，相与携持而不忍去，则其道亦可睹矣，何者，此性也，情也，固生人所以立命也；即盛世之君，人皆习乎学问，而心各返于性命，莫不扶世翼教，共昭揭于彝常④，迨其季⑤也，递转于道德功力⑥之降，然于是五者犹表里申明，亦相与维持而不敢坏，则其道盖可知矣，何者，此统也，纪也，固人主所以藏身⑦也。盖尝推而论之，自混沌初判，狉榛相仍⑧，有圣人者起，虑其有混淆之祸而思有以利之，于是开天明道，婉而成章，以治物性之行，既而其说果可以安乎天下之生，夫人各爱其生，故其道易行而可久；自天地易象，鸟兽起端⑨，有圣人者出，知其有可以如此之势而思有以导之，于是立中制节，因而饰群⑩，以通人心之有，既而其说果无庆于天下之性，夫人各乐其性，故其道至今而无弊。夫孰非五者为之哉？谓之达道，信乎天下之达道也已。

【评】 董子谓周道衰于幽厉，非道亡也，幽厉不由也。此更见得虽衰乱之世，亦必有不忍去、不敢坏者。识解独到，文气醇茂，彬彬乎有两汉之风矣。

【题解】 出自第二十章，参见正嘉文卷四陈栋《人道敏政》。

天下之达道五，所以行之者三。曰君臣也，父子也，夫妇也，昆弟也，朋友之交也：五者天下之达道也。知、仁、勇三者，天下之达德也，所以行之者一也。

【注释】

① 建正：指确立岁首之月。可建为岁首的只有子、丑、寅三个月，分别为天、地、人"三统"，故下文说"以三而穷"。

② 以再而复：只能在文和质两端往复循环。再，二。

③ "君子之论"以下：此处多引董仲舒语，见《汉书·董仲舒传》："道之大原出于天，天不变，道亦不变。""王者有改制之名，亡（无）变道之实。"

④ 彝常：即伦常。彝，常道、常理。

⑤ 季：末世、衰世。

⑥ 道德功力：自道而言，道、德、功、力四者有递降之势。邵雍《皇极经世书·观物篇五》："善化天下者，止于尽道而已。善教天下者，止于尽德而已。善劝天下者，止于尽功而已。善率天下者，止于尽力而已。以道德功力为化者，乃谓之皇矣。……以道德功力为率者，乃谓之伯（霸）矣。"

⑦ 藏身：此指保有其地位、威仪。《礼记·礼运》："故政者，君之所以藏身也。"郑玄注："藏，谓辉光于外，而形体不见，若日月星辰之神。"

⑧ 狉榛相仍：延续着原始野蛮的景象。狉榛，也作"狉獉"，野兽四处走动，草木杂乱，指原始落后状态。仍，相继。

⑨ 天地易象，鸟兽起端：此指天地日月的运行之迹，鸟兽的蹄迹，启发"圣人"创制书契、体察天道。《易·系辞下》："古者包牺氏之王天下也，仰则观象于天，俯则观法于地，观鸟兽之文，与地之宜……于是始作八卦。"

⑩ 饰群：此泛指用礼义来教化、规范人民。《礼记·三年问》："三年之丧，何也？曰：称情而立文，因以饰群"，孔颖达疏："饰，谓章表也；群，谓五服之亲也。"

修身也 三句

金 声

圣人列九经而首有三重焉。夫修身以正其本，而尊贤、亲亲以居乎其要，此则九经之所先也。昔者明王之治天下也，有天下国家之大而不敢肆也，居天下国家之上而不敢亢①也，享天下国家之奉而不敢私也。夫是以奕世而后，子孙尚绳其祖武②，君子不忘于前王③，盖万世之常经，非一代之章程，正不必从方策求也。经之所以周布大造④于天下者，无所不至也，而其先务则有三焉，则臣向所与君言者已。将举天下国家之大，而操之若一体、运之若臂指焉，而庸知出而加、发而见⑤者之犹不能自为政也，一身之中，其或梗或率也有不可知矣，其为律令也多矣，英辟之威福赏罚，不自贷于沕穆⑥，所为置其身于天下国家之中而致其法也；将君师⑦而笼盖万物，而天下国家独圣明焉，而庸知夫什己百己千己⑧者之比比而未有以收也，国家宾师⑨之仪，其勤渠⑩居万几⑪之半矣，其为法度也密矣，王者之雄才大略，不觉降于匹夫，所为为天下国家奉一人而不见其屈也；将宗子⑫而父母天地，而天下国家莫不属焉，而庸知夫公子公姓公族者之一体而未有以处也，王人展亲⑬之典，其绸缪在万姓之先矣，其为制画也周矣，国家之丰仁厚泽，无蚤壅⑭于城翰⑮，所为以天下国家厚一家而不见其滥也。是故即身不同，而或性或反⑯，要未有不致其修者，千古此貌言视听，必非若百物百度可以时增而时减也；即贤不等，而或大或小，要未有不致其尊者，天下止有此道德仁义，必非若尚质尚文之可以世低而世昂也；即亲必杀⑰，而惟近惟远，要未有不致其亲者，治天下惟仁人孝子，亦必非若官方器数之可以候因而候革也。夫是之谓经，君何必更寻方策？

【评】处处带定"天下国家"，才是"九经"之修身、尊贤、亲亲。扫尽一切笼统语，实理真气，盎然充塞。不必遵归、唐轨迹，而固与之并。

【题解】出自第二十章，参见正嘉文卷四陈栋《人道敏政》。

凡为天下国家有九经，曰：修身也，尊贤也，亲亲也，敬大臣也，体群臣也，子庶民也，来百工也，柔远人也，怀诸侯也。

【注释】

① 亢：此指骄横傲慢。
② 祖武：谓先人的遗迹、事业。武指步武、足迹。《诗经·大雅·下武》："昭兹来许，绳其祖武。"朱熹集传："武，迹也。"
③ 前王：前代帝王。《大学》引《诗经·周颂·烈文》："诗云：'於戏，前王不忘！'君子贤其贤而亲其亲"。
④ 造：到达。
⑤ 出而加、发而见：指自己的言、行。
⑥ 沕穆：深微貌。
⑦ 君师：为天下之君，为天下之师。
⑧ 什己百己千己：才能十倍、百倍、千倍于己。什，同"十"。
⑨ 宾师：对有才能的人，不授以官职而是待以贵宾与老师之礼。
⑩ 勤渠：殷勤。
⑪ 万几：指繁多的政务。
⑫ 宗子：大宗的嫡长子，此指国君。张载《西铭》："乾称父，坤称母……民吾同胞，物吾与也。大君者，吾父母宗子。"
⑬ 展亲：重视亲族的情分。《尚书·旅獒》："分宝玉于伯叔之国，时庸展亲。"孔颖达疏："言用宝以表诚心，使彼知王亲爱之也。"
⑭ 蚤壅：感情阻隔。蚤，通"早"。
⑮ 城翰：喻指王室的同姓，可起到拱卫王室的作用。翰，通"幹"，植物的主干，喻支持者。《诗经·大雅·板》："大邦维屏，大宗维翰。怀德维宁，宗子维城。"
⑯ 或性或反：语本《孟子·尽心下》："孟子曰：'尧舜，性者也；汤武，反之也。'"朱熹集注："性者，得全于天，无所污坏，不假修为，圣之至也。反之者，修为以复其性，而至于圣人也。"
⑰ 必杀：在"亲亲"时，也必然按照亲疏关系有所降低。礼有"上杀"、"下杀"、"旁杀"等不同的规定。杀，降低。

修身则道立

章世纯

建极之君，其身无缺也。夫君身不自为身也，民之视效在焉，如之何可不修乎？且圣人之治天下，不必尽以我治之也，盖亦有我无为而民自取治者，无以使之而有以示之也。吾于是知修身之为要矣。夫帝王之主，未尝不以轨物①范民，则善世②固王治之隆；然帝王之主，亦未能遽以轨物纳民③，则善则乃绥猷④之本。苟其身之不修，天下亦孰知道之为道者，而道不以之仆乎？苟其身之既修，天下又孰不知道之为道者，而道不以之立乎？道之妙，形迹之所不居，是以天下莫得其处，而我以道著身，则即以身著道，著于喜怒哀乐而道有情，著于父子君臣而道有事，於穆不显⑤之精，皆可从我身而按其象也；道之名，众术之所共假⑥，是以天下远于所之，而我以道定身，则即以身定道，定于正而隐怪⑦不能易其方，定于真而疑似不能乱其从，纷纭错杂之趋，皆可从我身而认其极也。彼民也，亦惟君之知耳，匹夫诏之，不可使民明，而自君揭之，偏可使民明，彼盖缘君以信道也，权之所聚而复为道之所总，将如植之标⑧焉，而期而至者固众耳；夫民也，亦惟君身之知耳，督之师儒，不必使民喻，而修之一身，偏能使民喻，彼又缘身以信道也，身致其实而众慕其名，将如表之树焉，而望而赴者固多矣。夫立身于无过，而天下皆颂文武之君，名实之美固已如斯；范物于不遗，而天下有相观之化，至治之体又复如斯。而身之当修也，不益见乎？

【原评】看"立"字特精神，等闲语即成奇境，不在远取也。

【评】"立"字，《注》训"道成于己而可为民表"，此文于"身"字、"道"字交关处，说得亲切。"立"字精神意象俱跃跃纸上矣。可见四书名理，非能者不知疏浚。

【题解】出自第二十章，参见正嘉文卷四陈栋《人道敏政》。

修身则道立，尊贤则不惑，亲亲则诸父昆弟不怨，敬大臣则不眩，体群臣则士之报礼重，子庶民则百姓劝，来百工则财用足，柔远人则四方归之，怀诸侯则天下畏之。

【注释】

① 轨物：使众物合乎规范、准则。
② 善世：指治民而使民为善，下"善则"指治身而为民立则。
③ 纳民：使百姓行为合乎规则。《左传·隐公五年》："君将纳民轨物者也。"杜预注："言器用众物不入法度，则为不轨不物。"
④ 绥猷：顺应天道人心之常以治民。绥，此指安抚、顺应；猷，道、法则。语本《尚书·汤诰》："若有恒性，克绥厥猷惟后。"孔安国传："顺人有常之性，能安立其道教，则惟为君之道。"
⑤ 於穆不显：此指"道"。《诗经·大雅·维天之命》："维天之命，於穆不已。""於乎不显！文王之德之纯！"《中庸》引之以明天道至诚无息。於穆，叹美之辞，犹言大哉。不显，朱熹《中庸》集注谓"犹言岂不显也"。
⑥ 共假：共同假用。假，借。此句谓众多治术名目不同，都称为"道"。
⑦ 隐怪：指隐僻之理、诡异之行。《中庸》："子曰：素隐行怪，后世有述焉，吾弗为之矣。"
⑧ 如植之标：及下"如表之树"均指好像树立了一个标杆来引导人们向善。

尊贤则不惑

陈际泰

不惑之效，必于尊贤得之也。盖惑患于莫为之解也，尊贤而解之者得矣，夫何惑之有？且离理失术，亦人主之大患也，是故虽以天子诸侯之尊，必有宾师之士，让而不臣，凡以期其解惑焉已矣。夫人主者，处易惑之地，又当不可少有所惑之权者也。中情既惑，则必有所丽①于情之事者矣；一人既惑，则必有所附于人之众者矣。此所谓当不可少有所惑之权者也。故人主所急去者无如惑，则人主所亟尊者无如贤。何也？人主所患者沉溺耳，人主乘富厚之实，便宴安之娱，心志何以无疑惑与，此所谓处易惑之地一也，夫惟奉有道之士而师保承之，必能启翼上心，有涵养德性之助，盖《诗》《书》不能效之于心者，而贤固以致之已；人主所患者群小耳，人主生于深宫之中，长于阿保之手，近习何以无蛊惑与，此所谓处易惑之地二也，夫惟隆耆德②之英而神明严之，必能却远金壬③，有神益聪明之实，盖廷臣不能得之于君者，而贤固已收之已。天下有似虚而实者，贤人之事也，自公孤④而下、百执事⑤而上，各以其职自勤，贤者独优游于清宴⑥之间，非有所事者，然论道而不及政，而根本之地与职业之地，其效已悬；天下又有似实而虚者，尊贤之心也，自诵读所得与规谏所警，各以其益自知，尊贤者独祗承⑦于杖履⑧之间，非有所进者，然伸正而不伸邪，而严惮之心与清明之心，其理自合。然则贤之所居顾不重，而尊贤之为益顾不大也哉？

【评】"尊"与"敬"、"惑"与"眩"之异⑨，粗解认题者亦能辨之。但非有学识人不能晓其深处，道来不着痛痒耳。

【题解】出自第二十章，见上，参见正嘉文卷四陈栋《人道敏政》。

【注释】

① 丽：附。
② 耆德：年高德劭、素孚众望者。
③ 却远金壬：摒退、疏远奸邪之人。金壬，奸邪之人。
④ 公孤：泛指重臣。公，三公。孤，少师、少傅、少保。
⑤ 百执事：负责具体事务的官员。
⑥ 清宴：此指清闲。
⑦ 祗承：敬承，恭敬地受教。
⑧ 杖履：老人所用的手杖与鞋子，此指尊者、长者。
⑨ 此实指《中庸》本章"尊贤则不惑"与"敬大臣则不眩"二句之间的差别。

齐明盛服 三句

陈子龙

详修身之事，而知人主无不敬也。夫非内外交严而动必以礼，则人主之身可动者多矣，所以贵敬与？且夫小人之事君也，我知之矣，曰人君不可使其有间，有间则省庶事，故狗马声色之具不绝于前，所以伤其身者无所不至矣；君子之事君也，我亦知之矣，曰人君不可使其有间，有间则生邪僻，故鬼神师保之论时戒于侧，所以爱其身者无所不至矣。若夫子之告哀公以修身者，曰天生蒸民而立之君，非将以乐之也，为百神之主，统万民之尊，其身盖巍巍矣；君居五位①而享其奉，非可以自便也，思祖宗之付托，念臣民之瞻依，其身盖凛凛矣。如是安可以不务修身乎哉？而身何以修之也？我闻人主处深宫之中，偶有醉饱之志，而史臣已记、民间已传，是以古之王者懔"上帝临汝"②之怀，而清静以守之，斋祓以将之，盖齐明而无不一之心矣；人主当燕私之会，或有不衷之服，而上应元象、下成风俗，是以古之王者慎"下民侮予"③之戒，而旒纩以饰之，珩璜以节之，盖盛服而无不肃之度矣。虽然，翼翼昭事④之忧，非在吉蠲⑤之日也；穆穆渊默之容，非在尊严之表也。然而有赖于此者，盖以人主之身不可少违于礼。而礼之于人也，束缚而易于厌苦。故简易之流必至轻脱，轻脱之甚必至纵逸，而不动于非礼也难矣；繁重之久可以服习，服习之安至于自然，而动于非礼也亦难矣。于是谐律中度而身鲜非辟，宦官宫妾无所投隙，而当之者见英明不惑之风；金声玉振而身履中和，荩臣拂士相与成就，而过此者皆纯粹以精之事。非所以修身哉？昔我文武，抚有区夏⑥，惟以祗畏为怀，故幽而临保，显而灵承⑦，一人有祈天永命之理；及我文公，保明孺子⑧，亦以荒宁⑨可诚，故口绝戏言，身无观逸，大臣有咏歌告谕之文。自一人极欲，后世不知为君难，而正心无闻，夷吾乃云"不害伯"⑩，于是修身之事寡矣。

【评】丰姿超骏，镕冶经史而挹其菁英，与世俗所为金华殿中语⑪自隔霄壤。

【题解】出自第二十章，参见正嘉文卷四陈栋《人道敏政》。

齐明盛服，非礼不动，所以修身也。

【注释】

① 五位：指帝位。以九宫之数论，"五"居中央，象征天子。或谓"五位"即"九五之位"。

② 上帝临汝：上帝正在监视着你。语本《诗经·大雅·大明》："上帝临女，无贰尔心。"《鲁颂·閟宫》："无贰无虞，上帝临女。"

③ 下民侮予：语本《诗经·豳风·鸱鸮》："今女下民，或敢侮予！"朱熹集传谓，帝王未雨绸缪"则此下土之民，谁敢有侮予者？亦以比己深受王室，而预防其患难之意。故孔子赞之曰：为此诗者，其知道乎？"

④ 翼翼昭事：语本《诗经·大雅·大明》："维此文王，小心翼翼。昭事上帝，聿怀多福。"孔颖达疏："小心而恭慎翼翼然，明事上天之道"。

⑤ 吉蠲：祭祀前选择吉日，斋戒沐浴。《诗经·小雅·天保》："吉蠲为饎，是用孝享。"毛传："吉，善。蠲，絜也。"朱熹集传："吉，言诹日择士之善；蠲，言斋戒涤濯之洁。"

⑥ 区夏：诸夏之地，指华夏、中国。《尚书·康诰》："（文王）用肇造我区夏。"孔安国传："始为政于我区域诸夏。"

⑦ 灵承：顺承天命。《尚书·多士》："今惟我周王，丕灵承帝事。"

⑧ 孺子：指周成王。

⑨ 荒宁：荒怠自安。语本《尚书·无逸》："治民祗惧，不敢荒宁。"

⑩ 不害伯：不影响成就霸业。伯，通"霸"。《管子·小匡》载，齐桓公自认"寡人不幸而好田"、"不幸而好酒"，"有污行"、"好色"，而管仲认为这些都不"害霸"。

⑪ 金华殿中语：金华殿中的讲说，喻指并非真正的要言妙道。金华殿，汉朝宫殿，成帝曾于此听儒生讲论经书，见《汉书·叙传》："上（按，汉成帝）方乡学，郑宽中、张禹朝夕入说《尚书》、《论语》于金华殿中，诏（班）伯受焉。"《世说新语·言语》："刘尹与桓宣武共听讲《礼记》。桓云：

'时有人心处，便觉咫尺玄门。'刘曰：'此未关至极，自是金华殿之语。'"

时使薄敛　二句

王绍美

用民而存不忍之意，劝民之经也。盖上果有不忍之意，虽用民焉，民犹谅之。时使薄敛，岂非劝百姓之经哉？且有民而立之君，民之无不爱君者，天定之也。然而民虽爱君，不如自爱其力与财，必不能以财力既尽之身奉吾君而不倦，故百姓甚可畏也。先王之于百姓，非曰畏之，盖曰此吾子也，而谋所以劝之，则亦惟财与力加之意已矣。天下虽有罢民①，不能使吾君之有公而无私，然或以公役民而民怨，或以私役民而民不怨者，则迟速之数异也，而乌知迟之之乃为速乎？天下虽有顽民②，不能使朝廷之有缓而无急，然或急于求民而民不应，或缓以听③民而民莫不应者，则多少之额殊也，而乌知少之之反为多乎？求所以劝百姓，则"时使"其一，"薄敛"又其一矣。凡"使"与"敛"皆系乎分之当然，但此见为当然之意，出乎民则甚顺，出乎上则又甚残矣，是故权其劳逸、制其重轻，若以为尔小民之所必不堪而重以相累也者，则诚百姓之所鼓舞勿懈者尔；凡"使"与"敛"亦缘乎势之不得已，但此见为不得已之意，存乎民则为勉强，存乎上则又为忠厚矣，是故勿亟期④而病农、宁损上以益下，若以为予一人之所甚不安而无由相助也者，则诚百姓之所竭蹶不皇⑤者尔。盖阴驱民力而故辞之，实朘⑥民膏而故宽之，其劝百姓以术，术则多败，夫此鼙鼓勿胜⑦之气，担负恐后之谊，自仁人君子视之，亦其所恻怛者也，苟可以因循⑧，何必龙火⑨之为期，苟可以节省，何必什一⑩之为准，吾有子而拊循之，而安得隐用其术哉？抑宽岁月以责终事，去浮冒以收实课，其劝百姓也以法，法亦易衰，夫此主伯亚旅⑪群而瘁于公，锱铢累积⑫集而献诸府，使上人易地而处之，亦甚有艰难者也，虽不伤田功，犹恐民业之易荒，虽不议加赋，尚虞民财之多竭，吾有子而护惜之，而安俟严明其法哉？子民⑬之经，所谓百世不可易者也。

【评】此等题，易于搬运古籍。故能者即陈言而新之，遂觉姿韵出群。

【作者简介】

王绍美，会稽人，崇祯十三年（1640）进士，官肇庆府推官。南都陷，在乡起兵抗清。

【题解】出自第二十章，见上，参见正嘉文卷四陈栋《人道敏政》。

时使薄敛，所以劝百姓也。

【注释】

① 罢民：疲民。罢，通"疲"。
② 顽民：不服从统治的人。
③ 听：顺随。

④ 亟期：限定的日期很紧迫。

⑤ 竭蹶不皇：努力奔走，惟恐来不及。不皇，即不遑。

⑥ 朘：剥削。

⑦ 蘩鼓勿胜：指干活的热情非常高，不愿意停下来。蘩鼓，大鼓，古代用于役事。语本《诗经·大雅·绵》："百堵皆兴，蘩鼓弗胜。"郑玄笺："蘩鼓不能止之，使休息也。"

⑧ 因循：此指延迟、推迟。

⑨ 龙火：指东方七宿中的心宿。东方七宿称苍龙，心宿有星三颗，其主星又称鹑火、大火，故称。《文选·张协〈七命〉之一》："若乃龙火西颓，暄气初收。"按，"龙火西颓"意略同《诗经·豳风·七月》"七月流火"，"龙火之为期"指不依常规在冬季安排劳役，因而妨害农时。

⑩ 什一：按十取其一的比例收取赋税。

⑪ 主伯亚旅：指一家大小。语本《诗经·周颂·载芟》："侯主侯伯，侯亚侯旅。"毛传："主，家长也；伯，长子也；亚，仲叔也；旅，子弟也。"

⑫ 锱铢累积：此指一点点积攒起来的财物。

⑬ 子民：爱民如子，爱护百姓。

日省月试　三句

陈子龙

　　详于考工，知古者艺事之精也。夫百工之事，古者以详密为务，岂可以徒致哉？且制器尚象，圣人以前民用，而度材考工，先王以尽民力，似乎末业犹加详焉。器用日繁，民以益巧，故唐虞有共工①之官，而周制备六官②之一，其事实重也。夫技巧之事，贱者执之，此其业隔于上矣，知者不可治，治者不能知，何缘而辨之哉？王者审能而任官，故准绳藏于府，制度③领乎吏，先以齐天下之物而不乱；造作之能，巧者趣之④，此其人异于农矣，自食者⑤日劳，食于人者日逸，何由而制之哉？王者准本而偿末⑥，故上者进于官，下者同于民，期以平天下之财而不偏。于是乎有日省月试之法焉。器不成于一朝而功难废于一日，不之省焉，则勤惰不一而工奸其力矣；物或精于一时而人难勤于终月，不之试焉，则规矩不齐而工滋其伪矣。若夫量功给食，事又何可略也？有通名于吏人，论道艺谏⑦，能制作以资用，是养于王国，所当资以厚糈⑧也；有比能⑨于厮养⑩，胥靡版筑⑪，仅力作以糊口，是食于民间，所当令其代耕者也。如此则人献其能，工拙相安，百工岂不劝哉？乃知王者以疏阔治其大，而以周密治其小，吾观后世百工之事，有听之民者矣，其始似乎简便，然所作者必缓急无纪，贵贱无制，或积而不用，或求而不给，至于工民相怨而轻重⑫之势不均，国遂以病，惟王者总群方而计之，则百工服而天下无所偏困矣；又必为久远之思，而不屑于一时之利，吾观后世百工之事，有掌之官者矣，其意存乎裕已，故所作者多宽其时日，厚其资粮，匠人作奇器，女工滋人蠹⑬，至于上下相欺而淫巧之技日进，俗由以坏，惟王者量大利而衡之，则百工安而上下无所争胜矣。故古之圣王，取随取坎⑭，极制作之奇而不为无用，使述之者不虚其岁月而已；周之哲相⑮，多艺多才，尽文章⑯之美而不以技名，使守官者不失其姓氏而已。嗟乎！一百工耳，或以生财，或以伤财，王者于劝之中又致慎焉。

【评】事列"九经"之一，应须此崇论闳议，亦何尝阔略题面以为博也。

【题解】出自第二十章，参见正嘉文卷四陈栋《人道敏政》。

日省月试，既禀称事，所以劝百工也。

【注释】

① 共工：官名，掌制作器物之事。《尚书·尧典》："共工方鸠僝功"。

② 六官：周制，六官指天官冢宰、地官司徒、春官宗伯、夏官司马、秋官司寇及冬官司空。制作之事由冬官司空掌理，《周礼》中"冬官"部分亡佚，后人以"考工记"代之。

③ 制度：此指器物的式样、规格。

④ 趣之：从事于此。趣，通"趋"。

⑤ 自食者：此指农人，下"食于人者"指工、商等。

⑥ 准本而偿末：根据农人的收入给工匠付酬劳。本，指农业。末，指工商业。

⑦ 论道艺谏：谈论治国之道，以制作的器物寓规谏之意。

⑧ 厚糈：优厚的待遇。糈，粮食。

⑨ 比能：能力相当。

⑩ 厮养：厮役，杂役。

⑪ 胥靡版筑：指从事卑贱的体力劳动。胥靡，服劳役的奴隶或刑徒。版筑，筑墙。按，此用商代傅说之典，《史记·殷本纪》载"是时说为胥靡，筑于傅险"，《孟子·离娄上》云"傅说举于版筑之间"。

⑫ 轻重：指农业与工商业。

⑬ 人蠹：有害之物，害人之人。

⑭ 取随取坎：既使天下之物各尽其用，又不为奇技淫巧。取随，本《易·系辞下》："服牛乘马，引重致远，以利天下，盖取诸随。"王弼注："随，随宜也。服牛乘马，随物所之，各得其宜也。"取坎，《易》取坎象以明守险固国之义，又"习坎，君子以常德行习教事"。

⑮ 哲相：此指周公。

⑯ 文章：此指典章制度。

行前定则不疚

章世纯

"行"所以得者，"豫"道存也。夫不疚而行成矣，顾所以得此者，非以前定之故乎？且豫者百事之制也，一时之言、一时之事，犹不可不先成于心而制其数，况行之制于终身者乎？言、事者所以与物交也，行则成而存乎己者也；跆与困所以无外宁也，行败而疚则反而自苦其心者也。此其措之也愈难，而其待于豫者愈甚。如其失检也，其败也必也；若其早操也，其成也亦必也。夫不先多求于古人之迹，则不能知乎得失之所存，卒然①而用之，有不知所以自置者矣，何也？斟酌之审，非一时事也，唯未至乎事之境而先论之，则其为时宽矣，而功亦得详焉，得已然之迹而卒者，所以无憾于圣贤也，此理也，势也；不先习其性情之所之，则不能强其一旦之必合，卒然而御之，有身心相与梗者矣，何也？习惯之安，亦非一时之事也，唯未至乎动之地而先操之，则其力渐矣，而功亦得深焉，得平时之力而藉之者，所以无恶于己志也，此亦理也，势也。盖夫人为行在旦昼之间，不觉清夜而后悔之，前定之为道也，物未接而神明清，可以当清夜之观矣，而揭之于先焉，事后之悔所以寡乎？夫人为行在己，亦不即觉旁观而常耻之，前定之为道也，识未起而观物暇，可以代旁观之明矣，而揭之于先焉，事后之耻所以寡乎？夫行之起也于心出之，其成也于心复之。不疚者，复之心而心无怍也；前定者，出之心而心先可无怍也。故曰豫者百事之制也。

【原评】理得辞顺，自然出拔。好作奇语，致气象衰蘼，自是文章大病，当以此为正风也。

【评】以圣贤语自验于身心而得之，乃能如此俊拔明粹。

【题解】出自第二十章，参见正嘉文卷四陈栋《人道敏政》。

凡事豫则立，不豫则废。言前定则不跲，事前定则不困，行前定则不疚，道前定则不穷。

【注释】

① 卒然：猝然，突然。卒，通"猝"。

获乎上有道　三句

陈际泰

借言君友之人，明豫道也。夫信友①以获上，此豫道也，岂不信而能致是哉？尝谓士之学至矣，名誉不闻，友之罪也；名誉闻矣，君不之用，君之罪也。由此言之，友之权不亦重乎？故欲获上，非此无由焉。盖上之隔于下，犹下之隔于上也。君无悬知于士之理，而士无自荐于君之权；君有自信于其人之端，而士有通信于其友之素。故上未易获也，能见信于友，则上获矣；不能见信于友，则上终弗获矣。何也？先王乡举里选之事，即授于平日相与为竞之人，则友者乃其民也，幼有以相习，长有以相知，命端于此而后耳目真，故古者比闾族党②之势重；先王吁俊论秀③之法，或关于其乡所尝在朝之士④，则友者乃其臣也，得举则功随，失举则谴及，责能于此而后保任精，故古者公卿大夫之权尊。由是士能勉于自爱，则友虽仇也，有其举之而莫之敢废，何者？信之耳，是故匹夫有善，可得而举，以有此具也；由是士或甘于自暴，则友虽昵也，有其废之而莫之敢举，何者？不信之也，是故匹夫有不善，可得而弃，以有此具也。故上之获士有道也，不凭于不相知之人，独寄其权于友，故不劳而得真士；士之获上有道也，不务于不必急之事，独修其实于信，故不诡而结主。知夫信之诚当豫也，则悦亲⑤宁可缓乎？

【原评】中二比，《周官》、《周礼》之意详在其中。

【评】博洽深通，故信手挥洒，皆无浮浅语。

【题解】出自第二十章，参见正嘉文卷四陈栋《人道敏政》。

在下位不获乎上，民不可得而治矣；获乎上有道：不信乎朋友，不获乎上矣；信乎朋友有道：不顺乎亲，不信乎朋友矣；顺乎亲有道：反诸身不诚，不顺乎亲矣；诚身有道：不明乎善，不诚乎身矣。

【注释】

① 信友：取信于朋友。

② 比闾族党：泛指乡党。比闾：指乡里。《周礼·地官·大司徒》："令五家为比，使之相保；五比为闾，使之相受。"

③ 吁俊论秀：求贤和荐举人材。吁俊，求贤，语本《尚书·立政》："迪惟有夏，乃有室大竞，吁俊尊上帝。"孔颖达疏："招呼贤俊之人，与共立于朝，尊事上天。"论秀，指乡里推举人材，见《礼记·王制》："命乡论秀士，升之司徒，曰选士。"

④ 尝在朝之士：《礼记·礼运》等篇言周代有"三老"，《周礼·司徒·乡大夫》等言周有"乡大夫"，均为年老致仕的官员，负有执掌乡里教化、推荐贤士之责。

⑤ 悦亲：指"顺乎亲"。经文谓："不顺乎亲，不信乎朋友矣。"

诚之者人之道也

章世纯

知人道之所在，而人可以自尽矣。夫有天而无人，则于分不全，故诚之之功亦君子所以求自尽也。且天与人相并而为用，在天者特立其极，而在人者则以致其功，斯二者之所为所以相辅而相成也。是故诚者为天道固矣，使天固诚之，我固置之，是谓弃天，人而弃其所受于天之分，则背本也甚矣；天所不足，人所不为，是谓恃天，人而徒恃天之所以与我，则无志也甚矣。故有诚者，则有诚之者，而有为之法起焉；有天道，则有人道，而自全之能生焉。天有大同之德，人各得以分其精，斯亦足矣，而又期于有以保之，此岂务为扰也哉，人也者，天之继也，彼务于物之所以生，而我务于物之所以成，道之所以相终者，有固然耳；天有参差之数，我不得以全其分，则亦已矣，而又期乎有以益之，此岂以争天权也哉，人也者，天之参①也，彼容有偏至之气，我实有复性之机，道之所为相辅者，有固然耳。盖虽中处覆载之内，然质已与之相离，则有自用之才，故能因质而用之，亦复骋能而化之②，而未尝俯而听其所以处，此人道之所以次乎天；虽均列品庶③之中，而智与之相绝，则有造事之哲，故能从天而奉之，亦能制天而用之，而未尝帖然自弃于无所用，此人道之所以尊乎物。且夫人亦安所不至哉？违道而行，则悖天逆情，尽反天下之常，且亦其力之所能给也；顺道而趋，则全性存真，分衡造化之功，岂顾非其智之所能为也？夫人亦安所不至也！

【评】 思致镵刻，恰探得题之真实处。"相终"、"相辅"二义，通篇暗相承递，章法尤为严密。若理不足而求之词，虽得子家之精，亦无取焉。　此文亦载陈大士稿中，细玩清削坚锐之气，与章一律，故正之。

【题解】 出自第二十章，参见正嘉文卷四陈栋《人道敏政》。

诚者，天之道也；诚之者，人之道也。诚者不勉而中，不思而得，从容中道，圣人也。诚之者，择善而固执之者也。

【注释】

① 参：加入，并列。《中庸》："可以赞天地之化育，则可以与天地参矣。"朱熹集注："与天地参，谓与天地并立为三也。"
② 骋能而化之：此指依靠"人"的努力改变天生的材质。此与前"制天而用之"均本《荀子·天论》："从天而颂之，孰与制天命而用之！……因物而多之，孰与骋能而化之！"
③ 品庶：众物，众人。

博学之　四句
陈际泰

君子求知之方，不一而足也。夫求知之方不精，其所失者当不止于知也，故君子求进于知之道，不厌详焉。且吾人所为误于行者，不于行昉①也，不求精于所行之理，从行而索之，则已粗；不求豫其所为行之之具，临行而后求之，则已晚。君子于此，有求知之道焉；君子于知，有求详之道焉，凡以择其至善也。夫恃一心之知，知无几也；即恃一代之知，知无几也；虽恃在一人之知与恃在己之知，知亦无几也。君子有以处此矣：可行之理具于古人之诗书者，不"学"无由知也。时积而事多，事积而理多，古人以智相饷遗，亦欲我之尽有之。而节取其少，他日所行，无向学者②不必用，当其用之而又未尝学也，君子之所深虑也。虽然，"博学"矣，其可知者我既知矣，其徒学者③，我不能知，人必有知之者，但患挟己而自傲、与弱己而护前④耳，是故学须"问"也。乃问非略也，约略而询之，人必约略而酬之，非人有所靳⑤而不尽，以为我固已悉也。率而行之则事有半暗，悔而复之则问有重累，非所云也。盖所学诚博，而君子又贵加之"审问"也。抑可行之理得于师友之启告者，不"思"亦何由实知之也。太劳其精而神费，太索其理而真荡⑥，向人以美相诏示，亦欲我之谨持之。而过用其心，异日所行，甚庸思者⑦不必中，求所以中者而又未始思也，君子之所甚危也。虽然，"慎思"矣，其知所得于人者又复得于己矣，其所思者，虽可合于人之所知，要未能信其真合于人之所知者，其可坚于自是以不言为信⑧、重于劳物⑨以再质为嫌乎，是故思须"辨"也。乃辨非苟也，理立于十⑩而后止，我至于九而遂讫，非独人有所意而未安，即在我亦未快也。万有不得已者既无从知其然，即万万无不得者亦无因质其信，非所云也。盖所思虽慎，而君子又贵加之"明辨"也。甚矣，君子之求知，若是其曲而尽也！甚矣，君子求详于知之心，若是其繁以难也！盖古人不恃其能行之力，而特自豫其所以可行之理。是故其于知，必再四而后已焉也。

【评】词必己出，既出又人人笔下所无，人人意中所有。名理只在眼前，浅学自不善爬梳耳。

【题解】出自第二十章，参见正嘉文卷四陈栋《人道敏政》。
博学之，审问之，慎思之，明辨之，笃行之。

【注释】

① 昉：始。按，文分两扇，分别以"可行之理"、"抑可行之理"起。

② 向学者：从前学习的知识。

③ 徒学者：指虽然学过但没有明白的道理。

④ 护前：回护以前的错误，泛指护短。

⑤ 靳：吝惜。

⑥ 真荡：内心动荡不安。真，本性。

⑦ 甚庸思者：费心思考过的事情。庸，用。

⑧ 不言为信：此指不与他人讨论，径直认为自己的理解正确。

⑨ 劳物：此指烦劳他人。

⑩ 理立于十：道理的成立要靠充分的证据，即所谓"例不十，法不立；反不十，法不破"之说。

能尽人之性　二句

陈子龙

物性杂而难尽，以人通之而已。夫物之性不可测矣，而圣人能尽之，然使人性之未尽，又何暇及此乎？且夫天下之人虽疏，其实一而已，而物之为类无算也，要而论之，受人之命、给①人之欲耳。是以古之圣人以人为主，而万类纷纭，可以纲纪而理之矣。夫至诚之尽性以及人也，宁有既②乎？形在蠢动③者，道之所哀矜也，圣王在上，虽匹夫孺子皆得各言其伤④，而万物独无以自鸣，岂宜以异体而遗之？生于微末者，礼之所收录也，明盛之朝，惟麟游凤舞始能先应其瑞，而他物皆无以自见，岂宜以贱质而弃之？然而至诚不别图其事、更计其安也，能尽人之性，则物之性自尽矣。盖物莫贵于适用，而当草昧⑤之日，则人智未开，不能辨物之良否⑥而制之，吾观上古之圣人，使民知所以自养之具，既已乐得其欲矣，于是树黍稷以为食，羁牛马以致远，物始无失用之忧也，假令万民之血气未和，则与共强弱于宇宙之间矣，何由尽其性哉？物又贵于得时，而当衰乱之际，则人欲无等，不能因物之品令⑦而取之，吾观后世之圣人，使民知所以自节之旨，既已不过乎理矣，于是林木无当长之伐，牲鱼⑧无犯禁之取，物始免非时之贼⑨也，假令百姓之礼制未明，则将分多寡于贫富之事矣，何由尽其性哉？间尝读《禹贡》而知圣人之奇也，夫银镂砮磬⑩产于华阳之山，蠙珠暨鱼⑪生于淮泗之水，而凿山沉渊以求之，似于违物之性者，然不曰大难之既夷⑫乎，万物莫不以见用于人为悦，而世方升平，人民和乐，相与雕饰珍异，此王者有文章之观也，而物不敢辞矣；又尝读《周礼》而知圣人之大也，夫虫豸鼠豕⑬不得已而有其形，枭鸟破镜⑭不自知而产其类，而设官迎神以除之，似于伤物之性者，然不曰驱凶以卫良乎，万物莫不以有害于人为罪，而群生茂育，嘉祥叠见，相与芟夷丑俗，此王者有刑罚之用也，而物不敢怨矣。是故物有欲则可制，圣人设饮食以尽人之情，而推之神明，乃可以驯龙蛇之性；物有声则可通，圣人制律吕⑮以和人之气，而极其微妙，乃可以通鸟兽之音。事之至奇而寔至庸者也，顾不先尽人之性，岂能臻此乎？

【原评】杂引而不病于复。中有浩气行乎其间，故英词奥理，皆为我驭。

【评】不独浩气足以行之，于圣人知明处当意，却无一处不贯串也。此种在昔人本非上乘，聊使空疏者知不可无学耳。若不求理之足、气之充，而但竞富有，未有不入于昏浮滞塞者。

【题解】出自第二十二章。

唯天下至诚，为能尽其性；能尽其性，则能尽人之性；能尽人之性，则能尽物之性；能尽物之性，则可以赞天地之化育；可以赞天地之化育，则可以与天地参矣。（天下至诚，谓圣人之德之实，天下莫能加也。尽其性者德无不实，故无人欲之私，而天命之在我者，察之由之，巨细精粗，无毫发之不尽也。人物之性，亦我之性，但以所赋形气不同而有异耳。能尽之者，谓知之无不明而处之无不当也。赞，犹助也。与天地参，谓与天地并立为三也。此自诚而明者之事也。）

【注释】

① 给：满足。

② 既：终，完结。

③ 蠢动：本指蠕蠕而动，此指没有灵性之物类。

④ 伤：悲苦。《汉书·食货志》："男女有不得其所者，因相与歌咏，各言其伤。"

⑤ 草昧：天地初开时的混沌状态；蒙昧状态。《易·屯》："天造草昧。"

⑥ 良否：好和恶。否，恶。

⑦ 品令：品级。

⑧ 牲鱼：祭祀用的鱼。《周礼·夏官·大司马》："大祭祀、飨食、羞牲鱼，授其祭。"郑玄注："牲鱼，鱼牲也。"按，此即《孟子·梁惠王上》所云"数罟不入洿池"，"斧斤以时入山林"之意。

⑨ 非时之贼：不按时节取物而伤害于物。贼，戕害。

⑩ 银镂砮磬：指山区地下所产的物品、矿石。《尚书·禹贡》："华阳黑水惟梁州……厥贡璆、铁、银、镂、砮、磬"。

⑪ 蠙珠暨鱼：蚌、珠和鱼，均为水产品。蠙，即"蚌"。《尚书·禹贡》："泗滨浮磬，淮夷蠙珠暨鱼。"

⑫ 既夷：已经平定。

⑬ 虫豸鼠豕：均为有害的物类。豕，野猪。

⑭ 枭鸟破镜：传说中吞食父母的鸟兽。枭鸟为恶鸟。破镜，亦作"破獍"，恶兽。《史记·孝武本纪》："古者天子常以春秋解祠，祠黄帝用一枭、破镜。"裴骃集解引孟康曰："枭，鸟名，食母。破镜，兽名，食父。黄帝欲绝其类，使百物祠皆用之。"

⑮ 律吕：本指古代校正乐律的器具，后亦用以指乐律或音律。

至诚之道　二句

马世奇

诚之明也，以其道决之而已。夫至诚非有意为知，而道固可以前知也，所谓诚则明者也。且天下开物成务①之故，皆视所知以起，故凡圣人继统，其智未有不处天下之上者。而吾以为非其明至，乃其诚至耳。何也？至诚之道，天道也。言天，则不与情为役，夫情之遇物常昧，天之遇物常觉，情有妄而天无妄也，无妄而其道已精矣；言天，则并不与识为偶，夫识之所及在事中，天之所及在事先，识有心而天无心也，无心而其道弥大矣。羲皇②以来，五德代移③，则事之起于知也渐多，而要之，理以御数，果其根极于理，即所谓成功之退、将来之进，皆其理之自然而无俟推测者也，至诚所可知之于数以前也；唐虞以降，三统递变④，则知之历于事也愈详，而要之，几以造形⑤，果其通极于几，即所谓前人之智、后人之师，皆其几之相乘而不藉探索者也，至诚所可知之于形以前也。天下莫前于不睹不闻，而睹闻为后，试想诚者未发之中，心无所系，无所系则常虚，虚故气机毕贯，其知在千古犹在须臾也，总一诚之上通于天命而已；天下莫前于生天生地，而天地为后，试想诚者尽性之后，心有所主，有所主则常实，实故微显咸彻，其知之在三才犹在一念也，总一诚之默契于化育而已。是故人患知少，至诚则无所不备，彼其验知于不爽者，皆顺应而不劳者也，天下之贤智莫能几及矣，道之可前知者不在外也；人患知多，至诚则操之至密，彼其涵知于坐照者，皆藏用而莫窥者也，天下之世运赖以匡维焉，道之可前知者大有为也。此所谓天道也。

【原评】"前知"讲得深确，"诚"字先讲得精研，是作家真实本领，一毫假借不得。

【评】义理精深，气体完浑，稿中第一篇文字。

【作者简介】

马世奇（1584—1644），字君常，无锡人。幼颖异，嗜学有文名。登崇祯四年（1631）进士，改庶吉士，授编修。崇祯十七年（1644）三月，李自成陷北京，世奇自经以殉国，赠礼部右侍郎，谥文忠，清朝赐谥文肃。著有《马世奇文集》六卷、《诗》三卷等。

【题解】出自第二十四章，参见正嘉文卷四唐顺之《见乎蓍龟》。

至诚之道，可以前知。

【注释】

① 开物成务：指通晓万物之道，并按其理行事而得到成功。《易·系辞上》："夫《易》，开物成务，冒天下之道，如斯而已者也。"孔颖达疏："言《易》能开通万物之志，成就天下之务。"

② 羲皇：指上古伏羲氏时代。伏羲为三皇，故曰羲皇。

③ 五德代移：阴阳家把金、木、水、火、土五行看成五德，认为历代王朝各代表一德，按照五行相克或相生的顺序，交互更替，周而复始。

④ 三统递变：指各代"正朔"制度交替变化。三统，夏代以寅月（现农历正月）为岁首，为"人统"；商朝以丑月（现农历十二月）为岁首，为"地统"；周朝以子月（农历十一月）为岁首，为"天统"。

⑤ 几以造形：先有微小的征兆，才有后来的情形。几，征兆。

必有祯祥

钱　禧

　　兴机之先见者，惟至诚知其然也。夫以祯祥卜兴，此必待兴而后指为祯祥也，惟至诚必之于未见之先，故能前知其兴耳。且夫有必昌之运，则有必昌之几。既事而安之者，天下之人也；将事而示之者，**鬼神之用也**；未事而信之者，至诚之所以为至诚也。如国家无祯祥不兴，理则然矣，于其未有祯祥之际而信其必有祯祥之理，此岂人之所能与乎？天性聪明，见一人之不自弃而勉强力行者，则示之祯以正告之，若曰天下之大，未有为其事而无其应者，亦视其力行何如耳；天心仁爱，见一人之能力行而初终不怠者，则示之祥以详告之，若曰诸福之物，未有有其人而惜其报者，亦视其有终与否耳。国而既故①矣，燕皇天而昌厥后②，则命为之一新也，觇其国上下忧勤，朝夕之不暇，民人恺乐，耕凿③之不惊，何所期于符瑞而侈言其事，然而景命④方来则志气自动，王者无心于符瑞而符瑞之有焉，必也；家而既世⑤矣，诒孙谋而燕翼子⑥，则业为之益大也，视其家子孙贤才，聪听祖考之彝训，世禄由礼，深知稼穑之艰难，何取征于美应而咏歌其盛，然而大业渐隆则精神先见，君子无心于美应而美应之有焉，必也。此非独其理也，实有其事也，鸟兽草木，各有性情，为侧身厉行⑦之君臣而特发其秀；此非独报也，实有其致之者也，山川社稷，岂知谄媚，当吉人精气之郁勃而不敢自爱其诚。帝王之兴，皆由人事而不由天命，人事即天命也，凤至图出⑧，皆耳目间事耳；《诗》《书》所记，皆颂其后而未睹其先，事后而几先也，化家为国⑨、化国为天下，皆在不闻不睹中耳。若待既兴而知兴，既有祯祥而知祯祥，此天下之人也，非至诚如神之学也。

　　【原评】此方是"必有祯祥"，他作皆"祯祥考"耳。

　　【评】于天人相应之理，实能洞烛本原。词旨丰美，气质光昌。

　　【题解】出自第二十四章，见上，参见正嘉文卷四唐顺之《见乎蓍龟》。

　　至诚之道，可以前知。国家将兴，必有祯祥；国家将亡，必有妖孽；见乎蓍龟，动乎四体。祸福将至：善，必先知之；不善，必先知之。故至诚如神。

【注释】

① 故：旧。《诗经·大雅·文王》："周虽旧邦，其命维新。"
② 燕皇天而昌厥后：使天降瑞应，使子孙昌盛。语本《诗经·周颂·雝》："燕及皇天，克昌厥后。"毛传："燕，安也。"郑笺："文王之德，安及皇天，谓降瑞应，无变异也。"
③ 耕凿：耕田凿井。
④ 景命：指授予帝王之位的天命。《诗经·大雅·既醉》："君子万年，景命有仆。"郑玄笺："天之大命。"
⑤ 世：世代相传。
⑥ 诒孙谋而燕翼子：留下顺承天下之谋略，使子孙后代得以安定。孙，同"逊"。语本《诗经·大雅·文王有声》："丰水有芑，武王岂不仕？诒厥孙谋，以燕翼子。"毛传："燕，安。翼，敬也。"郑

玄笺："诒，犹传也。孙，顺也。"孔颖达疏："武王岂不以功业为事乎？言实以功业为事，思得泽及后人，故遗传其所以顺天下之谋，以安敬事之子孙。"

⑦ 侧身厉行：谨慎戒惧，砥砺品行。侧身，倾侧其身，表示戒惧不安。《诗经·大雅·云汉序》："（周宣王）遇灾而惧，侧身修行。"厉行，砥砺操行，《吕氏春秋·离俗》："高节厉行，独乐其意，而物莫之害。"

⑧ 凤至图出：指德化流行所造成的祥瑞。语本《论语·子罕》："子曰：'凤鸟不至，河不出图，吾已矣夫！'"朱熹集注："凤，灵鸟，舜时来仪，文王时鸣于岐山。河图，河中龙马负图，伏羲时出，皆圣王之瑞也。……张子曰：'凤至图出，文明之祥。'"

⑨ 化家为国：指成为诸侯。下"化国为天下"指统治天下，成为天子。

动乎四体

陈际泰

观于所动，即身亦有不能自主矣。夫四体之动也，岂我动也乎哉？故观所以动，而其符已著于此矣。且自识微之士，其于高卑疾徐间，逆占时事，历历不爽。此非苟而已也，彼且于天人之际深矣。盖天下无故之举止，皆有关乎有故之征应；而天下有形之机缄①，总协乎无形之际运。则四体之动也，固自动耶？而四体之动也，固有动之者耶？动而之吉，动而之凶，似乎造于人之使然，然而天地间无事无理数，彼其蠢然者胡然而惠迪②也，胡然而从逆也，此其间有无名者鼓之以出，而催迫于运之固然，固然者又有使然者矣；倏动而此，倏动而彼，似乎适于我之偶然，然而身世中无刻无鬼神，彼其俄顷间胡然而亨嘉③也，胡然而错履④也，此其间有大力者负之以趋，而流转于命之偶然，偶然者又有常然者矣。盖宇宙浮光之处，皆於穆之气⑤所栖，一切善败之兆，其精神或见于山川，而身既处其中，既渐移渐满，则四体之升降俯仰，必无以解乎造物之吹嘘；吾人骨理之间，皆天地之神所结，一切好丑之机，其魄兆⑥或萌于意气，而身适当其后，既渐推渐著，则四体之进退周旋，必不能以免夫神明之策驭。当其动，问之动者，动者不知，而云为⑦之际制于天；当其动，即问之动之者，动之者亦不知，而天地之行制于气。则观四体之动，不可以占其祸福也哉？

【评】古人立言，胸中必先多蓄天下之义理，触处即发，故言皆有物。作者每遇一题，必有的义数端，为众人所未发。由其博极群书，一心两眼，痛下功夫，而寔有心得，故取之左右逢源。学者若专于八股中求之，则高言何由止于众人之心。

【题解】出自第二十四章，见上，参见正嘉文卷四唐顺之《见乎蓍龟》。

【注释】

① 机缄：机关的开闭，指推动事物发生变化的力量，亦指气数、气运。语本《庄子·天运》："孰主张是？孰维纲是？孰居无事推而行是？意者其有机缄而不得已邪？"成玄英疏："机，关也；缄，闭也……谓有主司关闭，事不得已。"

② 惠迪：顺从正道。惠，顺。语本《尚书·大禹谟》："惠迪吉，从逆凶。"孔安国传："迪，道也。顺道吉，从逆凶。"

③ 亨嘉：顺利、美好。《易·乾》："亨者，嘉之会也。"孔颖达疏："嘉，美也。言天能通畅万物，使物嘉美之会聚，故云'嘉之会'也。"

④ 错履：犯错误。

⑤ 於穆之气：广大无极的气。於穆，叹美之辞。《诗经·周颂·维天之命》："维天之命，於穆不已。"

⑥ 魄兆：征兆、先兆。《国语·晋语三》："公子重耳其入乎，其魄兆于民矣。"韦昭注："魄，形也。兆，见也。"

⑦ 云为："言"与"动"。

道并行而不相悖

谭元春

观于并行者，而知有主乎行者也。夫并行者，相悖之端也，而道之在天地者不然，岂无所以主之乎？且夫仲尼以语默进退为道，而天地以四时日月为道，使节序不足凭而晦明不可知，彼苍苍者其谁得而问之？而道则错行代明①如斯矣。错者杂出，并者同至；代者互更，并者齐曜。错则不并，代则不并矣，而何以谓之并行且见其不悖哉？并者，以其一往而一来，非若往而不来者也，而久则易至于相忘，忘则悖；不悖者，即以其一往而一来，无碍于往而又来者也，而其妙正在于能并，并则行。我见夫春夏秋冬者，亦世人定之以为春夏，定之以为秋冬，而天地则寔有所为四序者以就夫世之所谓春夏秋冬，而毫不见爽也，彼其冥幻甚矣，而令人得以履端于始、归余于终，此非冱寒②不夺酷暑之职、成功不侵将来之权，而何以若是之不爽矣；我见夫昼夜者，亦世人以其明为昼，以其晦为夜，而天地则又有所谓两曜者以畀夫世之所谓昼夜，而毫不见欺也，彼其高远甚矣，而令人得以土圭③测之、玉衡④窥之，此非晦⑤者不入朔者之限、过者不争不及者之度，而何以若是之无欺矣！故冬不如春生之美，月常减日照之半，而犹以为并者，不得移之于彼，亦不得赢之于此也；有时暑未去而寒即交，有时日未入而月已生，而不以为悖者，各有未竟之事，各有将宣之令也。若是者，吾以归之大德、小德焉，而可以拟仲尼之大矣。

【评】观物察化，皆从心源浚瀹而出，非徒乞灵于故纸者。

【题解】出自第三十章，参见正嘉文卷四潘仲骖《仲尼祖述尧舜》。

辟如天地之无不持载，无不覆帱，辟如四时之错行，如日月之代明。万物并育而不相害，道并行而不相悖，小德川流，大德敦化，此天地之所以为大也。

【注释】

① 错行代明：四季交错运行，日月轮替照耀。

② 冱寒：气候严寒。冱，冻结。

③ 土圭：一种测日影长短的工具。《周礼·地官·大司徒》："以土圭之法测土深，正日景，以求地中。"

④ 玉衡：以玉饰衡，古浑天仪的部件。《尚书·舜典》："在璿玑、玉衡，以齐七政。"孔安国传："玑、衡，王者正天文之器，可运转者。七政，日月五星各异政。"

⑤ 晦：此处指阴历每月最后一天。下文"朔"指每月第一天。

钦定启祯四书文卷七(《孟子》上)

齐桓晋文之事　一章

郑　鄤

大贤发齐王之仁心，而进之以王政也。夫易牛①，不忍之心也，举斯心行政，则保民而王矣，桓文云乎哉②？且王、霸之辨也，霸者以事③，王者以德。夫德者推不忍之心是也，霸者亦有是心，而欲能愲④之，是故兴兵构怨，求之四海而其难；王者亦犹是心，而恩能推之，是故发政施仁，为之堂上而甚易。如齐王之足王⑤者，是心也；而不自知也，则桓文之欲为之愲也。孟子乃就易牛一事发其不忍，而指之曰：此王心也，仁之妙于术者也。百姓之言不足疑，而运掌之治⑥不可失也。王试推之，老与幼之递及何难；王试度之，人与物之殊功何故？举斯心而加诸彼，推恩本易于折技⑦；求大欲而快于心，得害必深于缘木⑧。王无愲于本计而自失其莫御之机也，王有是心而本在，王反是本而天下之欲在。以不忍杀牛之心，行不忍罔民之政，将见士民商旅合而成足王之形，学校农桑举而措保民之烈。明君之道，三代之遗，纪于圣门而传于后世者，吾王以堂上为之有余矣。若德不务而事是求，吾恐妄希齐晋之图，而不免于邹楚⑨之续也，则无乃⑩志终愲而心且沦于忍也。

【原评】于简掉处看其裁剪，不如于跌宕处看其波澜。长题无波澜而但言裁剪，终非佳境也。

【评】运掉如意，气局宽绰有余，盖妙手适然而得，即令其人再为之，亦更不能似此神化矣。

【作者简介】

郑鄤（1595—1639），号峚阳，武进人。天启二年（1622）进士，选庶常，有直声。后为温体仁所构，诬以杖母不孝及渎伦诸事，崇祯九年（1636）下狱，十二年被磔于市。能诗文，著有《峚阳草堂集》等。

【题解】出自《梁惠王上》第七章，参见化治文卷五靳贵《老者衣帛食肉》。

【注释】

① 易牛：用羊换掉牛。

② 桓文云乎哉：谓齐桓公、晋文公的"霸业"不足道。

③ 事：此指战争。

④ 惛：同"昏"，使之昏。

⑤ 足王：能够推行王政、统一天下。

⑥ 运掌之治：指本章所言以仁政保民而王，"天下可运于掌"。

⑦ 折技：朱熹集注："为长者折枝，以长者之命，折草木之枝，言不难也。"或认为即鞠躬。

⑧ 缘木：指缘木求鱼。

⑨ 邹楚：指本章提及的以极小的邹国与强大的楚国作战，从而招致祸患。

⑩ 无乃：表推测语气，意为"恐怕……吧"。

然则废衅钟与　三句

刘　侗

有骇于骤废者，可以穷不忍之心焉。夫一衅钟也，人以废疑，而王亦有难议废者矣。然不忍者将何术而处于此？孟子若曰：人君不忍之心与不可之事，两者常相因也。故有所不忍而举一事，而事有不可辄举；有所不忍而废一事，而事又不可辄废。保民之主不知几萦回焉，如胡龁所称，王不忍牛而思以舍之，王于此时全未遑计夫钟也；乃牵牛之人固将以"衅钟也"对，曰王今者舍牛，亦未知夫衅钟之说乎？乐作而声之，钟也者，乐之首事①也；钟成而落之②，衅也者，钟之首事也。然则废衅钟与？夫天下破格之殊恩，为庸人所骇，故有目不欲睹、耳不欲闻，一经解释，未尝不称快一时，而延之每数十百年而莫之敢讥者，在有司以奉行为无过，至情至性不得而动之也；国家习举之弥文③，为末世所尊，故有措不关重、置④不关轻，偶尔蠲除⑤，岂遂谓隳越典刑⑥，而争之每数十百言而莫能谕止者，在流俗以汰革为更张，实心实政不得而夺⑦之也。遂令堂下烦称臆说，据国法而难⑧好生之君；堂上展转趑趄⑨，违本念⑩而行先王之礼。王于斯时亦无可如何，直漫然应曰"何可废也"。盖王中持乎不可竟废之议，方牵制于人言；孤行其不忍不舍之心，亦徘徊于初念。觉觳觫一见，耿耿难消；而制作⑪当年，寥寥莫问。当斯际也，而权宜出矣。

【评】于题缝中发意，小中见大。思议宏阔，仍于题气不失，故佳。

【题解】出自《梁惠王上》第七章，参见化治文卷五靳贵《老者衣帛食肉》。

（孟子）曰："臣闻之胡龁曰，王坐于堂上，有牵牛而过堂下者，王见之，曰：'牛何之？'对曰：'将以衅钟。'（齐宣）王曰：'舍之！吾不忍其觳觫，若无罪而就死地。'对曰：'然则废衅钟与？'曰：'何可废也？以羊易之！'不识有诸？"曰："有之。"曰："是心足以王矣。百姓皆以王为爱也，臣固知王之不忍也。"

【注释】

① 首事：音乐常以钟声开始。

② 落之：以牲血衅钟。

③ 弥文：弥加文饰，多指礼制。

④ 置：废置。

⑤ 蠲除：取消。

⑥ 陨越典刑：败坏典章制度。

⑦ 夺：改变。

⑧ 难：责难。

⑨ 趦趄：亦作"越趄"，形容犹豫不决、徘徊观望。

⑩ 本念：此指让牛活下来的想法。

⑪ 制作：指制礼作乐，建立制度。

庄暴见孟子曰　一章

黄淳耀

乐无古今，惟同民者为能好也。盖先王乐民之乐，故其乐至今传也。如齐王之所好，与独乐何异？昔齐自敬仲①奔齐，《韶》乐在焉，至宣王之世犹存。孟子之齐，与王论政者屡矣，无一言及于古乐，以为仁义不施，则虽日取先王之乐而张之于庭，无益也。一日庄暴以王之好乐语孟子，有疑辞焉；及孟子以庄子之语诘王，有愧辞焉。彼特以古乐在齐，而耽此敖辟骄志②之音为非宜尔，虽然，王果以昔日之乐为足以治今日之齐乎哉？夫国不期于大小，期于好乐；乐不期于今古，期于同民。今也知独乐之不若与人，知少乐③之不若与众，是天下之知乐者莫如王也；知与人之为乐而故独之，知与众之为乐而故少之，是天下之不好乐者莫如王也。王之心必曰：吾何独矣，吾不有妾御④乎哉？吾何少矣，吾不有便嬖⑤乎哉？嗟夫！此王之所以为独，此王之所以为少也！今夫临淄⑥之中不下十万户，王之妾御、便嬖不过数百人。王日与此数百人者鼓乐、田猎之是娱，而此十万户中耳不绝悲叹之声、目不绝流离之状。此虽伶伦复作⑦，仪舞再来⑧，民亦必疾首蹙頞，以为安得此亡国之音也，况世俗之乐乎？然则好乐之甚者可知已。欲民之乐闻，莫如发德音；欲民之乐见，莫如下膏泽；欲民之善颂善祷，莫如播仁声。至于德洋恩普⑨，收六国而臣之，击壤有歌⑩，殿屎⑪不作，则王之乐亦洋洋乎来矣，后世闻之，以为此非东海之风⑫而王者之作也，岂不盛哉？言至此，则王必动容而思已，吾故曰天下之知乐者莫如王也；言至此，则王必敛衽而退矣，吾故曰天下之不好乐者莫如王也。

【评】以同民为经，以古乐今乐、同独、众少、好不好为纬，而以古文之法运掉游行。如云烟在空，合散无迹。隆万高手，于全章题、数节题文，不过取其语脉神气之流贯耳。至启祯名家，然后于题中义理一一融会。纵笔所如，而题中节奏宛转相赴，时有前后易置处，亦不得以倒提逆掣目之。一由专于时文中讲法律，一由从古文规模中变化也。此诀陈、黄⑬二家尤据胜场。

【题解】出自《梁惠王下》第一章。

庄暴见孟子，曰："暴见于王，王语暴以好乐，暴未有以对也。"曰："好乐何如？"孟子曰："王之好乐甚，则齐国其庶几乎！"（庄暴，齐臣也。庶几，近辞也。言近于治。）他日，见于王曰："王尝语庄子以好乐，有诸？"王变乎色，曰："寡人非能好先王之乐也，直好世俗之乐耳。"（变色者，慙其好之不正也。）曰："王之好乐甚，则齐其庶几乎！今之乐犹古之乐也。"（今乐，世俗之乐。古乐，先王之乐。）曰："可得闻与？"曰："独乐乐，与人乐乐，孰乐？"曰："不若与人。"曰："与少乐乐，与众乐乐，孰乐？"曰："不若与众。""臣请为王言乐：今王鼓乐于此，百姓闻王钟鼓之声，管籥之音，举疾首蹙頞而相告曰：'吾王之好鼓乐，夫何使我至于此极也？父子不相见，兄弟妻子离散。'今王田猎于此，百姓闻王车马之音，见羽旄之美，举疾首蹙頞而相告曰：'吾王之好田猎，夫何使我至于此极也？父子不相见，兄弟妻子离散。'此无他，不与民同乐也。（羽旄，旌属。不与民同乐，谓独乐其身而不恤其民，使之穷困也。）今王鼓乐于此，百姓闻王钟鼓之声，管籥之音，举欣欣然有喜色而相告曰：'吾王庶几无疾病与？何以能鼓乐也？'今王田猎于此，百姓闻王车马之音，见羽旄之美，举欣欣然有喜色而相告曰'吾王庶几无疾病与？何以能田猎也？'此无他，与民同乐也。（与民同乐者，推好乐之心以行仁政，使民各得其所也。）今王与百姓同乐，则王矣。"（好乐而能与百姓同之，则天下之民归之矣，所谓齐其庶几者如此。范氏曰："战国之时，民穷财尽，人君独以南面之乐自奉其身。孟子切于救民，故因齐王之好乐，开导其善心，深劝其与民同乐，而谓今乐犹古乐。其实今乐古乐，何可同也？但与民同乐之意，则无古今之异耳。若必欲以礼乐治天下，当如孔子之言，必用韶舞，必放郑声。盖孔子之言，为邦之正道；孟子之言，救时之急务，所以不同。"杨氏曰："乐以和为主，使人闻钟鼓管弦之音而疾首蹙頞，则虽奏以咸、英、韶、濩，无补于治也。故孟子告齐王以此，姑正其本而已。"）

【注释】

① 敬仲：即陈完。陈完为陈厉公之子，因内乱奔齐，改姓为田，谥敬仲，其后人取代姜姓统治齐国。陈为舜之后裔，陈完奔齐时携有舜时乐曲《韶》。

② 敖辟骄志：形容乐音倨放而邪辟。语本《礼记·乐记》："卫音趋数烦志；齐音敖辟乔志。"孔颖达疏："言齐音既敖很辟越，所以使人意志骄逸也。"乔，通"骄"。

③ 少乐：和少数人一起欣赏音乐。

④ 妾御：此指姬妾。《礼记·内则》："妻不在，妾御莫敢当夕。"

⑤ 便嬖：君主左右受宠幸的小臣。《孟子·梁惠王上》："便嬖不足使令于前与？"

⑥ 临淄：齐国都城。

⑦ 伶伦复作：伶伦重生。伶伦，亦作"泠纶"、"泠沦氏"，传说为黄帝时的乐官，被认为是乐律的创始者。《吕氏春秋·古乐》："昔黄帝令伶伦作为律。"

⑧ 夔舞再来：此当指再有舜时乐官夔那样的演奏。《尚书·益稷》载，夔掌管乐舞，"箫韶九成，凤凰来仪"，"拊石击石，百兽率舞"。

⑨ 德洋恩普：德惠很多，遍及于民众。洋，盛多。语本司马相如《难蜀父老》："盖闻中国有至仁焉，德洋恩普，物靡不得其所。"

⑩ 击壤有歌：此指天下太平安乐。"击壤"是一种游戏，《帝王世纪》等载，尧时有八九十岁的老人边击壤边唱歌，即"击壤歌"，后用为称颂太平盛世之典。

⑪ 殿屎：愁苦的呻吟。语本《诗经·大雅·板》："民之方殿屎，则莫我敢葵。"毛传："殿屎，呻

吟也。"

⑫ 东海之风：即齐地的歌曲，不能体现"王道"的歌曲。东海，齐临东海，故以东海指齐。风，歌谣。

⑬ 陈、黄：陈际泰、黄淳耀。

文王之囿　一章

黄淳耀

即以囿论，而仁、暴分矣。夫古之为囿也，所以行仁；今之为囿也，所以行暴。然则古固无囿，而今亦岂有囿哉？古者生民之道多途也，虽游戏之时亦生；今者杀民之道多途也，虽游戏之时亦杀。生与杀，皆有所不自知，而受者知之，并其不及受者亦无异其身受之而已。昔文①有灵囿②，其小大可以意揣也，而宣王之言以为方七十里。异哉问也！于传有之，"文王以百里"③，果若王言，是割十之七以为囿也；于传有之，"文王之城十里"④，果若王言，是分囿之余以为城也。此其有无殆不足辨，夫既不足辨矣，则王谓有之，孟子亦以为有之可也；传未必有之，设以传为有之可也。至于以四十里之齐囿为小于文囿，则大不可。夫文安得囿，直周民之薮⑤耳，泽耳；王安得囿，直齐民之机耳，网耳⑥。今夫义士之囿，以豳地⑦为基址，以雍岐⑧为结构；以江汉为藩篱，以六州⑨为门户。薪之槱之⑩，名材多矣；肃肃兔罝⑪，渔猎多矣。夫然后规硗确⑫之地，审面势⑬之宜，以为观望劳形之所。当斯时也，天下熙熙⑭，皆为囿来；天下攘攘，皆为囿往。是故民气乐而颂声作也。今王之为囿也则不然。绝陂池⑮水泽之利，弃桑麻梨栗之盛；扩荆棘之林，广狐兔之苑。高高下下⑯，以罥⑰民于临淄。虽羁旅远人欲览于高明⑱，而惴惴焉惧有大戮。呜呼！是尚得称囿耶？且夫麋鹿不可以耕耘，而令耕耘者养食之；养麋鹿者或误杀麋鹿，而又杀其养麋鹿者以谢之。四十里之外，民以赋敛死、以战争死，不知凡几矣；四十里之内，民又以杀麋鹿死，是无往而不得死也。彼民畏威远罪，不敢直斥为"阱"，而但曰王之囿太大。此其意，亦可深念矣，而王尚曰小乎？王一旦恫其苦⑲，斯慨然悔悟，废钟鼓帷帐之具，罢驰骋游猎之娱，慰安元元，复其壤土。然后修文之明堂⑳而坐以治之，民惟恐王之不为囿也。

【评】纵笔驰骤，若自为一则论辩，而与题之节会㉑自相融贯。

【题解】出自《梁惠王下》第二章。

齐宣王问曰："文王之囿方七十里，有诸？"孟子对曰："于传有之。"（囿者，蕃育鸟兽之所。古者四时之田，皆于农隙以讲武事，然不欲驰骛于稼穑场圃之中，故度闲旷之地以为囿。然文王七十里之囿，其亦三分天下有其二之后也与？传，谓古书。）曰："若是其大乎？"曰："民犹以为小也。"曰："寡人之囿方四十里，民犹以为大，何也？"曰："文王之囿方七十里，刍荛者往焉，雉兔者往焉，与民同之。民以为小，不亦宜乎？（刍，草也。荛，薪也。）臣始至于境，问国之大禁，然后敢入。臣闻郊关之内有囿方四十里，杀其麋鹿者如杀人之罪。则是方四十里，为阱于国中。民以为大，不亦宜乎?"（礼：入国而问禁。国外百里为郊，郊外有关。阱，坎地以陷兽者，言陷民于死也。）

【注释】

① 文：周文王。

② 灵囿：周文王的苑囿。见《诗经·大雅·灵台》："王在灵囿，麀鹿攸伏。"《孟子·梁惠王上》引此诗。

③ 文王以百里：此指古书记载，文王以百里的国土最后统一了天下。《孟子·公孙丑上》："王不待大，汤以七十里，文王以百里。"

④ 文王之城十里：《诗经·大雅·文王有声》："筑城伊淢，作丰伊匹。"毛传："淢，成沟也。"郑玄笺："方十里曰成。……（文王）筑丰邑之城，大小适与成偶，大于诸侯，小于天子之制。"

⑤ 薮：多草的湖泽。

⑥ 机耳，网耳：机，指捕兽的机关。网，指捕鸟的罗网。此均喻指残害百姓之物。

⑦ 豳地：周之先祖自公刘至太王所居之地，为周之发源地。

⑧ 雍岐：指周室的根本重地。雍，指雍州。岐，岐山，属雍州。文王之祖太王自豳迁于岐山，在此建立了统一天下的基础。

⑨ 六州：周文王所统治的地域。天下九州，周文王时三分天下有其二，故曰六州。

⑩ 薪之槱之：本意是砍柴并堆积起来。此处有两重意义，一指文王之囿，可供百姓刍荛，照应本章"刍荛者往焉"，一喻指文王之治下人材众多。语本《诗经·大雅·棫朴》："芃芃棫朴，薪之槱之。济济辟王，左右趣之。"毛传："槱，积也。山木茂盛，万民得而薪之。贤人众多，国家得用蕃兴。"

⑪ 肃肃兔罝：传统上释为恭恭敬敬地设下捕兔的网。兔罝，兔网。语本《诗经·周南·兔罝》："肃肃兔罝，椓之丁丁。"毛传："肃肃，敬也。兔罝，兔罟也。"郑玄笺："罝兔之人，鄙贱之事，犹能恭敬，则是贤者众多也。"按，此句亦如上句，有双重含义。

⑫ 硗确：土地坚硬贫瘠。

⑬ 面势：朝向、形势等条件。

⑭ 熙熙：纷杂貌。此句本《史记·货殖列传》："天下熙熙，皆为利来；天下攘攘，皆为利往。"

⑮ 陂池：池沼，池塘。《尚书·泰誓上》："惟宫室台榭陂池侈服，以残害于尔百姓。"孔安国传："泽障曰陂，停水曰池。"

⑯ 高高下下：此指筑台挖池。

⑰ 罢：通"疲"。

⑱ 高明：高爽敞亮之处，指楼台等。

⑲ 恫其苦：为百姓的疾苦而伤痛。恫，伤痛。

⑳ 明堂：帝王宣明政教、举行大典的地方。按，此句本《孟子·梁惠王下》："夫明堂者，王者之堂也。王欲行王政，则勿毁之矣。"

㉑ 节会：节奏。会，节拍。

春省耕而补不足　二句

张　溥

惟王用省①而勤民至矣。夫民之需补助甚亟也，春秋之省，王者不已勤乎？且古之百姓与人主不甚相远也，在上者数出而无忧，在下者常德②而不困。凡所谓振民③之急而阜其财求④，一岁之中两见之矣，春秋之省是也。夫耕植之制，先教于国中；敛藏之令，预勤于岁始。及时而戒焉，有司之所事守也；即及时而民有不备焉，亦非王者之所当虑也。顾省之而有补有助，何也？盖当日之人主，持己朴略而与民和厚。其居也，既不若后世之处于深宫而尊其文禁，故草野之民皆得见天子而自言其情；其行也，又不若后世之盛于兵卫而烦其征求，故匹夫之急皆可缘省风⑤以速得其欲。当夫春之有耕，劝之耕者至矣，犹有省焉，惰民其能无儆与，而时则惟不足之补也，不以惩民，而先救其乏，所以成耕之事也；当夫秋之有敛，导之敛者至矣，犹有省焉，罢民⑥其能无愧与，而时则惟不给之助⑦也，不以督下，而亟思其困，所以成敛之事也。然则四时之内，下令于地之有司，以众寡赢乏之数，达王朝而籍贷⑧焉，不亦可乎，而王者不自安也，作成之际，下之劳瘁甚矣，惟在人君之毅然一出，平其物而使之不诎⑨，虽有公卿，不以代焉，而一时豪大之赢聚、贫弱之出息，俱无所隐而渐滋其患；抑艰阨之赒⑩，委事于乡之群吏，凡天患民病之隐，以巡问而施惠焉，有常职矣，而王者心犹歉也，终岁之勤，下之力庸尽矣，惟在人君之亲事劳苦，新其气而使之不倦，虽有大事，未敢忘焉，而后见籍田之亲耕⑪、蜡祭之息物⑫，俱非虚文以数干其誉。是故足迹不出千里，而见闻已广；赈贷不由私家，而大政已立。惟此道得也。

【评】中有实义，故词多膏润而不同俗艳。

【作者简介】

张溥（1602—1641），字天如，江苏太仓人。幼嗜学，与同里张采共学齐名，号"娄东二张"。崇祯初，集郡中名士相与复古学，名其文社曰"复社"，四年（1631）成进士，改庶吉士，以葬亲乞假归。里人陆文声诬其"倡复社，乱天下"，温体仁方柄国事，下所司，迁延久之，至十四年（1641），溥已卒，而事犹未竟。张溥诗文敏捷，博涉多通，著有《七录斋诗集合集》，辑有《汉魏六朝百三名家集》。

【题解】出自《梁惠王下》第四章，参见化治文卷五董越《天子适诸侯曰巡狩》。
春省耕而补不足，秋省敛而助不给。

【注释】

① 省：考察民众的春耕、秋收。
② 常德：时常得到恩惠。
③ 振民：救济百姓。振，救。
④ 阜其财求：让百姓的财用富足起来。阜，富有。求，通"赇"，财物。语本《国语·周语上》："先王之于民也……阜其财求，而利其器用。"
⑤ 省风：视察民风民情，犹"观风"。《左传·昭公二十一年》："天子省风以作乐"。
⑥ 罢民：此指不从教化、游惰不事劳作之民。《周礼·秋官·司圜》："掌收教罢民。"郑玄注引郑司农曰："罢民谓恶人不从化、为百姓所患苦而未入五刑者也。"
⑦ 不给之助：资助生活匮乏的人。不给，匮乏、不足。
⑧ 籍贷：按户籍给予资助。
⑨ 不诎：足够。诎，穷。
⑩ 艰阨之赒：周济困苦之人。赒，救济。

⑪ 籍田之亲耕：天子、诸侯正月亲自耕种籍田，表示劝农之意。《史记·孝文本纪》："正月，上曰：'农，天下之本，其开籍田'"，索隐引韦昭曰："籍，借也。借民力以治之，以奉宗庙，且以劝率天下，使务农也。"

⑫ 蜡祭之息物：蜡祭为年终合祭万物。蜡祭之后，当年不再兴作，以与民休息。《礼记·郊特牲》："黄衣黄冠而祭，息田夫也。""既蜡而收，民息已。故既蜡，君子不兴功。"

耕者九一　五句

罗万藻

　　岐之治有五，皆王政也。夫天下唯是士民商旅之心耳，政之行也宁以宽济，文之治岐殆是乎？且王政者，救时之具也，道高而恩厚，知明而意美。其效于人国也，乱可以治，弱可以强，人主顾力行何如耳。昔文之治岐，其为王政者何也？见经制之大焉，见忠厚之意焉。其于耕者，则有九一之赋，在夫当文之时，其归附日繁，其幅圆日长，以体国经野①之法治之，自山林、川泽、城郭、沟涂而外，此丘甸②之供几何，而文行之，以为此不可弛之法也；其于仕者，则有世禄之典，在夫岐下之治，其择士甚瘠，其制入甚俭，以均节财用之式经之，自祭祀、宾客、丧荒、币帛③而外，此禄予之给所费不赀，而文崇之，以为此不可蔑之典也。关市则讥而不征焉，盖"彼岨矣岐，有夷之行"④，此都会之成也，圣人设教关盛衰，讥警之未可忘也，夫亦暴客之虑，不惟凶荒无征也；泽梁则无禁焉，盖"猗与漆沮，潜有多鱼"⑤，实王气之钟也，人主取材以彰物⑥，庙庖⑦之时有需也，夫亦官司之守，不闻网罟有禁也；罪人则不孥焉，盖怙冒西土⑧，厥民时叙⑨，天命之所以诞受⑩也，先王明罚以敕法，罪人之不可失也，夫亦威威显民⑪之意，法无淫及⑫妻子也。夫商辛⑬毒痛⑭之世，而文以其时养士结民，于事势盖岌岌矣然，其犯甚危而其全甚大，卒也使其身有孔迩之戴⑮，而使其民忘如燬之君；岐阳蕞尔之区，而文用之不蓄财收威，于事机宜落落矣，然其留已厚而其规已远，卒也武王因之用著耆定之烈⑯，而周公成之遂垂治世之书⑰。王政之可得闻者如此。

　　【原评】驱使不出经文，树义别无险怪。人自莫及，此有天分。

　　【评】极清淡，极平正，而非高揖群言，不能道其只字。

　　【题解】出自《梁惠王下》第五章。

　　（齐宣）王曰："王政可得闻与？"对曰："昔者文王之治岐也，耕者九一，仕者世禄，关市讥而不征，泽梁无禁，罪人不孥。老而无妻曰鳏，老而无夫曰寡，老而无子曰独，幼而无父曰孤。此四者，天下之穷民而无告者。文王发政施仁，必先斯四者。《诗》云：'哿矣富人，哀此茕独。'"（岐，周之旧国也。九一者，井田之制也。方一里为一井，其田九百亩。中画井字，界为九区。一区之中，为田百亩。中百亩为公田，外八百亩为私田。八家各受私田百亩，而同养公田，是九分而税其一也。世禄者，先王之世，仕者之子孙皆教之，教之而成材则官之。如不足用，亦使之不失其禄。盖其先世尝有功德于民，故报之如此，忠厚之至也。关，谓道路之关。市，谓都邑之市。讥，察也。征，税也。关市之吏，察异服异言之人，而不征商贾之税也。泽，谓潴水。梁，谓鱼梁。与民同利，不设禁也。孥，妻子也。恶恶止其身，不及妻子也。先王养民之政：导其妻子，使之养其老而恤其幼。不幸而有鳏寡孤独之人，无父母妻子之养，则尤宜怜恤，故必以为先也。《诗》，《小雅·正月》之篇。哿，可也。茕，困悴貌。）王曰："善哉言乎！"曰："王如善之，则何为不行？"王曰："寡人有疾，寡人好货。"对曰："昔者公刘好货，《诗》云：'乃积乃仓，乃裹糇粮，于橐于囊。思戢用光。弓矢斯张，干戈戚扬，爰方启行。'故居者有积仓，行者有裹粮也，然后可以爰方启行。王如好货，与百姓同之，于王何有？"（戢，诗作辑，音集。王自以为好货，故取民无制，而不能行此王政。公刘，后稷之曾孙也。《诗》，《大雅·公刘》之篇。积，露积也。糇，干粮也。无底曰橐，有底曰囊。皆所以盛糇粮也。戢，安集也。言思安集其民人，以光大其国家也。戚，斧也。扬，钺也。爰，于也。启行，言往迁于豳也。何有，言不难也。孟子言公刘之民富足如此，是公刘好货，而能推己之心以及民也。今王好货，亦能如此，则其于王天下也，何难之有？）王曰："寡人有疾，寡人好色。"对曰："昔者大王好色，爰厥妃。《诗》云：'古公亶甫，来朝走马，率西水浒，至于岐下。爰及姜女，聿来胥宇。'当是时也，内无怨女，外无旷夫。王如好色，与百姓同之，于王何有？"（王又言此者，好色则心志盅惑，用度奢侈，而不能行王政也。大王，公刘九世孙。《诗》，《大雅·绵》之篇也。古公，大王之本号，后乃追尊为大王也。亶甫，大王名也。来朝走马，避狄人之难也。率，循也。浒，水涯也。岐下，岐山之下也。姜女，大王之妃也。胥，相也。宇，居也。旷，空也。无怨旷者，是大王好色，而能推己之心以及民也。杨氏曰："孟子与人君言，皆所以扩充其善心而格其非心，不止就事论事。若使为人臣者，论事每如此，岂不能尧舜其君乎？"愚谓此篇自首章至此，大意皆同。盖钟鼓、苑囿、游观之乐，与夫好勇、好货、好色之心，皆天理之所有，而人情之所不能无者。然天理人欲，同行异情。循理而公于天下者，圣贤之所以尽其性也；纵欲而私于一己者，众人之所以灭其天也。二者之间，不能以发，而其是非得失之归，相去远矣。故孟子因时君之问，而剖析于几微之际，皆所以遏人欲而存天理。其法似疏而实密，其事似易而实难。学者以身体之，则有以识其非曲学阿世之言，而知所以克己复礼之端矣。）

【注释】

① 体国经野：划分国土，确定布局和用途。体，分。国，指国都。经，确定其里数。《周礼·天官·序官》："惟王建国，辨正方位，体国经野"。

② 丘甸：划分田地和政区的单位名称。《周礼·地官·小司徒》："九夫为井，四井为邑，四邑为丘，四丘为甸。"

③ 丧荒、币帛：丧荒，指诸侯大臣去世时的各种费用和荒年时赈济百姓的费用。币帛，指赠劳宾客所需费用。按，此句本《周礼·天官·大宰》："以九式均节财用：一曰祭祀之式，二曰宾客之式，三曰丧荒之式……六曰币帛之式。"

④ 彼徂矣岐，有夷之行：引自《诗经·周颂·天作》，朱熹集传："岨，险僻之意也。夷，平。行，路也。……大王既作，而文王又安之，于是彼险僻之岐山，人归者众，而有平易之道路。"此处即指

552

来往岐山的人很多。

⑤ 猗与漆沮，潜有多鱼：引自《诗经·周颂·潜》，谓漆水、沮水的积柴中，有很多的鱼。猗与，叹美之辞。漆、沮，周之二水名。潜，即"椮"，捕鱼时，将柴置于水中，等鱼栖于柴中，将柴带鱼一起取出。

⑥ 彰物：也作"章物"，制作器物。语本《左传·隐公五年》："故讲事以度轨量，谓之轨；取材以章物采，谓之物。"孔颖达疏："章明物采，即取材以饰军国之器是也。"

⑦ 庙庖：宗庙庖厨。《国语·鲁语上》："以实庙庖，畜功用也。"韦昭注："以兽实宗庙庖厨也。"

⑧ 怙冒西土：岐周之人感戴周文王之德。西土，指岐周。怙，恃。冒，覆。语本《尚书·康诰》："我西土惟时怙冒，闻于上帝。"蔡沉集传：文王之德，"西土之人，怙之如父，冒之如天"。

⑨ 厥民时叙：百姓没有谁荒废事业。时叙，语本《尚书·舜典》："纳于百揆，百揆时叙。"孔颖达疏："得其次叙，皆无废事业"，蔡沉集传："以时而叙，左氏所谓无废事也。"

⑩ 诞受：此指承受天命。诞，大。《尚书·康诰》："天乃大命文王，殪戎殷，诞受厥命"。

⑪ 威威显民：威慑不义之人，德著于民。语本《尚书·康诰》："不敢侮鳏寡，庸庸，祗祗，威威，显民。"孔安国传："用可用，敬可敬，刑可刑，明此道以示民。"蔡沉集传：文王"威其所当威……故德著于民"。

⑫ 淫及：无节制地株连。淫，过分。

⑬ 商辛：商纣王。

⑭ 毒痡：毒害，残害。语本《尚书·泰誓下》："（纣王）作威杀戮，毒痡四海。"孔安国传："痡，病也。"

⑮ 孔迩之戴：感戴文王如同感戴自己的父母那样。此本《诗经·周南·汝坟》："鲂鱼赪尾，王室如燬。虽则如燬，父母孔迩。"孔迩，意为非常近，此指"孔迩"之"父母"。本文下句"如燬之君"指商纣王，"如燬"意为如火，形容其政残暴。按，《汝坟》，诗序以为叙"文王之化行乎汝坟之国"，而"王室如燬"则言其时商纣尚存。

⑯ 耆定之烈：奠定天下之功。耆定，语本《诗经·周颂·武》："嗣武受之，胜殷遏刘，耆定尔功。"毛传："耆，致也。"

⑰ 治世之书：指《周礼》。

齐人伐燕胜之 二章

陈际泰

欲止诸侯之谋，始终无失"勿取"之意可矣。夫齐非伐燕之国也，齐而有燕，诸侯亦皆得而有齐矣。"及止"①之论，孟子善为谋燕者哉？且夫伐燕之役，功未有高于此者也，用五旬之师，举万乘之国，若振槁②然。夫燕天府之国，得之，凭长城易水之固，兼林胡楼烦之地，南面而争天下，其于计诚便。故"勿取"之说与"取"之说争，其数不胜也。然孟子初不决策于取，而引文王武王之事，以视民情之所归。盖孟子已早策齐王非伐燕之人，而怀定安辑③，非其所能；孟子已逆知④燕民有中变之事，而候间蹈瑕⑤，非其所定。故征诸人心以决之，而其意已了然，特齐王贪，不悟耳。无何果取燕，果杀人父兄，果系人子弟，果毁人宗庙，果迁人重器，天下果借之以为名而动救燕之兵。然而幸方在谋也，夫天下虽忌齐，虽忌齐之外又益一齐，然齐诚行仁政，天下之兵决不动。盖古有以地之大，因民之心而取人国者，文之后有一武；古有以地之小，因民之心而取人国者，武之前有一汤。使齐如汤，不杀人父兄，不系人子弟，不毁人宗庙，不迁人重器；齐虽强，齐虽益倍地⑥之强，诸侯之心得而忌，诸侯之兵不得而动。而齐不然，是天下既已阴忌⑦齐之实，而齐又复阳借天下以名，天下之兵之动者为是之故耳。虽然，实者天下之所不敢阳出⑧者也，而特出于名，则止天下之兵者，莫若伐其谋⑨而夺其所恃，而又不可后发以成天下之先。夫后发则又借天下以其名，而事将不可止。此惟谙于兵者知之，是孟子策齐之最善也。

【评】纵横变化，无非题目节族，而雄健之气，进退自如。专以巧法钩勒题面者，无从窥其踪迹。　　　"避水火"一段，若能少加点缀，更无遗憾矣。

【题解】出自《梁惠王下》第十章、第十一章，十一章参见隆万文卷五沈演《东面而征西夷怨　霓也》。

齐人伐燕，胜之。宣王问曰："或谓寡人勿取，或谓寡人取之。以万乘之国伐万乘之国，五旬而举之，人力不至于此。不取，必有天殃。取之，何如？"（以伐燕为宣王事，与《史记》诸书不同。）孟子对曰："取之而燕民悦，则取之。古之人有行之者，武王是也。取之而燕民不悦，则勿取。古之人有行之者，文王是也。（商纣之世，文王三分天下有其二，以服事殷。至武王十三年，乃伐纣而有天下。张子曰："此事间不容发。一日之间，天命未绝，则是君臣。当日命绝，则为独夫。然命之绝否，何以知之？人情而已。诸侯不期而会者八百，武王安得而止之哉？"）以万乘之国伐万乘之国，箪食壶浆，以迎王师。岂有他哉？避水火也。如水益深，如火益热，亦运而已矣。"（箪，竹器。食，饭也。运，转也。言齐若更为暴虐，则民将转而望救于他人矣。赵氏曰："征伐之道，当顺民心。民心悦，则天意得矣。"）

齐人伐燕，取之。诸侯将谋救燕。宣王曰："诸侯多谋伐寡人者，何以待之？"孟子对曰："臣闻七十里为政于天下者，汤是也。未闻以千里畏人者也。《书》曰：'汤一征，自葛始。'天下信之。'东面而征，西夷怨；南面而征，北狄怨。曰，奚为后我？'民望之，若大旱之望云霓也。归市者不止，耕者不变。诛其君而吊其民，若时雨降，民大悦。书曰：'徯我后，后来其苏。'今燕虐其民，王往而征之。民以为将拯己于水火之中也，箪食壶浆，以迎王师。若杀其父兄，系累其子弟，毁其宗庙，迁其重器，如之何其可也？天下固畏齐之强也。今又倍地而不行仁政，是动天下之兵也。王速出令，反其旄倪，止其重器，谋于燕众，置君而后去之，则犹可及止也。"

【注释】

① 及止：集注谓"及其未发而止之也"，指齐王趁诸侯国针对齐国的军事行动尚未展开，即停止在燕国的军事行动，使诸侯国失去讨伐齐国的借口。

② 振槁：振落枯叶，喻事极易成。《荀子·王霸》"及以燕赵起而攻之，若振槁然"，杨倞注："振，击也。槁，枯叶也……若击枯叶之易也。"

③ 怀定安辑：安抚百姓，使之安定。辑，和谐、合和。

④ 逆知：预知。

⑤ 候间蹈瑕：等待时机，利用别人的过失。瑕，过失。语本《史记·淮南衡山列传》："此所谓蹈瑕

候间，因秦之亡而动者也。"

⑥ 倍地：土地增加一倍。

⑦ 阴忌：暗中忌恨。

⑧ 阳出：公开表明。

⑨ 伐其谋：破坏敌方施展的谋略。《孙子·谋攻》："故上兵伐谋。"

君子创业垂统为可继也

陈际泰

概论君子之创垂，而其志亦略可睹矣。夫为善虽有可王之理，而要非君子之心也。创业垂统，千载犹将见此心耳。且有所为而为善，则其为善也必不坚。彼睹于必然之事而志分，则有诡于中者矣；彼揣于不然之效而见明，则有辍于后者矣。乃君子为善之心固不如是也。业不得不创，统不得不垂，思及其子孙，固不敢为玩愒之为①以偷萌②；而业自宜于创，统自宜于垂，姑尽其在我，亦未尝有图度之志③以开先。自英雄之事而论君子，而知其事有所止也，夫人之才志，未有相什伯④者，后日为之而渐有成，而后有意计难量⑤之事，当其先，但不欲以祖宗世传之绪自我而隳，纵拮据戎马之间别起一方以为后图，而其志固已有限矣；自圣贤之事而论君子，而知其事有所止也，夫人之举动，未有不素位⑥者，后世归之而追以功，而后有奉扬溢美之言，本其初，但不欲以无竞维人⑦之思自身而息，纵崎岖艰难之时过为无逸⑧以示贻谋⑨，而其情亦略可原矣。盖君子明略最优者也，时事之所居，其知之矣，国家承赫声濯灵⑩之烈，其锋其势而皆未可乘，欲以流离播迁之余希冀非望⑪，有以知君子不为也，故创垂之局大而小用之，而不必有以侈其事⑫；且君子尺寸自守者也，纵横之所志，其黜之矣，家世有天命自度之念，日惧一日而恐其不终，欲以忧勤惕励之身骤用非常，又有以知君子不为也，故创垂之役变而常用之，而终无以疵其心⑬。然则君子创业垂统抑何也？亦惟求可继而已矣。继与不继，君子不敢必，而特尽我之所为；继与不继，君子终不敢知，而要无害我之所为。可继者，浅事也，君子创垂之心且听之矣，况乎成功而王者哉？由此言之，君子之为善，固无所为而为者也。

【原评】二句乃转捩⑭语，"创业垂统"即是上文"为善"二字，不烦实讲。"也"字语气直走下文，若上四字过于张皇，通节俱呼应不灵矣。惟作者为善斟酌。

【评】领取虚神，中具沉雄豪宕之概，盖由作家本领深厚。可知文若清薄寡味，虽审合题气，终不耐观。

【题解】出自《梁惠王下》第十四章，参见隆万文卷五汤显祖《昔者大王居邠去之岐山下居焉》。

滕文公问曰："齐人将筑薛，吾甚恐。如之何则可？"孟子对曰："昔者大王居邠，狄人侵之，去之岐山之下居焉。非择而取之，不得已也。苟为善，后世子孙必有王者矣。君子创业垂统，为可继也。若夫成功，则天也。君如彼何哉？强为善而已矣。"

① 玩愒之为：荒废时日的行为。玩愒，"玩岁愒日"的略语，谓贪图安逸旷废时日。

② 偷萌：苟且于其始。偷，苟且。

③ 图度之志：此指揣测将来能够创业垂统。图度，揣测、揣度。

④ 什伯：即十百，指相差十倍百倍。《孟子·滕文公上》："或相倍蓰，或相什伯，或相千万。"

⑤ 意计难量：难以估量，谓事业极大。

⑥ 素位：本指现在所处之地位，此指依其本分而行事。《礼记·中庸》："君子素其位而行，不愿乎其外。"

⑦ 无竞维人：此指笃恭而不逞强。语本《诗经·周颂·烈文》："无竞维人，四方其训之。"郑玄笺："竞，强也。人君为政，无强于得贤人。"朱熹集传："莫强于人，莫显于德。"本文据朱熹之说。

⑧ 无逸：不贪图安乐。《尚书·无逸》："呜呼，君子所其无逸。"

⑨ 贻谋：指父祖对子孙的训诲。语本《诗经·大雅·文王有声》："诒厥孙谋，以燕翼子。"郑玄笺："诒，犹传也。孙，顺也。……传其所以顺天下之谋，以安其敬事之子孙，谓使行之也。"

⑩ 赫声濯灵：声名显盛，（先王的）神灵光明。赫，显盛。濯，光明。语本《诗经·商颂·殷武》："商邑翼翼，四方之极。赫赫厥声，濯濯厥灵。"孔颖达疏："赫赫乎显盛者，其出政教之美声也。濯濯乎光明者，其见尊敬如神灵也。"

⑪ 非望：非分的希望。

⑫ 侈其事：夸大其事。

⑬ 疵其心：指责其用心。

⑭ 转捩：转折。

虽有智慧　二句

陈际泰

　　势之当乘，时人其知之矣。夫智慧，则英分多矣，宜无所不可，而要不能不自诎于势之无可乘。势之为天下重如此哉！且人恃己之所长而择其尤，曰吾独不得一智慧之士置之心腹耳，吾独不得一智慧之性受之天分耳，何忧天下哉？审尔①，必将谓即无一成之田、一旅之众②，犹足以兴起中野也，此何其不思之甚也！天下有势焉，势者，名一而变无算者也。或名分之居尊，或威权之在御，而又或幅员之尚广与甲兵之尚强。如此者，我得之则可以制人，而人得之则可以制我；故智慧之士独能观天下势之所居，即智慧之士亦未尝不度天下势之诎。有两人于此，一为智慧之人，一为不智慧之人，其胜负之机不待智者而决矣，而事顾相反，此非智有败事而愚有得道也，所乘之者异也，彼无尺寸之阶故拮据而不足，此有先业之据故安枕而有余也；即世有一人于此，先此智慧之人，后亦不过此能智能慧之人，其进取之技不独一日而然矣，而成顾有时，此非必愚之于前而智之于后也，亦所乘之者异也，少年虑事精详而苦于无所凭，垂暮举事钝髦③而幸于有所藉也。是故但恃智慧而于势一无可乘，苟真智慧者识于其几，有以知其必不出也，踒伏而已耳，有此杰出之才，夫岂自量之不审，然政惟自量之审，并其所为屈伸之际而亦审之矣，仅一智慧而遂自奋起乎？抑亦但恃智慧而于势一无所乘，苟复有一智慧者观于其旁，有以知其无能为也，避去而已耳，有此尤妙之器，夫岂择主之不宜，然政惟择主之宜，并其所为时务之识而亦择之矣，止见其智慧而遂谓真英豪乎？盖势者，非能使智者用、不智者不用也。智者用之，而所乘之材厚，固易以成功；愚者用之，而所乘之材薄，亦足以救败。故知不如势，其事易见也。夫势所系若此其重，实时人犹能言之；而顾欲违势以自立者，亦独何哉？

【评】出入史迹，口探手画，莫不了了。跌宕自豪，无人与角。　　四子之书④，于古今事物之理无所不包，皆散在六经、诸子及后世之史册。明者流观博览，能以一心摄而取之，每遇一题即以发明印证。诵其文者，不可玩其波委⑤而迷于渊源也。

【题解】出自《公孙丑上》第一章，参见隆万文卷五葛寅亮《饥者易为食　　犹解倒悬也》。

"齐人有言曰：'虽有智慧，不如乘势；虽有镃基，不如待时。'今时则易然也。"

【注释】

① 审尔：（假如）确实如此的话。审，确实。尔，这样。

② 一成之田、一旅之众：方十里的土地、五百人的军队，指力量微薄。语本《左传·哀公元年》："（少康）有田一成，有众一旅。能布其德，而兆其谋，以收夏众"，杜预注："方十里为成，五百人为旅。"

③ 钝耄：迟钝昏乱。

④ 四子之书：即"四书"，分别为孔子、曾参、子思、孟子四子的言行录，或其所传，故称"四子书"。

⑤ 波委：水流，此喻文辞。委，河水下游。

不得于心　　不可

金　声

学贵反求，姑就时人所论而衡其可不可也。夫"不得"则一概"勿求"，勿求于气，犹曰气也，乃至勿求于心哉？今夫惟大勇能不动心，而原其心之所由不动，则亦研求之功也。求之之道无所不至，特源流之辨，或不容倒置；而冥守之功，则中距更谬。如告子所为不以言役心，不以心逐气，亦可谓不动心乎？夫求得舍失①，必应之机，则当其不得，总未有可顽然置弗求者也。名理散见于文章，则邪说之颠倒与圣贤之奥义，精求之，皆浚发灵明之时；道义既淹贯乎心胸，则沛然盛大之气有流行不御之机，直达之，尽畅快人心之事。而所谓"不得于心"，是从前粗疏之病，正于此处受验也，试默观其气之行，当大有颓然不振者，事心至此，安能无求，而求于气，则亦舛耳。君子曰"勿求于气"，恐其以精进之力漫置之无用之地而忘其本也；告子曰"勿求于气"，亦以为静专之神稍加以维护之功而伤其中也。其"勿求"非，而其所谓"勿求于气"者，则犹可解焉。乃若"不得于言"，是异日谬戾之端，实从此处伏根也，试自反其心之安，当精详于暇豫者，事心至此，正宜有求，而勿求于心，则何为乎？君子曰"求于心"，正为疑惑之情原从心起，必为之推究其义，初非扰扰于外也；告子曰"勿求于心"，则将谓寂然之体恐以求撄②，不知其不得之际，惶惑不宁者果谁人之心也。"不得"业已动心，而复"勿求于心"，其何以解矣？盖学问不可以无求，即当其不得于心，还应自忖之方寸，而况其不得于言之际；学问要归于自得，则方其不得于言，早能自开其蒙蔽，亦必无不得于心之举。是则告子之"不动心"尚可参也。

【原评】最是"可"字说得妙。

【评】洞悉精微，措语极见分寸。　　"不可"早是断定，"可"处尚有下边许多议论在，一字说煞不得，看其不轻不重，恰合位分。

【题解】出自《公孙丑上》第二章，参见隆万文卷五潘士藻《告子曰不得于言无暴其气》。

"告子曰：'不得于言，勿求于心；不得于心，勿求于气。'不得于心，勿求于气，可；不得于言，勿求于心，不可。夫志，气之帅也；气，体之充也。夫志至焉，气次焉。故曰：'持其志，无暴其气。'"

【注释】

① 求得舍失：求则得之，舍则失之。《孟子·告子上》："仁义礼智，非由外铄我也，我固有之也，弗思耳矣。故曰：'求则得之，舍则失之。'"
② 撄：扰乱。

何谓知言　一节

方以智

知言者知其害，所以有功于圣人也。夫害始于心，及于政事，如此而人不知焉。使人皆知其害，而圣人之道著矣。且圣人以言传天下后世，而乱天下后世者即以言。圣人之言所以为教，而彼亦自成其教；圣人之言所以为治，而彼亦曰可以治。不知之，而其害岂小哉！此孟子所以独任知言也。其答公孙丑曰：言之乱也非一矣，而害之起也甚隐矣。道德之意，自彼称之而其指更深，故令听者皆可悦焉；名义之重，自彼举之而其法更详，故令从者易为效焉。有所为诐辞者，偏出而持之有故，吾知其心之蔽而有不见也；有所为淫辞者，放言而若不可穷，吾知其心之陷而不可救也。至于显畔①乎道者，则为邪辞，不知其非而妄逞焉，其离可知也；至于自失所据者，则为遁辞，巧以相避而更端焉，其穷可知也。则甚矣夫自坏其心以坏人心也，而人犹不知其害之生也；甚矣其大坏人心以坏及政事也，而人犹不知其害之发也。一时皆喜为新论，而将来遂传为异书，一人倡而百家并起，其心亡，其发不觉也；学士多惊慕以为美谈，国家动尊信以为要术，大纲失而凡事皆谬，其害甚，其言愈炽也。甚或明知其有害而附和之，且驾言②圣人为不足道焉，吾恐天下后世有敢以邪说为经者矣；甚且明知其非圣而好尚之，又借言圣人本与之同焉，吾恐天下后世有群以异端为师者矣。斯时亦安得圣人复起而与吾言乎？吾言岂可易乎？能好能恶③，今日必当诛其心；而大是大非，后代必有重吾言者。

【评】括尽周末秦汉以后法家异学之害，不失一意，不赘一词，亦有关世教之文。

【作者简介】

方以智（1611—1671 年），字密之，号鹿起、浮山愚者等，安徽桐城人。崇祯十三年（1640）进士，任翰林院检讨，后任职南明政权，复辗转流落岭南、两广，易服为僧。早岁与陈贞慧、吴应箕、侯方域等主盟复社，裁量人物，讽议朝局，人称"四公子"，以文章誉望动天下，又精天文历算诸学。一生著述一百余种，有《浮山文集》、《方密之诗钞》等。

【题解】出自《公孙丑上》第二章，参见隆万文卷五潘士藻《告子曰不得于言无暴其气》。

（公孙丑曰）"何谓知言？"（孟子）曰："诐辞知其所蔽，淫辞知其所陷，邪辞知其所离，遁辞知其所穷。生于其心，害于其政；发于其政，害于其事。圣人复起，必从吾言矣。"

【注释】

① 显畔：公然背离。畔，通"叛"。

② 驾言：托言、高言。

③ 能好能恶：此指以公心定其好恶。《论语·里仁》："唯仁者能好人，能恶人。"

学不厌智也

陈际泰

归学于智，而不厌之途难矣。夫学而不厌而智深矣，不知智已在不厌之先，然则不厌之从来者远也。且天下之事有相待而长者，学与智也。待学而长者智①，缘耳目而有者也；学待之而长者智，缘心体而有者也。著之耳目者，智以学为量；而著之心体者，学又以智为量。故学之厌与不厌，而人智之多寡与天智之多寡必可知也。夫智者圣人之始事也，然智者圣人之盛才也。夫子辞圣，岂不欲辞智？不知夫子未尝以智自命，乃不能不以学不厌自居。夫"不厌"而学所涉之事多矣，此皆世人所烦苦之事，而彼不厌者必未尝以为烦苦也，今有学人于此，初亦勤厉、久而衰止者，非无志也，才识已庸，人一日而循览者彼百日而犹眊然，故愚者易厌，智者不厌，智者施功极易，故闲于力而安之，彼所学之多，犹世所学之少矣；抑"不厌"而学所历之迹又长矣，此亦世人所淡泊②之端，而彼不厌者必未尝以为淡泊也，今有学人于此，初亦浮慕、久而弃去者，非为善不卒也，天趣不深，人味之而弥旨者彼味之而竟索然，故不厌于世事为愚，不厌于道德为智，智者见事极精，故择其胜而据之，彼笃嗜于学而不知其日之长，犹世人笃嗜于物而不知其日之长矣。是以学不厌之一端，一彼一此之名也，夫子有此矣，人或亦有此矣，此夫子所为托之以自混也，而终不能自更于其素，夫子之素为智矣，托于所下适见其上，故夫子之学不厌异乎人之学不厌也；学不厌之为智，亦一彼一此之名也，人之不厌有以智终者矣，夫子之不厌亦必以智终者矣，此夫子所为退然以求智自命也，而不知别可相尊于其原，夫子之原已智矣，以末相益而以本相先，夫子以智学③非如人之以学智④也。故有不厌而夫子之学得矣，抑有不厌而夫子之智亦得矣。

【原评】可谓清思窈窈，转笔处每微觉艰涩，应是方在脱换时也。凡为文，最苦此关难过。

【评】原评所指，乃学者尤宜用心处。盖不至陈言务去之候，亦不得有此艰涩也。求免于此而务为浅易肤平，则终身无以自拔于俗径矣。

【题解】出自《公孙丑上》第二章，参见隆万文卷五潘士藻《告子曰不得于言无暴其气》。

曰："恶！是何言也？昔者子贡问于孔子曰：'夫子圣矣乎？'孔子曰：'圣则吾不能，我学不厌而教不倦也。'子贡曰：'学不厌，智也；教不倦，仁也。仁且智，夫子既圣矣！'夫圣，孔子不居，是何言也？"

【注释】

① 学待之而长者智：学问依赖"智"才能增长。按，"学不厌，智也，"有两种理解方式。一是因为"学不厌"，然后有"智"；一种是正因为有"智"，然后才能"学不厌"。本文据此论及"学"与"智"的两种关系，重在后者，因后者是"圣"的表现之一。
② 淡泊：此指冷淡、不重视。
③ 以智学：因为有智慧而重视学习。
④ 以学智：因为学习而变得有智慧。

得百里之地而君之　　皆不为也

黄淳耀

三圣有王天下之德，惟不以天下动其心也。盖不有天下者其时也，能有天下者其道也，而不忍偷取①天下者其心也。大贤之知圣如此。今夫一圣人出，而天下之豪杰皆废，智无所用其谋，勇无所施其力，而圣人杰然立于万物之上，此其中亦必有所恃者矣。乃道足于己而不遇，或遇矣而不王，说者遂以不王之人为不如王，而又以不遇之人为不如不王②也。则何贵于通识哉？今夫商末之大势，不归于武，必归于夷；夏季③之遗烬，不收于汤，必收于尹；及周之衰，上有桀纣，下无汤武，则宜王者断归孔子矣。然而夷、尹不王，孔子不遇，则何也？汤有百里之景亳④，尹无有也；武有百里之西雍⑤，夷无有也；淮泗小侯拥百里之国者十数，孔子无有也。设也得百里之地而君之乎？百里甚小，君百里甚难，圣人抚甚小之国，席甚难之势，气盛则规模伟，心精则事业弘，手不烦麾，色不烦动，制诸侯如子孙，运天下如臂指。事有固然，无足怪者。虽然，古者得天下以道，而其次则有以德者矣，又其次则以功者矣，及其变也有出于诈与力者矣。夫论其得天下之事，则万有不同；而不论其得天下之本，则虽诈力之雄亦得与圣人皆称天子。故夫朝诸侯、有天下，犹未足以观圣人也。盖圣人之得天下，必本仁也，必辅义也；而圣人之为仁义，充之至也，达之力也。天下有日行不义、日杀不辜而自以为取天下之速；又有少行不义、少杀不辜而即以为谋天下之迂。圣人曰一事谬而可以伤天地之心，一夫冤而可以尽民物之气。吾在野则以出处争之，吾在朝则以去就争之，吾有国则以国之存亡争之而已。呜呼，此其气何如，此其心何如者耶？吾观孔子摄政三月⑥，强国⑦归其侵地，则知得百里之地而君之，能以朝诸侯、有天下，若阿衡⑧之革易乎两朝，大老⑨之重轻乎天下，风烈⑩尚矣，又知其皆能以朝诸侯、有天下也；抑孔子接淅去国⑪，微罪无所复留⑫，则知行一不义、杀一不辜而得天下，有所不为，若桐宫⑬之不狃于嗣王，牧野⑭之明心于共主，神明定矣，又知其皆有所不为也。

【评】顺题直疏，间架老阔。　　时文乃代圣贤之言，非研经究史，则议论无根据；非有忠孝仁义之至性，虽依仿儒先之言而不足以感发人心。学者读金、黄二家之文，可以惕然而内省矣。

【题解】出自《公孙丑上》第二章，参见隆万文卷五潘士藻《告子曰不得于言无暴其气》。

"伯夷、伊尹于孔子，若是班乎？"曰："否。自有生民以来，未有孔子也。"曰："然则有同与？"曰："有。得百里之地而君之，皆能以朝诸侯有天下。行一不义、杀一不辜而得天下，皆不为也。是则同。"

【注释】

① 偷取：苟且取得。偷，苟且。
② 不如不王：比不上那些未称王的圣人。不王，指前句"不王之人"，虽有所遇而未王的圣人。
③ 夏季：夏朝末年的乱世。季，末年、衰世。
④ 景亳：亳为商之都城，又有西亳、北亳等不同的地方。《左传·昭公四年》："商汤有景亳之命。"杜预注："河南巩县西南有汤亭，或言亳即偃师。"或以为景亳即北亳。
⑤ 西雍：指西岐，属雍州。
⑥ 摄政三月：《史记·孔子世家》载鲁定公十四年，孔子由大司寇行摄相事，"与闻国政三月"。
⑦ 强国：指齐国。《史记·孔子世家》载鲁定公十年，孔子陪同定公与齐景公会于夹谷，以礼责齐，使齐国归还所侵鲁之郓、汶阳等土地。《孔子家语·相鲁》则记此事发生在孔子相鲁之时，本文当据《家语》。
⑧ 阿衡：指伊尹。史载伊尹名阿衡。伊尹曾在夏桀、商汤两朝之间反复，故曰"革易于两朝"，革易，革除改变。
⑨ 大老：德高望重的人，此指伯夷。语本《孟子·离娄上》："故伯夷、太公来就其养，非求仕也。二老者，天下之大老也，而归之，是天下之父归之也。"按，此句谓伯夷对天下有重要影响。
⑩ 风烈：风教德业。
⑪ 接淅去国：捧着已经淘湿的米离开齐国，指离开得很迅速。语出《孟子·万章下》："孔子之去齐，接淅而行；去鲁，曰：'迟迟吾行也。'去父母国之道也。"朱熹集注："接，犹承也。淅，渍米水也。渍米将炊，而欲去之速，故以手承水取米而行，不及炊也。"
⑫ 微罪无所复留：指孔子因为鲁王未赐胙于大夫而离开鲁国。《史记·孔子世家》："郊，又不致膰俎于大夫，孔子遂行。"前注引《孟子·万章下》朱熹集注引杨氏："膰肉不至，则得以微罪行矣"。

⑬桐宫：伊尹放逐商王太甲之处。按，太甲初继位而无道，伊尹放之三年，太甲悔悟，伊尹又使之复位。本句即指此事而言。嗣王，指太甲。

⑭牧野：周武王克商之战的发生地。按，周武王在此盟誓，为《尚书》之"泰誓"、"牧誓"，本句即指此事。

圣人之于民亦类也

章世纯

人之中有圣，而固以其类贵矣。夫物类中莫不有其至者，人于何不然？此圣人所以称也。且造物之生不为一概，苟所生之类而即齐姿等质，不相多也，则造物固亦滞而无变者耳。故参差之产，阴阳所以示神奇也，而皆在其类中。向以为不独民也，物亦有之，则麒麟等之于物类中是也；今亦以为不独物也，人亦有之，则圣人之于民类中是也。故自其存诸身者言之，耳擅天下之聪，目擅天下之明，几不与天下以可测之端矣，于是乎世共骇之，骇之则非以其本异也，固以其本同也，夫非与民共是耳目者哉？自其加诸世者言之，道足以为物先，德足以立人极，几不与天下以可至之阶矣，于是乎世甚骇之，骇之则非以其全异也，固以其全同也，夫非与民共是运动也乎哉？唯其与民同是耳目也，同是运动也，而后圣人得以其聪明特闻，以其道德特闻，是不类从类，而后有其称，圣人于是乎为天下所尊也；惟其与民异聪明也，与民异道德也，而后天下指之曰此其耳目与吾同，此其运动与吾同，是类又因不类，而后有其说，圣人于是乎为天下所援也。盖至是而天下始有为之说者矣。曰彼之异我，则我之异彼，彼异此异，相与为类，则与彼无以异矣。夫使天下求端以论其同也，其不同不反明也哉？故凡民之有功于圣也，为其以地形之；圣人有功于凡民也，为其以类借之。①

【评】凡文之辨难转换，有一字不清彻，虽有好意，亦令人览之欲卧矣。此文当玩其有转无竭、愈转愈透处。

【题解】出自《公孙丑上》第二章，参见隆万文卷五潘士藻《告子曰不得于言无暴其气》。

"有若曰：'岂惟民哉？麒麟之于走兽，凤凰之于飞鸟，太山之于丘垤，河海之于行潦，类也。圣人之于民，亦类也。出于其类，拔乎其萃，自生民以来，未有盛于孔子也。'"

【注释】

①"故凡民"以下：大意谓，对于圣人来说，众人的存在提供了圣人表现卓绝的条件；对于众人来说，圣人的存在提供了这一种类的标准和极限。

柳下惠不恭

金声

以"不恭"①成圣者，不必为圣人②讳也。夫惠岂真有玩弄一世之心哉？孟子逆想其意象，而直断之以"不恭"也，此其际微矣。若曰：鄙宽薄敦③，闻柳下惠之风而兴起者也。惟闻其风，则见为宽敦，此宽敦中反有令人大难堪者，而惠不知也，以故天下亦莫之知也。夫令夷、惠并生斯世，畏夷而悦惠者多矣，然有识者受夷之望望去，不愿受惠之由由偕。不垢之身④，或折服途人之恶憎；而桀傲之气，甚不肯蒙圣贤之慢易⑤。惠之于世，殆不恭者也。人与人睢盱⑥立而后不相就，世风如是矣，吾何必北海之滨⑦，吾将一体万物焉，今有父母而轻忍去其子者乎，惠之不忍轻去，犹是也，依依之情，宛与无知之婴孩共出入而无心，相视⑧其毋太轻与？人与人情知构而后能相浼，此身无侣矣，吾不能效采薇者⑨之犹有两人，吾聊寄迹异类⑩焉，今有人与异类处而不相忘者乎，惠之能忘，犹是也，旷荡之怀，如共无情之鹿豕⑪入其群而不乱，目中尚有斯人与？使惠直语人曰"尔尔我我⑫，尔焉能浼我哉"，闻者当作何景象也？使从旁谕当日之人曰"援止即止，是亦不屑去已"，其人当以惠为褻己、为重己也？惠其矫夷之隘而失之者耶，有收罗一世之心，而未化笼盖一世之气；惠其矫夷之隘而遂适以近隘者耶，无一人不囿其范围，正无一人足入其一盼。嗟乎！惠非此不恭，则庄严以持之，中正以节之，大成之圣⑬所谓斯人无不与同群者，此也，惠徒区区一惠？然惠非此不恭，则俯仰以就人，栗栗然以逢世，无非刺之乡愿⑭所谓同流合污者，亦此也，惠犹得以成其圣也哉？

【自记】一肚皮轻薄，如何说得圣人？如此才说得有些身分。若今世所说"不恭"，何待君子始不由耶？

【评】说得有身分，却又将圣之偏处认作圣人之能事矣。其清迥之思，妍婉之韵，足使人咨诵不释。

【题解】出自《公孙丑上》第九章。

孟子曰："伯夷，非其君不事，非其友不友。不立于恶人之朝，不与恶人言。立于恶人之朝，与恶人言，如以朝衣朝冠坐于涂炭。推恶恶之心，思与乡人立，其冠不正，望望然去之，若将浼焉。是故诸侯虽有善其辞命而至者，不受也。不受也者，是亦不屑就已。（涂，泥也。乡人，乡里之常人也。望望，去而不顾之貌。浼，污也。屑，赵氏曰："洁也。"《说文》曰："动作切切也。"不屑就，言不以就之为洁，而切切于是也。已，语助辞。）柳下惠，不羞污君，不卑小官。进不隐贤，必以其道。遗佚而不怨，阨穷而不悯。故曰：'尔为尔，我为我，虽袒裼裸裎于我侧，尔焉能浼我哉？'故由由然与之偕而不自失焉，援而止之而止。援而止之而止者，是亦不屑去已。"（柳下惠，鲁大夫展禽，居柳下而谥惠也。不隐贤，不枉道也。遗佚，放弃也。阨，困也。悯，忧也。尔为尔至焉能浼我哉，惠之言也。袒裼，露臂也。裸裎，露身也。由由，自得之貌。偕，并处也。不自失，不失其止也。援而止之而止者，言欲去而可留也。）孟子曰："伯夷隘，柳下惠不恭。隘与不恭，君子不由也。"（隘，狭窄也。不恭，简慢也。夷、惠之行，固皆造乎至极之地。然既有所偏，则不能无弊，故不可由也。）

【注释】

① 不恭：本文认为柳下惠的"不恭"是极端傲岸狷洁的一种表现方式。

② 圣人：此指柳下惠。《孟子·万章下》："伯夷，圣之清者也……柳下惠，圣之和者也。"

③ 鄙宽薄敦：使鄙吝的人变得宽厚，使刻薄的人变得敦实。语本《孟子·尽心下》："圣人，百世之师也，伯夷、柳下惠是也。……闻柳下惠之风者，薄夫敦，鄙夫宽。"

④ 不垢之身：指狷洁自好，不肯与有污点的人往来，指伯夷一类的人。

⑤ 慢易：轻慢地对待。

⑥ 畦畛：本指田界，此喻指界限。

⑦ 北海之滨：约相当于渤海之滨。此借指隐居以避恶俗之地，语本《孟子·离娄上》："伯夷辟纣，居北海之滨。"

⑧ 相视：此指看待那些与他交往的人。按，此一股谓柳下惠看待周围的人就如同父母看待无知婴孩一样，故不会与他们计较。

⑨ 采薇者：此指伯夷。伯夷、叔齐隐居于首阳山，耻食周粟，采薇而食。

⑩ 异类：兼指不同类的人，以及人类以外的物种。

⑪ 鹿豕：鹿与猪，古人常以代指蠢然无知之物。《孟子·尽心上》："舜之居深山之中，与木石居，与鹿豕游。"按，此一股谓柳下惠之所以不与人计较，是因为在内心深处把周围的人看成鹿豕一般，故不必计较。

⑫ 尔尔我我：即"尔为尔，我为我"。

⑬ 大成之圣：指孔子。按，本句引孔子之语，仅为大意，见《论语·微子》："鸟兽不可与同群，吾非斯人之徒与而谁与？"朱熹集注："言所当与同群者，斯人而已，岂可绝人逃世以为洁哉？"此一股谓，柳下惠如果没有这种"不恭"，那么，他可能成为像孔子那样的圣人。

⑭ 无非刺之乡愿：让人没有办法去批评的乡愿。无非刺，无非、无刺，没有办法批评。语本《孟子·尽心下》："非之无举也，刺之无刺也；同乎流俗，合乎污世。"按，此一股意谓，假如柳下惠的"不恭"没有那种独特性质，那么，他就仅仅是一个"乡愿"。

前日于齐　一章

陈际泰

　　馈大贤者，计有处大贤者而后可也。夫大贤诚不绝物，而要未可数矣。齐未有所以处孟子者，奈何等于宋、薛而受之？且有处而受所馈，非正法也。有处而受所馈，则人将饰辞以进曰"闻先生如此也，而某如此也"。如是而人得以行其相张①之意，其以货取者犹故也；而己且假其名以妄受，并所处亦取货之术矣。是彼此交相贼以成此举也，然而孟子以是断齐、宋、薛三国之受不受，何也？有处者，待人之法止于如是也，心难尽谢②，君子不穷之以绝物之交，吾立一法焉，苟其能如是，则亦以为于人可安焉而已矣；有处者，即自守之法止于如是也，操忌太奇，君子不厉之以隘己之度，吾持一程焉，苟其不越是，则亦以为于己可洁焉而已矣。且不独此也，有处无处，不决之人而决之己也。即如齐，无论其兼金之与金异也，无论其百镒之与七十镒、五十镒异也。当孟子所处无戒心，齐诡为宋之辞曰"闻戒"，孟子将受之乎？当孟子所处无远行，齐诡为薛之辞曰"闻将有远行"，孟子将受之乎？计孟子必不受也。由此观之，有处无处，在己不在人也。在己，则人之至于己者寡矣；在己，则己之受诡③于人世者亦寡矣。如是而立恕法焉，内不必阂于己之操，外不必逆于人之心，盖所诡者争于心之诚与不诚，非争于事之有与无有也。然则有处诚可受也，受之是也；然则无处诚可辞也，辞之亦是也。夫有处而可诡，齐非不能一藉其辞也；夫惟有处，万万不可诡，齐所以不能自护其迹也。虽然，货取之途多矣，决诸己，己之可借以入者亦多矣。以他辞馈之，以其有他辞受之，货如故也，取如故也。曰君子不明人以端④，苟如是，在彼以为取，我以为弗取而已矣。

【原评】其雄辩得之苏文，占得地步高，能到前人所不到处。

【评】"予有远行"、"予有戒心"，则"有处"、"无处"，本是就自己说。文故迷离其绪，遂使阅者如探奇胜，处处耳目一新。及凝神静思，犹是题中人人共晓意耳。可知文章固以义理为上，而言之文与不文，所关亦非轻也。

【题解】出自《公孙丑下》第三章。

陈臻问曰："前日于齐，王馈兼金一百而不受；于宋，馈七十镒而受；于薛，馈五十镒而受。前日之不受是，则今日之受非也；今日之受是，则前日之不受非也。夫子必居于此矣。"（陈臻，孟子弟子。兼金，好金也，其价兼倍于常者。一百，百镒也。）孟子曰："皆是也。（皆适于义也。）当在宋也，予将有远行。行者必以赆，辞曰：'馈赆。'予何为不受？（赆，送行者之礼也。）当在薛也，予有戒心。辞曰：'闻戒。'故为兵馈之，予何为不受？（时人有欲害孟子者，孟子设兵以戒备之。薛君以金馈孟子，为兵备。辞曰"闻子之有戒心也"。）若于齐，则未有处也。无处而馈之，是货之也。焉有君子而可以货取乎？"（无远行戒心之事，是未有所处也。取，犹致也。尹氏曰："言君子之辞受取予，惟当于理而已。"）

【注释】

① 张：诳骗。
② 心难尽谢：难以谢绝所有的馈赠。谢，拒绝。
③ 诡：欺诈。
④ 端：端由。

孟子之平陆 一章

黄淳耀

齐之君臣皆失职，而大贤尤罪其君焉。夫距心何罪，皆齐王之罪耳。王亦如距心之以空言任罪也，岂所望乎？且国家所与共拊循其民者，莫切于有司。有司之功罪不明，则人主无与为治。顾通国之有司皆良，而罪在一二人，则其罪重矣；通国之有司皆不肖，而偶欲罪一二人，则其罪轻矣。盖罪可明，而所以得罪之故不可明也。田齐之先，有赏一大夫①、烹一大夫而国大治者，彼其君实能以富民为心，故其臣亦愿以殃民受罪。而宣②之世变矣。廉洁者人之性也，不期而皆化为贪，彼知廉之见恶于时也；勤敏者吏之职也，不期而皆化为惰，彼知勤之无益于国也。此犹以失律之将御失伍之卒，不更相谯诃即幸矣，而欲舍其上而诘其下，则至死不服。故虽孟子不能责距心也。虽然，以距心为竟无罪乎？此又不可。彼其耳目口体之养取之于民也，如取之于其家；而其视吾民之颠踣腾籍③也，如视秦越之人④肥瘠。即或愁居惕处，仰屋而窃叹，卒无决去就以争之者。未几而报政者称殷阜，即是人也；未几而考绩者书循良，即是人也。嗟乎！司牧之谓何，而民曾不得比于牛羊？言至此，距心之罪服矣；距心之罪服，而其晏然于距心之上者，亦可以距心之罪罪之矣。今夫百姓患暴露，非财不可以立屋庐，而王必不使为都者有余财；百姓苦饥羸，非粟不可以赡朝夕，而王必不使为都者有余粟。以一都言之，所见如此，所闻如此，其余可知也；以一距心言之，蒿目而已，抚心而已，其余又可知也。王之国是，其日非矣乎？乃王于此，亦若处不得为之地、操无如何之心者，曰"此寡人之罪"而已。呜呼！王即不言有罪，孟子岂不知与？王即终日罪己，齐之民岂有救与？王有罪，距心又有罪，而王与距心之政皆如故也，岂转死之民亦有罪与？无惑乎生齿之数日耗于一日，危亡之忧岁深于一岁也。

【评】实情实事，皆作者所目击，宜其言之痛切也。自赵梦白⑤借题以摹鄙夫之情状，启祯诸家效之。一时门户及吏治民情皆可证验，足使观者矜奋。其但结文之局阵，而使题之节目曲折由我，不复寻先正老法，则自隆万已然，不可复以相訾议也。

【题解】出自《公孙丑下》第四章，参见隆万文卷五张榜《孟子之平陆》。

孟子之平陆。谓其大夫曰："子之持戟之士，一日而三失伍，则去之否乎？"曰："不待三。""然则子之失伍也亦多矣。凶年饥岁，子之民，老羸转于沟壑，壮者散而之四方者，几千人矣。"曰："此非距心之所得为也。"曰："今有受人之牛羊而为之牧之者，则必为之求牧与刍矣。求牧与刍而不得，则反诸其人乎？抑亦立而视其死与？"曰："此则距心之罪也。"他日，见于王曰："王之为都者，臣知五人焉。知其罪者，惟孔距心。为王诵之。"王曰："此则寡人之罪也。"

【注释】

① "赏一大夫"句：指齐威王赏即墨大夫、烹阿城大夫。即墨大夫不事威王左右以求誉，而有实绩，威王"封之万家"。阿城大夫誉言日至，而毫无治绩，威王烹之且"及左右尝誉者皆并烹之"，齐国以此大治。事见《史记·田敬仲完世家》。
② 宣：齐宣王。
③ 颠踣腾籍：仆倒在地，任人践踏。颠踣，跌倒。腾籍，亦作"腾藉"，奔腾践踏。
④ 秦越之人：秦国、越国之人，指不相关之人。
⑤ 赵梦白：赵南星。

有官守者　四句

陈际泰

道有不得不去者，必其无辞于世者也。夫道非可一概也，不得于世而遂去之，此是有守责者之事耳。且国家之建设与王者之绳治，各有深意。一事而人人并守之，其势必至于无守；一言而人人并责之，其势必至于不可责。故择人而授之，非独居才也，乃人讥我之不能自去耶？夫去，盖亦有道矣。先王设庶官而使之守，即并不得其职，不得复为尸素①之事而守之。故有官守者，得于其职而天下治，即有官守者，不得于其职而遂去之而天下亦治。何者？官署先自治也。夫予我以职而肘掣②之，使不得归其治辨之分③，此其有辞者也。乃志愿亦达而掾署自居④，则其不守者又不独在官矣。是而不去，焉得而不去乎？先王设言官而责之言，即并不得其言，不得复为画诺⑤之事而责之。故有言责者，得于其言而朝廷清，即有言责者，不得于其言而必去之而朝廷亦清。何者？言路固未尝不自清也。盖责我以言而禁止之，使不得伸其诤击之威，此其亦有辞者也。乃一鸣久寂⑥而清华⑦自贪，则其可责者，又不独在不言矣。此而不去，又焉得而不去乎？朝廷有律令之严，而终亦局于臣子之例，有官守与言责而后责之，夫责之以去，臣分全，而主心亦儆，其立义至深，固非泛而相衡者耳；古人有廉耻之厉，而终必要于道义之安，有官守与言责而后持之，夫自责以去，上可明君父以士之不屈，而下可以谢友生以学之无亏，其用意自别，固非妄而谬施者耳。然则士之去固有道也。无官守言责而亦去之，即何以概为人臣者之分也哉？

【评】"有"字、"则"字披剥清透，本位无义不搜，对面神理自然跃露矣。设色极淡，神味正自隽永。

【题解】出自《公孙丑下》第五章。

孟子谓蚳蛙曰："子之辞灵丘而请士师，似也，为其可以言也。今既数月矣，未可以言与？"（蚳蛙，齐大夫也。灵丘，齐下邑。似也，言所为近似有理。可以言，谓士师近王，得以谏刑罚之不中者。）蚳蛙谏于王而不用，致为臣而去。（致，犹还也。）齐人曰："所以为蚳蛙，则善矣；所以自为，则吾不知也。"（讥孟子道不行而不能去也。）公都子以告。（公都子，孟子弟子也。）曰："吾闻之也：有官守者，不得其职则去；有言责者，不得其言则去。我无官守，我无言责也，则吾进退，岂不绰绰然有余裕哉？"（官守，以官为守者。言责，以言为责者。绰绰，宽貌。裕，宽意也。孟子居宾师之位，未尝受禄。故其进退之际，宽裕如此。尹氏曰："进退久速，当于理而已。"）

【注释】

① 尸素：居位食禄而不尽职，犹言"尸位素餐"。
② 肘掣：拉住胳膊，比喻牵制。
③ 治辨之分：治理的职分。分，本分、职守。
④ 掾署自居：以属吏自居。掾，副官、佐吏。
⑤ 画诺：旧时主管官员在文书上签字，表示同意照办，此指无所进言。
⑥ 一鸣久寂：长久没有什么诤谏。
⑦ 清华：清高华贵的官职，此即指谏官。

夫世禄　三节

罗　炌

　　滕有宜并行者，可考古而递举①焉。夫"助"②之法通于周，滕能与"世禄"并行，虽监三代以设"学"，可也。今夫国有与立，一代为国之法是矣。而迫其后凌夷衰微，因废相半③，犹足增人复古之思，则以旧章具存，前事悉效，而苟且相仍之说不可用于后世也。滕今者疆理就湮，学校具废，而忽言授田、建学之旧以比迹于殷周，鲜不以为迂而难行者，而以吾论滕，亦不可谓不能法古之国也。凡滕所宜行，就周所尝行者而取则焉，则在今日非无稽也；凡滕所未尝行，就周之先所通行者而参考焉，则在昔者非无验也。且是"助"与"世禄"岂判然为二者，而顾令租税之家，坐享秬与秠翼④之盛；薀蓑⑤之农，不实沾云蒌雨祁⑥之润。君子读《诗》至《大田》之三章⑦，盖不胜伤今而思古焉。曰是周诗也而咏公田，明乎维殷⑧行"助"，维周因之⑨；不得谓"彻田为粮"⑩，周祗修⑪先公之制而不用前代之法也。而当其时，适亩⑫而食力，君知小人之依；祈年以奉公，民惠大君之德。固已与私利之习相远，与亲逊⑬之风渐近矣。然自三代以来，亦未有学宫不饰、师儒不崇而可以致治者也。由周而观，灵台辟雍⑭，文王之学也；镐京辟雍⑮，武王之学也。而其义旁通于乡庠，错见于校序，具备于夏殷。周凡以教立斯伦明，伦明斯民亲。而维兹小民，即非力田急公之农夫乎？农恒为农，则挟枪刈鑷镈⑯而从父兄之教；士出于农，则修孝弟忠信而充俊造⑰之选。居今日而言法古，滕宜以"助"为先云。而自是诏禄之典俱于是焉准矣，《诗》曰"倬彼甫田，岁取十千"⑱，言卿大夫之禄人必皆取诸田也；并设教之义俱于是焉昉⑲矣，《诗》曰"攸介攸止，烝我髦士"⑳，此言秀民之能为士者必有赖于农也。固不独《大田》一诗足以证周之行"助"也。

　　【评】绾结有法，波澜亦佳。而以视黄蕴生㉑之大气鼓铸、自然凝合，陈卧子㉒之古光流溢、不假设色者，不可同年语矣，况金、陈㉓之神化乎？存此以著文章之等差。

　　【作者简介】

　　罗炌，安徽歙县人，崇祯七年（1634）进士，历官嘉兴知县等。

　　【题解】出自《滕文公上》第三章，参见化治文卷五崔铣《夫世禄》。

　　"夫世禄，滕固行之矣。《诗》云：'雨我公田，遂及我私。'惟助为有公田。由此观之，虽周亦助也。设为庠序学校以教之：庠者，养也；校者，教也；序者，射也。夏曰校，殷曰序，周曰庠，学则三代共之，皆所以明人伦也。人伦明于上，小民亲于下。"

【注释】

① 考古而递举：参考古人，次第实施。
② 助：井田制的一种形式。参见《孟子》本章集注。

③ 因废相半：沿用和废置各占其半。因，沿用。

④ 黍与稷翼：黍与稷长得都很茂盛。语本《诗经·小雅·楚茨》："我黍与与，我稷翼翼。"朱熹集传："与与、翼翼，皆蕃盛貌。"

⑤ 薅莠：锄草和培苗，泛指农务。薅，也作"薅"，锄草。语本《左传·昭公元年》："譬如农夫，是穮是蓘。"杜预注："穮，耘也。壅苗为蓘。"

⑥ 云萋雨祁：泛指风调雨顺。语本《诗经·小雅·大田》："有渰萋萋，兴雨祈祈，雨我公田，遂及我私。"毛传："渰，云兴貌。萋萋，云行貌。祈祈，徐也。"郑玄笺："古者阴阳和，风雨时，其来祈祈然而不暴疾。"

⑦ 三章：第三章。《孟子》此节所引为《大田》第三章。

⑧ 维殷：即殷。维，语助词，无实义。

⑨ 因之：此句指周人沿用商代的"助"法。

⑩ 彻田为粮：周之先祖公刘在豳地实行的土地和赋税制度。具体内容有多种说法，朱熹认为即是井田制。语本《诗经·大雅·公刘》："度其隰原，彻田为粮。"按，此数句意为，井田制的"助"法，是周代继承商代的制度而来，不能因为"彻田为粮"的诗句，即认为是周朝人敬承其先人公刘的制度而不是取法商朝的制度。

⑪ 祗修：敬守前人制度。祗，敬。

⑫ 适亩：到农田里去干活。适，到。《诗经·小雅·甫田》："今适南亩。"

⑬ 亲逊：相互关爱，相互逊让。按，此亦就《大田》第三章的描写而言。

⑭ 灵台辟雍：周文王所筑的灵台中所设的辟雍。灵台，周文王的苑囿。辟雍，天子之学。此本《诗经·大雅·灵台》："于论鼓钟，于乐辟雍。"

⑮ 镐京辟雍：周武王所兴建的镐京中所设的辟雍。此据《诗经·大雅·文王有声》："镐京辟雍，自西自东"。

⑯ 枪刈耨铚：泛指各种农具。耨，同"耨"。《国语·齐语》："时雨既至，挟其枪刈耨铚，以旦暮从事于田野。"

⑰ 俊造：指杰出人才。语本《礼记·王制》："司徒论选士之秀者而升之学，曰俊士。升于司徒者不征于乡，升于学者不征于司徒，曰造士。"

⑱ 引自《诗经·小雅·甫田》，谓农夫交纳税赋。朱熹集传："倬，明貌。甫，大也。十千，谓一成之田。地方十里，为田九万亩，而以其万亩为公田，盖九一之法也。我养食禄主祭之人也。"

⑲ 防：始。

⑳ 引自《诗经·小雅·甫田》，谓从农人中选拔出秀士。朱熹集传："介，在。烝，进。髦，俊也。俊士，秀民也。古者士出于农，而工商不与焉。"

㉑ 黄蕴生：黄淳耀。

㉒ 陈卧子：陈子龙。

㉓ 金、陈：金声、陈际泰。

诗云雨我公田 　一节

陈子龙

　　周田之用"助"，诵于《诗》而可见也。夫"彻"①者，通于助之中耳。然既有公田，虽谓之"助"可也。《大田》之诗不足观乎？孟子谓夫一代规模，多取法于近世；先王遗制，常散见于诗书。是以有为之君志复先烈者，盖尝网罗旧闻，访问故老，苟有几微之合者，未尝不用心焉，而况乎其有明征者乎？今夫井田、世禄，相为表里。然世禄不废而井田废者，世禄者臣下之所利，而井田者百姓之所利。百姓之所利者，利其彻之彻也，而实利其助之彻也；以助为彻之所利者，利其有私田也，而亦利其有公田也。然而法度既衰也，谋利之人必有厌其徒有"彻"之名而实无"助"之实，故欲去"彻"者必先去其"助"，去其"助"而民不得引"彻"以自便，则我可以尽取之矣；又必厌其既有公田之名则不得大敛私田之入，故欲征私田者必先去公田，去其公而皆纵民所自私，则我可以擅赋之矣。然而版籍可亡，《大田》之诗不可去也；公田可废，公田之名至今传也。我想其时，天子知稼穑之艰难，而群公卿士尝亲至于畎亩；小民知事上之恭敬，而妇子耆老咸致颂乎曾孙②。于是风雨顺时，公私交畅；上无专利，下无竞私。所云"雨我公田，遂及我私"者是也。夫公田之事，今不可得而见矣，然从其始而论之，可谓非"助"法之所有乎？周家既不能守其彻，又何能守其助矣，然由是《诗》而观之，可不谓周家之犹助乎？盖彻与助名异而实同，但助者观公私于耕耘之日，而彻者通公私于收获之时，故助不能兼彻，而彻则已兼助也；彻与助小异而大同，但商则合八家之私奉中央之公而其义尊，周则屈中央之公从八家之私而其事亲，是商已开彻之先，而周益精助之意也。助之分也，公者自公，私者自私，所以立其限；助之合也，私者为私，公者为公，所以通其情。周之盛也，神明代兴，盖多创制之事矣，而于此无所大更者，岂非知其法之可以久而无弊乎？

【评】辨析"公""私"原委，"助""彻"同条共贯处，如指诸掌。循次按节，纡余委蛇，稿中极周密之文。

【题解】出自《滕文公上》第三章，同上，参见化治文卷五崔铣《夫世禄》。

"《诗》云：'雨我公田，遂及我私。'惟助为有公田。由此观之，虽周亦助也。"

【注释】

① 彻：按孟子的说法，这是西周实行的土地和田赋制度，与商朝的"助法"相似。依《孟子》本章及朱熹集注，"助法"、"彻法"除有每家授田七十亩、一百亩的区别之外，"助"、"彻"的重点也有所不同。"助"，借，强调借八家之力以耕公田。"彻"，通、均，强调八家通力耕作包括公田在内的井田，只在收获后按亩数进行分配。

② 曾孙：此泛指周天子。《诗经》"雅"、"颂"常以"曾孙"指周之始祖后稷的后代，特指周成王者尤多。《小雅·大田》："播厥百谷，既庭且硕，曾孙是若"，旧注即以为指周成王。

人伦明于上 二句（其一）

陈际泰

人君欲得小民之亲，事不起于下也。夫民之不亲，非民之咎，由于人伦之未明也。人主诚有以明之，即何忧于小民乎？且夫人主蟠结①之势，不在大人君子而在小民；然人主开悟之难，亦不在大人君子而在小民。盖众之所在，王者畏焉；蒙②之所居，王者悯焉。畏与悯合，可以观人主之所尽矣。夫小民不亲，其患岂止于小民哉？然彼之不亲，势不得咎诸小民之不靖；即欲反是而使不亲者转而为亲，势又不得责诸小民之自兴。今既设为庠序学校，如是矣，如是而人伦不既明乎？如是而小民不既亲乎？夫小民之不亲有故，混沌朴鄙，溺于并倨③之习而不明人之有伦也。过昵而狎起，过狎而诟诼之事亦生，此过亲以致不亲之所由也，先王知之，故教之以辨。尊卑长幼之分秩然，有恩以相爱，有文④以相接，夫亦可以雍雍⑤而成俗矣。拜跪坐立之间，不至如向日之昵，而自可不至于犯。然小民之不亲又有故，拘牵文俗⑥，守于行习之常而不明人伦之所自来也。蹈常而事习，蹈常而伪首之见亦参，此徒以为亲、不知所缘以亲之所由也，先王知之，故为揭其故。骨肉天属之因炳然，既知万物之所成，又知万物之所生，夫亦可以油油而自思矣。合食缀姓⑦之际，不至视如向日之常，而何缘复因之为伪。先王知乎势之如此也，然而不得以其风厉之权使下得而自操，于是学校之设归之上而责之使兴，使小民因农工告成之后养老饮酒⑧，以流示⑨之，故其民不至于甚无知，而礼义之心，各有所守也，此先王亲民之大方也；先王知乎教之如此其至也，然而不能必其瞽宗⑩之事使下断然不畔⑪，于是躬行之理复归于上而责其为倡，使小民见天子至贵之身世子问安⑫，自黾勉焉，故其民不以为徒有其理，而实行之事，彼固不欺也，此又亲民之大方也。然则小民之不亲，未足大虞也；即致小民之亲，非有他术也。人主亦慎所为明人伦者而已。

【评】先王教化本原，实能探其本而得其精义之所存，故信口直达，无丝毫经营搜索之意。制艺到此，可谓闳其中而肆其外矣。

【题解】出自《滕文公上》第三章，参见化治文卷五崔铣《夫世禄》。

人伦明于上，小民亲于下。

【注释】

① 蟠结：此指聚合人心。

② 蒙：愚昧暗弱，此指不明礼义。

③ 并倨：伸开两腿坐着，是不礼貌的姿势。倨，通"踞"。语本《汉书·贾谊传》："商君遗礼义，弃仁恩……（儿媳）抱哺其子，与公并倨"。

④ 文：礼节。

⑤ 雍雍：和谐。

⑥ 文俗：此指风俗习惯。

⑦ 合食缀姓：此泛指祭祀之事。合食，大祭、合祭祖先。缀姓，集合宗族，延续宗族，此指同姓子孙会同祭祀。

⑧ 养老饮酒：此指乡学中的一些仪式活动及其渗透的"养老"的伦理精神。《孟子》本节朱熹集注："庠以养老为义。"饮酒，指乡饮酒礼等活动，举行于乡学。《礼记·乡饮酒义》："主人拜迎宾于庠门之外"，《射义》："乡饮酒之礼者，所以明长幼之序也。"

⑨ 流示：通过举行具体的仪式使乡人理解人伦。《礼记·郊特牲》："而流示之禽，而盐（艳）诸利，以观其不犯命也。"郑玄注："流，犹行也"。

⑩ 瞽宗：本为商代对学校的称呼，泛指学校。《礼记·明堂位》："瞽宗，殷学也。泮宫，周学也。"《文王世子》："礼在瞽宗，《书》在上庠。"

⑪ 畔：通"叛"。

⑫ 世子问安：此泛指帝王及其世子躬行礼教。《礼记·文王世子》载周文王为世子，"朝于王季日三"，即每天三次问安，"内竖曰：'安。'文王乃喜"。

人伦明于上　二句（其二）

陈际泰

民不难于亲，当得其亲之者焉。夫小民不亲，人主若置之而自为其明人伦之事，非真置之也。且人主之治天下，以善风俗为务，使俗流失而世败坏，其端始于亲，而其流遂上及于君父，故小民之不亲，君子诚惧其卒也。且小民之不亲，固不得上委其权于天，下委其事于民也。夫民原有亲亲之性，所受于天也，岂容顿失而不可以感；然民即有亲亲之性，或蔽于物也，岂能自兴而无待于上？人主知之，故有化成之道焉，为之春诵夏弦①以优游之，为之拜学齿师②以流示之，而人伦之式昭于上之教督，则所为狃③于民之耳目者甚习，而开于民之心志者甚详；抑人主知之，故有心得之理焉，为之世子之法、家人之慈以端其本，为之父事天明、母事地察以达其教④，而人伦之实揭于上之躬亲，则所为入于民之意念者甚深，而动于民之服从者甚信。夫上之明民也如是，则民固有则而象之者矣，人各亲其亲，是使独也，有亲而不能事，见谓⑤悖德，事亲而犹他人，见谓悖礼，而孝友任恤⑥之情生；且上之明民也如是，则民又有酿而成风者矣，人互相与为亲，是使同也，豆觞⑦之间让而受，恶民不犯齿，几席之间让而受，下民不犯尊，而群居和壹之理著。向也小民何以不能使亲者亲，而今也小民何以能使疏者亲也？向也不亲而今也亲，则向也不明而今也明耳。夫小民亲而后礼乐教化之事兴，小民亲而后君父蟠结之势固。故小人之亲，人主尸祝⑧而求焉。而明者在上，亲者遂在下，所谓不离乎己而在彼者也。

【评】即首篇后二股之义而申言之。闳达豪迈之气，一变而峻洁严谨。惟其根本深厚，故投之所向，无不如志。

【题解】出自《滕文公上》第三章，参见化治文卷五崔铣《夫世禄》。

【注释】

① 春诵夏弦：此泛指一年四季各有所学。《礼记·文王世子》："春诵夏弦，大师诏之。瞽宗秋学《礼》，执礼者诏之。冬读《书》，典书者诏之。"孔颖达疏：诵"谓歌乐者，谓口诵歌乐之篇章，不以琴瑟歌也"，弦"谓以琴瑟播彼《诗》之音节"。

② 拜学齿师：指以揖拜、齿让等礼仪活动向人示范。齿，年龄，此指齿让。

③ 狃：习惯，习以为常。

④ "父事天明"句：语本《孝经》："昔者，明王事父孝，故事天明；事母孝，故事地察。"邢昺疏："是事父之孝通天也"，"事母能孝，故事地能察，言能察地之理……事母之道通于地也"。

⑤ 见谓：被人称为。

⑥ 任恤：诚信而乐于助人。语本《周礼·地官·大司徒》："二曰六行：孝、友、睦、姻、任、恤。"郑玄注："任，信于友道。恤，振忧贫者。"

⑦ 豆觞：此指各种礼仪活动。豆，此指祭器，装祭品的用具，类似高脚盘。觞，酒器。

⑧ 尸祝：此指祭祀祈祷。

诗云周虽旧邦　四句

陈际泰

旧不足以限人，其事已在前矣。夫为王者师，固不如自王也。不敢以新命自当，岂嫌其为旧邦乎？而不知文王被之矣。且动物者，当歆以效之所尊；而论事者，当竭以理之所有。效不旺而衰之则败情，理可进而止之则伤实。即如恒产制矣，学校设矣，此王事之成也，而曰是为王者师，夫不能自王乃能使人师其王乎？此亦效之甚小而理之未尽者也。吾尝更思其事际之所居，而知其不止是矣。虽然，事无征而不信，寻常瘠贫之国未必勃而兴也，无其已往者以实之，则言可疑而说将无以自据；迹既远而难凭，古初荒忽之时不可放而原也，无其未久者以接之，则事并可疑而气将无以自厉①。不观《诗》乎？不观《诗》之咏文王乎？诗曰"周虽旧邦，其命维新"，使旧邦不可王，文王竟不王矣；使旧邦之王偶见于上世而不复验于近代，文王亦竟不王矣。而固不然也。吾因而知人事之足凭也，吾因而知往事之不足限也。天下隆替②之迹，亦由前人，亦由后人，使一一凭借乎先资而后足以集事，则后起无权矣，吾盖读《诗》而慨然有感也，以为不为祖所限者文王也；天下通复之机，天能制人，人亦能制天，使一一俯听其自来而无所以默挽，则人事不著矣，吾盖读《诗》而悠然有会也，以为不为天所限者又文王也。而不独此也，人主诚能有为，将奕叶之共主③丧其精爽④，不得以故分⑤临之，何者，祖宗为人臣者，其子孙非复人臣也，天之所兴，人不得而抗矣，吾盖读《诗》而戚然⑥动也，以为不为圣明之思⑦自限者，又文王也；而不独此也，人主诚能有为，将掀天之大勋可以指期⑧，不得以目前格之，何者，外之所仍者可见，中之所受者不可见也，天之所阴，意不得而量矣，吾盖读《诗》而恍然窥也，以为不为岐阳之小自限者，又文王也。然则文王能王之效，于《诗》可观也；然则行王政而可王之效，于文王可观也。夫疑不足王者，惑于弱小不自振之说也，不知浸昌⑨之运，皆因渐致而名，人为崛起之品，虽愈微可也，谓极弱难支，彼怙冒西土⑩者，何以当迁徙⑪之余而独振乎？抑疑不足王者，惑于一姓不再兴之说也，不知中兴之号，多因故迹而生，身有干蛊⑫之材，虽末叶⑬可也，谓大福不再，彼三分有二者，何以承邰豳⑭之委而克兴乎？然后知小势不足自阻，当鉴乎周之旧邦；小功不足自多，当图乎周之新命。文王固滕之先也，行仁政而王，其事已在前矣。文王不以旧邦而贬王，公独疑以旧邦而贬王乎？为王者师，其说臣请更之。

【原评】全从"文王之谓也"领取神气，一唱三叹，处处逼动"子力行之"。一湾一注，皆有关锁之妙。

【评】凡引《诗》引《书》体，发挥本句，须处处不脱引证神理，故存此为式。文太繁委，非稿中杰特之作。

【题解】出自《滕文公上》第三章，参见化治文卷五崔铣《夫世禄》。

"有王者起，必来取法，是为王者师也。《诗》云'周虽旧邦，其命惟新'，文王之谓也。子力行之，亦以新子之国。"

【注释】

① 自厉：振奋。

② 隆替：兴隆和衰落。

③ 奕叶之共主：指继承前代累世权势的天子。奕叶，累世。共主，天子。

④ 精爽：精神，此有"权势"之意。爽，明。《左传·昭公七年》："用物精多，则魂魄强。是以有精爽，至于神明。"杜预注："物，权势。"孔颖达疏："若其居高官而任权势，奉养厚，则魂气强，故用物精而多，则魂魄强也。"按，此句谓前朝的天子（比如商纣）也将失去其权威。

⑤ 故分：原来的职分。

⑥ 戚然：惕然。

⑦ 圣明之思：此指服从臣子本分的想法。韩愈《羑里操》："臣罪当诛兮，天王圣明。"

⑧ 指期：犹"指日"，不多久，定下日期。

⑨ 浸昌：逐渐昌盛。

⑩ 怙冒西土：指周之德化广被西方。怙，恃。冒，覆。语本《尚书·康诰》："以修我西土，惟时怙冒，闻于上帝。"蔡沉集传：文王之德，"西土之人，怙之如父，冒之如天"。

⑪ 迁徙：指周文王祖父古公亶父被戎狄所逼，自豳地迁于岐山。

⑫ 干蛊：继承前人事业。干，继。蛊，事。语本《易·蛊》："干父之蛊，有子，考无咎。"

⑬ 末叶：指相隔世代较远的子孙。

⑭ 邰豳：周之故地。邰，尧时周之始祖后稷的封地。豳，周之祖先公刘立国之地，至文王之祖古公亶父时为狄人侵夺。

卿以下　二节

金　声

国家之待君子、野人，有余泽焉。夫圭田与余夫之田，皆于常制之外厚之者也，然而不可少也。且夫经界者，先王之仁政。其分田制禄，必使暴君污吏不敢慢者，正所以俾宜力效忠之臣与日用饮食之民得沐国家无已之恩耳。夫国家诚恭以礼下，则当其身有养廉之具，于其后又有世食之典矣，子孙藉先人之功德，得久叨①朝廷之惠，而复以食先人者祀先人，亦无以彰圣明报士之盛典也，盖自卿以下则皆有圭田焉；国家诚勤于民事，则于其身耕凿②嬉游不乏，于其家又仰事俯育③无忧矣，少者荷壮者之力养，得优游于卵鬌④之年，而长以成人分有限之粟，亦非以为穷民宽然有余之地也，盖余夫则更有余夫之田焉。有定之制本以百亩为程，则法外之恩不可遂以乱法中之界，使奇零参差而不能计也，故由百亩而中分之，则有五十亩，随以五十亩而中分之，则有二十五亩，量而授焉，不容增减，而经界中之经界可复区画而不紊；经国之体亦有上下之分，则君子之特典不可遂与小人为例，使劳心劳力之沦于无等也，故卿大夫享祭之具，则反丰以五十亩，百姓饱暖之资，则反啬以二十五亩，贱者之生，不敌贵者之死，而仁政中之裁制可以等别而无憾。先王井地之法大抵如是，唯行之耳。

【评】溯其缘起，明其分义，详其法制，极其权衡。典制题之正则。

【题解】出自《滕文公上》第三章，参见化治文卷五崔铣《夫世禄》。

卿以下必有圭田，圭田五十亩。余夫二十五亩。

【注释】

① 叨：承受恩惠。
② 耕凿：耕田凿井，泛指生产生活。
③ 仰事俯育：上奉养父母，下抚养妻子。
④ 卯髫：童年，未成年。

乡田同井　五句
陈际泰

井田之设，先王所以导民于善也。夫井田既定，则民不得以畔①其族、以私其利而委其害，先王之所谓"教、养兼之"也欤？盖王道之至于民也，其粗本于力田，而其精及于孝弟廉耻之际。今之所谓德行忠信、缓急可恃之人者，皆昔之所谓农夫也。农夫者即田野椎鲁②之人也，其质近于敦厚，其气兼于劲勇，是故易与为善而不可与为乱。先王因民之自用，而教有所以寄之。夫民之自喜也，原于相爱；而民之相爱也，原于相近。相近则仁生焉，欲委其害而心有所不忍；相近则义生焉，欲私其利则意有所不敢。井田者，先王所以令民之相近也。生长于斯，汇族于斯，长幼杂作以忘其劳，亲戚聚处以欢其心。此民之所私③而亦先王之所私也，何也？民情非素习熟之人，则已相隔而不亲；凡人苟无顾忌之志，必不舍乐而犯苦。先王制为井田之利，而教阴以移之。居则为邻，出则为伍井之夫也，田庐在内，沟洫④在外，井之固也；安存同福，危亡同忧，井之义也。是故安居乐业，绝游闲也；革车长毂⑤，足军实也；奉生送死，通民情也；养老息幼⑥，成礼俗也。夫然而孝弟可得而睹矣，夫然而和顺可得而布也。然则在家无争夺之事，而在国无奸伪之风；平居则乐与为善，而有急则皆可恃之人。是盖井田之善也，然又设为诸侯卿大夫，世其土⑦、子其人，亦即同井之意也夫？

【原评】其峭快出老泉⑧，其遒厚出子固⑨。

【评】词语义意亦本管子及小苏⑩文。然非湛深经术，不能语举其要；非文律深老，不能施之曲得其宜。以古文为时文，惟此种足以当之。

【题解】出自《滕文公上》第三章，参见化治文卷五崔铣《夫世禄》。

死徙无出乡，乡田同井。出入相友，守望相助，疾病相扶持，则百姓亲睦。

【注释】

① 畔：叛。
② 椎鲁：质朴无文。
③ 所私：喜爱，认为有利。

④ 沟洫：大小沟渠，有免除水患和防御的功能。《周礼·考工记·匠人》："匠人为沟洫……九夫为井，井间广四尺，深四尺，谓之沟。方十里为成，成间广八尺，深八尺，谓之洫。"

⑤ 革车长毂：各种军车。革车，重车。长毂，兵车。按，周制，各种军用物资按"井"、"丘"等单位征收，如《周礼·地官·小司徒》孔颖达疏引《司马法》："成百井，三百家，革车一乘，士十人，徒二十人"。《左传·成公元年》"作丘甲"，杜预注："四丘为甸，甸六十四井，出长毂一乘"。

⑥ 息幼：抚育小孩。

⑦ 世其土：世代拥有其土地。

⑧ 老泉：苏洵。

⑨ 子固：曾巩。

⑩ 小苏：苏辙。

当尧之时　二节

金　声

帝王不暇耕，详其时事而可知也。夫尧共诸人以治天下，大都皆有八年之造①于平水之前，有无已之心于得食之后者也，亦将责以并耕与？今夫有治人之功，则有食于人之报，通义固然。在圣人且并未念此也，经营宇宙，身心并瘁，末秅之业岂特分非宜，势亦无暇耳。君子观于尧之时，而舜禹稷契诸人共承尧命，以成此大烈，不觉穆然神游其际，何必远追神农②也。夫唐虞之际，洪水即泛滥，尧为天子，岂少此数十亩之地未遭浸没，与二三知己被襏③耘耨其间乎？厉哉，犹令上巢下窟④、不自聊生之民，上供天子宰相之一饱也。而尧何弗之念？尧窃忧之也。尧忧而分之舜，舜分之益禹，益开其先而禹继其后。八年于外，三过不入，而圣人虽有可耕之田，不敢不废，但泰然坐饱荒年之谷也。嗟乎，若以许行处此，恐其落吾业而征诸民，则五谷人类之天下，听⑤为草木禽兽之天下，何暇为之焚林驱兽？何暇为之九河、济漯、汝汉、淮泗各分江汉之归⑥也？而万世之人且鱼鳖于神农氏之手，岂非大厉也哉？或以洪水之时，五谷既不登，尧为圣人，亦重念天下之苦至无田可耕，何得遂据沃壤优游自食其中乎？幸哉，得值地平天成、利用厚生之日，方与天下共此春耕秋敛之劳也。而尧何弗之身亲，犹皇皇深忧也。既命稷教民稼，复命契为司徒，五谷之后复有五伦。父子君臣兄弟夫妇朋友，关系圣人，而圣人虽有知稼之臣，未尝与从事田亩，且长久玉食万方也。嗟乎，若以许行处此，饗飧而不知其它，则饱食暖衣之人，听为逸居无教之人，何暇为之立亲义信序别？何暇为之劳来匡直⑦、辅翼自得而且振德也？而使万世之人尽禽兽于神农氏之教，岂可谓闻道之贤君也哉？

【原评】或曰"长枪大剑"，其实细针密缕。

【评】"尧独忧之"、"圣人有忧之"，"虽欲耕，得乎"、"而暇耕乎"，本是题中天然对局。文照此作对，运化无迹。笔力驱驾，可以腾天跃渊。

【题解】出自《滕文公上》第四章，参见化治文卷五丘濬《父子有亲》。

"当尧之时，天下犹未平，洪水横流，泛滥于天下。草木畅茂，禽兽繁殖，五谷不登，禽兽偪人。兽蹄鸟迹之道，交于中国。尧独忧之，举舜而敷治焉。舜使益掌火，益烈山泽而焚之，禽兽逃匿。禹疏九河，瀹济漯，而注诸海；决汝汉，排淮泗，而注之江，然后中国可得而食也。当是时也，禹八年于外，三过其门而不入，虽欲耕，得乎？后稷教民稼穑。树艺五谷，五谷熟而民人育。人之有道也，饱食、暖衣、逸居而无教，则近于禽兽。圣人有忧之，使契为司徒，教以人伦：父子有亲，君臣有义，夫妇有别，长幼有序，朋友有信。放勋曰：'劳之来之，匡之直之，辅之翼之，使自得之，又从而振德之。'圣人之忧民如此，而暇耕乎？"

【注释】

① 八年之造：八年的兴作。八年，《孟子》本章谓"禹八年于外"，故此句谓当时圣君贤臣，大都像禹一样有八年的兴作劳苦。

② 神农：神农氏，农家托神农氏立论。按，此句谓农家学者许行的"君臣并耕"之说不可靠，下文分两扇论述，分别起于"夫唐虞之际"及"或以洪水之时"。

③ 襏襫：农夫所穿蓑衣一类的防雨之物。

④ 上巢下窟：指洪水泛滥，民无居所，只能在树上筑巢，在地下挖洞穴作为居处。

⑤ 听：听任，任由。

⑥ 各分江汉之归：将各条河流的水先引入江、汉，然后再流入大海。按，此取《尚书·禹贡》"江汉朝宗于海"之意，实际情况并不如此。

⑦ 劳来匡直：此紧缩本章"放勋曰"以下字面，谓抚慰和招徕百姓，纠正百姓不端行为，使之正直。

树艺五谷　二句

陈子龙

任土以植嘉谷，而天下有养矣。夫五谷备而土宜①尽矣，人民由是育焉，非王者之首急者乎？且四民②莫众于农，而八政③莫急于食，盖帝王所以聚人守位④、养成群生之本也。况大难始夷，民有去害之乐而无求利之能，不为之计长久，则虽太平无事，而其民不可一日以事其上。若后稷之教民稼穑是已。横流之日，民以力饱，故陵居则射麋鹿，湿居则渔鱼鳖，此与禽兽相角耳，食植物以淡其欲，人之常道也；成平⑤之初，上有大奉，故海物⑥适于嘉旨⑦，橘柚承于笾豆⑧，此惟方土所贡耳，治厥壤而缓其利，民之正职也。于是弃也事由帝命，既天贻以来牟⑨；官以稷⑩名，本性勤于树艺。爰分五谷之宜以尽三农⑪之用，盖时气和正，而水旱不能必之于天，故多其丑类⑫，或捷收于春夏，或缓成于秋冬，则一时虽遇灾伤，而无终年荐饥⑬之患；水泉疏衍，而上下不能反之于地，故察其阴阳，雍冀⑭授高燥之产，荆扬植卑湿之禾，则万方各有宜便，而无赋敛偏重之忧。当是时也，神明所别，万物各遂其生；志气所开，百谷自成其岁。粒我蒸民⑮，何生不育，岂非万世所永赖哉？且夫民之所以不育者，疾病夭札⑯之患在其内，而忧困争夺之患在其外也。嘉禾⑰之始，荣落⑱同于草木，圣人辨其味之良正，以为可以常食也而专治之，食物既定，则民无疵疠⑲之灾，后乃益之以鸡豚，和之以酒醴，而养生之物终以此为本；贡供之初，菽黍齐于珠磬⑳，圣人识其用之周广，以为可以立制也而独权之，制度以立，则民绝攘暴之凶，于是取之为赋税，列之为禄糈㉑，而同然之嗜实准以为平。至今内以养万民，而外以衡百货，故守其教者，黜胥商㉒之籍而奖力田之科；幽以事鬼神，明以奉公上，故思其功者，迁烈山之子㉓而崇思文之祀㉔。是则茂矣渥矣㉕，然而后稷非勤勤于百亩之间者也。

【评】 精义沓出，确是平成肇造时物性民情。既服其奇博，尤须知其精纯处也。

【题解】 出自《滕文公上》第四章，参见化治文卷五丘濬《父子有亲》。

后稷教民稼穑。树艺五谷，五谷熟而民人育。

【注释】

① 土宜：区分土地的性质，确定宜于出产何物。《周礼·地官·大司徒》："以土宜之法，辨十有二土之名物。"

② 四民：指士、农、工、商四种职业的人。

③ 八政：指施政的八个方面。语本《尚书·洪范》："三，八政：一曰食，二曰货，三曰祀，四曰司空，五曰司徒，六曰司寇，七曰宾，八曰师。"食为八政之首。

④ 聚人守位：《易·系辞下》："天地之大德曰生，圣人之大宝曰位。何以守位，曰仁；何以聚人，曰财。"此引《汉书·食货志上》："财者，帝王所以聚人守位，养成群生，奉顺天德，治国安民之本也"。

⑤ 成平：水土平，五行四时得其序。即《尚书·大禹谟》所谓"地平天成"，孔安国传："水土治曰平，五行叙成曰成。"

⑥ 海物：及下"橘柚"均为各地贡品，俱本《尚书·禹贡》："海物惟错"，"厥包橘柚锡贡"。

⑦ 嘉旨：酒、肴味道美。旨，味美。语出《诗经·小雅·頍弁》："尔酒既旨，尔肴既嘉。"

⑧ 笾豆：盛放祭品和食物的用具。竹制为笾，木制为豆。

⑨ 来牟：大小麦的通称。《诗经·周颂·思文》："贻我来牟，帝命率育。"朱熹集传："来，小麦。牟，大麦也。"按，"贻我来牟"，郑玄注谓指武王伐纣时期的"瑞应"，"后五日，火流为乌，五至，以谷俱来。此谓遗我来牟，天命以是循存后稷养天下之功。"朱熹集传："此言后稷之德，真可配天……且其贻我民以来牟之种，乃上帝之命，以此遍养下民者。"本文采朱熹之说。

⑩ 稷：弃为周之始祖，尧时大臣，其官名为"后稷"，后人也称弃为"后稷"。

⑪ 三农：一指居住在平地、山区、水泽三类地区的农民，一指春、夏、秋三个农时。此处指后者。

⑫ 丑类：同类，族类。《礼记·学记》："古之学者，比物丑类。"郑玄注："丑犹比也。"

⑬ 荐饥：连续遭遇饥荒。

⑭ 雍冀：雍州、冀州。

⑮ 粒我蒸民：让众民得以吃上粮食。蒸，同"烝"，众，《孟子》作"蒸"，《诗经》作"烝"。语出《诗经·周颂·思文》："（后稷）立我烝民，莫匪尔极。"朱熹集传："立、粒通。……盖使我烝民得以粒食者，莫非其德之至也。"

⑯ 夭札：遭疫病而早死。《左传·昭公四年》："疠疾不降，民不夭札。"杜预注："短折为夭，夭死为札。"

⑰ 嘉禾：本指生长奇异的禾，古人以之为吉兆，此即指农作物。《尚书·微子之命》："唐叔得禾，异亩同颖……周公既得命禾，旅天子之命，作《嘉禾》。"

⑱ 荣落：开花与凋落。

⑲ 疵疠：灾害疫病，灾变。《庄子·逍遥游》："其神凝，使物不疵疠而年谷熟。"

⑳ 珠磬：珍珠和可作磬的美石。《尚书·禹贡》载徐州贡此二物："泗滨浮磬，淮夷蚌珠暨鱼。"孔安国传："水中见石，可以为磬。"

㉑ 禄糈：俸禄。糈，粮。

㉒ 胥商：官府办理杂务的小吏和商人。

㉓ 烈山之子：指炎帝神农氏，古谓炎帝起于烈山，号烈山氏。按，此句实指不必托神农氏之言而倡"农家"之说。

㉔ 思文之祀：指祭祀后稷。《诗经·周颂·思文》："思文后稷，克配彼天。"朱熹集传："思，语辞。文，言有文德也。"

㉕ 茂矣渥矣：恩泽深厚。

孟子谓戴不胜曰　一章

黄淳耀[1]

欲善其君者，非多得士不可也。盖以善士与不善士较，则不善之势常处胜，故为戴不胜计者，得数居州①焉则可矣。且大臣之辅其君与小臣不同，小臣可以进退争，而大臣不可以口舌与，故君有过，则必先治君侧之人，而欲尽去君侧之小人，莫若广树君侧之正人。说在孟子之告戴不胜也。戴不胜者，宋之贤臣，尝进善士薛居州于王所者也。君子曰：惜哉，其不讲于正君之术明矣。古之贤君，当其为世子之时而已近正士、闻正言，积渐久矣，故虽有小违，无难救也。今之人主，谕教既失于先时，声色又亲于临政，此其视仁义礼乐若天性本无之物而重有所苦者。夫夺其所乐，进以所苦，而复取必②于立谈之间，虽伊周③之佐不能。譬若言语之际，至微浅也；父子之间，至无已也。然而楚不可以易齐，傅不可以敌咻，一不可以制众，故必陶染大国之风④，持久而后胜之也。孰是人主而可取必于立谈之间乎？束缚之，驰骤⑤之，不得已而侧席以从，而其为不善之心则不啻痼⑥者之思语、游者之思归也。昔者冲人⑦在位，元宰负扆⑧，自凝丞辅弼⑨之间，以至缀衣虎贲⑩之列，无一而非善士。故一言不善，则操笔而书之矣；一行不善，则抗⑪世子之法而教之矣。此庄岳数年之说也。若夫齐桓之为主，管子之为臣，其委心⑫自信，岂顾问哉？然而管子存则齐桓霸，管子亡则竖刁、易牙之徒相继为乱。甚矣！一傅之孤危，而众咻之足畏也！子谓薛居州善士也，使之居于王所，居州则诚善士也，然宋王之姿⑬下于齐桓，居州之才不如管子。吾意子必朝进一居州焉分其猷，暮进一居州焉补其阙，而子以身镇压其间，然后可以得志。乃今曰一居州耳，环视王侧之人，其辨慧皆足以窒居州之口，其文深皆足以致居州之罪，一不幸而居州退，再不幸而居州戮矣。即戮与退其未必然者也，而鳃鳃然怀见图⑭之忧，则其所裨于君者几何哉？呜呼，若不胜者好善而未知所持，是向者楚大夫之所笑也。

【评】反复推勘，深切明著，可与汉唐名贤书疏并垂不朽，不仅为制艺佳篇也。

【题解】出自《滕文公下》第六章。

孟子谓戴不胜曰："子欲子之王之善与？我明告子。有楚大夫于此，欲其子之齐语也，则使齐人傅诸？使楚人傅诸？"曰："使齐人傅之。"曰："一齐人傅之，众楚人咻之，虽日挞而求其齐也，不可得矣；引而置之庄岳之间数年，虽日挞而求其楚，亦不可得矣。（戴不胜，宋臣也。齐语，齐人语也。傅，教也。咻，谨也。齐，齐语也。庄岳，齐街里名也。楚，楚语也。此先设譬以晓之也。）子谓薛居州，善士也。使之居于王所。在于王所者，长幼卑尊，皆薛居州也，王谁与为不善？在王所者，长幼卑尊，皆非薛居州也，王谁与为善？一薛居州，独如宋王何？"（居州，亦宋臣。言小人众而君子独，无以成正君之功。）

【注释】

① 居州：即"薛居州"。

② 取必：要求办到。

③ 伊周：伊尹、周公，商朝初年和西周初年的名臣。

④ 陶染大国之风：此指学会齐国的土语。陶染，熏陶、熏染。风，土风。

⑤ 驰骤：马驰骋奔跑，此喻驱使。

⑥ 瘖：同"喑"，哑，不能出声。

⑦ 冲人：年幼之人，此指周成王幼年即位。

⑧ 元宰负扆：指周公摄政。负扆，也作"负依"，背靠屏风，指临朝听政。《淮南子·泛论训》："周公继文王之业，履天子之籍，听天下之政……负扆而朝诸侯。"高诱注："负，背也。扆，户牖之间。言南面也。"

⑨ 凝丞辅弼：指教导和辅佐君主的大臣。凝，通"疑"。《礼记·文王世子》："设四辅及三公。"孔颖达疏："其四辅者，案《尚书大传》云：'古者天子必有四邻：前曰疑，后曰丞，左曰辅，右曰弼。'"

⑩ 缀衣虎贲：指国君左右的侍从。语本《尚书·立政》："王左右常伯、常任、准人、缀衣、虎贲。"孔安国传："缀衣掌衣服，虎贲以武力事王，皆左右近臣，宜得其人。"

⑪ 抗：举，行。《礼记·文王世子》："（周公）抗世子法于伯禽……成王有过，则挞伯禽，所以示成王世子之道也。"郑玄注："抗犹举也。谓举以世子之法，使与成王居而学之。"

⑫ 委心：推心置腹。

⑬ 姿：天资，资质。

⑭ 见图：被他人陷害。

段干木　　非由之所知也

钱　禧

不见之义，稽古圣贤而得焉。盖已甚圣人不为，而善学圣人者皆严不见之义者也，述其事、闻其言，可以风矣。且士与臣之不同也，当其为臣，则东西南北之役，唯君所命，而何有于一见？当其为士，则礼义廉耻之身，惟士所主，而何敢轻于见？虽然，有异焉。可以见而不见者，高士①也；见而无害其为不见者，圣人也；不可以见而不见者，贤人②也。三代之隆，岩穴③不闻有峭直自高之士；小雅之废④，君子多混迹于执銮秉翟⑤之中。征隐节者，唯春秋为盛矣。孔子以大圣不得在位，天亦多生隐才以辅翼之，及乎孔子既没，而邹鲁晋魏⑥间守志不污之士往往而有也。逾垣而避，今有其人乎，是段干木之高风也；闭门不纳，今有其人乎，是泄柳之高风也。然有说焉。昔之圣人与其徒皇皇道路中，以庶几一遇，岂有所贬志哉，畏天命而忧人穷也。迫而不见，毋乃已甚乎？二子学于圣人之徒者也，何不闻孔子之见阳货焉？孔子居鲁，则居然士也；阳货，陪臣也。陪臣假大夫之礼，而以下交乎士；士当终守士之义，而且以正其为非大夫。已甚者所必然矣，况货又大奸，非有中心之好如魏文侯也，又非有缁衣之雅⑦如鲁缪公也。彼以馈豚，我以往拜；彼以瞰亡，我亦以瞰亡。何为若是其纷纷者哉？曰礼也。货犹恶无礼，孔子乃不能曲全礼乎？且孔子见货，非见诸侯者比也。当时学于孔子而得其正者，无如曾子、子路矣。亲老则仕，没则已焉，曾参之行⑧也，不为臣而可见乎，故其言曰"胁肩谄笑，病于夏畦"；啜菽饮水⑨，尽欢以事亲，仲由之行也，不为臣而可见乎，故其言曰"未同而言，观其色赧赧然，非由之所知也"。二子之重言笑而恶苟合，其严毅有如此者，岂段干木、泄柳所不屑而二子愿为之哉？圣人正大之道，可经可权；变化之用，能大能小。淑诸人者⑩，学其正大而流为峻刻；游于门者，逊其变化而极乎高明。合而稽焉，其为不见诸侯之意则一也，而孔子深远矣。

【原评】 随题起止，而温古秀折之气宛转相赴，有不知所以然而然之妙。

【评】 游行自如处，不及陈、黄之纵横满志。而映带串插、理得词顺，非时手所易到。

【题解】 出自《滕文公下》第七章，参见正嘉文卷五陆树声《不见诸侯何义》。

公孙丑问曰："不见诸侯何义？"孟子曰："古者不为臣不见。段干木逾垣而辟之，泄柳闭门而不内，是皆已甚。迫，斯可以见矣。阳货欲见孔子而恶无礼，大夫有赐于士，不得受于其家，则往拜其门。阳货瞰孔子之亡也，而馈孔子蒸豚；孔子亦瞰其亡也，而往拜之。当是时，阳货先，岂得不见？曾子曰：'胁肩谄笑，病于夏畦。'子路曰：'未同而言，观其色赧赧然，非由之所知也。'由是观之，则君子之所养可知已矣。"

【注释】

① 高士：此指段干木、泄柳之类的人物。

② 贤人：此指曾参、子路一类人物。

③ 岩穴：山岩和洞穴，指隐居之地。《史记·伯夷列传》："岩穴之士，趣舍有时若此，类名埋灭而不称。"

④ 小雅之废：即"诗亡"而王者迹熄，指政治昏乱、衰颓之时。《诗经·小雅·六月序》认为，《小雅》自"六月"篇之前，自《鹿鸣》至《菁菁者莪》各诗均代表王政之一端，其诗废即表明王政之一端废，"小雅尽废，则四夷交侵，中国微矣"。

⑤ 执籥秉翟：拿着乐器和雉鸡的羽毛，指身为伶官，此指贤士不得其位。籥，竹制乐器。翟，雉鸡尾，舞蹈时的装饰品。语本《诗经·邶风·简兮》："左手执籥，右手秉翟。"《诗序》谓："《简兮》，刺不用贤民。卫之贤者仕于伶官"。

⑥ 邹鲁晋魏：《孟子》本章所列泄柳、曾参、子路为鲁人，故称"邹鲁"。段干木为魏国人，属"三晋"，故此曰"魏晋"。

⑦ 缁衣之雅：送人缁衣，指好贤之心。缁衣，黑色朝服。《诗经·郑风·缁衣》："缁衣之宜兮，敝，

予又改为兮。"《礼记·缁衣》:"子曰:'好贤如《缁衣》,恶恶如《巷伯》'",谓此诗表达好贤之心。

⑧ 曾参之行:《韩诗外传》卷一载,"曾子仕于莒",盖以"家贫亲老者,不择官而仕",及"亲没之后,齐迎以相,楚迎以令尹,晋迎以上卿,方是之时,曾子重其身而轻其禄"。

⑨ 啜菽饮水:饿了吃豆羹,渴了喝清水,形容生活清苦。《礼记·檀弓下》:"子路曰:'伤哉,贫也!生无以为养,死无以为礼也。'孔子曰:'啜菽饮水,尽其欢,斯之谓孝。'"

⑩ 淑诸人者:未得某人亲授而景仰其学问道德并以之为师,语本《孟子·离娄下》:"(孟子曰)予未得为孔子徒也,予私淑诸人也。"按,此指段干木、泄柳。段干木尝受学于孔子弟子子夏,泄柳受学于孔子后人子思。

诸侯放恣　二句

黄淳耀

　　合天下皆乱人,祸成于无所惧也。夫诸侯无所惧而放,处士无所惧而横,非圣王之不作使然乎?自古极治之世,未尝无乱人,惟立法以驭之,使无阴越而已矣。故建国以亲侯,即有削地绌爵之法治天下之诸侯;广学以造士,即有移郊移遂①之典治天下之处士。是以诸侯而放恣、处士而横议者,不容于帝王之世。自周之衰也,五霸力而扶其鼎,君子断而诛②之,以为功不足以掩罪也,然犹兼功罪者也,降为今之诸侯,则有罪而无功矣;自政之移也,庶人激而议其上,君子闻而伤之,以为是不足以胜非也,然犹存是非者也,降为今之处士,则饰非以乱是矣。今之诸侯,未有能坚明约束者也,强大者以力屈人,弱小者亦以谋致人,其敢于冒天下之不义者,非图伯③也即图王也,偶有抑王霸之心而稍修臣节者,卒为天下笑矣,不放恣者谁乎?今之处士,未有能束修④砥砺者也,辨有口者倡之于前,愚无知者和之于后,其敢于犯天下之不祥者,非好名也即好利也,偶有轶名利之外而轻世肆志者,已称天下士矣,不横议者谁乎?其始国小而易制,诸侯之势尚分,而今则七十二国之侯封并而为七,遂人人有临二周⑤、问九鼎⑥之心;其始论高而寡和,处士之与⑦尚微,而今则掊仁击义之流派踵而增华⑧,遂人人有非尧舜、薄汤武之意。况中国之与夷狄互消长者也,冠裳礼乐之国既日寻于干戈,则僻在夷裔者亦得发愤修政,起而争天下之先;又况士习之与民风共清浊者也,凭轼结靷⑨之流既日腾其口说,则列在四民者亦必事杂言庞,退而趋禽兽之路。吾故从而为之说曰:诸侯者,处士之渊薮也;处士者,诸侯之蟊贼也。有王者起,称天以治诸侯,而处士之渊薮空;有圣人作,称仁义以治处士,而诸侯之蟊贼去。

　　【原评】精峭若三韩之师,综核如两汉之吏。上下战国百余年间,尽在指掌矣。

　　【评】上溯原本,推极流弊,无不尽之意,无泛设之词。

　　【题解】出自《滕文公下》第九章,参见化治文卷五丘濬《周公兼夷狄　百姓宁》。

　　圣王不作,诸侯放恣,处士横议,杨朱、墨翟之言盈天下。

【注释】

① 移郊移遂:将乡学中拒不遵守教化的士人迁往郊区和远郊的学校。《礼记·王制》:"(司徒)命乡

简不帅教者以告", "不变，移之郊", "不变，移之遂", "不变，屏之远方，终身不齿"。郑玄注："郊，乡界之外者也", "远郊之外曰遂"。

② 诛：指责，批评其用心。

③ 图伯：即图霸。伯，通"霸"。

④ 束修：此指约束、修养。

⑤ 二周：此即指周王室。战国末期，周王室又分裂成西周与东周两个小国。

⑥ 问九鼎：指图谋取代周王室。九鼎为禹所铸，三代时为传国重器，"问鼎"指图谋夺取政权，语本《左传·宣公三年》："（周）定王使王孙满劳楚子（楚庄王），楚子问鼎之大小轻重焉。"

⑦ 与：同党，同类。

⑧ 踵而增华：继承前人已有之事而加以发展，此指使情况更加严重。踵，追，继承。语本萧统《〈文选〉序》："踵其事而增华，变其本而加厉"。

⑨ 凭轼结靷：此指游说之士乘车奔走列国之间。凭轼，手扶车前横木，即乘车。靷，引车前行的皮带。语本《史记·孟尝君列传》："天下之游士凭轼结靷西入秦者，无不欲强秦而弱齐；凭轼结靷东入齐者，无不欲强齐而弱秦。"

昔者禹抑洪水而天下平　一节

陈际泰

功不虚立，观三圣之事而已然矣。夫自经传以来，生民之大患三端，而圣人皆忘其身以救之。昔者禹与周公、孔子是其前事矣。且天之生灾祸，以为圣人也；天之生圣人，以为天下也。无灾祸而圣人之功用不彰，无圣人而天下之生民将尽。天下无尽民之时也，则天之所以生圣与？圣人所以为天下，断可识已。盖尝盱衡①往事，而知圣人之不虚生也，而又知天下之变之不自弭也。有一代之圣人，即有一代之变故乘乎其后；有一代之变故，即有一代之圣人救乎其间。盖有历历不爽者。昔者有洪水而因有禹，天生禹，非为一人，以为有虞之天下也，天下之平，非天下自平，禹抑洪水之为之也；昔者有夷狄、猛兽而因有周公，天生周公，非为一人，以为商季之天下也，百姓之宁，非百姓自宁，周公驱且兼之为之也；昔者有乱臣贼子而因有孔子，天生孔子，非为一人，以为周衰之天下也，乱贼之惧，非乱贼自惧，孔子成《春秋》之为之也。时事之相值也，虽可骇不以自难，后世之变皆前代之所经，使其可诿，古人宜有以辞之，吾以为事无所难，亦顾其力量何如耳，历观三圣人，彼其所遇岂复一手一足之所能支，而卒以自尽，此亦足以告天下后世之自难者矣；豪杰之既生也，惟自处不得自恕，天下之变岂前圣之所开，使其不任，后人宜有以谅之，吾以为人自不小，亦顾其识量何如耳，历观三圣人，彼其所当非复一身一家之所私计，而卒以自前，此亦足以告天下后世之自恕者矣。天下之祸患，每出于所备之外，禹忧洪水，而不知后世之患乃在人物，公忧猛兽，而不知后世之患乃在人伦，圣人知防之不能尽也，故以其可救者力诸身，因以其不可知者俟诸人；即吾人之功名，每在失意之中，禹不乐有随刊②，而非此即无以显禹，推之于周公当复然，公不乐有征伐而非此即无以显公，推之于孔子又当复然，圣人知事之不必然也，故外顾世有瞻乌爰止③之象而不以自疑，其内顾己有舍我其谁之思而因以自决。盖观三圣人之事业已然矣，则予今日之辨也，其容已乎？

【原评】一治一乱都已叙过，又一覆举，特为脱卸出"承三圣"句也。但知其豪放，不察其细心处，终无以与乎文章之观。

【评】孟子发语时本有振衣千仞、濯足万里意象，惟作者胸襟能体会，笔力能发挥，故雅与相称。

【题解】出自《滕文公下》第九章，参见化治文卷五丘濬《周公兼夷狄 百姓宁》。

昔者禹抑洪水而天下平，周公兼夷狄驱猛兽而百姓宁，孔子成春秋而乱臣贼子惧。……我亦欲正人心，息邪说，距诐行，放淫辞，以承三圣者；岂好辩哉？予不得已也。

【注释】

① 盱衡：观察，纵观。
② 随刊：即"随山刊木"，语本《尚书·禹贡》："禹敷土，随山刊木。"孔安国传："洪水泛溢，禹布治九州之土，随行山林，斩木通道。"又，《尚书·益稷》："（禹曰）予乘四载，随山刊木"，蔡沉集传："随，循。刊，除也。"
③ 瞻乌爰止：引自《诗经·小雅·正月》："忧心惮惮，念我无禄。瞻乌爰止，于谁之屋？"毛传："富人之屋，乌所集也。"郑玄笺："视乌集于富人之屋，以言今民亦当求明君而归之。"

陈仲子岂不诚廉士哉　一章
艾南英

大贤辟齐士之廉，而两有以穷之①焉。夫夷之与跖也，母、兄之于妻也，仲子不能为蚓，则不能无议于二者之间矣。且论人者，观之辞受取予之节，又观之人伦之大，而一轨之人道中正之则。出于人道，则入于非人，而人且②不以人充其操矣。甚矣，夫匡章之廉陈仲子也。始则谓仲子之于世也廉，而泯闻见于三日，延余生于井李，而孟子则绳之以蚓。夫世有捐闻见、弃饮食以为廉哉？则井李虽世之弃余乎，非其有而取之，未必义也，况仲子不能无为之筑居、为之树粟者。如以义，天下期于伯夷，如不以义，天下止于盗跖③，而仲子果是夷而非跖乎？苟其义也，虽盗跖筑之，盗跖树之，而不为伤廉；苟非义也，虽伯夷筑之，伯夷树之，而不得为廉。彼交以道、接以礼，虽御人④之诸侯，君子犹无辞焉，无他，义在故也，而仲子必欲捐闻见、废饮食，充其心，必皆夷无跖，则必蚓而后可。何也？槁壤黄泉之间，蚓无伯夷也，蚓无盗跖也，蚓无树与筑也，故成其为蚓。而仲子犹有居食在焉，则未必皆夷，而不能充其操矣，仲子乌能廉哉？再则谓仲子之取于世也义，而身则有织屦，妻则有辟𬴂，而孟子则又绳之以蚓。夫义岂专出于其身与其妻哉？自身以外，而溯之伦莫有大焉者，未必皆不义也，况仲子俨然世家之胄子、万钟之介弟⑤者。先仲子而食其禄焉，有母，席⑥母之庇而食其禄焉，有兄，而仲子胡避兄而离母乎？辟而离之非也，虽居兄之室，食兄之粟，而其全伦者犹之伯夷；不辟而离之未必非也，虽频蹙⑦于生鹅，表节于一哇，而其惨刻者不啻盗跖。彼古有宁弃国、宁逃名、可敝屣天下，而究归于全亲戚君臣上下者，无他，义在故也，而仲子必避兄、必离母，充其心，将绝伦逃类，则必蚓而后可。何也？槁壤黄泉之间，蚓无母、兄也，蚓无妻子也，蚓无盖禄⑧与馈问也，故成其为蚓。而仲子犹有妻与于陵之居在焉，则必有人事而不能充其操矣，仲子乌能廉哉？

【评】仲子非不能廉，其所操之类必不能充也，此孟子折之之本指。故拈"蚓而后可"一句以贯通章，便能节节流通。其文清明爽朗，在稿中难得此等疏畅之作。

【题解】出自《滕文公下》第十章，参见隆万文卷五方应祥《夫蚓》。

匡章曰："陈仲子岂不诚廉士哉？居于陵，三日不食，耳无闻，目无见也。井上有李，螬食实者过半矣，匍匐往将食之，三咽，然后耳有闻，目有见。"孟子曰："于齐国之士，吾必以仲子为巨擘焉。虽然，仲子恶能廉？充仲子之操，则蚓而后可者也。夫蚓，上食槁壤，下饮黄泉。仲子所居之室，伯夷之所筑与？抑亦盗跖之所筑与？所食之粟，伯夷之所树与？抑亦盗跖之所树与？是未可知也。"曰："是何伤哉？彼身织屦，妻辟纑，以易之也。"曰："仲子，齐之世家也。兄戴，盖禄万钟。以兄之禄为不义之禄而不食也，以兄之室为不义之室而不居也，辟兄离母，处于于陵。他日归，则有馈其兄生鹅者，己频顣曰：'恶饿用是鶃鶃者为哉？'他日，其母杀是鹅也，与之食之。其兄自外至，曰：'是鶃鶃之肉也。'出而哇之。以母则不食，以妻则食之；以兄之室则弗居，以于陵则居之。是尚为能充其类也乎？若仲子者，蚓而后充其操者也。"

【注释】

① 两有以穷之：用两个问题使其理屈词穷。穷，屈。按，此文以两个问题而分为两扇，分别起于"始则谓"、"再则谓"。

② 且：将。按，此句谓陈仲子虽然是人，却将不能以人的准则贯彻其"廉"的操行，即"蚓而后充其操"之意。

③ "如以义"二句：这里是假设采用陈仲子的极端观点，即天下人要么是义，是伯夷，要么是不义，是盗跖。

④ 御人：拦路抢劫行人。按，此句本《孟子·万章下》："（万章曰）今之诸侯取之于民也，犹御也。苟善其礼际矣，斯君子受之，敢问何说也？"

⑤ 介弟：对他人之弟的敬称，或对自己弟弟的爱称。

⑥ 席：倚仗，凭借。

⑦ 频蹙：即"颦蹙"，皱眉头。

⑧ 盖禄：从盖地得来的俸禄。盖，地名，陈仲子之兄的食邑在盖。见集注。

钦定启祯四书文卷八(《孟子》下之上)

规矩方员之至也　一章
陈际泰

　　大贤端人君之趋，而深明乎不审之祸焉。夫法其至者，不为尧舜，其不为幽厉审矣，奈何不端所趋乎？且治天下者，审于所趋而已。所趋既端，不得与于其至者，犹有次上焉；误于其途以乖所之，非独远其上也，而将效其下。不审其本末之势，独转相惩戒，无益也。试思夫圣人为人伦之至，岂殊规矩为方员①之至哉？而千古尽为君为臣之道者，则尧舜其人也。顾世之为君者，必责其如尧而后可，稍不如尧而将降为暴君；为臣者，必责其如舜而后可，稍不如舜而将降为贼臣。则无以处乎汤武，而又有以开乎不肖，是殆便于天下之为私者也。而岂知君虽不能责其如尧，而舍尧固已别无可法矣；臣虽不能责其为舜，而舍舜固已别无可法矣。法尧舜而至，则尧舜也；法尧舜而不至，则为君犹不失汤、武与太甲、成王②之诸君也，为臣犹不失作伊、周③与仲虺、君陈④之诸臣也。何者？其人非尧舜之人，而其道则固尧舜所以事君、所以治民之道也。一误其趋，遂有慢君贼民之号，可不慎与？孔子之言，诚欲人君审于其趋也。且天下之治，非使仁者成之，则必使不仁者败之。人主诚审于其趋，设诚于内而致行之，固能掩迹于隆古；扫除其迹而更张之，亦足自惩其覆辙。生有尊崇之势，殁有贤明之谥，此其具也。而祈向一差，祸殃至重，南巢之驾不戒于前⑤，汾隰之变⑥相寻于后。广土众民，进以奉天人之用；而败德秽行，退则为万世所戒。岂非不法尧舜之明效大验也哉？夫古今有得道、存而不亡者，尧舜是也；古今有得道⑦、亡而不存者，幽厉是也。且尧舜不难为，而幽厉不但已也。知其义而为之，其事不至乎太上，退则有以自处；不知其义而为之，其效比于放杀，予之以恶名而不敢辞。故曰取舍之极定于内，则安危之形应乎外矣。孔子之言，岂非为君人者示之规矩乎？

　　【评】"道二"节，为通章枢纽，用此贯注通篇，犹扣树本，百枝皆动矣。文之高朗振迈，则作者笔性固然。

　　【题解】出自《离娄上》第二章。

　　孟子曰："规矩，方员之至也；圣人，人伦之至也。（至，极也。人伦说见前篇。

规矩尽所以为方员之理，犹圣人尽所以为人之道。）欲为君尽君道，欲为臣尽臣道，二者皆法尧舜而已矣。不以舜之所以事尧事君，不敬其君者也；不以尧之所以治民治民，贼其民者也。（法尧舜以尽君臣之道，犹用规矩以尽方员之极，此孟子所以道性善而称尧舜也。）孔子曰：'道二：仁与不仁而已矣。'（法尧舜，则尽君臣之道而仁矣；不法尧舜，则慢君贼民而不仁矣。二端之外，更无他道。出乎此，则入乎彼矣，可不谨哉？）暴其民甚，则身弑国亡；不甚，则身危国削。名之曰'幽厉'，虽孝子慈孙，百世不能改也。（幽，暗。厉，虐。皆恶谥也。苟得其实，则虽有孝子慈孙，爱其祖考之甚者，亦不得废公义而改之。言不仁之祸必至于此，可惧之甚也。）《诗》云'殷鉴不远，在夏后之世'，此之谓也。"（《诗》，《大雅·荡》之篇。言商纣之所当鉴者，近在夏桀之世，而孟子引之，又欲后人以幽厉为鉴也。）

【注释】

① 方员：即方圆。员，通"圆"。

② 太甲、成王：太甲为商汤之孙，起初暴虐无道，被伊尹放逐桐宫，后悔过，复位后能行善政，诸侯咸归，百姓安宁。成王为周武王之子，能继承周文王、武王事业，使天下太平。

③ 伊、周：指商初贤臣伊尹与周初贤臣周公。

④ 仲虺、君陈：仲虺，商初大臣。《尚书·仲虺》孔安国传："仲虺，臣名，以诸侯相天子。"君陈，周成王大臣。周公旦去世后，君陈曾代其监理商朝的遗民，事见《尚书·君陈》。

⑤ "南巢"句：指不吸取夏桀的教训。南巢，地名，《尚书·仲虺之诰》谓"成汤放桀于南巢"。

⑥ 汾邑之变：此指周厉王暴虐无道被流放于彘。彘在汾水之上，故曰"汾邑"，《诗经·大雅·韩奕》："韩侯取妻，汾王之甥"，郑玄笺："汾王，厉王也。厉王流于彘，彘在汾水之上，故时人因以号之。"

⑦ 得道：此指"不仁"。按，此二句，据本章所引孔子之言"道二：仁与不仁而已矣"立意。

圣人人伦之至也

杨以任

惟圣尽伦，是在至之者矣。夫人伦之事，圣人自为之，而天下后世且以为为我为之也，盖有其至也。伦而可不至哉？今夫人而不期其所至，则亦何不可苟焉；伦类间泛泛而相值，亦尽有宴安之可怀。夫亦自命为人者也，虽然，人伦之际不如此而遂已也。寻旨于亲义序别①，非劳我于无故之中；充类②于作述明良③，可观我生以后之事。有圣人焉，则人伦之至也。夫人之伦也，顾安容圣哉？圣父圣子圣君圣臣，亦当年不欲居之名；然人父人君人子人臣，即一日有必止之善。尝就圣人而思之，别无圣人之于天道也，而止有圣人之于人伦④；尝合天下于圣人而思之，圣人以为性也，而天下以为教⑤。是故一家是究者，匹夫之近事，圣人者迩可远也；一至⑥自命者，豪杰之奇情，圣人者庸之谨也。然而庸与奇皆圣才之所周也，而非圣性之所存，夫有至性焉，不治伦物而治吾身，敬以敕典，诚⑦乃有物，守其原而莫测其所至也，于是无故而可享而遂庸之，不幸而见能而遂奇之，夫庸奇者，伦中幸、不幸之数也，而窥圣性之至者于此矣；然而近与远皆圣度之所包也，而非圣性之所笃，夫有至性焉，不敦品类⑧而敦一身，穷

587

人非四海可赎⑨，赤子即大人之全，事其本而皆有以底至也，于是隐其横塞而以为近，见其经纶而以为远，夫远近者，伦中隐、见之迹也，而观圣性之至者于此矣。想夫明发昧爽⑩之不宁，万不得已而不欲同家人之嘻嘻⑪，而遂以其不可纵、不可极者⑫迁吾岁月，其于伦也无所苟而已；想夫在宫在庙之无斁⑬，若不可已而同劳人之旦旦，而还以其质诸鬼、质诸神者⑭勉其纪纲，其于伦也以自为而已。唯有圣人之自为，而造物若以典礼敦庸⑮备使之有忧，而人人目中各载一圣人；唯有圣人之自为，而遂使人世拜起坐立不以为无故，而人人意中各不忘夫圣人。圣人不自为至也，而天下后世皆曰其至矣乎。嗟乎！人伦而可有至有不至哉？

【评】人皆知从"至"处映起宜"法"⑯，文却从"法"处看出圣人之"至"。微渺之思，灵旷之笔，足以辅其名理。杰作也。

【题解】出自《离娄上》第二章，同上。

【注释】

① 亲义序别：指父子有亲、君臣有义、长幼有序、夫妇有别的伦理规范。

② 充类：谓用同类事物比照类推，把道理引申到极点。《孟子·万章下》："夫谓非其有而取之者，盗也。充类至义之尽也。"

③ 作述明良：均指圣贤之事。作述，指前人创制，后人继承。明良，指明君良臣。

④ "尝就圣人"股：谓圣人也并非一开始就着眼于"天道"，而不过是从"人伦"出发，"人伦"上表现完美即成为"圣人"，也即"圣人，人伦之至"之意。

⑤ 教：教化。此句谓世人认为"人伦"是通过教化获得的，而圣人则认为"人伦"乃本于天性。《中庸》："天命之谓性，率性之谓道，修道之谓教。"

⑥ 一至：偏材，在某一方面特别突出。刘劭《人物志·九征》："一至谓之偏材。偏材，小雅之质也。"刘昞注："未能兼济，各守一行。"

⑦ 诚：此为儒家哲学术语，《中庸》："诚者，天之道也；诚之者，人之道也。"

⑧ 品类：种类，此指人与万物。

⑨ "穷人"句：谓圣人穷极人伦，为"人伦之至"，故无比珍贵。"非四海可赎"，本《诗经·秦风·黄鸟》"如可赎兮，人百其身"，极言圣人之可贵。

⑩ 明发昧爽：破晓、黎明。按，此句指圣人思君念亲，谨修其身。"明发"语本《诗经·小雅·小宛》："我心忧伤，念昔先人。明发不寐，有怀二人。"毛传等谓"二人"指周文王、武王，谓臣下忧心国事之日非，因而追思前代圣王，朱熹集传谓"二人"指父母，"此大夫遭时之乱，而兄弟相戒以免祸之诗"。"昧爽"，据《礼记·内则》"昧爽而朝"，为古时子女向父母请安及上朝之时。

⑪ 嘻嘻：喜笑之貌。《易·家人》："妇子嘻嘻，终吝"，"妇子嘻嘻，失家节也"。按，此句谓圣人无论如何都不会在人伦上有所苟且。

⑫ 不可纵、不可极者：指欲、乐。语本《礼记·曲礼上》："敖不可长，欲不可从（纵），志不可满，乐不可极。"按，此句仍承"不欲"而来，谓圣人即使不能出而为政，也不会以欲、乐虚度岁月。

⑬ 无斁：不厌。按，此句指圣人无论何种场所，都恪守人伦。语本《诗经·大雅·思齐》："雍雍在宫，肃肃在庙。……古之人无斁，誉髦斯士。"朱熹集传："雍雍，和之至也。肃肃，敬之至也。……言文王在闺门之内，则极其和；在宗庙之中，则极其敬。"

⑭ 质诸鬼、质诸神者：指"道"。《中庸》："故君子之道……建诸天地而不悖，质诸鬼神而无疑"，"质诸鬼神而无疑，知天也"。

⑮ 典礼敦庸：此指厚人伦、明礼法。语本《尚书·皋陶谟》："天叙有典，敕我五典五惇（敦）哉！天秩有礼，自我五礼有庸哉！"

⑯ 法：效法。按，此二句谓，一般人都知道从圣人为"人伦之至"来阐发世人应当效法圣人，此文却从世人效法圣人来阐发圣人的"至"。

天下有道　四节

章世纯

欲王者致其德，而天可得而用矣。夫德则得天，文王是已。欲为政天下，舍此能得志乎？且知天之说者，则王事可成。天之道主于扶德而已，随其世之有道、无道，展转属之，未有易也已。是故有时而行正道，有时而行权道；行正道则专于贤德，行权道则若附于强大。夫天岂亦畏强大者哉？其能为强大者，必其小能自立者也，不然亦其先世少有功德者也。世无大德大贤，则小德小贤亦能成其强大，天意亦徘徊附之，而其人亦遂能制小弱存亡之命。齐之景公、吴之阖闾是已。景公自能显，而力行于泗上诸侯；阖闾能用其民，胜于景公而力并能行之齐。此皆贤德之侣而中稍有胜劣焉，则天意亦稍有低昂焉，此亦所谓展转属之者矣。然则大国遂可师乎？非也。天之属意大国，特其权也。小国而仅师大国，则必为大国之细；其德未有以相胜，而力必不可以相敌。当今时欲遂为政天下者，莫若审于天道之正，而因而用之，而自处于大德大贤，以邀夫天道之所必归。夫然后藉于德以令于天，藉于天以令于天下，文王之事可继，成周之业可再。随其强弱大小，而或迟或速，皆可为政于诸侯也。此其事若逆天，逆天之数，易其向也；而其理则顺天，顺天之道，投其好也。一人有大德，而天下既已成其为有道之天下；有大德而得天，而天亦成其为治命之天。而人亦无所归责焉，则岂非天所欲得者哉？

【评】"顺天者存"，独为不能师文王者言之，以逆为顺，归于修德自强。四节看作一片，其笔力瘦硬，虽大士犹当避其锐也。

【题解】出自《离娄上》第七章。

孟子曰："天下有道，小德役大德，小贤役大贤；天下无道，小役大，弱役强。斯二者天也。顺天者存，逆天者亡。（有道之世，人皆修德，而位必称其德之大小；天下无道，人不修德，则但以力相役而已。天者，理势之当然也。）齐景公曰：'既不能令，又不受命，是绝物也。'涕出而女于吴。（引此以言小役大、弱役强之事也。令，出令以使人也。受命，听命于人也。物，犹人也。女，以女与人也。吴，蛮夷之国也。景公羞与为昏而畏其强，故涕泣而以女与之。）今也小国师大国而耻受命焉，是犹弟子而耻受命于先师也。（言小国不修德以自强，其般乐怠敖，皆若效大国之所为者，而独耻受其教命，不可得也。）如耻之，莫若师文王。师文王，大国五年，小国七年，必为政于天下矣。（此因其愧耻之心而勉以修德也。文王之政，布在方策，举而行之，所谓师文王也。五年七年，以其所乘之势不同为差。盖天下虽无道，然修德之至，则道自我行，而大国反为吾役矣。程子曰："五年七年，圣人度其时则可矣。然凡此类，学者皆当思其作为如何，乃有益耳。"）《诗》云：'商之孙子，其丽不亿。上帝既命，侯于周服。

侯服于周，天命靡常。殷士肤敏，裸将于京。'孔子曰：'仁不可为众也。夫国君好仁，天下无敌。'（《诗》，《大雅·文王》之篇。孟子引此诗及孔子之言，以言文王之事。丽，数也。十万曰亿。侯，维也。商士，商孙子之臣也。肤，大也。敏，达也。裸，宗庙之祭，以郁鬯之酒灌地而降神也。将，助也。言商之孙子众多，其数不但十万而已。上帝既命周以天下，则凡此商之孙子，皆臣服于周矣。所以然者，以天命不常，归于有德故也。是以商士之肤大而敏达者，皆执裸献之礼，助王祭事于周之京师也。孔子因读此诗，而言有仁者则虽有十万之众，不能当之。故国君好仁，则必无敌于天下也。不可为众，犹所谓难为兄难为弟云尔。）今也欲无敌于天下而不以仁，是犹执热而不以濯也。《诗》云：'谁能执热，逝不以濯？'"（耻受命于大国，是欲无敌于天下也；乃师大国而不师文王，是不以仁也。《诗》，《大雅·桑柔》之篇。逝，语辞也。言谁能执持热物，而不以水自濯其手乎？此章言不能自强，则听天所命；修德行仁，则天命在我。）

天下有道　四节

陈际泰

大贤于德力之辨，而以贤德动时君焉。夫强大扶政，天之不得已也。使贤德继起而维之，天必夺强大之权以独申之矣。顺逆之说，特其势也。且善处存亡者，当视德力之变，矫其所为而反用之，则强弱之势将有所反，此所谓审于天命之际者矣。今之制小弱者，固强大之罪也，然而先以小弱自处其身，而又耻强大之役己，此亦非独强大之罪也。夫古之帝王命德重贤，尚矣①，以为天下之大，不能一人独治也，故畿甸②而外尽分以予诸侯；以为四海之利，不可一人独专也，故封建③而外半弃而为戎狄。是故盛则贤德相④其治，衰则强大扶其政。说者以为斯二者天也，宜有顺之而已。此其事固然，然吾深究之，而知天之心之未始出于此也。天之心何尝一日不爱贤德，天之心何尝一日不爱天下？惟世无贤德之人，天命无所属之矣；惟世无天命贤德之人，强大有所奸之矣。人事驳，故天命之说亦驳焉。景公惟不能申其贤德之权，故以伯国之余，女吴以缓祸；而吴乃得以恃其强大之势，故以夷狄之国，抗齐以自张。嗟乎，古之强大在天子，而今之强大在诸侯；伯⑤之强大在诸侯，而今之强大在戎狄。然则为今日计，能图王则必至于王，不能图王则亦必至于亡而已矣，其能免乎？此文王之所为之所当师也。不贪虚名以博实善，惟安柔节以待其归。是故善处强大之间者，当视世之所有余而强其所不足以争天下之先，则我胜矣；善反强大之权者，当有以抗己之所长而弃己之所短以狃天下之心，则彼绌矣。夫文王之申贤德，亦既效矣；今之诸侯师文王于五年七年之间而有不得志于五年七年之后，未之有也。则奈何不自择审处而甘心为强大之役以蒙耻乎？其亦不善审于天命之际者矣。

【原评】孟子德、力皆天之说极精。天有理有气有道之相役，天之常理也。无道而顺强大，天之气运也。天心固以理为主，然有道无道，事在人为。人事失职，天亦无如之何，但存气运之治乱而已。文中深明此旨。

【评】启祯名家于长章数节文，皆以古文之法驭题。而陈之视黄，则有粗细之别，以所入之域有浅深也。

【题解】出自《离娄上》第七章，见上。

【注释】

① 尚矣：高明。
② 畿甸：指京城周围地区。
③ 封建：封邦建国，分封诸侯国。
④ 相：辅助。
⑤ 伯：通"霸"，此指诸侯争霸的时期。

二老者天下之大老也

金 声

周得二老，非天下之凡老也。夫西伯所养之老皆老也，独二老乃天下之大老。大老二而已矣，可多得哉？且古今不乏英少之才，而先王独重老成之士，故先王之于老莫不养也，而亦有异焉。衣帛食肉①之老，先王所以教天下之孝而非必其尽有用也。有在乡之老②焉，有在国之老、在朝之老焉，则随其等而致其尊；有不从力政③之老焉，有不与服戎之老、不与宾客之老焉，则念其衰而休其力。而皆不可以语于天下之大老也。伯夷、太公之归西伯也，皤皤④乎其二老也，是则天下之大老矣。逊国钓滨⑤，二老无室家妻子之奉，初不异文王无告之民，不知其毛里⑥天下之心，蓄积于东海北海之日而莫可告语者，固非为一身之饱暖，而深为族姓之饥寒也，老各有家，而二老合四海为大家也；咈吾荒耄⑦，二老当子姬⑧兴废之会，亦不过商周数十年之人，不知其揣摩天下之变，达观于兴存废亡之理而莫之或爽者，固上下今古之照，而非趋避一时之识也，老各有年，而二老通往来为大年⑨也。盖识练于老，而后观变知微，非浅薄之肠，养重于老，而后确去确就，无佻达之习，故挟少年之聪明才辨以出入诸侯之国，而操其祸福之权者，莫不互消互长于一时而靡有底定，无如二老之练以重，避则亡裔，而兴则明王；然识练于老，而精神血气之类，或亦随老以俱息，养重于老，而豪毅英果之用，或亦随老以俱减，则非挟大老之天锡天挺⑩以奔走风尘之地，而坚其益壮之概者，莫不苟安迁就于目前而难有远志，就如二老之神以锐，忽则海滨，而忽则岐西。厥后虽仅寿鹰扬⑪于青齐⑫，而饿孤竹⑬于西山⑭，而周之始王，实在于此。今之诸侯，安可以无大老而王哉？

【原评】一面写二老，言下便有孟子在。激昂慷慨，幽离沉郁，写得毛发俱动。

【题解】出自《离娄上》第十三章。

孟子曰："伯夷辟纣，居北海之滨，闻文王作，兴曰：'盍归乎来！吾闻西伯善养老者。'太公辟纣，居东海之滨，闻文王作，兴曰：'盍归乎来！吾闻西伯善养老者。'

591

（作、兴，皆起也。盍，何不也。西伯，即文王也。纣命为西方诸侯之长，得专征伐，故称西伯。太公，姜姓，吕氏，名尚。文王发政，必先鳏寡孤独，庶人之老，皆无冻馁，故伯夷、太公来就其养，非求仕也。）二老者，天下之大老也，而归之，是天下之父归之也。天下之父归之，其子焉往？（二老，伯夷、太公也。大老，言非常人之老者。天下之父，言齿德皆尊，如众父然。既得其心，则天下之心不能外矣。萧何所谓养民致贤以图天下者，暗与此合，但其意则有公私之辨，学者又不可以不察也。）诸侯有行文王之政者，七年之内，必为政于天下矣。"（七年，以小国而言也。大国五年，在其中矣。）

【注释】

① 衣帛食肉：此为古时对老人的照顾性措施。《礼记·王制》："五十始衰，六十非肉不饱，七十非帛不暖。"

② 在乡之老：指养于乡学的老人。按，"在乡"、"在国"、"在朝"的区别，见《礼记·王制》："五十养于乡，六十养于国，七十养于学，达于诸侯。八十拜君命"，又"六十杖于乡，七十杖于国，八十杖于朝"。

③ 不从力政：指庶人年老，不再参加筑城修路之役。本《礼记·王制》："五十不从力政，六十不与服戎，七十不与宾客之事。"孔颖达疏认为，"不与服戎"指担任军将的士大夫年老时，可以不再参与戎事；"不与宾客"指身为宗子的士大夫年老时，可以不再主持祭祀而由其子代替。

④ 皤皤：头发花白貌。

⑤ 逊国钓滨：逊国，让国，指伯夷让位于叔齐。钓滨，指吕尚钓于渭水之滨，《史记·齐太公世家》："吕尚盖尝穷困，年老矣，以渔钓奸周西伯。"

⑥ 毛里：喻父母之恩，此指像父母那样关怀天下之人。语本《诗经·小雅·小弁》："不属于毛，不离于里。"毛传："毛在外，阳为父；里在内，阴为母。"

⑦ 咈耇荒耄：违戾、怠慢长者，此指二人受到怠慢。咈耇，语本《尚书·微子》："（殷人）咈其耇长"，蔡沉集传："咈，逆也。耇长，老成之人也。"荒耄，多指昏聩之意，此指怠慢长者。

⑧ 子姬：即商、周。商天子为子姓，《史记·殷本纪》载商之始祖契"封于商，赐姓子氏"。周天子为姬姓。

⑨ 大年：此指能够纵观千古，阅历远超常人。语本《庄子·逍遥游》："小知不及大知，小年不及大年。"

⑩ 天锡天挺：上天赐予其智慧，天生卓越不凡。

⑪ 寿鹰扬：此指分封吕尚。寿，酬。鹰扬，鹰之奋扬，喻威武或大展雄才，此指吕尚，语本《诗经·大雅·大明》："维师尚父，时维鹰扬。"

⑫ 青齐：即齐国。按九州之说，齐国属青州。

⑬ 孤竹：指伯夷。伯夷为孤竹君之子。

⑭ 西山：即首阳山。《史记·伯夷列传》载伯夷隐于首阳山，所作"采薇歌"有"登彼西山兮，采其薇矣"之句。

惟大人为能格君心之非

陈际泰

格君之效，未可遽责之具臣①也。夫君心之非，不容以不格，要未易格也，此惟大人能之。且君心之非，而用人行政之谬未有以已也，此国无大臣之效也。夫公孤②未尝绝于世，以为国无大臣之效，何也？无亦无大人已乎？盖群臣所不能得之于君者有二：识有所不足而力有所不能。盖至国家之事坏而不可救，而始叹回天之无力也；抑至群臣之用穷而无所之，而始追学术之无素也。曰独不得大人格心耳，何忧余事乎？独不得大人在位耳，并何忧君心乎？格君心之非，群臣未必知也，即知之而居之者轻，将无以自效，所谓力有所不能，其蔽一也，而大人不然，彼其威望素著，已有以生人主严惮之心，信则有所不疑，而畏则有所不敢，盖平日所积于功德之际者固已深矣；格君心之非，群臣未必知也，即知之而通之无本，又将无以自伸，所谓力有所不能，其蔽二也，而大人不然，彼其道德素隆，自有以助人主神明之动，其显而则者不可得而已，其阴而制者不可得而知，盖本体所正于性命之微者固已至矣。且不独此也，人主之心不可使其有所安，一有所安，而心之非已渐萌而不可止矣，大人知之，故政不与间，而四方水旱贼盗之事，乃虽小而必陈，未尝不叹古人先事预防之几不易尽也，夫余人于此，独有疑其迂而已耳；且又不独此也，人主之心不可使其有所狎，一有所狎，而心之非已相染而不自知矣，大人知之，故人不与适，而宫府妾御舆马之流，乃虽小而必敕，未尝不叹古人致君尧舜之化有由然也，夫余人于此，独有哂其琐而已耳。夫以威望素著、道德素隆之人，而委之以此君心之非之格也，其何难之有？众人治于其末，大人治于其本。吁！国有大人，岂复忧人政之非也哉？

【原评】中举其体，后及其用。上自伊周，下逮韩忠献、李文靖③事迹，毕见于尺幅中。

【评】有本有原，昌明磊落，足尽千古大人正己物正之概。

【题解】出自《离娄上》第二十章。

孟子曰："人不足与适也，政不足间也。惟大人为能格君心之非。君仁莫不仁，君义莫不义，君正莫不正。一正君而国定矣。"（赵氏曰："适，过也。间，非也。格，正也。"徐氏曰："格者，物之所取正也。《书》曰：'格其非心。'"愚谓间字上亦当有与字。言人君用人之非，不足过谪；行政之失，不足非间。惟有大人之德，则能格其君心之不正以归于正，而国无不治矣。大人者，大德之人，正己而物正者也。程子曰："天下之治乱，系乎人君之仁与不仁耳。心之非，即害于政，不待乎发之于外也。昔者孟子三见齐王而不言事，门人疑之。孟子曰：'我先攻其邪心，心既正，而后天下之事可从而理也。'夫政事之失，用人之非，知者能更之，直者能谏之。然非心存焉，则事事而更之，后复有其事，将不胜其更矣；人人而去之，后复用其人，将不胜其去矣。是以辅相之职，必在乎格君心之非，然后无所不正；而欲格君心之非者，非有大人之德，则亦莫之能也。"）

【注释】

① 具臣：谓备臣数而已。

② 公孤：公指三公，孤指少保、少师、少傅，为"坐而论道"及教导启牖的官员。

③ 韩忠献、李文靖：北宋名臣韩琦、李沆。琦谥忠献，沆谥文靖。按，本文后幅所论，尤合《宋史·李沆传》。

子产听郑国之政　一章

黄淳耀

论郑大夫之逸事，而详及政体焉。夫乘舆济人，在子产当自有说，而或仿此以从政，则末矣，君子所以重戒夫悦人也。时至战国，苛刻徼绕①之政深，而温惠慈和之意少，盖天下尤尚刑名②哉？然而刑名之始，不始于刑名之人，惟为政者宽以养天下之乱源，柔以蓄天下之不肖，至于宏纲不举，万事堕坏，而后察察者得以承其后也。孟子忧之，借子产以立论。子产者，非今世所称惠人③耶？迹其抗大国④、击强宗⑤，猛毅则有之，姑息则未也。以其猛⑥立而宽成，故天下皆曰惠焉。而不知者顾传其乘舆济人一事，若欲以此蔽⑦子产者。孟子曰：此非子产之事也，信或有之，则吾谓其惠而不知为政。何则？政者，所以利生杀也，生人而当谓之仁，杀人而当亦谓之仁；政者，所以别上下也，上劳而下逸谓之义，上逸而下劳亦谓之义。考之周制，十一月徒杠成矣，十二月舆梁成矣，功筑具而途道修，直一有司事耳，又何患其褰裳涉溱⑧、褰裳涉洧哉？且君子居则上栋下宇，而民或露处，不闻有推宫室以覆之者；出则和鸾⑨清道，而民或负戴⑩，不闻有脱两骖⑪以授之者。曰吾有政在也：阴阳之和，不长一类；时雨之甘，不泽一物；君相之大，不阿一人。唯其平而已矣，政平则法立，法立则惠行，惠行则民乐。审如是也，虽辟人⑫于道而不吾怨也，庸待济乎？今夫舆也者，一夫之载而济也者，一人之利地。若夫为政有体，一人服之，则一人之吏也；十人服之，则十人之吏也；推而至于坐秉国钧、起操天宪，则千万人之吏也。千万人之吏，非千万人服之不可，若之何日取一人而悦之哉？故为政者知此则得矣，不知此则失矣。古制宜复，而惮违流俗之言，其敝也，井田裂、封建废而民生不聊；今法宜变，而恶咈⑬世主之意，其敝也，淫乐作、慝礼兴而风俗大败。此所谓日不暇给者也。夷考子产之为政也，杀一人⑭、刑三人而天下服，以至道有遗物而莫之敢拾也，桃李垂于街而莫之敢援⑮也。斯其荦荦大者，乘舆济人之事，于传无之，吾不可以不辨。

【评】读书多，则义理博而气识阔，有触而发，皆关系世教之言。不可专玩其音节之古、气势之昌。

【题解】出自《离娄下》第二章。

子产听郑国之政，以其乘舆济人于溱洧。（子产，郑大夫公孙侨也。溱洧，二水名也。子产见人有徒涉此水者，以其所乘之车载而渡之。）孟子曰："惠而不知为政。（惠，谓私恩小利。政，则有公平正大之体，纲纪法度之施焉。）岁十一月徒杠成，十二月舆梁成，民未病涉也。（杠，方桥也。徒杠，可通徒行者。梁，亦桥也。舆梁，可通车舆者。周十一月，夏九月也。周十二月，夏十月也。《夏令》曰："十月成梁。"盖农功已毕，可用民力，又时将寒冱，水有桥梁，则民不患于徒涉，亦王政之一事也。）

君子平其政，行辟人可也。焉得人人而济之？（辟，辟除也，如《周礼》阍人"为之辟"。言能平其政，则出行之际，辟除行人，使之避己，亦不为过。）况国中之水，当涉者众，岂能悉以乘舆济之哉？故为政者，每人而悦之，日亦不足矣。"（言每人皆欲致私恩以悦其意，则人多日少，亦不足于用矣。诸葛武侯尝言，"治世以大德，不以小惠"，得孟子之意矣。）

【注释】

① 徼绕：亦作"缴绕"，纠缠不清。《史记·太史公自序》："名家苛察缴绕，使人不得反其意。"

② 刑名：亦作"形名"，本指法家的一个派别，此处主要指法家强调的刑罚。刑，通"形"，指事物的形体、事物本身。名，概念。战国时以申不害为代表的学派，主张循名责实，慎赏明罚，后人称为"刑名之学"，亦省作"刑名"，《史记·老子韩非列传》："申子之学，本于黄老，而主刑名。"

③《论语·宪问》："或问子产。子曰：'惠人也。'"

④ 大国：指与郑国相邻的晋、楚两大国。

⑤ 强宗：指郑国内部强暴的宗族势力，如驷族、良族等。

⑥ 猛：严厉。《左传·昭公二十五年》"子产论政宽猛"，"唯有德者能以宽服民，其次莫如猛"。

⑦ 蔽：概括。

⑧ 褰裳涉溱：撩起下衣涉过溱河。按，此引《诗经·郑风·褰裳》："子惠思我，褰裳涉溱"，"子惠思我，褰裳涉洧"。

⑨ 和鸾：古代车上的铃铛。《诗经·小雅·蓼萧》："和鸾雍雍，万福攸同。"毛传："在轼曰和，在镳曰鸾。"《汉书·五行志上》："故行步有佩玉之度，登车有和鸾之节。"

⑩ 负戴：指背着、顶着东西走在路上。《孟子·梁惠王上》："颁白者不负戴于道路矣。"

⑪ 脱两骖：解下驾车的两边的马。《诗经·郑风·大叔于田》："执辔如组，两骖如舞。"

⑫ 辟人：让人回避。辟，通"避"。

⑬ 咈：逆，违背。

⑭ "杀一人"：《吕氏春秋》作"杀二人"。按，此以下数句俱本《吕氏春秋·慎大览·下贤》："（子产）故相郑十八年，刑三人，杀二人。桃李之垂于行者，莫之援也；锥刀之遗于道者，莫之举也。"

⑮ 援：攀，此指摘。

王者之迹熄而诗亡　一章

吴　堂

观圣人所以作《春秋》，而可以想其维世之功矣。夫《春秋》之所以继《诗》而存王迹者，义存焉耳。然非孔子，亦安能知其义之所存而取之哉？且天生圣人，无论其在上在下，要皆有天下万世之责焉，而在下者尤难于在上。然亦惟上失其责，而下始不得不任之以有其功，若孔子之作《春秋》是已。孔子功于天下万世者，不独以《春秋》而实莫大于《春秋》。何大于《春秋》也，王道之行也而有迹焉，所以昭一统之尊，存人心之正，而偕天下于寡过者也，此其义莫著于《诗》矣。当周盛时，君臣上下德政休明，颂声洋溢，歌咏之余，令人如身游其际，于以想见其致此之由；即其衰也，贤人君子悯时悼俗，志隐味深，嗟叹之余，令人如身有其伤，而且相与追咎其从来之故。其为美为刺虽不同，义皆系之乎天下焉。迹之衰而熄矣，天子之势而夷于列国矣；即其诗亦仅同于列国之风矣，王者之声教其亡矣。盖义不能及天下，则虽有也亡也，《黍离》①之不能不降而卒不能续者亦势也；要之，义未尝一日不在天下，则《诗》虽亡也犹有不亡者也，《春秋》之所以不得不作也。而其所以作者岂异人任哉？《春秋》鲁之史也，鲁列国之望也，赴告策书②，于此为详，即一国也而天下之义存焉；然而仅为鲁之史也，则亦犹之乎列国之书也，笔削轻重，于此不明，即天下之义存焉而未有能取之者。吾于是而见孔子之虑之深且远也，其责固有所不容辞，而其心固有所不能已也。有所去而后明所取，义在则取之，义不在则不取，可以想其意之谨而法之严；有所弃而后明所取，天下不能取而孔子独取之，孔子独取之而天下皆得以相取，可以想其道之公而权之重。是故齐桓晋文，以事存王迹者也，《春秋》以为纲；史，以文存王迹者也，《春秋》以为纪。使人稽其事，玩其文，而于以绎其义，则是非列，劝惩备，如诵东迁以上之《诗》焉。盖匹夫之业也而功著于天下矣，即以传之万世可也。

【评】明白显易，使人一目了然。　　风、雅、颂体制各异，《黍离》降为"国风"而"雅"亡，朱子承先儒之说则然。③其实风、雅中所载东迁以后之诗多矣，所谓"王迹熄而诗亡"者，谓如晋享叔孙豹④歌《文王》、《鹿鸣》，赵武⑤奏《肆夏》，鲁三家歌《雍》⑥，而王吏不能讨；齐有《南山》、《载驱》⑦之诗，陈有《株林》⑧之诗，而九伐不能行也。乱臣贼子公行无忌，其端兆实开于此，故孔子惧而作《春秋》。观反鲁正乐⑨，而鲁之乐官一旦皆翻然勃然，身投于河海而不能一日安于其位，则知《春秋》之作与禹、周公同功，而孟子所谓"诗亡然后《春秋》作"，其实理始显著矣。

【题解】出自《离娄下》第二十一章，参见化治文卷六王鏊《晋之乘》。

孟子曰："王者之迹熄而诗亡，诗亡然后春秋作。晋之乘，楚之梼杌，鲁之春秋，一也。其事则齐桓、晋文，其文则史。孔子曰：'其义则丘窃取之矣。'"

【注释】

①《黍离》：《诗经·王风》的首篇。王风为东周都城洛邑一带的诗歌，平王东迁洛邑，周室衰微，无力驾驭诸侯，其地位等同于列国，其诗列入"国风"，称为"王风"。

② 赴告策书：此指鲁国保存的档案、文献。赴告，春秋时各国以崩薨及祸福之事相告。前者称"赴"，后者称"告"。《左传·文公十四年》："凡崩、薨，不赴，则不书；祸、福，不告，亦不书。"策书，记录史实的简册。杜预《春秋经传集解序》："赴告策书，诸所记注，多违旧章。"

③ 朱熹之说，见《诗集传·王风》："平王徙居东都王城，于是王室遂卑，与诸侯无异，故其诗不为'雅'而为'风'。然其王号未替也，故不曰'周'而曰'王'。"

④ 叔孙豹：鲁大臣，谥"穆子"。此句指叔孙豹入晋聘问，晋悼公在宴会上演奏了《文王》等三首诗，后又演奏《鹿鸣》等诗。叔孙豹认为，演奏《鹿鸣》是合乎礼法的，而"歌《文王》、《大明》、《绵》，则两君相见之乐也"，用于招待鲁国使臣，不合礼法。事见《国语·鲁语下》"叔孙穆子聘于晋"。

⑤ 赵武：晋国大夫。按，演奏《肆夏》为诸侯之礼，赵武演奏《肆夏》迎宾，是败坏礼乐制度，语本《礼记·郊特牲》："大夫之奏《肆夏》也，由赵文子始也。"郑玄注："僭诸侯。赵文子，晋大夫，名武。"

⑥ 鲁三家歌《雍》：指鲁国权臣僭用《雍》之乐。《论语·八佾》："三家者以《雍》彻。"朱熹集注："三家，鲁大夫孟孙、叔孙、季孙之家也。《雍》，《周颂》篇名。彻，祭毕而收其俎也。天子宗庙之祭，则歌《雍》以彻，是时三家僭而用之。"

⑦《南山》、《载驱》：《诗经·齐风》诗篇，传统认为是反映齐襄公淫乱之诗。毛诗序："《南山》，刺襄公也。鸟兽之行，淫乎其妹。""《载驱》，齐人刺襄公也。无礼义故，盛其车服，疾驱于通道大都，与文姜淫播其恶于万民焉。"

⑧《株林》：《诗经·陈风》诗篇，毛诗序谓："《株林》，刺灵公也。淫于夏姬，驱驰而往，朝夕不休息焉。"

⑨ 反鲁正乐：《论语·子罕》："子曰：'吾自卫反鲁，然后乐正，雅、颂各得其所。'"朱熹集注："鲁哀公十一年冬，孔子自卫反鲁。是时周礼在鲁，然诗乐亦颇残阙失次。孔子周流四方，参互考订，以知其说。晚知道终不行，故归而正之。"

王者之迹熄而诗亡　一节

罗万藻

鲁史之为经也，其所继者大矣。夫天下不可一日无王也，迹熄《诗》亡，而《春秋》之续经大矣哉！且《春秋》者，圣人治世之书也，诗书之道，教虽存而权不著，故孔子之用莫大乎《春秋》。《春秋》者，所以存天下之王迹也。尝观周盛王之《雅》也，上下欢得而治美，浃于天道王事之全，而无鄙殆不宣之累；其衰也，诗人伤之而有作，亦具其凌夷泯阙之渐，而出闵时病俗之为。故诗之有《雅》，圣人尊之，著盛衰之变已焉。至若《春秋》之为书何也？虞夏殷周之道，损益以见其公，使天下一以为尊王，一以为存古，殆见思盛王之意焉；礼乐政刑之志，微显以错其用，使天下一以为纪世，一以为明道，尤深于衰世之忧焉。此何为而作也？夫周东而宗周①之重失矣，王不天而天子之重去矣。是故《诗》之有《文王》、《大明》②也，美矣，其变也，自《民劳》③以下，然犹有安民畏天之志焉，《瞻卬》④之际则忧斯病矣；其有《鹿鸣》、《天保》⑤也，盛矣，其变也，自《六月》⑥以下，然犹有勃兴始事之象焉，《绵蛮》⑦而后则困斯哀矣。《春秋》忧王事之不见也，故因鲁史之旧存之，明王之未尝无也；伤《雅》道之不振也，故以匹夫之权行之，明变之可复正也。则孔子之道其在斯乎？《诗》降自《黍离》⑧，而《苕华》⑨诸篇犹存之《雅》之末，不忍其遽也矣；王绝于东迁，而载笔之权复迟之平之终⑩，其庸有冀也矣。冀之深，不忍之至，故忧之亟，挽之力。六经于治乱之际，则未有如《春秋》之志者也。

【评】虽仍"雅亡"旧说⑪，而持之有故、言之成理。文境苍深，穆然可玩。

【题解】出自《离娄下》第二十一章，同上，参见化治文卷六王鏊《晋之乘》。

【注释】

① 宗周：即西周时期的王都镐京。

②《文王》、《大明》：《诗经·大雅》首二篇，也即"正大雅"之始。

③《民劳》：《诗经·大雅》中反映周厉王无道的诗篇，毛诗序："《民劳》，召穆公刺厉王也。"传统

认为这是"变"大雅之始。

④《瞻卬》：《诗经·大雅》倒数第二首诗篇，与末篇《召旻》均反映周幽王无道。毛诗序："《瞻卬》，凡伯刺幽王大坏也。"

⑤《鹿鸣》、《天保》：《诗经·小雅》首二篇，为"正小雅"之始。

⑥《六月》：《诗经·小雅》篇目，传统认为是周宣王时期的"变小雅"，也是"变小雅"之始。毛诗序："《六月》，宣王北伐也。"又谓"正小雅"自《鹿鸣》至《菁菁者莪》各言王政之一端，"《菁菁者莪》废则无礼仪矣。小雅尽废，则四夷交侵，中国微矣"。孔颖达疏："《六月》言周室微而复兴，美宣王之北伐也。"

⑦《绵蛮》：《诗经·小雅》的倒数第五篇，周幽王时期的作品，毛诗序："《绵蛮》，微臣刺乱也。"

⑧《黍离》：《诗经·王风》的首篇。王风为东周都城洛邑之诗，已于诸侯国之诗并列于《诗经》"国风"部分。

⑨《苕华》：即《诗经·小雅·苕之华》，《小雅》的倒数第二首诗，毛诗序："《苕之华》，大夫闵时也。幽王之时，西戎、东夷交侵中国，师旅并起，因之以饥馑。君子闵周室之将亡，伤己逢之，故作是诗也。"

⑩ 迟之平之终：《春秋》纪事起于鲁隐公元年，即周平王四十九年，后二年，平王崩。本文认为《春秋》纪事起于平王末年，含有对周王室的"不忍"之意。

⑪ "雅亡"旧说：认为孟子所说的"《诗》亡"即是《雅》亡的观点，见朱熹集注。

君子所以异于人者　二句

金　声

观于存心，而后见君子之异也。夫君子岂能有以高天下哉？彼所以存其心于万物之中者，自穆然其不可及矣。今夫俗不可同，世不可合，士不幸生今日而戞戞乎求有以异于人，此亦非圣贤之所戒也。异之云者，天下皆小人而吾君子焉耳，而天下之贵君子而贱小人也亦通情也，谁甘处小人而奉我以君子者哉？其力皆足以相持，其气皆足以相报，其机智皆足以相乘而斗捷①，其学问意见皆足以相矜相傲而不让。孰为君子，而君子者矫矫然居万物之群，而物莫之乱也。物即能败君子以名，抗君子以势，而终莫能胜君子以品也。异哉！是遵何道乎？人伦万物之间，非万物逐于邪而君子独居其正，是非之在今日，其理亦有不可凭者矣，独恃此隐微痞寐之地②，居天下之所不辨而悠然有以自得者，其人乃自此远焉；毁誉动静之际，非万物处其下而君子常据于上，屈伸之在今日，其故亦有不可知者矣，惟观其精神意思之寄，图天下之所不争而群然有以自重者，其人乃自此高焉。作异之器不沉，则嘐嘐③自圣、不可一世之目，正所以佐其詹詹自恕④、不欲过求之情，君子有不忍求异、不敢求异之心，而后异行不施于人世者，异性自足于方寸；好异之情不深，则竭愚于较长竞短、分寸无益之场者，翻失其本于追圣轶贤、不容淡漠之地，惟君子真有不忍不异、不敢不异之心，而后夷犹⑤于不可窥者，乃所以刻励于不可及。是故当其论之未定，不但循循然无以异于人也，一家非之，一国非之，生斯世为斯世者⑥交而排之，以至庸夫俗子或能驾而加乎其上。而君子不以为意也，以其心阅万物之变，以其心通万物之穷。四海之内，千秋而后，闻其烈、奋其风、相与诧而异者，但有斯人在，而向之驾而加君子之上者，已忽不知何往矣。岂不悲哉？

【原评】虚位能实发，又不侵夺下意。人谓其落想如万弩齐发，尤当玩其挽强引满⑦、省括方释⑧处。

【评】实理充，精气奋，探喉而出，皆圣贤检身精语。可知凡志士仁人，皆曾于此处痛下功夫。

【题解】出自《离娄下》第二十八章。

孟子曰："君子所以异于人者，以其存心也。君子以仁存心，以礼存心。（以仁礼存心，言以是存于心而不忘也。）仁者爱人，有礼者敬人。（此仁礼之施。）爱人者人恒爱之，敬人者人恒敬之。（此仁礼之验。）有人于此，其待我以横逆，则君子必自反也：我必不仁也，必无礼也，此物奚宜至哉？（横逆，谓强暴不顺理也。物，事也。）其自反而仁矣，自反而有礼矣，其横逆由是也，君子必自反也：我必不忠。（由与犹同，下放此。忠者，尽己之谓。我必不忠，恐所以爱敬人者，有所不尽其心也。）自反而忠矣，其横逆由是也，君子曰：'此亦妄人也已矣。如此则与禽兽奚择哉？于禽兽又何难焉？'（奚择，何异也。又何难焉，言不足与之校也。）是故君子有终身之忧，无一朝之患也。乃若所忧则有之：舜人也，我亦人也。舜为法于天下，可传于后世，我由未免为乡人也，是则可忧也。忧之如何？如舜而已矣。若夫君子所患则亡矣。非仁无为也，非礼无行也。如有一朝之患，则君子不患矣。"（乡人，乡里之常人也。君子存心不苟，故无后忧。）

【注释】

① 斗捷：争胜。

② 隐微痌瘝之地：指"心"。

③ 嘐嘐：志大而言夸，自以为了不起。《孟子·尽心下》："（狂者）其志嘐嘐然，曰'古之人，古之人'。夷考其行而不掩焉者也。"

④ 詹詹自恕：以各种借口使自己安于狭小的境界。詹詹，言语烦琐，《庄子·齐物论》："大言炎炎，小言詹詹。"

⑤ 夷犹：从容。

⑥ 生斯世为斯世者：指与世俗同流合污的"乡愿"。《孟子·尽心下》载乡愿之言："生斯世也，为斯世也，善斯可矣。"

⑦ 挽强引满：拉开强弓，把弓拉满。

⑧ 省括方释：将箭瞄准目标才射出。省，观察。括，箭杆。《尚书·太甲上》："慎乃俭德，惟怀永图。若虞机张，往省括于度，则释。"蔡沉集传："言若虞人之射，弩机既张，必往察其括之合于法度，然后发之，则发无不中矣。"

匡章通国皆称不孝焉　一章

陈际泰

以章子①为不孝，未得其所为设心也。夫章子孝于母而谏父，孝于父而自责，不观其设心，不几与世俗之士并弃乎？尝谓齐有二士焉，一为陈仲子，一为匡章，其人皆清苦坚忍，故两人相乐而慕悦之，然而仲非章匹也。一者外垢于俗而动其概②，而避兄离母，一者内苦其心而不以明，而出妻屏子。此其质有过人者，吾独怪世之人取舍之无类而爱憎之好反也，于仲子乃廉之而不置，而于章子顾游焉而不可，岂未释然于通国之见，而将混然于世俗之人哉？然以世俗而论章子之不孝，章子不受；以君子而论章子之不孝，即章子安得辞也。虽然，即以君子而论章子之不孝，章子亦可得而辞，而章子固不辞也。章子之父杀章子之母，章子之变甚于宜臼③，而章子之谏等于《小弁》④。君子而或非之，天下岂有无母之人哉？且观其设心，尤非世人之所及也。章子谏父无杀其母，而父卒以杀其妻；章子谏父无杀其母，而父卒以逐其子。其父茕焉而我独翕⑤焉，忍乎，不忍乎？且其出妻屏子，为生于心之不敢乎，为生于心之不安乎？生于心之不敢，则父在而妻可出、子可屏；父苟已矣，则妻可故入而子可故返。使其如是也，君子讥其有欲速之心，而并诛其无哀母之志。而章子不然，父已死，母已死，即其身已死，而此心无穷。出妻屏子，人但知为谢其父以己身之不得近，而不知政谢其母以己力之无可如何也。噫，其志为可悲已也。虽然，其不杀身以报母，何也？尊不二统而身不己有也。盖为父也妻者，则为己也母，而身不得愬；为母之子也可，为父之子也可，而身不得死。盖母恃子而安于死，子为母而捐其生，是再戮母也。故权其为章子者，宜止若是焉，是变之得中也。然而心弥苦矣。

【评】 推勘入微，语皆刺骨，诵之使人凄然思人纪之艰。

【题解】 出自《离娄下》第三十章。

公都子曰："匡章，通国皆称不孝焉。夫子与之游，又从而礼貌之，敢问何也？"（匡章，齐人。通国，尽一国之人也。礼貌，敬之也。）孟子曰："世俗所谓不孝者五：惰其四支，不顾父母之养，一不孝也；博弈好饮酒，不顾父母之养，二不孝也；好货财，私妻子，不顾父母之养，三不孝也；从耳目之欲，以为父母戮，四不孝也；好勇斗很，以危父母，五不孝也。章子有一于是乎？（戮，羞辱也。很，忿戾也。）夫章子，子父责善而不相遇也。（遇，合也。相责以善而不相合，故为父所逐也。）责善，朋友之道也；父子责善，贼恩之大者。（贼，害也。朋友当相责以善。父子行之，则害天性之恩也。）夫章子，岂不欲有夫妻子母之属哉？为得罪于父，不得近。出妻屏子，终身不养焉。其设心以为不若是，是则罪之大者，是则章子已矣。"（言章子非不欲身有夫妻之配、子有子母之属，但为身不得近于父，故不敢受妻子之养，以自责罚。其心以为不如此，则其罪益大也。此章之旨，于众所恶而必察焉，可以见圣贤至公至仁之心矣。杨氏曰："章子之行，孟子非取之也，特哀其志而不与之绝耳。"）

【注释】

① 章子：即匡章。匡章为齐威王时齐国的将领，与本文相关事迹有二：一为匡章与陈仲子交好，《孟子·滕文公下》载匡章向孟子称道陈仲子，谓"陈仲子岂不诚廉士哉"。一为匡章所谓"不孝"之事，匡章的父母争执，匡章之父杀匡章之母而埋于马栈之下，匡章不敢改葬其母。《战国策·齐策一·秦假道韩魏以攻齐章》所载齐威王之语言之甚详："章子之母启，得罪其父，其父杀之而埋马栈之下。吾使者章子将也，勉之曰：'夫子之强，全兵而还，必更葬将军之母。'对曰：'臣非不能更葬

先妾也。臣之母启得罪臣之父。臣之父未教而死。夫不得父之教而更葬母，是欺死父也。故不敢。'夫为人子而不欺死父，岂为人臣欺生君哉？"

② 垢于俗而动其概：鄙薄尘俗以显其节操，此为隐士、逸民的想法。《后汉书·逸民传》："或垢俗以动其概，或疵物以激其清。"

③ 宜臼：即周平王，姬姓，名宜臼。周幽王宠爱褒姒，放逐太子宜臼，废宜臼之母申后。

④《小弁》：《诗经·小雅》诗篇。毛诗序："《小弁》，刺幽王也。大子之傅作焉。"孔颖达疏："太子，谓宜咎也。幽王信褒姒之谮，放逐宜咎。其傅亲训太子，知其无罪，闵其见逐，故作此诗以刺王。"

⑤ 翕：合，此指家人团聚。《诗经·小雅·常棣》："兄弟既翕，和乐且湛。"

匹夫而有天下者　二节

李　模

"有"①与"继世"相衡者，非独无荐难也。夫有天下者需荐而又需处继世之天也，历证之而益②可睹已。且禹荐益于天，盖明以天下予益矣，而天若不听其荐者。是何舜、禹之得天易，而益之得天难也；是何继世之无荐而为天所延，益之有德而偏为天所废也？斯其故，吾更得明证之。天不欲继有天下者之无辅，故时以数年之施泽托于冢相③，不以匹夫老其身；天尤欲不有天下者之有主，故时以克继之君德承其堂构④，转于废兴神其事。盖君有荐之权，天所凭也；而天又独有废之权，君不与也。粤稽古⑤不有天下，宁独益然？有伊尹、周公代终于前，而仲尼蠖屈⑥于后。夫仲尼之德，犹舜禹尔，辙迹遍天下，似触目多桀纣之君；历聘卒不逢，且弗克奏伊、周之伐。无他故，则匹夫而无荐耳，若是乎有天下者之必以荐也。乃有德无荐者偶一仲尼也，若夫德足以迈世，而天子且式隆其眷；荐足以达天，而天下何仍靳其归？则岂非匹夫之有与继世之有，固交为乘除⑦者乎？则岂非兴匹夫之天与废继世之天，固迭为轩轾者乎？天何偏爱夫匹夫，何偏厌夫继世？大抵贤则授之位，不贤则夺之权耳。天之宠绥⑧夫继世，转若倍笃于匹夫。总之，独贤⑨则不嫌于革，并贤则宁主于因耳。而且曰自益以前，天若乐于揖让⑩；自益以后，天似喜于继承。夫不肖之辙，奚为几媲桀纣；敬承之嗣，胡独无惭舜禹？⑪此亦天之自为颠倒其间，而要亦气数所遭，并天弗得而与者也，况人得而干之乎？否则，七载之相业⑫既与伊、周并荐，三朝之硕德⑬咸与仲尼同废⑭者，曷故哉？乃知荐贤之柄，天子所必公，然必假荐以徵灵⑮，反为逆天之事；废兴之权，又天子所俯听，使必抑兴而成废，必至违天之心。如曰禹德衰乎，则既不以仲尼处益⑯矣，而益竟以伊、周终，天耶，人耶？岂天之德亦衰于不废启也耶？胡不历推其故也。

【评】处处两节并举，不凌不复，思巧法密，不受唐荆川牢笼。

【作者简介】

李模，字子木，号灌溪，江苏太仓人。天启五年（1625）进士，任东莞知县，擢云南道御史，劾镇守太监，反为所噬，谪南国子监典籍。福王时，起为河南道御史，见马、阮乱政，请假归。国变后，里居三十年不出。

【题解】出自《万章上》第六章，参见正嘉文卷六唐顺之《匹夫而有天下者》。

匹夫而有天下者，德必若舜禹，而又有天子荐之者，故仲尼不有天下。继世以有天下，天之所废，必若桀纣者也，故益、伊尹、周公不有天下。

【注释】

① "有"：此与"继世"相对，指非世袭而"有天下"、"匹夫而有天下"。按，《孟子》本章讨论益未得天下，并非因为禹"德之衰"。

② 益：伯益，尧、舜、禹时的大臣，有功。《孟子》本章谓，禹尝荐益于天，而天下人却归于禹子启，因此益仍不得有天下。

③ 冢相：犹冢宰、宰相。冢，大。

④ 承其堂构：喻继承前王之基业。《尚书·大诰》："若考作室，既厎法，厥子乃弗肯堂，矧肯构？"孔安国传："以作室喻治政也。父已致法，子乃不肯为堂基，况肯构立屋乎？"

⑤ 粤稽古：考察古史。粤，发语词，无实义。

⑥ 蠖屈：像尺蠖那样屈着身子，喻不得志、不得位。蠖，昆虫名。《易·系辞下》："尺蠖之屈，以求信（伸）也。"

⑦ 乘除：指得失、盛衰的彼此消长。

⑧ 宠绥：此指宠爱。

⑨ 独贤：指臣贤而继世之君不贤。

⑩ 揖让：此指"禅让"。在益以前，尧、舜、禹以禅让方式传位；自益不得位，启继禹而立，始以"世继"方式传位。

⑪ "不肖"以下：谓不肖的继承者固然接近乎桀纣，敬承先人的继承者也不免逊于舜禹。

⑫ 七载之相业：指益担任宰相七年。七年之数，本《孟子》本章："禹荐益于天，七年，禹崩。"

⑬ 三朝之硕德：指益曾历尧、舜、禹三代。《孟子·滕文公上》载，早在尧时，遭洪水之患，"舜使益掌火，益烈山泽而焚之"。

⑭ 同废：此指与孔子一样，不得为天子。

⑮ 微灵：祈求神灵（保佑）。

⑯ 不以仲尼处益：禹曾向上天"荐"益，与孔子无"荐"的情况有别。

大国地方百里　三节

马世奇

稽禄制于列国，见先王之权①焉。夫禄一也，君、卿以国杀②，而不杀于大夫、士，先王之权也，所以为经乎？且周有禄籍，诸侯去之③，不但肆意于上以济其贪，抑且恣吞于下以文其刻。盖自威主揽财，世卿执政，而逮下之恩薄、养廉之典微矣。试谈其略。先王列土④以封公侯伯子男，而大国、次国、小国异焉。其制禄也，因乎分，因乎势，又因乎情；因分者与位，因势者与地，因情者与权。故君统卿，卿统大夫、士，职巨则报丰，载高⑤则食厚，谁曰不宜？而制有不同者。大国之禄，君十于卿，卿四于大夫，而大夫以次及上中下士，其倍焉，均也；下士与庶人在官者，其代耕焉，又均也。曰地方百里也。次国则减大国而半矣，禄不得不杀矣，于是君十卿禄，卿禄仅三大夫，而大夫以下犹大国也，何也；小国则减次国而半矣，禄不得不更杀矣，于是君十卿禄，卿禄仅二大夫，而大夫以下亦犹大国也，何也？盖先王之虑列国，不啻家计也；先王之制禄于列国，不啻家食也。原之所出饶，则君卿进而明养尊处优之义；原之所出鲜⑥，则君卿退⑦而明损上益下之仁。故位殊而禄降，卑不得援尊以为例，因分也；地殊而禄杀，寡不得引多以为辞，因势也；权设而禄平，厚者分既富之余而薄者无食贫之嗟，因情也。夫如是，所以大穷于次，次穷于小，而国不乏，曰穷则能变而已；百里变而七十，七十变而五十，而民不窘，曰变则能通而已。噫，先王班禄之经善矣哉！

【评】立局构体，恰是三节题义法。

【题解】出自《万章下》第二章，参见化治文卷六王鏊《附于诸侯曰附庸》。

大国地方百里，君十卿禄，卿禄四大夫，大夫倍上士，上士倍中士，中士倍下士，下士与庶人在官者同禄，禄足以代其耕也。次国地方七十里，君十卿禄，卿禄三大夫，大夫倍上士，上士倍中士，中士倍下士，下士与庶人在官者同禄，禄足以代其耕也。小国地方五十里，君十卿禄，卿禄二大夫，大夫倍上士，上士倍中士，中士倍下士，下士与庶人在官者同禄，禄足以代其耕也。

【注释】

① 权：权衡，变通。
② 以国杀：根据国家大小减少其俸禄。杀，减少。
③ 诸侯去之：《孟子》本章谓，诸侯因为周王室的爵禄制度妨害自己的利益，毁掉了有关典籍。
④ 列土：即"裂土"，分封诸侯。
⑤ 载高：事业大，地位高。
⑥ 鲜：与"饶"相对，指物产少。
⑦ 退：与上文"进"相对，指俸禄减少。

耕者之所获　一节

章世纯

禄准之耕，一代耕之义①也。夫谓之代耕，则如其耕之获止耳，此制禄之道所由无滥与？先王之分制爵禄，均天下之大道也。有耕者，有不耕者，则不均；有耕而奉人者，有不耕而奉于人者，则大不均。先王之均天下也，上代下治，下代上耕，而又等代治之劳，为代耕之禄，此其所以均也。此其说通于公侯、天子，而其端始于以农权隶②。夫农者，受天子百亩之职而治地为功者也，其所受粟则其所自为矣。故虽有五等之分，食③九人、八人、七人、六人、五人之别，然而从四体勤动之外，则无可以徼幸得粟之望，知无与之者也；任丰赢歉啬之报，绝无可以推委责望之心，知无靳之者也。若夫庶人在官则不同矣，其禄则天子与之也，然果天子能与人禄乎？故天子而无故与人以禄，则与之者不安、受之者不安，所从取以为与之人又大不安；使天子而无故可与人禄，则天子得恃其私厚之恩，而无功、不受事之人亦皆得生其分外之想，天子之禄穷矣。先王知其然也，故庶人在官之禄，亦使其出于所自为。若曰府史胥徒，彼之百亩也；奔走干办，彼之耕获也。其烦简有等，彼之上中下④也；而禄之所获，则如其所食之人之数也。彼其人无鄙薄不屑之意，亦无得满望余之念；而庶人在官者亦曰彼与我平等也，而不见爵禄为私厚之物，而人之分始均矣。庶人在官之禄均，则下士亦均，下士均而中士、上士以至于大夫与卿之禄皆均。彼虽不与耕者，论食人⑤而以为差⑥之意，则一也。此先王之所以均天下而不私也。

【评】事理能见其大，文律复极其细。顺笔潇洒，不加琢炼，有风行水上之势。

【题解】出自《万章下》第二章，参见化治文卷六王鏊《附于诸侯曰附庸》。

耕者之所获，一夫百亩。百亩之粪，上农夫食九人，上次食八人，中食七人，中次食六人，下食五人。庶人在官者，其禄以是为差。

【注释】

① 一代耕之义：都包含"代耕"之义。一，都、同样。代耕，官吏不耕而食，其俸禄即代替其耕作的收入，《孟子》本章："下士与庶人在官者同禄，禄足以代其耕也。"

② 以农权隶：将农夫与隶役进行比较。隶，即"庶人在官者"，指府史胥徒一类低级的职员。

③ 食：供养。按，此句谓农夫分为五等，其耕作所获，可以养活的人数也不等。

④ 上中下：指上、上次、中、中次、下五个等级。此句谓，庶人在官者依据职事的繁简分出等级，就如同农夫也分上、中、下诸等一样。

⑤ 食人：供养人。按，此句谈的是"庶人在官者"的收入问题，例如，上农夫的耕作收成可以养活九口之家，那么与之等级相应的"庶人在官者"也应当得到养活九口之家的俸禄。

⑥ 差：差别、等级。

耕者之所获　一节

黎元宽

班禄之制，有特详于庶人者焉。盖庶人之欲多，而在官又易以巧法也，差①其禄如耕者，斯可谓有制乎？先王之班爵禄也，欲以全上，而亦欲以安下。使天下之人皆得所奉于人上而不复肯为之下，是使天下无民也，夫无民而孰为之耕？不耕而禄之所从来者绝，虽皆拟于君卿大夫之养，无益矣，而况于庶人在官者乎？先王曰：天下甚不可无庶人，所以力于耕而为出禄之本，而公田私田之法于此焉详；在官又不可无庶人，所以服我事而为食禄之初，而治人食人之义于此焉防②。此既已不可相无也，而令耕者食必以力，在官者禄过于功，则庶人孰不愿为在官，而又孰肯为耕者哉？是故事等以差③，禄等以差。程④其烦简，如其勤惰焉，有上、中、下及其次之殊；量其多少⑤，如其丰俭焉，有九人、八人、七人、六人、五人之异。若是者非以抑在官者也，以安在官者耳。夫退而可无交遍谪之忧⑥，进而可无行侥幸之罪，此乃所为安也。在官者服于公事，而私其所入以养其父母妻子，而功亦下逮于庶人；在野者服于公田，而获其所私以养其父母妻子，而功亦上奉于官。此大略可类也，而耕者之心又安矣。庶人之在官者安，其耕者又安，而后君不敢以玉食之端而僭行威福之事，卿大夫不敢以衎衎⑦饮食之容而冒犯坎坎伐檀之义⑧，而后其禄可得而全也。禄可得而全，而后其爵又可得而持也。故以安下而全上也，此周制之大略可言者矣。

【原评】章作从"差"字等而上之，其义大矣，而较疏。此紧从两项"庶人"上主"安下"说，而后推及其上，其义亦大而较密。局亦如之。

【评】文笔老洁，有变化而无枝蔓。

【作者简介】

黎元宽，字左严，号博庵，江西南昌人。崇祯元年（1628）进士，历任兵部主事、兵部郎中，授浙江提学副使，后罢官家居。明亡后，讲学以终。有《进贤堂稿》。

【题解】出自《万章下》第二章，同上，参见化治文卷六王鏊《附于诸侯曰附庸》。

【注释】

① 差：划分出不同的等级。

② 昉：开始，开端。

③ "事等以差"句：指根据庶人中的"耕者"的劳逸程度衡量"在官者"的劳逸程度，定出"在官者"职事的等级，再按其职事的等级确定俸禄的等级。

④ 程：制定标准和定额。按，此句谓依照农夫的标准将"庶人在官者"划分为类似上农夫、上次、中、中次、下等级别。

⑤ 多少：此指俸禄的多少。按，此句谓依照相应等级的农夫的标准，确定"庶人在官者"的俸禄。

⑥ 交遍谪之忧：指贫困之忧。交遍谪，家人都来指责，指家贫，语本《诗经·邶风·北门》："我入自外，室人交遍谪我。"

⑦ 衎衎：和乐貌。《易·渐》："鸿渐于磐，饮食衎衎，吉。"王弼注："本无禄养，进而得之，其为欢乐，愿莫先焉。"

⑧ 坎坎伐檀之义：指在位贪鄙、无功受禄。语本《诗经·魏风·伐檀》："坎坎伐檀兮，置之河之干兮。"毛诗序谓："《伐檀》，刺贪也。在位贪鄙，无功而受禄，君子不得进仕尔。"

充类至义之尽也　　（其一）
陈际泰

有精于充类者，诸侯始危矣。夫充类至义之尽①而类无所充②，即诸侯无所遁矣，故天生充类之君子，所以治诸侯也。且君子之为论也，始于天下之至粗，而终于天下之至精。粗以全天下之中人，精以绳天下之王侯君公与世之贤人君子，使之自爱以不敢自弃于薄物细恶。吾今有以治诸侯矣，吾今又有以恕诸侯矣。治之者，将以责之也；恕之者，将以哀之也。夫诸侯日以治盗为事，而不自以为盗者，以为盗一类也，己又一类也，使蚤知己之类不复自异，将盗不听其治，己亦不暇治之矣，为世无充类者以其类告之也；抑诸侯日以诘盗之非，而不自以为非者，以为盗不义者也，己制义者也，使蚤知己之义不足以相胜，将盗反诘其非，己亦无缘非之矣，为世无精义者以其类中之义之所

605

尽者告之也。圣贤之为教也，盖甚重乎天下之诸侯也，有诸侯之分其职而后王统尊，使轻之不得列于维城③之类，则盗贼小人皆得执其教谏之权。列国之权轻，而跋扈之徒必且公行于天下而不可禁御，故无诸侯，非天下之小故也。是故阴藏其不可之实④，而阳予以可居之名，若曰彼之为事，充类至义之尽而后有之，不然固安然无恙也，此义行，故虽暴征横敛之主，无损于为君。抑圣贤之为教也，盖亦甚欲警畏乎天下之诸侯也，有君子之议其后而后王道存，使纵之得自逞其有国之资，则名号威权皆可生其理义之说。纵横之势盛，而犯颜⑤之众必且交争于事后而不可复伸，故诸侯无所以耻之，亦人主之大不幸也。是故深没其文⑥于经传纪载之间以全其分，而旁见其义于学士大夫之口以愧其心，若曰彼之所为，苟充类至义之尽将有不忍言者，非但头会箕敛⑦如世俗云云也，此义行，故虽赫声濯灵⑧之君，有时而为盗。所谓始于天下之至粗而终于天下之至精者也。

【评】本指⑨是明其非盗，语气是明其所以谓盗，通体只此一反一复。原评云"纵处能擒，旁见侧出，一笔转折，仍如题位"，信得其行文之妙。

【题解】出自《万章下》第四章，参见隆万文卷六顾宪成《敢问交际何心也》。

（万章）曰："今之诸侯取之于民也，犹御也。苟善其礼际矣，斯君子受之，敢问何说也？"（孟子）曰："子以为有王者作，将比今之诸侯而诛之乎？其教之不改而后诛之乎？夫谓非其有而取之者盗也，充类至义之尽也。孔子之仕于鲁也，鲁人猎较，孔子亦猎较。猎较犹可，而况受其赐乎？"

【注释】

① 充类至义之尽：用类推的办法，将事理推论到极点。朱熹集注："推其类，至于义之至精至密之处而极言之。"按，本节中，万章认为诸侯与"御人之盗"即拦路抢劫的强盗属于同类，孟子认为二者存在差别。
② 类无所充：指推论到极点。
③ 维城：城墙，喻指诸侯国屏藩王室的作用。语本《诗经·大雅·板》："怀德维宁，宗子维城。"
④ 不可之实：指诸侯之君实际上不称职。
⑤ 犯颜：敢于冒犯君王或尊长的威严而直言进谏。
⑥ 深没其文：指表达得深微曲折以顾全诸侯的体面。
⑦ 头会箕敛：按人头征税，用畚箕装取所征的谷物，谓赋税苛刻繁重。语出《史记·张耳陈余列传》："外内骚动，百姓罢敝，头会箕敛，以供军费。"裴骃集解引《汉书音义》："家家人头数出谷，以箕敛之。"
⑧ 赫声濯灵：指功业显盛，声名卓著。语本《诗经·商颂·殷武》："赫赫厥声，濯濯厥灵。"孔颖达疏："赫赫乎显盛者，其出政教之美声也。濯濯乎光明者，其见尊敬如神灵也。"朱熹集传："赫赫，显盛也。濯濯，光明也。"
⑨ 本指：指《孟子》此句的本义。

为之兆也
陈际泰

圣人急用世，故有自见①其端者焉。夫兆者，圣人所以示其可用之端也，兆未尝见而怪天下之不用己，则圣人所以处己者固未尽矣。且君子用世，必有其端，端之毕著也，遂为事功。缘权位时日而后致之，而要其始发甚微。虽甚微，而生平事业之本固可以相窥矣，故圣贤用世必先见其端。夫孔子之猎较也，岂遽以此为谢责之事，又岂竟以此为无意之举？生平所为成于性而学于师者，不能遽见也，而要所为道术源流之大较已如此矣；即生平所为矫易②流俗而崇济生民者，不能尽行也，然而所为政治规模之大凡已如此矣。凡身之所见用者，以国人之不见疑也，国人之见疑，非疑其太卑，疑其太高也，如是道不得行矣，何者？孔子绝俗之目，久为世之所共惊，一旦入人之国，事事而更之，当无能靖之理，而不谓与众委蛇③如此也。此非众所知也，即鲁人皆在其术中，若曰平日所疑为临物太峻者，今竟何如，此微示其可用之端者一矣。凡身之见用者，以主之不见疑也，人主之见疑，非疑其革俗而不能因，其常疑其革俗而不能妙其变也，如是道亦不得行矣，何者？孔子迂阔之行，久为上之所深患，一旦矫国之陋，介介④而争之，岂为善变之权，而不谓轻相转移如此也。此并不露此意也，即鲁君亦在其度内，若曰平日所疑为适用或疏者，今竟若何，此微示其可用之端者二矣。而以"不事道"议之，大非也，"道"非有定名也，吾执尧舜禹汤文武之所传者，急急而致之君若民⑤之间，安知无卑卑无甚高论之拒⑥，曰道术真不谐矣，若是则己与天下交任其责，而孔子不然；人以"奚不去"议之，大非也，"去"亦用之不难也⑦，吾持之齐之卫之楚⑧之所行者，汲汲而施之父若母之国⑨，要亦相病其无由由不忍去⑩之思，曰执持尚如故也，若是则己先天下自塞其机，而孔子不然。夫猎较，微事耳；即孔子神其用于去猎较，亦微举耳。然而用事于鲁之半绪见，即用事于鲁之全体亦见。何者？端固已著于此也，夫正大之端、平易之端与神化不测之端，皆于是乎在。甚矣，孔子之无负于世也。若孔子婉于求用而竟不用，天下后世必有任其责者矣。

【评】中幅描写曲畅，足以发难显之情。　　作者长篇精神每结聚两股，余多不甚经意，学者宜善取其精。

【题解】出自《万章下》第四章，参见隆万文卷六顾宪成《敢问交际何心也》。

（万章）曰："然则孔子之仕也，非事道与？"曰："事道也。""事道奚猎较也？"曰："孔子先簿正祭器，不以四方之食供簿正。"曰："奚不去也？"曰："为之兆也。兆足以行矣，而不行，而后去，是以未尝有所终三年淹也。"

【注释】

① 见：通"现"，表现、显现。
② 矫易：矫正，改变。
③ 委蛇：顺随、顺应貌。
④ 介介：此指孤高而固执。
⑤ 君若民：君和民。若，与。
⑥ 卑卑无甚高论之拒：所陈之义太高而无法实行，因而被拒。语本《汉书·张释之传》："释之既朝毕，因前言便宜事。文帝曰：'卑之，毋甚高论，令今可行也。'"
⑦ 此句谓离开并不难。按，此股谓，孔子认为轻易就离开鲁国，人们会觉得他没有和易之风、拒人

太峻，因而得不到信任，这样就是自己先堵塞了实施仁政王道的机会。

⑧ 之齐之卫之楚：泛指孔子周游列国所到之处。之，到。

⑨ 父若母之国：即父母之邦，指鲁国。

⑩ 由由不忍去：此指乐于和平庸之人交往。由由，愉悦貌。《孟子·万章下》："（柳下惠）与乡人处，由由然不忍去也。"

位卑而言高　一节

罗万藻

臣①无罪而不足以劝，耻之而已。盖贫仕②之情，不在立朝行道者之事也，故位卑言高之罪，罪累上③也。且人主之礼其大臣也，罪不及焉，非难于罪大臣也，宽之以自责之路而动之以耻，故大臣之以无罪而辱，有不如小臣之以有罪而荣也。夫大臣何可一日不为行道计？道既已行矣，古人犹有飏言载赓④之风，以动色于几康⑤，而不忍效小臣之为；立朝已无愧矣，古人犹有明农复辟⑥之事，以风示其廉退，而不贪立朝廷之上。世之衰也，大臣不言，故小臣言之；大臣不能言复不能退，故小臣愈益言之而愈益攻之。人主不得已，而治之以其法；大臣不自安，更穷之以其私。是故位卑言高之臣，往往以不免⑦也。顾其立人之本朝而道不行，独何也？夫人主禁小臣之言，而予大臣以功名之全；纤悉于小臣之罪，而宽大臣以不待督责之意。此所谓动之以耻也。今不念其道之不行，复不思其身之宜退，处具瞻⑧之地而隐情惜己，以发天下痛哭流涕之狂；居风节之总而持禄固身，以授言者窒隙蹈瑕⑨之路。故吾谓位卑言高之罪，罪累上也。其累上，奈何耻之也？乃知立朝轻重，何常之有，彼功名进取之士，勇于为人而疏于自量，更何所爱？吾谓使人主尊此能言者而立于朝，则天下事之当言者必日闻于前；使人主赏此能言者而不之罪，则天下士之能言者必复接踵而进。而人主难之，讽大臣自处之道也。彼立朝者而不知耻，何哉？

【原评】此节只是"辞尊居卑"两句注脚，非责大臣"达不离道"也。借题抒发胸臆，剀切之旨，出以蕴藉风流，在作者稿中不可多得。

【题解】出自《万章下》第五章，参见隆万文卷六郝敬《仕非为贫也》。

位卑而言高，罪也；立乎人之本朝，而道不行，耻也。

【注释】

① 臣：此指立于朝、负有"行道"之责的大臣。本句谓，人主宽待大臣，言者无罪，但大臣仍不能直言进谏，这是大臣的耻辱。按，《孟子》此节重在"位卑而言高，罪也"，而本文则借题发挥，重在后一意，即"立乎人之本朝，而道不行，耻也"。

② 贫仕：为贫而仕。按《孟子》本章的说法，为贫而仕者，当"辞尊居卑，辞富居贫"即担任地位低、俸禄少的官职，也不承担立朝行道的责任，故不应"位卑而言高"。

③ 累上：连累居高位者。本句谓，位卑而言高，暴露出朝廷大臣当言而不能言，这就是"罪"。

④ 飏言载赓：指大臣进谏。语本《尚书·益稷》所叙夔进谏舜之词："皋陶拜手稽首，飏言曰：'念哉！率作兴事，慎乃宪，……'乃赓载歌曰：'元首明哉！股肱良哉！庶事康哉！'"孔安国传："大

言而疾曰飏","赓,续。载,成也"。

⑤ 几康:指持身谨慎。《尚书·益稷》载禹戒舜曰:"安汝止,惟几惟康",孔安国传:"念虑几微,以保其安。"蔡沉集传:"惟几,所以省其事之发。惟康,所以省其事之安。"

⑥ 明农复辟:指周公摄政数年后,归政于周成王。明农,勉农,表示准备引退。语本《尚书·洛诰》:"(周公曰)兹予其明农哉!"又,"朕复子明辟"。孔安国传:"如此我其退老,明教农人以义哉!"

⑦ 不免:指获罪。

⑧ 具瞻:本意为众人所瞩目,此指宰辅重臣之位。语本《诗经·小雅·节南山》:"赫赫师尹,民具尔瞻。"毛传:"具,俱;瞻,视。"郑玄笺:"此言尹氏汝居三公之位,天下之民俱视汝之所为。"

⑨ 窒隙蹈瑕:此指在下之人抓住大臣的缺点进行批评。语本扬雄《解嘲》:"是以士颇得信其舌而奋其笔,窒隙蹈瑕而无所诎也。"

乃若其情　三节

路振飞

决性之"情"者,并辨性之"才"焉①。夫可为善则其情也,为不善则不能尽其才也,何疑性哉?孟子曰:天下无能为善之人而性掩,天下无不可为善之人而性彰。天下无可为善而不能为善之人,而性决不为不善之借口。即如言性者之纷纷,岂非以不善之去善倍蓰无算②哉?而吾以为此第当于得性失性之后别其尽不尽,不当于含情降才之先别其有不有。何也?极天下不情之事,至不善而止;极天下不才之事,至为不善而止。则未有执不情之情而可涸③性中自有之情者,且未有因不才之才而可罪性中自具之才者。若其情而何容不求也,若其才而何容不尽也?求乍见怵惕④之情,而保四海⑤之才尽;求不屑呼蹴⑥之情,而辨一介⑦之才尽;求长而敬、生而直⑧之情,而会通一世⑨、权衡千古之才尽。吾固于其可以为善验之,而信性善也,皆恻隐则皆仁,皆羞恶则皆义,皆恭敬、皆是非则皆礼,皆智,而后知可仁、可义、可礼、可智者之举皆性也;吾更于所以为不善究之,而益信性善也,不思恻隐则失仁,不思羞恶则失义,不思恭敬、不思是非则失礼、失智,而后知铄⑩仁、铄义、铄礼、铄智者之举非性也。能尽则为尧、为舜、为文武,其去不善也无算,第达才之量⑪以返情之初,而性原不增;不能尽则为瞍、为象⑫、为幽厉,其去善也亦无算,第汨情之体⑬以阻才之用,而性原不减。安得罪不能尽之才即其才,而反诬可为善之情非其情哉?⑭子得吾说而思之,彼三说⑮者止存其可以为善之一言可也。

【原评】按部整伍,其制胜尤在中间"求其情而才尽"一段。

【评】挈其要领,贯通首尾,一因乎理势之自然,非屈题就裁者可比。

【作者简介】

路振飞(?—1647),字见白,号皓月,河北曲周人。天启五年(1625)进士,初任泾阳知县,崇祯初升御史,不避权贵,六年巡按福建,御荷兰人有功,任满以京卿录用。后仕于南明,辗转闽、粤以抗清。后清廷予谥文贞。有《路见白诗》等。

【题解】出自《告子上》第六章,参见正嘉文卷六陈栋《诗曰天生丞民》。

孟子曰："乃若其情，则可以为善矣，乃所谓善也。若夫为不善，非才之罪也。恻隐之心，人皆有之；羞恶之心，人皆有之；恭敬之心，人皆有之；是非之心，人皆有之。恻隐之心，仁也；羞恶之心，义也；恭敬之心，礼也；是非之心，智也。仁义礼智，非由外铄我也，我固有之也，弗思耳矣。故曰：'求则得之，舍则失之。'或相倍蓰而无算者，不能尽其才者也。"

【注释】

① 本文"情"、"才"均有特殊含义，《孟子》本章朱熹集注："情者，性之动也。人之情，本但可以为善而不可以为恶，则性之本善可知矣。""才，犹材质，人之能也。"

② 倍蓰无算：从相差一倍到相差得无法计算。倍，一倍。蓰，五倍。

③ 淈：使……混杂、混乱。

④ 乍见怵惕：见到小孩子将要掉到井里，马上就生出忧惧之心，这是仁心的发端。语本《孟子·公孙丑上》："今人乍见孺子将入于井，皆有怵惕恻隐之心。"

⑤ 保四海：保护全天下的人，这是推广"仁"。《孟子·梁惠王下》："故推恩足以保四海。"

⑥ 不屑呼蹴：指人们不屑于接受吆喝着、践踏着施舍的东西。这是"羞恶之心"的反映，也是"义"的端由。语本《孟子·告子上》："呼尔而与之，行道之人弗受；蹴尔而与之，乞人不屑也。"

⑦ 辨一介：事关礼义，在极细小的事物上也要分辨。介，通"芥"，喻细微之物。语本《孟子·万章上》："非其义也，非其道也，一介不以与人，一介不以取诸人。"

⑧ 长而敬、生而直：分别指人性本具的"礼"和"智"的表现。

⑨ 会通一世：指"礼"的功用。《周易集解·乾》"嘉会，足以合礼"，何妥曰："礼是交接会通之道。"

⑩ 铄：渗入。朱熹集注："铄，以火销金之名，自外以至内也。"

⑪ 达才之量：充分发挥天生善性的材质。

⑫ 为瞍、为象：瞍，指瞽瞍，舜之父。象，舜之弟。二人皆不善之人。

⑬ 淈情之体：扰乱了"情"的善的本体。淈，扰乱、磨灭。

⑭ "安得"句：怎能以"不尽之才"归罪于"才"本身，又怎能说"可为善之情"不是"情"？

⑮ 三说：指《孟子》本章前节公都子提及的关于"性"的三种观点。

乃若其情 二节

黄淳耀

合情、才以溯性，其善著矣。夫情、才非性而皆出于性也，其善若此，其无不善若彼，奈何敢于诬性耶？昔者孟子之论性与孔子异。孔子之说，理气参焉者也，故其言曰"相近"①；孟子之说，论理不论气者也，故其言曰"性善"。然置气不言而天下之辨起矣，则仍即其流行运用于气之中者言之，而立教乃可无弊。答公都子曰：天命之谓性，性动而有为之谓情，性具而能为之谓才。夫性浑然在中，可以理推而不可以迹求者也，人亦安能尽识哉？乃若情也者，动乎天机，著乎心本，览阴阳而知太极之动，观清浊而知流水之源，断断如也。今夫饥而欲食，壮而欲室②，此人所谓情也，而不可谓之情，盖尝屏万物而示之以善，不啬身之于痛痒，不待教而知矣；得意则喜，见犯则怒，此人所谓情也，而不可谓之情，盖尝杂万物而进之以善，不窨口之于甘苦，不移时而别矣。由此以溯之于性，性善也，故情亦善也，此从本逮末之论也；情善也，则性亦善也，此推见至隐③之说也。故曰善也。若夫为不善，则亦有之。缘机逐物④而自放于昏逸之地，在今名之曰暴弃⑤之民；反道背德而甘即于顽嚚⑥之间，在古名之曰不才之子⑦。乃一旦举而诿之曰此才罪也，呜呼，其然哉！大钧⑧赋物，一实万分，既授以冲漠之精⑨，即并授以达此至精之具，谓有赢缩其间，则是择圣人而尽予之才，择贤人而多予之才，择中人而悋⑩予之才也；二五⑪顺播，形开神发，既畀以妙合之理，即并畀以翼⑫此至理之资，谓有异同其间，是有以处夫终身不善之人，而无以处夫始善终恶之人，与夫始恶终善之人也。才且无不善如此，而况于情；情且无不善如此，而况于性哉？然则不善孰为之？曰气为之也。在天之气无善恶，在人之气有善恶。然情可为善也，乃有放杀君父而自以为是者，是情为气变矣；才固无不善也，乃有始生之日而知其灭族者，是才为气变矣。吁，合气与理而后可以明道，可以辟邪也夫。

【原评】朴直老当，无一字含糊。此处"才"字，孟子从"性善"一滚说下，只在"理"上论，未曾论到"气"。程子之说⑬，从言外补入，最合。一夹发便失语气。

【题解】出自《告子上》第六章，见上，参见正嘉文卷六陈栋《诗曰天生丞民》。

【注释】

① 相近：孔子论性"相近"，见《论语·阳货》："子曰：'性相近也，习相远也。'"朱熹集注："此所谓性，兼气质而言者也。气质之性，固有美恶之不同矣。然以其初而言，则皆不甚相远也。"

② 室：娶妻成家。

③ 推见至隐：推演明显存在的事物和情状，揭示隐藏着的事物与情状。见，通"现"。

④ 缘机逐物：听任感官，追逐外物。机，指耳目等感官，《国语·周语》："耳目，心之枢机也。"

⑤ 暴弃：即自暴自弃，不自爱。

⑥ 顽嚚：愚蠢而顽固。《尚书·尧典》："（舜）父顽，母嚚"。

⑦ 不才之子：不成材的人。《史记·五帝本纪》："昔少鸿氏有不才子……天下谓之浑沌。"

⑧ 大钧：指造化，造物者。

⑨ 冲漠之精：指"道"。冲漠，虚静恬淡。

⑩ 悋：同"吝"，吝啬。

⑪ 二五：指天地、阴阳五行。

⑫ 翼：辅助。

⑬ 程子之说：指"论性不论气，不备；论气不论性，不明，二之则不是"诸说，为《孟子》本章下节朱熹集注所引。

梏之反复 二句

章世纯

良心之竟失，则其害深也。夫仁义诚有根之良也，仁义固终不绝于人心也，然其如此反复者何哉？且以天下仁义之人少而不仁不义之人特多也，盖性善之说几无以解于天下矣，本善者不宜有不善也，而固有之者，解在乎梏亡也；而梏亡之说亦无所解于吾性矣，有根者不宜受夺也，而受夺者，解在梏之反复也。物之害心，非一害之而已也，一害之而即已，则必无有能害者矣；心之受害，非一受害而已也，一受害而即已，则亦无有见害者矣。惟其相寻于无已，则其道为习至，习至则久，久而心与狃①矣，夫天下岂有久于吾性者哉，生而禀之以至于今日，亦以成故矣，今之来者亦以狎至②而积累于岁月，因以相胜，则夫向之久者亦不足以当也，夫后来者尤据于念所甘也；惟其相累于至久，则其类且众至，众至则多，多则物力强矣，夫天下又岂有多于性者哉，自一良而演之以至于百善，亦已有类矣，今之来者亦以累积而大得其朋从，因以相倾，则夫向之多者亦将不足以敌也，夫后来者尤乘于见所用也。于是乘清夜而养者，至此不能养也，何也，清夜亦梏亡之时也，觉之所习，梦亦同趣，而扰扰之境不复置③于向晦晏息④之会；于是乘清夜之余而见者，至此亦不能见也，何也，清夜之余亦梏亡之余也，鸡鸣而起，孳孳为利，而重阴之人不复能受天地清阳之气。如是而犹有存者哉？若不至于反复相梏而遂失者，则不得谓之性矣，言性则本之者深也，逮夫势穷理极而不能不夺也，此深者之事也；至于反复而不失者，则亦不得谓之性也矣，言性则其变化神也，逮夫易物相习而亦能与之为用也，此又神者之事也。知此说者可与论心矣。

【原评】朱子云"反复"非颠倒之谓，盖有互换更迭之意，中二股形容得出。"梏之反复"即顶上"旦昼之所为"；"不足以存"非气不存，谓所息有限，不敌梏亡之众，遂不足养其仁义之心耳。文中"清夜亦梏亡之时"云云，未免太过。

【题解】出自《告子上》第八章，参见正嘉文卷六唐顺之《牛山之木尝美矣》。

其日夜之所息，平旦之气，其好恶与人相近也者几希，则其旦昼之所为，有梏亡之矣。梏之反复，则其夜气不足以存；夜气不足以存，则其违禽兽不远矣。人见其禽兽也，而以为未尝有才焉者，是岂人之情也哉？

【注释】

① 狃：习惯，习以为常。
② 狎至：接连而来。
③ 置：搁置，停止。
④ 向晦晏息：晚间休息。晦，晚上。晏，安。

养其大者为大人

金 声

有大人之体，存乎养而已。夫体之大者，大人之具也，养之斯为大人，岂可以不考哉？孟子曰：养道之不可不讲也，则人品系焉。人未有能自爱者也，而苟能自爱，则其贱而存者①非必有以异乎天下之人也，而养已操其胜矣，奈何以小害大、以贱害贵而为小人耶？百体之在人身也，犹众人之在天地也；人身之贵大体，亦犹天地之独贵大人也。养其大者为大人已。大非能自大也，无以养之，犹渺然者耳，今将肆力焉，极其所能至而莫之敢损也，大无尽，养亦无尽，吾目不能窥所未见，耳不能察所未闻，手足不能拮据于所未到，而恃此一物者，遂有以周宇宙而无困匮之患，则变化无方②之人也；大本自大也，无以养之，亦遂有漏焉耳，今将保护焉，坚其所有余而莫之敢放③也，大无加，养亦无加，吾情且不能以自定，欲且不能以自足，血气筋力且不能以自守，而存此一物者，遂有以涉末流而立万物之防，则范围无外之人也。是故有得志于时之大人，则所谓养尊而处优也，以天下奉一人，亦何取不多、何用不宏而皇皇乎④其大者焉，甚者宵旰⑤以为勤，夙夜不遑处⑥，人以为自薄也，而不知危微精一⑦，固已判人禽于方寸⑧之地；有不得志于时之大人，则所谓优游以卒岁也，置一人于天下，亦何殡可素、何位可尸⑨而孳孳乎⑩其大者焉，甚者饥渴不以害，安饱无所求⑪，人以为不堪也，而不知动心忍性，固已决生死于忧乐⑫之关。盖惟有人焉养其大，而天下仰以托命，彼小人者始得以安然自豢于冠裳礼乐之中；亦惟有人焉养其大，而天下赖以观化，彼养小者犹不至荡然自暴于日用饮食之外。养身者念之，大人岂可不为哉？

【原评】养小定失大，养大却举小，此义发得圆足。

【评】作者凡言心性，言忠孝节义、生民疾苦、衰俗顽薄之文，有心者读之，必自惭自惧，且感且奋。盖性体清明，语皆心得，故诚能动物如此。

【题解】出自《告子上》第十四章。

孟子曰："人之于身也，兼所爱。兼所爱，则兼所养也。无尺寸之肤不爱焉，则无尺寸之肤不养也。所以考其善不善者，岂有他哉？于己取之而已矣。（人于一身，固当兼养，然欲考其所养之善否者，惟在反之于身，以审其轻重而已矣。）体有贵贱，有小大。无以小害大，无以贱害贵。养其小者为小人，养其大者为大人。（贱而小者，口腹也；贵而大者，心志也。）今有场师，舍其梧槚，养其樲棘，则为贱场师焉。场师，治场圃者。梧，桐也；槚，梓也，皆美材也。樲棘，小枣，非美材也。）养其一指而失其肩背，而不知也，则为狼疾人也。（狼善顾，疾则不能，故以为失肩背之喻。）饮食之人，则人贱之矣，为其养小以失大也。（饮食之人，专养口腹者也。）饮食之人无有失也，则口腹岂适为尺寸之肤哉？"（此言若使专养口腹，而能不失其大体，专口腹之养，躯命所关，不但为尺寸之肤而已。但养小之人，无不失其大者，故口腹虽所当养，而终不可以小害大，贱害贵也。）

【注释】

① 赅而存者：指心性。赅，完备。
② 无方：不受固定的方向、处所、范围的限制，达到神明之境。
③ 放：放失，搁置。
④ 皇皇乎：焦虑不安貌。
⑤ 宵旰：即"宵衣旰食"，天不亮就穿起衣来，时间晚了才吃饭，形容为处理国事而辛勤地工作。宵，夜间。旰，天已晚。
⑥ 夙夜不遑处：日夜工作，无暇安歇。《诗经·小雅·采薇》："王事靡盬，不遑启处。"郑玄笺：

"处犹居也。"

⑦ 危微精一：省语，即《尚书·大禹谟》所言："人心惟危，道心惟微，惟精惟一，允执厥中"。传统上认为是儒家的"心传"，此处即指"人心"与"道心"、"天理"与"人欲"的区别。

⑧ 方寸：指"心"。

⑨ 何殽可素、何位可尸：谓不肯尸位素餐。殽，通"飧"，熟食，《诗经·魏风·伐檀》："彼君子兮，不素飧兮。"尸，占据其位（而不尽职）。

⑩ 孳孳乎：勤勉不懈貌。孳孳，同"孜孜"。

⑪ 安饱无所求：即《论语·学而》所言"君子食无求饱，居无求安"。

⑫ 决生死于忧乐：即《孟子·告子下》所言"生于忧患而死于安乐"。

钦定启祯四书文卷九（《孟子》下之下）

物交物　二句

吴　云

　　物有为所引者，当知其受蔽之原矣。夫既已交之而不能不引也，孰主张是①而令其受蔽若此乎？且物不能以治物，故宰万物之化者，必在无物之体②，然非所论于耳目之官也。夫耳目之官，哲谋③所运也，聪明所出也，安得仅泥之为物？而既不思而蔽乎物，安得不谓之物也？吾于其蔽之之象而想其进而交者焉，吾于其受蔽之处而想其引而出者焉。盖谓之物，则皆有形也，皆有欲也，两有形，似乎相格，两有欲，无不相交矣；谓之物，则皆滞于实也，皆逐于幻也，以实相迎，则交之者遇境即投，以虚相逐，则引之者无境不出矣。独居之地，未尝有睹有闻，而不睹不闻之中憧憧④者是何物乎，若或交之，而憧憧者果在吾耳目前也，此时虽欲不睹而不能不睹，虽欲不闻而不能不闻，若其质任自然⑤之势也；平旦之时，亦尝收视返听⑥，而收视返听之处扰扰者是何物乎，恍惚交之，而扰扰者若皆吾故物也，此时不能不视而犹恐视之不多，不能不听而犹恐听之不尽者，亦其一往难穷⑦之机也。是以交之时，犹一境也，而一交而即引，则一境之中即生千百境，盖去而不复返，不能待此境之尽后，见彼境之来也；交之时，犹当境⑧也，而随交而随引，则目前之境皆或过或来之境，盖往而无所停，并不能留瞬息之余地，定目前之应迹⑨也。吾求其所谓天聪天明者无有也，引之而去矣，仅存耳目之物耳；求其所谓耳聪目明者亦无有也，引之而去矣，但见声色之物耳。其初耳目为主而声色为客，无来而不迎；其究声色为君而耳目为臣，无呼而不出。以此为人，亦声色之人矣，安所称大哉？

　　【评】无义不搜，无转不彻。非实从身心体贴一过，不能言之明晰如此。

　　【作者简介】

　　吴云，字天门，别字舫翁，江西安福人，拔贡生，著有《天门易学研究》、《禹贡歌》、《学庸注释》、《四书旨》及《天门诗文稿》等。

　　【题解】出自《告子上》第十五章，参见正嘉文卷六唐龙《物交物》。

　　公都子问曰："钧是人也，或为大人，或为小人，何也？"孟子曰："从其大体为大人，从其小体为小人。"曰："钧是人也，或从其大体，或从其小体，何也？"曰："耳目之官不思，而蔽于物，物交物，则引之而已矣。心之官则思，思则得之，不思则不得也。此天之所与我者，先立乎其大者，则其小者弗能夺也。此为大人而已矣。"

【注释】

① 孰主张是：谁在主宰张罗此事。主，主宰。张，布。《庄子·天运》："孰主张是？孰纲维是？"

② 无物之体：指"心"之本体。

③ 哲谋：指身、目之用。《尚书·洪范》："视曰明，听曰聪……明作哲，聪作谋。"蔡沉集传："哲者，智也。谋者，度也。"

④ 憧憧：往来不绝、纷乱貌，此指声色的幻象。《易·咸》："憧憧往来，朋从尔思。"

⑤ 质任自然：常指不雕饰、不造作，此指顺从人的自然之性。

⑥ 收视返听：指不听不视，不为外物所扰。

⑦ 一往难穷：此指人的心思一旦为外物所引去，就会陷入无法穷尽的声色之境。

⑧ 当境：当前的物境。

⑨ 应迹：理学概念，此略指对外境的响应。

心之官则思　二句

艾南英

揭心之所以统众体者，而即思以惕之焉。夫心官在思，故与众体异也，然必思而后得，则思要矣。且人知物交之害，缘耳目以累心，而不知不善事心者，究使心等于耳目。盖心之职虽异于耳目，而吾必使心践是职，而后可以为耳目之主。是故耳之官在听，而思其当听与不当听者，则心之官在焉，然非曰一明乎心之官，而所以当听与不当听之理遂了然吾前也；目之官在视，而思其当视与不当视者，则心之官在焉，然非曰一明乎心之官，而所以当视与不当视之理遂了然吾前也。当万感纷纭而天君①内应，此时谓之心仍其官则可，谓之得思则不可，何也，百虑撞扰②，未始不与众交驰也，夫惟惺然③者不昧而后吾始能有思，而是思也，乃足以宰众感矣；当一事未形而内自撄攘④，此时谓之心仍其思则可，谓之非物交物感则不可，何也，独睹中涵⑤，未始不与众俱疚⑥也，夫惟洞然者无累而吾始谓能思，而是思也，果足以杜众诱矣。盖耳目之役以气动也，心之思亦以气应也，均是气耳，惟官在思而惕之以思，则以理驭气，而行乎感应之涂⑦而无差；耳目之官于吾身为视听之职也，心之官于吾身亦腑窍之列也，均是形耳，惟官在思而宰之以思，则以性治形，而握乎明聪之主而不乱。然则心以能思为职，是心之所以异众体也；而以思践吾心之职，则吾之所以善治心也。此之谓大体也已矣。

【自记】"心之官则思"，此"思"字杂形气、理欲在内；"思则得之"，"思"字方是慎思。若两"思"字作一样看，则下文"不思"者岂尽灰槁其心⑧乎？

【评】上"思"字指其职守，下"思"字乃其尽职处。分肌擘理，清思锐入，题障尽开。

【题解】出自《告子上》第十五章，见上，参见正嘉文卷六唐龙《物交物》。

【注释】

① 天君：指"心"，《荀子·天论》："心居中虚，以治五官，夫是之谓天君。"

② 撞扰：干扰。

③ 惺然：清醒。惺，静中不昧。

④ 搅攘：扰乱。攘，扰。

⑤ 独睹中涵：指"心"的思维功能尚未得到应用。独睹，指洞察力。

⑥ 疢：病，困惑。《中庸》："行前定则不疢，道前定则不穷。"朱熹集注："疢，病也。"

⑦ 涂：通"途"。

⑧ 灰槁其心：指完全没有思维活动。灰槁，语本《庄子·齐物论》："形固可使如槁木，而心固可使如死灰乎？"

心之官则思

章世纯

　　心所司之大，而体之大可知矣。夫因心以存变，所谓思也。心唯役思以自神，斯其所以君众体乎？且体之接物，各称量以相纳，而随类以相招。耳目形气之体，固宜与形气之物相施受，而分量已止，固不足以参乎思之数也。若夫思则有妙焉者矣。物之形而上者谓之道，妙形气而为言；而人之善变通者谓之思，则虚游无以相领①。此其所受摄固天下之至微也，而孰为此者，非心之专司乎？心者，君主之官，神明出焉。是故众形之用效于四末②，而此独隐深以自尊，其深藏者，所以独为不可亵，其不可亵者，所以独为不可测也；众体之职效于一节，而此独大略以为司，其虚悬③者，所以成其兼总，其兼总者，所以成其参酌④也。于是而有留物之智，不积聚以自满而能忆故以为藏，是故耳无驻声之地而此独留其响，目无染色之迹而此独久其居，夫思者，以其往识缘而成想者也，故者之不忘，则思之所以生端也；于是有任物之哲，智常浮⑤乎其物而意不止如其境，故声之来者有实而此尤达之声之所不至，色之所效有实而此尤达之色之所无与，夫思者，以其见在⑥推于无端者也，来者之相引，则思之所以极变也。何也？盖人者，德流气薄⑦而生者也，生之来谓之精，两精相搏⑧谓之神，精、神之合谓之心。是以心者善入亦善出，而思者能往亦能来也。

　　【评】章大力之文，出于周末诸子。其思力锐入，实能究察事物之理，故了然于心口之间，非揣摩字句而仿其形貌也。然其不能上跻唐、归之风轨，亦由于此。

　　【题解】出自《告子上》第十五章，见上，参见正嘉文卷六唐龙《物交物》。

【注释】

①"虚游"句：将"思"与"道"对比，"道"指形与气，而"思"似乎游于虚空之域，不包含什么对象。

② 四末：四肢。《管子·内业》："饱不疾动，气不通于四末。"

③ 虚悬：虚设，此指不负责具体的感觉活动。

④ 参酌：会同众物、众论，加以比较，斟酌取舍。

⑤ 浮：超出。

⑥ 见在：通"现在"，已存在的事物。

⑦ 德流气薄：谓天、地结合。薄，遭遇。《黄帝内经·灵枢·本神》："天之在我者德也，地之在我者气也，德流气薄而生者也。故生之来谓之精；两精相搏谓之神……所以任物者谓之心。"

⑧ 两精相搏：指阴阳二气相合。本句出处见前，张介宾注："两精者，阴阳之精也。搏者，交结也。凡万物生成之道，莫不阴阳交而后神明见。"

高子曰小弁　一章

黄淳耀

　　诗可以怨①，大贤即《小弁》以立教焉。夫平王②之孝可议，而《小弁》之诗不可议也。明于当怨之故，可以教天下之为人子者矣。且处人父子之间，此天下之至难也，而尤难处者，帝王之父子。盖有宗社之寄，则贼乱易生；居嫌微之间，则谗构易入。处之不得其道，则天下戮辱③其君父，而亦不怜其臣子，所以难也。君子读《小弁》之诗，三致意④焉。盖作此诗者，宜臼之傅也，可谓能教太子矣。而说者猥疑⑤之，曰"怨"，嗟乎，亦知幽王之世为乾坤何等时哉？亲若申侯⑥，畔⑦之而已，是路人也；贤若伯阳父⑧，忧之而已，是亦路人也；忠厚若《正月》⑨以下诸诗人，嗟叹之而已，不得不为路人也。以路人自处，而以越人⑩处君，则虽赍咨涕洟⑪，其中实与谈笑者等。今更取《小弁》读之，其身世，则舟流⑫也；其本根，则坏木⑬也；其心事，则毛里⑭也。哀痛幽默⑮，有不得已之志焉，则以天下之所弃者，虐戾之君；宜臼之所亲者，本生之父也。举天下无亲幽王之人，而亲之者独有一子；在此子亦更无仁其亲之事，而仁之者独此一诗。甚矣，作诗者之为君子也！而说者猥疑之，曰"怨"，是必变《小弁》为《凯风》，同储君于七子⑯而后可耶？今夫龙漦作孽⑰，伊洛告灾⑱，祸乱之成，至以一笑易一国⑲。此自依斟流彘⑳以来，未有若斯之酷者也。使七子之徒易地处此，必将寝干枕块㉑以冲雠人之胸㉒，而宜臼内德㉓申侯为之遣戍，外畏戎狄弃其国都。是犹以处小过者处大过，君子知其不怨㉔矣。奈何并此诗去之哉？彼为之傅者，于其本疏而教之以勿疏，于其不怨者而导之以怨，盖以虞舜望平王也。彼虽万万不能为虞舜，而前得免为篡逆，后得守其宗祧，天下以为平王能子矣，吾安得不戴之为君？然则周鼎未迁，虽谓此一诗之力可也。今由大圣人怨慕之意以扬推㉕此诗，体作诗者讽谕之情以为教天下，使人读之，相与勉为仁孝而耻为大恶，则宜臼之志固可以不论也夫。

　　【原评】平王忘其亲，而《小弁》之怨为亲亲，此天理所恃以不尽亡，人心所恃以不尽息也。看题扼要，下笔萦纡郁闷，可以感人。

　　【题解】出自《告子下》第三章。

　　公孙丑问曰："高子曰：'《小弁》，小人之诗也。'"孟子曰："何以言之？"曰："怨。"（高子，齐人也。《小弁》，《小雅》篇名。周幽王娶申后，生太子宜臼；又得褒㚲，生伯服，而黜申后、废宜臼。于是宜臼之傅为作此诗，以叙其哀痛迫切之情也。）

曰："固哉，高叟之为诗也！有人于此，越人关弓而射之，则己谈笑而道之；无他，疏之也。其兄关弓而射之，则己垂涕泣而道之；无他，戚之也。《小弁》之怨，亲亲也。亲亲，仁也。固矣夫，高叟之为诗也！"（关，与弯同。……固，谓执滞不通也。为，犹治也。越，蛮夷国名。道，语也。亲亲之心，仁之发也。）曰："《凯风》何以不怨？"（《凯风》，《邶风》篇名。卫有七子之母，不能安其室，七子作此以自责也。）曰："《凯风》，亲之过小者也；《小弁》，亲之过大者也。亲之过大而不怨，是愈疏也；亲之过小而怨，是不可矶也。愈疏，不孝也；不可矶，亦不孝也。（矶，水激石也。不可矶，言微激之而遽怒也。）孔子曰：'舜其至孝矣，五十而慕。'"（言舜犹怨慕，《小弁》之怨，不为不孝也。赵氏曰："生之膝下，一体而分。喘息呼吸，气通于亲。当亲而疏，怨慕号天。是以《小弁》之怨，未足为怨也。"）

【注释】

① 《论语·阳货》："诗，可以兴……可以怨。"

② 平王：周平王，名宜臼。

③ 戮辱：侮辱。戮，辱。

④ 三致意：再三表达其意，谓重视、关注。

⑤ 狠疑：浅薄地表示怀疑。

⑥ 申侯：周之诸侯，周幽王的岳父，《史记·周本纪》载，申侯因不满幽王重用虢石父及废申后、逐太子，"与缯、西夷犬戎攻幽王"，"遂杀幽王骊山下"，西周遂亡。

⑦ 畔：通"叛"。

⑧ 伯阳父：周之太史。《史记·周本纪》载，幽王二年，西周三川皆震，"伯阳甫曰：'周将亡矣'"，幽王三年，幽王废申后及太子，"太史伯阳曰：'祸成矣，无可奈何！'"

⑨ 《正月》：《诗经·小雅》篇名，毛诗序："《正月》，大夫刺幽王也。"按，依《毛诗序》，《小雅》自《节南山》以下至末篇《何草不黄》四十余篇均为刺幽王之诗，而朱熹《诗集传》认为《节南山》可能是周桓王时代作品，且谓："大抵'序'之时世皆不足信，姑阙焉可也。"本文不愿显背朱熹之说，故以《节南山》之后的《正月》作为幽王时代"变雅"之始。

⑩ 越人：越为蛮夷之国，越人喻指不相关之人。

⑪ 赍咨涕洟：嗟叹流涕。语本《易·萃》："赍咨涕洟，无咎。"王弼注："赍咨，嗟叹之辞也。若能知危之至，惧祸之深，忧病之甚，至于涕洟。"

⑫ 舟流：宜臼的身世，如船漂流于水中，无所归依。语本《小弁》："譬彼舟流，不知所届。"

⑬ 坏木：亦本《小弁》："譬彼坏木，疾用无枝。"郑玄笺："大子放逐而不得生子，犹内伤病之。木内有疾，故无枝也。"朱熹集传："坏，伤病也。……今我独见弃逐，如伤病之木，憔悴而无枝。"

⑭ 毛里：喻指父母之恩，此处指渴望得到父母的爱怜。亦本《小弁》："不属于毛，不罹于里。"毛传："毛在外阳，以言父。里在内阴，以言母。"朱熹集传："毛，肤体之余气末属也。""里，心腹也。""然父母之不我爱，岂我不属于父母之毛乎？岂我不离（按，同丽，附着）于父母之里乎？"

⑮ 幽默：沉寂无声。《楚辞·九章·怀沙》："眴兮杳杳，孔静幽默。"

⑯ 同储君于七子：将宜臼与"七子"等同起来。储君，即太子宜臼。七子，指《凯风》作者，见集注。按，七子亲有小过，所以不能"怨"；宜臼亲有大过，所以不能不"怨"。七子亲有小过而不怨，故孝；宜臼亲有大过而不怨，故不孝。

⑰ 龙漦作孽：龙漦，龙的涎沫。《史记·周本纪》载，夏末，有二神龙止于夏帝之庭，自称是"褒之二君"，夏帝取其涎沫藏于椟中。至周厉王时，打开盒子观看，龙涎流出，化为玄鼋，与宫人交感而生出褒姒。

⑱ 伊洛告灾：指出现亡国之征。《史记·周本纪》载幽王二年"西周三川皆震"，此"三川"非指伊、洛而言，而《周本纪》又载太史伯阳甫之言"昔伊、洛竭而夏亡"，本文即据此行文。

⑲ 以一笑易一国：指周幽王宠爱褒姒以致亡国事。《史记·周本纪》载"褒姒不好笑"，幽王烽火戏诸侯以博褒姒一笑，竟以亡国。

⑳ 依斟流彘：指帝王被放逐。依斟，夏天子相被逐，徙于商丘，依附于其同族斟氏，事见《史记·夏本纪》"帝相崩，子帝少康立"张守节正义引《帝王纪》。流彘，指周厉王无道，被"国人"流放于彘，见《国语·周语上》。

㉑ 寝干枕块：睡觉时躺在盾牌上，头枕着土块，此指急于复仇。干，盾牌，《礼记·檀弓上》："子夏问于孔子曰：'居父母之仇，如之何？'夫子曰：'寝苫枕干，不仕，虽除丧，居处犹若丧也。'"块，土块，头枕土块为居丧之礼，《仪礼·既夕》："寝苫，枕块"，贾公彦疏："孝子寝卧之时，寝于苫，以块枕头。必寝苫者，哀亲之在草；枕块者，哀亲之在土。"

㉒ 冲雠人之胸：指杀死仇人。语本柳宗元《驳复仇议》："处心积虑，以冲雠人之胸。"

㉓ 内德：内心感激。按，依照传统的观念，周平王应当能够认识到申侯的行为属于以臣弑君。

㉔ 不怨：此处的意思是周平王不懂得该如何"怨"。

㉕ 扬榷：评论。

五霸桓公为盛　三句

陈际泰

独推齐霸之盛，以其近三代之公也。夫三代无刑牲歃血之事，桓之葵丘庶几之，斯其高出五霸者哉？且皇、帝、王、霸，递降者也。帝之盛近乎皇，王之盛近乎帝，伯之盛亦近乎王，则桓公是已。夫五伯岂有先于桓公者哉，而功亦准焉。盖桓公之时，王气之微也；而桓公之举，王事之近也。何也？春秋之统凡三变①，至于桓也，而天下之权聚；桓公之身又凡三变②，及其季也，而桓公之志荒。则桓公已不免于衰，而吾特以推其盛，此又何也？则吾有感于葵丘之会之事也。尝试论之。宋襄，神明之后③也，然而弱也；秦穆、楚庄，伯事④之修也，然而夷⑤也。且也心不外者乃能统大众，知不啬⑥者乃能处大事。以此律晋文⑦难之，况其散焉者乎？于是齐桓独盛，而齐桓葵丘之会尤盛。盖自是诸侯咸喻乎桓公之志矣，牲亦不必刑也⑧，书亦不必烦也，血亦不必歃也。夫大道隐而家天下⑨，然后有诰誓；忠信薄而人心疑，然后有诅盟⑩；盟诅⑪烦而约剂⑫乱，然后有交质子⑬。故论者谓诰誓⑭不及五帝，诅盟不及三王，交质子不及五伯。苟能是焉则已矣，而不虞桓公不徒却交质而不用也，抑且桓公之几却诅盟而不为也，岂非有志于天下为公之世而王事几合乎？后世徒见桓之会有天子之事三：于首止⑮，殊会世子⑯不以夷⑰于诸侯而不敢盟焉；于洮，序王人⑱于诸侯之上而后盟焉；于葵丘，亦序周公⑲于诸侯之上而不敢同盟焉。君子以桓为知节矣，以是取贵乎春秋，而抑知其革薄从忠，见于不歃者，犹有三代之遗意也哉？夫《桧》之卒章⑳，伤天下之无王；《曹》之卒章㉑，伤天下之无伯。非无伯也，不能如桓之以信待人以达于王事也。虽然，时至而优，物过而止，葵丘之会，桓公极盛之举，亦桓公将衰之机也。盖自是无四方之志矣，是故书之重、词之复㉒以著其美，而书日㉓以志其谨。吁，伯业之衰，亦岂天下之幸哉？

【评】诸儒纪说，未必尽是圣贤精蕴，以入时文，便已卓尔不群。故知天资虽美，必实之以学，而后文可成体也。

【题解】出自《告子下》第七章，参见正嘉文卷六茅坤《无曲防》。

"五霸，桓公为盛。葵丘之会诸侯，束牲、载书而不歃血。"

【注释】

① 三变：齐桓公即位之年（前 685 年），为周庄王十二年，东周王室已历平王、桓王、庄王三君。本句当即此事而言。

②"桓公之身"句：此"三变"当指以桓公三十五年秋葵丘之盟为界，由初期的奋发有为，到此期的志骄，再到晚年的志荒。

③ 神明之后：宋国为商朝后裔，武王克商，封商纣王庶兄微子于宋。商之始祖契，为帝喾之子。

④ 伯事：霸主之事。伯，通"霸"。

⑤ 夷：秦、楚在当时被视为夷狄之国。

⑥ 智不凿：因势利导，不以私智穿凿。《孟子·离娄下》："所恶于智者，为其凿也。"朱熹《集注》："天下之理，本皆顺利，小智之人，务为穿凿，所以失之。"

⑦ 晋文：晋文公。孔子对晋文公有"谲"的评论，《论语·宪问》："子曰：'晋文公谲而不正，齐桓公正而不谲。'"

⑧"牲亦不必刑也"：此数句指桓公葵丘之盟，没有举行杀牲祭祀神灵、书写盟誓、歃血为盟等仪式，而是信赖盟会者的忠直。

⑨ 家天下：谓帝王把国家作为自己一家的私产，世代相传。语本《礼记·礼运》："大道之行也，天下为公……今大道既隐，天下为家。"郑玄注："传位于子。"

⑩ 诅盟：誓约。《尚书·吕刑》："罔中于信，以覆诅盟。"

⑪ 盟诅：结盟立誓。《周礼·春官·诅祝》："诅祝掌盟、诅……之祝号。作盟诅之载辞，以叙国之信用，以质邦国之剂信。"郑玄注："盟诅主于要誓，大事曰盟，小事曰诅。"

⑫ 约剂：用作凭据的文书、契券，此指盟誓文书。《周礼·春官·太史》："凡邦国都鄙及万民之有约剂者藏焉。"郑玄注："约剂，要盟之载辞及券书也。"

⑬ 交质子：互派人质，以保证盟约得到执行，《左传·隐公三年》："故周郑交质。"

⑭ 诰誓：古代君王训诫勉励民众的文告。《尚书》所录"诰"、"誓"俱为夏、商、周三代的文告，"虞书"无之。《穀梁传·隐公八年》："诰誓不及五帝，盟诅不及三王。"《新唐书·柳浑传》："浑跪曰：'五帝无诰誓，三王无盟诅，盖盟诅之兴皆在季末。'"

⑮ 首止：郑国地名，或曰卫国地名，约在今河南睢县。鲁僖公七年，齐桓公在首止与诸侯会盟。

⑯ 殊会世子：此指周王室太子郑参加了首止会盟，但齐桓公把觐见太子郑与诸侯会盟区分开来。按，当时周惠王宠爱其子叔带，有废太子郑即后来的周襄王之意。这次会盟邀太子郑参加，意在巩固太子郑的地位。《春秋·僖公七年》："公及齐侯……会王世子于首止。""秋八月，诸侯盟于首止。"《公羊传》："曷为殊会王世子？世子贵也。"《穀梁传》释《春秋》将一事分二条书写的原因："无中事而复举诸侯，何也？尊王世子而不敢与盟也。"

⑰ 夷：等同。

⑱ 王人：周王室的微官。按，此指鲁僖公八年齐桓公在洮与诸侯会盟事，此亦为巩固周襄王的地位

而举行。《春秋》:"春王正月,公会王人、齐侯……盟于洮。"《公羊传》:"王人者何?微者也。曷为序乎诸侯之上?先王命也。"

⑲ 周公:此指周襄王的大臣宰孔,曾作为周襄王的代表参加葵丘之盟。《春秋·僖公九年》:"夏,公会宰周公、齐侯……于葵丘。"

⑳《桧》之卒章:指《诗经·桧风》的末篇《匪风》。毛诗序:"《匪风》,思周道也。国小政乱,忧及祸难,而思周道焉。"诗末章云:"谁将西归?怀之好音。"

㉑《曹》之卒章:指《诗经·曹风》末篇《下泉》,卒章云:"四国有王,郇伯劳之。"毛诗序:"《下泉》,思治也。曹人疾共公侵刻,下民不得其所,忧而思明王贤伯也。"

㉒ 书之重、词之复:指记载比较繁复,以表明重视。按,僖公九年葵丘之盟在夏、秋举行了两次,《春秋》也分两次记载。

㉓ 书日:齐桓公九合诸侯,唯鲁僖公九年秋葵丘之盟,《春秋》记载了日期,其他仅记载月份。《春秋》:"九月戊辰,诸侯盟于葵丘。"《公羊传》:"桓之盟不日,此何以日?危之也。……葵丘之会,桓公震而矜之,叛者九国。"《穀梁传》:"桓盟不日,此何以日?美之也。为见天子之禁,故备之也。"

舜发于畎亩之中　一章

凌义渠

　　明生死之机以示人,而天意不可负矣。夫人皆在忧乐中,而孰知生死即于此决乎?善承天意者宜何如也?尝观人之一身,莽然①以生者,仍不得谓之生。心与性,其所以生也,从心性治之,而形气亦静然退听,而人遂因之以不朽。此属之人事乎,抑属之天道乎?谓天以困之者亨之,而如劳苦、如穷饿、如拂乱者,身名俱寂,殆不可数矣;谓天以困之者终困之,而若畎亩、若佣贩②、若市囚③者,舜说④诸人,又何以称焉?盖天未尝以大任酬平日之艰苦,而不得不借艰苦一途以坚其任之之基;贤圣并未尝以动忍⑤觊天心之眷顾,而转似由动忍百端以厚其任之之力。总之,不以形气用而以心性用,虽日与忧患俱而未觉可畏者,能忧患之人也;至心性全其真而形气驱其蠹⑥,虽日与安乐俱而亦未觉可溺者,能安乐之人也。如必有待于困衡征发⑦,借牖于法拂多难⑧,天之意不已薄乎,而生之路迫矣;唯有作之喻⑨者以善其后,有为入为出者⑩以挽其亡,天之意不仍厚乎,而生之理愈出矣。乃知欲与之以生,而不忍贻之以死者,天与人相关之至意;能与以生而不欲骤与之安乐、能远其死而不欲遽远其忧患者,天于人相成之苦心。故世有忧患,而未必生荩臣义士,动以身殉而不知其耿日月而薄云霄者,皆生气也,殆与"降大任"之旨互参焉,而非有畸⑪也;世更多安乐,而未必死宫室妻妾,淫享终身而不知其思虑荒而视听惯者,皆死气也,殆不得与"惜庸人"之例并观焉,而非有私也。独所谓动忍增益者,根心性而出,极于诚明;从揣摩而入,近于机穽⑫。如舜说胶鬲者无论,即夷吾诸臣可多得乎?

　　【评】后二比所谓"无弃"之言,读之可以警顽起懦。即言以求其志,自知为忠孝性成人。

　　【题解】出自《告子下》第十五章,参见化治文卷六朱希周《舜发于畎亩之中》。

孟子曰："舜发于畎亩之中，傅说举于版筑之间，胶鬲举于鱼盐之中，管夷吾举于士，孙叔敖举于海，百里奚举于市。故天将降大任于是人也，必先苦其心志，劳其筋骨，饿其体肤，空乏其身，行拂乱其所为，所以动心忍性，曾益其所不能。人恒过，然后能改；困于心，衡于虑，而后作；征于色，发于声，而后喻。入则无法家拂士，出则无敌国外患者，国恒亡。然后知生于忧患而死于安乐也。"

【注释】

① 莠然：此指品行不好而杂然生于人群之中。莠，狗尾草，喻指品行低劣。

② 佣贩：雇工和负贩，泛指地位低下之人。此就傅说、胶鬲而言。

③ 市囚：商贩和囚徒，此就百里奚、管仲而言。

④ 舜说：舜、傅说。

⑤ 动忍：即"动心忍性"。

⑥ 蠹：蠹虫，有害的事物。

⑦ 困衡征发：指本章中"困于心，衡于虑"及"征于色，发于声"。

⑧ "借牖"句：通过"法拂多难"得到启悟。牖，启发。法拂多乱，即本章"法家拂士"、"敌国外患"。

⑨ 作之喻之：精神振奋，明喻事理。指本章"而后作"、"而后喻"。

⑩ 为入为出者：指国内、国外使国家免于灭亡的因素。入，则有"法家拂士"；出，则有"敌国外患"。

⑪ 畸：不合。

⑫ 机穽：捕兽的机关和陷阱。穽，同"阱"，陷阱。按，此句谓假若不是从善的"心性"出发，而是怀着个人的动机"揣摩"天心而"动心忍性"，这种人的心机很可怕。

强恕而行　二句
曾异撰

物可以强求而备，唯其我有之也。夫备物之谓仁，然惟物之有于我，故可以恕而求之耳。尝谓万物皆备于我者，不求之而自备者也，亦求之而无不备者也。是故自然求之而物备，勉强求之而物亦备，是以谓之皆备也。今夫物而非其中之所固有，则虽百譬之而不肖，夫其譬之而能肖者，彼其中原有是物者也；天下事而非行其中之所固有，则虽曲推之而不可行，夫其推之而能行者，彼其中原有所以行于是物者也。夫所谓仁，则岂非其万物一体之谓哉？然而求之于万物焉远矣，第求之我焉近矣；即求之我而取必于诚身之乐焉又远矣，而第求之于强行之恕焉莫近矣。今夫人莫不欲人之我爱，而我亦有不爱人之时，非恕也，然此欲人我爱之心，谓非我备爱人之理不可也，则强而行爱于人焉，始第行于一人，而人人复然，则夫所谓保四海①、驯顽傲②之至仁，亦可近而取之矣；今夫人莫不恶夫物之不能相爱，而我亦有不爱物之时，非恕也，然此不欲物有不相爱之心，谓非我备爱物之理不可也，则强而行爱于物焉，始犹行于一物，而物物复然，则夫所谓格鸟兽、孚豚鱼③之深仁，又可近而取之矣。而且适适然④而譬之、而推之，不亦不诚之甚乎，然与其不诚而为仁也，不犹愈乎诚于为不仁也哉，且人而非其心之所诚然，则何以委曲取譬之若是，又况乎渐譬渐推则渐诚也，亦姑就其未诚者求之，仁近而诚亦近耳；而且规规然⑤强而譬之、强而推之，不亦不乐之甚乎，然其勉强为仁而不乐也，则使其勉强而为不仁其不乐不更甚乎哉，且人而非其意之所乐为，又何以宛转推行之若是，又况乎愈推愈譬则愈乐也，亦姑就其未乐者求之，仁近而乐亦近耳。故曰万物皆备于我者，勉强求之而亦备也。

【原评】就白文看得血脉贯通，率胸怀说去，极平极浅，自然通透洒落。今人只为满腹贮许多讲章，白文反自胡涂。临文虽用尽猛将酷吏气力，终于题目痛痒无关。宋儒之书，苟不能贯穿，不如但用本色，况讲章原以讲明此书也。讲题目不能了了，又何取乎？归震川文或直写语录，亦当年风气如此。看嘉靖各科墨卷，自见隆庆以后便不复然。不知者乃从而仿效，徒见其惑也。

【作者简介】

曾异撰（1591—1643？），字弗人，福建晋江人，家侯官。异撰起孤童，事母至孝。久为诸生，究心经世学，所为诗，有奇气。崇祯十二年（1639）举乡试，年四十有九矣，再赴会试还，遂卒。有《纺授堂集》二十七卷。

【题解】出自《尽心上》第四章。

孟子曰："万物皆备于我矣。（此言理之本然也。大则君臣父子，小则事物细微，其当然之理，无一不具于性分之内也。）反身而诚，乐莫大焉。（诚，实也。言反诸身，而所备之理，皆如恶恶臭、好好色之实然，则其行之不待勉强而无不利矣，其为乐孰大于是。）强恕而行，求仁莫近焉。"（强，勉强也。恕，推己以及人也。反身而诚则仁矣，其有未诚，则是犹有私意之隔，而理未纯也。故当凡事勉强，推己及人，庶几心公理得而仁不远也。此章言万物之理具于吾身，体之而实，则道在我而乐有余；行之以恕，则私不容而仁可得。）

【注释】

① 保四海：保护全国的百姓，指充"仁"之用。《孟子·梁惠王上》："故推恩足以保四海。"

② 顽傲：此指愚顽、傲慢之人。《尚书·尧典》："（舜乃）嚚子。父顽，母嚣，象傲。"

③ 格鸟兽、孚豚鱼：可以感通鸟兽，可以让豚鱼相信自己。格，感通。孚，使人相信。《易·中孚》："中孚，豚鱼吉。"王弼注："'豚鱼吉'，信及豚鱼也。鱼者，虫之隐者也。豚者，兽之微贱者也。"

④ 适适然：戒惧不安，此指勉强行善，尚未达到自在的境界。《庄子·秋水》："于是埳井之蛙闻之，适适然惊，规规然自失也。"

⑤ 规规然：谨慎戒惧，唯恐有失。

强恕而行 二句

黄淳耀

得物、我之所由通，而皆备者①见矣。夫仁之远者，我与物二也，强恕以通之，即于初体何负哉？今使天下有生而不仁之人，则相徇于偏私而大道可不设矣；又使天下皆生而近仁之人，则相渐于性命而学问为无用矣。夫惟反身之诚既难骤得，而皆备者①之终不可以或阙也，故求仁之方立焉。要其一致之理则曰仁，齐其众万②之情则曰恕。所谓仁者何也，存我以厚物，实能生尽天下之物，统物以观我，实能浑全受衷③之我，则诚至而仁亦至焉，恕即从仁而出矣；所谓恕者何也，不忍于一身，因知身以外之无适非身，不忍于一我，因思我所接者各挟一我，则诚未至而恕至焉，仁盖从恕而入矣。仁者无所于强，求仁者必作之以致其情；仁者独以天行，求仁者务率之④以几于道。我言而若有思也，我动而若有谋也，不几失自然与，政惟顺之至者先有所逆，逆去其嗜欲之私而后得以公溥⑤亲万物，逆去其锲刻⑥之见而后得以慈爱利万物，凡为此者，期于必达吾意而已矣，意挚则情日深，古先王对时育物⑦之道，殆取诸此而不远焉；我立而即有与立也，我达而即有与达也，不几徇外物与，政惟欲求通者务去所隔，不隔于险阻艰难而天下无阽危之物，不隔于喜怒哀乐而天下无澶漠之物，凡为此者，期于勉致吾理而已矣，理精则量日弘，古圣人博爱兼容之思，殆体诸此而弥切焉。世人当矢念⑧之初，亦各有近仁之处，乃仁至而不自信，即仁去而不自知，以其思索之不力也，强恕者体之以平日，得之以一朝，周浃旁皇⑨，其与心相习也久矣，高举之而以为生天生地之所始，岂有诬哉？君子当势穷之日，或反有不仁之时，乃仁有缺陷而恕仍存，恕既充长而仁复见，以其剥复之不远也，求仁者推及人之用，全无我之体，哀痛悱恻，其与天相见也易矣，精言之而以为尽性至命之所本，讵云妄哉？天下勉强之圣贤，终胜于自然之众庶，循理处善，一念可以有群生；天下笃实之学问，尤胜于高明之性资，致行设诚，匹夫可以容天下。夫孰非备物者，其弃此身于不仁耶？

【评】嘉靖以前，人一题必尽其义理之实，无有以挑拨了事者，况此等理窟中之荡平正道乎？仁恕源流、推行实际，必如此勘透，才见作手。　陈、章理题文多深微而简括，黄则切实而周详，故品格少逊。然陈、章天分绝人，黄则人功可造；陈、章志在传世，黄则犹近科举之学。兹编于化治惟取理法，正嘉则兼较义蕴气格，隆万略存结构，而启祯则以金、陈、章、黄为宗，所录多与四家体制相近者。余亦各收其所长，不拘一律，俾览者高下在心，各以性之所近、力之所能而自执焉。

【题解】出自《尽心上》第四章，见上。

【注释】

① 皆备者：指众理，尤特指"仁"。

② 众万：指万物。

③ 受衷：指人禀受了善的天性。语本《尚书·汤诰》："惟皇上帝，降衷于下民。"孔安国传："上帝，天也。衷，善也。"

④ 率之：顺随本性。之，代"天"，指人所具的"仁"的本性。

⑤ 公溥：公平广大而无私。

⑥ 锲刻：此指刻薄。

⑦ 对时育物：指利用时机，养育万物。语本《易·无妄》："先王以茂对时育万物。"王弼注："茂，

盛也。物皆不敢妄，然后万物乃得各全其性，对时育物，莫盛于斯也。"孔颖达疏："对，当也。言先王以此无妄盛事，当其无妄之时，育养万物也。"

⑧ 矢念：确立信念。矢，立誓，确立。

⑨ 周浃旁皇：周密审慎。周，遍。浃，全、深入。旁皇，也作"房皇"，犹彷徨。《史记·礼书》："于是中焉，房皇周浃，曲直得其次序，圣人也。"司马贞索隐："旁皇犹徘徊也，周浃犹周匝。言徘徊周浃，委曲得礼之序，动不失中"。

达不离道 二句

杨廷麟

　　任道不移，从民望也。夫道持于身，望之所宗也，至于达而后知其不离耳。盖士苟稍稍通显矣，可以与类俱入，而必嚣嚣于天下之故者，以为天下之人虽多，而天下之望甚少也。未至若待神明，而既用随事俯仰，无乃羞处士而虚当世之心乎？若所称达不离道者，乃何如哉？天下之大事初起，百人为之勿计也，豪杰之士出焉而亦以为难救，则民始忧之矣，盖失望乎其事之复也；天下之大变迭兴，百人愦之勿怨也，英雄之姿断焉而重有所堕坏，则民怨集之矣，盖失望乎其人之重也。故夫名誉之士多损声于达官，而守道之儒独加名于隐约①，亦所自致殊耳。朝廷必备官，而世所仰重者一二人而已，方其穷困，时为世所指名，岂其一得当而浅望之欤，天下所以皇皇而求我者，以其道耳，苟其离之，则与庸人何异而盗虚声为，故必有以大慰天下之思也；天下亦多事，而世所推服者一二端而已，方其闲暇，时为人所属意，岂其当大故而别有望欤，我之所以循循而获誉者，以其道耳，苟其离之，则与百姓何益而虚意念为，故必有以大白其生平之素也。吾观重望之士欲有为于天下也，有所甚易而亦有所甚难。其所为甚易者则其势也，勿视勿顾②之义著之有素，后遂处变事而人不我疑，其所居身得其要矣，然而小变易可以欺人乎？士亦有持己甚严而游移以趋功名之会者，人望亦从此减也；其所为甚难者则其事也，严气正性之致信之既深，凡有所难能而莫不我属，其所身任亦孔艰矣，然而小推委可以自解乎？士亦有摧方为圆③而隐忍以避伤患之来者，人望遂从此阻也。故惟不离道乃为不失望哉！古之君子抱道周全，其心如结④；今也穷而砥砺，达则已焉。世主以为处士纯积夸名、互生羽翼⑤、无当名实而退之，游道凌夷衰微矣。

　　【原评】讲"道"字，不从"民望"中梳栉出来，便可移换他处，"故"字亦折不醒矣。文之可爱，不独文采清流。

　　【作者简介】

　　杨廷麟（？—1646），字伯祥，江西清江人。崇祯四年（1631）进士，改庶吉士，授编修，勤学嗜古，有声馆阁间，与黄道周善。改授兵部职方主事，及北京失守，廷麟募兵勤王，仕于南明福王、唐王，守赣州，城破，投水死。有《清江杨忠节公遗集》。

　　【题解】出自《尽心上》第九章。

　　孟子谓宋句践曰："子好游乎？吾语子游。（宋，姓。句践，名。游，游说也。）人知之，亦嚣嚣；人不知，亦嚣嚣。"（赵氏曰："嚣嚣，自得无欲之貌。"）曰："何如斯

626

可以嚣嚣矣？"曰："尊德乐义，则可以嚣嚣矣。（德，谓所得之善。尊之，则有以自重，而不慕乎人爵之荣。义，谓所守之正。乐之，则有以自安，而不殉乎外物之诱矣。）故士穷不失义，达不离道。（言不以贫贱而移，不以富贵而淫，此尊德乐义见于行事之实也。）穷不失义，故士得己焉；达不离道，故民不失望焉。（得己，言不失己也。民不失望，言人素望其兴道致治，而今果如所望也。）古之人，得志，泽加于民；不得志，修身见于世。穷则独善其身，达则兼善天下。"（见，谓名实之显著也。此又言士得己、民不失望之实。此章言内重而外轻，则无往而不善。）

【注释】

① 隐约：清静俭约，不慕荣利。《楚辞·严忌〈哀时命〉》："居处愁以隐约兮，志沉抑而不扬。"王逸注："言己放于山泽，隐身守约。"

② 勿视勿顾：指无意于功名富贵。《孟子·万章上》："非其义也，非其道也，禄之以天下，弗顾也；系马千驷，弗视也。"

③ 摧方为圆：改变方正忠直的性格，随俗浮沉。《楚辞·九章·怀沙》："刓方以为圆兮，常度未替。"

④ 其心如结：坚持道义，心志专一。语本《诗经·曹风·鸤鸠》："淑人君子，其仪一兮。其仪一兮，心如结兮。"毛传："言执义一则用心固。"孔颖达疏："如结者……如物之裹结，故言执义壹则用心固也。"

⑤ 互生羽翼：互相吹捧，结为党翼。

人之有德慧术知者 一节

陈际泰

人生大不得意之事，未可谓非幸也。夫疢疾，世以为大不幸也，顾独不念德慧知术之所由来乎？则大不得意者，何渠不为大得意者乎？且人于患难之来，身撄焉而不为安也，曰此世之疢疾也；心忧焉而不能暂释也，曰此吾心之疢疾也。夫有形之疢疾，物齐可攻；而无形之疢疾，有望而却走者矣。则于是乎日夜谋所以去之，是何其见事之浅也！去疢疾，将自去其德慧乎？去疢疾，将自去其术知乎？无慧而德愚，无知而术拙，无德慧术知而行塞，无疢疾而德无慧、术无知。是疢疾者，愚之所苦而智之所贪也，非贪其疢疾，不欲置此身于蒙昏之地而已矣；抑疢疾者，人之所争而天之所靳①也，非靳其疢疾，不欲多予人以奇异之资而已矣。均一德也，其所为居性之质者，向特忠厚已耳，既而灵通微妙，非世一切之德之所能侪，此岂偶然而致，吾以为生而遂有德慧者，或上圣能之，而不数数也；均一术也，其所为接物之方者，向特应酬已耳，既而彰往察来，非世一切之术之所能逮，此岂无故而然，吾以为生而遂有术知者，或天纵能之，而要亦不数数也。盖人心之量，可以无所不至，安而适焉而已，有所不至矣，疢疾者，所以用其至之之资也，外之境愈涉而愈精，而内之神愈厉而愈出，使安逸焉，不几误认此心之量之为戈戈②者乎；抑人心之力，可以无所不开，散而用焉而已，不能开矣，疢疾者，所以敛其开之之势也，吾之纷纷可悦者既塞其窦于彼，而中之殷殷可忧者自专其功于此，使安逸焉，不几谬轻此心之力之为靡靡③者乎？有德有慧，有术有知，此诚为可羡可乐之事，然不知所以致此者，非安坐而可几也；即昔之无慧者而倏有慧，昔之无知者而倏有知，此又诚为可愕可疑之情，然不知所以致此者，非奇秘而足怪也。善处不如意之事者，当逆操于天之所阴，彼其所以成人者，有反而用之者矣；且善处不如意之事者，当顺观乎人之所美，彼其所以自困者，有乐而取之者矣。嗟嗟，人之疢疾果何负于人，而顾戚戚乎？

【评】正言冷语，反复唤醒，令有志者悠然以思、跃然以起。文情跌宕清敏，亦足以往复不厌。

【题解】出自《尽心上》第十八章。

孟子曰："人之有德慧术知者，恒存乎疢疾。（德慧者，德之慧。术知者，术之知。疢疾，犹灾患也。言人必有疢疾，则能动心忍性，增益其所不能也。）独孤臣孽子，其操心也危，其虑患也深，故达。"（孤臣，远臣；孽子，庶子，皆不得于君亲，而常有疢疾者也。达，谓达于事理，即所谓德慧术知也。）

【注释】

① 靳：吝惜。
② 戋戋：浅小。
③ 靡靡：软弱无力的样子。

食之以时　二句

尹奇逢

有以谨民之食、用，使民不侈于富也。盖处富之民必多侈，以时以礼，是以王者琐屑计之也。尝论贫国之民，虽多欲无妨也，无财不可以为悦，百姓每自为算；富国之民，虽少欲易开也，侈于财之所易为，朝廷因代为计。何也？小民每惯于贪天，以丰凶不可知之数，取今岁之康年比以为例，则今岁之食用，不难罄今岁之藏以快其志，有问以来岁者，则又谓"将受厥明"①矣；小人每愚于效人，以贫富不可齐之等，取豪华之巨族规以为额，则一身之食用，不难罄数世之蓄以大其观，有谋以久远者，则辄谓"耻不逮及"②矣。是以王者有深虑焉，躬行节俭以布告天下，曰食之以时、用之以礼。食亦未可尽废也，婚姻戚故，何人无洽比③之情，惟定以时，而岁时伏腊，节有常期，未尝禁人以食也，计日之长而预为之量焉耳，且小民亦非尽无爱养撙节④之意，今得借王者崇俭之美名，以宽其鄙吝不堪之诮，亦私计所甚便者，所谓因其势而利导也；用亦未可尽废也，比闾⑤族党，何日无往来之事，惟定以礼，而丧祭冠婚，制有定式，未尝禁人以用也，虑物之穷而阴为之限焉耳，且小民亦非尽无物力耗竭之虑，今得借王者奢靡之大禁，以饰其俭啬无文之陋，亦众情所共安者，是以下其令如流水也。即间有奢侈之家，难骤夺其所习，而人俱以时，人俱以礼，则非时非礼者众必呵之为不祥，夫不祥之事，抑又何故膏血以奉之，当亦镢然⑥自笑其不情；即间有淫靡之性，难强易其所好，而人俱以时，人俱以礼，则非时非礼者众必付之为不答，夫不答之事，抑又何故费己而为之，当亦返焉自悔其无谓。食、用如是，而使富之民乃无复有得贫之道也已。

【原评】眼前景致口头语，说来不觉解颐。风流应得自大苏⑦。

【评】大旨皆从三代以后民情想象而得，对之使人心开。"贪天"、"效人"二意，恰是富后景象，尤有佳趣。

【作者简介】

尹奇逢，湖北嘉鱼人，崇祯四年（1731）进士。

【题解】出自《尽心上》第二十三章。

孟子曰："易其田畴，薄其税敛，民可使富也。（易，治也。畴，耕治之田也。）食之以时，用之以礼，财不可胜用也。（教民节俭，则财用足也。）民非水火不生活，昏暮叩人之门户，求水火，无弗与者，至足矣。圣人治天下，使有菽粟如水火。菽粟如水火，而民焉有不仁者乎？"（水火，民之所急，宜其爱之而反不爱者，多故也。尹氏曰："言礼义生于富足，民无常产，则无常心矣。"）

【注释】

① 将受厥明：将受到上天的恩典，指得到丰收。语本《诗经·周颂·臣工》："於皇来牟，将受厥明。明昭上帝，迄用康年。"
② 耻不逮及：以比不上别人为耻辱。逮，及。语本王符《潜夫论·浮侈》："富者竞欲相过，贫者耻不逮及。"
③ 洽比：亲近，融洽。《诗经·小雅·正月》："洽比其邻，昏姻孔云。"毛传："洽，合。"
④ 搏节：节制，节俭。
⑤ 比闾：邻里乡亲。比、闾本指古代编制户籍的单位，《周礼·地官·大司徒》："令五家为比，使之相保；五比为闾，使之相受。"
⑥ 镢然：笑貌。
⑦ 大苏：指苏轼。王辟之《渑水燕谈录·才识》："苏氏文章擅天下，目其文曰三苏。盖洵为老苏，轼为大苏，辙为小苏也。"

居恶在　四句

高作霖

稽志之所在，而尚有独专矣。夫士志在于仁义，以之为居为路，而知舍是无尚也，又何必疑士之何事耶？今夫士未尝求异于众人，第于习而安焉之际，思此身何所位置，何所适从，则虽欲自夷于氓庶而有所不可，故论士者不可不求其志之所在也。定之以仁义，而又别之以非仁非义者，何也？理无中立，非者绝，则有以识其至是之途；志无虚悬，识既精，则有以得其安行之所。由是而可究其居也，夫仁以容物为量，惟不留一残忍之念，然后能扩其皆备之原，则一仁之外无婉转也，与天同体，与物同命，其宽广而自如者，总在于几微辨别之仁，则失此几微，殆更无宽广之宅也已；由是而可究其路也，夫义以各当为用，惟预绝其贪昧之心，然后能协其措施之宜，则一义之外无依违也，见利不趋，见害不避，其坦易以直达者，总在此精详自治之义，则舍此精详，殆更无坦易之径也已。若此者士之所性也，一往而即寄于是，又若四顾旁皇而势不得不出于是，此无他，仁义之为世充塞久矣，清之者一而淆之者百，力争于放距①之余，亦惟是之兢兢耳；亦士之所安也，日用之行习在于是，又若上下古今而有所迫之以至于是，此无他，仁义之关绝续也大矣，其统甚尊则其任甚重，俯仰于先后之间②，亦惟是之皇皇耳。盖至于卓然名世，而隐约之地，几微无以自考，即以为非仁非义之岐涂③，此际惟自问之而不能与世人共喻之；即反己可以无憾，而寰宇之中，旷舍④不能自求，即以为吾居吾路之缺陷，此际能代天下忧之而终不能使天下信从之。是以世之知其事者少，而士徒抱无穷之志也。

【评】 稍落宽，则上下界一任游衍矣。作者投刃于虚⑤，能使当日语气精神一一跃露。

【作者简介】

高作霖，生平不详。明末任宜兴巡道等职，明亡后为僧。

【题解】 出自《尽心上》第三十三章。

王子垫问曰："士何事？"（垫，齐王之子也。上则公卿大夫，下则农工商贾，皆有所事；而士居其间，独无所事，故王子问之也。）孟子曰："尚志。"（尚，高尚也。志者，心之所之也。士既未得行公、卿、大夫之道，又不当为农、工、商、贾之业，则高尚其志而已。）曰："何谓尚志？"曰："仁义而已矣。杀一无罪，非仁也；非其有而取之，非义也。居恶在？仁是也；路恶在？义是也。居仁由义，大人之事备矣。"（非仁非义之事，虽小不为；而所居所由，无不在于仁义，此士所以尚其志也。大人，谓公、卿、大夫。言士虽未得大人之位，而其志如此，则大人之事体用已全。若小人之事，则固非所当为也。）

【注释】

① 放距：对抗和驱除有害的学说。距，同"拒"。语本《孟子·滕文公下》："距杨墨，放淫辞"、"距诐行，放淫辞"。

② 先后之间：前圣后圣之间。自"俯仰"以下，本《孟子·滕文公下》："（孟子曰）我亦欲正人心……以承三圣者"，谓心忧道统之绝，毅然以道统自任。

③ 岐涂：通"歧途"。

④ 旷舍：指丢弃仁义。《孟子·离娄上》："仁，人之安宅也；义，人之正路也。旷安宅而弗居，舍正路而不由，哀哉！"

⑤ 投刃于虚：此指在"虚"处运笔。语本《庄子·养生主》所叙庖丁解牛，"彼节者有间，而刀刃者无厚，以无厚入有间"。

桃应问曰 一章

杨廷枢

观大贤与门人之问答，而得为人臣子之则焉。夫君父纵有难处之事，而臣子终有不易之理，故设问于舜与皋陶以立天下万世之准与？且规矩为方员之至，而圣人为人伦之至者，何也？方员至变而不出乎至常，规矩至难而不越乎至易。圣贤之道亦有规矩焉，不过天理人情之至而已。天理失而入人情，人情失而入权术，以权术救时势之穷，而时势又出权术之外，则权术之穷也更甚，是不若因其不易之理而可得不穷之法，此桃应所为设难以问也。以为舜为天子，而其臣有皋陶者为之士，值有瞽瞍杀人之事，为皋陶者则如之何，执法则妨君，议贵①则妨法，此亦为臣甚难处之事也，孟子曰无难也，臣之所知者君而已矣，臣惟一君，君惟一法，所事者君，则所守者法，微独②皋不得私，即舜亦不得禁也，充此义也，法为重则情为轻，岂复有拟议斟酌于其间哉？然皋方执瞍，而以子若舜者为天子，又不得禁其臣之执，为舜者则如之何，废法既不可，庇亲又不能，此亦为子甚难处之事也，孟子曰无难也，子之所知者父而已矣，子可无天下，不可无父，所全者父，则所失者天下，微独弃之甚易，即终身弃之亦易也，充此义也，亲为重则位为轻，岂复有徘徊濡忍③于其际哉？盖天下之事不论常变而但判理欲，理者，事之一定者也，臣自行臣之事，子自行子之事，虽当大变而不失其大常；圣贤之心不计难易而但辨公私，公者，念之最初者也，百虑未萌而人咸知有君父，百为未起而人咸知有忠孝，虽遇至难而不过应之以极易。此可见天下惟天理人情之至，可以径直而自行，而左瞻右顾、牵制弗决者，皆人欲之私害之也。盖圣贤辨义之精微如此。

【评】理醇法老，质色皓然，辉光日新。

【作者简介】

杨廷枢（？—1647），字维斗，长洲（今苏州）人。崇祯三年（1630）举江南乡试第一。为诸生即以理学气节自命，与娄东张溥、金沙周镳、同邑钱禧辈组建复社，声名藉甚。南京陷，廷枢退隐邓尉山中，为清吏所执，不屈而死。明末江南诸社名士，如周钟、张溥、陈子龙、徐孚远等，选文俱行天下，杨维桢亦善选文，尝与钱禧合选《同文录》，又自著有《杨维斗稿》。俞长城谓："为文直追守溪（按，王鏊），唐（顺之）、瞿（景淳）以下蔑如也。尝偕钱吉士（禧）选《同文录》，一代风气皆其论定。"

【题解】出自《尽心上》第三十五章，参见化治文卷六王鏊《桃应问曰》。

桃应问曰："舜为天子，皋陶为士，瞽瞍杀人，则如之何？"孟子曰："执之而已矣。""然则舜不禁与？"曰："夫舜恶得而禁之？夫有所受之也。""然则舜如之何？"曰："舜视弃天下，犹弃敝蹝也。窃负而逃，遵海滨而处，终身䜣然，乐而忘天下。"

【注释】

① 议贵：古时有所谓"八议"，根据罪犯的社会关系如亲、故，以及个人情况如贤、能等，减免刑罚。议贵，是对显贵进行特别审议以减免刑罚。《周礼·秋官·小司寇》："以八辟丽邦法，附刑罚……六曰议贵之辟。"
② 微独：非独，不仅。
③ 濡忍：柔顺忍让，犹豫不决。

桃应问曰 一章

黄淳耀

极圣人必尽之心，可以处变矣。夫大圣之用心，必不以私累也。设言舜、皋陶之处变，不可以观人伦之至乎？且法律之事出于义，而惟仁之至者能操之；一本之爱生于仁，而惟义之尽者能全之。盖仁者不失入于法之内，故亦不失出于法之外也；义者不违道以悦亲之心，故亦不遗亲以徇己之事也。说在孟子之论舜、皋陶已。夫爱亲莫如舜，执法莫如皋陶，而适有杀人之瞽瞍介其间，为皋陶者不大难乎？曰无难也。夫立君以安人也，以天子之故觟法①，则失其所以立君之心；平刑以恤民也，以天子之故逸贼，则失其所以平刑之意。故有谓亲贵可议者，即大乱之道也。皋陶之于此，禁亦执②，不禁亦执，况舜本不得禁乎？何也？杀人者死，此非有虞氏③之法而天地以来之法。吾行天地以来之法，所以成天子也，设有纤毫梗避于其事，则皋陶非圣人已。然而执法莫如皋陶，爱亲终莫如舜，适有应执之瞽瞍介其间，为舜者者不大难乎？曰无难也。夫得亲而后为人也，有借父立名之心，虽临四海不可以为人；尊富所以广孝也④，有先己后亲之意，虽济万世不可以为孝。故有谓民物可恋者，即禽兽之心也。舜之于此，顾天下则失亲，顾亲则失天下，必也弃天下而逃之乎？何也？侧身穷海，此降天子为匹夫而即降天子父为匹夫之父。降天子父为匹夫之父，亦所以谢士师⑤也，设有几微芥蒂于其心，则舜亦非圣人已。盖以一夫之命为轻于天子父之命者，此三代以下之论，非所施于上古；以父子之乐为不如有天下之乐者，此豪杰以下之事，非所论于圣人。法伸于宫禁⑥，则人不可以妄杀，而海内刑措⑦矣；亲重于天下，则力无所不竭，而大孝锡类⑧矣。此孟子仁至义尽之论，而亦桃应有以发之与？昔淮南厉王⑨以大罪废、徙蜀严道死，而袁盎请斩丞相御史以谢天下，田、窦⑩失意杯酒，而武帝杀魏其、族灌夫以悦母后，此一君一臣，何其坏法与！汉之赵苞⑪、魏之姜叙⑫、五代之乌震⑬，所扞不过一方，非有社稷存亡之寄也，而皆丧其母于贼手而不之顾，此三子者，何其不孝与！呜呼，仁义充塞久矣，世乃以孟子为戏论也！

【评】学识定，然后下语不可动摇。匪是而逞辨，必支离无当，即墨守注语，亦淹淹无生气也。

【题解】出自《尽心上》第三十五章，同上，参见化治文卷六王鏊《桃应问曰》。

【注释】

① 觟法：亦作"觟法"，枉法。
② 禁亦执：舜禁止他，他也会抓住瞽瞍。
③ 有虞氏：指舜，舜号有虞氏。
④ "尊富"句：地位尊、财富多，也是孝的表现，如《中庸》："子曰：'舜其大孝也与！德为圣人，尊为天子，富有四海之内。'"
⑤ 谢士师：向执法的官员谢罪。士师，掌刑狱之官。

⑥ 宫禁：此指帝王的家人。

⑦ 刑措：刑法放置不用，指天下大治，无人犯罪。措，放置。

⑧ 锡类：上天赐予其同类，此指孝道在天下得到推广。语本《诗经·大雅·既醉》："孝子不匮，永锡尔类。"毛传："类，善也。"郑玄笺："孝子之行非有竭极之时，长以与女之族类，谓广之以教导天下也。"

⑨ 淮南厉王：汉文帝之弟刘长，封淮南王，谥厉。刘长因谋反被废，徙蜀郡严道，在路上绝食而死。事见《史记·淮南衡山列传》。

⑩ 田、窦：魏其侯窦婴和武安侯田蚡，为汉武帝时代的外戚和大臣。田蚡为王太后之弟，在一次酒宴上与窦婴发生不快，又受到将军灌夫的责骂，双方交恶。后来汉武帝屈从王太后之意，杀窦婴，族灌夫。事见《史记·魏其武安侯列传》。

⑪ 赵苞：东汉末人，汉灵帝熹平年间任辽西太守。鲜卑作乱，掳其母其妻为人质，载以攻辽西。赵苞率军击溃鲜卑，而其母、妻亦遇害。赵苞葬母毕，呕血而死。

⑫ 姜叙：东汉建安末，马超举事，杀凉州刺史韦康，姜叙为韦康从事，举兵抵抗马超，令马超大为窘迫。后马超执姜叙之母而杀之。

⑬ 乌震：五代后唐人。乌震为裨校，参与进攻张文礼，"文礼执震母妻及子十余人以招震，震不顾。文礼乃皆断其手鼻，割而不诛"，令他们痛苦地死去。欧阳修《新五代史·唐臣传十四》谓，乌震任不专己，所为之事又无关国之利害，"若乌震者，可谓大不孝矣，尚何有于忠哉！"

民为贵　一章

艾南英

极论民之所为贵，而君之所以待民者可思已。夫君与社稷至不能与民比重，而顾可轻其民哉？且夫天之为夫民也，必使出类之才首而君长之，而后承以诸侯、大夫、师长以宣其力，又为之坛壝社稷、春祈秋报，以求其相于冥漠之表。然则民之与社稷与君，其轻重何如哉？吾谓民为贵，而社稷次之，君为轻。原夫生民之初，不能自君长也，必有德之大者而后百里之民从而听命焉，于是有诸侯之国；合诸侯之国，又不能自君长也，又就其德之愈大者而后四海之民从而听命焉，于是乎为天子，是得乎丘民而为天子也。然既为天子矣，天子必建国，诸侯必立家，大为侯甸藩卫①，小为亚圉陪隶。于是有得乎天子而为诸侯，得乎诸侯而为大夫者，然皆不若得乎丘民者而遂为天子。虽然，犹未足以见民之贵也。彼得乎天子而为诸侯矣，上凭天子之威，而下有大夫之奉；然上则天子有大司马九伐②之权，而下则大夫有贵戚卿③易位之柄，为其失民心而危社稷也。然则为社稷而变置诸侯，岂为社稷哉？为失民而已矣。何也？彼社稷者尚未能免夫此也。社稷④贵为上公，尊比诸侯，而所司者水旱凶荒之事，则既有分藩之职；所享者牺牲粢盛之荐，则又有侯国之奉。使斯民之责独重绳诸侯而轻绳社稷，则非天为民而立天子、使之百神受职⑤而祭祀以驭其黜陟之意。故旱干水溢，则变置社稷，所谓年不顺成、八蜡⑥不通，而伐鼓于社⑦、朱丝胁之⑧，皆有责谴之义。明乎社稷不能为民捍灾御患，则不能无功而坐食其报，况于诸侯之失民心乎？虽然，言诸侯、社稷而不及天子，何也？民心既散，诸侯皆叛，天子将无与立。而不忍言之者，所以尊天王、大一统也。然而群臣至于南郊称天而诔之⑨，则亦变置之微权也。

【评】步步为营，其中宾主轻重、次第曲折、起伏回旋，古文义法无一不备。

五家中，人皆谓艾之天分有限，然此种清古之文，风味犹胜于黄、陈，则读书多、用功深之效。

【题解】出自《尽心下》第十四章。

孟子曰："民为贵，社稷次之，君为轻。（社，土神。稷，谷神。建国则立坛墠以祀之。盖国以民为本，社稷亦为民而立，而君之尊，又系乎二者之存亡，故其轻重如此。）是故得乎丘民而为天子，得乎天子为诸侯，得乎诸侯为大夫。（丘民，田野之民，至微贱也。然得其心，则天下归之。天子至尊贵也，而得其心者，不过为诸侯耳，是民为重也。）诸侯危社稷，则变置。（诸侯无道，将使社稷为人所灭，则当更立贤君，是君轻于社稷也。）牺牲既成，粢盛既洁，祭祀以时，然而旱干水溢，则变置社稷。"（祭祀不失礼，而土谷之神不能为民御灾捍患，则毁其坛墠而更置之，亦年不顺成，八蜡不通之意，是社稷虽重于君而轻于民也。）

【注释】

① 侯甸藩卫：指距王室远近不同的诸侯国。《周礼·夏官·职方氏》谓周人将王畿以外的土地按照距王室远近不同划分为九种，称"九服"，侯、甸是王畿外千里以内的土地，卫较远，藩是最边远的地区。

② 九伐：古代指对九种罪恶的讨伐。《周礼·夏官·大司马》："以九伐之法正邦国"，郑玄注："诸侯有违王命，则出兵以征伐之，所以正之也。"

③ 贵戚卿：即"贵戚之卿"，同姓之卿。《孟子·万章下》认为贵戚之卿有改立君主的权力，"（齐宣）王曰：'请问贵戚之卿。'（孟子）曰：'君有大过则谏，反复之而不听，则易位。'"

④ 社稷：土神和谷神。其地位为"上公"，《左传·文公十五年》："诸侯用币于社"，杜预注："社尊于诸侯"，孔颖达疏："社为上公之神，尊于诸侯。"

⑤ 百神受职：指百神都应显出其征应。《礼记·礼运》："故礼行于郊，而百神受职焉。"

⑥ 八蜡：农历十二月祭祀与农业有关的八种神祇。蜡祭丰饶，但如果某一方未获丰收，则该地不祭。《礼记·郊特牲》："八蜡以记四方。四方年不顺成，八蜡不通，以谨民财也。"郑玄注："其方谷不熟，则不通于蜡焉，使民谨于用财。"

⑦ 伐鼓于社：在"社"里击鼓，有攻责之意。《左传·文公十五年》：六月，日食，"天子不举，伐鼓于社"，杜预注："责群阴。伐，犹击也。"孔颖达疏："伐鼓者，是攻责之事，故云责群阴也。日食者，阴侵阳，故责阴以救日。"

⑧ 朱丝胁之：《公羊传·庄公二十五年》："日食则曷为鼓用牲于社？求乎阴之道也。以朱丝营社，或曰胁之"。《春秋繁露·精华》谓，大水、日食皆为以阴灭阳，"逆节也，故鸣鼓而攻之，朱丝而胁之，为其不义也"。

⑨ 称天而诔之：指大臣给死去的天子加以谥号。贱不诔贵，故称天以诔之。

口之于味也　一章

章世纯

君子之于性、命，亦各有取也。夫性、命无优劣之分，唯其能成吾是耳，君子所以有取性、取命之分也。且天下之所谓小人者，非能离乎性与命之物也。安命养性之说，小人亦由之，而不于其所，则以成其小人而已。故虽复桀跖①，亦为养性，非为性之故②自暴不至此；虽复桀跖，亦以安命，非委命之故③自弃不至此。君子非尽反其赡养之说也，道无以相易，而独殊乎取舍之分；亦未益乎性命之事也，理无以相多，而独审乎轻重之权。安命之学，信有之矣，而所安者则声色臭味安佚之为奉者也，于此而舍性取命，此其得力于命耳，夫命岂不茫茫气数之事哉，而使有功于圣贤遏欲之学，则君子之善取命也矣；养性之学，信有之矣，而所养者则仁义礼智圣之为德者也，于此而舍命取性，此其得力于性耳，夫性也岂不犹是情志之物哉，而使有功于圣贤进修之方，则君子之善取性也矣。其抑性申命，所以使天有权，虽然，竟何妨于性也，人有欲而后生，欲者生道存焉耳，然与以不过，所以适于当然，则节而亨④之道焉，亦所以为性之利也；其抑命申性，所以使人有权，虽然，竟何逆于命也，天用理以生物，偏者阴阳舛焉耳，而补其不足，所以同于各正，则善反之道⑤焉，亦所以全命之事也。故有君子之取舍而性命皆得其正矣。

【原评】上"性"字、下"命"字，专以"气"言，上"命"字兼"气"与"理"言，下"性"字则专以"理"言。孟子正分此两途，示人知所取舍。陈大士提"性"字侧注，亦是作文择易处走耳。或便谓必合如此，则又为物所转也。

【评】奇词奥旨，如取诸室中物，而无一语入于拗僻。实此题空前绝后之作。

【题解】出自《尽心下》第二十四章，参见正嘉文卷六瞿景淳《口之于味也》。

孟子曰："口之于味也，目之于色也，耳之于声也，鼻之于臭也，四肢之于安佚也，性也，有命焉，君子不谓性也。仁之于父子也，义之于君臣也，礼之于宾主也，智之于贤者也，圣人之于天道也，命也，有性焉，君子不谓命也。"

【注释】

① 桀跖：夏桀与盗跖。
② 为性之故：此处"性"指人对于声、色、臭、味、安佚的欲望，此句谓桀、跖如果不是顺随五者之欲，也不止于成为恶人的代表。
③ 委命之故：因为听任"命"的安排，此句谓桀、跖对于仁义礼智等，一有不得，便委之于命，因此成为恶人的典型。
④ 节而亨：节制适当而获亨通。《易·节》："节：亨，苦节不可贞。"孔颖达疏："节，止之义，制事有节，其道乃亨"。
⑤ 善反之道："善反"是理学家的一个重要主张，基本意思是由善恶混的气质之性返归粹然而善的天性。张载《正蒙》："形而后有气质之性，善反之则天地之性存焉。故气质之性，君子有弗性者焉。"

口之于味也 一章

艾南英

君子自胜之学，谨其所谓而已。夫均之性、命也，有不谓性者，有不谓命者，总之以自胜为学而已矣。且学者之说，每患其有所附以行其私，夫有所附以行其私，则虽理之精微者至于性命而止矣，然而皆可附也。附性命以行其私，则其视放僻邪侈岂有间哉？即如口于味、目于色、耳于声、鼻于臭、四肢于安佚，执以为性，岂复得而非之哉？遂其所性①，岂复有所底止哉？君子仰而思通塞之柄，阻于分之不遂，而以数抑情；俯而揆理气之衡，制于义之不可，而以道域器。则"命"者出于君子之所谓，而人不得附"性"以行其私也。②虽然，"性"可附也，"命"亦可附也；附"命"以行其私，犹之附"性"以行其私也。学不主于自胜，则"命"之说庸愈乎哉？彼夫仁于父子、义于君臣、礼于宾主、智于贤否、圣人于天道，在我者有厚薄之异禀，在人者有所遇之不齐。举而诿之曰"命"，亦何不可之有，而君子曰此性也，何也？人指耳、目、口、鼻、四肢之欲而曰"性"也，以其生而有也；吾亦指仁、义、礼、智、天道之事而曰"性"也，亦以其生而有也。生而有之，故可以困知③，可以勉行，恃其归之一也，亦安有禀赋之异哉？生而有之，故暴者可化，愚者可格④，恃其感以天也，亦安有所遇之不齐哉？于彼之生而有者⑤曰"吾性固然"，于此之生而有者⑥曰"命实为之"，此非附"命"之说以行其私者乎？是故君子不谓性，不谓命，一自胜于血气之治，一自胜于伦物之际。亦以学者不自力于隐微而浮慕于名迹，则虽性、命之名可藉以行私，而又况下此为假仁假义者哉？然则性、命者，人之散名⑦，而学者不可以不辨也。

【自记】"谓"字从来无此。剔出队伍，再整齐一番，则全矣。

【评】理精气老，文律亦变化合度。就此题文较之，已肩随于章而与陈并席矣。观自记，可知古人为文不悦而自足如此。

【题解】出自《尽心下》第二十四章，见上，参见正嘉文卷六瞿景淳《口之于味也》。

【注释】

① 遂其所性：完全实现他们认为是"天性"的东西（实际是"欲"）。
② 此句谓，君子经过衡量思考，将"口之于味"等称为"命"，人们也不得再将其称为"性"以作为行其私欲的借口。
③ 困知：即"困而知之"，遇困而求之。"困知"与后之"勉行"均禀赋并不特异者而言，语本《中庸》："或生而知之，或学而知之，或困而知之，及其知之一也。或安而行之，或利而行之，或勉强而行之，及其成功一也。"
④ 格：感化。
⑤ 彼之生而有者：指耳目口鼻四肢之欲。
⑥ 此之生而有者：指仁义礼智天道之事。
⑦ 散名：与"统名"、"总称"相对，指整体中某一部分的名称。董仲舒《春秋繁露·深察名号》："祭之散名，春曰祠，夏曰礿，秋曰尝，冬曰烝。"

智之于贤者也

艾南英

大贤原智而表其所属焉。夫贤否，非智不察也，故智之德属之，而君子将以此衡性命矣。尝谓贞明之体必有所丽①，而后见其于人之贤不肖是也。顾有所丽而见智，而智之同异、大小亦可得而观矣。何也？人非特贤不肖相悬也，而智亦相悬，有秉无缘之哲②，而亦有居半识之灵；人非特智有难易也，而贤者之知于人亦有难易，既隔同体之蕴，而遂不察异量之美③。然上智明哲无疆，而其名不过曰"智之于贤者也"；即中材得一遗十，而其名亦曰"智之于贤者也"。是故正人之于憸人④，相镜而不能相收，此事理之常也，乃有同明之照，声气非远，而竟以贤昧贤，遂以贤沮贤，究其智之所蔽，同可成党，异可成争，若心迹不相蒙⑤者，则智之为清为蔽，果不可以一概论也；夫至公之与至私，相鉴而不能相茹⑥，此虚明之本也，乃有一人之身，明昧居半，而竟察其百长，遂至遗其一短，究其智之所专，治以之基，乱以之兆，若先后出两途者，则智之为偏为全，果不能以众禀齐也。是非之念，夫妇可以与，盖著于众斯众，著于寡斯寡，惟夫妇可以与，而智之分量，推而上之，有不可等者矣；亏蔽⑦之端，堂阶可以匿，盖孝子或见蔽于慈父，忠臣或不察于英君，惟堂阶可匿，而智之神明，拓而通之，有不可测者矣。此无论彻天明⑧之鉴者，令千古仰绝智之难；而贻事后之误者，亦寸衷抱知人之悔。则智之于贤否，果非人之所能为也，命也。君子将何以处此哉？

【评】包罗富有，发挥警切。"之于"二字虽五句所同，不为梳栉，则实义不能显透。文亦处处醒露。

【题解】出自《尽心下》第二十四章，见前章世纯《口之于味也》，参见正嘉文卷六瞿景淳《口之于味也》。

【注释】

① 丽：附，附着。
② 无缘之哲：指智识圆通无阻。
③ 异量之美：不同类型的美和优点。刘劭《人物志·接识》："能识同体之善，而或失异量之美。"
④ 憸人：奸邪之人。
⑤ 相蒙：相关联，相符合。
⑥ 茹：容纳。
⑦ 亏蔽：遮掩。
⑧ 天明：天赋的察知能力。《韩非子·解老》："人也者，乘于天明以视，寄于天聪以听，托于天智以思虑。"

有布缕之征 一节

沈几

善用赋法者，不恃法以敝民也。夫即此常征耳，无以缓之，足以离、殍吾民而有余矣，岂独横征能病民哉？且夫平心而商民隐①，即忍主未有不瞿然念者也。乃经制一定，上有所据而必遵，下有所沿而必守，不复相怜念者，乃在征求有艺②之日矣。然则人主日行困民之事而恬不及觉，则常法为之乎？吾以为上有求于民，皆非所应得者也。夺其吝不肯与③之情而迫索之，违其苦不及副④之势而额收之，先王讳其不堪，而隐动人以深思，概名之曰"征"。而若布缕，若粟米，若力役，先王之法，正以谓之"征"而心愈伤；乃后世之权，转以谓之"征"而威愈立，盖法成而民无如何矣。不有深于民情之君子乎？第曰吾所以不得不时取其一者，用故也，使其一可已，亦已之矣；第曰吾所以不得不稍待其二者，用故也，使其二可捐，并捐之矣。当其时，惟君子见为用，而小民犹指为征；惟君子见为缓，而小民犹惮其急。无他，旦夕息肩⑤，无敢享安饱、图逸乐，仅堪保全余生、完聚其家人父子已耳，用二焉而殍民立见矣，用三焉而离民立见矣。夫民也，财力皆愿自效，拮据亦所不辞，尽三而征之，讵敢言怨。所最苦者既已殍且离矣，有司课民而不应，罪反在民；司农⑥课吏而不应，责又在吏。朝廷以为此故额⑦也，官府皆曰此故额也；指饥寒为不谋朝夕之愚夫，坐⑧流亡为不事生业之游手，竟孰悉其故而伤其痛者哉？由是观之，缓不缓之际亦危矣。在君子轸恤⑨为怀，必更有广生息以厚之，躬节俭以余之，岂沾沾"用"与"缓"之间而已。即第自为输将计也，亦慎毋驱而散之，以自绝其征求之路为也。

【评】题只谓应于常征之中寓矜恤之意耳。先王取民以足国用，自有一定之节度。在文未能于本原处立论，家数亦小。而深痛之语，足以警发人心。

【作者简介】

沈几，江苏长洲（今苏州）人，崇祯四年（1631）进士。

【题解】出自《尽心下》第二十七章，参见隆万文卷六李维桢《有布缕之征　缓其二》。

孟子曰："有布缕之征，粟米之征，力役之征。君子用其一，缓其二。用其二而民有殍，用其三而父子离。"

【注释】

① 民隐：民众的痛苦。《国语·周语上》："先王非务武也，勤恤民隐而除其害也。"韦昭注："隐，痛也。"

② 征求有艺：按照常法征收赋税。艺，限度、标准。

③ 吝不肯与：吝惜而不肯给别人。

④ 苦不及副：苦于来不及满足官府的要求。副，符合。

⑤ 息肩：让肩头得到休息，比喻卸除责任或免除劳役。

⑥ 司农：此指朝廷掌管财政的官员。古之司农为教民稼穑的农官，汉设司农，为九卿之一，掌钱谷之事，后世户部尚书掌财政，亦称"司农"。

⑦ 故额：原有的数额。

⑧ 坐：定罪，予以罪名。二句谓因赋税破产的饥寒之人称为"朝不虑夕"的愚人，将流离失所之人称为"不事生业"的游民。

⑨ 轸恤：深切顾念和怜悯。

人能充无受尔汝之实　一节

陈际泰

　　善充义者，先去其物之所能受者①焉。夫"尔汝"之名之加，犹非其甚者，即实能受，人岂遂以为害义者哉？而必不受其实，斯为能充耳。且名者，物之所从，人从之而加其轻重之意，我从之而分其堪受与不堪受之情。名之所不堪，即实之所不安，由是而推焉，固终身用之不穷矣。吾试即充义者言之。夫善于充义者，必不使己有一毫隐忍之意，有一毫隐忍之意，必不能激烈而光明；抑善充义者，必不使己有一毫疵颣②之端，有一毫疵颣之端，必不能纯白而惬适。今夫尔汝之名，其常也，则夫受尔汝之名，亦其常也。上之鲜君公③之隆美，下之亦不至盗跖④之诋诃也，而人多受之，君子不遂以为不义也。然惟受之者于义为无害，而后断断不受者其义遂无以加。奚以明其然耶？一者美其激烈而光明也。激烈而光明，是得乎义之用也，其得力在生平之所自伸者矣。人予之以尔汝之名，外忻然受之而内亦忻然受之者，小人而安者也；外忻然受之而内赧然忿之者，君子而弱者也。身非小人而外忻然受者，度其事，尚不至于可恶之甚也，然阳受之而实未必能受也。惟夫己有实不欲受之心而竟赧然矣，内既赧然而外犹不免忻然，君子以其为隐忍而羞之，而以推其余，诚恶其隐忍者之有其类也。则反而言之，天下凡此区区者⑤而必欲自伸，则更有何者而能屈之？一者美其纯白而惬适也。纯白而惬适，是粹乎义之用之体也，其得力在生平之所自克者矣。人予之以尔汝之名，人施之而己无以致之者，君子固忻然甚安也；人施之而己有以致之，君子固赧然不安也。身非小人而遂忻然受之者，度其事，原无与于一己之为也，是名可受而实必不可受也。苟夫不免或有可受之实而遂不能以一日安矣，原无可安而自以为可安，君子以其为疵颣而恶之，而以深病其自恕，诚恶此疵颣者之有其根也。则反而言之，天下凡此介介者⑥而必欲自克，则更有何者而能安之？从前之说，实必不受，而有以致其心之所必行，此节烈之气也，即后日杀身成仁之见端也；从后之说，实有可受，而有以致其心之所无愧，此圣贤之规也，即当日慎独自反之精微也。无往而不为义，斯义不可胜用。盖用之所习者在前矣，用之所本者在前矣。

　　【评】思如泉涌，随物赋形，而行于所当行，止于所不可不止，东坡自道其文云然。观此文，可想其行笔引墨之乐。　　评者谓无受之实，有气上事，有理上事，"自伸"一股，专在气分上讲，非圣贤义理功夫。《行远集》辨之极当。其实两意相承，阙一则义理未备。试观自古卓然自立之士，岂有无羞恶、无气节能慨然以兴者？至于但任气分而不能自反自克，则凶悍无赖之徒，羞恶之心已亡，更何有于尔汝之实之受不受乎？

　　【题解】出自《尽心下》第三十一章，参见正嘉文卷六唐顺之《可以言而不言》。
　　人能充无受尔汝之实，无所往而不为义也。

① 其物之所能受者：即他人所加"尔汝"之称所包含的轻贱之意。
② 疵颣：瑕疵和毛病。
③ 君公：对人的敬称。
④ 盗跖：此指骂他人为"盗跖"。
⑤ 此区区者：指他人以"尔、汝"来称呼自己这样的小事情。
⑥ 此介介者：指他人以"尔、汝"称呼自己，自己由此反省到自身的不足而又自安。

曾皙嗜羊枣　一章

谭元春

以所独言不忍，而其意可想已。盖曾子有不忍其亲之心，而嗜特触焉，然则所同所独之论，所以晓丑而非以尽曾子也。且孝子之心，有非后世之所能知者；即以当时，孝子之心有非外人之所能知者。其原皆本于不忍，而要其不忍之事，所不忍之时，与所以不忍之故，其莫有知之者也。即一羊枣耳，曾皙偶然而嗜之，曾皙死，曾子见羊枣而悲焉。人见其不食也，以为不忍而已矣；至孟子之时，犹传其不忍也，以为不食而已矣。由是而想之，可以知其凄然忾然①之状也；必欲得而明之，无以定其如何凄然、如何忾然之因也。而乃求之于美不美、食不食耶？脍炙之云，甚矣公孙丑之为浅人也！孟子亦仅与之浅言，曰：夫羊枣自不如脍炙也，然而脍炙所同也，羊枣所独也，独之所在而曾子悲焉。子知夫讳乎？名之较姓有何差别，而讳惟其名者，非以独之故耶？讳名者，天下人子之情也；不食羊枣者，曾子一人之情也。天下人子之情，不以其同而以其独，所以一本也；曾子一人之情，不以其同而以其独，所以养志也。曾子真孝子也。嗟乎，孟子之言，其于食脍炙而不食羊枣之故朗如矣，而未尝言其所以不忍，则不忍之在当日者有不可得而言者焉。夫不忍岂有声色臭味哉？有所触而动，或无所触而亦动；见所独而触，或见所同而亦触。哀至则哭，何常之有？即曾子亦不知其所以然，而况他人乎？此不可与饮食之人②言也。

【原评】公孙丑"脍炙"之问，与高子"追蠡"之言③无异。少此一段，翻驳不得。

【评】将"不忍"二字看得阔深，故立身题外，而于题中眼目仍自不失。　作文好翻案，原非正轨。但果有一段议论，发前人所未发，足使观者感动奋兴，亦不可以常说相拘执。

【题解】出自《尽心下》第三十六章。

曾皙嗜羊枣，而曾子不忍食羊枣。（羊枣，实小黑而圆，又谓之羊矢枣。曾子以父嗜之，父殁之后，食必思亲，故不忍食也。）公孙丑问曰："脍炙与羊枣孰美？"孟子曰："脍炙哉！"公孙丑曰："然则曾子何为食脍炙而不食羊枣？"曰："脍炙所同也，羊枣所独也。讳名不讳姓，姓所同也，名所独也。"（肉聂而切之为脍。炙，炙肉也。）

【注释】

① 凄然怆然：指孝子思亲。怆然，感慨貌、叹息貌。《礼记·祭义》："霜露既降，君子履之，必有凄怆之心"，"祭之日……出户而听，怆然必有闻乎其叹息之声。"
② 饮食之人：专养口腹之人。语本《孟子·告子上》："饮食之人，则人贱之矣，为其养小以失大也。"
③ "追蠡"之言：见《孟子·尽心下》，齐人高子认为禹之乐过于周文王之乐，其论据是留传下来的禹时的钟"追蠡"，即"钟纽如虫啮而欲绝"，表明使用得多，文王之钟则不然，表明使用得少，又据此判定禹之乐与文王之乐的高下。

钦定清朝四书文

原书本集作"钦定国朝四书文"，主要收录清朝初年顺治（1644—1661）、康熙（1662—1722）、雍正（1723—1735）三朝制义。

钦定清朝四书文卷一(《大学》)

知止而后有定　一节

张玉书　墨

　　极止善之全功，由知而渐及之者也。盖止，非知无由入也，历定、静、安、虑以几于得，而明、新①之善其全乎？今夫学者莫不有兼成之责，而尝畏成功之难。非成功难也，学有由归，亦有由入。往往功以渐而及者，效因以渐而深，则不得徒论其已能，而当思明善之学所循途而至矣。合明、新而期至善，大人盖历乎止之必至与止之不容遽至，而不得不重言"止"也。言止，则非审其几者不能立，理惟不惑，必于一知体众善之全；言止，则非辨其趋者不能行，量以徐收，惟恃一知大兼善之用。甚矣，知止之重也！夫未知止以前，所为积学以求知者，当无不至；而既知止矣，则后此功效，可次第陈矣。道术之纷也，有以穷全体之所归，而其志乃不可乱；治术之杂也，有以权大用之所极，而其志乃不可迁。此非知之有定、而即知止之后见焉者乎？至于定，未有不能静者也，理之感我者有将迎，我之观理者无将迎，盖言知于定之后，已断然于止之所在，而非其止者不得而扰之矣；至于静，未有不能安者也，遇之尝我者有顺逆，我之处遇者无顺逆，盖言知于静之后，已确然于止之所在，而非其止者不得而撼之矣；至于安，未有不能虑者也，事之待我者有难易，我之制事者无难易，盖言知于安之后，已熟识夫止之所在，而非其止者不得而疑之矣。至于历定、静、安而能虑，言乎下学之士，精义极则利用生，而学几于有获；言乎入圣之材，聪明尽则化裁出，而学因以有成。今而后其能得乎？以善一身，则德裕于己；以善万物，则德被于人。虽能得之功，亦各有递及之序，而凡吾知之以求必得之者，皆得而止之矣。然则学毋易言"善"也，毕终身之力以自考其能，而每艰于实得，入大学者所为有小成、大成之分；亦毋遽言"止"也，循岁月之效以渐图其后，而每难于真知，为大人者所为有与几、与存②之学。知始之"得"，终之"善"，庶几其全哉？

　　【评】"知止"前有"格物"、"致知"功夫，"得止"内有"意诚"至"均平"节次，理脉分明，局段词气亦从容和雅。

张玉书（1642—1711）字素存，号润甫，江苏丹徒（今镇江）人。其父张九征，顺治二年（1645）举江南乡试第一，丁亥（1647）成进士，终河南督学。玉书顺治十八年（1661）成进士，仕至文华殿大学士。历官凡五十年，为宰相二十年，久任机务，直亮清勤，朝廷倚以为重。卒，谥文贞，雍正中入祀贤良祠。曾充《平定朔漠方略》总裁、《康熙字典》总阅官。工诗古文辞，称一代大手笔，著有《文贞集》十二卷等。张玉书亦为清初制义名家，俞长城《可仪堂一百二十名家制义序》谓："天下论制义正宗者，必推京江（按，张氏一门科第鼎盛，京江即指其籍贯镇江），而切实正大，尔雅温醇，则素存先生尤著"，有《张京江文稿》。

【题解】 出自首章，参见正嘉文卷一归有光《大学之道》。

知止而后有定，定而后能静，静而后能安，安而后能虑，虑而后能得。

【注释】

① 明、新：指"明明德"与"亲（新）民"。

② 与几、与存：此处大致指达到至善之境界和始终坚守至善的境界。几，接近。《易·乾》："知至至之，可与几也；知终终之，可与存义也。"

欲修其身者　六句

朱　升　墨

由修身而进推之，无昧于所先而已。夫有身而有心、有意、有知，皆所以全吾修也。先之不究图焉，而可谓学乎？且夫天下、国家递先而及于身，斯亦功之至约者矣。虽然，广运之而得者，约求之而弥精。试一审于内外之间①、存发之际、明昧之介，而始信层累之功有如此也，何则？大人之修身，大人之学也，学备于身，而将于身焉求之乎？夫一身之中，五官听命，而所谓神明之宰者，则心也。心不能处于空虚之域，身非徒载此形气之躯，则身心之相须，有同原矣。虽曰一言一行，禀物恒之戒②者身也，而得失在宥密③之中；或哲或谋④，谨视听之则者亦身也，而功过在渊微之表。身之受命于心，固内外之大要也，大人而欲修其身，可不先正其心哉？大人之正心，大人之学也，学原于心，而即于心焉谋之乎？夫一心之中，万理咸具，而所谓应用之几者，则意也。意不能归于淡漠，心不能制于虚无，则心意之相成，有一致矣。虽曰无思无为，畅天钧之休者⑤心也，而危微⑥在寂感之交；惟精惟一⑦，存不易之体⑧者心也，而出入在通复⑨之始。心之见端于意，固存发之大枢也，大人而欲正其心，可不先诚其意哉？大人之诚意，大人之学也，学亶⑩于意，而徒于意焉任之乎？夫一意之中，善恶互形，而所谓有觉之性者，则知也。知任天而见于人，意处静而邻于动，则意知之相关，非偶然矣。虽曰有真有妄，导云为⑪之力者意也，而尤导于不蔽之明⑫；作圣作狂⑬，分几微之辨者意也，而尤辨于精义之用。意之浚发⑭于知，固明昧之大防也，大人而欲诚其意，可不先致其知哉？三者皆以修身也，而先之事毕矣。

【评】此等文，乃近来所目为平易无奇者。然场屋文字，务为新奇悦目，而按之理义，未得所安，须以此清通平近者导其先路，俾由此以进于精深也。

【作者简介】

朱升，浙江海宁人，顺治十六年（1659）进士。

【题解】出自首章，参见正嘉文卷一归有光《大学之道》。

欲修其身者，先正其心；欲正其心者，先诚其意；欲诚其意者，先致其知。

【注释】

① 内外之间：指身与心之间。按，以下"存发"、"明昧"指心与意、意与知，本文即本此分为三扇。
② 物恒之戒：言有物、行有恒。语本《易·家人》："君子以言有物而行有恒。"王弼注："家人之道，修于近小而不妄也。"孔颖达疏："言之与行，君子枢机。出身加人，发迩化远，故举言行以为之诚。"
③ 宥密：深隐，此指心。语本《诗经·周颂·昊天有成命》："夙夜基命宥密。"
④ 或哲或谋：此处即指视与听。语本《诗经·小雅·小旻》："或哲或谋，或肃或艾。"《尚书·洪范》："明作哲，聪作谋。"按，此"或谋或哲"与上句"一言一行"，合而为视听言动，四者均无"非礼"即合于"仁"，见《论语·颜渊》"颜渊问仁"章。
⑤ 天钧之休者：指天理，自然平正之理。休，美。天钧，亦作"天均"，语本《庄子·齐物论》："是以圣人和之以是非而休乎天钧，是之谓两行。"成玄英疏："天均者，自然均平之理也。"
⑥ 危微：指"人心"与"道心"。《尚书·大禹谟》："人心惟危，道心惟微。惟精惟一，允执厥中。"
⑦ 惟精惟一：精诚专一。出处见上注，孔安国传："危则难安，微则难明，故戒以精一，信执其中。"
⑧ 不易之体：指道、天理。
⑨ 通复：指人心与外物的沟通往复。
⑩ 亶：诚。
⑪ 云为：说话和行动。
⑫ 不蔽之明：及下句"精义之用"均指确凿无妄的"知"。
⑬ 作圣作狂：语本《尚书·多方》："惟圣罔念作狂，惟狂克念作圣。"孔安国传："惟圣人无念于善，则为狂人。惟狂人能念于善，则为圣人。"
⑭ 浚发：显现，发生。

欲修其身者　二句

黄　越

有所以主乎身者，而身未可遽言修矣。盖心为身之主，心不正而身随之，欲修其身者，安得不以心为先务哉？且夫明德者，人之所得于天也，天之所与，安托乎，托于其心焉耳；心之所托，安施乎，施于其身焉耳。其体根于心，其用发于身。其致力也，身与心交养而互发；而其所以为序也，不可以兼营而并进。则夫欲修其身者，其必非无事于心也明矣。耳目之视听，身也，而视不能无端而自明，听不能无端而自聪，此虽各有其官焉，而天君则不推而自尊也；手足之持行，身也，而手容①胡为乎而必恭，足容胡为乎而必重，此又若有所令焉，而众体则不抑而自从也。若是乎心之系于身也，修身而不先正其心，可乎哉？身循循于人伦日用之间，忽焉非礼非义之干，且以身昵就之，则当归过于其身，而身不任受过也，必其心先昵就焉而身始随之，心欲前，身不能却也，此所为不先清其源而欲其流之不浊，不可得也，则所以清其源者至急已；身逐逐于嗜欲攻取之途，忽焉省躬克己之图，且于身痛惩之，则当归功于其身，而身不任受功也，必其心先痛惩焉而身乃顺之，心欲止，身不能行也，此以知不先立乎大而欲其小之不夺②，不可得也，则所以立乎大者难缓已。心无为也而身有为，一言一动出于身，而得与失昭然其可指，而心则不见所为也，然其有为者即其无为者使之也，则散而责之于所使，固不若责之于所主以善其所使焉耳；身无觉也而心有觉，一动一静出于心，而善与恶惺然其难昧，若身则冥然无觉也，况乎有觉者即能于无觉者役之也，则纷而谋之于所役，正不若谋之于所宰以善其所役焉耳。信心之过，而跛倚③以为容，流荡以为礼，即谓心本无他，而愆尤易集，从古固无不检身之圣贤；信身之过，而致饰于容仪，相承以文貌，遽谓身已无疵，而扞格④难操，天下亦无勿求心之学者。然则修身虽自有事哉？而正心则固其所先焉者矣。

【评】理境了了⑤，胸无尘翳。

【作者简介】

黄越（1653—?），字际飞，号退谷，江苏上元（今南京）人。康熙己丑（1709）进士，改庶吉士，授翰林院检讨。五十三年（1714），任武英殿纂修。潜心宋五子之书，著有《退谷文集》十五卷、《诗集》七集，四库提要谓："所著《四书大全合订》，及选刻制义，如《明文商》、《今文商》、《墨卷商》、《考卷商》之类，皆盛行一时。盖平生精力注于讲章、时文，此集所著诗、古文，乃以余暇兼治者。其《尚书古今文辨》，惟以蔡《传》折服诸家；《三传得失辨》惟以胡《传》，断制众论，亦仍举业绳尺也。"

【题解】出自首章，见上，参见正嘉文卷一归有光《大学之道》。

欲修其身者，先正其心。

【注释】

① 手容：手的姿态。按，此本《礼记·玉藻》："君子之容舒迟，见所尊者齐遫。足容重，手容恭。"郑玄注：足"举欲迟也"，手"高且正也"。

② 夺：改变。

③ 跛倚：站立不正，斜倚于物，指不端庄。《礼记·礼器》："有司跛倚以临祭，其为不敬大矣。"郑玄注："偏任为跛，依物为倚。"

④ 扞格：抵触。

⑤ 了了：清晰明白。

欲正其心者　二句

沈近思

正心有要，惟诚其所发而已。夫意为心之所发，于此不诚，则心之体无以正矣，其可不先之哉？且天生人而一心中处焉，自其心之静也，而无念之不虚，固所以立吾心之体；及其心之动也，而无念之不实，又所以遂吾心之用。然欲养之于虚，而不先之以实，吾见其用之纷，而为体之累也多矣。何则？统动静而一之者，谓之心；心之由静以至动者，谓之意。意也者，始于一念之发，而究及于吾身、家国、天下之大；则诚意为自修之首，而欲正其心者之所当必先也。心之浑然在中者，有善之理而无善之形，迨形生神发而善之意出焉，此即心正之所由以见端也，然而其几甚微，可恃而未可恃矣，是心之能进乎善者惟此意，而心之渐远乎善者亦惟此意也；心之寂然不动者，无恶之形而并无恶之理，迨欲动情胜而恶之意生焉，此即心不正之所由以见端也，然而其几尚隐，不可遏而可遏矣，是心之暗长夫恶者惟此意，而心之潜消夫恶者亦惟此意也。是不可不有以诚之，而自天之人①之几见焉，尽人合天②之学具焉。心之未有意，权在天也，心之既有意，权在人矣，不明乎自天之人之几而高语虚无之体，始见以为无善，而终必至于灭意，灭意而所谓正心者又何足凭乎，故知以虚无为心而不诚其意于为善者，妄也，而况乎吾心之体本万善皆备者也，则诚之恶可已乎？意之发于心，天而人矣，意之实于心，人而天矣，不明乎尽人合天之学而一听自然之体，始见以为无恶，而终必至于任意，任意而所谓正心者又何足恃乎，故知以自然为心而不诚其意于去恶者，妄也，而况乎吾心之体本一私莫容者也，则诚之乌可已乎？其为意之善者欤，此即道心之发也，中心好之而无他念以为之间③，则心之微者可至于著，而凡天下之理无不体之，必期于得矣，殆实有诸心者也，欲清其源，必澄其流也；其为意之恶者欤，此由人心而生也，中心恶之而无他念以为之拒，则心之危者可至于安，而凡一己之私无不去之，必要④于尽矣，殆实无诸心者也，欲持之于未发，必严之于已发也。盖即诚以为正，而修齐治平，一意之所通，无非一诚之所贯。故曰诚意者自修之首也。

【评】就为善去恶、人心道心发挥，人人所知，却无能如此抽绎而出之者，可谓体认独真。

【作者简介】

沈近思（1671—1727），字位山，号闇斋，又号侾轩，浙江钱塘（今杭州）人。康熙三十九年（1700）进士，官至都察院左都御史，谥端恪。近思在康熙、雍正间，以讲论理学著称，《清史稿》本传谓："圣祖以朱子之学倡天下，命大学士李光地参订性理诸书，承学之士，闻而兴起。（方）苞与光地谊在师友间，（杨）名时、（王）兰生、（魏）廷珍、（蔡）世远皆出光地门。（胡）煦亦佐光地修书，得受裁成于圣祖。（黄）叔琳，苞友，（雷）鋐又出世远门，渊源有自。独（沈）近思未与光地等游，而学术亦无异，雍正初，与世远、苞先后蒙特擢。寿考作人，成一时之盛，圣祖之泽远矣。"有

《天鉴堂集》八卷等。

【题解】出自首章，见上，参见正嘉文卷一归有光《大学之道》。

欲正其心者，先诚其意。

【注释】

① 自天之人：由"道心"向"人心"转化。之，到。
② 尽人合天：尽去人欲之私，合于天心之公。
③ 间：间断，阻隔。
④ 要：期。

欲诚其意者　三句

严虞惇

原意所由诚，而致知有实功矣。夫非格物以致知，虽欲诚意，无由也。知所先，可不知所在乎？且夫人意之所发，莫不以心之所明者为端。顾心之所明者，不可不有以极其量，而又不得执虚无之说以为明。苟索之于虚而量有未极，将误用其明而行之不疑，必有非所诚而诚者矣。欲诚意者，可不知所先哉？夫意固原于知者也，意方起而知即赴之，此一时之知觉意①者也；知既立而意即从之，此先时之知导意者也。天下有意而不能诚者，是非之介、邪正之交，吾窃意其如是矣而未必其果如是也，素无极深研几之学而只任其意之所如，非不欲诚也，而淆然莫辨，究且入于惝恍而无凭，则不先致知之故也；天下有诚而不得谓之诚者，然诺②之节、忠孝之行，吾诚意其如是矣而未必其宜如是也，本无审几达变之学而一任其意之所如，非不果诚也，而愚而罔用，究且加之恶名而不辞，则不先致知之故也。至于致知而知先之，学尽矣，而致知更有在焉。知无体，即物以为体，吾凭虚以求知，于寂处之时亦若湛然有觉矣，及与立乎纷错之途，阅乎蕃变③之地，而吾向之所知者，竟茫乎一无所知也，不可谓致也；知无用，即物以为用，吾守约以求知，于目前之事亦既厘然有辨矣，及与旷观乎天地之大，博涉乎名象之烦，而吾之所未知者，乃不啻千百乎吾之所已知者也，不可谓致也。其惟格物乎？一物也，意以为然，不如见其然者之为切也，见以为然，不如知其所以然者之为尤切也，吾之知，得少以为足，而游移之见、二三之情④皆得而乘之，而何有于⑤神明变化之业乎？一物也，求之此而不得，或证于他所遇之物而得焉，求之此而已得，或参于他所遇之物而益有得焉，吾之知，执一而鲜通，而意气之私、坚僻之术且得而中之，而何有于家国天下之大乎？夫惟格物以致知而知之量全，而后可以惟吾意之所之而行之不疑，而不至于误用其知也已。

【评】虽根柢不出时文，而明白疏畅，初学易晓。篇中反说多，正说少，非不能发挥正面，以留下而后地步、不欲发露传意太尽也。

【作者简介】

严虞惇（1640—1713），字宝成，号思庵，江苏常熟人。康熙三十六年（1697）一甲二名进士。既官翰林，馆阁文字多出其手。三十八年（1699），其同科状元李蟠、探花姜宸英典顺天乡试，以弊案得罪，而虞惇诸子于是科获隽，虞惇亦以此罣吏议镌级。闲居数年，起大理寺寺副，累迁太仆寺少卿，卒官。著有《读诗质疑》，江南人刻其文曰《严太仆集》以继明归有光。《清史稿·文苑传》有传。

【题解】 出自首章，参见正嘉文卷一归有光《大学之道》。

欲诚其意者，先致其知；致知在格物。

【注释】

① 知觉意："知"引发"意"。下"知导意"指"知"指导"意"。
② 然诺：忠实履行自己的诺言。
③ 蕃变：变迁、变化。
④ 二三之情：亦指游移不定。
⑤ 何有于：何论，哪里谈得上。

心正而后身修 二句

方 舟

由心以至家，而明新①之事合矣。盖身以内之事至心而止，身以外之事自家而起，而皆统于身，故身修而明新之事合也。且明德之事归于身，而古大人不遽求之身，而多方以事其心；新民之事起于家，而古大人不遽求之家，而多方以事其心与身者。何也？凡以身之修，有定其事于心正之中者，亦有益其事于心正之外者，而皆于心正之后得之。定其事于心正之中者，则洁而全之者是也；益其事于心正之外者，则因而饬之者是也。接吾身之物之足累吾身者，吾心中实无与之将迎之倪，而官骸气质之缘绝于外而不入；附吾身之物之足为功于吾身者，吾心中实见其有当然之则，而视听言动之司安于内而不驰。苟未至于心之正，则见为身所宜绝，而心仍有不绝者，虽力拒于形迹之间而有挥之而不去者矣；见为身所宜安，而心仍有不安者，虽强纳之绳墨之中而有迫之而思轶者矣。心正而后身修，明明德者不可不务白也。家之齐，有定其事于身修之中者，亦有益其事于身修之外者，而皆于身修之后得之。定其事于身修之中者，则动之以诚者是也；益其事于身修之外者，则服之以公者是也。道立而家人之志虑肃焉，求吾身而无可疵，则相反者有以形其丑，而燕私偷惰之气不作而自除；义和而家人之分谊平焉，对吾身而无所觖②，则生争者不自安于心，而怨思黩勃③之风不言而自靖。苟未至于身之修，则吾求其肃，而彼先未尝见吾之肃，作威以震之而有狎用而不行者矣；吾欲其平，而彼先不能信吾之平，遇事而调之而有参差而百出者矣。身修而后家齐，新民者不可不务白也。

【评】 微思曲引，劲气直达，开理题未开之境。

【作者简介】

方舟（1665—1701），字百川，号锦帆，安徽桐城人，寓居江宁。康熙时诸生，方苞之兄，与方苞并负文誉，方苞治古文，诂诸经，皆舟发其端绪。舟性孤恃，晚乃东游登莱，北过燕市，遘疾以还，自知不起，闭户悉焚平生所论著，烬余所存唯数篇而已。于时文亦为名手，《清稗类钞·文学类》："应试之文，功令所关，精益求精，作者林立，二百数十年来，不胜枚举。其文体最正者，顺治时，熊伯龙、刘克猷雄浑雅健，开风气之先。康熙时，韩菼精洁古雅，上结主知，天下奉为举业正轨。桐城方舟，字百川，苞之兄也，亦以文名。菼见其所著，叹曰：'此于三百年作者外，自成一家者也。'后人以其昆季之文，与淳安方楘如文合刊，谓之《三方合稿》。"

【题解】出自首章，参见正嘉文卷一归有光《大学之道》。

心正而后身修，身修而后家齐。

【注释】

① 明新："明明德"与"新民"。按，本文可视为两扇，"凡以身之修"及"家之齐"各领起一扇。
② 猷：不满。
③ 谿勃：通常作"勃谿"，指婆媳间的争吵与不和，也喻指因细小事务而争吵。语本《庄子·外物》："室无空虚，则妇姑勃谿。"

汤之盘铭曰　一章

熊伯龙　墨

传者以新民望天下，而稽古以示其极焉。盖君子将偕民于至善，而可苟焉以为新乎？商周之间，其极可睹矣。且君子诚得操天下而为所欲为，讵不欲举斯民于三代之隆哉？而考其功用之所存，恒令人有不醇不备之感焉，则未尝深求古哲王之意而积吾学以通之也。夫言治莫患乎无征，而立法必崇其所尚。商之民，汤治之者也；周之民，康叔①分理之、文王始靖之者也。以彼道德一、风俗同，后之君子何尝不流连感慕于其际乎？乃其道固未易易也。读盘铭而知小物之克勤，不敢忘焉，日新又新，其不遽求乎民也如此；读《康诰》而知一方之淫酗②，不可弃焉，新而言"作"，其不因任乎民也如此；读《诗》而知怙西土、燕皇天③，其道光明焉，旧邦新命，其永命④于民也如此。此以见天下之大可为，而治天下之诚不可以苟焉而已也。后之君子则何如哉？自其本而言之，建中⑤以为绥猷⑥之始，万几⑦之中无一瑕焉而后即安，非自劳也，新之先实有是不易之理，而君子不敢不及也，以全天德，以体王道，岂细行欤？自其末而言之，锡福⑧以昭荡平⑨之应，万人之聚无一愚焉而后即安，非动众也，新之中实有是当然之事，而君子不敢不勉也，商俗之骏厉⑩、周道之尊亲，岂小康⑪欤？诗书所载，历世所传，其心则一人之心也，其道则天下之道也。用而必至于极也，君子犹夫古之欲明明德于天下者与？自非然者，世仍商周之世，学非商周之学，后之君子不徒览古训而流连也哉？

【评】谨严纯密中有疏逸之致，犹见正嘉先辈遗则。

【作者简介】

【作者简介】

熊伯龙（1617—1699），字次侯，号塞斋，别号钟陵，湖北汉阳人。顺治五年（1648）顺天乡试第一，次年成一甲二名进士，官至翰林院侍读学士。能诗文，有《熊学士诗文集》等，精天文算学，在哲学方面亦有深造。熊伯龙精擅制义，与同科状元刘子状齐名，时号"熊刘"，有《熊钟陵稿》。顺治十一年（1654）典浙江乡试，所取史大成、严我斯、蔡启傅后俱成状元，为科举盛事。

【题解】 出自传第二章。

汤之盘铭曰："苟日新，日日新，又日新。"（盘，沐浴之盘也。铭，名其器以自警之辞也。苟，诚也。汤以人之洗濯其心以去恶，如沐浴其身以去垢。故铭其盘，言诚能一日有以涤其旧染之污而自新，则当因其已新者，而日日新之，又日新之，不可略有间断也。）《康诰》曰："作新民。"（鼓之舞之之谓作，言振起其自新之民也。）《诗》曰："周虽旧邦，其命惟新。"（《诗》，《大雅·文王》之篇。言周国虽旧，至于文王，能新其德以及于民，而始受天命也。）是故君子无所不用其极。（自新新民，皆欲止于至善也。）

【注释】

① 康叔：文王之子，武王、周公之弟，封为卫侯。《大学》本章所引《尚书·康诰》即授命康叔之辞。

② 淫酗：饮酒无度。淫，过分。此指殷商的遗民，有酗酒之习。按，康叔受命监理殷之遗民，《尚书·酒诰》蔡沉集传："商受（纣）酗酒，天下化之，妹土，商之都邑，其染恶尤甚，武王以其地封康叔，故作书诰教之。"

③ 怙西土、燕皇天：言文王政教之美。怙西土，语本《尚书·酒诰》："我西土惟时怙冒"，孔安国传："我西土岐周，惟是怙恃文王之道，故其政教冒被四表"。燕皇天，语本《诗经·周颂·雝》："燕及皇天，克昌厥后。"毛传："燕，安也。"郑笺："文王之德，安及皇天，谓降瑞应，无变异也。"

④ 永命：延长国运。永，长，此指延长。

⑤ 建中：建立中正之道，以为共同的准则。《尚书·仲虺之诰》："王懋昭大德，建中于民"。

⑥ 绥猷：顺应天道人心之常。绥，此指安抚、顺应；猷，道、法则。语本《尚书·汤诰》："若有恒性，克绥厥猷惟后。"孔安国传："顺人有常之性，能安立其道教，则惟为君之道。"

⑦ 万几：本指各种念虑，后常指帝王繁多的政务。语本《尚书·皋陶谟》："无教逸欲有邦，兢兢业业，一日二日万几。"孔安国传："几，微也，言当戒惧万事之微。"

⑧ 锡福：以大中至正之道治理国家，造福万民。《尚书·洪范》："敛时五福，用敷锡厥庶民。"孔安国传："敛是五福之道以为教，用布与众民使慕之。"

⑨ 荡平：此指王道大行，天下大治。语本《尚书·洪范》："无偏无党，王道荡荡。无党无偏，王道平平。"

⑩ 骏厉：严格。

⑪ 小康：小安。语本《诗经·大雅·民劳》："民亦劳止，汔可小康。"孔颖达疏："小省赋役而安息之。"

康诰曰作新民　二节

熊伯龙

求新之义者，于周观其至焉。盖民与命俱新，新之至也。《诗》、《书》所载，不可考而知乎？传者引此，谓夫商周之兴，皆天命之以继乱而图治也，而作述①兼隆，莫如昭代②。一时主术民风，散见于文词，尤有足征者。间尝节取而通其意，其所为本执竞③为革除，先天下而振其靡者，犹之乎式围之化④也；其所为发馨香⑤于世德⑥，通於穆而犀予怀⑦者，犹之乎日跻之理⑧也。一征诸《康诰》，有曰"作新民"。殷民罔显⑨几何年矣，救民者处此，淫酗⑩则大可诛，弃咎⑪则小可释耳。有圣人为之君师，而以风俗责之下乎？新民曰"作"，当日之吉康是迪⑫，相求于无过者，其必有道矣。武王之德如此其盛也，武王之新民如此其至也。吾求子之言新而不得也，意者有如此"作新"之说乎？再征诸《诗》，有曰"周虽旧邦，其命维新"。周之为周几何代矣，守业者处此，图存则藉其本固，长乱则狃其久安耳。有圣人为之子孙，而使光大不自我乎？命曰"维新"，当日之小心卑服⑬，相感以至精者，其必有道矣。文王之德如此其盛也，文王之新命如此其至也。吾进求子之言"新"而不得也，意者有如此"维新"之说乎？于《诰》观人事焉，而实先之以宅命⑭，于《诗》观天道焉，而实终之以作乎⑮，两圣人⑯原取幽明⑰以共谋，而文谟武烈，合为一姓之昭融⑱；身集大统、成命⑲不敢安，故读《诰》如无《诗》，肇造丕基⑳、休明㉑何所待，故读《诗》如无《诰》，两圣人各随微显以自尽，而开国承家，备极百年之勤苦。呜呼！此我周有道之长，而明德、新民之止于至善，百世以俟君子而无憾者与？

【自记】全章重在末句，此二节是称引诗书，不得宽衍"新民"泛语，却又要似条释圣经，将"无所不用其极"意逗入，引述口中，文于此颇加斟酌。

【题解】出自传第二章，见上。

《康诰》曰："作新民。"《诗》曰："周虽旧邦，其命惟新。"

【注释】

① 作述：创造与传述。《礼记·中庸》："父作之，子述之。"

② 昭代：政治清明的时代，常用以称颂本朝或当今时代。此即指周代。

③ 执竞：秉持自强之道。语出《诗经·周颂·执竞》："执竞武王，无竞维烈。"朱熹集传："竞，强也。言武王持其自强不息之心。"按，此一股言周武王革除之功可与汤相比。

④ 式围之化：此指商汤化及九州。式围，为法于九州，语本《诗经·商颂·长发》："汤降不迟，圣敬日跻……帝命式于九围。"朱熹集传："式，法也。九围，九州也。"

⑤ 馨香：散播很远的芳香，常喻指德化远播。《国语·周语上》："其德足以昭其馨香，其惠足以同其民人。"

⑥ 世德：累代都有德行。《诗经·大雅·下武》言武王："王配于京，世德作求。"按，此句指文王继承祖先累世的德行，又予以发扬，此一股言文王之德可与汤相比。

⑦ 通於穆而犀予怀：此周文王注重"明德"。於穆，指天道，语本《诗经·周颂·维天之命》："维

天之命，於穆不已。"予怀，本《诗经·大雅·皇矣》："帝谓文王，予怀明德"。廑，勤。

⑧ 日跻之理：圣敬之德一天天提高。此仍指汤而言，出处见前"式围之化"注。

⑨ 罔显：无显明之德。《尚书·说命下》："自河徂亳，暨厥终罔显。"《酒诰》：纣王"厥命罔显于民"。

⑩ 淫酗：饮酒无节制。淫，过分。《尚书·泰誓中》："（纣王）淫酗肆虐，臣下化之。"

⑪ 弃咎：指改邪归正。语本《尚书·康诰》："若有疾，惟民其毕弃咎。"

⑫ 吉康是迪：以吉祥安乐之道导引人民。迪，导引。语本《尚书·康诰》："封，爽惟民，迪吉康。"孔安国传："明惟治民之道而善安之"，蔡沉集传："开导之以吉康"。

⑬ 卑服：穿粗劣衣服，谓不敢淫佚。《尚书·无逸》："文王卑服，即康功田功。"孔安国传："文王节俭，卑其衣服。"

⑭ 宅命：指归顺天命。宅，顺应、归顺。《尚书·康诰》："亦惟助王宅天命，作新民。"孔安国传："弘王道，安殷民，亦所以惟助王者居顺天命，为民日新之教。"

⑮ 作孚：信服、信从。此二句本《诗经·大雅·文王》："上天之载，无声无臭。仪刑文王，万邦作孚。"郑玄笺："天之道，难知也。耳不闻声音，鼻不闻香臭，仪法文王之事，则天下咸信而顺之。"

⑯ 两圣人：指周文王、周武王。

⑰ 幽明：指天道和人事。

⑱ 昭融：此指德行光明而长远。融，远，长。语本《诗经·大雅·既醉》："昭明有融，高朗令终。"郑玄笺："天既助女以光明之道，又使之长。"

⑲ 成命：既定的天命。《诗经·周颂·昊天有成命》："昊天有成命，二后受之。"按，"读《诰》如无《诗》"，谓武王新民之义，令人以为观止，不再有与其媲美的论述；"读《诗》如无《诰》"，谓文王新民之义，又令人以为观止。

⑳ 丕基：巨大的基业。

㉑ 休明：指君主贤明或称扬盛世，此指文王。

诗云穆穆文王　二节（其一）

李光地

　　立止至善之准，而详其止之之功焉。盖圣如文王，善斯至矣，其次则能止于至善者，孰非由其功之懋哉？故《大学》两引《诗》以明其意也。谓夫至善者，事理当然之极；而止至善者，知行并进之功。吾尝诵《大雅》之诗，而知立至善之准者，无如文王焉。盖穆穆者，敬之容也；缉熙者，敬之纯；而止者，敬之安也。常明故常敬，而不息其命之流，此文王之心所为性与天合也；常敬故常止，而各尽其伦之分，此文王之行所以动为世师也。故君、臣、父、子、与国人交之际，人之大端也，如文王焉，可以无讥矣；仁、敬、孝、慈、信之懿，众善之目也，如文王焉，亦可以止矣。所谓止于至善者，其则岂远哉？夫圣人固天下万世之标准也，然学之者当何如？《卫诗》之咏菉竹也，兴其茂也；其称有斐之君子也，美其文也。为之歌"切磋琢磨"，则喻其学修之勤而继也；为之歌"瑟僴赫喧"，则形其恂栗威仪之积而盛也。为之载歌"有斐"而云"终不可諠兮"，则道其德之盛、善之至，有相感以秉彝者。民虽欲忘之，亦安能忘之哉？由此观之，自其闻大道之要，以动至德之光，则知圣人之可学而至也；修己于宥密之中，而风动于四方之远，则知天下之可得而治也。盖不特自昭明德者至此而无以加，而所谓新民之无不用其极者，亦不外是而得之矣。

【评】 按脉切理，若无意为文，而巧法具备，是之谓言有序。

【作者简介】

李光地（1642—1718），字晋卿，号厚庵，别号榕村，福建安溪人。康熙九年（1670）进士，改庶吉士，授编修，累官至文渊阁大学士兼吏部尚书，政绩显著，深得康熙倚任，卒谥文贞。光地为康熙朝理学名臣，儒林巨擘，《御纂朱子全书》、《周易折中》、《性理精义》诸书，皆由其校理。所著有《榕村集》及《周易通论》、《洪范说》、《中庸章段》等性理之书，尤精于制艺，《四勿斋笔记》称其"相业为我朝之冠，其制义亦是我朝领袖"，"元气浑穆，名理湛深，直可度越汉阳（按，熊伯龙）、黄冈（按，刘子壮）、长洲（按，韩菼）诸公"。所著所编有《榕村制义》、《榕村藏稿》、《程墨前选》、《名文前选》、《易义前选》、《制义精华》、《程墨精华》等。

【题解】 出自传第三章，参见化治文卷一李时勉《君子贤其贤而亲其亲》。

《诗》云："穆穆文王，於缉熙敬止！"为人君，止于仁；为人臣，止于敬；为人子，止于孝；为人父，止于慈；与国人交，止于信。《诗》云："瞻彼淇澳，菉竹猗猗。有斐君子，如切如磋，如琢如磨。瑟兮僩兮，赫兮喧兮。有斐君子，终不可諠兮！"如切如磋者，道学也；如琢如磨者，自修也；瑟兮僩兮者，恂栗也；赫兮喧兮者，威仪也；有斐君子，终不可諠兮者，道盛德至善，民之不能忘也。

为人君　　止于信

陶元淳

圣人立止之极，要于善而已。盖有善、有不善，则所谓止者犹非其至也，文岂有未至哉？且学以至善为归，而今之求至于善者，或一端之足录，或大体之无失，如是焉止耳。然惟如是，则犹未止也。古之人有进①于是者矣，有可进，则犹未可止。故吾尝谓：古今千百年间，大圣人而外，其人则皆行乎得半之途者也。今夫文王，则古圣人之能进于是者也。诗人咏之曰"缉熙敬止"，其所为止者，岂必有成法之可师，而若设一必至之程，以自全于尊亲物我之地；亦安必无时势之相阻，而但求一至当之则，以自适于经权常变之交。则尝就诗之义而推言之，彼夫叔季②之君臣、常人之父子、末俗③之朋友，其人非尽不善也，就其所善，古人无以过，然而所善则然耳，假令居文王之处，即以其所善行之，正恐拘牵未合，至予以大过而不辞，而后知文王之止也，真有进于是也；且就文王之止而更观之，彼其诵罪之君臣④、问竖⑤之父子、齿让之交友，其事非甚奇异也，就其所为，人人皆可至，然其所为已绝矣，今试由文王而外，各以其所为验之，虽有神灵之授，不过如其行事而止，而后知文之止也，无能更进于是也。君止于仁乎，臣止于敬乎，自有天地以来，尊卑之义未之有改也，而不能加也；子止于孝乎，父止于慈乎，苟非伦常之变，一本之爱未之有殊也，而不能过也。至于与国人交，则又内垂下土之式⑥，外著万邦之孚，而止于信焉。其止之惟变所适者，未尝可为典要⑦，正惟不可典要，而神明化裁⑧之用乃愈见其无方，夫止则宜其有方矣，而无方之止，则虽欲悬拟其境以赴之，而已非其所止矣；其止之日进无疆者，未尝有所要归，正惟无所要归，而富有日新⑨之美乃愈见其无尽，夫止则疑其有尽矣，而无尽之止，则虽欲刻定其处以居之，而又非其所止矣。夫乃知文之止之不可及也，彼天下后世之为君臣父子交友者，大抵皆行乎半至之途者也。

【评】避实凿空，深微之义，以浅淡语出之，风格远迈流俗。

【作者简介】

陶元淳（1646—1698），字子师，江苏常熟人。康熙十八年（1679），诏举博学鸿辞，元淳在荐中，以疾未与试，二十七年（1688）成进士，选广东昌化知县，多善政，入《清史稿》循吏传。元淳积学工诗文，有《南崖集》、《志学集》等，又工制义，何焯辑《行远集》多取其文。

【题解】出自传第三章，同上，参见化治文卷一李时勉《君子贤其贤而亲其亲》。

【注释】

① 进：超出。

② 叔季：末世。

③ 末俗：风俗败坏之时。

④ 诵罪之君臣：此谓文王在君臣关系上处理得无以复加。诵罪，当据韩愈《羑里操》"臣罪当诛兮，天王圣明"，谓周文王自认有罪而不敢怨君。

⑤ 问竖：指殷勤探视父亲。竖，看门的阉官。语出《礼记·文王世子》："文王之为世子，朝于王季日三。鸡初鸣而衣服，至于寝门外，问内竖之御者曰：'今日安否，何如？'内竖曰：'安。'文王乃喜。"按，此句指文王在父子关系上做到极致。

⑥ 式：法则，榜样。

⑦ 典要：经常不变的准则、标准。《易·系辞下》："变动不居，周流六虚，上下无常，刚柔相易，不可为典要。"

⑧ 神明化裁：指灵活运用。《易·系辞上》："化而裁之，存乎变；推而行之，存乎通；神而明之，存乎其人。"

⑨ 富有日新：指不断提高。《易·系辞上》："富有之谓大业，日新之谓盛德，生生之谓易。"

诗云瞻彼淇澳 一节

韩菼

卫民不忘君子，极形其德之盛焉。夫德盛之所至，即君子不自知，民何以一一言之，则德之入民心者深耳。尝论君与民不相及，圣与愚不相知。民即有情，或取其被乎民者而歌咏焉，未有于其相远者而相思矣。然而民各有善，而民德鲜能一旦感于德之深，而其意中亦若有物，不啻自言之而自有之，而辄思之不置也。吾有怀于《淇澳》之诗。夫吾三引《诗》，皆言止也。《淇澳》之美卫武①则不言止，止已备言之矣。今即其一诗而六义②备焉。其诗，固风也；其世，则小雅之世③也；而其意，则主颂也。

美菉竹，兴也；连类于"切、磋、琢、磨"，比也；叹之以"瑟、僩、赫、喧"而因申其旨于不"谖"④，赋也。真不忘君子之诗乎！夫诗人未必徒媚其上者也，又未必深知学问也，而其言即有斐者自道，岂过此哉！吾一一覆之，大率感其德、服习其善而作也。其不忘君子之始事，而喻之以切磋，又喻之以琢磨，抑有见于君子之学以敏其求、而修以致其洁者而然乎，美哉，德基之矣，而其由知以既于得者何善也；其不忘君子之既事，而叹之以"瑟僩"，又叹之以"赫喧"，抑有见于君子之恂栗积于中、而威仪发于外者而然乎，美哉，德之舆⑤也，德之光也，而其自心以泽于身者何善也。夫君子所自知者，切磋耳琢磨耳，其德之积而为存著者且不自知，而民何以弗谖？即民之知君子者，亦仅威耳仪耳，其德之涵而为刻厉者将无以知，而民何以终弗谖？盖未尝不美武公之德之盛而善之至也。凡事之旦夕而辍者，人亦旦夕而忘之，而武公志不衰于既耄，终身皆考治之事，终身皆诚形之事也，民虽甚无知而感诵睿圣，自少时以迄于今，悠悠可溯也，则深相爱已耳；事之绝物而处者，人亦于所不见而忘之，而武公日求助于国人，瞽御⑥皆攻取之资，箴诵皆心身之物也，民虽甚疏逖⑦而殷勤纳牖⑧，由草野以达于朝，依依可亲也，则不忍释焉耳。然则卫诗之"不忘"，固君子之德为之，而民各以其善者相取也。视《烈文》⑨之"不忘"，不较有微焉者乎？然而武公若不终日焉，而文王深远矣。

【评】直点诗词，则体太方板；诂诗义，则文无情。粘定卫武，既失大学"至善"之义；空讲"至善"又与《淇澳》不相干涉。此篇斟酌尽善，咏叹淫泆⑩，其味深长。

【作者简介】

韩菼（1637—1704），字元少，晚号慕庐，江苏长洲（今苏州）人。康熙十二年（1673）年会元、状元，授编修，官至礼部尚书兼翰林掌院学士。菼以文学受知，著有《有怀堂诗稿》、《文稿》。又精制义，有《有怀堂制义》，乾隆十七年追谥"文懿"，谕旨称："故礼部尚书韩菼，种学绩文，湛深经术。其所撰制义，清真雅正，实开风气之先，足为艺林楷则。从前未邀易名之典，著加恩追谥，用示褒荣。"

【题解】出自传第三章，参见化治文卷一李时勉《君子贤其贤而亲其亲》。

诗云："瞻彼淇澳，菉竹猗猗。有斐君子，如切如磋，如琢如磨。瑟兮僩兮，赫兮喧兮。有斐君子，终不可谖兮！"如切如磋者，道学也；如琢如磨者，自修也；瑟兮僩兮者，恂栗也；赫兮喧兮者，威仪也；有斐君子，终不可谖兮者，道盛德至善，民之不能忘也。

【注释】

① 卫武：《诗经·卫风·淇澳》，毛诗序以为是赞美卫武公的。

② 六义：指风、雅、颂、赋、比、兴。

③ 小雅之世：据孔颖达疏，卫武公入周王室任职为聊相，当在周幽王、周平王之时。小雅多产生于西周后期，传统上也认为此一时期王政大坏，是"变风变雅"产生的时代。

④ 谖：忘。按，《大学》本章引《淇澳》，作"终不可諠兮"，《诗经》原文作"终不可谖兮"。

⑤ 德之舆：美名，此指德由内而发外，由近以行远。舆，车，行远之具。《左传·襄公二十四年》：

"夫令名，德之舆也。"杜预注："德须令名以远闻。"

⑥ 瞀御：近侍。《诗经·小雅·雨无正》："曾我瞀御，憯憯日瘁。"毛传："瞀御，侍御也。"按，此句谓武公谦以待人，善于学习别人之长，连侍御也是取资的对象，似本《淇澳》末章"猗重较兮"而言。

⑦ 疏逖：此指疏远。

⑧ 纳牖：此指导人于善。牖：本意为窗户，引申为开导。《易·坎》："纳约自牖，终无咎。"

⑨《烈文》：《诗经·周颂》篇目，为周成王祭祀先祖之诗，主要追怀文王、武王，有句云"於乎，前王不忘！"《大学》本章下节亦引之，故此处取以相比。

⑩ 淫泆：声音绵长不绝，意味深远。

诗云瞻彼淇澳　一节

金德嘉　墨

　　《诗》言有合于明德之止者，传者引之以教天下焉。夫《淇澳》之诗，美有斐君子耳，未尝言"止"也，然而盛德至善已备于斯矣。传者引之，意谓：明德之必止于至善也，圣人固常立说以教天下，而学者网罗载籍，流连于四始六义①之中，往往引伸触类而得其大旨之所存，非必其言之尽出于"止"也，而绎其言中之意，未尝不望古而遐思焉。曰此古之明明德而止于至善者与？不然，何其感人之切而入人之深若此也？吾尝读《诗》而至《卫风》，见夫《淇澳》之什②，美武公也。古者大学之教，自君公以至于氓庶，而皆有不容已于学问之事；古者歌颂之兴，自比兴以迄于敷陈，而皆有不容已于性情之言。作此诗者，兴怀菉竹，叹美有斐。曰"切磋"矣，复曰"琢磨"，曰"瑟僩"矣，复曰"赫喧"，而申之以"终不可諠"。若言之不足而长言③之，长言之不足而嗟叹之者，何也？以为民之媚君子而然与？夫民即善媚，不过颂祷焉已耳，而何以爱之慕之，拟之议之？窥其中之所积而形容之，即其外之所著而扬挖之，言之重焉，辞之复焉。夫民也，何所媚于上而为此与？而由今取其言而绎之，于是知古人之攻物，不极其精不止也；古人之为学，不极其精不止也。古人之治器，不极其密不止也；古人之治身，不极其密不止也。"如切如磋"者精之至也，"如琢如磨"者密之至也，此古人之学修也，学修至，而寅畏④中存，鲜暇逸之思焉；"瑟兮僩兮"者畏之至也，此古人之恂栗也，学修至、恂栗存，而辉光外贲⑤，昭定命之符焉；"赫兮喧兮"者光之至也，此古人之威仪也，学修至、恂栗存、威仪著，而君子之德不动以人而动以天矣，不动以情而动以性矣。"终不可諠"者殆忘之而不能焉，动之至也，此古人之盛德至善也。当是时，耄而犹勤⑥，则讲习讨论之积于生平可知也；饮而悔过，则省察克治之严于旦明⑦可知也；志不弛于瞀御⑧，则畏天尊祖、严惮保傅之诚可知也；诚不忽于监史⑨，则班朝莅官、珪璋闻望⑩之肃可知也。非明德之止于至善，而能如是乎？

　　【评】先正论"引书体"若可移作本经文，则全然与题无涉，而《大学》诸传，引书以释经者尤难。其消息甚微，浅学不能辨也。此作分寸不失，而神理曲畅，脉络灌输。元墨⑪中有数文字。

【作者简介】

金德嘉（1630—1707），字会公，号豫斋，湖北广济人。康熙二十一年（1681）会元、进士，改翰林院庶吉士，散馆授检讨。参与纂修《明史》、《一统志》及《礼记讲义》、《通鉴讲章》，馆中推为硕儒。后充贵州乡试副考官，旋致仕归，键户著书几二十年。及卒，私谥贞孝先生。德嘉与王士祯交最善，其为文宗法韩、欧，为诗力追三唐，陈维崧亟称之。著有《居业斋文集》二十卷。

【题解】 出自传第三章，同上，参见化治文卷一李时勉《君子贤其贤而亲其亲》。

【注释】

① 四始六义：指《诗经》。《诗》有六义，指风、雅、颂、赋、比、兴；有"四始"，其说不一，《诗大序》认为指《诗经》的四个部分，即《风》、《小雅》、《大雅》、《颂》。

② 什：shí，此指诗篇。

③ 长言：拉长声音吟唱。语出《礼记·乐记》："言之不足，故长言；长言之不足，故嗟叹之。"

④ 寅畏：敬畏，恭敬戒惧。《尚书·无逸》："严恭寅畏，天命自度。"蔡沉集传："寅则钦肃，畏则戒惧。"

⑤ 贲：饰。

⑥ 耄而犹勤：年老时尚且勤于修行。耄，八九十岁的年纪，泛指年老。按，此与下股"饮而悔过"俱指卫武公事，《淇澳》朱熹集传言之甚详："按《国语》：武公年九十有五，犹箴儆于国，曰：'自卿以下至于师长士，苟在朝者，无谓我耄而舍我，必恪恭于朝以交戒我。'遂作《懿戒》之诗以自警。而《宾之初筵》亦武公悔过之作。则其有文章而能听规谏、以礼自防也可知矣。"

⑦ 旦明：本指平明、早晨，此指白天的诸种活动。《仪礼·少牢馈食礼》："宗人曰：'旦明行事。'"

⑧ 志不弛于暬御：指卫武公在乘车等小节上也不随意。此本《淇澳》"猗重较兮"句而言。

⑨ 监史：此指酒筵上督察礼仪的官员。按，此句语本《诗经·小雅·宾之初筵》："凡此饮酒，或醉或否。既立之监，或佐之史。"

⑩ 珪璋闻望：此指参与重大典礼，与重要人士打交道。珪璋，玉制的礼器，古代用于朝聘、祭祀等；闻望，此指有名望之人、重要人物。

⑪ 元墨：会元的墨卷。

如切如磋者　八句

钟　朗

至善必求而后得，《诗》言可递绎焉。夫明德之止，非偶然而得之也，由学修而致恂栗、威仪之盛，《诗》言不有合哉？今夫明明德者期于至善，然毋徒慕安、止之名而不深求古人之用心也。古人之求之也，必有其方；古人之得之也，必有其验。求之之方，不外乎知行；得之之验，兼征于内外。吾今由《诗》言绎之，其所谓"切磋琢磨"者，盖求之之方也：夫择善者存乎知，而知岂易竟乎，始焉辨其孰为善、孰为非善，如治器者之规模先定焉，既焉辨其孰为善、孰为至善，如治器者之砥砺加精焉，盖知之有渐，而必底其极也，则"如切如磋"者，道学也；体善者存乎行，而行岂易殚乎，始焉去不善以底于善，如治物者之裁制必良焉，既焉由善以底于至善，如治物者之瑕玷必

660

尽焉，盖行之有渐，而必要其极也，则"如琢如磨"者，自修也。若是乎其知行之并进也，不可以观求"止"之方也哉？其所谓"瑟倜赫喧"者，盖得之之验也：夫止之得也，必精于内，而在内者何似乎，善在危微之介，惟敬足以主之，可以窥其中藏之严密焉，善为重远之理，惟健足以任之，可以测其秉心之强毅焉，盖无意于矜持而有自然之就业也，则"瑟兮倜兮"者，恂栗也；止之得也，必征于外，而在外者何似乎，善由微而著，则和顺积中、英华发外焉，善由著而盛，则清明在躬而志气如神焉，盖无事于表饰而有自然之晖吉①也，则"赫兮喧兮"者，威仪也。若是乎其内外之同符也，不可以观得"止"之验也哉？

【评】朴老健达，句句靠实发挥，不作一影响含糊语。

【作者简介】

钟朗，字玉行，浙江石门人，一说浙江建德人。顺治十一年（1654）浙江解元，顺治十六年（1659）进士。

【题解】出自传第三章，同上，参见化治文卷一李时勉《君子贤其贤而亲其亲》。

《诗》云："瞻彼淇澳，菉竹猗猗。有斐君子，如切如磋，如琢如磨。瑟兮倜兮，赫兮喧兮。有斐君子，终不可諠兮！"如切如磋者，道学也；如琢如磨者，自修也；瑟兮倜兮者，恂栗也；赫兮喧兮者，威仪也；有斐君子，终不可諠兮者，道盛德至善，民之不能忘也。

【注释】

① 晖吉：光辉。语本《易·未济》："君子之光，其晖吉也。"孔颖达疏："'其晖吉'者，言君子之德，光晖著见，然后乃得吉也。"按，本文分为两扇，分别以"盖求之之方也"及"盖得之之验也"领起。

小人乐其乐而利其利

王汝骧

征先泽于小人①，所以予之者至矣。盖善之至者，固合后世之小人而治之矣。其乐、其利，前王不至今存乎？尝谓王者之使人不忘也，得之君子犹易，而得之小人较难。乃由今思之，夫民即无知，语以高厚之德，而罔或昧焉者，安于其所庇也；民即难感，告以父祖之勤，而无不志焉者，食于其所贻也。审是而前王之不忘，其所自恃于小人抑已固矣。夫以今而观文武以后之小人，何其乐也，约定俗成，视其妇媚士依②之福以为固然，初不甚费时王之经理；以今而观文武以后之小人，尚有利哉，口分世业③，视其井灶葱韭④之需取之无禁，亦不尽烦今主之规为。则未尝不慨然曰：此其所乐者，谁之乐乎，前王之乐也；此其所利者，谁之利乎，前王之利也。盖吾思夫文武当日，其所以谋小人之乐者至矣，五家使之相保，五比使之相受⑤，自民间宫室坟墓至于劳农、息老、嫁子、娶妻之事，无不设之官而莅之长，凡所为经其兵戎使可衣食，经其衣食使

661

可孝弟者，务尽乎人情物理之极则，而不以骣虞⑥为旦夕之安；其所以谋小人之利者亦至矣，十岁以下上所长⑦，十一以上上所强⑧，自民间田里树畜至于沟涂、粪种、瓜瓠、菓蓏之细⑨，无不陈之殷而置之辅⑩，凡所为以土会之法⑪辨其物生，以土宜之法⑫知其利害者，一准乎天时地利之大常，而不以私智速富强之效。是故其乐也，当时享之，亦且谓帝力之何有⑬，迨数传而后，一动念于恬熙之日月，则河山井里，一一皆前王宵旰⑭之遗，彼夫既醉之民⑮乐其醉酒饱德也，则曰是能法文武之道，鸿雁之民⑯乐其还定安集也，则曰是能复文武之功，不称其主⑰而相与为推原之论，夫亦知其所自来矣；其利也，当时食之，亦已置美利⑱于不言，迨其流既衰，一抚心于民生之不易，则桑麻鸡犬，物物皆前王手口之泽，彼夫甫田之民⑲利其如坻如京也，则曰曾孙之庾，信南山之民⑳利其为酒为食也，则曰曾孙之稿，不从其尊㉑而为本乎皇祖之号，夫亦知其所归美矣。没世不忘，职此之故，孰谓君子小人有异情哉？

【评】丰腴流畅，字字的实。是为沉浸于经籍以自发其心灵者。

【作者简介】

王汝骧，字云衢，亦称云劭，耘渠，江苏金坛人，由贡生官通江县知县。生卒年不详，雍正初年尚在世，工诗，著有《炳烛集》、《墙东草堂文集》。沈德潜《国朝诗别裁集》卷二五："云衢丈制义宗工，中岁为诗，不落宋元气习，古体尤上"。汝骧为著名制义作家，编著有《橐中集》、《虚牝集》、《墙东集》、《明文治》等制义专著。

【题解】出自传第三章，参见化治文卷一李时勉《君子贤其贤而亲其亲》。

诗云："於戏，前王不忘！"君子贤其贤而亲其亲，小人乐其乐而利其利，此以没世不忘也。

【注释】

① 小人：指此地位低下的百姓。

② 妇媚士依：送饭到田间的农妇与其家人互相慰劳，泛指努力农事、家庭和乐。语本《诗经·周颂·载芟》："有嗿其馌，思媚其妇，有依其士。"朱熹集传："媚，顺。依，爱。士，夫也。言馌妇与耕夫相慰劳也。"

③ 口分世业：口分，按人口分配土地，《公羊传·宣公十五年》"什一者，天下之中正也"，何休注："圣人制井田之法而口分之：一夫一妇，受田百亩，以养父母妻子。"世业，指世业田，亦称永业田。北魏以后实行的一种田制，世代承耕，永不收授。《旧唐书·食货志上》："所授之田，十分之二为世业，八为口分。世业之田，身死则承户者便授之；口分则收入官，更以给人。"按，"口分世业"为唐后常用语，而先秦儒家典籍言"世业"，似无后世"永业田"之意，而观下文，作者此有意将"世业"田等同于井田制中的"公田"。

④ 井灶葱韭：此泛指生活所需。井与灶，指家。葱韭，调味之物。此句语本《穀梁传·宣公十五年》："古者公田为居，井灶葱韭尽取焉。"

⑤ "五家"二句：此本《周礼·地官·大司徒》："令五家为比，使之相保；五比为闾，使之相受；四闾为族，使之相葬；五族为党，使之相救；五党为州，使之相赒；五州为乡，使之相宾。"郑玄注："此所以劝民者也。使之者，皆谓立其长而教令使之。保犹任也。"孔颖达疏："'使之相受'者，闾胥使二十五家有宅舍破损者受寄托。"按，本句后所言"民间宫室坟墓"诸事，皆属由"比"至"乡"各级组织所管理。

⑥骐虞：同"欢娱"，谓霸者所行苟且小补之政。语本《孟子·尽心上》："霸者之民，骐虞如也；王者之民，皞皞如也。"朱熹《集注》引程子曰："骐虞，有所造为而然，岂能久也？"引杨氏曰："所以致人骐虞，必有违道干誉之事。"

⑦ 长：抚养。

⑧ 强：强令其学习做事。按，此本于《汉书·食货志》所描述的周代制度："七十以上，上所养也；十岁以下，上所长也；十一以上，上所强也。"

⑨ 本句所言周朝制度，亦见《汉书·食货志》，如："种谷必杂五种……田中不得有树，用妨五谷。……还庐树桑，菜茹有畦，瓜瓠、果蓏殖于疆易。鸡、豚、狗、彘毋失其时"。

⑩ 陈之殷而置之辅：设置下属的官员。《周礼·天官·大宰》："陈其殷，置其辅。"孔颖达疏："'陈其殷'者，三卿下各陈士九人，三九二十七。'置其辅'者，谓三卿下各设府、史、胥、徒。"

⑪ 土会之法：语本《周礼·地官·大司徒》："以土会之法辨五地之物生：一曰山林，其动物宜毛物，其植物宜早物，其民毛而方。二曰川泽……"，孔颖达疏："会，计也，以土地计会所出贡税之法。"

⑫ 土宜之法：辨析各种土地适宜何种作物等，以指导民众生产生活。亦本《周礼·地官·大司徒》："以土宜之法辨十有二土之名物，以相民宅而知其利害，以阜人民，以蕃鸟兽，以毓草木，以任土事。"

⑬ 帝力之何有：指百姓感到其生活生产顺乎自然，似乎帝王没有什么功劳。语本《帝王世纪》所载尧时《击壤歌》："帝力于我何有哉？"

⑭ 宵旰：即"宵衣旰食"，天不亮就穿衣起床，天晚了才吃饭，形容勤勉于政务。

⑮ 既醉之民：指享受太平安乐生活的百姓。此句本《诗经·大雅·既醉》，《既醉》为周成王祭祖先之诗，毛诗序："《既醉》，大平也。醉酒饱德，人有士君子之行焉。"

⑯ 鸿雁之民：指无家可归的百姓。此句本《诗经·小雅·鸿雁》，毛诗序："万民离散，不安其居，而能劳来还定安集之，至于矜寡，无不得安焉。"

⑰ 不称其主：《既醉》为成王祭祖之诗，《鸿雁》是赞美周宣王之诗。诗中并没有直接出现成王、宣王的称呼。

⑱ 美利：厚利、大利。《易·乾》："乾始能以美利利天下，不言所利，大矣哉！"

⑲ 甫田之民：西周成王天下太平之时，在大田里劳作的人。按，此句本《诗经·小雅·甫田》，甫田，毛传："天下田也。"诗有句云"曾孙之庾，如坻如京"，谓周朝先祖的曾孙成王粮堆（庾），其高如同山丘（京），又如水中的高台（坻）。

⑳ 信南山之民：此亦指西周成王天下太平时的百姓。语本《诗经·小雅·信南山》，其中有句云："曾孙之穑，以为酒食"，指成王收获的粮食很多，可以用来做酒做食。

㉑ 不从其尊：《甫田》、《信南山》两诗中所言"曾孙"，都是指周成王。诗不直接称成王的尊号，而从他的祖先的角度，称其为"曾孙"，是归美于其先祖。

听讼吾犹人也　一章

张玉书

学贵知本，即"使无讼"之说通之矣。夫天下无物不足见本，子言"无讼"而推及于"畏志"，本岂求之于民者哉？尝谓善为治者，即一事之理，而一代之纲纪备其中；善论治者，亦即一事之理，而百代之民风主术具见其中。盖循先事以求之，则大人之学所为劳于本而逸于末者，其义可类举也。夫天下本末之故未易明也，反复经文，而得于夫子易言听讼、以进于无讼之旨。古者司寇之官，刑统乎政，士师①之职，刑寓乎兵，此不专乎讼②之词也，不专乎讼，而治术之源流上下，于一讼见之；内致聪明，以辨其等，外极忠爱，以达其诚，此专乎讼之词也，专乎讼，而治狱之源流上下，于一无讼见之。嗟乎！平天下而至于无讼，古圣难之矣。今一旦在廷者威厉而不试，在野者设防而不犯，维时之民无匿情也，无饰辞也，是盖国家刑措③之风，需之数百年而庶几一见者也，而使民无讼之理，则安可一日不讲哉？君即仁圣，不能恃恩，而民之以志相见者，有时羞恶之意反重于谴呵之威；时虽荡平，不能废法，而民之凛然其有畏者，有时慈惠之师倍严于深文④之吏。此其故，铸刑书⑤者不知也，去刑书者亦不知，而刑期无刑⑥者知之，变至而为之弭，事起而为之防，特后世补偏救弊之术，而惟治居其要者，能制万物之情于未然，遵斯道也，明允足以靖顽谗⑦，而况其大焉者乎；折狱惟佞⑧者不知也，折狱惟良者亦不知，而辟以止辟⑨者知之，一岁而进退数人，一时而废兴数事，特国家磨世砺俗之权，而惟导之有原者，能平万物之争于不怒，舍斯道也，哲后几不能治一人，而况其下焉者乎？甚矣，天下之大，循本则治，失本则乱，凡事类然；而推无讼之原，释知本之义，尤大彰明较著者也。夫畏志者，民之新也，而君德寓焉，此即末以见本也；无讼者，新之一事也，而君德全焉，此一本该⑩众本也。平天下者知之。

【评】明德既明，意含蓄不露，从容顿宕，蕴藉风流。

【题解】出自传第四章。

子曰："听讼，吾犹人也，必也使无讼乎！"无情者不得尽其辞。大畏民志，此谓知本。（犹人，不异于人也。情，实也。引夫子之言，而言圣人能使无实之人不敢尽其虚诞之辞。盖我之明德既明，自然有以畏服民之心志，故讼不待听而自无也。观于此言，可以知本末之先后矣。）

【注释】

① 士师：古代执掌禁令刑狱的官名。《周礼·秋官·士师》：士师之职，"掌国之五禁之法"。

② 不专乎讼：以上所论，一方面认为"刑"统属于行政，另一方面，刑起于兵，这些都不是就"讼"而论"讼"。

③ 刑措：把刑法放置起来，不再使用，指天下大治。

④ 深文：制定或援用法律条文苛细严峻。《史记·酷吏列传》："（张汤）与赵禹共定诸律令，务在深文。"

⑤ 铸刑书：指制定法律。春秋时晋、郑等国曾将法律铸于鼎上。

⑥ 刑期无刑：刑罚是为了教育人遵守法律，从而达到不用刑的目的。语本《尚书·大禹谟》："刑期于无刑。"

⑦ 顽谗：指愚妄而奸佞的人。语本《尚书·益稷》："庶顽谗说"，孔安国传："众顽愚谗说之人。"

⑧ 折狱惟佞：指判案时喜欢依仗口才。语本《尚书·吕刑》："非佞折狱，惟良折狱，罔非在中。"孔颖达疏："非口才辩佞之人可以断狱，惟良善之人乃可以断狱。"

⑨ 辟以止辟：刑罚一人可以让后来的人不再犯法。辟，法，使用刑罚。语本《尚书·君陈》："辟以止辟，乃辟。"

⑩ 该：包括。

所谓诚其意者　二句

储　欣

去欺惟恐不力，可识诚意之谓矣。夫吾自有知而意实欺之，所以不诚也，诚其意者，必毋自欺而可哉？且学者自格致以来，虽举家国天下之物而皆无以欺之，及一旦由寂之感，而欺者旋至焉。然欺自外来者，可以诿其过于知；而欺由内发者，不得不专其咎于意。然则经所谓诚其意者，吾得而申言其旨矣。意必有所始，一动焉而入于伪，斯亦无望其诚矣，而惘然而入于伪与灼然而入于伪，固自有辨，吾不解夫灼然者之何以亦入于伪也，夫有欺之者也；意必有所终，屡迁焉而流于妄，抑又无复能诚矣，而惛惛者之流于妄与昭昭者之流于妄，究竟无殊，吾甚惜夫昭昭者之亦且同流于妄也，夫谁欺之者也？亦曰自欺焉已耳。始吾格致之日，取天人理欲之几而大伸其辨，吾之知业已居天下之至快矣，意之既萌，此至快者岂须臾昧乎，胡然而蔽也，无论意与知相悖，反其道以行吾私，固不免为欺之尤，第令意与知相从，强为合以塞吾责，斯亦与于欺之甚者也，诚其意者毋然也！方吾知至之日，汇天人理欲之数而贯彻于怀，吾之知不啻居天下之至足矣，意即肆应，此至足者岂毫发爽乎，胡然而蒙也，无论知至于十，而意之发止及其一，固已自欺其知之全，即令知至于十，而意之发仅亏其一，犹然自欺其知之一也，诚其意者毋然也！凡人于人之欺我，其疾之也必深，而于己之自欺，则恕之也亦甚，彼特以自欺为人情之常，而不知人之所视为常，诚其意者之所惊为变也，夫以形气相隔之人忍为欺而不我爱，与以知意相因之我亦忍为欺而不我爱，果孰常而孰变焉，见为非常，而吾禁之止之之情乃可以自决；抑人欺我而我觉焉，则其术不容以复施，我自欺而我觉焉，即其后每因而狎至，世遂以去自欺为人情所难，而人之所视为难，诚其意者之所乐为便也，夫吾绝人欺而使不可胜穷之人有所惮而不敢，与吾绝吾欺而第使得以自主之我有所惮而不敢，果孰难而孰便焉，见为无难，而吾禁之止之之力愈有以自坚。然则诚意之谓，信可一言决之也，毋自欺也。

【评】思能锐入，笔能曲透，似此更何患题义之不究宣。

【作者简介】

储欣（1631—1706），字同人，号在陆，江苏宜兴人。少孤，率两弟苦读，弱冠后，萃里中友十二人互相切磋，七八年寒暑不辍，以是知名。居以古文、时文为业，康熙二十九年（1690），年六十，始领乡荐。试礼部，不遇，遂归，著书教授以终。所选《唐宋十家文全集录》五十一卷，于茅坤所选八家外，增入李翱、孙樵，书出风行海内，又选有《昌黎全集录》、《习之全集录》、《河东全集录》、《左传选》、《穀梁选》、《史记选》、《国策选》等。与同县蒋景祁著《春秋指掌》，诗文有《在陆草堂文集》、《诗集》，古文有唐宋家法，大致于苏轼为近。亦擅制义，此后宜兴储氏子弟多此相砥砺。

【题解】出自传第六章，参见启祯文卷一金声《十目所视》。

所谓诚其意者：毋自欺也，如恶恶臭，如好好色，此之谓自谦，故君子必慎其独也！

康诰曰如保赤子　一节

储在文

立教有其本，以诚而通也。夫本之不诚，何以立教？而诚岂待学乎？《书》言"保赤"，孝、弟、慈之准也。且家、国之相通，一诚而已矣。使不本于心之诚而强饰其迹，则为孝不能得之父，为弟不能得之兄，为慈不能得之幼，一家之中已扞格而不相入，而欲以成教于国，岂不悖哉？然而孝、弟、慈之心，必不患其如是者。何也？君子曰：无重言孝、弟、慈也，作保赤子观可矣。今夫赤子，无知也，然固有所觉；赤子，如诉也，然固不能言。彼保之者，伺其嚬笑而察其喜怒，形与之隔而神与之俱；时其动静而验其性情，探乎无声而索乎无象。其求之如是其诚，而卒鲜①不中者，古人以为天之所为，非人之所设也。故援以树保民之的②，而著之于书。《康诰》之云，盖言诚也。且夫事之成于人者，更端③而意倦；事之本于天者，一往而情深。吾观世之养子者，口未尝相语也，足未尝相过也，术未尝相授也，而竭诚以求，取诸怀而自足，何也，天也；且即其所求者，日计而百变也，月计而千变也，岁计而万变也，而一心之诚，不假物而有余，何也，天也。是故天下有生平未经之事，而身当其境，油然而自生；天下有诗书不载之文，而自用其愚，圣人无以易。皆保赤子之类也，使必有所仿佛而后能尽其意，则养子者遍天下，而学而后嫁④，未之前闻。发于其所不自已，而动于其所不自知，故曰天也。夫著伪之行，咫尺而相戾；本天之为，辽远而大同。君子之孝、弟、慈，设诚而致，行之自尽其心；而因以合乎人心之所不言而同然，家国之间，所以各见其天也。君子曰：无重言孝、弟、慈也，作保赤子观可矣。

【评】融会注意⑤，抒写题神。落落大方，无纤侧之态。

【作者简介】

储在文，字礼执，江苏宜兴人。康熙四十八年（1709）进士，授编修。与修《历代诗余》等，尝入直南书房。在文为储欣从孙，储方庆第三子，与储大文、储雄文并成进士，为时所艳。著有《持园集》。

【题解】出自传第九章，参见启祯文卷一陈际泰《所藏乎身不恕》。

《康诰》曰"如保赤子"，心诚求之，虽不中不远矣。未有学养子而后嫁者也！

【注释】

① 鲜：少。

② 的：标准。

③ 更端：此指转入到另外的事情上。语本《礼记·曲礼上》："君子问更端，则起而对。"

④ 学而后嫁：学会养小孩之后才出嫁。

⑤ 注意：朱熹《集注》的意思。

君子有诸己　　未之有也（其一）

张　江

　　君子审端于己，知民之难以空言喻也。夫求人非人①，将喻人而使从己耳，己则悖焉，人乎何尤②？然则君子所兢兢反身者，岂苟然哉？今夫令也者，上之人不得已而假以喻此愚民者也，而论治者必曰：风流而令行，风③自上也，流自下也，感应之间，几不容发④，君子于此得教化之原焉。何则？品式不详者，不可与明民；训词不厚者，不足以动众。自尧舜以来已不能不求一人、不非一人而使天下咸喻于不言矣，况下此乎？然而操此以往，有应有不应，则所藏乎身者异也。夫民之耳目心思，不能自有也，而常转移于君身；君身之好恶从违，不欲众著也，而早判于斯民之听睹。是故君子有恕道焉，不挟以君民之势而侪⑤以人己之形，为其情可对观而出也；不诬以圣愚之名而课以有无之实，为其事可依类而稽也。当是时也，一人惇行于上，万民承式于下；天子方从容于衽席庭除之会，百姓已震动于山溪海甸之间。盖真有其一不言而自喻者，而求与非特其后焉者耳。无他，恕行于令之先，而国自定于身之后也。不然，人所应有，己不必有；人所应无，己不必无，而宾宾⑥焉相诡于文诰之烦，以强之使应，此虽教其家且不可，何论国哉？夫严父以责其子，而相夷⑦之下，不免退有违言；匹夫而修于乡，而不肖之名，至耻为其所识。何或壅于尊亲之势而不行，或劝于疏逖⑧之风而自动哉？以身教者从，以言教者讼。君子观向背之不爽，信愚贱之难欺，未尝不恍然于教化之原在此不在彼也。

　　【评】模古文之气度节奏，而于题中窾会无不曲中，是谓于文章之境能自用其才。

　　【题解】出自传第九章，参见启祯文卷一陈际泰《所藏乎身不恕》。

　　尧舜帅天下以仁，而民从之；桀纣帅天下以暴，而民从之；其所令反其所好，而民不从。是故君子有诸己而后求诸人，无诸己而后非诸人。所藏乎身不恕，而能喻诸人者，未之有也。

【注释】

① 求人非人："求诸人"、"非诸人"，指要求别人为善，阻止别人为恶。

② 尤：责备。

③ 风：此兼指德化、教化。《论语·颜渊》："君子之德风，小人之德草。草上之风，必偃。"

④ 几不容发：容不下一根头发，彼此紧紧相连。

⑤ 侪：此指划为同等。此句谓圣君不是以"君"而强制"民"，而是以"己"感化"人"。

⑥ 宾宾：犹频频。《庄子·德充符》："彼何宾宾以学子为？"

⑦ 相夷：相伤。此本《孟子·离娄上》："夫子教我以正，夫子未出于正也，则是父子相夷也。"朱熹集注："夷，伤也。教子者，本为爱其子也，继之以怒，则反伤其子矣。父既伤其子，子之心又责其父。"

⑧ 疏逖：疏远。

所谓平天下　一节

张玉书　拟程

释治平之序，即心之同而道得矣。盖国与天下之矩在君心，明于成教之易，而君子宁无道以处之哉？且夫古之大人，修身以教家，而治平之理已备。其必推极于天下者，所以究王道之终；而必起化于国中者，所以明王道之序。此平天下在治国之说也。何言之？天子不与庶人异学，其理一也；天下不与国人异教，其情一也。理不一，虽以尧舜之圣不能治一人；情不一，虽以朝廷之尊不能行一事。乃上方老老于家，而国之民已兴孝矣；上方长长于家，而国之民已兴弟矣；上方恤孤于家，而国之民已不倍矣。由斯以观，民即甚贱，皆各有父子兄弟之相亲，故孝、弟、慈无日不感通于天下；民即甚愚，亦各出爱敬天性以相见，故孝、弟、慈无日不激发于人心。然而天下时有不孝、不弟、不慈之民，以干天子教孝、教弟、教慈之化者，何也？是非尽民之过，而上之平之者无其道也。君子察仁让之易兴，悟行恕之有要，即近以喻远，百物共一矩焉；由尊以逮卑，物物各一矩焉，取而絜之，天下之大，非可以家至而户说也。经制定则利用溥，政行于天子之国，而列国不敢有殊轨矣；纲纪明则任人逸，法立于祖宗之朝，而易世不敢有败度矣。盖先之格物致知，不离宫寝，而有以察天下情伪之变；本之正心诚意，不谋功利，而有以立天下是非之衡。由是修身教家，而国与天下举而措之裕如已。絜矩之道，安可不务讲哉？

【原评】起局振拔，转局分明，收局精湛周密。善并美具，卓乎先正典型。

【题解】出自传第十章，参见正嘉文卷一唐顺之《此之谓絜矩之道》。

所谓平天下在治其国者：上老老而民兴孝，上长长而民兴弟，上恤孤而民不倍，是以君子有絜矩之道也。

所谓平天下　一节

韩　菼　墨

即治国以验民情，道有操乎天下之全者焉。夫孝、弟、不倍，家国间已若有一矩焉，君子必务絜诸天下也。絜之道无穷，而"平"岂易哉？今夫君子自身修而后，其于家国天下固已旷览乎同然之势，而得其所以相及之端，然君子之所及者愈大，而所操者愈以密矣。故尝毕举天下之情，仍本吾身心以内之求，要使出之吾者无一不与民相际，而遂可给天下之无穷而皆当也。吾得经言平天下之谓矣，盖当综"治"与"平"之大要而思之。君子治国之道犹略，谓自家推之而近也；君子治天下之道恒详，谓自国推之而犹远也。然经言平天下在治国，斯何谓哉？今夫家国天下，异势也，然民情则一而已矣。家之中有老，上之老老，非以劝国人孝也，而民之兴孝者已若是；家之中有长，上之长长，非以喻国人弟也，而民之兴弟者已若是；家之中有孤，上之恤孤，非以诏国人慈也，而民之不倍者已若是。是可以见天下之民之无不然，而顺而推之，即可以平天下；逆而施之，即不可以治一国。则其待于君子诚切，而君子之所持与天下相尽者，诚不可苟焉而已也，是故君子有道焉。君子自类情通欲以来，已与天下之物有日相考验之端，凡公私之似、邪正之交，其知之至矣，知之至而知其不可以愚民也，吾之所知必非民之所不知，民之所知或更虑为吾之所不知，国家数大事，而有一不足以厌小民之智，则其余俱无以相服，君子所为穆处深宫而东西朔南①皆其神明之条贯，一若有不易之则以深其拟议变化也已矣；君子自审几克治以来，又与天下之物有忧乐相关之故，凡嗜欲之必谨、燕昵之必防，其求之诚矣，求之诚而意自不忍以欺民也，我日求尽乎吾之意而民之意尽，我日求尽乎民之意而吾之意亦尽，朝廷数大典，而有一不足以惬草野之私，即身被而不生其感，君子所为本诸性情而殊甸遐荒②皆其恺泽之旁流，一若有至正之轨以消其偏党陂侧③也已矣。是道也，何道也？平天下之事，大抵本此孝、弟、慈以为端；而天下之待平于我者，亦只此孝、弟、不倍之民以惟上之从。君子于此得矩焉，而兢兢乎惟恐不得其平而絜之必尽者，道在则然也。治一国之道，即平天下之道也。

【评】起结及中间要绾处，纯用古文之法。而于题之义意、注所推阐无不吻合，故能独步一时。

【题解】出自第十章，同上，参见正嘉文卷一唐顺之《此之谓絜矩之道》。

【注释】

① 朔南：北方南方。朔，北方。
② 殊甸遐荒：指边远之地。
③ 偏党陂侧：指不公平正大。偏，不平。党，偏袒。陂，不正。语本《尚书·洪范》："无偏无陂，遵王之义。……无偏无党，王道荡荡。……无反无侧，王道正直。"

诗云乐只君子 一节

李光地

释《诗》所谓父母者，能尽絜矩之道者也。夫民心即己心，所好好之，所恶恶之，絜矩之道也。《诗》所云父母者，夫岂外此？传者意谓：治国以平天下者，观家而已矣。盖国、天下虽大，其心则一家之心，其事则由家而推之之事也。是故家人有严君焉，父母之谓也；天下有父母焉，元后①之称也。《诗》不云乎？"乐只君子，民之父母"。夫能举天下而为之父母，而后天下可得而平。然果何如而谓之父母哉？盖所谓絜矩之道者，絜吾心之好恶于天下而平其施者也。得遂其老老、长长、幼幼之愿焉，我所好也，而即民所好也，自形分势远，于是乎不能推以度民而好其好者多矣，必也以万物并生为念，欲使老有所终、长有所奉、幼有所养，而于民之所好好之；不得遂其老老、长长、幼幼之愿焉，我所恶也，而即民所恶也，自分阔情疏，于是乎不能推以度民而恶

669

其恶者多矣，必也以一夫不获②为忧，惟恐黎老有播遗③、天显④罔克念、幼稚莫收恤⑤，而于民之所恶恶之。此惟父母之于子，喘息呼吸而其气必通，故能视为己身，而知之之明如此也；疾痛憯怛⑥而其中必动，故能引为己责，而求之之诚如此也。君子知千万人之心即一人之心，则清心以问下民，而下无不达之隐；又以一人之心为千万人之心，则推恩以保四海，而众无不遂之生。此岂可不谓民之父母乎？然则王者能以中国为一人，天下为一家，而非意之也，求端于心而已矣。不然而齐一家以好恶之辟⑦犹不可，况天下乎？

【评】三王治象，周公典礼，俱在其中，而清空一气如话。

【题解】出自传第十章，参见正嘉文卷一唐顺之《此之谓絜矩之道》。

《诗》云："乐只君子，民之父母。"民之所好好之，民之所恶恶之，此之谓民之父母。

【注释】

① 元后：天子。
② 不获：不能自尽其性、自养其身。
③ 播遗：遍弃之而不礼敬。播，布，遍。《尚书·泰誓中》："播弃黎老，昵比罪人。"
④ 天显：天之明道。《尚书·康诰》："于弟弗念天显，乃弗克恭厥兄。"
⑤ 收恤：收容救济。
⑥ 憯怛：伤痛，悲痛。
⑦ 辟：僻，不正。

诗云乐只君子　一节

韩菼

引《诗》而得"絜"之说，以不易尽者相归也。夫民以"父母"称君子，乃其以好恶归君子也，故絜之而知为民父母之难。传者谓：吾即恶之一端以明絜矩，亦可以知民情之大凡矣，乃平天下者自诚意以来，已反复于好恶之两途，有必欲与民交快其意之诚然者，而后民情始得。然君子之事益无穷而心滋惧矣。是故明于絜矩之谓，亦其道则然，抑能是道者甚难也。位不出上下、前后、左右之间，顾境之设者一定，而情之动也无端，君子惟以甚愿者相迎，而始有养欲给求①之事；情亦由此孝、弟、不倍之故，顾机之从者不拒，而心之应也常公，君子惟以至正者相取，而亦无违道干誉之心。《南山有台》之诗曰"乐只君子，民之父母"，吾绎其所谓，大要不出吾好恶之说，而特其持之有道而致此不易也。夫事在耳目之前，其力易及，今使斯民得一一告语于天子之廷，亦上所甚愿，乃伏②而为好恶至隐之几也，此如赤子有怀，岂能自言哉，君惟是旁皇意计，取其不自达之心，而有惟恐伤之虑，迨至其所好所恶③者已释然，而好之恶之④者犹委曲而不已也，此何如厚意者也，而宁忘也；夫世当大顺⑤之际，其情必澹，今使斯民得一一尽去其情智之求，亦风之甚古，乃激而为好恶至危之势也，此如赤子所触，可

670

缓须臾哉，君惟是迫切自痛，悔其无早觉之微，而致有不能已之苦，迨至好之恶之也已甚瘁，而挟所好所恶者犹昵我而多憾也，此又何如期待者也，而宁置也。是故君子之早夜以图者，不自求民始也，平居嗜欲之必谨，燕昵之必防，吾之志气既清，而后众情投之而立赴，故父母犹可以不学，而君子必自反而相及；乃君子之几微自审者，又皆自求民始也，事不出公私而其故多端，途不出邪正而其致不一，物之情变既极，而后吾情予之而各当，故父母犹可以不中，而君子又恐一发而难收。然则所好所恶，不可知乎？好之恶之，不已极乎？而谓民父母，不亦难乎？不然，则《南山》之诗亦私其君子而媚之也哉？

【原评】沉挚缠绵，得"此之谓"三字郑重之旨，而神味含蓄，源委深长。想命笔时不苟下一意也。

【评】洗尽"好"、"恶"一切套语，独标清新，耐人咀味。

【题解】出自传第十章，见上，参见正嘉文卷一唐顺之《此之谓絜矩之道》。

【注释】

① 养欲给求：满足（百姓的）欲望和需求。
② 伏：潜伏。按，此句谓百姓的所好所恶是潜伏和隐藏的状态。
③ 所好所恶：指民之所好所恶，百姓的愿望与要求。
④ 好之恶之：此指君主满足百姓愿望、要求的行动。即"民之所好好之，民之所恶恶之"。
⑤ 大顺：指完全顺乎伦常天道。《礼记·礼运》："天子以德为车……士以信相考，百姓以睦相守，天下之肥也。是谓大顺。"

货悖而入者 二句

方 舟

审货之出入，而悖者亦愚矣。盖解悖①者常以悖，观货之所以入，不可以知其所以出耶？且有余则为患者，凡物皆然，而货其甚焉者也。天地万物皆将取焉，而或丰之，其害多矣，况以无道行之，而谓可长据乎？昔者先王观万货之情，而制其出入之节。其入也，即以为出之地；而其出也，不逾其入之经。凡以顺物之情而已无与也。苟欲聚之，则其入也必悖矣，其取之有常，其供之有数，不悖则人将分守焉，而何以得入也？其入也悖，则其出也亦悖矣，其取之也劳，其惜之也必甚，不悖则彼终贪赖焉，而何以得出也？五行百产之精，止以给生人之用，虽天地之力不能多所赢余，此有所壅则彼有所缺，天固不忍纵一人而隘万物之生；劳苦患难之事，皆可以惟上所求，而封殖②之深祸更悲于死丧，生且无赖而胲③者方殷，即民亦不能束手足而视父兄之急。④方其求无不得，或以富淫人而疑造物之不仁，而不知非也，其所凭之势既厚，即天亦不能骤遏其流，待其力尽以敝之，而亦无能自脱也，且恶知夫造物者之非用其悖以厚其入而为出者之用乎⑤？方其所欲不违，且愚天下而自喜操术之甚智，而不知非也，所集之毒未盈，故人不得不徘徊以俟，至反其道以用之，而后悔其过计也，亦恶知夫前日者之群昵其货以哀其出而计数于人之时乎⑥？故其人之数愈多，则其出之势愈急；其入之时愈久，则其出之祸亦愈深。当其先，欲其少有所出以为余力让财而不能也；迨其后，虽欲尽其所入独以返一日之无故⑦而不可得也。尝见匹夫而执利权，则乡曲之间其生计必薄，而悁然⑧视之以待其尽，盖有悖事，则当之者皆有悖心焉。彼徒患货之不入耳，而吾独虑其入之后，将如何而使之出耶？

【评】包罗万有，实而能空。是谓镕经史而铸伟词。

【题解】出自传第十章，参见正嘉文卷一唐顺之《此之谓絜矩之道》。

货悖而入者，亦悖而出。

【注释】

① 解悖：解除悖乱之人所造成的祸乱。语本《易·解》："《象》曰：公用射隼，以解悖也。"按，此句谓君主行悖乱之事，其祸乱也通过悖乱来消除，《周易集解》引《九家易》："隼，鸷鸟也。今捕食雀者，其性疾苦，喻暴君也。阴盗阳位，万事悖乱，今射去之，故曰'以解悖也。'"

② 封殖：此指敛聚财富。

③ 朘：剥削。

④ "即民"句：指百姓可能起而造反。

⑤ "且恶知"句：造物者之所以让"悖而入"，就是为了让他最后"悖而出"。

⑥ "亦恶知"句：百姓在统治者"悖而入"的时候，就已经计算着哪一天轮到他们"悖而出"。

⑦ 无故：此指天下平安无事。

⑧ 悁然：含怒。

寔能容之　二句

熊伯龙

德莫大于有容，相臣以为保世之本焉。夫能容亦自尽其实心耳，而子孙黎民胥赖之，其功用何如哉？尝谓策勋①莫如登进②之功，置辅③莫如笃实之器。何也？大臣布公，而天下之奉公者起；大臣无私，而人主之谋私者遂。效在一世万世，而机藏于一人。《秦誓》犹见及此焉，其言曰：若臣之于有技、彦圣如此，乃今而知非澹漠之怀矣，与物相忘者，未必能加意人伦，有才而莫为之挽，其亦可以谢天下也已，若臣实系乎至性焉，生养见天地之心，裁成④感祖宗之德，亦既始之终之而犹有摧残之虑也，则能容者乎？乃今而知非虚憍⑤之气矣，与物相逐者，亦未必能驱策群材，见美而收以为誉，后将苦其莫之继也已，若臣实有其雅度焉，考艺著信、忘人之罪，育英拔汇⑥、忘己之贤，亦或疑党疑偏而不渝覆载之度也，则能容者乎？当其时，所为持纲纪者，一日之进退⑦而已，堂以下未尝烦大臣之运量，而无一不足见大臣之运量也；所与布腹心者，执政诸大夫而已，国之人无可见大臣之精神，而何地不足征大臣之精神也。若人者，我子孙被之矣，制度有易世即弊之处，积以贤则无弊，选建⑧而有左右、左右而有论教无论已，所遇虽逊中材⑨，而众贤聚于本朝，则天下不敢轻量近习⑩，而国家之权不移，盖人莫不言诒谋，而若臣以大度为诒谋，谁则知之？若人者，我黎民祝之矣，法令有嗜欲不通之地，树之人则可通，朝廷以及百官、百官以及万民无论已，化泽即未下究，而君子和乐于上，则士大夫不以功名相耀，而万物之命可立，盖人莫不言乐利，而若人以长养为乐利，谁则知之？呜呼，此有容之不可及也！由斯以观，群臣进者治之表，胤祚⑪有寄，牧养有司，百工宣力，而告庙推公辅之庸⑫；大臣进者化之原，劳在社稷，泽在桑麻，老臣稽首，而平邦归我后⑬之德。然则用人何负于大臣，择大臣何负于人主哉？

【自记】文有宽博有余之气。

【评】入手不粘连，上文洗发，下句更见精义卓立。

【题解】出自传第十章，参见正嘉文卷一唐顺之《此之谓絜矩之道》。

《秦誓》曰："若有一个臣，断断兮无他技，其心休休焉，其如有容焉。人之有技，若己有之，人之彦圣，其心好之，不啻若自其口出，寔能容之，以能保我子孙黎民，尚亦有利哉。人之有技，媢疾以恶之，人之彦圣，而违之俾不通，寔不能容，以不能保我子孙黎民，亦曰殆哉。"

【注释】

① 策勋：记功勋于策书之上。

② 登进：进用人材。

③ 置辅：设立辅政大臣。

④ 裁成：此指教育而成就之。语本《易·泰》："天地交，泰，后以财（裁）成天地之道。"

⑤ 虚憍：虚骄。

⑥ 育英拔汇：培育和选拔人材。拔汇，喻指广选人材。汇，类。语本《易·泰》："拔茅茹以其汇，征吉。"王弼注："茅之为物，拔其根而相牵引者也。"即拔茅草根时，将牵连在一起的都拔出来。

⑦ 进退：指晋用和黜退官员。

⑧ 选建：选才建国。《左传·定公四年》："选建明德，以蕃屏周。"

⑨ 虽逊中材：此句谓国君为中人以下之资质。

⑩ 轻量近习：此指对国君轻视和亵慢。

⑪ 胤祚：后代和国运。

⑫ 庸：用，功用、功劳。此句谓入庙祭祀、向先王报告成功之时，将功劳归于大臣。

⑬ 后：王。

此谓唯仁人 三句

刘子壮

发仁人用情之义，而益信其为仁之至也。盖天下皆知仁人之能爱恶，而孰知其即此之谓①也哉？于放流之际观其深矣。《大学》谓平天下者，与贤者共之而已，而其与贤者共，亦去其不贤者，使毋相扰而已。夫使朝廷清，即人主不必示如神之哲，且使士气洽，即人主不必杀人以为恩，至不得已而以法显天下，犹能即其事而思之，亦足以见仁人之为无穷矣。何则？大顺之世，刑设而不用，虽在巨奸，或有不问之时；上圣之心，知明而不遗，偶逢不肖，亦有自远之理。而仁人顾放流之若此，此何谓哉？盖谓国家得一贤人，虽甚有好士之心，尚未必召致天下之人，而得一不贤人，则士已望其风而不敢进；即国家得一中人，虽未必有知人之哲，亦或有浮慕贤人之心，而得一不贤人，则士即居其位而不能为。夫仁人将以进贤为心者也，而彼②有深动乎人主之术，亦自托于爱惜人才、慎重名器以阴济其不能容人之心，是岂必躬为驱斥，而高人以廉耻自引③，天下遂以疑公道之不昭，仁人于此，固不可无此清明耳；抑仁人将以尽人之才者也，而彼有大过乎人之才，亦自托于兴复古典、专揽大权以阴成其不可一世之志，是岂必尽人猜嫌，而当官以牵制为忧，天下且以惧王心之未一，仁人于此，固不可无此刚断耳。古有以君子而误用小人者矣，或求治之急，或怜才之深，而遂为其所乘，仁人当此，岂能一一而理之，盖后日能为小人用之人，即今日能为君子用之人，仁人何必求其尽，但取一大不正者投之，则不惟安天下之良士，而亦全天下之中才；古有以小人而阴用君子者矣，或因之以为名，或委之以救败，而乃为其所误，仁人当此，安能原其始而见之，盖我用小人或才全而事可济，小人用我则身失而道不光，仁人苟能广其类，但当求其用人者正之，则不惟相臣不能有私事权，即天子不必有私喜怒。古所云"惟仁人能爱人，能恶人"，其此之谓与？夫絜矩之道，由所恶推之父母斯民也，而仁人之放流，亦以能恶为能爱。平天下殆以善用其恶为本哉？

【评】茹史而抉其微。中幅究极妨贤一流心术情状，至为透快。末幅议论，深得古今治体。不必描画"此谓"二字，而所见自远。

【作者简介】

刘子壮（1609—1652年），字克猷，号稚川，湖北黄冈人。顺治六年（1649）一甲一名进士，授修撰，八年充会试同考官，寻告归，翌年卒。子壮工制义，与熊伯龙齐名，时称熊刘。著有《屺思堂文集》、《诗集》，制义有《刘克猷稿》。

【题解】 出自传第十章，参见正嘉文卷一唐顺之《此之谓絜矩之道》。

唯仁人放流之，迸诸四夷，不与同中国。此谓唯仁人为能爱人，能恶人。见贤而不能举，举而不能先，命也；见不善而不能退，退而不能远，过也。

【注释】

① 即此之谓："仁人"就是指懂得应该如何爱人、如何恶人。
② 彼：指不仁者，专权、猜忌的大臣。
③ 自引：自行远离。

生财有大道

严虞惇

王者平天下之财，以道生之而已。夫财不可聚而可生，而生之自有大道也，可徒曰外本内末①乎？且平天下者而权夫多寡有无之数，宜非王事之本务也。不知生民有托命之处，无以给其欲则争；两间②有不尽之藏，无以乘其机则敝。惟不私一己而以絜矩之意行其间，所为导利而布之上下者，诚非智取术驭者之所能几也。吾为平天下者言生财：财本无不生也，财一日而不生，则万物之气立耗，而生人即无以自全，知其本无不生，而长养收藏可以观阴阳之聚；财亦非自生也，财一日而不生，则万物之精易散，而大君于是乎无权，知其不可不生，而盈虚衰旺可以调人事之平。生财固有大道焉。求珠于渊，取璧于山，开天地之未有以夸珍奇者，非生也，夫民有衣食之利而金玉夺之，贫与富相耀，私而不能公矣，大道以正其经，而不通难得之货，不作无益之器，饮食以为质，与天下相适于荡平③焉；关市有征，国服有息④，竭闾阎之力以称富强者，非生也，夫国有维正之式⑤而商贾算之，子与母相权⑥，暂而不能久矣，大道以定其规，而不损下以益上，不夺彼以与此，制节而不过，与天下相安于中正焉。大道而精言之，则与性命相孚，以不贪为富，以不蓄为宝，清心寡欲，既已清生财之原，而由是措之则正、施之则行，百官万民，群拱手以观圣天子之发育，道之所为无欲而通也；大道而广言之，则与天地相参，裁成⑦其有余，辅相其不足，仰观俯察，既已博生财之途，而自是天不爱⑧道、地不爱宝，人官物曲⑨，咸奋发以赴圣天子之精神，道之所为大亨⑩而正也。于财之未生者而生之，生于天，生于地，生于人，而实生于君，《周礼》《周官》，具见圣人之学问；于财之既生者而益生之，益而生，畜而生，节而生，即涣⑪而益生，官山府海⑫，只为霸国之权谋。生财之大道，即絜矩以平天下之大道也。

【评】义意深厚，笔力沉雄。无一肤阔之语、嚣张之气，可谓体貌相称。

【题解】出自传第十章，参见正嘉文卷一唐顺之《此之谓絜矩之道》。

生财有大道，生之者众，食之者寡，为之者疾，用之者舒，则财恒足矣。

【注释】

① 外本内末：以敛财为本、以施德为末。《大学》本章前有"德者本也，财者末也，外本内末，民争施夺"句。

② 两间：天地之间。

③ 荡平：指"王道"，公平正直之道。《尚书·洪范》："王道荡荡"，"王道平平"。

④ 国服有息：百姓为国家服劳役，有停止休息之时。息，安。

⑤ 式：规定。《周礼·天官·冢宰》："以九式均节财用。"

⑥ 子与母相权：此当指商贾放债取息。子母，古称钱币轻而币值低者为子，重而币值高者为母。《国语·周语下》："古者天灾降戾，于是乎量资币、权轻重，以振救民……于是乎有母权子而行，民皆得焉。"又指本利，本为金"母"，利息为"子"。

⑦ 裁成：培育。

⑧ 爱：吝惜。

⑨ 人官物曲：此指人的作用与物的作用。语本《礼记·礼器》："是故天时有生也，地理有宜也，人官有能也，物曲有利也。"孔颖达疏："人居其官，各有所能"，"万物委曲，各有所利"。

⑩ 大亨：犹大通，顺畅无阻。《易·临》："大亨以正，天之道也。"孔颖达疏："使物大得亨通而利正。"

⑪ 涣：散其利。按，"涣"与"节"为《周易》相连两卦，其义相反相成，故此连言之。

⑫ 官山府海：官府专享山、海之利。主要指盐、铁专卖，齐国自太公至管仲采用这种措施来富国。

孟献子曰　一节

熊伯龙

　　传于鲁大夫之恶言利者，而以为通于国焉。夫义利之辨，所以慎好恶而絜矩也，为国者其可为有家①之所不屑为而见恶于献子哉？传者若曰：吾言发身②之效，而必以守财为好义之终，岂上之于仁亦有所利而为之也乎？而不然也。下以守财为分，则谓之义；上以守财为心，则谓之利。惟以好仁为当然之理，而无所求于下焉，斯仁之至而义之尽矣。若孟献子则可谓知义者与？其戒畜马乘者③，则欲其不察鸡豚，盖虽初命为臣，而已受大，不得复取小，义如是也；其戒伐冰之家④，则欲其不畜牛羊，盖以大夫从卿后，而位愈尊，所殖不得愈厚，义如是也；其戒百乘之家⑤，则欲其不畜聚敛之臣，而且甚其词曰"与其有聚敛之臣，宁有盗臣"，盖盗臣虽不可有，而以伤民之力、亡己之财比量以观，则宁有之，义又如是也。其所以如是者何也？盖凡初命以上，虽名为有家，其实皆奉公体国而与人君共治平之责者也。推察之、畜之之心，则凡所为以利治其国者无不尽，言义者无由而至矣；推不察、不畜之心，则凡所为以义治其国者无不尽，言利者无由而至矣。若此者，其义利之辨、治乱之机，而家国之无二致者乎？是故天子不言有无，诸侯不言多寡，非其体则然，其理固有所不可也，朝廷举事，揆之吾心而安，放之万物而准，即此为君国子民⑥之道，而阴阳人事之患，亦往往而绝矣；损上益下则为益，损下益上则为损，非独苟于上，其理固不可复益也，大臣谋国，日以诚正告其君，日以淡薄率其属，识者卜天命人心之归，而衰世苟且之法，或往往而绌⑦矣。夫以义为利，是犹有利之见存，而三代以后之言也。然以此为训，则庶乎慎好恶、审取舍，而不至为小人所中哉？

　　【评】来路极分明，去路极警拔，中幅极融贯。通体无不完善，可谓毫发无遗憾矣。若陶、董⑧见此，安得不畏后生耶？

　　【题解】出自传第十章，参见正嘉文卷一唐顺之《此之谓絜矩之道》。

　　孟献子曰："畜马乘不察于鸡豚，伐冰之家不畜牛羊，百乘之家不畜聚敛之臣，与其有聚敛之臣，宁有盗臣。"此谓国不以利为利，以义为利也。

【注释】

① 有家：此指大夫。此句谓君主不能干那些大夫都不屑于干的敛聚之事。
② 发身：指聚众得人。《大学》本章："仁者以财发身，不仁者以身发财。"
③ 畜马乘者：朱熹集注："士初试为大夫者也。"
④ 伐冰之家：朱熹集注："卿大夫以上，祭祀用冰者也。"
⑤ 百乘之家：有采邑的大夫。
⑥ 君国子民：治理国家，抚育人民。
⑦ 绌：黜，废而不用。
⑧ 陶、董：指陶望龄、董其昌。

钦定清朝四书文卷二（《论语》上之上）

学而时习之　一章

李光地

圣人论学惟不息以几于成也。盖时习者，不息也。朋来由是，不知不愠亦由是，悦乐之验而君子之归，固有入其中而自觉焉者，故《鲁论》首记夫子之言此以勉人。意谓：学者，所以复性也，性体无息，学者亦惟不息其功以求自得而底于成焉尔矣。是故有弗学，学则必继。诗书吾既学之矣，而非仅涉其文也，涵泳焉，由绎焉，以藏以息①，未尝须臾离也；礼乐吾既学之矣，而非徒娴其数也，以治躬焉，以治心焉，一坐一立，不可斯须②去也。时习如此，吾知其于学也乐而玩，居而安。其理之非外得也，有复而不厌之机；而其生之乌可已也，有动而无方之益。盖所谓"入而后悦之"③者，而学其益进，已悦，固时习之妙也，然所乐则有大焉。修于己而及于人，虽殊乡异壤，而类必有应者，吾德于是为不孤也④；发于迩而见乎远，虽四海九州，而术无不同者，吾志于是为有继也。朋来如此，吾知其于学也，足以信于今、行于后。育英材而锡类⑤，固治性分之公；得传人而嗣音，尤幸道化之盛。有所谓"悦而后散之"⑥者，而学其益广，已乐，固为道之志也，然所性则又不存焉。抱义而处，初无求乎人知之念，而怨天尤人，久已泯也；遵道而行，容有人莫我知之遇，而乐天知命，未尝忧也。人之不知如彼、不愠如此，吾知其于学也，足于中、无待于外。人虽不知而己独知之，自得之深而道德之归也有日；抑人所不知而天独知之，上达不已而圣贤之诣也可期。至于此，殆所谓"以成德为行"⑦、"乐则行之、忧则违之"⑧者，而学其自此至已，学者诚以吾言思之，其不亦然乎？

【评】局法浑成，辞意清切，非读书穷理、积久有得，未能如此调适而称心也。

【题解】出自《学而·学而时习之》。参见启祯文卷二陈际泰同题文。

子曰："学而时习之，不亦说乎？有朋自远方来，不亦乐乎？人不知而不愠，不亦君子乎？"

① "由绎"二名：由绎，语本《尚书·立政》："则克宅之，克由绎之"，孔安国传："能用陈之。"此谓反复体会。以藏以息，谓牢记在心，时刻不忘，语本《礼记·学记》："君子之于学也，藏焉修焉，息焉游焉。"

② 斯须：很短的时间。

③ 此句谓学习深入之后，才能体会到其中的乐趣。语本《易·序卦》："巽者，入也。入而后说之，故受之以'兑'。兑者，说也。"

④ 此句本《论语·里仁》："子曰：'德不孤，必有邻。'"朱熹集注："德不孤立，必以类应。"

⑤ 锡类：此指将以善道教育他人。语本《诗·大雅·既醉》："孝子不匮，永锡尔类。"《左传·隐公元年》引之。郑笺："孝子之行，非有竭极之时，长以与女之族类，谓广之以教道天下也。"

⑥ 此句谓公其利于天下，与天下分享学习所得。语本《易·序卦》："说而后散之，故受之以'涣'。说不可偏系，故宜散也。"

⑦ 谓君子务期于成德，引自《易·乾》："君子以成德为行……行而未成，是以君子弗用也。"

⑧ 谓乐于做的、合于道的就去做，不乐做的、不合于道的就不去做，指学有所得、确乎不拔。引自《易·乾》："不成乎名，遁世无闷，不见是而无闷，乐则行之，忧则违之，确乎其不可拔，'潜龙'也。"孔颖达疏："心以为乐，己则行之，心以为忧，己则违之。"

学而时习之 一节

韩菼

学以说①进，随时自喻也。盖学以时为程，以说为候，是惟习者自知之耳矣。子若曰：夫人生平之业，不可终穷，而要其始必有所从入焉以为得。顾其所从入焉者，不敢但以为始事也，其精神之所积，固已贯乎终身以为之途，而其得之于心者，亦遂有可以与为终身焉之致，则吾今得以学语人矣。物之两有所嗜者，必非情之至，学当距②乎其外也，静耳目心思之缘，使之皆息，而中之真者自生；物之骤有所喜者，必非情之深，学当艰于其内也，积寝食忧愤之思，有以自苦，而中之甘者乃出。则夫学必从乎习，而习无间于时，而其中说之之致乃可得而微言之。始吾不知学之何以一涉焉而辄格也，迨时与发之而其境日徙矣，夫人毕数年之力而意境不迁，有倦而去耳，若夫天地之奇，不终遥渺，古今之富，如可赠言，岁月攻取之余，而所偿有不暇给也，亦差释③我生之多负已；始吾不知学之何以日多焉而无得也，迨时与永之而其情善反矣，夫人积数年之获而寻究不深，徒奢无益耳，若夫已读之书，一如未得，极深之致，犹谓未精，流连感叹之下，而其义引而愈长也，亦遂觉吾心之日新已。且夫学之从容于其致者，不必于其道德也，执一器而得之于心，聆一音而如接其人，于我曾不相属而神明辄以相觊④，夫学者之游心，岂必正容而悟也哉？且夫学之浃洽于其素者，又不必于其事物也，掩诗书而若涉于目，屏弦缦而若知其物，于心渺无所试而天机有以相涵，夫学者之弥性⑤，岂其即象而求也哉？然而说吾知之，而仍无以知之，何也？同是说而递深焉，少壮之所得，往往故吾而非今我矣，则随其时自领而已矣；同是说而各际焉，两人之所得，往往相与于无相与矣，又随其人自领而已矣。顾安得一时习者，而相期进此乎？

【评】尽洗积习陈因语，与《注》义正相比附。虽词调为人所剿袭，而精神历久常新。

【题解】出自《学而·学而时习之》，见上，参见启祯文卷二陈际泰同题文。

【注释】

① 说：通"悦"。

② 距：通"拒"，排斥。

③ 差释：勉强消解。

④ 相觊：相赠。

⑤ 弥性：尽性。《诗经·大雅·卷阿》："岂弟君子，俾尔弥尔性，似先公酋矣。"毛传："弥，终也。"郑玄笺："乐易之君子来在位，乃使女终女之性命，无困病之忧。"《毛诗后笺》谓："弥者，尽也。弥其性即尽其性也。"

巧言令色　一节

魏嘉琬

圣人于人之务饰者，而推见其所存焉。夫仁者，心之存也，而务为言与色之巧且令，则心不已驰而去之哉？且夫人心之仁，欲其息息而存之也，心有所之而仁随之去矣。外不任其自然，内已失其本然，则人心之存亡，不必入其心而试之已。君子有鄙倍①之弃，则亦谓之修辞②焉，然吾闻其弃鄙倍而已，何缘独得巧也？君子但亢厉之捐③，或亦谓之修容焉，然人见其捐亢厉而已，何术以致令也？乃拙者不为也，而构于形似④之间，则何其巧，知其心之曲折于是言，而乃得如是之巧者矣；庄焉者弗为也，而强作煦和之态，则何其令，知其心之摩拟⑤于是色，而乃得如是之令者矣。夫言为其巧，则心漓⑥而之于言，犹可知也，而心已之于人之听之者⑦，而并不在言也；色为其令，则心漓而之于色，犹可知也，而心已之于人之观之者，而并不在色也。盖言依其质⑧，即不为是巧，而仁岂遂存于所言，况益之以巧乎？色任其天⑨，即不为是令，而仁岂即丽⑩于其色，况甚之以令乎？以为巧，则非由中之言，就此不诚之意而仁亡，然使其诚于是巧而致虚以为信，则由中之巧不甚乎，故第即其所以务巧之心以推其仁之已去，而不必更论其不诚；以为令，则非根心之色，就此伪造之意而非仁，然又使其日造是令而由袭而入天⑪，则根心之令不甚乎，故第即其所以务令之心而知其仁之既离，而不必更责其伪造。吁，心之不存，而仁何有？心之别存，而何有于仁也哉！

【原评】不于"巧"、"令"痛加诟斥，直抉心德之亡。出以婉约，言简而味长。

【作者简介】

魏嘉琬（1671—1703），字篁中，江苏江都人，康熙三十九年（1700）举人。擅书法，著有《咀蔗居诗集》八卷附文十数篇。

子曰："巧言令色，鲜矣仁！"（巧，好。令，善也。好其言，善其色，致饰于外，务以悦人，则人欲肆而本心之德亡矣。圣人辞不迫切，专言鲜，则绝无可知，学者所当深戒也。程子曰："知巧言令色之非仁，则知仁矣。"）

【注释】

① 鄙倍：凡陋、背理。倍，通"背"。《论语·泰伯》："正颜色，斯近信矣；出辞气，斯远鄙倍矣。"

② 修辞：指修养品行，兼指语言。《易·乾》："修辞立其诚，所以居业也。"

③ 亢厉之捐：弃绝过分激烈的言行。捐，弃。

④ 形似：表面相似，此指与内心不符的骗人之辞。钟嵘《诗品》："巧构形似之言。"

⑤ 摩拟：揣摩别人的心意。

⑥ 漓：浅薄，浇薄。

⑦ 心已之于人之听之者：小人的心思落脚于听者，关心的是能不能让听者高兴，而不在乎说的话是不是正确。

⑧ 质：朴实，此指实际的想法。

⑨ 色任其天：神情表现出真实的情感。天，自然面目。

⑩ 丽：附。此一股谓，人们由真实的想法而发为神色，已经未必合于"仁"；至于专门"令其色"，则于"仁"相去之远更不必说。

⑪ 由袭而入天：习惯于伪饰，最后伪饰变成了天性。天，自然，天性。按，这里前后两股，先说"巧言"、"令色"本身是出于伪饰，已经不合仁道；久而久之，习惯成自然，伪饰就成为一个人的天性，则更不合于"仁"。

敬事而信　三句

张志栋　墨

　　道国之经有五①，而本计得矣。夫敬、信、节、爱、时使，皆本计也，道国者可不勉哉！尝谓致治之术多端，而善为治者必进而详其体要。所存惟严以贞一己之志，而宽以联万物之情，斯本计得而国家乃可久安而长。治千乘何以道哉？其首在"敬事"，治道之升降视几务②之修废以为端，而小心者大业所由集也，道何可不敬，喜事者易荒，持其衷者以慎，畏事者易废，厉其志者以勤，则国无废事矣；而次又在"信"，化理之盛衰视政令之烦简以为量，而纷更者疑贰所自生也，道焉可不信，酌理势以垂道揆③，信以义而起，规久大以昭法守，信以诚而贞，则国无繁令矣。其次又在"节用"，月要岁会④，无不下取于闾阎，苟俭约未至，非所以重民命也，即非所以重国储，节焉以不得不用者尊王制、以不敢过用者清君心，则理财之道得矣；而次又在"爱人"，百官万民，各思上通于黼座⑤，苟体恤未周，非所以固人心也，即非所以固国本，爱焉而辅吾治者⑥有礼以相接、而待吾治者有恩以相维，则御下之道得矣。虽然，政教修者国必强，仁俭至者国必富，履丰处盛而军役烦兴、旷农废业，其累盛治者岂少哉？道在"使民以时"。下既以裕胼胝⑦之力，上亦以杜浩大之萌，则国无过举矣。凡此者皆本务也，道国者审诸？

【评】非无绚烂之章，检其句语，不落郛郭，即入拙滞。转取此切近明显者。

【作者简介】

张志栋（1648—1714），字敬修，别号青樵，山东昌邑人，康熙十二年（1673）进士，官至刑部右侍郎。

【题解】出自《学而·道千乘之国》，参见启祯文卷二金声《节用而爱人》。

敬事而信，节用而爱人，使民以时。

【注释】

① 五：指此三句中所言"敬事"、"信"、"节用"、"爱人"、"以时"。

② 几务：政务、事务。

③ 道揆：准则、法度。《孟子·离娄上》："上无道揆也，下无法守也。"朱熹集注："道揆，谓以义理度量事物而制其宜。"

④ 月要岁会：每月每年考核治绩，此专指核查财政收支。岁计曰会，月计曰要。《周礼·天官·宰夫》："岁终则令群吏正岁会，月终则令正月要。"

⑤ 黼座：天子之座，借指天子。

⑥ 辅吾治者：指大臣、官员；下"待吾治者"指百姓。

⑦ 胼胝：手脚都结了茧子，指劳作十分辛苦。

信近于义　二句

钱世熹

始之不可忽也，即信而已然矣。夫信不期于必复，而期于可复，舍义其将能乎？且自人与人不能不接也，则以言为端；人与人不能不疑也，则以言为质。至质不足恃，于是风烈之士起而力矫之，重然诺、矜期许，岂非当世所称贤豪间者哉？然或言矣而不复，复矣而不如其不复，此非信之过也，信而不知所以信之过也。夫信之渝，不于其渝之日，有先之者矣；信之践，不于其践之日，亦有先之者矣。此其要在义。吾之信，即不敢自谓精义，然独无近义者之可守乎？则吾之言，即不敢必其尽复，然独无可复者之足据乎？苟信近于义，吾谓其言可复也。凡信之不可复者有故，在乎意之不经，而其后忍而背之也，意之不经而出于轻躁之举，以为可任无虞耳，乃理当阻格之时，往往保其初心而不获，将悔而更之也而约已在前，将曲而全之也而失已莫挽，事难两顾，则必取今日之义而弃其前日之言，此亦事之无可如何也，若审于人与己之际而酌于时与势之间，后之两难者何由而至焉？抑信之不可复者又有故，在乎辨之不早，而其后忍而成之也，辨之不早而动于感激之私，以为可矢①无负耳，乃谊②关君父之大，往往陷于恶名而不辞，方其诺之也而误已在初，及其遂之也而误又在后，累③有重加，则虽全一时之言而已伤万世之义，此亦事之良可悼惜也，若裁以中与正之宜而严以公与私之介，后之重累者何由而至焉？君子知其然也，故不敢以身轻许人，不敢以事多许人，其周详慎重，固大异乎豪侠之为，而卒也死者复生、生者不愧，即力穷径塞，天下皆得而谅其诚，盖人于复之日忆言之时，而此于言之时留复之地④，夫亦计其终有可居之功而已矣；抑未尝言之而不行，未尝行之而不勇，其踔厉迅发，若无异乎豪侠之为，而卒也受其所是、辞其所非，即遂志捐躯，天下皆不得而议其过，盖其不可复者必不形之于言，故其凡所言者举可要之于复，夫亦恃其始有不可易之道而已矣。不然，气浮而虑浅，识寡而情多，吾未见有能善其后者也。天下事岂独一信哉！

【评】朱子云："言而不践，则是不信；践其所言，又是不义。"通篇本此两意相承，文笔更为爽达。

【作者简介】

钱世熹，字绍文，号康侯，安徽五河县人。康熙九年（1670）成进士，年已七十余，未几卒。擅理学，以教授为业，所刻稿本，选家奉为圭臬。亦能诗文，著作多散佚，今存《周礼汇纂》二卷。

【题解】

出自《学而·信近于义》，参见启祯文卷二陈际泰《因不失其亲》。

有子曰："信近于义，言可复也；恭近于礼，远耻辱也；因不失其亲，亦可宗也。"

【注释】

① 矢：誓言，发誓。
② 谊：义。
③ 累：此指品格的瑕疵。
④ 于言之时留复之地：君子在承诺的时候，就留有可以实践的余地。

诗三百　一节

李光地

约言全诗之义，示人以性情之教也。盖诗道性情者也，得其性情之正，则无邪思矣。诗之所以为教者如此，故夫子有感于《骊篇》之辞，而揭以示人。曰：吾门之教以诗为称首，旧矣。盖其端起于志①，而其效可以兴②。吾尝欲约其旨以示人，乃今即于《诗》得之。夫诗三百，至多也，而吾直以"思无邪"之一言蔽之而已矣。何则？礼以齐民坊欲③，而诗则极其情之所至而不禁，盖人心之有者不可无也，要以发乎情者止之乎礼而已④；乐以易俗移风，而诗则仍⑤其俗之所尚而不改，盖人事之著者不必削也，要以兴于诗⑥者成之于乐而已。人情之切者莫如饮食然⑦，而礼即由是始初焉矣⑧，诗则自夫妇之宜言⑨、君臣之飨燕，幽而至于祖考神明之醉饱⑩，其嗜欲贯为一条，而唯是食息之顷⑪鄙吝生焉，以为天职即于此而隳也；人情之至者莫如男女然，而道即由是造端焉矣⑫，诗则自庶士之归妻⑬、公侯之述匹⑭，极而至于祖妣天地之合祭，其忻欢通为一理，而唯是床笫之间亵慢中⑮之，以为天命即于是而不行也。是故极思之致，以穷人心之变；立无邪之教，以约性命之归。《雅》《颂》之篇⑯，往往作于贤圣之徒，其言固已比于谟训，即或男女咏歌，各言其伤⑰，而其恻然动人者，亦足以交有所发，而增夫三纲五典⑱之重；王泽之行，往往得其本心之正，其风固已进于淳古，即或政乱民流，各行其私，而其丑不可道者⑲，益足以大为惩创⑳，而厚为礼义廉耻之坊。然则"思无邪"一言者，其先王教诗之指也夫，其亦学者读诗之要也夫？

【评】他人皆见不到、说不出，惟沉潜经义而观其会通，方能尽题之蕴、惬人之心若此。

【题解】出自《为政·诗三百》，参见正嘉文卷二归有光《诗三百》。

子曰："诗三百，一言以蔽之，曰'思无邪'。"

【注释】

① 起于志：《毛诗大序》："诗者，志之所之也。在心为志，发言为诗。"

② 兴：感发志意。《论语·阳货》："诗，可以兴，可以观，可以群，可以怨。"

③ 坊欲：堵塞欲望。坊，通"防"，堵塞。

④ 此句本《毛诗大序》："故变风发乎情，止乎礼义。发乎情，民之性也；止乎礼义，先王之泽也。"

⑤ 仍：因袭，沿用。

⑥ 兴于诗：以诗感发其善善恶恶之心。《论语·泰伯》"兴于诗，立于礼，成于乐。"朱熹《集注》："（乐）可以养人之性情，而荡涤其邪秽，消融其查滓。"

⑦ 此句以"饮食"论，下文以"男女"论，本《礼记·礼运》："饮食男女，人之大欲存焉；死亡贫苦，人之大恶存焉。故，欲恶者心之大端也。"

⑧ 本句意见《礼记·礼运》："夫礼之初，始诸饮食。"

⑨《诗经·郑风·女曰鸡鸣》："宜言饮酒，与子偕老。"郑笺云："宜乎我燕乐宾客而饮酒，与之俱至老。"

⑩ 醉饱：指祭祀祖先、神灵。《诗经·大雅·既醉》："既醉以酒，既饱以德。"

⑪ 食息之顷：饮食休息之时。

⑫《礼记·中庸》："君子之道，造端乎夫妇。"《昏义》："礼之大体，而所以成男女之别，而立夫妇之义也。"

⑬ 归妻：娶妻。《诗经·邶风·匏有苦叶》："士如归妻，迨冰未泮。"郑玄笺："归妻，使之来归于己。"

⑭ 逑匹：配偶。《诗经·周南·关雎》："窈窕淑女，君子好逑。"郑笺："逑，匹也。"

⑮ 中：伤害，侵人。

⑯《雅》《颂》之篇：朱熹《诗集传·序》："若夫雅、颂之篇，则皆成周之世，朝廷郊庙乐歌之辞，……其作者往往圣人之徒。"

⑰ "男女咏歌"以下：指《周南》、《召南》以外的"风诗"而言，《汉书·食货志上》："男女有不得其所者，因相与歌咏，各言其伤"，朱熹《诗集传序》："风者，多出于里巷歌谣之作。所谓男女相与咏歌，各言其情者也。"

⑱ 五典：五种伦理规范。《尚书·舜典》："慎徽五典，五典克从。"孔传："五典，五常之教。父义、母慈、兄友、弟恭、子孝。"蔡沉《集传》："五典，五常也。父子有亲，君臣有义，夫妇有别，长幼有序，朋友有信是也。"

⑲ 其丑不可道者：伤风败俗、有渎伦常之事，语本《诗经·鄘风·墙有茨》："中冓之言，不可道也。所可道也，言之丑也。"

⑳ 惩创：警戒，惩治。参见本章朱熹《集注》。

道之以政　一节

方　舟

政、刑非所以耻民①，故不能过得于民也。盖民免，而言政刑者之志得矣，而为政刑者之术亦穷矣。耻不能无，而谓免可恃哉？且长民者，固深虑民心之不可问也，而一切之法行焉。以为民知有法，则有所忌于上；而不知民知有法，则益无所忌于上。何者？谨相避于法之中，而法所不及之地，上固不得而问之也。盖自三王以降，其上虽有愿治之君、救时之相，而皆谓之失其驭；其民虽粗安于耕凿，时驯乎教令，而皆谓之失其性。其所为失其性者，以其心之无耻也；其所为失其驭者，则所以道之齐之者非也。夫使民皆有耻，则无事于道之齐之矣。惟其无耻而后道之以耻，惟其无耻而后齐之使知所耻，而奈何其以政刑也？彼亦习见夫乱国暗君之相属也，政愬而吏不知所守，刑渎而民不知其威，而苟无失于绳墨之中，遂鳃鳃焉以为道之齐之之有具；彼亦习见夫诬上行私之不可止也，干②政典而矫以私行，触刑辟③而义不反顾，而苟不见其抵冒之迹，遂跃跃焉以为斯民耻心之已生。而不知此其免也，而非其耻也。彼其心以为上方自励于法而未少挫也，吾骤而扞焉，必不胜矣，夫政刑固无不变之势也，姑潜身以俟焉，以乘其倦而奋吾谋，而其法固有所不行也；彼欲禁吾之欲而不得逞也，吾显而犯焉，必无幸矣，夫政刑固皆有可征之迹也，吾舞智④以御之，阴用其实而阳避其名，而吾欲依然其可逞也。然则民之免也，乃其所以无耻欤？且夫免亦何可常也？必其时为可行吾政刑之时，必其人皆能守吾政刑之人。平时束于法令而无所遁，一旦有故，将有玩而不行者矣，即幸能久安而无变，而亦常守此蕴而不测之民而已矣；吾能谨其操柄而无所弛，后世少惰，将有溢而四出者矣，即常能相持而不败，而亦智操此蓄而欲溃⑤之民而已矣。无耻之害如此，政刑之穷如此，故先王之托于民者深且厚，而责于己者重以周也。

【评】以欧、苏之气，达朱、程之理，而参以管、荀之峭削，可谓成体之文。

【题解】出自《为政·道之以政》，参见启祯文卷二罗万藻《道之以德》。

子曰："道之以政，齐之以刑，民免而无耻；道之以德，齐之以礼，有耻且格。"

【注释】

① 耻民：让百姓懂得羞耻之心。

② 干：冒犯。

③ 刑辟：刑法。

④ 舞智：逞弄智谋。

⑤ 欲溃：想要败坏礼法。

684

举善而教不能则劝

储 欣

　　导民以善，民胥劝矣。夫民之劝，视上所以导之，举以善而教以善，能勿劝乎？今夫望人以道德之良，断非刻责之所能为功也。公卿大夫操化民濯俗之权，日责之而不应，徐导之而自从，盖其法良意美，诚有以开其所慕而与以所恃也。是故"敬"、"忠"而外，"民劝"亦自上矣。民之能劝者，往往于一朝之间勃然振其有为之气，而作其气者，自上也；民之能劝者，往往积岁月之久油然绝其自弃之情，而固其情者，自上也。今日者，户鲜可封①，士忽偕让②，子大夫即日讨国人而申儆之，人心未有应也。其咎安在？夫亦惟是书升论秀③之典废，而积行而处岩穴④者有壅⑤于上闻者焉，民也耳而目之⑥，以为为善无益也，则退然阻矣；夫亦惟是党庠术序⑦之制湮，而中材而涉末流者有莫知向方⑧者焉，民也返而思之，以为欲善无由也，愈爽然失矣。有如民望所属，则考其德而举之，与其为善于国也，不如为善于乡，斯亦足以树之风声⑨矣，而苟有不能，曷忍置乎，师儒董戒，凡以明有教云耳；有如民誉未起，则选于众而举之，与其为善于乡也，不如为善于家，斯时必且惊相告语矣，而凡属不能，尤加意焉，饮酒读法⑩，无非教以善云耳。虽君相之选贤与能，其大旨不仅归于风厉，而事则足以相观；虽朝廷之讲学行礼，其责报不止在于目前，而理则处其易入。人心易怠而难奋，自古帝王处斯民怠惰苟安之日，未尝不有术以起之，简厥修⑪以震动其或不修，所以作百姓之气而导之奋也；人心易奋而难久，自古帝王涉斯民奋兴鼓舞之会，未尝不有道以坚之，升厥良而引翼⑫其未即良，所以固众庶之情而导之久也。民知所奋，胥克用劝⑬；民知可久，胥克用劝。有慕于前，胥克用劝；有恃于后，胥克用劝。盖法良者从化，意美者格心⑭，自然之效也。且夫民之善否，惟上所导。藉令⑮子大夫登进匪人，而胥国⑯之成人小子悉以不肖弃之，则民之从不善也，亦如相劝矣，夫固有导之者也。反是而观，民劝岂徒"使"哉？⑰

　　【原评】顺逆兼行，精神全注"则"字。

　　【评】胸有书卷，落笔雅秀，故意无殊绝而文特工。

　　【题解】出自《为政·季康子问使民敬》，参见启祯文卷二罗万藻《临之以庄则敬》。

　　季康子问："使民敬、忠以劝，如之何？"子曰："临之以庄则敬，孝慈则忠，举善而教不能则劝。"

【注释】

① 可封：有德行，值得表彰。封，指旌表。《尚书大传》卷五："周人可比屋而封。"

② 偕让：彼此谦让。

③ 书升论秀：指推举选拔人才。《礼记·王制》："命乡论秀士，升之司徒，曰选士……大乐正论造士

之秀者以告于王，而升诸司马，曰进士。"

④ 处岩穴：指隐居或未显达。《史记·伯夷叔叔列传》："岩穴之士，趣舍有时若此。"

⑤ 壅：堵塞。

⑥ 耳而目之：听到、看到（这种情况）。

⑦ 党庠术序：指各级学校，特别是乡校。党，五百家为党；术，当作"遂"，一万二千五百家为遂。《礼记·学记》："古之教者，家有塾，党有庠，术有序，国有学。"

⑧ 向方：归向正道。方，正道。

⑨ 树之风声：建立好的教化，宣扬好的风气。树，建立；风，教化；声，风声、风气。《尚书·毕命》："彰善瘅恶，树之风声。"

⑩ 饮酒读法：指乡里教育百姓守礼懂法的活动。《周礼·地官司徒·党正》："国索鬼神而祭祀，则以礼属民而饮酒于序，以正齿位……正岁，属民读法，而书其德行道艺。"

⑪ 简厥修：选择那些修德行的人。按，此以下数句本《尚书·君陈》："简厥修，亦简其或不修。进厥良，以率其或不良。"孔安国传："简别其德行修者，亦别其有不修者，善以劝能，恶以沮否。""进显其贤良者，以率勉其有不良者，使为善。"

⑫ 引翼：引导扶持。《诗经·大雅·行苇》："黄耇台背，以引以翼。"郑玄笺："以礼引之，以礼翼之；在前曰引，在旁曰翼。"

⑬ 胥克用劝：都能有劝勉为善的作用。

⑭ 格心：心归于正。《礼记·缁衣》："子曰：'夫民教之以德，齐之以礼，则民有格心。'"

⑮ 藉令：假如。

⑯ 胥国：全国。

⑰ 此句谓，使民"劝"，不可能仅依靠"使"（号召或强迫），而要靠君主自身的行动和实际可行的措施。

书云孝乎 三句
刘子壮

圣人欲以孝治，而援《书》所以道政者焉。夫政非尽于孝也，即《书》之云孝，未遂以为政也。然惟孝能友，而政于是施焉，殆有如《书》所云矣。且论政者诚明乎其本，而达其所以推之之实，则虽不言朝廷，而明王之治出焉。古之圣人观起化之原，而以王业求诸人道；审命治之典，而以国事寄之家门。儒者读其书而志之，盖亦可以见其大矣。子以为政求我乎？夫亦欲其有政耳。王者有天下之政，求令德以重根本之地，敦本行以知官人之方①是也；君子有一家之政，得乎亲以观欢心之聚，学为弟②以达和乐之孺③是也。故古者所传，不皆为政之人，而决无不能事亲、不能事长之人；而吾人自立，所谓有政之事，即其所求乎子④、所求乎弟之事。《书》不云"孝乎惟孝，友于兄弟，施于有政"？此成王为东土命之也，自古诰文，必先其封疆之险要、制驭之大计，而《书》独推其门内之行，夫殷顽⑤于兹再世⑥矣，一温温子弟，其以胜此无难乎，若曰父子之际、兄弟之间，古人所难，女如是孝也，以孝之事推之友，以友之事成其孝，兼而及之，盖自一室之内，亦既有其纪纲也已；抑君陈为太史册之也，自古命官，必先其经世之大略、起家之积劳，而《书》独扬其立身之节，夫东夏为情叵测矣，彼循循家事，得毋处之未优乎，若曰唐虞之际、三代以来，孝弟而已，女如是孝也，可以专乎孝而言孝，可以兼乎交而言弟，举而加之，盖自二人以下，亦既有其经纶也已。夫人必有忘乎其父母之实而后渐不有其兄弟，故古之为政者，其以受兄之命亦若其父命之也，且直以父事之，古我王季⑦于太王⑧则孝之，于太伯则友之，对之父而无愧即对之兄而无悔也，原《书》之意，直若谓惟孝者友于兄弟焉，所为单举之曰"孝"也乎？抑人能全乎兄弟之义而即以全乎其为父子，故古之为政者，其以终兄之事亦若其父之事也，且并能以其兄权之，即我周公⑨于文王为能子，于武王为能弟⑩，不敢于其兄而有私即不敢于其父而有忍也，原《书》之意，直若谓惟孝者友于兄弟，而即施之为政焉，所为并言之曰"孝"也乎？由此观之，《书》言政而必先乎孝，盖诚有深义也欤？

【评】 引《书》只言孝，《书》词兼言友。侧举、并举及影照鲁事处，深得引证之意。作者胸中颇有书卷，笔亦健爽。但不可以《书》理引绳批根，字句亦多不检，宜分别观之。

【题解】 出自《为政·或谓孔子曰》，参见启祯文卷二陈际泰《书云孝乎》。

或谓孔子曰："子奚不为政？"子曰："《书》云：'孝乎惟孝、友于兄弟，施于有政。'是亦为政，奚其为为政？"

【注释】

① 官人之方：治理百姓的办法。
② 弟：同"悌"。
③ 孺：亲睦。《诗经·小雅·常棣》："兄弟既具，和乐且孺。"
④ 子：此处指为子之道，即遵行"孝道"。
⑤ 殷顽：指商朝的遗民。《尚书·君陈》为"殷顽"而作。蔡沉《集传》："周公迁殷顽于下都，周公亲自监之。周公既殁，成王命君陈代周公，此其策命之词。"
⑥ 再世：两代。
⑦ 王季：周文王之父，为古公亶父第三子。《史记·周本纪》载：王季之子姬昌出生时"有圣瑞"，故古公亶父欲立王季，"长子太伯、虞仲知古公欲立季历以传昌，乃二人亡如荆蛮，文身断发，以让季历"。
⑧ 太王：即古公亶父，王季之父。下"太伯"，也作"泰伯"，王季之兄。
⑨ 周公：周公为周文王之子，周武王之弟。
⑩ 能弟：能够按照"弟"的身份对待周武王，也即合于"悌"。

文献不足故也 二句
储在文

推无征之故，而夏、殷之礼几息矣。夫文献①者，礼之征，夏殷之文献何如也？足不足之际，圣人三致意焉。意曰：夫人有所撰述以信今而传后者，往往博极群书，如出一人之手；交游列国，用决一日之疑。至于议礼纷纭，证据尤重，而无如夏、殷之不可复识也，盖杞、宋至今日而陵夷甚矣。虽然，夏殷之礼，大经大法，《周官》载之；一物一名，其轶乃时时见于他说。苟通其义，安问其子孙？而吾必征于杞、宋者，以其为文献之所在也。今夫先世图籍，藏于秘府，则官司掌之，而草泽之中，有讨论得失、成一家之言者，亦可采而为国史之补，故在朝在野，均号曰文，而杞、宋之文则阙如矣；名卿大夫，习于掌故，则物论归之，而韦布②之列，有师友渊源、通一代之典者，亦可就而问王制之遗，故或出或处，群推为献，而杞、宋之献则云亡矣。吾尝过其地，思欲网罗散失，勒成一书，而进无所考据，退无所折衷，仅有存者不过什一之于千百，安在其能足也？嗟乎，尚何言哉！且夫文献之不足，有天有人。夏、殷至今，远者千余年，近者且五六百年，其为时既久，况东楼续封③，商季已失其职，武庚不靖④，朝歌⑤再毁于兵，时异势殊，日就芜没，若是者天为之也；而其后，上无修明典物之君，下无崇尚风雅之俗，降伯降子⑥，杞既下即于夷⑦，而宋自戴公求颂⑧、向戌⑨献礼以还，君臣之间，渐安固陋，此则人事之过而无所辞咎者也。是故，言其大概，仿佛得之，而节目之周详，残缺失次，经纬之本末，传闻异辞，杞宋无征，则他何望矣；非然者，按其图籍，与其贤士大夫游，是非可以折衷，因革得所考据，吾诚不自揆⑩，犹能论列其事，与《周官》并存，而其如不足何哉？嗟乎！文献二者，当其存，不见可贵；求之而不得，则郑重而爱惜之矣。君子欲有所论述以传先王之大全，而事远人湮，束手无策，积数十年之志，一旦而隳之。此穷年兀兀、好古积学之徒所为发愤而增叹也。

【评】风神秀逸中，具有生气奋郁，不仅得古人之形貌。

【题解】出自《八佾·夏礼吾能言之》，参见正嘉文卷二归有光《夏礼吾能言之》。

子曰："夏礼吾能言之，杞不足征也；殷礼吾能言之，宋不足征也。文献不足故也，足则吾能征之矣。"

【注释】

① 文献：文，指有历史意义或研究价值的典籍；献，指了解历史上典章制度的贤者。

② 韦布：韦带布衣，古指未仕者或平民的寒素服装。

③ 东楼续封：指西周初年封东楼公。东楼公为夏禹之后，夏禹苗裔在商朝或封或绝，周武王战胜商纣王以后，找到东楼公，封在杞地，以奉夏祀。事见《史记·陈杞世家》。

④ 不靖：不安定，此指谋反。武庚为商纣王之子，被封为诸侯，其后与管叔、蔡叔作乱，成王命周公诛之。

⑤ 朝歌：在今河南淇县，商朝后期定都于此。下言"再毁"于兵，指武王伐纣、周公平定武庚之乱两次战争。

⑥ 降伯降子：爵位由"公"而降为"伯"，再降为"子"。按，《春秋》对杞君的称呼，有"杞侯"、"杞伯"以至"杞子"，知东周以后，杞国封号逐渐被贬。

⑦ 下即于夷：文化衰落，接近于夷狄。

⑧ 戴公求颂：宋戴公时，找到祭祀商朝祖先的《商颂》。《诗经·商颂·那》毛诗序："微子至于戴公，其间礼乐废坏。有正考甫者，得《商颂》十二篇于周之大师。"

⑨ 向戌：宋大夫，曾倡议"弭兵"，调停晋、楚大国之争，曾向楚王献："公合诸侯之礼六"，见《左传·昭公四年》。

⑩ 自揆：度量自己的能力。

或问禘之说　一章

李东檬　墨

　　禘①难知而可微会也，当即流而思其原之远矣。盖治天下，其流也，而大报本，其原也。既曰"不知"，而复指掌以示意，或人犹可与微言者。尝思孝治之隆，详于报本；而万化之理，起于推恩。圣人南面而听天下，而追远之祭，遂极于靡可加。后之人第即其推恩之无外，亦可悟原远者流长，而创制之精思，卒未可轻为议矣。何者？王者祭其始祖所自出之帝，而禘行焉。是礼也，肇造本于虞廷，而统纪遂沿于三代；配食不参群庙，而典制旷举于五年。其理摄乎治明治幽之备，而其诚贯乎得姓受氏之先。是亦好学深思者所当详求其说也，或人不子之询而谁询哉？然而禘说之难知也，将自其仪文度数而浅求之，则九献②陈于室，万舞③作于庭，而玉豆黄彝④，森然其交列也，虽执迩⑤之下士、设业之伶工，其皆能辨之；如自其报本追远而深言之，则既不同于明堂之配帝，又不同于郊祀之配天，而通微合莫⑥，穆然溯厥初⑦也，虽敦琢⑧之嘉宾、肃雍之显相⑨，其犹难识之。盖先王之制礼也，以天下为量；而先王之治天下也，即制礼为推。推所尊以达于尊者之所尊，而致悫则著⑩之忱，不以辽渺而无凭也，则下推之以蕃子姓，旁推之以笃宗盟，皆吾尊祖之心所为联其志气也，时地虽殊，有二本乎，不出堂阶而宇内之气清和咸理，此制行焉耳；推所亲以达于亲者之所亲，而致爱则存之思，不以幽退而有间也，则远推之以育万邦之黎献，广推之以合万国之欢心，皆吾亲祖之心所为同其胞与也，规为虽异，有异情乎，临朝渊默⑪而阻深之境情伪⑫周知，此道明焉耳。故知禘之说，而天下无难治矣。夫人不敢谓治天下为无难，而敢轻言禘哉？其创垂关一代之精意，必上可几乎作者之圣，而后下可称乎述者之明；其感乎⑬接上古之神灵，既能窥杳冥而识受命之符，何难观庙中而知境内之象。指掌以示，夫子虽不与深言，而报本之弘、推恩之自，或人倘亦悠然会矣。即流可以思原，不亦信乎？

　　【评】此文之揣合时调者。然气象安重，词语的实。场屋得此，犹不失雅正之遗。

　　【作者简介】

　　李东檬：不详。据《清秘述闻》卷五，当为江南人，雍正元年恩科举人。

　　【题解】出自《八佾·或问禘之说》。

　　或问禘之说。子曰："不知也。知其说者之于天下也，其如示诸斯乎！"指其掌。（先王报本追远之意，莫深于禘。非仁孝诚敬之至，不足以与此，非或人之所及也。而不王不禘之法，又鲁之所当讳者，故以不知答之。示，与视同。指其掌，弟子记夫子言此而自指其掌，言其明且易也。盖知禘之说，则理无不明，诚无不格，而治天下不难矣。圣人于此，岂真有所不知也哉？）

　　【注释】

　　① 禘：一种极为隆重的大祭之礼，只有天子才能举行。周成王曾因为周公的功勋，特许他举行禘祭，

以后鲁国之君都沿此惯例。孔子认为，鲁君举行禘祭属于"僭"。《礼记·大传》："礼，不王不禘。王者禘其祖之所自出，以其祖配之。"

② 九献：九次献酒。周天子接待上公朝聘的享礼，宗庙祭祀亦用此礼。

③ 万舞：乐舞的总称。《诗经·邶风·简兮》："硕人俣俣，公庭万舞。"朱熹集传："万者舞之总名。武用干戚，文用羽籥也。"又用指武舞，用于宗庙祭祀等。

④ 玉豆黄彝：玉饰的礼器。豆，古代盛食物的器具。《礼记·明堂位》："荐用玉豆雕篹，爵用玉琖。"孔颖达疏："以玉饰豆，故曰玉豆。"黄彝：一各酒器，用以祭祀。《周礼·天官·司尊彝》："秋尝、冬烝，祼用斝彝、黄彝，皆有舟。"又叫"黄目"，《礼记·郊特牲》："黄目，郁气之上尊也。黄者，中也；目者，气之清明者也。"

⑤ 执笾：掌管祭器。笾，竹编的祭器，用以盛果实等祭物。

⑥ 通微合莫：也作"通微合漠"，洞达、通晓细微的事物，了解虚静寂寞的大道或本原。

⑦ 溯厥初：追溯自己的先祖。《诗经·大雅·生民》："厥初生民，时维姜嫄。"

⑧ 敦琢：犹雕琢，引申为选择。《诗经·周颂·有客》："有萋有且，敦琢其旅。"孔颖达疏："敦琢，治玉之名。人而言敦琢，故为选择。"

⑨ 显相：有名望的助祭之人。《诗经·周颂·清庙》："於穆清庙，肃雍显相。"郑玄笺："显，光也，见也……诸侯有光明著见之德者来助祭。"朱熹《集传》："显，明；相，助也。"

⑩ 致悫：表达（对祖先的）诚敬之心。《礼记·祭义》："致爱则存，致悫则著，著、存不忘乎心，夫安得不敬乎？"孔颖达疏："'致爱则存'者，谓孝子致极爱亲之心，则若亲之存"，"'致悫则著'者，谓孝子致其端悫敬亲之心，则若亲之显著。"后文"致爱则存"亦本此。

⑪ 渊默：深沉、不说话。

⑫ 情伪：真与假，真实的情况。

⑬ 感孚：品德、诚敬使人感动信服。

射不主皮　一节
张玉书

　　圣人即射以论世，而不胜古治之思焉。盖礼射，惟治世行之，至于春秋而尚力之风竞矣，子能不思古道哉？且从来盛衰之象，其端先见于一乡，而及其寝久，遂成为风俗。盖风俗之转移，因乎世运，君子观于乡而有今昔殊尚之慨，则世变存其间矣。吾兹有感于射也：王者治世之具不一，而教礼、教乐与教射并行；即用射之礼亦不一，而燕射、宾射与军射并重。原其义类，若萃天下之子弟，阴消其积弱之形；考诸遗文，又若率天下之人才，群诱以不争之化。《记》有之曰"射不主皮"，栖革以示坚也，而胜负不存乎此也；贯札以示强也，而赏罚不存乎此也。鸣呼，此何为也哉？天子诸侯，咸揖让以奏节，是其讲明于内正外直①者，原非较力之人；国老庶老②，咸酳馈③以明谦，是其寓意于耦进耦退④者，更非角力之地。非其人则不同科，无容强也；非其地则不同科，无相妨也。而吾窃俯仰于其世焉：徂维求定⑤之日，先王虽欲衅车甲⑥而有所不能，至于从容燕饮而讲辟雍⑦之仪，盖在武成既告⑧可知也；鹰扬戮力⑨之年，列国虽欲兴齿让而有所不暇，至于圜桥观听⑩而被儒者之服，盖在教化既行可知也。夫国家承平百余年矣，功德不衰而军容得以尽偃，非示玩也，搜苗狝狩⑪，四时自简其军实，而更以庠序⑫之乐育，默固于苞桑⑬，遵斯道也，戎兵诘于司马，德行董于司徒，法制相维而何伤夫忠厚也哉？百姓休养历数传矣，侮乱不生而兵萌得以尽息，非无备也，兵甲车乘，万井⑭无阙乎公徒，而特以蒙瞍⑮之化导，登进于髦士⑯，遵斯道也，王国之政下被群侯，十五国之风上贡天子，比户可封⑰而何疑于刑措⑱也哉？其在于今，父老之传闻，犹可求诸乡校，然议尚德于征车之会⑲，鲜不以为迂矣；学士大夫之痛叹⑳，原慨慕于西京㉑，然欲匦武㉒于悉索㉓之余，吾亦知其难矣。古道之不可卒复，盖今古之世变为之也。呜呼！伊谁之责哉？

【评】前半持论，有典有则。后幅从圣人慨慕古道唱叹而出，词虽阔远，义实不泛。文之光泽美润，更非外腴中枯者所能仿佛。

【题解】出自《八佾·射不主皮》，参见启祯文卷二金声《射不主皮》。

子曰："射不主皮，为力不同科，古之道也。"

【注释】

① 内正外直：此指射箭，射箭要求心正体直方能射正。《礼记·射义》："射求正诸己，己正而后发。"又"发而不失正鹄者，其唯贤乎？"孔颖达疏："鹄之言梏也。梏，直也，言人正直乃能中也。"

② 国老庶老：国老，指卿大夫以上致仕者，庶老指士之告老退休者。《礼记·王制》："周人养国老于东胶，养庶老于虞庠。"

③ 酳馈：指天子亲自执酱请老人享用，又请自执爵让老人漱口。《礼记·乐记》："食三老、五更于大学，天子袒而割牲，执酱而馈，执爵而酳，冕而总干，所以教诸侯之弟也。"

④ 耦进耦退：指乡射礼时，每组同进同退。《礼记·乡射礼》："三耦及众射者皆与其耦进立于射位。"

⑤ 徂维求定：（周武王）出征以安定天下。徂，往，出征。出自《诗经·周颂·赉》："敷时绎思，我徂维求定。"

⑥ 衅车甲：天下安定，把兵车铠甲上涂上血，表示收藏起来不再使用。《礼记·乐记》："车甲衅而藏之府库而弗复用。"

⑦ 辟雍：西周的太学，或谓即明堂。《礼记·王制》："大学在郊，天子曰辟雍，诸侯曰泮宫。"《五经通义》："天子立辟雍者何？所以行礼乐，宣教化，教导天下之人，使为士君子，养三老，事五更，与诸侯行礼之处也。"

⑧ 武成既告：指周武王伐纣之后，祭祀群神，上告祖先。古文《尚书》有"武成"篇。

⑨ 鹰扬戮力：武士奋力进攻商朝。鹰扬，（武王伐商的军队）威武貌。《诗经·大雅·大明》："维师尚父，时维鹰扬。"郑笺："鹰扬，如鹰之飞扬也。"

⑩ 圜桥观听：指天子临幸太学（辟雍）讲学，诸生观听。辟雍周围有水环绕。

⑪ 搜苗狝狩：指四时狩猎，寓有不忘武备之意。《左传·隐公五年》："春蒐（搜），夏苗，秋狝，冬狩。"

⑫ 庠序：学校。

⑬ 苞桑：本指桑树之本，比喻牢固的根基，亦指帝王居安思危则国家自能巩固。《易·否》："其亡其亡，系于苞桑。"

⑭ 万井：古代以地方一里为一井，万井即一万平方里。也指千家万户。

⑮ 蒙瞍：本指盲人，此指乐官。古代多以盲人充任乐官。

⑯ 髦士：英俊之士。《诗经·小雅·甫田》："攸介攸止，烝我髦士。"毛传："髦，俊也。"

⑰ 比户可封：家家都可得旌表，指社会风气很好。《尚书大传》卷五："周人可比屋而封。"

⑱ 刑措：也作"刑错"，指社会风气非常好，以至刑法搁置不用。

⑲ 征车之会：指争战不息之时。《史记·齐太公世家》："寡人兵车之会三，乘车之会六"，兵车之会，是为讨伐而举行的盟会。

⑳ 瘝叹：睡不着而叹息。

㉑ 西京：西周国都，此代指西周的制度。《诗经·曹风·下泉》："忾我瘝叹，念彼周京。"郑玄笺："瘝，觉也。念周京者，思其先王之明者。"

㉒ 匿武：指修文偃武，不让民众习于武事。《国语·周语中》："武不可觌，文不可匿。觌武无烈，匿文不昭。""武不可觌"，后人释为"欲其匿也"。

㉓ 悉索：尽其所有地加以搜刮。

君使臣以礼 二句

熊伯龙

圣人明事、使之实，而君臣之道正矣。盖道莫重于君臣，未有可以漫尝者。以礼以忠，圣人所为正告哉？对定公曰：天地之位定而君臣立，君臣之志交而万化兴。天下所厚期者惟此君臣，而君臣亦无容以自怠焉，公欲知使臣、事君之道乎？名分不可易，使臣者，君之所以为柄也，然明其为使而臣志安，明其为使而君志肆，则否泰征乎动静；职业不可废，事君者，臣之所以成身也，然众著其事而策力出，众著其事而苟安生，则邪正辨于几微①。臣②则谓：使臣者，措之而正，施之而行，惟礼为然。万事万物待治于礼，而以感贤士之心则尤切，特能用不能用耳。殊事合敬③，位无大小而廉耻一；别嫌明微④，势无亲疏而裁制同。愿君无忽嚬笑⑤焉。夫世之使臣者，有光明端悫而服者矣，有智取术驭而亦服者矣，而纲纪之辟⑥，有大体而无细效。盖尝考尧舜汤武之为君，而见末世之爵禄诛罚不足言也，夫亦慎守乎圣帝明王之意而已矣。臣又谓：事君者，不负吾君，不负吾学，惟忠为然。万情万理咸喻于忠，而以处上下之际则尤宜，特有至有不至耳。君心未纯，不可谓我心之已殚⑦；守道未贞，不可谓天道之难回。愿臣勿忘夙夜⑧焉。夫世之事君者，有设中乃心⑨而人不见者矣，有二三其德而人亦不见者矣，而尽己之道，有是非而无疑信。盖尝考皋夔伊周之为臣，而见末世之智勇功名不足称也，夫亦勤思乎帝臣王佐之本而已矣。之二者不可以有所待，君责臣之忠，臣责君之礼，是交待⑩而莫或倡也，惟礼与忠，彼此居无求之地，而明良⑪胥劝；之二者不可以有所形，君自谓有礼，臣自谓能忠，是两形而流于怨也，惟礼与忠，性命有相系之隐，则保定无穷。君臣相得而天下国家有不治者，未之有也。

【自记】"礼"、"忠"二字，不肯作三代以后语。

【评】气象广大疏越，不作一刻至语。盖由于前人发挥之外，不能更出新奇。其一种血性粗浮语，又知其于题无当也。故斟酌而取其衷，乃名家作文最有体认处。

【题解】出自《八佾·定公问君使臣》，参见隆万文卷二胡友信《臣事君以忠》。

君使臣以礼，臣事君以忠。

① 几微：细微的征兆、苗头。

② 臣：此处是孔子对哀公的自称。

③ 殊事合敬：《礼记·乐记》："礼者，殊事合敬者也。乐者，异文合爱者也。"孔颖达疏："尊卑有别，是殊事；俱行于礼，是合敬也。"

④ 别嫌明微：容易混淆的事，用礼来区别；微细的事情，运用礼使其显明。《礼记·礼运》："礼者，君之大柄也，所以别嫌明微，傧鬼神，考制度，别仁义。"

⑤ 嚬笑：即"颦笑"，皱眉和欢笑，指细小的事情。《韩非子·内储说上》："吾闻明主之爱，一嚬一笑，嚬有为嚬，而笑有为笑。"

⑥ 纲纪之辟：遵守纲纪的君主。辟，君主。

⑦ 殚：尽，尽心。

⑧ 夙夜：指白天晚上都忧心国事，不失职之意。《诗经·召南·采蘩》："被之僮僮，夙夜在公。"

⑨ 设中乃心：《尚书·盘庚中》："汝分猷念以相从，各设中于乃心。"蔡沉《集传》："各以极至之理存于心。"

⑩ 交待：彼此都有所待。

⑪ 明良：指明君良臣。《尚书·益稷》："元首明哉，股肱良哉，庶事康哉！"

管仲之器小哉　一章

韩　菼

　　圣人深惜齐大夫之器，难与或人道也。夫管仲之功诚伟，所深足惜者，器小也。此即俭、知礼，能解免乎？而况不俭、不知礼乎？且夫其人而不为圣贤之所刻求者，必非奇才。圣人得一天下才，乐为之反复于其人，盖尝于其功名所从出之处，以观其品量何如，而不知者则又从而曲为之说。吾甚叹夫千古之才人，尽掩于庸众人之耳目而其真不出也。管仲之功，即夫子尝仁之，然子亦有言，仁之为器重、为道远而取数多①，则知夫人以功，而与于其间者，未可一概而论也。一日者推求原本，而因有器小之说。夫成天下之大功者，忘天下者也，古之人或耕于野，或居于山，即萧然无与，而其所受者自大，出则取诸其怀已耳，而否则若将终身焉，若仲者，岂可贫贱乎，当其徘徊颍上②，竟托于豪杰失意、纵达不羁者之所为，三仕而三逐，三战而三北③，而仲之生平亦能动而不能静者矣；且夫邀天下之大利者，必有所不遑于其身与其君者也，古之人既度其身之不苟，又曲成其君之大有为，即节目疏阔，而其所持者自远，成则数世享其德焉耳，而及吾生固不必汲汲焉，若仲者，能稍迂拙乎，迹其大匡小匡④，一切皆智取术驭⑤、争效旦夕间之所致，禁群小人之进而不能，奉一君之终而不得⑥，而仲之举⑦一国犹若不足而非处其有余者矣。是故人各有本量焉，而区区于事为之迹，皆末也。以盖世之才而多憾，以非常之事而无嫌，盖相循于其本也。古大臣德光上下，勤施四方，即土田陪敦、备物典策⑧，三公服加命之衮⑨，嗣王⑩展拜稽之仪，而天下卒不得议之为奢为僭；苟不然而俭以矫奢⑪，意常自下⑫，即豚肩不掩、浣濯以朝⑬，不惟不敢上干⑭邦君之典，而且不敢自同卿大夫之列，而君子亦第许之为不奢不僭。而独奈何或人闻器小之说，而以俭为仲解，且复以知礼为仲之不俭解。嗟夫，论古无识，至迁就古人之失而文之以美名，直为古人愚耳；如或人者，岂可胜道，亦不足与辨也。彼言俭，姑与言仲之不俭而已；彼言知礼，姑与言仲之不知礼而已。夫三归、官事不摄之非俭，塞门、反坫之非礼，或人所知也；若器小，则非或人所知也。

【原评】将古今帝臣王佐与仲生平事实参观，则器之大小自见。卓识伟论，当与苏氏诸论并垂。

【评】如此说"器小"并管氏身分，亦殊不易。及闳中肆外，挥洒如志，良由读书有识。后二比依寒碧斋晚年订本，较前刻词义更深稳，从之。

【题解】出自《八佾·管仲之器小哉》，参见化治文卷二商辂《管仲之器小哉》。

子曰："管仲之器小哉！"或曰："管仲俭乎？"曰："管氏有三归，官事不摄，焉得俭？""然则管仲知礼乎？"曰："邦君树塞门，管氏亦树塞门；邦君为两君之好，有反坫，管氏亦有反坫。管氏而知礼，孰不知礼？"

【注释】

① "仁之为器"句：孔子此言，见《礼记·表记》："仁之为器重，其为道远，举者莫能胜也，行者莫能致也。取数多者，仁也。"
② 颍上：地名，管仲为颍上人。《史记·管晏列传》载，管仲未达时，"不羞小节"。
③ 三北：三次败北。北，败北，逃跑。《史记·管晏列传》："（管仲曰）吾尝三仕三见逐于君，……吾尝三战三走"。
④ 大匡小匡：指匡正君主的各种事务。《管子》一书有《大匡》、《中匡》、《小匡》三篇。
⑤ 智取术驭：以智谋取得，以权术驾驭。指不以仁德事君行政。
⑥ "禁群小"句：指管仲欲阻止齐桓公任用易牙等奸邪，最终未能。而齐桓公晚年骄横，不能称为"善始善终"。桓公之死也不能称"善终"。见《史记·齐太公世家》。
⑦ 举：治。此句说，管仲治理一国，其才干已经显得不足而不是还有富余。
⑧ "土田"等句：这一股是以周公与管仲相比。《左传·定公四年》："是使之职事于鲁，以昭周公之明德。分之土田、陪敦，祝宗卜史，备物、典策，官司、彝器。""陪敦"，孔颖达疏认为是加厚，即在原有应封的五百里土地基础上，又加上几个附庸国，使其土地有七百里。"备物、典策"，孔颖达疏："服虔云：'备物，国之职物之备也。当谓国君威仪之物，若今伞扇之属，备赐鲁也。'杜不解备物，则与典策为一也。备物典策，谓史官书策之典，若传之所云发凡之类，赐之以法，使依法书时事也。"
⑨ "三公"句：指三公有功，可因赏赐而服龙衮。《礼记·王制》："制：三公一命卷，若有加则赐也，不过九命。"郑玄注："卷，俗读也，其通则曰衮。三公八命矣，复加一命，则服龙衮，与王者之后同。"
⑩ 嗣王：继位之王，此指周成王。
⑪ 俭以矫奢：用节俭来矫正奢侈。
⑫ 自下：自谦。《史记·管晏列传》："（晏婴）志念深矣，常有以自下者。"
⑬ "豚肩"等句：此股以晏婴的节俭谦恭与管仲相对比。《礼记·礼器》："晏平仲祀其先人，豚肩不掩豆，浣衣濯冠以朝，君子以为隘矣。"孔颖达疏谓：豚肩不掩豆，指作为祭品的豚肩很小，盖不住祭器（豆）。又，"大夫须鲜华之美，而晏氏浣衣濯冠以朝君，是不华也"。

子语鲁大师乐曰　一节

储在文

圣人以可知者语乐官，而乐之理传矣。夫自翕而纯而皦而绎，音也而理具焉，皆其可知者也。夫子有正乐之意，故以语鲁太师曰：乐之在守官者，其数多而难纪也；乐之在审音者，其理微而可推也。大乐之失传久矣，自吾论之，乐其可知也。乐与天地为昭①，聚而复散、散而仍聚者，天地之道也；乐以人心为本，一分为万、万协于一者，人心之理也。故乐有始焉，有从焉，有成焉。当其始作，自无而有者声也，自微而著者气也。堂上之乐以歌为节，所以贵人声而丝肉②合同；堂下之乐以管为均，所以重人气而笙歌齐一。既备乃奏③，声虽会而未畅也；始奏以文④，气犹凝而未舒也。我知其翕如也。夫聚而必散者气也，合而必分者声也，由是而发扬其气，由是而涤荡其声。从之，而乐之条理备矣。夫且气和而声应，八音也而如出一音，声和而律谐，众器也而若出一器，我知其纯如也；夫且气有清浊而声肖之，按节而井然不淆，声有高下而律从之，执管而昭然可辨，我知其皦如也；夫且一气流而不息，声亦累累而贯而往复循环，五声迭相为经，律亦生生不穷而上下赓续，我知其绎如也。乐至是，庶几其成矣。以是用之乡国，则金奏笙奏⑤，皆以三终⑥，而自升歌⑦以至合乐，聚而散、散而仍聚者，如是焉，所谓《宵雅》⑧肆其始，《关雎》乱⑨其终，乐之小成也；以是荐之郊庙，则六律六同⑩，旋相为宫⑪，而自一变以至九变⑫，合而分、分而复合者，如是焉，所谓金声以始之，玉振⑬以终之，乐之大成也。天地之道不变，一阖一辟，可以悟声气之元焉；人心之理常存，一动一静，可以识美善之故焉。由今而稽之古，则合止为经，咏间为纬，直可追其象于箫韶之九成⑭；由声以验之容，则山立⑮于初，皆坐于乱，并可通其义于武舞之六变⑯矣。子大师，备官而未之知耶？苟非知之，何以正之哉？

【评】南轩云："周衰乐废，虽声音亦失之。圣人因其义而得其所以为声音者，而乐可正也。"篇中"天地"、"人心"等语，既探其源；逐段标出"声"、"气"二义，尤见读书融贯。

【题解】出自《八佾·子语鲁大师乐曰》，参见启祯文卷二陈子龙《子语鲁太师乐曰》。

子语鲁大师乐。曰："乐其可知也：始作，翕如也；从之，纯如也，皦如也，绎如也，以成。"

【注释】

① 昭：明。此句本《礼记·乐记》："是故大人举礼乐，则天地将为昭焉。"孔颖达疏："则天地协和而生养万物，为之昭著之事。"
② 丝肉：指乐声与歌声。丝，弦乐声；肉，歌喉的声音。

③ 既备乃奏：语出《诗经·周颂·有瞽》："既备乃奏，箫管备举。"郑笺："既备者，悬也，棘也，皆毕已也。乃奏，谓乐作也。"

④ 始奏以文：《礼记·乐记》："（古乐）始奏以文，复乱以武。"孔颖达疏："'始奏以文'者，文，谓鼓也。言始奏乐之时，先击鼓。"

⑤ 金奏笙奏：《周礼·地官司徒·鼓人》："掌教六鼓、四金之音声……以晋鼓鼓金奏"，郑玄注谓"金奏谓乐作击编钟"。《春官·镈师》："凡祭祀，鼓其金奏之乐，飨食、宾射亦如之。"按，乐始作，金奏。笙奏，是吹笙者在堂下吹奏《诗》篇。

⑥ 三终：演唱或演奏三篇。《礼记·乡饮酒义》："工入，升歌三终，主人献之。笙入三终，主人献之。间歌三终，合乐三终，工告乐备，遂出。"孔颖达疏："每一篇而一终也。"

⑦ 升歌：升歌是歌者升堂歌《诗》，弹瑟者在堂上伴奏。

⑧《宵雅》：即《诗经·小雅》。《礼记·学记》："《宵雅》肄三，官其始也。"郑玄注："宵之言小也。肄，习也。习《小雅》之三，谓《鹿鸣》、《四牡》、《皇皇者华》也。此皆君臣宴乐相劳苦之诗，为始学者习之，所以劝之以官，且取上下相和厚。"

⑨ 乱：音乐结束时的合奏。《关雎》是结束时合乐所演奏的诗篇之一。《仪礼·乡饮酒礼》："乃合乐，《周南》：《关雎》、《葛覃》、《卷耳》，《召南》：《鹊巢》、《采繁》、《采蘋》。"

⑩ 六律六同：《周礼·春官·大司乐》："以六律、六同、五声、八音、六舞，大合乐以致鬼神祇。"贾公彦疏："六律，合阳声者也。六同，合阴声者也。此十二者以铜为管，转而相生。黄钟为首，其长九寸，各因而三分之，上生者益一分，下生者去一焉。《国语》曰：'律所以立均出度也。古之神瞽，考中声而量之，以制度律均钟。'言以中声定律，以律立钟之均。"

⑪ 旋相为宫：指各种宫调的递推之法。

⑫ 九变：多次演奏。《周礼·春官·大司乐》："若乐九变，则人鬼可得而礼矣。"郑玄注："变犹更也，乐成则更奏也。"

⑬ 玉振：《孟子·万章下》："集大成也者，金声而玉振之也。金声也者，始条理也；玉振之也者，终条理也。"朱熹《集注》："作乐者，集众音之小成，而为一大成也。成者，乐之一终，《书》所谓'箫韶九成'是也。金，钟属。声，宣也，如声罪致讨之声。玉，磬也。振，收也，如振河海而不泄之振。始，始之也。终，终之也。"

⑭ 此股本《尚书·益稷》："夔曰：'戛击鸣球，搏拊琴瑟以咏。祖考来格。……下管鼗鼓，合止柷敔，笙镛以间，鸟兽跄跄。箫韶九成，凤皇来仪。'""咏间为纬"，"咏"指歌咏诗篇，"间"指迭次而作；"合止为经"，合指合乐，止为终止。"箫韶九成"，箫为乐器，韶为舜帝时乐曲，九成指演奏九次。

⑮ 山立：站立不动摇。按此本《礼记·乐记》："夫乐者，象成者也。总干而山立，武王之事也。……《武》乱皆坐，周、召之治也。"谓乐舞者持盾如山而立，以待宾客，这象征武王的武功。乐舞将终，舞者不依行列，各自坐下，这象征周公、召公等文臣之治，表示以文止武。

⑯ 六变：周人祭享日演奏武舞（《大武》），六奏而止。《周礼·春官·大司乐》："六变而致象物及天神。"郑玄注："变犹更也。乐成则更奏也。此谓大蜡索鬼神而致百物，六奏乐而礼毕。"

子谓韶尽美矣　二句

王汝骧

　　即乐之美者而深观之，圣人独有契于《韶》矣。盖善固即在美之中，而其深观之而无憾者，则惟子之谓《韶》有是夫？且夫物莫不有其至分焉，非一说之所得而尽也，而况声音之道乎？然至求之于至分，而使后之人果不得以一说尽焉，则虽古今圣人亦有

696

相望而不敢知者，乃一见于子之谓《韶》。夫《韶》之为乐，则固居乎分之至矣。诗歌声律之元①，天子②能言其故，故五声八音③，独详于四代④之书者，《韶》也；几康⑤敕命之旨，在廷⑥咸得其精，故君歌臣赓⑦，首开乎雅颂之音者，《韶》也。故尝闻夫子之谓之也，笙镛无夺于伦⑧，羽籥⑨皆从于律，观止矣，夫子曰未已也，习其数矣，进而求其志，得其志矣，进而见其人，纯粹以精，其气象又在论伦⑩之先者，独此耳，盖反复焉而无遗憾也；稽诸抗坠⑪之微，察诸疾舒之节，尽之矣，夫子曰不然也，乐其象⑫矣，从而动其本，穷其本矣，因而知其变，合同而化⑬，其和平又在性情之表者，独此耳，盖由绎⑭焉而有余思也。尽美矣，又尽善也，子之谓《韶》如此。制作之精，有数存焉，虽圣人亦能为美，不能为善，而天时人事之交隆，有不知其然而然者，故虽宫悬残缺⑮之余，而至德辉光，自非金石管弦之可得而遽罄；器数之粗，义即存焉，虽夫子亦舍其美，无以见其善，而神明迹象之交融，有知其然而不能言其然者，故即异代考稽之下，而情文参互，初非正容端冕⑯之所得而遽明。盖必至于又尽善，而《韶》之为美，与子之契《韶》，均极其至也矣。不然论乐而徒以美而已，则夫总干而山立者⑰独何遗议之有焉？

【原评】"尽善"注脚原不外"性之"、"揖让"⑱二义，然于口气中叙出，则于记述体有碍。中幅运化吞吐，超妙绝伦。其含咀虚神处，尤为微至。

【评】此题最难得其真际，惟此文可使读者窥寻其意象而得之，可谓精能之至。

【题解】出自《八佾·子谓韶尽美矣》，参见化治文卷二顾清《子谓韶尽美矣》。

子谓韶，"尽美矣，又尽善也"。谓武，"尽美矣，未尽善也"。

【注释】

① 元：初始。
② 天子：此指舜。《尚书·舜典》载舜言"诗言志，歌永言，声依永，律和声"等。
③ 五声八音：泛指音乐。五声指古代音乐中的五种音阶：宫、商、角、徵、羽。八音指中国古代根据制作材料对乐器的分类。指金、石、土、革、丝、木、匏、竹八类。
④ 四代：指虞、夏、商、周四代。按，《尚书》载四工之事，唯《舜典》详言音乐。
⑤ 几康：语出《尚书·益稷》："禹曰：'安汝止，惟几惟康，其弼直……'"蔡沉《集传》："惟几，所以审其事之发；惟康，所以省其事之安。"
⑥ 在廷：在朝廷之上，此指大臣。
⑦ 君歌臣赓：指舜帝作歌，皋陶和之。赓，续、唱和。见《尚书·益稷》："帝庸作歌……（皋陶）乃赓歌。"
⑧ 无夺于伦：声音和谐，不相侵犯。《尚书·舜典》："八音克谐，无相夺伦。"
⑨ 羽籥：古代祭祀或宴飨时舞者所持的舞具和乐器。羽，指雉羽。籥，一种多管乐器。
⑩ 论伦：论说伦理。《礼记·乐记》："论伦无患，乐之情也。"孙希旦《集解》："愚谓论伦无患者，言其心之和顺足以论说乐之伦理。"
⑪ 抗坠：指声音的清越与重浊。《礼记·乐记》："歌者上如抗，下如队（坠）。"
⑫ 乐其象：乐是事业和精神的表现。《礼记·乐记》："（孔子曰）夫乐者，象成者也。"又："逆气成象，而淫乐兴焉。……顺气成象，而和乐兴焉。"
⑬ 合同而化：指音乐的功能是和合人心。语本《礼记·乐记》："天高地下，万物散殊，而礼制行矣。

流而不息，合同而化，而乐兴焉。"孔颖达疏："言天地万物流动不息，合会齐同而变化者也。乐者，调和气性，合德化育，是乐兴也。乐主和同，故云'兴'。"

⑭ 由绎：也作"䌷绎"，使用。此指寻味。绎，抽丝。《尚书·立政》："则克宅之，克由绎之"，蔡沉《集传》："则䌷绎用之而尽其才也。"

⑮ 宫悬残缺：此指周室衰微，礼乐崩坏。宫悬，指天子的乐器悬挂于宫室四面。《周礼·春官宗伯·小胥》："正乐县之位，王宫县（悬），诸侯轩县"。

⑯ 正容端冕：指倾听音乐。《礼记·乐记》："魏文侯问于子夏曰：吾端冕而听古乐，则唯恐卧。"

⑰ 总干而山立者：乐舞表演时持盾而站立如山，指《武》。总，持。干，盾牌。《礼记·乐记》："夫乐者，象成者也。总干而山立，武王之事也"。以孔子之意，《武》尽美而未臻尽善之境，故有"遗议"。

⑱ "性之"、"揖让"：《韶》之所以"尽善"，一在于《韶》表现的是"揖让"（禅让）得天下的内容，区别于武王以攻伐得天下；"性之"，此谓舜天生合道，语本《孟子·尽心上》："尧舜，性之也；汤武，身之也"，朱熹集注："尧舜天性浑全，不假修习。汤武修身体道，以复其性。"

惟仁者能好人能恶人

邵 恮

尊好恶于仁，惟无私者能照物也。盖人之不能好恶者，私为之蔽也。仁者无私而物照焉，天下所以群服其能欤？尝思用情之难也，用焉不得其当，无论施之人者未必服，而先自失其所以为心。若夫心之廓然至公者，常立于有理无欲之地，而天理人欲之辨当其前，而自分推之而有刑赏，受之而为劝惩，犹其后也。何则？好一人而赏随之，恶一人而刑及之，此好恶中之能也，而非能好恶之源，夫能好恶之源，则必求之无好无恶之天矣；好一人而天下劝，恶一人而天下惩，又好恶后之能也，而非能好恶之本，夫能好恶之本，必先释其作好作恶①之私矣。其惟仁者乎？古来忠孝之行，闻风者尚有遐思，而或当前而不好者，有不仁以为之拒也，即不尽不仁为之拒，而无全体之仁以相召，则投之也必不融而应之也必不速，仁者不先存一好人之念，而遇其人之可好者油油乎好之，好其仁也，非好其人也，本仁以行好，而好之中始无余量矣；古来谗殄②之徒，读史者犹怀余愤，而或当前而不恶者，有不仁以为之迎也，即不尽不仁为之迎，而无全体之仁以相胜，则嫉之也必不严而斥之也必不尽，仁者不先存一恶人之念，而遇其人之可恶者蹙蹙③然恶之，恶其不仁也，非恶其人也，本仁以行恶④，而恶之中不留余憾矣。当其辨贞邪于疑似之间，别忠佞于几微之地，有共服其精明者矣，顾精明诚鉴物之用，而有时好察之主出之，不能不受其蒙，好生之主行之，初无一枉其实者，有我与无我之别也，则惟仁者之无我，而好恶正焉耳；当其擢大贤于群谤之中，斥孔壬⑤于众誉之口，有共钦其神武者矣，顾神武诚服物之才，而有时英断之主出之，容有矫枉之过，慈祥之主行之，必无牵制之私者，多欲与无欲之别也，则惟仁者之无欲，而好恶当焉耳。然则君子亦仁而已矣，不然，虽好恶遍天下，岂得谓之能好恶耶？

【原评】从"好"、"恶"辨析出"能"字，从"能"字勘入"仁者"。中股"相召"、"相胜"二义，直透题坚；后股旁引以发题蕴，语亦醒豁。

邵恬，字真长，浙江鄞县（今宁波）人，康熙五十二年（1713）恩科举人，以硕学为乡党师。子邵基，康熙五十九年（1720）年解元，次年中进士。

【题解】出自《里仁·唯仁者能好人能恶人》，参见启祯文卷二钱禧《惟仁者能好人能恶人》。

子曰："唯仁者能好人，能恶人。"

【注释】

① 作好作恶：以私心决定爱恶，乱行赏罚。《尚书·洪范》："无有作好，遵王之道。无有作恶，遵王之路。"

② 谗殄：谗佞之说，绝君子之行。语本《尚书·舜典》："朕堲谗说殄行，震惊朕师。"

③ 矍矍：惊动的样子。

④ 行恶：表达厌恶之情。

⑤ 孔壬：大奸佞。《尚书·皋陶谟》："能哲而惠……何畏乎巧言令色孔壬！"孔颖达疏："巧言令色为甚佞之人。"

唯仁者能好人能恶人

张　江

归好恶于仁者，慎其本也。夫仁，好恶之所从生也。人自不仁，乃丧厥能耳，何竟让仁者独①哉？尝谓天生人，即以大生之理付之，则人与人其臧否得失，自有不忍不相关之处。情者，理之验也。自夫人高言无情，或托浑厚以居之，冀以免于刻薄之咎，而刻薄抑又甚矣。然则好人恶人，顾可易言能乎哉？人负一形而立，曷以②使之莫逃，要生于己之自形而已，当体之有无不可知，而何问人也；人挟一心而前，曷以使之各当，要如夫我之初心而已，吾中之是非先自乱，而又安论人也？甚矣，好恶之未易能也，必也其仁者乎？仁者初不虑人之不受吾好恶也，但内顾吾心，无故而好、无故而恶，而毫不可自解，其何堪此不祥哉，诚于其物，有反③之而必慊④者焉，而后一好一恶皆其不自恕之念所周，少亏焉，仁者必大不畅于其心也，斯交畅之矣；亦初不虑人之不服吾好恶也，但还按吾心，有故而好、有故而恶，而迄无以自得，其孰赎此重疚哉，顺于其则，有行之而无事者焉，而后一好一恶皆与不容僭之命相推，少溢焉，仁者必大不平于其心也，斯众平之矣。是以喜怒哀乐，亦偶然忽至之情，而不以偶而误，何者，人世举之为一念者，仁者应之皆全心也，至于反复精详，积终身之常以求当一仁者之偶，而念不得所起，万不能以相蒙；是以爱憎取舍，亦感而相遭之故，而不以感而驰，何者，人世之所为事权，仁者之所为性命也，至于平旦清明⑤，即一时之静已顿入乎仁者之感，而理不满于微，终不能以实据。则信乎其唯仁者有矣，顾谁无好恶而让仁者独哉？

【评】貌相形声，雅近章、罗⑥，其锐入微至处亦似之。若更能取其神而变其貌，则品格愈高。然即此已去离尘俗矣。

富与贵　一章

田从典

君子求仁之功，有由浅而深者焉。夫不处、不去，可以见君子之不去乎仁矣，然非极之存养之至，亦何以见其功之密也哉？且学者苟有志于仁，亦惟自治其心而已矣。吾隐微有倚伏之势，在制其人心之萌；吾旦暮有离合之形，在充其道心之极。始于至粗，终于至精，君子以为非一日之事而终身之事矣。今夫役役于富贵贫贱中者，小人之行也；皇皇于仁者，君子之行也。论君子而必测之于小人之途，斯亦浅之乎窥君子者矣。然而富贵贫贱者，仁不仁之分境；欲恶者，仁不仁之大闲①也。君子于处与去之间，力求战胜以自异于去仁者之所为，然后德成而名以立焉。顾谓此即可以尽求仁之功，则犹未也。何则？求仁而必先于富贵贫贱者，所以制其人心之萌；求仁而不止于富贵贫贱者，所以充其道心之极。且即以富贵贫贱之仁论，则古之至仁大圣，亦有天下而漠然不与②、匹夫而若将终身③者，要亦惟是安土敦仁④，而岂徒不处、不去之事乎？是故仁，体事⑤而无不在者也；而君子之于仁，则求其全体而不息者也。昊天明而及尔出王⑥，昊天旦而及尔游衍，仁之不违乎人者，极之一时一事而皆然；敬天怒而无敢戏豫，敬天渝⑦而无敢驰驱，君子之不违乎仁者，亦即极之一时一事而俱密。语其常，则终食之间无违矣，夫终食岂足以尽仁，而君子以为不极之于至暂，仁之所为斯须而不去者，不能无间于偶然也；语其变，则造次颠沛之必于是矣，夫造次颠沛岂足以尽仁，而君子以为不极之于至变，仁之所为无入而不得者，不能不震于猝然也。盖君子求仁之功，其密如此。至此而试之以非道之富贵，其不处犹是也，而不处之心异矣；试之以非道之贫贱，其不去亦犹是也，而不去之心又异矣。岂非道心为主，而人心每退听者乎？学者未能遽至于是也，尚先求所为不处、不去者而可哉？

【评】说理难得如此疏爽。其分贴上下语，亦自确当。

【作者简介】

田从典（1651—1728），字克五，号峣山，山西阳城人，康熙二十七年（1688）进士。授广东英德县，有政声，后官至文华殿大学士兼吏部尚书，卒谥文端。从典精研制义，著有《峣山集》。

【题解】出自《里仁·富与贵》，参见启祯文卷三杨以任《富与贵》。

子曰："富与贵，是人之所欲也，不以其道得之，不处也；贫与贱，是人之所恶也，不以其道得之，不去也。君子去仁，恶乎成名？君子无终食之间违仁，造次必于是，颠沛必于是。"

【注释】

① 大闲：犹大防。闲，界限。

② 不与：与己无关。此指不恋富贵，语本《论语·泰伯》："巍巍乎！舜禹之有天下也，而不与焉。"

③ 匹夫而若将终身：似乎安心终身作一平民，谓不恶贫贱。《孟子·尽心下》："舜之饭糗茹草也，若将终身焉。"

④ 安土敦仁：指爱养万物。语本《易·系辞上》："安土敦乎仁，故能爱。"孔颖达疏："言万物之性，皆欲安静于土，敦厚于仁。圣人能行此安土敦仁之化，故能爱养万物也。"

⑤ 体事：贯穿于种种事物。语本张载《正蒙·天道》："天体物不遗，犹仁体事无不在也。'礼仪三百，威仪三千'，无一物而非仁也。'昊天曰明，及尔出王，昊天曰旦，及尔游衍'，无一物之不体也。"

⑥ 出王：出行。王，往。按，此句本《诗经·大雅·板》："昊天曰明，及尔出王。昊天曰旦，及尔游衍。"毛传："王，往。旦，明。游，行。衍，溢也。"郑玄笺："昊天在上，人仰之皆谓之明，常与女出入往来，游溢相从，视女所行善恶，可不慎乎！"

⑦ 天渝：即天变。渝，改变。按，此句亦本《诗经·大雅·板》："敬天之怒，无敢戏豫。敬天之渝，无敢驰驱。"毛传："戏豫，逸豫也。驰驱，自恣也。"

富与贵　一章

杨名时

君子之所以体乎仁者，必由取舍而益密其功也。盖不徇乎欲恶①则取舍正，而求仁之大端立矣；又必由常及变，而无往不用其力焉，然后体仁之功始尽欤？且夫人心之德，最易间于私者也，治私之道，必先于其所及持，而并其所不及持者亦无乎不持，斯毕生之内所以守吾德者乃有全力耳。故夫境遇之来，洵学者操持其心之大端也。人群焉而欲富贵，亦知己之所可欲有甚于此者乎，苟不以其道得之，必制其欲而不处，使吾心之不溺于富贵者自此而伸也；人群焉而恶贫贱，亦知己之所可恶有甚于此者乎，即不以其道得之，必制其恶而不去，使吾心之不移于贫贱者自此而立也。是即所以为仁，天下共见之而名为君子者也。于此不苟，则道心胜而仁存，足以立深造之基；于此或苟，则人心胜而仁去，且不免有虚声之愧矣。夫君子之于仁，固非徒于富贵贫贱不失其本心而已。微察吾心于动静之际，凡有一念之便安而昵就之者，非欲之类乎，得无②姑徇之而失吾心之正矣乎？凡有一念之不便不安而思去之者，非恶之类乎，得无又徇之而失吾心之正矣乎？夫违仁何必在大也，一念一事之违，而于吾仁之体已有几微之不相合者矣。盖直至不违于终食之间，而求仁之功始密也。不宁惟是，是犹其暇豫时也，有如造次而不于是焉，则吾之所以操其心而不为动扰者安在乎，必凝一以居之，不以震撼易吾常焉，然后可也；不宁惟是，是犹其燕安时也，有如颠沛而不于是焉，则吾之所以操其心而不为害夺者安在乎，必专确以赴之，不以险难渝吾素③焉，然后可也。君子之求仁至于如此。夫内外重轻之分不立而欲谨离合之几于平时，平时之操存不加而欲守其心于事变之际，鲜有不失其所据者也；即天下有苟且于大闲、转能自矜夫细行，与生平放佚、一旦著节者，果遂得全吾仁矣乎？君子之学，必由粗以及精，自易以及难，而又无所不尽其力，斯心德以全，而足称为天下之完人欤？

【自记】此章盖力行之事。一节密似一节，一节难似一节。若作现成语意，恐非本旨。

【评】明白纯粹，绝无蒙杂，即文可得其所用心。

【作者简介】

杨名时（1661—1737），字宾实，号凝斋，江苏江阴人，康熙三十年（1691）进士。雍正初擢兵部尚书，总督云贵，推行摊丁入亩。乾隆即位，诏赴京，加礼部尚书衔兼国子监祭酒，并兼值上书房南书房，卒谥文定。名时深得李光地器重，从之受经学，为理学名臣，亦擅制义。著有《杨氏文集》十二卷等。

【题解】出自《里仁·富与贵》，见上，参见启祯文卷三杨以任《富与贵》。

【注释】

① 欲恶：指欲富贵，恶贫贱。
② 得无：恐怕……吧？
③ 渝吾素：改变我的本心。

我未见好仁者　一章
李沛霖

圣人验仁于好恶之真，而惜人之有力而不用也。夫不仁，与仁为敌者也，验之好恶而得其真矣。未见其人，非以用力者之难乎？夫子反复叹之，若曰：天之生人也赋以仁，未赋以不仁。仁之率于性也久矣，而由性而发，则有好恶之情；顺情而动，则有能好能恶之力。此亦何人不然？而无如怠焉自废者为可惜也。我尝求之天下，未见有好仁者、恶不仁者。夫所谓好仁者，真知仁之可好，宠绥独贵①，而嗜欲之私不得而并之也，游息可安②，而陷溺之危不得而易之也，盖复乎其无以尚③焉；所谓恶不仁者，真知不仁之可恶，一事之卑污若探汤④焉，恐不善之浼也，一念之邪曲如恶臭⑤焉，恐不洁之蒙也，盖远之而不使加焉。好恶之诚如此，此其克治⑥之功，已非旦夕之积；而成德之诣，遂致相遇之难。我故曰"未见也"，然其人⑦亦始于用力耳，亦用力而力足于好、力足于恶耳。有能一日之间，勃然振兴，自绝其委靡之习；毅然锐进，自鼓其勇往之机。用其力于好，而少有尚吾仁者⑧，务纯其真悫之怀而不敢已也；用其力于恶，而少有加吾身者，务致其决去之情而不愿息也。吾知志足以帅气，勇足以起懦，而曰力不足也，吾未见其然矣。或者禀赋不齐，气质各异，盖亦有昏之甚而不足于明，弱之甚而不足于强者；要必实用其力于好而废于半途，实用其力于恶而竭于中道者也。而其如我之未见何哉？夫用力而不足之人，尚难得如此，则是天下终无用力于仁之人，而成德之士又何从而觌之耶？我所为辗转低徊而不禁为之三叹也。

【评】如题转折，以为波澜。与汤若士⑨作并观，可以识文章之变。

【作者简介】

李沛霖，字岱云，湖南武冈人，活动于康熙、雍正间。有《四书朱子异同条辨》四十卷（与李桢合撰）、《四书诸儒辑要》四十卷、《书经释义》六卷及《历科程墨质疑集》等。

【题解】出自《里仁·我未见好仁者》，参见化治文卷二钱福《好仁者无以尚之》。

子曰："我未见好仁者，恶不仁者。好仁者，无以尚之；恶不仁者，其为仁矣，不使不仁者加乎其身。有能一日用其力于仁矣乎？我未见力不足者。盖有之矣，我未之见也。"

【注释】

① 宠绥独贵：此谓唯珍爱"仁"。宠绥，宠爱，使之安定，《尚书·泰誓上》："天佑下民，作之君，作之师。惟其克相上帝，宠绥四方。"

② 游息可安：此指始终安于"仁"。《礼记·学记》："故君子之于学也，藏焉，修焉，息焉，游焉。"郑玄注："息，谓作劳休止于之息。游，谓闲暇无事于之游。"

③ 尚：上，超出、高过。

④ 探汤：把手伸到热水里。汤，热水。《论语·季氏》："见善如不及，见不善如探汤。"

⑤ 恶臭：厌恶臭味。《礼记·大学》："所谓诚其意者：毋自欺也，如恶恶臭，如好好色。"

⑥ 克治：谓克制私欲邪念。

⑦ 其人：指成德之人。此句谓：只要肯用力，其力就足以好仁，足以恶不仁。"好"、"恶"专指"好仁"、"恶不仁"。

⑧ 尚吾仁者：受喜爱程度超过仁的事物。此句谓只要还有别的事物分散对仁的爱好，就仍需勤勉不息。

⑨ 汤若士：汤显祖。汤作《我未见好仁者》见隆万文卷二。

恶不仁者　　加乎其身

张　江

诚于恶不仁者，务以仁全其身而已。盖业为仁，则必绝去夫不仁，而顾使之加乎其身哉？此恶不仁之诚心也。今夫人止一身，而性情之德宅其中，气质之缘亦丽其外。外日益则中日损，而不仁之端反得藉其势以抗吾仁，岂不大可恶哉！然往往知所恶而未真，即充所恶而犹未尽者，不为仁故也。理与欲不容并域而居，不自清其性命之原，则妄形日积，耳目鼻口之区，皆其因仍而增长者也；欲与理又常畸出为胜，不自纯其义理之正，则客感①有权，血气心知之会，皆其牵引而类从者也。是故不仁者之加乎其身，我实使然耳，乃若所谓恶不仁者岂有是哉！盖其为仁之志锐矣，其为仁之气壮矣。始也以身体仁，则操其所为明以健者②，而大体常不夺于小体③也，而于是乎奸声乱色之不留，淫乐慝礼之不接，虽极不仁者投间抵隙之多，求诸其身，早一一弥缝焉而不使有余地以相存；既也以仁成身，则尽其所为精以一者④，而人心常听命于道心也，而于是乎仪容无情欲之感，动静无燕私之形，虽极不仁者潜滋暗长之巧，反诸其身，仍息息顾畏焉而不使有须臾之窃发。是何也？不仁之于仁，相倚伏者也；为仁而恶不仁，亦无终始者也。惟秉正者嫉邪，故即不见可恶，而众欲之情形已若惊心而怵目，必俟其既加乃始兢兢于惩忿窒欲之不遑，是慢也，其为仁不若是也；惟自强者不息，故即内省无恶，而独中之指视犹虑百慊而一欺，苟幸其不加而遂泄泄然恐惧修省之不事，是馁也，其为仁亦不若是也。是则性情之中宅者，严毅而无所于回⑤；气质之外缘者，自刻厉而同归于尽。盖察识扩充之至，而能用力于恶不仁而无不足者矣。如未见何哉？

【原评】时文每觉"其为仁矣"句如缀旒⑥，然明眼人特从此争关夺隘，转使上下句精神愈出。

【评】"为仁"正是"恶不仁"切实下手处，"不使"亦正是"为仁"中严毅工夫。作者体认独到。

【题解】出自《里仁·我未见好仁者》，见前，参见化治文卷二钱福《好仁者无以尚之》。

（子曰）恶不仁者，其为仁矣，不使不仁者加乎其身。

【注释】

① 客感：此指由外物引起的念头。
② 明以健者：指天性、天德。
③ 小体：《孟子·告子上》："从其大体为大人，从其小体为小人。"朱熹集注："大体，心也。小体，耳目之类也。"
④ 精以一者：指修持之功。《尚书·大禹谟》："人心惟危，道心惟微，惟精惟一，允执厥中。"
⑤ 无所于回：不会扭曲改变。回，违背、改变。《孟子·尽心下》："经德不回"。
⑥ 缀旒：旌旗上的装饰，此喻无实际意义之物。

不患无位 一节

张玉书

君子用世之学，有所不患，以专其患也。夫位与知，存乎人者也；立与可知，存乎己者也。患其在人①，而忘其在己，可乎哉？且士一出而天下之人皆引重焉，岂待名实之既加然后群相推许乎？外度之世，而克应君相之求；内度之身，而不负生平之学。彼其忧道之心，倍深于忧世之心也，固已久矣。夫三代以上之功名，不甚关乎荣辱，故独行之士，乐安贫贱者有之，然备德而以无位为荣，学道而以知希②为贵，儒者高其节而不欲效其人；抑三代以下之知遇，难尽视为得失，故时命之穷，咎归君友者有之，然上有圣主而行不修，下有良朋而名不立，君子又抚其躬而不敢宽其学。甚矣，患不在位而在立，患不在知而在可知也。国家之设官如此其众，今之受禄无愧者，何等也？居平俯仰流连，谓庸庸者不尽如吾意，一旦得志，而亦瞻顾彷徨重速③罪谤，我之自立者安在乎？古之人，礼乐兵刑各有勤思，后世之事，我自顾为国为民，何事堪质诸夙夜，则虽事事可报君王，且惧高位之难称职焉，盖衣裳在笥④，而君子之虑方深矣。声气之感通如此其广，为问令闻⑤不坠者，何人也？居平慷慨太息，谓悠悠者何足以知我，平心而论，实以处士虚声长其浮薄，我之可知者安在乎？古之人，忠孝节廉各有声称，远迩之事，我自顾立德立功，何者足重于天下，则虽事事可告知己，仍惧令名之不克终焉，盖闻望日隆，而君子之忧方切矣。然则士之不急于名位者，其素所树立必有谨出处、慎取舍之大防，然后道积于身，不受朝廷不甚爱惜之官，亦不受乡党无足重轻之誉；士之不忝于名位者，其素所蓄积必有敦教化、严礼义之实行，然后学隆于己，受爵于朝廷而天子为之侧席⑥，受誉于乡党而四国奉为羽仪⑦。不然，将终其身皆忧患之日也。

【评】重在"立"与"可知"上，却处处从"位"与"知"婉转击发。沉吟蕴藉，音节安和。

【评】风度端凝，辞句韶秀。揣摩家所奉为标准者。

【题解】出自《里仁·不患无位》。

子曰："不患无位，患所以立；不患莫己知，求为可知也。"（所以立，谓所以立乎其位者。可知，谓可以见知之实。程子曰："君子求其在己者而已矣。"）

【注释】

① 在人：取决于他人的事物，指"位"与"知"。下"在己"，指"立"与"可知"。

② 知希：知音稀少。希，通"稀"。

③ 速：招致，引起。

④ 衣裳在笥：指得到任用。语出《尚书·说命中》："惟衣裳在笥，惟干戈省厥躬。"孔颖达疏："惟衣裳在箧笥，不可加非其人，观其能足称职，然后赐之。"笥，盛食物或衣服的竹器。

⑤ 令闻：美好的名声。

⑥ 侧席：指谦恭以待贤者。《后汉书·章帝纪》："朕思迟直士，侧席异闻。"李贤注："侧席，谓不

正坐，所以待贤良也。"

⑦ 羽仪：指才德被人尊重，或堪为楷模。《易·渐》："鸿渐于陆，其羽可用为仪。"孔颖达疏："处高而能不以位自累，则其羽可用为物之仪表，可贵可法也。"

钦定清朝四书文卷三（《论语》上之中）

古者言之不出　一节
王汝骧

　　慎言者不于言，古人知所耻也。夫既已言之而躬则不逮，耻孰甚焉？而奈何不出者独古人也？今天下所传而述者，古人之言也，而究之古人何言哉？彼于其所以为言之理，一一体之于身，既自尽①而无歉矣，然后不得已而有言以自道其所得，而后世乃从而传其言耳。如徒以言也，则非惟有心戒慎，而不敢有所轻；直亦无意敷陈，而未尝有所出。夫言以觉世，既可藉为行远之资；言以责躬，亦可缘为励志之地。而古人兢兢于不出，则独何哉？此无他，重有所耻也，耻躬之不逮也。毋论侈口而谈，过自与以圣贤之业，其事为难必也，即寻常匹夫自命之言，卑之无甚高论②，及执以相稽，而说短义长，有毕世追之而莫副其旨者，言易而行难，相负之数不必其多也；毋论言大而夸，不自量其才力所及，其后必难践也，即平时称情期许之言，听者亦信其非诞，及试之当境，而时移势易，有自顾成言而负惭不少者，言据其常而躬历其变，相报之实必要③其终也。夫所难之不逮于所易，容可跂及于异时，而独恨其多此一言也，生平读书怀古，见前人之格言正论而我不能从，未尝不赧焉知愧，顾自言之而自负之，以希圣希贤之躬，较之在己之行，而已多不肖④，何以为心乎？且至于变而不逮乎其常，亦容补救于后日，而独惜其言之已早也，夙昔引绳批根，见他人之纵谈高议而行不掩言⑤，未尝不旁观而窃笑，顾我实言之而我则歉之，以侃侃谔谔之躬，验之实践之地，而亦犹夫人，何以为颜乎？是故古之人规模闳远，不难过量以为期，而宁以沉默之思，俟吾功候之自至；即度德量力，可以预白⑥于当世，而宁以不言之隐，听之时数之适然。夫是以行成于当时，言传于后世，而有以豫⑦远乎耻也。今之人，其言固何如，而其躬则又何如耶？言者可以思矣。

　　【评】追逼"逮"字，抉摘"耻"字，标新领异，说出却是人人意中所应有。笔力尤与陈大士相近。

　　【题解】出自《里仁·古者言之不出》。

　　子曰："古者言之不出，耻躬之不逮也。"（言古者，以见今之不然。逮，及也。行不及言，可耻之甚。古者所以不出其言，为此故也。范氏曰："君子之于言也，不得已而后出之，非言之难，而行之难也。人惟其不行也，是以轻言之。言之如其所行，行之如其所言，则出诸其口必不易矣。"）

【注释】

① 自尽：尽己之能。
② 卑之无甚高论：只就浅易的说，没有什么过高难行的意见。《汉书·张释之传》："释之既朝毕，因前言便宜事。文帝曰：'卑之，无甚高论，令今可行也。'"
③ 要：考核，核查。
④ 不肖：此指自己的言和行不相符。
⑤ 行不掩言：行为不能与其言论相符。
⑥ 预白：预告，预先表明。
⑦ 豫：预，预先。

以约失之者鲜矣

汪起谧

圣人示人寡过之方，而坊①之以约焉。夫约未必悉协于中道也，而失之所以鲜恒在此，约顾不贵哉？尝思：身者，过之丛也，古之人检身若不及，夫果知其不及检，则何可更多为之缘以分其检之之力乎？是则约之道诚足尚焉。约以宅心，则神不至于外驰，而持之也静；约以制事，则力不至于旁骛，而守之也坚。人之所以一蹶不振者，往往失于智小而谋大，夫以短浅之智而有非分之谋，其蹶宜矣，何如以约者之兢兢自完也；人之所以动辄得咎者，往往失于志大而才疏，夫以驰骋之志而济以跅弛②之才，咎必多矣，何如以约者之规规自守也。盖所谓以约者，非仅无咎无誉，求幸免于世而已也；又非守雌守默③，思别为藏身之术也。身世之缘，愈溺则愈深，惟以约则淡泊之意多，歆羡之累少，其至于纵欲而败度者，盖无几矣；克治之功，愈敛则愈切，惟以约则思无越畔④，动不过则，其至于荡检而踰闲⑤者，吾知免矣。制节谨度，载以有严有翼⑥之神；省躬克己，时凛其难其慎⑦之惧。失之不至于滋蔓难图⑧也，有断断乎可以自必者；若夫求其失之根而务尽之，则其功尚有进于是者。此宁足自多乎哉？

【评】语约而义全，法度谨严，乃学化治诸名家而得其骨脉意趣者。正不得徒以简淡目之。

【作者简介】

汪起谧：不详。

【题解】出自《里仁·以约失之者鲜矣》。

子曰："以约失之者鲜矣。"（谢氏曰："不侈然以自放之谓约。"尹氏曰："凡事约则鲜失，非止谓俭约也。"）

① 坊：同"防"，约束。

② 跅弛：放荡不守规矩。

③ 守雌守默：以柔弱、谦抑的态度处世。《老子》："知其雄，守其雌，为天下谿。知其白，守其黑，为天下式。"河上公注："白以喻昭昭，黑以喻默默。人虽自知昭昭明白，当复守之以默默，如暗昧无所见。"

④ 越畔：逾越规矩。畔，本义为田界，引申为规矩。

⑤ 荡检而踰闲：行为放荡，不守礼法。检、闲，均指规矩、礼法。

⑥ 有严有翼：威严而恭敬。语出《诗经·小雅·六月》："有严有翼，共武之服。"

⑦ 其难其慎：不敢轻忽职守。语出《尚书·咸有一德》："其难其慎，惟和惟一。"孔颖达疏："其难，无以为易；其慎，无以轻忽之。"

⑧ 滋蔓难图：野草滋生，难以清除，比喻势力扩大了再要消灭就很困难。滋，滋长；蔓，繁生、蔓延。《左传·隐公元年》："无使滋蔓。蔓，难图也。蔓草犹不可除，况君之宠弟乎？"

事君数　一节

徐念祖

言而得过，进言者宜自反矣。夫辱与疏，非臣、友之所期也，则夫进言者其亦慎无数哉！且夫謇谔之士，既不概见于天下，幸而遇其人矣，又或明于古义而不谙于世情，恃必然之意以求当于不必然之途，君臣朋友之交亦焉往而不穷乎？夫逆耳之言，吾君其鉴之矣，彼亦知谏我者之实以敬我，而且谓若人之刚直如是其可敬也，而岂其遽相厌也；苦口而陈，吾友其谅之矣，彼亦知规我者之实以爱我，而且谓若人之诚悃如是其可爱也，而岂其遽相慢也。然古君子之处此，无言胜人有言，且少言胜人多言，而未尝再三渎告①以希其一悟；交浅不敢言深，即交深不遽言深，而未尝反复陈辞以强其必从。诚以理筹之，而见其有所不可；亦以势揆之，而度其有所不行。人皆有为善之乐，而难以口舌争也，人人而言之，尚嫌其同也，日日而言之，乃遂苦其烦矣；人亦有怙过之念，而未可以烦言胜也，日日而言人长，犹恶其谄也，日日而言人短，乃愈憎其渎矣。故君之闻是言者，始亦谓敬我也，继而疑为讪我，夫臣则何心于讪欤，事急矣，可若何②，而此意难白于君，安保其必不辱也，然使辱吾身而用吾言，臣亦无憾耳，所虑贤豪摈弃而过将益深，更无人匡救其失，则何如安其位焉，犹可从容而纳诲乎，而江湖魏阙③者亦复深自悔也，吾过矣，吾面折而廷诤，亦已屡矣；吾友之闻是言者，始亦谓爱我也，继而疑为毁我，夫友则何心于毁欤，情迫矣，可若何，而此意难白于友，安保其必不疏也，然使疏吾身而听吾言，友亦无辞耳，所虑故人长谢而非将终怙④，更无人弥缝其阙，则何如全其交焉，犹可委曲而开导乎，而凶终隙末⑤者亦复自引咎也，吾过矣，吾劝善而规过，亦已亟⑥矣。然则臣之于君，友之于友，慎无用此数数为也。积至诚之衷，使人观感而自化而已，全乎其自为；留不尽之意，使人寻思而自得而已，全乎其为人。然论至此，而术弥工而心弥苦矣，君子是以感怀于一德之朝与同心之士也。

【作者简介】

徐念祖（1655—1698），字诒孙，安徽青阳人。念祖为方苞早年游太学时所交友人之一，后投河自尽。方苞《叙诒孙哀辞》称其"才足以立事，而于仕进泊如也；学足以立言，而于论述颓如也"。

【题解】出自《里仁·事君数》，参见隆万文卷二吴化《事君数》。

子游曰："事君数，斯辱矣，朋友数，斯疏矣。"

【注释】

① 渎告：再三劝告。渎，繁琐，屡次。
② 可若何：怎么办。
③ 江湖魏阙：此指进谏之臣被解职居于江湖，虽心怀君王、情系国事，而再无从进谏。魏阙，古代宫门外高大的建筑，用作朝廷的代称。语出《庄子·让王》："身在江海之上，心居乎魏阙之下。"
④ 非将终怙：将一直不改正错误。非，错误。怙，恃、坚持。
⑤ 凶终隙末：交情不终，友人变成仇敌。
⑥ 亟：屡次。

孟武伯问子路仁乎　一章

韩菼

三贤之仁未可知，圣人于可使①中慎言之焉。盖仁之道难言，三子之可使者具在，而仁则皆无以知之矣。圣人之慎言仁也，即圣人之言仁也。且吾人亦岂能以无本之学出而为用于天下，然而浅深离合之际，则遂为千古之分途，是故必得乎其本者，无不可信乎其余。自非然者，虽以古今不数见之人，而功名所从出之处，君子固不必求之甚刻，而未尝予之甚恕也。今夫修之于身而措之世无不可者，仁是也。古今止此仁、不仁之两途，故论人必要诸仁，惧其入于不仁也；然古今亦必无去不仁而即仁之一途，故论君子正不易要诸仁，惧其托于仁也。一日者，武伯问子路之仁，而子对以不知，盖由之于仁，诚有可知而不可知者乎？甚矣，仁之难也！及武伯又问，而子乃称由之治赋；及武伯更问求、赤，而子乃称求之为宰、赤之对宾客。三子之仁不可知，盖皆同也。甚矣，仁之难也！盖仁之取数至多②，即一念之足相及，可托之不穷，一事之足为功，亦赖之甚溥，而况三子者，挟有为之具，乘得为之时，亦可以靖一国于兵车盟会之间，使必以不可知者绝之于仁，则空疏无据之学，反得托其从容讽议之习以相高，而世遂无以收儒者之实效；然仁之为道甚远，即功盖天下，而未惬一心之安，名足千古，而可指一时之隙，假使有进于三子者，挟有为之具，乘得为之时，当必更可以措一世于礼乐兵农之大，而遂以其可使者信之于仁，则道德精微之地，皆得挟其功业文章之余以相蒙，而世亦遂无以见吾儒之实学。所以学必期于有用，不必取人之长以自益，不必饰己之短以自覆③，但使受任国家之重而自信缓急足恃之人，则文采风流亦自关治乱安危之数；而学必归诸有本，或萧然寂处而皆可信，或勋猷烂如④而皆可疑，诚使置身用舍之余而自有中心可乐之致，则天地名物乃毕归高深意量之间。而三子者岂足以语此？甚矣，仁之难也。不然，千乘大国也，家邑之宰至剧也，宾客相望也，如三子者，顾不足多⑤乎哉？

【评】将"仁"、"才"分合处看得细微透彻。三子身份既得，仁道难全处亦了然言下矣。后来作此题者，皆不能出其范围。

【题解】出自《公冶长·孟武伯问子路仁乎》。

孟武伯问："子路仁乎？"子曰："不知也。"（子路之于仁，盖日月至焉者。或在或亡，不能必其有无，故以不知告之。）又问。子曰："由也，千乘之国，可使治其赋也，不知其仁也。"（赋，兵也。古者以田赋出兵，故谓兵为赋，春秋传所谓"悉索敝赋"是也。言子路之才，可见者如此，仁则不能知也。）"求也何如？"子曰："求也，千室之邑，百乘之家，可使为之宰也，不知其仁也。"（千室，大邑。百乘，卿大夫之家。宰，邑长家臣之通号。）"赤也何如？"子曰："赤也，束带立于朝，可使与宾客言也，不知其仁也。"（赤，孔子弟子，姓公西，字子华。）

【注释】

① 可使：可以让他们承担任务，即指才干。
② 仁之取数至多：及下股"仁之为道甚远"俱本《礼记·表记》："（子曰）仁之为器重，其为道远，举者莫能胜也，行者莫能致也。取数多者，仁也。"孔颖达疏："'其为道远'者，以广博覆物，是为道广远也。""'取数多者仁也'，言于万种善事之中，论利益于物，取数最多者是仁也。言仁恩于善事之中，利益最多也。"
③ 自覆：掩盖。
④ 勋猷烂如：功勋昭著。
⑤ 多：肯定、表彰。

子谓子产　一节

陈锡嘏　墨

学可匡时，思一人以风天下也。夫子产，固济时才也，乃由其恭、敬、惠、义，思之而悉合乎道。君子哉，其不恃才而恃学者乎！今夫大臣不可以无才，才者，所以行其学也；而大臣尤不可以无学，学者，所以善其才也。乃有一人焉，求之才，则可与救时；而求之学，则可与法古。岂非其功名所从著之处，无一不衷于圣贤之心而出之也乎？吾夫子历览当世名卿大夫，见夫文章华国①而心术未必其皆纯，才略过人而经权②未必其悉协。每穆然深念，以为诚得一君子者，辑柔尔躬③，靖共尔位④，诚和⑤尔万民，庶几古大臣风烈复见于今，而天下知吾道之尚可以有为也。乃盱衡久之，恒不数数觏，而独于郑思一人焉，曰子产；且于子产博物之誉、辞命⑥之能概置弗道，而独于子产思数事焉，曰有君子之道四。虽然，子产之为此，亦极难矣。远当晋楚之承⑦，近处驷良⑧之逼，高则虑亢，而卑则虑贬也，则行己难；年少而越诸卿，历相而更数主⑨，权重则疑，而任久则震也，则事上难。悉索⑩之余，民力宜宽而不宜急；怙侈⑪之习，民情可动而不可静也。则养民难，使民尤难。而子产一以君子之道出之：名高为世之所尤，气盛为物之所畏，子产不敢也，其行己也恭，是古温温之君子也；政令于是乎成，威福亦于是乎作，子产不敢也，其事上也敬，是古翼翼之君子也。而且郑之力既已疲矣，敝之于外，忍复尽之于内乎，其养民也惠，古君子之父母斯民者乎；郑之俗既已靡矣，其风自上，不且其流及下乎，其使民也义，古君子之教诲斯民者乎？非其生平夙闻道于君子，亦何以致此哉？地无论大小，而整躬率物，一人足表四国之型；时无论安危，而尊主庇民，一日恒贻数世之福。人谓子产才足称也，子谓子产学有获也。使为大臣而不学，求一事之几于道，而岂可得乎？

【评】春秋之末，惟子产、叔向是曾于学问中有探讨人，以诘此题，确不可易。

此文初出，一时争为传诵，后来名流目为平庸。然章法完密，字句斟酌，中材以下用为准的，犹愈于好为深奇而实悖于理、剽袭肤冗而无涉于题者。

【作者简介】

陈锡嘏（1634—1687），字介眉，号怡庭，浙江鄞县人。康熙十四年（1675）年浙江解元，十五年进士，官翰林院编修。长于制义，以经学著名。著有《兼山堂集》八卷。

【题解】出自《公冶长·子谓子产》。

子谓子产，"有君子之道四焉：其行己也恭，其事上也敬，其养民也惠，其使民也义。"（子产，郑大夫公孙侨。恭，谦逊也。敬，谨恪也。惠，爱利也。使民义，如都鄙有章、上下有服、田有封洫、庐井有伍之类。吴氏曰："数其事而责之者，其所善者多也，臧文仲不仁者三、不知者三是也。数其事而称之者，犹有所未至也，子产有君子之道四焉是也。今或以一言盖一人、一事盖一时，皆非也。"）

【注释】

① 华国：光耀国家。

② 经权：指治国之道，既守常道又懂权变。

③ 辑柔尔躬：举止温和。辑柔，温和。《诗经·大雅·抑》："视尔友君子，辑柔尔颜。"

④ 靖共尔位：认真做好本职事情。语本《诗经·小雅·小明》："嗟尔君子，无恒安处。靖共尔位，正直是兴。"

⑤ 诚和：和睦，融洽。

⑥ 辞命：外交辞令。子产长于外交辞令，又有"博物君子"之称，见《史记·郑世家》。

⑦ 晋楚之承：指晋国与楚国争霸，而郑国恰处于两国中间。

⑧ 驷良：驷族与良族。郑国内部强横的两族，在子产执政前互相争斗得很激烈。

⑨ "年少"二句：子产青年时期已表现出卓越的政治才能，被立为卿；历事郑简公、定公、声公。

⑩ 悉索：指搜刮干净。

⑪ 怙侈：习于奢侈。怙，坚持（错误）。

归与归与　一节

方　舟

　　圣人有归志，而深幸道之有所寄也。盖至困而言归，而子之情戚矣，然狂简可裁，不有思之而一慰者乎？若曰：吾今而知天下事果非人所能为也，君子之道，用则施诸人，舍则传诸其徒。身之自处，非不绰有余地也，独恨吾初心有不止于是者耳。以予之栖栖①而卒老于行②也，回忆风尘之辙迹，几自悔其多事，然未至于斯而遂决，则内顾而无以安于心；以天下之滔滔③而未有所底④也，邱⑤复无意于人世，谁复能遗其忧⑥，乃徒伤于外而无为，即安得不再思以图其反？归与归与，盖吾之自计审矣。始非不知吾徒之足以相乐也，特谓吾之得吾志与失志犹未可知，而何必区区于此也，乃有所病焉而求息，则舍此无有大者矣；惟二三子⑦尚得朝夕与居也，而吾党小子之或为狂或为简者，相违既久而不知其近之复何似也，及今不业之使有所至，则后而失其时矣。以彼游心于广大而以偏曲之学为不足为，所见非不卓然，而吾独虑其择焉而不精、语焉而不详⑧也，夫纤悉之或遗，则所为广大者已有缺矣，使能反其浩渺无穷之志，而益致其精，将可语于吾道之全，而惜乎其见不及此也；以彼抗志于高深而以众人之行为不足尚，立身各有本末，而吾独虑其过高而难执、穷大而失居⑨也，夫平近之未践，则所为高深者已无其本矣，使能抑其嚣然⑩自得之心，而务由其实，将可进于三代之英⑪，而惜乎其犹有所蔽也。小子之所成已斐然有章如此，则所以裁之者，岂可听⑫其不知而不为之计也哉？夫邱之穷于世久矣，以儇然⑬如不终日之身，一旦举其生平所负而释之，而朝夕之断断⑭于吾前者，又有所资以待老，私计非不甚便也，顾失之于彼而此得焉，虽于吾党为无憾，而所憾则多矣，然是岂吾所自主耶？使邱而得所愿于时也，与吾党或别有相资之道，而恐未暇从容陶冶而成之，今虽无所合以困而归，然使斯道由是而粗传，所裨未必不更远也，然天下事汲汲已若不可待，虽或有望于后，而及吾身则已矣，终岂能释然于怀耶？此余所以辗转而不自克也。

　　【评】圣人初心，欲行其道于天下，到此始欲成就后学。"归欤"一叹，机关绝大。得此俯仰淋漓，题意乃为之尽。

　　【题解】出自《公冶长·子在陈曰》。

　　子在陈曰："归与！归与！吾党之小子狂简，斐然成章，不知所以裁之。"（此孔子周流四方，道不行而思归之叹也。吾党小子，指门人之在鲁者。狂简，志大而略于事也。斐，文貌。成章，言其文理成就，有可观者。裁，割正也。夫子初心，欲行其道于天下，至是而知其终不用也。于是始欲成就后学，以传道于来世。又不得中行之士而思其次，以为狂士志意高远，犹或可与进于道也。但恐其过中失正，而或陷于异端耳，故欲归而裁之也。）

① 栖栖：忙碌而不能安居的样子。《论衡·定贤》："是以孔子栖栖，墨子遑遑。"

② 卒老于行：最终在周游列国中老去，谓终未得任用。韩愈《进学解》："辙环天下，卒老于行。"

③ 滔滔：流而不返，沉沦。《论语·微子》："滔滔者天下皆是也，而谁以易之？"

④ 底：止。

⑤ 邱：同"丘"，孔子自称其名。写作"邱"是为了避讳。

⑥ 遗其忧：承担这种忧患。遗，交付，使……承担。

⑦ 二三子：指孔子的门徒。

⑧ "择焉"句：虽然经过选择，但却并非精华；有所提及，而说得不详细。韩愈《原道》："荀与扬也，择焉而不精，语焉而不详。"

⑨ 穷大而失居：此指深求高深之理，却基础不牢。《易·序卦》："穷大者必失其居。"

⑩ 嚣然：无欲自足貌。

⑪ 三代之英：夏商周三代的精英，如禹汤文武、伊尹周公等。《礼记·礼运》："大道之行也，与三代之英，丘未之逮也，而有志焉。"

⑫ 听：听任，任由。

⑬ 傪然：此指匆遽、焦虑。《礼记·表记》："君子不以一日使其躬傪焉如不终日。"郑玄注："傪焉，可轻贱之貌也。如不终日，言人而无礼，死无时。"

⑭ 龂龂：争辩貌。按，本句谓探讨义理者可就正于孔子，长者不致被狂简之人所患苦。本《史记·鲁周公世家》所引孔子语："甚矣，鲁道之衰也！洙泗之间龂龂如也。"裴骃《集解》引徐广曰："盖幼者患苦长者，长者忿愧自守，故龂龂争辞，所以为道衰也。"

颜渊季路侍　一章

张　瑗　墨

　　圣贤皆志于仁，各如其学以为量而已。夫圣贤之学，皆所以尽仁。由也去吝，回也去骄，至夫子则大而化矣，故各托于志以见端云。今夫仁之为道，外忘乎物，内忘乎我，且合物与我为一体者也。圣贤以之为学，即以之为心，学有浅深，而心之分量随之，要各行其仁焉而已。夫子于颜渊、季路之侍而导之言志，非以二子者各有所学则各有所愿乎？乃由则以车马轻裘与共对也，从来豪侠之为，君子所不取，由非徒以慷慨鸣高也，积学数十年而不能去其吝心，则系累之私，贤者不免矣，由惟有缊袍不耻①之志，始有车裘与共之怀，勇于从义②而势利不拘，几几乎春风沂水③，其流亚④也，此子路之求仁也；回则以善劳无伐无施⑤对也，人世推让之风，长者类能然，回非独以谨厚鸣谦也，考道数十年而不能化其矜心，则盈满之气，性情中⑥之矣，回惟有克复⑦兼至之功，始有善劳两忘之量，大道为公而勋名可澹⑧，几几乎德盛礼恭，厚之至也，此颜渊之不违仁也。凡此皆志夫子之志者也，然子之志必尤有大焉者，宜子路欲进而观之也。子则曰：吾何志乎哉？凡志之动，必有所感，然人心之所以感与吾心之所以感，皆其相应焉者也；且志之行，必期其遂⑨，然人心之所以遂与吾心之所以遂，亦其相合焉者也。在我，不能离老者、朋友、少者立于天地之中；在物，亦不能离安、信、怀处于人情之外。吾惟自尽其性，以殚安、信、怀之事；则物已乐得其欲，而共安于老、少、朋友之天⑩。此而大其道于有为，则德施普焉、道济周焉，原于斯人无所加也；此而随其分所可尽，则立与立焉⑪、达与达焉，要于斯人无所损也。是则吾之志也。甚矣，夫子之志，安仁者也。盖由与回以一己之愿为愿，故不见有物，不见有我，贤之所为希乎圣⑫；夫子合天下之愿为愿，故因物以付，而己不劳，圣之所为希乎天⑬。圣贤之志量有各殊，而同归于仁焉已矣。

【原评】理解精密，体格安舒，元气浑沦，居然瞿、邓⑭家法。

【评】选义按部，考辞就班。为科举之学者，以此为步趋⑮，去先正法程犹未远也。

【作者简介】

张瑗（1671—1734），字蘧若，又字静庵，号松岩，安徽祁门人。康熙三十年（1691）会元，殿试二甲五名，改庶吉士，授编修，历官江南道监察御史，以建议铲除明代魏忠贤墓为人所称。能诗文，有《宝廉堂集》，长于理学及制义，有《三礼会通》、《潜虬斋稿》、《潜虬斋续刻大小题稿》等。

【题解】出自《公冶长·颜渊季路侍》。

颜渊、季路侍。子曰："盍各言尔志？"（盍，何不也。）子路曰："愿车马、衣轻裘，与朋友共。敝之而无憾。"（衣，服之也。裘，皮服。敝，坏也。憾，恨也。）颜渊曰："愿无伐善，无施劳。"（伐，夸也。善，谓有能。施，亦张大之意。劳，谓有功，《易》曰"劳而不伐"是也。或曰："劳，劳事也。劳事非己所欲，故亦不欲施之于人。"亦通。）子路曰："愿闻子之志。"子曰："老者安之，朋友信之，少者怀之。"（老者养之以安，朋友与之以信，少者怀之以恩。一说：安之，安我也；信之，信我也；怀之，怀我也。亦通。程子曰："夫子安仁，颜渊不违仁，子路求仁。"又曰："子路、颜渊、孔子之志，皆与物共者也，但有小大之差尔。"又曰"子路勇于义者，观其志，岂可以势利拘之哉？亚于浴沂者也。颜子不自私己，故无伐善；知同于人，故无施劳。其志可谓大矣，然未免出于有意也。至于夫子，则如天地之化工，付与万物而己不劳焉，此圣人之所为也。今夫羁靮以御马而不以制牛，人皆知羁靮之作在乎人，而不知羁靮之生由于马，圣人之化，亦犹是也。先观二子之言，后观圣人之言，分明天地气象。凡看《论语》，非但欲理会文字，须要识得圣贤气象。"）

【注释】

① 缊袍不耻：（子路）不以穿着破旧的衣服感到羞耻。《论语·子罕》载，孔子称赞子路能够不以富贵动其心："衣敝缊袍，与衣狐貉者立，而不耻者，其由也与？"

② 勇于从义：亦指子路而言。子路勇于为义，《论语·公冶长》载孔子语："由也好勇过我，无所取材。"

③ 春风沂水：指放情自然、旷达高尚的生活乐趣。语本《论语·先进》，曾晳自言其志："莫春者，春服既成，冠者五六人，童子六七人，浴乎沂，风乎舞雩，咏而归。"按，此句谓子路的境界快接近

曾晳了。

④ 流亚：同一类的人或物。

⑤ 善劳无伐无施：即无伐善、无施劳。

⑥ 中：指受伤害、受其累。

⑦ 克复：指颜回能克己复礼。《论语·颜渊》载颜渊问仁，孔子以"克己复礼"答之。

⑧ 可澹：可以澹泊地对待。渊回淡于仕进。

⑨ 遂：实现。

⑩ 天：天性，自然之性。

⑪ 立与立焉：此即《论语·雍也》所言"己欲立而立人，己欲达而达人"。

⑫ 希乎圣：仰慕、效法圣人。

⑬ 希乎天：仰慕、效法天道。

⑭ 瞿、邓：指明八股文名家瞿景淳、邓以赞。

⑮ 步趋：此指效法、模仿。《庄子·田子方》："夫子步亦步，夫子趋亦趋"。

颜渊季路侍　一章

文志鲸　墨

　　圣贤均志于仁，而其量各有大小焉。夫由、回之志，固在于仁矣，然孰有如夫子之志之大哉！且人情各挟其私，而造物每多所憾，此固天下之所无如何也。夫所贵于圣贤者，为其能去人情之私，而平造物之憾，故称仁焉。昔吾夫子安仁者也，所志无非仁也，一日因颜渊、季路之侍，其志不觉隐隐欲动焉。然不先自言也，而诏二子曰"盍各言尔志"。夫吾夫子之欲吾党之共体其仁也久矣，而吾独怪夫世风之薄，而富者多以其服御①自封也；而吾尤怪夫道谊②之衰，而学者至以其才能长傲也。此其人之去乎仁之道也固已远矣，而又乌能使之志圣人之志哉？乃以观子路之志，则何其能超然不为车、裘所累也，盖不求不忮③，但知有友而不知有物，由之所愿如是也；而以观颜渊之志，则何其能粹然不为伐、施所累也，盖若无若虚④，善亦不使人知而劳亦不求人德⑤，回之所愿如是也。二子之志，其庶几能体夫子之仁者乎？虽然，犹未若夫子之大也，夫吾夫子固安仁者也，此由所以进而愿闻子之志也。而子乃自言其志曰：天下之大，俯仰上下，皆我与⑥也；斯人之众，养欲给求，皆吾事也。原于天者，理无不一，吾愿与天下顺其同；具于物者，分有各殊，吾愿与天下因其异。惟吾有以因其异也，而大小亲疏乃未尝至于无别；惟吾有以顺其同也，而哀惧爱欲遂无往不可相通。老者安之，朋友信之，少者怀之，夫子之志如此，则所谓安仁者也。夫中心安仁者，天下一人而已矣。故有志于仁者，必自二子之志始也。

　　【评】迥出堨埃之外，说理正复处处确实。

　　【评】理境融洽，无营构之迹。"自言其志"以下数行，一气滚出，而次第深广，口吻宛然。

【作者简介】

　　文志鲸，湖南桃源县人，康熙三十年（1691）进士。以硕学为李光地所赏，历官奉天府尹等。此《颜渊季路侍》为本科会试墨卷。

【题解】 出自《公冶长·颜渊季路侍》，见上。

【注释】

① 服御：车马服饰器用。此句谓富人多不肯以服御与人共享。

② 道谊：道义。

③ 不求不忮：不嫉妒，不贪求。求，贪。忮，嫉害。语本《诗经·卫风·雄雉》，《论语·子罕》载孔子尝引此句以赞美子路。

④ 若无若虚：指颜渊敛退而不事张扬。

⑤ 德：感激。

⑥ 与：亲近之人，友朋。张载《西铭》："民吾同胞，物吾与也。"

颜渊季路侍 一章

陈鹏年 墨

圣贤皆以无私为志，各如其量以为言焉。盖量有大小，贤与贤不必皆同，况圣人乎？惟其以无私为志者则一耳。且夫志者，一人之私也，而极其量，遂可以公天下而无难。顾或挟其一日之虚愿，而曰"吾能是焉"，天下亦无贵乎有是志矣。惟圣贤能适如其所已至者以相孚①，而心之所之，皆其力之所及，故无不及量，亦无溢量。说在颜渊、季路侍，而夫子使之各言尔志也。夫季路，慕义者也，义重则财轻，岂私②区区之车、裘于朋友者，有则必共而敝亦无憾，由也无难，而子路曰"由窃愿之"，夫由也，学道数十年，何至去一念之吝而不可得，如由之愿，皆由之所优为者也；颜渊，乐道者也，道胜则己克，岂私区区之善、劳于一己者，善必勿伐而劳必勿施，回也无难，而颜渊曰"回窃愿之"，夫回也，学道数十年，何至化一念之骄而不可得，如回之志，皆回之所素优者也。独是情不能不有所待，假令无车无裘，而交际必穷，无善无劳，而功能已薄，此愿何时遂哉？势不能不有所格③，即令有车有裘，而朋友之外亦难遍给，无伐无施，而善劳之外已无余事，此志将何寄哉？微④由也问，几不知吾夫子之志可以随地而自尽，随时而各给者也。子曰：天下之大，有一人之不与吾接者乎，类情通欲，随所处而皆有不容已之故，逮之无可逮也；吾人之身，有一日之不与斯人⑤遇者乎，养欲给求，毕吾生而皆有不能尽之致，足之无时足也。老者安之，朋友信之，少者怀之，此则吾夫子之志，而即吾夫子所终身行之而不倦、因物付之而无歉者也。以视乎由，则老亦吾与，少亦吾与，而何私乎朋友，而何待乎车裘？以视乎回，则善莫大焉，劳莫高焉，而又将谁伐，而又将谁施？是则两贤一圣所同者，无私之志；而其所不同者，广狭之量也。闻夫子之言，二子亦自此深远矣。

【评】 圣贤心境，层累相接。文一意到底，而其中高下大小自见。理脉既得，结构亦紧。

【作者简介】

陈鹏年（1663—1723）字北溟，号沧洲，湖南湘潭人。康熙三十年（1691）进士，历任江宁知府、苏州知府，官至河道总督，兼摄漕运总督。为官廉能，谥勤恪。博学，工诗文，著有《沧洲诗集》、《道荣堂文集》等。

【题解】出自《公冶长·颜渊季路侍》，见上。

【注释】

① 相孚：互相信任。
② 私：爱惜。
③ 格：阻碍。
④ 微：若不是。
⑤ 斯人：指大众、人类。

愿无伐善　二句

钱世熹

大贤克己之学，征诸言志焉。夫善、劳何以有伐、施？则己私之为累也。愿两无之，非志克己者不能。意谓：学者苟不思自胜，则不独身外之物为累也，即身内之理亦为累也；苟思自胜，则不独身外之物宜忘也，即身内之理亦宜忘也。回何志哉？万理具足者，皆备之初，是当游其心于广大之内；一私不存者，至虚之体，是当忘其心于澹漠之中。若之何有伐善者？性命之精微，岂有分数可量，而尺寸遂欲据之以为奇，微论①非善也，即云善，善亦仅此耳，回也不敏，无由坐进高深，倘赖夫子之教，有所知，当更求知焉，有所能，当更求能焉，而顾片长自诩欤，彼学问安于小成，英华销于末路，未必非"伐"之一念启之也，愿无之也；若之何有施劳者？事功之明备，岂有时日可期，而壶飧②乃欲市之以见德，微论非劳也，即云劳，劳亦止此耳，回也贫居，无由设施焜耀，倘从夫子之后，用则行，当思功在一时焉，舍则藏，当思功在万世焉，而顾薄绩自张欤，彼道德流为骄虞③，功名邻于亢悔④，未必非"施"之一念阶之也，愿无之也。而如曰伐善，人将忌其善，施劳，人将没其劳，是以无伐、施，避善、劳之害也，非回志也，夫为善之故而辞善，则争之为伐，让之亦为伐，为劳之故而辞劳，则居之为施，去之亦为施，回愿与之化而已；而如曰不伐，则善将益高，不施，则劳将益大，是又以无伐、施，收善、劳之利也，非回志也，夫知不伐之为美，则伐之迹去，而伐之意存，知不施之为难，则施之事捐，而施之心伏，回愿与之忘而已。嗟乎！大道何私，无非不近名、不近功之事；至人无欲，即此不求知、不求报之心。回之志如此。

【评】贴切"克己"，才是颜子身份。剖析精细，两"无"字底蕴尽搜。

【题解】出自《公冶长·颜渊季路侍》，参见本卷张瑷《颜渊季路侍》。

颜渊曰："愿无伐善，无施劳。"

【注释】

① 微论：不必说，不要说。

② 壶飧：（施舍给他人）壶盛的汤饭，代指微薄的恩德。语本《战国策·中山策》："（中山君曰）吾以一杯羊羹，亡国；以一壶飧，得士二人。"

③ 骥虞：同"欢娱"。《孟子·尽心上》："霸者之民，骥虞如也；王者之民，皞皞如也。"朱熹《集注》引程子曰："骥虞，有所造为而然，岂能久也？"引杨氏曰："所以致人骥虞，必有违道干誉之事。"

④ 亢悔：即"亢龙有悔"，此指倨傲而招致祸患。亢，至高的，过头的。悔，灾祸。语本《易·乾》："上九，亢龙有悔。"又："《象》曰：亢龙有悔，盈不可久也。"

雍也可使南面　一章

熊伯龙

　　大贤有君人之道，征之辨"简"者焉。夫南面之使，子必有观其深者，即其辨"简"而本之"敬"，讵非临民之善术哉？且古今所以重儒术者，谓其实有学为人君之理，而治天下之人不世出，则择术疏也。圣门论人，未闻以"使南面"称者，有之，自雍始。君子在世，安所得帝王之位而为之大建其功名，事不可期，则以其学断之，以明素所蓄积而已；君子议国，安所得圣人之才而与之深求于三代，度之既优，则以其名许之，以明道在儒者而已。雍之可使，岂无故而云然乎？且夫南面之难，亦难于临民耳。临民者存乎势，雍可为而未必为；所以临民者存乎我，雍未可为而可言也。以彼博观人物、兴怀伯子，非以其行事有大过人者乎？夫子许其简而命之"可"，宁有溢词焉？而雍已鳃鳃然虑其简之无以临民也。盖简有从敬出者，有不从敬出者。从敬出者，心术正而纲纪立，法去其太甚，令戒其矫诬，天下见有荡佚①之乐，而人君常以丛脞②为心，此上世之所以治且安也；不从敬出者，性情偏而制防③隳，百官有跛踦④之容，庶民有流湎⑤之行，朝廷日享无事之福，而天下皆以多事为忧，此后世之所以危且乱也。嗟乎！为治而至于简，远乎法术刑名之祸，而原乎道德清净之遗，此其意宜无恶于天下；而自雍言之，若者可、若者太简，何其深思而早计也，虽在圣人能取其说而易⑥之哉？而吾窃由雍之言，想见雍之行事，则将躬习繁苛以御物乎？抑大度而养一世于和平乎？则将荡废准绳以便俗乎？抑小心而致上理于自然乎？君子知雍之必有异于子桑伯子之所为，而可使南面之说诚非无故而云然也。愿以告万世之为南面者。

　　【评】 实疏处深沉浑厚，转落点次处纡余周密，允为此题杰构。

　　【题解】 出自《雍也·雍也可使南面》。

　　子曰："雍也可使南面。"（南面者，人君听治之位。言仲弓宽洪简重，有人君之度也。）仲弓问子桑伯子，子曰："可也简。"（子桑伯子，鲁人，胡氏以为疑即庄周所称子桑户者是也。仲弓以夫子许己南面，故问伯子如何。可者，仅可而有所未尽之辞。简者，不烦之谓。）仲弓曰："居敬而行简，以临其民，不亦可乎？居简而行简，无乃大简乎？"（言自处以敬，则中有主而自治严，如是而行简以临民，则事不烦而民不扰，所以为可。若先自处以简，则中无主而自治疏矣，而所行又简，岂不失之太简，而无法度之可守乎？《家语》记伯子不衣冠而处，夫子讥其欲同人道于牛马。然则伯子盖太简者，而仲弓疑夫子之过许与？）子曰："雍之言然。"（仲弓盖未喻夫子可字之意，而其所言之理，有默契焉者，故夫子然之。程子曰"子桑伯子之简，虽可取而未尽善，故夫子云可也。仲弓因言内主于敬而简，则为要直；内存乎简而简，则为疏略，可谓得其旨矣。"又曰："居敬则心中无物，故所行自简；居简则先有心于简，而多一简字矣，故曰太简。"）

【注释】

① 荡佚：此指政令简易宽松。《后汉书·班超传》："水清无大鱼，察政不得下和。宜荡佚简易，宽小过，总大纲而已。"
② 丛脞：细碎、繁杂。
③ 制防：制度和规矩。
④ 跛踦：行步不稳貌，此指态度不严肃。按，此或当作"跛倚"，谓站立就正，不敬貌。
⑤ 流湎：放纵无度。湎，沉、沉湎。《礼记·乐记》："慢易以犯节，流湎以忘本。"
⑥ 易：改变、更改。

子华使于齐　一章

韩　菼

记两贤之一与一辞，而圣人各有以进之焉。夫求、思①之"与"与"辞"②，善矣，而子各有以进之也，则凡与与辞者可审矣。且夫君友之间，学者之所谨也，得一二慷慨洁廉之士以为天下之事君交友劝，此吾党之所厚期而以为难者，乃今一旦而又恍然失矣。试并举二事，以观圣人之所处，其可乎？大抵吾党共侍夫子，处则相周旋，出则相恤，顾皆不得志。间有以禄仕者，又往往不屑以为高，然每侍夫子，则所闻益进。尝记子华使于齐矣：其可以使也，夫子必有说，而冉子顾为其母请粟也。子曰"与之釜"，有宜于与之釜者在欤？又请，子曰"与之庾"，有宜于庾之益者在欤？而冉子犹与之五秉也。夫友道之衰也，读谷风阴雨③之诗而已极矣，自处安乐，而良友契阔④之后，视若遗焉。若求之缱绻⑤存恤⑥，以慰征人⑦将母⑧之思，吾党以为难。而子则曰"赤之适齐也，乘肥马，衣轻裘。吾闻之也，君子周急不继富"。夫以求之于富者，其于急者可知也，岂不足于周哉？且友自一耳，岂以我友富而恝视⑨乎哉？然而信斯言也，而"与"必有道矣。又尝记原思为之宰矣：其可以宰也，夫子亦必有说，而思果称其宰之为也。子与之粟，有宜于粟之与者在欤？粟以九百，有宜于九百之粟之与者在欤？而思犹辞也。夫仕道之衰也，读河干伐檀⑩之诗而多愧矣，一辞稼穑⑪，而公家禾廛之外，趋若鹜焉。如思之能于其职，犹厉君子素餐⑫之耻，吾党窃韪之。而子则曰"毋！以与尔邻里乡党乎？"夫以思之能辞，其必能与又可知也，岂不足于与哉？且粟自论当否耳，岂以邻里乡党而冒昧乎哉？然而信斯言也，而"辞"亦有道矣。夫类举一时之言论，以思其意之所存，学者之事也，故并记之使后世有以考。而凡吾徒之欲为求与思者，皆可以自审焉。

【评】淡而有味，洁而益腴，清思高韵，翛然笔墨之外。可谓自开蹊径。

【题解】出自《雍也·子华使于齐》。

子华使于齐，冉子为其母请粟。子曰："与之釜。"请益。曰："与之庾。"冉子与之粟五秉。（子华，公西赤也。使，为孔子使也。釜，六斗四升。庾，十六斗。秉，十六斛。）子曰："赤之适齐也，乘肥马，衣轻裘。吾闻之也，君子周急不继富。"（乘肥马、衣轻裘，言其富也。急，穷迫也。周者，补不足。继者，续有余。）原思为之宰，与之粟九百，辞。（原思，孔子弟子，名宪。孔子为鲁司寇时，以思为宰。粟，宰之禄也。九百不言其量，不可考。）子曰："毋！以与尔邻里乡党乎！"（毋，禁止辞。五家为邻，二十五家为里，万二千五百家为乡，五百家为党。言常禄不当辞，有余自可推之以周贫乏，盖邻、里、乡、党有相周之义。程子曰："夫子之使子华，子华之为夫子使，义也。而冉子乃为之请，圣人宽容，不欲直拒人。故与之少，所以示不当与也。请益而与之亦少，所以示不当益也。求未达而自与之多，则已过矣，故夫子非之。盖赤苟至乏，则夫子必自周之，不待请矣。原思为宰，则有常禄。思辞其多，故又教以分诸邻里之贫者，盖亦莫非义也。"张子曰："于斯二者，可见圣人之用财矣。"）

【注释】

① 求、思：冉求和原思，即冉有、原宪。

② "与"与"辞"：给与和推辞。

③ 谷风阴雨：此指《诗经·邶风·谷风》，毛诗序谓："《谷风》，刺夫妇失道也。卫人化其上，淫于新昏而弃其旧室，夫妇离绝，国俗伤败焉。"诗首句云："习习谷风，以阴以雨。"谷风即东风。

④ 契阔：此指朋友分别。《诗经·邶风·击鼓》："死生契阔，与子成说。"

⑤ 缱绻：感情深厚。

⑥ 存恤：慰问周济。

⑦ 征人：此指出使在外的人。

⑧ 将母：奉养母亲。《诗经·小雅·四牡》："王事靡盬，不遑将母！"

⑨ 恝视：漠视。恝，淡然、不关心。

⑩ 河干伐檀：指《诗经·魏风·伐檀》，毛诗序谓："《伐檀》，刺贪也。在位贪鄙，无功而受禄，君子不得进仕尔。"诗首句云："坎坎伐檀兮，置之河之干兮。"

⑪ 一辞稼穑：指出仕，不再有耕种的辛苦。稼穑，耕种收割庄稼。

⑫ 素餐：指无功受禄，不劳而食。《诗经·魏风·伐檀》："彼君子兮，不素餐兮。"

子谓子夏曰　一节

廖腾奎　改程

圣人辨儒之真伪，而为贤者决所从焉。盖儒以学为君子者也，自其中有小人，而儒术几为天下裂矣①。非夫子明辨之，其不误于所为者几人哉？谓子夏曰：古者道术出于一，而儒为定名；今之道术出于二，而儒为虚位②。士苟不忍自欺其学问之意，则辨其所从入者不可以不审也。何则？志趋者，君子与小人分焉者也；而术业者，君子与小人共焉者也。言儒言也，行儒行也，以是为完其性命之事，而求足于己者，君子儒也；言儒言也，行儒行也，将以自张于耳目之前，而求得于人者，小人儒也。夫先王牖③天下之士而导以儒术，固欲其自为君子；而学者既以儒自命，亦未有甘心于小人之归者。顾何以天下皆儒，而确然可信为君子者不少概见哉？盖其人而君子儒也，则所知所能之不敢自恕者，时以内苦其心，而行之终身以不息，而小人儒之规规于形迹者，不难捷取于旦暮之间；其严气正性而不忍自欺者，虽至为身之困，而安于遁世之莫知，而小人儒之汲汲于世情者，无非私便其身图之事。夫是以开其为此④、禁其为彼而不得也。嗟乎，未为儒而自外于君子，尚可以开之使前，至浮慕焉而终以自遁，则诗书圣贤之说皆不足以启其明；未为儒而自安于小人，尚可以冀其一悟，乃阳去之而阴以自藏，则道德仁义之名皆足以长其诈。如是，则与自命为儒之初心不大相剌谬⑤乎？女也笃于天姿，自可以绝纷华之慕，而第恐规模太隘，亦易入于名利之私；勤于文学，庶几能知六艺之归，而究之节目既详，尤当致谨于本原之地。夫学必定其所归，而情易驰于所忽，是二者不塞不流⑥、不止不行，出乎此则必入乎彼⑦，不可以中立也。女第思先王导人以儒术之意，而返之自命为儒之初心，则为与不为之间，当必有以自决矣。慎之哉！勿隳乃力⑧。

【评】思辞坚切，一洗浮光掠影之谈。其篇法气韵，亦深有得于古文者。

【作者简介】

廖腾奎（1641—1716），字占五，号莲山，福建将乐县人。康熙八年（1669）举人，官至都察院右副都御史、户部侍郎，服官颇著清节。《制义丛话》卷十载，廖腾奎以能赏识方苞所作《先进于礼乐》一文知名于后世，"以举人出身，屡为会试总裁，亦异数也"。著有《慎修堂诗集》、《浴云楼稿》、《廖莲山稿》。

【题解】出自《雍也·子谓子夏曰》。

子谓子夏曰："女为君子儒，无为小人儒。"（儒，学者之称。程子曰："君子儒为己，小人儒为人。"谢氏曰："君子小人之分，义与利之间而已。然所谓利者，岂必殖货财之谓？以私灭公，适己自便，凡可以害天理者皆利也。子夏文学虽有余，然意其远者大者或昧焉，故夫子语之以此。"）

【注释】

① 此句谓：儒术将因为天下形形色色的人而割裂、破坏。语本《庄子·天下》："后世之学者，不幸不见天地之纯，古人之大体。道术将为天下裂。"

② 虚位：指比较抽象的概念，可以容纳不同的实际内容。韩愈《原道》："仁与义，为定名；道与德，为虚位。故道有君子小人，而德有凶有吉。"

③ 牖：启发、诱导。《诗经·大雅·板》："天之牖民，如埙如篪"，毛传："牖，道也。"孔颖达疏："牖与诱，古字通用，故以为导也。"

④ 开其为此：引导其成为君子儒。下文"为彼"指为小人儒。

⑤ 刺谬：违背。

⑥ 不塞不流：坏的、错误的东西不阻塞，正确的东西就不能推行。韩愈《原道》："然则如之何而可也？曰：不塞不流，不止不行。"

⑦ 语本《孟子·离娄上》："孔子曰：'道二：仁与不仁而已矣。'……二端之外，更无他道。出乎此，则入乎彼矣，可不谨哉？"

⑧ 勿隳乃力：不要毁坏了你的努力。隳，败坏、毁坏。乃，你的。

质胜文则野　一节

徐用锡

质文不可以偏胜，宜以君子为准焉。夫质文相须而不可相胜也，胜则野与史皆弊矣。然则彬彬之君子，其至乎？昔周末文胜，而夫子为折衷之论。曰：学者纳一身于轨物，固将合内外以规于尽善也，然天下之弊每以相持而流于偏，非调剂于其间，乌能归于大中而至正也乎？今夫质也者，忠厚朴实以自将也；文也者，威仪辞令之不失也。今之人率以为文者，章身之具也，即稍过焉，而犹可以列于君子之林，乃矫之者曰"君子质而已矣"。以吾观之，皆非也。先王之教人也，六德六行①以端其本，而不使习于便辟②华伪以漓③其天性之真；四术六艺④以成其材，而不使安于颛愚⑤固陋以阙⑥其经世之务，而岂有相胜之弊哉？自大化不行而成德无具，于是有忠信而不学礼者，则质胜文也，当其纯任自然，岂不足以式⑦浮靡，而仪度之未娴，即其所怀之质而有不能自遂者，则野矣；于是有讲学而不修德者，则文胜质也，当其进退可观，岂不足以祛鄙固，而情意之不挚，即其所致之文而有不能自惬者，则史矣。夫以质而掩文，有似于君子之务实，然文固由质以生者，而为质所掩，非君子之质也；抑以文而掩质，有似于君子之令仪，然质乃文所自立者，而为文所掩，非君子之文也。必也由质以观，信乎其诚悫之独至，乃喜怒哀乐之中其节，视听言动之合其宜，极天下之至文而无以加，而又悉自质出也，野者当之而自失其文，并自失其质也矣；由文以观，信乎其周旋之悉协，乃衣冠瞻视之作其恭，经纬区画之当其理，极天下之至质而无以加，而又悉由文见也，史者当之而自失其质，并自失其文也矣。盖存诚以养其性，而学聚问辨⑧所以蓄其德者又详而有要，故体用皆具而纯然为三代之才；主敬以操其心，而三千三百⑨所以定其命者又大而能精，故损益有章而浑然见天德之备。如是而后可以为君子也，而岂相胜之可比哉？夫核其实，则质与文岂无为本为末之殊；权其用，则质与文难为畸重畸轻之论。偏于质者既不可训，而偏于文者流而不已而失之愈远，尤君子之所恶也。文质之道成于学术而关于世运，非君子，吾谁与归？

【评】"彬彬"自是现在成德气象，然如何会"彬彬"，玩，然后二字内有许多学力。实义虚神，曲折周至，不可以格调顺时而忽之。

【作者简介】

徐用锡（1657—1736），初名吉，字壇长，号鲁南，又号昼堂，安徽宿迁人。康熙四十八年（1709）进士，官至翰林院侍读。用锡治学本李光地，诗文浩繁，著有《圭美堂集》廿六卷，亦精制义，有《徐壇长稿》。

【题解】出自《雍也·质胜文则野》。

子曰："质胜文则野，文胜质则史。文质彬彬，然后君子。"（野，野人，言鄙略也。史，掌文书，多闻习事，而诚或不足也。彬彬，犹班班，物相杂而适均之貌。言学者当损有余，补不足，至于成德，则不期然而然矣。杨氏曰："文质不可以相胜。然质之胜文，犹之甘可以受和，白可以受采也。文胜而至于灭质，则其本亡矣。虽有文，将安施乎？然则与其史也，宁野。"）

【注释】

① 六德六行：指各种品德。具体内容见《周礼·地官司徒·大司徒》："以乡三物教万民而宾兴之：一曰六德，知、仁、圣、义、忠、和；二曰六行，孝、友、睦、姻、任、恤；三曰六艺，礼、乐、射、御、书、数。"

② 便辟：巧于谄媚逢迎。《论语·季氏》："友便辟，友善柔，友便佞，损矣。"

③ 漓：浅薄，浇薄。

④ 四术六艺：四术，指诗、书、礼、乐四种经术。或谓治国的四种方法，《尸子·治天下》："治天下有四术。一曰忠爱，二曰无私，三曰用贤，四曰度量。"六艺，指六种技能、学问，见"六德六行"注，也指"六经"。

⑤ 颛愚：愚昧。

⑥ 阙：缺乏。

⑦ 式：为……提供榜样和法度。

⑧ 学聚问辨：即"君子学以聚之，问以辨之"，语本《易·乾》。

⑨ 三千三百：指各种礼仪。《礼记·中庸》："优优大哉，礼仪三百，威仪三千，待其人然后行。"礼仪指礼之大纲，威仪指礼之细目。

樊迟问知　一节

韩菼墨

推"知"、"仁"之事与心，而各得其所专及者焉。盖鬼神亦义之存，获亦难之验，而所务、所先不存焉①。此为知、仁之事与心欤？且夫世有至人，其量固无乎不举也，然其生平功力之所积，则必不杂乎其途。事事去其可疑，而中之不精焉者寡矣；念念去其可欲，而中之不纯焉者亦寡矣。故至人一出，而其事恒足以正天下之人心，而其心亦足以任天下重远之事。昔者樊迟问知，子曰：知者以无不知为大也，无不知，则不特②以人世之所可知者为知，而必以所不可知者为知矣。今夫人心之知，至无穷也，无论耳目所睹记之物，日相寻于今古而变化以生，乃至屈伸往来③之交，而能确然指其为鬼为神之故，斯亦极天人之致矣。而抑知知者正不以之为教也，知者以为民之所与立，独有义而已。习之于君臣父子之节，使不迁于异物，经可守而权可达也；游之于诗书礼乐之途，使不惑于异言，德可成而艺亦可观也。而至于郊坛日月之文④、庙祧享尝⑤之制，已于敬之之中，寓以远之之意，要亦明夫义之所当然而已。夫人惟有所不知，斯益相蒙于幽深旷渺之端，故好言知者，不为民欺，而常为神愚。若兹之于可知、不必知之介，断如也，斯必其无不知而然也。虽欲不谓之知，不可矣。迟又问仁，子曰：仁者必无不仁而全也，无不仁，则必不以仁心之偶著者为仁，而必以其无不得者为仁矣。今夫人心之仁，致足乐也，勿谓斯须辄易失之物，日相求于旦暮而离合无凭，乃至忧劳积久之余，而自悠然其有实获我心之处，斯亦阅甘苦之途矣。而抑知仁者正不以之居心也，仁者以为仁之所克治，独有难而已。审择于取舍之大闲，而积数十年之力，去欲恶之念而不暇也；从容于存养之微密，而乘一息之隙，隳⑥戒慎之素而有余也。即至于不闻亦式⑦之安、德音不退⑧之美，其所为获之之故，亦初无后之可言，要亦俟夫难之所自至而已。夫人惟有所未仁，不能无杂于计功谋利之间，故骤言仁者，不惟私足为累，理亦足为累。若兹之于为仁而即入于不仁之几，谧如也，斯必其无不仁而然也。虽欲不谓之仁，而不可矣。若此者一语之以"务义"，一语之以"先难"。非明理之尽，不足以言知；非去私之尽，不足以言仁也。知、仁岂易言哉？

【原评】反复条畅，兼有苏之豪、曾之质，所以能独挺流俗而力开风气。

【题解】出自《雍也·樊迟问知》。

樊迟问知。子曰："务民之义，敬鬼神而远之，可谓知矣。"问仁。曰："仁者先难而后获，可谓仁矣。"（民，亦人也。获，谓得也。专用力于人道之所宜，而不惑于鬼神之不可知，知者之事也。先其事之所难，而后其效之所得，仁者之心也。此必因樊迟之失而告之。程子曰："人多信鬼神，惑也。而不信者又不能敬，能敬能远，可谓知矣。"又曰："先难，克己也。以所难为先，而不计所获，仁也。"吕氏曰："当务为急，不求所难知；力行所知，不惮所难为。"）

【注释】

① 此句谓：所务不在于"鬼神"，所先不在于"获"。

② 不特：不仅，不只是。

③ 屈伸往来：阴阳二气的运行变化，也指"鬼神"的性情功效。朱熹认为，以阴阳二气言，则鬼者阴之灵也，神者阳之灵也。以一气言，则至而伸者为神，反而归者为鬼。

④ 郊坛日月之文：指祭祀天地的仪式。郊，指古天子在郊外祭天地，古时祭祀天地，常配以日月。文，指仪式。

⑤ 庙祧享尝：指祭祀祖先方面的制度。《礼记·祭法》："王立七庙，……远庙为祧，有二祧，享尝乃止。"郑玄注："享尝，谓时之祭。"祧，帝王对世数远隔之祖，依制将其神主迁入远祖之庙。

⑥ 隳：毁坏。此句谓，偶尔的疏忽，可能毁掉长期的休养，所以时刻都要警惕。

⑦ 不闻亦式：语出《诗经·大雅·思齐》："不闻亦式，不谏亦入。"毛传："言性与天合也。"孔颖达疏："言文王之圣德，自生知，无假学习，不闻人之道说，亦自合于法"。

⑧ 德音不退：当作"德音不瑕，"语本《诗经·豳风·狼跋》："公孙硕肤，德音不瑕。"谓周公具有圣德美名，毫无瑕疵。德音，美名。

仁者先难而后获 二句

王兆符

心一于所难，而仁在是矣。夫有难则必有获，然而仁者之心，知有难而已。先后之间，不可以知仁乎？告樊迟曰：欲求仁者，当知仁者之心，彼其于仁，惟无所为而为之，斯已矣。以有为之心谋理，理必不纯；以有为之心去私，私必不尽。仁、不仁之介，不争于其事，实争于其心焉尔。子问仁乎？仁之道至精，视听云为①皆仁之资，而即不仁之所由伏，求一仁于众不仁之中，而静不忘戒惧，动不废审几，难何如之？仁之效至大，耳目口体皆不仁之集，而即仁之所由运，化众不仁于一仁之内，而内则不远而复②，外则天下皆归，获孰多焉？以此言之，难固仁之难，获亦仁之获也。然而一先一后，可以审所用心矣。仁者知天下至难之事皆天命之本然，以人心为必可遏，以道心为必可充，而痼痹之所弗忘，惟此矣，若夫行之而熟，至于危者安、微者著，固亦几之必至，然第循乎天之所命以俟之耳，使于为仁之初即豫设一悦心之境，以冀其少休，则不仁之端已潜藏而不自悟，仁者惟辨之于早也；仁者知人生至难之途皆吾性所固有，克己而必期于尽，复礼而必期于安，而精神之所自厉，惟斯矣，若夫积之而久，至于克无可克、复无不复，固亦理之相因，然第尽乎吾之所性以待之耳，使于为仁之始即常分吾攻苦之心，以希其美报，则不仁之弊将横决而不自知，仁者惟贞③之于一也。盖难与获本无二道，仁者惟知有难，虽至从容涵泳之时，只以为惕厉战兢之地，人之难在事，此之难在心也，难之事有穷，难之心无尽，而朋从之憧扰④，忽不知其何以消矣；抑先与后更无二心，仁者惟知有先，即其淡泊寡营之内，总莫非自强不息之诚，于其勇而见为先，于其专而见为后也⑤，后即见于先之中，先则并无后之迹，而义理之优游，忽不知其何以适矣，可谓仁矣。迟欲求仁，盍⑥于仁者之心而思之？

【评】语无庞杂，气不嚣张，由其理精笔锐。

【作者简介】

王兆符，字隆川，大兴（今北京）人，康熙六十年（1721）进士。兆符为方苞友人王源之子，后追随方苞、李塨为弟子，是桐城派早期作家之人，尝辑、序《方望溪先生文集》，传达方苞口述《左传义法举要》一卷，辑《方望溪先生文偶钞》等。

【题解】出自《雍也·樊迟问知》，见上。

（子）曰："仁者先难而后获，可谓仁矣。"

【注释】

① 云为：说话和行动。
② 不远而复：指仁为人的本性，反求诸心而可得。《论语·述而》："子曰：'仁远乎哉？我欲仁，斯仁至矣。'"后文"天下皆归"，意本《论语·颜渊》："一日克己复礼，天下归仁焉。为仁由己，而由人乎哉？"
③ 贞：正，不被其他事物迷惑。

④ 憧扰：纷乱不安。

⑤ "于其勇"二句：先、后分别指难、获。谓仁者性勇，故先难；仁者意专，故后获。

⑥ 盍：何不。

知者乐水 一节

朱元英 墨

圣人详知①、仁之辨，即其德之著者言之也。夫山水之情、动静之体、乐寿之征，皆其著者也，而知、仁愈见矣，可不辨哉？若曰：吾观天下，有真得于中者，未有不形于外者也，而忽而不察，则其人其德莫之窥其蕴矣。夫德之至者，各从其天事之优，而实有其性分之美，常随所事而自形焉，有心者盖往往而遇其人也。夫仁、知之理同原，而仁、知之德有辨。吾尝自其不可掩而观之：知者，吾知之于乐水矣，其明洁以善鉴似水，其疏通以善达似水，见乎其似而真者呈焉，而知者不自知也，想其存乎性者，有水之理焉，恒相喻于无言，故发乎情者，有水之象焉，亦留连而不去，则是造化之动机，其所心会者矣；仁者，我知之于乐山矣，其敦厚以安义似山，其严重以镇物似山，见乎其似而真者显焉，而仁者不自知也，想其存乎性者，有山之理焉，恒相深于默识，故发乎情者，有山之象焉，亦仰止②而不忘，则是天地之静德，其所神契者矣。然知者、仁者非作而致其情也，非中无真得而假物以适意也。知者则动焉，名理之旨虽精，而知者取之目前而皆是，此岂滞其机者乎，心无成见之守则内存者动也，身无应迹之拘则外发者亦动也，人以动而得咎，知者以动而有功，动，盖知者之天也，顺万物而无为，宜其中之无累也已；仁者则静焉，宇宙之故虽纷，而仁者守其常经而不迁，是岂挠于物者乎，有一定之理在中则外入者不以摇其内之静也，以不易之道付物则内出者适以成其外之静也，人以不静而易穷，仁者以静而莫量，静，盖仁者之天也，涵万理而无思，宜其命之既立也已。由是可以观其所养矣，由是可以征其所得之不诬矣。以动言乐，知者之乐何如也，顺逆之境，天为之，知者因天而己不劳，忧患之端，人为之，知者尽人而神不累，故夫物之乘我，虽屡出以相尝，而动与天游，则此中之陶陶③者自若也，其斯为昭旷之明征矣乎？以静言寿，仁者之寿可必也，修短之数，天定之，仁者敬天而安其理，劳逸之节，人定之，仁者养之而全其生，故夫物之扰我，虽无端以相感，而静以常贞，则此中之存存④者不息也，其斯为安敦⑤之明效已乎？是故知、仁合一而克肖乎天者，圣人也。知其辨，则知知、仁矣；知知、仁，则可以达性命之理矣。

【评】界段极清，机神极洽。不揣摩时好，而舒卷自如，体质最为完善。

【作者简介】

朱元英（1660—1713），字师晦，一字荔衣，又字师亭，自号虹城子，江苏上元（今南京）人。康熙四十八年（1709）二甲一名进士，授翰林院编修。撰有《虹城子集》、《三传拾遗》二卷等。

【题解】出自《雍也·知者乐水》，参见隆万文卷二董其昌《知者乐水》。

子曰："知者乐水，仁者乐山；知者动，仁者静；知者乐，仁者寿。"

【注释】

① 知：通"智"。

② 仰止：仰慕，向往。止，语助词。语出《诗经·小雅·车辖》："高山仰止，景行行止。"

③ 陶陶：顺随貌。《礼记·祭义》："及祭之后，陶陶遂遂，如将复入然。"郑玄注："陶陶遂遂，相随行之貌。"

④ 存存：《易·系辞上》："成性存存，道义之门。"孔颖达疏："存其万物之存，使物得其存成也。"

⑤ 安敦：即"安土敦仁"，语出《易·系辞上》："乐天知命，故不忧。安土敦仁，故能爱。"孔颖达疏："安静于土，敦厚于仁。"

如有博施于民　一章

熊伯龙

圣不可见，告学者以求仁之方焉。夫博、济，则圣人有无穷之心；近譬，则立、达有渐致之效。子盖欲尽学者之能事也，而非谓博济之非仁也。今夫士之无志于仁者，曷足道哉？既好仁，又好名，不好仁可也。志无大小，期于征实；功无广狭，求其有成。学至于仁，或明天子至老而不以为足，或匹夫一旦为之而有余，亦存乎论仁者之有远近焉尔。圣门言仁多主内，至子贡乃有博施济众之说。盖彼言其精，此言其大；精以治一己，大以治天下。使后世之知博爱以为仁，自此言始也。夫子曰：是事也，吾思之，吾重思之，惜当世无行者。盖子之所求者仁，而子之所言者圣，宜其不能行也。为此者有天锡之德，有王者之位，有臣邻之宣力，有兢兢业业千秋万世之心，尧舜之忧所以大尔。乃若下学之所谓仁，则有道矣。上智可为，中人可为，桀纣而知自反，亦无不可为者。夫施、济之事多端，立、达则平甚；博众之名至美，人则简甚。井田学校①不能遽复，当尽心于饮食教诲之间；中国蛮荒不可骤通②，当实措于乡里骨肉之际。物之所受，阅以我躬，利害审矣，故受者无忤；力之所及，不假兵刑，取携便矣，故及者有继。以此求仁，非善术哉？若夫博施济众，吾思之，吾重思之，惜当世无行者。

【原评】 短幅中具有深山大泽之势，可谓老横无敌。

【题解】 出自《雍也·如有博施于民》。

子贡曰："如有博施于民而能济众，何如？可谓仁乎？"子曰："何事于仁，必也圣乎！尧舜其犹病诸！（博，广也。仁以理言，通乎上下。圣以地言，则造其极之名也。乎者，疑而未定之辞。病，心有所不足也。言此何止于仁，必也圣人能之乎！则虽尧舜之圣，其心犹有所不足于此也。以是求仁，愈难而愈远矣。）夫仁者，己欲立而立人，己欲达而达人。（以己及人，仁者之心也。于此观之，可以见天理之周流而无间矣。状仁之体，莫切于此。）能近取譬，可谓仁之方也已。"（譬，喻也。方，术也。近取诸身，以己所欲譬之他人，知其所欲亦犹是也。然后推其所欲以及于人，则恕之事而仁之术也。于此勉焉，则有以胜其人欲之私，而全其天理之公矣。程子曰："医书以手足痿痹为不仁，此言最善名状。仁者以天地万物为一体，莫非己也。认得为己，何所不至；若不属己，自与己不相干。如手足之不仁，气已不贯，皆不属己。故博施济众，乃圣人之功用。仁至难言，故止曰：'己欲立而立人，己欲达而达人，能近取譬，可谓仁之方也已。'欲令如是观仁，可以得仁之体。"又曰"《论语》言'尧舜其犹病诸'者二。夫博施者，岂非圣人之所欲？然必五十乃衣帛，七十乃食肉。圣人之心，非不欲少者亦衣帛食肉也，顾其养有所不赡尔，此病其施之不博也。济众者，岂非圣人之所欲？然治不过九州。圣人非不欲四海之外亦兼济也，顾其治有所不及尔，此病其济之不众也。推此以求，修己以安百姓，则为病可知。苟以吾治已足，则便不是圣人。"吕氏曰："子贡有志于仁，徒事高远，未知其方。孔子教以于己取之，庶近而可入。是乃为仁之方，虽博施济众，亦由此进。"）

【注释】

① 井田学校：此指儒家视为理想的周初的制度。
② 通：此处指中原华夏与周边少数民族同受恩泽。

信而好古 　二句
李光地

圣人自明其述古之心，与古同志者也。盖可信可好，作者之善也；宜述则述，老彭之心也。夫子于作者而信好之，故于述者而窃比之。意谓：圣贤之于天下，皆非有心以自见①也，有所创造，有所修明，惟其明而已矣。如吾之述而不作者，以有古在也。夫古人岂得已而作哉？俗淳民质，藉有觉以开先；世变风移，各因时而立教。凡其存于今者，皆其事之确然而可以取验于万世，理之同然而可以兴起乎人心者也。吾也生圣明之后，从诵法②之余，有见于此心此理之合也，则默而成之，不言焉而信，信而后益专于述也；有见于可爱可传之精也，则学而不厌，好焉而敏求，好而后益笃于信也。岂无言庞事荒③，有信不当信者乎，必也非古也，否则古之诡于道者也，若其昭然而可据者，则虽意言象数④之幽渺，吾有乐玩终身，至于编简之三绝者矣；岂无代远人湮，有疑以传疑者乎，必也非古也，否则古之失其传者也，若夫炳然而足征者，则虽鼓舞铿锵⑤之微细，吾有流连累月，至于刍豢⑥之皆忘者矣。盖当作而作者，古也；当述而述者，亦古也。彼老彭者，岂非古之人欤，而闻其悉心于旧事，至今颂为殷之献民⑦；况今日者，视老彭加远矣，而安敢不极意于前修，使异日得为周之遗老？吾故援老彭而窃比焉，庶几后世犹有信而好者，古道复兴，斯则老彭与我之志也夫。

【原评】"信"、"好"二字，讲得亲切有味，是夫子自道神理。

【题解】出自《述而·述而不作》。

子曰："述而不作，信而好古，窃比于我老彭。"（述，传旧而已。作，则创始也。故作非圣人不能，而述则贤者可及。窃比，尊之之辞。我，亲之之辞。老彭，商贤大夫，见《大戴礼》，盖信古而传述者也。孔子删诗书，定礼乐，赞《周易》，修《春秋》，皆传先王之旧，而未尝有所作也，故其自言如此。盖不惟不敢当作者之圣，而亦不敢显然自附于古之贤人；盖其德愈盛而心愈下，不自知其辞之谦也。然当是时，作者略备，夫子盖集群圣之大成而折衷之。其事虽述，而功则倍于作矣，此又不可不知也。）

【注释】

① 自见：表现自己。

② 诵法：诵读，效法。

③ 言庞事荒：言语庞杂，事情无稽。

④ 意言象数：指《易经》而言。《易》有言有意，有象有数。《易·系辞上》："子曰：'书不尽言，言不尽意。'然则圣人之意，其不可见乎？子曰：圣人立象以尽意，设卦以尽情伪。"按，此一股以孔子晚而好《易》以至"韦编三绝"事，见孔子好古之心。事见《史记·孔子世家》："孔子晚而喜《易》……读《易》，韦编三绝。"

⑤ 鼓舞铿锵：指音乐舞蹈。按，此一股言孔子在齐闻《韶》以至"三月不知肉味"事，以见孔子好古之心。事见《论语·述而》。

⑥ 刍豢：本指牛羊等牲畜，此指肉食美味。《孟子·告子上》："圣人先得我心之所同然耳。故理义之悦我心，犹刍豢之悦我口。"

⑦ 献民：贤民、遗老。《尚书·洛诰》："孺子来相宅，其大惇典殷献民。"孔安国传："厚行典常于殷贤人"。

子之燕居　一节

朱　彝

观圣德者征之于容色焉。夫容色生于心也，苟非养之至粹，安能于燕居而有其申申、夭夭者哉？且圣人不世出，未尝表异于时，吾党虽善言，难以形容所绝。则尝于请业之后，寂然无事之初，而得其燕燕居息①者，庶几可以论夫子也。凡人之传圣人也，亦于圣人之接人者耳，然而神明元淡②，其未接乎人也，为地已多，循迹而拟之，抑末矣；圣人之宅心也，亦存乎人所莫究者耳，然而形色为昭，其所以喻此衷者，正有难强，绝类而窥之，滋远矣。乃子之燕居何如者？殆申申如也，而且夭夭如也。从其静者而观之，耳目未驰也，手足未劳也，而天地四时之理自具，惟子有性，子自敬养之，于时戒惧有所不事，而百体之从令者，展布已有余也，进而详焉，从容乐道，在颜色之间，是则无心而观化者也；自其动者而观之，声色时感也，伦物时交也，而喜怒哀乐之节不乖，惟子有情，子自宣节之，于时将迎③有所不用，而周身之任职者，动荡已无方④也，进而详焉，茂对⑤优游，益乎⑥笑语之外，是则无心而有为者也。肃乂哲谋⑦，原不过生人之则，而以礼定命，斯化不可为，盖气也而道积于中矣，而道所由凝，并非"申申"之所能尽；康好逸乐⑧，虽时有燕闲⑨之戒，而与天为徒，则机非在我，盖气也而神不可测矣，而神所由发，又岂"夭夭"之所能尽哉？事非一端之美，登朝入庙，固裕之乎燕居之时；而理非一节可名，弹琴咏风⑩，更可推之乎非燕居之地。噫，至矣！

【评】于所以申申、夭夭处，体认精细，故不消描绘题面，而人可以想象而得之。

【作者简介】

朱彝，浙江桐乡人，顺治十八年（1661）进士，著有《韵粹》一百七卷。

【题解】出自《述而·子之燕居》。

子之燕居，申申如也，夭夭如也。（燕居，闲暇无事之时。杨氏曰："申申，其容舒也。夭夭，其色愉也。"程子曰："此弟子善形容圣人处也，为'申申'字说不尽，故更著'夭夭'字。今人燕居之时，不怠惰放肆，必太严厉。严厉时著此四字不得，怠惰放肆时亦著此四字不得，惟圣人便自有中和之气。"）

【注释】

① 燕燕居息：安闲地休息。燕燕，安适貌、和乐貌。语出《诗经·小雅·北山》："或燕燕居息，或尽瘁事国。"

② 元淡：即"玄淡"，避讳而改。意为清高淡泊。

③ 将迎：迎送。将，送行。

④ 无方：没有固定的办法。

⑤ 茂对：犹言"盛当"，谓遇无妄之时，因时而育物，使各得其性。语本《易·无妄》："先王以茂对时育万物。"孔颖达疏："茂，盛也。对，当也。言先王以此无妄盛事，当其无妄之时，育养万物也。"

⑥ 盎乎：充溢的样子。《孟子·尽心上》："君子所性，仁义礼智根于心，其生色也，睟然见于面，盎于背。"

⑦ 肃乂哲谋：指视听言动所达到的境界。《尚书·洪范》有所谓"五事"，其名为"貌、言、视、听、思"，其"所用"分别为"恭、从、明、聪、睿"，其"所致"分别为"肃、乂、哲、谋、圣"。蔡沉集："肃者，严整也。又，条理也。哲者，智也。谋者，度也。圣者，无不通也。"

⑧ 康好逸乐：安逸放纵。语本《尚书·康诰》："往尽乃心，无康好逸豫，乃其乂民。"

⑨ 燕闲：安闲、休息。

⑩ 弹琴咏风：指虽处困厄而从容淡定。弹琴，诸书多载孔子厄于陈蔡而弦歌不辍。咏风，未详，或即《庄子·山木》所记孔子厄陈蔡之间，恬然而歌"焱氏之风。"

子谓颜渊曰　一节

韩菼

圣人行藏之宜，俟能者而始微示之也。盖圣人之行藏，正不易晓，自颜子几之，而始可与言之矣。故特谓之曰：毕生阅历只一二途以听①人之分取焉，而求可以不穷于其际者，往往而鲜也。迨于有可以自信之矣，而或独得而无与共、独处而无与言，此意竟托之寤歌②自适也耶？而吾今乃有以语尔也。回乎！人有积生平之得力，终不自明，而必俟其人发之者，情相待也，故意气至广，得一人焉，可以不孤矣；人有积一心之静观，初无所试，而不知他人已识之者，神相告也，故学问诚深，有一候焉，不容终秘矣。回乎！尝试与尔仰参天时，俯察人事，而中度吾身，用耶舍耶？行耶藏耶？汲③于行者蹶，需④于行者滞，有如不必于行，而用之则行者乎，此其人非复功名中人也；一于藏者⑤缓，果于藏者殆，有如不必于藏，而舍之则藏者乎，此其人非复泉石间人⑥也。则尝试拟而求之，意必诗书之内有其人焉，爰是流连以志之，然吾学之谓何，而此诣竟遥遥终古，则长自负矣，窃念自穷本观化以来，屡以身涉用舍之交，而充然有余以自处者，此际亦差堪⑦慰尔；则又尝身为示之，今者辙环⑧之际有微指焉，乃日周旋而忽之，然与人同学之谓何，而此意竟寂寂人间，亦用自叹矣，而独是晤对忘言之顷，曾不与我质行藏之疑，而渊然⑨此中之相发者，此际亦足共慰尔。而吾因念夫我也，念夫我之与尔也。惟我与尔揽事物之归而确有以自主，故一任乎人事之迁，而只自如其性分之素，此时我得其为我，尔亦得其为尔也，用舍何与焉，我两人长抱此至足者⑩，共千古已矣；惟我与尔参神明之变而顺应以无方，故虽积乎道德之厚，而总不争乎气数之先，此时我不执其为我，尔亦不执其为尔也，行藏又何事焉，我两人长留此不可知者⑪，予造物已矣。有是夫，惟我与尔也夫？而斯时之回，亦怡然得、默然解也。

【评】或谓上二句⑫尽有理实可发挥，病此文太略，非也。一实发，便非此题神理。清深温润，正与语意相称。

【题解】出自《述而·子谓颜渊曰》。

子谓颜渊曰："用之则行，舍之则藏，唯我与尔有是夫！"（尹氏曰："用舍无与于己，行藏安于所遇，命不足道也。颜子几于圣人，故亦能之。"）子路曰："子行三军，则谁与？"（万二千五百人为军，大国三军。子路见孔子独美颜渊，自负其勇，意夫子若行三军，必与己同。）子曰："暴虎冯河，死而无悔者，吾不与也。必也临事而惧，好谋而成者也。"（暴虎，徒搏。冯河，徒涉。惧，谓敬其事。成，谓成其谋。言此皆以抑其勇而教之，然行师之要实不外此，子路盖不知也。谢氏曰："圣人于行藏之间，无意无必。其行非贪位，其藏非独善也。若有欲心，则不用而求行，舍之而不藏矣，是以惟颜子为可以与于此。子路虽非有欲心者，然未能无固必也，至以行三军为问，则其论益卑矣。夫子之言，盖因其失而救之。夫不谋无成，不惧必败，小事尚然，而况于行三军乎？"）

【注释】

① 听：任由。
② 寤歌：指贤者穷处，独睡独醒，独言独歌。寤，睡醒。《诗经·卫风·考槃》："独寐寤歌，永矢弗过。"
③ 汲：急切。
④ 需：迟疑，观望。
⑤ 一于藏者：指专一于退隐。
⑥ 泉石间人：指隐士。
⑦ 差堪：勉强可以。差，勉强。
⑧ 辙环：指孔子周游列国。

⑨ 渊然：静默。

⑩ 至足者：指道德修养。

⑪ 不可知者：指气数、命运。

⑫ 上二句：指"用之则行，舍之则藏"二句。

夫子为卫君乎　一章

储在文

　　安于不仁者，圣人所不为也。①夫夷、齐无国而不怨，辄②无父而不怨也，不仁如是，子且为之耶？且国家之变，古今万端，而其道有二，仁与不仁而已。夫其安于不仁而其心一无所顾恋者，犹其安于仁而其心一无所顾恋也。不仁而安，圣人所必绝也。昔夫子居卫，而适有以子拒父之事。当其时，辄称兵于境上，宣言于国中，以为亡人③尝得罪于父也，卫人和之，众口一辞，而冉有、子贡亦欲折衷于夫子之为不为者。盖春秋多君臣之狱，而以子讼父，实始于此，则无可比例之经；当世多篡乱之徒，而奉祖拒父，其事略殊，则或有解免④之路。然而释⑤卫事、问夷齐，子贡之敏也；又直穷⑥其怨不怨，子贡之密也。夫子曰：是贤人也，是求仁得仁而无怨者也，而辄之罪定矣。何则？天地之纪，必不可绝，故古人至奇之行⑦，其理归于至常；神明之地，必不可欺，故古人至困之时⑧，其心有所至乐。今夫伯夷，其当得国之理百倍于辄也，弃幼而立嫡，未必遂违父命也，而孤竹之墟不敢投足焉，彼其心止有一父耳，有可以顺父之命者，虽饿死而不辞，而后知称兵⑨以逆父命者之罪上通于天也；且夫叔齐，其可得国之势百倍于辄也，舍长而立爱，不致大伤父名也，而首阳之下可以偕隐焉，彼其心独有一父耳，有可以全父之名者，虽饿死而不悔，而后知宣言以败父名者之罪擢发难数⑩也。空山之中⑪，蔼然孝弟，九原可作⑫，至今如见其心；生我之爱，比于仇雠⑬，一息尚存，此中何以自处？相提而论，而夫子之不为，岂顾问哉？嗟乎！辄亦人子也，彼即薰心富贵，而清夜自思，未必无怨⑭，至卫人哗然为之⑮，而辄果不怨矣。夫夷齐之不怨，非所望于辄，而犹幸其怨也，安于不怨，而父子之祸亟矣。夫子盖伤之也。

　　【原评】议论精严，骨力坚劲。　　父命、天伦二意，人人解道。但父命本易针对卫事，而天伦一层多未融洽。文以伤父之名立论，比勘极透。

　　【题解】出自《述而·夫子为卫君乎》，参见正嘉文卷二许孚远《夫子为卫君乎》。

　　冉有曰："夫子为卫君乎？"子贡曰："诺。吾将问之。"入，曰："伯夷、叔齐何人也？"曰："古之贤人也。"曰："怨乎？"曰："求仁而得仁，又何怨。"出，曰："夫子不为也。"

　　【注释】

① 二句谓：孔子不帮助卫君辄这一类安于不仁的君主。

② 辄：卫出公之名。辄拒其父，参见朱熹《集注》。

③ 亡人：流亡于国外之人，指卫君辄之父蒯聩。蒯聩得罪于其父卫灵公，被逐于外，国人遂立辄为

卫君。

④ 解免：指逃脱罪名。

⑤ 释：放弃，不提。

⑥ 穷：追问到底。

⑦ 至奇之行：此就伯夷、叔齐放弃孤竹国君主之位而言。

⑧ 至困之时：此就伯夷、叔齐困饿首阳山而言。

⑨ 称兵：兴兵，采取军事行动。按，此句就卫君辄兴兵拒父而言。

⑩ 擢发难数：形容罪行极多。语本《史记·范雎蔡泽列传》："擢贾之发以续之罪，尚未足。"

⑪ 空山之中：指伯夷、叔齐隐居的首阳山。

⑫ 九原可作：死去的人如果能够复生。九原，春秋时晋国卿大夫的墓地在九原，因称墓地。作，起，指复生。语本《国语·晋语八》："赵文子与叔向游于九原，曰：'死者若可作也，吾谁与归？'"

⑬ 仇雠：仇人。此句谓将生我的父亲当作仇人。

⑭ 无怨：不后悔。怨，悔。

⑮ 为之：赞同他。

子所雅言　一节

徐用锡

　　详雅言之教，而其益人也切矣。盖夫子之言，皆教也，而况雅言乎？《诗》也，《书》也，执礼也，皆其至切于人欤？且吾党日侍夫子而以言为述，苟于夫子所不轻言者而重视之，而常言则忽焉，此非善学者也。苟于其常言者绎而有得，则知吾党之诵读而服习者，无一非夫子之言之深切而著明者矣。吾思理之或涉于深微、事之稍远于日用者，夫子偶及之，而非夫子之雅言也夫？夫子有所雅言者矣。言非有一定之时也，而其随时而咨述者，习听焉，而可指其复而不厌①之端；言非有一定之事也，而其随事而敷陈者，耳熟焉，而乃得其淡而弥旨②之义。吾有性情而不知理，犹面墙③矣，温柔敦厚，诗之教也，语多出乎男女饮食之故，而观德畏义之独至者，以其事切而情亲也，则《诗》其一焉；圣有谟训而不知考，罔有获矣，疏通知远④，《书》之教也，迹多存乎圣帝明王之大，而议事立制之独要者，以治本乎道而道本乎心也，则《书》其一焉；吾有节文而不知谨，伥伥⑤乎其何适矣，恭俭庄敬，礼之教也，事亦极乎委曲繁重⑥之为，而视听言动之有立者，以其措⑦则正而施则行也，则执礼其一焉。若是者，非夫子创举乎其义也，先王广厉学官⑧之法，其课之春夏与秋冬者，不惮亹亹谆谆⑨以示正业之有常，故使门弟子博观而约取者，不至修之师儒之前而隳之燕闲⑩之地，则天命人事之要，择焉而必精，语焉而必详⑪，以是为夫子教思⑫之无穷也已矣；若是者，亦非夫子之徒揭以示人也，圣人删定纂修之务，其所以考正而卒业者，不觉勤勤恳恳以致搜讨之无已，故与二三子⑬讲明而娴习者，即为见之行事而不徒托之空言，则下学上达⑭之实，索焉而皆获，究焉而皆得，以是为夫子学之而不厌⑮也已矣。不皆为夫子之雅言也哉？虽乐设之专官，为教化之首，不可遗也，然诗谐于律吕，礼序于缀兆⑯，而四术⑰已于是而备；虽《易》与《春秋》自经赞修⑱，为诵法之要，不可缓也，然由此以断事⑲而始不为荡志，由此以知命⑳而始不为玩神㉑，而六经悉以是而通。雅言顾可忽乎哉？

【评】是一篇平畅文字，然隐括三经㉒，语无庞杂。后幅推阐，皆近义理，非时俗所能及。

【题解】出自《述而·子所雅言》。

子所雅言，《诗》、《书》、执礼，皆雅言也。（雅，常也。执，守也。《诗》以理情性，《书》以道政事，礼以谨节文，皆切于日用之实，故常言之。礼独言执者，以人所执守而言，非徒诵说而已也。程子曰："孔子雅素之言，止于如此。若性与天道，则有不可得而闻者，要在默而识之也。"谢氏曰："此因'学易'之语而类记之。"）

【注释】

① 复而不厌：此指反复体会都有新的收获。语本《左传·襄公二十九年》："迁而不淫，复而不厌"，孔颖达疏："谓王者政教日新，虽反复而行，不为下之厌。"

② 淡而弥旨：语言简淡而意味深长。旨，味美。

③ 面墙：喻不学习（《诗经》）则一无所见、一无所能。《论语·阳货》："子谓伯鱼曰：'女为《周南》、《召南》矣乎？人而不为《周南》、《召南》，其犹正墙面而立也与？'"

④ 疏通知远：让人了解治国大纲，知道久远之事。语本《礼记·经解》："（孔子曰）温柔敦厚，《诗》教也。疏通知远，《书》教也。广博易良，《乐》教也。絜静精微，《易》教也。恭俭庄敬，《礼》教也。属辞比事，《春秋》教也。"孔颖达疏："《书》录帝王言诰，举其大纲，事非繁密，是疏通；上知帝皇之世，是知远也。"

⑤ 伥伥：无所适从貌。《礼记·仲尼燕居》："治国而无礼，譬犹瞽之无相与，伥伥乎其何之。"

⑥ 委曲繁重：指仪礼的规定很多。

⑦ 措：置。礼施之于百姓之上，百姓就行为端正。

⑧ 广厉学官：采取多种办法鼓励学官。厉，通"励"。学官，掌学务的官员和教师。《史记·儒林列传》："余读功令，至于广厉学官之路，未尝不废书而叹也。"

⑨ 亹亹谆谆：亹亹，勤勉不倦。《诗经·大雅·文王》："亹亹文王。"谆谆，教诲恳切耐心的样子。《诗经·大雅·抑》："诲尔谆谆。"

⑩ 燕闲：安处、休息。

⑪ 此二句本韩愈《原道》："荀与扬也，择焉而不精，语焉而不详。"

⑫ 教思：推行教化之思。《易·临》："君子以教思无穷，容保民无疆。"

⑬ 二三子：孔子称其弟子。

⑭ 下学上达：自下而上、循序渐进地学习。语本《论语·宪问》："不怨天，不尤人。下学而上达。知我者其天乎！"

⑮ 不厌：不满足。《论语·述而》："默而识之，学而不厌，诲人不倦，何有于我哉？"

⑯ 缀兆：谓古代乐舞中舞者的行列位置。《礼记·乐记》："屈伸俯仰，缀兆舒疾，乐之文也。"又，"行其缀兆，要其节奏，行列得正焉，进退得齐焉。"郑玄注："缀，表也，所以表行列也。""兆，域也。舞者进退所至也。"

⑰ 四术：此指诗、书、礼、乐四种经术。按，此一股谓"诗、书、执礼"已包含四术。

⑱ 赞修：指赞《易》、修《春秋》。旧说孔子晚年作《易传》，又据鲁国史而成《春秋》。按，此一股谓"诗、书、执礼"又贯通了"六经"的内容。

⑲ 断事：判断是非，这是《春秋》的功能之一。《汉书·艺文志》："春秋以断事，信之符也。"

㉑ 知命：此就《易》的功能而言。

㉑ 玩神：沉迷。

㉒ 三经：此指《诗》、《书》、《礼》。

钦定清朝四书文卷四(《论语》上之下)

子以四教　一节

蒋　伊

详圣人之教，而知人皆可与于斯道也。盖文行者，学中不容已之事；而忠信者，人所自具之心。列是以为教，而道其尽人可入矣乎？且先王之崇四术①以立教也，游之乎诗书礼乐，使徐而自得于身心之间。然其为道迂回而难通，非时与地之宽然，不可以从事也。故圣人为天下之学者而径②其入道之方，遂不得不直指其所以然，使依类以求，而随在③可以致力焉。盖始以知、继以行而归于诚者，圣人之学也。故其教人也，必使之先明诸心而后力行，以求其志允蹈④于己，而后反身以至于诚。约而举之，盖有四焉。其一为文，文者载道之器也，勉强学问，则闻见博而智益明，自有子之教，而后知诵数讨论皆以牖⑤此心之明，而非玩物以丧志也；其一为行，行者履道之实也，勉强行道，则德日起而大有功，自有子之教，而后知日用彝伦⑥皆以尽此身之分，而非务外以为名也。一则曰忠，忠者文与行之本也，不能自尽者非忠，自以为尽而非道所宜尽者，亦未可以为忠也，自有子之教，而后吾道大中⑦之体随时而可立焉；一则曰信，信者用力于文与行而可验其所得者也，不能无违者非信，自谓无违而非道之无违者亦未可以为信也，自有子之教，而后吾道大顺⑧之用随事而可行焉。之四者，求端用力之初，固各有其事而不相假，而循而致之，亦交养互发而不自知；真积力久之后，固更相表里而同一源，而因事以求，仍按节循方⑨而不可略。在夫子，博喻无方⑩，各因乎一时之所触，而求其所以云之意，则其说万变而未始出其宗；在学者，天资所近，或有所偏擅以成名，而究其所从入之途，则缺其一端而无以几于道。自记者⑪表而出之，虽微言既绝，而后之学者尚得循是以为入道之方。则圣人切于为人之心，万世而不泯矣。

【评】明白显易，于圣人立教、学者用功处，无不了了尽意。

【作者简介】

蒋伊（1631—1687），字渭公，号莘田，江苏常熟人。康熙十二年（1673）进士，选庶吉士，由御史官至河南学政。通经学，尝上所著《玉衡录》、《臣鉴录》，奉旨留览，著有《莘田文集》十八卷等。

子以四教：文，行，忠，信。（程子曰："教人以学文修行而存忠信也。忠信，本也。"）

【注释】

① 四术：指诗、书、礼、乐。《礼记·王制》："乐正崇四术，立四教，顺先王诗、书、礼、乐以造士，春秋教以礼、乐，冬夏教以诗、书。"
② 径：使……变得直接。
③ 随在：随时随地。
④ 允蹈：恪守，遵循。允，确实、的确。
⑤ 牖：启发、诱导。
⑥ 彝伦：伦常。
⑦ 大中：指无过与不及的中正之道。
⑧ 大顺：指完全顺乎伦常天道。《礼记·礼运》："天子以德为车……士以信相考，百姓以睦相守，天下之肥也。是谓大顺。大顺者，所以养生，送死、事鬼神之常也。"
⑨ 按节循方：遵循其顺序与方法。
⑩ 博喻无方：多方设法，使人明白事理。无方，随机应变，无固定的办法。
⑪ 记者：指记载孔子言论的人，即《论语》的编纂者。

我欲仁斯仁至矣

徐念祖

欲而即至者，以仁之本在心也。夫欲仁之心，固即仁也，欲之斯至，而安得以为远乎？且物之在外者，不能自必于念虑之间，而又不能捷收于俄顷之际，以是而曰"远"，固其宜也，而断不可以论仁。夫仁，人心也，吾固有之者也。其有时而离者，心之离仁而非仁之离心；其离而不复合者，念念之违仁而无一念之欲仁。抑思仁之在我也，有欲而不至者乎？有至而不即至者乎？念念皆仁之谓仁，一念在仁之谓欲，意亦无多耳，而仁之至也，正不必于其积也；念念欲仁之谓好，一念好仁之谓欲，时亦无几耳，而仁之至也，正不必于其久也。不至则疑无仁，然使吾心无仁，而何以有欲仁之欲，以此见根心之理①，原附载理之心②以俱来，而舍固由我、操亦由我者，早唯其意之所如而势甚便耳；即既欲犹疑未至，然使我心无仁，而何以知仁之可欲，以此见已发之情，早挟未发之性以俱露，而自我而亡、旋自我而复者，第视其志之所之而机甚近耳。故观仁于至仁者之心而浑然全体者，夫人未及能明，不若观仁于不仁者之心而忽然有觉者，夫人皆可自想，③苟知欲仁之欲原即是仁，则知忽至之仁仍即是欲，正不得置仁心外而谓仅属天地之心；抑观于自仁而之不仁而续后复绝者，或犹自诬其本量，不若观于其自不仁而之仁而绝后复续者，随在可遇其天真④，既知既欲之后仁从何来，则亦思未欲之先仁从何往，何得谓心本无仁而或自昧其人禽之别。顾世且曰仁远者，何也？

【原评】朱子论"求放心"之旨，是此题注脚。"欲仁之欲"即"仁"，所谓"求底便是已收之心"⑤也。通篇发挥此意，语语精切，细若茧丝。

【评】清真刻露，俱从心源中浚发，可以疗直抄先儒语录之疾。

【题解】出自《述而·仁远乎哉》。

子曰："仁远乎哉？我欲仁，斯仁至矣。"（仁者，心之德，非在外也。放而不求，故有以为远者；反而求之，则即此而在矣，夫岂远哉？程子曰："为仁由己，欲之则至，何远之有？"）

【注释】

① 根心之理：植根于人的本心的天理。

② 载理之心：承载着天理的人的本心。

③ "故观仁于"句：此句谓，从仁人来观察"仁"不容易让人体会到"仁"本于每个人的内心；从那些不仁者能够忽然觉悟到"仁"的事实上，很容易看出"仁"存在于每个人心中。

④ 天真：指人的本性、本心。按，本句谓从那些从仁变得不仁的人身上观察，往往让人们对"仁"根于内心这一事实产生怀疑；而从那些由不仁变得仁的人身上观察，就容易体会到这一事实。

⑤ 引自《朱子语类》卷五十九："'求放心'，非以一心求一心，只求底便是已收之心；'操则存'，非以一心操一心，只操底便是已存之心。"谓"求放心"并非用我的心去"求"迷失的本心，只要开始"求"，这个本心就已经回来了，或者说，是已经在运用这个本心。

泰伯其可谓至德也已矣　一节

蒋德埈

大让无名，得圣论而幽阐矣。盖自夫子有至德之称，而人始知泰伯之让也，德所为至也哉？若谓：古圣贤行事，往往晦于当日而白诸后人，然有待白后人之心，已非古圣贤之志矣。独是由前而论，若睽①庸行之常，历久而观，乃立人伦之极，有不禁人之代为白者，尚论②之间，窃有感也。我周自孟津会、牧野麾③，遂以有天下。或曰此文④之所留贻也，或曰此季之所积累也，而抑思谁为古公之冢子⑤，谁为王季之元兄⑥，而应缵岐封之旧⑦者乎？吾乃今而思泰伯之德为已至也。以端委⑧之才，克君非忝⑨，则爱伯⑩者应无殊于爱季之心；惟神灵之胤⑪，在母不忧⑫，则立长者或不胜其立孙之望。然而谁命之而谁知之者？从来废立⑬之衅一开，即萌奸人窥伺之渐，度深沉之亶父，必不明示其机，而伯之视无形、听无声者，已微窥于冥冥之中也，吾弗避焉，而伤厥考⑭心，吾显辞焉，而益伤厥考心，盖此时之将顺⑮苦矣；每慨长幼之伦稍斁⑯，即启数世觊觎之忧，度明类之英姿，必不乐逢其变，而伯之近传贤、远传圣⑰者，直永念夫绵绵之祚⑱也，吾留也与哉，何以逮予季，吾行也与哉，更何以逮予季，盖此时之意计周⑲矣。民第见违西土，就南邦，几笑伯为不才子⑳，而伯正以窜身僻陋，则人心之戴弟益坚；民第见挟仲偕行，弃亲弗顾，几蒙伯以不孝名，而伯更以绝义遁逃，则君父之行权始正㉑。迄乎化家为国，在天之灵未尝不深鉴之，而当末命载扬㉒，即父亦不得称其子也，使知嫡长投荒，特为爱怜少子之故，将必愀然不安，惟青宫㉓自以采药行，则寝疾㉔不为易嗣悔，此姬宗之太史莫由执简㉕而争者哉；厥后易侯而王皇矣，诸什㉖未尝不追溯之，而当因心笃庆㉗，即季亦不得称其兄也，使知两昆㉘越境，只为一人得国之由，将必惕然难受，惟伯初不以父命为辞，则季自不以天伦为愧，此孤竹之逸民㉙未及抚心而计者哉！嗟乎，征诛之局，至周已穷，而揖让阴行，直轶唐虞之再禅㉚；服事之忠，惟文为至，而渊源付托，先留充冀㉛之三分。德至矣，弗可及已！

【原评】题易驰骋，文却憨炼，谨守规矩。可见排偶中未尝不可运奇，未尝不可用古。特流于散乱，则有乖八股之体制耳。

【作者简介】

蒋德埈，江苏长洲（今苏州）人，顺治十八年（1661）进士。

【题解】出自《泰伯·泰伯其可谓至德也已》。

子曰："泰伯，其可谓至德也已矣！三以天下让，民无得而称焉。"（泰伯，周大王之长子。至德，谓德之至极，无以复加者也。三让，谓固逊也。无得而称，其逊隐微，无迹可见也。盖大王三子：长泰伯，次仲雍，次季历。大王之时，商道寖衰，而周日强大。季历又生子昌，有圣德。大王因有翦商之志，而泰伯不从，大王遂欲传位季历以及昌。泰伯知之，即与仲雍逃之荆蛮。于是大王乃立季历，传国至昌，而三分天下有其二，是为文王。文王崩，子发立，遂克商而有天下，是为武王。夫以泰伯之德，当商周之际，固足以朝诸侯有天下矣，乃弃不取而又泯其迹焉，则其德之至极为何如哉！盖其心即夷齐扣马之心，而事之难处有甚焉者，宜夫子之叹息而赞美之也。泰伯不从，事见《春秋传》。）

【注释】

① 睽：违背。

② 尚论：追论前代人物。

③ 孟津会、牧野麾：指周武王克商会盟于孟津，作战于牧野。麾，指挥（军事行动）。《尚书·牧誓》："王左杖黄钺，右秉白旄以麾。"

④ 文：此指周文王。文王为季历之子，古公亶父之孙。以下"季"、"王季"，指文王之父季历，古公亶父第三子；"古公"，即古公亶父，即《集注》所云"大王"（也作"太王"）。

⑤ 冢子：嫡长子。

⑥ 元兄：长兄。

⑦ 缵岐封之旧：继承岐的封地。岐，周朝发祥地。缵，继承。《礼记·中庸》："武王缵太王、王季、文王之绪。"

⑧ 端委：本指古代礼服，此指君临天下。《左传·昭公元年》："吾与子弁冕端委，以治民临诸侯。"按，此二股，前股谓泰伯本身可胜任国君之职，故太王未必爱季历胜于爱泰伯；后股谓，季历之子、太王之孙姬昌有神异之德，则太王立姬昌之心胜过立泰伯之心。

⑨ 克君非忝：担任国君而无愧。

⑩ 伯：指长子泰伯。后"季"指少子季历。

⑪ 神灵之胤：神异的后代，此指周文王。胤，后代。《史记·周本纪》："季历娶太任……生昌，有圣瑞。"

⑫ 在母不忧：此指周文王事。旧注以为文王之母娠文王而体不变，体不变，故不忧。《国语·晋语

⑬ 废立：此指废长立幼。

⑭ 厥考：父亲。厥，其。

⑮ 将顺：此指"将顺其美"。《孝经》："君子之事上也……将顺其美，匡救其恶。"李隆基注："君有美善，则顺而行之"。按，此句谓泰伯处于此种情况，很难做到"将顺其美"。

⑯ 斁：败坏。

⑰ 近传贤、远传圣：近传于贤者季历，远传于圣人姬昌。

⑱ 绵绵之祚：指周朝王业永得延续。祚，福运。

⑲ 意计周：考虑周全。周，周全。

⑳ 不才子：无才无德之人。《史记·五帝本纪》："昔帝鸿氏有不才子，掩义隐贼，好行凶慝。"

㉑ 行权始正：废长立幼的权变措施才显得合理。

㉒ 末命载扬：遗命所称。末命，帝王遗命。语本《尚书·顾命》："皇后凭玉几，道扬末命，命汝嗣训。"按：此二句指等到周朝取得天下以后，古公亶父的在天之灵能够理解泰伯的苦心；而在其生前，直到临终，都不能理解，也无从称赞。

㉓ 青宫：东宫。太子居东宫，东方属木，于色为青，故又称青宫。此指太子，亦即泰伯。

㉔ 寝疾：卧病，此实指临终。

㉕ 执简：手拿记载史事的简册。按，此句谓泰伯自行离去，周之太史将不会为废立之事而争之于古公亶父。此本《左传·襄公二十五年》齐大夫崔杼弑庄公而南史氏执简而往之典。

㉖ 诸什：各种诗篇。今《诗经·大雅·皇矣》诸篇提及泰伯。

㉗ 因心笃庆：因心，谓亲善仁爱之心。笃庆，光大美德。《诗经·大雅·皇矣》："维此王季，因心则友。则友其兄，则笃其庆，载锡之光。"按，孔颖达疏、朱熹集传均以为王季亲受其兄，既受太伯之让，更修身以厚周家之善。此处则谓王季虽然灭性敬爱其兄，但并不知道两位兄长是为了让天下而离家出走。

㉘ 两昆：两个兄长。

㉙ 孤竹之逸民：指伯夷、叔齐。

㉚ 再禅：两次禅让，指尧禅舜、舜禅禹。按，此二股谓，泰伯让国之德，上承尧舜而下启周文王。

㉛ 兖冀：兖州和冀州。按，此句言周文王忠心服事殷商，《论语·泰伯》："三分天下有其二，以服事殷"，朱熹《集注》谓："盖天下归文王者六州，荆、梁、雍、豫、徐、扬也。惟青、兖、冀，尚属纣耳。"

君子笃于亲 一节

刘子壮

　　君子以仁厚待天下，而民心于是乎动矣。夫仁与不偷①，亦民所为心也，而非君子莫能兴之，亲与故，其动之之具乎？尝观三代而上，朝廷多盛德之事，而百姓无猥薄之行，非独其风气近古也。政令不先乎天下，而以一人观其风；教化不出于宫中，而使群黎遍其德，盖必自君子矣。君子有化成天下之责，而行吾之爱、与人之周②，初非所以为民，而见其行事者，每独观其性情之所注；君子有怀柔天下之义，而无失其亲、无失其故，初非所以明厚③，而长于讽谕者，遂若以为董劝④之在身。吾见君子笃于亲，则民兴于仁矣：既已为君子之亲，则其所应得者，原不足以称我之惠，故在乎有以笃之也。骨肉之间、富贵之际，正恐望我者深，以不能副而或生其厌薄，而形迹之嫌既原之以其情，天性之乖又宽之以其法，其所以遇之者至矣。夫民也，见天子之尊犹有亲戚，方且述之以为美谈，而昆弟姻娅⑤之间，我不能富贵之，独不能爱厚之乎？其兴仁也，亦所为笃尔。吾见君子故旧不遗，则民不偷矣：既与君子为故旧，则其所相许者，诚无乐乎其末之隙⑥，故戒其或有所遗也。在左右者有年、共艰难者有日，正恐恃我者素，或不相谅而致启其疏绝，而朴诚之意既相保于其终，恩数之隆复不间于其始，其所以全之者多矣。夫民也，见天子之贵不忘知交，方且称之以为盛举，而贫贱汝尔⑦之分，不能以身许之，独奈何以利卖之乎？其不偷也，亦所为不遗尔。盖民之不古，尝足以酿隐忧，其始小相恶，而遂谓忠厚之非，其后安为忍，而成其天资之薄，则以为人心日以衰也，及观庙堂上行一非常之典、加一破格之恩，而古道之在人，乃独深于愚贱；俗之既疲，尝足以困英主，其初志在雅化，而推之无本，其后习为故事，而苦其不情，则以为三代不可复也，及当宫阃⑧间仁一先帝之子孙、录一先朝之耆宿，而天怀之中发，初无俟乎诗书。然则仁也，不偷也，盖端自君子矣。

【评】中、后四比，近情切理，亦从古籍沉浸得来，时文中言之有物者。

【题解】出自《泰伯·恭而无礼则劳》。

子曰："恭而无礼则劳，慎而无礼则葸，勇而无礼则乱，直而无礼则绞。（葸，畏惧貌。绞，急切也。无礼则无节文，故有四者之弊。）君子笃于亲，则民兴于仁；故旧不遗，则民不偷。"（君子，谓在上之人也。兴，起也。偷，薄也。张子曰"人道知所先后，则恭不劳、慎不葸、勇不乱、直不绞，民化而德厚矣。"吴氏曰："君子以下，当自为一章，乃曾子之言也。"愚按：此一节与上文不相蒙，而与首篇慎终追远之意相类，吴说近是。）

【注释】

① 不偷：不浇薄。
② 与人之周：待人很周到。《左传·文公三年》："（秦穆公）举人之周也，与人之一也。"
③ 明厚：形成敦厚的风气。
④ 董劝：督导劝勉。
⑤ 昆弟姻娅：泛指家人和亲戚。昆弟，兄弟。姻娅，亲家和连襟，泛指姻亲，也作"姻亚"。
⑥ 其末之隙：最后生出嫌隙。
⑦ 汝尔：以"汝"、"尔"相称，指不拘形迹的朋友之交。
⑧ 宫阃：此指宫廷、朝廷。

兴于诗 一章

张永祺

学有全功，为明其所自得焉。夫由兴而立而成，学所必至之功也，非本之诗、礼、乐，将安所得哉？今夫自然之性不可恃也，所可得而恃者，其必由学乎？古之圣人为之声名器数，以引掖而造就之，使人日从事焉，久而知吾身心之所得，诚有必出于此者，乌可诬也。盖学之始，贵于能兴。好恶之诚于心，未尝泯焉，而或无所感则亦寂然而止耳，有如鼓动振拔而不能已也，必于诗有得焉者乎？夫诗之为教也，辞缘物类，吾错综以求之而意义深焉；事合贞淫，吾反复以析之而劝惩立焉。以言感心，微而善入矣。彼夫触之而益动，引之而愈长，拘者扩、蔽者祛而充其本然之量者，兴也，而所以然者，则诗之为也，则诗之为功于学者深哉！学之中，贵于能立。强固之德于性，岂有间焉，而中无所坊①则亦靡然而徙耳，有如安贞静重而不可摇也，必于礼有得焉者乎？夫礼之为教也，恭敬以直内②，则神明安其则而欲无自生；品节③以严外，则耳目守其官④而物无从引。以理范身，约而可据矣。彼夫纷者乘之而不挠，似者眩之而不易，弱者、振荡⑤者止而还其中正之良者，立也，而所以然者，则礼之为也，则礼之为功于学者深哉！学之终，贵于能成。中和之则，天者全焉，而思勉⑥之情未融则亦迹⑦而不神耳，如其浑然纯粹而无所于歉也，必于乐有得焉者乎？夫乐之为教也，声音之高下，可通性命之微而刚柔无或过；舞蹈之疾徐，可平血气之用而喜怒无偏。施德以养性，从容而中节矣。彼夫不待感而自动，不待扶而自强，偏者全、形⑧者化而游于义精仁熟之途者，学之成也，而不知其然而然者，则乐之为也，则乐之为功于学也大矣哉！

【评】循题语气，各有发明，文家正则。

【作者简介】

张永祺，字尔成，大兴籍宜兴人。顺治九年（1652）一甲二名进士，授编修，历官大理寺少卿。有《金滩唱和诗》，另有《张尔成诗》一卷，福清魏宪辑入《皇清百名家诗》。永祺为清初制义名家，有《张尔成稿》一卷，辑入《名家制义》，《制义丛话》卷八引俞长城语："国初自己丑以来，返朴还淳。至于庚辰，名家林立，然尚标新领异，出奇制胜，独张尔成力追正、嘉，归于淳雅，五十年来，文体不致溃裂，则尔成之力为多矣。"

【题解】出自《泰伯·兴于诗》。

子曰："兴于诗，（兴，起也。诗本性情，有邪有正，其为言既易知，而吟咏之间，抑扬反复，其感人又易入。故学者之初，所以兴起其好善恶恶之心，而不能自已者，必于此而得之。）立于礼。（礼以恭敬辞逊为本，而有节文度数之详，可以固人肌肤之会，筋骸之束。故学者之中，所以能卓然自立，而不为事物之所摇夺者，必于此而得之。）成于乐。"（乐有五声十二律，更唱迭和，以为歌舞八音之节，可以养人之性情，而荡涤其邪秽，消融其查滓。故学者之终，所以至于义精仁熟，而自和顺于道德者，必于此而得之，是学之成也。按《内则》，十年学幼仪，十三学乐诵诗，二十而后学礼。则此三者，非小学传授之次，乃大学终身所得之难易、先后、浅深也。程子曰："天下之英才不为少矣，特以道学不明，故不得有所成就。夫古人之诗，如今之歌曲，虽闾里童稚，皆习闻之而知其说，故能兴起。今虽老师宿儒，尚不能晓其义，况学者乎？是不得兴于诗也。古人自洒扫应对，以至冠、昏、丧、祭，莫不有礼。今皆废坏，是以人伦不明，治家无法，是不得立于礼也。古人之乐：声音所以养其耳，采色所以养其目，歌咏所以养其性情，舞蹈所以养其血脉。今皆无之，是不得成于乐也。是以古之成材也易，今之成材也难。")

【注释】

① 坊：防，防范、限制。

② 直内：使内心正直无偏。《易·坤》："君子敬以直内，义以方外，敬义立而德不孤。"孔颖达疏："内谓心也，用此恭敬以直内理。"

③ 品节：按品级而加以节制，指合乎礼。《礼记·檀弓下》："品节斯，斯之谓礼。"孔颖达疏："品，阶格也；节，制断也。"

④ 官：职守。此谓"非礼勿视、非礼勿听"等项。

⑤ 振荡：狂乱。

⑥ 思勉之情：尚需要思考和自勉、勉强。按，此指未能从容合道。《中庸》："诚者不勉而中，不思而得，从容中道，圣人也。"

⑦ 迹：留有形迹。未能消除迹象，即未能达于"化境"。

⑧ 形：尚有形迹。

不在其位　一节

钱世熹

戒出位之谋，所以一政权也。盖禁其谋于位外，乃可收其谋于位中。不然，将如政权不一何？夫子虑越分侵官者之贻患也，故为之戒。曰：国家所以少任事之人，以议事之人多也，而议事之人多者，以一事而事内之人议之，事外之人又议之也。且一事而事内之人未议之，事外之人先代议之也，此在国体为不尊，而在人心为不静，患有不可胜言者。吾思先王任天下之官，则有位；立天下之位，则有政；出天下之政，则有谋。政也者，所课于下之职业也，然天下之人非不勤职业之患，而不自勤职业之患①，不自勤职业，因以不勤矣；谋也者，所取于下之心思也，然天下之人非不殚心思之患，而不各殚心思之患，不各殚心思，因以不殚矣。盖不在其位，则不谋其政，有断然者。在其位，则位中之情形俱得而悉之矣，情形俱得而悉，斯利害俱得而筹，若未悉其情形而代筹其利害，其利害果不遗焉，否也，即筹之不遗矣，而一则轶②于分外，一则歉于分中，不两失乎，夫两失，其可训乎？在其位，则位中之功罪俱得而任之矣，功罪俱得而任，斯是非俱得而详，若未任其功罪而代详其是非，其是非果不谬焉，否也，即详之不谬矣，而一则舍己而图人，一则诿人而废己，不两旷③乎，夫两旷，其可行乎？虽曰政贵其相成，弗贵其相左④，然闻其相成也，未闻其相假也，倘相假而不禁焉，将谋其当谋，亦谋其不当谋，其弊也，游士挟策于侯门，庶人进书于阙下，吾恐酿辨言之乱者必此矣；虽曰政取其相谘，无取其相蒙，然闻其相谘也，未闻其相侵也，倘相侵而不已焉，将公者以公谋，私者亦以私谋，其弊也，布衣抗论⑤于公卿，名流触讳于当路⑥，吾恐开清议之祸者必此矣。则何如不谋者之所全大哉？

【评】笔太劲快，便少深厚之气。作者佳处在此，所短亦在此。

【题解】出自《泰伯·不在其位》。

子曰："不在其位，不谋其政。"（程子曰："不在其位，则不任其事也，若君大夫问而告者则有矣。"）

巍巍乎舜禹之有天下也　一节

杨大鹤

独称二圣之高，不以天下系其心也。夫以天下之大而不足以系其心，非舜禹，其谁能之？夫子所以有"巍巍"之叹耳。且夫身世之际，苟为吾之所有，虽一物而莫解于心，非智不足，所居之卑也。夫惟圣人能不震于所有，故非常之遇，卒然①投之，若固有焉；亦惟圣人能不滞于所有，故四海之奉，终身享之，如无有焉。亦足见其高不可尚②已，何言之？己大而物小，则物不得而加我矣，人世之富贵福泽，原挟其厚力以夺斯人之性情，其相加正不小也，处己稍即于靡，而进退初无以自主；己重而物轻，则己遂得而胜物矣，圣贤之势位功名，偏极其崇高以衡此中之道德，其相胜正不轻也，性量未居其正，而志气岂易于孤行。巍巍乎，其惟舜禹乎？舜禹固有天下也，舜禹盖有天下而不与者也。神器至贵，然安然而致之，或可适然而淡之，故语尊优不侈③之事于从容世及④之朝，似犹力所及也。舜禹之兴，亦既岳牧⑤咸荐矣，试之于职，然后总师⑥，考之于天，然后在位，可不谓难与？富贵何足撄心⑦，而人情所乐享者，恒在平昔艰难之处，拱手而观万国之同，谓藉是以偿吾劳也，而舜禹于此正不啻其淡也。巍巍乎，以有天下若斯之难也而不与焉！帝王大统，然久属意中之事，反可作度外之观，故语崇高不炫之能于大勋渐集⑧之世，亦或力所及也。舜禹之兴，夫固尺土不阶⑨矣，耕田之子，一朝而揖让⑩，罪人之隶，一朝而代终⑪，可不谓易与？富贵初无殊致，而人情所震荡者，乃在生平遇合之奇，布衣而膺历数之归，谓始愿初不及此也。而舜禹于此，正不啻度外也。巍巍乎，以有天下若斯之易也而不与焉！先斯民之忧而忧，不后斯民之乐而乐，两朝之天下，皆禹自平自成⑫于其手，而卒非恶⑬之不捐，其淡泊为何如也，若夫华虫粉米⑭，事事有帝王御世之荣，若未可同类拟焉，而实何与也，耕山渔泽⑮之身，极之被衫歌风⑯，而总归于一致，盖少一天下而不为之减，多一天下而不为之增，惟此为复绝⑰耳矣；不再计而受之人，亦不旋踵而授之人，百年之天下，只舜自取自舍于其中，而成号令之三嬗⑱，非达观不至此也，若夫关石和钧⑲，事事有子孙传世之计，若未可同年语也，而竟何与也，受终改物⑳以来，迹其饮食宫室㉑，而无改于其旧，盖即夏后有家天下之事，而圣人初无利天下㉒之心，可不谓卓绝者乎。巍巍乎，其惟舜禹乎！

【评】"难"、"易"二字，反复推勘，足畅人意。后幅舜、禹互翻㉓，亦能曲畅其说。

【题解】出自《泰伯·巍巍乎舜禹之有天下也》。

子曰："巍巍乎！舜禹之有天下也，而不与焉。"（巍巍，高大之貌。不与，犹言不相关，言其不以位为乐也。）

【作者简介】

杨大鹤（？—1715），字九皋，号芝田，江苏武进人，康熙十八年（1679）进士，官至左春坊左谕德，曾与修《渊鉴类函》，又编有《剑南诗钞》、《香山诗钞》，著有《赐研斋诗钞》。

【注释】

① 卒然：猝然。

② 尚：超过。

③ 尊优不侈：尊位与优渥的生活均不足以动摇其心志。侈：自多、自傲。

④ 世及：指后来"家天下"的继承方式。以父传子为世，以兄传弟为及。

⑤ 岳牧：传说为尧舜时四岳十二牧的省称。语本《尚书·周官》："曰唐虞稽古，建官惟百，内有百揆、四岳，外有州牧侯伯。"岳牧咸荐，事见《尚书》，又《史记·伯夷列传》："尧将逊位让于虞舜，舜、禹之间，岳牧咸荐，乃试之于位，典职数十年，功用既兴，然后授政。"

⑥ 总师：总领其众，此指舜、禹代摄天子之位。《尚书·大禹谟》："（舜谓禹曰）汝惟不怠，总朕师。"

⑦ 撄心：扰乱心神。

⑧ 大勋渐集：指平定祸乱或帝业将成之时。

⑨ 尺土不阶：没有一点点土地作为其发迹的基础。阶，发迹的阶梯。

⑩ 揖让：指禅让。此句指舜，舜耕于历山，《孟子·告子下》："舜发于畎亩之中"。

⑪ 代终：取代旧王朝。此指禹而言，禹之父鲧，"治水无状"，舜"乃殛鲧于羽山以死"。

⑫ 自平自成：治理水土，使万物得以生长。语本《尚书·大禹谟》："地平天成，六府三事允治。"蔡沉《集传》："水土治曰平，言水土既平，而万物得以成遂也。"

⑬ 菲恶：指俭朴的饮食、粗劣的食物。菲，菲薄。《论语·泰伯》载孔子语，谓禹"菲饮食"、"恶衣服"。

⑭ 华虫粉米：衮服上的各种装饰图像，此即指衮服。《尚书·益稷》："（舜曰）予欲观古人之象，欲观示法象之服制。日、月、星辰、山、龙、华虫，……粉、米……以五采彰施于五色，作服。"

⑮ 耕山渔泽：在山上耕种，在湖里捕鱼。意谓未富贵之时亲自劳作，此指舜而言，《史记·五帝本纪》："舜耕历山，渔雷泽"。

⑯ 被袗歌风：被袗，穿着华美的衣服。歌风，弹琴唱歌。指此为舜为帝以后的事情。"被袗"事本《孟子·尽心下》："（孟子曰）舜之饭糗茹草也，若将终身焉；及其为天子也，被袗衣，鼓琴，二女果，若固有之。"朱熹《集注》："言圣人之心，不以贫贱而有慕于外，不以富贵而有动于中，随遇而安，无预于己，所性分定故也。""歌风"似指《孔子家语》所载"舜弹五弦琴，歌《南风》之诗"。

⑰ 复绝：高远，难以企及。

⑱ 号令三嬗：帝位三次递嬗变换，指尧、舜、禹相继为王。

⑲ 关石和钧：意谓征收赋税能够平均。语出《尚书·五子之歌》，亦见《国语·周语下》，其义诸说不同。夏朝太康失德，其弟作《五子之歌》，谓："关石和钧，王府则有。"又言："有典有则，贻厥子孙"，则作《五子之歌》的本义，在于能使后世子孙保有帝位，故本文说"子孙传世之计"。

⑳ 受终改物：此指禹继承舜的帝位。改物，改变前朝的文物制度，多指改正朔、易服色。后因以指改朝换代，《左传·昭公九年》："文之伯也，岂能改物？"受终，承受帝位，《尚书·舜典》："正月上日，受终于文祖。"

㉑ 饮食宫室：此句就禹而言。《论语·泰伯》载孔子语，谓禹虽为天子，而"卑宫室"、"菲饮食"。

㉒ 利天下：以天下为利。

㉓ 舜、禹互翻：此文后二股，将舜、禹互相对照。"先斯民之忧而忧"一股，谓禹劳作辛勤、有大功于世，而吃粗劣的食物、穿粗劣的衣服，而舜作衮服、穿华衣，似与禹不同。但从舜其他事情来看，其实他和禹一样，把天下看得很轻。"不再计而受之人"一股，谓舜无家天下之心，而禹的后人则家天下，禹似又与舜不同。但看禹为天子之后的举动，知其本人并无以天下为利之心。

大哉尧之为君也　一章

徐乾学

　　圣人赞古帝君德之大，历形之而难尽也。夫尧之所以大者，尧德一天，德故不可得名也，而成功、文章，究何足以尽尧哉？夫子谓夫古今千百年之治统，而有圣人以立之极，其神明气象有特隆者也。顾神明之所存，恒不予人以易量；而气象之昭著，无不示人以可观。斯真赞诵之难穷，而拟议所独绝矣。以余尚稽①古治，不能不穆然于尧。尧以广运之圣②，际垂裳③之时，渊默不言，而当日之万邦百姓咸自泯其知识④，则宰化⑤者神也；尧以光被之休⑥，肇中天之运，神灵首出⑦，而百世之经纶制作莫能及其规模，则操治者宏也。大哉，尧之为君也！前此黄农⑧之传，至放勋⑨而极盛；继此虞夏之统，自文祖⑩而始开。不观之天乎，巍巍乎穆清⑪之表，有独超迹象者，惟尧与之等势齐量而有所不让，不徒钦若敬授⑫，始成其大矣；而又不观之民乎，荡荡乎溥博之量，有共深覆帱⑬者，虽民欲为之纪功称德而有所不能，盖至帝力胥忘⑭，莫测其大矣。则意者淡漠为理，无所经营与，巍巍乎，天地藉其平成⑮，万方征其於变⑯，其有成功也若此，而尧之大不仅在成功也；则意者垂拱⑰不劳，无所表见与，焕乎，典物⑱章其明备，政教著其精详，其有文章又若此，而尧之大不尽在文章也。大矣哉，绝于名言之下，亦即遇之耳目之前乎，浑穆，同天之高，饮食，安民之质⑲，若近于上古简静之治，而工虞⑳礼乐，无弗极其周详，至于万禩㉑蒙一人之福，三代祖二典㉒之书，久矣昭垂宇宙，而总为赞诵所难穷；大矣哉，求于性量之间，亦即征于事业之际乎，尊无上者天，天至是若忘其尊，易感德者民，民至是已忘其德，绝非有后世粉饰之事，而圣神文武㉓，自无不极其崇闳，至于洪水无伤平治㉔，茅茨㉕亦见光华，久矣载在史书，而总为拟议所难罄。大矣，蔑㉖以加矣！

　　【评】以"大哉"句统其纲，并摄"巍巍"四段。上下镕铸，具见炉锤㉗。虽变先正体格，而经营极为工稳。

【作者简介】

徐乾学（1631—1694），字原一，号建庵，江苏昆山人，顾炎武甥。康熙九年（1670）一甲三名进士，授编修，官至刑部尚书。乾学博通经史，尝奉敕纂《明史》、《清会典》、《大清一统志》等，著有《读礼通考》一百二十卷及《憺园集》等。

【题解】出自《泰伯·大哉尧之为君也》。

子曰："大哉尧之为君也！巍巍乎！唯天为大，唯尧则之。荡荡乎！民无能名焉。（唯，犹独也。则，犹准也。荡荡，广远之称也。言物之高大，莫有过于天者，而独尧之德能与之准。故其德之广远，亦如天之不可以言语形容也。）巍巍乎！其有成功也；焕乎，其有文章！"（成功，事业也。焕，光明之貌。文章，礼乐法度也。尧之德不可名，其可见者此尔。尹氏曰："天道之大，无为而成。唯尧则之以治天下，故民无得而名焉。所可名者，其功业文章巍然焕然而已。"）

【注释】

① 尚稽：考求前代。尚，上、向前代追溯。

② 广运之圣：指帝德广远，神妙无方。《尚书·益稷》："帝德广运，乃圣乃神，乃武乃文。"孔颖达疏："广谓所覆者大，运谓所及者远。圣无所不通，神妙无方，文经天地，武定祸乱。"

③ 垂裳：谓定衣服之制，示天下以尊卑之礼。后用以称颂帝王无为而治。《易·系辞下》："黄帝、尧、舜垂衣裳而天下治，盖取诸乾坤。"

④ 泯其知识：消除其思虑知识，言民风淳朴。《列子·仲尼》："尧乃微服游于于康衢，闻儿童谣曰：'立我蒸民，莫匪尔极。不识不知，顺帝之则。'"按，《诗经·大雅·皇矣》谓周文王"不识不知，顺帝之则"。张载《正蒙》："'不识不知，顺帝之则'，有思虑知识，则丧其天矣。"

⑤ 宰化：主宰教化。

⑥ 光被之休：光被天下的美德。被，覆盖。休，美。《尚书·尧典》载，尧"光被四表，格于上下"，孔颖达疏："圣德美名充满被溢于四方之外，又至于上天下地。"

⑦ 神灵首出：以神异的天资，作万物的君长。神灵，指神奇、神异，能周知万物。《史记·五帝本纪》："（黄帝）生而神灵，弱而能言"，"高辛生而神灵"，"（尧）其仁如天，其知如神"。首出，指"首出庶物"，《易·乾》："首出庶物，万国咸宁。"孔颖达疏："此二句论圣人上法乾德，生养万物。……人君位实尊高，故于此云首出于庶物者也。"

⑧ 黄农：黄帝和神农氏。

⑨ 放勋：即尧。《史记·五帝本纪》："帝尧者，放勋。"

⑩ 文祖：其说不一，通常以为指尧始祖之庙，此即指尧。《尚书·舜典》："（舜）正月上日，受终于文祖。"孔安国传："文祖者尧文德之祖庙。"《史记·五帝本纪》："文祖者，尧大祖也。"

⑪ 穆清：清和之气，此指天。《史记·太史公自序》："受命于穆清，泽流罔极。"

⑫ 钦若敬授：敬畏上天，敬记天时并向人民颁布历法。《尚书·尧典》："（尧）乃命羲和，钦若昊天，历象日月星辰，敬授人时。"按，此句说，尧不仅仅是敬畏上天，他自身的品德已经与天相等了。

⑬ 共深覆帱：一起深受恩泽。覆帱，覆盖，喻指施加恩惠。《礼记·中庸》："辟如天地之无不持载，无不覆帱。"

⑭ 帝力胥忘：忘记了帝王的恩德。胥，全。此谓帝王之恩施于无形，而使百姓受惠而不觉。按，此本《帝王世纪》所载尧时《击壤歌》："日出而作，日入而息，凿井而饮，耕田而食，帝力于我何有哉？"

⑮ 平成：本《尚书·大禹谟》："地平天成，六府三事允治。"指水土治而万物畅茂，后以"平成"

谓万事安排妥帖。

⑯ 於变：从上而化。於，叹词。语本《尚书·尧典》："百姓昭明，协和万邦。黎民於变时雍。"

⑰ 垂拱：指无为而治。《尚书·武成》："惇信明义，崇德报功，垂拱而天下治。"《论语·卫灵公》："子曰：'无为而治者，其舜也与？'"

⑱ 典物：典章制度。

⑲ 质：朴素。

⑳ 工虞：指生活生产诸事。工，指工匠。虞，为掌管山泽物产之官。

㉑ 万禩：犹言万年、万代。禩，同"祀"。

㉒ 二典：指《尚书》中《尧典》、《舜典》，俱载有尧的事迹。

㉓ 圣神文武：参见前注"广运之圣"。

㉔ 平治：治理。《尚书·吕刑》："伯禹身平治水土。"按，此句谓尧时虽然遭遇洪水之灾，但不影响其平治之功。洪水事见《尚书·尧典》。

㉕ 茅茨：即"茅茨不剪"，用茅草覆盖屋顶，而且没有修剪整齐。语本《韩非子·五蠹》："尧之王天下也，茅茨不剪，采椽不斫。"按，此句指尧生活俭朴，无损于其光华。

㉖ 蔑以加矣：没有谁能超过他。蔑，没有。加，超过。

㉗ 垆锤：当作"炉锤"，锤炼。

大哉尧之为君也　一章

李光地

极赞古帝之大，一天之所以为天也。盖无可名而有成功、文章者，天也。尧者，则天①以出治者也，何以加其大哉？夫子意谓：君者，继天者也。天统万物而物忘之，而高明极乎终古之盛；君统万民而民亦忘之，而勋华迈乎奕世之隆②。求其克当此者，其惟尧乎？钦明文思③之德，既蕴于生安性成④之初；四表上下⑤之光，尤征于皇天眷命⑥之际。盖大哉尧之为君也，圣德与天位两相值，而其轨遂立于不可加；天时与人事适相遭，而其盛遂几于不可再。巍巍乎！神运而无方者，惟天之体之大如是其不测也，惟尧也克明之峻德⑦，冥契乎无方之神，游其世者时雍於变⑧，盖莫能识其所以然而乌能名也，亦如天之神之不测焉尔矣；化行而无外者，惟天之用之大如是其不穷也，惟尧也广运之帝德，仰符乎无外之化，庇其宇者耕凿作息⑨，盖莫能知其谁之为而乌能名也，亦如天之化之不可穷焉尔矣。荡荡乎！民无能名焉！所可见者，厘百工而庶绩熙⑩，巍巍乎成功之烈，千载一时也，盖平成之世，必有以终其绪，尧初不过以无为为之，而不言而成者，天下之功莫尚也，斯则其不测之神之运焉者乎；垂衣裳而天下治，焕乎文章之华，万代如见也，盖文明之会，必有以通其变，尧初未尝以有意显之，而不见而章⑪者，天下之文莫大乎是也，斯则其无外之化之形焉者乎？大哉尧乎！此其所以德配彼天，而事业与上下同流、声明与日月争光也。虽有作者⑫，唐帝⑬其曷可及已？

【评】尧之德与天准处，实能见其所以然。故无一粗犷语，是谓辞事相称。

【题解】出自《泰伯·大哉尧之为君也》。见前文。

【注释】

① 则天：以天为则，效法于天。

② 奕世之隆：连续数代累积的兴隆。奕世，累世。

③ 钦明文思：语见《尚书·尧典》："帝尧曰放勋，钦明文，思安安。"孔注："马云：'威仪表备谓之钦，照临四方谓之明，经纬天地谓之文，道德纯备谓之思。'"

④ 生安性成：天性如此，不待勉力而为。

⑤ 四表上下：指天地四方。四表，四方。上下，指天地。《尚书·尧典》："光被四表，格于上下。"

⑥ 皇天眷命：为天所命，天命所归。《尚书·大禹谟》载，益称述尧，谓"皇天眷命，奄有四海，为天下君"。

⑦ 峻德：大德，高尚的品德。峻，大。《尚书·尧典》："（尧）克明俊德，以亲九族。"《礼记·中庸》引为"克明峻德"，孔颖达疏："《尚书》之意，言尧能明用贤峻之德。此《记》之意，言尧能自明大德也。"按，此处用《礼记》意。

⑧ 时雍於变：语本《尚书·尧典》："百姓昭明，协和万邦。黎民於变时雍。"孔安国传："时，是。雍，和也。言天下众民皆变化化上，是以风俗大和。"

⑨ 耕凿作息：耕田、凿井、劳作、休息。按，此句本于《帝王世纪》所载尧时《击壤歌》："日出而作，日入而息，凿井而饮，耕田而食，帝力于我何有哉？"

⑩ "厘百工"句：规定百官的事务，各种事情就都会兴办起来。语本《尚书·尧典》，尧命羲和"允厘百工，庶绩咸熙"，孔安国传："允，信。厘，治。工，官。绩，功。咸，皆。熙，广也"，"能信治百官，众功皆广"。

⑪ 不见而章：无意于表现，而其功德自然显著。《中庸》："不见而章，不动而变，无为而成。"

⑫ 作者：此指后世兴起的帝王。作，兴起。

⑬ 唐帝：指尧，尧为陶唐氏，故世称"唐尧"。

巍巍乎其有成功也　一节

许汝霖

　　古帝有配天之业，于可见者难穷其大焉。夫成功、文章，犹人之可得而见者也，巍巍乎、焕乎，岂非业之与天相配者哉？且天以穆然者处于上，不见其功，而运量乎万物者普美利①于不言；不见其文，而昭宣于庶类者经终古而常新。此万物所以戴其高明而终莫能名其大也，而尧之则天而无名者，亦于是可想焉。盖神明之默运难窥，而至德所蕴蒸②，已尽冒③百王之治法；典册之流传甚略，而中天之气象，常留于千古之人心。盖巍巍乎不求有功，而天下之成功莫尚焉，洪荒既启，更数十百世，初未有阴阳人事之灾，天若以艰难开济④者特试圣人之才，而尧则遇事而各有以处之，至于天地平成、六府顺叙⑤，后之经营民物者，莫不本其规模以为措注⑥，而德之所运者闳矣；焕乎不求有文，而天下之文章莫大焉，上古圣人，虽盛德在躬，莫能破万物屯蒙⑦之气，民若以浑沌鄙朴者重困圣人之智，而尧则因时而遂有以变之，至于百姓昭明⑧、四表光被，后之张皇⑨礼乐者，莫不奉其遗意以为经纬，而德之所耀者远矣。盖尧惟行之以天道，故推恭让之诚，使众圣群贤自致于百工庶绩⑩之间者，皆其功之盛也，虽沴气金人⑪未能尽珍，而不足以害治者，亦如四序五行各分其职，虽偶有愆忒，亦不足以伤大化之流行；尧惟照之以天光，故由峻德之明，使亲义序别⑫炳然于黎民族姓之心者，乃其文之本也，虽仪章制数未暇以详，而历久而弥章者，亦如日星云汉常著其明，虽无意发皇⑬，而愈仰其贞观⑭之不息。夫上下古今，继尧之治而同其德者，莫过于舜。而南面止于恭己，其绩皆见于登庸⑮在位之时；协帝号曰重华⑯，其光皆囿于钦明文思之内。后有作者，弗可几也已。

【评】于他人词繁不杀⑰处，以简言该括，可谓语能举要。

【作者简介】

许汝霖（？—1720），字时庵，浙江海宁人。康熙二十一年（1682）进士，由庶吉士授编修，官至礼部尚书。著有《德星堂诗集》、《文集》，与宋荦合编《国朝三家文钞》。

【题解】出自《泰伯·大哉尧之为君也》。见前文。

魏魏乎！其有成功也；焕乎，其有文章！

【注释】

① 普美利：使万物都蒙受其利。普，普遍。美利，大利。按，此句本《易·乾》："乾始能以美利利天下，不言所利，大矣哉！"
② 蕴蒸：积聚。
③ 冒：涵盖。
④ 开济：开创并匡济。
⑤ 六府顺叙：指诸种政事都各得其序。水、火、金、木、土、谷为"六府"。顺叙，得到合理的次序。语本《尚书·大禹谟》："水火金木土谷惟修，正德、利用、厚生惟和，九功惟叙，九叙惟歌。……地平天成，六府三事允治"，孔颖达疏："府者，藏财之处；六者货财所聚，故称六府。"又，"九功惟使皆有次叙"。
⑥ 措注：处置。
⑦ 屯蒙：屯、蒙为继乾、坤之后的第三、四卦。《易·屯》："屯，刚柔始交而难生。"《蒙》："蒙者，蒙也，物之稚也。"两卦指万物初生，困顿稚弱。
⑧ 昭明：显明，此指百姓明白伦常之理。《尚书·尧典》："（尧）平章百姓，百姓昭明。"
⑨ 张皇：此指扩大、发扬。
⑩ 百工庶绩：见上文"厘百工"注。
⑪ 沴气金人：灾害不祥之气和小人。
⑫ 亲义序别："五伦"亲、义、序、别、信的省称，指父子有亲、君臣有义、长幼有序、男女有别、朋友有信。
⑬ 发皇：使其显耀。皇，美好、辉煌。
⑭ 贞观：《易·系辞上》："天地之道，贞观者也。"孔颖达疏："谓天覆地载之道，以贞正得一，故其功可为物之所观也。"
⑮ 登庸：进用。《尚书·尧典》："（尧曰）畴咨，若时登庸"。
⑯ 重华：舜之名。此句本《尚书·舜典》："（舜）曰重华，协于帝。"孔颖达疏："舜能继尧，重其文德之光华，用此德合于帝尧，与尧俱圣明也。"
⑰ 词繁不杀：词语繁多，不简洁。杀，减少。

菲饮食而致孝乎鬼神　三句

尹明廷

节微以勤大，所以思明德也。夫禹有大功于天下而不享其奉，至庙朝田野间，又何勤勤尽意哉？尝谓朴略去而贵者日尊大难夷，而治将求备，为之君者不亦难乎？若夫朕躬率从简质，大事咸竭清衷①，一时不敢侈、不敢略者②，有可节举以概其余焉。如禹所处者，最易有间之时也。艰难初定，物力其可念矣，然而羲农③去我远，天下自我平，有晏然为太平天子之意，则或谓帝王之体不当简略，后人不免读史书而微闻叹息之声；草昧④既开，制作其当尽矣，然而崛起在田间，勤劳在山水，无巍然为开代盛王之度，则或谓劳苦之余未遑经制⑤，今日不免考方策而多致咨嗟⑥之虑。乃禹也一身之事无不薄，而天下之大无不隆。饮食菲而鬼神则致孝矣：海物⑦来自远方，橘柚⑧登于帝室，前此无其盛也，今其享兹玉食⑨哉？而不忍也。追二帝百年之瘁，尚悯艰鲜⑩，痛吾父九载之劳⑪，未安粒食⑫，得无顾梩桠⑬而恻然乎？至于入庙⑭而帝王同祖，南郊⑮而严父配天，俭德虽嘉，岂可行于天亲之际？是以豆登⑯之美，奏大夏⑰而升香⑱，燔炙⑲之芬，荐玄圭⑳而将享，又何尝不嘉其备物也。衣服恶而黻冕则致美矣：桑土之蚕㉑既绩，织文之筐㉒充庭，前此无其华也，今其饰兹服御哉？而不敢也。思微时裋褐㉓之劳，胼胝㉔可念，被圣帝山龙之服㉕，谦让弗遑，得无抚浣濯㉖而慨然乎？至于观万国之衣冠，对百神之陟降，古风近陋，非可加于朝祭之间。是以邃延日月㉗，出庶物㉘而凝旒㉙，朱芾斯皇㉚，奉清躬而为度，又何尝不美其文章也。宫室卑而沟洫则尽力矣：荆土之柏㉛可伐，扬州之木惟乔㉜，前此无其材也，今其丽兹王居哉？而不愿也。念怀襄方出㉝之民，其咨未奠㉞，抚二后松云之旧㉟，陨越㊱为忧，得无临堂陛而欿然㊲乎？至于骏发㊳而终三十，服耕而耦十千，民劳宜恤，非可逸于旱潦㊴之谋。是以畎浍既浚㊵，人力至而天不能害，东南其亩㊶，地险设而农可为兵，又何尝不歌其勤苦也。唐虞以后，势日趋于华盛，在上者不为之虑，流风其未有止也，禹则服食居处，澹然无欲，所以力存中古之风；平成已奏，道难仍于荒略㊷，嗣帝者不详其制，文命㊸其未可敷也，禹则朝庙井疆㊹，厘然加意，所以首建三王之治。以云无间，宣其然乎㊺？

【评】切大禹时事以立言，时有清词杰句，令人刮目。

【评】国初制艺，自卓然名家数人而外，不少高才宿学、为时所崇者，然止求议论惊奇、词语博丽，而不顾书旨、题脉。其相传名作，间存一二，使学者别择而知所祈向焉。

【作者简介】

尹明廷（1610—1652），字逢圣，号冀阶，江苏吴县（今苏州）人。顺治六年（1649）进士，授广西平乐知县，后为李定国军所杀。制义有《尹冀阶稿》一卷，辑入《国初十六家精选》。

【题解】出自《泰伯·禹吾无间然矣》，参见隆万文卷二王衡《禹吾无间然矣》。

子曰："禹，吾无间然矣。菲饮食，而致孝乎鬼神；恶衣服，而致美乎黻冕；卑宫室，而尽力乎沟洫。禹，吾无间然矣。"

【注释】

① 清衷：纯洁的内心。按，二句谓自身的奉养很节俭，但大事却尽心竭力。

② 不敢侈、不敢略者：前者指禹自身的饮食、衣服等事，后者指祭祀等事。

③ 羲农：伏羲、神农。

④ 草昧：天地初开时的混沌状态；蒙昧状态。《易·屯》："天造草昧。"

⑤ 经制：指创建各种制度。

⑥ 咨嗟：此指叹息。按，上一股谓禹如果不念物力之艰，将令人遗憾；此一股谓如禹一味节俭而不能创设制度，也让人为之遗憾。

⑦ 海物：指海产品。见《尚书·禹贡》："厥贡盐、绨，海物惟错。"

⑧ 橘柚：《禹贡》："厥包橘柚锡贡"。

⑨ 玉食：美食。《尚书·洪范》："惟辟作威，惟辟玉食。"

⑩ 艰鲜：指食物匮乏。《尚书·益稷》："暨稷播，奏庶艰食鲜食。"孔传："艰，难也。众难得食处，则与稷教民播种之，决川有鱼鳖，使民鲜食之。"

⑪ 九载之劳：指禹父鲧治水九年不成。《尚书·尧典》："九载，绩用弗成。"

⑫ 粒食：以谷物为食。《尚书·益稷》："烝民乃粒。"

⑬ 栖桊：也作"杯圈"，饮器。栖，同"杯"。桊，一种木制酒器。按，此谓母亲用过的杯上存有"口泽"，故睹遗物而起孝思，《礼记·玉藻》："母没而杯圈不能饮焉，口泽之气存焉尔。"

⑭ 庙：指宗庙。

⑮ 南郊：在南郊设坛祭天。郊，设坛祭天之礼，在南郊举行。按，帝王祭天，以父配天。《孝经》："孝莫大于严父，严父莫大于配天。"严父，尊严其父。

⑯ 豆登：古代盛器，此指盛祭物的容器。登，似豆而较浅。《诗·大雅·生民》："于豆于登"，毛传："木曰豆，瓦曰登。豆荐菹醢也，登盛大羹也。"

⑰ 大夏：夏时的乐舞。《礼记·明堂位》："皮弁素积，裼而舞《大夏》。"孔颖达疏："《大夏》，夏禹之乐也。"

⑱ 升香：以馨香祭祀祖先神灵。《诗经·大雅·生民》："于豆于登，其香始升，上帝居歆。"

⑲ 燔炙：本义为烤，此指肉、祭肉。《礼记·礼运》："醴醆以献，荐其燔炙。"孔颖达疏："荐其燔炙者，谓燔肉炙肝。"

⑳ 玄圭：一种黑色的玉，用于帝王的典礼。《尚书·禹贡》："禹锡玄圭，告厥成功。"

㉑ 桑土之蚕：语本《尚书·禹贡》："桑土既蚕"，孔颖达疏："宜桑之土既得桑养蚕矣。"

㉒ 织文之筐：《尚书·禹贡》："厥篚织文。"孔安国传："织文，锦绮之属。盛之筐篚而贡焉。"

㉓ 裋褐：农夫穿的褻衣之类。

㉔ 胼胝：手脚上都磨起了茧子，指劳作辛苦。

㉕ 山龙之服：指绣有山、龙等图案的衮服。《尚书·益稷》："予欲观古人之象，欲观示法象之服制。日、月、星辰、山、龙、华虫……以五采彰施于五色，作服"。

㉖ 浣濯：指"浣衣濯冠"，俭朴而不适合朝廷之礼的衣冠。语本《礼记·礼器》："晏平仲祀其先人，豚肩不掩豆，浣衣濯冠以朝，君子以为隘矣。"

㉗ 邃延日月：指天子穿戴的冕、衮。邃延，下垂、覆盖，指天子旒冕的形制。《礼记·玉藻》："天子玉藻，十有二旒，前后邃延，龙卷以祭。"日月，天子之衮画有日月等图形。《礼记·郊特牲》："祭之日，王被衮以象天。"郑玄注："谓有日月星辰之象"。

㉘ 出庶物：似即《易·系辞上》："首出庶物"，指成为君长。

㉙ 凝旒：冕旒静止不动。形容帝王态度肃穆专注。

㉚ 朱芾斯皇：红色的蔽膝显得很耀眼。芾，古代礼服上的一种装饰物，缝于长衣之前，似蔽膝。皇，通"煌"，耀眼。按，此言禹"致美乎黻冕"。语本《诗经·小雅·斯干》："其泣喤喤，朱芾斯皇，室家君王。"郑玄笺："芾者，天子纯朱，诸侯黄朱。……宣王所生之子，或其为诸侯，或其为天子，皆将佩朱芾煌煌然。"

㉛ 荆土之柏：《禹贡》在荆州的贡物中列有"柏"，故曰"荆土之柏"。

㉜ 惟乔：高大。《禹贡》列举扬州贡物，谓"厥草惟夭，厥木惟乔"。

㉝ 怀襄方出：才从洪水中解脱。怀襄，语本《尚书·尧典》："（洪水）怀山襄陵"，指洪水漫上了山陵。

㉞ 其咨未奠：百姓的忧苦还没有平息。奠，定。《尚书·尧典》："下民其咨，有能俾乂？"孔安国传："言民咨嗟忧愁，病水困苦。"

㉟ "抚二后"句：此句当指安抚尧、舜的隐居朋友，如许由等。二后，指尧、舜二帝。松云，谓隐士。

㊱ 陨越：失职败事。

㊲ 欿然：自感不足的样子。

㊳ 骏发：迅速开发。按，此二句本于《诗经·周颂·噫嘻》："率时农夫，播厥百谷。骏发尔私，终三十里，亦服尔耕，十千维耦。"大意为：迅速开发你们的私田，把三十里地尽快开发完毕。万人从事劳作，万耦并举。耦，两人并肩用犁耕地。

㊴ 旱潦：旱灾和涝灾。

㊵ 畎浍既浚：疏浚好田间沟渠。畎浍，沟渠。《尚书·益稷》："予决九川，距四海，浚畎浍距川。"

㊶ 东南其亩：语本《诗经·小雅·信南山》："我疆我理，南东其亩。"本指整治土地，划分界限，故诗序谓："疆理天下，以奉禹功。"

㊷ 荒略：粗略，不完备。按，此股谓既然已经地平天成，就不再适合沿用原有的粗略之法治国，而要建立各项制度。

㊸ 文命：文德教化。《尚书·大禹谟》："文命敷於四海"。敷，陈布。

㊹ 井疆：井邑的疆界。按，此指禹重视整治疆土。《尚书·毕命》："弗率训典，殊厥井疆，俾克畏慕。"

㊺ 亶其然乎：确实如此吧。亶，诚、的确。

达巷党人曰　一章

韩　菼

　　言有当于圣心，因与门人商所学焉。夫"博学"、"无名"，其言未必知圣，自圣人闻之，而已悟夫学矣，故与门人不言"博"而言"执"也。且凡一言一物之入于圣心而无不有动也，况其在学问之际乎？圣人之于学，盖尝审慎于其间，而一言之合，以为近于反本责实之论，则未尝不亟以自考焉，而愿与学者共择之也。吾夫子生平以学自居，抑其所取于事物者则已博矣，盖有其所以博者。世顾未之知，特以其学之多，有疑焉必问，问焉无不得其意以去，因相与惊叹，以为孔子博学也，岂特一人一事哉？意党人者亦必习闻之，而因叹孔子之大；大而以"博学"推之也固当，而特于叹美之余忽转一言曰"无所成名"。夫子闻之，瞿然有感，顾二三子而言曰：谓吾博学，吾何敢；抑名之无成，诚如若人言。吾尝闻夫古之圣者矣，天地名物之数日开，圣人神智之数亦日益，何所指授而兼综如是，此似有天焉，不可强也，而特其心思，当专用之时，有谋之一物而必无异物以相迁，创之一时而尝经数代而始善，专精之至，而神奇自生，此亦毕生之无假外索者矣；吾亦见夫今之学者矣，历山川而得其壮观，探异书以穷其奥赜，终日不足而迄于无就，往往自伤焉，已无及也，而又其为说，多高远之过，或第举大凡以为得其意不必竟其学，或好言捷悟以为涉乎此即可通乎彼，恍惚之余，亦消归无有，此亦吾党之宜亟愧悔者矣。夫学固未可少也，而与①为能取，毋宁能弃，游思既富，而益叹专家之难，其甘苦有知之者也；名亦未可好也，而名可谢，其所以名可思，习业既久，至莫能喻其得心之乐，其微渺有不自知之者也。吾何执？执御乎，执射乎？吾执御矣，抑亦愿二三子之各有以取之也。夫子固尝以博学教，而兹之语二三子者，谓何也？至射御二者尚不敢自谓兼，而其于学弥笃矣，其亦隐然动其下学之思乎？夫触于党人之一言而反复决择于学之途，不苟焉而已，是则真孔子之大也。

【评】但说闻人誉己，承之以谦，亦是自语面见得如此。其实圣人语内，却包含无穷下学之功、专精之意在，惟好学深思者于此参透，故意境独超。

【题解】出自《子罕·达巷党人曰》。

达巷党人曰："大哉孔子！博学而无所成名。"（达巷，党名。其人姓名不传。博学无所成名，盖美其学之博而惜其不成一艺之名也。）子闻之，谓门弟子曰："吾何执？执御乎？执射乎？吾执御矣。"（执，专执也。射御皆一艺，而御为人仆，所执尤卑。言欲使我何所执以成名乎？然则吾将执御矣。闻人誉己，承之以谦也。尹氏曰："圣人道全而德备，不可以偏长目之也。达巷党人见孔子之大，意其所学者博，而惜其不以一善得名于世，盖慕圣人而不知者也。故孔子曰，欲使我何所执而得为名乎？然则吾将执御矣。"）

【注释】

① 与：与其。

麻冕礼也　一章

马世俊

圣人两酌所从，而可观今古之变矣。夫俭可从，泰不可从，夫子亦犹行古之道耳，而岂有心戾俗①哉？慨然曰：身之用物也备，而上之制下也严，甚不可以不谨也。百物乘奢俭之运，而冠冕为尊；五品②分拜让之仪，而朝廷为重。乃以礼断之，而古今升降居可见矣。盛王之制礼也，凡人所不乐从者，不以相强也，典章备而统纪明，安在无因性作仪之意；后世之行礼也，凡我所不难从者，不敢相戾也，风俗同而耳目一，安在有矫时忤物之怀？乃有甚拂乎礼之文，而犹不失乎礼之实者，三代损益之道，不过如斯，而我亦幸于今遇之；又有稍变乎礼之迹，而遂大悖乎礼之经者，晚季陵越之端，于斯为极，而我又不幸于今遇之。当今日而思麻冕，不可复见矣。论其初，则礼也，崇其称，则跻于衮鷩希玄③之饰，有君大夫之慕焉；卑其制，则侪于台笠缁撮④之观，有都人士⑤之感焉。而今也则纯矣，天下之乐趋简易而畏习烦苦，或皆纯之类也，不然，何物力竞侈而独啬于元首⑥也？然素丝不饰，犹有先民之遗，其宁朴而无华者乎？俭也，吾其从礼乎哉？生今之世，为今之民，而有见于众之可爱，吾从众矣。当今日而思拜下，不可复见矣。论其常，则礼也，情莫亲于燕享⑦，君而宾客礼之也，必西阶下拜而始升成拜焉；典莫渥于锡赉⑧，君而车服命之⑨也，必北面下拜而始升成拜焉。而今也则拜乎上矣，天下之实为僭逾⑩而名同脱略，大抵皆拜上之类也，不然，何情意疏远而独近于堂廉⑪也？则冒上无等，流于骄慢之习，其君玩而臣亢⑫者乎？泰也，吾其从礼乎哉？立今之朝，为今之臣，而有见于"下"之难越，虽违众吾从下矣。一事之俭，未可救万事之奢，而忠质可追，吾是以怀服冕于宗周⑬而不废，毋追黼冔⑭之旧也，从众何必非从先也；举世之泰，翻足诮一人之谄，而咫尺不违⑮，吾是以惧名器⑯之易假而不许，曲县繁缨之朝⑰也，从下何必非从周⑱也。呜呼，此吾所上考之于古制，旁观之于世风，更进求之于吾心所安，而谨酌所从也。

【评】回旋献侧，一因题中自然节奏。于衬贴处，着意数笔，遂使精神跃出。按，燕礼，宾始受命，阼阶下北面稽首；及公酬宾，则于西阶上，北面稽首。阶分东西，北面则同。文以西阶属燕享、北面属锡赏，误矣。而评家称其历历不误，又斥《大全》庆氏之说而宗邢《疏》，更不可解。燕礼，惟宾一人升，成拜，主人献公大夫，腾爵，司正卒觯，稽首阶下而无升拜，众卿大夫则献酬，时惟与主人相答，及礼将终，公命撤幕，皆降拜稽首，升无拜。邢氏以燕与觐并举，谓卿大夫、侯氏皆先降拜而升成拜，显与经背。乃以为大据，可乎？此文世士传诵已久，记此，使知引用经语，不可不详考其义。

【作者简介】

马世俊（1609—1666），字章民，改字甸臣，一作甸丞，号匡庵，别署澂湄渔隐、水湄生，江苏溧阳人。顺治十八年（1661）状元，官翰林院侍读。有《匡庵集》二十四卷，工制义，有《马章民稿》。

【题解】出自《子罕·麻冕礼也》，参见启祯文卷三金声《今也纯俭吾从众》。

子曰："麻冕，礼也；今也纯，俭。吾从众。拜下，礼也；今拜乎上，泰也。虽违众，吾从下。"

【注释】

① 戾俗：与时俗相背。
② 五品：此指旧时的五种伦常道德。《尚书·舜典》："百姓不亲，五品不逊。"孔安国传："五品谓五常。"孔颖达疏："品谓品秩，一家之内尊卑之差，即父母兄弟子是也。教之义、慈、友、恭、孝，此事可常行，乃为五常耳。"
③ 衮鷩希玄：指各种等级的冕服。《周礼·春官·司服》："王之吉服：……享先王，则衮冕；享先公，飨，射，则鷩冕；祀四望山川，则毳冕；祭社稷、五祀，则希冕；祭群小祀，则玄冕。"
④ 台笠缁撮：草笠和布冠，均指庶人所著之服。台笠，夫须草制的笠；缁撮，缁布冠，其制小，仅可束发髻。语见《诗经·小雅·都人士》："彼都人士，台笠缁撮。"
⑤ 都人士：出处见上注，郑笺："都人之有士行者"。按，此处用毛诗序之说："《都人士》，周人刺衣服无常也。"指衣服不遵常制。
⑥ 元首：此即指"头"。
⑦ 燕享：指"燕礼"，《仪礼》孔颖达疏："郑《目录》云：'诸侯无事，若卿大夫有勤劳之功，与群

臣燕饮以乐之。燕礼于五礼属嘉。'"

⑧ 锡赉：赏赐。

⑨ 车服命之：赐给车服。

⑩ 僭逾：僭越。

⑪ 堂廉：本指殿堂的侧边，此指朝廷。《仪礼·乡饮酒礼》："设席于堂廉，东上。"郑玄注："侧边曰廉。"按，此数句谓人们把"拜上"说成情意好、脱略形迹，可是本来跟君主情意疏远，何以偏偏在朝堂行礼时表现得脱略形迹呢？

⑫ 君玩而臣亢：君主不严肃，臣下不谦恭。玩，轻慢、不重视。亢，高慢、傲慢。

⑬ 宗周：西周都城镐京，此也指西周的制度。按，此一股谓尽管孔子认为应当服冕，但服"纯"也有追回先人"忠质"的意义，所以"从众"和"从先"并不矛盾。

⑭ 黼冔：殷朝的冕。《诗经·大雅·文王》："厥作祼将，常服黼冔。"毛传："黼，白与黑也。冔，殷冠也。夏后氏曰收，周曰冕。"

⑮ 咫尺不违：此指君臣之礼不可怠慢。《左传·僖公九年》载齐桓公不以周王特诏，而坚持下拜，谓："天威不违颜咫尺。"杜预注："言天鉴察不远，威严常在颜面之前。"

⑯ 名器：名号与车服仪制，借指尊卑贵贱的等级。《左传·成公二年》："唯器与名不可以假人，君之所司也。"

⑰ 曲县繁缨之朝：指等级混乱之时。曲县繁缨，诸侯的器物。曲县，诸侯的乐器。县，通"悬"，天子的乐器布置于四面，诸侯乐器布置于三面，称"曲县"。繁缨，马饰，亦诸侯之物。按，此据《左传·成公二年》："既，卫人赏之以邑，辞，请曲县、繁缨以朝，许之。"卫侯以曲县、繁缨予人，是以"名器"假人。

⑱ 从周：遵从周之制度。《论语·八佾》："子曰：周监于二代，郁郁乎文哉！吾从周。"按，此一股谓，今人俱泰而"拜上"，一人恭而"拜下"，反而被说成谄佞。但"拜下"是周朝的制度，事关名器之大，故"从下"似乎违背时人习惯，却是"从周"之举。

吾有知乎哉　一节

陆龙其

圣人不以知自居，惟实尽其诲人之心焉。盖夫子之教无不至，故世遂以为其知过人也。有问必竭，子故特明其诲人之意欤？若曰：吾人苟有与人为善之心，则不必生皆上知①，而自可与天下相迪于无尽焉。盖上知不易居，而与人为善之心则固可共勉也。吾窃有以自审矣，如吾之殷殷诲人也，而天下遂以有知许我，夫使吾果有知而后能如是也，则是质非徇齐②，遂可置斯人于弗问也；德非天亶③，遂可遗斯世而弗顾也。不几视吾太高，而生平所以开示来学者反无以自白乎？以吾自思，吾果有知乎哉？无知也。吾但以启迪斯人为心，而不敢谓天下有不可教之人；以陶成斯世为怀，而不敢谓斯人有不足施之教。故无论贤者智者，吾乐得而告之也，即鄙夫之空空，而苟问于我，未尝以其鄙而有所隐矣；无论狂者狷者，吾乐得而与之也，即鄙夫之空空，而既问于我，未尝以其鄙而有不尽矣。一有所言，而上下精粗无不发以相示，有一言可竭者，则一言已竭也，有累言可竭者，则累言始竭也，要其随问而随答，不过就鄙夫所能知者言之也，而其理何所不该④焉？一有所言，而始终本末无不出以相诏，有显言可竭者，则显言以竭之，有微言可竭者，则微言以竭之，要之随答而随尽，不过就鄙夫所能行者言之也，而其旨何所不备焉？启迪之念切，而不觉两端之俱叩，初非以徇齐之质而能如是也，天下见吾之叩者如此，则谓吾有知如此，其实知因叩而生，叩非因知而生也；陶成之志殷，而不觉两端之已竭，初非以天亶之德而能如是也，天下见吾之竭者如此，则谓吾有知如此，其实竭之而知生，非由知而能竭也。是则生而知之者，吾所不敢自诬；诲人不倦者，吾所用以自勉。天下有能谅吾之诲人者乎？独奈何而不谅吾之无知也？

【评】理境澄澈，气体清明。向来分上半是"学"，下半是"诲"，诸谬解从此廓如，实有功于后学。

【作者简介】

陆龙其（1630—1697），即陆陇其，初名龙其，字稼书，浙江平湖人，学者称平湖先生。康熙九年（1670）进士，任嘉定知县，有惠政，以清廉闻，后擢四川道监察御史。卒后追谥"清献"，赠内阁学士兼礼部侍郎，从祀孔庙。陆陇其为清初理学名臣，精研程朱理学，论者谓自明薛瑄、胡居仁后，唯陇其得其正宗。著有《困勉录》、《三鱼堂文集》。

【题解】 出自《子罕·吾有知乎哉》。参见启祯文卷三陈际泰《吾有知乎哉》。

子曰："吾有知乎哉？无知也。有鄙夫问于我，空空如也，我叩其两端而竭焉。"

【注释】

① 上知：即上智，智力超凡的人。《论语·阳货》："子曰：唯上知与下愚不移。"
② 质非徇齐：天资不敏慧。质，天资。徇齐，敏慧。《史记·五帝本纪》："黄帝者，弱而能言，幼而徇齐。"
③ 天亶：生而具有，出于天性。语本《尚书·泰誓上》："亶聪明，作元后，元后作民父母。"蔡沉集传："亶，诚实无妄之谓。言聪明出于天性然也。"
④ 该：完备。

仰之弥高 一章

刘　岩

大贤学圣人之道，深叹之而知化不可几焉。夫大而化者，圣人之道也，宜颜渊历序其学而叹化之难几也。昔颜子希圣有成，而一间未达也，乃喟然而叹曰：回尝有向道之心，而不知道之何所极也。幸而有人道之序，而冀道之可旦夕几也，久之而合道之难，而知道之不可以人力与也，回殆将终其身于夫子之道焉尔矣。道其高矣乎，乃仰之而高不可极矣；道其坚矣乎，乃钻之而坚不可穷矣；道其有前后之可拟议而得乎，乃瞻之无有方所①之可定矣。大道之难求如此，而夫子以为道之无穷无尽者，初不离日用细微之际；道之无方无体者，实不越寻常切近之功。故循循然教必由粗浅以造精深，而使学者由下学以几上达。而回也得夫子之教，不敢冥其心使无所据，而必穷理以致其知，盖天下无性外之物，则文之灿然、有条有理者，皆天理之流形于庶物者也，自夫子予我以探索焉，回殆有思之深而信之笃者矣；亦不敢驰其心使无所归，而必返躬以蹈其实，盖吾性乃万物之一源，则礼之秩然、无过不及者，皆天理之降衷②于吾心者也，自夫子示我以检束焉，回殆有持之坚而守之固者矣。夫惟其诱我者善也，于是欲罢而不能；惟其博我约我者勤也，不觉吾才之既竭。至是而高坚前后之形，回殆如有所见也。盖自悦诸心、研诸虑，吾性豁然其贯通也；利其用、安其身，吾心确然有依据也。无一物之不格以尽其心，而万物之大原以著焉；无一事之不体以尽其性，而万事之大本以凝焉。于斯时也，见道若甚切也，然而神③不可致思也；体道若甚真也，然而化不可助长也。盖存焉顺焉，诚非智力所能为；而养焉熟焉，将以俟盛德而自致耳。回将如之何而得与道为一乎哉？盖卓尔者，一贯之道也。赐④从知入者也，参从行入者也，回则知行并进，此博文约礼之法，所以发圣人之蕴，垂教万世而无穷也哉？

【评】 细勘道理，境地浅深，实贴颜子用功先后，故确当完密若此。

【作者简介】

刘岩（1656—1716），原名枝桂，字大山，亦字日丹，号无垢，江苏江浦人。康熙四十二年（1701）进士，授翰林院编修。因序戴名世《南山集》被议罪，隶汉军旗籍。有《匪莪堂文集》、《大山诗集》、《拙修斋稿》等。

【题解】 出自《子罕·颜渊喟然叹曰》，参见化治文卷二李东阳《欲罢不能》。

颜渊喟然叹曰："仰之弥高，钻之弥坚；瞻之在前，忽焉在后。夫子循循然善诱人，博我以文，约我以礼。欲罢不能，既竭吾才，如有所立卓尔。虽欲从之，末由也已。"

【注释】

① 方所：方向和处所，范围。
② 降衷：施善，降福，此谓赋予善性。《尚书·汤诰》："惟皇上帝，降衷于下民。"孔安国传："衷，善也。"
③ 神：与下"化"，俱指融会贯通，完全合乎天德、天道。此本张载《正蒙·神化》："神不可致思，存焉可也；化不可助长，顺焉可也。"
④ 赐：指子贡（端木赐）。下"参"，指曾参。按，传统上有种说法，认为孔门弟子得闻"一贯之说"者有曾参与子贡，分别见于《论语·里仁》及《卫灵公》。《卫灵公》篇朱熹集注谓二人皆闻："然彼以行言，而此以知言也。"

子在川上曰 一节

赵 炳

圣心无穷，因所在而忽动焉。夫昼夜无穷，逝者亦与为无穷，身在其间，奈何而不知也。且夫天地之事甚密，前人不得原其前，后人不得要其后，今人亦不得执之而成今，人生其中，日为天地所动而不自知，可慨也。一旦夫子忽而叹曰"逝者如斯夫，不舍昼夜"，其有所感耶？其无所感耶？不知其言，知其言之之时，则在川上也。化以不留而愈新，不留矣，则是新者之不终为新也，忽有接于吾目者焉，目中有之，又有接于吾目者焉，而前之所见，目中又无之矣，去者何所受，而不见其盈，来者何所取，而不见其竭也；数以有定而必变，有定矣，则是变者之终古不变也，忽有入于吾心者焉，吾心固然，又有入于吾心者焉，而后之所感，吾心又复然矣，古今应无大异，何故而必迁之，古人既不相袭，又何故而必续之也？我今所见如斯乎，斯乃所谓逝者乎？昼而夜矣，逝者不知有夜也，逝焉而已；夜而又昼矣，逝者亦不知有昼也，逝焉而已。天地间有形之物，皆有无形者运之而动，所运者尝不令人见也，可于昼夜约略之耳，夫时之由昼入夜，相受之界，其孰分之，由夜趋昼，相传之隙，其孰弥之，化之所流，且隐相推于此中而未有间也，是以观往者多悲而不必悲也，来者纷纷，皆逝也，何必往者之日疏而来者之日亲乎？天下无形之理，皆有有形者载之而出，所载者亦不令人知也，可于昼夜微察之耳，夫人一昼之内，心几绝续，而昼无绝续，一夜之中，心几存亡，而夜无存亡，气之所至，且默相遇于此中而未有已也，是以观来者多忧而亦不必忧也，未来茫茫，皆逝也，何必往者之已定而来者之未定乎？变化之移人而不觉者，以其有渐也，若观于昼，昼有异焉，观于夜，夜有异焉，愚者知之矣，惟此昏旦之中，无时不逝，不能名其时，不能异其见也，则自今日所见，以逮明日，见有异乎，自生初所见，以逮终老，见有异乎，自古人所见，以逮数百世后之人，见有异乎，吾将以逝者同古今之异焉；造物之阅人而莫据者，以其无恒也，若逝于昼矣，而夜犹是，逝于夜矣，而昼犹是，勇者乘之矣，惟此朝夕之间，各自为逝，前者不相待，后者不相存也，则自今日见之，忽明日焉，所见存乎，自生初见之，忽终老焉，所见存乎，自古人见之，忽为数百世后之人焉，所见存乎，吾将以逝者异古今之同焉。子其言川上耶？何必所言皆川上耶？

【评】于逝者不息之机及勉学者时时省察之意，亦能了然言下。但词语惝恍，令观者莫得其义意所归宿。而切按之，实多复沓，学者不可不知。

【作者简介】

赵炳，字明远，江苏长洲人。康熙六年（1667）成进士，时已年老，未仕而卒。有制艺《赵明远稿》一卷，辑入《国初十六家精选》。

【题解】出自《子罕·子在川上曰》。

子在川上，曰："逝者如斯夫！不舍昼夜。"（天地之化，往者过，来者续，无一息之停，乃道体之本然也。然其可指而易见者，莫如川流。故于此发以示人，欲学者时时省察，而无毫发之间断也。程子曰："此道体也。天运而不已，日往则月来，寒往则暑来，水流而不息，物生而不穷，皆与道为体，运乎昼夜，未尝已也。是以君子法之，自强不息。及其至也，纯亦不已焉。"又曰："自汉以来，儒者皆不识此义。此见圣人之心，纯亦不已也。纯亦不已，乃天德也。有天德，便可语王道，其要只在谨独。"愚按：自此至篇终，皆勉人进学不已之辞。）

法语之言　一节

颜光敩

　　听言者无遽使进言者穷也。夫法语、巽语，为改且绎耳。以从与悦终之，庸有冀乎？夫子意谓：吾今而知闻善言而疾怒者，其人皆不善于拒谏，而犹可与言者也。天下之善于拒谏者，即又不必征色发声①，而言者自穷。夫言者则何为哉？非不知侃侃之论之逆听也，然慷慨而为之者，大惧后日之不悛②耳，故当前面从③，是言者意而不尽言者意也，盖言者之望方自"从"之时始矣；非不知灌灌④之说之倦听也，然纡折而出之者，犹冀他日之无忘耳，故论说可喜，是言者事而非皆言者事也，盖言者之责已自"悦"之时尽矣。而吾窃叹夫人心之不平也。得一言而可免于戾，此人求⑤我者耳，何为忘人之求于我，而若我之求于人，而曰"其改乎"、"其绎乎"，受者曾不知其感，而施者且惟恐不受也；聆人言而增修其德，此我自为者耳，乃反忘我之实自为，而深惜我之曲从彼，而曰"已从矣"，"已说矣"，施者曾不以为德，而受者且因以为报也。不绎不改，亦复何贵也哉？夫不足以为悦，吾将反吾巽言焉，不足以为从，吾将反吾法言焉，前日之听受，亦犹是斯言也，而未尝以为无稽，而未尝厌其言毳⑥，独至今日而褒如⑦者依然也已矣，能言者至此无辞矣，有穷而已矣；不说而不绎，吾异日犹待之说焉，不从而不改，吾异日犹待之从焉，前日之志虑，岂假之他人也，而亦尝轻为许可，而亦尝赐之颜色，独至今日而蓍然者转甚也已矣，听言者更于何日矣，有退而已矣。如之何哉？如之何哉？

【评】步步与末句神会，笔亦灵隽绝人。

【作者简介】

　　颜光敩（1659—1698），字学山，山东曲阜人。康熙二十七年（1688）进士，改庶吉士，授编修，三十二年（1693）典试浙江，次年提督浙江学政。光敩与兄光猷、光敏俱为康熙进士，并有文名，称曲阜三颜。著有《怀轩遗稿》一卷等。

　　【题解】出自《子罕·法语之言》。

　　子曰："法语之言，能无从乎？改之为贵。巽与之言，能无说乎？绎之为贵。说而不绎，从而不改，吾末如之何也已矣。"（法语者，正言之也。巽言者，婉而导之也。绎，寻其绪也。法言人所敬惮，故必从；然不改，则面从而已。巽言无所乖忤，故必说；然不绎，则又不足以知其微意之所在也。杨氏曰："法言，若孟子论行王政之类是也。巽言，若其论好货好色之类是也。语之而未达，拒之而不受，犹之可也。其或喻焉，则尚庶几其能改绎矣。从且说矣，而不改绎焉，则是终不改绎也已，虽圣人其如之何哉？"）

【注释】

① 征色发声：表现在神色、言语上。《孟子·告子下》："征于色，发于声，而后喻。"

② 不悛：不悔改。悛，止、悔改。

③ 面从：当面表示听从而实际并未听从。

④ 灌灌：犹款款，情意恳切貌。《诗经·大雅·板》："老夫灌灌，小子蹻蹻。"毛传："灌灌，犹款款也。"

⑤ 求：要求。

⑥ 言耄：年老而所言失误。《诗经·大雅·板》："匪我言耄，尔用忧谑。"按，此股谓假如对方不悦、不从，我可以再反复言之；对方既悦既从而不改，则再反复言之，也无效果。

⑦ 襃如：此指充耳不闻。《诗经·邶风·旄丘》："叔兮伯兮，襃如充耳。"郑玄笺："充耳，塞耳也。言卫之诸臣颜色襃然，如见塞耳无闻知也。"

岁寒　一节
陈鹤龄

伤①受知者之晚，所以励全节也。夫使岁无寒时，松柏无受知日，此亦后雕者所深愿也。迨曰知之，而时已后矣。今夫没世无名，君子所耻，乃有时有名，反不如无名者，非以得名之已晚也。我受名而使天下当其阨②，则名既不忍言；我得名而使吾身并尝其艰，则名更不乐受。物情既蔽于初，天道又穷于后，此亦物理之堪为痛恨者也。即如松柏然，苍郁之色，不示人以可爱；扶疏之质，非予人以可怜。以此求知，宜其难也。虽然，勿谓知之无其时也。一往不返者天运，随时屡易者人情。迨至岁之既寒，而知为已后，吾于此未尝不叹世人之无识而后雕者之固穷③也。岁之寒也，在万物已改其故，在松柏独著其芳，似乎松柏之所满志，而不然也，和风旭日之时，百卉已群沐其休，及一旦重阴沍寒④，则又各归根复命以幸保其生，而惟松柏之前不随时、后不易辙者，独立于天地不交⑤之日，欲求一同心者而不可得，盖其坚节而心弥苦已；岁之寒也，在万物已落其实，在松柏独呈其秀，似乎松柏之所快志，而不然也，摧残剥落之秋，百卉已酿成其祸，及一旦阳回子半⑥，则又将争妍取媚以竞炫其长，而惟松柏之不知趋避、不辨险夷者，立持于剥复⑦迭乘之下，至呼一共济者而无与应，盖其守固而力已竭已。是故谓松柏有傲寒之心，则其气已浮，谓松柏工避寒之智，则其品更卑，盖实有中立不倚者也，势穷节见，独留硕果于不食⑧，虽天心已去而难回，人事迷复⑨而莫悟，而惟此奇杰之概百折不移，此固松柏所堪自信也；且因寒以显后雕之节，大造⑩未必无心，因不雕以邀岁寒之知，松柏未尝有意，松柏固遁世无闷⑪者也，数穷运极，虽仅孤干所能支，然凝阴栗烈⑫以披其枝，冲风⑬飘荡以夺其气，独博此耿介之声留传人口，是又岂松柏所愿闻哉？人亦自励后雕之节，而无存幸寒之心，可矣。

【评】正喻、夹写，词语正自浑成。中二比议论，更为前人所未摘发。

【作者简介】

陈鹤龄（1662—1726），字鸣九，直隶安州人。康熙举人，授正定教授，终顺天府教授。有《莲窗杂著》一卷。

【题解】出自《子罕·岁寒》，参见启祯文卷三罗万藻《岁寒》。

子曰："岁寒，然后知松柏之后雕也。"

【注释】

① 伤：感伤，感叹。

② 阨：同"厄"，苦难。

③ 固穷：在困厄中能坚守节操。《论语·卫灵公》："君子固穷，小人穷斯滥矣。"

④ 重阴冱寒：气候严寒。冱，冻结。

⑤ 天地不交：即"否"，困厄阻塞。《易·否》："天地不交，否。"

⑥ 阳回子半：阳气回复。子半，子时的中间，阳气又回升。

⑦ 剥复：《易》二卦名。坤下艮上为"剥"，表示阴盛阳衰。震下坤上为"复"，表示阴极而阳复。后因谓盛衰、消长为"剥复"。

⑧ 硕果于不食：此指保全其品格。语本《易·剥》："硕果不食，君子得舆，小人剥庐。"孔颖达疏："'硕果不食'者，处卦之终，独得完全，不被剥落，犹如硕大之果，不为人食也。"

⑨ 迷复：指迷乱而不知悔悟。语本《易·复》："上六，迷复，凶……象曰：迷复之凶，反君道也。"孔颖达疏："以其迷暗不复，而反违于君道。"

⑩ 大造：天地，大自然。

⑪ 遯世无闷：谓逃避世俗而心无烦忧。《易·乾》："不成乎名，遯世无闷。"孔颖达疏："谓逃遯避世，虽逢无道，心无所闷。"又《易·大过》："君子以独立不惧，遁世无闷。"

⑫ 凝阴栗烈：寒冷。栗烈，凛冽，形容严寒。《诗经·豳风·七月》："二之日栗烈"，朱熹《集传》："栗烈，气寒也。"

⑬ 冲风：疾风。

唐棣之华　一节

徐念祖

观逸诗之自言，思则已深矣。夫思则已深，而尚虑其远，后之读《唐棣》者，其不废思也几希。今以物与人之殊类也，而当其兴有所托，虽生平不甚爱惜之物，遂亦不觉性情之可喜而形容之甚工，则思之为也，而况于人乎？乃若工于赋物，而拙于怀人，岂思有时而不灵耶？此唯《唐棣》之说如是而已矣。吾观其发端也，中有所思而托言唐棣，寄兴偏反①，其亦犹赋美人者先以榛苓②、怀兄弟者比以枌杜③也。其词亦曲折三致矣，顾自申其所思，曰"岂不尔思，室是远而"，何哉？吾今而始闻天下之境，乃有如此其辽阔者也，当其不远，无待于思索之烦，及其既远，亦徒伤拟议之苦，微④诗人之自言，而谅之者已少；吾今而始闻一心之用，乃有如此其无益者也，远在我思以前者，既阻于溯回⑤之无自，远在我思以后者，又困于攀跻之莫从，有诗人之自白，而信之者已多。且夫百世以上、百世以下，而吾忽然思之，不知其为何人也，若切而指之曰"尔"，则实有其人矣，明明知其人之所在，而寤寐之展转⑥间于形声⑦，一如百世以上、百世以下之不能卒合也者，固宜其情之悲也；且夫六合以内、四海以外，而吾偶然思之，不知其为何地也，若遥而望之曰"室"，则实有其地矣，明明知其地之所在，而中心之缱绻隔于山川⑧，一如六合以内、四海以外之不能骤亲也者，固宜其辞之迫也。

由是言也，其所为如怨如慕者，亦曾积日夜以相求，而扞格者无可奈何，虽复终日而亦如是矣，虽复终夜而亦如是矣，盖持是长谢故人，谓吾力竭矣，无能为也；推是意也，其所为如饥如渴⑨者，亦真废寝食以相寻，而辽阔者卒无如何，则不如其寝矣，则不如其食矣，盖几欲风示天下，谓前途渺矣，无自苦也。如是，则思几绝于天下矣。曷为草木无情，反能达其体物之微；人之相知，顾莫极其缘情之用也？宜夫子既删⑩之而复正以己说也耶？

【评】若但于诗词，描写极工，于《论语》纪载之旨有何交涉？文于命意落笔之先，伏下节神脉，恰又如题扣住，不漏下意。是为神巧。

【题解】出自《子罕·唐棣之华》。

"唐棣之华，偏其反而。岂不尔思？室是远而。"（唐棣，郁李也。偏，《晋书》作翩。然则反亦当与翻同，言华之摇动也。而，语助也。此逸诗也，于六义属兴。上两句无意义，但以起下两句之辞耳。其所谓尔，亦不知其何所指也。）子曰："未之思也，夫何远之有？"（夫子借其言而反之，盖前篇"仁远乎哉"之意。程子曰："圣人未尝言易以骄人之志，亦未尝言难以阻人之进。但曰未之思也，夫何远之有？此言极有涵蓄，意思深远。"）

【注释】

① 偏反：即此逸诗"偏其反而"的省语，谓花翩翩摇摆。

② 榛苓：两种植物，《诗经·邶风·简兮》以之起兴："山有榛，隰有苓。云谁之思？西方美人。"按，本文在行文上，多本于《诗经》中表达怀人之思的篇章、辞句，以与此逸诗进行对比，然而未易确指。

③ 杕杜：孤生的棠梨。杕，孤生独特之貌。杜，杜梨、棠梨。《诗经·唐风·杕杜》以之起兴，发独居而无兄弟之慨："有杕之杜，其叶湑湑。独行踽踽，岂无他人。……人无兄弟，胡不佽焉？"

④ 微：假如没有。

⑤ 溯回：即"溯洄"，逆着河流往上游走。按，此数句似本《诗经·秦风·蒹葭》行文。

⑥ 寤寐之展转：展转，即辗转，翻来覆去，指不能安眠。语本《诗经·周南·关雎》"寤寐思服……辗转反侧"。

⑦ 间于形声：见不到其人的容貌，听不到其人的声音。

⑧ 缱绻隔于山川：缱绻，感情深厚固结。此句似本《诗经·小雅·渐渐之石》："山川悠远，维其劳矣。武人东征，不皇朝矣。"

⑨ 如饥如渴：指思念之情非常殷切。《诗经·周南·汝坟》："未见君子，惄如调（朝）饥。"郑笺："惄，思也。未见君子之时，如朝饥之思食。"

⑩ 删：旧说《诗经》曾经孔子删定。此句谓，"棠棣"数句即孔子所删。

朋友之馈　一节

魏嘉琬

君子有所不拜者，观于所拜者而见之也。夫友馈，非直以为馈也，取祭肉以规车马，而有以见君子之不拜矣。且夫拜馈之仪，礼诚有之，而君子独不以行于朋友。以吾观之，君子亦何尝不偶以行于朋友，而正于其偶行者之别有谓焉，则转以见其不行之为常，此固不论物之贵或贱也。夫礼行于尊，而朋友固但处其匹①；然礼要于敬，而朋友更以是为交。夫遣使则拜，受书则拜，宜承馈必拜，而顾未见君子之或一拜。何也？则将无②谓薄物乎哉，推而贵之，至于车马可矣；则岂无一当隆礼者哉，别而求之，庶几祭肉可矣。夫如是，则亦有以指君子之所或拜也；夫如是，则乃有以定君子之所不拜也。有见于不得不拜之故，而所谓不拜车马之义，于此未可齐观，则已置车马在其外，夫既置车马在其外，而当此之适以车马相贶③者，正宜追所拜以求不拜之因，谓此可权其义类④也，纵或是路车乘黄⑤之赠，其将震之乎？有见于不容等拜之故，而所谓祭肉则拜之义，于彼已得专施，则只于祭肉从其重，既只于祭肉从其重，而此外之不与祭肉为类者，正可藉祭肉以明不拜之辨，谓彼自别为凡例⑥也，苟不在致胙致福之条，庸有异焉乎？且吾闻拜有顾乎其至⑦者矣，有頯乎其顺者矣。彼在祭肉，分哀逮敬⑧，又多乎哉？拜车马，则容有不至⑨者矣，抑容有不顺者矣。已不至且顺也，奚拜焉？将曰是车马而来者拜之，虽然，非祭肉而来者，不拜也。是何也？朋友则其贵矣⑩，良未见车马耳；车马亦其贵矣，正不尽朋友耳。拜之，斯尽之矣；不拜之，所留者真。亡于礼者⑪之意厚也。

【原评】题义只重不拜车马耳，中间横插"非祭肉"三字，此最文法妙处，然亦甚难安放。时文或先提祭肉，或车马、祭肉平提，俱不合法。方孟旋⑫文则通篇只发不拜车马，末数语方补祭肉，未免太趋易路。文于入手不平不倒，以下"拜"与"不拜"合发，"虽"字"非"字，自然一一腾跃。

【题解】出自《乡党·朋友死》，参见隆万文卷二方应祥《朋友之馈》。

朋友之馈，虽车马，非祭肉，不拜。

【注释】

① 匹：地位对等。
② 将无：表疑问，犹言"莫非"。
③ 贶：赐，赠。
④ 权其义类：衡量事物的性质、类属。义类，比义推类。
⑤ 路车乘黄：诸侯用的车马。乘黄，四马。《诗经·秦风·渭阳》："何以赠之？路车乘黄。"
⑥ 凡例：此指规定的条例。
⑦ 顾乎其至：与后文"頯乎其顺"俱指拜的具体方式。《礼记·檀弓上》："孔子曰：'拜而后稽颡，頯乎其顺也。稽颡而后拜，顾乎其至也。'"郑玄注：前者"此殷之丧拜也。頯，顺也。先拜宾，顺于事也"；后者"此周之丧拜也。顾，至也。先触地无容，哀之至"。
⑧ 分哀逮敬：与朋友共体哀思与敬意。逮，及。
⑨ 不至：与下句"不顺"，俱见前注。不至，情感不诚。不顺，不顺于事。
⑩ 朋友则其贵矣：所看重的是朋友之情（而不是车马）。贵，看重。
⑪ 亡于礼者：《礼记·檀弓上》谓有"亡于礼者之礼"，孔颖达疏："亡，无"，"无文之礼。"此指"不拜"而言，不拜，则视对方为有通财之义的朋友，故意厚。

⑫ 方孟旋：方应祥。

色斯举矣　一章

方　舟

　　圣心之时触于物而有动焉。盖人与物共游于时之中，惟圣人知之而与之偕行，故于雌雉重有感也。且时也者，吉凶悔吝之所从生也，失之者无所往而不危，得之者无所处而不安。而吾独怪夫人之有知而动与之左也，而吾独怪夫物之无知而动与之偕。不观夫鸟乎？色斯举矣，翔而后集，虽知几①之神不过于此矣。以鸟之与世无争而自谓无患也，而色将加之，盖人心之多机，而细微之物无不失其性也如此。夫既不能不袭②诸人间，而安有无人之地可以避色者哉？一人之色之不知，一时之色之不见，而举将后其时而集将非其地矣；人人而察其色，时时而伺人之色，而集亦不得宁而举终无时息矣。而鸟不然也。方其色之既征、翔之未定，而目将击焉，而心将营焉；而未举之先、既集之后，志未尝不坦，而情未尝不暇也。若是者何也？时也。不观夫山梁雌雉乎？天地之间，有一物则有一地焉以游其生，有一物则有一性焉以乘乎化，此固天之所为也；然而所取之不多则无地而不可以足，所动之不妄则无时而不可以安，此又物之所自为也。天下纷纷，孰是蕃其生而安其性者乎？以雉之无知，而乃得从容于此焉，不亦重可叹哉？时哉时哉！夫子所以怆然心动也。虽然，山梁亦雉之寄耳。其来也，固不知其所自，而其去也，亦不知其所之。嗅者③不腧时而已作，山梁不腧时而已空；盖共者④之色不可掩，而时固屡变而不胶于一者也。大哉时乎！进退存亡之理，其孰有外焉者乎？然以物之所长，而人不能与之争者，何也？人以有知也而妄，妄之至，而暗乘焉；物以无知也而无妄，无妄之至，而明生焉。圣人有知也而能诚，故与时偕行，而物亦不能伤也。

　　【评】与时偕行之理，只就物言。不粘不脱，品骨高峻。

　　【题解】出自《乡党·色斯举矣》。

　　色斯举矣，翔而后集。（言鸟见人之颜色不善，则飞去，回翔审视而后下止。人之见几而作，审择所处，亦当如此。然此上下，必有阙文矣。）曰："山梁雌雉，时哉！时哉！"子路共之，三嗅而作。（邢氏曰："梁，桥也。时哉，言雉之饮啄得其时。子路不达，以为时物而共具之。孔子不食，三嗅其气而起。"晁氏曰："石经'嗅'作戛，谓雉鸣也。"刘聘君曰："嗅，当作昊，古阒反。张两翅也。见《尔雅》。"愚按：如后两说，则共字当为拱执之义。然此必有阙文，不可强为之说。姑记所闻，以俟知者。）

【注释】

① 知几：能够察知极细微的苗头。《易·系辞下》："子曰：知几其神乎？"
② 袭：因，托体，此指生存。
③ 嗅者：此指雌雉，谓雌雉张翅飞走。按，此文对"子路共之，三嗅而作"之意，取刘聘君之说。
④ 共者：指子路。共，"拱"，谓子路向雉鸡拱手表示尊敬。按，此文似谓子路有危害雉鸡的想法，则又似混入邢氏之说。

钦定清朝四书文卷五(《论语》下之上)

先进于礼乐　一章

熊伯龙

圣人于世之论礼乐者，而以身正之焉。夫野人、君子之论纷纷而不止者，无人焉正其身以感之也。从先进者，非圣人之责而谁责哉？意若曰：天下之用，莫大于礼乐矣。顾先王以礼乐变风俗，而后世以风俗变礼乐。其势轻势重者，非礼乐也，天下人之意也。能以天下为忧者，自不忍与天下苟同尔。吾诚不意礼乐至今日而分先进、后进也，又不意其分野人、君子也。礼乐之数，非先进所能减，而当其用之之时，独有一敦庞①浑厚之意固结于其中，由今思之，日用饮食之质，俨乎可接也，而"野人"之称由此归焉；礼乐之数，非后进所能增，而当其用之之时，独有一丰亨豫大②之象流行于其间，生斯世也，彼都人士之风③，殊快人意也，而"君子"之称由此归焉。嗟乎！人心苟相安于本然，虽先进至今存可也，有为之相鄙相弃，而后进之势成矣；贤者苟不安于习俗，虽后进亦当废然返也，有为之相推相许，而先进之意微矣。时变如此，此非君子自立之日乎？吾则以为，人苟以礼乐为乱端则已耳，诚念夫学问之事，斯须不去，则所为养肃雍而去淫慝者，舍先进无由也，即叔季④之人情为古处⑤，而退然无菲薄宗祖之心，此真礼乐之本也，岂其有违俗之累欤？人惟听礼乐之崩坏则已耳，诚念夫文武以降，道在儒者，则所为定民志而播民和者，舍先进无由也，即昭代之文物以深思，而俨⑥乎见黄农虞夏⑦之遗，此真礼乐之情也，岂其有变易之嫌欤？嗟乎！先进不流为后进，则古今无气运；后进不归于先进，则圣贤无补救。气运者移之自天，补救者正之以身。盖自有生民以来，日新月异而人道终不至于尽者，皆此从先进者之一念为之也。而奈何以人治之大，付之悠悠之口乎哉？

【评】先辈名作如林，我朝庚午佳墨叠出。此文较之前辈，不愧继武，后人更不能出其右。学者博观而详求之，可知圣贤之言任人绅绎而义蕴终无穷尽。

【题解】出自《先进·先进于礼乐》，参见正嘉文卷三张居正《先进于礼乐》。

子曰："先进于礼乐，野人也；后进于礼乐，君子也。如用之，则吾从先进。"

① 敦庞：敦厚朴实。
② 丰亨豫大：形容富足兴盛的太平安乐景象，此指奢侈之风。《易·丰》："丰亨，王假之。"《易·豫》："豫大有得，志大行也。"
③ 彼都人士之风：指败坏原有制度。语本《诗经·小雅·都人士》："彼都人士，台笠缁撮。"毛诗序："《都人士》，周人刺衣服无常也。"指衣服不遵常制。
④ 叔季：末世，乱世。
⑤ 古处：此指以古道相处。语出《诗经·邶风·日月》："乃如之人兮，逝不古处。"常释为"故道"、故旧之道，朱熹《集传》："或云，以古道相处。"
⑥ 僾：仿佛。
⑦ 黄农虞夏：黄帝、神农、舜、禹，指民风淳朴的上古时代。

先进于礼乐　一章

张大受　墨

　　圣人救礼乐之弊，惟决其所从而已。盖礼乐非先进无可从也，乃人之论礼乐若此，将从其为"君子"者耶？宁从其为"野人"者矣。夫子为用礼乐者救其弊也，谓夫移风易俗，莫善于礼乐，先王酌文质之中，百世无弊矣。而或上失其官，下异其议，听① 人心之靡然而不能正其所守，则亦用礼乐者之过也。夫用礼乐者之称先进也，自有后进始也。彼先进者，其用之也率由无过矣，而拟之后进，反以为逊其文明；彼后进者，其用之也实意寖衰② 矣，而较之先进，自以为改其朴陋。即溯先民之所尚，而导之以大礼必简、大乐必易③，犹恐人情倦而思去也，况斥之以"野人"之目也；即鉴末流之所趋，而戒之以礼胜则离、乐胜则流④，犹恐人情习而难返也，况尊之以"君子"之称也。自野人、君子之论出，用礼乐者竟将安所用耶？不知礼乐之用，久而必敝，将必有出而救之者，丘是以窃有志焉。彼先进渐流为后进者，时既衰也，非文武⑤为之君、周召为之相，必不能制礼作乐，翻然易⑥天下之所从而不溺于习俗之非；乃后进可挽为先进者，道不变也，即守官之柱史⑦、执籥⑧之伶工，亦可与定礼正乐，慨然正一身之所从而不失乎古初之盛。如吾用之，舍先进奚从哉？"君子"之誉，可蹈之而不愿也，目欲睹官礼之遗，耳欲闻雅颂之正，吾不敢舍先进而从后进者，迹近于违时而志专乎法古；"野人"之讥，欲辞之而不忍也，辨其度而简以栗⑨，审其音而思以深，吾宁违后进而必从先进者，精之可以淑性⑩而广之可以同民⑪。吾从先进，而人之用礼乐者渐去其踵事之华⑫，是大道之幸也，非予之力也；吾从先进，而人之用礼乐者终厌夫朴略之旧，是世风之漓也，实予之忧也。执时人之论礼乐之敝，何所极乎？

　　【原评】顺题宅句安章，其中实具擒纵变化。不求异于前辈，正无一处非自出心裁，是谓同工异曲。

　　【评】细腻熨贴，全于题之空曲处搜出意义，故见精采。

【作者简介】

张大受（1641—1725），字日容，号匠门，江苏嘉定人。康熙四十八年（1709）进士，改庶吉士，授检讨，五十九年（1720）授贵州学政。生平服膺韩菼、汪琬、朱彝尊，能诗文，康熙间宋荦刻《江左十五子诗选》录入《张大受诗选》一卷，后自定《匠门书屋文集》三十卷。

【题解】出自《先进·先进于礼乐》，见上，参见正嘉文卷三张居正《先进于礼乐》。

【注释】

① 听：听任，任由。
② 寖衰：逐渐减少。
③ 易：简易。《礼记·乐记》："大乐必易，大礼必简。"
④ 流：《礼记·乐记》："乐胜则流，礼胜则离。"郑玄注："流，谓合行不敬也。离，谓析居不和也。"
⑤ 文武：指周文王、周武王。后"周召"指周公、召公，四人为旧时所称圣君贤臣。
⑥ 易：改变。
⑦ 柱史："柱下史"的省称，周室守典藏之官。旧说老子尝为周柱下史，《史记·老子韩非列传》则谓："周守藏室之史也。"
⑧ 执籥：指泛指演奏。籥，一种管乐器。按，此"执籥之伶工"又有"贤士"之意，本《诗经·邶风·简兮》："左手执籥，右手秉翟。"毛诗序谓："《简兮》，刺不用贤也。卫之贤者仕于伶官，皆可以承事王者也。"
⑨ 栗：庄严、谨敬。《尚书·舜典》："直而温，宽而栗，刚而无虐，简而无傲。"按，此句谓舜乐之美；后"思以深"谓文王之乐之美。《史记·孔子世家》载孔子习《文王操》，"有所穆然深思焉。"
⑩ 淑性：陶冶性情。淑，使……美好。
⑪ 同民：使民众和谐。《礼记·乐记》："礼、乐、刑、政，其极一也，所以同民心而出治道也。"
⑫ 踵事之华：即"踵事增华"之意，此指渐趋于文而忽略其质。语本萧统《文选序》："盖踵其事而增华，变其本而加厉。"

孝哉闵子骞 一节

储在文

贤者之孝，自人言而益彰也。夫称闵子之孝者，始于父母昆弟，而人言继之，圣人亦从众而已矣。且孝者，五常之本、百行之原也。人事至变，而行孝者只一理焉；人类至别，而言孝者无二情焉。情理之极，动于天性之自然，故虚声可以昭实德也。孝哉闵子骞！吾之闻是言也久矣。人情少见则怪，而有帖然服者，道不越庸行，而如有惊异之辞；末俗闻善则疑，而有释然信者，事非必身亲，而不尽流连之慕。吾不知始自何人，而藉藉者盈吾耳也，观于其家，而知言之自其父母昆弟来也。既为父母，无不望其子之孝，彼其父母何独不然，乃聆其言而忻喜自道者，窃幸有子焉，非私也，人闻之而亦曰非私也；苟有昆弟，无不愿昆弟之孝，彼其昆弟又宁不然，乃叩其言而愧让弗如者，若难为弟①焉，非妄也，人闻之而佥②曰非妄也。且其父母昆弟岂必夸耀于人哉？人之言亦岂附和而不察实者哉？人生不过日用周旋之地，而孝子久于其侧，自觉其快然而无求；天下虽有勇悍难驯之夫，而孝子过乎其前，未尝不肃然而起敬。而孝子又何知焉？吾见其朝问而夕视③也，伯仲之间欣欣如也，方且不知所为孝，又安问所为言？而至性所流，入焉辄化，笃行之积，久而自彰。盖至于父母昆弟洒然④动容，而行道之人欲为之流涕也；盖至于宗族乡党翕然同声，而孝子之心转为之惕息也。嗟夫！观乎此者，孝弟之心可以油然而生矣。孝哉闵子骞！人言信也，吾又何间焉？

【原评】字字入人肝脾，静对移时，弥觉其永。　　处变⑤意，前人所诃，篇中浑然无迹，然何尝不包括也。削肤见骨，炼气归神，此题杰作。

【评】"不间"二字，能传出一片真醇切挚处，故异于仅写其貌者。

【题解】出自《先进·孝哉闵子骞》。

子曰："孝哉闵子骞！人不间于其父母昆弟之言。"（胡氏曰："父母兄弟称其孝友，人皆信之无异辞者，盖其孝友之实，有以积于中而著于外，故夫子叹而美之。"）

【注释】

① 难为弟：此句指闵子骞品行好。按，"难为弟"一语，此处可作两解：对其兄而言，感觉好像没有资格做他的哥哥；对其弟而言，感觉好像没有资格做他的弟弟。语本《世说新语·德行》："元方难为兄，季方难为弟。"一本作"元方难为弟，季方难为兄"。

② 佥：咸，都。

③ 朝问而夕视：向父母问安，探视父母，即旧时所谓"昏定晨省"。

④ 洒然：此指欣然。

⑤ 处变：身处人伦之变。指《说苑》诸书所载闵子骞少时遭后母所虐等事，其事被其收入《二十四孝图》，但不为学者采信。

季路问事鬼神　一节

陆　师

示贤者以反本之学，尽其可知者而已。盖事人之道尽，而鬼神在其中；生之理得，而死在其中。子之教子路者切哉！昔者先王尝制礼明神道矣，作《易》言生死矣，亦曰幽明一理也，始终一气也。然不求之昭昭，而徒索之冥冥，舍其彝伦行习之恒，而从事于渺不可知之域，乌可训也？吾不知天下何为而有鬼神，又何为而有死也。生人之属，皆以形接者耳，无端而奔走于坛墠郊庙之间，临之者①在上，质之者在旁，自古迄今，不以为无而以为有，则何说也？生人之初，皆以气聚者耳，忽焉而消归于寂灭无朕②之地，与生而俱来，与生而俱尽，自古迄今，不以为幻而以为常，则何说也？子路之问有由来欤？而子则曰显于鬼神者，则有人矣，事人未能，遑言事鬼；又曰先于死者，则有生矣，生之未知，何况于死。是得毋以鬼神为不可事乎？非也：鬼神之大者，不过天地，而天地即万物之父母也；鬼神之切者，莫如祖宗，而祖宗即已往之君亲也。

日用酬酢之地，凡人世之所为，有恩相爱、有文相敬者，皆其有形之鬼神耳。为臣而能事其君者，其人必忠，则郊焉而天神可格；为子而能事其父者，其人必孝，则庙焉而人鬼以享。是以圣人详其说于事人而略其说于事鬼，若曰彼之所为有恩相爱、有文相敬者，犹不免扞格而未通，而何暇索之闻见不交也哉。又得毋以死为不必知乎？非也：人死则肢体敝焉，然敝者肢体，而不敝者灵爽③也；人死则形气散焉，然散者形气，而不散者理义也。饮食服习之中，凡生人之所为，行而著焉、习而察焉者，皆其未死时之正理耳。有形而能践其形，其生乃不虚，故存则顺而没则宁④；知命而能立其命，其死亦不朽，故志可遂而身可致。是以圣人详其事于知生而略其事于知死，若曰彼之所为行而著焉、习而察焉者，犹未免恍惚而难凭，而何暇求之有生以后也哉。今而知人鬼死生，圣人直一以贯之矣。有疾可以无祷⑤，而子臣弟友⑥，尝勉勉以终身，治幽以明⑦也；斯文⑧知其未丧，而系易寡过⑨，尚乾乾于将耄⑩，原终于始⑪也。子之言，正切以教子路也夫。

【评】实义虚神，俱得时文中之正当者。

【作者简介】

陆师（1667—1722），字麟度，号巢云，浙江归安人。康熙三十九年（1700）进士，授河南新安知县，官至山东兖宁道。有《采碧山堂诗集》六卷。

【题解】出自《先进·季路问事鬼神》，参见正嘉文卷三唐顺之《季路问事鬼神》。

季路问事鬼神。子曰："未能事人，焉能事鬼？"敢问死。曰："未知生，焉知死？"

【注释】

① 临之者：指天。下句"质之者"指鬼神。韩愈《与孟尚书书》："天地鬼神，临之在上，质之在傍。"

② 无朕：无形迹，指鬼神等。

③ 灵爽：精气。

④ "有形"等句：践形，谓尽人之道，《孟子·尽心上》："惟圣人，然后可以践形。"朱熹集注："人之有形有色……惟圣人有是表，而又能尽其理，然后可以践其形而无歉也。"没则宁，谓：死则得安宁，坦然对待死亡，本张载《西铭》："存，吾顺事；没，吾宁也。"

⑤ 有疾可以无祷：平素行为合于神明，则疾病不必祷于鬼神。按，此句本《论语·述而》"子疾病，子路请祷"事。

⑥ 子臣弟友：此指按照子、臣、弟、友的伦理规范行事。

⑦ 治幽以明：尽心处理人事，也可以算是处理了鬼神之事。明，人事。幽，指鬼神之事。

⑧ 斯文：文化，礼乐制度等。此句本《论语·子罕》："天之未丧斯文也，匡人其如予何？"

⑨ 系易寡过：研读《易经》可以让人少犯错误。系易，旧说孔子作《易经·系辞》。"寡过"，语本《论语·述而》："子曰：加我数年，五十以学《易》，可以无大过矣。"

⑩ 乾乾于将耄：将到年老之时，仍然刚健有为。乾乾，自强不息貌。《易·乾》："君子终日乾乾，夕惕若厉，无咎。"耄，年老。

⑪ 原终于始：以生前之事推究死后之事。原，推究。

赤尔何如　一节

何　焯

　　贤者以小相自居，犹若待学而能焉。夫宗庙会同，惟赤能相之耳，而乃仅为其小耶？且待学耶？今夫礼乐之为用，其巨者在化民成俗，至于朝祀之间，止及夫仪章之数云尔。乃承之者犹不敢以为遽娴，方退处于因人成事之列，何其弥自下也，然真得君子风矣。昔求①之俟，盖俟赤也。夫子亦以为吾党中必将有君子出焉，因顾赤而询曰：尔所为何如？而赤婉焉对曰：赤也内顾所能，而华国②方未遑也，虽长者期之，其敢侈陈微尚③乎；徐议所学，而从公弥不敏也，然任使及焉，其不悉心加肆乎？非曰宾客与言，夙④在夫子奖许之中，而掌故所藏，莫不如其素习；亦愿俎豆尝闻，稍窃夫子讨论之绪，而行人⑤所职，或得预其末光⑥。则意者有事宗庙乎？在上者方合万国之欢，而隆宗祀于明堂⑦，备大袷⑧于清庙⑨，丝衣载弁⑩之班，何以使人咸颂吾君之有恪⑪也，固赤所瞻盛礼而徘徊者也，则如其适际会同乎；在上者方辑五等之瑞⑫，而发禁以敌王忾⑬，施政以代时巡⑭，朱芾金舄⑮之列，何以使人争羡吾君之无违也，固赤所思荐闻⑯而逡巡者也，而赤将何所为哉？惟是知赤者倘以生长东鲁，亲见夫閟宫有侐⑰之颂，而谓显相骏奔⑱，即可因宗邦以推求其略也，于焉以赤承其乏⑲，斯赤亦不揆逾分，而随君黼卿黻⑳以行，庶邀福于夷怿㉑欤；知赤者倘以来学杏坛㉒，应鉴夫不能相仪之耻，而谓烦言莫治，亦可假儒生以静镇其间也，于焉以赤摄其官，斯赤遂欣佐下风㉓，而托承摈绍摈㉔之后，尚获免于愧厉欤？言"相"未易能也，其"小"或可学也。服则有端，视轻裘之为亵㉕；冠则章甫，差㉖束带之为宜。赤所愿为如是而已。吁，赤之于礼乐深矣，而所云愿学止此，岂非真得君子礼让之意者乎？宜乎求之俟之也。

　　【评】节和音雅，文之以韵胜者。

　　【作者简介】

　　何焯（1661—1722），初字润千，号元勇，后改字屺瞻，晚号茶仙，崇明人，后迁居长洲（今苏州）。先世曾以义门旌，学者称义门先生。少好读书，先后师事韩菼、李光地等，通经史百家之学，尤精于校勘。康熙四十一年（1702），李光地以草泽遗贤荐，召入南书房。四十二年赐举人，会试下第，复赐进士，仍直南书房，兼武英殿纂修。著有《义门先生集》一二卷，又有《义门读书记》等。亦精于制义，自作有《何纪瞻稿》，编有《行远集》。

　　【题解】出自《先进·子路曾皙冉有公西华侍坐》。

　　子路、曾皙、冉有、公西华侍坐。（皙，曾参父，名点。）子曰："以吾一日长乎尔，毋吾以也。（言我虽年少长于女，然女勿以我长而难言。盖诱之尽言以观其志，而圣人和气谦德，于此亦可见矣。）居则曰：'不吾知也！'如或知尔，则何以哉？"（言女平居，则言人不知我。如或有人知女，则女将何以为用也？）子路率尔而对曰："千乘之国，摄乎大国之间，加之以师旅，因之以饥馑；由也为之，比及三年，可使有勇，且知方也。”夫子哂之。（率尔，轻遽之貌。摄，管束也。二千五百人为师，五百人为旅。因，仍也。谷不熟曰饥，菜不熟曰馑。方，向也，谓向义也。民向义，则能亲其上，死其长矣。哂，微笑也。）“求！尔何如？”对曰：“方六七十，如五六十，求也为之，比及三年，可使足民。如其礼乐，以俟君子。”（方六七十里，小国也。如，犹或也。五六十里，则又小矣。足，富足也。俟君子，言非己所能。冉有谦退，又以子路见哂，故其辞益逊。）“赤！尔何如？”对曰：“非曰能之，愿学焉。宗庙之事，如会同，端章甫，愿为小相焉。”（公西华志于礼乐之事，嫌以君子自居。故将言己志而先为逊辞，言未能而愿学也。宗庙之事，谓祭祀。诸侯时见曰会，众覜曰同。端，玄端服。章甫，礼冠。相，赞君之礼者。言小，亦谦辞。）“点！尔何如？”鼓瑟希，铿尔，舍瑟而作。对曰：“异乎三子者之撰。”子曰：“何伤乎？亦各言其志也。”曰：“莫春者，春服既成。冠者五六人，童子六七人，浴乎沂，风乎舞雩，咏而归。”夫子喟然叹曰；“吾与点也！”（四子侍坐，以齿为序，则点当次对。以方鼓瑟，故孔子先问求、赤而后及点也。希，间歇也。作，起也。撰，具也。春服，单袷之衣。浴，盥濯也，今上巳祓除是也。沂，水名，在鲁城南，地志以为有温泉焉，理或然也。风，乘凉也。舞雩，祭天祷雨之处，有坛墠树木也。咏，歌也。曾点之学，盖有以见夫人欲尽处，天理流行，随处充满，无少欠阙。故其动静之际，从容如此。而其言志，则又不过即其所居之位，乐其日用之常，初无舍己为人之意。而其胸次悠然，直与天地万物上下同流，各得其所之妙，隐然自见于言外。视三子之规规于事为之末者，其气象不侔矣，故夫子叹息而深许之。而门人记其本末独加详焉，盖亦有以识此矣。）三子者出，曾晳后。曾晳曰：“夫三子者之言何如？”子曰：“亦各言其志也已矣。”曰：“夫子何哂由也？”（点以子路之志，乃所优为，而夫子哂之，故请其说。）曰：“为国以礼，其言不让，是故哂之。”（夫子盖许其能，特哂其不逊。）“唯求则非邦也与？”“安见方六七十如五六十而非邦也者？”（曾点以冉求亦欲为国而不见哂，故微问之。而夫子之答无贬辞，盖亦许之。）“唯赤则非邦也与？”“宗庙会同，非诸侯而何？赤也为之小，孰能为之大？”（此亦曾晳问而夫子答也。孰能为之大，言无能出其右者，亦许之之辞。程子曰：“古之学者，优柔厌饫，有先后之序。如子路、冉有、公西赤言志如此，夫子许之。亦以此自是实事。后之学者好高，如人游心千里之外，然自身却只在此。”又曰：“孔子与点，盖与圣人之志同，便是尧、舜气象也。诚异三子者之撰，特行有不掩焉耳，此所谓狂也。子路等所见者小，子路只为不达为国以礼道理，是以哂之。若达，却便是这气象也。”又曰：“三子皆欲得国而治之，故夫子不取。曾点，狂者也，未必能为圣人之事，而能知夫子之志。故曰浴乎沂，风乎舞雩，咏而归，言乐而得其所也。孔子之志，在于老者安之，朋友信之，少者怀之，使万物莫不遂其性。曾点知之，故孔子喟然叹曰‘吾与点也。’又曰：“曾点、漆雕开，已见大意。”）

【注释】

① 求：冉求。冉求谓“如其礼乐，以俟君子”，而公西华所言正是“礼乐”。

② 华国：光耀国家。

③ 微尚：微小的志向。

④ 夙：从前，平素。按，孔子奖许公西华善言辞、礼仪，见《论语·公冶长》："子曰：赤也，束带立于朝，可使与宾客言也，不知其仁也。"

⑤ 行人：此指礼宾官。《周礼·秋官·大行人》："大行人掌大宾之礼及大客之仪，以亲诸侯。"

⑥ 末光：余辉。"预其末光"，犹言沾光。

⑦ 明堂：古代帝王宣明政教、举行大典的地方。

⑧ 大祫：古时天子、诸侯宗庙祭礼之一，集远近祖先的神主于太祖庙合祭。

⑨ 清庙：即太庙，古代帝王的宗庙。《诗经·周颂·清庙》："於穆清庙，肃雍显相。"

⑩ 丝衣载弁：参与祭祀活动的士人的穿戴。语出《诗经·周颂·丝衣》叙祭祀之人："丝衣其纾，载弁俅俅。"

⑪ 有恪：恭敬貌。《诗经·商颂·那》叙祭祀："自古在昔，先民有作。温恭朝夕，执事有恪。"

⑫ 辑五等之瑞：此即指朝觐会同之礼。五等诸侯朝觐帝王，帝王收齐他们所执的代表诸侯身份的玉，朝见结束再发还。辑，收、敛。瑞，指圭璧。语本《尚书·舜典》：舜即位，"辑五瑞，既月，乃日觐四岳群牧，班瑞于群后"。

⑬ 王忾：天子的愤怒。语本《左传·文公四年》："诸侯敌王所忾而献其功。"杜预注："敌，犹当也；忾，恨怒也。"孔颖达疏："当王所怒，谓往征伐之胜而献其功也。"

⑭ 时巡：以时巡狩。天子适诸侯曰巡狩。

⑮ 朱芾金舄：天子、诸侯等的服饰。芾，蔽膝，朱色为君主所用。《诗经·小雅·斯干》："朱芾斯黄，室家君王。"金舄，加有金饰的赤黄色鞋，是最尊贵的服饰。《诗经·小雅·车攻》："赤芾金舄，会同有绎。"

⑯ 荐闻：提供关于礼的知识。《左传·昭公四年》："左师曰：（礼）小国习之，大国用之，敢不荐闻？"杜预注："言所闻，谦示所未行。"

⑰ 閟宫有侐：指《诗经·鲁颂·閟宫》："閟宫有侐，实实枚枚。"閟，闭。侐，清静。毛传："先姚姜嫄之庙，在周常闭而无事。"诗序谓："《閟宫》，颂僖公能复周公之宇也。"按，此一股谓，鲁为周公之后，保存礼乐最为完备，公西华生长于此，即可借亲见的礼乐仪式推知其他所缺略的部分。

⑱ 显相骏奔：指参与祭祀活动。语本《诗经·周颂·清庙》："於穆清庙，肃雍显相。济济多士……骏奔走在庙。"显相，毛传："相，助也。"郑笺："显，光也，见也。……诸侯有光明著见之德者来助祭。"骏奔，郑笺："骏，大也。诸侯与众士，于周公祭文王，俱奔走而来，在庙中助祭。"

⑲ 承其乏：即"承乏"，谦称暂任某职。《左传·成公二年》："摄官承乏。"

⑳ 君黼卿黻：君主和公卿所穿的衣服，此即指君王、公卿。

㉑ 夷怿：高兴。语本《诗经·商颂·那》："我有嘉客，亦不夷怿。"郑笺："嘉客，谓二王后及诸侯来助祭者。我客之来助祭者，亦不说怿乎？"按，此句谓公西华希望有幸追随公卿，参与到祭祀等活动中，担任傧相。

㉒ 杏坛：孔子讲学之处。此处指从师于孔子。

㉓ 佐下风：在下面辅助。《汉书·贾谊传》："因使少知治体者得佐下风。"

㉔ 承傧绍傧：指各种等级的傧相。傧，引导宾客。《礼记·聘义》："卿为上傧，大夫为承傧，士为绍傧。"孔颖达疏："主国之卿为上傧，接迎于宾。大夫为承傧者，承副上傧也。士为绍傧者，绍，继也，谓继续承傧。"

㉕ 亵：轻慢。按，此句谓与"端甫"的服饰相比，"轻裘"就显得轻慢，此意似本《论语·雍也》载公西华使于齐"乘肥马，衣轻裘"事。

㉖ 差：略微，比较。按，孔子称公西华可"束带立于朝"，此句谓公西华自认为戴"章甫"（担任傧相）更适合，是自谦之辞。

774

点尔何如 一节

张玉书

志有合乎圣心者，不求知而自得也。夫人知之而志见，即人不知而志亦见也，此点所以异而子所以与①欤？且吾党居恒，自命即日用之际而有置身三代之思，亦安往而不得吾志哉？皇皇然以有待之勋名期许于异日，而慨于时不我知，殆未观圣贤相喻之深矣。三子相继言志，而点独未对，一若无所为志而不迫于自明，一若自得其志而不期于共示，则犹然鼓瑟也；及闻子之问，舍而作，作而言，观其语默从容而气象之间，盖已较然异矣。夫圣贤为斯世而有志，行事岂必相谋，挟而持之，其撰殊也，亦行吾意焉而已；圣贤本学问而有志，性情岂必相强，实而试之，异无伤也，亦明吾意焉而已。此时点之意中，乃遂举三子之兵农礼乐一无所系于怀，而谓即此暮春时，吾志已遇也。言有服也，则服既成矣，言有游也，则游与俱矣。冠者吾徒也，五六人可也；童子亦吾徒也，六七人可也。沂可浴而浴，舞雩可风而风；可咏而咏，可归而归。点之乐无取乎同也，俯焉仰焉，何所需于物，而致感于天时人事之穷；点之乐亦无所为异也，俯焉仰焉，何所私于己，而不公其乐行忧违②之愿。时不待择而各因乎时，地不待择而各因乎地，春风舞雩，亦特其寄耳，存此见者，知天地之间皆我所不容措置③者也，吾夫子日与偕行之，而点也则微及之；有感于外而吾之性以通，有动于中而吾之意以适，春风舞雩，亦随其遇耳，推此见者，知天地之大皆我所不容澹漠④者也，吾夫子日为惓怀之，而点也则隐念之。子与二三子筹知之时，不意点之志独及乎此；即与点论志之时，亦不意点之言遂及乎此。而忽得其如此也，是以叹之深、与之切也。夫三子所志者，异日之知；点所志者，今日之乐。而子之与之，卒在此不在彼。此时夫子之意中，岂欲强三子之兵农礼乐必同于异撰之曾点，而其相喻有深焉者矣。惜乎！三子未深辨而遂出也。

【评】前半详记动止、坐作、语默，其胸襟气象隐然可想，不独"暮春"数语与圣心契合也。曾氏言外之意、孔子喟叹之情，最难体认。惟此篇一一清出，各有着落。义理既得，而风致悠扬，耐人寻览。

【题解】出自《先进·子路曾皙冉有公西华侍坐》。见上。

【注释】

① 与：赞同。

② 乐行忧违：语本《易·乾》："乐则行之，忧则违之，确乎其不可拔，潜龙也。"孔颖达疏："心以为乐，己则行之，心以为忧，己则违之"，"身虽逐物推移，隐潜避世，心志守道，确乎坚实其不可拔"。

③ 措置：安排、料理。按，此一股意思说，大化流行，各因其性而已。

④ 澹漠：不关心。按，此一股意思说，仍须有"民胞物与"之情怀。

点尔何如 一节

胡任舆 墨

随所遇而志在焉，圣人之所与也。夫点志何异乎？春风沂水之间，有化机焉，子故用叹夫点耶？尝思人生俯仰甚宽，而恒郁郁焉忧志之不遂者，何为乎？异日之经纶虽实亦虚，何也，以其有待也；当前之寄托虽虚亦实，何也，以其无待也。若点之志足述已。勋业者，君相之遇合也，禹皋伊旦①当时若无此遭逢，岂遂湮没以终老，天壤甚大，倘必有所待而后抒怀，设所如不偶②，将毕生无自见之期矣；景物者，达士之功名也，黄农虞夏今日岂异此风期③，安见熙皞④之难再，人物依然，如其无所待而皆快意，将动与天游，任目前皆自得之致矣。维时点承夫子之问，鼓瑟方阕，余音铿然，容止之间，萧然自远。一若三子之兵农礼乐，何必不虚，而乃不欲为其同；当前之物序人风，何必不实，而乃独自见其异。彼莫春、春服，正知我时也；冠者、童子，皆合志人也；风浴、咏归，尽酬知具也。虽各言其志，而以此思点，点何如耶？性情之际，安往不得，忽焉而值此时，忽焉而思此人，忽焉而娱此境，任耳目间之取携，而生平不尽啸歌之致，此其气象类不在三代以下也，将点狂也，不几于道欤；宇宙之故，安在可执，如必莫春而后为其时，必童冠而后为其人，必风浴咏归而后为其境，自命旷观之高致，而寄情犹域形迹之内，此其意量不过石隐⑤者流也，将点深也，不犹之乎浅欤？论者谓点之志与夫子老安少怀⑥之志微有合者，故亟与之。然而夫子当日惟是喟然嘉叹，至其所以与者，终未言其故云。

【评】翩跹摇曳，越数十年，风调犹新。

【作者简介】

胡任舆（？—1704），字孟行，号芝山，江南上元（今南京）人。康熙二十年（1681）江南乡试解元，三十三年（1694）状元，授职翰林院修撰，掌修国史，仕至翰林院侍讲。

【题解】出自《先进·子路曾皙冉有公西华侍坐》。

【注释】

① 禹皋伊旦：大禹、皋陶、伊尹、周公（旦），都是前代的圣君贤相。
② 偶：合，遇合。
③ 风期：风光。
④ 熙皞：光明，常指太平盛世的景象。
⑤ 石隐：隐士。
⑥ 老安少怀：指"老者安之，少者怀之"（《论语·公冶长》）。

点尔何如　一节

汪　薇　墨

异乎人而同乎圣，狂士之志也。夫言志于圣人之前而自以为异，诚异矣。子之即其言而与之也，其相感殆有深焉者乎？且夫同堂晤对，各出其生平之隐，愿以共质于良师友之侧，岂不甚快？而顾乃负其卓荦之致，若自托于不可一世者之为，此无论①非人情、不可近也，即以揆诸圣人殷勤用世之意，亦岂有当乎？而其实不然。夫负高世之材者，必不屑苟同于人；怀旷渺之思者，间亦或寓意于物。当日点承夫子之问，方且雍容鼓瑟，作止自如，其气象固已较然殊矣。而犹进而言曰"异乎三子者之撰"，斯时也，点之自视为何如耶？今夫异不异亦何常之有？伏处而谈往古，鸡鸣风雨②，夙夜③不必相谋，此性情之为也，必欲易彼之所非为吾之所是，则学术亦病于拘牵；慷慨而商治略，水火工虞④，神圣不必相假，此运数之为也，必欲借人之所长掩己之所短，则天地亦疑其狭隘。子曰"何伤乎？亦各言其志也"，盖不欲点之强为同也。虽然，点何异？异莫春耶，异春服耶，异童冠耶？异浴与风耶，异咏归耶，不然，异乎三子而即异乎夫子耶？东山泗水⑤之间，杖屦优游，亦几永矢⑥而弗告，然而大道之行，未尝一日忘也，西归可怀⑦，常抱此己溺己饥⑧之愿，则栖栖者终何时已乎；齐楚宋卫⑨之郊，风尘劳攘，亦几尽瘁而弗遑，然而时命之悲，不以一己与也，删定⑩可娱，常怀此若将终身⑪之志，则落落⑫者何在不然乎？是故夫子一闻点言，即不禁喟然太息而深与之，其所以契乎点者深矣。嗟乎！圣人学于万物，况其弟子乎？三代之英⑬未远也，覆载⑭日在俯仰间也。点犹多存一异之见，而夫子不已深远哉？

【评】扫尽此题习见语，实与曾氏所志及夫子与之精神款款相会。清思高韵，翛然尘表。闱墨中得此尤难。

【作者简介】

汪薇（1645—1717），字思白，又字溪翁，号辱斋，别号隶园，安徽歙县人。康熙二十四年（1685）进士，官至福建学政、按察使。有《寒木堂看香草》二卷、《咏古诗》一卷。

【题解】出自《先进·子路曾皙冉有公西华侍坐》。

【注释】

① 无论：不必说。

② 鸡鸣风雨：指君子于乱世中能够保持自己的节操。语本《诗经·郑风·风雨》："风雨凄凄，鸡鸣喈喈。"毛传："风且雨，凄凄然，鸡犹守时而鸣，喈喈然。"郑笺："喻君子虽居乱世，不变改其节度。"

③ 夙夜：早晚、朝夕。此似本《诗经·召南·采蘩》"夙夜在公"，《小雅·皇皇者华》："夙夜征行，不遑启处"，诗句本指勤于公事。

④ 水火工虞：指民生日用之事。

⑤ 东山泗水：东山、泗水均在孔子家乡附近。东山，《孟子·尽心上》："孔子登东山而小鲁"，朱熹集注："盖鲁城东之高山。"

⑥ 永矢：发誓。永，长。矢，誓。语本《诗经·卫风·考槃》，诗叙贤士隐居，"独寐寤宿，永矢弗告"，郑笺："不复告君以善道。"

⑦ 西归可怀：总想着归于西周的文武之道。西，指周，周在西方。语本《诗经·桧风·匪风》："谁将西归？怀之好音。"毛传："周道在乎西。怀，归也。"

⑧ 己溺己饥：关心百姓的疾苦。语出《孟子·离娄下》："禹思天下有溺者由己溺之也；稷思天下有饥者由己饥之也，是以如是其急也。"

⑨ 齐楚宋卫：泛指孔子周游列国所到之地。

⑩ 删定：指孔子删定《诗》、《春秋》等。

⑪ 终身：安于此事，以此终老。《孟子·尽心下》："舜之饭糗茹草也，若将终身焉。"

⑫ 落落：此指心情开朗。

⑬ 三代之英：夏商周三代的精英，指禹汤文武等。《礼记·礼运》："孔子曰：'大道之行也，与三代之英，丘未之逮也，而有志焉。'"

⑭ 覆载：指天地。

君子敬而无失 二句
刘子壮

处变而求所以自善，君子之心亦伤矣。夫君子不幸而有兄弟之变，既不能正之，又不忍坐视，则亦敬焉恭焉自尽其道而已矣。且人伦之变，虽贤圣不能得全于天，而其所得为者，正大以守身而已。夫骨肉之际难言，而忧患之来无方，惟致其慎而不开以端，则虽于事势不必有济，而所以自存亦善矣。吾子之忧兄弟也，岂惟安之若命，抑亦求所以自处。夫身居体分之尊，则秉道以正之，其或不率，亦以家法从之，盖父兄之处子弟焉，而子之时既有所不能；抑事系国家之大，则声义以治之，然而有异，亦以君命临之，盖明哲之定祸乱焉，而子之位又有所不可。无已，则惟以君子自为，而敬而无失、与人恭而有礼乎？吾之与彼，既已异趣，则一言一动皆其所为相连者也，古来不善之人，岂必由其天性，常以竞于意气之胜而益烈，君子敬以积其诚焉，无敢失色，无敢失辞，何其周也，父母之下，尚可容其骄，兄弟之间，实难恕其傲，于此审处，可以知省身之方矣；彼之于吾，且亦殊性，则为应为酬皆有所难测者也，天下无常之人，岂必有所触忤，常以起于来往之细而为隙，君子与人恭以谨其节焉，以礼礼人，以礼礼身，何其详也，人世之风波，可容忠信，家门之猜怨，非可调停，于此致慎，可以知处世之难矣。且夫人以一怒而至欲危其君，此其人非甚狂悖，直妄人耳，吾以敬示之，其亦明于君臣之故乎，彼此兄弟耳，而且不敢有失，况乎其上此者耶，幸在同气，则吾之性情即彼之性情，终日俨若①，而谓无少动于中焉，人情乎哉；且夫无故而至欲杀一圣人，此其人非为愚憒，直粗人耳，吾以恭示之，其亦晓然于世故之然乎，汝我兄弟耳，而且与有礼，况乎其疏此者耶，既已一体，则吾之举动亦关彼之举动，随处谦和，而谓无少救于事焉，人理也哉？古人出入于水火，而益致其亲爱，而岂谓事未有及，遂无自全之术；古人感动于风雷②，而各发其天性，而岂以势无如何，徒为不急之忧。吾子其以君子自为而已矣。

【评】题只是泛说君子处己接物之道，文紧就司马兄弟发论。下文"四海之内"云云，便不甚融贯矣。其剀切真挚，实能恻恻动人。

【题解】出自《颜渊·司马牛忧曰》。

司马牛忧曰："人皆有兄弟，我独亡。"（牛有兄弟而云然者，忧其为乱而将死也。）子夏曰："商闻之矣：盖闻之夫子。死生有命，富贵在天。（命禀于有生之初，非今所能移；天莫之为而为，非我所能必，但当顺受而已。）君子敬而无失，与人恭而有礼。四海之内，皆兄弟也。君子何患乎无兄弟也？"（既安于命，又当修其在己者。故又言苟能持己以敬而不间断，接人以恭而有节文，则天下之人皆爱敬之，如兄弟矣。盖子夏欲以宽牛之忧，故为是不得已之辞，读者不以辞害意可也。胡氏曰："子夏四海皆兄弟之言，特以广司马牛之意，意圆而语滞者也，惟圣人则无此病矣。且子夏知此而以哭子丧明，则以蔽于爱而昧于理，是以不能践其言尔。"）

【注释】

① 俨若：恭敬貌。《礼记·曲礼上》："毋不敬，俨若思。"按，此句谓，我若终日恭顺，而兄长完全无动于衷，则不合人情。

② 感动于风雷：指改过向善。语本《易·益》："《象》曰：风雷，益。君子以见善则迁，有过则改。迁善改过，益莫大焉。"孔颖达疏："《子夏传》云：'雷以动之，风以散之，万物皆盈。'……言必须雷动于前，风散于后，然后万物皆益。"

文犹质也　一节

谢陈常

拟文、质而一之，有见于无文之弊也。夫文质岂无轻重，要之均不可无耳。苟无文，是无别也，而可乎？且甚哉夫子之欲去文而存质也！揆之以理，则失其平；度之以势，则阶之厉①。夫文缘质而起，亦即辅质而行；质先文而立，不能不附文而达。原其始末，不无先后之序；权其轻重，实无缓急之分。近代虽日增华，而让必至三、拜必至百②，岂得谓忠信之遂薄③，夫子④曰"何以文为"，自我言文，"文犹质也"；上世固崇朴素，而卉易而服⑤、匏易而樽⑥，已渐觉文章之可乐，夫子曰"质而已矣"，自我言质，"质犹文也"。且夫文之为用也，君子以之藩身⑦，小人亦以之循分。致饰之过尽，其失止于鲜实⑧；简弃⑨之太甚，其流必至亡等⑩。彼虎豹之贵于犬羊，别以质乎？抑别以文乎？由夫子之说，是鞟之也。昔则虎豹，今也则鞟⑪，昔则犬羊，今也则鞟。鞟既一矣，奚知其异？君子将有救于天下，而一言之激，至使因救而得弊，而弊转甚于所救，岂不重可惜哉？以是知文质轻重之间，理惟酌其至平，而论毋取乎过激，庶乎闻者足风⑫，而言之者勿之有悔也。

【评】一语不溢，题蕴已尽短幅中。气局疏古，更为善学先辈。

【作者简介】

谢陈常，字久治，山西晋阳人，康熙二十四年（1685）进士。

【题解】出自《颜渊·棘子成曰君子质而已矣》，参见启祯文卷四陈际泰《君子质而已矣》。

棘子成曰："君子质而已矣，何以文为？"子贡曰："惜乎！夫子之说，君子也。驷不及舌。文犹质也，质犹文也。虎豹之鞟犹犬羊之鞟。"

【注释】

① 阶之厉：引起罪恶与灾祸，成为祸端。阶，阶梯，引申为导向、引起。厉，恶。语本《诗经·大雅·桑柔》："谁生厉阶，至今为梗。"又《大雅·瞻卬》："妇有长舌，维厉之阶。"

② 让必至三、拜必至百：礼仪细致而多。《仪礼》士冠礼、乡饮酒礼等均有"三揖"、"三让"的礼仪，《礼记·乐记》谓酒礼"壹献之礼，宾主百拜"。

③《老子》："夫礼者，忠信之薄，而乱之首。"

④ 夫子：那人，指上文提出"质而已矣，何以文为"的棘子成。

⑤ 卉易而服：以穿着衣服代替了原来披着草、葛当衣服的简陋情况。卉，百草。语本《尚书·禹贡》："岛夷卉服。"孔安国传："南海岛夷，草服葛越。"孔颖达疏："卉服是草服"，"葛越，南方布名，用葛为之"。

⑥ 匏易而樽：用酒樽代替了原来用瓢饮酒的简陋情况。《诗经·大雅·公刘》："执豕于牢，酌之用匏。"孔颖达疏："匏以酌之，言其新为邦国，俭而礼合也。"

⑦ 藩身：保身。藩，屏，保卫。《左传·昭公元年》："货以藩身，子何爱焉？"

⑧ 鲜实：缺少诚意。鲜，少。

⑨ 简弃：剔除，抛弃。

⑩ 亡等：无等，无视尊卑贵贱之分。

⑪ 鞟：去掉毛的皮。

⑫ 风：受教育，受感动。

居之无倦　二句

熊伯龙

圣人深言政，合居与行而考其心焉。盖无倦与忠，莫非心也，以此考政，而知为治固不在区区间矣。语子张曰：善为政者，不治事而治心，治心固所以治事也。心之为用，毅然任天下而有余，坦然示天下而无不足，存发①之际，可以观政焉。子问政乎？言政则必自政所托始者言之：吾以察其居，以天下之不可自理也，而宅万化于吾心之内。当其居之，固天下之所仰也，夫既为天下之所仰矣，而王事之浅深、治化之久近，宁犹在气数而不在吾心乎？诚以帝王为必可学，以风俗为必可成，以百年必世②为必可效，而多欲不以间于中，小喜不以间于外，则可谓无怠无荒矣。审如是也，为之而立，而吾有以相深于久大，则图将永也；为之而不即立，而吾有以自勉于艰难，则势将返也。盖为政者，功名岂必大异人，惟其志气之不衰而已。不然，数十年之积而或废于一旦，则前者可伤；一旦之胜而遂忘数十年，则后者可虑。其人岂无明作之才，而奈何一念倦勤③以至此也，则何如审所居之之为得也哉？言政又必自政所见端者言之：吾以察其行，以天下之不可意治也，而明其意于纲纪之中。当其行之，固吾心之所凭也，夫既为吾心之所凭矣，而律度之原非四巡④，官礼⑤之微非六府⑥，讵以实始而以名终乎？诚以法令为必不可恃，以百姓为必不可欺，以机智誉望为必不可用，而经事⑦则其常足守，权事则其变足安，则可谓必诚必信矣。审如是也，施之而应，而恻怛⑧著乎黎民，此以见天下之无所贵术；施之而未即应，而浮薄自在当世，亦识王者之所以为心。盖为政者，多方岂緊⑨无险阻，惟其性情之足见而已。不然，去人之害而人不以为乐，谓其奉成法而志弗存；兴人之利而人反以为忧，谓其喜纷更而弊将大。其人虽有君相之权，而未尝得行一事为可惜也，则何如慎所行之之为得也哉？

【评】举趾高阔，措意浑成。学之者无真实力量，而仿其形似，则不免外强而中干矣。

【题解】出自《颜渊·子张问政》。

子张问政。子曰："居之无倦，行之以忠。"（居，谓存诸心。无倦，则始终如一。行，谓发于事。以忠，则表里如一。程子曰"子张少仁。无诚心爱民，则必倦而不尽心，故告之以此。"）

【注释】

① 存发：存于心，发于事。

② 百年必世：此指以百年和数代人的时间使王道大行。必世，本《论语·子路》："如有王者，必世而后仁。"邢昺疏："三十年曰世……必三十年仁政乃成也。"韩愈《送齐暤下第序》："（自私之心）非百年必世不可得而化也，非知命不惑不可得而改也。"

③ 倦勤：本指厌倦于勤劳的事，引申为天子、官吏厌倦于政事的辛劳。《尚书·大禹谟》："（尧）耄期倦于勤。"

④ 四巡：指帝王巡狩。《史记·五帝本纪》："岁二月，东巡狩。……五月，南巡狩。……八月，西巡狩。十一月，北巡狩。……五岁一巡狩。"按，此句谓"四巡"仅是形式，而其内容则是督促诸侯、惠及百姓。参见《孟子·梁惠王下》"天子适诸侯曰巡狩，……无非事者"及朱熹《集注》。又见《礼记·王制》。

⑤ 官礼：官府的礼法。《管子·侈靡》："官礼之司，昭穆之离，先后功器，事之治，尊鬼而守故。"

⑥ 六府：指水、火、金、木、土、谷。《尚书·大禹谟》谓之"六府"，孔颖达疏："六者民之所资，民非此不生，故言'养民之本在先修六府'也。府者藏财之处，六者货财所聚，故称'六府'。"按，此句谓"六府"的事情要重于礼法上的小节。

⑦ 经事：以常道处理事情。下"权事"指以权变的方法处理事情。

⑧ 恻怛：恳切。

⑨ 緊：语助词，无实意。

樊迟问仁 三节

张曾裕 墨

仁、知①皆以天下为心，分用之而愈合焉。盖苟以天下为心，未有爱自爱而知自知者。举错②之用，仁耶？知耶？且圣贤之不能一日忘情于天下者，惟此心耳。心不忍漠然于天下，而仁以生；心不敢泛然于天下，而知以出。于是圣贤无穷之意，往往寄之各不相谋之中，然而不可谓异其用也，则亦不可谓异其心也。说在樊迟之问"仁"、复问"知"矣。今以天下待命之切，而谓可一人恝置③之者，此其人必非仁者而后可也，夫仁者以万物为一体，其慈祥恺恻④之怀，有不尽天下而胥在所爱者乎，子曰"爱人"，诚哉，非爱无以为仁也；且以天下品类之纷，而谓可人人概视⑤之者，此其人必非知者而后可也，夫知者以鉴别为己任，其聪明英达之姿，有不合天下而皆在所知者乎，子曰"知人"，诚哉，非知无以为知也。虽然，圣贤之不能一日忘情于天下者，惟此心耳。自知人之说出，而辨流品、严甄别，求一念之姑恕焉而不得，则爱穷，此樊迟之所以不能无疑也。子曰何疑乎？尔今试有一人于此，其于天下为是为非、为邪为正，非不昭然共睹也，而乃存一因循姑息之思，直亦听之、枉亦听之，泛泛焉与天下相安于无事，此其人天下或有称其大度者，然而是非不辨、邪正混淆，卒使贤者无以自见，而不肖者得以窃附其间，则其所伤不已多乎；又试有一人于此，其于天下为是为非、为邪为正，亦既灿然较著矣，于是奋其刚断明决之才，直则升之庸⑥之，枉则黜之逐之，断断焉与天下共晓吾意之所在，此其人天下容或有畏其严密者，然而是非既明、邪正共白，吾见怀才者咸有欣欣之意，而见弃者亦皆动其翻然勃然之心，则其所就不有神焉者乎？举直错枉，而枉者可直，"能使"之效彰彰如是。然后知仁、知虽分，其心之不能忘情于天下果一也。

【评】节旨章脉，毫厘不失。疏爽英秀之气，开人心目。

【作者简介】

张曾裕，字昆贻，号容轩，浙江海宁人。康熙二十七年（1688）进士，由直隶知县内擢，官至陕西道监察御史，卒于官。著有《爱吾庐文集》。

【题解】出自《颜渊·樊迟问仁》，参见隆万文卷三郭正域《樊迟问仁》。

樊迟问仁。子曰："爱人。"问知。子曰："知人。"樊迟未达。子曰："举直错诸枉，能使枉者直。"

【注释】

① 仁、知：仁和智。知，通"智"。
② 举错：即"举直错诸枉"，把正直的人提拔出来，位置在邪恶人之上。错，置。
③ 恝置：漠然不理会。
④ 恺恻：和乐而有恻隐之心。
⑤ 概视：等量齐观。
⑥ 庸：用，任用。

先有司 三句

熊伯龙

圣人三言政，皆所以任人也。夫为政之人，实维有司，赦过、举贤，又孰非任人之道乎？不言政而政尽矣，此夫子以宰天下者告仲弓也。曰：君子觇人国之政，岂能事事而详之哉？宰政者公私之意，即国事所为兴废也。以政为必自我立，则见朝廷之上行吾政，而得过者何其多也，而天下之才举可弃也矣；以政为不必自我立，则见朝廷之上行吾政，而得过者何其少也，而天下之才举可用也矣。今与子揆当世之务，窃以为凡政自我为之，不若与人共为之之有济也；与人为之而多所督责于其间，不若与人安意肆志①而为之之有济也；与百执事安意肆志而为之，又不若博求天下贤士君子群起而为之之有济也。是故国有有司，不可侵也，古之人明刑教稼，治一事而毕世不能相易，可曰予秉国钧②而明作废群材乎，夫因官以授事，则人敬官也，因事以课③官，则人兴事也，先之，而下僚有报政④之地矣；人有小过，不可求也，古之人殛凶聖壬⑤，其先亦或养之数年而不动，可曰细行不矜⑥而终身自此败乎，夫无心之失而在上得而闻之，此其人必不远于庸众之情，物论之多而可摘止此数事，此其人必无大愧生平之理，赦之，而在廷无服政之苦矣；人有贤才，不可遗也，凡人敬业考道、积岁月而成一良士，古先王之所祷祀而求也，可曰吾有国政而不使闻乎，夫举廉⑦而不与、论秀⑧而不与，此贤才之忧也，或流为怨叹、或散之邻封，此非仅贤才之忧也，举之而书升⑨，皆立政之人矣。盖一代之功名，君相得而有之，君相不得而奔走之也，法三百六十⑩之意以风于有位，而朝无苛禁、野无留良⑪，则安见宽仁大度之心形为纲纪，而周官不可以复作；国家之事权，操切⑫之而未尝不分，纵任之而未尝不合也，考六计弊吏⑬之法以集乃众猷⑭，而慎官刑⑮以养廉耻、惜人才以为社稷，则安见吉士⑯群扶之国刑书辍铸⑰，而礼乐不可以复兴？此任人之道也，而政在其中矣。

【评】稿中多雄杰峻厉之作，此独信笔所如，有翛然自得之致。分三件平还而开讲，及总提处串发，少乖体制，不可不知。

【题解】出自《子路·仲弓为季氏宰》。

仲弓为季氏宰，问政。子曰："先有司，赦小过，举贤才。"（有司，众职也。宰兼众职，然事必先之于彼，而后考其成功，则己不劳而事毕举矣。过，失误也。大者于事或有所害，不得不惩；小者赦之，则刑不滥而人心悦矣。贤，有德者。才，有能者。举而用之，则有司皆得其人而政益修矣。）曰："焉知贤才而举之？"曰："举尔所知。尔所不知，人其舍诸？"（仲弓虑无以尽知一时之贤才，故孔子告之以此。程子曰："人各亲其亲，然后不独亲其亲。仲弓曰'焉知贤才而举之'，子曰'举尔所知，尔所不知，人其舍诸'，便见仲弓与圣人用心之大小。推此义，则一心可以兴邦，一心可以丧邦，只在公私之间尔。"范氏曰："不先有司，则君行臣职矣；不赦小过，则下无全人矣；不举贤才，则百职废矣。失此三者，不可以为季氏宰，况天下乎？"）

【注释】

① 安意肆志：此指放心地、自主地行政。

② 国钧：犹国柄，国家的大权。

③ 课：考核。

④ 报政：本指汇报政绩，也引申为地方官政绩卓著之意。《史记·鲁周公世家》："鲁公伯禽之初受封之鲁，三年而报政周公。"

⑤ 殛凶圣壬：诛除凶恶之人，憎恶奸诈巧辩之人。圣，憎恶。壬，巧辩。

⑥ 细行不矜：不注意小节。矜，慎守、谨慎。

⑦ 举廉：即"举孝廉"，地方上推举人才。

⑧ 论秀：原指乡党推举人才，引申为推举人才。《礼记·王制》："命乡论秀士，升之司徒，曰选士……大乐正论造士之秀者以告于王，而升诸司马，曰进士。"

⑨ 书升：指提拔进用人才。见"论秀"条。

⑩ 三百六十：此指周代官制。旧谓《周官》所载有三百六十职，各任其职而国治。

⑪ 留良：被遗漏未得任用的贤才。

⑫ 操切：此指执掌。

⑬ 六计弊吏：用六种标准判断官吏的优劣。弊，断。语本《周礼·天官·小宰》："以听官府之六计，弊群吏之治：一曰廉善，二曰廉能，三曰廉敬，四曰廉正，五曰廉法，六曰廉辨。"

⑭ 集乃众猷：汇集众人的谋略。猷，谋。

⑮ 官刑：古代惩戒官吏的刑罚，通常用鞭刑。《尚书·舜典》："鞭作官刑，扑作教刑。"《周礼·天官·大宰》："以八法治官府……七曰官刑，以纠邦治。"

⑯ 吉士：犹贤人。《尚书·立政》："其惟吉士，用劢相我国家。"

⑰ 刑书辍铸：停止铸造刑书，意指国家大治，德化大行。铸刑书，指将刑法铸于鼎上，以晓谕百姓，子产等曾经采取过这种措施。

上好礼　三段

钱世熹

端所好以得民，大人之学然也。盖学大者，大得民也。好在礼、义、信，而敬、服、用情因之，以视稼圃，何如哉？且吾儒潜修家食①，而人必期为大人，学必求为大学者，非以大之能胜小，而以大之能统小也。盖凡为大人者皆上也，为小人者皆民也。区区稼圃是学，必上之力不能得诸民然后可，而上无不可得诸民也有其自，得有其必得，且有其得则屡得；必民之习不知应乎上然后可，而民无不知应乎上也有其立，应有其类应，且有其应不一应②。特患上之人不好礼耳，礼为民心所共尊，故袒席豆觞③，田间亦有修揖让者，果其好之，而品式④以章身、轨物⑤以范世，民有不以敬应者乎，其敬也，盖莫敢不敬也，此既以定天下之分矣；又患上之人不好义耳，义为民心所共是，故慷慨侠烈，草野亦有乐景从⑥者，果其好之，而可否以决事、赏罚以公人，民有不以服应者乎，其服也，盖莫敢不服也，此又以摄天下之志矣；且患上之人不好信耳，信为民心所共亲，故然诺话言，闾阎亦有思报答者，果其好之，而祛伪以持躬、推诚以与众，民有不以情应者乎，其用情也，盖莫敢不用情也，此又以贡天下之忱矣。大人亦有平易近人之意，而终不敢自贬其道之尊，亦曰今日学之，异日将用之也，两贱⑦不足以相治，我以贵自托，则贱者皆为所役，而风动自神；大人亦有勤劳民事之时，而终不敢自弃其业之正，亦曰今日学之，今日即用之也，两愚不能以相下，我以贤自处，则不肖皆为所驱，而感通自速。诚如是，尚忧稼圃耶？

【自记】此节一气赶下，题面似庄重而题神实走注。若将"礼、义、信"对"稼圃"呆讲，较量大小，则舛矣。又有讲到治道者，愈失愈远。

【评】以老笔写紧势，顾上按下，神理恰合。不用一语张皇，而"好"字中体用兼该。

【题解】出自《子路·樊迟请学稼》。

樊迟请学稼，子曰："吾不如老农。"请学为圃。曰："吾不如老圃。"（种五谷曰稼，种蔬菜曰圃。）樊迟出。子曰："小人哉，樊须也！（小人，谓细民，孟子所谓小人之事者也。）上好礼，则民莫敢不敬；上好义，则民莫敢不服；上好信，则民莫敢不用情。夫如是，则四方之民襁负其子而至矣，焉用稼？"（礼、义、信，大人之事也。好义，则事合宜。情，诚实也。敬服用情，盖各以其类而应也。襁，织缕为之，以约小儿于背者。杨氏曰："樊须游圣人之门，而问稼圃，志则陋矣，辞而辟之可也。待其出而后言其非，何也？盖于其问也，自谓农圃之不如，则拒之者至矣。须之学疑不及此，而不能问。不能以三隅反矣，故不复。及其既出，则惧其终不喻也，求老农老圃而学焉，则其失愈远矣。故复言之，使知前所言者意有在也。）

【注释】

① 家食：不食公家俸禄，指未仕。

② 不一应：屡应。

③ 衽席豆笾：此泛指日常礼仪。衽席，坐卧之处，此指饮宴或男女之事。豆笾，本指食器、酒具，此指饮宴。

④ 品式：标准，规格，此指以礼法规定行事。

⑤ 轨物：此指规范事物。《左传·隐公五年》："君将纳民于轨物者也。"

⑥ 景从：即"影从"，如影随形般追随。

⑦ 两贱：此指"我"与"民"皆处于卑，意谓"我"不学为"大人"。

诵诗三百 一节

韩 菼

诗足以致用，为徒诵者惜焉。夫诵诗者，将以多而已耶？不能遇诗于政与言之间，谓之未尝诵也可。且吾尝博观载籍矣，《书》以记言也，《春秋》以记事也。然《书》之教，疏通知远①，《春秋》之教，比事属辞②，故知善读古人之书者，未尝不事与言兼之。既而审定诗篇，相与弦歌③，而又知感人之深，使人得之以成其材、以泽躬于尔雅，尤莫善于诗也。何也？盛世之音安以乐，则有豳蜡之遗④，近世之音哀以思⑤，则多茂草之叹⑥，故王者省方问俗必陈⑦之，陈之何意也，亦可知非徒学士歌吟之物矣；其为和平之听，有清风肆好⑧之情，其为怨诽之词，亦温柔敦厚之致，故列国聘享会盟多赋之，赋之何意也，亦可知非徒一室咏叹之资矣。然则吾之逸之而存之⑨，至三百余篇，非徒云多而已。吾亦见夫今之为政者孔棘⑩矣，猛则残⑪，宽则慢，何道而竞绩之胥泯⑫也，吾曰"盍⑬诵《诗》"；又见夫今之出使者况瘁⑭矣，言不能足⑮志，文不能足言，何道而辑洽之交致⑯也，吾亦曰"盍诵《诗》"。盖《诗》以道政，固也，吾独谓《诗》所述之政则难耳，《雅》《颂》所纪，告成功⑰于天地鬼神，"二南"⑱所称，被深仁于昆虫草木，度今日授我以政，即俟之期月、俟之数年，亦不至责我以功之盛而化之神如此也，则学于《诗》之为政者，虽使今日布之优优⑲而尚多愧矣；《诗》可以言，固也，吾独谓诗人之立言则难耳，劳人思妇，感时而能写其所难言，孝子忠臣，遭变而曲明其所不忍言，度今日我行四方，即辞亢不可、辞卑不可，亦不至迫我以情之苦而势之难如此也，则学于《诗》之为言者，虽使今日出之亹亹⑳而殊未工矣。若之何犹不达也，上下㉑千余年得失之林，遍览十五国贞淫之异，而卒不能治一时焉、治一国焉，虽或有微长，而达则否矣，夫素丝羔衣㉒，古三事大夫㉓所夙夜者谓何，吾日诵之而负之也哉！若之何犹不能专对也，感发于匹夫涂巷㉔之思，服习于朝庙文章之盛，而独不能历山川㉕焉、奉玉帛焉，虽间有酬答，而专则否矣，夫雨雪寒暑，古驷驷征夫㉖所咨谋者谓何，吾尝诵之而谢之也哉！虽多，亦奚以为也？所以读一诗而我情我才若皆有诗焉，愿与之读全诗；读全诗而一动一言犹如无诗焉，未敢许为能读一诗者矣。吾尝言《诗》之失愚㉗，岂诗之故耶？

【原评】《寒碧斋稿》擅启祯之才调，神明于隆万之法律。淋漓跌宕，不主故常，实则谨细之至，无不曲中题之节奏关键。于此文求之，可得其概。

【题解】出自《子路·诵诗三百》。

子曰："诵诗三百，授之以政，不达；使于四方，不能专对；虽多，亦奚以为？"（专，独也。诗本人情，该物理，可以验风俗之盛衰，见政治之得失。其言温厚和平，长于风谕。故诵之者，必达于政而能言也。程子曰："穷经将以致用也。世之诵诗者，果能从政而专对乎？然则其所学者，章句之末耳，此学者之大患也。"）

【注释】

① 疏通知远：让人了解治国大纲，知道久远之事。语本《礼记·经解》："（孔子曰）温柔敦厚，《诗》教也。疏通知远，《书》教也。广博易良，《乐》教也。絜静精微，《易》教也。恭俭庄敬，《礼》教也。属辞比事，《春秋》教也。"孔颖达疏："《书》录帝王言诰，举其大纲，事非繁密，是疏通；上知帝皇之世，是知远也。"

② 比事属辞：出处见上。孔颖达疏："属，合也；比，近也。《春秋》聚合、会同之辞，是属辞，比次褒贬之事，是比事也。"

③ 弦歌：弹奏并歌咏。按，此句谓孔子删《诗》事，《史记·孔子世家》："古者《诗》三千余篇，及至孔子，去其重，取可施于礼义，……三百五篇孔子皆弦歌之。"

④ 豳蜡之遗：即指《诗经·豳风·七月》。《七月》又称"豳颂"。岁末祭祀，大祭万物称为"蜡"。《周礼·春官·龠章》："国祭蜡，则吹《豳颂》，击土鼓，以息老物。"按，豳地为周人祖先公刘所开发，《七月》内容，毛诗序谓："《七月》，陈王业也。周公遭变故，陈后稷先公风化之所由，致王业之艰难也。"

⑤ 哀以思：哀怨。思，悲伤。按，此本《礼记·乐记》："是故治世之音，安以乐，其政和。……亡国之音，哀以思，其民困。"

⑥ 茂草之叹：感叹杂草塞道的衰败荒芜景象，语本《诗经·小雅·小弁》："踧踧周道，鞫为茂草。"喻周王之道被周幽王所破坏。

⑦ 陈：献。旧说天子采诗，或命人献诗以观风俗。《礼记·王制》："天子五年一巡守。……命大师陈诗，以观民风。"郑玄注："陈诗，谓采其诗而视之。"

⑧ 清风肆好：此指诗表达亲和赞美之意。肆好，极美。语本《诗经·大雅·崧高》："吉甫作诵，其诗孔硕。其风肆好，以赠申伯。"《大雅·烝民》："吉甫作诵，穆如清风。"两诗，毛诗序均谓："尹吉甫美宣王也。"

⑨ 逸之而存之：指删除和保存。逸，指删除。

⑩ 孔棘：非常急迫、窘困。孔，甚。棘，急。《诗经·小雅·雨无正》："维曰于仕，孔棘且殆。"

⑪ 残：残害百姓。《左传·昭公二十年》："（孔子曰）政宽则民慢，慢则纠之以猛。猛则民残，残则施之以宽。宽以济猛，猛以济宽，政是以和。"

⑫ 竞绿之胥泯：施政过强过急和过缓过弱的毛病都消除了。《诗经·商颂·长发》："不竞不绿，不刚不柔。"朱熹集传："竞，强；绿，缓也。"

⑬ 盍：何不。

⑭ 况瘁：憔悴。语本《诗经·小雅·出车》："忧心悄悄，仆夫况瘁。"郑笺、孔疏等认为表现将帅临事而惧、忧劳。

⑮ 足：成。《左传·襄公二十五年》："（孔子曰）《志》有之：'言以足志，文以足言。'不言，谁知其志？言之无文，行而不远。"

⑯ 辑洽之交致：辞气和谐，百姓团结。辑，和。洽，合。《诗经·大雅·板》："辞之辑矣，民之洽矣。"孔颖达疏："王者若出教令，其辞气之和顺矣，则下民之心相与合聚矣。"

⑰ 告成功：《颂》主要是祭祀诗，《毛诗大序》："颂者，美盛德之形容，以其成功告于神明者也。"

⑱ 二南：指《国风》中的《周南》、《召南》。诗大序以为，二南反映周王朝的德化，为"正始之道，王化之基"。

⑲ 优优：政治宽和。《诗经·商颂·长发》："敷政优优，百禄是遒。"

⑳ 亹亹：此指言语动听，犹娓娓。

㉑ 上下：指反复推究。

㉒ 素丝羔衣：指官员外出招纳贤士及巡行邦国。素丝，用以缠绕旌旗的丝线。语本《诗经·鄘风·干旄》："素丝纰之，良马四之。"此诗，毛诗序谓："《干旄》，美好善也。"郑笺："文公臣子建旌乘马，数往见贤者于浚邑，是好善。"羔衣，大夫之衣。此本《王风·大车》："大车槛槛，羔衣如菼。"郑笺："古者，天子大夫服羔冕以巡行邦国，而决男女之讼"。

㉓ 三事大夫：即"三公"。语出《诗经·大雅·雨无正》："三事大夫，莫肯夙夜。"按，谓厉王幽王之臣不勤王事。《诗经》多次写到大夫"夙夜在公"，此处谓读《诗经》当效法古大夫之夙夜在公。

㉔ 涂巷：里巷，指民间。

㉕ 历山川：与下"奉玉帛"俱指出使。

㉖ 骎骎征夫：众多使臣。语本《诗经·小雅·皇皇者华》："骎骎征夫，每怀靡及。……载驰载驱，周爰咨谋。"郑笺："骎骎，众多之貌。征夫，行人也。"或谓"骎骎"指急急忙忙的样子。按，此谓古之使臣不论雨雪寒暑，出使在外，惟恐谋事不周，读诗者当效法他们以专对。

㉗ 《诗》之失愚：《礼记·经解》："（孔子曰）故《诗》之失，愚；《书》之失，诬……"，郑玄注："失，谓不能节其教者也。《诗》敦厚，近愚。"依孔子之意，唯"深于《诗》"即理解透彻，才能温柔敦厚而不愚。

诵诗三百 一节

张尚瑗

诗贵乎适用，不欲人以经生自处也。夫从政、专对皆备于《诗》，故三百不可胜用也。若以经生言之，《诗》仅六经之一耳，安得云多。且学者载籍极博，每旷怀乎古人，不知古人之博学，不逮今人远甚也。夫其守一家之言，终身佩服不过数语，而试而行之，守国睦邻，绰有余地。后儒之称经术者，必推古人为不可及，岂无故哉？后人考古，必推六艺之繁，古人读书，或不尽一经之数，若歌商歌齐①，各有所宜是也；后人一室，能备列国之书，古人一国，止操土风之旧，若七子六子②，不出郑志是也。若是乎诵《诗》三百，求之古人，亦岂概见哉？盖古人一诗必非苟作，其大者不外咏歌王泽、慰劳行役之篇，以为吾第可以无贻国恤③、无为君羞，是沨沨④者亦可不作矣，夫既不自已而见之辞，其必有关世道可知也，外此狡童怨女⑤，亦皆伤时之所托寄，不可谓于二者无与也；古人诵诗亦非徒诵，其著者常有敦诗命帅⑥、赋诗从享之事，以为是诚无愧大夫之才、上介⑦之选，彼翩翩者止以借观耳，夫既借观焉而有其效，其克堪此重任可知也，外此文人学士，或从他涂以自表见，亦大约与二者相类也。而乃畀之以政，谢弗逞，寄之以使，辞不敏，顾犹诩诩然辑六义之余文，托雅人之深致，广为传授，交相衍说。曰我将以藏名山待其人也，不亦轻朝廷、羞当世之士乎？盖天下有大儒之学，有经生之学。读古人之书即能以古人自命，单词词组，犹毕生用之而不尽，况乎举其全也，周公召公，入能致治，方叔召虎⑧，出能靖乱，媲其烈⑨者岂得自居三代以下之材；读古人之书辄思与古人争名，补亡订误，数十年争之而未定，何有于旧文也，虫鱼草木，名不胜书，郡国山川，志不胜考，专其家者遂日繁于三代以前之说。若徒曰诵《诗》三百，是亦云多也，将使空疏固陋之儒，不以不能政事、未娴专对为愧，而反得夸三百以为多。是又便于不知书者矣。

【评】创意造言，具有书卷之气，自觉潇洒出尘。

【作者简介】

张尚瑗（1656—1731），字宏蘧，号石里，江苏吴江人。康熙二十七年（1688）进士，选庶吉士，改兴国知县。有《石里诗集》、《文集》。通春秋之学，著有《三传折诸》四十四卷。

【题解】 出自《子路·诵诗三百》。见上。

【注释】

① 歌商歌齐：《史记·乐志》载子贡问乐于师乙，师乙谓："肆直而慈爱者宜歌商；温良而能断者宜歌齐。……商者，五帝之遗声也，商人志之，故谓之商；齐者，三代之遗声也，齐人志之，故谓之齐。明乎商之诗者，临事而屡断；明乎齐之诗者，见利而让也。临事而屡断，勇也；见利而让，义也。有勇有义，非歌孰能保此？"

② 七子六子：此指《左传》所载晋卿两次请郑国大夫赋诗以观其志的事情。《襄公二十七年》"郑伯享赵孟于垂陇"，赵孟曰："七子从君，以宠武也。请皆赋以卒君贶，武亦以观七子之志。"此次赋诗，七人中仅一人所赋《野有蔓草》属于《郑风》，故本文作者此处属误用典故。《昭公十六年》载"六子"赋诗事，"郑六卿饯宣子于郊"，宣子曰："二三君子请皆赋，起亦以知郑志。"六人所赋俱为《郑风》中诗篇，宣子谓"赋不出郑志"。本文作者想用这两个典故说明春秋时代，人们诵《诗》基本上是各国人熟悉本国的土风。

③ 恤：忧难。

④ 沨沨：形容乐声动听。《左传·襄公二十九年》季札观乐论魏风："美哉，沨沨乎！大而婉，险而易行，以德辅此，则明主也。"杜预注："中庸之声。"

⑤ 狡童怨女：狡童，语本《诗经·郑风·山有扶苏》："不见子充，乃见狡童。"及《郑风·狡童》："彼狡童兮，不与我言兮。"两诗，诗序均谓"刺忽也"，言郑君忽所任非人。

⑥ 敦诗命帅：指郤縠因喜《诗》、《书》而被晋国任命为元帅。事见《左传·僖公二十七年》："赵衰曰：郤縠可。臣亟闻其言矣，说礼、乐而敦《诗》、《书》。"

⑦ 上介：外交活动和重大典礼中的一类人员。《仪礼·聘礼》："宰执书告备具于君，授使者，使者受书授上介。"

⑧ 方叔召虎：周宣王时大臣，有中兴之功。《采芑》等篇载有其功勋事迹。

⑨ 烈：功业。

子适卫　一章
张玉书

圣贤谋保庶于卫，皆不欲听①之民者也。夫庶而富，富而教，孰非有民者之责乎？明其道者顾力行何如耳。今夫有国斯有民，而民之待治于圣贤与待治于君相无以异，是君相之所图成，固圣贤所日经营于意中者也。已然者留其有余，未然者忧其不足，即此当前仰望之人，有不谋其万全而不容已矣。昔吾夫子历聘不一国，而眷怀斯世者，民皆三代之民；吾党从夫子论治不一端，而相与绸缪②者，政皆三代之政。尝于适卫见之。夫卫自渡河③以后，国已屡迁，人亦非旧，其所以保有此民者未知何如，而顾得其民，且得其庶也。"庶哉"之叹，子殆欲敬用此民哉？民数之盛衰，迭相倚矣，或十年而变，或数十年而变，谓盛衰为天道之常，而不然也，先王先公乐利以怀之，亲贤以育之④，故留贻至今日耳，抚其成者，竟诿诸时衰时盛之适然乎；民气之聚散，至难恃矣，或一再传而易，或数十传而易，谓聚散为人事之常，而亦不然也，君子小人先畴⑤之未远，旧德之未湮，赖经画在今日耳，环而视者，竟听诸可聚可散之恒然乎？微⑥冉有之问，子必恤恤乎议加。而求⑦则以"既庶"请矣，人满而患其贫，甚于土满而患其寡⑧，庶而不富，庶安恃哉，聚族而游食，则庶者立匮，聚族而勤动，则庶者亦易盈也，而谁其富之；求又以"既富"请矣，富国之较胜于贫，犹之庶民之仅胜于寡，富而不教，庶安极哉，骄淫之习，惟富者开其先，廉耻之兴，亦惟富者易为力也，而谁其教之？天下大利必归农，故富始耕桑而次工贾，天下礼治行于贵，故教先公族而后庶民，权轻重以布之，一国之中皆其无憾于君师者矣，而尚疑王道之寡效哉；什一者先王不敚之法，故君之富亦藏于民，孝弟者斯民天性之同，故家之教可通于国，准人情而导之，一国之中皆其服习于仁义者矣，而尚疑儒术之迂疏哉？力而行之，非徒为一卫谋矣。

【评】于"庶哉"一叹中写出圣人深情，通身俱有生色。实疏"富"、"教"，更无一肤泛语。可谓毫发无憾。

【题解】《子路·子适卫》，参见启祯文卷四金声《既庶矣》。

子适卫，冉有仆。子曰："庶矣哉！"冉有曰："既庶矣。又何加焉？"曰："富之。"曰："既富矣，又何加焉？"曰："教之。"

【注释】

① 听：任由，听任。
② 绸缪：预先谋划准备。
③ 渡河：卫国初期定都于朝歌，卫懿公时被狄人所攻，后在齐桓公帮助下迁都楚丘。
④ "乐利"以下：让民众得到安乐和利益，因而亲附于君王；亲亲而重贤，使百姓感受教化。语本《大学》："君子贤其贤而亲其亲，小人乐其乐而利其利，此以没世不忘也。"
⑤ 先畴：先人留下的土地。
⑥ 微：假如没有。
⑦ 求：冉有。
⑧ 寡：人口少，与"庶"相对。

既富矣　一节

狄 亿

"富"之所加惟"教"，为保"庶"计者至矣。夫视既富为无以加者，非爱庶者也。子曰"教之"，保富正以保庶耳。尝谓民沃者不材①，是言也，不可以为信也，然上之人不敢不以为忧也。忧而亟为之所，则不材者且转为材，而况天下本无不材之民乎？冉有闻夫子加富之说，为卫庶幸矣，抑末也。民非一世之民，盖历数千百年以迄今日也，加富矣，较之生靡乐②之民，似有余，较之户可封③之民，则不足也，其为治殆不免于得半者也；民非一国之民，尝阅七十二邦④以及兹土也，既富矣，吾有所再至而墟者，庶固不可终日，吾有所再至而瘠者，富亦不可终日也，其为患有不止于失半者也。是恶可无加哉？子告之曰：民气实矣，长民者益务有以实之，盖富民之实者仓廪耳，闾阎之流失⑤多端，尚有乘吾民之虚而入者，有如仓廪以实其外，而又有礼义以实其内，复何憾乎，而礼义非斯民所自为实也，教之而已；民生厚矣，抚民者益务有以厚之，盖富民之厚者衣食耳，习俗之渐靡已甚，随有引吾民于薄以去者，有如衣食以厚其生，而又有道德以厚其心，更何患乎，而道德非斯民所自能厚也，教之而已。教有机焉，迎其所喜则易入，富也者，贫民所喜止于是，富民所喜将不止于是也，值俯仰之甚宽，常觉此身之不可弃，而吾因以教迎之，若曰尔由我则为贤人君子，不由则仅为富人而已毕矣，彼其爱富也必不如其爱贤人君子也，古之圣人驱天下之人而使不即安于富，恃此机焉耳；教有权焉，乘其所惧则易从，富也者，富民所喜恒于斯，富民所惧亦恒于斯也，抚盈宁之足乐，惟恐此境之不可常，而吾因以教乘之，若曰尔能率则免于骄盈矜夸，不率将求为富人而不得矣，彼其爱骄盈矜夸也必不如其爱富也，古之圣人胥天下之民而俾得长享其富，诚有权存耳。不即安于富，必相安于教矣；下长享其富，则上长保其庶矣。尚何加哉？尚何加哉？

【作者简介】

狄亿，字立人，号向涛，江苏溧阳人，康熙三十年（1691）进士，改庶吉士，散馆告病归。著有《洮河渔子集》十七卷，今存《秀野堂诗》一卷，辑入《清百名家诗》；《绮霞词》一卷，辑入《百名家词》。

【题解】《子路·子适卫》，见上，参见启祯文卷四金声《既庶矣》。

【注释】

① 沃者不材：土地肥美的地方，人民不成材。不材，器能少。语本《国语·鲁语下》："沃土之民不材，逸也。"

② 生靡乐：活着没有什么乐趣。《诗经·大雅·抑》："昊天孔昭，我生靡乐。"

③ 户可封：每一家都值得予以旌表，指道德风尚非常好。封，旌表，表彰。《尚书大传》卷五："周人可比屋而封。"

④ 七十二邦：泛指当时各国。《荀子·儒效》谓"周公兼制天下，立七十一国"，合周王室，为七十二国。

⑤ 流失：此指不遵礼法。

苟有用我者　一节

方　舟

圣人用世之事，实计之而心愈迫矣。盖期月、三年，成功何若斯之易也，而用者其谁乎？如之何其勿伤也？子若曰：予穷于世久矣，以今天下用人之道，而合以吾之所守，盖几终无可望矣。夫予岂为身谋者哉！盖尝默观天下之故，而内顾吾身，似非无益于世，而窃有可以自信者，此予所以区区①而不忍废也。以天下相寻于变乱而失治平者数百年，揣天时而察人事，盖不可一日而无人矣；以予不得志于宗邦而身周流者遍天下，揆国势而览民风，盖无一不在吾目中矣。夫天下事非不可为，而吾所欲设施于天下者，亦非旷日弥久而使人惛然②其不能待也，特世无用我者耳。苟有用我者，而吾得相其机宜，先其大无道者而易置之，以返其积势之偏，至于期月，而人心固已肃然也，由是而三年，则中外上下，油然各得其分而不自知矣；度其缓急，取其尤患苦者而更张之，以求合先王之意，至于期月，而举目固已犁然③也，由是而三年，则大纲小纪，依然不异于初而无所缺矣。横览七十二国之间，凡吾之所见而所闻者，其果何景象也，转而计之，其朝野皆可以严肃而清明，其民物皆可以从容而仁寿④，独不得藉手以告其成功，徒坐视其汹汹而为旁观之太息，予亦安能恝而置之度外也；总历吾生少壮之时，凡所为若驰而若骤⑤者，徒为是栖皇矣，回而思之，其志气方盛而于事无不可为，其日月甚长而于功无不可就，乃失之交臂⑥而今将迟暮，欲更期于异日而未知天命之何如，予又安能忍而与此终古也？嗟乎！百年必世⑦，古之欲有为于天下者，成功盖若彼其难，而我近期之期月、三年之间，我岂敢自谓能哉？世变大而成功异，则近者可期而远者可侯也，我岂敢以冥冥⑧决事哉？乃我之于天下也盖肫然⑨，而天下之于我也盖漠然。丘之身废不用，亦已矣，岂天心而竟不厌乱也耶？

【评】真实作用、想望神情，一一并归言下。评家谓作者将白文涵泳数四，早有一段至文在胸中，不觉下笔即肖。可谓知言。

【题解】出自《子路·苟有用我者》。

子曰："苟有用我者。期月而已可也，三年有成。"（期月，谓周一岁之月也。可者，仅辞，言纲纪布也。有成，治功成也。尹氏曰："孔子叹当时莫能用己也，故云然。"愚按《史记》，此盖为卫灵公不能用而发。）

【注释】

① 区区：此指执著。

② 惝然：此指昏暗。此句本《史记·刺客列传》："太傅之计，旷日弥久，心惝然，恐不能须臾。"按，"惝然"一作"悄然"。

③ 犁然：释然，分明清楚的样子。《庄子·山木》："犁然有当于人之心。"

④ 仁寿：仁爱长寿。《论语·雍也》："知者乐，仁者寿。"

⑤ 若驰而若骤：像车疾行，像马奔跑。语本《庄子·秋水》："物之生也，若骤若驰，无动而不变，无时而不移。"

⑥ 失之交臂：形容当面错过。交臂，胳膊碰胳膊，指擦肩而过。语本《庄子·田子方》："（孔子谓颜渊曰）吾终身与汝交一臂而失之，可不哀与？"

⑦ 百年必世：须百年之功，累代之积，然后王道才能推行于天下。

⑧ 冥冥：懵懂无知貌。《战国策·赵策二》："岂掩于众人之言而以冥冥决事哉？"

⑨ 肫然：真挚，诚挚。

父为子隐　二句

张自超

知以"隐"全天性之亲，则可以处父子之过矣。夫父子也，而因其过以为名乎？隐之云者，慈父孝子之微情也。且慈孝之说，人知其不易，乃有时直以行之，亦有时曲以致之，诚以天性之地，有不容径情自遂者耳。盖自其常而言之，家庭乐事，亦相视为故然，彼初未有难白之衷，而何用为弥缝之术；自其变而言之，一行不检，至难比于人数，幸犹未至形迹之著，而安得无曲讳之心？于是父之于子、子之于父，不得不相为隐矣。父亦默自商曰：门祚之薄也，有子辱行，将不齿于人群，吾隐之能戢①乎，未可知也，而初不设一能戢、不能戢之想也，但觉爱子之情与怒子之情聚而相薄②，愈愤恨而愈不忍出诸口，故无论其为慈父为不慈父，而为子隐过之深衷一也；子亦痛自裁曰：遭遇之艰也，有父败德，将不容于物议，吾隐之能化乎，未可知也，而初不预为能化、不能化之地也，但觉代父受恶之愿与望父悔恶之愿匿而自讼，愈忧惧而愈不敢泄其情，故无论其为孝子为不孝子，而为父隐过之苦衷一也。向固有往而不回、刚而无忌之概，至闻其子之不肖，遂不觉其声情俱索，惩之以溺子怙非③之失，父亦何辞，然而父亦不欲有辞也，不隐而前事可羞，无所施其追挽之计，隐之而其名未败，尚可徐申义方之训，此其设心，亦大费踌躇矣；向固有一私不牵、一言不讳之节，至发其父之遗行④，遂不觉其辞气皆柔，加之以徇父作伪之称，子亦何辞，然而子亦不欲有辞也，不隐而旧恶可念，已难释为梦寐之安，隐之而其志或移，犹可渐为晚盖⑤之谋，此其用意，亦故多委曲矣。然试一深思，其中谁谓非准乎人情、合乎天理者乎？不此之直⑥，而直证父攘羊之子，天下有直者，天下无父子矣。

【评】思清笔曲，语语从父子天性中流出，言外宛然见得天理人情之至。

【作者简介】

张自超（1660—1718），字彝叹，江苏高淳人。康熙四十二年（1703）进士，未仕，执教于杭州万松书院。邃于经学，著有《春秋宗朱辨义》十二卷，又有诗集《沧溪涩音集》。

【题解】出自《子路·叶公语孔子曰》。

叶公语孔子曰："吾党有直躬者，其父攘羊，而子证之。"（直躬，直身而行者。有因而盗曰攘。）孔子曰："吾党之直者异于是。父为子隐，子为父隐，直在其中矣。"（父子相隐，天理人情之至也。故不求为直，而直在其中。谢氏曰："顺理为直。父不为子隐，子不为父隐，于理顺邪？瞽瞍杀人，舜窃负而逃，遵海滨而处。当是时，爱亲之心胜，其于直不直，何暇计哉？"）

【注释】

① 戢：约束。
② 薄：遭遇。
③ 溺子怙非：溺爱孩子，坚持错误。怙，依仗。
④ 遗行：品行上的缺失。
⑤ 晚盖：以后来的善行遮盖了原来的错误。晚，后来。《国语·晋语一》："彼将恶始而美终，以晚盖者也。"
⑥ 直：以……为正直。

乡人皆好之　一节
李钟侨

采好恶于乡人者，必先知乡人之善不善也。夫皆好、皆恶，则善、不善者皆然也，而奚可哉？故类而辨之，斯得耳。且夫取人者，亦安能使一世之人尽与我合、尽与我背，而以之定是非之归哉？夫不齐者，人也。吾欲齐天下之不齐者，而以之为准，亦见其惑矣。是莫若各从其类，而使之各呈其情，则夫子与子贡论人于乡之说也。子贡以人之行谊，其积于独知者难见，而旁观之褒贬已随而议其后，则好恶其著者也；行之淑慝①，昭然于一世者无几人，而州里之见闻多有以得其真，则乡人其近者也。而一曰"皆好"，一曰"皆恶"，宜夫子均以为未可也。萃极不相类之人，而使之同其嗜好，必无可合之理，夫既见称于长者，而宵小之徒又交口而赞誉之，此或有所挟而然也，世有矫情饰行以欺罔于君子，而又逡巡委曲以容悦于小人者，吾乌知"皆好"者之不出于此也；怀独行君子之概，而举世绝无知音，亦安有此终穷之事，夫虽不合于流俗，而清议之侪亦绝口而不道，此必有所因而致也，世有刚忿成性而浊世不能谐，行止乖方而正论亦莫之与者，吾乌知"皆恶"者之必免乎是也？必也先观乡人之善不善乎？善者之好善也，未尝与为亲而不啻自己出，不善者之恶善也，原无与于己而自觉不能容，各写②其情以相输，而绝无假借之处，故其好也出于公心，而其恶也亦由于确见；善者之遇善也，非苟求其好而忻欢者自不能已，善者之遇不善也，非故激其恶而忿疾者决不相贷，各呈其品以自将③，亦无可趋避之路，故见好无党同之嫌，而见恶亦无戾俗之诮。士固有遭时得位，而贤愚咸称其美者，非皆好之比也，世际休明而善类道伸，故好者非特识也，其一二顽梗之徒相与口是而心非，特敢怒而不敢言耳；士固有离世异俗，濒于困辱而不悔者，非皆恶之等也，时当否塞④而群小力排，故恶者非公评也，其二三隐德之士相与咨嗟而屡叹，特有言而莫之信耳。美恶之好恶⑤从其类也明甚，而欲以一法概之，可乎？吁！古者圣王取士于乡，皆恶之说，自古未之有也。子贡将知皆好之不可，故激而云乎？他日夫子亦曰"众好必察，众恶必察"⑥，其亦不以众人之论为定，而亦非尽反之也哉！

【评】一义不增添，一语不造作。清深曲折，自在游行，此为时文正派。

【作者简介】

李钟侨（1689—1732），字世邠，号抑亭，福建安溪人，李光地子。康熙五十一年（1712）进士，授编修，降补国子监监丞。尝任江西学政，三典乡试。著有《诗经测义》四卷。

【题解】 出自《子路·乡人皆好之》，参见化治文卷三王恕《乡人皆好之》。

子贡问曰："乡人皆好之，何如？"子曰："未可也。""乡人皆恶之，何如？"子曰："未可也。不如乡人之善者好之，其不善者恶之。"

【注释】

① 淑慝：善恶。淑，善。慝，邪恶，心里藏有邪念。
② 写：抒发，表现。
③ 自将：自我护持。
④ 否塞：时运不通。《易·否》谓此时"小人吉，大人否"。
⑤ 美恶之好恶：好人、坏人的喜欢与厌恶。
⑥ 孔子此说见《论语·卫灵公》："众恶之，必察焉；众好之，必察焉。"

钦定清朝四书文卷六(《论语》下之中)

君子易事而难说也　器之

熊伯龙

　　观君子所以处"事"、"说"①者，而公恕之心见矣。夫君子以公恕为心，而事与说随所处而当矣，自人见之，则以为易耳、难耳。意谓：夫人为人所事者，必其足以致人之力者也；为人所说者，必其足以致人之情者也。君子以成德之身而有动物之理，宜事且说者之纷纷而至矣，而君子于此，要自有性情焉以致人而不致于人，不可不知也。人之于君子，有见其易者，则事是也；有见其难者，则说是也。同此相与之际，而或进而有所效，或退而无所容，何取舍之异致与；同此一体之意，而或人人得其愿，或事事别其嫌，何宽严之皆备与？夫君子，非有所不测于其间而忽易忽难如此也，亦事且说者之自为而已矣。如其说之以道而不说也，虽谓君子非人情可矣，而外物之来，尝我者多，君子能不鳃鳃然虑失己乎，彼非僻之干②无论矣，即相感以所好之德，而苟其有所为而至吾前者，衡以至公之心，则皆无情之结纳③而不可一念安者也，夫圣贤之迹往往为不肖之所托，至是而后叹天下之得说于君子者盖亦寡矣；及其使人而介介④如是也，虽谓君子非人情可矣，而众庶冯生，成器者少，君子能不鳃鳃然虑失人乎，彼营道同术无论矣，即人不甘舍其所学，而苟其可以成能于天下者，衡以至恕之心，皆所欲长养裁成而使之各得其所者也，夫道德之途往往为中材之所畏，至是而后叹天下之不得事于君子者盖亦寡矣。是则事之所以易，而说之所以难也。盖人情易溺，其慨然有为者必欲为淡泊宁静之所出，惟以易事利导之，而一长一善，皆相安于义命之必然，君子所为率天下而正其心术也；人才无方，其怀思而进者亦或为智勇功名之所寄，惟以难说风示之，而使贪使诈，皆晓然于在我之无他，君子所为先天下而正其心术也。此岂小人可同日而语哉？

　　【评】"难"、"易"皆从君子心术发出，然其难其易，亦人见其然，非君子示以不测也。勘题精切，词意深厚，后二比所见尤大。

　　【题解】出自《子路·君子易事而难说也》。

　　子曰："君子易事而难说也：说之不以道，不说也；及其使人也，器之。小人难事而易说也：说之虽不以道，说也；及其使人也，求备焉。"（器之，谓随其材器而使之也。君子之心公而恕，小人之心私而刻。天理人欲之间，每相反而已矣。）

【注释】

① 说：通"悦"。
② 非僻之干：以错误、邪僻之行来投合。干，求取、请托，此指取悦。非僻，也作"非辟"，错误、邪僻。《礼记·玉藻》："非辟之心，无自入也。"
③ 结纳：结交、笼络。
④ 介介：此指谨严，不苟于细小之事。

刚毅木讷近仁

朱 书

质有近于仁者，当思所以成其质矣。甚矣，人之有赖于质也。知刚毅木讷之为近，岂遂安于近而已哉？且人生而仁之全体具焉，其有理无欲之本原，固不以质之美恶而有加损也。然而与物相引，则自强者伸；与人相缘，则本天者贵。是故质不可恃也而可恃也。夫人外不必力为拒，而非僻之私无由入；内不必严为守，而邪妄之气无由出。此纯乎仁者也，下此则必视乎其质矣。盖人必为世俗之所畏，而后相狎而投我者无自得至乎其前，故寡所合者必寡所营也；人不为物情之所喜，而后相乘而中我者无从得渝乎其故，故无所顾者必无所累也。则有刚者焉，气之决也，物不能夺，性之直也，情不能萦，夫俗之靡也久矣，安得有人焉如是之刚者也；又有毅者焉，志之坚也，历险不惧，力之忍也，历久不衰，夫人之自废甚矣，安得有人焉如是之毅者也？而吾更思一木者于此，才不足以胜人，见可欲而不动，貌不足以悦俗，处至淡而能甘，以视人之竞华者为何如也；而吾更念一讷者于此，宁拙于言毋巧于辩，故饰非者不能夸，宁议我隐毋议我躁，故华伪者不能嚣，以视人之纷驰者又何如也？若是者，一往莫遏之气出万物之上而不能侵也，则憧扰①之端于焉绝矣；泊然无营之衷入万物之中而不能扰也，则外骛之念于焉鲜矣。以复仁体，仁体可复也，是天德之健也；以存仁心，仁心可存也，是人心之诚也。而谓非近仁者耶？然则未能近者，吾望其相反以相成也，柔靡反而为刚毅，斯可任重而致远，华辩反而为木讷，斯可守朴而存真，尽其矫揉之力而后欲仁者，皆有用之才；抑已能近者，吾望其愈进而益上也，刚毅而进以巽顺②，则大力出于小心，木讷而进以文明，则英华发于笃实，加以变化之功而后利仁者，无懿美之累。人亦急求其近而又毋止于近焉而可矣。

【评】四实字有洗刷，后二股尤得圣人勉人之意。

【作者简介】

朱书（1654—1707），又名世文，字字绿，号杜溪，安徽宿松人。康熙四十二年（1703）进士，授翰林院编修，与修《佩文韵府》及《渊鉴类涵》。朱书与桐城戴名世、方苞为友，能诗文，所著现存《朱杜溪先生集》、《游历记存》、《评点东莱博议》等。

子曰:"刚毅、木讷,近仁。"(程子曰:"木者,质朴。讷者,迟钝。四者,质之近乎仁者也。"杨氏曰:"刚毅则不屈于物欲,木讷则不至于外驰,故近仁。")

【注释】

① 憧扰:纷乱不安。
② 巽顺:顺从。

善人教民七年 一节
李光地

圣人计教民之效,知民不可以轻用也。盖国之大事在戎,不教而轻用其民,可乎?故夫子思善人之教,而犹必以七年为期软?想其日睹春秋之世,率以戎事相竞而弃其民,故言曰:国所与立者,民也,民而无卫国之心,国非其国矣;然民所待治者,君也,君而无教民之道,民非其民矣。今之纷纷即戎者何多也,苟其迂①根本之图,而急旦夕之效,则古之教民者诚不足师;而欲为之建久远之规,而出万全之计,则今之即戎者未见其可。殆必得善人而以之教民乎?盖其怀恻怛以为心,则爱吾民者至切;而其本缠绵以立政,则谋吾民者至周。虑民之未恤其身也,而农桑之教兴焉,里有正,鄙②有长,遂有师,要使凶荒③之无忧,而马牛车甲之赋亦无不具,而又为之狝④以治兵,搜以振旅,出则老者居后,入则长者居前,则井牧什伍⑤之中,而义勇之气已素;虑民之未得其心也,而学校之教行焉,党有庠⑥,州有序,国有学,要使礼乐之渐兴,而股肱射御⑦之节亦无不娴,而又为之受成于学⑧,献馘于泮⑨,将帅债军⑩者不齿,战陈⑪无勇者非孝,则弦歌干戚⑫之内,而文武之材已登。如是者有年,而民知护其私⑬矣;如是者又有年,而民知死其上矣。约至七年之久,以之即戎,不亦可乎?原善人之心,惟以爱育休养为事,然而有禽而利执言⑭,则容民畜众⑮者,地水之象⑯也,以是应敌而动,吾知储峙⑰之素供而节制之素明,三郊三遂⑱之中,其亦可以建威销萌⑲而无守之不固矣;充善人之道,盖以胜残去杀⑳为期,然而射隼所以解悖㉑,则救民除暴者,时雨之师㉒也,以是声罪而举,吾知恩信之已孚㉓而仁义之已著,东征西讨之余,其亦可以惊远惧迩而无思之不服矣。七年即戎,吾故为善人之教决之也。今之为邦者,教道无闻而即戎不已,吾恐民无政而将溃,兵不戢㉔而自焚,是之谓弃其民而已矣。不有善人,其何能国哉?

【原评】别处说善人,便要分别,得斟酌如此章及"胜残去杀"章,正是说他好处,何暇替他称量本领?时文有缠住"善人",说他质美未学者,又有把"即戎"两字说仅可以固圉自存者。自谓体认之至,不知先差了口气也。如春秋战国时候,假仁假义犹足以霸,真个得善人为邦,又乌能量其所至乎?

【评】作者晚年析理之文,以经传精意,运化治法度,无一题无见的语。然初学效之，多成庸浅，而司衡者又或目为平平无奇。故特录其英华发露者，兼存少作一二，俾学者先用心于此，然后知其简穆清真之文为可贵也。

【题解】出自《子路·善人教民七年》。

子曰："善人教民七年，亦可以即戎矣。"（教民者，教之孝悌忠信之行，务农讲武之法。即，就也。戎，兵也。民知亲其上，死其长，故可以即戎。程子曰："七年云者，圣人度其时可矣。如云期月、三年、百年、一世、大国五年、小国七年之类，皆当思其作为如何乃有益。"）

【注释】

① 迁：以……为迁。

② 鄹：本义为聚，一百家为一鄹。下"遂"，指五县，一万二千五百家。《周礼·地官·遂人》："五家为邻，五邻为里，四里为鄹，五鄹为鄙，五鄙为县，五县为遂，皆有地域。"以上各级，分别设有邻长、里胥、鄹师、鄙正、县长和遂大夫，称"乡遂制度"。

③ 凶荒：荒年。

④ 狝：秋天狩猎。下"搜"，指春天狩猎。狩猎，寓有讲武治兵、不忘战备之意。《齐语·国语》："春以搜振旅，秋以狝治兵。"《左传·隐公五年》："故春搜夏苗，秋狝冬狩，皆于农隙以讲事也。三年而治兵，入而振旅"。

⑤ 井牧什伍：此指基层的兵制。五人为伍，十人为什，称什伍。井牧，指划分土地，以便确定其贡赋、兵甲等事。《周礼·地官·大司徒》："乃经土地而井牧其田野：九夫为井，四井为邑"。

⑥ 庠：乡里的学校。《礼记·学记》："古之教者，家有塾，党有庠，术有序，国有学"。此"术有序"，即"州有序"，万二千五百家为州，《周礼·地官·州长》："乡大夫春秋以礼会民，而射于州序也。"

⑦ 股肱射御：指讲习武备，考察勇力。《礼记·王制》："司马辨论官材……凡执技，论力，适四方，裸股肱，决射御。"郑玄注："谓攘衣出其臂胫，使之射御，决胜负，见勇力。"

⑧ 受成于学：指在太学里定下计谋。《礼记·王制》："天子将出征……受命于祖，受成于学。出征执有罪，反，释奠于学，以讯馘告。"郑玄注："（受成）定兵谋也。"

⑨ 献馘于泮：在太学里献俘。馘，本指战争中割下敌人左耳，以计功，此泛指俘虏。泮，泮水、泮宫，即太学，其制度见上"受成于学"注。《诗经·鲁颂·泮水》："矫矫虎臣，在泮献馘。……在泮献囚。"

⑩ 偾军：让军队覆败。偾，败坏。

⑪ 战陈：即战阵。陈，通"阵"。

⑫ 弦歌干戚：指文、武两种教育。弦歌，谓诵习诗书，《礼记·乐记》："弦歌诗颂。"干戚，盾牌和大斧，此指执干戚而舞，《礼记·乐记》："干戚之舞，非备乐也。"

⑬ 护其私：即上文所言"恤其身"，指安排好自己的生活。

⑭ 有禽而利执言：指有敌来犯或有人谋叛，对其进行征伐，是正确而有利的。此本《易·师》："六五：田有禽，利执言，无咎。"孔颖达疏："禽之犯苗，则可猎取。叛人乱国，则可诛之。此假他象以喻人事，故'利执言，无咎'，己不直则有咎。"

⑮ 容民畜众：容纳养育百姓。参见下注。

⑯ 地水之象：指"师"卦。师卦坤下坎上，坤为地，坎为水，故曰地中有水。《易·师》："《象》曰：地中有水，师。君子以容民畜众。"孔颖达疏："言君子法此师卦，容纳其民，畜养其众。若为人除害，使众得宁，此则'容民畜众'也。……《象》称'地中有水'，欲见地能包水，水又众大，是

容民畜众之象。"

⑰ 储峙：指军备物资的准备。《尚书·费誓》："峙乃糗粮，无敢不逮"，孔安国传："皆当储峙汝糗糒之粮，使足食。"

⑱ 三郊三遂：此指三军。郊，指乡。乡、遂，俱指行政区划。《尚书·费誓》："鲁人三郊三遂，峙乃桢干。"孔颖达疏："此言'三郊三遂'者，'三郊'谓三乡也。盖使三乡之民，分在四郊之内，三遂之民，分在四郊之外，乡近于郊，故以郊言之。"

⑲ 建威销萌：建立威严，消除敌人妄动的萌芽。《汉书·韦贤传》："盖建威销萌，一民之至权也。"

⑳ 胜残去杀：指德化大行。语本《论语·子路》："善人为邦百年，亦可以胜残去杀矣。"朱熹《集注》："胜残，化残暴之人，使不为恶也。去杀，谓民化于善，可以不用刑杀也。"

㉑ 射隼所以解悖：消灭凶暴的统治者，是为了解除悖乱。语本《易·解》："上六：公用射隼于高墉之上，获之，无不利。""象曰：'公用射隼'，以解悖也。"孔颖达疏："隼者，贪残之鸟，鹯鹞之属。""解悖也者，悖，逆也。六三失位负乘，不应于上，是悖逆之人也。上六居动之上，能除解六三之荒悖，故云'以解悖也'。"

㉒ 时雨之师：如同及时雨一样的军队，指用兵解救百姓疾苦。《孟子·梁惠王下》："诛其君而吊其民，若时雨降，民大悦。"

㉓ 孚：服，为人所信服。

㉔ 不戢：战争不适时停止，就会毁掉自己。戢，停止。语本《左传·隐公四年》："夫兵，犹火也，弗戢，将自焚也。"

克伐怨欲不行焉　一章

刘　岩

制私未足以为仁，狷者毋安于所难矣。夫无私之与制私，则必有间矣，奈何不求所以无克、伐、怨、欲者，而以不行自多也哉？且学者患私之为累也，必推其私意之所从来而深以治其受患之处。盖仁、不仁之以公、私相辨者，在全体有无之际，而不在一时行止之间；公与私之相为盛衰者，不争用力难易之名，而只争于消长存亡之介也。今夫仁之纯者浑然而虚公，廓然而顺应，与物本无间，而何所用其克？与物本无争，而何所用其伐？悯人之愚且贪而忘情于得失，又安有所为怨与欲哉？宪也求仁人之用心而不得，得其去私之功而持以力，遂介然自居于仁道而无疑。不知仁体之精微者，一物之不存，故能统万理而悉备，今克伐怨欲之隐伏于中者，反先入之以为主，即制其流而不至于横决之太甚，然寂然凝一之中，而潜杂之以物我相形之意，已累其体而失其平，况乎其触物而萌者，遏之太坚，未有不溢出而不可御者也，是匿其害而自以为安也；仁道之流行者，一念之不扰，故能随万感而皆通，今克伐怨欲之蓄藏于内者，且妄动而不自知，即防其患而不至于攻取之太深，然其坦然因应之时，而强守之以天人交胜之情，已滞其用而违其正，况乎其随事而形者，抑之太深，未有不一发而不可复禁者也，是养其患而自以为得也。故不行而与行者较，则彼纵其私也，而此制之，彼恣其欲也，而此窒之，斯亦可谓卓然流俗之中而自爱其身者矣；然不行而与无可行者较，则制其私而私犹未去也，不如去之而不留，窒其欲而欲犹未捐也，不如捐之而悉化，岂可谓兢兢坚忍之节而遂至于纯也哉？宪诚有志于仁，甚毋力守其难而以自多也。

【评】明白纯粹，绝无艰涩之态。说理之文，此为上乘。

【题解】出自《宪问·克伐怨欲不行焉》，参见正嘉文卷三唐顺之《克伐怨欲不行焉》。

"克、伐、怨、欲不行焉，可以为仁矣？"子曰："可以为难矣，仁则吾不知也。"

爱之能勿劳乎　一节

张　英

原爱与忠之所必然，而天下无误用之情矣。夫爱非劳，则必其不爱也；忠非诲，则必其不忠也。而谓人之所忍出者乎？今夫天下事，孰是其一往而辄已者哉？一往而辄已，必其情之非有余者也，否则情之苟可以安而即止者也。自非然者，情之所深，往往至于逆用其情而几不能以自白，则其事诚非得已者矣。我尝以此思天下为人父、为人臣之心：凡事可听诸遭逢，则无所用吾至性矣，乃我所属望之人，此必不可以遭逢委也，于是生平用情之地，遂觉有有加无已之时；凡事可任吾径情，则无所庸①其曲折矣，独我所系属之人，此必不可以径情置也，于是人伦遭遇之中，遂觉有不可明言之隐。天下亦孰非为人父者，而谓我为不爱其子之人，人情也乎哉！独是携持保抱②之日，则矜言爱，至强学励行之日，又不觉其出于劳。爱与劳，绝不相类也，而用于一人，施于一日，有不能自解者。即令子而贤明，犹恐姑息以生其玩，而中材更无论也。观此日家人之嘀嘀③，亦只见劳而不见爱矣，回思所以用劳之故，缠绵固结，又只见爱而不见劳也，若舍劳而言爱，我知必无此情矣。天下亦孰非为人臣者，而我忍为不忠其君之人，大义安在哉！独是委质策名④之日，既已矜言忠，则盈廷唯诺之时，即不能不出于诲。忠与诲，似不相谋也，而质之幽独，扬之大廷，有不能自释者。即令君而徇齐⑤，犹思纳诲以补其阙，而中主更可知也。观此日王臣之蹇蹇⑥，亦只见诲而何敢言忠矣，回思所以纳诲之隐，周详恺挚，又只见忠而不见诲也，若舍诲而言忠，又乌乎用吾情矣。是以优容而家有象贤⑦，赓歌⑧而朝无阙政，此亦天下不数觏之遇，初不欲为人父、为人臣者慕此名也，世之令子⑨贤君未必尽成于天性，亦所遇之多淑耳，谁非用此爱与忠者，而可不深长思也哉；是以教不先而子克家⑩，臣非直而君明圣，此亦天下至不可幸之事，更不欲为人子、为人君者受此名也，世之慈父忠臣岂求遽谅乎其隐，亦其心不可解耳，谁其受此劳与诲者，而可不深长思也哉？

【评】义理渊然，情思蔼然。所谓公诚之心形于文墨，岂小书生描头画角者可比。

【作者简介】

张英（1637—1703），字敦复、梦敦，号圃翁，安徽桐城人。康熙六年（1667）二甲四名进士，十六年（1677）入值南书房，一时制诰多出其手，后迁文华殿大学士兼礼部尚书，卒谥文端。尝充《国史》、《一统志》、《渊鉴类函》等总裁官，著有《文端集》、《笃素堂诗文集》等。

【题解】出自《宪问·爱之能勿劳乎》。

子曰："爱之，能勿劳乎？忠焉，能勿诲乎？"（苏氏曰："爱而勿劳，禽犊之爱也；忠而勿诲，妇寺之忠也。爱而知劳之，则其为爱也深矣；忠而知诲之，则其为忠也大矣。"）

【注释】

① 庸：用。

② 保抱：抚养。

③ 嗃嗃：严格。《易·家人》："九三：家人嗃嗃，悔厉吉。妇子嘻嘻，终吝。"

④ 委质策名：指任职、出仕。《国语·晋语九》："臣闻之：委质为臣，无有二心，委质而策死，古之法也。"韦昭注："言委贽于君，书名于册，示必死也。"《左传·僖公二十三年》："策名委质，贰乃辟也。"孔颖达疏："古之仕者于所臣之人书己名于策，以明系属之也。"

⑤ 徇齐：聪明。《史记·五帝本纪》："黄帝者，弱而能言，幼而徇齐。"

⑥ 蹇蹇：忠直进谏。《周易·蹇》："王臣蹇蹇，匪躬之故。"

⑦ 象贤：谓能效法先人的贤德，此指能效法先人品德的子孙。象，效法。《尚书·微子之命》："殷王元子，惟稽古崇德象贤。"《仪礼·士冠礼》："继世以立诸侯，象贤也。"郑玄注："象，法也，为子孙能法先祖之贤，故使之继世也。"

⑧ 赓歌：常指酬唱和诗，此指君圣臣贤。赓，继续。典出《尚书·益稷》：禹作歌，皋陶续歌，"乃赓载歌曰：'元首明哉！股肱良哉！庶事康哉！'"

⑨ 令子：优秀的孩子。令，美善。

⑩ 克家：指能继承家业。《易·蒙》："九二：包蒙吉，纳妇吉，子克家。"

为命　一节

谢陈常　墨

维郑多材，命嘉赖①之矣。夫一命耳，必藉四臣以成，而四臣又各见其长不相掩也，此郑之命所以善与？在昔春秋之天下相寻以兵，而犹相尚以礼；故郑之所以立国者急于内治，而尤谨于外交。子尝称之矣，曰：吾观郑之屡也，介两大之间，为晋楚必争之地，能固其强圉②，使内不被兵者垂四十余年也，非辞命之善，恐结好之难终；乃命之难也，于修辞之间，得不亢不辱之宜，以行于四国而无羞寡君者，不徒执政材也，非协力有人，惧所行之不远。吾盖从郑之命观之，而知为之者一人而能济一事也，而又知夫为之者之合众人而共襄一事也。今夫命，必有草创者，所为定谋于始也，而裨谌其人在焉；命必有讨论者，所为引前经以断大义也，而世叔其人在焉。命必有修饰者，所为片言不可易、博辨不可穷也，而行人子羽其人在焉；有润色者，所为文物以章之、声明以纪之③者也，而东里子产其人在焉。夫事必有备，不可略也；人各有能，不相袭也。向使以此数事而任之一人，立之专官，则草创者试之讨论而诎④，修饰者试之润色而又诎也；抑使以四子而才不尽用，用违其才，则以裨谋之事委之世叔而不能为，子羽之官委之子产而不得当也。然后知郑之为命也，能善始也，无憾于终也；子产之公也，集众思也，广忠益也。以三子各优之才力毕效于先，而宰执亦徐出其能，以善化其所短，此国有多士之功也；以誉望久著之名卿持衡于上，而群工得共宣乃力，以不掩其所长，此大臣体国之效也。以睦邻封⑤，以辑⑥境内，胥是物也。命之不可忽也如此夫。

【评】于题理分寸不失，气味清雅，尚近先辈场屋中文字。　　中间改正处，照作者自定稿。俾学者知文字宜随时改定，增之铢两则加重，而足以伏人也。

【题解】出自《宪问·为命》。

子曰："为命：裨谌草创之，世叔讨论之，行人子羽修饰之，东里子产润色之。"（裨谌以下四人，皆郑大夫。草，略也。创，造也，谓造为草稿也。世叔，游吉也，《春秋传》作子太叔。讨，寻究也。论，讲议也。行人，掌使之官。子羽，公孙挥也。修饰，谓增损之。东里，地名，子产所居也。润色，谓加以文采也。郑国之为辞命，必更此四贤之手而成，详审精密，各尽所长。是以应对诸侯，鲜有败事。孔子言此，盖善之也。）

【注释】

① 嘉赖：嘉许和倚赖，此指依赖。《左传·昭公七年》："其先君鬼神，实嘉赖之，岂惟寡君？"
② 强圉：谓守卫边疆之事。强，通"疆"。
③ 文物：此指典章制度。按，此二句谓外交辞令在立意上本于声教文明与典章制度，语本《左传·桓公二年》："文、物以纪之，声、明以发之。"
④ 诎：辞塞，才能不足。
⑤ 邻封：邻国。
⑥ 辑：协同，会合。

裨谌草创之　三句

韩菼

一命而三善先焉，有使之者①也。夫谁执郑政，而委命于裨谌三子乎？然自三子各展其长而命几成矣，非择能而使，不及此。今夫秉国成者，不可以一人废众人之思也，贵竭众思以佐一人之不逮，矧夫相国势之急而审辞令之宜，尤不能谋之即底于成者乎？唯盈庭交赞②，至于再三，而犹皆出自众智，斯盖有兼收之而使之各尽者矣。吾何以嘉郑之为命哉？自子皮③授政而后，晋楚之驾不至于交争，知其皆慎辞之力；而自七子燕劳④以还，风雅之流多长于赠答，知不独执政之才。然则郑之命独为之乎，众为之乎？不相为乎，交相为乎？一为之即毕乎，次第为之犹未毕乎？且夫命亦不易言矣。大国不加德音，而数以要⑤我，其谓我敝邑不能造谋也，鲜定计于始也，其必不敢引前经、讲大义以抗我也，不能以片言折我、以不可穷之辞服我也。若是则草创也，讨论也，修饰也，非当为之于命之未成之先者与？乃郑固有使之递为之者矣。问谁草创，裨谌是任，盖于谌之适野⑥而材⑦之矣。邑则蹈筑室之同⑧，野则有独获之智，谌善谋者也，故任之。当日者，不敢擅众人之长，而第画⑨其大意，亦不必俟在廷之议，而已发所未闻，则谌之为与？若曰折衷掌故，以协诸盟府之藏，则谌也谢不敏矣。问谁讨论，世叔是任，盖于吉之闻礼⑩而器之矣。辨升降揖让之为仪，审先王经纬之为礼，吉知古者也，故任之。当日者，动援旧章，示敬共大国之信，亦参伍⑪事势，无拘守载书之嫌，则吉之为与？若曰斟酌简繁，以惬夫训辞之体，则吉也让未遑矣。问谁修饰，子羽是任，盖于挥之知四国而齢⑫之矣。知族姓班位⑬以悉其人，知贵贱能否以得其情，挥知今者也，故独以行人官之。当日者，言或以约胜，有慷慨质直之风，言或以详胜，有从容反复之雅，则挥之为与？若曰其风肆好⑭，遂以彰行远之文⑮，则挥也不犹尚有待哉？辞命本属一官，分之三子而不虑其相侵，此亦如各赋一诗焉以见志；三子岂无他长，共为一命而犹虞其未尽，此亦如共制美锦焉以成章⑯。余闻之，盖子产为政云。

【评】笔笔暗藏子产，是三句作法，亦恰是当日情势。字栉句比，处处工稳。

【题解】出自《宪问·为命》，见上。

裨谌草创之，世叔讨论之，行人子羽修饰之。

【注释】

① 使之者：指子产。

② 交赞：交互辅助。赞，辅佐。

③ 子皮：子产。

④ 七子燕劳：指襄公二十七年，郑伯享晋卿赵孟子，郑大夫子产等七人赋诗事。《左传·襄公二十七年》"郑伯享赵孟子于垂陇"，赵孟曰："七子从君，以宠武也。请皆赋以卒君贶，武亦以观七子之志。"子产等遂各赋诗一首。

⑤ 要：胁迫。

⑥ 适野：到野外去。《左传·襄公三十一年》载，裨谌材性有偏，"裨谌能谋，谋于野则获，谋于邑则否。郑国将有诸侯之事，子产乃问四国之为于子羽，且使多为辞令，与裨谌乘以适野，使谋可否"。

⑦ 材：认为……有才干。

⑧ 筑室之同：此当即"道旁筑室"之意，谓裨谌在邑谋事则不成。《诗经·小雅·小旻》："如彼筑室于道谋，是用不溃于成。"郑玄笺："如当路筑室，得人而与之谋所为，路人之意不同。故不得遂成也。"

⑨ 第画：仅仅谋划。画，同"划"。

⑩ 吉之闻礼：此指世叔娴于礼法。世叔，即游吉，《左传》也作子大叔。《左传·襄公三十一年》："子大叔美秀而文"，他人先期谋划，"事成，乃授子大叔使行之，以应对宾客，是以鲜有败事"。按，游吉"文"即指熟悉典章文献。

⑪ 参伍：互相比较以供参考。

⑫ 齢：此指认同其才能。《左传·襄公三十一年》："公孙挥能知四国之为，而辨于其大夫之族姓，班位贵贱能否，而又善为辞令"，"子产乃问四国之为于子羽"。

⑬ 班位：职官爵位，朝班位次。

⑭ 肆好：极美。语本《诗经·大雅·崧高》："吉甫作诵，其诗孔硕。其风肆好，以赠申伯。"毛诗序谓："尹吉甫美宣王也。"

⑮ 行远之文：指辞令有文采，《左传·襄公二十五年》："言之无文，行而不远。"按，此数句谓子羽虽能增删辞命，但润色辞命之事，尚有待子产。

⑯ 成章：形成美丽的花纹图案。按，《左传·襄公三十一年》载子产以"裁锦"喻为政，故此亦以裁锦为喻。

文之以礼乐

李光地

学以礼乐为归，由德与才而进之也。盖才德而非以礼乐文之，学犹未至也，夫子所以为子路进与？意谓：圣人之道必有以立之极，君子之学必勉以求其至。子问成人，岂止于知、廉、勇、艺已乎？学而至于克有本末之后，则不可不以涵养之术充之也；师资而极乎当世士大夫之选，则又不可不以先王之泽进之也。必也其文之以礼乐乎？礼以敬为本，而节文度数详焉，吾惟一以敬居心，而日用周旋之间无不隆礼由礼者，循习久之，心志得齐焉，容貌得庄焉，彬彬乎其有质而有文也，夫然后为能文之以礼也已；乐以和为主，而干戚管籥备焉，吾惟一以和存心，而咏歌舞蹈之际无非德容德音者，涵濡久之，意气得平焉，形骸得安焉，亹亹①乎其情深而文明②也，夫然后为能文之以乐也已。盖才德因于所近，三代以后，人材往往不能如古，则学校所以养而成之者无其具也；学术要于所归，一长之士，其人往往不概于道，则圣贤所为大而化之者未尝闻也。以礼乐而尽人之性，则合敬合爱而王道备；以礼乐而极人之理，则同和同节而天地官。以言成人，必如是而后可尔。由也，勉诸！

【评】疏朗而义理愈融，简要而气象愈远。于礼陶乐淑，本末源流，实能窥其奥而得其精。

【题解】出自《宪问·子路问成人》。参见启祯文卷四金声《见利思义》。

子路问成人。子曰："若臧武仲之知，公绰之不欲，卞庄子之勇，冉求之艺，文之以礼乐，亦可以为成人矣。"曰："今之成人者何必然？见利思义，见危授命，久要不忘平生之言，亦可以为成人矣。"

【注释】

① 亹亹：庄敬勤勉。

② 情深而文明：指德行充实，有美好的仪节、神采表现于外。语本《礼记·乐记》："德者，性之端也。乐者，德之华也。金石丝竹，乐之器也。诗，言其志也。歌，咏其声也。舞，动其容也。三者本于心，然后乐器从之。是故情深而文明，气盛而化神，和顺积中，而英华发外。"

古之学者为己　一节

姜　橚

圣人原学者之用心，而深有感于世变焉。夫世运之变，至见于学者心术之间而极矣，为己、为人，夫子所以言之而增慨也。且世尝谓古今人不相及，今而知非其学之不逮也。古人之所取，未必为今人之所遗；古人之所勤，未必非今人所能勉。使不求其所以学之心而严其内外真伪之辨，吾乌知今之异于古所云耶？夫居今以思古，无事不隆于今，而其源皆出于学；即古以准今，无事不衰于古，而其源亦皆出于学。古之人非有异学也，第实见夫先王导天下以学，凡以尽人之才，而吾之早夜孜孜而不敢倦者皆以勤吾职之所当然，而复其所固有也，涉于万物之故而有未通，则己之心思有受其病者矣；度于古人之行而有未合，则己之性命有亏其初者矣，吾意中实有缺然不自安者，故毕吾力焉以求其志而自快于俯仰之间，非恐人之见其不足，不必人之知其有余也，虽或分所不属，而引以为忧，时之未来，而预筹其故，然以为己之所任而图之，事虽在人，而所为者则己也，其斯为古之学者夫？今之人亦非有异学也，彼不知古人之自力于学，皆以求得于心，而以为黾勉从事而不惮劳者不过要其愿之所欲，遂而由是假途也，亦尝博涉万物之故以蓄其奇，谓吾有所不知而人将窥吾之寡陋矣，亦尝步趋古人之迹以求其合，谓吾无以自异而人将遇我以众人①矣，彼其心实有嚣然不能靖者，故姑自励焉以高其名而自张于耳目之地，不必己之实有之，不虑己之实无之也，虽名义所迫，中材亦欲成其仁，天性之事，君子不忍疑其伪，然以为人之所多②而蹈之，事虽在己，而所为者则人也，其斯为今之学者夫？要之，为己，则所学皆实；为人，则所学皆虚。三代以下，无事不衰于古，皆学之由，而学者安之。甚矣，其无愧而不知耻也！

【评】道尽古今学者心事，层层勘入，精切似胡思泉③，而气更疏宕。

【作者简介】

姜橚（1647—1704），字仲端，号昆麓，山西保德人。康熙二十四年（1685）年进士，任湖北麻城知县，后典江南乡试，任浙江学政，官至吏部左侍郎。

【题解】出自《宪问·古之学者为己》。

子曰："古之学者为己，今之学者为人。"（程子曰："为己，欲得之于己也。为人，欲见知于人也。"程子曰："古之学者为己，其终至于成物。今之学者为人，其终至于丧己。"愚按：圣贤论学者用心得失之际，其说多矣，然未有如此言之切而要者。于此明辨而日省之，则庶乎其不昧于所从矣。）

【注释】

① 众人：普通的人、平庸的人。
② 多：称扬。
③ 胡思泉：胡友信。

蘧伯玉使人于孔子　一章

韩菼

圣贤相知以心，于使之来，如相见也。夫伯玉之使、子之问，其有心相知者乎？而何意于"使乎"一言道之哉？今夫朋友之情，其皆学问之事欤？我友之须我也，一如我之须我友，则情深矣；而我之期我友也，已得之我友之自期，则情益深矣。古之君子不待相见已相亲，其心如告语焉耳。夫子适卫，尝主贤大夫蘧伯玉家，无何辞去，然心念伯玉不置也；而伯玉居恒力学，久益不衰，一见夫子恨相得晚，后使来尝无间云。嗟夫！如伯玉者，诚可谓贤矣！君子之适人国也，得一良友，心焉喜之，窃愿相与共风雨明晦，以质其生平之所欲为而规其所未至。然往往不可得，此昔之人所以致叹于贤豪之不常聚为可惜也。而君子之心，则又不然。以为意气之感，离群尤切，夫赏奇析疑，第有既见之欢，而未极夫相思之致，惟各分散于四方而结遥情于千里，往往以数年之隔，而我友已大过凤昔之期，则乐之矣；克治之力，索居更难，夫晨夕劝勉，第有助予之快，不知弃予之悲，惟至予美之亡处而伤独旦①之谁语，往往积一心之失，而异日不堪为知己之赠，则忧之矣。所以伯玉使来，而子即殷然与之坐而问焉，曰"夫子何为"，夫夫子诚何为也？人生无过可摘，必深君子之疑，积岁月而快其无负，惟觉悔吝②之多一二端耳；即人生得过无几，亦由阅世之浅，遇有道而堪与写心，惟幸忧患之多一二念耳。噫！寡过未能，夫子之心何心也？吾子不见伯玉久，回忆曩者契合时，依依今日事；不意伯玉老矣而精力倍进，今者之伯玉，非复昔日之伯玉。彼使何人而深知之也？使乎！使乎！抑吾观春秋时贤者甚众，其隐于下寮③者往往而有，如籥翟之硕人④、管库之士⑤非欤？伯玉之使，独非其伦耶？而要非伯玉之贤，是使何以知之哉？记之曰"蘧伯玉使人"，美伯玉也。

【原评】亦处处从"寡过未能"句着笔，乃独注意"何为"一问。则使人与坐，周详叙致，深情皆出，此文家工于取予避就处。

【题解】出自《宪问·蘧伯玉使人于孔子》。

蘧伯玉使人于孔子。（蘧伯玉，卫大夫，名瑗。孔子居卫，尝主于其家。既而反鲁，故伯玉使人来也。）孔子与之坐而问焉，曰："夫子何为？"对曰："夫子欲寡其过而未能也。"使者出。子曰："使乎！使乎！"（与之坐，敬其主以及其使也。夫子，指伯玉也。言其但欲寡过而犹未能，则其省身克己，常若不及之意可见矣。使者之言愈自卑约，而其主之贤益彰，亦可谓深知君子之心，而善于辞令者矣。故夫子再言"使乎"以重美之。按庄周称"伯玉行年五十而知四十九年之非"。又曰："伯玉行年六十而六十化。"盖其进德之功，老而不倦。是以践履笃实，光辉宣著。不惟使者知之，而夫子亦信之也。）

【注释】

① 独旦：本为思妇之词，谓丈夫征战在外，妻子独自举行祭祀，此喻指朋友不在身边，一个人砥砺品行。语出《诗经·唐风·葛生》："予美亡此，谁与？独旦。"郑笺："予，我。亡，无也。言我所美之人无于此"，又："旦，明也。我君子无于此，吾谁与齐乎？独自洁明。"
② 悔吝：灾祸、悔恨，此指悔恨。《易·系辞上》："吉凶悔吝生乎动"，"悔吝者，忧虞之象也"。
③ 下寮：同"下僚"。
④ 籥翟之硕人：贤人却处于伶师的地位。籥，管乐器。翟，野鸡尾。硕人，身材高大的人。语本《诗经·邶风·简兮》："硕人俣俣，公庭万舞。……左手执籥，右手秉翟。"毛诗序："《简兮》，刺不用贤也。卫之贤者仕于伶官，皆可以承事王者也。"

⑤ 管库之士：掌管府库的人，指屈在下僚的人才。《礼记·檀弓下》载晋卿文子善于举荐贤才，"所举于晋国，管库之士七十有余家"，郑玄注："管库之士，府史以下，官长所置也。举之于君，以为大夫、士也。"

蘧伯玉使人于孔子　一章

陈世治

　　圣人于相知以心者，而深喜使能传之也。夫使于孔子者，岂能使致所欲于孔子，而伯玉乃有是使乎？今夫君子不患独学而无友，惟一心之疏密，喜其人之交有事焉，不必其迹之时相亲也。然心同者亦不忍其迹之久疏，而能传其心者则鲜矣。若夫子之与蘧伯玉交而使来，有足志者。夫吾子以上圣而冀无大过，伯玉以贤者而能知其非，盖士大夫风流相尚者所不解其用意之苦、致力之专，独两人者相视而莫逆①于心也久矣。道德之士，越山川而有以共信，知心理之自一也，而旦暮质证之切，亦急欲得之闻问之间；交修之纯，殊佥影而识其未亏，谅内美之无疵也，而离群索居之久，亦自难忘于介绍之及②。夫子于使之来，与之坐而问以"何为"，良有以也。顾人有终日共对而邈然不得其意向之所存者，知其所为而不知其所欲，君子怅然有我友之须焉，谓心之精微，非耳目近习之所能喻也；人有尽言见推而茫然不得其功力之所据者，侈其已为而不计其未能，君子慨然惜我友之远焉，谓功之微密，并非往来咨询之所可通也。异哉！"寡过"之言，乃自使乎发之！此何其善似夫子之心乎，以吾子更求假年③、还思学《易》，其至诚无息之怀，犹若旁皇于无过之难保，"何为"之问，盖急求切磋之意也，益信伯玉真良友矣；此何其当我伯玉之心乎，以伯玉昭昭之节、冥冥④之行，其省身克己之思，毕生就业于寡过之无时，"未能"之对，虽自道无以易此也，益叹是使为贤使矣。盖人非有在己之得力，未有能直穷人之过者，乃并其救过之意而得之；人非积一心之静观，未有能默数其过之寡者，乃并其未寡之神而肖之。使者出，吾子既重为使叹，益神往伯玉不置也。

　　【评】　词致清雅，节奏安舒。用笔注定"寡过未能"句，而前后左右，无不环抱有情。

　　【作者简介】
　　陈世治，字师洛，吴县人，工书法。
　　【题解】　出自《宪问·蘧伯玉使人于孔子》。见上。

　　【注释】

① 莫逆：没有抵触，指心意相通。语出《庄子·大宗师》："四人相视而笑，莫逆于心，遂相与为友。"
② 介绍之及：派使者互相通问。介绍，指使者。
③ 假年：给予岁月，指延长寿命。此本《论语·述而》："子曰：'加我数年，五十以学易，可以无大过矣。'"

夫子自道也

朱 书

贤者明圣人之谦，知至德有全能也。盖仁、知、勇，非已有之不能道也，然则夫子之无能，正夫子之无不能也耶？故子贡以为自道也。若曰：天下事及之而后知，履之而后见，苟未至乎其境，不惟独任之而不敢任也，即欲辞之而亦不知所以辞也。是故欿然不自足之心，常发于悠然自得之候，则至德之所归，即其言而断可识矣。有是哉！夫子于君子之道，而竟以为未能乎？性情之盈虚，与学问而相长，在在以为无憾，必遥望焉而不知其处者也，使静观于浅深阅历之途，每觉快意者少而不快意者多矣；世途之广隘，随诣力以相形，遇事偶能自全，亦幸中焉而不得其理者也，使潜验于险阻艰难之内，又且撄①我者多而不撄我者少矣。然则夫子之道及此也，非为谦言以自抑，殆心知其然而发为甘苦之辞耳，夫圣心之仁、知、勇，固有立乎万类之中而卓然与天合德者焉，此亦何物足以相累，然而惟天德之纯，乃洞悉乎人事之变也，在旁观者，见其利用之无滞，以为此天亶②之能，非溢美也，正与夫子之自道足相参焉者也；亦非让③大美而不居，殆下学④方殷不自知其所已至耳，夫人世之忧、惑、惧，固有日投夫子之前而坦然行所无事者焉，此由所性一无所亏，然而惟神明之克一，乃益凛乎憧扰之多纷也，在效法者，叹其应迹之无方，以为此成德之期，非无见也，殆因夫子之自道实而验之者也。笃实之儒，凡事有难心，聪颖之士，凡事有易心，究之，见以为难者非难，见以为易者更非易也，夫子以浑全之天极而自验诸渊微，弥若有难而无易，则知从容中矩，正战兢惕厉之所以日深；得半之初，以为如是而已止，优入之后，以为如是而更进，究之，学而不厌者无止境，化不可为者又无进机也，夫子以变化之神奇而自考其性术，弥若有进而无止，则知谦让未遑，正尽性立命之所以独至。夫有不能则有能，无不能则无能能。君子之道，非夫子而谁哉？

【评】但就题面推衍，何从见子贡知足以知圣人实际。似此方将圣人平日功力、言下精蕴——传出。笔致锐入爽达，非浸淫于江西五家⑤者不能。

【题解】出自《宪问·君子道者三》，参见启祯文卷四章世纯《君子道者三》。

子曰："君子道者三，我无能焉：仁者不忧，知者不惑，勇者不惧。"子贡曰："夫子自道也。"

【注释】

① 撄：扰乱。
② 天亶：生而具有，出于天性。语本《尚书·泰誓上》："亶聪明，作元后，元后作民父母。"
③ 让：谦让，推让。
④ 下学：指学习人伦日用之事。《论语·宪问》："（孔子曰）下学而上达。"朱熹《集注》引程子曰："盖凡下学人事，便是上达天理。"

⑤ 江西五家：指明末江西"豫章社"中陈际泰、章世纯等时文大家。

原壤夷俟　二章

李　塨

两记圣人之教，见非礼之无以立也。盖原壤与童子，皆以旧礼为无用而弃之者也，故夫子正之。且圣人有教无类，不忍天下有自弃之人也，而况厕朋友生徒之列者乎？昔原壤，孔子之故人也，子尝过之而壤乃夷俟，于是乎责以不逊，诘以无述，而斥以身既老而犹将为世贼，时则以杖叩其胫焉；阙党童子，来学而请益者也，子使将命而或以为疑，于是乎摘①其居位，病其与先生并行，而断以非求益而妄意于速成，使之闻言而自省焉。盖壤故自命为旷达者也，幼而习焉，老而安焉，以为吾之道术固在于是矣，故夫子示以人道之常，使知前行之愆，触耳而愧于心，庶几近死之年，闻道而恨其晚，此圣人之忠信于朋友也；阙党童子自负为高明者也，居而安焉，行而习焉，以为吾自是可附于成人矣，故夫子示以弟子之职，使周旋于长者，以徐悟其傲然自遂之非，且大惧于无成，而还思反躬求益之实，此圣人之曲造乎童昏②也。故自有夫子之教，而后知天下无可弃之人，随地随事而自易其恶、自至于中，则矫习之偏而皆可成性；自有夫子之教，而后知人无可以自弃之时，循理由礼而老者毋偷、少者毋慢，斯顺天之道而各以善终。抑于壤则疾呼而蹙之以杖，其疾痼而难起也；于童子则微喻而使之自思其机，引而不发也。比事以观，而圣人之教思无穷，曲成万物而不遗，其气象可睹矣。

【评】格调本化治之旧，魄力精神擅正嘉作者之长。我朝讲化治体局而自名一家者，莫如李厚庵③，此种殆可继武。

【作者简介】

李塨（1659—1733），字刚主，号恕谷，直隶蠡县（今河北属县）人。康熙二十九年（1690）举人，年六十岁选授通州学政，数月告归。李塨为清初著名思想家，青年时期即师事颜元，一生以张大颜学为己任，终身著书讲学不倦，遍注群经，并精考据，撰有《小学稽业》、《大学辩业》等近五十种。

【题解】出自《宪问·原壤夷俟》。

原壤夷俟。子曰："幼而不孙弟，长而无述焉，老而不死，是为贼！"以杖叩其胫。（原壤，孔子之故人。母死而歌，盖老氏之流，自放于礼法之外者。夷，蹲踞也。俟，待也。言见孔子来而蹲踞以待之也。述，犹称也。贼者，害人之名。以其自幼至长，无一善状，而久生于世，徒足以败常乱俗，则是贼而已矣。胫，足骨也。孔子既责之，而因以所曳之杖，微击其胫，若使勿蹲踞然。）

阙党童子将命。或问之曰："益者与？"（阙党，党名。童子，未冠者之称。将命，谓传宾主之言。或人疑此童子学有进益，故孔子使之传命以宠异之也。）子曰："吾见其居于位也，见其与先生并行也。非求益者也，欲速成者也。"（礼，童子当隅坐随行。孔子言吾见此童子，不循此礼。非能求益，但欲速成尔。故使之给使令之役，观长少之序，习揖逊之容。盖所以抑而教之，非宠而异之也。）

【注释】

① 摘：指出过失。

② 童昏：此指年幼无知者。《诗经·郑风·褰裳》"狂童之狂也且"，毛传："狂行童昏所化也。"孔颖达疏："童昏，谓年在幼童，昏暗无知。"

③ 李厚庵：李光地。

无为而治者　一节

"无为"仅得一帝，其治象可想见也。夫无为而治，殆难言之，夫子独归之舜，所可想见者，第恭己之象耳，他何为哉？且帝王南面而莅天下，时势不同，同归于治而已，而劳逸分焉。其逸而治者，圣人之德，尤圣人之遇也。惟然，故其治无迹可见，而仅得其象于慨想之间。吾尝上下千古，而叹无为而治者之难其人也。今夫亶聪明①而作元后，圣人既特擅有为之材；造草昧②而奋经纶，天下又胥待有为之烈。于是有躬居南面，早作夜思而天下未即治者焉，或治矣而未洽，洽矣而日有不暇给，典籍所载可考而知。甚矣，无为而治者之难其人也！由今思之，其舜也与？舜以协帝③之德而适绍帝之成，其所谓宾门纳麓④、封山浚川⑤诸务，不过竭乃股肱⑥，上襄光被⑦，而异日适承其休，则夫劳于始而逸于终，圣人之遇未有若是之奇也；舜以官人⑧之德而享得人之乐，其所谓敷土播谷、明伦弼教⑨诸臣，不过一经简命⑩，奉以终身，而继此别无推择，此又劳于求而逸于任，圣人之遇未有若斯之盛也。遐想其时，天地平成，民物安阜，举天下之大，无一事一物尚有待于圣人之为，而圣人复何为哉？以其身托之乎巍巍⑪之上，以其心运之乎业业之中；其存诸神明者不可窥，而被诸事功者又无可执。恭己正南面，无为者之治象如是而已。嘉谟之陈，尚交儆于无怠无荒⑫，乃天下之太平翔洽⑬亦已久矣，开明堂以朝群后⑭，四方万国奔走偕来，而圣人抚五辰⑮以临之，当日所目击者此象也，今日所神往者亦此象也；帝歌之作⑯，犹敕天⑰于惟几惟康⑱，乃有虞之垂裳⑲布化不再更矣，坐廊庙而念苍生，解愠阜财⑳斯须不释，而圣人挥五弦㉑以致之，千载以上所目击者此象之外无他也，千载而下所神往者此象之外无他也。噫，至矣！夫帝王亦期于能治耳，无为而治与有为而治，一也。然孰如舜之德遇兼隆、旷世而一觏也乎？

【原评】 实境易铺，虚神难会。涵泳白文，跃然有得，笔之所至，有生龙活虎之势。

【题解】 出自《卫灵公·无为而治者》。

子曰："无为而治者，其舜也与？夫何为哉，恭己正南面而已矣。"（无为而治者，圣人德盛而民化，不待其有所作为也。独称舜者，绍尧之后，而又得人以任众职，故尤不见其有为之迹也。恭己者，圣人敬德之容。既无所为，则人之所见如此而已。）

【注释】

① 亶聪明：的确聪慧。语出《尚书·泰誓上》："亶聪明，作元后，元后作民父母。"孔安国传："人诚聪明，则为大君"。

② 造草昧：指草创制度。语本《易·屯》："天造草昧，宜建侯而不宁。"

③ 协帝：指与帝尧同心。《尚书·舜典》："（舜）曰重华，协于帝。"孔颖达疏："舜能继尧，重其文德之光华，用此德合于帝尧，与尧俱圣明也。"按，此句谓舜开始与尧合治天下，后来享受尧帝治天下的成果。

④ 宾门纳麓：此本《尚书·舜典》："（舜）宾于四门。纳于大麓，烈风雷雨弗迷。"孔安国传："四方诸侯来朝者，舜宾迎之"，"麓，录也。纳舜使大录万机之政，阴阳和，风雨时，各以其节，不有迷错愆伏。明舜之德合于天。"

⑤ 封山浚川：封山，取各州最高的山，封为其州之镇。浚川，疏浚河道，便于通利。《尚书·舜典》："肇十有二州，封十有二山，浚川。"

⑥ 竭乃股肱：竭尽其作为大臣的本分。

⑦ 上襄光被：辅助尧帝。襄，辅助。光被，指尧，《尚书·尧典》谓尧"光被四表"。按，"封山浚川"诸事，皆为舜尚未代尧为天子时的功绩。

⑧ 官人：此指知人善任。语出《尚书·皋陶谟》："知人则哲，能官人。安民则惠，黎民怀之。"孔安国传："哲，智也。无所不知，故能官人。"按，此谓舜能知人善任，故无须亲自理政。

⑨ 敷土播谷、明伦弼教：据《尚书·舜典》，敷土为分治九州水土，禹任此事；播谷，命后稷"播时百谷"；明伦，指推行教化，由契担任；弼教，指以刑辅教，皋陶任此事。

⑩ 简命：选拔任命。

⑪ 巍巍：高大貌，此指天。

⑫ 无怠无荒：不要怠惰荒废政事。《尚书·大禹谟》载益劝勉舜："无怠无荒，四夷来王。"

⑬ 翔洽：周遍。

⑭ 群后：群王、众诸侯。

⑮ 抚五辰：依顺五行运转之时。五辰，五时。春夏秋冬四时各对应五行之一，"四季"对应于土，合为五时。《尚书·大禹谟》："百僚师师，百工惟时，抚于五辰，庶绩其凝。"孔安国传："言百官皆抚顺五行之时，众功皆成。"

⑯ 帝歌之作：《尚书·益稷》载舜作歌，皋陶等赓歌以寓劝勉之意。

⑰ 敕天：正天命。《尚书·益稷》载，舜歌曰"敕天之命，惟时惟几"，孔安国传："敕，正也。奉正天命以临民，惟在顺时，惟在慎微。"

⑱ 惟几惟康：《尚书·益稷》载禹劝戒舜："安汝止，惟几惟康，其弼直。"孔安国传："念虑几微，以保其安。"

⑲ 垂裳：指无为而治。语本《易·系辞下》："黄帝、尧、舜垂衣裳而天下治"，本指制衣服以法乾坤，别尊卑，后多用为无为而治之典。

⑳ 解愠阜财：解除百姓的疾苦，让财物殷富起来。此本"南风之诗"，《孔子家语·辩乐解》："昔者舜弹五弦之琴，造南风之诗，其诗曰：'南风之薰兮，可以解吾民之愠兮；南风之时兮，可以阜吾民之财兮。'"

㉑ 挥五弦：指弹琴。见上。

颜渊问为邦　一章

徐乾学

　　圣人与大贤论政，而治统于是备矣。夫极盛治之隆，而必有所谨者，此邦由以固也。圣贤治天下之略，岂外是乎？尝论帝王之书，政事备焉，欲有为于天下者，非得其一而遂足为理也。立纲陈纪，迄于大定之余，而孳孳①保治之意，犹惄敕②而罔斁③焉，所以根本固而大统攸属耳。颜子在圣门，具用行之略者也，而问为邦，岂非欲以得其全哉？子以为治之大者在天人之际、损益之序、质文功德之数、理欲清浊之原，隐验于古今之所宜，而显持于道法之所守，如是焉已。治莫大乎颁朔，则夏时为善，三统④各有其义，而著物生之始⑤，由黄钟⑥而达之，至是乃盛焉，布德和令以顺人事，皆从此出也；治莫大于同轨，则殷辂为善，五辂⑦各有其制，而崇浑朴之质，辨等威而出之，惟是为能久焉，厚德应地⑧，简而可大也；治莫重于章服⑨，则周冕为善，采旒爵弁⑩，古有其则，而昭南面之崇，于郊庙而用之，惟是为有章焉，元德象天⑪，尊而弥光也。若乃操三重⑫以寡过，制礼尤欲审音；稽三代以立隆，宗王必欲祖帝。有圣人之乐，而复有圣人之舞，则韶舞尚矣。王者德既如舜，治已如虞，被诸管弦，形诸缀兆⑬，表扬绝业，风谕众庶，可谓和乐者乎？盖治法于是始详也，然始未尝不祇肃，而后稍陵夷者有之矣。自古贤圣之君，必从而谨之，戒彼新声，防兹匪僻⑭。列国之歌非一，而郑为甚；近习之蔽非一，而佞尤深。宫商奸律而傲僻之志荒，惟其淫也；邪佞当前而中正之途塞，惟其殆也。人主谨嗜欲，绝声色，而典章文物之盛由此益开；亲君子，远小人，而质文制作之宜自此益备。盖明礼定乐每代不同，而节性防淫百王不易，通乎古今之宜，而要以道法之守。此治天下之大略也。

　　【评】语语质厚，字字谨严。结营甚密，布局甚浑。

　　【题解】出自《卫灵公·颜渊问为邦》，参见正嘉文卷三归有光《颜渊问为邦乐则韶舞》。

　　颜渊问为邦。子曰："行夏之时，服周之冕，乐则韶舞。放郑声，远佞人。郑声淫，佞人殆。"

　　【注释】

① 孳孳：勤勉貌。
② 惄敕：告诫。
③ 罔斁：不敢败坏。
④ 三统：指夏商周三代不同的正朔制度。夏代以寅月（现农历正月）为岁首，为"人统"；商朝以丑月（现农历十二月）为岁首，为"地统"；周朝以子月（农历十一月）为岁首，为"天统"。
⑤ 著物生之始："三统说"据万物生长的情况而言。《礼记·檀弓上》"夏后氏尚黑"，孔颖达疏："建子之月为正者，谓之天统。以天之阳气始生，为百物得阳气，微稍动变，故为天统。建丑之月为地统者，以其物已吐牙，不为天气始动，物又未出，不得为人所施功，唯在地中含养萌牙，故为地

统。建寅之月为人统者，以其物出于地，人功当须修理，故谓之人统。统者，本也，谓天地人之本也。"

⑥ 黄钟：一种乐器，古人认为黄钟为"律吕之本"。按，古人又将"三统"与音乐结合起来，如《清史稿·乐志一》载康熙中审定音律，"故《周礼·大司乐》三宫，《汉志》三统，皆以三调为准。所谓三统，其一天统，黄钟为宫，乃黄钟宫声位羽起调，姑洗角声立宫，主调是为宫调也"。此即以"黄钟"指代"天统"。

⑦ 五辂：五种制式的车，也作"五路"。《周礼·春官·御史》："天子五路。"为玉路、金路、象路、革路、木路。

⑧ 厚德应地：殷之辂坚重厚实，是取法于"地"。《易·坤》："地势坤，君子以厚德载物。"

⑨ 章服：章明服色，谓使各等级的衣物形制色彩不混淆。

⑩ 采旒爵弁：指各种不同制式的冕、冠。

⑪ 元德象天：此有两义。其一，元即"首"，谓头上戴的冠冕象征着上天；其二，帝王当法天，有资生万物之德。《易》以"元"德与"乾"（天）相配，《易·乾》"大哉乾元"，孔颖达疏："乾是卦名，'元'是乾德之首，故以元德配乾释之。"

⑫ 三重：指夏商周三王之礼。《礼记·中庸》："（孔子曰）王天下有三重焉，其寡过矣乎！"朱熹《中庸集注》谓议礼、制度、考文三事。

⑬ 缀兆：本指古代乐舞中舞者的行列位置，此指乐舞。《礼记·乐记》："行其缀兆，要其节奏，行列得正焉，进退得齐焉。"郑玄注："缀，表也，所以表行列也。""兆，域也。舞者进退所至也。"

⑭ 匪僻：行为不端之人，指"佞人"。

行夏之时

邵 基 墨

治莫先于法天，圣人取夏时之正焉。夫天时，与人事合者也，授时则取夏，非圣人法天之治哉？且王者敬天以勤民，则治历明时，固首出者①之所有事也。顺万民之作息，道在于抚辰②；极四序之节宣③，功归于兴事。为邦之道，所以厘工而熙绩④者，盖莫先于此焉。顾吾思之，道本同揆⑤，三代共此钦若⑥之旨；而数与天合，万世自有不易之经。周之建子，其立意未尝不善，然万象未萌，一阳方动，先王于是有闭关⑦之令，而未可以趋事而赴功；商之建丑，其命义未即无稽，然星回于天⑧，日穷于次，天子将以颁来岁之宜，而非所以肇端而履始。盖乘天因地，生人自有其成，能布五行而成四序，王者所以顺导夫民功，故出治以时为柄，而授时以人为纪；东作西成⑨，两间原有其定候，春祈谷而秋报享，王政所以上配于天行，故燮理为君相之业，而农桑即妇子之经。吾得夏时焉，以寅为正，以人为统，上符天运，时甚正也；下布民事，令甚善也。为邦者非以此行之不可。小民讵识占星，而示以时以作事⑩之旨，则出入不敢以稍违；朝廷不尚改制，而正以始和布令⑪之规，则上下均堪以恪守。是非夏先王创一人之见也，鸟火虚昴⑫，不能更作讹成易⑬之期，察政窥玑⑭，不能改二月东巡⑮之候，前之圣人已精其占验，而此乃率由焉而不忘，则惟夏时可以考而不谬也；亦非夏先王矜独擅之奇也，《豳风》当商政之年，而流火授衣⑯之不逾其节⑰，《月令》⑱为晚周之籍，而行庆诘暴⑲之不易其规，后之圣人默受其范围，而此更画一焉而不爽，则惟夏时可以俟而不惑也。回也，相天子以颁朔，佐明堂以出治，必先之乎此。而由殷周以溯有虞，则悉有可采矣。

【评】时尚华采文字，大都貌为冠冕，其实全无考据。往往语句杂凑，殊不成章，此篇可谓稳称。　　照自订稿削去枝叶语，倍觉庄雅可诵。

【作者简介】

邵基（1693—1743），字学址，号思蓼，浙江鄞县人。康熙五十九年（1720）举乡试第一，次年成二甲五名进士，选庶吉士，授编修，转福建道监察御史，历官右通政、国子监祭酒等，乾隆初擢江苏巡抚，卒于任，居官清廉，有惠政。著有《静远轩稿》。

【题解】出自《卫灵公·颜渊问为邦》，见上，参见正嘉文卷三归有光《颜渊问为邦　　乐则韶舞》。

【注释】

① 首出者：指帝王。《易·乾》：“首出庶物，万国咸宁。”

② 抚辰：顺应天时。辰，时。《尚书·皋陶谟》：“抚于五辰，庶绩其凝。”

③ 节宣：指或裁制或布散以调适之。

④ 厘工而熙绩：治理百官，众功皆广。语本《尚书·尧典》：尧帝命羲和制定历法，“允厘百工，庶绩咸熙”。孔安国传：“厘，治。工，官。绩，功。咸，皆。熙，广也。言定四时成岁历，以告时授事，则能信治百官，众功皆广。”

⑤ 同揆：同一道理，同一法则。揆，度量的标准。

⑥ 钦若：指敬畏上天。语本《尚书·尧典》：“乃命羲和，钦若昊天，历象日月星辰，敬授人时。”

⑦ 闭关：指不让商旅通行。《易·复》：“先王以至日（按，冬至日）闭关，商旅不行，后不省方。”

⑧ 星回于天：及下“日穷于次”俱见《礼记·月令·季冬之月》：“是月也，日穷于次。月穷于纪，星回于天，数将几终。”孔颖达疏：“‘日穷于次’者，谓去年季冬‘日次于玄枵’，从此以来，每月移次他辰，至此月穷尽，还次玄枵，故云‘日穷于次’”，“‘星回于天’者，谓二十八宿随天而行，每日虽周天一匝，早晚不同，至于此月，复其故处，与去年季冬早晚相似，故云‘星回于天’”。

⑨ 东作西成：春耕秋收，指顺天时而安排人事。《尚书·尧典》：“寅宾出日，平秩东作。”孔安国传：“岁起于东而始就耕，谓之东作。”《尧典》：“寅饯纳日，平秩西成。”孔传：“秋，西方，万物成。平序其政，助成物。”

⑩ 时以作事：按照时令劳作。

⑪ 始和布令：在正月颁布政令。《周礼·天官·大宰》：“正月之吉，始和布治于邦国都鄙”。郑玄注：“凡治有故，言始和者，若改造云尔。”孔颖达疏谓“始调和”。

⑫ 鸟火虚昴：《尚书·尧典》中提及的用以观察时序的四种星。“日中星鸟，以殷仲春……日短星昴，以正仲冬”。

⑬ 作讹成易：指四季之事，语本《尚书·尧典》：“平秩东作”、“平秩南讹”、“平秩西成”、“平在朔易”。据孔颖达疏，“作”指耕作；“讹，化也。掌夏之官平叙南方化育之事，敬行其教，以致其功。”成，“万物成。平序其政，助成物。”易，“谓岁改易北方”。

⑭ 察政窥玑：此指观察天象。《尚书·舜典》：“在璇玑玉衡，以齐七政。”孔安国传：“在，察也。璇，美玉。玑、衡，王者正天文之器，可运转者。七政，日月五星各异政。舜察天文，齐七政，以审己当天心与否。”

⑮ 二月东巡：古代天子每年四巡，二月东巡。

⑯ 流火授衣：此指《诗经·豳风·七月》“七月流火，九月授衣”。按，豳为周祖先公刘所开发，时

在商朝，故此曰"《豳风》在商政之年"，此又以《七月》为例，说明当时所用历法没有舛错。

⑰ 节：时节，节令。

⑱ 月令：指《礼记·月令》。此书前人或托为周公之作，孔颖达疏则认同是从《吕氏春秋》撮抄而来。

⑲ 行庆诘暴：谓法天行事，春天举行赏赐活动，秋天征伐和诛杀无道者。《礼记·月令》谓孟春之月，"命相布德和令，行庆施惠，下及兆民"；孟秋之月，"以征不义，诘诛暴慢以明好恶"。

君子疾没世而名不称焉

曹一士

名以永称，疾其与世俱迁者也。盖迄没世而无称焉，悔何及矣。君子之疾也，终身以之耳。尝谓阅世生人，阅人成世，惟我有足以重乎世者，斯世尽而名不与之俱尽。依古以来，世凡几易，其名磨灭而不彰者，何可胜道？间尝俯仰而知其故矣。其始每误于有所恃，年少气盛，谓不朽可立致也，无何而有用之岁月，半消磨于妻子仕宦之胸，而冉冉者①行没世矣；其终多败于有所溺，居恒发愤，谓圣贤自有真也，未几而俗情之渐染，反足以夺诗书稽古之识，而悠悠者②终无称矣。君子念名之所自生与名之所由授，而瞿然以兴也。天地之生人也，心思耳目皆处必敝之势，独此名之不敝者，足以配三才而立极，有称而天地始有是人，无称而天地遂无是人也，彼夫麟可征祥、凤可纪瑞，尚各留其光气以泄宇宙之文明，我而腼然人面也，智慧聪明世莫灵而物莫贵，徒奉此式饮式食③之躬，泯然以澌灭，何虚生若此也，中夜以思，有不可为人而已矣；父母之授子也，身体发肤皆无能久之理，独此名之可久者，足以成孝敬而亢宗④，有称而父母始有此子也，无称而父母似无此子也，彼夫帝世元恺⑤，王朝达适⑥，皆各标其品望以重古今之氏族，我而念厥先人也，德行道艺里不登⑦而史不书，虚存此以似以续⑧之躯，顽然以待尽，何不才至是也，中夜以思，有不堪为子而已矣。当吾世而偶见长也，岂无一二有道者为之延誉而增重，至没世而朋友之力穷矣，君子知名自己立，没世后断无助予之人也而不称，而复何所望，则安得不置身千载，时设一莫推莫挽⑨之情；并吾世而相为轻也，岂无一二寡识者使我攘诟而忍尤⑩，至没世而谗谤之焰息矣，君子知名由论定，没世后并无忌我之人也而不称，复何以自解，则安得不深自刻责，时作一何有何无⑪之想。有志之士，未有营营于目前而昧昧于没世者也，是以君子重疾之也。

【评】此题精义，从前名作发挥尽矣。故转从浅近处着想，情真词切，正复轩爽动人。

【作者简介】

曹一士（1678—1736），字谔廷，一作谔庭，号济寰，别号沔浦生，江南青浦（今属上海）人。雍正八年（1730）二甲进士，选庶吉士，授编修，后充文颖馆纂修、山东道监察御史。以《请宽文字之狱禁诬告株连》一疏，最为人所称。著有《四焉斋文集》八卷、《诗集》六卷附《梯仙阁余课》一卷等。

【题解】出自《卫灵公·君子疾没世而名不称焉》，参见启祯文卷五陈子龙《君子疾没世而名不称焉》。

子曰："君子疾没世而名不称焉。"

【注释】

① 冉冉者：指年老。冉冉，逐渐。《离骚》："老冉冉其将至兮，恐修名之不立。"

② 悠悠者：众人之口，众口悠悠。

③ 式饮式食：即饮食。式，发语词，无实义。语出《诗经·小雅·车辖》："虽无旨酒，式饮庶几。虽无嘉殽，式食庶几。"

④ 亢宗：庇护宗族，光耀门庭。《左传·昭公元年》："吉不能亢身，焉能亢宗？"

⑤ 帝世元恺：指五帝时代的能臣。《左传·文公十八年》谓高辛氏有才子八人，称为"八元"；高阳氏有才子八人，称"八恺"。后因以"元恺"称皇帝的辅佐大臣。

⑥ 王朝达适：指周王朝的贤俊。达适，伯达、伯适，泛指"八士"。《论语·微子》："周有八士：伯达、伯适、仲突、仲忽、叔夜、叔夏、季随、季䯄。"

⑦ 里不登：得不到乡人的荐举。登，进。

⑧ 以似以续：此指继承先人。似，通"嗣"。《诗经·周颂·良耜》："以似以续，续古之人。"郑笺："嗣前岁者，复求有丰年也。续往事者，复以养人也。"

⑨ 莫推莫挽：指无人帮助自己成名。挽，在前边牵引，《左传·襄公十四年》："或挽（挽）之，或推之。"按，此句谓要立志靠自己的学养成名，而不指望他人的帮助。

⑩ 攘诟而忍尤：忍受屈辱和指责。攘诟，忍受屈辱，一释为排除耻辱。尤，指责。语出《离骚》："屈心而抑志兮，忍尤而攘诟。"

⑪ 何有何无：此指勉力以求。《诗经·邶风·谷风》："何有何亡，黾勉求之。"

君子不以言举人 一节

储 欣

"人"与"言"之益，惟君子能兼收之也。夫未定其人而以言举之，与人之既定而并废其言，是两失也。不举不废，如君子而人与言之益始全。尝思上之人所皇皇有求者，皆曰人耳、言耳，而收其益者盖寡，良以人则失之轻进，而言又失之轻弃也。曷观之君子乎？今夫用人而或缘他途以滥朝廷之爵禄，此稍知治体者所必斥也，若明明有先资之言，足以感动乎君相，其谁不爱焉，用其言而显其身，惟恐后矣；听言而或挟私意以抑贤豪之建白，此稍念国是者所不出也，若明明为匪类之人，业已指目于朝野，其谁不畏焉，逐其人而屏其说，所必至矣。然吾以其举为已躁矣，上之人之所以举是人者，必其人之可信也，信其人之可而举之，是其举以人，不以言也，如以其言之可而绝不计其人之或不可，则何如徐而俟之之为得乎；抑吾以其废为已激矣，上之人之所以废是言者，必以言之不当也，察其言之不当而废之，是其废以言，不以人也，如以其人之不可而因并绝其言之可，则何如分而观之之为得乎？忠言谠论之来于前者不知凡几也，君子之闻言太息而恨其入告之晚者亦不知凡几也，乃起视其朝，有侧陋而升庸者，而若人①不尽与焉，有下僚而荐拔者，而若人不尽与焉，人或疑君子何惜一举②以作天下敢言之气，不知君子所求者人耳，人足以应吾求，即朴遬③少文者，吾录之，岂慷慨敢言者而吾反置之，而非然者，则无宁靳④也，可见君子举一人，必思得一人之益，此众贤之所以聚于朝；静言庸违⑤之害人国者不谓不至也，君子之甄别流品以杜夫迩奸⑥之萌者亦不谓不至也，乃起视其国，利日以兴，而若人之所敷奏者亦在焉，弊日以去，而若人之所指陈者亦在焉，人或疑君子何惮不废以息一时宵小之望，不知君子所求者言耳，言不足以副吾求，即出自正人者，吾置之，岂发诸宵小者而吾反行之，而非然者，则无宁采也，可见君子废一言，惟恐失一言之益，此万事之所以得其理。盖以言举人，当人之未定而轻进之者也，君子必待诸克知灼见之余；以人废言，因人之既定而轻弃之者也，君子别自有葑菲刍荛⑦之择。故两益也。微君子，其谁与归？

【评】两"人"字殊不同，两"言"字亦微有偏全大小之别。独见分晓，文亦曲屈尽意。

【题解】出自《卫灵公·君子不以言举人》。

子曰："君子不以言举人，不以人废言。"

【注释】

① 若人：此人。此指进言的人。
② 举：提拔。
③ 朴遫：也作"仆遫"，平凡。
④ 靳：吝惜。
⑤ 静言庸违：语言善巧而行动乖违，犹言口是行非。《尚书·尧典》"（共工）静言庸违，象恭滔天。"蔡沉《集传》："静则能言，用则违背也。"
⑥ 迩奸：招致奸佞。《左传·昭公十五年》："吾不可以欲城而迩奸，所丧滋多。"
⑦ 葑菲刍荛：指人虽恶，而其言可采则采之；人虽微贱，其言可采亦采之。葑菲，本指两种野菜，此用《诗经·邶风·谷风》："采葑采菲，无以下体。"毛传："下体，根茎也。"郑笺："此二菜者，蔓菁与葍之类也，皆上下可食。然而其根有美时，有恶时，采之者不可以根恶时并弃其叶。"刍荛：割草打柴的人，《诗经·大雅·板》："先民有言，询于刍荛。"

吾犹及史之阙文也 一节

方　舟

圣人于所及见，而不胜世变之感焉。夫史阙文、马借乘，而子之及也仅焉，能无抚时而增感欤？且人心之淳、风俗之厚，不必溯之大道行而天下为公之世①也，即吾一人之身，而俯仰前后，其可为感慨者多矣！夫我生之初，先王之政教已无复存焉者矣。然大纲虽斁②，而细者或守其常；王泽既微，而余风不至尽泯。故朝廷之上，刑赏举措虽不能不颠倒以失实，而史氏之无容其伪者，犹不敢作聪明以紊典型；乡党之间，礼义风教虽不能不变乱以行私，而士大夫之蓄所有余者，尚不至务纤啬而私货力③。使不有今日，则吾第伤心于先王政教之衰，而是戋戋④者亦不复置之意中矣。乃自今思之，则犹幸吾之及此也。彼史之阙文也，以是为一事之不失其官，犹之浅也，而先王正性命之理，以养人心之直而不忍自欺，其源深也，而今之无此，尤可痛也；有马者之借人乘之也，以是为人情之好行其德，固足尚也，即当时因物力之丰，以成习尚之厚而不甚爱惜，亦可思也，而今之无此，尤可惧也。夫我生之初，失治平已数百年矣，而遗风余俗经十数王之所荡，而犹有一二之存，以此知文武周公之诒谋者远也；我生之后，不过上下数十年之间耳，而目见耳闻遂至月异岁不同，而一旦扫地以尽，以此知流失败坏之末流更烈也。夫人心风俗，大抵习于所见而成耳。之二者犹吾所及，故以今为异而感慨系之；其后乎吾而不及者，且习以为常而不知其非矣。世变甚，则挽之愈难。及今为之，已不若我生之初之易为力，而况靡靡⑤以听之于后耶？

【评】 勘题真切，实有关于人心风化。非具此心胸识力，不可以代圣言。

【题解】 出自《卫灵公·吾犹及史之阙文也》，参见隆万文卷三顾天埈同题文。

子曰："吾犹及史之阙文也，有马者借人乘之。今亡矣夫！"

【注释】

① 天下为公之世：指五帝之时。《礼记·礼运》："大道之行也，天下为公。"孔颖达疏以为此指五帝之世。

② 斁：败坏。

③ 私货力：吝惜自己的财物、气力。《礼记·礼运》："大道既隐……货力为己。"

④ 戋戋：细微。此"戋戋者"指"史阙文"、"马借人"二事，意谓王道若行，则二事细微，固不必看重，今王道既荡然无存，此二事犹不可见，则令人追怀。

⑤ 靡靡以听之：听任时俗。靡靡，本指草木随风伏倒，引申为随顺。《尚书·毕命》："商俗靡靡，利口惟贤。"听，听任。

师冕见　一节

王汝骧

见者之为师也，圣人有可详记焉。夫自阶而席而坐，子之诏师详矣，记者从旁观之，故其记之也亦详。且吾夫子所谓动容周旋中礼者，固安往而不然哉！即如子见瞽者，吾党尝记其虽亵必以貌①矣，此岂非胞与②之怀，倍深于残疾；而悲悯之念，无间于偶然乎？况乎一旦而来见者为师冕也，居乐官之长，则礼貌固在所必虔；睹蒙瞍之伦，则矜惜③宜有所独至。吾党乃尤乐于此乎观圣人也。夫以吾夫子从大夫之后④，阶则五尺⑤也，席则再重⑥也。凡得登夫子之堂，孰有愆于仪而败于度者，而无如⑦见者之为师也。当是时，先冕而在者不一人焉，闻冕之至，咸起于席而属目焉。将命⑧已讫，宾主闻名，夫子则降阶迎客于门外。意冕下车时，固知其为门，抑亦自有介⑨焉，故不待夫子之有言也；夫子入门而右，师入门而左，师固娴于仪者，此无足虑。无何而及阶矣，使师于此伥伥然不知级之拾，而奚免于足之蹶乎，吾党方窃为师难之，而子则曰"阶也"，师于是拱立以俟，夫子乃请入为席，然后出迎师，师乃俨然就西阶，先左足，无以异于常人之升阶矣；自是而及席矣，师于此伥伥然且不知席之何乡，而又安知让而何受乎，吾党又窃为师苦之，而子则曰"席也"，师于是止其接武⑩，夫子乃跪而正席⑪，师亦俨然跪抚而辞，请彻重席，无以异于常人之践席矣；于是师坐，夫子坐，向之起者皆坐，吾党于此则少安焉，意坐者于师固不妨姓氏之自通而师于坐者亦不难闻声而相悉，可无藉于夫子之谆谆矣，而子则又告之曰"某在斯，某在斯"，于是满堂之客得恬然于晋接之度，而宾席之师得泰然于应对之间，是日也，冕遂自忘其为师，凡与于坐者亦俱忘乎冕之为师，而礼仪卒度，笑语卒获，无以异于常人之见于夫子也。欢然竟日，成礼而退，则师之离席下阶也，心识夫子向者之诏，了然不复有疑，出门上车，自幸无过。于是坐者亦皆得其意以去，而子张子⑫乃独有请于夫子焉。

【评】次第起伏照应，似欧阳氏学《史记》之文，记事体之正轨也。

【题解】出自《卫灵公·师冕见》。

师冕见，及阶，子曰："阶也。"及席，子曰："席也。"皆坐，子告之曰："某在斯，某在斯。"（师，乐师，瞽者。冕，名。再言某在斯，历举在坐之人以诏之。）

【注释】

① 虽亵必以貌：即使闲居中相见，也注重礼貌。《论语·乡党》："（孔子）见冕者与瞽者，虽亵，必以貌。"朱熹《集注》："亵，谓燕见。貌，谓礼貌。"
② 胞与：即"民胞物与"，把民众当作自己的同胞兄弟，把万物视作自己的友朋。
③ 矜惜：同情怜惜。矜，关爱。
④ 从大夫之后：孔子尝仕为大夫，虽已致仕，但仍当按大夫的规格行事。《论语·先进》："以吾从大夫之后，不可徒行也。"
⑤ 五尺：周时堂阶制度，《礼记·礼器》："天子之堂九尺，诸侯七尺，大夫五尺，士三尺。"
⑥ 再重：层叠的坐席，为大夫之坐。古人席地而坐，以坐席层叠的多少表示身份的高低。《仪礼·乡饮酒礼》："公三重，大夫再重。"
⑦ 无如：无奈。
⑧ 将命：传命。
⑨ 介：传宾主之言的人。古时主有傧相迎宾，宾客通传的随从叫介。
⑩ 接武：脚步相接，指小步前进。《礼记·玉藻》："君与尸行接武"，孔颖达疏："接武者，二足相蹑每蹈于半，未得各自成迹，故云'接武'也。"
⑪ 跪而正席：以下均为当时的礼仪。《礼记·曲礼》："主人跪正席，客跪抚席而辞。客彻重席，主人固辞。客践席，乃坐。"主人为客人正席，表敬；客人按住席，不让主人正席，表谦。客人又请撤去重席，也是表谦。
⑫ "子张子"句：《论语》下一章记"师冕出。子张问曰：'与师言之道与？'"

天下有道　下二节

储　欣

圣人察世变之所归，而亟思夫有道焉。夫大夫专政而庶人私议，此春秋之变之所归也，惟天下有道可以救之。子能已于思乎？意谓：予旷观世变而慨然矣。十世、五世以讫三世，盖世变为已亟焉。然天下之变相循而不已，则其患必有所归，而吾之忧乃益深，吾之望亦愈切。何则？善察天下之变者，必当观其渐之所积，积而不已，则其至于偏重者势也，偏重焉而遂非理数所能拘；尤当虑其情之所激，激而一决，则其出于过正者又势也，过正焉而亦非法令所能禁。然则当今之天下，所谓偏重者谁乎，非诸侯也，诸侯由盛而之衰，政已下移也，非陪臣①也，陪臣甫盛而即衰，政难久据也，今天下偏重之势在大夫矣；所谓过正者谁乎，非诸侯与陪臣也，诸侯与陪臣不敌大夫之重，畏焉而不敢议也，然亦非大夫也，大夫独操诸侯与陪臣之重，专焉而不必议也，今天下过正之势在庶人矣。大夫曷为偏重，曰积也，五伯②迭兴以来，凡诸侯之得擅乎礼乐征伐者，大夫亦职有微劳，而其后遂不觉邢邱溴梁③之见告也，是大夫之得政于五世以内者，其积浅，而其窃政于十世以内者，其积深也，天下且如此大夫何也？庶人曷为乎过正，曰激也，齐盟狎主④之日，凡诸侯之自擅乎礼乐征伐者，庶人已啧有烦言，而况其日睹夫大都藏甲⑤之皆然也，是庶人之矢⑥清议于十世以内者⑦，激而未至于甚，而其发愤议于五世以内者，甚而不胜其激也，大夫且如此庶人何也？然则若之何而救之，曰惟天下有道可以救之。奚以知其然也？盖有道则天下之政出于一，虽莫大诸侯俱不敢自为政，而大夫又何所积以专天下之政乎，且夫有道之天下，其所慎重而不轻者大夫耳，爵一大夫焉必以告⑧，刑一大夫焉必以告，而且节春秋，则曰守臣也，锡黼冕，则曰监牧也⑨，待之愈重而大夫愈不敢有所觊觎，以积成难返之势矣，问政之在焉，无是也，无他，礼乐征伐自天子出也；抑有道则天下之议出于一，虽贤士大夫俱不敢参末议，而庶人又何所激以肆匹夫之议乎，且夫有道之天下，其所虚公而不弃者庶人耳，爵人必与庶人共，刑人必与庶人共，而且询刍荛，欲其谤⑩于市也，采工瞽，欲其谏以艺⑪也，处之愈公而庶人愈不敢有所是非，以激成矫枉之势矣，问犹有议焉，无是也，无他，礼乐征伐自天子出。否则大夫据不拔之形，庶人逞难静之气，吾恐五世之失并不足以限大夫，而横议之徒亦将不知所终也。世变所归，归于此矣，吾能无惧乎哉？

【评】于大夫专政、庶人窃议源流，一一洞彻。所以行文汪洋恣肆，投之所向，莫不如意。

【题解】出自《季氏·天下有道》，参见隆万四书文卷三胡友信《天下有道》。

孔子曰："天下有道，则礼乐征伐自天子出；天下无道，则礼乐征伐自诸侯出。自诸侯出，盖十世希不失矣；自大夫出，五世希不失矣；陪臣执国命，三世希不失矣。天下有道，则政不在大夫。天下有道，则庶人不议。"

【注释】

① 陪臣：本指隔了一层的臣子，如诸侯之臣为天子的"陪臣"，此专指诸侯国中大夫的家臣。
② 五伯：指春秋五霸。
③ 邢邱溴梁：指大夫参与诸侯会盟之事。邢邱，也作"邢丘"，《左传·襄公八年》："季孙宿会晋侯、郑伯、齐人、宋人、卫人、邾人于邢丘。"《襄公十六年》："三月，公会晋侯、宋公……于溴梁。戊寅，大夫盟。"孔颖达疏："诸侯皆在，而大夫自盟。政教约信，在于大夫，其事不由君也。不曰诸侯之大夫者，刺大夫不臣也。"
④ 齐盟狎主：交替主持盟会。齐盟，犹同盟。狎，更替。《左传·昭公元年》："自无令王，诸侯逐进，狎主齐盟，其又可壹乎？"杜预注："强弱无常，故更主盟。"

⑤ 大都藏甲：指大夫封地城墙超过限制，并藏有甲兵，都是违背古制的现象。《孔子家语·相鲁》载孔子据"家无藏甲"、"邑无百雉之城"的制度，要求强公室、弱私家。

⑥ 矢：陈。

⑦ 十世以内者：指诸侯。下"五世以内者"指大夫。

⑧ 告：指告于庙，告于王。

⑨ "节春秋"以下：指大夫自守本分之事。节春秋，指按季节在春秋两季朝觐天子。节，依时节。语本《左传·僖公十二年》："（管仲曰）节春秋，来承王命。"守臣，《礼记·王藻》谓"诸侯之于天子，曰某土之守臣某"，《左传·宣公十年》谓诸侯王之大夫曰"某氏之守臣某"。按，此二句用《左传·僖公十二年》齐大夫管仲辞周襄王所加上卿礼之典，而意义不明朗，或即谓觐见天子，必自明为某氏之守臣而非某土之守臣。"锡黼冕"二句，谓黼冕等，当锡予诸侯，非大夫所当受。监牧，指诸侯及出监诸侯的天子之大夫。此二句出处未详。

⑩ 谤：此指批评时政。

⑪ 艺：准则。

钦定清朝四书文卷七(《论语》下之下)

畏圣人之言

王汝骧

见圣于言，有不得不畏者也。盖君子之于圣言，非犹夫人之视之也，而其为畏，岂作而致之乎？且君子者，学为圣人者也。顾千百载以上之圣人，见之何由而法之奚自哉？所幸者独其言在耳，故有三畏之君子。既畏天命矣，则夫圣人者能体天之命而尽其理者也，谟训之昭垂，孰非帝谓之精矣；且畏大人矣，又况圣人者兼大人之尊而又有其德者也，方策之布列，赫于亲炙之教矣。故其为言也，明训悉有深心，一体验焉，而皆吾龟鉴；微言莫非大义，一阐发焉，而凛若风霆。盖可畏若斯之甚也，而非君子其孰能畏之？日习于考稽之泛，典策几陈言耳，君子自穷理尽性以来，于圣人之义旨实有入于性情之故，故悦心研虑之余，即词组单辞皆有如天如地之蕴涵，服我于痯瘵也，服，故畏也；心慑于文章之盛，博涉犹荒弃耳，君子自躬行实践以来，于圣人之涯涘实有穷于窥涉之情，故拟言议动之时，即日用恒言皆有莫究莫殚之体用，愧我于毕生也，愧，故畏也。而非直此也，诗书具在，不能强诵读者而生其恭，君子之畏不于言起也，严惮之心，时较然于明旦，而圣人之言适有以发之，无有师保，如临父母，与圣人相对越①，而所以自纯其畏者益精；抑不但已②也，嘉言孔彰③，何取乎一庄诵而尊其教，君子于言不以畏毕也，斋戒之神，自日清于志气，而圣人之言弥有以入之，静玩其辞，动观其变，与吾心相持循④，而所以求副其言者必力。由是言之，圣言之畏，其源固由于天命，而视大人且更有严焉者。其斯为君子乎？

【评】"畏"字实从"圣言"透出，"圣言"又从"畏"字逼入。皆切己体验而得之，故无一语廓落。

【题解】出自《季氏·君子有三畏》。

孔子曰："君子有三畏：畏天命，畏大人，畏圣人之言。（畏者，严惮之意也。天命者，天所赋之正理也。知其可畏，则其戒谨恐惧，自有不能已者。而付畀之重，可以不失矣。大人圣言，皆天命所当畏。知畏天命，则不得不畏之矣。）小人不知天命而不畏也，狎大人，侮圣人之言。"（侮，戏玩也。不知天命，故不识义理，而无所忌惮如此。尹氏曰："三畏者，修己之诚当然也。小人不务修身诚己，则何畏之有？"）

【注释】

① 对越：似乎面对着圣人。语本《诗经·周颂·清庙》："济济多士，秉文之德，对越在天。"郑玄笺："对，配。越，于也。……文王精神已在天矣，犹配顺其素如存生存。"
② 不但已：也不是仅仅做到敬畏而已。
③ 嘉言孔彰：美好的言词文采鲜明。孔，甚。《尚书·伊训》："圣谟洋洋，嘉言孔彰。"
④ 持循：遵循。

君子有九思 一节

刘 岩

君子思诚之学，无一之不切于身也。夫心之官则思，君子无时不思，则其理无一之不得矣。九思，其思诚之要哉！且人非圣人，则不能无思而无不通也，于是乎尽其通微之力者，惟恃乎心之克举其职焉。故思也者，圣功之本也，君子其有九思乎？当声色闻见之未交，喜怒哀乐之未发，此性之静而未离乎天者也。若感物而动，则视听为先，诚以耳目之官不思而易引于物也，斯无以立百体之纲维而定万事之准则矣。惟以心之官为主，则视远惟明，而思非礼则勿视焉；听德惟聪，而思非礼则勿听焉。惟明与聪，则无知诱物化①之虑，乃从而持养于容貌之间，则色无斯须不和不乐，而思所以消其暴戾之容也，貌无斯须不庄不敬，而思所以化其易慢之气也；惟温且恭，则有涵养纯粹之美，乃从而致谨于枢机之际，则出言思其有物，而修辞以立其诚也，执事思以有恪，而主一而无所适也。夫言行谨矣，然尤悔之萌，其端万变，必析疑去蔽，而后义可得而精；即审问之后，自明而诚，尤必惩忿窒欲，而后德可得而至也。是故至当辨者惑也，思所以解其惑者，不以好问为耻而蓄其疑焉；最难治者怒也，思所以忘其怒者，不以一朝之忿而忘其身焉；至易溺者利也，思所以远其利者，不以苟得之念而违乎义焉。凡此九者，思之于动而未形之初，则君子知几之哲也；思之于有感将应之顷，则君子慎动之功也；思之于随事省察之时，则君子思不出位之学也。由思诚之力以复其何思何虑②之天，则寂然不动、感而遂通之可以致焉。故思曰睿、睿作圣③也。

【评】 逐段挨讲，义理条贯足，以自畅其指，起结尤完备。

【题解】 出自《季氏·君子有九思》。

孔子曰："君子有九思：视思明，听思聪，色思温，貌思恭，言思忠，事思敬，疑思问，忿思难，见得思义。"（视无所蔽，则明无不见。听无所壅，则聪无不闻。色，见于面者。貌，举身而言。思问，则疑不蓄。思难，则忿必惩。思义，则得不苟。程子曰："九思各专其一。"谢氏曰："未至于从容中道，无时而不自省察也。虽有不存焉者寡矣，此之谓思诚。"）

【注释】

① 知诱物化：谓为物欲所诱导。《礼记·乐记》："好恶无节于内，知诱于外"，郑玄注："知，犹欲也。"物化，为外物所变。程颐《四箴·听箴》："人之秉彝，本乎天性，知诱物化，遂亡其正。"

② 何思何虑：《易·系辞下》："子曰：'天下何思何虑？天下同归而殊涂，一致而百虑，天下何思何虑？'"孔颖达疏："子曰'天下何思何虑'者，言得一之道，心既寂静，何假思虑也。"

③ 圣：无所不通曰圣。语本《尚书·洪范》："思曰睿，恭作肃，聪作谋，睿作圣。"

见善如不及　一章

赵　炳

圣人为世道求人，而咸思亲遇之也。夫以今人求古人，百闻不如一见也。所闻善身者如此，而善世①者又如彼，将何日得尽见之哉？尝思人情之感一也，何以耳听千世之言而不以为异，目睹一世之人而遂以为难，则岂书与书相传而语愈多，世与世相降而人愈少欤？徒使我上极千载，中经百年，耳目之用仅得一合，歃歔乎哉！丘窃自惟，三代之民犹古，我愿得匹夫好恶之公，与天下同其忧；君臣之道未息，我愿见圣贤经世之心，与天下同其乐。因忆往时闻诸古人曰"见善如不及，见不善如探汤"，吾闻之，吾退而识之，以为其人能执高节者也，一人之性，一代之风，世有其人，吾必遇焉；又闻诸古人曰"隐居以求其志，行义以达其道"，吾闻之，吾又退而识之，以为其人能行大道者也，学在山林，名在天壤，世有其人，吾又必遇焉。斯二者日在吾寤寐中也。由前言之，而其辞激，其情若有所皇然而自危，其人何人，何其忧之远也；由后言之，而其词裕，其中若有所悠然而自得，其人何人，何其度之优也！乃吾所得见者何如人也，使其人而或别有表见，吾当载笔编年，岂敢以其洁己好修，轻入"独行"②之书乎；乃吾所欲见而未见者何如人也，使其人而尚优游林谷，吾过名山大川岂，敢以其清操绝世遽作"高人"之目乎？吾亦尝有志于当世，及吾身已老，但愿目睹之耳，而闻见相殊，徒增悲叹，毋论其所未见也，即其所见而已寥寥不可多得矣；吾终不能忘情于斯世，故我身虽贱，终愿亲见之耳，而引领睇望，梦寐遇之，毋论传其所见也，即传此两言而已耿耿不可磨灭矣。

【评】 于上下两节抑扬唱叹之妙，未能恰合。而音节局度，令人讽味不厌。

【题解】 出自《季氏·见善如不及》，参见启祯文卷五杨以任《隐居以求其志》。

孔子曰："见善如不及，见不善如探汤。吾见其人矣，吾闻其语矣。隐居以求其志，行义以达其道。吾闻其语矣，未见其人也。"

【注释】

① 善世：为善于世。《易·乾》："善世而不伐，德博而化。"

② 独行：指有操行而狂狷的人，《后汉书》等有"独行传"。

见善如不及 一章

汤 斌

圣人述所闻，而慨所见之不逮焉。夫好善、恶不善之诚，亦世之所谓难能而可贵者也，而求志达道者深远矣，安得尽副其所闻耶？且夫观古义之微，则思独行之士；而感生民之变，则思命世之材。二者今古有同情也，而盛衰之感在是矣。丘也网罗载籍，非独太息于旧闻之坠，而实以尚友百世之人，凡其性情所近，与夫学问所成，至于度量规模之相越者，盖无一不在吾意中矣；丘也环历诸邦，非徒有志于大道之行，而实以阴求天下之士，其自邹鲁从游，以及列国公卿，与夫山林草莽之侠遗者，又无一不在吾目中矣。夫观人者，见善可以得其情，而见不善可以知其守，能好能恶①，所谓独行之士，名教之所宗也，置之乡闾，可以表人伦而示之则，用之邦国，可以激末俗而使之清，吾目中盖犹有斯人矣，而因思所闻"如不及"、"如探汤"者，或庶几焉；若夫处则君子观其志，而出则天下望其道，能求能达②，所谓命世之材，天人之所赖也，乐行忧违③，而确乎其不可拔，时至事起，而悠然若取诸怀，吾意中盖久有斯语矣，而合之所见为隐居、为行义者，孰是其人耶？天地抑邪与正之心，虽昏乱而不容尽泯，故生民之秀，时出之以持风教之衰，若夫天民大人④，拨乱世而反之正者，必先有一代之事功、数百年之平治，而后生是人焉以会之，虽彼苍⑤亦有不容轻假者矣；圣贤侧身修行之道，苟愿学而皆有可循，故自好之儒，常慨然以为吾身之任，若夫可潜可见，运造化而生于心者，非诗书所能启牖、师友所能辅成，而常无所挟焉以造之，则人力固有不可强齐者矣。夫大道之行⑥、三代之英，丘固有志焉而未逮也，乃今欲一见其人而亦不可得耶？而吾所得见者，亦不可旦暮遇之者也。吾若今之天下何哉？

【评】俯仰古今，深究天人之理。落落浩浩，而题中精蕴，包举无遗，平生志事于斯可见。

【作者简介】

汤斌（1627—1687），字孔伯，号荆岘，晚号潜庵，河南睢州（今睢县）人。顺治九年（1652）进士，选庶吉士，后外任地方官。康熙十八年（1679）被荐参加博学宏词科，列一等第十八名，授侍讲，受康熙重视，历官江宁巡抚，有善政，后改工部尚书，未几卒。雍正中诏入贤良祠，乾隆元年（1736）追谥文正。汤斌为清初著名廉吏与理学名臣，著有《汤文正公遗书》三十三卷等。

【题解】出自《季氏·见善如不及》，参见启祯文卷五杨以任《隐居以求其志》。

【注释】

① 能好能恶：好善、恶不善，皆出于正大至公之心。

② 能求能达：隐，能"求其志"；出，能"达其道"。

③ 乐行忧违：指所乐的事就去做，所忧的事则避开。《易·乾》："乐则行之，忧则违之，确乎其不可

拔，潜龙也。"孔颖达疏："心以为乐，己则行之，心以为忧，己则违之"，"身虽逐物推移，隐潜避世，心志守道，确乎坚实其不可拔"。

④ 天民大人：语本《孟子·尽心上》："有天民者，达可行于天下而后行之者也。有大人者，正己而物正者也。"

⑤ 彼苍：上苍，上天。《诗经·秦风·黄鸟》："彼苍者天"。

⑥ 大道之行：指传说中的德治大行的时代。此句本《礼记·礼运》："孔子曰：'大道之行也，与三代之英，丘未之逮也，而有志焉。'"

见善如不及　一节

储在文

　　圣人于修己之士，而幸其见闻之合也。夫好恶各尽其分而己修矣，见其人，闻其语，犹幸其相合者乎？今夫严是非、慎取舍，一己之业也。而士行流失，天所生以风世之人，又未尝不在一好一恶之间，有能致其诚者，斯亦不负吾望也。然则宇宙远大之业，必基于立身；学问消长之几，不关乎时命。士无旷观之识，而动云古今人不相及，岂笃论哉？是故一善也，好之而淡，与不好同，惟见为将逝将去之物，追其后而无以自前；一不善也，恶之而浮，与不恶同，惟见为可危可惧之形，堕其中而不可复出：则所云"如不及"、"如探汤"其人也。嗟乎！古之为是言者，必当风俗敦庞，人心朴直，其卿大夫秉赏罚之公，其士庶人遵道路之正，故为摹其近似之情，传其过当之语，激昂忼慨，流布人间。而到于今，亦已远矣。然吾尝博观当代，而其人往往有之，既用自慰，而又深念其所以然者。造物清明之气，不能无所钟①，得其正者遂翘然异于众矣，而贤达之风节、师友之渊源，又有以奖厉之，则善善恶恶之真不容没也；神明幽独之私②，不受制于物，高其愿者遂可以力行而不惑矣，而向善之若登③、从不善之如流④，又有以激发之，则扬清激浊之任为己责也。是故行芳志洁，列国播之风谣；秉道嫉邪，吾党尚其风采。每一念及，辄为流连久之，而窃叹古人之言不我欺也。先后之间，若合符节，百闻不如一见，不其然乎？若夫天地民物之大，担其任者逾难；天时人事之穷，修之家者无补。吾不敢薄今人，而大道之行也与三代之英，则徒望古人而悠然神往也已。

　　【原评】言足以满本节之量，而下节自然关生，文亦遒古。

　　【题解】出自《季氏·见善如不及》，参见启祯文卷五杨以任《隐居以求其志》。

　　孔子曰："见善如不及，见不善如探汤。吾见其人矣，吾闻其语矣。隐居以求其志，行义以达其道。吾闻其语矣，未见其人也。"

　　【注释】

① 钟：汇集，集中。

② 神明幽独之私：虽在幽独之时，如有神明临之，指内心坦荡。

③ 若登：从善如同登山，喻不易。语出《国语·周语下》："从善如登，从恶是崩。"

④ 如流：如水之就下，指堕落是很容易的事情。

齐景公有马千驷 一节

方 舟

观称与无称之异，而人当自决矣。盖人于生之时，未有不乐千驷而乐穷饿者也，而死之后，未有愿为景公而不愿为夷齐者也，尚未可以决欤？且夫人寄此身于天地，荣华寂寞之遭，亦惟造物者之所以置之。独昧昧然而生，寂寂然而尽，为可悲耳。若是，则人不可以苟富贵，亦不可以徒贫贱也。而吾独怪世之人不忧德之不建，徒役役于富贵贫贱中而为之悲喜也。夫人所羡于富贵者，徒观其一时意气之盛而壮之耳，亦未思其死之日也。畴昔身之所附以为崇高者，一旦全非其有，而与之同归于泯灭，盖其不可恃也如此；而众人之中有圣贤者，固亦生且死于其间，而独异于众人之为，人虽死而不朽，逾远而弥存也。如斯人者，尚得以贫贱少之哉？如徒以富贵也，则近世如齐景公亦荣甚矣，世人于小富贵亦忻之，况赫赫如景公者乎，乃有马千驷如彼，而无得而称竟如此也；如徒以贫贱也，则古伯夷叔齐亦已极矣，世人于常贫贱亦忧之，况困厄如夷齐者乎，乃首阳之饿如彼，而到今之称竟如此也。放怀今古之间，人之富贵贫贱于其中者，特须臾之顷耳，不独景公之豪盛而丰饶不能长留以自恣，即夷齐槁饿亦会有穷期也，快之须臾而已与有生同敝矣，忍之须臾而乃与日月争光矣，君子所以不暇为众人之嗜好者，诚见乎其大，诚忧乎其远也；生人不朽之故，与所遭富贵贫贱之适然[1]，亦曾不相涉耳，不独景公之湮没而无传非千驷足以相累，即首阳高节亦岂以饿显也，无可留于千驷之外者而千驷羞颜矣，有不没于饿之中者而饿亦千古矣，君子所以汲汲于后世之人言者，非喜乎其名，乃重乎其实也。独是如景公者，知有千驷耳，岂畏民之无称耶？若伯夷叔齐，民即无称，而亦知身之当饿也。世之人习见夫贪庸者如彼[2]、自好者如此，称与无称，死后之事，何足动其毫末哉？

【评】言高指远，磊落奇伟之气，勃勃纸上。学者当求其生气之所由盛。

【题解】出自《季氏·齐景公有马千驷》，参见隆万文卷三赵南星《齐景公有马千驷》。

齐景公有马千驷，死之日，民无德而称焉。伯夷叔齐饿于首阳之下，民到于今称之。其斯之谓与？

【注释】

① 适然：偶然。按，此句谓富贵与泯灭无称、贫贱与死而不朽，这中间的关系只是偶然的。
② 如彼：指富贵"有马千驷"。下"如此"指穷饿而死。

邦君之妻 一节

李光地

正配君者之名，存内治者之法。盖夫人，君之配也，故尊其称，然不敢敌[1]君也，故时而降其号。内外之礼正，而邦家之本定矣。周道之衰，夫妇之礼先乱。故或自卑其配，而宗庙之奉不明；或自耦②于尊，而宫闱之顺不著。是故古之为礼者，必先正名以定其分，盖必夫子尝有述焉，而记者表而出之。以是为邦君之妻言也，夫妻者齐也③，男外女内，匹乎夫之称也；然妻者地道④也，阳大阴小，杀⑤乎夫之义也。自其称于宫庭者言之，君称之则曰"夫人"，成乎妇道也；夫人自称则曰"小童"，未忘乎女道也。《春秋》之法，天子逆⑥则书，后而归⑦则书，女先尊王命，而后通其谦也；诸侯逆则书，女而归则书，夫人先谨女节，而后成其贵也。自其称于邦国者言之，邦人称曰"君夫人"，尊君则尊夫人也；称诸异邦曰"寡小君"，为君让则为夫人让也。《春秋》之法，其生也，则书"夫人"，盖臣子之恒言，是邦人自称之之辞也；其葬也，则书"小君"，盖列国之来会，是对异邦而称之之辞也。至于异邦人称之，则亦与国人无异焉。《春秋》之法，与国之君敌吾之君，与国之大夫敌吾之大夫，故其于夫人犹是也。君则严于宗庙之主，率国人以尊其配，是以天下济而光明⑧；夫人则守乎宫闱之谊，示国人以不敢耦君，是以月几望而大吉⑨。称名之际，其所关盖如此。

【自记】三段俱断以《春秋》之法，知王荆舒所谓"断烂朝报⑩"者，枉读一世书耳。

【评】根柢经义，并见《鲁论》所以特记数语，盖非偶然。自有此文，便觉前此名作，不过时文家数。用此见立言者贵自竖立，虽制艺亦然。

【题解】出自《季氏·邦君之妻》，参见化治文卷三王鏊《邦君之妻》。

邦君之妻，君称之曰夫人，夫人自称曰小童；邦人称之曰君夫人，称诸异邦曰寡小君；异邦人称之亦曰君夫人。

【注释】

① 敌：对等，匹敌。
② 耦：匹敌，对等。
③ 妻者齐也：《白虎通·嫁娶》："妻者，齐也，与夫齐体。"《说文》："妻，妇与夫齐者也。"
④ 地道：古人以为夫妻、乾坤、天地的关系相同，妻对于夫，应当是"卑应于尊，下顺于上"。《易·坤卦》："坤道其顺乎，承天而时行。……地道也，妻道也，臣道也。"
⑤ 杀：减少，降低规格。
⑥ 逆：迎，迎娶。按，《左传·桓公二年》："公子翚如齐逆女。礼，君有故则使卿逆。"孔颖达疏："天子尊，无与敌，不自亲逆，使卿逆而上公临之。诸侯则亲逆，有故得使卿。"
⑦ 归：出嫁。
⑧ 下济而光明：指人君尊其配偶，具有"谦"的意思。《易·谦》："谦，亨，天道下济而光明，地道卑而上行。"
⑨ 月几望而大吉：指邦君之妻妇德很盛，是国之大吉。本《易·归妹》："月几望，吉。"孔颖达疏："'月几望，吉'者，阴而贵盛，如月之近望，以斯适配，虽不如以少从长，然以贵而行，往必合志，故得吉也。"
⑩ 断烂朝报：宋王安石讥《春秋》为"断烂朝报"，谓《春秋》无条理。王安石曾被封于荆、舒，故称"王荆舒"。

子之武城　一章

张玉裁

　　学道可以为治，圣人因一邑而欲广焉。夫偃尊圣人"学道"之言，故有弦歌之治，使二三子皆如是，大道其行矣乎？且为治者，莫不行其生平之所学，彼刑名法术，非徒政事之失也。圣人知其然，故先正吾党之所学，以端其治本。闻之者固无间于穷通，行之者亦何分于小大乎？夫道以礼乐之兴为极，而其端时见诸弦歌。盖变人之习者器也，故执干戈则思竞，而执俎豆则思让；感人之心者音也，故听唐魏①则思俭，而听郑卫②则思淫。弦歌之器与音，殆进乎道矣。斯义也，夫子素以教二三子，而偃尝以之治武城。嗟乎，子独为武城致望哉！宜闻其声而以为小用也。虽然，治特患不本于道耳。不本于道，则君子之聪明，不以敦诗书而以综法律，小人之手足，不以服勤劳而以逞犯乱，贵贱各怀侮夺之心以相接，风俗所以偷也；本于道，则君子平其性情，而师保即取诸仁贤，小人柔其血气，而孝弟可移诸君长，士民均沐惠义之泽以相安，治教所以行也。然则爱人、易使，非学道何由致？子诚不能易斯言，而偃复何憾于小用乎？若以偃为小，则岂独武城，即夫子为政，藏甲百雉③以戒君子，别途信市④以化小人，而三月之治⑤未终，则摄相亦仅类牛刀之试；若以偃之言为是，则又岂独武城，彼二三子为宰，或择师友以亲君子，或勤树艺以劝小人，而吏治之良皆著，又安往而非得学道之意也哉？前言戏之，即微⑥子言，二三子亦可证之于所闻矣，然后知道之不可不学也。兵刑皆饰治之具，而非道则足以殃民；富强皆报政之功，而非道亦流为误国。学之弗正，而以圣人之道为迂，是驱天下君子小人于乱也。观武城之治，其亦审所尚哉！

　　【评】先王之道，莫盛于礼乐，而以礼乐教民，见端于弦歌。脉络贯通，故运掉如意。镕铸题义，不拘故方，可谓巧法兼至。

　　【作者简介】

　　张玉裁（1639—1674），字礼存，号退密，江南丹徒人。清康熙六年（1667）一甲二名进士，授翰林院编修，尝任康熙九年会试同考官，后引疾归，卒于家。

　　【题解】出自《阳货·子之武城》。

　　子之武城，闻弦歌之声。（弦，琴瑟也。时子游为武城宰，以礼乐为教，故邑人皆弦歌也。）夫子莞尔而笑，曰："割鸡焉用牛刀？"（莞尔，小笑貌，盖喜之也。因言其治小邑，何必用此大道也。）子游对曰："昔者偃也闻诸夫子曰：'君子学道则爱人，小人学道则易使也。'"（君子小人，以位言之。子游所称，盖夫子之常言。言君子小人，皆不可以不学。故武城虽小，亦必教以礼乐。）子曰："二三子！偃之言是也。前言戏之耳。"（嘉子游之笃信，又以解门人之惑也。治有大小，而其治之必用礼乐，则其为道一也。但众人多不能用，而子游独行之。故夫子骤闻而深喜之，因反其言以戏之。而子游以正对，故复是其言，而自实其戏也。）

① 唐魏：指《诗经》中"唐风"、"魏风"。朱熹《诗集传》："魏，国名，本舜禹故都……其地陿隘，而民贫俗俭，盖有圣贤之遗风焉。""唐，国名，本帝尧旧都……其地土瘠民贫，勤俭质朴，忧深思远，有尧之遗风焉。"

② 郑卫：指《郑风》、《卫风》，也兼指其地的音乐，古人以为是"淫声"的代表。《礼记·乐记》："（魏文侯曰）听郑卫之音，则不知倦"，子夏谓："郑音好滥淫志……卫音趋数烦志"。

③ 藏甲百雉：指孔子建议鲁定公强公室、弱私家之事。《史记·孔子世家》："定公十三年夏，孔子言于定公曰：'臣无藏甲，大夫毋百雉之城。'"

④ 别途信市：使男女分道而行，使商贩讲诚信，此为孔子相鲁时推行教化的措施和效果。《孔子家语·相鲁》："（为政）三月，则鬻牛马者不储价，卖羊豚者不加饰。男女行者别其涂"。

⑤ 三月之治：指孔子代摄相位的时间。《史记·孔子世家》："定公十四年，……由大司寇行摄相事……与闻国政三月"。

⑥ 微：没有。

昔者偃也　　偃之言是也

殷元福　墨

　　贤者尊所闻，圣人是①其言焉。夫道，尽人宜学也，偃述所闻而子是之，殆深明古治之可复乎？尝思道散于天下，而礼乐其显焉者，礼乐不兴，则所学皆非也。此其意，惟子游能知之，亦惟子游能言之。故因"割鸡焉用牛刀"之言，起而对曰：今日之治，偃非敢私心自是也，夫亦犹行子之道也。子谓无人不当学道，无地不当学道。君子学道则恺悌日生，而动静皆恻隐之天；小人学道则忠顺不失，而勤劳安子臣之谊。爱人、易使，昔者偃也尝与二三子闻诸夫子如此，然则今日之治，偃非敢私心自是也，夫亦犹行子之道也。尔时子闻偃之言大道之行，遂隐隐有动也。盖三代而上，治出于一，而礼乐至于四达；三代而下，治出于二，而礼乐徒为虚名。②诚若偃之言，则兵刑之气可静，而性命各正，胥由此充之焉；诚若偃之言，则仁义之休可复，而太和保合③，胥即此积之焉。爰顾二三子而慨然嘉与，曰：偃之言是也，非独是偃也，盖将以学道之治，共望之二三子也。然则安上治民，莫善于礼；移风易俗，莫善于乐。④圣贤诚有同心哉！故《鲁论》特记之，以为偃尊子之言、子是偃之言有如此。

　　【评】 短章而具变化起伏之势，按之题义，亦无不周，足为讲求前辈格律者存此一体。

　　【作者简介】

　　殷元福（1662—1725），字梦五，河南新乡人。康熙三十三年（1694）三甲进士，选庶吉士，后外任柳城、武进等地知县，晚主杭州敷文书院。长于理学，著有《候鸣集》、《寓理草》、《知非草》、《读易草》等。

　　【题解】 出自《阳货·子之武城》。见前。

① 是：赞同。

② 此引《新唐书·礼乐志一》："由三代而上，治出于一，而礼乐达于天下；由三代而下，治出于二，而礼乐为虚名。"谓古者，朝廷自上率下，一切行以礼仪，"为政"即是"为礼"，"治民"也即"教民"。及三代之后，于礼法安其苟简，"为政"以簿书、狱讼、兵食为急，谓之"治民"之道；"为礼"则不过偶尔而出其器物，用之郊庙、朝廷，谓之"教民"之道。"礼乐"不行于百姓，故谓"虚名"，"教民"、"治民"不统一于礼乐，故谓"治出于二"。

③ 太和保合：和顺不失其正。语本《易·乾》："乾道变化，各正性命。保合大和，乃利贞。"孔颖达疏："纯阳刚暴，若无和顺，则物不得利，又失其正。以能保安合会大利之道，乃能利贞于万物。"

④ "安上治民"以下：引自《孝经》："（子曰）移风易俗，莫善于乐；安上治民，莫善于礼。"

子张问仁于孔子　一节

史流芳　墨

求仁者求其行，可即天下以自考焉。夫仁不可见，而行则可见，以恭、宽、信、敏、惠验之天下，其行也，则其仁也。且论仁者，谓其心无不足也，而非投之所往则犹在可信不可信之间。所以圣人言仁，必以实而可据者返之躬，而汲汲焉使生平阅历之途一一有以自验，而此心乃可无憾也。子张问仁于孔子，子曰：仁必有实见其为仁之事者也。万理皆备之初，何在而非仁，而天下不以仁归之，非谓其不仁，谓其不行也，夫仁之取数恒多①，而以五者为不容谢②之事，则虽境遇之来，莫能相必，而肆应不穷者可自主也；偶尔天良之动，亦足以见仁，而天下不以仁归之，非谓其不行，谓其不能行于天下也，夫仁之所统不一，而以五者为日相考验之端，则虽天下之大，万感纷然，而周通无间者固在我也。能行五者于天下，为仁矣，张所以进而请问也。夫仁者不敢慢于人，恭其一焉；且不敢以之自隘、以之自欺也，宽其一、信其一焉；更不敢自即于怠、自安于忍也，敏其一、惠其一焉。由是问之，天下其皆与我乎，抑犹未尽归怀③也，夫人情不甚相远，存之中而苟有所得，己快之，人亦快之，其未尽归也，非天下之难通，必无有通焉者也，所以古之仁人，内念尝惄，即使感孚④有素，而一之未效，犹返衷而滋惧，无他，求其能行焉耳；由是问之，天下其未许我乎，抑为之交相应也，夫身世未易相孚，准之事而有所未当，人疑之，我亦疑之，其交相应也，非天下之易格⑤，必有以格之者也，所以古之仁人，积累既深，即至险阻多端，而意之所及，自还至而立效，无他，惟其能行焉耳。不然，世方侮我，众未得而人未任；功必不成，而人不足以使。⑥是岂能行五者于天下者哉？乃知圣人论仁，务示人以可知。非惧其托于寂，亦非约驰骛者而使之归，盖其道固如是耳。他日言仁，曰"天下归仁⑦"，曰"邦家无怨"，犹是意也。

【原评】 句句鞭辟向里，文情复秀美清圆，最是说理之文所难。

史流芳,陕西华州人,康熙二十一年(1682)年进士。

【题解】出自《阳货·子张问仁于孔子》。

子张问仁于孔子。孔子曰:"能行五者于天下,为仁矣。"请问之。曰:"恭、宽、信、敏、惠。恭则不侮,宽则得众,信则人任焉,敏则有功,惠则足以使人。"(行是五者,则心存而理得矣。于天下,言无适而不然,犹所谓虽之夷狄不可弃者。五者之目,盖因子张所不足而言耳。任,倚仗也,又言其效如此。张敬夫曰:"能行此五者于天下,则其心公平而周遍可知矣,然恭其本与?"李氏曰:"此章与六言、六蔽、五美、四恶之类,皆与前后文体大不相似。")

【注释】

① 取数恒多:仁的内容很广。《礼记·表记》:"子曰……取数多者,仁也。"郑玄注:"'取数多',言计天下之道,仁居其多。"
② 谢:推辞。
③ 归怀:归向,依恋。
④ 感孚:使人感动信服。
⑤ 格:匡正。
⑥ "世方侮我"等句:此据经文而反言之。侮我,谓我不恭;众未得,谓我不宽;人未任,谓我不信;功不成,谓我不敏;人不足使,谓我不惠。
⑦ 天下归仁:语见《论语·颜渊》"颜渊问仁"章。下"邦家无怨",即"在邦无怨,在家无怨",见"仲弓问仁"章。

能行五者于天下　　恭宽信敏惠

张　江

为仁有分形之功,无不可指而名者也。盖五者乃所以密循吾仁之具也,能行于天下,而仁在焉。仁无形,而恭、宽、信、敏、惠固分出之,是岂徒名焉已哉?今夫含万理于浑然,而不可以一德名之者,仁之为道也。然而执是说也,不足以化专己守独者之隘,而反便于穷大失居①者之私。固有终日言仁,而还按以指归之何在,卒茫无所据者,则皆浑然难名之说误之也。是故子与子张言仁,为课②其功于能行、要③其程于天下,而必分形其事于五者,岂不知仁之为器重、为道远而取数多④,固非五者所能尽其蕴而穷其量也哉?盖将宅吾心于理,而不至于荡而无居,则必以五者为之乡焉,使吾与天下持循有所,而后于彼于此,皆不离其本念之要归;抑将凝吾理于心,而不至于虚而无寄,则必以五者为之质焉,使天下与吾系属有常,而凡无体无方,皆可引为当身之附丽。是五者于人,固体事而无不在,亦终食而不可违,神圣之所为通极于道德性命之全,而即下学之所当服习于出入起居之要者也。而能勿请问乎哉?敬慎者,仁之地也,恭,所以行其无慢者于天下也;温良者,仁之本也,宽,所以行其无恶者于天下也。仁不过物,行于天下而无妄曰信;仁必有勇,行于天下而无怠曰敏。若夫博爱谓仁,是惠之行于天下也，又以其所爱及其所不爱者也。凡此五者，有分治之能焉，不敢为万理浑然之说以眩天下于无端，惧吾行之多荒也，是故研而析之于条理之精，而恃此恭宽信敏惠之各正者，随在而闲以则，斯吾仁不至于逐所有而淆；有形治之能焉，不敢为一德难名之说以愚天下于不见，惧吾行之或诡也，是故迫而悬之于心目之著，而凭此恭宽信敏惠之有物者，依类以核其欺，斯吾仁不至于乘其无而遁。盖所以使心与理宅、理与心凝，以庶几乎仁之在我者，莫此五者若也。是故不可不究观夫能行于天下者之实得也。

【评】无一浮泛语，无一囫囵语。思义清湛，局段浑成。

【题解】出自《阳货·子张问仁于孔子》，见上。

【注释】

① 穷大失居：形容多而不适用，此指一味追寻"道"的大本，却失去了行仁的着力点。穷，极尽。语本《易·序卦》："穷大者必失其居。"
② 课：考核。
③ 要：考核。
④《礼记·表记》："子曰：'仁之为器重，其为道远，举者莫能胜也，行者莫能致也。取数多者，仁也。夫勉于仁者，不亦难乎？"

唯女子与小人为难养也 一节

王揆

圣人论女子、小人之难养，欲人主慎之于早也。盖女子、小人养之不得其道，故近与远皆有其患，慎之于早，而又何难之有哉？且为国家者，非外患之可忧，而内患之足虑；非有形之患之难治，而无形之患之不易以防也。夫固有法所不能制，理所不能喻，阴移人主之志于燕私，而或生不测之衅于肘腋。谓之女子、小人者，彼非有才能之可用，亦非有忠信之可凭。其始见以为不足畏也，而挟人主之势，则邪正混而威福移；其始见以为无所能也，而邀近幸之私，则谗衅生而祸患起。若此者，养之可不知其难哉？养之难在近，君威非不畏也，习之既久，则潜窥其爱憎之意而不逊生焉，有阴用其不逊使人主不之觉而终近之者，有善用其不逊使人主觉之亦不罪而逾近之者，迨乎直行其不逊，又有使人主不敢言其不逊，而不得不近之者，夫而后知近之之难也；养之难又在远，君德非不怀也，忽而摈弃，则顿忘其恩宠之深而怨生焉，有顺用其怨使人主知其怨而悔其远者，有逆用其怨使人主不知其怨而因以快所怨者，迨乎直行其怨，又有使人主畏其怨而不敢终远，又不敢复近者，夫而后知远之之难也。然则养女子、小人者，果何道以处此哉？师傅保母①既掌后妃之教，而下逮嫔御②，亦为之正其服位、禁其奇衺③，而统之以内宰世妇④之官，则侵窃惑移之患绝；宫正宫伯⑤尊以大夫之秩，而贱及阍寺⑥，亦为之选其德行、考其道艺，而领之以冢宰小宰⑦之职，则左右近习之士端。呜呼！此所谓女子、小人养之得其道。近之亦可，远之亦可，而有以防无形之患者也。

【评】中幅极道"怨"、"不逊"之弊，则自见"养"之难。后幅正以"养"之道，则自无"怨"、"不逊"之弊。　　如后二股，乃见圣人立言本意，不徒语本经术为可贵也。

【作者简介】

王揆（1619—1696），字端士，号芝廛，江苏太仓人，王时敏次子。顺治十二年（1645）进士，以推官用，不出。康熙十七年（1678）被荐鸿博科，力辞。能诗，为"太仓十子"之一，撰有《芝廛集》十卷。

【题解】出自《阳货·唯女子与小人为难养也》，参见隆万文卷三方应祥同题文。

子曰："唯女子与小人为难养也，近之则不孙，远之则怨。"

【注释】

① 师傅保母：师傅，为辅弼帝王和教导王室子弟的官员的统称。保母为古代宫廷或贵族之家负责抚养子女的女妾。

② 嫔御：帝王、诸侯的侍妾与宫女。《周礼·天官》载有"九嫔"、"九御"等职。

③ 奇衺：即"奇邪"，邪僻。

④ 内宰世妇：周朝官名。内宰，《周礼·天官·内宰》："以阴礼教六宫，以阴礼教九嫔"，则九嫔属之内宰。世妇，《周礼·天官·世妇》："掌祭祀、宾客、丧纪之事，帅女官而濯溉"，女御等属之世妇。

⑤ 宫正宫伯：掌管王宫内部秩序之官。《周礼·天官·宫正》："掌王宫之戒令、纠禁。……去其淫怠与其奇邪之民。会其什伍而教之道艺。"《天官·宫伯》："掌王宫之士庶子。……掌其政令，行其秩叙。"

⑥ 阍寺：阍人和寺人，后世常指宦官等。《周礼·天官》载，阍人掌管"王宫之中门之禁"，寺人掌"王之内人及女宫之戒令"。

⑦ 冢宰小宰：冢宰即大宰，《周礼·天官》载"宫正"、"宫伯"、"阍人"、"寺人"等均归其所管辖。《周礼·天官·小宰》载小宰"掌建邦之宫刑，以治王宫之政令，凡宫之纠禁"，是冢宰之下直接负责王宫内事务的官员。

周有八士　一节

王汝骧

列八士于周，纪盛也。盖周固人才之聚也，立乎春秋而追纪八士，有以也夫。且夫鲁，文之昭也①，开国之初，忠厚若彼，而迄于斯，贤人隐沦、正士散逸，一至此乎？君子于是不能不慨想当年。曰：我周之为周，固何如者哉？四友、十乱②之盛，比于唐虞；方叔、南仲③之俦，歌于奕叶④。此不可更仆数矣，乃纪载所不详，咏歌所未及者，盖有八士焉。曰"士"，德行之选也；曰"有"，足为重轻也。而以"八"异，何哉？稽其始，曰伯达、伯适，闻之庶长曰"孟"，嫡长曰"伯"，达也、适也，俱以"伯"字，其嫡长而并生者乎，至于仲，即何必然矣，仲突、仲忽，犹之乎伯也；未已也，又曰叔夜、叔夏，闻之名子者或以事，或以其时，夜也、夏也，俱列以叔，其同时而并举者乎，至于季，益非所望矣，季随、季骊，又如其伯、仲、叔也。噫，异矣！伯仲叔季，适符乎次第之全；因而重之，不少示参差之数。想当日者，寿考作人⑤，我周养士之泽，积数十传而其风不替⑥，故造物有余之气，间出其奇，而得此乎，济济多士⑦，生此王国，是螽斯麟趾⑧之遗也；而至于今，生才非乏，当此叔世⑨之运，多散于下而其美弗章，况一门竞爽⑩之异，其为美谈，可胜叹乎，无平不陂⑪，无往不复，是匪风下泉⑫之思也。

【原评】《微子》篇末系以此章，自有因人才之沦丧而追思其盛意。文特如题，唱叹而怀古之情，味之无极。

【题解】出自《微子·周有八士》。

周有八士：伯达、伯适、仲突、仲忽、叔夜、叔夏、季随、季骊。（或曰成王时人，或曰宣王时人。盖一母四乳而生八子也，然不可考矣。张子曰："记善人之多也。"愚按：此篇孔子于三仁、逸民、师挚、八士，既皆称赞而品列之；于接舆、沮、溺、丈人，又每有惓惓接引之意。皆衰世之志也，其所感者深矣。在陈之叹，盖亦如此。三仁则无间然矣，其余数君子者，亦皆一世之高士。若使得闻圣人之道，以裁其所过而勉其所不及，则其所立，岂止于此而已哉？）

【注释】

① 文之昭也：周文王之后。《左传·僖公二十四年》："管、蔡、郕、霍、鲁……文之昭也。"杜预注："十六国皆文王子也。"孔颖达疏："文之昭者，自后稷以后一昭一穆，文王于次为穆，故文子为昭，武子为穆。"

② 四友、十乱：四友，指周文王四个亲信的大臣南宫括、散宜生、闳夭、太颠，也作"四臣"。《诗经·大雅·文王序》孔颖达疏引《殷传》："西伯得四友献宝，免于虎口而克耆。"十乱，指武王治国的能臣。乱，治。《尚书·泰誓中》："（武王曰）予有乱臣十人。"《论语·泰伯》引之。

③ 方叔、南仲：周宣王中兴时的大臣。《诗经》中载有其事迹。

④ 奕叶：累世，世代。

⑤ 寿考作人：指周王注意德化，培养人才。语本《诗经·大雅·棫朴》："周王寿考，遐不作人。"郑玄笺："文王是时九十余矣，故云寿考。"孔颖达疏："作人者，变旧造新之辞。故云变化纣之恶俗，近如新作人也。"

⑥ 替：衰落。

⑦ 济济多士：人才众多。《诗经·周颂·清庙》："济济多士，秉文之德。"

⑧ 螽斯麟趾：指子孙众多且品德好。《螽斯》、《麟之趾》为《诗经·周南》中两篇。毛诗序："《螽斯》，后妃子孙众多也。言若螽斯（按，蝗一类的虫，多子。）不妒忌，则子孙众多也。""《麟之趾》，《关雎》之应也。《关雎》之化行，则天下无犯非礼，虽衰世之公子，皆信厚如麟趾之时也。"

⑨ 叔世：末世，衰世。

⑩ 竞爽：媲美，争胜。爽，明。

⑪ 无平不陂：凡事没有始终平直而不遇险阻的，没有始终往前而不遇反复的。语本《易·泰》："九三，无平不陂，无往不复。"

⑫ 匪风下泉：谓居乱世，思治世。《匪风》为《诗经·桧风》篇名，毛诗序："思周道也。国小政乱，忧及祸难，而思周道焉。"《下泉》为《诗经·曹风》篇名，毛诗序："思治也。曹人疾共公侵刻，下民不得其所，忧而思明王贤伯也。"

子夏之门人 一章

魏嘉琬

两贤之论交，各有据而已。夫子夏之交尚乎严，子张之道尚乎通，君子必有处矣。且夫人与人交，不能自违其性也。谨笃者无之不慎，遇物而辨之，必乐其少也；高明者无之不广，引物而同之，必喜其多也。师与商①之交，则师与商之所各据也。我思与子夏交者，人人有必为君子之心，而朋友之道清矣，交之善也；我思与子张交者，人人有乐就君子之意，而朋友之道盛矣，交之善也。然而子夏之门人还质之子张矣，子张之所云殊深异子夏矣。子夏曰交恶其涸②也，与善人居恒益，与不善人居，恒损，盖学者之所择，非苟而已，可者与，不可者拒，吾宁慎诸，借他山而攻③之，亦取其玉不取其石也；而子张曰交恶其狭也，尊贤嘉善者，则君子投慕之诚，而容众矜不能者，亦君子长育之道，惟大贤之所受，奚不可乎，我拒人，人又拒我，是两病矣，返吾术而用之，恐入我室即操我戈④也。"尔焉能浼⑤我哉"，斯人之吾徒也，而吾与之，类族⑥而辨物，何为者也，然而熏莸⑦未能同器，素丝⑧亦恐无恒，其谓之何？"无友⑨不如己者"，我知其不类也，而我拒之，离群而索居，抑亦可矣，然而师失于三人之行⑩，士止于千里之外，其谓之何？然而子夏则固有未尝不厚者，明示以今日之拒，宽期以他日之与，不屑之亦教诲⑪，正欲其人之反而自爱也，此其矜容之意微也；然而子张则固有未尝无辨者，容之而已、不尊之，矜之而已、不嘉之，精明出之浑厚，正欲其人之反而自疑也，特其拒之之迹隐也。然而子夏之交诚是也，而不善用之，激扬之过甚，则诇诇⑫之意或发于声音；然而子张之交诚是也，而不善用之，尘光之尽同⑬，则油油⑭之偕久成为玩弄⑮。然则彼门人将何从也乎哉？

【评】于两下得失同异处，不作一低昂语。骨格名隽，在隆万名手中，几可与汤若士、归季思⑯肩随。

【题解】出自《子张·子夏之门人》。

子夏之门人问交于子张。子张曰："子夏云何？"对曰："子夏曰：'可者与之，其不可者拒之。'"子张曰："异乎吾所闻：君子尊贤而容众，嘉善而矜不能。我之大贤与，于人何所不容？我之不贤与，人将拒我，如之何其拒人也？"（子夏之言迫狭，子张讥之是也。但其所言亦有过高之病。盖大贤虽无所不容，然大故亦所当绝；不贤固不可以拒人，然损友亦所当远。学者不可不察。）

【注释】

① 师与商：师指子张，颛孙师字子张；商指子夏，卜商字子夏。

② 涸：混杂。

③ 攻：琢磨。此句本《诗经·小雅·鹤鸣》："他山之石，可以攻玉。"本意为，别的山上的石头，能够用来琢磨玉器。此喻他人的意见能帮助自己改正缺点。

④ 入我室即操我戈：语本《后汉书·郑玄传》："康成入吾室，操吾矛以伐我乎？"常作"入室操

戈"，喻引用对方观点以驳对方，此指我拒人，人亦拒我。按，此二句谓，假如别人也采取同样的态度，那么我因别人不如己而拒绝别人，别人也将因我不如人而拒绝与我交往。

⑤ 浼：玷污。此句引《孟子·公孙丑上》所载"圣之和者"柳下惠之语："尔为尔，我为我……尔焉能浼我哉？"

⑥ 类族：此指区分其类别。

⑦ 薰莸：同"薰莸"。薰，香草。莸，一种有臭味的草。《左传·僖公四年》："一薰一莸，十年尚犹有臭。"孔颖达疏："言善恶聚而多少敌，善不能止恶，而恶能消善。"

⑧ 素丝：未染的丝。素丝无恒，指人的品行受到外界因素如朋友等的影响。刘孝标《辩命论》："是以素丝无恒，玄黄代起，鲍鱼芳兰，入而自变。"典出《墨子·所染》："子墨子言见染丝者而叹曰：'染于苍则苍，染于黄则黄……故染不可不慎也。'"

⑨ 友：与……结为朋友。《论语·学而》："（孔子曰）无友不如己者。"

⑩ 三人之行：语本《论语·述而》："（子曰）三人行，必有我师焉。择其善者而从之，其不善者而改之。"

⑪ "不屑"句：《孟子·告子下》："孟子曰：'教亦多术矣，予不屑之教诲也者，是亦教诲之而已矣。'"朱熹集注："不以其人为洁而拒绝之，所谓不屑之教诲也。其人若能感此，退自修省，则是亦我教诲之也。"

⑫ 訑訑：自以为是的样子。《孟子·告子下》："訑訑之声音颜色，拒人于千里之外。"朱熹《集注》："自足其智，不嗜善言之貌。"

⑬ 尘光之尽同：此指对人谦和，不在意其人品高下之分，结果却导致自己被品德低下的人所同化。语本《老子》："和其光，同其尘。"和，平抑、抑制。

⑭ 油油：安然自得之貌，也作"由由"。《孟子·公孙丑下》载柳下惠和而不恭："故由由然与之偕而不自失焉"。

⑮ 玩弄：此指玩世不恭而自己也被世人所轻。

⑯ 指汤显祖、归子慕。

切问而近思

王汝骧

以"切"、"近"为心者，见之于问与思焉。盖问与思，皆所致于学也，切焉，近焉，徒问、思之善已乎？且以学之无穷、志之难副也，有不事乎问以达之、思以精之者乎？自夫人以问为口耳之事、思为玩索之功，而其致力之误也有由然矣。吾兹为博学笃志者进求之。夫问所以佐其学也，徒博，则其为问也易疑于泛；而问所以通其志也，既笃，则其于切也自有相因。此无论①浮谈之无当也，即理居其要，而稽之吾力，未容岁月逮者②，缕缕③以示其能精，知其于问所由发，固未之亲矣，切问者，不缘问起也，考衷度务，有不容已于求详之故，而片言之访，必中身心已；并无论讲求之逾量也，即力所可胜，而坐而咨之，未能起而行之者，謷謷④以矜其务得，知其所问之所获，固不求实矣，切问者，不于问止也，因端竟委⑤，必求有得于听受之余，而请事斯语⑥，密于服膺⑦已。而至于思，则尤理之研于心，而非徒问之得于人也。得于人者⑧，尚不容以远求；而研诸心者，岂顾容于不近？盖思之易流，病亦不在思耳，神明本自无方，苟无与为之宰者动乎其绪⑨，而不觉其易驰，此不得于思制之也，宥密之地⑩，有不欲役之于思者，理至吾前而由绎⑪之有端，自有所依而不越，此其深谨之致，即思者几不自知，而孰从窥之；且思之为病，亦不止思受之耳，名理亦能为累，苟任其与物为缘者出而相逐，而更何以自操，此不得不于思闲之⑫也，日用之迹，有所以循之为思者，与心以易而引伸之有类，虽多所及而不棼⑬，此其严约之旨，即吾思不能相荡，而孰得淆之。盖至此，则不惟问之所得不疑于泛，而学与志皆得其归矣。仁在其中，不从可知乎？

【评】"贤亲君友"章言力行而不及学问，此章言致知而不及力行，道理只说得一半。文于一句中透入全身义理。按之题位，不泛不溢，此等制艺，实由力厚思深。

【题解】出自《子张·博学而笃志》。

子夏曰："博学而笃志，切问而近思，仁在其中矣。"（四者皆学问思辨之事耳，未及乎力行而为仁也。然从事于此，则心不外驰，而所存自熟，故曰仁在其中矣。程子曰："博学而笃志，切问而近思，何以言仁在其中矣？学者要思得之。了此，便是彻上彻下之道。"又曰："学不博则不能守约，志不笃则不能力行。切问近思在己者，则仁在其中矣。"又曰："近思者以类而推。"苏氏曰："博学而志不笃，则大而无成；泛问远思，则劳而无功。"）

【注释】

① 无论：不必说。
② 未容岁月逮者：指按照自己的能力，不能在一定时间内完成的事情。
③ 缕缕：一条一条地陈述。
④ 亹亹：此指娓娓而谈。
⑤ 因端竟委：从头到尾弄清事理。竟，完毕。委，水的下游，泛指末尾。
⑥ 请事斯语：指闻道即行。语本《论语·颜渊》："回虽不敏，请事斯语矣。"
⑦ 密于服膺：不止是牢记于心中，而是还要起而力行。
⑧ 得于人者：此指"问"之所得。
⑨ 绪：头绪，开端，此有"纲要"之意。
⑩ 宥密之地：此指仁厚沉静之心。《诗经·周颂·昊天有成命》："成王不敢康，夙夜基命宥密。"毛传："宥，宽；密，宁也。"
⑪ 由绎：此指思索、体会。
⑫ 闲之：戒之。
⑬ 棼：繁杂混乱。

所谓立之斯立　四句
张　标

圣不移时而化，智者信其说也。夫作而应，应而速，"立道绥动①"之说，愚者疑焉而智者信。其晓②子禽者曰：儒者身居后世，不知三代，身处三代，不知黄虞③，其见日陋，其持论日卑，大圣人之所为，欲出一语以仿佛之而不可得。虽然，世亦未尝无传语焉。夫人幸而生逢明圣，睹朝廷立一法、行一意，而百姓胥象指焉，则为之扬抃④其休嘉⑤；或不幸而生当末流，慕古初建一治、奏一效，而君上若无为焉，则为之想象其盛美。于是言之不足，且长言⑥之，曰化如何盛、效如何捷。居今之世，述其一二语，已不恒经见矣，况欲求其人以实之。苟非大圣，其孰能当此而无忝者乎？今使一邦一家之中不烦经画，而已农桑醉饱⑦、诗书弦诵，咏乐郊⑧而雍雍丕变⑨，君相可绝无事，宇宙可绝无功，此必不能。故有濒于危者焉，望其有以翼之也；有伥伥⑩莫适者焉，冀其有以开之也；有瞻乌靡定⑪而鸮音未变⑫者焉，思其有以安集而渐移之也。不有立之，奚自立？不有道之，奚自行？不有绥之、动之，奚自来且和？然而难言之矣。昔之有天下者⑬，播嘉谷一圣，敷宽教一圣，典礼教胄，犹难兼官；宾四门⑭一时，舞干羽一时，顽民悍侯，亦尝接踵。又有甚者，英年践祚，而衢讴⑮奏于耄耋之期；父子皆圣⑯，而雅颂作于数传之后。若是乎上作焉不必应，或迟之而应，迟之又久而后应。今我为之说曰，夫子而在上位也，作以一日，应以一日，其谁信之？且作以一日，尽帝王之事，应以一日，尽帝王之功，又谁信之？不知此非予一人之私言也。人亦有言，"立之斯立"，上方鞠谋⑰，下已乐生也；"道之斯行"，董戒⑱不劳，人已共率⑲也；"绥之斯来"，人思豫附⑳，版图日廓也；"动之斯和"，黎民於变㉑，兵革不试也。因念昔吾夫子衮衣惠我㉒，三月而弭民谤；释争谢过，一言以感强侯㉓。此虽小试，其端乎？异日宰天下不当如是耶？而后抚"立道绥动"之说而流连，起叹曰："其殆谓吾夫子乎？其殆谓吾夫子乎？"

【评】分虚实远近，作数层跌落。题理题神，全在空际领取。当深玩其出没断续之致。

【作者简介】

张标，字玉立，江苏江都人。顺治九年（1652）二甲进士，授工部主事，榷南新、龙江关，晋郎中。著有《秋实堂文集》，制义有《张玉立稿》，辑入《国初十六家精选》。

【题解】出自《子张·陈子禽谓子贡曰》。

陈子禽谓子贡曰："子为恭也，仲尼岂贤于子乎？"（为恭，谓为恭敬推逊其师也。）子贡曰："君子一言以为知，一言以为不知，言不可不慎也。（责子禽不谨言。）夫子之不可及也，犹天之不可阶而升也。（阶，梯也。大可为也，化不可为也，故曰不可阶而升。）夫子之得邦家者，所谓立之斯立，道之斯行，绥之斯来，动之斯和。其生也荣，其死也哀，如之何其可及也。"（立之，谓植其生也。道，引也，谓教之也。行，从也。绥，安也。来，归附也。动，谓鼓舞之也。和，所谓於变时雍。言其感应之妙，神速如此。荣，谓莫不尊亲。哀，则如丧考妣。程子曰："此圣人之神化，上下与天地同流者也。"谢氏曰："观子贡称圣人语，乃知晚年进德，盖极于高远也。夫子之得邦家者，其鼓舞群动，捷于桴鼓影响。人虽见其变化，而莫窥其所以变化也。盖不离于圣，而有不可知者存焉，此殆难以思勉及也。"）

【注释】

① 立道绥动：指"立之斯立……动之斯和"四句。

② 晓：告知，晓谕。

③ 黄虞：黄帝和舜帝，泛指上古极盛之时。

④ 扬挖：称扬。

⑤ 休嘉：美好。

⑥ 长言：引长声音吟唱。《礼记·乐记》："言之不足，故长言之；长言之不足，故嗟叹之。"

⑦ 农桑醉饱：谓天下大治。《诗经·小雅·鹿鸣序》孔颖达疏："既能忠厚，化以及物，令天下醉饱，故次《既醉》言太平也。"

⑧ 咏乐郊：歌唱幸福的生活。语本《诗经·魏风·硕鼠》："乐郊乐郊，谁之永号！"郑笺："永，歌也。乐郊之地，谁独当往而歌号者。言皆喜说无忧苦。"

⑨ 雍雍丕变：雍雍：和乐貌。丕变，大变。《尚书·盘庚上》："罔有逸言，民用丕变。"孔安传："民用大变从化。"

⑩ 伥伥：无所适从貌。《礼记·仲尼燕居》："治国而无礼，譬犹瞽之无相与，伥伥乎其何之。"

⑪ 瞻乌靡定：世乱而百姓无所归依。语本《诗经·小雅·正月》："哀我人斯，于何从禄？瞻乌爰止，于谁之屋？"毛传："富人之屋，乌所集也。"郑玄笺："视乌集于富人之室，以言今民亦当求明君而归之。"

⑫ 鸮音未变：指恶人的恶习尚未得到改变，教化尚未得到推行。鸮音，鸮的恶声，喻指恶人的恶习。语本《诗经·鲁颂·泮水》："翩彼飞鸮，集于泮林。食我桑黮，怀我好音。"

⑬ 有天下者：此指舜帝。《尚书·舜典》载，舜令后稷"播时百穀"，令契做司徒，"敬敷五教，在宽"；命伯夷做"秩宗"，"典朕三礼"；命夔"典乐，教胄子"，即主管音乐，教育王室及贵族子弟。

⑭ 宾四门：指舜迎接四方诸侯。《尚书·舜典》："（舜）宾于四门。"孔安国传："四方诸侯来朝者，舜宾迎之"。按，以下亦言舜事。舞干羽，《尚书·大禹谟》："（舜）帝乃诞敷文德，舞干羽于两阶"，孔安国传："干，楯。羽，翳也。皆舞者所执。修阐文教，舞文舞于宾主阶间，抑武事。"又，下"顽民"句，谓以舜之圣，天下也有顽民悍族。《史记·五帝本纪》载有舜流放"不才子"、"凶族"之事。

⑮ 衢讴：此指《康衢谣》。按，此一句指尧帝，《史记·五帝本纪》张守节正义引孔安国："尧年十六，以唐侯升为天子"，故此处谓尧"英年践阼"。"康衢谣"本《列子·仲尼》："尧治天下五十年，不知天下治欤，不治欤……乃微服游于康衢，闻儿童谣曰：'立我蒸民，莫非尔极。不识不知，顺帝之则。'"后用为歌咏盛世之典。

⑯ 父子皆圣：此当指周文王、武王父子。

⑰ 鞠谋：抚养人民，使其得以安居。语本《尚书·盘庚下》："鞠人谋人之保居"，孔颖达疏："'鞠'训为穷，'鞠人'谓穷困之人……谓谋此穷人之安居。……郑、王皆以'鞠'为养。"此从郑、王之说。

⑱ 董戒：监督、警诫。

⑲ 率：由，遵循。此句谓在上者不必劳于董戒，而民众已知遵循规矩。

⑳ 豫附：乐意归附。豫，乐。

㉑ 黎民於变：指民风大变，风俗大和。《尚书·尧典》："黎民於变时雍。"

㉒ 衮衣惠我：此句谓鲁国民众歌颂孔子。本《孔丛子·陈士义》："吾先君之相鲁. 三月而后谤止。……及三年政成化既行，民又作诵曰：'衮衣章甫，实获我所；章甫衮衣，惠我无私。'"按，此诗《古诗源》题为"孔子诵"。

㉓ 强侯：此指齐景公。《孔子家语·相鲁》载孔子随鲁定公与齐侯会于夹谷，齐侯使莱人劫持定公，

孔子以大义责齐侯，"齐侯心怍，麾而避之"，"于是乃归所侵鲁之四邑，及汶阳之田"。《史记·孔子世家》亦载之而稍异。

谨权量　二节

李光地

政行而心归，周之所以代殷也。盖政不行则治具不张，心不归则治本不固。两者得而王道举矣，周家受命，岂偶然哉？自古帝王之统一天下也，必有所为维持①而不敝者焉，必有所为固结②而不解者焉。是故一中建而百度贞，历数定而讴歌起。若夫我周之承殷也，则尤旧政刓弊③、人心涣散之日也，夫圣人之作则也，必以天地为本、以日星为纪④，而又月以为量、四时以为柄④，故时月正日⑤与律度量衡，于庶政⑥实相经纬焉。关石和钧⑦，王府则有，是万事之本也。举而措之存乎法，道一风同⑧，其可紊乎？推而行之存乎人，天工人代⑨，其可旷乎？是故权量谨而法度可得而审也，法度审而废官可得而修也。革命者已日而既孚⑩，申命⑪者随风而屡涣⑫，以至于今，而千八百国⑬混乎车书⑭，三百六十⑮厘然方策⑯，虽万世通行可也，况当日之六服承德⑰者何如哉？且夫武王之伐殷也，未下车而封黄帝之后，封尧舜之后，下车而又封夏后氏之后，投⑱有殷之后，故王业之新与明德之旧，于人心实相维系焉。作宾王家⑲，与国咸休，是万年之基也。推之卿大夫则有世家，功德在民，可殄其祀乎？推之侧陋⑳则有遗逸，道德在抱，可弃其身乎？是故灭国兴而绝世随以继也，绝世继而逸民随以举也。一则公天下以为心，一则相夹持以为执，以至于今，而大邦维屏㉑、大宗维翰，兼葭㉒之守周礼、榛苓㉓之望西方，虽奕世㉔不忘可也，况当日之万姓悦服者何如哉？吁！此有周之王也。

【自记】兴朝规模，说得出。

【评】古光油然，皆六艺之芳润。

【题解】出自《尧曰·尧曰咨尔舜》，参见正嘉文卷三茅坤《谨权量》。

谨权量，审法度，修废官，四方之政行焉。兴灭国，继绝世，举逸民，天下之民归心焉。

【注释】

① 维持：此指"谨权量"等治理国家的措施。本文二大股，"若夫我周之承殷也"一股讲明此意。
② 固结：此指"兴灭国"等维系人心的措施，文中"且夫武王之伐殷也"一大股讲明此意。
③ 刓弊：磨损，此指败坏。
④ 此数句本《礼记·礼运》："故圣人作则，必以天地为本，以阴阳为端，以四时为柄，以日星为纪，月以为量……"孔颖达疏："春生夏长，秋敛冬藏，是法四时为柄也。剑戟须柄而用之，圣人为教象，须法四时而通也。""纪，纲纪也。日行有次度，星有四方，列宿分部昏明，敬授民时，是法日星为纲纪也。""量，犹分限也。天之运行，每三十日为一月，而圣人制教，亦随人之才分，是法月为教之限量也。"
⑤ 时月正日：四时和月份。此句本《尚书·舜典》："协时月正日，同律度量衡。"孔安国传："合四

时之气节，月之大小，日之甲乙，使齐一也。协时月正日，同律度量衡。律法制及尺丈、斛斗、斤两，皆均同。"

⑥ 庶政：多种政务。

⑦ 关石和钧：《尚书·五子之歌》："关石和钧，王府则有。"其义诸说不同，孔颖达疏以为"石"、"钧"均为重量单位，三十斤为一钧，四钧为一石。"'关'者，通也。名'石'而可通者，惟衡量之器耳。……惟言关通权衡，则度量之物，懋迁有无，亦关通矣，举一以言之耳。衡石所称之物，以供民之器用，其土或有或无，通使和平也。《论语》云：'百姓足，君孰与不足？'民既足用，则官亦富饶，故（孔安国传曰）'通之使和平，则官民皆足'。"

⑧ 道一风同：各地推行同样的制度、政教，各地风尚也相同。

⑨ 天工人代：各种官职都是代行天的职责。语本《尚书·皋陶谟》："无旷庶官，天工人其代之。"孔颖达疏："此官乃是天官，人其代天治之，不可以天之官而用非其人。"

⑩ 既孚：已经为人所信服。

⑪ 申命：发布命令。

⑫ 涣：此兼指帝王发布命令与命令推行广远无滞二义。《易·涣》："风行水上，涣。先王以享于帝，立庙。"

⑬ 千八百国：泛指周之诸侯国和疆域，非确数。《汉书·贾邹枚路传》引贾山《至言》："周盖千八百国，以九州之民养千八百国之君。"

⑭ 混乎车书：即混一车书，车同轨，书同文。

⑮ 三百六十：此当指各种官吏。孔颖达《礼记正义·序》："《周官》三百六十，举其大数而云三百也。"

⑯ 厘然方策：清晰地记载于典籍，指《周礼》。

⑰ 六服承德：指自都城到边疆，各种人都臣服。语本《尚书·周官》："六服群辟，罔不承德，归于宗周。"按，周王畿以外的诸侯邦国曰"服"，其等次有六：侯服、甸服、男服、采服、卫服、蛮服（又作要服），见《周礼·秋官·大行人》。

⑱ 投：安置。按，此数句见《礼记·乐记》："（武王克殷）未及下车而封黄帝之后于蓟，封帝尧之后于祝，封帝舜之后于陈，下车而封夏后氏之后于杞，投殷之后于宋。"

⑲ 作宾王家：（前代帝王的后裔）作时王的宾客，此据武王克商而优礼商朝王子微子而言。《尚书·微子之命》："作宾于王家，与国咸休，永世无穷。"

⑳ 侧陋：处在僻陋之处的贤人或卑贱的贤者。《尚书·尧典》："明明扬侧陋。"

㉑ 大邦维屏：大国如同周朝的屏障，周王的同族如同国家的栋梁。屏，屏障。大宗，周天子为大宗，此即指周王同姓。翰，通"幹"，桢干、栋梁。语本《诗经·大雅·板》："价人维藩，大师维垣，大邦维屏，大宗维翰。"

㉒ 蒹葭：指《诗经·秦风·蒹葭》，毛诗序谓："《蒹葭》，刺襄公也。未能用周礼，将无以固其国焉。秦处周之旧土，其人被周之德教日久矣。今襄公新为诸侯，未习周之礼法，故国人未服焉。"

㉓ 榛苓：此指《诗经·邶风·简兮》："山有榛，隰有苓。云谁之思？西方美人。"孔颖达疏："思西方周室之美人。若得彼美人，当荐此硕人，使在王朝也。"

㉔ 奕世：累世，世世代代。

谨权量 二节

李钟伦

圣人之行政也举其要，而得人也得其心焉。夫由权量而法度、废官，政之要也；由灭国而绝世、逸民，民之望也。武王加意于此，周之所以兴乎？且人主所以维天下者政，所与共天下者民也，古之圣人拨乱反正，必以是二者为兢兢焉。武王克殷之后，难既平矣，而蛊者未新①；虐既蠲②矣，而剥者未复③。于是四方之治忽，决于施为次第之间；天下之视听，属于兴起在位之人。维时则何如者？以为理财正辞④，禁民为非，则必取轻重多寡之贸乱⑤不如一者而整齐之，故权量为万事根本焉，由是礼乐刑政或冗而不治，则征诸王府之所有⑥可也，协诸巡狩之所同⑦亦可也，然权量法度岂能自行哉，于焉建其长、设其属，而三百六十⑧之典，骎骎乎缘是而兴，当此之时，议之庙堂之上者，其法皆足以理人，其官皆足以行法，举四方积偷积安之弊政，不降阶序⑨而振之一朝焉，圣人所以义正天下者，其在乎此矣；又以为履信思顺⑩，教民尚贤，则必念黄农虞夏之子孙失其守者而褒崇之，故灭国为众建首先焉，由是诸侯大夫或绝而无主，则以小宗⑪后⑫大宗可也，以支子继适子⑬亦可也，然封国立家岂遂毕天下之人才哉，于焉求之国、求之野，而箕子、商容⑭之徒，隐隐然为时而生，当此之日，苟有功德于人者，没则有世子世禄之尊，生则有束帛丘园之贲⑮，举天下怀旧乐善之公心，不待联合而归之若性焉，圣人所以仁感天下者，其在乎此矣。夫四方之政行，则自上而下者，穷变之机何其神；天下之民归心，则以下比上者，尊亲之情何其至。三代之得天下，岂偶然哉？

【评】取诸经义，逐句皆得实际，而无用经之迹。非读书贯穿，不能到此。

【作者简介】

李钟伦，字世德，福建安溪人，李光地长子。康熙三十二年（1693）举人，著有《周礼纂训》二十一卷等。

【题解】同上，出自《论语·尧曰咨尔舜》，参见正嘉文卷三茅坤《谨权量》。

【注释】

① 蛊者未新：指祸难虽定，但新的制度还未创建。语本《易·蛊》："利涉大川，往有事也。"王弼注："蛊者有事而待能之时也。可以有为，其在此时矣。物已说随，则待夫作制以定其事也。"

② 蠲：除去。

③ 剥者未复：此指还未从昏乱的世道中恢复元气。此用《易》"剥"、"复"两卦之义。

④ 正辞：正其号令之辞，出之以理。《易·系辞下》："理财正辞，禁民为非曰义。"

⑤ 贸乱：混乱。贸，杂乱。

⑥ 王府之所有：指"关石和□□□即统一度量衡之意。此本《尚书·五子之歌》"关石和钧，王府则有"立言。

⑦ 巡狩之所同：指"律度量□□，也即统一度量衡之意。此本《尚书·舜典》"岁二月，东巡守，……遂见东方之国君。协时月正日，同律度量衡"句立言。

⑧ 三百六十：指大小官吏，旧谓《周礼》定各级各类职官三百六十种。

⑨ 不降阶序：不下殿堂。此指朝廷以德行政，不待大力推行而天下已感化。阶序，本指台阶与中堂两侧的厢屋。《汉书·诸侯王表》："不降阶序而运天下。"

⑩ 履信思顺：笃守信用，心存和顺。《易·系辞上》："履信思乎顺，又以尚贤也，是以自天佑之。"

⑪ 小宗：按照宗法制度，嫡长子继承家族的权力，嫡长子衍生的派系为"大宗"；弟统于兄，所衍生

的后代是"小宗"。"小宗"中的嫡长子一系，可以成为小宗中的"大宗"。下句"支子"、"适（嫡）子"意与此相近。

⑫ 后：继承，作为后嗣。

⑬ 适子：即嫡子。

⑭ 箕子、商容：商朝末年的贤人。商容被纣王废，箕子佯狂为奴，后被纣王囚。武王克商，"释箕子之囚"，"表商容之闾"，见《史记·殷本纪》。

⑮ 束帛丘园之贲：语出《易·贲》："贲于丘园，束帛戋戋。吝，终吉。"此句诸家释义不同，本文以此典指用财物礼聘隐居之士。

四方之政行焉

熊伯龙

观初政之行而知周所以王也。盖政者，国所与立，四方有政，周是以有四方哉？且天之立君，所以虑四方也。自古帝王廓清诚诰之力犹少，而经纪敷锡①之功为多，岂不贵乎有政哉？虽然，政难言矣。其君知取天下而不知守天下，则将举四方而羁縻之，而因陋就简若无事焉，非无事也，道不足以立乎其事也；其君知守天下而不知治天下，则将举四方而督责之，而殊风贸俗②若无势焉，非无势③也，事不足以乘乎其势也。乃若所云谨者、审者、修者，周之尽心于四方之政何如也？而其政有不行焉者乎？朝廷者，起化之地，非化所究之地也，施之四方而以为宜，斯莫不宜矣，我周一体乎四方之所当然，而百物由之而不废，则安往而不遂乎，盖自二国不获④以后，求如此之四达不悖也，抑难矣；君相者，立法之人，非法所行之人也，考之四方而以为可受，斯莫不受矣，我周谨持乎四方之所必然，而一旦举之而不疑，则何为而弗成乎，盖虽无侮无拂⑤以来，以视此之受命改制也，抑有间矣。周之兴也，克商事定，未尝逞志于四方之人，则积玩⑥或多，而政之所至，万物无所角⑦其材能，以此见天下事之大可为也，即多士多方⑧尚烦文告，而王制渐张，君子知国势之不可动摇焉；周之兴也，渡河八百⑨，若有求助于四方之意，则震叠⑩或难，而政之所加，列国不自为其风气，以此见圣天子之自有真也，即周官周礼未遑制作，而大体既正，君子知立国之远乎苟且焉。由此观之，取天下者，诚不可以四方之既服，而谓我可无政；又何可以吾政之未善，而徒咎四方之不行也？

【原评】从"政"字侊侗⑪说起，便可一节通用。比比翻入"四方"，又处处变换，最得先正遗法。

【题解】出自《论语·尧曰咨尔舜》，同上，参见正嘉文卷三茅坤《谨权量》。

谨权量，审法度，修废官，四方之政行焉。兴灭国，继绝世，举逸民，天下之民归心焉。

【注释】

① 敷锡：施赐。《尚书·洪范》："敛时五福，用敷锡厥庶民。"

② 殊风贸俗：各种不同的风俗。贸，杂乱。

③ 势：威势。

④ 二国不获：指夏、商二朝失政失天下。语本《诗经·大雅·皇矣》："维此二国，其政不获。"

⑤ 无侮无拂：指周朝统治天下，四方臣服。语本《诗经·大雅·皇矣》："是类是祃，是致是附，四方以无侮。……是伐是肆，是绝是忽，四方以无拂。"

⑥ 积玩：长久存在的玩忽习气。

⑦ 角：比试，竞争。《汉书·贾谊传》："陛下之于诸公，非亲角材之臣之也。"

⑧ 多士多方：众多官员和众多诸侯。按，成王曾对商朝官员（多士）和诸侯（多方）发布文告，即《尚书》中《多士》、《多方》两篇。

⑨ 渡河八百：指助武王伐纣的诸侯。《史记·周本纪》："武王渡河……诸侯不期而会盟津者八百诸侯。"

⑩ 震叠：震动，恐惧。《诗经·周颂·时迈》："薄言震之，莫不震叠。"

⑪ 优侗：浑然无别，不具体。

君子无众寡 二段

张永祺

图治于心身之间，而知泰、威之美也。盖政未有不从心身出者也，观泰、威之所以善，而君子之自治不亦详乎？今言政者以是为及人之事也，不知君子于此止有一自治之道而已。何也？人皆有所不可见之地，乃以为不可见而积傲生焉，中既无以自主，则内顾而不得其所安，而所以接物者弛矣；人亦莫不有可见之端，乃以为可见而致饰易焉，动既无以自持，则反躬而不足以相摄，而所以加人者骤①矣。君子何以有泰之美也？凡物本无岐形也，吾处之者不能一念而众寡分；凡事本无殊势也，吾应之者不能一心而小大见。君子曰：此谁非待命于我者，而敢任其张弛乎？一以兢业之衷承之，出之性成者，不择地而付也；积之学问者，不易节而施也。操存于此，以待天下之来。既无玩人，则人得而己亦得；既无废事，则事安而心亦安。从容中节而无广心好大之病也，彼侈然自肆者，一念之慢，流于恣睢而不自知，有若斯之恬适得自兢惕②中者乎？不亦泰而不骄乎？君子何以有威之美也？规矩者物身③之器也，盛服以饰之而衣冠重；威仪者定命之符④也，声色以引之而瞻视生。君子曰：此谁非作则于我者，而敢替⑤其纲纪乎？一以尊严之道居之，持身非以责人，范围不得而过也；正色非以陵下，中和不得而渝也。表正于此，以建天下之极。体统既肃，则庄莅而生其共⑥；德隅⑦既修，则诚形而至于动。澄心治气而非作威倚势之比也，彼威克厥爱⑧者，求人以畏，流于暴厉而不能返，有若斯之肃将⑨得自好礼后者乎？不亦威而不猛乎？而后可以言从政矣。

【评】不骄不猛，正是"泰"、"威"美处。重发下截，反涉浅近矣。文于上截处处精透，理正词醇，犹有先民之遗。

【题解】出自《尧曰·子张问于孔子曰》，参见隆万文卷三陶望龄《君子无众寡》。

（孔子曰）君子无众寡，无小大，无敢慢，斯不亦泰而不骄乎？君子正其衣冠，尊其瞻视，俨然人望而畏之，斯不亦威而不猛乎？

① 骤：疾，猛。

② 兢惕：戒惧。

③ 物身：规范人的行为。物，此指以典章来规范事物。

④ 定命之符：决定人们命运的事物或征兆。《左传·成公十三年》："民受天地之中以生，所谓命也。是以有动作礼义威仪之则，以定命也。"孔颖达疏："言有法则命之长短得定，无法则夭则无恒也。"

⑤ 替：废弃。

⑥ 共：通"恭"。

⑦ 德隅：此指德行方正，有威仪。语本《诗经·大雅·抑》："抑抑威仪，维德之隅。"毛传："抑抑，密也；隅，廉也。"郑玄笺："人密审于威仪抑抑然，是其德必严正也。"

⑧ 威克厥爱：此处意为一味讲究威严。按，此为作者的特殊用法，此语本于《尚书·胤征》："威克厥爱，允济。爱克厥威，允罔功。"孔安国传："以威胜所爱，则必有成功。""以爱胜威，无以济众，信无功。"

⑨ 肃将：敬奉、敬行。将，奉、承、行。按，此即指威严，语本《尚书·泰誓上》："皇天震怒，命我文考，肃将天威。"

不知命 一节

吴士玉

欲为君子者，以命定其趋而已。夫知命之有定，则所向专矣，不然而何以为君子？且将学为君子，而一切诿之曰"有命"，吾不知其安所置力哉？然至顺逆不齐之数，妄与造物争一日之权势，且流于小人之归而不悟。何则？其识眩①而所置力者非也。今有人焉，利不苟就，害不苟去，断然惟义是视而无所容心，如是则可为君子矣乎；不为威惕，不为利疚，确乎以道自持而不移于物，如是则可为君子矣乎？是诚可以为君子矣，惟其知命焉故也。命禀于生初，故能息后起之纷纭而使之静；命成于一定，故能淡物情之营竞而使之平。而奈何有不知命者哉？穷通之有命也，乃欲力而矫之，凡可以却贫贱而得富贵者，何弗至欤，夫求所欲、去所恶，毋论其不如吾意也，即令求之而得、去之而遂，要亦吾命之固然，而彼不知也，方且贪之为己力而日孜孜焉，吾见陨获②于贫贱而约不可处，充诎③于富贵而乐亦不可居已；祸福之有命也，乃欲诡而夺之，凡所以转危殆而就安全者，曷有极欤，夫吉相趋、凶相避，毋论其往而辄左④也，即令趋之而遇、避之而免，要亦吾命之适然，而彼不知也，方且恃之为可必而日营营焉，吾见死生易其志而危不能授⑤，夭寿贰其心而安亦不能俟已。将欲进取以成君子之务，则事几所在，弗能断也，明明吾分所必争，而势将禁之、形将格⑥之、时将阻之、物将败之，中情憧扰，必至濡忍⑦而不前；将欲退守以全君子之操，则大节所关，弗能决也，明明此事之当却，而恋之于中、牵之于外、系之于前、冀之于后，举念惶惑，卒至依违⑧而不去。盖既暗于定分，则计较之情胜，虽平居自视晓然，而临事忽丧其所守；抑既昧于定数，则巧伪之机熟，纵事后悔而思返，而逾时复蹈其前非。其何以为君子哉？必也信之者笃，而致命遂志⑨，有以绝人傲幸⑩之思；见之也明，而奉若不违，有以全吾禀受之正。不扰扰于所难强⑪，自汲汲于所必为。此君子之安命以立命也夫。

【评】正取正收，中间依题实发，反正两面皆透。

【作者简介】

吴士玉（1665—1733），字荆山，江苏吴县人。康熙四十五年（1706）进士，改庶吉士，授编修，官至礼部尚书，谥文恪。著有《兰藻堂集》，今传有《吹剑集》一卷。士玉为江左十五子之一，亦精制义。诸生时，即以制义名天下。

【题解】出自《尧曰·不知命》，参见启祯文卷五章世纯《不知命》。

（子曰）不知命，无以为君子也。

【注释】

① 眩：昏惑不明。
② 阨获：因贫贱而丧失志气。《礼记·儒行》："儒有不阨获于贫贱，不充诎於富贵，不愿君王，不累长上，不闵有司，故曰儒。"
③ 充诎：得意忘形貌。
④ 左：相违背。
⑤ 授：献出生命。《论语·宪问》："（君子）见利思义，见危授命。"
⑥ 格：阻止。
⑦ 濡忍：柔顺忍让。
⑧ 依违：此指迟疑、留恋。
⑨ 致命遂志：献出生命，实现自己的志向。《易·困》："君子以致命遂志。"
⑩ 傲幸：即"侥幸"。
⑪ 难强：难以勉强，此指命定的得失。

钦定清朝四书文卷八（《中庸》上）

天命之谓性　一章
方　舟

　　君子不离乎道，故能尽性以至命也。盖道成于教，而实根于性命，知其不可离而实致其功，则其终可以通于天矣。且道之大原出于天，人之离道，非失道也，失其所受于天之性也。失其性而不知检，则内自悖其情，而害及于天地万物，圣人之所惧也。夫世之言性者皆以为虚无幽渺，而不知命于天者至实也；言道者皆以为后起假合，而不知率于性者至顺也；言教者皆以为圣人多方以梏①人，而不知修是道者至不得已也。使人皆不离乎道，以得其性而全其天，而圣人何多事哉？诚以天命之精，流行遍满于事物之中，而须臾离之，则天命之真息，而事与物之附丽者皆虚。而人又不能不离道也，睹闻起而道离焉，事物交而道又离焉。以离道者之多，而遂若以道为可离者，而不知可离非道也。夫人之离道有渐焉，其猖狂于睹闻之际者，必其恣肆于不睹不闻之中者也；其决裂②于显见之时者，必其简忽于隐微之地者也。故君子戒慎恐惧不间于须臾，而必慎其独也。夫道为天命之性，而离者若此其多，不离若此其难者，则喜怒哀乐累之耳。喜怒哀乐足以累道，而人固不能无喜无怒无哀无乐，非惟不能无，又必有之而后道可行焉。何者？是性之感物以动，而皆有其节者也。其未发也，可以窥性之本焉；其既发也，可以观道之通焉。第静不可不致其中，而动不可不致其和耳。人受天地之中以生，阴阳之气有常，而或失其序，人乱之也；万物赖人之道以立，化育之机不息，而或蹙其生，人戕之也。中和致，则可以通天地之命而类万物之情矣；其位且育也，君子尽性之功之实而可见者也。夫人离道则失其性命之情，不离道则功在天地万物。圣人之教，岂得已哉？

　　【评】无首尾，无过渡，无承接，而细按之，乃循题位置，不失分寸。盖于正嘉前辈法度之外，能自辟一涂径者。

　　【题解】出自第一章，参见化治文卷四蔡清《天命之谓性》。

　　天命之谓性，率性之谓道，修道之谓教。道也者，不可须臾离也，可离非道也。是故君子戒慎乎其所不睹，恐惧乎其所不闻。莫见乎隐，莫显乎微，故君子慎其独也。喜怒哀乐之未发，谓之中；发而皆中节，谓之和。中也者，天下之大本也；和也者，天下之达道也。致中和，天地位焉，万物育焉。

【注释】

① 梏：束缚。
② 决裂：破坏，毁坏。

天命之谓性　一节

张　瑗　墨

《中庸》明天人合一之旨，即性、道、教而申其义焉。夫性也，道也，教也，出于天而成于人，固一原而相为用者也。明其所谓，不可以识所宗乎？自性学不明，而言道者日益纷，于是异端之徒各挟其教以争胜于天下。子思子虑人之失所宗也，爰述圣贤相传之意而作《中庸》，盖欲使由教而入者殚明道尽性之功，必先以原性见道者昭千古垂教之统。谓夫太极未分，理之在先天者不可得而言已，自两仪立，而於穆①之原与二五②之精相为凝合，则生生无方焉，与气俱赋，而不杂于气，命之所以不已也，与形俱成，而不滞于形，性之所以各正也，五事③配乎五行，一物必具一则，极之品类纷纭，亦莫不载仁以生，负义以存，无异天，宁有异性乎，夫天下言性者多矣，离命以为性，则性将入于冥顽，而气质之说④得参乎其间，抑知降衷⑤之始，固有是粹然无私者，则"性"之谓也；人生而静，性之藏于密者不可得而窥已，及应感交，而心德之微与天下之故相为流通，一如行其所无事焉，本健⑥而率之易，本顺而率之简，性所为道之门也，遇亲而率吾爱，遇长而率吾敬，道所为性之路也，圣哲只循其固有，庸愚亦顺其自然，推之众庶冯生⑦，而庶虫⑧且知报本⑨，微鸟⑩与有挚别，无殊性，宁有殊道乎，夫天下言道者多矣，外性以为道，则道将邻于偏曲，而外袭之端得丧其所守，抑知天德之良，固有是坦然共由者，则"道"之谓也；至若理本大同而气禀或异，在天固无如之何已，自圣人出，定之以中正、范之以仁义，继天立极而品节⑪之事起焉，修其政，而礼乐于是乎兴，教之所为节性也，修其言，而图畴⑫于是乎演，教之所以开天⑬也，高者俯而就裁，卑者仰而思企，极之曲成不遗，而有生者不逢其害，怀方⑭者得尽其材，何一非道，又何一非教乎，夫天下言教者多矣，舍道以为教，则教将流于法术，而诡异之习且中乎人心，抑知绥猷⑮之后，固有是因心作则者，则"教"之谓也。统而言之，则皆道也。

【评】 以宋五子书为根柢，而条理布之。斯为择之精而语之详。

【题解】 出自第一章，见上，参见化治文卷四蔡清《天命之谓性》。

【注释】

① 於穆：本为叹美之词，此指天命。本《诗经·周颂·维天之命》："维天之命，於穆不已。"郑玄

笺："命犹道也。天之道於乎美哉！动而不止，行而不已。"

② 二五：指阴阳五行。

③ 五事：指修身的五件事。《尚书·洪范》："二，五事。一曰貌，二曰言，三曰视，四曰听，五曰思。貌曰恭，言曰从，视曰明，听曰聪，思曰睿。"孔颖达疏引《五行传》曰："貌属木，言属金，视属火，听属水，思属土。"

④ 气质之说：指把"气质之性"视为人性的人性论观点。理学家认为，"气质之性"不同与天地之性或天命之性，是杂"理"与"气"而言，受气禀所限，气禀不同，性亦不同。

⑤ 降衷：此指上天赋予人以善性。语本《尚书·汤诰》："惟皇上帝，降衷于下民。若有恒性，克绥厥猷惟后。"

⑥ 健：此指天道的运行。《易·说卦》："乾，健也。坤，顺也。"《易·系辞下》："夫乾，确然示人易矣。夫坤，隤然示人简矣。"王弼注："确，刚貌也。隤，柔貌也。"故此句以"健"与"易"配；下句以"顺"与"简"配。

⑦ 众庶冯生：万物都恃矜其生，都贪恋其生命。语出贾谊《鵩鸟赋》，《史记·伯夷列传》引之，司马贞索隐："冯者，恃也，音凭。言众庶之情，盖恃矜其生也。"

⑧ 戾虫：未详此指何种动物，或指豺、獭。班固《汉书·郊祀志上》："下至禽兽，豺獭有祭。"《河南程氏遗书·伊川先生语录八上》："祭先本天性，如豺有祭，獭有祭，鹰有祭，皆是天性，岂有人不如物？"按，"戾虫"常指老虎，见《战国策·秦策二》："虎者，戾虫；人者，甘饵也。"而未见关于虎"报本"记载。

⑨ 报本：指祭祀祖先。

⑩ 微鸟：此指"雎鸠"，古人认为这种鸟懂得"挚而有别"的道理。语本《诗经·周南·关雎》："关关雎鸠，在河之洲。"毛传："雎鸠，王雎也，鸟挚而有别。"郑玄笺："挚之言至也，谓王雎之鸟，雌雄情意至然而有别。"

⑪ 品节：此指用各种礼法来约束人。《礼记·檀弓下》："品节斯，斯之谓礼。"孔颖达疏："品，阶格也；节，制断也。"

⑫ 图畴：图，指河图，为"八卦"之源；畴，指洪范九畴。

⑬ 开天：指启发人认知的天性。

⑭ 怀方：掌握伦理道德学问。

⑮ 绥猷之后：顺承天道之后，意即"立教"。绥猷，顺应天道人心之常。语本《尚书·汤诰》："若有恒性，克绥厥猷惟后。"孔安国传："顺人有常之性，能安立其道教，则惟为君之道。"

君子之道费而隐 一章

徐乾学

《中庸》明道之体而总见其不可离焉。夫道固兼费、隐者也，始于夫妇而极之天地，无一可外道者，而谓道可离乎？且自有修道之君子而道以开，道固君子之道矣。然人第知戒惧慎独，以为道在君子也，而与之旷观乎天下，则且无物而非道。惟无物不有，故体道者当无时不然尔。吾请得言君子之道。道必合显、藏以成道，固实有其灿著者焉，其显之未始非藏者，广大即寓精微也；道必合体、用以为道，故实有其散见者焉，其用之未始非体者，气化皆有神明也。盖费而隐者也，何以明其费也？天下知能总属形质之伦，而天地只分崇卑之位，皆为道所贯而不能贯道，为道所圉①而不能圉道者也。道遗于夫妇，非费矣，而人伦日用，为知能之各足者如此；道尽于圣人，非费矣，而古今事变，为知能之所穷者如此；道全乎天地，是天地在道外、不在道中，即非费矣，而职覆职载，其不能无所憾者如此。如此而道无所不周，物物此道也，语其大，而莫有能载之者，即天地圣人皆在弥纶之内矣；道无所不具，一物一道也，语其小，莫有能破之者，即夫妇立性命之理矣。不观之《诗》而有其察焉者乎？鸢率其性而飞于天，鱼率其性而跃于渊，同此气即同此理，不得举鸢、鱼而二之也，天下有形而有色者，何独鸢与鱼乎；鸢不能跃而安于天，鱼不能飞而安于渊，有此机即有此象，并不必强飞、跃而同之也，天下可指而可睹者，何非飞与跃乎？然则君子之道从可识矣。原始则为端，而要终则为至；近莫如夫妇，而远莫如天地。语小莫破，而出作入息，夫妇日在道中，近之履其事，而道有其原始者，造端乎夫妇也；语大莫载，而为生为成，天地不在道外，远之著其理，而道有其要终者，察乎天地也。天下何者非道，何者非君子之道？显而未始非藏也，用而未始非体也。其费而隐何如而谓可须臾离乎哉？

【原评】逐段直落，不用扭捏做作，自然理足气贯。通篇只在道体上说为是，他人粘住"君子"便鹘突②。

【评】详密安闲，下语俱极斟酌。

【题解】出自第十二章，参见化治文卷四王守仁《诗云鸢飞戾天》。

君子之道费而隐。夫妇之愚，可以与知焉，及其至也，虽圣人亦有所不知焉；夫妇之不肖，可以能行焉，及其至也，虽圣人亦有所不能焉。天地之大也，人犹有所憾。故君子语大，天下莫能载焉；语小，天下莫能破焉。诗云："鸢飞戾天，鱼跃于渊。"言其上下察也。君子之道，造端乎夫妇；及其至也，察乎天地。

【注释】

① 圉：拘束。
② 鹘突：糊涂，混淆。

诗曰妻子好合　二节

王汝骧

征道之自，即于家而可见也。夫即妻子兄弟父母而道在焉，和顺之有自，圣人不既言之欤？尝思道有高远，而自入道者言之，但有卑迩也。顾即一事也，吾行及之，而其未及者即不啻高远矣；一理也，前言及之，而其未言者即不啻高远矣。而于其中有相及之端焉，所谓"自"也。今如妻子也，兄弟也，父母也，此其于道固何远何迩、何高何卑之可言乎？而吾夫子之说《常棣》之诗有异焉。《诗》曰"妻子好合，如鼓瑟琴"，盖言夫妇之际，道宜若此其雍雍①也；曰"兄弟既翕，和乐且耽"，盖言友恭之谊②，道若此其怡怡也。夫其所以宜若此者何也？《诗》又不云乎，室家以此而宜也，妻孥以此而乐也；而夫子曰是岂但已哉，盖父母以此而顺矣。夫人日侍父母之侧，百求顺而未能，今自《诗》言想之，确有此意外之获也，而不当其地不知也；日与妻子兄弟谋所以顺亲而不得，今自子言思之，端有此意中之象也，而当其地仍不知也。嗟乎！人有周公之志，即文考文母③哀其过而无以疵其心；第存《常棣》之诗，即南陔白华④阙其辞而未始亡其义。天下事其不必相及，而必有以及之也，固如斯乎？辟如行远必自迩，辟如登高必自卑，此足以观矣。

【评】相题甚切，气息甚微。隆万人难其浑古，启祯人逊其周密。

【题解】出自第十五章。

君子之道，辟如行远必自迩，辟如登高必自卑。（辟、譬同。）《诗》曰："妻子好合，如鼓瑟琴；兄弟既翕，和乐且耽；宜尔室家；乐尔妻帑。"（《诗》，《小雅·常棣》之篇。鼓瑟琴，和也。翕，亦合也。耽，亦乐也。帑，子孙也。）子曰："父母其顺矣乎！"（夫子诵此诗而赞之曰：人能和于妻子，宜于兄弟如此，则父母其安乐之矣。子思引《诗》及此语，以明行远自迩、登高自卑之意。）

【注释】

① 雍雍：和乐貌。

② 友恭之谊：兄友弟恭，兄弟之间的伦常规范。谊，义。

③ 文考文母：此即指父母。文考本指周文王，《尚书·武成》："我文考文王，克成厥勋。"文母本指文王妃太姒，《诗经·周颂·雍》："既右烈考，亦右文母。"毛传："文母，大姒也。"郑玄笺："文德之母。"

④ 南陔白华：《南陔》、《白华》为《诗经》已亡佚的篇目。内容都与颂扬孝道有关，但文辞已失传。毛传："《南陔》，孝子相戒以养也。《白华》，孝子之絜白也。……有其义而亡其辞。"

鬼神之为德　一章

熊伯龙

《中庸》以诚立教，而详言鬼神以明之焉。夫鬼神之德之盛，至于微显无间，而要之，一诚也，然则天下安有不诚之道哉？《中庸》引夫子之言鬼神者以明道也，曰天地设位而鬼神行乎其中，此道之大原所出也。明道者诚引而近之以著其实，使夫鬼神之说定，而人世疑玄①之说无不定矣。盖尝由鬼神之德而思之，岂非甚盛而不可加者乎？夫人所疑乎鬼神者，亦疑其弗见弗闻耳。常人求鬼神于万物之外，专以不见不闻者为鬼神，则日见其无；君子见鬼神于万物之中，即以能视能听者为鬼神，则日见其有。物不息则不能生，而其息者即鬼，物不生则不能化，而其生者即神，彼夫寄往来于寒暑，参刑德②于阴阳，齐万汇③于高卑，错百窍④于喝于⑤，呜呼，何其盛也，而奚必见且闻之昭昭乎哉？且吾见夫承祭者矣，忽而齐明，忽而盛服，忽而在上，忽而在左右，至使人爱之敬之，若忠臣之事其君，孝子之事其亲，俨然得其嗜好饮食焉，德之昭明，诚有如《抑》诗⑥所咏叹者，而又奚啻见且闻于鬼神乎哉？由此观之，将以不见闻者谓鬼神为微，而未尝终于微也；将以体物者谓鬼神为显，而未尝始于显也。若此者，其微之显乎？君子可以观诚矣。天地之化，有气则必有理，而成能于鬼神者，自然之道也；鬼神之行，有理则必有象，而显能于天下者，亦自然之道也。鬼神实有所不得已于天地，则情状列焉；天下实有所不得已于鬼神，则礼乐备焉。故曰诚也。然则鬼神之德一⑦中庸之德，而物之不可遗一道之不可离也欤？嗟乎！鬼神且犹若此，而凡君臣父子夫妇昆弟朋友之在人耳目闻见中者，其亦无之而非诚矣。

【评】精义人神之理，天空海阔之文，实为超前绝后。

【题解】出自第十六章，参见隆万文卷四方大美《鬼神之为德》。

子曰："鬼神之为德，其盛矣乎！视之而弗见，听之而弗闻，体物而不可遗。使天下之人齐明盛服，以承祭祀。洋洋乎！如在其上，如在其左右。《诗》曰：'神之格思，不可度思！矧可射思！'夫微之显，诚之不可掩如此夫。"

【注释】

① 疑玄：同"疑眩"，疑惑迷乱。

② 刑德：刑罚与德化。刑主于阴，德主于阳。

③ 万汇：万类，万物。

④ 百窍：发出各种声响的孔穴。窍，孔穴。

⑤ 喁于：前后相和之声。语本《庄子·齐物论》："前者唱于，而随者唱喁。"成玄英疏："于、喁，皆是风吹树动前后相随之声也。"

⑥ 《抑》诗：经文所引为《诗经·大雅·抑》。

⑦ 一：等同。

宜民宜人 四句

严虞惇

《诗》①咏咸宜之德，而推其得天之无已焉。盖宜民人者，令德之实也，以是受禄而天又申之，即所为因材而笃②乎？且尝反复于天人之故，而知德能动天，必先动人，人心悦而天意从焉矣。苟其德不足以通上下而合万国之欢，则虽天命诞膺③，而善其始，不克永其终，犹未极乎昭受之休④也。若《假乐》之咏令德者则不然。德非徒一身之事，即群黎百姓之所观而化也，我周忠厚开基，仁及草木矣，岂于民而或使之有违心，诗人若实见其德之不竞不绿⑤者，而著之曰"宜民"，所为醉酒饱德⑥以歌太平之风也；德非徒及民之事，亦百辟⑦卿士之所则而象也，我周纲纪四方，敦睦九族⑧矣，岂于人而或使之有拂志⑨，诗人若实见其德之无怨无恶⑩者，而著之曰"宜人"，所为宪老乞言⑪以成福禄之休也。夫天之爱民人亦甚矣。民者天之所养也，人者天之所简⑫也。民人咸和，鬼神休美，意者皇天亲有德、飨有道，其在斯乎？而《诗》果以为宜民人而受禄于天也。而由是俾弥尔性⑬，保其身也；以引以翼⑭，佑其行也；土宇版章⑮，命之位也。斯时也，精诚通于上，休泽洽于下，诸福之物、可致之祥莫不毕至。夫亦可以无憾矣乎？而天之申之则犹未艾⑯也。积远近休嘉之气，以蒸为太和⑰，故茀禄尔康⑱，而又若丁宁⑲于浩诚；萃亿兆感孚之诚，以大其昭格⑳，故有命既集㉑，而又常眷顾其子孙。君子读《诗》至此，未尝不叹曰大哉天命，善不可不传于后！夫非民人之宜，而曷以得天至此？甚矣，夫天之不假易㉒，而德之不可以虚声袭也！推受禄以明降鉴㉓之有自，而不得疑其矫诬者，无非欢忻和乐以尽臣下之情；征民人以观疾敬㉔之咸宜，而不敢泛为颂扬者，无非斋肃㉕恭敬以发先王之德。天之命周与天之命虞㉖，固异世而同揆㉗也，而又何疑于大德受命之故也哉？

【评】虽根柢不出时文，而运用吐纳，正与世士所谓"墨体"有别。

【题解】出自第十七章，参见隆万文卷四万国钦《舜其大孝也与》。

子曰："舜其大孝也与！德为圣人，尊为天子，富有四海之内。宗庙飨之，子孙保之。故大德必得其位，必得其禄，必得其名，必得其寿。故天之生物，必因其材而笃焉。故栽者培之，倾者覆之。《诗》曰：'嘉乐君子，宪宪令德！宜民宜人；受禄于天；保佑命之，自天申之！'故大德者必受命。"

【注释】

① 《诗》：指经中所引《诗经·大雅·假乐》，为歌颂周成王之诗。

② 因材而笃：根据材质而厚之。

③ 天命诞膺：承受天命。诞，大。膺，承担。《尚书·武成》："我文考文王，克成厥勋，诞膺天命。"

④ 昭受之休：此指承受上天报施的好处。休，美。语本《尚书·益稷》："以昭受上帝，天其申命用休。"孔安国传："昭，明也。非但人应之，又乃明受天之报施，天又重命用美。"

⑤ 不竞不绿：施政恰到好处，没有过强和过缓的弊病。《诗经·商颂·长发》："不竞不绿，不刚不柔。"朱熹《集传》："竞，强；绿，缓也。"

⑥ 醉酒饱德：指生活太平安乐，民风淳朴。语本《诗·大雅·既醉序》："《既醉》，太平也。醉酒饱德，人有士君子之行焉。"

⑦ 百辟：众多诸侯。辟，君。此本《诗经·大雅·假乐》："百辟卿士，媚于天子。"郑玄笺："百辟，畿内诸侯也。卿士，卿之有事也。"

⑧ 敦睦九族：对族人和善友爱。九族，一说指父族四、母族三、妻族二，一说指从高祖至玄孙九代，此泛指族人。《尚书·皋陶谟》："惇叙九族，庶明励翼。"

⑨ 拂志：违逆之心。拂，违背。

⑩ 无怨无恶：百姓没有怨恨。此本《诗经·大雅·假乐》："无怨无恶，率由群匹。"孔颖达疏："天下爱乐，无有咎怨之者，无有憎恶之者。"

⑪ 宪老乞言：效法老人，请求老人提意见。按，这是古人所传的三王之制，《礼记·内则》："凡养老，五帝宪，三王有乞言。"郑玄注："宪，法也。养之为法其德行"，"三王亦宪，既养老而后乞言"。

⑫ 简：选择、选拔，此指眷顾。

⑬ 俾弥尔性：君子来辅，使君王保全性命。尔，汝，此指君王。语本《诗经·大雅·卷阿》："岂弟君子，俾尔弥尔性，似先公酋矣。"毛传："弥，终也。"郑笺："俾，使也。乐易之君子来在位，乃使女终女之性命，无困病之忧。"

⑭ 以引以翼：有德之人引导和辅佐君王。语本《诗经·大雅·卷阿》："有冯有翼，有孝有德，以引以翼。"朱熹集传："引，导其前也。翼，相其左右也。"

⑮ 土宇版章：统治下的百姓恪守礼法。亦本《卷阿》："尔土宇昄章，亦孔之厚。"毛传："昄，大也。"郑玄笺："土宇，谓居民以土地屋宅也。"孔颖达疏："汝之土地居宅之民大得其礼法文章矣。"

朱熹集传："昄章，大明也。或曰'昄'当作'版'，版章，犹版图也。"

⑯ 未艾：未停止。艾，停止。

⑰ 蒸为太和：形成祥和之气。蒸，气上升。

⑱ 荓禄尔康：多得福禄，长享安康。亦本《卷阿》："尔受命长矣，荓禄尔康矣。"郑玄笺："荓，福。康，安也。女得贤者，与之承顺天地，则受久长之命，福禄又安女。"

⑲ 丁宁：叮咛，再三叮嘱。

⑳ 昭格：德行显明而达于上下。

㉑ 有命既集：得到天命，天命所归。

㉒ 假易：宽纵。《左传·桓公十三年》："见莫敖而告诸天之不假易也。"杜预注："言天不借贷慢易之人。"

㉓ 降鉴：指上天俯察。鉴，监察。《诗经·王风·黍离》"悠悠苍天"，毛传："苍天，以体言之。……自上降鉴，则称上天。"

㉔ 疾敬：疾行敬天之德。《尚书·召诰》："王其疾敬德，相古先民有夏。"

㉕ 斋肃：庄重敬慎。

㉖ 虞：舜。

㉗ 同揆：犹"一揆"，同一道理，同一情形。《孟子·离娄下》："先圣后圣，其揆一也。"

周公成文武之德

熊伯龙

志成德之相，所以终无忧之事也。夫德施上下，文武之忧已矣。成德必言文武，武亦文也，周公之志也。稽古相业，未有显融赫奕①若周公之盛也。秬鬯②锡之曲阜③，生有荣施；郊禘④拟诸帝京，殁犹美报。以为功在孺子王⑤也，乃自今思之，夫亦为若祖若父答乃丕绩⑥也。何言之？武王受命之时，犹未济⑦之时也，守十五王⑧之泽而执其小心，其事已动顽民⑨之痡瘵，惟是大难削平，馨香⑩欲被于人天，而君相庸愚，不克兴言制作，以黼黻⑪一朝之隆盛，斯亦圣明之累也；合八百国⑫之心而绥乃万邦⑬，其事姑听后人之深论⑭，惟是年丰⑮敌克，歌讴欲洽于幽明，而王事缺微，不复引伸新美，以大服望外之深求，斯亦天家之陋也。惟我周公，则为文王代厥忧，为武王之德告厥成焉。其父为圣人，其兄亦为圣人，使彼观时起事，建中和之极，必非后世帝王所可及也，公以一气之人⑯，行一德之事，则明察有本矣，七年之久⑰，纬地经天，何弗隆备乎，观治者以为成周访落⑱之始，识微者以为丰镐⑲化行之终，煌煌乎显烈也，谁则为之？其兄圣人而身为天子，其父圣人而尊为⑳天子，使彼稽中定务，极广大之情，必非后世儒者所可议也，公以材艺之姿，当宰衡之任，则典文该洽矣，九有㉑之规，树表立坊，何弗协应乎，为大宗者万年有世室之位，歌下武㉒者哲王有世德之嗣，秩秩㉓乎大猷也，谁则为之？盖为一身尽子弟之分，则不必守无成之义以损其风施，衮衣绣裳㉔，而奏润色于皇纬，文公之所以称为文也，天而笃生元辅㉕矣，昭考㉖实右享㉗尔，宁王㉘实友于㉙尔，斯岂鲜度㉚之所得而危；为天子服祖父之劳，则不必畏风雨之言而艰于著作，哓音痡口㉛，以敷绎思㉜于方国，成王之所以为成也，天而右序㉝有周矣，俾照临者㉞共仰耿光，使震叠㉟者群瞻大烈，又岂二公㊱之所得而助？是故周礼㊲

不可删，美周公之功也；鲁后止于弱③⑧，报王业之本也。何莫非文武之幸哉？

【评】亦人人所有之义，而出之巨手，便觉雄伟博硕、光气非常。

【题解】出自第十八章，参见化治文卷四王鏊《武王缵大王　　　及士庶人》

武王末受命，周公成文武之德，追王大王、王季，上祀先公以天子之礼。斯礼也，达乎诸侯大夫，及士庶人。

【注释】

① 显融赫奕：功勋显赫。融，长。赫奕，美盛、光辉照耀。

② 秬鬯：黑黍酿的酒，用于祭祀，诸侯不得私自酿造。《礼记·王制》："（诸侯）赐圭瓒，然后为鬯。未赐圭瓒，则资鬯于天子。"

③ 曲阜：鲁国国都。周公之子伯禽封于鲁。

④ 郊禘：古帝王以祖先配祭昊天上帝。此本为天子之礼，《史记·鲁周公世家》："成王乃命鲁得郊祭文王。鲁有天子礼乐者，以褒周公之德也。"参见《论语·八佾》"禘自既灌而往者"章朱熹集注。

⑤ 孺子王：指周成王。成王年幼即位，故称"孺子"。《尚书·立政》："呜呼！孺子王矣。"

⑥ 荅乃丕绩：完成他们的大功。乃，他们。丕绩，大功。《尚书·大禹谟》："予懋乃德，嘉乃丕绩。"

⑦ 未济：功勋未完全建立，取《易·未济》卦义。

⑧ 十五王：周自始祖后稷至文王，共十五代。

⑨ 顽民：本指殷代遗民中坚决不服从周朝统治的人，此指商朝之民。《尚书·毕命》："毖殷顽民，迁于洛邑。"

⑩ 馨香：喻指德泽。

⑪ 黼黻：本指礼服上所绣的花纹或礼服，此指建立典章制度。

⑫ 八国：指周武王伐商，有八百诸侯跟随。《史记·周本纪》："武王渡河……诸侯不期而会盟津者八百诸侯。"

⑬ 绥乃万邦：安定万邦。绥，安。《诗经·周颂·桓》："（武王）绥万邦，娄丰年。"

⑭ 深论：此指武王以臣伐君，后世也有不同的看法。

⑮ 年丰：收成好，指武王带来的祥瑞，见"绥乃万邦"注。

⑯ 一气之人：此指周公与周武王有相同的血脉，犹言"同气连枝"。

⑰ 七年之久：指成王年幼，周公摄政七年。《史记·周本纪》："周公行政七年，成王长，周公反政成王，北面就群臣之位。"

⑱ 成周访落：成周，西周初年，为控制东方，由周公负责在洛邑（今洛阳一带）兴建城邑，名为"成周"，为西周之东都，东周的国都。访落，君臣始议政，此指周成王亲政。语本《诗经·周颂·访落序》："《访落》，嗣王谋于庙也。"毛传："访，谋。落，始。"郑玄笺："成王始即政，……于庙中与群臣谋我始即政之事。"

⑲ 丰镐：周文王时周由岐迁至丰，武王时由丰迁至镐京。

⑳ 尊为：周文王是后来"追王"即追尊为天子的。

㉑ 九有：九州。《诗经·商颂·玄鸟》："方命厥后，奄有九有。"毛传："九有，九州也。"

㉒ 下武：本义为继承先人业绩。下，继。武，迹。此指《诗经·大雅·下武》，诗序称："继文也。"为赞美周武王之诗，中云："下武维周，世有哲王"，"王配于京，世德作求"，"昭哉嗣服"诸句，即本句所本。

㉓ 秩秩：有智慧。《诗经·小雅·巧言》："秩秩大猷，圣人莫之。"毛传："秩秩，进知也。"孔颖达疏："秩秩然者进智之大道，圣德之人能谋立之。"

㉔ 衮衣绣裳：此指周公的礼服。语本《诗经·豳风·九罭》："我觏之子，衮衣绣裳。"朱熹集传：

"之子，指周公也。……此亦周公居东之时，东人喜得见之。"

㉕ 元辅：重臣，此指周公。

㉖ 昭考：此指周文王。

㉗ 右享：同"右飨"，享受祭献，佑助降福。语本《诗经·周颂·我将》："伊嘏文王，既右飨之。"郑玄笺："文王既右而飨之。言受而福之。"

㉘ 宁王：谓开国受命之王，多指周文王或周武王，此指周武王。《尚书·大诰》："宁王遗我大宝龟，绍天明即命。"孔安国传："安天下之王。"

㉙ 友于：兄弟之间的亲爱关系。语本《尚书·君陈》："惟孝友于兄弟。"

㉚ 鲜度：指管叔鲜、蔡叔度，二人与霍叔处并称"三叔"，尝制造流言中伤周公。

㉛ 哓音楮口：犹言舌敝唇焦，形容说话之多，费尽口舌。

㉜ 敷绎思：此言像周文王那样用心。《诗经·周颂·赉》："敷时绎思，我徂维求定。"毛传："绎，陈也。"郑玄笺："敷，犹遍也。……敷是文王之劳心，能陈绎而行之。"

㉝ 右序：辅助，佑助。语本《诗·周颂·时迈》："时迈其邦，昊天其子之。实右序有周。薄言震之，莫不震叠。"

㉞ 照临者：指统治下的百姓。

㉟ 震叠：震动，畏服。出处见前注"右序"，郑玄笺："其兵所征伐，甫动之以威，则莫不动惧而服者。"

㊱ 二公：此指吕尚（太公望）、召公奭。《尚书·金縢》："二公曰：'我其为王穆卜。'"孔安国传谓指召公、太公。

㊲ 周礼：传统认为"周礼"为周公所制。

㊳ 鲁后止于弱：指鲁国后来虽然变得弱小，却没有（像齐国那样）被异姓夺去政权。按，《淮南子·齐俗训》、《汉书·地理志》载，鲁国重礼，其弊止于国弱；齐国尚功，其患至于篡弑。

周公成文武之德
刘子壮

观德所以成，而圣父又有述之之子矣。夫述文者武也，而成其德者又有周公，圣人复何忧哉？且一圣人起，则必笃生数圣人为之子以成之。其作之君者①，肇统以集一代之勋；其作之相者，正治以济两朝②之美。虽圣以继圣，实子以代子③也。文之无忧，岂真武王述之哉？当成王践阼之日，正周公负扆④之年。孺子委裘⑤而多方未靖，武有所未成，即文有未成也，故列侯之国⑥，而周公独留；大功既立而弘文未昭，德之未遍人，即忧之有在天也，故义系叔父，而道专子弟⑦。乃武之所缵者绪，由文王而上溯太王，终乎作也；公之所成者德，由文王而下逮武王，终乎述也。渡河而载主⑧，文之志，武其承之矣，而天下未明其德，登乎明堂⑨，使其德上比于天焉，歌乎太庙⑩，使其德上及于祖焉，是武王之所未就也，以成武者成文，而圣心于是乎大快矣；入庙而告功，公所成，武亦先之⑪矣，而德未遍于天下，凡我子孙，赫乎⑫无不监观焉，凡兹臣庶，愀然如将见之⑬焉，是武王之所未及也，以成述者成作，而先灵其可以永慰矣。当其时，谤之者未尝无骨肉，疑之者未尝无圣贤，而周公不敢诿也，居东者⑭避其迹，征东⑮者任其劳，若曰我文王之子、武王之弟，所不暇以小嫌是介，留遗憾于前宁⑯；当其时，以父临之⑰、三叔⑱不能爱，以身代之⑲、二公⑳不必同，惟文武为心也，念亲

857

恩亦惜国体，治王事直如家事，若曰予仰惟穆考㉑、率时昭考㉒，亦惟兹祖武是绳㉓，迪前光㉔于文子㉕。是故文得人心，未及天命，武受天命，未洽人心，而公兼其难，则以臣人而拟乎君人，实欲使天下戴子孙㉖如其祖文；乘德者位㉗，父有不遇，显德者才，兄有不暇，而公当其会，则以绍述而统乎创造，实欲使万世知辅相犹是父兄。不然，使无周公以为之子，则父德且不光，虽圣如文王，岂能以无忧哉？

【评】挑剔入细，不放过题中一字。笔格秀削，韵采葩流。　　"文王之子"㉘数语，虽本《史记》，而于理未免蔽亏。试思伊、傅、吕、召㉙居周公之地，其志事将有异乎？

【题解】出自第十八章，见上，参见化治文卷四王鏊《武王缵大王　及士庶人》。

【注释】

① 作之君者：指周武王，下"作之相者"指周公。

② 两朝：此指周武王、周成王两代。

③ 子以代子：周公代周武王完成文王之志事。两人俱为文王之子，故云"以子代子"。

④ 负扆：背靠屏风，指皇帝临朝听政。此指周公代摄政务。《淮南子·泛论训》："周公继文王之业，履天子之籍，听天下之政……负扆而朝诸侯。"高诱注："负，背也。扆，户牖之间。言南面也。"

⑤ 孺子委裘：指成王年幼即位，不能亲政。孺子，指成王。委裘，指幼君在位。因幼君不胜礼服，坐朝则委裘于地，故称。

⑥ 列侯之国：众诸侯都到了各自的封国。之，到。国，指诸侯封地。

⑦ 道专子弟：指周公虽为成王的叔父，但他却谨守为人子、为人弟的本分，以文王之子、武王之弟的身份行事。

⑧ 渡河而载主：指周武王载文王木主渡河伐纣。主，神主。事见《史记·周本纪》。

⑨ 登乎明堂：此指在明堂里将文王配祀上天。

⑩ 歌乎太庙：此指在太庙里将文王与周之先祖合祭。

⑪ 武亦先之：指周武王已经举行过入庙告功的活动。《尚书·武成》载克商之年四月，"丁未，祀于周庙"。孔安国传："四月丁未，祭告后稷以下、文考文王以上七世之祖。"

⑫ 赫乎：清楚。按，此句谓周公使周之子孙敬畏天命，语本《诗经·大雅·皇矣》："皇矣上帝，临下有赫。监观四方，求民之莫。"郑玄笺："天之视天下，赫然甚明。以殷纣之暴乱，乃监察天下之众国，求民之定。"

⑬ 如将见之：仿佛看到自己的先人。《礼记·祭义》："春，雨露既濡，君子履之必有怵惕之心，如将见之。"孔颖达疏："意想念亲，如似得见亲也。"按，此句指使臣民懂得念亲敬祖的道理。

⑭ 居东者：周公摄政，管叔、蔡叔等制造流言，周公于是避居于东都，或谓即京城东郊。二年后，成王了解真相，迎周公回朝。《尚书·金縢》："周公居东二年，则罪人斯得。"按，这段事实，歧说颇多。

⑮ 征东：指周公平定管叔、蔡叔等的叛乱。

⑯ 前宁：'前宁人'的省语，此指文王。语本《尚书·大诰》："予曷其不于前宁人图功攸终？"孔安国传："我何其不于前文王安人之道、谋立其功所终乎？"蔡沉集传："宁人，武王之大臣。当时谓武王为宁王，因谓武王之臣为宁人也。……我曷其不于前宁人所受休美而毕之乎？"按，孔传、孔颖达疏、蔡沉集传均语焉不详，近人以为'前宁人'即《尚书·文侯之命》所云'前文人'，指前代有文德之人，周人用以称美其祖先。

⑰ 以父临之：此指周公像父亲那样对待周成王。

⑱ 三叔：周武王兄弟管叔鲜、蔡叔度、霍叔处三人的合称。三人本负有监理商朝遗民的任务，后因嫉妒周公摄政而谋叛。

⑲ 以身代之：指武王有疾，周公祈祷以身代之。事见《尚书·金縢》。

⑳ 二公：指召公奭、太公望（吕尚）。

㉑ 仰惟穆考：敬思其父文王。穆考，指周文王的子孙，谓拥戴武王、成王。《尚书·酒诰》："乃穆考文王，肇国在西土。"

㉒ 率时昭考：此指遵循周武王。率，循。时，是。昭考，指周武王，这是就周成王的身份而言。语本《诗经·周颂·访落》："访予落止，率时昭考。"

㉓ 祖武是绳：谨遵祖先的行迹。武，迹。《诗经·大雅·下武》："昭兹来许，绳其祖武。"

㉔ 迪前光：继承前人的业绩。迪，继承。

㉕ 文子：文王之子，此指武王。《尚书·立政》："继自今，文子文孙，其勿误于庶狱庶慎"，孔安国传："文子文孙，文王之子孙。"

㉖ 戴子孙：拥戴周文王的子孙，谓拥戴武王、成王。后"祖文"指周文王。

㉗ 乘德者位：有德者当得其位，此指周文王而言。乘，负载。

㉘ 文王之子：《史记·鲁周公世家》："周公戒伯禽曰：'我文王之子，武王之弟，成王之叔父，我于天下亦不贱矣。……'"

㉙ 伊、傅、吕、召：伊尹、傅说，为商朝的贤相。吕尚、召公，为周公同时的贤臣。

追王太王王季　二句

储在文

追王、上祀之典，成先德也。夫文、武既王，而太王、王季不追王，先公不上祀，可乎？周公盖有以成之矣。尝谓情至制尽①、折衷天道者，圣人因人性而作仪也，而祖祢②之亲、追远之思尤笃之矣。夫武王王天下，首谥文王，礼亦宜之，使周公继厥后，而前此之庙号阙如、典礼未备，非所以对扬先志③者也。盖太王、王季于文武世近，是宜王，且王业所自昉，尚其追之。今夫受爵不敢过，受赐不敢过，子无加父之道，则然而未尝不可以通其变，是故夏殷不追王，周独追王，此为"化而裁之"之义；称曰"予小子"，称曰"予一人"，王者贬尊之名，则然而独不可以俭其亲，是故文王受命而不王，太王、王季未受命而追王，此为"光而大之"之义。若夫先公，虽亲尽而义有所杀，抑气通而礼宜于隆。天子之礼上祀，是以其缵绪之志也夫。且自三昭三穆推之先公，多在祧毁④之列，而三年一祫，则天子之礼必不同于西伯，《诗》曰"相土烈烈，海外有截"⑤，此言殷之祫先公，而今自组绀而上，实视⑥殷相土，所谓监前代而精之也；抑自三昭三穆推之先公，亦间在七庙之列，而四时常祭，则天子之礼直已同于追王，《诗》曰"禴祠烝尝，于公先王"⑦，此言周之祭先公，凡自后稷而下，胥视太王、王季，所谓引远祖而近之也。故曰情至制尽、折衷天道，其不然乎？其不然乎？或曰丁未之日⑧，周礼未建，而武王曰"太王"，曰"王季"，疑文王实王之；抑"先王建邦启土"，十四王而文始安之，是周之先公皆视殷元王⑨也。或曰非也。

【评】援据《诗》、《礼》，侃侃凿凿，当与章大力⑩《追王太王王季》一句文相伯仲。

【题解】出自第十八章，见前，参见化治文卷四王鏊《武王缵大王　　及士庶人》。追王大王、王季，上祀先公以天子之礼。

【注释】

① 情至制尽：让人们合适地表达自己的情感，礼制的任务就完成了。

② 祖祢：先祖和先父，亦泛指祖先。

③ 对扬先志：答谢先人之志。对扬，凡臣受君赐时多用之，兼有答谢、颂扬之意。《尚书·说命下》："敢对扬天子之休命。"孔安国传："对，答也。答受美命而称扬之。"

④ 祧毁：把世数远的祖先（高祖以上）的神主由亲庙迁出，迁入太祖庙中，叫"祧"。将供奉这位祖先神主的宗庙撤除，叫"毁庙"。

⑤ 出自《商颂·长发》。相士，商始祖契之孙。此句谓相士在夏朝掌征讨之职，四海畏服。按，诗《序》云："《长发》，大禘也。"毛传："大禘，郊祭天也。"朱熹集传："今按，大禘不及群庙之主，此宜为祫祭之诗。然经无明文，不可考也。"本文即从朱熹"宜为祫祭"之说。

⑥ 视：比照。按，组绀为古公亶父的父亲，周文王的曾祖，组绀以上是周人比较远的祖先，相士为商汤比较远的祖先，二者情况相当。

⑦ 出自《小雅·天保》。意谓四时祭祀先公、先王。郑玄笺："公，先公，谓后稷至诸盩。"按，诸盩即组绀。《诗》句既以"先公"与"先王"（太王、王季）并列，故本文云"后稷而下，胥视太王、王季"。

⑧ 丁未之日：指武王克商之年的四月丁未那一天。《尚书·武成》载，"丁未，祀于周庙"，武王提及："惟先王建邦启土，公刘克笃前烈，至于大王，肇基王迹，王季其勤王家。我文考文王，克成厥勋。"这里指及"大王"（即太王）、"王季"，也就意味着"追王"之事发生在此之前，可能是文王所为，而不是后来由周公完成的。按，"追王"之事，歧说颇多。

⑨ 元王：此指创始国家的前代帝王。元，始。

⑩ 章大力：章世纯。

上祀先公以天子之礼　　及士庶人

张　江

圣人以礼崇其先，而因与天下同之焉。夫先公非天子也，而祀以其礼，亦犹追王意耳。由是推以及于天下，乃善成文武之德者乎？今夫名号者，礼以义起①者也；祀事者，礼缘情制者也。义有止而情无穷，故可以答千百年祖宗之灵爽于在天，亦可以通千百国人子之孝思于不匮。彼其追王太王、王季也，则祀以天子之礼可知也，等而上之，有先公焉。其功德虽不逮三后之隆，而命维新者邦维旧②，岂得以忠厚勤劳之积而莫偿其艰难；其世次虽或去七庙③而遥，而仁率亲者义率祖④，何忍以木本水源之恩而长付诸阔绝。是太王、王季所不安，即文王、武王所大不安者情也，情至而礼亦至，可无称天子之礼以祀之哉？鷩冕⑤而临，固嫌以己爵加亲，而九献八佾⑥之仪有异数；庙祧以降，亦渐以亲尽而杀⑦，而时祫大禘⑧之期有合食。盖义有所屈，则爵难尽拟于天子之尊；情有所伸，则禄皆当享以四海之富也。所为报本追远，而以成其孝事先人之德者如此。其祀先公以天子之礼也，则非天子莫举斯礼又可知也，等而下之，有诸侯、大夫及士庶人焉。其为开国承家，诚不若有天下者可大其尊养，而届烝尝⑨之往，则洁蠲⑩以飨神保⑪者，孰敢不虔；其为服畴食德⑫，更不若为公卿者克备其礼仪，而睹时物⑬之新，则烹熟以荐祖考者，咸思自尽。是人各有先，即各不能忘其先者情也，情在而礼斯在，可无推上祀之礼以达之哉？庙有多少，而皆得循祀典之文以报先德，虽无庙而寝⑭者亦不遗；田有等差，而皆得用生者之禄以明孝享，虽无田而荐者亦不废。盖义不可纵，则尊卑上下之级难逾；情不可抑，则凄怆怵惕⑮之思宜慰也。所为推恩锡类⑯，而以成其孝治天下之德者如此。此则爱敬尽于尊亲，孝弟光于四海。非圣人之缘情制礼，其孰能之？

【评】准情酌礼，语归典则。议礼之文，无如此昌明者。

【题解】出自第十八章，参见化治文卷四王鏊《武王缵大王 　 及士庶人》

追王大王、王季，上祀先公以天子之礼。斯礼也，达乎诸侯大夫，及士庶人。

【注释】

① 以义起：指按照"义"而制定礼。《礼记·礼运》："故礼也者，义之实也。协诸义而协，则礼虽先王未之有，可以义起也。"

② 命维新者邦维旧：此指周虽后来才得天命，而前面已经有很多代祖先。语本《诗经·大雅·文王》："周虽旧邦，其命维新。"

③ 七庙：周礼天子七庙。亲庙四，文祧庙、武祧庙各一，太祖庙一。

④ 仁率亲者义率祖：从"仁"的角度讲，祖父以上的祖先恩爱渐薄；从"义"的角度讲，父亲以上的祖先义重。率，循。语本《礼记·大传》："自仁率亲，等而上之至于祖，名曰轻。自义率祖，顺而下之至于祢，名曰重。一轻一重，其义然也。"孔颖达疏："恩之与义，于祖与父母，互有轻重，若义则祖重而父母轻，若仁则父母重而祖轻。"

⑤ 鷩冕：帝王在祭祀先公时所戴的礼帽。"鷩冕以临"即指祭祀先公。《周礼·春官·司服》："王之吉服：……享先王，则衮冕；享先公，飨，射，则鷩冕。"

⑥ 九献八佾：帝王祭祀时的礼仪。九献，九次献酒。周天子接待上公朝聘的享礼，宗庙祭祀亦用此礼。八佾，天子用的乐舞。佾，舞列，"八佾"纵横都是八人。

⑦ 杀：降低。

⑧ 时袷大袷：均指合祭先祖。

⑨ 烝尝：本指冬祭、秋祭，泛指时祭。《诗经·小雅·天保》："吉蠲为饎，是用孝享。禴祠烝尝，于公先王。"毛传："春曰祠，夏曰禴，秋曰尝，冬曰烝。"

⑩ 洁蠲：即"吉蠲"，清洁，此指备办祭品、准备祭祀。出处见前注。毛传："吉，善。蠲，洁也。"孔颖达疏："乃善洁为酒食之馔，是用致孝敬之心而献之。"

⑪ 神保：对先祖神灵的美称。《诗经·小雅·楚茨》："先祖是皇，神保是飨。"

⑫ 服畴食德：此指生活在民间。服畴，犹服田，从事农活。食德，享受先人的德泽，有德行。

⑬ 时物：各季节的物产。四时之祭，用时物作为祭品。如《礼记·王制》："春曰礿，夏曰禘，秋曰尝，冬曰烝。"孔颖达疏即谓："尝者，新谷熟而尝之。"

⑭ 无庙而寝：庶人无庙，祭于寝。寝，指适寝，旧式房屋的正室。《礼记·王制》："庶人祭于寝。"

⑮ 凄怆怵惕：指感物思亲的孝思。语本《礼记·祭义》："霜露既降，君子履之，必有凄怆之心，非其寒之谓也。春，雨露既濡，君子履之必有怵惕之心，如将见之。"

⑯ 锡类：推广孝心，以治天下。语出《诗经·大雅·既醉》："孝子不匮，永锡尔类。"毛传："类，

善也。"郑玄笺："孝子之行非有竭极之时，长以与女之族类，谓广之以教导天下也。"

夫孝者 一节

李来泰

推孝所由达，于志、事征之矣。夫孝之不克全，志、事伤之也，而继述之善在是。执是以论断武、周，又何疑乎？今夫论人于天人之际，其著之一二人而善者，必其推之千万人而皆善者也。安为子之心，即以安为父之心，而即以合千万人子事父者之心。议者不察，以为承志既多深渺之求，衡事亦伤时势之异，是使我周无天子之名，而镐京①无以成王业也。论达孝者不然。必谓创守所开，不宜殊于祖父，则舜宜逊国于有庳②，而禹当底绩于息壤③也，彼上世之孝思不匮④者已如彼矣；必谓功德所垂，仅袭美于高曾，则受斧钺⑤疑于逼父，迁丰镐⑥疑于弃祖也，乃文考之遹追来孝⑦者已如此矣。则为广推夫孝者，而武、周所为继述，断可识矣。唐虞五臣⑧，皆有得天下之理，粒食⑨以为养，陈常⑩以为教，《思文》⑪一诗，追王业之所自，昔以功配地者，今以德配天，武之受命，继稷非继文也；公刘⑫之才，原足定一代之制，大礼如君宗⑬，大典如军彻⑭，"皇过"数章⑮，为周礼之所始，昔以行一国者，今以行天下，周之定制，述公刘非述文王也。而其所为善者不在是，则其所为孝者不在是。美利⑯所存，前人无其事者，未尝不有其志，推而上焉，斯亦"善则归亲"⑰之义，若非常之举，功及子孙，而过引祖父⑱，仁人所不忍言也，乃载主誓师⑲，卒不令天下忘其服事之志⑳，知其所全者深矣；事变所极，前人无其志者，不得已而有其事，推而广焉，斯亦"无成有终"㉑之理，若后起之名，事本身谋，而义归前烈，先人其可欺乎，乃卜都定鼎㉒，究能使后世致其敷绎之思㉓，知其所本者大矣。故有行若继其志，而不得谓之述事者，泰伯、仲雍㉔是也，荆蛮之辙，亦惟古公之志是求，幸也太王圣而王季贤耳，不然，弃故都而远游，国事将谁属乎？亦有迹若述其事，而至大伤其志者，管叔、蔡、霍㉕是也，武庚之举，必缘文王之事㉖为辞，幸也三年得而四国皇㉗耳，不然，画洛水㉘而东西，先志能无恫乎？故论孝者必以武、周之达孝为宗，武、周之孝，非、周之孝也，夫孝者固如是也。

【原评】《注》中本上章来，原就武、周讲。必谓"夫孝者"宜推开说，便都虚虚了事，是舍曰不能而为之辞也㉙。末处只推开作一点，绝高。

【评】旁搜远引，意在语必惊人。更能运才思于典则，庶无流弊。

【作者简介】

李来泰（1631—1684），字仲章，号石台，江西临川人。顺治九年（1652）进士，官工部虞衡司主事。康熙十八年（1679）赴博学宏词科，官至翰林院侍讲。著有《石台集》十五卷、《莲龛集》四十卷，今存《莲龛集》十六卷。李来泰为清初制义名手，世以为合经、史而一，开制义所未见，有《李石台稿》。

【题解】出自第十九章，参见正嘉文卷四傅夏器《春秋修其祖庙》。

子曰:"武王、周公,其达孝矣乎! 夫孝者:善继人之志,善述人之事者也。……"

【注释】

① 镐京:周武王即位,迁都于镐京。前此周都于岐、丰。

② 逊国于有庳:把天下让给他弟弟象。有庳,也作"有卑"、"有鼻",舜弟象的封地。《孟子·万章上》:"象至不仁,封之有庳。"按,《史记·五帝本纪》等载,舜父瞽叟喜爱舜的弟弟象,总想杀掉舜。

③ 底绩于息壤:用息壤来取得治水的成功。底绩,获得成功,取得成绩。息壤,传说大禹之父鲧用来围堵水的神土。事本《山海经·海内经》:"洪水滔天,鲧窃帝之息壤以堙洪水。"郭璞注:"息壤者,言土自长息无限,故可以塞洪水也。"

④ 孝思不匮:指对父母行孝的心思时刻不忘。匮,缺乏。语本《诗经·大雅·既醉》:"孝子不匮,永锡尔类。"

⑤ 受斧钺:文王曾受赐父钺,享有天子所赐的征伐之权。《史记·周本纪》:"(纣)赐之弓矢父钺,使西伯得征伐。"

⑥ 迁丰镐:文王由岐山迁往丰。镐,一般认为是武王所建。丰邑在丰水之西,镐京在丰水之东,此当由丰连类而及镐。

⑦ 遹追来孝:继承前人勤孝之行。遹,述。来,勤。语本《诗经·大雅·文王有声》:"匪棘其欲,遹追来孝。"郑玄笺:"乃述追王季勤孝之行,进其业也。"

⑧ 五臣:即"舜五臣",指禹、稷、契、皋陶、伯益,也任职于尧时。《论语·泰伯》:"舜有臣五人而天下治。"

⑨ 粒食:以谷物为食。《诗经·大雅·思文》:"思文后稷,克配彼天。立我烝民,莫匪尔极。"郑玄笺:"立,当作粒。"按,此句谓周之始祖后稷在舜时教民农作,见《尚书·益稷》:"暨稷播……烝民乃粒。"

⑩ 陈常:推行常道。语本《思文》:"无此疆尔界,陈常于时夏。"朱熹集传:"后稷之德,真可配天。……是以无有远近彼此之殊,而得以陈其君臣父子之常道于中国也。"

⑪ 《思文》:《思文序》:"《思文》,后稷配天也。"此数句谓,周之祖后稷以前以农业之功被配祭于地,周王天下,追祀其祖,则以后稷配天而祭。

⑫ 公刘:后稷之曾孙。夏朝时,率周部族先民迁于豳。

⑬ 君宗:此指公刘立下君臣之别、大宗小宗之别。语本《诗经·大雅·公刘》:"食之饮之,君之宗之。"毛传:"为之君,为之大宗也。"

⑭ 军彻:此指公刘建立军事及田赋制度。《诗经·大雅·公刘》:"其军三单,度其隰原,彻田为粮。"郑玄笺:"丁夫适满三军之数。单者,无羡卒也。什一而税谓之彻。"

⑮ "皇过"数章:此即指《诗经·大雅·公刘》。诗末章有"夹其皇涧,溯其过涧"句,故云。

⑯ 美利:大利,天下共享的利益。《易·乾》:"乾始,能以美利利天下,不言所利,大矣哉!"

⑰ 善则归亲:善行归功于父祖。语本《礼记·坊记》:"子云:'善则称亲,过则称己,则民作孝。'"

⑱ 过引祖父:把过错归之于先人。按,此指将周武王伐纣的"非常之举"硬说成前王已有的想法。

⑲ 载主誓师:指周武王载文王神主而兴师伐纣。

⑳ 服事之志:指周文王终身服从商朝之志。按,《礼记·坊记》引《泰誓》武王语:"予克纣,非予武,惟朕文考无罪。纣克予,非朕文考有罪,惟予小子无良。"今《尚书·泰誓》无此语。

㉑ 无成有终:此指先人本无首事的想法,而天命所归,后人自然成事。语本《易·坤》:"含章可贞,或从王事,无成有终。"王弼注:"不为事主,顺命而终,故曰'无成有终'也。"

㉒ 卜都定鼎:本指选择国都,此指周统治天下。

㉓ 敷绎之思:指推行周文王忧勤百姓的善德,即"继志"。敷绎,语本《诗经·周颂·赉》:"敷时

绎思，我徂维求定。"毛传："绎，陈也。"郑玄笺："敷，犹遍也。……敷是文王之劳心，能陈绎而行之。"

㉔ 泰伯、仲雍：古公亶父（即太王）之子，季历（即王季）之兄。古公亶父因为季历的儿子姬昌贤能，希望传位于季历，以再传于姬昌。泰伯、仲雍心知其意，遂出走南方荆蛮之地以避位。

㉕ 管叔、蔡、霍：即"三叔"，文王之子，周成王的叔父。三人受封东方，监管商朝遗民，却与纣王之子武庚一起发动了叛乱。

㉖ 文王之事：指文王终身未起兵伐商之事。作者认为，武庚谋反时，想必曾以文王之志为理由，说明武王伐商不合其先人意愿。

㉗ 三年得而四国皇：指周公经过三年平定了叛乱，匡正了四诸侯国参与谋叛的错误。四国皇，语本《诗经·豳风·破斧》："周公东征，四国是皇。"毛传："四国，管、蔡、商、奄也。皇，匡也。"郑玄笺："东伐此四国，诛其君罪，正其民人而已。"

㉘ 画洛水：以洛水为界划分版图，东为商，西为周。画，划。

㉙ "舍曰"句：不说自己不能办到，却硬要找借口。

夫孝者 一节

史　普

　　有所以善于继、述者，而孝始达矣。盖必继、述如武、周，而其先人之志与事于斯乎无憾也，故曰孝也。且世之论者，不明乎天道之所极与圣人功德之量之所际，固不敢以孝与武、周，谓其所自为者初非其先人之志，而父子之间行事之不相类于斯为甚也，而不知此乃武、周之孝之所以为达也。何也？今夫人子之于父也，道以相长而后足，故志之所存，苟不能绅绎①以尽其致，即其绪已自我而微，盖天下相续之数，末必大乎其本也；业以渐增而始竟，故事之所在，但不能充积以致其隆，即其机已自我而遏，盖天下层累之数，后必加乎其始也。故夫所谓孝者，继志述事之间，其大较也。且夫周先人之志与其事，则固何如者哉？匪居匪康②，积数十王之苦心，而文实总其会，彼其艰贞自矢③，绝不敢一念以及非常，而其实昭事④之小心所亹亹⑤于幽明上下之际者，异日之发皇扬诩⑥，皆其志之蓄而必通者矣；乃疆乃理⑦，经数圣人之规画，而文差集其成，彼其遵养⑧弥坚，绝不敢一事以干非分，而其实肇造之显谟⑨所包举乎天经地义之全者，异时之委曲绸缪⑩，皆其事之积而必起者矣。故夫孝者之处此也，不谓守前人之迹已也，思及其志，然后其念深，其气奋焉，武周当日髦年举事，而其君臣兄弟之间，咨嗟儆戒⑪，重有所不得已于心者，《皇矣》《下武》⑫，皆有优闻忾见⑬之思，斯不亦视于无形⑭者之为道哉？且不谓袭先世之成已也，能尽其事，然后其道隆，其规大焉，武周当日戎马未遑，而于囊弓说剑⑮之余，讲求搜辑，重有所不容缓于身者，《仪礼》《周官》，悉本绍闻衣德⑯之意，斯不亦有子克家⑰者之为事哉？盖先王以天道自处，故其志其事，一因乎理与数之所极，而未尝有所泥；圣人以功德为量，故其继其述，虽值乎时与势之所变，而适得其为同。故吾之以孝与武、周者，继、述之间唯其善而已矣。武、周之制具在，盍取而详之？

　　【评】尽伦尽制之实无不包举，善继善述之义确见真际。不以议论纵横见奇，自是

864

文章正派。

【作者简介】

史普，江南溧阳人，康熙三十九年（1700）二甲进士。溧阳史氏，自史鹤龄后，祖孙父子，兄弟叔侄，四世蝉联翰苑，科名为人艳称。

【题解】出自第十九章，见上，参见正嘉文卷四傅夏器《春秋修其祖庙》。

【注释】

① 绅绎：引出头绪，此指引伸、发扬。

② 匪居匪康：指周之祖先公刘唯以利民为意。语本《诗经·大雅·公刘》："笃公刘，匪居匪康。"郑玄笺："厚乎，公刘之为君也。不以所居为居，不以所安为安。"

③ 艰贞自矢：自誓虽遭逢艰危而守正不移。艰贞，语本《易·明夷》："明夷，利艰贞。"自矢，犹自誓，坚定不移。

④ 昭事：明事、敬奉。语本《诗经·大雅·大明》："维此文王，小心翼翼。昭事上帝，聿怀多福。"

⑤ 亹亹：勤勉。《诗经·大雅·文王》："亹亹文王，令闻不已。"

⑥ 发皇扬诩：发扬光大，称颂。

⑦ 乃疆乃理：（古公亶父）教百姓整理田界。语本《诗经·大雅·绵》："乃疆乃理，乃宣乃亩。"郑玄笺："乃疆理其经界。"

⑧ 遵养：天时未至，则遵从天道，以养育百姓为务。

⑨ 显谟：大谋。

⑩ 委曲绸缪：根据具体情况采取措施。

⑪ 咨嗟儆戒：互相儆戒。咨嗟，感叹之辞，《尚书·舜典》等篇记君臣议事常用此语。

⑫ 《皇矣》《下武》：《诗经·大雅》篇目。毛诗序："《皇矣》，美周也。天监代殷，莫若周。周世世修德，莫若文王。""《下武》，继文也。武王有圣德，复受天命，能昭先人之功焉。"

⑬ 俨闻忾见：常作"俨见忾闻"，本指孝子致祭时如见先人之貌，如闻先人之声，此指思念先人。俨，仿佛、隐约。忾，叹息。语本《礼记·祭义》："祭之日，入室，俨然必有见乎其位。周还出户，肃然必有闻乎其容声。出户而听，忾然必有闻乎其叹息之声。"

⑭ 视于无形：指尽孝道。《礼记·曲礼上》："为人子者……听于无声，视于无形。"谓虽不见父母之形，未闻父母之声，而心不忘之，似乎父母时刻都将施以教诲。

⑮ 囊弓说剑：把弓包裹起来，军士摘下剑，表示结束战争，偃武修文。说，脱。语本《礼记·乐记》："倒载干戈，包之以虎皮，将帅之士使为诸侯，名之曰'建囊'，然后天下知武王之不复用兵也。……裨冕搢笏，而虎贲之士说剑也。"

⑯ 绍闻衣德：继其所闻，服其德言。语本《尚书·康诰》："今民将在祗遹乃文考，绍闻衣德言。"孔安国传："今治民将在敬循汝文德之父，继其所闻，服行其德言。"

⑰ 克家：能继承先人德业。

春秋修其祖庙　二节

李光地

以祀典明继述之大者，而必尽其制之详焉。盖继述之善，祭祀其大者也。自修庙以至燕毛①，祭之始终备矣。故《中庸》详叙之。意谓孝之为道大矣，孝于前人者，亦必推前人之孝以及于无穷，此之谓善继善述也。是故其事多端，祭祀为大。彼其感春雨秋露之濡②，举时祫大祫之制，必合食于太祖之庙也，则先修其祖庙，而堂室为之一新矣。祖宗有所传之重器焉，陈之房序③，而世守有以勿失也；有所遗之衣服焉，设之筵几，而鬼神有所凭依也。由是以时食荐焉，水陆之品，前宿既备；而裸献④之礼，质明⑤可举矣。夫所祭者祖庙，而所合者群宗庙之主也。于是有宗庙之礼，昭恒为昭⑥，而向明⑦于北墙之下；穆恒为穆，而答阴于南牖之间。在时祭则七庙之主以此序也，在大祭则毁庙之主⑧亦以此序也。赞礼之王臣、助祭之辟公⑨，莫不以爵为先后，宗祝之执事、有司之奔走⑩，莫不以能为重轻，贵贵尊贤之道行乎祭之中矣；神醉而相献酬⑪，所以受介福⑫也，而使子弟服其役，祭毕而言燕私⑬，所以绥厚禄也，而以毛发别其次，幼幼老老之义行乎祭之余矣。盖周庙祭祀，其始终大致如此。自今思之，孝子之祭也，如见其⑭居处用御焉，如见其衣服饮食焉，敬其祀事而以礼行，萃其欢心而以恩终。此所谓广先人之孝以行吾孝者也，继志述事，孰大于是？

【自记】两节只是祭之先后次序。如此，以"尊"、"亲"⑮分配，又有分"时祫"、"大祫"，上节为"礼"、下节为"义"者，皆非也。

【评】参伍《仪礼》中节次，则知制礼之本义固然。熟复周人之书，岂惟义理日明，即行文亦自高简而有法矣。

【题解】出自第十九章，参见正嘉文卷四傅夏器《春秋修其祖庙》。

春秋修其祖庙，陈其宗器，设其裳衣，荐其时食。宗庙之礼，所以序昭穆也；序爵，所以辨贵贱也；序事，所以辨贤也；旅酬下为上，所以逮贱也；燕毛，所以序齿也。

【注释】

① 燕毛：朱熹集注："祭毕而燕，则以毛发之色别长幼，为坐次也。"
② 感春雨秋露之濡：指此感时念亲，语本《礼记·祭义》："霜露既降，君子履之，必有凄怆之心，非其寒之谓也。春，雨露既濡，君子履之必有怵惕之心，如将见之。"
③ 房序：正房与厢房。序，本指东西墙，亦指东西厢房。
④ 裸献：祭祀仪式。裸，以酒灌地而祭神。
⑤ 质明：黎明。
⑥ "昭恒为昭"句：以下讲祭祀之位。《朱子语类》卷九十《礼七·祭》："李丈问太庙堂室之制。……西壁如今之墙上为龛，太祖居之，东向。旁两壁有牖，群昭列于北牖下而南向，群穆列于南牖下而北向。堂又不为神位，而为人所行礼之地。"
⑦ 向明：《文献通考》卷九十一《宗庙考一》引朱熹语："南向者取其向明，故谓之昭；北向者取其深远，故谓之穆。"
⑧ 毁庙之主：世数远的祖先，其神主由宗庙迁出，附于太庙，其宗庙废，称为"毁庙"。在大祭时，毁庙之主也享受合祭。
⑨ 辟公：助祭的诸侯。
⑩ 奔走：此指参与祭祀活动。《诗经·周颂·清庙》："骏奔走在庙。"
⑪ 神醉而相献酬：祭祀完毕，送走"尸"，接下来进行飨宴。神醉，指神歆享了祭物。《诗经·小雅·楚茨》："神具醉止，皇尸载起。……诸父兄弟，备极燕私。乐具入奏，以绥后禄。"

⑫ 介福：大福，常指神灵赐福。《诗经·小雅·楚茨》："神保是格，报以介福，万寿攸酢！"

⑬ 燕私：古代祭祀后的同族亲属私宴。出处见前"神醉"注，郑玄笺："祭祀毕，归宾客之俎，同姓则留与之。燕所以尊宾客，亲骨肉也。""以绥后禄"，毛传："绥，安也。安然后受福禄也。"

⑭ 其：指代祖先。

⑮ "尊"、"亲"：指尊尊、亲亲。按，此句谓这里的二节，有人认为前节讲"敬祖"（尊），后节讲"合族"（亲）。

春秋修其祖庙　二节

张　江

观圣孝于所制祭祀之礼，有协乎神人者焉。夫自春秋所备以及宗庙所举，而神人胥洽矣。《中庸》为详其礼制以明"达孝"也，曰所以为善继善述者，盖深有得于前人孝思之不匮，而推而行之，以流通于幽明上下，乃称达焉，而要莫大于祭祀。是故其以人道而事乎神也，则有春秋之典①。尊之而不敢亵，数②则已烦；亲之而不忍离，疏则已怠。前人当此而凄怆怵惕③之心必不能已，则亦何所可已者。合食则于祖庙，洒扫黝垩④，宫室修焉，庶几入户出户⑤如将见之也；守藏则有宗器，球刀图璧，房序陈焉，惟是口泽手泽⑥宛然如新也。有常栖者即有常依，衮冕鹜冕，衣之设不同，而如在其上者则同；有常御者即有常品，膏香膏腥⑦，食之荐不同，而庶或飨之者则同。盖自感于霜降露濡⑧以来，即思其居处，思其用御，思其衣服饮食，凡虑事具物，靡不虚中治之，乃可致诚敬以交于神明也已。由是即以神道而治乎人也，则有宗庙之礼。上治祖祢，祔太庙者⑨昭北而穆南；下治子孙，列阼阶者前昭而后穆。前人当此而敬宗收族之谊必不容苟，则亦何所可苟者。爵则有序⑩，或饮五而献，或饮七而献，或饮九而献，辨名定分，一司士⑪之正朝仪也；事则有序，孰可以诏相⑫，孰可以祝嘏⑬，孰可以盥沃⑭，量能授任，一司马⑮之论官材也。贵者尊而卑幼亦勿之遗，旅酬之觯⑯，子弟是举，使皆以事为荣，而得伸其孝弟之义；贤者敬而老成亦勿之侮，燕私之坐，毛发斯别，使皆引年为尚，而弥洽其醉饱之欢。盖既讲乎尊尊亲亲之道，复众著于贵贵，众著于贤贤，众著于幼幼老老，凡合敬合爱，皆与天下乐之，乃为得欢心以事其先王也已。是则幽明上下，莫非王者典礼之所会通，即莫非前人孝思之所充塞者也。称曰达孝，岂虚语哉？

【评】上节有"春秋"字，及"荐时食"，"宗庙"节《注》云"群昭、群穆咸在"，故旧有时、祫分节⑰之说。但大祫亦须有修、有陈、有设、有荐，而时祭岂无"序昭穆"以下等事乎？《祭义》所谓"孝子将祭，虑事不可以不豫；比时具物，不可以不备者"，正与"春秋"节合，所谓"荐其荐俎，序其礼乐，备其百官"，乃入庙而行事，正与"宗庙之礼"节合。李作据此分贴，作者本其意而加以整练，截"昭穆"一段与"春秋"句作对，以领下四项，亦先辈朴中带巧处。

【题解】出自第十九章，见上，参见正嘉文卷四傅夏器《春秋修其祖庙》。

【注释】

① 春秋之典：此泛指祭祀之事，非专谓"时祭"。按，本文分两扇，此一扇讲"以人道而事乎神"；后一扇讲"宗庙之礼"，则讲祭祀活动中包含的"以神道而治乎人"的意义。

② 数：屡次。此本《礼记·祭义》："祭不欲数，数则烦，烦则不敬。祭不欲疏，疏则怠，怠则忘。"

③ 凄怆怵惕：感时念亲之心。语本《礼记·祭义》："霜露既降，君子履之，必有凄怆之心，非其寒之谓也。春，雨露既濡，君子履之必有怵惕之心，如将见之。"

④ 黝垩：涂以黑色和白色。《礼记·丧服大记》："既祥，黝垩。"孔颖达疏："黝，黑色，平治其地令黑也。垩，白也，新涂垩于墙壁令白。"

⑤ 入户出户：此句谓祭祀时心存肃敬，仿佛能见到先人。语本《礼记·祭义》："祭之日，入室，僾然必有见乎其位。周还出户，肃然必有闻乎其容声。出户而听，忾然必有闻乎其叹息之声。"

⑥ 口泽手泽：口在饮具上留下的润泽之气，手在器物上留下的润泽之气，后指先人的遗物。语本《礼记·玉藻》："父没而不能读父之书，手泽存焉尔。母没而杯圈不能饮焉，口泽之气存焉尔。孝子见亲之器物，哀恻不忍用也。"

⑦ 膏香膏腥：泛指不同的祭品。膏香，指牛膏。膏腥，指豕膏，一说鸡膏。见《周礼·天官·庖人》："春行羔豚，膳膏香……秋行犊麛，膳膏腥。"

⑧ 霜降露濡：前见"凄怆怵惕"注。

⑨ 祔太庙者：指世数较远的祖先。其神主由亲庙迁出，附于太庙。

⑩ 爵则有序：《礼记·祭统》："尸饮五，君洗玉爵献卿。尸饮七，以瑶爵献大夫。尸饮九，以散爵献士及群有司，皆以齿。明尊卑之等也。"

⑪ 司士：周代官职，负责考核官员。《周礼·夏官·司士》："掌群臣之版……以德诏爵，以功诏禄，以能诏事，以久奠食。"

⑫ 诏相：教导行大礼的言辞与礼节。《周礼·春官·卜师》："凡卜，辨龟之上下左右阴阳，以授命龟者而诏相之。"郑玄注："诏相，告以其辞及威仪。"

⑬ 祝嘏：此指祭祀时致祝祷之辞和传达神言的执事人。《礼记·礼运》："修其祝、嘏，以降上神与其先祖。"郑玄注："祝，祝为主人飨神辞也；嘏，祝为尸致福于主人之辞也。"

⑭ 盥沃：即沃盥，浇水洗手。《周礼·春官·郁人》："凡裸事沃盥。"

⑮ 司马：周代官职，有选材之责。《周礼·夏官》："进贤兴功，以作邦国……简稽乡民，以用邦国。"

⑯ 觯：酒器。《礼记·礼器》："宗庙之祭……尊者举觯，卑者举角。"按，旅酬，不分贵贱。

⑰ 时、祫分节：认为"春秋修其祖庙"一节是讲"时祭"，"宗庙之礼"一节是讲"祫祭"即大祭、合祭众祖先。

春秋修其祖庙　一节

刘辉祖

详时祭之典而亦如其志与事焉。夫春秋因时而祭，而庙也、器也、衣也、食也，则亦志事之所在也；修之、陈之、设之、荐之，岂非继述之所寓哉？今夫人之于亲，一堂聚处，有以娱其性①也，有以被其体也，有以适其口也，而况于有天下者乎？而况不得已而思以致之于祭乎？虽然，其以春秋者何也？盖养则以人道事之，祭则以神道事之，人则亲，一日不见则嫌于疏，神则尊，一时数见则邻于亵，迎来送往②，因其变也，而此心之怆然者弥甚焉；生之理接于明，死之理格于幽，明则近，近则不必以时期而虽渎不厌，幽则远，远则将必以时至而虽旷不忘，霜零露濡③，非待感也，而此心之愀然者奚寄焉？则一在修其祖庙，神虽无不之也，而飘寓则安忍也，亦犹人之有室焉耳，而不于宫者④，别之也，于是乎朴者饰之，芜者除之，缺者补之，露者盖之，而凡春若秋⑤入其门则如有人门焉者，行其庭则如有人庭焉者，盖一睹庙貌之新而知其时又过矣；则一在陈其宗器，神则必有好也，而弃置则弗道也，亦犹人之所需焉耳，而以为宗者⑥，原之也，于是乎若者在前，若者在后，若者在左，若者在右，而凡春若秋亦犹父没而不忍读父之书⑦也，亦犹母没而不能执母之器也，盖一念挈瓶之智⑧而知其时不忘矣。则一在设其裳衣，神则旧有衣也，而虽敝不敢易也，亦犹服之无斁⑨焉耳，而必于尸者⑩，似之也，于是乎启之在笥，展之在几，覆之下体，被之上体，而凡春若秋不知者以为此衣也，非人也，知之者以为此人也，非衣也，盖一瞻皇尸之起⑪而知其时已久矣；则一在荐其时食，神则犹求食也，而得味则以馨也，亦犹人之食新焉耳，而因乎时者，思之也，于是乎维其有矣，维其多矣，惟其旨矣，惟其嘉矣⑫，而凡春若秋岂其不足于供，而以非时⑬者谓神其吐之⑭也，岂其不给于鲜，而以过时者谓神不其馂⑮也，盖一经物候之移而知其时历几矣。武周之时祭如此。

【评】照定生存之义，情景一一都活。更无一毫搬衍饤饾⑯之迹，于此见其笔妙。

【作者简介】

刘辉祖（1658—1708），字北固，安徽桐城人，康熙二十九年（1690）江南乡试解元。辉祖与其弟刘捷（1711 年江南解元），均为方苞之友。

【题解】出自第十九章，参见正嘉文卷四傅夏器《春秋修其祖庙》。

春秋修其祖庙，陈其宗器，设其裳衣，荐其时食。

【注释】

① 娱其性：指"器"。后"被其体"、"适其口"指"衣"、"食"。

② 迎来送往：指迎神送神。

③ 霜零露濡：指感时念亲。见前文"凄怆怵惕"注。

④ 不于宫者：指在庙里祭祀。

⑤ 春若秋：春与秋。若，与、暨。

⑥ 以为宗者：名之为"宗器"，是就"器"本原于祖先而言。

⑦ 不忍读父之书：见前文"口泽手泽"注。

⑧ 挈瓶之智：本指浅薄的知识。此处兼有谨守先人之器勿失，以及思念亲人长育之恩两义。语出《左传·昭公七年》："人有言曰，虽有挈瓶之知，守不假器，礼也。"杜预注："挈瓶，汲者，喻小知。为人守器，犹知不以借人。"

⑨ 服之无斁：穿着它不厌弃。斁，厌。语出《诗经·周南·葛覃》："为絺为绤，服之无斁。"

⑩ 必于尸者：穿在"尸"的身上。尸，代表祖先受祭的人。

⑪ 皇尸之起："尸"受完祭祀起来。《诗经·小雅·楚茨》："神具醉止，皇尸载起。"郑笺："皇，君也。……尸称君，尊之也。"孔颖达疏："于时神皆醉饱矣，故皇尸则起而出也。"

⑫ "维其有矣"以下：祭品要多，而且品质好，味道美。语本《诗经·小雅·鱼丽》："物其多矣，维其嘉矣。物其旨矣，维其偕矣。物其有矣，维其时矣。"

⑬ 非时：不合时节的祭祀，此指超出礼制规定次数的祭祀。

⑭ 神其吐之：鬼神不接受祭品。语本《左传·僖公五年》："若晋取虞，而明德以荐馨香，神其吐之乎？"
⑮ 不其馁也：鬼神将挨饿了。《左传·宣公四年》："鬼犹求食，若敖氏之鬼，不其馁而！"
⑯ 钉饾：喻指堆砌、杂凑。

陈其宗器　三句

何　焯

备物以致享，神馨其祀矣。夫所陈所设之咸在，而所荐又不失春秋之时也，物既备矣，祖考有不是馨者乎？且武、周之时，祭先王于庙也，其善承乎在天之灵者，夫何所不至乎？有惟其旧者①焉，先王所以式凭②也；有惟其新者③焉，先王所以用享也。盖略数其物，而知真可罔时怨而罔时恫④也。有如庙貌而既修矣，使初无彝器以昭布其间，即丹楹刻桷⑤，其何观焉？况祖考之去我也久，其或衣冠笑语邈焉莫追其彷佛，而惟是以布几筵者毕孝享之思。吾未见善继述者如是也，而武、周固不然。则试入庙而观所陈，我先王出自高辛⑥，岂无分器，而邿邑多虞而后⑦，玉帛几略尽于悉索⑧，则所为守宝者良难耳，乃一二法物之传，尚藏天府也，因手泽之幸存而命曰宗器，亦见实当与周之子孙相为终始，而苟有致一器之失坠者非佳也，然使仅藏于天府焉，其何异挈瓶之智⑨乎，于焉以时陈之，盖不徒异夫筐筥锜釜⑩之为陋，而物聚所好，先王犹如将抚之也已；试入庙而观所设，我先王世为侯伯，厥有命服，而《葛覃》⑪垂美之词，后宫亦不废夫浣濯，则所为自御者亦俭耳，乃获并剑舄之属，掌以守祧也，思动止之未远而问及裳衣，既可举累世俭素之风永为观法，亦令后人知公尸⑫之在上者惟肖⑬也，若使徒掌于守祧焉，亦安见神保是飨乎，于焉以时设之，盖不徒切夫杯棬书册⑭之为感，而服之无斁⑮，先王犹如将自举焉已；而所荐亦未可略也，我先王致民粒食⑯，宜获美报，而克商告庙以还，好羞⑰复毕来于九土，则所为妥侑⑱者非常耳，乃四时登俎之宜，咸在礼器也，因岁序之俄殊而求夫时食，殆绝不异生人之嗜好迭为变迁，亦弥令后人觉霜露之慕思⑲者日长也，其或不供于礼器焉，岂克歌"神嗜饮食"⑳乎，至于非时不荐，盖不徒佐夫服物采章㉑之为盛，而惟其时矣，先王犹如将甘之也已。武周之善继述如是，况当祫祭而更有事在耶？

【原评】冯开之评《玉茗堂稿》云"玲珑剔透，非填实话头者比"。作者用笔真得其秘，故词意生动、对属㉒变化，为涂泽者所不能逮。

【题解】出自第十九章，参见正嘉文卷四傅夏器《春秋修其祖庙》。

陈其宗器，设其裳衣，荐其时食。

【注释】

① 惟其旧者：指宗器、裳衣。
② 式凭：依附。
③ 惟其新者：指"时食"。
④ 罔时怨而罔时恫：鬼神没有什么怨恨。恫，痛。语本《诗经·大雅·思齐》："惠于宗公，神罔时

怨，神罔时恫。"

⑤ 丹楹刻桷：柱子漆成红色，椽子雕着花纹，形容建筑华丽。桷，椽子。《左传·宣公二十四年》："二十四年，春，刻其桷，皆非礼也。"杜预注："并非丹楹，故言皆。"

⑥ 高辛：即帝喾，《史记·周本纪》载，周之始祖后稷为"帝喾元妃"姜原之子。

⑦ 邠邑多虞而后：指周族所居豳邑被獯鬻戎狄所攻，被迫迁往岐山。邠邑，即豳，周先祖公刘居之。多虞，多忧患灾难。

⑧ 悉索：尽其所有地加以搜刮，此指狄人搜刮周人的宝器。《孟子·梁惠王下》载太王时，狄人侵周，太王事之以皮币、犬马、珠玉。

⑨ 挈瓶之智：此指固守其器，不拿出来陈设。参见上文"挈瓶之智"注。

⑩ 筐筥锜釜：指平常的器物。《左传·隐公三年》："苟有明信，……筐筥锜釜之器，潢污行潦之水，可荐于鬼神，可羞于王公。"杜预注："（筐类用具）方曰筐，员曰筥；（釜类器物）无足曰釜，有足曰锜。"

⑪ 《葛覃》：指《诗经·周南·葛覃》，传统认为此诗是赞美文王后妃之德的。《毛诗序》："《葛覃》，后妃之本也。后妃……躬俭节用，服浣濯之衣，尊敬师傅，则可以归安父母，化天下以妇道也。"

⑫ 公尸：祭祀天子，以卿为"尸"，故称公尸。《诗经·大雅·既醉》："令终有俶，公尸嘉告。"毛传："公尸，天子以卿，言诸侯也。"

⑬ 惟肖：谓"尸"穿上先王裳衣，很像先王。此兼指当效法先王。

⑭ 杯棬书册：父母的遗物。杯棬，也作"杯圈"，指母亲用过的杯子。语本《礼记·玉藻》："父没而不能读父之书，手泽存焉尔。母没而杯圈不能饮焉，口泽之气存焉尔。孝子见亲之器物，哀恻不忍用也。"

⑮ 服之无斁：穿着它不厌弃。

⑯ 先王致民粒食：指周人始祖后稷教民稼穑，养育人民。

⑰ 好羞：精美的供品。羞，通"馐"。

⑱ 妥侑：此指劝祖先饮酒。语本《诗经·小雅·楚茨》："以为酒食，以享以祀。以妥以侑。"毛传："妥，安坐也。侑，劝也。"郑玄笺："以黍稷为酒食，献之以祀先祖。既又迎尸，使处神坐而食之。为其嫌不饱，祝以主人之辞劝之"。

⑲ 霜露之慕思：感物思亲，孝思。语本《礼记·祭义》："霜露既降，君子履之，必有凄怆之心，非其寒之谓也。春，雨露既濡，君子履之必有怵惕之心，如将见之。"

⑳ 语见《诗经·小雅·楚茨》："苾芬孝祀，神嗜饮食。"

㉑ 服物采章：可以表明尊卑身份的器物、彩色。《国语·周语中》："亦唯是死生之服物采章，以临长百姓而轻重布之，王何异之有？"

㉒ 对属：对偶、排比。

旅酬下为上　四句

张　江

礼详于"酬"与"燕"，而恩及乎老、幼矣。夫惧其无以逮贱而旅酬，则下为上焉，惧其无以序齿，而燕则以毛焉，其无不推恩于庙中者如此。尝谓祖庙所以本仁，仁莫大于老老、幼幼，为其近于子而慈之，为其近于亲而贵之。先王之所以定天下者，用此道也，而体此以行于祖庙，斯孝慈服焉。一征之"旅酬"：序事既明，酳献斯举，由是主宾更酌于阶，以周饮福①之惠，故《诗》曰"为宾为客，献酬交错"②也。而举旅之始，必下为上者何？盖此卯兮而总角③者，其于先王非本支之胤④，则姻党之出，皆可以幼子童孙畜之者也。以位即不必贵，以德即不必贤，而备睹夫跄济者之骏奔在庙⑤，得毋自伤卑贱弗克与乎？是用有以逮之。其举觯也，固以服勤，其导饮⑥也，亦如就养。既油然生其孝弟之心，复雍然习于揖逊之礼。盖至爵行无算⑦，而小子后生之襄事其旁者，咸相与为踊跃焉，其得承欢于长者，犹其承欢于先王也。此则曲体夫慈幼之深心，而以锡类不匮⑧者也。一征之"燕"：旅酬既毕，尸宾聿归⑨，惟兹族人得燕于寝，以绥后禄之及，故《诗》曰"诸父兄弟，备言燕私"⑩也。而坐次之仪，必别以毛者何？盖此皤然而白发者，其于先王非同祖之昭，则同父之穆⑪，固尝以仲叔季弟遇之者也。方序立之始或不尽列于行，即赐爵之时犹必待呼而进，今则萃此少长者而合族以食，可曰引年尚齿犹有待乎？是用有以序之。贵如公旦，不敢与虞虢⑫为班，贤如叔封⑬，不敢居蔡霍以上。在开燕固有或筵或几⑭之殊，即稽首亦有若小若大⑮之别。盖至酌以大斗⑯，而黄耇台背⑰之拜赐在下者，甚幸闻此颂祷焉。其得徼福于曾孙，犹其徼福于先王也，此则曲体夫贵老之深心，而以明伦教孝者也。而继述之尽善可知已。

【原评】注定"爱其所亲"，绵邈婉委，归于肃括，可谓曲而有直体。

【评】典制文，无书卷则病于空疏。多所证引，非气体难于运掉，即义类或涉假借。似此典则纯正、气势流畅，当于先正中求之。

【题解】出自第十九章，参见正嘉文卷四傅夏器《春秋修其祖庙》。

旅酬下为上，所以逮贱也；燕毛，所以序齿也。

【注释】

① 饮福：祭祀之后饮宴以享福报。
② 语出《诗经·小雅·楚茨》。郑玄笺："始主人酌宾为献。宾既酌主人，主人又自饮酌宾曰酬。至旅而爵交错以遍。"
③ 卯兮而总角：年龄小，还没有束发，头发绾成两个角。卯，头发束成两角的样子，也指年幼。《诗经·齐风·甫田》："婉兮娈兮，总角卯兮。"
④ 本支之胤：直系或旁系的后代。本，指大宗。支，指小宗。
⑤ "跄济者"句：指众多助祭之人仪容整肃。跄济，语本《小雅·楚茨》："济济跄跄，絜尔牛羊。"毛传："济济跄跄，言有容也。"骏奔在庙：语本《周颂·清庙》："骏奔走在庙。"
⑥ 导饮：即"酬"，类似俗称"劝酒"。
⑦ 爵行无算：不规定行爵的次数，尽欢而止。
⑧ 锡类不匮：此指推广孝行。语本《诗·大雅·既醉》："孝子不匮，永锡尔类。"郑玄笺："孝子之行，非有竭极之时，长以与女之族类，谓广之以教道天下也。"
⑨ 尸宾聿归：指祭祀完毕，送走"尸"，宾客也离开，只剩下"诸父兄弟"。尸，代表祖先接受祭祀的人。聿归，归。《小雅·楚茨》："鼓钟送尸，神保聿归。"郑玄笺："送尸而神归。……神安归者，归于天也。"
⑩ 出自《小雅·楚茨》。郑玄笺："祭祀毕，归宾客之俎，同姓则留与之。燕所以尊宾客，亲骨肉也。"
⑪ 非同祖之昭，则同父之穆：此叙周成王时事，故祖、父分别指周文王和周武王。世次排列，昭穆递变。周文王世次为穆，其子世次为昭；周武王世次为昭，其子世次为穆。

⑫ 虞虢：此句似谓虞公和虢仲、虢叔年长于周公。按，虢仲、虢叔为周文王弟。而虞公为周文王伯父仲雍之后，而武王所封虞公，其年不可考，其世次已低于武王也即低于周公。参见《左传·僖公五年》"宫之奇谏假道"，及《世记·吴太伯世家》。

⑬ 叔封：即卫康叔。康叔名封，是周武王同母少弟。蔡叔、霍叔也是武王之弟，后来参与叛乱，但年龄比叔封大。

⑭ 或筵或几：筵席之上，为老人专设有"几"以供其倚靠。

⑮ 若小若大：小、大指长幼，《诗经·小雅·楚茨》："既醉既饱，小大稽首。"郑玄笺："小大，犹长幼也。同姓之臣，燕已醉饱，皆再拜稽首。"

⑯ 酌以大斗：语本《诗经·大雅·行苇》："曾孙维主，酒醴维醹。酌以大斗，以祈黄耇。"谓尊重老人，郑笺："祈，告也。今我成王承先王之法度，为主人，亦既序宾矣，有醇厚之酒醴，以大斗酌而尝之而美，故以告黄耇之人，征而养之也。"

⑰ 黄耇台背：指老人。语本《诗经·大雅·行苇》："黄耇台背，以引以翼。"郑玄笺："台之言鲐也，大老则背有鲐文。"

郊社之礼　一节

储在文

圣人之飨帝飨亲，制治之原也。夫郊社祀上帝，禘尝祀其先，礼莫隆焉，明乎此而治国得其原矣。且唐虞三代之礼，至周而大备。当创业垂统之时，深探原本，以定为敬天尊祖之巨制，而御世理物之道举条贯乎其中。后之人有心知其意者，而王道约而易行也。是故观乎两郊之建，而见圣人所以飨帝焉，其在上则日星风雨异其司，其在下则山川林麓分其秩，而圜丘冢土①，以是为统宗之典者，天覆地载，唯一人之位相敌②，而其德又足以配之，故著之于礼以答上帝之贶也；观乎七庙之制，而见圣人所以飨亲焉，其在远则祧坛墠鬼③昭其等，其在近则岁时日月别其仪，而合食烝尝，以是为遍及之文④者，祖功宗德，唯元子⑤之分克承，而其身又足以肖之，故列之于礼以报先世之勤也。若此者，其礼至隆，义至深远，而世有明之者，吾谓其通于治国之道焉。盖自其广大者而论，则吾之飨帝飨亲者，必将法其道以行事，而资始于天，资生于地，受命于祖，操万物之本以御其末，而远近高深皆其放⑥而准焉者也，本乎天者，吾可奉天以治之，本乎地者，吾可奉地以治之，本乎祖宗者，吾可奉祖宗以治之，而天下为一家，中国为一人，要皆仁孝之所积而已矣；自其精微者而论，则吾之飨帝飨亲者，必且合其迹于无间，而天神皆降，地祇尽出，人鬼胥格，通造化之幽以达于明，而礼乐刑政皆其显而著焉者也，凡天之属，吾可以格天者及之，凡地之属，吾可以格地者及之，凡人之属，吾可以格祖宗者及之，而五行不相沴⑦，四灵⑧以为畜，要皆义理之所极而已矣。故世无有明之者也，有明之者，治国如视诸掌，然而其义深远矣。夫郊社禘尝，肇于唐虞，更历三代，因习以崇之，赓续以终之。至于武、周，无以复加，吾乃知圣人之孝与周之所以王也。观于礼，而知王道之易易也。

【评】上下截各还确义，磊磊明明，绝无一装头盖面语。

【题解】出自第十九章，参见正嘉文卷四傅夏器《春秋修其祖庙》。

郊社之礼，所以事上帝也，宗庙之礼，所以祀乎其先也。明乎郊社之礼、禘尝之义，治国其如示诸掌乎。

【注释】

① 圜丘冢土：祭祀天地的地方。圜丘，圆形祭坛，冬至祭天的地方。《周礼·春官·大司乐》："冬日至，于地上之圜丘奏之。"冢土，大社，天子祭地的地方。《尚书·泰誓上》："类于上帝，宜于冢土。"孔安国传："冢土，社也。"

② 相敌：相匹敌。唯天子可与天地匹敌。

③ 祧坛墠鬼：礼制规定祭祀地点及方式。不同地位的人，按照不同亲疏关系，有不同的祭祀方式与地点，如祧、坛、墠即是，而庶士、庶人无庙，死曰鬼，只荐不祭。见《礼记·祭法》："（天子）设庙、祧、坛、墠而祭之……庶士、庶人无庙，死曰鬼。"

④ 文："礼"的仪式。

⑤ 元子：大宗的嫡长子。对于天下来说，即天子。

⑥ 放：推广。

⑦ 相沴：互相不和，互相伤害。文中子《中说》卷一《王道篇》："子曰：'五行不相沴，则王者可以制礼矣；四灵为畜，则王者可以作乐矣。'"

⑧ 四灵：四种灵兽。《礼记·礼运》："故圣人作，则必以天地为本，……五行以为质……四灵以为畜。""何谓四灵？麟、凤、龟、龙谓之四灵。"

亲亲之杀　合下节

张　江

惟等、杀皆本于天，故必知天而后全乎修身也。盖礼者承天以治人，使亲得其亲，贤得其贤，而与仁义相须而成也。君子而欲知人、事亲以修身也，舍此曷由哉？且人事参差不齐之致，不知者以为人之为之，其知者则以为非人之为之也。万物莫不本天为周旋，而终身由之者，或不著不察，则情文悖而爱敬衰，无惑乎所以体道而成身者阙如矣。然则欲修身者，顾可独讲于亲亲之仁、尊贤之义乎哉？仁义者，非礼不成者也。盖将致吾仁于亲，而由身溯之，亲不一亲也，是有杀；将致吾义于贤，而以身接之，贤亦不一贤也，是有等。等杀之间，君子非放其私智而遂以畸轻畸重而为之者也。古者圣人展亲锡类，自庙祧坛墠以及公族子姓之文，皆原于天性无伪之本然，而毫不容以滥举；古者圣人选贤建能，自师保凝丞①以及缀衣携仆②之属，皆准于天命有德之公理，而毫不敢以妄干。是何也？礼所生也。礼至则义协，义协则仁尽，是故礼也者，仁义之纪、尊亲之范，而凡思以修身者之权舆③也，而君子其容已哉？今夫君子有身，取人立政之本也，而身之所出有亲，身之所辅有人，亲与人之所从来有天。礼也者，天之见端也。其之于亲也，则为天伦，为天叙④，为天秩，王者所为以天道事亲也，苟不明夫天之生物之一本，而仁者过乎仁，斯亲者失其亲，虽日以此身上治⑤、下治、旁治于其间，适以启间亲间旧⑥之衅；其之于贤也，则有天位⑦，有天职，有天禄，王者所为以天道官人也，苟不明夫天之降才之殊致，而义者过乎义，斯尊者失其尊，虽日以此身父事、兄事、友事于其间，适以滋逾尊逾戚⑧之嫌。夫天理即在吾身，故伦物皆帝则之察；而人情莫非天理，故会通先典礼之行。此欲知人、事亲以修身者之不可不务知天也。知天维何？曰辨其所从生而已。

【评】以"礼"字、"天"字为枢纽，浑成融洽，笔力苍老。下节通结上二节，事亲、知人、知天皆从修身推出，文处处带定"身"字，体制尤合。

【题解】出自第二十章，参见正嘉文卷四陈栋《人道敏政》。

仁者人也，亲亲为大；义者宜也，尊贤为大；亲亲之杀，尊贤之等，礼所生也。在下位不获乎上，民不可得而治矣！故君子不可以不修身；思修身，不可以不事亲；思事亲，不可以不知人；思知人，不可以不知天。"

【注释】

① 师保凝丞：古时教导王公子弟的官员。凝丞，即"疑臣"，"疑"、"凝"通。《礼记·文王世子》："虞夏商周，有师保，有疑丞。"

② 缀衣携仆：指左右的小官、近待。缀衣，掌管衣服的小吏。携仆，即"左右携仆"，近侍官员。《尚书·立政》："缀衣、趣马、小尹、左右携仆、百司庶府。"

③ 权舆：起始。《诗经·秦风·权舆》："今也每食无余，于嗟乎！不承权舆。"

④ 天叙：及天"矢秩"均指天定的次序、品极。《尚书·皋陶谟》："天叙有典……无秩有礼"，谓天次叙人之常性，故有父慈子孝等人伦关系；天次叙有礼，故有上下尊卑关系。

⑤ "上治"等：指厘正各种亲属关系。治，正。《礼记·大传》："上治祖祢，尊尊也；下治子孙，亲亲也；旁治昆弟，合族以食，序以昭穆。"

⑥ 间亲间旧：以远间亲，以新间旧。

⑦ "天位"等：天位、天职、天禄分别指天赐的官位、职能、俸禄，非人君所能专断。语本《孟子·万章下》："弗与共天位也，弗与治天职也，弗与食天禄也……非王公之尊贤者也。"

⑧ 逾尊逾戚：举贤时使卑者位居尊者之上，疏者位于关系亲近的人之上。《孟子·梁惠王下》："国君进贤，如不得已，将使卑逾尊，疏逾戚，可不慎与？"

礼所生也

谷　诚

礼行于仁义之中，尊、亲所以不爽也。夫仁者非礼不行，言仁义而礼寓焉，故曰"生"也。今夫人心至于安焉，斯已矣，弗安弗可以已也。然而何由得安？其适于礼也则安，其不适于礼也则不安。其适于礼也，用吾仁、用吾义则安，不极用①吾仁义则愈安；而其不适于礼也，虽日用吾仁义而卒不安。故夫人之论理也，始于不可假借，而成于不相暌隔。不可假借，而后有以尽乎理之蕴，如仁属诸亲、义属诸贤，其大较也，准此以言礼，固将别为之辞矣；不相暌隔，而后有以极乎理之变，如仁资乎义、义辅乎仁，其大较也，本此以论礼，无庸他为之说矣。而臣谓礼之所生在是。自有亲而我亲之，此吾仁毕而注之之时也，而礼亦毕而注之，然而礼之意未显者，礼而统于仁也，迨仁之数既以渐而减，而礼之数反以渐而增，则礼统于仁者旋且仁统于礼，夫是以轨物大彰，极于天高地下而弗可以易也；自有贤而我尊之，此吾义全而致之之日也，而礼亦全而致之，然而礼之名未立者，礼不胜夫义也，追义之数不辞夫琐细，而礼之数遂得其全体，则礼不胜义者又复义不胜礼，夫是以经纬大昭，宰乎万物群动而弗可以逾也。故先王之为礼也，虽神智卓越乎凡俗，而或损或益之故，亦不能凭心而造之，其损也，礼不得不损也，其益也，礼不得不益也，若无定，若有定，而总归于生意之不息；后人之习礼也，即疏略不胜夫繁重，而贵多贵少之节，亦不得任意而裁之，其多也，礼不得不多也，其少也，礼不得不少也，若当然，若自然，而群赴乎生机之不已。盖修道之仁不至，是不可以为仁；而修身之道不至，是不可以为道也。君子知所从事矣。

【评】仁、义、礼虽性所同具之理，却自有次第。不到得尊、亲、等、杀，礼亦不可得而见，"所生之义"如此，文特言之了了。

【作者简介】

谷诚，字次有，号艾园，浙江永嘉人。好学工文词，曲阜颜光敩视学浙江，拔诸名士，以诚为首。有《谷艾园文稿》四卷。

【题解】出自第二十章，见上，参见正嘉文卷四陈栋《人道敏政》。

【注释】

① 不极用：不是无限制的运用，而是在礼的节制下运用。

钦定清朝四书文卷九(《中庸》下)

凡为天下国家有九经　三节
蔡世远

政有可久而可大者，尽其事而可举矣。夫谓之经，则可久行之而效则可大。公欲为天下国家，亦尽其事以举之可耳。今夫为治者，必先定其规模而后从事焉。规模不定，则不能由内以及外，由亲以及疏，由近以及远，而天下国家之故，举足以纷我矣，又何以徐及其效而实致其功哉？臣尝因方策之中，遥想夫文武之政。君励精于上，臣工效能于下，大纲举，小目张，天下率其化而沐其休。臣于是知天下国家之治盖有九经也。经首修身，而尊贤、亲亲固将以修吾身也。至于大臣与群臣，则亦推尊贤之心以敬之、体之而已；庶民、百工、远人、诸侯，则亦推亲亲之心以子之、来之、柔之、怀之而已。臣于是知天下国家不难治也。欲以建民极，则修身也；欲以决是非，则尊贤也；欲以敦一本、睦九族，则亲亲也。凡天下国家之可尊者，莫不有以尊之，则大臣献其谋，小臣竭其忠矣；凡天下国家之可亲者，莫不有以亲之，则农工商贾各执其业，四方向风，诸侯宾服矣。文武之世，成周之盛，本一人懋修①之德，行宽仁敦大之政，以推恩臣民、乂安②海内，率是道也。自非然者，内外不饬，动越规矩，非所以修身也；远君子近小人，声色货利日接于目，非所以劝贤也；刻薄猜嫌，失诸父昆弟之心，非所以亲亲也。而且朝廷之上，无礼贤下士之诚，又无膏泽恩施之布，大臣丛脞③为忧，百官持禄保位；供亿输将④，民不堪命，兴役烦多，工无宁日，远人无向往之心，诸侯有背叛之志。而天下国家愈难治矣。不尽其事而欲收其效，虽文武之圣不能。故曰必先定其规模而后从事也。

【评】一气输灌中，条分缕析，井然不乱。非深于古文法律者，不能有此。

【作者简介】

蔡世远（1682—1733）字闻之，号梁村，福建南靖县人，世居漳浦之梁山，学者称梁山先生。康熙四十八年（1709）二甲进士，授编修，官至礼部左侍郎，谥文勤。世远精于理学，李光地主纂《性理精义》，世远为分纂，又尝主鳌峰等书院。著有《二希堂文集》，亦工制义，《制义丛话》卷九引刘岩语，谓其笔性古健雄杰，可起衰式弊，有《梁村制义》。

【题解】出自第二十章，参见正嘉文卷四陈栋《人道敏政》。

凡为天下国家有九经，曰：修身也，尊贤也，亲亲也，敬大臣也，体群臣也，子庶民也，来百工也，柔远人也，怀诸侯也。修身则道立，尊贤则不惑，亲亲则诸父昆弟不怨，敬大臣则不眩，体群臣则士之报礼重，子庶民则百姓劝，来百工则财用足，柔远人则四方归之，怀诸侯则天下畏之。齐明盛服，非礼不动，所以修身也；去谗远色，贱货而贵德，所以劝贤也；尊其位，重其禄，同其好恶，所以劝亲亲也；官盛任使，所以劝大臣也；忠信重禄，所以劝士也；时使薄敛，所以劝百姓也；日省月试，既禀称事，所以劝百工也；送往迎来，嘉善而矜不能，所以柔远人也；继绝世，举废国，治乱持危，朝聘以时，厚往而薄来，所以怀诸侯也。

【注释】

① 懋修：勤勉修习。懋，勤。
② 义安：平定，安定。
③ 丛脞：琐碎，此指务于琐碎之事。《尚书·益稷》："元首丛脞哉！"孔安国传："丛脞，细碎无大略。"
④ 供亿输将：供应国家之需，交纳赋税。供亿，本指供其匮乏，泛指供应。

凡为天下国家有九经　一节

徐春溶　墨

详为治之目于经，举之固存乎其人矣。盖经之目虽有九，然非虚列九者之名而遂可以为天下国家也，举之不在其人乎？述以进君，若曰：人主抚有祖宗之成业，而欲纲纪庶务、综揽治略，其道法盖昭然明备矣。然而有为之主，天资既已明敏，一二辅亮之臣进说于君，必以为道贵通变，事在宜今，法先王之治者，师其大意之所存而已，其节目繁委之数，不必屑屑相拘。不知其非然也。以臣言之，圣人立天下之大法，其由内及外、由近及远者，皆原本学问之功，而非杂以智术刑名之数；王者经天地之大业，有一人必治以一法、敕一事必本以一理者，又皆诒翼①子孙之计，而非仅为苟且旦夕之谋。是故文武之政，皆其为天下国家者也，岂必仅为文武当日之天下国家，亦为凡为天下国家者也。其为之者，不有九经乎？以九经之目属于为政者一人之眇躬②，则繁矣，然而以宫府朝野之数相稽，则圣人预知吾之经极天下之至赜而不可厌；以九者之目列于天下国家纷纭之众区，则又略矣，然而以君臣上下之心相考，则圣人又知吾之经举天下之至要而不可遗。臣为条其目，则曰修身也。夫身之不可不修，臣已略言之矣，而九经之首重者，固不外是也。岂非当日之止缉熙而迪敬义③者必由是道，而后人之昭义问而念祖德④者亦不可不由是道与？次则曰尊贤也，亲亲也，贤，身之辅也，亲，身之本也，乃贤次于身而亲次于贤者，意即臣"事亲不可不知人"⑤之说欤；次曰敬大臣也，体群臣也，大臣，身之贰也，群臣，身之支也，乃敬则尊而体则亲矣，其亦犹臣"尊贤之等"⑥之说欤？次曰子庶民也，来百工也，庶民之系于天下国家，厥惟其本矣，百工则民之余也，而民至此乃及，工又继民而及者，由亲亲而后仁民，子则亲之推也，由农时而后及冬官⑦，工又民之推也；次曰柔远人也，终之曰怀诸侯也，远人之昭君德，厥惟其广矣，诸侯则与分治天下国家者也，然经以是终焉者，内治修而后及外，且兄弟甥舅之国，亦亲贤之列，而皇华宾客⑧之使，亦敬体之遗也。盖其见之经者如此。由是思之，先王之建是经也，非仅饰太平之具也，将使后世英主可以神明⑨吾意，而中才亦可循是而寡过，盖是皆达道、达德之理，流布于千百年之上下尔；后人之举是经也，非仅以彰率祖⑩之名也，乃贤智既以狭小前人之制，而守文之主又徒存文具⑪而无精意以相取，夫岂识人存政举之功，尽备于皇极纲纪之内哉？君欲行之，盖有其效与事在矣。

【原评】苍茫雄浑，无意取悦时目，而文归典则。

【评】此作阔达不羁，陆作⑫谨守绳尺。学者统观而有得焉，可以识文之变矣。

【作者简介】

徐春溶，江西临川人，康熙九年（1670）年三甲进士。尝与同县李来泰等结社，号西江十三子。

【题解】出自第二十章，见上，参见正嘉文卷四陈栋《人道敏政》。

凡为天下国家有九经，曰：修身也，尊贤也，亲亲也，敬大臣也，体群臣也，子庶民也，来百工也，柔远人也，怀诸侯也。

【注释】

① 诒翼：为子孙妥善谋划，使子孙安乐。语本《诗经·大雅·文王有声》："诒厥孙谋，以燕翼子。"毛传："翼，敬也。"郑玄笺："诒，犹传也。""传其所以顺天下之谋，以安敬事之子孙。"

② 眇躬：也作"渺躬"，帝后自称之辞。

③ 止缉熙而迪敬义：安于所止，时时庄敬。迪，遵循。按，此语本《诗经·大雅·文王》："穆穆文王，於缉熙敬止。"《大学》第三章引之，朱熹集注："缉，继续也。熙，光明也。敬止，言其无不敬而安所止也。引此而言圣人之止，无非至善。"与《诗集传》所释不同，本文据《大学集注》。

④ 昭义问而念祖德：广布美名，继承祖上之德。昭义问，语本《诗经·大雅·文王》："宣昭义问。"朱熹集传："宣，布。昭，明。义，善也。问、闻通。……布明其善誉于天下"。

⑤ 见本章前节，原句为"思事亲，不可以不知人"。

⑥ 亦见本章前节。

⑦ 冬官：《周礼》"六官"之一，为执掌百工之事的官员。

⑧ 皇华宾客：指派往远方的使者。宾客，此指使者。皇华，语本《诗经·小雅·皇皇者华序》："君遣使臣也。送之以礼乐，言远而有光华也。"毛传："言臣出使，能扬君之美，延其誉于四方，则为不辱命也。"

⑨ 神明：此指灵活运用。

⑩ 率祖：遵从祖先。

⑪ 文具：此指仅剩规定的条文，而没有实际用处，犹言成为"具文"。

⑫ 陆作：陆陇其之作，见下文。

凡为天下国家有九经　一节

陆龙其　墨

圣人告君以为政之经，列其目而可勉矣。夫九经皆定于文武，政莫详于此也。悉举其目，而有天下国家者可不知务乎？夫子以为，政之定于文武者，非徒一代之成法，而古今之治道莫能易焉。故行于当时则为政，而传于后世则为经；其本在身，而其用达乎天下国家。方策所布，固昭然也。达道达德，臣既为修身备言之矣，则请进而详其经焉。盖凡为天下国家，其教令所施，因时而易者，固不可执一成之法而不知变；而纲纪所在，不因时而易者，则不可无一定之经以立其则。文武盖虑之深矣，故熟察乎天下国家所不容歂者，而定之为经；因详审乎天下国家所不容略者，而列之为九。谓夫经之本必在乎身也，则首列其目曰修身。身立乎天下国家之上，而观瞻者恒于斯；则修必处乎天下国家之先，而强勉者恒于斯。而贤者身所由修也，则尊之要焉，未有好修之主而不藉乎师保之尊严者也；亲者家所由齐也，则亲之要焉，未有立政之朝而不讲于九族之敦睦者也。至于大臣、群臣，则立乎朝廷之上，而内之为一国之倡、外之为天下之望者也，敬焉、体焉，而所谓正身以正朝廷者在是矣；庶民、百工，则又处乎一国，而天下之视听系焉者也，子焉、来焉，而所谓正百官以正万民者在是矣；远人、诸侯，则又散于天下，而国之安危系焉者也，柔焉、怀焉，而所谓正万民以正四方者在是矣。自其始乎身者言之，则远近之仪型①，视乎一人之勤怠，而修之固不可不严；自其达乎天下国家者言之，则内外之纲维，亦视乎一人之张弛，而行之俱不可不力。以此施之一时，则一时之政由此举，经之所以为可大；以此施之百世，则百世之政由此举，经之所以为可久。君何不勉焉？

【评】 准平绳直，规圆矩方，先正风格于兹未坠。　　所不及先正者，气骨之雄劲耳。一种优柔平中之气，望而知为端人正士。

【题解】 出自第二十章，见上，参见正嘉文卷四陈栋《人道敏政》。

【注释】

① 仪型：楷模、典范，此指效法。

敬大臣则不眩　　则财用足

李光地

政行于朝野，可以观其效矣。盖大臣小臣，在朝而相维者也；庶民百工，在野而相资者也。欲使朝无废职而野无废事，非政之行也，可庶几乎？意谓：人君以修身为本，而笃于亲贤以为辅，则必有贤之等者①焉，而将以收其励翼之勋也；则必有亲之推者②焉，而将以成其乐利③之治也。是故于大臣不有以敬之，则心志疑而听闻杂，吾见其眩而已矣，冢宰④掌宫中之政，而左右不得售其欺，六卿⑤持邦国之纲，而远近无不通其隐，能使吾君之心洞然者，非敬大臣之效乎？于群臣不有以体之，则分谊薄而忠爱微，吾知其报礼也轻矣，有棫朴⑥之育养，故作其疏附奔走⑦之勤，有鹿鸣⑧之恩施，故发其皇华四牡⑨之志，能使多士之义殷然者，非体群臣之效乎？无以子庶民，则民心离而邦本摇，而欲有人有土也难，果其子之也，出事南亩⑩，则骏发乎尔私⑪，入执宫功⑫，则尽劳于君上，盖在公在私无不劝也，则子庶民之效也；无以来百工，则器用缺而本业⑬困，欲其有财有用也难，果其来之也，天生五材⑭而咸用之，凡备物以利民者周，国有六职⑮而居一焉，凡执技以事者恪，盖在官在民无不足也，则来百工之效也。正朝廷以正百官，正百官以正万民，由是万民正而远近莫不一于正者。王政之行，岂非旋至而立有效者乎？

【评】用经籍，典切该括处似化治间先正。而气质更为光润完美，乃作者功力独到处。

【题解】出自第二十章，参见正嘉文卷四陈栋《人道敏政》。

敬大臣则不眩，体群臣则士之报礼重，子庶民则百姓劝，来百工则财用足。

【注释】

① 贤之等者：敬贤方面，有"敬大臣"与"体群臣"的等差。

② 亲之推者：此指推"亲亲"之心以"子庶民"、"来百工"。

③ 乐利：指百姓蒙受福利，即《大学》所谓"小人乐其乐而利其利"。

④ 冢宰：为《周官》六官之首，为统理众官之官。《周礼·天官·小宰》谓冢宰下属的"小宰"负责"治王宫之政令"。

⑤ 六卿：其说不同。《尚书·周官》言"六卿分职，各率其属"，谓冢宰、司徒、宗伯、司马、司寇、司空。

⑥ 棫朴：白桵和枹木，喻指人材。《诗经·大雅·棫朴》诗序："《棫朴》，文王能官人也。"诗以"芃芃棫朴"起兴，述周文王能培养人材。

⑦ 疏附奔走：归附效力。语本《诗经·大雅·绵》："予曰有疏附，予曰有先后，予曰有奔奏，予曰有御侮。"毛传："率下亲上曰疏附。……喻德宣誉曰奔奏。"按，"奔奏"或本作"奔走"。

⑧ 鹿鸣：此指礼待和赏赐群臣。《诗经·小雅·鹿鸣》诗序："《鹿鸣》，燕群臣嘉宾也。既饮食之，又实币帛筐篚，以将其厚意，然后忠臣嘉宾得尽其心矣。"

⑨ 皇华四牡：指为君王出使不辞劳苦。皇华，指《诗经·小雅·皇皇者华》，诗序："君遣使臣也。送之以礼乐，言远而有光华也。"《四牡》亦《小雅》诗篇，诗序："《四牡》，劳使臣之来也。有功而见知则说矣。"两诗都写到使臣的艰辛。

⑩ 出事南亩：指耕作。南亩，田地，古人多南向辟田。《诗经·小雅·大田》："俶载南亩，播厥百谷。"

⑪ 骏发乎尔私：努力开垦自己的私田。语本《诗经·周颂·噫嘻》："骏发尔私，终三十里。"

⑫ 入执宫功：此指为官府服劳役。语本《诗·豳风·七月》："我稼既同，上入执宫功。"郑玄笺："上入都邑之宅，治宫中之事矣。"朱熹集传："宫，邑居之宅也……功，葺治之事也。或曰：公室官府之役也。"

⑬ 本业：指农业。

⑭ 五材：指金、木、水、火、土。《左传·襄公二十七年》："天生五材，民并用之，废一不可。"

敬大臣则不眩

吴学颢

知所以敬大臣，治道达矣。夫大臣能尽其职而万事理，敬之，亦何事不达哉？故不眩有断然者。且国家设庶司①以共理天下事，其是非可否之机待命于大臣，此固不责其力而责其心者也。惟人主先尽心于大臣，而后大臣能尽心天下事，以尽心于人主，此九经所以有敬大臣之效也。夫隆其名曰大臣，非为养望也，实将以参乎密勿②者为一人励翼③之资；抑专其责曰大臣，非为具官④也，亦将以殚其猷为⑤者总百僚纪纲之重。故大臣之聪明，人主之聪明也；大臣之闻见，人主之闻见也。敬之而不眩，所可必已。人主以形迹待大臣，大臣引分自嫌，事至而持两可，名实所以淆也，敬之者，一德一心，体貌非以为文，而大臣亦得坦然自信、竭其夙夜之忱焉，国有大政，而祖宗典故，时事机宜，有秩然不乱者，君亦可安坐断之矣；人主以吏事责大臣，大臣奉法避过，事至而不敢承，百务所以扰也，敬之者，为冯为翼⑥，心膂⑦实隆厥任，而大臣亦得从容自展、抒其帷幄之谋焉，国有重务，利害决于崇朝⑧而不摇，国是守于一定而不变，其厘然有章者，君亦可无事处之矣。夫燮理则问三公，耳目则任左右，自谓操驾驭之术，不知大臣者，可使畏一人之灵爽⑨，不可使畏众多之议论也，文武之世，常以明白正大之情，坚股肱一体之戴，即蛰御⑩前后，有不得间其聪明之用者，所以委任专而成一代之吁谟⑪，惟此敬也哉？抑锡予⑫则崇虚名，临事则矜独断，自谓防偏任之忧，不知大臣者可责其虚公之度，不可启以迎合之端也，文武之世，恒以谦抑下济⑬之衷，受予违汝弼⑭之义，即深宫燕处⑮，无在非诚意之孚者，所以听信殷而翼一人之聪睿，惟此敬也哉？人君宜知所勉矣。

【评】语能该括，气亦充沛。笔力精神，颇与熊次侯为近。

【作者简介】

吴学颢，河南睢州人，康熙三十三年（1694）二甲进士。

【题解】出自第二十章，见上，参见正嘉文卷四陈栋《人道敏政》。

【注释】

① 庶司：众官署。

② 密勿：此指机密、机要之事。

③ 励翼：勉力辅佐。《尚书·皋陶谟》："敦叙九族，庶明励翼。"孔颖达疏："勉励翼戴上命。"

④ 具官：此指徒具官位而无专责。

⑤ 殚其猷为：尽其谋略功业。

⑥ 为冯为翼：辅佐扶持。冯，通"凭"，凭依、扶持。翼，助。《诗经·大雅·卷阿》："有冯有翼。"

⑦ 心膂：心腹与脊骨，喻重要的辅佐人员或亲信得力之人。《尚书·君牙》："今命尔予翼，作股肱

心膂。"

⑧ 崇朝：终朝，从天亮到早饭时，泛指短暂的时间。崇，通"终"。《诗经·鄘风·蝃蝀》："朝隮于西，崇朝而雨。"毛传："崇，终也。从旦至食时为终朝。"

⑨ 一人之灵爽：国君的英明。灵爽，此指英明。

⑩ 蓻御：指左右亲近之人。蓻，同"褻"，亲近之人。《诗经·小雅·雨无正》："曾我蓻御，憯憯日瘁。"毛传："蓻御，侍御也。"

⑪ 吁谟：宏伟远大的谋划。语本《诗经·大雅·抑》："吁谟定命，远犹辰告。"朱熹集传："吁，大。谟，谋。大谋，谓不为一身之谋，而有天下之虑规也。"

⑫ 锡予：赐与。

⑬ 下济：此指谦恭。《易·谦》："天道下济而光明，地道卑而上行。"

⑭ 予违汝弼：指君主勉勉大臣进谏，谓我有过失，你应匡正。弼，辅正。语本《尚书·益稷》："予违汝弼，汝无面从，退有后言。"

⑮ 燕处：闲居，退朝安处。

怀诸侯则天下畏之

熊伯龙　程

　　知所以畏天下，则建侯非失矣。甚矣，天下相服以德也！怀诸侯者，不期畏而畏至，岂非盛世之事乎？对哀公曰：先王散天下之大柄，即先王威天下之至计，臣于经所云"怀诸侯"者知之。文武之兴由藩侯，不制天下之命，则我之为天下与为国家①也何以异；天下之势在封建，不获友邦之心，则天下之视共主与视列辟②也何以异？是故怀诸侯，非施德于不报也，天下所以畏之者恃此道也。明德懿亲③，天下皆知其有家人之义④，而又不惜布惠推心，大发其天地生成之感，尔日之诸侯，其绣壤相错⑤者，一如伯叔甥舅之聚族处也，而磐石之宗⑥不可动摇矣；建贤作辅，天下皆知其有君臣之情，而重之以宽仁大度，深动其子孙臣庶之思，尔日之诸侯，其徂维求定⑦者，一如百官庶尹之指臂使⑧也，而群扶之主倍有神灵矣。如是则王臣王土⑨，诸侯所得而治者，天子皆得而治之，修身立政之朝，天下已不敢菲薄纲纪，而况谨度求章，有以塞违心于未兆也哉？如是则来享来王⑩，诸侯所不得而及者，天子亦得而及之，柔远能迩⑪之世，天下已不敢轻量朝廷，而况彤弓旅矢⑫，有以扬淑问⑬于疆外也哉？盖法立知恩，原非以忠厚开末大⑭之渐；故德威惟畏，亦不假刻深为震叠⑮之谋。古天子诸侯相与之际，仁至义尽有如此者。

　　【原评】雄深雅健，笔力气象足以涵盖一世。

　　【评】镕经液史，声光炯然。

　　【题解】出自第二十章，参见正嘉文卷四陈栋《人道敏政》。

　　【注释】

① 国家：此指诸侯之国、大夫之家。

② 列辟：众君，此指诸侯国之君。辟，君。

③ 懿亲：此指"亲亲"。《左传·僖公二十四年》："兄弟虽有小忿，不废懿亲。"杜预注："懿，美也。"

④ 家人之义：家人之间互相帮助之义。《易·家人》："家人，利女贞。……《象》曰：风自火出，家人。"孔颖达疏："巽在离外，是风从火出。火出之初，因风方炽。火既炎盛，还复生风。内外相成，有似家人之义。故曰'风自火出，家人'也。"

⑤ 绣壤相错：此指诸侯封地交错。绣壤，土地沟塍交错，成文如绣。

⑥ 磐石之宗：喻指王室稳固如磐石。语出《史记·孝文本纪》："高帝封王子弟，地犬牙相制，此所谓磐石之宗也。……人人自安，难动摇。"

⑦ 徂维求定：诸侯到四方推行政务，以求天下安定。徂，往。《诗经·周颂·赉》："敷时绎思，我徂维求定。"郑玄笺："今我往以此求定，谓安天下也。"

⑧ 指臂使：像使唤臂、指那样无不服从。

⑨ 王臣王土：《诗经·小雅·北山》："溥天之下，莫非王土。率土之滨，莫非王臣。"

⑩ 来享来王：诸侯进献贡物，来朝见天子。享，献。来王，朝见。语本《诗经·商颂·殷武》："昔有成汤，自彼氐羌，莫敢不来享，莫敢不来王。"

⑪ 柔远能迩：怀柔远方，优抚近地，谓安抚笼络远近之人而使归附。《尚书·舜典》："柔远能迩，敦德允元。"《诗经·大雅·民劳》："柔远能迩，以定我王。"郑玄笺："能，犹伽也。"伽，顺从。

⑫ 彤弓旅矢：红色的弓，黑色的箭，天子赐给诸侯，使其得以专征伐。《左传·僖公二十八年》："赐之……彤弓一，彤矢百，旅弓矢千"，杜预注："彤，赤也。旅，黑也。……诸侯赐弓矢，然后专征伐。"

⑬ 扬淑问：美名传播。扬，传播。淑问，美名。语本《汉书·匡衡传》："道德弘于京师，淑问扬乎疆外。"颜师古注："淑，善也。问，名也。"

⑭ 末大：树木枝条粗大，超过主干，此指诸侯力量超过天子。

⑮ 震叠：震动，恐惧。《诗经·周颂·时迈》："薄言震之，莫不震叠。"

怀诸侯则天下畏之

曾王孙　墨

效著于天下者，有实致其怀者也。盖天下不易言畏也，而怀诸侯者有以致之，其效不可观乎？且先王以一人抚四海之内，而天下向风、兢兢惧无以奉一人之法者，岂有他哉？相天下势之所在而急图之，而天下遂不得不合其势以归我。乃后世不见政之强而见势之弱，遂以弱势议先王，而忘其强政，是未明于怀诸侯之效也。夫诸侯亦唯是伯叔甥舅，奉天子令以守天下耳，怀与不怀，似无异数也，然天下有时不服天子之令而服诸侯之令，则诸侯何可不重虑也？诸侯亦唯是礼乐征伐，禀天子威以致天下耳，怀与不怀，似无他适也，然天下有时不凛侯国之威而即不凛天朝之威，则诸侯何可不重念也？故诸侯当怀也，怀诸侯则天下畏之矣。天下之大势在民，先王虑民之不得其所也，立诸侯以抚之，迨其后也，各私其民而民亦各昵其君，见一惠焉，曰吾君之德也，见一刑焉，曰吾君之威也，而诸侯之势成矣，怀之，而诸侯肃然禀其政教焉，民将曰吾君如此，其何敢不共①，民之所往，威莫大焉，而非怀之不至此；天下之大势又在小侯，先王虑小侯之或侵陵也，建方伯②以卫之，迨其后也，渐劫以威而小侯亦服于其令，或有患焉，曰彼能庇我也，或有违焉，曰彼能制我也，而诸侯之志携③矣，怀之，而诸侯皇然进于轨物焉，小侯亦将曰彼尚如此，又何有贰心，小侯之所归，势莫隆焉，而非怀之不至此。或谓此在有天下者行之而效，未有天下而行之而未必效者，非也，盟主之德威日著，即远裔无不求成④，此在假力⑤犹然，而况乎王道之作孚⑥也，昔我先王，虞芮质成⑦，而有二之势⑧已集于岐右，降至周召分治⑨，而成夹辅之勋，桓文迭霸，而奏匡合之烈⑩，孰非怀畏之明验也哉？或谓开创之天下得之而效，守府之天下得之而未必效者，亦非也，朝廷之举措得宜，即强藩无不听命，此在衰乱犹然，而况乎周礼之尽在也，昔我武王，封建未集，而负扆之朝⑪大定于冲人⑫，降至车攻奋兴⑬，复著会同之盛，东都侵弱，不失晋郑之依⑭，又孰非怀畏之遗模也哉？而其事乃可得而言矣。

【评】只讲得诸侯与天下相关处多耳。"怀"字中义理，却未洗发得出，所以不见三代以上协和抚绥气象。然其笔势雄横，议论翻腾，可以增人才思。

【作者简介】

曾王孙（1624—1699），字道扶，浙江秀水人，顺治十五年（1658）进士，官至四川按察司佥事、提学道，著有《清风堂文集》二十三卷、《诗集》二卷，与聂先合编《名家词钞》三十卷。

【题解】出自第二十章，见上，参见正嘉文卷四陈栋《人道敏政》。

【注释】

① 不共：不恭。

② 方伯：诸侯中的领袖，享有征伐之权。《礼记·王制》："千里之外设方伯，五国以为属，属有长。"

③ 携：离散，指背离天子而依从方伯。

④ 求成：请求讲和。成，和平、讲和。

⑤ 假力：凭借武力，指"霸道"。

⑥ 作孚：令人信服、服从。《诗经·大雅·文王》："仪刑文王，万邦作孚。"

⑦ 虞芮质成：商末，虞、芮两个小诸侯国有纠纷，请求西伯（周文王）评判协调。《诗经·大雅·绵》："虞芮质厥成，文王蹶厥生。"毛传："质，成也。成，平也。"

⑧ 有二之势：三分天下有其二。

⑨ 周召分治：西周初年，以陕（今河南陕县）为界，将行政区划分为东西两大片，周公旦与召公奭分别主之，以夹辅王室，即"分陕而治"。《公羊传·隐公五年》："自陕而东者，周公主之，自陕而西者，召公主之。"

⑩ 匡合之烈：此指齐桓公、晋文公有联合诸侯、匡正周王室内乱的功勋。烈，功勋。匡合，语本《史记·管晏列传》："齐桓公以霸，九合诸侯，一匡天下。"

⑪ 负扆之朝：指周成王时，成王年幼即位，周公摄政。负扆：背靠屏风，指皇帝临朝听政，此指周公代摄政务。《淮南子·氾论训》："周公……负扆而朝诸侯。"

⑫ 冲人：幼小之人，此指周成王。

⑬ 车攻奋兴：指东周以后各国务于攻伐。

⑭ 晋郑之依：周平王东迁，郑武公、晋文侯夹辅周室。《国语·晋语四》："晋、郑……股肱周室，夹辅平王，平王劳而德之。"

尊其位 三句

熊伯龙

敦本之事，三举之而备也。盖非位与禄，岂能安其外；非好恶与同，岂能安其内？近古之事，亦闻此乎？昔周之封君盖八百矣，而同姓之国且至五十，先王于本支之间何尝不众建而少其力哉？虽然，众建而未尝以众人遇之，少力而未尝以少恩处之。所由与后世异也，一曰尊其位，一曰重其禄，一曰同其好恶。问先王之世有冢君①失南面之尊、支子②列齐民③之数者乎？曰无有也。弱弟之戏，遂封桐④也，夏与商未之闻也；介弟⑤之贵，且分陕也，夏与商未之闻也。他若滕子⑥末微，援宗盟而长外侯⑦；蔡胡世辟⑧，释严罚而复旧土。亦惟天家为永念焉，公今日者，虽还龙旂⑨于故府，谢河海于邻封⑩，而鹙冕信圭⑪、居高无恙，谁之赐哉？问先王之世有觐频鲜朝宿之授⑫、峙粻靳汤沐之颁者⑬乎？曰无有也。锡田曰大启⑭，宗邦之报功不敢不过也；分土曰惟三⑮，庶邦之展爱亦不敢不及也。若夫晋之有阳樊也，王甸可以锡康侯⑯；郑之有祊田⑰也，懿亲⑱莫重乎母弟。其在中主罔敢爱上错焉，考之周礼，虽山泽所及掌于王人⑲，侯国禄余待用天子，而提封采甸⑳、口不言贫，岂不优哉？问先王之世有流言而相阋于墙㉑、呼伯㉒而靡所与同者乎？曰无有也。正则为肥牡、为酾酒，我可为诸父昆弟谈笑而道之也㉓；变则为斧斨、为零雨，我可为诸父昆弟垂涕泣而道之也㉔。是以王有忾㉕则赐之弓矢，此推而同之之义；国有故则上告天子，此引而同之之义。亦祈大宗小宗咸有一德㉖焉。嗟乎！六衣㉗之请也，私室好之，公室恶之；诸姬之尽㉘也，异姓好之，同姓恶之。有王者作，除异族之逼处，布方伯以腹心，召好去恶、翼戴天室㉙，岂有此患哉？

【原评】隶事太多，恒恐伤气。此偏动宕有神致，无填缀之累、排比之迹。

【评】取材博而运以雄峭之笔，较同时诸家，独为雅驯。

【题解】出自第二十章，参见正嘉文卷四陈栋《人道敏政》。

尊其位，重其禄，同其好恶，所以劝亲亲也。

【注释】

① 冢君：大君，对列国君主的敬称。《尚书·泰誓上》："嗟我友邦冢君。"孔安国传："冢，大……称大君，尊之。"

② 支子：嫡长子以外的后代，即嫡妻次子以下及庶妻之子。《礼记·曲礼下》："支子不祭，祭必告于宗子。"孔颖达疏："支子，庶子也。"

③ 齐民：平民。

④ 封桐：指周成王"桐叶封弟"事，《史记·晋世家》："成王与叔虞戏，削桐叶为珪以与叔虞，曰：'以此封若。'……是遂封叔虞于唐。"上"弱弟"即指成王幼弟唐叔虞。

⑤ 介弟：他人之弟的敬称，或对自己弟弟的爱称。《左传·襄公二十六年》："夫子为王子围，寡君之贵介弟也。"杜预注："介，大也。"按，此指召公奭与周公旦，尝分陕而治，参见上文"周召分

治"注。

⑥ 滕子：滕为小国，为文王之子错叔绣的封国。

⑦ "援宗盟"句：滕君援引"周之宗盟，异姓为后"的礼法，排列在外姓诸侯之前。事见《左传·隐公十一年》："春，滕侯、薛侯来朝，争长。"宗盟，此犹会盟。外侯，外姓诸侯。

⑧ 蔡胡世辟：蔡叔和其子胡世为诸侯国君。辟，君主，"世辟"即世主。语本《史记·管蔡世家》，武王之弟蔡叔谋叛，迁而死。其子胡，乃改行，于是周公言于成王，复封胡于蔡，以奉蔡叔之祀。

⑨ 龙旂：绣有交龙图案的旗帜。本是天子宗庙祭祀所用，鲁君有此特权。此本《诗经·鲁颂·閟宫》："龙旂承祀，六辔耳耳。"郑玄笺："交龙为旂。"

⑩ 邻封：邻国。按，此句似谓鲁国若要祭祀河、海，须借地于邻国。鲁国有祭泰山、河、海的资格，但鲁国衰微，地不及于河、海，参见《诗经·鲁颂·閟宫》孔颖达疏。

⑪ 鷩冕信圭：诸侯大国国君的礼帽和玉佩。信圭，一种人形的玉饰，为大国国君所佩。《礼记·春官·大宗伯》："侯执信圭，伯执躬圭"，郑玄注："'信'当为'身'，声之误也。身圭、躬圭，盖皆象以人形为琢饰。"此处"侯"指千乘之国的国君。

⑫ "觐颊"句：诸侯朝觐时，没有提供住宿之处。觐颊，朝觐。颊指一起觐见。鲜，少。朝宿，指天子授予的供朝觐时住宿之处。谓供诸侯朝见天子时住宿。《公羊传·桓公元年》："许田者何？鲁朝宿之邑也。诸侯时朝乎天子，天子之郊，诸侯皆有朝宿之邑焉。"

⑬ "峙粮"句：为大臣诸侯送行，却舍不得提供"汤沐之邑"。峙粮，本义为储备粮食，此指催促出发、送行。语本《诗经·大雅·崧高》："以峙其粮，式遄其行。"郑玄笺："粮，粮。……峙其粮者，令庐市有止宿之委积，用是速申伯之行。"靳，吝惜。汤沐，本义为沐浴，此指汤沐之邑，供诸侯朝见天子时斋戒沐浴的封地。《公羊传·隐公八年》："邴者何？郑汤沐之邑也。天子有事于泰山，诸侯皆从，泰山之下，诸侯皆有汤沐之邑焉。"《礼记·王制》："方伯为朝天子，皆有汤沐之邑于天子之县内。"

⑭ 大启：尽力开拓，此指广赐其田。《诗经·鲁颂·閟宫》言成王封鲁国，谓："大启尔宇，为周室辅。"

⑮ 惟三：指按照三个等级分封土地。语本《尚书·武成》："分土惟三。"孔安国传："列地封国，公侯方百里，伯七十里，子男五十里，为三品。"

⑯ 康侯：美侯，此指晋文公。语本《易·晋》："晋：康侯用锡马蕃庶。"王弼注："'康'者，美之名也。'侯'谓升进之臣也。"按，此句指晋文公平定东周叛乱，周襄王把阳樊等地赐予晋国。

⑰ 祊田：周天子祭祀泰山时因汤沐之需而圈定的地域，在泰山之下，周宣王赐予其庶弟郑桓公。《左传·隐公八年》："三月，郑伯使宛来归祊。"孔颖达疏："郑以桓公之故，受邑泰山之下，天子祭泰山必从往助祭，使共汤沐焉。"按，郑受祊田，尚有异说，《春秋序》"三曰婉而成章"，孔颖达疏："郑以武公之勋，受汤沐之邑于泰山祊田是也。"即谓桓公受祊田，亦未明言赐自宣王。本文作者之意，似以为即出于宣王之赐。

⑱ 懿亲：此指至亲。

⑲ 王人：周王室之微官。《春秋·庄公六年》："六年春正月，王人子突救卫。"杜预注："王人，王之微官也。"

⑳ 提封采甸：此指自天子到民间，地方大小不同，所出税赋、兵车等也不同。语本《汉书·刑法志》："天子畿方千里，提封百万井"，"一同百里，提封万井……此卿大夫采地之大者也"，"甸，六十四井也"。提封，本指总其疆域。

㉑ 阋于墙：指兄弟不和。语本《诗经·小雅·常棣》："兄弟阋于墙，外御其务（侮）。"按，此句指周公摄政，管叔、蔡叔制造流言一事，《毛诗序》谓《常棣》即召公为周公所作："周公吊二叔之不咸，而使兄弟之恩疏。召公为作此诗，而歌之以亲之。"

㉒ 呼伯：呼吁负有捍卫诸侯责任的方伯，此指卫康叔。伯，方伯，诸侯之长。此句本《诗经·邶

风·旄丘》："叔兮伯兮！靡所与同。"毛诗序谓："《旄丘》，责卫伯也。狄人迫逐黎侯，黎侯寓于卫。卫不能修方伯连率之职，黎之臣子以责于卫也。""靡所与同"，朱熹集传："不与我同心。"

㉓ "正则"句：用《诗经·小雅·伐木》诗序："《伐木》，燕朋友故旧也。自天子至于庶人，未有不须友以成者。亲亲以睦，友贤不弃，不遗故旧，则民德归厚矣。"诗有"酾酒有藇"、"既有肥牡"、"兄弟无远"之句，言有酒有羊、兄弟和乐。

㉔ "变则"句：指一旦发生了变故，亲亲之义遭到破坏，只好采取征伐手段。"为斧斨"指周公东征管、蔡等四国叛乱，语本《诗经·豳风·破斧》："既破我斧，又缺我斨。"毛传："斧斨，民之用也。礼义，国家之用也。"郑笺："四国流言，既破毁我周公，又损伤我成王，以此二者为大罪。""为零雨"亦指周公东征事，语本《诗经·豳风·东山》："我来自东，零雨其濛。"

㉕ 忾：愤怒。按，此句谓天子愤怒，则赐诸侯弓矢，使其行征伐之事。语本《左传·文公四年》："诸侯敌王所忾，而献其功，王于是乎赐之彤弓一、彤矢百、旅弓矢千、以觉报宴。"

㉖ 咸有一德：此指同心。《尚书·咸有一德》孔安国传："言君臣皆有纯一之德。"

㉗ "六衣"句：六衣，即《周礼·天官·内司服》所载王后的"六服"。此句当指大夫等僭用"六服"，未详典出何处。

㉘ 诸姬之尽：周室的同姓诸侯被消灭完了。语本《左传·僖公二十八年》："栾贞子曰：'汉阳诸姬，楚实尽之。'"

㉙ 天室：指周王室。

忠信重禄　四句

张玉书　墨

劝有得乎士民者，其所以体之、子之①者至矣。盖君之予士不可不厚，而取民不可过严也，行政者尚思所以劝哉？且国有与立，大臣而外，士民其先焉。是故三百六十臣之身家，君统之矣，自君任之优之，而臣乃克有其身家也，生成之感，在君不在士也；亿人兆人民之身家，君用之矣，自君爱之惜之，而民乃克全其身家也，宽恤之戴，在君不在民也。如经言"体群臣"，凡以群臣固士也，敬慎而辞友朋，每幸吾君可共功名矣，特以小臣新进，退而不敢有所言，进而不敢有所为，此时望吾君推诚之心倍深于望泽②，至于德足食君子之饩③，而大君有众人畜我④之思，士于其时，实抚躬⑤而嗟悼之，一日者，忠信以将之，君有心，布诸其臣，重禄以贲之，臣有身，谋诸其君，举居恒太息之声，有并不敢告诸僚友者，不意我后圣明，已取诸其怀而恻然也，竭百尔股肱之心以答予一人⑥之忱，竭百尔股肱之力以答予一人之泽，我知立子孙之朝，犹有感泣祖宗之德者，岂非所以劝士者得哉？经言"子庶民"，凡以庶民固吾百姓也，竭蹷而奉公家，诚知小民宜爱君王矣，特以草野疏贱，朝耕天子之田，暮入司空⑦之籍，此时自爱其力之心倍深于爱主，至竭举趾涤场⑧之力，仅以偿车服玩好之供，民于其时，实伤心而隐痛之，一日者，使必以时焉，君无逸也，为民虑其劳，敛必以薄焉，君不贫也，为民思其富，举茕茕无告之怀，有并不敢形诸嗟叹者，不意君恩高厚，已悯其艰而恻然也，颂岂弟⑨者赴周官⑩之令，媚君王者献公子之裳⑪，我知非惟正之供⑫，亦有乐效子来⑬之命者，岂非所以劝百姓者得哉？君之廷有士，君之野有民也，臣愿君取方策而图之。

【原评】每段各有两意，用反用正，易落排偶。此文散行处多，平列处少，故但觉灵气盘旋，而题中情事已写得十分警动。

【评】缠绵恺恻之思，运以隽笔，达以雅辞，故无一语甜俗。

【题解】出自第二十章，参见正嘉文卷四陈栋《人道敏政》。

忠信重禄，所以劝士也；时使薄敛，所以劝百姓也。

【注释】

① 体之、子之：体谅群臣，爱民如子。《中庸》本章上节："体群臣，则士之报礼重；子庶民，则百姓劝。"

② 望泽：期望得到恩惠。

③ 饩：给养、俸禄。

④ 众人畜我：把我当作普通人那样对待。畜，养。

⑤ 抚躬：本指反躬自省，此即指哀伤。《诗经·卫风·氓》："静言思之，躬自悼矣。"

⑥ 予一人：君王。

⑦ 司空：官名，负责兴作、营造。"入司空之籍"谓服劳役。

⑧ 举趾涤场：举足耕田，打扫谷场，泛指一年四季的劳作。语本《诗经·豳风·七月》："三之日于耜，四之日举趾。"毛传："四之日，周四月也，民无不举足而耕矣。""九月肃霜，十月涤场。"毛传："涤，扫也，场功毕入也。"

⑨ 岂弟：和乐平易。语本《诗经·小雅·蓼萧》："既见君子，孔易岂弟。"毛传："岂，乐。弟，易也。"按，毛诗序谓："《蓼萧》，泽及四海也。"

⑩ 周官：此即指官府。

⑪ 公子之裳：语本《诗经·七月·豳风》："载玄载黄，我朱孔阳，为公子裳。"朱熹集传："言劳于其事而不自爱以奉其上，盖至诚惨怛之意，上以是施之下，下以是报之上也。"

⑫ 惟正之供：国家正常的赋税。《尚书·无逸》："文王不敢盘于游田，以庶邦惟正之供。……以万民惟正之供。"

⑬ 子来：谓民心归附，如子女趋事父母，不召自来，竭诚效忠。语本《诗经·大雅·灵台》："庶民子来"，言周文王筑灵台，民不召自来，以助其成。

忠信重禄　二句

熊伯龙　墨

　　征劝士之实，而仁义行乎其间矣。盖忠信所以明义，重禄所以明仁，劝士者宁外取人之道而致之乎？对公，若曰：人主将致非常之士，而必待非常之举，未见士之为王前也。人情莫不相避于伪，而又欲自厌其心。诚使君有情，群斟酌之，臣有心，吾敬答之，非常之报亦往往而收焉。经言"体群臣"，凡以群臣固士也。无公孤之贵，则君王之色拟于帝天，恩威叵测，非所期也，亦播以朝廷之至意而已；从田间而来，则宣力之暇亦念身家，国典而外，不敢干也，亦予以臣子之厚实①而已。然则忠信重禄，曷可已哉？以父母之身千里而事人，其心易为天子之所疑，若曰彼特为禄来也，而以概天下之士则大不可，今日者，有大利，则喜形于色，有大害，则忧形于色，至诚恻怛，无不为子大夫取诸怀②也，夫忠者③，人臣之道则然，而顾已得之于其君，是忘乎其君者也，忘乎其君，何君也哉，而忍负之？以父母之身千里而事人，其心当为天子之所悲，若曰彼实不为禄来而又不得不为禄来也，即古之称良臣者何独不然，今日者，逮④其下，妇子宁焉，逮其上，祭器守焉，飨豕山桑⑤，波及臣家者皆君余也，夫禄者，人臣之所应尔，而此若独得之于其君，是全乎其君者也，全乎其君，何君也哉，而忍负之？是以衰世之政，君非必鬼神，臣非不安饱，然任左右则易而任工僚则难，养廉节则难而逭官贪则易，所用非所需也，故人有服政之苦，而无以动其天地生成之感；先王之世官，不弃贤者，亦不弃小人，然弘无欺之度以处无欲之君子，沛有位之恩以谢有欲之骏雄，所用皆所养也，故人知事君之乐，而合以效其腹心奔走之材。由此言之，推《小雅》乐心之旨⑥，稽《周官》驭富之隆，将无望于后人哉？

【评】语语即乎人心、中乎事理。后二股所见虽浅，而议论实有根据。　　次句竟未点出，自是疏处。

【题解】出自第二十章，见上，参见正嘉文卷四陈栋《人道敏政》。

忠信重禄，所以劝士也。

【注释】

① 厚实：此指朝廷给予臣子丰厚的俸禄。
② 取诸怀：此处的意思是被士人放在心里。
③ "夫忠者"以下：此数句意思说，"忠"本是对于臣子的要求，而现在君王以"忠"来要求自己，这是推心对待臣下，臣下必然不忍有负于这种君王。
④ 逮：及。此句谓国君的恩惠及于下，则士能养其妻子儿女，及于上，则士能奉祀其祖先。
⑤ 飨豕山桑：此泛指规格不高的饮食、器用、居室等。飨豕，指规格不高的祭品与礼器，语本《诗经·大雅·公刘》："执豕于牢，酌之用匏。"毛传："执豕于牢，新国则杀礼也。酌之用匏，俭以质也。"山桑，指条件比较简陋的居室，语本《诗经·大雅·皇矣》："攘之剔之，其檿其柘。"毛传："檿，山桑也。"
⑥ 乐心之旨：此指给予士人以优厚的待遇，似本《诗经·小雅·鹿鸣》："我有旨酒，以燕乐嘉宾之心。"

言前定　四句

廖腾奎　改程

历言前定之效，而知不可不豫也。盖观言、事、行、道之所由得，而不能前定者可知矣，若之何不求所以豫也？且吾言凡事贵于豫者，盖人以无定之中任事物之所值而迁徙以从之，则自一身以及百动从后而悔之者，常不可胜举矣，而焉能有立而无废哉？即如一言也，朴讷者将言而嗫嚅，敏给者亦有时而流遁，盖每患乎其跲也，乃吾人之言，非以析事，即以明理，苟实见夫此事此理之源流，则未言而所以为言者已前定矣，虽当机之引伸触类亦不必营度于未言之先，而自可从容以畅吾旨，故有坚强之辩，自谓人莫能难而无端见踬，而君子则反复而必伸，盖言之理已豫也；即如一事也，才分既各有其优绌，而时势又互参其险夷，盖尝患其困也，乃天下之事，经则有宜，变则有权，苟实见其为经为权之旨要，则未事而所以为事者已前定矣，虽临境之变化屈伸亦不能逆料于方事之顷，而自可坚贞以遂所图，故有敏达之才，自谓肆应咸宜而动辄得咎，而君子则坦行而无畏，盖事之理已豫也。至于行，则言与事之总也，言与事皆卒发于一时，而行则要之必世①，言与事之病皆外见，而行之病则返而自苦其心，久矣夫疚之难免也，而惟不能前定故至此，苟深求夫行之大本，则原于性情者有其自然，而达于伦物者有其当然，朝夕以循之而无有越畔②之思，所为恶于己志者无由而伏也，则行之本已豫也；至于道，则言、事、行之所归也，言、事、行皆因时以起义，而道则其所从生，言、事、行之失可旋更，而道之失则任所发而皆悖，甚矣夫穷之多途也，而亦惟不能前定故至此，苟深求夫道之大原，则会为一本者已灿然条理之毕具，而散为万殊者仍浑然本体之可窥，左右以取之而皆有逢源之适，所为四达不悖者在在可恃也，则道之原已豫也。夫言、事、行、道皆非可胶于一定者也，而其本则有可前定者，亦曰诚而已矣。非诚之求，而执其私意以为前定，亦见其败矣。凡事何以立哉？

【评】各段洗发，无一蒙语、弱笔。"不疚"、"不穷"二段，更难得如此了当。

【题解】出自第二十章，参见正嘉文卷四陈栋《人道敏政》。

凡事豫则立，不豫则废。言前定则不跲，事前定则不困，行前定则不疚，道前定则不穷。

【注释】

① 必世：此指持久。世，三十年为一世。
② 越畔：逾越。畔，通"叛"。

诚则明矣 二句

方 舟

观诚、明之同归，而知人道之可恃也。盖君子无慕乎诚之必明，而深恃乎明之必诚，以为人道于是乎立矣。且性与教之分，特言其初之所从入者耳，其终则未有不合者也。盖反诸身而为诚，历于道而为明，其量固有所止，而其用亦实相须。则夫迟速先后之间，所争正自无多耳。天下之物，苟非人之所固有而悬测之，则见以为然而终不能信其然，有一固有而熟习之者，而其情形不待辨而白矣，诚之无不明，岂有异于是乎，仁与义充于心，则事父事君之道，曲折详尽而不至于有所遗，性与命未尝漓①，则万事万物之形，高下参差而皆有以识其分，盖动于心之莫解则其见必真，而得其理所从生则其用不敝也，世固有浑然无伪而贸然②无知者，然彼无怪其不明，其所为诚者固非诚也，诚则无事求明，而已操乎物之所不能遁矣；凡物之情，苟非己之所真知而强赴之，则心欲如是而心亦不能必其如是，有一深知而笃信之者，而其意向确乎不可移矣，明之可以至于诚，岂有异于是乎，深知夫吾身之离道而非人，则俯仰上下之间不敢自恕，而必求既乎其实，深知夫吾性之有善而无恶，则隐微幽独之际不忍自欺，而久将慊③乎其心，盖苟且之意既除则其力随在而可据，二三之见④既绝则其情万变而不渝也，世固有论则善之而行则背之者，然是无怪其不诚，其所为明者固非明也，明则未能遽诚，而匿于心者已无伪矣。是故成于性者，有异人之诚而无异人之明，无异人之明，则其诚亦未为绝⑤矣；成于教者，不患其诚之不至而第患其明之不至，明之量果无所亏，则诚之事已过其半矣。此人道所以继天也。

【评】两"则"字精神，俱从实理勘透，无一字可移置。上二句理醇气朴，笔力复健。

【题解】出自第二十一章。

自诚明，谓之性；自明诚，谓之教。诚则明矣，明则诚矣。（自，由也。德无不实而明无不照者，圣人之德。所性而有者也，天道也。先明乎善，而后能实其善者，贤人之学。由教而入者也，人道也。诚则无不明矣，明则可以至于诚矣。）

【注释】

① 漓：浇薄。
② 贸然：昏乱。
③ 慊：满意。
④ 二三之见：指游移不定的见解。
⑤ 绝：指他人不可能达到。

能尽其性　六句

金居敬

极尽性之量，而至诚有功于天地矣。夫人、物、天地，其理一而分则殊耳，己性尽而人、物之性皆尽，至诚之为功于化育，岂不然哉？今夫圣人之心即天地之心，而有生之体皆天地之体也。惟尽性以至命者有以得其会通，而修道以立教，斯中和、位育更无待于推致而后然耳。吾观夫天地之生人生物、化之育之，一诚而已矣。群黎①得之以正其君臣父子之属，而笃其亲逊②；庶汇③得之以容其飞潜动植之类，而至其繁芜。举夫故者化之使新，若有变通鼓舞④之术；无者育之使有，显其知始作成⑤之功。而要归于天下之至易至简者也，而至诚者既有以得其全而立之极矣。则是仰观俯察，无有以隘其濬哲文明⑥之质，而知之无所不达；上蟠下际，无不可以施其徇齐敦敏⑦之材，而行之无所不顺也。以言乎人之性，岂得与其性同科哉，然而诱迪焉以启其蔽，扶进焉以立其懦，虽使仁智⑧者见于一偏，颛蒙⑨者滞于日用，而至诚之造就督率之者无不至也，则人性之为至诚，所造就督率者亦无不尽也；以言乎物之性，又岂得与人之性相比哉，然而因其力者又有以制其力，养其材者又有以取其材，虽鸷暴者终不可以扰狎，陨落者更不可以敷荣⑩，而至诚之茂对曲成⑪之者无不至也，则物性之为至诚，所茂对曲成者亦无不尽也。若是则人也物也，天地生之而至诚成之，则谓至诚之化之育之也，夫谁曰不可？而化育则仍归之天地，赞化育则归之至诚者，何也？盖其理则一也，至诚即有为之天地，非天地不能有为，天地即无为之至诚，非至诚不能无为也，一化一育，有与为不违，有与为奉若⑫，固无彼此之间矣；其分则殊也，天地之所为，虽至诚亦有所不能预，至诚之所为，虽天地亦有所不能及也，化之育之，罔或弗裁成，罔或弗辅相，实惟左右以之矣⑬。所以中和、位育⑭之君子，必使无一夫之不获，无一物之失所，至于四序⑮五行之无偶失其常，而后乃安也。若犹未也，加戒慎焉。惟至诚之尽性，则有其自然者。此岂直赞之而已哉？

【评】实义搜剔得玲珑，旧义洗涤得新颖，以观理无纤翳也。

【作者简介】

金居敬，字谷似，号式祖，江苏长洲（今苏州）人。康熙十八年（1679）尝召试鸿博科，未中。康熙二十四年（1685）成进士，时已暮年。尝与孙致同修《幸鲁盛典》，书成授灵丘县，卒于官。以文章擅名当世，有《辨真新稿》等。工制义，有《金谷似稿》，收入俞长城《可仪堂一百二十名家制义》。

【题解】出自第二十二章，参见启祯文卷六陈子龙《能尽人之性》。

能尽其性，则能尽人之性；能尽人之性，则能尽物之性；能尽物之性，则可以赞天地之化育。

【注释】

① 群黎：百姓。

② 亲逊：亲爱谦逊。

③ 庶汇：庶类，万类。

④ 变通鼓舞：语本《易·系辞上》："变而通之以尽利，鼓之舞之以尽神。"

⑤ 知始作成：本《易·系辞上》："乾知大始，坤作成物。"孔颖达疏："'乾知太始'者，以乾是天阳之气，万物皆始在于气，故云知其大始也。'坤作成物'者，坤是地阴之形，坤能造作以成物也。初始无形，未有营作，故但云知也。已成之物，事可营为，故云作也。"

⑥ 濬哲文明：智慧深沉，道德焕发。濬，深。语本《尚书·舜典》。

⑦ 徇齐敦敏：灵敏睿智、聪明敦厚。徇齐，本指疾速，指聪慧。语本《史记·五帝本纪》："黄帝者，弱而能言，幼而徇齐，长而敦敏。"

⑧ 仁智：此谓仁者见仁，智者见智，各得一偏。

⑨ 颛蒙：愚昧。此二句本《易·系辞上》："继之者善也，成之者性也。仁者见之谓之仁，知者见之谓之知，百姓日用而不知，故君子之道鲜矣。"

⑩ 敷荣：开花。

⑪ 茂对曲成：根据物性的特点成就万物。茂对，语本《易·无妄》："先王以茂对时育万物。"王弼注："茂，盛也。物皆不敢妄，然后万物乃得各全其性，对时育物，莫盛于斯也。"曲成，《易·系辞上》："曲成万物而不遗。"王弼注："曲成者，乘变以应物，不系一方者也，则物宜得矣。"

⑫ 奉若：相承而不违。

⑬ "罔或"三句：据《易·泰》："天地交，泰。后以财成天地之道，辅相天地之宜，以左右民。"财成，即"裁成"，谓调节。左右，孔颖达疏："助也，以助养其人也。"

⑭ 中和、位育：见《中庸》首章："至中和，天地位焉，万物育焉。"

893

见乎蓍龟 二句

邵 基

实理之所形在物与身者，可验也。夫诚之理未尝一日息也，即蓍龟、四体而几之微者著矣。今夫宇宙之内，谓之太虚而实非也。气之所聚，而於穆之命①凝焉；形之所成，而人事之数应焉。司其柄者，鼓舞以尽神；效其能者，显奇而泄秘。盖实有不能自已者焉。彼兴亡之机之先见者，吾得于蓍龟验之：方夫数之未定，蓍龟未有其兆也，及夫用动用静而吉凶判矣，此蓍龟之见也，而蓍龟岂无故而见也乎？正元会合之运，实有酝酿于天人之交者，于是神物不能秘其瑞也；阴阳驳杂之气，实有交胜于造化之际者，于是象数为之兆其违也。苟非理之实征其盛，将有疑其近于诙者矣，何以数十世之寖昌②皆在烛照之下，及事后思之而不爽也；苟非理之实征其衰，将有疑其近于诞者矣，何以百余年之败坏如在数计之内，及事后觉之而已晚也。盖诚体物而不遗，而蓍龟即乘是以发机缄之妙③，理之因数以显者在此矣。吾更以四体征之：方夫事之未接，四体未呈其机也，及夫周旋折旋④而得失分矣，此四体之动也，而四体岂泛然以动也乎？皇降民秉之彝⑤，附丽于身者已固，于是一俯仰而悉协其则也；仁义中正之极，托根于心者渐虚，于是一屈伸而尽违其天也。苟非帝鉴⑥之所凭，将中节焉而未即为得，何以清明在躬⑦之日，即欲昏聩出之而不能也；苟非天命之所在，将矜慎焉而可以无过，何以致衰兆乱之顷，即欲勉强持之而不得也。盖诚为物之终始，而四体即因是以昭合散之能⑧，理之因形以著者在是矣。而谁则知其"见"与"动"之微也哉？洵非至诚不足以知几矣。

【评】理醇正而气疏达，是极意学正嘉先辈之文。变化舒卷处或有未逮，稳当老成已近似之矣。

【题解】出自第二十四章，参见正嘉文卷四唐顺之《见乎蓍龟》。

至诚之道，可以前知。国家将兴，必有祯祥；国家将亡，必有妖孽；见乎蓍龟，动乎四体。祸福将至：善，必先知之；不善，必先知之。故至诚如神。

【注释】

① 於穆之命：指天命、天道。语本《诗经·周颂·维天之命》："维天之命，於穆不已。"郑玄笺："命犹道也。天之道於乎美哉！动而不止，行而不已。"

② 寖昌：逐渐昌盛。

③ 发机缄之妙：揭示造化运转的奥妙。机缄，机关开闭，谓推动事物发生变化的力量，亦指气数、运数。《庄子·天运》："天其运乎？地其处乎？……意者其有机缄而不得已邪？"

④ 周旋折旋：指进退的举止礼仪。《礼记·玉藻》："周旋中规，折旋中矩。"

⑤ 皇降民秉之彝：上天降赐于人、人们又谨持不失的常德，即伦常。皇降，指上天所降，语本《尚书·汤诰》："惟皇上帝，降衷于下民。"彝，常。秉彝，语出《诗经·大雅·烝民》："民之秉夷

（彝），好是懿德。"

⑥ 帝鉴：上天的鉴戒。

⑦ 清明在躬：语本《礼记·孔子闲居》："清明在躬，气志如神。"孔颖达疏："清谓清静，明谓显著，言圣人清静光明之德在于躬身。"

⑧ 昭合散之能：昭示"气"的运转。合散，气之聚散、物之兴衰，亦指"鬼神"，此即指"气"，贾谊《鵩鸟赋》："合散消息兮，安有常则？"

见乎蓍龟

刘　岩

"几"见乎物，诚而形也。夫天下事既见而后知，则非前知矣。蓍龟乃几之先见者，知之者谁哉？且寂然不动者诚也，动而未形者几也。几在有无之际，问焉以言而受命如向①者，莫甚乎蓍龟，然而知几者鲜矣。夫筮人②辨九筮之名，而详分挂揲奇③之法；龟人掌六龟④之属，而视上下左右之文。盖志定于先，必以官占⑤而断；稽疑之用，尤以鬼谋⑥为征。是故蓍有卦焉，卦有占焉，占有繇⑦焉；龟有体焉，体有兆⑧焉，兆有颂⑨焉。此百姓可以与能，而吾独谓知几者鲜，何也？夫无声无臭者，上天之载⑩，而维皇⑪之意，使吉凶常萌动以示人；冲漠无朕⑫者，於穆之真⑬，而神物之兴，则幽赞于神明⑭而立命。所以天地间，理为之纲而气以具，形上⑮以形下者而凝；气为之运而数以生，无形以有形者而定。上春而相筮⑯也，上春而衅龟⑰也，盖皆以岁首而聚生物之气焉，夫块然充塞乎两间者无非气也，而气之为休为咎，常于物之至灵者见之，则蓍龟之气之所触发，即天神地祇之精英也；蓍以阴阳而其本则二也，龟以五行⑱而其本则五也，盖皆本乾坤而成变化之数焉，夫自然推行乎古今者无非数也，而数之或从或逆，常于物之至变者见之，则蓍龟之数之所灿陈，即二气五行所发著也。夫气与数相合无间，而理存乎其中；理与气数莫测其端，而命行乎其际。惟天命真实无妄，而蓍龟泄其朕兆以绍天之明；惟鬼神体物不遗，而蓍龟乘其气机以前民之用⑲。是则非蓍龟占事以知来，固不足以开物而成务⑳；然非斋戒以神明其德，必不足以极深而研几㉑。盖几微故幽，非诚精故明者不能感而遂通天下之故也。苟徒以前知为术数之能，则一大人占之有余智矣，而何贵乎至诚之道哉？

【评】此章章首二句言"道"自可以前知，"国家将兴"六句，则指"理之先见者"，所谓"几"也。"善必先知"以下，乃言惟至诚能知之实耳。是"见乎"、"动乎"单就几动于彼而言，不得预侵至诚知之地步。唐荆川二句题文，到结处方起下"至诚前知"可证。此文就"蓍龟"上实发"见乎"之理，精当不减前人。独前半预透"知"字，为侵下耳。

【题解】出自第二十四章，见前，参见正嘉文卷四唐顺之《见乎蓍龟》。

【注释】

① 向：通"响"。此句本《易·系辞上》："以卜筮者尚其占……问焉而以言，其受命也如向（响）"。

孔颖达疏："谓蓍受人命，报人吉凶，如响之应声也。"

② 筮人：掌管卜筮的官员。《周礼·春官·筮人》："筮人：掌《三易》，以辨九筮之名，……九筮之名，一曰巫更，二曰巫咸，三曰巫式……九曰巫环，以辨吉凶。"郑玄注："此九巫读皆当为筮，字之误也。"

③ 分挂揲奇：分、挂、揲、奇，均为卜筮时的操作过程。朱熹《周易本义·筮仪》："分而为二以象两"，"挂一以象三"，"揲之以四以象四时"，"归奇于扐以象闰"。

④ 六龟：《周礼·春官·龟人》："龟人，掌六龟之属。"指天龟、地龟、东龟、西龟、南龟、北龟，各有其专名，如"天龟曰灵龟，地龟若绎属"等。

⑤ 官占：此即指占卜。此句谓占卜之法，先定人志，再去占卜，语本《尚书·大禹谟》："官占，惟先蔽志，昆命于元龟。朕志先定……龟筮协从"，孔安国传："帝王立卜占之官，故曰官占。蔽，断。昆，后也。官占之法，先断人志，后命于元龟，言志定然后卜。"

⑥ 鬼谋：指卜筮以定吉凶。《易·系辞下》："人谋鬼谋，百姓与能。"孔颖达疏："卜筮于鬼神，以考其吉凶，是与鬼为谋也。"

⑦ 繇：繇辞，说明卦象吉凶得失的文辞。

⑧ 兆：指占卜时龟甲上的裂纹。《周礼·春官·大卜》："大卜掌三兆之法"，郑玄注："兆者，灼龟发于火，其形可占者。"

⑨ 颂：相当于解释龟兆的"繇辞"，《周礼·春官·大卜》："其经兆之体，皆百有二十，其颂皆千有二百。"郑玄注："颂谓繇也。"

⑩ 上天之载：此句谓天道的运行，没有声音，没有气味。出自《诗经·大雅·文王》："上天之载，无声无臭。"毛传："载，事。"

⑪ 维皇：此指上帝、上天。《尚书·汤诰》："惟皇上帝，降衷于下民。"孔安国传："皇，大。上帝，天也。"

⑫ 冲漠无朕：旷漠空虚，没有迹象。朕，迹象。

⑬ 於穆之真：此指天道。於穆，叹美之辞。语本《诗经·周颂·维天之命》："维天之命，於穆不已。"

⑭ 幽赞于神明：使隐微难见者显明。《易·说卦》："昔者圣人之作《易》也，幽赞于神明而生蓍。"按，"幽赞神明"为常用语，而解释歧说颇多，此据本文意思而释。

⑮ 形上：指"形而上者"，谓"道"。后"形下"指"器"。

⑯ 相筮：指选择新的蓍。《周礼·春官·筮人》："上春，相筮。"贾公彦疏："上春，谓建寅之月，岁之始，除旧布新，故更选择其蓍，易去其旧者。"

⑰ 衅龟：以牲血灌龟，以增加其神性。《周礼·春官·龟人》："上春衅龟"，郑玄注："衅者，杀牲以血之，神之也。"上春指夏历正月。

⑱ 龟以五行：用龟占卜是根据裂纹来推测五行的变化。《周礼·春官·占人》"君占体"，贾公彦疏："云'体，兆象也'者，谓金木水火土五种之兆。言体言象者，谓兆之墨纵横，其形体象以金木水火土也。凡卜欲作龟之时，灼龟之四足，依四时而灼之。其兆直上向背者为木兆，直下向足者为水兆，邪向背者为火兆，邪向下者为金兆，横者为土兆，是兆象也。"

⑲ 前民之用：预知来事，预先为百姓的运用做好准备。《易·系辞上》：圣人作《易》"是兴神物以前民用。"

⑳ 开物而成务：《易·系辞上》："夫易，开物成务，冒天下之道，如斯而已者也。"王弼注："冒，覆也。言易通万物之志，成天下之务，其道可以覆冒天下也。"

㉑ 极深而研几：穷极深隐、研核几微。《易·系辞上》："夫易，圣人之所以极深而研几也。"

诚者自成也　一节

赵景行　墨

《中庸》因诚以及道，原乎天而尽于人焉。盖惟有诚而后有道，亦惟自成而自道者，莫可诿也。诚之于人何如哉？且天下一诚之所际也，苟不知诚为皆备之理，无由知道为当行之事，乃或以后起者之多所谢①，转疑最初者之多所遗，恶知自天之人之际，有其本然乃以有其当然者乎？吾与天下言诚矣。盖所谓诚者，无妄之原，天地以之立心者，群生即以之立命，俯仰上下之间，即虚无之地亦且本是以充周，而况其为形生者欤；无伪之宰，鬼神以之为德而不可掩者，万类即以之为体而不可遗，旷观飞跃之机，即无知之伦亦必资之以各正，而况其为有觉者欤？盖所以自成也。此其无为者也，而有为者，事即由之而渐起；亦其无待者也，而有待者，责即于是而有归。夫然而道又可得言矣。自其发于心者而言之，喜怒哀乐皆有必不容已之情，而节必求其中，非假诸他人之怀也，虽裁成辅相，功在两间，而专而察之，总不敢诿为中和以外之事；自其成于身者而言之，子臣弟友皆有必不可辞之分，而道务期其尽，又非托诸他人之业也，虽礼明乐备，贯乎幽明，而返而求之，总不敢谢为仁孝不及之端。明其为自道，而人又安得自外于道以自歉于诚哉？以原乎天者观本成之量，而即以尽人者著求诚之功。诚固如是其甚切也夫。

【原评】"自道"句易作沉着语，"自成"句往往无把鼻②矣。"虚无之地"、"无知之伦"，四语最是道得周密。嘉隆盛时，场屋文字乃见此等有根柢语。

【作者简介】

赵景行，安徽休宁人，康熙二十六年（1687）顺天乡试举人。此篇为乡试墨卷。

【题解】出自第二十五章，参见正嘉文卷四王樵《诚者非自成己而已也》。

诚者自成也，而道自道也。

【注释】

① 谢：去、绝。
② 把鼻：犹"把柄"，指根据、凭据。

诚者非自成己而已也　一节

云中官　墨

成己者必及乎物，原诸性而知其故焉。夫己与物均此一诚，则仁、知①之德固无分内外者也，安有施之不宜者哉？且自物与无妄②，而凡天下之生而具之者，本无有盈歉之分也。物与我俱生，而所以待命于我者，已具于有生之初；则我与物俱成，而所以为物立命者，亦岂有加于天命之始乎？不过即吾所固有者举而加之，而固已无余事矣。如君子而既有诚之之功，则于自成之体既已不亏，而所以自道其道者亦已无憾矣。顾吾之理既统乎天下之物以为诚，则吾之功亦必统乎天下之物以为自成。吾以诚自成，而天下犹有物焉遗于吾诚之外，此非诚之尚有遗物也，而即吾之所以自成者有不全也；吾以自成者自道，而天下犹有物焉弃于吾道之外，此非物之不统于道也，而即吾之所以自成而自道者有所缺也。故诚者非自成己而已也，所以成物也，奚以明其然耶？盖天之所为公乎物而不妄者，诚也；而人之所以具于心而各正者，性也。诚之理由合而见为分，而仁体事而皆在，知周物而不遗，皆诚中自足之体、自裕之用，而己与物因有各见之功能；性之德虽分而本无不合，而心无私者必能大曲成③之量，心有觉者必能全无我之真，皆性之德所以百虑而一致、同条而共贯，而成己与成物初无歧出之性量。如是，则安得有内外之别也乎？盖惟其得于己者，仁即诚之通，知即诚之复，而于继善之原既无所歉；故其见于事者，时乎措诸己而体仁者自具夫长人之元④，时乎措诸物而知临者悉原诸观理之哲，而于参赞⑤之业自无不周。于此知己外无物而成不独成、宜则皆宜者，洵非外至而强为之也，其故不亦晓然也哉？人诚能全此诚于己，固无忧道之不及于物也。

【评】数层曲折，一气贯注，不散不杂，理脉俱清。 古文大家，非资材绝人者莫能问津。中人初学，求为清真妥当，以此等文为权舆可也。

【作者简介】

云中官，江南（今安徽）广德人，康熙四十二年（1703）二甲进士。

【题解】出自第二十五章，参见正嘉文卷四王樵《诚者非自成己而已也》。

诚者非自成己而已也，所以成物也。成己，仁也；成物，知也。性之德也，合外内之道也，故时措之宜也。

【注释】

① 知：通"智"。
② 物与无妄：万物各得其性。语本《易·无妄》："天下雷行，物与无妄，先王以茂对明育万物。"朱熹《周易本义》："震动发生，万物各正其性命，是物物而与之以无妄也。"
③ 曲成：多方设法以成就之。《易·系辞上》："曲成万物而不遗。"孔颖达疏："言圣人随变而应，屈曲委细，成就万物。"
④ 长人之元：此指善、仁。善行可养育人。长，培养。元，大善。语本《易·乾》："元者善之长也……君子体仁足以长人。"
⑤ 参赞：辅助，指参天地、赞化育。

今夫山 二段

汪士铉

观山、水之生物，愈以见天地之盛矣。夫山、水为天地所生，而其生物之广大不测如此，天地之盛何如耶？且夫天地之气结而为山，融而为水，山水固天地所生之物也。乃山水得天地之气以生，而复能生物于天地之间，以大天地之功用。吾观四海九州岛①，生者一天，成者一地，何以彼此物产之美，各傲人以所无而必不能强同，盖天地固以山、水隔其东西，限其南北，而山、水之气遂各有所钟②于物焉，故欲观天地之生物者，宜观之山、水；殊方异域，仰焉此天，俯焉此地，何以彼此风土所有，苟易地以相处而皆弗能为良，盖天地固以山、水异其寒暖，殊其燥湿，而山、水之性遂各有所偏于物焉，故能穷山水之生物者，可以知天、地。吾始观乎山之一节卷石，谁谓非山；吾始观于水之一端一勺，谁谓非水？虽然，此未睹山之广大与水之不测也。盖尝总山、水之所生者论之，其为生民所取资欤，生之诚是也，乃若其质陋劣而无益于人，其性狼戾③而有害于物，在世人安所取乎是，而亦储阴阳之精以生之，何疾与污之无所不藏纳也！其为日用之常物欤，生之诚是也，乃若玩好之足以荡人耳目，珍奇之适以溺人心思，在圣人方深恶乎此，而反积英华之气以生之，何美与恶之无所于决择也！而不知此正山之所以为广大、水之所以为不测也。是故极物之怪伟奇特，而或终为人之所罗而致之焉，非人之智也，而实山、水之足供人世之求也；竭人之聪明才力，而或于物竟有不能取者焉，非人之愚也，而实山、水之难以人力相穷也。则试观草木禽兽与夫宝藏之属于山，鼋鼍蛟龙鱼鳖与夫货财之属于水，而岂徒曰卷石已乎、一勺已乎？呜呼，此天地之所以为盛也！

【评】题甚堆垛，能以议论运掉、不落庞杂，自是能者。

【作者简介】

汪士鋐（1658—1723），字文升，号退谷，又号秋泉，江南长洲（今苏州）人。康熙三十六年（1697）状元，授翰林院修撰，历右中允，入直南书房。工诗古文词，尤精书法，与姜宸英齐名，称"姜汪"。著有《拙泉集》、《秋泉居士集》等。

【题解】出自第二十六章，参见化治文卷四岳正《今夫天》。

今夫山，一卷石之多，及其广大，草木生之，禽兽居之，宝藏兴焉。今夫水，一勺之多，及其不测，鼋鼍、蛟龙、鱼鳖生焉，货财殖焉。

【注释】

① 九州岛：即九州。
② 钟：汇聚。
③ 狼戾：凶狠暴戾。

考诸三王而不缪　二句

汪 琬

观道于考、建①，其尽善有明验矣。夫三王、天地，皆前君子②而备道者也，不缪、不悖，有一之未善者哉？且王者以一身立创制之极则，古今上下胥听治焉。变通于百年者，宜今即所以法古；燮理于一日者，下应③亦所以上符。纪纲既著，有不远为承而躬为配④哉？本身、征民⑤，未尽君子之道也。道莫盛于古今，而三王独居其备，文物典章之具，君子所奉身以思绍者也。考其势，可以观变通；考其时，可以参因革；考其心，可以溯神明。故规模弘远，遵三王所已为者不嫌拘，肇⑥三王所不及为者不嫌创，以新猷⑦而追曩烈，夏有《书》⑧、商有《诰》、周有《官》，如见君子之协礼焉，夫何缪？盖有道而后有三王，有三王而后有君子，其身为三王所式凭之身，其民亦三王所共治之民也。用三王之竑业以持身，即用三王之典则以宜民，道在而俱囿于君子之规矱⑨矣。迄于今，文献犹可问也，岂有显戾⑩其章程者哉？道莫昭于上下，而天地独统其全，高卑健顺⑪之能，君子所侧身以求合者也。建在形，有与为观察；建在事，有与为调燮；建在理，有与为感通。故法象昭明，守天地所已备者不妨同，补天地所不及备者不妨异，以人事而协玄模⑫，上有清⑬，下有宁，中有贞，如见君子之合撰⑭焉，夫何悖？盖有道而后有天地，有天地而后有君子，其身为天地所宣锡⑮之身，其民亦天地所宠佑之民也。受天地之纯嘏⑯以物身⑰，即受天地之降鉴⑱以求民，道在而俱范于君子之裁成矣。迄于今，崇深⑲犹可见也，岂有隐逾其气数者哉？如是而鬼神之与百世、圣人⑳，又可类推也。

【原评】于他人下笔不休处偏能浑括，意尽语竭处偏能展拓。以同时名作参观，自见其独为高出也。

【作者简介】

汪琬（1624—1691），字苕文，号钝庵，晚号钝翁，又以晚居太湖尧峰山，学者称尧峰先生，江南长洲（今苏州）人。顺治十二年（1655）进士，官户部主事，迁员外郎，再迁刑部郎中。康熙初归隐，十八年（1679）召试博学宏词科，授翰林院编修，预修《明史》，翌年冬告归。汪琬与侯方域、魏禧合称清初古文三大家，亦能诗，有《尧峰文钞》五十卷、《钝翁类稿》一一八卷等。亦善制义，辑有《明文弋》。

【题解】出自第二十九章，参见化治文卷四程楷《考诸三王而不缪》。

故君子之道：本诸身，征诸庶民，考诸三王而不缪，建诸天地而不悖，质诸鬼神而无疑，百世以俟圣人而不惑。

【注释】

① 建：朱熹集注："建，立也，立于此而参于彼也。"按："考、建"及下文"不缪、不悖"俱为"考诸三王而不缪，建诸天地而不悖"的省语。

② 君子：此指天子、统治天下者。

③ 下应：顺应于下，指应民。后"上符"，即合于天。

④ 配：此指天子以己德配天地。

⑤ 本身、征民：指经文上二句"本诸身，征诸庶民"。

⑥ 肇：创始。

⑦ 新猷：新的功业。猷，谋划、功业。后"曩烈"指前人的功业。

⑧ 夏有《书》：此数句本《尚书》而言，泛言三王的制度纲纪均有文献可考。《尚书》中夏代文献称为《夏书》，商代文献中有《汤诰》，周代文献中有《周官》。

⑨ 规矱：规矩。矱，尺度、法度。

⑩ 显戾：公然违背。戾，违背、抵触。

⑪ 高卑健顺：此指天地之德、能。高卑，指天高地卑。健顺，指天行健、地道顺。

⑫ 玄模：此指天道。模，模子，喻指规范。《抱朴子·勖学》："运大钧乎皇极，开玄模以轨物。"

⑬ 上有清：此数句指天清、地宁、天下平定。语本《老子》第三十九章："昔之得一者：天得一以清，地得一以宁，……侯王得一以为天下贞。"或本"贞"作"正"。

⑭ 合撰：合于天地运行之规律。撰，数、规律，《易·系辞下》："以体天地之撰"。

⑮ 亶锡：赐予。亶，本意为诚、的确，此指"天亶"，《尚书·泰誓上》："亶聪明，作元后"，蔡沉集传："亶，诚实无妄之谓，言聪明出于天性然也。"后以"天亶"称天赐的聪明。

⑯ 纯嘏：大福。语本《诗经·小雅·宾之初筵》："锡尔纯嘏，子孙其湛。"郑玄笺："纯，大也。嘏，谓尸与主人以福也。"

⑰ 物身：规范自己，即修身。物，使……合乎规格。

⑱ 降鉴：俯察、监视。

⑲ 崇深：高与深，指天地之道。

⑳ "如是"句：指经文下二句"质诸鬼神而无疑，百世以俟圣人而不惑"。

仲尼祖述尧舜　一章

金居敬

　　原圣德而至于天地，因极赞天地之大焉。夫以尧舜文武为一人，而天地且弗能违也。不言天地之大，而何以见圣人之大乎？且夫圣人者，与天地合其德而成位乎中者也。前之圣人，身为帝王而立其极；后之圣人，身承帝王而集其成。故夫圣人体天地之撰，而天地未易拟诸其形容也。大矣哉！自有天地以来，圣人有作，未有如仲尼者也。以言乎远，莫大于尧舜，而仲尼以祖述者宗其道矣，危微之旨①，绎以克复②也，精一之传③，阐以博约④也；以言乎近，莫大于文武，而仲尼以宪章者守其法矣，从先进⑤，犹之乎监夏殷⑥也，修春秋，犹之乎丕显承⑦也。而岂但已哉？吾由其所以兼综帝王者，而得其所以同流天地。上焉而动而不息者，非天时乎，仲尼以乾惕⑧者律之，与偕行也；下焉而静而有常者，非水土乎，仲尼以安贞⑨者袭之，应无疆也。大哉仲尼！内以藏诸用⑩，外以显诸仁；立其本以为翕受⑪之原，及于末以著敷施之绩；如地之无不载也，如天之无不覆也；变通配四时，阴阳之义配日月也。尧舜文武所以财成辅相⑫、参赞化育各极其盛者，萃于一人矣。仲尼之大，一天地也。而天地何如其大乎？天高地下，万物散殊，固并育于其间也，动植者自如，飞潜者自若，不相害也；寒往则暑来，日往则月来，其道并行也，推迁而成岁，继禅⑬而生明，不相悖也。而其所以不害、不悖者何哉，天地之小德也，无极而太极，二气而五行，于是焉而至于不可纪而莫能名也，殆于如川之流者矣；而其所以并育、并行者何哉，天地之大德也，自不可纪而莫能名反而之于五行，凝于二气，太极归根于无极也，必有敦厚其化者矣。天呈象而地成形，各给者不匮于挹注；乾知易而坤能简⑭，握要者不歧于统归。天地之大如此，而吾所以取譬之意复何待言哉？

　　【评】铸局运意，全在前半篇。后则湘转帆随⑮，风利不得泊矣。

　　【题解】出自第三十章，参见正嘉文卷四潘仲骖《仲尼祖述尧舜》。

仲尼祖述尧舜，宪章文武；上律天时，下袭水土。辟如天地之无不持载，无不覆帱，辟如四时之错行，如日月之代明。万物并育而不相害，道并行而不相悖，小德川流，大德敦化，此天地之所以为大也。

【注释】

① 危微之旨：指"人心惟危，道心惟微"，见《尚书·大禹谟》，为舜传禹之心法。

② 绎以克复：以"克己复礼"来引申。绎，抽绎、探究。参见《论语·颜渊》"颜渊问仁"章。

③ 精一之传：指舜传禹之"惟精惟一，允执厥中"，见《尚书·大禹谟》。

④ 博约：指博文约礼，即"博我以文，约我以礼"，见《论语·子罕》"颜渊喟然叹曰"章。

⑤ 从先进：指遵从前辈即西周初年的文质得宜的人的做法。《论语·先进》："如用之，则吾从先进。"

⑥ 监夏殷：指周代损益夏商两代的礼法。监，视，指损益之。《论语·八佾》："子曰：周监于二代，郁郁乎文哉！吾从周。"

⑦ 丕显承：似指文王武王相继以圣。《尚书·君牙》："呜呼！丕显哉，文王谟！丕承哉，武王烈！"

⑧ 乾惕：此指效法于天，而刚健自强，心怀忧患。《易·乾》："君子终日乾乾，夕惕若厉。"

⑨ 安贞：此指效法于地，《易·坤》："安贞之吉，应地无疆。"孔颖达疏："安谓安静，贞谓贞正，地体安静而贞正，人若得静而能正，即得其吉。"

⑩ 藏诸用：及下"显诸仁"，俱本《易·系辞上》："（道）显诸仁，藏诸用。"孔颖达疏："'显诸仁'者，言道之为体，显见仁功，衣被万物，是显诸仁也。'藏诸用'者，谓潜藏功用，不使物知，是藏诸用也。"

⑪ 翕受：及下"敷施"，分别指内蓄其德行和外施其政教。均本于《尚书·皋陶谟》："翕受敷施，九德咸事，俊乂在官。"孔安国传："翕，合也。能合受三六之德而用之，以布施政教，使九德之人皆用事。"

⑫ 财成辅相：裁度以成之，辅助之。财成，即"裁成"。语本《易·泰》："天地交，泰。后以财成天地之道，辅相天地之宜，以左右民。"

⑬ 继禅：前后相继，此指日月交替。禅，让位。

⑭ 乾知易而坤能简：即《易·系辞上》："乾以易知，坤以简能。"孔颖达疏："易谓易略，无所造为，以此为知，故曰'乾以易知'也。""简谓简省凝静，不须繁劳，以此为能，故曰'坤以简能'也。"

⑮ 湘转帆随：顺着湘江的转折调整行船方向，喻行文顺其自然。语本《水经注》卷三十八《湘水》："沿湘七百里中，有九向九背。故渔者歌曰：帆随湘转，望衡九面。"

仲尼祖述尧舜 　一节

张 英 墨

《中庸》归道统于圣人，而举其备道之全功焉。夫仲尼之学，合古今上下而立隆者也，不可推为备道之一人哉？《中庸》历言天道、人道，至此将以明所统也。若曰：道在天下，固无往而不寓矣，若夫综其成以为功者，则不得不推立极之一人。盖广言之，为至诚天地，虚拟之，为圣人君子，皆可以仲尼之一身备之。道非自仲尼而始，必有其创垂者，故仲尼之学不可窥，所可窥者在帝王相传之要；道惟赖仲尼而立，尤必有其范围者，故仲尼之学不可见，所可见者在高深协赞①之中。由今思之，道统开于尧舜，所以立百代之宗也，仲尼则祖述之，精一之微言，以数圣人咨儆②于一堂，而犹惧其晦，以一圣人相感于旷代③，而如见其心，非得统之独尊者与，观删《书》④断自唐虞，而知渊源有自来，盖不啻高曾⑤奉之矣；道法盛于文武，所以集百王之成也，仲尼则宪章之，制作⑥之灿然，以数圣人厘定于前，而再传或失其遗意，以一圣人修明于后，而奕禩⑦共凛其典章，非为法之大备者与，观礼乐遵乎昭代⑧，而知精微有默喻，盖不啻章程凛之⑨矣。道有自然之运，莫著于天时，仲尼则上有以律之，盖法天行之健也，在天时之流行，为用而不劳之化，在圣心之广运，为出而不匮之藏，夫岂有心以律之哉，时中之妙，有行所无事而曲中者，诚不俟仰观而则效也已；道有一定之宜，莫著于水土，仲尼则下有以袭之，盖因地德之厚也，在水土之流峙⑩，亘古今而不易其常，在圣心之凝固，历常变而不渝其守，夫岂有心以袭之哉，安敦⑪之性，有各止其所而至善者，又无烦俯察而因应也已。若此者，道在一人，而溯之古帝以正其传，考之今王以观其备，仲尼所以旷古今而立隆；抑道在一身，而崇而效之⑫与於穆⑬同其功，卑而法之与奠丽⑭同其体，仲尼所以等崇卑⑮而合撰⑯。更将何以拟之乎？亦拟之天地而已。

【原评】 格正理醇，神完法密。洗去浮华，独标清韵。

【题解】 出自第三十章，见上，参见正嘉文卷四潘仲骖《仲尼祖述尧舜》。

仲尼祖述尧舜，宪章文武；上律天时，下袭水土。

【注释】

① 高深协赞：指赞天地。高深，指天地。

② 咨儆：提醒警诫。咨，嗟，《尚书》中"尧典"等篇常用以表示叮嘱、警诫的语气。

③ 旷代：此指历年久远、时代相隔。

④ 删《书》：传统认为孔子曾删定《诗》、《书》。今《尚书》所记，始于"虞书"，有《尧典》等篇。

⑤ 高曾：高祖和曾祖，泛指祖先。"高曾事之"即所谓"祖述"。

⑥ 制作：此指典章制度。

⑦ 奕禩：历年、历代。奕，重、累。禩，同"祀"。

⑧ 昭代：清明的时代，本朝，此指周朝。按，此句指孔子在礼法制度上"从周"，《论语·八佾》："子曰：周监于二代，郁郁乎文哉！吾从周。"

⑨ 章程凛之：像对待章程那样严肃地遵守，即"宪章文武"之意。凛，严肃。

⑩ 流峙：水流山峙。

⑪ 安敦：厚重仁爱，即"安土敦仁"，语出《易·系辞上》："乐天知命，故不忧。安土敦仁，故能爱。"孔颖达疏："安静于土，敦厚于仁。"

⑫ 崇而效之：指效法天。下句"卑而法之"指效法地。语本《易·系辞上》："知（智）崇礼卑，崇效天，卑法地。"王弼注："极知之崇，象天高而统物；备礼之用，象地广而载物也。"

⑬ 於穆：本叹美之辞，此指天道。语本《诗经·周颂·维天之命》："维天之命，於穆不已。"

⑭ 奠丽：本指确定，此指人伦。语本《尚书·顾命》："昔君文王、武王宣重光，奠丽陈教则肄。"孔安国传："定天命"，蔡沉集传："奠，定。丽，依也。……定民所依。"

⑮ 崇卑：指天地。

⑯ 合撰：合于天地运行的规律。撰，数、规律，《易·系辞下》："以体天地之撰。"

唯天下至圣 一节

汪 份

　　至圣之有临，惟其德无不备也。盖以生知之质①，而备四德②之全，则临天下之事岂尚有所不足乎？且人心莫不有知以载仁义礼智之性，而心之知不能有通而无塞，性之德不能骤复而皆全者，其常也。若夫天生一人，以为天下所托命，则其得于天而成于性者，有不可以常理测者矣。何者？天下重器，帝王大统。势力不可强干，则理必求其可称；而屯蒙③待以并济，则事必有以相成。唯天下至圣，惟能聪无不闻、明无不见，而凡有耳目者皆绌焉，凡有耳目者皆赖以安焉；睿无不通、知无不知，而凡有心思者皆屈焉，凡有心思者皆有所式焉。以是而临天下，则天下虽大，而临之者恢恢乎其有余地矣，而岂有所不足乎哉？且夫聪明睿知，固非虚而无所丽④者也，盖实有所涵之德焉，惟独得夫清明之体⑤而无累于气质之私，故所性之理⑥咸正无缺，而且曲尽其条理焉，凡宽裕温柔而为仁，发强刚毅而为义，齐庄中正而为礼，文理密察而为智者，皆聪明睿知所一一涵之者也；而足以有临，亦非意而知其然，盖实有可据之事焉，虽兼陈乎万物之形而独运以一心之理，则恃源以往，而殊涂百虑⑦莫不各应其至分焉，凡仁之尽而足以容，义之尽而足以执，礼之尽而足以敬，智之尽而足以别者，皆足以有临之一一可据者也。夫众人自昧其本心之知者无论矣，即大贤以上，用其知以求复其性，而四端之充，或偏至而难求其备，强学所致，亦历浅而未得其深。是而入于万事万物之中，其不足之形，有更起叠出而不能自掩者矣；而至圣既独擅生知之质而无歉矣，其所性之理，足乎己而无待于外，而又务竭其耳目心思之材，学问以成其变化，务尽其仁义礼智之性，拟议以合于中庸，如此则不必入于万事万物之中，而无所不足之实，有返观默索而信其不爽者矣。盖仁义礼智者，生知之德；而容执敬别⑧者，临天下之实事。德固不可假，事亦不可诬也。其不足者，虽强以饰之而众不可欺；其无不足者，虽无以屈之而无思不服。凡所临者皆有耳目心思以窥上之所蕴，而可易言临哉？故自至圣而外，临天下者皆处于不足之数者也。

　　【评】将"四德"并入"生知"内合发，非避难趋易，理本如是也。"大贤以上，学力亦不能造"，"生知亦不废学"，二义尤勘得至圣身分出。文气疏达老健，亦见作家本领。

　　【作者简介】

　　汪份（1655—1721），字武曹，江苏长洲人。康熙四十二年（1703）二甲进士，改庶吉士，授编修，奉命督学云南，未赴而卒。与陶元淳、何焯俱以文学知名，游于徐乾学、翁叔元之门。有《增订四书大全》，名重一时，著有《遄喜斋集》等。时文有《汪武曹时文》、《明文必自集》。

　　【题解】出自第三十一章，参见正嘉文卷四归有光《是以声名洋溢乎中国》。

　　唯天下至圣，为能聪明睿知，足以有临也；宽裕温柔，足以有容也；发强刚毅，足以有执也；齐庄中正，足以有敬也；文理密察，足以有别也。

【注释】

① 生知之质：生而知之的天资。朱熹集注："聪明睿知，生知之质。"

② 四德：指仁义礼智。朱熹集注认为经文"宽裕温柔……足以有别"四句分别描述仁、义、礼、智四德。

③ 屯蒙：此指困顿，各种困苦。语本《易》"屯"、"蒙"二卦，《屯》："屯，刚柔始交而难生"，《蒙》："蒙，山下有险，险而止，蒙。"王弼注："退则困险，进则阂山，不知所适，蒙之义也。"

④ 丽：依附、附丽。

⑤ 清明之体：指不沾染"气质之性"的天性。《礼记·孔子闲居》："清明在躬，气志如神。"孔颖达疏："清谓清静，明谓显著，言圣人清静光明之德在于躬身。"按，在理学家那里，"清明"与"圣人"、"生知"等常常具有相关联的意义。

⑥ 所性之理：指上天所赋的理，纯乎理而不杂于欲。

⑦ 殊涂百虑：指种种不同的途径与方法。涂，通"途"。

⑧ 容执敬别：指分别指仁、义、礼、智的用途与效果。为经文"足以有容"、"有执"等的省语。

舟车所至　八句

陶元淳　墨

极圣德之所备，尽一世而尊亲之也。夫天下之尊亲至圣，惟其德也，其光被何如哉！且夫托乎万民之上而天下群然奉之，称之曰"元后"，分未尝不尊也，仰之曰"父母"，情未尝不亲也，而非有以广被乎？天下之无穷，则虽其人之者深、感之者远，而风声所渐，犹可以道里疆界求之也。若至圣之声名，其施及岂有既①哉？彼夫六合之外，赘弗能宾②也，译弗能通也，况以天子之精微而宁喻之也；故夫八荒之远，正朔不必加也，声教不必讫③也，然而天子之神灵则已震之也。言乎舟车，则梯航万里，其载德以行者乎；言乎人力，则经涉万国，其扶德以往者乎？过此则为绝人之区矣，而天之覆、地之载，有不与之俱覆俱载者乎；至此则皆积气之所矣，而日月之照、霜露之队④，有不与之俱照俱队者乎？吾见天位乎上，地位乎下，万物之含灵以出者，共禀乎阳刚阴柔之德以自全其知能之体；乃得阳之精而为气，得阴之精而为血，心知之乘运而觉者，深感夫鼓舞变化之用而自生其爱敬之心。天下之尊吾君者犹神明也，乃绝俗何知，非仅若风气之异者犹可以恩信孚⑤也，而近者咸请入臣，远者亦求置吏，其莫不尊者，犹我封域之内也，夫人主之衣冠瞻视亦有何奇，而传之四国，犹凛然其震动，岂其有血气者而不神明奉之也哉？天下之亲我君者犹父母也，乃处势既远，非仅若嗜欲之殊者⑥犹可以羁縻⑦勿绝也，而岁时则来献见，水土则贡百物，其莫不亲者，犹吾赤子之伦也，夫盛世之山川草木亦复何知，而德之感被，犹竞献其祯祥⑧，况乎有血气者而不父母依之⑨也哉？至圣声名之盛如此。

【评】 题气直下，中间更无停顿。前半如题顺叙，极变化舞跃之致。后二股神气相抱，通篇直如一股。

舟车所至，人力所通；天之所覆，地之所载，日月所照，霜露所队；凡有血气者，莫不尊亲。

【注释】

① 有既：有终结。既，竟、终。
② 赞弗能宾：双方没有往来，不能使之臣服。赞，礼物，此指双方聘问时的礼物。宾，臣服。
③ 讫：通"迄"，到达。《尚书·禹贡》："声教讫于四海。"
④ 队：通"坠"，降落。
⑤ 孚：使之信服。
⑥ 嗜欲之殊者：指边远地区，其人民的习惯嗜好与华夏不同。
⑦ 羁縻：中央政府对边远地区采取安抚笼络的办法，使之臣服而不进行直接的管理。
⑧ 祯祥：瑞兆。
⑨ 父母依之：像依顺父母那样归附于天子。

淡而不厌　　可与入德矣

蔡世远

即闇然日章者而申言之，而入德之方为不容已矣。夫淡、简、温，闇然也；不厌而文且理焉，则日章矣。欲入德者，可不知所谨以实致其为己之功哉？今夫学以立诚也，诚之至者自不可掩，故敦本务实之修，君子所贵。然其端甚微，其功甚密，身心内外之间，下学之始基托焉。君子之道，何以闇然而日章哉？其言庸言，其行庸行，淡矣，而有物有恒①，令人味之而弥旨②焉，何其不厌也；辞寡而中，貌质而恭，简矣，而蕴德含章③，令人挹之而不尽焉，何其文也；和以处众，易以居心，温矣，而称物平施④，则权衡自定而条理井然焉，何其理也。是所谓闇然而日章者也，是为己之功所驯致焉者也，君子之道大率类然。虽然，反己之修，必致审于人己相关之际；务本之图，必洞悉乎本末相因之理。苟其心不纷于外慕，而内美中存；识复极于至精，而几微毕达。深究乎千里之应违在于居室，而知远之近⑤焉；外著之光辉本于宥密⑥，而知风之自焉；一心之退藏不能不大白于广众，而知微之显焉。自其由外之内者而言，则知九经三重⑦，不外行之以一本之于身；自其由内达外者而言，则知致中致和，即可天地以位、万物以育。学至此，已能知所谨而功有可用、德有由入矣。盖淡、简、温而不厌而文且理者，是成德之事也，是为己之功之明效大验也；知远、风、显之由于近、自、微者，是入德之方也，所以密其为己之功而审端用力于斯乎在也。又可引《诗》而毕其说矣。

【评】 词无枝叶，语有伦次，足继美正嘉作者。

【题解】 出自第三十三章，参见隆万文卷四胡友信《是故君子笃恭而天下平》。

《诗》曰"衣锦尚纲"，恶其文之著也。故君子之道，闇然而日章；小人之道，的然而日亡。君子之道：淡而不厌，简而文，温而理，知远之近，知风之自，知微之显，可与入德矣。

【注释】

① 有物有恒：指言有物、行有恒。语本《易·家人》："君子以言有物而行有恒。"王弼注："家人之道，修于近小而不妄也。"孔颖达疏："言之与行，君子枢机。出身加人，发迩化远，故举言行以为之诫。"

② 味之而弥旨：越体会越觉得意味深长。旨，味美。

③ 含章：蕴含美质。语本《易·坤》："六三：含章可贞"，孔颖达疏："章，美也。……内含章美之道。"

④ 称物平施：施与均平，与其物自身的情况相称。称，相称。语本《易·谦》："君子以裒多益寡，称物平施。"王弼注："多者用谦以为裒，少者用谦以为益，随物而与，施不失平也。"孔颖达疏："多者亦得施恩，少者亦得施恩，……于下若有谦者……随其官之高下，考其谦之多少，皆因其多少而施与之也。"

⑤ 远之近：及以下"风之自"、"微之显"，朱熹集注："远之近，见于彼者由于此也。风之自，著乎外者本乎内也。微之显，有诸内者形诸外也。"

⑥ 宥密：深隐，此指心。语本《诗经·周颂·昊天有成命》："夙夜基命宥密。"

⑦ 九经三重：九经指包括修身等在内的九种治国的根本方法，见《中庸》二十章。三重，王天下者的三种作为，指议礼、制度、考文，见《中庸》二十九章。

上天之载　三句

徐用锡

圣德同天，故于天得其至焉。盖"不显"①则无声臭②之可言矣，拟之天载③，至矣乎！此闇然之极也。且德之从来出乎天，而其成也亦似之。此惟窥见本原之论，始能会意于思议之表，而有以得其真也。毛犹有伦④，谓之"伦"则亦显之类也；谓之"有"则未离乎显之迹也，是皆非其德之至者。盖志已立于人之所不见，而至于主静立极之真，非天下之至神者，孰能与于斯也；功已密于言动所不形，而至于神明默成之孚，非天下之至化者，孰能与于斯也？今夫物有声臭也，已远乎形而即乎气，又气之至微而介乎有无之间者，以此为言，亦无恶其涉于迹象而间于精微矣。而《文王》之诗所云"天载"者，并此而无之。岂不以穆清⑤在上，天本为声臭之元，而所以枢纽乎造化者，天未尝自有其声臭也，乾元资始，而神存于冲漠，诚之不贰者如此矣；岂不以神气风霆，天本极声臭之用，而所以根柢乎品汇者，天未尝自私其声臭也，阴阳不测，而化妙于无迹，命之不已者如此矣。若夫不显之德，措之为经纶，发之为事业，极其盛，则含生负气之伦莫之有遗，而推其功，则化育流行之大亦且有助，是岂声臭之无者乎？然以云"不显"，则神之所凝，圣不可知，举天下之大有而悉与性体无所与，纯粹以精，浑然与天一其神而已；化之所行，远不可御，举天下之众有而悉于性分无所加，不动而变，廓然与天合其化而已。无声无臭，此可以云"不显"之至矣。要之，君子之学惟为己之一念基之。盖与於穆同运者，即充其闇淡无文之心；而与大化同流者，即极其切近精实之务。此笃恭之德所以始终不显，而天德无慕乎高远、王道不杂于功利、圣神之绝轨⑥不过为中庸之极功也。子思子之意深哉！

【评】此等题，一涉玄渺语，便非"不显"实际。文根柢先儒，语无虚泛，最见心力之细。　　"神"、"化"分贴，本瞿浮山⑦。

【题解】出自第三十三章，参见隆万文卷四胡友信《是故君子笃恭而天下平》。

《诗》曰："德輶如毛"，毛犹有伦。"上天之载，无声无臭"，至矣！

【注释】

① 不显：见经文前节所引《诗经·周颂·烈文》"不显惟德！百辟其刑之"，在《诗经》本指"丕显"，《中庸》此章是幽深玄远之意，以说明君子之德"闇然而日章"。

② 声臭：声音气味。

③ 天载：即"上天之载"，上天之事。载，事。引自《诗经·大雅·文王》，孔颖达疏："上天所为之事，无声音，无臭味……其事冥寞。"

④ 毛犹有伦：把德比喻成"毛"，而毛还有伦类，有形象，因而还不足以贴切地说明"德"。

⑤ 穆清：清和之气，此指天。《史记·太史公自序》："受命于穆清，泽流罔极。"

⑥ 绝轨：此指迥越常人的德行。绝，远。轨，迹。

⑦ 瞿浮山：明代制义名家瞿景淳。

钦定清朝四书文卷十（《孟子》上之上）

诗云经始灵台　　於牣鱼跃

韩　菼

《诗》咏灵台，工于赋矣。夫述台之成而及其囿沼禽鱼之胜，《诗》何善为贤者赋乎？国之有观游也，或者以为非宜，是大不然。往往有贤主作之，而一时歌吟，流播民间，后遂登诸乐章，以示丰功骏烈，煌煌乎一朝之盛事弗可及已。吾尝诵周诗而得《灵台》之篇。夫周之所经营者亦数矣，曩者馆于豳也，涉渭而取材焉①，而后此膴膴周原②，俾立室家，皋门应门，制亦殚矣。迨其迁丰也，则方筑城伊减③之不暇，而台榭之是亟乎？且即以一诗言之，如辟雍④，制之巨者也，或宜歌以志焉；若夫台，实为娱君之耳目，而何侈陈之为？乃不意其竟以《灵台》命篇而一再赋之不已也。夫台必序其所以始，必序其所以成，必以为出于民之心而非吾君之所为，而又必极言吾君之所观览以示足为吾君娱。作者之体，自皆然也，何必《灵台》？然此往往出自词人学士，托讽劝之微意，逞瑰丽之雄辞，而试问诸闾阎，何寂寂无颂声作也？若《灵台》之诗则不然。当其时，中林野人⑤，汉南游女⑥，类皆能文章、娴吟咏。观斯台者，自写其忠爱之诚，而想夫憩息之适；览高深之殊致，状禽鱼之极观，其犹"二南"之风欤？然而其音雅矣。臣尝受其诗而读焉，夫亦序台之始与其所以成，以为出于民之心也，而情自深矣；亦即言其君之所观览，以示足为娱也，而意自长矣。请赋其首章，曰"经始灵台，经之营之，庶民攻之，不日成之。经始勿亟，庶民子来"；未已也，又请赋其次章，曰"王在灵囿，麀鹿攸伏，麀鹿濯濯，白鸟鹤鹤。王在灵沼，於牣鱼跃"。

【评】波澜意度，俱从作诗者想象而出，正是于下文两"谓"字中探出消息也。行文似着意，似不着意，宜玩其经营惨淡、脱去町畦处。

【题解】出自《梁惠王上》第二章。

孟子见梁惠王，王立于沼上，顾鸿雁麋鹿，曰："贤者亦乐此乎？"（沼，池也。鸿，雁之大者。麋，鹿之大者。）孟子对曰："贤者而后乐此，不贤者虽有此，不乐也。（此一章之大指。）《诗》云：'经始灵台，经之营之，庶民攻之，不日成之。经始勿亟，庶民子来。王在灵囿，麀鹿攸伏，麀鹿濯濯，白鸟鹤鹤。王在灵沼，於牣鱼跃。'文王以民力为台为沼。而民欢乐之，谓其台曰灵台，谓其沼曰灵沼，乐其有麋鹿鱼鳖。古之人与民偕乐，故能乐也。（此引《诗》而释之，以明贤者而后乐此之意。《诗》，《大雅·灵台》之篇，经，量度也。灵台，文王台名也。营，谋为也。攻，治也。不日，不终日也。亟，速也，言文王戒以勿亟也。子来，如子来趋父事也。灵囿、灵沼，台下有囿，囿中有沼也。麀，牝鹿也。伏，安其所，不惊动也。濯濯，肥泽貌。鹤鹤，洁白貌。於，叹美辞。牣，满也。孟子言文王虽用民力，而民反欢乐之，既加以美名，而又乐其所有。盖由文王能爱其民，故民乐其乐，而文王亦得以享其乐也。）《汤誓》曰：'时日害丧？予及女偕亡。'民欲与之偕亡，虽有台池鸟兽，岂能独乐哉？"（此引《书》而释之，以明不贤者虽有此不乐之意也。《汤誓》，《商书》篇名。时，是也。日，指夏桀。害，何也。桀尝自言，吾有天下，如天之有日，日亡吾乃亡耳。民怨其虐，故因其自言而目之曰，此日何时亡乎？若亡则我宁与之俱亡，盖欲其亡之甚也。孟子引此，以明君独乐而不恤其民，则民怨之而不能保其乐也。）

【注释】

① 此句谓周之先祖公刘在豳地筑馆，曾经让百姓涉过渭河取材。语本《诗经·大雅·公刘》："笃公刘，于豳斯馆。涉渭为乱，取厉取锻。"郑玄注："使人渡渭水，为舟绝流，而南取锻厉斧斤之石，可以利器，用伐取材木，给筑事也。"

② 膴膴周原：周原土地肥美。按，此以下叙周人在古公亶父带领下来到周原，筑屋建城，语本《诗经·大雅·绵》："周原膴膴……乃召司空，乃召司徒，俾立室家。……乃立皋门，皋门有伉。乃立应门，应门将将。"毛传："王之郭门曰皋门。伉，高貌。王之正门曰应门。将将，严正也。"

③ 筑城伊淢：指周文王率周人迁于丰，筑丰邑。语本《诗经·大雅·文王有声》："筑城伊淢，作丰伊匹。"毛传："淢，成沟也。"郑玄笺："方十里曰成。淢，其沟也，广深各八尺。"

④ 辟雍：天子所立学校，略当于后世的"太学"，或谓也是天子出政令之所。《诗经·大雅·灵台》也提及"辟雍"："于论鼓钟，于乐辟雍。"

⑤ 中林野人：在林中捕兔的庶人，泛指农夫等无爵位之人。中林，即林中。语本《诗经·周南·兔罝》："肃肃兔罝，施于中林。赳赳武夫，公侯腹心。"朱熹集传："化行俗美，贤才众多，虽罝兔之野人，而其才之可用犹如此。……而文王德化之盛，因可见矣。"

⑥ 汉南游女：语本《诗经·周南·汉广》："南有乔木，不可休息。汉有游女，不可求思。"朱熹集传："文王之化，自近而远，先及于江汉之间，而有以变其淫乱之俗，故其出游之女，人望见之，而知其端庄静一。"

不违农时　二节

马世俊

王者尽心于民事，道建而业斯隆焉。盖必民事尽而王者之心始尽也，自其始以观其成，道斯全耳。孟子谓夫凡民易于趋始而难于图终，王者知其然也，先定其规模以从事，而轻重缓急随序以施，迨其后兴化致治，举斯民于三代之隆，而区区补救于目前，非所贵矣。大梁之国，田高土肥，池深木茂，其壤可赋，其泽可渔，其山可采，幅员千里，即以图王不难。然而物力耗减，民气嗟郁。无他，其始不立，其卒不成，有由然也。臣谨献其策曰：不可胜食者二，不可胜用者一①。盖为国之道，和则就理，疾则离焉，必使吾民乐蜡吹豳②，而后风化可几也，王者所以不慕速效而救之于先；治民之道，顺则易济，逆则止焉，必使吾民敦本茂质，而后诲谕可加也，王者所以不争霸术而重其所发。夫君之于民，至阔绝也，苟以为吾心既尽，则又何不尽之有？矧其生有以养、死有以葬，民所求于君者不亦可以已乎？王者则曰，吾虽教民山不樵蘖、林不伐夭③，而心未尽也，闲闲泄泄④，取彼柔桑⑤，而地利尽矣；吾虽教民尺计者市、寸计者字⑥，而心未尽也，诸父诸舅，或佐干糇⑦，而物用尽矣；吾虽教民三时耕作、一时公旬⑧，而心未尽也，丰年三日、中年二日、凶年一日，而天时尽矣。若夫上庠下庠、东序西序⑨，既释耒而横经⑩，岂我负而子戴⑪？民之克进于孝弟也，夫非犹是教以养生、教以送死者哉？今天下老者既不逢宽裕之俗，幼者复生当衰乱之时，寒利裋褐⑫，饥利糟糠。民之嗸嗸⑬，新主所资也。是以叹无裳⑭而讥采菖⑮，衰世所以灭亡也；歌授衣⑯而隆羞耇⑰，盛世所以光昌也。王果有意乎此，则彼被润泽而大丰美者⑱，岂独三晋之老成⑲、两河⑳之侠少哉？禹汤之王兴也勃焉，其道不过如是。若移民、移粟㉑之说，无论其后之不可继乎其始，先不足观也。

【原评】前半实者虚之，既无头重之病，中间攒簇一片，无限堆垛，都化烟云。最爱左氏叙鄢陵之战㉒，楚压晋军而陈㉓，下既叙范匄、郤至语，却借楚子望中点出晋军布置，极虚实互见之巧。作者岂亦窥寻及此？

【题解】出自《梁惠王上》第三章，参见正嘉文卷五尤瑛《寡人之于国也》。

不违农时，谷不可胜食也；数罟不入洿池，鱼鳖不可胜食也；斧斤以时入山林，材木不可胜用也。谷与鱼鳖不可胜食，材木不可胜用，是使民养生丧死无憾也。养生丧死无憾，王道之始也。五亩之宅，树之以桑，五十者可以衣帛矣；鸡豚狗彘之畜，无失其时，七十者可以食肉矣；百亩之田，勿夺其时，数口之家可以无饥矣；谨庠序之教，申之以孝悌之义，颁白者不负戴于道路矣。七十者衣帛食肉，黎民不饥不寒，然而不王者，未之有也。

【注释】

① "不可胜食者"为谷与鱼鳖，有二；"不可胜用者"为材木，有一。

② 乐蜡吹豳：本指冬末举行蜡祭，演奏《豳风·七月》，此后百姓可得休息，此即指与民休息之意。豳，即《豳风·七月》，《周礼·春官·籥章》称为"豳颂"："国祭蜡，吹《豳颂》，以息老物。"

③ 山不樵蘖、林不伐夭：不砍伐山林里的嫩枝和小树。《国语·鲁语上》："且夫山不槎蘖，泽不伐夭。"韦昭注："槎，斫也。以株生曰蘖。""草木未成曰夭。"按，此句言"斧斤以时入山林"。

④ 闲闲泄泄：悠闲的样子。语本《诗经·魏风·十亩之间》："十亩之间兮，桑者闲闲兮，行与子还兮。十亩之外兮，桑者泄泄兮，行与子逝兮。"朱熹集传："闲闲，往来者自得之貌。""泄泄，犹闲闲也。"

⑤ 柔桑：《诗经·豳风·七月》："遵彼微行，爰求柔桑。"毛传："微行，墙下径也。'五亩之宅，树之以桑。'"

⑥ 字：养。按，此谓以尺计其大小的大鱼，才可到市面上卖，以寸计其大小的小鱼，则令其继续生长，即"数罟不入洿池"。

⑦ 诸父诸舅，或佐干糇：宴饮亲朋故旧，有时还佐以点心，指生活小康。语本《诗经·小雅·伐木》："既有肥羜，以速诸父"，"既有肥牡，以速诸舅"，"民之失德，干糇以愆"。朱熹集传："此燕饮朋友故旧之乐歌"，"干糇，食之薄者"。

⑧ 一时公旬：指冬季才让百姓服劳役。一时，一季，指冬季，冬季才让百姓服役，意在"不违农时"。公旬，为官府服劳役，《周礼·地官·均人》："丰年则公旬用三日焉，中年则公旬用二日焉，无年则公旬用一日焉。"

⑨ 上庠下庠、东序西序：泛指学校。庠、序均指学校，《礼记·王制》："有虞氏养国老于上庠，养庶老于下庠。夏后氏养国老于东序，养庶老于西序。"

⑩ 横经：横陈经书，指受业或读书。

⑪ 岂我负而子戴：意即"颁白者不负戴于道路矣"，指教化大行。我负子戴，本《偕隐歌》，《古诗源》卷一《古逸》载之："天下有道，我黻子佩；天下无道，我负子戴。"

⑫ 裋褐：泛指粗布衣服。贾谊《过秦论》："夫寒者利裋褐，而饥者甘糟糠。"

⑬ 嗸嗸：同"嗷嗷"，哀叫，《诗经·小雅·鸿雁》："鸿雁于飞，哀鸣嗸嗸。"朱熹集传："流民以鸿雁哀鸣自比而作此歌也。"

⑭ 叹无裳：指感叹国家贫困，世人不讲礼法。语本《诗经·卫风·有狐》："心之忧矣，之子无裳！"毛诗序："《有狐》，刺时也。卫之男女失时，丧其妃耦焉。古者国有凶荒，则杀礼而多昏，会男女之无夫家者，所以育人民也。"朱熹集传："国乱民散，丧其妃耦，有寡妇见鳏夫而欲嫁之，故托言有狐独行，而忧其无裳也。"

⑮ 讥采葍：此指讥刺世风日下。本《诗经·小雅·我行其野》："我行其野，言采其葍。不思旧姻，求尔新特。"毛传："葍，恶菜也。新特，外昏也。"毛诗序："《我行其野》，刺宣王也。刺其不正嫁取之数而有荒政，多淫昏之俗。"朱熹集传亦以为此叙男子"不思旧姻而求新匹也"，引王氏曰："先王躬行仁义以道民，厚矣，犹以为未也。……安有如此诗所刺之民乎？"

⑯ 歌授衣：歌颂生活安乐有序。语本《诗经·豳风·七月》："七月流火，九月授衣。"毛诗序："《七月》，陈王业也。周公遭变故，陈后稷先公风化之所由，致王业之艰难也。"

⑰ 隆羞耇：使奉养老人之风广泛推行。羞耇，语本《尚书·酒诰》："尔大克羞耇惟君，尔乃饮食醉饱。"孔安国传："汝大能进老成人之道，则为君矣。"蔡沉集传："羞，养也，言其大能养老也。"

⑱ 此句指德泽广布，则阴阳和顺，民生和乐。语本《汉书·董仲舒传》引"对策"："是以阴阳调而风雨时，群生和而万民殖，五谷孰而草木茂，天地之间被润泽而大丰美。"

⑲ 三晋之老成：三晋的老成之人，魏为"三晋"之一，故此即指魏国的老年人。

⑳ 两河：此指魏国。战国秦汉之时，黄河流向与今天不同，在今山东境内北折，略呈由南向北的走向，在河北省入海，与秦、晋间由北向南的河段相对，称"两河"，晋在两河之间，孔颖达《毛诗正义序》："齐魏两河之间，兹风不坠。"按，"三晋"以下，谓假如魏王推行王道，那么受惠的将不只是魏国之人，也即是说，魏国可以"王天下"。

㉑ 移民、移粟：魏惠王的补救性措施，即"河内凶，则移其民于河东，移其粟于河内"。

㉒ 鄢陵之战：晋、楚争霸之战，发生于周简王十一年（公元前 575 年）六月。《左传·成公十六年》叙战前双方的准备，先叙晋国一方范匄、郤（郄）至的言论，范匄提出晋军应采取"塞井夷灶，陈于军中"的办法，郤至则指出楚军部署上存在的问题；接下来，再叙楚王"登巢车以望晋军"，借楚王的视角叙述晋军的军事安排。

㉓ 压晋军而陈：逼近晋军列阵。陈，通"阵"。

不违农时 六句
熊伯龙

君诚尽心于民，当知食、用之原矣。夫物治其所生，鲜不赡者。农之于民大矣，涝池、山林，亦何可不尽心哉？尝叹人君有衣食天下之资而不知取也。以君养民则不足，使民自养则有余。苟顺乎天时，因乎地利，谨乎国制，万物之生息皆可得而权焉。抚禹甸①而知坟壤山泽之利皆为人用，其不惜献力以遂生民之欲者，天之心也，天下之物，任天下自为之，固有国者之所以为体；考《周礼》而见土木水草之事各有深谋，其不惜委曲以安食货之性者，圣人之法也，天下之物，任天下自为之而自耗之，非有国者之所以为心。国之本富，无奇能异术也。博民于生谷②而毕其力也，《豳风》③而既陈矣。农未有不知时者，其若罔闻知，则非农之罪也。人君震动恪恭④于上，有司劳来⑤于下，则土不旷而民不游，斯敬授人时⑥者哉？乃臣遂以此为屡丰年⑦焉，何也？天下为之而不忧其不生，生之而不忧其不足者，莫谷若也；臣所虑者，时难得而易失也，过此非臣所虑也。嗟乎，推爱农之心以爱物，何物不阜哉？如有鱼鳖，非犹夫谷之不再食则饥也，然苟欲厚其生，则数罟可虑，夫四寸之目，谁非泽人所悉者，自人君无薄滋味⑧之心，而渔师复借池泽之赋，以取怨于下，而鲛师⑨始困也，实能使之不入焉，盖不待四灵为畜，而鱼鲔知其弗泆矣⑩；至于材木，非犹夫谷之必耕耨而获也，然苟欲全其利，则斧斤可虞，夫冬夏之制，宁非工石所审者，自人君无重兴作之心，而百工复逞淫巧之艺，以析及勾萌⑪，而樵采始病也，实能使之以时焉，盖不待地尽东南，而竹箭⑫陈于廪至⑬矣。此三者，原处有余之势，而法但防其不足，故物产日增其数，而立制无多；此三者，皆有至大之功，而事涉乎纤悉，故君相弗挈其纲，而造物亦倦。王而忽此，始勤勤于荒政矣。

【原评】 此题不可硬填经语，不可略涉策气。以古秀之笔，写先王撙节爱养之道，美丽精融，使人往复不厌。

【题解】 出自《梁惠王上》第三章，见上，参见正嘉文卷五尤瑛《寡人之于国也》。

【注释】

① 禹甸：本指禹所开辟的土地，此泛指中国的土地，犹言九州禹迹。语本《诗经·小雅·信南山》："信彼南山，维禹甸之"，毛传："甸，治也。"朱熹集传："言信乎此南山者，本禹之所治。"

② 博民于生谷：让百姓集中于农业生产之上。博，广、通。《管子·八观》："非私草木爱鱼鳖也，恶废民于生谷也。故曰：先王之禁山泽之作者，博民于生谷也。"

③《豳风》：《诗经》"国风"一部分。周之祖先公刘率周人居于豳，周人重视农耕，"豳风"也多带务农的特点，《汉书·地理志》："其民有先王遗风，好稼穑，务本业，故豳诗言农桑衣食之本甚备。"

④ 震动恪恭：此指君主以政策、法令引导百姓尽心从事于农作。《国语·周语》："民用莫不震动，恪恭于农，修其疆畔。"

⑤ 劳来：以恩德招之使来。

⑥ 敬授人时：敬记天时并向人民颁布历法，以指导农业生产。《尚书·尧典》："（尧）乃命羲和，钦若昊天，历象日月星辰，敬授人时。"

⑦ 屡丰年：连续得到丰年。语本《诗经·周颂·桓》："绥万邦，娄丰年。"郑玄笺："娄，亟也。诛无道，安天下，则亟有丰熟之年，阴阳和也。"朱熹集传："除害以安天下，故屡获丰年之祥。"按，《左传·宣公十二年》径引为"屡丰年"。

⑧ 薄滋味：指饮食方面节俭。

⑨ 鲛师：不详，疑指渔人，或即"舟鲛"，看守水泽之官。《左传·昭公二十年》："山林之木，衡鹿守之；泽之萑蒲，舟鲛守之。"杜预注："衡鹿、舟鲛……皆官名也。言公专守山泽之利，不与民共。"孔颖达疏："舟是行水之器，鲛是大鱼之名。泽中有水有鱼，故以舟鲛为官名也。"

⑩ "盖不待"以下：意谓如果不允许用"数罟"即密网捕鱼，那么也不一定要畜养"四灵"，水里的鱼已经不会受到惊扰，能够安然生长了。此语本《礼记·礼运》："四灵以为畜，故饮食有由也"，孔颖达疏："由，用也。灵是众物之长，长既至为圣人所畜，则其属并随其长而至，得以充庖厨，是'饮食有用也'。"又，"何谓四灵？麟、凤、龟、龙谓之四灵。故龙以为畜，故鱼鲔不淰。"孔颖达疏："解饮食有由之义也。淰，水中惊走也。鱼鲔，从龙者，龙既来为人之畜，故其属见人不淰然惊走也。"

⑪ 析及勾萌：连草木的萌芽也砍伐。勾萌，草木萌芽，曲者为勾，直者为萌。

⑫ 竹箭：一种细竹，也叫"筱"。《尔雅·释地》："东南之美者，有会稽之竹箭焉。"又《管子·小匡》："是以羽旄不求而至，竹箭有余于国。"

⑬ 麇至：成群而来。《左传·昭公五年》："求诸侯而麇至。"按，此句谓如果能够"斧斤以时入山林"，那么竹箭一类的木材，本国就足够使用，用不着从远方运输而来。

省刑罚 三句

孙维祺

仁政去其病农者，而农事勤矣。夫刑罚残则减耕耨之力，税敛重则失耕耨之资。上也省、薄，下也深、易①，仁政之初效可睹也。若曰：王所虑者，国之丧败耳，曷尝计民之困恙哉？臣窃见井牧②寂寥，悬耒而叹，流离转徙，轻去其乡，石田③丰草，遍两河④矣。晋于天下，民莫众焉，力莫饶焉，何为至此？臣察其故，一在刑罚，一在税敛而已。武健之吏，以为律不严则兵不壮；心计之臣，以为饷不继则师不雄。于是农官不设，保介⑤无咨，督责之术峻，催科⑥之考最⑦，其亦不仁甚矣。且刑酷而自甘于赎，谓罚之可以道刑⑧也，乃百锾之罚⑨有加焉，千锾之罚更有加焉，悬磬而免桁杨⑩，反不若刑之无忧其妇子；敛重而群趋于末⑪，谓税之可以逃敛也，乃园廛漆林之税苛焉，鱼盐蜃蛤之税更苛焉，奔走而恣供亿⑫，反不若敛之完聚其室家。是故拘系之累囚，南亩⑬农夫也；纳赎之金矢⑭，中田膏脂也；一日之佩璲⑮，万人胼胝也；一餐之酒浆，终岁勤动也。民困何如，有不辍耕太息⑯者，岂情也哉？而臣有以知仁政之所在矣。且夫执左道以乱人心者，皆游惰之民相率而为非耳，臣以为刑之所及，且先治之以旷土失业之诛，而即以夫布之罚⑰继其后，外此之眚灾⑱，尚从原宥焉，则省莫省于此矣；抑取市廛以约商贾者，驱末业之民尽返而归农耳，臣以为税之所加，不过定之以货少货多之法，而要以正供⑲之赋敛诸农，过此之诛求，无滋悉索⑳焉，则薄莫薄于此矣。吾见出一民于囹圄之苦，即增一民于陇亩之勤；减一粟于周道之输㉑，即留一粟于农亩之馈㉒。我有手足，君王爱我，不桎梏之而笞箠之，使我秉耒，使我荷锄，忍自逸也？我有仓廪，君王恤我，不倾圮㉓之而灌输之，使我饔飧，使我作息，忍自嬉也？庶几哉！两河之民，老死不登士师㉔之庭，暮夜不闻追呼之吏㉕。犹是耕也，而今则深矣；犹是耨也，而今则易矣。十亩闲闲㉖，良士休休㉗，而相忘于化日之舒以长㉘也，则暇甚也。

【评】上下营绾，皆有实义，故词虽腴而质自清。

【作者简介】

孙维祺，字以介，号起山，安徽庐江人。康熙三十年（1791）进士，官直隶河间、涞水知县。有《孙起山遗稿》一卷。

【题解】 出自《梁惠王上》第五章。

梁惠王曰："晋国，天下莫强焉，叟之所知也。及寡人之身，东败于齐，长子死焉；西丧地于秦七百里；南辱于楚。寡人耻之，愿比死者一洒之，如之何则可？"（魏本晋大夫魏斯，与韩氏赵氏共分晋地，号曰三晋。故惠王犹自谓晋国。惠王三十年，齐击魏，破其军，虏太子申。十七年，秦取魏少梁，后魏又数献地于秦。又与楚将昭阳战败，亡其七邑。比，犹为也。言欲为死者雪其耻也。）孟子对曰："地方百里而可以王。百里，小国也。然能行仁政，则天下之民归之矣。王如施仁政于民，省刑罚，薄税敛，深耕易耨。壮者以暇日修其孝悌忠信，入以事其父兄，出以事其长上，可使制梃以挞秦楚之坚甲利兵矣。（省刑罚，薄税敛，此二者仁政之大目也。易，治也。耨，耘也。尽己之谓忠，以实之谓信。君行仁政，则民得尽力于农亩，而又有暇日以修礼义，是以尊君亲上而乐于效死也。）彼夺其民时，使不得耕耨以养其父母，父母冻饿，兄弟妻子离散。（彼，谓敌国也。）彼陷溺其民，王往而征之，夫谁与王敌？（陷，陷于阱。溺，溺于水。暴虐之意。征，正也。以彼暴虐其民，而率吾尊君亲上之民往正其罪。彼民方怨其上而乐归于我，则谁与我为敌哉？）故曰：'仁者无敌。'王请勿疑！"（"仁者无敌"，盖古语也。百里可王，以此而已。恐王疑其迂阔，故勉使勿疑也。孔氏曰："惠王之志在于报怨，孟子以论在于救民。所谓惟天吏则可以伐之，盖孟子之本意。"）

【注释】

① 深、易：即"深耕易耨"。

② 井牧：泛指田野、民间。井为耕地单位，牧指牧地单位。《周礼·地官·小司徒》："乃经土地，而井牧其田野。"郑玄注："隰皋之地，九夫为牧，二牧而当一井。"

③ 石田：本指多石而贫瘠之田，此指田地荒芜。

④ 两河：此指魏国。战国时代，黄河下游的走向是由南向北，入在今之河北境内入海，此一河段与中游由北向南的河段并称"两河"，魏在"两河"之间。

⑤ 保介：也是一种农官。《诗经·周颂·臣工》："嗟嗟保介，维莫（暮）之春。"朱熹集传："保介，……其说不同，然皆为籍田而言，盖农官之副也。"

⑥ 催科：此指催促交纳赋税。科，征收赋税。

⑦ 最：会，丛聚。

⑧ 逭刑：免除刑罚。

⑨ 百锾之罚：交纳一百锾抵罪的刑罚。锾，货币单位。《尚书·吕刑》："墨辟疑赦，其罚百锾……大辟疑赦，其罚千锾"，蔡沉集传："六两曰锾。"

⑩ "悬磬"句：谓为了免除刑罚而交纳赎金，结果让家里一贫如洗。悬磬，家中空无所有，语本《国

语·鲁语上》："室如悬磬，野无青草，何恃而不恐？"桁杨，加在脚上或颈上的刑具，泛指刑具，语本《庄子·在宥》："今世殊死者相枕也，桁杨者相推也，刑戮者相望也。"

⑪ 末：与"本"相对，指工商业。

⑫ 供亿：本指供其匮乏，使其安也，泛指供应朝廷所需。亿，安。《左传·隐公十年》："不能供亿。"

⑬ 南亩：泛指田间。南坡向阳，利于农作物生长，古人田土多向南开辟，故称，《诗·小雅·大田》："俶载南亩，播厥百谷。"

⑭ 金矢：此指向朝廷官府交纳的财物。语本《易·噬嗑》："九四：噬乾胏，得金矢。"诸说不同，朱熹《周易本义》："《周礼》，狱讼入钧金束矢而后听之。"按，《周礼·秋官·大司寇》："以两造禁民讼，入束矢于朝，然后听之。以两剂禁民狱，入钧金，……然后听之。"郑玄注："必入矢者，取其直也。……古者一弓百矢，束矢其百亩与？""必入金者，取其坚也。三十斤曰钧。"

⑮ 佩璲：所佩的瑞玉。按，此本《诗经·小雅·大东》："或以其酒，不以其浆。鞙鞙佩璲，不以其长。"朱熹集传："东人或馈之以酒，而西人曾不以为浆；东人或与之以鞙然之佩，而西人曾为以为长。"

⑯ 辍耕太息：停止耕作，因为劳苦而叹息，含准备起而造反之意。语本《史记·陈涉世家》："尝与人佣耕，辍耕之垄上，怅恨久之……太息曰：'嗟乎！燕雀安知鸿鹄之志哉！'"

⑰ 夫布之罚：对于不从事农业或其他正业的人，令其交纳一夫所应出的赋税。"夫布"，语本《周礼·地官·闾师》："凡无职者出夫布"，贾公彦疏："出夫布者，亦使出一夫口税之泉也。"

⑱ 眚灾：因过失而造成灾害，语本《尚书·尧典》："眚灾肆赦，怙终贼刑。"孔安国传："眚，过。灾，害。肆，缓。……过而有害，当缓赦之。怙奸自终，当刑杀之。"

⑲ 正供：常供，法定的赋税。

⑳ 悉索：尽其所有地搜刮。

㉑ 周道之输：指将财物输送给朝廷官府。周道，或谓即大道，或谓通往周王室的大道，语本《诗经·小雅·大东》："周道如砥，其直如矢。……睠言顾之，潸焉出涕。"朱熹集传："周道如砥，则其直如矢……今乃顾而出涕者，则以东方之赋役，莫不由是而西输于周也。"

㉒ 馌：给耕田的人送饭到田间。《诗经·豳风·七月》："同我妇子，馌彼南亩。"

㉓ 倾圮：毁坏。

㉔ 士师：掌刑狱之官。此句谓民风淳朴，不喜诉讼。

㉕ 追呼之吏：指催促交纳赋税的官吏。

㉖ 十亩闲闲：泛指魏国的庶民生活安乐。语本《诗经·魏风·十亩之间》："十亩之间兮，桑者闲闲兮。"朱熹集传："闲闲，往来者自得之貌。"

㉗ 良士休休：此指魏国士人品行好。语本《诗经·唐风·蟋蟀》："好乐无荒，良士休休。"毛传："休休，乐道之心。"

㉘ 舒以长：语本《后汉书》卷四十九王符传引《爱日篇》："化国之日舒以长，故其民闲暇而力有余；乱国之日促以短，故其民困务而力不足。舒长者，非谓羲和安行，乃君明民静而力有余也。"

仲尼之徒　二句

潘宗洛

圣门黜霸功，以其事之非正也。盖桓、文之事，不正所集也，岂游于圣门者而亦道之？今夫士君子之慎择于学术，甚于人君之择治术也。故近古以来，权略智计之士所争言者，独概置而弗取焉，此其所挟持甚大而其渊源甚远矣。王以桓文之事问臣，盖志在桓文久矣，抑知臣之学乃得自仲尼者乎？三代之君，迹不相袭，道本同归，至桓文而始别创其途；百家之说，迹涉争胜，道鲜折衷，至仲尼而乃独正其统。以臣读仲尼之书，观其言语文章，循循然莫不有规矩，言必称先王。自周室之既东也，上而溯诸丰镐①，惟有历年，更上而溯诸唐虞夏商，惟有历年。其事固多湮没不为世所称说，而仲尼者犹独网罗旧闻、参考载籍，与其徒讲明而切究之。若夫仲尼之去桓文未远也，《牧民》、《山高》②之篇，与夫狐、赵之谋③之载于晋乘者，赫赫若前日事，而其文不少概见。何哉？及臣从仲尼之徒游，而后知仲尼之虑之深且远也。仲尼以为为一时计不可无桓文之功，为千古计不可有桓文之事。桓文之功，盖在于奖王室也，故于《春秋》多恕辞；桓文之事，则归于败王章也，故于《诗》《书》寓微意。何也？鲁僖之惩荆④也，得列于《诗》之《颂》矣，以言乎召陵之役、城濮之师⑤，苟铺张扬厉，岂直鲁僖而已哉，乃读《南山》⑥，知天之乱齐以启桓，而其后无讥⑦焉，读《渭阳》⑧，知天之假秦以启文，而其他弗闻焉，霸者莫高乎桓文，而风雅正变之间，未尝一载，此明以抑之，使其事不得托乎《关雎》、《殷武》⑨中也；抑秦穆之悔过⑩也，可列于《书》之末矣，以言乎葵丘之盟、践土之会⑪，其尊奖翼戴，岂仅秦穆之比哉，乃读昭王⑫以后之书，诰诫⑬未衰，而宰孔⑭之命齐侯者弗与焉，读东迁以后之书，弓矢有锡⑮，而王子虎⑯之命晋侯者弗与焉，霸者莫显乎桓文，而方策删定之际，未有表章，此明以绝之，使其事不得继夫二帝三王后也。盖仲尼之微意若此，所以七十子之徒口受其辞、心通其意，必无道桓文之事者也。嗟乎！桓文能挟天子以令天下，而不能得之于匹夫；能使尚功骛利者竞慕其事，而不能使贤人君子之弗鄙弃而不道。仲尼之徒岂欺我哉？

【评】才调富有，挥洒如意。　　后二股乃时士所叹赏，而求以义理之实则失据。桓、文兴霸，实未尝有诗以歌其事耳，若以为孔子抑之，则《甫田》⑰、《渭阳》之类无关劝惩者犹存焉，而独削桓、文之诗，于义为无处矣。凡见于《尚书》，非事关兴衰，即文成誓诰可垂法戒者，宰孔、王子虎之命，寥寥数语，意尽于言，亦难与殷诰周盘⑱并列。凡此皆时文家将无作有，以伸其说耳，而风致则佳。

【作者简介】
潘宗洛（1657—1716），字书原，号巢云，别号垠谷，江苏宜兴人。康熙二十七年（1688）进士，历官少詹事、内阁学士、礼部侍郎、湖南巡抚。三掌文衡，皆称精鉴。工诗文，有《潘中丞集》四卷。

【题解】出自《梁惠王上》第七章，参见化治文卷五靳贵《老者衣帛食肉》。

齐宣王问曰："齐桓、晋文之事可得闻乎？"孟子对曰："仲尼之徒无道桓、文之事者，是以后世无传焉。臣未之闻也。无以，则王乎？"

【注释】

① 丰镐：西周国都。周文王时由岐迁丰，武王时由丰迁镐。
②《牧民》、《山高》：齐桓公大臣管仲所著《管子》一书的篇名。《牧民》为首篇，《山高》即次篇《形势》，因首句"山高而不崩"，故亦云《山高》。《史记·管晏列传》："吾读管氏《牧民》、《山高》……详哉其言之也。"
③ 狐、赵之谋：晋文公大臣狐偃、赵衰的谋略。

④ 鲁僖之惩荆：指鲁僖公曾惩罚过楚国。荆，楚国，当时被认为是蛮夷之国。按，此句本《诗经·鲁颂·閟宫》："（鲁僖公）戎狄是膺，荆舒是惩。"

⑤ 召陵之役、城濮之师：分别指齐桓公、晋文公击退当时被视为"蛮夷"的楚国之事。召陵之役，齐相管仲率齐国及其盟国军队迫使楚国屈服，并向周王室入贡。城濮之战，晋国也大败楚军。

⑥《南山》：《诗经·齐风》篇名，毛诗序："《南山》，刺襄公也。鸟兽之行，淫乎其妹，大夫遇是恶，作诗而去之。"按，齐襄公荒淫无道，与其妹即鲁桓公夫人私通。齐襄公后被其弟无知所弑，无知又被人杀死，齐国陷入混乱。襄公之弟小白在这种背景下即位，是为齐桓公，故本文云"天之乱齐以启桓"。

⑦ 无讥：没有评论。《左传·襄公二十九年》"季札观乐"，"自《邶》以下无讥焉"，杜预注："言季子闻此二国歌不复讥论之，以其微也。"按，《诗经·齐风》中《南山》以下数篇，毛诗序均以为与齐襄公有关，也即是说"齐风"中所有诗篇都与齐桓公无关。

⑧《渭阳》：《诗经·秦风》篇名。毛诗序认为这是晋文公重耳的外甥送他回国之诗。按，秦穆公是晋文公重耳的姐夫，重耳得秦穆公之助而回到晋国，后来成就霸业，本句即谓此事，又认为《诗经》中仅此处涉及晋文公。

⑨《关雎》、《殷武》：《关雎》为《诗经》首篇，《殷武》为《诗经·商颂》篇名，也是整部《诗经》的末篇，故以二者指全部《诗经》。

⑩ 秦穆之悔过：秦军在殽之战中遭受重大损失，秦穆公因而后悔未听从大臣蹇叔的劝谏。其悔过之词，载于《尚书》末篇之《秦誓》。

⑪ 葵丘之盟、践土之会：分别指齐桓公、晋文公会盟诸侯之事。

⑫ 昭王：西周第四代君主，为周康王之子、周穆王之父。《尚书·周书》自《君牙》以下数篇记载昭王以后之事。

⑬ 诰诫：指天子对于臣下的训诫。

⑭ 宰孔：周襄王大臣，曾代表天子参加齐桓公组织的葵丘之盟，《左传·僖公九年》记载有孔宰代表天子慰劳齐桓公的数句话。

⑮ 弓矢有锡：天子赐与诸侯以弓矢，使其享有征伐之权。践土会盟中，周襄王赐予晋文公以弓矢。

⑯ 王子虎：周襄王之臣，代表天子参加了践土之会，《左传·僖公二十八年》也载有其"命"晋文公的数句话。按，此数句谓孔子删《尚书》，有意不载宰孔、王子虎的命辞。

⑰《甫田》：亦指《诗经·齐风》中"甫田"一篇，毛诗序谓"大夫刺（齐）襄公也"。

⑱ 殷诰周盘：常作"周诰殷盘"，指《尚书》中"周书"、"商书"，韩愈《进学解》："周诰殷盘，佶屈聱牙。"

今王鼓乐于此　　何以能田猎也

韩菼

乐与猎犹今也，而民色喜矣。夫犹是民也，犹是鼓乐田猎之王也，而民喜，何耶？岂今之乐亦可喜耶？且夫甚可思者，为民情矣，无端而忽忧，亦无端而忽喜。虽然，忧只为其身耳，家耳，而喜则专，有所甚幸于其君，而忘乎其身与家焉。臣得侈言其盛，而王试察其所以然。夫疾首蹙额之民，非以王鼓乐田猎故耶？斯时必有谏王者曰"毋鼓乐，敖辟①之戒谓何，其尚为新声②之听？"又必曰"毋田猎，衔橛之忧③谓何？其不图万乘之安？"夫必毋鼓乐而后可，则是钟鼓之悬必辍于崇牙④，管籥之音不竞于繁会⑤也；必毋田猎而后可，则是车乘不御、仆夫不驾，而孑孑⑥羽旄之盛不驰骤于薮之薪蒸⑦也。而民必将曰，嘻，甚矣惫，我王或者其有宿夕之忧⑧，以至斯极与？不然何自苦为也？斯时也，王独居深念，必凄怆悲怀，愀然不乐，而臣亦见王之民气结而不扬，中抑郁而若有亡也。夫王之民，固甚念其父母兄弟妻子之民也，然亦有时若忘乎其父母兄弟妻子而甚爱我王，且不惟此而已，更爱我鼓乐之王、田猎之王。今夫野人相劳苦，鸣旦暮欢，犹歌呼呜呜，击瓮拊缶⑨，而又以其间猎狿豻⑩，具伏腊⑪，奉公上，况王泱泱表海⑫，土风固雄，且羽毛齿革，地实生焉，其不惟君之所辱。王今日者，请仍命鼓师，召太常⑬，鼓瑟之忌⑭进，绝缨之髡⑮侍，相与抗曼声⑯，娱长夜，如是者不改；王今日者，请仍驰鞟猎之车，驭骥耳之骏，靡桡旐，树珠旗，以射乎之罘，观乎成山，如是者亦卒不改。民或者惊相告，曩者鼓乐田猎之王复然矣，而孰意不尔也。王试采风而听，凭轼而观，其有首额疾蹙者乎，曰无有也；其有念而父母兄弟妻子者乎，曰不闻也。其举欣欣然色动者何也，曰喜也；走相告语何也，曰其庶几吾王之无疾病也；何以知吾王之无疾病也，曰以王之鼓乐田猎。斯时也，臣固见王之乐未及终阕，而父老已愿须臾毋死、思见德化之成也；臣又见王之游未及还辕，而道旁观者咸叹息且感、泣数行下⑰也。

【评】意在摹写复述语气神情，故多从反面、侧面翻腾跌宕，以注末句。笔势飞动，兴致淋漓。

【题解】出自《梁惠王下》第一章，参见启祯文卷七黄淳耀《庄暴见孟子》。

（孟子谓梁惠王曰）"臣请为王言乐：今王鼓乐于此，百姓闻王钟鼓之声，管龠之音，举疾首蹙頞而相告曰：'吾王之好鼓乐，夫何使我至于此极也？父子不相见，兄弟妻子离散。'今王田猎于此，百姓闻王车马之音，见羽旄之美，举疾首蹙頞而相告曰：'吾王之好田猎，夫何使我至于此极也？父子不相见，兄弟妻子离散。'此无他，不与民同乐也。今王鼓乐于此，百姓闻王钟鼓之声，管龠之音，举欣欣然有喜色而相告曰：'吾王庶几无疾病与？何以能鼓乐也？'今王田猎于此，百姓闻王车马之音，见羽旄之美，举欣欣然有喜色而相告曰'吾王庶几无疾病与？何以能田猎也？'此无他，与民同乐也。今王与百姓同乐，则王矣。"

【注释】

① 敖辟：指音乐倨放而邪僻，败坏人的品质。语本《礼记·乐记》："卫音趋数烦志，齐音敖辟乔志。"孔颖达疏："言齐音既敖很辟越，所以使人意志骄逸也。"

② 新声：指当时新作的乐曲，犹言"今乐"、"新乐"，常含贬义。《国语·晋语八》："平公说新声，师旷曰：'公室其将卑乎！'"韦昭注谓"亡国之音"、"靡靡之乐"。

③ 衔橛之忧：指车马倾覆的危险。《汉书·司马相如传》："且夫道清而后行，中路而驰，犹时有衔橛之变。"

④ 崇牙：悬挂乐器的木架上端所刻的锯齿，此即指代乐器架。《诗经·周颂·有瞽》："设业设虡，崇牙树羽。"按，此句为将乐器悬于架上而不用。

⑤ 繁会：犹交响，谓众多的乐音互相参错。《楚辞·九歌·东皇太一》："五音纷兮繁会，君欣欣兮乐康。"

⑥ 孑孑：此指旗帜特出、独立貌。语本《诗经·鄘风·干旄》："孑孑干旄，在浚之郊。"朱熹集传：

"子子，特出之貌。"

⑦ 薮之薪蒸：本指山泽中的柴木，此即指出产柴木的山泽，指田猎之地。薪，精柴。蒸，细柴。薮，泽，指兼指山、泽。语本《左传·昭公二十年》："薮之薪蒸，虞候守之"，孔颖达疏："薮是少水之泽，立官使之候望，故以虞候为名也。"

⑧ 宿夕之忧：短暂的忧患。宿夕，早晚，指时间短暂。《史记·吴王濞列传》："吴王不肖，有宿夕之忧。"

⑨ 击瓮拊缶：敲击、拍打瓮和坛子。缶，《说文》："瓦器所以盛酒浆，秦人鼓之以节歌。"李斯《谏逐客书》："击瓮叩缶"，又杨恽《报孙会宗书》："酒后耳热，仰天拊缶而呼乌乌。"按，此数句多用《报孙会宗书》语意。

⑩ 豵豜：大兽小兽。《诗经·豳风·七月》："言私其豵，献豜于公。"毛传："豕一岁曰豵，三岁曰豜。大兽公之，小兽私之。"

⑪ 伏腊：指伏祭和腊祭之日，或泛指节日。杨恽《报孙会宗书》："田家作苦，岁时伏腊，烹羊炮羔，斗酒自劳。"

⑫ 表海：为东海之国的表率。语本《左传·襄公二十九年》，季札观乐，评论齐风："美哉，泱泱乎！大风也哉！表东海者，其太公乎！"杜预注："大公封齐，为东海之表式。"

⑬ 太常：掌礼乐之官。

⑭ 鼓瑟之忌：此当指驺忌，也作"邹忌"，齐威王时人。《史记·田敬仲完世家》载"驺忌子以鼓琴见威王"，本文此处"鼓瑟"当作"鼓琴"。

⑮ 绝缨之髡：指淳于髡，齐威王时人，滑稽多辩，威王尝召之后宫，作长夜之饮。绝缨，笑得太厉害，把帽带都弄断了。语本《史记·滑稽列传》："威王八年，楚大发兵加齐。齐王使淳于髡之赵请救兵，赍金百斤，车马十驷。淳于髡仰天大笑，冠缨索绝。"

⑯ 抗曼声：指高声唱歌。抗，高声。曼声，拉长声音。

⑰ 泣数行下：流涕。《史记·项羽本纪》："项羽泣数行下，左右皆泣，莫能仰视。"

此文王之勇也

熊伯龙

勇之大者，一见于周文焉。夫文非期乎勇也，而勇亦自著，然则文之不可及者，岂以不勇之故哉？且尧舜后，圣人而无憾者，文王而已，诗书所载，详于德化，略于武功，故当时鲜怨恶，而后之穷兵者亦无所挟以为资，识者深叹其臣节之终，盖由乎此，而亦未尝不疑其戡乱之才或有所未逮也，读《皇矣》之诗而知儒者之论固不足以测圣人矣。天下有勇而不必为圣人者，未有圣人而不勇者。凡人所为，自始至终皆得以勇名之，而一值颓败、中藏立见者，此以人从勇，有幸有不幸也，然人以一概观之，有终身见其为勇者焉；文王所为，自始至终一勇不足以名之，而时当愤发、大满人意者，此以勇从人，有露有不露也，然人以一概观之，有终身忘其为勇者焉。试观赫怒整旅如此，此非文王之勇乎？自古安常之局，惟勇可以破之，其先固有事獯鬻①之法，而所处之势异矣，文王有大于人之气，岂援祖宗以自便乎，当其时，曲直之形既分，彼己之情亦审，而智至此而无所用，岂非乘势以立功者哉；自古度外之事，惟勇可以济之，其身亦有事昆夷②之法，而所值之时异矣，文王有大于人之志，岂狃夙昔③以养寇乎，当其时，依京④挟风雨之势，涉河失险阻之形，而仁至此而不欲施，岂非趋时如响赴⑤者哉？与人同功，无以为威，"予怀明德"⑥以后，皆称天以重之也，赫赫者天，而凭为诞告⑦旅师之本，盖才力所不能争矣，夫养晦虽其素蓄，观乎此，而英略不已过人欤；等势齐量，无以为武，方伯专征⑧以来，皆君道以治之也，业业者君，而奉其弓矢斧钺之灵，盖刚柔所不能较矣，夫观兵⑨岂其初志，观乎此，而盛威不在千古欤？嗟乎！古未有以勇言文王者，而自臣言之；天下自是知征伐不可废，而文王之心亦或以此伤矣。虽然，三代以下，犹愿其为文王之勇也夫。

【评】义理平正，词气坚确。同时不乏积学之士，举未能及其老洁者，则功力之有浅深纯驳也。

【题解】出自《梁惠王下》第三章，参见隆万文卷五王士骕《交邻国有道乎》。

对曰："王请无好小勇。夫抚剑疾视曰，'彼恶敢当我哉'！此匹夫之勇，敌一人者也。王请大之。《诗》云：'王赫斯怒，爰整其旅，以遏徂莒，以笃周祜，以对于天下。'此文王之勇也。文王一怒而安天下之民。"

【注释】

① 獯鬻：也作"薰育"、"猃狁"等，北方少数民族。《孟子》本章前节言"大王事獯鬻"，太王即周文王之祖父。

② 昆夷：西方少数民族。《诗经·小雅·采薇序》："文王之时，西有昆夷之患，北有猃狁之难。"郑玄注："昆夷，西戎也。"《孟子》本章前节言"文王事昆夷"。

③ 狃夙昔：习惯于以往之事。狃，以……为常。

④ 依京：语本《诗经·大雅·皇矣》："依其在京，侵自阮疆。"毛、郑、朱熹释义各不同，观本文，当用毛传："京，大阜也。"指周之军队依凭着高山。

⑤ 趋时如响赴：指顺应时势。班固《汉书·叙传》引班彪《王命论》："从谏如顺流，趋时如响赴。"

⑥ 予怀明德：上帝眷顾明德之人，指天命归于周文王。予，上帝自称。怀，眷顾。明德，指明德之人，即周文王。语本《诗经·大雅·皇矣》："帝谓文王，予怀明德。"

⑦ 诞告：以天命的名义发布诏告。语本《尚书·汤誓》："王归自克夏，至于亳，诞告万方。"孔安国传："诞，大也。以天命大义告万方之众人。"

⑧ 方伯专征：文王在商，为西土诸侯之长，商纣王曾赐予其专征之权。《史记·周本纪》："（纣王）赐之弓矢斧钺，使西伯得征伐"。

⑨ 观兵：用兵、耀武。

此武王之勇也 二句

刘子壮

以勇安民，若无异于前王矣。夫一怒安民，文王已见于前事，而援《书》所引，即武王亦有然者，其勇宁有逊哉？尝读"有声"之诗①，以武功称文王，至于武王，则曰"皇王维辟"、"无思不服"而已。论者以文王造其始，而续而终之为无难，又以见文王之文非不足于武，而武王之有天下非力取之也。顾我之论武王，有进焉。武以兵有天下，神武之略，同符古汤，则其勇无俟乎表而扬之也，诗人深没其词②而归功于文，所以为其承厥志③之义；抑武以兵有天下，服事之德，几伤穆考④，则其勇固宜乎深而隐之也，史臣⑤盛引其说而专美乎武，所以为无惭于父之辞。则就《书》所云而断之，曰此武王之勇也，而武王亦怒而安天下之民，有不异乎文王者。夫文之征伐，皆禀于殷商，则战胜不有其功，孰与夫奏耆定而朝诸侯⑥者乎，而武王则不敢，若曰：文之所安，我亦安之，载主而东出⑦，若以托乎在天之灵，而勉小子之无良，明文考⑧之无罪，则干戈之援及⑨，非以夸夫予武⑩，在父子之间，亦足以明其无异事矣；文之讯馘⑪，无过乎阮密⑫，则才武未极其雄，孰与夫胥如林而奏罔敌⑬者乎，而武王则不忍，若曰：我之所怒，亦文王之所怒，宗祀而教孝⑭，若以请乎明堂⑮之命，而伐密⑯为王功之始，伐崇⑰为王功之终，即会朝之清明⑱，初不过乎因垒⑲，合《诗》《书》而论，亦可以见其有同揆⑳矣。世徒见斧钺之专㉑，商实倒授以柄㉒，而不知周家兵雄天下，本自司马之法㉓，盖武王以仁义之师，一戎衣而底定㉔，则教战教耕，皆原于养兵不试之意，一旦奋发，伍两卒旅㉕，皆先朝之简服，而质重气鸷，亦托王灵而有貔虎之威；世徒见兵法之授，臣㉖实晓畅其机，而不知周家世处西陲，素有昆夷之喙㉗，且武王以沉毅之姿，几百年而举事，则麾旄仗钺㉘，已藏于遵时养晦之中，一旦称兵，羌戎尹尉㉙，胥穆考之留遗，而发扬蹈厉，亦依圣武而奏鹰扬㉚之绩。吾于是知武之述文，不必在取天下也，意主乎安，即藩臣可老，而天与人齐，可以明前人无教子逆节之理，则大勋未集㉛，与实始剪商㉜同论；武王之安天下，有不得已而一怒也，事止乎安，即建橐㉝犹后，而愤与望迫㉞，可以见圣人有轻身徇民之心，则胜殷遏刘㉟，与讲学行礼同功。即取"有声"之诗以合《书》，而文武之勇不异论而同乎？

【评】比比写"亦"字，纵横出没，具有精思伟论。

【题解】出自《梁惠王下》第三章，参见隆万文卷五王士骐《交邻国有道乎》。

"《书》曰：'天降下民，作之君，作之师。惟曰其助上帝，宠之四方。有罪无罪，惟我在，天下曷敢有越厥志？'一人衡行于天下，武王耻之。此武王之勇也。而武王亦一怒而安天下之民。"

【注释】

① "有声"之诗：指《诗经·大雅·文王有声》。此诗有"文王受命，有此武功"之句，而"皇王维辟"、"无思不服"诸句，则是叙武王能光大前王之业。

② 深没其词：表达隐微，此指"诗人"在《文王有声》中没有叙及武王的武功。

③ 承厥志：继承前人之志。《尚书·武成》："（武王曰）予小子其承厥志"，孔安国传："言承文王本意。"

④ 穆考：指周文王。以"昭穆"排列世次，周文王属"穆"，《尚书·酒诰》："乃穆考文王，肇国在西土。"按，此句谓，武王伐商，近于伤及周文王忠心服事商朝的德行。

⑤ 史臣：此指记录《尚书》中史事的人。按，本句谓，《尚书》中盛载武王所论述的克商的理由，是因为史臣认为武王的这些话表明武王无惭于其父。

⑥ 奏耆定而朝诸侯：此指周统一天下，使诸侯来朝。耆定，达成平定天下之功，语本《诗经·周颂·武》："嗣武受之，胜殷遏刘，耆定尔功。"毛传："耆，致也。"

⑦ 载主而东出：周武王载着周文王的木主，举兵向东，讨伐商纣王。《史记·伯夷列传》："西伯卒，

武王载木主，号为文王，东伐纣。"

⑧ 文考：指周文王。按，此数句本《尚书·泰誓下》："（周武王曰）予克受，非予武，惟朕文考无罪。受克予，非朕文考有罪，惟予小子无良。"受，即商纣王，孔安国传："推功于父，言文王无罪于天下，故天佑之，人尽其用。""若纣克我，非我父罪，我之无善之致。"

⑨ 干戈之援及：拿起干戈，指实行伐商之事。语本《史记·伯夷列传》："伯夷、叔齐叩马而谏曰：'父死不葬，爰及干戈，可谓孝乎？以臣弑君，可谓仁乎？'"

⑩ 予武：我有武略。出处见前"文考"注。按，此句言，武王认为自己之所以伐纣，并非炫耀武略，而是推行其父之德化。

⑪ 讯聝：此指战功。讯，战争中获得的俘虏。聝，战争中割取的死者的左耳。《礼记·王制》："出征，执有罪，反，释奠于学，以讯聝告。"郑玄注："讯聝，所生获、断耳者。"

⑫ 阮密：阮、密为两国名。《诗经·大雅·皇矣》："密人不恭，敢距大邦，侵阮徂共。"朱熹集传："密人不恭，敢违其命，而擅兴师旅以侵阮"，谓周文王兴兵惩罚密人。郑玄笺认为阮、徂、共均为国名，三国兴兵侵扰周，而有密氏也加入其行列，文王兴师惩罚此数国。本文兼采郑玄之说。

⑬ 胥如林而奏罔敌：指牧野会战，商纣王尽发其军，多如山林，却无人肯与周武王的军队作战。胥，尽、全。语本《尚书·武成》："甲子昧爽，受率其旅若林，会于牧野。罔有敌于我师"，孔安国传："如林，言盛多。"

⑭ 宗祀而教孝：此言周武王重视推行教化。

⑮ 明堂：天子发布政令的地方。此句谓武王的行动，恪遵文王之意。

⑯ 伐密：讨伐密国，即密须氏之国，参见前注"阮密"。《史记·周本纪》载："（周文王）明年，伐犬戎；明年，伐密须氏"，则伐密实际上并非周文王"王功之始"。

⑰ 伐崇：讨伐崇侯虎。崇侯虎，商朝诸侯，《史记·周本纪》载崇侯虎尝谮周文王于商纣王，据《史记》，伐崇侯虎为周文王生前最后一次军事行动。

⑱ 会朝之清明：指武王牧野大会，只一个早晨就战胜商纣王，使天下清明。语本《诗经·大雅·大明》："凉彼武王，肆伐大商，会朝清明。"朱熹集传："会朝，会战之旦也"，"不崇朝而天下清明"。

⑲ 因垒：指周文王依靠"修文德"而战胜崇侯之事。垒，营垒。语本《左传·僖公十九年》："文王闻崇德乱而伐之，军三旬而不降；退修教而复伐之，因垒而降。"杜预注："复往攻之，备不改前，而崇自服。"按，此句谓武王不崇朝而胜商纣，也仅如同文王胜崇侯一样，是因为文德的原因。

⑳ 同揆：同一法则，同一道理。

㉑ 斧钺之专：指商纣王赐姬昌以弓矢斧钺，授予其征伐诸侯之权力，事见《史记·周本纪》。

㉒ 倒授以柄：倒拿利剑，将剑柄授于他人，指把国家最紧要的权力授人，自己反受其害。语本《汉书·梅福传》："（秦朝）倒持泰阿，授楚其柄。"按，本句谓有人认为商朝让西伯姬昌专征伐之权是"倒持泰阿"的行为。

㉓ 司马之法：此指周的军事制度。司马为掌管军事之官，见《周礼·夏官·大司马》。

㉔ 一戎衣而底定：一战而定天下。一戎衣：语本《尚书·武成》："一戎衣，天下大定。"孔安国传："衣，服也。一著戎服而灭纣。"

㉕ 伍两卒旅：本指各级军事单位，此泛指军队。《周礼·地官·小司徒》："五人为伍，五伍为两，四两为卒，五卒为旅。"

㉖ 臣：指吕尚。《史记·齐太公世家》载西伯姬昌与吕尚阴谋修德以倾商政，"其事多兵权与奇计，故后世之言兵及周之阴权皆宗太公为本谋"。

㉗ 昆夷之喙：昆夷之人畏服。昆夷，也作"混夷"，西方少数民族。语本《诗经·大雅·绵》："混夷駾矣，维其喙矣。"按，此二句诗，诸家所说不同，或谓昆夷之人侵扰周文王，郑玄笺、朱熹集传均谓周人使昆夷畏服。集传："喙，息也。""木拔道通，混夷畏之，而奔突窜伏，维其喙息而已。"

㉘ 麾旄仗钺：挥动旗帜，手执斧钺。《尚书·牧誓》载，牧野之会，"（周武）王左杖黄钺，右秉白

旄以麾"，孔安国传："钺，以黄金饰斧。左手杖钺，示无事示诛。右手把旄，示有事于教。"

㉙ 羌戎尹尉：泛指参与伐商的各国诸侯、各种人员。

㉚ 鹰扬：此指牧野克商之功。语本《诗经·大雅·大明》：（牧野之战）"维师尚父，时维鹰扬"，毛传："鹰扬，如鹰之飞扬也。"

㉛ 大勋未集：未建克商的大功。语本《尚书·泰誓上》："皇天震怒，命我文考，肃将天威，大勋未集。"孔安国传："言天怒纣之恶，命文王敬行天罚，功业未成而崩。"

㉜ 实始剪商：开始消除商的势力。语本《诗经·鲁颂·閟宫》："（文王之祖太王）居岐之阳，实始翦商。"郑玄笺："翦，断也。大王自豳徙居岐阳，四方之民咸归往之，于时而有王迹，故云是始断商。"

㉝ 建橐：指武王克商后，把武器包起来不用。橐，收藏武器的器具。语本《礼记·乐记》："倒载干戈，包之以虎皮……名之曰'建橐'，然后天下知武王之不复用兵也。"

㉞ 愤与望迫：武王对独夫民贼之"愤"与天下万民渴求安定之"望"汇合。迫，遭遇。

㉟ 胜殷遏刘：战胜商朝，制止商王杀戮百姓的行为。语本《诗经·周颂·武》："嗣武受之，胜殷遏刘，耆定尔功。"毛传："刘，杀。"郑玄笺："遏，止。""（武王）受文王之业，举兵伐殷而胜之，以止天下之暴虐而杀人者。"

天子适诸侯曰巡狩　一段

陶元淳　墨

先王之观及天下，以课侯①也。盖先王委所守于诸侯而不可无以课之也，于是乎有巡狩之典。想其②告景公曰：以臣观先王之世，未尝敢一日自暇逸也，其长驾远驭之略，将使五服③之内必有车辙马迹焉。盖其观也，与公今者之欲相类，而重之以课侯，定之以十二年④，则规模较宏远而用意深焉矣。夫齐自赐履⑤以来，岱宗在其封内，天子之明堂⑥在焉，诸侯朝宿之地⑦亦在焉。我东国世守之以望幸也，而时迈之典⑧无闻，祭告之礼不举，盖天子之不巡狩久矣。然掌故所藏，可考而知也。想先王虑天下之旷而难制也，故分诸侯以理之，而又恐诸侯之负其险远也，故动属车⑨之音以震之，丰镐⑩受命之邦，帝王之所光宅⑪，而六飞⑫所驾，则侯甸男邦⑬之远，无不奉其清尘已；先王虑天下之远而弗届也，故命诸侯以绥之，而又念诸侯之过于劳勤⑭也，故勤玉趾之举以亲之，郏鄏定鼎⑮之区，风雨之所和会⑯，而万乘所临，则伯叔甥舅之邦，无不承其警跸已。若是者先王岂好劳哉？谓我一二兄弟为我守此土也，岂其封靡相尚⑰以贻予一人之忧，顾或者侯绩已懋而庆赏不行，采风之使未必能上闻也，且使天下谓予一人燕逸深宫，遂忘四国之岷保，毋有伤其志者乎，故巡其所守而后诸侯无不戢志⑱也，虽供马赋车不惮烦矣；我累世积累以承藉丕基⑲也，岂其黜陟既明不足慰庶邦之望，顾或者考绩虽优而政事实缺，躬览之余不尽如所闻也，且使诸侯谓予一人仅亦守府⑳，非有高世之规，其独无生其心者乎，故巡其所守而天下无不震叠㉑也，虽道河周岳㉒不遑暇矣。而臣以为天子之观莫大于是矣。虽然，公诸侯也，臣请更以诸侯之观进。

【评】此等题，一入后世权术作用，虽议论发皇，于先王巡所守之意反无所处矣。文虽未尽洗脱此意，而场屋中有此醇雅韵秀之致，正非宿学不能。

【题解】出自《梁惠王下》第四章，参见化治文卷五董越《天子适诸侯曰巡狩》。天子适诸侯曰巡狩，巡狩者巡所守也。

【注释】

① 课侯：考察诸侯。课，考核。

② 其：指晏婴。

③ 五服：此泛指远近的国土。古代王畿以外，以五百里为一"服"，有"九服"、"六服"、"五服"等说法。"五服"之说，谓由近及远分为侯服、甸服、绥服、要服、荒服。《尚书·益稷》："弼成五服，至于五千。"孔安国传："五服，侯、甸、绥、要、荒服也。服，五百里。"

④ 十二年：周制十二年一巡守。《周礼·秋官·大行人》："十有二岁王巡守、殷国。"

⑤ 赐履：所赐的封地。《左传·僖公四年》载管仲语："赐我先君履，东至于海，西至于河"，杜预注："履，所践履之界。"

⑥ 明堂：天子发布政令的地方。齐国境内泰山附近有明堂，为天子巡守时发政令所用。《孟子·梁惠王下》："齐宣王问曰：'人皆谓我毁明堂。毁诸？已乎？'"朱熹集注引赵氏："明堂，太山明堂。周天子东巡守朝诸侯之处，汉时遗址尚在。"

⑦ 朝宿之地：天子封禅泰山，赐诸侯以泰山附近的封邑，供其朝见天子时住宿。《史记·孝武本纪》："古者天子五载一巡狩，用事泰山，诸侯有朝宿地。"

⑧ 时迈之典：指天子巡守各诸侯国并祭祀各地山川之典。语本《诗经·周颂·时迈序》："《时迈》，巡守告祭柴望也。"孔颖达疏："柴祭昊天，望祭山川。巡守而安祀百神，乃是王者盛事。"

⑨ 属车：本指天子巡行的侍从车，此即指天子的驾辇。

⑩ 丰镐：丰邑和镐京，西周初的国都。

⑪ 光宅：广有，此谓建都。《尚书·尧典序》："昔在帝尧，聪明文思，光宅天下。"

⑫ 六飞：亦作"六騑"、"六蜚"，古代皇帝的车驾六马，疾行如飞，故名，此代指皇帝的车驾。《史记·袁盎晁错列传》："今陛下骋六騑，驰下峻山。"裴骃集解引如淳曰："六马之疾若飞。"

⑬ 侯甸男邦：指距王畿远近不同的地区。《周礼·夏官·职方氏》："方千里曰王畿，其外方五百里曰侯服，又其外方五百里曰甸服，又其外方五百里曰男服。"

⑭ 劳勤：劳苦。

⑮ 郏鄏定鼎：定鼎于洛邑。郏鄏，周之王城，在今之洛阳。《左传·宣公三年》："成王定鼎于郏鄏。"

⑯ 风雨之所和会：此即指洛邑。洛邑为"中州"、"地中"，《周礼·地官·大司徒》释"地中"："天地之所合也，四时之所交也，风雨之所会也，阴阳之所和也。然则百物阜安，乃建王国焉。"

⑰ 封靡相尚：竞相生活奢侈、搜刮财富。封靡，语本《诗经·周颂·烈文》："无封靡于尔邦"，毛传："封，大也。靡，累也。"朱熹集传："封靡之义未详。或曰封，专利以自封殖也，靡，汰侈也。"

⑱ 戢志：约束心志。

⑲ 承藉丕基：凭借先人大的基业。《尚书·大诰》："天明畏，弼我丕丕基。"孔安国传："叹天之明德可畏，辅成我大大之基业。"

⑳ 守府：保守先王的府藏，引申为保持前代的成法。《国语·周语中》："今天降祸灾于周室，余一人仅亦守府。"

㉑ 震叠：震动，恐惧。《诗经·周颂·时迈》："薄言震之，莫不震叠。"

㉒ 道河周岳：巡行全国各地的山川。周，遍及。

春省耕而补不足　　为诸侯度

刘子壮

即一观而不忘勤民，可以为法于天下矣。夫春有补，秋有助，先王无不为民而出也。齐备侯封，曷不念古夏谚之闻乎？且天子所至而百姓望恩，故舆跸之地，古者谓之幸焉，所以皇仁洽而颂声作也。先王不敢市德仁之誉，而阴其事于游观；先王有所降慈惠之文，而风其义于藩邑。用此道耳，是故五年之典①，既躬履列辟②以颁其泽；而二分之节③，又时巡国中以乐其风。其自祈谷以行帝籍④，大享以报土功⑤，春秋已重其事；委积掌于遗人⑥，施惠巡于司救⑦，补助亦兼其时。然而省耕省敛，尤复殷殷者，亦曰惧其有不足也，惧其有不给也。垂裳而理，天子不慕盛世之虚文，而问其疾苦，拯其灾患，则艰难得之目瞩，而简稼器⑧而巡稻田，辨种类而趣⑨耕耨，不以备员于官师；降诏而咨，圣世非徒慰劳之故事，而贷之种食，捐之园林，则实惠得于躬亲，而移用以救时事⑩，合耦⑪以助勤劳，无敢轻行其赏罚。夫民也，鸾旗在前，属车⑫在后，岂无侍卫扰而禾稼躏，而望玉步之临如同风雨；率其父老，进其饮食，岂无费相当而势相迫，而捧谷帛之赐遂入声谣⑬。则其所以感之者岂其微哉？盖夏谚有之，曰"吾王不游，吾何以休？吾王不豫，吾何以助？一游一豫，为诸侯度。"当时手夷大难，王迹遍于山川，身履民间，农事通于玉帛。虽未知所以省之、补之、助之者于春秋何如，而要其忘草野之固陋，作为诗歌，感皇情之悦豫，讽及旬宣⑭，非独以奉一人，且以为有国者劝也。若是者可以观矣，而吾因以为耕敛之省，古之诸侯有行之者。维昔公刘⑮，鞞琫容刀，陟则在巘，论者谓其以如是之容服，亲如是之劳苦，为厚民之至焉；卫文⑯灵雨既零，说于桑田，传者述其革车三十乘，晚年乃三百乘，为训农之效焉。盖岁时之出无不为民如此，而不然者，亡国恤而娱麀牡⑰，吾恐其有会稽之典⑱也。

【原评】采藻焕发，不事驰骋而按律合度，在稿中为谨守绳墨之作。

【题解】出自《梁惠王下》第四章，参见化治文卷五董越《天子适诸侯曰巡狩》。

"晏子对曰：'善哉问也！天子适诸侯曰巡狩，巡狩者巡所守也；诸侯朝于天子曰述职，述职者述所职也。无非事者。春省耕而补不足，秋省敛而助不给。夏谚曰：'吾王不游，吾何以休？吾王不豫，吾何以助？一游一豫，为诸侯度。'"

【注释】

① 五年之典：指天子五年一巡守之典。《礼记·王制》："天子五年一巡守。"郑玄注："五年者，虞、夏之制也。周则十二岁一巡守。"

② 列辟：指众诸侯。

③ 二分之节：指春秋二季。二分，指春分、秋分。《左传·昭公二十一年》："二至、二分，日有食之，不为灾。"杜预注："二分，春分、秋分。"

④ 祈谷以行帝籍：指天子为祈求丰年，在春天举行"籍田"仪式。《礼记·月令》："（孟春之月）天子乃以元日祈谷于上帝。"籍，此指"籍田"仪式，《诗经·周颂·载芟序》："《载芟》，春籍田而祈社稷也。"孔颖达疏："王者于春时亲耕籍田，以劝农业。"

⑤ 报土功：此指秋天祭祀土地。《淮南子·天文训》："凉风至，则报地德，祀四郊。"

⑥ 遗人：周代官名，掌管救济、接待之事。《周礼·地官·遗人》："掌邦之委积，以待施惠。乡里之委积，以恤民之艰厄……县都之委积，以待凶荒。"按，委积为储备的财物。

⑦ 司救：周代官名，掌管纠察过失和救济贫苦。《周礼·地官·司救》："凡岁时有天患民病，则以节巡国中及郊野，而以王命施惠。"

⑧ 简稼器：检查农具。《周礼·地官·遂师》："正岁简稼器，修稼政。"郑玄注："简犹阅也。"

⑨ 趣：通"促"，催促、督促。

⑩ 时事：农时和农事。

⑪ 合耦：两人并肩而耕，谓相佐助。《周礼·地官·里宰》："以岁时合耦于锄，以治稼穑。"

⑫ 属车：天子出行时的侍从之车。

⑬ 声谣：歌谣，谣谚。

⑭ 旬宣：周遍宣示，语本《诗经·大雅·江汉》："王命召虎，来旬来宣。"毛传："旬，遍也。"

⑮ 公刘：周之先祖，居于豳，很重视农业。按，此以下本《诗经·大雅·公刘》："（公刘）陟则在巘，复降在原。何以舟之？维玉及瑶，鞞琫容刀。"朱熹集传："巘，山顶也。舟，带也。鞞，刀鞘也。琫，刀上饰也。容刀，容饰之刀也……言公刘至豳，欲相土以居而带此剑佩，以上下于山原也。东莱吕氏曰：以如是之佩服，而亲如是之劳苦，斯其所以为厚于民也欤？"

⑯ 卫文：卫文公。按，此以下语本《诗经·卫风·定之方中》："灵雨既零，命彼倌人。星言夙驾，说于桑田。"朱熹集传："灵，善。零，落也。""说，舍止也。""言方春时雨既降，而农桑之务作，文公于是命主驾者晨起驾车，亟往而劳劝之。"又谓，卫国曾为狄人所灭，文公在复国之初即位，务材训农，通商惠工，因此国力增长很快，"元年，革车三十乘，季年乃三百乘"。

⑰ 亡国恤而娱麀牡：（后羿）一味耽于田猎，不知忧心国事。亡，通"忘"。麀牡，母兽公兽，泛指猎物。语本《左传·襄公四年》引"虞箴"："（羿）忘其国恤，而思其麀牡。"

⑱ 会稽之典：此指禹巡狩卒于会稽之事。《史记·夏本纪》："十年，帝禹东巡狩，至于会稽而崩。"

夏谚曰　　为诸侯度

郑为光

详举夏谚，而君乐为民乐矣。夫游、豫固君之乐也，夏谚不独歌休、助，且以式侯度①焉，则其乐岂独在君哉？孟子述晏子意谓：臣尝观君民同乐之世，虽偶然之惠，若令人有媚于天子之意焉。百年之利，或身被之而口不能指，一日之泽，乃心忆之而语不能忘，盖几幸②之词也，而颂祷亦行乎其间矣。臣详补助而述夏谚，盖夏之民以歌颂其先王者也。其民目不睹土功荒度③之劳，遂若忘胼胝之大务④为往事，而仅冀幸于倌人之夙驾⑤，愿见君王；其民身不逢玉帛涂山⑥之盛，亦不必援王府之典则为明征，而即观望于属车⑦之清尘，康我妇子。其补助也，夏民相与亲其上而欢告，以为此吾王之游也，夫君子至止⑧，其不惊扰吾民，亦厚幸耳，而民若深庆其有此游也，又惟恐王之不有此游也，歌之曰"吾王不游，吾何以休"，吾不知人主高居法宫⑨，其贻休于民者何限，而小民不解，直以食其利为感恩耳，故谓晏处而勤政，不若说于桑田⑩者之获我心也；其补助而游也，夏民相与亲其上而欢告，以为此吾王之豫也，夫君子乐胥⑪，其于燕誉吾民⑫，不相及耳，而民若深庆其有此豫也，又惟恐王之不有此豫也，继之曰"吾王不豫，吾何以助"，吾不知人主蒿目焦劳，其裨益于民者何限，而小民无知，直以遂其私为得计耳，故谓日昃而不遑，不若王心暇逸者之于我多也。抑夏谚非独此也。君举必书⑬，即此来游来歌⑭，而一似不可多得；民愿至广，当其式歌且舞⑮，而犹望推及庶邦。终之曰"一游一豫，为诸侯度"，若庄言之，若推广言之。意谓此吾王之泮涣⑯也与哉，无教逸欲有邦⑰，恃此志也，盖一人之庆也，而亦万邦之宪矣；此吾王之恺悌⑱也与哉，无封靡于尔邦⑲，恃此志也，盖百室之盈⑳也，而亦百辟之刑㉑矣。我意当是时，大臣不必矢《卷阿》之咏㉒，而车庶马闲㉓，乐亲颜色，夏谚竟可代太史之陈风㉔；君上不必观"无逸之图"㉕，而求宁求莫㉖，庆溢里闾，夏谚直可当行人㉗之诵志。此所为君乐民而民亦乐其君者乎？

【评】每于"游"、"豫"之上，"补"、"助"之前衬出妙义。体裁既得，又善点化谚语。文情流美，最易悦人。

【作者简介】

郑为光，字晦中，号次岩，江南仪真县（今扬州）人。顺治十六年（1659）二甲二名进士，选庶吉士，官至广东道监察御史，有《郑侍郎奏疏》。

【题解】出自《梁惠王下》第四章，见上，参见化治文卷五董越《天子适诸侯曰巡狩》。

【注释】

① 式侯度：当作诸侯的表率。式，法式、标准。

② 几幸：企盼。

③ 土功荒度：（禹）大力治理水土。语本《尚书·益稷》："启呱呱而泣，予弗子，惟荒度土功。"孔传："禹治水过门不入，闻启泣声，不暇子名之，以大治度水土之功故。"

④ 胼胝之大务：指禹辛劳治国，以至手足都成了茧子。语本《史记·李斯列传》："（禹）手足胼胝，面目黎黑，遂以死于外，葬于会稽，臣虏之劳不烈于此矣。"

⑤ 倌人之凤驾：国君令驾车者晨起驾车，送自己到田间劝农。倌人，驾车者。语本《诗经·卫风·定之方中》："灵雨既零，命彼倌人。星言凤驾，说于桑田。"

⑥ 玉帛涂山：众诸侯执玉帛在涂山朝拜禹。玉帛，玉器和丝织品，祭祀、会盟等礼仪活动所用。《左传·哀公七年》："禹合诸侯于涂山，执玉帛者万国。"杜预注："诸侯执玉，附庸执帛。涂山，在寿春东北。"

⑦ 属车：帝王出行时的侍从车。

⑧ 君子至止：本指官员受天子之命而来，此即指天子"游"。语本《诗经·秦风·终南》："君子至止，锦衣狐裘。"郑玄笺："至止者，受命服于天子而来也。"

⑨ 法宫：宫室的正殿，帝王处理政事之处。《汉书·晁错传》："（五帝）处于法宫之中、明堂之上。"

⑩ 说于桑田：在桑田里停下车，指天子、诸侯到田间劝勉农桑。说，通"税"，解驾、停车。参见前"倌人之凤驾"注。

⑪ 君子乐胥：诸侯安乐。语本《诗经·小雅·桑扈》："君子乐胥，受天之祜。"毛传："胥，皆也。"郑玄笺："胥，有才知之名也。"朱熹集传："君子，指诸侯。胥，语辞。……君子乐胥，则受天之祜矣，颂祷之辞也。"

⑫ 燕誉吾民：使百姓得到安乐。燕誉，安乐，"誉"通"豫"，《诗经·大雅·韩奕》："庆既令居，韩姞燕誉。"朱熹集传："燕，安；誉，乐也。"

⑬ 君举必书：国君的一举一动都要载于书策。《左传·庄公二十三年》："君举必书。书而不法，后嗣何观？"

⑭ 来游来歌：语本《诗经·大雅·卷阿》："岂弟君子，来游来歌，以矢其音。"

⑮ 式歌且舞：且歌且舞。式，发语词。语本《诗经·小雅·车舝》："虽无德与女，式歌且舞。"朱熹集传："言我虽无旨酒嘉殽美德以与女，女亦当饮食歌舞以相乐也。"

⑯ 泮奂：也作"伴奂"，闲适。语本《诗经·大雅·卷阿》："伴奂尔游矣，优游尔休矣。岂弟君子，俾尔弥尔性，似先公酋矣。"郑玄笺："伴奂，自纵弛之意也。"朱熹集传："伴奂，优游闲暇之意。尔、君子，皆指王也。……言尔既伴奂优游矣，又呼而告之，言使尔终其寿命，似先君善始而善终也。"

⑰ 无教逸欲有邦：不要贪图安逸、嗜欲无节。语本《尚书·皋陶谟》："无教逸欲有邦，兢兢业业，一日二日万几。"孔安国传："不为逸豫贪欲之教，是有国者之常。"

⑱ 恺悌：和乐。

⑲ 无封靡于尔邦：不要生活奢侈、搜刮财富。语本《诗经·周颂·烈文》："无封靡于尔邦"，朱熹集传："封靡之义未详。或曰封，专利以自封殖也，靡，汰侈也。"

⑳ 百室之盈：百姓富足。《栾城集》卷三十四《青词十二首》："勃兴黍稷，终致百室之盈。"

㉑ 百辟之刑：众君的榜样。刑，通"型"，法式。语本《诗经·周颂·烈文》："不显惟德，百辟其刑之。"

㉒ 矢《卷阿》之咏：陈《卷阿》之诗。矢，陈，《卷阿》："矢诗不多，维以遂歌"。《卷阿》，《诗经·大雅》篇目，毛诗序："《卷阿》，召康公戒成王也。言求贤用吉士也。"

㉓ 车庶马闲：车马既多而娴习。闲，通"娴"，熟悉。语本《卷阿》："君子之车，既庶且多。君子之马，既闲且驰。"朱熹集传："君子之车马，则既众多而闲习矣，其意若曰，是亦足以待天下之贤者，而不厌其多矣。"

㉔ 陈风：（太史）陈述民风民谣，以使天子考察时政。

㉕ 无逸之图：据《尚书·无逸》画成的图画，寓劝勉君主不要耽于逸乐之意。《新唐书·李杨崔柳韦路传》：唐玄宗时名臣王珪，"尝手写《尚书·无逸》，为图以献，劝帝出入观省以自戒"。

㉖ 求宁求莫：让百姓安定。莫，定。《诗经·大雅·皇矣》："监观四方，求民之莫。"毛传："莫，定也。"《大雅·文王有声》："遹求厥宁，遹观厥成。"谓力求安定人民。

㉗ 行人：此指采诗之官。语本《汉书·食货志上》："孟春之月，群居者将散，行人振木铎徇于路以采诗。"颜师古注："行人，遒人也，主号令之官。"

召太师曰　三句

杨大鹤

乐以志君臣之盛，其遗音至今存也。夫君臣相悦，亦云盛矣。《徵招》、《角招》，其乐至今具在，景公、晏子不足法乎？且自"喜起"①歌而虞弦②遂远轶于千古，至若三代以降，数十百年之间，何寂寂无颂声作也？得非主臣之际以貌相承而心不相得欤？夫诚有合于"喜起"之遗意则其事可传，而其音响所留亦至于久而不废，如齐景公是已。兴发③之举，晏子言之而君即说之。吾见聊摄以东、姑尤以西④，其民莫不乐湛恩之洊至⑤，而晏子亦适适然喜陈善之得行，谓兹事之在吾君，果可以比于先王也。当是时，君臣盖交相说云。乃公召太师而命以作乐，则何也？人情不能禁其所自喜，故事之出于一时者，恒欲有所托以传诸无穷，夫相说之事，事之不数见者也，君能纳谏，臣能效忠，已昭然在人耳目，独念过此以往，时异势殊，谁复知吾君臣间下济上行，有如是之联为一体者乎，幸今日管弦播之，庶几泱泱大风，可以示子孙而诏来世也；人情不尽忘其所自警，故情之动于一时者，更欲有所托以要诸久道，夫相说之情，情之不易得者也，君无忘艰难，臣无忘启沃，已默相喻于隐微，独念过此以往，日引月长，亦安保吾

929

君臣间献可替否⑥，尽若今之咸有一德⑦者乎，惟他日肄业及之，庶几沨沨⑧人耳，可以广膏泽而全始终也。作乐之命，乌能已哉？是乐也，作之在春秋之世，传之为故府之遗，世虽远而音犹在也，盖《徵招》、《角招》是也。齐声有表海⑨之雄，为太师者，何以不操乎土风⑩，意者乐备六代⑪，而独取诸《招》⑫，直欲奉当日之君臣与赓扬⑬比烈，不可谓非夸也，然主上有盛德，而臣子乐尽夫颂扬，亦其宜矣；宫商⑭有相应之和，为太师者，何以别寄其节奏，意者"招"兼五声，而独用其徵、角⑮，诚有见泰交⑯之堂陛惟民事是图，庶能相与以有成也，夫朝廷有盛节，而瞽宗⑰独究其本原，滋足志矣。臣尝受其诗而读焉，请为王述之，以毕君臣相说之说。

【评】绵邈生情，声容并美。上下相注，亦自然一片。

【题解】出自《梁惠王下》第四章，参见化治文卷五董越《天子适诸侯曰巡狩》。

"景公说，大戒于国，出舍于郊。于是始兴发补不足。召大师曰：'为我作君臣相说之乐！'盖《徵招》、《角招》是也。其诗曰：'畜君何尤？'畜君者，好君也。"

【注释】

① 喜起：指舜所作之歌，后用为君臣协和、政治美盛之典。语本《尚书·益稷》："（舜帝）乃歌曰：'股肱喜哉，元首起哉，百工熙哉。'"孔安国传："股肱之臣喜乐尽忠，君之治功乃起。"

② 虞弦：虞舜时的音乐。

③ 兴发：发仓廪赈济民众。

④ 聊摄以东、姑尤以西：指齐国境内。《左传·昭公二十年》："聊、摄以东，姑、尤以西，其为人也多矣。"杜预注："聊、摄，齐西界也。平原聊城县东北有摄城。""姑、尤，齐东界也。姑水、尤水皆在城阳郡东南入海。"

⑤ 湛恩之浒至：深广之恩泽一再而至。浒至，连续而至，语本《易·坎》："水浒至，习坎。"王弼注："不以坎为隔绝，相仍而至。"

⑥ 献可替否：劝善归过，提出兴革的建议。可，可行的措施。替，废除。《后汉书·胡广传》："臣闻君以兼览博照为德，臣以献可替否为忠。"

⑦ 咸有一德：君臣同心同德。《尚书·咸有一德》，孔安国传："言君臣皆有纯一之德。"

⑧ 沨沨：音乐平和委婉。《左传·襄公二十九年》：季札谓"魏风"曰："美哉，沨沨乎！大而婉，险而易行，以德辅此，则明主也。"杜预注："沨沨，中庸之声。"

⑨ 表海：为东海之国的表率。"表海"及上文"泱泱大风"俱本《左传·襄公二十九年》季札观乐对齐风的评论："美哉，泱泱乎！大风也哉！表东海者，其太公乎！"杜预注："大公封齐，为东海之表式。"

⑩ 土风：齐国当地的音乐。《礼记·乐记》载子夏谓"齐音敖辟乔志"，"淫于色而害于德"。

⑪ 乐备六代：周天子备乐，自黄帝之乐《咸池》至武王之乐《大武》凡六代。

⑫ 《招》：同"《韶》"，舜时乐曲。按，此句谓太师在六代之乐中独取舜时乐曲，意在拿景公、晏婴君臣谐和与舜时君臣谐和相比。

⑬ 赓扬：也作"赓飏"，此指舜时君臣连续而歌，取其君臣相得之意。语本《尚书·益稷》："（舜）乃歌曰：股肱喜哉！……皋陶拜手稽首，飏言曰：念哉！……乃赓载歌曰：元首明哉！"孔安国传："赓，续。载，成也。""大言而疾曰飏。"

⑭ 宫商：此非泛指"五声"。按，《礼记·乐记》谓"宫为君，商为臣，角为民，徵为事，羽为物"，此句讨论太师所作之乐何以不用"宫"、"商"，即意在说明所谓"君臣相和之乐"实际上关涉到民

930

生，而不仅是君臣关系。

⑮ 徵、角：《礼记·乐记》谓"角为民，徵为事"，"角乱则忧，其民怨。徵乱则哀，其事勤"，则作《徵招》、《角招》之乐，意在表明得到百姓欢心、减轻百姓负担。

⑯ 泰交：上下不隔，互通声气。语本《易·泰》："天地交，泰。"

⑰ 瞽宗：本指学校，此即指太师（乐师）。《礼记·明堂位》："瞽宗，殷学也。"郑玄注："瞽宗，乐师瞽矇之所宗也，古者有道德者使教焉，死则以为乐祖，于此祭之。"

文王发政施仁　二句

韩　菼

王政有先施，仁心之所及也。夫文王之仁政自有其大者，岂能一一于穷民而先之，亦曰其心之所至则然耳。且夫王者之立政，其于缓急轻重之故详之久矣，初非有煦煦小惠自结于民之术也。然而王政亦本乎人情，夫人情所同恻然之处，而王者之心不汲汲焉，是其仁心为质，反不若恒人①之用情也，亦不足以举乎其政矣。文王之治岐，王政也，即仁政也。今观九一②诸法，可得发政施仁之大概矣。此自远观乎一国之势，必先行其宽大，而非有要约③人心之私，益假史臣以行善之说④；此自谨念夫立国之规，必早定其经制，而亦非有自居父母之意，益形朝廷以如熭之伤⑤。若是而谓文王，以其至公之心与其政之至大者，而必沾沾于鳏寡孤独无告之民，毋亦有其所不暇，且此固惠术也，非政体也。然臣谓必先焉者，何也？人情遇夫俯仰快然者，未必仁心之动也，有一蹙然者，其情不假踌躇而后悲，由是而思，圣人以什伯庸众⑥之情，迫什伯庸众之痛，而忍听其穷于天、复穷于我乎，吾想出玉门而献河西⑦，其时几不保有岐山，而不胜疾苦请命之意，知其仁心有入人家室者尔；人情当夫号呼望救者，谓此仁人之事也，苟稍有力者，其身岂得徘徊而后往，由是而思，圣人以崇朝⑧可及之势，急须臾难忍之忧，而忍使其告于君、亦如告于天乎，吾尝读《关雎》以迄《驺虞》⑨，其词不闻赋一鳏民⑩，岂必无耆老孤子之苦，知其仁风有释人惨怛者尔。仁之政历数十年而始成则甚难，仁之心感于一旦而辄见则甚易，四者施仁之易者也，文惟长不失此甚易之心，举凡经营于高山周原⑪之间者，皆可驯致⑫而无难；以吾之仁为天子抚斯民则甚顺，以吾之仁与造物争此民则甚逆，四者施仁之逆者也，文惟欲衡胜于甚逆之天，后之次第于出治明堂之日者，遂觉措施之大顺。四者非必政之先务也，仁之先几也。即文之所以施于四者，臣未有以考，而见之《王制》，不过皆有常饩⑬。度亦若是而已矣，固未与九一诸大政同类而并重也。

【评】并不是发政施仁之大经大纶处，何以独先此四者？惟此能道其所以然。

【题解】出自《梁惠王下》第五章，参见启祯文卷七罗万藻《耕者九一》。

老而无妻曰鳏，老而无夫曰寡，老而无子曰独，幼而无父曰孤。此四者，天下之穷民而无告者。文王发政施仁，必先斯四者。

【注释】

① 恒人：常人。

② 九一：税额为九取其一，此即指井田制度。

③ 要约：此指收买人心。

④ 行善之说：《史记·周本纪》谓"西伯阴行善"，《殷本纪》："西伯归，乃阴修德行善，诸侯多叛纣而往归西伯。西伯滋大，纣由是稍失权重。"

⑤ 如煋之伤：指商纣王时朝廷酷烈如火。语本《诗经·周南·汝坟》："鲂鱼赪尾，王室如煋。"毛传："煋，火也。"

⑥ 什伯庸众：德行十倍百倍于平常的人。什伯，即"十百"。

⑦ 出玉门而献河西：此谓周文王为民请命，献出"玉门"和河西之地，以换取纣王免除对百姓的酷刑。按，"河西"当作"洛西"，见《史记·殷本纪》："西伯出而献洛西之地，以请除炮格之刑。纣乃许之。"又，周文王被囚，其臣下尝献"河西"所出有莘氏美女，然为求得纣王赦免其本人，非为"请命"。玉门，谓玉饰之门，此当属作者误用。《史记》等载周文王被囚，其臣下"美女奇物善马"以换取纣王的赦免，均不及"玉门"。《淮南子·道应训》则谓，周文王"砥德修政"，纣王忌而囚之，文王之臣散宜生乃求天下奇珍取悦纣王，文王得免。文王既归，"乃为玉门，筑灵台，相女童，击钟鼓，以待纣之失也"，即以奢靡的生活迷惑纣王。纣王闻之，果然愈加纵恣无忌，遂以亡国。

⑧ 崇朝：终朝、一个早上，谓很短的时间。

⑨ 《关雎》以迄《驺虞》：指《诗经》中的"周南"、"召南"。《关雎》为"周南"之首篇，《驺虞》为"召南"之末篇，故云。毛诗大序："《周南》、《召南》，正始之道，王化之基。"传统认为"二南"是表现文王德化的诗篇。

⑩ 鲜民：无父母、穷独之民。语本《诗经·小雅·蓼莪》："鲜民之生，不如死之久矣。"毛传："鲜，寡也。"

⑪ 高山周原：周室的发祥地，在岐山之南。高山，指岐山，《诗经·周颂·天作》："天作高山，大王荒之。"周原，周人之原，《诗经·大雅·绵》："周原膴膴。"

⑫ 驯致：亦作"驯至"，逐渐达到。语本《易·坤》："履霜坚冰，阴始凝也；驯致其道，至坚冰也。"

⑬ 常饩：固定的口粮。《礼记·王制》："少而无父者谓之孤，……此四者天民之穷而无告者也，皆有常饩。"

所谓故国者 一章

张玉书

贤臣进而民赖之，其国可世守已。盖贤者，民之所托而国所与立者，用人不慎，何以成故国乎？且夫一国听命于君，而独至人才之用舍，国人若与君阴分其柄。何也？民所不敢争者，君之权也，其与国同体之谊，每视君所亲任之人引为休戚，故善得民者，必以慎简世臣为托国计焉。夫谓之曰世臣，盖当国家累叶①之后追思旧德之辞。方其始进，何遽以世臣许之？而非也。其人思深计远，常身履祖宗之朝而谋及子孙，既可与创业，亦可与守成，此真世臣矣，剪荆棘、辟污莱②，非所论也；且其人遗艰投大③，常身处盛明之运而念及忧危，私则保其身，公则庇其国，此真世臣矣，鲁之三卿、晋之六卿④，非所论也。呜呼，有国者孰不欲得世臣而进之？乃往往求一亲臣不得，何耶？不慎故也。上方破登进之格，则立谈要主知者至矣；上方急名誉之选，则虚声动朝听者至矣。尊之戚之，谊至渥也，或一旦而骤罢，徒有轻易旧臣之嫌；卑者疏者，未之深信也，忽一旦而骤进，复滋误收新进之悔。惟其始少一如不得已之忧，及其后遂至欲已而不可复已。岂独人才之难知哉？亦过听左右、诸大夫者多耳。左右非尽佞幸，然窃权藉以祸国者比比也；诸大夫岂无正人，然恃党援以误国者比比也。夫亟望贤才之进而共食其利者，惟国人为最真；当贤才未进而不惜争效其议者，亦惟国人为可信。因而察之，贤者用可也，不贤者去可也，又其甚者杀之可也。总之，视国人如子弟，视国之有臣如主伯亚旅⑤，凡其求贤若渴，无非贻一世之安，则朝野中外皆仰若臣⑥而托之矣，众志苞桑⑦，而何诪说之轻挠国是哉？以老成引后进，复以今日之后进储他年之老成，方其一贤登朝，已早植数世之报，则宗祊⑧社稷皆相⑨若臣而佑之矣，神人凭依，而何外侮之轻摇民志哉？呜呼，民依于君，君依于贤，君与臣若民相维，然后能有其国。世之人主，不思为国树人以尽父母斯民之道，而徒叹立国之难，何其无术也！

【评】意度节奏与黄陶庵⑩相近，笔力之健举亦似之。

【题解】出自《梁惠王下》第七章，参见化治文卷五李东阳《所谓故国者》。

孟子见齐宣王曰："所谓故国者，非谓有乔木之谓也，有世臣之谓也。王无亲臣矣，昔者所进，今日不知其亡也。"王曰："吾何以识其不才而舍之？"曰："国君进贤，如不得已，将使卑踰尊，疏踰戚，可不慎与？左右皆曰贤，未可也；诸大夫皆曰贤，未可也；国人皆曰贤，然后察之；见贤焉，然后用之。左右皆曰不可，勿听；诸大夫皆曰不可，勿听；国人皆曰不可，然后察之；见不可焉，然后去之。左右皆曰可杀，勿听；诸大夫皆曰可杀，勿听；国人皆曰可杀，然后察之；见可杀焉，然后杀之。故曰，国人杀之也。如此，然后可以为民父母。"

【注释】

① 累叶：累世。叶，世、代。

② 剪荆棘、辟污莱：指开辟、初创事业。污莱，此指荒芜的田地。《诗经·小雅·十月之交》："彻我墙屋，田卒污莱。"毛传："下则污，高则莱。"按，此句谓参与早期开辟事业的人，并不一定是"世臣"。

③ 遗艰投大：付以艰巨的、重大的任务。

④ 鲁之三卿、晋之六卿：此指位高权重之臣。鲁之三卿，指把持鲁国国政的"三桓"，季孙为司徒，叔孙为司马，孟孙为司空。晋之六卿，指春秋后期，把持晋国国政的范氏、中行氏、知氏、韩氏、赵氏、魏氏，谓之"六卿分晋"，后导致晋国分裂成为韩、赵、魏三国。

⑤ 主伯亚旅：此泛指父子家人。语本《诗经·周颂·载芟》："侯主侯伯，侯亚侯旅。"毛传："主，家长也。伯，长子也。亚，仲叔也。旅，子弟也。"

⑥ 若臣：此臣。

⑦ 众志苞桑：众人同心，根基牢固。苞桑，桑树之本，喻指根基牢固，语本《易·否》："其亡其亡，系于苞桑。"孔颖达疏："苞，本也。凡物系于桑之苞本，则牢固也。"

⑧ 宗祊：宗庙、家庙。

⑨ 相：视，依靠。

⑩ 黄陶庵：黄淳耀，号陶庵。

左右皆曰贤未可也

姚士禧

贤不以左右而可，于其易可者先慎之也。夫曰贤，出自左右，甚易可矣，矧皆曰贤乎？而国君以为未也，盖其慎也。从来君与贤之相遇，岂尽天作之合哉？盖亦有人焉进说于君，以为贤者先容①矣。吾谓国君进贤之慎，尤当自左右之先容始。何则？左右之称，有为人主之重臣者，所谓置诸左右是也，其人皆保傅之尊，职司启沃，而三代以下，久无此交修罔弃之虚怀，则典已废矣；有为人主之近臣者，所谓简乃左右是也，其人止携仆②之属，力给走趋，而官制日弛，又加以寺人③爱幸之错处，则品益杂矣。然则左右而曰贤且皆曰贤乎，而得遽以为可乎？顾左右而曰贤且皆曰贤乎，而不易以为可乎？其易以为可者，何也？凡大僚之特荐一贤也，人主每以揽权而忌之，若左右之属，小人耳，虽侈口曰贤，而恒谅其意念之无他；凡外朝之公荐一贤也，人主每以植党而疑之，若左右所处，禁地耳，虽众口曰贤，而犹念其交游之无素。虽然，不可以不慎也。左右即不好权，安知其不嗜利，进一贤而使利归左右，名器不足复重矣，又况利之所归，权之所以移也，且令左右绝不好权、绝不嗜利，而使吾贤因左右之言而进，而贤者不已轻乎；左右即不树党，安知其不市恩，进一贤而使恩归左右，国是由此日淆矣，又况恩之所归，党之所以成也，且令左右绝不树党、绝不市恩，而使吾君因左右之言而进贤，而进贤不已苟乎？是故暗主之所可，明主之所慎也，左右之伺上甚微，其君好为名高也者，而所称必曰抱道之儒，其君好为厚实也者，而所称必曰济时之彦，盖国君之意旨各殊，能饰于大廷而不能饰于深宫燕私之地，固左右所微为伺也，正以伺我甚微，而明君于此乃益加慎耳；庸主之所易可，贤主之所先慎也，左右之逢君甚巧，君或读书而慕得人之庆，则共举一贤以迎其所喜，君或退朝而抱乏才之憾，则共举一贤以解其所忧，盖国君之忻戚有时，未喻于百僚而早已喻于朝夕侍御之近，故左右得巧于逢也，彼虽逢我甚巧，而贤君于此止知有慎耳。慎之如何？亦曰未可而已矣。未可非绝之也，进贤之念迫，虽左右不逆料④以不肖之心；然而宁听之也，进贤之事重，岂左右而遽信其有知人之哲哉？故曰于其易可者先慎之，断自左右始。

【评】题之眼目全在"左右"二字，前半疏得分位分明，后半写得情状透露，无一语移置得下二段去。

【作者简介】

姚士禧（？—1708），字绥仲，号华曾，安徽桐城人。康熙二十七年（1688）二甲十一名进士，改庶吉士，官至詹事府右春坊、右赞善。康熙三十五年（1696）典湖南乡试，四十四年（1705）为顺天乡试副主考，次年二月以取士不公褫职。著有《咏园诗集》十二卷。

【题解】出自《梁惠王下》第七章，见上，参见化治文卷五李东阳《所谓故国者》。

【注释】

① 先容：事先为人作介绍、推荐或通融。

② 携仆：帝王的近臣、侍从。《尚书·立政》："左右携仆，百司庶府。"孔安国传："左右携持器物之仆。"

③ 寺人：宫中的近侍小臣，此处指宦官、阉官之类。《诗经·秦风·车邻》："未见君子，寺人之令。"毛传："寺人，内小臣也。"

④ 逆料：预想。按，此一股谓，当左右说某人贤时，人君也并不认为左右一定抱有不良动机。

滕文公问曰　三章

王汝骧

始终以死守策滕①，机在为善而已。盖处滕之势，必效死而后可以守，必为善而后可以死也，去且非计，而以免为耶？尝观小国之困于大国也，有民死其君、君死其国之志，则国有与立，而其避敌以图存者权时之宜也，事人以苟免者自亡之道也。故孟子策滕，首断之以守而坚之以死，岂迂论哉？短长五十里，既无夷仪楚丘②之地可徙以自延昭穆③数十传，忍以子孙宗祖之依遽捐以与敌？是故舍效死之义，计无复之也。嗟乎，彼事齐事楚以来，滕之民力竭矣，将谁与守之而谁与死之哉？文公之恐，盖自知其不能得之于民也。虽然，得民何难？强为善而已矣。能为善而后民可与，深沟高垒，谋及后世而有余；能自强而后死可效，父老子弟，失之一日而不忍。不然，天作高山，太王荒之④，夫独非畏于狄者哉？而去而卒王⑤，宁无恃以处此⑥？且无遽言王也，第能如太王之去，亦何所为而不可哉？能使其民戴之为仁人，即与之守国必固；能使其民从之如归市，即与之效死必诚。然则滕之所自处可知矣。值不得免之势，但当急而求诸民；处无可去之时，但当力而强诸善。以善结民，以民守国，民弗我去，与民死之；民即我去，以身死之。听其无如何者于天，效其必弗去者于宗庙社稷。此有国者之正，而知所择者之必出于此也。嗟乎，处小弱而不自强，徒恃其皮币犬马珠玉事大国以求免，否则，轻去其国而自取亡焉。千古而来若此者何可胜道，皆以昧于效死之义而谋之不审，悲夫！

【原评】贯穿镕铸，全是一片。精神团结，故能遏奇横于严谨之中。

【题解】出自《梁惠王下》第十三章至第十五章。第十四章参见启祯文卷七陈际泰《君子创业垂统为可继也》，第十五章参见正嘉文卷五唐顺之《昔者大王居邠》。

滕文公问曰："滕，小国也，间于齐楚。事齐乎？事楚乎？"孟子对曰："是谋非吾所能及也。无已，则有一焉：凿斯池也，筑斯城也，与民守之，效死而民弗去，则是可为也。"（一，谓一说也。效，犹致也。国君死社稷，故致死以守国。至于民亦为之死守而不去，则非有以深得其心者不能也。此章言有国者当守义而爱民，不可徼幸而苟免。）

滕文公问曰："齐人将筑薛，吾甚恐。如之何则可？"孟子对曰："昔者大王居邠，

935

狄人侵之，去之岐山之下居焉。非择而取之，不得已也。苟为善，后世子孙必有王者矣。君子创业垂统，为可继也。若夫成功，则天也。君如彼何哉？强为善而已矣。"

滕文公问曰："滕，小国也。竭力以事大国，则不得免焉。如之何则可？"孟子对曰："昔者大王居邠，狄人侵之。事之以皮币，不得免焉；事之以犬马，不得免焉；事之以珠玉，不得免焉。乃属其耆老而告之曰：'狄人之所欲者，吾土地也。吾闻之也：君子不以其所以养人者害人。二三子何患乎无君？我将去之。'去邠，逾梁山，邑于岐山之下居焉。邠人曰：'仁人也，不可失也。'从之者如归市。或曰：'世守也，非身之所能为也。效死勿去。'君请择于斯二者。"

【注释】

① 策滕：为滕国谋划。
② 夷仪楚丘：泛指迁徙之地。齐桓公时，邢国、卫国为狄人所逼，齐桓公帮助二国迁都于夷仪、楚丘，语本《左传·闵公二年》："僖之元年，齐桓公迁邢于夷仪。二年，封卫于楚丘。"
③ 昭穆：本指祖宗世次的排列，此即意为祖宗。古代宗法制度，宗庙或宗庙中神主的排列次序，始祖居中，以下父、子递为昭穆，左为昭，右为穆。
④ 天作高山，太王荒之：此指太王率周民由豳地迁往岐山。语本《诗经·周颂·天作》："天作高山，大王荒之。"朱熹集传："高山，谓岐山也。荒，治。……言天作岐山，而大王始治之。"
⑤ 去而卒王：离开豳地（邠地）到岐山，最终奠定了王业的基础。
⑥ 宁无恃以处此：此句谓，太王之所以能"去而卒王"，是依靠其能"得民"、能"强为善"。

武王周公继之　二句

张克嶷

大行必俟诸继，盖其难也。夫文王之后而复继以武、周，此古今不多见者也，大行顾不难与？且王者躬有圣德，而推而布之天下，亦欲及身而兴耳，安能郁郁待后世不可知之数哉？虽然，以德则不必有待也，以德之行则又不能无待也。德如文王，而百年未洽，行则有之，大行则未也。六州①虽曰归心，而如燬犹伤②，此亦文之无如何者矣，彼称受命者必归西伯，皆史臣推本之论，而其实起侯服而集大统③，原非文王自为者也；二南④虽云化行，而制作⑤未遑，此又文之不得已而已者矣，彼诵始平⑥者必于穆考⑦，亦后人让善之辞，而其实鉴夏殷而酌损益⑧，初非文王手定者也。盖其大行也，以继之者有武王而复有周公耳。以执竞而缵丕基⑨，自具有临驭万方之略，是文之后有武，仍无异于文之后复有文，故文所已为者，武从而振起之，文所不及为者，武更从而光大之也，观于大业将兴，而陈师鞠旅⑩，尚俟十三年⑪之后，逮至会朝清明⑫，讴思遍于万国，而圣天子之经营固已不遗余力矣，追忆阴行⑬之初，岂意迟之又久一至于此，而迟久固已至此耳；以元圣⑭而隆制作，自具有经纬天地之才，是文之后复有公，又无异于武之后复有武，故武之已成乎文者，公因而恪守之，武之未成乎文者，公又因而神明之也，观于大物⑮既改，而分官定礼，尚在辅幼冲⑯之年，逮至礼乐明备，懿德敷于时夏⑰，而贤冢宰⑱之经营不知几费拮据⑲矣，追思养晦之日，方意迟之又久不必至此，而迟久乃终至此耳。且夫创业垂统，所可必者在己，而嗣续则有未敢知者，幸而元子⑳神圣，家相㉑多才，十五王㉒之积累于是始毕耳，不然而子或不克承厥父，弟或不克相厥兄，将皇然抱此未竟之绪矣；积厚流长，所自信者天命，而人事则有难逆睹者，幸而锡龄有验㉓，赤乌无恙㉔，五十载之勤劬㉕差堪无憾耳，不然而武未受命遽以侯服老，公遭流言竟以明农㉖终，几殷然留此未尽之心矣。是非不足于德也，德之不能遽行者如斯也；抑非不欲行其德也，德之大行不能无待者如斯也。天下有几文王，有几文王而复有武、周继之哉？以德若彼，以行若此，盖王天下若斯之难也。

【评】觑定下节一"难"字落笔，反复皆中题肯，而词亦开拓。

【作者简介】

张克嶷，字伟公，号拗斋，山西闻喜人。康熙十八年（1679）进士，选庶吉士，改刑部主事，累迁郎中，后出为广西平乐知府，调广东潮州知府，有善政。年七十六，卒于家。入《清史稿·循吏传》。

【题解】出自《公孙丑上》第一章，参见隆万文卷五葛寅亮《饥者易为食　　犹解倒悬也》。

（孟子）曰："以齐王，由反手也。"（公孙丑）曰："若是，则弟子之惑滋甚。且以文王之德，百年而后崩，犹未洽于天下；武王、周公继之，然后大行。今言王若易然，则文王不足法与？"曰："文王何可当也？由汤至于武丁，贤圣之君六七作。天下归殷久矣，久则难变也。武丁朝诸侯有天下，犹运之掌也。纣之去武丁未久也，其故家遗俗，流风善政，犹有存者；又有微子、微仲、王子比干、箕子、胶鬲皆贤人也，相与辅相之，故久而后失之也。尺地莫非其有也，一民莫非其臣也，然而文王犹方百里起，是以难也。"

【注释】

① 六州：文王之时，三分天下有其二，故曰"六州归心"。

② 如燬犹伤：此指当时百姓尚在商纣王如火般酷烈的政令中受苦。如燬，指政令如火，语本《诗经·周南·汝坟》："鲂鱼赪尾，王室如燬。"毛传："燬，火也。"郑玄笺："君子……畏王室之酷烈。是时纣存。"

③ 起侯服而集大统：（周武王）兴起于诸侯而成为天子。侯服，服王侯之衣，指周文王尚为商之诸侯。集大统，指一统天下，《尚书·武成》："我文考文王……大统未集。"

④ 二南：指《诗经》中的"周南"、"召南"。传统认为"二南"表现了周之德化溥行，毛诗大序："南，言化自北而南也。"

⑤ 制作：指制礼作乐，确定各项典章制度。

⑥ 始平：此指受命。《国语·周语下》："自后稷始基，十五王而文王始平之。"韦昭注："至文王乃平民受命也"。

⑦ 穆考：此指文王。周以后稷为始祖，依世次，文王为"穆"，《尚书·酒诰》："乃穆考文王，肇国在西土。"

⑧ 鉴夏殷而酌损益：（周公）借鉴夏商二代的礼乐制度，斟酌取舍而定下周礼。《论语·八佾》："周

监于二代，郁郁乎文哉！"朱熹集注："二代，夏商也。言其视二代之礼而损益之。"

⑨ 执竞而缵丕基：指周武王秉持自强之道而继承周文王的基业。执竞，语出《诗经·周颂·执竞》："执竞武王，无竞维烈。"朱熹集传："竞，强也。言武王持其自强不息之心。"缵，继承。丕基，大的基业，《尚书·大诰》："天明畏，弼我丕丕基。"

⑩ 陈师鞠旅：出征之前，集合军队发布动员，此指武王率军伐纣。语本《诗经·小雅·采芑》："钲人伐鼓，陈师鞠旅。"毛传："伐，击也。钲以静之，鼓以动之。鞠，告也。"

⑪ 十三年：文王卒后十三年即武王十三年，始克纣。《尚书·泰誓上》："惟十有三年春，大会于孟津。"

⑫ 会朝清明：指武王大会诸侯而伐纣，一朝而天下清明。语本《诗经·大雅·大明》："谅彼武王，肆伐大商，会朝清明。"朱熹集传："会朝，会战之旦也"，"不崇朝而天下清明"。

⑬ 阴行：此指不声张地推行善政。《史记·周本纪》："西伯阴行善，诸侯皆来决平。"

⑭ 元圣：大圣人，此指周公。

⑮ 大物：指天下或帝位，亦指朝廷的典章制度。《国语·周语中》："大物其未可改也。"

⑯ 辅幼冲：指辅佐年幼的周成王。幼冲，指年幼即位的周成王。

⑰ 时夏：即华夏。时，是、此。此语本《诗经·周颂·时迈》："我求懿德，肆于时夏。"朱熹集传："肆，陈也。夏，中国也。"

⑱ 冢宰：周官名，为六卿之首，亦称太宰，此指周公。《尚书·周官》："冢宰掌邦治，统百官，均四海。"

⑲ 拮据：此指劳苦。《诗经·豳风·鸱鸮》："予手拮据。"朱熹集传："拮据，手口共作之貌。"

⑳ 元子：天子或诸侯的嫡长子，此指武王。

㉑ 家相：本指管家等，此喻大臣，指周公。张载《西铭》："大君者，吾父母宗子；其大臣，宗子之家相也。"

㉒ 十五王：指由周之始祖至周文王共十五代。参见前"始平"注。

㉓ 锡龄有验：此指幸得武王寿命长，在克商之后才死去。锡，赐。锡龄，指武王梦见天帝赐予其寿命之事，见《礼记·文王世子》："文王谓武王曰：'女何梦矣？'武王对曰：'梦帝与我九龄。'……文王曰：'……古者谓年龄，齿亦龄也。我百，尔九十。吾与尔三焉。'文王九十七乃终，武王九十三而终。"

㉔ 赤舄无恙：指周公摄政时，虽遭流言而无恙。赤舄，赤色鞋子，指周公所着的冕服。语本《诗经·豳风·狼跋》："公孙硕肤，赤舄几几。"朱熹集传："公，周公也。孙，让也。硕，大。肤，美也。赤舄，冕服之舄也。几几，安重貌。周公虽遭疑谤，然所以处之不失其常。"

㉕ 五十载之勤劬：指文王在位五十年。《史记·周本纪》："西伯盖即位五十年。"

㉖ 明农：勉力于农，此假设周公被流言所中，被迫引退。语本《尚书·洛诰》："（周公曰）兹予其明农哉！"孔安国传："如此我其退老，明教农人以义哉！"

夫志气之帅也　二句

陶自悦

明志、气之相为主辅，而知心之不离乎气也。夫心宰乎体而体成乎气，志为帅而气辅之，岂有能相离者哉？孟子曰：自二五①各正以来，形生神发，莫非气为之也。顾天生万物以气，而独与斯人以心，盖即其气之神明者，使之统摄运量乎气，而气之在人，乃为五行之秀、庶物之灵，亦大异乎凡有形者之气矣。彼告子之"不得于心，勿求于

938

气"，岂知此哉？方心之寂然不动，固即太虚之气贞于一而无朕②耳，未见心之有所命乎气也，亦未见气之何以效命乎心也；方心之湛然中存，又即妙合之气复乎静而有常耳，未见心之有所用夫气也，亦未见气之何以应用乎心也。则试于吾心所乘之气机而观，夫志于何思何虑之中，而忽有所之焉，维时耳目之所加，手足之所措，指之则有向，导之则有方，未有志先而气敢后者，盖率乎乾知坤作③之自然，而志固气之帅也；则且于吾心所运之百体而观，夫气凡一官一形之生，而莫或有歉焉，是故耳目之为视为听，手足之为持为行，从令则以位，用命则以次，未有体在而气不赴者，盖顺乎阳变阴合之自然，而气乃体之充也。若告子之"不动心"，是心不得有其志也，心不得有其志，则气亦顽而无所用，独不念人生气以成形，苟无志以帅之，而气之充乎一身者，其能无所节宣而不轶于攻取哉？且心不得有其体也，心不得有其体，则气自虚而不足贵，独不念人生体以载心，自非气以充之，而志之宰乎百为者，其又何所统纪而得成其变化哉？夫盖不知心与气之未始相离，而内外本末之不可不交相养也。

【评】上文"心"、"气"对举，此独变"心"言"志"，盖心之寂然不动时，本无端倪之可窥也。文于此处体认分明，通身词义亦老健无支。

【作者简介】

陶自悦（1639—1709），字心兑，号艾圃，江苏武进人。康熙二十七年（1688）进士，官至泽州知州。有《亦乐堂诗》六卷，《晚晴簃诗汇》卷四九谓："艾圃工制艺，与韩慕庐（按，韩菼）齐名。闻于景陵（按，康熙），召入都，以病乞归。"

【题解】出自《公孙丑上》第二章，参见隆万文卷五潘士藻《告子曰不得于言无暴其气》。

（公孙丑）曰："敢问夫子之不动心，与告子之不动心，可得闻与？""告子曰：'不得于言，勿求于心；不得于心，勿求于气。'不得于心，勿求于气，可；不得于言，勿求于心，不可。夫志，气之帅也；气，体之充也。夫志至焉，气次焉。故曰：'持其志，无暴其气。'"

【注释】

① 二五：指阴阳五行。二，阴阳。五，五行。
② 无朕：无征兆、形迹。
③ 乾知坤作：语本《易·系辞》："乾知大始，坤作成物。"孔颖达疏："'乾知大始'者，以乾是天阳之气，万物皆始在于气，故云知其大始也。'坤作成物'者，坤是地阴之形，坤能造作以成物也。初始无形，未有营作，故但云知也。已成之物，事可营为，故云作也。"

我知言 二句

张 㟒

言与气受治于心，正心之自为治也。①夫知言养气，此心之为也，而心乃由之不动矣，岂非治则俱治者乎？孟子意曰：人有所失，不可诬也；我有所长，不必讳也。盖我之至于四十而不动心也，我则有道矣。心一而已，物之进而尝我者将无穷，而必以言为端，此静感于动之机也。方言之出于人心而入于我心也，与我异者皆是，与我同者未尝闻；自谓必然者皆是，自谓或否者未尝闻。我将任其异而然之乎，既以无心自欺；我将辨其异而否之乎，又以有心欺世。如是而我之心疑，疑则旁皇审顾，久之而后庶几有以决其疑，而心之动也甚矣。我则以万变者，天下之言也；不变者，我心之知也。夫亦惟是，虚以养其有觉之体，实以致其穷理之功。如是者有年，而未与言接，知在言先；既与言接，言在知内。进退伯王之略②，折衷仁义之归，不亦从容坐照而有余乎？盖心本常明，而不得于言者，其明不足恃也，故我之不动心，道在"知言"。心一而已，我之出而持世者将无穷，而要以气为用，此静极乎动之几也。原气之听命于心而为辅于心也，气之盈歉，心为之而心固得专其权；心之屈伸，亦气为之而心亦必藉其力。我以躁心乘之乎，气将发而难收；我以怠心处之乎，气将靡而不任。如是而我之心惧，惧则徘徊观望，久之而后庶几有以制其惧，而心之动也甚矣。我则以无定者，气之能役夫心也；有定者，心之能养夫气也。夫亦惟是，坚其志于任重道远，正其趋于闲邪③存诚。如是者有年，而气藏于心，善养以观其复；心运于气，善养以得其通。处则当大道绝续之寄，出则树生民骏伟之勋，不亦优游指顾而裕如乎？盖心本自强，而不得于气者，其强将中阻也，故我之不动心，道在"善养吾浩然之气"。此则我之所长所由，与告子之"勿求"④者异矣。

【评】二句乃"不动心"根源，文于"知言"中补出存心穷理功夫，"养气"中补出操持闲存功夫。理解独到，文境亦清洁无滓。

【作者简介】

张昺，江南金山卫（今上海）人，康熙三十年（1691）二甲二名进士。

【题解】出自《公孙丑上》第二章，参见隆万文卷五潘士藻《告子曰不得于言无暴其气》。

（公孙丑曰）"敢问夫子恶乎长？"曰："我知言，我善养吾浩然之气。"

【注释】

① 此句谓：言和气（知言和养气）正是"治心"的出发点，文亦由此分为两扇。
② 进退伯王之略：在王道和霸道间进行取舍选择。伯王，即"霸王"。
③ 闲邪：防止邪曲的思想。闲，防。《易·乾》："闲邪存其诚。"
④ 告子之"勿求"：指本章所引告子之说："不得于言，勿求于心；不得于心，勿求于气。"

行有不慊于心　　以其外之也

张　江

明气之所由馁，而知义不在心外也。夫心之所慊者义也，行不慊心而气馁，义之非外明矣。告子曾不之知，又恶能集义以生气哉？孟子盖曰：气之不可袭而有可生也，生于集义者之心而已。天下无心外之气，心之得不得而气从之；天下亦无心外之义，义之直不直而心受之。是故义非他也，吾羞恶之心见诸行事者也。其行而宜之者义也，理直则气壮，所以为不馁之本；其因时制宜者心也，理得则心安，所以求自慊之实。使吾豫内以利外者无用而不周，则直遂其心之本然，而心安者体舒矣，一有不慊，此时郁拂之心将何以顺布吾气而塞天地乎，非心之不能帅气也，义不在故也；使吾由中以应外者无施而不利，则大满其心之常然，而心广者体胖矣，一有不慊，此时亏损之心将何以张皇吾气而配义道乎，非心之不能帅气以充体也，义不在故也。然则气之不外乎心可知矣，心慊则气生也，外气于心者非也；然则义之不外乎心愈可知矣，义集则心慊也，外义于心者尤非也。我尝曰告子未尝知义，岂非以此故哉？彼盖以吾人之学聚问辩以精义①者若牖②于外也，而不知正吾心之所以观其变化；彼又以吾人之迁善改过以充义者若形于外也，而不知正吾心之所以妙其推行。始焉以义为外，"不得于言，勿求于心"，而此心之义之全体蒙焉，盖惟恐曲直明而心滋以不慊也，其不动心也一冥然罔觉之心耳已；既焉即以气为外，"不得于心，勿求于气"，而此心之义之大用堕焉，盖惟恐惝往分而气愈以坐馁也，其不动心也，一悍然不顾之心耳已。曾不思心之慊，义为之，而可外义乎哉？气之馁，心为之，而可外心之义乎哉？此我之养气必以集义为事也。

【评】"心"、"气"、"义"三层，分肌擘理，对笋合缝。于人所易生枝节、极难融贯处，皆若行其固然，是谓力大思精。

【题解】出自《公孙丑上》第二章，参见隆万文卷五潘士藻《告子曰不得于言无暴其气》。

其为气也，至大至刚，以直养而无害，则塞于天地之间。是集义所生者，非义袭而取之也。行有不慊于心，则馁矣。我故曰，告子未尝知义，以其外之也。

【注释】

① 学聚问辩以精义：以"学聚问辩"使义理精详。学聚问辩，语本《易·乾》："君子学以聚之，问以辩之。"
② 牖：启发，开导。

非所以内交于孺子之父母也 三句

朱 鉴

无所为而为之，可以识乍见之心焉。夫内交、要誉、恶其声，人心时或有之，而非所论于不忍之乍发也，今人盍自验之乎？尝谓人心之伪也，大都得诸从容审计之余，而猝然相遭，则势既有所难兼，而时亦有所不暇。盖举夫勉强为善之意而尽忘之，而中之充塞无间者可睹已。有如怵惕恻隐之心，从入井之孺子生也。斯时今人目中止见一孺子耳，安得更见一人，即果有人焉在其旁，犹之弗见也；则斯时今人意中止有一孺子耳，安得又有一心，倘别有心焉随其后，已非乍见也。独是事定之余，或者举以告人，而人已窃窃然议其后矣。举此心以告孺子之父母，彼父母必感我也，人得而议之曰所以内交也；举此心以告我乡党朋友，誉言至毁言息也，人得而议之曰所以要誉而然，所以恶其声而然也。夫今人非圣人，非贤人，吾乌知其非内交？乌知其非要誉、非恶其声？且三者亦犹非大远乎人情之论也。然举此三者以疑乍见之人心，则吾得为今人解，吾得为今人白①。非有成见之设于中也，急投之而急应之，才力聪明毕出相徇而不给，所旁给者何途②；非有先入者为之主也，骤发之而骤致之，耳目手足欲贷片时而不能，又何能以两顾？藉令③易一境焉，而已有一父母之心，已有一乡党朋友之心，一若环相伺也，而此际则外心之纷纭无隙可入；藉令转一念焉，而已有一内交之心，已有一要誉、恶其声之心，一若踵相接也，而此际则内心之笃实无地可容。夫功亦可居，名亦可立，考诸吾心之初体，本无是也，而何从得伤人害人之术；且有所慕而为善，有所畏而不为不善，质诸吾心之初念，举无属也，而并可得不学不虑之良④。世有疑怵惕恻隐之心者乎？吾得一一为今人解之白之，曰：非然也，非然也！

【评】段落擒纵，颇具隆万人长技。于题中急叠神理，尤能曲肖。

【作者简介】

朱鉴（1663—?），字旦平，号泖君，自称寒碧后人，江南上海县人。雍正元年（1723）三甲进士，曾任宁国府教谕。

【题解】出自《公孙丑上》第六章。

孟子曰："人皆有不忍人之心。（天地以生物为心，而所生之物因各得夫天地生物之心以为心，所以人皆有不忍人之心也。）先王有不忍人之心，斯有不忍人之政矣。以不忍人之心，行不忍人之政，治天下可运之掌上。（言众人虽有不忍人之心，然物欲害之，存焉者寡，故不能察识而推之政事之间；惟圣人全体此心，随感而应，故其所行无非不忍人之政也。）所以谓人皆有不忍人之心者，今人乍见孺子将入于井，皆有怵惕恻隐之心。非所以内交于孺子之父母也，非所以要誉于乡党朋友也，非恶其声而然也。（乍，犹忽也。怵惕，惊动貌。恻，伤之切也。隐，痛之深也。此即所谓不忍人之心也。内，结。要，求。声，名也。言乍见之时，便有此心，随见而发，非由此三者而然也。程子曰："满腔子是恻隐之心。"谢氏曰："人须是识其真心。方乍见孺子入井之时，其心怵惕，乃真心也。非思而得，非勉而中，天理之自然也。内交、要誉、恶其声而然，即人欲之私矣。"）由是观之，无恻隐之心，非人也；无羞恶之心，非人也；无辞让之心，非人也；无是非之心，非人也。（羞，耻己之不善也。恶，憎人之不善也。辞，解使去己也。让，推以与人也。是，知其善而以为是也。非，知其恶而以为非也。人之所以为心，不外乎是四者，故因论恻隐而悉数之。言人若无此，则不得谓之人，所以明其必有也。）恻隐之心，仁之端也；羞恶之心，义之端也；辞让之心，礼之端也；是非之心，智之端也。（恻隐、羞恶、辞让、是非，情也。仁、义、礼、智，性也。心，统性情者也。端，绪也。因其情之发，而性之本然可得而见，犹有物在中而绪见于外也。）人之有是四端也，犹其有四体也。有是四端而自谓不能者，自贼者也；谓其君不能者，贼其君者也。（四体，四支，人之所必有者也。自谓不能者，物欲蔽之耳。）

942

凡有四端于我者，知皆扩而充之矣，若火之始然，泉之始达。苟能充之，足以保四海；苟不充之，不足以事父母。"（扩，推广之意。充，满也。四端在我，随处发见。知皆即此推广，而充满其本然之量，则其日新又新，将有不能自已者矣。能由此而遂充之，则四海虽远，亦吾度内，无难保者；不能充之，则虽事之至近而不能矣。此章所论人之性情，心之体用，本然全具，而各有条理如此。学者于此，反求默识而扩充之，则天之所以与我者，可以无不尽矣。程子曰："人皆有是心，惟君子为能扩而充之。不能然者，皆自弃也。然其充与不充，亦在我而已矣。"又曰："四端不言信者，既有诚心为四端，则信在其中矣。"愚按：四端之信，犹五行之土。无定位，无成名，无专气。而水、火、金、木，无不待是以生者。故土于四行无不在，于四时则寄王焉，其理亦犹是也。）

【注释】

① 白：辩解，辩白。
② 此句谓：把全部的聪明才力用于救人也不够用，又哪有聪明才力分给别的事情？
③ 藉令：假设，即使。
④ 不学不虑之良：此指"良知良能"而言，《孟子·尽心上》："人之所不学而能者，其良能也；所不虑而知者，其良知也。"

伯夷隘　一节

韩菼

究两圣之行之所极，君子有以自命矣。夫隘与不恭，亦从乎其行之所极而为言，非必为夷、惠隐也。学夷、惠而无失焉，是在君子。且夫古圣人各行其是于天下，岂必后人之我从，而流风余思，每感动于不自已。夫事之独居其至，以示于后，未有必能无失者。故为圣人曲掩其失之所必然，斯亦小于视圣人；而知其失而以为无伤，斯又过于信圣人者也。予述夷、惠之行详矣，两人各较然立意若此，而往而辄穷，然阅数百年，声称益伟，后之君子往往慨然而兴，曰是可以风也。且夫圣固有不可知者、有可知者。不可知者，无不至者也，而得其似者亦寡矣；有可知者，偏至者也，而每易于有所似以成名于天下。是故吾窃知夫后之欲为夷、惠者众也，而之乎其途而失焉、以转咎夫始为之者之开其端，即夷惠何以解免哉？是不若早窥其所极而为之说，此君子之责也，抑亦夷、惠之志也。且夫古人亦安所得百全之行而居之，假令旁皇审顾，必求无几微之累于吾身，是必中立依违而后可也，夫古之君子欲行其志，且犯天下之不韪而不辞，而如夷、惠，犹未为其甚者也；即论世亦安所尽得快意之古人而论之，假令为书所愚，不敢加毫发之疑于古人，是必雷同傅会而后已也，夫诚为君子独行其断，且反古今之所是以为言，而如论夷、惠，犹未离乎众说者也。则吾得目夷以隘，加惠以不恭，是亦夷、惠之行之所必至，而君子之决择诚不可以轻也。盖古人立身自有其本，隘、不恭，充其类之尽焉耳，而世必将曰惟夷而后能为隘，惟惠而后能为不恭，推其失而转以为美，是何以处夫圣人之时乎夷、时乎惠而卒不至隘与不恭者也，君子落落焉挟是非之权，一无护惜之私，正欲审美善之微而已矣；古人措行自有其全，隘、不恭，举其疵之小者耳，而世又将曰非隘不成其为夷，非不恭不见其为惠，摘其瑕以概乎其余，是何其便于后世之即于隘、即于不恭而遂以貌于夷惠者也，君子卓卓焉定从违之志，不恕古人之隙，正欲别留古人之真而已矣。故曰君子不由也。嗟夫，隘与不恭自夷、惠开之，而将不知所极也，则直隘与不恭尔，岂复有夷、惠哉？君子勿于此中①求夷、惠也，惟不由而后可以不为夷不为惠，即不然亦可为夷为惠，是在君子。

【评】隘、不恭，非夷、惠全身，乃就清、和偏处推极如此。孟子既称为"百世师"，又恐学者以隘、不恭为圣之所以清、和，故特发此论，非攻摘夷、惠短处也。文四面圆足，深得立言本旨。

【题解】出自《公孙丑上》第九章，参见启祯文卷七金声《柳下惠不恭》。

孟子曰："伯夷隘，柳下惠不恭。隘与不恭，君子不由也。"

【注释】

① 此中：指隘与不恭。按，此以下谓君子不能仿效伯夷、柳下惠的隘与不恭，而要以大中至正之道为立身行事的起点。这样，做得好就可以超过伯夷、柳下惠，做得不好，也不失为伯夷、柳下惠。

朝廷莫如爵 三句

魏方泰 墨

历举达尊之所属，而知其各有所重也。盖爵、齿之尊也以朝廷、乡党，而德之尊也则以辅世长民也，三者之并尊于天下也。今夫人之与人相等耳，不知何以有贵贵之义，有老老之义而又有贤贤之义也。及进求其故，而义有所取，用有所宜，天下之人因凛然于所共尊，未尝有所偏轻偏重于其间也，振古如斯矣。如爵也，齿也，德也，为天下所达尊也。而爵何以尊乎，曰有朝廷则宜然也，盖两贵不能以相使，两贱不能以相事，不尊其爵以示之，天下之人有日习于陵竞而未已者矣，于是序其爵之高者焉，更序其爵之尤高者焉，而后天下晓然知贵贱之有所统也，盖自有朝廷以来，冠履有常，固无有与之比其隆者矣；齿何以尊乎，曰有乡党则宜然也，盖虽天子亦必有父，虽诸侯亦必有兄，不尊其齿以示之，天下之人有渐流于伦外而不知者矣，于是序其齿之长者焉，更序其齿之尤长者焉，而后天下秩然知长幼之不容紊也，盖自有乡党以来，尚年有典，固无有与之等其量者已；德何以尊乎，曰有世与民在则宜然也，盖刑名不可以寿世①，杂霸不可以宜民，不尊其德以临之，斯世斯民有欲进于治安而无从者矣，于是出其德而为之辅焉，出其德而为之长焉，而后天下悠然蒙清晏之休、沐教养之泽也，盖自有世有民以来，致治有由，必无有与之媲其美者已。夫天下而不止有朝廷也，则勿谓爵之外别无尊焉可也。

【评】意正词严格老，场屋之正宗也。近日讲西江派者，不于义理原本处求深厚，但于字句格律中逞新奇。其蔽至于生涩怪诞，试就所为文诘之，亦不自知所以云矣。急宜以此种正之。

【作者简介】

魏方泰（1657—1728），字日乾，号鲁峰，江西广昌人。康熙二十三年（1684）江西解元，三十九年（1700）三甲进士，改庶吉士，授翰林院检讨，官至礼部侍郎。曾典山东、福建乡试，一任云南学政。著有《通芬堂集》、《历代忠孝传》、《瀛洲馆课》等。

【题解】出自《公孙丑下》第二章，参见化治文卷五吴宽《不幸而有疾　景丑氏宿焉》。

天下有达尊三：爵一，齿一，德一。朝廷莫如爵，乡党莫如齿，辅世长民莫如德。恶得有其一，以慢其二哉？

【注释】

① 寿世：造福世人。

孟子谓蚔蛙曰　一章

张大受

大贤不以齐臣自为，正深责夫为人臣者也。夫孟子不为齐臣，故进退绰绰然也。彼有官守、有言责者，其又何说之辞？且人臣之事其君也，分固不可逃，情亦不忍恝，必置其身于可仕可止①之地，待其君以若远若近之交，何以愧后世为人臣而不忠者？然而君子之用心，正自有谓也。彼蚔蛙不度于王而辞灵丘，请士师，则暗于进矣；数月而不言，而亦不去，则昧于退矣。已而言，言而不用而致政以去，虽未能见几于进之始，亦能引身于退之终矣。微孟子言，几不知官守之不得则去，言责之不得则去也。然而孟子之所以自处，亦正可于所以为蚔蛙者而得之矣。沟壑者②无罪而就死，四方者③颠连之莫诉，齐有司所不能自达者，独謇謇④焉，盖尽其职于不为官之时，以度其可仕与否，而非恝然于齐也，且使泄泄⑤者无为口实也；好货而诵公刘，好色而称古公⑥，齐谏官不能直诤者，独谔谔⑦焉，盖尽其言于不当言之时，以决其可言与否，而非默然于齐也，且使诺诺者闻而知耻也。如是而可以进乎，君必责难，非尧舜不敢陈矣；如是而时当退乎，道既不行，虽万钟不欲受矣。彼可退而不可进者，但见不仕之为高，而不思君臣之义，授之以官，曰"不足与有为也"，责之以谏，曰"不足与有言也"，胡不效蚔蛙谏王之后也；彼可进而不可退者，但见三已⑧之可愠，而不觉素餐之羞，职之既旷，曰"吾将有行也"，谏之不闻，曰"吾犹有待也"，何尽如蚔蛙数月之前也？由此观之，赧然立人之朝，义不合而不去者，固智出蚔蛙下矣。若托于绰绰然之余裕，徒委蛇进退以市其君，又岂知孟子之所以讽齐人者乎？

【评】通篇以孟子作主，以蚔蛙带叙，而于题中筋节更无遗漏。取径既别，文境亦超。

【题解】 出自《公孙丑下》第五章，参见启祯文卷七陈际泰《有官守者》。

孟子谓蚔蛙曰："子之辞灵丘而请士师，似也，为其可以言也。今既数月矣，未可以言与？"蚔蛙谏于王而不用，致为臣而去。齐人曰："所以为蚔蛙，则善矣；所以自为，则吾不知也。"公都子以告。曰："吾闻之也：有官守者，不得其职则去；有言责者，不得其言则去。我无官守，我无言责也，则吾进退，岂不绰绰然有余裕哉？"

【注释】

① 可仕可止：《孟子·公孙丑上》："可以仕则仕，可以止则止，可以久则久，可以速则速，孔子也。"

② 沟壑者：指转死沟壑之人。按，本句原误作"无罪而就成"，据文意改作"就死"。

③ 四方者：指流离失所、逃散四方之人。按，此二句谓孟子曾向齐王进谏。《孟子·公孙丑下》"孟子之平陆"章，载孟子谏平陆大夫："子之民，老羸转于沟壑，壮者散而之四方者，几千人矣。"并向齐王进谏。《孟子》亦多次载孟子以同样的话向其他诸侯进谏。

④ 謇謇：通"謇謇"，忠直貌，直言进谏。

⑤ 泄泄：怠缓貌。《孟子·离娄上》："诗曰：'天之方蹶，无然泄泄。'泄泄，犹沓沓也。事君无义，进退无礼，言则非先王之道者，犹沓沓也。"

⑥ "好货"二句：本《孟子·梁惠王下》，齐宣王自谓"寡人有疾，寡人好货"，"寡人好色"，因此不能推行仁政，孟子以公刘亦好货、古公亶父（太王）亦好色之说，鼓励齐宣王勉力于仁政。

⑦ 谔谔：直言争辩貌。《史记·商君列传》："（赵良曰）千人之诺诺，不如一士之谔谔。"

⑧ 三已：多次被黜免。已，罢官。语本《论语·公冶长》："令尹子文三仕为令尹，无喜色；三已之，无愠色。"

孟子谓蚔蛙曰　一章

魏嘉琬

大贤无言责，故不同于言官也。夫蚔蛙，言官也，言行则进，不行则退，固然。若孟子岂以进退碍其言哉？孟子于齐不受禄，所以处乎事外，而其言亦为事外之言，诚不愿以一官靡①其身而进与退皆蹙蹙也。乃齐有谏臣曰蚔蛙者，乡②官灵丘，后请于王为士师，阅数月乃言，言不用遂去。其初亦不免牵制，而后卒于其责无负，可谓明于进退与？而不知所以然者，孟子之言之激之也。齐人不知，转有以是律孟子者。岂孟子亦有蚔蛙之责，亦当如蚔蛙之去？王既不用其言，亦当如蚔蛙之去？善为人而不自为，讵进退之义于己反不知哉？不知蚔蛙本有言责也，尽其言始尽其责，而后可以守其官，故以言为进退也。而若孟子之进退，固绰绰然也。岂其亦有官守，亦有言责也耶？乃孟子之所以不官者，何也？天下惟事外之人，可以无乎不言，即如士师言刑，而刑之外有言，遂以为越俎，故必以刑为言也，乃齐之失政也多矣，无一事不当言，而既受言某事之官，则他事多不得言者，惟无言责者可以无乎不言，既无乎不言，而齐之失政，王于是乎无不知也；且事外之人即不用，而犹可以不去而犹可以言，即如蚔蛙谏王而不用，不用而不去，遂以为贪官③，故不用即不可不去也，乃王之恶言也久矣，齐臣无一人敢言，幸一人敢言又以不用而去，而齐臣更无一人言者，惟无言责者可以不去而犹可以言，不去而犹可以言，则王虽恶言而不能不闻其言，而齐犹不至无一人言也。不然，孟子即受一官、守一职，仅能言其当言耳，况言之不用遂以去继之，曾何补毫末于齐而只以一蚳蛙之进退为进退也哉？

【评】 能于题外诘题，见孟子惓惓行道之义，识力高人数筹。

【题解】 出自《公孙丑下》第五章，同上，参见启祯文卷七陈际泰《有官守者》。

【注释】

① 靡：通"縻"，拘束、束缚。
② 乡：通"向"，从前。
③ 贪官：贪恋官位。

钦定清朝四书文卷十一（《孟子》上之下）

五百年必有王者兴　一节

陶元淳

　　观古君臣之遇，而知运会非偶然也。夫乘五百之运，而王者与名世并生于其间，此元会之必然也，岂独古如是哉？从来天下治日少而乱日多，其乱也必有人以致之，非独其主愚也；而其治也亦必有人以开之，非独其君贤也。盖君臣之际，交相需也，而其数大约俟之五百年，何则？开创者之精神法制，虽足及乎千百世之久，然大约肇其基者几年，享其成者几年，其后乃因循颓靡，儳焉①不能以终日矣，然而先世之德泽未湮，一时之流风善政犹未尽改革也，天下之人思其祖功宗德，未尝不恕其子孙，迨至纪法尽坏，陵迟至于不可救，而后穷变通久②之用乃自此而开，故夫五百年亦人事将返之机也；造物者之监观求莫③，虽未尝或已于一息之顷，然大约眷顾定命④者几年，保右申命⑤者几年，其后乃气象衰飒，驳杂不可为理矣，然而帝心之仁爱未忘，一时之灾祥变故犹足以警惕也，继体之君苟能恐惧修省，虽无道不失天下，惟其百六之会⑥，穷而无所复之，而后始终往复之运乃自此而更，故夫五百年又天运循环之日也。于是一姓不再兴，而忽焉草茅侧陋⑦之中，有受命而为之帝者，盖自开辟以来，五帝官之⑧，三王家之，要皆际昌期之运以与天下更始，而必非寻常力征经营之主所得与也，夫使力征经营者而可与，则古者大彭、豕韦⑨之属，亦可乘乏其间而姑摄夫帝王之统矣，而天必为之更生王者，固知此剥复之道而天人理数之不可易者也；因而天子不能自为，而忽然耕屠版筑⑩之间，有崛起而为之臣者，盖自古今以来，五帝其臣莫及，三王臣主俱贤，要皆依日月之光以共赞王业，而必非苟且霸显其君之辈所得并也，夫使霸显其君者而可并，则近世管晏狐赵⑪之属，亦可旋转其际而伯仲于伊吕⑫之间矣，而天必为之更生名世，固知此上下之交而明良遇合⑬之所一定者也。夫既理有可必，故生民不忧无主而天下不至于常乱，即不幸丁末流之运，而人心差可自安，以为运之已极即运之将转也，盖不独自古为然也；惟其数更不爽，故贤人君子有以自见而吾道不至于终穷，即不幸遭阨穷之遇，而吾心亦可自慰，以为道之将废即道之将行也。盖于今当亦无不然也，而竟何如耶？

948

【评】胸中无经籍，纵有好笔，亦不过善作聪明灵巧语耳。一涉议论，非无稽之谈，即气象蔚然，盖由理不足以见极，词不足以指实故也。此等文堪为药石。　　二句神脉重在"名世"一边，乃孟子为己身写照也。文于此尚未审轻重，不可不知。

【题解】出自《公孙丑下》第十三章。

孟子去齐。充虞路问曰："夫子若有不豫色然。前日虞闻诸夫子曰：'君子不怨天，不尤人。'"（路问，于路中问也。豫，悦也。尤，过也。此二句实孔子之言，盖孟子尝称之以教人耳。）曰："彼一时，此一时也。（彼，前日。此，今日。）五百年必有王者兴，其间必有名世者。（自尧舜至汤，自汤至文武，皆五百余年而圣人出。名世，谓其人德业闻望，可名于一世者，为之辅佐。若皋陶、稷、契、伊尹、莱朱、太公望、散宜生之属。）由周而来，七百有余岁矣。以其数则过矣，以其时考之则可矣。（周，谓文武之间。数，谓五百年之期。时，谓乱极思治可以有为之日。于是而不得一有所为，此孟子所以不能无不豫也。）夫天，未欲平治天下也；如欲平治天下，当今之世，舍我其谁也？吾何为不豫哉？"（言当此之时，而使我不遇于齐，是天未欲平治天下也。然天意未可知，而其具又在我，我何为不豫哉？然则孟子虽若有不豫然者，而实未尝不豫也。盖圣贤忧世之志，乐天之诚，有并行而不悖者，于此见矣。）

【注释】

① 傀焉：苟且。
② 穷变通久：此指王朝的更替，语本《易·系辞下》："易穷则变，变则通，通则久。"
③ 监观求莫：指上天观察人世，寻求可以安定百姓之人。语本《诗经·大雅·皇矣》："皇矣上帝，临下有赫。监观四方，求民之莫。"毛传："莫，定也。"
④ 眷顾定命：上天眷顾，授予天命，使之政权巩固。《诗经·大雅·皇矣》："（上帝）乃眷西顾，此维与宅。"
⑤ 保右申命：指上天既保佑王朝，又申敕天子以使王朝延续更久。《诗经·大雅·假乐》："宜民宜人，受禄于天。保右命之，自天申之。"毛传："申，重也。"朱熹集传："言王之德既宜民人而受天禄矣，而天之于王，犹反复眷顾之不厌，既保之右之，而又申重之也。"
⑥ 百六之会：指灾害和厄运。《汉书·律历志上》："易九厄曰：初入元，百六，阳九；次三百七十四，阴九"，孟康注："易传也。所谓阳九之厄，百六之会者也。初入元百六岁有厄者，则前元之余气也，若余分为闰也。易交有九六七八，百六与三百七十四，六乘八之数也，六八四十八，合为四百八十岁也。"
⑦ 草茅侧陋：指来自民间，地位低微。
⑧ 五帝官之：五帝只是管理天下而不据为一家之私物。《汉书·盖宽饶传》："五帝官天下，三王家天下。家以传子，官以传贤。"
⑨ 大彭、豕韦：此代借"霸"者。《左传·成公二年》："四王之王也，树德而济同欲焉。五伯之霸也，勤而抚之，以役王命。"杜预注：五伯，"夏伯昆吾，商伯大彭、豕韦，周伯齐桓、晋文"。按，祝融氏后代分为八姓，大彭、豕韦为其中之二，当商朝衰落之时曾经称霸，后世失道，商朝复兴而灭之。见《国语·郑语》"大彭、豕韦为商伯矣"韦昭注。
⑩ 耕屠版筑：耕夫、屠户和力役之人，泛指微贱之人。版筑，筑墙，《孟子·告子下》："傅说举于版筑之间。"
⑪ 管晏狐赵：齐、晋两大诸侯国的大臣管仲、晏婴、狐偃、赵衰。

⑫伊吕：伊尹和吕尚。伊尹为商汤的大臣，吕尚为周初大臣，均为王者之臣。

⑬明良遇合：明君良臣的遇合。明良，语本《尚书·益稷》："元首明哉，股肱良哉。"

夫天未欲平治天下也 一节
方 舟

大贤原天之不可强而自明其心焉。夫以平治天下之人而遇未欲平治天下之天，而何能豫哉？而亦何为不豫哉？孟子若曰：今而知予向者犹未知天之深也。予盖外观当今之天下而内决之吾身，而以为治平之有日也；乃今内卜之吾身以外决之当今之天下，而不禁爽然矣。盖数已过而时则可，人之贪乱极矣，而天下当狭隘酷烈之余，而时有幸心焉，以为人之心不悔而天之心未有不悔者也，而不知天之心亦有时而不可恃也；即天之不吊①亦甚矣，而吾儒观古今往复之数，而常以理断焉，以为天之造祸乱者益深则其欲治平亦愈急也，而不谓天之理亦有时而不可测也。夫天之未欲平治天下也，盖观予之身而可以决矣。何者？当今之世，乱天下之材甚多，而平治天下者吾盖未之见也。偷合取容以为一身一家之计者有矣，其能任万物之忧而不私其利者谁乎；立事程功以为一国一时之计者有矣，其能用仁义之道而胥匡以生②者谁乎？以今之世，度今之人，如欲平治天下，舍我其谁也？而吾之所遇如此，是非天欲困予一人之身也，彼蚩蚩者③犹当转于水深火烈之中，虽欲开予④而不可得也，夫使吾之身废不用而天下尚有可属之人而其待治平犹未若斯之急，而吾犹可以自解也，乃今之所蒿目以忧者犹如彼而向之所私心自负者已如此，而何能释然于怀耶；抑予向者皆为逆天之事也，其皇皇焉自以为及时应数之人，而不知天之所废不可兴也，使天欲有所转于天下，而何遂愦愦以至于今，使天犹欲有所用于予，而何必迟迟以待于后，此又事可逆睹者也。在予固无如何，而叹我躬之不阅⑤；在天亦必有道，而非尽造物之不仁，而究亦何所容心哉？而吾何为不豫哉？予之身，惟天所以处之，而今之天下，亦惟天所以置之。汝第外观于今之天下而内决于予之身，而又以观于天之所以处予与天下者，而可以无疑于予之不豫矣。

【评】题面是"何为不豫"，题神却句句是"不豫"。文能曲肖神理，浩气独行，宛然如自孟子口中流出。

【题解】出自《公孙丑下》第十三章，见上。

【注释】

① 不吊：不为上天所哀悯庇佑。语本《诗经·小雅·节南山》："不吊昊天，乱靡有定。"

② 胥匡以生：指彼此匡正错误。《尚书·太甲中》："民非后，罔克胥匡以生"，孔安国传："无能相匡，故须君以生。"

③ 彼蚩蚩者：指天下百姓，谓天下百姓尚未觉悟，即上文"人心不悔"。语本《诗经·邶风·氓》："氓之蚩蚩"，毛传："蚩蚩者，敦厚之貌。"朱熹集传："蚩蚩，无知之貌。"

④ 开予：启发开导。语本《礼记·檀弓下》："（晋平公谓杜蒉曰）曩者尔心或开予，是以不与尔言。"郑玄注："开，谓谏争有所发起。"

⑤ 我躬之不阅：《诗经·卫风·谷风》："我躬不阅，遑恤我后。"毛传："阅，容也。"郑玄笺："躬，身。遑，暇。恤，忧也。"朱熹集传："我身且不见容，何暇恤我已去之后哉？"

诗云昼尔于茅　　有恒心

王汝骧

　　即民之不缓其事，而心所由恒可识矣。盖民之心系于其事也，《豳风》所称，非其所事于恒产者乎？孟子曰：人君为国，期于得民之心而用之，而臣独汲汲于民事。君得毋谓民之事民自急之，而劝功乐业之常，无待上人之措意哉？而不然也，民事不可缓，非臣一人之私言也。古之人明于经国之计者，首重乎民之所以为事，自衣食以至孝弟，皆有不容已于规画之图；而明于敬民之原者，先审乎民之所以为民，自于耜以至涤场①，皆有不容已于歌咏之致。《豳风》②之作，周公以民事告成王也，《诗》云"昼尔于茅，宵尔索绹，亟其乘屋，其始播百谷"。思东作③之将兴，而冬春并日，何其爱土物④而心戚；念宫功⑤之既执，而宵昼兼营，想见服勤劳而思善。盖周自陶复陶穴⑥以后，在巘在原⑦，所以定民居而授民业者，阅数百年之旧，而人有可恋之田庐；故其民自乃疆乃理⑧以来，侯亚侯旅⑨，所为春在野而冬入邑者⑩，非一朝夕之依，而人克自勤于保聚。若是者何也？民之为道也，食货之原，有其生之而不匮，故曰产焉；地著之本，苟或迁之而弗良，故贵恒焉。夫是恒产也，谓是养民之身已耳，而口分世业⑪之余，置其手足者于此，即所以习其性情者于此，稼穑维宝⑫，心复何之已；谓是克恒其生已耳，而菜畦桑圃之间，长其子孙者于此，即所以远其庬异⑬者于此，血气和平，莫恒于是已。今即《诗》言思之，"昼尔于茅"，尚有当昼而嬉者乎？"宵尔索绹"，尚虞日入愿作⑭乎？"亟其乘屋"，谁不爱吾庐乎？"其始播百谷"，四时之间何日休息乎？有恒产者有恒心，亦其验已。不然，种不入地而邑有敖民⑮，即周公安所得《豳风》而绘之耶？

　　【评】即上截之事，现下截之理。体格雅淳，穆然静对，其味弥永。

　　【题解】出自《滕文公上》第三章，参见化治文卷五崔铣《夫世禄》。

　　滕文公问为国。孟子曰："民事不可缓也。《诗》云：'昼尔于茅，宵尔索绹；亟其乘屋，其始播百谷。'民之为道也，有恒产者有恒心，无恒产者无恒心。苟无恒心，放辟邪侈，无不为已。及陷乎罪，然后从而刑之，是罔民也。焉有仁人在位，罔民而可为也？是故贤君必恭俭礼下，取于民有制。"

【注释】

① 自于耜以至涤场：从春天修理农具到秋收完毕打扫场圃，泛指全年的农事。语本《诗经·豳风·七月》："三之日于耜，四之日举趾。""九月肃霜，十月涤场。"毛传："三之日，夏正月也。豳土晚寒，于耜，始修耒耜也。""涤，扫也。场功毕入也。"
②《豳风》：此主要指《诗经·豳风·七月》之诗，内容主要是描写农人的生活。传统认为《七月》是周公遭流言居东时所作，呈于周成王。毛诗序："《七月》，陈王业也。周公遭变故，陈后稷先公风

化之所由，致王业之艰难也。"

③ 东作：指春耕。语本《尚书·尧典》："寅宾出日，平秩东作。"孔安国传："岁起于东，而始就耕，谓之东作。"

④ 土物：土地所产的物品，谓粮食。按，此句本《尚书·酒诰》："惟曰我民迪小子，惟土物爱，厥心臧。"孔安国传："惟土地所生之物，皆爱惜之，则其心善。"

⑤ 宫功：指修建房屋或服官府的劳役。按，此句本《诗经·豳风·七月》："我稼既同，上入执宫功。"朱熹集传："宫，邑居之宅也……功，葺治之事也。或曰：公室官府之役也。"

⑥ 陶复陶穴：此指周人早期尚住在窑洞和地穴中，没有住房。语本《诗经·大雅·绵》："古公亶父，陶复陶穴，未有家室。"朱熹集传："陶，窑灶也。复，重窑也。穴，土室也。……豳地近西戎而地苦寒，故其俗如此。"

⑦ 在巘在原：指周之先公跑到山顶，站在平地，寻找适合居住的地方。语本《诗经·大雅·公刘》："（公刘）陟则在巘，复降在原。"朱熹集传："巘，山顶也。……言公刘至豳，欲相土以居而带此剑佩，以上下于山原也。"

⑧ 乃疆乃理：指整治田地。语本《诗经·大雅·绵》："乃疆乃理，乃宣乃亩。"

⑨ 侯亚侯旅：本指家主的兄弟和后辈，此指周人一家家都合力于农事。语本《诗经·周颂·载芟》："其耕泽泽……侯主侯伯，侯亚侯旅"，毛传："亚，仲叔也。旅，子弟也。"

⑩ 本句谓春天开始到田里劳动，冬天回到邑中休息。《汉书·食货志》："在野曰庐，在邑曰里。……春令民毕出在野，冬则毕入于邑。"

⑪ 口分世业：泛指耕地。口分，指"口分田"，官府配给人丁的土地，人丁死后由官府收回，重新分配予他人。世业，也称"永业田"，人丁死后可由其后代继承的土地。

⑫ 稼穑维宝：此指农人非常重视耕作，语本《诗经·大雅·桑柔》："稼穑维宝，代食维好。"

⑬ 庞异：其他杂乱的事务。

⑭ 日入慝作：到了晚上，发生奸邪之事。慝，阴奸。语本《左传·昭公二十五年》："为之徒者众矣，日入慝作，弗可知也。"杜预注："日冥，奸人将起。"

⑮ 敖民：游民。《汉书·食货志上》："朝亡废官，邑亡敖民，地亡旷土。"颜师古注："敖谓逸游也。"

诗云昼尔于茅　　有恒心

张　江

民亦自勤其事，可思恒产之系民重矣。盖宵昼皇皇，皆为播谷亟耳。恒产也，亦即恒心也，彼以民事为可缓者，盍诵《诗》？尝思好佚者人情乎，蛩蛩者①何心而不惮烦也，亦曰吾以为生耳，而善论治者遂因此而得风俗焉。是故用天之时，分地之利，尽人之力，以立民命，即以立民心。事固莫有重焉者也，而为国者顾得缓视此乎哉？今夫人君之缓民事与其不缓民事者，亦各有道矣。盖粉饰治具者，动侈口于礼乐文章之盛，谓道一风同乃称至治，而不屑以农夫手足之烈漫费其经营；而忧勤治本者，惟尽心于蚕桑耕织之图，谓思深俗俭②实始王基，而时乐以小人稼穑之艰篛警于朝夕。昔者周公其知道矣，为之咏《豳诗》，盖《七月》八章，大率皆为民之勤于百谷而作也，而其较著者尤莫若"于茅"、"索绹"数言。观其绸缪家室③之时，即不忘树艺疆理④之事，忧思之远，劝勉之谆，无敢须臾少缓焉，而求其淫心而舍力⑤者固已寡矣。美哉！非知道者

952

其能为此诗乎？盖国依于民，必民有其恒心而后可相与为国；民托于国，必君予以恒产乃为能不失此心。且夫唐、魏之陋也，其纤啬⑥，至于"要襋缝裳"⑦，其忧伤，至于"山枢"、"蟋蟀"⑧，比诸羔羊朋酒⑨之宽大和平，其细已甚矣，而论者犹以其民有先德⑩之遗，何者，民气易流，道在操之于服勤作劳之下，此朝夕之黾皇⑪，所为勤以厉其心于勿放也；且夫齐、秦之强也，重环两牡⑫，人竞劝乎菟田⑬，驷驖车戎⑭，日争雄于伍两⑮，比诸缵武献豜⑯之忠顺仁爱，亦大不驯矣，而论者犹以其民为可用之国，何者，民生本淳，道在养之于安居乐业之中，此田庐之保聚所为重，以固其心于勿迁也。不然，当日者有邰⑰以穑事开基，公刘以夕阳定国⑱，一切诗书弦诵未暇经营，而传数百年，其子若孙犹得歌咏之，以为风俗是遵，何道哉？有恒产者有恒心，愿君诵《七月》而敬图乃事也。

【评】后半才思渍发，具见平日读书根柢。前幅更能绾合"有恒产"句则无遗憾矣。其佳处自不可掩。

【题解】出自《滕文公上》第三章，见上，参见化治文卷五崔铣《夫世禄》。

【注释】

① 蚩蚩者：指百姓。语本《诗经·邶风·氓》："氓之蚩蚩"，毛传："蚩蚩者，敦厚之貌。"朱熹集传："蚩蚩，无知之貌。"

② 思深俗俭：思虑深长，风俗节俭。《左传·襄公二十九年》载季札论《诗经·唐风》："思深哉！其有陶唐氏之遗民乎？不然，何忧之远也？非令德之后，谁能若是！"朱熹《诗集传》论《魏风》："魏，国名，本舜禹故都……其地狭隘，而民贫俗俭，盖有圣贤之遗风焉。"

③ 绸缪家室：指加固房屋。语本《诗经·豳风·鸱鸮》："迨天之未阴雨，彻彼桑土，绸缪牖户。"朱熹集传："绸缪，缠绵也。……我及天未阴雨之时，而往取桑根以缠绵巢之隙，使之坚固以备阴雨之患。"

④ 树艺疆理：种植庄稼，整治田地。艺，种植。疆，田界。按，"观其绸缪"二句，就《孟子》本章所引《豳风·七月》四句诗而阐发，"亟其乘屋"以上三句指修理房屋，即"绸缪家室"，"其始播百谷"即"不忘树艺疆理之事"。

⑤ 淫心而舍力：心思邪僻，不肯勤劳。刘向《列女传·鲁季敬姜》："君子劳心，小人劳力，先王之训也。自上以下，谁敢淫心舍力。"

⑥ 纤啬：计较细微，悭吝。《管子·五辅》："纤啬省用，以备饥馑。"

⑦ 要襋缝裳：指魏人俭啬。语本《诗经·魏风·葛屦》："掺掺女手，可以缝裳？要之襋之，好人服之。""缝裳"，新妇入门未及三月，未庙见，于礼本不可执妇功，魏人俭啬，让未庙见的新妇从事女工。"要襋"，指让新妇整治下衣（裳）之腰和上衣之领。朱熹集传："魏地狭隘，其俗俭啬而褊急，故以葛屦起兴，而刺其使女缝裳，又使治其要、襋以遂服之也。"

⑧ "山枢"、"蟋蟀"：指《唐风》中"山有枢"和"蟋蟀"二首。毛诗序："《蟋蟀》，刺晋僖公也。俭不中礼，故作诗以闵之。……此晋也而谓之唐，本其风俗，忧深思远，俭而用礼，乃有尧之遗风焉。""《山有枢》，刺晋昭公也。不能修道以正其国，有财不能用。"

⑨ 羔羊朋酒：此指豳地之人生活的宽大和平。语本《诗经·豳风·七月》："九月肃霜，十月涤场；朋酒斯飨，曰杀羔羊。"毛传："两樽曰朋。"朱熹集传："杀羊以献于公，举酒而祝其寿也。"

⑩ 先德：此指尧、舜、禹。参见"思深俗俭"注。

⑪ 黾皇：勤勉。

953

⑫ 重环两牡：均指齐人好田猎。"重环"，指猎犬戴着子母环，语本《诗经·齐风·卢令》："卢重环，其人美且鬈。"毛传："重环，子母环也。""两牡"，两公兽，语本《齐风·还》："并驱从两牡兮"，毛诗序："《还》，刺荒也。哀公好田猎，从禽兽而无厌。国人化之，遂成风俗，习于田猎谓之贤，闲于驰驱谓之好焉。"

⑬ 蒐田：即田猎、狩猎。蒐，春天打猎，《左传·隐公五年》："故春蒐，夏苗，秋狝，冬狩。"

⑭ 驷驖车戎：此指秦国崇尚武功，矜夸车甲。驷驖，驾一车之四匹赤黑色马，亦为《诗经·秦风》篇名。车戎：兵车。戎，兵车。《诗经·秦风》有"车邻"、"小戎"等篇名。

⑮ 伍两：本指各级军事单位。《周礼·地官·小司徒》："五人为伍，五伍为两，四两为卒，五卒为旅。"

⑯ 缵武献豜：指豳地人出猎，所获的大猎物献于公刘。《诗经·豳风·七月》："二之日其同，载缵武功。言私其豵，献豜于公。"毛传："缵，继。功，事也。豕一岁曰豵，三岁曰豜。大兽公之，小兽私之。"郑玄笺："其同者，君臣及民因习兵俱出田也。"

⑰ 有邰：古国名，周之始祖后稷所封之国，约在今陕西省武功县西南，此也指后稷。后稷之母姜嫄，为有邰氏女。《诗经·大雅·生民》："诞后稷之穑，有相之道……实颖实栗，即有邰家室。"毛传："邰，姜嫄之国也。尧见天因邰而生后稷，故国后稷于邰。"后稷长于稼穑，故曰"以穑事开基"。

⑱ 夕阳定国：指周之先祖公刘率周人到豳地，确定立国之处。语本《诗经·大雅·公刘》："度其夕阳，豳居允荒。"毛传："山西曰夕阳。"郑玄笺："夕阳者，豳之所处也。度其广轮，豳之所处，信宽大也。"

彻者彻也　二句
韩 茭

"彻"与"助"有同实，而若各有其意焉。夫"彻"与"助"既仍夏什一之制，而何异其名？然即其义思之，亦殊不相远也。吾视累朝之法，恒于由旧之中寓维新之意。盖一王代兴，其国家各有恤民之隐，故尝反掩其师古之名，而使其意若不相谋。千百载后，犹得考遗文而言其义也。如什一之制，三代皆然，则夏后任土作贡①，殷、周既皆因之，而必"助"与"彻"之各异，何哉？制不改夫前朝，吾侪小人，其与君王者如故也，无何而奉上别有名矣，又无何而取民更有辞矣，即民亦不解其何故也；法已习于往古，父老何知，恒虑兴朝之多事也，乃易一令焉而民乐矣，又易一令焉而民仍乐矣，即上亦不言其何故也。尝思之矣，周以穑事②开国，知闾阎③之不可独为治也，夫昔吾先世尝习手足之劳，亦在中叶曾度夕阳之旧④，君公至贵，共尔民作苦久矣，尔民何自私焉，且使吾子孙食一民之德，以为此千万民所拮据而成者也，庶于"彻"之义有赖乎，夫在当年，第相传为"彻"已耳，传之，竟忘之矣，而此意亦何可没也哉；殷自玄鸟正域⑤，知草野之不能下堂理也，夫既不如夏后王躬则壤以定赋⑥，复不如周先人致乃粒以乂民⑦，国家曷赖，惟尔民图利之矣，尔民忍自薄焉，且冀我后世立万民之上，不敢忽我农人为冈报于君者也，庶于"藉"之义有合乎，夫在今日，亦遥忆为"助"已耳，忆之，几置之矣，然遗意岂与同尽也哉？民愚，恒苦于更新，故夏、商之末亦斯民大惧之日也，而乃以"助"与"彻"安之，若曰吾第欲其共服田畴，吾第欲其乃心公家⑧也，献之上者不加多而辄有美名之可爱；法久，恒宜于小变，故贡上之名犹君民相临之势也，而乃以"助"与"彻"者维之，若曰此亦自尔乐公之，此亦自尔愿将之⑨也，取之下者辞愈逊而自觉新制之甚宽。故"彻"非有反乎古也，即起商先王而问之，而知其无他也，"彻"者彻也；"助"非不白于今也，即进我文武而求之，而亦知其无他也，"助"者藉也。

【评】训释名义，皆有精思。描写虚神，亦具风致。

【题解】出自《滕文公上》第三章，参见化治文卷五崔铣《夫世禄》。

"夏后氏五十而贡，殷人七十而助，周人百亩而彻，其实皆什一也。彻者，彻也；助者，借也。龙子曰：'治地莫善于助，莫不善于贡。贡者校数岁之中以为常。乐岁，粒米狼戾，多取之而不为虐，则寡取之；凶年，粪其田而不足，则必取盈焉。为民父母，使民盼盼然，将终岁勤动，不得以养其父母，又称贷而益之。使老稚转乎沟壑，恶在其为民父母也？'"

【注释】

① 任土作贡：依据土地的具体情况，确定贡赋的品种和数量。《尚书·禹贡序》："禹别九州，随山浚川，任土作贡。"孔安国传："任其土地所有，定其贡赋之差。"

② 稼事：农事。周人重视农事，周之始祖后稷在尧舜时即负责教民播谷。

③ 闾阎：里巷，民间。

④ 度夕阳之旧：指周之先祖公刘曾丈量豳地之山，为周人选择居住地。语本《诗经·大雅·公刘》："度其夕阳，豳居允荒。"毛传："山西曰夕阳。荒，大也。"郑玄笺："夕阳者，豳之所处也。"

⑤ 玄鸟正域：指殷人发祥并据有天下。玄鸟，即燕子，《史记·殷本纪》载帝喾次妃简狄吞玄鸟卵而生契，契为殷人始祖，传至汤，殷人始受命。正域，治理封地，语本《诗经·商颂·玄鸟》："天命玄鸟，降而生商，宅殷土芒芒。正域彼四方。"朱熹集注："正，治也。域，封境也。"

⑥ 躬则壤以定赋：指（夏禹）亲自区分各地的土壤等级，确定赋税的品种和数量。则壤，区别和划分土壤的类型和等级。

⑦ 致乃粒以乂民：指周之始祖后稷教民播谷，让民众吃上粮食，从而治理他们。乂，治理。语本《尚书·益稷》："暨稷播……烝民乃粒，万邦作乂。"

⑧ 乃心公家：用心于公室。《三国志·吴书·陆凯传》："凯终不以为意，乃心公家。"

⑨ 将之：此指输纳赋税。

夫世禄 二节
李光地

以世禄见助法之当行，为其为两代之良制也。夫世禄，出于公田者也，行世禄而不行"助"，可乎？周之"彻"，犹殷之"助"也，故孟子举《雅》诗以明之，曰：王者有改制之名，无变道之实。殷之助法所以善者，以其常禄不能无取而有同民休戚之意，故公私两利焉。今君而能无百官有司、无禄廪赋税以使民自为业也，则虽助法不行可也。夫世禄，滕固行之矣。官司之有奉，则必赋入之有经；惟正之有供①，则必恒产之有制。盖所谓助法者，经制既定而上下无猜。故当乐岁则公家之仓庾既充，而民间之困积亦满，脱②不幸而有雨旸之愆，则上吁嗟祷禜③而有悯下之勤，所谓取盈④者无有也，下亦奔走祈望而有急公之义，所谓盼盼⑤者无有也。周之先，公卿大夫皆有世禄，其禄入也皆有采地。故其诗曰"雨我公田，遂及我私"，此则世禄之家素有恩惠以食我农人，是以其下化之，悉其忠爱而祝其曾孙⑥之词也。夫言"公田"者归之殷制，故曰治地莫善于"助"，似乎周之稍变于"助"矣，由此言之，则虽周亦"助"也。盖其田虽有七十亩、百亩之殊，而其有公有私也则无殊；其于公田私田也虽有各收其入与均分其入之异，而其为藉其力不赋其家⑦也则无以异。自公刘迁豳，彻田为粮⑧，而乃仓积焉，一似旧制之久更；然至文王治岐，而耕者九一⑨，仕者世禄焉，乃知良法之不改。故曰先王有改制之名，无变道之实也。滕诚不能无君子、小人⑩，而取于民者不可废乎？考古之迹，以复古之道，是在君之尽心焉耳矣。

【原评】落上节，能得题前语意，转入下节，自丝丝入扣。后幅公刘、文王二证，尤极精确。

【题解】出自《滕文公上》第三章，参见化治文卷五崔铣《夫世禄》。

"夫世禄，滕固行之矣。《诗》云：'雨我公田，遂及我私。'惟助为有公田。由此观之，虽周亦助也。"

【注释】

① 惟正之有供：百姓只须负担正常的赋税。

② 脱：倘若。

③ 祷禜：祈祷免除水、旱等灾祸。

④ 取盈：取足赋税，没有丝毫减免。《孟子·滕文公上》："凶年，粪其田而不足，则必取盈焉。为民父母，使民盼盼然……恶在其为民父母也？"

⑤ 盼盼：怒视貌。出处见上注，朱熹集注："盼，恨视也。"

⑥ 曾孙：泛指周之先祖的后代。按，《孟子》本章所引《诗经·小雅·大田》一诗，传统认为是颂周成王德政以刺周幽王。有"曾孙是若"句。曾孙，在《大田》中指周成王。

⑦ 藉其力不赋其家：借农夫之力以耕公田，公田的收入作为赋税，不再向农夫征收私田的赋税。参见《孟子》本章前节朱熹集注。

⑧ 彻田为粮：此指周之先祖公刘在豳地施行的什一而取的税法。语本《诗经·大雅·公刘》："度其隰原，彻田为粮。"郑玄笺："今公刘迁于豳……度其隰与原田之多少，彻之使出税以为国用。什一而税谓之彻。"按，下"乃仓积焉"亦本《公刘》"乃积乃仓"。

⑨ 耕者九一：周文王在岐地所行的田赋制度。《孟子·梁惠王下》："昔者文王之治岐也，耕者九一，仕者世禄"，朱熹集注谓，八夫共耕一"井"九百亩之地，一井的耕地划为九块，"中百亩为公田，外八百亩为私田。八家各受私田百亩，而同养公田，是九分而税其一也"。

⑩ 君子、小人：此就社会等级和"劳力"、"劳心"的社会分工而言。

诗云雨我公田 一节

韩菼

引《诗》以明行"助"，善"助"也。夫周之"彻"，参以"贡"而行"助"

也。① "公田"之诗，岂以此而始知行"助"哉？然于"助"之行益信。今夫一代之制，其精思美意、名实因革之故，学士大夫往往讲闻而切究之，此即典故无征、遗文散逸而犹不忍使其无传，而况乎其犹可据者也。臣于滕之世禄而遐想夫周之盛时，受禄者勤于农以奉祭祀，而其农夫辄相与美之。如《楚茨》以至《大田》②诸诗，皆世禄之诗也，其言田事详矣，则有不独可以证世禄，而与"助"法足相明者，如《大田》之诗之咏公田者非耶？《大田》之诗曰"雨我公田，遂及我私"，君亦知公田所防③乎？凡有所与乎其下者，必使之得其所养，夫率土普天④之义，小民岂得争尺寸⑤，自商之助法行，田尽公有也，而使得私之，私之而人得其养矣，商先王之寓人情于力田之际也，此其道可百世也；凡有所求于下者，必使之忘其为取，夫天下一家之治，天子亦岂得专玉食⑥，自商之助法行，私尽君余也，而稍示公之，公之而人忘其取矣，商先王之存君民于畎亩之中也，此其制如一日也。而臣由此知周之有是诗者，盖有说焉，王业艰难之故，多入篇章，而《楚茨》四诗⑦独皆系以豳，此非无意也，事莫重于逆暑迎寒⑧，而此则与风之《七月》、颂之《良耜》⑨，同吹苇籥之章⑩，亦以为此我豳国时所奉法于商家者，至今不衰耳；而臣由此知周之别名"彻"者，亦有说焉，涉渭取锻之时⑪，未改玉步⑫，而《公刘》一诗偶变文为"彻"⑬，亦非以为号也，后遂以此因时起义，此与"皋门"⑭既立遂以名天子之门、"造舟"⑮既始遂以名天子之舟，同为著令所起，而不知其自豳馆⑯后所规度于田功者，亦惟由旧耳。然则读《大田》之诗，不可信周之行"助"哉？夫是以当其时民多媚其上之文，而一言有不忘君之意，其诗勤而不怨，其情劳苦而不自德，其俗至于不获敛而相推以利。美哉！富而仁行其间，臣是以忽有感于庠序学校之教也。

【评】旁推经义，与题相附，乃作者长技。后多仿效者，而识解之超拔，词气之秀洁，莫能逮矣。   "惟助为有公田"句，尚少洗发。

【题解】出自《滕文公上》第三章，参见化治文卷五崔铣《夫世禄》。

"诗云：'雨我公田，遂及我私。'惟助为有公田。由此观之，虽周亦助也。"

【注释】

① 此句谓周之"彻法"是参考了夏代的"贡法"，又实行了商朝的"助法"。《孟子》本章前节谓："夏后氏五十而贡，殷人七十而助，周人百亩而彻，其实皆什一也。"

② 《楚茨》以至《大田》：《诗经·小雅》篇章，即下文"《楚茨》四诗"，为《楚茨》、《信南山》、《甫田》、《大田》四篇。四篇中均言及田亩之事，其意亦可认为涉及世禄之制。

③ 防：始。

④ 率土普天：即《诗经·小雅·北山》所云"溥天之下，莫非王土。率土之滨，莫非王臣"。

⑤ 争尺寸：指民众争夺耕地。

⑥ 专玉食：此泛指君主专享供奉。玉食，美食，《尚书·洪范》："惟辟作福，惟辟作威，惟辟玉食。"

⑦ 《楚茨》四诗：《大田》朱熹集传："或疑此《楚茨》、《信南山》、《甫田》、《大田》四篇即为豳雅。"故下文谓"系之以豳"。

⑧ 逆暑迎寒：指迎接夏、冬二季到来的仪式，有祈求阴阳和顺之意。逆，迎。《周礼·春官·籥章》："中春昼击土鼓，吹《豳诗》以逆暑。中秋夜迎寒，亦如之。"郑玄注："《豳诗》，《豳风·七月》

也。吹之者，以籥为之声。《七月》言寒暑之事，迎气歌其类也。……迎暑以昼，求诸阳。""迎寒以夜，求诸阴。"

⑨《良耜》：《诗经·周颂》篇名。朱熹集传："或疑《思文》、《臣工》、《噫嘻》、《丰年》、《载芟》、《良耜》等篇，即所谓豳颂者。"

⑩ 同吹苇籥之章：此句谓"小雅"中的《大田》诸诗与"国风"中的《七月》诸诗、"周颂"中的《良耜》诸诗，均为周人在有关农事的祭典中演奏的乐曲。苇籥，芦苇做成的管乐器。按，《周礼·春官·籥章》谓，周人逆暑迎寒，吹豳诗，即《国风·豳风》，"凡国祈年于田祖，吹'豳雅'……国祭蜡，则吹'豳颂'"。

⑪ 涉渭取锻之时：指周之先祖公刘居于豳地之时。语本《诗经·大雅·公刘》："笃公刘，于豳斯馆。涉渭为乱，取厉取锻。"郑玄注："使人渡渭水，为舟绝流，而南取锻厉斧斤之石，可以利器，用伐取材木，给筑事也。"

⑫ 未改玉步：此指并未改变商朝的"助法"。玉步，语本《国语·周语中》："先民有言曰：'改玉改行。'叔父若能光裕大德，更姓改物，以创制天下，自显庸也。"韦昭注："玉，佩玉，所以节步行也。"后因称合乎礼法的行步为"玉步"，改变制度或改朝换代称"改玉"。

⑬ 变文为"彻"：《大雅·公刘》一诗中有"彻田为粮"之句，将周人在豳地实行的田赋制度称为"彻"法。本句谓，这只是偶然变换了名称，其实质仍是商朝的"助"法。

⑭ 皋门：本指高大的门，后指天子之门。按，《诗经·大雅·绵》叙周文王之祖太王由豳迁于岐，"乃立皋门，皋门有伉"，实指城郭之门而已。而《礼记·明堂位》谓："大庙，天子明堂；库门，天子皋门。"

⑮ 造舟：本意为造船，后专指天子之船。按，《诗经·大雅·大明》叙周文王迎娶大（太）姒，并船为浮桥，"文定厥祥，亲迎于渭。造舟为梁，不显其光"，朱熹集传："造，作。梁，桥也。作船于水，比之而加版于其上，以通行者，即今之浮桥也。'传'（注者按，即毛传）曰：'天子造舟，大夫方舟，士特舟。'张子曰：'造舟为梁，文王所制，而周世遂以为天子之礼也。'"

⑯ 豳馆：即周人居于豳地。语本"于豳斯馆"，参见前"涉渭取锻之时"注。

设为庠序学校以教之　　射也

刘　岩　墨

　　教设而农皆可士，而因明乡学之义焉。夫教民，国之大务也。庠序学校设而行于乡者非无义也，教岂不重哉？且教化之兴也，建首善之规由国学始，此化行自上者也，然亦未有教不行于州邑党闾之间，而能萃天下之士以成其材而升诸国学者，所由国学与乡学并建，而乡学视国学以分举也。惟助法既行，民有恒产，则可议此矣。当是时，授产分田之制定，则民自成童以后，既有为农为士之分；而党遂都国①之法行，则士自考较而登，必有小成大成之候。然则庠序学校其可以不设，而教其可以不兴乎？庠序校之所教者，其人由乡老②之所简阅③而隶之于乡大夫④之职，而总其教于大司徒；学⑤之所教者，其人由大司徒之所宾兴⑥而肄之于小胥大胥⑦之职，而总其教于大乐正⑧。是国学之所升即乡学之所造者也，而乡学独异其名，何也？盖国学之士由乡学而升者，其质必皆美且文，而其业必已精且久。至于乡之民则朴而无知也，取一义焉，特为之著之，示有所专也；且骤而未习也，就一途焉，熟为之陈之，示有所入也。古者勤执酱执爵⑨之文，虽国学亦有养义焉，岂庠设于乡而不宁我胡考⑩，肆而筵，授而几⑪，昭其孝

958

也；古者兴讽诵言语之材，虽国学亦有教义焉，岂校设于乡而不肄厥诗书也，春而诵，夏而弦⑫，昭其业也；古者行射宫⑬选士之典，虽国学亦有射义焉，岂序设于乡而不娴彼决拾⑭也，直而体，正而志⑮，昭其德也。是则党正族师⑯所属者，不周旋乎长老之前，即游心乎礼乐之地，既有以谨其居处服息而不至于流；州长闾胥⑰所掌者，不讲习乎德行之训，即从事乎道艺之科，又有以敛其耳目心思而不至于杂。则他日之聚而升诸国学者，孰非此庠序校之所育而成之者乎？先王之于教也，盖加详矣。

【评】详核典重，词无枝叶。乡、国分合映带处，皆有义理联贯，由其经术深厚。

【题解】出自《滕文公上》第三章，参见化治文卷五崔铣《夫世禄》。

设为庠序学校以教之：庠者，养也；校者，教也；序者，射也。夏曰校，殷曰序，周曰庠，学则三代共之，皆所以明人伦也。人伦明于上，小民亲于下。

【注释】

① 党遂都国：此指有乡学，有国学。党遂，指地方各级行政区划，《周礼·地官·遂人》："五鄙为县，五县为遂。"

② 乡老：官名，《周礼》地官之属，掌六乡教化。每一"乡老"掌二乡的教化，见《周礼·地官·序官》："乡老：二乡则公一人。乡大夫：每乡卿一人。"

③ 简阅：考察选拔。

④ 乡大夫：教官，属大司徒所辖。《周礼·地官司徒·乡大夫》："乡大夫之职：各掌其乡之政教禁令。"

⑤ 学：此专指"国学"。

⑥ 宾兴：荐举而宾礼之，此即指推荐进入"国学"。《周礼·地官·大司徒》："大司徒之职：……以乡三物教万民而宾兴之。"三物，指六行、六德、六艺。郑玄注："司徒主六乡，故以乡中三事教乡内之万民也。兴，举也。三物教成，行乡饮酒之礼，尊之以为宾客而举之。"

⑦ 小胥大胥：古乐官，也负责乐舞教育"国学"学生。《周礼·春官·大胥》："大胥：掌学士之版，以待致诸子。"《小胥》："小胥：掌学士之征令而比之，觥其不敬者，巡舞列而挞其慢慢者。"

⑧ 大乐正：乐官之长，也称"大司乐"，负有以乐舞教育国学学生之责。《周礼·春官·大司乐》："大司乐：掌成均之法，以治建国之学政，而合国之子弟焉。"《礼记·王制》称为"大乐正"："乐正崇四术，立四教，顺先王《诗》、《书》、《礼》、《乐》以造士。……凡入学以齿，将出学，小胥、大胥、小乐正简不帅教者，以告于大乐正，大乐正以告于王。"

⑨ 执酱执爵：君主亲自拿着酱给老人吃，亲自拿着爵让老人漱口，是一种表示敬老养老的仪式。《礼记·乐记》："食三老、五更于大学，天子袒而割牲，执酱而馈，执爵而酳，冕而总干，所以教诸侯之弟也。"

⑩ 宁我胡考：使老人安康。胡考，寿考之人。语本《诗经·周颂·载芟》："有椒其馨，胡考之宁。"朱熹集传："胡，寿也。""以共养耆劳，则胡考之所以安也。"

⑪ "肆而筵"句：饮宴时给老人所坐之地加上重席，并专门给老人送上"几"以供倚靠，谓尊重老人。肆，陈。语本《诗经·大雅·行苇》："或肆之筵，或授之几。肆筵设席，授几有缉御。"

⑫ "春而诵"句：泛指诵读诗书。《礼记·文王世子》："春诵夏弦，大师诏之。"郑玄注："诵谓歌乐也。弦谓以丝播《诗》。"

⑬ 射宫：天子行大射礼之处，亦为考试贡士之所。《礼记·射义》："是故古者天子之制，诸侯岁献，贡士于天子，天子试之于射宫。"

⑭ 决拾：此泛指射箭。决、拾，均为古代射箭用具，《诗经·小雅·车攻》："决拾既佽，弓矢既调。"

毛传："决，钩弦也；拾，遂也。"

⑮ "直而体"句：指射箭的要诀。掌握这一要诀的过程，也是修德的过程，《礼记·射义》："故射者，进退周还必中礼。内志正，外体直，然后持弓矢审固。持弓矢审固，然后可以言中。此可以观德行矣。"

⑯ 党正族师：指掌管各"党"各"族"政教之官。《周礼·地官·党正》："各掌其党之政令教治。"《族师》："各掌其族之戒令政事。"

⑰ 州长闾胥：掌各"州"各"闾"政教之官，见《周礼·地官·州长》及《闾胥》。按，据《周礼》，五家为比，五比为闾，四闾为族，五族为党，五党为州，五州为乡。

设为庠序学校以教之　　射也

陈万策　墨

设教备于乡、国，而其义可详焉。盖民食足则当思所以教之者，故庠序与校设于乡而学设于国也。然乡、学之义又各有取，斯孟子详之。尝谓治化之茂，始于富庶而盛于人才；而化育之成，由乎一乡以达诸上国。是故有国家者，知富而教之之不可以缓，必循乎次第而从事。顾其遗法具在，精意未泯，名义之间，犹历历可稽也。若滕之国修明世禄、公田之旧，是可以厚民之生而无疑矣。当是时，仓廪实而知礼节，则敬老尊贤之意方自形于窹寐而不自知；黍稷①丰而兴循俗，则讲让读法②之风亦自勤于朝夕而不容已。向亦惟是民事方殷，进之礼乐，尚未遑耳，今也因其势而利导之，而庠序学校之教可以随其后矣。有所谓设于乡者，天子行于畿内，诸侯行于国中，致政之卿大夫③董其事，而士庶人之子弟皆造焉，其教之而有成，则司徒宾兴之而升于国④，此则乡举里选之所由兴，而今日之设之也务详；有所谓设于国者，天子谓之辟雍，诸侯谓之泮宫，国之乐正司成⑤掌其任，而公卿大夫之子弟与凡国之选造皆造焉，其教之而有成，则司马⑥论定之而官于朝，此则道德风俗之所由同，而今日之设之也綦重。虽然，古之设为此者，其名迭相因，而义各有当，诚不可以不心知其意者也。彼国之为教者处其一，而乡之为教者处其三，又岂无说以处此？盖京国为首善之区，凡宪乞⑦之典、诗书之术、容节⑧之比，其道莫不备具，故但统而称之曰"学"而意已显；若郊遂⑨为广化之地，凡养老以上齿、教人以上贤、习射以上功，其义或有专取，故分而别之为"庠"为"校"为"序"而法益章。夫士必修于家，而后可献于廷；教必先于族党州闾，然后可以颁诸太学、布之成均⑩矣。三代盛世所以淑人心而造人材，由此其选也。君何弗务耶？

【评】前半多以"乡"、"国"分对，到下截不能相称，往往钩联穿插以相贯合，何如实据四代之学补对"乡学"六句为浑成也？然非学有根柢，恐亦见不到此。

【作者简介】

陈万策（1667—1734），字对初，一字谦季，福建晋江人。康熙五十七年（1718）二甲四名进士，改翰林院庶吉士，累迁侍讲学士，卒于官。著有《近道斋文集》六卷、《诗集》四卷及《馆阁丝纶》二卷。

【注释】

① 黍稌：黍与稻。《诗经·周颂·丰年》："丰年多黍多稌。"毛传："稌，稻也。"

② 讲让读法：讲习齿让，学习法律。《周官·地官·州长》："正月之吉，各属其州之民而读法。"

③ 致政之卿大夫：退休在乡的卿大夫。致政，犹致仕。按，《周礼》谓各"乡"由"乡老"及"乡大夫"掌其教育，《地官·序官》："乡老：二乡则公一人。乡大夫：每乡卿一人。"或谓"乡老"为已退休的尊官。

④ 升于国：推荐到"国学"深造。

⑤ 乐正司成：掌管"国学"之官。乐正，乐官之长，掌"国学"教育，《礼记·王制》："乐正崇四术，立四教，顺先王《诗》、《书》、《礼》、《乐》以造士。"《周礼·春官·大司乐》称为"大司乐"："大司乐：掌成均之法，以治建国之学政，而合国之子弟焉。"司成，周官，司徒属官，掌"国学"教育，《礼记·文王世子》："大司成论说在东序。"郑玄注："父师司成即大司成，司徒之属，师氏也。师氏掌以美诏王、教国子以三德三行及国中失之事也。"

⑥ 司马：所掌职责之一为"进贤兴功"。《礼记·王制》："大乐正论造士之秀者以告于王，而升诸司马，曰进士。司马辨论官材。论进士之贤者以告于王而定其论，论定，然后官之。"

⑦ 宪乞：指尊敬老者。以老者为法，向老者求教。《礼记·内则》："凡养老，五帝宪，三王有乞言。"郑玄注："宪，法也。养之为法其德行。""又从之求善言可施行也。"

⑧ 容节：举止进退的仪容节度。

⑨ 郊遂：郊野、边远之地，此指"郊学"与"遂学"。《礼记·王制》："（右学之不遵教化者）不变，移之郊，如初礼。不变，移之遂，如初礼。"郑玄注："郊，乡界之外者也。稍出远之，后中年又为之习礼于郊学。""远郊之外曰遂，遂大夫掌之。"

⑩ 成均：指国学、太学。见前"乐正司成"注。

设为庠序学校以教之　　射也

顾图河　墨

教民者极其备，乡学之义可先举也。夫庠序学校，古之设教者备矣，即乡学之名而绎其义，其为教也思深哉。尝观先王之教民也，盖合乡、国而大为之制矣。论教所由成，以建于国者为之本；论教所由起，尤以行于乡者为之先。州党所掌，与井田为至近，而其义不可不求详者也。吾读《大田》之诗，窃计其乡之民率其子弟，奉其父兄，群然讲习于孝弟力田之义，而三农①之隙，弋猎献狝②，熙熙相乐也，是即一民事而教已隐寓其中矣。虽然，教之必有其地，春诵夏弦，无一定之所以为之聚，则言庞事易而不可以有成；教之又不一其地，选俊造士，无递升之处以为之诱，则志衰气惰而莫能以上达。是故由农以入于士，由士以入于官，惟其才之有造而广而厉之，相与群分类聚以备用其甄陶③；顽者擢其秀，秀者观其成，视其人之所就而差而等之，不惜委曲周详以善行其启牖。庠也，序也，学也，校也，所设以教之者至详且尽也。迄于今，辟雍钟鼓④，遗泽寝微矣，即党塾⑤之间循名失实、湮没而无稽者可胜道哉！且夫先王之法制，不求其故而徒袭其文，虽乡曲至近，皆已习焉而莫之解；因乎其名而深思其旨，虽流传已远，皆可意会而为之说。庠之为义，于养有取焉，体天子临雍拜老⑥之意以行于乡，而乡之中近于父而知爱矣，近于兄而知敬矣，引年尚齿⑦，庠所由名也；校之为义，于教有取焉，仿司徒论秀书升之法以行于乡，而乡之中父与父言慈矣，子与子言孝矣，兴仁讲让，校所由名也；序之为义，于射有取焉，举元日习射上功⑧之典以行于乡，而乡之中为人父者以为父鹄⑨矣，为人子者以为子鹄矣，比礼比乐⑩，序所由名也。夫乡者，王道之始也。先王之设教多方，而必以此立其基，使之化其侨野⑪，作其亲逊，率之于井闾，升之以孝秀⑫，而庶乎可以观光⑬于国也。

【评】分合映带，无不泽以书卷。故但觉蔚然深秀，无联缀之迹。

【作者简介】

顾图河（1655—1706），字书宣，一字花田，号款砚，江苏江都人。康熙三十三年（1694）一甲二名进士，授编修，入馆数日，即乞假归。里居十余年，还京，预修《大清一统志》等，命提督湖北学政，未几卒。著有《雄雉斋集》。

【题解】出自《滕文公上》第三章，见上，参见化治文卷五崔铣《夫世禄》。

【注释】

① 三农：指春、夏、秋三个农时。

② 弋猎献豜：君民进行狩猎活动，民众将所获大兽献于公家。献豜，语本《诗经·豳风·七月》："二之日其同，载缵武功。言私其豵，献豜于公。"毛传："豕一岁曰豵，三岁曰豜。大兽公之，小兽私之。"郑玄笺："其同者，君臣及民因习兵俱出田也。"

③ 甄陶：培养造就。

④ 辟雍钟鼓：此指先王重视礼乐教化。辟雍，指国学。《诗经·大雅·灵台》言周文王筑灵台："于论鼓钟，于乐辟雍。"

⑤ 党塾：乡学。

⑥ 临雍拜老：亲临辟雍，向老人下拜。《论语·子路》"子适卫"章朱熹集注："（汉）明帝尊师重傅，临雍拜老，宗戚子弟莫不受学。"

⑦ 引年尚齿：古礼，对年老而贤者加以尊养。《礼记·王制》谓三王均有养老于学之制，"凡三王养老，皆引年。"郑玄注："引户校年"。尚齿，又作"上齿"，《王制》："习射上功，习乡上齿"，郑玄注："乡，谓饮酒也。乡礼，春秋射，国蜡，而饮酒养老。"

⑧ 元日习射上功：语本《礼记·王制》："元日习射上功，习乡上齿。大司徒帅国之俊士与执事焉。"孔颖达疏："司徒乃命乡内耆老皆聚会于乡之庠，乃择善日于乡学内，为此不帅教之人，习其射礼，中者为上，故云上功。"

⑨ 鹄：箭靶。按，《礼记·射义》谓心平体正，持弓审固，然后才能"射中"，其中包含着与伦理规范相通的内容，"故曰：为人父者，以为父鹄；为人子者，以为子鹄"。

⑩ 比礼比乐：射箭的容体、节奏合乎礼乐，习射可以学习礼乐。《礼记·王制》："射者，男子之事也，因而饰之以礼乐也。……其容体比于礼，其节比于乐，而中多者，得与于祭。"

⑪ 侨野：不合礼法。侨，高。

⑫ 孝秀：廉孝而有材。隋唐以前"孝廉"、"秀才"为荐举人材的两科。

⑬ 观光：观览国之盛德光辉。语本《易·观》："观国之光，利用宾于王。"

设为庠序学校以教之　　射也

姜宸英　墨

于养之后言教，而不同其义者可先举焉。夫教不可废，则庠序学校之设可缓乎？至养与教与射，其义之不同又有如此者。今自井田区画，而同井望助，有蔼然仁让之风焉，君子以此为教之所由兴也。乃恒心①之在士者已先于民而得之，此非即乡学之所由起乎？然而教又不可以不广也，彼民之稼穑者且散去于田间，吾因其散而或设之庠焉，或设之序焉，或设之校焉，事莫便于其所近，出也负耒，入也横经②，比闾族党之长，皆师儒之选也，而南亩歌其烝髦③矣；教又不可以不专也，彼民之秀良者且进而造于成均，吾示以专而第设之学焉，业莫精于其所聚，授数④有节，合语⑤有时，兴道讽诵⑥之余，悉性情之事也，而子衿不忧城阙⑦矣。今以滕之蕞尔而欲举庠序校而设之乡也，又欲并学而设之国也，似乎繁重而迂阔，而不知彼固各有其义焉，且于义之中各有其所尚之不同焉。不明乎其义，则其名不可得而知也；不明乎义之所尚之不同，则其同者不可得而见也。夫于其名而可以得其义之所自寓，于其义之所尚之不同而可以得其所尚之无弗同，然后知古之为教者如是其深长而可思也，则孰有如庠与校与序之设者乎？庠之设何也，吾闻之学矣，国老上庠⑧，庶老下庠，盖言养也，而庠亦有之，庠者养也；校之设何也，吾闻之学矣，教以诗书，教以礼乐，盖言教也，而校亦有之，校者教也；序之设何也，吾闻之学矣，大射⑨选士，燕射⑩序贤，盖言射也，而序亦有之，序者射也。夫隐其义于庠、序、校之名者，亦犹之"助"之为藉⑪、"彻"之为彻，创制之深心，可微寓焉而不必以明其意；乃明其所尚于养、教、射之义者，亦犹夫读"公田"之诗⑫、悟亦助之制，古人之成法，可想象焉而不必以泥其文。盖教之从来久矣，不然，彼夏后商周之世何以称焉？而学之何以无弗同又如此也？

【原评】易繁重题，疏疏淡淡，首尾气脉一笔所成。于古人有欧阳氏之逸。

【作者简介】

姜宸英（1628—1699）字西溟，号湛园，又号苇间，浙江慈溪人。康熙三十六年（1697）一甲三名进士，授编修，年已七十。三十八年（1699）充顺天乡试副考，因科场案被劾，死狱中。宸英博通经史，初以布衣荐修《明史》，与朱彝尊、严绳孙称"三布衣"。工书画，书法与笪重光、汪士鉴、何焯并称为康熙四家。为文宏博雅健，亦善诗词，著有《西溟全集》等。

【题解】出自《滕文公上》第三章，同上，参见化治文卷五崔铣《夫世禄》。

【注释】

① 恒心：人所常有之善心。按，此句本《孟子·梁惠王上》而言："无恒产而有恒心者，惟士为能。若民，则无恒产，因无恒心。"

② 入也横经：农事完毕，回到家中即读书。横经，指就学或诵读经籍。

③ 南亩歌其烝髦：谓农夫农忙之余，能够学习礼义。南亩，泛指农田。烝髦，造就俊士。语本《诗经·小雅·甫田》："今适南亩，或耘或耔，黍稷薿薿。攸介攸止，烝我髦士。"毛传："烝，进。髦，俊也。治田得谷，俊士以进。"郑玄笺："礼，使民锄作耘耔，闲暇则于庐舍及所止息之处，以道艺相讲肄，以进其为俊士之行。"

④ 授数：指在国学中，由大乐正讲明义理。《礼记·文王世子》："凡祭与养老乞言，合语之礼，皆小乐正诏之于东序。大乐正学舞干戚、语说、命乞言，皆大乐正授数。"郑玄注："数，篇数。"孔颖达疏："皆大乐正授数者，谓干戚、语说、乞言三者，皆大乐正之官授世子及学士等篇章之数，为之讲说，使知义理。"

⑤ 合语：在各种仪式中能以义理相交谈，此泛指国学中由小乐正负责教授的各种礼仪。出处见上，郑玄注："合语，谓乡射、乡饮酒、大射、燕射之属也。"孔颖达疏："合语者，谓合会义理而语说也。"

⑥ 兴道讽诵：泛指各种表达技巧和方式。《周礼·春官·大司乐》："以乐语教国子，兴、道、讽、诵、言、语。"郑玄注："兴者，以善物喻善事。道，读曰导。导者，言古以剀今也。倍文曰讽，以声节之曰诵，发端曰言，答述曰语。"

⑦ 子衿不忧城阙：谓学子不再荒废学业。子衿，指"青衿"，学士之服，代学士。语本《诗经·郑风·子衿》："青青子衿，悠悠我心。……纵我不往，子宁不来？挑兮达兮，在城阙兮。"毛诗序："《子衿》，刺学校废也。乱世则学校不修焉。"郑玄笺："国乱，人废学业，但好登高见于城阙，以候望为乐。"朱熹集传："此亦淫奔之诗"，"挑，轻儇跳跃之貌。达，放恣也。"

⑧ 国老上庠：在上庠养国老。按，《礼记·王制》载，各代学校名称不同，但均有养老之义，"有虞氏养国老于上庠，养庶老于下庠……周人养国老于东胶，养庶老于虞庠"，郑玄注："上庠、右学，大学也，在西郊；下庠、左学，小学也，在国中王宫之东"；国老、庶老，孔颖达疏引熊氏云："国老谓卿大夫致仕者，庶老谓士也。"

⑨ 大射：为祭祀选士而举行的射礼。《礼记·射义》："古者天子以射选诸侯、卿、大夫、士。"

⑩ 燕射：射礼之一，为饮宴之射，主于饮酒。射仪有序贤之义，《礼记·燕义》："秋合诸射，以考其艺而进退之。"《射义》："发而不失正鹄者，其唯贤者乎？"

⑪ "助"之为藉：商朝的"助法"，是借农夫之力以耕公田。见《孟子》本章前节："彻者，彻也；助者，借也。"

⑫ "公田"之诗：即《孟子》本章所引"雨我公田，遂及我私"，出自《诗经·小雅·大田》。

夫仁政　二句

吴端升

仁政有自始，当辨井地之界焉。盖井地为仁政之大，而不先辨地，可乎？则经界其始事矣。语毕战曰：天下事，其始不立，其卒不成，君子审定其规模而后从事焉。是故播谷者明伦之始也，授产者成赋之始也，而始之中尤有始焉者。君行仁政勉之，是在子已。仁政无速效，广教化，美风俗，所以乐其政之成；仁政有先图，制田里，物土宜①，有以谋夫政之始。夫不自经界乎？井有界焉，昭其辨也；界必经焉，重其功也。经其水道，则始于广尺之甽②，而遂沟洫浍③达于川者皆以倍为数，此其界也，至于句矩之渊④、稍沟⑤之广可知矣；经其舆道，则始于遂上之径，而畛涂道路⑥达于畿者皆以轨为度⑦，此亦其界也，由之封土为堠、列树为表⑧视此矣。而吾以仁政必始乎此，何也？经界之地利用隙，王者所以无游民、有弃壤也，彼提封万井⑨之间，高者几何，下者几何，以步百为畮⑩之数计之，当为田几亿万亩，而王者顾不争，为广为深，水则潎⑪焉，潎以为界也，环涂野涂⑫，土则旷焉，旷以为界也，夫货恶其弃于地，而以几亿万亩之膏腴，悉置之高高下下之隙而不敢私尺寸者，志不存乎益国赋，而惟以限民田也，仁也；经界之势利用阻，王者所以无分民、有分土也，彼畇畇原隰⑬之旁，若者为经，若者为纬，以尽东其亩⑭之说通之，亦得四达以利戎车，而王者顾不可，磬折参伍⑮，注为堑焉，堑则其界也，南北阡陌，依为防⑯焉，防则其界也，夫域民不恃封疆，而以戎车往来之驰道，势等于重门四塞之阻而不欲致辐辏者，非徒取以限敌骑，而即以卫民田也，仁也。开国之初，万事草创，而经界尤在所先，思我周服事夏商之间，其时疆理未移，沟域如故，何妨稍缓经营，乃周原之百堵勿遑⑰，而乃左乃右，始谋宣亩⑱焉，豳赋之三单未暇⑲，而在巘在原，始相阴阳⑳焉，盖政惟由旧而略示变通，遂不得不勤勤荒度㉑也，况欲大作于废坏之余者哉；沿习之日，庶务因循，而经界必不容缓，想田制渐湝于春秋之世，其时税亩㉒方兴，爰田㉓偶作，犹未殊厥井疆㉔，乃齐因赐履之旧㉕，而轨里连乡㉖，军令之寄始此焉，卫因封畛之略㉗而望景观卜㉘，桑田㉙之税始此焉，夫苟利社稷而急议整新，犹不得不劳劳规画也，况欲一准于盛王之制也哉？子其勉之，分田制禄可次第举矣。

【评】考证于《冬官》，而能自竖义以驭之，故觉气豪力迈。后幅证佐"始"字，虽不尽确，亦可借为波澜。

【作者简介】

吴端升，江苏武进人，康熙六十年（1721）二甲进士。

【题解】出自《滕文公上》第三章，参见化治文卷五崔铣《夫世禄》。

（滕文公）使毕战问井地。孟子曰："子之君将行仁政，选择而使子，子必勉之！夫仁政，必自经界始。经界不正，井地不钧，谷禄不平。是故暴君污吏必慢其经界。经界既正，分田制禄可坐而定也。"

【注释】

① 物土宜：辨析各种土地所适宜生产的物品。《周礼·地官·大司徒》："以土宜之法，辨十有二土之名物。"

② 广尺之甽：深、宽各一尺的田间水沟。甽，古文"畎"字，田间水沟。《周礼·冬官·匠人》："广尺深尺谓之畎。"

③ 遂沟洫浍：指大小的沟渠。《周礼·冬官·匠人》："广二尺、深二尺，谓之遂。""井间广四尺、深四尺，谓之沟。""成间广八尺、深八尺，谓之洫。""同间广二寻、深二仞，谓之浍。专达于川，各载其名。"

④ 句矩之渊：指大片田地之间的空隙处，要开挖曲折的河道，在水流转弯处形成回旋。句，曲。语本《周礼·冬官·匠人》："凡行奠水，磬折以参伍。欲为渊，则句于矩。"郑玄注："大曲则流转，流转则其下成渊。"

⑤ 稍沟：《周礼·冬官·匠人》作"梢沟"："梢沟三十里而广倍。"郑玄注："谓不垦地之沟也。……谓水漱啮之沟。"

⑥ 畛涂道路：指等级不同的道路。《周礼·地官·遂人》："凡治野，夫间有遂，遂上有径；十夫有

沟，沟上有畛；百夫有洫，洫上有涂；千夫有浍，浍上有道；万夫有川，川上有路，以达于畿。"

⑦ 以轨为度：道路的等级是以能够并行多少辆车来衡定。前注所引《遂人》，郑玄注："径、畛、涂、道、路，皆所以通车徒于国都也。径容牛马，畛容大车，涂容乘车一轨，道容二轨，路容三轨。"

⑧ "封土"句：垒土为坛，以标记里程；种植树木，以表明疆界。《周礼·地官·遂人》："五家为邻，五邻为里，四里为酂，五酂为鄙，五鄙为县，五县为遂，皆有地域，沟树之。"贾公彦疏："据地境界，四边营域为沟，沟上而树之也。"

⑨ 提封万井：封域之内总共万井，谓土地广大。《汉书·刑法志》："一同百里，提封万井"，李奇曰："提，举也，举四封之内也。"

⑩ 畮：古"亩"字。《说文解字·田部》："畮，六尺为步，步百为畮。"

⑪ 漱：啮，冲刷。按，此句谓以沟渠作为田界。挖沟，要利用水流的冲刷使其变深变宽。语本《周礼·冬官·匠人》："凡沟必因水势，防必因地势。善沟者水漱之，善防者水淫之。"

⑫ 环涂野涂：环城的道路和郊野的道路。按，此句谓以道路作为田界，《周礼·冬官·匠人》："（天子之制）环涂七轨，野涂五轨。"贾公彦疏："环涂，谓绕城道如环然，故谓之环也。野涂，国外谓之野，通至二百里内。"

⑬ 畇畇原隰：平坦整齐的原野，语本《诗经·小雅·信南山》："畇畇原隰，曾孙田之。"

⑭ 尽东其亩：所有的田垄都改为东西走向。语本《左传·成公二年》，此年齐、晋争战，齐国失利，在谈判中晋人要求"使齐之封内尽东其亩"，杜预注："使垄亩东西行。"这样的目的在于此后使晋国的军车更容易在齐国境内通行，故齐使不可，曰："先王疆理天下物土之宜，而布其利，今吾子疆理诸侯，而曰'尽东其亩'而已，唯吾子戎车是利，无顾土宜，其无乃非先王之命也乎？"杜预注："晋之伐齐，循垄东行易。"按，本文引此事，意在说明，假如天下的田垄都改为东西走向，那么更容易通行军车。

⑮ 罄折参伍：在大片田地之间开挖曲折的沟渠。出处见"句矩之渊"注，郑玄注引郑司农云："谓行停水，沟形当如罄，直行三，折行五，以引水者疾焉。"

⑯ 防：堤防，亦兼指防御工事。

⑰ 百堵勿遑：百堵土墙同时兴建，未有闲暇，指周人迁至周原，建立定居点，工程非常繁多。语本《诗经·大雅·绵》："百堵皆兴，鼛鼓弗胜。"

⑱ 宣畮：指周人在周原定居，整理田界，努力耕作。语本《诗经·大雅·绵》："乃慰乃止，乃左乃右。乃疆乃理，乃宣乃亩。"郑玄笺："时耕曰宣。……民心定，乃安隐其居，乃左右而处之，乃疆理其经界，乃时耕其田亩。"

⑲ 三单未暇：指周之先祖公刘率族人居豳之时，刚刚能够凑齐"三军"之数。语本《诗经·大雅·公刘》："其军三单，度其隰原"，郑玄笺："大国之制三军，以其余卒为羡。今公刘迁于豳，民始从之，丁夫适满三军之数。单者，无羡卒也。"

⑳ 在巘在原，始相阴阳：指公刘在山顶和平地各处观察，确定适宜居住和耕作的地方。巘，小山。相，观察。语本《诗经·大雅·公刘》："陟则在巘，复降在原……相其阴阳，观其流泉。"

㉑ 荒度：大力整治水土。《尚书·益稷》："（禹曰）启呱呱而泣，予弗子，惟荒度土功。"孔安国传："不暇子名之，以大治度水土之功故。"

㉒ 税畮：不区分公田、私田，一概计亩而税。鲁宣公十五年"初税亩"，《公羊传·宣公十五年》："税亩者何？履亩而税也。"

㉓ 爰田：变更旧日田土制度，以公田赏赐众人。爰，易、改变。按，此事晋惠公始为之，《左传·僖公十五年》："晋于是乎作爰田"，杜预注："分公田之税应入公者，爰之于所赏之众。"孔颖达疏："谓旧入公者，今改易与所赏之众。"

㉔ "犹未"句：谓以上二事，虽改变了赋税制度，尚未改变井田的疆界形式。

㉕ 赐履之旧：指齐国国土。赐履，指封地，语本《左传·僖公四年》："（管仲曰）赐我先君履，东

至于海，西至于河"，杜预注："履，所践履之界。"

㉖ 轨里连乡：齐国的编户和军事组织单位，与周制不同。《国语·齐语》："管子于是制国：五家为轨，轨为之长；十轨为里，里有司；四里为连，连为之长；十连为乡，乡有良人焉。以为军令：五家为轨，故五人为伍，轨长帅之；十轨为里，故五十人为小戎，里有司帅之；四里为连，故二百人为卒，连长帅之；十连为乡，故二千人为旅，乡良人帅之。"

㉗ 封畛之略：此指卫国的疆域被戎狄所侵占。卫国后在齐国等帮助下，迁都于楚丘。封畛，封地的边界，《左传·定公四年》："封畛土略，自武父以南，及圃田之北竟。"

㉘ 望景观卜：指卫文公远望高山，观察地形，又通过卜筮，确定了营建国都的位置。语本《诗经·鄘风·定之方中》："望楚与堂，景山与京，降观于桑。卜云其吉，终然允臧。"毛传："景山，大山。"朱熹集传："景，测景以正方面也。……或曰：景，山名。"

㉙ 桑田：种植桑树的田，后世也指可以转让买卖的世业田。按，上引《定之方中》诗谓卫文公"税（说）于桑田"，指到桑田劝农，非谓征税。此言卫文公征收桑田之税，未知何据。

卿以下　二节

俞长城

有厚于常制之外者，仁政之所推也。夫养君子者不忘其先，治野人者不遗其类，准此以相推，而田制定焉，可不谓厚乎？且先王之厚臣民也，既立仁中之法，即施法外之仁，使无恒者①皆归有恒，而可缓者②莫之或缓，则秩然不紊，弥见宽大之典焉。彻法行矣，此日之分田制禄不已定哉？顾浚明食采③，皆为生者计耳，然荣其子孙而略其宗祖，百尔君子④，感秋霜春露⑤，能无伤旧德之湮；二十受田⑥，皆为壮者言耳，然养其子弟而劳我父兄，相乃小人，睹暑雨祁寒⑦，恐反议前人之拙。是故言世禄，必追世禄所由来，夫乐生返始⑧，皆有同情，而内无以洁其心，外无以洁其物，安望其以妥而以侑⑨乎，爰考卿以下必有圭田，厥惟五十亩，簠簋⑩饬焉，兴廉即以举孝也，蘋藻⑪修焉，象贤⑫即以崇德也，拊栖桒⑬以对高曾，毋忘君赐矣；言恒产，必思恒产所未及，夫土物心臧⑭，能无深冀，而地旷则有余利，民游则有余力，可勿使肯播而肯获⑮乎，爰考余夫之田，厥惟二十五亩，受业而处劳力，以治其心也，竭作而供养身，以佐其家也，执耰锄以从主伯⑯，共沐国恩矣。国家之制度，辨分则异，原情则同，故五等之颁⑰禄殊多寡，而三庙之数⑱礼合尊卑；天地之美利，聚之常充，散之常乏，故供八口者仅取百亩之资，而给一人者反得四分之一。田有宜分，仁主分之，分其半以厚君子，又分其半以厚野人，而经界不忧其不正；田有宜合，仁主合之，两家合而为一区，四夫合而为百亩，而田谷不患其不均。所以《大田》之诗，祝曾孙而祈零雨⑲，则公卿之诚于祭祀可知也；《七月》之章⑳，嗟妇子而言改岁，则少壮之劳于稼穑又可知也。

【评】二者在常制之外，后幅洗发，句句与"常制"相准，具见匠心。　时文随手作翻衬语，往往于理有碍。夫卿大夫士之田禄厚矣，若不赐圭田，亦断无废先祀之理。此等处不可不知。

【作者简介】

俞长城（1668—?），字宁世，号硕园、桐川，浙江桐乡人。康熙二十四年（1685）进士，官至翰林院编修，著有《可仪堂文集》，亦名《俞宁世文集》四卷。俞长城工制义，曾辑宋以来制义三千篇，为《可仪堂一百二十名家制义》四十八卷，每家各有小序。

【题解】出自《滕文公上》第三章，参见化治文卷五崔铣《夫世禄》。

卿以下必有圭田，圭田五十亩。余夫二十五亩。死徙无出乡，乡田同井。出入相友，守望相助，疾病相扶持，则百姓亲睦。方里而井，井九百亩，其中为公田。八家皆私百亩，同养公田。公事毕，然后敢治私事，所以别野人也。

【注释】

① 无恒者：指无恒产因而无恒心的民众。《孟子》本章："民之为道也，有恒产者有恒心，无恒产者无恒心。"

② 可缓者：指井田、学校及本文所论的圭田、余夫等事。《孟子》本章言"民事不可缓"，井田等事，是可以次第兴办的事情。

③ 浚明食采：指卿大夫有采邑。采，采邑、封地。浚明，本指睿智、善于治理，此指卿大夫，《尚书·皋陶谟》谓人有九德，具其三德者可为卿大夫："日宣三德，夙夜浚明有家。"孔安国传："卿大夫称家。言能日日布行三德，早夜思之，须明行之，可以为卿大夫。"

④ 百尔君子：诸位君子，谓士大夫。语本《诗经·邶风·雄雉》："百尔君子，不知德行。不忮不求，何用不臧？"朱熹集传："百，犹凡也。……言凡尔君子，岂不知德行乎？"

⑤ 秋霜春露：谓感时念亲的孝思。语本《礼记·祭义》："霜露既降，君子履之必有凄怆之心，非其寒之谓也。春，雨露既濡，君子履之必有怵惕之心。"

⑥ 二十受田：传统认为，周代制度是二十岁始能得到国家分配的田地，六十岁时把田地归还国家。

⑦ 暑雨祁寒：夏大雨，冬大寒，为百姓嗟叹生计艰难之典，本《尚书·君牙》："夏暑雨，小民惟曰怨咨。冬祁寒，小民亦惟曰怨咨。厥惟艰哉！"

⑧ 乐生返始：指礼、乐的功用，此处尤指祭祀以报答祖先的恩德。《礼记·乐记》："乐也者，施也。礼也者，报也。乐，乐其所自生，而礼，反其所自始。乐章德，礼报情，反始也。"

⑨ 以妥而以侑：令代表祖先的"尸"安坐并向其劝酒，泛指祭祀活动。《诗经·小雅·楚茨》："以为酒食，以享以祀。以妥以侑，以介景福。"毛传："妥，安坐也。侑，劝也。"

⑩ 簠簋：盛装黍稷等祭品的礼器。《礼记·乐记》："簠簋俎豆，制度文章，礼之器也。"

⑪ 蘋藻：水草名，可作祭品，故以代祭品。语本《诗经·召南·采蘋》："于以采蘋？南涧之滨。于以采藻？于彼行潦。"毛诗序："《采蘋》，大夫妻能循法度也。能循法度，则可以承先祖，共祭祀矣。"

⑫ 象贤：能效法先人的贤德。象，效法。《尚书·微子之命》："殷王元子，惟稽古崇德象贤。"

⑬ 栖桼：亦作"杯圈"，一种木质饮器。按，此句谓抚摸着先人的遗物，如同面对着先人，意本《礼记·玉藻》："母没而杯桼不能饮焉。"

⑭ 土物心臧：爱惜土地所产的物品，性情善良。《尚书·酒诰》："惟曰我民迪小子，惟土物爱，厥心臧。"孔安国传："惟土地所生之物，皆爱惜之，则其心善。"

⑮ 肯播而肯获：努力播种和收获，此语本《尚书·大诰》："厥父菑，厥子乃弗肯播，矧肯获？"

⑯ 主伯：指家主和长子。《诗经·周颂·载芟》叙家人共耕情景："侯主侯伯，侯亚侯旅。"毛传："主，家长也；伯，长子也；亚，仲叔也；旅，子弟也。"

⑰ 五等之颁：此指分五级制定俸禄。《礼记·王制》："王者之制禄爵：公、侯、伯、子、男，凡五等。诸侯之上大夫卿、下大夫、上士、中士、下士，凡五等。"《孟子·万章下》所言有所不同。

⑱ 三庙之数：周制，卿大夫三庙。《礼记·礼器》："礼有以多为贵者。天子七庙，诸侯五，大夫三，士一。"

⑲ 祝曾孙而祈零雨：《孟子》本章所引《诗经·小雅·大田》之诗，毛传等认为是叙周成王时事以刺幽王之无道。其中有祝周成王即"曾孙"之句："播厥百谷，既庭且硕，曾孙是若"，"以享以祀，以介景福"等；有表现祈雨之句："有渰萋萋，兴雨祈祈，雨我公田，遂及我私。"

⑳《七月》之章：《诗经·豳风》篇名，叙周人一年之劳作，有"嗟我妇子，曰为改岁，入我室处"之句。按，此谓妇女和孩子同样终年忙碌，到了年终，才进入室中避寒，则少壮之勤于劳作由此可以想见。

禹疏九河 注之江

陈 诜

夏王之劳心于治水也，其南北有异宜者焉。夫北之水入河，而南之水入江，河难治而江不必治也，先后之间，非其劳心者哉？孟子引之，以为天下未平，以水为之灾也；水之未治，以不能达之海也。夫水未尝无入海之路，而支与干不分，则水不可得而治；支与干分矣，而不审南北之势以揆其先后之宜，乃杂施而无所统纪，则亦不可以为治。夫水有南有北，有大有小：北之最大者为河，附河以入海者不一水，而济与漯为最著；南之最大者为江，附江以入海者亦不一水，而汝汉淮泗为独尊。乃禹也审南北之异宜，明大小之异治：故治北之水不同于治南，而治南之水不同于治北；有先治其大而后治其小者焉，亦有先治其小而大可不烦而自治者焉。所为北不同于南者，何也？凡水必先其分而后及其合，以为分不治则奔趋汇聚之水源流浩大而无所施功，则似宜先众水而后及河者。不知北之患唯河，河不治而太行壶口以南在在皆可以冲决，又况乎处河之上而皆欲附河以行者哉？禹则播之为九，而河之势平矣，河势平，而凡流之壅隔而不能自达于河者一瀹之而已矣。若济若漯，未治河而必不可以入河者，既治河而遂可由河以入海。盖大川既疏，则小水得入，治其本而支自从之矣，而徐青兖冀之横流息矣。所为南不同于北者，何也？凡水必从其合而徐溯其分，以为合不治则条分派别之支经纬错综而无可施措，则似宜先治江而后众水者。不知南之患不在江，江虽治而汝汉淮泗之流当时未睹其深广，孰有入江而与之俱行于地中者哉？禹则决之排之，而水之阻去矣，水之阻去，而其安澜以趋于江者直注之而已矣。淮海维扬江之流无日不入于海者，汝汉淮泗之流亦无时不入于海。盖脉络既通，则朝宗①自易，治其支而干自统之矣，而荆扬雍豫之大难平矣。噫！先后之殊功，南北之势异也；劳逸之异致，大小之患殊也。禹之治水如此，而谓其心劳乎？不劳乎？

【评】作是题者，类多原本《禹贡》，旁证《水经》，竟于孟子口中自加辨驳。不知孟子此言，实总括全篇《禹贡》，而又以己意断之。如北条之水，先治河而支流为之从；南条之水，先治支流而江为之从。其治水之源流本末于是乎在，大禹之劳心正以此耳。前人未有拈出者。

【作者简介】

陈诜（1642—1722），字叔大，号实斋，海宁盐官人。康熙十一年（1672）举人，由中书舍人考选吏科给事中，历官至左副都御史，外任贵州巡抚，升工部尚书，转礼部尚书。卒谥清恪。著有《周易玩辞述》、《诗经述》、《四书述》、《资治通鉴述》等。

【题解】出自《滕文公上》第四章，参见化治文卷五丘濬《父子有亲》。

禹疏九河，瀹济漯，而注诸海；决汝汉，排淮泗，而注之江。

【注释】

① 朝宗：指通往大海。语本《尚书·禹贡》："江、汉朝宗于海"，孔安国传："二水经此州而入海，有似于朝，百川以海为宗。宗，尊也。"

后稷教民稼穑　三句

陆　循　墨

帝臣勤于农事，即教以为养者也。夫稷之于农事勤矣，然亦教之而已，育民者岂厉民乎哉？尝谓：农，天下之本也，古之圣王尝惧农事之不登，而又不能躬至田间与吾民相慰劳，惟以子惠元元①之意属之其臣，而其臣亦惟是奉上德意，详为规画，一时之农功称绝盛焉。禹治水而后中国乃可得而食，然亦曰可得而食耳，犹尚艰食也，则民人之待育何如哉？吾想其时，知农事者莫如尧，蜡飧②之制，兆于伊耆③，此其征也；其时知农事者又莫如舜，历山之间，久闻让畔④，此亦其征也。然而尧舜在位，皆不耕以属后稷；稷农官也，亦不耕。当日承帝阻饥⑤之咨，而身播谷之职，相传以为教民稼穑、树艺五谷云。盖稷之教有善于创者也，先啬⑥之教既衰，烈山之嗣⑦既往，丰草之不治已积岁年，一旦驱不田之人而习之以力田之事，故其教主创；然稷之教又善于因者也，厥田有上下之辨⑧，距川有畎浍之分⑨，田功之渐开已非一日，自此即不耕之土而纳之以愿耕之人，故其教主因。而吾独意其时洚灾之未远，安必天行之悉协？且以后世田畴日辟，犹有一易再易⑩之异，而况垦艺之初乎？我不敢知，曰其必熟也，其必育也，然而起视其时，固已五谷熟而民人育矣。大难既平，阴阳和而风雨时，天亦屡召其嘉祥以佐圣人之经画，故不必史书大有⑪，而民自熙然作息于其下，几忘吾君吾相之劳；山川既奠，土田厚而水泉滋，地亦自效其蕃昌以成百物之嘉遂，故不必占协丰年，而民遂恬然游泳于其间，阴受保介曾孙之赐⑫。然则当尧之世，为尧之民，一若自育然者，且不知教民者谁之为，而焉得有劳劳焉并耕于其侧者乎？猗欤盛哉，稷可以拜手⑬而告矣，帝可以挥弦而理⑭矣，而孰知犹未已耶？

【评】入手即跌起"民人育"，是三句题作法。针对"并耕"⑮处，尤合章旨。

【作者简介】

陆循，不详。

【题解】出自《滕文公上》第四章，参见化治文卷五丘濬《父子有亲》。

后稷教民稼穑。树艺五谷，五谷熟而民人育。

【注释】

① 子惠元元：爱护百姓，施以仁惠。元元，指百姓、庶民，《战国策·秦策一》："制海内，子元元，臣诸侯，非兵不可。"高诱注："元，善也，民之类善，故称元。"

② 蜡飨：岁十二月举行的祭祀活动，祭祀与农业有关的八种神祇。

③ 伊耆：伊耆氏，"蜡"祭的创制者，或谓即尧。《礼记·郊特牲》："伊耆氏始为蜡。"郑玄注："伊耆氏，古天子号也。或云即帝尧是也。"

④ 让畔：由于圣王的德化，种田人互相谦让，在田界处让对方多占有土地。本《史记·五帝本纪》："舜耕历山，历山之人皆让畔；渔雷泽，雷泽上人皆让居。"

⑤ 阻饥：饥饿。按，此句谓后稷承舜帝之请负责解决百姓无食的问题，事见《尚书·舜典》："帝曰：'弃，黎民阻饥。汝后稷，播时百谷。'"孔安国传："阻，难；播，布也。众人之难在于饥。"

⑥ 先啬：前代教民造田、耕种的天子，或认为专指神农氏。《礼记·郊特牲》："蜡之祭也，主先啬而祭司啬也。"郑玄注："先啬，若神农者。"

⑦ 烈山之嗣：指神农氏的后代。《左传·昭公二十九年》："有烈山氏之子曰柱，为稷"，杜预注："烈山氏，神农世祖侯。"孔颖达疏引诸书，谓神农本起烈山，"烈山即神农"。按，本文此二句均谓教民耕稼之事未受重视。

⑧ 上下之辨：指禹将九州之田划分为不同的等级。按，《尚书·禹贡》分九等描述各州田地，有"厥田惟上中"、"厥田惟中中"等语。

⑨ "距川"句：指在后稷之前，禹已在田间开挖大小沟渠，使水流至大河。距，至。畎浍，在田间开挖的大小水沟。语本《尚书·禹贡》："予决九川，距四海；浚畎浍，距川。"

⑩ 一易再易：根据需要休耕的时间长短划分的耕地等级。《周礼·地官·大司徒》："不易之地，家百亩；一易之地，家二百亩；再易之地，家三百亩。"郑玄注引郑司农云："不易之地岁种之，地美，故家百亩。一易之地休一岁乃复种，地薄，故家二百亩。再易之地休二岁乃复种，故家三百亩。"

⑪ 大有：亨通，富有。《易·大有》："大有：元亨。"孔颖达疏："大能所有，故称'大有'。既能'大有'，则其物大得亨通。"

⑫ 保介曾孙之赐：朝廷劝农政策之赐。保介，农官，按此据《诗经·周颂·臣工》："嗟嗟保介，维莫之春，亦又何求？"朱熹集传："保介，见《月令》、《吕览》，其说不同，然皆为籍田而言，盖农官之副也。""此戒农官之诗。"或谓此诸侯劝农之诗。曾孙，周先王之子孙，按此据《诗经·小雅·甫田》："曾孙来止，以其妇子"，郑玄笺："曾孙，谓成王也。……成王来止，谓出观农事也。亲与后、世子行，使知稼穑之艰难也。"

⑬ 拜手：跪拜时头不叩到地上，仅拱手而头俯至于手。《尚书·益稷》："皋陶拜手稽首。"

⑭ 挥弦而理：弹琴而治，谓无为而治。《礼记·乐记》："昔者，舜作五弦之琴以歌《南风》。"

⑮ 并耕：指农家学派许行提出的"君臣并耕"之说。《孟子》此章，意在辟许行"君臣并耕"之说。

陈代曰不见诸侯 一章

刘 齐

　　君子不以利易道，则枉己不可为也。夫曰王曰霸，以利言也，然而道既枉矣，尚何能直之有？君子是以不见诸侯耳。且尝旷观千古，窃怪夫后人建立何不逮古人远甚，及深考其所由然，乃知始进之术固已殊焉，宜其所就之不相若也。夫君子之立身有大范焉，枉与直而已矣；君子之应世有大防焉，利与道而已矣。利与道不并伸，则枉与直不并立。而陈代乃以不见诸侯讽孟子，是欲于枉之中求直也。由代言之，以为枉有多寡之分，而不知枉不可为，尺与寻奚别焉？枉诚可为，尺与寻又奚择焉？昔者齐有虞人，君以旌召，即一至，所枉无几耳，然卒守死弗去，盖论枉直不计多寡也，且多寡亦何定之有？君子之论枉直者以道言，而代所谓王且伯者以利言。如以利言，则苟可以得利者无不可为也，业已为利而枉，未得利而遂已焉，则前此之枉为徒枉也，故不可中止也；且其前此之枉者亦既视为可为，则今者即加甚焉，只此一枉无再枉也，故其心亦有所不惜也。自古功名之士，始而枉尺，继必枉寻，皆求利之心中之耳。故诚欲求直，则莫若毋枉；诚欲全道，则不得计利。以王良之事观之，驰驱之范必不可失，获禽之利且不肯徇，乃自命为君子者反弃其道以曲徇夫人，何御者之不若耶？嗟乎！彼非不知道之宜守也，然所以如此者，以求利之心中之也。殊不知求利者必弃其道，而弃道者即亦并不得利。故古之君子乐道不出，若无意于功名，而其出也，苍生赖之，社稷倚之；而今世之士，因缘傅会、苟合取容者，卒使人主薄其为人，举世疑其心术，而志气薾然[1]，莫克自振。以是知伯王之业断非枉己者所能为也。呜呼，君子之弗为枉，为道计耳。诚使一枉之后，伯王可致，固不忍以彼易此也；若至利与道而交失，虽枉己者亦未有不自悔矣。是以君子立身必严其范，应世必慎其防，非徒自为，亦以为天下也。

【评】自首至尾，轩豁醒露，笔无停机，语有伦次，意度雅近前辈。

【作者简介】

刘齐（1651—1696），字言洁，号存轩，江苏无锡人。康熙拔贡，入太学，声名籍甚，与戴名世、方苞为友，性狷介。后官州判，有《存轩文集》。

【题解】出自《滕文公下》第一章。

陈代曰："不见诸侯，宜若小然；今一见之，大则以王，小则以霸。且志曰：'枉尺而直寻'，宜若可为也。"（陈代，孟子弟子也。小，谓小节也。枉，屈也。直，伸也。八尺曰寻。枉尺直寻，犹屈己一见诸侯，而可以致王霸，所屈者小，所伸者大也。）孟子曰："昔齐景公田，招虞人以旌，不至，将杀之。志士不忘在沟壑，勇士不忘丧其元。孔子奚取焉？取非其招不往也，如不待其招而往，何哉？（田，猎也。虞人，守范围之吏也。招大夫以旌，招虞人以皮冠。元，首也。志士固穷，常念死无棺椁，弃沟壑而不恨；勇士轻生，常念战斗而死，丧其首而不顾也。此二句，乃孔子叹美虞人之言。夫虞人招之不以其物，尚守死而不往，况君子岂可不待其招而自往见之邪？此以上告之以不可往见之意。）且夫枉尺而直寻者，以利言也。如以利，则枉寻直尺而利，亦可为与？（此以下，正其所称枉尺直寻之非。夫所谓枉小而所伸者大则为之者，计其利耳。一有计利之心，则虽枉多伸少而有利，亦将为之邪？甚言其不可也。）昔者赵简子使王良与嬖奚乘，终日而不获一禽。嬖奚反命曰：'天下之贱工也。'或以告王良。良曰：'请复之。'强而后可，一朝而获十禽。嬖奚反命曰：'天下之良工也。'简子曰：'我使掌与女乘。'谓王良。良不可，曰：'吾为之范我驰驱，终日不获一；为之诡遇，一朝而获十。《诗》云："不失其驰，舍矢如破。"我不贯与小人乘，请辞。'

（赵简子，晋大夫赵鞅也。王良，善御者也。嬖奚，简子幸臣。与之乘，为之御也。复之，再乘也。强而后可，嬖奚不肯，强之而后肯也。一朝，自晨至食时也。掌，专主也。范，法度也。诡遇，不正而与禽遇也。言奚不善射，以法驰驱则不获，废法诡遇而后中也。《诗》，《小雅·车攻》之篇。言御者不失其驰驱之法，而射者发矢皆中而力，今嬖奚不能也。贯，习也。）御者且羞与射者比。比而得禽兽，虽若丘陵，弗为也。如枉道而从彼，何也？且子过矣，枉己者，未有能直人者也。"（比，阿党也。若丘陵，言多也。或曰："居今之世，出处去就不必一一中节，欲其一一中节，则道不得行矣。"杨氏曰："何其不自重也，枉己其能直人乎？古之人宁道之不行，而不轻其去就；是以孔孟虽在春秋战国之时，而进必以正，以至终不得行而死也。使不恤其去就而可以行道，孔孟当先为之矣。孔孟岂不欲道之行哉？"）

【注释】

① 蘦然：疲困貌。

戴盈之曰　一章
蒋德埈

假轻赋以市义①者，大贤直黜其非焉。夫什一、去征而姑曰"有待"，盈之非诚欲已也，特借此以市义耳，孟子黜之以"非义"，辞严哉！尝观宋国之君臣，无所不用其假也。其先有襄公者，为假仁之君；其后有戴大夫者，为假义之臣。其假义也于何见之？于什一、去征之说见之。夫赋行什一、税罢关市，良法也；势积重而返之轻、法难骤而需之渐，美意也。此言一出，当世必有以义予之者，而君子独断断以为不然。何哉？盖使为盈之者诚有见乎民生之日艰、苛政之当去，则必入告其君，使知古道之可复，博谋于众，使知公议之佥同，而不必自有其惠名也。如是而说不行则谏，谏不听则去，身不避首事之嫌，民得蒙再生之乐，岂不于义有当乎哉？乃当日不闻出此，而一则曰"请轻"，再则曰"有待"，显慕美名，阴图厚实；既以吾民渔利而民受其害，复以吾民市义而己受其美，是人皆攘利，此兼攘义。攘利者为贪残，攘义者为奸伪，奸以文残，伪以济贪，君子以戴盈之为何如人乎？孟子讥之以攘道，黜之以非义，盖直有以窥其心、诛其隐矣，岂诚以义政可行而以"速已"望之盈之也哉？夫天下事不患其不知，患其不行；不患其不知而不行，患其知之而不行。以斯民刻不容缓之情形，仅博当事者抚心之一痛，于国是何补？而况假此以为名者乎？且夫什一即行，于义终未合者，孟子知之，盈之不知也，当战国之时，富者连阡陌，贫者无立锥，今不为之正经界、复井田，而第曰什一，是惠豪强，非所以绥贫困也；且关市即去征，于义终未善者，亦孟子知之，盈之不知也，当战国之时，力田者什一，逐末②者什九，今不为之平市价、禁淫奇，而第曰去征，是使民望南亩而却，趋都会如归也。然而孟子不以告者，何也？则以盈之本无欲已之心，而伪为欲已之说者也。故曰假此以市义也。

【评】"义"字最是斩截，中间并无姑且安顿处。盈之曰"请轻"，曰"有待"，便是依违两可意，故孟子直斥之文以假义。立论非苟也。

【题解】出自《滕文公下》第八章。

戴盈之曰："什一，去关市之征，今兹未能。请轻之，以待来年，然后已，何如？"（盈之，亦宋大夫也。什一，井田之法也。关市之征，商贾之税也。已，止也。）孟子曰："今有人日攘其邻之鸡者，或告之曰：'是非君子之道。'曰：'请损之，月攘一鸡，以待来年，然后已。'（攘，物自来而取之也。损，减也。）如知其非义，斯速已矣，何待来年。"（知义理之不可而不能速改。与月攘一鸡何以异哉？）

【注释】

① 市义：收买人心，换取义名。《战国策·齐策四》："（冯谖曰）君家所寡有者以义耳，窃以为君市义。"

② 逐末：指从事工、商业。农为本，工、商为末。

天下大悦　八句

张玉书

相臣治业得民心，征之《书》而所成者大矣。夫天下至周而一治也，观民心之悦而知谟烈之垂后皆公成之耳。且圣人为天下生民计，而使一代祖功宗德于是乎观成，非其治术之光大欤？以辅翊盛化者被泽于当时，而以襄赞前谋者垂裕于后世，即人事之克协，而气数因之一变焉。如武王承文考以兴周，周公相武王而戡乱，此时我公佐治之心，岂有憾于天下望治之心哉？自九十载①以来，久系仁人之慕，而惟大勋既集，斯扬我武者，一旦底于清明②也；即十三年③以内，时靡有道之思，而惟驱伐既行，斯取其残者，一旦拯于痡毒④也。当新创之余而享安全之利，则感德于君相者益深，奉尊亲而大和会⑤，宁止东征见休之旅⑥乎；承积乱之后而获异旧之恩，则鼓舞于君相者益切，服臣仆而效奔走，宁止逖矣西土之人⑦乎？以是思"悦"，悦何大也！其在武王，方合万国之欢心上之于文，以明"善则归亲"之义，而天下之颂耆定⑧者必于武；其在周公，又将举四海之讴歌上之于武，以明"让善于君"之义，而天下之美硕肤⑨者必于公。盖自公之相业隆，而文与武之贻谋皆代终矣。观《君牙》之书，称文谟则曰"丕显"，而试思照临四国、诞受多方⑩者，微公之力，何自于明堂宗祀之年而光赞之也；称武烈则曰"丕承"，而试思恭膺成命、克绍前人者，微公之力，何自于敷天哀对⑪之时而继述之也？一堂之治定功成，赖以勤施于上下，则继世之观光扬烈，如见夹辅之忧劳。佑启后人，咸正无缺，孰非文始之、武承之、公成之者乎？此周业所以兴隆，民心所以胥悦也。虽文之当日，未尝以取天下为心，而公之相武，则济天下于艰难而克缵文谟之盛，盖其削平祸乱者然也，而岂得已哉；抑武之当年，未尝以得天下为利，而公之相武，则登天下于衽席⑫而益永武烈之传，盖其奋兴致治者然也，而岂得已哉？故天下至周而一治也。

【原评】 平处少，侧处多，正意少，补意多，极运化之妙。此从先民格律中来，读者须细玩其经营惨淡处。

【题解】 出自《滕文公下》第九章，参见化治文卷五丘濬《周公兼夷狄　百姓宁》。

"周公相武王，诛纣伐奄，三年讨其君，驱飞廉于海隅而戮之。灭国者五十，驱虎、豹、犀、象而远之。天下大悦。《书》曰：'丕显哉，文王谟！丕承哉，武王烈！佑启我后人，咸以正无缺。'世衰道微，邪说暴行有作，臣弑其君者有之，子弑其父者有之。孔子惧，作《春秋》。《春秋》，天子之事也。是故孔子曰：'知我者其惟《春秋》乎！罪我者其惟《春秋》乎！'"

【注释】

① 九十载：此当指周武王未举兵伐商以前。《礼记·文王世子》谓武王享寿九十三，又诸书言武王克商二年卒，则九十岁以前未行伐纣之事。按，武王在位之年及卒于何时，有多种说法。

② 清明：指消除暴政。此句谓武王克商，天下清明，语本《诗经·大雅·大明》："凉彼武王，肆伐大商，会朝清明。"朱熹集传："会朝，会战之旦也"，"不崇朝而天下清明"。

③ 十三年：周武王继位至伐纣之间的时间。《尚书·泰誓上》："惟十有三年，春，大会于孟津。"按，也有人认为自"文王受命之年"至此十三年。

④ 痡毒：毒害。《尚书·泰誓下》："（商纣）作威杀戮，毒痡四海。"

⑤ 大和会：士民都来赴役。语本《尚书·康诰》，周公营成周，"作新大邑于东国洛，四方民大和会"，孔安国传："四方之民大和悦而集会"，蔡沉集传："民大和会，悉来赴役。"

⑥ 东征见休之旅：指武王伐纣的军队。见休，上天显出瑞应，《尚书·武成》："肆予东征，绥厥士女……天休震动，用附我大邑周。"

⑦ 逖矣西土之人：远来的西土之人，指追随周武王伐商的西方人士。语本《尚书·牧誓》："（周武王）曰：'逖矣，西土之人！'"孔安国传："逖，远也。远矣，西土之人。劳苦之。"按，本句谓周一统天下之后，天下悦服，不只是西土之人悦服。

⑧ 耆定：达成。《诗经·周颂·武》："嗣武受之，胜殷遏刘，耆定尔功。"毛传："耆，致也。"

⑨ 美硕肤：指赞美周公。硕肤，语本《诗经·豳风·狼跋》："公孙硕肤，赤舄几几。"朱熹集传："公，周公也。孙，让。硕，大。肤，美也。"传统认为此诗赞美周公虽遭疑谤而举止不失其常，故此以"硕肤"代周公。

⑩ 诞受多方：受众多诸侯拥戴，拥有众方之国。诞，大。语本《尚书·泰誓》："惟我有周，诞受多方。"

⑪ 敷天哀对：祭祀普天下的众山川。语出《诗经·周颂·般》："敷天之下，哀时之对，时周之命。"毛传："哀，聚也。"郑玄笺："哀，众。对，配也。遍天之下众山川之神，皆如是配而祭之，是周之所以受天命而王也。"按，毛传谓："《般》，巡守而祀四岳河海也。"孔颖达疏谓"周公、成王太平之时，诗人述其事而作此歌焉"。

⑫ 衽席：寝处之所，代指太平安乐的生活。

孔子惧 一节

王 庭

圣以惧而成书，知、罪所不计也。夫《春秋》之作，孔子方为世惧，则虽非天子，为之而知与罪勿恤矣。且人事之变，虽圣人无如何，而托之文词以为功，著作之业于是乎隆焉。然非曰此士君子之所得为，可幸无罪已也，或既身为之矣而实非身之所得为，则圣人之心亦无能多谅于世，至是而"不得已"之说可推之孔子矣。维孔子之道大而难名，然其行在《孝经》，志在《春秋》。①盖孔子生乱世，见乱人，闻乱事，《春秋》一书以治治乱者也。于稽其时，厥有戒心。曰孔子惧也，夫前有谗而不见，后有贼而不闻；故当可惧而不知惧，及其惧也而又苦于无及。孔子之惧为君父也，《春秋》之作，以君治臣，故天下知有臣，知有臣而始知有君；以父治子，故天下知有子，知有子而始知有父。然则孔子君与父与，曰我非君也，非父也；然则《春秋》曷为而作与，《春秋》君若父之事也，且非止凡为君若父之事也。君治其国，不足以治人之国；父治其家，不足以治人之家。夫班礼乐，正刑罚，教化齐轨，风俗一同，非天子不及此矣。《春秋》天子之事也，天下非身为天子者不敢行其事；然当时之为天子者，虽有其事而不能行。孔子惧而取之，不得已也，故孔子曰《春秋》我之所有事也。虽然，非我事也。为我事者，我得而言之，我得而行之；非我事者，我得而言之，我终不得而行之。笔则笔，削则削，岂空文无补乎？知我者曰"不犹愈于已乎"？然又退而有后言矣，曰"夫夫也，是欲行天子之事者也。岂其君乎，岂其父乎？非君父也；岂其天子乎？惜乎不使生于三代之治，见罪于天子也。"使果得见罪于天子也，而我又何惧乎？是则孔子作《春秋》之本旨也。夫《春秋》鲁史，列国来告②者皆书之，彼鲁之权不能以正三家③，而《春秋》乃以治天下之乱臣贼子。此道之隆也，然既越俎而代之④矣。

【原评】只张皇"天子之事"，更不顾"是故"两个字，难作转掾，近人直有文无题也。纵横旋转，恰毫发不差，最能理会法脉，故多直用老苏《春秋论》⑤，未尝有伤正气。

【作者简介】

王庭（1607—1693），字言远，号迈人，浙江嘉兴人。顺治六年（1649）年三甲进士，官至山西布政使。能诗文，著有《秋闲诗草》等。亦擅制义，《制义丛话》卷八引俞长城语，谓其文"峭刻奇拔，远于流俗"，引张惕庵语，谓"先生与汉阳（按，熊伯龙）、黄冈（按，刘子壮）同登己丑进士，文望亦如鼎足。熊深于经，刘深于史，先生则酷嗜子书"，有《王迈人稿》。

【题解】出自《滕文公下》第九章，见上，参见化治文卷五丘濬《周公兼夷狄 百姓宁》。

【注释】

① 二句谓孔子恪守孝道，而志在恢复周天子一统天下的局面。《孝经纬钩命诀》："孔子曰：吾志在《春秋》，行在《孝经》。"

② 列国来告：各诸侯国发生大事，均向其他诸侯通报。《春秋》一开始作为鲁国的史书，即据相关文书而成。

③ 正三家：解决"三桓"僭越的问题。三家，指鲁国大夫孟孙氏、叔孙氏、季孙氏，也称"三桓"，强于公室。

④ 越俎而代之：即"越俎代庖"，超越自己的本分。

⑤ 老苏《春秋论》：苏洵《春秋论》主要论述"夫子病天下之诸侯大夫僭天子诸侯之事而作《春秋》，而己则为之，其何之责天下"。此恰合本文论述的问题，即孔子何以似乎不惜僭越"天子之事"而修《春秋》。

钦定清朝四书文卷十二(《孟子》下之上)

天下有道　三句

刘子壮

　　古者以道相治，而天下咸明于辨矣。夫小、大不辨，即德、贤亦不相服也，而有道则皆以道使之，此乃古之所云"役"乎？且观圣世者，正其纲纪，必先明其道器。盖名分无定，以道予之则相安；事权代乘，以道居之则各正。此其义必总于一人，而其势全乎天下。其惟天下有道乎？天下者，有天下之一人也，神圣应时①则名号自命矣，昊天其子②，能代天者斯曰官焉，制器命爵，皆天性之所名；天下者，统天下之万姓也，愚贱安心则豪杰无名矣，分民而土③，凡有功者皆曰君焉，胙地锡姓④，各才分之所至。我想其时，殆小德役大德，小贤役大贤乎？德者不止就其人言之也，又兼先世言之，其在天子，则羲农⑤以来，以五行为德，相乘而王，尧舜而降，以五官⑥为德，相代而兴，至于诸侯，亦能奋圣人之迹，而当一王之初，天下有道之时也，则必使之居其地以治其祀，不以其无所积累而忘其先，而其中择其人之有德焉，又差其先之所为德焉，又序其德之近于时代焉，而以为小大，天子统其上，而或二伯⑦或三恪⑧，自五等而及于附庸，通之朝聘，纳其贡赋，以是为役焉已矣；贤者不止就其德言之也，兼就其功言之，其在王者，则衣食未开，以养民为贤，天子相让，水火既亟，以救民为贤，诸侯相推，至于将相，皆能应名世⑨之数，而当一王之起，天下有道之时也，则必使之胙其茅⑩以报其勋，不以其无所凭借而忘其劳，而其中先其佐命之贤焉，又次其明道之贤焉，又录其贤之弃于胜国⑪焉，而以为小大，王者作其极，而或三公或九卿，自六官以逮于舆隶⑫，内以御外，长以率属，以是为役焉已矣。于是知有道之时之至公也，瞽瞍⑬以前，皆皇裔而越⑭在畎亩，朱、均⑮相继，皆帝子而让于匹夫，至于不才之子有四⑯，虽为蛮夷之长，而不使居圣人之中国焉，德贤不足也，使小大少有所私，则唐虞之天下舜禹且不能争，又安能雍容而分岳牧哉；又于是知有道之时之甚严也，贵贵为骄天下之渐，而武犹以尚父⑰下拜，亲亲为私天下之始，而周犹以五叔⑱无官，至于内官⑲之品有九，皆匹外官之制，而有以分阴阳之正位焉，德贤无不在也，使小大少有所混，即天下中之一家文武且不能理，又安能均平而班爵禄哉？所以上世高士抱其微节，尝有耻为天子之事；而后世圣人得其大道，遂为直接帝王之传。虽其事不足述与其时有不同，然皆有崇德尚贤之义焉。呜呼，邈矣！

【原评】别白"贤"、"德"，即先儒有未说到处。多读书以广其识，自可镕经义而铸伟词。

【评】议论透辟，理亦平正。前半行文更合纪律，则有大醇而无小疵矣。

【题解】出自《离娄上》第七章，参见启祯文卷八章世纯《天下有道》。

孟子曰："天下有道，小德役大德，小贤役大贤；天下无道，小役大，弱役强。斯二者天也。顺天者存，逆天者亡。"

【注释】

① 神圣应时：神明之人应时而生。

② 昊天其子：上天以其为子，即拥有天子的地位。

③ 分民而土：天子分给其人民和土地，即封为诸侯。

④ 胙地锡姓：分封土地，赐予姓氏。胙地，即"胙土分茅"，分封诸侯的授土仪式。

⑤ 羲农：伏羲和神农。"五德终始说"无论取"相胜"或"相克"的模式，均以伏羲氏为五行之德运转的起点。

⑥ 五官：分司天、地、神、民、类物的五种官职，后世多以"五行说"释之，将其与《周礼》六官中除天官之外的五官相配，指司徒、司马、司空、司士、司寇。《国语·楚语下》："于是乎有天、地、神、民、类物之官，是谓五官，各司其序，不相乱也。"《史记·历书》则谓："盖黄帝考定星历，建立五行，起消息，正闰余，于是有天地神祇物类之官，是谓五官。各司其序，不相乱也。"按，此言"尧舜而降，以五官为德"似指尧舜而后，建王霸之业者，其祖先多居"五官"，如商之始祖契、周之始祖后稷等。

⑦ 二伯：统领诸侯之长的高级官员。《礼记·王制》谓各州有诸侯之长，曰"伯"，"八州八伯……八伯各以其属，属于天子之老二人，曰二伯。"郑玄注："老谓上公。"

⑧ 三恪：周朝封前代三王朝的后嗣以王侯名号，称"三恪"，以示敬重。具体说法有所不同，《左传·襄公二十五年》："昔虞阏父为周陶正以服事我先王。我先王……封诸陈以备三恪。"杜预注："周得天下封夏、殷二王后，又封舜后，谓之恪，并二王后为三国。其礼转降，示敬而已，故曰三恪。"

⑨ 名世：指能够辅佐王者之人。《孟子·公孙丑下》："五百年必有王者兴，其间必有名世者。"朱熹集注："名世，谓其人德业闻望，可名于一世者，为之辅佐。若皋陶、稷、契、伊尹、莱朱、太公望、散宜生之属。"

⑩ 胙其茅：以白茅包土并祭肉一起赐与宗室、功臣等，指分封诸侯。

⑪ 胜国：被战胜之国，指被新王朝取代的前一王朝。

⑫ 舆隶：等级低微、操持贱役之人。

⑬ 瞽瞍：舜的父亲。

⑭ 越：失坠，沦落。《国语·周语下》："天所崇之子孙，或在畎亩，由欲乱民也。畎亩之人，或在社稷，由欲靖民也。无有异焉！"

⑮ 朱、均：指尧之子丹朱、舜之子商均。

⑯ 不才之子有四：《史记·五帝本纪》载帝鸿氏（即黄帝）、少昊氏、颛顼氏、缙云氏（炎帝之苗裔）均有不才之子，被称为"四凶"，尧帝"乃流四凶族，迁于四裔"。

⑰ 尚父：姜尚。尚父为武王对他的尊称，《史记·齐太公世家》："师尚父左杖黄钺"，裴骃集解引刘向《别录》曰："师之，尚之，父之，故曰师尚父。父亦男子之美号也。"

⑱ 五叔：指周武王的五个弟弟。《左传·定公四年》："武王之母弟八人，周公为大宰，康叔 为司寇，聃季为司空，五叔无官，岂尚年哉！"杜预注："五叔，管叔鲜、蔡叔度、成叔武、霍叔处、毛叔聃也。"

⑲ 内官：此指宫内女官。《国语·周语中》："内官不过九御，外官不过九品。"《周礼·冬官·匠人》："内有九室，九嫔居之。外有九室，九卿朝焉。"

曾子养曾晳　二节

储在文

　　大贤之养志，事亲之则也。夫养者，事亲所同，而养志与养口体则有间矣，必如曾子而可。且人幸有亲而事之，俾亲有几微不遂之心，皆子之咎也。善事亲者，相遇于神明之交，固与貌奉者殊科，而得乎人心之所不言而同然也。守身以事亲，吾于古得一人焉，曰曾子。彼其省身敦行、无忝所生者，兹不具论，论其轶事。当日者，曾晳在堂，日具酒肉以进，出入视膳，无异常人。而将彻必请分甘，顾问未尝告匮，波及童稚，佐色笑焉，曾晳顾而乐之，怡然忘老。人不诵其子之贤，而叹羡其父之乐也。乃至曾元而此风一变矣。有酒在尊，有肉在俎，胡不闻所请也；每食无余，亡何①而又以进也。一户之内，数十年之间，人事变迁，遂成今昔。此即口体所欲无缺于供，特吾亲一日之饱耳，其他又何问乎？而曾子深远矣。高年之心，不堪多用，使事事待于记忆而已患其劳，意未起而早迎之，则其神较恬，而旷达之怀脱然其无累；垂暮之气，幸其弗衰，使稍稍拂厥性情而大惧其郁，心甫动而曲成之，则其天日畅，而倜傥之概至老而益新。事亲若此，真所谓养志者矣。嗟乎，人尽人子也，彼尊养之至，既不可以语寻常，即显扬②之文，亦虑无以胜时命。惟此家庭之近，晨夕之常，奉言笑于笾豆之旁，而窥意旨于几杖③之下，所谓进以愉、荐以欲④者此也，所谓视无形、听无声⑤者此也，必如是始足以为人，不如是不可以为子。君子观于曾氏三世之间，而知事亲之则不在彼而在此也。且曾子养志，尤在守身，不亏不辱，全受全归⑥，且以传于其徒，而区区酒食之节，又竭情尽慎如此，故语纯孝者必归焉。此百世之则也。

　　【评】笔致萧疏自适，中二比可歌可咏。一从"必请所与"，一从"必曰有"两句内着想，经有笔人道来，便尔意味深厚。

　　【题解】出自《离娄上》第十九章，参见正嘉文卷六归有光《孰不为事》。

　　"曾子养曾晳，必有酒肉。将彻，必请所与。问有余，必曰'有'。曾晳死，曾元养曾子，必有酒肉。将彻，不请所与。问有余，曰'亡矣'。将以复进也。此所谓养口体者也。若曾子，则可谓养志也。事亲若曾子者，可也。"

【注释】

① 亡何：即"无何"，不久。
② 显扬：《孝经》："立身行道，扬名于后世，以显父母，孝之终也。"按，此句谓显亲扬名之事，或限于时运而不能实现。

③ 几杖：坐几和手杖，皆老者所用，古常用为敬老者之物。《礼记·曲礼上》："谋于长者，必操几杖以从之。"

④ 进以愉、荐以欲：《礼记·祭义》谓"孝子之祭可知也……其进之也，敬以愉，其荐之也，敬以欲"，"进而不愉，疏也。荐而不欲，不爱也"。孔颖达疏："进，谓进血腥。愉，谓颜色温和。言孝子荐血腥之时，容貌恭敬，而颜色温和"，"荐熟之时，容貌恭敬，颜色婉顺，如欲得物然"。

⑤ 视无形、听无声：语本《礼记·曲礼上》："为人子者……视于无形，听于无声"，郑玄注："恒若亲之将有教使然。"孔颖达疏："虽无声无形，恒常于心想像，似见形闻声，谓父母将有教，使己然也。"

⑥ 全受全归：人的身体来自父母，应当终身洁身自爱，以没有受过污辱损害的身体回到父母生我时那样。语本《礼记·祭义》："父母全而生之，子全而归之，可谓孝矣。不亏其体，不辱其身，可谓全矣。"

有不虞之誉　一节

吴　襄

　　大贤甚言毁誉，而重慨其"有"焉。夫使直道犹存，虽无毁誉可也，况不虞之誉、求全之毁而又可有之也哉？且自三代之直之不概见于天下，而毁誉二者遂为人情之必不能无。吾昔已伤之，乃今而知但言有誉而已，而犹未为奇也：夫世即有誉人者，而或为所誉者早已逆料其将然，一旦而誉及之，是则其人犹有可扬之处，而特扬之或溢其美焉耳，然君子犹以为非《缁衣》之好①者，凡以其为誉也。而不谓更有溢乎其为誉者也，仁圣贤人之名，无端取以相奉，而夫人之始闻其誉己也，犹疑其非誉己也，既而知其果誉己矣，自以为念不到此，虽使誉人者设身以处，而亦知其念不到此也。然卒誉焉者，非无说也。今夫以物与人，虽其甚重而受之不甚感者，本其所当得也，必于其不当得者与之，斯大喜过望、图报之不遑矣。滥乎誉者之欲结乎其人之私也，亦若是焉，是则不虞之誉而已矣，誉而有此，而岂复可信也哉？而吾向者犹妄意天下之无誉也！抑又知但言有毁而已，而犹未足异也：夫世即有毁人者，而或为所毁者不能预防之平日，一旦而毁丛之，是则其人尚有可訾之迹，而或訾之稍过其分焉耳，然君子犹以为非《巷伯》之恶②者，凡以其为毁也。而不意更有刻乎其为毁者也，丑德败类之事，忽然取以相诋，而夫人之始闻其毁己也，不知其何以毁己也，既而详审其所毁者焉，自以为庶几免此。虽毁人者平心而论，而亦知其实能免此也。然卒毁焉者，诚何心也？今夫以我攻人，虽其甚暴而闻风不甚惧者，谓己固有备也，即于其有备者攻之，斯相顾惊疑、无不震慑者矣。刻乎毁者之欲使人畏己之口也，亦若是焉，是则求全之毁而已矣，毁而有此，而又安所底止也哉？而吾向者犹妄意天下之无毁也！

　　【评】意义俱从两"有"字生出，翻覆顿折，清空澹宕，亦用间出奇之法。

　　【作者简介】

　　吴襄（1661—1735），字七云，号辑耘、悬本，安徽青阳人。康熙五十二年（1713）进士，授编修，官至礼部尚书，卒谥文简。尝充《明史》、《八旗通志》总裁，诗品亦高，著有《锡老堂诗钞》十卷等。

孟子曰："有不虞之誉，有求全之毁。"（虞，度也。吕氏曰："行不足以致誉而偶得誉，是谓不虞之誉。求免于毁而反致毁，是谓求全之毁。言毁誉之言，未必皆实，修己者不可以是遽为忧喜，观人者不可以是轻为进退。"）

【注释】

①《缁衣》之好：指好贤。《缁衣》为《诗经·郑风》篇名，《礼记·缁衣》："子曰：好贤如《缁衣》，恶恶如《巷伯》，则爵不渎而民作愿，刑不试而民咸服。"孔颖达疏："衣缁衣者，贤者也……其衣敝，我愿改制，授之以新衣，是其'好贤'，欲其贵之甚也。"

②《巷伯》之恶：指"恶恶"。《巷伯》为《诗经·小雅》篇名，传统认为此诗表达"恶恶"的思想，见上注，孔颖达疏："《巷伯》六章，曰'取彼谗人，投畀豺虎。豺虎不食，投畀有北。有北不受，投畀有昊'，此其'恶恶'，欲其死亡之甚也。"

智之实　二段

王　庭

推于智、礼之实，非二者①莫与也。夫智不知之②乎？礼不节文之乎？要之，二者其实也。岂别有知之、节文之者乎？且夫人有四德③，唯元长之理④一而不二也，至其分殊则又不啻二也。虽然，人之孝其亲而悌从焉，爱其人而敬寓焉，则仁与义兼出其间矣。有与类举也，有与并行也。虽然，尽之矣，不可以有加也。今即所云智、礼者言之乎。夫人之贵于能智、不贵于不智者，以智为详尽事理也。今有人焉，于凡事理之差殊亦既详且尽矣，可不谓智乎？而不详尽于吾亲吾兄，又可谓智乎？是非不智也，独不智于智之所从本，独不智于智之所从始，则非智之实也。何者？智之实，知斯二者弗去是也。吾有亲而知所当事，且知其不可不事也；吾有兄而知所当从，且知其不可不从也。家庭之间至浅近焉尔，然而以性则深，以治则大，必知，始弗去焉，不可强也。迫于知之而得吾亲吾兄之所当事且从者，则即得非吾亲、非吾兄之所当推于事且从者。身名君友之故，推此而详；性命神明之微，亦推此而著也。盖智之极于高深者多矣，恐高深之智易托也，人事之知实焉尔，人事之知，则又以不虑而良知者⑤实焉尔。人尽云智也，亦知斯二者之为智哉？且人之贵于有礼、不贵于无礼者，以礼为悉备经曲⑥也。今有人焉，于凡经曲之纷纭亦既悉且备矣，可不谓礼乎？而不悉备于吾亲吾兄，又可为礼乎？是非无礼也，独无礼于礼之所从本，独无礼于礼之所从始，则非礼之实也。何者？礼之实，节文斯二者是也。吾事亲而节文其所以事，未尝径情而直行也；吾从兄而节文其所以从，未尝径情而直行也。家庭之间无忌讳焉尔，然而过情则亵，过理则离，有节，斯称文焉，不可苟也。迫于节文而得吾亲吾兄之所以事且从者，则即得非吾亲、非吾兄之所以仿于事且从者。拜跪坐立之数，仿此而严；冠婚郊社之仪，亦仿此而极也。盖礼之著于经制者薄矣，恐经制之能易饰也，人伦之能实焉尔，人伦之能，则又以不学而良能者实焉尔。人尽云礼也，亦知斯二者之为礼哉？此更可进言乐矣。

【评】层折曲畅，虽无精深之义，笔致夭矫空灵，可为庸腐板重药石。

【题解】出自《离娄上》第二十七章，参见正嘉文卷六瞿景淳《仁之实》。

孟子曰："仁之实，事亲是也；义之实，从兄是也。智之实，知斯二者弗去是也；礼之实，节文斯二者是也；乐之实，乐斯二者，乐则生矣；生则恶可已也，恶可已，则不知足之蹈之、手之舞之。"

【注释】

① 二者：指《孟子》本章前节所言"事亲"、"从兄"二事。

② 之：即上文"二者"，指事亲、从兄。

③ 四德：指《易·乾》所说的元、亨、利、贞，依儒家之说，其分别对应于仁、礼、义、智。《易·乾》："君子行此四德，故曰'乾，元、亨、利、贞。'"

④ 元长之理：指天理、人性本善之理，此又指仁。《易·乾》："大哉乾元，万物资始"，又"元者，善之长也……君子体仁足以长人"。朱熹《周易本义》："元者，生物之始，天地之德，莫先于此，故于时为春，于人则为仁，而众善之长也。"按，理学家认为，仁包众德，礼、义、智皆归于仁，故此处谓"一而不二"；又认为作为人性根本的"仁"又可分为仁、义、礼、智，故此处谓"又不啻二"。

⑤ 不虑而良知者：此指事亲、从兄，孟子将其视为人的良知良能。《孟子·尽心下》："人之所不学而能者，其良能也；所不虑而知者，其良知也。孩提之童，无不知爱其亲者；及其长也，无不知敬其兄也。"

⑥ 经曲：指礼制的种种规定。经指"经礼"，曲指"曲礼"，《礼记·礼器》："故《经礼》三百，《曲礼》三千，其致一也。"

谏行言听　二句

吴　涵

念旧君者，不忘其旧事焉。夫昔之日而谏行而言听而膏泽逮民，此旧事耳，奈何思之不忘哉？告齐宣曰：王鳃鳃然以旧君为问，得毋疑臣之言实过，而独思臣之事君也，将惟富贵之、荣宠之而遂可毕臣之愿乎？抑必明良一德①，大展其生平之所学，使其君民之不忘其臣者，一如其臣之不忘其君之为得也。然则臣所致望于其君者从可知矣，当立朝之始而有惓惓不忍释者，王闻之乎？然则臣所难已于其君者诚有在矣，即筮仕②之时而有隐隐莫能必者，王思之乎？盖必谏行言听，膏泽下于民也。计其臣之始终而论，其谏其言，亦第得之偶尔之遭逢，吾一身之莫必，而独此诤直之风留千古哉，乃有所未可恝置③者，非徒谏也，谏行矣，非徒言也，言听矣，夫广厦细旃④之上，动色而相规、正容而入告者，翳岂尽无良也，乃独其臣之有俞而靡咈⑤焉，夫转圜⑥之美，哲王之道固然，而臣顾何幸而躬逢之；且就其臣之踪迹而观，其国之民，亦第见之一时之临莅，吾进退之无常，而独此惠爱之思在闾里哉，乃有所不能遽泯者，谏之既行，而膏泽下矣，言之既听，而膏泽又下矣，夫蓬枢绳牖⑦之间，情深于望岁⑧而谊切于戴天⑨者，翳岂尽无知也，乃独其臣之为父而为母焉⑩，虽抚字⑪之仁，我后之道应尔，而臣顾何修而身见之。夫勒其奏牍，自为一书，考其谟猷，已成往事，君若曰已矣，此固子大夫留遗至今日者也，而臣则曰微君之故，胡为留遗至今日也；抑望其恩施，比之阴雨⑫，纪其遗爱，载在《甘棠》⑬，民若曰已矣，此固吾大夫俎豆于不祧⑭者也，而臣则曰微君之故，胡为俎豆于不祧也。大抵人情所最感念者，多在坦然共信之怀；而一生所最经心者，尤在赫然可纪之绩。若此，君忘其亢，臣献其诚；上殚其心，下蒙其惠。凡在备官者，度其所愿，不过如是而已，而况有进于是者乎？此臣所瞻顾徘徊而不能已于其君者也。

【评】处处是去国后追忆神情，故无一"致君泽民"通套语。徘徊指点，情绪亦复深长。

【作者简介】

吴涵（？—1709），字容大，号匪庵，浙江嘉兴石门县人。康熙二十一年（1682）一甲二名进士，授编修，官至左都御史。

【题解】出自《离娄下》第三章，参见正嘉文卷六唐顺之《有故而去》。

王曰："礼，为旧君有服，何如斯可为服矣？"曰："谏行言听，膏泽下于民；有故而去，则君使人导之出疆，又先于其所往；去三年不反，然后收其田里。此之谓三有礼焉。如此，则为之服矣。"

【注释】

① 明良一德：明君良臣同心同德。明良，指明君良臣。
② 筮仕：将出做官，卜其凶吉，此即指出仕。
③ 恝置：漠然置之。
④ 广厦细旃：指朝堂。细旃，细毯。语本《汉书·王贡两龚鲍传》王吉传："夫广厦之下，细旃之上，明师居前，劝诵在后。"
⑤ 有俞而靡咈：只能赞成，不能反对，指君主不容臣下争谏。俞，叹词，表示赞同。咈，违逆，不同意。《尚书·尧典》："帝曰：'俞，予闻，如何？'""吁，咈哉！方命圮族。"孔安国传："俞，然也。""咈，戾。"
⑥ 转圜：转动圆形器物，谓便易迅速，此指人君顺随劝谏。语本《汉书·梅福传》："昔高祖纳善若不及，从谏若转圜。"
⑦ 蓬枢绳牖：以蓬草作门，以绳为窗户，指乡里贫困之人。
⑧ 望岁：盼望丰收。
⑨ 戴天：此指蒙受天恩。
⑩ "乃独"句：谓只有臣下忧心百姓而君主则漠然置之。
⑪ 抚字：抚育。字，育。
⑫ 阴雨：《诗经·曹风·下泉》以"阴雨"喻郇侯的德政："芃芃黍苗，阴雨膏之。四国有王，郇伯劳之。"
⑬ 《甘棠》：《诗经·周南》篇名，表达南国之人对召公德政的怀念。诗云："蔽芾甘棠，勿翦勿伐，召伯所茇。"后人以"甘棠遗爱"指对已卸任长官的爱戴和怀念。
⑭ 俎豆于不祧：永远祭祀，此指永远追怀。俎豆，此指祭祀。祧，迁庙，将世数远的祖先的神主迁入远祖之庙。

博学而详说之 一节

戚 藩

说有详而得所反，则学犹不可据也。夫学而博焉，能遂约乎？详说之，则将反矣，所以一说而异用欤？且理之存乎说之前者甚深而不可据也，则必谋夫理之寓于精言者以要之①，然而急求其精，究至获粗而止，盖不能使理之曲折著于吾心，虽揽其大略，适得其末事已耳。夫学者以约期约而未有反也，孤陋者其情多歧，偶见其一而若可守，更阅其一而又可迁矣，夫惟极闻识于周通，则指归不惑也，是故事有相反而乃以相效；即以博期约而未有反也，好古者其奇难弃，恃其所信而以为安，将蓄其所疑而亦以为富矣，夫惟衷同异于群言，则大要立举也，是故功有相尽而乃以相足。则博学而又详说之之为说约乎？驱天下中下之资，迫与说要渺之理，鲜不以为素不相识之物，斯难之矣，广之耳目之途，质虽愚陋，不容不悉心于其间，此时周咨极辨，几于杂泛而难稽，然习之而知其数，又习之而明其义，将百言之意可以一言尽也；抑天下才识之流，强为说易简之撰，彼又以为略而易尽之事，斯忽之矣，纵之文艺之中，虽有聪明，不能不委折以相赴，此时优游渐积，疑于迂阔而不情，乃乍阅之而得其粗，久阅之而得其精，将多言之旨可以无言概也。然则绝学孤鸣其说于天下，将何所反乎，要以人之说详之，其说自可深也，苟为己说所未及，即刍荛采询，亦自通至精至神之极，而实无有人之说者存也，存吾说焉已耳；百家争以其说相高尚，又将何所反乎，要以吾之说详之，其说尽可废也，苟属吾说所力求，虽三代六经，亦自有可革可删之法，则亦无有吾之说者存也，存吾说之理已耳。由前之说可无读古之诬，由后之说可无穷大②之弊，则博、约为相救之功；然始之说亦可不论不议，而终之说亦可生变生文，则博、约为相兼之用。要人之能说约者盖难之矣。

【评】价人为文，心思极苦，往往不能自达其说。其刻入处虽多名隽语，而通身词章不复能陶炼雅洁，惟此篇最为开爽明晰。

【作者简介】

戚藩，字价人，号蓬庵，江苏江阴人，顺治十二年（1655）三甲进士，官安定知县。有《戚蓬庵稿》，辑入《国初十六家精选》。

【题解】 出自《离娄下》第十五章。

孟子曰："博学而详说之，将以反说约也。"（言所以博学于文，而详说其理者，非欲以夸多而斗靡也；欲其融会贯通，有以反而说到至约之地耳。盖承上章之意而言，学非欲其徒博，而亦不可以径约也。）

【注释】

① 要之：概括之。

② 穷大：此指片面究心于宏大之理，反而失去基础。穷，极。语本《易·序卦》："穷大者必失其居。"

以善养人 二句

俞长城

公善于人，不期服而自服也。夫善者，人所公也，而徒以服人乎？以养为服，天下所由归耳。尝观古之盛王，其所挟以正天下者若无异于霸者之所为，而特其至诚恻怛之怀若不欲急白于天下，而天下卒如吾意以相应，盖德莫厚焉，化莫隆焉。彼以善服人者，不能服人，何有于天下哉？上天立民牧，原非厚于元子①而薄于庶邦，道德仁义，厥赋惟均，奉而体之，裕如已；先王建万国，原使有相辅之情而非有相角之势，学校井田，其法可考，率而行之，秩如已。故善者所不敢私，而服者所不忍言，庶几以养人乎？接壤而居者，非其同姓宗盟，则皆甥舅之国也，思我邦家，利则相周，害则相恤，惟尔友邦是赖，而忍以势御与，故一夫不获，王者耻焉，明告以君国子民之道，而默示以同好弃恶之思，使天下翻然悔悟，斯已矣；列土而封者，非其亲贤世胄，则皆神明之后也，思厥祖父，功在天地，名在河山，今其子孙勿率②，而忍以威震与，故一方未靖，王者忧焉，感动乎至情至性之隐，而式凭③乎先王先公之灵，使天下焕然更新，斯已矣。时而天下未服，王者不急也，或则修德，或则修意，或则修文，勿先时以图利，勿后时以除残，其所以拯疾苦者一如饥渴之怀焉，而筐筐壶浆④，谁不见休乎？及于天下已服，王者不矜也，渐之以仁，摩之以义，节之以礼，劝之惟恐拂其情，董之惟恐形其过，其所以敷德意者一如顾复⑤之劳焉，而南朔东西，谁不遍德乎？盖其始也，天下之不善责在王者，养之之心至深也；而其继也，天下之善皆归王者，服之之势至远也。而猥云"服人"乎哉？

【评】 一"养"字中具有天德王道，须此恺恻沉挚、正大光明，乃见王者气象。

【题解】 出自《离娄下》第十六章。

孟子曰："以善服人者，未有能服人者也；以善养人，然后能服天下。天下不心服而王者，未之有也。"（服人者，欲以取胜于人；养人者，欲其同归于善。盖心之公私小异，而人之向背顿殊。学者于此不可以不审也。）

【注释】

① 元子：嫡长子。天之元子，即"天子"。
② 勿率：不遵循先人之善行。率，遵循。
③ 式凭：依赖。
④ 筐筐壶浆：指欢迎王者之师的到来。筐筐，盛礼物的筐子，此指君子以玉帛等礼物迎王师。壶浆，百姓用壶盛汤水迎王师。《孟子·滕文公下》："其君子实玄黄于匪以迎其君子，其小人箪食壶浆以迎其小人。"
⑤ 顾复：指父母养育之恩。语本《诗经·小雅·蓼莪》："父兮生我，母兮鞠我……顾我复我，出入腹我。"郑玄笺："顾，旋视；复，反复也。"孔颖达疏："顾视我，反复我，其出入门户之时，常爱厚我。"

周公思兼三王　一节

张玉书

以相道兼列圣，而得其无逸之心焉。夫周公与三王事异而心同也，思而得，得而施，诚存之①之君子哉！今夫前圣后圣相师于异日，而不能相聚于一时，此亦天之所无如何也，而圣人之忧勤惕厉由此起矣。历观古之君子，自三王以后，有臣道继君道之终、相业总王业之盛者，其周公乎？周公统承重任，辅翼冲人②，所履非三王之位，所遇非三王之时，而所治犹然三王之天下也，于是公之心迫而为"思"焉。综诗书而论治，其人已往而其事犹新，是即三王与我遇矣，我欲告无罪于天下，必告无罪于先人，既告无罪于先人，必告无罪于夏商之祖，盖少缺焉而公心憾也；登明堂而怀古，其德配天而其事垂后，是即三王至今存矣，今日使天下见吾君之事，必使天下如见先君之事，既使天下见先君之事，必使天下如见禹汤之事，盖缺一焉而公心忧也。以公之才，济公之思，兼施四事，夫复何虑哉？虽然，事非一概论也。我观文考作丰③，公治东陕④，宁王归镐⑤，公治西京⑥，即公之一身，而镐京之治不尽合于丰，丰京之治不尽合于镐；又况由周溯商，维有历年，由商溯夏，维有历年，天运代更，人事互异，强而合之，此必不得之势也。而谓公能已于"思"乎，未尝思之而事事皆可疑，思之而疑者，必求其一是，患伏于隐微，忧生于燕笑，三王处此，度有必欲尽之图维，则孙子⑦之谋安得辞其瘁也，亹亹⑧于百为未动之先，而惟恐疏虞以贻后悔，推是心也，不有焦劳中夜者哉；如是而公不以"得"为幸乎，未尝得之而事事不敢安，得之而安者，又必急于一试，礼乐休养于百年，家室绸缪⑨在一日，三王处此，度有迫欲赴之成劳，则创建之谟何可晏然俟也，汲汲于同事不知之地，而惟恐迟豫以重流言，推是心也，不有宵衣待旦者哉？乃知圣人之事势各殊，虽一家具有通变；圣人之心传则一，虽异代亦可同揆。观周公之存心，后之君子可以兴矣。

【评】如题安顿，不求异人而人自不能及。

【题解】出自《离娄下》第二十章，参见化治文卷六唐寅《禹恶旨酒》。

孟子曰："禹恶旨酒而好善言。汤执中，立贤无方。文王视民如伤，望道而未之见。武王不泄迩，不忘远。周公思兼三王，以施四事；其有不合者，仰而思之，夜以继日；幸而得之，坐以待旦。"

【注释】

① 存之：指心系于道。
② 冲人：年幼之人，指幼年即位的周成王。
③ 文考作丰：周文王兴建丰邑作为都城。文考，指周文王。
④ 东陕：指周公与召公"分陕而治"，以陕（约当今河南陕县）为界，周公治东，召公治西。
⑤ 宁王归镐：指周武王伐纣之后，回到镐京。宁王，受命之王，多指周文王、周武王，此指周武王。镐，周武王迁都于镐。

王者之迹熄　一章

李光地

作经以寓王法，圣人之得统者然也。盖王者治天下之法存于《诗》，故迹熄而《诗》亡矣。孔子取其义而以《春秋》继之，此可见其得统于文武周公而文在兹乎①？孟子意谓：帝王之道莫备于仲尼，删述之功莫盛于《春秋》。何则？王迹之未熄也，诸侯述职于王，则有燕飨歌诗，而劝戒之义著；王者巡守列国，则因陈诗贡俗，而黜陟之义行。及其后也，共主大号虽存，而迹熄矣；变风变雅虽具，而《诗》亡矣。孔子生于周末，伤王道之久废，故作《春秋》而始东迁②，其殆继《诗》而存王迹者乎？何则？《春秋》，孔子因鲁史旧文而修者也。列国之史，晋有《乘》焉，取其备国家之记载；楚有《梼杌》焉，取其诛奸谀于既死；鲁有《春秋》，则又因天道以纪人事焉。三者之书一也，所有则齐晋代兴、会盟搂伐③之事而已，非有王者之迹也；所垂则列国史官掌记、时事之文而已，非若《诗》之为经也。然则《春秋》之作何所取乎？孔子尝曰"其义则丘窃取之矣"，盖王者于诸侯有劝戒焉，义之所在也，《彤弓》《湛露》④不可作矣，孔子则借王者之法以示劝戒，此其大义之炳如日星者乎？王者于诸侯有黜陟焉，义之所在也，太师风谣⑤不可问矣，孔子则假南面之权以明黜陟，此其分义之严于斧钺者乎？定桓文之功罪，则事虽霸而实王；秉圣心之笔削，则文虽史而实经矣。迹熄而未熄，《诗》亡而不亡，以一时之义而维万世列圣之道，不有孔子，人之异于禽兽者诚几希⑥哉？

【自记】《诗》兼"风"、"雅"，理始完备。盖"雅"诗具劝惩之义，"风"诗是王者命太师采陈而行赏罚之典，于《春秋》所取之义为尤切也。"其义"，"其"字亦非指《诗》，亦非指《春秋》，悬空对上两"其"字说下，是谓《春秋》中所有之义也。毕竟此"义"从何处取来，夫子虽未明言，隐然是正王道、明大法，从周公典法得来。此《春秋》所以继《诗》而存王迹也。

【题解】出自《离娄下》第二十一章，参见化治文卷六王鏊《晋之乘》。

孟子曰："王者之迹熄而诗亡，诗亡然后《春秋》作。晋之乘，楚之梼杌，鲁之春秋，一也。其事则齐桓、晋文，其文则史。孔子曰：'其义则丘窃取之矣。'"

【注释】

① 文在兹乎：此指国家的典章大法系于孔子。文，指"道统"及周之典章制度。语本《论语·子

罕》："子畏于匡。曰：'文王既没，文不在兹乎？'"

② 始东迁：《春秋》叙事始于周平王东迁。按，《春秋》实始于鲁隐公元年，时当周平王四十九年。

③ 搂伐：指霸主牵制或胁迫诸侯国去攻打另外的诸侯国。语本《孟子·告子下》："（孟子曰）五霸者，搂诸侯以伐诸侯者也"，朱熹集注："搂，牵也。五霸牵诸侯以伐诸侯，不用天子之命也。"

④《彤弓》《湛露》：《诗经·小雅》篇名，传统认为二诗为天子饮宴诸侯之诗，反映天子可以黜陟诸侯。毛传："《彤弓》，天子锡有功诸侯也。""《湛露》，天子燕诸侯也。"

⑤ 太师风谣：此指"风"诗而言。传统认为周朝有"采风"之制，天子令人到各地采集民谣，令太师即乐官歌之，以观察各地的政治状况。

⑥ 几希：没有多少，极少。语本《孟子·离娄下》："人之所以异于禽兽者几希。"

王者之迹熄　一章

韩　菼

史以继《诗》，义起于王迹也。夫《诗》无有言及王迹者，则亡矣，非孔子《春秋》之作，孰明大义于天下乎？周之受命也，文武始之，周公成之，其心已有忧，而其思益以勤矣。亡何而俱往，存者其迹也，然尚可缘是以考，而群奉一王之尊，其迹也，其义也。此其义，吾盖于《诗》得之。"雅"诗所载，歌咏二后之成功与夫成康之治迹，彬彬可观也。自厉①之衰，宣甫兴之而又重之以幽，亦甚矣，独至平而更甚焉。君子以为平之不能为宣也，不特亡宣之诗，并亡幽之诗。何也？幽之诗，刺议怨诽，犹与王者相责也；而平之诗止自道其感遇之无聊、泣嗟之何及，若曰"已矣，无为复望矣"，故君子以为迹熄而《诗》亡。嗟乎！《诗》曷尝亡哉？其义亡焉尔。孔子删《诗》至此，于风雅升降之际，有微旨焉，而吾因窃窥《春秋》之作以此。盖天下不可一日而无王，人心不可一日而无义。独平之世数十年间，其各自绝于王者，不独野人女子也，即以大雅之旧人，如家父凡伯②，亦云老矣。而曩者《南山》与《板》之诗何为今不作也，岂非不复思治之甚而其后将安所终也与？故曰《春秋》之作以此也。虽然，《春秋》非孔氏之书也，其书与《乘》、《梼杌》等，而事取诸齐晋，文取诸史，何作乎尔？曰其义在则作乎尔。且夫天之下有权焉，君与史而已，义各有取也，然而楚取之则僭③，齐晋取之则假④，南董、史克、倚相⑤诸人取之则散，不有君子，其能作乎？虽然，作之矣，何窃乎尔？曰其义在，则犹窃乎尔。义则王者之义也，取则匹夫之取也，窃也。是故桓文窃也⑥，等而上之，共和⑦窃也；推而极之，即周公亦窃⑧也。孔子之言，其周公之思也与？虽然，《春秋》作矣，而孔子终有所甚望乎其《诗》也，是故序"王风"以丘麻⑨终，甚其亡也，序列国"风"以《下泉》⑩终，冀其不亡也。然未几而钮商⑪以获麟告矣，则又叹王者之不作，而迹终不可复睹也。于是乎《春秋》亦亡⑫。

【评】缠绵悱恻，则诗人之优柔、骚人之清深也；抑扬起伏，则《公羊》之宕逸、庐陵⑬之婉折也。惟《诗》与《春秋》交关处，及《春秋》继《诗》以存王迹处，尚未曾十分透彻。

【题解】 出自《离娄下》第二十一章，见上，参见化治文卷六王鏊《晋之乘》。

【注释】

① 厉：周厉王。按，以下述及"宣"、"幽"、"平"数代国君。厉王暴虐，国势大衰，厉王本人被国人所逐。宣王号称中兴，而后幽王无道，西周遂亡。周平王东迁，国势更衰，等同于列国。

② 家父凡伯：下文提及的《南山》、《板》二诗的作者，也泛指厉王以下至幽王时期的"刺诗"的作者。家父，幽王时的大夫，《诗经·小雅·节南山》的作者，毛诗序："《节南山》，家父刺幽王也。"凡伯，《诗经·大雅·板》的作者，毛诗序："《板》，凡伯刺厉王也。"

③ 僭：指楚僭称王。

④ 假：借。指齐晋假借天子之命，行霸者之事。

⑤ 南董、史克、倚相：均为良史。南董，齐史官南史、晋史官董狐的合称，以直书无隐见称。史克，鲁史官，以奋笔直书死。倚相，楚史官，能读《三坟》、《五典》、《八索》、《九丘》。

⑥ 桓文窃也：齐桓、晋文以诸侯而假借天子之命。

⑦ 共和：周厉王被国人流放至周宣王执政的十四年间，国政由周之公卿周公、召公等共同执掌，史称"共和"。

⑧ 周公亦窃：周公非天子而行天子之政，故曰"窃"；孔子非天子而以《春秋》秉赏罚之权，故与周公同为"窃"。

⑨ 丘麻：指《诗经·王风》的末篇《丘中有麻》，毛诗序："《丘中有麻》，思贤也。"

⑩《下泉》：《诗经·国风·曹风》的末篇，是所谓列国之风的终篇。《曹风》之后尚有《豳风》，非列国之风。毛诗序："《下泉》，思治也。"朱熹集传："程子曰……阴道极盛之时，其乱可知，乱有，则自当思治。故众心愿戴于君子，君子得舆也。《诗》《匪风》、《下泉》，所以居变风之终也。陈氏曰……圣人于变风之极，则系之思治之思，以示循环之理，以言乱之可治，变之可正也。"

⑪ 钮商：鲁国叔孙氏的车夫，狩猎时曾获麟。《左传·哀公十四年》："十四年春，西狩于大野，叔孙氏之车子钮商获麟，以为不祥，以赐虞人。"

⑫《春秋》亦亡：指《春秋》叙事止于"获麟"之时。《春秋·哀公十四年》："春，西狩获麟。"《左传》杜预注："麟者仁兽，圣王之嘉瑞也。时无明王出而遇获，仲尼伤周道之不兴，感嘉瑞之无应，故因《鲁春秋》而修中兴之教。绝笔于'获麟'之一句，所感而作，固所以为终也。"

⑬ 庐陵：指欧阳修。

匡章通国皆称不孝焉　一章

王　庭

原章子之心，未可以不孝罪也。夫以责善故得罪，得罪之心可原也。谓章子孝，不可，谓不孝，则又过矣，亦曰是之为章子尔。且论人者不推诸其心，其人不可得而定也；论心者不推诸万不获已之心，其心不可得而白也。苟当事之变而竟以常处之，此世俗人之所能，仁人孝子有所不能也；当事之变而因以变行之，又仁人君子之所不忍居，然或犹愈于不居也。知是者，可与论章子矣。夫通国之不孝章子者，就当日观之，以为失养于父，而不知先当日观之，早无所致养于母①。父与母等孝也，使必欲抱痛以全于母，则既无以处父；使必欲曲意以遇于父，则又何以处母，而究也卒同于陷父。故章子之废养，非世俗五者伦也，正章子之责善也。且章子特以责善而不相遇，故不得近，非

990

甘为决绝而遂以废养者也。盖章子之心，几自苦不为全人；故章子之行，独自甘暴其罪状。其母不为父也妻者，其妻亦不为章子也②，妻矣，非以谢母也，万一九原③有知而益触怨于流离之感，则章子之心愈痛也，然而不自已也；其身不为父也子者，其子亦不为章子也④，子矣，非以谢父也，万一天性不回而重激怒于屏出之举，则章子之心愈痛也，然而不自已也。其设心以为若是，是"不得"⑤为罪之小者；苟不若是，是并甚其罪之大者。论章子于是，孝不孝俱不足以概之，亦云是之为章子也已矣。究而论之，章子之责善是乎？曰父子责善，贼恩之大也。然而章子之责善非乎？夫责善，朋友之道也，朋友犹有所不容已，而独忍于不善其亲？亲之过大而不怨，是愈疏也。⑥故君子于此，深悲章子之遇之不幸也。若章子之设心，则虽仁人孝子不是过也。

【原评】下笔甚婉，淡语都有深情。连作数折，钩出末句，言尽而意不止。

【评】"设心"二语，孟子之观过知仁也。作者曲曲从此洗发，分外凄警，亦不略"责善"二节，布置尤为得当。

【题解】出自《离娄下》第三十章，参见启祯文卷八陈际泰《匡章通国皆称不孝焉》。

公都子曰："匡章，通国皆称不孝焉。夫子与之游，又从而礼貌之，敢问何也？"孟子曰："世俗所谓不孝者五：惰其四支，不顾父母之养，一不孝也；博弈好饮酒，不顾父母之养，二不孝也；好货财，私妻子，不顾父母之养，三不孝也；从耳目之欲，以为父母戮，四不孝也；好勇斗很，以危父母，五不孝也。章子有一于是乎？夫章子，子父责善而不相遇也。责善，朋友之道也；父子责善，贼恩之大者。夫章子，岂不欲有夫妻子母之属哉？为得罪于父，不得近。出妻屏子，终身不养焉。其设心以为不若是，是则罪之大者，是则章子已矣。"

【注释】

① 无所致养于母：匡章之父杀死了匡章之母，匡章想尽孝于母亲而不可得。
② "其母"句：匡章认为，既然其父亲没有妻子了，匡章本人也不要妻子。此句解释匡章为什么"出妻"。
③ 九原：晋国贵族埋葬先人之地，泛指坟地。
④ "其子"句：匡章认为，自己离开父亲让自己的父亲没了儿子，那么他自己也不要儿子。此句解释匡章为什么"屏子"。
⑤ 不得：即"不得近"，指与父亲关系不好，不能养父。
⑥ "亲之过大"句：此句本《孟子·告子下》："亲之过大而不怨，是愈疏也；亲之过小而怨，是不可矶也。愈疏，不孝也；不可矶，亦不孝也。"

诗曰永言孝思　四句

韩菼

原孝于思为尊养，通一则也。夫必以尊养之至者为则，几无孝子矣。惟思，故可则也。知此者可与说《下武》之诗。且君臣父子之间，圣贤往往不徒论事而必原心。千古无臣父之人，而穷不孝之所至，时有类于臣父之为，何也，恶其意也；千古不皆尊养之至之人，而穷孝子之所至，必欲以此为法以自穷，何也，亦善其意也。则吾有以论舜之孝矣。上古即多神圣，而孝之极至舜而始开，然舜自以孝而得天下，不以天下而得孝也，则当未尊未养之时，舜已居然一孝子矣；孝子恒历艰难，而孝之途至舜而终顺，然天欲以天下解舜之忧，舜不以此自解其忧也，则当既尊既养之时，舜亦别有所以为孝子矣。《下武》之诗之美武王者，有曰"永言孝思，孝思维则"。至哉思乎！吾尝以此诗通之于舜，而知两圣人之心固各有所歉，而亦各有所白也。何也？文祖受终而后①，瞍以春秋无恙之身，犹得极家人之乐，而武顾何如也，念九龄②之既衰，仅以侯服终，而今日抚有天下，已不及享人子一日之奉，则以武视舜，有愀然伤心者，而君子谓武孝即舜孝也，在天陟降之容③，亦无异旦暮温清④之事，则仍然一思之所际而已矣；皇王继序以来⑤，文以燕天昌后⑥之身，已得进明堂⑦之享，而舜顾何如也，陟南郊而议配⑧，必以圣人从，而今日即坐享隆贵，已无以为吾亲身后之荣，则以舜视武，有怆然饮泣者，而君子谓舜孝即武孝也，盛德百世之祀，且更飨胡公元女⑨之封，则亦仍然一思之不匮而已矣。凡事有则而思无则，今必谓孝子之事有成迹可寻，则至性不出，然千古履忧患之孝子多思，而席丰盛⑩之孝子亦多思，孝不同而思同也，若一辙焉耳；凡事可言而孝难言，今必谓孝子之心足歌咏自将，则中情亦浅，然千古思之悱恻者弥质，而思之流连者亦弥文，不可言而可言也，若告语焉耳。至哉思乎！吾以谓武者谓舜矣，通于思之故。即与子读《北山》⑪之诗，感王事之劳而常负将母⑫之痛，亦何莫非此思也；又试与子读《云汉》⑬之诗，慨周余之民而忽念先祖之摧，亦何莫非此思也。

【原评】虞、周相形，已成町畦⑭。而英思辩才，皆前人意义所漏，为是题一开生面。

【题解】出自《万章上》第四章。

咸丘蒙问曰："语云：'盛德之士，君不得而臣，父不得而子。'舜南面而立，尧帅诸侯北面而朝之，瞽瞍亦北面而朝之。舜见瞽瞍，其容有蹙。孔子曰：'于斯时也，天下殆哉，岌岌乎！'不识此语诚然乎哉？"孟子曰："否。此非君子之言，齐东野人之语也。尧老而舜摄也。《尧典》曰：'二十有八载，放勋乃徂落，百姓如丧考妣，三年，四海遏密八音。'孔子曰：'天无二日，民无二王。'舜既为天子矣，又帅天下诸侯以为尧三年丧，是二天子矣。"（咸丘蒙，孟子弟子。语者，古语也。蹙，蹙蹙不自安也。岌岌，不安貌也。言人伦乖乱，天下将危也。齐东，齐国之东鄙也。孟子言尧但老不治事，而舜摄天子之事耳。尧在时，舜未尝即天子位，尧何由北面而朝乎？又引《书》及孔子之言以明之。《尧典》，《虞书》篇名。今此文乃见于《舜典》，盖古书二篇，或合为一耳。言舜摄位二十八年而尧死也。徂，升也。落，降也。人死则魂升而魄降，故古者谓死为徂落。遏，止也。密，静也。八音，金、石、丝、竹、匏、土、革、木，乐器之音也。）咸丘蒙曰："舜之不臣尧，则吾既得闻命矣。《诗》云：'普天之下，莫非王土；率土之滨，莫非王臣。'而舜既为天子矣，敢问瞽瞍之非臣，如何？"曰："是诗也，非是之谓也；劳于王事，而不得养父母也。曰：'此莫非王事，我独贤劳也。'故说诗者，不以文害辞，不以辞害志。以意逆志，是为得之。如以辞而已矣，《云汉》之诗曰：'周余黎民，靡有孑遗。'信斯言也，是周无遗民也。（不臣尧，不以尧为臣，使北面而朝也。《诗》，《小雅·北山》之篇也。普，遍也。率，循也。此诗今毛氏序云："役使不均，己劳于王事而不得养其父母焉。"其诗下文亦云："大夫不均，我从事独贤。"乃作诗者自言天下皆王臣，何为独使我以贤才而劳苦乎？非谓天子可臣其父也。文，字也。辞，语也。逆，迎也。《云汉》，《大雅》篇名也。孑，独立之貌。遗，脱也。言说诗之法，不可以一字而害一句之义，不可以一句而害设辞之志，当以己意迎取作者之志，乃可得之。若但以其辞而已，则如《云汉》所言，是周之民真无遗种矣。惟以意逆之，则知作诗者之志在于忧旱，而非真无遗民也。）孝子之至，莫大乎尊亲；尊亲之至，莫大乎以天下养。为天子父，尊之至也；以天下养，养之至也。《诗》曰：'永言孝思，孝思维则。'此之谓也。（言瞽瞍既为天子之父，则当享天下之养，此舜之所以为尊亲养亲之至也。岂有使之北面而朝之理乎？《诗》，《大雅·下武》之篇。言人能长言孝思而不忘，则可以为天下法则也。）《书》曰：'祗载见瞽瞍，夔夔齐栗，瞽瞍亦允若。'是为父不得而子也。"（《书》，《大禹谟》篇也。祗，敬也。载，事也。夔夔齐栗，敬谨恐惧之貌。允，信也。若，顺也。言舜敬事瞽瞍，往而见之，敬谨如此，瞽瞍亦信而顺之也。孟子引此而言瞽瞍不能以不善及其子，而反见化于其子，则是所谓父不得而子者，而非如咸丘蒙之说也。）

【注释】

① 文祖受终而后：指舜继天子之位以后。语本《尚书·舜典》：（舜）"正月上日，受终于文祖。"孔安国传："终谓尧终帝位之事。文祖者，尧文德之祖庙。"

② 九龄：九十岁。语本《礼记·文王世子》："文王谓武王曰：'女何梦矣？'武王对曰：'梦帝与我九龄。'……文王曰：'……古者谓年龄，齿亦龄也。我百，尔九十。吾与尔三焉。'文王九十七乃终，武王九十三而终。"按，本句谓文王九十多岁，身体既衰，死时也只是商朝的一个诸侯，未享天子之尊，也未及以天子之父身份享受尊养。

③ 在天陟降之容：犹言周文王的神灵，此又指祭祀和怀念周文王。在天陟降，指周文王神灵升降于天，语本《诗经·大雅·文王》："文王陟降，在帝左右。"朱熹集传："盖以文王之神在天，一升一降，无时不在上帝之左右，是以子孙蒙其福泽，而君有天下也。"

④ 旦暮温清：泛指孝子事亲奉养之礼。《礼记·曲礼上》："凡为人子之礼，冬温而夏清，昏定而晨省。"

⑤ 皇王继序以来：指周之后世继承前人，保有天下。语本《诗经·周颂·闵予小子》："於乎皇王，继序思不忘。"毛传："序，绪也。"郑玄笺："於乎君王，叹文王、武王也。我（按，指周成王）继其绪，思其所行不忘也。"

⑥ 燕天昌后：语本《诗经·周颂·雍》："宣哲维人，文武维后。燕及皇天，克昌厥后。"毛传："燕，安也。"郑玄笺："文王之德，安及皇天，谓降瑞应，无变异也。又能昌大其子孙"。

⑦ 明堂：天子举行包括祭祀等大典之地。《孝经》："昔者周公郊祀后稷以配天，宗祀文王于明堂，以配上帝。"

⑧ 陟南郊而议配：到南郊举行祭天之礼，议定配食上天之人。《礼记·祭法》："有虞氏禘黄帝而郊

誉，祖颛顼而宗尧。……周人禘喾而郊稷，祖文王而宗武王。"郑玄注："禘、郊、祖、宗，谓祭祀以配食也。此禘，谓祭昊天于圜丘也。祭上帝于南郊，曰郊。"按，此句以下谓，舜可以让其父享受生前的尊荣，但不能让其父享受身后"配食上帝"的荣耀，这一点比不上周武王。

⑨ 胡公元女：胡公，舜的后裔，《史记·陈杞世家》："周武王克殷纣，乃复求舜后，得妫满，封之于陈，以奉帝舜祀，是为胡公"。元女，周武王的长女，武王把她嫁给胡公，《左传·襄公二十五年》："庸以元女大姬配胡公"，杜预注："庸，用也。元女，武王之长女。"

⑩ 席丰盛：生活富裕。

⑪《北山》：《诗经·小雅》篇名，毛诗序："《北山》，大夫刺幽王也。役使不均，己劳于从事，而不得养其父母焉。"

⑫ 将母：供养母亲。《诗经·小雅·四牡》："王事靡盬，不遑将母！"毛传："将，养也。"

⑬《云汉》：《诗经·大雅》篇名，叙天旱求雨之事。诗云："周余黎民，靡有孑遗。昊天上帝，则不我遗。胡不相畏？先祖于摧。"朱熹集传："言大乱之后，周之余民，无复有半。身之遗者，而上天又降旱灾，使我亦不见遗。摧，灭也。言先祖之祀，将自此而灭也。"

⑭ 町畦：田界、蹊径，此喻指套路。

孔子曰唐虞禅　一节

马世俊

　　禅、继皆原于天，可援圣言以断焉。夫禅与继殊，断之以天而无不一也，有孔子之言而此义固较然矣。尝谓仲尼不有天下，而天下之气运皆自仲尼而论定之。春秋之际，盛衰之故纷如，孔子为之黜功以伸德，抑人以尊天，而独申大义于天下。曰唐虞尚矣，嗣此而夏后殷周，大统三建。其为禅为继，岂非天哉？中古无为，其任天下也易，其让天下也亦易，乃弼服建师①，至夏后而法始备，则以夏后之法为法者，知天物不可以屡更；二帝揖逊，无留天下之迹，亦无去天下之迹，乃创淫惩傲②，至夏后而心愈危，则以夏后之心为心者，知神器不容以轻授。则禅与继之必不能同者，皆有义行其间矣。如别其义而言之，不独禅与继异，即禅与禅亦异，何也，师锡创闻于侧陋③，奋庸考绩于司空④，不一也；如别其义而言之，不独继与禅异，即继与继亦异，何也，孝孙⑤复辟于祖桐，冲人委裘于负扆⑥，不一也。自我而论则不然，历数在侧陋，而群圣相揖于同时，若既以一朝而兼帝王之运，则鼎社之建，虽继之数百祀而不复疑其私拥也，唐虞无私之意，夏后殷周之祖⑦皆亲见之，虽谓禹以禅汤，汤以禅武也，将无同⑧；胤子非嚚讼⑨，则嗣统宁异于敬承⑩，乃复历二代⑪而分官家之局⑫，则本支⑬之寄，虽继之亿万世而不复忧其可变也，唐虞不变之道，夏后殷周之世皆递承之，虽谓汤以禅甲⑭，武以禅诵⑮也，将无同。然则唐虞以先无继乎，曰有之，五德递胜⑯，何莫非神明之胄，乃当其贤，则颛顼⑰可嗣轩辕之统，当其不贤，则帝挚⑱不可续高辛之祀，唐虞择人而畀，亦犹行古之道耳，岂夏后而独有道更世改之嫌；然则殷周以后无禅乎，曰有之，百世难知，或更有非常之举，乃继非其人，则天命未改，犹有守府⑲之思，禅非其人，则物望所凭，遂有篡窃之事，唐虞畴咨⑳而命，早已立后之防矣，岂夏后而独无乱纪坠宗之惧？呜呼，舜禹何必不固辞，朱均㉑何独无德让，而禅者终禅矣；阿衡叔父㉒何必不久于七年㉓，徂宅贻诗㉔何必发祥于四日㉕，而继者终继矣。岂非天哉？岂非天哉？

【评】夏、殷、周同于唐虞之禅，孔子泛论之词也，孟子引之，则侧重夏之继与唐虞之禅等耳。文步步顾定章脉，妙义环生，运用皆极飞腾之势。

【题解】出自《万章上》第六章，参见正嘉文卷六唐顺之《匹夫而有天下者》。

"孔子曰：'唐虞禅，夏后、殷、周继，其义一也。'"

【注释】

① 弼服建师：将全国划为不同的地域，在各地设立诸侯之长，指禹制定的制度。语本《尚书·益稷》："（禹）弼成五服，至于五千，州十有二师。外薄四海，咸建五长。"蔡沉集传："五服，侯、甸、绥、要、荒也。言非特平治水土，又因地域之远近，以辅成五服之制也。""十二师者，每州立十二诸侯以为之师，使之相牧以纠群后也。"

② 创淫惩傲：以淫乱与傲慢之人为戒。创、惩，戒。此语本《尚书·益稷》："（禹曰）无若丹朱傲，惟慢游是好。……罔水行舟，朋淫于家，用殄厥世，予创若时。"

③ "师锡"句：指舜很罕见地从一个地位低下之人而成为天子。创闻，罕闻。师锡，众人都推荐。侧陋，在低贱之位、僻陋之处。语本《尚书·尧典》："（尧）曰：'明明扬侧陋。'师锡帝曰：'有鳏在下，曰虞舜。'"孔安国传："师，众。锡，与也。"

④ 奋庸考绩于司空：指禹作为司空之官，治水有功，而后成为天子。奋庸，努力建立功业。语本《尚书·舜典》："舜曰：'咨！四岳，有能奋庸熙帝之载，使宅百揆，亮采惠畴？'佥曰：'伯禹作司空。'"孔安国传："奋，起。庸，功。"

⑤ 孝孙：指商汤之孙太甲。太甲即位之初，暴虐无道，被伊尹放逐于桐宫。改过自新以后，被迎回，恢复帝位。下"徂桐"，往桐宫，即被放逐于桐宫。桐宫，为葬汤之地，《尚书·太甲上》："王徂桐宫居忧。"

⑥ "冲人"句：指周成王年幼即位，由其叔父周公摄政，他本人只是端坐无事而已。委裘：少事，不须办理具体事务；也指虚设帝位，即天子不临朝，委衣于座以表示天子的存在。负扆：指临朝听政。扆，户牖之间的屏风，天子朝诸侯，背扆而坐。此指摄政，《淮南子·齐俗训》："（周公）摄天子之位，负扆而朝诸侯。"

⑦ 夏后殷周之祖：夏代之祖为禹，殷商之祖为契，周之祖为弃（后稷），皆任职于尧舜之世。

⑧ 将无同：亦作"将毋同"，犹言莫非相同、恐怕相同。语本《世说新语·文学》："阮宣子有令闻，太尉王夷甫见而问曰：'老庄与圣教同异？'对曰：'将无同？'"

⑨ 胤子非嚚讼：（假如）尧之子不是不忠信而好争讼。胤子，子嗣。《尚书·尧典》载，尧认为自己的儿子丹朱嚚讼，"放齐曰：'胤子朱启明。'帝曰：'吁！嚚讼，可乎？'"孔安国传："放齐，臣名。……言不忠信为嚚，又好争讼，可乎！言不可。"

⑩ 敬承：敬承天命，此指通过禅让授受天下。按，此句谓，假如帝王的嗣子圣明，那么由他继统，与禅让并无区别。

⑪ 二代：指舜、禹二代。

⑫ 官家之局：天下的继承形成"官天下"与"家天下"二种方式。官天下，指禅让制，荐举贤能以治天下；家天下，指世袭制。《汉书·盖宽饶传》："（宽饶）又引韩氏《易传》言：'五帝官天下，三王家天下，家以传子，官以传贤'"。

⑬ 本支：指宗法制度下同一家族的嫡系和庶出子孙，或"大宗"与"小宗"。

⑭ 甲：商汤之孙太甲。按，此句谓商汤传位于太甲，本是继世而立，但也无妨称之为"禅让"。

⑮ 武以禅诵：周武王将天下"禅让"给周成王。诵，指周成王，成王名诵。

⑯ 五德递胜：五行循环相克。按，此即以"五德终始说"解释上古帝王代兴。

⑰ 颛顼：即"高阳"，黄帝之孙，继黄帝而为天子。《史记·五帝本纪》："黄帝崩，葬桥山，其孙昌意之子高阳立，是为帝颛顼也。"

⑱ 帝挚：帝喾（即"高辛"）之子。《史记·五帝本纪》："帝喾崩，而挚代立。帝挚立，不善，而弟放勋立，是为帝尧。"

⑲ 守府：保守先王的府藏，此指虽不能有所作为，尚思遵守前代成法。语本《国语·周语中》："（周襄王谓晋文公曰）今天降祸灾于周室，余一人仅亦守府。"按，此句谓，在世袭制度下，即或继位者非其人，只要天命未改，仍可行使国家延续。

⑳ 畴咨：访求贤才。语本《尚书·尧典》："（尧）帝曰：'畴咨若时？登庸。'"孔安国传："畴，谁；庸，用也。谁能咸熙庶绩，顺是事者，将登用之。"

㉑ 朱均：指尧之子丹朱，舜之子商均。

㉒ 阿衡叔父：阿衡，指伊尹，商汤死后，伊尹辅佐其后人太甲，曾代摄政事。叔父，指周公，周成王姬诵的叔父，曾代年幼的成王摄政。

㉓ 七年：指周公摄政的时间。按，《史记》载，太甲无道，伊尹摄政三年；成王年幼，周公摄政七年。此句谓何以二人摄政不超过七年，意即何以二人最终把天下交还给继世之主。

㉔ 徂宅贻诗：此指商之太甲、周之成王均犯过错误。徂宅，到商汤的葬地去，指太甲因放恣被伊尹放逐于桐宫三年，事见《尚书·太甲中》："王徂桐宫居忧。"宅，墓葬地。贻诗，指周成王听信流言而怀疑周公，周公作《鸱鸮》一诗（见《诗经·豳风》）贻之以明心迹，事见《尚书·金縢》："于后，公乃为诗以贻王，名之曰《鸱鸮》。"

㉕ 发祥于四日：指战胜前朝，缔造新朝。发祥，本意为显现吉利的征象，后指帝王兴起，语本《诗经·商颂·长发》："濬哲维商，长发其祥。"四日，当指武王克商之日，《尚书·牧誓》"时甲子昧爽"，孔安国传："是克纣之月甲子之日，二月四日。"按，此句谓像太甲、周成王一类君主，未必需要商汤、周武王一样的功勋始可继天子之位。

非其义也　四句
狄亿墨

　　元圣之严于道义，虽小而不敢忽也。夫莫小于一介，而道义存焉，取与可毋严耶？伊尹之乐道，盖至此而弥坚矣。且吾甚怪夫世之疑圣贤者过也，彼圣贤之所以自持者，必极之至纤至悉而未尝偶弛，夫岂逆计后人之訾议而预绝其端乎？盖谨小慎微之学，诚有不如是不敢安者，此意惟在圣人乃倍加惕也，伊尹于非义非道之大既能致严若此。豪杰慷慨之士，功名所系必争之，若事属寻常，则以为非功名之所系也，而往往当之，有惭德焉；矫情饰节之伦，声誉所在必趋之，若事属微渺，则以为非声誉之所在也，而往往处之，有遗行焉。尹则不然，盖虽极之一介之与、一介之取，而必不敢自蹈于非义非道矣。如第曰一介之失必将积微成巨，则其所以衡道义者犹粗，尹非谓积焉者之可以无忧，而谓可忧之正无俟于积也，苟其以一介而忽之，则即此已昧在物之理，即此已乖处事之宜，纵后日悔而改图，而目前不多此一失乎，则尹之兢兢于道义也精矣；如第曰一介之失必将充类至尽，则其所以辨非义非道者犹疏，尹非谓充焉者之可以无讥，而谓可讥之正无待于充也，苟其以一介而违之，则即此已不能尽乎天命之公，即此已不能全乎人心之制，纵君子不复苛求，而吾心其遂能自解乎，则尹之凛凛于非义非道也密矣。而吾乃知尹之有定见也，自人之所见，较量于大小之间而忽乎其小，一旦投之以大，识未有不为之乱者，尹惟视一介如天下千驷，故能视天下千驷如一介也，而哲人知几之全学，可于一介之不苟见之；而吾乃知尹之有定守也，夫人之所守，区别于巨细之交而略乎其细，一旦任之以巨，力未有不为之靡者，尹惟以处天下千驷者处一介，故能以处一介者处天下千驷也，而志士励行之全体，又可于一介之必严信之。嗟夫，尹之乐道若此，而顾疑其不自重惜以贻后世之口实也，岂可信耶？

【评】 见解透，笔力超，看其轩豁醒露，几忘其义理之深厚。于前辈中极近钱绍文①。

【题解】 出自《万章上》第七章，参见化治文卷六王鏊《吾闻其以尧舜之道要汤》。

万章问曰："人有言'伊尹以割烹要汤'有诸？"孟子曰："否，不然。伊尹耕于有莘之野，而乐尧舜之道焉。非其义也，非其道也，禄之以天下，弗顾也；系马千驷，弗视也。非其义也，非其道也，一介不以与人，一介不以取诸人。"

【注释】

① 钱绍文：钱世熹，康熙间制艺名家。

一介不以与人 二句

熊伯龙

取与之际，虽圣人不敢忽也。夫尚论伊尹，未有及其守之严者，由不与不取观之，士岂不重小节哉？且自论圣人者举其大体而略其细行，于是学道之士不以谨严为先务，而后世之议由此而兴。不知事有巨细，道无精粗，从古圣人未尝不谨小慎微以明其志者也。尹之弗顾弗视，岂徒立其大乎？一介取与之间可见矣。天下惟事物未交之际，圣贤虽有刻苦之意而人不知，一介至微，而或以为与，或以为取，则精气之先见也；天下惟往来不及之地，圣贤虽有砥砺之能而无所可用，取与亦至微，而由我以与，由我以取，则省察之易周也。尹岂以一介之非道义而姑与之，而姑取之哉？人必自忘其廉耻，而后谓他人之廉耻不足惜，与者无几，悔悟之余，遂令无以自处，非所以成物也，惟道与义可以服人，留一物而羞恶辞让之良留于人心者无尽，虽欲与之而有所不能矣；人必未忘乎私利，而后以偶居之私利为无损，取者无几，暧昧之动，事已入于苟且，非所以成己也，惟道与义可以定分，谢一物而歆羡畔援之累谢于梦寐者无穷，虽欲取之而有所不敢矣。学问有一介之未辨其是非，不可为精，施受往来，凡民以为日用，而圣人思虑焉，盖能审一介而后能审万事万物之理也；名节有一介之未底乎正大，不可为一，箪食豆羹①，群情以为生死，而圣人淡漠焉，盖能处一介而后能处千世万世之变也。嗟乎，不与人一介而与人以身，不取一介而取人之天下。此则尹之可以为权，而浅者遂谓其有功名之意矣。

【评】 他人将"一介"推广言之以尽其蕴，不若就"一介"推勘更见精微也，文之得解处在此。中股"人必自忘其廉耻而后谓他人之廉耻不足惜",此种名理,从来未经人道。　　末幅精力少懈。

【题解】出自《万章上》第七章,见上,参见化治文卷六王鏊《吾闻其以尧舜之道要汤》。

【注释】

① 箪食豆羹:少量的但又能够决定生死的食物。箪、豆,俱为容器。语本《孟子·告子上》:"一箪食,一豆羹,得之则生,弗得则死。"

其自任以天下之重如此

熊伯龙

元圣身任天下,可以观其志矣。夫世之苟且功名者,皆无志天下者也,惟尹重天下,惟尹重身哉!尝谓天下将治,必有匡济之人;匡济之人将出,必有自立之志。盖士不素蓄,不足以重国;道不专属,不可以成功。是惟伊尹为足法。命知觉者天矣①,然吾不知天之果知有尹否也,天不必知有尹,而尹知有天,是以造化之气机一人藏之;待知觉者民矣,然吾不知民之果知有尹否也,民不必知有尹,而尹知有民,是以万物之性情一人主之。非任天下之重者能如此乎?非自任者又能如此乎?有深居一室而谓之为人者,意主于为人也,有经营当世而谓之为己者,意主于为己也,尹惟见一己之责必以天下终,而天下之责遂不得不自一己始,世无圣贤,任之以成吾能,世有圣贤,任之以尽吾分,如此则可谓为己者与?有英雄之略欲其无意天下,无意则能养其才,有圣人之度欲其有意天下,有意则能行其道,尹惟见吾学之大小必以天下为验,而天下之治乱遂不得不与吾学相关,我不任而人任,惧性天之憾不释,我不任而人亦不任,惧千古之患无已,如此则可谓有意者与?天下之人皆能任天下而弗知任者,嗜欲蔽之也,想彼自先觉以来,志气清明矣,天人上下,相告于隐微,先一日而觉,即先一日而忧,上有君相,旁有师友,此际俱无藉手之处;天下之人皆欲任天下而弗克任者,非议惑之也,想彼自先觉以来,愿力强固矣,帝典民彝,相系于性命,我所觉者非人之所喻,则我所任者亦非人之所知,前有千古,后有万年,此际实具危微②之几。知其自任之重而前此者可知,知觉之辨,志固不在小也;知其自任之重而后此者可知,非常③之原,意亦不得已也。盖伐夏④自此始矣。

【评】将"任天下"归入己之性分愿力,则"自"字精髓自出矣。规模气象,无不与阿衡⑤身分相称,是谓词足以指实。

【题解】出自《万章上》第七章,参见化治文卷六王鏊《吾闻其以尧舜之道要汤》。

"汤使人以币聘之,嚣嚣然曰:'我何以汤之聘币为哉?我岂若处畎亩之中,由是以乐尧舜之道哉?'汤三使往聘之,既而翻然改曰:'与我处畎亩之中,由是以乐尧舜

998

之道，吾岂若使是君为尧舜之君哉？吾岂若使是民为尧舜之民哉？吾岂若于吾身亲见之哉？天之生此民也，使先知觉后知，使先觉觉后觉也。予，天民之先觉者也；予将以斯道觉斯民也。非予觉之，而谁也？'思天下之民，匹夫匹妇有不被尧舜之泽者，若己推而内之沟中。其自任以天下之重如此，故就汤而说之以伐夏救民。"

【注释】

① 此句谓上天让伊尹以先知觉后知，以先觉觉后觉。知觉，使百姓有知，使百姓觉悟。
② 危微：指《尚书·大禹谟》所谓"人心惟危，道心惟微"。
③ 非常：指受聘于商汤并行伐夏之事。
④ 伐夏：指伊尹受商汤之聘，助其伐无道之夏桀。
⑤ 阿衡：指伊尹。或谓其名为阿衡，或谓其官名为阿衡。

百里奚虞人也　二节

王汝骧

详古人之本末，可以知其所不为矣。甚矣，奚之被诬也。其为虞人，为秦相，本末彰彰如是，不可为之辨乎？且夫自鬻要君之说，污甚矣。不知其污而为之则不智，知其污而且为之则不贤。若而人者，其生平本末盖亦不足问矣，而或以加之百里奚，夫百里奚何如人哉？吾尝按其行事，所谓虞不用百里奚而亡，秦穆公用之而霸者也。当其时，虞盖有两人焉，一曰宫之奇，一曰百里奚。然奚之年长于奇，奚之智亦过奇远甚。何也？晋欲伐虢，以璧马假道于虞，其时奚已七十，见宫之奇谏不听，遂不谏而去之，奚既去而虞亦亡矣。呜呼，使虞公而可谏，谏而虞可不亡，奚与奇俱以虞人老，彼食牛干秦穆公之污何自而加哉？然吾有以知其必不为，正在于此。夫百里奚虞人也，能以秦显而不救虞之亡，岂忠于虞不若宫之奇哉？且宫之奇以其族行①，其后遂无所见，而奚功业卓卓如是。盖其知废知兴之智，既已见于去就之明；而显今传后之贤，尤足验其挟持之素。然则自鬻之污，将谓其不知而为之耶，将谓其知之而且为之耶？方其不谏假道之时，其品与识固已大定矣。好事者之云，多见其不自好也。

【原评】 下节觊缕②，俱于叙上节时消纳已尽。故入下节后，笔墨分外闲净，笔之古峭不待言。

【题解】 出自《万章上》第九章。

万章问曰："或曰：'百里奚自鬻于秦养牲者，五羊之皮，食牛，以要秦穆公。'信乎？"孟子曰："否，不然。好事者为之也。（百里奚，虞之贤臣。人言其自卖于秦养牲者之家，得五羊之皮而为之食牛，因以干秦穆公也。）百里奚，虞人也。晋人以垂棘之璧与屈产之乘，假道于虞以伐虢。宫之奇谏，百里奚不谏。（虞、虢，皆国名。垂棘之璧，垂棘之地所出之璧也。屈产之乘，屈地所生之良马也。乘，四匹也。晋欲伐虢，道经于虞，故以此物借道，其实欲并取虞。宫之奇，亦虞之贤臣。谏虞公令勿许，虞公不用，遂为晋所灭。百里奚知其不可谏，故不谏而去之。）知虞公之不可谏而去，之秦，年已七十矣，曾不知以食牛干秦穆公之为污也，可谓智乎？不可谏而不谏，可谓不智乎？知虞公之将亡而先去之，不可谓不智也。时举于秦，知穆公之可与有行也而相之，可谓不智乎？相秦而显其君于天下，可传于后世，不贤而能之乎？自鬻以成其君，乡党自好者不为，而谓贤者为之乎？"（自好，自爱其身之人也。孟子言百里奚之智如此，必知食牛以干主之为污。其贤又如此，必不肯自鬻以成其君也。然此事当孟子时，已无所据。孟子直以事理反复推之，而知其必不然耳。范氏曰："古之圣贤未遇之时，鄙贱之事，不耻为之。如百里奚为人养牛，无足怪也。惟是人君不致敬尽礼，则不可得而见。岂有先自污辱以要其君哉？庄周曰：'百里奚爵禄不入于心，故饭牛而牛肥，使穆公忘其贱而与之政。'亦可谓知百里奚矣。伊尹、百里奚之事，皆圣贤出处之大节，故孟子不得不辩。"尹氏曰："当时好事者之论，大率类此。盖以其不正之心度圣贤也。"）

【注释】

① 以其族行：率其族人离开虞国。
② 觇缕：琐细。

钦定清朝四书文卷十三（《孟子》下之中）

智譬则巧也　一节

杨名时

申言智与圣之义，而知至圣之独全乎智也。夫智之所及者精，斯圣之所成者大。孔子所以独为圣之时者，观于射者之事而知之矣。且夫圣之得名，由乎其终而定之也，而所以审端于始者，实有以自定其规模，而为后此之所不能易。此观圣者当独见其微，而入道之方即存乎此也。今论孔子之智与圣，犹声振之始终乎条理，抑犹未足以尽智与圣之说也。智也者，本其天资之明睿以极深而研几，观万物之理于身，而性命之原以得，定万事之极于心，而归往之途以正，盖举圣之所以成终者已于此决然而无所疑，非天下之至精何足以与于此，取而譬之则巧也；圣也者，用其禀质之刚健以任重而行远，仁至义尽，行足以合撰于神明，礼中乐和，道足以为法于古今，盖即智之所以成始者能有以造之而臻其域，殆天下之至勇为足以与于此，取而譬之则力也。天下一事而巧、力备焉者，惟射为然。今有射于百步之外，不惟至之而又有以中之者，就其"至"而言，固中者之"至"也，然此犹得归诸力之所为也，凡天下之射焉而能至者，岂其遂远逊之乎；若就其"中"而言，虽亦即至者之"中"也，然此则不得归诸力之所为矣，凡天下之射焉而能至者，宁能不共让之乎？夫使有命中之具而力不足以至之，则终无以著其奇，不知射固鲜有能中而不至者也；如其无命中之能而力仅足以至之，究将何以神其技，是故射正难乎至焉而克中者也。孔子之智之足以成其圣也，亦犹是焉而已矣。夫三子亦非无智者，然视之孔子则不足；智既不足，则其所谓圣亦宁足拟于孔子哉？此有志于圣人者不可不知所先也。若夫行以知为先，而知又以诚为本，此则进德之始事；知之尽则行之至，而行之熟则知将益精，此又成德之终事也。

【评】惟其知之至，是以行之尽。他人用力侧注，未免着迹，惟此如题安顿，而"圣"、"智"兼备，"巧"、"力"俱全，自然融洽，文亦纯洁无疵。

【题解】出自《万章下》第一章。

孟子曰："伯夷，目不视恶色，耳不听恶声。非其君不事，非其民不使。治则进，乱则退。横政之所出，横民之所止，不忍居也。思与乡人处，如以朝衣朝冠坐于涂炭也。当纣之时，居北海之滨，以待天下之清也。故闻伯夷之风者，顽夫廉，懦夫有立志。（横，谓不循法度。顽者，无知觉。廉者，有分辨。懦，柔弱也。余并见前篇。）伊尹曰：'何事非君？何使非民？'治亦进，乱亦进。曰：'天之生斯民也，使先知觉后知，使先觉觉后觉。予，天民之先觉者也；予将以此道觉此民也。'思天下之民匹夫匹妇有不与被尧舜之泽者，若己推而内之沟中，其自任以天下之重也。（何事非君，言所事即君。何使非民，言所使即民。无不可事之君，无不可使之民也。余见前篇。）柳下惠，不羞污君，不辞小官。进不隐贤，必以其道。遗佚而不怨，阨穷而不悯。与乡人处，由由然不忍去也。'尔为尔，我为我，虽袒裼裸裎于我侧，尔焉能浼我哉？'故闻柳下惠之风者，鄙夫宽，薄夫敦。（鄙，狭陋也。敦，厚也。余见前篇。）孔子之去齐，接淅而行；去鲁，曰：'迟迟吾行也。'去父母国之道也。可以速而速，可以久而久，可以处而处，可以仕而仕，孔子也。"（接，犹承也。淅，渍米水也。渍米将炊，而欲去之速，故以手承水取米而行，不及炊也。举此一端，以见其久、速、仕、止，各当其可也。或曰："孔子去鲁，不税冕而行，岂得为迟？"杨氏曰："孔子欲去之意久矣，不欲苟去，故迟迟其行也。膰肉不至，则得以微罪行矣，故不税冕而行，非速也。"）孟子曰："伯夷，圣之清者也；伊尹，圣之任者也；柳下惠，圣之和者也；孔子，圣之时者也。（张子曰："无所杂者清之极，无所异者和之极。勉而清，非圣人之清；勉而和，非圣人之和。所谓圣者，不勉不思而至焉者也。"孔氏曰："任者，以天下为己责也。"愚谓孔子仕、止、久、速，各当其可，盖兼三子之所以圣者而时出之，非如三子之可以一德名也。或疑伊尹出处，合乎孔子，而不得为圣之时，何也？程子曰："终是任底意思在。"）孔子之谓集大成。集大成也者，金声而玉振之也。金声也者，始条理也；玉振之也者，终条理也。始条理者，智之事也；终条理者，圣之事也。（此言孔子集三圣之事，而为一大圣之事；犹作乐者，集众音之小成，而为一大成也。成者，乐之一终，《书》所谓"箫韶九成"是也。金，钟属。声，宣也，如声罪致讨之声。玉，磬也。振，收也，如振河海而不泄之振。始，始之也。终，终之也。条理，犹言脉络，指众音而言也。智者，知之所及；圣者，德之所就也。盖乐有八音：金、石、丝、竹、匏、土、革、木。若独奏一音，则其一音自为始终，而为一小成。犹三子之所知偏于一，而其所就亦偏于一也。八音之中，金石为重，故特为众音之纲纪。又金始震而玉终诎然也，故并奏八音，则于其未作，而先击镈钟以宣其声；俟其既阕，而后击特磬以收其韵。宣以始之，收以终之。二者之间，脉络通贯，无所不备，则合众小成而为一大成，犹孔子之知无不尽而德无不全也。金声玉振，始终条理，疑古乐经之言。故儿宽云"惟天子建中和之极，兼总条贯，金声而玉振之"。亦此意也。）智，譬则巧也；圣，譬则力也。由射于百步之外也，其至，尔力也；其中，非尔力也。"（此复以射之巧力，发明智、圣二字之义。见孔子巧力俱全，而圣智兼备，三子则力有余而巧不足，是以一节虽至于圣，而智不足以及乎时中也。此章言三子之行，各极其一偏；孔子之道，兼全于众理。所以偏者，由其蔽于始，是以缺于终；所以全者，由其知之至，是以行之尽。三子犹春夏秋冬之各一其时，孔子则大和元气之流行于四时也。）

北宫锜问曰　一章

陶元淳

班爵禄之略，公而有制者也。夫爵禄之有差等也，先王以是公天下，而诸侯不便也，虽孟氏能言之，然亦略矣。盖昔先王之治天下也，欲天下之同其利而不以自私，恶天下之争其利而折以法度。是故有爵禄即有等差，所为奉天之道、因地之宜而治其人民、定其国家者，未尝不详且明也，至于后而纷然矣。始之①所以总壹统类者，以其有等差也；继之所以焚弃典籍者，亦以其有等差也。如北宫锜之徒，详略俱无所考矣，然而孟子则尝闻之。生人之多欲也，贱者欲贵，贫者欲富，凡在人情之中者，先王弗禁也，夫岂独弗之禁，吾贵为天子，富有天下，而使天下有不得其平之憾，于吾心有戚然者矣，且其材力有大小，志量有广狭，虽尽满其欲，固易给耳，故酌之为等焉，酌之为差焉，自天子而下，有递及之施，无不及之患，而后天下各得其欲而止；生人之纵欲也，贵者尤欲贵，富者尤欲富，凡在人情之外者，先王深恶也，夫岂独深其恶，吾贵为天子，富有天下，而视天下有互相残贼之形，于吾心尤有戚然者矣，且其机智足以相驾驭，勇力足以相攻取，欲尽满其欲，又甚危耳，故限之为等焉，限之为差焉，自天子而下，有及量之施，无过量之事，而后天下又各制其欲而止。故天子公侯伯子男之等有五，而其受地则有千里百里与七十五十之差，降而附庸，又其微者矣；君卿大夫士之等有六，而其受地则有视侯视伯视子男与十倍三倍二倍一倍之差，降而庶人在官，则又准于农矣。论者谓天下之众，势均力敌，则有以相制而莫敢先动，今人情不肯相下，而又从而等差之，强者有兼并之资，而弱者亦无引分②之志，是教之争也，然而造物不齐之数，固非人之所能为矣，夫天下无主则乱，今民既有主而虑其莫肯相下，势将降天子为匹夫，是大乱之道也，故有等差而天下乃安；论者谓天下之势，罢侯置守③，则不至相抗而群奉一尊，今周家不废封建，而但从而等差之，强者擅山海之利，弱者亦有甲兵之用，是争之资也，然历代建置之国，固非后之所能尽矣，夫天道穷则必变，当周之初，势未极而尽夺之，则其乱当不俟今日也，故但为等差而天下亦安。夫均之不可，废之不能，先王已有无可如何之势。然则诸侯之患，岂至今日始知哉？

【评】"人情之中"、"人情之外"二意，不漏不支，恰该括得题中义蕴。后半以《封建论》作反衬，惜有不能自畅其说处，而文自超拔。

【题解】出自《万章下》第二章，参见化治文卷六王鏊《附于诸侯曰附庸》。

北宫锜问曰："周室班爵禄也，如之何？"孟子曰："其详不可得闻也。诸侯恶其害己也，而皆去其籍。然而轲也，尝闻其略也。天子一位，公一位，侯一位，伯一位，子、男同一位，凡五等也。君一位，卿一位，大夫一位，上士一位，中士一位，下士一位，凡六等。天子之制，地方千里，公侯皆方百里，伯七十里，子、男五十里，凡四等。不能五十里，不达于天子，附于诸侯，曰附庸。天子之卿受地视侯，大夫受地视伯，元士受地视子、男。大国地方百里，君十卿禄，卿禄四大夫，大夫倍上士，上士倍中士，中士倍下士，下士与庶人在官者同禄，禄足以代其耕也。次国地方七十里，君十卿禄，卿禄三大夫，大夫倍上士，上士倍中士，中士倍下士，下士与庶人在官者同禄，禄足以代其耕也。小国地方五十里，君十卿禄，卿禄二大夫，大夫倍上士，上士倍中士，中士倍下士，下士与庶人在官者同禄，禄足以代其耕也。耕者之所获，一夫百亩。百亩之粪，上农夫食九人，上次食八人，中食七人，中次食六人，下食五人。庶人在官者，其禄以是为差。"

【注释】

① 始之：此指先王之时，即西周创建制度之时。后"继之"指春秋战国之时，各诸侯国君毁弃周室爵禄制度及相关典籍。

② 引分：退让，辞职。

③ 罢侯置守：即废除封邦建国的制度，而代之以郡县制。守，郡守、地方长官。柳宗元《封建论》："秦有天下，裂都会而为之郡邑，废侯卫而为之守宰。"

天子之卿　一节
祝翼权

班禄者内同于外，公天下之心为之也。盖卿大夫士与侯伯子男为天子臣无异也，臣爵等，故受地亦等，宁有私于其间哉？昔周之为封建也，既命外藩，即置内辅，爵异其名而禄同其实，使内外之臣分协则情安，情安则势固。要本此大公者以联为一体，而重内轻外之议，未足语于当年立制之心也。九州之城既与公侯伯子男共之，而班禄于畿内则何如乎？说者曰：周初众建①，五侯九伯②罗列天下，天子恐雄藩负固，故复有九卿、二十七大夫、八十一元士，优其秩而厚其权，以尊天下而戢群辟焉。若然，是示外臣以私也。夫示外臣以私，则班禄内臣，亦安得比而同之哉？乃其受地之视侯、视伯、视子男，此何以称焉？曰此正周先王公天下之心也。盖天子家四海而君万邦，自内廷寮寀③，外讫同异姓之君长，天子视之同焉臣也，原未尝以卿大夫士而内之，以侯伯子男而外之也。当夫周室西兴，旦奭分陕④，是内之卿士可以外之侯伯任之矣；泊乎周室东迁，晋郑夹辅⑤，是外之侯伯可以内之卿士用之矣。夫然而天子之待卿大夫士，又何必舍此公侯伯子男者而别示以私也哉？爵可异则异之以位，等而下焉，不嫌屈也；禄可同则同之以地，等而上焉，不嫌抗也。此视侯视伯视子男之制所由起也。于是有以安卿大夫士之心焉，身居天子左右，不获出操统驭之权，其势亲而不尊，等之以侯伯子男，尊之也，皇畿土田，皆若有各君其国之势，使知天子遇我实与桓谷蒲躬⑥有同贵也，所以绝内臣觎望⑦之私也；于是并有以安侯伯子男之心焉，职任天子蕃宣⑧，不获入参宰执之列，其势尊而不亲，等之于卿大夫士，亲之也，薄海⑨封疆，尽同此上事其主之赐，使知天子遇我实与股肱耳目为一体也，所以杜外臣猜嫌之渐也。夫卿大夫士之心安，侯伯子男之心亦安，先王封建之初心当如是止矣。若夫以内制外，以重驭轻，此亦法制之善势使然耳，先王何庸心哉？

【评】 议论正当，笔力明爽。无《封建论》权谋谲诈之私，故为得之。

【作者简介】

祝翼权，字端宸，号斗岩，杭州仁和县人。康熙十二年（1673）进士，历官福建知县、工部员外郎。

【题解】 出自《万章下》第二章，见上，参见化治文卷六王鏊《附于诸侯曰附庸》。

【注释】

① 众建：指众建诸侯，分封很多诸侯国。

② 五侯九伯：泛指天下诸侯。《左传·僖公四年》："五侯九伯，女实征之，以夹辅周室。"杜预注："五等诸侯，九州之伯。"

③ 寮寀：官舍，指代官员。

④ 旦奭分陕：即"周召分陕"。西周初期，周公旦和召公奭以内卿的身份，以陕地为界，分别管理王畿以外东、西两部分的事务。

⑤ 晋郑夹辅：东周处于晋、郑两诸侯国之间，周平王曾依靠郑武公与晋文侯支撑其统治。《国语·晋语四》："晋、郑兄弟也，吾先君武公与晋文侯戮力一心，股肱周室，夹辅平王，平王劳而德之。"

⑥ 桓谷蒲躬：本指不同爵位的诸侯所执的不同玉器，此代指公侯伯子男。《礼记·春官·大宗伯》："以玉作六瑞，以等邦国：王执镇圭，公执桓圭，侯执信圭，伯执躬圭，子执谷璧，男执蒲璧。"

⑦ 觖望：因不满而怨恨。

⑧ 蕃宣：指诸侯国为王室屏藩，为王室宣扬德化。语本《诗经·大雅·崧高》："四国于蕃，四方于宣。"郑玄笺："四国有难，则往扞御之，为之蕃屏。四方恩泽不至，则往宣畅之。"朱熹集传同于郑笺。今人多谓"蕃"通"藩"，"宣"通"垣"。

⑨ 薄海：抵达海边，谓海内之地。语本《尚书·益稷》："州十有二师，外薄四海，咸建五长。"孔颖达疏："外迫四海，言从京师而至于四海也。"

敢问交际何心也　一章

吴启昆

以交际为用世之心，大贤之善于学圣也。盖交际弗却，无非为用世计耳。观孔子于鲁、卫，而其心可见已，又何疑于孟子？且圣贤无不忧道之心，即无不爱礼之心，而要其所以爱者不在乎严以峻其防，而在宽以通其变。礼行即道行也，然则交际又可却乎哉？心不忍遗世独善，则傲物非所以为高；复不能交泰①大行，则绝人愈无以自处。故章问交际何心，而孟子直概之以"恭"，岂非以尊者之赐有不容以不恭承之者乎？何者？彼固以道来，以礼来也，而必以他辞无受，却道乎？却礼乎？揆之不为已甚②之义，吾知孔子断不出此。若明知礼道之可爱，必为穷究其根株，明知举世之皆然，必为丑诋其本末；则有以取民非义③而竟当之以御人之盗者，是即善其礼际而且欲比而诛之④。吾不知今之仕者将于何侯之廷托足乎？殊不知孔子有猎较之权宜，则必有受赐之交际，正不得疑其委蛇从容为非事道也。以猎较论，则先簿正祭器，其易俗必以渐；以事道论，则兆⑤足以行而不行，其去国必以需⑥。虽未尝终三年淹，而亦未尝执一途

1005

断。不然，见可、行可、际可、公养之仕，周旋于桓子、灵公、孝公之间，何若是其惓惓哉？然后知圣人之心无非以道卜也。东周可作⑦，何故来文衣骊马之奸⑧；富教可期⑨，谁料有在戚登台之衅⑩？至使栖皇道路，与游说齐梁者同迹；馈豚往拜⑪，与币交⑫必报者同意。而顾犹执今之诸侯，周内⑬之以《康诰》之律，则谁复有交以道、接以礼者乎？吾恐兆亦从此绝矣。

【评】 从横穿贯，未尝不按部就班，几可与顾泾阳⑭作并驾齐驱矣。

【作者简介】

吴启昆（1660—1733），字宥函，号佑咸、新亭，江苏江宁（今南京）人。康熙六十年（1721）二甲进士，授编修，官至江西道监察御史。著有《索易臆说》二卷。

【题解】 出自《万章下》第四章，参见隆万文卷六顾宪成《敢问交际何心也》。

万章问曰："敢问交际何心也？"孟子曰："恭也。"曰："却之却之为不恭，何哉？"曰："尊者赐之，曰'其所取之者，义乎，不义乎'，而后受之，以是为不恭，故弗却也。"曰："请无以辞却之，以心却之，曰'其取诸民之不义也'，而以他辞无受，不可乎？"曰："其交也以道，其接也以礼，斯孔子受之矣。"万章曰："今有御人于国门之外者，其交也以道，其馈也以礼，斯可受御与？"曰："不可。康诰曰：'杀越人于货，闵不畏死，凡民罔不譈。'是不待教而诛者也。殷受夏，周受殷，所不辞也。于今为烈，如之何其受之？"曰："今之诸侯取之于民也，犹御也。苟善其礼际矣，斯君子受之，敢问何说也？"曰："子以为有王者作，将比今之诸侯而诛之乎？其教之不改而后诛之乎？夫谓非其有而取之者盗也，充类至义之尽也。孔子之仕于鲁也，鲁人猎较，孔子亦猎较。猎较犹可，而况受其赐乎？"曰："然则孔子之仕也，非事道与？"曰："事道也。""事道奚猎较也？"曰："孔子先簿正祭器，不以四方之食供簿正。"曰："奚不去也？"曰："为之兆也。兆足以行矣，而不行，而后去，是以未尝有所终三年淹也。孔子有见行可之仕，有际可之仕，有公养之仕也。于季桓子，见行可之仕也；于卫灵公，际可之仕也；于卫孝公，公养之仕也。"

【注释】

① 交泰：此指君臣一意，上下同心。语本《易·泰》："天地交，泰。"

② 不为已甚：不做太过分的事情。《孟子·离娄下》："孟子曰：'仲尼不为已甚者。'"朱熹集注："已，犹太也。"

③ 取民非义：指诸侯等不义地从百姓那里敛聚财富。

④ 比而诛之：将诸侯与杀人越货的强盗一起杀掉。比，连类、共同。按，此句谓有人将诸侯完全等同为"御人之盗"，诸侯即使以礼来交际，这些人也主张将诸侯与御人之盗一起杀掉。

⑤ 兆：事情的端苗，指推行仁政的可能性。

⑥ 需：等待，迟缓。

⑦ 东周可作：此指孔子在鲁摄政三月，已经显示出可以复兴周之"王道"的气象。

⑧ 文衣骊马之奸：此指孔子在鲁摄相事，齐国恐鲁国由此强大，以女乐、骊马赠送给鲁定公以惑其心志，孔子因此离开鲁国。《史记·孔子世家》："选齐国中女子好者八十人，皆衣文衣而舞《康乐》，文马三十驷……季桓子微服往观焉……孔子遂行。"

⑨ 富教可期：此指孔子本来认为可以在卫国实行富民、教民的政策。语本《论语·子路》："子适卫，冉有仆。……冉有曰：'既庶矣。又何加焉？'曰：'富之。'曰：'既富矣，又何加焉？'曰：'教之。'"

⑩ 在戚登台之衅：发生在孔子时代的卫国的一场内乱。衅，通"叛"。语本《左传·哀公十五年》："大子在戚，孔姬使之焉。……迫孔悝于厕，强盟之，遂劫以登台。"按，卫灵公太子蒯聩得罪灵公，亡命境外。灵公死，卫国人立蒯聩之子辄为君，是为卫出公，而拒绝蒯聩回国。蒯聩在戚地，与其姊伯姬及伯姬的情夫合谋，逼迫伯姬之子孔悝与他们一起驱逐卫出公。孔悝即蒯聩外甥，当时事出公，为卿。

⑪ 馈豚往拜：事见《论语·阳货》："阳货欲见孔子，孔子不见，归孔子豚。孔子时其亡也，而往拜之。"朱熹集注："阳货之欲见孔子，虽其善意，然不过欲使助己为乱耳。故孔子不见者，义也。其往拜者，礼也。必时其亡而往者，欲其称也。"亦见《孟子·滕文公下》"公孙丑问曰不见诸侯何义"章。

⑫ 币交：以礼物相交。币，泛指丝帛玉器等礼物。《孟子·告子下》："孟子居邹，季任为任处守，以币交，受之而不报。"

⑬ 周内：即"周纳"，常指罗织罪名、陷人于罪，此指过分严苛，以致要用《康诰》中所说的对付御人之盗的律令来对待诸侯。

⑭ 顾泾阳：顾宪成。

孔子先簿正祭器　二句

潘宗洛

观圣人之所正，其道立矣。夫正祭器者，不充以四方之食①，则猎较将焉用之？此孔子所以善为道也。且君子未有当更化而不更化者也，但人心已习而安之，而我遽欲易其所安而予之以所不习，得乎？惟先定其规模而后从事焉，则无更化之名而固已有更化之实，于此可以知猎较为事道矣。吾尝读《车攻》②之诗，考分禽③之事，盖上杀④以供祭祀，中杀以御宾客，下杀以供君膳，故其七章曰"大庖不盈"⑤，言不多属于君庖而有以奉东都之祭⑥也。后世将祭则猎，或者自此昉乎？今徒欲罢猎较，而彼方托诸祭而无以解于众也。抑知惟天子中兴⑦，列侯初附，故一以讲威武，一以示诚敬耳。岂三庙以下⑧所致祭于先人者，必以备物为仪而以四方之食是供哉？然而孔子不明言也，亦不遽革也。第先取簿书以正祭器，而笾之数凡几，豆之数凡几，皆有不可损益者焉；因不以四方之食供簿正，而实于笾者为何，实于豆者为何，皆有不容易置者焉。由此观之，彼有谓祭取备物，苟有可荐莫不咸在⑨者，非古之制也。夫祭事莫详于《诗》之《颂》，《周颂》三十一篇，多歌祖宗之积累，而所藉以右享⑩者不过曰"维羊维牛"⑪而已，所将以治礼者不过曰"为酒为醴"⑫而已，原其意，皆取民力之普存⑬，以荐馨香而无谗慝⑭，外此惟漆沮多鱼⑮，时取以为献耳，至于岐阳之地，不乏小豝大兕⑯之饶，而未闻概登于祭器，或不欲以从禽⑰所获戚我先王也；即以鲁言之，《鲁颂》四篇，终美閟宫之有恤⑱，而于皇祖后稷则必享以骍牺⑲焉，于周公群公则有白牡骍刚⑳焉，当其时，惟取备腯㉑之咸有，以示蕃滋而不瘯蠡㉒，外此惟毛炰胾羹㉓，间列于大房㉔耳，至于泮水㉕之滨，宁采蘋蘩芹藻㉖之菜，而未闻罗置于四方，或不欲以难继之物烦尔虞人㉗也。孔子盖早为酌之于古、准之于今，其必供者则存之，其不必供者则汰之。斯器正而食亦正矣，异日鲁人虽欲驰骋于郊原而较所得之众寡，夫独何名耶？所谓无更化之名、有更化之实者，此也。

【评】局段与《仲尼之徒》二句略同，点染引证处亦似之。若按之古典，礼则俎实豆实多用腊物。后二比云云，亦时文好看语耳。可知学者浏览五经，必当深求其义类也。其文则非时士所易及。

【题解】出自《万章下》第四章，见上，参见隆万文卷六顾宪成《敢问交际何心也》。

【注释】

① 四方之食：四方的珍稀之食。

②《车攻》：《诗经·小雅》篇目，八章。诗描写周宣王会同诸侯举行田猎之事，毛诗序："（宣王）修车马，备器械，复会诸侯于东都，因田猎而选车徒焉。"

③ 分禽：分配所获猎物。

④ 上杀：及后文之"中杀"、"下杀"均指猎物的等级，具体说法有所不同。《车攻》朱熹集传："自左膘而射之，达于右腢，为上杀，以为乾豆，奉宗庙；达右耳本者次之，以为宾客；射左髀，达于右，为下杀，以充君庖。"

⑤ 大庖不盈：引自《车攻》，朱熹集传："大庖，君厨也。不盈，言取之有度，不极欲也。"

⑥ 东都：指洛邑。《车攻》叙周宣王射猎于"王城"，即东都洛邑，故此曰"东都之祭"。

⑦ 天子中兴：指周宣王中兴。

⑧ 三庙以下：指大夫以下的庙制。《礼记·王制》："天子七庙……大夫三庙。"

⑨ 莫不咸在：《礼记·祭统》谓，祭祀，当"美物备矣"、"阴阳之物备矣"，"凡天之所生、地之所长，苟可荐者，莫不咸在，示尽物也"。

⑩ 右享：也作"右飨"，祖先的神灵享受祭祀。《诗经·周颂·我将》："伊嘏文王，既右飨之。"朱熹集传："（文王）既降而在此之右，以飨我祭。"

⑪ 维羊维牛：引自《诗经·周颂·我将》："我将我享，维羊维牛，维天其右之。"

⑫ 为酒为醴：引自《诗经·周颂·载芟》："为酒为醴，烝畀祖妣，以洽百礼"，孔颖达疏："为神所祐，致丰积如此，故以之为酒，以之为醴，而进与先祖先妣，以会其百众之礼，谓牲玉币帛之属，合用以祭。"

⑬ 普存：普遍富有，此指民众都有之物。出处见下"备腯"注，孔颖达疏："普遍安存"。

⑭ 谗慝：邪恶奸佞。

⑮ 漆沮多鱼：在岐地漆、沮两条河流中捕鱼作祭品，语本《诗经·周颂·潜》："猗与漆沮，潜有多鱼。"毛诗序："《潜》，季冬荐鱼，春献鲔也。"

⑯ 小豝大兕：泛指群兽，语本《诗经·小雅·吉日》："既张我弓，既挟我矢，发彼小豝，殪此大兕。"诗所叙为周宣王田猎情况，故文中云"岐阳之地"。

⑰ 从禽：追逐禽兽，谓田猎。过分喜好田猎，是不好的事情，故下文云"戚我先王"。

⑱ 閟宫之有侐：先妣姜嫄之庙很清静。语本《诗经·鲁颂·閟宫》："閟宫有侐，实实枚枚。"毛传："閟，闭也。先妣姜嫄之庙，在周常闭而无事。……侐，清静也。"

⑲ 骍牺：赤色的牛。《鲁颂·閟宫》："皇皇后帝，皇祖后稷，享以骍牺，是飨是宜"，郑玄笺："皇皇后帝，谓天也。成王以周公功大，命鲁郊祭天，亦配之以君祖后稷，其牲用赤牛纯色，与天子同也。"

⑳ 白牡骍刚：白色公猪，赤色公牛，分别为祭祀周公及伯禽的牺牲。刚，通"犅"，公牛。语本《鲁颂·閟宫》："周公皇祖，亦其福女。……白牡骍刚，牺尊将将。"毛传："白牡，周公牲也。骍刚，鲁公牲也。"

㉑ 备腯：具备猪、羊等祭品。腯，牲畜肥硕，此指用作牺牲的牲畜。语本《左传·桓公六年》："夫民，神之主也，是以圣王先成民而后致力于神。故奉牲以告曰'博硕肥腯'，谓民力之普存也，谓其畜之硕大蕃滋也，谓其不疾瘯蠡也，谓其备腯咸有也。"

㉒ 瘯蠡：牲畜的癣疥一类疾病。出处见"备腯"注。

㉓ 毛炰胾羹：祭品。语本《诗经·鲁颂·閟宫》："毛炰胾羹，笾豆大房。"毛传："毛炰，豚也。胾，肉也。羹，大羹、铏羹也。"

㉔ 大房：一种盛祭肉的器物。见上注，毛传："大房，半体之俎也。"

㉕ 泮水：泮宫之水。泮宫，诸侯的学宫。

㉖ 蘋蘩芹藻：水边所生之草，可作祭物。见《诗经·召南·采蘩》："于以采蘩？于沼于沚。"《召南·采蘋》："于以采蘋？南涧之滨。于以采藻？于彼行潦。"《诗经·鲁颂·泮水》："思乐泮水，薄采其芹。""思乐泮水，薄采其藻。"

㉗ 虞人：掌管山泽物产之官。

富岁子弟多赖　一章

李光地

究言才之无不善，所以终性善之说也。甚矣，人之才无以异于圣人也，以官体①征之可知矣，于性何疑乎？且夫气质之说足以别异万物，使不与人同类，而不能别异斯人，使不与圣人同类也。何则？物之生或体不全焉，或所好嗜与人绝远焉，是之谓得形气之偏而性随以异。今夫人赋形禀气无殊也，则降才无殊也，其种类同故也。苟以陷溺其心为才之罪，不观富岁、凶岁之子弟乎，不观肥硗、燥湿、勤窳之麰麦乎？无亦所养之殊乎，抑以为类之异也？是故自足言之，而天下之足相似也；自其口耳目之好言之，而天下口耳目之好相似也。夫犬马之性所不得与人齐者，形气梏于外而性变于中，今使加犬马之足以履屦，使易牙和味而进之，侑之以师旷之声，陈之以子都之姣，吾知其踣顿自绝，不与人共其嗜好决也。如是而曰心之然否不与人同，吾亦曰心之然否不与人同也。今天下足相似也，人之有四端，犹其有四体也；口耳目嗜好相似也，人五官之有心，犹其有口耳目也。岂其体同而性异乎？岂其口耳目之好同而心之好异乎？易牙圣于饮食者，不过先得我口之嗜，曾是与我同类之圣，而非先得我心之所同然乎？由此言之，刍豢之悦不殊于易牙，理义之悦不殊于圣人，其致一也。夫我之去圣人远矣，谓降才之异，理或不诬。虽然，圣人人也，我亦人也，其类同则其心同，其性同。才虽异，非若犬马之与我不同类也。奈何归罪于此而坐失其本然之同哉？

【评】禽兽不独性与人殊，气质亦与人殊，乃前儒未发之覆。故言皆警切，不独中幅飞腾，得周末诸子之逸宕也。

【题解】出自《告子上》第七章。

孟子曰："富岁，子弟多赖；凶岁，子弟多暴，非天之降才尔殊也，其所以陷溺其心者然也。（富岁，丰年也。赖，借也。丰年衣食饶足，故有所顾借而为善；凶年衣食不足，故有以陷溺其心而为暴。）今夫麰麦，播种而耰之，其地同，树之时又同，浡然而生，至于日至之时，皆熟矣。虽有不同，则地有肥硗，雨露之养，人事之不齐也。（麰，大麦也。耰，覆种也。日至之时，谓当成熟之期也。硗，瘠薄也。）故凡同类者，举相似也，何独至于人而疑之？圣人与我同类者。（圣人亦人耳，其性之善，无不同也。）故龙子曰：‘不知足而为屦，我知其不为蒉也。’屦之相似，天下之足同也。（蒉，草器也。不知人足之大小而为之屦，虽未必适中，然必似足形，不至成蒉也。）口之于味，有同耆也。易牙先得我口之所耆者也。如使口之于味也，其性与人殊，若犬马之与我不同类也，则天下何耆皆从易牙之于味也？至于味，天下期于易牙，是天下之口相似也。（易牙，古之知味者。言易牙所调之味，则天下皆以为美也。）惟耳亦然。至于声，天下期于师旷，是天下之耳相似也。（师旷，能审音者也。言师旷所和之音，则天下皆以为美也。）惟目亦然。至于子都，天下莫不知其姣也。不知子都之姣者，无目者也。（子都，古之美人也。姣，好也。）故曰：口之于味也，有同耆焉；耳之于声也，有同听焉；目之于色也，有同美焉。至于心，独无所同然乎？心之所同然者何也？谓理也，义也。圣人先得我心之所同然耳。故理义之悦我心，犹刍豢之悦我口。”（然，犹可也。草食曰刍，牛羊是也；谷食曰豢，犬豕是也。程子曰：“在物为理，处物为义，体用之谓也。孟子言人心无不悦理义者，但圣人则先知先觉乎此耳，非有以异于人也。”程子又曰：“理义之悦我心，犹刍豢之悦我口，此语亲切有味。须实体察得理义之悦心，真犹刍豢之悦口，始得。”）

【注释】

① 官体：五官四体。

有天爵者　二节

徐春溶　墨

分爵于天人之殊，则惟古人能审所修矣。盖爵虽分天与人，而惟得天者无所求于人，亦惟得天者无所遗于人也，古人其知此哉！今夫圣人之以爵驭天下也，非使天下竞于功名之路也，盖将明上天生人之意于帝王砺世磨钝之中。乃其途一开，而人心之趋益分，则圣人承天之意与砺世之旨俱微而不可复见。是故不列其由来之名，无以正天下之趋也；不著其自致之效，无以易天下之志也。夫人亦知有爵之说乎？人知爵之制于帝王也，不知帝王之爵孰为制之，盖浚明亮采①，以是报天下道德之功，然非帝王之意而维皇阴骘下民②之意也，则人实不能与天分功矣；人知爵之宰于时命也，不知时命又谁为宰之，盖屯亨③明晦，以是识造物报德之心，然非造物之心而圣人正谊明道之心也，则天亦不能与人争遇矣。盖爵有天有人，孰为天爵，则仁义忠信、乐善不倦者是，有仁义忠信乐善之人于此，使其出于王侯之躬，贵矣，使其不出于王侯而出于匹夫，益贵矣，非贵匹夫也，贵匹夫之授于天者奇，故不假王侯而常尊也，此天爵也；孰为人爵，则公卿大夫者是，有公卿大夫之人于此，使之受命于诸侯，贵矣，使之受命于天子，则益贵矣，非贵天子也，贵天子之受赐于天者厚，故以名位予人而益重也，此人爵也。是故君子之为道也，内以全其性命之精，而外以明其淡漠之志，夫岂知爵之分天人也而为其术以相致；隐以藏其心性之用，而显以昌其天德之身，夫岂以人爵之殊夫天爵也而纡其途以自居？盖古之人尝为之矣，修其天爵而人爵从之矣。夫修之而遂从之乎，修之而即从之，无以处乎修之而不必从之者也；为从之而后修之乎，为从之乃修之，则何以处乎不从之而亦修之者也？盖古人自有古人之学，不以天人为分观；古人自有古人之心，不以身世为显晦。然后知析天人而二之者，君子所以正天下功名之术；合天人而一之者，古人所以明吾儒义利之辨哉！

【评】理正词雄，沛然莫御，有如潮如海之观。

【题解】出自《告子上》第十六章。

孟子曰："有天爵者，有人爵者。仁义忠信，乐善不倦，此天爵也；公卿大夫，此人爵也。（天爵者，德义可尊，自然之贵也。）古之人修其天爵，而人爵从之。（修其天爵，以为吾分之所当然者耳。人爵从之，盖不待求之而自至也。）今之人修其天爵，以要人爵；既得人爵，而弃其天爵，则惑之甚者也，终亦必亡而已矣。"（要，求也。修天爵以要人爵，其心固已惑矣；得人爵而弃天爵，则其惑又甚焉，终必并其所得之人爵而亡之也。）

【注释】

① 浚明亮采：善于治理，指大夫、诸侯之才。语本《尚书·益稷》："日宣三德，夙夜浚明有家。日严祗敬六德，亮采有邦。"蔡沉集传："浚，治也。亮，亦明也。""浚明亮采，皆言家邦政事明治之义。"
② 维皇阴骘下民：上天安定下民。维皇，即"维皇上帝"。阴骘，默默地使安定，《尚书·洪范》："惟天阴骘下民。"孔安国传："骘，定也。天不言，而默定下民。"
③ 屯亨：艰难与顺利。屯，难，《易·屯》："屯，刚柔始交而难生。"

高子曰小弁　一章

张玉书

以怨济孝之穷，说诗者所宜知也。盖处伦之变者惟怨可以全仁，孰谓《小弁》之诗不足语孝哉？且从来家庭骨肉之际，未有径情处之者也，况父子之亲根于天性乎？慈与孝①相感，匹夫亦勉为仁人；慈与孝相违，圣人曲全其孺慕。明此义以事亲，则常可也，变可也，谈笑可也，涕泣亦可也。昔宜臼②以嫡子见废，其傅为之作诗以瘳王。至今论者以为平王之得位也，不能辞万世之口实，何也，以其怼；其犹得为人子也，赖有《小弁》之一诗，何也，以其怨也。固哉，高子乃犹以怨疑之！呜呼，由高子之说，不等父子兄弟于越人③而驱天下于不仁不止也。今夫六经之教，大旨归仁，而《小雅》

之衰，穷极斯怨。天下幽忧烦冤，委曲难白之隐，惟怨可以达之；人主信谗甘谀，口舌难争之会，惟怨可以回之。故论其迹，疑于亲而疏之也，似彰君父之过；原其心，实不忍疏而愈疏也，务笃毛里之仁④。不然，平时积诚感悟，既不能底亲于无过，及不幸有过，复以一怨塞责，是尚得为人子哉？夫亲之过不大，亦不怨也。彼龙漦召衅⑤，而宫寝之谗日炽，非仅同不察罪之申生⑥；投兔靡措⑦，而宗祊⑧之托何人，又难为不得国之泰伯⑨。亲之过延及于宗庙社稷，故亲亲之怨亦求告白于先王先公，而欲太子与《凯风》之七子⑩同处，得乎？所可惜者，《小弁》之诗怨而太子固未尝怨也。怨则未有不慕者也，骊山之祸，千古未闻，杀父之仇，一旅莫问⑪，倘以大圣人终身慕亲之义责平王，我知其无所逃罪矣。呜呼，岂非怨之不终以至此哉？使古今之人子尽以虞舜为法，则当其始，深山号泣，无不可格之亲心，决不至有身遭放废之事；及其后，九庙烝尝⑫，无不克共⑬之子职，更何至有终天隐痛之时。其怨深者其仁至，其仁至者其孝大。明乎此，可与说诗已。

【评】于大舜之怨慕体认真切，故推论比方，意义无不精确。必如此，乃能摆落陈言，自出机轴。

【题解】出自《告子下》第三章，参见启祯文卷九黄淳耀《高子曰小弁》。

公孙丑问曰："高子曰：'《小弁》，小人之诗也。'"孟子曰："何以言之？"曰："怨。"曰："固哉，高叟之为诗也！有人于此，越人关弓而射之，则己谈笑而道之；无他，疏之也。其兄关弓而射之，则己垂涕泣而道之；无他，戚之也。《小弁》之怨，亲亲也。亲亲，仁也。固矣夫，高叟之为诗也！"曰："《凯风》何以不怨？"曰："《凯风》，亲之过小者也；《小弁》，亲之过大者也。亲之过大而不怨，是愈疏也；亲之过小而怨，是不可矶也。愈疏，不孝也；不可矶，亦不孝也。孔子曰：'舜其至孝矣，五十而慕。'"

【注释】

① 慈与孝：指父与子的感情。"五伦"之说要求"父慈子孝"。
② 宜臼：即周平王。平王名宜臼，周幽王宠爱褒姒，曾废宜臼太子之位，毛诗序谓太子之傅作《小弁》以刺幽王。
③ 越人：越国之人，喻指毫不相关之人。
④ 毛里之仁：父母与子女之间的亲情。《诗经·小雅·小弁》："不属于毛，不离于里。"毛传："毛在外，阳为父；里在内，阴为母。"孔颖达疏："今我独不连属于父乎？不离历于母乎？何由如此不得父母之恩也？"
⑤ 龙漦召衅：指周幽王宠爱褒姒，废申后及太子，以致亡国之事。龙漦，龙的涎沫。《史记·周本纪》载，周室藏有夏代所传龙漦，储于器物之中。周厉王末年，打开器物，龙漦流出，化而为鼋，与后宫童妾交感而生出褒姒。
⑥ 申生：晋献公太子。献公晚年宠爱骊姬，"骊姬佯誉太子，而阴令人潜恶太子，而欲立其子"，并制造申生欲谋杀献公的假象，献公不察，申生自杀，事见《史记·晋世家》。
⑦ 投兔靡措：指太子宜臼无以自处，无人怜惜。投兔，被人追赶的兔子。语本《小弁》："相彼投兔，尚或先之。行有死人，尚或墐之。"朱熹集传："投，奔。""相彼被逐而投人之兔，尚或有哀其穷而

1012

先脱之者……今王信谗，弃逐其子，曾视投兔、死人之不如，则其秉心亦忍矣。"

⑧ 宗祊：宗庙、家庙，指国家。《国语·周语中》："今将大泯其宗祊，而蔑杀其民人，宜吾不敢服也。"韦昭注："庙门谓之祊。宗祊，犹宗庙也。"

⑨ 泰伯：古公亶父之长子，周文王之伯父。古公亶父欲传位于第三子季历，泰伯心知其意，主动离开岐山，窜身蛮夷之国。事见《史记·吴泰伯世家》。

⑩《凯风》之七子：《凯风》为《诗经·邶风》篇目，毛诗序："《凯风》，美孝子也。卫之淫风流行，虽有七子之母，犹不能安其室，故美七子能尽其孝道，以慰其母心，而成其志尔。"

⑪ 一旅莫问：周平王继位之后，未曾有过报杀父之仇的举动。

⑫ 九庙烝尝：指祭祀于宗庙。九庙，天子宗庙。周制天子七庙，至新莽时改为九庙，为后世所沿用。烝尝，本指冬、秋二祭，泛称祭祀。

⑬ 克共：能够奉职。

舜发于畎亩之中　二节

李光地

历举古之兴于困者而推之，以为天意焉。盖自舜、说以下，皆受大任于天者也，庸讵知天之降之者必有所以成之哉？故孟子述之以励天下也。曰：天之于人也，哲命赋于其初，明命鉴于其后。而其中人事变化之不齐者，人以为气之为也，非天意也，然吾谓天之意实存乎其间。吾考古来之德业勋名赫赫于今者多矣，然而舜之未发，则历山之耕夫也；说之未举，则傅野之胥靡①也；胶鬲之未举，则泽中之贾竖②也；夷吾、孙叔、百里，或罪人衅沐之余③，或荒裔穷闾之士。世俗嗟其先穷后通者遇之幸，君子以为屈极而伸者道之常，然吾以为皆知天之未至者也。天之笃生之也厚，故其所以玉而成④也深；天之简畀⑤之也隆，故其所以试诸艰也备。劳苦穷困，是天之重待圣贤也；德修业进，是圣贤之善承天也。故不特近世功名之徒，穷而自奋，而帝臣王佐之材，亦若假灵于冥默⑥者，以是知天命之性堕于气质之中，虽上知亦必变动而光明；不特叔季⑦遭遇之难，士多侧陋⑧，而唐虞殷周之盛，亦有播弃于幽遐者，以是知大业之起生于藏器之深，虽明时亦以迍艰而启圣。彼不知天意者，当其穷则戚戚，及达则享其富贵荣华已尔。己则弃天而天亦弃之，非天之不降以大任也，其所以自任者轻也。

【评】精透处，实前人所未发。不作一感慨激烈语，而光采愈耀。

【题解】出自《告子下》第十五章，参见化治文卷六朱希周《舜发于畎亩之中》。

孟子曰："舜发于畎亩之中，傅说举于版筑之间，胶鬲举于鱼盐之中，管夷吾举于士，孙叔敖举于海，百里奚举于市。故天将降大任于是人也，必先苦其心志，劳其筋骨，饿其体肤，空乏其身，行拂乱其所为，所以动心忍性，曾益其所不能。"

【注释】

① 傅野之胥靡：在傅岩（傅险）服役的刑徒。傅，傅险，也作"傅岩"，地名。胥靡，服役的刑徒。《史记·殷本纪》："得说于傅险中，是时说为胥靡，筑于傅险。"

② 贾竖：对商人的贱称。

③ 衅沐：杀牲，以血涂抹器物。按，此句谓管仲等原本是没有被杀死的罪犯。
④ 玉而成：即"玉成"，珍爱之并使之成功。玉，宝爱。张载《西铭》："富贵福泽，将厚吾之生也；贫贱忧戚，庸玉女于成也。"
⑤ 简畀：选拔并予以重任。
⑥ 假灵于冥默：依靠上天的恩惠。冥默，指"天"。
⑦ 叔季：末世，乱世。
⑧ 侧陋：此指处于僻远卑贱之地。

故天将降大任于是人也　一节

张榕端

　　惟天任人者大，故其成人者备也。夫大任诚难其人，萃多艰以成之，天亦预为任之之地耳。今夫碌碌无奇，天不任之则不穷之，乃若天为斯世而生一人，所责既巨，所试必周，所试既周，所益必多，然后任之不虞其不胜。此人事也，正天意也。历稽舜、说诸人，其终固皆当大任，无所不能矣，而揆厥由来，抑何心丛百忧，身经多难，惟所欲为而不获如愿乎？此其故皆天也。天意隐于莫测，孱弱者诿而任之，是谓弃天；天意久然后明，英侠者矫而出之①，是谓衡天②。又安能上识天意哉？吾就天意度之，而觉天之于人，有将然者焉，天不能自任也，寄之人，任不可轻降也，惟其人，天之为人计也慎；有必然者焉，惟心惟身，无使之逸，所行所为，无使之顺，天之为人计也蚤；有所以然者焉，人心自静，动之以益不能，人性自恬，忍之以益不能，天之为人计也备。夫古亦有降大任而未历艰苦者，如金天③之继父、伊耆④之绍兄是也，不知旰食宵衣，圣王自有神明之艰苦，而不得谓天之待是人独优；古亦有习奇穷而究不降大任者，如孤竹⑤以首阳终、尼山⑥以布衣老是也，不知维风敦节，圣人自有名教之大任，而不得谓天之待是人独啬。人果上识天意乎？于其将然，无或恃焉；于其必然，无或疑焉；于其所以然，无或负焉。天意当矣，又乌得而弃之？又乌得而衡之？

　　【评】文所以可久，以于义理实有发明耳。中二股卓立不磨，前后亦无驳杂。

　　【作者简介】

　　张榕端（1639—1714），字子大，号朴园，又号兰樵，河南磁州（今河北磁县）人。康熙十五年（1676）进士，授编修，官至内阁学士兼礼部侍郎。著有《宝菑堂诗稿》四卷等。尝视学江南，以衡鉴精审称。

　　【题解】出自《告子下》第十五章，见上，参见化治文卷六朱希周《舜发于畎亩之中》。

　　【注释】

① 矫而出之：此指不等到天时的到来和修养的提高，硬性突破目前的困厄。
② 衡天：违逆天命，与天争强。
③ 金天：即"金天氏"，少皞（少昊）。金天氏为黄帝之子，《史记·五帝本纪》谓其不为帝，而其他各书称其代黄帝而有天下。《左传·昭公十七年》："少皞氏鸟名官，何故也"，杜预注："少皞，金

天氏，黄帝之子，己姓之祖也。"

④ 伊耆：古天子之号，或谓专指神农，或谓专指尧帝，此指尧帝。尧代其兄挚而立，事见《史记·五帝本纪》："帝喾崩，而挚代立。帝挚立，不善，而弟放勋立，是为帝尧。"

⑤ 孤竹：指伯夷、叔齐。伯夷叔齐为孤竹国王子，后因"不食周粟"，饿死于首阳山。

⑥ 尼山：孔子。

万物皆备于我矣　一章

严虞惇

　　大贤明所性之全体，而勉人以尽性之实也。夫性惟万物之皆备，故诚则能乐，而未诚者必强恕以求仁也，可任其不备而不知求哉？且天生人而与之以性，使性之所有者本或全而或亏，则人亦可竟听其自然，而又何事焉？惟夫在天者无一之不具，而后起之私或得而间之，则尽性之事以起，而安勉之途①亦以分矣。何也？自品物流形，而有一物即载一物之理，物虚而无所丽，必有以寄之，于是乎道与器俱，而我乃得之以成性；自众万杂揉，而有万物即具万物之则，物散而无所归，必有以统之，于是乎理与气合，而我乃得之以成身。置我于万物中，至藐也，而我之浑沦无外②者遂能以藐然之躯而藏乎微显高卑之故，观其后之无不足，则知其初之无不具也；以我立万物先，至静也，而我之冲穆无朕③者独能以寂然之体而涵乎神明变化之原，观其外之不可穷，则知其内之不可量也。其物与无妄④者，即天道之所为诚；而万物之一原者，即仁之所以流行而无间者也。而可使皆备者仅为天下之所同得而无与于吾身乎哉？果其反诸身而皆备者无之弗备也，则静而存主，而无或欺于心，动而推行，而无或欺于事，体验之切，而天理之周流者可以随触而皆真，践履之醇，而事物之发见者可以无往而不利，夫是之谓诚，则自然而仁，而有从容之适，无勉强之劳，乐莫有大于此者矣，此则自然而备之者矣；如其反诸身而皆备者未必皆诚也，则私意之未尽，当去私以存其诚，己见之未融，当克己而推于物，无行其所甘而行其所苦，则形骸之有隔者可以力扩之而使通，无行其所易而行其所难，则残薄之为累者可以逆制之而使化，夫是之谓恕，恕则虽未至于仁，而以强勉之力，求公溥之心，仁莫有近于此者矣，此则勉然而备之者矣。仁由恕而入，诚由恕而全，人、物可浑为一身，安、勉可归于一致。此则尽性之事，而学者之所当自反也。

　　【评】说理明白晓畅，所不及先辈者，词语少平缓耳。不如此而求之艰深滞涩，安能使人心目了了？

　　【题解】出自《尽心上》第四章，参见启祯文卷九曾异撰《强恕而行》。

　　孟子曰："万物皆备于我矣。反身而诚，乐莫大焉。强恕而行，求仁莫近焉。"

【注释】

① 安勉之途：安然行仁与勉力行仁。

② 浑沦无外：浑然一体，不可分割，而又包含宇宙，其大无外，指心所函之"理"、"道"等。

③ 冲穆无朕：冲虚静穆而无迹象，指"理"、"道"等，也指心之体。朕，迹象。

④ 物与无妄：万物都顺其本性。语本《易·无妄》："《象》曰：天下雷行，物与无妄。"王弼注："与，辞也，犹皆也。天下雷行，物皆不可以妄也。"

仁言不如仁声之入人深也　一章

汪琬墨

观治道之难齐，而详著得民之辨焉。盖言、声固难以并较，而政、教亦有不相及者，可不进详其所得耶？且一代之民风，即一代之主术是也。善择术者贵审其偏全以图之，而后大化以成，盖虚文既不足以感孚，而实治犹未臻于和洽，相形以观，而知奏效有独隆者。今人主孰不竞称仁哉？然而降温良之诏，非不足鼓舞闾氓，而德意未孚，则相渐者犹浅；循乐恺之文，非不足激扬下士，而讴吟未遍，则相感者犹疏。以言视声，是固有不如者。若夫举仁而被之于政，斯为善政；洽之于教，斯为善教。从来惟立政之朝为能惇其孝友，作其君师；亦惟修教之主为能布其典章，昭其文物。岂非异名而同实，殊途而一致者哉？以是言不如也，其谁信之？抑知风尚所传，或丕变者不同俗，而亲亲、尚功①，遂区为数传之风化；观感所说，或讴思者不同情，而明作惇大②，遂别为百世之模猷。则且分政、教之民，观之民，一也，何以声灵赫濯③，恒出自文法诞布④之余，而动以天性者，独蔼乎一人之谊焉，咏岂弟⑤而思父母，未尝无畏，而畏不足尽也，则所以爱者可思也；抑分政、教之得民，观之得民，亦一也，何以筐篚来王⑥，恒得自法纪修明之日，而渐以德化者，独隐然痌瘝之思焉，怀乐只⑦而输恫素⑧，未尝无财而财不足言也，则所以得心者可思也。然后知政亦有声，法度修而舆诵⑨作，是即政之仁声也；教亦有声，耕凿泯而康谣⑩兴，是即教之仁声也。然且升降异时，迟速异效，君子盖不胜王霸之感焉。而况区区仁言，乃欲以文诰之空名，絜⑪抚循之实化，岂可得哉？

【评】章妥句适，中律合度，有隆万之巧密而无其凌驾。我朝初年场屋文字，犹遵先正成法如此。

【题解】出自《尽心上》第十四章。

孟子曰："仁言，不如仁声之入人深也。（程子曰："仁言，谓以仁厚之言加于民。仁声，谓仁闻，谓有仁之实而为众所称道者也。此尤见仁德之昭著，故其感人尤深也。"）善政，不如善教之得民也。（政，谓法度禁令，所以制其外也。教，谓道德齐礼，所以格其心也。）善政民畏之，善教民爱之；善政得民财，善教得民心。"（得民财者，百姓足而君无不足也；得民心者，不遗其亲，不后其君也。）

【注释】

① 亲亲、尚功：传统认为齐、鲁两国采取了"亲亲"和"尚功"的不同政治原则。《淮南子·齐俗训》："昔太公望、周公旦受封而相见。太公问周公曰：'何以治鲁？'周公曰：'尊尊亲亲。'太公曰：'鲁从此弱矣。'周公问太公曰：'何以治齐？'太公曰：'举贤而上功。'周公曰：'后世必有劫杀之君。'"按，此一股谓各国的政治原则可能有所偏重，与下一股意思相对。

② 明作惇大：语本《尚书·洛诰》："明作有功，惇大成裕。"孔安国传："明为有功，厚大成宽裕之德。"

③ 声灵赫濯：政教光明显盛。《诗经·商颂·殷武》："赫赫厥声，濯濯厥灵。"孔颖达疏："赫赫乎显盛者，其出政教之美声也。濯濯乎光明者，其见尊敬如神灵也。"

④ 诞布：广布。诞，大。

⑤ 岂弟：和乐平易。岂，通"恺"。弟，亦作"悌"。按，此句本《诗经·大雅·洞酌》："岂弟君子，民之父母。"毛传："乐以强教之，易以说安之。民皆有父之尊，母之亲。"

⑥ 筐筐来王：以筐盛装礼物，前来朝拜。筐筐，装币帛等礼物的器具。来王，来朝，《诗经·商颂·殷武》："莫敢不来享，莫敢不来王"，毛传："世见曰王。"

⑦ 乐只：此指贤人君子。语本《诗经·小雅·南山有台》："乐只君子，德音不已。""乐只君子，民之父母。"郑玄笺："'只'之言'是'也。人君既得贤者，置之于位又尊敬，以礼乐乐之。"

⑧ 悃素：忠诚之心。

⑨ 舆诵：众议，民谣。舆，多、大众。

⑩ 康谣：尧时的《康衢谣》，代指歌颂帝王德化的歌谣。按，此句本《康衢谣》，谓至德之世，百姓耕田凿井，生活安乐，而忘记圣王之恩德，以此反而更见圣王之德。

⑪ 絜：度量，比量。

人之所不学而能者　一节

金居敬　墨

"能"与"知"有在学、虑之先者，谓之"良"焉可矣。夫人亦学而能虑而知耳，不学、不虑而固已知、能也，非其良能、良知也乎？且强人以本无而予之所未有，不可以立教；责人以所独至而不循之于所同得，亦未可以为训也。极人之所愿，期其无所不能、无所不知而止，而继善成性①以来，固有其无所待而然者也。夫以人之有能有不能也，而告之曰"尔胡弗学，尔学则自能之矣"，此亦使人由不能以至于能之善术也，然曷不溯之其所不学而能者乎？性之真者无假于习，情之至者必著于事，其能之也岂以学也？然而过此以往，则必学矣，则必学而能矣。非阻人以学，非谓人可任此不学而能，而甚惜其所不学而能者有诸己而弗察也。或智故既深，而并其所不学而能者而倍之也，人亦静念其所不学而能者可矣。吾指之曰"良能"，则自有生以来未尝学此矣，使由此能而充之以学，则可以为无所不能之人。乃仅有此能而不充之以学，亦断不得曰"之人②也，无良能也"，人其可以或倍此良能也哉？而良能岂有时而泯也哉？夫以人之有知有不知也，而告之曰"尔胡弗虑，尔虑则自知之矣"，此亦使人由不知以至于知之善术也，然曷不溯之其所不虑而知者乎？机之所启必自夫天，识之所开必依于理，其知之也岂以虑也？然而过此以往，则必虑矣，则必虑而知矣。非阻人以虑，非谓人可任此不虑而知，而甚惜其所不虑而知者有诸己而弗悟也。或嗜欲既多，而并其所不虑而知者而昧之也，人亦返观其所不虑而知者可矣。吾指之曰"良知"，则自有生以来未尝虑此矣，使由此知而进之以虑，则可以为无所不知之人。乃仅有此知而不进之以虑，亦断不得曰"之人也，无良知也"，人其可以或昧此良知也哉？而良知岂有时而息也哉？吾以是概论夫人矣。

孟子曰:"人之所不学而能者,其良能也;所不虑而知者,其良知也。(良者,本然之善也。程子曰:"良知良能,皆无所由;乃出于天,不系于人。")孩提之童,无不知爱其亲者;及其长也,无不知敬其兄也。(孩提,二三岁之间,知孩笑、可提抱者也。爱亲敬长,所谓良知良能者也。)亲亲,仁也;敬长,义也。无他,达之天下也。"(言亲亲敬长,虽一人之私,然达之天下无不同者,所以为仁义也。)

【注释】

① 继善成性:此指阴阳化合,形成人的生命,语本《易·系辞上》:"一阴一阳之谓道,继之者善也,成之者性也。"

② 之人:此人。

舜之居深山之中　一节

韩　菼

从深山以观圣,而极形其所感焉。夫不能异于深山之野人者,自不遗一善者也,此可以观舜云。百家言舜尚已,即孟子论舜行事,亦尝序其自田渔①至为帝时取善之大略,而至此独论其居历山时也。曰:予考舜在位,事不胜详,即辟门②数事,其求善之意甚至。而不知其心泊然无为,育然以处,曾不异曩者居深山时,是故吾即观舜之居深山。一王之兴,当其彷徨陇亩,必有绝殊之迹,而史即书之为受命之祥,不知著为异者必其中异之处无多也,而大圣人出处不惊,已非一时意计之所测;创建之始,当其隐约田间,必有自匿之思,而后因原之为养晦之用,不知求不异者必其中异之见先设也,而大圣人举动如故,竟为百世神灵之所归。故吾观于舜而知其初无异也,共田畴而让畔③,已咸目属圣人之奇,意舜亦微有自见者,而要不尔也,夫且居者可得而处,游者可得而狎,山中人而已矣,然何以尔时深山之见闻,自舜居之,而若不忧其陋,夫同一居山耳,箕颍④居之而加隘,历山居之而加广者,此其际诚可意想也;吾又观于舜而知非故为无异也,往于田而自伤,已窃自比劳人之侣,意舜亦有不欲自震者,而亦不然也,夫且一如木石之无心,如鹿豕之相忘,山中人而已矣,然何以一时野人之言行,自舜居之,而若不病其孤,夫同一见闻耳,鼗铎⑤得之而非多,山中得之而非少者,此其神殆难拟议也。盖幽人之致,有闻而如无闻,有见而如无见,必屏处以全其真,则沦寂之为也,圣人之不见闻即可以见闻,其于万物也相与受而已,故任愚贱之投而处之,亦如其居游之素;英明之姿,未闻而尝若有闻,未见而尝若有见,必先物而为之所,亦天机之浅也，圣人偶有见闻而无加于不见闻，其于心思也不自知而已，故极挹取之致，亦旷然莫测其野人之天。则诚见夫深山之舜，其异无几，而及其闻见一善言行，真沛然江河之决之莫御也已。深山，静境也，吾以观圣心之存；江河之决，动几也，吾以得圣心之感。然则居者仁耶？决者知⑥耶？

【评】着眼"及其"两字，"居""游"之前，"见""闻"之后，写来融洽朗润。只"若决江河"甚速而无不通之义，尚少理会耳。

【题解】出自《尽心上》第十六章。

孟子曰："舜之居深山之中，与木石居，与鹿豕游，其所以异于深山之野人者几希。及其闻一善言，见一善行，若决江河，沛然莫之能御也。"（居深山，谓耕历山时也。盖圣人之心，至虚至明，浑然之中，万理毕具。一有感触，则其应甚速，而无所不通，非孟子造道之深，不能形容至此也。）

【注释】

① 田渔：耕田捕鱼。舜尝耕于历山，渔于雷泽。按，《孟子》多处提及舜，此句指《公孙丑上》叙舜之生平："自耕、稼、陶、渔以至为帝，无非取于人者。取诸人以为善，是与人为善者也。"朱熹集注："舜之侧微，耕于历山，陶于河滨，渔于雷泽。"

② 辟门：指舜广招贤才。语本《尚书·舜典》："（舜）询于四岳，辟四门"，孔安国传："谋政治于四岳，开辟四方之门未开者，广致众贤。"

③ 让畔：受舜的感化，种田人都懂得互相谦让，在田界处让对方多占有土地。事见《史记·五帝本纪》："舜耕历山，历山之人皆让畔；渔雷泽，雷泽上人皆让居。"

④ 箕颍：箕山和颍水，代隐者所隐之地，此指隐者一流人物。尧时贤者许由曾隐居箕山之下，颍水之阳，后因以"箕颍"指隐居者或隐居之地。

⑤ 鼗铎：鼗鼓和木铎，古代宣教征令或征询民意时用它们引起注意。

⑥ 知：通"智"。按，《论语·雍也》谓"知者乐水，仁者乐山；知者动，仁者静"，此处既以"江河之决"为"动几"，故又以其为"知（智）"。

仰不愧于天 一节

王汝骧

求乐于天人之际，君子之存心也。盖俯仰间一自谓不愧怍而愧怍在矣，此君子之拟为至乐而不敢知者欤？尝思人生何者为乐，不可得而得之，斯乐矣。天伦之际，圣贤多悲痛①焉，即是以思，而君子之所乐于俯仰间者有如此父母兄弟矣。何则？仰焉共此天也，俯焉同此人也。君子自昭事②以来，陟降左右③，觉一息不与天相似，有愧于天者也，此际惟自知之也；君子自克己以来，正身率物，苟一事非天下所归，有怍于人者也，此中恒自苦之也。天人交责之躬，毕生而奚释其负；俯仰俱劳之志，千古而莫解其忧。君子于是慨然而勤思焉，曰安可得哉？仰不愧于天，俯不怍于人，则乐矣。凛然此知愧之衷也，上帝之於昭④，何日不严诸对越⑤，正惟对越久，而下学上达之修，有独信为知我其天者⑥，何待高谈奉若⑦哉，一举首间，而临汝者⑧可念念质也，则此际之旦明⑨，乃始无所庸其局踳已；欿然⑩此怀怍之心也，伦类之纷纭，何处不歉于分量，正惟分量明，而老安少怀⑪之愿，有不负乎斯人吾与者⑫，岂必侈言康济⑬哉，一环顾间，而接我者可事事安也，则此时之酬对，乃信无所用其惭恶已。且天吾父母也，吾诚有以不愧之，视于无形，听于无声，仰此高高者⑭宛然出入顾复⑮之亲，斯则生人得其所之极也，而何日其信然也；人亦吾兄弟也，吾诚有以不怍之，民吾同胞，物吾与也⑯，俯此芸芸者依然绰绰有裕之风，斯亦两间⑰至坦荡之境也，而何修而得此也？由此言之，又一"俱存无故"⑱之象也，二乐也。

【自记】细思此章神理，"一乐"既孟子所无，"三乐"亦未足满志，"二乐"若就现成说，反不见圣贤修己实功矣。可见俱是慨想之词。此节地位，惟孔子足以当之，尤不得著一意气语。

【题解】出自《尽心上》第二十章。

孟子曰："君子有三乐，而王天下不与存焉。父母俱存，兄弟无故，一乐也。（此人所深愿而不可必得者，今既得之，其乐可知。）仰不愧于天，俯不怍于人，二乐也。（程子曰："人能克己，则仰不愧，俯不怍，心广体胖，其乐可知，有息则馁矣。"）得天下英才而教育之，三乐也。（尽得一世明睿之才，而以所乐乎己者教而养之，则斯道之传得之者众，而天下后世将无不被其泽矣。圣人之心所愿欲者，莫大于此，今既得之，其乐为何如哉？）君子有三乐，而王天下不与存焉。"（林氏曰："此三乐者，一系于天，一系于人。其可以自致者，惟不愧不怍而已，学者可不勉哉？"）

【注释】

① 多悲痛：指圣贤之人并不能享有"父母俱在，兄弟无故"的人伦之乐。按，此数句谓，圣贤既不能享有这种人伦之乐，则把"天"看作自己的"父母"，把"人"看作自己的"兄弟"，将俯仰无愧视为"父母俱存，兄弟无故"之乐。

② 昭事：勤勉侍奉上帝，此指修身。语本《诗经·大雅·大明》："昭事上帝，聿怀多福。"

③ 陟降左右：往来于上帝的左右，此指始终敬畏上天。陟降，升降，指往来。语本《诗经·大雅·文王》："文王陟降，在帝左右。"

④ 上帝之於昭：上天昭明。按，语本《诗经·大雅·文王》："文王在上，於昭于天。"毛传："在上，在民上也。於，叹辞。昭，见也。"

⑤ 对越：面对。语本《诗经·周颂·清庙》："济济多士，秉文之德，对越在天。"朱熹集传："越，于也。……对越其在天之灵。"按，此句谓每日都须严正地面对上天以检视自己的行为。

⑥ 为知我其天者：此谓自信个人的勤勉修养已为上天察知，语本《论语·宪问》："（子曰）下学而上达。知我者其天乎！"朱熹集注："然深味其语意，则见其中自有人不及知而天独知之之妙。"

⑦ 奉若：此指恭承天命。

⑧ 临汝者：指上天。《诗经·鲁颂·閟宫》："无贰无虞，上帝临女（汝）。"

⑨ 旦明：此指平旦清明之气。《孟子·告子上》"平旦之气"，朱熹集注："平旦之气，谓未与物接之时，清明之气也。"

⑩ 欿然：自觉有缺失而心存遗憾。

⑪ 老安少怀：即老者安之、少者怀之，语本《论语·公冶长》："（孔子曰）老者安之，朋友信之，少者怀之。"

⑫ 斯人吾与者：必须与之相处的世人。斯人，世人。语本《论语·微子》："夫子忧然曰：'鸟兽不可与同群，吾非斯人之徒与而谁与？'"朱熹集注："言所当与同群者，斯人而已，岂可绝人逃世以为洁哉？"

⑬ 康济：安抚救助，泛指安世济民。语本《尚书·蔡仲之命》："康济小民，率自中。"

⑭ 高高者：指"天"。

⑮ 出入顾复：指父母对子女的关爱。语本《诗经·小雅·蓼莪》："父兮生我，母兮鞠我……顾我复我，出入腹我。"

⑯ 物吾与也：万物是我的朋友。语本张载《西铭》："乾称父，坤称母……民，吾同胞；物，吾与也。"

⑰ 两间：指天地。

⑱ 俱存无故：指"父母俱存，兄弟无故"，此句谓能得到"仰不愧于天，俯不怍于人"之乐，好比得到"父母俱存，兄弟无故"之乐。

易其田畴　一章

储　欣

足民有实政焉，足之至而民仁矣。夫始之以"易"与"薄"，继之以"时"与"礼"，此足民之实政也。至足而民仁，圣人复何求哉？尝思治天下而至于成，其亦难矣。虽然，民情者王政之本也，相民情之所急，深思极虑以规画于其间，迨吾政行，而其所取效往往出于所期之外，以此见天下之治之无难也。今夫民贫则奸邪生，固已，然贫者可转而富，富者可不复贫，此断非百姓所能自为而在上者之责也，是故治天下有实政焉。驱少壮而缘南亩，酌古昔以定正供，入其境而污莱无叹、追呼不闻①，则易与薄之政行焉矣；视丰约之岁、制其饔飧，辨贵贱之等、节其縻费，入其境而妇子尚俭、伏腊有经，则时与礼之政行焉矣。民情甚爱田畴，甚苦税敛，为上者因而顺之，适其所乐，去其所苦，是之谓利导之政，而贫者可转而富也；民情易浮者食，易侈者用，为上者逆而制之，裁其所浮，啬其所侈，是之谓整齐之政，而富者可不复贫也。当是时，家给而人足，盖藏②之外，露积者不垣③；宾祭之余，洽比④者不匮。此虽自古圣人所相继而治之天下，奚以加此哉？盖圣人亦尝观民之于水火矣。昏暮而求，求而与，圣人以为此至足之征，而菽粟之宜与同量也。故其治天下也，始必易焉薄焉，使菽粟之出如水火然足矣；继必时焉礼焉，使菽粟之用如水火之不竭然至足矣。惟至足，故无则求之，非有父兄子弟之慈爱而望以取携；求则与之，不待孝友睦姻之恻心而供其困乏。然后知圣人之治，先于至粗而后极于至精，专于民之相养相生而自及于民之相亲相爱焉。有不仁者乎？所谓王政行而效出于所期之外者，此也。今日者，豆觞之间恒犯齿⑤，穰粗之借有德色⑥，议者咸恶其不仁，而吾犹悯其不足。盖菽粟不足，虽父子不相保持，而当其足，虽行道之人皆不忍也。为治不相民情所急而图之，徒欲掇拾唐虞之遗文，补苴三代之故事，思以美教化而厚风俗，不亦末乎？

【评】发首二节已透，得"使有菽粟"实际，故后半从容指点，自迎刃缕解矣。机神流逸，气度安和，为作者上等文字。

孟子曰："易其田畴，薄其税敛，民可使富也。食之以时，用之以礼，财不可胜用也。民非水火不生活，昏暮叩人之门户，求水火，无弗与者，至足矣。圣人治天下，使有菽粟如水火。菽粟如水火，而民焉有不仁者乎？"

【注释】

① "污莱"以下：指没有荒芜的田地，也没有追缴赋税的呼喝之声。污莱，谓田地荒废，下者荒废为池，高者生满荒草，语本《诗经·小雅·十月之交》："彻我墙屋，田卒污莱。"毛传："下则污，高则莱。"

② 盖藏：指储藏于府库之中。

③ 不垣：不筑围墙保卫，意谓风俗美好，百姓不用担心被盗。曾巩《拟岘台记》："其民乐于耕桑以自足，故牛马之牧于山谷者不收，五谷之积于郊野者不垣。"

④ 洽比：亲睦协合。此指在宾祭等礼仪之外，仍有财物酒食与邻里乡党共享。《诗经·小雅·正月》："彼有旨酒，又有嘉殽。洽比其邻。"朱熹集传："洽、比，皆合也。"

⑤ 犯齿：僭越年长者的位置，违背"尚齿"的原则。语本《礼记·坊记》："子云：'觞酒豆肉，让而受恶，民犹犯齿。"郑玄注："犯，犹僭也。齿，年也。礼：六十以上，笾豆有加。"

⑥ 德色：自以为对人有恩德而表现出来的神色。语本《汉书·贾谊传》："故秦人家富子壮则出分，家贫子壮则出赘。借父耰锄，虑有德色。"颜师古注："言以耰及锄借与其父，而容色自矜为恩德也。"

圣人治天下　四句

金德嘉　墨

治至圣人而得其要，富民之效可睹也。甚矣，圣人之汲汲于富民也，而民俗之仁即由是焉，治天下者尚法圣人哉！且事有民生日用之恒，而帝王经纶之大端在焉。相天下之所急而潜率之，此其意未尝遂曰王道既成于天下，而论者以为人心风俗之善未始不由乎此也。今观水火至足之象，而知菽粟之于民甚急矣。夫民亦何幸而生于圣人之天下乎？圣人之治天下也，始焉患其不至于富，而思所以富之，是故井疆徭赋，尽其为民元后①之才；既焉患其不足于用，而思所以用之，是故天道王制，尽其为民司牧之学。夫以圣人而治天下，其所以范围乎天下者甚大，而所以曲成乎天下者亦甚远矣，然观圣人之治无他急焉，亦惟使有菽粟如水火耳。夫论治者不察菽粟如水火之故与夫菽粟如水火之效，则圣人治天下之心几不大白于天下，惟观于至足之世，而后叹圣人之治天下诚非一切之治所可及也。古者圣人之民享圣人之美利，而贫富不至于相耀，由比闾族党②以放于四海九州岛③之遥，而皆有万物一体之乐；古者圣人之民忘圣人之裁成，而生养自安于固然，自亲长爱敬以达于睦姻任恤之谊④，而皆有天下一家之模。若是者何也？仁也。而圣人先天下而念之，合天下而谋之，第恐菽粟未如水火之足耳。菽粟如水火，而民焉有不仁者乎？夫《山高》、《牧民》⑤之书，得圣人之意而小用之，而犹足以伯；开塞耕战之务⑥，窃圣人之术而杂用之，而且至于强。然则菽粟之于民，缓急轻重之数亦大略可睹矣。治天下者而欲使海内乂安、民气和乐，尚于易畴、薄敛、食时、用礼数大政加之意哉！

【原评】古气磅礴，舒卷天然。不作寻常掉弄语，而题之筋脉节节灵动。乃大家得意之文，非苦心经营之所能到也。

【评】顿跌鼓荡，一气流转，闱墨中仅有之文。

【题解】出自《尽心上》第二十三章，见上，参见启祯文卷九尹奇逢《食之以时》。

【注释】

① 元后：天子。《尚书·泰誓上》："亶聪明，作元后，元后作民父母。"

② 比间族党：泛指基层的单位。《周礼·地官·大司徒》谓周制五家为比，五比为闾，四闾为族，五族为党。

③ 九州岛：即九州。

④ 睦姻任恤之谊：谊，义。《周礼·地官·大司徒》："二曰六行：二曰六行，孝、友、睦、姻、任、恤。"郑玄注："睦，亲于九族。姻，亲于外亲。任，信于友道。恤，振忧贫者。"

⑤《山高》、《牧民》：指《管子》。按，《史记·管晏列传》："吾读管氏《牧民》、《山高》……详哉其言之也"，《牧民》为首篇，次篇《形势》首句为"山高而不崩"，故称"山高"。

⑥ 开塞耕战之务：此为商鞅变法的内容，代指杂用"霸道"的治术。"开塞"即"明开塞"，弄清提倡什么，反对什么；耕战，指奖励耕战。按，此二股谓小用圣人之道已足以称霸（"伯"），杂用圣人之道已足以强国。

孔子登东山而小鲁　一章

李光地

圣道大而有本，学者必以渐而至也。甚矣，圣人之道之大，盖非无本而然矣。苟无成章之学，而欲一蹴而至于道，岂不难哉？此孟子学圣人有得，而以教天下也。意谓：望道而至，必得其所归；向道而行，必知其所自。今天下学术纷纷也，不有圣人之道，安所统一哉？昔者孔子尝登东山而小鲁矣，尝登太山而小天下矣，所处益高，视下益小；举是类之彼，观于海者岂复有水，游于圣人之门者岂复有言乎哉，盖所见既大，则其小者不足观也。虽然，观圣人之道，又无取乎徒观于其大而已。今夫水之无源者无澜，其动而为澜者有源之水也；光之无本者有不照，其无所不照者有本之光也。圣人之道，夫亦有所谓澜焉，混混乎其不穷；夫亦有所谓照焉，昭昭乎其常新。安得君子与之共观圣人之道而至之乎？吾观流水之为物也，非原泉之积至于盈科，如是而行之，吾知断港绝潢①之不能至于海矣；况乎君子之至于道也，无实功之积至于成章，如是而志之，吾知荣华小成②之不能达于上矣。盖其大者如岱岳东溟之极乎山海之崇深，不可几而及也；而其有本如江河日月之根于水火之精气，可以渐而积也。颜子之贤未达一间③，而邹鲁之士④莫不斐然成章⑤焉。或源也，或委也，学者可以有志于本矣。

【评】比例繁多，易于零杂。文则如金在冶，镕成一片，而宾主轻重之间复有条而不紊。

【题解】出自《尽心上》第二十四章，参见化治文卷六钱福《孔子登东山而小鲁》。

孟子曰："孔子登东山而小鲁，登太山而小天下。故观于海者难为水，游于圣人之门者难为言。观水有术，必观其澜。日月有明，容光必照焉。流水之为物也，不盈科不行；君子之志于道也，不成章不达。"

【注释】

① 断港绝潢：与别处水道不通的港汊和水洼。韩愈《送秀才序》："道于杨墨老庄佛之学，而欲之圣人之道，犹航断港绝潢以望至于海也。"
② 荣华小成：有所得而未臻于大道。《庄子·齐物论》："道隐于小成，言隐于荣华。"《孝经》："是以道隐小成，言隐浮伪。"邢昺疏："小成，谓小道而有成德者也。"
③ 未达一间：指颜渊与圣人只有很小的差距。
④ 邹鲁之士：指学习孔子之道的学者。
⑤ 斐然成章：指学有所成。《论语·公冶长》："子在陈曰：'归与！归与！吾党之小子狂简，斐然成章，不知所以裁之。'"朱熹集注："吾党小子，指门人之在鲁者。……斐，文貌。成章，言其文理成就，有可观者。"

钦定清朝四书文卷十四（《孟子》下之下）

游于圣人之门者难为言

万 俨 墨

学圣者其见大，愈征圣人之大焉。夫圣人不绝人以言也，然圣言出而群言废矣，不可即游其门者而见其大耶？从来英奇之士，莫不各立一说，争自表见于天下，推其意，亦期天下之我从也。乃必从而屈抑之，使不得有所逞，则处言者为过刻，而立言者之心亦将有所不服矣。然而有不得不然者，诚有所以屈之者也，置一言于此，闻而忌之，甚私耳，而于言无损也，若相形而见绌，则取舍无中立之途；抑有所以服之者也，置一言于此，始而信之，甚坚耳，乃所闻益进也，则互参而弗胜，将得失无两可之势。且夫圣人之大也，未尝以言屈天下，而天下之言者屈焉；未尝以言服天下，而天下之言者服焉。是故特未游于其门焉，斯已耳。当其风雨晦明而抱寡闻之叹，何寂寂也，此时即残编旧策，亦觉旨趣之可寻，惜也未亲圣人也，迨得高乎乡国者而请业，卓然升东山之堂焉，聆其文章绪论，高深顿殊，而向时之所见、向时之所闻，皆卑之无甚高论矣，盖圣言深而群言浅矣，浅故难也；迨其交游赠答而获良友之告，宁落落也，此时即小言曲说，亦乐新奇之可喜，惜也弗近圣人也，迨得高乎天下者而从游，恍然入泰山之室焉，聆其仁义道德，风旨迥异，而前日之所知、前日之所赏，皆淡焉弃之如遗矣，盖圣言全而群言偏矣，偏故难也。世独不能使圣人无言、任百家伸其说耳，夫圣人无言，人得各持一言以相争，乃自与闻秘奥，毋论泛言莫与争焉，即名言亦莫与争焉，此非故小其言也，其人未大也，言者苟自返之，当亦自悔其言之陋矣；圣人亦不必穷天下之言、为吾党重其名耳，夫必穷其言，人且曲护其言以相敌，惟听彼纷纭，只觉微言之奥莫敌焉，即庸言之浅犹莫敌焉，此非故大其言也，其人本大也，言者苟自悟之，无不乐求为圣人之徒矣。盖至于难为言，而圣人益大耳。

【评】思精而能入，笔曲而能出。股法浅深转换，行文抑扬顿折，皆与庸手有别。学者解此，更无平庸合掌之病。

【作者简介】

万俨，不详。

【题解】出自《尽心上》第二十四章，参见化治文卷六钱福《孔子登东山而小鲁》。

孔子登东山而小鲁，登太山而小天下。故观于海者难为水，游于圣人之门者难为言。

鸡鸣而起 一章

赵 炳

以善、利分天下之人，而为利者庶乎其止矣。夫好舜而不能好善，恶跖而不能恶利，人之情也。苟知舜、跖即分于善、利之间，天下庶其惧而修乎？且夫天地生人之后，日分之势也。天赋性以养人之心，而又生物以养人之身，心之所养者身未必乐也，身之所乐者心未必全也。于是一人之身而有必分之势矣。我无从救之，我将以二人者救之。曰舜，曰跖，一以人为劝，一以人为鉴也。事物至我前，舜求其美，跖亦求其美也，舜之所美者在乎此，跖之所美者在乎彼，或彼或此，我既不能以一身遁于两人之外，则必有所入，既入之，弗能择也，则莫如及其未入者而择焉；天地予我身，我之神智日佐舜以引我也，我之情好亦日佐跖以引我也，舜胜我则得我，跖胜我则失我，为得为失，我既不能以一心和合两人之是，则必有所远，既远之，弗待断也，则莫如及其相邻者而断焉。圣人盗人，相近也已而相绝，相仇也已而相冒①。吾以一言决之，曰为善为利，而千世之人未有不出于其中矣。万物皆静也，而于鸡鸣一动焉，当其寂焉不动，舜跖同然圣人之心，然而无多时矣，稍迟焉则危矣，动而之于善者，利弗能为之诱，动而之于利者，善亦弗能为之进也；万物皆聚也，而于鸡鸣一散焉，当其燕息②无心，舜跖若处一家之内，然而无足恃矣，一去焉不反矣，天下之利无穷，跖弗能尽利而反，天下之善亦无穷，舜亦弗能尽善而止也。无他，皆在此间而已。而幸也犹存舜跖之名也，古来舜一人耳，跖则何限，跖其名者一人耳，彼跖其心者何限，然而人称我跖则恶之，本无跖于其心也，人称我舜则乐之，本有舜于其心也，吾是以动之于其间也；而惜也犹多舜跖之名也，世之学舜者，细考之皆跖之徒，世之学跖者，苟变之亦皆跖之徒，跖心中亦有舜，自以为舜，故跖也，舜心中亦有跖，惧其为跖，故舜也，吾是以慎之于其间也。不早辨之于先而日求利也，宜乎天下为跖之多也哉！

【评】为善为利，人但知为两途，孟子特举出舜、跖而判其机于利、善之间。立言之意，一层危悚一层，非此警快之笔不足以达之。　　句调亦微有近滑处，笔下过于快利者往往有此。学者不可不慎。

【题解】出自《尽心上》第二十五章。

孟子曰："鸡鸣而起，孳孳为善者，舜之徒也。（孳孳，勤勉之意。言虽未至于圣人，亦是圣人之徒也。）鸡鸣而起，孳孳为利者，跖之徒也。（跖，盗跖也。）欲知舜与跖之分，无他，利与善之间也。"（程子曰："言间者，谓相去不远，所争毫末耳。善与利，公私而已矣。才出于善，便以利言也。"杨氏曰："舜跖之相去远矣，而其分，乃在利善之间而已，是岂可以不谨？然讲之不熟，见之不明，未有不以利为义者，又学者所当深察也。"或问："鸡鸣而起，若未接物，如何为善？"程子曰："只主于敬，便是为善。"）

【注释】

① 相冒：彼此混淆。
② 燕息：安然静处。

鸡鸣而起 一章

吕谦恒

大贤欲人慎所为，而原其所由分焉。盖为善为利，至舜、跖而大分矣，乃所分止此间耳，可不慎与？且人性不甚相远，而相去或倍蓰而无算①，何哉？盖诚本无为而几有善恶②，其判于方动而成于所习者，辨之不可不蚤也。今夫夜气之所存，发于平旦；而一念之罔克，常在几微。时当鸡鸣，固善与利之见端，而可舜可跖之界乎？何以辨之，则于所为辨之。其人而为善与，当鸡鸣时而已孳孳矣，虽未必即舜，然而舜之徒也；其人而为利与，当鸡鸣时而已孳孳矣，虽未必即跖，然而跖之徒也。则若是其分矣哉！顾从其后而观之，舜自舜也，跖自跖也，或圣焉，或狂焉，殆不可同日而语；乃从其始而揆之，为善者此俄顷，为利者亦此俄顷，于此乎，于彼乎，又不啻并域而居。岂有他哉？其分者，利与善也；其所以分者，利与善之间也。人而不知其所由分，则谓宇宙至大，尚可依违中立耳，无如出乎此即入乎彼，天下固未有不舜不跖之途以听人之迁就也，人心道心，交集于一念，而微者不觉著焉，则其间殊隘甚也；人而诚知其所由分，则当朕兆初萌，幸可决择自我耳，是必迎而距、平心而察，不使隐微中有一善一利之扰以至苟且自欺也，毫厘千里，力争于一息，而危者使之安焉，则其间殊捷甚也。是以知几者惟圣人，慎动者惟君子③。学者希圣以复性，则必于鸡鸣时一察识此善心哉！

【评】醇正老当，词无枝叶。起结用周子语，恰是题中肯綮。凡作文用五子④书，必如此恰当细切，方无漫抄《性理》⑤之弊。

【作者简介】

吕谦恒（1653—1728），字天益，号涧樵，河南新安人。康熙四十八年（1709）二甲进士，雍正间官至光禄寺卿，以老致仕。尝读书青要山中数十年，博学工诗，著有《青要集》诗集十三卷、《青要山房文集》不分卷。

【题解】出自《尽心上》第二十五章，见上。

【注释】

① 倍蓰而无算：两倍、五倍以至无穷倍。蓰，五倍。语本《孟子·告子上》："或相倍蓰而无算者，不能尽其才者也。"
② 几有善恶：人的细微的行动中已经具有善、恶的性质。几，动之微。按，此引周敦颐《通书·诚几德》"诚无为，几善恶"之语。

③ 周敦颐《通书·慎动》："动而正曰道……邪动，辱也；甚焉，害也。故君子慎动。"

④ 五子：即"宋五子"，指宋代周敦颐、程颢、程颐、张载、朱熹。

⑤《性理》：明永乐中胡广等奉敕编《性理大全书》，为历代儒者关于性理言论的汇编，清康熙间又删减为《性理精义》。此兼指二者。

君子居是国也 五句

毕世持 墨

君子之有益于国也，即用之、从之而可见焉。盖用与从则不在君子耳，岂其居是国也而漫无所益于其君与子弟乎哉？孟子以释"素餐"之疑也，谓夫天下之所求于君子者，其事亦奢而难副，而要之皆不足为君子难也。顾君子于此亦有甚难焉者，则以其事或非君子之所得为。夫以君子之所不得为而概举之以疑君子，抑何其量之浅而责之过耶？信如子"不耕而食"之说，是为君子者迂疏寡当，既无补于国势之寝微；纯盗处声①，更不见有实德之感被。就令如是，亦必试之不效而后知君子之果无益于人国也，而试问君子所居之国，其能用之而从之者有几人哉？游历乎王公之庭，周旋于伦类之中，而势不相属，功莫能致，则其居是国也，且与不居是国也等也。即或阳隆之以文貌而意念不亲，远奉之以神明而观感不切，则是其君用之而犹未尝用也，其子弟从之而犹未尝从也。如是而安得谓君子之无益于人国也？且夫其君之所期者吾知之矣，席先世之业而思光大其国家，曰安也，富也，尊也，荣也，独不得旦暮致之耳，顾能致之者莫如君子而卒不之用，即君子亦无如其君何，夫诚一旦而用之矣，听其言也，显其身也，而不以为泛而已也；其君之为子弟期者吾知之矣，念习俗之非而思移易其心志，曰孝也，弟也，忠也，信也，独不得蒸然向化耳，顾能化之者莫如君子而卒不之从，即君子亦无如其子弟何，夫诚一旦而从之矣，由其道也，尊其德也，而不以为泛焉已也。则君子于此，将以其安富尊荣者徐而奉之其君乎，抑旦夕间旋至而立效乎？将以其孝弟忠信者徐而教其子弟乎，抑旦夕间风流而令行乎？吾见造其庐，听其议论风旨，觇国者以为彼有人焉未可与争也，外可戢窥伺之谋，而内可壮国家之势；登其堂，见其车服礼器，仰德者以为君子之教不肃而成也，熏其德而善良者几何人，闻其风而兴起者几何人。是君子之大有造于国也，而又何"素餐"之云哉？

【评】 曲折生姿，宛转作态。缘其笔底超异，故不落俗调。

【作者简介】

毕世持（1649—1687），字公权，山东淄川人。康熙十七年（1678）解元，有诗集《困佣家草》。

【题解】 出自《尽心上》第三十二章。

公孙丑曰："《诗》曰'不素餐兮'，君子之不耕而食，何也?"孟子曰："君子居是国也，其君用之，则安富尊荣；其子弟从之，则孝弟忠信。'不素餐兮'，孰大于是?"（《诗》，《魏国风·伐檀》之篇。素，空也。无功而食禄，谓之素餐，此与告陈相、彭更之意同。）

【注释】

① 纯盗处声：疑当作"纯盗虚声"，于义为胜。李固《与黄琼书》："是故俗论皆言处士纯盗虚声。愿先生弘此远谟，令众人叹服，一雪此言耳。"纯盗处声，于义亦通。

桃应问曰　一章

熊伯龙

　　大贤之断虞事，存其论可也。夫"杀人者死"，岂以律天子之父哉？皋必执，舜必逃，亦正告天下为然耳。且处臣子之间，恒人①能见及者理也、事也，不能见及者心也。究极于心，前此不必有其事，后此不必据其理，而论断臣子必不可无是心，此圣贤之论虽创而实不易也。如子舆氏②设论虞廷一狱，舜天子也，瞽瞍天子父也，以天子父杀人，必欲抗天子杀天子之父，是犯不可释，以诛可释也。且为天子不能庇天子父，弃天下不得为天子，反欲以天子之逃庇其父，何异授人以戈挥止其刃哉？虽然，执是以论，臣必不能行之君，子亦必不能行之父；反是以勘，臣不如是设心、必无以为臣，子不如是设心，必无以为子也。今夫为天子臣，必不敢执天子父，此其心知有天子尔，为臣而但知有天子，天子之外安有事天子者哉，盖奉天子敢执天子之父者此臣，即奉天子不独可杀天子之父者亦此臣，使知至尊莫如天子父，而杀人无辜则可执，亦何至立人之朝即无以执持于君前也？凡人父实有子，必谓有天下不敢议吾父，此其心仍重视天下尔，为子而重视天下，天下之外亦安有事吾父者哉，盖以有天下见父可免于天下者此子，即以有天下使父不免于天下者亦此子，使知难忘莫如天下，而窃负而逃则如蹝，又何至为人之子必无以明乐于父侧也？然则使瞽瞍实有是杀，皋陶实有是执，舜实有是逃，将皋陶视天子之父等于匹夫，舜之弃天下，终以父为天下逋逃之罪人，法之可诛且不在瞽瞍而在皋陶与舜；使瞽瞍实有是杀，谓皋陶难以言执，舜难于言逃，将臣幸天子之父杀人可结③天子，子憾父为天子之父杀人，终无以谢天下，法之可诛即在处心并不必问其执与不执、逃与不逃。君父虽不幸，亦何利有此臣子哉？此子舆氏之论甚创甚不易也。

　　【评】 黄蕴生、杨维斗④作，皆于平正处发挥。此文又于题解之外另翻出一层道理，立格似奇而义更深醇。文气清刚快削，更得贾晃⑤笔意。

　　【题解】 出自《尽心上》第三十五章，参见化治文卷六王鏊《桃应问曰》。

　　桃应问曰："舜为天子，皋陶为士，瞽瞍杀人，则如之何？"孟子曰："执之而已矣。""然则舜不禁与？"曰："夫舜恶得而禁之？夫有所受之也。""然则舜如之何？"曰："舜视弃天下，犹弃敝蹝也。窃负而逃，遵海滨而处，终身䜣然，乐而忘天下。"

【注释】

① 恒人：常人。

② 子舆氏：即孟子，孟轲字子舆。

③ 结：巴结、讨好。

④ 黄蕴生、杨维斗：黄淳耀、杨廷枢，其文俱见启祯文卷九。

⑤ 贾晁：西汉政论家贾谊、晁错。

君子之于物也　一节

吕履恒

君子不泛用其恩，由一本而递推之也。甚矣，仁与亲之不可以泛用也。一本在亲亲而仁、爱以次及焉，夫是之谓善推耳。且夫兼爱之说，圣贤恶之，非不谅其意，亦忧其不继也。何者？未尝有所端而欲有所兼，以为有余于彼也而先有所甚不足于此，卒亦未有能兼之者，徒见其倒行而逆施已。吾思世之赖有君子者，谓其能仁民也，谓其能爱物也。而亦知君子之于物乎，物与我并生于天地，君子未尝不爱之，爱之逾量，是仁之也，取之有道，用之有时，如是则已足矣，而或更从而溢焉，将并不取亦不用乎，不取不用而仁已穷于物，将有甚不仁于大乎物者①，君子弗为也；亦知君子之于民乎，民与我尤同此形气，君子宁忍不仁之，仁之极致，是亲之也，养之有政，教之有典，如是则已当矣，而或欲过其则焉，将何加于其政与其典乎，加之无已而亲已竭于民，将有不克亲于重乎民者②，君子弗为也。其弗为焉者何也？将有以用吾仁而因惜其仁也，将有以用吾亲而应留其亲也。所亲维何？厥惟吾亲。天性之良，得之最先，惟于吾所不解于心者③实有以致之，不必吉凶之同患，曲成之无遗，而其道自有以相及；孩提之爱，不学而能，苟于理之达于天下者先拨其本焉，则夫情势之相隔，等类之殊观，而其事更无以相周。是故君子特患不能亲其亲耳。既亲亲矣，由是而仁民焉，凡民皆吾同胞，有不容须臾缓者，而若或缓之，何也，民固共事吾亲之人也，是故合万国之欢而民心愈和，极天下之养而民生益遂，谓夫无忝所生者之必无歉于仁耳，不然，民之厚，亲之薄也，虽欲仁之而无自矣，君子所以仁之而弗亲也哉？既仁民矣，由是而爱物焉，万物皆吾一体，有不容膜外④置者，而若或置之，何也，物固生养吾民之具也，是故佃渔⑤以厚生而物自咸若⑥，斧斤以利用而物自繁生，谓夫尽人之性者之终无失其爱耳，不然，慈于物，刻于民也，虽欲爱之而无术矣，君子所以爱之而弗仁也哉？理一则分不得不殊，体立而用因之各得。圣学本天而异学本心，辨之不可不早也。

【评】于三者施之各当、行之有序、推之有本处，无不发挥详尽，笔亦轩豁醒露。

【作者简介】

吕履恒（1650—1719），字元素，号坦庵，又号月岩，河南新安人。王铎外孙，吕谦恒之兄。康熙三十三年（1694）二甲进士，官至户部右侍郎。著有《梦月岩诗集》二十卷、《冶古堂文集》五卷。

【题解】出自《尽心上》第四十五章，参见正嘉文卷六归有光《君子之于物也》。

孟子曰："君子之于物也，爱之而弗仁；于民也，仁之而弗亲。亲亲而仁民，仁民而爱物。"

【注释】

① 大乎物者：指"人"。
② 重乎民者：指"亲"。
③ 不解于心者：指天生的"亲亲"之心。
④ 膜外：犹身外。
⑤ 佃渔：狩猎捕鱼。佃，通"畋"，猎取禽兽。语本《易·系辞下》："以佃以渔，盖取诸离。"
⑥ 咸若：万物各得其性，各得其时。

尽信书 一节

储在文

读书不可无识，尽信则弊生矣。夫书以传信也，有不可尽信者，存乎人之识，识不足而弊可胜言哉！且自书契聿兴，用以传世行远，而后人得所折衷，惟其信而已。然古人有记载之功，不无文辞之过。使无识以权衡其间，则泥古之患甚于蔑古，而书遂为世所诟病，此之不可不知也。何则？天下形迹之地，众人勉强以材力争，而至执简策以成一代之书，则将属之博雅之士，夫博雅之士所恃者才也，其中有要归之旨，必驰骤焉以尽其才，反复纵横，如是而后快，而遂有宁为过量、无不及量之辞；天下言论之选，能者取辨于旦夕间，而至通古今以成一家之书，则务归于著作之体，夫著作之体所尚者文也，其中有表章之实，必润色焉以壮其文，铺张扬厉，如是而后工，而遂有宁近于夸、无近于野之意。是故书之不可尽信，理也，势也。惟以我之识为主，虽日取书而读之，不为古人所役，而如其不然，于是有读书而为害于书，且以书而害天下者。拘牵之学，大旨所不求，沾沾于章句之末，则以附会为训诂，虽书有不检之文，且矜其创获者矣，而又执一说以绳之，不顾其义类所安，强古人以就吾之绳尺，待解而明者什之一，因传而晦者什之九，则何如置之不议不论之列哉？坚僻之学，世变所不问，詹詹①于前事之师，则以空文经世务，虽书有过当之语，犹奉为蓍蔡②者矣，而又参臆见以断之，不权其时势所宜，援古人以肆吾之学术，作者本治世之业，述者为乱世之资，则何如听之若存若亡之表哉？是故识足以定邪正，则诎《八索》③，除《九丘》，以不信为信，而论者谓东鲁之圣④，功在文章；识不足以正是非，虽称五帝，诵三王，信其不可信，而说者谓刑名之家，原于道德。盖穿凿之过，必至支离；支离之过，必至诞谩。行其说，既为祸于生民；广其传，亦流毒于学者。纷纭颠倒以汩乱古人之书，不至举而尽废之不止。吾故忧其所终极而激为反本之论，曰尽信书不如无书也。世有识者，其谅予之心也夫！

【评】于所以不可尽信之故，推阐曲尽，又与下文《武成》一节隐相关照。似此议论醇正，方可以史解经。

【题解】出自《尽心下》第三章，参见正嘉文卷六唐顺之《尽信书》。

孟子曰："尽信书，则不如无书。"

【注释】

① 詹詹：多言而琐细。

② 蓍蔡：卜筮之物。蓍，筮草。蔡，占卜用的大龟。

③《八索》：及下文"《九丘》"均为上古典籍。《左传·昭公十二年》谓楚灵王左史倚相为"良史"，"是能读《三坟》、《五典》、《八索》、《九丘》"，其内容已不可考，《尚书序》则称："八卦之说，谓之《八索》，求其义也。九州之志，谓之《九丘》；丘，聚也，言九州所有，土地所生，风气所宜，皆聚此书也。"按，孔子黜"八索"、"九丘"事，本《尚书序》："先君孔子……赞易道以黜八索，述《职方》以除九丘。"

④ 东鲁之圣：指孔子。

圣人百世之师也

王汝骧

师及于百世，惟其人之圣也。夫人而得成为圣，岂易言哉？百世之师，孟子盖见于其至也。若曰：古今来何以有此世哉？有所以维之于不坏者，曰君，曰师。顾君以权用而师以道尊，以权用者功不待表而明，以道尊者人必待推而得。若此者，安得不思圣人矣？夫圣人之行不同矣。中庸不可能而迹之以奇著者，行高志洁，各有不可再于天壤之神；大成不可学而诣之以偏至者，苦心孤诣，俱有无以加于其道之实。久矣夫圣人者世之师也！自我思之，岂但已哉，圣人百世之师也。人类之不齐也，耳目之间有以耀之，则颛蒙①有共见之乐，故惟事之以奇著者，其为教弥广，忠臣孝子，一节之奇，经闾巷之流传，而歌泣不遗于妇孺，况圣人之独有千古者乎，而为教之广，尚容以时代隔乎；人心之多蔽也，血气之阴有以动之，则沉痼有立开之效，故惟道之以偏至者，其入人愈速，匹夫匹妇，一往之诚，得气机之鼓舞，而感发不间于斯须，况圣人之百折不回者乎，而入人之速，犹可以世数计乎？故凡美之既彰者，骤而异焉，苟其传既习而情亦淡矣，圣人者落落数大事，昭于日星耳，而世之人举熟悉之陈言，日相嗟诵而日有无穷之甘苦，味之而愈出，则惟其所自尽者固有其无穷耳矣；即德之感人者，近而明焉，苟去之已远而迹亦微矣，圣人者遥遥数百年，几成上古耳，而世之人取无关之陈迹，每一流连而每有不敝之光采，久之而愈新，则惟其所昭垂者固有其不敝耳矣。嗟乎，彼圣人者何尝有意为世师哉？而百世之后且赖之以有斯世也。伯夷、柳下惠，不至今存也耶？

【评】一语函盖通章，实际全在下文，写来偏自俯仰淋漓。正希②之傲岸与大士③之敏异，盖兼得之。　　中股两叠句"乎"字，兼露"况"字，在文势不得不尔，意义实未尝侵下④也。

【题解】出自《尽心下》第十五章。

孟子曰："圣人，百世之师也，伯夷、柳下惠是也。故闻伯夷之风者，顽夫廉，懦夫有立志；闻柳下惠之风者，薄夫敦，鄙夫宽。奋乎百世之上。百世之下，闻者莫不兴起也。非圣人而能若是乎，而况于亲炙之者乎？"（兴起，感动奋发也。亲炙，亲近而熏炙之也。）

【注释】

① 颛蒙：此指愚昧之人。
② 正希：金声。
③ 大士：陈际泰。
④ 侵下：指文章超出题目限定的范围，涉及下面的内容。按，评者谓文中"况圣人之独有千古者乎"及"况圣人之百折不回者乎"等，看似涉及经文"而况于亲炙之者乎"。

齐饥　一章

仇兆鳌

客卿①无救荒之策，援晋人以谢之焉。夫仁政不行，饥而发棠，其可再乎？为晋人搏虎之说，孟子殆将去矣。且贤者之在人国也，道隆则隆，否则一言以纾其急，亦国之幸也。然使所学不行而喋喋焉为权宜之策，虽偶一听从，于百姓奚济焉？昔齐饥，孟子请发棠，王从之，此亦一时不得已之权，而国人遂悦之而以为可常。至是齐又饥，鸣呼，齐何饥之屡也？其弊在不行孟子之仁政，有仁政则国无横征，民有余食，故岁有恙而民不饥。今王不能用孟子之言，急而以棠请，非孟子意也，胡国人至是窃窃然以前事相望耶？陈臻闻其说，试问之。孟子曰：噫，是欲冯妇我也，是欲我为再搏虎之冯妇，以取悦于国人而为天下士所窃笑也。齐之政不能易矣，徒以羁旅之言而脱民于难，小道也，一之为甚，岂可再哉？盖斯民危急之状，骤言之未有不动心者，而渎陈之即厌为常谈；王者赈发之举，创闻之未有不动色者，而再行之即等为故事。"殆不可复"，陈臻言是也，且棠之不可复，非关于王之听与否也。搏虎之人非善士，发棠之政非良法。彼冯妇之技，其能尽虎乎，不如反而行善；棠即再发，保更无饥乎，不如退而修政。不然，齐境之粟聚于棠，屡饥而屡请棠，棠必竭，是不发亦饥，发亦饥也；棠竭，王必复敛民而实之，是赈饥者发棠，饥民②者亦发棠也。使孟子再言于王，王必不听。即听矣，王不爱一棠以谢齐国，而志安天下者徒以发仓之故，补苴于丰歉之间，而国卒以无救，几何不令三齐之士与冯妇同类而并笑之也哉？夫臧辰如齐告籴③，君子讥之，为其治名而忘实也。客齐而再请棠，与相鲁而急行籴何以异？君子知几而默，固所为知足不辱、知止不殆者，自是绝口不复谈齐事矣。

【评】 以不行仁政为本，而以发棠事低昂其间，一纵一擒，皆成章法。

【作者简介】

仇兆鳌（1638—1717），字沧柱，一字知几，自号章溪老叟，浙江鄞县人。康熙二十四年（1685）进士，选庶吉士，授编修，官至吏部侍郎。少从黄宗羲学，及官翰林，与李光地、陈敬廷、张玉书等游，以理学自任。所著《杜诗详注》尤为世所称。

【题解】 出自《尽心下》第二十三章。

齐饥。陈臻曰:"国人皆以夫子将复为发棠,殆不可复。"(先时齐国尝饥,孟子劝王发棠邑之仓,以振贫穷。至此又饥,陈臻问言齐人望孟子复劝王发棠,而又自言恐其不可也。)孟子曰:"是为冯妇也。晋人有冯妇者,善搏虎,卒为善士。则之野,有众逐虎。虎负嵎,莫之敢撄。望见冯妇,趋而迎之。冯妇攘臂下车。众皆悦之,其为士者笑之。"(手执曰搏。卒为善士,后能改行为善也。之,适也。负,依也。山曲曰嵎。撄,触也。笑之,笑其不知止也。疑此时齐王已不能用孟子,而孟子亦将去矣,故其言如此。)

【注释】

① 客卿:指孟子,孟子此时为齐国客卿。
② 饥民:使百姓挨饿。
③ 臧辰如齐告籴:臧孙辰到齐国借粮。臧辰,即臧孙辰,鲁国之卿,庄公二十八年,鲁饥,臧孙辰主动请求携圭、玉磬等"名器"向齐国借粮。事见《国语·鲁语上》"臧文仲如齐告籴";《春秋》则书为"臧孙辰告籴于齐",《公羊传》、《穀梁传》均认为这种写法含有讥刺之义,胡安国《春秋传》引刘敞语:"告籴于齐,则其情急,所以讥大臣任国事,治名而不治实之蔽也。"

圣人之于天道也

储 欣

惟圣人为能备道,亦有未可概论者矣。夫道原于天,而备之者圣人也,然犹不可概而同之,此何为者耶?且道在天下,苟原其所自来,固天下之公也;为思其所兼备,则非天下之公而圣人之私矣。道私于圣人,顾私之中抑又有私焉。其彼此不齐之致,虽欲截然出于一而不可得也。仁义礼智,不谓之天道,可乎?天无不爱之人,而弃天者弗思也,昧昧者所在多有耳,有人焉,知之而极其精,此天道之所亟相待也;天无或遗之人,而亵天者弗顾也,悠悠者举世类然耳,有人焉,行之而造其极,此天道之所专相属也,圣人也。人非遽圣,一视夫天道之归;道固本天,一资于圣人之力。其交相维系,岂顾问哉?盖尝观于道之明晦,而知天下不可无圣人也,天有显道,其初不免于屯蒙,得开天之圣人而道始炳然著耳,圣人往,而道复晦,圣人作,而道又明,诚以圣人之深知之也,独是上下千古,有生而知之圣人,又不尽生而知之圣人,知即同归而功分劳逸,其知固已不齐矣;抑尝观于道之通塞,而知天下不可无圣人也,天有常道,其实必俟夫经纶,遇继天之圣人而道乃沛然达耳,圣人既往,不一二传而道仍塞,圣人有作,越数百年而道复通,诚以圣人之致行之也,独是遐稽载籍,有自然而行之圣人,又非止自然而行之圣人,行即同符而事歧安勉,其行又甚不齐矣。犹未也,圣人而在上者,鸿业休德,其为功于天道非小补矣,我生百王之后,见其礼,闻其乐,愀然有升降之感焉,优与未优,一若圣人亦无如之何,以听后人之拟议也,则何也?犹未也,圣人而在下者,流风遗教,其有裨于天道益不磨矣,共此百世之师,原其始,要其终,确然有偏全之别焉,至与未至,一若圣人亦无容致力,以任后人之裁择也,则何也?岂非命实使然哉？然有性焉而沾沾谓命者，是亦与于弃天、亵天之甚者矣。

【评】同是圣人，同是尽天道。而微分之，则尧舜"性之"①，汤武"身之"，以及"时中"②之大而化，"清"、"任"、"和"之一成而未至，层层阐发，具见的当。

【题解】出自《尽心下》第二十四章，参见正嘉文卷六瞿景淳《口之于味也》。

仁之于父子也，义之于君臣也，礼之于宾主也，智之于贤者也，圣人之于天道也，命也，有性焉，君子不谓命也。

【注释】

① 尧舜"性之"：语本《孟子·尽心上》："孟子曰：'尧舜，性之也；汤武，身之也；五霸，假之也。'"朱熹集注："尧舜天性浑全，不假修习。汤武修身体道，以复其性。"

② 时中：此指孔子，以下"清"、"任"、"和"分别指伯夷、伊尹、柳下惠。语本《孟子·万章下》："孟子曰：'伯夷，圣之清者也；伊尹，圣之任者也；柳下惠，圣之和者也；孔子，圣之时者也。'"

充实之谓美　四节

张　江

由善、信而推其极，其学可驯至焉。夫以其有诸己者而深造之，则为美，为大，为圣且神，莫非善量之所极也。孟子谓夫忠信所以进德也，立诚所以居业也。学至于信，则为善也有力，由是而之焉，固可驯造乎善量之极致矣。是故有美人者，自其有诸己者而扩之也，彼且举细大而不遗，则善之数满而无所亏，历久暂而不易，则善之力厚而不可间，如是而充实也，吾见极诚无妄，虽隐微曲折之处不以私伪杂之，盖纯粹而以精矣，作德日休，凡君臣父子之懿一本性情通之，盖足己而无待矣，不谓之美在其中乎？有大人者，自其充实者而养之也，彼且诚中而形外，则四体亦载其道德之华，富有而日新，则百度亦生其文章之焕，如是而有光辉也，吾见威仪颂于赫喧，随其周旋裼袭，莫非盛德之形容焉，盖与日月同其著明矣，中和验于位育，无有远近幽深，莫非大业之横塞①焉，盖与天地同其法象矣，不谓之大而无外乎？有圣人者，不已于大而遂超乎大者也，彼且仁日益熟，则一体万物而无滞于物之心，义日益精，则泛应万事而无胶于事之迹，如是而化之也，吾见动于彼者应于此，无思而无不通，盖知之之至，聪明达乎天矣，身为度者声为律②，不习而无不利，盖行之之尽，从容中乎道矣，不谓之圣人至德乎？有神人者，不离乎圣而实妙乎圣者也，彼且德全于天衷，则所性而有而孰窥其广运之涯，道集于大成，则与时偕行而孰究其终始之运，如是而不可知之也，吾见寂然不动，无声臭之可闻，盖合一不测，非犹夫人之存主者矣，感而遂通，无机缄之可执，盖充周不穷，非犹夫人之酬酢者矣，不谓之神易无方乎？凡此皆立本于能、信以深造之，而可欲之善，斯为极其量也，斯又乐正子之所歉然未逮者也。

【评】切实分疏，无一语蒙混含糊。在此题真为的当不易。

【题解】出自《尽心下》第二十五章。

浩生不害问曰："乐正子，何人也？"孟子曰："善人也，信人也。"（赵氏曰："浩生，姓；不害，名，齐人也。"）"何谓善？何谓信？"曰："可欲之谓善，（天下之理，其善者必可欲，其恶者必可恶。其为人也，可欲而不可恶，则可谓善人矣。）有诸己之谓信。（凡所谓善，皆实有之，如恶恶臭，如好好色，是则可谓信人矣。张子曰："志仁无恶之谓善，诚善于身之谓信。"）充实之谓美，（力行其善，至于充满而积实，则美在其中而无待于外矣。）充实而有光辉之谓大，（和顺积中，而英华发外；美在其中，而畅于四支，发于事业，则德业至盛而不可加矣。）大而化之之谓圣，（大而能化，使其大者泯然无复可见之迹，则不思不勉、从容中道，而非人力之所能为矣。张子曰："大可为也，化不可为也，在熟之而已矣。"）圣而不可知之之谓神。（程子曰："圣不可知，谓圣之至妙，人所不能测。非圣人之上，又有一等神人也。"）乐正子，二之中，四之下也。"（盖在善信之间，观其从于子敖，则其有诸己者或未实也。张子曰："颜渊、乐正子皆知好仁矣。乐正子志仁无恶而不致于学，所以但为善人信人而已；颜子好学不倦，合仁与智，具体圣人，独未至圣人之止耳。"程子曰："士之所难者，在有诸己而已。能有诸己，则居之安，资之深，而美且大可以驯致矣。徒知可欲之善，而若存若亡而已，则能不受变于俗者鲜矣。"尹氏曰："自可欲之善，至于圣而不可知之神，上下一理。扩充之至于神，则不可得而名矣。"）

【注释】

① 横塞：充塞。
② 身为度者声为律：指神圣之人，一切均可作为法度。《史记·夏本纪》："（禹）声为律，身为度"，索隐谓："言禹声音应钟律"，集解引王肃曰："以身为法度。"亦见《大戴礼记·五帝德》。

逃墨必归于杨　一章

赵　衍

杨、墨不足辩，善为其归计可也。夫杨、墨与吾儒势不两立，逃而归焉，不足辩矣。故曰"斯受之"、"无招①之"，为辩杨、墨者示云。今夫圣贤以其身任斯道之责，业为之谋其始，即不得不虑其终。使以一人之力正天下之人心，卒令异学之流戒心于立法之严，而深畏吾用情之不恕，独非吾道之深忧乎？吾特为今之与杨、墨辩者示焉。盖昔之杨墨，其气方张，则其徒日盛，故虽势孤援绝而身不辞"好辩"之名；今之杨墨，其势已衰，其情亦已竭，则惟尊闻行知②而功已在能言之列。吾尝规摹大势，墨氏穷大失居③，而杨氏孤子自守，途穷则思返，力倦则知还；逃墨必归于杨，而逃杨不能复归于墨，则归儒断矣，要亦甚可悯也。世之盛也，养民之具甚周，而教民之法至详且备，民生其时，终身不见异物④，无所逃诸而又安所归诸？不幸而当此末流，古先圣王之法相次尽废，而向时之被服教化、称说仁义者，一变而言杨言墨，无怪也。故凡吾之皇皇汲汲、惟杨墨之为辨者，徒以为此也。幸而归矣，复将何求？斯受之而已矣。严以绳之于未归之先，使知言杨害仁，言墨害义，而吾儒之道为至当而无欺，是故其心知悔；宽以待之于既归之后，使之杨乐于仁，墨乐于义，而儒者之教为至公而无我，是故其人愿从。今之与杨墨辩者不然。当其闻风而起，骤发其英华果锐之气以股肱乎大道；及乎嫉恶太甚，即无复优柔和平之致以引掖于方新。今夫异端势盛则聚，势衰则散，宽之则来，迫之则去，从古然也。今其势亦少衰矣，不务宽之以开其自新之路，而务迫之以坚其反侧之心，夫彼有复去而已。又其未归者自知其所为之不韪而君子之莫吾赦也，则将日夜为计，求缓其攻而阴弥其隙。夫是以其情必变，其交必亲，情变而交亲，则其人不可以复收，而其党不可以复破，其为患也将愈深而不可解。是故天下之乱，起于异端而成于吾儒之激之也。此如追放豚然，既入其苙，又从而招之，是则今之与杨墨辩者也。嗟乎，言杨言墨者既以治之过严而轶出于不杨不墨之间者，又将自以为仁义而超然免于评论之外，可奈何？则吾自治云尔，亦无事乎过为已甚之行也。

【评】笔势从横，而论实未确。孟子时，杨朱、墨翟之言盈天下，自汉及唐，孟子之书犹未暴见大行，昌黎犹云"孔墨必相为用"，而谓其势已衰，可乎？后幅"求缓其攻"、"阴弥其隙"俱不切杨墨与吾儒角立情事。杨墨止各抒一家之说，未尝与孔孟相攻，与老、庄、告子又别。

【作者简介】
赵衍，浙江东阳人，康熙十二年（1673）三甲进士。
【题解】出自《尽心下》第二十六章，参见正嘉文卷六胡定《逃墨必归于杨》。
孟子曰："逃墨必归于杨，逃杨必归于儒。归，斯受之而已矣。今之与杨墨辩者，如追放豚，既入其苙，又从而招之。"

【注释】

① 招：捆住四足。
② 尊闻行知：尊其所闻，行其所知，此指遵行儒家之道而不必与杨墨辩论。《汉书·董仲舒传》载董仲舒《对策》引曾子语："尊其所闻，则高明；行其所知，则光大。"
③ 穷大失居：所言广大而不适用，语本《易·序卦》："穷大者必失其居。"按，此指"兼爱"等言，朱熹集注："墨氏务外而不情。"
④ 异物：此指乱道惑世的事物。

动容周旋中礼者　二句

刘子壮

观圣人盛德之容，而礼由性作矣。夫圣人非有期于礼，而动容周旋则中之，非甚盛德岂能及此者乎？尝观古圣之书，多言性命而文为或略者，以为率其所为皆可以为仪，固不俟乎表而著之也。学者求观圣人之深，则必于其一节之安、小物之微以得其性情之所存，则圣人之精微已极于此矣，吾论圣人之性而先见之礼焉。上古未尝有等威①之章，而天地之大文，圣人备之以一身，则风俗朴端，愈以表其中心之厚；上古未尝及创制之事，而臣民之大观，圣人章之乎四体，则声名简略，不能掩其内美之淳。盖德之既至，则辉流于盛，而天下近天子之光；而礼之咸宜，则动合以天，而学者论圣人之道。动容周旋中礼，岂非盛德之至乎？古人之学，不间于内外，则起居视履②，皆为因心自度之功，而盛积而流，并泯其规矩之迹，当其时，宫中庙中，象其容度，礼若其鹄焉也，而神明之默成，圣人亦不能自识其从容矣；古人有作，亦无异乎情文，其出入趋跄③，皆有自天命之之理，而德成而安，亦忘其轨物之名，当其时，穆穆雍雍④，仿其体节，礼若其式焉也，而中和之内积，圣人亦不能自藏其高深矣。后之人主，前巫后史⑤，求写其无为之正，诚有得其大端者，而一恣或以疵其本，盖渊懿未极于充周，则文义每牵其举止，性之之德，信其所之，以为适事而已，而遂为不可学，则虽终身兢业而无所见其修容修意之劳；昔之史臣，克让温恭，盛举其无文之敬，诚有得其极至者，而纤曲未能尽其神，盖全体既集于醇良，则道气每浮乎物则，性之之德，随其所接，以为仪数而已，而遂已不可名，则即仅垂衣裳而皆若想其山龙藻火⑥之义。是故省方⑦定器，圣人不过取身声以考律度之中⑧，而三代沿之为损益；命典惇庸⑨，圣人亦或托政事以观天叙之秩，而百世师之为文章。非甚盛德，是能及此乎？

【评】沐经籍之光泽，而于"性之"之德细微曲折、无不中礼处，无丝毫蒙翳假借语，故为难得。

【题解】出自《尽心下》第三十三章。

孟子曰："尧舜，性者也；汤武，反之也。（性者，得全于天，无所污坏，不假修为，圣之至也。反之者，修为以复其性，而至于圣人也。程子曰："性之反之，古未有此语，盖自孟子发之。"吕氏曰："无意而安行，性者也，有意利行，而至于无意，复性者也。尧舜不失其性，汤武善反其性，及其成功则一也。"）动容周旋中礼者，盛德之至也；哭死而哀，非为生者也；经德不回，非以干禄也；言语必信，非以正行也。（细微曲折，无不中礼，乃其盛德之至。自然而中，而非有意于中也。经，常也。回，曲也。三者亦皆自然而然，非有意而为之也，皆圣人之事，性之之德也。）君子行法，以俟命而已矣。"（法者，天理之当然者也。君子行之，而吉凶祸福有所不计，盖虽未至于自然，而已非有所为而为矣。此反之之事，董子所谓"正其义不谋其利，明其道不计其功"，正此意也。程子曰："动容周旋中礼者，盛德之至。行法以俟命者，'朝闻道夕死可矣'之意也。"吕氏曰："法由此立，命由此出，圣人也；行法以俟命，君子也。圣人性之，君子所以复其性也。"）

【注释】

① 等威：与一定的身份、地位相应的威仪。《左传·文公十五年》："伐鼓于朝，以昭事神，训民事君，示有等威，古之道也。"杜预注："等威，威仪之等差。"

② 视履：观察其行为，此泛指行动。《易·履》："视履考祥，其旋元吉。"孔颖达疏："履道已成，故视其所履之行善恶得失，考其祸福之征祥。"

③ 趋跄：此指步趋中节，礼仪合度。《诗经·齐风·猗嗟》："巧趋跄兮"，孔颖达疏："礼有徐趋疾趋，为之有巧有拙，故美其巧趋跄兮。"

④ 穆穆雍雍：仪度端庄而温和。

⑤ 前巫后史：《礼记·礼运》："故宗祝在庙，三公在朝，三老在学，王前巫而后史，卜筮瞽侑皆在左右。"孔颖达疏："'王前巫'者，若王吊临，则前委于巫也。'而后史'者，动则左史书之，言则右史书之，不敢为非也。"

⑥ 山龙藻火：衮服上的图案。不同的图案象征着不同的德行，图案的使用也有等级之分。《尚书·益稷》："（舜帝曰）予欲观古人之象，日、月、星辰、山、龙、华虫，……以五采彰施于五色，作服"，蔡沉集传："黄帝尧舜垂衣裳而天下治，盖取诸乾坤，则上衣下裳之制，创自黄帝而成于尧舜也。……山，取其镇也。龙，取其变也。……藻，水草，取其洁也。火，取其明也。"

⑦ 省方：《易·观》："先王以省方观民设教"，孔颖达疏："省视万方，观看民之风俗。"

⑧ "身声"以下：谓圣人声音合乎律吕，举动合乎法度，故权衡亦出于其身。《史记·夏本纪》："禹为人敏给克勤，其德不违，其仁可亲，其言可信，声为律，身为度。"

⑨ 命典惇庸：制定典则，使人民恪遵伦常的秩叙。

养心莫善于寡欲　一节

刘　捷

善养心者于存、不存验之，而得其要矣。盖心未有不存而能养者，又未有欲不寡而能存者。故孟子指以示人，曰：身有百体，无不待养于外物，而心不然也，第常存焉，而已得其所养矣。而所以不能常存者，则欲为之累也。何者？心以载性命之理，必养之然后能静正而全其所受之中；心以制事物之宜，必养之然后能清明而中其自然之节。而无如欲之为累者多也。欲之具于初生者，与性命而俱来，故其植根也固而为力强，能使吾心卒然而见夺；欲之乘于日用者，缘事物以杂至，故其附身也便而为径习，能使吾心潜易而不知。夫欲吾心之有所休，必先去其役吾心者；欲吾心之有所息，必先去其害吾心者。故养心莫善于寡欲也。如其为人而寡欲焉，则其心常静虚而无蔽，而耳目口体皆由顺正以行其义，虽有不存焉者，寡矣；如其为人而多欲焉，则所欲常横塞于其中，而道德仁义介然有觉而无所容，虽有存焉者，寡矣。盖欲有为吾身所不能无者，亦有为吾身所不必有者。必也以身处其外，辨其所从生而无使匿焉，役吾心者渐屏渐退，而方寸不觉其日休矣；以身入其中，授以节制而无敢过焉，害吾心者日损日消，而本体乃有所滋息矣。彼圣人之无欲，固不可得而几，乃人各有心而听其失养，以至于亡，不亦甚可慨哉！

【评】具化治之确质，兼正嘉之浑成。可观我朝文章之盛，无体不备。

【作者简介】

刘捷（1658—1726），字月三，号古塘，安徽桐城人，康熙五十年（1711）年江南乡试解元。

【题解】出自《尽心下》第三十五章。

孟子曰："养心莫善于寡欲。其为人也寡欲，虽有不存焉者，寡矣；其为人也多欲，虽有存焉者，寡矣。"（欲，如口鼻耳目四支之欲，虽人之所不能无，然多而不节，未有不失其本心者，学者所当深戒也。程子曰："所欲不必沉溺，只有所向便是欲。"）

经正则庶民兴

戚 蓁 墨

以正俗之功予经，深重乎其正之也。夫经亦止得其常耳，而庶民若有异焉者，岂非乱德之溺人已甚哉？且尧舜以来，天下未尝易民而治，时唯无甚衰之风，故亦无甚盛之势也。迫乎世教陵夷，浸淫至于凋敝，于是思矫然大变之以为功，然此非可期之于庶民也。庶民之耳目易庞，久服于污俗之渐移，则其情既难立决于弃故；庶民之气志日薄，苟安于陋愚而不愧，则其力又难自奋于无因。兹惟君子反经而经得其正矣，以为日用所循焉，不可以不正也，计所为正者，不越耕桑粟帛之恒，敦民于素朴，然而民心弥朴，则民气弥固，一旦自悟其非，而遂以为性之不可易，此时之农工妇子，快然如睹新王于肇基更始①之年，则兴也；以为是先典所垂焉，不可以不正也，计所为正者，不外礼乐诗书之泽，进民于优柔，然而民志益柔，则民行益励，一旦相摩而善，而遂以为教之所夙成，此时之父兄子弟，勃然如睹盛事于俊秀论升②之日，则兴也。岂无贤智异等之流，故抑其能以就经，然深抑之，固所以厚振之也，敛聪明于无新可喜，则好奇骛远之心，悉安行乎大道而无所窜处，所以君子以三代为必可复作，而不敢侥幸于苟且救世之思；岂无间起崛生之士，无所承藉而亦兴，然特创之，正所以力守之也，收豪杰于与民同学，则越俗震世之资，皆乐为之羽翼而益相后先，所以君子以天下尽责之吾儒，而不敢少谢于人物几希之地。讵不以之开治有余而以之继圣有渐哉？

【评】语无含糊，笔亦老健。

【题解】出自《尽心下》第三十七章，参见化治文卷六钱福《经正　斯无邪慝矣》。

君子反经而已矣。经正，则庶民兴；庶民兴，斯无邪慝矣。

【注释】

① 更始：重新开始，除旧布新。
② 俊秀论升：指推荐和选拔秀民。语本《礼记·王制》："命乡论秀士，升之司徒，曰选士。司徒论选士之秀者，而升之学，曰俊士。"

经正则庶民兴

唐德亮　墨

推反经之功，而民还其民矣。夫经失其经，则民失其民，经正民兴，反经之功曷可少哉？孟子曰：吾儒所挟以胜异端者，不以吾儒胜之而以庶民胜之也，要有所以动庶民者。鼓其翻然勃然之心，而作其苟安之气，仍以吾儒胜之耳，若君子而反经矣。夫经有正之而正者，彝教修明之日，一道同风，止须予以服习之素；经有反之而正者，异端充斥之时，群心回惑，故宜加以激发之机。有如反经而经正，庶民有不兴者哉？凡人强以本无，则废焉沮，还以固有，则奋焉兴，情之所必然也，庶民岂敢为毁常而裂检者哉，特其性庸而志琐，故颓委不振耳，一旦风声之所树，政令之所颁，其道君臣父子，其教典谟训诰，其事孝弟耕桑，甚常也，见甚常者而愧，愧斯厉，厉斯兴矣；凡人本有而忽失，则索焉止，久失而忽返，则蹶焉兴，又势之必然也，庶民岂乐为叛伦而背道者哉，特其情屈而才下，故弱丧无归耳，一旦耳目之所被，习气之所渐，以之为己则顺而祥，以之为人则公而溥，以之处事则无不当，甚醇也，见甚醇者而思，思斯慕，慕斯兴矣。虽庶民之中愚智不伦，而一出于经，俾知有必得之由，无必不得之道，知其必得也，而踊跃于功名，知其无必不得也，而翘翘然喜于为善，天下由是无不起之人心；虽庶民之中刚柔不齐，而一出于经之正，则以其名致其实，以其实致其名，知其名之所在也，事然而理亦然，知其实之所止也，理然而事不得不然，天下由是无不励之风俗。拔阉媚①之习而出于光明，破似是之风②而归于正大，胥此经也。邪慝其何伏之有？

【评】作者平时好为豪迈，往往轶于绳尺，故录此谨守规矩、不事驰骋者。

【作者简介】

唐德亮，字采臣，号书巢，江苏无锡人。顺治九年（1652）二甲进士，授户部主事，升员外郎。明崇祯初入几社，又与钱陆灿等于无锡结"听社"。于制义有《唐采臣稿》，辑入《国初十六家精选》。

【题解】出自《尽心下》第三十七章，见上，参见化治文卷六钱福《经正　斯无邪慝矣》。

【注释】

① 阉媚：迎合取媚，此指"乡愿"而言。《孟子》本章："阉然媚于世也者，是乡原也。"
② 似是之风：似是而非的作风，此亦指"乡愿"而言。《孟子》本章："孔子曰：'恶似而非者……恶乡原，恐其乱德也。'"

参 考 文 献

1. 《钦定四书文》，四库全书本

2. 朱熹注：《四书集注》，上海古籍出版社 1987 年版；(《大学》、《中庸》、《论语》合为一册，《孟子》一册，据世界书局本影印，世界书局本又据清武英殿本)

3. 《十三经注疏》，上海古籍出版社 1997 年版

4. 叶绍钧编：《十三经索引》（重订本），中华书局 1983 年版

5. 陈立撰，吴则虞点校：《白虎通疏证》，中华书局 1994 年版

6. 王凯符著：《八股文概说》，中国和平出版社 1991 年版

7. 田启霖编著：《八股文观止》，海南出版社 1994 年版

8. 王阳明著，沈顺葵译注：《传习录》，广州出版社 2004 年版

9. 董仲舒撰，凌曙注：《春秋繁露》，中华书局 1986 年版

10. 杜预等注：《春秋三传》，上海古籍出版社 1987 年版

11. 程颢、程颐著，王孝鱼点校：《二程集》，中华书局 1981 年版

12. 上海师大古籍整理组校点：《国语》，上海古籍出版社 1988 年版

13. 何宁撰：《淮南子集释》，中华书局 1998 年版

14. 王先慎著，钟哲点校：《韩非子集解》，中华书局 1998 年版

15. 班固著，颜师古注：《汉书》，中华书局 2005 年版

16. 朱熹等编，张伯行集解：《近思录》，四库全书本

17. 《孔子家语》，北京出版社 2006 年版

18. 王先谦著，沈啸寰、王星贤点校：《荀子集解》，中华书局 1988 年版

19. 陈澔注：《礼记》，上海古籍出版社 1987 年版

20. 朱保炯，谢沛霖编：《明清进士题名碑录索引》，上海古籍出版社 1980 年版

21. 张廷玉等撰：《明史》，中华书局 1974 年版

22. 朱熹注：《诗经集传》，上海古籍出版社 1987 年版

23. 司马迁著，裴骃等注：《史记》，中华书局 2005 年版

24. 蔡沉注：《书经集传》，上海古籍出版社 1987 年版

25. 启功著：《说八股》，北京师范大学出版社 1992 年版

26. 邓云乡著：《清代八股文》，河北教育出版社 2004 年版

27. 江庆柏著：《清代人物生卒年表》，人民文学出版社 2005 年版

28. 柯愈春著：《清人诗文集总目提要》，北京古籍出版社 2001 年版

29. 赵尔巽等撰：《清史稿》，中华书局 1977 年版

30. 《性理大全》，四库全书本

31. 张中行著：《闲话八股文》，人民美术出版社 1998 年版

32. 何怀宏著：《选举社会及其终结——秦汉至晚清历史的一种社会学阐释》，三联书店 1998 年版

33. 刘向辑：《战国策》，上海古籍出版社 1985 年版

34. 张载撰：《张载集》，上海古籍出版社 1978 年版

35. 梁章钜著，陈居渊校点：《制艺丛话》，上海书店 2001 年版

36. 邓珂，张静芬编著：《中国历史大事编年》第四卷，北京出版社 1987 年版

37. 谭正璧编：《中国文学家大辞典》，上海书店 1981 年版

38. 钱仲联主编：《中国文学家大辞典·清代卷》，中华书局 1996 年版

39. 陈文新主编：《中国文学编年史》，湖南人民出版社 2006 年版

40. 周敦颐著，谭松林等点校：《周敦颐集》，岳麓书社 2002 年版

41. 陈戍国点校：《周礼·仪礼·礼记》，岳麓书社 1989 年版

42. 朱熹注：《周易本义》，上海古籍出版社 1987 年版

43. 李鼎祚著，陈德述整理：《周易集解》，巴蜀书社 1991 年版

44. 朱熹撰：《朱子语类》，中华书局 1981 年版

45. 郭庆藩著，王孝鱼校点：《庄子集解》，中华书局 2004 年版

附录一：乾隆谕旨

乾隆元年六月十六日总理事务王大臣奉上谕：

国家以经义取士，将使士子沉潜于四子五经之书，阐明义理，发其精蕴，因以觇学力之浅深与器识之淳薄。而风会所趋，即有关于气运。诚以人心士习之端倪，呈露者甚微，而征应者甚巨也。顾时文之风尚屡变不一，苟非明示以准的，使海内学者于从违去取之介，晓然知所别择而不惑于歧趋，则大比之期，主司何所操以为绳尺？士子何所守以为矩矱？有明制义，诸体皆备。如王、唐、归、胡、金、陈、章、黄诸大家，卓然可传。本朝文运昌明，英才辈出。刘子壮、熊伯龙以后，作者接踵，莫不根柢经史，各抒杼轴。此皆足为后学之津梁、制科之标准。自坊选冒滥，士子率多因陋就简，剽窃陈言，雷同肤廓。间或以此侥获科名，又展转流布，私相仿效。驯至先正名家之法，置而不讲；经史子集之书，束而不观。所系非浅鲜也。今朕欲裒集有明及本朝诸大家制义，精选数百篇，汇为一集，颁布天下。学士方苞于四书文义法，夙尝究心，著司选文之事，务将入选之文发挥题义清切之处，逐一批抉，俾学了然心目间，用为模楷。又，会试、乡试墨卷，若必俟礼部刊发，势必旷日持久，士子一时不得观览。可弛坊间刻文之禁，果有学问淹博、识见明通者，不拘乡会墨卷、房行试牍，准其照前选刻。但不得徇情冒滥，或狂言横议以酿浇风。朕实嘉惠士子，其各精勤修业，以底大成，敬体朕意，共相黾勉。钦此。

附录二：方苞奏折

　　食礼部右侍郎俸、教习庶吉士、臣方苞谨奏：乾隆元年六月钦奉圣谕，命臣苞精选前明及国朝制义，以为主司之绳尺、群士之矩矱。臣本无学识，又迫衰残，恭承嘉命，为愧为恐。窃惟制义之兴七百余年，所以久而不废者，盖以诸经之精蕴汇涵于四子之书，俾学者童而习之，日以义理浸灌其心，庶几学识可以渐开，而心术群归于正也。伏读圣谕，国家以经义取士，人心士习之端倪，呈露者甚微，而征应者甚巨。故风会所趋，即有关于气运。至矣哉！圣谟洋洋，古今教学之源流，尽于是矣。臣闻：言者，心之声也。古之作者，其气格风规，莫不与其人之性质相类。而况经义之体，以代圣人贤人之言，自非明于义理、挹经史古文之精华，虽勉焉以袭其形貌，而识者能辨其伪，过时而湮没无存矣。其间能自树立，各名一家者，虽所得有浅有深，而其文具存，其人之行身植志，亦可概见。使承学之士，能由是而正所趋，是诚圣谕所谓有关气运者也。臣敬遵明旨，别裁伪体，校录有明制义四百八十六篇，国朝制义二百九十七篇，缮写成帙，并论次条例，恭呈御览。伏望万几之暇，俯赐删定，俾主司群士，永为法程。臣无任战汗陨越之至。谨奉表恭进以闻。

附录三：四库全书总目提要

　　臣等谨案：《钦定四书文》四十一卷，乾隆元年，内阁学士方苞奉敕编明文凡四集，曰化治文，曰正嘉文，曰隆万文，曰启祯文，而国朝文别为一集。每篇皆抉其精要，评骘于后。卷首恭载谕旨，次为苞奏折，又次为凡例八则，亦方苞所述以发明持择之指。盖经义始于宋，《宋文鉴》中所载张才叔《自靖人自献于先王》一篇，即当时程试之作也。元延佑中，兼以经义、经疑试士；明洪武初定科举法，亦兼用经疑。后乃专用经义，其大旨以阐发理道为宗。厥后其法日密，其体日变，其弊亦遂日生。有明二百余年，自洪、永以迄化、治，风气初开，文多简朴；逮于正、嘉，号为极盛；隆、万以机法为贵，渐趋佻巧；至于启、祯，警辟奇杰之气日胜，而驳杂不醇、猖狂自恣者亦遂错出于其间。于是启横议之风，长倾诐之习，文体蠚而士习弥坏，而国运亦随之矣。我国家景运聿新，乃反而归于正轨。列圣相承，又皆谆谆以士习文风勤颁诰诫。我皇上复申明清真雅正之训。是编所录，一一仰禀圣裁，大抵皆词达理醇，可以传世行远。承学之士于前明诸集，可以考风格之得失，于国朝之文，可以定趋向之指归。圣人之教思无穷于是乎在，非徒示以弋取科名之具也。故时文选本汗牛充栋，今悉斥不录，惟恭录是编，以为士林之标准。原本不分卷第，今约其篇帙，分为四十一卷焉。乾隆四十四年二月恭校上

　　总纂官臣纪昀、臣陆锡熊、臣孙士毅

　　总校官臣陆费墀

附录四：作者索引

（作者索引以姓氏笔画为序，页码后加"＊"者表示该页有作者简介。）

七画

十画

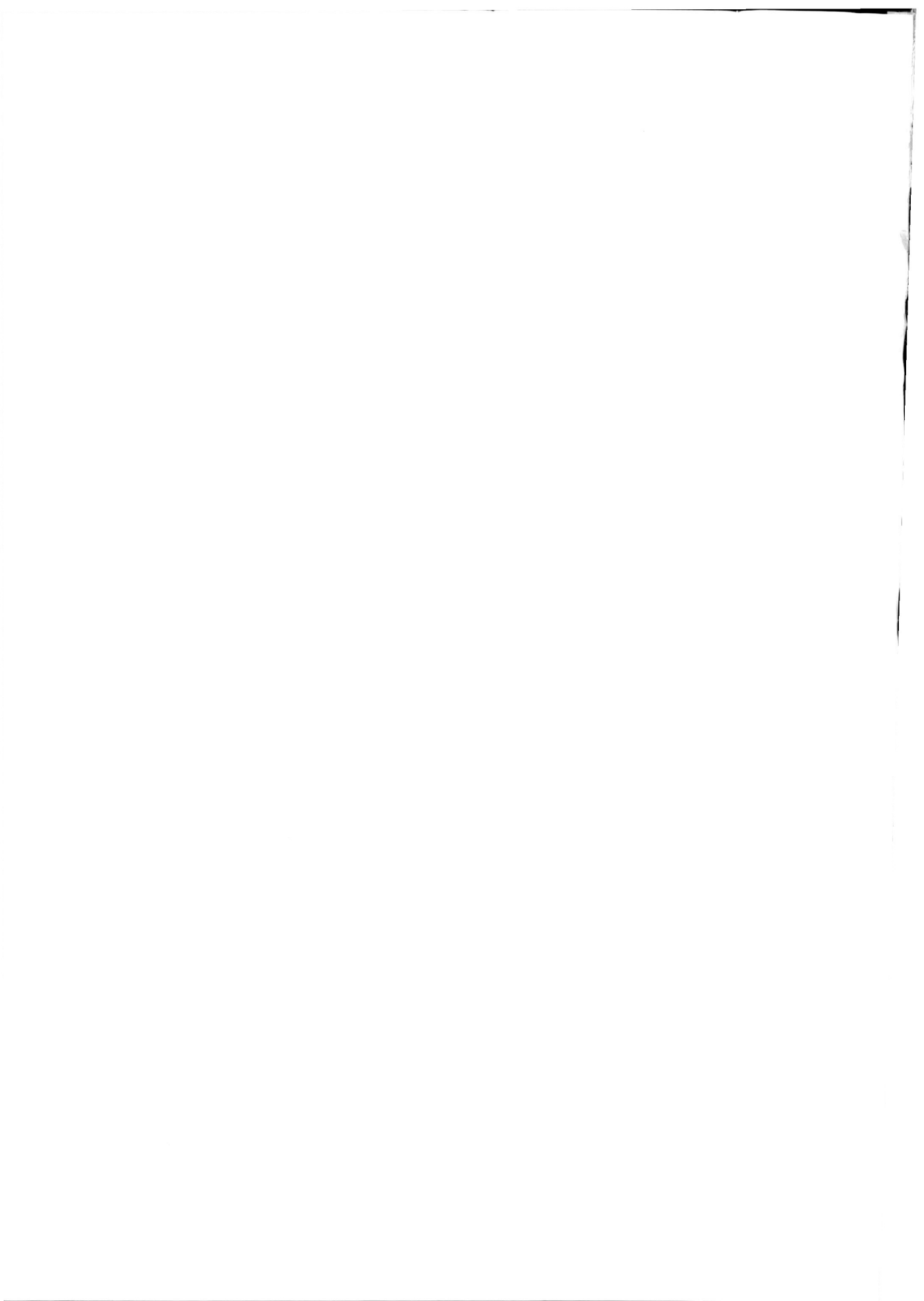